THE UNITED STATES OF AMERICA & CANADA

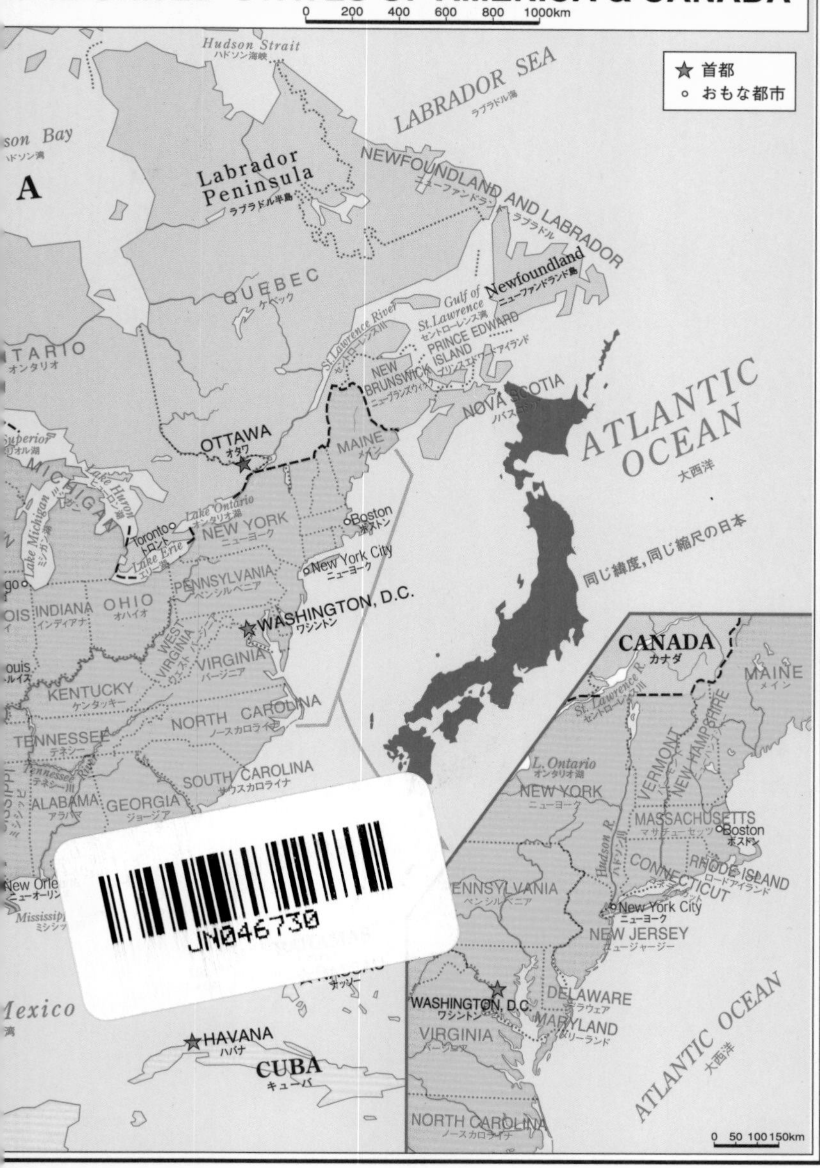
0 200 400 600 800 1000km
★ 首都
○ おもな都市
Hudson Strait
ハドソン海峡
LABRADOR SEA
ラブラドル海
son Bay
ハドソン湾
A
Labrador Peninsula
ラブラドル半島
NEWFOUNDLAND AND LABRADOR
ニューファンドランド・ラブラドル
QUEBEC
ケベック
Gulf of St.Lawrence
セントローレンス湾
Newfoundland
ニューファンドランド島
St.Lawrence River
セントローレンス川
PRINCE EDWARD ISLAND
プリンスエドワードアイランド
NEW BRUNSWICK
ニューブランズウィック
NOVA SCOTIA
ノバスコシア
TARIO
オンタリオ
ATLANTIC OCEAN
大西洋
OTTAWA
オタワ
MAINE
メイン
Superior
MICHIGAN
Lake Huron
ヒューロン湖
Lake Ontario
オンタリオ湖
Lake Michigan
ミシガン湖
Toronto
トロント
Lake Erie
エリー湖
NEW YORK
ニューヨーク
Boston
ボストン
New York City
ニューヨーク
同じ緯度，同じ縮尺の日本
PENNSYLVANIA
ペンシルベニア
OHIO
オハイオ
INDIANA
インディアナ
WASHINGTON, D.C.
ワシントン
WEST VIRGINIA
ウエストバージニア
VIRGINIA
バージニア
KENTUCKY
ケンタッキー
NORTH CAROLINA
ノースカロライナ
TENNESSEE
テネシー
Tennessee River
テネシー川
SOUTH CAROLINA
サウスカロライナ
ALABAMA
アラバマ
GEORGIA
ジョージア
New Orle
ニューオーリン
Mississipp
ミシシッ
exico
ナッソー
HAVANA
ハバナ
CUBA
キューバ
CANADA
カナダ
St.Lawrence R.
セントローレンス川
MAINE
メイン
L.Ontario
オンタリオ湖
NEW YORK
ニューヨーク
VERMONT
NEW HAMPSHIRE
MASSACHUSETTS
マサチューセッツ
Boston
ボストン
Hudson R.
CONNECTICUT
RHODE ISLAND
ロードアイランド
PENNSYLVANIA
ペンシルベニア
New York City
ニューヨーク
NEW JERSEY
ニュージャージー
WASHINGTON, D.C.
ワシントン
DELAWARE
デラウェア
MARYLAND
メリーランド
VIRGINIA
ATLANTIC OCEAN
大西洋
NORTH CAROLINA
ノースカロライナ
0 50 100 150km

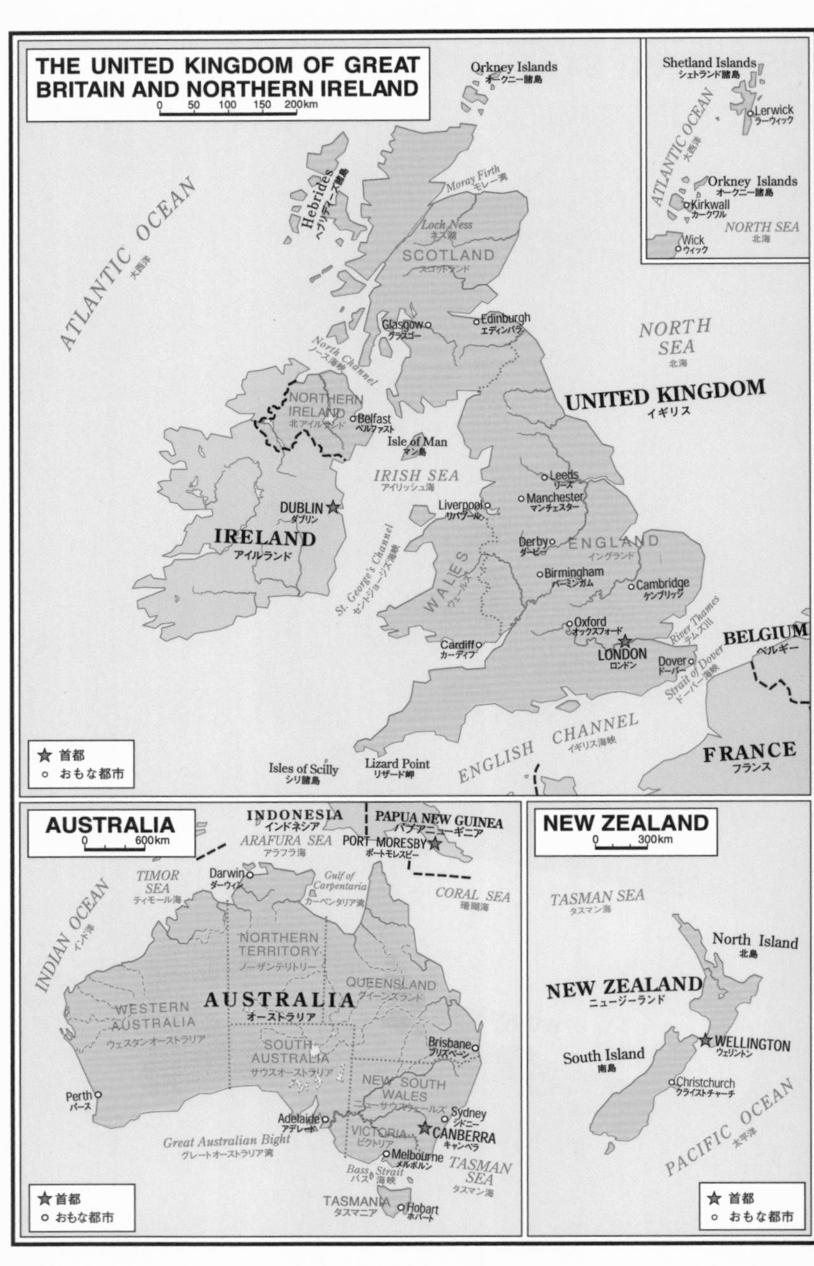
THE UNITED KINGDOM OF GREAT BRITAIN AND NORTHERN IRELAND
0 50 100 150 200km
Orkney Islands
オークニー諸島
Shetland Islands
シェトランド諸島
Lerwick
ラーウィック
ATLANTIC OCEAN
大西洋
Orkney Islands
オークニー諸島
Kirkwall
カークウォル
NORTH SEA
北海
Wick
ウィック
Hebrides
ヘブリディーズ諸島
Moray Firth
モレー湾
Loch Ness
ネス湖
SCOTLAND
スコットランド
ATLANTIC OCEAN
大西洋
Glasgow
グラスゴー
Edinburgh
エディンバラ
NORTH SEA
北海
North Channel
ノース海峡
UNITED KINGDOM
イギリス
NORTHERN IRELAND
北アイルランド
Belfast
ベルファスト
Isle of Man
マン島
IRISH SEA
アイリッシュ海
Leeds
リーズ
Manchester
マンチェスター
Liverpool
リバプール
DUBLIN
ダブリン
IRELAND
アイルランド
St. George's Channel
セントジョージズ海峡
WALES
ウェールズ
Derby
ダービー
ENGLAND
イングランド
Birmingham
バーミンガム
Cambridge
ケンブリッジ
Oxford
オックスフォード
River Thames
テムズ川
Cardiff
カーディフ
LONDON
ロンドン
Dover
ドーバー
Strait of Dover
ドーバー海峡
BELGIUM
ベルギー
ENGLISH CHANNEL
イギリス海峡
FRANCE
フランス
Isles of Scilly
シリ諸島
Lizard Point
リザード岬
★ 首都
○ おもな都市
AUSTRALIA
0 600km
INDONESIA
インドネシア
PAPUA NEW GUINEA
パプアニューギニア
ARAFURA SEA
アラフラ海
PORT MORESBY
ポートモレスビー
TIMOR SEA
ティモール海
Darwin
ダーウィン
Gulf of Carpentaria
カーペンタリア湾
CORAL SEA
珊瑚海
INDIAN OCEAN
インド洋
NORTHERN TERRITORY
ノーザンテリトリー
QUEENSLAND
クイーンズランド
WESTERN AUSTRALIA
ウェスタンオーストラリア
AUSTRALIA
オーストラリア
SOUTH AUSTRALIA
サウスオーストラリア
Brisbane
ブリズベーン
NEW SOUTH WALES
ニューサウスウェールズ
Perth
パース
Adelaide
アデレード
Sydney
シドニー
VICTORIA
ビクトリア
CANBERRA
キャンベラ
Great Australian Bight
グレートオーストラリア湾
Melbourne
メルボルン
Bass Strait
バス海峡
TASMAN SEA
タスマン海
TASMANIA
タスマニア
Hobart
ホバート
★ 首都
○ おもな都市
NEW ZEALAND
0 300km
TASMAN SEA
タスマン海
North Island
北島
NEW ZEALAND
ニュージーランド
WELLINGTON
ウェリントン
South Island
南島
Christchurch
クライストチャーチ
PACIFIC OCEAN
太平洋
★ 首都
○ おもな都市

～イラストでわかる～
英語発信辞典

1 学校 Our School

学校に関する表現①

体育館に行こう.
Let's go to the gym.

わかった.
OK.

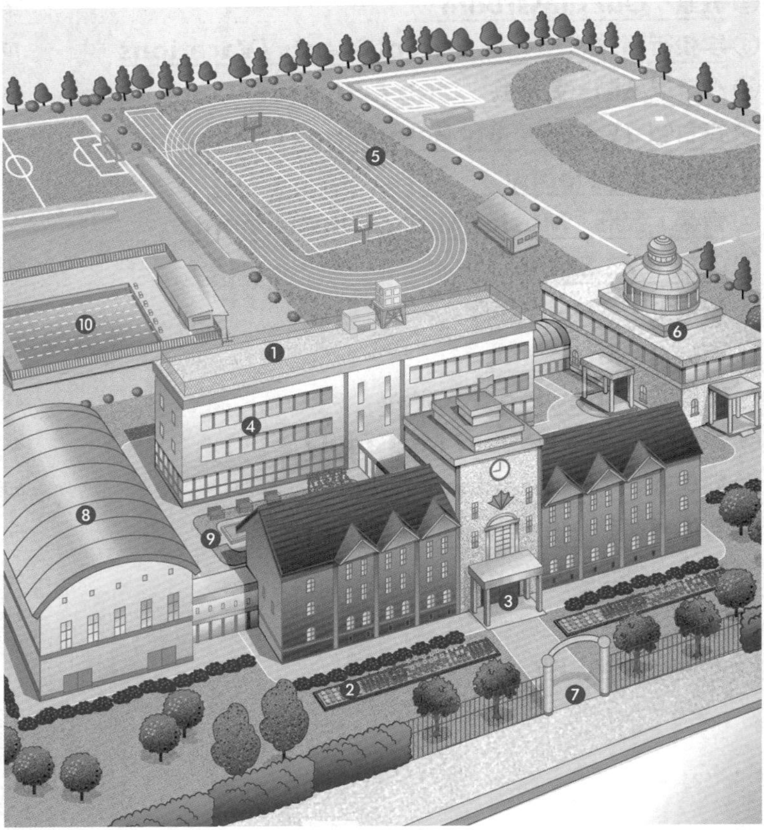

❶ 屋上 **roof / rooftop**
［ルーふ／ルーふタップ］
❷ 花壇 **flower bed**［ふらウア ベッド］
❸ 玄関 **entrance**［エントゥランス］
❹ 校舎 **school building**
［スクーる ビるディンヶ］
❺ 校庭 **schoolyard**［スクーるヤード］
❻ 講堂 **auditorium**［オーディトーリアム］
❼ 正門 **main gate**［メイン ゲイト］
❽ 体育館 **gym**［ヂム］
❾ 中庭 **courtyard**［コートヤード］
❿ プール **swimming pool**
［スウィミンヶ プーる］

学校に関する表現②

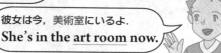

エマはどこにいるの？
Where is Emma?

彼女は今，美術室にいるよ.
She's in the art room now.

音楽室
music room
［ミューズィック ルーム］

カフェテリア
cafeteria
［キぁふェティリア］

校長室
principal's office
［プリンスィプるズ オーふィス］

コンピュータ室
computer room
［コンピュータ ルーム］

視聴覚室
audio-visual room
［オーディオウヴィジュアる ルーム］

職員室
teachers' room
［ティーチャズ ルーム］

進路指導室
career guidance room
［カリア ガイダンス ルーム］

図書室
library
［らイブレリ］

美術室
art room
［アート ルーム］

武道場
martial arts hall
［マーシャる アーツ ホーる］

放送室
public address system room
［パブりック あドゥレス スィステム ルーム］

保健室
nurse's office
［ナ～スィズ オーふィス］

理科室
science room
［サイエンス ルーム］

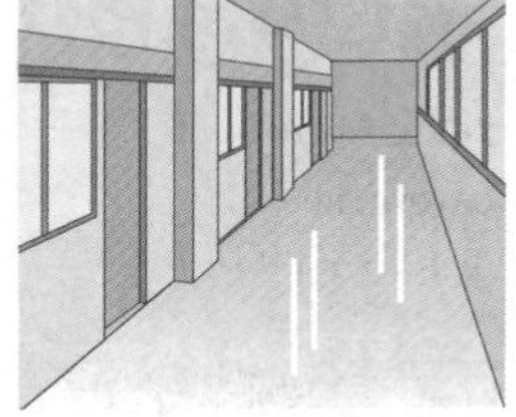

廊下
hallway
［ホーるウェイ］

ロッカールーム
locker room
［らカ ルーム］

理科室では何をするの？
What do you do in the science room?

化学の実験をするよ.
We do chemical experiments.

学校に関する表現③

ぼくの兄は看護学校に通っています.
My brother goes to a nursing school.

外国語学校
a foreign language institute
［ふぉーリン らぁングウィッヂ インスティテュート］

看護学校
a nursing school
［ナ〜スィンｸﾞ スクーる］

社会福祉専門学校
a school of social welfare
［スクーる アヴ ソウシャる ウェるふェア］

塾
a cram school
［クラぁム スクーる］

調理師学校
a culinary institute
［カりネリ インスティテュート］

デザイン学校
a school of design
［スクーる アヴ ディザイン］

わたしの姉は女子校に通っているの.
My sister goes to a girls' school.

わたしのいとこは男子校に通っているよ.
My cousin goes to a boys' school.

② 教室 Our Classroom

教室の中を見てみよう.
Let's see inside the classroom.

❶ 掛(か)け時計 **clock**［クラック］
❷ 黒板 **blackboard**［ブらぁックボード］
❸ 黒板消し **eraser**［イレイサ］
❹ チョーク **chalk**［チョーク］
❺ テレビ **television set**［テれヴィジャン セット］
❻ 地球儀(ぎ) **globe**［グろウブ］
❼ 地図 **map**［マぁップ］
❽ 時間割 **class schedule**［クらぁス スケヂューる］
❾ 掲示(けいじ)板 **bulletin board**［ブれトゥン ボード］
❿ 本棚 **bookcase**［ブックケイス］
⓫ いす **chair**［チェア］
⓬ 机 **desk**［デスク］

教室に関する表現①

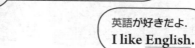

何の教科が好きなの？
What subject do you like?

英語が好きだよ.
I like English.

英語
English
［イングりッシ］

音楽
music
［ミューズィック］

外国語
foreign language
［ふォーリン らぁングウィッヂ］

家庭科
home economics
［ホウム イーカナミクス］

国語（日本語）
Japanese
［ヂぁパニーズ］

社会
social studies
［ソウシャる スタディズ］

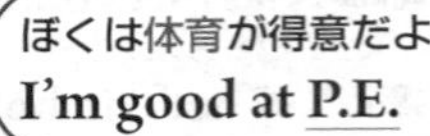

ぼくは体育が得意だよ.
I'm good at P.E.

ぼくは数学が苦手なんだ.
I'm not good at math.

書道
calligraphy
［カリグラふぃ］

数学
math/mathematics
［マぁす／マぁせマぁティックス］

図工
arts and crafts
［アーツ アン クラぁふツ］

体育
physical education / P.E.
［ふぃズィクる
エヂュケイシャン / ピーイー］

美術
art
［アート］

理科
science
［サイエンス］

教室に関する表現②

わたしたちはときどき，授業で実験をします.
We sometimes do experiments in class.

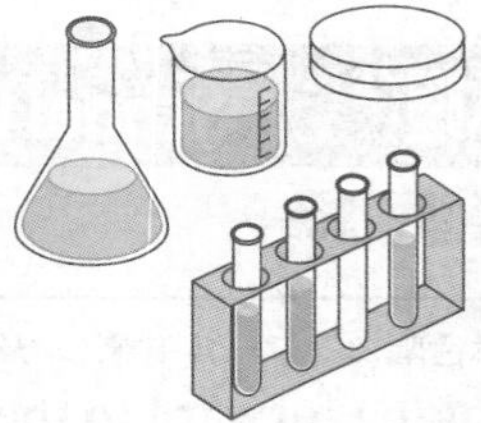

インターネットで…を検索する
search the Internet for ...
［サ～チ ずィ インタネット ふォ］

実験をする
do experiments
［ドゥー イクスペリメンツ］

スピーチをする
make speeches
［メイク スピーチズ］

地図を描く
draw maps
［ドゥロー マぁップス］

…について話し合う
discuss ...
［ディスカス］

発表をする
make presentations
［メイク プレゼンテイシャンズ］

ああ，今日は宿題がたくさんあるなあ．
Oh, I have a lot of homework today.

わたしはもう宿題を終わらせたよ．
I've already finished my homework.

わたしは中間テスト［期末］テストに備えて勉強をするつもりだよ．
I'm going to study for midterm [final] exams.

3 学校行事・休暇(きゅうか) School Events /Vacations

学校行事に関する表現①

わたしは合唱コンクールを楽しみにしています.
I'm looking forward to the chorus contest.

遠足
excursion
[イクスカ～ジャン]

合唱コンクール
chorus contest
[コーラス カンテスト]

授業参観日
class visit day/ school visit day
[クらぁス ヴィズィット デイ/スクーる ヴィズィット デイ]

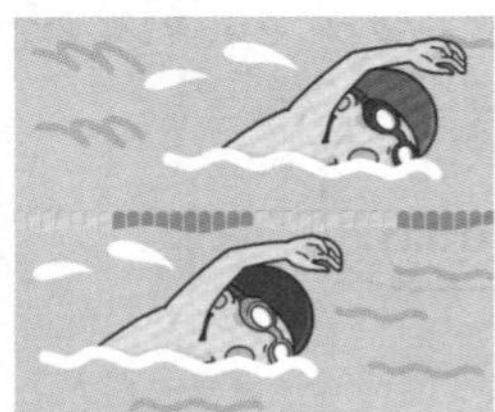

水泳大会
swim(ming) meet
[スウィム ミート/スウィミンヶミート]

スピーチコンテスト
speech contest
[スピーチ カンテスト]

卒業式
graduation ceremony
[グラぁチュエイシャン セレモウニ]

来週, 文化祭があります.
There will be the school festival next week.

球技大会
team sports day
［ティーム スポーツ デイ］

入学式
entrance ceremony
［エントゥランス セレモウニ］

文化祭
school festival
［スクール ふェスティヴる］

学校行事に関する表現②

ぼくは二人三脚に出場する予定です.
I'm going to take part in the three-legged race.

組体操
group gymnastics
［グループ ヂムナぁスティックス］

玉入れ
beanbag toss
［ビーンバぁグ トース］

ダンス
dance
［ダぁンス］

綱引き
tug of war
［タッグ アヴ ウォーア］

二人三脚
three-legged race
［すリーれッグド レイス］

100 メートル走
100-meter sprint
［ワンハンドゥレッドミータ
スプリント］

❶ アンカー **anchor** ［あンカ］
❷ 応援 **cheerleading** ［チアりーディンg］
❸ 走者 **runner** ［ラナ］
❹ たすき **sash** ［サぁッシ］
❺ トラック **track** ［トゥラぁック］
❻ 鉢巻 **headband** ［ヘッドバぁンド］
❼ バトン **baton** ［バぁタン］
❽ リレー **relay** ［リーれイ］

いけ！
Go get it!

休暇に関する表現

次の休みに何か予定はあるの？
Do you have plans for next vacation?

わたしは休み中に祖父母を訪れる予定だよ.
I'm going to visit my grandparents during the vacation.

海で泳ぐ
swim in the sea
［スウィム イン ざ スィー］

沖縄に行く
go to Okinawa
［ゴウ トゥ オキナワ］

祖父母を訪れる
visit my grandparents
［ヴィズィット マイ グラぁン(ド)ペアレンツ］

富士山にのぼる
climb Mt. Fuji
［クライム マウントフジ］

ボランティアに参加する
join a volunteer activity
［ヂョイン ア ヴァらンティア あクティヴィティ］

湖でキャンプをする
camp by the lake
［キぁンプ バイ ざ れイク］

4 クラブ活動・委員会 Club Activities/Committees

クラブ活動に関する表現①

ぼくは映画研究部に入っています.
I'm in the cinema club.

映画研究部
cinema club
[スィネマ クらブ]

園芸部
gardening club
[ガードゥニンヶ クらブ]

演劇部
drama club
[ドゥラーマ クらブ]

科学部
science club
[サイエンス クらブ]

合唱部
chorus club
[コーラス クらブ]

コンピュータ部
computer club
[コンピュータ クらブ]

わたしは茶道部に入りたいです.
I want to join the tea ceremony club.

茶道部

tea ceremony club

［ティー セレモウニ クらブ］

写真部

photography club

［ふォタグラふィ クらブ］

吹奏楽部

school (brass) band

［スクーる（ブラぁス）バぁンド］

地学部

geology club

［ヂアろヂィ クらブ］

天文学部

astronomy club

［アストゥラノミ クらブ］

美術部

art club

［アート クらブ］

クラブ活動に関する表現②

わたしはソフトボール部に入っています.

I'm on the softball team.

水泳部

swimming team

［スウィミンヶ ティーム］

ソフトボール部

softball team

［ソーふトボーる ティーム］

卓球部

table tennis team

［テイブル テニス ティーム］

ダンス部
dance team
［ダぁンス ティーム］

テニス部
tennis team
［テニス ティーム］

バスケットボール部
basketball team
［バぁスケットボーる ティーム］

バドミントン部
badminton team
［バぁドミントン ティーム］

バレー部
volleyball team
［ヴァりボーる ティーム］

ハンドボール部
handball team
［ハぁン(ド)ボーる ティーム］

野球部
baseball team
［ベイスボーる ティーム］

ラグビー部
rugby team
［ラグビ ティーム］

陸上部
track team
［トゥラぁック ティーム］

あの学校の野球部は強いんだ.
The baseball team at that school is good.

委員会に関する表現

わたしは図書委員をしています．
I'm a member of the library committee.

学級委員
class representative
［クらぁス レプリゼンタティヴ］

図書委員
library committee
［らイブレリ コミティ］

美化委員
school beautification committee
［スクーる ビューティふィケイシャン コミティ］

放送委員
school broadcasting committee
［スクーる ブロードキぁスティンヶ コミティ］

保健委員
healthcare committee
［へるすケア コミティ］

ぼくは生徒会長に選ばれたよ．
I was elected president of the student council.

それはすごいね！
That's great!

5 持ち物・パソコン My Belongings / Computers

持ち物に関する表現

あっ，消しゴムを忘れた！
Oh, I forgot my eraser!

ぼくのを使っていいよ．
You can use mine.

ありがとう．
Thanks.

鉛筆
pencil
［ペンスる］

クリアファイル
plastic folder
［プらぁスティック ふぉウるダ］

クリップ
paper clip
［ペイパ クリップ］

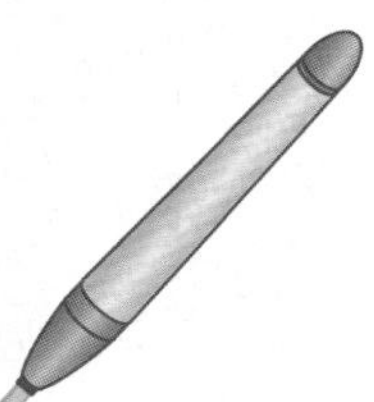

蛍光ペン
highlighter
［ハイらイタ］

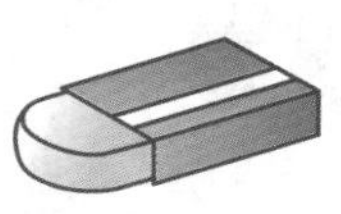

消しゴム
eraser
［イレイサ］

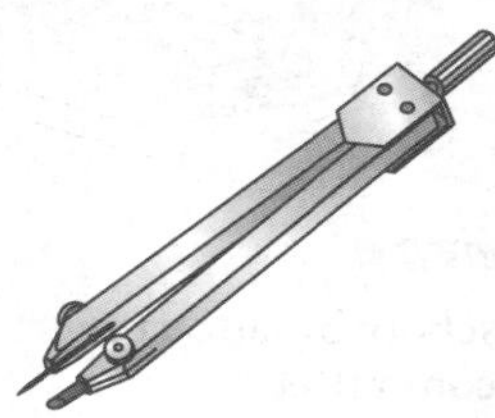

コンパス
compasses
［カンパスィズ］

ぼくはいつもボールペンを携帯しています．
I always carry a ballpoint pen.

三角定規
triangle
［トゥライあングる］

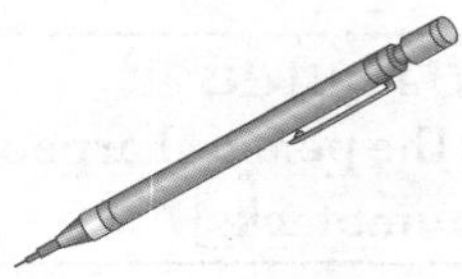

シャープペンシル
mechanical pencil
メキぁニクる ペンスる］

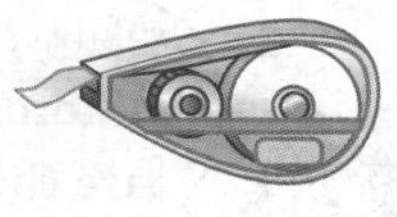

修正テープ
correction tape
［コレクシャン テイプ］

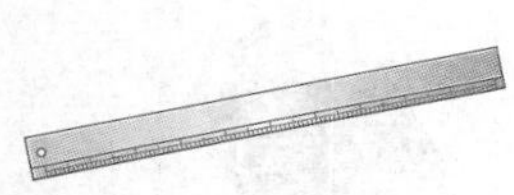

定規
ruler
［ルーら］

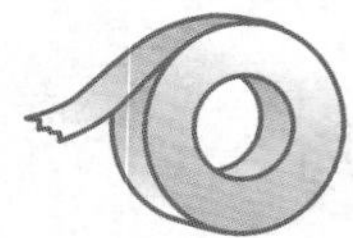

スコッチテープ
Scotch tape
［スカッチ テイプ］

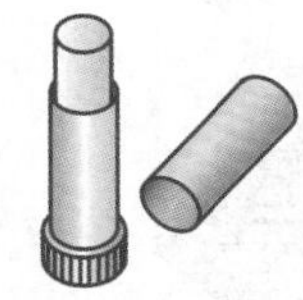

スティックのり
glue stick
［グるー スティック］

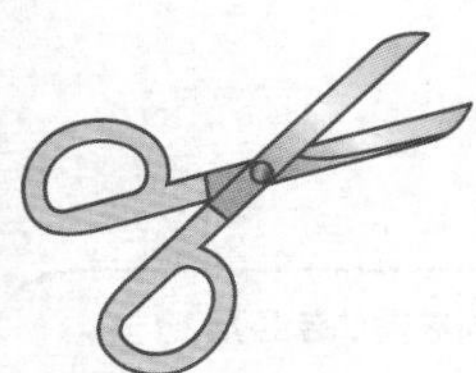

はさみ
scissors
［スィザズ］

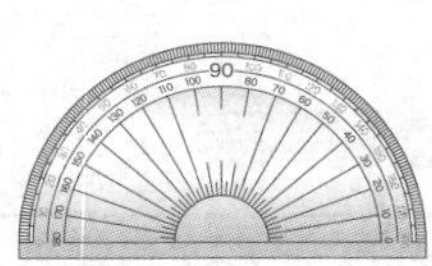

分度器
protractor
［プロウトゥラぁクタ］

ボールペン
ballpoint pen
［ボーるポイント ペン］

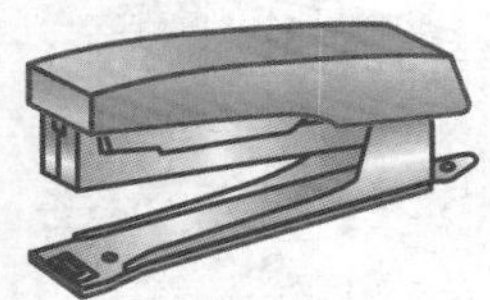

ホチキス
stapler
［ステイプら］

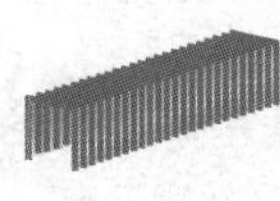

ホチキスの針
staples
［ステイプるズ］

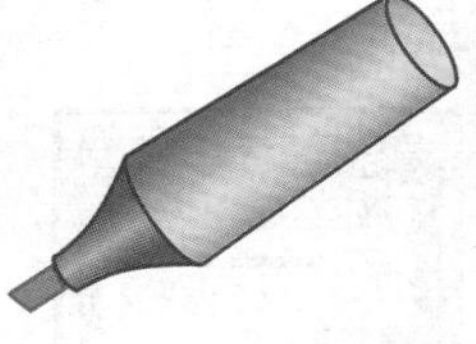

マジック
marker
［マーカ］

鉛筆削り[画びょう]はどこ？
Where 「is the pencil sharpener [are the thumbtacks]?

あの机の上にあるよ.
It's [They're] on that desk.

鉛筆削り
pencil sharpener
［ペンスる シャープナ］

画びょう
thumbtack
［さムタぁク］

ダブルクリップ
clip
［クリップ］

パソコンに関する表現

ぼくの父は昨日，デスクトップパソコンを買いました.
My father bought a desktop computer yesterday.

ウェブカメラ
a Web camera
［ウェッブ キぁメラ］

キーボード
a keyboard
［キーボード］

ケーブル
a cable
［ケイブる］

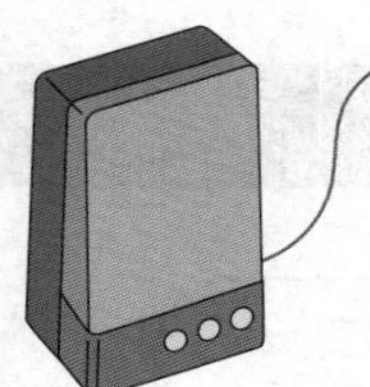

スピーカー
a speaker
［スピーカ］

デスクトップパソコン
a desktop computer
［デスクタップ コンピュータ］

ノート型パソコン
a laptop computer
［らぁップタップ コンピュータ］

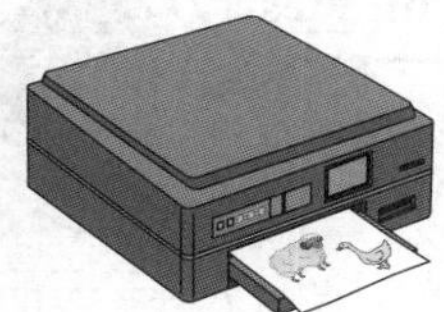

プリンター
a printer
［プリンタ］

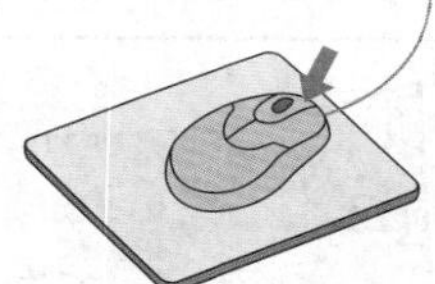

マウス
a mouse
［マウス］

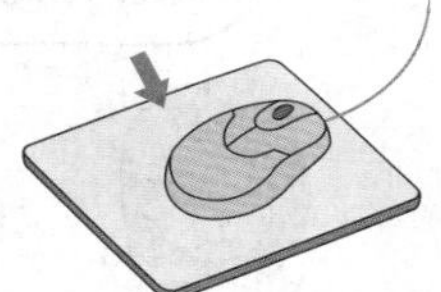

マウスパッド
a mouse pad
［マウス パぁッド］

わたしはよくネットから音楽をダウンロードして聴きます.
I often download music from the Internet and listen to it.

ぼくはよくネットで映画を見ます.
I often watch movies on the Internet.

わたしはときどき自分のパソコンで写真を編集します.
I sometimes edit pictures on my computer.

6 趣味　My Hobby

趣味に関する表現①

あなたの趣味［気晴らしによくすること］は何？
What's your hobby [favorite pastime]?

ぼくの趣味はギターを弾くことだよ．
［ぼくは気晴らしによく映画を見るよ．］
My hobby is playing the guitar.
[My favorite pastime is watching movies.]

アクセサリーを作る
making accessories
［メイキンヶ あクセサリズ］

映画を見ること
watching movies
［ワッチンヶ ムーヴィズ］

絵を描くこと
painting pictures
［ペインティンヶ ピクチャズ］

ケーキを焼くこと
baking cakes
［ベイキンヶ ケイクス］

テレビゲームをする
playing video games
［プれイインヶ ヴィディオウ ゲイムズ］

プラモデルを作る
building plastic models
［ビるディンヶ プらぁスティック マドゥるズ］

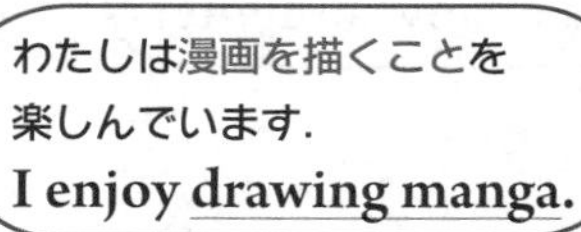

わたしは漫画を描くことを楽しんでいます．
I enjoy drawing manga.

趣味に関する表現②

あなたは何をするのが好きなの？
What do you like doing?

ぼくは踊ることが大好きなんだ！
I like dancing very much!

編み物
knitting
［ニッティンヶ］

サーフィン
surfing
［サ～ふィンヶ］

サイクリング
cycling
［サイクりンヶ］

ダンス
dancing
［ダぁンスィンヶ］

釣り
fishing
［ふィシンヶ］

天体観測
stargazing
［スターゲイズィンヶ］

わたしは天体観測に興味があります．
あなたは何に興味がありますか？
I'm interested in stargazing.
What are you interested in?

趣味に関する表現③

空いている時間には何をするの？
What do you do in your free time?

わたしは週末によく写真を撮るよ．
I often take pictures on weekends.

ぼくはときどき，空いている時間に小説を読むんだ．
I sometimes read novels in my free time.

音楽を聴く
listen to music
［リスン タ ミューズィック］

写真を撮る
take pictures
［テイク ピクチャズ］

小説を読む
read novels
［リード ナヴるズ］

美術館に行く
go to art museums
［ゴウ トゥ アート ミューズィアムズ］

山にのぼる
climb mountains
［クらイム マウントゥンズ］

料理する
cook
［クック］

映画の種類に関する表現

あなたはどんな映画を見るのが好きなの？
What kind of movies do you like to watch?

わたしはよくアクション映画を見るよ.
I often watch action movies.

ぼくは SF 映画が大好きなんだ.
I love SF movies.

アクション映画
action movies
［あクシャン ムーヴィズ］

アニメ映画
animated movies
［あニメイティッド ムーヴィズ］

SF 映画
SF movies / sci-fi movies
［エスエふ ムーヴィズ／サイふァイ ムーヴィズ］

冒険映画
adventure movies
［アドヴェンチャ ムーヴィズ］

ホラー映画
horror movies
［ホーラ ムーヴィズ］

恋愛映画
romantic movies
［ロウマぁンティック ムーヴィズ］

7 音楽・楽器 Music / Musical Instruments

音楽に関する表現

きみはどんな音楽が好きなの？
What kind of music do you like?

ぼくはクラシック音楽が大好きなんだ.
I love classical music.

カントリー音楽
country music
［カントゥリ ミューズィック］

クラシック音楽
classical music
［クらぁスィクる ミューズィック］

ジャズ
jazz
［ヂぁズ］

ダンス音楽
dance music
［ダぁンス ミューズィック］

ハードロック
hard rock
［ハード ラック］

民謡
folk songs / folk ballads
［ふォウク ソーングズ／ふォウク バぁらッヅ］

ぼくはよくジャズを聴くよ.
I often listen to jazz.

わたしはハードロックを聴くのが好きなんだ.
I like to listen to hard rock.

楽器に関する表現

あなたは何か楽器を演奏するの？
Do you play any musical instruments?

わたしはアコースティックギターを弾くよ.
I play the acoustic guitar.

アコースティックギター
acoustic guitar
[アクースティック ギター]

アコーディオン
accordion
[アコーディオン]

エレキギター
electric guitar
[イれクトゥリック ギター]

オーボエ
oboe
[オウボウ]

オルガン
organ
[オーガン]

カスタネット
castanets
[キぁスタネッツ]

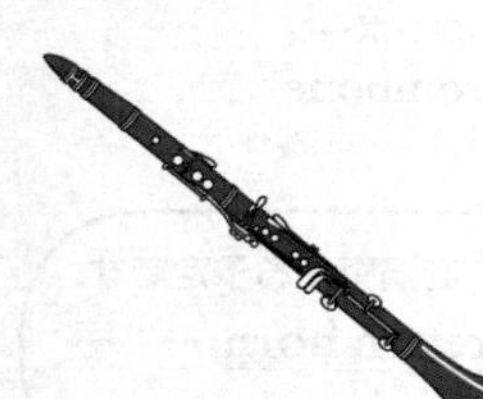

クラリネット
clarinet
[クらぁリネット]

コントラバス
double bass
[ダブる ベイス]

サキソホン
saxophone
[サぁクソふォウン]

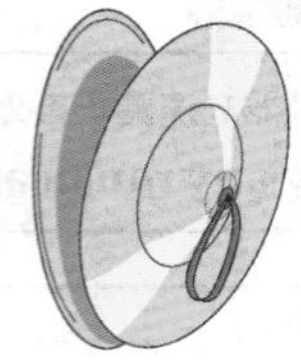

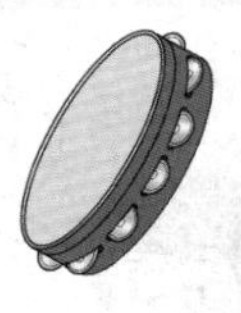

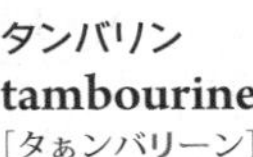

シンセサイザー
synthesizer
[スィンせサイザ]

シンバル
cymbals
[スィンブるズ]

タンバリン
tambourine
[タぁンバリーン]

チェロ
cello
[チェろウ]

ティンパニー
timpani
[ティンパニ]

鉄琴
glockenspiel
[グらケンスピーる]

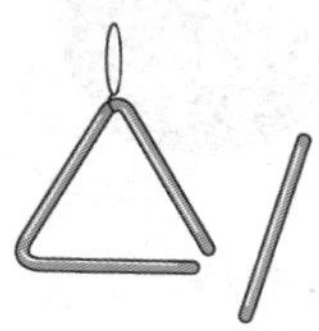

トライアングル
triangle
[トゥライあングる]

ドラム
drums
[ドゥラムズ]

トロンボーン
trombone
[トゥランボウン]

わたしのいとこは次のコンサートでホルンを演奏する予定です。
My cousin is going to play the French horn in the next concert.

バイオリン
violin
［ヴァイオリン］

パイプオルガン
pipe organ
［パイプ オーガン］

ハープ
harp
［ハープ］

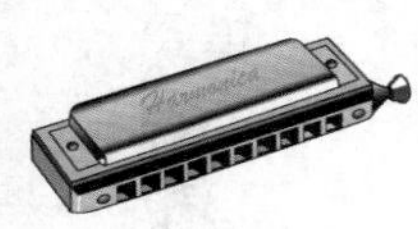

ハーモニカ
harmonica
［ハーマニカ］

ピッコロ
piccolo
［ピコろウ］

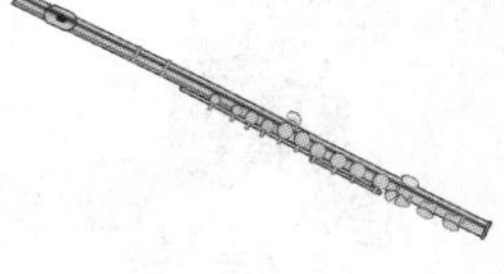

フルート
flute
［ふるート］

ホルン
French horn
［ふレンチ ホーン］

木琴
xylophone
［ザイらふォウン］

リコーダー
recorder
［リコーダ］

わたしは将来，サキソホンを上手に演奏できるようになりたいです．
I want to be able to play the <u>saxophone</u> well in the future.

8 スポーツ Sports

スポーツに関する表現①

何かスポーツをしているの？
Do you play any sports?

サッカーをしているよ.
I play soccer.

アイスホッケー
ice hockey
［アイス ハキ］

クリケット
cricket
［クリケット］

ゴルフ
golf
［ガるふ］

サッカー
soccer
［サカ］

ソフトボール
softball
［ソーふトボーる］

卓球
table tennis
［テイブる テニス］

テニス
tennis
［テニス］

ドッジボール
dodge ball
［ダッヂ ボーる］

バスケットボール
basketball
［バぁスケットボーる］

バドミントン
badminton
［バぁドミントン］

バレーボール
volleyball
［ヴァりボーる］

ハンドボール
handball
［ハぁン(ド)ボーる］

野球
baseball
［ベイスボーる］

ラグビー
rugby
［ラグビ］

ラクロス
lacrosse
［らクロース］

スポーツに関する表現②

わたしの国では，アイスホッケーは人気があります．
Ice hockey is popular in my country.

カーリング
curling
［カ～りンヶ］

水球
water polo
［ウォータ ポウろウ］

スキー
skiing
［スキーインヶ］

スノーボード
snowboarding
[スノウボーディンｸﾞ]

フィギュアスケート
figure skating
[ふぃギャ スケイティンｸﾞ]

フェンシング
fencing
[ふェンスィンｸﾞ]

ボクシング
boxing
[バクスィンｸﾞ]

ボウリング
bowling
[ボウりンｸﾞ]

レスリング
wrestling
[レスりンｸﾞ]

スポーツに関する表現③

オリンピックのどの競技が好きなの？
What's your favorite Olympic sport?

マラソンが好きだよ.
My favorite is marathon.

アーチェリー
archery
[アーチェリ]

カヌー
canoeing
[カヌーインｸﾞ]

自転車競技
cycling
[サイクりンｸﾞ]

射撃
shooting
［シューティンɡ］

重量挙げ
weightlifting
［ウェイトりふティンɡ］

スケートボード
skateboarding
［スケイトボーディンɡ］

セーリング
sailing
［セイりンɡ］

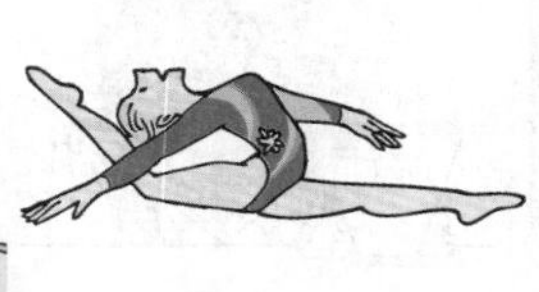

体操
gymnastics
［ヂムナぁスティックス］

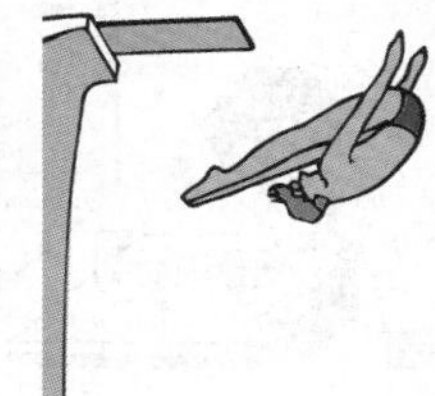

飛び込み
diving
［ダイヴィンɡ］

トライアスロン
triathlon
［トゥライあすろン］

馬術
equestrian events
［イクウェストゥリアン イヴェンツ］

マラソン
marathon
［マぁラさン］

わたしはアーチェリーが見たいです.
I want to watch archery.

9 日常生活 Daily Life

日常生活に関する表現①

わたしは朝起きたら顔を洗うよ.
I wash my face when I get up in the morning.

ぼくは朝食の後，服を着るんだ.
I get dressed after breakfast.

顔を洗う
wash my face
［ワッシ マイ ふェイス］

髪の毛をとかす
comb my hair
［コウム マイ ヘア］

ごみを出す
take out the garbage
［テイク アウト ざ ガーベッヂ］

シャワーを浴びる
take a shower
［テイク ア シャウア］

テレビでニュースを見る
watch the news on TV
［ワッチ ざ ニューズ アン ティーヴィー］

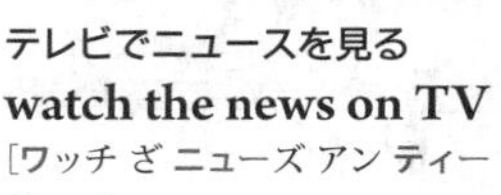

花に水をやる
water my flowers
［ウォータ マイ ふらウアズ］

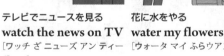

歯を磨く
brush my teeth
［ブラッシ マイ ティーす］

服を着る
get dressed
［ゲット ドゥレスト］

水を1杯飲む
drink a glass of water
［ドゥリンク ア グらぁス アヴ ウォータ］

日常生活に関する表現②

ぼくは夕食前，宿題をするよ．
I do my homework before dinner.

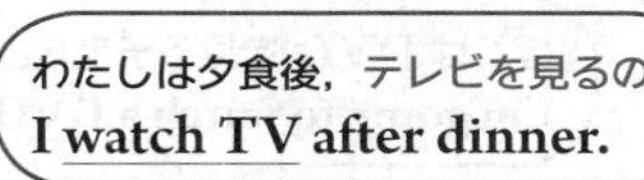

わたしは夕食後，テレビを見るの．
I watch TV after dinner.

犬にえさをやる
feed my dog
［ふィード マイ ド(ー)グ］

犬を散歩させる
walk my dog
［ウォーク マイ ド(ー)グ］

音楽を聴く
listen to music
［りスン タ ミューズィック］

宿題をする
do my homework
［ドゥー マイ ホウムワ～ク］

かばんの準備をする
pack my school bag
［パぁック マイ スクーる バぁッグ］

テーブルの上を片付ける
clear the table
［クりア ざ テイブる］

食器を洗う
do the dishes
［ドゥー ざ ディッシィズ］

ピアノを練習する
practice the piano
［プラぁクティス ざ ピあノウ］

ふろに入る
take a bath
［テイク ア バぁす］

日常生活に関する表現③

あなたは今度の日曜日，何をするの？
What are you going to do this Sunday?

ぼくは**DVD**を見る予定だよ．
I'm going to watch a DVD.

クッキーを焼く
bake cookies
[ベイク クキズ]

サッカーの練習をする
practice soccer
[プラぁクティス サカ]

スーパーまで買い物に行く
go shopping at the supermarket
[ゴウ シャピング アット ざ スーパマーケット]

DVDを見る
watch a DVD
[ワッチ ア ディーヴィーディー]

テレビゲームをする
play video games
[プれイ ヴィディオウ ゲイムズ]

図書館に行く
go to the library
[ゴウ トゥ ざ らイブレリ]

鳥の世話をする
take care of my bird
[テイク ケア アヴ マイ バ～ド]

部屋を掃除する
clean my room
[クリーン マイ ルーム]

漫画を読む
read comic books
[リード カミック ブックス]

日常の感情・感覚を表す表現

ぼくはわくわくしています.
I'm excited.

うれしい
happy
［ハあピ］

怒(おこ)っている
angry
［あングリ］

驚いている
surprised
［サプライズド］

がっかりしている
disappointed
［ディスアポインティッド］

悲しい
sad
［サあッド］

緊張している
nervous
［ナ～ヴァス］

衝撃を受けている
shocked
［シャックト］

疲れた
tired
［タイアド］

わくわくしている
excited
［イクサイティッド］

⑩ 買い物 Shopping

買い物に関する表現①

いらっしゃいませ.
May [Can] I help you? / What can I do for you?

シャツを探しているのですが.
I'm looking for a shirt.

腕時計
a watch
［ワッチ］

傘
an umbrella
［アンブレら］

風邪(かぜ)薬
cold medicine
［コウるド メディスン］

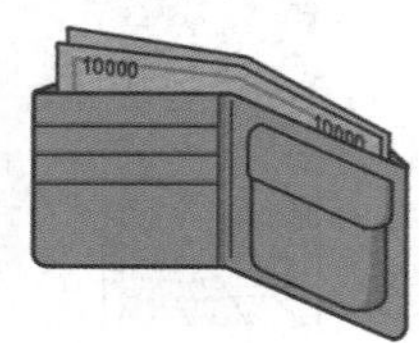

財布
a wallet
［ワれット］

シャツ
a shirt
［シャ〜ト］

シャンプー
shampoo
［シぁンプー］

電球
a light bulb
［らイト バるブ］

ハンカチ
a handkerchief
［ハぁンカチふ］

レインコート
a raincoat
［レインコウト］

買い物に関する表現②

すみません．野菜売り場はどこですか？
Excuse me. Where can I find vegetables?

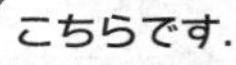

こちらです．
Please come this way.

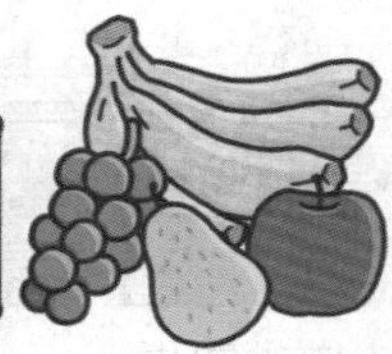

インスタント食品
instant food
［インスタント ふード］

お菓子
sweets
［スウィーツ］

缶詰（かんづめ）
canned food
［キぁンド ふード］

果物（くだもの）
fruit
［ふルート］

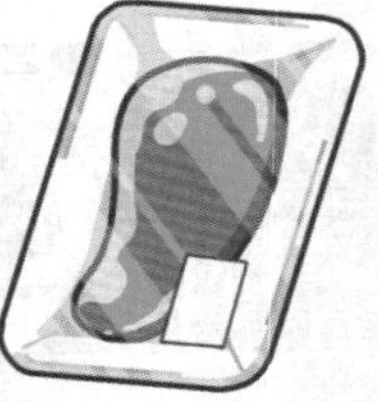

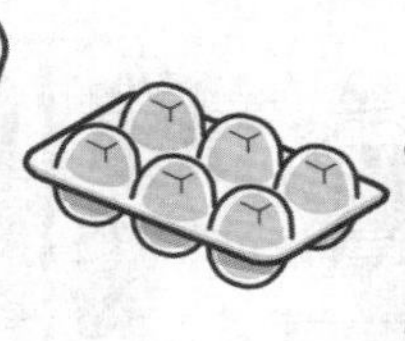

魚
fish
［ふィッシ］

食肉
meat
［ミート］

たまご
eggs
［エッグズ］

調味料
seasoning
［スィーズニンｸﾞ］

乳製品
dairy products
［デアリ プラダクツ］

パン
bread
［ブレッド］

野菜
vegetables
［ヴェヂタブるズ］

冷凍食品
frozen food
［ふロウズン ふード］

買い物に関する表現③

婦人服は何階ですか？

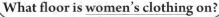

What floor is women's clothing on?

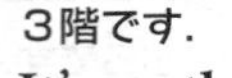

3階です.

It's on the third floor.

おもちゃ売り場

the toy section

［トイ セクシャン］

靴売り場

the shoe department

［シュー ディパートメント］

化粧品売り場

the cosmetics department

［カズメティックス ディパートメント］

子供服

children's clothing

［チるドゥレンズ クろウずィンヶ］

紳士服

men's clothing

［メンズ クろウずィンヶ］

スポーツ用品

sporting goods

［スポーティンヶ グッヅ］

婦人服

women's clothing

［ウィミンズ クろウずィンヶ］

めがね売り場

the glasses section

［グらぁスィズ セクシャン］

買い物に関する表現④

これの黒はありますか？
Do you have this in black?

はい，ございます．
Yes, we do.

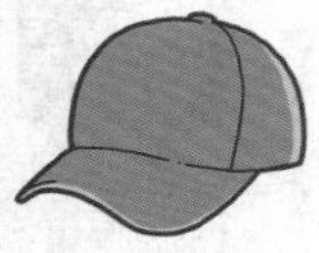

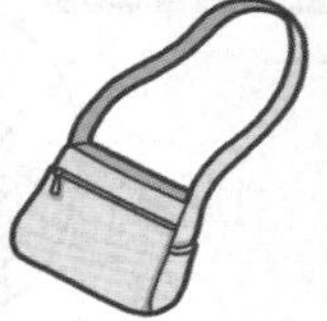

青 **blue**
［ブるー］

赤 **red**
［レッド］

オレンジ色 **orange**
［オーレンヂ］

黄色 **yellow**
［イェろウ］

グレー **gray**
［グレイ］

黒 **black**
［ブらぁック］

紺(こん)色 **navy**
［ネイヴィ］

白 **white**
［(ホ)ワイト］

茶色 **brown**
［ブラウン］

ピンク **pink**
［ピンク］

緑色 **green**
［グリーン］

紫(むらさき)色 **purple**
［パ～プる］

11 道案内 Showing the Way

道を案内する

すみません．地下鉄駅への道を教えてくださいますか？
Excuse me. Could you tell me the way to the subway station?

わかりました．この通りをまっすぐ行ってください．左手に見えますよ．
Sure. Go straight down this street. You'll see it on your left.

この通りをまっすぐ行く
go straight down this street
［ゴウ ストゥレイト ダウン ずィス ストゥリート］

２つ目の角を右に曲がる
turn right at the second corner
［タ～ン ライト アット ざ セカンド コーナ］

次の角を左に曲がる
turn left at the next corner
［タ～ン れふト アット ざ ネクスト コーナ］

通りを渡る
cross the street
［クロース ざ ストゥリート］

踏切を渡る
cross the railroad crossing
［クロース ざ レイるロウド クロースィンｸﾞ］

橋を渡る
cross the bridge
［クロース ざ ブリッヂ］

人に道をたずねる①

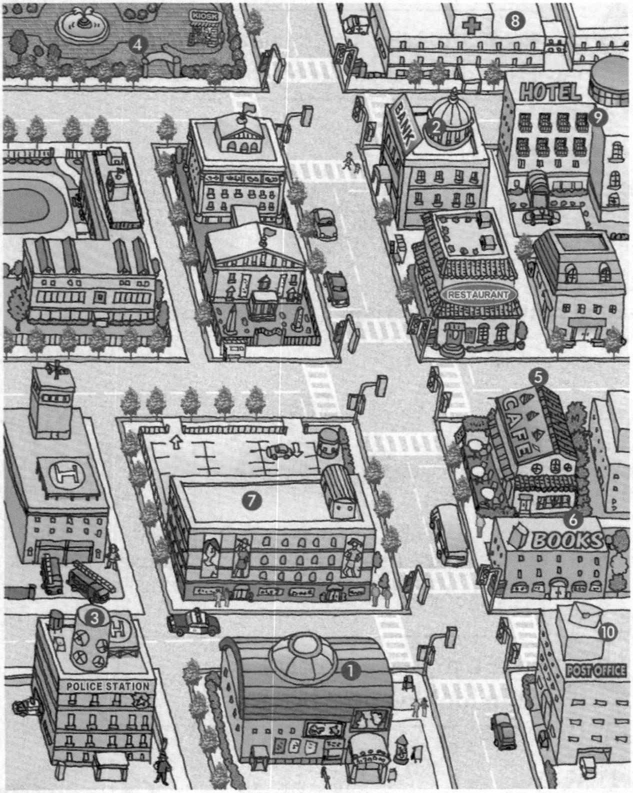

この近くに郵便局はありますか？
Is there a <u>post office</u> near here?

❶ 映画館 **a movie theater**［ムーヴィ すィーアタ］
❷ 銀行 **a bank**［バぁンク］
❸ 警察署 **a police station**［ポリース ステイシャン］
❹ 公園 **a park**［パーク］
❺ コーヒーショップ **a coffee shop**［コーふィ シャップ］
❻ 書店 **a bookstore**［ブックストーア］
❼ デパート **a department store**［ディパートメント ストーア］
❽ 病院 **a hospital**［ハスピトゥる］
❾ ホテル **a hotel**［ホウテる］
❿ 郵便局 **a post office**［ポウスト オーふィス］

人に道をたずねる②

美術館まではどのように行けばよいですか？
How do I get to the art museum?

観光案内所 **tourist information center**
［トゥ(ア)リスト インふぉメイシャン センタ］

水族館
aquarium
［アクウェアリアム］

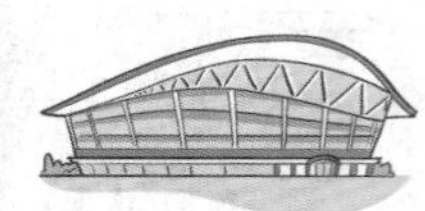

スタジアム
stadium
［ステイディアム］

バスターミナル
bus terminal
［バス タ〜ミヌる］

美術館
art museum
［アート ミューズィアム］

遊園地
amusement park
［アミューズメント パーク］

わたしはパン屋を探しています.
I'm looking for a bakery.

クリーニング店
dry cleaner
［ドゥライ クリーナ］

ケーキ屋
cake shop
［ケイク シャップ］

図書館
library
［らイブレリ］

ドラッグストア **drugstore**
［ドゥラッグストーア］

パン屋 **bakery**
［ベイカリ］

美容院 **beauty parlor**
［ビューティ パーら］

交通手段を答える

どうやってここに来たのですか？
How did you get here?

バスで来ました.
By bus.

歩いて
on foot
［アン ふット］

車で
by car
［バイ カー］

自転車で
by bike
［バイ バイク］

タクシーで
by taxi
［バイ タぁクスィ］

地下鉄で
by subway
［バイ サブウェイ］

電車で
by train
［バイ トゥレイン］

バスで
by bus
［バイ バス］

モノレールで
by monorail
［バイ マノレイる］

⑫ 家・家族　My House / My Family

わたしの家

うちの猫は屋根裏部屋で昼寝をするのが好きです.

Our cat likes to nap in the attic.

❶ 居間 **living room** ［りヴィンᵍ ルーム］
❷ ガレージ **garage** ［ガラージ］
❸ 子供部屋 **children's room** ［チるドゥレンズ ルーム］
❹ 食堂 **dining room** ［ダイニンᵍ ルーム］
❺ 書斎 **study** ［スタディ］
❻ 洗面台 **sink** ［スィンク］
❼ 台所 **kitchen** ［キチン］
❽ 地下室 **basement** ［ベイスメント］
❾ 庭 **yard** ［ヤード］
❿ 屋根裏部屋 **attic** ［あティック］
⓫ 浴室 **bathroom** ［バぁすルーム］
⓬ 両親の寝室 **master bedroom** ［マぁスタ ベッドルーム］

わたしの部屋

ぼくは誕生日にテニスラケットをもらいました.

I got a tennis racket for my birthday.

❶ コンピューター
a computer
［コンピュータ］

❷ テニスラケット
a tennis racket
［テニス ラぁケット］

❸ テレビゲーム機
a video game console
［ヴィディオウ ゲイム カンソウる］

❹ 目覚まし時計
an alarm (clock)
［アらーム（クらック）］

このポスターを見てください.

Take a look at this poster.

❺ 写真
photo
［ふォウトウ］

❻ ステレオ
stereo
［ステリオウ］

❼ バッグ
bag
［バぁッグ］

❽ ポスター
poster
［ポウスタ］

居間

この花びんはすてきですね.
This vase is cool.

❶ 絵 **picture** ［ピクチャ］
❷ カップ **cup** ［カップ］
❸ 花びん **vase** ［ヴェイス］
❹ コーヒーテーブル **coffee table** ［コーふィ テイブる］
❺ ソファ **sofa** ［ソウふァ］
❻ ティーポット **teapot** ［ティーパット］
❼ 電気スタンド **table lamp** ［テイブる らぁンプ］
❽ フロアスタンド **floor lamp** ［ふろーア らぁンプ］

わたしの家族

ぼくは昨日，祖母と時間を過ごしました．
I spent time with my grandmother yesterday.

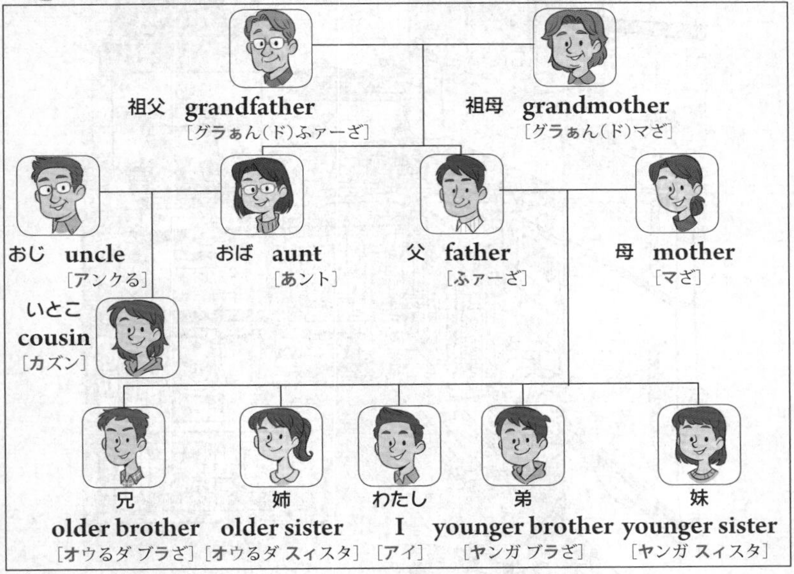

祖父 **grandfather** ［グラぁん(ド)ふァーざ］

祖母 **grandmother** ［グラぁん(ド)マざ］

おじ **uncle** ［アンクる］

おば **aunt** ［あント］

父 **father** ［ふァーざ］

母 **mother** ［マざ］

いとこ **cousin** ［カズン］

兄 **older brother** ［オウるダ ブラざ］

姉 **older sister** ［オウるダ スィスタ］

わたし **I** ［アイ］

弟 **younger brother** ［ヤンガ ブラざ］

妹 **younger sister** ［ヤンガ スィスタ］

ぼくは犬を飼っています．
I have a dog.

犬 **a dog** ［ド(ー)グ］

ウサギ **a rabbit** ［ラぁビット］

オウム **a parrot** ［パぁロット］

カメ **a turtle** ［タ～トウる］

金魚 **a goldfish** ［ゴウるドふィッシ］

猫 **a cat** ［キぁット］

⑬ 料理・食べ物 Cooking / Food

台所に関する表現

食器洗い機の使い方を教えてくれませんか？

Could you show me how to use the dishwasher?

❶ コーヒーメーカー **coffee maker**
［コーふぃ メイカ］

❷ 食器洗い機 **dishwasher**
［ディッシワッシャ］

❸ フードプロセッサー **food processor**
［ふード プラセサ］

❹ ミキサー **blender**
［ブれンダ］

おたまを取ってもらえますか？
Could you pass me the ladle?

❺ おたま **ladle**［れイドゥる］
❻ コップ **glass**［グらぁス］
❼ 皿 **plate**［プれイト］
❽ スプーン **spoon**［スプーン］
❾ ナイフ **knife**［ナイふ］
❿（深い）なべ **pot**［パット］
⓫ フォーク **fork**［ふォーク］
⓬ フライ返し **spatula**［スパぁチュら］
⓭ フライパン **frying pan**［ふライインヶパぁン］
⓮ まな板 **cutting board**［カティンヶボード］
⓯ 水差し **pitcher**［ピチャ］
⓰ やかん **kettle**［ケトゥる］

換気扇は掃除が必要です.
The ventilator needs cleaning.

⓱ ガスオーブン **oven**［アヴン］
⓲ 換気扇 **ventilator**［ヴェントゥれイタ］
⓳ 電子レンジ **microwave (oven)**［マイクロウウェイヴ（アヴン）］
⓴ レンジ **stove**［ストウヴ］

食べ物・飲み物に関する表現①

朝ごはんに何を食べたの？
What did you have for breakfast?

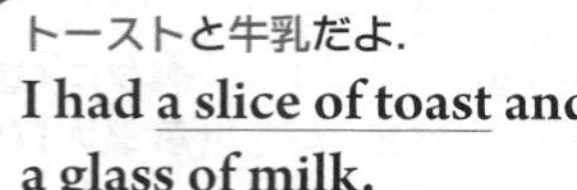

トーストと牛乳だよ.
I had a slice of toast and a glass of milk.

牛乳１杯
a glass of milk
［グらぁス アヴ ミるク］

紅茶１杯
a cup of tea
［カップ アヴ ティー］

ごはん
rice
［ライス］

サラダ
salad
［サぁらド］

シリアル
cereal
［スィーリアる］

トースト１枚
a slice of toast
［スらイス アヴ トウスト］

ベーコンエッグ
bacon and eggs
［ベイコン アン エッグズ］

みそ汁
miso soup
［ミーソウ スープ］

ぼくは昼食にハムサンドイッチを食べました.
I had a ham sandwich for lunch.

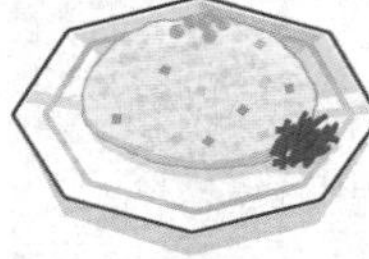

チャーハン
fried rice
［ふライド ライス］

ハムサンドイッチ
a ham sandwich
［ハぁム サぁン(ド)ウィッチ］

ハンバーガー
a hamburger
［ハぁンバ〜ガ］

ピザ
pizza
［ピーツァ］

食べ物・飲み物に関する表現②

アップルパイが食べたいな.
I want to eat apple pie.

アップルパイ
apple pie
[あプル パイ]

イチゴのタルト
strawberry tart
[ストゥローベリ タート]

エビフライ
fried shrimps
[ふライド シュリンプス]

カレーライス
curry and rice
[カ～リ アン(ド) ライス]

コロッケ
croquettes
[クロウケッツ]

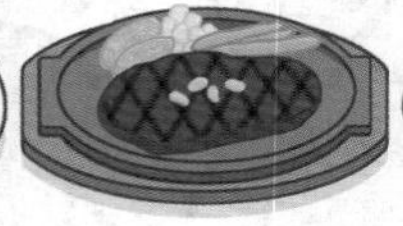

ステーキ
steak
[ステイク]

スパゲッティ
spaghetti
[スパゲティ]

チーズケーキ
cheesecake
[チーズケイク]

チョコレートケーキ
chocolate cake
[チョーコれット ケイク]

ドーナツ
doughnuts
[ドウナッツ]

トンカツ
pork cutlets
[ポーク カットれッツ]

ハンバーグ
hamburger steak
[ハぁンバ～ガ ステイク]

ビーフシチュー
beef stew
[ビーふ ステュー]

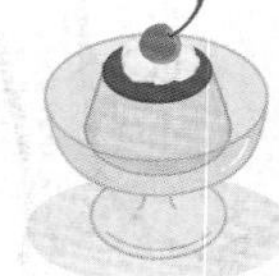

プリン
custard pudding
[カスタド プディング]

焼き魚
grilled fish
[グリるド ふィッシ]

ローストビーフ
roast beef
[ロウスト ビーふ]

⑭ 身体・健康 Human Body / Health

身体の部位を表すことば

首に痛みがあります.
I have pain in my neck.

❶ 脚 **leg** [れッぐ]
❷ 足首 **ankle** [あンクる]
❸ 肩 **shoulder** [ショウるダ]
❹ 首 **neck** [ネック]
❺ 腰 **hips** [ヒップス]
❻ 手首 **wrist** [リスト]
❼ ひざ **knee** [ニー]
❽ ひじ **elbow** [エるボウ]
❾ ふくらはぎ **calf** [キぁふ]
❿ 太もも **thigh** [さイ]
⓫ 耳 **ear** [イア]
⓬ 胸 **chest** [チェスト]

指が腫れています.
My fingers are swollen.

⓭ 足の指 **toes** [トウズ]
⓮ くちびる **lips** [リップス]
⓯ 手の指 **fingers** [ふィンガズ]
⓰ 目 **eyes** [アイズ]

額に切り傷をつくりました.
I got a cut on my forehead.

⓱ あご **chin** [チン]
⓲ 親指 **thumb** [さム]
⓳ 額 **forehead** [ふォーリッド]
⓴ ほお **cheek** [チーク]

歩くと足が痛みます.
My feet hurt when I walk.

㉑ 足 **feet** [ふィート]
㉒ かかと **heels** [ヒーるズ]

わたしは髪の毛が豊かです.
I have thick hair.

㉓ 髪の毛 **hair** [ヘア]
㉔ まつ毛 **eyelashes** [アイらぁッシズ]
㉕ まゆ毛 **eyebrows** [アイブラウズ]

体調に関する表現

どうかしましたか？
How may I help you?

熱があります.
I have a fever.

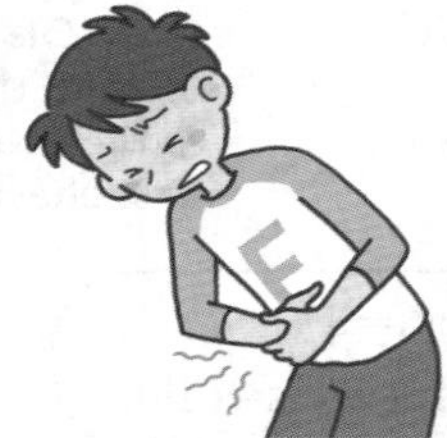

頭が痛い
have a headache
［ヘッドエイク］

おなかが痛い
have a stomachache
［スタマックエイク］

寒気がする
have chills
［チるズ］

せきが出る
have a cough
［コーふ］

のどが痛い
have a sore throat
［ソーア すロウト］

歯が痛い
have a toothache
［トゥーすエイク］

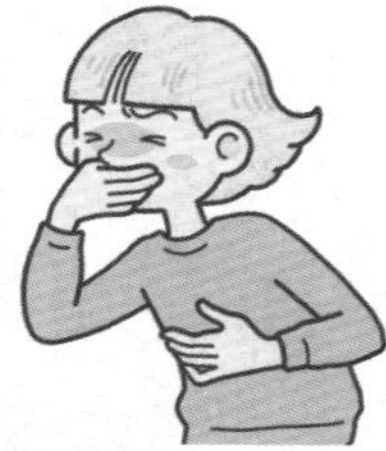

はき気がする
feel sick
［スィック］

鼻水が止まらない
have a runny nose
［ラニ ノウズ］

めまいがする
feel dizzy
［ディズィ］

どうかしたの？
What's wrong?
指を切ったの.
I cut my finger.

足首をねんざした
sprained my ankle
［スプレインド マイ あンクる］

足を骨折した
broke my leg
［ブロウク マイ れッグ］

腕が上がらない
can't raise my arm
［レイズ マイ アーム］

肩こりがする
have a stiff neck
［スティふ ネック］

手にやけどをした
burnt my hand
［バ～ント マイ ハぁンド］

ドアに頭をぶつけた
hit my head on the door
［ヒット マイ ヘッド アン ざ ドーア］

ハチに刺された
got stung by a bee
［スタング バイ ア ビー］

目がかゆい
have itchy eyes
［イチィ アイズ］

腰痛がする
have a backache
［バぁックエイク］

職業　Occupations

職業に関する表現①

わたしの夢は科学者になることだよ.
My dream is to be a scientist.

ぼくはプロ野球選手になりたいんだ.
I want to be a pro baseball player.

アナウンサー
an announcer
［アナウンサ］

医者
a doctor
［ダクタ］

映画監督
a movie director
［ムーヴィ ディレクタ］

エンジニア，技術者
an engineer
［エンヂニア］

画家
a painter
［ペインタ］

科学者
a scientist
［サイエンティスト］

歌手
a singer
［スィンガ］

看護師
a nurse
［ナ～ス］

客室乗務員
a flight attendant
［ふらイト アテンダント］

教師
a teacher
［ティーチャ］

警察官
a police officer
［ポリース オーふィサ］

ゲームプログラマー
a game programmer
［ゲイム プロウグラぁマ］

公務員
a public servant
［パブリック サ～ヴァント］

作家
a writer
［ライタ］

歯科医
a dentist
［デンティスト］

獣医
a vet
［ヴェット］

消防士
a firefighter
［ふァイアふァイタ］

政治家
a politician
［パりティシャン］

大工
a carpenter
［カーペンタ］

通訳
an interpreter
［インタ～プリタ］

俳優　**an actor**［あクタ］/
（特に女優）**an actress**
［あクトゥレス］

パイロット
a pilot
［パイろット］

パティシエ
a pastry chef
［ペイストゥリ シェふ］

花屋
a florist
［ふろ(ー)リスト］

パン屋
a baker
［ベイカ］

美容師
a hairdresser
［ヘアドゥレサ］

ファッションデザイナー
a fashion designer
［ふぁシャン ディザイナ］

ファッションモデル
a fashion model
［ふぁシャン マドゥる］

プロ野球選手
a pro baseball player
［プロウ ベイスボーる プれイア］

弁護士
a lawyer
［ろーヤ］

漫画家
a cartoonist
［カートゥーニスト］

ミュージシャン
a musician
［ミューズィシャン］

漁師
a fisher
［ふィシャ］

職業に関する表現②

わたしはアニメスタジオで働きたいです.
I want to work for an animation studio.

おもちゃメーカー
a toy company
［トイ カンパニ］

官公庁
a government office
［ガヴァ(ン)メント オーふィス］

航空会社
an airline
［エアらイン］

遊園地
an amusement park
［アミューズメント パーク］

電機メーカー
an electrical manufacturer
［イれクトゥリクる マぁニュふぁクチャラ］

動物園
a zoo
［ズー］

⑯ 衣服　Clothes

衣服に関する表現

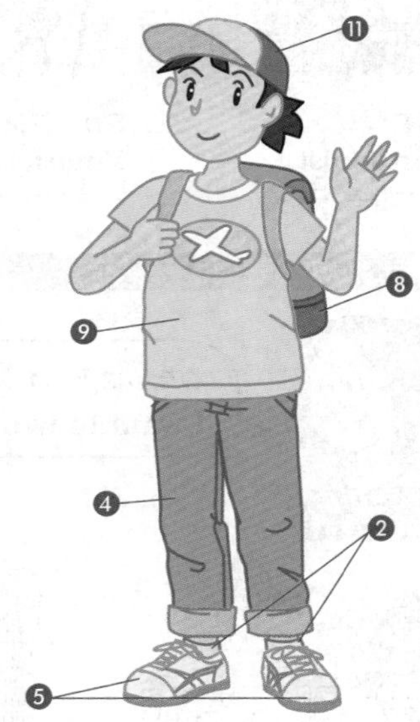

そのジーンズはどこで買ったのですか？
Where did you get [buy] the jeans?

❶ カットオフジーンズ **cutoffs** ［カト(ー)ふス］
❷ 靴下 **socks** ［サックス］
❸ サンダル **sandals** ［サぁンドゥるズ］
❹ ジーンズ **jeans** ［ヂーンズ］
❺ スニーカー **sneakers** ［スニーカズ］
❻ タンクトップ **tank top** ［タぁンク タップ］
❼ バスケット **basket** ［バぁスケット］
❽ バックパック **backpack** ［バぁックパぁック］

その麦わら帽子はあなたに似合っていますね.
That straw hat looks good on you.

❾ Tシャツ **T-shirt** ［ティーシャ～ト］
❿ ブレスレット **bracelet** ［ブレイスれット］
⓫ 帽子 **cap** ［キぁップ］
⓬ 麦わら帽子 **straw hat** ［ストゥロー ハぁット］

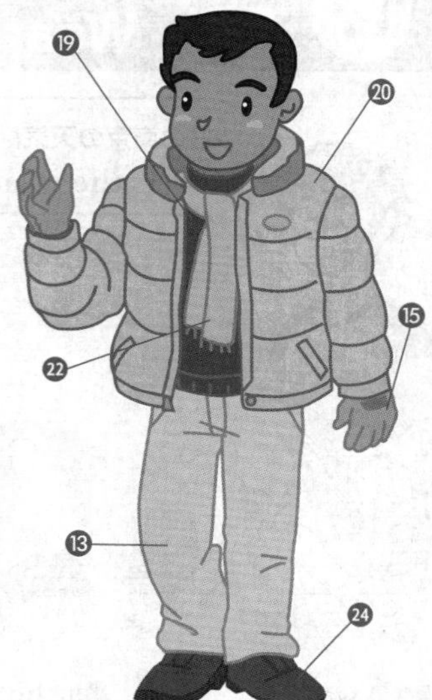

このミトンはとても暖かいです.
These mittens are really warm.

⑬ ズボン **pants** ［パぁンツ］
⑭ タイツ **tights** ［タイツ］
⑮ 手袋 **gloves** ［グラヴズ］
⑯ ミトン **mittens** ［ミトゥンズ］

わたしはこのマフラーをとても気に入っています.
I really like this scarf.

⑰ 髪留め **hair clip** ［ヘア クリップ］
⑱ コート **coat** ［コウト］
⑲ タートルネックセーター **turtleneck sweater** ［タ～トゥるネック スウェタ］
⑳ ダウンジャケット **down jacket** ［ダウン チぁケット］
㉑ ハンドバッグ **purse** ［パ～ス］
㉒ マフラー **scarf** ［スカーふ］
㉓ ワンピース **dress** ［ドゥレス］

このブーツは履きやすいです.
These boots are comfortable.

㉔ 革靴 **leather shoes** ［れざ シューズ］
㉕ ブーツ **boots** ［ブーツ］

17 天気 Weather

今日の東京の天気はどう？
How is the weather in Tokyo today?

よく晴れているよ.
It's sunny.

暖かい **warm**
［ウォーム］

暑い **hot**
［ハット］

雨が降っている **raining**
［レイニンッ］

風が強い **windy**
［ウィンディ］

曇っている **cloudy**
［クらウディ］

寒い **cold**
［コウるド］

涼しい **cool**
［クーる］

雪が降っている **snowing**
［スノウインッ］

よく晴れている **sunny**
［サニ］

NEW HORIZON
ENGLISH-JAPANESE DICTIONARY
ニューホライズン英和辞典
【第9版】

上智大学名誉教授
監修 笠島 準一

TOKYO SHOSEKI

監修――――――笠島準一

編者――――――阿野幸一　磐崎弘貞　緒方孝文　Tom Gally

校閲――――――Christopher Clyne

ケースイラスト――――ミヤタジロウ

本文イラスト―――――石橋えり子（スタジオ　あい-2）

榊原ますみ（あーとすぺっく）

佐藤隆志

ハヤシナオユキ

地図製作――――――木川六秀

写真および資料提供――アマナイメージズ，PPS通信社

編集協力――――――日本アイアール株式会社

はじめに

『ニューホライズン英和辞典』は, 小学生, 中学生のみなさんに英語をわかりやすく学習してもらえるように作られています. その特徴(とくちょう)を眺めてみましょう.

① **基本語がわかりやすい**

辞典には多くの語が示されています. でも, みなさんにとって最も大切なことは, 最初に重要な基本語を学ぶことなのです. 基本語はすべての英語教科書や全国の高校入試問題の語いデータに基づいて選定されています. 基本語の重要度はすぐにわかるように◆◆, ◆で示されています.

② **英語力アップのためのコラムが豊富にある**

語の意味がわかれば, 次はその使い方(ルール), 似た意味を持つ語との比較(くらべよう), 関連情報(参考), などのコラムを読んで理解を深めます. 着実な理解を目ざしましょう.

③ **調べやすく, ひいて楽しいオールカラーの紙面である**

第９版では語の意味や使い方をわかりやすくするため, 平易で具体的な用例を追加しました. また, イラストや写真をカラーにして, ひくのが楽しみになるようにしました.

④ **紙辞書の学習効果が実感できる**

電子辞書と比べると紙辞書の特色はひと目で全体を見渡せることです. この特色を発揮させるため, わかりやすさとひきやすさを高めるレイアウトを工夫しました. また, しおりひもを２本つけて学習をしやすくしました.

このように,『ニューホライズン英和辞典』第９版は, とても見やすく, わかりやすくなっています. この辞書はパラパラとめくり, 目についたコラムなどの囲み記事を拾い読みするだけでも役に立つ情報が得られます.

英和辞典は知らない単語の意味を調べるためだけのものではありません. 知っている単語もひいて意味を確認したり, コラムがあれば目を通したりすることにより, 英語をよりよく理解することができます. この辞典を, 英語力をつけるための身近な最強の道具として使いこなしてください.

笠島準一

使い方解説図

見出し語　ABC 順に並んでいます. 重要な語は赤い大きな文字で示し, 特に重要な語は重要度の高い順に ⁑, * のマークをつけました.

発音　発音記号とカナ表記で示してあります. いちばん強く発音する部分を, 発音記号では「´」(アクセント符号(きごう))で示し, カナ表記では赤い太字で示しています. 詳(くわ)しくは, *p.5* の「発音記号表」と, 「カタカナ語・英語の発音」の *pp.6-8* を参照してください.

品詞　見出し語の働きを示します. 名前を表す「名詞」, 動作・状態を表す「動詞」などがあります. 主に次のラベルで示してあります.

名詞　代名詞　動詞　助動詞　形容詞　冠詞
副詞　前置詞　接続詞　間投詞　接頭辞　接尾辞

名詞は C (数えられる名詞), U (数えられない名詞)に分けて説明しています. C は countable (数えられる)の意味です. U は uncountable (数えられない)の意味です. 動詞は, その使い方から 自 (自動詞), 他 (他動詞)に分けて説明しています. 自動詞は目的語を伴いません. 他動詞は目的語を伴います.

変化形　見出し語の変化形を示します. 重要語はすべてに, 一般語は不規則な変化やまぎらわしい変化, 形容詞・副詞では more-most 以外の比較変化のときに示しています.

- 複数: 名詞の複数形
- 三単現: 動詞の三人称単数現在形
- 過去: 動詞の過去形
- 過分: 動詞の過去分詞
- 現分: 動詞の現在分詞
- 比較: 形容詞・副詞の比較級
- 最上: 形容詞・副詞の最上級

***address** [ədrés あドゥレス]

—名詞 (複数 **addresses** [-iz])

❶ C あて先, 住所

▸Write down your name and **address** here, please.
ここにお名前とご住所を書いてください.
(◆ address and name とはしない)

❷ C (公式な)あいさつ, 演説

❸ C 【コンピューター】(E メールなどの)アドレス

▸Please tell me your e-mail **address**.
E メールアドレスを教えてください.

—動詞 (三単現 **addresses** [-iz]; 過去・過分 **addressed** [-t]; 現分 **addressing**) 他

❶ (郵便物)に(…の)あて先を書く《to ...》

❷ …に話しかける, 演説する

nine　9

ページを表す数字の読み方をつづりで示してあります.

見出し語がどの分野で使われているかを示します. ほかには, 〖スポーツ〗, 〖音楽〗, 〖動物〗, 〖植物〗, 〖文法〗などがあります.

複数の品詞を持つ語は, 品詞の変わり目に青い太い線(—)を入れてあります.

***advice** [ədváis アドヴァイス]

(★ アクセントに注意) 名詞

U 忠告, 助言

▸You should follow [take] your doctor's **advice**.
あなたは医者の忠告に従うべきだ.

下線を引いた語句が, 直後の [ ] の中の語句と置き換(か)え可能なことを示します.

いくつかの意味があるときは, ❶❷…で分けています.

そのページにふくまれる最初の見出し語と最後の見出し語を表します.

:again [əgén アゲン] 副詞

もう一度, 再び, また(同義語 once more); もとのように

重要な意味は赤い太字で示しています.

▸Try **again**. もう一度やってみなさい.
▸See you **again** soon.
また近いうちに会いましょう.

例文 見出し語が実際にどのように使われるかを 示します. 見出し語, また見出し語と結びつきの強い語句は太字で示しています.

◆***agáin and agáin*** 何度も何度も
▸She asked the same question **again and again**.
彼女は何度も何度も同じ質問をした.
(áll) óver agáin もう一度 ➡ **over**

成句 見出し語をふくんだ決まった言い方です. 太字の斜体(しゃたい)で示してあります. 重要なものには◆がついています. また, 成句の中で強く発音する語には,「´」(アクセント符号(きごう))がついています. 成句の中に時おり使われている *one*, *one's*, *oneself* は主語と同じ人を, *a person's* は別の人を示します. これらは主語や状況(じょうきょう)により変化します.

( )は, その中の語句が省略できることを意味します.

·allow [əláu アラウ] (★発音に注意)
動詞 (三単現 **allows** [-z]; 過去・過分 **allowed** [-d]; 現分 **allowing**) 他
❶ …**を許す**, 許可する; 《**allow** ＋**人**＋**to** ＋**動詞の原形で**》(人)に…させておく
▸**Allow** me **to** introduce Ms. Jones.
ジョーンズさんを紹介(しょうかい)させていただきます.

見出し語が, ある決まった形でよく使われるときは, その形を《 》の中に示してあります.

ダイアログ
A: Can I take my dog into the park? 公園の中にイヌを連れて入ってもいいですか?
B: No, dogs are not **allowed** here. (= No, you are not **allowed to** bring your dog here.)
いいえ, ここはイヌはだめですよ.

対話(ダイアログ)形式の例文は, 話し手を *A:* と *B:* で示しています.

くらべよう **allow と permit**
allow:「許可をあたえる」という意味だけでなく,「単に黙認(もくにん)して反対しない」意味にも用います.
permit:「積極的な許可」という意味のかたい語です. 法律や規則にもとづく許可によく用います.

重要な文法事項や知っているとためになる事柄(ことがら)には次の**コラム**を設けています.
ルール 参考 くらべよう 文化 おもしろ知識

allowance [əláuəns アラウアンス] 名詞
C 手当, 費用; 《米》(子供の)こづかい (◆《主に英》pocket money)

《米》はアメリカで使われる英語,《英》はイギリスで使われる英語を表します. ほかに《口語》(話しことばで使われる英語),《掲示》(掲示物に使われる英語)などがあります.

analog, 《英》**analogue** [ǽnəlɔ̀:g あナローグ] 形容詞 アナログ(式)の
(対義語 digital デジタル(式)の)

見出し語のつづりがアメリカとイギリスで異なる場合はアメリカのものを先に示しています.

必要に応じ, 同義語, 対義語, 類語を示しています.

同じつづりでも，語源が異なる場合には，別々に項目を立てています．

ひとつの語にさまざまな重要な意味があるときは，最初にまとめて示しています．

ことわざ　有名な英語のことわざです．

（♦　）の中には語の使い方や，詳(くわ)しい説明が示されています．

矢印(➡)は，参照する場所を示しています．

さまざまな意味と使い方をもつ重要語のいくつかは，ほかの語とは別に大きくスペースをとって説明しています．

基本のイメージ　さまざまな意味を持つ語の，その中心となる意味をイラストを使って示しています．

見開きページの左側には最初の見出し語の，右側には最後の見出し語の，1～3 文字めのアルファベットを示しています．左側は大文字，右側は小文字です．

·lead[1] [líːd リード]

——動詞 (三単現 **leads** [líːdz リーヅ]; 過去・過分 **led** [léd レッド]; 現分 **leading**)

他 ❶ **…を導く**
自 ❶ **通じる**

——他 ❶ **…を導く**，案内する
▸The waiter **led** us to the table.
ウェイターはわたしたちをテーブルに案内した．
❷ …を先導する；…を指揮する
▸**lead** a band　楽団を指揮する
——自 ❶ (道などが)(…に)**通じる**《to ...》
▸This road **leads to** the station.
この道は駅に通じている．
▸ ことわざ All roads **lead to** Rome.
すべての道はローマに通ず．
(♦「同じ目的を達するにもいろいろな手段がある」の意味)

security [sikjúərəti セキュリティ] 名詞 U
安全；安心；防衛

⁑see 動詞 ➡ p.540 **see**

⁑see 動詞
[síː スィー]

他 ❶ **…が見える，…を見る**
❷ **(人)に会う**
❸ **…がわかる**

(三単現 **sees** [-z]; 過去 **saw** [sɔ́ː ソー]; 過分 **seen** [síːn スィーン]; 現分 **seeing**) **基本のイメージ：目に入ってくる**

——他 ❶ **…が見える，…を見る**；(人)を見かける(♦進行形にしない)
➡ **look** くらべよう

発音記号表

●母音(ぼいん)

発音記号	カナ表記	例
[iː]	[イー]	**eat** [íːt イート]
[i]	[イ]	**it** [ít イット]
	[エ]	**college** [kɑ́lidʒ カレッヂ]
[e]	[エ]	**every** [évri エヴリ]
[æ]	[あ]	**apple** [ǽpl あプる]
[ə]	[ア]	**about** [əbáut アバウト]
	[イ]	**animal** [ǽnəml あニムる]
	[ウ]	**today** [tədéi トゥデイ]
	[エ]	**absent** [ǽbsənt あブセント]
	[オ]	**collect** [kəlékt コレクト]
[ər]	[ア]	**after** [ǽftər あふタ]

発音記号	カナ表記	例
[əːr]	[ア～]	**early** [ə́ːrli ア～り]
[ʌ]	[ア]	**up** [ʌ́p アップ]
[ɑː]	[アー]	**calm** [kɑ́ːm カーム]
[ɑːr]	[アー]	**car** [kɑ́ːr カー]
[ɑ]	[ア]	**ox** [ɑ́ks アックス]
[uː]	[ウー]	**noon** [núːn ヌーン]
[u]	[ウ]	**look** [lúk るック]
[ɔː]	[オー]	**all** [ɔ́ːl オーる]
[ɔːr]	[オーア]	**door** [dɔ́ːr ドーア]
[ei]	[エイ]	**aim** [éim エイム]
[ai]	[アイ]	**I** [ái アイ]
[ɔi]	[オイ]	**oil** [ɔ́il オイる]
[au]	[アウ]	**out** [áut アウト]
[iər]	[イア]	**ear** [íər イア]
[eər]	[エア]	**air** [éər エア]
[uər]	[ウア]	**your** [júər ユア]
[ou]	[オウ]	**old** [óuld オウるド]

●子音(しいん)(次に来る母音によって，カナ表記は変化します)

発音記号	カナ表記	例
[p]	[プ]	**play** [pléi プれイ]
[b]	[ブ]	**black** [blǽk ブらぁック]
[t]	[ト]	**hat** [hǽt ハぁット]
	[トゥ]	**try** [trái トゥライ]
[d]	[ド]	**bed** [béd ベッド]
	[ドゥ]	**dry** [drái ドゥライ]
[k]	[ク]	**clear** [klíər クリア]
[g]	[グ]	**green** [gríːn グリーン]
[tʃ]	[チ]	**teach** [tíːtʃ ティーチ]
[dʒ]	[ヂ]	**large** [lɑ́ːrdʒ らーヂ]
[ts]	[ツ]	**hats** [hǽts ハぁッツ]
[dz]	[ヅ]	**beds** [bédz ベッヅ]
[f]	[ふ]	**life** [láif らイふ]
[v]	[ヴ]	**live** [lív りヴ]
[θ]	[す]	**bath** [bǽθ バぁす]
[ð]	[ず]	**with** [wíð ウィず]
[s]	[ス]	**sky** [skái スカイ]

発音記号	カナ表記	例
[z]	[ズ]	**is** [íz イズ]
[ʃ]	[シ]	**ash** [ǽʃ あシ]
[ʒ]	[ジ]	**usually** [júːʒuəli ユージュアり]
[h]	[ハ]	**hand** [hǽnd ハぁンド]
[m]	[ム]	**move** [múːv ムーヴ]
	[ン]	**stamp** [stǽmp スタぁンプ]
[n]	[ナ]	**nice** [náis ナイス]
	[ン]	**pen** [pén ペン]
[ŋ]	[ング]	**king** [kíŋ キング]
	[ン]	**finger** [fíŋgər ふィンガ]
[l]	[る]	**look** [lúk るック]
[r]	[ル]	**room** [rúːm ルーム]
[j]	[イ]	**yes** [jés イエス]
	[ユ]	**you** [júː ユー]
[w]	[ワ]	**want** [wɑ́nt ワント]
	[ウ]	**wall** [wɔ́ːl ウォーる]

＊カナ表記の赤字部分は，そこを強く発音することを表します．
[əːr] の発音は，[ɑːr]，[ɔːr] と区別するために，[ア～] のように [～] の記号を使いました．
注意すべき音については，特にひらがなで示しています：
[æ] → [あ]，[f] → [ふ]，[θ] → [す]，[ð] → [ず]，[l] → [る]

カタカナ語・英語の発音

はじめに

みなさんはカタカナ語をよく口にすると思いますが, そのまま日本語どおりに発音しても, 英語では通じないことがあります. それはアクセントや, 英語の音がカタカナの日本語の音とはちがうからです.
例えば, リンゴの「アップル」です. 英語では apple とつづります. アクセントは日本語も英語も最初のところにあります. ところが, アクセントの質がちがいます.
日本語では, 川にかける「橋」と食べるときに使う「箸(はし)」をアクセントで使い分けます.

橋　はし　　　　箸　はし

橋は「し」が高くなります. 箸は「は」が高くなります. つまり, 音が高いところがアクセントです.
一方, 英語では強く発音する部分がアクセントです. 実際の英語を聞いてみるとわかりますが,「アップル」は「ア」の部分を強く, 長めに発音します.
それでは, apple を辞典でひいてみましょう. 31 ページです.

ˈapple [ǽpl あプる] 名詞

このように, 発音がカナで示されています. アクセントのあるところが赤字になっています.
「アップル」ではなく,「**あ**プる」であることに気がつきましたか. この [あ] の音は, あとで説明する「日本語にない英語の音」の一つです.

この辞典のカナ表記法

この辞典では, 英語の音を表すのにカナ表記を使っていますが, カナはもともと日本語の音を表すものです. したがって, 英語の音を表す記号として使うための, 特別の約束事があります.
例えば, 上で述べた [あ] などの日本語にない音はひらがなで示しています. また, 見慣れないカタカナ「ヴ」も使っています. ただし, 英語の音は日本語より数が多いので, カナ表記ではすべての音を表せません. カナ表記は, あくまでも発音記号に慣れるまでの仮の表記と考えてください.
それでは, 次の「英語の発音のしかた」を参考にしながら英語の音に対する理解を深めましょう.

●英語の発音のしかた

次の①から④の発音は「日本語にない英語の音」なので，ひらがなが使われています．ふだんから気をつけて，できるだけ英語の実際の発音に近づけるようにまねしてみましょう．元気よく，おなかから大きな声を出しましょう．英語らしく発音できるようになると，英語の聞き取りも楽になります．

A. 日本語にない音

① [æ あ]

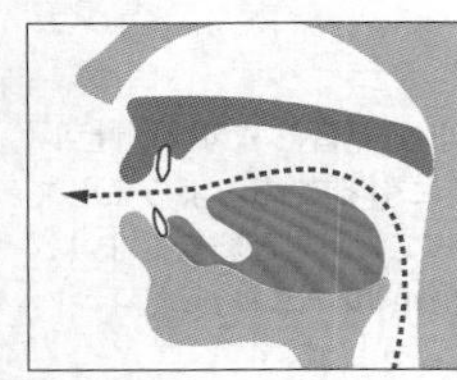

日本語の「エ」を言う口の形をして，「あ」の発音をします．口の開け方は大きめで，少し長めに発音します．

ほかの [ɑ] [ʌ] [ə] の [ア] と区別するために，ひらがなの [あ] を使っています．

例　**apple** [ǽpl **あ**プる]　**answer** [ǽnsər **あ**ンサ]

cat [kǽt キ**ぁ**ット]

②[f ふ] [v ヴ]

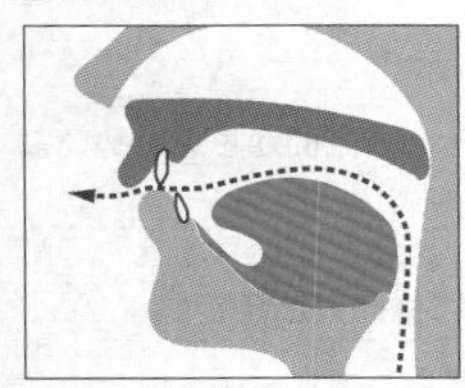

[f] は，日本語のハ行の「フ」とはちがう音です．上の前歯を下唇(くちびる)に軽く当て，そのすき間から息を強く出します．そのとき，空気が漏(も)れる音がします．

who [hú: **フ**ー] などの [フ] と区別するために，ひらがなの [ふ] を使っています．

例　**fish** [fíʃ **ふ**ィッシ]　**food** [fú:d **ふ**ード]

life [láif **ら**イふ]

[v] は，日本語のバ行の「ブ」とはちがう音です．[f] と同じように，上の前歯を下唇に軽く当て，すき間から息を出しながら，[ヴ] と声を出して発音します．このような「声を出す音」を有声音といいます．これに対し，[f] は声を出しませんから，無声音といいます．***p.9*** の表を参考にしましょう．

black [blǽk ブ**ら**ぁック] などの [ブ] と区別するために，カタカナの「ウ」に濁点(だくてん)をつけた [ヴ] を使っています．

例　**video** [vídiòu **ヴ**ィディオウ]　**five** [fáiv **ふ**ァイヴ]　**live** [láiv **ら**イヴ] (形容詞)

③ [θ す] [ð ず]

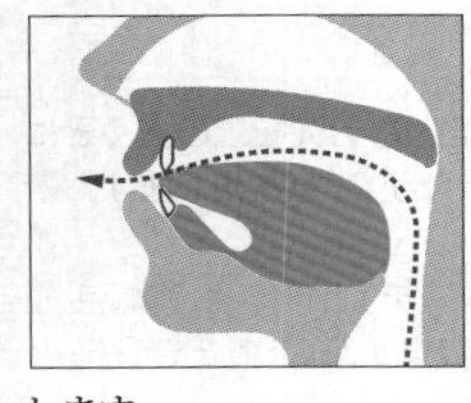

日本語の「ス」は舌先が歯に触(さわ)りませんが，英語の [θ] は舌先を上の歯の先に軽く当て (または上下の歯ではさみ)，そのすき間から鋭(するど)い，こするような音を出します．

例　**think** [θíŋk **す**ィンク]　**three** [θrí: すリー]

mouth [máuθ **マ**ウす]

[ð] は [θ] と同じように，舌先を上の歯の先に軽く当てて (または上下の歯ではさんで) 発音しますが，このとき，[ず] と声を出します．

例　**this** [ðís **ず**ィス]　**these** [ðí:z **ず**ィーズ]　**rhythm** [ríðm **リ**ずム]

⑥の [s ス]，⑦の [z ズ] と区別するために，ひらがなの「す」「ず」を使っています．

④[l る]

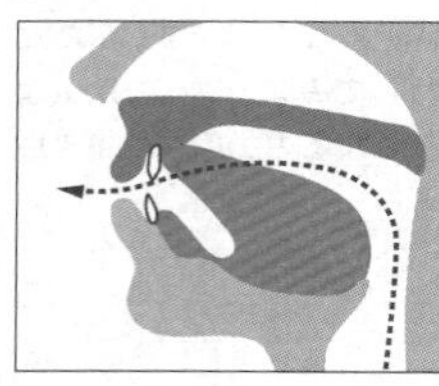

日本語の「ル」の発音とは，舌の位置がちがいます．[l] は舌先を上の歯ぐきにつけたまま，[る] と発音します．
下の⑤[r ル] の [ル] と区別するために，ひらがなの「る」を使っています．

例　**look** [lúk **る**ック]　**rule** [rúːl **ルー**る]
　　cool [kúːl **クー**る]

B. 特に注意したい音

⑤[r ル]

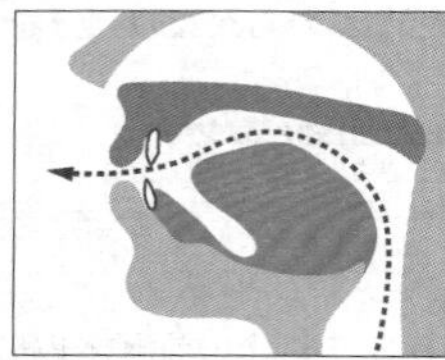

[l る] は舌先を上の歯ぐきにつけたまま発音しますが，[r ル] は舌先をどこにもつけず，舌全体を奥に引っこめるようにして（または舌先を奥に巻き上げるようにして）「ル」と発音します．

例　**roof** [rúːf **ルー**ふ]　**room** [rúːm **ルー**ム]
　　rule [rúːl **ルー**る]

⑥[s ス] [ʃ シ]

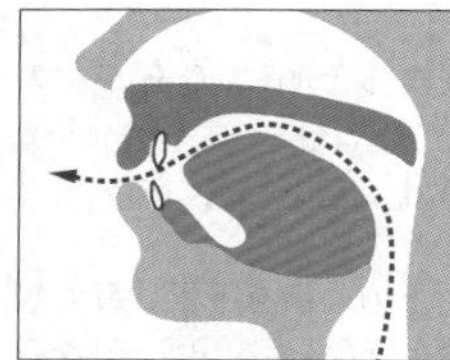

[s ス] は，舌先を上の前歯に近づけ，そのすき間から息を勢いよく出して発音します．

例　**seat** [síːt **スィー**ト]

[ʃ] は日本語の「シャ，シュ，ショ」の「シ」に似た音です．

例　**sheet** [ʃíːt **シー**ト]

⑦[z ズ] [ʒ ジ]

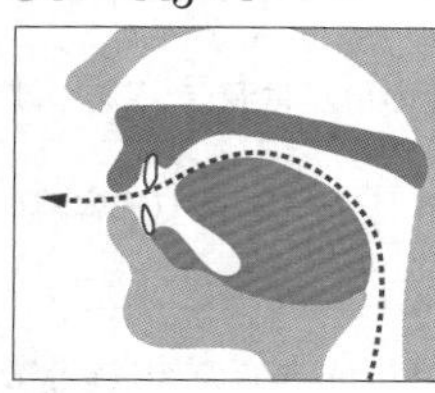

[z ズ] は，[s ス] と同じように舌先を上の前歯に近づけ，「ズ」と声を出して発音します．

例　**music** [mjúːzik **ミュー**ズィック]

[ʒ] は，舌先をどこにも接触(せっしょく)させずに発音します．日本語の「ジャ，ジュ，ジョ」の「ジ」に似た音です．

例　**usually** [júːʒuəli **ユー**ジュアり]

⑧[tʃ チ] [dʒ ヂ]

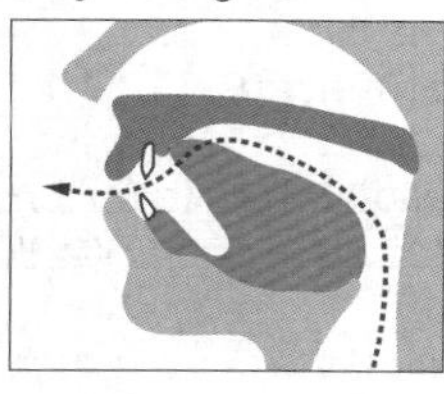

[tʃ チ] は日本語の「チ」とほぼ同じ音です．舌先を上の歯ぐきにつけて，舌をはなすときに「チ」と言いながら，息を出します．

例　**child** [tʃáild **チャ**イるド]

[dʒ ヂ] は [tʃ チ] の濁(にご)った音です．「チ」と同じように，舌先を上の歯ぐきにつけてから舌をはなしますが，そのとき「ヂ」と声を出して発音します．

例　**June** [dʒúːn **ヂュー**ン]

●つづり字と発音

日本語のカナは,それぞれの文字の音を表しています.文字と音が一致(いっち)しているので,「あいうえお,かきくけこ…」の 50 音を覚えれば,「あい」とか「かき」といった単語を読めるようになります.しかし,英語のアルファベット 26 文字「A, B, C ...」を「エー,ビー,シー…」と覚えても単語を読むことはできません.なぜなら,これらは文字それぞれの「名前読み」で,実際に単語を声に出して言う場合の音とはちがうからです.

英語のアルファベット 26 文字が実際に単語の中で発音される場合の基本的な音は次の表にまとめてあります.これらの音を組み合わせれば,初めて見る単語を読むことができるようになります.例えば,"cap"の音は,それぞれ [k ク],[æ あ],[p プ] となり,この 3 つの音を組み合わせれば"cap" [kǽp **キ**ぁップ] と読むことができるのです.

各文字の一般的な読み方

A, a	B, b	C, c	D, d	E, e	F, f	G, g
あ	ブ	ク*	ドゥ	エ	ふ*	グ
apple	baby	cat	dog	egg	fish	glass
H, h	**I, i**	**J, j**	**K, k**	**L, l**	**M, m**	**N, n**
ハ*	イ	チ	ク*	る	ム	ン
hand	ink	jet	key	lion	monkey	nurse
O, o	**P, p**	**Q, q**	**R, r**	**S, s**	**T, t**	**U, u**
ア	プ*	ク*	ル	ス*	トゥ*	ア
ox	pig	queen	rabbit	ski	tiger	umbrella
V, v	**W, w**	**X, x**	**Y, y**	**Z, z**		
ヴ	ウォ	クス*	ユ, イ	ズ		
violin	watch	box	yo-yo	zebra		

赤字で示された,a, e, i, o, u が母音(ぼいん)字で,その音を母音といいます.そのほかの文字の音を子音(しいん)といいます.y は母音字として使われることもあります.子音の中でカナに * がついているものは無声音です.

子音は次に来る母音によって変化します.例えば,[l る] は love [lʌ́v **ら**ヴ],leave [líːv **り**ーヴ],lose [lúːz **る**ーズ],lemon [lémən **れ**モン],long [lɔ́ːŋ **ろ**ーング] のように発音されます.

●母音(ぼいん)字の読み方ルール1：基本の読み方

つづり	音	例
a	[æ あ]	apple [ǽpl **あ**プる], cap [k**ǽp** **キ**ぁップ]
e	[e エ]	egg [**ég** **エ**ッグ], pen [p**én** **ペ**ン]
i	[i イ]	ink [**íŋk** **イ**ンク], sit [s**ít** **スィ**ット]
o	[ɑ ア]	cotton [k**ɑ́tn** **カ**トゥン], ox [**ɑ́ks** **ア**ックス]
u	[ʌ ア]	under [**ʌ́ndər** **ア**ンダ], cut [k**ʌ́t** **カ**ット]

●母音字の読み方ルール2：母音字＋子音(しいん)字＋ e

このパターンの子音字前の母音字は「名前読み」をし，子音字後の「e」は発音しません（このeを「サイレント e」といいます）．この場合の母音は「あ」や「エ」などの短い母音ではなく，「エイ」や「イー」などのような長い母音です．

つづり	音	例
a	[ei エイ]	name [n**éim** **ネ**イム], safe [s**éif** **セ**イふ]
e	[iː イー]	eve [**íːv** **イ**ーヴ], these [ð**íːz** **ず**ィーズ]
i	[ai アイ]	ice [**áis** **ア**イス], time [t**áim** **タ**イム]
o	[ou オウ]	hope [h**óup** **ホ**ウプ], note [n**óut** **ノ**ウト]
u	[juː ユー]	use [j**úːz** **ユ**ーズ]（動詞），cute [kj**úːt** **キュ**ート]

●母音字の読み方ルール3：2つの連続する母音字①

母音字が2個並んでいる場合は，1つめの母音字を「名前読み」し，2つめの母音字は発音しません．

つづり	音	例
ai, ay	[ei エイ]	rain [réin レイン], play [pléi プれイ]
ea	[iː イー]	seat [síːt スィート], tea [tíː ティー]
ee	[iː イー]	deep [díːp ディープ], tree [tríː トゥリー]
oa	[ou オウ]	boat [bóut ボウト], goal [góul ゴウる]

主な例外：said [séd セッド], bread [bréd ブレッド], ready [rédi レディ],
abroad [əbrɔ́ːd アブロード]

●母音字の読み方ルール4：2つの連続する母音字②

次の母音字は上のルール3が当てはまりません．

つづり	音	例
au	[ɔː オー]	autumn [ɔ́ːtəm オータム], because [bikɔ́ːz ビコーズ]
ei, ey	[ei エイ]	eight [éit エイト] , they [ðéi ゼイ]
ie	[iː イー]	believe [bilíːv ビリーヴ], field [fíːld ふィーるド]
oo	[u ウ]	book [búk ブック], foot [fút ふット]
	[uː ウー]	cool [kúːl クーる], food [fúːd ふード]
ou	[au アウ]	cloud [kláud クらウド], out [áut アウト]
	[ʌ ア]	touch [tʌ́tʃ タッチ]
oi, oy	[ɔi オイ]	voice [vɔ́is ヴォイス] , boy [bɔ́i ボイ]
ue	[uː ウー]	blue [blúː ブるー], true [trúː トゥルー]
ui	[uː ウー]	fruit [frúːt ふルート], juice [dʒúːs ヂュース]

主な例外：aunt [ǽnt あント], receive [risíːv リスィーヴ], friend [frénd ふレンド],
build [bíld ビるド]

●子音(しいん)字の読み方ルール1：子音字の連結

子音字が連続する場合，単体の文字からは類推できない発音になることがあります．

つづり	音	例
ch	[tʃ チ]	church [tʃə́ːrtʃ **チャ**～チ], lunch [lʌ́ntʃ **ら**ンチ]
ck	[k ク]	back [bǽk **バぁ**ック], sick [sík **スィ**ック]
dg	[dʒ ヂ]	bridge [brídʒ ブ**リ**ッヂ], edge [édʒ **エ**ッヂ]
gh	[f ふ]	enough [inʌ́f イ**ナ**ふ], laugh [lǽf **らぁ**ふ]
ng	[ŋ ング]	long [lɔ́ːŋ **ろー**ング], sing [síŋ **スィ**ング]
ph	[f ふ]	phone [fóun **ふォ**ウン], graph [grǽf グ**ラぁ**ふ]
sh	[ʃ シ]	ship [ʃíp **シ**ップ], dish [díʃ **ディ**ッシ]
tch	[tʃ チ]	catch [kǽtʃ **キぁ**ッチ], watch [wátʃ **ワ**ッチ]
th	[θ す]	three [θríː す**リー**], mouth [máuθ **マ**ウす]
	[ð ず]	that [ðǽt **ざぁ**ット], mother [mʌ́ðər **マ**ざ]

●子音字の読み方ルール2：読まない子音字

次の子音字は発音しません．

つづり	例
語頭の kn の **k**	knock [nák **ナ**ック], know [nóu **ノ**ウ]
語頭の wr の **w**	write [ráit **ラ**イト], wrong [rɔ́ːŋ **ロー**ング]
語尾(ごび)の gh(t) の **gh**	night [náit **ナ**イト], high [hái **ハ**イ]
語尾の gn の **g**	design [dizáin ディ**ザ**イン], sign [sáin **サ**イン]
語尾の mb の **b**	bomb [bám **バ**ム], climb [kláim ク**ら**イム]
語尾の mn の **n**	autumn [ɔ́ːtəm **オー**タム], column [k ləm **カ**らム]

Aa *Aa*

Q「アダムのリンゴ」って何？➡ Adam をひいてみよう！

A, a [éi エイ] 名詞 (複数 **A's, a's** または **As, as** [-z]) ❶ C U エー(♦アルファベットの1番めの文字)
❷ C《**A** で》(成績の)A, 優(♦ふつう A, B, C, D, F の5段階評価で, F は不合格)
▸get an **A** in art　美術で A をとる

ᵃa 冠詞 ➡ p.2 **a**

@ [ǽt あット；(弱く言うとき) ət アット]
❶【商業】単価…で
❷【コンピューター】アットマーク(♦メールアドレスなどに用いられる；英語では at sign, at symbol, at などという)

abacus [ǽbəkəs あバカス] 名詞
(複数 **abacuses** [-iz]) C そろばん

abandon [əbǽndən アバぁンダン] 動詞
他 (人など)を捨てる, 見捨てる；(計画など)をあきらめる；(希望など)を捨てる
▸Don't **abandon** hope.
希望を捨てるな.

abbey [ǽbi あビ] 名詞
❶ C 大寺院, 大修道院
❷《**the Abbey** で》ウェストミンスター寺院(♦ロンドンにあるゴシック様式の教会; Westminster Abbey ともいう)

ABC [éibìːsíː エイビースィー] 名詞
(複数 **ABC's** または **ABCs** [-z])
❶ U C アルファベット
(対義語 alphabet)
❷《**the ABC** で》(…の)初歩, 入門《**of ...**》

ability [əbíləti アビりティ] 名詞
(複数 **abilities** [-z]) U C (…する)能力, …できること；才能(同義語 talent)
▸This robot has the **ability** to speak.
このロボットには話す能力がある.

ᵃable [éibl エイブる] 形容詞
❶ (比較 **better able** または **more able**; 最上 **best able** または **most able**)
《**be able to** ＋動詞の原形で》…することができる(対義語 unable …できない)
▸Ken **is able to** speak three languages.
ケンは3か国語を話すことができる.

くらべよう be able to と can

❶ どちらも「…することができる」の意味を表しますが, 現在のことを表すときはふつう can を用います.
❷ can は will や have などほかの助動詞のあとに続けて用いることができません. 未来の表現や完了形の文では, will be able to, have [has] been able to を用います.
▸You **will be able to** swim soon.
すぐに泳げるようになりますよ.
▸I **haven't been able to** find the book yet.
わたしはまだその本を見つけることができていない.
❸「(能力があって)…することができた」は was [were] able to, could で表すことができます. ただし, could には「(しようと思えば)…できるのだが」という意味もあるので, 「…できた」と事実を言うときはふつう was [were] able to を用います.
▸I **was able to** pass the exam.
わたしはそのテストに受かった.
❹ was [were] able to は, 過去のあるときに「(能力に関係なく)(一度だけ)…できた」という場合にも使えます.
▸I **was able to** catch the train.
わたしはその電車に乗ることができた.(♦能力に関係ないので, この場合, could は使わない)

❷ (比較 **abler**; 最上 **ablest**)
有能な, 才能のある
▸an **able** doctor　有能な医者

-able 接尾辞 主に動詞について「…できる」という意味の形容詞をつくる：drink(飲む)＋ -able → drinkable(飲める)

A B C D E F G H I J K L M N O P Q R S T U V W X Y Z

⁘a 冠詞

[ə ア; (強く言うとき) éi エイ]

❶ 1つの, 1人の
❷ ある
❸ …というもの
❹ …につき

❶1つの, 1人の (♦ oneよりも意味が弱い; 日本語に訳さなくてよい場合と, 訳したほうがよい場合とがある) ➡ **one** 1つめの くらべよう

▸**a** girl	1人の女の子
▸**a** bird	1羽の鳥
▸**a** house	1軒(けん)の家

■ aを日本語に訳さなくてよい場合 :

▸I am **a** junior high school student.	わたしは中学生です.
▸Do you have **a** guitar?	ギターを持っていますか?
▸There is **a** big park near my house.	わたしの家の近くに大きな公園があります.
▸I have **a** friend in Australia.	わたしにはオーストラリアに友人がいる.

■ aを日本語に訳したほうがよい場合(♦「1つ[1人]の」という数が情報として重要な意味をもつとき; aはよく[éi エイ]と強く発音される)

ダイアログ

A: Do you have any brothers or sisters?	兄弟姉妹はいますか?
B: Yes, I have **a** brother and two sisters.	はい, 兄[弟]が1人と姉[妹]が2人います.

ルール aとanの使い方

1 aは, 「1つ, 2つ」「1人, 2人」などと数えることができる名詞の単数形の前につけて, その名詞が不特定のものであることを表します. waterやmoneyなどの数えられない名詞にはふつうつけません.

2 aは, 発音が子音(しいん)で始まる語の前で使います. 発音が母音で始まる語の前にはanを使います. aとanのどちらを使うかは, 語の始まりの文字だけでは判断できません. ➡ **an**

▸**a** uniform [júːnəfɔ̀ːrm ユーニふォーム] 制服(♦ uは母音ではない)
▸**an** uncle [ʌ́ŋkl アンクる] おじ
▸**a** hobby [hábi ハビ] 趣味(しゅみ)
▸**an** hour [áuər アウア] 1時間(♦ hは発音されない)

3 名詞の前に形容詞がついている場合, aはその形容詞の前に置きます. その形容詞の発音が母音で始まる場合はanになります.

[冠詞]	[形容詞]	[名詞]
▸ **a**		house 家
▸ **a**	new [njúː ニュー]	house 新しい家
▸ **an**	old [óuld オウるド]	house 古い家

4 ふつうは数えられないものを表す名詞でも，まとまった形としてとらえる場合や，具体的な例を表すときには a または an がつきます．

▸**A** tea and **a** small cola, please.
紅茶を１つとコーラの小を１つください．
(♦カップやグラスに入った状態の形をもった紅茶とコーラ)

ダイアログ
A: Next, please.
(店で)次の方，どうぞ．
B: **A** hamburger and **a** large orange juice, please.
ハンバーガー１つとオレンジジュースの大を１つください．

5 １つのまとまりと見なすもの，または同一人物を表す２つの名詞の場合は，ふつう初めの名詞の前にだけ a, an をつけます．
▸**a** knife and fork　ナイフとフォーク
▸She is **a** poet and teacher.
彼女は詩人でもあり教師でもある．

6 名詞の前に my, your, his, her などの「所有者」を表す語や，this, that など「特定のもの」であることを表す語がある場合，a, an は使いません．
○ This is **a** bag.
× This is a my bag.

❷ **ある**，ある１つ［１人］の（♦日本語には訳さないことも多い）
▸**A** man asked me the way to the station.　(ある)男の人がわたしに駅へ行く道をきいた．
▸I met the woman on **a** snowy day.　ある雪の日にわたしはその女性に出会った．

❸ **…というもの**（♦１つのものではなく，その種類全体を指す）
▸**A** swan is a beautiful bird.　白鳥(という生き物)は美しい鳥だ．
(♦ Swans are beautiful birds. と複数形にするほうがふつう)

❹ **…につき**，…ごとに(同義語 per)(♦単位となる語をともなう)
▸once **a** day　日に一度
▸twice **a** week　週に二度

❺《有名な人などの名前の前につけて》…のような人；…の作品，…の製品
▸He wants to be **a** Picasso.　彼はピカソのような人になりたいと思っている．
▸This is **a** Picasso.　これはピカソの作品です．

❻《よく知らない人の名前の前につけて》…という人
▸**A** Ms. White called you about ten minutes ago.　10分ほど前，ホワイトさんという女性からあなたに電話がありましたよ．

A B C D E F G H I J K L M N O P Q R S T U V W X Y Z

aboard [əbɔ́ːrd アボード] 副詞
(飛行機・船・バス・列車などに)乗って
▸go **aboard** (乗り物に)乗り込む
Áll abóard! みなさん, ご乗車[乗船, 搭乗(とうじょう)]ください.
Wélcome abóard. ご乗車[乗船, 搭乗]ありがとうございます.
——前置詞 (飛行機・船・列車など)に乗って

A-bomb [éibàm エイバム] (★発音に注意) 名詞 C 原子爆弾(ばくだん), 原爆
(◆ *a*tom(ic) *bomb* を短縮した語)

aboriginal [æbərídʒənl あボリヂヌる]
形容詞 土着の, 原生の;
《ふつう **Aboriginal** で》アボリジニの, オーストラリア先住民の

aborigine [æbərídʒəni あボリヂニ] 名詞
C《ふつう **Aborigine** で》アボリジニ, オーストラリア先住民
➡ **Australia** 文化

:about [əbáut アバウト]

前置詞 ❶ …について
❷ …のあちこちに[を]
副詞 ❶ およそ, 約
❷ あちこち(に)

——前置詞 ❶ …について, …に関する
▸Let's talk **about** the school festival.
学園祭について話し合いましょう.

ダイアログ
A: Is this a book **about** fishing?
これは釣(つ)りについての本ですか?
B: No. It's a scientific book on fish.
いいえ. それは魚に関する科学書です.
(◆専門的な内容に関しては about ではなく on を用いる)

❷ …のあちこちに[を]; …の辺りに; …のまわりに(◆《主に米》around)
▸We walked **about** the town.
わたしたちは町じゅうを歩き回った.
◆***Hów about ...?*** …はどうですか?;
…についてどう思いますか? ➡ **how**
▸**How about** another cup of cocoa?
ココアをもう 1 杯どうですか?
Whát about ...? …はどうですか?;
…についてどう思いますか? ➡ **what**
——副詞 ❶ (数・時間などが)およそ, 約, …ごろ ➡ **almost** くらべよう
▸This ship is **about** thirty meters long.
この船は約 30 メートルの長さがある.
❷ あちこち(に); 辺りに; まわりに
(◆《主に米》around)
▸The dog ran **about** in the park.
イヌは公園を走り回った.
▸She looked **about** slowly.
彼女はゆっくりと辺りを見回した.
——形容詞 (◆次の成句で用いる)
be about to +動詞の原形
今にも…しようとしている
(◆「be going to +動詞の原形」よりも近い未来を表す)
▸I **was about to** leave home then.
そのとき, わたしは家を出ようとしていた.

:above [əbʌ́v アバヴ]

前置詞 ❶〔位置〕 …より上に[へ], …より高く
❷〔数量・程度〕…より上で
副詞 (位置が)上に[へ]

——前置詞 ❶〔位置〕…より上に[へ], …より高く; …の上流に
(対義語 below …より下に) ➡ **on** くらべよう

▸This plane is flying **above** the clouds now.
この飛行機は現在, 雲の上を飛んでいる.
▸The moon rose **above** the mountains. 山の上に月が出た.
❷〔数量・程度〕…より上で, …を超(こ)えて
▸My exam marks were just **above** average.
わたしの試験の点数はかろうじて平均より上だった.

❸〘地位・能力など〙…より上で

above áll 何よりもまず，とりわけ

▸**Above all**, you should help each other. 何よりもまず，きみたちはたがいに助け合うべきだ．

——副詞 (位置が)**上に**[**へ**]，頭上に，階上に；(川の)上流に(対義語 below 下に)

▸Some birds are flying **above**. 鳥たちが頭上を飛んでいる．

ˈabroad [əbrɔ́:d アブロード] 副詞

(ふつう海をへだてた)**外国に**[**へ，で**]，海外に[へ，で](◆ in, to などの前置詞をつけない)

▸travel **abroad** 海外旅行をする

▸study **abroad** 留学する

▸Have you ever been **abroad**? 外国へ行ったことがありますか？

from abróad 外国から(の)

absence [ǽbsəns あブセンス] 名詞

U C 不在，欠席，欠勤，留守(るす)

(対義語 presence いる[ある]こと)

ˈabsent [ǽbsənt あブセント] 形容詞

(…を)**休んで，欠席して**《from ...》

(対義語 present 出席して)

▸Ann was **absent from** school today. アンは今日，学校を休んだ．

ルール absent を使わないとき

absent は学校や職場を休んでいるときに用います．訪問や電話を受けたときにその人がたまたまそこにいないような場合には，次のように言います．

▸He's not here [in].
彼はここにいません．

▸He's out. 彼は外出しています．

absolute [ǽbsəlù:t あブソるート] 形容詞

完全な(同義語 complete)；絶対の，絶対的な(対義語 relative 相対的な)

absolutely 副詞 ❶ [ǽbsəlù:tli あブソるートり] 完全に；絶対に

▸It's **absolutely** impossible. それは絶対に不可能だ．

❷ [æbsəlú:tli あブソるートり]《口語》(返事で)そのとおり，そうですとも

ダイアログ

A: You like summer, right?
夏は好きだよね？

B: **Absolutely**! もちろん！

absorb [əbsɔ́:rb アブソーブ] 動詞 他

❶ (液体・熱など)を吸収する；(知識など)を吸収する

❷ (人)を夢中にさせる

be absórbed in ... …に夢中である

abstract [ǽbstrækt あブストゥラぁクト]

(★アクセントに注意) 形容詞 抽象(ちゅうしょう)的な(対義語 concrete 具体的な)

acacia [əkéiʃə アケイシャ] 名詞

C【植物】アカシア(の木)

academic [ækədémik あカデミック]

(★ アクセントに注意) 形容詞

学園の，大学の；学問的な；理論的な

academy [əkǽdəmi アキぁデミ] 名詞

(複数 **academies** [-z])

❶ C (特殊(とくしゅ)な)専門学校；《米》(私立の)中学校，高等学校

❷ C 学士院，芸術院；(学問・美術などの)協会，学会

Academy Award

[əkǽdəmi əwɔ́:rd アキぁデミ アウォード]

名詞 C アカデミー賞

文化 アカデミー賞とオスカー

アメリカの映画賞で，授賞式前年にロサンゼルス(Los Angeles)で公開された世界じゅうの映画の中から選ばれ，全世界の映画関係者やファンの注目を集めています．この賞は一般に「オスカー(Oscar)」とも呼ばれますが，これは受賞者に贈(おく)られる黄金の像のニックネームから来ています．

accent [ǽksent あクセント] 名詞

❶ C (ことばの)なまり；《ふつう **accents** で》口調

▸She speaks with a French **accent**. 彼女はフランス語なまりで話す．

❷ C 強調，力点

❸ C アクセント，強勢；アクセント符号(ふごう)

——動詞 他 …にアクセントを置く；…を強調する

A B C D E F G H I J K L M N O P Q R S T U V W X Y Z

˙accept [əksépt アクセプト] 動詞
(三単現 **accepts** [əksépts アクセプツ]; 過去・過分 **accepted** [-id]; 現分 **accepting**) 他
❶(喜んで)…**を受け入れる, 受け取る** (対義語 refuse …を断る)
➡ **receive** くらべよう
▸Our school **accepts** exchange students from Canada.
わが校ではカナダからの交換留学生を受け入れている.
▸Please **accept** this.
これを受け取ってください.
❷…を(正しいと)認める(同義語 admit)
▸He **accepted** the story as true.
彼はその話を事実だと認めた.

acceptable [əkséptəbl アクセプタブる]
形容詞 受け入れられる, 満足できる
▸It is not **acceptable** to talk on the phone on the train.
電車の中で電話で話すことは受け入れられない.

access [ǽkses あクセス] (★アクセントに注意) 名詞
❶ U (…への)接近; (…を)利用する権利[機会]
▸The hotel has easy **access** to the beach.
そのホテルからはすぐに浜辺に出られる.
❷ U【コンピューター】アクセス (◆記憶(きおく)装置などのデータを読みこんだり, データを書きこんだりすること)
— 動詞 (三単現 **accesses** [-iz]; 過去・過分 **accessed** [-t]; 現分 **accessing**) 他
【コンピューター】(データ)にアクセスする

accessory [æksésəri あクセサリ] (★アクセントに注意) 名詞
(複数 **accessories** [-z])
C《ふつう **accessories** で》
(車・カメラ・機械類の)付属品;
(身につける)アクセサリー (◆かばん・ベルト・靴(くつ)・傘(かさ)など; 「宝石類」は jewelry)

accident [ǽksidənt あクスィデント]
名詞 ❶ C 事故, 思いがけない出来事
▸He had a traffic **accident** last year.
彼は昨年, 交通事故にあった.
▸a terrible **accident**
ひどい事故

> **ダイアログ**
> A: I'm sorry I dropped the vase.
> 花びんを落としてしまいごめんなさい.
> B: Don't worry. It was an **accident**.
> 気にしないで. わざとではないのだから.
> (◆「事故だったのだから」の意味から)

❷ U 偶然(ぐうぜん)
by áccident 偶然(に), たまたま (同義語 by chance)

accompany [əkʌ́mpəni アカンパニ]
動詞 (三単現 **accompanies** [-z]; 過去・過分 **accompanied** [-d]; 現分 **accompanying**) 他
❶ (人)について行く, つき添(そ)う
❷ …の伴奏(ばんそう)をする

accomplish [əkɑ́mpliʃ アカンプリッシ]
動詞 (三単現 **accomplishes** [-iz]; 過去・過分 **accomplished** [-t]; 現分 **accomplishing**)
他 …を成し遂(と)げる, 達成する

according [əkɔ́ːrdiŋ アコーディング]
副詞 (◆次の成句で用いる)
accórding to ... …によれば; …に従って
▸**According to** the weather report, it will snow tonight.
天気予報によれば, 今夜は雪が降るようだ.

accordion [əkɔ́ːrdiən アコーディオン]
名詞 C【楽器】アコーディオン
➡ **musical instruments** 図

account [əkáunt アカウント] 名詞
❶ C 会計, 勘定(かんじょう); 計算書; (銀行の)口座
❷ C【コンピューター】アカウント (◆インターネットのサービスを利用する際に必要な, 身分を証明するもの)
❸ C 報告, 説明, 記事
on account of ... …の理由で, …のせいで(◆《口語》ではふつう because of ... を用いる)
— 動詞 自《**account for ...** で》
❶ …の説明をする
▸ことわざ There's no **accounting** for taste(s). たで食(く)う虫も好き好き.
(◆「人の好みはさまざまで説明ができない」の意味から)
❷ …の原因になる

accountant [əkáuntənt アカウンタント]
名詞 C 会計係, 会計士

accuracy [ǽkjərəsi あキュラスィ] 名詞
U 正確さ, 正しさ

accurate [ǽkjərit あキュレット] 形容詞
正確な, 正しい

accuse [əkjúːz アキューズ] 動詞 (三単現 **accuses** [-iz]; 過去・過去分 **accused** [-d]; 現分 **accusing**)
他 (人)を(…の罪で)訴(うった)える, 告訴(こくそ)する; (人)を(…のことで)非難する《of ...》
▸She **accused** me **of** telling lies.
彼女はわたしがうそをついたことを非難した.

accustom [əkʌ́stəm アカスタム] 動詞
他 (人など)を(…に)慣れさせる《to ...》
be accústomed to ＋名詞[*...ing*]
…に慣れている
(同義語 be used to ＋名詞[...ing])
▸I'm **accustomed to getting** up early. 早起きには慣れています.

ace [éis エイス] 名詞
❶ U (トランプ・さいころの)1;
C 1の札(ふだ), 1の目
❷ C《口語》名手, じょうずな人, エース
❸ C【スポーツ】サービスエース

ache [éik エイク] (★発音に注意) 動詞 (三単現 **aches** [-s]; 過去・過去分 **ached** [-t]; 現分 **aching**)
自 (鈍(にぶ)く長く)痛む, うずく
▸My tooth **aches** [is **aching**].
歯が痛い.
—名詞 C 痛み, うずき ➡ くらべよう
▸I have a little **ache** in my leg.
脚(あし)が少し痛い.

くらべよう ache と pain
ache: 継続(けいぞく)的で鈍い痛み
pain: 鋭(するど)い痛み

参考 ache のいろいろ
back**ache**: 背中・腰(こし)の痛み
ear**ache**: 耳の痛み
head**ache**: 頭痛
stomach**ache**: 腹痛, 胃痛
tooth**ache**: 歯痛

achieve [ətʃíːv アチーヴ] 動詞 (三単現 **achieves** [-z]; 過去・過去分 **achieved** [-d]; 現分 **achieving**) 他
❶ …を成し遂(と)げる; (目的)を果たす
❷ (名声・成功など)を獲得(かくとく)する

achievement [ətʃíːvmənt アチーヴメント] 名詞 U 達成, 成就(じょうじゅ); C 業績

achievement test [ətʃíːvmənt tèst アチーヴメント テスト] 名詞 C 学力テスト

Achilles [əkíliːz アキリーズ] 名詞
【ギリシャ神話】アキレス, アキレウス (◆ホメロス(Homer)の叙事(じょじ)詩『イリアッド』(*the Iliad*)に出てくる英雄(えいゆう))

文化 なぜ「アキレス腱(けん)」っていうの?
ギリシャ神話で, アキレスが生まれたとき, 母テティスはその水につかると不死身になるという死後の世界の川に彼を浸(ひた)しました. しかし, そのときにアキレスのかかとをつかんでいたため, そこだけが水につかりませんでした. そのため, のちにアキレスはかかとを毒矢で射抜(ぬ)かれて死んでしまいます. この話から Achilles(') heel「アキレスのかかと＝アキレス腱」ということばが,「唯一(ゆいいつ)の弱点」という意味で使われるようになりました.

achoo [ətʃúː アチュー] 間投詞
(くしゃみの音を表して)ハクション (＝ atchoo) ➡ **sound** 図, **sneeze**

acid [ǽsid あスィッド] 名詞
U C【化学】酸(対義語 alkali アルカリ)
—形容詞 ❶【化学】酸の, 酸性の
▸**acid** rain
酸性雨
❷ すっぱい(同義語 sour)

acknowledge [əknɑ́lidʒ アクナリッヂ] 動詞 (三単現 **acknowledges** [-iz]; 過去・過去分 **acknowledged** [-d]; 現分 **acknowledging**)
他 (事実・存在など)を認める
▸They finally **acknowledged** the fact.
彼らはついにその事実を認めた.

acorn [éikɔːrn エイコーン] 名詞
C【植物】ドングリ(◆オーク(oak)の実)

acoustic [əkúːstik アクースティック] 形容詞 聴覚(ちょうかく)の; (楽器が)生(なま)の
(対義語 electric 電気の)
▸an **acoustic** guitar
アコースティックギター, 生ギター

acquaint [əkwéint アクウェイント] 動詞
他 (人)に(…を)知らせる；(人)を(…と)知り合いにさせる《with ...》
be acquáinted with ...
…と知り合いである；(事実など)を知っている

acquaintance [əkwéintəns アクウェインタンス] 名詞 C 知り合い，知人
(♦ friend ほどは親しくない人)

acquire [əkwáiər アクワイア] 動詞
(三単現 **acquires** [-z]；過去・過分 **acquired** [-d]；現分 **acquiring**) 他
(努力して)…を得る，手に入れる；(知識など)を身につける(♦ get よりかたい語)

acre [éikər エイカ] 名詞
C (面積の単位の)エーカー
(♦約 4,047 平方メートル)

acrobat [ǽkrəbæ̀t あクロバぁット]
(★アクセントに注意) 名詞
C 曲芸師，軽業(かるわざ)師 (♦主にサーカスで綱渡(つなわた)りや空中ブランコをする人)

:across [əkrɔ́ːs アクロース]
—前置詞

❶〔運動・方向〕…を横切って
❷〔位置〕　…の向こう側に[で]

❶〔運動・方向〕…**を横切って**，横断して；…のいたるところに
▸travel **across** Europe by train
列車でヨーロッパを横断旅行する
▸There were a lot of forests all **across** the country.
国じゅうにたくさんの森があった．

くらべよう 「移動」を表す語
across: 道路など平面的なものの上を横切ること
along: 道路や川などの細長い線状のものに沿っていくこと
over: 立体的なものの上を越(こ)えること
through: 内部を通り抜(ぬ)けること
▸walk **across** the street
通りを歩いて横切る
▸walk **along** the street
通りに沿って歩く
▸climb **over** a fence
さくを乗り越える
▸walk **through** the woods
森を歩いて通り抜ける

❷〔位置〕**…の向こう側に**[で]，…の反対側に[で]
▸He sat **across** the table from me.
彼はテーブルをはさんでわたしの向かいにすわった．
▸The city hall is **across** the street.
市役所は道の反対側にあります．

—副詞 ❶ 横切って；向こう側に
▸This river isn't wide. Let's swim **across**. この川は幅(はば)が広くない．泳いで渡(わた)ろう．
❷ 直径が…で，幅が…で
▸The lake is five kilometers **across**.
その湖は直径が 5 キロある．
❸ 交差して
acróss from ... …の向かいに，反対側に
▸She was sitting **across from** the table.
彼女はテーブルの向かいにすわっていた．

act [ǽkt あクト] 名詞
❶ C (個々の)行為(こうい)，行い
▸a kind [stupid] **act**
親切な[愚(おろ)かな]行為
❷ C《しばしば **Act** で》(劇の)幕
▸**Act** V, Scene ii of *Hamlet*
『ハムレット』の第 5 幕第 2 場
(♦ act five, scene two と読む)
❸ C《しばしば **Act** で》法律，条例

—動詞 自 ❶ 行動する，行う，ふるまう
▸She **acted** quickly and put out the fire.
彼女はすばやく行動して火を消した．
❷ (劇で)演じる；出演する
—他 (役)を演じる
▸Who **acted** Annie?
だれがアニーを演じたのですか？

action [ǽkʃn あクシャン] 名詞
❶ U C 行動，実行；
(個々の)行為(こうい)，行い

▸take **action**
行動を起こす；措置(そち)をとる

❷ C U 演技；動作，体の動き

▸a quick **action**　すばやい動き

❸ C U 戦闘(せんとう)，交戦

active [ǽktiv あクティヴ] 形容詞

❶ 活動的な；積極的な
(対義語 passive 消極的な)；活動中の

▸Cats are **active** at night.
ネコは夜間，活動的だ．

❷【文法】能動態の
(対義語 passive 受動態の)

activity [æktívəti あクティヴィティ] 名詞
(複数 **activities** [-z])

❶ U 活動；活発さ，活気

❷ C《しばしば **activities** で》
(主に楽しみのための)活動

▸club **activities**　クラブ活動

actor [ǽktər あクタ] 名詞
C (女性をふくむ)俳優；男優
(対義語 actress 女優)

▸a movie [film] **actor**　映画俳優

actress [ǽktris あクトゥレス] 名詞
(複数 **actresses** [-iz]) C 女優
(◆男女を区別せずに actor を用いることもある；対義語 actor 男優)

actual [ǽktʃuəl あクチュアる] 形容詞
《名詞の前に用いて》現実の，実際の

actually [ǽktʃuəli あクチュアり] 副詞
実際に，現実に；《ふつう文頭・文末に用いて》本当は，実は(同義語 really)

▸I **actually** saw the accident.
わたしは実際にその事故を見た．

▸**Actually**, I'm not hungry.
本当は，おなかがすいていないんだ．

acute [əkjúːt アキュート] 形容詞
(感覚・痛みなどが)鋭(するど)い，激しい

ad [ǽd あッド] 名詞 C《口語》広告
(◆ *ad*vertisement を短縮した語)

▸a car **ad**　車の広告

A.D., A.D. [éidíː エイディー] 西暦(せいれき)…年
(◆ラテン語の *A*nno *D*omini「わが主キリストの年の」の略；紀元前か紀元後かがまぎらわしい年代につける；
対義語 B.C., B.C. 紀元前…年)

▸in **A.D.** 300 = in 300 **A.D.**
西暦 300 年に(◆年号の前に置くのが正式だが，あとに置いてもよい)

Adam [ǽdəm あダム] 名詞
【聖書】アダム(◆神が造った最初の人間)
➡ **apple** 文化

> **文化 Adam's appleって何？**
>
> Adam's apple とは「のどぼとけ」のことです．旧約聖書に出てくる最初の人間アダム(Adam)は，食べてはいけないと言われていた禁断の実(今では一般にリンゴとされています)を食べようとして神に見つかりそうになります．あわてて飲みこんだところ，そのひとかけらがのどにつかえてしまい，のどがふくらんだ，という言い伝えに由来します．

adapt [ədǽpt アダぁプト] 動詞 他
…を(…に)合うように変える《to [for] ...》

˙add [ǽd あッド] 動詞
(三単現 **adds** [ǽdz あッヅ]；
過去・過分 **added** [-id]；現分 **adding**)

—他 ❶ (…に)…**を加える，足す**《to ...》
(対義語 subtract 引く)

▸**Add** one and three, and you'll get four.　1 と 3 を足すと 4 になる．

> **ダイアログ**
>
> *A:* How do you like the stew?
> シチューはどう？
>
> *B:* Well, you should **add** a little more salt (**to** it).
> そうだね，　塩をもう少し足したほうがいいね．

❷ …とつけ足して言う《that 節》

▸He **added that** he would show the picture to me later.
あとでその写真を見せてあげると彼はつけ加えた．

—自 足し算をする

addition [ədíʃn アディシャン] 名詞
U 足し算；加えること；C 加えられたもの[人]

in addition　そのうえ，さらに

in addition to ...　…に加えて，…のほかに

▸**In addition to** English, she speaks French and Spanish.
英語のほかに，彼女はフランス語とスペイン語も話す．

˙address [ədrés あドゥレス]

—名詞 (複数 **addresses** [-iz])

❶ C **あて先，住所**

▸Write down your name and **address** here, please.
ここにお名前とご住所を書いてください．

A B C D E F G H I J K L M N O P Q R S T U V W X Y Z

(♦ address and name とはしない)
❷ C (公式な)あいさつ, 演説
❸ C【コンピューター】(E メールなどの)アドレス
▸Please tell me your e-mail **address**.
E メールアドレスを教えてください.
——動詞 (三単現 **addresses** [-iz]; 過去・過分 **addressed** [-t]; 現分 **addressing**) 他
❶ (郵便物)に(…の)あて先を書く《to ...》
❷ …に話しかける, 演説する

adequate [ǽdəkwit あデクウェット]
形容詞 十分な(同義語 enough); 適した

adjective [ǽdʒiktiv あヂェクティヴ]
名詞 C【文法】形容詞

adjust [ədʒʌ́st アヂャスト] (★発音に注意)
動詞 他 …を調節する; …を(…に)合わせる《to ...》

administration [ədmìnəstréiʃn アドミニストゥレイシャン] 名詞
U 管理, 経営, 行政

admirable [ǽdmərəbl あドミラブる]
形容詞 賞賛に値(あたい)する, みごとな

admiration [æ̀dməréiʃn あドミレイシャン] 名詞 U (…に対する)賞賛, 感心, 感嘆(かんたん)《of [for, at] ...》

admire [ədmáiər アドマイア] 動詞 (三単現 **admires** [-z]; 過去・過分 **admired** [-d]; 現分 **admiring**)
他 …を賞賛する, …に感心する; …に見とれる

admission [ədmíʃn アドミシャン] 名詞
U (…へ)入ることの許可; (…への)入場, 入会, 入学; (…への)入場料《to ...》
▸**admission** fee [charge]
入場料, 入会金, 入学金
▸an **admission** ticket 入場券
▸No **Admission** 《掲示》入場禁止
▸**Admission** Free 《掲示》入場無料

admit [ədmít アドミット] 動詞 (三単現 **admits** [ədmíts アドミッツ]; 過去・過分 **admitted** [-id]; 現分 **admitting**) 他
❶ (人)を(…に)入れる, (人)に(…への)入場[入会, 入学]を許す《into [to] ...》
▸She was **admitted to** the club.
彼女はクラブへの入会を許された.
❷ (誤りなど)を認める, …だと認める
▸Tom didn't **admit** his mistakes.
トムは自分の誤りを認めなかった.

adopt [ədɑ́pt アダプト] 動詞 他
❶ …を養子にする
❷ (計画・意見など)を採用する

adore [ədɔ́ːr アドーア] 動詞 (三単現 **adores** [-z]; 過去・過分 **adored** [-d]; 現分 **adoring**) 他 …にあこがれる, …を敬愛する; 《口語》…が大好きである

adult [ədʌ́lt アダるト] 名詞 C おとな, (法律上の)成人(♦イギリスでは18歳(さい)以上, アメリカでは多くの州で18歳以上; grown-up よりかたい語; 対義語 child 子供); 成長した動物
——形容詞 (人が)成人した, おとなの; (動物が)成長した; 成人向けの

advance [ədvǽns アドヴぁンス] 動詞 (三単現 **advances** [-iz]; 過去・過分 **advanced** [-t]; 現分 **advancing**)
自 (…へ)進む《to ...》; (…において)進歩する, 上達する; 昇進(しょうしん)する《in ...》
▸Our team **advanced to** the final.
わたしたちのチームは決勝に進んだ.
——他 …を進める; …を進歩させる
——名詞 C U 前進; 進歩
in advánce
① 前もって; 予想より早く
▸Let me know **in advance**.
前もってお知らせください.
② 前金で

advanced [ədvǽnst アドヴぁンスト]
形容詞 進歩した, 高度な, 上級の
▸**advanced** technology 先端(せんたん)技術
▸an **advanced** course 上級コース

advantage [ədvǽntidʒ アドヴぁンテッヂ] 名詞 C U 有利(であること); 有利な点, 強み(対義語 disadvantage 不利); C (テニスの)アドバンテージ
take advántage of ... (機会など)を利用する; (相手の弱点)につけこむ
▸Let's **take advantage of** this chance. このチャンスを利用しよう.

adventure [ədvéntʃər アドヴェンチャ] 名詞 C U 冒険(ぼうけん); U 冒険心
▸He had a lot of **adventures**.
彼は冒険をたくさんした.

adventurer [ədvéntʃərər アドヴェンチャラ] 名詞 C 冒険(ぼうけん)家

adverb [ǽdvəːrb あドヴァ〜ブ] 名詞 C【文法】副詞

advertise [ǽdvərtàiz あドヴァタイズ] 動詞 (三単現 **advertises** [-iz]; 過去・過分 **advertised** [-d]; 現分 **advertising**)

㊀（テレビ・新聞・雑誌などで）…を広告する，宣伝する
—㊁ 広告をする，宣伝をする

advertisement [ædvərtáizmənt あドヴァタイズメント，ədvə́ːrtismənt アドヴァ～ティスメント] 名詞
C 広告，宣伝（♦短縮形は ad）
▸put an **advertisement** in a newspaper 新聞に広告を出す

˙advice [ədváis アドヴァイス]
（★ アクセントに注意）名詞
U **忠告**，助言
▸You should follow [take] your doctor's **advice**.
あなたは医者の忠告に従うべきだ.
▸My mother gave me some **advice**.
母がアドバイスをしてくれた.

> **ルール advice の数え方**
> advice は数えられない名詞です．数を表すときは次のようにします．
> ▸a piece of **advice** 1つの忠告
> ▸two pieces of **advice**
> 2つの忠告

advise [ədváiz アドヴァイズ]（★ advice と発音・つづりのちがいに注意）
動詞（三単現 **advises** [-iz]；過去・過分 **advised** [-d]；現分 **advising**）
㊀（人）に忠告する，助言する
▸She **advised** me on [about] my future plans. わたしの将来の計画について彼女が助言してくれた.

adviser, advisor [ədváizər アドヴァイザ] 名詞 C 顧問(こもん)；相談相手，助言者

aerobics [eəróubiks エアロウビクス]
（★ アクセントに注意）
名詞 U エアロビクス

aerogram, aerogramme
[éərəgræm エアログラぁム] 名詞
C 航空書簡（♦ air letter ともいう）

aeroplane [éərəplèin エアロプれイン]
名詞 C 《英》飛行機（♦《米》airplane；plane と略すことが多い）

Aesop [íːsap イーサップ] 名詞【人名】
イソップ（♦紀元前 600 年ごろのギリシャの寓話(ぐうわ)作家；『イソップ物語』(*Aesop's Fables*)を書いたといわれる）

AET [éiìːtíː エイイーティー] 名詞
C（日本の）外国人英語指導助手
（♦ *A*ssistant *E*nglish *T*eacher の略）
➡ ALT

affair [əféər アふェア] 名詞
❶ C 出来事；（個人的な）関心事
❷《**affairs** で》事務，仕事；事情
▸world **affairs** 世界情勢

affect [əfékt アふェクト] 動詞 ㊀
❶ …に影響(えいきょう)をあたえる
▸How will climate change **affect** our daily life? 気候変動はわたしたちの日常生活にどう影響しますか？
❷《**be affected** で》感動する

affection [əfékʃn アふェクシャン] 名詞
C U（穏(おだ)やかで長く続く）愛情

afford [əfɔ́ːrd アふォード] 動詞
㊀《**can afford (to ＋動詞の原形)** で》
（金銭的・時間的に）…する余裕(よゆう)がある
（♦ふつう否定文・疑問文で用いる）
▸He **cannot afford (to** buy) a bike.
彼は自転車を買う余裕がない.

Afghanistan [æfgǽnəstæ̀n あふギぁニスタぁン] 名詞
アフガニスタン（♦アジア南西部の共和国；首都はカブール Kabul）

˙afraid [əfréid アふレイド] 形容詞
（比較 **more afraid**；最上 **most afraid**）《名詞の前には用いない》
❶《**be afraid of ＋名詞[...ing]** で》
…を恐(おそ)れる，こわがる，心配する
▸You should not **be afraid of making** mistakes.
失敗することを恐れてはいけない.
❷《**be afraid ＋ that 節** で》
…ではないかと心配する，恐れる
▸He **was afraid (that)** he would fail the test.
彼はそのテストに落ちるのではないかと心配した.
❸《**be afraid to ＋動詞の原形** で》
こわくて…できない，…するのがこわい
▸**I'm afraid to** fly.
わたしは飛行機に乗るのがこわい.

I'm afráid not.
（残念ながら）そうではないようです.

> **ダイアログ**
> *A:* Can you go with us tonight?
> 今夜，いっしょに行けますか？
> *B:* **I'm afraid not.** My uncle is coming.
> 残念だけど行けません．おじが来るので.

I'm afráid so.
（残念ながら）そのようです.

ダイアログ
A: It looks like rain.
雨が降りそうだ.
B: **I'm afraid so.**
（あいにく）そのようだね.

I'm afráid (that) ...
（残念ながら）…だと思う, …のようだ
▸**I'm afraid (that)** she doesn't like our plan.
（残念ながら）彼女はわたしたちの計画が気に入らないようだ.

Africa [ǽfrikə あふリカ] 名詞 アフリカ

African [ǽfrikən あふリカン] 形容詞
アフリカの; アフリカ人の
— 名詞 C アフリカ人; 《**the Africans** で》アフリカ人(全体)

African-American
[ǽfrikənəmérikən あふリカンアメリカン]
形容詞 アフリカ系アメリカ人の(◆アメリカ黒人の名称(めいしょう); 差別的な意味合いのない言い方として一般的に用いる)
— 名詞 C アフリカ系アメリカ人

ᵎafter [ǽftər あふタ]

前置詞	❶〔時間〕…のあとに[で]
	❷〔順序〕…のあとに[で]
	❸〔時刻〕…過ぎ
接続詞	…したあとで

— 前置詞 ❶〔時間〕**…のあとに[で]**
(対義語 before …の前に)
▸**after** lunch　昼食後
▸the day **after** tomorrow　あさって
▸**after** July 6　7月6日以降
(◆6は(the) sixth と読む; 厳密には6日をふくまず, ふくむ場合は on and after July 6 という)
▸**After** doing my homework, I went to bed.
宿題をやったあと, わたしは寝(ね)た.

ダイアログ
A: What do you do **after** school?
あなたは放課後に何をしますか?
B: I usually play soccer.
たいていサッカーをします.

❷〔順序〕**…のあとに[で]**
(対義語 before …より先に)
▸Repeat **after** me.
(授業で先生が生徒に対して)わたしのあとについて繰(く)り返して言いなさい.

❸〔時刻〕《米》**…過ぎ**
(◆《英》past, 対義語 before, to …前)
▸It's ten **after** five.
今, 5時10分です(5時10分過ぎです).

❹〔結果〕…(のあと)だから; …の結果
▸He must be tired **after** such hard work.　あんなに一生懸命(けんめい)働いたのだから, 彼は疲(つか)れているにちがいない.

❺ …を追って; …を求めて
▸We ran **after** the dog.
わたしたちはそのイヌを追って走った.

❻ …にならって, ちなんで
▸He was named Alfred **after** his grandfather.　彼は祖父の名にちなんでアルフレッドと名づけられた.

after áll　結局, とうとう

After yóu.
(順番を譲(ゆず)るときに)どうぞお先に.
(◆「わたしはあなたのあとから」の意味から)

dáy after dáy　毎日 ➡ **day**

óne after anóther　次から次へと ➡ **one**

yéar after yéar　毎年毎年 ➡ **year**

— 接続詞 **…したあとで**, …してから
(対義語 before …する前に)
▸**After** she read the book, she lent it to me.　その本を読んだあと, 彼女はそれをわたしに貸してくれた.
▸Let's go out **after** I finish writing this e-mail.　わたしがこのEメールを書き終えたら, 外に行こう.
(◆ after のあとは, 未来のことでも現在形を用いる; × after I will finish writing this e-mail とはいわない)

— 副詞〔時間・順序〕あとで[に]

ever áfter　その後ずっと ➡ **ever**

ᵎafternoon

[æftərnúːn あふタヌーン] 名詞
(複数 **afternoons** [-z])
C U **午後**(◆正午または昼食時から日

没(にちぼつ)ごろまで) ➡ day 図

▸Let's play tennis this **afternoon**.
今日の午後テニスをしましょう.

▸It will snow in the **afternoon**.
午後は雪が降るでしょう.

▸She arrived on the **afternoon** of April 6.
彼女は4月6日の午後に着いた.
(♦6は(the) sixth と読む)

▸He often goes fishing on Sunday **afternoon**.
彼は日曜日の午後によく釣(つ)りに行く.

ルール afternoon につく前置詞

1 単に「午後に」と言う場合の前置詞は in を使い,「特定の日の午後に」と言う場合には on を使います.
▸**in** the **afternoon** 午後に
▸**on** Sunday **afternoon**
日曜日の午後に

2 every, this, that, next, tomorrow, yesterday などが前につくときには前置詞は使いません.
▸**every afternoon** 毎日の午後に
▸**this afternoon** 今日の午後に(♦ × in this afternoon とはいわない)
▸**tomorrow afternoon**
明日の午後に

3 morning, evening も afternoon と同様に用います.

Good afternóon. こんにちは.(♦正午から夕方までに人と会ったときのあいさつ; まれに別れるときに Goodbye. の代わりに使うことがある)

afterward [ǽftərwərd あふタワド] 副詞
あとで, のちに, その後

afterwards [ǽftərwərdz あふタワヅ]
副詞 《英》= afterward(あとで)

᛬again [əgén アゲン] 副詞
もう一度, 再び, また(同義語 once more); もとのように

▸Try **again**. もう一度やってみなさい.

▸See you **again** soon.
また近いうちに会いましょう.

♦***agáin and agáin*** 何度も何度も
▸She asked the same question **again and again**.
彼女は何度も何度も同じ質問をした.

(áll) óver agáin もう一度 ➡ **over**

(every) nów and agáin ときどき

once agáin もう一度 ➡ **once**

᛬against [əgénst アゲンスト] 前置詞

❶ …に逆(さか)らって; …に反対して
❷ …にぶつかって
❸ …に寄りかかって
❹ …に備えて

❶ **…に逆らって; …に反対して**
(対義語 for …に賛成して); …に対抗(たいこう)して; …に違反(いはん)して

▸He swam **against** the tide.
彼は潮(しお)の流れに逆らって泳いだ.

▸Are you for or **against** our plan?
あなたはわたしたちの計画に賛成ですか, 反対ですか?

❷ **…にぶつかって**
▸He hit his head **against** the wall. 彼は壁(かべ)に頭をぶつけた.

❸ **…に寄りかかって,** もたれて
▸He is leaning **against** the tree.
彼はその木に寄りかかっている.

▸My father put a ladder **against** the tree.
父はその木にはしごを立て掛(か)けた.

❹ **…に備えて,** …から身を守るために
▸We were very careful to guard **against** fire.
わたしたちは火災を起こさないようにとても注意した.

❺ …を背景として, …と対照して
▸The bridge was very beautiful **against** the blue sky.
その橋は青空を背景にしてとても美しかった.

᛫age [éidʒ エイヂ]
—名詞 (複数 **ages** [-iz])

❶ 年齢(ねんれい)
❷ 成年
❸ 時代

❶ C U **年齢,** 年
▸an **age** limit 年齢制限

A B C D E F G H I J K L M N O P Q R S T U V W X Y Z

▸books for **ages** 6 and up
6歳(さい)以上向けの本
▸We are the same **age**.
わたしたちは同じ年齢です.
▸She climbed the mountain at the **age** of eighty.
彼女は 80 歳でその山にのぼった.
▸He looks young for his **age**.
彼は年のわりには若く見える.
❷ U **成年**(♦《米》では多くの州で 18 歳,《英》では 18 歳)
▸come of **age** 成年に達する
▸be under **age** 未成年である
❸《しばしば **Age** で》C **時代**
(同義語 period)
▸How should we live in the Internet **Age**?
わたしたちはインターネット時代にどう生きればいいのだろうか?
❹ U C (一生のうちの)一時期
▸middle [old] **age** 中[老]年
❺ U 老齢, 高齢
❻ C《しばしば **ages** で》長い間
▸Hi, Andy. I haven't seen you for **ages**.
やあ, アンディ. ずいぶん久しぶりだね.
(♦会っていない時間の長さを強調した言い方)
—動詞 (三単現 **ages** [-iz]; 過去・過分 **aged** [-d]; 現分 **aging**, 《英》**ageing**)
—自 年をとる
—他 …を老化させる

aged¹ [éidʒd エイヂド] (★ aged² との発音のちがいに注意) 形容詞
…歳(さい)の[で](♦数詞があとに続く)
▸a girl **aged** 12 12 歳の少女

aged² [éidʒid エイヂッド] (★発音に注意)
形容詞《名詞の前に用いて》
年をとった
▸the **aged** 年をとった人たち, 高齢(こうれい)者(♦「the +形容詞」で「…な人々」の意味; elderly people と同じく複数あつかい)

agency [éidʒənsi エイヂェンスィ] 名詞
(複数 **agencies** [-z])
❶ C 代理店, 取次店
▸a travel **agency** 旅行代理店
❷ C《主に米》(政府の)機関, 庁, 局

agent [éidʒənt エイヂェント] 名詞
C 代理人, 代理店; スパイ

aggressive [əgrésiv アグレッスィヴ]
形容詞 ❶ 攻撃(こうげき)的な; けんか好きな
❷ 積極的な, 精力的な

aging society 名詞 [éidʒiŋ səsáiəti エイヂングソサイアティ]
C 高齢(こうれい)(化)社会

ago [əgóu アゴウ] 副詞
《期間を表す語句を前につけて》
(今から)…**前に**
▸an [one] hour **ago** 1時間前に
▸five years **ago** 5年前に
▸The bus left ten minutes **ago**.
バスは 10 分前に出ました.
(♦ふつう過去形の文で使い, 現在完了の文では使わない)
a lóng tíme ago = ***lóng ago***
ずっと前に
lóng, lóng agó (物語などで)昔々

agony [ǽgəni あゴニ] 名詞
C U 苦痛, 激しい痛み

agree [əgríː アグリー] 動詞
(三単現 **agrees** [-z]; 過去・過分 **agreed** [-d]; 現分 **agreeing**)
—自 ❶ **同意する**
(対義語 disagree 意見が合わない);
《**agree with** +**人**で》(人)に賛成する, (人)と意見が一致(いっち)する;
《**agree to** +**提案・計画**で》
(提案・計画)に同意する, 賛成する
▸I **agree with** you.
あなた(の意見)に賛成です.
▸I can't **agree to** your plan.
あなたの計画には同意できません.
❷ (食物・気候などが)(人に)合う《with ...》
—他《**agree to** +**動詞の原形**で》
…することに同意する, 賛成する
▸She **agreed to** help them.
彼女は彼らを手伝うことに同意した.

agreeable [əgríːəbl アグリーアブる]
形容詞 受け入れられる; 感じのよい

agreement [əgríːmənt アグリーメント]
名詞 ❶ U (意見の)一致(いっち), 同意
❷ C 協定, 契約(けいやく)

agricultural [æ̀grikʌ́ltʃərəl あグリカるチュラる] 形容詞 農業の

agriculture [ǽgrikʌ̀ltʃər あグリカるチャ]
名詞
U 農業(♦「産業」「工業」は industry)

ah [ɑ́ː アー] 間投詞 (悲しみ・喜び・驚(おどろ)きなどを表して)ああ, おお

aha [əhɑ́: アハー] 間投詞 (驚(おどろ)き・あざけり・喜び・納得(なっとく)などを表して)ははあ, なるほど, へえ

ahead [əhéd アヘッド] 副詞
❶〔場所〕前方に, 前方へ
(対義語 behind 後ろに)
▸Go straight **ahead**.
まっすぐに行きなさい.
▸The station is two kilometers **ahead**. 駅は2キロ先にあります.
❷〔時間〕先に, 前もって
▸Call **ahead** for reservations
《掲示》前もってお電話でご予約ください
ahéad of ... 〔位置〕…の前に[を];
〔時間〕…より先に
▸We saw a river **ahead of** us.
わたしたちの前方に川が見えた.
go ahéad
① 先へ進む
②(許可を表して)どうぞ;
(話を促(うなが)して)さあ, それで

ダイアログ
A: May I ask you a favor?
お願いがあるのですが.
B: Yes, **go ahead**. ええ, どうぞ.

AI [éiái エイアイ] 名詞 人工知能
(♦ *a*rtificial *i*ntelligence の略)

aid [éid エイド] 動詞 他 (人)を助ける, 手伝う(♦ help よりややかたい語)
—名詞 U 手助け, 援助(えんじょ);
C 助手; 補助器具
▸give first **aid** to a child
子供に応急処置をする

aide [éid エイド] 名詞 C 補佐(ほさ)官, 側近

AIDS [éidz エイヅ] 名詞 U【医学】エイズ(♦ *A*cquired *I*mmune *D*eficiency [*I*mmuno*d*eficiency] *S*yndrome「後天性免疫(めんえき)不全症候(しょうこう)群」の略; immune と deficiency の発音は [imjúːn イミューン], [difíʃnsi ディふィシャンスィ])

aim [éim エイム] 動詞 他 (…に)(銃(じゅう)・カメラなど)を向ける, ねらう《at ...》
▸**aim** the arrow **at** the target
矢を標的に向ける
—自 ❶(銃などで)(…を)ねらう《at ...》
▸He **aimed at** the bear.
彼はそのクマにねらいをつけた.
❷(…を)目指す《at [for] ...》;《**aim to**＋**動詞の原形**で》…しようと志す
▸Our team is **aiming for** the championship.
わたしたちのチームは選手権での優勝をねらっている.
▸I'm **aiming to** become an actor.
わたしは俳優を志している.
—名詞 U ねらい; C 目的, 目標

ain't [éint エイント] 《口語》am not, are not, is not の短縮形; have not, has not の短縮形(♦詩や歌詞などで見られるが, 日常の会話では使わないほうがよい)

Ainu [áinuː アイヌー] 名詞 (複数 **Ainu** または **Ainus** [-z]) C アイヌ人; U アイヌ語
—形容詞 アイヌの; アイヌ人の; アイヌ語の

:air [éər エア]
—名詞 (複数 **airs** [-z])
❶ U 空気, 大気
▸Mountain **air** is fresh.
山の空気は新鮮(しんせん)だ.
❷《ふつう **the air** で》空中, 空
➡ 成句 ***in the air***
❸ C 外観, 様子;《ふつう **airs** で》気取った態度
▸He is always putting on **airs**.
彼はいつも気取っている.
by áir ① 飛行機で
▸He traveled to France **by air**.
彼は飛行機でフランスに旅行した.
② 航空便で(♦ by airmail ともいう)
in the áir 空中に
▸A plane was flying **in the air**.
飛行機が空を飛んでいた.
on (the) áir (ラジオ・テレビで)放送されて(♦日本語では「オンエア」と言うが, 英語ではふつう the を入れる)
—動詞 他 …を外気に当てる, (部屋など)を換気(かんき)する; …を公表する

air-conditioned [éərkəndìʃnd エアコンディシャンド] 形容詞
空調された; エアコンつきの

air conditioner [éər kəndìʃnər エア コンディシャナ] 名詞
C エアコン, クーラー, 空気調節装置
(♦空調設備全般を表すときには air conditioning という) ➡ **cooler**

aircraft [éərkræ̀ft エアクラぁふト] 名詞
(複数 **aircraft**: 単複同形)
C 航空機(♦飛行機だけでなくヘリコプター・グライダー・気球などもふくむ)

A B C D E F G H I J K L M N O P Q R S T U V W X Y Z

airfare [éərfèər エアふェア] 名詞
C 航空運賃

air force [éər fɔ̀ːrs エア ふォース] 名詞
C《**the air force** で》空軍(◆「陸軍」は the army,「海軍」は the navy)

airline [éərlàin エアライン] 名詞
C 定期航空路;《**Airlines** でしばしば単数あつかい》…航空会社(同義語 Airways)
▸China **Airlines** 中華(ちゅうか)航空

airmail, air mail [éərmèil エアメイる]
名詞 U 航空郵便, エアメール
▸by **airmail**
航空便で(◆ by air ともいう)

・airplane [éərplèin エアプれイン]
名詞 (複数 **airplanes** [-z])
C《米》《主に米》飛行機
(◆ plane と短縮することが多い;《英》aeroplane)

・airport [éərpɔ̀ːrt エアポート] 名詞
(複数 **airports** [éərpɔ̀ːrts エアポーツ])
C 空港, 飛行場
▸Kansai International **Airport**
関西国際空港

airship [éərʃìp エアシップ] 名詞 C 飛行船

airsick [éərsìk エアスィック] 形容詞
飛行機に酔(よ)った

airway [éərwèi エアウェイ] 名詞
❶ C 航空路
❷《**Airways** で単数あつかい》
…航空会社(同義語 Airlines)

aisle [áil アイる](★発音に注意)
名詞 C (列車・劇場などの座席間の)通路

AK 【郵便】アラスカ州(◆ *Alaska* の略)

AL 【郵便】アラバマ州(◆ *Al*abama の略)

-al 接尾辞 名詞について「…に関する, …の(性質の)」という意味の形容詞をつくる: nation(国)+ -al → national(国の)

Alabama [æ̀ləbǽmə あらバぁマ] 名詞
アラバマ州(◆アメリカ南部の州; Ala. または【郵便】で AL と略す)

alarm [əlάːrm アらーム] 名詞
❶ C 警報; 警報器, 警報装置
▸a fire **alarm** 火災報知器
❷ C 目覚まし時計(= alarm clock)
▸Set the **alarm** for six.
目覚まし時計を 6 時にセットしなさい.
❸ U (よくないことが起こるという)恐怖(きょうふ), (どきっとするような)驚(おどろ)き
——動詞 他 (人)を怖(こわ)がらせる

alarm clock [əlάːrm klɑ̀k アらームクらック] 名詞 C 目覚まし時計
(◆単に alarm ともいう)
➡ **clocks and watches** 図

alas [əlǽs アらぁス] 間投詞
(悲しみや残念な気持ちを表して)ああ!

Alaska [əlǽskə アらぁスカ] 名詞
アラスカ州(◆アメリカ最北端(たん)の州; Alas. または【郵便】で AK と略す)

Alaskan [əlǽskən アらぁスカン] 形容詞
アラスカ州の; アラスカ人の
——名詞 C アラスカ人

album [ǽlbəm あるバム] 名詞
❶ C (写真・サインなどの)アルバム
▸a photo **album** 写真のアルバム
❷ C (CD・レコードなどの)アルバム

alcohol [ǽlkəhɔ̀ːl あるコホーる] 名詞
❶ U アルコール飲料, 酒
❷ U 【化学】アルコール

alert [əlɔ́ːrt アら〜ト] 形容詞 油断しない
——名詞 C 警戒(けいかい)警報

Alexander [æ̀ligzǽndər あれグザぁンダ]
名詞《**Alexander the Great** で》
【人名】アレクサンダー大王(◆ 356-323 B.C.; 古代マケドニアの王で近東諸国を征服(せいふく)し, ギリシャ文明を広めた)

Alfred [ǽlfrid あるふレッド] 名詞
《**Alfred the Great** で》
【人名】アルフレッド大王(◆ 849-899; 古英国ウェセックスの王)

algebra [ǽldʒəbrə あるヂェブラ] 名詞
U【数学】代数(学)

Ali Baba [ǽli bǽbə あり バぁバ] 名詞
アリババ(◆『アラビアン・ナイト』(*The Arabian Nights*)の中の「アリババと 40 人の盗賊(とうぞく)」の物語の主人公)

Alice [ǽlis ありス] 名詞 アリス(◆ Lewis Carroll 作『不思議(ふしぎ)の国のアリス』(*Alice's Adventures in Wonderland*)の主人公)

『不思議の国のアリス』のさし絵 ジョン・テニエル画

文化 『不思議の国のアリス』

「アリス」といえば，英米人はたいてい『不思議の国のアリス』を連想します．少女アリスがウサギの穴からおとぎの国に入り，さまざまな不思議な体験をするという物語です．

alien [éiliən エイりアン] 形容詞
外国の，外国人の
—名詞 ❶ C (他国在住の)外国人
❷ C 異星人

alike [əláik アライク] 形容詞 《名詞の前には用いない》(人・ものが)似ている，同様で
▸Those two sisters are very much **alike**. その 2 人の姉妹(しまい)はとてもよく似ている．
—副詞 同じように

alive [əláiv アライヴ] 形容詞
《名詞の前には用いない》生きて，生きた状態で(対義語 dead 死んだ)
▸This fish is **alive**.
この魚は生きている．(◆「生きている魚」は a live [living] fish)

alkali [ǽlkəlài あるカライ] (★発音に注意)
名詞 C U 【化学】アルカリ
(対義語 acid 酸)

:all [ɔ́ːl オーる]

形容詞	❶ すべての
代名詞	❶ 全員
	❷ 全部
副詞	全く

—形容詞 ❶ **すべての**，全部の
➡ **every** くらべよう
▸**All** the boys went home.
その少年たちはみんな家に帰った．
▸She spent **all** her money.
彼女は自分のあり金を全部使った．
▸I played tennis **all** morning.
わたしは午前中ずっとテニスをした．

ルール all の使い方

1 all は，the や形容詞，また my や Tom's などの(代)名詞の所有格とともに使うときは，その前に置きます．
▸**all** new houses 新しい家全部
▸**all** my pens わたしのペン全部
2 all は，数えられる名詞にも，数えられない名詞にも使います．
▸**all** Tom's books トムの本全部
▸**all** the milk ミルク全部
3 all は，場所を表す名詞などの単数形といっしょに使うことがあります．
▸**All** Tokyo is excited at the news.
東京じゅうの人々がそのニュースに興奮している．

❷《否定文で部分否定を表して》
すべて…というわけでは(ない)
▸**Not all** children like milk.
子供がみな牛乳を好きだとはかぎらない．

◆***all dáy (lóng)*** 一日じゅう ➡ **day**
áll the tíme
その間ずっと；いつも ➡ **time**
áll the wáy
途中(とちゅう)ずっと；はるばる ➡ **way**
áll the whíle その間ずっと ➡ **while**
áll (the) yéar róund
一年じゅう ➡ **year**

—代名詞 ❶《複数あつかいで》**全員**，みな，すべてのもの
▸**All** of them are hungry.
(＝They are **all** hungry.)
彼らはみな腹をすかしている．
▸We **all** went to Nara by bus.
わたしたちは全員バスで奈良へ行った．
❷《単数あつかいで》**全部**，すべて
▸**All** we can see is the horizon.
見えるのは地平[水平]線だけです．
(◆「見えるものすべてが地平[水平]線だ」の意味から)

above áll 何よりもまず，とりわけ
after áll 結局，とうとう ➡ **after**
◆***at áll*** (◆強調を表す)
①《否定文で》**少しも**(…ない)
▸I can't swim **at all**.
わたしは少しも泳げない．
②《疑問文で》いったい，少しでも
fírst of áll まず，第一に ➡ **first**
in áll 全部で，合計で
Not at áll. 《主に英》(Thank you. に対して)どういたしまして．(◆《米》ではふつう You're welcome. を用いる)

ダイアログ
A: Thank you for your help.
手伝ってくれてありがとう．
B: **Not at all.** どういたしまして．

Thát's áll. (話の最後などにつけ加えて)それだけです，それで終わりです．

A B C D E F G H I J K L M N O P Q R S T U V W X Y Z

▸**That's all** for today.
今日はここまで.(♦授業の終わりなどで使われる)

——副詞 **全く**, すべて, すっかり

▸She was **all** alone in the house.
その家にいたのは彼女だけだった.

áll aróund いたるところに;全員に

áll at ónce 突然(とつぜん);全部同時に

♦***áll over (...)*** **(…の)いたるところに**
➡ **over** 前置詞, 副詞

♦***all ríght*** (♦ alright ともつづる)
① (相手への返事として, 同意・了承(りょうしょう)などを表して)**よろしい**, 了解した
(同義語 《口語》OK)

> ダイアログ
> *A:* Will you open the window?
> 窓を開けてもらえますか?
> *B:* **All right**. いいですよ.

② (相手からのお礼やおわびの返事として)**いいんですよ**, どういたしまして

> ダイアログ
> *A:* I'm sorry. I used your pen by mistake. ごめんなさい. まちがってあなたのペンを使ってしまいました.
> *B:* That's **all right**.
> かまいませんよ.

③ **無事で**, 元気で

▸He is **all right**, but a little tired.
彼は無事だが, 少し疲(つか)れている.

④ 申し分ない, 満足な;まあまあの

▸Her English is **all right**.
彼女の英語は申し分ない.
(♦前後関係によっては「まあまあだ」の意味にもなる)

all togéther 全部いっしょに

allergic [əlɚ́ːrdʒik アラ〜ヂック] 形容詞
(…に対して)アレルギー体質で《to ...》

▸I'm **allergic to** peanuts.
わたしはピーナッツアレルギーだ.

allergy [ǽlərdʒi あらヂィ] (★発音に注意)
名詞 (複数 **allergies** [-z])

❶ C 【医学】(…に対する)アレルギー《to ...》

▸I have an **allergy to** eggs.
わたしは卵アレルギーだ.

❷ C 《口語》(…への)強い嫌悪(けんお)《to ...》

alley [ǽli あり] 名詞

❶ C 路地;(公園などの)小道

❷ C (ボウリングの)レーン

All Fools' Day [ɔ́ːl fúːlz dèi オーるふーるズ デイ] 名詞 エープリルフール
➡ **April Fools' Day** 文化

alligator [ǽligèitər ありゲイタ] 名詞 C
【動物】ワニ, アリゲーター(♦アメリカ・中国産のワニ; アフリカ・南アジア産のクロコダイル(crocodile)に比べ, 口が短い)

•**allow** [əláu アらウ] (★発音に注意)

動詞 (三単現 **allows** [-z]; 過去・過分 **allowed** [-d]; 現分 **allowing**) 他

❶ **…を許す**, 許可する;《**allow** +**人**+**to** +**動詞の原形**で》(人)に…させておく

▸**Allow** me **to** introduce Ms. Jones.
ジョーンズさんを紹介(しょうかい)させていただきます.

> ダイアログ
> *A:* Can I take my dog into the park? 公園の中にイヌを連れて入ってもいいですか?
> *B:* No, dogs are not **allowed** here.
> (= No, you are not **allowed to** bring your dog here.)
> いいえ, ここはイヌはだめですよ.

> くらべよう **allow と permit**
> **allow**:「許可をあたえる」という意味だけでなく,「単に黙認(もくにん)して反対しない」意味にも用います.
> **permit**:「積極的な許可」という意味のかたい語です. 法律や規則にもとづく許可によく用います.

❷ (人)に(金など)をあたえる

allowance [əláuəns アらウアンス] 名詞
C 手当, 費用; 《米》(子供の)こづかい
(♦《主に英》pocket money)

all-purpose [ɔ́ːlpɚ́ːrpəs オーるパ〜パス] 形容詞 多目的の, 万能の

All Saints' Day [ɔ́ːl séints dèi オーるセインツ デイ] 名詞 【キリスト教】万聖節(ばんせいせつ), 諸聖人の祝日(♦ 11月1日を指す; すべての聖人の霊(れい)の平安を祈(いの)り, 神の豊かな恵(めぐ)みに感謝する日で, この日の前夜祭をハロウィーン(Halloween)と呼ぶ) ➡ **Halloween** 文化

almighty [ɔːlmáiti オーるマイティ] 形容詞
全能の

——名詞 《**the Almighty** で》全能者, 神
(同義語 God)

almond [ɑ́ːmənd アーモンド] 名詞
C 【植物】アーモンド(の木)

⁑almost [ɔ́ːlmoust オーるモウスト] 副詞

❶ **ほとんど**, たいてい(同義語 nearly)

▸**almost** every night
ほとんど毎晩

▸It was **almost** eleven o'clock.
11時近かった.

▸He is **almost** fifteen.
彼はもうすぐ15歳(さい)になる.

▸**Almost** all (the) boys in my class can play baseball.
わたしのクラスでは, ほとんどすべての男子が野球ができる.(♦× almost boys とはいわない)

くらべよう almost, nearly, about

数を表す語とともに用いる場合:

almost, nearly: その数に近いことを表しますが, その数を超(こ)えません.

about: その数の前後であることを示します.

▸It's **almost** [**nearly**] six in the evening.
もう少しで夕方の6時だ.

▸I arrived there at **about** six in the morning.
朝の6時ごろにそこに着いた.

12
9
3
6
about

❷ **もう少しで**, すんでのところで
(♦動詞を修飾(しゅうしょく)する場合は, その動作が行われていないことを表す)

▸I **almost** forgot the key.
危(あや)うくかぎを忘れるところだった.

aloha [əlóuhɑː アろウハー] 間投詞

こんにちは; ようこそ; さようなら
(♦もともと「愛」という意味の, ハワイ語のあいさつ)

⁑alone [əlóun アろウン]

—副詞 **ひとりで**, 1つで; ただ…だけ

▸He lives **alone** in the apartment.
彼はアパートにひとりで住んでいる.

▸We solved the problem **alone**.
わたしたちはだれの助けも借りずにその問題を解決した.
(♦ alone は2人以上にも用いる)

all alóne 全くひとりで

▸She made the cake **all alone**.
彼女は自分ひとりでケーキを作った.

—形容詞《名詞の前には用いない》
ひとりだけの; ただ…だけ

▸You are not **alone**. We have the same problem.
きみひとりじゃないよ. わたしたちも同じ問題をかかえているんだ.

▸Yumi and I were **alone** in the classroom.
教室には由美とわたしの2人きりだった.(♦ alone は2人以上にも用いる)

▸She **alone** knows. 彼女だけが知っている.(= Only she knows.)

let ... alóne = ***leave ... alóne*** (人・もの)を(かまわずに)そのままにしておく

▸**Leave** me **alone**, please.
わたしにかまわないでください.

⁑along [əlɔ́ːŋ アろーング]

—前置詞 (道路・川など)**に沿って**;
…を通って ➡ **across** くらべよう

▸There are some trees **along** the street. その通りに沿って木がある.

▸We walked **along** the street.
わたしたちはその通りを歩いた.

ルール along の使い方

along には,「…の外側に沿って」と「その上[中]を通って」という2つの意味があります.

▸She is running **along** the river.
彼女は川(の外側)に沿って走っている.

▸He is rowing **along** the river.
彼は川(の中)でボートをこいでいる.

—副詞 ❶ (止まらずに)**前へ**, 進んで

▸"Move **along**, please. Thank you,"

said the conductor.
「奥(おく)へ進んでください．ご協力ありがとうございます」と車掌(しゃしょう)が言った．

ダイアログ
A: Can I join you?
わたしも加わっていい？
B: Of course, come **along**!
もちろんだよ，さあこっちへ来て！

❷ (…と)いっしょに(同義語 together)；(…を)連れて《with ...》
▸Bring your brother **along** next time. この次は弟さん[お兄さん]も連れていらっしゃい．

get alóng
暮らしていく；うまくやる ➡ **get**

aloud [əláud アラウド] 副詞 声を出して
▸Read the sentence **aloud**.
その文を声に出して読みなさい．

くらべよう **aloud と loudly**
aloud:「声に出して」という意味です．
▸Would you read it **aloud**?
声に出して読んでいただけますか？
loudly:「大声で」という意味です．
▸Would you read it **loudly**?
大きな声で読んでいただけますか？

alphabet [ǽlfəbèt あるふァベット] 名詞
C アルファベット(♦ 26 文字全体を指す)

alphabetical [æ̀lfəbétikl あるふァベティクる] 形容詞 アルファベット(順)の

Alps [ǽlps あるプス] 名詞《**the Alps** で複数あつかい》アルプス山脈(♦ヨーロッパ中南部の山脈；最高峰(ほう)はモンブラン)

ːalready [ɔːlrédi オーるレディ]
副詞《肯定文で》**すでに，もう**
▸He was **already** in bed then.
そのとき彼はすでに寝(ね)ていた．

ルール **already の使い方**
「もう…したのですか？」とたずねる場合はふつう yet を用います．疑問文で already を用いると，驚(おど)きや意外な気持ちを表すことがあります．
▸Have you had lunch **yet**?
もうお昼は済ませましたか？
▸Wow! Have you solved the puzzle **already**?
すごい！ そのパズルをもう解いたのですか？

ːalso [ɔ́ːlsou オーるソウ]
—副詞 **…もまた**；そのうえ
(♦ too よりかたい語)
▸Mr. Smith is a teacher and **also** a musician.
スミス氏は教師であり，音楽家でもある．
▸Tom is tall. Bob, his big brother, is **also** very tall.
トムは背が高い．彼の兄のボブもまたとても背が高い．

ルール **also の使い方**
1 also は，ふつう一般動詞の直前か，助動詞・be 動詞の直後に置きます．文末では too のほうがふつうです．
▸She **also** knows it.
▸She knows it, **too**.
彼女もそれを知っている．
2 also のある文では，also とそれがかかる語句を強く発音します．
3 否定文では使いません．「…もまた～ではない[しない]」のように言うときは，文末で either を使います．
▸He does **not** know it, **either**.
彼もそれを知らない．

◆***not ónly ... but*** (***álso***) **～**
…ばかりでなく～もまた ➡ **not**
—接続詞 そのうえ，さらに

ALT [éièltíː エイエるティー] 名詞
C外国語指導補助教員(♦ *A*ssistant *L*anguage *T*eacher の略) ➡ **AET**

alter [ɔ́ːltər オーるタ] 動詞
他 (部分的に)…を変える
—自 (部分的に)変わる(♦「(全体的に)変わる[変える]」は change)

although [ɔːlðóu オーるぞウ] 接続詞
…だけれども，…だが，…にもかかわらず
(♦ though よりかたい語)
▸**Although** my car is old, it runs well. わたしの車は古いが，よく走る．

altitude [ǽltitjùːd あるティテュード] 名詞
U C 高さ，高度；海抜(かいばつ)，標高

altogether [ɔ̀ːltəgéðər オーるトゥゲざ]
副詞 ❶ すっかり，完全に；《否定文で部分否定を表して》全く…というわけでは(ない)
▸The plan changed **altogether**.
計画はすっかり変わった．
▸I do**n't altogether** trust him.
彼を完全に信用しているわけではない．

❷ 全部で，合計で
▸How much will it be **altogether**?
全部でいくらになりますか？

⁑always [ɔ́ːlweiz オーるウェイズ]

副詞《ふつう be 動詞・助動詞の直後か，一般動詞の直前に置いて》**いつも**，常に
▸She **always** looks happy.
彼女はいつも幸せそうだ.
▸He is **always** playing video games. 彼はいつもテレビゲームばかりしている.（♦ always を進行形の文で用いると，話し手の非難の気持ちを表すことがある）

参考 **頻度(ひんど)を表す副詞**

always	いつも	100%
usually	たいてい	↑
often	しばしば	
sometimes	ときどき	
hardly scarcely	ほとんど …しない	
rarely seldom	めったに …しない	↓
never	決して…ない	0%

not álways いつも[必ずしも]…とはかぎらない(♦部分否定)
▸Adults are **not always** right.
おとながいつも正しいわけではない.

⁑am [ǽm あム；(弱く言うとき) m ム]

―動詞 (過去 **was** [wɑ́z ワズ；(弱く言うとき) wəz ワズ]；過分 **been** [bín ビン]；現分 **being** [bíːiŋ ビーイング])
(be の一人称単数現在形；主語が I のとき用いる ➡ **be**) 自

ルール **I am の短縮形**

1 《口語》ではふつう I am を I'm [áim アイム] と短縮します.
2 ただし，Yes, I am. のように am が文の最後にくるときは短縮しません.
3 否定の場合は I'm not となります.

❶〔状態・性質〕**…です，…だ**
▸**I'm** from Japan.
わたしは日本出身です.
▸**I'm** not a good tennis player.
わたしはテニスがうまくない.

ダイアログ
A: Are you hungry? おなかすいた？
B: Yes, I **am**. うん，すいた.

❷〔存在〕(…に)**いる，ある**

ダイアログ
A: Hello, Ken. Where are you?
(電話で)もしもし，ケン. どこにいるの？
B: **I'm** at Ueno Station.
上野駅だよ.

―助動詞 (過去・過分・現分 は 動詞 に同じ) ❶《進行形をつくる / **am ＋ …ing**》**…している**；(はっきり決まった未来の予定を表して)…する予定だ ➡ **be**
▸**I'm looking** for my key.
わたしはかぎをさがしています.
▸**I'm leaving** Japan next month.
わたしは来月，日本を出発する予定だ.
❷《受け身の形をつくる / **am ＋ 他動詞の過去分詞**》**…される**，…されている
▸**I'm called** Beth.
わたしはベスと呼ばれています.

a.m., A.M. [éiém エイエム] 午前

(対義語 p.m., P.M. 午後)
▸The class starts at 8:30 **a.m.**
授業は午前 8 時 30 分に始まります.
(♦ 8:30 は eight thirty と読む)

ルール **a.m. の意味と使い方**

1 a.m. はラテン語の *a*nte *m*eridiem (正午より前)の略語で，夜中の 12 時から昼の 12 時までの時間帯のことです.
2 a.m. は時刻を表す数字のあとに置きます.
▸at 8:30 **a.m.**
午前 8 時 30 分に
3 ふつう会話では，「午前 8 時半に」は at eight thirty **in the morning** のようにいいます.
4 o'clock といっしょには使いません.
▸at 10 **a.m.**
午前 10 時に

amateur [ǽmətʃùər あマチュア] (★アクセントに注意)

名詞 C アマチュア，しろうと(対義語 professional プロ)
―形容詞 アマチュアの，しろうとの

amaze [əméiz アメイズ]

動詞 (三単現 **amazes** [-iz]；過去・過分 **amazed** [-d]；現分 **amazing**) 他 …をびっくりさせる，驚(おど)かせる；《**be amazed** で》

A B C D E F G H I J K L M N O P Q R S T U V W X Y Z

(…に)びっくりする, 驚く《at [by] ...》

amazement [əméizmənt アメイズメント] 名詞 U 驚(おど)き, 驚嘆(きょうたん)

in amázement 驚いて

amazing [əméiziŋ アメイズィング] 形容詞 驚(おど)くべき, 驚くほどすばらしい

Amazon [ǽməzɑ̀n あマザン] 名詞 《**the Amazon** で》アマゾン川(◆南アメリカの大河で, 流域面積は世界一)

ambassador [æmbǽsədər あンバぁサダ] 名詞 C 大使；使節, 代表

ambition [æmbíʃn あンビシャン] 名詞 C U 大志, 大望, 野心

ambitious [æmbíʃəs あンビシャス] 形容詞 大志を抱(いだ)いた, 意欲[野心]的な

ambulance [ǽmbjələns あンビュらンス] 名詞 C 救急車

▸Call an **ambulance**! 救急車を呼んで！

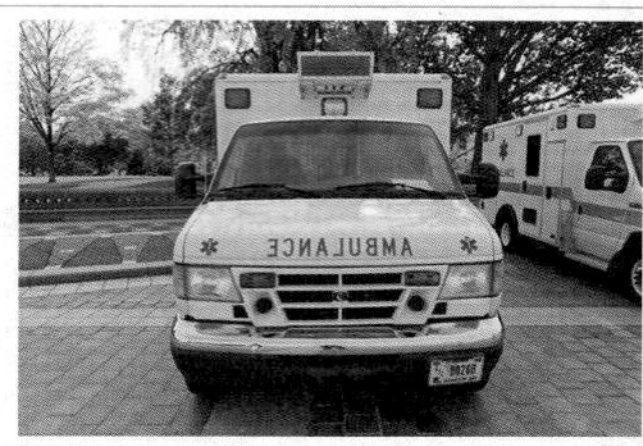

▲バックミラーで読めるようにボンネット上のAMBULANCEの文字が鏡文字になっている

amen [eimén エイメン] (★発音に注意) 間投詞 【キリスト教】アーメン (◆祈(いの)りの終わりに唱えることば)

˙America [əmérikə アメリカ]

名詞 ❶ **アメリカ**, アメリカ合衆国 (◆正式名はthe United States of America；アメリカ人自身は, the United States や the States という言い方を好む；印刷物では the U.S. または the U.S.A. とすることが多い；首都はワシントン Washington, D.C.)
❷ 北アメリカ(＝North America)
❸ 南アメリカ(＝South America)
❹《ときに **the Americas** で》

American football

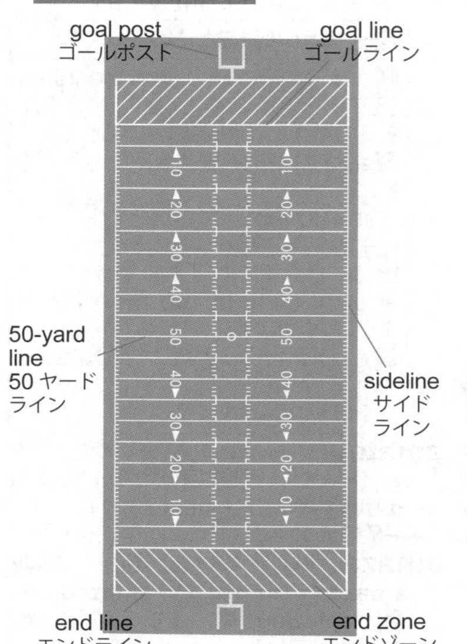

アメリカ大陸(♦南・北両アメリカ)

·American

[əmérikən アメリカン]

——**形容詞** **アメリカの**; アメリカ人の

➡ **Japanese** 参考

▸the **American** national flag
アメリカ国旗(♦ the Stars and Stripes「星条旗」ともいう)

▸My mother is **American**.
母はアメリカ人だ.

——**名詞** (**複数** **Americans** [-z])

C **アメリカ人**; 《**the Americans** で》アメリカ人(全体)

American Dream [əmérikən drí:m アメリカン ドゥリーム] **名詞**

《**the American Dream** で》
アメリカンドリーム
(♦アメリカでは, 才能と努力によりだれでも成功することができるという考え方)

American football

[əmérikən fútbɔ̀:l アメリカン ふットボーる]

名詞 U 《英》【スポーツ】アメリカンフットボール(♦《米》では単に football という) ➡ p.22 図, **football**

American Indian [əmérikən índiən アメリカン インディアン] **名詞** C アメリカインディアン(♦アメリカの先住民)

➡ **Indian** 文化, **Native American**

American League [əmérikən lí:g アメリカン リーグ] **名詞** 《**the American League** で》アメリカン・リーグ
(♦ナショナル・リーグ(National League)と並ぶアメリカのプロ野球, 大リーグ(Major League))

American Revolution

[əmérikən rèvəlú:ʃn アメリカン レヴォるーシャン] **名詞** 《**the American Revolution** で》アメリカ独立戦争
(♦ 1775-1783; the War of (American) Independence ともいう)

文化 **自治・独立を求めた戦い**

アメリカ独立戦争は, 新大陸にできた 13 の植民地がイギリス本国の支配に反発したことから, 1775 年に始まりました. きっかけとなったのはボストン茶会事件(the Boston Tea Party)(1773)です. 植民地側が高い茶税に抗議(こうぎ)してイギリス船を襲(おそ)い, 積み荷のお茶を海に投げこみました. 植民地側は「代表なくして課税なし」をスローガンに戦い続け, 1783 年に独立を勝ちとりました.

◀ボストン茶会事件

:among [əmʌ́ŋ アマング] **前置詞**

❶ **…の間で**[**に, を**], …の中で[に, を]; …に囲まれて

▸He is popular **among** the students. 彼は生徒の間で人気がある.

▸My dog is sitting happily **among** the children. わたしのイヌは子供たちに囲まれてうれしそうにすわっている.

くらべよう **among と between**

among: ふつう 3 つ以上のものの間にあることを表します.
between: ふつう 2 つのものの間にあることを表します.

❷ **…の一つ**[**一人**]**で** (♦最上級をともなうことが多い)

▸Tokyo is **among** the **biggest** cities in the world.
東京は世界で最も大きな都市の一つだ.

·amount [əmáunt アマウント]

——**名詞** (**複数** **amounts** [əmáunts アマウンツ]) ❶《**the amount** で》
(…の)**総額**, **総計**《of ...》

▸**The amount of** data is about 60MB.

そのデータの容量は約 60 メガバイトだ.
❷ C (…の)量, 額《of ...》
(♦数えられない名詞に使う)
▸a large **amount of** money
大金
——動詞 (三単現 **amounts** [-s]; 過去・過分 **amounted** [-id]; 現分 **amounting**)
自 総計(…に)なる《to ...》; (…と)ほぼ等しい《to ...》

Amsterdam [ǽmstərdæm あムスタダぁム] 名詞 アムステルダム(♦オランダの憲法上の首都; 行政府所在地はハーグ(The Hague))

amuse [əmjúːz アミューズ] 動詞
(三単現 **amuses** [-iz]; 過去・過分 **amused** [-d]; 現分 **amusing**)
他 (人)を(…で)おもしろがらせる, 楽しませる《with [by] ...》
(同義語 entertain); 《**be amused at [by, with] ...** で》…をおもしろがる, 楽しむ
▸She **amused** us **with** magic.
彼女は手品でわたしたちを楽しませた.

amusement [əmjúːzmənt アミューズメント] 名詞 U 楽しみ; C 娯楽(ごらく)

amusement park [əmjúːzmənt pɑ̀ːrk アミューズメント パーク] 名詞
C 遊園地

amusing [əmjúːziŋ アミューズィング]
形容詞 (人を)楽しくさせる, おもしろい, 楽しい ➡ **interesting** くらべよう

:an [ən アン; (強く言うとき)ǽn あン] 冠詞
《母音(ぼいん)で始まる名詞の前に用いて》
1 つの, 1 人の; ある
➡ **a** ルール, **one** 1 つめの くらべよう

> **ルール an の使い方**
>
> an はあとの単語のつづり字に関係なく, 発音が母音で始まる語につけます.
> ▸**an** hour [áuər アウア]　1 時間
> つづり字は h で始まるが, 発音は母音[au]で始まるので an
> ▸**a** uniform
> [júːnifɔ̀ːrm ユーニふォーム]　制服
> つづり字は u で始まるが, 発音は子音[j]で始まるので a
>
> また, 名詞の前に母音で始まる形容詞がくると an が用いられます. 子音で始まる形容詞がくると a が用いられます.
> ▸**an** old [óuld オウるド] car　古い車
> ▸**a** big [bíg ビッグ] ant　大きなアリ

analog, 《英》analogue [ǽnəlɔ̀ːg あナろーグ] 形容詞 アナログ(式)の
(対義語 digital デジタル(式)の)

analysis [ənǽləsis アナぁりスィス]
名詞 (複数 **analyses** [ənǽləsìːz アナぁりスィーズ]) C U 分析(ぶんせき); 分解

analyze, 《英》analyse [ǽnəlàiz あナらイズ] 動詞 (三単現 **analyzes** [-iz];
過去・過分 **analyzed** [-d];
現分 **analyzing**)
他 …を分析(ぶんせき)する; …を分解する

ancestor [ǽnsestər あンセスタ]
(★アクセントに注意) 名詞
C 先祖, 祖先(対義語 descendant 子孫)

anchor [ǽŋkər あンカ] 名詞
❶ C (船の)いかり
❷ C たよりになるもの[人]
❸ C (テレビなどの)総合司会者, ニュースキャスター(♦ anchorperson [ǽŋkərpɑ̀ːrsn あンカパ〜スン]ともいう)
❹ C (リレーの)最終走者[泳者]
be at ánchor　停泊(ていはく)している
——動詞 他 (船)を停泊させる

ancient [éinʃənt エインシェント] 形容詞
《名詞の前に用いて》古代の
(対義語 modern 現代の); 昔からの

:and [ǽnd あンド; (弱く言うとき) ənd アン(ド)] 接続詞

> **❶ …と〜**
> **❷ …つきの〜**
> **❸ そして**
> **❹ そうすれば**
> **❺ …しに**

❶《語・句・節を結んで》**…と〜, …や〜; そして**
▸Are you **and** Tom brothers?
きみとトムは兄弟なの?
▸You, Jim, **and** I are the same age.　きみとジムとぼくは同い年だ.
(♦異なった人称を並べるとき, ふつう「二人称(相手), 三人称(第三者), 一人称(自分)」の順になる)
▸I'm going to visit London, Paris, **and** Berlin.
わたしはロンドンとパリとベルリンを訪(おとず)れるつもりだ.
(♦ 3 つ以上の語句を並べるときは, ふつう A, B, and C のように言い, 最後の語句の前に and を置く; B のあとの

コンマは省略することもある）

▸He's good-looking **and** very kind.
彼はハンサムでとても親切だ.

▸She goes for a walk before breakfast **and** after dinner.
彼女は朝食前と夕食後に散歩に出かける.（◆句と句を結んでいる）

▸Tom is Australian, **and** Mary is Canadian.
トムはオーストラリア人で，メアリーはカナダ人だ.（◆節と節を結んでいる；この場合，コンマを入れる）

▸Three **and** four make(s) seven.
3足す4は7(3＋4＝7).

ルール and の結ぶもの

and で結ばれる語は同じ品詞になります.
▸I sang **and** danced at the party.
（sang：動詞　danced：動詞）
わたしはパーティーで歌い，踊(おど)った.

❷《単数あつかいで》…**つきの〜**
（◆一体となったものを表す；このときは[ən アン，n ン]と弱く発音する）

▸bread **and** butter
バターを塗(ぬ)ったパン（◆[brédnbʌ́tər ブレッドゥンバタ]と発音する）

❸ **そして**，それから

▸She opened the box **and** found a beautiful pendant.
彼女は箱を開け，すてきなペンダントを見つけた.

❹《命令文のあとで》**そうすれば**
（対義語 or そうしなければ）

▸Take this medicine, **and** you'll get better soon.
この薬を飲みなさい．そうすればすぐよくなりますよ.

❺《**come [go, try** など］＋**and**＋**動詞の原形**で》《口語》…**しに**（◆ and は to の代わりで．ふつう命令文で用いる；この場合[ən　アン，　n ン]と弱く発音する；この and は省略されることもある）

▸**Come (and)** see me next week.
来週会いに来てください.
（＝Come to see me next week.）

❻〔結果〕…ので，それで

▸He studied very hard **and** got a good grade.　彼は一生懸命(けんめい)勉強したので，よい成績をとった.

❼〔反復・強調〕《同じ語を and で結んで》ますます，どんどん

▸It became colder **and** colder.
ますます寒くなった.

◆***and só on***《いくつか例をあげたあとで》…**など**（◆人には用いない；同義語 etc.）

▸He can play the piano, the flute, the guitar, **and so on**.
彼はピアノ，フルート，ギターなどを演奏できる.

and thén　そして，それから

and yet　それでも ➡ **yet**

Andersen
[ǽndərsn あンダスン] 名詞
【人名】アンデルセン
（◆ Hans Christian Andersen [hǽns krístʃən- ハぁンス クリスチャン-], 1805–75; デンマークの童話作家）

Andes
[ǽndi:z あンディーズ] 名詞
《**the Andes** で複数あつかい》
アンデス山脈（◆南アメリカの大山脈）

angel
[éindʒəl エインヂェる] 名詞
C 天使；天使のような人

anger
[ǽŋgər あンガ] 名詞
U 怒(いか)り，腹を立てること

angle
[ǽŋgl あングる] 名詞
❶ C【数学】角(かく)，角度
❷ C 角(かど)，隅(すみ)（同義語 corner）

angrily
[ǽŋgrəli あングリり]（★つづりに注意）副詞 怒(おこ)って

：angry
[ǽŋgri あングリ] 形容詞
（比較 **angrier**；最上 **angriest**）
（…に）**怒(おこ)った**，腹を立てた
《with [about, over, at] ...》

▸He got very **angry with** me.
彼はわたしにとても腹を立てた.

くらべよう
angry with [about, over, at] ...

「…に怒っている」と言う場合，「人に怒っている」のか，それとも「物事に怒っている」のか，対象によって，ふつう次のように前置詞を使い分けます.

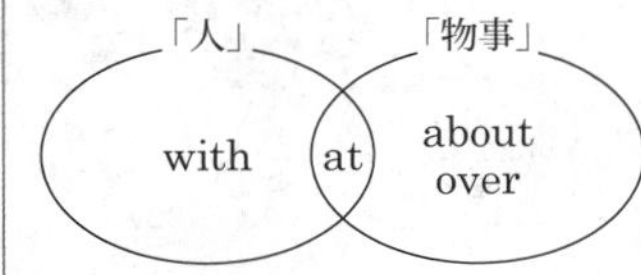

：animal
[ǽnəml あニムる]
―名詞（複数 **animals** [-z]）
C **動物**（◆狭(せま)い意味ではほ乳類を指す；

A B C D E F G H I J K L M N O P Q R S T U V W X Y Z

「植物」は plant,「鉱物」は mineral)
➡ 下図
▸a wild **animal** 野生動物
——形容詞《名詞の前に用いて》動物の

animate (★動詞・形容詞の発音のちがいに注意) 動詞 [ǽnəmèit あニメイト] (三単現 **animates** [ǽnəmèits あニメイツ]; 過去・過分 **animated** [-id]; 現分 **animating**) 他
❶ …に生命を吹(ふ)きこむ; …を生き生きさせる
❷ …をアニメ化する
——形容詞 [ǽnəmit あニメット]
生命のある; 生き生きとした

animated [ǽnəmèitid あニメイティッド] 形容詞 ❶ 活気のある, 生き生きとした
❷ アニメ(ーション)の
▸an **animated** movie
動画, アニメ(ーション)(◆ animated cartoon, animation ともいう)

animation [æ̀nəméiʃn あニメイシャン] 名詞 ❶ U 活気
❷ C 動画; マンガ映画, アニメ
(◆ animated cartoon [movie] ともいう)

anime [ǽnəmèi あニメイ] 名詞 U (日本の)アニメ

文化 海外でのアニメ人気

日本のアニメ作品は世界的に評価が高く,『鉄腕(てつわん)アトム』(*Astro Boy*) をはじめとして宮崎駿(はやお)の作品などのファンが世界じゅうにいます.

ankle [ǽŋkl あンクる] 名詞 C 足首, くるぶし

anniversary [æ̀nəvə́:rsəri あニヴァ〜サリ] 名詞 (複数 **anniversaries** [-z]) C (毎年の)記念日[祭], …周年記念日
▸the twentieth **anniversary** 20 周年記念日

·announce [ənáuns アナウンス] 動詞 (三単現 **announces** [-iz]; 過去・過分 **announced** [-t]; 現分 **announcing**) 他 (公式に)…**を発表する**, 告げる
▸The TV commercial is **announcing** the opening of a new mall.
テレビコマーシャルが新しいショッピングモールのオープンを知らせている.

announcement [ənáunsmənt アナウンスメント] 名詞 C U 発表, 公表

animals (鳴き声)

announcer [ənáunsər アナウンサ]
名詞 C アナウンサー；(駅・空港などで) アナウンスする人[係員]

annoy [ənói アノイ] 動詞 他 (人)を悩(なや)ます，困らせる (同義語 bother)；(人)を怒(おこ)らせる，いらいらさせる

annoying [ənóiiŋ アノイイング] 形容詞
(人を)いらだたせるような，迷惑(めいわく)な

annual [ǽnjuəl あニュアる] 形容詞
毎年の，年1回の；1年(間)の
▸an **annual** event 年中行事
—名詞 ❶ C 【植物】一年生植物
❷ C 年報，年鑑(ねんかん)

⁑another [ənʌ́ðər アナざ]

—形容詞 ❶ **もう1つの**，もう1人の (◆数を強調するときは one more を用いる)；新たな，さらなる

> ダイアログ
> *A:* Would you like **another** cup of tea? もう1杯(ぱい)お茶をいかがですか？
> *B:* No, thank you. いえ，けっこうです．

> ルール **another の使い方**
>
> **1** another は「リンゴをもう1つ食べたい」や「あとからもう1人来ます」などのように，目の前にはない[いない]ほかのものや人を指すときに用います．
> ▸I'm eating an apple. I want to eat **another** one.
> わたしはリンゴを食べています．わたしはもう1つリンゴを食べたいです．
>
> **2** another はふつう数えられる名詞の単数形につきますが，「数を表す語＋複数形の名詞」を1つのまとまりと考えることができる場合には，another をつけることができます．
> ▸**another** two weeks もう2週間
> ▸I waited **another** ten minutes.
> わたしはさらに10分待った．

❷ **ほかの**，別の，ちがった
▸This gift isn't from Jim. It's from **another** friend of mine.
この贈(おく)り物はジムからではなく，わたしの別の友達からです．
—代名詞 **別のもの[人，こと]**；もう1つ[1人]
▸This is too big for me. Would you show me **another**?
これはわたしには大きすぎます．別のものを見せてくれませんか？

óne after anóther 次から次へと ➡ **one**
one anóther たがいに[を] ➡ **one**

⁑answer

[ǽnsər あンサ] (★発音に注意)
—動詞 (三単現 **answers** [-z]；過去・過分 **answered** [-d]；現分 **answering**)
—他 ❶ **…に答える** (対義語 ask …をたずねる)；(手紙など)に返事をする
▸Please **answer** me now.
今，お返事をください．
▸He didn't **answer** my question.
彼はわたしの質問に答えなかった．
▸Jane **answered**, "Yes."
ジェーンは「はい」と答えた．
▸"I'm OK," he **answered**.
「ぼくはだいじょうぶだ」と彼は答えた．
▸Mike **answered** me (that) he had no idea. マイクはわたしに全くわからないと答えた．
❷ (電話・ノックなど)**に応答する**
▸I'll **answer** the door.
わたしが玄関(げんかん)に出ます．
—自 答える，返事をする
ánswer back 口答えをする，言い返す
—名詞 (複数 **answers** [-z]) C U (…への) **答え**，返事 (対義語 question 質問)；(電話などへの)応答《to ...》
▸the right **answer** 正解
▸I got an **answer to** my letter from her.
わたしは彼女から手紙の返事をもらった．

ant [ǽnt あント] 名詞 C 【昆虫】アリ

Antarctic [æntɑ́ːrktik あンタークティック] 形容詞 南極の，南極地方の (対義語 Arctic 北極の)
—名詞《**the Antarctic** で》南極地方

antenna [ænténə あンテナ] (★アクセントに注意) 名詞
❶ (複数 **antennae** [ænténiː あんテニー]) C (昆虫(こんちゅう)・エビなどの)触角(しょっかく)，(カタツムリなどの)角(つの)
❷ (複数 **antennas** [-z]) C《主に米》(テレビ・ラジオなどの)アンテナ (◆《英》aerial [ériəl エリアる])

anthem [ǽnθəm あンせム] 名詞
C (神をたたえる)聖歌，賛美歌；賛歌
▸a national **anthem** 国歌

antique [æntíːk あンティーク] 形容詞
アンティークの，古くて値打ちのある

⁑any 形容詞 代名詞 副詞

[éni エニ;(弱く言うとき)əni エニ]

形容詞 ❶いくらかの ❷少しの…も ❸どんな…でも
代名詞 ❶いくらか; 少しも ❷どれでも

──形容詞 ❶《疑問文・if 節で》**いくらかの**; 何らかの ➡ **some** ルール

▸Is there **any** milk? 牛乳はありますか?
▸Do you have **any** pets? 何かペットを飼っていますか?
▸If you have **any** questions, please ask me now. もし何か質問があれば,今してください.

ルール any +「数えられる名詞の複数形」

1 疑問文で any を「数えられる名詞」とともに使う場合, その名詞はふつう複数形になります.
▸Do you have **any** brothers? あなたには兄弟がいますか?
2 答えの数が1つと予想されるときは any を使わず,単数形でたずねます.
▸Do you have **a** piano? (家に)ピアノはありますか?

❷《否定文で》**少しの…も**(…ない), 何も[だれも](…ない) (♦必ず not ... any の語順で用いる)

▸I do**n't** have **any** sisters. わたしには姉妹(しまい)はひとりもいません.

❸《肯定(こうてい)文で》**どんな…でも**, どの…でも (♦ふつう単数名詞の前に置く) ➡ **every** ルール

▸**Any** suggestion is welcome. どんな提案でもけっこうです.
▸She is taller than **any** other student in her class. 彼女はクラスのほかのどの生徒よりも背が高い. (♦× any other students)

ルール any の疑問文・否定文・肯定文

any は疑問文・否定文・肯定文によって意味が変わります.
疑問文: Do you have **any** pens? (**何本か**)ペンを持っていますか?
否定文: I don't have **any** pens. ペンを **1 本も**持っていません.
肯定文: You can take **any** pen. **どの**ペンを取ってもいいよ.
any と同様に anybody, anyone, anything, anywhere も疑問文・否定文・肯定文によって意味が変わります.

──代名詞 ❶《疑問文・if 節で》**いくらか**; 何か, だれか; 《否定文で》**少しも**(…ない), どれも[だれも](…ない)

▸Did you meet **any** of them? 彼らのうちのだれかに会いましたか?
▸Don't touch **any** of these switches. これらのスイッチのどれにも触(ふ)れてはいけません.

❷《肯定文で》**どれでも**, だれでも

▸You can eat **any** of these mushrooms. これらのキノコはどれでも食べられます.

if ány もしあれば; あるとしても

──副詞 《疑問文・if 節で》少しは; 《否定文で》少しも(…ない)

▸Do you feel **any** better? 少しは気分がよくなりましたか?
▸I can't walk **any** faster. これ以上速く歩くことはできない.

not ... any lónger もはや…でない

▸He is **not** here **any longer**. 彼はもうここにはいません.

—名詞 C 骨董(こっとう)品, アンティーク, 古美術品

antonym [ǽntənìm あントニム] 名詞
C 反意語, 対義語
(対義語 synonym 同義語)

anxiety [æŋzáiəti あンㇰザイアティ] 名詞
(複数 **anxieties** [-z]) C U 心配, 不安

˙anxious [ǽŋkʃəs あンクシャス]

形容詞 (比較 **more anxious**; 最上 **most anxious**)

❶《**be anxious for** [**about**] **...** で》**…を心配している**; 不安な, 気がかりな
▸I'm **anxious about** her health.
わたしは彼女の健康が心配だ.

❷《**be anxious for** ＋物事で》(物事)を熱望している;《**be anxious to** ＋**動詞の原形**で》…したがっている
▸Parents **are anxious for** the happiness of their children. 親は(だれでも)子供の幸福を強く願っている.
▸We **were** very **anxious to** win the game. わたしたちはその試合にとても勝ちたかった.

anxiously [ǽŋkʃəsli あンクシャスリ]
副詞 心配して, 心配そうに; 切望して

⁚any 形容詞 代名詞 副詞 ➡ p.28 any

⁚anybody [énibàdi エニバディ] 代名詞

《ふつう単数あつかいで》

❶《疑問文・if 節で》**だれか**
▸Is **anybody** home?
(家を訪ねて)だれかいますか?

❷《否定文で》**だれも**(…ない)
▸I do**n't** know **anybody** here.
ここには知り合いはだれもいない.

❸《肯定(こうてい)文で》**だれでも** ➡ **every** ルール
▸**Anybody** knows that.
そんなことはだれでも知っている.

> くらべよう **anybody と anyone**
>
> 1 anybody は anyone よりややくだけた語です.
>
> 2 肯定文で「だれか」を表すときはふつう somebody, someone を用います.

anyhow [énihàu エニハウ] 副詞 とにかく, いずれにしても(同義語 anyway)

anymore [ènimɔ́ːr エニモーア] 副詞
《否定文で》今(で)はもう…(でない)
(◆《英》では any more ともつづる)

⁚anyone [éniwʌ̀n エニワン] 代名詞

(◆ anybody よりややかたい語)《ふつう単数あつかいで》➡ **anybody** くらべよう

❶《疑問文・if 節で》**だれか**
▸Can **anyone** come and help me?
だれか手伝いに来てくれますか?
▸If **anyone** sees my cat, please contact me at this number.
どなたかわたしのネコを見かけたら, この番号にご連絡(れんらく)ください.

❷《否定文で》**だれも**(…ない)
▸He did**n't** tell **anyone** about it.
彼はその事をだれにも話さなかった.

❸《肯定(こうてい)文で》**だれでも** ➡ **every** ルール
▸It's easy. **Anyone** can do it.
かんたんです. だれにでもできますよ.

⁚anything [éniθìŋ エニすィンㇰ] 代名詞

❶《疑問文・if 節で》**何か**
▸Is there **anything** interesting in today's paper? 今日の新聞に何かおもしろいことは書いてありますか?
▸Can I get you **anything** to drink?
何かお飲み物をお取りしましょうか?

> ダイアログ
>
> *A:* **Anything** else?
> (店などで)ほかに何か(ご希望[注文]はありますか)?
>
> *B:* No, thanks. That's enough.
> いいえ, けっこうです. それで十分です.

> ダイアログ
>
> *A:* Do you have **anything** cheaper?
> 何かもっと安いものはありますか?
>
> *B:* Sure. Here you are.
> はい. こちらです.

❷《否定文で》**何も**(…ない)
▸She does**n't** know **anything** about baseball.
彼女は野球のことを何も知らない.

a b c d e f g h i j k l m n o p q r s t u v w x y z

(＝She knows nothing about baseball.)
▸I've **never** seen **anything** like this before.
こんなものこれまでに見たことがない.
❸《肯定(こうてい)文で》**何でも**

ダイアログ
A: Do you like chocolate?
チョコレートは好きですか?
B: Yes, I like **anything** sweet.
ええ, 甘(あま)いものは何でも好きです.

ルール **anything の使い方**
1 肯定文で「何か」を表すときは something を用います.
2 否定文の主語には anything ではなく, nothing を用います.
▸**Nothing** happened today.
今日は何も起きなかった.
3 anything を修飾(しゅうしょく)する形容詞や不定詞(to＋動詞の原形), 「主語＋動詞」は anything の後ろにつけます.
▸**anything** new　何か新しいもの
▸**anything** to do　何かすること
▸**anything** I can do　何かわたしにできること

ánything but ... ① …のほかは何でも
▸I will do **anything but** that job.
その仕事以外なら何でもやります.
② 少しも…でない
▸He was **anything but** friendly.
彼は少しも友好的ではなかった.

anytime
[énitàim エニタイム] 副詞
❶《主に米》いつでも
(同義語 (at) any time)
❷《米口語》どういたしまして
(♦お礼に対する返事として用いる)

anyway
[éniwèi エニウェイ] 副詞
とにかく, いずれにしても
(同義語 anyhow)
▸**Anyway**, let's do it.
とにかく, それをやってみましょう.
▸Thanks, **anyway**.
とにかく, ありがとう.
(♦相手の申し出などに感謝しながらも断るときなどに用いる)

anywhere
[éni*h*wèə*r* エニ(ホ)ウェア]
副詞 ❶《疑問文・if 節で》どこかへ[に]
(♦肯定文で「どこかへ」と言うときは somewhere を用いる)
▸Did you go **anywhere** last Sunday? この前の日曜日はどこかへ行きましたか?
❷《否定文で》どこにも(…ない)
▸I **can't** find my bag **anywhere**.
わたしのかばんがどこにも見当たらない.
❸《肯定(こうてい)文で》どこへでも, どこでも
▸This plant grows almost **anywhere**.
この植物はほぼどこでも育つ.

apart
[əpɑ́ː*r*t アパート] 副詞
はなれて, 分かれて, 別々に
apárt from ...
① …からはなれて
▸I sat **apart from** my friends on the plane. わたしは飛行機の機内で, 友達からはなれてすわった.
② …を別にすれば; …のほかには
▸**Apart from** its price, I like this camera. 値段を別にすれば, わたしはこのカメラを気に入っている.

apartheid
[əpɑ́ː*r*tait アパータイト]
(★発音に注意) 名詞 U アパルトヘイト
(♦南アフリカ共和国で実施(じっし)された人種隔離(かくり)政策; 1993 年に廃止(はいし))

apartment
[əpɑ́ː*r*tmənt アパートメント]
名詞《米》❶ C アパート[マンション]の部屋(♦1 家族分の部屋を指す;《英》flat)
▸This building has twenty **apartments**.
この建物には 20 家族分の部屋がある.
❷ C アパート, マンション, 共同住宅
(＝apartment house) (♦建物全体を指す;《英》flats; 英語の mansion は「大邸宅(ていたく)」の意味) ➡ **mansion** 参考

apartment house
[əpɑ́ː*r*tmənt hàus アパートメント ハウス]
名詞 C《米》アパート, マンション, 共同住宅(♦《英》flats; apartment ともいう)

ape
[éip エイプ] 名詞
C【動物】サル; 類人猿(るいじんえん)
(♦ゴリラ・チンパンジーなどの尾(お)のないものを指す; 尾のある猿は monkey)

Apollo
[əpɑ́lou アパろウ] (★アクセントに注意) 名詞【ギリシャ・ローマ神話】
アポロン, アポロ (♦音楽や光などをつかさどる太陽神; 理想的な美青年とされている)

apologize, 《英》apologise
[əpɑ́lədʒàiz アパろヂャイズ] 動詞
(三単現 **apologizes** [-iz]; 過去・過分 **apologized** [-d]; 現分 **apologizing**)

自 (人に / …について) 謝(あやま)る, わびる《to ... / for ...》
▸He **apologized to** me **for** lying. 彼はうそをついたことをわたしに謝った.

apology [əpɑ́lədʒi アパろヂィ] 名詞
(複数 **apologies** [-z]) C U 謝罪, 弁解

app [ǽp あプ] 名詞
U【コンピューター】アプリケーション, アプリ(◆ *app*lication の略)

apparel [əpǽrəl アパぁレる] 名詞
U《米》(商品用の)衣料, アパレル

apparent [əpǽrənt アパぁレント] 形容詞
❶ 明らかな, 明白な
❷ 見せかけの

apparently [əpǽrəntli アパぁレントり]
副詞 見たところは…らしい; 明らかに
▸**Apparently**, he is satisfied with his new school. 見たところ, 彼は新しい学校に満足しているようだ.

appeal [əpíːl アピーる] 動詞 自
❶ (人に / 援助(えんじょ)・同情などを)求める《to ... / for ...》
▸The police **appealed for** information. 警察は情報提供を求めた.
❷ (人の心に)訴(うった)える, 気に入る《to ...》
▸The movie **appealed to** me. その映画はわたしの心に訴えた.
—名詞 ❶ C 訴え, 嘆願(たんがん), 呼びかけ
▸make an **appeal** for help 支援を呼びかける
❷ U 魅力(みりょく)

⁑appear [əpíər アピア] 動詞
(三単現 **appears** [-z]; 過去・過分 **appeared** [-d]; 現分 **appearing**) 自
❶ **現れる, 姿を現す**; (テレビ・新聞などに)出る(対義語 disappear 姿を消す)
▸The moon **appeared** through the clouds. 雲の間から月が現れた.
▸He **appeared** on TV yesterday. 彼は昨日テレビに出演した.
❷《**appear (to be)** +形容詞[名詞]で》**…のように見える**, …らしい
(同義語 seem, look)
▸She **appears (to be)** tired. 彼女は疲(つか)れているようだ.
▸He **appears (to be)** a good swimmer. 彼はすぐれたスイマーのようだ.

appearance [əpíərəns アピアランス]
名詞 U C 現れること, 出現; 外観, 見かけ

appendix [əpéndiks アペンディクス]
名詞 (複数 **appendixes** [-iz] または **appendices** [əpéndisìːz アペンディスィーズ]) ❶ C 付録; 付加物
❷ C【医学】虫垂(ちゅうすい)

appetite [ǽpitàit あペタイト] (★アクセントに注意) 名詞 U C 食欲; 欲望
▸have a good [poor] **appetite** 食欲がある[あまりない]

applaud [əplɔ́ːd アプろード] 動詞
自 拍手(はくしゅ)かっさいする
—他 …に拍手する

applause [əplɔ́ːz アプろーズ] 名詞
U 拍手(はくしゅ)かっさい; 賞賛

Apple [ǽpl あプる] 名詞 アップル社
(◆アメリカにあるコンピューター会社)

•apple [ǽpl あプる] 名詞
(複数 **apples** [-z])
C【植物】**リンゴ**; リンゴの木

> 文化 **リンゴは「禁断の木の実」**
> 聖書によると, アダム(Adam)とイブ(Eve)は, ヘビに惑(まど)わされて神の言いつけを破り, 「善悪を知る木の実(今では一般にリンゴとされています)」を食べてしまいました. 神はこれを罰(ばっ)するために2人をエデン(Eden)の園(その)から追放し, アダムには労働の苦痛を, イブには出産の苦痛をあたえました. なお, リンゴの花ことばは「誘惑(ゆうわく)」です.

apple pie [ǽpl pái あプる パイ] 名詞
U C アップルパイ

appliance [əpláiəns アプらイアンス]
名詞 C (家庭用の)電化製品, 電気器具

applicant [ǽplikənt あプりカント] 名詞
C 志願者, 応募(おうぼ)者

application [æplikéiʃn あプりケイシャン] 名詞 ❶ C U (…への / …の)申しこみ, 願書《to ... / for ...》
▸make an **application** for membership 入会の申しこみをする
❷ C U (…への)適用, 応用《to ...》
❸ C【コンピューター】アプリケーションソフト(= application software)
(◆ゲームやワープロなどのソフト)
▸I use this **application** every day. わたしはこのアプリを毎日使う.

A B C D E F G H I J K L M N O P Q R S T U V W X Y Z

application software
[æplikéiʃn sɔ̀:ftweər アプリケイション ソーふトウェア] 名詞 U アプリケーションソフト(◆単に application ともいう)

apply [əplái アプらイ] 動詞
(三単現 **applies** [-z]; 過去・過分 **applied** [-d]; 現分 **applying**) 他
❶ …を(…に)適用する, 応用する, 利用する《to ...》
▸He **applied** the new idea **to** his plan. 彼はその新しい考えを自分の計画に応用した.
❷ (ペンキ・薬など)を(…に)塗(ぬ)る《to ...》
──自 ❶ (人が)(…に)申しこむ《to ...》
▸She **applied to** three colleges. 彼女は 3 つの大学に出願した.
❷ (物事が)(…に)当てはまる《to ...》

appoint [əpɔ́int アポイント] 動詞 他
❶《appoint＋人＋(to be [as]＋)役職で》(人)を(役職)に任命する, 指名する(◆役職を示す語には冠詞をつけない)
▸They **appointed** Mr. Smith **(to be)** chairperson.
彼らはスミス氏を議長に任命した.
❷ (日時・場所など)を指定する

appointment [əpɔ́intmənt アポイントメント] 名詞 ❶ C (…との)(面会の)約束; (病院などの)予約《with ...》
(◆「ホテル・切符(きっぷ)などの予約」は reservation; 日本語の「アポ(イント)」は英語では appointment)
▸make an **appointment with** the dentist 歯医者の予約をする

ダイアログ
A: Do you have an **appointment**?
ご予約がおありですか?
B: Yes, I have an **appointment** at two.
はい, 2 時に予約をしています.

❷ U 任命; C (任命された)役職

appreciate [əprí:ʃièit アプリーシエイト] 動詞 (三単現 **appreciates** [əprí:ʃièits アプリーシエイツ];
過去・過分 **appreciated** [-id];
現分 **appreciating**) 他
❶ (真価)を認める, …を正しく理解する
▸**appreciate** the situation
状況をよく理解する
❷ …を鑑賞(かんしょう)する, 味わう
▸**appreciate** music 音楽を鑑賞する
❸ (物事)に感謝する, …をありがたく思う
▸Thank you. I **appreciate** it.
ありがとう. 感謝しています.

appreciation [əprì:ʃiéiʃn アプリーシエイシャン] 名詞
❶ U (真価などの)正しい理解, 認識(にんしき)
❷ C U 鑑賞(かんしょう)(眼)
❸ U 感謝

approach [əpróutʃ アプロウチ] 動詞
(三単現 **approaches** [-iz];
過去・過分 **approached** [-t];
現分 **approaching**) 他 …に近づく
▸**approach** the gate 門に近づく
──自 近づく
▸Christmas is **approaching**.
クリスマスが近づいてきた.
──名詞 (複数 **approaches** [-iz])
U 接近; C (…への)通路, 入り口《to ...》

appropriate [əpróupriit アプロウプリエット] 形容詞 (…にとって)適当な, 適切な《to [for] ...》
▸Her speech was **appropriate for** the party.
彼女のスピーチはパーティーにふさわしいものだった.

approval [əprú:vl アプルーヴる] (★発音に注意) 名詞
U (…への)**賛成**; 承認, 認可《of ...》
▸They showed their **approval of** our proposal.
彼らはわたしたちの提案に賛成した.

approve [əprú:v アプルーヴ] (★発音に注意) 動詞 (三単現 **approves** [-z];
過去・過分 **approved** [-d];
現分 **approving**)
他 …を承認(しょうにん)する, 認可する
▸They **approved** the new plan.
彼らはその新しい計画を承認した.
──自 (…を)よいと認める, 賛成する《of ...》
▸My father won't **approve of** our marriage. 父はわたしたちの結婚(けっこん)を認めようとしない.

approximately [əprɑ́ksəmitli アプラクスィメトり] 副詞 おおよそ, 約(◆ about よりかたい語; approx. と略す)

Apr. [éiprəl エイプリる] 4 月(◆ *April* の略)

apricot [ǽprikɑ̀t あプリカット] 名詞
C 【植物】アンズの実; アンズの木

:April [éiprəl エイプリる] 名詞
4 月(◆ Apr. と略す)

➡ **January** ルール, **month** 参考
▸School starts in **April** in Japan. 日本では学校は4月に始まる.

April Fools' Day [éiprəl fú:lz dèi エイプリるふーるズ デイ] 名詞 エープリルフール(同義語 All Fools' Day)

> **文化 欧米(おうべい)のエープリルフール**
> 欧米でも, 4月1日は友達や家族などに軽いいたずらをしたり, 人をかついだりすることがあります. イギリスでは, 新聞やテレビ放送などで事実ではないニュースを流すこともあります.

apron [éiprən エイプロン](★発音に注意) 名詞 ❶ C エプロン, 前掛(か)け ❷ C (空港の)エプロン, 駐機(ちゅうき)場

apt [ǽpt あプト] 形容詞
❶《**be apt to** ＋動詞の原形で》…しがちである
▸He **is apt to** catch colds at this time of year. 彼は1年のこの時期になると風邪(かぜ)をひきがちだ.
❷ 適切な(同義語 suitable)

aquarium [əkwéəriəm アクウェアリアム] 名詞 (複数 **aquariums** [-z] または **aquaria** [əkwéəriə アクウェアリア]) C 水族館; ガラスの水槽(すいそう)

AR[1] 【郵便】アーカンソー州(♦ *Ar*kansas の略)

AR[2] [éi á:r エイ アー]【コンピューター】拡張現実(♦ *a*ugmented *r*eality の略; 実写の映像などにコンピューターで作成した画像などを合わせて表示する技術のこと)

Arab [ǽrəb あラブ](★ アクセントに注意) 名詞 C アラブ人;《**the Arabs** で》アラブ民族(全体)
——形容詞 アラブ人の, アラブの

Arabia [əréibiə アレイビア](★発音に注意) 名詞 アラビア(♦アジア南西部にある半島; Arab. と略す)

Arabian [əréibiən アレイビアン] 形容詞 アラビアの; アラビア人の
▸*the **Arabian** Nights* 『アラビアンナイト』,『千(夜)一夜物語』(♦9世紀ごろまとめられたアラビアの民話集; *The (Book of) Thousand and One Nights* ともいう)

Arabic [ǽrəbik あラビック] 形容詞 アラビアの; アラビア人の; アラビア語の
——名詞 U アラビア語

Arbor Day [á:rbər dèi アーバ デイ] 名詞 植樹の日, 植樹祭(♦4月から5月ごろにアメリカ・カナダなどで行われる; arbor は樹木(tree)の意味)

arcade [ɑ:rkéid アーケイド](★アクセントに注意) 名詞 C アーケード(屋根つきの商店街); ゲームセンター

arch [á:rtʃ アーチ] 名詞 C (複数 **arches** [-iz]) アーチ, 弓形の門

arch

archaeology [à:rkiálədʒi アーケアろヂィ] 名詞 U 考古学

archer [á:rtʃər アーチャ] 名詞 ❶ C 弓の射手, アーチェリー選手 ❷《**the Archer** で》【天文】いて座
➡ **horoscope** 文化

archery [á:rtʃəri アーチェリ] 名詞 U【スポーツ】アーチェリー

Archimedes [à:rkəmí:di:z アーキミーディーズ] 名詞【人名】アルキメデス(♦287?-212B.C.; 古代ギリシャの数学・物理学者で,「てこの原理」や「アルキメデスの原理」などを発見した)

architect [á:rkitèkt アーキテクト] 名詞 C 建築家, 建築技師

architecture [á:rkitèktʃər アーキテクチャ] 名詞 U 建築, 建築学; 建築様式

Arctic [á:rktik アークティック] 形容詞 北極の, 北極地方の(対義語 Antarctic 南極の)
——名詞《**the Arctic** で》北極地方

:are [á:r アー; (弱く言うとき) ər ア]
——動詞 (過去 **were** [wə́:r ワ~; (弱く言うとき) wər ワ]; 過分 **been** [bín ビン]; 現分 **being** [bí:iŋ ビーインヶ]) (be の二人称単数現在形, また一・二・三人称複数現在形; 主語が you, we, they, および複数の名詞のとき用いる ➡ **be**) 自

> **ルール 短縮形をつくるときの決まり**
> **1**《口語》ではふつう you're, we're, they're と短縮します.
> **2** ただし, Yes, we are. のように are が文の最後にくるときは短縮しません.
> **3** are not はふつう aren't と短縮します.

❶〔状態・性質〕…です, …だ

▸You **are** a good student.
きみはいい生徒だ.

▸They **are** very friendly.
彼らはとても親切だ.

ダイアログ
A: **Are** you hungry?
おなかがすきましたか?
B: Yes, I am. / No, I'm not. はい, すきました. / いいえ, すいていません.

ダイアログ
A: Who **are** those young people?
あの若者たちはだれですか?
B: They **are** junior high school students from Tokyo.
東京から来た中学生です.

❷〔存在〕(…に)**いる, ある**

▸Emily and I **are** in the same French class. エミリーとわたしは同じフランス語のクラスにいます.

ダイアログ
A: Where **are** my textbooks?
ぼくの教科書はどこにある?
B: They **are** on the desk.
机の上にあるよ.

—助動詞 (過去・過分・現分 は 動詞 に同じ) ❶《進行形をつくる / **are** + **...ing**》…**している**; (はっきり決まった未来の予定を表して)…する予定だ ➡ **be**

ダイアログ
A: What **are** they **doing**?
彼らは何をしているの?
B: They **are making** lunch.
昼食を作っているんだよ.

▸We **are going** shopping this afternoon. わたしたちは今日の午後, 買い物に行きます.

❷《受け身の形をつくる / **are** +他動詞の過去分詞》…**される**, …されている

▸The Olympic and Paralympic Games **are held** every four years. オリンピックとパラリンピックは4年ごとに開催(かいさい)される.

area [éəriə エ(ア)リア] 名詞

❶ U C 面積

▸a metropolitan **area** 大都市圏(けん)

❷ C 地域, 地方; 区域, 場所

▸a bicycle parking **area** 駐輪(ちゅうりん)場

❸ C (活動などの)領域, 分野

area code [éəriə kòud エ(ア)リア コウド] 名詞 C 《米》(電話の)市外局番
(◆《英》dialling code)

arena [ərí:nə アリーナ] 名詞
C (周囲に観覧席のある)競技場, アリーナ

:aren't [á:rnt アーント]
《口語》are not の短縮形

Argentina [à:rdʒəntí:nə アーチェンティーナ] 名詞 アルゼンチン
(◆南アメリカの国; 首都はブエノスアイレス Buenos Aires)

argue [á:rgju: アーギュー] 動詞 (三単現 **argues** [-z]; 過去・過分 **argued** [-d]; 現分 **arguing**)
自 (…について)論じる, 議論する《about [over] ...》, (人と)議論する《with ...》

▸Tom often **argues with** Bill **over** things. トムはしょっちゅう, ビルと何かについて口論している.

—他 …を論じる, 議論する;
《**argue** + **that** 節で》…だと主張する

▸**argue** the problem
その問題を議論する

argument [á:rgjəmənt アーギュメント] (★ つづりに注意) 名詞
C U 議論, 論争, 主張

arise [əráiz アライズ] 動詞
(三単現 **arises** [-iz]; 過去 **arose** [əróuz アロウズ]; 過分 **arisen** [ərízn アリズン]; 現分 **arising**) 自 (…から)起こる, 生じる《from [out of] ...》

arisen [ərízn アリズン] 動詞
arise(起こる)の過去分詞

Aristotle [ǽristàtl あリスタトゥる] 名詞
【人名】アリストテレス(◆384-322B.C.; 古代ギリシャの哲学者; プラトン(Plato)の弟子(でし)であり, アレクサンダー大王(Alexander the Great)の師)

プラトン(左)とアリストテレス(右)

arithmetic [əríθmətik アリすメティック] (★ アクセントに注意) 名詞 U 算数, 算術, 計算(◆数学は mathematics)

Arizona [æ̀rəzóunə あリゾウナ] 名詞 アリゾナ州(◆アメリカ南西部の州; Ariz. または【郵便】で AZ と略す)

ark [á:rk アーク] 名詞《the ark で》【聖書】ノアの箱舟(はこぶね) (= Noah's ark)

Arkansas [á:rkənsɔ̀: アーカンソー] 名詞 アーカンソー州 (◆アメリカ中南部の州; Ark. または【郵便】で AR と略す)

·arm¹ [á:rm アーム] 名詞 (複数 **arms** [-z])

❶ C 腕(うで)(◆ふつう肩(かた)から手首までを指す; 手首から先の hand をふくむこともある)
▸She held me in her **arms**. 彼女はわたしを(両腕で)抱(だ)きしめた.
▸Ken has a racket under his **arm**. ケンはラケットをわきにかかえている.
▸She caught Luke by the **arm**. 彼女はルークの腕をつかんだ.

❷ C 腕の形をしたもの; (いすの)ひじかけ; (服の)そで
▸The **arms** of this jacket are tight. この上着はそでがきつい.

árm in árm (…と)腕を組んで《with ...》
▸Luke is walking **arm in arm with** Emma. ルークはエマと腕を組んで歩いている.

arm² [á:rm アーム] 名詞 《**arms** で複数あつかい》武器, 兵器(全体) (同義語 weapon)
——動詞 他 (人)を(…で)武装させる; (人)に(…で)備えさせる《with ...》

armchair [á:rmtʃèər アームチェア] 名詞 C ひじかけいす ➡ **chairs** 図

armed [á:rmd アームド] 形容詞 武装した; 武器による
ármed fórces 《ふつう **the armed forces** で複数あつかい》(陸・海・空軍などで構成される)軍隊

armor, 《英》**armour** [á:rmər アーマ] 名詞 U よろいかぶと

army [á:rmi アーミ] 名詞 (複数 **armies** [-z])《**the army** で単数または複数あつかい》陸軍 (◆「海軍」は the navy,「空軍」は the air force); C 軍隊

arose [əróuz アロウズ] 動詞 arise(起こる)の過去形

:around [əráund アラウンド]

前置詞	❶ …のまわりに ❷ …のまわりを回って, …を曲がって ❸ …のあちこちを ❹ …の近くに
副詞	❶ まわりに[を] ❷ めぐって ❸ あちこち ❹ 約

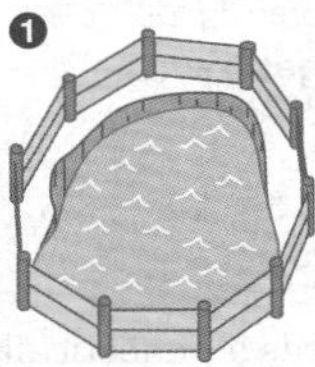

——前置詞 ❶ …のまわりに, 周囲に
▸There is a fence **around** the pond. 池のまわりにさくがある.
❷ …のまわりを回って; …を曲がって
▸She is running **around** the pond. 彼女は池のまわりを走っている.
▸The earth goes **around** the sun. 地球は太陽のまわりを回る.
▸There is a bookstore just **around** the corner. ちょうどその角を曲がったところに書店がある.
❸ …のあちこちを
▸She traveled **around** the world.

A B C D E F G H I J K L M N O P Q R S T U V W X Y Z

彼女は世界のあちこちを旅行した.
▸Let's walk **around** town.
町をぶらぶら歩きましょう.
❹ **…の近くに**
▸Is there a hotel **around** here?
この近くにホテルがありますか?
— 副詞 ❶ **まわりに[を]**; 周囲に[を]
▸First, I looked **around**.
まず, わたしは辺りを見回した.
❷ **めぐって**, 一周して; 回転して
▸Wait until your turn comes **around**.
順番が回ってくるまで待ちなさい.
▸She is busy all year **around**.
彼女は一年じゅう忙(いそが)しい.
❸ **あちこち**
▸I'll show you **around** tomorrow.
あしたあちこち案内してあげるね.
❹ (数・時間などが)約, …ぐらい
(同義語 about)
▸He came home **around** six.
彼は6時ごろ帰宅した.
áll aróund いたるところに; 全員に

arouse [əráuz アラウズ] (★発音に注意)
動詞 (三単現 **arouses** [-iz]; 過去・過分 **aroused** [-d]; 現分 **arousing**) 他
❶ (興味・疑いなど)を呼び起こす
❷ …の目を覚まさせる, …を起こす
(♦《口語》ではふつう awaken を用いる)

⁺arrange [əréindʒ アレインヂ]
動詞 (三単現 **arranges** [-iz]; 過去・過分 **arranged** [-d]; 現分 **arranging**)
— 他 ❶ **…を整える**, きちんと並べる
▸**arrange** flowers
花を生ける, 生け花をする
▸**Arrange** the cards alphabetically.
カードをアルファベット順に並べなさい.
❷ …を取り決める, 打ち合わせる;
…を準備する, 手配する
▸**arrange** a meeting
会合を取り決める
▸**arrange** a birthday party
バースデーパーティーの準備をする
❸ 【音楽】…を(…用に)編曲する《for ...》
— 自 (…の)準備をする《for ...》;
(人と / …について)打ち合わせをする
《with ... / about ...》
▸**arrange for** a taxi
タクシーを手配する
▸We **arranged with** Ms. Baker **about** the school festival.
わたしたちはベーカー先生と文化祭について打ち合わせをした.

arrangement
[əréindʒmənt アレインヂメント] 名詞
❶ C U 配列; 整理(法)
▸flower **arrangement**
生け花(= flower arranging)
❷ C 《ふつう **arrangements** で》
準備, 手はず
❸ C U 協定, 取り決め

arrest [ərést アレスト] 動詞
他 (人)を逮捕(たいほ)する, 捕(つか)まえる
▸The police **arrested** the man in the act.
警察は現行犯でその男を逮捕した.
— 名詞 U C 逮捕
under arrést 逮捕されて

arrival [əráivl アライヴる] 名詞
U 到着(とうちゃく) (対義語 departure 出発)

⁑arrive [əráiv アライヴ] 動詞
(三単現 **arrives** [-z]; 過去・過分 **arrived** [-d]; 現分 **arriving**) 自
❶ (…に) **到着(とうちゃく)する** 《at [in] ...》
(♦ふつう at は「狭(せま)いところ」, in は「広いところ」に用いる; 対義語 leave, start, depart 出発する) ➡ **reach**
▸He **arrived in** Tokyo yesterday.
彼は昨日, 東京に到着した.
▸What time will the plane **arrive at** Narita?
その飛行機は何時に成田に到着しますか?
▸They soon **arrived in** a small village.
彼らはまもなく小さな村に着いた.
(♦ town や village には in を使うことが多い)
❷ (年齢(ねんれい)・結論などに)達する《at ...》

arrived [əráivd アライヴド] 動詞
arrive(到着(とうちゃく)する)の過去形・過去分詞

arriving [əráiviŋ アライヴィング] 動詞
arrive (到着(とうちゃく)する) の現在分詞

arrow [ǽrou あロウ] 名詞 C 矢; 矢印
▸shoot an **arrow** 矢を射る

⁺art [ɑ́ːrt アート] 名詞
(複数 **arts** [ɑ́ːrts アーツ])
❶ C U 芸術; 美術(= the fine arts)
▸an **art** museum 美術館

▸traditional **art**　伝統芸能
▸a work of **art**　芸術作品
❷ C U (教科・学科の)美術(♦大学では arts で歴史・文学・言語学などの人文系科目を意味することがある)
❸ C U 技術, こつ
❹ U 人工(対義語 nature 自然)

article [á:rtikl アーティクる] 名詞
❶ C 品物, 物; 1個(同義語 piece)
▸an **article** of furniture　家具1点
❷ C (新聞・雑誌などの)記事
▸an **article** on sports
スポーツ記事
❸ C (法律などの)条項(じょうこう)
❹ C【文法】冠詞(かんし)(♦ a, an, the のこと)

artificial [à:rtəfíʃl アーティふィシャる]
形容詞 人工の, 人工的な, 人造の
(対義語 natural 自然の)
▸an **artificial** satellite　人工衛星
▸an **artificial** flower　造花

artist [á:rtist アーティスト] 名詞
C 画家; 芸術家; 芸能人

artistic [ɑ:rtístik アーティスティック]
(★アクセントに注意) 形容詞
❶ 芸術的な, 美しい
▸an **artistic** performance
(芸術的で)美しい演技
❷ 芸術の; 芸術家の

:as 接続詞 副詞 前置詞 代名詞
➡ p.38 **as**

ASAP, asap [éièsèipí: エイエスエイピー]
できるだけ早く(♦ *a*s *s*oon *a*s *p*ossible の略)

ash [æʃ あシ] 名詞 (複数 **ashes** [-iz])
❶ U《ときに **ashes** で》灰, 燃えがら
▸cigarette **ash**　タバコの灰
▸Many houses were burnt to **ashes**.　多くの家が全焼した.
❷《**ashes** で》遺灰, 遺骨

ashamed [əʃéimd アシェイムド] 形容詞
❶《**be ashamed of ... [that節]** で》
…を恥(は)じている
▸You should **be ashamed of** yourself.　恥(は)を知りなさい.
▸I **am ashamed that** I told such a lie to her.
彼女にあんなうそをついたことが恥ずかしい.
❷《**be ashamed to** +動詞の原形で》
恥ずかしくて…したくない
▸I **was ashamed to** say that I couldn't swim.　泳げないとは恥ずかしくて言いたくなかった.

ashore [əʃɔ́:r アショーア] 副詞
岸に[へ], 浜(はま)に[へ]
▸go [come] **ashore**　上陸する

ashtray [ǽʃtrèi あシトゥレイ] 名詞
C 灰皿

Asia [éiʒə エイジャ] (★発音に注意) 名詞
アジア
▸Southeast **Asia**　東南アジア

Asian [éiʒn エイジャン] (★発音に注意)
形容詞 アジアの; アジア人の
▸Japan is an **Asian** country.
日本はアジアの国だ.
── 名詞 C アジア人;《**the Asians** で》
アジア人(全体)

aside [əsáid アサイド] 副詞
わきに; 少しはなれて; 別にして
▸Step **aside**.　A car is coming.
わきに寄りなさい. 車が来るよ.

:ask [ǽsk あスク] 動詞
(三単現 **asks** [-s]; 過去・過分 **asked** [-t]; 現分 **asking**)
── 他 ❶ …を[に]**たずねる, きく**, 質問する(対義語 answer, reply 答える)
▸May I **ask** your name, please?
お名前をうかがってもよろしいですか?
▸I don't know anything about computers, so don't **ask** me.
コンピューターのことは全然わからないから, わたしにきかないで.
▸"What's wrong, Peter?" **asked** his mother.
「どうしたの, ピーター?」と彼の母親はたずねた. (♦ asked his mother は his mother asked の語順でもよい)
(1)《**ask** +人+ **about** +物事で》
(人)に(物事)についてたずねる
▸We **asked** Ms. Baker **about** her home country.
わたしたちはベーカー先生に, 彼女の出身国についてたずねた.
(2)《**ask** +人+物事で》(人)に(物事)をたずねる
▸I **asked** Ann some questions.
わたしはアンにいくつか質問をした.
▸She **asked** me the way to the station.
彼女はわたしに駅へ行く道をたずねた.

A B C D E F G H I J K L M N O P Q R S T U V W X Y Z

⁑as 接続詞 前置詞 副詞 代名詞

[ǽz あズ；(弱く言うとき) əz アズ]

接続詞 ❶〔比較(ひかく)〕…と同じくらい〜
❷〔理由〕 …なので
❸〔時〕 …のとき；…しながら
❹〔様態〕 …のとおりに

── 接続詞 ❶〔比較〕(1)《**as 〜 as ...** で》**…と同じくらい〜**, …と同じ程度に〜
(♦後ろの as が接続詞, 前の as は副詞；〜には形容詞・副詞の原級がくる)

▸This dog is **as** big **as** that one. このイヌはあのイヌと同じくらい大きい.

▸Alice is **as** tall **as** I (am). (= Alice is **as** tall **as** me.) アリスはわたしと同じくらいの背の高さだ.
(♦2番めの as の後ろに代名詞がくるときは,《口語》ではふつう目的格を使う)

▸John can jump **as** high **as** Jack (can jump). ジョンはジャックと同じくらい高く跳(と)べる.

(2)《**twice [— times] as 〜 as ...** で》…の2倍[— 倍]〜

▸Ann has **twice as** many books **as** I (have). (= Ann has **twice as** many books **as** me.) アンはわたしの2倍の数の本を持っている.

▸The country is three **times as** large **as** Japan. その国は日本の3倍の広さだ.

(3)《**not as 〜 as ...** で》…ほど〜ではない

▸My dog is **not as** clever **as** yours. わたしのイヌはあなたのイヌほど賢(かしこ)くない.

▸I ca**n't** cook **as** well **as** my mother. わたしは母ほど料理がうまくない.

❷〔理由〕**…なので**, …だから ➡ **because** くらべよう

▸**As** I was very tired, I went to bed early. わたしはとても疲(つか)れていたので, 早くに寝(ね)た.

❸〔時〕**…のとき** (同義語 when)；**…しながら**；…するにつれて

▸**As** I was watching TV, the phone rang. テレビを見ていたとき, 電話が鳴った.

▸My mother was singing **as** she cooked dinner. 夕食の準備をしながら母は歌を歌っていた.

❹〔様態〕**…のとおりに**, …するように

▸**As** you know, soccer is very popular in Europe. ごぞんじのように, サッカーはヨーロッパではとても人気があります.

ダイアログ

A: Please show me how to cook *sukiyaki*. すき焼きの作り方を教えてください.
B: All right. Just do **as** I say. わかった. わたしの言うとおりにしなさい.

▸ことわざ When in Rome, do **as** the Romans do. 郷(ごう)に入っては郷に従え. (♦「ローマではローマ人のするようにせよ」の意味から)

❺ …だけれども (同義語 though)

▸Young **as** he was, he was rich. 彼は若かったが, 金持ちだった.
(♦ As he was young の語順にはならない)

副詞　同じくらい
前置詞　❶ …として
代名詞　…のような～

——副詞 同じくらい

‣She speaks English well, and I can speak it just **as** well.　彼女は英語をじょうずに話すし,わたしも同じくらいじょうずに話せる.

——前置詞 ❶ …として

‣We used the wooden boxes **as** chairs.　わたしたちはその木箱をいすとして使った.

‣I worked **as** a volunteer.　わたしはボランティアとして働いた.

❷ …のような ➡ **such** 成句 ***such as ...***, ***such ... as ～***

——代名詞〔関係代名詞〕《**such ～ as ...**; **the same ～ as ...** で》…のような～

‣I want **such** a bag **as** you have now.　あなたが今持っているようなバッグがほしい.

‣Tom goes to **the same** school **as** my sister (does).　トムはわたしの姉[妹]と同じ学校に通っている.

as ... as one cán　できるだけ…

‣Finish the homework **as** quickly **as** you **can**.　その宿題をできるだけ早く終わらせなさい.

as ... as póssible　できるだけ… ➡ **possible**

as far as ... = so far as ...　…まで; …のかぎりでは ➡ **far**

as for ...　《ふつう文頭で用いて》…はと言うと, …について言えば

‣Tom can't eat *natto*. **As for** Ann, she loves it.　トムは納豆(なっとう)が食べられない. アンはと言うと, 納豆が大好きなんだ.

as if ... = as though ...　まるで…であるかのように (♦ as if [though] のあとの be 動詞はふつう were を用いるが,《口語》では was や is も使われる)

‣He looked **as if** he were a professional musician.　彼はまるでプロのミュージシャンのようだった.

as lóng as ...　…である間は; …であるかぎりは ➡ **long**[1]

as mány as ...　…と同じ数; …ほど(多くの); …だけ全部 ➡ **many**

as mány ... as ～　～と同じ数の… ➡ **many**

as much as ...　…と同じ量, …だけ; …(ほど)も(たくさん) ➡ **much**

as múch ... as ～　～と同じ量の… ➡ **much**

as ..., so ～　…であるのと同じように～

‣**As** the French enjoy their wine, **so** the Germans enjoy their beer.　フランス人がワインを楽しむように, ドイツ人はビールを楽しむ.

as sóon as ...　…するとすぐに

‣**As soon as** the sun came out, they left home.　日が出ると, すぐに彼らは家を出発した.

as úsual　いつものように

‣He walked his dog **as usual**.　いつものように彼はイヌを散歩させた.

... as wéll　…もまた ➡ **well**[1]

... as well as ～　～と同様…も ➡ **well**[1]

(3)《**ask** ＋人＋ **wh-** 節・句で》
(人)に…かをたずねる
▸I **asked** my brother **how** to use the software. わたしは兄[弟]にそのソフトの使い方をたずねた.
▸She **asked** me **why** I wanted to be a nurse. 彼女はわたしがなぜ看護師になりたいのかをきいた.

❷ **…を[に]求める, …に[を]たのむ**
▸**ask** permission
許可を求める
▸Why don't you **ask** Tom's help?
トムに助けをたのんだらどう？

(1)《**ask** ＋人＋ **for** ＋物事で》
(人)に(物事)を求める, たのむ
▸I'll **ask** her **for** help. 彼女に手伝ってくれるようたのんでみます.

(2)《**ask** ＋人＋物事で》
(人)に(物事)を求める, たのむ

> **ダイアログ**
> *A:* May I **ask** you a favor?
> お願いがあるのですが.
> *B:* Certainly. What is it?
> いいですよ. 何ですか？

(3)《**ask** ＋人＋ **to** ＋動詞の原形で》
(人)に…するようにたのむ
▸I **asked** my father **to** buy me a new bike.
わたしは父に新しい自転車を買ってくれるようにたのんだ.

❸ …を(…に)招く, 招待する《to [for] ...》(同義語 invite)

――自 (…について)**たずねる, きく**《about ...》
▸I **asked about** her new life in Canada.
わたしはカナダでの彼女の新しい生活についてたずねた.

ásk after ...
(人の健康・無事)をたずねる

ásk for ...
…を求める; …に面会を求める
▸Don't **ask for** help so soon.
そんなにすぐに助けを求めるな.

asleep [əslíːp アスリープ] 形容詞
《名詞の前には用いない》眠(ね)って
(対義語 awake 目が覚めて)
▸I was fast **asleep** when you called me.
あなたが電話をかけてきたとき, わたしはぐっすり眠っていた.

> **ルール「眠っている…」と言う場合**
> 「眠っている…」を表す場合は asleep ではなく, sleeping を用います.
> ▸a **sleeping** baby
> 眠っている赤ちゃん

fall asléep 寝(ね)入る
▸The child **fell asleep** soon.
その子供はすぐに寝入った.

asparagus [əspǽrəgəs アスパぁラガス]
名詞 U【植物】アスパラガス

aspect [ǽspekt あスペクト] 名詞
C (物事の)局面, 側面; 外観

ass [ǽs あス] 名詞 (複数 **asses** [-iz])
❶ C【動物】ロバ (♦古風な言い方; ふつうは donkey を用いる)
❷ C《口語》ばか者

assemble [əsémbl アセンブる] 動詞
(三単現 **assembles** [-z]; 過去・過分 **assembled** [-d]; 現分 **assembling**)
他 ❶ (人)を集める
❷ (機械など)を組み立てる
▸I **assembled** this desk myself.
わたしはこの机を自分で組み立てた.
――自 (人が)集まる

assembly [əsémbli アセンブり] 名詞
(複数 **assemblies** [-z])
❶ C U (特別な目的をもつ)集会, 会合
▸a morning **assembly** 朝礼
▸the United Nations General **Assembly** 国連総会
❷ U (機械などの)組み立て

assert [əsə́ːrt アサ～ト] 動詞
他 …を断言する, 主張する

assessment [əsésmənt アセスメント]
名詞 U 評価, 査定
▸environmental **assessment**
環境(かんきょう)アセスメント (♦土地開発などが自然環境にあたえる影響(えいきょう)を前もって予測すること)

assign [əsáin アサイン] (★発音に注意)
動詞 他 (仕事など)を割り当てる; (人)を任命する; (期日)を指定する
▸Ms. Brown **assigned** us a lot of homework. ブラウン先生はわたしたちに宿題をたくさん出した.

assignment [əsáinmənt アサインメント] (★発音に注意) 名詞
❶ U (仕事などの)割り当て; U C 任務
❷ C《米》宿題 (同義語 homework); 課題; 仕事

▸a math **assignment** 数学の宿題

assist [əsíst アスィスト] 動詞
他 …を手伝う(♦help よりかたい語)

assistance [əsístəns アスィスタンス]
名詞 U 援助(えんじょ), 手助け

assistant [əsístənt アスィスタント] 名詞
C 助手, アシスタント;《英》店員
▸a shop **assistant** 店員
——形容詞《名詞の前に用いて》
補助の, 補佐の, 副…

associate (★動詞・名詞の発音のちがいに注意) 動詞 [əsóuʃièit アソウシエイト]
(三単現 **associates** [əsóuʃièits アソウシエイツ]; 過去・過分 **associated** [-id]; 現分 **associating**)
他 …から(…を)連想する;
…を(…と)結びつける《with ...》
▸I **associate** the word "sea" **with** summer. わたしは「海」という単語から夏を連想する.
——自 (…と)交際する《with ...》
——名詞 [əsóuʃiit アソウシエット]
C 仲間, 同僚(どうりょう), 友人

association [əsòusiéiʃn アソウスィエイシャン] 名詞
❶ C (特定の目的のための)会, 協会, 組合
❷ U (…との) 提携(ていけい), 交際《with ...》
❸ U C 連想; C 連想されるもの

assume [əsú:m アスーム] 動詞
(三単現 **assumes** [-z]; 過去・過分 **assumed** [-d]; 現分 **assuming**) 他
❶ …を(証拠(しょうこ)はないが真実であると)仮定する, (当然のことと)思う
❷ (任務など)を引き受ける, (責任)を負う

assure [əʃúər アシュア] 動詞
(三単現 **assures** [-z]; 過去・過分 **assured** [-d]; 現分 **assuring**)
他 (人)に保証する; (人)に確信させる
▸You'll pass the exam, I **assure** you.
あなたは試験に受かりますよ. わたしが保証します.

asthma [ǽzmə あズマ] (★発音に注意)
名詞 U【医学】ぜんそく

astonish [əstániʃ アスタニッシ] 動詞
(三単現 **astonishes** [-iz]; 過去・過分 **astonished** [-t]; 現分 **astonishing**)
他 …をひどく驚(おど)かす, びっくりさせる;
《**be astonished at [by] ...** で》
…にひどく驚く
(♦ surprise よりも驚き方が激しい)
▸The news **astonished** them.
(= They **were astonished at** the news.)
彼らはその知らせを聞いてびっくりした.

astonishment [əstániʃmənt アスタニッシメント] 名詞 U 驚(おどろ)き
to a person's astónishment
(人が)驚いたことに

astro- 接頭辞「星, 宇宙」などの意味の語をつくる: astro- + physics(物理学)→ astrophysics [æ̀strəfíziks あストゥロふィズィクス](天体物理学)

astronaut [ǽstrənɔ̀:t あストゥロノート]
(★アクセントに注意) 名詞
C 宇宙飛行士(同義語 spaceman)

astronomer [əstránəmər アストゥラノマ]
(★アクセントに注意) 名詞 C 天文学者

astronomy [əstránəmi アストゥラノミ]
(★アクセントに注意) 名詞 U 天文学

:at 前置詞 ➡ p.42 **at**

atchoo [ətʃú: アチュー] 間投詞
(くしゃみの音を表して)ハクション
(= achoo) ➡ **sound** 図, **sneeze**

·ate [éit エイト] 動詞
eat(…を食べる)の過去形

Athens [ǽθinz あセンズ](★発音に注意)
名詞 アテネ(♦ギリシャの首都)

athlete [ǽθli:t あすりート](★アクセントに注意) 名詞 C 運動選手, アスリート

athletic [æθlétik あすれティック]
(★アクセントに注意) 形容詞
運動競技の, 運動(用)の
▸an **athletic** meet 競技会, 運動会

athletics [æθlétiks あすれティックス]
名詞 ❶《複数あつかいで》(戸外)運動競技
❷《単数あつかいで》(学科の)体育

-ation 接尾辞 動詞について動作・状態などを表す名詞をつくる: invite(招待する)+ -ation → invitation(招待)

-ative 接尾辞 動詞について性質・状態などを表す形容詞をつくる: talk (話す) + -ative → talkative(話好きな)

Atlanta [ətlǽntə アトゥらぁンタ] 名詞
アトランタ(♦アメリカのジョージア州の州都; 小説『風と共に去りぬ』(*Gone with the Wind*)の舞台(ぶたい)になった都市)

Atlantic [ətlǽntik アトゥらぁンティック]
形容詞 大西洋の, 大西洋岸の

A B C D E F G H I J K L M N O P Q R S T U V W X Y Z

⁑at 前置詞

[ǽt あット;(弱く言うとき)ət アット]

❶〔場所〕…に, …で
❷〔時刻・年齢(ねんれい)〕…に
❸〔方向〕…をめがけて, …に向かって
❹〔従事・状態〕…して; …の状態で

❶〔場所〕…に, …で

▸I got off **at** the bus stop. わたしはそのバス停で下車した.

▸I live **at** 7 Market Street. わたしはマーケット通り7番に住んでいる.

くらべよう 場所に用いる at と in

at: 店や駅, 小さな町や村などの比較(ひかく)的狭(せま)い場所に使います.
in: 都市や国など広い場所に使います.

▸meet **at** the station
駅で会う

▸live **in** Australia
オーストラリアに住む

ただし, 同じ場所でも1つの「点」と考えるときは at を, その場所や建物の「中で」という感じのときは in を用います.

▸stop **at** Kyoto 京都で停車する
▸live **in** Kyoto 京都に住む

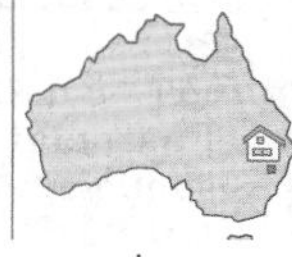

❷〔時刻・年齢〕…に

▸**at** (the age of) twenty 20歳(はたち)のときに

▸I usually get up **at** six. わたしはたいてい6時に起きる.

くらべよう 日時に用いる at, in, on

at: 時刻など「時の一点」を表すときに使います.
in: 年月や季節または「ある程度の長さ」をもった時間を表すときに使います.
on: 曜日や特定の月日を表すときに使います.

▸**at** noon 正午(しょうご)に ▸**at** three 3時に
▸**in** 2020 2020年に ▸**in** December 12月に
▸**on** Friday 金曜日に ▸**on** December 7 12月7日に

❸〔方向〕…をめがけて, …に向かって

▸The dog jumped **at** a man. そのイヌは男性に飛びかかった.

❹〔従事・状態〕…して; …の状態で

▸She's **at** work now. 彼女は今, 仕事[勉強]中です.

❺〔原因・理由〕…によって; …を見て, …を聞いて, …を知って

▸I was surprised **at** his words. 彼のことばにわたしは驚(おど)いた.

❻〔値段・割合など〕…で

▸The car went by **at** full speed. 車は全速力で通り過ぎた.

❼〔方法・態度〕…で;《ふつう **at a** [**an, one**] ... で》一度の…で

▸**at one** time 同時に, 一度に

⁑***at áll*** 《否定文で》少しも(…ない);《疑問文で》いったい ➡ **all**

⁑***at fírst*** 初めは ➡ **first**

⁑***at lást*** やっと ➡ **last**[1]

⁑***at ónce*** すぐに; 同時に ➡ **once**

(♦「太平洋の」は Pacific)
――名詞《the Atlantic で》大西洋

Atlantic Ocean [ətlǽntik óuʃn アトゥらぁンティック オウシャン] 名詞 《the Atlantic Ocean で》大西洋 (♦「太平洋」は the Pacific Ocean)

Atlas [ǽtləs あトゥらス] 名詞 【ギリシャ神話】アトラス(♦天空をかつぐ巨人(きょじん); オリンポスの神々と戦って敗れ, 罰(ばつ)として一生天空を背負うことになった)

atlas [ǽtləs あトゥらス] 名詞 (複数 **atlases** [-iz]) C 地図帳(♦1枚ずつの「地図」は map) ➡ **map** 図

atmosphere [ǽtməsfiər あトゥモスふィア] (★アクセントに注意) 名詞
❶《**the atmosphere** で》(地球を取り巻く)大気
❷ U《または **an atmosphere** で》(ある場所の)空気
❸ U C 雰囲気(ふんいき)
▸a friendly **atmosphere** なごやかな雰囲気

atom [ǽtəm あトム] 名詞 C 【物理・化学】原子; 微粒子(びりゅうし)

atomic [ətámik アタミック] (★アクセントに注意) 形容詞 原子(力)の
▸**atomic** energy 原子力

atomic bomb [ətámik bám アタミック バム] 名詞 C 原子爆弾(ばくだん)

atopy [ǽtəpi あタピ] 名詞 U【医学】アトピー (♦特定の物質に非常に敏感(びんかん)な体質)

attach [ətǽtʃ アタぁッチ] 動詞 (三単現 **attaches** [-iz]; 過去・過分 **attached** [-t]; 現分 **attaching**) 他
❶ …を(…に)つける《to ...》
▸She **attached** a message **to** the flower. 彼女はその花にメッセージをそえた.
❷《**be attached to** +人・もので》(人・もの)に愛着を感じている
▸I'm very **attached to** this house. わたしはこの家にとても愛着がある.

ˈattack [ətǽk アタぁック]
――動詞 (三単現 **attacks** [-s]; 過去・過分 **attacked** [-t]; 現分 **attacking**) 他
❶ (人・場所など)**を攻撃(こうげき)する** (対義語 defend 守る); …を非難する
▸They **attacked** the building. 彼らはその建物を攻撃した.
❷ (病気などが)(人)を襲(おそ)う
❸ (仕事など)に取りかかる
――名詞 C U (…への)攻撃《on ...》(対義語 defense 防御(ぼうぎょ)); C 発病, 発作(ほっさ)
▸have a heart **attack** 心臓発作を起こす

attain [ətéin アテイン] 動詞 他 (目的)を達成する; …に到達(とうたつ)する
▸Emma **attained** her goal. エマは自分の目標を達成した.

attempt [ətémpt アテンプト] 動詞 他 …を企(くわだ)てる, 試みる (同義語 try)
▸The man **attempted** to swim across the lake. その男性は湖を泳いで渡(わた)ろうとした.
――名詞 C 試み, 企て

ˈattend [əténd アテンド] 動詞 (三単現 **attends** [əténdz アテンヅ]; 過去・過分 **attended** [-id]; 現分 **attending**)
――他 ❶ **…に出席する**, 参列する; …に通う (♦《口語》ではふつう go to を用いる)
▸**attend** a meeting 会議に出席する
▸A lot of people **attended** their wedding. 多くの人々が彼らの結婚(けっこん)式に参列した.
❷ (人)**の世話をする**, 看護をする
▸John **attends** his elderly parents. ジョンは年老いた両親の世話をしている.
――自 ❶ (…に)専念する《to ...》
❷ (人の)世話[看護]をする; (客の)応対をする《to [on] ...》

attendance [əténdəns アテンダンス] 名詞 ❶ U C (…への)出席, 参列《at ...》
▸take [check] **attendance** 出席をとる
❷ U (人の)つき添(そ)い; 世話, 看護

attendant [əténdənt アテンダント] 名詞 ❶ C (公共施設(しせつ)などの)**係員**, 案内係, 接客係
▸a flight **attendant** (旅客(りょかく)機の)客室乗務員
❷ C つき添(そ)い人, 随行(ずいこう)者; 世話人
❸ C 出席者, 参加者

attention [əténʃn アテンシャン] 名詞 U 注意, 注目 (同義語 notice); 配慮(はいりょ);

気をつけの姿勢[号令]
▸pay **attention** to ...
…に注意を払(はら)う
Atténtion, please! （場内放送などで）みなさまにお知らせいたします．

attic [ǽtik あティック] 名詞
C 屋根裏(部屋)

attitude [ǽtitjùːd あティテュード] 名詞
❶ U C (…への)態度，考え方，心がまえ《to [toward] ...》
❷ C 姿勢，身がまえ，ポーズ

attorney [ətə́ːrni アタ～ニ] 名詞
C 《米》弁護士(同義語 lawyer)

attract [ətrǽkt アトゥラぁクト] 動詞 他
❶ (人)をひきつける；(興味など)をひく
▸Her songs **attract** many people.
彼女の歌は多くの人をひきつける．
❷ (磁石などが)…をひきつける

attracted [ətrǽktid アトゥラぁクティッド] 形容詞 (…に)引きつけられる，魅了(みりょう)される《to ...》
▸I was **attracted to** the photo.
わたしはその写真に引きつけられた．

attraction [ətrǽkʃn アトゥラぁクシャン] 名詞 ❶ U《または **an attraction** で》魅力(みりょく)，魅惑(みわく)
❷ C 人をひきつけるもの，呼び物，アトラクション

attractive [ətrǽktiv アトゥラぁクティヴ] 形容詞 魅力(みりょく)のある，魅力的な

auction [ɔ́ːkʃn オークシャン] 名詞
C 競売，オークション

audience [ɔ́ːdiəns オーディエンス] 名詞
C 聴衆(ちょうしゅう)，(劇場などの)観客；(テレビ・ラジオの)視聴者(♦一人ひとりではなく，全体を指す)
▸There was a large [small] **audience** in the hall.
ホールには大勢の[少数の]聴衆がいた．
(♦ large または small で規模を表す；× many [(a) few] audiences とはいわない)

audio [ɔ́ːdiòu オーディオウ] 形容詞
《名詞の前に用いて》音声の

audio-visual [ɔ̀ːdiouvíʒuəl オーディオウヴィジュアる] 形容詞 視聴覚(しちょうかく)の
▸an **audio-visual** room
視聴覚室

audition [ɔːdíʃn オーディシャン] 名詞
C (歌手・俳優などを採用するための)審査(しんさ)，オーディション

auditorium [ɔ̀ːditɔ́ːriəm オーディトーリアム] 名詞 (複数 **auditoriums** [-z] または **auditoria** [ɔ̀ːditɔ́ːriə オーディトーリア])
❶ C (学校などの)講堂，大講義室
❷ C (劇場などの)観客席，傍聴(ぼうちょう)席

Aug. [ɔ́ːgəst オーガスト] 8月
(♦ *August* の略)

⁑August [ɔ́ːgəst オーガスト]

名詞 8月(♦ Aug. と略す)
➡ **January** ルール, **month** 参考
▸in **August** 8月に

⁑aunt [ǽnt あント] 名詞

(複数 **aunts** [ǽnts あンツ])
C おば，おばさん(対義語 uncle おじ)
➡ **family** 図
▸I love **Aunt** Ann.
わたしはアンおばさんが大好きだ．
(♦名前につけて用いるときは Aunt と大文字で始める)

aural [ɔ́ːrəl オーラる](★ oral「口頭の」と発音は同じ) 形容詞 耳の；聴力(ちょうりょく)の

aurora [ərɔ́ːrə アローラ](★アクセントに注意) 名詞 (複数 **auroras** [-z] または **aurorae** [ərɔ́ːriː アローリー]) C オーロラ
(♦北極付近のものは the northern lights ともいう)

•Australia

[ɔːstréiljə オーストゥレイりャ] 名詞
オーストラリア
(♦首都はキャンベラ Canberra)

文化 オーストラリアの歴史

オーストラリアには先住民族のアボリジニが住んでいましたが，1770 年に英国人が上陸し，オーストラリアは英国領であると宣言しました．1788 年に英国の流刑(るけい)植民地としてシドニーへの入植が始まると，各地に植民地が築かれます．植民地の経済は主に羊毛によって支えられ，流刑囚が労働力となっていました．そして，1850 年代のからのゴールドラッシュで多数の移民が流入したことにより，英国の流刑植民地としての役割は終わります．
いくつかの戦争を経て，しだいに英国との関係は薄(うす)れ，代わりにアメリカやアジアとの関係が深まっていきます．現在は多民族・多文化を掲(かか)げるアジ

ア・太平洋国家として平等な社会を築こうとしています. しかし, 植民地時代に始まった先住民アボリジニへの差別が今も続き, そのためアボリジニの人々は貧困の中で生活しなければならないことなどが社会問題となっています.

Australian [ɔːstréiljən オーストゥレイりャン] 形容詞 オーストラリアの; オーストラリア人の
—名詞 C オーストラリア人; 《**the Australians** で》オーストラリア人(全体)

Austria [ɔ́ːstriə オーストゥリア] (★アクセントに注意) 名詞 オーストリア(♦ヨーロッパ中部の国; 首都はウィーン Vienna)

author [ɔ́ːθər オーさ] 名詞
C 著者, 作家(同義語 writer)

authority [əθɔ́ːrəti アそーリティ] 名詞 (複数 **authorities** [-z])
❶ U 《**to** ＋**動詞の原形**で》(…する)権限[許可]; 権威(けんい), 権力
▸She has **authority to** hire people. 彼女には人を雇用(こよう)する権限がある.
❷ C 権威者, 大家(たいか)
❸ C 《しばしば **authorities** で》当局
▸the city **authorities** 市当局

auto [ɔ́ːtou オートウ] 名詞 (複数 **autos** [-z]) C 《主に米口語》自動車
(♦ *auto*mobile を短縮した語; ふつう car を用いる)

autobiography [ɔ̀ːtəbaiágrəfi オートバイアグラふィ] 名詞
(複数 **autobiographies** [-z])
C 自叙(じじょ)伝; U 自伝文学

autograph [ɔ́ːtəgræf オートグラぁふ] 名詞 C (自筆の)署名; (芸能人・スポーツ選手などの)サイン(♦×この意味では sign は使わない)

automatic [ɔ̀ːtəmǽtik オートマぁティック] 形容詞 (機械などが)自動式の; 機械的な, 無意識の(対義語 manual 手動式の)

automation [ɔ̀ːtəméiʃn オートメイシャン] 名詞 U オートメーション, 自動操作

automobile [ɔ́ːtəməbìːl オートモビーる] 名詞 C 《主に米》自動車
(♦《英》motorcar;《口語》では《英》《米》ともにふつう car を用いる) ➡ **cars** 図

·autumn [ɔ́ːtəm オータム] (★発音に注意) 名詞
(複数 **autumns** [-z]) U C 秋
(♦《米》ではふつう fall を用いる)
➡ **spring** ルール

autumnal equinox [ɔːtʌ́mnl íːkwinàks オータムヌる イークウィナックス] 名詞《**the autumnal equinox** で》秋分(点)

available [əvéiləbl アヴェイらブる] 形容詞
❶ (…に)利用できる《to [for] ...》
▸The room is **available for** dances. その部屋はダンスパーティーに利用できる.
❷ 入手可能な
▸The software is not **available** in Japan.
そのソフトは日本では入手できない.
❸ (人が)手が空いている

Ave. [ǽvənjùː あヴェニュー] 大通り, …街 (♦ *Ave*nue の略)

avenue [ǽvənjùː あヴェニュー] 名詞
❶ C 大通り; …通り, …街
(♦しばしば地名に用い, Ave. と略す; 米国の都市では直角に交差している道路の一方を Avenue, 他方を Street と呼ぶことが多い) ➡ **road** くらべよう
❷ C 並木道

average [ǽvəridʒ あヴェレッヂ] 名詞
C 平均(値); 水準
above [***below***] (***the***) ***áverage***
平均以上 [以下]の [で]
▸I got **above average** grades in all the subjects. わたしは全教科で平均以上の成績をとった.
on (***the***) ***áverage*** 平均して
—形容詞《名詞の前に用いて》
平均の; ふつうの
▸the **average** score 平均点

avocado [æ̀vəkáːdou あヴォカードウ] (★アクセントに注意) 名詞 (複数 **avocados** または **avocadoes** [-z])
C 【植物】アボカドの実; アボカドの木

avoid [əvɔ́id アヴォイド] 動詞
他 …を避(さ)ける, よける;
《**avoid** ＋**...ing** で》…することを避ける
▸You should **avoid eating** too much. 食べ過ぎないようにしなさい.

awake [əwéik アウェイク] 動詞
(三単現 **awakes** [-s]; 過去 **awoke** [əwóuk アウォウク]または **awaked** [-t]; 過分 **awoken** [əwóukən アウォウクン] または **awaked**; 現分 **awaking**)

A B C D E F G H I J K L M N O P Q R S T U V W X Y Z

他 (人)の目を覚まさせる,(人)を起こす(同義語 wake, waken)
▸That sound **awoke** me (from my sleep). その音で目が覚めた.
—自 目覚める ➡ **wake**
—形容詞《名詞の前には用いない》
目が覚めて(対義語 asleep 眠(ねむ)って)
▸She was **awake** all night.
彼女は一晩じゅう起きていた.

awaken [əwéikən アウェイクン] 動詞
他 (人)を目覚めさせる;(人)を(…に)気づかせる《to ...》(♦かたい語)
—自 目覚める;自覚する

award [əwɔ́ːrd アウォード] 名詞
C (審査(しんさ)による)賞, 賞金, 賞品
—動詞 他 (人)に(賞など)をあたえる
▸She was **awarded** the prize.
彼女はその賞をあたえられた.

aware [əwéər アウェア] 形容詞
《名詞の前には用いない》気づいて,知って;《**be aware of ...** で》…に気づいている
▸They **were** not **aware of** the danger.
彼らはその危険に気づいていなかった.

away [əwéi アウェイ]

副詞 ❶ **はなれて**
❷ **不在で**
❸ **あちらへ**

—副詞
❶〔場所・時間〕(…から)**はなれて**《from ...》
▸Stay **away from** the dog.
そのイヌからはなれなさい.
▸I live four kilometers **away from** here. わたしはここから 4 キロはなれたところに住んでいる.
▸Our summer vacation is still one month **away**.
夏休みはまだ 1 か月も先だ.
❷ **不在で**, 外出して
▸My mother is **away** (from home) today. 今日, 母は家にいません.
❸〔方向〕**あちらへ**, 去って
▸Go **away**! あっちへ行け!
▸Put your book **away** in your bag.
本をかばんの中にしまいなさい.
❹ (消え)去って
▸The snowman melted **away** by noon. 雪だるまは昼までに溶(と)けてなくなった.

fár awáy はるか遠くに ➡ **far**
right awáy すぐに ➡ **right[1]**
—形容詞 (試合が)敵陣(てきじん)での, 遠征(えんせい)地での, アウェーの(対義語 home 地元の)
▸an **away** game アウェーの試合

awesome [ɔ́ːsəm オーサム] 形容詞
❶ 畏敬(いけい)の念を起こさせる
❷《米口語》すばらしい;最高の

awful [ɔ́ːfl オーふる] 形容詞
とてもひどい, とても不快な;
恐(おそ)ろしい(同義語 terrible)
▸an **awful** cold ひどい風邪(かぜ)

awfully [ɔ́ːfli オーふり] 副詞
《口語》とても, ものすごく(同義語 very)

awkward [ɔ́ːkwərd オークワド] 形容詞
❶ (人・動作が)ぎこちない, 不器用な;(物事が)やっかいな
▸an **awkward** movement
ぎこちない動き
❷ 落ち着かない, どぎまぎした;(雰囲気(ふんいき)が)気まずい
▸I felt **awkward** when she spoke to me. 彼女が話しかけてきたとき, わたしはどぎまぎした.

awoke [əwóuk アウォウク] 動詞 awake (…の目を覚まさせる)の過去形の一つ

awoken [əwóukən アウォウクン] 動詞
awake(…の目を覚まさせる)の過去分詞の一つ

ax, 《主に英》**axe** [ǽks あックス] 名詞
(複数 **axes** [-iz]) C おの, まさかり

Ayers Rock [éərz rák エアズ ラック]
名詞 エアーズロック(♦オーストラリア中部にある世界最大級の一枚岩で, 高さ 348 メートル;ウルル(Uluru [ùːlərúː ウールルー])と呼ばれるのがふつう)

AZ 【郵便】アリゾナ州(♦ *Arizona* の略)

azalea [əzéiljə アゼイリャ] 名詞
C【植物】アザレア, ツツジ, サツキ

Azerbaijan [àːzərbaidʒáːn アーザバイヂャーン] 名詞 アゼルバイジャン(♦カスピ海沿岸にある共和国;首都はバクー Baku)

Bb *Bb*

Q トイレを借りたいときは何て言う？➡ bathroom をひいてみよう！

B, b [bíː ビー] 名詞
(複数 **B's, b's** または **Bs, bs** [-z])
❶ C U ビー（♦アルファベットの２番めの文字）
❷ C《B で》（成績の）B, 良 ➡ **A**

baa [bǽ バぁ] 名詞 C （ヒツジ・ヤギの）メーと鳴く声 ➡ **animals** 図
──動詞 自（ヒツジ・ヤギが）メーと鳴く

Babel [béibl ベイブる] 名詞【聖書】
バベルの塔(とう)（= the Tower of Babel）

文化 神の怒(いか)りに触(ふ)れたバベルの塔

聖書によると，世界に言語がまだ一つしかなかったころ，バベル［バビロン］の市民が天まで届く塔を建てようとしました．しかし神はその人間の思い上がりに怒り，建築を中止させるために，ある日突然(とつぜん)人々がそれぞれちがったことばを話すようにしてしまいました．その結果，混乱が生じ，塔は完成しませんでした．今日(こんにち)多くの言語があるのは，このためだといわれています．

『バベルの塔』ピーター・ブリューゲル画

⁑baby

[béibi ベイビ] 名詞 (複数 **babies** [-z])
❶ C **赤ちゃん**，赤ん坊(ぼう)，乳児；《名詞の前に用いて》赤ん坊の
▸a **baby** boy [girl]
男［女］の赤ちゃん
（♦× a boy [girl] baby とはいわない）
▸My aunt is going to have a **baby** next month.
おばには来月，赤ちゃんが生まれる予定だ．
▸Don't be such a **baby**.
赤ちゃんみたいなこと言わないで．

ルール 赤ちゃんの代名詞は it?

赤ちゃんの性別がわからないときは it で受けることができますが，あまりていねいな言い方ではありません．ただし，赤ちゃんの性別をたずねるときは，次のようにいうことがあります．
▸Is **it** a he or a she? 男（の赤ちゃん）ですか，女（の赤ちゃん）ですか？

❷ C 赤ん坊みたいな人，子供じみた人；《米口語》女の子；かわいい子（♦恋人(こいびと)・夫婦(ふうふ)間の呼びかけにも用いる）

baby buggy [béibi bʌ̀gi ベイビ バギ]
名詞 = baby carriage

baby carriage [béibi kæ̀ridʒ ベイビ キぁリッヂ] 名詞；C《米》うば車，ベビーカー（♦「ベビーカー」は和製英語；同義語 stroller）

babysit [béibisìt ベイビスィット] 動詞
(三単現 **babysits** [béibisìts ベイビスィッツ]；過去・過分 **babysat** [béibisæ̀t ベイビサぁット]；現分 **babysitting**)
自 ベビーシッターをする，子守(こもり)をする

babysitter [béibisìtər ベイビスィタ]
名詞 C ベビーシッター，子守(こもり)
（♦単に sitter ともいう）

⁑back

[bǽk バぁック]

名詞	❶ 背中
	❷ …の後ろ
副詞	❶ 後ろに［へ］
	❷ もとに［へ］
形容詞	後ろの
動詞	❶ …を後退させる

──名詞 (複数 **backs** [-s])

❶ C 背中, 背
▸She carried her baby on her **back**. 彼女は赤ちゃんをおぶった.
▸I lay on my **back**.
わたしはあお向けに横たわった.
(♦「うつぶせに」は on my face のようにいう)

参考 **背中の広い英米人 !?**

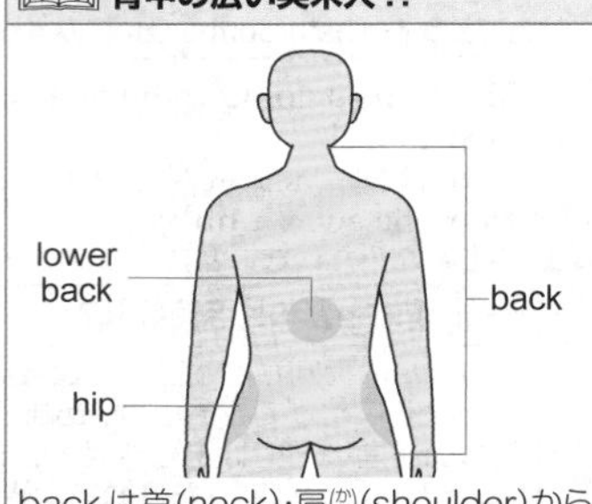

back は首(neck)・肩(かた)(shoulder)からしり(hip)までの体の後ろの部分全体を指すので, ときには「腰(こし)」と訳したほうがいい場合もあります.
▸I have a pain in my **back**.
わたしは腰が痛い.

❷《**the back of ...** で》…**の後ろ**, 奥(おく), 裏(対義語 the front of ... …の前)
▸**the back of** the head 後頭部
▸We sat in **the back of** the car.
わたしたちは車の後部座席にすわった.

at the báck of ... =《米》***(in) báck of ...***
…の後ろに, …の裏手に
(対義語 in front of ... …の前に)
▸Lockers are **at the back of** the classroom.
ロッカーは教室の後ろにある.

báck to báck 背中合わせに
▸Stand **back to back**.
背中合わせに立ちなさい.

—副詞 ❶ **後ろに**[**へ**], 後方に[へ]
▸He looked **back** at me.
彼は振(ふ)り返ってわたしを見た.
▸Please step **back**.
後ろに下がってください.
❷ (位置・状態が) **もとに**[へ], 戻(もど)って; (借りたものを)返して
▸Go **back** to your seat.
自分の席に戻りなさい.
▸He will be **back** in one hour.
彼は1時間後に戻ります.
▸Sorry, but I'm busy now. I'll call you **back** later. ごめん, 今は忙(いそが)しいんだ. あとで折り返し電話するよ.

báck and fórth
前後に, 左右に; 行ったり来たり

—形容詞《名詞の前に用いて》**後ろの**; 裏の(対義語 front 前の)
▸a **back** seat 後部座席
▸a **back** street 裏通り

—動詞 (三単現 **backs** [-s]; 過去・過分 **backed** [-t]; 現分 **backing**) 他
❶ **…を後退させる**, バックさせる
▸John **backed** his car into the garage.
ジョンは車をバックさせて車庫に入れた.
❷ (計画など)を後援(こうえん)する, 支持する (♦ back up ともいう)(同義語 support)
▸We **backed** the project.
わたしたちはその計画を支持した.
❸【コンピューター】《**back up** で》(データ)を保存用にコピーする

backache [bǽkèik バぁックエイク]
名詞 C U 背中[腰(こし)]の痛み

backbone [bǽkbòun バぁックボウン]
名詞 ❶ C 背骨
❷《**the backbone** で》(…の)主力, 中心となる人, 重要な要素《of ...》

background [bǽkgràund バぁックグラウンド] 名詞
❶ C (風景・絵などの)背景, バック
▸**background** music
バックグラウンドミュージック, BGM
(♦ BGM という略語は英語にはない)
❷ U C (事件などの)背景
❸ C (人の)経歴

backpack [bǽkpæ̀k バぁックパぁック]
名詞 C《主に米》バックパック
(♦金属の枠(わく)のついたリュックサック)

backstop [bǽkstɑ̀p バぁックスタップ]
名詞 C (野球場などの) バックネット; 【野球】キャッチャー

backup [bǽkʌ̀p バぁックアップ] 名詞
❶ U 支援(しえん), バックアップ
❷ C 代替(だいたい)品[要員];【コンピューター】バックアップ(♦万一に備えてディスクなどにコピーしたデータ)

backward [bǽkwərd バぁックワド]
副詞 後方に[へ] (対義語 forward 前方に); 逆に
▸walk **backward**
あとずさりする, 後ろ向きに歩く

—形容詞 《名詞の前に用いて》後方への；(発達などが)遅(おく)れた

backwards [bǽkwərdz バぁックワヅ]
副詞 《英》= backward(後方に)

backyard [bǽkjáːrd バぁックヤード]
名詞 C 裏庭(◆アメリカではよく芝生(しばふ)が植えられており，洗濯(せんたく)物を干したり，バーベキューをしたりする)

bacon [béikən ベイコン] 名詞 U ベーコン
▸**bacon** and eggs　ベーコンエッグ

bacteria [bæktíriə バぁクティリア] (★アクセントに注意) 名詞 《複数あつかいで》バクテリア，細菌(さいきん)(◆単数形は bacterium だがあまり用いられない)

⁚bad [bǽd バぁッド] 形容詞
(比較 **worse** [wəːrs ワ～ス]；
最上 **worst** [wəːrst ワ～スト])

❶悪い
❷…に有害な
❸へたな
❹腐(くさ)った

❶ **悪い**，よくない (対義語 good よい)；不道徳な，不正な
▸**bad** news　悪い知らせ
▸a **bad** boy　悪い子；不良少年
▸The weather was **bad** yesterday.
昨日は天気が悪かった．

❷《**be bad for ...** で》…**に有害な**，悪い；(体調が)悪い；(病気などが)重い，ひどい
▸Eating too much **is bad for** your health.　食べ過ぎは健康に悪い．
▸I have a **bad** cold.
わたしはひどい風邪(かぜ)をひいている．

❸ **へたな** (同義語 poor, 対義語 good じょうずな)；《**be bad at** +名詞[**...ing**]で》…がへただ，不得意だ
▸**I'm bad at cooking.**
(= I'm a **bad** cook.)
わたしは料理がへただ．

❹ (食べ物が)**腐った**
▸The apples in the box went **bad**.
箱の中のリンゴが腐った．

féel bád 後悔(こうかい)する；気分が悪い
▸I **felt bad** about cheating on the exam.　わたしは試験でカンニングしたことを後悔した．

not bád = ***not too*** [***so***] ***bád***
なかなかよい，まあまあだ

> ダイアログ
> *A:* How do you feel now?
> 今，気分はいかがですか？
> *B:* **Not so bad.**　まあまあです．

◆***That's tóo bád.***　**それは残念です**，それはいけませんね，お気の毒に．

> ダイアログ
> *A:* I have a headache.
> 頭痛がするの．
> *B:* **That's too bad.**
> それはいけないね．

badge [bǽdʒ バぁッヂ] 名詞
C (団体・身分などを表す)記章，バッジ

badger [bǽdʒər バぁヂャ] 名詞
C【動物】アナグマ

badly [bǽdli バぁッドり] 副詞
(比較 **worse** [wəːrs ワ～ス]；
最上 **worst** [wəːrst ワ～スト])
❶ 悪く，まずく，へたに
(対義語 well じょうずに)
❷ 大いに，とても

badminton [bǽdmintən バぁドミントン] (★アクセントに注意) 名詞
U【スポーツ】バドミントン

⁚bag [bǽg バぁッグ] 名詞
(複数 **bags** [-z])

school bag
通学用かばん

tote bag
手さげバッグ

handbag
ハンドバッグ

sports bag
スポーツバッグ

❶ C **かばん**，バッグ；**袋**(ふくろ)(◆スーツケースからポーチ・財布(さいふ)・ビニール袋まで，袋類のほとんどに用いる)
▸a paper **bag**　紙袋
▸a plastic **bag**
ビニール袋(◆ plastic は日本語の「プラスチック」とは異なり，ビニールなどの柔(やわ)らかいものもふくむ)

A B C D E F G H I J K L M N O P Q R S T U V W X Y Z

❷ C《a bag of ... で》1袋(の量)の…
▸**a bag of** potato chips
ポテトチップス1袋

baggage [bǽgidʒ バぁゲッヂ] 名詞
U《主に米》(旅行者の)手荷物
(◆ a がつかず, 複数形にもならないので数え方に注意;《主に英》luggage)
▸a piece [two pieces] of **baggage**
手荷物1つ[2つ]
▸**baggage** claim
(空港などの)手荷物受け取り所

bagpipes [bǽgpàips バぁグパイプス]
名詞 C《ふつう **the bagpipes** で複数あつかい》【楽器】バグパイプ
(◆革袋(かわぶくろ)から空気を送って笛を鳴らすスコットランドの楽器)

bait [béit ベイト] 名詞
U《または **a bait** で》(釣(つ)り針・わななどにつける)えさ

bake [béik ベイク] 動詞
(三単現 **bakes** [-s]; 過去・過分 **baked** [-t]; 現分 **baking**)
他 (オーブンで)(パンなど)を焼く
➡ **cook** 図
▸**bake** cookies　クッキーを焼く

baker [béikər ベイカ] 名詞
C パン焼き職人, パンを焼く人

bakery [béikəri ベイカリ] 名詞
(複数 **bakeries** [-z])
C パン製造所, パン販売(はんばい)店

balance [bǽləns バぁランス] 名詞
❶ U バランス, つり合い, 均衡(きんこう)
▸keep [lose] *one's* **balance**
バランスを保つ[失う]
▸**balance** between work and home
仕事と家庭のバランス
▸a sense of **balance**
平衡(へいこう)感覚
❷ C はかり, 天びん(同義語 scale)
❸《**the Balance** で》【天文】てんびん座
➡ **horoscope** 文化
—動詞 (三単現 **balances** [-iz]; 過去・過分 **balanced** [-t]; 現分 **balancing**)
他 …のつり合い[バランス]をとる;
…をはかりにかける

balcony [bǽlkəni バぁるコニ] 名詞
(複数 **balconies** [-z])
❶ C バルコニー
❷ C (劇場の)2階さじき席

bald [bɔ́:ld ボーるド] 形容詞
(比較 **balder**; 最上 **baldest**)
(人・頭などが)はげた;(木が)葉のない;
(山などが)木[草]のない

:ball [bɔ́:l ボーる] 名詞
(複数 **balls** [-z])
❶ C ボール, 球, 玉; 球形のもの
▸kick a **ball**
ボールをける
▸throw [catch] a **ball**
ボールを投げる[捕(と)る]
▸a rice [snow] **ball**　おにぎり[雪玉]
❷ U 球技;《米》野球
❸ C【野球】ボール
(対義語 strike ストライク)
▸three **balls** and two strikes
スリーボール, ツーストライク

pláy báll
ボール遊びをする, 球技[野球]をする

ballad [bǽləd バぁらッド] 名詞
C バラッド(◆物語詩);【音楽】バラード

ballet [bǽlei バぁれイ] (★発音に注意)
名詞 C U バレエ; C バレエ団;
バレエ曲(◆フランス語から)

balloon [bəlú:n バるーン] 名詞 C 気球;
(ゴム)風船;(マンガの)吹(ふ)き出し

ballpark [bɔ́:lpà:rk ボーるパーク] 名詞
C《米》野球場(= baseball stadium)

ballpoint pen [bɔ́:lpɔ̀int pén ボーるポイント ペン] 名詞 C ボールペン
(◆単に ballpoint ともいう)

bamboo [bæmbú: バぁンブー] (★アクセントに注意) 名詞 C U【植物】竹
▸a **bamboo** basket　竹のかご

ban [bǽn バあン] 名詞
C (法律などによる)(…の)禁止《on ...》
―動詞 (三単現 **bans** [-z];
過去・過分 **banned** [-d]; 現分 **banning**)
他 …を禁止する

banana [bənǽnə バナあナ] (★アクセントに注意) 名詞 C バナナ; バナナの木
▸a bunch of **bananas** バナナ1房(ふさ)

band [bǽnd バあンド] 名詞
❶ C (ロック・ジャズなどの)楽団, バンド (◆管楽器・弦(げん)楽器・打楽器などがそろっている本格的な「楽団」は orchestra)
▸a rock [jazz] **band**
ロック[ジャズ]バンド
❷ C (ある目的をもった)一団, 一群
▸a **band** of robbers 盗賊(とうぞく)の一団
❸ C ひも, 帯
(◆ズボンの「バンド」は belt)
▸a rubber **band** 輪ゴム

bandage [bǽndidʒ バあンデッヂ] 名詞
C 包帯
―動詞 (三単現 **bandages** [-iz];
過去・過分 **bandaged** [-d];
現分 **bandaging**) 他 …に包帯をする

Band-Aid [bǽndèid バあンドエイド]
名詞 U C 【商標】バンドエイド(救急絆創膏(ばんそうこう))

b&b, B&B [bíː ən bíː ビー アン ビー]
*b*ed *and* *b*reakfast「朝食つき民宿」の略 ➡ **bed and breakfast**

bang [bǽŋ バあング] 名詞
C (衝突(しょうとつ)・銃(じゅう)・ドアなどの音を表して)バン, ズドン, バタン, ドン ➡ **sound** 図
―動詞 自 バタンと閉まる, ドンと鳴る, ドンドンたたく
―他 …をバタンと閉める, ドンドンたたく

Bangladesh [bæ̀ŋglədéʃ バあングらデシ]
名詞 バングラデシュ(◆インド半島北東部の国; 首都はダッカ Dhaka)

banjo [bǽndʒou バあンヂョウ] 名詞 (複数 **banjos** または **banjoes** [-z])
C 【楽器】バンジョー(◆アメリカのカントリーミュージックでよく使われる弦(げん)楽器)

bank[1] [bǽŋk バあンク] 名詞
(複数 **banks** [-s])
❶ C 銀行
▸the **Bank** of Japan [England]
日本[イングランド]銀行
▸get money from [out of] a **bank**
銀行からお金をおろす
▸I put the money in a **bank**.
わたしはそのお金を銀行に預けた.
❷ C 蓄(たくわ)えておくところ, …銀行
▸a blood **bank**
血液センター, 血液バンク(◆輸血用の血液を保存・提供する機関)
▸a data **bank** データバンク(◆データベース(=コンピューターで利用できる大量のデータ)を保管・提供するシステムまたは機関)

bank[2] [bǽŋk バあンク] 名詞
C 土手, 堤(つつみ), (川・湖の)岸

banker [bǽŋkər バあンカ] 名詞
C 銀行家, 銀行経営者(◆「銀行員」は bank employee [clerk])

bankrupt [bǽŋkrʌpt バあンクラプト]
形容詞 破産した
▸go **bankrupt** 破産する

banner [bǽnər バあナ] 名詞
❶ C (スローガンなどを書いた)横断幕, のぼり
❷ C 旗; 国旗; 軍旗(◆《口語》flag)
❸ C 【コンピューター】バナー
(◆ウェブページに表示される横長の広告)

bar [báːr バー] 名詞
❶ C 棒; 棒状のもの
▸a chocolate **bar** (=a **bar** of chocolate) 板チョコ
❷ C バー, 酒場; (カウンター式の)売り場
―動詞 (三単現 **bars** [-z];
過去・過分 **barred** [-d]; 現分 **barring**)
他 (戸など)にかんぬきを掛(か)ける;
(人)を(場所から)締(し)め出す《from ...》

barbecue [báːrbikjùː バーベキュー]
名詞 C バーベキュー; 《米》バーベキューパーティー

barber [báːrbər バーバ] 名詞
C 理髪(りはつ)師(◆「店」は《米》barbershop, 《英》barber's (shop))

文化 昔の barber は医者だった!?

かつてイギリスでは, 理髪師は外科(げか)や歯の治療(ちりょう)も行っていました. 理髪店の前でよく見かける赤・青・白のしま模様の柱(barber('s) pole)はそのなごりで, 赤は動脈, 青は静脈(じょうみゃく), 白は包帯を表しています.

A B C D E F G H I J K L M N O P Q R S T U V W X Y Z

barbershop [báːrbərʃàp バーバシャップ] 名詞 C 《米》理髪(りはつ)店
(♦《英》barber's (shop))

bar code [báːr kòud バー コウド] 名詞
C バーコード

bare [béər ベア] 形容詞 (比較 **barer**; 最上 **barest**) 裸(はだか)の, むき出しの; 空の
▸with **bare** hands　素手(すで)で
▸**bare** trees　葉の落ちた木

barefoot [béərfùt ベアふット] 形容詞 副詞
はだしの[で] (= barefooted [béərfútid ベアふッティド])

barely [béərli ベアり] 副詞 かろうじて
▸I **barely** passed the exam.
わたしはかろうじて試験に通った.

bargain [báːrgin バーゲン] 名詞
❶ C 安い買い物, 掘出(ほりだし)物
(♦「バーゲンセール」は sale という)
▸This bag was a real **bargain**.
このバッグはほんとうに掘出物だった.
❷ C 契約(けいやく), 取り引き

bark [báːrk バーク] 動詞
自 (イヌなどが)(…に)ほえる《at ...》

barley [báːrli バーり] 名詞
U【植物】大麦(類語 wheat 小麦)

barn [báːrn バーン] 名詞 C
(農家の)納屋(なや), 物置; 《米》家畜(かちく)小屋

barometer [bərámitər バラメタ]
(★発音に注意) 名詞 C 晴雨計, 気圧計;
(世論の動向などの)バロメーター

barrel [bǽrəl バぁレる] 名詞
❶ C (胴(どう)のふくれた)たる;
《**a barrel of ...** で》1 たる(の量)の…
▸**a barrel of** beer [wine]
1 たるのビール[ワイン]
❷ C (液量の単位の) バレル (♦品物によって容量が異なる; 石油の場合は約 160 リットル; bbl. または bl. と略す)

barricade [bǽrikèid バぁリケイド] 名詞
C バリケード; 障害物

barrier [bǽriər バぁリア] 名詞
C さく, 障壁(しょうへき); 障害
▸a language **barrier**　ことばの壁(かべ)

barrier-free [bǽriərfrìː バぁリアふリー]
形容詞 バリアフリーの, 障壁(しょうへき)のない
(♦建物の中や道で段差がないなど, 高齢(こうれい)者や障害者にやさしい環境(かんきょう)であること) ➡ **universal** ❶

base [béis ベイス] 名詞
❶ C《ふつう **the base** で》(…の)土台, (山の)ふもと《of ...》; (…の)基礎(きそ)《of ...》
▸**the base of** a building [mountain]
建物の土台[山のふもと]
❷ C 基地; 本部, 本拠(ほんきょ)
▸the U.S. **base**　米軍基地
❸ C U【野球】塁(るい), ベース
── 動詞 (三単現 **bases** [-iz];
過去・過分 **based** [-t]; 現分 **basing**) 他
(事実などに)…の基礎を置く(♦しばしば be based on [upon] の形で用いられる)
▸This movie **is based on** a true story.
この映画は実話に基(もと)づいている.

:baseball [béisbɔ̀ːl ベイスボーる]
名詞 (複数 **baseballs** [-z])
❶ U【スポーツ】野球
(♦《米》ball, a ball game) ➡ p.53 図
▸play **baseball**　野球をする
▸a **baseball** stadium　野球場
▸watch a **baseball** game on TV
テレビで野球の試合を見る
❷ C 野球のボール

basement [béismənt ベイスメント]
名詞 C 地階, 地下室 ➡ **floor** 参考

bases [béisiːz ベイスィーズ] 名詞
basis(基礎(きそ))の複数形(♦ base の複数形 bases [béisiz ベイスィズ] との発音のちがいに注意)

basic [béisik ベイスィック] 形容詞
基本的な, 基礎(きそ)の; (…にとって)不可欠な, 基本となる《to ...》
▸a **basic** charge　基本料金

basin [béisn ベイスン] 名詞
❶ C たらい, 洗面器; (浅い)鉢(はち)
❷ C ため池; (川の)流域; 盆地(ぼんち)

basis [béisis ベイスィス] 名詞
(複数 **bases** [béisiːz ベイスィーズ])
C (知識などの)基礎(きそ), 原理; 根拠(こんきょ)
(同義語 ground); 基準

·basket [bǽskit バぁスケット] 名詞
(複数 **baskets** [bǽskits バぁスケッツ])
❶ C かご, ざる, バスケット
▸a shopping **basket**　買い物かご
❷ C《**a basket of ...** で》
かご 1 杯(ぱい)(の量)の…
▸**a basket of** fruit　かご 1 杯の果物(くだもの)

:basketball [bǽskitbɔ̀ːl バぁスケットボーる] 名詞
(複数 **basketballs** [-z])

baseball

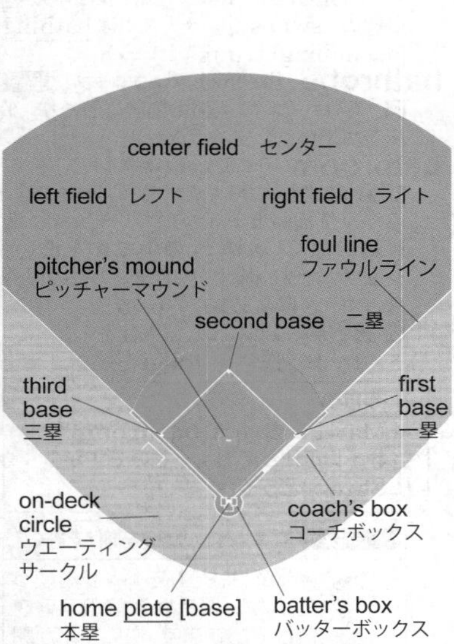

center field　センター
left field　レフト
right field　ライト
foul line
ファウルライン
pitcher's mound
ピッチャーマウンド
second base　二塁
third base
三塁
first base
一塁
on-deck circle
ウエーティングサークル
coach's box
コーチボックス
home plate [base]
本塁
batter's box
バッターボックス

get [reach] home
ホームイン

strike
ストライク

sliding
滑り込み

tag
タッチ

basketball

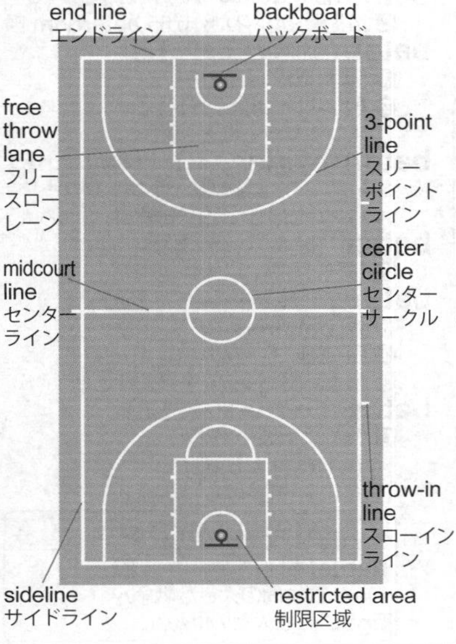

end line
エンドライン
backboard
バックボード
free throw lane
フリースローレーン
3-point line
スリーポイントライン
center circle
センターサークル
midcourt line
センターライン
throw-in line
スローインライン
sideline
サイドライン
restricted area
制限区域

jump ball
ジャンプボール

shot
シュート

pass
パス

dribble
ドリブル

A B C D E F G H I J K L M N O P Q R S T U V W X Y Z

❶ U【スポーツ】バスケットボール
➡ p.53 図
▸play **basketball**
バスケットボールをする
❷ C バスケットボールのボール

bass [béis ベイス] (★発音に注意) 名詞
(複数 **basses** [-iz])
C【楽器】コントラバス, ベースギター
➡ **musical instruments** 図

•bat[1] [bǽt バぁット]
──名詞 (複数 **bats** [bǽts バぁッツ])
❶ C (野球・クリケットの) **バット**;
(卓球(たっきゅう)などの)ラケット
▸a metal [wooden] **bat**
金属[木製]バット
❷ C (クリケットの)打者; 打順
at bát 打席について
▸Who is **at bat**? 打者はだれですか?
──動詞 (三単現 **bats** [bǽts バぁッツ];
過去・過分 **batted** [-id]; 現分 **batting**)
──他 …をバットで打つ
──自 バットで打つ, 打席に立つ

bat[2] [bǽt バぁット] 名詞 C【動物】コウモリ

•bath [bǽθ バぁす] 名詞
(複数 **baths** [bǽðz バぁずズ])
(★発音に注意)
❶ C **入浴**, 水浴び; 日光浴
▸Take a **bath** and go to bed.
入浴して寝(ね)なさい.

文化 シャワーで節約
英・米・オーストラリア・カナダなど多くの国では, 入浴をシャワーだけで済ませることがよくあります. 水資源を大切にするという理由もあり, 入浴にそれほど長く時間をかけません.

❷ C **ふろ場**, 浴室(= bathroom);
浴槽(よくそう), 湯ぶね(= bathtub)
➡ p.55 **bathroom** 図

bathe [béið ベイず] (★ bath との発音・つづりのちがいに注意) 動詞
(三単現 **bathes** [-z]; 過去・過分 **bathed** [-d]; 現分 **bathing**)
他 《米》(赤ちゃん・病人)を入浴させる
▸The nurse **bathed** the baby.
看護師が赤ちゃんを入浴させた.
──自 ❶ 《米》入浴する, ふろに入る
❷ 海水浴に行く; 日光浴をする
▸**bathe** in the sun 日光浴をする

bathing suit [béiðiŋ sùːt ベイずィング スート] 名詞 C (主に女性用)水着
(同義語 swimsuit)(◆男性用は bathing [swimming] trunks という)

bathrobe [bǽθròub バぁすロウブ] 名詞
C バスローブ (◆入浴の前後に着たり, 部屋着に用いたりするガウン)

bathroom [bǽθrùːm バぁすルーム]
名詞 ❶ C 浴室(◆欧米(おうべい)の浴室には, ふつう洗面台とトイレがついている; 洗い場はなく, 浴槽(よくそう)の中で体を洗い, シャワーで洗い流す; 2階建ての家の場合はふつう2階にある) ➡ p.55 図
❷ C 《米》(遠回しに)(個人住宅の)
トイレ, お手洗い ➡ **toilet** 参考

ダイアログ
A: May I use your **bathroom**?
トイレを使ってもよろしいですか?
B: Sure. どうぞ.

おもしろ知識 トイレのドアを開けておく?

欧米では, だれもトイレを使っていない場合は浴室のドアを開けておきます. 逆にドアが閉まっていると, シャワーやトイレをだれかが使っている合図になります.

bathtub [bǽθtʌ̀b バぁすタブ] 名詞
C 浴槽(よくそう), 湯ぶね ➡ p.55 **bathroom** 図

baton [bætán バぁタン] 名詞
❶ C 指揮棒; 警棒
❷ C (リレー用の)バトン;
(バトントワラーなどの)バトン

baton twirler [bætán twə́ːrlər バぁタン トゥワ〜ら] 名詞 C バトントワラー
(◆バトンを回しながら楽隊と行進する人)

batter [bǽtər バぁタ] 名詞
C【野球】打者, バッター

battery [bǽtəri バぁテリ] 名詞
(複数 **batteries** [-z])
❶ C 電池, バッテリー
❷ C【野球】バッテリー(◆投手と捕手(ほしゅ))

battle [bǽtl バぁトゥる] 名詞
C 戦闘(せんとう), 戦い; 闘争
▸win [lose] a **battle**
戦いに勝つ[負ける]

くらべよう battle, war, fight
battle: 局地的な個々の戦闘.
war: 国家間の大きな戦争.
fight: 人と人とのけんか.

—動詞 (三単現 **battles** [-z]; 過去・過分 **battled** [-d]; 現分 **battling**)
自 (…と)戦う《with [against] ...》
▸**battle with** enemies 敵と戦う

battlefield [bǽtlfìːld バぁトゥるふぃーるド] 名詞 C 戦場; 闘争(とうそう)の場

battleship [bǽtlʃip バぁトゥるシップ] 名詞 C 戦艦(せんかん)

bay [béi ベイ] 名詞 C 湾(わん), 入り江(え) (♦ gulf より小さい)

bazaar [bəzɑ́ːr バザー] (★アクセントに注意) 名詞 C バザー, 慈善市(じぜんいち); (インド・トルコなどの街頭の)市場, バザール

BBC [bíːbìːsíː ビービースィー] 名詞 《**the BBC** で》ビービーシー(♦ the *B*ritish *B*roadcasting *C*orporation「英国放送協会」の略; 主に視聴(しちょう)料と国費で運営されるイギリスのラジオ・テレビ放送局)

B.C., B.C. [bíːsíː ビースィー] 《年号のあとに置いて》紀元前…年 (♦ *b*efore *C*hrist「キリスト以前」の略; 対義語 A.D., A.D. 西暦(せいれき)…年)
▸in 56 **B.C.** 紀元前 56 年に

:be 動詞 助動詞 ➡ p.56 **be**

·beach [bíːtʃ ビーチ] 名詞 (複数 **beaches** [-iz])
C (海・湖の)浜(はま), 浜辺, 波打ちぎわ
➡ **shore** くらべよう
▸play on the **beach** 浜で遊ぶ
▸swim at the **beach** 海で泳ぐ

bead [bíːd ビード] 名詞 C ビーズ, じゅず玉; 《**beads** で》じゅず, ロザリオ; ネックレス; C (汗(あせ)などの)しずく

beak [bíːk ビーク] 名詞 C (ワシ・タカなどの鋭(するど)く曲がった)くちばし(♦スズメなどの「まっすぐなくちばし」は bill)

beam [bíːm ビーム] 名詞
❶ C (太陽・月・電灯などの)光線
❷ C (屋根などを支える)はり, けた
—動詞 自 輝(かがや)く; にっこりほほえむ

bean [bíːn ビーン] 名詞
C 【植物】豆, 豆のさや(♦ bean はソラ豆など, 大きい楕円(だえん)形の豆を指す; エンドウ豆のような丸く小さな豆は pea)

bear[1] [béər ベア] 名詞 C 【動物】クマ
▸a brown [white] **bear** ヒグマ[白クマ]
▸a teddy **bear** テディベア
➡ **teddy bear** 文化

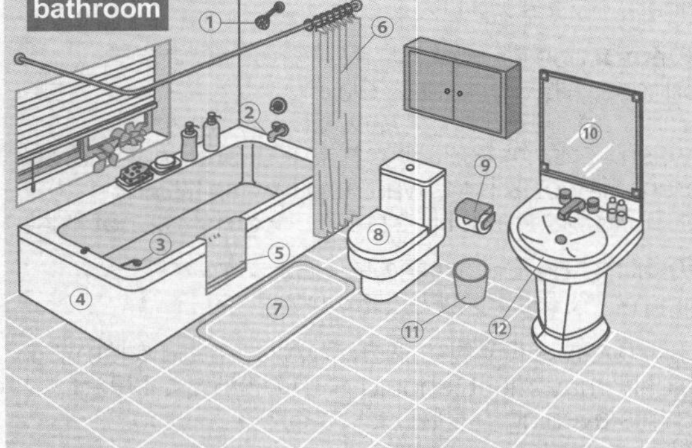

① shower シャワー
② faucet 蛇口(じゃぐち)
③ stopper 栓(せん)
④ bathtub 湯ぶね
⑤ towel タオル
⑥ shower curtain シャワーカーテン
⑦ bath mat バスマット
⑧ toilet 便器
⑨ toilet paper トイレットペーパー
⑩ mirror 鏡
⑪ wastebasket くずかご
⑫ sink 洗面台

wash *oneself* 体を洗う

shampoo *one's* hair 髪(かみ)を洗う

take a shower シャワーを浴びる

brush *one's* teeth 歯を磨(みが)く

⁑be 動詞 助動詞

[bíː ビー；(弱く言うとき) bi ビ]

——動詞（現在 **am** [ǽm あム；(弱く言うとき) m ム], **are** [ɑ́ːr アー；(弱く言うとき) ər ア], **is** [íz イズ；(弱く言うとき) s ス, z ズ, iz イズ]；過去 **was** [wɑ́z ワズ；(弱く言うとき) wəz ワズ], **were** [wə́ːr ワ〜；(弱く言うとき) wər ワ]；過分 **been** [bín ビン]；現分 **being** [bíːiŋ ビーイング]) 自

ルール be 動詞の使い方の基本

1 be 動詞は下の表のように主語の人称・単複と現在・過去により変化します。

	人称	単数	複数
現在	一	I **am**	we **are**
	二	you **are**	you **are**
	三	he / she / it **is**	they **are**
過去	一	I **was**	we **were**
	二	you **were**	you **were**
	三	he / she / it **was**	they **were**

単数	複数
I am → **I'm**	we are → **we're**
you are → **you're**	you are → **you're**
he is → **he's**	they are → **they're**
she is → **she's**	
it is → **it's**	
here is → **here's**	here are → **here're**
there is → **there's**	there are → **there're**
that is → **that's**	

▸I **am** Japanese.　わたしは日本人です.

▸She **is** American.　彼女はアメリカ人です.

2 be 動詞の文の否定文： be 動詞の後ろに否定語 not を置きます.

▸I **am** not Japanese.　わたしは日本人ではありません.

▸She **is** not American.　彼女はアメリカ人ではありません.

しばしば isn't, wasn't などの短縮形が使われます.(♦ are not は aren't, were not は weren't, is not は isn't, was not は wasn't と短縮する)

ただし, I am not の短縮形は I'm not になります. ➡ **am** ルール, **not** 参考

3 be 動詞の文の疑問文： be 動詞を主語の前に置きます.

▸**Is** she American?　彼女はアメリカ人ですか？

4 次の場合は, 主語の人称・単複や現在・過去にかかわらず be を使います.

(a) 助動詞(will, can, may, must, should など)の後ろにくる場合：

▸It will **be** cold this evening.　今晩は寒くなるだろう.

(b) 命令文の場合：

▸**Be** careful.　気をつけなさい.

否定の命令文では, be の前に Don't を置きます.

▸Don't **be** afraid.　恐(おそ)れるな.

(c)《to ＋動詞の原形》の形で用いる場合：

▸I want **to be** an astronaut.　わたしは宇宙飛行士になりたい.

(♦「…になりたい」のように未来のことを表す場合は, ふつう become ではなく be を用いて, want to **be** ... と言う)

動詞	❶〔状態・性質〕	…である;…になる
	❷〔存在〕	(…に)いる, ある
助動詞	❶〔進行形をつくる〕	…している
	❷〔受け身の形をつくる〕	…される

❶〔状態・性質〕…**である**; …**になる**(同義語 become)

▸I **am** a junior high school student. わたしは中学生です.

▸**Are** you hungry? おなかがすいていますか?

ダイアログ

A: Who **is** that woman? あの女性はどなたですか?

B: That's Ms. Baker, our English teacher. わたしたちの英語の先生のベーカー先生です.

(♦She ではなく That で答える)

▸The test **wasn't** difficult. そのテストは難しくなかった.

▸**Be** kind to your friends. 友人には優(やさ)しくしなさい.

▸I want to **be** an engineer. わたしはエンジニアになりたい.

❷〔存在〕(…に)**いる, ある**

ダイアログ

A: Where **is** Becky? ベッキーはどこ?

B: She's in the backyard. 彼女なら裏庭にいるよ.

▸There **are** three bookstores near the school. 学校の近くに本屋が3軒(げん)ある.

(♦「There + be動詞+ ...」(…がある[いる])の文では, あとにくる名詞(...)が単数のときは There is [was], 複数のときは There are [were] を用いる)

▸He'll **be** back soon. 彼はすぐに戻(もど)ってきます.

—助動詞 ❶《進行形をつくる / **be** + **...ing** で》…**している**; (はっきり決まった未来の予定を表して)…する予定だ(♦特に「発着往来」を表す動詞(go, come, arrive, leave)などとともに用いられる)

▸We **are playing** soccer. わたしたちはサッカーをしています.

▸**Were** you **watching** TV when I called you? 電話をしたとき, きみはテレビを見ていたの?

▸She **is leaving** this afternoon. 彼女は今日の午後に出発する予定だ.

ダイアログ

A: What **is** Tom **doing**? トムは何をしているの?

B: He's **making** sandwiches. サンドイッチを作っているよ.

❷《受け身の形をつくる / **be** +**過去分詞**で》…**される**, …されている

▸This letter **is written** in French. この手紙はフランス語で書かれている.

▸The accident **was seen** by many people. その事故は多くの人に目撃(もくげき)された.

▸The cat **is called** Tama. そのネコはタマと呼ばれている.

A B C D E F G H I J K L M N O P Q R S T U V W X Y Z

·bear² [béər ベア] 動詞 (三単現 **bears** [-z]; 過去 **bore** [bɔ́ːr ボーア]; 過分 **borne** または ❸ で **born** [bɔ́ːrn ボーン]; 現分 **bearing**) 他

❶ **…に耐(た)える, …を我慢(がまん)する** (◆ふつう can をともない, 疑問文・否定文で用いる; 同義語 stand)

▸I **can't bear** this cold.
この寒さには耐えられない.

❷ (物事が)…に耐える; (もの・重量)を支える (同義語 support)

▸The branch couldn't **bear** his weight.
その枝は彼の体重を支えることができなかった.

❸ 《**was** [**were**] **born** で》**生まれた** ➡ **born**

▸I **was born** in Tokyo on March 5, 2010. わたしは 2010 年 3 月 5 日に東京で生まれた.

❹ (義務・責任など)を負う, 引き受ける

▸**bear** responsibility for ...
…について責任を負う

beard [bíərd ビアド] (★発音に注意)
名詞 C ひげ (◆特に「あごひげ」を指す; 「口ひげ」は mustache)

beast [bíːst ビースト] 名詞
C 獣(けもの), けだもの; ひどい人, 残酷(ざんこく)な人

beat [bíːt ビート] 動詞
(三単現 **beats** [bíːts ビーツ]; 過去 **beat**; 過分 **beat** または **beaten** [bíːtn ビートゥン]; 現分 **beating**) 他

❶ (続けざまに)…を打つ, たたく

▸**beat** a drum 太鼓(たいこ)をたたく

❷ (人)を負かす, 破る (同義語 defeat)

▸She **beat** me at tennis.
彼女はテニスでわたしに勝った.

❸ (卵など)をよくかき混ぜる

—自 ❶ (続けざまに)打つ, たたく

❷ (心臓が)鼓動する; どきどきする; (太鼓などが)どんどん鳴る

—名詞 ❶ C (続けざまに)打つこと; 打つ音; (心臓の)鼓動

❷ C 【音楽】拍子(ひょうし), 拍(はく), ビート

beaten [bíːtn ビートゥン] 動詞
beat (…を打つ) の過去分詞の一つ

Beatles [bíːtlz ビートゥるズ] 名詞
《**the Beatles** で》ビートルズ

文化 ビートルズを知っていますか?

ビートルズは 1962 年にイギリスのリバプールで結成されたロックバンドです. メンバーはジョン・レノン (John Lennon), ポール・マッカートニー (Paul McCartney), ジョージ・ハリソン (George Harrison), リンゴ・スター (Ringo Starr) の 4 人で, 1970 年の解散までに, *Yesterday*, *Let It Be* など, 数々のヒット曲を放ちました. 彼らの幅(はば)広い音楽性やファッションは, 当時の世界じゅうの音楽家や若者に大きな影響(えいきょう)をあたえました.

beautician [bjuːtíʃn ビューティシャン]
名詞 C 美容師

:beautiful [bjúːtəfl ビューティふる] 形容詞 (比較 **more beautiful**; 最上 **most beautiful**)

❶ **美しい, きれいな** (対義語 ugly 醜(みにく)い)

▸a **beautiful** flower [city]
美しい花 [都市]

❷ 《口語》すばらしい, みごとな

▸(A) **beautiful** day, isn't it?
すばらしい天気ですね.

beautifully [bjúːtəfli ビューティふり]
副詞 美しく; みごとに

beauty [bjúːti ビューティ] 名詞
(複数 **beauties** [-z])

❶ U 美しさ, 美

▸natural **beauty**
自然の美

❷ C 美人, 美しいもの

beauty parlor [bjúːti pàːrlər ビューティ パーら] 名詞 C 《米》美容院
(◆ beauty salon, beauty shop ともいう)

beaver [bíːvər ビーヴァ] 名詞

C 【動物】ビーバー（◆北アメリカの川などにすみ，倒(たお)した木で水中に巣を作る）

◆became

[bikéim ビケイム] 動詞

become（…になる）の過去形

⁑because

[bikɔ́ːz ビコーズ] 接続詞

❶（なぜなら）…だから，…なので（◆《口語》での短縮形は 'cause）

▸I was late **because** I overslept.
わたしは寝(ね)ぼうしたので遅刻(ちこく)した.

▸**Because** I was tired, I fell asleep.
わたしは疲(つか)れていたので，眠(ねむ)ってしまった.

ダイアログ

A: Why were you absent last week?
先週はなぜ休んだのですか？

B: **Because** I had a bad cold.
ひどい風邪(かぜ)をひいたからです.

くらべよう because, since, as

because: 直接の原因･理由を述べる場合に用います．また，Why で始まる疑問文に対する応答にも用います．

since: because よりも意味が弱く，話し手･聞き手がともに，ある程度承知している理由を言う場合に用います．

▸**Since** tomorrow is a holiday, I'll go surfing.
あしたは休みだから，サーフィンに行くことにしよう.

as: since と同様に用います．

▸**As** it rained heavily yesterday, I stayed home.
昨日は雨が激しく降っていたので，わたしは家にいた.

❷《否定文で》…だからといって（…ない）（◆ just, only などの副詞が前につくことが多い）

▸Don't trust the man **just because** he is kind.
親切だというだけでその男を信用してはいけない.

ルール because とコンマ

❶ のときは because の前にコンマをつけることもつけないこともありますが，❷ のときはコンマをつけません.

◆***because of ...*** 〘原因･理由〙…のために

▸He is absent from school **because of** a bad cold. ひどい風邪(かぜ)のために彼は学校を休んでいる.

⁑become

[bikʌ́m ビカム] 動詞

（三単現 **becomes** [-z]; 過去 **became** [bikéim ビケイム]; 過分 **become**; 現分 **becoming**）

自《**become** ＋名詞［形容詞］で》…になる ➡ p.56 **be** ルール 4 (c)

▸**become** clear 明らかになる

▸She **became** a famous singer.
彼女は有名な歌手になった.

— 他 …に似合う，ふさわしい（同義語 suit）

▸That dress really **becomes** her.
あの服は彼女にとてもよく似合う.

What becómes of ...?
…はどうなるか？

▸**What became of** Urashima Taro? 浦島太郎はどうなったの？

becoming [bikʌ́miŋ ビカミング] 動詞

become（…になる）の現在分詞・動名詞

— 形容詞（服装などが）よく似合う

⁑bed

[béd ベッド] 名詞

（複数 **beds** [bédz ベッヅ]）

❶ C U ベッド，寝台(しんだい)，寝床(ねどこ)（◆「寝る」「眠(ねむ)る」の意味をふくむ場合は，ふつう bed に冠詞をつけない）

➡ **bedroom** 図

▸a single **bed** シングルベッド

▸twin **beds** ツインベッド（◆同じ形のシングルベッドが対(つい)になったもの）

▸Now, it's time for **bed**.
さあ，寝る時間ですよ.

❷ C 花壇(かだん)（＝ flower bed），苗床(なえどこ)

❸ C 海底; 地層

be in béd 寝ている

▸Bob **is** still **in bed**.
ボブはまだ寝ている.

◆***be síck in béd*** ＝《英》***be íll in béd***
病気で寝ている

▸Becky **is sick in bed**.
ベッキーは病気で寝ている.

get out of béd 起床(きしょう)する，起きる

◆***go to béd*** 床につく，寝る

➡ **sleep** くらべよう

▸I usually **go to bed** at eleven.
わたしはたいてい 11 時に寝ます.

máke a [***the, one's***] ***béd***
ベッドを整える

A B C D E F G H I J K L M N O P Q R S T U V W X Y Z

文化 ベッドの整え方

欧米(おうべい)の子供たちは, 自分のベッドを整えるようにしつけられます. 毎朝起床後に, マットレス(mattress)の下にシーツ(sheet)や毛布(blanket)をきちんと折りこみ, その上に, ほこりよけと装飾(そうしょく)のためのベッドカバー(bedspread)を掛(か)けます.

➡ **bedroom** 図

bed and breakfast [béd ən brékfəst ベッド アン ブレックふァスト] 名詞 C 《英》朝食つき民宿
(◆ b&b または B&B と略す; 安い料金で宿泊(しゅくはく)でき, 翌日(よくじつ)の朝食もとれる宿)

bedroom [bédrùːm ベッドルーム] 名詞 C 寝室(しんしつ) ➡ 下図

bedside [bédsàid ベッドサイド] 名詞 C ベッドのそば; (病人の)まくらもと

bedspread [bédsprèd ベッドスプレッド] 名詞 C ベッドカバー
➡ **bed** 文化, **bedroom** 図

bedtime [bédtàim ベッドタイム] 名詞 U C 寝(ね)る時間, 就寝(しゅうしん)時間

bee [bíː ビー] 名詞 C【昆虫】ミツバチ (= honeybee), ハチ(◆アリとともに働き者の代表のようなイメージがある)

be (as) búsy as a bée [bées]
ひどく忙(いそが)しい, 休む暇(ひま)もない
➡ **animals** 図

beef [bíːf ビーふ] 名詞 U 牛肉(◆欧米(おうべい)の一般的な牛肉料理は, roast beef「ローストビーフ」, beefsteak 「ビーフステーキ」, beef stew「ビーフシチュー」など)
➡ **meat** 参考

beefsteak [bíːfstèik ビーふステイク] 名詞 C U ビーフステーキ用の厚切り肉; ビーフステーキ(◆単に steak というほうがふつう)

beehive [bíːhàiv ビーハイヴ] 名詞 C ミツバチの巣(箱)

:been [bín ビン] (be の過去分詞)

—動詞《現在完了形をつくる》

◆***have been to ...***
…に行ったことがある

▸**Have** you ever **been to** Africa?
アフリカへ行ったことがありますか?

▸I **have** never **been to** any foreign countries.
わたしは外国に行ったことがない.

くらべよう have been [gone] to ...

have been to ...:
…へ行ったことがある

have gone to ...:
…へ行ってしまった(今はここにはいない)

▸I **have been to** New York three times.
わたしはニューヨークに 3 回行ったことがある.

▸He **has gone to** New York, and I miss him.
彼がニューヨークへ行ってしまい, わたしは寂(さび)しい.

—助動詞 ❶《現在完了進行形をつくる / **have been + ...ing** で》(過去のある時点から)ずっと…している, …し続けている

▸She **has been reading** a book for two hours.
彼女は 2 時間ずっと本を読んでいる.

❷《現在完了形の受け身をつくる / **have been +過去分詞**で》
…されてしまった; …されてきた;
…されたことがある

▸My bike **has been stolen**.
わたしの自転車が盗(ぬす)まれてしまった.

beep [bíːp ビープ] 名詞 C (車の警笛やブザーなどの音を表して)ビーッ

① dressing table 化粧(けしょう)台
② chest of drawers たんす
③ closet クローゼット
④ bedside lamp まくらもと用スタンド
⑤ bed ベッド
⑥ pillow まくら
⑦ mattress マットレス
⑧ sheets シーツ
⑨ blanket 毛布
⑩ bedspread ベッドカバー

beer [bíər ビア] 名詞 U ビール
(♦種類を言うときや,「1杯(ぱい)[1本]のビール」という意味では, a をつけたり複数形にしたりすることがある)

Beethoven [béithouvn ベイト(ホ)ウヴン] 名詞 【人名】ベートーベン
(♦ Ludwig van Beethoven [lúːdwig væn- るードウィグ ヴァン-], 1770-1827; ドイツの作曲家)

beetle [bíːtl ビートゥる] 名詞
C 【昆虫】甲虫(こうちゅう)(♦カブトムシ・クワガタムシなど, 前羽がかたい昆虫(こんちゅう))

⁑before [bifɔ́ːr ビふォーア]

前置詞	❶〔時間〕…の前に[の]
	❷〔位置〕…の前に[で]
	❸〔順序〕…より先に
接続詞	…する前に
副詞	以前に

—前置詞 ❶〔時間〕**…の前に[の]**
(対義語 after …のあとに)
▸**before** dinner 夕食の前に
▸(the) day **before** yesterday おととい
▸I got up **before** six this morning. 今朝は6時前に起きた.
▸It's ten **before** eleven now. 今, 10時50分(11時の10分前)だ.
▸Please take off your shoes **before** entering the room. 部屋に入る前に靴(くつ)を脱(ぬ)いでください.

❷〔位置〕**…の前に[で]**
(♦ in front of よりかたい語;「ものや建物の前に」を表すときはふつう in front of を用いる; 対義語 behind …の後ろに)
▸sing **before** a lot of people たくさんの人の前で歌う

❸〔順序〕**…より先に**
(対義語 after …のあとに)
▸I want to sleep **before** anything else. ほかの何よりもまず, わたしは眠(ねむ)りたい.
▸M is **before** N in the alphabet. アルファベットでは M は N の前だ.

before lóng
まもなく, やがて(同義語 soon)

—接続詞 **…する前に**, …しないうちに
(対義語 after …したあとで)
▸Wash your hands **before** you eat.
食事の前に手を洗いなさい.
(♦時を表す before のあとでは未来のことでも現在形を用いる)

—副詞 **以前に**, かつて; (過去のある時点を基準にして)…前に
▸the day **before** その前日に
▸Have I met you **before**? 以前にお会いしましたか?

beforehand [bifɔ́ːrhænd ビふォーアハぁンド] 副詞 あらかじめ, 前もって

·beg [bég ベッグ] 動詞

(三単現 **begs** [-z]; 過去・過分 **begged** [-d]; 現分 **begging**)

—他 ❶ (食べ物・金など)**を請(こ)い求める**, 恵(めぐ)んでくれと言う
▸**beg** money
お金を恵んでくれと言う

❷ (許しなど)**を請う**;
《**beg +人+ to +動詞の原形で**》
(人)に…してくれるようたのむ;
《**beg +人+ for +物事で**》
(人)に(物事)をたのむ
▸I **begged** him **to** stay.
わたしは彼にいてくれるようたのんだ.
▸I **begged** her **for** help. わたしは彼女に手伝ってくれるようたのんだ.

—自 (金などを)請う《for ...》; ものを請う
▸The cat is **begging for** food.
そのネコが食べ物をねだっている.

I bég your párdon. 《下げ調子↘で》
ごめんなさい.; すみませんが., 失礼ですが. ➡ **pardon**

I bég your párdon? 《上げ調子↗で》
もう一度言ってください.
➡ **pardon**

·began [bigǽn ビギぁン] 動詞

begin(…を始める)の過去形

beggar [bégər ベガ] 名詞
C 物ごいをする人, ねだる人

⁑begin [bigín ビギン] 動詞

(三単現 **begins** [-z]; 過去 **began** [bigǽn ビギぁン]; 過分 **begun** [bigʌ́n ビガン]; 現分 **beginning**)

—他 **…を始める**
(同義語 start, 対義語 finish 終える);
《**begin to +動詞の原形または begin + ...ing で**》…し始める
▸Now, let's **begin** the lesson.
さあ, レッスンを始めましょう.

▸It suddenly **began** raining [to rain]. 突然(とつぜん), 雨が降り出した.

―自 始まる(同義語 start, 対義語 end, finish 終わる); 始める

▸The quiz show **begins** at seven. そのクイズ番組は7時に始まる.

▸School **begins** on Monday [in April]. 学校は月曜日[4月]から始まる. (◆「…から」には from ではなく, on または in を使う)

▸Let's **begin** on [《英》at] page 11. 11ページから始めましょう.

begin with ... …から始まる[始める]

to begin with まず, 第一に

▸**To begin with**, I don't know the man. まず, わたしはその男を知らない.

beginner [bigínər ビギナ] 名詞 C 初心者

beginning [bigíniŋ ビギニング] 名詞 C 初め, 最初; 最初の部分 (対義語 end 終わり); 《**beginnings** で》起源

▸at the **beginning** of this year 今年の初めに

from beginning to end 初めから終わりまで, 終始

▸The movie was exciting **from beginning to end**. その映画は最初から最後まで手に汗(あせ)握(にぎ)る内容だった.

⁺begun [bigʌ́n ビガン] 動詞

begin(…を始める)の過去分詞

behalf [bihǽf ビハぁふ] 名詞 U 味方, 利益(◆次の成句で用いる)

on a person's behálf =《米》***in a person's behálf*** (人)のために; (人)の代わりに, (人)を代表して(同義語 in *a person's* place)

on behalf of ... =《米》***in behalf of ...*** …のために; …の代わりに, …を代表して

behave [bihéiv ビヘイヴ] 動詞 (三単現 **behaves** [-z]; 過去・過分 **behaved** [-d]; 現分 **behaving**) 自 ふるまう; 行儀(ぎょうぎ)よくする

beháve oneself 行儀よくする

▸**Behave yourself!** 行儀よくしろ!

behavior, 《英》**behaviour** [bihéivjər ビヘイヴィア] 名詞 U ふるまい, 行儀(ぎょうぎ), (他人に対する)態度; (動物の)生態; (物質の)動き, 働き

▸good [bad] **behavior** よい[悪い]ふるまい

⁑behind [biháind ビハインド]

―前置詞 ❶〘場所〙**…の後ろに**, …の陰(かげ)に(対義語 before, in front of ... …の前に)

▸hide **behind** the curtain カーテンの後ろに隠(かく)れる

▸He called me from **behind** the door. 彼はドアの陰からわたしを呼んだ. ➡ **from** ルール 3

❷〘時間・進度〙…より遅(おく)れて, …より劣(おと)って

▸The train is a little **behind** schedule. その列車は予定より少し遅れている.

―副詞 後ろに[を], 背後に; 遅れて

▸look **behind** 後ろを見る

Beijing [bèidʒíŋ ベイヂング] 名詞 ペキン(北京)(◆中華(ちゅうか)人民共和国の首都; Peking [píːkíŋ ピーキング] ともいう)

being [bíːiŋ ビーイング] 動詞 be (…である) の現在分詞・動名詞

―名詞 C 生き物; U 存在

▸human **beings** 人間(全体) (◆個々の人を表す場合は a human being を用いる)

Belgium [béldʒəm べるヂャム] 名詞 ベルギー(◆ヨーロッパの国; 首都はブリュッセル Brussels)

belief [bilíːf ビりーふ] 名詞 (複数 **beliefs** [-s]) U 信じること, 信念, 確信(対義語 doubt 疑い); 信頼(しんらい); C U 信仰(しんこう)

⁺believe [bilíːv ビりーヴ] 動詞

(三単現 **believes** [-z]; 過去・過分 **believed** [-d]; 現分 **believing**)

―他 ❶ **…を信じる**(対義語 doubt 疑う)

▸I **believe** her わたしは彼女を信じる.

▸I couldn't **believe** my eyes. わたしは自分の目[見た光景]を信じることができなかった.

❷《**believe** + **that** 節で》…だと思う(同義語 think)

▸I don't **believe** (**that**) he is telling the truth. 彼は本当のことを話していないと思います.(◆ not の位置に注意)

➡ **think** ルール 1

——自 信じる；思う

believe in ...

① …の存在を信じる

▸Do you **believe in** ghosts?
あなたは幽霊(ゆうれい)の存在を信じますか？

② (人)を信用する，信頼(しんらい)する

▸**Believe in** yourself.
自分を信じなさい.

Bell [bél べる] 名詞 【人名】ベル
(◆Alexander Graham Bell [æligzændər gréiəm- あれグザぁンダ グレイアム-]；1847-1922；イギリス出身のアメリカの科学者で，電話を発明した)

·bell [bél べる] 名詞 (複数 **bells** [-z])
C ベル，鈴(すず)，鐘(かね)；ベルや鈴の音

▸I rang the **bell** many times.
わたしは何回もベルを鳴らした.

belly [béli べり] 名詞 (複数 **bellies** [-z])
C《口語》(人の) 腹部，おなか
(同義語 stomach)

·belong [bilɔ́:ŋ ビろーングｸﾞ] 動詞
(三単現 **belongs** [-z]； 過去・過分 **belonged** [-d]；現分 **belonging**)

自《**belong to** ＋団体・人で》
(団体)**に所属する**；(人)のものである

▸He **belongs to** the chorus.
彼は合唱部に所属している. (◆×He is belonging to .... と進行形にはしない)

▸This bike **belongs to** me.
この自転車はわたしのものです.

belongings [bilɔ́:ŋiŋz ビろーングイングズ] 名詞《複数あつかいで》
所有物，所持品，身の回りのもの

·below [bilóu ビろウ]

——前置詞 ❶〔場所・位置〕…**より下に**[**へ**]
(対義語 above …より上に)
➡ **under** くらべよう

▸This area is **below** sea level.
この地域は海面より低い.

▸The sun sank **below** the horizon.
太陽は水平線の下に沈(しず)んだ.

❷〔数量・程度〕…**以下の**，…より劣(おと)る
The temperature is five degrees **below** zero. 気温はマイナス5度だ.

——副詞〔場所・位置〕**下に**，階下に
(対義語 above 上に)

▸From the plane, I saw Mt. Fuji **below**. 飛行機から富士山を下に見た.

·belt [bélt べるト] 名詞
(複数 **belts** [bélts べるツ])

❶ C **ベルト**

▸wear a **belt** ベルトをしている

▸Please fasten your seat **belts**.
(みなさんの)シートベルトを締(し)めてください.

❷ C《しばしば **Belt** で》
(特色のある)**地帯**，地域

▸the Cotton **Belt** (アメリカ南部の)綿花地帯 ➡ **cotton** 文化

·bench [béntʃ ベンチ] 名詞
(複数 **benches** [-iz])

❶ C (木・石などの)**ベンチ**，長いす
(◆背のないものもふくむ)

▸sit on a **bench** ベンチにすわる

❷ C (スポーツの)選手席，ベンチ

❸ C (職人などの)作業台，仕事台

bend [bénd ベンド] 動詞
(三単現 **bends** [béndz ベンヅ]； 過去・過分 **bent** [bént ベント]；現分 **bending**)

他 …を曲げる

▸The girl **bent** the spoon easily.
その少女はスプーンを簡単に曲げた.

——自 曲がる；かがむ

——名詞 C 曲がり；カーブ(同義語 curve)

beneath [biní:θ ビニーす] 前置詞
…の下に(◆《口語》under, below)

——副詞 下に[で]

benefit [bénəfit ベネふィット] 名詞
C U 利益，恩恵(おんけい)

▸for the public **benefit**
公共の利益のために

——動詞 他 …のためになる；…に役立つ

——自 (…で)利益を得る《from ...》

bent [bént ベント] 動詞
bend(…を曲げる)の過去形・過去分詞

Berlin [bə:rlín バ～リン] 名詞 ベルリン
(◆ドイツの首都；第二次世界大戦後，東西に分割(ぶんかつ)されたが，1990年に再統合された)

berry [béri べリ] 名詞 (複数 **berries** [-z]) C 【植物】ベリー
(◆イチゴ(strawberry)，ブルーベリー(blueberry)などの柔(やわ)らかい果実；「かたい実」は nut)

⁑beside [bisáid ビサイド] 前置詞
(◆besides と混同しないように注意)

A B C D E F G H I J K L M N O P Q R S T U V W X Y Z

…のそばに, …の隣(となり)に

▸She sat **beside** me.
彼女はわたしのそばにすわった.

besides [bisáidz ビサイヅ] 前置詞

(◆ beside と混同しないように注意)

❶《肯定文で》…のほかに, …に加えて

▸**Besides** English, she speaks French.
英語に加えて, 彼女はフランス語も話す.

❷《否定文で》…を除いて, …以外に
(同義語 except)

▸I have **no** brothers **besides** Tom.
わたしにはトム以外に兄弟はいない.

——副詞 そのうえ, さらに, おまけに
(同義語 moreover)

▸This car is very old. **Besides**, the color is too dark. この車はとても古い. おまけに色が暗すぎる.

⁑best [bést ベスト]

——形容詞 (good または well の最上級; 比較級は better)

最もよい, 最上の; 最も健康な
(対義語 worst 最も悪い)

▸It is one of the **best** movies of this year.
それは今年の最もよい映画の一つだ.

▸This is Tom, my **best** friend.
こちらがぼくの一番の友人のトムです.

> **ルール best と the**
>
> best が名詞の前にくるとき, ふつう the をつけますが, my, his などがくる場合には the をつけません.
>
> ▸**the best** memory
> いちばんよい思い出
>
> ▸**my best** memory
> わたしのいちばんよい思い出

——副詞 (well または very much の最上級; 比較級は better)

最もよく, いちばんうまく, いちばん
(◆《米》では the をつけて使うことが多い; 対義語 worst 最も悪く)

> **ダイアログ**
>
> *A:* Which subject do you like **(the) best**? どの教科がいちばん好き?
>
> *B:* Well, I like music **(the) best**.
> そうだね, 音楽がいちばん好きだよ.

▸He swims **(the) best** in our class.
彼はクラスでいちばんじょうずに泳ぐ.

bést of áll 何よりも, いちばん

——名詞 U《**the best** または *one's* **best** で》最もよいもの, 最良の状態

▸She is **the best** in my class.
彼女はわたしのクラスで最も優秀(ゆうしゅう)だ.

at* (*the*) *bést よくても, せいぜい
(対義語 at (the) worst 最悪の場合でも)

◆***do one's bést*** **全力を尽(つ)くす**

▸Let's **do our best** in the game.
試合では全力を尽くそう.

máke the bést of ...
(悪い状況(じょうきょう)や不十分なもの)をできるだけうまく利用する

▸**make the best of** a bad situation
悪い状況をできるだけうまく利用する

best-known [béstnóun ベストノウン]
形容詞 well-known(有名な)の最上級

bestseller [béstsélər ベストセラ] 名詞
C ベストセラー
(◆ best-seller ともつづる)

bet [bét ベット] 動詞
(三単現 **bets** [béts ベッツ]; 過去・過分 **bet** または **betted** [-id]; 現分 **betting**)

他 (金など)を(…に)かける《**on ...**》

I bét* (*that*) *... 《口語》きっと…だ

▸**I bet** you will be all right.
きみならきっとだいじょうぶだよ.

You bét! 《口語》もちろん!; そのとおり!

betray [bitréi ビトゥレイ] 動詞
他 …を裏切る; (秘密など)を漏(も)らす

⁑better [bétər ベタ]

——形容詞 (good または well の比較級; 最上級は best)

❶〔good の比較級〕**もっとよい**, もっとじょうずな(対義語 worse もっと悪い)

▸a **better** world よりよい世界

▸Their performance was much **better** than ours.
彼らの演技[演奏]はわたしたちよりずっとよかった. (◆比較級に「とても, ずっと」の意味を加えるときは, very ではなく much や a lot などを使う)

❷〔well の比較級〕《名詞の前には用いない》(体のぐあい・気分が)**よくなって**

> **ダイアログ**
>
> *A:* How's your cold?
> 風邪(かぜ)のぐあいはどうですか?
>
> *B:* I feel **better**.
> よくなりました.

—副詞 (well または very much の比較級; 最上級は best)
もっとよく, もっとじょうずに
(対義語 worse もっと悪く)
▸He sings **better** than I (do).
彼はわたしより歌がうまい.

ダイアログ
A: Which do you like **better**, soccer or baseball?
サッカーと野球では, どちらが好き?
B: I like soccer **better**.
サッカーのほうが好きだよ.

参考 **best の意味を better で表す**
▸Bob is **the best** singer in my class.
ボブはクラスで一番の歌い手だ.
▸Bob sings **better** than any other student in my class.
ボブはクラスのほかのどの生徒よりも歌がうまい. (♦ any other のあとの名詞はふつう単数形)

♦***had bétter*** **+動詞の原形**
…するほうがよい, …しなさい (♦《口語》ではふつう 'd better ... を用いる;「…しないほうがよい」と言うときは, had better のあとに not を入れる)
▸**I'd better** go home.
家に帰るほうがよさそうだ.

ルール **You had better .... の使い方**
1 You had better .... は, ふつう親が子供に, 先生が生徒に言うような場合に用いる命令口調の表現です. ときには「そうしないとひどいことになる」といった強い警告になります. 単に助言するような場合は, You should .... を用いるほうが無難です.
▸**You'd better** tell the truth. 本当のことを言ったほうが身のためだぞ.
▸**You should** take a taxi. タクシーで行くほうがよいと思いますよ.
2 had better を, had につられて,「…したほうがよかった」と過去のことを表しているとまちがえないように注意しましょう.
▸**You'd better** see a doctor.
医者に診(み)てもらいなさい.

⁑between
[bitwíːn ビトゥウィーン] 前置詞
(2つのもの)**の間で[に, を]**;《**between ... and 〜で**》…と〜の間で[に, を]
➡ **among** くらべよう
▸**between** the two countries
その2か国の間で
▸**between** eleven **and** twelve
11時から12時の間に
▸the difference **between** the two products その2つの製品のちがい
▸Alex sat **between** Lisa **and** me.
アレックスはリサとわたしの間にすわった.

beverage
[bévəridʒ ベヴァレッヂ] 名詞
C 飲み物(♦ふつう水を除く)

⁎beyond
[bijánd ビヤンド] 前置詞
❶〔場所〕**…の向こうに[へ, で]**
▸The village is **beyond** the river.
その村は川の向こうにあります.
❷〔能力・程度〕…を超(こ)えて, …以上に
▸The theory is **beyond** me [my understanding].
その理論はわたしの理解を超えている [わたしには難しくてわからない].
❸〔時間〕…を過ぎて
▸He stayed up **beyond** midnight.
彼は夜の12時を過ぎても起きていた.

Bible
[báibl バイブる] 名詞
《**the Bible で**》
【キリスト教】聖書, バイブル
(♦旧約聖書(the Old Testament)と新約聖書(the New Testament)から成る; testament [téstəmənt テスタメント] は「(神と人間との)契約(けいやく)」の意)

⁎bicycle
[báisikl バイスィクる]
名詞 (複数 **bicycles** [-z]) C **自転車**
(♦《口語》bike) ➡ p.66 **bicycle**
▸My little brother can ride a **bicycle**.
わたしの弟は自転車に乗ることができる.
▸I went to the library by **bicycle** last Monday. 先週の月曜日, わたし

は自転車で図書館に行った.
(♦手段を表す by のあとは無冠詞)

参考 bicycle は「2 輪車」

unicycle: uni-「1 つの」+ cycle「輪」で「1 つの輪をもつ車→ 1 輪車」
bicycle: bi-「2 つの」+ cycle「輪」で「2 輪車→自転車」
tricycle: tri-「3 つの」+ cycle「輪」で「3 輪車」

bid [bíd ビッド] 動詞 (三単現 **bids** [bídz ビッヅ]; 過去・過分 **bid**; 現分 **bidding**)
他 (競売などで)(…に)…の値をつける《for ...》
—自 (競売などで)値をつける; せり合う
—名詞 C (競売などでの)つけ値; 入札

⁑big [bíg ビッグ] 形容詞 (比較 **bigger**; 最上 **biggest**)

❶ **大きい**
❷ **年上の**
❸ **重要な; 偉(えら)い**

❶ (形・規模などが)**大きい**
(対義語 little, small 小さい)
▸a **big** house 大きな家

❷ **年上の** (対義語 little 年下の)
▸my **big** brother [sister]
わたしの兄[姉] (♦ my older [elder] brother [sister] と表すこともできる)
❸ **重要な; 偉い**; (程度が)すごい
▸a **big** day 重要な日

くらべよう big, large, huge, great

big: 口語的で, 話し手の驚(おどろ)きや賞賛などの気持ちがふくまれることがあります.
▸What a **big** fish!
なんて大きな魚だ!
large: 客観的に大きいことを表します. また, 数量についても使います.
▸a **large** amount of money
大金
huge: 「とても大きな」と誇張(こちょう)して使います.
▸a **huge** stadium
巨大(きょだい)なスタジアム
great: 心理的な大きさを表すことが多く, また外観よりも中身の「偉大(いだい)さ」を表すのによく使います.
▸a **great** teacher 偉大な教師

bicycles

racing bike
ロードレーサー

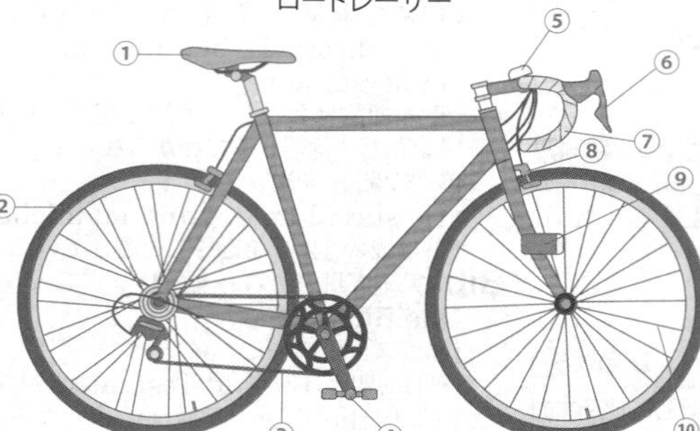

① saddle サドル
② tire タイヤ
③ chain チェーン
④ pedal ペダル
⑤ bell ベル
⑥ shift / brake lever シフト / ブレーキレバー
⑦ handlebars ハンドル
⑧ brake ブレーキ
⑨ headlight ヘッドライト
⑩ spoke スポーク
⑪ carrier 荷台
⑫ fender 泥(どろ)よけ
⑬ kick stand スタンド
⑭ basket バスケット

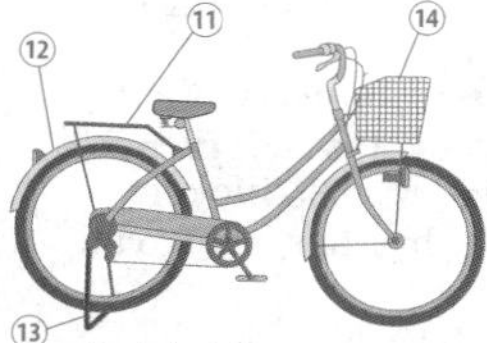
lady's bike
レディースサイクル

put air into a tire
タイヤに空気を入れる

go cycling
サイクリングに行く

Big Ben [bíg bén ビッグ ベン] 名詞
ビッグベン（◆イギリス国会議事堂の時計塔(とう)の時鐘(じしょう)；またはその時計塔）

文化 鐘(かね)にもニックネーム

Big Ben という愛称(あいしょう)は，この鐘の工事責任者だったベンジャミン・ホールに由来しています．彼は大男で，Big Ben と呼ばれていました．ビッグベンの鐘の音は英国放送協会（the BBC）の時報にもなり，多くの人々に親しまれています．

Big Dipper [bíg dípər ビッグ ディパ]
名詞《**the Big Dipper** で》
《米》【天文】北斗(ほくと)七星（◆おおぐま座(the Great Bear)にふくまれるひしゃく形の七星；《英》the Plough）

bigger [bígər ビガ] 形容詞
big(大きい)の比較級

biggest [bígist ビゲスト] 形容詞
big(大きい)の最上級

:bike
[báik バイク] 名詞（複数 **bikes** [-s]）
C《口語》**自転車**（同義語 bicycle）；
オートバイ（同義語 motorcycle）
（◆日本語では，「バイク」はふつうオートバイを指すが，英語の bike は自転車(bicycle)の意味で使われる）
▸ride a **bike**
自転車に乗る
▸go for a **bike** ride
サイクリングに行く（= go cycling）

bilingual [bailíŋgwəl バイリングワる]
形容詞 2言語を自由に話せる；2言語で話された[書かれた]
——名詞 C 2言語を話せる人

bill[1] [bíl ビる] 名詞
❶ C 請求(せいきゅう)書，勘定(かんじょう)(書)（◆《米》ではレストランの場合は check がふつう）
▸a telephone **bill**
電話料の請求書，電話代
▸pay a **bill**
勘定を払(はら)う
▸**Bill** [Check], please.
お勘定をお願いします．
❷ C ビラ；はり紙，ポスター
▸Post No **Bills** 《掲示》はり紙禁止
❸ C 《米》紙幣(しへい)，札(さつ)（◆《英》note）
➡ **money** 参考
▸a thousand-yen **bill** 千円札
❹ C 議案，法案
——動詞 他（人）に請求書を送る

bill[2] [bíl ビる] 名詞
C（まっすぐな）くちばし（◆ワシなどの「曲がったくちばし」は beak）

billiards [bíljərdz ビりヤヅ] 名詞
U《単数あつかいで》ビリヤード，玉突(つ)き

billion [bíljən ビりョン] 名詞
（複数 **billion** または **billions** [-z]）
C 10億

billionaire [bìljənéər ビりョネア] 名詞
C 億万長者

bind [báind バインド] 動詞（三単現 **binds** [báindz バインヅ]；過去・過分 **bound** [báund バウンド]；現分 **binding**）他
❶ …を(…で)しばる，くくる《with ...》；…を(…に)結びつける《to ...》
▸He **bound** the pile of newspapers **with** string.
彼は新聞の山をひもでしばった．
❷ …を巻きつける，…に包帯をする
❸ …をとじる，製本する

binder [báindər バインダ] 名詞
❶ C（糸・ひもなど）しばるもの；バインダー
❷ C 製本屋

bingo [bíŋgou ビンゴウ] 名詞 U ビンゴ
（◆教会や慈善(じぜん)団体の主催(しゅさい)で，資金集めのためによく行われる）

binoculars [binákjələrz ビナキュらズ]
（★発音に注意）名詞《複数あつかいで》
双眼鏡(そうがんきょう)，オペラグラス

biography [baiágrəfi バイアグラふィ]
（★アクセントに注意）名詞
（複数 **biographies** [-z]）
C 伝記；U 伝記文学

biology [baiálədʒi バイアらヂィ]
（★アクセントに注意）名詞 U 生物学

biotechnology [bàiouteknálədʒi バイオウテクナらヂィ] 名詞
U バイオテクノロジー，生物工学
（◆遺伝子組み換(か)えなど，生物の機能を応用する技術）

:bird [bə́ːrd バ～ド] 名詞
（複数 **birds** [bə́ːrdz バ～ヅ]）C 鳥

▸water **birds** 水鳥
▸**birds** of passage 渡(わた)り鳥
▸a flock of **birds** 鳥の群れ
▸ことわざ **Birds** of a feather flock together. 類は友を呼ぶ.
(◆「同じ羽の色の鳥は1か所に集まる」の意味から)
▸ことわざ The early **bird** catches the worm. 早起きは三文(さんもん)の徳.
(◆「早起きの鳥は虫を捕(つか)まえる」の意味から)
▸ことわざ Kill two **birds** with one stone. 一石二鳥.
(◆「1つの石で2羽の鳥を殺す」の意味から)

> **参考 国鳥のいろいろ**
> アメリカ: bald eagle(ハクトウワシ)
> イギリス: robin(ヨーロッパコマドリ)
> オーストラリア: lyrebird (コトドリ) [láiərbəːrd らイアバ〜ド]
> 日本: pheasant(キジ)

birdwatching, bird-watching
[bə́ːrdwὰtʃiŋ バ〜ドワチング] 名詞
U バードウオッチング, 野鳥観察
(◆「野鳥観察をする人」は birdwatcher, bird-watcher)

birth
[bə́ːrθ バ〜す] 名詞
❶ C U 誕生, 出生(対義語 death 死亡)

> **ダイアログ**
> *A:* What's your date of **birth**?
> 生年月日はいつですか?
> (◆ When ではなく What を用いる)
> *B:* (It's) March 14, 2008.
> 2008年3月14日です.

❷ U 生まれ, 家柄(いえがら)

‡birthday
[bə́ːrθdèi バ〜すデイ]
名詞 (複数 **birthdays** [-z]) C **誕生日**
▸a **birthday** cake バースデーケーキ
▸a **birthday** card バースデーカード
▸a **birthday** present [gift] 誕生日プレゼント

> **ダイアログ**
> *A:* When is your **birthday**?
> 誕生日はいつですか?
> *B:* It's April 3.
> 4月3日です.

> **ダイアログ**
> *A:* Happy **birthday** (to you), Ken!
> お誕生日おめでとう, ケン!
> *B:* Thank you, Emma. ありがとう, エマ.

birthplace
[bə́ːrθplèis バ〜すプれイス]
名詞 C《ふつう単数形で》
出生地; 発祥(はっしょう)の地

biscuit
[bískit ビスケット] 名詞
C《米》小型パン;《英》ビスケット

> **文化 アメリカとイギリスの biscuit**
> **1** 丸型の小さい菓子(かし)パン, スコーンはアメリカで **biscuit**, イギリスで scone といいます.
>
> 
>
> **2** クッキー, クラッカー, ビスケットはアメリカで cookie, cracker, イギリスで **biscuit** といいます.
>
> 

bishop
[bíʃəp ビショップ] 名詞
❶ C (カトリックの)司教; (英国国教会・プロテスタントの)主教
❷ C【チェス】ビショップ(こまの一つ)

bison
[báisn バイスン] 名詞
(複数 **bison** または **bisons** [-z])
C【動物】バイソン, アメリカ野牛
(◆《米》buffalo)

bit[1]
[bít ビット] 名詞
❶ C 少し, 少量, 小片(しょうへん);
《**a bit of ...** で》わずかな…
▸She drank **a bit of** coffee.
彼女はコーヒーを少し飲んだ.
❷《**a (little) bit** で副詞的に》少し, ちょっと

▸This cake is **a (little) bit** too sweet. このケーキは少し甘(あま)すぎる.

bit by bit 少しずつ, 徐々(じょじょ)に

not a bit 少しも…ない

bit² [bít ビット] 動詞 bite(…をかむ)の過去形, また過去分詞の一つ

bit³ [bít ビット] 名詞 C【コンピューター】ビット(♦情報量の最小単位) ➡ **byte**

˙bite [báit バイト]

—動詞 (三単現 **bites** [báits バイツ]; 過去 **bit** [bít ビット]; 過分 **bitten** [bítn ビトゥン] または **bit**; 現分 **biting**)

—他 ❶ **…をかむ**, かみつく, かじる

▸**bite** an apple リンゴをかじる

▸The dog **bit** me on the hand. そのイヌがわたしの手をかんだ. (♦ bite my hand より bite me on the hand というほうがふつう)

❷ (虫などが)…を刺(さ)す

▸I was **bitten** by mosquitoes last night. 昨夜は蚊(か)に刺された.

—自 (…に)かみつく《at ...》; 刺す

—名詞 (複数 **bites** [báits バイツ])

C かむこと; ひとかじり

▸Take [Have] a **bite** of the cake. ケーキを一口食べてみて.

bitten [bítn ビトゥン] 動詞 bite(…をかむ)の過去分詞の一つ

bitter [bítər ビタ] 形容詞 (比較 **bitterer**; 最上 **bitterest**)

❶ 苦い (対義語 sweet 甘(あま)い) ➡ **taste** 参考

▸This coffee is **bitter**. このコーヒーは苦い.

❷ 痛烈(つうれつ)な; (体験などが)つらい

❸ 激しい; (寒さなどが)厳しい

⁑black [blǽk ブラぁック]

—形容詞 (比較 **blacker**; 最上 **blackest**)

❶ **黒い**, 黒色の

▸a **black** suit 黒いスーツ

▸a **black** and white film 白黒映画 (♦ white and black とはいわない)

> 参考 **「黒い」はいつも black?**
>
> 「黒い目」は **dark** eyes (日本人の目の場合はふつう **brown** eyes), 「黒い髪(かみ)の毛」は **black** [**dark**] hair といいます.

❷ **黒人の** ➡ **African-American**

▸**black** people 黒人

▸**black** music 黒人音楽

❸ (コーヒーが)ブラックの (♦クリームやミルクを入れない)

—名詞 (複数 **blacks** [-s])

❶ U **黒**, 黒色; **黒い服**, 喪服(もふく)

▸She was dressed in **black**. 彼女は黒い服を着ていた.

❷ C **黒人**(♦個人を指して用いる場合, 軽蔑(けいべつ)的になることがあるので, African-American を用いるほうがよい) ➡ **African-American**

˙blackboard [blǽkbɔ̀ːrd ブラぁックボード]

(★ [blǽkbɔ́ːrd ブラぁックボード] と [ボ] も強く発音すると black board 「黒い板」の意味になるので注意)

名詞 (複数 **blackboards** [blǽkbɔ̀ːrdz ブラぁックボーヅ])

C **黒板** (♦ chalkboard や board ともいう; 「ホワイトボード」は whiteboard; 「電子黒板」は electoronic board)

▸Please erase the **blackboard**. 黒板を消してください.

black box [blǽk báks ブラぁック バックス] 名詞 ❶ C ブラックボックス (♦内部の複雑な構造はわからないが, 機能や使い方はわかる装置)

❷ C【航空】ブラックボックス (♦フライトレコーダー(飛行に関するデータを自動的に記録する装置)の別称(べっしょう))

blacksmith [blǽksmìθ ブラぁックスミす] 名詞 C かじ屋職人

black tea [blǽk tíː ブラぁック ティー] 名詞 U 紅茶 (♦ふつう単に tea という)

blade [bléid ブレイド] 名詞

❶ C (刃物(はもの)の)刃

❷ C (細長くて平たい)葉; (スケート靴(ぐつ)の)ブレード; (プロペラの)羽

blame [bléim ブレイム] 動詞 (三単現 **blames** [-z]; 過去・過分 **blamed** [-d]; 現分 **blaming**)

他 …を責める, 非難する; 《**blame** +**人など**+ **for** +**失敗など** または **blame** +**失敗など**+ **on** +**人など**で》 (失敗など)を(人など)のせいにする

▸They **blamed** me **for** the failure. (= They **blamed** the failure **on** me.) 彼らは失敗をわたしのせいにした.

A B C D E F G H I J K L M N O P Q R S T U V W X Y Z

▸Don't **blame** it **on** me.
わたしのせいにするな.

▸ ことわざ A bad workman always **blames** his tools.
弘法(こうぼう)筆を選ばず.
(◆「へたな職人は失敗をいつも道具のせいにする」の意味から; workman の発音は [wə́ːrkmən ワ～クマン])

be to bláme (…について)責めを負うべきである《for ...》

▸You **are to blame for** that accident. その事故はきみの責任だ.

—名詞 U 非難; (失敗などの)責任

blank [blǽŋk ブらぁンク] 形容詞
白紙の, 空白の

▸a **blank** page
何も印刷されて[書かれて]いないページ

—名詞 C 空白, 空欄(くうらん), 空所

▸Fill in the **blanks**.
(試験問題などで)空欄を埋(う)めなさい.

blanket [blǽŋkit ブらぁンケット] 名詞
C 毛布 ➡ **bedroom** 図

blast [blǽst ブらぁスト] 名詞
❶ C 突風(とっぷう)
❷ C 爆発(ばくはつ), 爆破
❸ C (らっぱ・笛などの突然の)大きな音

—動詞 他 …を爆破する; (爆弾(ばくだん)で)…を攻撃(こうげき)する, 破壊(はかい)する

blazer [bléizər ブれイザ] 名詞
C ブレザー

bleed [blíːd ブリード] 動詞
(三単現 **bleeds** [blíːdz ブリーヅ]; 過去・過分 **bled** [bléd ブれド]; 現分 **bleeding**) 自 出血する, 血が出る

blend [blénd ブれンド] 動詞
他 …を(…と)混ぜ合わせる《with ...》
(同義語 mix)

▸**blend** an egg **with** milk
卵を牛乳と混ぜ合わせる

—自 混ざる; (…と)調和する《with ...》

—名詞 C 混合物, ブレンド

bless [blés ブれス] 動詞 (三単現 **blesses** [-iz]; 過去・過分 **blessed** [-t] または **blest** [blést ブれスト]; 現分 **blessing**) 他 …を祝福する

Bléss me!
(驚(おどろ)きなどを表して)おやおや, おやまあ. (◆「わたしに神の恵(めぐ)みがありますように」の意味から)

Bléss you! あなたに神の恵みがありますように; (くしゃみをした人に)お大事に.
➡ **sneeze** 文化

blessing [blésiŋ ブれスィング] 名詞
C 神の恵(めぐ)み, (牧師の)祝福; 幸福; (食前・食後の)祈(いの)り

blest [blést ブれスト] 動詞 bless(…を祝福する)の過去形・過去分詞の一つ

blew [blúː ブるー] 動詞
blow(吹(ふ)く)の過去形

◆**blind** [bláind ブらインド]

—形容詞
(比較 **blinder**; 最上 **blindest**)
❶ **目の見えない**, 目の不自由な

▸go **blind**
目が不自由になる, 失明する

▸a **blind** person
目の不自由な人

▸She is **blind** in one [the left] eye.
彼女は片[左]目が見えない.

❷ 盲目(もうもく)的な; (…に)気づかない《to ...》

▸Love is **blind**.
恋(こい)は盲目.

—名詞 (複数 **blinds** [bláindz ブらインヅ]) C (窓の)**日よけ**, ブラインド
(◆1枚の布などを巻き上げて使うものを指す; 《米》window shade)

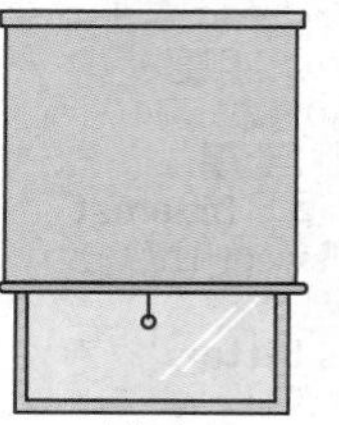
blind

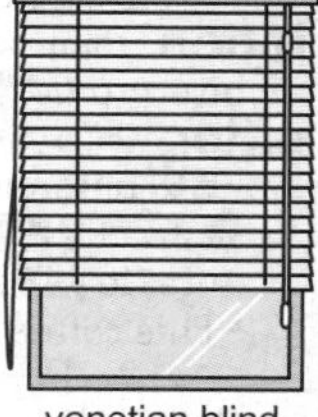
venetian blind

blink [blíŋk ブリンク] 動詞
自 まばたきをする; (明かりが)ちらつく, (星が)またたく; 《米》(車のライトが)点滅(てんめつ)する(◆《英》wink)

—他 (目)をまばたかせる

block [blɑ́k ブらック] 名詞
❶ C (木・石などの) かたまり; (建築用の)ブロック

▸a **block** of ice 氷のかたまり

▸a concrete **block**
コンクリートブロック

❷ C 《主に米》(周囲を道路で囲まれた) 1区画, 街区(がいく); 1区画の1辺の長さ

▸Go straight for two **blocks**.
まっすぐ2区画行きなさい.

1区画

❸ C 障害物;(交通の)渋滞(じゅうたい)
❹ C 《米》積み木(◆《英》brick)
▸play with **blocks**　積み木で遊ぶ
―動詞 他 …をふさぐ;…を妨害(ぼうがい)する

block letters [blάk lètərz ブラック れタズ] 名詞《複数あつかいで》
ブロック字体,活字体の大文字
(◆ABCなど;block capitalsともいう)

blog [blάːg ブラーグ] 名詞
C 【コンピューター】ブログ(◆日記的なウェブサイトの総称(そうしょう);we*blog*の略)
▸He writes **blogs** about music.
彼は音楽についてのブログを書いている.

blond, blonde [blάnd ブランド]
形容詞 金髪(きんぱつ)の;(人が)ブロンドの
(◆フランス語から;blondは男性に,blondeは女性にと男女区別して用いられてきたが,最近ではどちらにもblondを用いる傾向(けいこう)にある)
―名詞 C ブロンドの人

·**blood** [blʌ́d ブラッド]
(★発音に注意) 名詞
❶ U 血,血液
▸**blood** pressure　血圧
▸give **blood**　献血(けんけつ)する
❷ U 血統,血縁(けつえん)

bloody [blʌ́di ブラディ] 形容詞
(比較 **bloodier**; 最上 **bloodiest**)
❶ 出血している,血だらけの
❷ 流血の;血なまぐさい,残酷(ざんこく)な

bloom [blúːm ブるーム] 名詞
❶ C (特に観賞用の)花
➡ **flower** くらべよう
❷ U 開花(期);(…の)真っ盛(さか)り《of ...》
▸The cherry trees are in full **bloom** now.　今,桜が満開だ.
―動詞 自 花が咲(さ)く

blossom [blάsəm ブらサム] 名詞
C U (特に果樹の)花;U 開花(期)
➡ **flower** くらべよう
▸apple **blossoms**　リンゴの花
―動詞 自 花が咲(さ)く

blouse [bláus ブらウス] 名詞
❶ C (女性用の)ブラウス
❷ C 仕事着

blow[1] [blóu ブろウ] 動詞
(三単現 **blows** [-z]; 過去 **blew** [blúː ブるー]; 過分 **blown** [blóun ブろウン]; 現分 **blowing**) 自
❶ (風が)吹(ふ)く
▸It **blew** very hard yesterday.
昨日は風がとても強く吹いた.
▸A warm wind is **blowing**.
暖かい風が吹いている.
❷ (人・動物などが)息を吐(は)く
❸ (笛などが)鳴る
―他 ❶ …を吹き飛ばす,動かす
▸The strong wind **blew** the plastic greenhouse away.
強風がビニールハウスを吹き飛ばした.
❷ (煙(けむり)など)を吐く;(風船など)を吹いてふくらます;…に息を吹きつける
❸ (楽器など)を吹く
▸**blow** the trumpet　トランペットを吹く
❹ (鼻)をかむ
▸**Blow** your nose.　鼻をかみなさい.
❺ …を爆破(ばくは)する《up ...》

blow[2] [blóu ブろウ] 名詞
❶ C 強打,一撃(いちげき)
❷ C (…への)(精神的な)打撃《to ...》

blown [blóun ブろウン] 動詞
blow[1](吹(ふ)く)の過去分詞

:**blue** [blúː ブるー]
―形容詞 (比較 **bluer**; 最上 **bluest**)
❶ 青い,空色の
▸The sky is **blue**.　空が青い.
▸That doll has **blue** eyes.
その人形は青い目をしている.

> **参考 「青い」はいつもblue?**
> **1** 血の気がひいて青ざめた顔色にはpaleを使います.
> ▸You look **pale**.　顔が青いですよ.
> **2** 交通の「青信号」,植物の「青葉」にはgreenを使います.
> ▸a **green** light　青信号
> ▸**green** leaves　青葉

❷ 陰気(いんき)な,ゆううつな(同義語 sad)
▸You look **blue**. What's up?
ゆううつそうだね.どうしたの?

——名詞 U 青, 空色, 水色; **青い服**
▸She is dressed in **blue** today.
彼女は今日, 青い服を着ている.

blueberry [blúːbèri ブるーベリ] 名詞
(複数 **blueberries** [-z]) C【植物】
ブルーベリー; ブルーベリーの木

bluebird [blúːbəːrd ブるーバ～ド] 名詞
C【鳥類】ルリツグミ
(◆北アメリカ産の青い羽をした鳥)

Blue Mountains [blúː máuntnz ブるー マウントゥンズ] 名詞
《**the Blue Mountains** で複数あつかい》
ブルーマウンテンズ(◆オーストラリア南東部の山地; 世界自然遺産に登録されている)

blunt [blʌ́nt ブらント] 形容詞
(比較 **blunter**; 最上 **bluntest**)
(ナイフ・刃(は)などが)切れ味の悪い, (えんぴつのしんなどが)とがっていない

blush [blʌ́ʃ ブらッシ] 動詞
(三単現 **blushes** [-iz];
過去・過分 **blushed** [-t]; 現分 **blushing**)
自 赤面する, 顔を赤らめる; 恥(は)ずかしく思う

˙board [bɔ́ːrd ボード]

——名詞 (複数 **boards** [bɔ́ːrdz ボーヅ])
❶ C (薄(うす)い木の)**板**(◆「金属の板」は plate); 黒板(= blackboard)
▸a bulletin [《英》notice] **board**
掲示(けいじ)板
▸a cutting **board** まな板
❷ C (会社・官庁などの)**委員会, 会議**
▸a **board** of directors
役員[重役]会
❸ U (ホテル・下宿などの)食事, 食費
on bóard (船・飛行機など)に乗って
▸The passengers went **on board** the ship.
乗客たちは船に乗りこんだ.
——動詞 (三単現 **boards** [bɔ́ːrdz ボーヅ];
過去・過分 **boarded** [-id];
現分 **boarding**)
他 (船・飛行機など)に乗りこむ

boarding house [bɔ́ːrdiŋ hàus ボーディング ハウス] 名詞
C (食事つきの)下宿; 寮(りょう)
(◆ boardinghouse ともつづる)

boarding pass [bɔ́ːrdiŋ pæ̀s ボーディング パぁス] 名詞 C (飛行機の)搭乗(とうじょう)券; 乗船券(◆ boarding card ともいう)

boarding school [bɔ́ːrdiŋ skùːl ボーディング スクーる] 名詞
C U 寄宿学校, 全寮(ぜんりょう)制学校
(◆「通学制の学校」は day school)

boast [bóust ボウスト] 動詞 自
《**boast about** [**of**] ... で》
…を自慢(じまん)する
——名詞 C 自慢(のもの)

⁑boat [bóut ボウト] 名詞

(複数 **boats** [bóuts ボウツ])
❶ C **ボート, 小舟**(こぶね)(◆モーターボートやヨットなどをふくむ)
▸row a **boat** ボートをこぐ
▸cross a river in a **boat** [by **boat**]
ボートで川を渡(わた)る
(◆手段を表す by のあとは無冠詞)
❷ C 《口語》船 (同義語 ship), 汽船, (大型の)客船
be in the sáme bóat 運命をともにする, ともに悪い境遇(きょうぐう)にある

bobsled [bábslèd バブスれッド] 名詞
C ボブスレー(競技用のそり)

bobsleigh [bábslèi バブスれイ] 名詞
《英》= bobsled

⁑body [bádi バディ] 名詞

(複数 **bodies** [-z])
❶ C (人・動物の)**体, 肉体**
(対義語 mind, soul, spirit 精神)
➡ **巻頭カラー 英語発信辞典⑭**
▸She has a strong **body**.
彼女は体がじょうぶだ.
❷ C (人・動物の)死体, 遺体(いたい)
❸ C 主要部
▸the **body** of a car 車体
❹ C (…の)集まり, かたまり《**of** ...》; 団体
▸a **body of** cold air 寒気団

bodyguard [bádigàːrd バディガード]
名詞 C ボディーガード, 護衛

body language [bádi læ̀ŋgwidʒ バディ らぁングウィッヂ] 名詞
U ボディーランゲージ(◆自分の意思や感情を伝える身振(みぶ)り・手まね・表情など)

boil [bɔ́il ボイる] 動詞
自 (液体が)沸(わ)く, 沸騰(ふっとう)する
▸Water **boils** at 100℃.
水はセ氏 100 度で沸騰する.
(◆「100℃」は one hundred degrees Celsius と読む)
——他 ❶ …を沸かす, 沸騰させる

▸**boil** water　湯を沸かす
❷ …を煮(に)る，ゆでる ➡ **cook** 図
▸**boil** eggs　卵をゆでる

boiled [bɔ́ild ボイるド] 形容詞
沸(わ)かした；ゆでられた
▸**boiled** water　沸かした湯
▸a **boiled** egg　ゆで卵(♦かたゆでのものは a hard-boiled egg，半熟(はんじゅく)のものは a soft-boiled egg という)

boiler [bɔ́ilər ボイら] 名詞
C ボイラー；給湯器

boiling [bɔ́iliŋ ボイりンヶ] 形容詞 煮(に)えたぎった；(気候が)うだるように暑い
▸**boiling** water　沸騰(ふっとう)している湯

bold [bóuld ボウるド] 形容詞
(比較 **bolder**；最上 **boldest**)
大胆(だいたん)な
▸a **bold** plan　大胆な計画

bolt [bóult ボウるト] (★発音に注意) 名詞
❶ C ボルト(♦ナット(nut)と合わせて部品の締(し)めつけに使うねじ)
❷ C 差し錠(じょう)，かんぬき
❸ C 稲妻(いなずま)，電光

bomb [bám バム] (★発音に注意) 名詞
C 爆弾(ばくだん)
▸an atomic **bomb**　原子爆弾
──動詞 他 …を爆撃(ばくげき)する
──自 爆撃する

bomber [bámər バマ] (★発音に注意)
名詞 C 爆撃(ばくげき)機[兵]；爆破犯人

bond [bánd バンド] 名詞
❶ C (愛情などの)きずな
▸a **bond** between parents and a child　親と子のきずな
❷ C 契約(けいやく)；債券(さいけん)
▸government **bonds**　国債
❸ U C 接着剤(ざい)

bone [bóun ボウン] 名詞 C U　骨
▸He broke a **bone** in his ankle.
彼は足首の骨を折った.

bonnet [bánit バネット] 名詞
❶ C ボンネット(♦あごの下でひもを結ぶ女性・子供用の帽子(ぼうし))
❷ C《英》ボンネット(♦自動車のエンジンをおおう部分；《米》hood)
➡ **cars** 図

bonnet ❶

bonus [bóunəs ボウナス] 名詞
(複数 **bonuses** [-iz])
C ボーナス，賞与(しょうよ)，特別手当

:book [búk ブック]
──名詞 (複数 **books** [-s])
❶ C 本，書物，書籍(しょせき)
▸a comic [picture] **book**
マンガ本[絵本]
▸a Japanese **book**
(=a **book** in Japanese)
日本語で書かれた本
▸a **book** about [on] Japanese history　日本の歴史についての本
(♦ on は内容が専門的なときに用いる)
▸read a **book**　本を読む
▸Close your **books**.
(教室で先生が生徒に)本を閉じなさい.
▸Open your **books** to [《英》at] page seven.　本の7ページを開きなさい.
❷ C (書物の内容的な区分としての)巻，編(♦何冊に分かれているかを表す「外形上の区分」には volume を使う)
▸**Book** 1　第1巻
❸ C ノート，…帳；帳簿(ちょうぼ)
▸keep **books**　帳簿をつける
❹《**the Book** で》聖書
(同義語 the Bible)
──動詞 (三単現 **books** [-s]；
過去・過分 **booked** [-t]；現分 **booking**)
他《主に英》(座席・ホテルの部屋など)を予約する(♦《米》reserve)
▸**book** a room in the hotel
そのホテルの1部屋を予約する
▸I **booked** three seats for the concert.
わたしはそのコンサートのチケットを3枚予約した.

bookcase [búkkèis ブックケイス] 名詞
C 本箱，本棚(ほんだな)

bookend [búkènd ブックエンド] 名詞
C《ふつう **bookends** で》ブックエンド，本立て

booklet [búklit ブックれット] 名詞
C 小冊子，パンフレット

bookmark [búkmɑ̀ːrk ブックマーク]
名詞 ❶ C (本の)しおり
❷ C【コンピューター】ブックマーク
(♦よく使うウェブサイトのアドレスを登

録する機能, またそのアドレス)
—**動詞** 他【コンピューター】
(ウェブサイト)をブックマークに登録する

bookseller [búksèlər ブックセら] **名詞**
C 本屋(の主人); 書籍(しょせき)商

bookshelf [búkʃèlf ブックシェるふ] **名詞**
(**複数** **bookshelves**
[búkʃèlvz ブックシェるヴズ])
C 本棚(ほんだな)(◆本箱(bookcase)の中の一つの棚)

bookshop [búkʃàp ブックシャップ]
名詞 C《主に英》書店, 本屋
(◆《米》bookstore)

bookstore [búkstɔ̀ːr ブックストーア]
名詞 C《主に米》書店, 本屋
(◆《英》bookshop)

bookworm [búkwə̀ːrm ブックワ〜ム]
名詞 C【昆虫】シミ(◆本を食べる虫);
読書好きの人,「本の虫」

boom [búːm ブーム] **名詞**
C U 急激な増加, 急成長;
C 急激な人気, ブーム

boomerang [búːməræ̀ŋ ブーメラぁンg]
名詞 C ブーメラン
(◆オーストラリア先住民の狩猟(しゅりょう)用具; またその形のおもちゃ・スポーツ用具)

◆**boot** [búːt ブート] **名詞**
(**複数** **boots** [búːts ブーツ])
C《ふつう **boots** で》**長靴**(ながぐつ), ブーツ;
(足首の上までくる)深靴 ➡ **skate** 図
▸a pair of **boots**
1足のブーツ
▸put on [take off] *one's* **boots**
ブーツをはく[脱(ぬ)ぐ]

booth [búːθ ブーす] **名詞**
❶ C (用途(ようと)に応じて) 小さく仕切られた部屋, ブース; (レストランなどの)仕切り席
❷ C (定期市などの)屋台, 売店

border [bɔ́ːrdər ボーダ] **名詞**
C 国境, 境界; 縁(ふち), へり(**同義語** edge)
▸the **border** between Spain and France
スペインとフランスの国境
▸cross the **border**
国境を越(こ)える
—**動詞** 他 …に(…で)縁をつける《with ...》;
…に接している, 隣接(りんせつ)する
—自 (…に)接している《on ...》

borderline [bɔ́ːrdərlàin ボーダらイン]
名詞 C 国境線, 境界線

bore[1] [bɔ́ːr ボーア] **動詞**
(**三単現** **bores** [-z]; **過去・過分** **bored** [-d]; **現分** **boring**)
他 (人)を退屈(たいくつ)させる, うんざりさせる
➡ **bored**, **boring**
—**名詞** C うんざりさせる人[もの]

bore[2] [bɔ́ːr ボーア] **動詞**
bear[2] (…に耐(た)える)の過去形

bore[3] [bɔ́ːr ボーア] **動詞**
(**三単現** **bores** [-z]; **過去・過分** **bored** [-d];
現分 **boring**)
他 (穴)をあける; (トンネルなど)を掘(ほ)る;
(板など)に穴をあける

bored [bɔ́ːrd ボード] **形容詞**
(…に)退屈(たいくつ)した, うんざりした《with ...》
▸I was **bored with** the game.
わたしはその試合にうんざりした.

boring [bɔ́ːriŋ ボーリンg] **形容詞**
退屈(たいくつ)な, うんざりさせる
▸The meeting was really **boring**.
その会議はほんとうに退屈だった.

◆**born** [bɔ́ːrn ボーン]
—**動詞** bear[2] の過去分詞の一つ
(◆「(子)を産む」の意味の, 受け身の文で用いる)
be bórn 生まれる
▸I **was born** in Kyoto in 2010.
わたしは2010年に京都で生まれた.
▸He **was born** to a poor family.
彼は貧しい家に生まれた.
—**形容詞**《名詞を修飾(しゅうしょく)して》
生まれながらの, 天性の
▸a **born** actor
天性の俳優

-born **接尾辞** 主に形容詞について「…生まれの」という意味の複合語をつくる)
▸a Japanese-**born** tennis player
日本生まれのテニス選手

borne [bɔ́ːrn ボーン] **動詞**
bear[2] (…に耐(た)える)の過去分詞の一つ

⁑**borrow** [bárou バロウ] **動詞**
(**三単現** **borrows** [-z];
過去・過分 **borrowed** [-d];
現分 **borrowing**)
他 (もの・金)を(…から)**借りる**《from ...》
(**対義語** lend 貸す)
▸Can I **borrow** your bike?

自転車を借りてもいいですか？

▸I **borrowed** a dollar **from** Ann.
わたしはアンから１ドル借りた.

くらべよう borrow, use, rent

borrow: 本や自転車やお金など, 持ち運びできるものを無料で借りるときに用います.

use: 電話やトイレなど, 備えつけてあるものを無料で使わせてもらうときに用います.

▸Can I **use** your phone?
電話を借りてもいいですか？

rent: 有料で借りるときに用います.

▸I **rent** a room from Mr. Green.
わたしはグリーンさんから部屋を借りている.

boss [bɔ́ːs ボース] 名詞
(複数 **bosses** [-iz])
C 上司, 社長; 親方, (政界の)有力者

Boston [bɔ́(ː)stn ボ(ー)ストゥン] 名詞
ボストン(♦アメリカのマサチューセッツ州の州都; 古い歴史がある文化都市)

botanical [bətǽnikl ボタぁニクる]
形容詞《名詞の前に用いて》植物(学)の

botanical garden [bətǽnikl gɑ́ːrdn ボタぁニクる ガードゥン] 名詞 C 植物園

botany [bɑ́təni バタニ] 名詞 U 植物学

‡both [bóuθ ボウす]

―形容詞 ❶《名詞の前に用いて》
両方の(♦ the や my などといっしょに使うときは, それらの語の前に置く; the はしばしば省略される)

▸**Both** (the) chairs are made of wood.
そのいすは両方とも木製だ.

▸**Both** my parents are teachers.
わたしの両親は２人とも教師だ.

❷《否定文で》両方の…が～というわけでは(ない) ➡ 代名詞 ルール

▸I do**n't** need **both** dictionaries.
両方の辞書が必要というわけではない.

―代名詞 ❶ **両方**, ２人とも

▸**Both** of them are in good health.
彼らは２人とも健康だ.

▸**Both** of us speak French.
わたしたちは２人ともフランス語を話します.

▸**Both** of them like her.
彼らは２人とも彼女が好きだ.

ルール both の位置

(代)名詞と同格に用いられるときの both の位置は, 次のようになります.

(a) be 動詞･助動詞があるときは, そのあとに置く.

▸They are **both** in good health.
彼らは２人とも健康だ.

▸They can **both** speak French well.
彼らは２人ともフランス語をじょうずに話す.

(b) 一般動詞があるときは, その前に置く.

▸They **both** like her.
彼らは２人とも彼女が好きだ.

❷《否定文で》両方とも…というわけでは(ない)(♦部分否定になる)

▸I **can't** buy **both** a hamburger and French fries.
わたしにはハンバーガーとフライドポテトの両方は買えない.

ルール 全否定する表現

「両方…ではない」と全否定する場合には not ... either ～ or ―か, ... neither ～ nor ―を使います.

▸I ca**n't** buy **either** a hamburger **or** French fries.
= I can buy **neither** a hamburger **nor** French fries.
わたしにはハンバーガーとフライドポテトのどちらも買えない.

―接続詞《**both ... and ～**で》
…も～も両方

▸**Both** my sister **and** brother go to the same college.
姉[妹]も兄[弟]も同じ大学に通っている.

▸She speaks **both** English **and** Chinese. 彼女は英語も中国語も話す.

bother [bɑ́ðər バざ] 動詞
他 (人)を悩(なや)ます; …のじゃまをする
(同義語 annoy, trouble)

▸I'm sorry to **bother** you.
(人に話しかけるときに)おじゃましてすみません.

―自 (…を) 気にする, 心配する《about [with] ...》; 《**bother to** ＋**動詞の原形**で》わざわざ…する

▸Don't **bother to** answer this e-mail. このＥメールにわざわざ返事をくれなくていいですよ.

—名詞 U 面倒(めんどう);《a bother で》やっかいなもの[こと, 人]

◆**bottle** [bátl バトゥる] 名詞 (複数 **bottles** [-z])
❶ C びん, ボトル
▸a milk [plastic] **bottle** 牛乳びん[ペットボトル]
❷ C《**a bottle of ...** で》1びん(の量)の…
▸**a bottle of** juice ジュース1本

◆**bottom** [bátəm バタム] 名詞 (複数 **bottoms** [-z])
❶ C (箱・容器などの)**底**, 底部 (対義語 top 最上部)
▸the **bottom** of a box 箱の底
❷《**the bottom** で》海底; 最下部; (山の)ふもと; (順番の)びり; (ページの)下部
▸**the bottom** of the river 川底
▸Please sign at **the bottom**. いちばん下に署名してください.
from tóp to bóttom 上から下まで
▸The boys were wet **from top to bottom**. その少年たちは全身びしょびしょだった.

bough [báu バウ] (★発音に注意) 名詞
C (木の)大枝
(◆「小枝」は twig, 大きさに関係なく「枝」という場合は branch) ➡ **branch**

◆**bought** [bɔ́:t ボート] (★ boat [bóut ボウト] との発音・つづりのちがいに注意) 動詞
buy (…を買う)の過去形・過去分詞

boulevard [bú:ləvɑ̀:rd ブーれヴァード] 名詞 C 広い並木道;《米》大通り
➡ **road** くらべよう

bounce [báuns バウンス] 動詞
(三単現 **bounces** [-iz]; 過去・過分 **bounced** [-t]; 現分 **bouncing**)
自 (ボールなどが)はずむ, バウンドする; (人が)飛び上がる, 跳(は)ね回る
—他 (ボールなど)をはずませる

bound[1] [báund バウンド] 動詞
bind(…をしばる)の過去形・過去分詞
—形容詞《**be bound to** +動詞の原形 で》きっと…する, 必ず…する
▸She **is bound to** know the truth soon. きっとすぐに彼女は真相を知るだろう.

bound[2] [báund バウンド] 動詞
自 跳(は)ねる, 飛び跳ねる; (ボールなどが)はずむ
—名詞 C はずみ, 跳ね返り; 跳躍(ちょうやく)

bound[3] [báund バウンド] 形容詞
《**be bound for ...** で》…行きの
▸This train **is bound for** Tokyo. この列車は東京行きです.

boundary [báundəri バウンダリ] 名詞 (複数 **boundaries** [-z])
C 境界線, 国境線; 限界

bouquet [boukéi ボウケイ] (★発音に注意) 名詞
C 花束, ブーケ(◆フランス語から)

boutique [bu:tí:k ブーティーク] (★発音に注意) 名詞 C ブティック(◆流行の衣類・装身具を売る小売店; フランス語から)

bow[1] [báu バウ] (★ bow[2] との発音のちがいに注意) 動詞
自 (…に)おじぎをする, 腰(こし)をかがめる《to [before] ...》
(◆英米では個人間であいさつをするとき, 握手(あくしゅ)をすることが多い)
▸She **bowed to** the audience. 彼女は観客におじぎをした.
—他 (頭)を下げる, (腰)をかがめる
—名詞 C おじぎ, 会釈(えしゃく)

bow[2] [bóu ボウ] (★ bow[1] との発音のちがいに注意) 名詞
❶ C 弓 (◆「矢」は arrow); (バイオリンなどの)弓
▸a **bow** and arrows 弓矢
❷ C ちょう結び; ちょうネクタイ (= bow tie)

bowl[1] [bóul ボウる] 名詞
❶ C 鉢(はち), わん, どんぶり, ボウル;《**a bowl of ...** で》鉢[わん]1杯(ぱい)(の量)の…
▸a salad **bowl** サラダボウル
▸**a bowl of** rice 1杯分のご飯
❷ C《米》(アメリカンフットボールなどの)野外競技場(◆すり鉢に似た形状から)

bowl[2] [bóul ボウる] 名詞
C (ボウリング用の)ボール
—動詞 自 ボウリングをする

bowling [bóuliŋ ボウりング] 名詞
U【スポーツ】ボウリング

bowwow [báuwáu バウワウ] 間投詞
(イヌのほえる声を表して)ワンワン
➡ **animals** 図
—名詞 C《小児語》イヌ, わんちゃん

box¹ [báks バックス] 名詞
(複数 **boxes** [-iz])
❶ C 箱;《**a box of ...** で》1箱(の量)の…
▸a wooden [cardboard] **box** 木[段ボール]箱
▸a lunch **box** 弁当箱
▸**a box of** apples 1箱のリンゴ
❷ C 仕切られた場所;(劇場などの)ボックス席;《英》(電話などの)ボックス;交番
▸a police **box** 交番,派出所
❸ C【野球】ボックス(♦打者・コーチなどの立つ場所)
➡ **baseball** 図
▸a batter's **box** バッターボックス

box² [báks バックス] 動詞
(三単現 **boxes** [-iz]; 過去・過分 **boxed** [-t]; 現分 **boxing**)
自 ボクシングをする
―他 …をなぐる;(人)とボクシングをする

boxer [báksər バクサ] 名詞
C ボクサー,ボクシングの選手

boxes [báksiz バクスィズ] 名詞
box¹(箱)の複数形

boxing [báksiŋ バクスィング] 名詞
U【スポーツ】ボクシング

Boxing Day [báksiŋ dèi バクスィング デイ] 名詞 C U ボクシングデー(♦イギリスの祝日で,クリスマスの次の日(12月26日;その日が日曜日ならば27日);この日に使用人や郵便配達人などに感謝して,クリスマスの贈(おく)り物(Christmas box)をする慣習があった)

boy [bɔ́i ボイ]
―名詞 (複数 **boys** [-z])
❶ C **男の子,少年**(♦ふつう18歳(さい)くらいまで;対義語 girl 女の子)
▸a **boy** student 男子学生
▸a **boys'** school 男子校(♦アポストロフィ(')の位置に注意)
❷ C **息子**(むすこ)(♦年齢(ねんれい)に関係なく用いる;同義語 son)
▸He has two **boys**.
彼には息子が2人いる.
―間投詞《しばしば **Oh, boy!** で》《主に米》(驚(おどろ)き・感嘆(かんたん)を表して)おや,まあ

boycott [bɔ́ikat ボイカット] 名詞
C ボイコット,不買運動

boyfriend [bɔ́ifrènd ボイふレンド] 名詞
C ボーイフレンド,(男性の)恋人(こいびと)(対義語 girlfriend)

おもしろ知識 boyfriend は友達?

boyfriend は,「男の子の友達」ではなく,「男性の恋人」を意味します.「男の子の友達」を表したいときは単に friend を用います.girlfriend も同様です.

Boy Scouts [bɔ́i skàuts ボイ スカウツ] 名詞《**the Boy Scouts** で》ボーイスカウト(♦1908年イギリスで創設された少年の心身を鍛(きた)えるための組織;一人ひとりの団員は a boy scout; 対義語 the Girl Scouts ガールスカウト)

bracelet [bréislit ブレイスれット] 名詞
C ブレスレット,腕輪(うでわ)

braille, Braille [bréil ブレイる] 名詞
U 点字(法)(♦点字は目の不自由な人のための文字;縦3つ×横2つの計6つの出っ張った点の組み合わせで表され,それを指先で触(ふ)れて読む;名称(めいしょう)はこの方式を考案したフランス人ルイ・ブライユ(Louis Braille)に由来する)

●アルファベットの点字

A B C D E F G H I J K L M N O P Q R S T U V W X Y Z

brain [bréin ブレイン] 名詞
❶ C 脳
▸the right [left] **brain** 右[左]脳
▸**brain** death 脳死(♦脳のすべての機能が回復不可能になった状態)
❷ C U《ふつう **brains** で》頭脳,知力
▸Use your **brain(s)**.
頭を使いなさい.
▸Tom has **brains**. トムは頭がいい.

brake [bréik ブレイク] 名詞
C《しばしば **brakes** で》ブレーキ

➡ **bicycles** 図

▸put on the **brakes**
ブレーキをかける

——動詞（三単現 **brakes** [-s]; 過去・過分 **braked** [-t]; 現分 **braking**）
自 ブレーキをかける
——他 …にブレーキをかける

⁺branch [brǽntʃ ブラぁンチ] 名詞
（複数 **branches** [-iz]）
❶ C（木の）枝（◆「大枝」は bough，「小枝」は twig）

▸He broke a **branch** of the tree.
彼はその木の枝を折った.
❷ C **支社，支店**，支部;（学問などの）部門
▸the Tokyo **branch** of the bank
その銀行の東京支店
❸ C（川などの）支流;（鉄道の）支線

brand [brǽnd ブラぁンド] 名詞
❶ C（商品の）銘柄(めいがら)，ブランド; 品質
❷ C（家畜(かちく)などの）焼き印(いん)

brand-new [brǽndnjúː ブラぁン(ド)ニュー] 形容詞 真新しい，新品の

brass [brǽs ブラぁス] 名詞
❶ U 真ちゅう（◆銅と亜鉛(あえん)の合金）
❷《ふつう **the brass** で》（オーケストラの）金管楽器（部）（◆全体を指す; 個々の金管楽器は a brass instrument）

brass band [brǽs bǽnd ブラぁス バぁンド] 名詞 C ブラスバンド，吹奏(すいそう)楽団

⁺brave [bréiv ブレイヴ] 形容詞
（比較 **braver**; 最上 **bravest**）
勇敢(ゆうかん)な，勇ましい
▸a **brave** act
勇敢な行為(こうい)
▸Be **brave**!　勇気を出して！

bravely [bréivli ブレイヴり] 副詞
勇敢(ゆうかん)に（も），勇ましく

Brazil [brəzíl ブラズィる] 名詞
ブラジル（◆南アメリカの国; 首都はブラジリア Brasilia）

⁑bread [bréd ブレッド] 名詞

U パン, 食パン
(◆欧米(おうべい)の食パンは白だけではなく黒パン(brown bread)も多い) ➡ p.78 図

ルール パンの数え方

1 bread は数えられない名詞なので,「1 枚[2 枚, 3 枚, …]のパン」のように言うには次の表現を用います.
▸a slice of **bread**
▸two slices of **bread**
2「1 かたまり[1 斤(きん)]の食パン」は a loaf of **bread** といいます.

bread and butter [brédnbʌ́tər ブレッドゥンバタ] 名詞《単数あつかいで》
❶ U バターを塗(ぬ)ったパン
❷ U《口語》生計(の手段)

breadth [brédθ ブレドす] 名詞
C U 幅(はば), 横幅
(◆「長さ」は length,「高さ」は height,「深さ」は depth; 同義語 width)

⁑break [bréik ブレイク]

動詞	他 ❶	…を壊(こわ)す
	❷	(法律など)を破る
	自 ❶	壊れる
名詞		破損; 中断

—動詞 (三単現 **breaks** [-s];
過去 **broke** [bróuk ブロウク];
過分 **broken** [bróukən ブロウクン];
現分 **breaking**)
—他 ❶ …**を壊す**, 割る, 砕(くだ)く, 折る, 破る, ちぎる, (糸など)を(刃物(はもの)を使わずに)切る, …を役に立たなくする

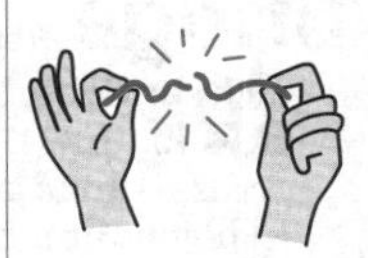

▸**break** a watch [piggy bank]
時計[ブタの形をした貯金箱]を壊す
▸**break** a branch　枝を折る
▸**break** a dish [an egg]
皿[卵]を割る
▸**break** thread　糸を切る
▸Who **broke** the window?
窓を割ったのはだれですか?
▸Bill **broke** his leg.
ビルは脚(あし)の骨を折った.
❷ (法律・習慣・約束・記録など)**を破る**; …を中断する
▸**break** the law [a rule]
法律[規則]を破る
▸He **broke** his word [promise].
彼は約束を破った.
▸She **broke** the world record.
彼女は世界記録を破った.
❸ (沈黙(ちんもく)など)を破る
▸**break** the silence　沈黙を破る
❹ (お札(さつ)など)をくずす
▸Please **break** a thousand-yen bill (into 100-yen coins).
千円札を(100 円玉に)くずしてください.
—自 ❶ **壊れる**, 割れる, 砕ける, 折れる, 破れる, ちぎれる
▸**break** into two　2 つに割れる
▸This toy **breaks** easily.
このおもちゃは壊れやすい.
❷ (夜が)明ける; (天候が)急に変わる; 中断する
▸Day is **breaking**.　夜が明けてきた.

break dówn
① …を壊す
▸**break down** a wall　壁(かべ)を壊す
② 壊れる, (機械などが)故障する
▸My car **broke down** on a busy street.
わたしの車は混雑した通りで故障した.

break ínto ...　① 突然(とつぜん)…し出す
▸She **broke into** laughter [tears].
彼女は突然笑い出した[泣き出した].
② …に押(お)し入る, 侵入(しんにゅう)する

break óut　(戦争・火事・伝染(でんせん)病などが)急に起こる(同義語 happen)
▸War may **break out** between the two countries.
その 2 国間で戦争が起こるかもしれない.
▸A fire **broke out** at the movie theater.
その映画館で火事が起きた.

——名詞 (複数 **breaks** [-s])
C 破損; 中断, 小休止(類語 rest 休憩(きゅうけい)); (短い)休暇(きゅうか); 急変
▸a **break** in the ice
氷の割れ目
▸a coffee **break**
《主に米》コーヒーブレイク(◆仕事の合い間の短い休憩;《英》ではふつう紅茶を飲むので a tea break という)
▸have [take] a lunch **break**
昼休みをとる

Give me a bréak! 《米》冗談(じょうだん)だろう, いいかげんにしろ.

⁑breakfast

[brékfəst ブレックふァスト] 名詞
(複数 **breakfasts** [brékfəsts ブレックふァスツ]) U C 朝食
▸make [prepare] **breakfast**
朝食を作る
▸Becky had rice and miso soup for **breakfast**.
ベッキーは朝食にご飯とみそ汁(しる)をとった.

ルール breakfast の前に a はつく?

1 「朝食をとる」というときは, have [eat] breakfast のように breakfast の前に冠詞(a や the)はつきません.
▸I have **breakfast** at seven.
わたしは 7 時に朝食をとる.

2 ただし, breakfast の前に, good「十分な」, light「軽い」, heavy「たくさんの」, late「遅(おそ)い」などの形容詞がつくと, その前に a がつきます.
▸I had **a good breakfast** this morning.
今朝, わたしは十分な朝食をとった.

3 lunch, dinner, supper, brunch も breakfast と同様です.

文化 なぜ breakfast っていうの?

breakfast は「断食(だんじき)(fast)」を「破る(break)」という意味からできた語です. つまり,「夜寝(ね)てから朝起きるまでの何も食べていない状態を破って食事をとる」がもとの意味です.

breast [brést ブレスト] 名詞
❶ C (女性の)乳房(ちぶさ)
❷ C 胸(◆胸の表面を指す; 心臓・肺をふくめて「胸」という場合は chest を用いる)

breath [bréθ ブレす] (★ breathe との発音・つづりのちがいに注意) 名詞
❶ U 息, 呼吸; C ひと息
▸take a deep **breath**
深呼吸をする
▸hold *one's* **breath**
息を止める; かたずをのむ
❷ U C《ふつう **a breath** で》
(風・空気などの)そよぎ

cátch one's bréath (驚(おどろ)きや恐怖(きょうふ)で)息をのむ; ひと息つく

out of bréath 息を切らして

breathe [brí:ð ブリーず] (★ breath との発音・つづりのちがいに注意) 動詞
(三単現 **breathes** [-z]; 過去・過分 **breathed** [-d]; 現分 **breathing**)
自 息をする, 呼吸する
▸**breathe** in [out] 息を吸う[吐(は)く]
——他 (空気)を吸いこんで吐く

breathtaking [bréθtèikiŋ ブレすテイキング] 形容詞 わくわくさせるような, 息をのむような, はらはらするような

breed [brí:d ブリード] 動詞
(三単現 **breeds** [brí:dz ブリーヅ]; 過去・過分 **bred** [bréd ブレッド]; 現分 **breeding**)
他 (動物が)(子)を産む; (家畜(かちく)など)を飼育する
——自 (動物が)子を産む; 繁殖(はんしょく)する
——名詞 C (動物の)品種

breeze [brí:z ブリーズ] 名詞
C (快い)そよ風, 微風(びふう)

bribe [bráib ブライブ] 名詞 C わいろ
——動詞 (三単現 **bribes** [-z]; 過去・過分 **bribed** [-d]; 現分 **bribing**)
他 (人)にわいろを使う, (人)を買収する

brick [brík ブリック] 名詞 C U れんが; C《主に英》積み木(◆《米》block)

bride [bráid ブライド] 名詞 C 花嫁(はなよめ), 新婦(対義語 bridegroom 花婿(はなむこ))
▸**bride** and bridegroom 新郎新婦
(◆日本語とは順序が逆になる)

bridegroom [bráidgrù:m ブライドグルーム] 名詞 C 花婿(はなむこ), 新郎(しんろう)
(対義語 bride 花嫁(はなよめ))

⁂bridge

[brídʒ ブリッヂ] 名詞
(複数 **bridges** [-iz])
❶ C 橋; (船の)ブリッジ
▸cross a **bridge** 橋を渡(わた)る
▸They built a **bridge** across [over] the river. 彼らは川に橋をかけた.

▸London **Bridge** ロンドン橋
(♦橋の名にはふつう冠詞をつけない)
❷ C 橋渡し, 仲立ち
❸ U (トランプの)ブリッジ

brief [bríːf ブリーふ] 形容詞
(比較 **briefer**; 最上 **briefest**)
短い, 短時間の (♦ short よりかたい語);
簡潔な
—名詞 (複数 **briefs** [-s])
❶ C 概要(がいよう), 要約
❷《**briefs** で複数あつかい》
(下着の)パンツ, ブリーフ
in bríef 要するに, 簡単に言えば

briefcase [bríːfkèis ブリーふケイス]
名詞 C (革(かわ)製の)書類かばん

briefly [bríːfli ブリーふり] 副詞
簡潔に, 手短に; 少しの間; 手短に言えば

⁑bright [bráit ブライト]
—形容詞
(比較 **brighter**; 最上 **brightest**)
❶ **輝(かがや)いている**; 明るい
▸a **bright** star 明るい星
▸a **bright** day よく晴れた日
▸a **bright** future 明るい未来
❷ (色が)**鮮(あざ)やかな**
▸a **bright** red 鮮やかな赤
❸ **りこうな**, 頭のいい
▸a **bright** student 頭のいい生徒
❹ 生き生きした, 快活な, 晴れやかな
—副詞 (比較・最上 は 形容詞 に同じ)
《ふつう **shine** とともに用いて》
明るく, 輝いて(同義語 brightly)

brighten [bráitn ブライトゥン] 動詞
他 …を明るくする; …を晴れ晴れとさせる
—自 明るくなる; 快活になる

brightly [bráitli ブライトり] 副詞
明るく, 輝(かがや)いて

brightness [bráitnəs ブライトネス]
名詞 U 明るさ, 輝(かがや)き

brilliant [bríljənt ブリりャント] 形容詞
❶ 光り輝(かがや)く; (色が)鮮(あざ)やかな
(♦ bright より輝きが強い)
❷ すばらしい, すぐれた, りっぱな

⁑bring [bríŋ ブリング] 動詞
(三単現 **brings** [-z]; 過去・過分 **brought**
[brɔ́ːt ブロート]; 現分 **bringing**) 他
❶ (もの)**を持って来る**, (人)**を連れて来る**
▸**Bring** me the paper, please.
新聞を持って来てください.
▸You can **bring** a friend of yours to the party. そのパーティーには友達を連れて来ていいですよ.

> **くらべよう bring と take**
>
> **bring**: ものや人を自分(話し手)のいるところへ持って[連れて]来る動作です.
> ▸He **brought** me a glass of juice.
> 彼はわたしにグラス1杯のジュースを持って来た.
>
> **take**: ふつう行き先を示して, 自分(話し手)のいるところからはなれたところへ持って[連れて]行くという動作です.
> ▸He **took** the empty glass.
> 彼は空のグラスを持って行った.
>
> 
>
>
> ただし, **話している相手のところへ持って行く**場合は take ではなく bring を使います. これは, come と go の関係と同じです. ➡ **come** ルール
> ▸I'll **bring** it to you tomorrow.
> あしたそれを持って行きますね.

❷ **…をもたらす**
▸The typhoon **brought** a lot of rain.
台風は多量の雨をもたらした.
bring abóut …をひき起こす, もたらす
▸Winning the prize **brought about** a great change in my life.
その賞を取ったことがわたしの人生に大きな変化をもたらした.
bring báck …を持って[連れて]帰る; …を返す; …を思い出させる
▸**Bring back** this book by next Friday.
次の金曜日までにこの本を返しなさい.
bring ín …を持ちこむ, 連れこむ; (利益など)をもたらす
bring úp (子供)を育てる, しつける
▸He was born and **brought up** in Tokyo. 彼は東京で生まれ育った.

brisk [brísk ブリスク] 形容詞
(比較 **brisker**; 最上 **briskest**)
❶ (人・態度が)きびきびした, 活発な
❷ (空気などが)心地(ここち)よい, さわやかな

Britain [brítn ブリトゥン] 名詞 = Great Britain(イギリス) ➡ **England** 参考

◆**British** [brítiʃ ブリティッシ]
—形容詞 **イギリスの**, 英国の;
イギリス人の, 英国人の
➡ **England** 参考, **Japanese** 参考
▸the **British** government　英国政府
—名詞 《**the British** で複数あつかい》
イギリス人(全体), 英国人(全体)

British Museum [brítiʃ mju:zíəm ブリティッシ ミューズィアム] 名詞
《**the British Museum** で》大英博物館
(◆ロンドンにある世界有数の博物館)

broad [brɔ́:d ブロード] 形容詞
(比較 **broader**; 最上 **broadest**)
❶ (幅(はば)の)広い, 広々とした
(◆道路や廊下(ろうか)など細長いものに用い, 部屋などの面積には big や large を用いる; 対義語 narrow 狭(せま)い)
▸a **broad** road　広い道路
▸He has **broad** shoulders.
彼は肩(かた)幅が広い.
❷ (心・知識などが)広い
▸a **broad** knowledge
幅広い知識
▸She has a **broad** mind.
彼女は心の広い人だ.

broadcast [brɔ́:dkæ̀st ブロードキャスト]
動詞 (三単現 **broadcasts** [brɔ́:dkæ̀sts ブロードキャスツ]; 過去・過分 **broadcast** または **broadcasted** [-id];
現分 **broadcasting**)
他 (テレビ・ラジオで)…を放送する, 放映する
—自 放送する
—名詞 U 放送; C 放送番組

broadcasting [brɔ́:dkæ̀stiŋ ブロードキャスティング] 名詞 U 放送
▸digital **broadcasting**
デジタル放送
▸a **broadcasting** station　放送局

broaden [brɔ́:dn ブロードゥン] 動詞
他 …を広げる
—自 広がる

broad-minded [brɔ́:dmáindid ブロードマインディッド] 形容詞
心の広い, 寛大(かんだい)な; 偏見(へんけん)のない

Broadway [brɔ́:dwèi ブロードウェイ]
名詞 ブロードウエー (◆アメリカ, ニューヨークのマンハッタンを南北に走る大通り; 特にタイムズスクエア付近の劇場街)

broccoli [brákəli ブラコリ] 名詞
U 【植物】ブロッコリー

brochure [brouʃúər ブロウシュア]
(★発音に注意) 名詞 C (宣伝用の)パンフレット, 小冊子(◆フランス語から)

broil [brɔ́il ブロイる] 動詞 他 《主に米》(焼き網(あみ)を使って肉など)を直火(じか)で焼く, あぶる(◆《英》grill) ➡ **cook** 図

◆**broke** [bróuk ブロウク] 動詞
break(…を壊(こわ)す)の過去形

◆**broken** [bróukən ブロウクン]
—動詞 break(…を壊(こわ)す)の過去分詞
—形容詞 ❶ **壊れた**, 折れた; 故障した
▸a **broken** toy　壊れたおもちゃ
▸The phone is **broken**.
その電話は故障している.
❷ (ことばが)でたらめの, たどたどしい

bronze [bránz ブランズ] 名詞
U 青銅, ブロンズ; C 青銅製品;
U ブロンズ色(黄色[赤]みがかった茶色)

brooch [bróutʃ ブロウチ] 名詞 (複数 **brooches** [-iz]) C ブローチ(同義語 pin)

brook [brúk ブルック] 名詞 C 小川

broom [brú:m ブルーム] 名詞 C ほうき

:brother [brʌ́ðər ブラざ] 名詞
(複数 **brothers** [-z])
C 兄, 弟; 兄弟(対義語 sister 姉妹(しまい))
➡ **family** 図, **sister** 文化
▸He is my **brother**.
彼はわたしの兄[弟]です.

ダイアログ
A: Do you have any **brothers**?
きみには兄弟がいるの?
B: I have no **brothers** or sisters.
兄弟も姉妹もいません.

brotherhood [brʌ́ðərhùd ブラざフッド] 名詞
U 兄弟の関係, 兄弟愛; C 組合, 団体

brother-in-law [brʌ́ðərinlɔ̀: ブラざインろー] 名詞 (複数 **brothers-in-law** [brʌ́ðərzinlɔ̀: ブラざズインろー])
C 義理の兄[弟] ➡ **family** 図

˙brought [brɔ́:t ブロート] 動詞
bring(…を持って来る)の過去形・過去分詞

brow [bráu ブラウ] (★発音に注意) 名詞
❶ C《ふつう **brows** で》まゆ, まゆ毛 (同義語 eyebrow)
❷ C 額(ひたい)(同義語 forehead)

˙brown [bráun ブラウン]
—形容詞
(比較 **browner**; 最上 **brownest**)
褐色(かっしょく)の, 茶色の; 日に焼けた
➡ **black** 参考
▸She has **brown** eyes [hair].
彼女は茶色の目[髪(かみ)]をしている.
▸**brown** bread 黒パン
—名詞 U 褐色, 茶色

browser [bráuzər ブラウザ] 名詞
C【コンピューター】ブラウザ
(◆インターネット閲覧(えつらん)用のソフト)

brunch [brʌ́ntʃ ブランチ] 名詞
(複数 **brunches** [-iz]) U C《口語》
(昼食を兼(か)ねた)遅(おそ)い朝食, ブランチ
(◆ *br*eakfast と l*unch* の合成語)
➡ **breakfast** ルール

brush [brʌ́ʃ ブラッシ] 名詞
(複数 **brushes** [-iz]) C ブラシ, はけ; 筆
—動詞 (三単現 **brushes** [-iz]; 過去・過分 **brushed** [-t]; 現分 **brushing**) 他 …にブラシをかける, …を(ブラシで)磨(みが)く
▸I've just **brushed** my teeth.
わたしはたった今, 歯を磨いたところだ.
***brúsh úp* (*on* ...)** (忘れかけた知識など)に磨きをかける, …をやり直す

Brussels [brʌ́slz ブラスるズ] 名詞
ブリュッセル(◆ベルギーの首都; EU(ヨーロッパ連合)の本部所在地)

bubble [bʌ́bl バブる] 名詞 C 泡(あわ), あぶく(◆ bubble の集まりは foam)
—動詞 (三単現 **bubbles** [-z]; 過去・過分 **bubbled** [-d]; 現分 **bubbling**)
自 泡立つ

bucket [bʌ́kit バケット] 名詞
C バケツ, 手おけ;《**a bucket of ...** で》バケツ1杯(ぱい)(の量)の…

Buckingham Palace
[bʌ́kiŋəm pǽlis バッキンガム パぁれス]
名詞《**the Buckingham Palace** で》
バッキンガム宮殿(きゅうでん)
(◆ロンドンにあるイギリス王室の宮殿)

buckle [bʌ́kl バクる] 名詞
C (ベルトなどの)留め金, バックル

bud [bʌ́d バッド] 名詞 C つぼみ; 芽
—動詞 (三単現 **buds** [bʌ́dz バッヅ]; 過去・過分 **budded** [-id]; 現分 **budding**)
自 つぼみをつける; 芽を出す

Buddha [búdə ブダ] 名詞【人名】仏陀(ぶつだ)
(◆仏教の開祖, 釈迦(しゃか)の尊称(そんしょう); 463?-383?B.C.); C 仏像

Buddhism [búdizm ブディズム] 名詞
U 仏教

Buddhist [búdist ブディスト] 名詞
C 仏教徒
—形容詞 仏教の, 仏教徒の

budget [bʌ́dʒit バヂェット] 名詞
C 予算, 予算案; 経費, 生活費

buffalo [bʌ́fəlòu バふァろウ] 名詞
(複数 **buffalo** または **buffalos** または **buffaloes** [-z])
C【動物】(アジア・アフリカ産の) 水牛

(= water buffalo);(北アメリカ産の)バイソン, バッファロー(同義語 bison)

buffet [buféi ブふェイ](★発音に注意)
名詞 (♦フランス語から)
❶ C 《主に英》ビュッフェ(♦列車内・駅の軽食堂)
❷ C 自分で料理を取りに行く形式の食事, バイキング(♦立食のことが多い);(料理が並べられた)テーブル

bug [bʌ́g バッグ] 名詞
❶ C 《主に米》虫, 昆虫(こんちゅう)
❷ C (機械の)故障;【コンピューター】(プログラム上の)誤り, バグ

Bugis [búːgis ブーギス] 名詞 ブギス駅(♦シンガポールにある電車の駅)

⁑build [bíld ビるド] 動詞
(三単現 **builds** [bíldz ビるヅ]; 過去・過分 **built** [bílt ビるト]; 現分 **building**) 他
❶ …を建てる, 造る, 作る
▸**build** a dam [bridge, ship]
ダム[橋, 船]を建造する
▸He **built** a new house recently.
最近, 彼は新しい家を建てた.
(♦自分で建てた場合にも, 業者にたのんで建てた場合にも使える)
▸The company **built** a gym for its staff. (=The company **built** its staff a gym.)
その会社は従業員のためにジムを建てた.
❷ (事業・名声など)を築き上げる
▸ことわざ Rome was not **built** in a day. ローマは一日にして成らず.
❸ (火)を起こす

⁑building [bíldiŋ ビるディンґ]
名詞 (複数 **buildings** [-z])
❶ C 建物, ビルディング(♦日本語の「ビル」とはちがい, 木造家屋もふくむ)
▸a school **building** 校舎
❷ U 建築(すること)
▸**building** materials
建築材料

⁎built [bílt ビるト] 動詞
build(…を建てる)の過去形・過去分詞

bulb [bʌ́lb バるブ] 名詞
❶ C 球根
❷ C 電球(= light bulb)

bull [búl ブる] 名詞
❶ C【動物】雄牛(おうし) ➡ **cow** 参考
❷ 《the Bull で》【天文】おうし座
➡ **horoscope** 文化

bulldog [búldɔ̀ːg ブるドーグ] 名詞
C【動物】ブルドッグ(♦昔, イギリスでウシと戦わせられたためこの名がついた)

bulldozer [búldòuzər ブるドウザ] 名詞
C ブルドーザー

bullet [búlit ブれット] 名詞
C (ピストルやライフルなどの)弾丸(だんがん)

bulletin [búlitn ブれトゥン] 名詞
C 公報, 会報;(テレビなどの)ニュース速報

bulletin board
[búlitn bɔ̀ːrd ブれトゥン ボード] 名詞
C 《米》掲示(けいじ)板(♦《英》notice board);【コンピューター】(ネットワーク上の)電子掲示板(= electronic bulletin board)

bullfight [búlfàit ブるふァイト] 名詞
C 闘牛(とうぎゅう)

bully [búli ブり] 名詞
(複数 **bullies** [-z]) C いじめっ子, がき大将(♦「いじめ」は bullying という)
— 動詞 (三単現 **bullies** [-z]; 過去・過分 **bullied** [-d]; 現分 **bullying**)
他 …をいじめる

bump [bʌ́mp バンプ] 動詞
他 …をドンと突(つ)き当てる, ぶつける
— 自 ドンと突き当たる, ぶつかる
— 名詞 C ドスンと当たること[音];こぶ

bumper [bʌ́mpər バンパ] 名詞
C バンパー(♦自動車の前後の緩衝(かんしょう)器) ➡ **cars** 図

bun [bʌ́n バン] 名詞 C 《米》(ハンバーガー用の)パン, バンズ;《英》(ふつうレーズンの入った甘(あま)い)菓子(かし)パン

bunch [bʌ́ntʃ バンチ] 名詞
(複数 **bunches** [-iz])
❶ C 《**a bunch of ...** で》(果物(くだもの)の)1房(ふさ)の…;(花などの)1束の…
▸**a bunch of** bananas [grapes]
1房のバナナ[ブドウ]
❷ C 《口語》(動物・人の)群れ, 一団

bundle [bʌ́ndl バンドゥる] 名詞
C (手紙・札(さつ)などの)束, 包み;
《**a bundle of ...** で》1束の, 1包みの…

bunny [bʌ́ni バニ] 名詞
(複数 **bunnies** [-z])
C 《小児語》ウサ(ギ)ちゃん

bunt [bʌ́nt バント] 名詞 C【野球】バント
— 動詞 自【野球】バントする

buoy [búːi ブーイ](★発音に注意) 名詞
C ブイ, 浮標(ふひょう);救命ブイ

burden [bə́ːrdn バ～ドゥン] 名詞
C 重荷, 荷物; (精神的な)負担, 重荷
▸carry a **burden** 荷を運ぶ
──動詞 他 …に(…の)重荷を負わせる; (人)を(…で)悩(なや)ませる《with ...》

bureau [bjúrou ビュロウ] 名詞
(複数 **bureaus** または **bureaux** [-z])
❶ C 事務所, 案内所;
C 《主に米》(官庁の)局, 部
❷ C 《米》(鏡のついた寝室(しんしつ)用の)たんす; 《英》(引き出しつきの)大机

burglar [bə́ːrglər バ～グら] 名詞
C (特に夜に家に押(お)し入る)どろぼう, 夜盗(やとう)(◆「こそどろ」は thief, 暴力や脅(おど)しを使う「強盗(ごうとう)」は robber, 「すり」は pickpocket)

burial [bériəl ベリアる] (★発音に注意)
名詞 U C 埋葬(まいそう), 葬式

·burn [bə́ːrn バ～ン]
──動詞 (三単現 **burns** [-z]; 過去・過分 **burned** [-d] または **burnt** [-t]; 現分 **burning**)

自❶

自❸

自❷
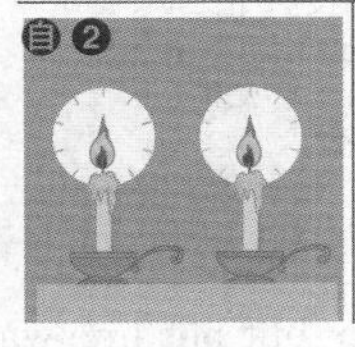
他❶

──自 ❶ **燃える**, 焼ける
▸The fire was **burning** brightly.
火は赤々と燃えていた.
❷ (明かり・火が)ともる
▸Candles are **burning** low.
ろうそくが細々とともっている.
❸ 焦(こ)げる; 日焼けする, ほてる
▸The toast has **burned**.
トーストが焦げてしまった.
❹ (感情が)燃え上がる, かっとなる
──他 ❶ **…を燃やす**, 焼く
▸She **burned** the dead leaves.
彼女は枯(か)れ葉を燃やした.
❷ …をやけどさせる
▸I **burned** my tongue on hot coffee.
わたしは熱いコーヒーで舌をやけどした.
❸ …を焦がす; …を日焼けさせる

búrn dówn (家などが)全焼する; (家など)を全焼させる
▸Their house **burned down**.
彼らの家は全焼した.

──名詞 (複数 **burns** [-z])
C (火による)やけど; 焼け跡(あと)

burned-out [bə́ːrndáut バ～ンドアウト]
形容詞 (建物などが)燃え尽(つ)きた, 焼き払(はら)われた; (人が)疲(つか)れきった

burning [bə́ːrniŋ バ～ニング] 形容詞
《名詞の前に用いて》燃えている; 燃えるような; (感情が)激しい; 緊急(きんきゅう)の

burnt [bə́ːrnt バ～ント] 動詞
burn(燃える)の過去形・過去分詞の一つ
──形容詞 焼けた, 焦(こ)げた; やけどをした

burnt-out [bə́ːrntáut バ～ントアウト]
形容詞 《主に英》= burned-out

burst [bə́ːrst バ～スト] 動詞
(三単現 **bursts** [bə́ːrsts バ～スツ]; 過去・過分 **burst**; 現分 **bursting**) 自
❶ 破裂(はれつ)する, 爆発(ばくはつ)する
▸The balloon suddenly **burst** in the air.
突然(とつぜん), その風船は空中で破裂した.
❷ (…で)はちきれそうになる《with ...》; (つぼみが)ほころびる
──他 …を破裂させる, 爆発させる
▸**burst** a pipe
パイプを破裂させる

búrst into ... …にものすごい勢いで入る; 突然…し始める
▸Some boys **burst into** the room.
男の子が何人か部屋に飛びこんできた.
▸**burst into** tears [laughter]
突然泣き出す[笑い出す]

búrst óut + ...ing 突然…し始める
▸**burst out laughing**
突然笑い出す

bury [béri ベリ] (★発音に注意) 動詞
(三単現 **buries** [-z]; 過去・過分 **buried** [-d]; 現分 **burying**)
他 …を埋(う)める; …を埋葬(まいそう)する

:bus [bʌ́s バス] 名詞
(複数 **buses** または **busses** [-iz])
C **バス**(◆《英》では近距離(きょり)を走るバスを指し, 「長距離バス」は coach という)

A B C D E F G H I J K L M N O P Q R S T U V W X Y Z

▸get on a **bus**　バスに乗る
▸get off a **bus**　バスを降りる
▸a sightseeing **bus**　観光バス
▸Let's take a **bus**.
バスを利用しましょう.
▸I go to school by **bus**.
わたしはバスで学校に行く.
(◆手段を表す by のあとは無冠詞)

buses [bʌ́siz バスィズ] 名詞
bus(バス)の複数形の一つ

bush [búʃ ブッシ] 名詞
(複数 **bushes** [-iz])
❶ C かん木, 低木
❷ C《しばしば **the bush** で》茂(しげ)み, やぶ; (オーストラリア・アフリカなどの)未開の地

busier [bíziər ビズィア] 形容詞
busy (忙(いそが)しい)の比較級

busiest [bíziist ビズィエスト] 形容詞
busy(忙(いそが)しい)の最上級

busily [bízili ビズィり] 副詞 忙(いそが)しそうに

◆**business** [bíznəs ビズネス]
(★発音に注意) 名詞
(複数 **businesses** [-iz])
❶ U C **職業**, 仕事

ダイアログ
A: What's your mother's **business**?
(= What **business** is your mother in?)
お母さんの職業は何ですか？
B: She's a lawyer.
弁護士です.

❷ U **商売**, 営業, 事業, 取引
▸The company does **business** with Canada.
その会社はカナダと取引している.
▸**business** hours　営業時間
❸ C **店**; **会社**(同義語 company)
▸run a **business**
会社を経営する
❹ U 用事; 職務, 仕事

Mínd your ówn búsiness.
=(***That's***) ***nóne of your búsiness.***
他人のことに口出しするな, 余計なお世話だ.

on búsiness　用事で, 出張で
▸My father went to Sapporo **on business**.
父は出張で札幌へ行った.

businessman [bíznəsmæ̀n ビズネスマぁン] 名詞 (複数 **businessmen** [bíznəsmèn ビズネスメン])
C 実業家 (◆ふつう会社の経営者や管理職の人を指す;
女性実業家は businesswoman;
男女の性差別を避(さ)けるために男女の区別のない businessperson を使うこともある)

businessperson [bíznəspə̀ːrsn ビズネスパ～スン] 名詞
C 実業家 ➡ **businessman**

businesswoman [bíznəswùmən ビズネスウマン] 名詞
(複数 **businesswomen** [bíznəswìmin ビズネスウィミン])
C 女性実業家 ➡ **businessman**

busses [bʌ́siz バスィズ] 名詞
bus(バス)の複数形の一つ

bus stop [bʌ́s stɑ̀p バス スタップ] 名詞
C バス停

bust [bʌ́st バスト] 名詞 C 胸像(◆頭と胸だけの像); (特に女性の)胸部, バスト

⁑**busy** [bízi ビズィ] (★発音に注意)
形容詞 (比較 **busier**; 最上 **busiest**)
❶ (人などが)**忙(いそが)しい**(対義語 free 暇(ひま)な);《**be busy with** [**...ing**] で》
…で[…するのに]忙しい
▸I'm **busy with** my homework today.　今日は宿題で忙しい.
▸She **is busy making** a cake.
彼女はケーキを作るのに忙しい.
❷ (場所が)にぎやかな
▸a **busy** street　にぎやかな通り
❸《主に米》(電話が)話し中で
(◆《英》engaged)
▸I called her up, but her line was **busy**.
彼女に電話をかけたが, 話し中だった.

⁑**but** [bʌ́t バット; (弱く言うとき) bət バット]
— 接続詞 **しかし**, けれども, でも
▸I went to the library, **but** it was closed.
図書館に行ったが, 閉まっていた.
▸This cap is nice **but** expensive.
この帽子(ぼうし)はすてきだけれど, 高い.
▸I'm sorry, **but** I'm busy that day.
すみませんが, その日は忙(いそが)しいのです.

not ... but ～　…ではなくて～

▸She is **not** a doctor **but** a lawyer.
彼女は医者でなく弁護士だ.

◆***not ónly ... but (also) ～***
…ばかりでなく～もまた ➡ **not**

──前置詞 …を除いて(同義語 except)

▸My father works every day **but** Sunday.
父は日曜を除いて毎日働く.

ánything but ... …のほかは何でも; 少しも…でない ➡ **anything**

butcher [bútʃər ブチャ] (★発音に注意)
名詞 C 肉屋の主人
(◆店は《米》butcher('s) shop, 《英》butcher's)

◆butter [bʌ́tər バタ]

──名詞 U バター

▸spread **butter** on a slice of bread
食パンにバターを塗(ぬ)る

──動詞 (三単現 **butters** [-z]; 過去・過分 **buttered** [-d]; 現分 **buttering**)
他 …にバターを塗る

butterfly [bʌ́tərflài バタふらイ] 名詞
(複数 **butterflies** [-z])
❶ C 【昆虫】チョウ
❷《ふつう **the butterfly** で》【水泳】バタフライ

button [bʌ́tn バトゥン] 名詞
C (衣服の)ボタン; (機械の)押(お)しボタン

▸Push [Press] the **button**.
ボタンを押しなさい.

──動詞 他 …のボタンをかける

⁑buy [bái バイ]

──動詞 (三単現 **buys** [-z]; 過去・過分 **bought** [bɔ́:t ボート]; 現分 **buying**) 他
❶ …を買う(対義語 sell 売る)

ダイアログ
A: May I help you?
いらっしゃいませ.
B: Yes, I want to **buy** a sweater.
セーターを買いたいのですが.

▸He **bought** a computer at the store.
彼はその店でコンピューターを買った.

▸He **bought** this bag for three thousand yen.
彼はこのバッグを 3,000 円で買った.

❷《**buy** ＋人＋ものまたは **buy** ＋もの＋ **for** ＋人で》(人)に(もの)を買う

▸My mother **bought** me a bike.
(＝ My mother **bought** a bike **for** me.)
母はわたしに自転車を買ってくれた.
(◆文末にくる語句が強調される; 前者は「何を」買ったか, 後者は「だれに」買ったかに重点が置かれる)

búy báck …を買い戻(もど)す

──名詞 (複数 **buys** [-z])
C 《口語》買うこと; 買い得品, 格安品 (＝ bargain)

▸This camera is a good **buy**.
このカメラはお買い得品だ.

buyer [báiər バイア] 名詞
C 買い手(対義語 seller 売り手); 仕入れ係, バイヤー

buzz [bʌ́z バズ] 名詞
(複数 **buzzes** [-iz])
C (ハチ・機械などの)ブンブンいう音; (人の)ざわめき, ガヤガヤいう声
(◆マンガなどでは bzzz と表す)

──動詞 (三単現 **buzzes** [-iz]; 過去・過分 **buzzed** [-d]; 現分 **buzzing**)
自 (ハチ・機械などが)ブンブンいう; (人が)ざわめく

buzzer [bʌ́zər バザ] (★発音に注意)
名詞 C ブザー; ブザーの音

⁑by [bái バイ] 前置詞 副詞 ➡ p.88 **by**

bye [bái バイ] 間投詞 《口語》さよなら, バイバイ(＝ bye-bye)

▸**Bye** now!
《主に米》じゃあね, さよなら.

bye-bye [báibái バイバイ] 間投詞
《口語》さよなら, バイバイ

bypass [báipæ̀s バイパぁス] 名詞
(複数 **bypasses** [-iz])
C バイパス(◆交通量の多いところを避(さ)けて通る自動車専用の迂回(うかい)路)

byte [báit バイト] 名詞
C 【コンピューター】バイト(◆情報量の単位; 1 バイトは 8 ビット(bits))

⁝by 前置詞 副詞

[bái バイ]

前置詞 ❶〔場所〕…のそばに
❷〔時間〕…までに
❸〔手段・方法・原因〕…によって
❹〔動作主〕…によって

──前置詞 ❶〔場所〕**…のそばに**（類語 near 近くに）

▸There's a hotel **by** the river. 川のそばにホテルがある.

▸The boy sat **by** his mother. その男の子は母親のそばにすわった.

❷〔時間〕**…までに**

▸Can you finish the job **by** ten o'clock? その仕事を10時までに終わらせることができますか？

くらべよう by と till, until

by:「…までに」の意味で,「ある時点までに動作が完了(かんりょう)すること」を表します.

▸We'll be back **by** six o'clock.
わたしたちは6時までに戻(もど)ってきます.

till, until:「…まで(ずっと)」の意味で,「ある時点まで動作・状態が続くこと」を表します.

▸I'll be here **till** [**until**] six o'clock.
わたしは6時までここにいます.

❸〔手段・方法・原因〕**…によって**（♦ by のあとの交通機関や通信手段を表す名詞は単数形で用い, 冠詞(a, an, the)をつけない）

ダイアログ

A: How do you go to school? あなたはどうやって学校に通っていますか？

B: I go **by** train [bus, bike]. 電車[バス, 自転車]で通っています.

▸He sent the papers **by** mail [fax, e-mail]. 彼はその書類を郵便［ファックス, Eメール］で送った.

▸I'll pay **by** cash. 現金で支払(しはら)います.

▸What do you mean **by** that? それはどういう意味ですか？

▸You can learn a lot **by** working as a volunteer. ボランティアとして働けば, 多くのことが学べる.

❹〔動作主〕《受け身の文で》**…によって**

▸This vase was made **by** him. この花びんは彼によって作られた.

▸English is spoken **by** a lot of people around the world. 英語は世界じゅうの多くの人々によって話されている.

▸*Hamlet* was written **by** Shakespeare. 『ハムレット』はシェークスピアによって書かれた.

▸We were excited **by** the news. わたしたちはその知らせに興奮した.

❺〔通過〕…を通って
❻〔基準〕…によって
副詞 ❶ そばに
❷ 通り過ぎて

❺〔通過〕**…を通って**, 経由して

▸The bird came into the house **by** the window. その鳥は窓から家の中に入ってきた.

▸We went to Los Angeles **by** way of Hawaii. わたしたちはハワイ経由でロサンゼルスに行った.

❻〔基準〕**…によって**, …に従って

▸Don't judge people **by** their looks. 見た目で人を判断してはいけない.

❼〔単位〕…単位で, …ずつ

▸work **by** the hour 時間単位で働く

▸Eggs are sold **by** the dozen. 卵はダース単位で売られている.

❽〔程度〕…だけ

▸He is taller than I (am) **by** five centimeters. 彼はわたしより5センチ背が高い.

▸She lost the race **by** just one second. 彼女はわずか1秒差でそのレースに負けた.

▸win a game **by** three to two 3対2で試合に勝つ

❾【数学】…で(掛(か)けて, 割って)

▸Ten multiplied **by** two is twenty. 10 × 2 = 20.

▸Twenty divided **by** two is ten. 20 ÷ 2 = 10.

❿(体の部分を表して)(人の)…を(♦ふつう続く名詞には the をつける)

▸The police officer caught the man **by** the arm. 警官はその男の腕(うで)をつかんだ.

⓫〔関係〕…に関しては

▸I know the singer **by** name. その歌手の名前は知っている.

♦***(all) by oneséf*** **ひとりぼっちで**; 独力で; ひとりでに ➡ **oneself**

by far はるかに ➡ **far**

♦***by the wáy*** **ところで** ➡ **way**

dáy by dáy 日ごとに ➡ **day**

líttle by líttle 少しずつ, しだいに

óne by óne 一人ずつ ➡ **one**

stép by stép 一歩一歩 ➡ **step**

yéar by yéar 毎年毎年 ➡ **year**

—副詞 ❶ **そばに**

▸A cat came **by**, so I gave it some food. ネコが近寄ってきたので, 食べ物をあげた.

❷ **通り過ぎて**

▸A dog passed **by** in front of us. 一匹(ぴき)のイヌがわたしたちの前を通り過ぎた.

▸How fast time goes **by**! 時が過ぎるのはなんて速いのだろう.

Cc *Cc*

Q「アリとセミ」ってどんな話？➡ cicada をひいてみよう！

C, c [síː スィー] 名詞
(複数 **C's, c's** または **Cs, cs** [-z])
❶ C U シー
(♦アルファベットの３番めの文字)
❷ C《C で》(成績の) C, 可 ➡ **A**
❸ U (ローマ数字の) 100

C 《温度を表す数字のあとにつけて》
(温度が)セ氏の(♦ *C*elsius または *c*entigrade の略; 対義語 F カ氏の)
▸20°C　セ氏 20 度(♦ twenty degrees Celsius [centigrade] と読む)

CA 【郵便】カリフォルニア州
(♦ *Ca*lifornia の略)

cab [kǽb キャブ] 名詞
❶ C 《主に米》タクシー (同義語 taxi)
❷ C (電車・トラック・バスの)運転席

cabbage [kǽbidʒ キャベッヂ] 名詞
C U 【植物】キャベツ;
U (料理した)キャベツの葉
▸two **cabbages**　キャベツ２個
(♦ two heads of **cabbage** とも数える)

cabin [kǽbin キャビン] 名詞
❶ C 小屋, 小さな家
▸a log **cabin**　丸太小屋
❷ C (船の)キャビン, 船室; (飛行機の)客室

cabinet [kǽbənit キャビネット] 名詞
❶ C 飾(かざ)り戸棚(とだな), キャビネット
(♦ガラス戸などのついた戸棚で, 美術品・食器・テレビなどを入れる)
❷ C 《しばしば **the Cabinet** で》内閣

cable [kéibl ケイブる] 名詞
❶ C U (針金・麻(あさ)などでできた)太い綱(つな); (電話などの)ケーブル
❷ C (海外)電報; 有線テレビ
── 動詞 (三単現 **cables** [-z]; 過去・過分 **cabled** [-d]; 現分 **cabling**)
他 (人)に(海外)電報を打つ

cable car [kéibl kàːr ケイブる カー]
名詞 C ケーブルカー; ロープウエー

cacao [kəkáu カカウ] 名詞
C カカオ(の実)
(♦チョコレートやココアの原料)

cactus [kǽktəs キャクタス] 名詞
(複数 **cacti** [kǽktai キャクタイ] または **cactuses** [-iz]) C 【植物】サボテン

Caesar [síːzər スィーザ] 名詞 【人名】
カエサル, シーザー (♦ Julius Caesar [dʒúːljəs ヂューりャス-], 100？-44B.C.; 古代ローマ帝国(ていこく)の将軍・政治家)

café, cafe [kæféi キャふェイ] 名詞
C 軽食堂; 喫茶(きっさ)店, カフェ
(♦フランス語から)

cafeteria [kæfətíriə キャふェティリア]
名詞 C カフェテリア
(♦セルフサービス式の食堂; スペイン語から)

cage [kéidʒ ケイヂ] 名詞
C 鳥かご; (動物の)おり

Cairo [káirou カイロウ] 名詞 カイロ
(♦エジプト・アラブ共和国の首都)

◆cake [kéik ケイク] 名詞 (複数 **cakes** [-s])

❶ C U **ケーキ**, 洋菓子(がし)(◆柔(やわ)らかい菓子を指し, パイやタルトはふくまない)

▸a birthday **cake** バースデーケーキ

▸Baking **cakes** is fun.
ケーキを焼くのは楽しい.

▸Let's make a fancy **cake**.
デコレーションケーキを作りましょう.

▸He ate a piece of **cake**.
彼はケーキを1切れ食べた.

ルール ケーキの数え方

1 切り分けられていない大きなケーキをまるごと1つ指す場合

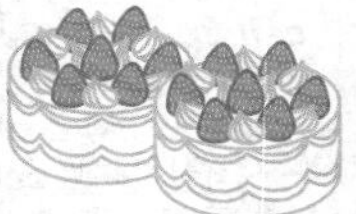

▸a **cake**
ケーキ

▸two **cakes**
2つのケーキ

2 切り分けられたケーキを指す場合

▸a piece [slice] of **cake**
1切れのケーキ

▸two pieces [slices] of **cake**
2切れのケーキ

3 漠然(ばくぜん)と「ケーキ」を指す場合

▸I like **cake**.
わたしはケーキが好きだ.
(◆aをつけず, 複数形にもしない)

❷ C (油であげたものやだんごなど)平たくて丸い形の食べ物

❸ C (平たくて小さい)かたまり

calculate [kǽlkjəlèit キャるキュれイト] 動詞 (三単現 **calculates** [kǽlkjəlèits キャるキュれイツ]; 過去・過分 **calculated** [-id]; 現分 **calculating**)

他 …を計算する

▸**calculate** the cost of the party
そのパーティーの費用を計算する

calculation [kæ̀lkjəléiʃn キャるキュれイシャン] 名詞 U C 計算

calculator [kǽlkjəlèitər キャるキュれイタ] 名詞 C (小型の)計算器, 電卓(でんたく)

calendar [kǽləndər キャれンダ] (★アクセントに注意) 名詞

C カレンダー, 暦(こよみ); 年中行事表

▸a wall **calendar**
壁(かべ)掛(か)けカレンダー

▸a school **calendar**
学校年間行事予定表

calf[1] [kǽf キャふ] (★発音に注意) 名詞 (複数 **calves** [kǽvz キャヴズ])

C 【動物】子ウシ ➡ **cow** 参考

calf[2] [kǽf キャふ] (★発音に注意) 名詞 (複数 **calves** [kǽvz キャヴズ])

C ふくらはぎ

California [kæ̀ləfɔ́ːrnjə キャりふォーニャ] 名詞 カリフォルニア州(◆アメリカ西部, 太平洋岸の州; 人口は50の州の中で最大; Cal., Calif. または【郵便】でCAと略す)

⁑call [kɔ́ːl コーる]

動詞	他	❶ …を呼ぶ
		❷ …を～と呼ぶ
		❸ …に電話をかける
	自	❶ 呼ぶ
		❷ 電話をかける
名詞		❶ 呼び声
		❷ 電話をかけること
		❸ 訪問

── 動詞 (三単現 **calls** [-z]; 過去・過分 **called** [-d]; 現分 **calling**)

── 他 ❶ (大声で)…**を呼ぶ**

▸The man **called** my name.
その男性がわたしの名前を呼んだ.

▸Someone is **calling** you.
だれかがきみを呼んでいます.

❷《**call** + ... +名詞[形容詞]で》
…を～と呼ぶ, 名づける

▸My name is Ando Saki. Please **call** me Saki. わたしの名前は安藤咲です. 咲と呼んでください.

ダイアログ

A: What do you **call** this fish in English?
この魚は英語で何と呼ぶのですか?

B: We **call** it "salmon."
「salmon(サケ)」と呼びます.

❸ **…に電話をかける**
(◆ 同義語 (tele)phone, 《英口語》 ring)

▸I'll **call** you later.

あとでお電話しますね.(♦×call to you とはいわない)

▸I **called** Ann at home [on her cell phone]. わたしはアンの家[携帯(けいたい)電話]に電話した.

❹ …を呼び寄せる, 呼び出す

▸**Call** an ambulance [the police]! 救急車[警察]を呼んでください.

—自 ❶ (大声で)**呼ぶ**

▸John **called** from downstairs. ジョンが階下から大声で呼んだ.

▸I **called** to Emma, but she didn't stop. エマに呼びかけたが, 彼女は立ち止まらなかった.

❷ **電話をかける** (♦ 同義語 (tele)phone, 《英口語》ring)

▸Thank you for **calling**. 電話をくれてありがとう.

ダイアログ
A: May I speak to Luke? (電話口で)ルークをお願いします.
B: Who's **calling**, please? どちらさまですか?

cáll at ... (家など)をちょっと訪ねる; (場所)に立ち寄る(同義語 visit)(♦「人をちょっと訪問する」は call on [upon])

▸I **called at** the post office on my way home. わたしは家に帰る途中(とちゅう), 郵便局に立ち寄った.

cáll báck
(人)にあとで電話する, 折り返し電話する; (人)を呼び戻(もど)す

▸Could you please tell him to **call** me **back**? 彼に折り返し電話をくださるようにお伝えいただけますか?

ダイアログ
A: I'm sorry, but she's out. すみませんが, 彼女は外出しています.
B: All right. I'll **call back** later. わかりました. あとでかけ直します.

cáll for ... …を大声で呼び求める; (人)を連れに寄る

▸I **called for** help. わたしは大声で助けを求めた.

cáll it a dáy
仕事などを終わりにする ➡ **day**

cáll óff …を中止する; (約束など)を取り消す(同義語 cancel)

▸The game was **called off**. その試合は中止された.

cáll on [upon] ... (人)をちょっと訪問する(同義語 visit)
(♦「家などをちょっと訪ねる」は call at)

▸I **called on** my grandparents. わたしは祖父母を訪ねた.

cáll úp …に電話をかける

what is called = ***what we [you, they] call*** いわゆる ➡ **what**

—名詞 (複数 **calls** [-z])

❶ C **呼び声**, 叫(さけ)び

▸I heard a **call** for help. わたしは助けを求める叫び声を聞いた.

❷ C **電話をかけること**, 通話

▸an international **call** 国際電話

▸make a **call** 電話をかける

▸get a **call** 電話をもらう

▸Give Meg a **call**. メグに電話してね.

▸There's a **call** for you, Tom. トム, きみに電話だよ.

❸ C (人への / 場所への)(短い)**訪問**, 立ち寄ること《on ... / at ...》

▸She made [paid] a **call on** the writer. 彼女はその作家を訪問した.

calligraphy

[kəlígrəfi カリグラふィ] (★アクセントに注意) 名詞

U 書道, 習字; 書

calm

[kɑ́:m カーム] (★発音に注意)

形容詞 (比較 **calmer**; 最上 **calmest**)

❶ (天候などが)穏(おだ)やかな

▸a **calm** day (天候の)穏やかな日

▸The sea was **calm** after the storm. あらしのあと, 海は穏やかだった.

❷ (人が)落ち着いた, 平静な

▸Keep [Stay] **calm**. 落ち着きなさい.

—動詞 自 落ち着く, 静まる

▸**Calm** down. 落ち着きなさい.

calmly

[kɑ́:mli カームり] (★発音に注意)

副詞 穏(おだ)やかに; 落ち着いて

calorie

[kǽləri キぁろリ] 名詞

C (熱量または栄養価の単位の)カロリー

calves [kǽvz キぁヴズ] 名詞
calf[1](子ウシ), calf[2](ふくらはぎ)の複数形

Cambodia [kæmbóudiə キぁンボウディア] 名詞 カンボジア(♦東南アジアの国; 首都はプノンペン Phnom Penh)

Cambodian [kæmbóudiən キぁンボウディアン] 形容詞 カンボジアの; カンボジア人の; カンボジア[クメール]語の
——名詞 ❶ C カンボジア人
❷ U カンボジア[クメール]語

Cambridge [kéimbridʒ ケインブリッヂ]
名詞 ❶ ケンブリッジ(♦イギリスの都市; ケンブリッジ大学がある)
❷ ケンブリッジ(♦アメリカのマサチューセッツ州の都市; ハーバード大学やマサチューセッツ工科大学などがある)

:came [kéim ケイム] 動詞
come(来る)の過去形

camel [kǽml キぁムる] 名詞
C【動物】ラクダ

·camera [kǽmərə キぁメラ] 名詞
(複数 **cameras** [-z])
C **カメラ**, 写真機; テレビカメラ
▸I took a lot of pictures with my digital **camera**.
わたしは自分のデジタルカメラでたくさん写真を撮(と)った.

cameraman [kǽmərəmæ̀n キぁメラマぁン] 名詞 (複数 **cameramen** [kǽmərəmèn キぁメラメン])
C (テレビ・映画などの)撮影(さつえい)技師(♦男女の区別のない言い方は camera operator; 写真を撮(と)る人は photographer)

·camp [kǽmp キぁンプ]
——名詞 (複数 **camps** [-s])
❶ U **キャンプ**; C キャンプ場
▸We made **camp** near the river.
わたしたちは川の近くでキャンプした.
❷ C (囚人(しゅうじん)・難民などの)収容所
▸a refugee **camp** 難民収容所
——動詞 自 キャンプをする, 野営をする
▸go **camping** キャンプに行く
▸We **camped** in the mountains.
わたしたちは山でキャンプをした.

campaign [kæmpéin キぁンペイン] (★発音に注意) 名詞
C (社会的・政治的な)運動, キャンペーン
▸a **campaign** for road safety
交通安全運動

camper [kǽmpər キぁンパ] 名詞
C キャンプする人; 《主に米》キャンピングカー(♦「キャンピングカー」は和製英語)

campfire [kǽmpfàiər キぁンプふァイア] 名詞 C キャンプファイア

campground [kǽmpgràund キぁンプグラウンド] 名詞 C キャンプ場

camping [kǽmpiŋ キぁンピング] 名詞
U キャンプ(すること); キャンプ生活

campus [kǽmpəs キぁンパス] 名詞
(複数 **campuses** [-iz]) C U (大学の)構内, キャンパス; C (大学の)分校

:can[1] 助動詞 ➡ p.94 **can**[1]

can[2] [kǽn キぁン] 名詞 (複数 **cans** [-z])
C (金属製の)缶(かん); 《主に米》缶詰(かんづめ)(の缶)(♦《英》tin)
▸a **can** of coffee 缶コーヒー1本
——動詞 (三単現 **cans** [-z]; 過去・過分 **canned** [-d]; 現分 **canning**)
他 …を缶詰にする(♦《英》tin)

·Canada [kǽnədə キぁナダ] 名詞
カナダ(♦世界で2番めに大きい面積をもち, 英語とフランス語を公用語としている; Can. と略す; 首都はオタワ Ottawa)

Canadian [kənéidiən カネイディアン]
形容詞 カナダの; カナダ人の
▸the **Canadian** Rockies
カナディアンロッキー(♦カナダ西部の雄大(ゆうだい)なロッキー山脈)
——名詞 C カナダ人; 《**the Canadians** で》カナダ人(全体)

canal [kənǽl カナぁる] (★アクセントに注意) 名詞 C 運河, 水路

canary [kənéri カネリ] (★発音に注意)
名詞 (複数 **canaries** [-z])
C【鳥類】カナリア

Canberra [kǽnbərə キぁンベラ] 名詞
キャンベラ(♦オーストラリアの首都)

cancel [kǽnsl キぁンスる] 動詞
(三単現 **cancels** [-z]; 過去・過分 **canceled**, 《英》**cancelled** [-d]; 現分 **canceling**, 《英》**cancelling**)
他 (約束・注文など)を取り消す, 中止する
▸The tour was **canceled** because of heavy snow.
大雪のためにそのツアーは中止になった.

cancellation [kæ̀nsəléiʃn キぁンセれイシャン] 名詞 U 取り消し, キャンセル

A B C D E F G H I J K L M N O P Q R S T U V W X Y Z

⁑can[1] 助動詞

❶〔能力・可能〕…することができる
❷〔許可・軽い命令〕…してもよい

[kǽn キャン；(弱く言うとき)kən カン]

(過去 **could** [kúd クッド；(弱く言うとき) kəd クド])
(◆否定形は cannot と 1 語につづり，《口語》では can't と略す)

❶〔能力・可能〕…**することができる**

▸I **can** swim fast.	わたしは速く泳ぐことができる.
▸Saki **can** skate well.	咲はじょうずにスケートをすることができる.
▸I **cannot** play the trumpet.	わたしはトランペットを吹(ふ)くことができない.

ダイアログ

A: **Can** you play the song on the piano?	ピアノでその曲をひくことができますか？
B: No, I **can't**. It's too difficult for me.	いいえ，できません．わたしには難し過ぎます.

▸I **can** go out now.	わたしは今なら外出することができる.
▸Speak a little louder, Ann. I **cannot** hear you very well.	(電話で)アン，少し大きな声で話して．あまりよく聞こえないの.

ダイアログ

A: **Can** you come to my house sometime this week?	今週のいつか，わたしの家に来られますか？
B: Yes, I **can**. Is Thursday OK with you?	ええ，だいじょうぶです．木曜日でいいですか？

ルール can が使えない場合

1 can は，そのままの形では未来の表現で使えません．「…することができるようになるだろう」と言うには will be able to を用います． ➡ **able** くらべよう

▸You **will be able to** speak English soon.
あなたはすぐに英語を話せるようになりますよ.

2 「(能力があって)…することができた」と過去について述べるには，could か was [were] able to を用います．ただし，「(能力に関係なく)(一度だけ)…できた」と述べるときは was [were] able to を用います.
➡ **able** くらべよう

▸I **was able to** win the match.　わたしはその試合に勝つことができた.

3 「(外国語など)を話せる」というような場合，can を使わないのがふつうです．(◆「話す能力がある[ない]」というように理解される恐(おそ)れがある)

▸Emma **speaks** French.　エマはフランス語を話します.
▸**Do** you speak Spanish?　スペイン語を話せますか？

❷〔許可・軽い命令〕…**してもよい**(◆《口語》では may より can を多く用いる)；《否定文で》…してはいけない

▸You **can** bring your friends to the party.	友達をパーティーに連れて来てもいいよ.

❸〔可能性〕《肯定(こうてい)文で》…することがありうる
《否定文で》…のはずがない
❹ …しましょうか？《Can I ...?》
❺ …してくれますか？《Can you ...?》

ダイアログ

A: **Can** I use your bike? 自転車を借りてもいい？
B: Of course, you **can**. もちろん，いいよ．

▸I'm sorry, but you **cannot** take pictures here. 申し訳ないのですが，ここでの写真撮影(さつえい)はお控(ひか)えください．

❸〔可能性〕《肯定文で》…**することがありうる**；《否定文で》…**のはずがない**；《疑問文で》(驚(おどろ)き・疑いなどを表して) はたして…だろうか

▸Anybody **can** make mistakes. だれだってまちがえることはある．
▸It **can** happen to anyone. それはだれにでも起こりうることだ．
▸His story is ridiculous. It **can't** be true. 彼の話はばかげている．本当であるはずがない．
▸**Can** it really be that easy? ほんとうにそんなに簡単なの？

❹《**Can I ...?** で》…**しましょうか？**

ダイアログ

A: **Can I** help you? お手伝いしましょうか？
B: Yes, I'm looking for a pair of sneakers. はい，スニーカーを1足探しています．

▸What **can I** do for you? (店員が客に)何を差し上げましょうか？；ご用は何ですか？

ダイアログ

A: **Can I** take a message? (電話で)伝言をうかがいましょうか？
B: No, thank you. I'll call again later. いいえ，けっこうです．あとでまたお電話します．

❺《**Can you ...?** で》…**してくれますか？**

ダイアログ

A: **Can you** help me? 手伝ってくれますか？
B: Sure. もちろんです．

as ... as one cán できるだけ…（♦「...」は形容詞または副詞）
▸Run **as** fast **as** you **can**. できるだけ速く走りなさい．
▸She tried to be **as** nice **as** she **could**. 彼女はできるだけ親切にしようとした．

cannot hélp ...ing …しないではいられない
▸**I could not help laughing**. わたしは笑わずにはいられなかった．

cannot ... too ～ どんなに…しても～し過ぎることはない
▸You **cannot** be **too** careful when you write an e-mail in English. 英語でEメールを書くときは，どんなに注意しても注意し過ぎることはない．

A B C D E F G H I J K L M N O P Q R S T U V W X Y Z

cancer [kǽnsər キャンサ] 名詞
C U【医学】がん; C (社会の)害悪

candidate [kǽndidèit キャンディデイト]
名詞 C (職・地位などへの)候補者, 立候補者《for ...》

candle [kǽndl キャンドゥる] 名詞
C ろうそく
▸light a **candle**
ろうそくに火をつける
▸blow out a **candle**
ろうそくを吹(ふ)き消す

ˈcandy [kǽndi キャンディ] 名詞
(複数 **candies** [-z])
C U《主に米》**キャンディー**, 砂糖菓子(がし)
(♦日本語の「キャンディー」よりも意味が広く, 砂糖やシロップで作った甘(あま)い菓子を指す; キャラメル, ドロップ, チョコレートなどもふくむ;《英》sweets)
▸Give me a (piece of) **candy**.
キャンディーを1つちょうだい.

cane [kéin ケイン] 名詞
❶ C つえ, ステッキ; むち
❷ C U (竹・砂糖きびなどの)茎(くき)

ːcannot [kǽnɑt キャナット]
can の否定形(♦《口語》ではふつう can't と短縮される)

canoe [kənúː カヌー] (★アクセントに注意) 名詞 C カヌー, 丸木舟(ぶね)

ːcan't [kǽnt キャント]
《口語》cannot の短縮形

canvas [kǽnvəs キャンヴァス] 名詞
(複数 **canvases** [-iz])
U ズック, キャンバス地(♦テント・帆(ほ)・ズック靴(ぐつ)などに使う厚地の布);
C U (絵画用の)カンバス

canyon [kǽnjən キャニョン] 名詞
C 深い峡谷(きょうこく)(類語 valley 谷)
▸the Grand **Canyon**
グランドキャニオン

ˈcap [kǽp キャップ]
—名詞 (複数 **caps** [-s])
❶ C (縁(ふち)がないか, ひさしのついた)**帽子**(ぼうし)(♦縁のある「帽子」は hat)
➡ **hat** 図
▸put on [take off] a **cap**
帽子をかぶる[脱(ぬ)ぐ]
▸He is always wearing a baseball **cap**. 彼ときたらいつも野球帽をかぶっている.
❷ C (びんの)ふた; (ペンなどの)キャップ
—動詞 (三単現 **caps** [-s];
過去・過分 **capped** [-t]; 現分 **capping**)
他 …にふたをする; …の上をおおう

capable [kéipəbl ケイパブる] 形容詞
❶《**be capable of** +名詞[...ing]で》
(人・ものが)…できる, …の能力がある
▸He **is capable of** quick mental calculation [**calculating** in his head quickly].
彼は速く暗算ができる.
❷ 有能な, 才能のある

capacity [kəpǽsəti カパぁスィティ] 名詞
(複数 **capacities** [-z])
❶ U《しばしば **a capacity** で》
(建物・乗り物などの)収容能力, 定員; 容量
▸This stadium has **a** (seating) **capacity** of fifty thousand.
このスタジアムは5万人を収容できる.
❷ C U (…の)能力, 才能《for ...》;
C 資格

cape[1] [kéip ケイプ] 名詞 C 岬(みさき);
《**the Cape** で》喜望峰(きぼうほう)(= the Cape of Good Hope;
アフリカ南端(なんたん)の岬)

cape[2] [kéip ケイプ]
名詞 C ケープ
(♦ゆったりした, そでのない外套(がいとう))

cape[2]

capital [kǽpitl キャピトゥる] 名詞
❶ C 首都, 州都; 中心地

> **ダイアログ**
> *A:* What is the **capital** of Japan?
> 日本の首都はどこですか?
> *B:* It's Tokyo. 東京です.
> (♦具体的な都市名をきくときは, where ではなく what を使う)

❷ C 大文字; 頭(かしら)文字
(= capital letter)
❸ U 資本(金), 元金
—形容詞《名詞の前に用いて》
主要な, 重要な; 大文字の

capital letter [kǽpitl létər キャピトゥる れタ] 名詞
C 大文字(対義語 small letter 小文字);
頭(かしら)文字

▸Write your family name in **capital letters**.
姓(せい)は大文字で書きなさい.

Capitol [kǽpitl キャピトゥる] 名詞
《**the Capitol** で》(アメリカの) 国会議事堂(♦首都ワシントン(Washington, D.C.)の小高い丘(おか)(hill)の上にある; そのため, Capitol Hill または the Hill で「アメリカ議会」を表すことが多い)

capsule [kǽpsl キャプスる] 名詞 C (薬の)カプセル; (宇宙ロケットの)カプセル

·captain [kǽptən キャプテン] 名詞
(複数 **captains** [-z])
❶ C **船長**, **艦長**(かんちょう)
▸My father is (the) **captain** of a fishing boat. 父は漁船の船長だ.
❷ C (チームの)**主将**, キャプテン
▸She is (the) **captain** of our basketball team.
彼女はわたしたちのバスケットボール部の主将だ.
❸ C 陸軍大尉(たいい), 《米》空軍・海兵隊の大尉; 海軍大佐(たいさ)

capture [kǽptʃər キャプチャ] 動詞
(三単現 **captures** [-z]; 過去・過分 **captured** [-d]; 現分 **capturing**)
他 …を捕(と)らえる, 捕(つか)まえる; …を捕虜(ほりょ)にする
—名詞 U 捕らえること, 捕獲(ほかく); C 獲物(えもの), 捕虜

:car [kɑ́ːr カー] 名詞 (複数 **cars** [-z])
❶ C **車**, **自動車**, **乗用車**(♦バスやトラックはふくまない; 《米》automobile, 《英》motorcar の日常語) ➡ 下図
▸drive a **car** 車を運転する
▸get into [in] a **car** 車に乗る
▸get out of a **car** 車から降りる
▸park a **car** 駐車(ちゅうしゃ)する

cars

① 《米》license plate 《英》number plate ナンバープレート
② bumper バンパー
③ 《米》hood 《英》bonnet ボンネット
④ windshield wiper ワイパー
⑤ steering wheel ハンドル
⑥ 《米》windshield 《英》windscreen フロントガラス
⑦ rearview mirror バックミラー
⑧ 《米》trunk 《英》boot トランク
⑨ taillight テールランプ
⑩ 《米》tire 《英》tyre タイヤ
⑪ door handle ドアハンドル
⑫ door ドア
⑬ 《米》side-view mirror 《英》wing mirror サイドミラー
⑭ 《米》turn signal 《英》indicator 方向指示器
⑮ headlight ヘッドライト

sports car　compact car

▸Let's go by **car**.
車で行きましょう.
(♦手段を表す by のあとは無冠詞)
❷ C (市街)電車 (♦《米》street*car*, 《英》tram*car* を短縮した語)
❸ C 《米》(列車の)車両, 客車
(♦《英》carriage, coach)
▸a passenger **car** 客車

caramel [kǽrəməl キぁラメる] 名詞
❶ U カラメル(砂糖を煮(に)つめて作る; 食品の着色・風味づけに用いる)
❷ C U キャラメル

caravan [kǽrəvæ̀n キぁラヴぁン] 名詞
C (隊列を組んで砂漠(さばく)を行く商人の)一隊, 隊商, キャラバン; ほろ馬車; 《英》(車で牽引(けんいん)する)キャンピングカー

carbon [kɑ́ːrbən カーボン] 名詞
❶ U 【化学】炭素(♦元素記号は C)
❷ C U (複写用の)カーボン紙
(=carbon paper)

carbon dioxide [kɑ́ːrbən daiɑ́ksaid カーボンダイアクサイド] 名詞
U 【化学】二酸化炭素(♦分子式 CO_2)

⁑card [kɑ́ːrd カード] 名詞

(複数 **cards** [kɑ́ːrdz カーヅ])
❶ C **カード**, 券; 《口語》名刺(めいし)
▸a membership **card** 会員証
▸an ID **card** 身分証明書(♦ ID は *id*entity または *id*entification の略)
▸a student ID **card** 学生証
▸a credit **card** クレジットカード
❷ C **はがき**(= postcard, postal card); あいさつ状
▸a picture **card** 絵はがき
▸an invitation **card** 招待状
▸a birthday **card** バースデーカード
▸a Christmas **card**
クリスマスカード
▸I send about thirty New Year's **cards** every year.
わたしは毎年 30 枚くらい年賀状を出します.
❸ C **トランプの札**(ふだ) (♦ playing card ともいう; trump [trʌ́mp トゥランプ]は「切り札」の意味); 《**cards** で》トランプ遊び
▸shuffle the **cards** カードを切る
▸Let's play **cards**. トランプをしよう.

cardboard [kɑ́ːrdbɔ̀ːrd カードボード]
名詞 U 厚紙, ボール紙, 段ボール

cardigan [kɑ́ːrdigən カーディガン] 名詞
C カーディガン (♦クリミア戦争で名をあげたイギリスの第 7 代カーディガン伯爵(はくしゃく)(7th Earl of Cardigan)が愛用していたといわれている)

⁑care [kéər ケア]

名詞		❶ **注意**
		❷ **世話**
		❸ **心配**
動詞	自	**気にする**
	他	❶ **…かどうか[…ということ]を気にする**
		❷ **…したいと思う**

―名詞 (複数 **cares** [-z])
❶ U **注意, 用心**
▸Handle With **Care**
《掲示》取りあつかい注意
❷ U **世話, 保護**
▸He is under a doctor's **care**.
彼は医者にかかっている.
❸ U **心配**, 苦労; C 《しばしば **cares** で》心配事, 苦労の種
▸be free from **care** 何の心配もない
▸Do you have any **cares**?
何か心配事があるの?

care of ... (手紙のあて名などに用いて) …様方, 気付(きづけ)(♦ c/o と略す)

take cáre 気をつける; お大事に; 《口語》さようなら
▸**Take care** not to catch a cold.
風邪(かぜ)をひかないよう気をつけてね.

> **ダイアログ**
> *A:* I have a little headache.
> 少し頭痛がします.
> *B:* That's too bad. **Take care**.
> それはよくないですね. お大事に.

♦***take cáre of ...*** **…の世話をする**; …に気を配る, …を大事にする
▸Please **take care of** my dog while I'm away.
留守(るす)の間, イヌの世話をしてください.

take cáre of oneself 体に気をつける

―動詞 (三単現 **cares** [-z]; 過去・過分 **cared** [-d]; 現分 **caring**)
―自 (…を)**気にする**, 心配する《about ...》
▸Tony **cares** a lot **about** his looks.
トニーは自分の外見をとても気にする.

Whó cáres? 《口語》だれが気にするか, かまうものか

—他 ❶《care + wh- 節・if 節[that節]で》…かどうか[…ということ]を気にする
▸I don't **care what** he says about me. 彼がわたしのことをどう言おうと, わたしは気にしない.
❷《care to +動詞の原形で》…したいと思う
▸Would you **care to** have something to drink? 何かお飲みになりますか?

cáre for ... ① …を好む; …がほしい (◆ふつう否定文, または would を使った疑問文で用いる)
▸I **don't care for** cooking much. わたしは料理をすることがあまり好きではない.
▸**Would** you **care for** some sandwiches? サンドイッチをいかがですか?
② …の世話をする(同義語 look after)
▸I **cared for** my grandparents that day. その日はわたしが祖父母の世話をした.

career [kəríər カリア] (★発音に注意) 名詞 C (一生の仕事としての)職業; 生涯(しょうがい); 経歴
▸**Career** Day 職業体験日
▸I chose this job as my **career**. わたしはこの仕事を一生の仕事として選んだ.

carefree [kéərfrì: ケアふリー] 形容詞 心配[気苦労]のない, のんきな

·careful [kéərfl ケアふる] 形容詞 (比較 **more careful**; 最上 **most careful**)
注意深い, 慎重(しんちょう)な (対義語 careless 不注意な); 《**be careful of [about] ...** で》…に気をつける
▸a **careful** driver 安全運転をする人
▸**Be careful of** your health. 体[健康]には注意しなさい.
(1)《**be careful with ...** で》…のあつかいに気をつける
▸He **was careful with** the watch. 彼はその腕(うで)時計を慎重にあつかった.
(2)《**be careful to** +動詞の原形[that 節]で》…するように気をつける
▸**Be careful** not **to** be late for the meeting.
(= **Be careful that** you aren't late for the meeting.) 会議に遅(おく)れないように注意しなさい.

carefully [kéərfəli ケアふり] 副詞 注意深く, 気をつけて, 慎重(しんちょう)に
▸Listen **carefully**. 注意して聞きなさい.

careless [kéərləs ケアれス] 形容詞 不注意な, 軽率(けいそつ)な (対義語 careful 注意深い)
▸a **careless** mistake 不注意なミス, うっかりミス

carelessly [kéərləsli ケアれスリ] 副詞 不注意に, 軽率(けいそつ)に

carelessness [kéərləsnəs ケアれスネス] 名詞 U 不注意, 軽率(けいそつ)

cargo [kɑ́:rgou カーゴウ] 名詞 (複数 **cargoes** [-z] または **cargos** [-z]) C U (船・飛行機などの)貨物(かもつ), 積み荷

Caribbean Sea [kærəbí:ən sí: キャリビーアン スィー] 名詞 《**the Caribbean Sea** で》カリブ海 (◆ the Caribbean ともいう; 中央アメリカ・南アメリカ北岸と西インド諸島に囲まれた海)

caribou [kǽrəbù: キャリブー] 名詞 C【動物】カリブー (◆北アメリカ産のトナカイ)

carnation [kɑ:rnéiʃn カーネイシャン] 名詞 C【植物】カーネーション

carnival [kɑ́:rnəvl カーニヴる] 名詞 ❶ U カーニバル, 謝肉祭 ❷ C お祭り騒(さわ)ぎ, ばか騒ぎ

carol [kǽrəl キャロる] 名詞 C 喜びの歌, 祝歌, キャロル

carp [kɑ́:rp カープ] 名詞 (複数 **carp** または **carps** [-s]) C【魚類】コイ

carpenter [kɑ́:rpəntər カーペンタ] 名詞 C 大工(だいく) (◆「日曜大工をする人」は do-it-yourselfer)

carpet [kɑ́:rpit カーペット] 名詞 C U じゅうたん, カーペット

(◆部屋全体の床(ゆか)をおおう大きな敷物(しきもの)を指す; 小さいものは rug)

carport [ká:rpɔ̀:rt カーポート] 名詞
C カーポート, 簡易車庫

carriage [kǽridʒ キぁリッヂ] 名詞
❶ C《英》(鉄道の)客車(◆《米》car)
❷ C (4輪)馬車; 《米》うば車 (= baby carriage)
❸ U 運送; 運賃

carried [kǽrid キぁリド] 動詞
carry(…を運ぶ)の過去形・過去分詞

carrier [kǽriər キぁリア] 名詞
C 運ぶ人; 運送会社; (伝染(でんせん)病の)保菌(ほきん)者

carries [kǽriz キぁリズ] 動詞
carry(…を運ぶ)の三人称単数現在形

Carroll [kǽrəl キぁロる] 名詞
【人名】キャロル(◆ Lewis Carroll [lú:is- るーイス-], 1832-98; イギリスの数学者・作家;『不思議(ふしぎ)の国のアリス』(*Alice's Adventures in Wonderland*)の作者)

carrot [kǽrət キぁロット] 名詞
C U【植物】ニンジン

⁑carry [kǽri キぁリ] 動詞

(三単現 **carries** [-z]; 過去・過分 **carried** [-d]; 現分 **carrying**)

—他 ❶ …を運ぶ; …を持って行く
▸**Carry** this box to the next room.
この箱を隣(となり)の部屋まで運んで.
❷ …を(身につけて)**持ち歩く**, 持ち運ぶ
▸My big brother always **carries** his smartphone.
兄はいつもスマートフォンを持ち歩いている.
❸ (思想・伝言など)を伝える; (病気)を伝染(でんせん)させる
❹ (商品)をあつかっている

—自 (音・声が)届く, 伝わる
▸Her voice **carries** well.
彼女の声はよく通る.

cárry awáy …を運び去る
▸Those bikes were **carried away** yesterday.
昨日, それらの自転車は運び去られた.

cárry ón
(…を)続ける《with ...》; …を続ける
▸**Carry on with** the good work.
その調子で仕事[勉強]を続けなさい.

cárry óut (計画など)を実行する; (義務・約束など)を果たす
▸Let's **carry out** our project.
わたしたちの計画を実行しよう.

cart [ká:rt カート] 名詞
❶ C (2輪または4輪の)荷車, 荷馬車
❷ C《米》(スーパーマーケット・空港のロビーなどで使う)カート, 手押(お)し車(◆《英》trolley [tráli トゥラり])

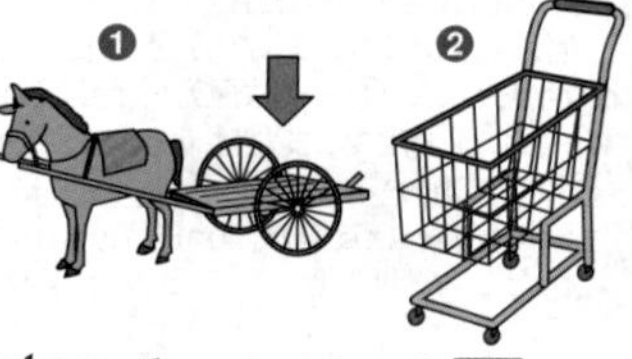

carton [ká:rtn カートゥン] 名詞
C カートン, ボール箱; (牛乳などの)紙[プラスチック]製容器; 《**a carton of ...** で》1カートン[パック](の量)の…
▸a milk **carton** 牛乳パック
(◆×a milk pack とはいわない)
▸buy **a carton of** eggs
卵を1パック買う(◆欧米(おうべい)ではダース単位(12個で一組)で売られていることが多い)

cartoon [kɑ:rtú:n カートゥーン] 名詞
C (新聞・雑誌などの)時事風刺(ふうし)マンガ(◆ふつうは1こまのものを指す); 連続マンガ(同義語 comic strip); アニメ(ーション)(= animated cartoon)

cartoonist [kɑ:rtú:nist カートゥーニスト] 名詞 C マンガ家

cartridge [ká:rtridʒ カートゥリッヂ] 名詞 ❶ C (弾丸(だんがん)の)薬(やっ)きょう
❷ C カートリッジ(◆万年筆, プリンター用のインク, 写真用フィルムなど, 容器ごと交換(こうかん)可能な部品)

carve [ká:rv カーヴ] 動詞
(三単現 **carves** [-z]; 過去・過分 **carved** [-d]; 現分 **carving**) 他
❶ …を彫(ほ)る, 彫刻(ちょうこく)する
❷ (食卓(しょくたく)で)(肉)を切り分ける
(◆ふつう欧米(おうべい)では一家の主人の役目)

case [kéis ケイス]

case[1]	名詞	❶ 箱
case[2]	名詞	❶ 場合; 事情 ❷ 実例 ❸ 事件

˙case[1] [kéis ケイス] 名詞

(複数 **cases** [-iz])

❶ C 箱, ケース, 容器, 袋(ふくろ)

▸a pencil **case** 筆箱

❷ C《**a case of ...** で》1箱(分)の…

▸**a case of** wine ワイン1ケース

˙case[2] [kéis ケイス] 名詞

(複数 **cases** [-iz])

❶ C **場合**;《ふつう **the case** で》**事情**, 実情; 事実

▸in some **cases** 場合によっては

▸In that **case**, I agree with you.
その場合は, わたしはきみに賛成する.

❷ C **実例**, 事例; 問題

▸a special [similar] **case**
特例[類例]

❸ C **事件**; 訴訟(そしょう)

▸investigate a drug **case**
麻薬(まやく)事件を捜査(そうさ)する

❹ C 症例(しょうれい), 患者(かんじゃ)

in ány case とにかく, いずれにしても

▸**In any case**, wash your face first.
とにかく, まず顔を洗いなさい.

in cáse

① 《主に米》もし…の場合には(同義語 if)

▸**In case** I'm late, please go without me.
わたしが遅(おく)れたら, 待たずに先に行ってください.
(♦in case のあとの動詞は未来のことでも現在形を使う)

② …するといけないから

▸Take this umbrella (with you) **in case** it rains. 雨が降るといけないから, この傘(かさ)を持って行きなさい.

in cáse of ... …の場合には, …のときには

▸**In case of** trouble, call this number. トラブルの場合は, この番号に電話しなさい.

casework [kéiswə̀ːrk ケイスワ～ク] 名詞

U ケースワーク (♦個人や家族の問題について調査・指導を行う福祉(ふくし)活動)

caseworker [kéiswə̀ːrkər ケイスワ～カ]

名詞 C ケースワーカー, 社会福祉(ふくし)相談員

cash [kǽʃ キャッシ] 名詞 U 現金

➡ **money** 参考

▸Would you like to pay in [by] **cash** or with a card? [**Cash** or card?]
お支払(しはら)いは現金になさいますか, それともカードになさいますか?

── 動詞 (三単現 **cashes** [-iz]; 過去・過分 **cashed** [-t]; 現分 **cashing**)

他 (小切手など)を現金に換(か)える

▸Where can I **cash** this check?
どこでこの小切手を現金にできますか?

cashier [kæʃíər キャシア] (★アクセントに注意) 名詞 C 会計係, レジ係; (銀行などの)出納(すいとう)係

cassette [kəsét カセット] 名詞

C カセット(テープ); フィルムカートリッジ

cast [kǽst キャスト] 動詞

(三単現 **casts** [kǽsts キャスツ]; 過去・過分 **cast**; 現分 **casting**) 他

❶ (人)に(劇などの)役を割り当てる

❷ …を投げる(♦throw よりかたい語); (さいころ)を振(ふ)る; (票)を投じる

── 名詞 (複数 **casts** [kǽsts キャスツ])

C (劇などの)配役, キャスト

caster [kǽstər キャスタ] 名詞

C キャスター(♦家具・いすなどの底や脚(あし)についている車)

castle [kǽsl キャスる] (★発音に注意)

名詞 C 城; 大邸宅(ていたく)

casual [kǽʒuəl キャジュアる]

(★発音に注意) 形容詞

❶ カジュアルな, くだけた, ふだん着の

▸a **casual** conversation
くだけた会話

▸They wore **casual** clothes to the party.
彼らはそのパーティーにカジュアルな服を着て行った.

❷ 思いつきの, 何気ない; 不用意な, 無とんちゃくな

▸a **casual** question
何気ない質問

casually [kǽʒuəli キャジュアリ] 副詞

❶ 偶然(ぐうぜん)に; 何気なく; 不用意に, 無とんちゃくに

❷ (服装が)カジュアルに, ふだん着で

˸cat [kǽt キャット] 名詞

(複数 **cats** [kǽts キャッツ])

C【動物】ネコ ➡ **animals** 図

▸I have four **cats**.
わたしはネコを4匹(ひき)飼っている.

参考 **ネコのいろいろ**

a tortoiseshell [tɔ́ːrtəsʃèl トータスシェる] 三毛ネコ
a tabby (cat) [tǽbi タぁビ] とら[ぶち]ネコ
a stray cat のらネコ
a tomcat [támkæ̀t タムキャぁット] 成長した雄(おす)ネコ
a kitten 子ネコ

catalog, catalogue [kǽtəlɔ̀ːg キぁタろーグ] 名詞 C 目録, カタログ

⁝catch [kǽtʃ キぁッチ]

──動詞 (三単現 **catches** [-iz]; 過去・過分 **caught** [kɔ́ːt コート]; 現分 **catching**)

──他 **基本のイメージ: 動いているものを捕(と)らえてつかむ**

❶ **…を捕(つか)まえる, 捕らえる**
❷ (乗り物)**に間に合う**
❸ (病気)**にかかる**
❹ (服・指など)**をひっかける**

❶ **…を捕まえる, 捕らえる**; …をつかむ; 《**catch** ＋人＋ **by the ...** で》(人)の…をつかむ
▸**catch** a ball ボールを捕る
▸**Catch** that man! その男を捕まえてくれ!
▸The man was **caught** by the police. その男は警察に捕らえられた.
▸She **caught** me **by the** arm. (＝She **caught** my arm.) 彼女はわたしの腕(うで)をつかんだ.
❷ (乗り物)**に間に合う**(対義語 miss 乗り遅(おく)れる); (人・もの)に追いつく
▸I ran and **caught** the bus. わたしは走って, バスに間に合った.
▸Go ahead. I'll **catch** you later. 先に行って. あとで追いつくから.
❸ (病気)**にかかる**; (火)がつく
▸I **caught** (a) cold last week. 先週, わたしは風邪(かぜ)をひいた.
▸Dry wood **catches** fire quickly. 乾燥(かんそう)した木材はすぐに火がつく.
❹ (くぎ・戸などに)(服・指など) **をひっかける**, はさむ《**on** [in] ...》
▸I **caught** my shirt **on** a nail. シャツをくぎにひっかけてしまった.
❺ 《**catch** ＋人など＋ **...ing** で》(人など)が(よくないことを)しているところを見つける, 目撃(もくげき)する
▸Ann **caught** Meg **reading** her diary. アンはメグが彼女の日記を読んでいるのを見つけた.
❻ …を理解する; …を聞き取る
▸We couldn't **catch** his meaning. わたしたちは彼の言っている意味がわからなかった.
▸Sorry, but I couldn't **catch** your name. すみませんが, お名前を聞き取れませんでした.

──自 (…に)ひっかかる《**on** [in] ...》

be cáught in ... (雨など)にあう
▸I **was caught in** a shower on my way home. 帰宅途中(とちゅう), わたしはにわか雨にあった.

cátch at ... …をつかもうとする
▸ことわざ A drowning man will **catch at** a straw. おぼれる者はわらをもつかむ. (♦「困ったときには, どんな小さなことにもたよろうとする」の意味)

cátch úp with ... …に追いつく
▸I'll **catch up with** you soon. すぐにきみに追いつくよ.

──名詞 (複数 **catches** [-iz])
❶ C 捕らえること
❷ C 捕らえたもの; 漁獲(ぎょかく)高
▸We went fishing and had a good **catch**. わたしたちは釣(つ)りに行き, 大漁だった.

play cátch キャッチボールをする
(♦×この意味では play (a) catchball や catch (a) ball とはいわない)

catcher [kǽtʃər キぁチャ] 名詞 C 【野球】キャッチャー, 捕手(ほしゅ)

catches [kǽtʃiz キぁチズ] 動詞 catch

(…を捕(つか)まえる)の三人称単数現在形
—名詞 catch(捕(と)らえること)の複数形

caterpillar [kǽtərpìlər キャタピら]
名詞 ❶ C【昆虫】イモムシ, 毛虫
❷ C (戦車などの)キャタピラー

cathedral [kəθíːdrəl カすィードゥラる]
名詞 C (キリスト教の)大聖堂;(一般に)大寺院

Catholic [kǽθəlik キャそりック] 名詞 C
【キリスト教】(ローマ)カトリック教徒, 旧教徒(◆「新教徒」は Protestant)
—形容詞 (ローマ)カトリックの, 旧教の

cattle [kǽtl キャトゥる] 名詞
U《複数あつかいで》【動物】(家畜(かちく)としての)ウシ(全体) ➡ **cow** 参考
▸The **cattle** are eating grass.
ウシが草を食べている.

CATV [síːèitìːvíː スィーエイティーヴィー]
❶ 有線テレビ
(◆ *ca*ble *t*ele*v*ision の略)
❷ 共同アンテナテレビ(◆ *c*ommunity *a*ntenna *t*ele*v*ision の略)

·caught
[kɔ́ːt コート] (★発音に注意) 動詞
catch(…を捕(つか)まえる)の過去形・過去分詞

cauliflower [kɔ́ːləflàuər コーりふらウア]
名詞 C U【植物】カリフラワー

·cause [kɔ́ːz コーズ]
—動詞 (三単現 **causes** [-iz]; 過去・過分 **caused** [-d]; 現分 **causing**) 他
❶ **…の原因となる**, …をひき起こす
▸Driving too fast **causes** accidents.
スピードの出し過ぎは事故の原因となる.
❷《**cause** ＋**名詞**＋ **to** ＋**動詞の原形で**》…に～させる
▸The heavy snow **caused** me **to** miss the train. 大雪のせいでわたしは電車に乗り遅(おく)れた.
—名詞 (複数 **causes** [-iz])
C (…の)原因《of ...》(対義語 effect 結果)
▸What was the **cause of** the fire?
火事の原因は何だったのですか?

caution [kɔ́ːʃn コーシャン] 名詞
U 用心; U C 警告, 注意
▸**Caution** Wet Floor
《掲示》ぬれた床(ゆか)に注意

cautious [kɔ́ːʃəs コーシャス] 形容詞
用心深い, 慎重(しんちょう)な(同義語 careful)

cave [kéiv ケイヴ] 名詞
C 洞(どう)くつ, ほら穴

caw [kɔ́ː コー] 動詞
自 (カラスが)カアカア鳴く ➡ **animals** 図
—名詞 C カアカアという鳴き声

:CD [síːdíː スィーディー] 名詞
(複数 **CDs** [-z])
C **CD**, コンパクトディスク
(◆ *c*ompact *d*isc の略)

CD-ROM [síːdìːrám スィーディーラム]
名詞 C シーディーロム
(◆音楽やコンピューター用データを収めた CD; ROM は *R*ead-*O*nly *M*emory 「読み出し専用メモリー」の略)

cease [síːs スィース] 動詞
(三単現 **ceases** [-iz]; 過去・過分 **ceased** [-t]; 現分 **ceasing**)
他 …をやめる, 終える
—自 やむ, 終わる(◆ stop よりかたい語)

Cebu [seibúː セイブー] 名詞
セブ島(◆フィリピン中部にある島)

cedar [síːdər スィーダ] 名詞 C
【植物】ヒマラヤスギ; U ヒマラヤスギ材

·ceiling [síːliŋ スィーリング] 名詞
(複数 **ceilings** [-z])
C **天井**(てんじょう)
▸The room has a high **ceiling**.
その部屋は天井が高い.

celebrate [séləbrèit セれブレイト] 動詞
(三単現 **celebrates** [séləbrèits セれブレイツ]; 過去・過分 **celebrated** [-id]; 現分 **celebrating**)
他 …を祝う;(式)をあげる
▸Our school **celebrated** its 50th anniversary this year. 今年, わたしたちの学校は 50 周年を祝った.
—自 祝う; 式をあげる

celebration [sèləbréiʃn セれブレイシャン] 名詞 U 祝賀; C 祝賀会, 祝典

celery [séləri セらリ] 名詞
U【植物】セロリ

a b c d e f g h i j k l m n o p q r s t u v w x y z

A B C D E F G H I J K L M N O P Q R S T U V W X Y Z

cell [sél せる] 名詞
❶ C 細胞(さいぼう)
❷ C (刑務(けいむ)所の)独房(どくぼう)
❸ C 電池

cellar [sélər せら] 名詞
C (食料・ワインなどを貯蔵(ちょぞう)する)地下室

cello [tʃélou チェろウ] (★発音に注意)
名詞 C 【楽器】チェロ
➡ **musical instruments** 図

cell phone [sél fòun せる ふォウン]
名詞 C 携帯(けいたい)電話
(◆cellular phone, mobile phone, portable phone ともいう)
▸turn on [off] *one's* **cell phone**
携帯電話の電源を入れる[切る]

cellular phone [séljələr fóun せりュら ふォウン] 名詞
C 携帯(けいたい)電話

Celsius [sélsiəs せるスィアス] 形容詞
(温度が)セ氏の (◆C と略す; 同義語 centigrade; 「カ氏の」は Fahrenheit)
➡ **Fahrenheit** 文化
▸fifteen degrees **Celsius**
セ氏 15 度(◆15℃と略す)

cement [səmént セメント] (★アクセントに注意) 名詞 U セメント; 接着剤(ざい)

cemetery [sémətèri セメテリ] 名詞
(複数 **cemeteries** [-z])
C (教会に付属しない)墓地, 共同墓地
(◆教会に付属する「墓地」は churchyard; 一つひとつの墓は tomb)

⁺cent [sént セント] 名詞
(複数 **cents** [sénts センツ])
❶ C セント (◆アメリカ・カナダ・オーストラリアなどの貨幣(かへい)単位で, 1 セントは 1 ドルの 100 分の 1; c., ct. と略し, ¢ の記号で表す; 5¢ は five cents と読む);
1 セント銅貨(同義語 penny)
❷ U (単位としての)100 ➡ **percent**

⁺center, 《英》**centre**
[séntər センタ]
—名詞 (複数 **centers** [-z])
❶ C (…の)**中心**, 中央, 真ん中《of ...》
➡ **middle**
▸the **center of** a circle 円の中心
▸There is a large park in the **center of** the city.
市の中心に大きな公園がある.
❷ C (活動などの) **中心地**, 中心人物; (施設(しせつ)としての)センター
▸a **center** of the world economy
世界経済の中心地
▸a shopping **center**
ショッピングセンター
❸ C 【スポーツ】(野球などの)センター, 中堅(ちゅうけん)(手)
—動詞 (三単現 **centers** [-z]; 過去・過分 **centered** [-d]; 現分 **centering**)
他 (注意など)を(…に)集中させる; …を(…の)中心に置く《on ...》

centigrade [séntigrèid センティグレイド] 形容詞 《しばしば **Centigrade** で》
セ氏の(◆C と略す; 同義語 Celsius; 「カ氏の」は Fahrenheit)
➡ **Fahrenheit** 文化
▸twenty degrees **centigrade**
セ氏 20 度 (◆20℃と略す; 現在では Celsius を使うことのほうが多い)

centimeter, 《英》**centimetre**
[séntəmì:tər センティミータ] 名詞
C センチメートル(◆1 センチメートルは 1 メートルの 100 分の 1; c. や cm と略す)

central [séntrəl セントゥラる] 形容詞
❶《名詞の前に用いて》中心の, 中央の
▸the **central** part of the city
市の中心部
❷ 主要な

Central America [séntrəl əmérikə セントゥラる アメリカ] 名詞
中央アメリカ, 中米

Central Park [séntrəl pá:rk セントゥラる パーク] 名詞 セントラルパーク
(◆アメリカのニューヨーク市マンハッタン島の中心部にある大きな公園)

centre [séntər センタ] 名詞 動詞
《英》=《米》center(中心)

・century [séntʃəri センチュリ]
名詞 (複数 **centuries** [-z])
C 世紀, 100年(◆c. や cent. と略す)
▸in the twenty-first **century**
21世紀に

ceramic [səræ̀mik セラぁミック] 形容詞
陶磁(とうじ)器の, 陶製の

cereal [síːriəl スィーリアる] 名詞
❶ C《ふつう **cereals** で》穀物, 穀類
❷ C U シリアル
(◆穀物を加工した朝食用インスタント食品; オートミール(oatmeal), コーンフレーク(cornflakes)など)

ceremony [sérəmòuni セレモウニ] 名詞
(複数 **ceremonies** [-z])
C 儀式(ぎしき), 式典, 式
▸an entrance **ceremony** 入学式
▸a graduation **ceremony** 卒業式

certain [sə́ːrtn サ～トゥン] 形容詞
❶《名詞の前に用いて》(はっきり言わずに)ある…;《よく知らない人の名前につけて》…という(人); 決まった, 一定の
▸at a **certain** place
ある場所で
▸a **certain** Mr. Brown
ブラウンさんとかいう人
❷《**a certain** で》多少の, いくらかの; かなりの
▸I lost **a certain** amount of money.
わたしはかなりの額のお金をなくした.
❸《**be certain of ...** [**about ..., that** 節]で》…を確信している(◆sure の場合より客観的な理由があることを表す; 対義語 uncertain 確信がない)
▸He **is certain of** his success. (= He **is certain that** he will succeed.)
彼は自分が成功すると確信している.
❹《**be certain to** +動詞の原形で》
必ず…する, きっと…する
▸She **is certain to** come. (= I'm **certain** that she will come.)
彼女はきっと来るだろう.
❺ 確かな, 確実な
(対義語 uncertain 不確実な)
▸**certain** evidence 確かな証拠(しょうこ)
for cértain 確かに, はっきりと
▸I don't know **for certain**.
わたしははっきりとは知らない.

・certainly
[sə́ːrtnli サ～トゥンり] 副詞
❶ **確かに**, きっと, 必ず(同義語 surely)
▸She **certainly** came here.
彼女は確かにここに来た.
❷ (返事で)**もちろんです**, 承知しました, いいですとも(同義語 sure)

> ダイアログ
> *A:* May I use your computer?
> あなたのコンピューターを使ってもいいですか?
> *B:* **Certainly**. もちろん.

certainty [sə́ːrtnti サ～トゥンティ] 名詞
(複数 **certainties** [-z])
❶ C 確実なもの[こと]
❷ U 確実[必然]性; 確信
with cértainty 確かに

certificate [sərtífikit サティふィケット]
(★アクセントに注意) 名詞
C 証明書; 免許(めんきょ)状

cf. [síːéf スィーエフ, kəmpéər コンペア, kənfə́ːr コンふァ～] 比較(ひかく)せよ, 参照せよ
(◆ラテン語 *confer*(= compare)の略)
▸**cf.** p. 327 327ページ参照

CFC [síːèfsíː スィーエふスィー] 名詞
C 【化学・環境】フロン(ガス)(◆オゾン層を破壊(はかい)する, 地球温暖化の原因物質の一つ; chloro*f*luoro*c*arbon の略)

CG [síːdʒíː スィーヂー] コンピューターグラフィックス(◆*c*omputer *g*raphics の略)

chain [tʃéin チェイン] 名詞
❶ C U 鎖(くさり), チェーン
▸keep a dog on a **chain**
イヌを鎖につないでおく
❷ C (…の)連(つら)なり, 連続《of ...》
▸a **chain of** events 一連の出来事

chain store [tʃéin stɔ̀ːr チェイン ストーア] 名詞 C チェーンストア
(◆同一の経営者や資本に経営される小売店の一つ)

A B C D E F G H I J K L M N O P Q R S T U V W X Y Z

⁑chair [tʃéər チェア]

名詞 (複数 chairs [-z])

❶ C (1人用で背のある)いす ➡ 下図

▸Please have a seat in [on] this **chair**. このいすにおかけください. (♦ in は「深々」という意味をふくむ)

❷《the chair で》議長(職); 委員長

•chairman

[tʃéərmən チェアマン] 名詞

(複数 chairmen [tʃéərmən チェアマン])

C 議長, 司会者; 委員長

(♦女性に対しては chairwoman という語もあるが, 最近は男女の性差別を避(さ)けるために chairperson も使われる)

chairperson [tʃéərpə̀ːrsn チェアパ～スン] 名詞 C 議長, 司会者; 委員長

➡ **chairman**

chairwoman [tʃéərwùmən チェアウマン] 名詞 (複数 chairwomen [tʃéərwìmin チェアウィミン])

C 女性の議長, 司会者; 委員長

➡ **chairman**

•chalk [tʃɔ́ːk チョーク] 名詞

(複数 chalks [-s])

U C チョーク

ルール chalk の数え方

1 chalk は英語では数えられない名詞なので, ふつう a chalk, chalks とはしません.

2 数えるときは次のようにいいます.

▸a piece of **chalk** チョーク1本

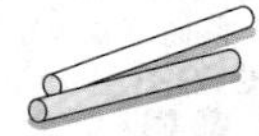

▸two pieces of **chalk** チョーク2本

3 ただし, 形容詞をともなって種類を表すときには, a white chalk「1本の白いチョーク」や some colored chalks「何本かの色チョーク」のようにいうことがあります.

•challenge

[tʃǽlindʒ チャレンヂ]

——名詞 (複数 challenges [-iz])

❶ C U 挑戦(ちょうせん)

chairs

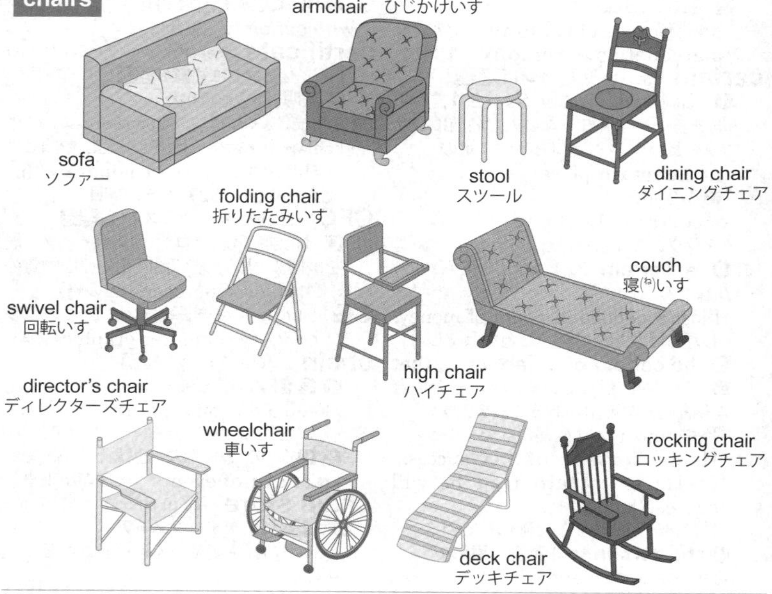

armchair ひじかけいす

sofa ソファー

stool スツール

dining chair ダイニングチェア

folding chair 折りたたみいす

swivel chair 回転いす

couch 寝(ね)いす

high chair ハイチェア

director's chair ディレクターズチェア

wheelchair 車いす

rocking chair ロッキングチェア

deck chair デッキチェア

▸She accepted my **challenge**.
彼女はわたしの挑戦を受けた.
❷ C U **やりがいのあること**, (能力を試されるような)難問
▸Becoming a lawyer is a big **challenge** for her. 彼女にとって弁護士になることは大きな挑戦だ.
──動詞 (三単現 **challenges** [-iz]; 過去・過分 **challenged** [-d]; 現分 **challenging**) 他
❶ (人)に挑戦する;
《**challenge** ＋**人**＋ **to** ＋**試合など**で》
(人)に(試合など)を挑(いど)む
▸I **challenged** my father **to** a game of *shogi*.
わたしは父に将棋(しょうぎ)を一局挑んだ.

> ルール **challenge の対象は人**
>
> 英語の challenge は「(人)に対して挑戦する」という意味なので, challenge の直後には「人」がきます.
> 「物事に挑戦すること」を表すには, try を使います.
> ▸I **tried** playing the piano.
> わたしはピアノをひくことに挑戦した.

❷ …に異議を唱える

challenged [tʃǽlindʒd チャれンヂド]
形容詞 (身体・心に)障害のある
▸physically **challenged**
体の不自由な

challenger [tʃǽlindʒər チャれンヂャ]
名詞 C 挑戦(ちょうせん)者

challenging [tʃǽlindʒiŋ チャれンヂング]
形容詞 (難しいが)やりがいのある
▸a **challenging** job
やりがいのある仕事

chamber [tʃéimbər チェインバ] 名詞
❶ C 会議所, 会館; 《**the chamber** で》議院
❷ C (特別な目的のための)部屋

chameleon [kəmíːliən カミーりオン]
名詞 C 【動物】カメレオン

champagne [ʃæmpéin シャンペイン]
名詞 C U シャンパン, シャンペン
(◆フランス語から)

champion [tʃǽmpiən チャンピオン]
名詞 C (競技などの) 優勝者; チャンピオン, 選手権保持者
(◆《口語》champ [tʃǽmp チャンプ])
▸become the world **champion**
世界チャンピオンになる

championship [tʃǽmpiənʃìp チャンピオンシップ] 名詞 C 選手権, 優勝;
《しばしば **championships** で単数あつかい》選手権大会

˙chance [tʃǽns チャンス] 名詞

(複数 **chances** [-iz])
❶ C 機会, チャンス
(同義語 opportunity)
▸Give me another **chance**.
わたしにもう一度チャンスをくれ.
▸She had a good **chance** to visit an old friend of hers.
彼女は旧友を訪問するよい機会を得た.
❷ C U **見こみ**, 可能性
▸have no [little] **chance**
見こみが全く[ほとんど]ない
▸They have a good **chance** of winning the game.
彼らには試合に勝つ可能性が十分ある.
❸ U 偶然; 運, 運命

by chánce
偶然に(同義語 by accident)
▸meet **by chance** 偶然会う

take a chánce
運にまかせて[思いきって]やってみる
▸I **took a chance** and jumped into the sea. わたしはいちかばちかで海に飛びこんだ.

chandelier [ʃæ̀ndəlíər シャンデリア]
(★アクセントに注意) 名詞
C シャンデリア

⁚change [tʃéindʒ チェインヂ]

動詞	他	❶ …を変える
		❷ …を交換(こうかん)する
		❸ …を両替(りょうがえ)する
	自	❶ 変わる
名詞		❶ 変化
		❷ つり銭

──動詞 (三単現 **changes** [-iz]; 過去・過分 **changed** [-d]; 現分 **changing**)
──他 ❶ …**を変える**; 《**change ... into [to]** ～で》…を～に変える
▸Let's **change** the topic [subject].
話題を変えましょう.
▸The magician **changed** the flowers **into** a bird.
手品師はその花を小鳥に変えた.
❷ …**を交換する**, 取り替(か)える, …を着替

える；(電車など)を乗り換(か)える
(♦同じ種類のものを交換する場合，目的語は複数形になる；同義語 exchange)
▸Please **change** seats with me.
わたしと席を替(か)わってください.
▸He **changed** his clothes.
彼は衣服を着替えた.
▸**change** trains at Tokyo Station
東京駅で電車を乗り換える
❸ (お金)**を**(…に)**両替する**，くずす《for [into] ...》(同義語 exchange)
▸I'd like to **change** yen **into** dollars.
円をドルに両替したいのですが.
❹《**change ... for ～**で》
…を～と取り替える
▸Please **change** this red T-shirt **for** a blue one. この赤いTシャツを青いものと取り替えてください.
—自 ❶ (…から / …に) **変わる**，変化する《from ... / to ...》
▸The traffic light **changed from** yellow **to** red.
信号が黄色から赤に変わった.
▸This town has **changed** a lot these days.
最近，この町は大きく変わった.
❷ (…から / …に)着替える《out of ... / into ...》；(…から / …に)乗り換える《from ... / to ...》
—名詞 (複数 **changes** [-iz])
❶ C U **変化**，変更(へんこう)，移り変わり
▸a sudden **change** in the weather
天候の急激な変化
❷ U **つり銭**，小銭(♦ small change ともいう) ➡ **money** 参考
▸Here's your **change**.
はい，おつりです.

文化 おつりの渡(わた)し方

欧米(おうべい)では，おつりの渡し方が日本とはちがいます. 店員は商品の値段におつりを足していき，客の出した金額になるまで続けます.
1 7ドル90セントの買い物をして10ドル札(さつ)を出す.
2 店員はまず10セント硬貨(こうか)(dime)を出しながら"Eight."と言う.
3 次に1ドル札を1枚出して"Nine."と言う.
4 最後に"Ten."と言って1枚渡す.

for a chánge
いつもとちがって，気分転換に，たまには
▸Let's eat out **for a change**.
気分転換に外食しよう.

changeable [tʃéindʒəbl チェインヂャブる] 形容詞 (天気などが)変わりやすい；(人が)気まぐれな

channel [tʃǽnl チぁヌる] 名詞
❶ C 海峡(かいきょう)
❷ C (ラジオ・テレビの)チャンネル
▸change [switch] to another **channel** チャンネルをほかにかえる
▸The World Cup is on **Channel** 1.
ワールドカップは1チャンネルで放映されている.

chapel [tʃǽpl チぁプる] 名詞 C (学校・病院などに付属する)礼拝堂，チャペル

Chaplin [tʃǽplin チぁプリン] 名詞
【人名】チャップリン卿(きょう)
(♦ Sir Charles Spencer Chaplin [sər tʃáːrlz spénsər- サ チャーるズ スペンサ-], 1889-1977；イギリス出身の映画俳優・監督(かんとく)・プロデューサー)

chapter [tʃǽptər チャプタ] 名詞
C (書物・論文などの)章
▸the first **chapter** (= Chapter One) 第1章

character [kǽriktər キャラクタ] 名詞
❶ C U 性格, 性質; 人格; 特徴(とくちょう) (同義語 personality)
▸She has a good **character**. 彼女は性格がよい.
▸national **character** 国民性
❷ C (小説・劇などの)登場人物, 配役
▸the main **characters** 主要登場人物
❸ C (表意)文字 (◆漢字など,「意味」を表す文字) ➡ **letter**
▸Chinese **characters** 漢字

characteristic [kæ̀rəktərístik キャラクタリスティック]
形容詞 (…に)特有の, 独特の, 特徴(とくちょう)的な《of ...》
—名詞 C 特徴, 特色

charcoal [tʃɑ́ːrkòul チャーコウる] 名詞
❶ U 炭, 木炭
❷ U チャコールグレー(色)

charge [tʃɑ́ːrdʒ チャーヂ] 動詞
(三単現 **charges** [-iz]; 過去・過分 **charged** [-d]; 現分 **charging**)
他 ❶ (…の)(代金など)を請求(せいきゅう)する《for ...》
▸The hotel **charges** 15,000 yen **for** one night. そのホテルの宿泊(しゅくはく)料は1泊(ぱく)15,000円だ.
❷ (…の罪で)(人)を告発する, 非難する《with ...》
❸ (電池など)に充電(じゅうでん)する
—名詞 ❶ C U (サービスに対する)料金, 費用《for ...》
▸a service **charge** サービス料, 手数料
▸an admission **charge** 入場料
▸free of **charge** 無料で
❷ U 世話; 責任; 管理
▸Ms. Kato is in **charge** of our class. 加藤先生がわたしたちのクラスの担任だ.
❸ C 非難; 罪
❹ C U 充電

·charity [tʃǽrəti チャリティ]
名詞 (複数 **charities** [-z])
U 慈善(じぜん), ほどこし; C 慈善団体
▸a **charity** concert チャリティーコンサート

charm [tʃɑ́ːrm チャーム] 名詞
❶ C U 魅力(みりょく), 人をひきつける力
▸New York has great **charm** for artists. ニューヨークは芸術家にとってとても魅力がある.
❷ C まじない, お守り; 小さな飾(かざ)り

文化 **英米の魔(ま)よけのお守り**
英米には冷えた鉄が悪魔を追い出すという言い伝えがあります. 玄関(げんかん)のドアに蹄鉄(ていてつ)(horseshoe)を打ちつけて魔よけにしている家もあります.

➡ **superstition** 文化

—動詞 他 ❶ (人)をうっとりさせる, ひきつける
❷ …に魔法をかける

charming [tʃɑ́ːrmiŋ チャーミング]
形容詞 魅力(みりょく)的な; すてきな

chart [tʃɑ́ːrt チャート] 名詞 C 図表; 海図
▸a weather **chart** 天気図

charter [tʃɑ́ːrtər チャータ] 名詞
C《しばしば **the Charter** で》憲章
▸**the Charter** of the United Nations 国際連合憲章
—動詞 他 (船・飛行機・車など)をチャーターする, 借り切る

chase [tʃéis チェイス] 動詞
(三単現 **chases** [-iz]; 過去・過分 **chased** [-t]; 現分 **chasing**)
他 …を追いかける, 追跡(ついせき)する (同義語 pursue); …を追い払(はら)う
▸The cat was **chasing** a mouse. そのネコはネズミを追いかけていた.
▸The police **chased** the man. 警察はその男を追跡した.
—自 (…を)追いかける《after ...》
—名詞 C 追跡; 追求 (同義語 pursuit)

chat [tʃǽt チャット] 動詞
(三単現 **chats** [tʃǽts チャッツ]; 過去・過分 **chatted** [-id]; 現分 **chatting**) 自

A B C D E F G H I J K L M N O P Q R S T U V W X Y Z

❶ おしゃべりをする
❷【コンピューター】チャットする
(◆インターネット上で, 2人以上の人が同時にメッセージをやり取りすること)
—名詞 ❶ C U おしゃべり
▸I had a **chat** with Becky over the phone last night.
昨夜, わたしはベッキーと電話でおしゃべりをした.
❷ C U【コンピューター】チャット

chatter [tʃǽtər チャタ] 動詞 自
❶ (…について) ペチャクチャしゃべる《about ...》
❷ (鳥・サルなどが)けたたましく鳴く
❸ (歯が)(寒さ・恐怖(きょうふ)などで)ガチガチいう
—名詞 U (くだらない)おしゃべり; (鳥などの)鳴き声; (歯の)ガチガチいう音

ˋcheap [tʃíːp チープ]

—形容詞
(比較 **cheaper**; 最上 **cheapest**)
❶ (品物・料金が) **安い**
(対義語 expensive 高価な)
▸Fresh fish is **cheap** at that shop.
あの店では新鮮(しんせん)な魚が安い.
❷ 安っぽい, 質の悪い
▸This pendant looks **cheap**.
このペンダントは安っぽい.

くらべよう 「安い」の言い方

1 cheap には ❷ の意味があるので, 単に「値段が安い」という場合には inexpensive を用いるほうが無難です.
▸an **inexpensive** restaurant
高くないレストラン
2「安くて経済的な」には economical を,「(値段など) が手ごろな」には reasonable を用います.
▸an **economical** car
経済的な車
▸a **reasonable** price
手ごろな値段

—副詞 (比較・最上 は 形容詞 に同じ)安く
▸I bought a hat **cheap** at that shop.
あの店で帽子(ぼうし)を安く買った.

cheat [tʃíːt チート] 動詞
他 (人)をだます, ごまかす;
(人)から(…を)だまし取る《of [out, of] ...》
▸He **cheated** me **out of** my money.
彼はわたしから金をだまし取った.
—自 (…で)不正をする; (試験で)カンニングをする《on, [《英》in] ...》
▸**cheat on** the exam
試験でカンニングをする
—名詞 C だます人, 詐欺(さぎ)師; 不正行為(こうい), カンニング(◆cunning は「ずるい」「ずるさ」という意味)

ˋcheck [tʃék チェック]

動詞	他	❶ …を点検する
		❷ …に照合の印(✓)をつける
	自	調べる
名詞		❶ 小切手
		❷ 勘定(かんじょう)書

—動詞 (三単現 **checks** [-s]; 過去・過分 **checked** [-t]; 現分 **checking**)
—他 ❶ **…を点検する**, 調べる, 検査する; (確認(かくにん)のために)…を(…と)照合する《against [with] ...》
▸I'll **check** the website.
そのウェブサイトを調べてみますね.
❷ **…に照合の印(✓)をつける**
▸**Check** the right answer.
正解に✓をつけなさい.
❸ …を阻止(そし)する, 止める; (感情・行為(こうい))を抑(おさ)える
❹ (チェスで)…に王手をかける
—自 **調べる**; (人に)確認する《with ...》
▸Wait, I'll **check with** my mom.
待って, お母さんに確認するから.

chéck ín
(…で)(宿泊(しゅくはく)や飛行機の搭乗(とうじょう))手続きをとる, チェックインする《at ...》
▸**check in at** the airport
空港で搭乗手続きをする

chéck óut
① (精算してホテルなどを)出る, チェックアウトする
▸He has already **checked out** of the hotel.
彼はすでにホテルを出ました.
② 《米》(図書館の本)を(手続きして)借り出す

—名詞 (複数 **checks** [-s])
❶ C 《米》**小切手**
(◆《英》cheque)
▸pay by **check** 小切手で支払(しはら)う
(◆手段を表す by のあとは無冠詞)
❷ C 《米》**勘定書**(◆《英》bill)

▸**Check**, please. お勘定をお願いします.(◆欧米(おうべい)では食事したテーブル担当のウェイター[ウェイトレス]が勘定書を持っていることが多い)
❸ C 照合, 検査;《米》照合の印(✓)
❹ C U 格子(こうし)じま, チェック模様
❺ U (チェスの)王手

checkout [tʃékàut チェックアウト] 名詞
❶ C U (ホテルの)チェックアウト
❷ C (スーパーなどの)レジ

checkup [tʃékʌ̀p チェックアップ] 名詞
C《口語》検査, 点検; 健康診断(しんだん)
▸a medical **checkup** 健康診断

cheek [tʃíːk チーク] 名詞 C ほお
➡ **head** 図
▸She kissed him on the **cheek**.
彼女は彼のほおにキスをした.

cheer [tʃíər チア] 動詞
他 …を元気づける, 励(はげ)ます;
…に喝采(かっさい)[声援(せいえん)]を送る
▸The news of her recovery **cheered** me. 彼女の回復の知らせはわたしを元気づけた.
—自 (…に)声援を送る《for ...》
▸We **cheered for** our home team.
わたしたちは地元のチームに声援を送った.
chéer úp (人)を元気づける; 元気づく
▸Alex seems down. Let's **cheer** him **up**. アレックスが落ちこんでいるみたいだ. 元気づけてあげようよ.
▸**Cheer up!** 元気を出して.
—名詞
❶ U 激励(げきれい), 励まし; C 応援
❷ C 喝采, 歓呼(かんこ)
▸give three **cheers**
万歳(ばんざい)を三唱する(◆リーダーが Hip! Hip! [híp ヒップ] と言ったあとに全員で Hurray! [həréi フレイ] と言うのを 3 回繰(く)り返す)
▸get big **cheers** 大喝采を受ける
Chéers!
乾杯(かんぱい);《英》ありがとう, さよなら.

•cheerful [tʃíərfl チアふる]
形容詞 (比較 **more cheerful**;
最上 **most cheerful**)
元気のよい, 陽気な; 楽しい
▸a **cheerful** song 陽気な歌

cheerfully [tʃíərfli チアふり] 副詞
陽気に, 元気よく, 快活に

cheerfulness [tʃíərflnəs チアふるネス] 名詞 U 元気のよさ, 快活さ

cheerleader [tʃíərlìːdər チアリーダ]
名詞 C《主に米》チアリーダー, (女性の)応援(おうえん)団員(◆「チアガール」は和製英語)

•cheese [tʃíːz チーズ] 名詞
(複数 **cheeses** [-iz])
C U チーズ
▸two pieces [slices] of **cheese**
チーズ 2 切れ(◆×数えるときは two cheeses とはいわない; ➡ **cake** ルール)
▸Say **cheese**!
(写真を撮(と)るときに)はい, チーズ!

cheeseburger [tʃíːzbə̀ːrgər チーズバ〜ガ] 名詞 C チーズバーガー

cheetah [tʃíːtə チータ] 名詞
C【動物】チーター(◆アフリカ・南アジア産のヒョウに似たネコ科の動物)

chef [ʃéf シェふ] 名詞 (複数 **chefs** [-s])
C コック長, シェフ(◆フランス語から)

chemical [kémikl ケミクる] 形容詞
化学の
▸a **chemical** reaction 化学反応
—名詞 C《ふつう **chemicals** で》
化学製品, 化学薬品

chemist [kémist ケミスト] 名詞
❶ C 化学者
❷ C《英》薬剤(やくざい)師
(同義語 pharmacist)

chemistry [kémistri ケミストゥリ] 名詞
U 化学

cheque [tʃék チェック] 名詞
C《英》小切手(◆《米》check)

•cherry [tʃéri チェリ] 名詞
(複数 **cherries** [-z])
C【植物】サクランボ; 桜の木(◆「桜の木」はふつう cherry tree という)

cherry blossom [tʃéri blɑ̀səm チェリ ブらサム] 名詞
C《ふつう **cherry blossoms** で》桜の花

chess [tʃés チェス] 名詞
U チェス(◆日本の将棋(しょうぎ)に似たゲーム)
▸play **chess** チェスをする

chest [tʃést チェスト] 名詞
❶ C 胸, 胸部(◆心臓・肺をふくむ)
❷ C (ふたつきのじょうぶな)大きな箱; たんす(◆ chest of drawers ともいう)
➡ **bedroom** 図
▸a toy **chest** おもちゃ箱

chestnut [tʃésnʌ̀t チェスナット] (★発音に注意) 名詞
C 【植物】クリ; クリの木; U クリ色

chew [tʃúː チュー] 動詞 他 …を(繰(く)り返し)かむ(◆「一度だけかむ」は bite)

chewing gum [tʃúːiŋ gʌ̀m チューインッ ガム] 名詞 U チューインガム

Chicago [ʃikáːgou シカーゴウ] 名詞
シカゴ(◆アメリカのイリノイ州にある大都市; 経済・金融(きんゆう)の中心地)

chick [tʃík チック] 名詞
C (主にニワトリの)ひな, ひよこ
➡ **chicken** 参考

·chicken [tʃíkin チキン] 名詞
(複数 **chickens** [-z])
❶ C 【鳥類】**ニワトリ** ➡ **animals** 図; (ニワトリの)**ひよこ**
▸raise **chickens** ニワトリを飼う

> 参考 **ニワトリの言い方**
> **chicken:** 「ニワトリ」一般
> **rooster:** おんどり
> **cock:** 《英》おんどり
> **hen:** めんどり
> **chick:** ひよこ

❷ U とり肉, チキン
▸fried **chicken** フライドチキン
❸ C 《口語》おくびょう者

chickenburger [tʃíkinbə̀ːrgər チキンバ〜ガ] 名詞 C U チキンバーガー

·chief [tʃíːf チーふ]
— 名詞 (複数 **chiefs** [-s])
C (団体・組織などの)**長**, **頭**(かしら), チーフ
▸the **Chief** of Police
警察署長
in chief 最高位の
— 形容詞 《名詞の前に用いて》
最高の; 主要な, 主な
(同義語 main, principal)
▸a **chief** cook コック長, シェフ
▸Toyota is one of the **chief** industrial cities in Japan.
豊田は日本の主な工業都市の一つです.

chiefly [tʃíːfli チーふリ] 副詞
主に, 主として(同義語 mainly)

:child [tʃáild チャイるド] 名詞
(複数 **children** [tʃíldrən チるドゥレン])
❶ C (おとなに対して)**子供**, 児童
(◆《口語》kid; 対義語 adult おとな)
▸a **child** of three 3歳(さい)の子供
▸I lived in Hokkaido as a **child**.
子供のころ, わたしは北海道に住んでいた.
❷ C (親に対して)**子供** (◆年齢(ねんれい)に関係なく使う; 対義語 parent 親)
▸an only **child** 一人っ子
▸bring up [raise] a **child**
子供を育てる
▸Mr. and Mrs. Jones have two **children**.
ジョーンズ夫妻には子供が2人いる.

> ルール **child と性別**
> **1** child は日本語の「子供」と同じように, 「おとなに対する子供」と「親に対する子供」の両方の意味があり, どちらも性別に関係なく使えます.
> **2** 性別をはっきりさせて言うときは, boy「男の子」や girl「女の子」, または son「息子(むすこ)」や daughter「娘(むすめ)」を使うこともよくあります.

childhood [tʃáildhùd チャイるドフッド] 名詞 C U 子供のころ, 幼年時代
▸in her **childhood** 彼女の幼年時代に

childish [tʃáildiʃ チャイるディッシ] 形容詞
❶ (年齢(ねんれい)より) 子供っぽい, 子供じみた(◆軽べつ的な意味で使われる)
▸Don't be **childish**.
子供じみたことをするな[言うな].
❷ 子供の, 子供らしい

:children [tʃíldrən チるドゥレン]
(★ 単数形 child [tʃáild チャイるド] との i の発音のちがいに注意) 名詞
child(子供)の複数形
▸Video games are popular for **children**.
テレビゲームは子供たちに人気がある.

chill [tʃíl チる] 名詞
C (肌(はだ)を刺(さ)す)冷気; 寒け
▸have a **chill** 寒けがする
── 動詞 他 …を冷やす(◆「…を凍(こお)らす」は freeze)
── 自 冷える

chilly [tʃíli チり] 形容詞
(比較 **chillier**; 最上 **chilliest**)
冷え冷えする, 肌寒(はださむ)い; 冷淡(れいたん)な
➡ **cold** くらべよう

chime [tʃáim チャイム] 名詞
C《ふつう **chimes** で》(1組の)鐘(かね), チャイム; 鐘の音

chimney [tʃímni チムニ] 名詞
(複数 **chimneys** [-z])
C 煙突(えんとつ) ➡ **house** 図

chimpanzee [tʃìmpænzíː チンパぁンズィー] (★アクセントに注意) 名詞
C【動物】チンパンジー
(◆《口語》chimp [tʃímp チンプ])

chin [tʃín チン] 名詞 C あご(◆下あごの先端(せんたん)を指す;「あご全体」は jaw)
➡ **head** 図

・**China** [tʃáinə チャイナ] 名詞
中国(◆正式名は the People's Republic of China「中華(ちゅうか)人民共和国」; 首都はペキン(北京)Beijing)

china [tʃáinə チャイナ] 名詞
U 陶磁(とうじ)器; 食器類 (◆食器類全体を指し, many や数を表す語をつけない)
▸a piece of **china** 陶磁器 1 点

Chinatown [tʃáinətàun チャイナタウン]
名詞 C U (外国の都市の)中国人街, チャイナタウン

・**Chinese** [tʃàiníːz チャイニーズ]
── 形容詞 **中国の**; 中国人の; 中国語の
➡ **Japanese** 参考
── 名詞 (複数 **Chinese**: 単複同形)
❶ C **中国人**;《**the Chinese** で複数あつかい》中国人(全体)
❷ U 中国語

chip [tʃíp チップ] 名詞
❶ C (木などの)切れ端(はし); (石・陶器(とうき)・ガラスなどの)破片(はへん)
❷ C 《ふつう **chips** で》《米》ポテトチップス(=potato chips) (◆《英》(potato) crisps); 《英》フライドポテト
(◆《米》French fries)
❸ C【コンピューター】チップ(◆集積回路が取りつけられた半導体の小片)

chocolate [tʃɔ́ːkəlit チョーコれット]
(★アクセントに注意) 名詞
❶ C U チョコレート(菓子(かし))
▸a **chocolate** bar (= a bar of **chocolate**) 板チョコ
▸a box of **chocolates** チョコレート 1 箱; 箱詰(づ)めのチョコレート
▸I love **chocolate**.
わたしはチョコレートが大好きだ.
(◆チョコレート全般を指す場合は, a をつけず複数形にしない)
❷ U C チョコレート飲料; ココア
❸ U チョコレート色

choice [tʃɔ́is チョイス] 名詞
❶ C 選択(せんたく), 選ぶこと
▸You made the right **choice**.
きみは正しい選択をした.
❷ C 選ばれたもの[人]
▸Which is your **choice**?
どちらにしますか?
❸ C U 選択権, 選択の自由; 選択の範囲(はんい); C 選択肢(し)
▸You have three **choices**.
あなたには3つの選択肢がある.
── 形容詞 (比較 **choicer**; 最上 **choicest**) 高級な, 上等な

choir [kwáiər クワイア] (★発音に注意)
名詞 C 聖歌隊; 合唱団

choke [tʃóuk チョウク] 動詞
(三単現 **chokes** [-s]; 過去・過分 **choked** [-t]; 現分 **choking**)
他 …を窒息(ちっそく)させる
── 自 息が詰(つ)まる, むせる
── 名詞 C 窒息, 息が詰まること

・**choose** [tʃúːz チューズ] 動詞
(三単現 **chooses** [-iz]; 過去 **chose** [tʃóuz チョウズ]; 過分 **chosen** [tʃóuzn チョウズン]; 現分 **choosing**)
── 他 ❶ **…を選ぶ**, 選択(せんたく)する
(同義語 select);《**choose** +人+もの または **choose** +もの+ **for** +人で》(人)に(もの)を選ぶ
▸**Choose** one from the five.
5つの中から1つ選びなさい.
▸Ann **chose** Tom a nice present. (= Ann **chose** a nice present **for** Tom.) アンはトムにすてきなプレゼントを選んだ. (◆文末の語句が強調される; 前者は「何を」選んだか, 後者は「だ

れに」選んだかに重点が置かれる）
❷《**choose** ＋人＋ **as** [**for**, (**to be**)] ＋役職などで》
（人）を（役職など）に選ぶ（同義語 elect）
▸They **chose** Peter **as** captain.
彼らはピーターをキャプテンに選んだ．
❸《**choose to** ＋動詞の原形で》
…することに決める（同義語 decide）
▸I **chose to** study French.
フランス語を勉強することに決めた．
—自（…の中から）選ぶ，選択する《**between** [**from**] ...》
▸Please **choose between** the two [**from** these]. その２つのどちらか を[これらから]選んでください．

chop [tʃáp チャプ] 動詞
（三単現 **chops** [-s]; 過去・過分 **chopped** [-t]; 現分 **chopping**）
他（おのなどで）…をたたき切る；（野菜など）を細かく切る
—名詞 C（ヒツジ・ブタなどの骨つきの）肉片(にくへん)，チョップ

chopstick [tʃápstìk チャプスティック] 名詞 C《ふつう **chopsticks** で》
（食事用の）はし
▸a pair of **chopsticks** はし１膳(ぜん)

chore [tʃɔ́ːr チョーア] 名詞
C 退屈(たいくつ)な仕事；
《(**the** [*one's*]) **chores** で》
（日常の）雑用，家事
▸do (**the**) household **chores**
家事をする

chorus [kɔ́ːrəs コーラス] 名詞
（複数 **choruses** [-iz]）
C 合唱団，コーラス；合唱（曲）
in chórus 声をそろえて；合唱して
▸sing **in chorus** 合唱する

·chose [tʃóuz チョウズ]
動詞 choose（…を選ぶ）の過去形

·chosen [tʃóuzn チョウズン]
動詞 choose（…を選ぶ）の過去分詞

chowder [tʃáudər チャウダ] 名詞
U チャウダー（♦魚介(ぎょかい)・野菜などを牛乳などで煮(に)こんだスープ）

Christ [kráist クライスト] 名詞
（イエス）キリスト
（♦ Jesus Christ [dʒíːzəs- ヂーザス-]; キリスト教の祖; Christ はギリシャ語で「救世主」の意味; Jesus Christ で「救世主であるイエス」という意味）

Christian [krístʃən クリスチャン] 名詞
C キリスト教徒，クリスチャン
—形容詞 キリスト教の；キリスト教徒の，クリスチャンの

Christianity [krìstʃiǽnəti クリスチあニティ] 名詞
U キリスト教，キリスト教信仰(しんこう)

Christian name [krístʃən néim クリスチャン ネイム] 名詞
C 洗礼名，クリスチャンネーム
（♦姓(せい)(family name)に対して個人にあたえられる名前のこと；例えば，John Smith なら John がクリスチャンネーム；キリスト教徒ではない人の場合は given name または first name という）

·Christmas [krísməs クリスマス]（★発音に注意）名詞
U **クリスマス**（＝ Christmas Day），キリスト降誕祭（♦ 12 月 25 日；英米などの祝日；Xmas と略す；Christ（キリスト）と mass（ミサ）が結合してできた語で，「キリストの誕生を祝うミサ」がもとの意味）
▸a **Christmas** present [gift]
クリスマスプレゼント
▸a white **Christmas**
雪の降るクリスマス
（♦形容詞をともなうと a, an がつく）

ダイアログ
A: Merry **Christmas**!
クリスマスおめでとう！
B: Same to you! あなたもね！

文化 クリスマスの過ごし方
英米では，一般に 12 月 24 日から 1 月 1 日，または 1 月 6 日までをクリスマス休暇(きゅうか)（《米》the Christmas vacation, 《英》the Christmas holidays）と呼んでいます．日本のような年賀状はないので，クリスマスカード（Christmas card）に “Merry Christmas & Happy New Year!” と新年のあいさつを加えることがあります．受け取ったクリスマスカードは，暖炉(だんろ)の上に立て掛(か)けたり，壁(かべ)にピンで留めて飾(かざ)ったりします．プレゼントはクリスマスの日までクリスマスツリー（Christmas tree）の下に置いておいたり，プレゼント用につるされた

靴下(くつした)の中に入れておいたりします．クリスマス当日は家族や親戚(しんせき)が集まって食事を楽しむのが一般的な過ごし方です．➡ **Christmas Eve** 文化, **greeting** 文化

Christmas card [krísməs kɑ̀ːrd クリスマス カード] 名詞 C クリスマスカード
➡ **Christmas** 文化, **greeting** 文化

Christmas carol [krísməs kǽrəl クリスマス キャロル] 名詞 C クリスマスキャロル(◆クリスマスを祝う賛美歌)

Christmas Day [krísməs déi クリスマス デイ] 名詞 クリスマス, キリスト降誕祭(◆12月25日；単に Christmas ともいう)

Christmas Eve [krísməs íːv クリスマス イーヴ] 名詞 クリスマスイブ, クリスマスの前日[《米》前夜]

文化 クリスマスの靴下(くつした)

12月24日の夜, キリスト教徒の家庭では, 子供たちはサンタクロース(Santa Claus)からプレゼントがもらえるように暖炉(だんろ)の上の飾(かざ)り棚(だな)などに靴下(Christmas stocking)をつるして眠(ねむ)ります. ➡ **Christmas** 文化

Christmas holidays [krísməs hɑ́lədèiz クリスマス ハりデイズ] 名詞《**the Christmas holidays** で》《英》=《米》the Christmas vacation (クリスマス休暇(きゅうか))

Christmas tree [krísməs trìː クリスマス トゥリー] 名詞 C クリスマスツリー(◆もみの木がよく用いられる)

➡ **Christmas** 文化

Christmas vacation [krísməs veikéiʃn クリスマス ヴェイケイシャン] 名詞《**the Christmas vacation** で》《米》クリスマス休暇(きゅうか), 冬休み(◆《英》the Christmas holidays)
➡ **Christmas** 文化

chrysanthemum [krisǽnθəməm クリサぁンせマム] 名詞 C【植物】菊(きく)(の花)

chuckle [tʃʌ́kl チャクる] 動詞 (三単現 **chuckles** [-z]; 過去・過分 **chuckled** [-d]; 現分 **chuckling**)
自 くすくす笑う, にやにやする
— 名詞 C くすくす笑い, ふくみ笑い

·church [tʃə́ːrtʃ チャ～チ] 名詞 (複数 **churches** [-iz])
❶ C U (キリスト教の)教会(◆《英》ではイギリス国教会の教会だけを指し, ほかの派のものは chapel という)
❷ U (教会の)礼拝, お祈(いの)り
➡ **school**[1] ルール
▸I go to **church** every Sunday.
わたしは毎週日曜日に教会へ(礼拝に)行く.

churchyard [tʃə́ːrtʃjɑ̀ːrd チャ～チヤード] 名詞 C 教会付属の墓地[庭]

A B C D E F G H I J K L M N O P Q R S T U V W X Y Z

CIA [sí:àiéi スィーアイエイ] 名詞
(アメリカ)中央情報局
(♦ the *C*entral *I*ntelligence *A*gency の略; アメリカ国外で, 外国の政治・軍事情報の収集や政治工作を行う大統領直属の機関)

cicada [sikéidə スィケイダ] 名詞
C 【昆虫】セミ(同義語 《米》locust)

文化 セミって何?
セミはイギリスなどヨーロッパ北部ではほとんど見られず, セミを知っている人はあまりいません.『イソップ物語』の中の『アリとキリギリス』の話も, もとは『アリとセミ』でしたが, ギリシャから伝わる過程で, より親しみのあるキリギリスに変わっていきました.

cider [sáidər サイダ] 名詞
❶ C U 《英》リンゴ酒
(♦アルコールをふくむ飲み物; cyder ともつづる; 《米》hard cider)
❷ C U 《米》リンゴジュース (♦ sweet cider ともいう; 日本の「サイダー」とは異なり, 炭酸をふくまない; 日本でいう「サイダー」は soda pop)

cigar [sigá:r スィガー] (★アクセントに注意) 名詞 C 葉巻き(タバコ)

cigarette, cigaret [sìgərét スィガレット] 名詞 C 紙巻きタバコ

Cinderella [sìndərélə スィンデレら] 名詞 シンデレラ(♦童話の題名, およびその女主人公の名); C 価値を認められないでいる人; いちやく有名になった人

cinema [sínəmə スィネマ] 名詞
❶ C 《英》映画館(♦《米》movie theater)
❷《**the cinema** で》《英》映画
(♦《米》the movies); U 映画産業
▸go to **the cinema** 映画を見に行く

cinnamon [sínəmən スィナモン] 名詞
U 【植物】シナモン

˙circle [sə́:rkl サ〜クる]
—名詞 (複数 **circles** [-z])
❶ C 円, 丸; 円形のもの, 輪
➡ **figures** 図
▸draw a **circle** 円[丸]をかく
▸sit in a **circle** 輪になってすわる
❷ C《ときに **circles** で》
仲間, 団体; …界
▸He has a large **circle** of friends.
彼には友達がたくさんいる.
—動詞 (三単現 **circles** [-z]; 過去・過分 **circled** [-d]; 現分 **circling**)
—他 …のまわりを回る; …を丸で囲む
—自 (飛行機などが)旋回(せんかい)する

circular [sə́:rkjələr サ〜キュら] 形容詞
円形の(同義語 round); 環状(かんじょう)の

circumstance [sə́:rkəmstæ̀ns サ〜カムスタぁンス] (★アクセントに注意) 名詞
C《ふつう **circumstances** で》
(周囲の)事情, 状況(じょうきょう); 暮らし向き
under* [*in*] *the circumstances
そういう事情で(は), 現状では

circus [sə́:rkəs サ〜カス] 名詞
(複数 **circuses** [-iz])
❶ C サーカス
❷ C 《英》(街路が集まる)円形広場

cities [sítiz スィティズ] 名詞
city(市)の複数形

˙citizen [sítizn スィティズン] 名詞
(複数 **citizens** [-z])
❶ C **市民**
▸a **citizen** of Berlin ベルリン市民
▸senior **citizens** 高齢(こうれい)者
❷ C 国民
▸a Japanese **citizen** 日本国民

:city [síti スィティ] 名詞
(複数 **cities** [-z])
❶ C (行政上の)**市**; (地方に対して)**都市**, 都会; (town より大きい)街
▸New York **City**
(= the **City** of New York)
ニューヨーク市
▸Tokyo is the biggest **city** in Japan. 東京は日本最大の都市だ.

くらべよう city と town
city は厳密には行政で定められた「市」を指します. town「町」よりも人口や政治・経済の規模が大きいのがふつうです.

❷《**the city** で単数あつかい》市民(全体)
❸《**the City** で》《英》シティー
(♦ロンドンの中心部で, 金融(きんゆう)の中心地; 正式名称(めいしょう)は the City of London)

City Lights [sìti láits スィティ らイツ]
名詞『街の灯』(♦ 1931 年製作のアメリカ映画; 監督・脚本・主演はチャールズ・チャップリン)

city hall [síti hɔ́:l スィティ ホーる] 名詞
C 《米》市役所, 市庁舎

civic [sívik スィヴィック] 形容詞
市の, 都市の; 市民の

civil [sívl スィヴる] 形容詞
《名詞の前に用いて》
❶ 市民の, 公民の
▸a **civil** servant　公務員
❷ (軍人や役人に対して)一般市民の, 民間の(対義語 military 軍人の)
❸ 国内の(対義語 foreign 外国の)
❹ 礼儀(れいぎ)正しい

civilization, 《英》**civilisation**
[sìvələzéiʃn スィヴィりゼイシャン] 名詞 U
文明; C 文明社会 ➡ **culture** くらべよう

civilize, 《英》**civilise** [sívəlàiz スィヴィらイズ] 動詞 (三単現 **civilizes** [-z]; 過去・過分 **civilized** [-d]; 現分 **civilizing**)
他 …を文明化する; (人)を洗練させる

civilized, 《英》**civilised**
[sívəlàizd スィヴィらイズド] 形容詞
❶ 文明化した, 文化的な
❷ 礼儀(れいぎ)正しい; 洗練された

civil rights movement [sívl ráits múːvmənt スィヴる ライツ ムーヴメント]
《**the Civil Rights Movement** で》
《米》公民権運動(◆特に 1950~1960 年代の黒人を中心とした有色人種への公民権(アメリカの市民としての諸権利)の適用と人種差別の廃止(はいし)を求めた運動を指す)

civil war [sívl wɔ́ːr スィヴる ウォーア]
名詞 ❶ C 内戦, 内乱
❷《**the Civil War** で》
(アメリカの)南北戦争(◆ 1861-1865)

文化 南北戦争とリンカーン

南北戦争は, 奴隷(どれい)制を存続させたい南部諸州と, 廃止(はいし)すべきだとする北部諸州との対立から始まりました. この戦いは 4 年後に北軍の勝利で終わりますが, 戦争中にペンシルベニア州のゲティスバーグ(Gettysburg)を訪(おとず)れたリンカーン(Lincoln)大統領は演説の中で, "... government of the people, by the people, for the people ..."「人民の, 人民による, 人民のための政治」という有名なことばを残しました. ➡ **Lincoln**

claim [kléim クれイム] 動詞 他
❶《**claim** + **that** 節で》…を主張する
▸He **claimed (that)** he saw a UFO.
彼は UFO を見たと主張した.
❷ (当然の権利として)…を要求する
—名詞 C (権利の)要求; 主張(◆日本語の「クレーム」(不平)にあたる意味はない)

clam [klǽm クらぁム] 名詞 C【貝類】
ハマグリ, アサリ; (一般に)二枚貝

clap [klǽp クらぁップ] 動詞
(三単現 **claps** [-s]; 過去・過分 **clapped** [-t]; 現分 **clapping**)
他 (手)をたたく; (人・演技など)に拍手(はくしゅ)する; (人)をポンとたたく
▸**Clap** your hands, everyone.
みなさん, 拍手して.
—自 拍手する
—名詞 C パチパチ[ピシャリ, パチン]という音; 《ふつう **a clap** で》拍手, ぽんとたたくこと ➡ **sound** 図

clarinet [klæ̀rənét クらぁリネット] 名詞
C【楽器】クラリネット
➡ **musical instruments** 図

clash [klǽʃ クらぁッシ] 動詞 (三単現 **clashes** [-iz]; 過去・過分 **clashed** [-t]; 現分 **clashing**) 自
❶ (…と)衝突(しょうとつ)する, ぶつかり合う; (意見などが)(…と)衝突する《with ...》
▸**clash with** police　警察と衝突する
❷ (かたいものが)ガチャンとぶつかる
—名詞 ❶ C 衝突(◆車の衝突や飛行機の墜落(ついらく)などは crash); 対立

A B C D E F G H I J K L M N O P Q R S T U V W X Y Z

❷ C ガチャン[ジャーン]という音

⁝class [klǽs クらぁス] 名詞

(複数 **classes** [-iz])

❶ C **学級**, 組, クラス; クラスの生徒(全員)(◆学級全体をひとまとまりと考えるときは単数あつかいで, 学級の一人ひとりに重点を置くときは複数あつかい)

▸Beth and I are in the same **class**. ベスとわたしは同じクラスだ.

▸What **class** are you in? あなたは何組ですか?

▸Good morning, **class**. (教師が生徒たちに向かって)みなさん, おはようございます.

❷ C U **授業**(同義語 lesson)

▸math **class** 数学の授業

▸I have an English **class** today. 今日は英語の授業がある.

▸We have six **classes** on Monday. 月曜日には授業が6時間あります.

▸They are in **class** now. 彼らは今, 授業中だ.

❸ C **等級**

▸travel first **class** ファーストクラスで旅行する

❹ C《しばしば **classes** で》(社会の)**階級**

▸the upper [middle, lower] **class(es)** 上流[中流, 下層]階級

classes [klǽsiz クらぁスィズ] 名詞

class(学級)の複数形

classic [klǽsik クらぁスィック] 名詞 C

古典, 古典作品; 一流の作品; 一流の作家

──形容詞《名詞の前に用いて》

第一級の, 一流の; 典型的な; 古典の

▸a **classic** work of art 第一級の芸術品

▸a **classic** example 典型的な例

classical [klǽsikl クらぁスィクる]

形容詞 (古代ギリシャ・ローマの)古典の; 【音楽】クラシックの; 古典派の

▸**classical** music クラシック音楽 (◆×classic music とはいわない)

classify [klǽsəfài クらぁスィふァイ]

動詞 (三単現 **classifies** [-z]; 過去・過分 **classified** [-d]; 現分 **classifying**)

他 …を分類する

ˑclassmate [klǽsmèit クらぁスメイト] 名詞 (複数 **classmates** [klǽsmèits クらぁスメイツ])

C **級友**, クラスメート, 同級生

▸Sarah and I are **classmates**. サラとわたしは同級生だ.

⁝classroom

[klǽsrùːm クらぁスルーム] 名詞

(複数 **classrooms** [-z])

C **教室**

➡ 巻頭カラー 英語発信辞典②

文化 先生はいつも同じ教室

アメリカの中学・高校では, 日本の場合と反対に, 先生が一つの教室を持っており, 生徒のほうが科目によって毎時間ごとに移動します.

claw [klɔ́ː クろー]

名詞 C (ネコ・タカなどの鋭(するど)く曲がった)つめ; (カニ・エビなどの)はさみ(◆人間の「つめ」は nail)

claws

clay [kléi クれイ] 名詞

U 粘土(ねんど); 土

⁝clean [klíːn クリーン]

──形容詞

(比較 **cleaner**; 最上 **cleanest**)

❶ **きれいな**, **清潔な**(対義語 dirty 汚(きたな)い); 環境(かんきょう)を汚染(おせん)しない

clean

dirty

▸**clean** air　きれいな空気
▸Her teeth are **clean**.
彼女の歯はきれいだ.
▸Keep your room **clean**.
自分の部屋をきれいにしておきなさい.
▸**clean** energy
(風力や太陽熱などの)クリーンエネルギー
❷ みごとな
▸a **clean** hit　【野球】クリーンヒット
—動詞 (三単現 **cleans** [-z];
過去・過分 **cleaned** [-d]; 現分 **cleaning**)
他 **…をきれいにする**, …を掃除(そうじ)する
▸**Clean** the windows.
窓をきれいにふきなさい.
▸Did you **clean** your room?
自分の部屋を掃除しましたか?
cléan úp
…をきれいに掃除する, 片づける

cleaner [klíːnər クリーナ] 名詞
C 掃除(そうじ)をする人;電気掃除機;洗剤(せんざい);《**the cleaners**, 《英》**the cleaner's** で》クリーニング店

˙cleaning [klíːniŋ クリーニング]
—動詞 clean(…をきれいにする)の現在分詞・動名詞
—名詞 U **掃除**(そうじ); クリーニング
▸do the **cleaning**　掃除をする

cleanup [klíːnʌ̀p クリーンアップ] 名詞
C 大掃除(おおそうじ);【野球】4 番(打者)
(◆日本語の「クリーンナップ(3 番から 5 番打者)」とは意味が異なる)

˙clear [klíər クリア]

形容詞	❶ 澄(す)みきった
	❷ はっきりした
動詞 他	…を片づける

—形容詞 (比較 **clearer**; 最上 **clearest**)
❶ **澄みきった**, 透明(とうめい)な; 晴れた
▸**clear** water　澄んだ水
▸You can see Mt. Fuji from here on a **clear** day. 晴れた日にはここから富士山が見えますよ.
❷ **はっきりした**, 明白な; (文章などが)わかりやすい
▸a **clear** picture　鮮明(せんめい)な写真
▸Her message was quite **clear**.
彼女のメッセージはとても明確だった.
❸ (場所が)さえぎるもののない, 空いた
▸The road is **clear** now.
その道路はもう通れるようになっている.
—副詞 (比較・最上 は 形容詞 に同じ)
はっきりと; 完全に
—動詞 (三単現 **clears** [-z];
過去・過分 **cleared** [-d]; 現分 **clearing**)
—他 (ものをどかして) …**を片づける**;
(…から)…を取り除く《from [off] ...》
▸I'll **clear** the table.
わたしが食卓(しょくたく)を片づけます.
▸I **cleared** snow **from** the road.
わたしは路上の雪を取り除いた.
—自 (空・雲・霧(きり)などが)晴れる
▸Suddenly, the sky **cleared**.
突然(とつぜん), 空が晴れた.

clearly [klíərli クリアり] 副詞
❶ はっきりと, 明瞭(めいりょう)に, わかりやすく
▸Please speak more **clearly**.
もっとはっきり話してください.
❷ 明らかに

Cleopatra [kliːəpǽtrə クリーオパぁトゥラ] 名詞 【人名】クレオパトラ
(◆ 69-30B.C.; 古代エジプトの女王)

clerk [kləːrk クら〜ク] 名詞 C 事務員; 《米》店員(◆《英》shop assistant)

˙clever [klévər クれヴァ] 形容詞
(比較 **cleverer**; 最上 **cleverest**)
❶ **りこうな**, 賢(かしこ)い (対義語 stupid ばかな); 抜(ぬ)け目のない
▸a **clever** dog　りこうなイヌ
▸He is the **cleverest** in the class.
彼はクラスでいちばん頭がいい.
❷ (手先などが)器用な, じょうずな《with ...》
▸Mary is **clever with** her hands.
メアリーは手先が器用だ.

cleverness [klévərnəs クれヴァネス]
名詞 U 利口さ, 賢(かしこ)さ; 巧妙(こうみょう)さ

click [klík クリック] 名詞
C カチッという音(スイッチを押(お)す音, コンピューターのマウスをクリックする音, ドアの掛(か)け金を下ろす音など)
—動詞 自 カチッと音がする;
【コンピューター】(…を)(マウスで)クリックする《on ...》
▸**click on** an icon
アイコンをクリックする
—他 …をカチッと鳴らす; …を(マウスで)クリックする
▸**click** the "save" button
「保存」ボタンをクリックする

client [kláiənt クライアント] 名詞
C (弁護士・会計士などへの)依頼(いらい)人

cliff [klíf クリふ] 名詞 (複数 **cliffs** [-s])
C 絶壁(ぜっぺき), がけ

climate [kláimit クライメット] 名詞
C U 気候(◆ある地域の年間の平均的な気候を指す; 一時的な「天気」は weather)
▸a tropical **climate** 熱帯性気候
▸**climate** change 気候変動
▸The **climate** of Tokyo is generally warm. 東京の気候は一般的に暖かい.

climax [kláimæks クらイマぁックス] 名詞 (複数 **climaxes** [-iz])
C 最高潮, クライマックス

・climb [kláim クらイム]
(★発音に注意) 動詞
(三単現 **climbs** [-z]; 過去・過分 **climbed** [-d]; 現分 **climbing**)
——他 (山・木など)**にのぼる**, よじのぼる; (階段・はしごなど)をのぼる; (坂)をのぼる
▸I **climbed** Mt. Fuji last summer. この前の夏, わたしは富士山にのぼった.
▸**climb** a ladder はしごをのぼる
——自 (…に)**のぼる**, よじのぼる《up ...》; 上昇(じょうしょう)する
▸Monkeys **climb** well. 猿(さる)は木のぼりがうまい.
▸I **climbed up** the tree. わたしはその木にのぼった.
clímb dówn
(手足を使って)…を下りる

climber [kláimər クらイマ] 名詞
C 登山者; よじのぼる人

climbing [kláimiŋ クらイミング] 名詞
U 登山, よじのぼること
▸rock **climbing** ロッククライミング

cling [klíŋ クリング] 動詞
(三単現 **clings** [-z]; 過去・過分 **clung** [klʌ́ŋ クらング]; 現分 **clinging**)
自 (…に)くっつく, しがみつく; 執着(しゅうちゃく)する《to ...》

clinic [klínik クリニック] 名詞
C 診療(しんりょう)所, (かかりつけの)医院 (◆急病・重症(じゅうしょう)患者(かんじゃ)が行く大きな総合病院は hospital); (種々の)専門相談所

clip [klíp クリップ] 名詞
C クリップ, 紙ばさみ; 留め金
——動詞 (三単現 **clips** [-s]; 過去・過分 **clipped** [-t]; 現分 **clipping**) 他
❶ …をクリップで留める, 挟(はさ)む
❷ (はさみで)…を切り抜(ぬ)く; (毛・植木など)を刈(か)る

clipper [klípər クリパ] 名詞
《**clippers** で複数あつかい》(木などを切る)はさみ, バリカン, つめ切り
▸nail **clippers** つめ切り

cloakroom [klóukrù:m クろウクルーム] 名詞 C (ホテル・劇場などの)携帯(けいたい)品預かり所, クローク(◆《米》checkroom)

・clock [klák クらック] 名詞
(複数 **clocks** [-s]) C **時計** ➡ p.121 図
▸The **clock** struck three. 時計が 3 時を打った.
▸That **clock** is five minutes fast [slow]. あの時計は 5 分進んで[遅(おく)れて]いる.

> **くらべよう clock と watch**
> **clock**: 置き時計や柱時計など, 携帯(けいたい)できないものを指します.
> **watch**: 腕(うで)時計や懐中(かいちゅう)時計など携帯できるものを指します.

clock tower [klák tàuər クらック タウア] 名詞 C 時計塔, 時計台

clockwise [klákwàiz クらックワイズ]
副詞 時計回りに, 右回りに
——形容詞 時計回りの, 右回りの

:close

> **close**[1] [klóuz クろウズ] 動詞 他
> ❶ (ドア・窓など)**を閉じる**
> **close**[2] [klóus クろウス] 形容詞
> ❶ **接近した**
> ❷ **親しい**

:close[1] [klóuz クろウズ]
(★ close[2] との発音のちがいに注意)
動詞 (三単現 **closes** [-iz]; 過去・過分 **closed** [-d]; 現分 **closing**)
——他 ❶ (ドア・窓など)**を閉じる**, 閉める; (店など)を閉める, 休業する
(同義語 shut, 対義語 open 開く)
▸Please **close** the door. ドアを閉めてください.
▸**Close** your textbooks. 教科書を閉じなさい.
▸They **close** the store on Sundays. 彼らは日曜日には店を閉める.
❷ (仕事・会合など)を終える

▸**close** a meeting
会議を終える
——自 閉じる, 閉まる; 終わる
▸The library **closes** at six.
その図書館は6時に閉まる.

ˈclose²

[klóus クろウス]
(★ close¹ との発音のちがいに注意)
——形容詞 (比較 **closer**; 最上 **closest**)
❶ (距離・時間が)**接近した**; (…に)ごく近い《to ...》(♦ near よりも近いことを表す)
▸My house is **close to** the park.
わたしの家はその公園のすぐ近くだ.
▸The exam is getting **closer**.
試験が近づいてきた.
▸You're very **close to** the answer.
正解にとても近いところにいますよ.
❷ **親しい**, 親密な(同義語 familiar)
▸a **close** friend of mine
わたしの親しい友人
▸Emma and I are very **close**.
エマとわたしはとても親しい.
❸ 綿密な; 注意深い(同義語 careful)
▸Pay **close** attention to him.
彼の言うことをよく注意して聞きなさい.
❹ (試合・競争などが)接戦の
▸win a **close** game　接戦で勝利する
——副詞 (比較・最上 は 形容詞 に同じ)
(…に)接近して; (…の)すぐ近くに《to ...》
(同義語 near)
▸The dog came **closer to** me.
そのイヌはわたしのほうに近づいてきた.

closed

[klóuzd クろウズド] 動詞
close¹(…を閉じる)の過去形・過去分詞
——形容詞 閉じた; 閉店の, 休業の
(対義語 open 開いている)
▸The shop is **closed** on Mondays.
その店は月曜日は休みだ.

closely

[klóusli クろウスり] 副詞
密接に; 綿密に, 念入りに; ぴったりと,
ぎっしりと(詰(つ)まって)

closet

[klázit クらゼット] 名詞
C 《主に米》(壁(かべ)に作りつけの)物置,
収納室, クローゼット(♦台所用品, 食料,
衣類などを入れる; 《主に英》cupboard)
➡ **bedroom** 図

close-up

[klóusʌ̀p クろウスアップ]
(★発音に注意) 名詞
C (映画・写真などの)クローズアップ,
大写し, 接写

clocks and watches

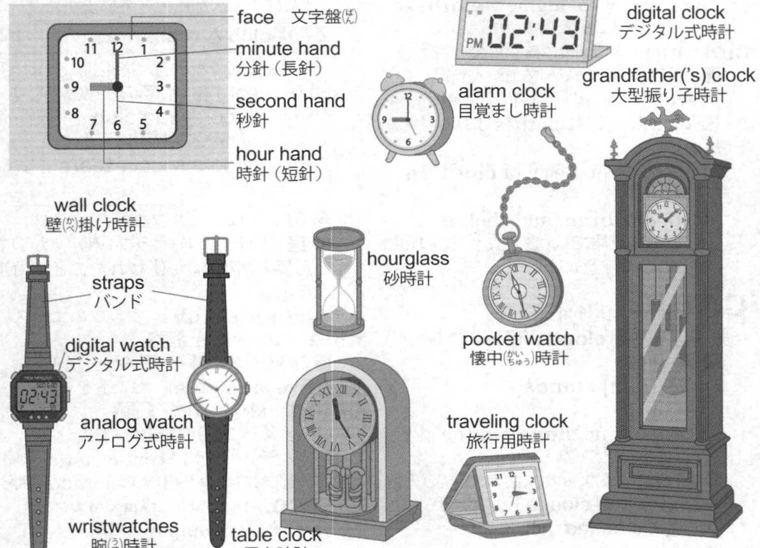

A B C D E F G H I J K L M N O P Q R S T U V W X Y Z

closing [klóuziŋ クろウズィンヶ] 動詞
close¹(…を閉じる)の現在分詞・動名詞
—名詞 U 閉鎖(へいさ); 終わり;
C 結びのことば
—形容詞 終わりの, 閉会の, 閉店の

◆cloth [klɔ́:θ クろーす] 名詞
(複数 **cloths** [klɔ:ðz クろーずズ])
(★複数形の発音に注意)
❶ U **布**, 服地; 織物
▸a piece of **cloth** 1枚の布
❷ C **布切れ**; テーブルクロス, ぞうきん
▸clean a desk with a **cloth**
ぞうきんで机をきれいにふく

clothe [klóuð クろウず] 動詞
(三単現 **clothes** [-z];
過去・過分 **clothed** [-d]; 現分 **clothing**)
他 …に服を着せる;《**be clothed in ...** で》(服)を着ている

◆clothes [klóuz クろウズ] (★発音に注意) 名詞
《複数あつかいで》**衣服** (全体), 着物
➡ **巻頭カラー 英語発信辞典⑯**
▸casual **clothes** ふだん着
▸change **clothes** 服を着替える
▸put on [take off] *one's* **clothes**
服を着る[脱(ぬ)ぐ]
▸Ann was wearing new **clothes**.
アンは新しい服を着ていた.

clothing [klóuðiŋ クろウずィンヶ] 名詞
U《単数あつかいで》衣類, 衣料品
(◆身につけるもの全体を指し, 帽子(ぼうし)・靴(くつ)などもふくむ; clothes よりも意味が広い)
▸an article [a piece] of **clothing**
衣類1点
▸food, **clothing**, and shelter
衣食住(◆英語では「食」「衣」「住」の順になることに注意)

⁑cloud [kláud クらウド]
—名詞 (複数 **clouds** [kláudz クらウヅ])
❶ U C 雲
▸dark [rain] **clouds**
暗雲[雨雲]
▸There are no **clouds** in the sky.
空には雲ひとつない.
❷ C 雲のようなもの; (雲のような)大群
—動詞 (三単現 **clouds** [kláudz クらウヅ];
過去・過分 **clouded** [-id];
現分 **clouding**)
自 曇(くも)る
▸Suddenly, the sky **clouded** over.
突然(とつぜん), 空一面が曇った.

cloudless [kláudləs クらウドれス] 形容詞
雲のない, 晴天の

⁑cloudy [kláudi クらウディ] 形容詞
(比較 **cloudier**; 最上 **cloudiest**)
曇(くも)った, 曇りの(対義語 fair, fine 晴れた); はっきりしない

> **ダイアログ**
> *A:* How's the weather in New York?
> ニューヨークの天気はどうですか?
> *B:* It's **cloudy**. 曇りです.

clover [klóuvər クろウヴァ] 名詞
C U【植物】クローバー, シロツメクサ

clown [kláun クらウン] 名詞
C (サーカスなどの)道化(どうけ)役者, ピエロ

⁑club [klʌ́b クらブ] 名詞
(複数 **clubs** [-z])
❶ C **クラブ**, 部, サークル
▸**club** activities 部活動
▸Why don't you join our **club**?
わたしたちのクラブに入りませんか?
▸She is in the chess **club**.
彼女はチェス部に入っています.

> **参考** **club と team**
> チームスポーツの部活動には club ではなく team を用いるのがふつうです.
> ▸my school's judo **club**
> わたしの学校の柔道(じゅうどう)部
> ▸my school's soccer **team**
> わたしの学校のサッカー部

❷ C こん棒; (ゴルフなどの)クラブ
❸ C (トランプの)クラブ(♣) (◆かつてこん棒の図柄(ずがら)が使われたことに由来する)
▸the ace of **clubs** クラブのエース

clue [klú: クるー] 名詞
C (問題などを解く)手がかり, 糸口
▸Give me a **clue**. ヒントをくれ.

clung [klʌ́ŋ クらンヶ] 動詞
cling(くっつく)の過去形・過去分詞

cm センチメートル(◆ *c*enti*m*eter(s) の略)

CO 【郵便】コロラド州(◆ *Co*lorado の略)

Co., co. [kóu コウ, kʌ́mpəni カンパニ]
会社, 商会(◆ *co*mpany の略)
▸Brown & **Co.** ブラウン商会

(♦ Co. の前に人名がある場合は，その間に & (and) を入れる)

c.o., c/o [síː óu スィーオウ, kéər əv ケアアヴ] (手紙のあて名で)…方，…気付(きつけ)
(♦ (in) *care of* の略)
▸Ms. Ando Saki, **c/o** Mr. Wilson ウィルソン様方，安藤咲様

coach [kóutʃ コウチ] 名詞
(複数 **coaches** [-iz])
❶ C (競技などの)コーチ；家庭教師
▸a soccer **coach** サッカーのコーチ
❷ C (鉄道の)客車；《米》バス，《英》(長距離(きょり)用の)大型バス
❸ C (大型 4 輪の)馬車
— 動詞 (三単現 **coaches** [-iz]; 過去・過分 **coached** [-t]; 現分 **coaching**)
他 …のコーチをする，指導をする
▸Mr. Brown **coaches** our baseball team.
ブラウン先生はぼくたちの野球チームを指導している.

coal [kóul コウる] 名詞 U 石炭

˙coast [kóust コウスト] 名詞
(複数 **coasts** [kóusts コウスツ])
C 海岸，沿岸 ➡ **shore** くらべよう
▸drive along the **coast**
海岸沿いをドライブする
▸off the **coast** 沖(おき)合いで
▸from **coast** to **coast**
《米》西海岸から東海岸まで；全国いたるところに
▸We live in a small town on the Pacific **coast**. わたしたちは太平洋沿岸の小さな町に住んでいる.

˙coat [kóut コウト]
— 名詞 (複数 **coats** [kóuts コウツ])
❶ C (スーツの)上着；コート，オーバー
(同義語 overcoat)
▸Put on [take off] your **coat**.
コートを着なさい[脱(ぬ)ぎなさい].

> くらべよう **coat と jacket**
>
> **coat**: 丈(たけ)の長さや用途(ようと)に関係なく，上着全般を指します.
> **jacket**: coat のうち，特に丈の短い上着を指します.
> ➡ **巻頭カラー 英語発信辞典⑯**

❷ C (ペンキなどの)塗装(とそう)
— 動詞 (三単現 **coats** [kóuts コウツ]; 過去・過分 **coated** [-id]; 現分 **coating**)
他 (ペンキなどで)…を塗(ぬ)る；(ほこりなどが)…をおおう《with [in] ...》
▸The book was **coated with** dust.
その本はほこりにおおわれていた.

Coca-Cola [kòukəkóulə コウカコウら]
名詞 C U【商標】コカコーラ
(♦アメリカのコカコーラ社の清涼(せいりょう)飲料水；略称(りゃくしょう)は Coke)

˙cock [kák カック] 名詞
(複数 **cocks** [-s])
❶ C《英》【鳥類】**おんどり**，雄(おす)のニワトリ(♦《米》rooster，対義語 hen めんどり)
➡ **chicken** 参考, **animals** 図
❷ C (ガス・水道の)栓(せん)，コック
(♦ 同義語 tap，《米》faucet)

cock-a-doodle-doo
[kákədùːdldúː カカドゥードゥるドゥー] 名詞
(複数 **cock-a-doodle-doos** [-z])
C (おんどりの鳴き声を表して)コケコッコー ➡ **animals** 図

Cockney, cockney [kákni カクニ]
名詞 ❶ C (生粋(きっすい)の)ロンドン子
(♦特にイーストエンド(East End)地区に住む人を指す)
❷ U ロンドンなまりの英語
(♦ h を発音しないなどの特徴(とくちょう)がある)

cockpit [kákpìt カックピット]
(★アクセントに注意) 名詞
C (飛行機・レーシングカーなどの)操縦(そうじゅう)室，操縦席，コックピット

cockroach [kákròutʃ カックロウチ]
名詞 (複数 **cockroaches** [-iz])
C【昆虫】ゴキブリ

cocoa [kóukou コウコウ] (★発音に注意)
名詞 C U ココア

coconut [kóukənʌ̀t コウコナット] 名詞
C【植物】ココナッツ，(ココ)ヤシの実

cod [kád カッド] 名詞
(複数 **cod** または **cods** [-z])
C【魚類】タラ(♦ cod fish ともいう)；
U タラの身

code [kóud コウド] 名詞
❶ C U 符号(ふごう)，暗号，コード，略号
▸a zip **code** 《米》郵便番号
❷ C (社会・団体の)おきて；規則；法典
▸the school **code** 校則
▸a dress **code** 服装(ふくそう)規定

A B C D E F G H I J K L M N O P Q R S T U V W X Y Z

coed, co-ed [kóuèd コウエッド]
（★発音に注意）形容詞 男女共学の

coeducation [kòuèdʒəkéiʃn コウエヂュケイシャン] 名詞 U 男女共学

coexistence [kòuigzístəns コウイグズィステンス] 名詞 U 共存

˙coffee [kɔ́ːfi コーふィ] 名詞
（複数 **coffees** [-z]）
❶ U コーヒー
▸make **coffee** コーヒーをいれる
▸black **coffee** ブラックコーヒー
（♦クリームやミルクの入っていないもの）
▸strong **coffee** 濃(こ)いコーヒー
▸weak **coffee** 薄(うす)いコーヒー

ダイアログ
A: How would you like your **coffee**?
コーヒーはどのようになさいますか?
B: With sugar [cream], please.
砂糖[クリーム]を入れてください.

参考 **いろいろなコーヒー**
ice(d) coffee アイスコーヒー
instant coffee インスタントコーヒー
caffè latte カフェラテ
[kǽfei lǽtei キぁふェイ らぁテイ]
cappuccino カプチーノ
[kæputʃíːnou キぁプチーノウ]
espresso エスプレッソ
[esprésou エスプレソウ]

❷ C (1杯(ぱい)の)コーヒー
▸Two **coffees**, please.
コーヒーを2つください.
（♦店で注文するときの言い方）

coffee break [kɔ́ːfi brèik コーふィ ブレイク] 名詞 C 《主に米》コーヒーブレイク（♦仕事の合い間にとる短い休憩(きゅうけい); 《英》では紅茶を飲むので tea break ということが多い）

coffee shop [kɔ́ːfi ʃɑ̀p コーふィ シャップ] 名詞 C 《主に米》コーヒーショップ

coil [kɔ́il コイる] 動詞 他 …をぐるぐる巻く
—自 巻きつく, とぐろを巻く
—名詞 C ぐるぐる巻いたもの; 一巻き; 【電気】コイル

coin [kɔ́in コイン] 名詞
C 硬貨(こうか), コイン ➡ **money** 参考
▸pay in [with] **coins**
硬貨で払(はら)う

coincidence [kouínsidəns コウインスィデンス] 名詞
C U (物事が)同時に起こること; (好みなどの)偶然(ぐうぜん)の一致(いっち)
▸What a **coincidence**!
なんという偶然なのでしょう.

cola [kóulə コウら] 名詞
C U コーラ（♦炭酸清涼(せいりょう)飲料）

꞉cold [kóuld コウるド]
—形容詞 (比較 **colder**; 最上 **coldest**)
❶ **寒い**; **冷たい**, 冷(さ)めた
（対義語 hot 熱い）
▸Oh, it's **cold**! うわっ, 寒い.
▸**cold** water 冷たい水
▸Drink your tea before it gets **cold**.
冷めないうちにお茶を飲みなさい.

くらべよう **cold, cool, chilly**
cold:「寒い」を表す一般的な語です.
cool:「心地よい涼(すず)しさ」を表します.
▸a **cool** wind さわやかな風
chilly:「冷え冷えする, 肌寒(はださむ)い」の意味です.
▸a **chilly** morning 肌寒い朝

❷ (人・行為(こうい)が)冷淡(れいたん)な, 冷たい
▸He was **cold** to me at first.
最初, 彼はわたしに対して冷たかった.
—名詞 (複数 **colds** [kóuldz コウるヅ])
❶ C U **風邪**(かぜ)
▸catch (a) **cold** 風邪をひく
▸He has a bad **cold**.
彼はひどい風邪をひいている.

▸Erika is in bed with a **cold**.
エリカは風邪をひいて寝(ね)ている.

❷ U 《ふつう **the cold** で》**寒さ**, 寒け

▸Don't stay out in **the cold**.
寒い場所にいてはいけません.

coldly [kóuldli コウるドリ] 副詞
冷淡(れいたん)に; 冷たく

collar [kɑ́lər カら] 名詞 C (服の)えり, (ワイシャツの)カラー; (イヌなどの)首輪

⁑collect [kəlékt コれクト] 動詞
(三単現 **collects** [kəlékts コれクツ]; 過去・過分 **collected** [-id]; 現分 **collecting**)

——他 **…を集める**; (趣味(しゅみ)・研究で)**…を収集する**

▸Ms. Baker **collected** the answer sheets.
ベーカー先生は答案用紙を集めた.

▸Bob **collects** foreign coins.
ボブは外国のコインを集めている.

——自 (人・動物が)**集まる**

▸The students **collected** in the gym.
生徒たちは体育館に集まった.

collect call [kəlékt kɔ́:l コれクト コーる] 名詞 C 《米》コレクトコール
(♦料金受信人払(ばら)いの電話)

▸make [receive] a **collect call**
コレクトコールをする[受ける]

collection [kəlékʃn コれクシャン] 名詞

❶ U 収集(すること)

▸garbage **collection**
ごみの収集

❷ C 収集したもの, コレクション

▸a **collection** of old toys
古いおもちゃのコレクション

collector [kəléktər コれクタ] 名詞
C 集金人; 収集家, コレクター

⁑college [kɑ́lidʒ カれッヂ] 名詞
(複数 **colleges** [-iz])

❶ C U (単科)**大学** (♦大学院や研究施設(しせつ)をもつ「総合大学」は university だが, しばしば区別なく用いられる)

▸enter (a) **college**
大学に入学する

▸go to **college**
大学に通う
(♦この意味では a や the はつかない
➡ **school**[1] ルール)

▸finish [graduate from] **college**
大学を卒業する

▸She studies Japanese history at [in] **college**.
彼女は大学で日本史を勉強している.

❷ C U 《米》(総合大学の)**学部**

❸ C 専門学校, 各種学校

collide [kəláid コらイド] 動詞
(三単現 **collides** [-z]; 過去・過分 **collided** [-id]; 現分 **colliding**) 自

❶ (…と)(激しく)衝突(しょうとつ)する《with ...》

❷ (意見などが) (…と) 衝突する《with ...》

collision [kəlíʒn コリジャン] 名詞
U C 衝突(しょうとつ); (意見などの)衝突

colloquial [kəlóukwiəl コろウクウィアる] 形容詞 口語(体)の, 会話の

▸a **colloquial** expression
口語表現, 話しことば

colon [kóulən コウろン] 名詞
C コロン(:)(♦句読点の一つ; 例や説明の前につけて,「すなわち」「つまり」の意味を表すなどの働きをする)
➡ **巻末付録 Ⅳ. 句読点・符号(ふごう)**

colony [kɑ́ləni カらニ] 名詞
(複数 **colonies** [-z])

❶ C 植民地

❷ C 植民, 移民(全体)

❸ C 居留地; 居留民

⁑color, 《英》colour [kʌ́lər カら]

——名詞 (複数 **colors** [-z])

❶ C U 色, 色彩(しきさい)

▸bright **colors** 明るい色

▸dark **colors**
暗色

▸What **color** is your bike?
(= What is the **color** of your bike?)
あなたの自転車は何色ですか?

> **ダイアログ**
> *A:* What **color(s)** do you like?
> 何色が好きですか?
> *B:* I like yellow and blue.
> わたしは黄色と青が好きです.

> **ダイアログ**
> *A:* I want to buy a sweater.
> (店で)セーターを買いたいのですが.
> *B:* What **color** are you looking for?
> 何色のものをおさがしですか?

参考 さまざまな色
black 黒
pink ピンク
blue 青
purple 紫(むらさき)
brown 茶色
red 赤
gray 灰色
white 白
green 緑
yellow 黄色

❷《colors で》絵の具(同義語 paints)
▸Jane painted a picture in water [oil] **colors.**
ジェーンは水彩(すいさい)画[油絵]をかいた.
❸ U《ときに **a color** で》顔色, 血色
▸She has **(a)** good **color** today.
彼女は今日, 顔色がいい.
❹ C U (人種による)皮膚(ひふ)の色
❺ U 個性, 特色
❻《colors で》旗(同義語 flag); 軍旗, 国旗
chánge cólor 青ざめる; 顔を赤くする
lóse cólor 顔色が青くなる
——動詞 (三単現 **colors** [-z]; 過去・過分 **colored** [-d]; 現分 **coloring**)
——他 …に色をつける
▸I **colored** the box yellow.
わたしはその箱を黄色に塗(ぬ)った.
——自 (葉などが)色づく; (顔を)赤らめる

Colorado [kɑ̀lərǽdou カろラぁドウ]
名詞 ❶ コロラド州 (◆アメリカ中西部の州; Col., Colo. または【郵便】で CO と略す)
❷《**the Colorado** で》コロラド川 (◆アメリカ西部を流れる川)

colored, 《英》**coloured** [kʌ́lərd カらド] 形容詞 色のついた; 有色(人種)の; 《米》(遠回しに)黒人の(◆差別的なニュアンスがあるので用いないほうがよい)

colorful, 《英》**colourful** [kʌ́lərfl カらふる] 形容詞 色彩(しきさい)に富んだ, カラフルな; 生き生きとした
▸The bird had **colorful** feathers.
その鳥は色鮮(あざ)やかな羽をしていた.

‡colour [kʌ́lər カら] 名詞 動詞
《英》=《米》color(色)

coloured [kʌ́lərd カらド] 形容詞
《英》=《米》colored(色のついた)

colourful [kʌ́lərfl カらふる] 形容詞
《英》=《米》colorful(色彩(しきさい)に富んだ)

Columbus [kəlʌ́mbəs コらンバス] 名詞
【人名】コロンブス(◆ Christopher Columbus [krístəfər- クリストふァ-], 1451-1506; 1492 年にアメリカ大陸に到達(とうたつ)したイタリアの航海者)

Columbus Day [kəlʌ́mbəs dèi コらンバス デイ] 名詞
《米》コロンブス記念日(◆コロンブスのアメリカ大陸到達(とうたつ)を祝う日; 10 月の第 2 月曜日とする州が多い)

column [kɑ́ləm カらム] (★発音に注意) 名詞
❶ C (石造の) 円柱, 柱; 円柱状のもの
❷ C (新聞・雑誌などの縦の)段; コラム

coma [kóumə コウマ] 名詞
C 昏睡(こんすい)(状態)

comb [kóum コウム] (★発音に注意) 名詞
❶ C くし
❷ C (ニワトリなどの)とさか
——動詞 他 (髪(かみ))をくしでとかす

combat (★名詞・動詞のアクセントのちがいに注意) 名詞 [kɑ́mbæt カンバぁット]
C U 戦い, 戦闘(せんとう)
——動詞 [kəmbǽt コンバぁット] 他 …と戦う

combination [kɑ̀mbənéiʃn カンビネイシャン] 名詞 C U 組み合わせ, 結合(体), 連合; U【化学】化合

combine (★動詞・名詞のアクセントのちがいに注意) 動詞 [kəmbáin コンバイン] (三単現 **combines** [-z]; 過去・過分 **combined** [-d]; 現分 **combining**)
他 …を(…と)結びつける, 化合させる; (…と)…を両立させる《with ...》
▸**combine** work **with** pleasure
仕事と楽しみを結びつける
——名詞 [kɑ́mbain カンバイン]
C コンバイン(◆刈(か)り取りと脱穀(だっこく)が同時にできる農機具)

‡come 動詞 ➡ p.128 **come**

comeback [kʌ́mbæ̀k カムバぁック]
名詞 C《ふつう単数形で》返り咲(ざ)き, カムバック
▸make a **comeback** カムバックする

comedian [kəmíːdiən コミーディアン] (★発音に注意) 名詞
C コメディアン, 喜劇俳優

comedy [kɑ́mədi カメディ] 名詞
(複数 **comedies** [-z])

C U 喜劇，コメディー
(対義語 tragedy 悲劇)

comet [kámit カメット] 名詞
C【天文】すい星，ほうき星

comfort [kʌ́mfərt カンふァト] 名詞
❶ U 安楽，快適さ
▸live in **comfort** 快適に暮らす
❷ U 慰(なぐ)め；C 慰めとなるもの[人]
▸words of **comfort** 慰めのことば
—動詞 他 …を慰める，元気づける

ˈcomfortable
[kʌ́mfərtəbl カンふァタブる] 形容詞
(比較 **more comfortable**;
最上 **most comfortable**)
快適な，気持ちのよい
▸a **comfortable** trip 快適な旅
▸This room is very **comfortable**.
この部屋はとても居心地がよい.
▸Make yourself **comfortable** [at home], please.
(客に対し)どうぞおくつろぎください.

comfortably [kʌ́mfərtəbli カンふァタブり] 副詞 心地よく，快適に

comic [kámik カミック] 形容詞
喜劇の；こっけいな
▸a **comic** book 《米》マンガ本
—名詞 ❶ C 喜劇俳優，コメディアン
(同義語 comedian)
❷ C マンガ本(= comic book)；
《**comics** で》《主に米》マンガ
(= comic strip)

comical [kámikəl カミカる] 形容詞
こっけいな，おかしな

comic strip [kámik strìp カミックストゥリップ] 名詞
C (新聞・雑誌などの)マンガ(♦ふつうはこま続きのものを指す；1 こまマンガは cartoon)

ˈcoming [kʌ́miŋ カミング]
—動詞 come (来る)の現在分詞・動名詞
—形容詞《名詞の前に用いて》
次の，来たるべき(同義語 next)
▸the **coming** Monday 次の月曜日

comma [kámə カマ] 名詞 C コンマ(,)
➡ 巻末付録 Ⅳ. 句読点・符号(ふごう)

command [kəmǽnd コマぁンド] 動詞 他
❶ …を命じる；
《**command** ＋人＋ **to** ＋**動詞の原形**で》
(人)に…することを命じる，命令する
▸I **command** you **to** come at once. 直ちに来ることを命じる.
❷ …を指揮する
❸ (場所)を見下ろす，見渡(みわた)す
—名詞 C 命令；U 指揮

commander [kəmǽndər コマぁンダ]
名詞 C (軍の)司令官，指揮官；
(海軍の)中佐

commencement [kəménsmənt コメンスメント] 名詞
❶ C U 開始，始まり
❷ C U 《米》学位授与(じゅよ)式；(高校の)卒業式(の日)(《英》graduation)

comment [káment カメント]
(★アクセントに注意) 名詞
C U 論評，批評，コメント
▸No **comment**. (質問に対して)何も言うことはありません.
▸Do you have any **comments** on [about] this movie? この映画について何か論評はありますか？
—動詞 自 (…について)論評する，批評する《on [upon] ...》

commerce [kámə:rs カマ〜ス]
(★アクセントに注意) 名詞 U 商業，貿易

commercial [kəmə́:rʃl コマ〜シャる]
形容詞 ❶ 商業(上)の，通商の
▸a **commercial** course 商業科
❷ (テレビ・ラジオなどが)民間放送の
—名詞 C (テレビ・ラジオなどの)コマーシャル，宣伝(♦ふつう CM とは略さない；messages ともいう)
▸a TV **commercial**
テレビコマーシャル

commit [kəmít コミット] 動詞
(三単現 **commits** [kəmíts コミッツ]；
過去・過分 **committed** [-id]；
現分 **committing**) 他
❶ (罪・過(あやま)ち)を犯(おか)す
▸**commit** a crime 罪を犯す
❷ …をゆだねる，任せる；(人)を(刑務(けいむ)所・病院などに)送る《to ...》
❸ (目的のために)(人・金・時間など)を使う，割り当てる《to [for] ...》

committee [kəmíti コミティ]
(★アクセントに注意) 名詞
C (組織としての)委員会
(♦「会合」は committee meeting)
▸The **committee** usually meets on Fridays.
その委員会はたいてい金曜日に集まる.

A B C D E F G H I J K L M N O P Q R S T U V W X Y Z

⁚come 動詞

[kʌ́m カム]

❶ 来る；(相手のところへ)行く
❷ 起こる
❸ (ある状態)になる
❹ …するようになる

(三単現 **comes** [-z]; 過去 **came** [kéim ケイム]; 過分 **come**; 現分 **coming**)

自 ❶ **来る**(対義語 go 行く)；(相手のところへ)**行く**；(季節などが)巡(めぐ)ってくる

▸**Come** here, John. ジョン，こっちに来て．

▸I **came** to Sydney last week. わたしは先週シドニーに来ました．

▸Here **comes** the bus. ほらバスが来た．

▸The snowy season has **come**. 雪の季節がやって来た．

▸What time will you **come** home? 何時に(家に)帰ってくるの？

ダイアログ

A: Emma, dinner is ready. エマ，夕食の用意ができたわよ．

B: OK. I'm **coming**. はい．今行きます．(◆× I'm going. とはいわない) ➡ ルール

ルール **come が「行く」？**

「(今話している)相手のほうへ行く」という場合は，go ではなく come を使います．
(◆ go は「(話し手のほうでも，聞き手のほうでもない)ほかの場所へ行く」という意味)

❷ **起こる**，生じる；(考えなどが)心に浮(う)かぶ

▸A good idea **came** to me. わたしはいい考えを思いついた．

❸《**come** ＋**形容詞**で》(ある状態)**になる**

▸**come** loose 緩(ゆる)む，ほどける

❹《**come to** ＋**動詞の原形**で》…**するようになる**

▸I **came to** like Japanese food. わたしは日本食が好きになった．

come abóut (たまたま)起こる，生じる(同義語 happen)

▸How did that accident **come about**? あの事故はどのようにして起こったのですか？

cóme across ... ① 偶然(ぐうぜん)…に出会う，…をふと見つける(同義語 come upon)

▸I **came across** an old friend of mine on the train. わたしは電車で古い友人の一人に偶然出会った．

② …を横切る

come alóng (偶然)現れる，やって来る；いっしょに来る

cóme and gó 行ったり来たりする；移り変わる

come and ＋**動詞の原形** …しに来る

▸**Come and** see me tomorrow. あしたわたしに会いに来てね．

come aróund (定期的に)巡(めぐ)ってくる

⁺***come báck*** ① **戻(もど)る**(同義語 return)

▸**Come back** by seven. 7時までに戻ってきなさい．

② 再び流行する；カムバックする

come dówn ① 降りてくる；落ちる；(雨などが)降る
② (伝説などが)伝わる
③ (価格・温度などが)下がる

◆***cóme from ...*** **…の出身である**；…から生じる，…に由来する

ダイアログ

A: Where does she **come from**?	彼女はどこの出身ですか？
B: She **comes from** Boston.	彼女はボストンの出身です．

come ín ① 入る
▸May I **come in**? 入ってもいいですか？
▸Please **come in**. (中から外の人に)どうぞお入りください．
② (競争などで)…着になる
▸He **came in** first in that race. 彼はそのレースで1位になった．

cóme into ... ① …に入ってくる
▸Don't **come into** my room without knocking. ノックをせずに部屋に入ってこないで．
② (ある状態)になる
▸Tight jeans have **come into** fashion recently. 近ごろ，細身のジーンズが流行している．

come óff (…から)外れる；(…から)落ちる
▸The paint is **coming off**. ペンキがはげかかっている．
▸A button **came off** my coat. ボタンが1個，コートからとれて落ちた．

Come ón. (催促(さいそく)・励(は)げまし・挑戦(ちょうせん)・注意などを表して)さあさあ；さあ行こう；急いで；がんばれ；さあ来い；よせよ
▸**Come on.** Don't be so afraid. さあさあ，そんなにこわがらないで．

◆***come óut*** ① **出てくる**，現れる
▸The sun **came out**. 太陽が出た．
② (花が)咲(さ)く
③ (事実などが)明るみに出る

◆***come óut of ...*** ① **…から出てくる**
▸She **came out of** the room. 彼女が部屋から出てきた．
② …から生じる

come óver (…から／…へ)はるばるやって来る《from ... / to ...》
▸She **came over from** Paris **to** Kyoto. 彼女ははるばるパリから京都にやって来た．

come to oneself 正気に返る

come trúe 実現する ➡ **true**

come úp (…に)近づく《to ...》；上がる，のぼる；(問題が)起こる

come úp with ... (考えなど)を思いつく

cóme upon [on] ... ① 偶然…に出会う(同義語 come across)
② (悪いことが)…を不意に襲(おそ)う，…にふりかかる

How cóme ...? なぜ…ですか？ ➡ **how**

A B C D E F G H I J K L M N O P Q R S T U V W X Y Z

*common [kάmən カモン]

—形容詞 (比較 more common または commoner; 最上 most common または commonest)

❶ **ふつうの**, ありふれた, よくある, 平凡(へいぼん)な(同義語 ordinary)

▸Rainy days are very **common** in this season.
この季節, 雨の日はごくふつうだ.

▸Sparrows were **common** birds in Japan.
スズメは日本ではありふれた鳥だった.

❷ (…に)**共通の**, 共有の《to ...》

▸a **common** language　共通の言語

▸This problem is **common to** all big cities in Japan.
これは日本の大都市のすべてに共通する問題だ.

❸ 公共の(同義語 public)

▸**common** welfare　公共の福祉(ふくし)

—名詞 (複数 commons [-z])

❶ C 共有地; 公園

▸Boston **Common**　ボストンコモン(♦ボストン市の中心にある公園)

❷《**the Commons** で》
(イギリスなどの)下院議員(全体), 下院

in cómmon　共通に

▸We have a lot **in common**.
わたしたちには共通点がたくさんある.

commonly [kάmənli カモンり] 副詞

ふつう, 広く, 一般的に

common sense [kάmən séns カモン センス] 名詞

U (経験で身についた)常識, 良識

commonwealth [kάmənwèlθ カモンウェるす] 名詞

(複数 commonwealths [-s])

❶《**the Commonwealth** で》
英連邦(れんぽう)(♦イギリスと, 経済・通商の面で相互(そうご)協力を行っている旧英国植民地の国々(カナダ, オーストラリア, インドなど)との連合体; the Commonwealth of Nations ともいう)

❷ C《**Commonwealth** で》
(州・国家で構成される)連邦

❸ C 国家, 共和国; 国民(♦かたい語)

*communicate [kəmjúːnikèit コミューニケイト]

(★アクセントに注意) 動詞

(三単現 communicates [kəmjúːnikèits コミューニケイツ]; 過去・過分 communicated [-id]; 現分 communicating)

—自 (…と)**通信する**, 連絡(れんらく)する; (…と)交際する, 通じる《with ...》

▸I often **communicate with** my sister in London by e-mail.
わたしはよく, ロンドンにいる姉[妹]とEメールで連絡を取り合う.

—他 (…に)(意思・情報など)**を伝える**, 知らせる《to ...》

▸I **communicated** my idea **to** them.
わたしは彼らに自分の考えを伝えた.

*communication

[kəmjùːnikéiʃn コミューニケイシャン] 名詞

(複数 communications [-z])

U **伝達**, 連絡(れんらく), コミュニケーション, 通信, 報道; C《**communications** で》通信[報道]機関

▸E-mail is a useful means of **communication**.
Eメールは役に立つ通信手段だ.

▸a **communications** satellite
通信衛星

communism [kάmjənìzm カミュニズム] 名詞

U 共産主義

communist [kάmjənist カミュニスト]

名詞 ❶ C 共産主義者

❷《**Communist** で》C 共産党員

—形容詞 共産主義(者)の

community [kəmjúːnəti コミューニティ]

名詞 (複数 communities [-z])

C 地域社会(の人々); (利害・宗教などを同じくする) 共同体, 団体, 社会; 《**the community** で》一般社会

▸a **community** college
コミュニティーカレッジ
(♦地域密着型の短期大学)

▸a **community** center
コミュニティーセンター, 公民館

▸a **community** channel
コミュニティーチャンネル(♦地域に密着した番組を放送するチャンネル)

commute [kəmjúːt コミュート] 動詞

(三単現 commutes [kəmjúːts コミューツ]; 過去・過分 commuted [-id]; 現分 commuting) 自 通勤[通学]する

—名詞 C《ふつう単数形で》

《口語》通勤, 通学

commuter [kəmjúːtər コミュータ] 名詞
C (長距離(きょり))通勤[通学]者

compact (★形容詞・動詞・名詞のアクセントのちがいに注意)
形容詞 [kəmpǽkt コンパぁクト]
小さくまとまった, コンパクトな, 小型の
▸a **compact** car 小型乗用車
—動詞 [kəmpǽkt コンパぁクト]
他 …をぎっしりと詰める; …を圧縮する
—名詞 [kámpækt カンパぁクト]
C (化粧(けしょう)品を入れる)コンパクト; 《米》小型自動車

compact disk [kámpækt dísk カンパぁクト ディスク] 名詞
C コンパクトディスク(♦ CD と略す)

companion [kəmpǽnjən コンパぁニョン] 名詞 C 仲間; 道連れ; 話し相手

ˈcompany [kʌ́mpəni カンパニ]

名詞 (複数 **companies** [-z])

❶ 会社
❷ 同席, 同行
❸ 仲間
❹ 一団

❶ C 会社(♦会社名では Co. と略す)
▸an airline **company** 航空会社
▸start a **company** 会社を起こす

ダイアログ
A: What kind of **company** do you work for?
どちらの会社にお勤めですか?
B: I work for a publishing **company**.
出版社に勤めています.

くらべよう **company と office**
company:「ビジネスを目的に作られた組織」としての「会社」を指します.
▸She works for a trading **company**.
彼女は商社に勤めている.
office:「場所や建物」としての「会社」を指します.
▸He usually comes to the **office** at 10.
彼はたいてい 10 時に出社する.

❷ U 同席, 同行; つき合い
▸I enjoyed your **company** very much. あなたとごいっしょできてとても楽しかったです.
❸ U 仲間, 友達
▸He keeps good **company**.
彼はよい友達とつき合っている.
❹ C 一団; (俳優などの)一座
▸a **company** of tourists
観光客の一団
❺ U 来客
▸We're having **company** (over) for dinner. 夕食にお客さんが来ます.

comparatively [kəmpǽrətivli コンパぁラティヴリ] 副詞
比較(ひかく)的, 割合; 比較すると

ˈcompare [kəmpéər コンペア]

動詞 (三単現 **compares** [-z]; 過去・過分 **compared** [-d]; 現分 **comparing**)
—他 ❶ …を比べる, 比較(ひかく)する;
《**compare ... with [to] 〜で**》
…を〜と比べる
▸**compare** prices 値段を比較する
▸Let's **compare** London **with** [**to**] New York.
ロンドンをニューヨークと比べよう.
❷《**compare ... to 〜で**》
…を〜にたとえる
▸Life is often **compared to** a voyage by sea.
人生はよく航海にたとえられる.
—自《**compare with ... で**》
…に匹敵(ひってき)する, 同等である
(♦ふつう否定文で用いる)
▸My old computer does**n't** **compare with** this new one.
わたしの古いコンピューターはこの新しいものとは比べものにならない.

comparison [kəmpǽrəsn コンパぁリスン] 名詞 C U 比較(ひかく); 【文法】(形容詞・副詞の)比較変化

compartment [kəmpáːrtmənt コンパートメント] 名詞
❶ C (列車の)個室, コンパートメント
❷ C 仕切り, 区画

compass [kʌ́mpəs カンパス] 名詞
(複数 **compasses** [-iz])
❶ C 羅針盤(らしんばん); (方位を示す)コンパス, 磁石
❷ C《ふつう **compasses** で》
(円をえがくための)コンパス

compel [kəmpél コンペる] 動詞 (三単現 **compels** [-z]; 過去・過分 **compelled**

[-d]; 現分 compelling) 他
❶《compel ＋人＋ to ＋動詞の原形で》
(人)に無理に…させる, …することを強(し)いる
▸My mother **compelled** me to stay home.
母はわたしに家にいることを強いた.
❷ (態度・物事)を(人に)強要する
《from ...》(♦かたい語)

compete [kəmpíːt コンピート] 動詞
(三単現 **competes** [kəmpíːts コンピーツ]; 過去・過分 **competed** [-id];
現分 **competing**)
自 (…と)競争する, 争う《with [against] ...》
▸I **competed with** Bill for the trophy. わたしはビルとトロフィーをめぐって争った.

competition [kὰmpitíʃn カンペティシャン] 名詞 U 競争; C 競技(会), 試合
▸I'm going to enter the tennis **competition**. わたしはそのテニス競技会に参加するつもりだ.

complain [kəmpléin コンプれイン] 動詞
自 (…について / …に)不平[苦情]を言う
《about [of] ... / to ...》; (正式に)訴(うった)える; (苦痛などを)訴える《of ...》
▸I **complained to** the waiter **about** the food. わたしはウェイターに食事のことで苦情を言った.
▸He **complained of** a toothache.
彼は歯が痛いと訴えた.

complaint [kəmpléint コンプれイント]
名詞 C U 不平, 苦情

˙complete

[kəmplíːt コンプリート]
── 形容詞 ❶ **全くの**, 完全な
▸a **complete** stranger
全く見ず知らずの人
❷ **全部の**, 全部そろった
▸the **complete** works of Natsume Soseki 夏目漱石全集
❸《名詞の前には用いない》
完成して, 完了(かんりょう)して
▸Is your work **complete**?
仕事は終わった？
── 動詞 (三単現 **completes** [kəmplíːts コンプリーツ]; 過去・過分 **completed** [-id]; 現分 **completing**)
他 …を完成させる, 完全なものにする; …を仕上げる
▸The new school building has been **completed**.
新しい校舎が完成した.

completely [kəmplíːtli コンプリートり]
副詞 完全に, すっかり

complex (★形容詞・名詞のアクセントのちがいに注意) 形容詞
[kampléks コンプれックス]
複雑な; 複合の(対義語 simple 単純な)
▸a **complex** problem 複雑な問題
── 名詞 [kámpleks カンプれックス]
(複数 **complexes** [-iz])
C 複合体; (建物などの)集合体; コンビナート; 【心理学】コンプレックス
▸a cinema **complex**
シネコン, 複合映画館

complicate [kámplikèit カンプりケイト] 動詞 (三単現 **complicates** [kámplikèits カンプりケイツ];
過去・過分 **complicated** [-id];
現分 **complicating**)
他 …を複雑にする, 難しくする

complicated [kámplikèitid カンプりケイティッド] 動詞 complicate(…を複雑にする)の過去形・過去分詞
── 形容詞 複雑な, 難しい
▸a **complicated** question
難しい質問

compliment [kámpləmənt カンプりメント] 名詞 C ほめことば, 賛辞

> ダイアログ
> *A:* You look great!
> すてきなかっこうですね.
> *B:* Thank you for the **compliment**.
> ほめていただいてありがとうございます.

── 動詞 [kámpləmènt カンプりメント]
他 (…について)(人)をほめる《on ...》

compose [kəmpóuz コンポウズ] 動詞
(三単現 **composes** [-iz]; 過去・過分 **composed** [-d]; 現分 **composing**) 他
❶ (文・詩など)を作る; …を作曲する; …を作図する
▸**compose** a poem [song]
詩を作る[歌を作曲する]
❷ …を構成する, 組み立てる;
《**be composed of** ＋名詞で》
…で構成されている
▸Japan **is composed of** four main islands.
日本は4つの主要な島で構成されている.

composer [kəmpóuzər コンポウザ]
名詞 C 作曲家, 作者

composition [kɑ̀mpəzíʃn カンポズィシャン] 名詞 ❶ C (音楽・詩などの)作品; 作文
❷ U 作曲(法), 作詩(法), 作文(法)
❸ U 構成, 組み立て; (絵・写真の)構図

compound [kɑ́mpaund カンパウンド]
形容詞 合成の, 混合の
——名詞 ❶ C 合成物, 混合物;
【化学】化合物
❷ C【文法】複合語

comprehend [kɑ̀mprihénd カンプリヘンド] 動詞 他 …を(十分に)理解する
(♦ understand よりかたい語)

comprehension [kɑ̀mprihénʃn カンプリヘンシャン] 名詞
❶ U 理解(力)
❷ U C 読解力[聞き取り]練習
▸a listening **comprehension** test
リスニングテスト

comprehensive [kɑ̀mprihénsiv カンプリヘンスィヴ] 形容詞
包括(ほうかつ)的な, 広範囲(はんい)の(♦かたい語)

compromise [kɑ́mprəmàiz カンプラマイズ] 名詞 C U 妥協(だきょう), 歩み寄り
——動詞 (三単現 **compromises** [-iz]; 過去・過分 **compromised** [-d]; 現分 **compromising**)
自 妥協する, 歩み寄る
▸make a **compromise** with ...
…と妥協する

compulsory [kəmpʌ́lsəri コンパるソリ]
形容詞 強制的な, 義務的な;
《英》(学科が)必修の(♦《米》required; 対義語 optional 選択の)
▸**compulsory** education 義務教育

⁑computer

[kəmpjúːtər コンピュータ] 名詞
(複数 **computers** [-z])
C コンピューター ➡ p.134 図
▸use a **computer**
コンピューターを使う
▸play a **computer** game
コンピューターゲームをする
▸**computer** graphics
コンピューターグラフィックス
(♦コンピューターによる図形・画像処理; CG と略す)

conceal [kənsíːl コンスィーる] 動詞
他 …を隠(かく)す, 秘密にする

conceive [kənsíːv コンスィーヴ] 動詞
(三単現 **conceives** [-z]; 過去・過分 **conceived** [-d]; 現分 **conceiving**)
他 (考え・計画など)を思いつく, 心にえがく

concentrate [kɑ́nsəntrèit カンセントゥレイト] (★アクセントに注意) 動詞
(三単現 **concentrates** [kɑ́nsəntrèits カンセントゥレイツ];
過去・過分 **concentrated** [-id];
現分 **concentrating**)
他 (努力・注意)を(…に)集中する
《on [upon] ...》
▸I **concentrated** my attention **on** the actions of the magician.
わたしは手品師の動作に注意を集中した.
——自 集まる; 注意[努力]を集中する

concentration [kɑ̀nsntréiʃn カンセントゥレイシャン] 名詞
❶ U (精神・注意などの)集中; 専心
▸I focused my **concentration** on her speech. わたしは彼女のスピーチに精神を集中した.
❷ U C (人・ものの)集中

concept [kɑ́nsept カンセプト] 名詞
C 概念(がいねん), 観念, 考え

concern [kənsə́ːrn コンサ～ン] 動詞 他
❶ …に関係がある, かかわる;
…に関することである
▸The problem **concerns** us, too.
その問題はわたしたちにも関係がある.
❷《**be concerned in [with] ...** で》
…に関係している; …に関心がある
▸She **is** not **concerned with** the accident.
彼女はその事故には関係していない.
❸ (人)を心配させる; 《**be concerned about ...** で》…について心配する
▸I'm **concerned about** his illness.
彼の病気について心配しています.

as far as ... be concerned
《ふつう文頭に用いて》…に関するかぎり
▸**As far as** I **am concerned**, I have nothing to say.
わたしに関するかぎり, 何も言うことはありません.
——名詞 ❶ U 心配
❷ C 関心事

concerned [kənsə́ːrnd コンサ～ンド]
形容詞
❶《名詞の後ろについて》関係している…

▸The people **concerned** talked about the problem.
関係者が問題を話し合った.
❷ 心配そうな
▸with a **concerned** look
心配そうな表情で

concert [kánsərt カンサト] 名詞
C 音楽会, 演奏会, コンサート
(類語 recital 独演会)
▸go to a **concert** コンサートに行く

concise [kənsáis コンサイス] (★アクセントに注意) 形容詞 簡潔な

conclude [kənklúːd コンクるード] 動詞
(三単現 **concludes** [kənklúːdz コンクるーヅ]; 過去・過分 **concluded** [-id]; 現分 **concluding**) 他
❶ …と結論を下す, 決定する《that 節》
▸They **concluded** (that) they should change the plan.
彼らはその計画を変更(へんこう)すべきだと結論を下した.
❷ …を(…で)終える《by [with] ...》
▸She **concluded** her speech **by** saying a word of thanks.
彼女は感謝のことばでスピーチを終えた.
—自 (会・話などが)終わる

conclusion [kənklúːʒn コンクるージャン] 名詞 C 結論, 決定, 結末, 結び
▸reach [come to] a **conclusion**
結論に達する
▸in **conclusion** 最後に, 結論として

concrete [kánkriːt カンクリート] 名詞
U コンクリート
—形容詞 ❶ 具体的な; 有形の
(対義語 abstract 抽象(ちゅうしょう)的な)
❷ コンクリート製の

condemn [kəndém コンデム]
(★発音に注意) 動詞
他 (人)を(厳しく)非難する; (人)に有罪の判決を下す

condition [kəndíʃn コンディシャン]
名詞 ❶ U 状態; 健康状態, 体調

computers

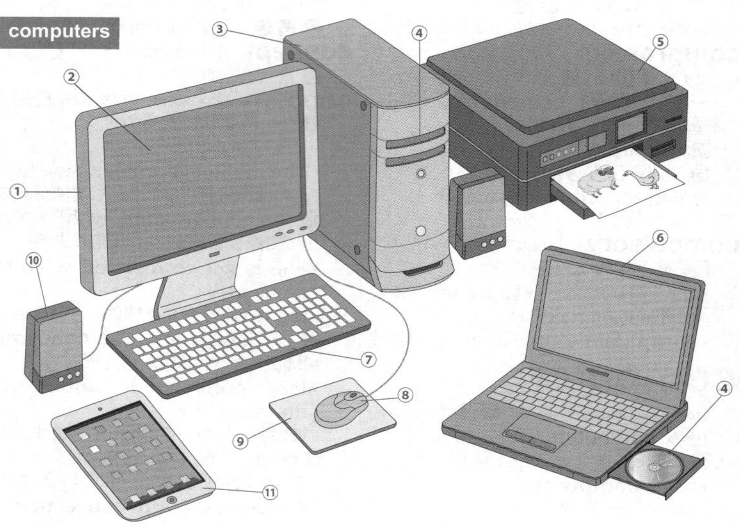

① monitor モニター
② screen スクリーン
③ tower computer タワー型コンピューター
④ CD / DVD-ROM drive CD / DVD-ROM ドライブ
⑤ printer プリンター
⑥ notebook computer, laptop ノート型コンピューター
⑦ keyboard キーボード
⑧ mouse マウス
⑨ mouse pad マウスパッド
⑩ speaker スピーカー
⑪ tablet (computer) タブレット型コンピューター

ダイアログ
A: How are you feeling?
体調はどうですか?
B: I'm in good [bad] **condition**.
調子がいい[悪い]です.

❷ C《ふつう **conditions** で》
(周囲の)状況(じょうきょう)
▸Living **conditions** are improving in the country.
その国の生活状況は改善しつつある.
❸ C 条件
on (the) condition + that 節
…という条件で; もし…ならば(同義語 if)
▸I'll go to the party **on (the) condition that** she'll be there.
彼女が出席するなら, そのパーティーに行くよ.

conditioner [kəndíʃənər コンディショナ] 名詞
C 調整するもの; ヘアコンディショナー

condominium [kὰndəmíniəm カンドミニアム] 名詞
C《米》分譲(ぶんじょう)マンション
(♦《米口語》condo ➡ **mansion**)

condor [kɑ́ndər カンダ] 名詞
C【鳥類】コンドル

conduct (★名詞・動詞のアクセントのちがいに注意) 動詞 [kəndʌ́kt コンダクト]
他 ❶ (オーケストラなど)を指揮する
▸**conduct** an orchestra
オーケストラを指揮する
❷ …を案内する, 導く;
【物理】(電気・熱)を伝える
❸ (調査・研究など)を行う, 指揮する
▸**conduct** a survey [research]
調査[研究]を行う
── 名詞 [kɑ́ndʌkt カンダクト]
U (特に道徳的な)行い, ふるまい

conductor [kəndʌ́ktər コンダクタ]
名詞 ❶ C (楽団の)指揮者; 案内人
▸a tour **conductor**
団体旅行のガイド, ツアーコンダクター
❷ C (バス・列車などの)車掌(しゃしょう)
(♦《英》では列車の車掌は guard)
❸ C (電気・熱などの)導体

cone [kóun コウン] 名詞
C 円すい(形); 円すい形のもの
➡ **figures** 図
▸an ice-cream **cone**
アイスクリームのコーン

confectioner [kənfékʃənər コンふェクショナ] 名詞 C 菓子(かし)屋, 菓子職人

confectionery [kənfékʃənèri コンふェクショネリ] 名詞
(複数 **confectioneries** [-z])
U 菓子(かし)類; C 菓子店

conference [kɑ́nfərəns カンふァレンス]
名詞 C (…についての)会議, 協議会《on ...》(♦ meeting より公式的な会議);
会見; U 相談
▸a press **conference** 記者会見

confess [kənfés コンふェス] 動詞
(三単現 **confesses** [-iz]; 過去・過分 **confessed** [-t]; 現分 **confessing**)
他 …を白状[告白]する, 認める;
(罪)をざんげする
── 自 白状する; ざんげする

confession [kənféʃn コンふェシャン]
名詞 C U 自白, 告白; ざんげ

confidence [kɑ́nfidəns カンふィデンス]
名詞 ❶ U (…に対する)信頼(しんらい), 信用《in ...》(同義語 trust)
▸I have complete **confidence in** her.
わたしは彼女を全面的に信頼している.
❷ U (…に対する)自信, 確信《in ...》
▸Jim is always full of **confidence in** himself.
ジムはいつも自信満々だ.

confident [kɑ́nfidənt カンふィデント]
形容詞 確信して, 自信をもって;
《**be confident of ... [that節]** で》
…を確信している
▸I'm **confident of** her victory.
わたしは彼女の勝利を確信している.

confine [kənfáin コンふァイン] 動詞
(三単現 **confines** [-z]; 過去・過分 **confined** [-d]; 現分 **confining**) 他
❶ …を(ある範囲(はんい)に)限る, 制限する《to ...》
❷ (人)を(…に)閉じこめる《to [in] ...》

confirm [kənfə́ːrm コンふァ〜ム] 動詞
他 …を確認(かくにん)する

conflict (★名詞・動詞のアクセントのちがいに注意) 名詞 [kɑ́nflikt カンふリクト]
C U 闘争(とうそう), 争い; (意見・利害などの)衝突(しょうとつ), 対立
▸the **conflict** between the two countries その2国間の対立
── 動詞 [kənflíkt コンふリクト]
自 (…と)対立する《with ...》

confuse [kənfjúːz コンふューズ] 動詞
(三単現 **confuses** [-iz]; 過去・過分 **confused** [-d]; 現分 **confusing**) 他
❶ …を混同する;
《**confuse ... with** [and] ～で》
…を～と取りちがえる
▸I always **confuse** Meg **with** her little sister. わたしはいつもメグを彼女の妹とまちがえる.
❷ …の頭を混乱させる, まごつかせる

confused [kənfjúːzd コンふューズド]
形容詞 混乱した, まごついた;
明確でない, わかりにくい

confusing [kənfjúːziŋ コンふューズィング]
形容詞 まぎらわしい, まごつかせる

confusion [kənfjúːʒn コンふュージャン]
名詞 ❶ U 混乱, 乱雑な状態; 混同
❷ U (精神的な)混乱, 当惑(とうわく)

Congo [káŋgou カンゴウ] 名詞 コンゴ
(◆アフリカ中部の共和国; 首都はブラザビル Brazzaville)

congratulate [kəngrǽtʃulèit コングラぁチュれイト] 動詞 (三単現 **congratulates** [kəngrǽtʃulèits コングラぁチュれイツ]; 過去・過分 **congratulated** [-id]; 現分 **congratulating**)
他《**congratulate** ＋人＋ **on** ＋名詞で》
(人)の…を祝う, (人)に…のことでお祝いを言う(◆「(誕生日など記念日)を祝う」は celebrate を使う)
▸I'd like to **congratulate** you **on** your victory.
あなたの勝利を祝いたい.

congratulation [kəngrætʃəléiʃn コングラぁチュれイシャン] 名詞
❶ U 祝賀, 祝い
❷《**congratulations** で》
(…についての)祝いのことば《on ...》

ダイアログ
A: **Congratulations on** your graduation! 卒業おめでとう!
B: Thank you. ありがとう.

参考 **Congratulations! の使い方**
Congratulations! は, ふつう努力により何かを達成した人に対して使います. 結婚(けっこん)を祝うときにも使いますが, 誕生日などの記念日を祝うときは使いません.

congress [káŋgres カングレス] 名詞
(複数 **congresses** [-iz])
❶ C 会議, 大会; 学会
❷ U《**Congress** で》
(アメリカの)国会, 議会(◆「日本の国会」は Diet, 「イギリス議会」は Parliament)

connect [kənékt コネクト] 動詞
他 (2つ以上のもの)を結びつける, 接続する(同義語 join, link);
…を結びつけて考える;《**connect ... with** [to] ～で》…と～を結びつける
▸**connect** the speakers **to** a PC
スピーカーをパソコンに接続する
▸The train **connects** Boston **with** New York. その列車はボストンとニューヨークを結んでいる.
—自 (…と)連絡(れんらく)する, つながる《with ...》
▸This flight **connects** in Paris **with** a flight to Rome.
この航空便はパリでローマ行きの便と接続します.

Connecticut [kənétikət コネティカット] 名詞 コネチカット(◆アメリカ北東部の州; Conn. または【郵便】で CT と略す)

connection [kənékʃn コネクシャン]
名詞 ❶ C U (…との / …の間の)関係, つながり《with ... / between ...》
▸There was no **connection between** the two events. 2つの出来事の間には何の関係もなかった.
❷ C 連結, 連絡(れんらく), (電話などの)接続, (交通機関の)接続便
❸ C《**connections** で》縁故(えんこ), コネ

conquer [káŋkər カンカ] 動詞
他 …を征服(せいふく)する; …に打ち勝つ

conqueror [káŋkərər カンカラ] 名詞
C 征服(せいふく)者

conquest [kánkwest カンクウェスト]
名詞 U 征服(せいふく)

conscience [kánʃəns カンシェンス]
(★発音に注意) 名詞 C U 良心

conscious [kánʃəs カンシャス] 形容詞
《名詞の前には用いない》
❶ (…に)気づいて, (…を)意識して

《of ... [that 節]》
(対義語 unconscious 気づかない)
▸He is not **conscious of** his bad habits.
彼は自分の悪い癖(くせ)に気づいていない.
❷ 意識のある, 正気の
▸become **conscious** 意識を回復する
▸He was **conscious** during the operation.
手術の間, 彼は意識があった.

consensus [kənsénsəs コンセンサス] 名詞 U《または **a consensus** で》(意見などの)一致(いっち), コンセンサス; 総意
▸reach **a consensus** 合意に達する

consent [kənsént コンセント] 動詞 自 (…に)同意する《to ...》(同義語 agree)
—名詞 U 同意, 承諾(しょうだく)

consequence [kánsikwèns カンセクウェンス] 名詞 C 結果(同義語 result)

consequently [kánsikwèntli カンセクウェントり] 副詞 その結果, したがって

conservative [kənsə́:rvətiv コンサ〜ヴァティヴ] 形容詞 保守的な, 保守主義の

·consider [kənsídər コンスィダ] 動詞 (三単現 **considers** [-z]; 過去・過分 **considered** [-d]; 現分 **considering**)
—他 ❶ **…をよく考える**, 熟考(じゅっこう)する; …を考慮(こうりょ)に入れる
▸You should **consider** the plan carefully.
あなたはその計画を慎重に考慮すべきだ.
❷《**consider** +人・もの・こと+(**to be** +)名詞[形容詞]で》(人・もの・こと)を…とみなす[思う]
▸I **consider** her a great leader.
彼女は偉大(いだい)な指導者だと思う.
—自 よく考える

considerable [kənsídərəbl コンスィダラブる] 形容詞 かなりの, 相当な
▸**considerable** time かなりの時間

considerably [kənsídərəbli コンスィダラブり] 副詞 かなり, ひどく
▸His English has improved **considerably**.
彼は英語がかなり上達した.

considerate [kənsídərit コンスィダレット] 形容詞 思いやりのある

consideration [kənsìdəréiʃn コンスィダレイシャン] 名詞
❶ U よく考えること, 考慮(こうりょ); C 考慮すべき事柄(ことがら)
▸take ... into **consideration**
…を考慮に入れる
❷ U (…への)思いやり《for ...》

consist [kənsíst コンスィスト] 動詞 自
❶《**consist of ...** で》…から成る
▸Indonesia **consists of** a lot of islands.
インドネシアは多くの島々から成る.
❷《**consist in ...** で》…にある, 存在する
▸The charm of Nara **consists in** the beauty of its old temples.
奈良の魅力(みりょく)は古い寺の美しさにある.

consonant [kánsənənt カンソナント] 名詞 C【音声】子音(しいん)
(◆「母音」は vowel)

constant [kánstənt カンスタント] 形容詞 不変の, 一定の; 絶え間のない

constantly [kánstəntli カンスタントり] 副詞 絶えず, いつも

constitute [kánstitjù:t カンスティテュート] 動詞 (三単現 **constitutes** [kánstitjù:ts カンスティテューツ]; 過去・過分 **constituted** [-id]; 現分 **constituting**)
他《進行形にしない》…を構成する

constitution [kànstitjú:ʃn カンスティテューシャン] 名詞
❶ C《しばしば **the Constitution** で》(ある国の)憲法
▸the **Constitution** of Japan
日本国憲法
❷ C 構成, 構造, 組織; 体格, 体質

construct [kənstrʌ́kt コンストゥラクト] 動詞 他 …を組み立てる, (家など)を建造する (対義語 destroy 破壊(はかい)する); (文章・理論など)を組み立てる

construction [kənstrʌ́kʃn コンストゥラクシャン] 名詞
U 建造, 建設(対義語 destruction 破壊(はかい)); C 建築物; U 構造, 建て方
under constrúction 工事中で
▸The expressway is **under construction**.
その高速道路は工事中だ.

consult [kənsʌ́lt コンサるト] 動詞
他 (専門家)に相談する; (医者)に診(み)てもらう; (本など)を調べる

▸**consult** a lawyer
弁護士に相談する

consultant [kənsʌ́ltənt コンサるタント]
名詞 C (専門的な)相談役, 顧問(こもん), コンサルタント

consume [kənsúːm コンスーム] 動詞
(三単現 **consumes** [-z]; 過去・過分 **consumed** [-d]; 現分 **consuming**)
他 …を消費する, 使い果たす;
…を食べ[飲み]尽(つ)くす
▸**consume** a lot of energy
たくさんのエネルギーを消費する

consumer [kənsúːmər コンスーマ]
名詞 C 消費者(対義語 producer 生産者)

consumption [kənsʌ́mpʃn コンサンプシャン] 名詞 U 消費; 消費量
▸the **consumption** tax 消費税

contact [kɑ́ntækt カンタぁクト] 名詞
❶ U (…との) 接触(せっしょく); 関係《with ...》
❷ C《**contacts** で》縁故(えんこ), コネ
— 動詞 他 …と連絡(れんらく)をとる
▸Please **contact** me as soon as possible.
できるだけ早く連絡してください.

contact lens [kɑ́ntækt lènz カンタぁクト れンズ] 名詞 C《しばしば **contact lenses** で》コンタクトレンズ

contain [kəntéin コンテイン] 動詞
他 …が入っている, …をふくむ
▸This box **contains** apples.
この箱にはリンゴが入っている.

container [kəntéinər コンテイナ]
(★アクセントに注意) 名詞
❶ C 容器, 入れ物
❷ C (貨物(かもつ)輸送用の)コンテナ

contemporary [kəntémpərèri コンテンポレリ] 形容詞 現代の; 同時代の
▸**contemporary** music 現代音楽
— 名詞 (複数 **contemporaries** [-z])
C 同時代の人

content[1] [kɑ́ntent カンテント]
(★ content[2] とのアクセントのちがいに注意) 名詞
❶《**contents** で》(箱・びんなどの)中身
❷《**contents** で》(本などの)目次
❸ U【コンピューター】コンテンツ
(◆ウェブサイトなどの情報内容)

content[2] [kəntént コンテント]
(★ content[1] とのアクセントのちがいに注意) 形容詞《名詞の前には用いない》
(…に)満足している《with ...》
▸He is **content with** his job.
彼は自分の仕事に満足している.

・contest [kɑ́ntest カンテスト]

名詞 (複数 **contests** [-s])
C **競争; コンクール**, コンテスト, 競技会
▸enter a speech **contest**
スピーチコンテストに参加する

continent [kɑ́ntənənt カンティネント]
名詞 ❶ C 大陸(◆アジア, アフリカ, 北米, 南米, 南極, ヨーロッパ, オーストラリアのうちの一つ)
❷《**the Continent** で》
(イギリスから見た)ヨーロッパ大陸

continental [kɑ̀ntənéntl カンティネントゥる] 形容詞 大陸の, 大陸的な; 《英》(イギリスから見て)ヨーロッパ大陸の
▸**continental** breakfast
ヨーロッパ大陸風の朝食
(◆コーヒーとパン程度の簡単な朝食)
➡ **English breakfast**

・continue

[kəntínjuː コンティニュー] 動詞
(三単現 **continues** [-z]; 過去・過分 **continued** [-d]; 現分 **continuing**)
— 他 **…を続ける**; (中断後, 再び) …を続ける
▸I **continued** reading [to read] the book until ten.
わたしは10時までその本を読み続けた.
▸After a short break, Kevin **continued** his work.
少し休んだあと, ケビンは仕事を続けた.
— 自 続く; (…を)続ける《with ...》
▸The practice **continued** for two hours. 練習は2時間続いた.

To be continued. (連続ドラマや小説の終わりで)続く, 以下次号[次回].

continuous [kəntínjuəs コンティニュアス] 形容詞 連続的な, 絶え間ない

contract (★名詞・動詞のアクセントのちがいに注意) 名詞 [kɑ́ntrækt カントゥラぁクト] C 契約(けいやく); 契約書
— 動詞 [kəntrǽkt コントゥラぁクト]
他 (…と)…の契約をする《with ...》
— 自 (…と / …の)契約をする
《with ... / for ...》

contrary [kɑ́ntreri カントゥレリ] 形容詞
反対の, 逆の
▸a **contrary** opinion 反対意見

cóntrary to ... …に反して
—名詞《the contrary で》正反対, 逆
on the cóntrary
それどころか, それとは逆に

contrast (★名詞・動詞のアクセントのちがいに注意)
名詞 [kɑ́ntræst カントゥラぁスト]
C U (…との)対比, 対照, コントラスト《with [to] ...》; (…の間の)相違(そうい), ちがい《between ...》
▸The black dog made a **contrast with** the white snow.
その黒いイヌは白い雪と対照をなしていた.
in cóntrast (…と)対照的に《with [to] ...》
—動詞 [kəntræ̃st コントゥラぁスト]
他 …を(…と)対比させる, 比べてちがいを明らかにする《with ...》

contribute [kəntríbjuːt コントゥリビュート] (★アクセントに注意) 動詞 (三単現 **contributes** [kəntríbjuːts コントゥリビューツ]; 過去・過分 **contributed** [-id]; 現分 **contributing**)
他 …を(…に)寄付する, ささげる《to ...》; …を(新聞・雑誌などに)寄稿(きこう)する, 投稿する《to ...》
▸**contribute** money **to** that NGO
そのNGOにお金を寄付する
—自 (…に)寄付する, 貢献(こうけん)する《to ...》

contribution [kɑ̀ntribjúːʃn カントゥリビューシャン] 名詞
U 寄付, 寄贈(きぞう); C 寄付金, 寄贈物;
U《または **a contribution** で》(…への)貢献(こうけん)《to ...》

:control [kəntróul コントゥロウる]
—動詞 (三単現 **controls** [-z]; 過去・過分 **controlled** [-d]; 現分 **controlling**) 他
❶ (感情など)**を抑**(おさ)**える**; …を調節する
▸**control** *one's* anger 怒(いか)りを抑える
❷ **…を支配する**, 統制する, 管理する
▸The government **controls** the import of some foods. 政府はいくつかの食品の輸入を管理している.
—名詞 ❶ U 管理, 支配, コントロール
▸remote **control** 遠隔(えんかく)操作
▸a **control** tower (空港の)管制塔(とう)
❷ C《**controls** で》(機械の)操作装置

convenience [kənvíːnjəns コンヴィーニャンス] 名詞
U 便利, 好都合; C 便利なこと[もの]

convenience store
[kənvíːnjəns stɔ̀ːr コンヴィーニャンス ストーア] 名詞 C コンビニエンスストア

convenient [kənvíːnjənt コンヴィーニャント] 形容詞
(もの・場所・時間などが)便利な, 都合がいい(対義語 inconvenient 不便な)
▸a **convenient** place for shopping
買い物をするのに便利な場所
▸Is next Monday **convenient** for you?
今度の月曜日はご都合がつきますか?
(♦ convenient は「人」を主語にしない; ×Are you convenient next Monday? とはいわない)

convention [kənvénʃn コンヴェンシャン] 名詞
❶ U C (世間一般の)慣習, しきたり
❷ C 大会, 定例協議会
❸ C (多国間・国際組織の)協定

conventional [kənvénʃənl コンヴェンショヌる] 形容詞 慣習による, 伝統的な, 従来の; 協定による; 月並みな

conversation [kɑ̀nvərséiʃn カンヴァセイシャン] 名詞 C U (くだけた)会話, 対談
▸an English **conversation** class
英会話の授業
▸have [start] a **conversation**
会話をする[始める]

convert (★動詞・名詞のアクセントのちがいに注意) 動詞 [kənvə́ːrt コンヴァ～ト]
他 …を(…に)変える《into ...》; (人)を改宗させる, (人の信条)を転向させる
—名詞 [kɑ́nvəːrt カンヴァ～ト]
C 改宗者, 転向者

convince [kənvíns コンヴィンス] 動詞
(三単現 **convinces** [-iz]; 過去・過分 **convinced** [-t]; 現分 **convincing**)
他 …を確信させる, 納得(なっとく)させる;
《**be convinced of ... [that節]** で》…を確信している

:cook [kúk クック]
—名詞 (複数 **cooks** [-s])
C **コック**, 料理人; 料理をする人
▸Tom is a good **cook**. トムは料理がじょうずだ. (= Tom cooks well.)
—動詞 (三単現 **cooks** [-s]; 過去・過分 **cooked** [-t]; 現分 **cooking**)
—他 (熱を加えて) **…を料理する**

(◆熱を加えないときは make, fix などを用いる);《**cook＋人＋名詞**で》(人)に…を料理する ➡ 下図
▸**cook** fish for lunch
昼食に魚を料理する
▸**cook** dinner　夕食を作る
▸I **cooked** them Japanese food. (＝I **cooked** Japanese food for them.)
わたしは彼らに和食を作ってあげた.
――自 料理する;(食べ物が)料理される
▸I often **cook**.
わたしはよく料理をする.
▸**cook** quickly　火の通りが早い

cookbook [kúkbùk クックブック] 名詞
C 《米》料理の本(《英》cookery [kúkəri クカリ] book)

cooker [kúkər クカ] 名詞
C (なべ・かまなどの)料理用器具;
《英》(料理用の)レンジ, コンロ
(◆《米》stove)
▸a rice **cooker**　炊飯(すいはん)器

cookie, cooky [kúki クキ] 名詞
(複数 **cookies** [-z])
C 《主に米》クッキー(◆《英》biscuit)
➡ **biscuit** 文化

ˈcooking [kúkiŋ クキング]
――動詞 cook(…を料理する)の現在分詞・動名詞
――名詞 U **料理**; 料理法
▸Japanese **cooking**
日本料理
――形容詞 《名詞の前に用いて》料理用の

ːcool [kúːl クーる]
――形容詞 (比較 **cooler**; 最上 **coolest**)
❶ **涼(すず)しい**; (適度に) 冷たい
(対義語 warm 暖かい) ➡ **cold** くらべよう
▸It's **cool** today.　今日は涼しい.
❷ **冷静な**, 落ち着いた (同義語 calm)
▸a **cool** head　冷静な頭脳
▸He is always **cool**.
彼はいつも冷静だ.
❸ (…に対して)冷淡(れいたん)な, 無関心な
《toward [to] ...》
▸a **cool** greeting　冷淡なあいさつ
▸He was **cool toward** me.
彼はわたしに対して冷たかった.
❹ 《米口語》かっこいい, すてきな

ダイアログ
A: This is a gift for you.
これ, きみにおみやげだよ.
B: Oh, thank you. It's so **cool**.
まあ, ありがとう. とてもすてきだわ.

cook

——動詞（三単現 **cools** [-z]; 過去・過分 **cooled** [-d]; 現分 **cooling**）
他（人・もの・場所）を冷やす，涼しくする

cooler [kúːlər クーら] 形容詞
cool（涼(すず)しい）の比較級
——名詞 C（飲み物や食べ物の）冷却(れいきゃく)器，クーラーボックス（◆日本語の「クーラー（冷房(れいぼう)装置）」は air conditioner）

co-op [kóuɑ̀p コウアプ] 名詞
《**the co-op** で》
《口語》生活協同組合，生協
（◆ *coop*erative society を短縮した語）

cooperate [kouɑ́pərèit コウアパレイト]
動詞（三単現 **cooperates** [kouɑ́pərèits コウアパレイツ]; 過去・過分 **cooperated** [-id]; 現分 **cooperating**）
自（人と）協力[協同]する《with ...》
▸We **cooperate with** the community in recycling.
わたしたちはリサイクルで地域の人々と協力しています．

cooperation [kouɑ̀pəréiʃn コウアパレイシャン] 名詞 U 協力，協同
▸Thank you very much for your **cooperation**.
ご協力ほんとうにありがとうございます．

cop [kɑ́p カップ] 名詞 C《口語》おまわりさん，警官（◆呼びかけでは officer）

copper [kɑ́pər カパ] 名詞
U【化学】銅（◆元素記号は Cu）; C 銅貨

˙copy [kɑ́pi カピ]
——名詞（複数 **copies** [-z]）
❶ C 写し，複写，コピー（◆コピー機によるもの以外に書き写したものも指す）;（絵画などの）複製
▸a **copy** of a Picasso
ピカソの作品の複製
▸I made two **copies** of the letter.
わたしは手紙のコピーを２通とった．
❷ C（同じ本などの）冊，部
▸six **copies** of the Bible　聖書６冊
——動詞（三単現 **copies** [-z]; 過去・過分 **copied** [-d]; 現分 **copying**）
——他 …を写す，…のコピーをとる; …をまねする
▸**copy** a few lines from the book
その本から数行を写す
——自 複写する，コピーする

copyright [kɑ́piràit カピライト] 名詞
C U 著作権，版権

coral [kɔ́ːrəl コーラる] 名詞 U サンゴ

coral reef [kɔ́ːrəl rìːf コーラる リーふ]
名詞 C サンゴ礁(しょう)

cord [kɔ́ːrd コード] 名詞
C U 綱(つな)，ひも;（電気の）コード

core [kɔ́ːr コーア] 名詞 C（ナシ・リンゴなどの）しん;（物事の）核心(かくしん)

cork [kɔ́ːrk コーク] 名詞
U コルク; C（びんの）コルク栓(せん)

˙corn [kɔ́ːrn コーン] 名詞
❶ U《主に米》**トウモロコシ**
（◆《英》maize, Indian corn）
▸a field of **corn**　トウモロコシ畑

文化 最もアメリカ的な作物
アメリカの代表的な農作物の一つ，トウモロコシは，もともと先住民が栽培(さいばい)していたものです．コロンブスのアメリカ大陸到達(とうたつ)以後，世界じゅうに広まりました．ポップコーン（popcorn），コーンフレーク（cornflakes）などのほか，最近ではバイオ燃料(ねんりょう)の原料としても注目されています．

❷ U《英》小麦（同義語 wheat）; 穀物（同義語 cereal）

:corner [kɔ́ːrnər コーナ]
名詞（複数 **corners** [-z]）
❶ C **角**(かど)，曲がり角
▸The bank is on the **corner**.
その銀行は角にある．
▸Turn left at the second **corner**.
２番めの角を左に曲がってください．
❷ C **隅**(すみ)，端(はし)
▸in the **corner** of a room
部屋の隅に

around** [**round**] **the córner
① 角を曲がったところに
▸The theater is **around the corner**.
その劇場は角を曲がったところです.
② (距離(きょり)的・時間的に)すぐそこに
▸Summer vacation is just **around the corner**.
夏休みはもうすぐだ.

cornfield [kɔ́ːrnfìːld コーンふィーるド]
名詞 C《米》トウモロコシ畑; 《英》小麦畑

cornflakes [kɔ́ːrnflèiks コーンふれイクス]
名詞《複数あつかいで》コーンフレーク

corporation [kɔ̀ːrpəréiʃn コーポレイシャン] 名詞 C 法人; 《米》株式会社, 有限会社(◆ corp., Corp. と略す)

˙correct [kərékt コレクト]
(★ collect との発音のちがいに注意)
—形容詞 (比較 **more correct**; 最上 **most correct**)
正しい, 正確な, 誤りのない (対義語 incorrect 不正確な, false まちがった)
▸a **correct** answer
正しい答え
▸the **correct** time
正確な時間
▸He is always **correct** in his calculations.
彼は計算がいつも正確だ.
—動詞 (三単現 **corrects** [kərékts コレクツ]; 過去・過分 **corrected** [-id]; 現分 **correcting**)
他 (誤り)**を訂正(ていせい)する**, 直す
▸She **corrected** the errors in my homework.
彼女はわたしの宿題のまちがいを直してくれた.

correction [kərékʃn コレクシャン]
名詞 U C 訂正(ていせい); 校正; 添削(てんさく); 訂正箇所(かしょ)

correctly [kəréktli コレクトり] 副詞
正しく, 正確に

correspond [kɔ̀ːrəspɑ́nd コーレスパンド] 動詞 自 (…と)一致(いっち)する; (人と)文通する《with ...》
▸My mother **corresponded with** a friend of hers in Canada.
わたしの母はカナダの友人と文通していた.

correspondence [kɔ̀ːrəspɑ́ndəns コーレスパンデンス] 名詞
U C 通信, 文通; 書簡; 一致(いっち)

correspondent [kɔ̀ːrəspɑ́ndənt コーレスパンデント] 名詞
C 記者, 特派員; 文通する人

corridor [kɔ́ːridər コーリダ] 名詞
C (学校・ホテル・列車の)通路, 廊下(ろうか)

corrupt [kərʌ́pt コラプト] 形容詞
道徳的でない, 堕落(だらく)した
—動詞 他 …を堕落させる, だめにする
—自 堕落する, だめになる

cosmos[1] [kɑ́zməs カズモス] (★発音に注意) 名詞 (複数 **cosmos** または **cosmoses** [-iz]) C【植物】コスモス

cosmos[2] [kɑ́zməs カズモス] 名詞
《**the cosmos** で》宇宙
(同義語 universe)

˙cost [kɔ́ːst コースト] (★発音に注意)
—名詞 (複数 **costs** [kɔ́ːsts コースツ])
C U **値段**, 費用; 原価
▸the **cost** of living　生活費
▸I bought the picture at a **cost** of one million yen.
わたしは100万円でその絵を買った.
at áll cósts = ***at ány cóst***
どんな犠牲(ぎせい)を払(はら)っても, ぜひとも
—動詞 (三単現 **costs** [kɔ́ːsts コースツ]; 過去・過分 **cost**; 現分 **costing**) 他
❶ (費用)**がかかる**; (値段が)(金額)である

> ダイアログ
> *A:* How much did the party **cost** (you)?
> そのパーティーにはいくらかかりましたか?
> *B:* It **cost** (us) one hundred dollars.
> 100ドルかかりました.

❷ (時間・労力)**がかかる**
▸The homework **cost** me a lot of time.　宿題にとても時間がかかった.

costly [kɔ́:stli コーストり] 形容詞
(比較 **costlier**; 最上 **costliest**)
高価な(同義語 expensive); ぜいたくな

costume [kástju:m カステューム] 名詞
C U (ある時代・民族・地方などに特有の)服装; (演劇などの)衣装(いしょう)

cottage [kátidʒ カテッヂ] 名詞
C (郊外(こうがい)の)小さな家; 《米》(避暑(ひしょ)地などの小さな)別荘(べっそう), コテージ

·cotton [kátn カトゥン] 名詞

❶ U 【植物】綿, 綿花
▸grow **cotton**
綿を栽培(さいばい)する
▸a **cotton** field 綿花畑
(◆アメリカ南部の綿花生産地帯)

文化 綿と奴隷(どれい)制度

1800年代, アメリカの綿の生産は, 主に the Cotton Belt と呼ばれる南部の地域で盛(さか)んでしたが, 綿花を摘(つ)み取る人手が足りなかったため, アフリカから多くの黒人が奴隷として連れて来られました. アメリカ南部で奴隷制度が発達したのは, こうした綿の生産とのかかわりによるものです. その後, 綿摘みは機械化されました.

❷ U 木綿(もめん), 木綿の糸
▸a **cotton** dress 綿のドレス

cotton candy [kátn kǽndi カトゥン キャンディ] 名詞 U 《米》綿菓子(わたがし)
(◆《英》candyfloss)

couch [káutʃ カウチ] (★発音に注意)
名詞 (複数 **couches** [-iz])
C 寝(ね)いす, 長いす ➡ **chairs** 図

cough [kɔ́:f コーふ] (★発音に注意)
動詞 自 せきをする, せき払(ばら)いをする
▸I **cough** badly.
ひどくせきが出ます.
— 名詞 C 《単数形で》せき, せき払い
▸give a **cough**
せきをする

:could [kúd クッド; kəd (クド)]

(★発音に注意) 助動詞 (can の過去形)
❶《過去の事実を述べて》…**することができた**, …する能力があった
➡ **able** くらべよう
▸He **could** ski at age of five.
彼は5歳(さい)のときにはスキーをすることができた.
▸We **could**n't win the game.
わたしたちは試合に勝つことができなかった.
▸Ann said (that) she **could** swim fast. アンは速く泳げると言った.
(= Ann said, "I can swim fast.")
❷《**Could you** ...? でていねいな依頼(いらい)を表して》…していただけませんか?;
《**Could I** [**we**] ...? でていねいに許可を求めて》…していいですか?
▸**Could you** speak a little more slowly? もう少しゆっくり話していただけませんか?

ダイアログ
A: **Could I** take pictures here?
ここで写真を撮(と)ってもいいですか?
B: Of course, you can. / I'm afraid you can't.
もちろんいいですよ. / 申し訳ありませんが, だめです. (◆返答にはふつう could ではなく can を用いる)

❸《現在の事実に反することを仮定するときに用いて》(もし…ならば)…できるのだが; (もし)…できるならば
▸If I had wings, I **could** fly in the sky.
もし翼(つばさ)があれば, 空を飛べるのに.
➡ **if** ルール ❷
▸I wish I **could** swim like a dolphin.
イルカのように泳げたらなあ. ➡ **wish** ❹

:couldn't [kúdnt クドゥント]

《口語》could not の短縮形

council [káunsl カウンスる] 名詞
C 会議, 協議会; 地方議会
▸a student **council**
《米》生徒会

counsel [káunsl カウンスる] 名詞
U C (専門的な)助言(◆ advice よりかたい語); (法廷(ほうてい))弁護人

counseling, 《英》counselling
[káunsliŋ カウンスリング] 名詞
U (専門家による) カウンセリング, 助言

counselor, 《英》counsellor
[káunslər カウンスら] 名詞
❶ C 顧問(こもん), 助言者; カウンセラー (◆悩(なや)みごとなどに助言する専門家)
❷ C 《米》弁護士(同義語 lawyer)

˙count [káunt カウント] 動詞

(三単現 **counts** [káunts カウンツ]; 過去・過分 **counted** [-id]; 現分 **counting**)

——他 ❶ …**を数える**, 合計する; …を計算する

▸**count** ten　10まで数える
▸**count** the change
おつりを数える
▸Ms. Baker **counted** how many students were absent.
ベーカー先生は何人の学生が欠席しているか数えた.

文化 数の数え方

1 指で数える: 英米などでは, 指で数を数えるとき, 人指し指または親指から順番に開いていきます.
[人指し指から開いて]

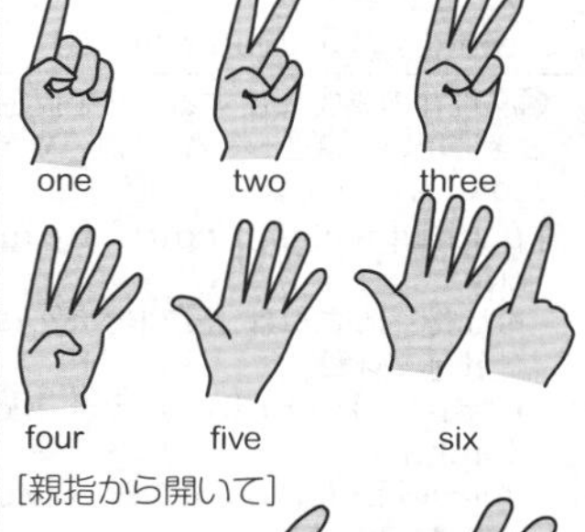

[親指から開いて]

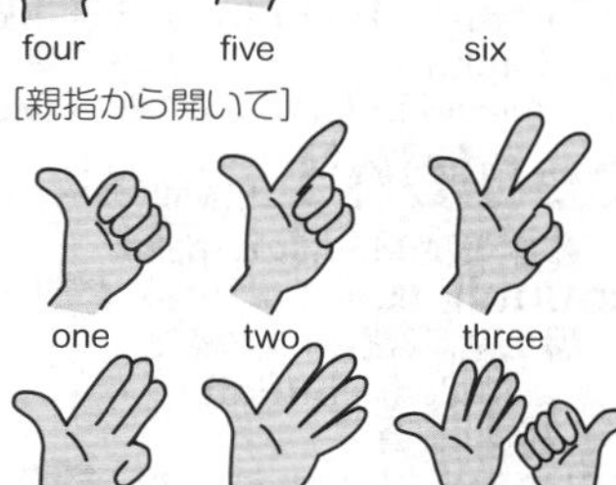

2 タリー(tally): 日本では, 数を数えるとき「正」の字を使い, 「正T」のように表しますが, 英米では「卌 ||」のように「卌」を使って表します. この印を tally (marks) といいます.

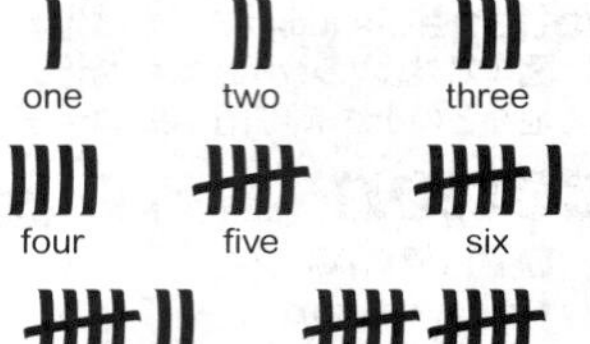

❷ …を数に入れる; …を仲間に入れる《in ...》
▸**Count** me **in**!
わたしも仲間に入れて!
❸ …とみなす, …と考える
▸I **count** him among the best students.
わたしは彼を最も優秀(ゆうしゅう)な生徒の一人だと考えている.

——自 (…まで)**数える**《to ...》
▸**count** from one **to** ten in English　英語で1から10まで数える

count dówn　数を多いほうから少ないほうへ逆に数える(◆ロケットの打ち上げや新年を迎(むか)えるときの秒読みなど)

cóunt on ... = cóunt upon ...
…を当てにする, たよりにする

counter [káuntər カウンタ] 名詞
❶ C (銀行・店などの)カウンター
❷ C 計算器

countless [káuntləs カウントれス]
形容詞 無数の, 数えきれないほどの

countries [kʌ́ntriz カントゥリズ] 名詞
country(国)の複数形

⁚country [kʌ́ntri カントゥリ]

——名詞 (複数 **countries** [-z])
❶ C 国, 国家; 《**the country** で単数あつかい》国民(全体)

▸a rich [poor] **country**
豊かな[貧しい]国
▸travel all over the **country**
国じゅうを旅行する
▸a developed [developing] **country**
先進[発展途上(とじょう)]国
▸What **country** do you want to go to?　どこの国へ行きたいですか?

くらべよう **country, nation, state**

country: 地理的に国土を強調した語です.「国」を表す語としては最も一般的です.

nation: 国民の集まりとしての国を指します.

▸the **nations** of Europe ヨーロッパ諸国

state: 政治的なまとまりとしての国を指します.

▸a democratic **state** 民主主義国家

❷ C 祖国, 故郷

▸His **country** is Brazil. 彼の故郷はブラジルだ.

❸《**the country** で》いなか, 農村 (同義語 the countryside, 対義語 the town 都会)

▸live in **the country** いなかに住む

❹ U 地方, 地域, 土地

▸wooded **country** 森林地方 (♦ wooded の発音は[wúdid ウディッド])

── 形容詞《名詞の前に用いて》いなかの, 地方の

countryside [kʌ́ntrisàid カントゥリサイド] 名詞

U《ふつう **the countryside** で》いなか, 農村, 田園地帯

county [káunti カウンティ] 名詞

(複数 **counties** [-z])

❶ C《米》郡(♦ 州(state)の下位の行政区分)

❷ C《英》州(♦行政上の最も大きな区分; 日本の県にあたる)

˙couple [kʌ́pl カプる] 名詞

(複数 **couples** [-z])

❶ C **1組の男女**; 夫婦(ふうふ), 婚約(こんやく)した男女(♦ 1組の男女をひとまとまりと考えるときは単数あつかい, 男女それぞれに重点を置くときは複数あつかい)

▸a married **couple** 夫婦

❷ C 一対(いっつい), (同種類のものの) 2 つ

a couple of ... ① 2 つの…, 2 人の…

▸**a couple of** dogs 2 匹(ひき)のイヌ

② 2, 3 の…; いくつかの…

▸**a couple of** weeks ago 2, 3 週間前に

▸I have **a couple of** questions for you. あなたにいくつかの質問があります.

coupon [kú:pɑn クーパン] 名詞

C クーポン券(♦切り取って使う切符(きっぷ), 食券など); (広告・商品などの) 景品引換(ひきかえ)券, 割引券

courage [kə́:ridʒ カ～リッヂ] 名詞

U 勇気

▸a person of **courage** 勇気のある人

▸He gathered [took] **courage** and spoke to her. 彼は勇気を出して, 彼女に話しかけた.

courageous [kəréidʒəs カレイヂャス]

形容詞 勇気のある

▸a **courageous** action 勇気のある行動

˙course [kɔ́:rs コース] 名詞

(複数 **courses** [-iz])

❶ C **進路, コース**; U (時などの) 経過, 進行

▸The plane changed its **course**. 飛行機は進路を変えた.

❷ C (学校の) 課程, コース, 科目

▸I take a **course** in French. わたしはフランス語の授業を受けています.

❸ C (マラソンやゴルフなどの) コース

▸a golf **course** ゴルフコース

❹ C (順に出る料理の) 1 品, 1 皿

▸a five-**course** dinner 5 品料理のディナー

as a matter of cóurse もちろん, 当然のこととして

˙***of cóurse*** **もちろん**(♦ [əv kɔ́:rs アヴ コース] または [əf kɔ́:rs アフ コース] と発音する)

▸**Of course**, I love her. もちろん, わたしは彼女のことが大好きだ.

ダイアログ

A: Will you come with me? わたしといっしょに来てくれますか?

B: Yes, **of course**. (= **Of course**, I will.) もちろん行きます.

˙court [kɔ́:rt コート] 名詞

(複数 **courts** [kɔ́:rts コーツ])

❶ C U **裁判所**; 法廷(ほうてい)

▸a family [district] **court** 家庭[地方]裁判所

❷ C (テニス・バレーボールなどの) **コート**

▸a tennis **court** テニスコート

❸ C (建物に囲まれた)中庭
❹ C U《しばしば Court で》宮廷, 王宮

⁺cousin [kʌ́zn カズン] (★発音に注意) 名詞

(複数 cousins [-z])
C (男女の別なく)**いとこ**; 親類
➡ family 図
▸I have a **cousin** on my father's side.
わたしには父方にいとこが1人いる.

⁑cover [kʌ́vər カヴァ]

動詞 他 ❶ …をおおう
❷ …を隠(かく)す
❸ …にわたる
名詞 おおい; 表紙

—動詞 (三単現 covers [-z]; 過去・過分 covered [-d]; 現分 covering) 他
❶ …**をおおう**, 包む;《cover ... with [in] ～で》…を～でおおう
(対義語 uncover …のおおいをとる)
▸Snow **covered** the village.
(= The village was **covered with** snow.)
雪が村をおおっていた.
❷ …**を隠す**
▸She smiled to **cover** her anger.
彼女は怒(いか)りを隠すためにほほえんだ.
❸ (範囲(はんい)が)…**にわたる**, …をふくむ
▸This ticket **covers** every attraction in the amusement park.
この券は遊園地の施設(しせつ)すべてに使える.
▸The math exam **covers** pages twenty to forty.
数学の試験範囲は20ページから40ページまでだ.

—名詞 (複数 covers [-z]) C **おおい**; (本の)**表紙**(◆本の表紙にかける「カバー」は jacket); ふた

⁺cow [káu カウ]

(複数 cows [-z])
❶ C【動物】**雌牛**(めうし), 乳牛
➡ animals 図
❷ U (一般的に)ウシ

> **参考 ウシを表す語**
> **ox**: 食肉・荷役(にえき)用の去勢された雄牛(おうし)
> **bull**: 去勢されていない雄牛
> **calf**: (雌雄(しゆう)の別なく)子ウシ
> **cattle**: (雌雄の別なく)家畜(かちく)のウシ

coward [káuərd カウアド] 名詞

C おく病者, ひきょう者

cowboy [káubɔ̀i カウボイ] 名詞

C (アメリカ西部の)カウボーイ, 牛飼い

cozy, 《英》cosy [kóuzi コウズィ]

形容詞 (比較 cozier; 最上 coziest)
居心地のよい, (暖かくて)気持ちのよい

crab [krǽb クラぁブ] 名詞

❶ C【動物】カニ; U カニの肉
❷《the Crab で》【天文】かに座
➡ horoscope 文化

crack [krǽk クラぁック] 名詞

❶ C ひび, 割れ目
❷ C (銃(じゅう)・むち・雷(かみなり)などの)鋭(するど)い音(◆バン, ボキッ, ピシッ, パリッ)
—動詞 他 …にひびを入れる; (音を立てて)…を割る
—自 ひびが入る; (音を立てて)割れる

cracker [krǽkər クラぁカ] 名詞

❶ C (菓子(かし)の)クラッカー
➡ biscuit 文化
❷ C 爆竹(ばくちく)(= firecracker); (パーティーなどで使う)クラッカー

cradle [kréidl クレイドゥる] 名詞

❶ C 揺(ゆ)りかご
❷ C《ふつう the cradle で》(民族・文化などの)発祥(はっしょう)地

craft [krǽft クラぁふト] 名詞

❶ U (熟練を要する手先の) 特殊(とくしゅ)技術, 工芸; C (特殊な技術を要する)職業
❷ C 船 (同義語 boat); 航空機 (= aircraft)

craftsperson [krǽftspə̀ːrsn クラぁふツパ～スン] 名詞

C 職人, 熟練工; 工芸家

cram [krǽm クラぁム] 動詞 (三単現 **crams** [-z]; 過去・過分 **crammed** [-d]; 現分 **cramming**)
他 …を詰(つ)めこむ; (人)に詰めこみ勉強をさせる
——自 詰めこみ勉強をする

cram school [krǽm skùːl クラぁム スクーる] 名詞 C (特に日本の)予備校, 塾(じゅく)

cranberry [krǽnbèri クラぁンベリ] 名詞 (複数 **cranberries** [-z])
C【植物】クランベリー, ツルコケモモ(の実); クランベリー[ツルコケモモ]の木

cranberry sauce [krǽnberi sɔ̀ːs クラぁンベリ ソース] 名詞 U クランベリーソース(◆七面鳥料理によく使う)

crane [kréin クレイン] 名詞
❶ C【鳥類】ツル
▸a paper **crane** 折り鶴(づる)
❷ C 起重機, クレーン

crash [krǽʃ クラぁッシ] 動詞 (三単現 **crashes** [-iz]; 過去・過分 **crashed** [-t]; 現分 **crashing**) 自
❶ 衝突(しょうとつ)する; (飛行機が)墜落(ついらく)する
❷ (大きな音を立てて)砕(くだ)ける, 壊(こわ)れる
▸The glass **crashed** to the floor. グラスが床(ゆか)に落ちて割れた.
❸【コンピューター】(コンピューターが)クラッシュする, (突然(とつぜん))故障する
——他 …をガチャンと壊す; …を衝突させる
▸He **crashed** his car into the wall. 彼は塀(へい)に車をぶつけた.
——名詞 (複数 **crashes** [-iz])
❶ C (車の)衝突; (飛行機の)墜落
➡ **clash**
❷ C (ものが壊れるような)ガチャン[ガラガラ, ドカーン]という大きな音
➡ **sound** 図
❸ C U【コンピューター】クラッシュ

crater [kréitər クレイタ] 名詞
C 噴火(ふんか)口; (隕石(いんせき)の衝突(しょうとつ)などによる地面の)穴; (月面の)クレーター

crawl [krɔ́ːl クローる] 動詞 自
❶ (のろのろ)はう, 腹ばいで進む
❷【水泳】クロールで泳ぐ
——名詞 ❶《a crawl で》はうこと, のろのろ動くこと
❷《the crawl で》【水泳】クロール (= crawl stroke)

crayon [kréiən クレイアン] 名詞
C U クレヨン; C クレヨン画

crazy [kréizi クレイズィ] 形容詞 (比較 **crazier**; 最上 **craziest**)
❶ 正気でない(同義語 mad)
▸a **crazy** idea ばかげた考え
❷《名詞の前には用いない》(…に) 熱中して, 夢中で《about ...》
▸He is **crazy about** rock music. 彼はロック音楽に夢中になっている.

˙cream [kríːm クリーム] 名詞 (複数 **creams** [-z])
❶ U クリーム(◆牛乳の脂肪(しぼう)分)
▸I always have my coffee with **cream**. わたしはいつもクリームを入れてコーヒーを飲む.
❷ C U クリーム菓子(がし)
▸ice **cream** アイスクリーム
❸ C U (化粧(けしょう)・薬用の)クリーム

cream puff [kríːm pʌ̀f クリーム パふ] 名詞 C シュークリーム(◆日本語はフランス語の chou à la crème から)

create [kriéit クリエイト] 動詞 (三単現 **creates** [kriéits クリエイツ]; 過去・過分 **created** [-id]; 現分 **creating**) 他
❶ …を創造する, 創作する; …を創設する
▸**create** the universe 宇宙を創造する
❷ …をひき起こす

creation [kriéiʃn クリエイシャン] 名詞
U 創造, 創作, 創設; 《**the Creation** で》(キリスト教の神の)天地創造;
C 創造物, 創作品

creative [kriéitiv クリエイティヴ] 形容詞
創造的な, 創造力のある; 独創的な
▸**creative** power 創造力

creature [kríːtʃər クリーチャ] (★発音に注意) 名詞
❶ C 生き物, 動物
❷ C《軽べつ・同情・親しみなどを表す形容詞とともに用いて》人, やつ

credit [krédit クレディット] 名詞
❶ U 信用; 名声, 評判; 名誉(めいよ);
C 名誉となる人
▸She is a **credit** to our school. 彼女はわたしたちの学校の名誉だ.

❷ U クレジット, 信用貸し
❸《the credits で》クレジット(タイトル)(= credit titles)(◆映画・テレビ作品の字幕に出る製作関係者の名前)
❹ C 《米》(大学の)履修(りしゅう)単位

credit card [krédit kàːrd クレディットカード] 名詞 C クレジットカード
▸pay by [with a] **credit card** クレジットカードで払(はら)う

creek [kríːk クリーク] 名詞
C 《米》小川; 《英》(小さな)入り江(え)

creep [kríːp クリープ] 動詞 (三単現 **creeps** [-s]; 過去・過分 **crept** [krépt クレプト]; 現分 **creeping**) 自
❶ はう, こっそり進む; (植物が)はう
❷ (時間などが)ゆっくり過ぎる

crepe, crêpe [kréip クレイプ] 名詞 (◆フランス語から)
❶ U (絹織物の)ちりめん, クレープ
❷ C (洋菓子(がし)の)クレープ

crept [krépt クレプト] 動詞
creep(はう)の過去形・過去分詞

crested ibis [kréstid áibis クレスティッドアイビス] 名詞 C 【鳥類】トキ

crew [krúː クルー] 名詞
❶ C (船・飛行機・列車などの)乗組員, 乗務員(全体)
▸The airplane **crew** were preparing for landing. 飛行機の乗務員はみな着陸の準備をしていた.
❷ C (いっしょに働く)チーム, グループ

cricket[1] [kríkit クリケット] 名詞
U 【スポーツ】クリケット

文化 イギリスの国民的球技

クリケットはイギリスの代表的な球技で, 主に5月から9月にかけて行われます. 11名ずつの2チームで戦われ, 野球と同じく, 投手の投げたボールを打者が打ってゲームが進められます. 緑の芝生(しばふ), 白いユニフォーム, 赤いボールという風景はイギリスの夏の風物詩です.

cricket[2] [kríkit クリケット] 名詞
C 【昆虫】コオロギ

cried [kráid クライド] 動詞
cry(泣く)の過去形・過去分詞

cries [kráiz クライズ] 動詞
cry(泣く)の三人称単数現在形
── 名詞 cry(泣き声)の複数形

crime [kráim クライム] 名詞
C (法律上の)罪, 犯罪
(◆道徳的・宗教的な「罪」は sin)

criminal [krímənl クリミヌる] 形容詞
犯罪の, 罪を犯(おか)した
── 名詞 C 犯人, 犯罪者

crises [kráisiːz クライスィーズ] (★発音に注意) 名詞 crisis(危機)の複数形

crisis [kráisis クライスィス] 名詞
(複数 **crises** [kráisiːz クライスィーズ])
C 危機, 難局; (病気の)峠(とうげ)
▸a food **crisis** 食糧(しょくりょう)危機

crisp [krísp クリスプ] 形容詞
(比較 **crisper**; 最上 **crispest**)
❶ (食べ物が)カリカリした, サクサクした; (野菜などが)ぱりっとして新鮮(しんせん)な
❷ (空気などが)ひんやりした, さわやかな
❸ てきぱきとした
── 名詞《ふつう **crisps** で》
《英》ポテトチップス(◆《米》chips)

crispy [kríspi クリスピ] 形容詞
(比較 **crispier**; 最上 **crispiest**)
(食べ物が)パリパリした, カリカリした

critic [krítik クリティック] 名詞
C 批評家, 評論家

critical [krítikl クリティクる] 形容詞
❶ 批判的な, あらさがしをする
▸a **critical** comment 批判的な論評
❷ 危機の; 重大な; 危篤(きとく)の
▸a **critical** situation 危機的状況
▸be in **critical** condition
危篤状態にある

criticism [krítəsìzm クリティスィズム] 名詞 C U 批判; 批評, 評論

criticize [krítəsàiz クリティサイズ] 動詞
(三単現 **criticizes** [-iz]; 過去・過分 **criticized** [-d]; 現分 **criticizing**)
他 …を批判する; …を批評する
▸**criticize** a movie 映画を批評する
── 自 批判する; 批評する

crocodile [krákədàil クラコダイる] 名詞 C 【動物】ワニ, クロコダイル
(◆アフリカやアメリカ産の大型のワニ)
➡ **alligator**

crocus [króukəs クロウカス] 名詞
(複数 **crocuses** [-iz])
C【植物】クロッカス

croissant [krwɑːsɑ́ːŋ クロワーサーング] 名詞 C (パンの)クロワッサン
(◆フランス語から) ➡ **bread** 図

crop [krɑ́p クラップ] 名詞
❶ C《しばしば **crops** で》
農作物, 収穫(しゅうかく)物
▸gather [harvest] a **crop**
農作物を収穫する
❷ C (作物の)収穫, 収穫高
▸We had a good [poor] **crop** this year. 今年は豊作[不作]だった.

˙cross [krɔ́ːs クロース]

名詞		❶ 十字架(か)
		❷ 十字形
動詞	他	❶ …を横切る
		❷ …を交差させる

——名詞 (複数 **crosses** [-iz])
❶ C 十字架
❷ C 十字形, 十字記号(×, +)
——動詞 (三単現 **crosses** [-iz]; 過去・過分 **crossed** [-t]; 現分 **crossing**)
——他 ❶ …を横切る, 渡(わた)る
▸**cross** the river in a boat
川をボートで渡る
▸Look both ways carefully before you **cross** the street.
道を渡る前に左右をよく見なさい.
❷ …を交差させる, (手・足)を組む
▸**cross** *one's* legs 足を組む
❸《**cross** *oneself* で》十字を切る
(◆キリスト教徒が祈(いの)るときの行為(こうい); ふつうカトリック教徒は額, 胸, 左肩(かた), 右肩の順に(➡図), ギリシャ正教徒は額, 胸, 右肩, 左肩の順に右手の指で十字を切る; プロテスタントはふつう十字を切らない)
❹ …に横線を引く; …を線を引いて消す
——自 横切る, 渡る; 交差する, すれちがう
▸We **crossed** to the other side of the street.
わたしたちは道路の反対側に渡った.

cross-country [krɔ́ːskʌ́ntri クロースカントゥリ] 形容詞《名詞の前に用いて》(道路を通らずに)山野を横断する
——名詞 (複数 **cross-countries** [-z])
C U【スポーツ】クロスカントリー
(◆野原・森などを走る, またはスキーで滑走(かっそう)する長距離(きょり)競走)

crossing [krɔ́ːsiŋ クロースィング] 名詞
❶ C U 横断(すること); 航海
▸No **Crossing** 《標識》横断禁止
❷ C 交差点; 踏切(ふみきり); 横断歩道
▸a railway **crossing**
(鉄道の)踏切

crossroads [krɔ́ːsròudz クロースロウヅ] 名詞《単数または複数あつかいで》
交差点, 十字路

crosswalk [krɔ́ːswɔ̀ːk クロースウォーク] 名詞 C《米》横断歩道
(◆《英》pedestrian crossing, zebra crossing)

crossword puzzle
[krɔ́ːswəːrd pʌ̀zl クロースワ〜ドパズル] 名詞
C クロスワードパズル
(◆単に crossword ともいう)

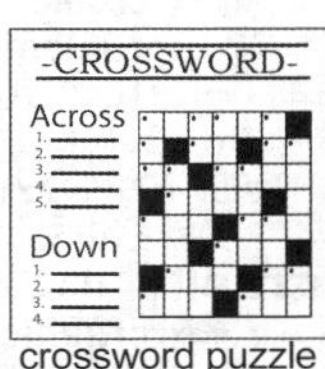

crossword puzzle

crouch [kráutʃ クラウチ] 動詞 (三単現 **crouches** [-iz]; 過去・過分 **crouched** [-t]; 現分 **crouching**)
自 しゃがむ, うずくまる; (恐怖(きょうふ)で)すくむ, ひるむ
——名詞 C《ふつう単数形で》しゃがむ[うずくまる]こと
▸a **crouch** start
(陸上競技の)クラウチングスタート

crow [króu クロウ] 名詞 C【鳥類】カラス
(◆鳴き声は caw) ➡ **animals** 図

˙crowd [kráud クラウド]

——名詞 (複数 **crowds** [kráudz クラウヅ])
C 群集, 人ごみ(◆全体をひとまとまりと考えるときは単数あつかい)
▸A large **crowd** is listening to her speech.
大勢の人が彼女の演説を聞いている.

a b c d e f g h i j k l m n o p q r s t u v w x y z

―動詞（三単現 **crowds** [kráudz クラウヅ]; 過去・過分 **crowded** [-id]; 現分 **crowding**）
―自 群がる, 押(お)し寄せる
▸The fans **crowded** around the singer.
ファンがその歌手のまわりに群がった.
―他 …に群がる;（人・もの）を詰(つ)めこむ;《**be crowded with ...** で》…で混雑する
▸The store **was crowded with** shoppers.
その店は買物客でいっぱいだった.

crowded [kráudid クラウディッド] 形容詞 こみ合った, 満員の
▸a **crowded** train　こみ合った列車

crown [kráun クラウン] 名詞 C 王冠(おうかん);《**the crown** または **the Crown** で》王位, 王権;《**the crown** で》(勝利の)栄冠

crude [krúːd クルード] 形容詞（比較 **cruder**; 最上 **crudest**）天然のままの
▸**crude** oil　原油

cruel [krúːəl クルーエる] 形容詞（比較 **crueler,**《英》**crueller**; 最上 **cruelest,**《英》**cruellest**）
(…に対して)残酷(ざんこく)な, 無慈悲(じひ)な《**to ...**》; 悲惨(ひさん)な
▸Don't be **cruel to** animals.
動物を虐待(ぎゃくたい)してはいけない.

cruelty [krúːəlti クルーエるティ] 名詞（複数 **cruelties** [-z]）
U 残酷(ざんこく)さ; C 残酷な行為(こうい)

cruise [krúːz クルーズ] 名詞
C 巡航, 遊覧
▸a **cruise** ship
(遊覧旅行用の)巡航船

crumb [krʌ́m クラム]（★発音に注意）
名詞 C《ふつう **crumbs** で》
(パンなどの)かけら, くず

crush [krʌ́ʃ クラッシ] 動詞（三単現 **crushes** [-iz]; 過去・過分 **crushed** [-t]; 現分 **crushing**）
他 …を押(お)しつぶす;（敵・希望など）をくじく;（人）を押しこむ
▸He **crushed** the box.
彼はその箱を押しつぶした.

crust [krʌ́st クラスト] 名詞
❶ C U (かたい)パンの皮, パンの耳; パイ皮
❷ C U かたい表面, 殻(から); 地殻(ちかく)

crutch [krʌ́tʃ クラッチ] 名詞（複数 **crutches** [-iz]）C 松葉づえ
▸walk on **crutches**
松葉づえをついて歩く

⁝cry [krái クライ]

―動詞（三単現 **cries** [-z]; 過去・過分 **cried** [-d]; 現分 **crying**）
―自 ❶（声を出して）**泣く**
▸Please don't **cry**, Becky.
お願いだから泣かないで, ベッキー.
❷ 叫(さけ)ぶ, 大声で言う（同義語 shout）
▸He **cried** out with joy.
彼はうれしくて大声をあげた.
❸（鳥・動物が）鳴く, ほえる
➡ **animals** 図
―他 …と叫ぶ, 大声で…と言う
▸"Wait!" **cried** Peter.
「待ってくれ！」とピーターは叫んだ.

crý for ...　…を泣いて求める
▸A little girl is **crying for** her mother.
小さな女の子が泣いてお母さんを呼んでいる.

crý over ...　(不幸など)を嘆(なげ)く
▸ことわざ It is no use **crying over** spilt milk.
覆水(ふくすい)盆(ぼん)に返らず.（◆「こぼれたミルクを嘆いてもむだだ」の意味から）

―名詞（複数 **cries** [-z]）
C 泣き声; 叫び声

くらべよう **cry, weep, sob**

cry: 声を出して泣くこと, または静かに涙(なみだ)を流すことを指します.
weep: 涙を流して, 静かにしくしく泣くことを指します.
sob: すすり泣く, しゃくりあげて泣くことを指します.

crystal [krístl クリストゥる] 名詞
U 水晶(すいしょう); U クリスタルガラス（◆透明(とうめい)度の高いガラス）; C 結晶(けっしょう)

CT 【郵便】コネチカット州
（◆ *Connecticut* の略）

cub [kʌ́b カブ] 名詞
❶ C（トラ・ライオンなど肉食動物の）子

❷ C 未熟者, 新米

cube [kjúːb キューブ] 名詞

❶ C 立方体 ➡ **figures** 図

▸an ice **cube** 角氷

❷ C【数学】3 乗, 立方

(♦「2 乗, 平方」は square)

▸The **cube** of 2 is 8. 2 の 3 乗は 8.

cuckoo [kúku: クックー] (★発音に注意)

名詞 (複数 **cuckoos** [-z])

C【鳥類】カッコウ; カッコウの鳴き声

cucumber [kjúːkʌmbər キューカンバ]

名詞 C U【植物】キュウリ

➡ **vegetable** 参考

cue [kjúː キュー] 名詞

❶ C 合図, きっかけ; 手がかり, ヒント

❷ C (ビリヤードの)キュー

cultivate [kʌ́ltəvèit カるティヴェイト]

動詞 (三単現 **cultivates** [kʌ́ltəvèits カるティヴェイツ]; 過去・過分 **cultivated** [-id]; 現分 **cultivating**)

他 (土地)を耕す; (作物など)を栽培(さいばい)する; (才能など)を養う

cultural [kʌ́ltʃərəl カるチュラる] 形容詞

文化の, 文化的な, 教養の

▸**cultural** activities 文化活動

▸a **cultural** exchange 文化交流

⁑culture [kʌ́ltʃər カるチャ] 名詞

(複数 **cultures** [-z])

❶ C U 文化

▸Japanese [American] **culture** 日本[アメリカ]文化

> くらべよう **culture と civilization**
>
> **culture**: その地域独特の習慣やものの考え方などを指します.
>
> **civilization**: 知識や技術が発達した高い文化, つまり文明を意味します.

❷ U 教養

❸ U 栽培(さいばい), 養殖(ようしょく), 培養(ばいよう)

culture shock [kʌ́ltʃər ʃɑ̀k カるチャ シャック] 名詞 C U カルチャーショック (♦異なった文化に接したときの驚(おどろ)きや精神的衝撃(しょうげき))

cunning [kʌ́niŋ カニング] 形容詞

ずるい, 悪賢(わるがしこ)い

—名詞 U ずるさ, こうかつさ (♦日本語の「カンニング」は cheating という)

⁑cup [kʌ́p カップ] 名詞

(複数 **cups** [-s])

❶ C (コーヒー・紅茶用などの) **カップ**, 茶わん

▸a coffee **cup** コーヒーカップ

▸a **cup** and saucer 受け皿つきのカップ (♦[ə kʌ́pən sɔ́ːsər ア カッパン ソーサ] と発音する)

> くらべよう **cup と glass**
>
> **cup**: 温かい飲み物を入れる, 取っ手のついた容器を指します.
>
> **glass**: 冷たい飲み物に使う, ガラスでできた容器を指します.

❷ C《**a cup of ...** で》

カップ 1 杯(ぱい) (の量)の…

> ダイアログ
>
> *A:* Would you like **a cup of** coffee?
> コーヒーを 1 杯いかがですか?
>
> *B:* Yes, please.
> はい, お願いします.

❸ C 優勝杯(はい)

cupboard [kʌ́bərd カバド] (★発音に注意) 名詞 C 食器棚(だな); (壁面(へきめん)に作りつけた)戸棚, 押(お)し入れ

Cupid [kjúːpid キューピッド] 名詞

【ローマ神話】キューピッド (♦恋愛(れんあい)の神; 弓矢を持った美少年で, その矢に当たった人は恋(こい)に落ちるという; ギリシャ神話のエロス(Eros)にあたる)

cure [kjúər キュア] 動詞 (三単現 **cures** [-z]; 過去・過分 **cured** [-d]; 現分 **curing**)

他 (病気・病人)を治す; (悪い癖(くせ)など)を直す;《**cure** +人+ **of** +病気・癖で》(人)の(病気・癖)を治す, 直す

▸The medicine **cured** me **of** my

headache.
その薬はわたしの頭痛を治した.
▸The doctor **cured** my father **of** his stomachache.
その医師は父の腹痛を治した.
—**名詞** **C** (…の) 治療(ちりょう), 治療法[薬] 《for ...》; (病気が)治ること; 解決法
▸a **cure for** cancer
がんの治療(法)

Curie [kjúəri: キュ(ア)リー] **名詞**
【人名】キュリー (◆Marie Curie [mərí:- マリー-], 1867-1934; ポーランド生まれの物理・化学者; 夫ピエールとともにラジウムを発見した)

curiosity [kjù:riásəti キューリアスィティ] (★アクセントに注意) **名詞**
(**複数** **curiosities** [-z])
U 好奇(こうき)心; **C** 珍(めずら)しい品

curious [kjúəriəs キュ(ア)リアス] **形容詞**
❶ 好奇(こうき)心の強い, せんさく好きな; (…を)せんさくする《about ...》
▸Don't be so **curious about** him.
彼のことをそんなにせんさくするな.
❷《**be curious to** ＋**動詞の原形**で》…したがっている
▸I'm **curious to** know her opinion. 彼女の意見を知りたい.
❸ 奇妙(きみょう)な, 珍(めずら)しい

curiously [kjúəriəsli キュ(ア)リアスリ]
副詞 ❶《文全体を修飾(しゅうしょく)して》奇妙(きみょう)にも, 妙なことに, 不思議なことに
❷ もの珍(めずら)しそうに

curl [kə́:rl カ〜る] **名詞**
C 巻き毛, カール; うず巻き
—**動詞** **他** (髪(かみ))をカールさせる
—**自** 巻き毛になる; うず巻き状になる

curling [kə́:rliŋ カ〜りンヶ] **名詞**
U【スポーツ】カーリング(◆氷上で重い平円形の石を滑(すべ)らせ, tee(標的)の周りのhouse(ハウス)に入れると得点になる)

curly [kə́:rli カ〜り] **形容詞**
(**比較** **curlier**; **最上** **curliest**)
巻き毛の, カールした; うず巻き状の, 丸まった

currency [kə́:rənsi カ〜レンスィ] **名詞**
(**複数** **currencies**)
C **U** (現在流通している)貨幣(かへい), 通貨

current [kə́:rənt カ〜レント] **名詞**
C (空気・水などの)流れ;
C **U** 電流(＝electric **current**)
—**形容詞** 現在の; 現在通用している
▸**current** English 現代英語

curriculum [kəríkjələm カリキュらム] (★アクセントに注意) **名詞**
(**複数** **curriculums** [-z] または **curricula** [kəríkjələ カリキュら])
C 教育課程, カリキュラム

curry [kə́:ri カ〜リ] (★アクセントに注意)
名詞 (**複数** **curries** [-z]) **U** カレー粉 (＝curry powder); **C** **U** カレー料理
▸**curry** and [with] rice カレーライス

curse [kə́:rs カ〜ス] **名詞**
C のろい; のろいのことば
—**動詞** (**三単現** **curses** [-iz]; **過去・過分** **cursed** [-t]; **現分** **cursing**)
他 …をのろう; …をののしる

curtain [kə́:rtn カ〜トゥン] **名詞**
❶ **C** カーテン
▸draw a **curtain** カーテンをひく
(◆開閉どちらにも用いる)
❷ **C** (劇場の)幕
▸The **curtain** will rise [fall] soon.
もうすぐ幕が上がる[降りる]だろう.

curve [kə́:rv カ〜ヴ] **名詞** **C** 曲線, カーブ;【野球】カーブ(＝curve ball)
—**動詞** (**三単現** **curves** [-z]; **過去・過分** **curved** [-d]; **現分** **curving**) **自** 曲がる
—**他** …を曲げる

cushion [kúʃn クシャン] **名詞**
C クッション, ざぶとん

・**custom** [kʌ́stəm カスタム] **名詞**
(**複数** **customs** [-z])
❶ **C** **U** (社会の) 慣習, しきたり; (個人の)習慣 ➡ **habit** くらべよう
▸an old **custom** 古いしきたり
❷《**customs** で単数または複数あつかい》関税;《**customs** でふつう単数あつかい》税関

customer [kʌ́stəmər カスタマ] **名詞** **C**
(商店・商社などの)顧客(こきゃく), 常連客, 取引先, 得意先 ➡ **guest** くらべよう

custom-made [kʌ́stəmméid カスタムメイド] **形容詞**
注文で作った, あつらえの
▸**custom-made** shoes
注文で作った靴(くつ)

⁝cut [kʌ́t カット]

動詞	他	❶ …を切る
		❷ …を切断する
		❸ (経費など)を減らす
	自	切れる
名詞		❶ 切ること; 切り傷

—動詞 (三単現 **cuts** [kʌ́ts カッツ]; 過去・過分 **cut**; 現分 **cutting**)

—他 ❶ (刃物(はもの)で)…**を切る**

▸**cut** paper with scissors
はさみで紙を切る

▸She **cut** her finger with a knife.
彼女はナイフで指を切ってしまった.

❷ …**を切断する**, 切り分ける; …を刈(か)る

▸I **cut** the apple in half [two].
わたしはリンゴを半分に切った.

▸I **cut** a slice of ham for my dog.
わたしは飼いイヌに 1 切れのハムを切ってあげた.

❸ (経費など)**を減らす**; (時間)を短縮する; (文章など)を削除(さくじょ)する

▸**cut** costs　経費を減らす

▸I **cut** my speech short.
わたしはスピーチを短くした.

❹ (穴)を空ける; (道など)を切り開く

▸**cut** a hole in the wall
壁(かべ)に穴を空ける

❺ 《口語》(授業など)をサボる

▸**cut** a class　授業をサボる

—自 《副詞をともない》
(刃物・ものが)**切れる**

▸This pair of scissors **cuts** well.
このはさみはよく切れる.

cút acróss …　…を横切って近道をする

◆***cút dówn***
① (木など)**を切り倒す**

▸They **cut down** some trees.
彼らは木を何本か切り倒した.

② (…の量を)減らす; (出費などを)切り詰(つ)める《on …》

▸**cut down on** salt
塩分を控(ひか)える

cút ín　《口語》(…に)口をはさむ; (車などが)(…に)割りこむ《on …》

cút óff　① …を切りはなす, 切り落とす

▸She **cut off** a slice of bread for us.
彼女はわたしたちにパンを切り分けた.

② (ガス・水道など)を止める

③ …をさえぎる

cút óut　① (…から)…を切り取る, 切り抜(ぬ)く《from [of] …》

▸I **cut out** a picture **from** the magazine.
わたしはその雑誌から写真を 1 枚切り抜いた.

② 《口語》…をやめる

▸**Cut** it [that] **out**!
(冗談(じょうだん)などに対して)よせよ, やめろ.

—名詞 (複数 **cuts** [kʌ́ts カッツ])

❶ C **切ること; 切り傷**

▸I got a **cut** on my left hand.
わたしは左手に切り傷をつくった.

❷ C (肉などの)1 切れ

▸a **cut** of steak
1 切れのステーキ

❸ C (…の)削減(さくげん), 値下げ《in …》

▸a **cut in** prices　価格の値下げ

cute [kjúːt キュート] 形容詞

(比較 **cuter**; 最上 **cutest**)
(小さくて)かわいい
(◆男女の別なく用いる)

▸a **cute** baby　かわいい赤ちゃん

cutlet [kʌ́tlit カットれット] 名詞

C (子牛・ヒツジ・ブタなどの)骨つき肉の切り身; カツレツ

cutter [kʌ́tər カタ] 名詞

❶ C カッター, 切る道具; 切る人
❷ C カッター(マストが 1 本の帆船(はんせん))

cutting [kʌ́tiŋ カティング] 動詞

cut(…を切る)の現在分詞・動名詞

—名詞 U C 切ること; C 切り取ったもの

cycle [sáikl サイクる] 名詞

❶ C 周期, ひと巡(めぐ)り; 循環(じゅんかん)

▸the **cycle** of the seasons
季節のひと巡り

❷ C 自転車(= bicycle), 3 輪車(= tricycle), オートバイ(= motorcycle)
❸ C (電波の)サイクル, 周波

cycling [sáikliŋ サイクりング] 名詞

U 自転車に乗ること, サイクリング

cyclone [sáikloun サイクろウン] 名詞

C サイクロン (◆インド洋上で発生する熱帯性低気圧); 大竜巻(おおたつまき)

cylinder [sílindər スィりンダ] 名詞

❶ C 円筒(えんとう); 円柱; 円筒形のもの
➡ **figures** 図
❷ C (エンジンの)シリンダー

cymbal [símbl スィンブる] 名詞

C 《ふつう **cymbals** で》【楽器】シンバル
➡ **musical instruments** 図

A B C D E F G H I J K L M N O P Q R S T U V W X Y Z

Dd *Dd*

Q「ネコの手」より役に立つイヌたちは？➡ dog をひいてみよう！

D, d [díː ディー] 名詞
(複数 **D's, d's** または **Ds, ds** [-z])
❶ C U ディー(♦アルファベットの4番めの文字)
❷ C《D で》(成績の)D, 可 ➡ **A**

'd [-d -ドゥ]《口語》did, had, should, would の短縮形
▸You'**d**(=You had) better go home.
きみは家に帰ったほうがいい.
▸I'**d**(=I would) like some water.
水がほしいのですが.

dachshund [dáːkshùnd ダークスフンド]
名詞 C【動物】ダックスフント(♦短足・胴長(どうなが)の小型犬; ドイツでアナグマ猟(りょう)に使われていた;《英口語》sausage dog)

•dad [dǽd ダあッド] 名詞
(複数 **dads** [dǽdz ダあッヅ])
C《口語》**お父さん, パパ** (♦家庭では子供が父親に呼びかけるときに使う; 大文字で始めることが多く, ふつう冠詞はつけない; 対義語《米》mom,《英》mum お母さん) ➡ **father** ルール
▸Good night, **Dad**.
お父さん, おやすみなさい.
▸How is your **dad**?
お父さんはお元気ですか.

daddy [dǽdi ダあディ] 名詞
(複数 **daddies** [-z])
C《小児語》お父さん, パパ(♦大文字で始めることが多く, ふつう冠詞はつけない; 対義語《米》mommy,《英》mummy お母さん) ➡ **father** ルール

daffodil [dǽfədìl ダあふォディる] 名詞
C【植物】ラッパズイセン (♦イギリスのウェールズ地方を象徴(しょうちょう)する植物; 春に黄色の花をつける)

dagger [dǽgər ダあガ] (★発音に注意)
名詞 C 短剣(たんけん), 短刀

dahlia [dǽljə ダありャ] 名詞
C【植物】ダリア

•daily [déili デイりィ]
──形容詞 **毎日の**, 日常の
▸**daily** life 日常生活
──副詞 毎日, 日々(同義語 every day)
▸I send e-mail to Becky **daily**.
わたしは毎日ベッキーに E メールを送ります.
──名詞 (複数 **dailies** [-z]) C 日刊新聞
(♦「週刊新聞, 週刊誌」は weekly,「月刊誌」は monthly)

dairy [déəri デアリ] 名詞 (複数 **dairies** [-z]) ❶ C 乳製品販売(はんばい)店
❷ C (農場内の)チーズ・バター製造所
❸ C 酪農(らくのう)場(= dairy farm)

dairy farm [déəri fàːrm デアリ ふァーム]
名詞 C 酪農(らくのう)場(♦単に dairy ともいう)

daisy [déizi デイズィ] 名詞
(複数 **daisies** [-z])
C【植物】デイジー, ヒナギク

dam [dǽm ダあム] 名詞 C ダム, せき
──動詞 (三単現 **dams** [-z]; 過去・過分 **dammed** [-d]; 現分 **damming**)
他 …にダムを造る, (川)をせき止める

damage [dǽmidʒ ダあメッヂ] 名詞
U (…への)損害, 被害(ひがい)《to ...》
▸fire **damage** 火災損害
▸cause **damage to** ...
…に損害を与える
──動詞 (三単現 **damages** [-iz]; 過去・過分 **damaged** [-d]; 現分 **damaging**)
他 …に損害をあたえる, 被害をあたえる
▸The typhoon **damaged** rice.
台風が稲(いね)に被害をあたえた.

damn [dǽm ダあム] 動詞 他 …をののしる
──間投詞 ちくしょう, くそっ

damp [dǽmp ダあンプ] 形容詞
(比較 **damper**; 最上 **dampest**)
(不快に) 湿(しめ)った, じめじめした
(対義語 dry 乾(かわ)いた) ➡ **moist** くらべよう

・dance [dǽns ダぁンス]
—動詞 (三単現 **dances** [-iz]; 過去・過分 **danced** [-t]; 現分 **dancing**)
—自 ❶ 踊(おど)る, ダンスをする
▸**dance** to the music
音楽に合わせて踊る
▸Please **dance** with me.
わたしと踊ってください.
❷ 跳(は)ねまわる, 小踊(こおど)りする
—他 …を踊る
—名詞 (複数 **dances** [-iz])
❶ C ダンス, 踊り
▸a folk **dance**
民族舞踊(ぶよう), フォークダンス

ダイアログ
A: May I have the next **dance** with you?
次に踊ってくださいますか?
B: I'd love to. 喜んで.

❷ C ダンスパーティー, 舞踏(ぶとう)会
(◆ふつう dance party とはいわない)
gó to a dánce ダンスパーティーに行く

dancer [dǽnsər ダぁンサ] 名詞
C 踊(おど)り手, 踊り子, ダンサー

dancing [dǽnsiŋ ダぁンスィンヶ] 動詞
dance (踊(おど)る) の現在分詞・動名詞
—名詞 U 踊り, ダンス

dandelion [dǽndilàiən ダぁンデらイアン]
名詞 C 【植物】タンポポ
(◆フランス語の dent de lion「ライオンの歯」から; 葉のギザギザをライオンの歯にたとえたもの)

・danger [déindʒər デインヂャ] 名詞
(複数 **dangers** [-z])
❶ U《ときに **a danger** で》危険, 危険性 (対義語 safety 安全)
▸**Danger**: Falling Rocks
《標識》危険　落石注意
▸There's no **danger** of fire.
火災の心配はありません.
❷ C (…にとって) 危険なもの[人, こと], 脅威(きょうい)《to ...》
▸The virus is a **danger to** our lives. そのウイルスはわたしたちの生命にとって危険なものだ.
be in dánger
危険な状態である, 危険にさらされている
▸His life **is in danger**.
彼の生命が危険にさらされている.
be out of dánger
危険な状態を脱(だっ)している
▸The patient **is out of danger** now. その患者(かんじゃ)は, 今はもう危険な状態を脱している.

・dangerous [déindʒərəs デインヂャラス] 形容詞
(比較 **more dangerous**; 最上 **most dangerous**)
危険な, 危ない (対義語 safe 安全な)
▸They say (that) boxing is a **dangerous** sport. ボクシングは危険なスポーツだといわれている.
▸The insect is **dangerous**.
その昆虫(こんちゅう)は危険だ.

dangerously [déindʒərəsli デインヂャラスり] 副詞 危険なほど; 危(あや)うく

Danish [déiniʃ デイニッシ] 形容詞 デンマークの; デンマーク人の; デンマーク語の
—名詞 ❶《**the Danish** で複数あつかい》デンマーク人(全体)
❷ U デンマーク語

dare [déər デア] 動詞 (三単現 **dares** [-z]; 過去・過分 **dared** [-d]; 現分 **daring**) 他
❶《**dare to** +動詞の原形で》
あえて…する, 思い切って…する
▸She **dared to** jump into the cold water. 彼女は思い切って冷たい水に飛びこんだ.
❷ (危険など)に立ち向かう
—助動詞 あえて…する, 思い切って[ずうずうしくも]…する
(◆否定文・疑問文で用いる)
▸I **dare not** tell him the truth.
わたしには彼に事実を告げる勇気がない.
▸How **dare** you say that?
よくもそんなことが言えるね.
I dare sáy 《口語》おそらく, たぶん
▸**I dare say** it'll snow soon.
おそらくもうすぐ雪が降るでしょう.

A B C D E F G H I J K L M N O P Q R S T U V W X Y Z

:dark [dɑ́ːrk ダーク]

形容詞 ❶ 暗い
❷ 黒い
❸ 濃(こ)い
名詞 ❶ 暗やみ

――形容詞 (比較 **darker**; 最上 **darkest**)
❶ **暗い** (対義語 light 明るい)
▸a **dark** room　暗い部屋
▸a **dark** night　暗い夜
▸It was **dark** when I came home.
帰宅したときは暗かった.
(♦この it は天候や状況(じょうきょう)を表す)
▸It's getting **dark**.　暗くなってきた.
(♦この it は天候や状況を表す)
❷ (髪(かみ)・皮膚(ひふ)・目などが) **黒い**
▸He has **dark** hair and **dark** eyes.
彼は黒い髪と黒い目をしている.
(♦目の色の黒さを表すにはふつう black ではなく dark を使う➡ **black** 参考)
❸ (色が) **濃い**
(同義語 deep, 対義語 light 薄(うす)い)
▸**dark** blue　濃い青色
❹ 陰気(いんき)な, 暗い
――名詞 ❶ 《**the dark** で》**暗やみ**
▸The child was afraid of **the dark**.
その子は暗やみをこわがった.
❷ U 夕暮れ

after dárk　日が暮れてから
▸You must not go out **after dark**.
日が暮れてから外出してはいけません.

before dárk　日が暮れる前に

in the dárk　① 暗やみで
▸I couldn't see anything **in the dark**.
暗やみで, わたしは何も見えなかった.
② 知らないで, 知らせないで
▸She kept her parents **in the dark** about her grades.
彼女は両親に, 成績について知らせないでおいた.

darken [dɑ́ːrkən ダークン] 動詞
他 …を暗くする, 黒くする
――自 暗くなる, 黒くなる

darkness [dɑ́ːrknəs ダークネス] 名詞 U
暗さ, 暗やみ, 暗黒(対義語 light 明るさ)
▸in **darkness**　暗やみで

darling [dɑ́ːrliŋ ダーリング] 名詞
❶ C かわいい人, 最愛の人, お気に入り
❷ C (呼びかけで) あなた, おまえ
(♦夫婦(ふうふ)や親子, 恋人(こいびと)どうしが使う)

dart [dɑ́ːrt ダート] 名詞
❶ C 投げ矢, 投げやり
❷《**darts** で単数あつかい》
【スポーツ】ダーツ, 投げ矢遊び
▸play **darts**　ダーツをする

Darwin [dɑ́ːrwin ダーウィン] 名詞
【人名】ダーウィン(♦ Charles Darwin [tʃɑ́ːrlz- チャールズ-], 1809-82; 進化論を唱(とな)えたイギリスの博物学者)

dash [dǽʃ ダァッシ] 動詞
(三単現 **dashes** [-iz];
過去・過分 **dashed** [-t]; 現分 **dashing**)
自 突進(とっしん)する; (激しく)ぶつかる
▸**dash** for the finish line
ゴールに向かって突進する
――名詞 (複数 **dashes** [-iz])
❶《**a dash** で》突進; 衝突(しょうとつ)
❷ C《ふつう **a dash** で》
【スポーツ】短距離(きょり)競走
❸ C ダッシュ記号(—)
➡ **巻末付録 Ⅳ. 句読点・符号(ふごう)**

data [déitə デイタ] 名詞
U《ときに複数あつかいで》資料, データ
(♦もともとは datum の複数形だが, 現在は単数, 複数両方で用いる)
▸collect **data**　データを集める
▸The **data** is [are] not enough.
その資料は十分ではない.

:date [déit デイト]

名詞 ❶ 日, 日付
❷ デート
動詞 ❶ …に日付を書く

――名詞 (複数 **dates** [déits デイツ])
❶ C 日, 日付

ダイアログ
A: What's the **date** today?
今日の日付は何ですか？
B: It's February 3.　2月3日です.

ダイアログ
A: What's your **date** of birth?
あなたの生年月日はいつですか？
B: It's March 26, 2010.
2010年の3月26日です.

参考 **日付の書き方, 読み方**

1 アメリカでは「月·日·年」の順に書きます.
March 26, 2020（簡略式は 3/26/20）
読み方: March (the) twenty-sixth, twenty-twenty

2 イギリス, オーストラリア, カナダでは「日·月·年」の順で書きます.
26(th) March, 2020
（簡略式は 26/3/20）
読み方: the twenty-sixth of March, twenty-twenty

❷ C《口語》デート;《主に米口語》デートの相手
▸go out on a **date**　デートに出かける
▸John had a **date** with Cathy last week.
先週, ジョンはキャシーとデートした.

out of dáte　時代遅(おく)れの, 旧式の
▸VHS is **out of date**.
VHSは旧式だ.

úp to dáte　最新の
▸This software is **up to date**.
このソフトは最新だ.

――動詞（三単現 **dates** [déits デイツ]; 過去·過分 **dated** [-id]; 現分 **dating**）他
❶ …に日付を書く
▸a letter **dated** December 25
12月25日付けの手紙
❷《主に米口語》(人)とデートする
▸Cathy is **dating** John.
キャシーはジョンと交際している.

datum [déitəm デイタム] 名詞（複数 **data** [déitə デイタ]）C 資料, データ（♦ふつう複数形 data が用いられる）➡ **data**

:daughter [dɔ́ːtər ドータ] 名詞
（複数 **daughters** [-z]）C 娘(むすめ)
（対義語 son 息子(むすこ)）➡ **family** 図
▸I'm the oldest [《英》eldest] **daughter**. わたしは長女です.
▸Emma is my only **daughter**.
エマはわたしの一人娘だ.

David [déivid デイヴィッド] 名詞
【聖書】ダビデ（♦紀元前1000年ごろのイスラエルの王）

dawn [dɔ́ːn ドーン]（★発音に注意）名詞
C U 夜明け（同義語 daybreak）
――動詞 自 夜が明ける

:day [déi デイ] 名詞（複数 **days** [-z]）

❶ 日, 1日
❷ 昼間
❸ 時代

❶ C 日, 1日（♦午前0時からの24時間）

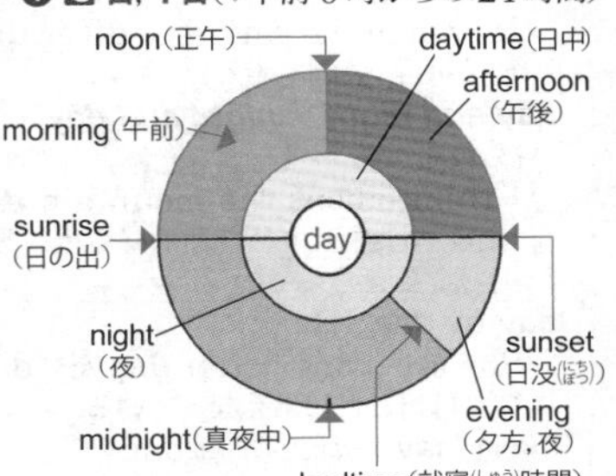

▸a sunny [rainy] **day**
晴れ[雨降り]の日
▸five **days** ago　5日前に

ダイアログ
A: What **day** is (it) today? (＝What **day** of the week is it today?)
今日は何曜日ですか？
B: It's Thursday.　木曜日です.

ダイアログ
A: Have a nice **day**!　よい一日を！
B: Thank you. You, too.
ありがとう. あなたもね.

▸One summer **day**, I met a girl on the beach.
ある夏の日に, わたしは海岸で1人の少女と出会った.
▸I visited him the next **day**.
わたしは次の日, 彼を訪ねた.

❷ C U 昼間, 日中
（♦日の出から日没まで; 対義語 night 夜）

▸Koalas sleep during the **day**.
コアラは昼間は寝(ね)ている.
❸ C《しばしば **days** で》**時代**, 時期
▸in my school **days**
わたしの学生時代に
❹ C U《しばしば **Day** で》
(特定の)日, 祝日, 祭日, 記念日
▸on New Year's **Day**　元日に
◆***áll dáy (lóng)***　**一日じゅう**, 日中ずっと
▸She read a book **all day long**.
彼女は一日じゅう本を読んだ.
by dáy　(夜に対して)昼間は, 昼間に
cáll it a dáy
《口語》(仕事などを)終わりにする
▸Let's **call it a day**.
今日はここまでにしましょう.
dáy after dáy　毎日, 来る日も来る日も
▸He ran in the park **day after day**.
彼は毎日, 公園で走った.
dáy and níght = ***níght and dáy***
昼も夜も
▸I think about the mountain **day and night**.　わたしは昼も夜もその山のことを考えている.
dáy by dáy　日ごとに
▸She is getting better **day by day**.
彼女は日ごとによくなっている.
◆***évery dáy***　**毎日**(同義語 daily)
▸I play soccer **every day**.
わたしは毎日サッカーをしている.
every óther day　1日おきに
◆***in thóse days***　**そのころは**, 当時は
▸There were no smartphones **in those days**.
当時はスマートフォンなどなかった.
◆***óne day***　① (過去の)**ある日**
▸**One day**, I saw a rainbow.
ある日, わたしはにじを見た.
② (未来の)いつか
▸I hope to visit America **one day**.
いつかアメリカへ行きたい.
óne of these dáys
近日中に, そのうちに
◆***sóme day***　**いつか** ➡ **some**
the dáy after tomórrow
あさって, 明後日(◆《米》では副詞的に用いるとき, the を省略することがある)
▸Let's go to a movie **the day after tomorrow**.
あさって, 映画に行こう.
the dáy before yésterday
おととい, 一昨日(◆《米》では副詞的に用いるとき, the を省略することがある)
▸We went shopping **the day before yesterday**.
わたしたちはおととい買い物に行った.
◆***the other dáy***　**先日**, この間
▸We met **the other day**, didn't we?　先日, お会いしましたよね?
thése days　近ごろ(は), 最近では
▸This song is very popular **these days**.
近ごろ, この歌はとても人気がある.

daybreak [déibrèik デイブレイク] 名詞
U 夜明け(同義語 dawn)

day-care center [déikeər sèntər デイケア センタ] 名詞 C 《米》保育所;
(日中の)高齢(こうれい)者介護施設(かいごしせつ)

daydream [déidrì:m デイドゥリーム]
名詞 C (楽しい)空想, 夢想, 白昼夢
——動詞 (三単現 **daydreams** [-z];
過去・過分 **daydreamed** [-d] または **daydreamt** [déidrèmt デイドゥレムト];
現分 **daydreaming**) 自 空想にふける

daylight [déilàit デイライト] 名詞
U 日光(同義語 sunlight); 昼間; 夜明け
▸in the **daylight**　昼間に, 日中に
▸**daylight** saving time
《米》サマータイム, 夏時間
(◆夏の間, 時計を1時間進める制度; 《英》summer time)

daytime [déitàim デイタイム] 名詞
U《**the daytime** で》昼間, 日中
(◆夜明けから日没(にちぼつ)まで) ➡ **day** 図

dazzle [dǽzl ダぁズる] 動詞 (三単現
dazzles [-z]; 過去・過分 **dazzled** [-d];
現分 **dazzling**)
他 (強い光が)…の目をくらませる;
《**be dazzled** で》目がくらむ

D.C., DC [dí:sí: ディースィー]
コロンビア特別区
(◆ the *D*istrict of *C*olumbia の略)
➡ **Washington, D.C.** 参考

DE 【郵便】デラウェア州
(◆ *De*laware の略)

·dead [déd デッド]
(★発音に注意) 形容詞
❶ **死んだ, 死んでいる**; 生命のない; 枯(か)れた(対義語 alive, living 生きている)
▸**dead** leaves 枯れ葉
▸Our dog is **dead**.
わたしたちのイヌは死にました.

> **ルール dead と die の書き換(か)え表現**
> ▸The singer has been **dead** for three years.
> (◆「死んでいる状態」が 3 年続いていることを表す文)
> ▸The singer **died** three years ago. (◆「3 年前に死んだ」という事実を伝える文)
> ▸It has been three years since the singer **died**.
> (◆「死んでから 3 年, という時間の経過」に重点を置く文)

❷ 機能しない, すたれた; (場所が)活気のない
▸My cell phone battery is **dead**.
携帯(けいたい)電話の電池が切れている.

dead end [déd énd デッド エンド] 名詞
C (道路などの)行き止まり; (物事の)行きづまり

deadline [dédlàin デッドらイン] 名詞
C 締(し)め切り(時間), (最終)期限

deadlock [dédlɑ̀k デッドらック] 名詞
C U (交渉(こうしょう)などの)行きづまり

deadly [dédli デッドり] 形容詞
(比較 **deadlier**; 最上 **deadliest**)
致命(ちめい)的な, 命にかかわる(同義語 fatal)
▸a **deadly** disease 命にかかわる病気
── 副詞 ひどく, 死ぬほど; 徹底(てってい)的に

Dead Sea [déd síː デッド スィー] 名詞
《**the Dead Sea** で》死海
(◆イスラエルとヨルダンとの国境にある塩水湖; 塩分濃度(のうど)が非常に高く, 生物がほとんどいないため, この名がついた)

deaf [déf デふ] 形容詞 (比較 **deafer**; 最上 **deafest**) 耳の不自由な; 耳が遠い

·deal [díːl ディーる]
── 動詞 (三単現 **deals** [-z]; 過去・過分 **dealt** [délt デるト]; 現分 **dealing**)
── 他 **…を分配する**, 分ける; (トランプの札(ふだ)など)を配る
▸He **dealt** five cards to each of us.
彼はわたしたち一人ひとりに 5 枚ずつカードを配った.
── 自 トランプの札を配る
déal in …
…を売買する, (商品)をあつかう
▸**deal in** old clothes
古着を売買する
déal with …
(書物・番組などが)…をあつかう, 論じる; …を処理する; …と取り引きをする
▸**deal with** some economic problems
いくつかの経済問題をあつかう
── 名詞 (複数 **deals** [-z])
❶ C **取り引き, 契約**(けいやく)
❷《**a deal** または *one's* **deal** で》
トランプを配ること
❸《**a deal** で》量, たくさん
(◆次の成句で用いる)
a good déal = ***a great déal***
たくさん, 多量(◆数ではなく量を表す)
▸It snowed **a good deal** last year.
昨年はたくさん雪が降った.
a good déal of … = ***a great déal of …***
たくさんの…(◆あとに数えられない名詞が続く)(同義語 much)
▸The project cost **a good deal of** money.
その事業は多額の金がかかった.

dealer [díːlər ディーら] 名詞
C 業者, 販売(はんばい)人[店]; (トランプゲームで)カードを配る人, 親

·dealt [délt デるト] 動詞
(★発音に注意)
deal(…を分配する)の過去形・過去分詞

:dear [díər ディア]

形容詞	❶ 親愛なる ❷ …様 ❸ 大切な
間投詞	おや

── 形容詞 (比較 **dearer**; 最上 **dearest**)
❶ **親愛なる**, いとしい, かわいい
▸my **dear** child わたしのかわいい子
❷《ふつう **Dear …** で》(手紙やメールの書き出しで)…様, 親愛なる…
▸**Dear** Mr. Green, グリーン様
▸**Dear** Kumi, 久美様(◆友人どうしではふつう first name を用いる)

A B C D E F G H I J K L M N O P Q R S T U V W X Y Z

❸《名詞の前には用いない》
(…にとって)**大切な**, 貴重な《to ...》
▸This book is very **dear to** me.
この本はわたしにとってとても大切なものだ.
❹《主に英》(品質のわりに)値段の高い
(同義語 expensive, 対義語 cheap 安い)
▸This sweater is too **dear**.
このセーターは値段が高すぎる.
Déar Sír [***Mádam***], 拝啓(はいけい)(◆改まった手紙などの書き出し; 名前を知らない男性には Sir を, 女性には Madam を用いる; Dear Sir or Madam, と書くこともある)
——名詞 (複数 **dears** [-z])
❶ C いとしい人, かわいい人; いい子
❷ C (呼びかけで)あなた, おまえ
(◆家族や恋人(こいびと)どうしなどの間で用いる; 特に訳す必要はない)
——間投詞 (驚(おどろ)き・悲しみ・失望などを表して)**おや**, **まあ**(◆主に女性が使う)

ダイアログ
A: My mother is sick in bed.
母は病気で寝(ね)ています.
B: Oh **dear**! That's too bad.
まあ! お気の毒に.

death [déθ デス] 名詞 C U 死
(対義語 life 生); 死亡(対義語 birth 誕生)
▸a sudden **death** 突然死
▸The plane crash caused a lot of **deaths**.
その飛行機事故は多くの死者を出した.
to déath ① (…して, その結果)死ぬ
▸be frozen [starved] **to death**
凍死(とうし)[餓死(がし)]する
② 《口語》死ぬほど, ひどく
▸I was bored **to death**.
わたしは退屈(たいくつ)で死にそうだった.

debate [dibéit ディベイト] 動詞
(三単現 **debates** [dibéits ディベイツ]; 過去・過分 **debated** [-id]; 現分 **debating**)
他 …について討論する, 討議する
▸Let's **debate** school uniforms.
学校の制服について討論しましょう.
(◆×debate about school uniforms とはしない)
——自 討論する, 討議する
——名詞 C U 討論, 討議; C 討論会, ディベート
▸hold a **debate**
討論会を開く

debt [dét デット] (★発音に注意)
名詞 C U 借金, 負債(ふさい)
▸pay a **debt** 借金を返す
be in débt (…に)借金がある《to ...》

debut, début [deibjúː デイビュー]
(★発音に注意) 名詞
C デビュー, 初舞台(ぶたい)(◆フランス語から)
▸make *one's* **debut** デビューする

Dec. [disémbər ディセンバ] 12月
(◆ December の略)

decade [dékeid デケイド] (★発音に注意)
名詞 C 10年間
▸for two **decades** 20年間

decay [dikéi ディケイ] 動詞
自 腐(くさ)る; (体力などが)衰(おとろ)える
——他 …を腐らせる, 衰えさせる
▸a **decayed** tooth 虫歯

deceive [disíːv ディスィーヴ] 動詞
(三単現 **deceives** [-z]; 過去・過分 **deceived** [-d]; 現分 **deceiving**)
他 (人)をだます, あざむく

⁑December

[disémbər ディセンバ] 名詞
12月(◆ Dec. と略す)
➡ **January** ルール, **month** 参考

decent [díːsnt ディースント] 形容詞
❶ 見苦しくない, りっぱな; 上品な
❷ (いちおう)満足のいく, まあまあの

⁂decide

[disáid ディサイド] 動詞
(三単現 **decides** [disáidz ディサイヅ]; 過去・過分 **decided** [-id]; 現分 **deciding**)
——他 ❶ **…を決める**; 《**decide to** +動詞の原形または **decide** + **that** 節で》
…しようと決める, 決心する, 決定する
▸I **decided to** sell the bag.
(= I **decided that** I would sell the bag.)
わたしはそのバッグを売ることにした.
❷《**decide** + **wh-** 節・句で》
…かを決める
▸Let's **decide where** to go next.
次にどこに行くか決めよう.
❸ (問題)を解決する; (試合など)を決定づける
▸His goal **decided** the game.
彼のゴールがその試合を決めた.
——自 決める, 決定する
▸Let me **decide**.
わたしに決めさせて.

decision [disíʒn ディスィジャン] 名詞
C U 決定, 結論, 決心
▸make a **decision** 決める

deck [dék デック] 名詞
❶ C (船の)デッキ, 甲板(かんぱん);
(電車・バスの)床(ゆか), 階
❷ C 《主に米》トランプ１組

declaration [dèkləréiʃn デクらレイシャン] 名詞 C 宣言, 発表, 布告

Declaration of Independence
[dèkləréiʃn əv ìndipéndəns デクらレイシャン アヴ インディペンデンス] 名詞
《**the Declaration of Independence** で》(アメリカの)独立宣言
➡ **Independence Day**

参考 **アメリカの独立宣言**
1776 年 7 月 4 日, イギリスからの独立の際に発した宣言です. 起草者はトーマス・ジェファーソン(Thomas Jefferson [táməs dʒéfərsn タマス ヂェふァスン], 1743-1826; 1803 年に第 3 代米国大統領に就任)です.

declare [dikléər ディクれア] 動詞
(三単現 **declares** [-z]; 過去・過分 **declared** [-d]; 現分 **declaring**) 他
❶ …を宣言する; …を断言する
▸They **declared** that they would play fair.
彼らは正々堂々と戦うことを宣言した.
❷ …を申告(しんこく)する
▸Do you have anything to **declare**? (税関で)何か申告するものはありますか?

decline [dikláin ディクらイン] 動詞
(三単現 **declines** [-z]; 過去・過分 **declined** [-d]; 現分 **declining**)
他 …を(穏(おだ)やかに)断る, 辞退する
(対義語 accept …を受け入れる)
▸I **declined** her invitation.
わたしは彼女の招待を断った.
▸He **declined** to speak about the case.
彼はそのことについて話すのを断った.
—自 ❶ (穏やかに)断る
❷ (土地などが)傾(かたむ)く; (日が)傾く
❸ (体力などが)衰(おとろ)える
▸His health **declined** day by day.
彼の健康は日に日に衰えていった.

decorate [dékərèit デコレイト] (★アクセントに注意) 動詞 (三単現 **decorates** [dékərèits デコレイツ]; 過去・過分 **decorated** [-id]; 現分 **decorating**)
他 (もの・場所)を(…で)飾(かざ)る《with ...》
▸She **decorated** her room **with** pictures.
彼女は自分の部屋を絵で飾った.

decoration [dèkəréiʃn デコレイシャン]
名詞 U 飾(かざ)ること; C 《しばしば **decorations** で》装飾(そうしょく)物, 飾り

decrease (★動詞・名詞のアクセントのちがいに注意) 動詞 [dikríːs ディクリース] (三単現 **decreases** [-iz]; 過去・過分 **decreased** [-t]; 現分 **decreasing**)
自 (数・量・規模などが)減る, 減少する
(対義語 increase 増える)
▸The number of children is **decreasing**.
子供の数が減少している.
—他 …を減らす
—名詞 [díːkriːs ディークリース]
C U (…の)減少《in [of] ...》

dedicate [dédikèit デディケイト] 動詞
(三単現 **dedicates** [dédikèits デディケイツ]; 過去・過分 **dedicated** [-id]; 現分 **dedicating**)
他 (時間・努力など)を(…に)ささげる《to ...》
▸She **dedicated** herself [her life] **to** education.
彼女は人生を教育にささげた.

deed [díːd ディード] 名詞
C 行為(こうい), 行動(同義語 act)

·deep [díːp ディープ]
—形容詞 (比較 **deeper**; 最上 **deepest**)
❶ 深い(対義語 shallow 浅い)
▸a **deep** well 深い井戸(いど)
❷ 深さが…で; 奥行(おくゆ)きが…で

ダイアログ
A: How **deep** is this pond?
この池はどのくらいの深さですか?
B: It's about six meters **deep**.
約 6 メートルです.

A B C D E F G H I J K L M N O P Q R S T U V W X Y Z

❸ (色が)濃(こ)い(同義語 dark)
▸**deep** blue　濃い青
❹ (音・声などが)低く太い
▸a **deep** voice　太い声
❺ (呼吸・眠(ねむ)りなどが)深い
▸take a **deep** breath　深呼吸をする
❻ (学問などが)深遠な, 難解な
——副詞 (比較・最上 は 形容詞 に同じ)
深く, 深いところで

deep-fry [dí:pfrái ディープふライ] 動詞
(三単現 **deep-fries** [-z]; 過去・過分 **deep-fried** [-d]; 現分 **deep-frying**)
他 (食品)をたっぷりの油であげる

deeply [dí:pli ディープり] 副詞
深く; 非常に

deer [díər ディア] 名詞
(複数 **deer:** 単複同形) C【動物】シカ

defeat [difí:t ディふィート] 動詞 他
❶ …を負かす, 打ち破る(同義語 beat)
▸We **defeated** them (by) 3 to 1.
わたしたちは 3 対 1 で彼らを破った.
❷ (計画・目的など)を阻止(そし)する, (希望など)をくじく
——名詞 ❶ C U 敗北, 負け
❷ C U (…に対する)勝利《of ...》

defect [dí:fekt ディーふェクト, difékt ディふェクト] 名詞 C 欠点, 短所; 欠陥(けっかん)

defence [diféns ディふェンス] 名詞
《英》=《米》defense(防御(ぼうぎょ))

defend [difénd ディふェンド] 動詞 他
…を(…から)守る, 防ぐ《against [from] ...》
(対義語 attack …を攻撃(こうげき)する)

defense, 《英》**defence** [diféns ディふェンス] 名詞 C U 防御(ぼうぎょ), 防衛;
C 防御物; C U【スポーツ】守備(側)
(対義語 attack, offense 攻撃(こうげき))
▸Offense is the best **defense**.
攻撃は最大の防御だ.

defensive [difénsiv ディふェンスィヴ]
形容詞 ❶ 防御(ぼうぎょ)の, 防衛の; 守備の
(対義語 offensive 攻撃(こうげき)の)
❷ 自己弁護的な, 守勢の
——名詞 《**the defensive** で》防御, 守勢

define [difáin ディふァイン] 動詞 (三単現 **defines** [-z]; 過去・過分 **defined** [-d]; 現分 **defining**) 他
❶ …を(…と)定義する《as ...》
▸The dictionary **defines** "cascade" **as** "a small waterfall."
辞書は"cascade"を「小さな滝」と定義している.
❷ …を限定する, (境界など)を定める; (立場など)を明らかにする

definite [défənit デふィニット] 形容詞
一定の; 明確な
(対義語 indefinite 不明確な)

definitely [défənitli デふィニットり]
副詞 明確に, きっぱりと;
《口語》もちろん, 確かに

definition [dèfəníʃn デふィニシャン]
名詞 C 定義, 語義; U 定義すること
▸What is the **definition** of "peace"?
「平和」の定義は何ですか?

degree [digrí: ディグリー] 名詞
❶ C (温度・角度などの)度
▸It's two **degrees** below zero this morning.　今朝は零下(れいか)2 度だ.
▸Water boils at 100 **degrees** Celsius.
水はセ氏 100 度で沸騰(ふっとう)する.
❷ C U 程度, 度合い
▸I'm interested in computers to some **degree**.　わたしはコンピューターに多少は興味がある.(◆ to some degree は「いくぶん, 多少」の意味)
❸ C (…の)学位《in ...》
▸a doctor's **degree**　博士号

by degrées しだいに, だんだんと
▸Your English is getting better **by degrees**.　あなたの英語はだんだん上達していますよ.

Delaware [déləwèər デらウェア] 名詞
デラウェア州(◆アメリカ東部大西洋岸の州; Del. または【郵便】で DE と略す)

delay [diléi ディれイ] 動詞
他 …を遅(おく)らせる, 延期する
▸Heavy rain **delayed** the train.
(= The train was **delayed** by heavy rain.)
大雨のため列車が遅れた.
——自 ぐずぐずする, 手間どる
——名詞 C U 遅れること; 延期

without deláy
すぐに, ぐずぐずしないで

delete [dilí:t ディりート] 動詞
(三単現 **deletes** [dilí:ts ディりーツ];
過去・過分 **deleted** [-id];
現分 **deleting**)
他 (語・データなど)を削除(さくじょ)する
▸**delete** an e-mail from a computer
コンピューターから E メールを削除する

delicacy [délikəsi デリカスィ] 名詞
(複数 **delicacies** [-z])
❶ U 繊細(せんさい)さ, 優美さ; 壊(こわ)れやすさ, 傷つきやすさ; (問題などが)微妙(びみょう)なこと
❷ U 気づかい, 心配り
❸ C 珍味(ちんみ), ごちそう

delicate [délikit デリケット]
(★発音に注意) 形容詞
❶ 上品な, 優美な; 繊細(せんさい)な
▸**delicate** design　上品なデザイン
❷ きゃしゃな, 壊(こわ)れやすい
▸a **delicate** glass　壊れやすいグラス
❸ 微妙(びみょう)な; あつかいにくい

delicatessen [dèlikətésn　デリカテスン] 名詞 C そうざい屋(♦サンドイッチやサラダ, 調理済みの肉・チーズなどを売る店; ドイツ語から)

:delicious [dilíʃəs デリシャス]
—形容詞 (比較 **more delicious**;
最上 **most delicious**)
(食物が)**とてもおいしい**, うまい; 香(かお)りのよい(同義語 tasty)
▸a **delicious** dish
とてもおいしい料理
▸This cake is **delicious**!
このケーキはとてもおいしい.

delight [diláit ディらイト] 名詞
C U 大喜び, うれしさ, 楽しみ
—動詞 他 (人)を大喜びさせる
be delighted at [with, by] ...
…を喜ぶ
▸We **were delighted by** the news.
わたしたちはその知らせに喜んだ.

delightful [diláitfl ディらイトふる]
形容詞 人を愉快(ゆかい)にさせる, 楽しい

deliver [dilívər デリヴァ] 動詞 他
❶ …を(…に)配達する, 届ける《to ...》
▸I **deliver** newspapers **to** homes in this area. わたしはこの地域の家々に新聞を配達している.
❷ (演説など)をする, (意見など)を述べる
▸**deliver** a speech　演説をする

delivery [dilívəri デリヴァリ] 名詞
(複数 **deliveries** [-z])
U C 配達; C 配達物; U 話しぶり
▸free **delivery** service
無料配送サービス

demand [dimǽnd　ディマぁンド] 動詞
他 (権利として)…を(人に)要求する, 請求(せいきゅう)する《of [from] ...》
▸They **demanded** a lot of money **of [from]** the government.
彼らは政府にたくさんの金を要求した.
—名詞 C (…に対する)(強い)要求, 必要《for ...》; U 需要(じゅよう)(対義語 supply 供給)
▸There is a strong **demand for** motorcycles in the country.
その国ではバイクの需要が高い.

demo [démou デモウ] 名詞
(複数 **demos** [-z])
《口語》 C デモ, 示威(じい)行動
(♦ *demon*stration を短縮した語)

democracy [dimákrəsi ディマクラスィ]
名詞 (複数 **democracies** [-z])
U 民主主義; C 民主主義国

democrat [déməkræt デモクラぁット]
名詞 (複数 **democrats** [-s])
❶ C 民主主義者
❷《**Democrat** で》
C (アメリカの)民主党員

democratic
[dèməkrǽtik デモクラぁティック] 形容詞
❶ 民主主義の; 民主的な
❷《**Democratic** で》
(アメリカの)民主党の

Democratic Party [déməkrætik pɑ́ːrti デモクラぁティック パーティ] 名詞
《**the Democratic Party** で》
(アメリカの)民主党
(♦共和党(the Republican Party)とともにアメリカの2大政党の一つ)

demon [díːmən ディーモン] (★発音に注意) 名詞 C 悪魔(あくま); 悪魔のような人; 《口語》(…の)非常な努力家, 鬼《for [at] ...》

demonstrate [démənstrèit　デモンストゥレイト] (★アクセントに注意) 動詞
(三単現 **demonstrates** [démənstrèits デモンストゥレイツ];
過去・過分 **demonstrated** [-id];
現分 **demonstrating**)
他 (実物などを使って)…を説明する, 証明

する，実演する

▸The salesperson **demonstrated** how to use the new camera.
店員は新型カメラの使い方を実演した.

—— 自 (…を支持して / …に反対して) デモをする《for ... / against ...》

▸They are **demonstrating against** the new law.
彼らはその新しい法律に反対してデモをしている.

demonstration [dèmənstréiʃn デモンストゥレイシャン] 名詞
❶ C U 実演，デモンストレーション
❷ C (…を求めての / …に反対しての) デモ，示威(じい)行動《for ... / against ...》
(◆《口語》demo)

Denali [dənáːli デナーり] 名詞 デナリ(◆アメリカのアラスカ州にある北アメリカ最高峰(ほう)；6,194 メートル；旧称マッキンリー(Mount McKinley [-məkínli マキンり]))

Denmark [dénmaːrk デンマーク] 名詞
デンマーク(◆北ヨーロッパの国；首都はコペンハーゲン Copenhagen)

dense [déns デンス] 形容詞
(比較 **denser**；最上 **densest**)
❶ (霧(きり)などが)濃(こ)い
▸a **dense** fog 濃い霧
❷ (人・ものが)密集した

dental [déntl デントゥる] 形容詞
歯の；歯科の

dentist [déntist デンティスト] 名詞
C 歯科医，歯医者
▸go to the **dentist**('s) 歯医者へ行く

deny [dinái ディナイ] (★発音に注意)
動詞 (三単現 **denies** [-z]；
過去・過分 **denied** [-d]；
現分 **denying**)
他 …を否定する；《**deny** + **that** 節で》
…ということを否定する，…でないと言う
▸I can't **deny** the fact.
その事実は否定できない.
▸John **denied that** he was there at that time.
ジョンはそのときそこにいたことを否定した.

depart [dipáːrt ディパート] 動詞
自 (人・乗り物などが)(…から / …へ向けて)出発する《from ... / for ...》
(◆ leave, start よりかたい語；
対義語 arrive 到着(とうちゃく)する)
▸The plane **departed from** London **for** Berlin.
飛行機はベルリンに向けてロンドンを出発した.

˙department

[dipáːrtmənt ディパートメント] 名詞
(複数 **departments** [dipáːrtmənts ディパートメンツ])
❶ C (会社などの)**部門**，部，課；
(デパートの)売り場(◆日本語の「デパート」は department store)
▸the men's clothing **department**
紳士(しんし)服売り場
❷ C (行政組織の)《米》省；《英》局，課
❸ C (大学の)科，学部
▸the **department** of English (=the English **department**) 英語学科

department store [dipáːrtmənt stɔ̀ːr ディパートメント ストーア] 名詞
C デパート，百貨店(◆英語の depart に日本語の「デパート」の意味はない)

departure [dipáːrtʃər ディパーチャ] 名詞
C U (…から / …へ向けての)出発，発車《from ... / for ...》
(対義語 arrival 到着(とうちゃく))

˙depend

[dipénd ディペンド]
動詞 (三単現 **depends** [dipéndz ディペンヅ]；過去・過分 **depended** [-id]；
現分 **depending**) 自
❶《**depend on** [**upon**] ... で》
…**にたよる**，依存(いぞん)する，…を当てにする
(同義語 rely on [upon] ...)
▸You can always **depend on** me.
いつでもわたしをたよりにしていいよ.
❷《**depend on** [**upon**] ... で》
…による，…しだいである
▸It all **depends on** the weather.
すべては天気しだいだ.

It* (*áll*) *depénds.* = *That* (*áll*) *depénds.
《口語》それは時と場合による.

dependent [dipéndənt ディペンデント]
形容詞 ❶ (資金などを)(…に)たよっている《on [upon] ...》(対義語 independent 独立した)
▸He is still **dependent on** his parents.
彼はまだ両親に生活をたよっている.
❷《名詞の前には用いない》(…に)よる, (…)しだいである《on [upon] ...》

deposit [dipázit ディパズィット] 動詞
他 (貴重品など)を預ける; (お金)を預金する
▸**Deposit** that money in a bank.
そのお金を銀行に預けなさい.
——名詞 C 保証金, 手付け金; 預金

depression [dipréʃn ディプレシャン]
名詞 (複数 **depressions** [-z])
❶ U C ゆううつ;【医学】うつ病
❷ C U 不況(ふきょう), 不景気

deprive [dipráiv ディプライヴ] 動詞
(三単現 **deprives** [-z]; 過去・過分 **deprived** [-d]; 現分 **depriving**)
他《**deprive** ＋人＋ **of** ～で》
(人)から(権利・楽しみなど)を奪(うば)う, 取り上げる(♦しばしば受け身の形で用いる)
▸The government **deprived** them **of** their freedom.
(＝They **were deprived of** their freedom by the government.)
政府は彼らから自由を奪った.

dept. (会社などの)部門, 部, 課; (デパートの)売り場; (行政組織の)《米》省; 《英》局, 課; (大学の)科, 学部(♦ *dep*artmen*t* の略)

depth [dépθ デプス] 名詞
C U 深さ; 奥行(おくゆ)き

Derby [dɑ́ːrbi ダ～ビ] 名詞
《**the Derby** で》ダービー競馬
(♦ロンドンに近いエプソム(Epsom)の町で毎年行われる競馬の祭典)

derive [diráiv ディライヴ] 動詞 (三単現 **derives** [-z]; 過去・過分 **derived** [-d]; 現分 **deriving**) 他
❶ (…から)…を得る, 引き出す《from ...》
❷《**be derived from ...** で》
…に由来する, …から出ている
▸This word **is derived from** Dutch.
この語はオランダ語に由来する.
——自 (…に)由来する, (…から)出ている《from ...》

descendant [diséndənt ディセンダント]
名詞 C 子孫(対義語 ancestor 先祖)

describe [diskráib ディスクライブ] 動詞
(三単現 **describes** [-z]; 過去・過分 **described** [-d]; 現分 **describing**) 他
❶ …を(ことばで)描写(びょうしゃ)する; …の特徴(とくちょう)を述べる
▸I **described** the man to the police.
わたしはその男の特徴を警察に話した.
❷ …を(…と)評する, 言う《as ...》

description [diskrípʃn ディスクリプシャン] 名詞 C U (ことばで)記述すること, 描写(びょうしゃ); C 人相(書き)

·desert[1] [dézərt デザト]
(★ desert[2] とのアクセントのちがいに注意)
——名詞 (複数 **deserts** [dézərts デザツ])
C **砂漠**(さばく); 荒野(こうや), 不毛の土地
▸the Sahara **Desert** サハラ砂漠
——形容詞 不毛の; 人の住んでいない
▸a **desert** island 無人島

desert[2] [dizə́ːrt ディザ～ト] (★ desert[1] とのアクセントのちがいに注意) 動詞
他 (人)を捨てる, 見捨てる; (場所)を捨てる, 去る; (任務など)を放棄(ほうき)する
——自 (軍人などが)脱走(だっそう)する

deserted [dizə́ːrtid ディザ～ティッド]
形容詞 人気(ひとけ)のない; さびれた, 人の住まなくなった, 打ち捨てられた

deserve [dizə́ːrv ディザ～ヴ] 動詞
(三単現 **deserves** [-z]; 過去・過分 **deserved** [-d]; 現分 **deserving**)
他 (尊敬など)に値(あたい)する
▸Ken **deserves** respect.
(＝Ken **deserves** to be respected.)
ケンは尊敬に値する[尊敬されて当然だ].

design [dizáin ディザイン] 動詞 他
❶ …を設計する; …を計画する
▸My aunt **designed** my house.
おばがわたしの家を設計した.
❷ (衣服など)をデザインする
——名詞 ❶ U デザイン; C 図柄(ずがら), 模様
❷ C 設計図; U 設計
▸draw a **design** for a new engine
新型エンジンの設計図をかく
❸ C 計画

designer [dizáinər ディザイナ] 名詞
C デザイナー; 設計者
▸a car **designer** カーデザイナー

desirable [dizáirəbl ディザイラブる]
形容詞 望ましい, 好ましい

desire [dizáiər ディザイア] 動詞
(三単現 **desires** [-z]; 過去・過分 **desired** [-d]; 現分 **desiring**)
他 …を(強く)望む, 切望する
▸We all **desire** peace.
わたしたちはみな平和を望んでいる.
—名詞 ❶ C U (…に対しての)(強い)願望, 欲望, 要望《for ...》
▸a **desire for** money 金銭欲
❷ C 望みのもの

:desk [désk デスク] 名詞
(複数 **desks** [-s])
❶ C (勉強・事務用の)机(♦ふつう引き出しがついている; table は食事・会議・ゲーム用, あるいは作業台を指す)

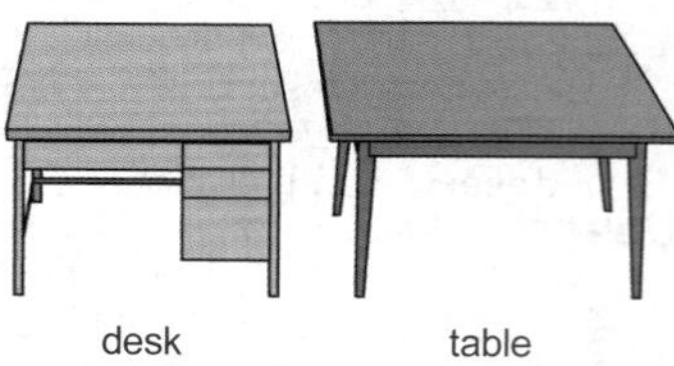

▸Your glasses are on the **desk**.
あなたのめがねは机の上にありますよ.
▸She is at the **desk**.
彼女は机に向かって(勉強[仕事]をして)いる.
❷ C《ふつう **the desk** で》
(会社・ホテルなどの)受付, フロント

desktop [désktɑ̀p デスクタップ] 形容詞
(コンピューターが)デスクトップ型の
—名詞 C デスクトップコンピューター

despair [dispéər ディスペア] 名詞
U 絶望(対義語 hope 希望)
—動詞 自 (…に)絶望する《of ...》

desperate [déspərit デスパレット]
形容詞 ❶ 死に物狂(ぐる)いの, 必死の
▸make a **desperate** effort
死に物狂いの努力をする
❷ 絶望的な(同義語 hopeless)
▸a **desperate** situation
絶望的な状況(じょうきょう)

desperately [déspəritli デスパレットり]
副詞 やけになって, 必死になって; ひどく

despise [dispáiz ディスパイズ] 動詞
(三単現 **despises** [-iz]; 過去・過分 **despised** [-d]; 現分 **despising**)
他 …を軽蔑(けいべつ)する(対義語 respect …を尊敬する); …を嫌悪(けんお)する

despite [dispáit ディスパイト] 前置詞
…にもかかわらず(♦ in spite of よりかたい語; 新聞などでよく使われる)
▸**Despite** the rain, they played the baseball game.
雨にもかかわらず, 彼らは野球の試合をした.

dessert [dizə́ːrt ディザ～ト]
(★発音に注意) 名詞
C U デザート(♦ 食事の最後に出される菓子(かし)類など)

destination [dèstənéiʃn デスティネイシャン] 名詞 C 目的地, 行き先
▸What is your **destination**?
行き先はどちらですか?
(♦× Where is ...? とはいわない)

destiny [déstəni デスティニ] 名詞
(複数 **destinies** [-z]) U C 運命, 宿命

·destroy [distrɔ́i ディストゥロイ]
動詞 (三単現 **destroys** [-z]; 過去・過分 **destroyed** [-d]; 現分 **destroying**) 他
❶ (大きな激しい力で) **…を破壊(はかい)する**
(対義語 construct …を建造する)
▸The earthquake **destroyed** a lot of buildings. その地震(じしん)はたくさんの建物を破壊した.
▸That theater was totally **destroyed** by fire.
あの劇場は火事で全焼した.
❷ (計画)をだめにする, (希望)をくじく
❸ (動物など)を殺す

destruction [distrʌ́kʃn ディストゥラクシャン] 名詞 U 破壊(はかい)
(対義語 construction 建造); 滅亡(めつぼう)

destructive [distrʌ́ktiv ディストゥラクティヴ] 形容詞 破壊(はかい)的な; 有害な

detail [ditéil ディテイる] 名詞
C 細部;《**details** で》詳細(しょうさい)
▸She told me all the **details**.
彼女は詳細をすべてわたしに語った.
in detáil 詳(くわ)しく, 詳細に
▸Could you tell me about the accident **in detail**?
その事故について詳しく話していただけますか?

detailed [ditéild ディテイるド] 形容詞
詳細(しょうさい)な

detection [ditékʃn ディテクシャン]
名詞 U 発見, 見破ること, 発覚

detective [ditéktiv ディテクティヴ]
名詞 C 探偵(たんてい), 刑事(けいじ)

detergent [ditə́ːrdʒənt ディタ～チェント] 名詞 C U 洗剤(せんざい), 合成洗剤

determination [ditəːrmənéiʃn ディタ～ミネイシャン] 名詞 U 決心; 決定

determine [ditə́ːrmin ディタ～ミン] 動詞 (三単現 **determines** [-z]; 過去・過分 **determined** [-d]; 現分 **determining**)
他 …を決定する(♦ decide よりかたい語)
▸Let's **determine** the date of our next meeting. わたしたちの次の会議の日取りを決めましょう.

determined [ditə́ːrmind ディタ～ミンド] 形容詞 決意のかたい, 断固とした; 《**be determined to** ＋動詞の原形で》…することを(かたく)決意している, 決心している
▸She **is determined to** start a company. 彼女は会社を設立する決意を固めている.

deuce [djúːs デュース] 名詞
U【スポーツ】(テニスなどの)ジュース(♦テニスや卓球(たっきゅう)などで, あと1点をとればゲーム(またはセット)終了(しゅうりょう)というところで同点になること; 一方が続けて2回得点すれば勝ちになる)

·develop [divéləp ディヴェろプ]
動詞 (三単現 **develops** [-s]; 過去・過分 **developed** [-t]; 現分 **developing**)
—他 ❶ **…を発達させる**, 開発する
▸She **developed** the little shop into a big company. 彼女はその小さな店を大会社に発展させた.
▸**develop** new technology 新しい科学技術を開発する
❷ (フィルム)を現像する
—自 (…から / …に)**発達する**, 発展する《from ... / into ...》
▸A flower **develops from** a bud. (= A bud **develops into** a flower.) 花はつぼみから生長する.[つぼみは花へと生長する.]

developed [divéləpt ディヴェろプト]
形容詞 (経済などが)発達した, 発展した
▸a **developed** country 先進国

developing [divéləpiŋ ディヴェろピング]
形容詞 (経済などが)発展[開発]途上(とじょう)の
▸a **developing** country 発展[開発]途上国

development [divéləpmənt ディヴェろプメント] 名詞 ❶ U 発達, 発展, 開発
❷ U (フィルムの)現像

device [diváis ディヴァイス] 名詞
C 装置, しかけ, 工夫(くふう)
▸a safety **device** 安全装置

devil [dévl デヴる] 名詞
C 悪魔(あくま); 《ふつう **the Devil** で》魔王, サタン(同義語 Satan)
▸ことわざ Talk [Speak] of the **devil** (, and he is sure to appear). うわさをすれば影(かげ)(がさす). (♦「悪魔の話をすると必ず現れる」の意味から)

devise [diváiz ディヴァイズ] 動詞
(三単現 **devises** [-iz]; 過去・過分 **devised** [-d]; 現分 **devising**)
他 (方法・装置など)を工夫(くふう)する, 考案する; …を発明する

devote [divóut ディヴォウト] 動詞 (三単現 **devotes** [divóuts ディヴォウツ]; 過去・過分 **devoted** [-id]; 現分 **devoting**)
他 …を(…に)ささげる《to ...》;
《**devote** *oneself* **to ...** で》…に専念する
▸She **devoted** her life [**herself**] **to** helping poor people. 彼女は貧しい人々を助けることに生涯(しょうがい)をささげた[専念した]. (♦ to のあとは(動)名詞)

dew [djúː デュー] 名詞 U 露(つゆ)

dewdrop [djúːdràp デュードゥラップ]
名詞 C 露(つゆ)のしずく

diagram [dáiəgræm ダイアグラぁム]
名詞 C 図表, 図形; 図解

dial [dáiəl ダイアる] 名詞 C (時計などの)文字盤(ばん); (ラジオ・電話などの)ダイヤル
—動詞 他 (ダイヤルを回して・プッシュボタンを押(お)して)…に電話をかける
—自 電話をかける

dialect [dáiəlèkt ダイアれクト] 名詞
C U 方言

dialogue, 《米》dialog [dáiəlɔ̀ːg ダイアろーグ] 名詞
C U 対話; (劇・小説などの)会話の部分

diameter [daiǽmitər ダイあミタ]
(★アクセントに注意) 名詞
C (円・球の)直径(♦「半径」は radius)

diamond [dáiəmənd ダイアモンド] 名詞
❶ C U ダイヤモンド
❷ C ひし形; (トランプの)ダイヤ
❸ C 《ふつう **the diamond** で》(野球の)内野; 野球場

A B C D E F G H I J K L M N O P Q R S T U V W X Y Z

·diary

[dáiəri ダイアリ] 名詞 (複数 **diaries** [-z])
C 日記, 日記帳 ➡ **keep** 他 ❹
▸write a **diary** 日記を書く
▸I keep a **diary** in English.
わたしは英語で日記をつけている.

dice [dáis ダイス] 名詞 (複数 **dice**: 単複同形) C さいころ; U さいころ遊び
▸throw [roll] the **dice**
さいころを投げる

dictate [díkteit ディクテイト] 動詞 (三単現 **dictates** [díkteits ディクテイツ]; 過去・過分 **dictated** [-id]; 現分 **dictating**)
他 …を(…に)書き取らせる《to ...》
▸He **dictated** the sentence **to** us.
彼はその文をわたしたちに書き取らせた.
―自 (…に)書き取らせる, 口述する《to ...》

dictation [diktéiʃn ディクテイシャン] 名詞 U 書き取り, 口述, ディクテーション

dictionaries [díkʃənèriz ディクショネリズ] 名詞 dictionary(辞書)の複数形

:dictionary

[díkʃənèri ディクショネリ] 名詞 (複数 **dictionaries** [-z]) C 辞書, 辞典 (◆「百科事典」は encyclopedia)
▸an English-Japanese **dictionary**
英和辞典
▸I looked up the word in my **dictionary**.
わたしはその単語を自分の辞書で調べた.

オックスフォード英語辞典(世界最大)の編集作業

:did

[díd ディッド]
―動詞 do(…をする)の過去形
―助動詞 do の過去形(◆過去の疑問文をつくったり, not をともなって否定文をつくったりするときに用いる; また, 過去の文の一般動詞を強調するときにも用いる)

> ダイアログ
> A: **Did** you have a good weekend?
> いい週末でしたか?
> B: Yes, I did. はい, いい週末でした.

▸I **did**n't have breakfast this morning.
今朝は朝食を食べなかった.
▸She **did** say so.
彼女は確かにそう言った.
(◆ She said so. の said を強調した形)
―〖代動詞〗(◆同じ動詞(句)を繰(く)り返す代わりに用いる)

> ダイアログ
> A: Who broke the window?
> だれが窓ガラスを割ったんだ?
> B: I'm sorry, I **did**.
> ごめんなさい, ぼくが割りました.
> (◆ did = broke the window)

:didn't

[dídnt ディドゥント]
《口語》did not の短縮形

:die

[dái ダイ] 動詞 (三単現 **dies** [-z]; 過去・過分 **died** [-d]; 現分 **dying**) 自
❶ (…で)死ぬ《of [from] ...》(対義語 live 生きる); (植物などが)枯(か)れる
➡ **dead** ルール
▸He **died** four years ago.
彼は 4 年前に死んだ.
▸That dog is **dying**.
そのイヌは死にかけている. (◆「そのイヌは死んでいる」は That dog is dead.)

> くらべよう **die of, die from, be killed**
> **die of**: 病気・飢(う)え・老齢(ろうれい)などで死ぬことを指します.
> ▸**die of** cancer [hunger / old age]
> がん[飢え / 老齢]で死ぬ
> **die from**: けがなどで死ぬことを指します. 代わりに die of を用いることもよくあります.
> ▸**die from** a wound [old age]
> けが[老齢]で死ぬ
> **be killed**: 事故や災害, 戦争などで死ぬことを指します.
> ▸**be killed** in an accident [a fire / the war] 事故[火事 / 戦争]で死ぬ

❷《口語》《**be dying for ...** で》…がほしくてたまらない; 《**be dying to** +動詞の原形で》…したくてたまらない
▸I'm **dying for** an ice cream.
わたしはアイスクリームが食べたくてたまらない.
▸I'm **dying to** ride that horse.

あの馬に乗りたくてたまらない.

díe awáy
(音・風などが)徐々(じょじょ)に消える[やむ]

díe óut 絶滅(ぜつめつ)する；すたれる

Diet [dáiit ダイエット] 名詞
C《ふつう **the Diet** で》(日本などの)国会(◆「アメリカの国会」は Congress,「イギリス議会」は Parliament)

diet [dáiit ダイエット] 名詞
❶ C U (日常の)食事, 飲食物
▸a vegetable **diet** 菜食
❷ C (治療(ちりょう)・減量のための)食事制限, ダイエット
▸go on a **diet** ダイエットをする
▸I'm on a **diet**.
わたしはダイエット中だ.

differ [dífər ディふァ]
(★アクセントに注意) 動詞
自 (…と / …の点で)ちがう, 異なる《from ... / in ...》;
(人と)意見が合わない《with [from] ...》

·difference [dífərəns ディふァレンス] 名詞 (複数 **differences** [-iz])
C U (…の間の)**ちがい**, 差, 相違(そうい)点《between ...》
▸tell the **difference**
ちがいを述べる[見分ける]
▸There is little **difference between** the two words.
その2つの語にはほとんどちがいがない.

make a dífference
変化をもたらす；重要である
▸The movie **made a** big **difference** in my life.
その映画はわたしの人生に大きな変化をもたらした.

:different
[dífərənt ディふァレント] 形容詞
(比較 **more different**;
最上 **most different**)
❶ **ちがう**, 異なる, 別々の(対義語 same 同じ);《**be different from ...** で》…とちがっている(◆《口語》では from の代わりに to や than を用いることがある)
▸My idea **is different from** hers.
わたしの考えは彼女の考えとちがう.
❷ **いろいろな**(同義語 various)
▸The store has **different** kinds of food. その店にはいろいろな種類の食べ物がある.

:difficult [dífikəlt ディふィカるト] 形容詞 (比較 **more difficult**; 最上 **most difficult**)
難しい, 困難な
(同義語 hard, 対義語 easy 簡単な)
▸a **difficult** problem 難しい問題
▸Singing the song well is **difficult** for me. わたしにとってその歌をじょうずに歌うことは難しい.
▸His name is **difficult** to pronounce.
彼の名前は発音するのが難しい.

difficulty [dífikəlti ディふィカるティ] 名詞 (複数 **difficulties** [-z])
❶ U (…における)難しさ, 困難《in ...》
(対義語 ease 容易さ)
▸I had a lot of **difficulty (in)** writing e-mails in English.
わたしは英語でEメールを書くのにとても苦労した.
❷ C 困難なこと

with dífficulty 苦労して, やっと
▸I finished my homework **with difficulty**.
わたしはやっと宿題を仕上げた.

without dífficulty 苦もなく, 楽々と

dig [díg ディッグ] 動詞 (三単現 **digs** [-z]; 過去・過分 **dug** [dʌ́g ダッグ]; 現分 **digging**) 他 …を掘(ほ)る
▸**dig** the ground 地面を掘り返す

díg óut
…を取り[掘り]出す；…をさがし出す

díg úp …を掘り出す, 発掘(はっくつ)する；(新事実など)を見つける, 探(さぐ)り当てる

digest (★動詞・名詞のアクセントのちがいに注意) 動詞 [daidʒést ダイヂェスト]
他 ❶ (食物)を消化する
❷ (知識・考え・意味など)をよく理解する
── 名詞 [dáidʒest ダイヂェスト]
C 要約, まとめ, ダイジェスト

digestion [daidʒéstʃn ダイヂェスチャン] 名詞 U C 消化(作用), 消化力

digital [dídʒitl ディヂタる] 形容詞
デジタル(式)の
▸a **digital** camera デジタルカメラ

dignity [dígnəti ディグニティ] 名詞
U 威厳(いげん), 品位

dilemma [dilémə ディれマ] 名詞
C ジレンマ, 板ばさみ(相反する選択肢(せんたくし)のどちらとも決めかねる状態)

diligence [dílidʒəns ディりヂェンス]
名詞 U 勤勉さ，絶え間ない努力

diligent [dílidʒənt ディりヂェント] 形容詞
(…に)勤勉な，熱心な《in ...》
(対義語 lazy 怠惰(たいだ)な)
▸a **diligent** student
勤勉な学生
▸She is **diligent in** her English study [studying English].
彼女は英語の勉強[英語を学ぶの]に熱心だ．

dim [dím ディム] 形容詞 (比較 **dimmer**; 最上 **dimmest**) 薄暗(うすぐら)い，(姿・形などが)ぼんやりした，(目が)よく見えない

dime [dáim ダイム] 名詞
C (アメリカ・カナダの)10 セント硬貨(こうか)

dimly [dímli ディムり] 副詞
薄暗(うすぐら)く；ぼんやりと，かすかに

dimple [dímpl ディンプる] 名詞
C えくぼ；(地面などの)小さいくぼみ

dine [dáin ダイン] 動詞
(三単現 **dines** [-z]; 過去・過分 **dined** [-d]; 現分 **dining**)
自 ディナーをとる，食事をする
(◆ have dinner よりもかたい語)

ding-dong [díŋdɔ̀ːŋ ディングドーング]
名詞 U (鐘(かね)の音を表して)ゴーンゴーン，キンコン ➡ **sound** 図

dining [dáiniŋ ダイニング] 名詞
U 食事，食べること
▸a **dining** hall 食堂

˙dining room

[dáiniŋ rùːm ダイニング ルーム] 名詞
(複数 **dining rooms** [-z]) C
(家・ホテルなどの)**ダイニングルーム**，食堂
➡ **巻頭カラー 英語発信辞典⑫**

⁚dinner

[dínər ディナ] 名詞
(複数 **dinners** [-z])
❶ U C **夕食**；(一日のうちの主要な)**食事**，ディナー(◆ふつう a をつけず，複数形にもしないが，形容詞がつくと a がついたり複数形になったりする)
➡ **breakfast** ルール
▸What's for **dinner**?
夕食は何ですか？
▸I had **dinner** at seven last night.
昨夜は 7 時に夕食をとった．
▸before [after] **dinner**
夕食前[後]に
▸an early **dinner** 早めの夕食
▸a late **dinner** 遅(おそ)めの夕食

> 参考 **dinner は夕食だけではない**
>
> dinner は，一日のうちの主要な食事を指します．昼食が主要な食事のときは，昼食を dinner，夕食を supper といいます．また，必ずしも「夕食」を指すわけではないので，単に「食事」と訳したほうがよい場合もあります．

❷ C 晩さん会，夕食会(＝ dinner party)

dinosaur [dáinəsɔ̀ːr ダイナソーア] 名詞
C 恐竜(きょうりゅう)

dip [díp ディップ] 動詞 (三単現 **dips** [-s]; 過去・過分 **dipped** [-t]; 現分 **dipping**)
他 (水などに)…をさっと浸(ひた)す
—自 (水などに)ちょっとつかる
—名詞 ❶ C さっと浸すこと
❷ C U (野菜などにつける)ディップ

diploma [diplóumə ディプろウマ] 名詞
C 卒業証書；免状(めんじょう)

diplomat [dípləmæ̀t ディプろマぁット]
名詞 C 外交官；外交的手腕(しゅわん)のある人

diplomatic [dìpləmǽtik ディプろマぁティック] 形容詞
❶《名詞の前に用いて》外交の，外交上の
❷ 駆(か)け引きのうまい

dipper [dípər ディパ] 名詞
❶ C ひしゃく
❷《**the Dipper** で》《主に米》【天文】北斗(ほくと)七星(＝ the Big Dipper)

direct [dirékt ディレクト, dairékt ダイレクト] 形容詞
❶ まっすぐな(同義語 straight)
▸a **direct** flight to Los Angeles
ロサンゼルスへの直行便
❷ 直接的な
▸**direct** sunlight 直射日光
❸ 率直(そっちょく)な(同義語 frank)
▸a **direct** answer
正直な答え
—副詞 まっすぐに；直接に
▸He went home **direct** from work.
彼は職場からまっすぐに帰宅した．
—動詞 他 ❶ …を指図(さしず)する，…に命令する；…を指揮する
▸A police officer was **directing** (the) traffic.
警察官が交通整理をしていた．
❷ (人)に(…への)道を教える《to ...》

direction [dirékʃn ディレクシャン, dairékʃn ダイレクシャン] 名詞

❶ C U 方向, 方角(同義語 way)

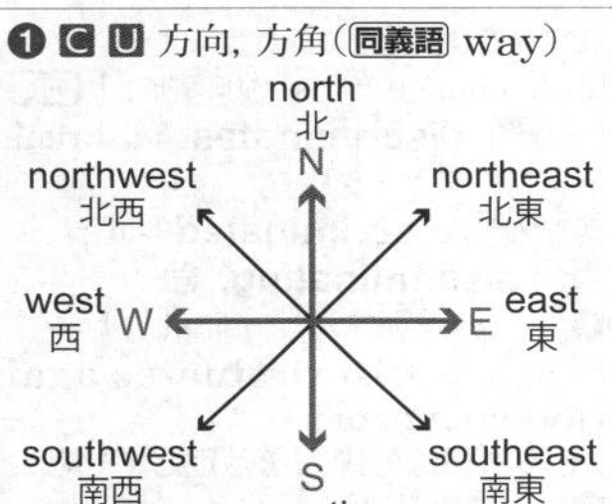

▸I have no sense of **direction**. わたしは方向音痴(おんち)だ.

> **ダイアログ**
> *A:* Which **direction** did he run? 彼はどの方向へ走って行きましたか?
> *B:* That way. あっちです.

❷ U 指導, 指揮; 監督(かんとく)
▸The basketball team is under the **direction** of Mr. Suzuki. バスケットボールチームは鈴木先生の指導を受けている.
❸ C《ふつう **directions** で》指示, 使用法; 説明(書)

directly [diréktli ディレクトり, dairéktli ダイレクトり] 副詞
❶ 直接に; まっすぐに
▸I went **directly** to the station. わたしは駅へ直行した.
❷ まさに, ちょうど; すぐ次に (同義語 right)

director [diréktər ディレクタ] 名詞
❶ C 指導者; 重役
❷ C (映画などの)監督(かんとく), 演出家; (楽団の)指揮者

directory [diréktəri ディレクトリ, dairéktri ダイレクトリ] 名詞
(複数 **directories** [-z])
C (特定の地域の)人名録, 住所録, 電話帳

dirt [də́ːrt ダ～ト] 名詞
❶ U 汚(よご)れ; ほこり(同義語 dust); ごみ
❷ U 泥(どろ)(同義語 mud); (ばらばらの)土

˙dirty [də́ːrti ダ～ティ] 形容詞
(比較 **dirtier**; 最上 **dirtiest**)
❶ 汚(きたな)い, 汚(よご)れた (対義語 clean きれいな)
▸**dirty** dishes 汚れた皿
▸The floor of the room was very **dirty**. その部屋の床はとても汚かった.
❷ 不正な, ひきょうな; わいせつな

dis- 接頭辞 「否定」や「反対」などの意味の語をつくる: dis- + appear(現れる)→ disappear(姿を消す)

disable [diséibl ディスエイブる] 動詞
(三単現 **disables** [-z]; 過去・過分 **disabled** [-d]; 現分 **disabling**) 他
❶ …の体を不自由にする
❷ (機械など)を使えなくする

disabled [diséibld ディスエイブるド]
形容詞 身体障がいの, 体の不自由な (♦差別的意味合いが強いとされる handicapped の代わりに用いられる)

disadvantage [dìsədvǽntidʒ ディスアドヴぁンテッヂ] 名詞
C U 不利, 不利益, 不都合; 不利な状況(じょうきょう)[立場](対義語 advantage 有利)

disagree [dìsəgríː ディスアグリー] 動詞
(三単現 **disagrees** [-z]; 過去・過分 **disagreed** [-d]; 現分 **disagreeing**)
自 ❶ (人と)意見が合わない《with ...》(対義語 agree 同意する); (話などが)(…と)一致(いっち)しない, 異なる《with ...》
▸I **disagree with** him about the plan. その計画のことで彼と意見が合わない.
❷ (食物・気候などが)(人に)合わない, 適さない《with ...》

disappear [dìsəpíər ディスアピア] 動詞
自 (…から)見えなくなる, 姿を消す(対義語 appear 現れる); 消滅(しょうめつ)する《from ...》
▸The car **disappeared from** view. その車は視界から消えた.

disappoint [dìsəpɔ́int ディスアポイント]
動詞 他 (人)を失望させる, がっかりさせる; 《**be disappointed** で》(…に)がっかりする《at [in, with, about] ...》
▸The movie **disappointed** me. その映画にはがっかりさせられた.
▸I **was disappointed at** the results of my final exams. 期末テストの結果にはがっかりした.

disappointment [dìsəpɔ́intmənt ディスアポイントメント] 名詞
U 失望; C がっかりさせる人[もの]
▸To my **disappointment**, they lost the game. がっかりしたことに, 彼らは試合に負けた.

disaster [dizǽstər ディザぁスタ] 名詞
C U 災害, 災難, 大惨事(だいさんじ), 不幸

disc [dísk ディスク] 名詞 = disk(円盤(えんばん))

discipline [dísəplin ディスィプリン]
名詞 C U 訓練, しつけ; U 規律

disc jockey [dísk dʒàki ディスク チャキ] 名詞 C ディスクジョッキー(♦音楽中心のラジオ番組などの司会者; DJ と略す; disk jockey ともつづる)

disclose [disklóuz ディスクろウズ] 動詞 (三単現 **discloses** [-iz]; 過去・過分 **disclosed** [-d]; 現分 **disclosing**)
他 (隠(かく)れたもの)をあらわにする, (秘密)をあばく

disco [dískou ディスコウ] 名詞 (複数 **discos** [-z]) C 《口語》ディスコ (♦ *disco*theque [dískətèk ディスコテック] を短縮した語)

discount [dískaunt ディスカウント] 名詞
C 割引, 値引き
▸I bought this at a forty-percent **discount**.
わたしはこれを 40% 引きで買った.
▸Can you give me a **discount** on this? これ, 値引きしてもらえませんか?
——動詞 他 …を割引する

discourage [diskə́ːridʒ ディスカ～リッヂ] 動詞 (三単現 **discourages** [-iz]; 過去・過分 **discouraged** [-d]; 現分 **discouraging**) 他
❶ (人)をがっかりさせる;
《**be discouraged** で》がっかりしている
▸Don't **be discouraged**.
がっかりするな.
❷ (計画など)を思いとどまらせる;
(人)に(…するのを)思いとどまらせる
《from + ...ing》

·discover [diskʌ́vər ディスカヴァ]
動詞 (三単現 **discovers** [-z]; 過去・過分 **discovered** [-d]; 現分 **discovering**)
他 **…を発見する**, 見つけ出す; …に気がつく
《**discover** + **that 節** [**wh- 節**] で》
…だと[…かと]わかる, 気づく
▸They **discovered** a new comet.
彼らは新しいすい星を発見した.
▸I **discovered (that)** Ann was going out with Tom. わたしは, アンがトムと交際していることに気づいた.

discoverer [diskʌ́vərər ディスカヴァラ]
名詞 C 発見者

discovery [diskʌ́vəri ディスカヴァリ]
名詞 (複数 **discoveries** [-z])
U C 発見; C 発見物

discriminate
[diskrímineit ディスクリミネイト] 動詞 (三単現 **discriminates** [diskrímineits ディスクリミネイツ]; 過去・過分 **discriminated** [-id]; 現分 **discriminating**) 自
❶ (…を)差別する《against ...》
▸The law **discriminates against** foreign people.
その法律は外国人を差別している.
❷(…間を)区別する, 見分ける《between ...》
——他 …を区別する, 見分ける

discrimination [diskrìmənéiʃn ディスクリミネイシャン] 名詞
❶ U (…に対する)差別; 差別待遇(たいぐう)《against ...》
▸sexual **discrimination** 性差別
❷ U 区別, 識別; 識別する力, 眼識

discuss [diskʌ́s ディスカス] 動詞
(三単現 **discusses** [-iz]; 過去・過分 **discussed** [-t]; 現分 **discussing**)
他 …について(…と)話し合う, 論じる
《with ...》
▸We **discussed** the problem **with** our teacher. わたしたちはその問題について先生と話し合った. (♦ discuss のあとに about や on などはつかない)

·discussion [diskʌ́ʃn ディスカシャン] 名詞 (複数 **discussions** [-z])
C U **討議**, 話し合い
▸a group **discussion**
グループディスカッション, 集団討議
▸We had a hot **discussion** on [about] the subject.
わたしたちはその話題について白熱した議論を戦わせた.
under discússion 討議中で
▸The problem is **under discussion**.
その問題は討議中だ.

disease [dizíːz ディズィーズ] (★発音に注意) 名詞 C U 病気
▸heart **disease** 心臓病

disguise [disgáiz ディスガイズ] 動詞
(三単現 **disguises** [-iz]; 過去・過分 **disguised** [-d]; 現分 **disguising**) 他
❶ …を(…に)変装[偽装(ぎそう)]させる《as ...》
(♦ふつう受け身の文, または disguise oneself の形で用いる)
▸He **disguised himself** [**was disguised**] **as** a police officer.

彼は警官に変装した.
❷ (事実・感情)を隠(かく)す, ごまかす
——名詞 C U 変装, 偽装, 仮装
in disgúise 変装して[た]

disgust [disgʌ́st ディスガスト] 動詞
他 …をむかつかせる, うんざりさせる; 《**be disgusted** で》(…に)うんざりする, 嫌気(いやけ)がさす《at [by, with] ...》
——名詞 U (むかむかする) 嫌悪(けんお), 嫌気

disgusting [disgʌ́stiŋ ディスガスティング] 形容詞 むかむかさせる, いやな

˙dish [díʃ ディッシ] 名詞
(複数 **dishes** [-iz])
❶ C 皿, 鉢(はち)(類語 plate 浅い皿, saucer 受け皿); 《**the dishes** で》食器類(♦ナイフ, フォークなどもふくむ)

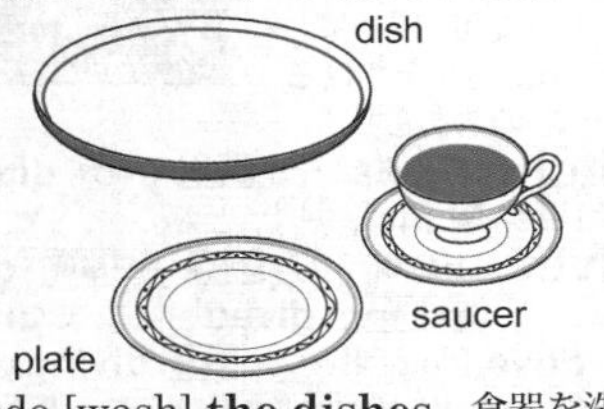

▸do [wash] **the dishes** 食器を洗う
▸wipe **the dishes** 食器をふく
▸clear (away) **the dishes** (食後に)食器を片づける
❷ C (料理の) **1 皿, 1 品**; (一般に) 料理
➡ **food** くらべよう
▸Japanese **dishes** 日本料理

dishonest [disɑ́nist ディスアネスト]
形容詞 不正直な, 不誠実な
(対義語 honest 正直な)

dishwasher [díʃwɑ̀ʃər ディッシワッシャ]
名詞 C 皿洗いをする人; 皿洗い機

disk [dísk ディスク] 名詞 C 円盤(えんばん)(状のもの); レコード(♦ disc ともつづる);
【コンピューター】情報記録用ディスク

disk jockey [dísk dʒɑ̀ki ディスク チャキ] 名詞 = disc jockey(ディスクジョッキー)

dislike [disláik ディスらイク] 動詞 (三単現 **dislikes** [-s]; 過去・過分 **disliked** [-t]; 現分 **disliking**)
他 …を嫌(きら)う(♦進行形にはできない; don't like を使うことのほうが多い; 同義語 hate, 対義語 like …を好む)
——名詞 C U 嫌うこと, (…に対する)嫌悪(けんお)《of [for] ...》

dismiss [dismís ディスミス] 動詞 (三単現 **dismisses** [-iz]; 過去・過分 **dismissed** [-t]; 現分 **dismissing**) 他
❶ (人の集まりなど)を解散させる
❷ (人)を解雇(かいこ)する

Disneyland [díznilæ̀nd ディズニらぁンド]
名詞 ディズニーランド(♦アメリカのロサンゼルス近郊(きんこう)にある, ウォルト・ディズニー(Walt Disney)が建設した大遊園地; 現在, ディズニーランドの名がつく遊園地は, 日本, フランス, 中国にもある)

dispenser [dispénsər ディスペンサ]
名詞 C 自動販売(はんばい)機; ディスペンサー(♦飲料・食品・シャンプーなどを一定量ずつ出すことができる装置[容器])

displace [displéis ディスプれイス] 動詞
他 …を移動させる; …を立ち退(の)かせる, 強制退去させる

display [displéi ディスプれイ] 動詞
他 …を展示する, 陳列(ちんれつ)する
——名詞 C U 展示, 陳列;
C【コンピューター】ディスプレー

disposal [dispóuzl ディスポウザる] 名詞
❶ U 処分, 処理
❷ C 生ごみ処理器, ディスポーザー(♦流しに取りつけて, 野菜くずやごみなどを粉砕(ふんさい)して下水に流す電気器具)

dispute [dispjúːt ディスピュート] 動詞
(三単現 **disputes** [dispjúːts ディスピューツ]; 過去・過分 **disputed** [-id];
現分 **disputing**)
他 …を議論する, 討論する; …に異議を唱える, 反論する
——自 議論する, 討論する
——名詞 C U 議論, 討論

˙distance [dístəns ディスタンス]
名詞 (複数 **distances** [-iz])
C U (…までの / …からの / …間の)
距離(きょり), **道のり**, 間隔(かんかく)
《to ... / from ... / between ...》
▸a long [short] **distance**
長い[短い]距離
▸The lake is within walking **distance**.
その湖は歩いて行ける距離にある.
▸What is the **distance from** here **to** your school?
ここからあなたの学校までどのくらい距離がありますか?
at a dístance 少しはなれたところに

A B C D E F G H I J K L M N O P Q R S T U V W X Y Z

▸The park is **at a distance** from our school. その公園は学校から少しはなれたところにある.

in the dístance 遠くに

distant [dístənt ディスタント] 形容詞

❶ (距離(きょり)・時間が)(…から)遠い, はなれて《from ...》

▸He lives in a **distant** place **from** here. 彼はここからはなれたところに住んでいる.

❷《名詞の前に用いて》遠縁(とおえん)の

distinct [distíŋkt ディスティンクト] 形容詞

明瞭(めいりょう)な, はっきりとした(同義語 clear); (…とは)別個の, 異なった《from ...》

distinction [distíŋkʃn ディスティンクシャン] 名詞 C U (…の間の)区別, 差別, 相違(そうい)点《between ...》; U 優秀(ゆうしゅう)性

distinguish [distíŋgwiʃ ディスティングウィッシ] 動詞 (三単現 **distinguishes** [-iz]; 過去・過分 **distinguished** [-t]; 現分 **distinguishing**)

他 (…と)…を区別する, 見分ける《from ...》; (はっきりと)…を認める

▸I couldn't **distinguish** the real jewel **from** the imitations.
わたしには本物の宝石とにせ物が区別できなかった.

distinguished [distíŋgwiʃt ディスティングウィッシト] 形容詞

(…で)有名な《for ...》; すぐれた

distress [distrés ディストゥレス] 名詞

❶ U 苦痛, 苦悩(くのう); C 苦悩[悩(なや)み]の種

❷ U 貧困(ひんこん)

❸ U 危険な状態; 遭難(そうなん)

——動詞 他 (三単現 **distresses** [-iz]; 過去・過分 **distressed** [-t]; 現分 **distressing**)

(人)を苦しめる, 悲しませる

distribute [distríbjuːt ディストゥリビュート] (★アクセントの位置に注意) 動詞 (三単現 **distributes** [distríbjuːts ディストゥリビューツ]; 過去・過分 **distributed** [-id]; 現分 **distributing**)

他 …を配る, 分配する; …を配達する

▸The teacher **distributed** the test papers.
先生は試験用紙を配った.

district [dístrikt ディストゥリクト] 名詞

C 地区, 地方, 地域

District of Columbia [dístrikt əv kəlʌ́mbiə ディストゥリクト アヴ コランビア] 名詞《the District of Columbia で》コロンビア特別区(◆D.C., DC と略す)

➡ **Washington, D.C.** 参考

disturb [distə́ːrb ディスターブ] 動詞

他 …を妨(さまた)げる, …のじゃまをする

▸I'm sorry to **disturb** you, but may I speak with you for a moment?
おじゃましてすみませんが, ちょっとお話ししてもよろしいですか?

——自 (休憩(きゅうけい)などの)じゃまをする

▸Do Not **Disturb**
起こさないでください; 入室ご遠慮(えんりょ)ください
(◆ホテルの客室のドアに掛(か)ける札(ふだ)の文句; 最初に please をつけるものもある)

ditch [ditʃ ディッチ] 名詞 (複数 **ditches** [-iz]) C 溝(みぞ), 堀(ほり), どぶ

dive [dáiv ダイヴ] 動詞 (三単現 **dives** [-z]; 過去・過分 **dived** [-d] または《米》**dove** [dóuv ドウヴ]; 現分 **diving**)

自 (水中に)(頭から)飛びこむ, 潜(もぐ)る《into ...》

——名詞 C 飛びこみ; 潜水(せんすい); 急降下

diver [dáivər ダイヴァ] 名詞

C 潜水(せんすい)夫, ダイバー; ダイビング選手

˙divide [diváid ディヴァイド] 動詞

(三単現 **divides** [diváidz ディヴァイヅ]; 過去・過分 **divided** [-id]; 現分 **dividing**)

——他 ❶ (いくつかに)…**を分ける**, 分割(ぶんかつ)する《into ...》; (…の間で)…を分配する《between [among] ...》

▸I **divided** the cake **into** eight pieces.
わたしはケーキを8つに切り分けた.

▸They **divided** the money **between** the two of them.
彼らは2人でその金を分けた.

❷【数学】(数)を割る
(対義語 multiply …に掛(か)ける)

▸Six **divided** by three is [makes] two. 6割る3は2(6 ÷ 3 = 2).

——自 (…に)分かれる, 割れる《into ...》

▸We **divided into** two groups.
わたしたちは2つのグループに分かれた.

diving [dáiviŋ ダイヴィング] 名詞
U 潜水(せんすい), ダイビング(♦ skin diving, scuba diving がある); (水泳の)飛びこみ

division [divíʒn ディヴィジャン] 名詞
❶ U 分けること; 分割(ぶんかつ); 分配
❷ C (会社・官庁などの)部, 部門

divorce [divɔ́ːrs ディヴォース] 名詞
C U 離婚(りこん)
— 動詞 (三単現 **divorces** [-iz]; 過去・過分 **divorced** [-t]; 現分 **divorcing**)
他 …と離婚する; …を離婚させる
— 自 離婚する

D.I.Y., DIY [díːàiwái ディーアイワイ]
日曜大工(だいく)(♦ *d*o-*i*t-*y*ourself の略)

dizzy [dízi ディズィ] 形容詞
(比較 **dizzier**; 最上 **dizziest**)
めまいがする
▸I feel **dizzy**. めまいがする.

DJ [díːdʒèi ディーヂェイ] 名詞
C ディスクジョッキー
(♦ *d*isc [*d*isk] *j*ockey の略)

DNA [díːènéi ディーエヌエイ] 名詞
U ディーエヌエー(♦ *d*eoxyribo*n*ucleic *a*cid「デオキシリボ核酸(かくさん)」の略)

⁑do 動詞 助動詞 ➡ p.176 **do**

dock [dák ダック] 名詞
❶ C (造船所の)ドック (♦造船や修理のための施設(しせつ))
❷ C 波止場(はとば), 船着き場

˙doctor [dáktər ダクタ] 名詞

(複数 **doctors** [-z])
❶ C **医者**, 医師(♦《口語》doc [dák ダック] は主に呼びかけに用いられる; ❷ と区別するときには medical doctor ともいう)
▸go to the **doctor**('s)
医者に(診(み)てもらいに)行く
▸see [consult] a **doctor**
医者に診てもらう

参考 医者のいろいろ

dentist	歯科医
surgeon	外科(げか)医
physician	内科医
eye doctor	眼科医
veterinarian(= **vet**)	獣医(じゅうい)

❷ C 《しばしば **Doctor** で》**博士**, 博士号(♦敬称(けいしょう)として名前の前につけるときは Dr. または Dr と略す)
▸a **Doctor** of Medicine 医学博士

document [dákjəmənt ダキュメント]
名詞 C 文書, 書類

documentary [dàkjəméntəri ダキュメンタリ] 形容詞 《名詞の前に用いて》文書の; 事実を記録した, ドキュメンタリーの
▸a **documentary** film [program]
ドキュメンタリー映画[番組]
— 名詞 (複数 **documentaries** [-z])
C 記録作品, ドキュメンタリー

dodge ball [dádʒ bɔ̀ːl ダッヂ ボール]
名詞 U ドッジボール

dodo [dóudou ドウドウ] 名詞
(複数 **dodos** または **dodoes** [-z])
C 【鳥類】ドードー(♦絶滅(ぜつめつ)した, 飛ぶことのできない大型の鳥)

⁑does [dʌ́z ダズ]

— 動詞 do (…をする) の三人称単数現在形(♦主語が he, she, it または名詞の単数形のときに用いる)
▸John **does** his homework after dinner. ジョンは夕食後に宿題をする.
— 助動詞 [dʌ́z ダズ; (弱く言うとき) dəz ダズ]
do の三人称単数現在形(♦疑問文をつくったり, not をともなって否定文をつくったりするときに用いる; また, 現在形の文の一般動詞の意味を強調するときにも用いる)
▸**Does** she play the piano?
彼女はピアノをひきますか?
▸Bob **doesn't** like baseball.
ボブは野球が好きではない.
▸She **does** want to see you.
彼女はほんとうにあなたと会いたがっています. (♦ does want とすることで, She wants to see you. より「…したがっている」の意味が強調される)
—〖代動詞〗(♦同じ動詞や動詞(句)を繰(く)り返す代わりに用いる)
▸You run faster than he **does**.
きみは彼より走るのが速い.
(♦ does = runs)

⁑doesn't [dʌ́znt ダズント]

《口語》does not の短縮形

⁑dog [dɔ́(ː)g ド(ー)グ] 名詞

(複数 **dogs** [-z])
C 【動物】**イヌ** ➡ **animals** 図
▸walk a **dog** イヌを散歩させる
▸I have a black **dog**.
わたしは黒いイヌを飼っている.

A B C D E F G H I J K L M N O P Q R S T U V W X Y Z

⁑do 動詞 助動詞 〘代動詞〙

[dúː ドゥー]

動詞 他 ❶ …をする
❷ (任務など)を果たす; (仕事など)を終える
❸ (人)に…をあたえる

—動詞 (三単現 **does** [dʌ́z ダズ]; 過去 **did** [díd ディッド]; 過分 **done** [dʌ́n ダン]; 現分 **doing**)

—他 ❶ **…をする**, 行う; (仕事・勉強など)をする

ダイアログ

A: What does your mother **do**?	お母さんはどんな仕事をしていますか?
B: She is an English teacher.	英語の先生です.

▸I have a lot of homework to **do** today. 今日はやらなければならない宿題がたくさんある.

❷ (任務など)**を果たす**; (仕事など)**を終える**

▸She **did** a good job as a captain. 彼女はキャプテンとしていい仕事をした.

▸I've already **done** the work. その仕事はすでに終えています.

❸《ふつう **do** ＋**人**＋**名詞**で》(人)**に…をあたえる**, もたらす

▸Would you **do** me a favor? お願いがあるのですが.

▸Swimming will **do** you good. 水泳は体にいいですよ.

❹ …を片づける, 洗う, 掃除(そうじ)する; (髪(かみ)など)を整える

▸**do** the dishes [room] 食器を洗う[部屋を掃除する]

—自 ❶ **行動する**, 行う

▸ことわざ When in Rome, **do** as the Romans **do**. 郷(ごう)に入っては郷に従え. (♦「ローマではローマ人のするようにせよ」の意味)

❷ **役に立つ**, 間に合う, 十分である(♦ふつう will をともなう)

▸**Will** this box **do**? (代わりに)この箱で間に合いますか?

❸ 暮らす, やっていく; (ことが)運ぶ

ダイアログ

A: How are you **doing**?	元気にやっていますか?
B: Fine. How about you?	はい. あなたはどうですか?

do awáy with ... …を廃止(はいし)する, やめる

▸You should **do away with** staying up late. あなたは夜更(よ)かしをやめるべきだ.

♦***do one's bést*** **全力を尽(つ)くす ➡ best**

dó with ... …を処理する(♦what を使った疑問文で用いる)

▸What are you going to **do with** that old computer? その古いコンピューターをどうするつもりですか?

do withóut ... …なしで済ませる

▸I cannot **do without** computers in my work. わたしはコンピューターなしでは仕事はできない.

♦***How do you dó?*** **はじめまして. ➡ how**

Wéll dóne! よくやった, うまいぞ. ➡ **done**

—助動詞 [dúː ドゥー; (弱く言うとき) du ドゥ, də ダ] (三単現 **does** [dʌ́z ダズ; (弱く言うとき) dəz ダズ]; 過去 **did** [díd ディッド; (弱く言うとき) did ディド])

自 ❶ 行動する
❷ 役に立つ
助動詞 ❶《疑問文をつくる》
❷《否定文をつくる》

❶《疑問文をつくる / **Do** ＋主語＋動詞の原形 ...?》(♦ふつう一般動詞といっしょに用いる; be 動詞, 助動詞とはいっしょに用いない ➡ ❷)

▸**Do** you like cats? あなたはネコが好きですか？
▸**Does** he speak English? 彼は英語を話しますか？
▸**Did** you meet her yesterday? あなたは昨日, 彼女に会いましたか？

❷《否定文をつくる / 主語＋ **do not** [**don't**] ＋動詞の原形》
(♦ふつう一般動詞といっしょに用いる; ほかの助動詞とはいっしょに用いない)

▸I **don't** like math. わたしは数学が好きではない.
▸He **doesn't** know me. 彼はわたしのことを知らない.
▸She **didn't** come to the party. 彼女はパーティーに来なかった.
▸**Don't** stand there. そこに立たないで.
▸**Don't** be late. 遅(おく)れないでね.

(♦ふつう助動詞 do は be 動詞とはいっしょに用いないが, 否定の命令文の場合には Do not [Don't] be .... の形でいっしょに用いる)

ルール do の変化形

1 三人称単数形の文では, do は does になります. 文中に does がある場合, 動詞は原形で用いられることに注意しましょう.

▸Meg **doesn't** like milk. メグは牛乳が好きではありません.

ダイアログ
A: **Does** Meg like milk? メグは牛乳が好きですか？
B: Yes, she **does**. / No, she **doesn't**.
はい, 彼女は牛乳が好きです. / いいえ, 彼女は牛乳が好きではありません.

2 過去形の文では, do は did になります. does の場合と同じく, 動詞は原形で用いられることに注意しましょう.

▸Jim **didn't** like candy. ジムはキャンディーが好きではありませんでした.

ダイアログ
A: **Did** Jim like candy? ジムはキャンディーが好きでしたか？
B: Yes, he **did**. / No, he **didn't**.
はい, 彼はキャンディーが好きでした. / いいえ, 彼はキャンディーが好きではありませんでした.

❸《一般動詞(現在形)の意味を強めて / **do** ＋動詞の原形で》
(♦ do は[dúː ドゥー]と強く発音する) ➡ **does**

▸I **do** think so, too. わたしもほんとうにそう思います.

──〘代動詞〙(三単現 **does** [dʌ́z ダズ]; 過去 **did** [díd ディッド]; 過分 **done** [dʌ́n ダン]; 現分 **doing**)(♦同じ動詞(句)を繰(く)り返す代わりに用いる)

▸I can swim as fast as he **does**. わたしは彼と同じくらい速く泳げる.
(♦ does = swims)

ダイアログ
A: Who washed the dishes? だれが食器を洗ったのですか？
B: John **did**. ジョンです.
(♦ did = washed the dishes)

a b c **d** e f g h i j k l m n **o** p q r s t u v w x y z

文化 欧米(おうべい)人にとってのイヌ

1 欧米では，イヌは「人間の最良の友」(man's best friend)として尊重され，家族の一員のようにあつかわれます．しかし，dog ということばのもつイメージは多くの場合，決してよくありません．

▸lead a **dog**'s life
みじめな生活を送る

▸work like a **dog**　あくせく働く

▸Barking **dogs** seldom bite.
ほえるイヌはめったにかまない．(◆「大声で脅(おど)したり，自慢(じまん)したりする人は，たいしたことはできない」の意味)

2 最近では，飼い主とともにイヌが入店することを認める商店，レストラン，カフェなどが多くなっています．また，「盲導(もうどう)犬」(guide dog,《米》Seeing Eye dog)，「聴導(ちょうどう)犬」(hearing dog)，「介助(かいじょ)犬」(assistance dog, service dog) などが育成され，さまざまな場所で活躍(かつやく)しています．

doggie, doggy [dɔ́(ː)gi ド(ー)ギ] 名詞
(複数 **doggies** [-z])
C《小児語》わんわん，わんちゃん

doggy bag [dɔ́(ː)gi bæ̀g ド(ー)ギ バぁッグ]
名詞 ドギーバッグ(◆レストランなどで食べ残した料理を持ち帰るための袋)

dogwood [dɔ́(ː)gwùd ド(ー)グウッド]
名詞 C U【植物】ミズキ(ミズキ属の低木の総称(そうしょう))；(アメリカ産)ハナミズキ

˙doing [dúːiŋ ドゥーインヶ]
──動詞 do(…をする)の現在分詞・動名詞
▸ことわざ Saying and **doing** are two things. 言うは易(やす)く，行うは難(かた)し．(◆「言うこととすることは2つの別のことである」から，「言うのは簡単だが，実行するのは難しい」の意味)
──名詞 (複数 **doings** [-z])
U 行動，行い；《**doings** で》行為(こうい)

do-it-yourself [dúːitʃərsélf ドゥーイチャセるふ] 形容詞 (組み立てなどを)自分でできる，日曜大工(だいく)の
──名詞 U 日曜大工
(◆ D.I.Y. または DIY と略す；日曜大工をする人は do-it-yourselfer)

doll [dál ダる] 名詞 (複数 **dolls** [-z])
C 人形
▸a rag **doll**　ぬいぐるみの人形

˙dollar [dálər ダら] 名詞
(複数 **dollars** [-z])
C **ドル** (◆アメリカ・カナダ・オーストラリアなどの貨幣(かへい)単位；1ドルは100セント；記号は＄または＄で，＄1のように数字の前につける)；1ドル紙幣，1ドル硬貨(こうか)

ダイアログ
A: How much is this?
これはいくらですか？
B: It's seven **dollars** fifty cents.
7ドル50セントです．(◆7ドル50セントは＄7.50とも書く)

dollhouse [dálhàus ダるハウス] 名詞
(複数 **dollhouses** [dálhàuziz ダるハウズィズ]) C《米》人形の家；(おもちゃのような)小さな家(◆《英》doll's house)

dolphin [dálfin ダるふィン] 名詞
C【動物】イルカ

dome [dóum ドウム] 名詞 C 丸屋根，丸天井(てんじょう)，ドーム；半球[ドーム]状のもの

domestic [dəméstik ドメスティック]
形容詞 ❶ 家庭(内)の，家事の；家庭的な
▸**domestic** troubles
家庭内の問題
❷ 自国(製)の，国内の
(対義語 foreign 外国の)
▸a **domestic** flight
(飛行機の)国内便
❸ (動物が)飼いならされた，家畜(かちく)化された(対義語 wild 野生の)
▸a **domestic** animal
ペット，家畜

domino [dámənòu ダミノウ] 名詞 (複数 **dominoes** [-z]) C ドミノの牌(はい)；《**dominoes** で単数あつかい》ドミノ (♦ドミノの牌を用いて行うゲーム)

Donald Duck [dánəld dʌ́k ダナるドダック] 名詞 ドナルドダック(♦ウォルト・ディズニー(Walt Disney)のアニメ映画などに登場するアヒルの名)

donate [dóuneit ドウネイト] (★アクセントの位置に注意) 動詞 (三単現 **donates** [dóuneits ドウネイツ]; 過去・過分 **donated** [-id]; 現分 **donating**)
他 …を(…に)寄付[寄贈(きぞう)]する；(臓器などを)(…に)提供する《to ...》
▸**donate** money [blood]
お金を寄付する[献血(けんけつ)する]
—自 (…に)寄付[寄贈]する《to ...》

donation [dounéiʃn ドウネイシャン]
名詞 ❶ C 寄付金, 寄贈(きぞう)品
❷ U《または **a donation** で》寄付, 寄贈；(臓器などの)提供
▸a blood **donation** 献血(けんけつ)

done [dʌ́n ダン] (★発音に注意)
動詞 do(…をする)の過去分詞
Wéll dóne! よくやった, うまいぞ.

donkey [dáŋki ダンキ] 名詞 C【動物】ロバ(♦ ass よりもふつうに用いられる語)

donor [dóunər ドウナ] 名詞
❶ C 寄付者
❷ C (血液・臓器などの)提供者, ドナー (対義語 recipient [risípiənt リスィピエント] 被(ひ)提供者)

don't [dóunt ドウント]
《口語》do not の短縮形

donut [dóunʌ̀t ドウナット] 名詞
《米》ドーナツ= doughnut

door [dɔ́ːr ドーア] 名詞 (複数 **doors** [-z])
❶ C ドア, 戸
▸Please close [open] the **door**.
ドアを閉め[開け]てください.
▸Someone knocked on [at] the **door**. だれかがドアをノックした.
❷ C 玄関(げんかん), 出入り口
▸I'll wait for you at the **door**.
玄関であなたを待っていますね.
▸answer the **door**
(来客の)応対に出る
❸ C 1戸, 1軒(けん)
from dóor to dóor 1軒ごとに
▸He delivered newspapers **from door to door**.
彼は1軒ずつ新聞を配達してまわった.
next dóor to ... …の隣(となり)に[の]
▸Ann lives **next door to** us.
アンはわたしたちの隣に住んでいる.
óut of dóors 戸外で[に, へ], 家の外で[に, へ] (同義語 outdoors)
▸Let's have lunch **out of doors**.
外でお昼を食べよう.

doorbell [dɔ́ːrbèl ドーアベる] 名詞
C (戸口の)ベル, 呼び鈴(りん)

doorknob [dɔ́ːrnɑ̀b ドーアナブ]
(★発音に注意) 名詞
C ドアの取っ手, ドアノブ
(♦単に knob ともいう)

door-to-door [dɔ́ːrtədɔ́ːr ドーアトゥドーア] 副詞 戸別に, 1軒ずつ(= from door to door)
▸sell **door-to-door**
1軒ずつ売り歩く

doorway [dɔ́ːrwèi ドーアウェイ] 名詞
C 出入り口, 戸口, 玄関(げんかん)

dorm [dɔ́ːrm ドーム] (★ dome との発音のちがいに注意) 名詞 C《口語》寮(りょう) (♦ *dorm*itory を短縮した語)

dormitory [dɔ́ːrmitɔ̀ːri ドーミトーリ] 名詞 (複数 **dormitories** [-z])
C 寮(りょう), 寄宿舎(♦《口語》dorm)

dot [dɑ́t ダット] 名詞
❶ C 点；ピリオド, ドット(♦インターネットのアドレスにあるピリオドの呼び方)
❷ C しみ；(点のように)小さいもの
—動詞 (三単現 **dots** [dɑ́ts ダッツ]; 過去・過分 **dotted** [-id]; 現分 **dotting**)
他 …に点を打つ

double [dʌ́bl ダブる] (★発音に注意)
形容詞 ❶ 2重の, 2人用の, 2通りの
(♦「1人用の」は single)
▸a **double** window 2重窓
❷ 2倍の, 倍の
▸do **double** work (人の)倍働く
—動詞 (三単現 **doubles** [-z]; 過去・過分 **doubled** [-d]; 現分 **doubling**)
他 …を2倍にする
▸They **doubled** the amount of training for the game.
彼らは試合に備えてトレーニングの量を倍にした.
—自 2倍になる

▸The population of this town has **doubled**.
この町の人口は 2 倍になった。

——名詞 ❶ U 2 倍(の数・量)

▸Eight is the **double** of four.
8 は 4 の 2 倍の数だ。

❷《**doubles** で単数あつかい》【スポーツ】(テニスなどの)ダブルス(対義語 singles シングルス)

——副詞 2 倍に，2 重に，2 人で，2 つで

▸ride **double** on a bike
自転車に 2 人乗りする

double bass [dʌ́bl béis ダブる ベイス] 名詞 (複数 **double basses** [-iz]) C【楽器】ダブルベース，コントラバス
➡ **musical instruments** 図

double-decker [dʌ́bldékər ダブるデカ] 名詞 ❶ C 2 階建てバス(♦ロンドンのものが有名)
❷ C (3 枚のパンの)2 重サンドイッチ

double-decker ❶

doubt [dáut ダウト] (★発音に注意)
動詞 他 …を疑う，疑わしいと思う，信じない；《**doubt** ＋ **if** 節[**whether**節]で》…かどうか疑わしく思う；《**doubt** ＋ **that** 節で》…ということを疑わしく思う
➡ **suspect** くらべよう
(対義語 believe …を信じる)

▸I **doubt** the story.
わたしはその話を疑っている。

▸I **doubt** if [**whether**] he will come. 彼が来るかどうかは疑わしい。

——名詞 C U 疑い，疑問，疑惑(ぎわく)
(対義語 belief 信じること)

▸feel **doubt** 疑念を抱(いだ)く

▸I have some **doubts** about the news. そのニュースについてわたしは疑いを抱いた。

▸There is no [little] **doubt** that she will win the race.
彼女がそのレースで勝つことはまちがいない[ほぼまちがいない]。

no dóubt おそらく，たぶん

▸**No doubt** he will send an e-mail to me.
きっと彼は E メールをくれるだろう。

without (***a***) ***dóubt*** 疑いもなく，確かに(♦ no doubt より意味が強い)

▸**Without doubt**, she is the best runner in this school.
疑いなく，彼女はこの学校で最高のランナーだ。

doubtful [dáutfl ダウトふる] 形容詞 (物事が)疑わしい；(人が)(…について)疑っている，確信がない《about ...》

doughnut [dóunʌ̀t ドウナット] 名詞 C ドーナツ(♦アメリカではリング状，イギリスではまんじゅう形が多い；donut とも書く)

イギリスのドーナツ

dove¹ [dʌ́v ダヴ] (★ dove² との発音のちがいに注意)
名詞 C【鳥類】ハト(♦平和・柔和(にゅうわ)などの象徴(しょうちょう)とされる；pigeon より小さい野生種のハト)

dove² [dóuv ドウヴ] (★ dove¹ との発音のちがいに注意) 動詞 《米》dive(飛びこむ)の過去形

Dover [dóuvər ドウヴァ] 名詞
❶ ドーバー(♦イギリス南東部の都市)
❷《**the Strait(s) of Dover** で》ドーバー海峡(かいきょう)(♦イギリスとフランスの間の海峡)

down¹ [dáun ダウン]

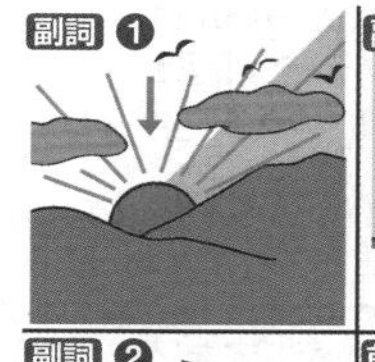

A B C D E F G H I J K L M N O P Q R S T U V W X Y Z

—副詞 ❶ 下に, 下へ(対義語 up 上に)
▸Sit **down**, please.
どうぞすわってください.
▸The elevator came **down**.
エレベータが降りてきた.
▸The sun is going **down**.
日が沈(しず)もうとしている.
❷ (値段・程度・地位などが) **下がって**, 落ちて; (病気で)倒(たお)れて
▸The price of vegetables is going **down**. 野菜の値が下がっている.
❸ (中心地や話し手から) **はなれて**, 下って; 南へ
▸She went **down** to the park.
彼女は公園のほうに去っていった.
▸fly **down** to Miami from Boston
ボストンからマイアミへ飛行機で南下する
❹ (時代・順序が)(…に)至るまで《to ...》
úp and dówn 上がったり下がったり; 行ったり来たり ➡ **up**
—前置詞 ❶ **…を下って**, …の下のほうに[へ](対義語 up …の上へ)
▸go **down** a river 川を下る
▸Don't run **down** the stairs.
階段を走り降りてはいけません.
❷ (川・道)に沿って(同義語 along)
▸Let's go for a walk **down** the river. 川に沿って散歩しよう.
—形容詞 ❶《名詞の前に用いて》下りの(対義語 up 上りの)
▸a **down** escalator [train]
下りのエスカレーター[電車]
❷《ふつう名詞の前では用いない》
落ちこんだ, 元気のない

down² [dáun ダウン] 名詞 U (鳥の)綿毛, ダウン(♦羽ぶとんなどに詰(つ)める)

down jacket [dáun dʒǽkit ダウン ヂャケット] 名詞 C ダウンジャケット

download [dáunlòud ダウンろウド]
動詞 他【コンピューター】
(データなど)をダウンロードする
▸**download** software
ソフトウェアをダウンロードする

˙downstairs

[dáunstéərz ダウンステアズ]
—副詞 **下の階へ[で]**
(対義語 upstairs 上の階へ)
▸The bathroom is **downstairs**.
トイレは下の階にあります. (♦2階建てなら1階にあたる)
▸go **downstairs** 階下へ行く
(♦× go to downstairs とはいわない)
—形容詞《名詞の前に用いて》下の階の
▸a **downstairs** room 階下の部屋
—名詞《**the downstairs** で単数あつかい》下の階

downtown [dáuntáun ダウンタウン]
《主に米》副詞 町の中心街へ, 繁華(はんか)街へ(対義語 uptown 住宅地区へ)
▸go **downtown** 町へ出かける
(♦× go to downtown とはいわない)
—形容詞 [dáuntàun ダウンタウン]
町の中心街の, 繁華街の
—名詞 C U 町の中心街, 繁華街

参考 下町と downtown
英語の downtown は日本語の「下町」という意味ではなく, 繁華街やオフィス街といったにぎやかな地域を指します.

Downtown Line [dáuntàun láin ダウンタウン らイン] 名詞《the Downtown Line で》ダウンタウン線(♦シンガポールの鉄道路線)

downward [dáunwərd ダウンワド]
副詞 下のほうへ
(対義語 upward 上のほうへ)
—形容詞《名詞の前に用いて》
下方への, 下向きの

downwards [dáunwərdz ダウンワヅ]
副詞《英》= downward(下のほうへ)

doz. [dʌ́zn ダズン] 名詞
ダース(♦ *doz*en(s) の略)

doze [dóuz ドウズ] 動詞 (三単現 **dozes** [-iz]; 過去・過分 **dozed** [-d]; 現分 **dozing**)
自 うたた寝(ね)する, 居眠(いねむ)りする
dóze óff ... つい居眠りをしてしまう

˙dozen

[dʌ́zn ダズン]
(★発音に注意) 名詞
(複数 **dozens** [-z] または **dozen**)
C **1ダース**, 12個(♦ doz. または dz. と略す;「およそ12個, 12人」という意味

で使うこともある)
▸half a **dozen** eggs　半ダースの卵
▸I bought a **dozen** pencils.
わたしはえんぴつを1ダース買った.
▸two **dozen** roses　24本のバラ

ルール dozen の使い方

1 前に a か数詞を, あとに名詞をつけて使うことができます.
▸a **dozen** eggs　1ダースの卵
▸two **dozen** eggs　2ダースの卵
このとき, dozen は複数形になりません.
2 あとに of をつけて複数形で使うことができます.
▸**dozens of** people
何十人もの人々
3 欧米(おうべい)では数え方の単位がダースなので, 12が基本となります. 卵や果物(くだもの)といった品物だけではなく, 人もダース単位で数えることがあります.

by the dózen　ダース単位で
▸Pencils are sold **by the dozen**.
えんぴつはダース単位で売られている.
dózens of ...　《口語》たくさんの…, 何十もの… ➡ ルール **2**

Dr., Dr [dáktər ダクタ] 《名前の前につけて》…博士, …先生(◆*doctor* の略)

draft, 《英》**draught**
[drǽft ドゥラぁふト] 名詞
❶ C 下書き, 草案; C 設計図
(◆この意味では, 《英》でも draft とつづるのがふつう)
▸make a **draft** of a speech
スピーチの原稿(げんこう)を作る
❷ C U すき間風; C 通風孔(こう)
❸《**the draft** で》《主に米》徴兵(ちょうへい)制
❹ C 《主に米》【スポーツ】ドラフト制度

drag [drǽg ドゥラぁッグ] 動詞 (三単現 **drags** [-z]; 過去・過分 **dragged** [-d]; 現分 **dragging**) 他 ❶ (重いもの)をひっぱる, (足など)をひきずる
▸We **dragged** the boat up the beach.　わたしたちは浜辺へボートをひっぱり上げた.
❷【コンピューター】…をドラッグする
(◆マウスをボタンを押(お)したまま動かし, ファイルなどを移動すること)

dragon [drǽgən ドゥラぁガン] 名詞
C 竜(りゅう), ドラゴン

dragonfly [drǽgənflài ドゥラぁガンふらイ] 名詞 (複数 **dragonflies** [-z])
C【昆虫】トンボ

drain [dréin ドゥレイン] 動詞
他 (…から)(水など)を排出(はいしゅつ)させる《from ...》; (容器など)から水を抜(ぬ)く
── 自 (水が)はける
── 名詞 C 排水管, 排水溝(こう);
《**drains** で》下水施設(しせつ)

drama [drɑ́ːmə ドゥラーマ] 名詞
❶ C 劇, 戯曲(ぎきょく); ドラマ
(◆ play よりかたい語)
▸a TV **drama**　テレビドラマ
❷ U 演劇, 劇文学
▸She is a member of the **drama** club.　彼女は演劇部の部員だ.
❸ U 劇的な事件

dramatic [drəmǽtik ドゥラマぁティック]
形容詞 劇の; 劇的な, めざましい

˙drank [drǽŋk ドゥラぁンク] 動詞
drink(…を飲む)の過去形

draught [drǽft ドゥラぁふト] 名詞
《英》= draft(すき間風)

⁑draw [drɔ́ː ドゥロー] 動詞
(三単現 **draws** [-z];
過去 **drew** [drúː ドゥルー]; 過分 **drawn** [drɔ́ːn ドゥローン]; 現分 **drawing**)

他 ❶ (絵・図)をかく
❷ …をひく
❸ …を取り出す
自 ❶ 絵をかく

── 他 ❶ (絵・図)**をかく**, えがく;
…の絵をかく; (線)をひく

くらべよう draw, paint, write

draw: ペン・えんぴつで絵や図をかいたり, 線をひいたりすること
paint: 絵の具を塗(ぬ)って絵をかいたり, ペンキを塗ったりすること
write: 文字を書くこと

▸**draw** a circle　円をかく
▸He **drew** a picture of the dog.
彼はそのイヌの絵をかいた.
❷ **…をひく**, ひっぱって動かす
▸Please **draw** the curtains.
カーテンをひいてください. (♦「開けてください」の意味にも「閉めてください」の意味にもなる)
▸Jim **drew** back his chair.
ジムはいすを後ろにひいた.
❸ **…を取り出す**, ひき出す; (歯など)を抜(ぬ)く; (現金)をひき出す(同義語 withdraw); (水など)をくみ出す; (結論)をひき出す
▸She **drew** a key from her pocket.
彼女はポケットからかぎを取り出した.
❹ (人)をひき寄せる; (興味など)をひきつける
▸The poster **drew** his attention.
そのポスターは彼の注意をひいた.
❺ (文書)を書く, 作成する
—自 ❶ **絵をかく**, 図をかく
▸You really **draw** well.
きみはほんとうに絵がうまいね.
❷ 動く; (時が)近づく
❸ 《主に英》(試合が)引き分けになる

drawer [drɔ́ːr ドゥローア] (★発音に注意) 名詞 C (たんす・机などの)引き出し

drawing [drɔ́ːiŋ ドゥローイング] 動詞 draw(…をかく)の現在分詞・動名詞
—名詞 ❶ U 絵をかくこと; 製図
❷ C 絵, 図, スケッチ

˙drawn [drɔ́ːn ドゥローン]
—動詞 draw(…をかく)の過去分詞
—形容詞 ❶ (顔が)ひきつった; やつれた
❷ 《主に英》(試合が)引き分けの

dreadful [drédfl ドゥレッドふる] 形容詞
❶ 恐(おそ)ろしい, ものすごい
❷ 《口語》ひどい, いやな

⁑dream [dríːm ドゥリーム]
—名詞 (複数 **dreams** [-z])
❶ C (眠(ねむ)っているときに見る)夢
▸I had a **dream** about my childhood last night.
昨晩, 子供のころの夢を見た.
(♦動詞に have を用いることに注意)
▸Sweet **dreams**!
よい夢を, おやすみ.
(♦親が子供に言うことが多い)
❷ C (実現させたいと思っている)夢
▸She has a **dream** of becoming a doctor.
彼女には医者になるという夢がある.
—動詞 (三単現 **dreams** [-z]; 過去・過分 **dreamed** [dríːmd ドゥリームド, drémt ドゥレムト] または **dreamt** [drémt ドゥレムト]; 現分 **dreaming**)
—自 ❶ (…の)**夢を見る**《of [about] ...》
▸I **dreamed about** my old friends last night.
わたしは昨夜, 古い友人たちの夢を見た.
❷ (…を)**夢見る**《of [about] ...》
▸I **dream of** becoming a singer.
わたしは歌手になることを夢見ている.
—他 …の夢を見る; …を夢見る;
《**dream** + **that** 節で》
…ということを夢に見る, 想像する
▸I **dreamed** a happy dream.
わたしは楽しい夢を見た. (♦I had a happy dream. というほうがふつう)
▸I never **dreamed that** I would see you here.
ここであなたに会うなんて夢にも思わなかった.

dreamer [dríːmər ドゥリーマ] 名詞 C 夢想家; 夢を見る人

dreamland [dríːmlæ̀nd ドゥリームらぁンド] 名詞 C U 夢の国, 理想郷

dreamt [drémt ドゥレムト] 動詞 dream(夢を見る)の過去形・過去分詞の一つ

˙dress [drés ドゥレス]
—名詞 (複数 **dresses** [-iz])
❶ C (ワンピースの)**婦人服**, ドレス
(♦上着とスカートに分かれている服は suit)
▸a wedding **dress**
ウエディングドレス
❷ U (一般的に)**服装**; 正装
▸She changed into evening **dress**.
彼女は夜会服に着替(きが)えた.
—動詞 (三単現 **dresses** [-iz]; 過去・過分 **dressed** [-t]; 現分 **dressing**)
—他 ❶ **…に服を着せる**; 《**be dressed (in) ...** で》(…の服を)着ている
▸I don't like **dressing** dogs.
わたしはイヌに服を着せるのは好きではない.
▸get **dressed**　服を着る
▸She **is dressed (in)** white today.
彼女は今日, 白い服を着ている.

❷ (肉・魚など)を(調理や食べるために)下ごしらえする, (サラダ)にドレッシングをかける
❸ …を美しく飾(かざ)る; (髪(かみ)など)を整える; (傷)の手当てをする
——自 服を着る; 正装する
dréss úp 着飾る, 盛装(せいそう)する; 正装する; 仮装(かそう)する

dresser [drésər ドゥレサ] 名詞
❶ C 《米》鏡台; (鏡のついた)たんす
❷ C 《英》食器戸棚(とだな)

dressing [drésiŋ ドゥレッスィング] 動詞
dress(…に服を着せる)の現在分詞・動名詞
——名詞 ❶ C U (サラダの)ドレッシング
❷ U 《米》(鳥料理などの)詰(つ)め物
❸ C (包帯などの)傷の手当て用品
❹ C 身じたく; 飾(かざ)りつけ; 仕上げ

dressmaker [drésmèikər ドゥレスメイカ] 名詞 C (婦人服の)仕立人, 洋裁師 (類語 tailor(紳士(しんし)服の)仕立人)

dressmaking [drésmèikiŋ ドゥレスメイキング] 名詞 U 婦人服の仕立(業), 洋裁

•drew [drúː ドゥルー] 動詞

draw(…をかく)の過去形

dribble [dríbl ドゥリブる] 動詞 (三単現 **dribbles** [-z]; 過去・過分 **dribbled** [-d]; 現分 **dribbling**) 自
❶ したたる
❷ 【スポーツ】ドリブルする
——他 ❶ …をしたたらせる
❷ 【スポーツ】(球)をドリブルする
——名詞 ❶ C したたり; (液体の)少量
❷ C 【スポーツ】ドリブル
➡ **basketball** 図, **soccer** 図

dried [dráid ドゥライド] 動詞
dry (…を乾(かわ)かす)の過去形・過去分詞
——形容詞 乾燥(かんそう)した, 干した

drier [dráiər ドゥライア] 形容詞
dry(乾(かわ)いた)の比較級
——名詞 = dryer(ヘアドライヤー)

drift [dríft ドゥリふト] 名詞 C (雪などの)吹(ふ)きだまり; 漂流(ひょうりゅう)物; C U 漂流
——動詞 自 漂(ただよ)う, 漂流する
——他 …を漂わせる, 漂流させる; (雪など)を吹き積もらせる

drill [dríl ドゥリる] 名詞
❶ C U (繰(く)り返しの)訓練, 練習, ドリル
▸a fire **drill** 消防訓練
❷ C ドリル, 穴空け器, きり

:drink [dríŋk ドゥリンク]

動詞	他 (飲み物)を飲む
	自 飲む
名詞	❶ 飲み物

——動詞 (三単現 **drinks** [-s]; 過去 **drank** [drǽŋk ドゥラぁンク]; 過分 **drunk** [drʌ́ŋk ドゥランク]; 現分 **drinking**)
——他 (飲み物)を飲む
▸**drink** water [coffee]
水[コーヒー]を飲む

> **ダイアログ**
> *A:* Would you like something to **drink**?
> 何か飲み物はいかがですか?
> *B:* Tea, please.
> 紅茶をお願いします.

> **くらべよう 「飲む」を表す動詞**
> **drink**: 水・ジュース・酒などを飲むことを表します.
> **eat**: スープを飲むことを表します.
> **take**: 薬を飲むことを表します.
> ただし, カップに入ったスープを直接口をつけて飲む場合は, drink も使えます. ➡ **soup** くらべよう

——自 ❶ **飲む**; 酒を飲む(♦ beer や wine などの目的語がなくても「酒を飲む」という意味になることに注意)
▸Don't **drink** and drive.
飲食運転をするな.
❷ (…に) 乾杯(かんぱい)する《to ...》
——名詞 (複数 **drinks** [-s])
❶ C U **飲み物**; 酒, アルコール飲料
▸soft **drinks** 清涼(せいりょう)飲料水
(♦アルコールの入っていない飲み物)
❷ C (水・酒などの)1杯(ぱい)

drinking [dríŋkiŋ ドゥリンキング] 動詞
drink(…を飲む)の現在分詞・動名詞
——名詞 U 飲むこと; 飲酒
——形容詞 飲用の, 飲用に適した

drinking water [dríŋkiŋ wɔ̀ːtər ドゥリンキング ワタ] 名詞 U 飲料水

drip [dríp ドゥリップ] 動詞
(三単現 **drips** [-s]; 過去・過分 **dripped** [-t]; 現分 **dripping**)
自 (液体が)したたる, ポタポタ落ちる; しずくを垂(た)らす
——他 …を垂らす

—名詞 C したたること[音]; しずく, 水滴(すいてき); 【医学】点滴

⁑drive [dráiv ドゥライヴ]

動詞	他	❶ (車など)を運転する
		❷ (人)を車で送る
		❸ (人・動物)を追い立てる
	自	(車などを)運転する
名詞		❶ ドライブ

—動詞 (三単現 **drives** [-z]; 過去 **drove** [dróuv ドゥロウヴ]; 過分 **driven** [drívn ドゥリヴン]; 現分 **driving**)

—他 ❶ (車など)を運転する

▸Can you **drive** a car?
あなたは車の運転ができますか?

くらべよう drive と ride

drive: 車・馬車などに腰(こし)かけて運転することを表します.

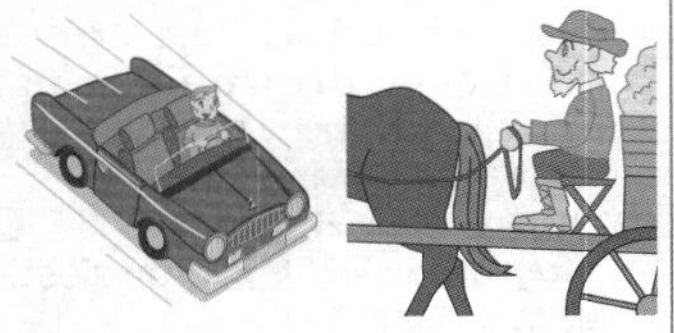

ride: 自転車・オートバイ・馬などにまたがって乗ることを表します.

❷ (人)を車で送る, 乗せて行く

▸I'll **drive** you home.
家まで車で送りますよ.
(♦×to home とはならない)

❸ (人・動物)を追い立てる, 追い払(はら)う

▸**drive** a cat out of the kitchen
ネコを台所から追い出す

❹ (くぎ・くいなど)を打ちこむ

❺ (人) を (ある状態に) 追いやる《to ...》; 《**drive** +人+形容詞で》(人)を…の状態に追いやる

▸His rude words **drove** me crazy [to anger].
彼の無礼なことばにわたしは怒(おこ)った.

—自 (車などを) 運転する, (車などで)行く, ドライブする

▸You must **drive** on the right in America.
アメリカでは, 車は右側通行だ.

▸I **drove** to the airport.
わたしは空港まで車で行った.

—名詞 (複数 **drives** [-z])

❶ C ドライブ, 自動車旅行

▸go for a **drive** ドライブに出かける

▸Tom took Ann for a **drive**.
トムはアンをドライブに連れて行った.

❷ C U (自動車で行く)道のり; (一般道路から建物・ガレージなどに続く)自動車道, 私道(同義語 driveway)

▸The station is a thirty-minute **drive** from here.
駅はここから車で 30 分の所にある.

drive-in [dráivìn ドゥライヴイン] 名詞

C 《主に米》ドライブイン(♦車に乗って利用できるレストランなど; 日本語の「ドライブイン」は roadside restaurant)

—形容詞 《名詞の前に用いて》 《主に米》ドライブイン式の

▸a **drive-in** theater
ドライブインシアター

˙driven [drívn ドゥリヴン] 動詞

drive(…を運転する)の過去分詞

˙driver [dráivər ドゥライヴァ]

名詞 (複数 **drivers** [-z])

C 運転手, ドライバー

▸He's a good **driver**.
彼は運転がうまい.

driver's license [dráivərz làisns ドゥライヴァズ らイセンス] 名詞

C 《米》運転免許(めんきょ)証
(♦《英》driving licence)

drive-through [dráivθrùː ドゥライヴスルー] 名詞 C 《米》ドライブスルー

(♦車に乗ったまま利用することができるファストフードレストランなど)

driveway [dráivwèi ドゥライヴウェイ]

名詞 C (一般道路から建物・ガレージなどに続く)車を乗り入れる私道
(♦単に drive ともいう) ➡ **house** 図

driving [dráiviŋ ドゥライヴィング] 動詞

drive(…を運転する)の現在分詞・動名詞

—名詞 U (自動車などの)運転

drone [dróun ドゥロウン] 名詞 C

ドローン(♦日本語の「ドローン」はふつう小型無人機を指すが, drone はさまざまな無人

航空機を意味する)
▸fly a **drone** ドローンを飛ばす

ˈdrop [drάp ドゥラップ]

動詞 自 ❶ **落ちる；したたる**
❷ **下がる**
他 ❶ **…を落とす**
名詞 ❶ **しずく**
❷ **落下**

——**動詞** (三単現 **drops** [-s]；過去・過分 **dropped** [-t]；現分 **dropping**)
——自 ❶ (急に)**落ちる**；(液体が)**したたる**
▸The dish **dropped** from her hands to the floor.
その皿は彼女の手から床(ゆか)に落ちた.
▸Tears **dropped** from her eyes.
彼女の目から涙(なみだ)がこぼれた.
❷ (値段・温度などが)**下がる**；(勢いが)衰(おとろ)える；(声が)低く[小さく]なる
▸Computer prices will **drop**.
コンピューターの価格は下がるだろう.
▸The temperature **dropped** two degrees. 気温が2度下がった.
❸ (ばったりと)倒(たお)れる
▸She **dropped** into the sofa.
彼女はソファーに倒れこんだ.
——他 ❶ **…を落とす**；(液体)をしたたらせる
▸He **dropped** a glass on the floor.
彼はコップを床に落としてしまった.
❷ (勢い)を弱める；(声)を低くする
▸**drop** *one's* voice 声を小さくする
❸ (…から)(文字など)を落とす，抜(ぬ)かす；(人)をはずす《from ...》
▸Don't **drop** an "n" **from** "running." "running"の n を1つ落としてはいけませんよ.
❹ 《口語》(車などから)(人・荷物)を降ろす
▸Please **drop** me (off) at the next corner. 次の角で降ろしてください.
❺ 《口語》(人)に(短い手紙など)を出す
▸Please **drop** me a line sometime.
そのうちお便りをくださいね.
❻ …をやめる，中止する

dróp bý 《口語》ちょっと立ち寄る；…にちょっと立ち寄る
dróp ín 《口語》(…に)ちょっと立ち寄る《on [at] ...》
▸I **dropped in** on him [**at** his house] yesterday.
昨日，彼の家に立ち寄った.
(◆立ち寄る先が「人」の場合は on を，「場所」の場合は at を用いる)
dróp óut (競争などから)脱落(だつらく)する，(…から)中途(ちゅうと)退学する《of ...》

——**名詞** (複数 **drops** [-s])
❶ C (雨などの)**しずく**，水滴(すいてき)
▸**drops** of rain 雨のしずく
❷ C《ふつう **a drop** で》**落下**，低下，減少
▸**a drop** in prices 物価の下落
❸ C ドロップ，あめ玉

dropout [drάpàut ドゥラプアウト] **名詞** C 中途(ちゅうと)退学者；脱落(だつらく)者

drought [dráut ドゥラウト] (★発音に注意) **名詞** C U 干ばつ，日照り

ˈdrove [dróuv ドゥロウヴ] **動詞**
drive(…を運転する)の過去形

drown [dráun ドゥラウン] **動詞**
他 …をおぼれ死にさせる；
《**be drowned** で》おぼれて死ぬ
——自 おぼれて死ぬ，でき死する
▸ことわざ A **drowning** man will catch at a straw.
おぼれるものはわらをもつかむ.

drowsy [dráuzi ドゥラウズィ] **形容詞**
(比較 **drowsier**；最上 **drowsiest**)
眠(ねむ)い；活気のない

drug [drʌ́g ドゥラッグ] **名詞** C 薬，薬品
(◆ medicine のほうがふつう)；麻薬(まやく)

druggist [drʌ́gist ドゥラギスト] **名詞**
❶ C《米》薬剤(やくざい)師
(同義語 pharmacist，《英》chemist)
❷ C《米》ドラッグストアの経営者

drugstore [drʌ́gstɔ̀ːr ドゥラッグストーア]
名詞 C《主に米》ドラッグストア，雑貨店

文化 アメリカのドラッグストア

薬品(drug)のほか，日用雑貨，化粧(けしょう)品，お菓子(かし)類，文具，雑誌や新聞など，いろいろなものが売られています.

drum [drʌ́m ドゥラム] 名詞
C【楽器】太鼓(たいこ), ドラム
➡ **musical instruments** 図
▸beat the **drum** 太鼓をたたく
▸play the **drums** in a band
バンドでドラムをたたく
(◆ロック音楽のドラムセットは drums [-z]と複数形になる)

drummer [drʌ́mər ドゥラマ] 名詞
C ドラム奏者, 太鼓(たいこ)奏者, ドラマー

·drunk [drʌ́ŋk ドゥランク]
—動詞 drink(…を飲む)の過去分詞
—形容詞 (比較 **drunker**; 最上 **drunkest**)《名詞の前には用いない》(酒や成功などに)酔(よ)った《with ...》

drunken [drʌ́ŋkən ドゥランクン] 形容詞
《名詞の前に用いて》酒に酔(よ)った

·dry [drái ドゥライ]
—形容詞 (比較 **drier**; 最上 **driest**)
❶ 乾(かわ)いた, 乾燥(かんそう)している (対義語 damp, wet 湿(しめ)った); 雨の降らない
▸a **dry** towel 乾いたタオル
▸the **dry** season 乾季
❷ のどが渇(かわ)いている(同義語 thirsty)
▸feel **dry** のどが渇く
❸ おもしろくない; 無味乾燥な
❹ 辛口(からくち)の
—動詞 (三単現 **dries** [-z]; 過去・過分 **dried** [-d]; 現分 **drying**)
—他 …を乾かす, 干す
▸I **dried** my hair with a towel.
わたしはタオルで髪(かみ)を乾かした.
—自 乾く
drý úp ① 完全に乾く, 干(ひ)上がる
② …を完全に乾かす

dryer [dráiər ドゥライア] 名詞
C ヘアドライヤー; (洗濯(せんたく)物などの)乾燥(かんそう)機(◆ drier ともつづる)

dub [dʌ́b ダブ] 動詞 (三単現 **dubs** [-z]; 過去・過分 **dubbed** [-d]; 現分 **dubbing**)
他 (映画などのせりふ)を吹(ふ)き替(か)える; (録音・録画したもの)をダビングする

Dublin [dʌ́blin ダブリン] 名詞
ダブリン(◆アイルランドの首都)

duck [dʌ́k ダック] 名詞 (複数 **ducks** [-s] または **duck**) C【鳥類】アヒル; カモ ➡ **animals** 図

duckling [dʌ́kliŋ ダックリング] 名詞
C アヒル[カモ]の子

due [djúː デュー] 形容詞
❶ 当然の, 正当な; (金銭が)当然支払(しはら)われるべき; 期限[満期]がきた
▸The bill is **due** at the end of the week.
その請求(せいきゅう)書は週末が期限だ.
❷《名詞の前には用いない》到着(とうちゃく)の予定で; (…する)予定で《to +動詞の原形》
▸The plane is **due** at 6 p.m.
その飛行機は午後6時に到着の予定だ.
▸We are **due to** leave Japan tomorrow.
わたしたちは明日, 日本をたつ予定だ.
dúe to ... …のために, …が原因で (同義語 because of ...)
▸The game was canceled **due to** the heavy snow.
その試合は大雪のため中止になった.

duet [djuːét デューエット]
(★アクセントに注意) 名詞
C【音楽】二重唱曲; 二重奏曲
(◆ duo [djúːou デューオウ] ともいう)

dug [dʌ́g ダッグ] 動詞
dig(…を掘(ほ)る)の過去形・過去分詞

duke [djúːk デューク] 名詞
C《しばしば **Duke** で》公爵(こうしゃく)
(◆イギリスの貴族の最高位)

dull [dʌ́l ダル] 形容詞
(比較 **duller**; 最上 **dullest**)
❶ 退屈(たいくつ)な, つまらない(同義語 boring)
▸The movie was **dull**.
その映画はつまらなかった.
❷ 頭の鈍(にぶ)い; (動作・痛みなどが)鈍い
▸ことわざ All work and no play makes Jack a **dull** boy.
よく学びよく遊べ. (◆「勉強ばかりして遊ばないと子供はだめになる」の意味)
❸ (刃(は)物・刃が) 切れ味の悪い
(対義語 sharp 鋭(するど)い)
❹ (色・光などが)明るくない, くすんだ; (音が)はっきりしない, 低い

dumb [dʌ́m ダム] (★発音に注意) 形容詞
(比較 **dumber**; 最上 **dumbest**)
❶ 口のきけない, しゃべれない (◆差別的な響(ひび)きをもつため, unable to speak を用いるほうがよい)
❷《主に米》愚(おろ)かな

dump [dʌ́mp ダンプ] 動詞
他《口語》(ごみなど)を捨てる, 処分する; …をどさっと降ろす
—名詞 C ごみ捨て場

dump truck [dʌ́mp trʌ̀k ダンプトゥラック] 名詞 C 《米》ダンプカー
(♦「ダンプカー」は和製英語; 《英》dumper [dʌ́mpər ダンパ] (truck))

durable [djúərəbl デュ(ア)ラブる] 形容詞
(ものが)長もちする, 耐久(たいきゅう)性にすぐれた

:during [djúəriŋ デュ(ア)リンヶ]
前置詞 ❶ …の間ずっと, …じゅう
▸He stayed in Hokkaido **during** the summer vacation.
彼は夏休みの間ずっと北海道にいた.
❷ …の間(のある時)に
▸There was a phone call **during** dinner.
夕食の間に電話がかかってきた.

> くらべよう **during と for**
> **during**: 特定の期間を表す語とともに用います.
> ▸**during** April　4月の間
> **for**: 期間の長さを表す語とともに用います.
> ▸**for** two weeks　2週間

dusk [dʌ́sk ダスク] 名詞
U 夕暮れ, たそがれ; 薄(うす)暗がり
(同義語 dawn 夜明け)

dust [dʌ́st ダスト] 名詞
❶ U ほこり, ちり
▸He cleared the **dust** off the table.
彼はテーブルのほこりを取り除いた.
❷ U 粉末; 花粉
—動詞 他 (ぞうきん・ブラシなどで)…のほこりを取る

dustbin [dʌ́stbìn ダストビン] 名詞
C 《英》(ふたつきの)ごみ入れ, ごみ箱
(♦《米》garbage can, trash can)

duster [dʌ́stər ダスタ] 名詞
C ふきん, ぞうきん

dustpan [dʌ́stpæ̀n ダストパぁン] 名詞
C ちり取り

dusty [dʌ́sti ダスティ] 形容詞
(比較 **dustier**; 最上 **dustiest**)
❶ ほこりをかぶった, ほこりだらけの
❷ (色が)灰色がかった, くすんだ

Dutch [dʌ́tʃ ダッチ] 形容詞 オランダの; オランダ人の; オランダ語の
go Dútch　割り勘(かん)にする
(♦ split the bill を用いるほうがふつう)
—名詞 U オランダ語; 《**the Dutch** で複数あつかい》オランダ人(全体)(♦個人を指すときは Dutchman, Hollander [hɑ́ləndər ハらンダ] を用いる)

Dutchman [dʌ́tʃmən ダッチマン] 名詞
(複数 **Dutchmen** [dʌ́tʃmən ダッチマン])
C オランダ人

·duty [djúːti デューティ] 名詞
(複数 **duties** [-z])
❶ C U 責務, 義務, 本分
▸do *one's* **duty**　義務を果たす
▸She has a strong sense of **duty**.
彼女には強い義務感がある.
❷ C U 《しばしば **duties** で》任務, 職務
▸the **duties** of a teacher　教師の職務
❸ C U 《ときに **duties** で》税
▸custom **duties**　関税
ón dúty　勤務中で, 当番で
▸I'm **on duty** from 9:00 a.m. to 5:00 p.m.　わたしは午前9時から午後5時までの勤務だ.
óff dúty　勤務時間外で, 非番で

duty-free [djúːtifríː デューティふリー]
形容詞 免税(めんぜい)の
—副詞 免税で

DVD [díːvìːdíː ディーヴィーディー] 名詞
(複数 **DVDs** [-z]) C ディーブイディー
(♦ *d*igital *v*ersatile [vəːrsətl ヴァーサトゥる] [*v*ideo] *d*isc (多用途(ようと)デジタルディスク[デジタルビデオディスク])の略)
▸I watched the **DVD** last night.
昨夜, わたしはその DVD を見た.

dwell [dwél ドゥウェる] 動詞
(三単現 **dwells** [-z]; 過去・過分 **dwelt** [dwélt ドゥウェるト] または **dwelled** [-d]; 現分 **dwelling**)
自 (…に)住む《at [in] …》
(♦ live よりかたい語)

dye [dái ダイ] 動詞 (三単現 **dyes** [-z]; 過去・過分 **dyed** [-d]; 現分 **dyeing**)
他 (布・髪(かみ)など)を染める
—名詞 C U 染料(せんりょう)

dying [dáiiŋ ダイインヶ] 動詞
die(死ぬ)の現在分詞・動名詞
—形容詞 死にかかった; 消えかかった

dynamic [dainǽmik ダイナぁミック]
形容詞 ❶ 活動的な, 精力的な
▸a **dynamic** person　活動的な人
❷ 動的な; 動力の

dynamite [dáinəmàit ダイナマイト]
名詞 U ダイナマイト

dz.　ダース(♦ *d*o*z*en(s) の略)

Ee *Ee*

Q ウサギは卵をどうするの？➡ Easter egg をひいてみよう！

E, e [íː イー] 名詞 (複数 **E's, e's** または **Es, es** [-z]) C U イー
(♦アルファベットの5番めの文字)

E, E. 東(♦ *east* の略)；東の
(♦ *eastern* の略)

⁑each [íːtʃ イーチ]

──形容詞《名詞の単数形の前に用いて》
それぞれの, めいめいの, 各自の
➡ **every** くらべよう

▸**each** day [week]　毎日[毎週]

▸He gave **each** child a pen.
彼は子供たち一人ひとりにペンをあげた.

▸**Each** one of the girls has her own computer.　その少女たちはそれぞれ自分のコンピューターを持っている.
(♦× each the girl(s) とはいわない)

ルール each の使い方

1 「each＋名詞」は単数あつかいにするのが原則です.

▸**Each** child **was** given a present.　どの子供もそれぞれプレゼントをもらった. (♦× Each child were .... とはいわない)

2 「each＋名詞」は, 単数形の代名詞で受けるのが原則ですが, 《口語》では名詞が「人」で性別がはっきりしない場合, 複数形の代名詞で受けることもあります. ➡ **every** ルール

▸**Each** boy has his own desk.
どの少年も自分の机を持っている.

▸**Each** girl has her own desk.
どの少女も自分の机を持っている.

▸**Each** box has its own number.
どの箱にもそれぞれの番号がついている.

▸**Each** student has their own desk. (= **Each** student has his or her own desk.)
どの生徒も自分の机を持っている.

♦***each óther***　たがいに[を]

▸We helped **each other**.
わたしたちはたがいに助け合った.

▸They talked to **each other**.
彼らはたがいに話し合った.

éach tíme　毎回, いつも；…するたびに

▸**Each time** I see Jane, she tells me an interesting story.
ジェーンに会うたびに, 彼女はわたしにおもしろい話をしてくれる.

──代名詞《ふつう単数あつかいで》
各自, おのおの

▸**Each** of us shook hands with the actor.　わたしたちはそれぞれ, その俳優と握手(あくしゅ)をした.

──副詞 **1人[1個]につき**, それぞれ

▸These pens are three dollars **each**.
これらのペンは1本3ドルです.

eager [íːgər イーガ] 形容詞

❶ …を切望している《for ...》；
《**be eager to** ＋動詞の原形で》
しきりに…したがっている

▸We are **eager for** peace.
わたしたちは平和を強く願っている.

▸He **was eager to** go to Paris.
彼はしきりにパリに行きたがっていた.

❷ (表情・人などが)熱心な

eagerly [íːgərli イーガリ] 副詞

熱心に；しきりに

eagle [íːgl イーグる] 名詞 C 【鳥類】ワシ

⁑ear [íər イア] 名詞 (複数 **ears** [-z])

❶ C 耳 ➡ **head** 図

▸Mickey Mouse has big **ears**.
ミッキーマウスは耳が大きい.

▸ことわざ Walls have **ears**.
壁(かべ)に耳あり.

❷ C《ふつう単数形で》(ことば・音楽などを)聞き分ける力《for ...》；聴覚(ちょうかく), 聴力

▸She has an [no] **ear for** music.

彼女は音楽のよしあしがわかる[全くわからない].

be áll éars 熱心に聞く

> ダイアログ
> A: I have something to tell you.
> 話したいことがあるんだよ.
> B: Go ahead. **I'm all ears.**
> いいよ. ぜひ聞かせて.

earl [ə́ːrl アーる] 名詞 C (イギリスの)伯爵(はくしゃく)(◆イギリス以外では count)

earlier [ə́ːrliər アーりア]
副詞 形容詞 early(早く[早い])の比較級

earliest [ə́ːrliist アーりエスト]
副詞 形容詞 early(早く[早い])の最上級

:early [ə́ːrli アーり]

—副詞 (比較 **earlier**; 最上 **earliest**)
(時刻・時期が)**早く**, 早めに; 初期に
(対義語 late 遅(おそ)く)

▸I left home **early** this morning.
今朝は早く家を出た.

▸I arrived thirty minutes **earlier** than usual.
わたしはいつもより 30 分早く着いた.

▸Let's meet **early** next week.
来週の早いうちに会いましょう.

くらべよう **early と fast**

early: 時刻や時期が「早い」ことを表します.

fast: 動作や速度が「速い」ことを表します.

▸She gets up **early** in the morning. 彼女は朝早く起きる.

▸Her sports car runs very **fast**.
彼女のスポーツカーはとても速く走る.

—形容詞 (比較・最上 は 副詞 に同じ)
(時刻・時期が)**早い**, 早めの, 初期の
(対義語 late 遅い); すぐの

▸in **early** spring 早春に

▸Let's take an **early** train.
(時刻が)早めの列車に乗ろう.

▸ことわざ The **early** bird catches the worm.
早起きは三文の得. (◆「早起きの鳥は虫を捕(つか)まえる」の意味から; 「早起きの人」は an early bird という)

at the éarliest 早くとも, 早くて

keep éarly hóurs 早寝(ね)[早起き]をする

˙earn [ə́ːrn アーン] 動詞

(三単現 **earns** [-z];
過去・過分 **earned** [-d]; 現分 **earning**)
他 (金)**をかせぐ**, (生計)を立てる;
(地位・名声など)を得る

▸I **earn** five hundred dollars a week. わたしは週に 500 ドルをかせぐ.

earnest [ə́ːrnist アーネスト] 形容詞
まじめな, 熱心な

—名詞 (◆次の成句で用いる)

in éarnest まじめに[な], 本気で[の]

earnestly [ə́ːrnistli アーネストり] 副詞
まじめに, 熱心に

earphone [íərfòun イアふォウン] 名詞
C 《ふつう **earphones** で》イヤホン

earring [íərrìŋ イアリング] 名詞
C 《ふつう **earrings** で》イヤリング

:earth [ə́ːrθ アーす] 名詞

(複数 **earths** [-s])

❶ U 《**the earth**, または **(the) Earth** で》**地球** (同義語 the globe)

▸**The earth** moves around the sun.
地球は太陽のまわりを回っている.

❷ U (空に対して) **地面**, 大地 (同義語 ground); (海に対して)陸地(同義語 land)

▸The **earth** shook for one minute.
(地震(じしん)で)地面が 1 分間揺(ゆ)れた.

❸ U **土**(同義語 soil)

▸poor **earth** やせた土

on éarth ① 世界中で, この世で
(◆形容詞の最上級を強める)

▸**the largest** animal **on earth**
世界最大の動物

② 一体全体(◆疑問詞のすぐあとに用いて意味を強める)
▸**What on earth** are you doing? 一体全体何をやっているんだ?

Earth Day [ə́ːrθ dèi アーす デイ] 名詞
地球の日(◆4月22日;自然保護などについて考え,実践(じっせん)する日)

earthquake [ə́ːrθkwèik アーすクウェイク] 名詞 C 地震(じしん)
(◆《口語》では単に quake ともいう)
▸We had a big **earthquake** last year. 去年,大きな地震があった.

earthworm [ə́ːrθwə̀ːrm アーすワーム]
名詞 C【動物】ミミズ

ease [íːz イーズ] 名詞 U 容易さ;気楽さ,くつろぎ(対義語 difficulty 難しさ)
▸He passed the exam with **ease**. 彼は楽々とその試験に合格した.

at éase くつろいで,気楽に

easel [íːzl イーズる] 名詞
C 画架(がか),イーゼル

easier [íːziər イーズィア] 形容詞 副詞
easy(容易な・気楽に)の比較級

easiest [íːziist イーズィエスト] 形容詞
副詞 easy(容易な・気楽に)の最上級

˙easily [íːzili イーズィり] 副詞
(比較 **more easily**; 最上 **most easily**)
簡単に,たやすく,楽に(同義語 simply)
▸You can find the library **easily**. その図書館は簡単に見つかりますよ.

˙east [íːst イースト]
—名詞 ❶《ふつう **the east** で》
東,東方,東部(◆E, E. と略す; 対義語 the west 西) ➡ **direction** 図
▸The sun rises in **the east**. 太陽は東からのぼる.
(◆from ではなく in を用いる)
▸a town in **the east** of the island 島の東部にある町
▸Nara lies to **the east** of Osaka. 奈良は大阪の東方に位置している.

> **参考 「北南東西」?**
> 4つの方角を表す順番は,日本語と英語とでは異なります.
> 日本語: 東西南北
> 英語: north, south, east, and west
> 「東南アジア」は,英語では Southeast Asia といいます.

❷《**the East** で》**東洋**(対義語 the West 西洋);《米》(アメリカの)東部(◆ミシシッピ川より東の地方)
—形容詞《名詞の前に用いて》
東の,東部の;東向きの;(風が)東からの
▸the **East** Coast (アメリカの)東海岸
—副詞 東へ,東に
▸go **east** 東へ行く

Easter [íːstər イースタ] 名詞
復活祭,イースター(◆キリストの復活を祝う祭り;春分の日(3月21日ごろ)以降の最初の満月の日の次の日曜日に行われる)

Easter egg [íːstər èg イースタ エッグ]
名詞 C イースターエッグ;復活祭の卵(◆復活祭の贈(おく)り物にする彩色(さいしょく)された卵)

> **文化 復活祭の卵とウサギ**
> 復活祭で絵がえがかれた色つきの卵を贈(おく)る習慣があるのは,卵が新たな命をもつことの象徴(しょうちょう)だからです.その卵を,多産の象徴であるウサギ(Easter Bunny)がバスケットに入れて持って来て,あちこちに隠(かく)すといわれています.この説話に由来するゲーム Easter egg hunt では,家の中のあちこちにイースターエッグを隠し,子供たちはそれらを見つけることを楽しみます.

eastern [íːstərn イースタン] 形容詞
❶ 東の,東部の;(風が)東からの
(対義語 western 西の)
❷《**Eastern** で》東洋の;《米》(アメリカの)東部の

eastward [íːstwərd イーストワド]
形容詞 東方(へ)の
——副詞 東へ[に]

eastwards [íːstwərdz イーストワヅ]
副詞 《主に英》= eastward(東へ)

East West Line [íːst wèst láin イースト ウェスト らイン] 名詞
《the East West Line で》東西線
(♦シンガポールの鉄道路線)

easy [íːzi イーズィ]
——形容詞 (比較 **easier**; 最上 **easiest**)
❶ **容易な**, やさしい, 簡単な
(対義語 difficult, hard 難しい)
▸an **easy** question　やさしい問題
▸The test was very **easy**.
そのテストはとても簡単だった.
▸This book is **easy** for me to read.
(= It is **easy** for me to read this book.)　わたしにとってこの本を読むのは簡単だ.
❷ **気楽な**, 安楽な(対義語 uneasy 不安な)
▸I want to lead an **easy** life.
わたしは気楽な生活を送りたい.
——副詞 (比較・最上 は 形容詞 に同じ)
気楽に; ゆっくり慎重(しんちょう)に
Take it éasy.　① 落ち着け; 気楽にやれ.

ダイアログ
A: Oh, I'm nervous.　ああ, 緊張する.
B: **Take it easy**.　落ち着いて.

② 《米口語》(別れのあいさつで) じゃあね.

easy chair [íːzi tʃèər イーズィ チェア]
名詞 C 安楽いす

easygoing [íːzigóuiŋ イーズィゴウイング]
形容詞 のんきな, 気楽な

eat [íːt イート] 動詞 (三単現 **eats** [íːts イーツ]; 過去 **ate** [éit エイト]; 過分 **eaten** [íːtn イートゥン]; 現分 **eating**)
——他 **…を食べる**; (スープ)を飲む
➡ **drink** くらべよう, **soup**
▸What do you want to **eat** for lunch?　お昼に何が食べたいですか?

くらべよう **eat と have**

eat:「食べる」という動作を強調します.
have: 広く「飲食物をとる」の意味で使われます.
▸**eat** a hamburger
ハンバーガーを食べる
▸**have** a hamburger [coffee]
ハンバーガーを食べる[コーヒーを飲む]

——自 **食べる**, 食事をする
▸**eat** and drink
飲食する(♦日本語とは語順が逆になる)
éat óut　外食する

eaten [íːtn イートゥン] 動詞
eat(…を食べる)の過去分詞

eater [íːtər イータ] 名詞 C 食べる人
▸a big [good] **eater**　よく食べる人

eating [íːtiŋ イーティング]
——動詞 eat(…を食べる)の現在分詞・動名詞
——名詞 U 食べること, 食事

ebb [éb エッブ] 動詞
自 (潮(しお)が)引く(対義語 flow 満ちる)
——名詞 《**the ebb** で》 引き潮 (= ebb tide; 対義語 flow, flood (tide) 満ち潮)

echo [ékou エコウ] 名詞 (複数 **echoes** [-z]) C 山びこ, こだま; 反響(はんきょう)
——動詞 (三単現 **echoes** [-z]; 過去・過分 **echoed** [-d]; 現分 **echoing**)
自 こだまする, 反響する
——他 (音)を反響させる; (人のことば)を繰(く)り返す

eclipse [iklíps イクリプス] 名詞
C 【天文】(太陽・月の)食(しょく)
▸a solar [lunar] **eclipse**　日[月]食

eco(-)friendly [ìːkoufréndli イーコウふレンドり] 形容詞 環境(かんきょう)にやさしい

ecological [ìːkəládʒikl イーコらヂクる]
形容詞 ❶ 生態学の; 生態上の
❷【環境】環境(かんきょう)保護の

ecologist [ikálədʒist イカろヂスト]

名詞 C 生態学者；環境(かんきょう)[生態系]保護論者

ecology [ikálədʒi イカろヂィ] 名詞
❶ U エコロジー，生態学（♦生物とその環境(かんきょう)との関係を研究する科学）
❷ U 生態；環境

e-commerce [íːkámərs イーカマス]
名詞 U 電子商取引，E コマース
（♦ electronic *commerce* を短縮した語）

economic [ìːkənámik イーコナミック]
形容詞 経済の，経済上の；経済学の

economical [ìːkənámikl イーコナミクる] 形容詞 経済的な，徳用の；節約する，倹約(けんやく)する ➡ **cheap** くらべよう

economics [ìːkənámiks イーコナミックス] 名詞 U《単数あつかいで》経済学

economist [ikánəmist イカノミスト]
名詞 C 経済学者，エコノミスト

economy [ikánəmi イカナミ] 名詞
（複数 **economies** [-z]）
C 経済；C U 節約
▸the Japanese **economy** 日本経済

ecosystem [íːkousìstəm イーコウスィステム] 名詞 C（ある地域の）生態系

ecotourism [íːkoutù(ə)rizm イーコウトゥ(ア)リズム] 名詞
U エコツーリズム（自然環境を損わないように配慮(はいりょ)した観光旅行）

Eden [íːdn イードゥン] 名詞
【聖書】エデンの園（= the Garden of Eden）（♦『旧約聖書』によると神は最初の人間アダム（Adam）とイブ（Eve）を造り，ここに住まわせた）➡ **apple** 文化

ˈ**edge** [édʒ エッヂ] 名詞
（複数 **edges** [-iz]）
❶ C 端(はし)，縁(ふち)，へり
▸the **edge** of a swimming pool
プールの縁
❷ C 刃(は) ➡ **skate** 図
▸This knife has a sharp **edge**.
このナイフは刃が鋭(するど)い.

edible [édəbl エディブる] 形容詞
食べられる，食用になる

Edinburgh [édinbəːrə エディンバ～ラ]
名詞 エディンバラ（♦スコットランドの都市；旧スコットランド王国の首都）

Edison [édisn エディスン] 名詞
【人名】エジソン（♦ Thomas Alva Edison [táməs ǽlvə- タマス あるヴァ-]，1847-1931；アメリカの発明家で蓄音(ちくおん)機・白熱灯などを発明した）

edit [édit エディット] 動詞
他（出版物・映画など）を編集する

edition [idíʃn イディシャン] 名詞
C（本・新聞などの）版

editor [éditər エディタ] 名詞 C 編集者

educate [édʒəkèit エヂュケイト]（★アクセントに注意）動詞（三単現 **educates** [édʒəkèits エヂュケイツ]； 過去・過分 **educated** [-id]； 現分 **educating**）
他 …を教育する；（人）に（学校）教育を受けさせる

educated [édʒəkèitid エヂュケイテッド]
形容詞 教育を受けた；教養のある

education [èdʒəkéiʃn エヂュケイシャン]
名詞 U《または **an education** で》教育
▸receive (a) school **education**
学校教育を受ける
▸a lifelong **education** 生涯(しょうがい)教育

educational [èdʒukéiʃənl エヂュケイショヌる] 形容詞
教育の，教育に関する；教育的な

eel [íːl イーる] 名詞 C【魚類】ウナギ

effect [ifékt イふェクト] 名詞
❶ C U 結果（同義語 result，対義語 cause 原因）
▸cause and **effect** 原因と結果
❷ C U（…への）効果，影響(えいきょう)《on [upon] ...》；印象
▸an economic **effect** 経済効果

effective [iféktiv イふェクティヴ] 形容詞
効果的な，有効な；（薬などが）効き目のある

effectively [iféktivli イふェクティヴり]
副詞 効果的に，有効に

efficient [ifíʃnt イふィシャント] 形容詞
有能な；効率的な，能率的な

effort [éfərt エふォト] 名詞
C U 努力，骨折り
▸a constant **effort** たゆまぬ努力
▸I made an **effort** to master English. わたしは英語をマスターしようと努力した.（♦ make an effort で「努力する」という意味）
with (an) éffort 苦労[努力]して
without éffort 苦もなく，楽に

e.g. [íːdʒíː イーヂー または fər igzǽmpl ふォ イグザぁンプる]
例えば（♦ラテン語 *exempli gratia* の略語；英語の for example にあたる）

ː**egg** [ég エッグ] 名詞
（複数 **eggs** [-z]）
C U 卵

▸lay an **egg** 卵を産む
▸sit on **eggs** 卵を抱(だ)く

ダイアログ
A: How would you like your **eggs**?
卵はどのように調理しますか？
B: Scrambled, please.
スクランブルエッグをお願いします.

参考 **欧米(おうべい)の卵料理のいろいろ**
1 代表的なものは次のとおりです.
hard-boiled: 固ゆで
soft-boiled: 半熟
poached: 落とし卵
scrambled: いり卵
sunny-side up: 目玉焼き
an omelet: オムレツ
ham and eggs: ハムエッグ

eggplant [égplæ̀nt エッグプらぁント]
名詞 C U【植物】《主に米》ナス
(♦日本のナスより大きく, 卵形)

ego [íːgou イーゴウ]（★発音に注意）名詞
（複数 **egos** [-z]）
C U 自我, エゴ; 自尊心, うぬぼれ

Egypt [íːdʒipt イーヂプト]（★発音に注意）
名詞 エジプト(♦アフリカ大陸北東部の国; 首都はカイロ Cairo)

Egyptian [idʒípʃn イヂプシャン] 形容詞
エジプトの; エジプト人の; 古代エジプト語の
——名詞 C エジプト人; U 古代エジプト語

eh [éi エイ] 間投詞《上げ調子(↗)で》
《口語》(驚(おどろ)きや疑問を表して)えっ, 何; (同意を求めて)…でしょう

Eiffel Tower [áifl táuər アイふる タウア]
（★発音に注意）名詞
《**the Eiffel Tower** で》エッフェル塔(とう)
(♦パリにある高さ約 320 メートルの鉄塔; 1889 年の万国博覧会のために建築家エッフェル(A. G. Eiffel)が建てた)

:eight [éit エイト]
——名詞（複数 **eights** [éits エイツ]）
❶ C《冠詞をつけずに単数あつかいで》**8**;《複数あつかいで》8 人, 8 個;
U 8 歳(さい); 8 時
❷ C 8 人[8 個]1 組のもの
——形容詞 **8 の**; 8 人の, 8 個の; 8 歳の
▸There are **eight** chairs in the room. 部屋には 8 つのいすがある.

:eighteen [èitíːn エイティーン]
——名詞（複数 **eighteens** [-z]）
C《冠詞をつけずに単数あつかいで》**18**;《複数あつかいで》18 人, 18 個; U 18 歳(さい)
——形容詞 **18 の**; 18 人の, 18 個の; 18 歳の
▸**Eighteen** people attended the meeting.
18 名がその会議に出席した.

eighteenth [èitíːnθ エイティーンす]
名詞 ❶ U《**the eighteenth** で》第 18, 18 番め; (日付の)18 日(♦ 18th と略す)
❷ C 18 分の 1
——形容詞 ❶《**the eighteenth** で》第 18 の, 18 番めの
❷ 18 分の 1 の

:eighth [éiθ エイす]（★発音に注意）
——名詞（複数 **eighths** [-s]）
❶ U《**the eighth** で》**第 8**, 8 番め; (日付の)8 日(♦ 8th と略す)
❷ C 8 分の 1
——形容詞 ❶《**the eighth** で》**第 8 の**, 8 番めの
▸August is **the eighth** month of the year. 8 月は 1 年の 8 番めの月だ.
❷ 8 分の 1 の

eightieth [éitiəθ エイティエす] 名詞
❶ U《**the eightieth** で》第 80, 80 番め(♦ 80th と略す)
❷ C 80 分の 1
——形容詞 ❶《**the eightieth** で》第 80 の, 80 番めの
❷ 80 分の 1 の

:eighty [éiti エイティ]
——名詞（複数 **eighties** [-z]）
❶ C《冠詞をつけずに単数あつかいで》**80**;《複数あつかいで》80 人, 80 個;
U 80 歳(さい)
❷《*one's* **eighties** で》80 歳代;
《**the eighties** で》(20 世紀の)80 年代
——形容詞 80 の; 80 人の, 80 個の; 80 歳の

Einstein [áinstain アインスタイン] 名詞
【人名】アインシュタイン（◆ Albert Einstein [ǽlbərt- あるバト-], 1879–1955; ドイツ生まれのアメリカの物理学者; 相対性理論の提唱者）

:either [íːðər イーざ, áiðə アイざ]
（★発音に注意）
――形容詞《名詞の単数形の前に用いて》
❶（2つのうちの）**どちらかの**; どちらの…でも
（対義語 neither どちらの…も～でない）
▸You can take **either** cookie.
どっちのクッキーを取ってもいいよ.
❷《否定文で》（2つのうちの）**どちらの…も**（～ない）
▸I do**n't** like **either** picture.
わたしはどちらの絵も好きではない.
❸（2つのうちの）どちらの…も, 両方の（◆ふつうは both や each を用いる）
▸There are trees on either side [both sides, each side] of the street. 道の両側に木が植えてある.
――代名詞 ❶（2つのうちの）**どちらか**, どちらでも
▸Does **either** of them play tennis?
彼らのうちどちらかテニスをしますか？

> **ダイアログ**
> *A:* Which ice cream would you like, vanilla or chocolate?
> バニラとチョコ, どちらのアイスクリームにする？
> *B:* **Either** will do. どちらでもいい.

❷《否定文で》（2つのうちの）**どちらも**（…ない）
▸I do**n't** like **either** of the caps.
わたしはどちらの帽子(ぼうし)も気に入らない.
――接続詞 ❶《**either ... or ～**で》
…か～のどちらか
▸You can go there **either** by bus **or** (by) train.
そこへはバスか電車で行けます.
▸**Either** you **or** I am wrong.
きみかぼくのどちらかがまちがっている.
（◆ either ... or ～ が主語の場合, 動詞は「～」の語に一致(いっち)させる）
▸He'll be back **either** today **or** tomorrow.
彼は今日か明日に戻(もど)るだろう.
❷《**not ... either ～ or ―**で》
～も―も…ない ➡ **both** 2つめの ルール
▸I do**n't** like **either** tea **or** coffee.
わたしは紅茶もコーヒーも好きではない.
――副詞《否定文の文末に用いて》
…もまた（～ない）
（◆肯定(こうてい)文では too や also を用いる）

> **ダイアログ**
> *A:* I don't speak German.
> わたしはドイツ語が話せません.
> *B:* I do**n't**, **either**. わたしもです.
> （= Neither do I.）

> **ルール either の使い方**
> 肯定文で「…もまた」と言うときには too を, 否定文で「…もまた(…ない)」と言うときには either を使います.
> ▸I speak German, **too**.
> わたしもドイツ語が話せます.
> ▸I do**n't** speak German, **either**.
> わたしもドイツ語が話せません.

elbow [élbou エるボウ] 名詞
C ひじ; ひじ[L字]の形をしたもの
――動詞 他 …をひじで押(お)す

elder [éldər エるダ] 形容詞
（old の比較級の一つ）《名詞の前に用いて》（兄弟・姉妹(しまい)の間で）年上の, 年長の（◆《米》ではふつう older を用いる;「年下の」は younger）➡ **sister** 文化
▸I have three **elder** brothers.
わたしには兄が3人いる.

> **ルール elder の使い方**
> elder は be 動詞などのあとに置いて, 補語として使うことはできません. このような場合は, older を使います.
> ▸He is **older** than I am.
> 彼はわたしより年上だ.（◆ × He is elder than .... とはいわない）

――名詞 C《*one's* **elders** で》
年長者, 年上の人

elderly [éldərli エるダりィ] 形容詞 年配の, 初老の（◆ old のていねいな言い方）
▸**elderly** people（= the **elderly**）
お年寄り（◆「the ＋形容詞」で「…な人々」の意味になる）

eldest [éldist エるデスト] 形容詞（old の最上級の一つ）《名詞の前に用いて》
（3人以上の兄弟・姉妹(しまい)の間で）最年長の, 最も年上の（◆《米》ではふつう oldest

を用いる;「最年少の」は youngest)
▸I'm the **eldest**. (兄弟姉妹の中で)わたしがいちばん年上だ.

elect [ilékt イれクト] 動詞
他 (人)を(投票で)選ぶ, 選出する
(同義語 choose)
▸We **elected** Tom (to be) captain. わたしたちはトムをキャプテンに選んだ. (♦ captain など一人しかいない役職には冠詞をつけない)

election [ilékʃn イれクシャン] 名詞
C U 選挙; 選出
▸a general **election** 総選挙

elective [iléktiv イれクティヴ] 形容詞
❶ 選挙によって選ばれる
❷ 《米》(科目・コースが)選択(せんたく)の
(対義語 required 必修の)

·electric [iléktrik イれクトゥリック]

形容詞《名詞の前に用いて》
電気の; 電動の; 電気を生じる
▸**electric** power 電力

electrical [iléktrikl イれクトゥリクる]
形容詞《名詞の前に用いて》電気関係の, 電気に関する; 電動の

electrician [ilèktríʃn イれクトゥリシャン]
名詞 C 電気工[技師]

electricity [ilèktrísəti イれクトゥリスィティ] (★アクセントに注意) 名詞
U 電気, 電力; 電流

electron [iléktrɑn イれクトゥラン] 名詞
C【物理】電子, エレクトロン

electronic [ilèktránik イれクトゥラニック] 形容詞 電子の; 電子工学の
▸an **electronic** dictionary 電子辞書

electronics [ilèktrániks イれクトゥラニックス] (★アクセントに注意) 名詞
U《単数あつかいで》電子工学

elegance [éligəns エりガンス] 名詞
U 優雅(ゆうが), 上品

elegant [éligənt エりガント] 形容詞
上品な, 優雅(ゆうが)な

element [éləmənt エれメント] 名詞
❶ C【化学】元素
❷ C 要素, 成分
❸《**the elements** で》
(学問などの)原理, 基本, 初歩

elementary [èləméntəri エれメンタリ]
形容詞 初歩の; 簡単な

elementary school [èləméntəri skù:l エれメンタリ スクーる] 名詞
C《米》小学校 (♦州によって 6 年制と 8 年制にわかれる; grade school ともいう;《英》primary school)
➡ **primary school** 文化

·elephant [éləfənt エれふァント]

名詞 (複数 **elephants** [éləfənts エれふァンツ]) C **ゾウ**

elevator [éləvèitər エれヴェイタ]
(★アクセントに注意) 名詞
C《米》エレベーター (♦《英》lift)
▸go up [down] in an **elevator** エレベーターで上[下]へ行く
▸Let's take the **elevator**. エレベーターに乗ろう.

⁑eleven [ilévn イれヴン]

── 名詞 (複数 **elevens** [-z])
❶ C《冠詞をつけずに単数あつかいで》**11**;《複数あつかいで》11 人, 11 個;
U 11 歳(さい); 11 時
❷ C 11 人[11 個] 1 組のもの; イレブン (♦サッカーやクリケットなどの選手)
── 形容詞 **11 の**; 11 人の, 11 個の; 11 歳の

⁑eleventh [ilévnθ イれヴンす]

── 名詞 (複数 **elevenths** [-s])
❶ U《**the eleventh** で》**第 11**, 11 番め;
(日付の) 11 日 (♦ 11th と略す)
❷ C 11 分の 1
── 形容詞《**the eleventh** で》**第 11 の**, 11 番めの; 11 分の 1 の
▸on **the eleventh** floor 11 階に

elf [élf エるふ] 名詞 (複数 **elves** [élvz エるヴズ]) C 小妖精(しょうようせい) (♦森や丘(おか)に住み, 人間にいたずらをするといわれる)

eliminate [ilímineit イりミネイト] 動詞
(三単現 **eliminates** [ilíminèits イりミネイツ]; 過去・過分 **eliminated** [-id];
現分 **eliminating**) 他 …を(…から)除く, 削除(さくじょ)する《from ...》

⁑else [éls エるス] 副詞

《**some-**, **any-**, **every-**, **no-** のつく語や **who**, **what** などの疑問詞のあとにつけて》**そのほかに**, ほかに
▸Do you need **anything else**? 何かほかに必要なものはありますか?
▸**Who else** is coming? ほかにはだれが来るのですか?

or élse さもないと
▸Hurry up, **or else** you'll be late for school.
急ぎなさい，さもないと学校に遅刻(ちこく)しますよ．(♦ふつう命令文のあとに用いる)

elsewhere [élshwèər エるス(ホ)ウェア]
副詞 どこかほかのところに[で，へ]

elves [élvz エるヴズ] 名詞
elf(小妖精(しょうようせい))の複数形

'em [əm アム] 代名詞
《口語》them の短縮形
▸Tell'**em**(＝Tell them) where to go.
彼らにどこに行けばいいか教えなさい．

e-mail, email, E-mail
[íːmèil イーメイる] 名詞
U C Eメール，電子メール
(♦ electronic *mail* を短縮した語)
▸send [receive] an **e-mail**
Eメールを送る[受け取る]
▸send a picture by **e-mail**
Eメールで写真を送る
── 動詞 他 …をEメールで送る；…にEメールを送る
▸I **e-mailed** him the picture [the picture to him]. わたしはその写真を彼にEメールで送った．

embarrass [imbǽrəs インバぁラス]
動詞 (三単現 **embarrasses** [-iz]; 過去・過分 **embarrassed** [-t]; 現分 **embarrassing**)
他 (人)にばつの悪い思いをさせる，(人)をまごつかせる(♦しばしば受け身の文で)
▸The news **embarrassed** me.
(＝I **was embarrassed** by the news.)
その知らせにわたしはまごついた．

embassy [émbəsi エンバスィ] 名詞
(複数 **embassies** [-z])
C《しばしば **Embassy** で》大使館
(♦「大使」は ambassador)

embrace [embréis エンブレイス] 動詞
(三単現 **embraces** [-iz]; 過去・過分 **embraced** [-t]; 現分 **embracing**)
他 (人)を抱(だ)きしめる
── 自 抱き合う
── 名詞 C 抱き合うこと

embroidery [embrɔ́idəri エンブロイダリ]
名詞 (複数 **embroideries** [-z])
C U 刺繍(ししゅう)

emerald [émərəld エメラるド] 名詞
❶ C エメラルド
(♦鮮(あざ)やかな緑色の宝石)
❷ U エメラルド色

emergency [imə́ːrdʒənsi イマ～ヂェンスィ] 名詞 (複数 **emergencies** [-z])
C 緊急(きんきゅう)事態，非常の場合
▸an **emergency** number
緊急電話番号(♦アメリカでは911番，イギリスでは999番)
▸in an **emergency** 非常のときには

emigrant [émigrənt エミグラント] 名詞
C (外国への)移民，移住者
(対義語 immigrant(外国からの)移民)

emigrate [émigrèit エミグレイト] 動詞
(三単現 **emigrates** [émigrèits エミグレイツ]; 過去・過分 **emigrated** [-id]; 現分 **emigrating**) 自 (外国へ)移住する《to ...》
(対義語 immigrate(外国から)移住する)

emigration [èmigréiʃn エミグレイシャン]
名詞
U C (外国への)移住; U 移民(全体)
(対義語 immigration(外国からの)移住)

emoji [imóudʒi イモウジ] 名詞 C 絵文字
(♦スマートフォンなどのメッセージで用いられる小さな画像)

emotion [imóuʃn イモウシャン] 名詞
C U (一時的で強い)感情，感動

emotional [imóuʃənl イモウショヌる]
形容詞
❶ (人が)感情的な，情緒(じょうちょ)的な
▸Don't be **emotional**.
感情的になるな．
❷ 感動的な，感情に訴(うった)える
❸ 感情の

emperor [émpərər エンペラ] 名詞
C 皇帝(こうてい)；(日本の)天皇
(対義語 empress 女帝)

emphasis [émfəsis エンふァスィス]
名詞 (複数 **emphases** [émfəsiːz エンふァスィーズ]) C U
(…の)強調，重点《on [upon] ...》；強勢
▸put [place, lay] **emphasis on ...**
…を強調する

emphasize, 《英》emphasise
[émfəsàiz エンふァサイズ] 動詞
(三単現 **emphasizes** [-iz]; 過去・過分 **emphasized** [-d]; 現分 **emphasizing**) 他 …を強調する，力説する；…を強く発音する

empire [émpaiər エンパイア]
(★アクセントに注意) 名詞

a b c d e f g h i j k l m n o p q r s t u v w x y z

C 《しばしば Empire で》帝国(ていこく)

Empire State Building [émpaiər stéit bìldiŋ エンパイア ステイト ビルディング] 名詞
《**the Empire State Building** で》エンパイアステートビル(◆ニューヨーク市にある102階建ての高層ビル; the Empire State はニューヨーク州の愛称(あいしょう))

•**employ** [implɔ́i インプろイ] 動詞
(三単現 **employs** [-z]; 過去・過分 **employed** [-d]; 現分 **employing**)
他 …を(…として)雇(やと)う, 使う《as ...》
▸They **employed** Mr. Smith **as** an engineer. 彼らはスミス氏をエンジニアとして雇った.

employee [implɔ́ii: インプろイイー, emplɔ̀ií: エンプろイイー]
(★アクセントに注意) 名詞
C 雇(やと)われている人, 使用人, 従業員
(対義語 employer 雇い主)

employer [implɔ́iər インプろイア] 名詞
C 雇(やと)い主, 雇用(こよう)者
(対義語 employee 雇われている人)

employment [implɔ́imənt インプろイメント] 名詞
❶ U (人の)雇用(こよう)
❷ C U (給料をもらって行う)仕事, 職

empress [émprəs エンプレス] 名詞
(複数 **empresses** [-iz]) C 女帝(じょてい); 皇后(こうごう)(対義語 emperor 皇帝)

•**empty** [émpti エンプティ]
——形容詞
(比較 **emptier**; 最上 **emptiest**)
空の(対義語 full いっぱいの); 人のいない
▸an **empty** can 空き缶(かん)
——動詞 (三単現 **empties** [-z]; 過去・過分 **emptied** [-d]; 現分 **emptying**)
他 …を空にする

enable [inéibl インエイブる] 動詞 (三単現 **enables** [-z]; 過去・過分 **enabled** [-d]; 現分 **enabling**)
他 …を可能にする; 《**enable** ＋人＋ **to** ＋動詞の原形で》(人)が…できるようにする
▸Computers **enable** us **to** manage data easily.
コンピューターのおかげでわたしたちはデータを簡単に管理することができる.

enclose [inklóuz インクろウズ] 動詞
(三単現 **encloses** [-iz]; 過去・過分 **enclosed** [-d]; 現分 **enclosing**) 他
❶ (土地・建物など)を囲む
❷ (手紙などに)…を同封(どうふう)する
▸I am **enclosing** some pictures with this letter.
この手紙に写真を何枚か同封します.

encore [ɑ́:nkɔ:r アーンコー(ア)]
(◆フランス語から) 名詞
C アンコール; アンコール曲
——間投詞 (演奏会などで)アンコール

encounter [inkáuntər インカウンタ]
動詞 他 …に(偶然(ぐうぜん))出会う, 出くわす; (困難・危険など)に遭遇(そうぐう)する
——名詞 C (…との)(偶然の)出会い, 遭遇《with ...》

encourage [inkə́:ridʒ インカ～リッヂ]
動詞 (三単現 **encourages** [-iz]; 過去・過分 **encouraged** [-d]; 現分 **encouraging**)
他 (人)を勇気づける, 励(はげ)ます(対義語 discourage …をがっかりさせる); …を奨励(しょうれい)する;
《**encourage** ＋人＋ **to** ＋動詞の原形で》(人)を…するように励ます[勧(すす)める]
▸Ms. Baker **encouraged** me **to** take part in the speech contest.
ベーカー先生はわたしにそのスピーチコンテストに参加するよう勧めた.

encouragement [inkə́:ridʒmənt インカ～リヂメント] 名詞
U 激励(げきれい), 奨励(しょうれい), 促進

encouraging [inkə́:ridʒiŋ インカ～リヂング] 形容詞
(人を)勇気づける, 励(はげ)みとなる

encyclopedia, encyclopaedia [insàikləpí:diə インサイクろピーディア] 名詞
C 百科事典(◆「辞典」は dictionary)

•**end** [énd エンド]

名詞	❶ 終わり
	❷ 端(はし), 先
	❸ 目的
動詞	自 終わる
	他 …を終える

—名詞 (複数 **ends** [éndz エンヅ])
❶ C (期間・行為(こうい)などの)**終わり**, 最後; 結末(対義語 beginning 初め)
▸I must finish this task by the **end** of this month.
わたしは今月末までにこの仕事を終えなければならない.
▸Don't give up until the **end**.
終わりまであきらめるな.
▸the **end** of the story
その物語の結末
❷ C **端**, **先**, 先端(せんたん); 突(つ)き当たり
▸Hold both **ends** of the rope.
ロープの両端を持ちなさい.
▸Turn left at the **end** of this street.
この道の突き当たりで左に曲がりなさい.
❸ C《ときに **ends** で》**目的**
▸achieve *one's* **ends** 目的を達成する
❹ C (いらなくなった)端, くず
come to an énd 終わる
from beginning to énd
初めから終わりまで, 終始
in the énd ついに, 結局
put an énd to ... (物事)を終わらせる
—動詞 (三単現 **ends** [éndz エンヅ]; 過去・過分 **ended** [-id]; 現分 **ending**)
—自 **終わる**(対義語 begin 始まる)
▸The game **ended** at nine.
その試合は9時に終わった.
énd in ... (結局)…に終わる
▸The plan **ended in** failure.
その計画は失敗に終わった.
—他 **…を終える**; …を中止する
▸Let's **end** this useless discussion.
こんなむだな議論はやめましょう.

endanger [indéindʒər インデインヂャ] 動詞 他 …を危険にさらす, 危(あや)うくする

endangered [indéindʒərd インデインヂャド] 形容詞 (動植物が)絶滅(ぜつめつ)の危機にさらされている
▸an **endangered** species
絶滅危惧(きぐ)種

endeavor, 《英》**endeavour**
[indévər インデヴァ] 動詞
自 (…しようと)努力する, 試みる
《to +動詞の原形》(◆ try よりかたい語)
—名詞 U C 努力, 試み
(◆ effort よりかたい語)

ending [éndiŋ エンディング] 名詞
C (映画・物語などの)終わり, 結末
▸a movie [story] with a happy **ending**
ハッピーエンドの映画[物語]
(◆× happy end とはいわない)

endless [éndləs エンドレス] 形容詞
終わりのない, 果てしない

endurance [indjú(ə)rəns インデュ(ア)ランス] 名詞 U 忍耐(にんたい)(力), 我慢(がまん)

endure [indjúər インデュア] 動詞
(三単現 **endures** [-z]; 過去・過分 **endured** [-d]; 現分 **enduring**)
他 (苦痛など)に耐(た)える, 我慢(がまん)する
—自 (もの・名声などが)もちこたえる, 持続する

·enemy [énəmi エネミ] 名詞
(複数 **enemies** [-z])
C 敵;《**the enemy** で》敵軍(全体), 敵国
▸a natural **enemy** 天敵

energetic [ènərdʒétik エナヂェティック] 形容詞 精力的な, エネルギッシュな, 活発な(◆「エネルギッシュ」という英語はない)

·energy [énərdʒi エナヂィ]
(★発音に注意) 名詞
(複数 **energies** [-z])
❶ U **精力**, 活気; U《または **energies** で》活動力, 行動力
▸Ann is always full of **energy**.
アンはいつも元気いっぱいだ.
❷ U【物理】エネルギー
▸Recycling saves **energy**.
リサイクルはエネルギーの節約になる.

engage [ingéidʒ インゲイヂ] 動詞
(三単現 **engages** [-iz]; 過去・過分 **engaged** [-d]; 現分 **engaging**) 他
❶ (人)を(…に)従事させる, 没頭(ぼっとう)させる《in ...》;《**be engaged in ...** で》…に従事している, 没頭している
▸Tom **is engaged in** preparing for the school festival.
トムは文化祭の準備に忙(いそが)しい.
❷《**be engaged to ...** で》
…と婚約(こんやく)している
▸Liz **is engaged to** Bob.
リズはボブと婚約している.
—自 (…に)従事する《in ...》

engagement [ingéidʒmənt インゲイヂメント] 名詞 C 婚約(こんやく); 約束
▸an **engagement** ring
婚約指輪, エンゲージリング
(◆「エンゲージリング」は和製英語)

A B C D **E** F G H I J K L M N O P Q R S T U V W X Y Z

engine [éndʒin エンヂン] 名詞
❶ C エンジン, 機関
❷ C 機関車(同義語 locomotive)
❸ C 消防車(同義語 fire engine)

˙engineer [èndʒəníər エンヂニア] (★アクセントに注意) 名詞
(複数 **engineers** [-z])
❶ C **技師**, 技術者, エンジニア
▸a mechanical **engineer** 機械技師
❷ C (船などの)機関士;《米》(列車の)機関士, 運転士(♦《英》engine driver)

engineering [èndʒəníəriŋ エンヂニアリング] 名詞 U 工学, エンジニアリング

⁑England [íŋglənd イングらンド]
名詞 **イングランド**(♦イギリスのグレートブリテン島からスコットランドとウェールズを除いた部分; Eng. と略す)

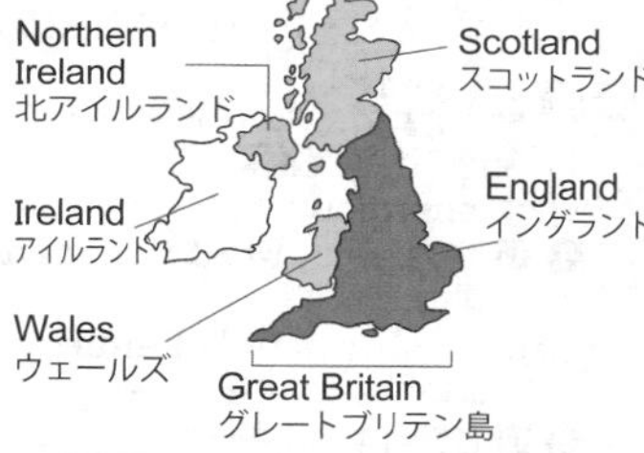

参考 England はイギリスではない!?
イギリスという国は, グレートブリテン島のイングランド(England), スコットランド(Scotland), ウェールズ(Wales)に北アイルランド(Northern Ireland)を加えた4つの地域で構成されています. England はイギリスの一つの地方を指すのであり, 国全体を指すのではありません. イギリスの正式名は the United Kingdom of Great Britain and Northern Ireland「グレートブリテンおよび北アイルランド連合王国」で, the United Kingdom または the UK と略します.

⁑English [íŋgliʃ イングりッシ]
—形容詞 ❶ **英語の**; 英語で書かれた
▸an **English** dictionary 英語の辞書
❷ **イングランドの**; イングランド人の
➡ **Japanese** 参考
▸**English** folk songs
イングランド民謡(みんよう)
▸I am **English**, and my wife is Scottish.
わたしはイングランド人で, 妻はスコットランド人です.
—名詞 ❶ U **英語**(♦ Eng. と略す)
▸American **English** アメリカ英語
▸British **English** イギリス英語
▸Do you speak **English**?
あなたは英語を話しますか?

参考 「国際語」としての英語
英語は, アメリカ・イギリス・カナダ・オーストラリアなど多くの国々の公用語(official language)です. しかし, 英語にはそれとは別に「国際語」としての側面もあります. 話すことばが異なる人々が出会ったとき, たがいに自国のことばを話していては言いたいことが相手に伝わりません. そこで, どうしても共通のことばが必要になります. 英語はこのような場合に用いられる「国際語」として, 広く世界じゅうで使われています.

❷《**the English** で複数あつかい》
イングランド人(全体)

English breakfast [íŋgliʃ brékfəst イングりッシ ブレックふァスト] 名詞 C U
イギリス式朝食(♦紅茶・シリアル・ベーコンエッグ・トーストなどから成る)
➡ **continental**

Englishman [íŋgliʃmən イングりッシマン] 名詞 (複数 **Englishmen** [íŋgliʃmən イングりッシマン])
C (男性の)イングランド人

English-speaking [íŋgliʃspìːkiŋ イングりッシスピーキング] 形容詞
英語を話す, 英語圏(けん)の
▸**English-speaking** countries
英語圏の国々

:enjoy [indʒɔ́i インヂョイ] 動詞
(三単現 **enjoys** [-z]; 過去・過分 **enjoyed** [-d]; 現分 **enjoying**) 他
❶ **…を楽しむ**;
《**enjoy** ＋ **...ing** で》…して楽しむ
(◆ enjoy の目的語に to 不定詞(to ＋動詞の原形)はこない)
▸Did you **enjoy** the party?
パーティーは楽しかったですか?
▸We **enjoyed playing** games.
わたしたちはゲームをして楽しんだ.
❷ (よいもの)に恵(めぐ)まれている
▸I **enjoy** good health.
わたしは健康に恵まれている.
enjóy oneself 楽しい時を過ごす
▸I **enjoyed myself** (by) watching TV last night.
昨夜はテレビを見て楽しく過ごした.

enjoyable [indʒɔ́iəbl インヂョイアブる]
形容詞 (物事が)楽しい, 愉快(ゆかい)な

enjoyment [indʒɔ́imənt インヂョイメント] 名詞 U 楽しむこと, 喜び; C 楽しみ[喜び]をあたえるもの, 趣味(しゅみ)

enlarge [inlɑ́ːrdʒ インらーヂ] 動詞
(三単現 **enlarges** [-iz]; 過去・過分 **enlarged** [-d]; 現分 **enlarging**)
他 …を大きくする;(写真)を引き伸(の)ばす
——自 大きくなる, 広がる

enormous [inɔ́ːrməs イノーマス]
形容詞 とても大きな, 巨大(きょだい)な; ばく大な
▸an **enormous** fish 巨大な魚

:enough [inʌ́f イナふ] (★発音に注意)
——形容詞 (…にとって) **十分な**, 必要なだけの《for ...》;《**enough** ＋**名詞**＋(**for** ＋**人**＋)**to** ＋**動詞の原形**で》
(人が)…するのに十分な〜
▸We don't have **enough** doughnuts **for** everyone.
みんなに行き渡(わた)るだけのドーナツがありません.
▸Do you have **enough** time **to** read this book?
あなたにはこの本を読むのに十分な時間がありますか?
——副詞《形容詞・副詞のあとに用いて》
十分に;《**enough** (**for** ＋**人**＋)**to** ＋**動詞の原形**で》
(人が)…するのに十分なだけ
▸This table is large **enough for** eight people **to** sit around.
このテーブルは 8 名が囲んですわるのに十分な大きさだ.
▸She spoke English slowly **enough for** me **to** understand.
彼女はわたしにもわかるくらいゆっくりと英語を話してくれた.
——代名詞 十分な量[数];《**enough to** ＋**動詞の原形**で》…するのに十分な量[数]

> ダイアログ
> *A:* Will you have some more cake?
> もう少しケーキをいかがですか?
> *B:* Thank you, but I've had **enough**.
> ありがとう, でも十分いただきました.

▸I didn't have **enough to** pay for the bus ride.
わたしはバスの運賃を払(はら)うだけのお金を持っていなかった.

·enter [éntər エンタ] 動詞
(三単現 **enters** [-z]; 過去・過分 **entered** [-d]; 現分 **entering**)
——他 ❶ (場所)**に入る**
▸Don't **enter** the room.
その部屋には入るな.
(◆ to や into はつかない)
❷ **…に入学する**, 入会する, 参加する
▸All of them **entered** the school.
彼らは全員その学校に入学した.
❸ …を記入する, 記録する;
(データなど) を入力する
▸Please **enter** your password.
パスワードを入力してください.
——自 **入る**, 入っていく[くる];
(競技などに)参加する, 申しこむ

> ダイアログ
> *A:* May I **enter**? 入っていいですか?
> *B:* Sure. もちろん.

énter into ... (…と)(仕事・話し合いなど)を始める《with ...》
▸**enter into** a discussion
話し合いを始める

enterprise [éntərpràiz エンタプライズ]
名詞 ❶ C 企業(きぎょう), 会社
❷ C 企(くわだ)て, 事業; 冒険(ぼうけん)
❸ U チャレンジ精神

entertain [èntərtéin エンタテイン] 動詞
他 (人)を楽しませる (同義語 amuse);
(人)をもてなす, (人)にごちそうする

entertainer [èntərtéinər エンタテイナ]
名詞 C エンターテイナー, 芸人, 芸能人

entertainment [èntərtéinmənt エンタテインメント] 名詞
❶ U C 娯楽(ごらく), 楽しみ; 余興, 演芸
❷ U 歓待(かんたい), もてなし

enthusiasm [inθúːziæ̀zm インすーズィあズム] 名詞
U 熱中; C 熱中しているもの

enthusiastic [inθùːziǽstik インすーズィあスティック] 形容詞
(…に)熱狂的な, 熱心な《about ...》

entire [intáiər インタイア] 形容詞
❶《名詞の前に用いて》全体の
▸the **entire** building 建物全体
❷《名詞の前に用いて》完全な

entirely [intáiərli インタイアり] 副詞
全く, すっかり

ˈentrance

[éntrəns エントゥランス] 名詞 (複数 **entrances** [-iz])
❶ C (…への) **入り口**, 玄関(げんかん), 戸口《to ...》(対義語 exit 出口)
▸Let's meet at the **entrance to** the theater. 劇場の入り口で会おう.
❷ C (…に) **入ること**, (…への) 入場, 入会; 入学《to [into] ...》
▸an **entrance** examination 入学試験
▸No **Entrance** 《掲示》入場禁止
❸ U 入場料, 入学[入会]金; 入る権利 (同義語 admission)
▸**Entrance** Free 《掲示》入場無料

entry [éntri エントゥリ] 名詞
(複数 **entries** [-z])
❶ C U 入ること; 入る権利
▸No **Entry** 《掲示》進入[立入]禁止
❷ C U 参加, 加入
❸ C 《米》入り口
❹ C 記載事項(きさいじこう); U (コンピューターなどによる)データ入力
❺ C (競技などの)参加者

envelope [énvəlòup エンヴェろウプ]
名詞 C 封筒(ふうとう); 包み

envious [énviəs エンヴィアス] 形容詞
(…を)うらやましがる《of ...》; しっと深い

ˈenvironment

[inváirənmənt インヴァイロンメント] 名詞
U C **環境**(かんきょう), 周囲
▸a home **environment** 家庭環境

> **参考 環境問題の用語**
>
> | | |
> |---|---|
> | **air pollution** | 大気汚染(おせん) |
> | **water pollution** | 水質汚染 |
> | **noise pollution** | 騒音(そうおん)公害 |
> | **acid rain** | 酸性雨 |
> | **desertification** [dizə̀ːrtəfikéiʃn ディザ~ティふィケイシャン] | 砂漠(さばく)化 |
> | **global warming** | 地球温暖化 |
> | **greenhouse effect** | 温室効果 |
> | **soil pollution** | 土壌(どじょう)汚染 |
> | **deforestation** [diːfɔ̀(ː)ristéiʃn ディーふォ(ー)レステイシャン] | 森林伐採(ばっさい) |
>
> **natural [renewable] energy** [rinjúːəbl リニューアブる]
> 自然[再生可能な]エネルギー

environmental [invàirənméntl インヴァイロンメントゥる] 形容詞
環境(かんきょう)の, 環境による
▸**environmental** problems 環境問題

envy [énvi エンヴィ] 名詞
U (…に対する)うらやみ, ねたみ《at [of] ...》; 《**the envy** で》あこがれの的
——動詞 (三単現 **envies** [-z]; 過去・過分 **envied** [-d]; 現分 **envying**)
他 (人・もの)をうらやむ, ねたむ

e-pal [íːpæl イーパぁる] 名詞 C メール友達

episode [épisòud エピソウド] 名詞
C エピソード, 挿話(そうわ), 逸話(いつわ); (連続小説・連続ドラマなどの)1回分

ːequal

[íːkwəl イークウォる] 形容詞
(比較 **more equal**; 最上 **most equal**)
(数量・大きさ・価値などが)(…に)**等しい**, 平等の《to [with] ...》
▸All people are **equal**. 人はみな平等である.
▸One mile is almost **equal to** 1.6 kilometers. 1マイルはおよそ1.6キロメートルに等しい.
——名詞 C
(…の点で)同等[対等]の人[もの]《in ...》; (…に)匹敵(ひってき)する人[もの]《of ...》
——動詞 他 …に等しい; …に匹敵する
▸Two times four **equals** eight. 4の2倍は8(に等しい)(4 × 2 = 8).

equality [ikwɑ́ləti イクワりティ] 名詞
U 等しいこと, 対等, 平等

equally [íːkwəli イークウォり] 副詞

等しく，同様に；平等に，均一に

equator [ikwéitər イクウェイタ] 名詞 《**the equator** で》赤道

equinox [íːkwinɑ̀ks イークウィナックス] 名詞 (複数 **equinoxes** [-iz]) C 春分，秋分，昼夜平分時
▸the autumnal [ɔːtʌ́mnl オータムヌる] **equinox** 秋分(点)
▸the vernal [və́ːrnl ヴァ～ヌる] [spring] **equinox** 春分(点)

equip [ikwíp イクウィップ] 動詞 (三単現 **equips** [-s]；過去・過分 **equipped** [-t]；現分 **equipping**) 他 (必要なものを)…に備えつける，授(さず)ける《with ...》；(…に備えて)…に力をつけさせる《for ...》

equipment [ikwípmənt イクウィップメント] 名詞 U 用品，装備，設備

ER 名詞 C 《米》緊急治療(きんきゅうちりょう)室 (♦ emergency room の略)

er [ə́ːr ア～] 間投詞 えー，あー，あのー (♦ためらったり，ことばにつかえたときなどに用いる)

-er 接尾辞 動詞について「…をする人[もの]」という意味の名詞をつくる：teach(教える)＋-er → teacher(先生)； erase(消す)＋-er → eraser(消しゴム)

era [írə イラ] 名詞 C《しばしば **the era** で》時代，年代
▸the Meiji **era** 明治時代

erase [iréis イレイス] 動詞 (三単現 **erases** [-iz]；過去・過分 **erased** [-t]；現分 **erasing**) 他 (文字・データなど)を消す，消去する，削除(さくじょ)する

eraser [iréisər イレイサ] 名詞 C《主に米》消しゴム(♦《英》rubber)；黒板消し(＝blackboard eraser)

erect [irékt イレクト] 形容詞 まっすぐな，直立した

errand [érənd エランド] 名詞 C 使い，使い走り；(使いの)用向き，用事
run an érrand* = *go on an érrand 使い走りをする

error [érər エラ] 名詞 C 誤り，まちがい (♦ mistake よりかたい語)；【野球】エラー
▸I made an **error** on the exam. わたしはその試験で１つまちがえた.

erupt [irʌ́pt イラプト] 動詞 自 ❶ (火山が)噴火(ふんか)する ❷ (紛争(ふんそう)などが)勃発(ぼっぱつ)する

escalator [éskəlèitər エスカれイタ] (★アクセントに注意) 名詞 C エスカレーター
▸take an **escalator** エスカレーターに乗る

escape [iskéip イスケイプ] 動詞 (三単現 **escapes** [-s]；過去・過分 **escaped** [-t]；現分 **escaping**)
自 ❶ (…から) 逃(に)げる，脱出(だっしゅつ)する《from [out of] ...》
▸The bird **escaped from [out of]** its cage. その鳥はかごから逃げた.
❷ (ガス・水などが) 漏(も)れる；(ことば・ため息などが)漏れる
——他 (危険・災難(さいなん)など) から逃(のが)れる；…を免(まぬか)れる
——名詞 C U (…からの)逃亡(とうぼう)，脱出《from [out of] ...》

escort (★名詞・動詞のアクセントのちがいに注意) 名詞 [éskɔːrt エスコート] C 護衛者；つき添(そ)いの男性
——動詞 [iskɔ́ːrt エスコート] 他 …を護衛する；(女性)につき添う，エスコートする

Eskimo [éskimòu エスキモウ] 名詞 (複数 **Eskimos** [-z] または **Eskimo**) C エスキモー人(♦ Eskimo は差別的な呼び名なので，Inuit「イヌイット」を使うことが多い)；U エスキモー語

˙especially [ispéʃəli イスペシャり] 副詞 特に，とりわけ(同義語 particularly)
▸I like ice cream, **especially** chocolate. わたしはアイスクリームが好きだ，特にチョコレート味が.

essay [ései エセイ] 名詞 C 随筆(ずいひつ)，評論，エッセー；(学校の)作文

essayist [éseiist エセイイスト] 名詞 C 随筆(ずいひつ)家，エッセイスト；評論家

essence [ésns エセンス] 名詞 U 本質，根本；U C (植物などから抽出(ちゅうしゅつ)した)エキス，エッセンス

essential [isénʃl イセンシャる] 形容詞 本質的な；(…にとって)なくてはならない，絶対必要な《to [for] ...》
▸Water is **essential to** life. 水は生命にとってなくてはならないものだ.

essentially [isénʃəli イセンシャり] 副詞 本質的には，基本的に

establish [istǽbliʃ イスタぁブリッシ] 動詞 (三単現 **establishes** [-iz]；過去・過分

established [-t]; 現分 establishing)
他 (学校・会社など)を設立する, 創立する; (慣習・名声など)を確立する
▸Our school was **established** in 1943. 当校は1943年に創立された.

establishment [istǽbliʃmənt イスタぁブリッシメント] 名詞
❶ U (学校などの)設立, 創立; (規則などの)制定
❷ C 公共施設(しせつ); 企業(きぎょう)
❸《**the Establishment** で》支配階級

estate [istéit イステイト] 名詞
❶ C 地所, 所有地(♦ふつういなかの広大な土地を指す); 屋敷(やしき)
❷ U 財産(同義語 property); 遺産
▸real **estate** 不動産

estimate [éstəmèit エスティメイト] 動詞
(三単現 **estimates** [éstəmèits エスティメイツ]; 過去・過分 **estimated** [-id]; 現分 **estimating**) 他
❶ (費用・損害など)を(…と)見積もる《at [to be] ...》
❷ (人物・能力など)を評価する

etc. [etsétərə エトセトラ] …など(♦ラテン語 *et cetera* の略; 同義語 and so forth [on])
▸At the zoo, I saw lions, giraffes, monkeys, **etc.**
動物園で, わたしはライオン, キリン, サルなどを見た.

> ルール **etc. の使い方**
> **1** 2つ以上のものを列記したあと, コンマをつけて用います.
> **2** しばしば and so forth [ən sóu fɔːrθ アン ソウ フォーす] や, and so on [ən sóu ɑn アン ソウ アン] と読みます.

eternal [itə́ːrnl イタ～ヌる] 形容詞
永遠の, 永久の

Ethiopia [ìːθióupiə イーすィオウピア]
名詞 エチオピア
(♦アフリカ大陸北東部の国; 首都はアディスアベバ Addis Ababa)

ethnic [éθnik エすニック] 形容詞
民族の, 人種の; 民族特有の
▸**ethnic** groups (少数)民族

etiquette [étikit エティケット] 名詞
U 礼儀(れいぎ)(作法), エチケット
(同義語 manners)

EU [íːjúː イーユー] ヨーロッパ連合
(♦ *E*uropean *U*nion の略)

Euan Craig [júː(ː)ən kréig ユ(ー)アン クレイグ] 【人名】ユアン・クレイグ
(♦ 1964-; オーストラリア人の陶芸家)

eucalyptus [jùːkəlíptəs ユーカリプタス]
名詞 (複数 **eucalyptuses** [-iz] または **eucalypti** [jùːkəlíptai ユーカリプタイ])
C U 【植物】ユーカリ(の木)
(♦オーストラリア原産の常緑の樹木(じゅもく))

euro, Euro [júərou ユ(ア)ロウ] 名詞
(複数 **euros** [-z]) C ユーロ
(♦ EUの貨幣(かへい)単位; 記号は€)

Europe [júərəp ユ(ア)ラプ] (★発音に注意) 名詞 ヨーロッパ(♦ Eur. と略す; イギリスでは, 自国を除いたヨーロッパ大陸の意味で使われることが多い)

European [jùərəpíːən ユ(ア)ラピーアン]
(★アクセントに注意) 形容詞
ヨーロッパの; ヨーロッパ人の
——名詞 C ヨーロッパ人;
《**the Europeans** で》ヨーロッパ人(全体)

European Union [júərəpìːən júːnjən ユ(ア)ラピーアン ユーニョン] 名詞
《**the European Union** で》欧州(おうしゅう)[ヨーロッパ]連合(♦ 1993年のマーストリヒト条約によりヨーロッパ共同体を発展させて成立した国家共同体; EUと略す)

evacuation [ivæ̀kjuéiʃn イヴぁキュエイシャン] 名詞
U C 避難(ひなん); 撤退(てったい), 立ち退き
▸an **evacuation** drill 避難訓練

evaluate [ivǽljuèit イヴぁりュエイト] 動詞
(三単現 **evaluates** [ivǽljuèits イヴぁりュエイツ]; 過去・過分 **evaluated** [-id]; 現分 **evaluating**)
他 …を評価する

Eve [íːv イーヴ] 名詞 【聖書】イブ(♦神が造った最初の女性; アダム(Adam)の妻)
➡ apple 文化

eve [íːv イーヴ] 名詞 C《ふつう **Eve** で》(祝日・祭日の)前夜, 前日, イブ
▸Christmas **Eve** クリスマスイブ
▸New Year's **Eve** 大みそか

:even [íːvn イーヴン]
——副詞 ❶《ふつう強調する語句の直前に置いて》…**でさえ**, …でも
▸It is very cold at the top of the mountain, **even** in summer.
その山の頂上は夏でさえとても寒い.
▸**Even** a child can do that.
そんなことは子供だってできる.

❷《比較級を強調して》**さらに**，いっそう（同義語 still）
▸She studied **even harder** than before. 彼女は前よりもさらに一生懸命(けんめい)勉強した.

even if ... たとえ…だとしても
▸I want to be a singer, **even if** my parents are against it.
たとえ両親が反対しても，わたしは歌手になりたい.

even só 《口語》たとえそうでも
▸Jim was very tired, but **even so** he finished his homework.
ジムはとても疲(つか)れていたが，それでも宿題を終わらせた.

even though ... …ではあるが；たとえ…だとしても（= even if ...）
▸**Even though** Emma is a child, she knows a lot about movies.
エマは子供だが，映画のことに詳(くわ)しい.

——形容詞
（比較 **more even** または **evener**；最上 **most even** または **evenest**）
❶ **平らな**（同義語 flat），滑(なめ)らかな（同義語 smooth）；同じ高さの，水平な
▸**even** ground 平らな地面
❷（数が）偶数(ぐうすう)の（対義語 odd 奇数(きすう)の）
▸an **even** number 偶数
❸（数量が）等しい；（…と）対等な《with ...》
▸We were **even** in the game.
わたしたちはその試合で同点だった.

⁑evening [íːvniŋ イーヴニング]

名詞（複数 **evenings** [-z]）
C U **夕方**，晩（♦ふつう日没(にちぼつ)から寝(ね)る時刻までを指す）
➡ **day** 図，**afternoon** ルール
▸late in the **evening** 夕方遅(おそ)く
▸It's nine in the **evening**.
午後9時です.
▸on Sunday **evening**
日曜の晩に（♦「特定の日の晩に」という場合，前置詞は on を用いる）
▸The accident happened on the **evening** of May 4.
その事故は5月4日の夕方に起こった.（♦4は (the) fourth と読む）
▸I'm busy this **evening**, but I'll be free tomorrow **evening**.
わたしは今晩は忙(いそが)しいのですが，明日の晩なら暇(ひま)です.

Good évening. こんばんは.（♦夕方や夜に人と別れるときに goodbye の代わりに使うこともある）

evening dress [íːvniŋ drès イーヴニング ドゥレス] 名詞 U 夜会服(全体)（♦男・女の礼服）；C イブニングドレス

evening paper [íːvniŋ péipər イーヴニング ペイパ] 名詞 C 夕刊

·event [ivént イヴェント] 名詞

（複数 **events** [ivénts イヴェンツ]）
❶ C（重要な）**出来事**，事件；行事
▸We have a lot of school **events** in the fall.
秋にはたくさんの学校行事がある.
❷ C（競技の）種目，1試合
▸The marathon is my favorite **event**.
マラソンは大好きな種目だ.

eventually [ivéntʃuəli イヴェンチュアリ] 副詞 最後には，ようやく（同義語 finally）

⁑ever [évər エヴァ] 副詞

❶《疑問文・否定文・最上級の文で》**今まで**，かつて；どんなときでも（♦訳さないほうが自然な日本語になることも多い）

> **ダイアログ**
> *A:* Have you **ever** been to Hokkaido?
> （今までに）北海道に行ったことがありますか？
> *B:* Yes, I've been there twice. / No, I haven't.
> ええ，2度行ったことがあります. / いいえ，行ったことがありません.

▸This is **the most interesting** movie that I've **ever** seen.
これは今まで見た中で最もおもしろい映画だ.
❷《if 節で》**いつか**
▸**If** you **ever** come to Japan, please visit me.
もしいつか日本に来ることがあったら，わたしを訪ねてください.
❸《疑問詞を強調して》**いったい**
▸**Why ever** did you come home so late?
いったいどうしてこんなに帰りが遅(おそ)かったの？

❹ いつも，常に
as ... as éver 相変わらず…
▸Ms. Brown is **as** busy **as ever**.
ブラウンさんは相変わらず忙(いそが)しくしている.
ever áfter その後ずっと
▸They lived happily **ever after**.
彼らはその後ずっと幸せに暮らしました.(♦童話などの結びによく使われる)
éver so
《口語》たいへん，非常に(同義語 very)
▸Thank you **ever so** much.
ほんとうにありがとうございます.
for éver (***and éver***) 永遠に(♦《米》ではふつう forever と1語でつづる)

Everest [évərist エヴェレスト] 名詞
《**Mount** [**Mt.**] **Everest** で》エベレスト山，チョモランマ(♦ヒマラヤ山脈にある世界の最高峰(ほう); 8848 メートル)

evergreen [évərgriːn エヴァグリーン]
名詞 C 常緑樹

:every [évri エヴリ] 形容詞
❶《名詞の単数形または代名詞 one の前に用いて》**どの…もみな**，あらゆる
▸**Every** student in this class wants to study abroad.
このクラスの生徒はみな留学したがっている.
▸I like **every** kind of movie.
わたしはどんな種類の映画も好きだ.
▸**Every one** of them was kind to me.
彼らはみなわたしに親切にしてくれた.(♦「of＋複数(代)名詞」が続くときは everyone ではなく every one と2語になる)

ルール every の使い方

1「every＋単数名詞」は単数形の代名詞で受けるのが原則ですが，名詞が「人」で性別が特定できない場合は複数形の代名詞で受けることもあります.
▸**Every** guest brought their favorite DVD.
どの客も自分のいちばん好きな DVD を持ってきた.(♦ his or her のほうがかたい言い方)
2 everybody, everyone, any, anybody, anyone, each などについても **1** と同様です.

くらべよう all, every, each

all: 全体を一つのまとまりと考え，「すべての」という意味を表します. 名詞の複数形とともに使います.
every: 個々のものを意識しながら全体を表し，「一つひとつどれもみな」という意味を表します. 名詞の単数形とともに使います.
each: 個々のものに重点を置いて「一つひとつそれぞれ」という意味を表します. 名詞の単数形とともに使います.
▸**All** the students are in the gym.
生徒たちはみな体育館にいる.
▸**Every** student has to take the test.
どの生徒もみなその試験を受けなければならない.
▸**Each** student has a dictionary.
生徒はそれぞれ辞書を持っている.

❷《否定文で部分否定を表して》
すべての…が～であるわけでは(ない)
▸I **don't** know **every** country's name. わたしはすべての国の名前を知っているわけではない.
▸**Not every** boy likes soccer.
どの少年もサッカーが好きだとはかぎらない.
❸ **毎…**，…ごとに
▸My father gets up early **every** morning. 父は毎朝早く起きる.
(♦ every と in, on はともに用いない)
▸I watch the TV program **every** Sunday evening. わたしは毎週日曜日の夕方にそのテレビ番組を見る.
▸Take this medicine **every** four hours. この薬を4時間ごとに飲みなさい.(♦この場合，hours と複数形になることに注意)
♦***évery dáy*** 毎日 ➡ **day**

every nów and thén ときどき
every óther day 1日おきに
évery tíme ① …するときはいつも
▸**Every time** I hear that song, I remember her. その歌を聞くたびにわたしは彼女を思い出す.
② その都度, 毎回
▸I called Alice three times, but **every time** she was out.
アリスに3回電話したが, 毎回外出していた.

ˈeverybody [évribàdi エヴリバディ] 代名詞《単数あつかいで》
❶ **だれでも, みんな**
(♦意味・用法は everyone と同じだが, より口語的) ➡ **every** ルール
▸**Everybody** knows her name.
だれもが彼女の名前を知っている.
▸Good morning, **everybody**.
みなさん, おはよう.
❷《否定文で部分否定を表して》
だれもが…とは(かぎらない)
▸**Not everybody** likes video games. だれもがテレビゲームを好きだとはかぎらない.

everyday [évridèi エヴリデイ] 形容詞
《名詞の前に用いて》
毎日の, 日常の; ありふれた
(♦ every day「毎日」とのちがいに注意)
▸**everyday** clothes ふだん着
▸**everyday** life 日常生活

⁑everyone [évriwʌ̀n エヴリワン] 代名詞
❶ **だれでも, みんな**(♦意味・用法は everybody と同じだが, よりかたい語; every one とつづることもある)
➡ **every** ルール
▸**Everyone** has his or her own textbook.
だれもが自分の教科書を持っている.
❷《否定文で部分否定を表して》
だれもが…とは(かぎらない)
▸**Not everyone** likes dogs.
だれもがイヌを好きだとはかぎらない.

⁑everything [évriθìŋ エヴリすィング] 代名詞《単数あつかいで》
❶ **何でも,** すべてのもの[こと]
▸**Everything** in this store is 100 yen. この店の品物はすべて100円だ.
▸Thank you for **everything**.
いろいろどうもありがとう.
▸Babies show great interest in **everything** new.
赤ちゃんは新しいものには何でも興味を示す.(♦ everything を修飾(しゅうしょく)する形容詞はあとに置く)
❷《否定文で部分否定を表して》
すべてが…というわけでは(ない)
▸I do**n't** know **everything** about the plan. わたしはその計画についてすべてを知っているわけではない.
❸ 最も大切なもの
▸Money is **everything** to him.
彼にはお金がすべてだ.
How's éverything? 調子はどう?

everywhere [évrihwèər エヴリ(ホ)ウェア] 副詞 どこでも, いたるところに[で]
▸You can find convenience stores almost **everywhere** in Japan.
日本では, ほぼどこにでもコンビニエンスストアがある.
▸You can**not** find these sneakers **everywhere**.
このスニーカーはどこにでもあるわけではない.(♦否定文では部分否定を表す)

evidence [évidəns エヴィデンス] 名詞
U (…の)証拠(しょうこ)《of [for] ...》

evident [évidənt エヴィデント] 形容詞
明らかな, 明白な(同義語 obvious)

evil [íːvl イーヴる] 形容詞 邪悪(じゃあく)な, (道徳的に)悪い; 有害な; 不吉(ふきつ)な; 不快な
—— 名詞 U 悪; C 害悪(対義語 good 善)

evolution [èvəlúːʃn エヴォるーシャン]
名詞 U 進化; (ゆるやかな)発展, 発達

ex. 例(♦ *ex*ample の略)

⁑exact [igzǽkt イグザぁクト] 形容詞
(比較 **more exact**; 最上 **most exact**)
正確な(同義語 correct); 厳密な
▸What is the **exact** number of guests?
お客さまは正確には何名様ですか?

⁑exactly [igzǽktli イグザぁクトり]
副詞 (比較 **more exactly**; 最上 **most exactly**)
❶ **正確に**; ちょうど(同義語 just)
▸Tell me **exactly** what happened.
起きたことを正確に話してください.

A B C D E F G H I J K L M N O P Q R S T U V W X Y Z

❷ (返事で)**全くそのとおり**
(♦ yes の代わりに用いる)

> ダイアログ
> *A:* So you think I should see the movie. その映画を見たほうがよいということだね.
> *B:* **Exactly**. そのとおり.

exaggerate [igzǽdʒərèit イグザぁヂャレイト] 動詞 (三単現 **exaggerates** [igzǽdʒərèits イグザぁヂャレイツ]; 過去・過分 **exaggerated** [-id]; 現分 **exaggerating**)
他 …を大げさに言う[考える], 誇張(こちょう)する
▸**exaggerate** the facts
事実を誇張する
── 自 大げさに言う[考える]

exam [igzǽm イグザぁム] 名詞
C 試験(♦ *exam*ination を短縮した語)

examination [igzæ̀minéiʃn イグザぁミネイシャン] 名詞
❶ C 試験, テスト
(♦《口語》ではふつう exam と短縮する)
▸an entrance **examination**
入学試験
▸midterm [final] **examinations**
中間[期末]試験
▸take an English **examination**
英語の試験を受ける
❷ C U 調査, 検査; C 診察(しんさつ)
▸a medical **examination** 健康診断

examine [igzǽmin イグザぁミン] 動詞
(三単現 **examines** [-z]; 過去・過分 **examined** [-d]; 現分 **examining**) 他
…を調査[検査]する; (人)に試験をする; …を診察(しんさつ)する; (人)を尋問(じんもん)する
▸**examine** the cause of the accident その事故の原因を調べる

⁑example
[igzǽmpl イグザぁンプる] 名詞
(複数 **examples** [-z])
❶ C (…の)**例**, 実例, 見本《of …》
(♦ ex. と略す)
▸Could you give me an **example**?
例を1つ挙げていただけませんか?
❷ C (…にとっての) **模範**(もはん), 手本《to [for] …》(同義語 model)
▸Be [Set] a good **example** to [for] your sister.
妹のよいお手本になりなさい.
▸Follow his **example**.
彼を手本にしなさい.

♦***for exámple*** 例えば
(同義語 for instance)

⁑excellent
[éksələnt エクセれント] 形容詞 (♦比較変化なし)
❶ (…に)**すぐれた**《in [at] …》; (成績が)優の
▸She is **excellent at** English.
彼女は英語がとてもよくできる.
❷ (返事で)(たいへん)結構です, いいね

•except
[iksépt イクセプト] 前置詞
…**を除いて**, …以外は(同義語 but)
▸Everyone **except** Fred is here.
フレッドを除いて全員出席している.
▸every day **except** Mondays
月曜日を除く毎日

excépt for …
…を除いては, …がなければ
▸**Except for** the weather, it was a wonderful holiday.
天気を除けば, すばらしい休日だった.

exception [iksépʃn イクセプシャン]
名詞 C 例外
without excéption 例外なく

excess [iksés イクセス] 名詞
U《または **an excess** で》超過(ちょうか), 超過量[額]; U 過度

•exchange
[ikstʃéindʒ イクスチェインヂ]
── 動詞 (三単現 **exchanges** [-iz]; 過去・過分 **exchanged** [-d]; 現分 **exchanging**)
他 ❶ …を(…と)**交換**(こうかん)**する**, 取り替(か)える《for [with] …》(同義語 change); (意見・あいさつなど)を(人と)交(か)わす《with …》
▸I **exchanged** the shirt **for** a bigger one. わたしはそのシャツを大きいものと取り替えた.

▸I **exchanged** e-mail(s) **with** Judy a few times. わたしはジュディと数回, Eメールのやりとりをした.
❷ …を(…と)両替(りょうがえ)する《for ...》
▸Please **exchange** dollars **for** yen. ドルを円に両替してください.
──名詞 (複数 **exchanges** [-iz])
❶ U C **交換**, 取り替え; やりとり; 交流
▸cultural **exchange** 文化交流
▸an **exchange** student 交換(留)学生
❷ U 為替(かわせ)制度; 為替相場; 両替
▸an **exchange** rate 為替レート (♦ある通貨を別の通貨と交換するときの比率)

excite [iksáit イクサイト] 動詞
(三単現 **excites** [iksáits イクサイツ]; 過去・過分 **excited** [-id]; 現分 **exciting**)
他 …を興奮させる, 刺激(しげき)する; (感情・興味など)をひき起こす
▸Her wonderful performance **excited** the audience. 彼女のすばらしい演技は観客を興奮させた.

˙excited [iksáitid イクサイティッド]
形容詞 (比較 **more excited**; 最上 **most excited**)
興奮した, うきうきした, わくわくした《at [about] ...》 ➡ **exciting** ルール
▸**excited** fans 興奮したファン
▸Lisa is **excited about** going to the concert. リサはそのコンサートに行くのでわくわくしている.

excitement [iksáitmənt イクサイトメント] 名詞 U 興奮; C 刺激(しげき)

˙˙exciting [iksáitiŋ イクサイティング]
形容詞 (比較 **more exciting**; 最上 **most exciting**)
興奮させるような, はらはらさせるような, わくわくさせるような
▸That was an **exciting** game. それは手に汗(あせ)握(にぎ)る試合だった.

ルール excited と exciting の使い方

excited は「(人が)興奮した」, exciting は「(物事が)(人を)興奮させるような」という意味を表します.
▸I was **excited** when I saw the famous actor. 有名な俳優を見かけて, わたしは興奮した.
▸The action movie is really **exciting**. そのアクション映画はとてもエキサイティングだ.

exclaim [ikskléim イクスクレイム] 動詞
他 (驚(おどろ)き・喜びなどで)…と叫(さけ)ぶ
──自 叫ぶ, 大声を出す

exclamation [èkskləméiʃn エクスクラメイシャン] 名詞 C (驚(おどろ)きや喜びの)叫(さけ)び, 感嘆(かんたん)のことば

exclamation mark [èkskləméiʃn mɑ̀:rk エクスクラメイシャン マーク] 名詞 《英》=《米》exclamation point(感嘆符(かんたんふ))

exclamation point [èkskləméiʃn pɔ̀int エクスクラメイシャン ポイント] 名詞 C 《米》感嘆符(かんたんふ), エクスクラメーションマーク(!)(♦《英》exclamation mark)
➡ **巻末付録 Ⅳ. 句読点・符号(ふごう)**

exclude [iksklú:d イクスクるード] 動詞
(三単現 **excludes** [-z]; 過去・過分 **excluded** [-id]; 現分 **excluding**)
他 …を(…から)除外する; …を(…から)締(し)め出す《from ...》
(対義語 include …をふくむ)

excursion [ikskə́:rʒn イクスカ～ジャン] 名詞 C 遠足, (団体の)小旅行
▸We went on a school **excursion** to Nara. わたしたちは学校の遠足で奈良に行った.

˙˙excuse
(★ 動詞・名詞の発音のちがいに注意)
──動詞 [ikskjú:z イクスキューズ]
(三単現 **excuses** [-iz]; 過去・過分 **excused** [-d]; 現分 **excusing**) 他
❶ (人・行為(こうい))**を許す** (同義語 forgive); 《**excuse** ＋人＋ **for** ＋名詞[...ing]で》(人)が…したことを許す;
《**be excused** で》(退室などを)許される

▸I'll **excuse** you this time.
今回はきみを大目に見よう.
▸Please **excuse** me for being late.
遅刻(ちこく)してしまい, 申し訳(わけ)ございません.
▸May I **be excused**?
少し失礼してもよろしいでしょうか;(生徒が学校で)トイレに行ってもいいですか?
❷(人が)…の言い訳をする;(事情などが)…の言い訳となる
❸(人)を(責任・義務などから)免除(めんじょ)する《from ...》;(責任・義務など)を免除する
◆***Excúse me.*** **失礼します**, すみません.(➡ ルール **1**(1)~(3));
失礼しました.(➡ ルール **1**(4));
もう一度言ってください.(➡ ルール **1**(5))

ルール Excuse me. の使用場面と用法

1 次のような場面で使います.
(1) 知らない人に話しかけるとき
▸**Excuse me**, (but) are you Ms. Jones?
失礼ですが, ジョーンズさんですか?
▸**Excuse me.** Water, please.
(レストランなどで)すみません. 水をください.
(2) 相手の話などを中断するとき
▸**Excuse me**, Mr. Smith. I must be going now. すみません, スミスさん. もう帰らなくてはなりません.
(3) 中座したり, 人の前を通るとき
▸**Excuse me.** Let me through, please. すみません.通してください.
(4) 人にぶつかったり, せきをしたりなど, 不作法をしたとき

ダイアログ
A: **Excuse me.** I stepped on your toe. 失礼しました. 足を踏(ふ)んでしまいました.
B: That's all right. / Never mind.
いいんですよ. / かまいません.

より大きな迷惑(めいわく)をかけた場合には I'm sorry. と言います.
(5)《米》相手のことばが聞き取れなかったとき
▸**Excuse me**? すみませんが, もう一度おっしゃってください.
(◆文末を上げ調子(↗)で言う)
2 2人以上いるときには Excuse us. となります. また, 日本語の感謝を表す「すみません」は Thank you. です.

excúse oneself (…の)言い訳をする《for ...》;(…を)中座する《from ...》
——名詞 [ikskjúːs イクスキュース]
(複数 **excuses** [-iz])
C U (…の)**言い訳**, 弁解, 口実《for ...》
▸No **excuse**! (= Don't make an **excuse**!) 言い訳はよしなさい!

execute [éksikjùːt エクセキュート] 動詞
(三単現 **executes** [éksikjùːts エクセキューツ]; 過去・過分 **executed** [-id]; 現分 **executing**) 他
❶(人)に死刑(しけい)を執行(しっこう)する, …を処刑する
❷(命令・計画・職務・約束など)を実行する

executive [igzékjətiv イグゼキュティヴ]
名詞 ❶ C (会社の)経営者[陣(じん)];(組織の)執行(しっこう)部
❷ C 行政官;《**the executive** で》(政府の)行政部
——形容詞 経営の, 実行する;行政上の

◆**exercise** [éksərsàiz エクササイズ]

名詞 ❶ **練習問題**
❷ **運動**
動詞 他 **…に運動させる;…に練習させる**
自 **運動をする**

——名詞 (複数 **exercises** [-iz])
❶ C **練習問題**;練習
▸do **exercises** in English
英語の練習問題をする
❷ U C **運動**, 体操
▸Swimming is good **exercise** for your health.
健康のために水泳はいい運動だ.
——動詞 (三単現 **exercises** [-iz]; 過去・過分 **exercised** [-d]; 現分 **exercising**)
——他 **…に運動させる; …に練習させる**
▸Do you **exercise** your dog?
イヌに運動をさせていますか?
——自 **運動をする**;練習する
▸Kate **exercises** for an hour every day.
ケイトは毎日1時間運動をする.

exhaust [igzɔ́ːst イグゾースト] 動詞 他
❶(人)をひどく疲(つか)れさせる
(◆ tire よりも度合いが強い)
❷(お金など)を使い尽(つ)くす

exhibit [igzíbit イグズィビット]
(★発音に注意) 動詞
他 …を展示する, 陳列(ちんれつ)する

▸This museum is now **exhibiting** Picasso's paintings.
この美術館では今，ピカソの絵画を展示している．

——名詞 C 展示品，陳列品；展覧会

exhibition [èksibíʃn エクスィビシャン]（★発音に注意）名詞
C U 展示；C 展覧会（同義語 show）

˙exist [igzíst イグズィスト] 動詞
（三単現 **exists** [igzísts イグズィスツ]；過去・過分 **existed** [-id]；現分 **existing**）
自 **存在する**；生存する，生きている
▸Various animals **exist** on the earth.
地球上にはさまざまな動物が存在している．

existence [igzístəns イグズィステンス]
名詞 U 存在すること；生存
come into exístence
生まれる，発生する

exit [égzit エグズィット] 名詞
C（…からの）出口（対義語 entrance 入り口）；退場，退出《from ...》
——動詞 自（…から）出る《from ...》
（対義語 enter 入る）

expand [ikspǽnd イクスパぁンド] 動詞
自 膨張(ぼうちょう)する；広がる；（事業・活動などが）拡大する
——他 …を膨張させる；…を広げる；（事業・活動など）を拡大する

˙expect [ikspékt イクスペクト]
動詞（三単現 **expects** [ikspékts イクスペクツ]；過去・過分 **expected** [-id]；現分 **expecting**）他
❶ **…を予期する**，予想する，待ち受ける；
《**expect＋人＋to＋動詞の原形で**》
（人）が…すると予想する；
《**expect＋to＋動詞の原形で**》
…するつもりである
▸We **expect** a cold winter this year.　ことしは寒い冬になりそうだ．
▸I **expect** her **to** come next Sunday.
彼女は今度の日曜日に来ると思う．
▸I **expect to** see you soon.
また近いうちにお会いしたいです．
❷ **…を期待する**，求める
▸Don't **expect** too much of [from] your child.　自分の子供にあまり多くを期待してはいけない．
❸《口語》**…と思う**，推定する，想像する《that 節》（同義語 think）

> **ダイアログ**
> *A:* Where's Tom?　トムはどこ？
> *B:* I **expect (that)** he's in the kitchen.　台所だと思う．

expectation [èkspektéiʃn エクスペクテイシャン] 名詞 U C 期待，予想

expedition [èkspədíʃn エクスペディシャン] 名詞 C 遠征(えんせい)(隊)，探検(隊)

expense [ikspéns イクスペンス] 名詞
❶ U C 支出；費用
❷《**expenses** で》経費，…費
▸school **expenses**　学費
▸living **expenses**　生活費
at the expénse of ...
…を犠牲(ぎせい)にして

˙expensive
[ikspénsiv イクスペンスィヴ] 形容詞
（比較 **more expensive**；
最上 **most expensive**）
（品物が）**高価な**；費用のかかる
（同義語 costly，対義語 cheap 安い，inexpensive 安価な）
▸an **expensive** watch
高価な腕(うで)時計
▸This book is too **expensive**.
この本は値段が高過ぎる．

˙experience
[ikspíəriəns イクスピ(ア)リエンス]
——名詞（複数 **experiences** [-iz]）
U C **経験**，体験
▸learn by [from] **experience**
経験から学ぶ
▸You had a good **experience**.
いい経験をしましたね．
——動詞（三単現 **experiences** [-iz]；過去・過分 **experienced** [-t]；現分 **experiencing**）
他 **…を経験する**
▸This is the hottest weather I have ever **experienced**.　これは今まで経験した中で一番の暑さだ．

⁑experiment
——名詞 [ikspérimənt イクスペリメント]
C U（…での）**実験**《on [in] ...》

▸perform [do] an **experiment**
実験をする ➡ 下図
▸a physical **experiment**
(＝an **experiment in** physics)
物理の実験

——動詞 [ikspérimènt イクスペリメント]
自 (…に対して)実験をする, (…を)試(ため)す《on [with] ...》

expert [ékspəːrt エクスパ～ト] 名詞
C (…の)熟練者, 専門家, エキスパート《at [in, on] ...》
——形容詞 熟練した, 専門家の

explain [ikspléin イクスプれイン]
動詞 (三単現 **explains** [-z]; 過去・過分 **explained** [-d]; 現分 **explaining**)
——他 (人に)…**を説明する**;弁解する《to ...》;
《**explain** ＋ **wh-** 節[**that** 節]で》
…かを[…だと]説明する[弁解する]
▸I will **explain** the reason **to** you.
その理由をあなたに説明しましょう.
▸He **explained that** the pond had no fish.
彼はその池には魚が生息していないと説明した.
——自 説明する; 弁解する

explanation [èksplənéiʃn エクスプらネイシャン] 名詞
C U (…の)説明; 弁解《of [for] ...》

explode [iksplóud イクスプろウド] 動詞
(三単現 **explodes** [-z]; 過去・過分 **exploded** [-id]; 現分 **exploding**)
自 爆発(ばくはつ)する; (人の感情が)爆発する
——他 …を爆発させる

exploration [èkspləréiʃn エクスプろレイシャン] 名詞 C U 探検, 実地調査

explore [iksplɔ́ːr イクスプろーア]
動詞 (三単現 **explores** [-z]; 過去・過分 **explored** [-d]; 現分 **exploring**)
他 …を探検する, 調査する
▸**explore** a jungle
ジャングルを探検する

explorer [iksplɔ́ːrər イクスプろーラ]
名詞 C 探検家

explosion [iksplóuʒn イクスプろウジャン] 名詞 C 爆発(ばくはつ); 爆発音

expo [ékspou エクスポウ] 名詞
(複数 **expos** [-z])《しばしば **Expo** で》
C (万国)博覧会, 国際見本市
(◆ *expo*sition を短縮した語)

experiment

実験用具(laboratory equipment)

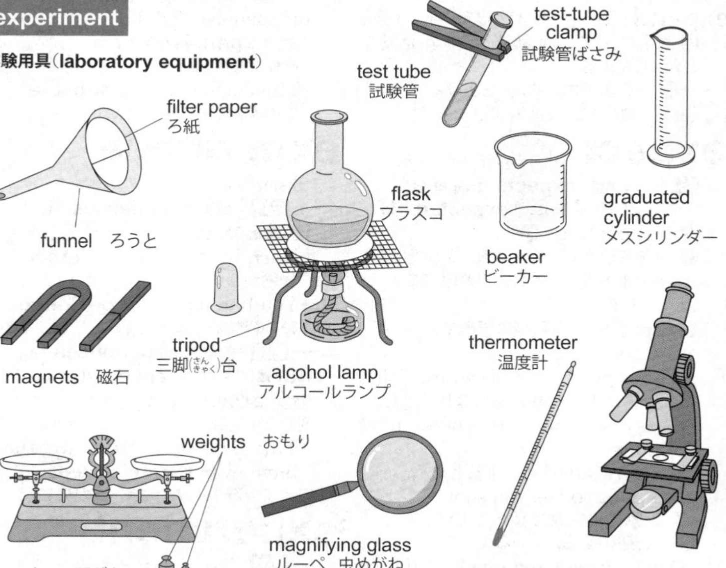

export （★動詞・名詞のアクセントのちがいに注意）動詞 [ikspɔ́ːrt イクスポート]
他 …を輸出する
（対義語 import …を輸入する）
——名詞 [ékspɔːrt エクスポート]
U 輸出（対義語 import 輸入）；
C《しばしば **exports** で》輸出品

expose [ikspóuz イクスポウズ] 動詞
（三単現 **exposes** [-iz]； 過去・過分 **exposed** [-d]； 現分 **exposing**）他
❶（日光・風雨・危険などに）…をさらす《to ...》
❷ …を（…に）暴露(ばくろ)する，あばく《to ...》
❸（写真のフィルム）を感光させる

exposition [èkspəzíʃn エクスパズィシャン] 名詞
C 博覧会（♦短縮して expo ともいう）

exposure [ikspóuʒər イクスポウジャ]
名詞 U C（日光・危険などに）さらす[さらされる]こと；（秘密などの）暴露(ばくろ)；（写真の）露出

˙express [iksprés イクスプレス]
——動詞（三単現 **expresses** [-iz]； 過去・過分 **expressed** [-t]； 現分 **expressing**）
他 **…を表現する**，言い表す
▸She **expressed** her thanks for the present. 彼女はプレゼントに対する感謝の気持ちを表した.
——形容詞《名詞の前に用いて》急行の
（対義語 local 各駅停車の）；
《主に英》速達便の
▸an **express** train 急行列車
——名詞（複数 **expresses** [-iz]）
C 急行列車（＝ express train）；
U《主に英》速達便
（♦《米》special delivery）

expression [ikspréʃn イクスプレシャン]
名詞 ❶ C U（ことば・態度による）表現；
C 言い回し，語句
❷ C 表情，顔つき

expressway [ikspréswèi イクスプレスウェイ] 名詞 C《米》高速道路
（同義語 freeway，《英》motorway）

extend [iksténd イクステンド] 動詞 他
❶ …を延長する，広げる
▸Ann **extended** her stay in Hawaii for another three days. アンはハワイ滞在(たいざい)をもう 3 日間延長した.
❷（手・足など）を伸(の)ばす，広げる
（同義語 stretch）

extension [iksténʃn イクステンシャン]
名詞 U 延長，拡大；C（電話の）内線（番号）（♦ ext. 123 などと略す）

extensive [iksténsiv イクステンスィヴ]
形容詞 広い，広大な；広範囲(こうはんい)に渡(わた)る，大規模な

extent [ikstént イクステント] 名詞
U 広さ，大きさ，長さ；
《または **an extent** で》範囲(はんい)，程度
▸to some [a certain] **extent** ある程度は

exterior [ikstíəriər イクスティ(ア)リア]
形容詞 外の，外側の，屋外用の
（対義語 interior 内部の）
——名詞 C《ふつう単数あつかいで》
外部，外側；外面

external [ikstə́ːrnl イクスタ～ヌる]
形容詞 外部の，外面の；外からの（対義語 internal 内部の）；外国の，対外的な

extinct [ikstíŋkt イクスティンクト] 形容詞
（生物が）絶滅(ぜつめつ)した

extinction [ikstíŋkʃn イクスティンクション] 名詞 U（生物の）絶滅

extinguisher [ikstíŋgwiʃər イクスティングウィシャ] 名詞 C 消火器
（＝ fire extinguisher）

extra [ékstrə エクストゥラ] 形容詞
《名詞の前に用いて》余分の，臨時の
▸an **extra** charge 追加料金
▸an **extra** train 臨時列車

extra- 接頭辞「…（の範囲(はんい)）外の，…以外の；特（別な）…」などの意味の語をつくる：extra- ＋ ordinary（ふつうの）→ extraordinary（並外れた）

extraordinary [ikstrɔ́ːrdənèri イクストゥローディネリ] 形容詞
並外れた，驚(おどろ)くべき；異常な
（対義語 ordinary ふつうの）

extreme [ikstríːm イクストゥリーム]
形容詞《名詞の前に用いて》
❶ 極端(きょくたん)な，はなはだしい
❷ いちばん端(はし)の
——名詞 C U 極端；極端なもの[行為(こうい)]

extremely [ikstríːmli イクストゥリームり] 副詞 極端(きょくたん)に；とても

:eye [ái アイ] 名詞 (複数 **eyes** [-z])
❶ C 目；まなざし，目つき ➡ 下図
▸He has dark **eyes**.
彼は黒い目をしている．➡ **black** 参考
▸Close [Shut] your **eyes**.
目を閉じなさい．
❷ C《ふつう **eyes** で》**視力**；《ふつう **an eye** で》ものを見分ける力，観察力
▸I have good [weak] **eyes**.
わたしは目がよい[悪い]．
▸He has **an** [no] **eye** for Japanese paintings.
彼には日本画のよしあしを判断する力がある[全くない]．
keep an éye on ... …から目をはなさないでいる，…を監視(かんし)する
▸Please **keep an eye on** my bag.
わたしのかばんを見ていてください．

eyeball [áibɔ̀ːl アイボーる] 名詞
C 眼球，目玉

eyebrow [áibràu アイブラウ] 名詞
C まゆ，まゆ毛(♦単に brow ともいう)
➡ 下図

eye contact [ái kɑ̀ntækt アイ カンタぁクト] 名詞
C U 視線を合わすこと，アイコンタクト
▸make **eye contact** 視線を合わす

文化 **アイコンタクトを忘れずに！**

日本語でも英語でも，人と話すときには相手の目を見ることが大切です．下を向いたり目をそらしたりすると，何か隠(かく)している，自信がない，などと思われてしまうことがあります．

eyelash [áilæʃ アイらぁッシ] 名詞
C (1本の)まつ毛；《**eyelashes** で》まつ毛(全体)

eyelid [áilìd アイりッド] 名詞
C まぶた(♦単に lid ともいう)

eyesight [áisàit アイサイト] 名詞
U 視力，視覚(♦単に sight ともいう)

eyewitness [áiwìtnəs アイウィットネス] 名詞 (複数 **eyewitnesses** [-iz])
C 目撃(もくげき)者，証人

eye

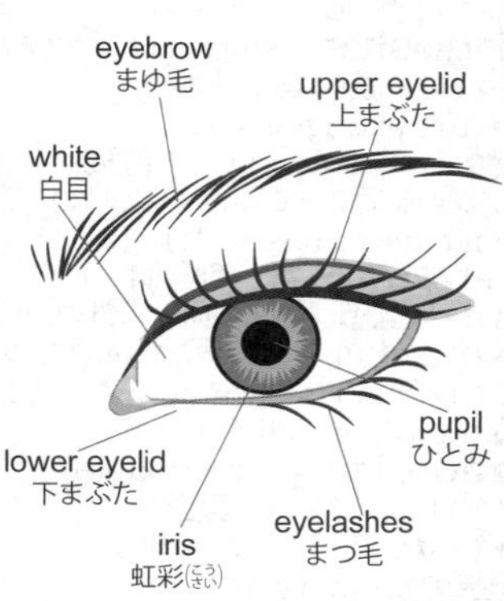

wink
ウィンクする

blink
まばたきする

shed tears
涙を流す

glare
にらむ

Ff

Q 1階って何て言う？➡ floor をひいてみよう！

F, f [éf エふ] 名詞 (複数 **F's, f's** または **Fs, fs** [-s])
❶ C U エフ
(◆アルファベットの6番めの文字)
❷ C《F で》(成績の)F, 不可 ➡ **A**

F 《温度を表す数字のあとにつけて》
(温度が)カ氏の(◆ *Fahrenheit* の略; 対義語 C セ氏の)
▸60°**F** (=sixty degrees Fahrenheit) カ氏60度 ➡ **Fahrenheit** 文化

fable [féibl ふェイブる] 名詞
C 寓話(ぐうわ), たとえ話(◆動物などが登場する風刺(ふうし)や教訓的な物語)
▸*Aesop's* ***Fables*** 『イソップ物語』

Fabre [fɑ́ːbrə ふァーブラ] 名詞
【人名】ファーブル(◆ Jean Henri Fabre [ʒɑ́ːn ɑːŋríː- ジャーン アーンリー-], 1823-1915; フランスの昆虫(こんちゅう)学者; 『昆虫記』の著者)

fabric [fǽbrik ふぁブリック] 名詞
C U 織物, 布地(◆ cloth よりかたい語)

⁑face [féis ふェイス]

名詞 ❶ 顔
❷ 表面
動詞 他 ❶ …に面している

—名詞 (複数 **faces** [-iz])
❶ C 顔; 顔つき ➡ **head** 図
▸a round **face** 丸顔
▸I wash my **face** before breakfast.
わたしは朝食の前に顔を洗う.
▸Susan spoke to me with a smile on her **face**.
スーザンは顔にほほえみを浮(う)かべてわたしに話しかけてきた.

参考 「顔」と face

日本語の「顔」は英語の face と必ずしも一致(いっち)しません. 例えば,「窓から顔を出す」の「顔」は頭部を指すので, 英語では head を使います.
▸Don't put your **head** out of the window.
窓から顔を出さないように.

❷ C 表面, 面(同義語 surface); 正面
▸The **face** of the moon is rough.
月の表面はでこぼこだ.
▸the **face** of a clock 時計の文字盤(ばん)
➡ **clocks and watches**

fáce to fáce (…と)向かい合って, 面と向かって《with ...》
▸She sat **face to face with** her mother.
彼女は母親と向かい合ってすわった.

in (***the***) ***fáce of ...*** …にもかかわらず; …に直面して, …を前にして

make a fáce = ***make fáces***
しかめっつらをする

—動詞 (三単現 **faces** [-iz]; 過去・過分 **faced** [-t]; 現分 **facing**) 他
❶ …に面している, 向いている
▸My room **faces** the sea.
わたしの部屋は海に面している.
❷ (困難・問題)に直面する, 立ち向かう
▸**face** a big problem
大問題に直面する
—自 (…に)面している, 向いている《to [toward] ...》
▸**face to** the south (=**face** south)
南に面している

facility [fəsíləti ふァスィりティ] 名詞
(複数 **facilities** [-z])《**facilities** で》
施設(しせつ), 設備; 便宜(べんぎ), 手段

A B C D E F G H I J K L M N O P Q R S T U V W X Y Z

◆fact [fǽkt ふぁクト] 名詞

(複数 **facts** [fǽkts ふぁクツ])

❶ C **事実**, 現実に起こったこと

▸It is a **fact** that he got the prize.
彼がその賞をとったのは事実だ.

❷ U (空想・理論に対して)**現実**, 事実
(対義語 fiction 作り話)

▸This movie is based on **fact**.
この映画は事実に基(もと)づいている.

as a matter of fáct
実際のところは, 実は

ダイアログ
A: I heard Kate is going to get married.
ケイトが結婚(けっこん)するって聞いたけど.
B: **As a matter of fact**, I'm her future husband.
実を言うと, 相手はぼくなんだ.

◆***in fáct***
① (ところが)**実は, 実際は**
▸John looked fine, but **in fact** he had a bad headache.
ジョンは元気そうに見えたが, 実はひどい頭痛がしていた.
② **実際に, 事実上**
▸Becky asked me to go to the party with her, and **in fact** I did.
ベッキーはわたしにそのパーティーへいっしょに行ってほしいとたのみ, 実際にわたしはそうした.

factor [fǽktər ふぁクタ] 名詞

❶ C 要因, 要素
❷ C【数学】因数

◆factory [fǽktəri ふぁクトリ] 名詞

(複数 **factories** [-z])
C (機械を使って大量生産する)**工場**
▸I work in a car [paper] **factory**.
わたしは自動車[製紙]工場で働いている.

くらべよう **「工場」を表す語**
factory: 「工場」を表す一般的な語です.
plant: 近代的な設備の, 大規模な工場を指します.
works: 小規模な工場・製作所を指します.

fade [féid ふェイド] 動詞

(三単現 **fades** [féidz ふェイヅ]; 過去・過分 **faded** [-id]; 現分 **fading**) 自

❶ (色・光・音・記憶(きおく)などが)薄(うす)れる, あせる, 消える《away ...》
❷ (若さ・美しさなどが)衰(おとろ)える; (花が)しぼむ, しおれる

Fahrenheit [fǽrənhàit ふぁレンハイト]

形容詞 (温度が)カ氏の(◆Fと略す;「セ氏の」は Celsius, centigrade)
▸a hundred degrees **Fahrenheit**
カ氏100度(◆100°Fと略す)

文化 **セ氏とカ氏**
1 気温や体温などの温度を表すとき, 日本ではセ氏(Celsius)を使いますが, 英米ではカ氏(Fahrenheit)を使います. ただし, イギリスではセ氏を併記(へいき)することもあります.
2 セ氏とカ氏の温度を比較(ひかく)すると次のようになります.

0℃＝32°F	35℃＝95°F
10℃＝50°F	40℃＝104°F
20℃＝68°F	50℃＝122°F
30℃＝86°F	100℃＝212°F

◆fail [féil ふェイる]

—動詞 (三単現 **fails** [-z]; 過去・過分 **failed** [-d]; 現分 **failing**)

—自 (…に)**失敗する**(対義語 succeed 成功する); (試験などに)落ちる; (学科の)単位を落とす《in ...》
▸Their plan **failed**.
彼らの計画は失敗に終わった.
▸I **failed in** French.
わたしはフランス語の試験に落ちた.

—他 ❶ (試験など)**に落ちる**; (学科)の単位を落とす(対義語 pass …に合格する)
▸He **failed** his driving test [math].
彼は運転免許(めんきょ)試験に落ちた[数学の単位を落とした].

❷《**fail to +動詞の原形**で》
…しそこなう, …できない, …しない
▸I **failed to** catch the bus.
わたしはそのバスに乗りそこねた.

—名詞 C (試験などの)失敗, 不合格, 落第

without fáil 必ず; 例外なく
▸I'll pay the money back tomorrow **without fail**.
明日必ずそのお金をお返しします.

failure [féiljər ふェイりャ] 名詞

U (…での)失敗; 不合格《in [of] ...》;
U C (必要なことを) しないこと, しそこねること《to +動詞の原形》

▸**failure in** business　事業での失敗
▸end in **failure**　失敗に終わる

faint [féint ふェイント] 形容詞
(比較 **fainter**; 最上 **faintest**)
❶ (音・光・色などが)かすかな, ぼんやりした
❷ 気を失いそうな
──動詞 自 気を失う, 失神する, 気絶する

・fair¹ [féər ふェア]
──形容詞 (比較 **fairer**; 最上 **fairest**)

❶ 公平な
❷ 相当の
❸ 晴れた
❹ 金髪(きんぱつ)の

❶ **公平な**, 公正な
(同義語 just, 対義語 unfair 不公平な)
▸a **fair** trial　公正な裁判
▸**fair** trade　フェアトレード
(◆発展途上国で生産された製品などを適正な価格で売買することで, 貧しい生産者の暮らしを支援する運動)
▸That's not **fair**.　それは不公平だ.
❷ **相当の**, かなりの; (成績が)まあまあの, 中位の
▸a **fair** amount of money
かなりの額のお金
❸ (天候が)**晴れた**(同義語 fine)
▸on a **fair** day　晴れた日に
❹ **金髪の**(同義語 blond); (肌(はだ)が)白い
▸Bob has **fair** hair.　ボブは金髪だ.
──副詞 (比較・最上 は 形容詞 に同じ)
正しく, 公平に; りっぱに
▸Let's play **fair**.
正々堂々と勝負しよう.

fair² [féər ふェア] 名詞
C 博覧会, フェア; 《米》(農産物・畜産(ちくさん)物などの)品評会; 《英》定期市

fairly [féərli ふェアり] 副詞
❶ 公平に, 公正に
❷ かなり, 相当に(◆好ましい意味で用い, 好ましくない場合は rather を用いる)
▸The movie was **fairly** good.
その映画はかなりよかった.

fair play [féər pléi ふェア プれイ] 名詞
❶ U 【スポーツ】フェアプレー(正々堂々とした試合ぶり)
❷ U 公正な行動[態度]

fairy [féəri ふェ(ア)リ]
名詞 (複数 **fairies** [-z]) C 妖精(ようせい)
──形容詞 妖精の(ような), 優美な; 空想の

fairy tale [féəri tèil ふェ(ア)リ テイる]
名詞 C おとぎ話, 童話; 作り話, うそ

faith [féiθ ふェイす] 名詞
U (…に対する)信頼(しんらい), 信用《in ...》
(同義語 trust); 信念, 信仰(しんこう)

faithful [féiθfl ふェイすふる] 形容詞
(人・約束などに)忠実な, 誠実な《to ...》; 正確な

faithfully [féiθfəli ふェイすふり] 副詞
忠実に, 誠実に; 正確に
Yóurs fáithfully,* = *Fáithfully yóurs,
(改まった手紙の結びで)敬具

fake [féik ふェイク] 名詞
C にせ物; 詐欺(さぎ)師
──形容詞 《名詞の前に用いて》
にせの, 偽造(ぎぞう)の
──動詞 (三単現 **fakes** [-s];
過去・過分 **faked** [-t]; 現分 **faking**) 他
❶ …のにせ物を作る
❷ …のふりをする

:fall [fɔ́ːl ふォーる]

動詞 **❶ 落ちる; 降る**
❷ 転ぶ; 倒(たお)れる
❸ 下がる
名詞 **❶ 秋**

──動詞 (三単現 **falls** [-z]; 過去 **fell** [fél ふェる]; 過分 **fallen** [fɔ́ːln ふォーるン]; 現分 **falling**) 自

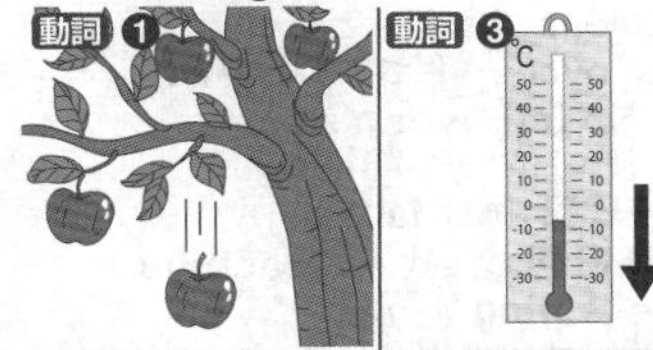

❶ **落ちる**(◆急激な落下を表すときは drop)(対義語 rise 上がる);
(雨・雪が)**降る**
▸An apple **fell** from the tree.
リンゴが１つ木から落ちた.

▸A lot of snow has **fallen** since last night.
昨夜からたくさん雪が降っている.
❷（人が）**転ぶ**;（人・木・建物などが）**倒れる**;（国などが）滅(ほろ)びる
▸He **fell** at the first turn.
彼は最初のコーナーで転んだ.
▸Some trees **fell** (down) in the storm last night.
昨夜の暴風雨で木が何本か倒れた.
❸（値段・温度などが）**下がる**;（勢いが）弱まる
▸The temperature began to **fall**.
気温が下がり始めた.
❹《**fall** ＋**形容詞**［**副詞**］で》（ある状態）になる, 陥(おち)いる
▸He **fell** ill. 彼は病気になった.
▸She **fell** asleep soon.
彼女はすぐに寝入(ねい)った.
❺（髪(かみ)などが）垂れる;（幕などが）降りる
fáll apárt ばらばらに壊(こわ)れる
fáll behínd （仕事・支払(しはら)いなどが）遅(おく)れる《with [in] ...》
fáll dówn 転ぶ, 倒れる; 壊れる
▸The tree **fell down** in the strong wind. その木は強風で倒れた.
fáll on ... ①…に襲(おそ)いかかる
②（記念日などが）…にあたる
▸My birthday **falls on** (a) Sunday this year. ことしのわたしの誕生日は日曜日にあたる.
fáll óut （歯・髪などが）抜(ぬ)け落ちる
fáll over …につまずいて転ぶ
▸He **fell over** a stone.
彼は石につまずいて転んだ.
—名詞（複数 **falls** [-z]）
❶ C U《米》秋（◆《英》autumn）
➡ **spring** ルール
▸in (the) **fall** 秋に
▸in (the) early [late] **fall**
初［晩］秋に
▸in the **fall** of 2020 2020年の秋に
▸They are going to get married this **fall**. 彼らはこの秋に結婚(けっこん)する.
（◆×in this fall とはいわない）
❷ C 落下, 墜落(ついらく), 転倒(てんとう); 降雨(量), 降雪(量)
❸《**falls** でふつう複数あつかい》滝(たき)（同義語 waterfall）
▸Niagara **Falls** are [is] in North America.
ナイアガラの滝は北アメリカにある.
（◆固有名詞のときは単数あつかいも可能）

·fallen [fɔ́ːlən ふォーるン]

—動詞 fall（落ちる）の過去分詞
—形容詞 落ちた; 倒れた
▸**fallen** leaves 落ち葉

false [fɔ́ːls ふォーるス]（★発音に注意）

形容詞 ❶ まちがった, 誤った
（同義語 wrong, 対義語 correct 正しい）;
うその, 偽(いつわ)りの（対義語 true 本当の）
▸a **false** idea of Japan
日本に対する誤った考え
▸The rumor is **false**.
そのうわさは事実ではない.
❷ 人工の, 人造の, 本物でない
▸**false** teeth 入れ歯, 義歯

fame [féim ふェイム] 名詞 U 名声

familiar [fəmíljər ふァミりャ] 形容詞

❶（人に）よく知られている, なじみのある;《**be familiar to** ＋**人**で》（物事が）（人）によく知られている
▸a **familiar** face なじみの顔, 知人
▸This song **is familiar to** me.
この歌はよく知っています.
❷《**be familiar with** ＋**物事**で》
（人が）（物事）をよく知っている
▸He **is familiar with** computers.
彼はコンピューターに詳(くわ)しい.

families [fǽməliz ふァミりズ] 名詞

family（家族）の複数形

:family [fǽməli ふァミり] 名詞

（複数 **families** [-z]）
❶ C **家族**, 一家, 世帯 ➡ p.219 図

ダイアログ
A: How is [are] your **family**?
ご家族はお元気ですか?
B: They're all fine, thank you.
みんな元気です, ありがとう.

ダイアログ
A: How many people are there in your **family**?
ご家族は何人ですか?
B: There are five. My parents, my two brothers, and me.
5人です. 両親, 兄(弟)2人, そしてわたしです.

▸Six **families** live in this

apartment house.
このアパートには6世帯が住んでいる.

ルール familyの使い方

1 家族全体をひとまとまりと考えるときは単数あつかいになります.
▸My **family** is large.
うちは大家族です.
2 家族の一人ひとりに重点を置くときは複数あつかいになります.
▸My **family** are all fine.
家族はみな元気です.
ただし,《米》ではどちらの場合も単数あつかいにすることがよくあります.

❷ U《ときに **a family** で》
(一家の) 子供たち(同義語 children)
▸They raised a large **family**.
彼らはたくさんの子供を育てた.
❸ C 一族; U 家柄(いえがら)
▸the Brown **family**
ブラウン一家[一族]
❹ C (生物分類学上の)科
▸the cat **family** ネコ科

family name [fǽməli nèim ふぁミリ ネイム] 名詞 C 姓(せい), 名字(みょうじ), ファミリーネーム(♦ Susan Davisという名前の場合, Susanが名で, Davisが姓;
同義語 last name, surname)
➡ **first name** 参考, **name** 参考

family tree [fǽməli tríː ふぁミリ トゥリー] 名詞 C 家系図 ➡ 下図

:famous [féiməs ふェイマス]
形容詞 (比較 **more famous**;
最上 **most famous**)
(よい意味で) **有名な**, 評判のよい
(同義語 well-known, 対義語 notorious 悪名高い);《**be famous for** [**as**] **...** で》
…で[として]有名である
▸a **famous** writer 有名な作家
▸a **famous** doctor 評判のよい医者
▸Australia **is famous for** its unique animals.
オーストラリアはその地に特有の動物たちで有名だ.

fan¹ [fǽn ふぁン] 名詞
C 扇(おうぎ), うちわ; 扇風(せんぷう)機, 送風機
——動詞 (三単現 **fans** [-z];
過去・過分 **fanned** [-d]; 現分 **fanning**)
他 …をあおぐ, …に風を送る

fan² [fǽn ふぁン] 名詞
C (スポーツ・有名人などの)ファン, 熱心な愛好者
▸a soccer **fan** サッカーファン

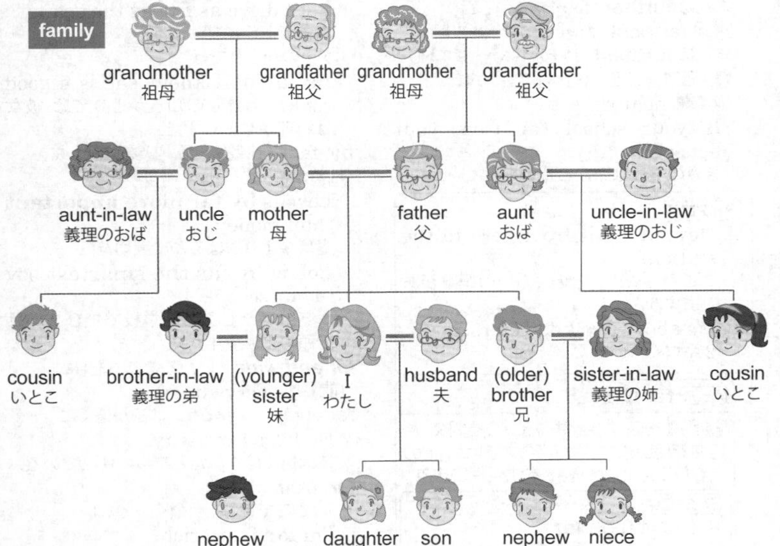

A B C D E F G H I J K L M N O P Q R S T U V W X Y Z

fancy [fǽnsi ふぁンスィ] 名詞
(複数 **fancies** [-z])
❶ C (…に対する)好み《for [to] ...》
❷ U C 空想, 空想力(♦かたい語)
——動詞 (三単現 **fancies** [-z]; 過去・過分 **fancied** [-d]; 現分 **fancying**) 他
❶ …を空想する; (なんとなく)…と思う
❷ …を好む, …がほしい
——形容詞
(比較 **fancier**; 最上 **fanciest**)
装飾(そうしょく)的な, はでな; 高級な
▸a **fancy** cake
デコレーションケーキ
(♦「デコレーションケーキ」は和製英語)

fantastic [fæntǽstik ふぁンタぁスティック]
形容詞 ❶《口語》すばらしい, すてきな
▸Your performance was **fantastic**!
あなたの演技はすばらしかったよ!
❷ 空想的な; 風変わりな

fantasy [fǽntəsi ふぁンタスィ]
(★発音に注意) 名詞
(複数 **fantasies** [-z])
❶ U 空想, 幻想(げんそう)
❷ C 空想の産物; 幻想曲

:far [fɑ́ːr ふァー]
——副詞 (比較 **farther** [fɑ́ːrðər ふァーざ] または **further** [fə́ːrðər ふァ〜ざ]; 最上 **farthest** [fɑ́ːrðist ふァーぜスト] または **furthest** [fə́ːrðist ふァ〜ぜスト])
❶〔距離(きょり)〕遠くに[へ], はるかに
(対義語 near 近くに)
▸Is your school **far** from your house?
きみの学校は家から遠いの?

ダイアログ
A: How **far** is it from here to the station?
ここから駅までどのくらいの距離がありますか?
B: It's about two kilometers.
2キロぐらいです.

ルール **far の使い方**
1 距離を表す far は, ふつう疑問文・否定文で使います. 肯定(こうてい)文では, far の代わりに a long way をよく使います.

ダイアログ
A: Did you go **far**?
遠くまで行ったのですか?
B: Yes, I went **a long way**.
はい, 遠くまで行きました.

2 ただし, ほかの副詞や前置詞とともに用いるときは, 肯定文でも far を使います.
▸The lake is too **far** to walk to.
その湖は歩いて行くには遠すぎる.

❷〔時間〕遠く, ずっと先《into ...》
▸Emily always looks **far into** the future. エミリーは常にずっと先の将来まで見通している.
❸〔程度〕《比較級・最上級を強調して》
はるかに, ずっと (同義語 much)
▸He can sing **far better** than I (can). 彼はわたしよりずっとじょうずに歌える.

ルール **far の2種類の比較級と最上級**
1「距離」を表すときはふつう farther, farthest を使います.
2「時間」「程度」を表すときはふつう further, furthest を使います.
ただし,《口語》ではどちらの意味でも further, furthest をよく使います.

as far as ... = so far as ...
① (ある場所)まで
▸Let's drive **as far as** the sea.
海までドライブしよう.
② …のかぎりでは
▸**As far as** I know, she is a good cook. わたしの知るかぎりでは, 彼女は料理がじょうずだ.

by far《比較級・最上級を強調して》
はるかに, ずっと
▸Love is **by far more important** than money.
愛は金よりもはるかに大切だ.
▸Bob is **by far the smartest** boy in our school.
ボブはわたしたちの学校で飛び抜(ぬ)けて頭のよい少年だ.

fár and wíde いたるところを[に]
(同義語 everywhere)

fár awáy = fár óff はるか遠くに
▸He lives **far away**.
彼は遠くはなれたところに住んでいる.

fár from ...
…どころではない, 全く…でない
▸I'm **far from** rich.
わたしはお金持ちというにはほど遠い.

só far 今まで(は), これまで(は)
▸Everything is fine **so far**.
今のところはすべて申し分ない.
—形容詞(比較・最上 は 副詞 に同じ)
遠い(対義語 near 近い); 向こうの
▸in the **far** distance
はるかかなたに

faraway [fà:rəwéi ふァーアウェイ] 形容詞
《名詞の前に用いて》(場所・時間が)遠い
▸a **faraway** country
遠い国

fare [féər ふエア] 名詞
C (乗り物の)料金, 運賃

ダイアログ
A: How much [What] is the **fare** to Ueno? 上野までいくらですか?
B: It's one hundred and ninety yen. 190円です.

Far East [fá:r í:st ふァー イースト] 名詞
《**the Far East** で》極東(♦中国・朝鮮(ちょうせん)半島・日本などの東アジア地域)

farewell [fèərwél ふエアウェる] 名詞
C U 別れ; 別れのあいさつ
▸a **farewell** party 送別会
—間投詞 さようなら, ごきげんよう
(♦ good-by(e) よりかたい語)

:farm [fá:rm ふァーム] 名詞
(複数 **farms** [-z])
❶ C 農場, 農園; 飼育場, 養殖(ようしょく)場
▸work on a **farm** 農場で働く
(♦×in a farm とはいわない)

❷ C 【野球】ファーム(チーム), 二軍

·farmer [fá:rmər ふァーマ] 名詞
(複数 **farmers** [-z])
C 農場経営者, 農園主
(♦農場(farm)を経営する人を指す; 農場で雇(やと)われて農作業をする人は, peasant, farmworker [fá:rmwə̀:rkər ふァームワ~カ]や farmhand [fá:rmhæ̀nd ふァームハぁンド]という)

farming [fá:rmiŋ ふァーミング] 名詞
U 農場経営, 農業(同義語 agriculture)

farmyard [fá:rmjà:rd ふァームヤード]
名詞 C (農場の家や納屋(なや)に囲まれた)農家の庭

farther [fá:rðər ふァーざ] 副詞
(far の比較級の一つ)
〖距離(きょり)〗もっと遠くに
➡ **far** 副詞 ❸ ルール
▸His paper plane flew **farther** than mine.
彼の紙飛行機はわたしのよりも遠くまで飛んだ.
—形容詞 (far の比較級の一つ)
〖距離〗《名詞の前に用いて》もっと遠い, もっと先の
▸on the **farther** side of the river
川の向こう側に

farthest [fá:rðist ふァーゼスト] 副詞
(far の最上級の一つ)
〖距離(きょり)〗最も遠くに
➡ **far** 副詞 ❸ ルール
▸Tom can throw a baseball (the) **farthest**.
トムがいちばん遠くまで(野球の)ボールを投げることができる.
—形容詞 (far の最上級の一つ)
〖距離〗最も遠い

fascinate [fǽsənèit ふぁスィネイト]
動詞 (三単現 **fascinates** [fǽsənèits ふぁスィネイツ]; 過去・過分 **fascinated** [-id]; 現分 **fascinating**)
他 …を魅惑(みわく)する, うっとりさせる

fascinating [fǽsənèitiŋ ふぁスィネイティング] 形容詞 魅力(みりょく)的な

fashion [fǽʃn ふぁシャン] 名詞
❶ C U 流行; 流行しているもの
▸She always follows the latest **fashion**.
彼女はいつも最新の流行を追っている.
❷ U《または **a fashion** で》方法, 仕方
(同義語 manner)
▸He speaks in **a** strange **fashion**.
彼は変わった話し方をする.
in fáshion 流行して
▸Short hair is **in fashion**.
ショートヘアーが流行している.
out of fáshion 流行遅(おく)れで

fashionable [fǽʃnəbl ふぁショナブる]
形容詞 流行の, はやりの
▸**fashionable** clothes 流行服

A B C D E F G H I J K L M N O P Q R S T U V W X Y Z

:fast[1] [fǽst ふぁスト]

—形容詞 (比較 **faster**; 最上 **fastest**)

❶ (動作・速度が)**速い**
(対義語 slow 遅(おそ)い) ➡ **quick** くらべよう

▸She is a **fast** runner.
彼女は走るのが速い.
(=She runs fast.)

▸A cheetah is **faster** than a tiger.
チーターはトラより(走るのが)速い.

❷《名詞の前には用いない》(時計が)進んでいる(対義語 slow 遅(おく)れている)

▸My watch is two minutes **fast**.
わたしの腕(うで)時計は2分進んでいる.

❸ しっかりした, 固定した
(対義語 loose ゆるんだ)

—副詞 (比較・最上 は 形容詞 に同じ)

❶ (動作・速度が) **速く** (対義語 slowly ゆっくりと) ➡ **early** くらべよう

▸Please don't speak so **fast**.
そんなに速く話さないでください.

▸Lily swims (the) **fastest** in our class.
リリーはわたしたちのクラスで泳ぐのがいちばん速い.

❷ しっかりと, 固定して; ぐっすりと

▸Hold **fast**.
しっかりつかまっていなさい.

▸My baby is **fast** asleep.
赤ちゃんはぐっすりと眠(ねむ)っている.

fast[2] [fǽst ふぁスト] 動詞
自 (宗教上の理由などで)断食(だんじき)する
—名詞 C 断食期間

fasten [fǽsn ふぁスン] (★発音に注意)
動詞 他 …をしっかり固定する, 留める, 締(し)める

▸Please **fasten** your seat belts.
(機内アナウンスなどで)シートベルトをお締めください.

—自 しっかりと留まる, 締まる

fastener [fǽsnər ふぁスナ] (★発音に注意) 名詞 C (衣類の)留め[締(し)め]金具
(◆いわゆる「ファスナー, ジッパー」にかぎらず, ボタン, ホックなどいろいろなものを指す)

fast food [fǽst fúːd ふぁスト ふード]
名詞 U ファストフード

> **文化 人気のファストフード**
>
> ハンバーガー(hamburger), フライドポテト (French fries), フライドチキン(fried chicken)などは, あまり待たずに食べられることから fast food と呼ばれ, 人気があります. しかし, カロリーの高さや栄養価の低さなどが社会問題になっています.
>
> 
>
> 

·fat [fǽt ふぁット]

—形容詞 (比較 **fatter**; 最上 **fattest**)

❶ **太った**, 肥満の; 脂肪(しぼう)の多い
(◆人について使うと軽べつ的な意味になる; 遠回しな表現として overweight, plump などがある; 対義語 thin やせた)

▸a **fat** cat　太ったネコ

▸grow [get] **fat**　太る

❷ (本・財布(さいふ)などが)分厚い

—名詞 C U 脂肪, (食肉の)脂身(あぶらみ)

fatal [féitl ふェイトゥる] 形容詞

❶ 致命(ちめい)的な, 命にかかわる

▸a **fatal** wound　致命傷

❷ 取り返しのつかない, 重大な

▸a **fatal** mistake　致命的な失敗

fate [féit ふェイト] 名詞
U《ときに **Fate** で》運命

:father [fáːðər ふァーざ] 名詞
(複数 **fathers** [-z])

❶ C 父, 父親; お父さん(◆《口語》dad; 対義語 mother 母) ➡ **family** 図

ダイアログ
A: What does your **father** do?
お父さんは何(の仕事)をしているの?
B: He's a pilot.
パイロットだよ.

ルール **father の使い方**

1 自分の父親を指すとき, 家族の間では固有名詞のように Father とよく言いますが, 他人に対しては my father を使うのがふつうです.

ダイアログ
A: Where's **Father**?
お父さんはどこ?
B: He's in the kitchen.
台所にいるよ.

▸This is **my father**.
こちらがわたしの父です.

2 Father は, ややかたい言い方です. 呼びかけには Dad や《小児語》Daddy がよく使われます.

3 mother の場合も同様で, 呼びかけには《米》Mom や《英》Mum がよく使われます.

❷《**the father of ...** で》
…の創始者, 生みの親, 父
▸George Washington is **the father of** his country, America.
ジョージ・ワシントンは彼の国アメリカの, 建国の父だ.

❸《**fathers** で》先祖, 祖先

❹ C《**Father** で》
(主にカトリックの)神父(しんぷ)

❺《**the Father** または **Our Father** で》
父なる神

Father Christmas
[fɑ́ːðər krísməs ふァーざ クリスマス] 名詞
《英》サンタクロース(同義語 Santa Claus)

father-in-law
[fɑ́ːðərinlɔ̀ː ふァーざインろー] 名詞 (複数 **fathers-in-law** [fɑ́ːðərzinlɔ̀ː ふァーざズインろー])
C 義理の父, 義父, しゅうと ➡ **family** 図

Father's Day
[fɑ́ːðərz dèi ふァーざズデイ] 名詞
《米》父の日(◆6月の第3日曜日)

faucet
[fɔ́ːsit ふォーセット] 名詞
C 《米》(水道・ガスなどの)栓(せん), 蛇口(じゃぐち), コック(◆《英》tap)

fault
[fɔ́ːlt ふォーるト] 名詞
❶ C 誤り, 過失; U (過失の)責任
▸a **fault** in calculation 計算ミス
▸It's not your **fault**.
きみのせいじゃないよ.
❷ C 欠点, 短所
▸Everyone has his or her **faults**.
だれにでも欠点はある.
❸ C (テニスなどの) フォールト
(◆サーブの失敗)

fínd fáult with ... …のあらさがしをする, …に(しつこく)けちをつける
▸Stop **finding fault with** others.
他人のあらさがしはやめなさい.

favor, 《英》favour
[féivər ふェイヴァ]
名詞 ❶ C 親切な行為(こうい)

ダイアログ
A: May I ask you a **favor**?
(=Would you do me a **favor**?)
お願いがあるのですが.
B: Sure. / Well, it depends.
どうぞ. / (お願いごとの)内容によるよ.

❷ U 支持; 好意

in fávor of ... …に賛成して
(対義語 against …に反対して)
▸He is **in favor of** my proposal.
彼はわたしの提案に賛成している.

favorable, 《英》favourable
[féivərəbl ふェイヴァラブる] 形容詞
好意的な, 賛成の

⁑favorite, 《英》favourite
[féivərit ふェイヴァリット]
— 形容詞《名詞の前に用いて》
いちばん好きな, お気に入りの
▸Who is your **favorite** singer?
あなたのいちばん好きな歌手はだれですか?

ルール **favorite は比較変化なし**

favorite には「いちばん(好きな)」という意味がふくまれているので比較級, 最上級はありません.
▸My **favorite** sport is tennis.
わたしのいちばん好きなスポーツはテニスです.

— 名詞 (複数 **favorites** [féivərits ふェイヴァリッツ]) C **大好きなもの[人]**, お気に入り, 人気者

▸Chocolate is her **favorite**.
チョコレートは彼女の大好物だ.

favour [féivər ふェイヴァ] 名詞
《英》=《米》favor(親切な行為(こうい))

favourable [féivərəbl ふェイヴァラブる]
形容詞 《英》=《米》favorable(好意的な)

favourite [féivərit ふェイヴァリット]
形容詞 名詞
《英》=《米》favorite(大好きな)

fax [fǽks ふぁックス] 名詞 (複数 **faxes** [-iz]) C U ファックス, ファクシミリ
(◆ *fac*simile の読みを短縮した語)

FBI [éfbìːái エふビーアイ] 名詞《**the FBI** で》(アメリカ)連邦(れんぽう)捜査(そうさ)局(◆ the *F*ederal *B*ureau of *I*nvestigation の略; 政府の警察組織で, 全米にまたがる犯罪の捜査や公安情報の収集などが任務)

FC [éf síː エふ スィー] 名詞
サッカークラブ(◆ *f*ootball *c*lub の略)

fear [fíər ふィア]

── 名詞 (複数 **fears** [-z])
❶ C U (…に対する)**恐怖**(きょうふ)(心), 恐(おそ)れ《of ...》
▸He was shaking with **fear**.
彼は恐怖で震(ふる)えていた.
▸She has a **fear of** dogs.
彼女はイヌをこわがっている.
❷ C U **不安**, 心配
▸hopes and **fears** 期待と不安
for féar of ... = for féar (that) ...
…を恐れて; …しないように
▸We left home early **for fear of** missing the train.
電車に乗り遅(おく)れないように, わたしたちは早めに家を出た.

── 動詞 (三単現 **fears** [-z]; 過去・過分 **feared** [-d]; 現分 **fearing**)
── 他 ❶ **…を恐れる**, こわがる
▸Children **fear** the dark.
子供は暗やみを恐れるものだ.
❷ **…を心配する**, 気づかう;《**fear** + **that** 節で》…ということを心配する
▸I **fear (that)** the bus will be late.
バスが遅れるのではないかと心配だ.
── 自 (…を)心配する, 気づかう《for ...》

fearful [fíərfl ふィアふる] 形容詞
❶ 恐(おそ)れて(いる), 心配して
❷ 恐ろしい; ものすごい

feast [fíːst ふィースト] 名詞
❶ C 祝宴(しゅくえん), ごちそう
❷ C (宗教的な)祝祭, 祭日

feather [féðər ふェざ] 名詞
C (鳥の 1 枚の)羽(◆「翼(つばさ)」は wing)

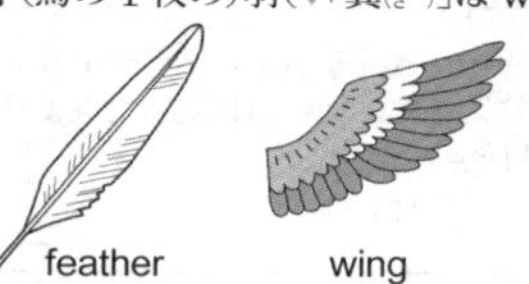

▸ことわざ Fine **feathers** make fine birds. 美しい羽毛は美しい鳥を作る.
(◆「りっぱな服を着れば, だれでもりっぱに見える」という意味)
▸ことわざ Birds of a **feather** flock together. 類は友を呼ぶ. (◆「同じ羽色の鳥は 1 か所に集まる」の意味から)

feature [fíːtʃər ふィーチャ] 名詞
❶ C (目・口・耳など)顔の一部;
《ふつう **features** で》顔かたち, 目鼻立ち
▸The actor has fine **features**.
その俳優は目鼻立ちが整っている.
❷ C 特色, 特徴(とくちょう)
▸One **feature** of this house is its windows.
この家の特徴の一つは窓にある.
❸ C (演芸などの)呼び物; 特集記事, 特集番組
── 動詞 (三単現 **features** [-z]; 過去・過分 **featured** [-d]; 現分 **featuring**)
他 …を呼び物にする;
(新聞・雑誌が)…を大きくあつかう;
(映画などが)…を主演させる

Feb. [fébruèri ふェブルエリ] 2 月
(◆ *Feb*ruary の略)

February [fébruèri ふェブルエリ]

名詞 **2 月**(◆ Feb. と略す)
➡ **January** ルール, **month** 参考
▸in **February** 2 月に
▸I'm going to give Jim a valentine on **February** 14.
2 月 14 日, わたしはジムにバレンタインのカードをあげるつもりです.
(◆ 14 は (the) fourteenth と読む)

fed [féd ふェッド] 動詞 feed (…にえさをあたえる)の過去形・過去分詞

federal [fédərəl ふェデラる] 形容詞 連邦(れんぽう)の;《**Federal** で》アメリカ連邦政府の

fee [fíː ふィー] 名詞 C (入会金・入場料・受験料・授業料などの)料金; (医者・弁護士などへの)謝礼(金), 報酬(ほうしゅう)

▸an admission **fee** 入場料

feeble [fíːbl ふィーブる] 形容詞
(比較 **feebler**; 最上 **feeblest**)
(光・音などが)かすかな; (効果などが)弱い

feed [fíːd ふィード] 動詞
(三単現 **feeds** [fíːdz ふィーヅ]; 過去・過分 **fed** [féd ふエッド]; 現分 **feeding**)
他 (動物)にえさをあたえる, (病人・子供)に食べ物をあたえる; …を養う
▸Don't **feed** the animals
《掲示》動物にえさをあたえないこと
——自 (動物がえさを)食べる
féed on ... (動物が)…を常食とする

feedback [fíːdbæk ふィードバぁック]
名詞 U 意見, 反応, フィードバック

⁑feel [fíːl ふィーる] 動詞
(三単現 **feels** [-z]; 過去・過分 **felt** [félt ふエるト]; 現分 **feeling**)

他 ❶ …を感じる
　❷ …に触(さわ)る
自 ❶ …と感じる
　❷ 触ると…な感じがする

——他 ❶ (心・体で)…**を感じる**;
《feel ＋人・もの＋動詞の原形[...ing]で》
(人・もの)が…する[している]のを感じる
▸I **feel** a pain in my back.
わたしは腰(こし)に痛みを感じる.
▸I **felt** an earthquake just now.
たった今, 地震(じん)を感じた.
▸He **felt** someone **watching** him.
彼はだれかが自分を見ているのを感じた.
❷ …**に触る**, 触ってみる;
《feel ＋ wh- 節で》…かどうかを触ってみる
▸Just **feel how** soft this towel is.
このタオルがどんなに柔(やわ)らかいか触ってみてごらん.
——自 ❶《feel ＋形容詞で》
(人が)…**と感じる**, (…の)気持ちがする
▸I **feel** very happy.
わたしはとてもうれしい.
▸I **felt** a little tired.
わたしは少し疲(つか)れを感じた.

ダイアログ
A: How do you **feel** today?
今日のぐあいはどうですか?
B: I **feel** much better.
だいぶ気分がよくなりました.

❷《feel ＋形容詞で》
(ものが)**触ると…な感じがする**
▸This handkerchief **feels** smooth.
このハンカチはすべすべしている.
féel for ... ① …を手さぐりでさがす
▸I **felt** in my bag **for** the key.
わたしはかばんに手を入れてかぎをさがした.
② …に同情する
▸I **feel for** you.
(気持ちを)お察しします, お気の毒に.
◆féel like ... ① **…がほしい**
▸I **feel like** a glass of water.
水を1杯(ぱい)飲みたい.
② …のような手触りがする
▸This **feels like** silk.
これはシルクのような手触りがする.
③ …らしい
▸It **feels like** rain. 雨が降りそうだ.
◆féel like ＋ ...ing **…したい気がする**
▸I **feel like crying**.
泣きたい気分だ.
féel one's wáy 手さぐりで進む

•feeling [fíːliŋ ふィーりング] 名詞
(複数 **feelings** [-z])
❶ C (喜び・悲しみなどの)**感情**;
《feelings で》気持ち
▸I had a **feeling** of happiness.
わたしは幸せを感じた.
▸My careless words hurt Jane's **feelings**. わたしの不用意なことばがジェーンの気持ちを傷つけた.
❷ C (漠然(ばくぜん)とした)**感じ**, 印象;
《ふつう **feelings** で》(…についての)意見, 考え《about [on] ...》
▸I have a **feeling** that everything will go well.
すべてうまくいくような気がする.
▸What are your **feelings about** it?
それについてどう思いますか?
❸ C U **感覚**, 触覚(しょっかく)
▸a **feeling** of hunger 空腹感
▸I lost all **feeling** in my toes.
つま先の感覚が全くなくなった.

•feet [fíːt ふィート] 名詞
foot(足; フィート)の複数形

feint [féint ふエイント] 名詞
C【スポーツ】フェイント
——動詞 自 フェイントをかける

A B C D E **F** G H I J K L M N O P Q R S T U V W X Y Z

◆fell [fél ふぇる] 動詞
fall(落ちる)の過去形

◆fellow [félou ふぇろウ] 名詞
(複数 **fellows** [-z])
❶ C 《口語》男, やつ(同義語 guy)
▸He's a good **fellow**.
彼はいいやつだ.
❷ C 仲間, 同僚(どうりょう)

fellowship [félouʃìp ふぇろウシップ]
名詞 U 仲間であること; 親交, 友情
(同義語 friendship)

◆felt[1] [félt ふぇるト] 動詞
feel(…を感じる)の過去形・過去分詞

felt[2] [félt ふぇるト] 名詞
U (布の)フェルト

felt-tip(ped) pen [félttìp(t) pén ふぇるトティップ(ト) ペン] 名詞
C フェルトペン, サインペン
(◆ felt pen ともいう)

female [fíːmeil ふィーメイる] 形容詞
女性の; 雌(めす)の(対義語 male 男性の)
——名詞 C 女性(◆ふつう学術用語として用いる); 雌

feminine [fémənin ふぇミニン] 形容詞
女性の; 女らしい, 女性的な
(対義語 masculine 男性の; 男らしい)

fence [féns ふぇンス] 名詞 C (板・くい・鉄の棒などの)囲い, さく, 垣根(かきね), フェンス(◆石・れんがなどの「塀(へい)」は wall)

fencing [fénsiŋ ふぇンスィング] 名詞
U【スポーツ】フェンシング, 剣術(けんじゅつ)

Ferris wheel [féris *h*wìːl ふぇリス (ホ)ウィーる] 名詞 C 《主に米》(遊園地の)観覧車(◆《英》big wheel)

ferry [féri ふぇリ] 名詞 (複数 **ferries** [-z]) C フェリー, 連絡(れんらく)船, 渡(わた)し船
(◆ ferryboat ともいう); 船着場

ferryboat [féribòut ふぇリボウト] 名詞
C フェリー, 連絡(れんらく)船, 渡(わた)し船
(◆ ferry ともいう)

fertile [fəːrtl ふァ～トゥる, fəːtail ふァ～タイる] 形容詞 (土地が)肥えた, 肥よくな

⁑festival [féstəvl ふぇスティヴる]
名詞 (複数 **festivals** [-z])
C 祭り, 祝祭日; (定期的な)催(もよお)し物
▸a summer **festival**
夏祭り
▸a school **festival**
学園祭, 文化祭

fetch [fétʃ ふぇッチ] 動詞
(三単現 **fetches** [-iz];
過去・過分 **fetched** [-t]; 現分 **fetching**)
他 (行って)(もの)を取って来る, (行って)(人)を連れて来る;
《**fetch ＋人＋もの**または **fetch ＋もの＋ for ＋人**で》(行って)(人)に(もの)を取って来る
▸**fetch** a ball
ボールを取って来る
▸I **fetched** my mother a glass of water.(＝I **fetched** a glass of water **for** my mother.)
わたしは母に水を1杯(ぱい)取って来た.
——自 (行って)ものを取って来る

fever [fíːvər ふィーヴァ] 名詞
❶ U《または **a fever** で》(病気の)熱; 熱病
▸have **a** slight [small] **fever**
微熱(びねつ)がある
❷ U《または **a fever** で》熱狂(ねっきょう)

⁑few [fjúː ふュー]
——形容詞 (比較 **fewer**; 最上 **fewest**)
❶《**a few** で数えられる名詞の前に用いて》(数が)**少しの**; 2, 3の
(対義語 many, a lot of たくさんの)
▸I have **a few** friends in London.
わたしにはロンドンに数人の友達がいます.
▸Do you have **a few** minutes?
少しお時間はありますか?
▸I met Jim **a few** days ago.
2, 3日前にジムに会った.
❷《**few** で数えられる名詞の前に用いて》

(数が)**ほとんどない**, 少ししかない

▸She made **few** mistakes.
彼女はほとんどまちがえなかった.

▸There are **few** eggs in the fridge.
冷蔵庫には卵が少ししかない.

ルール few と little の使い分け

1 a few と few は数えられる名詞に使い, 数が少ないことを表します. a little と little は数えられない名詞に使い, 量が少ないことを表します.

2 few と little のどちらも a をつけると「少しはある」という肯定(こうてい)的な意味になります.

▸I have **a few** bananas.
少しバナナがある.

▸I have **a little** milk.
少しミルクがある.

3 few と little のどちらも a をつけないと「ほとんどない」という否定的な意味になります.

▸I have **few** bananas.
ほとんどバナナがない.

▸I have **little** milk.
ほとんどミルクがない.

no féwer than ... 《数が多いことを強調して》…ほど(の), …も(の)

▸She sent us **no fewer than** one hundred books.
彼女はわたしたちに 100 冊もの本を送ってくれた.

not a féw
少なからぬ, かなり多くの(♦かたい表現)

only a féw ... ほんの少しの…

▸**Only a few** students answered the question. その質問に答えた生徒はほんの数人だった.

quite a féw ... かなり多くの…

▸**Quite a few** people go abroad every year. 毎年かなり多くの人々が海外へ出かける.

── 代名詞 《複数あつかいで》少数の人[もの](♦ a few と few のちがいは 形容詞 と同じ; 対義語 many 多数の人[もの])

▸**Few** came to the party. パーティーに来た人はほとんどいなかった.

▸I met **a few** of my classmates at the city pool today. 今日, 市のプールでクラスメート数人に会った.

fiber, 《英》fibre [fáibər ふァイバ] 名詞
C U (植物・織物の)繊維(せんい)

fiction [fíkʃn ふィクシャン] 名詞
❶ U 小説, フィクション
(対義語 nonfiction ノンフィクション)
❷ C U 作り話, 作り事
(対義語 fact 現実)

fiddle [fídl ふィドゥる] 名詞 C 《口語》
【楽器】バイオリン(同義語 violin)

•field [fiːld ふィーるド] 名詞

(複数 **fields** [fiːldz ふィーるヅ])

❶ C **野原, 田畑, 牧草地**

▸a **field** of corn
《米》トウモロコシ畑; 《英》麦畑

▸work in the **fields** 畑仕事をする

❷ C 競技場, (陸上競技の) フィールド (♦トラックの内側); 戦場

▸**field** events フィールド競技
(♦走り幅跳(はばと)び, 棒高跳びなど)

❸ C (学問・研究の)分野, 領域

▸the **field** of physics 物理学の分野

field day [fiːld dèi ふィーるド デイ] 名詞
C《米》運動会(の日)(♦《英》sports day); (野外観察などで)学校の外に出る日, 校外活動の日

field trip [fiːld trìp ふィーるド トゥリップ] 名詞 C 遠足, 社会科見学

fierce [fíərs ふィアス] 形容詞
(比較 **fiercer**; 最上 **fiercest**)
(風雨などが)激しい, ものすごい;
(人・動物・気性(きしょう)などが)どう猛(もう)な

:fifteen [fìftíːn ふィふティーン]

── 名詞 (複数 **fifteens** [-z])

❶ C 《冠詞をつけず単数あつかいで》**15**; 《複数あつかいで》15 人, 15 個;
U 15 歳(さい)

❷ C 15 人[15 個]1 組のもの; フィフティーン(♦ラグビーのチームを指す)

── 形容詞 **15 の**; 15 人の, 15 個の; 15 歳の

▸I will be **fifteen** next year.
わたしは来年 15 歳になる.

fifteenth [fiftíːnθ ふィふティーンす] 名詞
❶ U《**the fifteenth** で》第 15, 15 番め;(日付の)15 日(♦ 15th と略す)
❷ C 15 分の 1
—形容詞 ❶《**the fifteenth** で》第 15 の, 15 番めの
❷ 15 分の 1 の

:fifth [fífθ ふィふす]
—名詞 (複数 **fifths** [-s])
❶ U《**the fifth** で》第 5, 5 番め;(日付の)5 日(♦ 5th と略す)
▸on April (the) **fifth** 4 月 5 日に
❷ C 5 分の 1
▸one **fifth** 5 分の 1
▸three **fifths** 5 分の 3
—形容詞 ❶《**the fifth** で》第 5 の, 5 番めの
❷ 5 分の 1 の

fiftieth [fíftiəθ ふィふティエす] 名詞
❶ U《**the fiftieth** で》第 50, 50 番め(♦ 50th と略す)
❷ C 50 分の 1
—形容詞 ❶《**the fiftieth** で》第 50 の, 50 番めの
❷ 50 分の 1 の

:fifty [fífti ふィふティ]
—名詞 (複数 **fifties** [-z])
❶ C《冠詞をつけず単数あつかいで》**50**;《複数あつかいで》50 人, 50 個;
U 50 歳(さい)
❷《*one's* **fifties** で》50 歳代;
《**the fifties** で》(20 世紀の)50 年代
—形容詞 **50 の**; 50 人の, 50 個の; 50 歳の

fig [fíg ふィッグ] 名詞
C【植物】イチジク; イチジクの木

:fight [fáit ふァイト]
—動詞 (三単現 **fights** [fáits ふァイツ]; 過去・過分 **fought** [fɔ́ːt ふォート]; 現分 **fighting**)
—自 (…と)戦う, 争う; (なぐり合いの)けんかをする, 口げんかをする《against [with] ...》
▸Britain **fought against** Germany in World War II. 第二次世界大戦でイギリスはドイツと戦った.

おもしろ知識 「がんばれ！」の言い方

英語の Fight! に日本語の「がんばれ！」の意味はありません.「元気を出して！」なら Cheer up!, 何かに挑戦(ちょうせん)する人に対しては, Good luck! と言います.

—他 (人・病気など)と戦う; …を得ようと争う
—名詞 (複数 **fights** [fáits ふァイツ])

figures

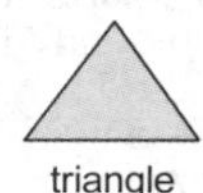
triangle 三角形

square 正方形

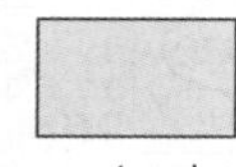
rectangle 長方形

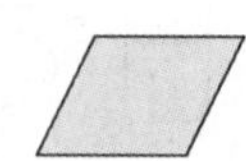
parallelogram 平行四辺形

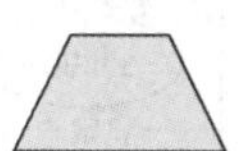
trapezoid 台形

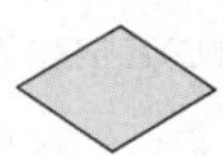
rhombus ひし形

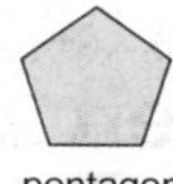
pentagon 五角形

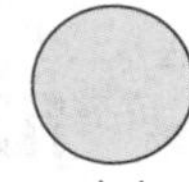
circle 円

oval だ円形

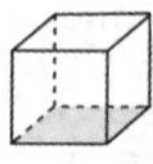
cube 立方体

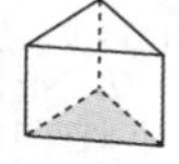
triangular prism 三角柱

cone 円すい

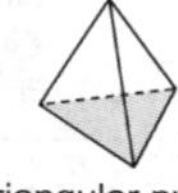
triangular pyramid 三角すい

cylinder 円柱

sphere 球

❶ C 戦い；けんか，なぐり合い；口げんか(同義語 quarrel) ➡ battle くらべよう
▸win [lose] a **fight**
戦いに勝つ[負ける]
▸I had a **fight** with him.
わたしは彼とけんかをした.
❷ U 闘志(とうし)，ファイト

fighter [fáitər ふァイタ] 名詞
❶ C 戦う人，戦士；(プロの)ボクサー
❷ C 戦闘(せんとう)機(= fighter plane)

fighting [fáitiŋ ふァイティンヶ] 動詞
fight(戦う)の現在分詞・動名詞
──名詞 U 戦い，戦闘(せんとう)

˚figure [fígjər ふィギャ] 名詞
(複数 **figures** [-z])
❶ C (人の)**体形**，スタイル(♦この意味では style は用いない)；(人の)**姿**，人影(ひとかげ)
▸have a good **figure**
スタイルがいい
▸I saw a dark **figure** in the park.
わたしは公園で黒い人影を見た.
❷ C **数字**；(数字の) けた；金額；《**figures** で》《口語》計算
▸an exact **figure**
正確な数字
▸single [double, three] **figures**
1[2, 3]けたの数字
▸He is good [bad] at **figures**.
彼は計算が得意[苦手]だ.
❸ C (説明のための)図，図解(♦ fig. と略す)；**図形** ➡ p.228 図
▸See **Figure** 3.　図 3 参照.
❹ C (特別な)人，(重要な) 人物；名士(♦形容詞をともなう)

figure skating [fígjər skèitiŋ ふィギャスケイティンヶ] 名詞 U【スポーツ】フィギュアスケート ➡ **skate** 図

file[1] [fáil ふァイる] 名詞
❶ C (書類などの)ファイル
❷ C【コンピューター】ファイル(♦整理されたデータやプログラムなどの集まり)
on file　ファイルに整理されて
──動詞 (三単現 **files** [-z]；
過去・過分 **filed** [-d]；現分 **filing**)
他 (書類など)をとじこむ，整理する《away ...》

file[2] [fáil ふァイる] 名詞 C やすり

Filipino [filəpíːnou ふィりピーノウ]
形容詞 フィリピンの，フィリピン語の
──名詞 U フィリピン語；
C フィリピン人

˚fill [fíl ふィる] 動詞 (三単現 **fills** [-z]；
過去・過分 **filled** [-d]；現分 **filling**)
──他 …**を満たす**，いっぱいにする；
《**fill ... with 〜**で》…を〜で満たす
▸She **filled** the bathtub **with** hot water.
彼女は浴槽(よくそう)をお湯で満たした.
▸The box was **filled with** letters.
箱は手紙でいっぱいだった.
──自 (場所・ものが)(…で)**満ちる**，いっぱいになる《with ...》
▸Her eyes **filled with** tears.
彼女の目は涙(なみだ)があふれそうだった.
fill in　(書類・空所など)に記入する
(同義語 fill out)
▸**Fill in** the blanks.
空所に記入しなさい.
fill out　(書類・空所など)に記入する
(同義語 fill in)
fill up
…をいっぱいに満たす；いっぱいになる
▸**Fill** it **up**, please. (ガソリンスタンドで)満タンにしてください.
▸The room **filled up** with people.
その部屋は人々でいっぱいになった.

film [fílm ふィるム] 名詞
❶ C U (写真の)フィルム
❷ C 映画(♦《米》movie)

filter [fíltər ふィるタ] 名詞 C ろ過装置，フィルター；(レンズの)フィルター
──動詞 他 …をろ過する，こす

fin [fín ふィン] 名詞 C (魚の)ひれ

final [fáinl ふァイヌる] 形容詞
❶《名詞の前に用いて》 最後の，最終の(♦ last は単に順番の最後を表すのに対し，final はそれで完結することを表す)
▸the **final** chapter　最終章
❷ 最終的な，決定的な
──名詞 C《ときに **finals** で》決勝戦；学期末試験；(大学の)最終試験
▸We got through to **the final**.
わたしたちは決勝戦に進んだ.

˚finally [fáinəli ふァイナり] 副詞
ついに，やっと(同義語 at last, in the end)；(演説の終わりなどで)**最後に**
▸We **finally** solved the problem.
わたしたちはついにその問題を解いた.
▸**Finally**, I'd like to thank Mr. and Mrs. Smith.

a b c d e f g h i j k l m n o p q r s t u v w x y z

最後に，スミス夫妻にお礼を申し上げたいと思います．

finance [finǽns ふィナぁンス，fáinæns ふァイナぁンス] 名詞
❶ U 財政，金融(きんゆう)
❷《**finances** で》財源；財政状態

financial [finǽnʃl ふィナぁンシャる，fainǽnʃl ふァイナぁンシャる]
形容詞 財政上の，金融(きんゆう)上の；財界の

:find [fáind ふァインド] 動詞
(三単現 **finds** [fáindz ふァインヅ]；過去・過分 **found** [fáund ふァウンド]；現分 **finding**) 他
❶ …**を見つける**，発見する；《**find** ＋人＋ものまたは **find** ＋もの＋ **for** ＋人で》(人)に(もの)を見つける
▸I can't **find** my glasses.
めがねが見つからない．
▸Sally **found** me a job.
(＝Sally **found** a job **for** me.)
サリーがわたしに仕事を見つけてくれた．
❷《**find** ＋人・もの＋形容詞[**...ing**]で》(人・もの)が…である[…している]のを見つける
▸I **found** Bob **sleeping**.
わたしはボブが眠(ねむ)っているのに気づいた．
❸《**find** ＋ **that** 節[**wh-** 節・句]で》…(ということ)に気がつく，…がわかる
▸I **found (that)** he didn't like cats.
彼はネコが好きではないということがわかった．
❹《**find** ＋人・もの＋(**to be** ＋)形容詞[名詞]で》(人・もの)が…であると気がつく，わかる
▸I **found** Ann **(to be)** very honest [a very honest girl].
アンがとても正直であることが[とても正直な女の子であることが]わかった．

find oneself (気がつくと)自分が…にいる[…である]のがわかる
▸I **found myself** in the hospital.
気がつくと，わたしは病院にいた．

◆*find óut* (…だと)**わかる**《that 節》；(調査などによって)…を見つけ出す
▸I **found out that** my answer was wrong.
わたしは自分の答えがまちがいであったことがわかった．

finder [fáindər ふァインダ] 名詞
❶ C 発見者
❷ C (カメラの)ファインダー

finding [fáindiŋ ふァインディンヶ] 動詞
find (…を見つける) の現在分詞・動名詞
——名詞 C《ふつう **findings** で複数あつかい》発見したもの；調査結果

:fine[1] [fáin ふァイン] 形容詞
(比較 **finer**；最上 **finest**)

❶ **すばらしい**
❷ **けっこうな**
❸ (天気が)**よい**
❹ **元気な**

❶ **すばらしい**，みごとな；美しい
▸It was a **fine** view.
それはすばらしい眺(なが)めだった．
❷《口語》**けっこうな**，満足のいく

ダイアログ
A: How about eating out?
外で食事をしない？
B: That's **fine**.
いいね．

❸ (天気が)**よい**，晴れた
(同義語 fair，対義語 cloudy 曇(くも)った)

ダイアログ
A: What's the weather like there today?
そちらは今日の天気はどう？
B: It's **fine**.
晴れだよ．

❹《名詞の前には用いない》
(人が)**元気な**，健康な

ダイアログ
A: How are you?　元気？
B: I'm **fine**, thank you. And you?
元気です，ありがとう．あなたは？
A: I'm **fine**, too, thank you.
わたしも元気です，ありがとう．

❺ 洗練された，上品な
❻ 細い(同義語 thin)；(粒(つぶ)などが)細かい

fine[2] [fáin ふァイン] 名詞 C 罰金(ばっきん)
——動詞 (三単現 **fines** [-z]；過去・過分 **fined** [-d]；現分 **fining**)
他 (人)に(…で)罰金を科す《for ...》

fine art [fáin ɑ́ːrt ふァイン アート] 名詞
❶ U 美術品(全体)
❷《**the fine arts** で複数あつかい》

美術，芸術

finer [fáinər ふァイナ] 形容詞
fine[1](すばらしい)の比較級

finest [fáinist ふァイネスト] 形容詞
fine[1](すばらしい)の最上級

⁺finger [fíŋgər ふィンガ] 名詞
(複数 **fingers** [-z])
❶ C (手の)指 ➡ **hand** 図

参考 指の呼び方

1 日本語の「指」は手・足のいずれにも使いますが，英語の finger は「(親指以外の)手の指」を指し，「足の指」は toe といいます．
2 手の指はそれぞれ英語で次のようにいいます．なお，「親指」は thumb といい，... finger とはいいません．

親指	**thumb**
人差し指	**index finger**, **forefinger**
中指	**middle finger**
薬指	**ring finger**
小指	**little finger**, **pinkie**

❷ C 指の形をしたもの(◆時計の針など)；(手袋(てぶくろ)・グローブの)指

cróss one's fíngers
(中指を人差し指に重ねて)成功[幸運]を祈(いの)る ➡ **gestures** 図

⁺***keep one's fíngers crossed***
幸運を祈る

ダイアログ
A: I have a job interview today.
今日，仕事の面接があるんだ．
B: I'll **keep my fingers crossed** (for you).
うまく行くよう祈っているよ．

finger bowl [fíŋgər bòul ふィンガ ボウる]
名詞 C フィンガーボール
(◆食卓(しょくたく)で指を洗うために水を入れておく器(うつわ))

fingerprint [fíŋgərprìnt ふィンガプリント] 名詞 C 指紋(しもん) ➡ **hand** 図

⁑finish [fíniʃ ふィニッシ]
—動詞 (三単現 **finishes** [-iz]；過去・過分 **finished** [-t]；現分 **finishing**)
—他 ❶ …を終える
(対義語 begin, start …を始める)；
《**finish** + **...ing** で》…し終える
(◆ finish の目的語に to 不定詞(to +動詞の原形)はこない)
▸I **finished** my homework before dinner.
わたしは夕食の前に宿題を終えた．
▸Mike **finished** high school last year.
マイクは去年高校を卒業した．
▸Have you **finished reading** the book yet?
その本はもう読み終わったの？
❷《ふつう **finish off** で》(作品など)を完成する，仕上げる
▸I'll **finish off** this painting today.
わたしは今日，この絵を仕上げるつもりだ．
❸ (飲食物)を食べ[飲み]終わる
—自 終わる(同義語 end，対義語 start 始まる)；(仕事・話などを)終える
▸The concert **finished** at nine.
コンサートは9時に終わった．
—名詞
❶ U 終わり，最後；C (競技の)ゴール
❷ U《または **a finish** で》(最後の)仕上げ

finished [fíniʃt ふィニッシト] 動詞
finish(…を終える)の過去形・過去分詞
—形容詞 (…を)終えて《with ...》
(同義語 done)
▸Are you **finished with** the job?
その仕事を終えましたか？

finishing [fíniʃiŋ ふィニシング] 動詞
finish(…を終える)の現在分詞・動名詞
—形容詞 仕上げの

Finland [fínlənd ふィンランド] 名詞
フィンランド(◆北ヨーロッパの国；首都はヘルシンキ Helsinki)

fir [fəːr ふァ～] 名詞 C 【植物】モミ(の木)
(◆クリスマスツリーに使う)

A B C D E F G H I J K L M N O P Q R S T U V W X Y Z

:fire [fáiər ふァイア]

——名詞 (複数 **fires** [-z])

❶ U **火**, **炎**(ほのお); **燃焼**(◆マッチ・ライター・タバコなどの「火」は light)

▸I'm afraid of **fire**.
わたしは火がこわい.

▸ことわざ There is no smoke without **fire**.
火のないところに煙(けむり)は立たない.
(◆「うわさになるからには根拠(こんきょ)がある」の意味)

❷ C (料理・暖房(だんぼう)などの)**火**, **たき火**

▸make [build] a **fire**
火を起こす; たき火をする

▸put out a **fire** 火を消す

▸sit around the **fire**
たき火[暖炉(だんろ)の火]のまわりにすわる

❸ C U **火事**, **火災**

▸fight a **fire** 消火にあたる

▸There was a **fire** near my house.
家の近くで火事があった.

❹ U (銃(じゅう)・大砲(たいほう)の)**射撃**(しゃげき), **砲火**

cátch (on) fíre 火がつく, 燃え出す

on fíre 燃えている

▸A car is **on fire**!
車が燃えている!

set fíre to ...
(燃やしてはならないもの)に火をつける

——動詞 (三単現 **fires** [-z]; 過去・過分 **fired** [-d]; 現分 **firing**)

——他 ❶ (…に向けて)(銃・弾丸(だんがん)など)**を撃**(う)**つ**, **発砲**[**発射**]**する**《at ...》

▸He **fired** the gun **at** the target.
彼は的(まと)に向けてその銃を撃った.

❷ …に火をつける, …を燃やす

❸《口語》(人)を首にする, 解雇(かいこ)する

——自 (…に向けて)発砲する《at ...》

fire alarm [fáiər əlà:rm ふァイア アらーム] 名詞 C 火災警報; 火災報知器

firecracker [fáiərkrækər ふァイアクラぁカ] 名詞 C 爆竹(ばくちく), かんしゃく玉
(◆単に cracker ともいう)

fire drill [fáiər drìl ふァイア ドゥリる]
名詞 C 消防訓練; 火災避難(ひなん)訓練

fire engine
[fáiər èndʒin ふァイア エンヂン]
名詞 C 消防車, 消防自動車

firefighter
[fáiərfàitər ふァイアふァイタ] 名詞
C 消防士
(◆男女平等の考え方から, fireman に代わる語として用いられる;
fire fighter ともつづる)

firefly [fáiərflài ふァイアふらイ] 名詞
(複数 **fireflies** [-z]) C【昆虫】ホタル

firehouse [fáiərhàus ふァイアハウス]
名詞 C《米》(建物としての)消防署
(同義語 fire station)

fireman [fáiərmən ふァイアマン] 名詞
(複数 **firemen** [fáiərmən ふァイアマン])
C 消防士(◆男女平等の考えから firefighter を使う傾向(けいこう)にある)

fireplace [fáiərplèis ふァイアプれイス]
名詞 C 暖炉(だんろ)
(◆部屋の壁(かべ)に作りつけのもの; 上部には飾(かざ)り棚(だな)(mantelpiece)がついていて, そこにろうそくを立てたり, 時計を置いたり, 写真などを飾ったりする)

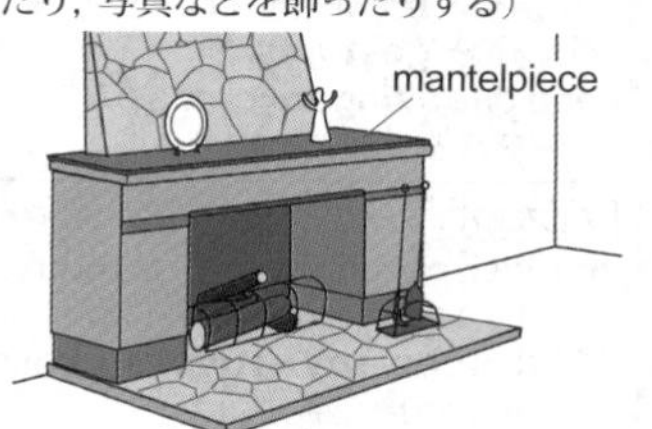

fireproof [fáiərprù:f ふァイアプルーふ]
形容詞 耐火(たいか)性の, 不燃性の

fire station [fáiər stèiʃn ふぁイア ステイシャン] 名詞 C (建物としての)消防署
(同義語《米》firehouse)

firewood [fáiərwùd ふァイアウッド]
名詞 U まき, たきぎ

firework [fáiərwə̀:rk ふァイアワ~ク]
名詞 C《ふつう **fireworks** で》花火

firm¹ [fə́:rm ふァ~ム] 形容詞
(比較 **firmer**; 最上 **firmest**)

❶ かたい, 頑丈(がんじょう)な(同義語 solid)

▸ a **firm** sofa かたいソファー

❷ (態度・動作などが)しっかりした, 力強い; (決心などが)ぐらつかない

▸a **firm** belief 強い信念

firm² [fə́ːrm ふァ～ム] 名詞 C 商会, 会社

firmly [fə́ːrmli ふァ～ムり] 副詞
かたく, しっかりと; 断固として

⁑first [fə́ːrst ふァ～スト]

──形容詞《**the** [*one's*] **first** で》
第1の, 1番めの, 最初の
(◆ 1st と略す; 対義語 last 最後の)
▸Let's begin with **the first** lesson.
第1課から始めましょう.
▸My cousin is in **the first** grade.
わたしのいとこは小学1年生です.
▸Is this **your first** visit to Japan?
今回が初めての来日ですか?

at first sight
ひと目で; 一見したところでは ➡ **sight**

◆***for the first time*** 初めて
▸I talked with Becky **for the first time** yesterday.
わたしは昨日, 初めてベッキーと話した.

in the first place 第一に, まず

参考 順序の表し方

first [1st]	1番めの
second [2nd]	2番めの
third [3rd]	3番めの
fourth [4th]	4番めの
fifth [5th]	5番めの
twelfth [12th]	12番めの
twenty-fourth [24th]	24番めの

──副詞 ❶ **第一に, 最初に**
(対義語 last 最後に); 第1位に
▸**First**, let me introduce myself.
まず, わたしに自己紹介させてください.
▸Who came in **first**?
だれが1着でしたか?

❷ 初めて
▸Mark **first** learned *shogi* three years ago. マークは3年前, 初めて将棋(しょうぎ)を覚えた.

◆***first of all*** 第一に
▸**First of all**, look up the word in your dictionary.
第一に, その語を辞書で調べなさい.

──名詞 ❶ C《ふつう **the first** で》
最初の人[もの]; 始め, 始まり
▸He was **the first** to win the prize.
彼が最初にその賞をとった人だ.

❷ C《ふつう **the first** で》
(日付の)第1日
▸**the first** of May (=May (**the**) **first**) 5月1日

❸ U【野球】一塁(るい)(= first base)

◆***at first*** **初めは**, 最初は
▸**At first** I did not like classical music.
初めはクラシック音楽が好きではありませんでした.

first aid [fə́ːrst éid ふァ～スト エイド]
名詞 U 応急手当て

first-class [fə́ːrstklǽs ふァ～ストクらぁス] 形容詞
❶ 最高の, 一流の; 《口語》すばらしい
❷ (乗り物が)ファーストクラスの, 1等の
──副詞 ファーストクラスで, 1等で

first-hand [fə́ːrsthǽnd ふァ～ストハぁンド] 副詞 直接に, じかに
──形容詞 直接の

first lady [fə́ːrst léidi ふァ～スト れイディ]
名詞《**the first lady** または **the First Lady** で》大統領夫人, 州知事夫人

first name [fə́ːrst néim ふァ～スト ネイム] 名詞 C (姓(せい)に対する)名, ファーストネーム(対義語 family name, last name, surname 姓) ➡ **name** 参考

参考 「名+姓」or「姓+名」

英語は日本語とは逆に「名(first name)+姓(family name)」の順に名前を言います. 例えば, Ellen Baker の場合は, Ellen が first name, Baker が family name です.
「安藤咲」は Saki Ando となりますが, 最近は日本語の語順のまま Ando Saki と言うこともあります. Saki is my first name. などと言い添(そ)えるとわかりやすいでしょう.

⁑fish [fíʃ ふィッシ]

──名詞 (複数 **fish** または **fishes** [-iz])
(◆ふつう複数形は fish を用いるが, 異なる種類について述べる場合には fishes が用いられることもある)

❶ C **魚**
▸I caught five **fish** in the river.
わたしは川で魚を5匹(ひき)釣(つ)った.
▸Many **fish(es)** live in the sea.
海にはたくさんの(種類の)魚がいる.

❷ U（食物としての）魚，魚肉
▸They had fried **fish** for dinner.
彼らは夕食に魚のフライを食べた.
❸《**the Fishes** で》【天文】うお座
➡ **horoscope** 文化
—動詞（三単現 **fishes** [-iz]; 過去・過分 **fished** [-t]; 現分 **fishing**）
—自 **釣りをする**;（…を）釣る《for ...》
▸We went **fishing** in the river.
わたしたちは川へ釣りに行った.
（♦× to the river とはいわない）
▸They are **fishing for** tuna.
彼らはマグロ漁をしている.
—他（魚）を捕(つか)まえる，釣る;（川・海など）で釣りをする
▸They often **fish** the Shimanto River.
彼らはよく四万十川で釣りをする.

fish and chips [fíʃ ən tʃíps ふィッシ アン チップス] 名詞 U フィッシュアンドチップス（♦白身の魚のフライとフライドポテト(chips)を盛り合わせた，イギリスの代表的なファストフード）

fishbowl [fíʃbòul ふィッシボウる] 名詞
C 金魚鉢(ばち)

fisherman [fíʃərmən ふィシャマン]
名詞（複数 **fishermen** [fíʃərmən ふィシャマン]）C 漁師（♦性差のない語は fisher [fíʃər ふィシャ]）; 釣(つ)り師（♦趣味(しゅみ)で釣りをする人は angler [ǽŋglər あングら]）

Fisherman's Wharf [fíʃərmənz *h*wɔ́ːrf ふィシャマンズ (ホ)ウォーふ] フィッシャーマンズウォーフ（♦漁船の集まる埠頭(ふとう); 特にサンフランシスコの埠頭が有名で，魚介(ぎょかい)料理のレストランやみやげ物店などがある）

fishes [fíʃiz ふィシズ] 名詞
fish(魚)の複数形の一つ
—動詞 fish(釣(つ)りをする)の三人称単数現在形

fishing [fíʃiŋ ふィシング] 動詞
fish(釣(つ)りをする)の現在分詞・動名詞
—名詞 U 魚釣り; 漁業
▸a **fishing** boat
釣り船，漁船

fist [físt ふィスト] 名詞
C 握(にぎ)りこぶし，げんこつ

·fit [fít ふィット]
—形容詞（比較 **fitter**; 最上 **fittest**）
❶（…に）適した，ふさわしい《for ...》（同義語 suitable）;《**be fit to** ＋動詞の原形で》…するのに適している
▸This book is **fit for** children.
この本は子供に向いている.
▸This fish **is** not **fit to** eat raw.
この魚は生で食べるのに適していない.
❷ 体調がよい，元気な
▸She is always **fit** and well.
彼女はいつも元気がいい.
—動詞（三単現 **fits** [fíts ふィッツ]; 過去・過分 **fitted** [-id] または《米》**fit**; 現分 **fitting**）
—他（大きさ・型が）…**に合う**;（…に）…を適合させる《to ...》
▸This shirt **fits** me well.
このシャツはわたしにぴったりだ.

> **くらべよう fit, become, suit**
>
> **fit**:「体型に合う，サイズがちょうどいい」という意味です.
>
> **become**, **suit**:「色や柄(がら)が人に合う」という意味です.
>
> ▸That blue coat really **becomes** [**suits**] her.
> あの青いコートは彼女にほんとうによく似合う.

—自 合う，ぴったりする; 調和する

fitting [fítiŋ ふィティング] 動詞
fit(…に合う)の現在分詞・動名詞
—形容詞 適当な，ぴったり合った
—名詞 ❶ C（仮縫(かりぬ)いの）着つけ; 試着
❷ C《ふつう **fittings** で》家具; 備品

fitting room [fítiŋ rùːm ふィティング ルーム] 名詞 C 試着室

:five [fáiv ふァイヴ]

—名詞（複数 **fives** [-z]）
C《冠詞をつけず単数あつかいで》**5**;《複数あつかいで》5人, 5個; U 5歳(さい); 5時
▸Three plus two is **five**.
3プラス2は5(3＋2＝5).
—形容詞 **5の**; 5人の, 5個の; 5歳の

·fix [fíks ふィックス] 動詞（三単現 **fixes** [-iz]; 過去・過分 **fixed** [-t]; 現分 **fixing**）他

❶ **…を修理する**
❷ **…を固定する**
❸ (日時・場所・価格など)**を決める**

❶ **…を修理する** ➡ **mend** くらべよう
▸Can you **fix** this TV?
このテレビを修理できますか？
❷ **…を固定する**, すえつける
▸I **fixed** a shelf to the wall.
わたしは壁(かべ)に棚(たな)を取りつけた.
❸ (日時・場所・価格など)**を決める**
▸Let's **fix** a place for the meeting.
ミーティングの場所を決めよう.
▸Have you **fixed** the date of your departure?
出発日はもう決めましたか？
❹ (視線・注意)を(…に)集中させる《on ...》
❺《主に米》(食事)を用意する, 作る
❻ (服装・髪(かみ)など)を整える; (部屋など)を整理する; …の手はずを整える

fixed [fíkst ふィックスト] 動詞

fix(…を修理する)の過去形・過去分詞
—形容詞 固定された; 不変の; 決まった
▸a **fixed** seat
固定されたいす

FL 【郵便】フロリダ州(◆ *Fl*orida の略)

·flag [flǽg ふらぁッグ] 名詞（複数 **flags** [-z]）C 旗

➡ **Stars and Stripes, Union Jack**
▸the national **flag** 国旗
▸the Canadian **flag**
カナダの国旗
▸raise [lower, wave] a **flag**
旗を掲(かか)げる[下げる, 振(ふ)る]

① イギリス ② オーストラリア ③ ニュージーランド ④ アメリカ ⑤ カナダ

flake [fléik ふれイク] 名詞

❶ C (雪・羽毛などの) 1片(ぺん), 薄片(はくへん); (はがれ落ちた)破片
❷ C フレーク(薄片状にした加工食品)
▸corn**flakes** コーンフレーク

flame [fléim ふれイム] 名詞 C U 炎(ほのお)

▸be in **flames** 燃えている

flamingo [fləmíŋgou ふらミンゴウ] 名詞（複数 **flamingos** または **flamingoes** [-z]）C【鳥類】フラミンゴ

flap [flǽp ふらぁップ] 動詞（三単現 **flaps** [-s]; 過去・過分 **flapped** [-t]; 現分 **flapping**）

他 (翼(つばさ)など)を羽ばたかせる; (旗など)をパタパタ動かす; …を(ピシャリと)打つ
—自 (鳥が)羽ばたく; (旗などが)はためく
—名詞 ❶ C 羽ばたき; パタパタという音
❷ C (ポケットの) 垂(た)れぶた; (帽子(ぼうし)の)垂れ縁(ふち); (封筒(ふうとう)の)折り返し

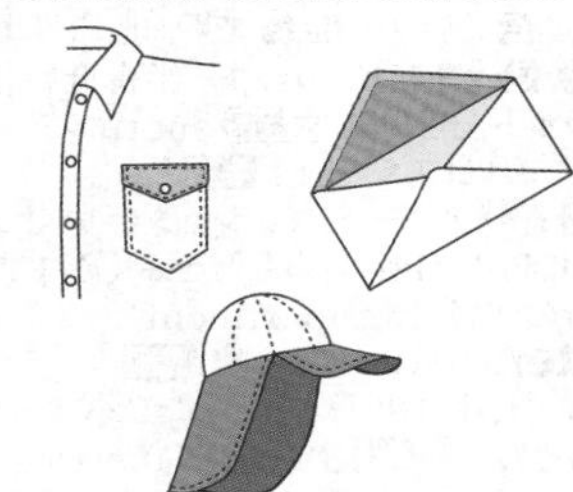

A B C D E F G H I J K L M N O P Q R S T U V W X Y Z

flash [flǽʃ ふらぁッシ] 名詞
(複数 **flashes** [-iz])
❶ C (光の)ひらめき, ぴかっと光る光;
C (考えなどの)ひらめき;
C U (カメラの)フラッシュ
▸a **flash** of lightning 稲光(いなびかり)
❷ C (テレビ・ラジオの)ニュース速報
—動詞 (三単現 **flashes** [-iz]; 過去・過分 **flashed** [-t]; 現分 **flashing**) 自
❶ ぴかっと光る, ひらめく
▸Lightning **flashed** in the night sky.
夜空に稲妻(いなずま)がぴかっと光った.
❷ (考えなどが心に)ぱっと浮(う)かぶ
—他 (光など)をぱっと発する

flashlight [flǽʃlàit ふらぁッシらイト] 名詞
❶ C 《米》懐中(かいちゅう)電灯
(◆《英》electric torch)
❷ C U (カメラの) フラッシュ
(◆単に flash ともいう)

ˈflat¹ [flǽt ふらぁット]
—形容詞 (比較 **flatter**; 最上 **flattest**)
❶ **平らな**, でこぼこのない; 平たい
(同義語 even)
▸a **flat** surface 平らな表面
❷《名詞の前には用いない》
(床(ゆか)・壁(かべ)などに)ぴったりつけて
▸I lay **flat** on my back.
わたしはあおむけに横たわった.
❸ (タイヤなどが)空気の抜(ぬ)けた, パンクした; (炭酸飲料などが)気の抜けた
▸I got a **flat** tire.
タイヤがパンクしてしまった.
—副詞 ❶ きっぱりと, 断固として
❷ 《口語》(時間が)きっかり, 正確に
▸The pizza was delivered in 20 minutes **flat**.
ピザは 20 分きっかりで配達された.
—名詞 ❶《**the flat** で》平面, 平たい部分; C《ふつう **flats** で》平地, 沼(ぬま)地
❷ C【音楽】フラット, 半音低い音; フラット記号(♭)(対義語 sharp シャープ)

flat² [flǽt ふらぁット] 名詞
C 《英》アパート, マンション(◆いくつかの部屋に台所・浴室などをふくむ 1 世帯分の住居; 《米》apartment)

flatter [flǽtər ふらぁタ] 動詞
他 (人)にお世辞を言う, こびへつらう

flavor, 《英》**flavour** [fléivər ふれイヴァ] 名詞 C U (独特な)味; (香(かお)りもふくめた)風味
▸have a cheese **flavor** (=have a **flavor** of cheese) チーズ味がする
—動詞 他 …に(…で)味[風味]をつける《with ...》

flea [flíː ふりー] 名詞 C【昆虫】ノミ

flea market
[flíː mɑ̀ːrkit ふりー マーケット] 名詞
C ノミの市, フリーマーケット
(◆公園などで不要品などを売る市; free(無料の)market ではない)

flee [flíː ふりー] 動詞 (三単現 **flees** [-z]; 過去・過分 **fled** [fléd ふれッド]; 現分 **fleeing**) 自
(…から)逃(に)げる《from ...》(◆かたい語)
—他 …から逃げる; …を避(さ)ける

fleece [flíːs ふりース] 名詞
❶ U 羊毛; C (1 頭分の)羊毛
❷ U C 羊毛に似たもの; フリース(◆羊毛に似せた化学繊維(せんい)の布地);
C 《英》フリース地のジャケット

fleet [flíːt ふりート] 名詞
C 艦隊(かんたい); (商船・車の)一団

flesh [fléʃ ふれッシ] 名詞
❶ U (人間・動物の)肉(◆ meat は「食用の肉」); (果物(くだもの)の)果肉
❷《**the flesh** で》肉体 (同義語 body, 対義語 soul 魂(たましい), spirit 精神)

ˈflew [flúː ふるー] 動詞
fly¹(飛ぶ)の過去形

flexible [fléksəbl ふれクスィブる] 形容詞
曲げやすい, しなやかな; (性格・計画などが)柔軟(じゅうなん)な, 融通(ゆうずう)のきく

flier [fláiər ふらイア] 名詞 (◆ flyer ともつづる)
❶ C 飛行士
❷ C 飛ぶもの(◆鳥, 昆虫(こんちゅう)など)
❸ C (広告用の)ちらし, ビラ

flies [fláiz ふらイズ] 動詞
fly¹(飛ぶ)の三人称単数現在形
—名詞 fly¹·²(フライ, ハエ)の複数形

•flight [fláit ふらイト] 名詞
(複数 **flights** [fláits ふらイツ])
❶ C U 飛ぶこと, 飛行;
C (飛行機の)便; 空の旅
▸take **Flight** 785
785 便(の飛行機)に乗る
(♦ 785 は seven eight five と読む)
▸Please enjoy your **flight**.
空の旅をお楽しみください.
❷ C (ひと続きの)階段 (♦ある階から次の階まで; または踊(おど)り場まで)

flight attendant [fláit ətèndənt ふらイト アテンダント] 名詞
C (旅客機の)客室乗務員
(♦スチュワーデス(stewardess), スチュワード(steward)などの男女を区別することばに代わって用いられる; attendant は「係員」の意味)

fling [flíŋ ふりンゲ] 動詞 (三単現 **flings** [-z]; 過去・過分 **flung** [flʌ́ŋ ふらンゲ]; 現分 **flinging**) 他 …を(荒々(あらあら)しく)投げつける, 放り出す; …を(放るように)急に動かす

float [flóut ふろウト] 動詞
自 浮(う)く, 浮かぶ(対義語 sink 沈(しず)む); 漂(ただよ)う
▸Oil **floats** on water.
油は水に浮く.
—他 …を浮かべる
—名詞 ❶ C 浮いているもの; (魚釣(つ)りの)浮き
❷ C (パレードなどの)山車(だし)
❸ C フロート
(♦アイスクリームを浮かべた飲み物)

flock [flɑ́k ふらック] 名詞
C (ヒツジ・ヤギ・鳥などの)群れ;
《口語》(人の)群れ
▸a **flock** of sheep ヒツジの群れ
—動詞 自 (動物・人が)集まる, 群がる
➡ **feather** 2 つめの ことわざ

flood [flʌ́d ふらッド] (★発音に注意) 名詞
❶ C《ときに **floods** で》洪水(こうずい), 大水
❷ C (もの・人の)洪水, 殺到(さっとう);
《**a flood of ...** で》いっぱいの…
—動詞 他 (川など)をはんらんさせる; (場所)を水浸(びた)しにする
▸The floor of the kitchen was **flooded**.
台所の床(ゆか)は水浸しになった.

•floor [flɔ́ːr ふろーア] 名詞
(複数 **floors** [-z])
❶ C 床(ゆか)
(♦「天井(てんじょう)」は ceiling, 「壁(かべ)」は wall)
▸We sat on the **floor**.
わたしたちは床の上にすわった.
❷ C (建物の)階
▸the top **floor** 最上階

参考 英米の階の数え方

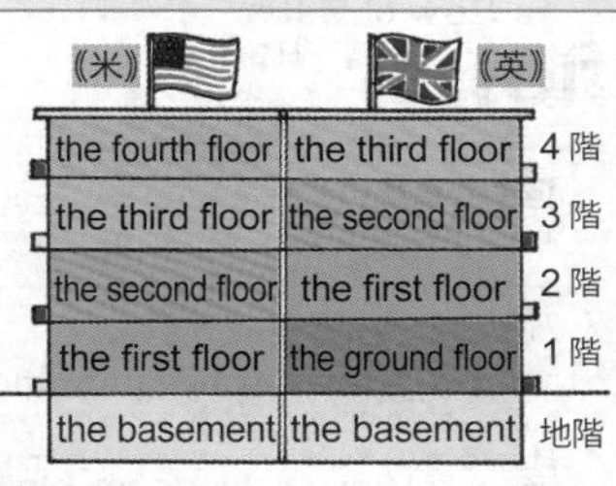

1 アメリカでは, 日本と同じように通りと同じ高さの階から the first floor, the second floor と階数を数えていきます.
2 イギリスでは「1 階」を the ground floor といい, 「2 階」を the first floor, 「3 階」を the second floor といいます.
3 イギリスのエレベーターで, 押(お)しボタンに書かれている G の文字は the *g*round floor「1 階」のことです. また, R は *r*oof「屋上」, B は *b*asement「地階」を表します.

くらべよう floor と story

floor: 建物の中の特定の階を指します.
story: 建物の階層を指し, 「…階建ての」というときに用います.
▸This elevator does not stop at the fifth **floor**.
このエレベーターは 5 階には止まらない.
▸a five-**story** building
5 階建てのビル

Florida [flɔ́:ridə ふろーリダ] 名詞 フロリダ州(♦アメリカ大西洋岸南端(なんたん)の州; Fla. または【郵便】で FL と略す)

florist [flɔ́(:)rist ふろ(ー)リスト] 名詞 C 花屋, 花を売る人(♦店は florist's (shop) または flower shop という); 草花栽培(さいばい)業者

flour [fláuər ふらウア] 名詞 (★ flower「花」と発音は同じ) U 小麦粉; (穀物の)粉

flow [flóu ふろウ] 動詞 自 (液体・気体が)流れる; 流れるように動く
▸This river **flows** through several towns.
この川はいくつかの町を流れている.
—名詞 C《ふつう **a flow** で》流れ; 流出, 流入;《**the flow** で》満ち潮(しお)(対義語 the ebb 引き潮)
▸a **flow** of water 水の流れ

:flower [fláuər ふらウア](★発音に注意)
—名詞 (複数 **flowers** [-z])
C 花, 草花
▸wild **flowers** 野生の花
▸Let's water the **flowers**.
花に水をあげよう.
▸Spring **flowers** began to bloom.
春の花が咲(さ)き始めた.

くらべよう **flower, blossom, bloom**

flower: 一般的にすべての「花, 草花」を指します.
blossom: 特に「果樹の花」を指します.
▸orange **blossoms**
オレンジの花
bloom: バラなどの「観賞用の美しい花」を指します.
▸The garden was full of beautiful **blooms**.
その庭は美しい花でいっぱいだった.

—動詞 (三単現 **flowers** [-z]; 過去・過分 **flowered** [-d]; 現分 **flowering**)
自 花が咲く; 栄える; (能力などが)花開く

flower arrangement [fláuər ərèindʒmənt ふらウア アレインヂメント] 名詞 U 生け花

flower bed [fláuər bèd ふらウア ベッド] 名詞 C 花壇(かだん)(♦単に bed ともいう)

flower garden [fláuər gɑ̀:rdn ふらウア ガードゥン] 名詞 C 花園(はなぞの), 花畑

flowerpot [fláuərpɑ̀t ふらウアパット] 名詞 C (草花の)植木鉢(ばち)

♦flown [flóun ふろウン] 動詞 fly[1](飛ぶ)の過去分詞

flu [flú: ふるー] 名詞 U《しばしば **the flu** で》《口語》インフルエンザ, 流感(♦ in*flu*enza を短縮した語)

fluent [flú:ənt ふるーエント] 形容詞 (ことばが)流ちょうな, なめらかな

fluently [flú:əntli ふるーエントり] 副詞 流ちょうに, すらすらと

fluid [flú:id ふるーイッド] 名詞 U C【化学】流動体(♦液体と気体の総称(そうしょう)だが, 前者を指すことが多い); 水分
—形容詞 流動体の, 流動性の(♦「固体の」は solid)

flunk [flʌ́ŋk ふらンク] 動詞《主に米・口語》他 (試験など)に失敗[落第]する; (人)に落第点をつける
—自 (試験などに)失敗[落第]する

flush [flʌ́ʃ ふらッシ] 動詞 (三単現 **flushes** [-iz]; 過去・過分 **flushed** [-t]; 現分 **flushing**) 自
❶ (顔が興奮などで)赤くなる(♦恥(は)ずかしさで「赤面する」は blush を使う)
❷ (水が)どっと流れる
▸The toilet doesn't **flush**.
トイレの水が流れない.
—他 ❶ (トイレなど)に水をどっと流す; …を水で洗い流す
❷ (人・顔など)を赤くさせる, 興奮させる
—名詞 (複数 **flushes** [-iz])
❶ C《**a flush** で》顔が赤くなること
❷ C 水をどっと流すこと, (トイレの)水洗

flute [flú:t ふるート] 名詞 C【楽器】フルート
➡ **musical instruments** 図
▸play the **flute** フルートを吹(ふ)く

:fly[1] [flái ふらイ] 動詞 (三単現 **flies** [-z]; 過去 **flew** [flú:

ふるー]; 過分 **flown** [flóun ふろウン]; 現分 **flying**)
——自 ❶ 飛ぶ; 飛行機で行く
▸The ball **flew** over the fence.
ボールはフェンスを越(こ)えて飛んでいった.
▸Our plane is **flying** over the clouds now.
飛行機は今, 雲の上を飛んでいます.
▸I'm going to **fly** to Paris next week.
来週(飛行機で)パリに行きます.
❷ 飛ぶように走る, 大急ぎで行く; (時が)飛ぶように過ぎる
▸He **flew** to the door.
彼は玄関(げんかん)に大急ぎで行った.
▸ことわざ Time **flies** (like an arrow). 時は(矢のように)飛ぶ. (=「光陰(こういん)矢のごとし」)(♦英語ではふつう like an arrow をつけない)
❸ (旗・髪(かみ)などが)風になびく
——他 (飛行機など)を飛ばす, (たこ・旗など)をあげる
▸**fly** a kite たこあげをする
——名詞 (複数 **flies** [-z]) C 【野球】フライ

fly² [flái ふらイ] 名詞 (複数 **flies** [-z])
C 【昆虫】ハエ

flyer [fláiər ふらイア] 名詞
= flier (飛行士)

⁺flying [fláiiŋ ふらイインヶ]
——動詞 fly¹(飛ぶ)の現在分詞・動名詞
——形容詞 飛ぶ, 飛ぶことのできる
▸a **flying** saucer 空飛ぶ円盤(えんばん)
——名詞 U 飛ぶこと, 飛行
▸**flying** time 飛行時間

flying fish [fláiiŋ fiʃ ふらイインヶ ふィッシ] 名詞 (複数 **flying fish** または **flying fishes** [-iz])
C U 【魚類】トビウオ

foam [fóum ふォウム] 名詞 U 泡(あわ)
(♦小さな泡(bubble)が集まったもの)
——動詞 自 泡立つ

focus [fóukəs ふォウカス] 名詞
(複数 **focuses** [-iz] または **foci** [fóusai ふォウサイ])
C (レンズの) 焦点(しょうてん), ピント; 《**the focus** で》(興味などの)中心
▸adjust the **focus** of a lens
レンズの焦点を合わせる
in fócus 焦点が合って; はっきりして
out of fócus
焦点[ピント]がずれて; ぼんやりして
——動詞 (三単現 **focuses** [-iz]; 過去・過分 **focused** [-t]; 現分 **focusing**)
他 …の焦点を(…に)合わせる; (注意など)を(…に)集中させる《on ...》
▸I **focused** my camera **on** the flower.
わたしはその花にカメラの焦点を合わせた.

fog [fág ふァッグ] 名詞
C U (視界がきかないほどの濃(こ)い)霧(きり), もや(♦「薄(うす)い霧」は mist)
▸(a) heavy **fog** 濃霧(のうむ)

foggy [fági ふァギ] 形容詞
(比較 **foggier**; 最上 **foggiest**)
❶ 霧(きり)の深い
❷ (記憶(きおく)などが)はっきりしない

foil [fɔ́il ふォイる] 名詞
U (金属の)薄片(はくへん), 箔(はく); ホイル

fold [fóuld ふォウるド] 動詞 他
❶ …を折りたたむ, 折り曲げる
▸He **folded** the letter in half.
彼はその手紙を半分に折りたたんだ.
❷ (手・腕(うで)など)を組む
▸She was **folding** her arms.
彼女は腕組みをしていた.
❸ …を包む
——自 折りたためる
——名詞 C 折り目; ひだ

folder [fóuldər ふォウるダ] 名詞
❶ C (厚紙などを 2 つ折りにした) 書類ばさみ, フォルダ
❷ C 【コンピューター】フォルダ
(♦ファイルなどを分類・整理して保存する階層)

folding [fóuldiŋ ふォウるディンヶ] 動詞
fold(…を折りたたむ)の現在分詞・動名詞
——形容詞 《名詞の前に用いて》
折りたたみ式の
▸a **folding** umbrella
折りたたみ傘(がさ)

folk [fóuk ふォウク] (★発音に注意) 名詞
❶ 《(米)folks, (英)folk で複数あつかい》人々(♦ふつう people を使う)
❷ C 《ふつう *one's* **folks** で》
(口語)家族, 両親
❸ 《形容詞的に》民衆の, 民俗(みんぞく)の
▸**folk** culture 民俗文化

folk dance [fóuk dæns ふォウク ダぁンス] 名詞
C U 民俗舞踊(みんぞくぶよう), フォークダンス

folk music [fóuk mjù:zik ふォウク ミューズィック] 名詞 U 民俗(みんぞく)音楽(♦民間の風習や宗教と深くかかわった音楽)

folk song [fóuk sɔ̀:ŋ ふォウク ソーング] 名詞 C 民謡(みんよう), フォークソング

folk tale [fóuk tèil ふォウク テイる] 名詞 C 民話, 説話

·follow [fálou ふァろウ] 動詞

(三単現 **follows** [-z]; 過去・過分 **followed** [-d]; 現分 **following**)

—他

❶ …のあとをついて行く[来る]
❷ …の次に来る
❸ (指示・忠告など)に従う
❹ (道など)に沿って行く
❺ …を理解する

❶ **…のあとをついて行く[来る]**
▸Please **follow** me.
わたしのあとをついて来てください.
▸I'll **follow** you.
あなたのあとをついて行きます.
❷ (時間・順序などが)**…の次に来る**, …に続く
▸Thunder **follows** lightning.
稲光(いなびかり)に続いて雷(かみなり)が鳴る.
❸ (指示・忠告など)**に従う**, …を守る
▸**Follow** your parents' advice.
両親の忠告に従いなさい.
❹ (道など)**に沿って行く**, …をたどる
▸**Follow** this street to the next signal.
次の信号までこの道沿いに行きなさい.
❺ **…を理解する**(同義語 understand), (話の内容)についていく
▸Do you **follow** me?
わたしの話がわかりますか?

—自 ❶ (…の)あとから行く[来る], (…に)ついて行く《after ...》
❷ 続いて起こる

as fóllows 次のとおりで[に]
▸The schedule is **as follows**.
スケジュールは次のとおりです.

follower [fálouər ふァろウア] 名詞 C (思想・運動などの)信奉(しんぽう)者; 弟子(でし); 従者, 家来(けらい)

·following

[fálouiŋ ふァろウインγ]

—形容詞 《**the following** +名詞で》次の…; 下記の…, 次に述べる…
▸the **following** chapter 次章
▸(on) **the following** day 次の日に

—名詞 《**the following** で単数, または複数あつかい》以下のこと

·fond [fánd ふァンド] 形容詞

(比較 **fonder**; 最上 **fondest**)

❶ 《**be fond of ...** で》**…が大好きである**
▸My father **is fond of** playing golf. 父はゴルフをするのが大好きだ.
❷ 《名詞の前に用いて》
優(やさ)しい; 甘(あま)やかす, でき愛する
▸a **fond** mother 子供に甘い母親

F1 [éf wʌ́n エふ ワン] フォーミュラワン(♦レース用自動車の区分の一つ; *F*ormula *One* の略)

:food [fú:d ふード] 名詞

(複数 **foods** [fú:dz ふーヅ])

U **食物**, 食料, 食糧(しょくりょう); (飲み物に対する)食べ物; C (個々の)食べ物, 食品
➡ **巻頭カラー 英語発信辞典⑬**
▸Chinese **food** 中国料理
▸**food** and drink 飲食物
(♦日本語との語順のちがいに注意)
▸**food**, clothing, and shelter
衣食住
(♦日本語との語順のちがいに注意)
▸I like sweet **foods**.
わたしは甘(あま)いものが好きだ.

> くらべよう **food と dish**
> **food**: 食べ物一般を指します.
> **dish**: 調理された食べ物を指します.

food mile [fú:d màil ふード マイる] 名詞 C フードマイル(♦食品の生産地から消費地までの輸送距離)

fool [fú:l ふーる] 名詞 C 愚(おろ)か者

foolish [fú:liʃ ふーりッシ] 形容詞
まぬけな, 愚(おろ)かな(対義語 wise 賢(かしこ)い)
▸Don't be so **foolish**.
そんな愚かなことをするな[言うな].

:foot [fút ふット] 名詞

(複数 **feet** [fí:t ふィート])

❶ C **足** (♦足首(ankle)から下の部分を指す; 足首からももののつけ根までは leg)
➡ **巻頭カラー 英語発信辞典⑭**
▸What size is your **foot**?
足のサイズはいくつですか?
▸My **feet** are cold. 足が冷たい.

❷ C (長さの単位の)フィート
(◆1フィート(one foot)は12インチ(twelve inches), 約30センチ; f. または ft. と略す)
▸Mary is five **feet** tall.
メアリーの身長は5フィートだ.
▸a four-**foot** rope
長さ4フィートのロープ(◆数を表す語とハイフンで結ばれ, 形容詞として用いられるとき, foot は複数形にしない)
❸《**the foot** で》(ものの)下部, (山の)ふもと《of ...》(対義語 the top 頂上)
▸**the foot of** a page
ページの下の部分
▸My house is at **the foot of** a hill.
わたしの家は丘(おか)のふもとにある.
on fóot 歩いて, 徒歩で
(◆by car, by train などの交通手段の表現と対比して用いることが多い)
▸Tom goes to school **on foot**.
(= Tom walks to school.)
トムは歩いて学校へ通っている.
to one's féet 立っている状態に[へ]

˙football [fútbɔ̀:l ふットボーる]

名詞 (複数 **footballs** [-z])
❶ U【スポーツ】フットボール
➡ **American football** 図
▸play **football**
フットボールをする

参考 英米の football
1 アメリカではアメリカンフットボール(American football)を指します.
2 イギリスではサッカー(soccer, Association football), またはラグビー(rugby football)を指します.

❷ C (フットボールの)ボール

footlights [fútlàits ふットらイツ] 名詞
《複数あつかいで》(照明の)脚光(きゃっこう)

footprint [fútprìnt ふットプリント] 名詞
C 足跡(あしあと)

footstep [fútstèp ふットステップ] 名詞
C 足音; 足跡(あしあと)

⁑for 前置詞 接続詞 ➡ p.242 for

forbid [fərbíd ふォビッド] 動詞
(三単現 **forbids** [fərbídz ふォビッヅ]; 過去 **forbade** [fərbǽd ふォバぁッド, fərbéid ふォベイド] または **forbad** [fərbǽd ふォバぁッド]; 過分 **forbidden** [fərbídn ふォビドゥン] または **forbid**; 現分 **forbidding**)
他 …を禁じる, 禁止する, 妨(さまた)げる;
《**forbid** ＋人＋ **to** ＋**動詞の原形**[**from** ＋ **...ing**]で》(人)が…することを禁じる
(対義語 permit …を許す)
▸Swimming is **forbidden** here.
ここでの遊泳は禁止されている.
▸My parents **forbade** me **to** go out in the evening. 両親はわたしが夜に外出することを許さなかった.

˙force [fɔ́:rs ふォース]

——名詞 (複数 **forces** [-iz])
❶ U (物理的な)力, 強さ; 暴力
▸magnetic **force** 磁力
❷ C 軍事力; 《しばしば **the forces** で》軍隊
▸the air **force** 空軍
by fórce 力ずくで, 強引(ごういん)に
——動詞 (三単現 **forces** [-iz]; 過去・過分 **forced** [-t]; 現分 **forcing**)
他 …を強制する; 《**force** ＋人＋ **to** ＋**動詞の原形**で》(人)に無理に…させる
▸They **forced** Daniel **to** join the party. 彼らはダニエルを無理やりパーティーに参加させた.

Ford [fɔ́:rd ふォード] 名詞
❶【人名】フォード(◆Henry Ford [hénri- ヘンリ-], 1863–1947; アメリカの自動車製造業者; 「自動車王」と呼ばれた)
❷ C フォード社製の自動車

forecast [fɔ́:rkæ̀st ふォーキぁスト] 動詞
(三単現 **forecasts** [fɔ́:rkæ̀sts ふォーキぁスツ]; 過去・過分 **forecast** または **forecasted** [-id]; 現分 **forecasting**)
他 (天気など)を予報する; …を予測する, 予想する
▸**forecast** the weather
天気を予報する
——名詞 C (天気などの)予報; 予測, 予想
▸the weather **forecast** 天気予報

forehand [fɔ́:rhæ̀nd ふォーハぁンド]
名詞 C (テニスなどの) フォアハンド

A B C D E F G H I J K L M N O P Q R S T U V W X Y Z

⁑for 前置詞 接続詞

[fɔ́ːr ふォーア；(弱く言うとき)fər ふォ]

前置詞 ❶〔目的・用意〕…のために
❷〔利益・受取人〕…のために
❸〔方向・行き先〕…に，…へ，…行きの
❹〔時間・距離(きょり)〕…の間

―― 前置詞 ❶〔目的・用意〕**…のために**，…をするために；…を求めて，得るために

▸What is this tool **for**? この道具は何に使うのですか？
▸I took my dog **for** a walk. わたしはイヌを散歩に連れて行った.
▸I'm waiting **for** Mary. わたしはメアリーを待っている.
▸He called **for** help. 彼は助けを呼んだ.
▸He is getting ready **for** the finals. 彼は学期末試験の準備をしている.

❷〔利益・受取人〕**…のために**，…のための

▸Walking is good **for** your health. 歩くことは健康によい.
▸They had a party **for** Ken. 彼らは健のためにパーティーを開いた.
▸Ann made a cake **for** me. アンはわたしにケーキを作ってくれた.
▸What can I do **for** you? (店員が客に)何をして差し上げましょうか？[ご用は何ですか？]
▸This is a present **for** you. これはあなたへのプレゼントです.

❸〔方向・行き先〕**…に，…へ，…行きの**，…あての ➡ **to** くらべよう

▸He left **for** school at eight. 彼は８時に学校へ出かけた.
▸She took a train **for** Tokyo. 彼女は東京行きの電車に乗った.
▸There's a message **for** you. あなたあてに伝言があります.

❹〔時間・距離〕**…の間** ➡ **during** くらべよう

▸**for** a long time 長い間
▸She jogged **for** an hour. 彼女は１時間ジョギングをした.

ダイアログ
A: How long are you going to stay? どれくらい滞在(たいざい)する予定ですか？
B: **For** a week. １週間です.

▸I've been in Paris **for** two months. わたしはパリに２か月間滞在している.
▸Tom and I walked **for** a few kilometers. トムとわたしは数キロ歩いた.

❺〔原因・理由〕**…のために**，…が原因[理由]で

▸I could not see anything **for** the fog. 霧(きり)のため，何も見えなかった.
▸This park is famous **for** its cherry blossoms. この公園は桜の花で有名だ.
▸Kate jumped **for** joy. ケイトはうれしくて跳(と)び上がった.

❻〔代理・代表〕**…の代わりに**，…に代わって

▸Will you go there **for** him? 彼の代わりにそこへ行ってくれますか？
▸The Japanese word **for** "book" is "hon". book に相当する日本語は「本」です.

❺〔原因・理由〕…のために	❾〔交換(こうかん)〕…と交換に
❻〔代理・代表〕…の代わりに	❿〔支持〕…に賛成して
❼〔適合〕…に適した	接続詞 というのは
❽〔対比〕…としては	

❼〔適合〕**…に適した**, …にふさわしい

▸It was a very good day **for** a sports day. 運動会には絶好の日だった.

▸I brought a picture book **for** children. わたしは子供向けの絵本を持って行った.

❽〔対比〕**…としては**, …のわりに

▸He looks young **for** his age. 彼は年のわりには若く見える.

▸It's quite warm **for** January. 1月にしてはずいぶん暖かい.

❾〔交換〕**…と交換に**, …に対して

▸She bought the hat **for** ten thousand yen. 彼女はその帽子(ぼうし)を1万円で買った.

▸Thank you **for** your kindness. ご親切に感謝します.

▸I'm sorry **for** being late. 遅(おく)れてすみません.

❿〔支持〕**…に賛成して**(対義語 against …に反対して)

ダイアログ
A:Are you **for** or against this plan? きみはこの計画に賛成ですか, 反対ですか?
B:I'm all **for** it! 大賛成です.

⓫〔関連〕…については

▸**For** further information, please call 012-345-6789. より詳(くわ)しい情報については, 012-345-6789 にお電話ください.

⓬ …として

▸What did you have **for** lunch? お昼には何を食べたの?

▸I took Jim **for** Ann's brother. わたしはジムをアンの兄[弟]だと思った.

⓭《**for** +**人**+ **to** +**動詞の原形**で》(人)にとって[(人)が]…すること
(♦ for のあとの「人」が「to +動詞の原形」の意味上の主語)

▸It is difficult **for** me **to** answer the question. その質問に答えるのは, わたしには難しい.

for áll ... …にもかかわらず(♦かたい表現)

▸**For all** her advantages, she lost the game. 有利だったにもかかわらず, 彼女はその試合に負けた.

♦***for exámple*** = ***for ínstance*** **例えば** ➡ **example**, **instance**

for nów 今のところは, さしあたって

for onesélf 自分のために; 自分で, 独力で ➡ **oneself**

♦***for the fírst tíme*** **初めて** ➡ **first**

――接続詞 **というのは**, なぜなら(♦あとから理由をつけ足す言い方; 主に書きことばで用いる; ふつうコンマ(,)のあとに置かれる)

▸Tom is absent, **for** he has a bad cold. トムは欠席です. というのは, ひどい風邪(かぜ)をひいているからです.

(対義語 backhand バックハンド)

forehead [fɔ́ːrid ふォーリッド]
(★発音に注意) 名詞 C 額(ひたい)
➡ head 図

·foreign [fɔ́ːrin ふォーリン]
(★発音に注意) 形容詞
外国の, 外国へ[から]の, 外国に関する
(対義語 domestic 国内の)
▸a **foreign** country 外国
▸a **foreign** language 外国語

foreigner [fɔ́ːrinər ふォーリナ] 名詞 C
外国人(♦「よそ者」という悪い意味合いがあるので, American「アメリカ人」のように具体的に国籍(こくせき)で言うほうがよい)

foresight [fɔ́ːrsàit ふォーサイト] 名詞
U 先見(の明), 洞察(どうさつ)力; 用心

·forest [fɔ́ːrist ふォーレスト] 名詞
(複数 **forests** [fɔ́ːrists ふォーレスツ])
C U **森**, 森林
▸a rain **forest** 熱帯雨林

くらべよう **forest と woods**

forest: 人の住んでいるところからはなれた, 鳥や動物が生息する大きな森を指します.
woods: 人が住んでいるところに近い, 小さな森や林を指します.

forever [fərévər ふォエヴァ] 副詞
❶ 永久に, 永遠に (♦《英》ではこの意味の場合 for ever ともつづる)
▸I will remember you **forever**.
わたしはいつまでもあなたのことを覚えているでしょう.
❷ (非難などを表して)絶えず, いつも

forgave [fərɡéiv ふォゲイヴ] 動詞
forgive(…を許す)の過去形

:forget [fərɡét ふォゲット] 動詞
(三単現 **forgets** [fərɡéts ふォゲッツ];
過去 **forgot** [fərɡát ふォガット];
過分 **forgotten** [fərɡátn ふォガトゥン]
または **forgot**; 現分 **forgetting**)
——他 ❶ **…を忘れる**, 思い出せない
(対義語 remember …を覚えている)
▸I forget [have **forgotten**] her family name.
彼女の名字を忘れてしまった.
▸I'll never **forget** you.
(別れのときなどに)あなたのことは決して忘れません.
▸I **forgot** (that) today is Becky's birthday. 今日がベッキーの誕生日だということを忘れていた.

ルール **forget の使い方**

1 今, 思い出せないでいるときは現在形か現在完了形を使います.
▸I **forget** his name.
▸I **have forgotten** his name.
彼の名前を忘れてしまった.
2 「…し忘れた」「…を置き忘れた」など, 過去の事実を述べるときは過去形を使います. ➡ ❹
▸I **forgot** my homework.
わたしは宿題を忘れた.

❷《**forget to** +**動詞の原形**で》
…するのを忘れる(♦「to +動詞の原形」は,「まだなされていない行為(こうい)」を表す; 下の ❸ の意味とのちがいに注意)
▸Don't **forget to** take your umbrella (with you).
傘(かさ)を持って行くのを忘れないで.
❸《**forget** + **...ing** で》
…したことを忘れる(♦ ...ing は「すでになされた行為」を表す; will [shall] never とともに用いることが多い;
上の ❷ の意味とのちがいに注意)
▸I completely **forgot reading** the book. わたしはその本を読んだことを完全に忘れていた.
▸**I'll never forget seeing** you.
わたしはあなたにお会いしたことを決して忘れないでしょう.
❹ **…を置き忘れる**, 持って来るのを忘れ

る(◆場所を表す副詞(句)をともなうときは, forget ではなく leave を用いる)

ダイアログ
A: I **forgot** my book!
本を置き忘れた!
B: Where did you **leave** it?
どこに忘れたの?

—自 (…のことを)**忘れる**《about ...》
▸She completely **forgot about** the meeting.
彼女は会議のことを完全に忘れていた.

forgetful [fərgétfl ふォゲットふる] 形容詞
忘れっぽい, よく物忘れする
▸I've become **forgetful** recently.
最近物忘れするようになった.

forgetting [fərgétiŋ ふォゲティング]
動詞 forget(…を忘れる)の現在分詞・動名詞

forgive [fərgív ふォギヴ] 動詞
(三単現 **forgives** [-z];
過去 **forgave** [fərgéiv ふォゲイヴ];
過分 **forgiven** [fərgívn ふォギヴン];
現分 **forgiving**)
他 (人・罪など)を許す;
《**forgive** + 人 + **for** + 名詞[...ing]で》
(人)が…したことを許す
▸I'll **forgive** you this time only.
今回だけはあなたを許しましょう.
▸Please **forgive** me **for being** late. 遅(おく)れたことを許してください.
—自 許す
forgíve and forgét = ***forgét and forgíve*** 過去を水に流す

forgiven [fərgívn ふォギヴン] 動詞
forgive(…を許す)の過去分詞

•**forgot** [fərgát ふォガット] 動詞
forget(…を忘れる)の過去形; また, 過去分詞の一つ

•**forgotten** [fərgátn ふォガトゥン] 動詞
forget(…を忘れる)の過去分詞の一つ

•**fork** [fɔ́ːrk ふォーク] 名詞
(複数 **forks** [-s])
❶ C (食器の)**フォーク**
▸a knife and **fork**
(1組の)ナイフとフォーク(◆1組と考えるので fork の前に a はつかない)
❷ C (干し草などをかき上げる)熊手(くまで)

fork ❷

•**form** [fɔ́ːrm ふォーム]

名詞 ❶ 形
❷ 形態; 形式
❸ 用紙
動詞 他 ❶ (団体)を結成する
❷ …を形づくる

—名詞 (複数 **forms** [-z])
❶ C U 形; C 外観, 姿; (運動選手などの)フォーム
▸The rock has a simple **form**.
その岩は単純な形をしている.
❷ C **形態**; 種類; C U (内容に対する)**形式**, 表現形式(対義語 content 内容)
▸Ozone is a **form** of oxygen.
オゾンは酸素の形態の一つだ.
❸ C (書きこむための)**用紙**, 書式
▸Fill in [out] this **form**, please.
この用紙に記入してください.
❹ C《英》学年(◆《米》grade)
—動詞 (三単現 **forms** [-z];
過去・過分 **formed** [-d]; 現分 **forming**)
—他 ❶ (団体)**を結成する**, 組織する
▸**form** a band
バンドを結成する
❷ **…を形づくる**
▸**form** clay into a house
粘土(ねんど)で家を作る
—自 (考え・計画などが)できあがる

formal [fɔ́ːrml ふォームる] 形容詞
❶ 正式の, 公式の
(対義語 informal 非公式の)
▸wear **formal** dress 正装(せいそう)をする
❷ 形式ばった, かたくるしい

format [fɔ́ːrmæt ふォーマぁット] 名詞
❶ C (本・雑誌などの)判型; 体裁(ていさい)
❷ C【コンピューター】フォーマット, 書式

formation [fɔːrméiʃn ふォーメイシャン]
名詞 ❶ U 形成, 成立
❷ U 構造; C 形成物
❸ C U (軍隊などの) 隊形, (飛行機の) 編隊

❹ U (サッカーなどの)フォーメーション

former [fɔ́ːrmər ふォーマ] 形容詞

❶《名詞の前に用いて》以前の, 前の

▸Ms. Green, my **former** teacher, is now teaching my sister.
わたしが前に習っていたグリーン先生は, 今は妹を教えている.

❷《**the former** で》(2つのもののうち順序が)前の;《代名詞的に》前者(のもの)(対義語 the latter あとの)

▸Of the two pictures, I like **the former** better than the latter.
2つの写真では, わたしは後者より前者のほうが好きだ.

formula [fɔ́ːrmjələ ふォーミュら] 名詞
(複数 **formulas** [-z] または **formulae** [fɔ́ːrmjəliː ふォーミュりー])

❶ C 決まり文句(◆ Thank you.「ありがとう」など); 決まったやり方

❷ C (数学などの)式, 公式

fort [fɔ́ːrt ふォート] 名詞 C とりで

forth [fɔ́ːrθ ふォーす] (★ fourth「第4」と発音は同じ) 副詞

❶ 外へ, 外部へ; 前へ, 先へ

❷ (時間的に)先へ, …以後, …以降

and só forth …など(= and so on)

báck and fórth 前後に

fortieth [fɔ́ːrtiəθ ふォーティエす] 名詞

❶ U《**the fortieth** で》第40, 40番め(◆ 40th と略す)

❷ C 40分の1

—形容詞 ❶《**the fortieth** で》第40の, 40番めの

❷ 40分の1の

fortunate [fɔ́ːrtʃənit ふォーチュネット] 形容詞 幸運な, 幸せな (同義語 lucky, 対義語 unfortunate 不運な)

▸You are **fortunate** to have such good friends. きみはこんなにいい友人がいて幸せだね.

▸It was **fortunate** that I caught the train.
その電車に間に合ったのは幸運だった.

fortunately [fɔ́ːrtʃənitli ふォーチュネトり] 副詞 幸運にも, 運よく

fortune [fɔ́ːrtʃən ふォーチュン] 名詞

❶ U 運; 幸運
(同義語 luck, 対義語 misfortune 不運)

▸I'm always favored by **fortune**.
わたしはいつも運に恵(めぐ)まれる.

❷ C U 財産; 富(同義語 wealth)

▸make a **fortune** 財産を築く

❸ U C 運命(同義語 fate); 運勢

▸bring good [bad] **fortune**
幸運[不運]をもたらす

:forty [fɔ́ːrti ふォーティ]

—名詞 (複数 **forties** [-z])

❶ C《冠詞をつけず単数あつかいで》**40**;《複数あつかいで》40人, 40個;
U 40歳(さい)

❷《*one's* **forties** で》40歳代;
《**the forties** で》(20世紀の)40年代

—形容詞 **40の**; 40人の, 40個の; 40歳の

▸**forty** students 40人の学生

forum [fɔ́ːrəm ふォーラム] 名詞

❶ C 公開討論会, フォーラム

❷ C (古代ローマの)公共広場

forward [fɔ́ːrwərd ふォーワド] 副詞

❶ 前方へ, 先へ
(対義語 backward 後方へ)

▸They moved **forward** to the gate.
彼らは門に向かって前進した.

❷ 今後, 以後

◆***lóok fórward to*** **+名詞[*...ing*]**
…を楽しみにして待つ(◆しばしば進行形で用いる; look forward to の目的語に to 不定詞(to +動詞の原形)はこない)

▸**I'm looking forward to** your letter.
あなたのお手紙を楽しみにしています.

▸**I'm looking forward to seeing** you in Japan.
日本でお目にかかれるのを楽しみにしています.

—形容詞 ❶ 前方の; 前方への

❷ (意見などが)進歩的な

—名詞 C【スポーツ】前衛(ぜんえい), フォワード

forwards [fɔ́ːrwərdz ふォーワヅ] 副詞
= forward(前方へ)

fossil [fɑ́sl ふァスる] 名詞 C 化石

▸**fossil** fuel 化石燃料

foster [fɔ́ːstər ふォースタ] 動詞

他 (他人の子供)を育てる, 養育する

—形容詞 養育による, 里親の, 里子の

▸a **foster** child 里子

▸**foster** parents 里親, 養父母

·fought [fɔ́ːt ふォート] 動詞
fight (戦う) の過去形・過去分詞

foul [fául ふァウる] (★発音に注意) 形容詞
(比較 **fouler**; 最上 **foulest**)

❶ 汚(きたな)い
❷《口語》不快な
▸a **foul** day　ひどい１日
❸ 不正な
❹ (天候が) 荒(あ)れた
❺ 反則の;【野球】ファウルの
(♦名詞の前で用いる)
——名詞 C 反則;【野球】ファウル

⁑found¹ [fáund ふァウンド] 動詞
find(…を見つける)の過去形・過去分詞

found² [fáund ふァウンド] 動詞
他 …を創立する, 設立する
▸Our school was **founded** in 1920.
わたしたちの学校は 1920 年に創立された.

be fóunded on ...
…に基(もと)づいている
▸The story **is founded on** fact.
その話は事実に基づいている.

foundation [faundéiʃn ふァウンデイシャン] 名詞 ❶ U 設立, 創立
❷ C《しばしば **Foundation** で》財団
❸ C 土台, 基礎(きそ)
❹ U 根拠(こんきょ)(同義語 basis)

founder [fáundər ふァウンダ] 名詞
C 創立者, 設立者

fountain [fáuntn ふァウンテン] 名詞
C 噴水(ふんすい), 泉; (知識などの) 源, 源泉《of ...》

fountain pen [fáuntn pèn ふァウンテン ペン] 名詞 C 万年筆

⁑four [fɔ́ːr ふォーア]
——名詞 (複数 **fours** [-z])
C《冠詞をつけず単数あつかいで》**4**;
《複数あつかいで》4 人, 4 個;
U 4 歳(さい); 4 時
——形容詞 **4 の**; 4 人の, 4 個の; 4 歳の
▸A square has **four** sides.
正方形には 4 つの辺がある.

⁑fourteen
[fɔ̀ːrtíːn ふォーティーン]
——名詞 (複数 **fourteens** [-z])
C《冠詞をつけず単数あつかいで》**14**;
《複数あつかいで》14 人, 14 個;
U 14 歳(さい)
——形容詞 **14 の**; 14 人の, 14 個の; 14 歳の
▸I'm **fourteen**.　わたしは 14 歳です.

fourteenth [fɔ̀ːrtíːnθ ふォーティーンす]
名詞 ❶ U《**the fourteenth** で》
第 14, 14 番め; (日付の) 14 日
(♦ 14th と略す)
❷ C 14 分の 1
——形容詞 ❶《**the fourteenth** で》
第 14 の, 14 番めの
❷ 14 分の 1 の

⁑fourth [fɔ́ːrθ ふォーす]
——名詞 (複数 **fourths** [-s])
❶ U《**the fourth** で》**第 4**, 4 番め; (日付の) 4 日 (♦ 4th と略す)
❷ C 4 分の 1 (同義語 quarter)
——形容詞 ❶《**the fourth** で》**第 4 の**, 4 番めの
▸the top of **the fourth** inning
(野球で) 4 回の表
❷ 4 分の 1 の

Fourth of July [fɔ́ːrθ əv dʒulái ふォーす オヴ ヂュらイ] 名詞
《**the Fourth of July** で》《米》7 月 4 日, 独立記念日 (♦アメリカの祝日; 同義語 Independence Day)
➡ **Independence Day** 文化

fowl [fául ふァウる] (★発音に注意) 名詞
(複数 **fowl** または **fowls** [-z])
C (成長した) ニワトリ; (アヒル・七面鳥などの) 家禽(かきん)

fox [fáks ふァックス] 名詞 (複数 **foxes** [-iz]) ❶ C【動物】キツネ
❷ C《口語》ずる賢(がしこ)い人

Fr. ❶ 金曜日 (♦ *Fr*iday の略)
❷ フランス (♦ *Fr*ance の略);
フランスの (♦ *Fr*ench の略)

fraction [frǽkʃn ふラぁクシャン] 名詞
❶ C (…の) わずかな部分, 断片(だんぺん), 破片(はへん)《of ...》
❷ C【数学】分数

fragile [frǽdʒəl ふラぁヂャる] 形容詞
こわれやすい, もろい
▸**Fragile**: Handle With Care
《標示》こわれ物につき, 取りあつかい注意

fragrant [fréigrənt ふレイグラント]
形容詞 香(かお)りのよい, かんばしい

frame [fréim ふレイム] 名詞
❶ C (建物などの) 骨組み, 構造;
C U (人・動物の) 体格, 骨格
▸the **frame** of a ship
船の骨組み [構造]

▸a man of strong **frame**
がっしりした体格の男性
❷ C（窓などの）枠(わく)；額縁(がくぶち)
▸a window **frame**　窓枠
▸a picture **frame**　額縁
——動詞（三単現 **frames** [-z]；
過去・過分 **framed** [-d]；現分 **framing**）
他 …を枠にはめる；…を額に入れる

framework [fréimwə̀ːrk ふレイムワ～ク]
名詞 ❶ C 骨組み；（理論などの）構造，枠組(わくぐみ)
❷ C 機構，体制

France [frǽns ふラぁンス] 名詞
フランス
（♦ Fr. と略す；首都はパリ Paris）

Frank [frǽŋk ふラぁンク] 名詞
【人名】フランク（♦ Anne Frank [ǽn- あン-]，1929-45；ユダヤ系ドイツ人の少女；第２次世界大戦中，ヒトラー政権によるユダヤ人迫害(はくがい)政策のためオランダに隠(かく)れ住んでいたが逮捕(たいほ)され，15歳(さい)で強制収容所で病死した；隠れ住んでいたときに書いた日記が，死後『アンネの日記』として出版された）

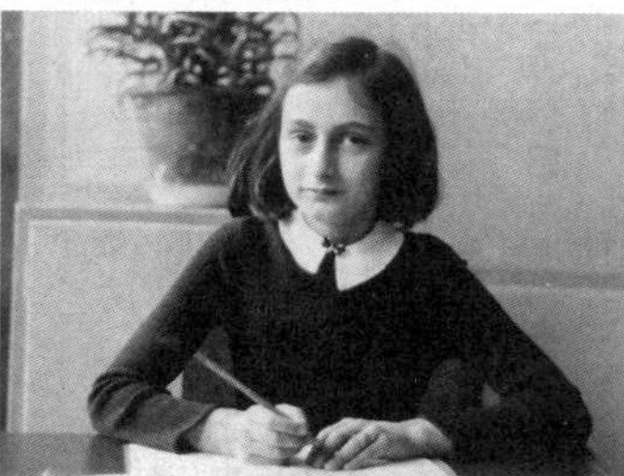

frank [frǽŋk ふラぁンク] 形容詞
（比較 **franker**；最上 **frankest**）
率直(そっちょく)な，正直な
▸Tell me your **frank** opinion, please.　あなたの率直な意見をお聞かせください．
***to be fránk* (*with you*)**
率直に言えば（＝ frankly speaking）
▸**To be frank (with you)**, I don't like his idea.　率直に言えば，わたしは彼の考えが好きではない．

frankfurter [frǽŋkfərtər ふラぁンクふァタ] 名詞
C フランクフルトソーセージ

Franklin [frǽŋklin ふラぁンクリン]
名詞【人名】フランクリン
（♦ Benjamin Franklin [béndʒəmin- ベンヂャミン-]，1706-90；避雷針(ひらいしん)の発明などで有名なアメリカの政治家・科学者・著述家）

frankly [frǽŋkli ふラぁンクり] 副詞
率直(そっちょく)に
fránkly spéaking　率直に言えば
（＝ to be frank (with you)）

freckle [frékl ふレックる] 名詞
C《ふつう **freckles** で》そばかす，しみ

⁑free [fríː ふリー]

——形容詞（比較 **freer**；最上 **freest**）
❶ **自由な**，束縛(そくばく)されない；独立した
▸**free** trade　自由貿易
▸You are **free** here.
あなたはここでは自由です．
❷ **無料の**；税金のいらない
▸a **free** ticket　無料のチケット
❸ **暇(ひま)な**（対義語 busy 忙(いそが)しい）；
（場所が）空いている
▸Are you **free** this afternoon?
今日の午後は暇ですか？
▸Is this seat **free**?
この席は空いていますか？
❹《**be free to** ＋動詞の原形で》
自由に…できる
▸You **are free to** use this room.
この部屋を自由に使っていいですよ．
féel frée to **＋動詞の原形**　自由に…してよい（♦しばしば命令形で使う）
▸Please **feel free to** ask me any questions.
どうぞ自由に何でも質問してください．
for frée　《口語》無料で
frée from ... ＝ frée of ...
…がない；…を免(まぬか)れて
▸**free of** charge　無料で
set ... frée　…を自由にする，解放する
▸Set the bird **free**.
その鳥を放してやりなさい．
——副詞（比較・最上 は 形容詞 に同じ）
自由に；無料で
▸I got the ticket **free**.　わたしは無料でそのチケットを手に入れた．
——動詞（三単現 **frees** [-z]；
過去・過分 **freed** [-d]；現分 **freeing**）
他 …を（…から）自由にする，解放する
《from ...》

freedom [fríːdəm ふリーダム] 名詞
C U 自由（同義語 liberty）；

U (…からの)解放《from ...》
▸**freedom** of speech　言論の自由

freely [fríːli ふリーり] 副詞
自由に; 進んで; 率直(そっちょく)に; 気前よく

freeway [fríːwèi ふリーウェイ] 名詞 C
《米》高速道路 (♦ 同義語 expressway, 《英》motorway)

freeze [fríːz ふリーズ] 動詞
(三単現 **freezes** [-iz]; 過去 **froze** [fróuz ふロウズ]; 過分 **frozen** [fróuzn ふロウズン]; 現分 **freezing**) 自
❶ 凍(こお)る, 氷が張る; 凍(こご)えるほど寒い
▸This lake **freezes** over every winter.
この湖は毎冬一面に氷が張る.
▸Oh, it's **freezing**. ああ, 寒い.
❷ (体が)凍える
❸ (恐怖(きょうふ)などで)動けなくなる; (コンピューターが)動かなくなる
▸**Freeze**! 動くな!
──他 …を凍らせる
▸**freeze** meat　肉を冷凍(れいとう)する

freezer [fríːzər ふリーザ] 名詞
C 冷凍(れいとう)庫; (冷蔵庫の)冷凍室, フリーザー

freezing point [fríːziŋ pɔ̀int ふリーズィング ポイント] 名詞 C U 氷点, セ氏0度

freight [fréit ふレイト] 名詞
U 貨物, 積み荷; 貨物運送, 貨物便; 貨物運賃

freight train [fréit trèin ふレイト トゥレイン] 名詞 C 《米》貨物列車
(♦《英》goods train)

·French [féntʃ ふレンチ]
──形容詞 **フランスの**; フランス人の; フランス語の ➡ **Japanese** 参考
▸a **French** movie　フランス映画
──名詞 ❶《**the French** で複数あつかい》フランス人(全体)
❷ U **フランス語**

French fries [fréntʃ fráiz ふレンチ ふライズ] 名詞
《複数あつかいで》《主に米》フライドポテト(♦ French-fried potatoes ともいう; 《英》chips)
➡ **fast food, fish and chips**

French toast [fréntʃ tóust ふレンチ トウスト] 名詞 U 《主に米》フレンチトースト(♦卵と牛乳に浸(ひた)したパンをフライパンで焼いたもの)

frequency [fríːkwənsi ふリークウェンスィ] 名詞 (複数 **frequencies** [-z]) U
しばしば起こること; C U 頻度(ひんど), 回数

frequent [fríːkwənt ふリークウェント]
形容詞 しばしば起こる; いつもの
▸a **frequent** customer　常連客

frequently [fríːkwəntli ふリークウェントり] 副詞 たびたび, しばしば, 頻繁(ひんぱん)に(♦ often よりかたい語)

·fresh [fréʃ ふレッシ] 形容詞
(比較 **fresher**; 最上 **freshest**)
❶ **新鮮(しんせん)な**, 新しい; できたての; 新入りの
▸**fresh** vegetables　新鮮な野菜
▸**fresh** news　新しいニュース
▸**fresh** coffee　いれたてのコーヒー
▸Meg is **fresh** from college.
メグは大学を卒業したばかりだ.
❷ (人・表情が)生き生きとした, 元気な; (空気・風などが)さわやかな, すがすがしい
▸breathe in the **fresh** mountain air　すがすがしい山の空気を吸いこむ
❸ (水などが)塩分のない
▸**fresh** water　真水(♦「塩水, 海水」は, それぞれ salt water, seawater)

freshman [fréʃmən ふレッシマン] 名詞
(複数 **freshmen** [fréʃmən ふレッシマン]) C 《米》(高校・大学の) 1年生, 新入生; 《英》(大学の)1年生, 新入生 (♦男女の区別なく用いる; 《米》《英》ともに「新入社員」の意味はない)
▸I'm a **freshman** in high school.
わたしは高校1年生です.

参考 **高校・大学の学年**

	高校	大学
1年生	freshman	freshman
2年生	junior	sophomore
3年生	senior	junior
4年生		senior

Fri. [fráidèi ふライデイ] 金曜日
(♦ *Fri*day の略)

friction [fríkʃn ふリクシャン] 名詞
❶ U 摩擦(まさつ)
❷ U C 衝突(しょうとつ), 不和

:Friday [fráidèi ふライデイ] 名詞
(複数 **Fridays** [-z])
C U **金曜日**(♦ Fri. または Fr. と略す)
➡ **Sunday** ルール

▸**Friday** the 13th is an unlucky day.
13日の金曜日は不吉(ふきつ)な日だ.
➡ **thirteen** 文化

fridge [frídʒ ふリッヂ] 名詞
C 《口語》冷蔵庫(◆ re*frig*erator を短縮した語; つづりに d が入ることに注意)

fried [fráid ふライド] 動詞
fry (…を油であげる)の過去形・過去分詞
—形容詞 油であげた, 油でいためた

fried chicken [fráid tʃíkin ふライド チキン] 名詞 U フライドチキン, 鳥のからあげ ➡ **fast food**

fried noodle [fráid nú:dl ふライド ヌードゥる] 名詞
C 《ふつう fried noodles で》焼きそば

:friend [frénd ふレンド] 名詞
(複数 **friends** [fréndz ふレンヅ])
C **友人**, 友達; 味方
▸Tom and I are good **friends**.
トムとわたしはとても仲がよい.
▸a **friend** of Bill's
ビルの友人(の一人)
▸Be my **friend**. 仲よくしようよ.
▸ことわざ A **friend** in need is a **friend** indeed.
困ったときの友こそ真の友.

ルール 「わたしの友達」の表し方

1 「友達が電話をくれた」というとき, "My **friend** called me."というと, 「わたしのたった一人の友人が電話をくれた」という誤解を招くことがあります. このような場合, ふつうは複数いる友人の一人という意味で"A **friend** of mine called me."といいます.
2 ただし, ある特定の友人を指している場合や, すでに話に出ていてだれのことかわかっている場合は my friend を用いることも可能です.
▸My **friend** Ted is a good cook.
わたしの友人のテッドは料理がじょうずだ.

◆***be friends with ...*** **…と親しい**
▸Emma **is friends with** Carol.
エマはキャロルと親しい.

◆***make friends with ...*** = ***become friends with ...*** **…と親しくなる**
▸I **made friends with** Becky.
わたしはベッキーと親しくなった.

参考 「親しくなる」は friends を使う

親しくなる相手が 1 人でも, 主語と合わせれば 2 人なので, make friends with と, friend は複数形になります.

make friends with ... again
…と仲直りする

·friendly [fréndli ふレンドり] 形容詞
(比較 **friendlier**; 最上 **friendliest**)
(…に)**好意的な**, 親切な, 友好的な《to [towards] ...》; (…と)親しい《with ...》
▸My host family was very **friendly to** me. わたしのホストファミリーはわたしにとても親切だった.
▸Ann is **friendly with** Ms. Brown.
アンはブラウンさんと親しい.

friendship [fréndʃip ふレン(ド)シップ]
名詞 C U 友情, 友好関係, 親交

fright [fráit ふライト] (★発音に注意)
名詞 C U (突然(とつぜん)の)恐怖(きょうふ), 激しい驚(おどろ)き

frighten [fráitn ふライトゥン] 動詞
他 …をこわがらせる, 驚(おどろ)かせる; 《**be frightened by** [**at**] **...** で》
…をこわがる, …に驚く
▸The movie **frightened** me.
(=I **was frightened at** [**by**] the movie.)
わたしはその映画がこわかった.

frightened [fráitnd ふライトゥンド]
動詞 frighten (…をこわがらせる)の過去形・過去分詞
—形容詞 おびえた, 驚(おどろ)いた

Frisbee [frízbi ふリズビ] 名詞
C 《しばしば **frisbee** で》
【商標】フリスビー(◆戸外で投げ合って遊ぶプラスチック製の円盤(えんばん))

frog [frág ふラッグ] 名詞
C 【動物】カエル
(◆「オタマジャクシ」は tadpole)

:from 前置詞 ➡ p.251 **from**

·front [fránt ふラント] (★発音に注意)
—名詞 (複数 **fronts** [fránts ふランツ])
C 《ふつう **the front** で》**前**, 前部; 表, 表面(対義語 back 後ろ); (建物の)正面
▸**the front** of a building 建物の正面
▸put a stamp on **the front** of the envelope 封筒(ふうとう)の表に切手をはる

⁑from 前置詞

❶〔場所〕…から ❷〔時間〕…から ❸〔起源・出所〕…から ❹〔数量・順序〕…から ❺〔分離(ぶんり)・防止〕…から

[frάm フラム；(弱く言うとき) frəm フラム]

ルール from の使い方

1 from は「家から学校まで」「午前 9 時から午後 7 時まで」「1 から 10 まで」のように，場所・時間・順序などの「始まり」を表します．

2 from ... to ... の形では，「...」に入る名詞にふつう冠詞をつけません．

▸**from** flower **to** flower　花から花へ

3 from のあとに場所や位置を表す副詞や前置詞(句)がくることもあります．

▸**from** abroad　外国から　▸**from** here　ここから

▸**from** behind the curtain　カーテンの後ろから

❶〔場所〕…**から**

▸walk **from** my house to school　家から学校まで歩く

▸fall **from** a tree　木から落ちる

❷〔時間〕…**から**

▸The library is open **from** 9 a.m. to [until] 7 p.m.　その図書館は午前 9 時から午後 7 時まで開いている．

❸〔起源・出所〕…**から**, …出身の, …に由来する

▸a call **from** Ted　テッドからの電話

ダイアログ

A: Where are you **from**?　どちらのご出身ですか？

(＝Where do you come **from**?)

B: I'm **from** Chicago.　シカゴ出身です．

(＝I come **from** Chicago.)

(♦ come from が現在時制である点に注意)

❹〔数量・順序〕…**から**

▸count **from** one to ten　1 から 10 まで数える

❺〔分離・防止〕…**から**

▸The little boy took the toy **from** the baby.　その男の子は赤ちゃんからおもちゃを取り上げた．

❻〔原因〕…から, …で, …によって

▸die from [of] cancer　がんで死ぬ

❼〔原料〕…から (♦原料の質が変化する場合に用いる) ➡ **make** くらべよう

▸Wine is made **from** grapes.　ワインはブドウから作られる．

❽〔相違(そうい)・区別〕…から, …と

▸She can tell right **from** wrong.　彼女は善悪の区別がつく．

from dóor to dóor　1 軒(けん)ごとに ➡ **door**

from héad to fóot ＝ ***from héad* [*tóp*] *to tóe***

頭のてっぺんからつま先まで；すっかり ➡ **head**

from nów ón　これからは，今後は

from pláce to pláce　あちらこちらに ➡ **place**

from tíme to tíme　ときどき(同義語 sometimes) ➡ **time**

from tóp to bóttom　すっかり ➡ **bottom**

▸She took a seat at [in] the front of the bus.
彼女はバスの前方の座席にすわった.

◆*in frónt of ...*
…の前に[で], 正面に[で]
(対義語 at the back of ... …の後ろに)

くらべよう in front of と in the front of

in front of ...:
「…からはなれて前に」を表します.
in the front of ...:
「…の前の部分[最前部]に」を表します. at the front of ともいいます.
▸I'll wait for you **in front of** the theater.
劇場の前で待ってますね.
▸We took our seats **in** [**at**] **the front of** the theater.
わたしたちは劇場の最前部の席にすわった.

in front of

in the front of

—形容詞《名詞の前に用いて》
前の, 表の; 正面の(対義語 back 後ろの)
▸a **front** seat　前列の席
▸a **front** door　玄関(げんかん)
▸the **front** page　(新聞の)第 1 面

front desk [frʌ́nt désk ふラント デスク]
名詞 C 《米》(ホテルの)フロント, 受けつけ(◆×単に front とはいわない; 《英》reception desk)

frontier [frʌntíər ふランティア] 名詞
❶ C 国境, 国境地方
❷《**the frontier** で》(アメリカの)辺境(◆西部開拓(かいたく)時代の開拓地と未開拓地の境界地域)
❸ C《しばしば **frontiers** で》
(学問などの)最先端(せんたん), 未開拓の分野

frost [frɔ́ːst ふロースト] 名詞 U 霜(しも)

frown [fráun ふラウン] 動詞
自 (怒(いか)り・不快・困惑(こんわく)などで)(…に)まゆをひそめる, 顔をしかめる《at ...》
—名詞 C しかめっつら, しぶい顔

froze [fróuz ふロウズ] 動詞
freeze(凍(こお)る)の過去形

frozen [fróuzn ふロウズン] 動詞
freeze(凍(こお)る)の過去分詞
—形容詞 凍った, 冷凍(れいとう)した; ものすごく寒い; (態度などが)冷淡(れいたん)な
▸**frozen** food　冷凍食品

⁑fruit [frúːt ふルート] 名詞

(複数 **fruits** [frúːts ふルーツ])
❶ C U **果物**(くだもの), 果実

ルール fruit の使い方

1 漠然(ばくぜん)と「果物全体」を表すときは a をつけず, 複数形にもしません.
▸He doesn't eat **fruit** very often.
彼は果物をあまり食べない.
2 果物の種類を表すときには a をつけたり, 複数形にしたりします.
▸various **fruits**　いろいろな果物
▸The tomato is a vegetable, not **a fruit**.
トマトは野菜であり, 果物ではない.

❷ C《しばしば **fruits** で》
(研究・努力などの)成果

fruitcake [frúːtkèik ふルートケイク]
名詞 C U (乾燥(かんそう)させた果実などが入っている)フルーツケーキ

fry [frái ふライ] 動詞 (三単現 **fries** [-z]; 過去・過分 **fried** [-d]; 現分 **frying**)
他 …を油であげる, いためる ➡ **cook** 図
▸**Fry** the onions well.
タマネギをよくいためなさい.
—名詞 (複数 **fries** [-z])
C あげ物, フライ, いため物

frying pan [fráiiŋ pæ̀n ふライインᶢ パぁン] 名詞 C フライパン(◆《米》frypan ともいう)

frypan [fráipæ̀n ふライパぁン] 名詞 C
《米》フライパン(◆ frying pan ともいう)

ft. フィート(◆ *foot, feet* の略)

fuel [fjúːəl ふューエる] 名詞 C U 燃料(ねんりょう)

-ful 接尾辞 名詞について「…がいっぱいの」「…の性質をもつ」という意味の形容詞をつくる: color(色) + -ful → colorful (色彩(しきさい)に富んだ);
beauty(美しさ)+ -ful → beautiful (美しい)

fulfill, 《英》fulfil [fulfíl ふるふィる] 動詞
他 (義務・約束など)を果たす;
(希望)をかなえる

fulfillment [fulfílmənt ふるふィるメント]
名詞 U C (約束・義務などの)実行;(希望などの)実現, 達成

･full [fúl ふる]

─形容詞 (比較 **fuller**; 最上 **fullest**)
❶ **いっぱいの**, 満ちた (対義語 empty 空(から)の); 《口語》腹いっぱいの, 満腹の; 《**be full of ...** で》…でいっぱいである (同義語 be filled with)
▸The train **was full of** people, so I had to stand.
電車は満員だったので, わたしは立っていなければならなかった.

ダイアログ
A: Would you like another piece of cake?
ケーキをもう1切れいかがですか?
B: No, thank you. I'm **full**. もうけっこうです. おなかがいっぱいです.

❷ 完全な; 最大限の
▸a **full** moon 満月
▸at **full** speed 全速力で
▸They spent a **full** two days in Hakone. 彼らは箱根で丸2日過ごした.(♦two days をひとまとまりのものと考えて a をつけるのがふつう; two **full** days ともいう)
─名詞 U 《ふつう **the full** で》
完全; 全盛(ぜんせい)
in fúll 省略せずに, 全部
to the fúll 十分に, 心ゆくまで
We enjoyed the trip **to the full**.
わたしたちは旅行を心ゆくまで楽しんだ.

full name [fúl néim ふる ネイム] 名詞
C (略さない)氏名, フルネーム

full stop [fúl stáp ふる スタップ] 名詞
C 《英》ピリオド, 終止符(ふ)
(♦《主に米》period)

full-time [fúltáim ふるタイム] 形容詞
フルタイムの, 常勤の
(対義語 part-time パートタイムの)
▸a **full-time** teacher 常勤の教師
─副詞 全時間勤務で, 常勤[専任]で
▸work **full-time** 全時間勤務で働く

fully [fúli ふり] 副詞 十分に, 完全に; 《数を表す語の前で》たっぷり, まるまる
▸It took **fully** three hours to solve the puzzle.
そのパズルを解くのにたっぷり3時間かかった.

⁑fun [fʌ́n ふァン] 名詞

U **おもしろさ**, 楽しいこと[人, もの]; ふざけ
▸We had a lot of **fun** at the party.
わたしたちはパーティーで大いに楽しんだ.
▸It's great **fun** to play cards.
トランプをするのはとても楽しい.
▸This is **fun**! これ, おもしろい!
for fún ① 楽しみで, 楽しみのために
▸I play the flute **for fun**.
わたしは楽しみでフルートを吹く.
② 遊び半分で, 冗談(じょうだん)で
(♦in fun ともいう)
▸Maybe he said that just **for fun**.
おそらく彼はほんの冗談でそう言ったんだよ.
make fún of ... …をからかう
▸Don't **make fun of** the dog.
そのイヌをからかってはいけない.

function [fʌ́ŋkʃn ふァンクシャン] 名詞
C 機能, 働き; 役割, 職務
─動詞 自 ❶ (機械などが)作動する
❷ (…として)機能する, (…の)役目を果たす《as ...》

functional [fʌ́ŋkʃənəl ふァンクショナる]
形容詞 機能本位の, 実用的な

fund [fʌ́nd ふァンド] 名詞 C 資金, 基金

fundamental [fʌ̀ndəméntl ふァンダメンタる] 形容詞 根本的な, 基本的な; 重要な
▸**fundamental** human rights
基本的人権

funeral [fjúːnərəl ふューネラる] 名詞
C 葬式(そうしき), 告別式

･funny [fʌ́ni ふァニ] 形容詞

(比較 **funnier**; 最上 **funniest**)
❶ **おかしい**, こっけいな, おもしろい
➡ **interesting** くらべよう
▸That was a really **funny** movie.
それは実におかしな映画だった.

▸What's so **funny**?
何がそんなにおかしいのですか？

❷《口語》奇妙(きみょう)な, 変な
▸It's **funny** (that) nobody showed up. だれも来ないなんて奇妙だ.

fur [fə́ːr ふァ～] 名詞 C U 毛皮(けがわ); C《しばしば **furs** で》毛皮製品, 毛皮の衣服; U (ほ乳動物の)柔(やわ)らかい毛

furious [fjúəriəs ふュ(ア)リアス] 形容詞
❶ (人が)激怒(げきど)した, すごく怒(おこ)った
❷《ふつう名詞の前に用いて》(風雨・勢いなどが)激しい, 猛烈(もうれつ)な

furnish [fə́ːrniʃ ふァ～ニッシ] 動詞 (三単現 **furnishes** [-iz]; 過去・過分 **furnished** [-t]; 現分 **furnishing**) 他
❶ …に(必要なもの・家具などを)備えつける《with ...》
❷ (必要なもの)を供給する

furnished [fə́ːrniʃt ふァ～ニッシト] 形容詞 (部屋・家などが)家具つきの

•furniture

[fə́ːrnitʃər ふァ～ニチャ] 名詞
U **家具**(全体)(♦日本語の「家具」より意味が広く, じゅうたん・時計・冷蔵庫・洗濯(せんたく)機などもふくむ)
▸I don't have much **furniture**.
わたしはあまり家具を持っていない.

> ルール **furniture の使い方**
>
> **1** furniture は数えられない名詞なので,「たくさんの家具」というとき, many は使えません.
> ▸much [a lot of] **furniture**
> たくさんの家具
>
> **2** 数を表すときは次のようにいいます.
> ▸a piece [an article] of **furniture**
> 家具1点
> ▸two pieces [articles] of **furniture**
> 家具2点

further [fə́ːrðər ふァ～ざ] 副詞
(far の比較級の一つ)
➡ **far** 2つめの ルール
❶〔程度〕さらに, そのうえに
▸The book is useful. **Further**, it is very interesting. その本は役に立つ. そのうえ, とてもおもしろい.
❷〔時間・距離(きょり)〕もっと先に, もっと遠くに
▸They could not walk any **further**.
彼らはもうそれ以上歩けなかった.

――形容詞 (far の比較級の一つ)
❶〔程度〕それ以上の
▸For **further** detail(s), please read the manual.
さらに詳(くわ)しくは, 説明書をお読みください.
❷〔時間・距離〕もっと先の, もっと遠くの

furthermore [fə́ːrðərmɔ̀ːr ふァ～ざモーア] 副詞 そのうえ, さらに
(♦かたい語; 同義語 besides)

furthest [fə́ːrðist ふァ～ゼスト] 副詞
(far の最上級の一つ)
➡ **far** 2つめの ルール
❶〔時間・距離(きょり)〕最も遠くへ
❷〔程度〕最大限に
――形容詞 (far の最上級の一つ)
❶〔時間・距離〕最も遠くの
❷〔程度〕最大限の

fury [fjúəri ふュ(ア)リ] 名詞
(複数 **furies** [-z])
❶ U C 激しい怒(いか)り
❷ U (あらしなどの)猛威(もうい)
flý* [*gét*] *into a fúry 激怒(げきど)する

fuse [fjúːz ふューズ] 名詞
❶ C【電気】ヒューズ
❷ C (爆弾(ばくだん)などの)導火線, 信管

⁑future

[fjúːtʃər ふューチャ]
――名詞 (複数 **futures** [-z])
❶ C U《ふつう **the future** で》**未来, 将来**
(♦「現在」は present,「過去」は past)
▸Please tell me your dreams for **the future**.
あなたの将来の夢を聞かせてください.
▸What will **the future** be like?
未来はどんなだろうか?
❷ C U 将来性, 前途(ぜんと)
▸You have a bright **future**.
きみの前途は明るい.
❸《**the future** で》【文法】未来
in fúture 《英》これからは, 今後は
in the fúture 将来に; これからは
▸I want to teach English **in the future**.
わたしは将来, 英語を教えたい.
――形容詞《名詞の前に用いて》
未来の, 将来の
▸This is my **future** husband.
こちらがわたしの未来の夫[婚約(こんやく)者]です.

Gg

Q 何の合図？➡ p.259 gestures 図を見てみよう！

G, g [dʒíː ヂー] 名詞 (複数 **G's, g's** または **Gs, gs** [-z]) C U ジー
(♦アルファベットの 7 番めの文字)

g グラム(♦ *gram(s)* の略)

GA 【郵便】ジョージア州(♦ *Georgia* の略)

gadget [gǽdʒit ギぁヂェット] 名詞
C (気のきいた)小さな道具, 機械装置

˙gain [géin ゲイン]
——動詞 (三単現 **gains** [-z]; 過去・過分 **gained** [-d]; 現分 **gaining**)
——他 ❶ (望ましいもの)を得る, (努力して)手に入れる
(同義語 get, 対義語 lose …を失う)
▸**gain** support　支持を得る
❷ (重さ・速度など)を増す
▸**gain** speed　速度を増す
▸I've **gained** some weight recently.
最近, 体重が増えてしまった.
❸ (時計が)…だけ進む
(対義語 lose …だけ遅(おく)れる)
——自 利益を得る; 増える; (時計が)進む
——名詞 (複数 **gains** [-z])
U C 利益; 増加

Galileo [gæ̀ləléiou ギぁりれイオウ] 名詞
【人名】ガリレオ(♦ Galileo Galilei [-gæ̀ləléi -ギぁりれイ], 1564-1642; 地動説を唱えたイタリアの天文学者・物理学者)

gallery [gǽləri ギぁらり] 名詞
(複数 **galleries** [-z])
❶ C 画廊(がろう), 美術館
▸the National **Gallery**
(ロンドンの)国立美術館
❷ C (劇場の)天井桟敷(てんじょうさじき)
(♦最上階にあるいちばん安い席)
❸《**the gallery** で》天井桟敷の観客; (ゴルフ・テニスなどの)観客

gallon [gǽlən ギぁろン] 名詞
C (液量の単位の)ガロン(♦日本やアメリカでは 1 ガロンは約 3.79 リットル, イギリスでは約 4.55 リットル; gal. と略す)

gallop [gǽləp ギぁろップ] 名詞
U《または **a gallop** で》ギャロップ
(♦馬のいちばん速い走り方)
——動詞 自 (馬が)ギャロップで走る
——他 (馬)をギャロップで走らせる

gamble [gǽmbl ギぁンブる] 動詞
(三単現 **gambles** [-z]; 過去・過分 **gambled** [-d]; 現分 **gambling**)
自 かけ事をする; (…に)金をかける《on ...》
——他 (…に)(金)をかける《on ...》
——名詞 C かけ事, ギャンブル

:game [géim ゲイム] 名詞
(複数 **games** [-z])
❶ C **遊び, ゲーム**
▸Let's play a card [video] **game**.
トランプ[テレビゲーム]をしよう.
❷ C **試合**, 競技;《**games** で》競技会
▸a **game** of soccer　サッカーの試合
▸We won [lost] the baseball **game** by five to two.　わたしたちは野球の試合に 5 対 2 で勝った[負けた].

くらべよう game と match

1 《米》では baseball や basketball など, -ball のつく球技には game を使い, tennis や golf などの個人競技には match を使います.
2 《英》ではどちらも match をよく使います.

❸ C (1 試合または 1 セットの中の)ゲーム(♦テニスでは game の集まりを set, set の集まりを match と呼ぶ)

a b c d e f g h i j k l m n o p q r s t u v w x y z

Gandhi [gáːndiː ガーンディー]
名詞 【人名】ガンジー (◆Mohandas Karamchand Gandhi [mòuhəndáːs kʌ̀rəmtʃʌ́nd- モウハンダース カラムチャンド-], 1869-1948; インド独立運動の指導者; 通称 Mahatma Gandhi [məháːtmə- マハートマ-])

gang [gǽŋ ギぁング] 名詞
❶ C (仲間の)一群, 一団
▸a **gang** of workers 労働者の一団
❷ C (悪漢の)一味, ギャング, 暴力団 (◆1人のギャングは a gangster という)
▸a **gang** of bank robbers
銀行強盗(ごうとう)の一味
❸ C (少年の)遊び仲間, グループ

Ganges [gǽndʒiːz ギぁンヂーズ] 名詞
《**the Ganges** で》ガンジス川
(◆ヒマラヤ山脈に発し, ベンガル湾(わん)に注ぐ; ヒンズー教徒にとって聖なる川)

gangster [gǽŋstər ギぁングスタ] 名詞
C ギャング(の一員), 暴力団員

gap [gǽp ギぁップ] 名詞
❶ C (塀(へい)や岩などの)割れ目, すき間
❷ C (意見などの)へだたり, 相違(そうい)
▸a generation **gap** 世代間の断絶, ジェネレーションギャップ
❸ C (時間の)空白, とぎれ

garage [gəráːʒ ガラージ] (★発音に注意)
名詞 ❶ C ガレージ, 車庫 ➡ **house** 図
❷ C 自動車修理工場; 《英》ガソリンスタンド (◆《米》gas station)

garage sale [gəráːʒ sèil ガラージ セイる] 名詞 C 《主に米》ガレージセール

文化 ガレージセールで買い物じょうず

引っ越(こ)しをするときなどに, 不用になった家具・電気製品・衣類・本などを自分の家のガレージや庭先などで安く売ることを garage sale, または yard sale といいます.

ˈgarbage [gáːrbidʒ ガーベッヂ]
名詞 U 《主に米》(台所の)**生ごみ**, ごみ (類語 《米》trash, 《英》rubbish がらくた)
▸a **garbage** can
《米》ごみ入れ (◆《英》dustbin)
▸take out [collect] **garbage**
ごみを出す[収集する]

ˈgarden [gáːrdn ガードゥン] 名詞
(複数 **gardens** [-z])
❶ C **庭**, 庭園; 菜園
▸a flower [vegetable] **garden**
花畑[菜園] (◆庭などの一角で花や野菜の栽培(さいばい)にあてられた場所)
❷ C 《ときに **gardens** で》公園 (同義語 park); 遊園地

くらべよう garden と yard

garden: 草花や樹木でおおわれており, 石塀(いしべい)などで囲まれている庭です. イギリスでよく見られます.

yard: 芝生が植えられており, 塀(へい)がなく広々とした庭です. アメリカでよく見られます.

gardener [gáːrdnər ガードゥナ] 名詞
C 植木屋, 庭師, 造園業者; 園芸家

gardening [gáːrdniŋ ガードゥニング]
名詞 U 園芸, ガーデニング

gargle [gáːrgl ガーグる] 動詞
(三単現 **gargles** [-z];
過去・過分 **gargled** [-d]; 現分 **gargling**)
自 うがいをする
——名詞 ❶ 《**a gargle** で》うがい
❷ C U うがい薬

garlic [gáːrlik ガーリック] 名詞
U 【植物】ニンニク(の球根); ガーリック

ˈgas [gǽs ギぁス] 名詞
(複数 **gases** または **gasses** [-iz])
❶ C U **気体**, ガス
(◆「液体」は liquid, 「固体」は solid)

❷ U (燃料用の)**ガス**
▸turn on [off] the **gas**
ガスをつける[消す]
❸ U 《米口語》ガソリン
(♦ *gas*oline を短縮した語)

gasoline [gǽsəliːn ギぁソリーン] 名詞 U
《米》ガソリン(♦《米口語》gas, 《英》petrol)

gasp [gǽsp ギぁスプ] 動詞
自 あえぐ, 息を切らす;
(驚(おど)きなどで)息をのむ
—他 …をあえぎながら言う
—名詞 C あえぎ, 息切れ; 息をのむこと

gas station [gǽs stèiʃn ギぁス ステイシャン] 名詞
C 《米》ガソリンスタンド(♦「ガソリンスタンド」は和製英語; 《英》petrol station)

·gate [géit ゲイト] 名詞
(複数 **gates** [géits ゲイツ])
C **門**, 出入り口(♦両開きの場合は門が一つでも gates になる); 搭乗(とうじょう)口

gateway [géitwèi ゲイトウェイ] 名詞
❶ C (壁(かべ)・垣根(かきね)などの)出入口;
(…への)入口, 通路《to …》
❷ C《ふつう **the gateway** で》
(…への)道, 手段《to …》

·gather [gǽðər ギぁざ] 動詞
(三単現 **gathers** [-z]; 過去・過分 **gathered** [-d]; 現分 **gathering**)
—他 ❶ **…を集める**; (花など)**を摘(つ)む**;
(農作物)を取り入れる
▸Ms. Baker **gathered** all the students together. ベーカー先生は生徒全員を一か所に集めた.
▸We **gathered** flowers in the field.
わたしたちは野原で花を摘んだ.
❷ (経験・速度など)を(徐々(じょじょ)に)増す
▸The express train **gathered** speed. 急行はスピードを上げた.
—自 (人・ものが)**集まる**, 集合する
▸The players **gathered** around their coach.
選手たちはコーチのまわりに集まった.

gathering [gǽðəriŋ ギぁざリング] 名詞
C 集まり, 集会

:gave [géiv ゲイヴ] 動詞
give(…をあたえる)の過去形

gay [géi ゲイ] 形容詞 《口語》同性愛の
—名詞 C 同性愛者, ゲイ

gaze [géiz ゲイズ] 動詞
(三単現 **gazes** [-iz]; 過去・過分 **gazed** [-d]; 現分 **gazing**)
自 (…を)見つめる, じっと見る
《at [into] …》

GDP [dʒíːdìːpíː ヂーディーピー] 国内総生産
(♦ *g*ross *d*omestic *p*roduct の略)

gear [gíər ギア] 名詞
❶ C U 歯車, ギア
❷ C 装置; U (スポーツなどの)用具, 道具一式

gee [dʒíː ヂー] 間投詞
《主に米・口語》うわあ, へえ, まあ
(♦驚(おど)き・感心などを表す)

geese [gíːs ギース] 名詞
goose(ガチョウ)の複数形

gem [dʒém ヂェム] 名詞
C 宝石; 貴重なもの[人]

gene [dʒíːn ヂーン] 名詞 C 遺伝子
▸**gene** therapy 遺伝子治療(ちりょう)

·general [dʒénərəl ヂェネラる]
—形容詞 (比較 **more general**; 最上 **most general**)
❶ **全般(ぜんぱん)的な**, 全体的な; 世間一般の
▸a **general** election 総選挙
▸the **general** public 一般大衆
❷ **一般的な, 総合的な**
(対義語 special 専門の)
▸**general** education 一般教育
▸a **general** hospital 総合病院
❸ 大まかな; 漠然(ばくぜん)とした
▸a **general** idea おおよその考え
—名詞 (複数 **generals** [-z])
C (アメリカ陸軍・空軍・海兵隊, イギリス陸軍の)大将

in géneral
①《名詞のあとに用いて》一般の
▸people **in general** 一般の人々
② 一般に, 概(がい)して
(対義語 in particular 特に)
▸**In general**, women live longer than men.
概して, 女性は男性よりも長生きする.

·generally [dʒénərəli ヂェネラり] 副詞
❶ **たいてい**, ふつう
▸We **generally** go to Okinawa in summer.
わたしたちはたいてい夏に沖縄に行く.

A B C D E F G H I J K L M N O P Q R S T U V W X Y Z

❷ 一般に，広く；概(がい)して
génerally spéaking
一般的にいえば(♦ふつう文頭で用いる)
▸**Generally speaking**, people in this village live long.
一般的にいえば，この村の人々は長生きだ.

generation [dʒènəréiʃn チェネレイシャン] 名詞
❶ C 代；一世代(♦生まれた子が成長して親になるまでの約 30 年間)
▸from **generation** to **generation**
代々，親から子へ
❷ C 同じ世代の人々
▸the young(er) **generation**
若い世代

generous [dʒénərəs チェネラス] 形容詞
❶ 気前がいい
▸He is **generous** with his money.
彼は気前よく金を出す.
❷ 寛大(かんだい)な，度量が広い
▸She is **generous** to her friends.
彼女は友人に対して寛大だ.

Geneva [dʒəníːvə チェニーヴァ] 名詞
ジュネーブ(♦スイスの都市；国際赤十字社や WHO(世界保健機関)の本部がある)

genius [dʒíːniəs チーニャス] (★発音に注意) 名詞 (複数 **geniuses** [-iz])
❶ C (人を指して)天才
❷ U (生来の)才能，天分；《**a genius** で》(…に対する)非凡(ひぼん)な才能《for ...》
▸He has **a genius for** music.
彼には音楽の才能がある.

gentle [dʒéntl チェントゥる] 形容詞
(比較 **gentler**; 最上 **gentlest**)
❶ 優(やさ)しい，親切な
▸She is **gentle** to the weak.
彼女は弱者に優しい.
❷ 穏(おだ)やかな，静かな，ゆるやかな
▸speak in a **gentle** voice
穏やかな声で話す

·gentleman [dʒéntlmən チェントゥるマン] 名詞 (複数 **gentlemen** [dʒéntlmən チェントゥるマン])
❶ C **男の人**(♦ man のていねいな言い方；対義語 lady 女の人)
❷ C **紳士**(しんし)(♦人格がりっぱで教養がある男性；対義語 lady 淑女(しゅくじょ))
❸《**gentlemen** で》(呼びかけで)みなさん，諸君(♦女性がいる場合は Ladies and gentlemen. と言う)

gentlemen [dʒéntlmən チェントゥるマン] 名詞 gentleman(男の人)の複数形

gently [dʒéntli チェントゥり] 副詞
穏(おだ)やかに，優(やさ)しく，静かに

genuine [dʒénjuin チェニュイン] 形容詞
本物の，真の；誠実な，心からの

geography [dʒiágrəfi チアグラふィ] (★アクセントに注意) 名詞
❶ U 地理，地理学
❷《**the geography** で》
(ある地域の)地勢，地形

geometry [dʒiámətri チアメトゥリ] (★アクセントに注意) 名詞
U 幾何(きか)学(♦図形や空間に関する数学)

Georgia [dʒɔ́ːrdʒə チョーチャ] 名詞
ジョージア州(♦アメリカ南東部の州；Ga. または【郵便】で GA と略す)

geothermal [dʒìːouθə́ːrməl チーオウさ～マる] 形容詞 地熱の

germ [dʒə́ːrm チャ～ム] 名詞
C ばい菌(きん)，細菌

German [dʒə́ːrmən チャ～マン] 形容詞
ドイツの；ドイツ人の；ドイツ語の
── 名詞 ❶ C ドイツ人；《**the Germans** で》ドイツ人(全体)
❷ U ドイツ語

Germany [dʒə́ːrməni チャ～マニ] 名詞
ドイツ(♦ Ger. と略す；首都はベルリン Berlin)

·gesture [dʒéstʃər チェスチャ]
── 名詞 (複数 **gestures** [-z])
C U **身振**(みぶ)**り**，手まね，ジェスチャー
➡ p.259 図
▸communicate with **gestures**
ジェスチャーで意思の疎通(そつう)をはかる
── 動詞 (三単現 **gestures** [-z]; 過去・過分 **gestured** [-d]; 現分 **gesturing**)
自 **身振りをする**
▸Ann **gestured** to [for] him to come.
アンは彼に，来るようにと身振りをした.

:get 動詞 ➡ p.260 **get**

·getting [gétiŋ ゲティング] 動詞
get(…を得る)の現在分詞・動名詞

get-together [géttəgèðər ゲットトゥゲざ] 名詞 C (気楽な)パーティー，集まり

Ghana [gáːnə ガーナ] 名詞 ガーナ
(♦アフリカ西部の国；首都はアクラ Accra)

ghost [góust ゴウスト] (★発音に注意)
名詞 C 幽霊(ゆうれい), お化け

giant [dʒáiənt ヂャイアント] 名詞
❶ C (物語や伝説に出てくる)巨人(きょじん) (対義語 dwarf 小人(こびと)); (一般に)大男
❷ C 偉人(いじん), 非凡(ひぼん)な人, 大物
──形容詞 《名詞の前に用いて》巨大な

˙gift [gíft ギふト] 名詞
(複数 **gifts** [gífts ギふツ])
❶ C **贈(おく)り物**(♦ present よりも改まった贈り物を表す)
▸Could you wrap it as a **gift**?
贈り物用に包装していただけますか?
❷ C (生まれつきの)(…の)才能《for ...》
▸She has a **gift for** painting.
彼女には絵をかく才能がある.

gifted [gíftid ギふティッド] 形容詞
生まれつき才能のある

gigantic [dʒaigǽntik ヂャイギぁンティック] 形容詞 巨大(きょだい)な; 膨大(ぼうだい)な

giggle [gígl ギグる] 動詞
(三単現 **giggles** [-z]; 過去・過分 **giggled** [-d]; 現分 **giggling**)
自 クスクス笑う
──名詞 C クスクス笑い

ginkgo, gingko [gíŋkou ギンコウ]
名詞 (複数 **ginkgoes, gingkoes** または **ginkgos, gingkos** [-z])
C 【植物】イチョウ

giraffe [dʒərǽf ヂラぁふ] 名詞
C 【動物】キリン

⁂girl [gə́ːrl ガ～る] 名詞 (複数 **girls** [-z])
C **女の子, 少女**(対義語 boy 男の子); 娘(むすめ)
▸a **girl** in her teens
10 代の少女
▸a **girls'** school 女子校(♦アポストロフィ(')の位置に注意; girls は複数形)

girlfriend [gə́ːrlfrènd ガ～るふレンド]
名詞 C ガールフレンド, (女性の)恋人(こいびと) (対義語 boyfriend ボーイフレンド)
➡ **boyfriend** おもしろ知識

Girl Guides [gə́ːrl gáidz ガ～る ガイヅ]
名詞《**the Girl Guides** で》
《英》ガールガイド(♦ 1909 年にイギリスで結成された, 少女を心身ともに健全な市民に育てるための組織; 一人ひとりの団員は a girl guide; 《米》の the Girl Scouts にあたる)

gestures

ぼく / わたし

賛成 / 満足

反対 / 不満

うまくいったよ(OK)

うまくいきますように
(cross *one's* fingers)

当惑(とうわく) / あきらめ / 不賛成

おいで, おいで

だめ, だめ

おなかがすいた

もういいよ, 忘れて

うぬぼれている

A B C D E F G H I J K L M N O P Q R S T U V W X Y Z

⁑get 動詞

[gét ゲット]

他 ❶…を得る
❷…を買う
❸…を取って来る
❹…を理解する

基本のイメージ: ものや状態を手に入れる

(三単現 **gets** [géts ゲッツ]; 過去 **got** [gát ガット]; 過分 **got** または《米》**gotten** [gátn ガトゥン]; 現分 **getting**)

──他 ❶ **…を得る**, もらう, 受け取る (同義語 gain);
《**get** + **人** + **もので**》(人)に(もの)を手に入れてあげる

▸My brother **got** a summer job. 兄は夏休みのアルバイトを得た.
▸Jim **got** Ann's help. ジムはアンの手助けを得た.
▸I **got** (an) e-mail from her. わたしは彼女からEメールをもらった.
▸I'll **get** you two tickets. チケットを2枚, 手に入れてあげるよ.

❷ **…を買う**;《**get** + **人** + **もの**または **get** + **もの** + **for** + **人**で》(人)に(もの)を買う

▸I **got** a new computer. わたしは新しいコンピューターを買った.
▸He **got** me a school bag. (=He **got** a school bag **for** me.) 彼はわたしに通学かばんを買ってくれた.
(♦文末にくる語句が強調される; 前者は「何を」買ったか, 後者は「だれに」買ったかに重点が置かれる)

❸ **…を取って来る**, 持って来る;《**get** + **人** + **もの**または **get** + **もの** + **for** + **人**で》(人)に(もの)を持って来る

▸I'll **get** my umbrella. 傘(かさ)を取って来ますね.
▸**Get** me a cup of coffee. (= **Get** a cup of coffee **for** me.) コーヒーを1杯(ぱい)持って来て.
(♦文末にくる語句が強調される; 前者は「何を」持ってくるのか, 後者は「だれに」持ってくるのかに重点が置かれる)

❹《口語》**…を理解する**(同義語 understand); …を聞き取る

▸I **got** it. わかりました.
▸I didn't **get** the joke. わたしにはその冗談(じょうだん)が理解できなかった.

❺《**get** + **名詞** + **to** + **動詞の原形で**》(説得などをして)(人)**に…させる**, …してもらう; (もの)を…させる ➡ **let** くらべよう

▸I **got** him **to** do the dishes. わたしは彼に皿を洗わせた.
▸I couldn't **get** my computer **to** start. わたしはコンピューターを起動させることができなかった.

❻《**get** + **もの** + **過去分詞で**》(もの)**を…してもらう**, (もの)を…させる

❺(人)に…させる
❻(もの)を…してもらう
自 ❶着く
❷(ある状態)になる

▸I **got** my hair **cut**.　わたしは髪(かみ)を切ってもらった.
(◆このcutは過去分詞)
❼《**get**＋**人・もの**＋**形容詞**[**...ing**]で》(人・もの)を…の状態にする
▸Don't **get** your clothes dirty.　服を汚(よご)さないでね.
❽…を捕(つか)まえる;(電車など)に乗る
▸I couldn't **get** my usual bus this morning.　今朝, わたしはいつものバスに乗れなかった.
❾(病気)にかかる, (罰(ばつ)・損害など)を受ける
▸I've **got** a cold.　風邪(かぜ)をひいてしまいました.
──自 ❶(場所に)**着く**, 到着する《to ...》➡ p.262 成句 ***get to ...***
▸I usually **get** home at six.　わたしはふつう6時に帰宅する.
❷《**get**＋**形容詞**[**過去分詞**]で》(ある状態)**になる**(同義語 become, grow)
▸She'll **get** well soon.　彼女はすぐに元気になるだろう.
▸It is **getting** dark outside.　外が暗くなってきた.
▸They **got married** last month.　彼らは先月結婚(けっこん)した.
❸《**get**＋**過去分詞**で》…される(◆受け身の形の一種)
▸My bike **got stolen** last week.　先週, わたしの自転車が盗(ぬす)まれた.
❹《**get to**＋**動詞の原形**で》…するようになる
▸How did you **get to** know her?　どうやって彼女と知り合ったのですか?
❺《**get**＋**...ing**で》…し始める
▸Let's **get going**.　さあ出かけ[始め]よう.

get acróss　(道など)を渡(わた)る;…を(向こう側に)渡す
get alóng　暮らしていく;うまくやる
▸How are you **getting along**?　いかがお過ごしですか?
get aróund = ***get abóut***　(あちこち)歩き回る, 動き回る
gét at ...　…に手が届く, 達する;(真実など)を知る
get awáy　立ち去る, 逃(に)げる
get báck　①戻(もど)る, 帰る
▸When will he **get back** from his trip?　彼はいつ旅行から戻りますか?
②…を取り戻す, もとに戻す
get dówn
①(高いところから)下りる
②(もの)を降ろす;
《口語》(人)をがっかりさせる
◆***get ín***　①(車などに)**乗る**;
(中へ)入る ➡ 右図
▸Please **get in** the car.
車に乗ってください.
②到着する
▸The train finally **got in**.
列車がようやく到着した.

[狭(せま)い乗り物]

[広い乗り物]

A B C D E F G H I J K L M N O P Q R S T U V W X Y Z

◆***get ínto ...*** ① **…の中に入る**；(車など)に乗りこむ ➡ p.261 図

▸**get into** a taxi　タクシーに乗りこむ

② (悪い状態)になる，巻きこまれる

▸**get into** a traffic jam　交通渋滞(じゅうたい)に巻きこまれる

◆***get óff*** ① (列車・バスなどから)**降りる**；**…から降りる** ➡ p.261 図

▸I'll **get off** at the next stop.　次の停留所で降ります.

▸She **got off** the train last.　彼女は最後に電車から降りた.

② …を脱(ぬ)ぐ；…を取りはずす

◆***get ón*** ① (列車・バスなどに)**乗る**；**…に乗る** ➡ p.261 図

▸When the train stopped, he **got on** quickly.　電車が止まると，彼はすばやく乗った.

▸We **got on** a bus for the airport.　わたしたちは空港行きのバスに乗った.

② なんとかやっていく，暮らしていく

▸How are you **getting on**? (= How are you getting along?)　いかがお過ごしですか？

get óut 外へ出る；…を取り出す

▸Let's **get out**.　外へ出よう.

◆***get óut of ...*** **…から出る**；(車など)から降りる ➡ p.261 図

▸She **got out of** the taxi and walked away.　彼女はタクシーから降り，歩み去った.

get óver ... …を乗り越(こ)える；(困難など)に打ち勝つ

▸I cannot **get over** the shock.　ショックから立ち直れません.

get thróugh ... …を通り抜(ぬ)ける；…を終える；…に合格する；(人・場所に)電話が通じる《to ...》

◆***gét to ...*** **…へ到着(とうちゃく)する**；…を始める ➡ **reach**

ダイアログ

A: How can I **get to** the library?　図書館へはどう行けばいいですか？

B: Turn left at that corner.　あの角(かど)を左に曲がってください.

get togéther 集まる，会う；…を集める

▸Let's **get together** next Sunday.　次の日曜日に集まろう.

◆***get úp*** **起きる** ➡ **wake** くらべよう；立ち上がる

▸I usually **get up** at seven.　わたしはたいてい 7 時に起きる.

have gót 《口語》…を持っている

(◆ I've got のように短縮されることが多い；同義語 have)

▸**I've got** three sisters.　わたしには姉妹(しまい)が 3 人います.

have got to ＋**動詞の原形** 《口語》…しなければならない

(◆ふつう I've got to のように短縮される；同義語 have to ＋動詞の原形)

▸**I've got to** go.　もう行かなくては.

⁺give 動詞

❶ …をあたえる，(人)に(もの)をあたえる，渡(わた)す
❷ (代金)を支払(しはら)う

[gív ギヴ]

(三単現 **gives** [-z]; 過去 **gave** [géiv ゲイヴ]; 過分 **given** [gívn ギヴン];
現分 **giving**) 他

❶ **…をあたえる**;《**give** ＋**人**＋**もの**または **give** ＋**もの**＋ **to** ＋**人**で》(人)に(もの)**をあたえる**, **渡す**, 譲(ゆず)る, 預ける

▸She **gave** me the book. 彼女はわたしにその本をくれた.
(＝ She **gave** the book **to** me.)
(♦文末にくる語句が強調される; 前者は「何を」あげたか, 後者は「だれに」あげたかに重点が置かれる)

▸She **gave** it to me. 彼女はわたしにそれをくれた.
(♦「もの」の位置に it などの代名詞がくる場合, 必ず《give ＋もの＋ to ＋人》の形になる)

❷ (品物に)(代金)**を支払う**《for ...》(同義語 pay)

▸How much did you **give for** the sneakers? そのスニーカーはいくらしましたか？
(♦「いくら支払いましたか」の意味から)

❸ (許可・時間など)を(人など)にあたえる

▸Let's **give** her a chance. 彼女にチャンスをあげよう.

❹ (苦痛・喜びなど)を(人)にあたえる; (病気)を(人)にうつす

▸Music **gives** me pleasure. 音楽はわたしに喜びをあたえてくれる.

❺ …を供給する, もたらす

▸The sun **gives** us light. 太陽はわたしたちに光をもたらす.

❻ …を(人)に伝える

▸**Give** my best regards to Ann. アンによろしく伝えてください.

❼ (会など)を開く

▸**give** a party パーティーを開く

❽ (動作)をする; (声)を発する

▸**give** a speech [cry] スピーチをする[悲鳴を上げる]

give and táke 公平にやりとりする, たがいに譲り合う[妥協(だきょう)する]

give awáy …を(ただで)(人に)あたえる《to ...》; (秘密など)をもらす

give báck …を(…に)返す《to ...》

▸**Give** it **back to** me tomorrow. 明日, それをわたしに返しなさい.

give ín (…に)降参する《to ...》; (書類など)を(…に)提出する《to ...》

▸We will never **give in**! われわれは決して降参しない.

give óff ... (蒸気・光・声・におい)を発する

▸This milk is **giving off** a strange smell. このミルクは変なにおいがしている.

give óut …を配る; …を発表する

give óver …を(…に)引き渡す, 預ける《to ...》

⁺***give úp*** **あきらめる**, 降参する; …をやめる, あきらめる; (…を)見限る《on ...》

▸Come on. Don't **give up** yet. ほら, まだあきらめないで.

▸I won't **give up** my dreams. わたしは夢をあきらめない.

a b c d e f **g** h i j k l m n o p q r s t u v w x y z

Girl Scouts [gə́ːrl skàuts ガ～る スカウツ] 名詞《the Girl Scouts で》
《米》ガールスカウト(♦イギリスのガールガイド(the Girl Guides)にならって1912年に結成された少女のための組織; 一人ひとりの団員は a girl scout; 対義語 the Boy Scouts ボーイスカウト)

:give 動詞 ➡ p.263 give

·given [gívn ギヴン]
— 動詞 give(…をあたえる)の過去分詞
— 形容詞《名詞の前に用いて》
あたえられた, 決められた, 一定の
▸at a **given** time and place
決められた時間に決められた場所で

given name [gívn néim ギヴン ネイム]
名詞 C 《米》(姓(せい)(family name)に対する)名(同義語 first name)

giving [gíviŋ ギヴィング] 動詞
give(…をあたえる)の現在分詞・動名詞

glacier [gléiʃər グれイシャ] 名詞 C 氷河

:glad [glǽd グらぁッド] 形容詞
(比較 **gladder**; 最上 **gladdest**)
《名詞の前には用いない》
❶ **うれしい**, 喜んで;《**be glad about [of, at, for] ...** で》…でうれしい
▸I **was glad about** the news.
わたしはその知らせに喜んだ.
(1)《**be glad to** ＋動詞の原形で》
…してうれしい
▸I'm very **glad to** meet you.
お会いできてたいへんうれしいです.
(2)《**be glad** ＋ **that** 節で》
…であることがうれしい
▸I'm **glad that** you joined our club.
あなたがわたしたちのクラブに入部してくれてうれしいです.
❷《**be glad to** ＋動詞の原形で》
喜んで…する
▸I would **be glad to** help you.
ぜひお手伝いさせてください.

> **ダイアログ**
> *A:* Will you come with us?
> わたしたちといっしょに行きませんか?
> *B:* I'd **be glad to**.
> 喜んで.(♦ to のあとに come with you が省略されている)

glance [glǽns グらぁンス] 動詞 (三単現 **glances** [-iz]; 過去・過分 **glanced** [-t]; 現分 **glancing**)
自 (…を)ちらっと見る, ひと目見る《at ...》
▸He **glanced at** me.
彼はわたしをちらりと見た.
— 名詞 C (…を) ちらっと見ること《at ...》
at a glánce ひと目で, すぐに

:glass [glǽs グらぁス] 名詞
(複数 **glasses** [-iz])
❶ U ガラス
▸two sheets of **glass** 2枚の窓ガラス
▸a **glass** bottle ガラスびん
❷ C (ガラス製の) **コップ**, グラス
➡ **cup** くらべよう
❸ C《**a glass of ...** で》
コップ1杯(ぱい)(の量)の…
▸**a glass** [two **glasses**] **of** orange juice オレンジジュース1杯[2杯]
❹《**glasses** で》めがね; 双眼(そうがん)鏡
▸a pair of **glasses** めがね1つ
▸put on [take off] *one's* **glasses**
めがねをかける[はずす]
▸wear **glasses** めがねをかけている
❺ C 望遠鏡; レンズ
▸a magnifying **glass**
拡大鏡, 虫めがね(♦ magnifying の発音は [mǽgnifaiiŋ マぁグニファイイング])
➡ **experiment** 図

glasses [glǽsiz グらぁスィズ] 名詞
glass(コップ)の複数形

glee [glíː グリー] 名詞
❶ U 歓喜(かんき)
❷ C【音楽】グリー合唱曲 (無伴奏(むばんそう)の3部またはそれ以上の男声合唱)

glide [gláid グらイド] 動詞
(三単現 **glides** [-z]; 過去・過分 **glided** [-id]; 現分 **gliding**)
自 滑(すべ)る, 滑るように動く;
(飛行機などが)滑空(かっくう)する

glider [gláidər グらイダ] 名詞 C グライダー

glimpse [glímps グリンプス] 名詞
C ちらっと見えること, ひと目
— 動詞 (三単現 **glimpses** [-iz]; 過去・過分 **glimpsed** [-t]; 現分 **glimpsing**) 他 …をちらっと見る

glitter [glítər グリタ] 動詞
自 (反射して断続的に)ぴかぴか光る

global [glóubl グろウブる] 形容詞
❶ 全世界の, 世界的な, 地球上の

‣on a **global** scale　世界的規模で
❷ 全体的な

globally [glóubəli グろウバり] 副詞
世界的に；全体的に

global warming [glóubl wɔ́ːrmiŋ グろウブる ウォーミング] 名詞
U 地球温暖化

> **参考 地球温暖化**
> 地球温暖化とは，二酸化炭素などの温室効果ガス(greenhouse gas)の増加により，地球上の平均気温が徐々(じょじょ)に上がることをいいます．生態系の破壊(はかい)，干ばつや洪水(こうずい)のような異常気象の増加，極地の氷が溶(と)けることによる海面の上昇(じょうしょう)などの要因と考えられています．

globe [glóub グろウブ] 名詞
❶《**the globe** で》地球
(同義語 the earth)
❷ C 球(体)，球状のもの；C 地球儀(ぎ)

gloomy [glúːmi グるーミ] 形容詞
(比較 **gloomier**; 最上 **gloomiest**)
❶ 薄暗(うすぐら)い；どんよりした
❷ (人が)ゆううつな
❸ (状況(じょうきょう)などが)希望のない

glorious [glɔ́ːriəs グろーリアス] 形容詞
❶ 栄光に満ちた，輝(かが)かしい
❷ 壮麗(そうれい)な
❸《口語》すばらしい，とても楽しい

glory [glɔ́ːri グろーリ] 名詞
U 栄光，名誉(めいよ)；《**the glory** で》すばらしさ，壮麗(そうれい)

˙**glove** [glʌ́v グらヴ] (★発音に注意)
名詞 (複数 **gloves** [-z])
❶ C《ふつう **gloves** で》**手袋**(てぶくろ)
(♦ gloves は指が分かれているものを指す；親指だけ分かれた手袋は mittens)

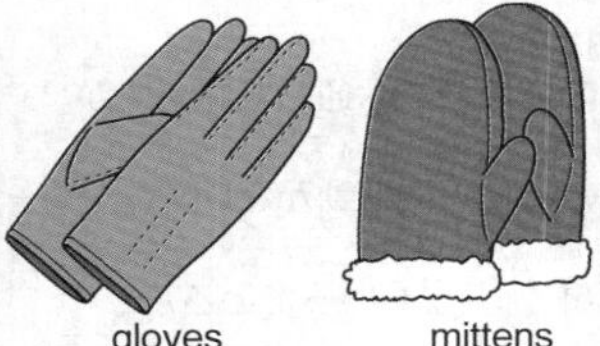

‣a pair of **gloves**　1組の手袋
‣wear **gloves**　手袋をしている
‣put on [take off] *one's* **gloves**
手袋をはめる[脱(ぬ)ぐ]

❷ C (野球・ボクシングなどの) **グローブ**，グラブ

glow [glóu グろウ] 動詞 自
❶ 熱くなって光を発する，白熱して光る
❷ (明かりなどが)輝(かがや)く；(目・顔が)輝く
❸ (顔が)赤くなる，(体が)ほてる
—名詞 ❶《単数形で》赤熱，白熱；燃えるような色
❷《**a glow** で》(顔・体の)紅潮(こうちょう)；ほてり

glue [glúː グるー] 名詞
U 接着剤(ざい)，のり；にかわ

GNP [dʒíːènpíː ヂーエンピー] 国民総生産
(♦ *g*ross *n*ational *p*roduct の略)

⁑**go** 動詞 ➡ p.266 **go**

goal [góul ゴウる] 名詞
❶ C (サッカーなどの)ゴール，(ゴールに入れた)得点(♦バスケットボール・ラグビーの得点は point，野球の得点は run)
‣score a **goal**　ゴールを決める
❷ C 目標，目的；目的地

goalkeeper [góulkìːpər ゴウるキーパ]
名詞 C (サッカーなどの)ゴールキーパー

goat [góut ゴウト] 名詞
❶ C【動物】ヤギ (♦英米では好色や罪・悪魔(あくま)を連想させる；「子ヤギ」は kid)
❷《**the Goat** で》【天文】やぎ座
➡ **horoscope** 文化

goblin [gáblin ガブりン] 名詞
C ゴブリン(♦童話などに登場する，いたずら好きで醜(みにく)い小鬼(こおに))

˙**god** [gád ガッド] 名詞
(複数 **gods** [gádz ガッヅ])
❶ U《**God** で》(一神教の)**神**
‣believe in **God**　神を信じる
❷ C (多神教の) 男神
(対義語 goddess 女神(めがみ))

for Gód's sake
《口語》お願いだから，たのむから

Gód bléss you!
① 神の恵(めぐ)みがありますように．
② (くしゃみをした人に)お大事に．
➡ **sneeze** 文化

Gód (only) knóws.
《口語》神のみぞ知る，だれにもわからない．

My Gód! = Óh (my) Gód!
《口語》(驚(おどろ)き・悲しみ・苦痛などを表して)ああ困った，さあ大変だ．

Thánk Gód!　ありがたい，ああ助かった，やれやれ．

[góu ゴウ]

❶ 行く;進む
❷ …しに行く
❸ (ある状態)になる
❹ 消え去る

(三単現 **goes** [-z]; 過去 **went** [wént ウェント]; 過分 **gone** [gɔ́ːn ゴーン]; 現分 **going**) 自 ❶ 行く(対義語 come 来る); 進む; 去る ➡ **come** ルール

▸**go** home [abroad] 家に帰る[外国へ行く]
▸Let's **go** to the park. 公園に行こう.

ルール **school に何しに行く?**

go to のあとに無冠詞で school, church などの名詞が続く場合,「建物・場所」というより, それら本来の「目的」のために行くことを意味します.
➡ **school**[1] ルール
▸**go to** school 学校へ(授業を受けに)行く
▸**go to** the school 学校(という建物)へ行く

ダイアログ
A: Where are you **going**? どこへ行くの?
B: I'm **going** to the library. 図書館だよ.

▸We're **going** to Yokohama this weekend. わたしたちはこの週末に横浜へ行く予定です.
(◆「…へ行くつもりだ」はふつう be going to go to より be going to を用いる)
➡ 成句 ***be going to*** +動詞の原形

❷《**go** + **...ing** で》…**しに行く**(◆ふつうスポーツや遊びに行く場合に用いる;「〜へ」と言うとき, 方向を表す to ではなく, 場所を表す in や at などを用いる)
▸**go fishing in** a river 川へ釣(つ)りに行く
▸**go swimming in** a pool プールへ泳ぎに行く
▸**go shopping at** a department store デパートへ買い物に行く

❸《**go** +**形容詞**で》(ある状態)**になる**(◆ふつう好ましくない状態になることを表す)
▸The food **went** bad. その食べ物は腐(くさ)ってしまった.

❹ (ものが)**消え去る**, なくなる; (時が)過ぎ去る
▸The apple pie **went** fast. そのアップルパイはすぐに食べられてしまった.
▸My summer vacation **went** quickly. 夏休みはあっと言う間に過ぎた.

❺ (…に)至る, 達する《to ...》
▸Where does this road **go**? この道はどこへ通じていますか?

❻ (機械などが)動く
▸This copy machine won't **go**. このコピー機は動かない.

❼ (物事が)進行する, 運ぶ
▸Everything is **going** well. 万事(ばんじ)うまくいっている.

◆***be going to*** +**動詞の原形**
① …**するつもりだ**(◆近い将来についての意志や予定を表す)
▸I'm **going to** study abroad next year. 来年, わたしは留学するつもりだ.

ダイアログ

A: Do you have any plans for the weekend? 週末に何か予定はあるの？

B: Yes. **I'm going to** swim at the beach. うん．海へ泳ぎに行くんだ．

ルール **be going to の使い方**

1 be going to は「前もって考えられていた意思」を表します．その場で意思決定をした場合には will を用います．

2 be going to のあとに go, come がくる場合，I'm going to go [come] .... とすることもできますが，I'm going [coming] .... とするほうがふつうです．➡ p. 266 ❶ 最後の用例

② **…しそうだ**（♦人の意志とは関係なく近い将来に起こると考えられる出来事を表す）

▸It's **going to** snow. 雪が降りそうだ．

cóme and gó 行ったり来たりする；移り変わる

go abóut ① 歩き回る，動き回る
② （仕事）に取りかかる

gó after …を追う；…を求める

go agáinst …に反対する

go ahéad 先へ進む；どうぞ；さあ，それで ➡ **ahead**

go alóng （通り・道）を進む

go and sée [búy]
見に[買いに]行く（♦《口語》では and が省略されることがある）

▸I'll **go and buy** some milk. 牛乳を買いに行ってきます．

go aróund = go róund ① 歩き回る，動き回る
② （病気などが）広がる

♦***go awáy*** **立ち去る**；（…を）持ち逃(に)げする《with ...》

▸**Go away.** あっちへ行きなさい．

♦***go báck*** **帰る**（同義語 return）；（もとの状態に）戻(もど)る；（過去に）さかのぼる《to ...》

▸I **went back** home about six. わたしは6時ごろ家に戻った．

♦***go bý*** （人・車などが）**通り過ぎる**；（時などが）過ぎる

▸Two cars **went by**. 2台の車が通り過ぎた．

go dówn 降りる；（値段・水準などが）下がる；（船・太陽などが）沈(しず)む

▸We **went down** to the first floor. わたしたちは1階に降りた．

gó for ... …しに行く；…を取り[呼び]に行く；…を好む

▸**go for** a drive [walk, swim] ドライブ[散歩，泳ぎ]に行く

Gó for it! 《口語》がんばれ，全力を尽(つ)くせ！

go ín 中へ入る（対義語 go out 外へ出る）

◆***go into ...*** ① **…に入る**(対義語 go out of ... …から出る)

▸The man **went into** this building. その男性はこのビルに入った.

② (職業)に就(つ)く; (ある業界)に入る

go óff ① 立ち去る

② (爆弾(ばくだん)などが)爆発する; (警報などが)鳴る

◆***go ón*** ① (先へ)**進む**; **続く**; (…を)続ける《with, ...ing》

▸Please **go on**. (していることを)続けてください; (話などを)先に進めてください.

▸The meeting **went on** for three hours. その会議は3時間続いた.

▸He **went on eating** the cake. 彼はケーキを食べ続けた.

② (ことが)起こる(同義語 happen)

▸What's **going on** here? ここで何が起こっているんだ?

◆***go óut***

① **外へ出る**, 外出する(対義語 go in 中へ入る); (異性と)つき合う《with ...》

▸He **went out** in the rain. 雨の降る中, 彼は外へ出た.

② (火・明かりが)消える

▸All the lights **went out**. 明かりがすべて消えた.

go óut of ... …から出る(対義語 go into ... …に入る)

▸She **went out of** the room. 彼女は部屋を出ていった.

go óver ① (…へ)行く《to ...》; …を越(こ)える

② …を(よく)調べる

go róund ➡ **go around**

go thróugh ... ① …を通り抜(ぬ)ける

② (苦しいこと)を経験する

go togéther ① いっしょに行く

▸Why don't we **go together**? いっしょに行きませんか?

② 調和する, 合う

go úp 上がる, のぼる; (値段・温度などが)上がる

▸The temperature **went up** to thirty-five degrees. 温度は35度まで上がった.

gó with ... ① …といっしょに行く; …にともなう

▸Danger **goes with** this job. この仕事には危険がともなう.

② …と合う, 調和する

▸This shirt **goes** well **with** your suit. このシャツはあなたのスーツによく合います.

go withóut ... …なしで済ませる

***It goes without sáying + that* 節** …ということは言うまでもない

to gó 《米》(ファストフードレストランなどで)持ち帰り用の

▸Two hamburgers **to go**, please. ハンバーガーを2つ, 持ち帰り用でお願いします.

goddess [gádəs ガデス] 名詞
(複数 **goddesses** [-iz])
C (ギリシャ・ローマ神話などの)女神(めがみ)
(対義語 god 男神)

Godzilla [gadzílə ガヅィら] 名詞 ゴジラ
(♦日本映画の中で作り出された怪獣)

goes [góuz ゴウズ] 動詞
go(行く)の三人称単数現在形

Gogh [góu ゴウ] 名詞
【人名】ゴッホ(♦ Vincent van Gogh [vínsnt væn- ヴィンスント ヴぁン-], 1853-90; オランダの画家)

gold [góuld ゴウるド]
── 名詞 U 【化学】**金**(きん)(♦元素記号は Au)
▸pure **gold** 純金
── 形容詞 **金の**; 金色の
▸a **gold** mine 金鉱, 金山

golden [góuldən ゴウるドゥン] 形容詞
❶ 金色の
▸a **golden** sun 金色に輝(かがや)く太陽
❷《名詞の前に用いて》
貴重な, すばらしい; 絶好の; 全盛の
▸a **golden** opportunity 絶好の機会

Golden Gate Bridge [góuldən gèit brídʒ ゴウるドゥン ゲイト ブリッヂ] 名詞
《**the Golden Gate Bridge** で》金門橋
(♦アメリカのサンフランシスコ湾(わん)の入り口にかかるつり橋)

goldfish [góuldfìʃ ゴウるドふィッシ] 名詞
(複数 **goldfish** または **goldfishes** [-iz]) C 【魚類】金魚

golf [gálf ガるふ] 名詞
U 【スポーツ】ゴルフ

gondola [gándələ ガンドら] 名詞
❶ C ゴンドラ(♦イタリアの都市ベニスの運河で用いられている平底の小舟(こぶね))

❷ C (軽気球・飛行船・ロープウエーなどの)ゴンドラ, つりかご

gone [gɔ́ːn ゴーン] 動詞
go(行く)の過去分詞 ➡ **been** くらべよう

gonna [gɔ́ːnə ゴーナ]
《米口語》going to の省略形

good [gúd グッド]
── 形容詞 (比較 **better** [bétər ベタ]; 最上 **best** [bést ベスト])

❶ よい	❺ 親切な
❷ ためになる	❻ 十分な
❸ 楽しい	❼ おいしい
❹ じょうずな	

❶ **よい**, りっぱな; 善良な; 正しい
(対義語 bad 悪い)
▸Be a **good** boy [girl].
いい子にしなさい.
❷ (…の)**ためになる**; (…に)適している; (…に)都合がよい《for ...》
➡ p.270 成句 ***good for ...***
❸ **楽しい**, 快い; うれしい
▸Have a **good** time!
楽しんできてね.
▸It's **good** to see you again.
またお会いできてうれしいです.
❹ **じょうずな**, うまい (対義語 bad, poor へたな); 《**be good at ...** で》…がじょうずだ, 得意だ
▸My father **is good at** cooking.
(= My father is a **good** cook.)
父は料理がじょうずだ.
❺ (…に対して) **親切な**, 優(やさ)しい《to ...》
(同義語 kind)
▸He is very **good to** everyone.

A B C D E F G H I J K L M N O P Q R S T U V W X Y Z

彼はだれに対してもとても親切だ.

❻ **十分な**, かなりの

▸have a **good** sleep
十分な睡眠(すいみん)をとる

▸a **good** amount of food
かなりの量の食料

❼ (食べ物が)**おいしい**

▸It smells **good**.
おいしそうなにおいだね.

❽ 有効な

▸This ticket is **good** for one day.
この券は1日有効です.

a good déal たくさん ➡ **deal**

a good déal of ...
たくさんの… ➡ **deal**

a good mány ...
かなり多くの… ➡ **many**

Good afternóon.
こんにちは. ➡ **afternoon**

Good évening.
こんばんは. ➡ **evening**

góod for ... …に適している, …の役に立つ

▸These shoes are **good for** hiking.
この靴(くつ)はハイキングに適している.

Góod for yóu! よくやった!

Góod héavens!
おやまあ, 困った, とんでもない.

Góod lúck (to you)!
(別れるときのあいさつとして) 幸運を祈(いの)ります, がんばって.

> **ダイアログ**
> *A:* **Good luck!** がんばって.
> *B:* Thank you. ありがとう.

Good mórning.
おはよう;こんにちは. ➡ **morning**

Good níght.
おやすみなさい;さようなら. ➡ **night**

—— **名詞** ❶ **U** 利益, 役に立つこと; 幸福

▸Is this any **good** for you?
これは何かのお役に立ちますか?

❷ **U** よいところ, 長所; 善
(**対義語** evil 悪)

▸see the **good** in others
他人のよいところを見る

do ... góod = do góod to ...
…のためになる

▸Keeping early hours will **do** you **good**.
早寝(ね)[早起き]は体によいでしょう.

it is nó góod + ...ing …してもむだだ

▸It is no good trying to persuade me.
わたしを説得しようとしてもむだだよ.

—— **間投詞** (承認(しょうにん)・容認・満足を表して) よろしい, けっこう(♦しばしば立場が上の人が用いる)

⁑goodbye, goodby

[gudbái グッ(ド)バイ] (♦good-by(e) ともつづる; 《口語》では単に bye ともいう)

—— **間投詞** **さようなら**, ごきげんよう

> **ダイアログ**
> *A:* I'll see you later. **Goodbye!**
> またね. さようなら.
> *B:* See you, Luke. またね, ルーク.

—— **名詞** (**複数** **goodbyes** [-z])
C **U** **別れのあいさつ**, いとまごい

▸I must say **goodbye** now.
もう, おいとましなければなりません.

good-looking

[gúdlúkiŋ グッドるキング] **形容詞** 顔立ちのよい, 美しい
(♦男女両方に使える)

good-natured

[gúdnéitʃərd グッドネイチャド] **形容詞** 気立てのよい, 親切な

goodness

[gúdnəs グッドネス] **名詞**
U (質・人柄(ひとがら)の)よさ

for góodness(') sake
《口語》お願いだから, たのむから

Góodness (me)! = My góodness!
《口語》(驚(おどろ)きを表して)えっ, おや, まあ.

goods

[gúdz グッヅ] **名詞**
《複数あつかいで, ふつう数を表す語や many などをつけない》

❶ 商品, 品物

▸sporting **goods** スポーツ用品

❷ 《英》貨物

goodwill

[gúdwíl グッドウィる] **名詞**
U 好意, 親切; 友好, 親善(♦good will ともつづる; **対義語** ill will 悪意)

goose

[gúːs グース] **名詞** (**複数** **geese** [gíːs ギース]) **C** 【鳥類】ガチョウ

gorgeous

[gɔ́ːrdʒəs ゴーヂャス] **形容詞**
豪華(ごうか)な; 《口語》すばらしい, すてきな

gorilla

[gərílə ゴリら] **名詞**
C 【動物】ゴリラ

gospel

[gáspl ガスペる] **名詞**
❶ 《Gospel で》**C** 福音(ふくいん)書(♦新約聖書の最初の4書「マタイ(Matthew)」

「マルコ(Mark)」「ルカ(Luke)」「ヨハネ(John)」のうちの一つ)
❷《**the gospel** で》福音(◆キリストとその使徒たちの教え)
❸ U【音楽】ゴスペル(◆アメリカ南部の黒人による教会音楽; gospel music ともいう)

gossip [gásəp ガスィップ] 名詞
U C うわさ話, 陰口(かげぐち); ゴシップ

:got [gát ガット] 動詞 get(…を得る)の過去形, また過去分詞の一つ

Gothic [gáθik ガスィック] 形容詞
❶【美術】ゴシック様式の
(◆12～15 世紀に西ヨーロッパで流行した美術様式;特に寺院の建築様式を指すことが多い)

❷ ゴシック字体の, 太字の

gotta [gátə ガタ]
《口語》…しなければならない
(◆(have [has]) got to を短縮した語)
▸I've **gotta** go. もう行かなくちゃ.

·gotten [gátn ガトゥン] 動詞
《米》get(…を得る)の過去分詞の一つ

gourmet [gúərmei グアメイ, guərméi グアメイ] 名詞
C グルメ, 食通(◆フランス語から)

govern [gʌ́vərn ガヴァン] 動詞
他 (国民・国など) を治める, 統治する
(同義語 rule)

government [gʌ́vərnmənt ガヴァ(ン)メント] 名詞
❶ C《しばしば **Government** で》政府; 《英》内閣(ないかく)
▸the Japanese **government** 日本政府
❷ U 政治, 統治; 政治形態
▸**government** of the people, by the people, for the people
人民の, 人民による, 人民のための政治
(◆リンカーンがゲティスバーグで行った演説中の有名な一節)
➡ civil war 文化

governor [gʌ́vərnər ガヴァナ] 名詞
❶ C《ときに **Governor** で》《米》(州)知事
❷ C《英》(官庁・学校・銀行・病院などの)長官, 理事(長), 頭取, 総裁

gown [gáun ガウン] 名詞
❶ C (女性用の正式な)ロングドレス; 部屋着, 寝巻(ねまき)
❷ C (裁判官・牧師・大学教授などが着る)式服, ガウン

GPS [dʒíː píː és ヂーピーエス] 名詞
全地球測位システム
(◆人工衛星を利用して地球上の現在位置を正確に割り出すシステム; global positioning system の略)

grab [grǽb グラぁブ] 動詞 (三単現 **grabs** [-z]; 過去・過分 **grabbed** [-d]; 現分 **grabbing**)
他 …をひっつかむ, ひったくる
—自 (…を)ひっつかむ《onto ...》; (…を)つかもうとする《at [for] ...》

grace [gréis グレイス] 名詞
❶ U 優美さ, 優雅(ゆうが)さ, 気品
❷ U 親切, 好意; 神の恵(めぐ)み
❸ C U (食前・食後の)感謝の祈(いの)り

graceful [gréisfl グレイスふる] 形容詞
(動作・姿などが)優美な, 上品な

·grade [gréid グレイド]
—名詞 (複数 **grades** [gréidz グレイヅ])
❶ C (能力・質などの)等級, 程度, 階級
▸a high [low] **grade** 高[低]水準
❷ C《米》学年(◆《英》form)

ダイアログ
A: What **grade** are you in?
きみは何年生ですか?
B: I'm in the seventh **grade**.
(= I'm a seventh grader.)
わたしは 7 年生です.
(◆the seventh grade は日本の「中学 1 年生」に相当)

参考 学年の数え方

アメリカでは，公立学校はふつう 6·3·3 制か 8·4 制ですが，いずれも小学校 1 年(the first grade)から高校 3 年(the twelfth grade)までの学年を通しで数えます.
➡ **freshman**, **high school** 文化

❸ C 《主に米》**成績**，評点 (♦ふつう学期を通しての総合評価を指すが，テストの点数にも用いる; 同義語 mark)

参考 アメリカの成績評価

アメリカでは，ふつう成績は A，B，C，D，F の 5 段階で評価します．上から A，B，C，D が合格で，F は不合格です．
▸I got an **A** in English.
わたしは英語で A(優)を取った.

—動詞 (三単現 **grades** [-z]; 過去・過分 **graded** [-id]; 現分 **grading**)
他 …を等級に分ける;
《主に米》…を採点する，…に成績をつける

grader [gréidər グレイダ] 名詞
C 《米》…年生，…学年の生徒
➡ **grade** ❷ ダイアログ

grade school [gréid skùːl グレイドスクーる] 名詞 C 《米》小学校
(同義語 elementary school)
➡ **primary school** 文化

gradual [grǽdʒuəl グラぁヂュアる]
形容詞 徐々(じょじょ)の，段階的な; (傾斜(けいしゃ)が)ゆるやかな

gradually [grǽdʒuəli グラぁヂュアり]
副詞 だんだんと，しだいに

graduate (★動詞・名詞の発音のちがいに注意) 動詞 [grǽdʒuèit グラぁヂュエイト] (三単現 **graduates** [grǽdʒuèits グラぁヂュエイツ]; 過去・過分 **graduated** [-id]; 現分 **graduating**)
自 (…を)卒業する《from ...》
(♦《英》では大学だけに用いる)
▸He **graduated from** college last year. 彼は去年大学を卒業した.

—名詞 [grǽdʒuit グラぁヂュエット]
❶ C 卒業生(♦《英》では大学の卒業生だけに用いる)
❷ C 《米》大学院生 (♦学部生(大学 1〜4 年生)は undergraduate という)

graduation [grӕdʒuéiʃn グラぁヂュエイシャン] 名詞 U 卒業; C 卒業式
(♦《英》では大学だけに用いる;
同義語 《米》commencement)

graffiti [grəfíːti グラふィーティ] 名詞
《単数または複数あつかいで》
(壁(かべ)などへの)落書き(♦イタリア語から)

grain [gréin グレイン] 名詞
❶ U 《主に米》穀物(全体)(♦《英》corn)
❷ C (穀物などの)粒(つぶ); (塩・砂などの)粒

gram [grǽm グラぁム] 名詞
C (重さの単位の)グラム
(♦ g や gm. または gr. と略す)

grammar [grǽmər グラぁマ] 名詞
U 文法; C 文法書

Grammy [grǽmi グラぁミ] 名詞 (複数 **Grammys** または **Grammies** [-z])
C 《米》グラミー賞(♦毎年，優秀(ゆうしゅう)な音楽作品に贈(おく)られる賞)

grand [grǽnd グラぁンド] 形容詞
(比較 **grander**; 最上 **grandest**)
壮大(そうだい)な，雄大(ゆうだい)な; 堂々とした

Grand Canal [grǽnd kənǽl グラぁンド カナぁる] 名詞 《**the Grand Canal** で》大運河(♦イタリアのベネチアにある運河; リアルト橋など 4 つの橋がかかる)

Grand Canyon [grǽnd kǽnjən グラぁンド キぁニョン] 名詞
《**the Grand Canyon** で》グランドキャニオン(♦アメリカのアリゾナ州のコロラド川沿いにある大峡谷(きょうこく))

grandchild [grǽntʃàild グラぁンチャイるド] 名詞 (複数 **grandchildren** [grǽntʃìldrən グラぁンチるドゥレン]) C 孫

grandchildren [grǽntʃìldrən グラぁンチるドゥレン] 名詞
grandchild(孫)の複数形

granddaughter [grǽndɔ̀ːtər グラぁンドータ] 名詞 C 孫娘(むすめ)
(対義語 grandson 孫息子(むすこ))

♦grandfather

[grǽndfàːðər グラぁン(ド)ふァーざ] 名詞
(複数 **grandfathers** [-z])
C **祖父**，おじいさん(♦血縁(けつえん)関係にない

年配の男性を指すこともあり，呼びかけにも用いる；《口語》grandpa）
➡ **family** 図

grandfather('s) clock
[grǽndfɑ̀:ðər(z) klák グラぁン(ド)ふァーざ(ズ) クラック] 名詞 C（箱型で人の背よりも高い）大型振(ふ)り子時計
➡ **clocks and watches** 図

grandma [grǽnmɑ̀: グラぁンマー] 名詞 C《口語》おばあちゃん（＝grandmother）

ˈgrandmother
[grǽndmʌ̀ðər グラぁン(ド)マざ] 名詞
（複数 **grandmothers** [-z]）
C **祖母**，おばあさん（◆血縁(けつえん)関係にない年配の女性を指すこともあり，呼びかけにも用いる；《口語》grandma）
➡ **family** 図

grandpa [grǽnpɑ̀: グラぁンパー] 名詞 C《口語》おじいちゃん（＝ grandfather）

grandparent [grǽndpèərənt グラぁン(ド)ペアレント] 名詞 C 祖父，祖母；《**grandparents** で》祖父母

grand slam [grǽnd slǽm グラぁンド スらぁム] 名詞
❶ C《ふつう Grand Slam で》グランドスラム（◆テニスやゴルフなどで，1シーズン中に主要な大会すべてで優勝すること）
❷ C【野球】満塁ホームラン

grandson [grǽndsʌ̀n グラぁン(ド)サン] 名詞 C 孫息子(むすこ)
（対義語 granddaughter 孫娘(むすめ)）

grant [grǽnt グラぁント] 動詞
他（人）に（権利・許可など）をあたえる；（願い）を聞き入れる；…を認める
***take* (*it*) *for gránted* (*that*) ...**
…を当然のことと思う

grape [gréip グレイプ] 名詞 C【植物】ブドウ（◆ grape は1粒(つぶ)の実を指し，ふつう複数形 grapes で用いる）；ブドウの木
▸a bunch of **grapes** 1房(ふさ)のブドウ

grapefruit [gréipfrù:t グレイプふルート] 名詞（複数 **grapefruit** または **grapefruits** [-s]）
C【植物】グレープフルーツ（の木）

graph [grǽf グラぁふ] 名詞
C グラフ，図表
▸a bar [line] **graph**
棒[折れ線]グラフ

grasp [grǽsp グラぁスプ] 動詞 他
❶ …をしっかり握(にぎ)る，つかむ
❷ …を理解する（同義語 understand）
―自（…を）つかもうとする《at ...》

ˈgrass [grǽs グラぁス] 名詞
（複数 **grasses** [-iz]）
❶ C U **草**，牧草（◆複数形は何種類かの草を表す場合に用いる）
▸cut [mow] the **grass** 草を刈(か)る
❷ U **芝生**(しばふ)
▸Keep Off the **Grass**
《掲示》芝生内立入禁止

grasshopper [grǽshɑ̀pər グラぁスハパ] 名詞 C【昆虫】キリギリス；バッタ；イナゴ（◆ grass「草」＋ hopper「ピョンピョン跳(と)ぶもの」からできた語）

grassland [grǽslæ̀nd グラぁスらぁンド] 名詞 U《または **grasslands** で》（大）草原；牧草地

grateful [gréitfl グレイトふる] 形容詞
《名詞の前には用いない》（人に／…について）感謝している《to ... / for ...》
▸I'm **grateful** (**to** you) **for** your help. ご支援(しえん)に感謝しています．

gratitude [grǽtitjù:d グラぁティテュード] 名詞 U 感謝，感謝の気持ち

grave[1] [gréiv グレイヴ] 名詞
C 墓穴(ぼけつ)，墓（◆英米では土葬(どそう)も多い；同義語 tomb）

grave[2] [gréiv グレイヴ] 形容詞
（比較 **graver**；最上 **gravest**）
❶ まじめな，厳粛(げんしゅく)な
❷ 重大な

gravestone [gréivstòun グレイヴストウン] 名詞 C 墓石，墓碑(ぼひ)

gravitation [grævitéiʃn グラぁヴィテイシャン] 名詞 U【物理】引力（作用），重力（作用）

gravity [grǽvəti グラぁヴィティ] 名詞
❶ U【物理】重力，引力
❷ U 重大さ；まじめさ

gravy [gréivi グレイヴィ] 名詞
U 肉汁(にくじゅう)，グレービー（◆肉を焼いたときに出る肉汁で作ったソース）

ˈgray, 《英》grey [gréi グレイ]
―形容詞（比較 **grayer**；最上 **grayest**）
❶ **灰色の**，グレーの
▸He has **gray** eyes.
彼は灰色の目をしている．
❷ 白髪(はくはつ)の，白髪(しらが)混じりの
❸（空などが）暗い，どんよりした；ゆううつな，陰気(いんき)な

A B C D E F G H I J K L M N O P Q R S T U V W X Y Z

—名詞 (複数 grays [-z])
U C 灰色, グレー
▸dark **gray** 濃(こ)い灰色

:great [gréit グレイト] (★発音に注意)

—形容詞
(比較 greater; 最上 greatest)

❶ 偉大(いだい)な
❷ 大きな
❸ すばらしい
❹ 重要な

❶ 偉大な, すぐれた
▸a **great** discovery 大発見
▸Einstein is a **great** scientist.
アインシュタインは偉大な科学者だ.
❷《名詞の前に用いて》(数量・規模が)**大きな**; (程度の)**大きな**, すごい
➡ big くらべよう
▸a **great** ocean 大洋
▸**great** pain 激しい痛み
❸ 《口語》**すばらしい**, とても楽しい

> ダイアログ
> *A:* I got a perfect score in math.
> 数学で満点をとったんだ.
> *B:* That's **great**! それはすごいね!

❹《名詞の前に用いて》**重要な**, 重大な
▸a **great** occasion 重要な行事
a great déal たくさん ➡ **deal**
a great déal of ...
たくさんの… ➡ **deal**
a great mány ... 非常に多くの…
—名詞 (複数 **greats** [-s]) C 偉大な人

Great Bear [gréit béər グレイト ベア] 名詞《**the Great Bear** で》
【天文】大ぐま座

Great Britain [grèit brítn グレイト ブリトゥン] 名詞 ➡ **England** 図, 参考
❶ グレートブリテン島
(♦イングランド, ウェールズ, スコットランドの3地方から成る)
❷ イギリス, 英国
(♦正式名は the United Kingdom of Great Britain and Northern Ireland「グレートブリテンおよび北アイルランド連合王国」; 単に Britain, あるいは the United Kingdom ともいう; the U.K. と略す)

Great Lakes [gréit léiks グレイト れイクス] 名詞《**the Great Lakes** で》
五大湖(♦アメリカとカナダの国境にある5つの大きな湖; スペリオル(Superior)・ミシガン(Michigan)・ヒューロン(Huron)・エリー(Erie)・オンタリオ(Ontario)を指す)

ミシガン湖とシカゴ(Chicago)

greatly [gréitli グレイトり] 副詞
おおいに, 非常に

greatness [gréitnəs グレイトネス] 名詞
❶ U 偉大(いだい)さ
❷ U 巨大(きょだい)さ, 広大さ
❸ U 重要性

Great Wall (of China) [gréit wɔ́ːl (əv tʃáinə) グレイト ウォーる (アヴ チャイナ)]
名詞《**the Great Wall (of China)** で》
(中国の)万里(ばんり)の長城(♦北方の遊牧民族の侵入(しんにゅう)を防ぐために作られた総延長約1万2千キロメートルの城壁(じょうへき))

Greece [gríːs グリース] 名詞
ギリシャ(♦南ヨーロッパの国; 首都はアテネ Athens)

greed [gríːd グリード] 名詞
U 貪欲(どんよく), 欲ばり

greedy [gríːdi グリーディ] 形容詞
(比較 **greedier**; 最上 **greediest**)
欲ばりな, 欲の深い; 食い意地のはった

Greek [gríːk グリーク] 形容詞
ギリシャの; ギリシャ人の; ギリシャ語の
—名詞 ❶ C ギリシャ人;
《**the Greeks** で》ギリシャ人(全体)
❷ U ギリシャ語

:green [gríːn グリーン]

—形容詞
(比較 **greener**; 最上 **greenest**)

❶ 緑の, 緑色の; (信号が)青の; 草[木]でおおわれた, 青々とした
▸a **green** door　緑色のドア
▸a **green** (signal) light　青信号
▸ことわざ The grass is always **greener** on the other side of the fence.　隣(となり)の芝(しば)は青い. (◆「他人のものは自分のものより何でもよく見える」の意味)
❷ (果物(くだもの)が) 熟していない, 青い; (人が)未熟な, 未経験の
❸ 《口語》(顔が)青ざめた ➡ **blue** 参考
❹ 環境(かんきょう)保護の; 環境に優(やさ)しい
▸**green** products　環境に優しい製品
──名詞 (複数 **greens** [-z])
❶ U 緑色, グリーン; (信号の)青
❷ 《**greens** で》野菜, 青物
❸ C 草地, 芝生(しばふ); (ゴルフ場の)グリーン

greenery [gríːnəri グリーナリ] 名詞
U (装飾(そうしょく)用の)緑樹, 観葉植物

greengrocer [gríːngròusər グリーングロウサ] 名詞 C 《英》八百屋(やおや)(の主人)

greenhouse [gríːnhàus グリーンハウス] 名詞 C 温室

greenhouse effect [gríːnhaus ifèkt グリーンハウス イふェクト] 名詞
《**the greenhouse effect** で》温室効果 (◆大気中の二酸化炭素などの増加によって気温が上昇(じょうしょう)する現象)

greenhouse gas [gríːnhaus gæ̀s グリーンハウス ギぁス] 名詞
C 温室効果ガス ➡ **global warming**

green pepper [gríːn pépər グリーンペパ] 名詞 C 【植物】ピーマン, シシトウガラシ(◆ sweet pepper ともいう)

green tea [gríːn tíː グリーン ティー] 名詞 U 緑茶

Greenwich [grínidʒ グリニッヂ] 名詞
グリニッジ(◆イギリスのロンドン東部の行政区の一つで, 旧グリニッジ王立天文台があった; 経度 0 度の子午(しご)線が通っており, ここでの時刻が世界の標準時になっている)

greet [gríːt グリート] 動詞
他 …にあいさつをする; …を迎(むか)える, 歓迎(かんげい)する

greeting [gríːtiŋ グリーティング] 名詞
C あいさつ; 《ふつう **greetings** で》あいさつのことば
▸a **greeting** card (誕生日やクリスマスなどの)あいさつ状, グリーティングカード
▸Season's **Greetings**! (クリスマス[新年])おめでとう.

文化 クリスチャンでない人のカード
アメリカにはクリスマス, イースターなど, キリスト教の教義に由来する行事がたくさんありますが, キリスト教徒でない人も多いので, カード売場には Season's Greetings! とだけ書かれたカードも売っています.

˙grew [grúː グルー] 動詞
grow(成長する)の過去形

˙grey [gréi グレイ] 形容詞 名詞
《英》=《米》gray(灰色の)

greyhound [gréihàund グレイハウンド] 名詞 C 【動物】グレーハウンド(◆足が速いのでドッグレースにも使われる)

grief [gríːf グリーふ] 名詞 U 深い悲しみ

grieve [gríːv グリーヴ] 動詞
(三単現 **grieves** [-z]; 過去・過分 **grieved** [-d]; 現分 **grieving**)
自 (人の死などを)深く悲しむ 《for [over] ...》
──他 …を深く悲しませる; …を深く悲しむ

grill [gríl グリる] 名詞
❶ C (魚・肉などを焼く)焼き網(あみ) (◆《米》broiler [brɔ́ilər ブロイら])
❷ C 網焼き料理
❸ C (ホテルなどの)食堂
──動詞 他 《英》(焼き網を使って肉など)を直火(じかび)で焼く(◆《米》broil)
➡ **cook** 図

Grimm [grím グリム] 名詞
【人名】グリム (◆兄 Jakob [jɑ́ːkɑp- ヤーカップ-], 1785-1863; 弟 Wilhelm [vílhelm- ヴィるへるム-], 1786-1859; ともにドイツの言語学者・民話研究家; 兄弟でゲルマン民話を集め,『グリム童話集』を発表した)

grin [grín グリン] 動詞 (三単現 **grins** [-z]; 過去・過分 **grinned** [-d]; 現分 **grinning**)
自 (歯を見せて)にっこり[にやりと]笑う
──名詞 C にっこり[にやにや]笑うこと

grind [gráind グラインド] 動詞
(三単現 **grinds** [gráindz グラインヅ]; 過去・過分 **ground** [gráund グラウンド]; 現分 **grinding**) 他

❶ (穀物・肉など)をひく, すりつぶす
❷ …を磨(みが)く;(刃物(はもの))をとぐ

grip [gríp グリップ] 動詞 (三単現 **grips** [-s]; 過去・過分 **gripped** [-t]; 現分 **gripping**)
他 …をしっかりつかむ, ぎゅっと握(にぎ)る;(注意など)をひく
▸**Grip** your bat.
バットをしっかり握りなさい.
―自 しっかりつかむ
―名詞 ❶ C《ふつう **a grip** で》
しっかりつかむこと; 握力(あくりょく)
❷ C 握り, 取っ手, グリップ

groan [gróun グロウン] 動詞 自
❶ (悲しみ・痛みなどで)うめく
❷ (非難・不満などで)ブーブー言う
❸ (ものが)うなるような音を出す, きしむ
―他 …をうめきながら言う
―名詞 C うめき声, うなり声

grocer [gróusər グロウサ] 名詞
C 食料雑貨店主

grocery [gróusəri グロウサリ] 名詞
(複数 **groceries** [-z])
❶ C《米》食料雑貨店(◆食料品や日用雑貨類を売る店;《英》grocer's (shop))
❷《**groceries** で》食料雑貨類

gross [gróus グロウス] 形容詞
(比較 **grosser**; 最上 **grossest**)
《名詞の前で用いて》
❶ 全体の, 総計の (同義語 total)
❷ (誤りなどが) ひどい, はなはだしい;《口語》ひどくいやな

⁑ground[1] [gráund グラウンド]

―名詞 (複数 **grounds** [gráundz グラウンヅ])

❶ 地面
❷ 土
❸ 場所; 敷地(しきち)
❹ 根拠(こんきょ)

❶ U《ふつう **the ground** で》**地面**
▸**The ground** is covered with snow. 地面は雪でおおわれている.
❷ U **土**; 土地
▸poor **ground** やせた土
▸a small piece of **ground**
小区画の土地
❸ C《しばしば **grounds** で》
(ある目的のための)**場所**, …場, グラウンド;
《**grounds** で》(建物のまわりの)**敷地**, 土地
▸the school **grounds** 学校の構内
❹ C U《しばしば **grounds** で》
根拠, 理由
▸John has good **grounds** for doubting her story.
ジョンには彼女の話を疑う十分な根拠がある.
❺ C U《米》【電気】アース(◆《英》earth)
―動詞 (三単現 **grounds** [gráundz グラウンヅ]; 過去・過分 **grounded** [-id]; 現分 **grounding**)
―他 ❶ (…に)…の根拠を置く《on [in] ...》
❷ (飛行機)を強制着陸させる
❸《口語》(子供)に(罰(ばつ)として)外出を禁じる
―自 ❶ (船が)座礁(ざしょう)する
❷【野球】ゴロを打つ

ground[2] [gráund グラウンド] 動詞
grind (…をひく) の過去形・過去分詞

ground floor [gráund flɔ́ːr グラウンドふろーア] 名詞 C《ふつう **the ground floor** で》《主に英》1 階
(◆《米》the first floor) ➡ **floor** 参考

⁺group [grúːp グループ]

―名詞 (複数 **groups** [-s])
C 群れ, 集団, グループ(◆《英》では単数形で複数あつかいになることがある); 団体
▸A **group** of boys is [《英》are] playing in the playground.
男の子の一団が校庭で遊んでいる.
in a gróup 一団となって
in gróups
(いくつかの)グループになって
▸The students are working **in groups**. 生徒たちはグループに分かれて作業をしている.
―動詞 (三単現 **groups** [-s]; 過去・過分 **grouped** [-t]; 現分 **grouping**)
―他 …を集める; …を分類する
―自 集まる

⁑grow [gróu グロウ] 動詞

(三単現 **grows** [-z];
過去 **grew** [grúː グルー]; 過分 **grown** [gróun グロウン]; 現分 **growing**)

自 ❶ **成長する**
❷ (草・木が)**育つ**
❸ **…になる**
他 ❶ **…を栽培(さいばい)する**

──自 ❶ **成長する**, 大きくなる
▸I **grew** three centimeters taller last year.
わたしは去年, 3 センチ背が伸(の)びた.
❷ (草・木が)**育つ**, 生える
▸This plant **grows** quickly.
この植物は速く育つ.
❸《**grow** ＋**形容詞で**》(しだいに)…**になる**(同義語 become, get);
《**grow to** ＋**動詞の原形で**》
…するようになる
▸It **grew** cold after sunset.
日没(にちぼつ)後, しだいに寒くなった.
▸He **grew to** like her.
彼はしだいに彼女を好きになった.
❹ (量・程度が)増大する, 増加する
▸The popularity of the band is **growing**.
そのバンドの人気が高まってきている.
──他 ❶ …**を栽培する**, 育てる, 飼育する (同義語 raise)
▸**grow** melons　メロンを栽培する
❷ (ひげ・髪(かみ)など)を生やす, 伸ばす
grow óut of ...
(成長して)(服など)が着られなくなる
◆***grow úp*** **成長する**, おとなになる
▸She **grew up** and became a singer.
彼女はおとなになり, 歌手になった.

growl [grául グラウる] (★発音に注意) 動詞 自 (動物が)(…に)うなる; (人が)(…に)がみがみ言う《at ...》
──名詞 C《ふつう **a growl** で》うなり声

◆**grown** [gróun グロウン]
──動詞 grow(成長する)の過去分詞
──形容詞《名詞の前に用いて》
成長した, おとなの

grown-up (★名詞・形容詞のアクセントのちがいに注意) 名詞 [gróunʌ̀p グロウンアップ] (複数 **grown-ups** [-s])
C《口語》成人, おとな(◆ adult よりもくだけた語)
──形容詞 [gróunʌ́p グロウンアップ]
成人した, おとなの

growth [gróuθ グロウす] 名詞
U 成長; 発達;《または **a growth** で》増加
▸economic **growth**　経済成長

grumble [grʌ́mbl グランブる] 動詞 (三単現 **grumbles** [-z]; 過去・過分 **grumbled** [-d]; 現分 **grumbling**) 自
❶ (…について)不平を言う《about [at] ...》
❷ (おなかが)鳴る; (雷(かみなり)などが)とどろく
──他 …を不平がましく言う

grunt [grʌ́nt グラント] 動詞 自
❶ (人が)(不満などで)ぶうぶう言う
❷ (ブタなどが)ブーブー鳴く
──他 (人が)…をぶうぶう言う
──名詞 C うなり声; ブーブー鳴く声

Guam [gwɑ́:m グワーム] 名詞
グアム(◆太平洋のマリアナ諸島の最大の島; アメリカ領)

グアムの海岸

guarantee [gæ̀rəntí: ギャランティー] (★アクセントに注意) 名詞 C U
(製品などの)保証; 保証書; 保証期間
──動詞 (三単現 **guarantees** [-z]; 過去・過分 **guaranteed** [-d]; 現分 **guaranteeing**) 他 …を保証する

guard [gɑ́:rd ガード] 名詞
❶ C 番人, 見張り, 守衛, ガードマン;《ふつう **the Guards** で》(イギリスの)近衛(このえ)連隊
❷ C《英》列車の車掌(しゃしょう) (◆《米》conductor)
be off one's guárd　油断している
be on one's gúard　(…に)用心している, 見張っている《against ...》
──動詞 他 …を (…から) 守る《against [from] ...》; …を見張る

Guatemala [gwɑ̀:təmɑ́:lə グワーテマーら] 名詞 グアテマラ(◆中央アメリカの国; 首都はグアテマラシティ Guatemala City)

◆**guess** [gés ゲス]
──動詞 (三単現 **guesses** [-iz]; 過去・過分 **guessed** [-t]; 現分 **guessing**)
──他 ❶ …**を推測する**, 言い当てる
▸Can you **guess** the reason?
理由を推測できますか?
▸**Guess** what!　あのね, 何だと思う?
(◆びっくりするようなことを話し始めるときの前置き)

❷《guess ＋ that 節で》《米口語》
…だと思う ➡ **suppose**
▸I **guess** he's right. (= He's right, I **guess**.) 彼は正しいと思う.

> **ダイアログ**
> *A:* Is she still in Japan?
> 彼女はまだ日本にいるかな?
> *B:* I **guess** so [not].
> まだいる[もういない]と思うよ.

──自 推測する, 言い当てる
──名詞 (複数 **guesses** [-iz])
C **推測, 推量**
▸a good **guess** みごとな推測

·guest [gést ゲスト] 名詞
(複数 **guests** [gésts ゲスツ])
❶ C (招待された)客(対義語 host 主人)
▸We have a **guest** this evening.
今晩, 来客が1名あります.
❷ C (ホテルなどの)泊(と)まり客, (レストランなどの)客

> **くらべよう「客」を表す英語**
> **guest**: パーティーなどの招待客やホテルなどの客を指します.
> **visitor**: 観光客や仕事上の訪問客, 一般の家の来客を指します.
> **customer**: 商店などの客, 得意客を指します.

Bé my guést. (依頼に対して)どうぞご自由に; わたしがおごりますよ.

guidance [gáidns ガイダンス] 名詞
U 指導, 案内; 学生指導, ガイダンス

·guide [gáid ガイド]
──名詞 (複数 **guides** [gáidz ガイヅ])
❶ C **ガイド, 案内人**
▸We hired a **guide** in Paris.
わたしたちはパリでガイドを雇(やと)った.
❷ C (…の) 旅行案内書, ガイドブック; 入門書, 手引き書《to ...》(= guidebook)
▸a study **guide** 学習参考書
──動詞 (三単現 **guides** [gáidz ガイヅ]; 過去・過分 **guided** [-id]; 現分 **guiding**)
他 ❶ (つき添(そ)って) (人) **を案内する** (◆「先頭に立って案内する」は lead)
▸She **guided** us around the city.
彼女はわたしたちを街のあちこちに案内してくれた.
❷ (人)を指導する

guidebook [gáidbùk ガイドブック]
名詞 C 旅行案内書, ガイドブック; 手引書

guide dog [gáid dɔ̀ːg ガイド ドーグ]
名詞 C 盲導(もうどう)犬 (◆《米》では Seeing Eye dog ともいう) ➡ **dog** 参考

guilt [gílt ギるト] 名詞 U 有罪
(対義語 innocence 無罪); 罪悪感

guilty [gílti ギるティ] 形容詞
(比較 **guiltier**; 最上 **guiltiest**)
❶ 有罪の, (…の)罪を犯(おか)した《of ...》
(対義語 innocent 無罪の)
❷ (…について) 罪の意識のある, やましい《about ...》
▸I feel **guilty about** lying. わたしはうそをついたことに気がとがめている.

:guitar [gitáːr ギター] (★アクセントに注意) 名詞
(複数 **guitars** [-z])
C【楽器】**ギター**
➡ **musical instruments** 図
▸play the **guitar** ギターをひく

guitarist [gitáːrist ギターリスト] 名詞
C ギター奏者, ギタリスト

gulf [gʌ́lf ガるふ] 名詞
C 湾(わん)(◆ふつう bay より大きい)

gull [gʌ́l ガる] 名詞
C【鳥類】カモメ(= sea gull)

Gulliver [gʌ́livər ガりヴァ] 名詞
ガリバー(◆イギリスの作家ジョナサン・スウィフト (Jonathan Swift) の小説『ガリバー旅行記』(*Gulliver's Travels*) の主人公)

gum[1] [gʌ́m ガム] 名詞
❶ U ゴム(同義語 rubber)
❷ U チューインガム(= chewing gum)

gum[2] [gʌ́m ガム] 名詞
C《ふつう **gums** で》歯ぐき
➡ **mouth** 図

·gun [gʌ́n ガン] 名詞 (複数 **guns** [-z])
C 銃(じゅう), ピストル, けん銃; 大砲(たいほう)

gush [gʌ́ʃ ガッシ] 動詞 (三単現 **gushes** [-iz]; 過去・過分 **gushed** [-t];

現分 **gushing**)
自 (液体・ことば・感情などが)勢いよく流れ出る, ほとばしる
── 名詞 (複数 **gushes** [-iz])
C (液体などの)噴出(ふんしゅつ);
《**a gush** で》(感情の)ほとばしり

gutter [gʌ́tər ガタ] 名詞
C (屋根の)とい;(歩道と車道の境にある)溝(みぞ); ガーター(◆ボウリングのレーンの溝)
➡ **house** 図

guy [gái ガイ] 名詞
C 《口語》男, やつ(◆複数形の場合,《米》では男女両方を指すことが多い)

Guy Fawkes Night [gái fɔ́:ks nàit ガイ ふォークス ナイト] 名詞
《英》ガイ・フォークス祭

文化 英国の秋の祭り

1605年11月5日, 国王ジェームズ1世を国会議事堂もろとも爆破しようとした犯人の一人, ガイ・フォークスが逮捕されました. これを記念したお祭りがGuy Fawkes Nightです. この祭りでは, ガイ・フォークスを模した人形をたき火に投げこんで焼いたり, 花火を打ち上げて楽しんだりします.

◆**gym** [dʒím ヂム] 名詞 (複数 **gyms** [-z])
❶ C 《口語》体育館(◆*gym*nasium を短縮した語)
➡ **巻頭カラー 英語発信辞典①**
❷ U 《口語》(学科の)体育
(◆*gym*nastics を短縮した語; *p*hysical *e*ducation を略して P.E. ともいう)

gymnasium [dʒimnéiziəm ヂムネイズィアム] 名詞 C 体育館(◆《口語》では gym と短縮する)

gymnastics [dʒimnǽstiks ヂムナぁスティックス] 名詞 U 《単数あつかいで》(学科の)体育(◆《口語》では gym と短縮する; *p*hysical *e*ducation を略して P.E. ともいう);《複数あつかいで》体操
➡ 下図

Gypsy, 《英》Gipsy [dʒípsi ヂプスィ] 名詞 (複数 **Gypsies** [-z]) C ジプシー(◆ヨーロッパ・アジアに散在する移動型民族; 彼ら自身は Romany [rɑ́məni ラマニ] という言い方を好んで用いる)

gymnastics

floor exercises
床(ゆか)運動

rings
つり輪

balance beam
平均台

parallel bars
平行棒

vault [vɔ́:lt ヴォーるト]
跳馬(ちょうば)

pommel [pʌ́ml パムる] horse あん馬

uneven bars
段ちがい平行棒

horizontal bar
鉄棒

Hh

Q カボチャをくり抜(ぬ)いてどうするの？➡ Halloween をひいてみよう！

H, h [éitʃ エイチ] 名詞 (複数 **H's, h's** または **Hs, hs** [-iz]) C U エイチ
(◆アルファベットの8番めの文字)

ha, hah [hɑ́ː ハー] 間投詞
(驚(おどろ)き・喜び・ためらいなどの気持ちを表して)ほう, まあ, おや

⁺habit [hǽbit ハぁビット] 名詞
(複数 **habits** [hǽbits ハぁビッツ])
C U (個人の)習慣, 癖(くせ); (動植物の)習性
▸a bad **habit** 悪い習慣
▸Susan has a **habit** of keeping early hours. スーザンには早寝(はやね)[早起き]の習慣がある.

くらべよう **habit と custom**
habit: 個人の「習慣」や「癖」を表します.
custom: 主に社会や地域などの「慣習」を指します.

habitat [hǽbitæ̀t ハぁビタぁット] 名詞
C (動物の)生息地; (植物の)自生地

hacker [hǽkər ハぁカ] 名詞
C【コンピューター】ハッカー
(◆他者のコンピューターシステムに不法侵入(しんにゅう)し, 情報を盗(ぬす)んだり, プログラムを破壊(はかい)したりする人)

⁑had
――動詞 [hǽd ハぁド]
have(…を持っている)の過去形・過去分詞
――助動詞 [hǽd ハぁド; (弱く言うとき) həd ハド, əd アド, d ド] (have の過去形)
(◆《口語》では 'd と略すことがある)
《**had** ＋**過去分詞**で過去完了形をつくって過去のある時より前に起きたことを表す》
❶〔継続〕…**していた**
▸I **had been** walking all day and felt tired.
わたしは1日じゅう歩き詰(づ)めで, 疲(つか)れていた.
❷〔経験〕…**したことがあった**
▸Liz felt nervous on the plane because she **had** never **flown** before.
リズはそれまで飛行機に乗ったことがなかったので, 機内で落ち着かなかった.
❸〔完了〕…**してしまった**
▸When I arrived at the station, the train **had** already **left**.
駅に着くと, 電車はすでに出てしまっていた.

had bést ＋**動詞の原形**
…するのがいちばんよい
⁺***had bétter*** ＋**動詞の原形**
…**するほうがよい** ➡ **better**
had rather ... (***than*** ～)
(～するより)むしろ…したい ➡ **rather**

⁑hadn't [hǽdnt ハぁドゥント]
《口語》had not の短縮形

ha-ha [hɑ̀ːhɑ́ː ハーハー] 間投詞 (笑い声・軽べつした笑いを表して)はは, あはは

hail [héil ヘイる] 名詞 U あられ, ひょう
――動詞 自《it を主語にして》
あられ[ひょう]が降る

⁑hair [héər ヘア] 名詞 (複数 **hairs** [-z])
❶ U **髪(かみ)の毛**(全体) ➡ **head** 図
▸She has long **hair**.
彼女は髪が長い.
▸She is brushing her **hair**.
彼女は髪にブラシをかけている.
▸a girl with short **hair**
髪の短い女の子
▸I had [got] my **hair** cut last week.
先週, わたしは髪を切ってもらった.
(◆「have [get] ＋名詞＋過去分詞」で「…を～してもらう」)
❷ C (1本の)**毛**
▸A **hair** fell out. 髪が1本抜(ぬ)けた.

hairbrush [héərbrʌʃ ヘアブラッシ] 名詞 (複数 **hairbrushes** [-iz])
C ヘアブラシ

haircut [héərkʌ̀t ヘアカット] 名詞
C 散髪(さんぱつ), 理髪

hairdo [héərdùː ヘアドゥー] 名詞 (複数 **hairdos** [-z]) C 《口語》(主に女性の)ヘアスタイル, 髪型(かみがた)

hairdresser [héərdrèsər ヘアドゥレサ] 名詞 C 美容師

hair dryer, hair drier [héər dràiər ヘア ドゥライア] 名詞 C ヘアドライヤー

⁑half [hæf ハぁふ]

名詞	❶ 半分 ❷ (時刻の)30 分
形容詞	半分の
副詞	半分だけ

──名詞 (複数 **halves** [hævz ハぁヴズ])
❶ C U 半分, 2 分の 1
(◆「4 分の 1」は quarter)
▸an hour and a **half**
1 時間半(=one and a half hours)
▸**Half** of ten is five.　10 の半分は 5.

ルール half (of) + 名詞の使い方

1 「half of + 名詞」は, 名詞が単数のときは単数あつかい, 複数のときは複数あつかいになります.
▸**Half of** the money is mine.
そのお金の半分はわたしのものだ.
▸**Half of** the boys are American.
少年たちの半分はアメリカ人だ.
2 half of の of は省略することもできます. その場合の half は形容詞になります.
3 代名詞が続く場合は必ず **half of** them のようになり, of は省略できません.

❷ U (時刻の)**30 分**, 半
▸It's **half** past two.　時刻は 2 時半だ.
❸ C (競技などの)前半, 後半
▸the first [second] **half**　前[後]半戦

──形容詞《名詞の前に用いて》
半分の, 2 分の 1 の
▸**half** an hour　30 分
(◆《主に米》a **half** hour)
▸**Half** my class belongs to sport clubs.　わたしのクラスの半分は運動部に入っている. ➡ 名詞 ルール 2

──副詞 **半分だけ**; 部分的に
▸The bottle was **half** empty.
びんは半分空(から)だった.
▸I was **half** asleep then.
そのとき, わたしはうとうとしていた.

halfway [hæfwéi ハぁふウェイ] 副詞
中途(ちゅうと)で[に], 途中で[に], 途中まで
──形容詞 中途の, 中間の, 途中にある

◆hall [hɔːl ホーる] 名詞 (複数 **halls** [-z])

❶ C **会館**, 公会堂, ホール
▸a city **hall**　市役所
❷ C **玄関**(げんかん)(の広間), ロビー; 《主に米》廊下(ろうか)(= hallway)

hallelujah, halleluiah [hæləlúːjə ハぁれるーヤ] 名詞 C ハレルヤ(◆神を賛美する歌, またはその歓声(かんせい); alleluia(h) [æləlúːjə あれるーヤ] ともいう)

hallo(a) [həlóu ハろウ] 間投詞 名詞
《主に英》= hello(やあ)

Halloween, Hallowe'en
[hælouíːn ハぁろウイーン] (★アクセントに注意) 名詞 ハロウィーン

文化 ハロウィーンの過ごし方

10 月 31 日の夜に行われるハロウィーンは, 万聖(ばんせい)節(All Saints' Day)の前夜祭です. 子供や若者たちは魔女(まじょ)のとんがり帽子をかぶったり, 吸血鬼(き)の仮装をしたりして, 町じゅうを練り歩きます. また, カボチャをくり抜(ぬ)いて, 明かりをともしたちょうちん(jack-o'-lantern)を玄関(げんかん)や窓辺に飾(かざ)ったり, 子供は"Trick or treat!"「お菓子(かし)をくれないと, いたずらするぞ!」と言いながら近所の家を回って, お菓子をもらったりします.

hallway [hɔ́ːlwèi ホーるウェイ] 名詞
❶ C 《主に米》玄関(げんかん), 玄関の広間
(◆単に hall ともいう)
❷ C 廊下(ろうか)

halo-halo [hǽlouhǽlou ハぁロウハぁロウ]
名詞 C ハロハロ(◆フィリピンのパフェ; 「ハロ」はタガログ語で「混ざる」の意味)

halves [hǽvz ハぁヴズ] 名詞
half(半分)の複数形

ham [hǽm ハぁム] 名詞 C U ハム
(◆ブタのもも肉の塩漬(づ)けやくん製)

hamburger [hǽmbə̀ːrgər ハぁンバ〜ガ]
名詞 ❶ C ハンバーガー; ハンバーグ
➡ **fast food**

> **文化 ハンバーガーの由来**
>
> ハンバーガーは 19 世紀末にアメリカで生まれました. 名前の由来については, ドイツのハンブルク(Hamburg)地方のひき肉料理が Hamburger steak としてアメリカに伝わり, それをパンにはさんだものが hamburger といわれるようになった, というのが有力な説です.

❷ U 《米》牛ひき肉(◆《英》mince)

Hamlet [hǽmlit ハぁムれット] 名詞
ハムレット
(◆シェークスピア(Shakespeare)が書いた四大悲劇の一つ; またその主人公の名)

hammer [hǽmər ハぁマ] 名詞
C 金づち, ハンマー
——動詞 他 …を金づちでたたく; …をトントン[ドンドン]たたく

hamster [hǽmstər ハぁムスタ] 名詞
C【動物】ハムスター

⁑hand [hǽnd ハぁンド]

名詞	❶ 手
	❷ (時計の)針
動詞	(人)に(もの)を手渡(てわた)す

——名詞 (複数 **hands** [hǽndz ハぁンヅ])
❶ C 手(◆手首から指先まで) ➡ 下図
▸his right [left] **hand** 彼の右[左]手
▸Raise your **hand**. 手をあげなさい.
▸She has a pen in her **hand**.
彼女は手にペンを持っている.
▸Wash your **hands**.
手を洗いなさい.
❷ C (時計の)針
▸an hour [a minute] **hand**
短[長]針 ➡ **clocks and watches** 図
❸《**a hand** で》(援助(えんじょ)の)手, 手助け

hand

① thumb 親指
② index finger 人差し指
③ middle finger 中指
④ ring finger 薬指
⑤ little finger 小指
➡ **finger** 参考
⑥ palm 手のひら
⑦ back of the hand 手の甲(こう)
⑧ wrist 手首
⑨ nail つめ
⑩ fingerprint 指紋(しもん)

shake hands
握手(あくしゅ)する

walk hand in hand
手をつないで歩く

clap *one's* hands
拍手(はくしゅ)する

wave *one's* hand
手を振(ふ)る

▸Can you give me **a hand**?
手伝ってくれますか？
❹《**a hand** で》字の書き方，筆跡(ひっせき)(＝handwriting)
❺《**a hand** で》拍手(はくしゅ)
▸Let's give Tom **a** big **hand**.
トムに大きな拍手を送りましょう．
(at) first hánd 直接，じかに
at hánd （時間的・位置的に）すぐ近くに
▸Christmas is near **at hand**.
もうすぐクリスマスだ．
by hánd （機械でなく）手で
hánd in hánd 手に手をとって
on (the) óne hand ..., on the óther hand ～ 一方では…，他方では～
sháke hánds
（人と）握手(あくしゅ)する《with ...》
➡ **shake, handshake** 文化
── 動詞 （三単現 **hands** [hǽndz ハぁンヅ]; 過去・過分 **handed** [-id]; 現分 **handing**）
他《**hand**＋人＋ものまたは **hand**＋もの＋**to**＋人で》（人）**に**（もの）**を手渡す**，渡す
▸**I handed** her the letter.
(＝I **handed** the letter **to** her.)
わたしは彼女に手紙を手渡した．
（◆文末にくる語句が強調される；前者は「何を」手渡したか，後者は「だれに」手渡したかに重点が置かれる）
hánd dówn （伝統など）を（…に）伝える《to ...》（◆ふつう受け身の形で用いる）
hánd ín （宿題など）を提出する
▸Have you **handed in** your paper yet?
レポートはもう提出しましたか？
hánd óut
（ただで）…を配る，分けあたえる

handbag [hǽn*d*bæ̀g ハぁン(ド)バぁッグ]
名詞 C （女性用の）ハンドバッグ（◆《米》ではふつう purse を用いる）➡ **bag** 図

handball [hǽn*d*bɔ̀:l ハぁン(ド)ボーる]
名詞 ❶ U 【スポーツ】ハンドボール（◆一般的な「ハンドボール」以外に，ボールを手で壁(かべ)に打ちつけ，はね返ったボールを相手に受けさせる，という米国式ハンドボールも指す）
❷ C ハンドボールのボール

handbook [hǽn*d*bùk ハぁン(ド)ブック]
名詞 C 手引き書；旅行案内書

handful [hǽn*d*fùl ハぁン(ド)ふる] 名詞
C ひとつかみ（の…）《of ...》；
《**a handful of ...** で》少量の…，少数の…

handicap [hǽndikæ̀p ハぁンディキぁップ] 名詞 ❶ C 身体［精神］障がい
（◆差別的ととられることも多いので，現在は disability のほうがよく用いられる）
❷ C 不利な条件，困難；【スポーツ】ハンデ（キャップ）（◆競技を公平にするために，強者にあたえられる不利な条件）

handicapped [hǽndikæ̀pt ハぁンディキぁプト] 形容詞 （身体・精神に）障がいのある（◆差別的ととられることも多いので，現在は disabled のほうがよく用いられる）

handicraft [hǽndikræ̀ft ハぁンディクラぁふト] 名詞 C 《ふつう **handicrafts** で》手工芸；手工芸品

·handkerchief
[hǽŋkərtʃif ハぁンカチふ]（★発音に注意）
名詞 （複数 **handkerchiefs** [-s] または **handkerchieves** [hǽŋkərtʃivz ハぁンカチヴズ]） C **ハンカチ**（◆欧米(おうべい)では鼻をかむために使われることが多い）

handle [hǽndl ハぁンドゥる] 名詞
C 取っ手，柄(え)（◆自動車の「ハンドル」は (steering) wheel，自転車の「ハンドル」は handlebars）

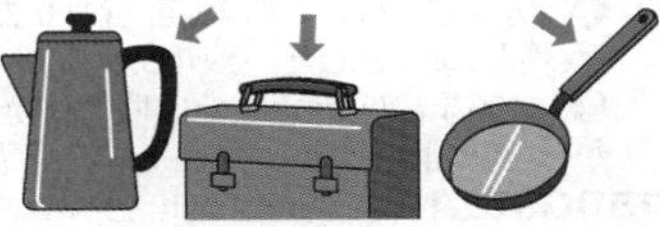

▸the **handle** of my bag
わたしのバッグの柄
── 動詞 （三単現 **handles** [-z]; 過去・過分 **handled** [-d]; 現分 **handling**） 他
❶ …に触(さわ)る；…をいじる
▸**Handle** With Care
《掲示》取りあつかい注意
❷ （人・動物・問題など）をあつかう，処理する；（道具）を使う

handlebar [hǽndlbɑ̀:*r* ハぁンドゥるバー] 名詞 C 《ふつう **handlebars** で》（自転車・オートバイなどの）ハンドル
➡ **bicycles** 図

handmade [hǽn*d*méid ハぁン(ド)メイド] 形容詞 手製の，手作りの
（◆食べ物には homemade を使う）

handout [hǽndàut ハぁンダウト] 名詞
C ビラ，印刷物；（学校などで配布される）プリント

handrail [hǽndrèil ハぁンドレイる] 名詞
C (階段などの)手すり

handshake [hǽndʃèik ハぁン(ド)シェイク] 名詞 C 握手(あくしゅ)

文化 おじぎよりも握手

日本では，あいさつとしてよくおじぎをしますが，欧米(おうべい)では握手が一般的です．握手をするときは相手の顔を見ながら右手を出し，相手の右手を適度な強さで握(にぎ)ります．そして，2，3回振(ふ)ってから放します．ふつう目上の人が先に，男女の場合は女性が先に手を差し出します．

handsome [hǽnsəm ハぁンサム]
(★発音に注意) 形容詞
(比較 **more handsome** または **handsomer**; 最上 **most handsome** または **handsomest**)
❶ (男性が) 顔立ちのよい，ハンサムな；(女性が)堂々とした，りっぱな
❷ (金額などが)かなりの；(贈(おく)り物などが)気前のよい

handstand [hǽndstæ̀nd ハぁン(ド)スタぁンド] 名詞 C 逆立(さかだ)ち
▶do a **handstand** 逆立ちする

handwriting [hǽndràitiŋ ハぁンドライティング] 名詞 U 手書き；筆跡(ひっせき)，書体

handy [hǽndi ハぁンディ] 形容詞
(比較 **handier**; 最上 **handiest**)
(ものが)使いやすい，便利な；手近にある，すぐに使える；(人が)手先が器用な

hang [hǽŋ ハぁング] 動詞
(三単現 **hangs** [-z]; 過去・過分 **hung** [hʌ́ŋ ハング]; 現分 **hanging**) 他
❶ …を掛(か)ける，つるす
(同義語 suspend)
▶She **hung** the picture on the wall.
彼女はその絵を壁(かべ)に掛けた．
❷ (過去・過分 **hanged** [-d])
(人)を絞首刑(こうしゅけい)にする
—自 掛かる，ぶら下がっている

háng ón ① (…に) しっかりつかまる《to ...》；がんばる，持ちこたえる
② 待つ；電話を切らずにおく
(同義語 hold on)

háng úp (人との)電話を切る《on ...》；…を(…に)掛ける，つるす《on ...》

hanger [hǽŋər ハぁンガ] 名詞
C ハンガー，洋服掛(か)け

hang glider [hǽŋ glàidər ハぁング グらイダ] 名詞 C ハンググライダー

Hangul [hɑ́ːŋguːl ハーングーる] 名詞
U ハングル(◆韓国(かんこく)［朝鮮(ちょうせん)］で使われている文字)

˙happen [hǽpn ハぁプン] 動詞
(三単現 **happens** [-z]; 過去・過分 **happened** [-d]; 現分 **happening**) 自
❶ (偶然(ぐうぜん)に) **起こる**，生じる
(同義語 occur)
▶A traffic accident **happened** over there.
あそこで交通事故が起こった．

ダイアログ
A: What **happened**? どうしたの？
B: I lost my wallet.
財布(さいふ)をなくしたんだ．

❷《**happen to** ＋**動詞の原形で**》
偶然…する，たまたま…する
▶I **happened to** see the accident.
わたしは偶然その事故を目撃(もくげき)した．
▶Do you **happen to** know Sue?
ひょっとしてスーを知っていますか？

happening [hǽpniŋ ハぁプニング] 名詞
C《しばしば **happenings** で》出来事，事件

happier [hǽpiər ハぁピア] 形容詞
happy(幸福な)の比較級

happiest [hǽpiist ハぁピエスト] 形容詞
happy(幸福な)の最上級

happily [hǽpili ハぁピり] 副詞
幸福に，楽しく，喜んで；運よく

happiness [hǽpinəs ハぁピネス] 名詞
U 幸福，満足；幸運

:happy [hǽpi ハぁピ] 形容詞
(比較 **happier**; 最上 **happiest**)
幸福な，うれしい，楽しい，満足な(◆日本語の「幸福」よりももっと気軽に使う；対義語 unhappy 不幸な，sad 悲しい)
▶a **happy** family 幸せな家族

▸I'm **happy** about [with] my exam results.
わたしは試験の結果に満足している.
▸He looks **happy**. 彼はうれしそうだ.
▸Helen's **happy** face made me **happy**, too.
ヘレンのうれしそうな顔を見て, わたしもうれしくなった.
▸The movie has a **happy** ending.
その映画はハッピーエンドを迎(むか)える.
(1)《**be happy to** ＋**動詞の原形**で》
…してうれしい; 喜んで…する;
▸**I'm happy to** see you.
あなたに会えてうれしい.
▸**I'll be happy to** help you.
喜んでお手伝いします.
(2)《**be happy** ＋ **that** 節で》
…ということがうれしい
▸**I'm happy that** you can go with us. あなたがわたしたちといっしょに来ることができてうれしいです.

harassment [hərǽsmənt ハラぁスメント] 名詞 U 悩(なや)ますこと, いやがらせ

·harbor, 《英》**harbour**
[hɑ́ːrbər ハーバ] 名詞
(複数 **harbors** [-z]) C 港

くらべよう **harbor と port**
harbor: 地形を利用し, 船が強風や大波を避(さ)けて安全に停泊(ていはく)できる自然の港を指します.
port: 商船などが荷物を載(の)せたり降ろしたりできる施設(しせつ)のある港や, その港町全体を指します.

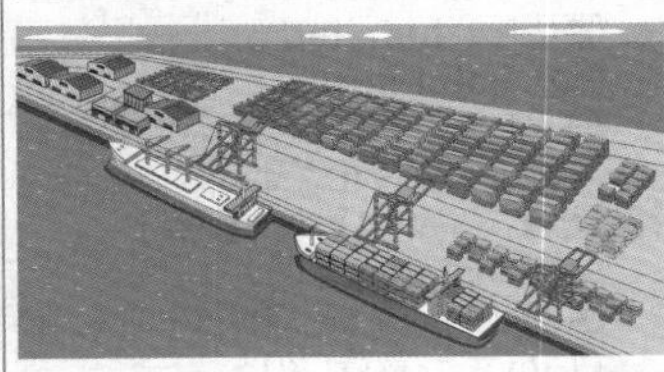

:hard [hɑ́ːrd ハード]

形容詞 ❶かたい
❷難しい
❸熱心な
副詞 ❶熱心に
❷激しく

── 形容詞
(比較 **harder**; 最上 **hardest**)
❶(ものが) **かたい**
(対義語 soft 柔(やわ)らかい)
▸a **hard** stone かたい石
❷**難しい**, 困難な
(同義語 difficult, 対義語 easy やさしい)
▸a **hard** question 難しい問題
▸It's **hard** for me to get there by five. 5時までにわたしがそこに着くのは難しい.
❸《名詞の前に用いて》**熱心な**, 勤勉な
▸a **hard** worker 勤勉な人[働き者]
❹(人に)厳しい《on ...》; つらい
▸Don't be too **hard on** yourself.
自分に厳しくし過ぎないで.
▸have a **hard** time つらい経験をする
── 副詞 (比較・最上 は 形容詞 に同じ)
❶**熱心に**, 一生懸命(けんめい)に
▸He worked [studied] **hard** for the exam.
彼は試験に向けて一生懸命勉強した.
❷**激しく**
▸It's raining **hard**.
雨が激しく降っている.

hard-boiled [hɑ́ːrdbɔ́ild ハードボイるド] 形容詞 ❶(卵が) かたゆでの
(対義語 soft-boiled 半熟の)
❷《口語》感傷に流されない, 非情な;
(小説が)ハードボイルドの

hardcover [hɑ́ːrdkʌ́vər ハードカヴァ]
名詞 C かたい表紙 [ハードカバー] の本
(対義語 paperback ペーパーバック)

hard disk [hɑ́ːrd dísk ハード ディスク]
名詞 C 【コンピューター】ハードディスク
(◆大容量の固定磁気記憶(きおく)装置)

harden [hɑ́ːrdn ハードゥン] 動詞
他 …をかたくする, かためる
(対義語 soften …を柔(やわ)らかくする)
── 自 かたくなる, かたまる

hardly [hɑ́ːrdli ハードり] 副詞
《ふつう be 動詞・助動詞の直後か, 一般動詞の直前に置いて》ほとんど…ない

(同義語 scarcely) ➡ **always** 参考

▸I can **hardly** swim.
わたしはほとんど泳げない.

hárdly éver めったに…しない

▸It **hardly ever** rains here.
ここではめったに雨が降らない.

hardship [há:rdʃìp ハードシップ] 名詞
U C 苦難, 苦境

hardware [há:rdwèər ハードウェア]
名詞 ❶ U 金物, 金属製品
❷ U ハードウエア (◆コンピューターの機械部分; 対義語 software ソフトウエア)

hard-working [há:rdwə̀:rkiŋ ハードワ～キング] 形容詞 勤勉な, よく働く

hare [héər ヘア] 名詞 C【動物】野ウサギ

Harlem [há:rləm ハーれム] 名詞
ハーレム(◆アメリカのニューヨーク市マンハッタン北部の地域)

harm [há:rm ハーム] 名詞
U (物質的・精神的な)害, 損害, 危害

▸cause [do] **harm** 害をもたらす

▸He meant no **harm**.
彼に悪気はなかった.

—動詞 他 …を害する, …を傷つける

harmful [há:rmfl ハームふる] 形容詞
(…にとって)有害な, (…に)害をおよぼす《to ...》(対義語 harmless 無害な)

harmless [há:rmləs ハームれス] 形容詞
無害な(対義語 harmful 有害な)

harmonica [ha:rmánikə ハーマニカ]
(★アクセントに注意) 名詞 C【楽器】
ハーモニカ(◆mouth organ ともいう)

harmoniously [ha:rmóuniəsli ハーモウニアスリ] 副詞 (…と)調和して《with ...》

▸live **harmoniously** with nature
自然と調和して生きる

harmony [há:rməni ハーモニ] 名詞
(複数 **harmonies** [-z])
❶ U C 調和, 一致(いっち); ハーモニー
❷ U C【音楽】和声, ハーモニー

in hármony
(…と)調和して; (…と)仲よく《with ...》

harp [há:rp ハープ] 名詞
C【楽器】ハープ, たて琴(ごと)
➡ **musical instruments** 図

Harry Potter [hǽri pátər ハぁりパタ]
名詞 ハリー・ポッター (◆イギリスの作家 J・K・ローリングによるファンタジー小説の主人公)

harsh [há:rʃ ハーシ] 形容詞
(比較 **harsher**; 最上 **harshest**)
❶ 厳しい, 過酷(かこく)な
❷ (色などが)どぎつい; (音が)耳ざわりな; (表面が)粗(あら)い

harvest [há:rvist ハーヴェスト] 名詞
C U 収穫(しゅうかく); 収穫物, 収穫量; 収穫期
—動詞 他 (作物)を収穫する

⁑has

—動詞 [hǽz ハぁズ] have(…を持っている)の三人称単数現在形
—助動詞 [hǽz ハぁズ; (弱く言うとき)həz ハズ, əz アズ, s ス, z ズ]
(have の三人称単数現在形)
《**has** ＋**過去分詞**で現在完了形をつくる》

⁑hasn't [hǽznt ハぁズント]

《口語》has not の短縮形

haste [héist ヘイスト] 名詞 U 急ぐこと, あわてること(◆ hurry よりかたい語)

in háste 急いで, あわてて

make háste 急ぐ

hastily [héistili ヘイスティり] 副詞
急いで, あわてて; 軽率(けいそつ)に

hasty [héisti ヘイスティ] 形容詞
(比較 **hastier**; 最上 **hastiest**)
急ぎの, あわただしい; 軽率(けいそつ)な

•hat [hǽt ハぁット] 名詞

(複数 **hats** [hǽts ハぁッツ])
C (縁(ふち)のある)**帽子**(ぼうし)
(◆「縁のない帽子」や「野球帽」は cap)

hatch[1] [hǽtʃ ハぁッチ] 動詞
(三単現 **hatches** [-iz];
過去・過分 **hatched** [-t];
現分 **hatching**)
自 (卵・ひなが)かえる, ふ化する
—他 (卵)をふ化させる, (ひな)をかえす

hatch[2] [hǽtʃ ハぁッチ] 名詞
(複数 **hatches** [-iz])
C (船の甲板(かんぱん)や飛行機にある)昇降(しょうこう)口, ハッチ; 昇降口のふた

⁑have

動詞 [hǽv ハぁヴ]
助動詞 [hǽv ハぁヴ；(弱く言うとき)həv ハヴ, əv アヴ, v ヴ]
動詞 ❶ …を持っている
❷ …を食べる，飲む

――動詞 (三単現 **has** [hǽz ハぁズ]; 過去・過分 **had** [hǽd ハぁド]; 現分 **having**) 他
基本のイメージ：持っている

❶ **…を持っている**, …がある，(友達など)がいる；(動物)を飼っている

▸I **have** a lot of books. わたしはたくさんの本を持っている.
▸Do you **have** a pen? ペンを持っていますか？
▸Tom **has** a computer. トムはコンピューターを持っている.
▸We **had** two cars last year. わたしたちは昨年，車を2台持っていた.
▸Ann **has** a kind heart. アンは優(やさ)しい心をもっている.
▸I **have** a good idea. わたしに名案があります.
▸I don't **have** any brothers or sisters. わたしには兄弟姉妹(しまい)がいない.

ダイアログ
A: Do you **have** any pets? 何かペットを飼っていますか？
B: Yes, I do. I **have** two dogs. ええ．イヌを2匹(ひき)飼っています.

❷ **…を食べる**(同義語 eat), (食事)をとる，**飲む**(同義語 drink) ➡ **eat** くらべよう

▸I'll **have** lunch now. わたしはこれから昼食にします.
▸I'd like to **have** some milk. ミルクを飲みたいのですが.

参考 haveが進行形になるとき，ならないとき

1 進行形は「進行中の動作」を表します．haveが❶の意味のときは，「動作」ではなく「状態」を表しているので進行形にしません.
2 ただし，haveが❷の意味のときは「動作」を表しているので進行形にすることができます.
▸I **have** dinner at six. わたしは6時に夕食をとる.
▸She'**s having** breakfast now. 彼女は今，朝食をとっている.

❸ (ある経験)**をする**，(ある時)を過ごす；(病気)にかかっている；(ある動作)をする

▸**have** an accident 事故にあう
▸**Have** a good time! 楽しんでいらっしゃい！
▸I **have** a headache. 頭が痛い.
▸I **had** a swim in the river. わたしは川でひと泳ぎした.

❸ (ある経験)をする
❹ …を～させる
❺ (人)に…させる

❹《**have** ＋名詞＋過去分詞で》
…を～させる, してもらう; (自分のもの)を…される

▸I **had** my hair **cut**.	わたしは髪(かみ)を切ってもらった.
▸I **had** my bike **stolen**.	わたしは自転車を盗(ぬす)まれた.

❺《**have** ＋人＋動詞の原形で》(人)に…させる, してもらう ➡ **let** くらべよう

▸I **had** him **repair** my bike.	わたしは彼に自転車を直してもらった.

❻ …を取る, もらう; …を受ける (◆ take よりくだけた言い方)

▸Can I **have** this catalog?	このカタログをいただけますか?
▸We don't **have** math today.	今日は数学の授業がない.

❼ (会合など)を開く, 開催(かいさい)する

▸Let's **have** a birthday party for Emma.	エマのバースデーパーティーを開きましょう.

have ... ón …を身につけている, 着ている(同義語 wear)

▸He **had** a nice jacket **on**.	彼はすてきな上着を着ていた.

have ónly to ＋動詞の原形 …しさえすればよい

▸You **have only to** stay here.	きみはここにいるだけでよい.

◆***have to*** ＋動詞の原形 **…しなければならない** (◆《口語》では「have got to ＋動詞の原形」もよく使われる); 《否定文で》**…しなくてもよい** ➡ **must** ルール

▸I **have to** go now.	わたしはもう行かなければならない.
▸She **has to** stay home.	彼女は家にいなければならない.
▸He **had to** wait a little.	彼は少し待たなければならなかった.
▸Do I **have to** do that now?	それは今しないといけませんか?
▸You **don't have to** get up early tomorrow.	あしたは早起きしなくてもいいですよ.

参考 **have [has, had] to の発音**

have to [hǽftə ハぁふタ, hǽftu(ː) ハぁふトゥ(ー)]
has to [hǽstə ハぁスタ, hǽstu(ː) ハぁストゥ(ー)]
had to [hǽttə ハぁッタ, hǽttu(ː) ハぁットゥ(ー)]

have sómething [nóthing, líttle, múch] to dó with ...
…と関係がある[関係がない, ほとんど関係がない, 大いに関係がある]

▸He **had something [nothing] to do with** the accident.	彼はその事故と関係があった[なかった].
▸I **have little [much] to do with** the project.	わたしはそのプロジェクトとほとんど関係がない[大いに関係がある].

──助動詞 ❶《**have** ＋**過去分詞**で現在完了形をつくる》
① 〘継続〙**今まで…してきた**, ずっと…している(◆ for, since などをともなうことが多い)

▸I **have known** her **for** years.	わたしは彼女とは長年の知り合いだ.
▸She **has been** busy **since** yesterday.	彼女は昨日からずっと忙(いそが)しい.

② 〘経験〙**…したことがある** (◆ never, ever, often, ... times などをともなう

助動詞 ❶（♦現在完了(かんりょう)形をつくる）
(1)〔継続(けいぞく)〕今まで…してきた
(2)〔経験〕　…したことがある
(3)〔完了〕　…してしまった

ことが多い）

▸I **have never been** abroad.　わたしは海外に行ったことが一度もない.

ダイアログ

A: **Have** you **ever been** to New York?　あなたはニューヨークへ行ったことがありますか？

B: Yes, I **have**. / No, I **haven't**.　はい，あります. / いいえ，ありません.

③〔完了〕**…してしまった**，…したところだ（♦ already, just, yet などをともなうことが多い）

▸**Have** you **called** her **yet**?　もう彼女に電話をしましたか？

▸He **has just arrived** here.　彼はたった今ここに着いたところだ.

▸**I've already done** my homework.　わたしはもう宿題をやってしまった.

ルール 現在完了形の意味と用法

1 現在完了形は，過去の動作・状態などが現在まで続いていたり，何らかの形で現在に影響(えいきょう)を及(およ)ぼしたりしていることを表します.

2 過去の動作・状態などが，現在とどのように関係しているかによって，「継続」「経験」「完了」の3つに分けることができます.

〔継続〕過去の状態が現在まで続いていること

▸I **have lived** here for ten years.　わたしは10年間ここに住んでいる.

〔経験〕現在までに経験したこと

▸I **have skied** three times.　わたしは3回スキーをしたことがある.

〔完了〕過去の動作が現在の直前に完了したこと

▸I **have** just **finished** my lunch.　わたしは今，昼食を終えたところだ.

3 現在完了形の have は助動詞なので，疑問文や否定文をつくるときは動詞の have とちがって，do, does, did を使いません.

〈肯定文〉I **have met** him before.
わたしは以前，彼に会ったことがある.

〈疑問文〉**Have** you **met** him before?
あなたは以前，彼に会ったことがありますか？

〈否定文〉I **have** never **met** him before.
わたしは今まで彼に会ったことがない.

❷《**have been ＋ ...ing** で現在完了進行形をつくる》ずっと…している

▸He **has been watching** TV for two hours.　彼は2時間ずっとテレビを見続けている.

❸《**will have ＋過去分詞**で未来完了形をつくる》
(未来のある時点では)…してしまっているだろう

▸**I'll have finished** this task by six.　わたしは6時までにはこの仕事を終えているでしょう.

have gót ...　…を持っている ➡ **get**

have got to **＋動詞の原形**　…しなければならない ➡ **get**

A B C D E F G H I J K L M N O P Q R S T U V W X Y Z

hate [héit ヘイト] 動詞
(三単現 **hates** [héits ヘイツ];
過去・過分 **hated** [-id]; 現分 **hating**) 他
❶ …を憎(にく)む, ひどく嫌(きら)う
(対義語 love …を愛する)
❷《**hate to** +動詞の原形または **hate** + **...ing** で》…するのを嫌う, …したくない

hatred [héitrid ヘイトゥリッド] 名詞
U 憎(にく)しみ, 憎悪(ぞうお)

haunt [hɔ́ːnt ホーント] (★発音に注意)
動詞 他 ❶ …へしばしば行く
❷ (幽霊(ゆうれい)などが)(ある場所)に出る
❸ (考えなどが)(人)に取りつく

haunted [hɔ́ːntid ホーンティッド] 形容詞
幽霊(ゆうれい)の出る, お化けの出る
▸a **haunted** house　お化け屋敷(やしき)

:have 動詞 助動詞 ➡ p.287 **have**

:haven't [hǽvnt ハぁヴント]
《口語》have not の短縮形

·having [hǽviŋ ハぁヴィング] 動詞
have(…を持っている)の現在分詞・動名詞

Hawaii [həwáiiː ハワイイー] (★アクセントに注意) 名詞
❶ ハワイ州(◆太平洋上にあるアメリカの州;【郵便】で HI と略す)
❷ ハワイ島(◆ハワイ諸島で最大の島)

Hawaiian [həwáiən ハワイアン] 形容詞
ハワイの; ハワイ人の; ハワイ語の
──名詞 C ハワイ人; U ハワイ語

hawk [hɔ́ːk ホーク] 名詞 C【鳥類】タカ

hawthorn [hɔ́ːθɔ̀ːrn ホーそーン] 名詞
C U【植物】サンザシ
(◆イギリスに多く見られるバラ科の低木; 生け垣(がき)によく使われる)

hay [héi ヘイ] 名詞 U 干し草

hay fever [héi fìːvər ヘイ ふィーヴァ]
名詞 U 枯草(こそう)熱, 花粉症(かふんしょう)(◆アメリカでは主にブタクサによるものを指す)

hazel [héizl ヘイズる] 名詞
❶ U C【植物】ハシバミ
❷ U 薄茶(うすちゃ)色, 金褐色(かっしょく)

hazy [héizi ヘイズィ] 形容詞
(比較 **hazier**; 最上 **haziest**)
❶ もやのかかった, かすんだ
▸a **hazy** morning　もやのかかった朝
❷ 漠然(ばくぜん)とした; (意識が)もうろうとした

:he [híː ヒー] 代名詞〖人称代名詞の三人称単数男性の主格〗(複数 **they** [ðéi ぜイ])
彼は, 彼が(対義語 she 彼女は)
▸I have one brother. **He** is ten.
わたしには兄[弟]が1人います. 彼は10歳(さい)です.

参考 he の変化形と所有・再帰代名詞

主格	**he**	彼は[が]
所有格	**his**	彼の
目的格	**him**	彼を[に]
所有代名詞	**his**	彼のもの
再帰代名詞	**himself**	彼自身を[に]

ルール he の使い方

1 he はすでに話題にあがっている男性や, その場の状況(じょうきょう)からだれを指しているのかがわかる男性について用います.
2 今まで話題になっていなかった男性についてだれなのかをきくときは he を用いず, 次のようにいいます.
▸Who is that man?
あの男の人はだれですか?
(◆× Who is he? とはいわない)
3 人間だけではなく, 動物の雄(おす)もしばしば he で表します.
▸I have a dog. **He** often barks.
わたしはイヌを飼っている. その(雄の)イヌはよくほえる.

:head [héd ヘッド]

名詞 ❶ 頭
❷ 頭脳
❸ 長
動詞 …の先頭に立つ

──名詞 (複数 **heads** [hédz ヘッヅ])
❶ C 頭(◆顔をふくめて首から上の部分を指す; 日本語では「顔」や「首」と訳したほうがいい場合がある)
➡ p.291 図, **face** 参考, **neck** ルール
▸She patted me on the **head**.
彼女はわたしの頭をなでた.
▸Don't put your **head** out of the window.　窓から顔を出してはいけない.
❷ C 頭脳, 頭(の働き), 知力
▸Use your **head**.　頭を働かせなさい.
❸ C 長, 頭(かしら); 首席, 先頭
▸the **head** of a school　校長
❹ C《ふつう **heads** で単数あつかい》(硬貨(こうか)の)表(対義語 tail 裏)

head

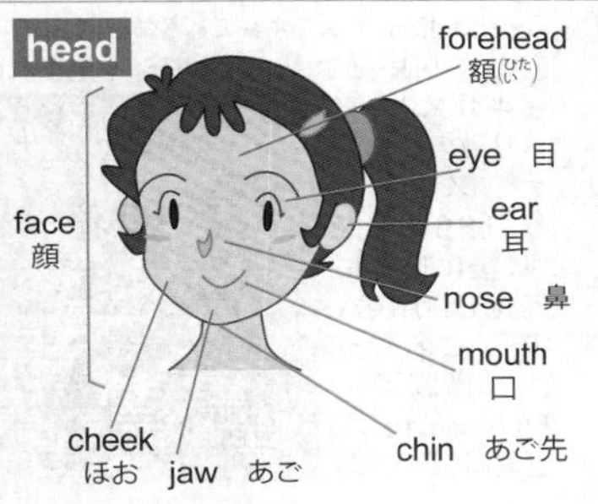

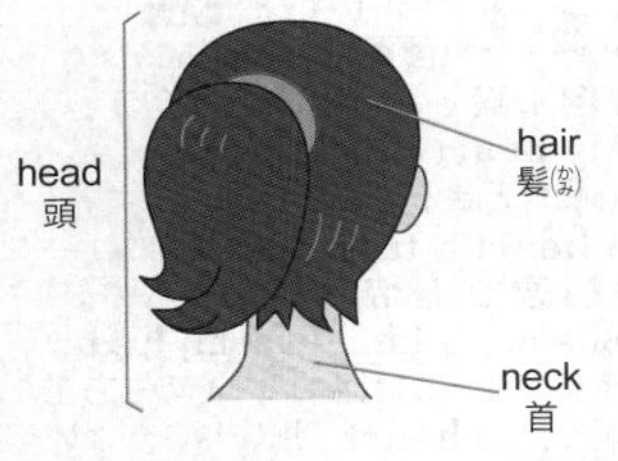

▸**Heads** or tails? (硬貨の)表か裏か?(◆硬貨を投げて, 勝敗やゲームの順番を決めるときの文句)

at the héad of ... …の首席[先頭]で[に]

bów one's héad おじぎをする

from héad to fóot = ***from héad to tóe*** 頭のてっぺんからつま先まで, 全身

nód one's héad (了解(りょうかい)・賛成などを表して)首を縦に振(ふ)る

sháke one's héad (否定・不満・悲しみなどを表して)首を横に振る

—動詞 (三単現 **heads** [hédz ヘッヅ]; 過去・過分 **headed** [-id]; 現分 **heading**)

—他 **…の先頭に立つ**, …を率いる

▸She **headed** the parade.
彼女はパレードの先頭に立った.

—自 (…へ)向かう, 進む《for [toward] ...》

▸Ann was **heading for** the exit.
アンは出口に向かっていた.

headache [hédèik ヘッドエイク] (★発音に注意) 名詞 C 頭痛; 《口語》悩(なや)みの種 ➡ **ache** 参考

▸Do you have a **headache**?
頭が痛いのですか?

heading [hédiŋ ヘディング] 名詞

❶ C (記事・章などの)表題, 見出し

❷ C U 【サッカー】ヘディング
➡ **soccer** 図

headlight [hédlàit ヘッドライト] 名詞
C《しばしば **headlights** で》(自動車などの)ヘッドライト
➡ **bicycles** 図, **cars** 図

headline [hédlàin ヘッドライン] 名詞

❶ C (新聞などの)(大)見出し

❷ C《ふつう **headlines** で》(ニュースの)主な項目(こうもく)

headmaster [hédmǽstər ヘッドマァスタ] 名詞 C 校長(◆《米》では私立学校の, 《英》では小・中学校の, 男性の校長)

headmistress [hédmístrəs ヘッドミストゥレス] 名詞 (複数 **headmistresses** [-iz]) C 校長 (◆《米》では私立学校の, 《英》では小・中学校の, 女性の校長)

headphone [hédfòun ヘッドふォウン] 名詞 C《ふつう **headphones** で》ヘッドホン

headquarters [hédkwɔ̀ːrtərz ヘッドクウォータズ] 名詞 《単数または複数あつかいで》本部, 司令部, 本社

heal [híːl ヒーる] 動詞
他 (傷など)を治す, (悩(なや)みなど)をいやす
—自 (傷などが)治る

◆**health** [hélθ へるす] 名詞
U 健康 (対義語 sickness, illness 病気); 健康状態

▸Take care of your **health**.
健康には注意しなさい.

▸I'm in good **health**.
わたしは健康だ.

health and physical education [hélθ ənd fízikl èdʒəkéiʃn へるす アン(ド) ふィズィクる エヂュケイシャン] 名詞 U (学科の)保健体育

healthy [hélθi へるすィ] 形容詞
(比較 **healthier**; 最上 **healthiest**)
健康な, 健康そうな; 健康的な

▸a **healthy** diet 健康的な食事

heap [híːp ヒープ] 名詞 C
(積み重ねられたものの)山, かたまり《of ...》
(同義語 pile)
—動詞 他 …を積み上げる

⁑**hear** [híər ヒア] 動詞
(三単現 **hears** [-z]; 過去・過分 **heard** [hə́ːrd ハ〜ド]; 現分 **hearing**)
—他 ❶ **…が聞こえる**, …を聞く
➡ **listen** くらべよう

▸I **heard** a voice in the distance.

a b c d e f g h i j k l m n o p q r s t u v w x y z

遠くから声が聞こえた.

▸I can't **hear** you.
あなたの声が聞こえません.(◆「電話が遠い」の意味でもよく使う)

❷《**hear** +名詞+動詞の原形で》
～が…するのが聞こえる

▸I **heard** him **call** my name.
彼がわたしの名前を呼ぶのが聞こえた.

❸《**hear** +名詞+ **...ing** で》
～が…しているのが聞こえる

▸I **heard** Ann **singing** a song.
アンが歌を歌っているのが聞こえた.

❹ **…を耳にする**, 聞いて知る

▸I **heard** the news from Emma.
わたしはその知らせをエマから聞いた.

——自 **耳が聞こえる**

▸My dog can't **hear** well.
わたしのイヌは耳がよく聞こえない.

◆***héar about ...***
…について(詳(くわ)しく)聞く

> **ダイアログ**
> *A:* Did you **hear about** Lucy?
> ルーシーのこと, 聞いた?
> *B:* No. What happened to her?
> ううん. 彼女がどうしたの?

◆***héar from ...***
…から(手紙や電話で)連絡(れんらく)がある

▸I hope I will **hear from** you soon. すぐにあなたから連絡をもらえたらと思います, ご連絡をお待ちしています.(◆手紙の最後などに使うことば)

héar of ... …について聞く, …のうわさを聞く, …の存在を聞き知る(◆ふつう疑問文・否定文で用いる)

▸I've **never heard of** the name.
その名前は聞いたことがない.

I héar (that) ... (うわさでは)…だそうだ

▸**I hear** you moved recently.
最近, 引っ越(こ)したんだってね.

◆heard
[hə́ːrd ハ～ド] 動詞

hear(…が聞こえる)の過去形・過去分詞

hearing
[híəriŋ ヒアリング] 動詞

hear(…が聞こえる)の現在分詞・動名詞

——名詞 U 聞くこと; 聴覚(ちょうかく), 聴力

➡ **sense** 参考

▸a **hearing** dog 聴導犬(◆耳の不自由な人の生活を補助するイヌ)

Hearn
[hə́ːrn ハ～ン] 名詞

【人名】ハーン(◆ Lafcadio Hearn [læfkǽdiòu- らぁふキぁディオウ-] (1850-1904; 小説・随筆(ずいひつ)家; ギリシャ生まれのイギリス人; アメリカのジャーナリストとなり, 1890 年来日; 後に日本に帰化し, 小泉八雲(やくも)と名乗った;『怪談(かいだん)』(*Kwaidan*)などの著作がある)

◆heart
[hɑ́ːrt ハート] 名詞 (複数 **hearts** [hɑ́ːrts ハーツ])

❶ C **心臓**

▸My **heart** is beating fast.
心臓がどきどきしている.

▸a **heart** attack 心臓発作(ほっさ)

❷ C U **心**, 感情; 愛情, 思いやり

▸She has a kind [warm] **heart**.
彼女は優(やさ)しい[温かい]心のもち主だ.

▸have no **heart** 思いやりがない

❸ C 中心; 核心(かくしん), 本質

❹ U 勇気; 元気; 熱意

▸lose **heart** 元気をなくす

❺ C ハート形(のもの); (トランプの)ハート

at héart 心の底では

from (the bóttom of) one's héart
心の底から, 心から

léarn ... by héart
…を(理解して)暗記する

with áll one's héart
真心をこめて; 心から

heartbeat
[hɑ́ːrtbìːt ハートビート] 名詞

C (心臓の)鼓動(こどう)

heartbreak
[hɑ́ːrtbrèik ハートブレイク]

名詞 U C 傷心, 悲嘆(ひたん)

hearth
[hɑ́ːrθ ハーす] 名詞

❶ C 炉床(ろしょう)(◆暖炉の火をたく床(ゆか))

❷ C 炉ばた(◆暖炉の前の場所を指し, 家庭の団らんを象徴(しょうちょう)する)

heart-warming
[hɑ́ːrtwɔ̀ːrmiŋ ハートウォーミング] 形容詞 心温まる, ほほえましい

hearty
[hɑ́ːrti ハーティ] 形容詞

(比較 **heartier**; 最上 **heartiest**)

《名詞の前に用いて》

❶ 心からの, 温かい

▸a **hearty** gift 心のこもった贈(おく)り物

❷ (食事の) 量がたっぷりの; (食欲が)旺盛(おうせい)な

▸a **hearty** lunch
量がたっぷりの昼食

·heat [hí:t ヒート]
—名詞 U 熱, 熱さ; 暑さ(♦病気の「熱」は fever)
▸the **heat** of the sun 太陽熱
▸the **heat** of summer 夏の暑さ
—動詞 (三単現 **heats** [hí:ts ヒーツ]; 過去・過分 **heated** [-id]; 現分 **heating**)
—他 …**を熱する**, 暖める, 温める
▸I **heated** the milk.
わたしは牛乳を温めた.
—自 熱くなる, 暖まる, 温まる

heater [hí:tər ヒータ] 名詞
C 暖房(だんぼう)装置, ストーブ, ヒーター

heath [hí:θ ヒーす] 名詞
❶ U C【植物】ヒース
(♦ツツジ科の常緑低木)
❷ C (ヒースの茂(しげ)る)荒野(こうや)

heather [héðər へざ] 名詞 U
【植物】ヘザー(♦ヒース(heath)の一種)

heating [hí:tiŋ ヒーティング] 動詞
heat(…を熱する)の現在分詞・動名詞
—名詞 U 暖房(だんぼう)(装置)

heaven [hévn ヘヴン] 名詞
❶ U《しばしば **Heaven** で》天国, 極楽(ごくらく)(対義語 hell 地獄(じごく)); 楽園
❷ U《**Heaven** で》神 (同義語 God)
❸ C《ふつう **the heavens** で》天, 空 (同義語 sky)
for héaven's sáke
《口語》お願いだから, たのむから
Góod héavens! = Héavens!
おやまあ, 困った, とんでもない.
Thánk Héaven(s)!
ありがたい; やれやれ.

heavenly [hévnli ヘヴンり] 形容詞
(比較 **heavenlier**; 最上 **heavenliest**)
❶ 天(空)の
❷ 天国の; 天国のような
❸《口語》すばらしい

heavily [hévili ヘヴィり] 副詞
❶ 大量に; 激しく, 非常に
❷ 重そうに; 重苦しく

·heavy [hévi ヘヴィ] 形容詞
(比較 **heavier**; 最上 **heaviest**)
❶ **重い**(対義語 light 軽い)
▸a **heavy** bag 重いかばん
❷ (程度が)**激しい**; **大量の**; つらい
▸The traffic is **heavy**.
交通が激しい.
▸a **heavy** snow
大雪
▸**heavy** work
つらい仕事

Hebrew [hí:bru: ヒーブルー] 名詞
❶ C ヘブライ人, (古代の) イスラエル人; ユダヤ人
❷ U ヘブライ語
—形容詞 ヘブライ人の; ヘブライ語の

hectare [héktear ヘクテア] 名詞
C ヘクタール(♦面積の単位; 1 ヘクタールは 100 アール(10,000㎡); ha と略す)

:he'd [hí:d ヒード]
《口語》he would, he had の短縮形

hedge [hédʒ ヘッヂ] 名詞
C 生け垣(がき), 垣根(かきね)

hedgehog [hédʒhɔ̀:g ヘッヂホーグ]
名詞 C【動物】ハリネズミ;
《米》ヤマアラシ

heed [hí:d ヒード] 動詞
他 (忠告)を心にとめる, …に注意を払(はら)う

heel [hí:l ヒーる] 名詞 C (足の)かかと; (靴(くつ)・靴下などの)かかと, ヒール
➡ 巻頭カラー 英語発信辞典⑭

height [háit ハイト] (★発音に注意)
名詞 ❶ C U 高さ; 高度; 身長
❷《**heights** で単数あつかい》高台, 高地
❸《**the height** で》最高潮(さいこうちょう); まっ盛(さか)り

heighten [háitn ハイトゥン] 動詞
他 …を高める, 強める, 増す
—自 高くなる, (量・程度などが)増す

heir [éər エア] (★発音に注意) 名詞
C 相続人, 跡(あと)取り, 後継(こうけい)者

·held [héld へるド] 動詞
hold(…を持つ)の過去形・過去分詞

helicopter [hélikɑ̀ptər へりカプタ]
名詞 C ヘリコプター
(♦日本語のように「ヘリ」とは略さない)

heliport [hélipɔ̀:rt へりポート] 名詞
C ヘリポート, ヘリコプター発着場

hell [hél へる] 名詞
❶ U《しばしば **Hell** で》地獄(じごく)
(対義語 heaven 天国)
❷ C U 生き地獄, 地獄のようなひどい場所[状態]

a b c d e f g h i j k l m n o p q r s t u v w x y z

A B C D E F G H I J K L M N O P Q R S T U V W X Y Z

⁑he'll [híːl ヒーる]

《口語》he will の短縮形

⁑hello [helóu へろウ, hélou へろウ]

—間投詞 ❶ やあ, こんにちは
(♦朝昼晩いつでも使える気軽なあいさつ; Good morning. などのほうがていねい)

ダイアログ
A: **Hello**, Jim! How are you?
やあ, ジム!元気?(♦ are を強く発音)
B: Fine. How are you?
元気だよ. きみは?(♦ you を強く発音)

文化 「ただいま」は何と言う?

1 英語には「ただいま」「お帰りなさい」に相当する決まった言い方がなく, どちらも Hello. や Hi. などを使います. 家に帰ったときに I'm home. と言うことはありますが, 日本のように習慣にはなっていません.

ダイアログ
A: **Hello**, Mom. I'm home.
お母さん, ただいま.
B: **Hello**, John. How was school today?
お帰り, ジョン. 学校は今日どうだった?

2 「行ってきます」「行ってらっしゃい」に相当する決まった言い方もありません. どちらの場合も Good-bye. / See you later. / Have a nice day! などを使います.

❷ (電話で)もしもし
▸**Hello**, this is Tommy (speaking). May I speak to Mary?
もしもし, こちらトミーです. メアリーをお願いできますか?
❸ (注意をひくのに用いて)おーい, あのう
▸**Hello**? Is anyone there?
おーい! だれかいますか?

—名詞 (複数 **hellos** [-z])
C U 「こんにちは」というあいさつ

♦***say helló to ...*** …によろしくと言う
(♦親しい間で用いる)
▸Bye. **Say hello to** your family.
じゃあ. ご家族によろしく.

helmet [hélmit へるメット] 名詞

C ヘルメット; かぶと;
(フェンシングなどの)面(めん)

⁑help [hélp へるプ]

動詞	❶ …を手伝う ❷ (人)が…するのを手伝う
名詞	❶ 援助(えんじょ), 助け

—動詞 (三単現 **helps** [-s]; 過去・過分 **helped** [-t]; 現分 **helping**)
—他 ❶ …を手伝う, 助ける, …の手助けをする; 《**help** + 人 + **with** [**in**] ... で》(人)の…を手伝う ➡ **save** くらべよう
▸I often **help** my mother.
わたしはよく母の手伝いをする.
▸He **helped** the old man up.
彼はその老人を助け起こした.
▸Please **help** me **with** my homework.
宿題を手伝ってください.(♦「手伝う」という意味の help の目的語は「人」; × help my homework とはいわない)
❷《**help** + 人 + (**to** +) 動詞の原形で》(人)が…するのを手伝う
▸**Help** me (**to**) move this desk.
この机を動かすのを手伝ってくれ.
❸ (物事が)…の役に立つ
▸Bob's advice **helped** me a lot.
ボブの助言はとても役に立った.
❹ …を避(さ)ける; …を変える
(♦ can, can't とともに用いる)
▸I **can't help** it. (=It **can't** be **helped**.)
それはどうすることもできない, しかたがない.

Can I hélp you? = ***May I hélp you?***
① (店員などが客などに)いらっしゃいませ, 何かご用でしょうか?
② (道に迷った人などに)どうしましたか; お手伝いしましょうか?

cannot hélp ...ing
…しなくてはいられない
▸They **could not help laughing**.
彼らは笑わずにはいられなかった.

hélp oneséIf
(…を)自分で自由に取って食べる《to ...》
▸Please **help yourself**.
ご自由にお召(め)し上がりください.

—自 手伝う, 助ける; 《**help with** ... で》(仕事)を手伝う; 役立つ
▸**Help**! 助けてくれ!
▸He often **helps with** the housework. 彼はよく家事を手伝う.

—名詞（複数 helps [-s]）

❶ U 援助, 助け

▸She cried for **help**.
彼女は助けを求めて叫(さけ)んだ.

▸Do you need any **help**?
何か手伝いが必要ですか？

❷《a help で》役立つもの［人］

▸She was **a** great **help**.
彼女のおかげで大変助かりました.

❸ C 雇(やと)われている人, 使用人; 家政婦

helper [hélpər へるパ] 名詞
C 助けてくれる人, 助手, 家政婦, ヘルパー; 役に立つもの

helpful [hélpfl へるプふる] 形容詞
(…にとって)助けになる, 役に立つ《to ...》
(同義語 useful)

helping [hélpiŋ へるピング] 動詞
help(…を手伝う)の現在分詞・動名詞

—名詞 C (食べ物の)1杯(ぱい), ひと盛り

▸Would you like another **helping**?
お代わりはいかがですか？

helping hand [hélpiŋ hǽnd へるピング ハあンド] 名詞 援助(えんじょ)
(◆次の成句で用いる)

gíve [lénd] ... a helping hánd
…に援助の手を差し伸(の)べる

helpless [hélpləs へるプれス] 形容詞
無力な; たよるもの［人］のない

hemisphere [hémisfìər へミスふィア]
名詞 C (地球の)半球

▸the Northern [Southern] **Hemisphere** 北［南］半球

hen [hén へン] 名詞 C 【鳥類】めんどり
(対義語 cock おんどり) ➡ **chicken** 参考

:her [hə́:r ハ～; (弱く言うとき)hər ハ, ər ア] 代名詞〔人称代名詞の三人称単数女性 she の所有格および目的格〕
(複数 ❶ は **their** [ðéər ぜア], ❷ は **them** [ðém ぜム])

❶〔所有格〕**彼女の**(対義語 his 彼の)
➡ **she** 参考

▸**Her** name is Beth.
彼女の名前はベスです.

❷〔目的格〕**彼女を, 彼女に**
(対義語 him 彼を) ➡ **she** 参考

▸I know **her** well.
わたしは彼女をよく知っている.

▸I teach **her** Japanese.
わたしは彼女に日本語を教えている.

❸《補語として用いて》《口語》彼女(です)

▸Oh, it's **her**. あ, 彼女だ.

herb [hə́:rb ハ～ブ] 名詞 C 薬草, ハーブ

Hercules [hə́:rkjəlì:z ハ～キュリーズ]
名詞【ギリシャ神話】ヘラクレス
(◆ゼウス(Zeus)の子; 獅子(しし)を退治するなどの「12の難業」を成し遂(と)げたことにより, 死後, 神として認められた)

herd [hə́:rd ハ～ド] 名詞
C (牛などの)群れ

:here [híər ヒア]

—副詞 ❶ **ここに, ここで, ここへ**
(対義語 there そこに)

▸Let's take a picture **here**.
ここで写真を撮(と)りましょう.

▸Come **here**. ここへおいでよ.

▸There is no rainy season **here** in Hokkaido.
ここ北海道には梅雨(つゆ)がない.
(◆ here と in Hokkaido は同じ場所を指している)

> ダイアログ
> *A:* Mr. Yamamoto! 山本さん.
> *B:* **Here.** はい.(◆出欠をとるときの返事; Present. や Yes. とも答える)

▸**Here** are some cards.
ここに数枚のカードがあります.

▸**Here**'s your umbrella.
ここにあなたの傘(かさ)がありますよ.

▸**Here** comes Tom.
トムがやって来た.(◆主語が代名詞のときは《Here ＋主語＋動詞》の語順になる: Here he comes.)

❷《間投詞的に》(相手の注意をひくときに用いて)さあ, ほら

hére and thére あちこちに［で］

Hére I ám.
さあ着いたぞ, ただいま.

◆***Hére it ís.*** (相手にものを渡(わた)すときに)
さあどうぞ, …はここにあります.
(同義語 Here you are [go].)

> ダイアログ
> *A:* May I use your eraser?
> 消しゴムを借りてもいい？
> *B:* **Here it is.** はい, どうぞ.

Hére we áre.
① (自分たちの目的地に着いたときに)さあ, 着いたぞ.
② (わたしたちの求めているものは)ほら, ここにあります.

Hére we gó. さあ行こう[始めよう].
◆*Hére you áre.* = *Hére you gó.*
(相手にものを渡(わた)すときに)**さあどうぞ, はいこれです.** (同義語 Here it is.)

ダイアログ
A: Can you pass me the salt?
塩を取ってくれますか?
B: **Here you are.** はいどうぞ.

Lóok [*Sée*] *hére!* (相手の注意をひくときに用いて)おい, ねえ, いいかい. (◆単に Look! ともいう)
over hére こちらに, こちらは
——名詞 U ここ
▸Is his house far from **here**?
彼の家はここから遠いのですか?
▸For **here** or to go? (ファストフードレストランなどで)ここで召(め)し上がりますか, (それとも)お持ち帰りですか?

⁑here's [híərz ヒアズ]
《口語》here is の短縮形

heritage [héritidʒ ヘリテッヂ] 名詞
C (文化的な)遺産; 伝統
▸the World **Heritage** sites
世界(文化)遺産

hero [hí:rou ヒーロウ] 名詞
(複数 **heroes** [-z])
❶ C 英雄(えいゆう), ヒーロー
❷ C (小説・劇などの男性の)主人公, ヒーロー (対義語 heroine 女性の主人公)

heroic [həróuik ヘロウイック] 形容詞
英雄(えいゆう)的な; 非常に勇敢(ゆうかん)な

heroine [hérouin ヘロウイン] 名詞
❶ C (女性の)英雄(えいゆう)
❷ C (小説・劇などの女性の)主人公, ヒロイン (対義語 hero 男性の主人公)

herring [hériŋ ヘリング] 名詞
(複数 **herring** または **herrings** [-z])
C 【魚類】ニシン

⁑hers [hə́:rz ハ～ズ]
代名詞 〘人称代名詞の三人称単数女性 she の所有代名詞〙 (複数 **theirs** [ðéərz ゼアズ])
彼女のもの (対義語 his 彼のもの)
➡ **she** 参考
▸Is this umbrella **hers**?
この傘(かさ)は彼女のものですか?
▸a friend of **hers** 彼女の友人

◆herself [hərsélf ハセるふ]
代名詞 〘人称代名詞の三人称単数女性 she の再帰代名詞〙 (複数 **themselves** [ðəmsélvz ゼムセるヴズ])
❶《動詞・前置詞の目的語となって》**彼女自身を, 彼女自身に**
(対義語 himself 彼自身を) ➡ **she** 参考
▸Jenny looked at **herself** in the mirror.
ジェニーは鏡に映る自分の姿を見た.
❷《she または her の意味を強調して》**彼女自身**; 自ら (◆強く発音する)
▸She made the doll **herself**.
彼女は自分の手でその人形を作った.
(*all*) *by herséłf* ひとりぼっちで; 独力で; ひとりでに ➡ **oneself**
for herséłf
自分のために; 自分で ➡ **oneself**

⁑he's [hí:z ヒーズ]
《口語》he is, he has の短縮形

hesitate [hézitèit ヘズィテイト] 動詞
(三単現 **hesitates** [hézitèits ヘズィテイツ]; 過去・過分 **hesitated** [-id]; 現分 **hesitating**)
自 ためらう, ちゅうちょする
▸Don't **hesitate** to call me.
遠慮(えんりょ)せずに電話してね.

hesitation [hèzitéiʃn ヘズィテイシャン]
名詞 C U ためらい, ちゅうちょ

hey [héi ヘイ] 間投詞 (主に男性が親しい間での呼びかけ・驚(おどろ)き・喜びなどを表して)やあ, おい, ちょっと

HI 【郵便】ハワイ州(◆ *Ha*waii の略)

⁑hi [hái ハイ] 間投詞
《米口語》**やあ, こんにちは** (◆親しい間でのあいさつ; hello よりもくだけた語)

hiccup [híkʌp ヒカップ] 名詞
C《しばしば **hiccups** で》しゃっくり
——動詞 (三単現 **hiccups** [-s]; 過去・過分 **hiccupped** または **hiccuped** [-t]; 現分 **hiccupping** または **hiccuping**)
自 しゃっくりする

hid [híd ヒッド] 動詞 hide (…を隠(かく)す) の過去形. また過去分詞の一つ

hidden [hídn ヒドゥン] 動詞
hide (…を隠(かく)す) の過去分詞の一つ
——形容詞 隠された, 隠れた, 秘密の

hide [háid ハイド] 動詞
(三単現 **hides** [háidz ハイヅ]; 過去 **hid** [híd ヒッド]; 過分 **hidden** [hídn ヒドゥン]

または **hid**; 現分 **hiding**)
他 (もの・事実など)を(…から)隠(かく)す《from ...》
▸He **hid** the fact **from** us.
彼はその事実をわたしたちから隠した.
——自 (…から)隠れる, 身を隠す《from ...》
▸My cat is **hiding** under the bed.
うちのネコがベッドの下に隠れている.

hide-and-(go-)seek
[háidən(gòu)síːk ハイドゥン(ゴウ)スィーク]
名詞 U 隠(かく)れんぼう

おもしろ知識 隠れんぼう

欧米(おうべい)でも子供は隠れんぼうをして遊びます. 次のような表現がよく使われます.
▸Ready or not, here I come!
さあ, さがしに行くぞ! (♦鬼(おに)のことば)
▸I found Jack! ジャック, 見つけた!

⁑high [hái ハイ] (★発音に注意)
——形容詞 (比較 **higher**; 最上 **highest**)
❶ 高い(対義語 low 低い)
▸a **high** mountain 高い山
▸the **highest** building in our town
わたしたちの町で最も高い建物

くらべよう high と tall

high: ふつう山や建物などについて「高い」というときに使います.

tall: 人や樹木・煙突(えんとつ)など細長いものの「(背が)高い」というときに使います. ただし, 建物の場合でも, 細長くて高いものには tall を使います.

❷《高さを表す名詞のあとに用いて》
高さが…ある
▸That wall is about five meters **high**.
あの壁(かべ)は約 5 メートルの高さがある.
❸ (値段が)高い; (程度が)激しい
▸at a **high** price 高い値段で
▸at a **high** speed 高速で
❹ (質・水準などが) 高度な, 高級な; (地位が)高い
❺ (音・声が)高い
——副詞 (比較・最上 は 形容詞 に同じ) 高く
▸fly **high** in the sky
空高く飛ぶ
——名詞 (複数 **highs** [-z])
C 高いところ; 最高記録

high jump [hái dʒʌ̀mp ハイ チャンプ]
名詞 《**the high jump** で》【スポーツ】走り高跳(と)び ➡ **track and field** 図

highlands [háiləndz ハイらンヅ] 名詞
《複数あつかい》高地, 山地

highly [háili ハイり] 副詞
❶ 非常に, 大いに
❷ 高く評価して
think highly of ...
…を重視する, 大いにほめる

high-rise [háiràiz ハイライズ] 形容詞
(建物が)高層(建築)の

high school [hái skùːl ハイ スクーる]
名詞 C 《米》ハイスクール(♦中等教育を行う学校のことで, junior high school「中学」と senior high school「高校」がある; 単に high school という場合は「高校」を指すことが多い)

文化 学校制度は州によってさまざま

日本は 6・3・3 制ですが, アメリカでは次のように州によって異なります.

年齢	12	13	14	15	16	17	18
	中学			高校			
6・3・3 制	junior high school			senior high school			
8・4 制	(6 歳〜) elementary school		high school				
6・2・4 制	junior high school		senior high school				
4・4・4 制	(10 歳〜) middle school		high school				

high-tech [háiték ハイテック] 形容詞
ハイテクの, 先端(せんたん)技術を応用した
(♦tech は *tech*nology を短縮した語)

highway [háiwèi ハイウェイ] 名詞
C (都市と都市を結ぶ)幹線道路, 公道
(♦日本語の「ハイウエー(高速道路)」は英語では expressway や freeway という)

hijack [háidʒæ̀k ハイヂャック] 動詞
他 (飛行機など)を乗っ取る, ハイジャックする; (輸送中の品など)を強奪(ごうだつ)する
—名詞 C 乗っ取り(事件)

hike [háik ハイク] 名詞 C ハイキング
▶go on a **hike** ハイキングに行く
—動詞 (三単現 **hikes** [-s]; 過去・過分 **hiked** [-t]; 現分 **hiking**)
自 ハイキングをする
▶go **hiking** ハイキングに行く

hiker [háikər ハイカ] 名詞
C ハイカー, 徒歩旅行者

hiking [háikiŋ ハイキング] 名詞
U ハイキング, 徒歩旅行

:hill [híl ヒる] 名詞 (複数 **hills** [-z])
❶ C 丘(おか), 小山(♦mountain より低いものを指す; 《英》ではふつう約 600 メートル以下の山)

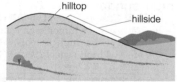

hilltop
hillside

❷ C 坂, 坂道(同義語 slope)

hillside [hílsàid ヒるサイド] 名詞
C 丘(おか)の中腹, 丘の斜面(しゃめん) ➡ **hill** 図

hilltop [híltàp ヒるタップ] 名詞
C 丘(おか)の頂上 ➡ **hill** 図

:him [hím ヒム; (弱く言うとき)him ヒム, im イム] 代名詞 〘人称代名詞の三人称単数男性 he の目的格〙
(複数 **them** [ðém ゼム])
❶ **彼を, 彼に** (対義語 her 彼女を)
➡ **he** 参考
▶Ann met **him**. アンは彼に会った.
❷《補語として用いて》《口語》彼(です)
▶Oh, it's **him**. あ, 彼だ.

Himalayas [hìməléiəz ヒマれイアズ]
名詞《**the Himalayas** で複数あつかい》
ヒマラヤ山脈(♦南アジアにある大山脈)

·himself [himsélf ヒムセるふ]
代名詞 〘人称代名詞の三人称単数男性 he の再帰代名詞〙 (複数 **themselves** [ðəmsélvz ゼムセるヴズ])
❶《動詞・前置詞の目的語となって》
彼自身を, 彼自身に
(対義語 herself 彼女自身を) ➡ **he** 参考
▶Jack is angry at **himself**.
ジャックは自分自身に腹を立てている.
❷《he または him の意味を強調して》
彼自身; 自ら(♦強く発音する)
▶Bob should try that **himself**.
ボブは自分でそれをやってみるべきだ.

(all) by himsélf ひとりぼっちで; 独力で; ひとりでに ➡ **oneself**

for himsélf
自分のために; 自分で ➡ **oneself**

Hindi [híndi: ヒンディー] 名詞
U ヒンディー語(♦インドの公用語の一つ; 北部インドの言語)

Hindu [híndu: ヒンドゥー] 名詞
C ヒンズー教徒; インド人
—形容詞 ヒンズー教の; インド人の

hint [hínt ヒント] 名詞 C 暗示, ヒント
—動詞 他 …をほのめかす

hip [híp ヒップ] 名詞
C ヒップ, 腰(こし)(♦ウエスト(waist)の下の左右に張り出した部分の片方; 両方を指すときは hips となる; しりは bottom)
➡ **巻頭カラー 英語発信辞典⑭**, **back** 参考

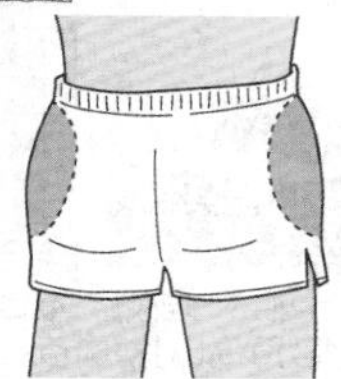

hippo [hípou ヒポウ] 名詞
(複数 **hippos** [-z]) C 【動物】《口語》カバ
(= hippopotamus)

hippopotamus
[hìpəpátəməs ヒパパタマス] 名詞
(複数 **hippopotamuses** [-iz] または **hippopotami** [hìpəpátəmài ヒパパタマイ])
C 【動物】カバ(♦《口語》hippo)

hire [háiər ハイア] 動詞
(三単現 **hires** [-z]; 過去・過分 **hired** [-d]; 現分 **hiring**) 他

❶ (人)を雇(やと)う(◆《英》では一時的に雇う場合に用いる; 同義語 employ)
▸**hire** a part-time worker
アルバイトを雇う
❷ 《主に英》(料金を払(はら)って) …を借りる(◆《米》rent)
——名詞 U 賃借り; 使用料, 賃金

:his [híz ヒズ; (弱く言うとき)hiz ヒズ, iz イズ] 代名詞 〔人称代名詞の三人称単数男性 he の所有格および所有代名詞〕(複数 ❶ は **their** [ðéər ぜア], ❷ は **theirs** [-z])
❶ 〔人称代名詞〕 **彼の**
(対義語 her 彼女の) ➡ **he** 参考
▸**His** house is close to mine.
彼の家はわたしの家に近い.
❷ 〔所有代名詞〕 **彼のもの**
(対義語 hers 彼女のもの) ➡ **he** 参考
▸This book is **his**, not yours.
この本は彼のものだ. きみのじゃない.

Hispanic [hispǽnik ヒスパぁニック]
形容詞 (スペイン語を話す) ラテンアメリカ(系)の, ヒスパニックの
——名詞 C (アメリカに住む)スペイン語を話すラテンアメリカ系の人

hiss [hís ヒス] 動詞
(三単現 **hisses** [-iz]; 過去・過分 **hissed** [-t]; 現分 **hissing**) 自
❶ (蒸気・やかん・ヘビなどが)シューという音を立てる
❷ (非難・不満などを表して)(人に)シーッと言う《at ...》
——他 …にシーッと言う
——名詞 (複数 **hisses** [-iz])
C シュー[シーッ]という音

historian [histɔ́ːriən ヒストーリアン]
名詞 C 歴史家

historic [histɔ́ːrik ヒストーリック] 形容詞
歴史的に重要な, 歴史的に残る
▸**historic** sites 史跡(しせき)

historical [histɔ́ːrikl ヒストーリクる]
形容詞 歴史の; 史実に基(もと)づいた
▸a **historical** novel
歴史小説

·history [hístəri ヒスタリ] 名詞
(複数 **histories** [-z])
❶ U 歴史
▸world **history** 世界史
❷ C 歴史書
❸ C (人の)経歴; 由来

·hit [hít ヒット]
——動詞 (三単現 **hits** [híts ヒッツ]; 過去・過分 **hit**; 現分 **hitting**)
——他 ❶ **…を打つ, たたく**, なぐる
▸**hit** a nail with a hammer
ハンマーでくぎを打つ
▸**hit** a ball [home run]
ボール[ホームラン]を打つ
▸Tom **hit** me (on the head).
トムがぼく(の頭)をぶった.
❷ **…にぶつかる; …をぶつける;** …に命中する
▸I **hit** my head against the door.
わたしはドアに頭をぶつけた.
▸A snowball **hit** my back.
雪玉がわたしの背中に当たった.
❸ (災害・不幸などが)…を襲(おそ)う
——自 打つ; なぐる; ぶつかる
——名詞 (複数 **hits** [híts ヒッツ])
❶ C 成功; (歌・小説などの)ヒット
▸The song was a big **hit**.
その歌は大ヒットした.
❷ C 打撃(だげき), ひと打ち; 命中
❸ C 【野球】ヒット, 安打

hitchhike [hítʃhàik ヒッチハイク] 動詞
(三単現 **hitchhikes** [-s]; 過去・過分 **hitchhiked** [-t]; 現分 **hitchhiking**)
自 ヒッチハイクをする(◆通りがかりの車に乗せてもらって旅行すること)

hitchhiker [hítʃhàikər ヒッチハイカ]
名詞 C ヒッチハイクする人

Hitler [hítlər ヒトゥら] 名詞
【人名】ヒトラー(◆ Adolf Hitler [ǽdɑlf- あダるふ-], 1889–1945; オーストリア生まれのドイツの政治家; ナチスの党員として 1933 年ドイツの首相(しゅしょう)になる; 翌年から 1945 年まで総統として独裁的な政治を行った)

HIV [éitʃàivíː エイチアイヴィー] 名詞
U 【医学】ヒト免疫(めんえき)不全ウイルス
(◆ *h*uman *i*mmunodeficiency [imjənoudifíʃnsi イミュノウディふぃシャンスィ] *v*irus の略; エイズ(AIDS)をひき起こす)

hive [háiv ハイヴ] 名詞
C ミツバチの巣箱(同義語 beehive)

h'm, hm, hmm [*h*m (フ)ム] 間投詞
(疑い・ためらいなどを表して)ふうむ

·hobby [hábi ハビ] 名詞

(複数 **hobbies** [-z]) C 趣味(しゅみ)
▸Do you have any **hobbies**? 何か趣味はありますか?(♦趣味をきく場合, ふつう複数形 hobbies を用いる)

おもしろ知識 「趣味」は何ですか?
hobby は, 切手収集・絵をえがくこと・ガーデニングなど, 自分から積極的に関わり, 具体的な成果をもたらす活動を指します. テレビや映画を見たり, 音楽を聴(き)いたり, 読書をしたり, 散歩をしたりするのは娯楽(ごらく)(pastime) と見なされ, hobby とはいいません.

hockey [hɑ́ki ハキ] 名詞 U【スポーツ】《英》ホッケー(♦《米》 field hockey); 《米》アイスホッケー(= ice hockey)

hoe [hóu ホウ] 名詞 C (農具の)くわ
hog [hɔ́ːg ホーグ] 名詞 C【動物】《米》(成長した)ブタ; 雄(おす)ブタ ➡ **pig**

⁝hold [hóuld ホウるド]

—動詞 (三単現 **holds** [hóuldz ホウるヅ]; 過去・過分 **held** [héld へるド]; 現分 **holding**) 他

❶ …を持つ, つかむ
❷ …を支える
❸ …を(ある状態に)保つ
❹ …を入れることができる
❺ (感情・行動など)を抑(おさ)える
❻ (会・式など)を開く, 行う

❶ (手に)…**を持つ, つかむ,** 抱(だ)く
▸He was **holding** a cup in his hand. 彼は手にカップを持っていた.
▸She was **holding** a book under her arm.
彼女は本を1冊わきにかかえていた.
❷ **…を支える**(同義語 support)
▸This shelf can **hold** all those books.
この棚(たな)はそれらの本を全部載(の)せても支えることができる.
❸ **…を**(ある状態に)**保つ**(同義語 keep)
▸Can you **hold** the door open?
ドアを開けたまま(閉まらないように)押(お)さえてもらえますか?
❹ (容器・場所などが)**…を入れることができる**, 収容できる, (ある量)だけ入る
▸This room **holds** fifty people.
この部屋には50名が入る.
❺ (感情・行動など)**を抑える,** 妨(さまた)げる
▸I couldn't **hold** my anger.
わたしは怒(いか)りを抑えられなかった.
❻ (会・式など)**を開く, 行う**
▸Her birthday party will be **held** next week. 彼女のバースデーパーティーは来週開かれる.
❼ (財産など)を持っている; (地位など)を占(し)める; (記録など)を保持する
▸**hold** the world record
世界記録を保持している

hold báck …を押しとどめる
hold dówn
① …を下に降ろす; …を押さえつける
② (価格など)を低く抑える
hold ón 続ける; がんばる; (電話を切らずに)待つ
▸**Hold on**, please.
(電話を切らずに)お待ちください.
hóld ón to ... …につかまっている
hold óut (手など)を差し出す
hold úp (手・もの)を上げる; …を停止させる, 妨げる; …を支える

—名詞 (複数 **holds** [hóuldz ホウルヅ])
U C つかむこと, 握(にぎ)ること
catch [***get, take***] ***hóld of ...***
…をつかむ, 握る

holder [hóuldər ホウるダ] 名詞
❶ C 保有者, 持ち主
❷ C 支えるもの, 入れ物, …ホルダー

holding [hóuldiŋ ホウるディング] 名詞
C【スポーツ】ホールディング(バレーボールやバスケットボールなどでの反則)

·hole [hóul ホウる] 名詞

(複数 **holes** [-z])
C 穴, 破れ目, くぼみ
▸dig a **hole** 穴を掘(ほ)る
▸My glove has a **hole** in it.
わたしの手袋(てぶくろ)には穴が開いている.

⁑holiday [hálədèi ハりデイ] 名詞

(複数 **holidays** [-z])
❶ C **休日, 祝日**, 祭日 (◆ holy day「神聖な日」がもとの意味で, 宗教上の祭日を指した; 日曜日はふくまない)
➡ **vacation** 参考
▸a national **holiday**
国民の祝日

文化 アメリカの休日

アメリカには, 国民の祝日 (national holidays) というものはありませんが, 連邦(れんぽう)政府が法律で定めた休日 (legal holidays) があり, これを州によって適用するかどうかを決めています.

- 1月1日
  New Year's Day 元日
- 1月第3月曜日
  Martin Luther King, Jr. Day
  キング牧師誕生日
- 2月第3月曜日
  Washington's Birthday
  ワシントン誕生日, または
  Presidents' Day 大統領の日
  (◆ワシントンとリンカーンの誕生日を記念)
- 5月最終月曜日
  Memorial Day
  戦没(せんぼつ)将兵追悼(ついとう)記念日
- 7月4日
  Independence Day
  独立記念日
- 9月第1月曜日
  Labor Day 労働祭
- 10月第2月曜日
  Columbus Day コロンブス・デー
- 11月11日
  Veterans Day 復員軍人の日
- 11月第4木曜日
  Thanksgiving Day 感謝祭
- 12月25日
  Christmas Day クリスマス

❷《**holidays** で》《主に英》休暇(きゅうか) (◆《米》vacation)
on hóliday = ***on one's hólidays***
休暇中で

Holland [hálənd ハらンド] 名詞

オランダ (◆ヨーロッパの国; 首都はアムステルダム Amsterdam; ただし行政府所在地はハーグ The Hague)

hollow [hálou ハろウ] 形容詞

(比較 **hollower**; 最上 **hollowest**)
❶ 中が空(から)の, 空洞(くうどう)の
❷ (表面が)へこんだ
▸**hollow** eyes and cheeks
くぼんだ目とこけたほお
—名詞 C へこみ, 穴; 盆地(ぼんち), くぼ地

holly [háli ハり] 名詞

(複数 **hollies** [-z]) C U 【植物】西洋ヒイラギ (◆赤い実のなる常緑樹; 枝葉(しよう)はクリスマスの飾(かざ)りに用いる)

Hollywood [háliwùd ハりウッド] 名詞

ハリウッド (◆アメリカのカリフォルニア州のロサンゼルス郊外(こうがい)にある町; 映画産業の中心地)

holy [hóuli ホウり] 形容詞

(比較 **holier**; 最上 **holiest**) 神聖な, 信心深い
▸the **Holy** Bible
聖書 (◆単に the Bible ともいう)

⁑home [hóum ホウム]

名詞	❶ 家庭; 家 ❷ 故郷
副詞	❶ 家に ❷ 故郷へ
形容詞	❶ 家庭の ❷ 故郷の

—名詞 (複数 **homes** [-z])
❶ C U 家庭; 家, 自宅
▸grow up in a happy **home**
幸福な家庭で育つ
▸I usually leave **home** at seven.
わたしはふつう7時に家を出る.
▸My **home** is near here.
わたしの家はこの近くだ.

くらべよう home と house

home: 家族が暮らす場所としての「家, 家庭」を指します. 《米》ではしばしば house の意味でも使われます.
house: 単なる建物としての「家, 家屋」を指します.

❷ U **故郷**; 本国, 故国
▸Hiroshima is my **home**.
広島はわたしの故郷だ.
❸《**the home** で》本場; (動植物の) 生息地, 原産地
▸**the home** of baseball 野球の本場
❹ C (孤児(こじ)・病人などの)収容施設(しせつ), ホーム
❺ C U 【野球】本塁(ほんるい), ホームベース

◆***at hóme***
① **家に**, 在宅して
▸Is Tom **at home**?
トムは(家に)いますか?
② 自国で, 国内で(対義語 abroad 海外で)
③ くつろいで, 気楽に
▸feel **at home** くつろいだ気分になる

make oneself at hóme
くつろぐ, 気楽にする
▸Please **make yourself at home**.
どうぞ楽にしてください.

——副詞 ❶ **家に**, 自宅へ
▸go (back) **home** 家に帰る
▸I'll be **home** late today.
今日は帰りが遅(おそ)くなります.
❷ **故郷へ**; 本国へ
▸Sue went (back) **home** last week.
スーは先週帰国した.

——形容詞《名詞の前に用いて》
❶ **家庭の**; 自宅の
▸**home** cooking 家庭料理
❷ **故郷の**; 本国の; 国内の; 地元の
▸*one's* **home** country 故国

homecoming [hóumkʌ̀miŋ ホウムカミング] 名詞
❶ U C 帰宅, 帰省
❷ C 《米》ホームカミング (◆高校・大学で催(もよお)される卒業生を迎(むか)えての年一度の同窓会; フットボールの試合やマーチングバンドによるパレード, ダンスパーティーなどが行われる)

home economics
[hóum ìːkənɑ́miks ホウム イーカナミクス]
名詞 U《単数あつかいで》(学科の)家庭科

homeland [hóumlæ̀nd ホウムらぁンド]
名詞 C 本国, 故国, 母国

homeless [hóumləs ホウムれス] 形容詞
住む家のない, ホームレスの

homemade [hóumméid ホウムメイド]
形容詞 (飲食物などが)手作りの, 自家製の

homemaker [hóummèikər ホウムメイカ] 名詞 C 《米》(主に専業の) 主婦
(◆ housewife よりも好まれる)

homemaking [hóummèikiŋ ホウムメイキング] 名詞 U 家事; 家庭科

home page, homepage
[hóum pèidʒ ホウム ペイヂ] 名詞
C 【コンピューター】ホームページ;
(ウェブサイトの)トップページ

home plate [hóum pléit ホウム プれイト] 名詞 C U 【野球】本塁(ほんるい), ホームプレート ➡ **baseball** 図

Homer [hóumər ホウマ] 名詞
【人名】ホメロス(◆紀元前 8 世紀ごろのギリシャの詩人;『イリアッド』,『オデュッセイア』の作者)
▸ことわざ (Even) **Homer** sometimes nods. ホメロスでさえ居眠(いねむ)りすることがある;「弘法(こうぼう)も筆の誤り」

homer [hóumər ホウマ] 名詞
C 《口語》【野球】ホームラン, 本塁(ほんるい)打
(同義語 home run)

homeroom [hóumrùːm ホウムルーム]
名詞 C U 《米》ホームルーム(◆出席をとったり, 連絡(れんらく)事項(じこう)を伝えたりするためクラス全員が集まる教室, あるいはその生徒たち; また, その時間を指す)
▸a **homeroom** teacher 担任の先生

home run [hóum rʌ́n ホウム ラン] 名詞
C 【野球】ホームラン(同義語 homer)

homesick [hóumsìk ホウムスィック]
形容詞 家 [故郷] を恋(こい)しがっている, ホームシックになっている
▸be [feel] **homesick**
ホームシックにかかっている

homestay [hóumstèi ホウムステイ]
名詞 C U ホームステイ
▸I did a three-week **homestay** in London. わたしはロンドンで 3 週間ホームステイをした.

文化 海外のお父さん・お母さん

ホームステイでは寮(りょう)生活やアパート生活では体験できない家庭内の習慣や親と子の関係などを見ることができます. 受け入れ家庭(host family)は留学

生を客ではなく，家族の一員としてあつかいます.

·hometown [hóumtáun ホウムタウン] 名詞（複数 **hometowns** [-z]）
C **故郷**（♦生まれたところとはかぎらず，子供時代を過ごしたところや現在住んでいるところも指す；町(town)ではなく，村(village)や市(city)であってもhometownという）

:homework [hóumwə̀ːrk ホウムワ～ク] 名詞
U **宿題**（♦《米》assignment）
▸I finished my **homework** before dinner.
わたしは夕食前に宿題を終えた.
▸I have a lot of **homework** today.
今日は宿題がたくさんある.

·honest [ánist アネスト]（★発音に注意）形容詞（比較 **more honest**；最上 **most honest**）
正直な，誠実な
（対義語 dishonest 不正直な）
▸an **honest** person　正直な人
to be hónest (***with you***)
正直に言うと，率直(そっちょく)に言って

honestly [ánistli アネストり]
（★発音に注意）副詞
❶ 正直に，誠実に
❷《文全体を修飾(しゅうしょく)して》正直に言えば

honesty [ánəsti アネスティ]
（★発音に注意）名詞 U 正直，誠実

honey [hʌ́ni ハニ] 名詞
❶ U はちみつ
❷ C《米口語》(妻・夫・恋人(こいびと)・子供などへの呼びかけで) おまえ，あなた

honeybee [hʌ́nibìː ハニビー] 名詞
C【昆虫】ミツバチ（♦単に bee ともいう）

honeycomb [hʌ́nikòum ハニコウム]
（★発音に注意）名詞 C U ハチの巣

honeymoon [hʌ́nimùːn ハニムーン]
名詞 C 新婚(しんこん)旅行，ハネムーン

Hong Kong [háŋ kàŋ ハング カング]
名詞 ホンコン(香港)（♦中国の特別行政区；イギリスの植民地だったが，1997年に中国に返還(へんかん)された）

Honolulu [hànəlúːluː ハナるーるー] 名詞
ホノルル（♦アメリカのハワイ州の州都）

honor, 《英》**honour** [ánər アナ]
（★発音に注意）名詞
❶ U 名誉(めいよ)，名声；《**an honor** で》(…の)名誉となるもの[人]《to ...》
▸win [gain] **honor**　名声を得る
▸The prize was **an honor to** our school.　その賞はわが校にとって名誉なことだった.
❷ U 尊敬，敬意（同義語 respect）
❸《**honors** で》(学校の)優等
in hónor of ...
…に敬意を表して；…を記念して

honorable, 《英》**honourable**
[ánərəbl アナラブる] 形容詞
尊敬すべき，りっぱな；名誉(めいよ)ある

hood [húd フッド]（★発音に注意）名詞
❶ C (コートなどの) フード，ずきん
❷ C《米》(自動車の) ボンネット（♦《英》bonnet）➡ **cars** 図

hook [húk フック] 名詞
❶ C (ものをつるしたり引っかけたりする)かぎ；留め金；(洋服の)ホック；洋服掛(か)け；(電話の)受話器受け
❷ C 釣(つ)り針（= fishhook）
— 動詞 他 …をかぎで引っかける；…をホックで留める；(魚)を釣る

hooray [huréi フレイ] 間投詞
= hurray(フレー)

hop [háp ハップ] 動詞（三単現 **hops** [-s]；過去・過分 **hopped** [-t]；現分 **hopping**）
自 (人が片足で)跳(と)ぶ，(カエル・スズメなどが) 両足でピョンピョンと跳ぶ
— 名詞 C 片足跳び
▸the **hop**, step, and jump　三段跳び

:hope [hóup ホウプ]
— 動詞（三単現 **hopes** [-s]；過去・過分 **hoped** [-t]；現分 **hoping**）
— 他 ❶ **…を望む**；《**hope + that 節**で》**…であることを望む**，…だとよいと思う（♦《口語》では that はよく省略される）
▸We **hope (that)** you will come.
あなたが来てくれるといいのですが.

a b c d e f g **h** i j k l m n o p q r s t u v w x y z

▸I **hope** it will be fine tomorrow.
あした晴れるといいですね.(◆よくない予想を言う場合には, I'm afraid .... または I fear .... を用いる)

ダイアログ
A: Will we be able to win the game?
わたしたちは試合に勝てるかな?
B: I **hope** so. 勝てるといいね.

❷《**hope to** + **動詞の原形**で》
…したいと思う

▸I **hope to** see you soon.
近くお会いしたいと思っています.

くらべよう **hope と wish**

hope: 実現可能なことを望むとき, また実現不可能なことでも強く望むときに使います.
▸I **hope** I can pass the exam.
試験に合格できるといいな.
wish: 実現が難しい, または完全に不可能なことを望むときに使います.
▸I **wish** I could fly.
飛ぶことができたらいいな.

——自 (…を)**望む**, 期待する《for ...》
▸I **hope for** your success.
あなたの成功を願っています.

——名詞 (複数 **hopes** [-s]) ❶ U C
希望, 見こみ(対義語 despair 絶望)
▸Don't give up **hope**.
希望を捨てるな.
❷ C 期待される人[もの], ホープ

hoped [hóupt ホウプト] 動詞 hope(…であることを望む)の過去形・過去分詞

hopeful [hóupfl ホウプふる] 形容詞
(…に)希望を持っている《about ...》, (…を)期待している《of ...》; 有望な

hopefully [hóupfəli ホウプふり] 副詞
願わくば; うまくいけば

hopeless [hóupləs ホウプれス] 形容詞
絶望した, 希望のない; 《口語》へたな

hoping [hóupiŋ ホウピング] 動詞 hope(…であることを望む)の現在分詞・動名詞

horizon [həráizn ホライズン] 名詞 C
《ふつう **the horizon** で》地平線, 水平線
▸The sun rose above **the horizon**.
太陽が地平線の上にのぼった.

horizontal [hɔ̀ːrəzántl ホーリザントゥる]
形容詞 ❶ 水平線の, 地平線の
❷ 水平な(対義語 vertical 垂直な)

horn [hɔ́ːrn ホーン] 名詞
❶ C (ウシ・ヒツジ・ヤギなどの)角(つの)
❷ C 角笛(つのぶえ); 【楽器】ホルン
➡ **musical instruments** 図
❸ C (車の)警笛(けいてき), クラクション

horoscope [hɔ́ːrəskòup ホーロスコウプ]
名詞 C 星占(うらな)い, 占星(せんせい)術

文化 **星占い**

星占いに用いられる星座は次の 12 星座で, 天球上の太陽の通り道に沿って並んでいます.
下の表のセミコロン(;)のあとのラテン語名も英語としてよく使われます.

	おひつじ座 **the Ram**; **Aries** [éri:z エリーズ] 3/21-4/20 ごろ
	おうし座 **the Bull**; **Taurus** [tɔ́ːrəs トーラス] 4/21-5/21 ごろ
	ふたご座 **the Twins**; **Gemini** [dʒémənài ヂェミナイ] 5/22-6/21 ごろ
	かに座 **the Crab**; **Cancer** [kǽnsər キぁンサ] 6/22-7/23 ごろ
	しし座 **the Lion**; **Leo** [líːou りーオウ] 7/24-8/23 ごろ
	おとめ座 **the Virgin**; **Virgo** [və́ːrgou ヴァ~ゴウ] 8/24-9/23 ごろ
	てんびん座 **the Scales, the Balance**; **Libra** [líːbrə りーブラ] 9/24-10/22 ごろ
	さそり座 **the Scorpion**; **Scorpio** [skɔ́ːrpiòu スコーピオウ] 10/23-11/22 ごろ
	いて座 **the Archer**; **Sagittarius** [sæ̀dʒitériəs サぁヂテリアス] 11/23-12/22 ごろ

	やぎ座 **the Goat; Capricorn** [kǽprikɔ̀ːrn キャプリコーン] 12/23-1/20 ごろ
	みずがめ座 **the Water Bearer; Aquarius** [əkwériəs アクウェリアス] 1/21-2/20 ごろ
	うお座 **the Fishes; Pisces** [páisiːz パイスィーズ] 2/21-3/20 ごろ

horrible [hɔ́ːrəbl ホーリブる] 形容詞
❶ 恐(おそ)ろしい, ぞっとするような
❷《口語》実にひどい, まったくいやな

horror [hɔ́ːrər ホーラ] 名詞 U 恐怖(きょうふ); C 恐ろしい人[もの], 惨事(さんじ)

˙horse [hɔ́ːrs ホース] 名詞 (複数 **horses** [-iz]) C ウマ ➡ **animals** 図
▸ride a **horse** ウマに乗る

horseback [hɔ́ːrsbæ̀k ホースバぁック]
名詞 U ウマの背
──副詞 ウマに乗って
──形容詞《名詞の前で用いて》ウマに乗った
▸**horseback** riding
《米》乗馬(◆《英》horse riding)

horseman [hɔ́ːrsmən ホースマン] 名詞 (複数 **horsemen** [hɔ́ːrsmən ホースマン]) C ウマの乗り手, 騎手(きしゅ)(◆女性は horsewoman; 競馬の騎手は jockey)

horsepower [hɔ́ːrspàuər ホースパウア]
名詞 U (仕事率の単位で)馬力
(◆ 75kg の重量を 1 秒間に 1 メートル上げる力; hp と略す)

horse race [hɔ́ːrs rèis ホース レイス]
名詞 C【スポーツ】競馬(◆個々のレース)

horse racing [hɔ́ːrs rèisiŋ ホース レイスィング] 名詞 U【スポーツ】競馬

horse riding [hɔ́ːrs ràidiŋ ホース ライディング] 名詞 U《英》乗馬
(◆《米》horseback riding)

horseshoe [hɔ́ːrsʃùː ホースシュー] 名詞
C 蹄鉄(ていてつ)(◆ウマの蹄(ひづめ)を保護するための金具; 魔(ま)よけのお守りとしても使われる) ➡ **charm** 文化

hose [hóuz ホウズ](★発音に注意) 名詞
C U (水まき用の)ホース

hospice [háspis ハスピス] 名詞
C ホスピス(◆末期がんなどの患者(かんじゃ)のための看護療養施設(りょうようしせつ))

hospitable [háspitəbl ハスピタブる]
形容詞 手厚くもてなす, 親切な

˸hospital [háspitl ハスピトゥる] 名詞
(複数 **hospitals** [-z])
C U **病院**(◆入院や手術などが必要な患者(かんじゃ)を受け入れる大きな総合病院を指す; ふつう風邪(かぜ)などで最初にかかる病院は clinic という)
▸go into [enter] (the) **hospital**
入院する(◆《米》ではふつう the をつけるが, 《英》ではつけないのがふつう)

hospitality [hàspitǽləti ハスピタぁりティ]
名詞 U 手厚いもてなし, 歓待(かんたい)

˙host¹ [hóust ホウスト](★発音に注意)
名詞 (複数 **hosts** [hóusts ホウスツ])
❶ C (招待した客をもてなす) **主人(役)の男性** (対義語 guest 客, hostess 主人(役)の女性)
(◆女性にも host を使う傾向(けいこう)がある)
▸a **host** family
ホストファミリー
(◆留学生などがホームステイする家庭)
➡ **homestay** 文化
▸a **host** mother [father]
ホストマザー[ファーザー]
(◆ホストファミリーの母親[父親])
❷ C (テレビ番組などの)司会者

host² [hóust ホウスト] 名詞
《**a host of ...** または **hosts of ...** で》
多数の…, 大勢の…

hostage [hástidʒ ハステッヂ] 名詞
C 人質(ひとじち)

hostel [hástl ハストゥる] 名詞
C ユースホステル
(◆ youth hostel ともいう)

hostess [hóustəs ホウステス] (★発音に注意) 名詞 (複数 **hostesses** [-iz])
❶ C (招待客をもてなす) 主人(役)の女性
(対義語 guest 客, host 主人(役)の男性)
❷ C (テレビ番組などの)女性の司会者

hostile [hástl ハストゥる] 形容詞
敵意のある; 敵の(同義語 unfriendly)

⁑hot [hát ハット] 形容詞

(比較 **hotter**; 最上 **hottest**)
❶ (温度が) **熱い**; (気候が) **暑い**
(対義語 cold 冷たい) ➡ **warm** 参考
▸**hot** water 湯
▸It is very **hot** today.
今日はとても暑い.
❷ (味が)**辛**(から)**い**, 舌がひりひりする
➡ **taste** 参考
▸This curry is too **hot** for me.
このカレーはわたしには辛過ぎる.

hot cake [hát kèik ハット ケイク] 名詞
C ホットケーキ ➡ **pancake**

hot dog
[hát dɔ̀ːg ハット ドーグ]
名詞 C
ホットドッグ

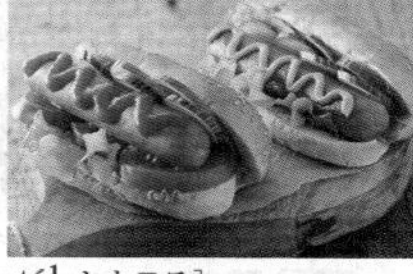

⁑hotel [houtél ホウテる]

(★発音に注意) 名詞 (複数 **hotels** [-z])
C **ホテル**, 旅館
▸check in at a **hotel**
ホテルにチェックインする
▸check out of a **hotel**
ホテルをチェックアウトする
▸I stayed at a nice **hotel** in London.
わたしはロンドンでいいホテルに泊(と)まった.

hot line [hát làin ハット らイン] 名詞 C
(2 国政府首脳間の)緊急(きんきゅう)用直通電話, ホットライン; (一般の)緊急直通電話(線)

hot spring [hát spríŋ ハット スプリング] 名詞 C 温泉

hotter [hátər ハタ] 形容詞
hot(熱い)の比較級

hottest [hátist ハテスト] 形容詞
hot(熱い)の最上級

⁑hour [áuər アウア] (★発音に注意)

名詞 (複数 **hours** [-z])
❶ C **1 時間** (◆ 60 分間という時間を表す; 「…時」という時刻は o'clock で表す)
▸half an **hour**
(=《主に米》a half **hour**) 30 分間
▸I watched TV (for) about an **hour**. わたしは約 1 時間テレビを見た.
▸We walked for **hours**.
わたしたちは何時間も歩いた.
▸I'll be back in one **hour** or two.
1, 2 時間後に戻(もど)ります.
❷ C **時刻**
▸at an early [a late] **hour**
早い[遅(おそ)い]時刻に

house

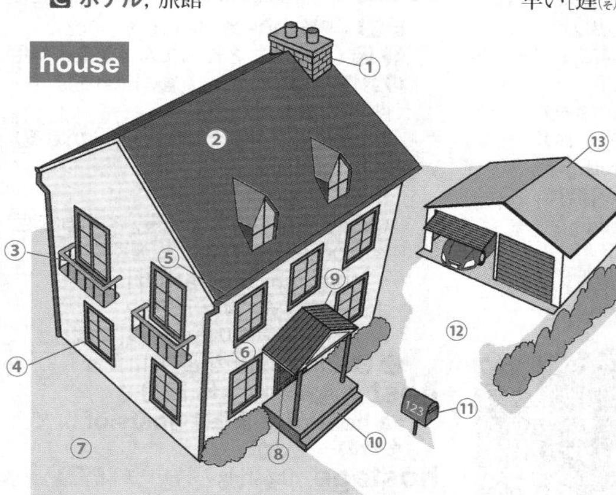

① chimney 煙突(えんとつ)
② roof 屋根
③ balcony バルコニー
④ window 窓
⑤ gutter とい
⑥ drainpipe 排水(はいすい)管
⑦ lawn 芝生(しばふ)
⑧ front door 玄関(げんかん)
⑨ porch ポーチ
⑩ doorstep のぼり段
⑪ mailbox 郵便受け
⑫ driveway
(道路からガレージなどに続く)私道
⑬ garage ガレージ

▸The **hour** is 10:30. 時刻は10時30分だ.(♦ 10:30は ten thirty と読む)
❸ C《しばしば **hours** で》(決まった)時間; 勤務[営業]時間, 授業時間
▸When is your lunch **hour**? あなたの昼食時間はいつですか?
▸school **hours** 授業時間
by the hóur 時間単位で
keep éarly [góod] hóurs
早寝(はや ね)する; 早起きする
keep láte [bád] hóurs
夜更(よ ふ)かしする; 遅く帰宅する

hour hand [áuər hæ̀nd アウア ハぁンド]
名詞 C (時計の)短針, 時針
➡ **clocks and watches** 図

:house [háus ハウス] 名詞
(複数 **houses** [háuziz ハウズィズ])
❶ C 家, 住宅
➡ **home** くらべよう, p.306 図
▸She lives in a large **house**. 彼女は大きな家に住んでいる.
▸I had a party at my **house**. わたしの家でパーティーを開いた.
❷ C (特定の目的のための)建物, 施設
▸a customs **house** 税関
❸《**the House** で》議院, 議事堂
▸**the House** of Representatives (アメリカの)下院; (日本の)衆議院
▸**the Houses** of Parliament (イギリスの)国会議事堂
keep hóuse 家事を切り盛りする
play hóuse ままごと遊びをする

household [háushòuld ハウスホウるド]
名詞 C (使用人もふくめて)家族; 世帯
━形容詞 家庭の, 家族の

housekeeper [háuskì:pər ハウスキーパ] 名詞 C 家政婦

housekeeping [háuskì:piŋ ハウスキーピング] 名詞 U 家事(の切り盛り)

housewife [háuswàif ハウスワイふ]
名詞 (複数 **housewives** [háuswàivz ハウスワイヴズ]) C (専業の)主婦
(♦ homemaker のほうが好まれる)

housework [háuswə̀:rk ハウスワ〜ク]
名詞 U 家事
▸do (the) **housework** 家事をする

housing [háuziŋ ハウズィング] 名詞
U 住宅, 住居(全体); 住宅供給

:how 副詞 ➡ p.308 **how**

however [hauévər ハウエヴァ] 副詞
❶ **しかしながら**, けれども(♦ but よりかたい語; 前後にコンマをつけて文中に置かれることも多い)
▸I went to school early in the morning. The gate, **however**, wasn't open.
わたしは朝早く登校したが, 校門が開いていなかった.
❷《**however** +**形容詞[副詞]**で》
どんなに…でも(♦《口語》ではふつう no matter how を用いる)
▸**However** expensive the watch is, I will buy it.
どんなにその腕(うで)時計が高価でも, わたしは買うつもりだ.
❸ どんなやり方で…しても

howl [hául ハウる] 動詞
自 (イヌなどが)遠ぼえする
━名詞 C (イヌなどの)遠ぼえ

:how's [háuz ハウズ]
《口語》how is の短縮形

hug [hʌ́g ハッグ] 動詞 (三単現 **hugs** [-z]; 過去・過分 **hugged** [-d]; 現分 **hugging**)
他 …を抱(だ)きしめる, 腕(うで)にかかえる
━名詞 C (軽く)抱きしめること(♦あいさつの一種), 抱擁(ほうよう)

huge [hjú:dʒ ヒューヂ] 形容詞
(比較 **huger**; 最上 **hugest**)
非常に大きい, 巨大(きょだい)な
(対義語 tiny ちっぽけな)
➡ **big** くらべよう

huh [hʌ́ ハ] 間投詞
❶ (驚(おどろ)き・不信・軽べつなどを表して)ふん, へぇー, えっ; 何だって?
❷《文末で用いて》《主に米》(相手の同意を求めて)そうなんだろう, …だよね
(♦「?」とともにくだけた会話で用いる)

hula [hú:lə フーら] 名詞 C フラダンス
(♦ハワイの民族舞踊(ぶよう))

hullo [həlóu ハろウ] 間投詞 名詞
《英》= hello(やあ)

hum [hʌ́m ハム] 動詞
(三単現 **hums** [-z]; 過去・過分 **hummed** [-d]; 現分 **humming**) 自
❶ (ハチ・機械などが)ブンブンいう, ブーンとうなる
❷ 鼻歌を歌う, ハミングする
━名詞 C《ふつう単数形で》
ブンブン, ブーン(という音)

A B C D E F G **H** I J K L M N O P Q R S T U V W X Y Z

⁝how 副詞

[háu ハウ]

❶〔方法・手段〕**どのようにして；…の仕方**
❷〔状態〕**どんなようす[ぐあい]で**
❸〔程度〕**どれくらい**
❹〔感嘆(かんたん)〕**なんと**

❶〔方法・手段〕**どのようにして**，どんなふうに；《**how to ＋動詞の原形で**》**…の仕方**，…する方法

▸**How** do you go to school?	どうやって通学しているのですか？
▸**How** do you say "Thank you" in Japanese?	"Thank you" は日本語でどう言いますか？
▸I know **how to** play chess.	チェスの仕方はわかります．

ダイアログ

A: Make your bed, Saki.	ベッドを整えてね，咲．
B: OK, but I don't know **how**.	はい，でもやり方がわかりません．

（♦ how のあとに to make my bed が省略されている）

❷〔状態〕**どんなようす[ぐあい]で**

ダイアログ

A: **How** is your father?	お父さんはお元気ですか？
B: He's fine, thank you.	元気です．ありがとうございます．

ダイアログ

A: **How** would you like your steak?	（レストランで）ステーキの焼きぐあいはどのようにしましょうか？
B: Medium, please.	ミディアムにしてください．

❸〔程度〕《ふつう **how ＋形容詞**[**副詞**]で》**どれくらい**

▸**How many** DVDs do you have?	あなたは DVD をどれくらい持っていますか？
▸**How much** is this shirt?	このシャツはいくらですか？
▸**How long** is the movie?	その映画はどのくらいの長さですか？
▸**How old** is your father?	あなたのお父さんは何歳(さい)ですか？
▸**How often** do you come here?	どのくらいよくここに来ますか？
▸I don't know **how far** it is to Chicago.	シカゴまでどのくらい距離(きょり)があるかわからない．

（♦「how ＋形容詞[副詞]」以下は「主語＋動詞」の語順）➡ p.692 **what** ルール 1 3

❹〔感嘆〕《**how ＋形容詞**[**副詞**]で》**なんと**，なんて，どんなに
（♦「主語＋動詞」が続き，文末で!を用いる）

▸**How pretty** that cat is!	あのネコはなんてかわいいのだろう！
▸**How fast** she swims!	彼女はなんて泳ぐのが速いのだろう！

参考 感嘆文の使い方

感嘆文を話しことばで使うと，かたく，おおげさな感じをあたえてしまうことがあります．ふつうは肯定文で強調したいところを強く発音して，感嘆の気持ちを表します．

▸He runs very fast.（♦下線部を強く発音すると How fast he runs! とほぼ同じ意味になる）

❺〘理由〙どうして(同義語 why)

▸**How** can you say that?　どうしてそんなことが言えるのですか?

◆***Hów about ...?***

① 〘提案・勧誘(かんゆう)〙…**はどうですか?**(同義語 What about ...?)

▸**How about** a cup of tea?　お茶を1杯(ぱい)いかがですか?

▸**How about** going cycling?　サイクリングに行くのはどうですか?

ルール How about のあとは ...ing

このaboutは前置詞なので,そのあとには名詞か動名詞(...ing)が続きます.
野球をしませんか?
How about playing baseball**?**

② …についてどう思いますか,…はどうしますか?(同義語 What about ...?)

▸Soccer is popular in Japan, but **how about** rugby?　日本ではサッカーは人気がありますが,ラグビーはどうですか?

How about yóu?　あなたはどうしますか[思いますか]?

▸I'll have a cheeseburger. **How about you?**　わたしはチーズバーガーにします.あなたはどうしますか?

◆***How áre you?***　**こんにちは**,お元気ですか;ぐあいはどうですか?

ダイアログ

A: **How are you?**　元気ですか?
B: I'm fine, thank you. And you?　元気です,ありがとう.あなたは?

おもしろ知識 How are you? の受け答え

最初の問いかけのHow are you?はふつうareを強く言い,返事のHow are you?はyouを強く言います.これらは決まり文句のようなあいさつなので,多少体調が悪くてもFine. / Good. / OK.などと答えます.

Hów are you dóing?　《口語》元気かい,調子はどう?

How cóme ...?　なぜ…ですか?(同義語 Why ...?)

▸**How come** you know John?　なぜジョンを知っているのですか?
(◆How comeのあとは「主語+動詞」の語順になる)

◆***Hów do you dó?***　**はじめまして**.(◆初対面のあいさつ;返事もHow do you do?とする)

◆***Hów do you líke ...?***

(好き嫌(きら)いをたずねたり,意見を求めたりして)…**はどうですか?**

▸**How do you like** this song?　この歌はどうですか?

How's éverything?　調子はどう?

·human [hjúːmən ヒューマン]

——形容詞 (比較 **more human**; 最上 **most human**)

人間の; 人間的な

▸the **human** body　人体

▸**human** rights　人権

——名詞 (複数 **humans** [-z])

C 人間, 人

human being [hjúːmən bíːiŋ ヒューマン ビーイング] 名詞

C (動物に対する)人間;

《**human beings** で》人間(全体)

humanity [hjuːmǽnəti ヒューマぁニティ] 名詞 (複数 **humanities** [-z])

❶ U 人間らしさ, 人間性

❷ U《単数または複数あつかいで》人類, 人間(全体)(同義語 mankind)

humankind [hjúːmənkàind ヒューマンカインド] 名詞 U 人間; 人類

human race [hjúːmən réis ヒューマンレイス] 名詞《**the human race** で》人類

humble [hʌ́mbl ハンブる] 形容詞 (比較 **humbler**; 最上 **humblest**)

❶ けんそんした, 控(ひか)え目な; 卑屈(ひくつ)な

❷ (身分などが)低い; 粗末(そまつ)な

humid [hjúːmid ヒューミッド] 形容詞

湿(しめ)った, 湿気(しっけ)の多い

➡ **moist** くらべよう

▸hot and **humid**　むし暑い

humidity [hjuːmídəti ヒューミディティ] 名詞 U 湿気(しっけ); 湿度(しつど)

hummingbird [hʌ́miŋbə̀ːrd ハミングバード] 名詞 C【鳥類】ハチドリ

(♦アメリカ大陸産の世界最小の鳥; その羽音がハチの羽音に似ているためこの名がついた) ➡ **hum**

humor, 《英》**humour** [hjúːmər ヒューマ] 名詞 U ユーモア, おかしさ, こっけいさ

➡ **joke** くらべよう

▸Ann has a [no] sense of **humor**.
アンはユーモアがわかる[わからない].

humorous [hjúːmərəs ヒューモラス] 形容詞 こっけいな, おかしい, ユーモラスな

humour [hjúːmər ヒューマ] 名詞 U《英》= humor(ユーモア)

Humpty Dumpty [hʌ́mpti dʌ́mpti ハンプティ ダンプティ] 名詞 ハンプティー・ダンプティー(♦英国の童謡(どうよう)に登場する卵型の人物)

『鏡の国のアリス』のさし絵
ジョン・テニエル画

:hundred [hʌ́ndrəd ハンドゥレッド]

——名詞 (複数 **hundreds** [hʌ́ndrədz ハンドゥレッヅ]) C《単数あつかいで》**100**;《複数あつかいで》100 人, 100 個

▸a [one] **hundred**　100

◆***hundreds of ...***

何百もの…, 何百という…

▸**Hundreds** of students came to the park.
何百人もの学生がその公園にやってきた.

> **ルール hundred の使い方**
>
> hundred は前に two, a few, several などの複数を表す語がついても複数形になりません. ただし,「何百もの」という表現では複数形になります.
>
> ▸two **hundred**　200
>
> ▸**hundreds of** books
> 何百冊もの本

——形容詞 **100 の**; 100 人の, 100 個の

▸a [one] **hundred** eggs　100 個の卵

▸five **hundred** cars　500 台の車

hundredth [hʌ́ndrədθ ハンドゥレッドす] 名詞

❶ U《**the hundredth** で》100 番め

❷ C 100 分の 1

——形容詞

❶《**the hundredth** で》100 番めの

❷ 100 分の 1 の

hung [hʌ́ŋ ハング] 動詞

hang(…を掛(か)ける)の過去形・過去分詞

hunger [hʌ́ŋgər ハンガ] 名詞

U 飢(う)え, 空腹; 飢饉(ききん)

hungrily [hʌ́ŋgrili ハングリり] 副詞

飢(う)えて, がつがつと; 切望して

:hungry [hʌ́ŋgri ハングリ] 形容詞 (比較 **hungrier**; 最上 **hungriest**)

❶ **空腹の**, 飢(う)えた

▸I'm very **hungry**.　腹ぺこだよ.

❷ (…を)強く望んで(いる)《for ...》

hunt [hʌ́nt ハント] 動詞
自 狩(か)りをする; (…を)さがす《for ...》
——他 …を狩る; …を追跡(ついせき)する
——名詞 C 狩り; 追跡

hunter [hʌ́ntər ハンタ] 名詞
C 猟師(りょうし), 狩猟(しゅりょう)家, ハンター

hunting [hʌ́ntiŋ ハンティング] 名詞
U 狩(か)り, 狩猟(しゅりょう); さがし求めること

hurdle [hə́ːrdl ハ～ドゥる] 名詞
❶【スポーツ】C ハードル; 《**hurdles** で単数あつかい》ハードル競走 (= hurdle race) ➡ **track and field** 図
❷ C (克服(こくふく)すべき)障がい, 困難

hurrah [hərɑ́ː フラー] 間投詞
= hurray(フレー)

hurray [həréi フレイ] 間投詞
フレー, 万歳(ばんざい)(= hurrah, hooray)

hurricane [hə́ːrikèin ハ～リケイン]
名詞 C ハリケーン (♦夏から秋にかけてカリブ海, メキシコ湾(わん)などで発生する強い熱帯性低気圧)

hurried [hə́ːrid ハ～リッド] 形容詞
せきたてられた; 大急ぎの, あわただしい

·hurry [hə́ːri ハ～リ]

——動詞 (三単現 **hurries** [-z]; 過去・過分 **hurried** [-d]; 現分 **hurrying**)
——自 急ぐ, あわてる; 急いで行く
▸**hurry** back　急いで戻(もど)る
▸We **hurried** to the station.
わたしたちは駅へ急いだ.
——他 …を急がせる, あわてさせる
húrry úp 急ぐ(♦主に命令文で用いる)
▸**Hurry up**, or you'll be late.
急ぎなさい, さもないと遅刻(ちこく)するよ.
——名詞 U 急ぐこと; 急ぐ必要
in a húrry 急いで

hurt [hə́ːrt ハ～ト] 動詞
(三単現 **hurts** [hə́ːrts ハ～ツ]; 過去・過分 **hurt**; 現分 **hurting**) 他
❶ (人・体)にけがをさせる, (人・体)を傷つける(同義語 injure)
➡ **injure** くらべよう
▸Pat **hurt** her leg.
パットは脚(あし)にけがをした.
❷ (感情)を害する, 傷つける
▸My words **hurt** her.　わたしのことばが彼女を傷つけてしまった.
húrt oneself けがをする
——自 (体が)痛む
▸Where does it **hurt**?
どこが痛みますか?
——名詞 C U 傷, けが; (精神的な)苦痛

·husband

[hʌ́zbənd ハズバンド] 名詞
(複数 **husbands** [hʌ́zbəndz ハズバンヅ])
C 夫(対義語 wife 妻) ➡ **family** 図
▸They are **husband** and wife.
彼らは夫婦(ふうふ)だ.
(♦この場合, a や the はつかない)

hush [hʌ́ʃ ハッシ] 動詞 (三単現 **hushes** [-iz]; 過去・過分 **hushed** [-t]; 現分 **hushing**) 他 (人)を黙(だま)らせる
——自 静かになる, 黙る
——間投詞 《**Hush!** で》しっ, 静かに
(♦人差し指を口の前に立てて言う)

husky [hʌ́ski ハスキ] 形容詞
(比較 **huskier**; 最上 **huskiest**)
(声が)ハスキーな, しゃがれた

hut [hʌ́t ハット] 名詞 C (主に木造の)小屋
(♦ cabin より粗末(そまつ)な小屋を指す)

hyacinth [háiəsinθ ハイアスィンす] (★発音に注意) 名詞 C【植物】ヒヤシンス

hybrid [háibrid ハイブリッド] 名詞
❶ C (動植物の)雑種, ハイブリッド
❷ C (異種の要素の)混成物
——形容詞 雑種の; 混成の
▸a **hybrid** car　ハイブリッド車
(♦電気モーターとガソリンエンジンを併用(へいよう)する)

Hyde Park [háid pɑ́ːrk ハイド パーク]
名詞 ハイドパーク(♦イギリスのロンドン市内の公園; だれでも自由に演説できる場所(Speakers' Corner)がある)
➡ **Speakers' Corner**

hydrogen [háidrədʒən ハイドゥロヂェン]
名詞 U【化学】水素(♦元素記号は H)

hydrogen bomb [háidrədʒən bɑ̀m ハイドゥロヂェン バム] 名詞 C 水素爆弾(ばくだん)
(♦ H-bomb [éitʃbɑ̀m エイチバム]と短縮する)

hyena [haiíːnə ハイイーナ] (★発音に注意)
名詞 C【動物】ハイエナ

hymn [hím ヒム] (★発音に注意) 名詞
C【音楽】賛美歌, 聖歌

hyphen [háifn ハイふン] 名詞
C ハイフン(-)(♦ 2 つ以上の単語をつなぐとき, また行末で単語を分割するときなどに用いる)
➡ **巻末付録 Ⅳ. 句読点・符号(ふごう)**

I i

Q コロンブスの勘(かん)ちがい？➡ Indian をひいてみよう！

I, i [ái アイ] 名詞 (複数 **I's, i's** または **Is, is** [-z]) ❶ C U アイ(♦アルファベットの9番めの文字)
❷ U (ローマ数字の)1

⁑I [ái アイ] 代名詞
〘人称代名詞の一人称単数主格〙
(複数 **we** [wíː ウィー])
わたしは[が], ぼくは[が]

ダイアログ
A: Your name, please.
お名前は？
B: **I**'m Ando Saki.
安藤咲です. ➡ ルール 4

ダイアログ
A: Are you Ms. Baker?
あなたはベーカーさんですか？
B: Yes, **I** am. はい, そうです.

▸Bill and **I** are good friends.
ビルとわたしは親友だ. ➡ ルール 3
▸**I** like tennis.
わたしはテニスが好きだ.
▸**I**'ll do my best.
最善を尽(つ)くします. ➡ ルール 4

参考 **I の変化形と所有・再帰代名詞**

主格	**I**	わたしは[が]
所有格	**my**	わたしの
目的格	**me**	わたしを[に]
所有代名詞	**mine**	わたしのもの
再帰代名詞	**myself**	わたし自身を[に]

ルール **I の使い方**

1 日本語には「わたしは」「ぼくは」「おれは」など, 自分を指すことばがいろいろありますが, 英語はいつでも I です.
2 I は文のどの位置にきても大文字で書きます.
3 ほかの人を指す語と並べる場合は, 「二人称の you, 三人称, 一人称の I」の順にします.
▸You, Ann, and **I** are all sixteen.
きみとアンとぼくはみんな16歳(さい)だ.
4 《口語》ではよく I am を I'm, I will を I'll のように短縮して言います.

IA 【郵便】アイオワ州(♦ *Iowa* の略)

⁎ice [áis アイス]
—名詞 (複数 **ices** [-iz])
❶ U **氷**
▸Do you want some **ice** in your cola? コーラに氷を入れますか？
❷ C (シャーベットなどの) 氷菓子(こおりがし);
《英》アイスクリーム
—動詞 (三単現 **ices** [-iz];
過去・過分 **iced** [-t]; 現分 **icing**) 他
❶ …を凍(こお)らせる, 氷で冷やす
❷ (ケーキなど)に砂糖の衣(ころも)をかける

iceberg [áisbə̀ːrg アイスバ～グ] 名詞
C 氷山

icebox [áisbàks アイスバックス] 名詞
(複数 **iceboxes** [-iz]) C アイスボックス(♦氷で冷やす冷蔵用の箱)

ice cream [áis krìːm アイス クリーム]
(★アクセントに注意) 名詞
C U アイスクリーム
(♦《英》では単に ice ともいう)
▸Three **ice creams**, please.
アイスクリームを3つください.

iced [áist アイスト] 形容詞
(飲み物が)(氷で)冷やした
▸**iced** tea アイスティー

ice hockey [áis hàki アイス ハキ] 名詞
U 【スポーツ】アイスホッケー
➡ **skate** 図

Iceland [áislənd アイスランド] 名詞
アイスランド(♦北大西洋の国; 首都はレイキャビク Reykjavik)

ice-skate [áisskèit アイススケイト] 動詞 (三単現 **ice-skates** [áisskèits アイススケイツ]; 過去・過分 **ice-skated** [-id]; 現分 **ice-skating**) 自 アイススケートをする (◆単に skate ともいう)

ice skating [áis skèitiŋ アイス スケイティング] 名詞
U【スポーツ】アイススケート

icicle [áisikl アイスィクる] 名詞 C つらら

icon [áikɑn アイカン] 名詞
C【コンピューター】アイコン
(◆ファイルやアプリケーションソフトなどの内容を絵や図で表したもの)
▸Click on the **icon**.
そのアイコンをクリックしなさい.

ICT [áisí:tí: アイスィーティー] 名詞
C【コンピューター】情報通信技術
(◆ *i*nformation and *c*ommunication *t*echnology の略)

ID[1] [áidí: アイディー] 名詞
C U 身分を証明するもの, 身分証明書
(◆ *id*entification の略)
▸a student **ID**
学生証, 生徒証

ID[2] 【郵便】アイダホ州(◆ *Id*aho の略)

I'd [áid アイド]
《口語》I would, I had の短縮形

Idaho [áidəhòu アイダホウ] 名詞
アイダホ(◆アメリカ北西部の州; Id., Ida. または【郵便】で ID と略す)

ID card [áidí: kà:rd アイディー カード]
名詞 C 身分証明書 (◆ *id*entification *card* または *id*entity *card* を短縮した語; ID とだけいうことも多い)
▸a student **ID card** 学生証, 生徒証

idea [aidí:ə アイディーア] (★アクセントに注意) 名詞 (複数 **ideas** [-z])
❶ C 考え, 思いつき, アイディア; C U 計画
▸That's a good **idea**.
それはいい考えだ.
▸I have an **idea**.
わたしに考えがあります.
▸Do you have any **ideas**?
何かアイディアはありますか?
❷ C 意見; 思想; 観念
▸Tell me your **idea**.
あなたの意見を聞かせてください.
❸ C U 想像, 見当

> ダイアログ
> *A:* Where is Luke? ルークはどこ?
> *B:* I have no **idea**. 見当もつかないよ.
> (◆《口語》で I don't know. の代わりによく用いる)

ideal [aidí:əl アイディーアる] 形容詞
(…にとって)理想的な, 最適な《for ...》
▸Today is an **ideal** day **for** walking.
今日はウォーキングに最適な日だ.
—名詞 ❶ C《しばしば **ideals** で》理想
❷ C 理想的な人[もの]

identification [aidèntəfikéiʃn アイデンティふィケイシャン] 名詞
❶ U 身分[身元]を証明するもの, 身分証明書(◆ ID と略す)
❷ U 同一であることの証明, (身元などの)確認(かくにん)
▸an **identification** card
身分証明書, ID カード
(=an identity card, an ID card)

identify [aidéntəfài アイデンティふァイ] 動詞 (三単現 **identifies** [-z]; 過去・過分 **identified** [-d]; 現分 **identifying**)
他 …を見分ける, (身元など)を確認(かくにん)する
▸Can you **identify** that star?
あの星は何という星かわかりますか?

identity [aidéntəti アイデンティティ] 名詞 (複数 **identities** [-z])
❶ U 同一の人[もの]であること
❷ C U 身元, 正体
❸ U C アイデンティティー, 独自性, 個性

idiom [ídiəm イディオム] 名詞 C 慣用句, 成句, 熟語(◆ 2 つ以上の語が集まって 1 つの意味を表すもの; get up(起きる)など)

idle [áidl アイドゥる] 形容詞
(比較 **idler**; 最上 **idlest**)
❶ (人が)働いていない; (機械が)使われていない
▸These machines are **idle** now.
今, これらの機械は使われていない.
❷ (人が)怠(なま)けている(◆ lazy のほうがふつう)
—動詞 (三単現 **idles** [-z]; 過去・過分 **idled** [-d]; 現分 **idling**) 他
(時間)をぶらぶら過ごす, 怠けて過ごす
—自 (エンジンが)空転[アイドリング]する

idol [áidl アイドゥる] 名詞
C あこがれの人, アイドル; (信仰(しんこう)の

対象としての)神像, 偶像(ぐうぞう)
▸a pop **idol**　アイドル歌手

i.e. [áiíː アイイー] すなわち(◆that is (すなわち) を意味するラテン語の *id est* の略; 学術書や専門書で用いる)

⁑if [íf イふ] 接続詞

❶《条件・仮定を表して》**もし…ならば**
❷ **たとえ…でも**
❸ **…かどうか**

❶《条件・仮定を表して》**もし…ならば**;(ありえないことだが)**もし…なら**(…なのだが)
▸**If** you like it, you can keep it.
それが気に入ったのならあげるよ.
▸**If** the weather is good, let's go to the lake.
天気がよければ, 湖に行きましょう.
➡ ルール 1
▸**If** I were you, I would buy a new computer.
もしわたしがあなたなら, 新しいコンピューターを買うのだが. ➡ ルール 2

ルール if 節の動詞の形

1 if 節や when 節など「条件・時」を表す副詞節の中では, 未来のことであっても will を使わず, 現在形を用います.
▸Friday's game will be canceled **if** it rains.　もし雨が降れば, 金曜日の試合は中止されるだろう.
(◆× if it will rain とはいわない)
2 現在の事実に反することを仮定するときに用います. このとき, 主節では would などの助動詞を用います. if 節の動詞は過去形になります. be 動詞は通例 were を用いますが, 一人称・三人称の単数の場合, 口語では was を用いることもあります.

❷ **たとえ…でも**(= even if)
▸**If** you fail this exam, you can try again.　たとえこの試験に落ちても, もう一度受けられます.
❸ **…かどうか**(同義語 whether)
(◆この if 節は名詞節で, ask, doubt, know, see, wonder などの動詞のあとに用いるが, 主語としては用いない)
▸Do you **know if** he will come to the party?　彼がパーティーに来るかどうか知っていますか?
▸I **wonder if** she is busy now.
彼女は今, 忙(いそが)しいだろうか.

as if ...　まるで…であるかのように ➡ **as**
even if ...　たとえ…だとしても ➡ **even**
if ány　もしあれば; あるとしても ➡ **any**
if nécessary
もし必要ならば ➡ **necessary**
if póssible　もしできれば ➡ **possible**

ignition [igníʃn イグニシャン] 名詞 U
発火, 点火; C (車のエンジンの)点火装置

ignorance [ígnərəns イグノランス] 名詞
U 無知, 無学; (…を)知らないこと《of ...》

ignorant [ígnərənt イグノラント] 形容詞
無知の, 教育を受けていない;
(…を)知らない《of ...》

ignore [ignɔ́ːr イグノーア] 動詞 (三単現 **ignores** [-z]; 過去・過分 **ignored** [-d]; 現分 **ignoring**)
他 …を無視する, 見て見ないふりをする
▸**ignore** the red light
赤信号を無視する

IL 【郵便】イリノイ州(◆*Il*linois の略)

⁂ill [íl イる]

── 形容詞 (比較 **worse** [wə́ːrs ワ～ス]; 最上 **worst** [wə́ːrst ワ～スト])
❶《名詞の前には用いない》**病気で**
(対義語 well 健康で)
▸fall [become] **ill**　病気になる
▸be **ill** in bed　病気で寝(ね)ている

くらべよう ill と sick

《米》では「病気で」の意味ではふつう ill ではなく sick を使います. 名詞の前に置いて「病気の」という意味では,《英》《米》ともに sick を使います.
▸a **sick** person　病人

❷《名詞の前に用いて》悪い; 有害な
── 副詞 (比較・最上 は 形容詞 に同じ)
悪く, 不正に; 不十分に
▸No one speaks **ill** of him.
彼を悪く言う人はだれもいない.

⁑I'll [áil アイる]

《口語》I will の短縮形

illegal [ilíːgl イリーグる] 形容詞 違法(いほう)な, 不法な(対義語 legal 合法的な)

Illinois [ìlənɔ́i イりノイ] 名詞 イリノイ州
(◆アメリカ中西部の州; Ill. または【郵便】で IL と略す)

illiterate [ilítərit イりテレット] 形容詞
❶ 読み書きができない

❷ 教養のない

illness [ílnəs イるネス] 名詞
(複数 **illnesses** [-iz]) C U 病気
(同義語 sickness, 対義語 health 健康)

illuminate [ilú:mənèit イるーミネイト]
動詞 (三単現 **illuminates** [ilú:mənèits イるーミネイツ]; 過去・過分 **illuminated** [-id]; 現分 **illuminating**)
他 …を照らす, 明るくする; (通り・建物など)にイルミネーションを施(ほどこ)す

illumination [ilù:mənéiʃn イるーミネイシャン] 名詞 U 照明, 明かり

illusion [ilú:ʒn イるージャン] 名詞
C 幻想(げんそう), 思いちがい; 錯覚(さっかく), 幻覚

illustrate [íləstrèit イらストゥレイト]
動詞 (三単現 **illustrates** [íləstrèits イらストゥレイツ]; 過去・過分 **illustrated** [-id]; 現分 **illustrating**)
他 (例をあげて)…を説明する; …に挿絵(さしえ)・図版を入れる

illustration [ìləstréiʃn イらストゥレイシャン] 名詞 C 例; 挿絵(さしえ), 図, イラスト; U (図・例などによる)説明

illustrator [íləstrèitər イらストゥレイタ]
(★アクセントに注意) 名詞
C 挿絵(さしえ)画家, イラストレーター

im- 接頭辞 b, m, p で始まる語について「否定」や「反対」などの意味の語をつくる: im- + possible (可能な)→ impossible(不可能な)

I'm [áim アイム]
《口語》I am の短縮形

image [ímidʒ イメッヂ] (★アクセントに注意) 名詞
❶ C 像, 彫像(ちょうぞう), 肖像(しょうぞう)
❷ C (鏡・テレビなどの)映像
❸ C (心に浮(う)かぶ)像; 印象, イメージ

imaginary [imǽdʒənèri イマぁヂネリ]
形容詞 想像上の, 架空(かくう)の
▸an **imaginary** animal
想像上の動物

imagination [imæ̀dʒənéiʃn イマぁヂネイシャン] 名詞
❶ C U 想像, 想像力
❷ U 想像の産物, 空想

imagine [imǽdʒin イマぁヂン]
動詞 (三単現 **imagines** [-z]; 過去・過分 **imagined** [-d]; 現分 **imagining**)
他 **…を想像する**, 思いえがく; …と考える, 思う
▸Can you **imagine** life in the twenty-second century?
22世紀の生活を想像できますか?

imitate [ímitèit イミテイト] 動詞 (三単現 **imitates** [ímitèits イミテイツ]; 過去・過分 **imitated** [-id]; 現分 **imitating**) 他
❶ …をまねる; …を見習う
❷ …を模造する, …に似せて作る

imitation [ìmitéiʃn イミテイシャン] 名詞
U C まね, 模倣(もほう); C 模造品

immediate [imí:diit イミーディエット]
形容詞 ❶ 即時(そくじ)の, 即座の
❷《名詞の前で用いて》(関係・位置などが)近い, すぐ隣(となり)の; 直接の

immediately [imí:diitli イミーディエトり]
副詞 すぐに, 即座(そくざ)に
(同義語 at once, right away)
▸Call the police **immediately**.
すぐに警察を呼びなさい.

immense [iméns イメンス] 形容詞
非常に大きな, 巨大(きょだい)な, 莫大(ばくだい)な

immigrant [ímigrənt イミグラント]
名詞 C (外国からの)移住者, 移民
(対義語 emigrant(外国への)移民)

immigrate [ímigrèit イミグレイト] 動詞
(三単現 **immigrates** [ímigrèits イミグレイツ]; 過去・過分 **immigrated** [-id]; 現分 **immigrating**)
自 (…へ / 外国から)(永住目的で)移住する《to [into] ... / from ...》
(対義語 emigrate(外国へ)移住する)

immigration [ìmigréiʃn イミグレイシャン] 名詞 ❶ U (外国からの)移住(対義語 emigration(外国への)移住); 移民
❷ U (空港などの)入国管理[審査(しんさ)]所

immortal [imɔ́:rtl イモートゥる] 形容詞
❶ 不死の
❷ 不滅(ふめつ)の, 不朽(ふきゅう)の

impact [ímpækt インパぁクト] 名詞
C U (強い)影響(えいきょう); 衝撃(しょうげき), 衝突(しょうとつ)
▸have [make] a strong **impact** on
…に強い影響をおよぼす

impatient [impéiʃnt インペイシェント]
形容詞 ❶ 短気な; (…に)我慢(がまん)できない《with ...》(対義語 patient 我慢強い)
▸I got **impatient with** the noise.
わたしはその音に我慢ができなくなった.
❷ (…を) 待ちきれない《for ...》;
《**be impatient to** +**動詞の原形で**》
…したくてたまらない

▸He **was impatient to** go out.
彼は外に出たくてたまらなかった.

imperfect [impə́ːrfikt インパ～ふェクト]
形容詞 不完全な, 不十分な; 未完成の

imperial [impíriəl インピリアる] 形容詞
《しばしば **Imperial** で》帝国(ていこく)の; 皇帝の, 天皇の, 皇室の(♦名詞の前で用いる)

imply [implái インプらイ] 動詞 (三単現 **implies** [-z]; 過去・過分 **implied** [-d]; 現分 **implying**) 他 …をほのめかす

impolite [ìmpəláit インポらイト] 形容詞
不作法な, 失礼な
(対義語 polite 礼儀(れいぎ)正しい)

import (★動詞・名詞のアクセントのちがいに注意) 動詞 [impɔ́ːrt インポート]
他 …を輸入する
(対義語 export …を輸出する)
▸My company **imports** cars from Germany.
わたしの会社はドイツから車を輸入している.
―― 名詞 [ímpɔːrt インポート]
U 輸入(対義語 export 輸出);
C《ふつう **imports** で》輸入品

importance [impɔ́ːrtns インポータンス] 名詞 U 重要性, 重大さ
▸the **importance** of a healthy diet 健康的な食事の重要性

⁑important

[impɔ́ːrtnt インポータント] 形容詞
(比較 **more important**;
最上 **most important**)
重要な, 大切な; 有力な, 地位の高い
▸This match is **important** to her.
この試合は彼女にとって大切だ.
▸Nothing is more **important** than time. 時間ほど大切なものはない.

•impossible

[impɑ́səbl インパスィブる] 形容詞
❶ (物事が)**不可能な**, できない
(対義語 possible 可能な)
▸It is **impossible** for me to get there by six.
6時までにそこに着くなんて, わたしにはできない. (♦×人を主語にして I am impossible to .... とはいわない)
❷ とてもありえない; 信じられない
▸an **impossible** story
信じられない話

impress [imprés インプレス] 動詞
(三単現 **impresses** [-iz];
過去・過分 **impressed** [-t];
現分 **impressing**) 他
❶ …に感銘(かんめい)をあたえる, 強い印象をあたえる; 《**be impressed** で》感動する
▸I **am** very much **impressed** with [by] your works. わたしはあなたの作品にとても感動しています.
❷ (人)に(…という)印象をあたえる 《as ...》
▸She **impressed** me **as** honest [an honest person].
彼女はわたしに正直な人という印象をあたえた.

impression [impréʃn インプレシャン]
名詞 ❶ C U 印象, 感動
▸What was your first **impression** of Japan?
日本の第一印象はどうでしたか?
▸The movie made [gave] a deep **impression** on us. その映画はわたしたちに深い感動をあたえた.
❷ C (漠然(ばくぜん)とした)感じ, 考え

impressive [imprésiv インプレスィヴ]
形容詞 印象的な, 感動的な; すばらしい

improve [imprúːv インプルーヴ] 動詞
(三単現 **improves** [-z]; 過去・過分 **improved** [-d]; 現分 **improving**) 他
…を改善する, 改良する; …を上達させる
▸I want to **improve** my English.
英語がうまくなりたい.
―― 自 よくなる, 進歩する, 回復する
▸The weather is **improving**.
天気は回復しつつある.

improvement [imprúːvmənt インプルーヴメント] 名詞
C U 改善, 改良, 進歩; C 改良点

impulse [ímpʌls インパるス] 名詞
❶ C U 衝動(しょうどう)
❷ C 推進力; 衝撃(しょうげき)

IN 【郵便】インディアナ州(♦ *In*diana の略)

⁑in

前置詞 副詞 ➡ p.318 **in**

in- 接頭辞 「否定」や「反対」などの意味の語をつくる: in- + correct(正確な)→ incorrect(不正確な)

Inca [íŋkə インカ] 名詞 C インカ人; 《**the Incas** で》インカ民族(♦16世紀にスペインに征服(せいふく)される前に南アメリカに帝国(ていこく)を築いていた先住民族)

incapable [inkéipəbl インケイパブる]
形容詞 ❶《**be incapable of** ＋ 名詞 […ing]で》…できない，…の能力がない
❷ 無能な，役に立たない

˙inch [íntʃ インチ] 名詞
(複数 **inches** [-iz])
C (長さの単位の)**インチ**(♦1フィートの12分の1で，約2.54センチメートル；in. と略す)
▸He is five feet nine **inches** tall.
彼の身長は5フィート9インチだ.
évery ínch あらゆる点で，どこから見ても
ínch by ínch 少しずつ

incident [ínsidənt インスィデント] 名詞
C 出来事；事件

incline [inkláin インクらイン] 動詞 (三単現 **inclines** [-z]；過去・過分 **inclined** [-d]；現分 **inclining**)
他 …を傾(かたむ)ける；《**be inclined to** ＋動詞の原形で》…したい気がする，…しがちだ
▸I'm **inclined to** think she will join us.
彼女がわたしたちに加わってくれると思いたい.
——自 傾く

include [inklúːd インクるード] 動詞
(三単現 **includes** [inklúːdz インクるーヅ]；過去・過分 **included** [-id]；現分 **including**) 他 …をふくむ，ふくめる
(対義語 exclude …を除外する)
▸The price **includes** tax.
その値段は税こみです.

including [inklúːdiŋ インクるーディング]
前置詞 …をふくめて
▸There were seventeen people, **including** me.
わたしをふくめ，17人いた.

income [ínkʌm インカム] 名詞
C U 所得，(定期的な)収入

incomplete [ìnkəmplíːt インコンプリート] 形容詞 不完全な，不十分な；未完成の
(対義語 complete 完全な)

inconvenience [ìnkənvíːniəns インコンヴィーニエンス] 名詞
❶ U 不便，不都合(対義語 convenience 便利)；迷惑(めいわく)
❷ C 不便[不都合，迷惑]なこと

inconvenient [ìnkənvíːniənt インコンヴィーニエント] 形容詞 不便な，都合の悪い；迷惑(めいわく)な(対義語 convenient 便利な)

incorrect [ìnkərékt インコレクト]
形容詞 不正確な，まちがった
(対義語 correct 正確な)；ふさわしくない

increase (★動詞・名詞のアクセントのちがいに注意)動詞 [inkríːs インクリース] (三単現 **increases** [-iz]；過去・過分 **increased** [-t]；現分 **increasing**)
自 (数・量・規模などが)増える，増加する，増大する(対義語 decrease 減る)
▸The population of the city is **increasing**.
その市の人口は増加している.
——他 (数・量など)を増やす
(対義語 decrease …を減らす)
▸They **increased** food production.
彼らは食料生産高を増やした.
——名詞 [ínkriːs インクリース]
C U (…の)増加，増大《in [of] ...》
(対義語 decrease 減少)

increasingly [inkríːsiŋli インクリースィングり] 副詞 ますます，だんだん

incredible [inkrédəbl インクレディブる]
形容詞 信じられない；《口語》驚(おど)くべき；すばらしい(同義語 unbelievable)

incredibly [inkrédəbli インクレディブり]
副詞 信じられないほど；非常に，すごく

˙indeed [indíːd インディード]
——副詞 ❶《意味を強めて》
ほんとうに，全く(同義語 really)
▸Thank you very much **indeed**.
ほんとうにありがとうございます.

> ダイアログ
> *A:* He is so kind.
> 彼はとても親切ですね.
> *B:* Yes, **indeed**. ええ，全くです.

❷ (それどころか)実は，実際は
▸He seems to be careless, but is **indeed** very careful. 彼は不注意なように見えるが，実はとても慎重(しんちょう)だ.
——間投詞 まあ，へーえ，まさか

independence [ìndipéndəns インディペンデンス] 名詞
U (…からの)独立，自立《from ...》

Independence Day [ìndipéndəns dèi インディペンデンス デイ] 名詞
(アメリカの)独立記念日，7月4日
(♦the Fourth of July ともいう)
➡ **holiday** 文化

[ín イン]

前置詞 ❶〔場所・位置〕…の中に[で, の] ❷〔運動・方向〕…の中へ ❸〔時間〕…に ❹〔状態・従事〕…の状態で ❺〔範囲(はんい)〕…において ❻〔方法・道具・材料〕…で ❼〔着用〕…を身につけて ❽〔割合・比率〕…のうち

―**前置詞** ❶〔場所・位置〕**…の中に[で, の]**; …に ➡ **at** 1つめの くらべよう

▸What is **in** the box? 箱の中には何が入っているのですか?

▸I live **in** Tochigi. わたしは栃木に住んでいる.

❷〔運動・方向〕**…の中へ**, …に ➡ **into** くらべよう

▸I jumped **in** the river. わたしは川に飛びこんだ.

▸The sun rises **in** the east and sets **in** the west. 太陽は東からのぼり, 西に沈(しず)む.

(◆×from the east や to the west とはいわない)

❸〔時間〕**…に**, …の間に; …後に ➡ **at** 2つめの くらべよう

▸**in** the morning 朝, 午前中

▸Sarah was born **in** 2010. サラは2010年に生まれた.

▸School usually starts **in** April in Japan. 日本では, 学校はたいてい4月に始まる.

▸I finished the work **in** a day. わたしはその仕事を1日で終えた.

▸It is cold here **in** winter. ここは冬の間は寒い.

▸I'll be back **in** ten minutes. 10分後に戻(もど)ってきます.

(◆ within ten minutes なら「10分以内に」の意味)

❹〔状態・従事〕**…の状態で**; …で

▸I'm **in** love with her. ぼくは彼女に恋(こい)をしている.

▸She is **in** (the) eighth grade. 彼女は8年生[中学2年生]だ.

❺〔範囲〕**…において**, …に関しては ➡ **of** ルール

▸I'm the tallest **in** my class. わたしはクラスでいちばん背が高い.

▸**In** my opinion, they are right. わたしの意見では, 彼らは正しい.

❻〔方法・道具・材料〕**…で**, …をもって, …を使って

▸**in** this way このやり方で

▸write **in** ink インクで書く

▸speak **in** English 英語で話す

▸pay **in** cash 現金で支払(しはら)う

❼〔着用〕**…を身につけて**, 着て, かぶって, はいて

▸a girl **in** a school uniform 制服を着た女の子

▸**in** slippers 上ばきをはいて

▸She was dressed **in** white. 彼女は白い服を着ていた.

❽〔割合・比率〕**…のうち**; …につき

▸Nine **in** ten were against it. 10人のうち9人がそれに反対だった.

―**副詞** ❶〔運動・方向〕中へ, 中に(対義語 out 外へ)

▸May I come **in**? 中に入ってもいいですか?

▸Please let me **in**. わたしを中に入れてください.

❷ 在宅して, 出勤して(対義語 out 外出して, 不在で)

ダイアログ

A: Is your father **in**? お父さんはご在宅ですか?

B: No, he is out now. いいえ, 父は今, 外出中です.

文化 **アメリカじゅうが盛り上がる祝日**

7月4日は1776年同日の独立宣言採択(さいたく)を記念するアメリカの祝日です. 全米各地で記念式典が行われ, パレード, コンテスト, ショー, パーティー, 花火の打ち上げなどでにぎわいます.

independent [indipéndənt インディペンデント] 形容詞 (…から)独立した, 自立した; (…に)たよらない《of ...》
(対義語 dependent たよっている)
▸He is **independent of** his parents.
彼は親から独立している.

index [índeks インデックス] (★アクセントに注意) 名詞 (複数 **indexes** [-iz], ❷で **indices** [índəsìːz インディスィーズ])
❶ C (本の)索引(さくいん)
❷ C 【数学】(統計の)指数

index finger [índeks fìŋgər インデックス ふィンガ] 名詞 C 人差し指
(=forefinger)

India [índiə インディア] 名詞 インド
(♦南アジアの国; Ind. と略す; 首都はニューデリーNew Delhi)

Indian [índiən インディアン] 形容詞
❶ インドの; インド人の(♦ Ind. と略す)
❷ アメリカ先住民の
——名詞 ❶ C インド人; 《**the Indians** で》インド人(全体)
❷ C アメリカ先住民

文化 **アメリカ先住民の呼び方**

コロンブスが1492年にアメリカ大陸の近くに到達(とうたつ)したとき, 彼はそこをインドと勘(かん)ちがいして, 先住民をインディアン(Indian)と呼びました. それ以来, アメリカ先住民は American Indian と呼ばれてきましたが, 最近では Native American(先住アメリカ人)と呼ばれるほうがふつうです.

Indiana [ìndiǽnə インディあナ] 名詞 インディアナ州(♦アメリカ中西部の州; Ind. または【郵便】で IN と略す)

Indian Ocean [índiən óuʃn インディアン オウシャン] 名詞
《**the Indian Ocean** で》インド洋

indicate [índikèit インディケイト]
(★アクセントに注意) 動詞
(三単現 **indicates** [índikèits インディケイツ]; 過去・過分 **indicated** [-id]; 現分 **indicating**)
他 …を指摘(してき)する; (ことば・態度などで)…を示す; …を指し示す

indication [ìndikéiʃn インディケイシャン] 名詞 C U 指示, 表示; 兆候, しるし

indifference [indífərəns インディふァレンス] 名詞 U (…に対する)無関心, 無とんちゃく《to ...》

indifferent [indífərənt インディふァレント] 形容詞 (…に)無関心な, (…を)気にしない《to ...》

indigo [índigòu インディゴウ] 名詞
U (染料(せんりょう)の)あい; あい色

indirect [ìndərékt インディレクト] 形容詞
❶ まっすぐでない, 遠回りの
(対義語 direct まっすぐな)
❷ 間接の, 間接的な
(対義語 direct 直接の)

individual [ìndəvídʒuəl インディヴィヂュアる] 形容詞 個々の; 個人的な; 個性的な
——名詞 C (集団に対して)個人, 個体

Indonesia [ìndəníːʒə インドニージャ]
名詞 インドネシア(♦東南アジアの国; 首都はジャカルタ Jakarta)

Indonesian [ìndəníːʒn インドニージャン]
形容詞 インドネシア(人, 語)の
——名詞 C インドネシア人;
U インドネシア語

indoor [índɔ̀ːr インドーア] 形容詞
《名詞の前に用いて》屋内の, 室内の
(対義語 outdoor 屋外の)

indoors [ìndɔ́ːrz インドーアズ] 副詞
屋内に[で], 室内に[で]
(対義語 outdoors 屋外で)

industrial [indʌ́striəl インダストゥリアる]
形容詞 産業の, 工業の; 産業が発達した
▸**industrial** products 工業製品

Industrial Revolution [indʌ́striəl rèvəlúːʃn インダストゥリアる レヴォるーシャン] 名詞 《**the Industrial Revolution** で》(イギリスなどの)産業革命

参考 産業革命とは？

18 世紀後半，イギリスで起こった生産技術の大変革です．動力機械の導入により，工場での大量生産が可能になりました．

industrious [indʌ́striəs インダストゥリアス] 形容詞 よく働く，勤勉な

industry [índəstri インダストゥリ]（★アクセントに注意）名詞（複数 **industries** [-z]）❶ C U 産業，工業；…業
▸the car **industry** 自動車産業
❷ U 勤勉，努力

inevitable [inévitəbl イネヴィタブる] 形容詞 避(さ)けられない；《名詞の前に用いて》《口語》お決まりの

inexpensive [ìnikspénsiv インエクスペンスィヴ] 形容詞 安価な，費用がかからない（対義語 expensive 高価な）
➡ **cheap** くらべよう

infamous [ínfəməs インふァマス]（★発音に注意）形容詞
悪名高い；不名誉(めいよ)な

infancy [ínfənsi インふァンスィ] 名詞
❶ U 幼年時代；幼児(期)
❷ U（発達の）初期(段階)

infant [ínfənt インふァント] 名詞
C 幼児；乳児

infect [infékt インふェクト] 動詞
他（病気が）…に伝染(でんせん)する；
…に(病気を)うつす《with ...》

infection [infékʃn インふェクシャン]
名詞 U（病気の）感染(かんせん)，伝染；
C 伝染病，感染症(しょう)

infectious [infékʃəs インふェクシャス]
形容詞（病気が）感染(かんせん)[伝染]する

inferior [infíriər インふィリア] 形容詞
（階級・身分などが）(…より)下の，低い；（質・程度などが）(…より)劣(おと)った《to ...》
（対義語 superior すぐれた）

infinite [ínfənit インふィニット] 形容詞
果てしない，無限の；計り知れない

influence [ínfluəns インふるエンス]
名詞 U《または **an influence** で》(…に対する)影響(えいきょう)《on [upon] ...》；影響力
——動詞（三単現 **influences** [-iz]；
過去・過分 **influenced** [-t]；
現分 **influencing**）
他 …に影響をおよぼす，作用する

influential [ìnfluénʃl インふるエンシャる]
形容詞 影響(えいきょう)をおよぼす，有力な

influenza [ìnfluénzə インふるエンザ]
名詞 U【医学】インフルエンザ，流感
（◆《口語》では flu と略す）

inform [infɔ́ːrm インふォーム] 動詞 他
(人)に(…を)知らせる，伝える，通知する
《of ...》（◆《口語》ではふつう tell を用いる）

informal [infɔ́ːrml インふォームる]
形容詞 非公式の；形式ばらない，くだけた，くつろいだ（対義語 formal 公式の）

⁑information

[ìnfərméiʃn インふォメイシャン] 名詞
（複数 **informations** [-z]）
❶ U 情報，知識
▸useful **information** 役に立つ情報

ルール information の数え方など

1 information は数えられない名詞なので，× an information，× two informations のようには使えません．
2「1 つ[2 つ]の情報」は次のようにいいます．
▸a piece of **information**
1 つの情報
▸two pieces of **information**
2 つの情報
3 some や a lot of なども よく使われます．
▸He has **some information** about it. 彼はそのことについて何らかの情報を持っている．

❷ C（ホテル・駅などの）案内係[所]，受付
▸an **information** desk
（ホテルなどの）案内所，受付

-ing 接尾辞 ❶ 動詞の原形について「…している」という意味の現在分詞をつくる：
a laugh**ing** boy（笑っている少年）
❷ 動詞の原形について「…すること」という意味の動名詞をつくる：
sing**ing**（歌うこと）
❸ 動詞の原形について名詞をつくる：
a meet**ing**（会合）

A B C D E F G H I J K L M N O P Q R S T U V W X Y Z

ingredient [ingríːdiənt イングリーディエント] 名詞 C (料理などの)材料, 成分

inhabitant [inhǽbitənt インハぁビタント] 名詞 C 住民, 居住者; (ある地域に)生息する動物

initial [iníʃl イニシャる] (★アクセントに注意) 形容詞《名詞の前に用いて》最初の; 語頭の
—名詞 C 頭(かしら)文字; 《ふつう **initials** で》イニシャル, (姓名(せいめい)の)頭文字

initiative [iníʃətiv イニシャティヴ] 名詞 U《ふつう **the initiative** で》主導権, イニシアチブ; 率先(そっせん)(して行う能力)

injection [indʒékʃn インヂェクシャン] 名詞 C U 注射(同義語 shot); C 注射液

◆injure [índʒər インヂャ] 動詞 (三単現 **injures** [-z]; 過去・過分 **injured** [-d]; 現分 **injuring**)
他 …にけがをさせる, …を傷つける; (感情など)を害する(同義語 hurt)
▸He was seriously **injured** in the accident.
彼はその事故で大けがをした.

くらべよう **injure, hurt, wound**
injure:「事故などでけがをさせる」という意味で用います.
hurt: injure より程度が軽い場合に用います.
wound: ふつう「武器で相手を傷つける」という意味で用います.

injured [índʒərd インヂャド] 動詞 injure(…にけがをさせる)の過去形・過去分詞
—形容詞 けがをした; (感情などを)傷つけられた

injury [índʒəri インヂュリ] 名詞 (複数 **injuries** [-z]) C U 負傷, けが; 損害

injustice [indʒʌ́stis インヂャスティス] 名詞 U 不正, 不公平(対義語 justice 正義); C 不正[不公平]な行為(こうい)

ink [íŋk インク] 名詞 U インク
▸write in red **ink**
赤インクで書く

inland 形容詞 [ínlənd インらンド]《名詞の前で用いて》内陸の, 奥地(おくち)の
—副詞 [ínlæ̀nd インらぁンド] 内陸に[へ], 奥地に[へ]

inn [ín イン] 名詞 C 宿屋, (小さな)旅館(◆1階で飲食し, 2階に泊(と)まることができる安価な宿); 居酒屋

inner [ínər イナ] 形容詞《名詞の前に用いて》内部の, 内側の(対義語 outer 外側の)

inning [íniŋ イニング] 名詞 C【野球】回, イニング
▸the top [bottom] of the seventh inning 7回の表[裏]

innocence [ínəsns イノセンス] 名詞
❶ U 無邪気(むじゃき), 純粋(じゅんすい); 無知
❷ U 無罪, 潔白(対義語 guilt 有罪)

innocent [ínəsnt イノセント] 形容詞
❶ 無邪気(むじゃき)な, 純粋(じゅんすい)な; 無知な
❷ (…について)無罪の; (罪を)犯(おか)していない《of ...》(対義語 guilty 有罪の)

innovation [ìnəvéiʃn イノヴェイシャン] 名詞 ❶ C 新しいもの, 新機軸(しんきじく)
❷ U 刷新, 革新, 新しいものの導入

input [ínpùt インプット] 名詞 U C (コンピューター・電気などの)入力, インプット(対義語 output 出力)

inquire [inkwáiər インクワイア] 動詞 (三単現 **inquires** [-z]; 過去・過分 **inquired** [-d]; 現分 **inquiring**)
他 …をたずねる, 問い合わせる(◆ ask よりかたい語)

inquiry [inkwáiri インクワイリ] 名詞 (複数 **inquiries** [-z])
C U 問い合わせ, 質問; 調査

insect [ínsekt インセクト] 名詞
❶ C (アリ・バッタ・トンボなどの)昆虫(こんちゅう)
➡ **worm** 図
❷ C (クモ・ミミズなどをふくめた)虫

insert [insə́ːrt インサ〜ト] 動詞 他 (…に) …を挿入(そうにゅう)する, はさむ《in [into] ...》

◆inside [ìnsáid インサイド, ínsàid インサイド]
—名詞 (複数 **insides** [ìnsáidz インサイヅ]) C《ふつう **the inside** で》**内側**, 内部(対義語 outside 外側)
▸**the inside** of the house 家の内部
ínside óut 裏返しで[に]
▸wear a T-shirt **inside out**
Tシャツを裏返しに着ている
—形容詞《名詞の前に用いて》内側の, 内部の; 屋内の
▸an **inside** pocket 内ポケット
—副詞 内側に, 内部に
▸Let's go **inside**. 中に入りましょう.
—前置詞 …の中に, 内部に
(◆ in よりも「内部」が強調される)

insight [ínsàit インサイト] 名詞 U C (…に対する)洞察(どうさつ)(力); 理解《into ...》

a b c d e f g h i j k l m n o p q r s t u v w x y z

insist [insíst インスィスト] 動詞
他 …だと主張する, 言い張る; …だと要求する《that 節》
▸I **insisted that** I was right.
わたしは自分が正しいと主張した.
——自 (…を)主張する; (…を)要求する《on [upon] ...》
▸He **insisted on** taking a taxi.
彼はタクシーに乗ると言い張った.

inspect [inspékt インスペクト] 動詞 他
…を詳(くわ)しく調べる, 検査する, 視察する

inspection [inspékʃn インスペクシャン] 名詞 ❶ U C 詳(くわ)しい調査, 検査
❷ U C 視察; 検閲(けんえつ)

inspector [inspéktər インスペクタ] 名詞
❶ C 調査員, 検査官, 検閲(けんえつ)者
❷ C 《米》警視; 《英》警部(補)

inspiration [ìnspəréiʃn インスピレイシャン] 名詞 U 霊感(れいかん), インスピレーション; C すばらしい思いつき; C U (…に)霊感をあたえる人[もの]《for ...》

inspire [inspáiər インスパイア] 動詞
(三単現 **inspires** [-z]; 過去・過分 **inspired** [-d]; 現分 **inspiring**)
他 (…するように)(人)を元気づける, 激励(げきれい)する《to ...》; (感情など)を(人に)抱(いだ)かせる《in ...》; …に霊感(れいかん)をあたえる

install [instɔ́:l インストール] 動詞 他
❶ (装置など)を取りつける, 設置する
❷ 【コンピューター】(ソフトウエア)を組みこむ, インストールする

instance [ínstəns インスタンス] 名詞
C 例, 実例; 場合
for ínstance
例えば (同義語 for example)
▸Some Japanese sports, judo **for instance**, are popular all over the world. 日本のスポーツの中には, 例えば柔道(じゅうどう)のように, 世界じゅうで人気のあるものがある.

instant [ínstənt インスタント] 形容詞
即座(そくざ)の, 緊急(きんきゅう)の; (食べ物が)即席の
▸**instant** food インスタント食品
——名詞 C 瞬間(しゅんかん) (同義語 moment)
▸for an **instant** 一瞬(の間)
▸in an **instant** 直ちに, たちまち

instantly [ínstəntli インスタントリ] 副詞
直ちに, すぐに, 即座(そくざ)に

***instead** [instéd インステッド] 副詞
その代わりに, そうではなく
▸I'm very busy, so I'll send Jim **instead**. わたしはとても忙(いそが)しいので, 代わりにジムを行かせます.
instéad of ... …の代わりに, …しないで
▸I'll have tea **instead of** coffee.
わたしはコーヒーの代わりに紅茶を飲もう.

instinct [ínstiŋkt インスティンクト] (★アクセントに注意) 名詞
C U 本能; 天性, 生まれながらの才能

instinctive [instíŋktiv インスティンクティヴ] 形容詞 本能の, 本能的な; 直感的な

institute [ínstitjù:t インスティテュート] (★アクセントに注意) 名詞 C 学会, 協会; 研究所; (理工系の)専門学校, 大学

institution [ìnstitjú:ʃn インスティテューシャン] 名詞 ❶ C (学校・病院・図書館などの)公共機関, 公共施設(しせつ); 協会, 団体
❷ C 慣習, 制度
❸ U 設立, 制定

instruct [instrʌ́kt インストゥラクト] 動詞
他 ❶ (人)に(…を)教える《in ...》
(♦《口語》ではふつう teach を用いる)
▸Ms. Baker **instructs** us **in** English.
ベーカー先生がわたしたちに英語を教えている.
❷《**instruct** ＋人＋ **to** ＋**動詞の原形**で》(人)に…するよう指示する, 命令する

instruction [instrʌ́kʃn インストゥラクシャン] 名詞 ❶ U 教えること, 教育
❷ C 《ふつう **instructions** で》指示, 命令; 《**instructions** で》使用説明, 説明書, マニュアル

instructor [instrʌ́ktər インストゥラクタ] 名詞 C 指導者, 教官; 《米》(大学の)講師

instrument [ínstrəmənt インストゥルメント] 名詞 ❶ C 道具, 器具, 器械
➡ **tool** くらべよう
❷ C 楽器(＝ musical instrument)

insult (★動詞・名詞のアクセントのちがいに注意) 動詞 [insʌ́lt インサるト]
他 …を侮辱(ぶじょく)する, 恥(は)ずかしめる
——名詞 [ínsʌlt インサるト] C 侮辱

insurance [inʃúərəns インシュ(ア)ランス] 名詞 U 保険; 保険金; 保険料

insure [inʃúər インシュア] 動詞 (三単現 **insures** [-z]; 過去・過分 **insured** [-d]; 現分 **insuring**)
他 (…に備えて)(人・財産など)に保険をかける《against ...》

intellectual [ìntəléktʃuəl インテレクチュアル] 形容詞 知性の; 知的な, 理知的な
——名詞 C 知識人, インテリ(♦軽べつ的な意味がふくまれることもある)

intelligence [intélidʒəns インテリヂェンス] 名詞 ❶ U 知能, 理解力
▸artificial **intelligence** 人工知能
❷ U (主に敵国についての) 情報; 情報機関, 諜報(ちょうほう)部

intelligent [intélidʒənt インテリヂェント] 形容詞 (人・動物が)知能の高い, 頭のよい, 理解力のある(同義語 smart)
▸an **intelligent** child 賢(かしこ)い子供

intend [inténd インテンド] 動詞 他
❶《**intend to +動詞の原形で**》
…するつもりだ(♦《口語》ではふつう「be going to +動詞の原形」を用いる)
▸I **intend to** be a doctor in the future. 将来, 医者になるつもりだ.
❷《**be intended for ... で**》
…向けである
▸This picture book **is intended for** children. この絵本は子供向けだ.

intention [inténʃn インテンシャン] 名詞 C U 意図, 意向, 目的

interactive [intərǽktiv インタあクティヴ] 形容詞 ❶ 相互(そうご)に作用し合っている
❷【コンピューター】(コンピューターシステムが)対話型の;【通信】双(そう)方向の(♦テレビ放送などで, 受信者側からも情報を発信することができる方式)

interchange [íntərtʃèindʒ インタチェインヂ] 名詞
❶ C インターチェンジ
(♦自動車専用道路の立体式交差点)
❷ C U 交換(こうかん), 交代

interdependent [ìntərdipéndənt インタディペンデント] 形容詞
相互に依存している

⁺interest

[íntərəst インタレスト] (★アクセントに注意)
——名詞 (複数 **interests** [íntərəsts インタレスツ])
❶ U《または **an interest** で》(…への)**興味**, **関心**《in ...》; C 関心のあること[もの], 趣味(しゅみ)
▸show [lose] **interest**
興味を示す[失う]
▸I have [take] **a great interest in** cars. わたしは車にとても興味がある.
❷ C《しばしば **interests** で》利益
❸ U 利子, 利息
——動詞 (三単現 **interests** [íntərəsts インタレスツ]; 過去・過分 **interested** [-id]; 現分 **interesting**)
他 (人)に興味[関心]をもたせる
▸Her works **interest** me a lot.
わたしは彼女の作品にとても興味がある.

⁑interested

[íntərəstid インタレスティッド]
(★アクセントに注意) 形容詞
(比較 **more interested**;
最上 **most interested**)
興味をもっている, 関心のある;
《**be interested in ...** で》
…に興味がある
▸Alex **is interested in** Japanese culture. アレックスは日本の文化に興味をもっている.

参考 **「人」が主語なら interested**

1 主語に「人」がきて, 「興味をもっている」という意味を表すときには **interested** を用います.
▸I am **interested** in science.
わたしは科学に興味がある.
2 主語に「物事」がきて, 「興味深い」という意味を表すときには **interesting** を用います.
▸Science is **interesting** to me.
科学はわたしにとって興味深い.

⁑interesting

[íntərəstiŋ インタレスティング]
(★アクセントに注意) 形容詞
(比較 **more interesting**;
最上 **most interesting**)
おもしろい, **興味深い**
➡ **interested** 参考

くらべよう **「おもしろい」を表す英語**

interesting: 人に興味や関心を起こさせる, という意味です.
amusing: 人を楽しませるような, 愉快(ゆかい)な, という意味です.
funny: 風変わりで, こっけいな, という意味です.

▸That's an **interesting** idea.
それはおもしろい考えだ.
▸Her stories are **interesting** to [for] me. 彼女の話はおもしろい.

interfere [ìntərfíər インタふィア] 動詞
(三単現 **interferes** [-z]; 過去・過分 **interfered** [-d]; 現分 **interfering**)
自 (…に)干渉(かんしょう)する, 口出しする《in ...》; (…の)じゃまをする《with ...》
▸Don't **interfere in** our lives.
わたしたちの生活に干渉しないでくれ.

interior [intíriər インティリア] 形容詞
《名詞の前に用いて》内部の, 内側の; 屋内の; 内陸の(対義語 exterior 外の)
▸**interior** design 室内装飾(そうしょく)
――名詞 C 内部, 内側; 《**the interior** で》内陸, 奥地(おくち)

internal [intə́ːrnl インタ～ヌる] 形容詞
❶ 内部の(対義語 external 外部の)
▸**internal** organs 内臓
❷ 国内の, 内政の(対義語 foreign 外国の)

◆international
[ìntərnǽʃənl インタナぁショヌる] 形容詞
(比較 **more international**; 最上 **most international**)
国際的な, 国家間の
(対義語 domestic 国内の)
▸**international** trade 国際貿易
▸English is an **international** language. 英語は国際語だ.

International Date Line
[íntərnæ̀ʃənl déit làin インタナぁショヌる デイト らイン] 名詞《**the International Date Line** で》日付変更(へんこう)線
(◆単に date line ともいう)

⁑Internet, internet
[íntərnèt インタネット] 名詞
《**the Internet** で》**インターネット**
(◆ the Net ともいう)
▸find information on **the Internet**
インターネットで情報を見つける

interpret [intə́ːrprit インタ～プリット]
(★アクセントに注意) 動詞 他
❶ (ことば)を通訳する
▸I **interpreted** her speech into Japanese.
わたしは彼女のスピーチを日本語に通訳した.
❷ …を(…と)解釈(かいしゃく)する, 理解する《as ...》
――自 (…のために)通訳する《for ...》

interpreter [intə́ːrpritər インタ～プリタ]
名詞 C 通訳者; 解説者

interrupt [ìntərʌ́pt インタラプト] 動詞
他 (人)のじゃまをする; (仕事・話など)をさえぎる, 中断する
▸I'm sorry to **interrupt** you, but I have a question. お話し中失礼いたしますが, 1つ質問があります.

interruption [ìntərʌ́pʃn インタラプシャン] 名詞
❶ U じゃま; 中断
❷ C じゃま物, 妨害(ぼうがい)物

intersection [ìntərsékʃn インタセクシャン] 名詞 C 交差点; U 交差, 横断

interval [íntərvl インタヴる] (★アクセントに注意) 名詞 C (時間・場所の)間隔(かんかく), 合い間
at íntervals 時々; あちこちに, 所々に

◆interview
[íntərvjùː インタヴュー] 名詞
C **インタビュー**; 取材, (公式の)会見; 面接(試験), 面談
▸a job **interview** 就職の面接
▸I had an **interview** with my teacher today.
今日, 先生との面談があった.
――動詞 他 (人)にインタビューする; (人)と会見する, (人)を面接する

interviewee [ìntərvjuːíː インタヴューイー] (★アクセントに注意) 名詞
C インタビュー [面接]を受ける人

interviewer [íntərvjùːər インタヴューア]
名詞 C 面接官; インタビューする人

intimate [íntəmit インティメット] (★アクセントに注意) 形容詞 親しい, 親密な; 個人的な, 私的な; (物事に)詳(くわ)しい

⁑into [íntuː イントゥー; (弱く言うとき) intu イントゥ] 前置詞
❶ 〔運動・方向〕**…の中へ[に]**
(対義語 out of 外へ)
▸She went **into** the classroom.
彼女は教室に入っていった.
▸He looked **into** the hole.
彼はその穴の中をのぞきこんだ.
▸I don't want to get **into** trouble.
わたしはトラブルに巻きこまれたくない.

> くらべよう **into と in**
> **into**: 外から中への「運動」を表します.
> **in**: 中にあるという「静止状態」を表します.

ただし，in を into の代わりに使う場合もあります．
▸Put this book **in** [**into**] the bag.
この本をかばんに入れなさい．

❷〔質の変化〕…に(なる)
▸The rain changed **into** snow.
雨が雪に変わった．
▸Put this English **into** Japanese.
この英語を日本語に訳しなさい．

intonation [intənéiʃn イントネイシャン] 名詞 U C (声の) 抑揚(よくよう)，イントネーション

⁑introduce
[intrədjúːs イントゥロデュース] 動詞
(三単現 **introduces** [-iz];
過去・過分 **introduced** [-t];
現分 **introducing**) 他
❶《**introduce** ＋**人**(＋ **to** ＋**人**)で》
(**人**)**を**(**人に**)**紹介**(しょうかい)**する**
▸May I **introduce** myself?
自己紹介をしてもよろしいですか？
▸Alex, let me **introduce** you **to** my big sister, Emi. アレックス，きみをぼくの姉の絵美に紹介させてほしい．

文化 紹介のエチケット
人を紹介するときは，年上の人に年下の人を，また女性に男性を先に紹介するのが基本的なエチケットです．
また，名前を紹介するときには，This is …．(こちらは…です)と言います．自己紹介をするときは Mr. や Ms. はつけず，“I'm Ito Kota.”のように言います．
➡ **name** 参考

❷ (もの)を(…に)導入する，伝える，取り入れる《into [to] …》

introduction [intrədʌ́kʃn イントゥロダクシャン] 名詞
❶ C U《しばしば **introductions** で》(…への)紹介(しょうかい)《to …》
❷ U (…への)導入，伝来《into [to] …》
❸ C (本などの)序文，序論；入門書《to …》

Inuit [ínjuːit イニューイット] 名詞 (複数 **Inuit** または **Inuits** [ínjuːits イニューイッツ]) C イヌイット族(の一人)(◆北アメリカ北部に住む先住民；Eskimo「エスキモー（「生肉を食べる人」が原義）」は差別的な呼び名なので，Inuit(「人間」が原義)を使うことが多い)；U イヌイット語

invade [invéid インヴェイド] 動詞
(三単現 **invades** [invéidz インヴェイヅ];
過去・過分 **invaded** [-id];
現分 **invading**) 他 …に侵入(しんにゅう)する，攻(せ)め入る，侵略する；(権利など)を侵(おか)す

invader [invéidər インヴェイダ] 名詞
C 侵略(しんりゃく)者[国]，侵入者

invasion [invéiʒn インヴェイジャン] 名詞
U C 侵略(しんりゃく)，侵入；押(お)し寄せること；(権利などの)侵害

invent [invént インヴェント] 動詞
他 …を発明する，考案する
▸Who **invented** the computer?
だれがコンピューターを発明したの？

invention [invénʃn インヴェンシャン] 名詞
U 発明；C 発明品
▸ことわざ Necessity is the mother of **invention**. 必要は発明の母．

inventor [invéntər インヴェンタ] 名詞
C 発明者；発明家

invest [invést インヴェスト] 動詞
他 (金)を(…に)投資する；(時間など)を(…に)使う《in …》
—自 (…に)投資する《in …》

investigate [invéstigèit インヴェスティゲイト] 動詞 (三単現 **investigates** [invéstigèits インヴェスティゲイツ];
過去・過分 **investigated** [-id];
現分 **investigating**)
他 …を調べる，調査する；…を捜査(そうさ)する

investigation [invèstigéiʃn インヴェスティゲイシャン] 名詞
U C 調査，研究，捜査(そうさ)

investment [invéstmənt インヴェストメント] 名詞 U 投資，出資；C 投資額

invisible [invízəbl インヴィズィブる]
形容詞 目に見えない
(対義語 visible 目に見える)

invitation [invitéiʃn インヴィテイシャン]
名詞 U (…への)招待《to …》；C U 勧誘(かんゆう)；C 招待状

▸accept an **invitation**
招待に応じる
▸Thank you for your **invitation**.
ご招待ありがとうございます.

⁑invite [inváit インヴァイト] 動詞
(三単現 **invites** [inváits インヴァイツ]; 過去・過分 **invited** [-id]; 現分 **inviting**)
他 ❶ (人)を招待する, 招く;《**invite** + 人 + **to** + 名詞で》(人)を…に招待する
▸He **invited** Ann **to** the party.
彼はアンをパーティーに招待した.
❷ (意見・寄付など)を(ていねいに)求める;《**invite** + 人 + **to** + 動詞の原形で》(人)に…するようにたのむ[すすめる]
▸I **invited** him **to** stay for dinner.
わたしは彼に, 夕食までいるようにすすめた.

invited [inváitid インヴァイティッド] 動詞
invite(…を招待する)の過去形・過去分詞

inviting [inváitiŋ インヴァイティング] 動詞 invite(…を招待する)の現在分詞・動名詞

involve [invάlv インヴァるヴ] 動詞 (三単現 **involves** [-z]; 過去・過分 **involved** [-d]; 現分 **involving**) 他
❶ (事件・犯罪などに)(人)を巻きこむ《in ...》
▸I was **involved in** the accident.
わたしはその事故に巻きこまれた.
❷ (必然的に)…をふくむ, ともなう

inward [ínwərd インワド] 形容詞
《名詞の前に用いて》内部の, 内側(へ)の
(対義語 outward 外部の)
—副詞 内部へ[に], 内側へ[に]

inwards [ínwərdz インワヅ] 副詞
《英》= inward(内部へ)

-ion 接尾辞 「…の状態」「動作」「結果」などの意味の名詞をつくる: create(…を創造する)+ -ion → creation(創造)

Iowa [áiəwə アイオワ] 名詞 アイオワ州
(♦アメリカ中西部の州; Ia. または【郵便】で IA と略す)

iPS cell [áipì:és sèl アイピーエス せる]
名詞 C iPS 細胞, 人工多能性幹細胞
(♦皮膚細胞などからつくる万能細胞; iPS は *i*nduced *p*luripotent *s*tem の略)

IQ [áikjú: アイキュー] 知能指数
(♦ *i*ntelligence *q*uotient [kwóuʃnt クウォウシェント]の略) ➡ **intelligence**

Iran [irǽn イラぁン] 名詞 イラン(♦西アジアの国; 首都はテヘラン Teh(e)ran)

Iraq [irǽk イラぁク] 名詞 イラク(♦西アジアの国; 首都はバグダッド Bag(h)dad)

Ireland [áiərlənd アイアランド] 名詞
❶ アイルランド島(♦ヨーロッパ北西部, グレートブリテン島の西の島; その北部 Northern Ireland「北アイルランド」はイギリスの一部) ➡ **England** 図, 参考
❷ アイルランド
(♦アイルランド島の大部分を占(し)める国; 首都はダブリン Dublin)

iris [áiris アイリス] 名詞 (複数 **irises** [-iz])
❶ C【植物】アイリス
(♦アヤメ科の多年草)
❷ C (眼球の光の量を調整する)虹彩(こうさい)
➡ **eye** 図

Irish [áiriʃ アイリッシ] 形容詞
アイルランドの; アイルランド人[語]の
—名詞 U アイルランド語;《**the Irish** で複数あつかい》アイルランド人(全体)

⁂iron [áiərn アイアン] (★発音に注意)
—名詞 (複数 **irons** [-z])
❶ U【化学】鉄(♦元素記号は Fe)
❷ C アイロン
—形容詞 (比較 **more iron**; 最上 **most iron**)《名詞の前に用いて》鉄の, 鉄製の; (鉄のように)強固な
—動詞 (三単現 **irons** [-z]; 過去・過分 **ironed** [-d]; 現分 **ironing**)
他 (衣服)にアイロンをかける ➡ **press**

irony [áirəni アイロニ] 名詞 (複数 **ironies** [-z]) U 皮肉, 反語; C U 皮肉な結果

irregular [irégjələr イレギュら] 形容詞
不規則な; ふぞろいの; だらしのない; 不法な(対義語 regular 規則的な)

irritate [íritèit イリテイト] 動詞 (三単現 **irritates** [íritèits イリテイツ]; 過去・過分 **irritated** [-id]; 現分 **irritating**) 他
❶ …をいらいらさせる, 怒(おこ)らせる
❷ (皮膚(ひふ)など)をひりひり[ちくちく]させる, 刺激(しげき)する

⁑is [íz イズ; (弱く言うとき)s ス, z ズ, iz イズ]
—動詞 (過去 **was** [wάz ワズ; (弱く言うとき)wəz ワズ]; 過分 **been** [bín ビン]; 現分 **being** [bí:iŋ ビーイング])
(♦ be の現在形の一つ; 主語が he, she, it または名詞の単数形のときに用いる; ➡ **be**) 自

ルール **is の短縮形**

1 《口語》ではふつう he is → **he's**, she is → **she's**, it is → **it's** のように短縮します.
2 ただし, Yes, he is. のように is が文の最後にくるときは短縮しません.
3 is not を短縮させるときは **isn't** とします.

❶〘状態・性質〙…です, …だ
▸My mother **is** a doctor.
わたしの母は医者だ.

ダイアログ
A: Is this book yours?
この本はあなたのものですか?
B: Yes, it **is**. /
No, it's not. / No, it **isn't**.
はい, そうです. / いいえ, ちがいます.

❷〘存在〙(…に)**いる**, **ある**
▸This building **is** in Paris.
この建物はパリにある.

——助動詞 (過去・過分・現分 は 動詞 に同じ) ❶《**is** + **...ing** で進行形をつくる》…**している**; (はっきり決まった未来の予定を表して)…する予定だ ➡ **be**

ダイアログ
A: Who **is playing** the piano?
だれがピアノをひいているの?
B: Meg **is**. メグだよ.

▸He **is leaving** Japan soon.
彼はもうすぐ日本を去る予定だ.
❷《**is** + **他動詞の過去分詞**で受け身の形をつくる》…**される**, …されている
▸This book **is written** in English.
この本は英語で書かれている.

Islam [islɑ́ːm イスらーム, izlɑ́ːm イズらーム] 名詞 U イスラム教, 回教; イスラム教徒(全体)

Islamic [islǽmik イスらぁミック] 形容詞 イスラムの

⁺**island** [áilənd アイらンド]
(★発音に注意) 名詞
(複数 **islands** [áiləndz アイらンヅ])
C 島; 《形容詞的に》島の
▸the Japanese **Islands**
日本列島

⁑**isn't** [íznt イズント]
《口語》is not の短縮形

isolate [áisəlèit アイソれイト] 動詞
(三単現 **isolates** [áisəlèits アイソれイツ]; 過去・過分 **isolated** [-id]; 現分 **isolating**) 他 …を孤立(こりつ)させる; (患者(かんじゃ))を隔離(かくり)する

Israel [ízriəl イズリアる] 名詞 イスラエル (◆西アジアの国; 首都はエルサレム Jerusalem)

Israeli [izréili イズレイり] 形容詞
イスラエルの; イスラエル人の
——名詞 (複数 **Israelis** [-z] または **Israeli**) C イスラエル人

issue [íʃuː イシュー] 名詞
❶ U (新聞・雑誌・通貨・切手などの)発行; (法律の)発布
❷ C 出版物; (雑誌などの)…号; 発行部数
❸ C 問題(点), 論点
——動詞 (三単現 **issues** [-z]; 過去・過分 **issued** [-d]; 現分 **issuing**)
他 (新聞・雑誌・通貨・切手など)を発行する; (命令など)を出す

Istanbul [ìstænbúl イスタぁンブる] 名詞
イスタンブール(◆トルコの都市)

IT [áitíː アイティー]
【コンピューター】情報技術; 情報工学 (◆ *i*nformation *t*echnology の略)

⁑**it** [ít イット]
——代名詞〘人称代名詞の三人称単数中性の主格・目的格〙(複数主格 **they** [ðéi ゼイ]; 目的格 **them** [ðém ゼム])
❶ **それは**[**が**]; **それを**[**に**] (◆前述のもの・事柄(ことがら), 性別を問題にしないときの動植物・人, 漠然(ばくぜん)とした状況(じょうきょう)を指す; 日本語に訳さないことも多い)
➡ **one** 2つめの くらべよう, **that** くらべよう
▸He has a dog. **It** is cute.
彼はイヌを飼っている. それはかわいい.

ダイアログ
A: Is that a Canadian flag?
あれはカナダの(国)旗ですか?
B: Yes, **it** is. はい, そうです.

ダイアログ
A: What's that? それは何ですか?
B: **It**'s a calculator. 電卓(でんたく)です.

▸I will be on TV tomorrow. Can you believe **it**? 明日, わたしはテレビに出ます. 信じられますか? (◆ it は「明

A B C D E F G H I J K L M N O P Q R S T U V W X Y Z

日, わたしがテレビに出ること」を指す)

ダイアログ
A: Who is **it**?
(ドアのノック音を聞いて)どなたですか?(◆相手が見えないので, he でも she でもなく it でたずねる)
B: **It**'s me. わたしです.

▸**It**'s your turn now.
さあ, あなたの番です.(◆この it は漠然とその場の状況を指す)

参考 **it の変化形と再帰代名詞**

主格	**it**	それは[が]
所有格	**its**	それの
目的格	**it**	それを[に]
再帰代名詞	**itself**	それ自身を[に]

ルール **it の使い方**

1 it は「すでに話題になっている事柄やもの」を指すのに使います. したがって,「初めて話題にのぼるもの」を指して What is it? とは言いません. このような場合は that を用います.
▸What is **that**?
あれ[それ]は何ですか?

2 it は「前に述べたものと同一のもの」を指しますが, one は「同種類の別のもの」を指します.
▸I bought an umbrella, but I left **it** in the train.
わたしは傘(かさ)を買ったが, (買ったその傘を)電車内に置き忘れてしまった.

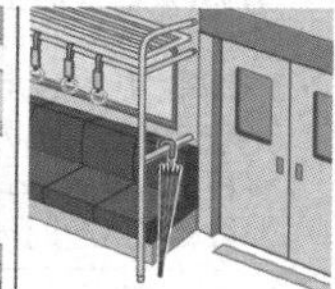

▸I lost my umbrella, so I have to buy a new **one**.
傘をなくしたので, 新しいもの(=別の傘)を買わなければならない.

❷ (◆天候・時間・距離(きょり)などを表す文の主語に用いる; 日本語には訳さない)
▸**It** is snowing. 雪が降っている.
▸Oh, **it**'s cold! ああ, 寒い!

ダイアログ
A: What time is **it**? 何時ですか?
B: **It's** ten thirty. 10時30分です.

ダイアログ
A: How far is **it** from here to your school? ここからあなたの学校までどのくらいの距離ですか?
B: **It**'s about a mile.
約1マイルです.

❸《**it is 〜 to +動詞の原形** [**...ing, that 節**]で》…する[—という]ことは〜だ(◆仮の主語として, あとにくる不定詞(to +動詞の原形), 動名詞(...ing), that 節, wh- 節などの内容を表す; 日本語には訳さない)
▸**It is** a good idea **to** visit her.
彼女を訪問するというのはいい考えだ.
▸**It is** easy (for me) **to** use this software. このソフトを使うのは(わたしには)簡単だ.
▸**It is** no use **crying**.
泣いてもむだだ.
▸**It is** true **that** I passed the exam.
わたしがその試験に受かったというのは本当だ.

参考 **仮の主語 it への書き換(か)え**

主語が不定詞(to +動詞の原形)や動名詞(...ing)の文は, 仮の主語 it で始まる文に書き換えることができます.
▸**To** play tennis is fun.
▸**Playing** tennis is fun.
⬇
▸**It** is fun **to** play tennis.
(it の表す内容)
テニスをするのは楽しい.
英語には主語が長くなるのを避(さ)ける傾向(けいこう)があるので, ふつうは仮の主語 it を用いて, 不定詞を後ろに置いた文にします.

❹ (◆仮の目的語として, あとにくる不定詞(to +動詞の原形), 動名詞(...ing), that 節, wh- 節などの内容を表す; 日本語には訳さない)
▸I found **it** difficult **to** solve the

problem. その問題を解決するのは難しい，ということがわかった.

❺《**it is ... that 節**[**wh- 節**]で》
～のは…だ
(◆「...」の部分を強調する言い方)
▸**It was** Jim **that** made this cake. このケーキを作ったのは(ほかでもない)ジムだ.(◆ Jim made this cake. の Jim を強調)
▸**It was** yesterday **that** Ann came here. アンがここに来たのは(ほかでもない)昨日だ.(◆ Ann came here yesterday. の yesterday を強調)

Thát's ít. それだ；これでおしまいだ.
➡ **that**

—名詞 U (鬼(おに)ごっこの)鬼
➡ **hide-and-(go-)seek** おもしろ知識

Italian [itǽljən イタぁりャン] 形容詞
イタリアの；イタリア人の；イタリア語の
—名詞 ❶ C イタリア人；
《**the Italians** で》イタリア人(全体)
❷ U イタリア語

italic [itǽlik イタぁリック] 名詞
C《ふつう **italics** で》イタリック体
(◆ *italic* のような斜体(しゃたい)の文字；強調したい語句や書名などに用いる)
—形容詞 イタリック体の，斜体の

Italy [ítəli イタリ](★アクセントに注意)
名詞 イタリア(◆南ヨーロッパの国；首都はローマ Rome)

itch [ítʃ イッチ] 動詞 (三単現 **itches** [-iz]；過去・過分 **itched** [-t]；
現分 **itching**) 自 かゆい，むずむずする
—名詞 (複数 **itches** [-iz])
U C かゆみ，かゆいこと

itchy [ítʃi イチィ] 形容詞
(比較 **itchier**；最上 **itchiest**)
かゆい；(セーターなどが)ちくちくする

:it'd [ítəd イトゥド]
《口語》it would, it had の短縮形

item [áitəm アイテム] 名詞 (複数 **items** [-z]) ❶ C 項目(こうもく)，品目
❷ C (新聞・雑誌などの)記事

:it'll [ítl イトゥる]
《口語》it will の短縮形

:its [íts イッツ] 代名詞〖人称代名詞の三人称単数中性 it の所有格〗
(複数 **their** [ðéər ぜア])
それの，その(◆日本語に訳さないことが多い) ➡ **it** 1つめの 参考
▸I have a bike. **Its** color is blue.
わたしは自転車を持っている. 色は青だ.

:it's [íts イッツ]
《口語》it is, it has の短縮形

:itself [itsélf イトセるふ] 代名詞
〖人称代名詞の三人称単数中性 it の再帰代名詞〗(複数 **themselves** [ðəmsélvz ぜムセるヴズ])
❶《動詞・前置詞の目的語となって》
それ自身を[**に**]，それ自体を[に]
➡ **it** 1つめの 参考
▸ことわざ History repeats **itself**.
歴史は繰(く)り返す.
❷《it の意味を強調して》
それ自身，それ自体(◆強く発音する)
▸The problem **itself** is not so difficult.
その問題自体はそんなに難しくない.

by itsélf
① 単独で，ほかとはなれて
② ひとりでに，自然に，自動的に

in itsélf それ自体は，本来は

IUCN [áijúːsíːèn アイユースィーエン] 名詞
国際自然保護連合(◆1948年設立；*I*nternational *U*nion for *C*onservation of *N*ature の略)

:I've [áiv アイヴ]
《口語》I have の短縮形

ivory [áivəri アイヴォリ] 名詞
(複数 **ivories** [-z]) U ぞうげ；ぞうげ色；
C《しばしば **ivories** で》ぞうげ製品

ivy [áivi アイヴィ] 名詞
U C【植物】ツタ；(一般に)ツル植物

Ivy League [áivi líːg アイヴィ リーグ]
名詞《**the Ivy League** で》アイビーリーグ(◆アメリカ東部の名門私立8大学からなるグループ)

A B C D E F G H I **J** K L M N O P Q R S T U V W X Y Z

Jj

Q 小文字の日本？➡ japan をひいてみよう！

J, j [dʒéi ヂェイ] 名詞 (複数 **J's, j's** または **Js, js** [-z]) C U ジェイ (♦アルファベットの10番めの文字)

jack [dʒǽk ヂァック] 名詞
❶ C ジャッキ, 起重機
❷ C (トランプの)ジャック
❸ C (電気機器の)ジャック, 差しこみ口

jacket [dʒǽkit ヂァケット] 名詞
❶ C ジャケット, ジャンパー, (丈(たけ)の短い)上着(♦丈の長い上着は coat)
➡ **coat** くらべよう
❷ C (本の) カバー (♦英語の cover は「本の表紙」を意味する); 《米》(レコード・CDの)ジャケット

jacket ❶　jacket ❷

jack-in-the-box [dʒǽkinðəbɑ̀ks ヂァックインざバックス] 名詞
(複数 **jack-in-the-boxes** [-iz]または **jacks-in-the-box** [dʒǽks- ヂァックス-])
C びっくり箱

jack-o'-lantern [dʒǽkəlæ̀ntərn ヂァカらァンタン] 名詞 C カボチャちょうちん

(♦ハロウィーン(Halloween)のときにカボチャの中身をくり抜(ぬ)いて作る大きなちょうちん) ➡ **Halloween** 文化

jaguar [dʒǽgwɑːr ヂァグワー] 名詞
C 【動物】ジャガー(♦中南米産のヒョウに似たネコ科の動物)

jail [dʒéil ヂェイる] 名詞 C U 刑務(けいむ)所; 拘置(こうち)所(♦《英》では同じ発音で gaol ともつづる; 同義語 prison)

Jakarta [dʒəkɑ́ːrtə ヂャカータ] 名詞
ジャカルタ(♦インドネシアの首都)

jam[1] [dʒǽm ヂァム] 名詞
U (果実で作った)ジャム ➡ **preserve**
▸spread strawberry **jam** on bread
パンにイチゴジャムを塗(ぬ)る

jam[2] [dʒǽm ヂァム] 動詞
(三単現 **jams** [-z]; 過去・過分 **jammed** [-d]; 現分 **jamming**)
他 …を(…に)押(お)しこむ《into ...》; (人・車などが)(場所)をふさぐ;
《**be jammed** で》(場所などが)(…で)ぎっしりである, いっぱいである《with ...》
――名詞 ❶ C 詰(つ)まること; 混雑(すること), 渋滞(じゅうたい)
▸a traffic **jam**　交通渋滞
❷ C 《口語》苦境, ピンチ

Jamaica [dʒəméikə ヂャメイカ] 名詞
ジャマイカ
(♦英連邦(れんぽう)に属する西インド諸島の国; 首都はキングストン Kingston)

Jan. [dʒǽnjuèri ヂァニュエリ] 1月
(♦ *Jan*uary の略)

janitor [dʒǽnitər ヂァニタ] 名詞
C 《主に米》(ビルなどの)管理人; (学校の)用務員(♦《英》caretaker [kéərtèikər ケアテイカ])

⁝January

[dʒǽnjuèri ヂァニュエリ] 名詞
1月(♦ Jan. と略す) ➡ **month** 参考
▸It's **January** 1. (=It's **January** the first., It's the first of

January.) 今日は1月1日だ.
(◆ January 1 は January (the) first と読む)
▸We have a music festival in **January**. 1月に音楽祭がある.
▸I was born on **January** 10, 2005. わたしは2005年の1月10日に生まれた.(◆January 10 は January (the) tenth と読む)

ルール January などの月名の使い方

1「…月に」と言う場合は前置詞の in をつけますが,「…月～日に」と日付について言う場合は前置詞 on をつけます.
▸in **January** 1月に
▸on **January** 2 1月2日に
2 this, last, next, every などが前につく場合, 前置詞はつけません.
▸this **January** この1月に
▸last **January** この前の1月に
▸next **January** 今度の1月に
▸every **January** 毎年1月に
3 ほかの月名の使い方も January と同様です.

⁑Japan
[dʒəpǽn ヂャパぁン] 名詞
日本(◆ Jpn. と略す)
▸**Japan** is an island country. 日本は島国だ.
▸You can find cherry blossoms all over **Japan**. 桜の花は日本じゅうどこでも見ることができる.

japan [dʒəpǽn ヂャパぁン] 名詞
U 漆(うるし); C 漆器(しっき)

⁑Japanese
[dʒæ̀pəníːz ヂぁパニーズ]
──形容詞 **日本の**; 日本人の; 日本語の
▸a **Japanese** lantern ちょうちん
▸**Japanese** culture 日本文化
▸I'm **Japanese**. わたしは日本人です.

参考 国籍(こくせき)の言い方

1「わたしは日本人です」と言うとき, 次の2つの表現が可能です.
▸a) I'm **Japanese**.
▸b) I'm a **Japanese**.
a)の Japanese は形容詞で, b)の Japanese は名詞です. どちらも正しい英語ですが, a)のほうが一般的です.
2 書類などの Nationality(国籍)の欄(らん)には, Japanese と書きます.

──名詞 (複数 **Japanese:** 単複同形)
❶ C **日本人**;《**the Japanese** で複数あつかい》日本人(全体)
▸Many **Japanese** travel abroad. 多くの日本人が海外旅行をする.
❷ U **日本語**

ダイアログ
A: Do you speak **Japanese**? あなたは日本語を話しますか?
B: Yes, a little. ええ, 少し.

▸make a speech in **Japanese** 日本語でスピーチをする

Japanese-American
[dʒæ̀pəniːzəmérikən ヂぁパニーズアメリカン] 形容詞 日系アメリカ人の; 日米(間)の
──名詞 C 日系アメリカ人

jar [dʒɑ́ːr ヂャー] 名詞 C びん, つぼ(◆ガラス, 陶器(とうき), プラスチックなどの口の広い円柱形の容器; 日本語のジャー(魔法(まほう)びんや炊飯(すいはん)器)の意味はない)

▸a jam **jar** ジャムのびん

jaw [dʒɔ́ː ヂョー] 名詞 C あご(◆「あごの先端(せんたん)」は chin);《**jaws** で》(上下のあごと歯をふくめた)口部 ➡ **head** 図
▸the upper [lower] **jaw** 上[下]あご

jazz [dʒǽz ヂぁズ] 名詞 U【音楽】ジャズ

文化 ジャズの歴史

19世紀から20世紀にかけて, 米国ルイジアナ州ニューオーリンズで生まれました. 港町のニューオーリンズには, 世界のさまざまな文化が集まり, 音楽文化も混在していました. 讃美(さんび)歌, 民謡(みんよう), ブルースなどが融合(ゆうごう)して生まれたのがジャズです.

A B C D E F G H I J K L M N O P Q R S T U V W X Y Z

jealous [dʒéləs チェらス] 形容詞
(…を)ねたんでいる, しっとしている《of ...》; しっと深い
▸He is **jealous of** Tom's success. 彼はトムの成功をねたんでいる.

jealousy [dʒéləsi チェらスィ] 名詞
(複数 **jealousies** [-z]) U しっと, ねたみ; C しっと[ねたみ]から出た言動

jeans [dʒíːnz ヂーンズ] 名詞《複数あつかいで》ジーンズ, ジーパン (♦ blue jeans ともいう; ×「ジーパン」は jeans と pants(ズボン)を組み合わせた和製英語)

文化 ジーンズの歴史

ジーンズ(jeans)ということばは, 北イタリアの町ジェノバ(Genoa [dʒénouə ヂェノウア])の水夫たち(Genoese [dʒenouíːz ヂェノウイーズ])が厚くじょうぶな生地(きじ)でできた服を着用していたことからきているとされています.
米国でも, 古くからインディゴで染めた厚手の綿布がテントや労働着に使われていました. 1850 年代のゴールドラッシュに沸(わ)く西海岸で綿布などの卸売(おろしうり)をしていたリーバイ・ストラウス(Levi Strauss [líːvai stráus リーヴァイストラウス])は, 客の一人から綿布で作った作業ズボンをリベットで補強するというアイディアを持ちこまれました.
この特許を得て作られたものが最初のジーンズであるリーバイス(Levi's [líːvaiz リーヴァイズ])です.

1900 年ごろのリーバイスの広告

Jefferson [dʒéfərsn ヂェふァスン] 名詞
【人名】ジェファーソン(♦ Thomas Jefferson [tɑ́məs- タマス-], 1743-1826; アメリカ合衆国第 3 代大統領; アメリカ独立宣言の起草者)
➡ **Declaration of Independence**

jelly [dʒéli ヂェり] 名詞 (複数 **jellies** [-z])
U C ゼリー; U (ゼリー状の)ジャム

jellyfish [dʒélifìʃ ヂェりふィッシ] 名詞
(複数 **jellyfish** または **jellyfishes** [-iz])
C【動物】クラゲ

jersey [dʒə́ːrzi ヂャ〜ズィ] 名詞
❶ U ジャージ(♦メリヤス編みの柔(やわ)らかく伸縮(しんしゅく)性のある生地(きじ))
❷ C ジャージのセーター[シャツ]; スポーツ用ジャージ

Jerusalem [dʒərúːsələm ヂェルーサれム] 名詞 エルサレム(♦古代パレスチナの都市; イスラエルの首都(国際的には未承認); キリスト教・ユダヤ教・イスラム教の聖地)

Jesus [dʒíːzəs ヂーザス] 名詞
【人名】イエス(= Jesus Christ)
(♦キリスト教の祖)

jet [dʒét ヂェット] 名詞
❶ C (ガス・水などの)噴出(ふんしゅつ); 噴出口
❷ C ジェット機(= jet plane)

jet lag [dʒét lǽg ヂェット らぁグ] 名詞
U 時差ぼけ(♦時差のある場所への飛行機旅行により, 時間の感覚が狂(くる)う現象)

jet plane [dʒét pléin ヂェット プれイン]
名詞 C ジェット機(♦単に jet ともいう)

Jew [dʒúː ヂュー] 名詞
❶ C ユダヤ人
❷ C ユダヤ教徒

jewel [dʒúːəl ヂューエる] 名詞 C 宝石

jeweler, 《英》**jeweller** [dʒúːələr ヂューエら] 名詞 C 宝石商[職人]

jewelry, 《英》**jewellery** [dʒúːəlri ヂューエるり] 名詞 U 宝石類(全体)
(♦一つひとつの宝石は a jewel); (貴金属製の)装身具類

Jewish [dʒúːiʃ ヂューイシ] 形容詞
ユダヤ人の; ユダヤ教の

JFK ケネディ(♦ *J*ohn *F*itzgerald *K*ennedy の略) ➡ **Kennedy**

jigsaw [dʒígsɔ̀ː ヂグソー] 名詞 C ジグソーパズル(♦ jigsaw puzzle ともいう)

jingle [dʒíŋgl ヂングる] 動詞 (三単現 **jingles** [-z]; 過去・過分 **jingled** [-d]; 現分 **jingling**)
他 …をチリンチリン鳴らす
— 自 チリンチリン鳴る

——名詞 ❶ U《または a jingle で》チリンチリン鳴る音
❷ C (短い)CM ソング

⁑job [dʒάb チャブ] 名詞 (複数 **jobs** [-z])

❶ C **職**, **勤め口**, **仕事** ➡ **work** くらべよう
▸She got a **job** as a nurse.
彼女は看護師の仕事を得た.
▸He has a part-time **job**.
彼はパートタイムの仕事[アルバイト]をしている.
▸quit *one's* **job** 退職する
▸lose *one's* **job** 失業する
❷ C (具体的な)**仕事**, 役目
▸It is his **job** to look after the dog.
そのイヌの世話をするのは彼の仕事だ.

ダイアログ
A: Good **job**. よくやったよ.
B: Thank you. ありがとう.

Jobs [dʒάbz チャブズ] 名詞【人名】

スティーブ・ジョブズ
(♦ Steve Jobs[stíːv- スティーヴ -], 1955-2011:アメリカの実業家; アップル社の設立者の1人)

jockey [dʒάki チャキ] 名詞

C (競馬の)騎手(きしゅ), ジョッキー

jog [dʒάg チャグ] 動詞 (三単現 **jogs** [-z]; 過去・過分 **jogged** [-d]; 現分 **jogging**)

自 ゆっくり走る, ジョギングする

John Bull [dʒάn búl チャン ブる] 名詞

ジョン・ブル(♦イギリス(人)を指すあだ名); C 典型的なイギリス人

文化 **典型的なイギリス人**
John Bull は典型的なイギリス人, またはイギリスを指すニックネームです. マンガでは赤ら顔にシルクハットをかぶり, 長靴(ながぐつ)をはいた太った農場主風の男にえがかれています. これに対して, 典型的なアメリカ人は Uncle Sam といいます. ➡ **Uncle Sam** 文化

⁂join [dʒɔ́in チョイン] 動詞

(三単現 **joins** [-z]; 過去・過分 **joined** [-d]; 現分 **joining**)

——他 ❶ **…に加わる**, **参加する**; (団体)に加入する

ダイアログ
A: Will you **join** us for dinner?
いっしょに夕食を食べませんか?
B: Oh, sure. ええ, もちろん.

▸I **joined** the line for the bus.
わたしはバスの列に並んだ.
▸He is going to **join** our band.
彼はわたしたちのバンドに加わるつもりです.
▸Aya **joined** the soccer team.
あやはそのサッカーチームに入った.
❷ (…に) **…をつなぐ**, 結びつける; (…に)…を取りつける《to ...》
(同義語 connect, link)
▸**join** hands 手をつなぐ
▸**Join** this hose **to** the tank.
このホースをタンクにつないで.
❸ (川・道路などが) …と合流する
▸This river **joins** the Thames a little ahead.
この川は少し先でテムズ川と合流する.
——自 つながる; (…に)参加する《in ...》
▸The two buildings **join** through a passage on the fifth floor.
その2棟(むね)のビルは5階の通路でつながっている.
▸**join in** a discussion 討議に加わる

joint [dʒɔ́int チョイント] 名詞

C 関節(部), 節(ふし); 継(つ)ぎ目
▸a knee **joint** ひざの関節
——形容詞《名詞の前に用いて》
合同の, 共同の

joke [dʒóuk チョウク] 名詞

C 冗談(じょうだん), しゃれ, ジョーク
▸tell a **joke** ジョークを言う
▸It's no **joke**. 冗談ではありません.

くらべよう **joke, humor, wit**
joke: 人を笑わせる行動やことばを指し, これらの語の中で最もよく使われます.
humor: 「こっけいなこと」や「ばかげたこと」をおもしろく表現することを指します. しばしば, なごやかで思いやりのある心情がふくまれます.
wit: 状況(じょうきょう)に応じて, 気のきいた表現を用いて人を喜ばせるような「知的な物言い」を指します.

A B C D E F G H I J K L M N O P Q R S T U V W X Y Z

in jóke 冗談で，冗談半分に
pláy a jóke on ... …をからかう
▸Don't **play a joke on** me.
からかわないでくれ.
——動詞 (三単現 **jokes** [-s]; 過去・過分 **joked** [-t]; 現分 **joking**)
自 冗談を言う，からかう
▸You must be **joking**!
冗談でしょう.(♦「信じられない」という意味)

joker [dʒóukər ヂョウカ] 名詞
❶ C《口語》冗談(じょうだん)好きな人，ひょうきん者
❷ C (トランプの)ジョーカー

jolly [dʒáli ヂャリ] 形容詞
(比較 **jollier**; 最上 **jolliest**)
陽気な，楽しい，明るい

journal [dʒə́ːrnl ヂャ～ヌる] 名詞
❶ C (日刊)新聞，雑誌; 定期刊行物
▸a weekly **journal**
週刊誌
❷ C 日誌，日記

journalism [dʒə́ːrnəlìzm ヂャ～ナりズム] 名詞 U ジャーナリズム (♦新聞・雑誌・テレビなど，報道関係の仕事・業界)

journalist [dʒə́ːrnəlist ヂャ～ナりスト] 名詞 C ジャーナリスト(♦新聞・雑誌・テレビの記者や編集者・解説者など，報道関係者を指す)

＊journey [dʒə́ːrni ヂャ～ニ] 名詞
(複数 **journeys** [-z])
C (比較(ひかく)的長い)**旅行**，旅
➡ **trip** くらべよう
▸go on a **journey**
旅に出る
▸Have a safe **journey**!
気をつけて行ってらっしゃい.
(♦「安全なご旅行を」の意味から)

＊joy [dʒɔ́i ヂョイ] 名詞 (複数 **joys** [-z])
❶ U **喜び**，うれしさ
(♦ pleasure よりさらに強い喜びを表す)
(対義語 sorrow 悲しみ)
▸She was full of **joy**.
彼女は喜びでいっぱいだった.
❷ C 喜びをもたらす人[もの，こと]
▸It's a great **joy** to hear from you.
あなたから便りをもらうのはとてもうれしいことです.
for jóy = ***with jóy***
喜んで，うれしさのあまり
▸He jumped **for joy**.
彼はうれしさのあまり跳(と)びあがった.
to a person's jóy うれしいことには
▸**To my joy**, I got two tickets for the concert.
うれしいことに，そのコンサートのチケットを2枚手に入れた.

joyful [dʒɔ́ifl ヂョイふる] 形容詞
非常にうれしい;(表情が)うれしそうな;(物事などが)楽しい，喜ばしい

Jr., jr. [dʒúːnjər ヂューニャ]
…ジュニア，…2世(♦ *junior* の略; 同姓(せい)同名の父親と息子(むすこ)の息子の姓名のあとにつけて区別する)

judge [dʒʌ́dʒ ヂャッヂ] 名詞
❶ C《しばしば **Judge** で》裁判官，判事
❷ C (競技などの) 審判(しんぱん)員，審査員
❸ C 鑑定(かんてい)家
——動詞 (三単現 **judges** [-iz]; 過去・過分 **judged** [-d]; 現分 **judging**) 他
❶ (人・事件など)を裁く，…に判決を下す
▸The court is **judging** his case.
法廷(ほうてい)は彼の事件を裁いている.
❷ …を判断する; …を審査する
▸I **judged** that she was telling the truth.
わたしは彼女が本当のことを言っていると判断した.
▸**judge** a speech contest
スピーチコンテストの審査員を務める
——自 審査する，審判を務める; 判断する
júdging from [***by***] ***...*** = ***to júdge from*** [***by***] ***...*** …から判断すると

judgment,《英》**judgement**
[dʒʌ́dʒmənt ヂャッヂメント] 名詞
U C 裁判，判決; 判断; U 判断力

jug [dʒʌ́g ヂャッグ] 名詞
❶ C《米》首が細く取っ手のついたびん
❷ C《英》ピッチャー，水差し

juice [dʒúːs ヂュース] 名詞
U C (果物(くだもの)などの)ジュース，果汁(かじゅう);(肉・野菜などの)汁(しる)

ルール juice の数え方

1 juice を数えるときは，次のようにいいます.
▸a glass of orange **juice**
オレンジジュース1杯(ぱい)
▸two glasses of orange **juice**
オレンジジュース2杯

> **2** 店で注文するときは, juice を「1 杯のジュース」の意味で用いて, 次のようにいうこともあります.
> ▸One orange **juice**, please.
> オレンジジュースを 1 杯ください.
> ▸Two orange **juices**, please.
> オレンジジュースを 2 杯ください.

juicy [dʒúːsi ヂュースィ] 形容詞
(比較 **juicier**; 最上 **juiciest**)
❶ 果汁(かじゅう)[肉汁]をたっぷりふくんだ
❷ 《口語》(話などが)興味をそそる

Jul. [dʒulái ヂュライ] 7 月(◆ *July* の略)

⁑July [dʒulái ヂュライ] 名詞
7 月(◆ Jul. と略す)
➡ **January** ルール, **month** 参考

jumbo [dʒʌ́mbou ヂャンボウ] 名詞
(複数 **jumbos** [-z])
❶ C とても大きな人[もの, 動物]
❷ C 《口語》ジャンボジェット機
(= jumbo jet)
── 形容詞 《名詞の前に用いて》
《口語》とても大きな

jumbo jet [dʒʌ́mbou dʒét ヂャンボウ ヂェット] 名詞 C ジャンボジェット機
(◆《口語》では単に jumbo ともいう)

•jump [dʒʌ́mp ヂャンプ]
── 動詞 (三単現 **jumps** [-s];
過去・過分 **jumped** [-t]; 現分 **jumping**)
── 自 跳(と)ぶ, 跳躍(ちょうやく)する
▸**jump** out of bed
ベッドから跳び起きる
▸**jump** into the river 川に飛びこむ
▸**jump** off the roof
屋根から飛び降りる
── 他 …を跳び越(こ)える
▸The dog **jumped** the fence.
そのイヌはさくを跳び越えた.
▸**jump** [《英》skip] rope
縄跳(なわと)びをする
── 名詞 (複数 **jumps** [-s])
C 跳躍, ジャンプ
▸the high [long] **jump**
走り高[幅(はば)]跳び

jumper [dʒʌ́mpər ヂャンパ] 名詞
❶ C 跳(と)ぶ人, 跳躍(ちょうやく)の選手
❷ C 《米》ジャンパースカート;
《英》セーター
❸ C 作業服, ジャンパー

jump rope [dʒʌ́mp ròup ヂャンプ ロウプ] 名詞 U 縄跳(なわと)び; C 《米》(縄跳びの)縄(◆《英》skipping rope)

Jun. [dʒúːn ヂューン] 6 月(◆ *June* の略)

junction [dʒʌ́ŋkʃn ヂャンクシャン] 名詞
C (道路などの)合流点, (鉄道の)連絡(れんらく)駅; 交差点

⁑June [dʒúːn ヂューン] 名詞
6 月(◆ Jun. と略す)
➡ **January** ルール, **month** 参考

jungle [dʒʌ́ŋgl ヂャングる] 名詞 C
《ふつう **the jungle** で》ジャングル, 密林

jungle gym [dʒʌ́ŋgl dʒìm ヂャングる ヂム] 名詞 C ジャングルジム

⁑junior [dʒúːnjər ヂューニャ]
── 形容詞 ❶ (…より)**年下の**, 下級の《to ...》
(対義語 senior 年上の)
▸She is two years **junior to** me.(= She is **junior to** me by two years.)
彼女はわたしより 2 歳(さい)年下だ.
❷ 若いほうの, 2 世の(◆氏名のあとに用いる; Jr. または jr. と略す)
▸John Smith, **Junior**
ジョン・スミス 2 世
── 名詞 (複数 **juniors** [-z])
❶ C 《ふつう *one's* **junior** で》年少者, 後輩 (対義語 senior 年長者)
▸Tom is two years **my junior**.
トムはわたしより 2 歳年下だ.
❷ C 《米》(4 年制大学・高校の)3 年生, (3 年制高校の)2 年生, (短大の)1 年生
➡ **freshman** 参考

junior college [dʒúːnjər kɑ́lidʒ ヂューニャ カれッヂ] 名詞
C U 《米》(2 年制の)短期大学

•junior high school
[dʒúːnjər hái skùːl ヂューニャ ハイ スクーる]
名詞 C 《米》中学校, ジュニアハイスクール(◆ふつう 3 年制; 州によっては 2 年制のものもある; 単に junior high ともいう) ➡ **high school** 文化
▸I'm a **junior high school** student. わたしは中学生です.

junk [dʒʌ́ŋk ヂャンク] 名詞
U 《口語》くず, がらくた, つまらないもの
▸**junk** food ジャンクフード
(◆スナック菓子(がし)など, 高カロリーで栄

養価の低い食品)

Jupiter [dʒúːpitər ヂューピタ] 名詞
❶【ローマ神話】ユピテル, ジュピター(◆神々の主神で天の支配者; ギリシャ神話のゼウス(Zeus)にあたる)
❷【天文】木星

juror [dʒú(ə)rər ヂュ(ア)ラ] 名詞
C 陪審(ばいしん)員 ➡ **jury**

jury [dʒú(ə)ri ヂュ(ア)リ] 名詞 (複数 **juries** [-z]) C 《米》陪審(ばいしん), 陪審員団(◆陪審員全体を指す; 1人の陪審員は a juror)

参考 陪審員と裁判員

1 ふつう, 市民から選ばれた12人の陪審員が法廷(ほうてい)で被告(ひこく)の有罪, 無罪を評決し, それに基(もと)づいて裁判官が判決を下します.
2 日本の「裁判員」には, a citizen [lay] judge などの訳語が用いられています. lay は「専門家でない, 一般の」という意味の形容詞です.

⁑just

[dʒʌ́st ヂャスト ; (弱く言うとき) dʒəst ヂャスト]

副詞 ❶ ちょうど
❷ たった今
❸ ただ…だけ, ほんの
形容詞 正しい

—副詞 ❶ **ちょうど, まさに** (同義語 exactly)

ダイアログ
A: What time is it? 何時ですか?
B: It's **just** six o'clock.
ちょうど6時です.

▸This jacket is **just** my size.
このジャケットはわたしにぴったりのサイズだ.
▸I met him **just** before Christmas.
クリスマスの直前に彼に会った.
▸It's **just** what I wanted.
(プレゼントを開封(かいふう)して)ちょうどこれがほしかったんです.

❷《完了形に用いて》
たった今(…したところ)
▸I **have just finished** my lunch.
たった今, 昼食を終えたところです.

❸ **ただ…だけ, ほんの** (同義語 only); 《命令文に用いて》ちょっと
▸I **just** wanted to hear your voice.
ただ, きみの声が聞きたかったんだ.

ダイアログ
A: May I help you?
いらっしゃいませ.
B: No, thank you. I'm **just** looking.
いや, けっこうです. 見ているだけです.

▸**Just** a moment, please.
ちょっとお待ちください.

❹《しばしば **only just** で》
やっと, かろうじて
▸I **only just** caught the bus.
やっとのことでバスに間に合った.

❺《口語》**実に, まったく, ほんとうに**
▸The concert was **just** great.
そのコンサートは実にすばらしかった.

just abóut
ほとんど, ほぼ(同義語 almost)

just nów
①《過去形の文で》たった今, 今しがた
▸I came home **just now**.
たった今, 家に帰ってきたところです.
②《現在形の文で》ちょうど今
▸I'm busy **just now**.
今は忙(いそが)しいのです.

—形容詞 [dʒʌ́st ヂャスト]
(比較 **more just** または **juster**; 最上 **most just** または **justest**)
正しい, 公平な (同義語 fair)
▸a **just** society 公平な社会

justice [dʒʌ́stis ヂャスティス] 名詞
U 正義, 公平(対義語 injustice 不正); 正当性
▸a sense of **justice** 正義感

justify [dʒʌ́stəfài ヂャスティふァイ]
動詞 (三単現 **justifies** [-z]; 過去・過分 **justified** [-d]; 現分 **justifying**)
他 …を正当化する, 弁明する
▸ことわざ The end **justifies** the means. うそも方便.
(◆「目的は手段を正当化する」が文字どおりの意味; 「目的が正しければ, どんな手段を用いてもよい」の意味)

Kk *Kk*

Q 男性がスカート？➡ kilt をひいてみよう！

K, k [kéi ケイ] 名詞 (複数 **K's, k's** または **Ks, ks** [-z]) C U ケイ
(♦アルファベットの 11 番めの文字)

Kamchatka [kæmtʃǽtkə キぁムチぁトカ] 名詞 カムチャツカ半島(♦シベリア東端にある半島)

kangaroo [kæ̀ŋgərúː キぁンガルー] (★アクセントに注意) 名詞
(複数 **kangaroo** または **kangaroos** [-z]) C【動物】カンガルー

Kansas [kǽnzəs キぁンザス] 名詞
カンザス州(♦アメリカ中部の州; Kans. または【郵便】で KS と略す)

Kat(h)mandu [kæ̀tmændúː キぁトマぁンドゥー] 名詞
カトマンズ(♦ネパールの首都)

kayak [káiæk カイあック] 名詞
❶ C カヤック(♦北極圏(けん)の先住民イヌイットが使う皮張(かわば)りの小舟(こぶね))
❷ C 競技用カヤック

kayak ❶

kayak ❷

keen [kíːn キーン] 形容詞
(比較 **keener**; 最上 **keenest**)
❶ (感覚・知性などが)鋭(するど)い
▸Dogs have a **keen** sense of smell.
イヌは鋭い嗅覚(きゅうかく)をもっている.
❷ (…に)熱心な《about [on] ...》;
《**be keen to** +動詞の原形で》
…することに意欲的な(同義語 eager)
▸He **is keen to** learn English.
彼は英語を学ぶことに意欲的だ.
❸ (寒さ・苦痛などが) 厳しい;
(願望などが)激しい, 強い

⁑keep

[kíːp キープ] 動詞
(三単現 **keeps** [-s]; 過去・過分 **kept** [képt ケプト]; 現分 **keeping**)

他 ❶ …を持っている
❷ …を養う; …を飼う
❸ …を守る
❹ (日記など)をつける
❺ (人・もの)を…の状態にしておく; …を保つ
自 ❶ ずっと…(の状態)である
❷ …し続ける

基本のイメージ：そのままの状態で保つ

— 他 ❶ (ずっと)…**を持っている**;
(一時的に)…を持っている, 預かる;
…をしまっておく
▸You can **keep** this book if you like.
よかったら, この本を差し上げます.
(♦「この本を持っていてもよい」から)
▸I **keep** old letters in this box.
古い手紙はこの箱にしまっています.
❷ (家族など) **を養う**; (家畜(かちく)など) **を飼う**(♦「(ペット)を飼う」は have を用いる); (人)を雇(やと)う
▸We **keep** chickens for their eggs.

わたしたちは卵を得るためにニワトリを飼っている.

❸ (約束・規則など)を守る

▸She always **keeps** her promise. 彼女はいつも約束を守る.

❹ (日記など)をつける, 記入する

▸**keep** a diary 日記をつける

❺《keep ＋人・もの＋形容詞[副詞]で》(人・もの)を…の状態にしておく

▸Please **keep** this door open. このドアは開けておいてください.

(1)《keep ＋人・もの＋ ...ing で》(人・もの)に…させ続ける

▸I'm sorry to have **kept** you **waiting**. お待たせしてすみません.

(2)《keep ＋名詞で》…を保つ, 維持(いじ)する

▸**keep** (the) peace 平和を維持する

❻ (商店・旅館など)を経営する

▸She **keeps** a small hotel. 彼女は小さなホテルを経営している.

❼《keep ＋名詞＋ from ＋ ...ing で》〜に…させない

▸The heavy snow **kept** me **from driving**. 大雪のせいで, 車で行くことができなかった.

—自 ❶《keep ＋形容詞[副詞]で》ずっと…(の状態)である

▸**Keep** quiet for a while. しばらく黙(だま)っていなさい.

❷《keep ＋ ...ing で》…し続ける

➡ 成句 *keep on ＋ ...ing*

▸It **kept raining** all day. 一日じゅう雨が降り続いた.

❸《keep from ＋ ...ing で》…するのを控(ひか)える, …しないようにする

▸I couldn't **keep from laughing**. わたしは笑わずにはいられなかった.

keep ... awáy …を(…から)遠ざけておく《from ...》

▸**Keep** the medicine **away from** children. その薬は子供の手の届かないところに保管してください.

keep in tóuch (…と)連絡(れんらく)をとり合う《with ...》

keep óff …に近づかない; …を近づけない

keep ón ① 進み続ける; (仕事などを)続ける ② (衣類など)を身につけたままでいる

kéep on ＋ ...ing …し続ける

▸I **kept on studying** until ten. わたしは10時まで勉強を続けた.

kéep to ... (道など)からはなれない; (約束・規則など)を守る

▸**Keep to** the Right 《掲示》右側通行

keep úp with ... (人・流行・勉強など)に遅(おく)れないでついて行く

▸No other runner could **keep up with** her. ほかの走者はだれも彼女について行けなかった.

keeper [kíːpər キーパ] 名詞
C 番人; (宿屋・店などの)経営者, 管理者; 飼育係; ゴールキーパー

Keller [kélər ケら] 名詞
【人名】ケラー(◆ Helen Keller [hélən- ヘれン-], 1880-1968; アメリカの著述家・社会奉仕(ほうし)家; 目・耳・口が不自由という三重苦を克服(こくふく)した)

Kennedy [kénədi ケネディ] 名詞 【人名】
ケネディ(◆ John Fitzgerald Kennedy [dʒɑ́n fitsdʒérəld- ヂャン ふィッツヂェラるド-], 1917-63; アメリカ合衆国第35代大統領; テキサス州のダラスで暗殺された)

Keller

Kennedy

kennel [kénl ケヌる] 名詞 C イヌ小屋(同義語 doghouse); 《米》ペット預かり所

Kentucky [kəntʌ́ki ケンタキ] 名詞
ケンタッキー州(◆アメリカ中東部の州; Ken., Ky. または【郵便】で KY と略す)

Kenya [kénjə ケニャ] 名詞 ケニア
(◆アフリカ大陸東部の国; 首都はナイロビ Nairobi)

•**kept** [képt ケプト] 動詞 keep(…を持っている)の過去形・過去分詞

ketchup [kétʃəp ケチャプ] 名詞
U ケチャップ
(◆ catchup, catsup ともつづる)

kettle [kétl ケトゥる] 名詞 C やかん

•**key** [kíː キー]

—名詞 (複数 **keys** [-z])

❶ C かぎ, キー(◆「錠(じょう)」は lock)
▸the **key** to the locker room
ロッカールームのかぎ
▸turn a **key**　かぎを回す
▸put a **key** in the lock
錠にかぎを差しこむ

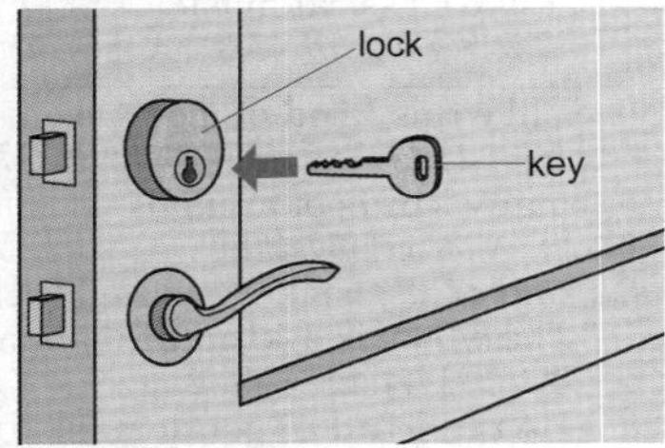

❷ C (問題解決の) **かぎ**, 手がかり; (成功の)秘けつ《to ...》
▸They found the **key to** the mystery.
彼らはそのなぞの手がかりを見つけた.
▸the **key to** success　成功の秘けつ
❸ C (ピアノ・コンピューターなどの)鍵(けん), キー
❹ C【音楽】(長・短の)調
—形容詞 重要な; 主要な
▸a **key** point　要点
▸a **key** person　重要な人物

keyboard [kíːbɔ̀ːrd キーボード] 名詞
❶ C (ピアノなどの)鍵盤(けんばん); (楽器の)キーボード
❷ C (コンピューターなどの)キーボード, キー(全体) ➡ **computers** 図

keyhole [kíːhòul キーホウる] 名詞
C かぎ穴

kg キログラム(◆ *k*ilogram(s) の略)

kick [kík キック] 動詞
他 …をける, けとばす
▸He **kicked** the ball into the goal.
彼はボールをゴールにけり入れた.
kíck óff (サッカーなどで)キックオフする, (ボールをけって)試合を開始する
—名詞 C けること; (サッカーなどの)キック

kickoff [kíkɔ̀ːf キックオーふ] 名詞
(複数 **kickoffs** [-s])
C《ふつう単数形で》(サッカーなどの)キックオフ, 試合開始時刻; 始まり, 開始

kid[1] [kíd キッド] 名詞
❶ C《口語》子供(同義語 child)
❷ C 子ヤギ; U 子ヤギの革(かわ)

kid[2] [kíd キッド] 動詞 (三単現 **kids** [kídz キッヅ]; 過去・過分 **kidded** [-id]; 現分 **kidding**)
他《口語》(人)をからかう
—自《口語》からかう
▸You're **kidding**. (=You must be **kidding**. / No **kidding**.)
冗談(じょうだん)でしょう.

kiddy, kiddie [kídi キディ] 名詞
(複数 **kiddies** [-z]) C《口語》子供

kidnap [kídnæp キッドナぁップ] 動詞
(三単現 **kidnaps** [-s]; 過去・過分 **kidnapped** または **kidnaped** [-t]; 現分 **kidnapping** または **kidnaping**)
他 …を誘拐(ゆうかい)する

kidney [kídni キドニ] 名詞 C 腎臓(じんぞう)

Kilimanjaro [kìləməndʒɑ́ːrou キリマンヂャーロウ] 名詞《**Mount Kilimanjaro** で》キリマンジャロ山(◆タンザニアにあるアフリカの最高峰(ほう); 5,895 メートル)

˙kill [kíl キる] 動詞 (三単現 **kills** [-z]; 過去・過分 **killed** [-d]; 現分 **killing**) 他
❶ (人・動物)**を殺す**, (植物)を枯(か)らす; 《**be killed in ...** で》…**で死ぬ**
➡ **die** くらべよう
▸The man **killed** a snake.
その男はヘビを殺した.
▸The heat **killed** crops.
暑さで作物が枯れた.
▸He **was killed in** the war.
彼はその戦争で死んだ.
❷ (時間)をつぶす
▸**kill** time with a crossword puzzle
クロスワードパズルで時間をつぶす
kíll oneself 自殺する

killer [kílər キら] 名詞 C 殺人者, 殺し屋; (ほかの動物を)殺す動物

A B C D E F G H I J K L M N O P Q R S T U V W X Y Z

kilo [kíːlou キーろウ] 名詞 C《口語》キロ
(◆ *kilo*gram を短縮した語)

kilogram, 《英》**kilogramme**
[kíləgræ̀m キろグラぁム] 名詞
C (重量の単位の)キログラム(◆1 キログラムは 1,000 グラム; kg と略す)

kilometer, 《英》**kilometre**
[kilámitər キらミタ] (★アクセントに注意)
名詞 C (距離(きょり)の単位の)キロメートル
(◆1 キロメートルは 1,000 メートル; km と略す)

kilt [kílt キるト] 名詞
C キルト; キルト風のスカート

文化 男性用スカート

キルトは, イギリスのスコットランド(Scotland)地方の男性がはく短い巻きスカートのことです. タータンチェックと呼ばれる格子(こうし)じまと縦ひだが特徴(とくちょう)で, 民族衣装(いしょう)や軍隊のユニフォームとして着用されます.

kind [káind カインド]

kind[1]	形容詞	親切な
kind[2]	名詞	種類

:kind[1] [káind カインド] 形容詞
(比較 **kinder**; 最上 **kindest**)
(…に)親切な, 優(やさ)しい《to ...》
(対義語 unkind 不親切な);
《**it is kind of** ＋人＋ **to** ＋動詞の原形で》
(人)が親切にも…してくれる
▸Sarah is a very **kind** girl.
サラはとても親切な少女だ.
▸Bob is **kind to** everyone.
ボブはだれに対しても親切だ.
▸**It is kind of** you **to** help me.
手伝ってくれるなんて, あなたは親切な方です.

·kind[2] [káind カインド] 名詞
(複数 **kinds** [káindz カインヅ])
C 種類(同義語 sort)

ダイアログ
A: What **kind** of music do you like?
どんな種類の音楽が好きですか?
B: I like classical music.
クラシック音楽が好きです.

▸I like this **kind** of movie.
わたしはこういう種類の映画が好きだ.
▸many **kinds** of animals
いろいろな種類の動物

◆***a kind of ...*** 一種の…; …のようなもの
▸The whale is **a kind of** mammal.
クジラはほ乳類の一種だ.
▸He is **a kind of** gentleman.
彼はまあちょっとした紳士(しんし)だ.

kind of 《口語》ちょっと, 少し
(◆[káində カインダ]と発音する)
▸She is **kind of** cool.
彼女はちょっとかっこいい.

kindergarten [kíndərgàːrtn キンダガートゥン] 名詞 C U 幼稚(ようち)園(◆アメリカでは, ふつう 5 歳(さい)のときに 1 年間通う)

kindly [káindli カインドり] 副詞
(比較 **more kindly** または **kindlier**;
最上 **most kindly** または **kindliest**)
❶ 親切にも, 優(やさ)しく
▸He **kindly** showed me the way to the station. 彼は親切にもわたしに駅への道を教えてくれた.
❷《命令文や依頼(いらい)を表す疑問文で》
すみませんが, どうか
▸Would you **kindly** move over?
すみませんが, 詰(つ)めていただけますか?
—— 形容詞 (比較 **kindlier** または **more kindly**; 最上 **kindliest** または **most kindly**) 親切な, 優しい

kindness [káindnəs カインドネス] 名詞
(複数 **kindnesses** [-iz])
U 親切; C 親切な行為(こうい)
▸Thank you for your **kindness**.
ご親切に感謝します.

King [kíŋ キング] 名詞【人名】キング
(◆ Martin Luther King, Jr. [máːrtin lúːθər kíŋ dʒúːnjər マーティン るーさ キング ヂューニャ]; 1929-68; アメリカの黒人公民権運動指導者・牧師; テネシー州で暗殺された; アメリカではキング牧師の業績をたたえ, 誕生日(1 月 15 日)に近い 1 月の第 3 月曜日を Martin Luther King

Day とし, 法定休日と定めている)

·king [kíŋ キング] 名詞
(複数 **kings** [-z])
❶ C《しばしば **King** で》王, 国王(対義語 queen 女王); (特定の分野の)第一人者
▸The lion is the **king** of the beasts.
ライオンは百獣(ひゃくじゅう)の王だ.
❷ C (トランプ・チェスの)キング

kingdom [kíŋdəm キングダム] 名詞
❶ C (王または女王が統治する)王国
▸the **Kingdom** of Cambodia
カンボジア王国(◆国名の一部のときはふつう大文字で始める)
❷ C (学問などの)分野; (自然界を動物・植物・鉱物の 3 つに分けたうちの)界
▸the plant [animal, mineral] **kingdom** 植物[動物, 鉱物]界

kingfisher [kíŋfìʃər キングふィッシャ]
名詞 C【鳥類】カワセミ
(◆水中に飛びこんで魚を捕(と)らえる鳥)

kiosk [kíːɑsk キーアスク] 名詞
C (駅・公園などの)売店, キオスク

kiss [kís キス] 名詞 (複数 **kisses** [-iz])
C キス, くちづけ
▸My mother gave me a **kiss**.
母はわたしにキスをした.
──動詞 (三単現 **kisses** [-iz]; 過去・過分 **kissed** [-t]; 現分 **kissing**)
他 …にキスをする
▸Ann **kissed** me on the cheek.
アンはわたしのほおにキスをした.
▸He **kissed** his son good-night.
彼は息子(むすこ)におやすみのキスをした.
──自 キスをする

kit [kít キット] 名詞 C (仕事などのための)道具[用具]一式; 道具箱[袋(ぶくろ)]

:kitchen [kítʃən キチン] 名詞
(複数 **kitchens** [-z])
C 台所, キッチン
➡ **巻頭カラー 英語発信辞典⑬**
▸My father is making dinner in the **kitchen**.
父は台所で夕食のしたくをしている.

kite [káit カイト] 名詞
❶ C 凧(たこ)
▸fly a **kite** 凧あげをする
❷ C【鳥類】トビ

kitten [kítn キトゥン] 名詞
C【動物】子ネコ ➡ **cat** 参考

kitty [kíti キティ] 名詞 (複数 **kitties** [-z]) C《小児語》(子)ネコちゃん

kiwi [kíːwiː キーウィー] 名詞
❶ C【鳥類】キーウィ
(◆ニュージーランドの国鳥; 飛べない)

❷ C キーウィフルーツ(= kiwi fruit)

kiwi fruit [kíːwiː frùːt キーウィー ふルート]
名詞 C キーウィフルーツ
(◆単に kiwi ともいう)

Kleenex [klíːneks クリーネックス] 名詞
(複数 **Kleenex** 単複同形)
U C【商標】クリネックス; ティッシュペーパー(◆普通名詞としても用いられる)

km キロメートル(◆ *k*ilo*m*eter(s) の略)

knack [nǽk ナぁック] (★発音に注意)
名詞 U《または **a knack** で》
《口語》こつ, 要領

knapsack [nǽpsæ̀k ナぁップサぁック]
(★発音に注意) 名詞
C ナップサック, リュックサック

knee [níː ニー] (★発音に注意) 名詞
C ひざ, ひざ頭(がしら) ➡ **lap**[1]
▸on *one's* hands and **knees**
四つんばいになって

kneel [níːl ニーる] (★発音に注意) 動詞
(三単現 **kneels** [-z]; 過去・過分 **knelt** [nélt ネるト] または **kneeled** [-d]; 現分 **kneeling**) 自 ひざまずく

knelt [nélt ネるト] 動詞
kneel(ひざまずく)の過去形・過去分詞の一つ

⁑knew [njúː ニュー] (★発音に注意)
動詞 know(…を知っている)の過去形

*knife [náif ナイふ] (★発音に注意)
名詞 (複数 **knives** [náivz ナイヴズ])
C ナイフ, 小刀, 包丁; (手術用の)メス
▸eat steak with a **knife** and fork
ナイフとフォークでステーキを食べる

knight [náit ナイト] (★発音に注意)
名詞 C (中世の)騎士(きし); 《英》ナイト爵(しゃく)の人(◆国の功労者にあたえられる 1 代限りの爵位で, Sir の称号(しょうごう)を許される)

knit [nít ニット] (★発音に注意) 動詞
(三単現 **knits** [níts ニッツ]; 過去・過分 **knitted** [-id] または **knit**; 現分 **knitting**) 他 …を編む
—自 編み物をする

knives [náivz ナイヴズ] (★発音に注意)
名詞 knife(ナイフ)の複数形

knob [nάb ナブ] (★発音に注意)
名詞 ❶ C (ドア・引き出しなどの) 取っ手, ノブ; (ラジオなどの)つまみ
❷ C (木の枝の)こぶ, 節(ふし)

*knock [nάk ナック] (★発音に注意)
—動詞 (三単現 **knocks** [-s]; 過去・過分 **knocked** [-t]; 現分 **knocking**)
—自 ❶ (ドアを)**ノックする**, コツコツたたく《on [at] ...》
▸Someone **knocked on** the door.
だれかがドアをノックした.
❷ (…に)**ぶつかる**《against ...》
▸He **knocked against** the desk.
彼は机にぶつかった.
—他 ❶ **…を強く打つ**, なぐる
▸Bob **knocked** Brian in the stomach.
ボブはブライアンの腹をなぐった.
❷ …を(…に)ぶつける《against ...》

knóck dówn …を打ち倒(たお)す, なぐり倒す; (車が)(人)をはねる
knóck óut 【ボクシング】(相手) をノックアウトする; …を打ち負かす
knóck óver
ぶつかって…をひっくり返す, 倒す
—名詞 (複数 **knocks** [-s])
C 打つこと, ノック; たたく音

knocker [nάkər ナカ] (★発音に注意) 名詞
C (玄関(げんかん)の)ノッカー

knocker

knockout [nάkàut ナックアウト] (★発音に注意) 名詞
C【ボクシング】ノックアウト(◆KO と略す)

knot [nάt ナット] 名詞 (★発音に注意)
❶ C (ひも・縄(なわ)などの)結び目; (木の)こぶ, 節(ふし)

❷ C (船の速度を表す単位の) ノット (◆1 ノットは時速約 1,852 メートル)
—動詞 (三単現 **knots** [-s]; 過去・過分 **knotted** [-id]; 現分 **knotting**)
他 …を結ぶ; …に結び目を作る

⁑know [nóu ノウ] (★発音に注意)
動詞 (三単現 **knows** [-z]; 過去 **knew** [njúː ニュー]; 過分 **known** [nóun ノウン]; 現分 **knowing**)
—他 ❶ **…を知っている**, 知る; …をわかっている, わかる;
《**know** + **that 節** [**wh- 節・句**] で》
…ということを[…かを]知っている
▸I **know** that song.
わたしはその歌を知っています.
▸I **know** (**that**) we are in a difficult situation.
わたしたちが困難な状況(じょうきょう)にあることはわかります.
▸Do you **know who** that girl is?
あの少女がだれだか知っていますか?

❷ (人)と知り合いである
▸I **know** Ms. Baker. She lives next door.
ベーカーさんなら知っています. 彼女はわたしの隣(となり)に住んでいます.
❸ …を見分けることができる, 認めることができる
▸**know** right from wrong
善悪の区別ができる
▸My father **knows** a good dog when he sees one.
父はよいイヌを見ればそれとわかる.
——自 (…について) 知っている 《about [of] ...》
▸I **know about** the singer a little.
その歌手については少しだけ知っています.
▸I **know of** a similar case.
似た事例を知っています.
◆***I don't knów.*** わからない. (◆質問に答えられない場合のほかに, 不確かなときや, 賛成できないときにも用いる)

ダイアログ
A: What's the answer to No. 5?
5番の答えは何?
B: I'm sorry, but **I don't know.**
悪いけど, わからない.

◆***I knów.*** (同意を表して) **わかる**; わかっている; (思いついて) わかった.

ダイアログ
A: Becky is a very good girl.
ベッキーはとても親切な女の子なんだ.
B: **I know.**
わかるよ.

knów bétter than to ＋動詞の原形
…するほどおろかではない
▸I **know better than to** talk back to my mother when she's angry.
お母さんが怒(おこ)っているときに口答えするほどおろかじゃないよ.
◆***you know*** ねえ, …でしょう
(◆文頭・文中・文末のいずれにも用い, 表現を和(やわ)らげたり, 相手の同意を求めたり, 念を押(お)したりするのに用いる)
▸Mary is kind, **you know**.
メアリーは優(やさ)しいよね.

know-how [nóuhàu ノウハウ]
(★発音に注意) 名詞
U 《口語》ノウハウ, 実際的知識; こつ

knowledge [nálidʒ ナレッヂ] (★発音に注意) 名詞 U 《または **a knowledge** で》知識, 知っていること; 理解

◆**known** [nóun ノウン]
(★発音に注意)
——動詞 know(…を知っている)の過去分詞
——形容詞 《名詞の前に用いて》
知られている, 有名な
(対義語 unknown 知られていない)

KO [kéióu ケイオウ] 名詞
(複数 **KO's** [-z]) C 《口語》ノックアウト
(◆ *k*nock*o*ut を短縮した語)
——動詞 (三単現 **KO's** [-z];
過去・過分 **KO'd** [-d]; 現分 **KO'ing**)
他 《口語》…をノックアウトする

koala [kouá:lə コウアーら] (★アクセントに注意) 名詞 C
【動物】コアラ
(◆オーストラリア産のクマに似た動物; 子供を入れる袋(ふくろ)が腹部にある; koala bear ともいう)

koala

Korea [kərí:ə コリーア] 名詞
❶ 朝鮮(ちょうせん)半島
❷ 朝鮮, 韓国(かんこく)(◆東アジアの国; 第二次世界大戦後, 南北2つに分割(ぶんかつ)された; 北は the Democratic People's Republic of Korea「朝鮮民主主義人民共和国」で, 首都はピョンヤン Pyongyang;
南は the Republic of Korea「大韓民国」で, 首都はソウル Seoul)

Korean [kərí:ən コリーアン] 形容詞
朝鮮(ちょうせん)[韓国(かんこく)]の; 朝鮮[韓国]人の; 朝鮮語の
——名詞 ❶ C 朝鮮人
❷ U 朝鮮語

KS 【郵便】カンザス州(◆ *K*an*s*as の略)

Kuwait [kuwéit クウェイト] 名詞
クウェート(◆アラビア半島北東部の立憲君主国; 首都名もクウェート Kuwait)

KY 【郵便】ケンタッキー州
(◆ *K*entuck*y* の略)

Ll *Ll*

Q どちらが縦？ どちらが横？➡ length をひいてみよう！

L, l [él エる] 名詞 (複数 **L's, l's** または **Ls, ls** [-z]) C U エル
(◆アルファベットの 12 番めの文字)

LA 【郵便】ルイジアナ州
(◆ *Louisiana* の略)

L.A. [éléi エるエイ] ロサンゼルス
(◆ *L*os *A*ngeles の略；LA とも書く)

lab [lǽb らぁブ] 名詞
C《口語》実験室，研究室，研究所
(◆ *lab*oratory を短縮した語)

label [léibl れイブる] (★発音に注意) 名詞
C はり札(ふだ)，ラベル，レッテル

labor, 《英》labour [léibər れイバ] 名詞
❶ U 労働；(大変な)仕事
❷ U 労働者(全体)

laboratory [lǽbrətɔ̀:ri らぁブラトーリ]
名詞 (複数 **laboratories** [-z])
C 実験室，研究室，研究所
(◆《口語》では lab ともいう)

Labor Day [léibər dèi れイバ デイ]
名詞 《米》労働祭(◆アメリカの祝日；9 月の第 1 月曜日；イギリスでは May Day または Early May Bank Holiday (5 月の第 1 月曜日)がこれにあたる)

laborer [léibərər れイバラ] 名詞
C (肉体)労働者

labour [léibər れイバ] 名詞
《英》=《米》labor(労働)

lace [léis れイス] 名詞
❶ U (布地の)レース
❷ C (靴(くつ)などの)ひも(= shoelace)
➡ **skate** 図

lack [lǽk らぁック] 名詞
U《または **a lack** で》不足，欠乏(けつぼう)
▸(a) **lack** of water 水不足
▸Our problem was **a lack** of money. わたしたちの問題はお金の不足だった．
——動詞 他 …を欠いている；…が不足している
▸He **lacks** experience. 彼には経験が不足している．

lacrosse [ləkrɔ́:s らクロース] 名詞
U【スポーツ】ラクロス
(◆先に網(あみ)のついたスティックを使う，ホッケーに似た球技)
▸play **lacrosse** ラクロスをする

ladder [lǽdər らぁダ] 名詞 C はしご

•lady [léidi れイディ] 名詞
(複数 **ladies** [-z])
❶ C **女性**，女の人，ご婦人
(◆ woman, girl のていねいな言い方；対義語 gentleman 男の人)
▸a young **lady** 若い女性
▸Carry this **lady**'s baggage to the train. こちらの女性の荷物を列車まで運んで差し上げなさい．(◆本人を目の前にしたときは lady を用いる)
❷ C **淑女**(しゅくじょ)，貴婦人
(対義語 gentleman 紳士(しんし))
▸the First **Lady** 大統領夫人
❸《**ladies** で》(女性への呼びかけで)みなさん(◆相手が 1 人の場合は madam, ma'am, miss などを用いる)
▸**Ladies** and gentlemen! みなさん！
❹《**Lady** で》《英》…夫人，…嬢(じょう)
(◆貴族の称号(しょうごう)をもつ男性の夫人またはその娘(むすめ)の名前の前につけて用いる)
▸**Lady** Churchill チャーチル夫人
▸**Lady** Anne アン嬢

ladybird [léidibə̀:rd れイディバ～ド] 名詞
《英》=《米》ladybug(テントウムシ)

ladybug [léidibʌ̀g れイディバッグ] 名詞
C《米》【昆虫】テントウムシ

(◆《英》ladybird)

・laid [léid れイド] 動詞
lay[1](…を置く)の過去形・過去分詞

・lain [léin れイン] 動詞
lie[1](横たわる)の過去分詞

⁑lake [léik れイク] 名詞
(複数 **lakes** [-s])
C 湖, 湖水
▸Lake Michigan　ミシガン湖

Lake District [léik dìstrikt れイク ディストゥリクト] 名詞
《**the Lake District** で》湖水地方
(◆イギリスのイングランド北西部にある湖の多い地域;『ピーターラビット』の舞台(ぶたい)としても有名)

lamb [lǽm らぁム](★発音に注意) 名詞
❶ C【動物】子ヒツジ
➡ **sheep** 参考
❷ U 子ヒツジの肉, ラム(◆成長した「ヒツジの肉」は mutton) ➡ **meat** 参考

・lamp [lǽmp らぁンプ] 名詞
(複数 **lamps** [-s])
C (移動可能な) **明かり**, 電気スタンド, ランプ

▸Turn on [off] the **lamp**.
ランプをつけ[消し]なさい.

LAN [lǽn らぁン] 名詞【コンピューター】
ラン, ローカルエリアネットワーク
(◆ *l*ocal *a*rea *n*etwork の略; 同じ建物の中にあるコンピューター, プリンターなどを接続するネットワーク)

・land [lǽnd らぁンド]

名詞 ❶ 陸
❷ 土地
動詞 着陸する; 上陸する

── 名詞 (複数 **lands** [lǽndz らぁンヅ])
❶ U 陸, 陸地(対義語 sea 海)
▸on **land**　陸地で, 陸上で
❷ U 土地, 土壌(どじょう)
▸rich **land**　肥えた土地
❸ C 国, 国土(= country)
▸India is his native **land**.
インドは彼の母国だ.
by lánd　陸路で
▸travel **by land**　陸路で旅をする

── 動詞 (三単現 **lands** [lǽndz らぁンヅ]; 過去・過分 **landed** [-id]; 現分 **landing**)

自 (飛行機が) **着陸する**, 着水する; (人が)**上陸する**; (船が)陸に着く
▸The plane will **land** at Narita at three.　その飛行機は 3 時に成田に着陸する予定だ.

landing [lǽndiŋ らぁンディング] 名詞
❶ C U 着陸, 上陸; (荷物の)陸あげ
❷ C (階段の)踊(おど)り場

landing card [lǽndiŋ kɑ̀ːrd らぁンディング カード] 名詞 C 入国カード
(◆入国管理局に提出する書類; 飛行機の乗客に機内で配られる)

landlady [lǽndlèidi らぁンドれイディ]
名詞 (複数 **landladies** [-z])
C (旅館・下宿などの女性の)主人; (女性の)家主, 地主(対義語 landlord 主人)

landlord [lǽndlɔ̀ːrd らぁンドろード]
名詞 C (旅館・下宿などの) 主人; 家主, 地主(対義語 landlady 女性の主人)

landmark [lǽndmɑ̀ːrk らぁンドマーク]
名詞 ❶ C (ある場所の)目標, 目印(となるもの), ランドマーク
❷ C (歴史上の)画期的な事件

landmine, land mine [lǽndmàin らぁンドマイン] 名詞 C 地雷(じらい)(◆単に mine ともいう)

landscape [lǽndskèip らぁンドスケイプ]
名詞 C 風景, 景色; 風景画
▸a beautiful **landscape**
美しい景色

lane [léin れイン] 名詞
❶ C 小道, 路地 ➡ **road** くらべよう
❷ C (道路の)車線, レーン; (競走・競泳の)コース; (船・飛行機などの)航路
❸ C (ボウリングの)レーン

⁑language

[lǽŋgwidʒ らぁングウィッヂ] 名詞
(複数 **languages** [-iz])
❶ U (一般的な意味での)**言語**, ことば
(◆個々の単語は word)
▸spoken **language** 話しことば
▸written **language** 書きことば
❷ C (ある国の)**言語**, 国語, …語
(同義語 tongue)
▸a foreign **language** 外国語
▸the Japanese **language** 日本語
▸He speaks four **languages**.
彼は 4 か国語を話す.
▸What is your first [native] **language**?
あなたの母語は何語ですか?
❸ U C (文字や音声を用いない)言語, 伝達記号
▸sign **language** 手話

language laboratory [lǽŋgwidʒ lǽbrətɔ̀:ri らぁングウィッヂ らぁブラトーリ]
名詞 C 語学演習室, LL 教室

lantern [lǽntərn らぁンタン] 名詞
C 手さげランプ, ちょうちん, ランタン

lap[1] [lǽp らぁップ] 名詞 C ひざ

くらべよう **lap と knee**

lap: すわったときの両ももの上の部分を指します. (◆×一人のひざの場合, laps とはいわない)
knee: ひざ頭(がしら)を指します.

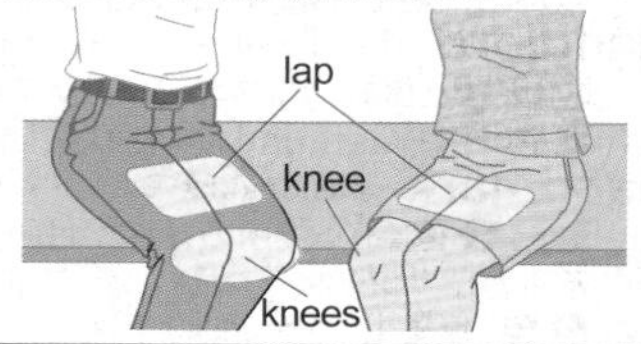

lap[2] [lǽp らぁップ] 名詞
C (競技場のトラックの)1 周; (競泳の)1 往復
▸a victory **lap** ビクトリーラン
(◆レースの優勝者がゴールインしたあとで競技場を 1 周すること)

lap time [lǽp tàim らぁップ タイム] 名詞
U C 【スポーツ】ラップタイム
(◆競技トラックや競泳コースの, 1 周・1 往復の所要時間)

laptop [lǽptɑ̀p らぁップタップ] 形容詞
【コンピューター】ラップトップ型の
——名詞 C ラップトップ型コンピューター, ノート型パソコン ➡ **computer** 図

⁑large

[lɑ́:rdʒ らーヂ] 形容詞
(比較 **larger**; 最上 **largest**)
❶ (大きさ・規模が)**大きい**, (面積が)**広い**
(対義語 small 小さい) ➡ **big** くらべよう

▸a **large** house 大きな家
▸a shirt in a **large** size
L サイズのシャツ

ダイアログ
A: How **large** is this room?
この部屋はどのくらいの広さですか?
B: It's forty square meters.
40 平方メートルです.

❷ (数・量が)**多い**; 多数の, 多量の
(対義語 small 少ない)
▸a **large** amount of water 大量の水
▸He has a **large** family.
(=His family is **large**.)
彼は家族が多い.
▸Tokyo has a **large** population.
東京は人口が多い.

largely [lɑ́:rdʒli らーヂり] 副詞
主として, 大部分は

larger [lɑ́:rdʒər らーヂャ] 形容詞
large(大きい)の比較級

largest [lɑ́:rdʒist らーヂェスト] 形容詞
large(大きい)の最上級

lark [lɑ́:rk らーク] 名詞
C 【鳥類】ヒバリ(= skylark)

laser [léizər れイザ] 名詞 C レーザー
(◆特殊(とくしゅ)な光線を出す装置; 通信や医療(いりょう)などで利用されている)

:last[1] [lǽst らぁスト]

——形容詞 (late の最上級の一つ; 比較級は latter) ❶《ふつう **the last** で》
(順序・時間が) **最後の**, 最終の
(対義語 first 最初の)
▸**the last** train　最終電車
▸Today is **the last** day of summer vacation.　今日は夏休み最後の日だ.
▸This is **the last** chance.
これが最後のチャンスだ.
▸I was **(the) last** runner in the race.　わたしはそのレースで最下位の走者だった.
❷ (時間が) **この前の**, 昨…, 先…
(対義語 next 次の); 最近の
▸**last** week [month, year]
先週[先月, 去年]
▸I met him **last** Tuesday.
この前の火曜日に彼に会った. ➡ ルール
▸The weather has been good for the **last** few days.
この数日間, ずっと天気がいい.

参考 last … か, yesterday … か

1「昨日の朝 [午後]」は yesterday morning [afternoon] といい, × last morning [afternoon] とはいいません.
2「昨日の夕方」は yesterday evening, または last evening といいますが, yesterday evening のほうが好まれます.
3「昨日の夜」は last night といい, yesterday night とはいいません.

	yesterday …	last …
morning	○	×
afternoon	○	×
evening	○	○
night	×	○

ルール「この前の」はいつのこと?

1 last は「現在にいちばん近い過去の」という意味なので, 仮に今日が土曜日だとすると, last Tuesday は「今週の火曜日」を意味します.
2「先週の火曜日に」と言いたい場合は, on Tuesday last week とします.

➡ **next** ルール

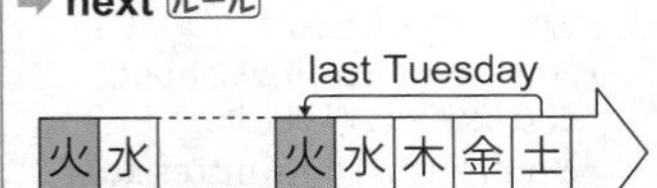

❸《**the last** 〜 **to** +**動詞の原形**で》
最も…しそうでない〜
▸He's **the last** person **to** tell a lie.
彼はうそをつくような人では全くない.

——副詞 ❶《主に動詞の後ろで用いて》
最後に, いちばん終わりに
(対義語 first 最初に)
▸She came **last**.　彼女は最後に来た.
❷ **この前**, 前回
▸When did I **last** see you?
(=When did I see you **last**?)
前回お会いしたのはいつでしたか?

——名詞《単数形》《ふつう **the last** で》
最後の人[**もの**, **こと**]; 最後
▸**the last** of July　7月の最後
▸She was **the last** to arrive.
彼女が最後に到着(とうちゃく)した人だ.
▸I met Tom the week before **last**.
先々週, わたしはトムに会った.

◆***at lást***　**やっと**, ついに (同義語 finally)
▸**At last**, I solved the problem.
ついにわたしはその問題を解決した.

to the lást　最後まで; 死ぬまで

last[2] [lǽst らぁスト] 動詞
自 続く; 長もちする; もちこたえる
▸**last** long　長もちする
▸The festival **lasted** (for) three days.
その祭りは3日間続いた.

lastly [lǽstli らぁストり] 副詞
最後に, 終わりに

last name [lǽst nèim らぁスト ネイム]
名詞 C 姓(せい), 名字(みょうじ), ラストネーム
(同義語 family name, surname, 対義語 first name 名) ➡ **name** 参考

:late [léit れイト]

——形容詞 (比較 **later** または **latter**; 最上 **latest** または **last**)
(◆ later, latest は「時間」に用い, latter, last は「順序」に用いる)
❶ (時間に) **遅**(おく)**れた**, 遅刻(ちこく)した;
(時刻・時期が) **遅**(おそ)**い**
(対義語 early 早い) ➡ **slow** くらべよう

▸I'm sorry I'm **late**.
遅れてすみません.
▸She was **late** for school.
彼女は学校に遅刻した.
▸You're thirty minutes **late**.
きみは 30 分遅刻だ.
▸We had a **late** breakfast.
わたしたちは遅い朝食をとった.
❷《名詞の前に用いて》最近死んだ, 故…
▸the **late** Dr. King
故キング博士(はかせ)
❸《名詞の前に用いて》最近の, 近ごろの
——副詞 (比較 **later**; 最上 **latest**)
(時間に)遅れて, 遅刻して;
(時刻・時期が)遅く(対義語 early 早く)
▸I got to the station ten minutes **late**.
わたしは駅に 10 分遅れて着いた.
▸ことわざ Better **late** than never.
遅くともしないよりはまし.
(◆遅れたことへの言い訳(わけ)や, 遅れた人への励(はげ)ましに使う)
▸She called me **late** in the evening.
彼女は夜遅くに電話をしてきた.
▸I went to bed **late** last night.
わたしはゆうべ遅く寝た.
——名詞 (◆次の成句で用いる)
of láte 最近, 近ごろ
(◆かたい語; 同義語 recently)

lately

[léitli れイトり] 副詞
《ふつう現在完了形とともに用いて》
最近, このごろ(◆過去時制のときは, ふつう recently を用いる)
▸**I've been** very busy **lately**.
最近, わたしはとても忙(いそが)しい.

⁑later

[léitər れイタ]
——形容詞 (late の比較級の一つ)(時間が)(…より)**もっと遅(おそ)い**, もっとあとの《than ...》; より最近の
▸a **later** bus あとから来るバス
——副詞 (時間が)(…より) **もっと遅く**《than ...》; **あとで**
▸My father came home **later than** usual.
父はいつもより遅く帰宅した.
▸I'll call you **later**. あとで電話します.

> **ダイアログ**
> *A:* Bye now! じゃあね!
> *B:* See you **later**! またあとでね!

▸A few years **later**, they married.
数年後, 彼らは結婚(けっこん)した.
sóoner or láter
遅かれ早かれ, いつかは

latest

[léitist れイテスト] 形容詞
(late の最上級の一つ) 最近の, 最新の;
(時間が)最も遅(おそ)い
▸the **latest** news 最新のニュース
at (the) látest 遅くとも
▸Come by ten **at (the) latest**.
遅くとも 10 時までには来なさい.

Latin

[lǽtn らぁトゥン] 名詞
❶ U ラテン語(◆古代ローマ人の言語で, 中世の学問用語)
❷ C ラテン民族の人, ラテン系の人
(◆イタリア語・フランス語・スペイン語・ポルトガル語などを話す人々)
——形容詞 ❶ ラテン語の
❷ ラテン民族の, ラテン系の

Latin America

[lǽtn əmérikə らぁトゥン アメリカ] 名詞 ラテンアメリカ
(◆スペイン語・ポルトガル語が話されている中南米諸国)

latitude

[lǽtitjùːd らぁティテュード] 名詞
C U 緯度(いど)
(◆ lat. と略す; 対義語 longitude 経度)

latter

[lǽtər らぁタ] 形容詞 (late の比較級の一つ)《名詞の前に用いて》
❶《ふつう **the latter** で》後半の, あとのほうの
▸**the latter** half of the year
その年の後半
❷《**the latter** で》(2 つのうち, 順序が)あとの;《代名詞的に》後者(のもの)
(対義語 the former 前の) ➡ **former**

⁑laugh

[lǽf らぁふ] (★発音に注意)
——動詞 (三単現 **laughs** [-s];
過去・過分 **laughed** [-t]; 現分 **laughing**)
自 (声を出して)**笑う** ➡ **smile** くらべよう
▸Don't **laugh**. I'm serious.
笑わないで. わたしは真剣(しんけん)なんだから.
◆***láugh at ...***
…を見て[聞いて]笑う; (人)をあざ笑う
▸They **laughed at** the joke.
彼らはそのジョークを聞いて笑った.
▸John often **laughed at** Bob.
ジョンはよくボブをばかにした.
——名詞 (複数 **laughs** [-s])
C 笑い, 笑い声
▸Tom gave a loud **laugh**.

トムは大きな笑い声をたてた.

laughter [lǽftər らぁふタ] (★発音に注意) 名詞 U 笑い, 笑い声

launch [lɔ́:ntʃ ろーンチ] 動詞 (三単現 **launches** [-iz]; 過去・過分 **launched** [-t]; 現分 **launching**) 他
❶ (船)を進水させる
❷ (ロケットなど)を打ち上げる, 発射する
❸ (事業など)を始める, (新製品)を出す
——名詞 (複数 **launches** [-iz])
C 進水; 打ち上げ, 発射

laundry [lɔ́:ndri ろーンドゥリ] 名詞 (複数 **laundries** [-z]) C クリーニング店, ランドリー; 《**the laundry** で》洗濯(せんたく)物
▸do **the laundry** 洗濯する
▸hang **the laundry** on a line
洗濯ひもに洗濯物を干す

laurel [lɔ́:rəl ろーレる] 名詞
C 【植物】ゲッケイジュ(月桂樹)(◆古代ギリシャでは競技の優勝者に月桂樹やオリーブの冠(かんむり)をあたえた)

laurel

lavatory [lǽvətɔ̀:ri らぁヴァトーリ] 名詞 (複数 **lavatories** [-z]) C 洗面所, トイレ(◆主に公衆トイレの標示に使われる; 《英口語》lav [lǽv らぁヴ])

LAVATORY
← This Way

law [lɔ́: ろー] 名詞
❶ C (一つひとつの)法律;
U 《ふつう **the law** で》法, 法律(全体);
U 法学
▸keep **the law** 法律を守る
▸break **the law** 法律を破る
❷ C (学問上の)法則, 原理
▸the **law** of gravity
引力[重力]の法則

lawn [lɔ́:n ろーン] 名詞
C U 芝生(しばふ), 芝地 ➡ **house** 図
▸mow the **lawn** 芝を刈(か)る

lawn mower [lɔ́:n mòuər ろーン モウア] 名詞 C 芝刈(しばか)り機
(◆単に mower ともいう)

law school [lɔ́: skù:l ろー スクーる]
名詞 U C 《米》ロースクール
(◆学士号取得後に進学する法科大学院)

lawyer [lɔ́:jər ろーヤ] 名詞
C 弁護士, 法律家

·lay[1] [léi れイ] 動詞 (三単現 **lays** [-z]; 過去・過分 **laid** [léid れイド]; 現分 **laying**)
他 ❶ …を置く, 横たえる
(◆「横たわる」は lie); …を敷(し)く, 広げる
▸He **laid** a pencil on the desk.
彼は机の上にえんぴつを置いた.
▸**Lay** a sheet of newspaper there.
新聞紙をそこに敷いてください.
❷ (卵)を産む
▸This hen **lays** an egg every day.
このめんどりは毎日卵を1つ産む.

lay asíde …をわきに置く; (お金・時間)をとっておく, ためる; …を中断する
▸He **laid** the magazine **aside**.
彼は(読んでいた)雑誌をわきに置いた.

lay óut …を広げる, 並べる;
(庭・都市など)を設計する;
(ページなど)のレイアウトをする

参考 まぎらわしい lay

lie「横たわる」の過去形も lay となるので注意しましょう.

	過去	過分	現分
lay「横たえる」:	laid	- laid	- laying
lie「横たわる」:	**lay**	- lain	- lying

▸**Lay** the baby on the bed.
赤ちゃんをベッドに寝(ね)かせなさい.
▸The dog **lay** on the grass.
(◆この lay は lie の過去形)
そのイヌは芝生(しばふ)の上に横たわった.

A B C D E F G H I J K L M N O P Q R S T U V W X Y Z

lay² [léi れイ] 動詞 lie¹(横たわる)の過去形

layer [léiər れイア] 名詞 C 層; ひと重ね
▸the ozone **layer** オゾン層

layoff [léiɔ̀:f れイオーふ] 名詞
(複数 **layoffs** [-s])
C (労働者の一時的な)解雇(かいこ), レイオフ

layout [léiàut れイアウト] 名詞
❶ C (都市・建物などの)設計, 配置
❷ C (雑誌のページなどの)レイアウト

lazy [léizi れイズィ] 形容詞
(比較 **lazier**; 最上 **laziest**)
❶ 怠(なま)けている, 怠惰(たいだ)な, 不精(ぶしょう)な
(対義語 deligent 勤勉な)
▸Don't be **lazy**. 怠けてはいけません.
❷ けだるい; のんびりとした; (動きが)ゆっくりした

◆lead¹ [lí:d リード]

―動詞 (三単現 **leads** [lí:dz リーヅ]; 過去・過分 **led** [léd れッド]; 現分 **leading**)

他 ❶ …を導く
自 ❶ 通じる

―他 ❶ …を導く, 案内する
▸The waiter **led** us to the table.
ウェイターはわたしたちをテーブルに案内した.
❷ …を先導する; …を指揮する
▸**lead** a band 楽団を指揮する
❸ …の先頭に立つ, 首位である
▸She **leads** the class in English.
彼女は英語ではクラスで1番だ.
❹ (…な生活)を送る, 過ごす
▸**lead** a happy life
幸福な生活を送る

―自 ❶ (道などが)(…に)通じる《to ...》
▸This road **leads to** the station.
この道は駅に通じている.
▸ ことわざ All roads **lead to** Rome.
すべての道はローマに通ず.
(◆「同じ目的を達するにもいろいろな手段がある」の意味)
❷ (…で)先頭[首位]である《in ...》
▸Who is **leading in** the marathon?
そのマラソンで先頭を走っているのはだれですか?

―名詞 (複数 **leads** [lí:dz リーヅ])
《**the lead** で》先頭, 首位;
C 指導, 先導; 模範(もはん), 手本
▸take **the lead** in the race
レースで先頭に立つ

lead² [léd れッド] (★発音に注意) 名詞
❶ U【化学】鉛(なまり)(◆元素記号は Pb)
❷ U C えんぴつのしん

leader [lí:dər リーダ] 名詞
C 指導者, 先導者, リーダー
▸She is our **leader**.
彼女がわたしたちのリーダーだ.

leadership [lí:dərʃìp リーダシップ]
名詞 U 指導者の地位[任務]; 指導力, リーダーシップ; 指導

leading [lí:diŋ リーディング] 形容詞
主要な; 先頭に立つ; 一流の
▸Meg played the **leading** role.
メグは主役を演じた.
▸a **leading** company 一流会社

◆leaf [lí:f リーふ] 名詞

(複数 **leaves** [lí:vz リーヴズ])
❶ C (草木の)葉
▸fallen **leaves** 落ち葉
▸The **leaves** are turning red and yellow. 葉が紅葉し始めている.
❷ C (本などの) 紙の1枚

leaflet [lí:flit リーふれット] 名詞
C リーフレット, チラシ(◆1枚刷りの印刷物で, しばしば折りたたんである); 小冊子

league [lí:g リーグ] 名詞 C 同盟, 連盟; (スポーツの)競技連盟, リーグ

leak [lí:k リーク] 名詞 C (水・ガス・空気・秘密などの)漏(も)れ; 漏れ口
▸a gas **leak** ガス漏れ
―動詞 自 漏れる, (容器などが)漏る
―他 …を漏らす

lean¹ [lí:n リーン] 動詞
(三単現 **leans** [-z]; 過去・過分 **leaned** [-d] または **leant** [lént れント];
現分 **leaning**) 自
❶ (…に)もたれかかる, もたれる
《against [on] ...》
▸**lean against** a tree
木にもたれかかる
▸She was **leaning on** her elbows.
彼女は両ひじをついていた.
❷ 傾(かたむ)く; かがむ
▸The tower **leans** a little.
その塔(とう)は少し傾いている.
―他…を(…に)立てかける《against [on] ...》; (ある方向に)…を傾ける

lean² [lí:n リーン] 形容詞
(比較 **leaner**; 最上 **leanest**)
(体つきが) 引き締(し)まった, やせた
(対義語 fat 太った); (肉が)脂肪(しぼう)のな

い，赤身の

leant [lént レント] 動詞 lean[1](もたれかかる)の過去形・過去分詞の一つ

leap [líːp リープ] 動詞

(三単現 **leaps** [-s]; 過去・過分 **leaped** [-t] または **leapt** [lépt レプト, líːpt リープト]; 現分 **leaping**)

自 跳(と)ぶ，跳びはねる

(◆《口語》ではふつう jump を用いる)

▸**leap** over a fence
塀(へい)を跳び越(こ)える

——他 …を跳び越える

——名詞 C 跳びはねること，跳躍(ちょうやく); 飛躍

leapfrog [líːpfrɑ̀g リープふラッグ] 名詞 U 馬跳(と)び(◆子供の遊び)

leapt [lépt レプト, líːpt リープト] 動詞 leap(跳(と)ぶ)の過去形・過去分詞の一つ

leap year [líːp jìər リープ イア] 名詞 C U (4年に1度の)うるう年

:learn [lə́ːrn ら～ン] 動詞

(三単現 **learns** [-z]; 過去・過分 **learned** [-d], 《主に英》**learnt** [lə́ːrnt ら～ント]; 現分 **learning**)

——他 ❶ **…を習う，学ぶ，習得する; …を覚える**; …を知る，聞く

▸We're **learning** English from an American. わたしたちはアメリカ人から英語を習っている.

▸**Learn** these words by tomorrow. 明日までにこれらの単語を覚えなさい.

▸I **learned** the news from her. わたしは彼女からその知らせを聞いた.

> くらべよう **learn と study**
>
> **learn**: 授業や練習などで学ぶことを表します. 学習し，その結果が身についたことも意味します.
>
> **study**: 意識的に努力して，勉強や研究をすることを表します.
>
> ▸We **study** hard.
> わたしたちは一生懸命(けんめい)に勉強している. (◆× We learn hard. とはいわない)

❷《**learn to** ＋**動詞の原形で**》…できるようになる，…するようになる

▸She **learned to** play the song on the piano. 彼女はその曲をピアノでひけるようになった.

——自 **学ぶ**，習う

▸I want to **learn** about the history of this town.
わたしはこの町の歴史を学びたい.

▸ ことわざ You are never too old to **learn**.
どんなに年をとっても学ぶことはできる. (◆「学ぶのに年をとり過ぎているということはない」の意味から)

léarn ... by héart …を暗記する

▸He **learned** the sentence **by heart**. 彼はその文を暗記した.

learned[1] [lə́ːrnd ら～ンド] 動詞 learn (…を習う)の過去形・過去分詞の一つ

learned[2] [lə́ːrnid ら～ニッド] 形容詞 《名詞の前に用いて》学問のある，博学な

learner [lə́ːrnər ら～ナ] 名詞 C 学習者; 初心者

•learning [lə́ːrniŋ ら～ニング]

——動詞 learn(…を習う)の現在分詞・動名詞

——名詞 U **学問，学識; 学ぶこと**

▸a process of **learning** 学習の過程

learnt [lə́ːrnt ら～ント] 動詞 《主に英》 learn(…を習う)の過去形・過去分詞の一つ

lease [líːs リース] 名詞 C (家・土地などの)賃貸借(ちんたいしゃく)契約(けいやく) 《on ...》; 賃貸借契約書; 賃貸借期間

leash [líːʃ リーシ] 名詞 (複数 **leashes** [-iz]) C 《米》(イヌの)ひき綱(づな)，鎖(くさり)

•least [líːst リースト] (little の最上級; 比較級は less)

——形容詞 ❶《ふつう **the least** で》**最も少ない**，いちばん小さい

(対義語 most 最も多い)

▸This air conditioner uses **the least** electricity among these.
このエアコンがこの中でいちばん省エネだ. (◆「いちばん少ない電気を使う」の意味から)

❷《否定文で》**少しも[全く]…ない**

▸I do**n't** have the **least** interest in computers. わたしはコンピューターには全く興味がない.

——副詞 **最も少なく**; 最も…でなく

(対義語 most 最も多く)

▸I like math (the) **least**.
わたしは数学がいちばん嫌(きら)いだ.

——名詞 U《ふつう **the least** で》

最少，最小

at* (*the*) *léast 少なくとも

▸We need one thousand yen **at least**. わたしたちは少なくとも 1,000 円は必要です.

not in the léast

少しも…ない, 全く…ない

▸I'm **not in the least** worried. わたしは全く心配していません.

leather [léðər れざ] 名詞

U 革(かわ), なめし革; C 革製品

⁑leave [líːv りーヴ] 動詞

(三単現 **leaves** [-z]; 過去・過分 **left** [léft れふト]; 現分 **leaving**)

> 他 ❶ (場所)を去る, 出発する
> ❷ (学校)を退学[卒業]する; (仕事など)をやめる
> ❸ …を置いていく; …を置き忘れる
> ❹ …を～のままにしておく
> 自 去る, 出発する

—他 ❶ (場所)**を去る, 出発する,** はなれる (対義語 arrive 着く);

《**leave ... for ～**で》～へ向けて…を出発する

▸Ms. Brown will **leave** Japan next month.
ブラウン先生は来月, 日本を去る予定だ.

▸The ship **left** Japan **for** China.
船は中国に向けて日本を出港した.

> くらべよう **leave と start**
> **leave**: 前置詞は不要です.
> **start**: 前置詞が必要です.
> ▸**leave** Boston for Chicago
> ▸**start from** Boston for Chicago
> シカゴに向けてボストンを出発する

❷ (学校)**を退学[卒業]する;** (仕事など)**をやめる** (同義語 quit)

▸**leave** school 退学[卒業]する

▸He **left** the basketball team.
彼はバスケットボール部をやめた.

❸ …**を置いていく;** …**を置き忘れる**
➡ **forget** 他 ❹

▸**leave** a message 伝言を残す

▸I **left** my umbrella on the train.
わたしは電車に傘(かさ)を置き忘れた.

❹《**leave ... ～**で》…**を～のままにしておく** (◆「...」は名詞, 「～」は形容詞, 現在分詞または過去分詞)

▸Please **leave** the window open.
その窓を開けたままにしておいてください.

▸Don't **leave** the water **running**.
水を出しっぱなしにしないで.

❺《**leave** ＋物事＋ **to**[**with**]＋人で》(人)に(物事)を任せる, 預ける

▸May I **leave** my cat **with** you?
ネコを預かってもらえますか?

> ダイアログ
> *A:* Which way shall we go?
> どっちの方向に行こうか?
> *B:* I'll **leave** it **to** you.
> きみに任せるよ.

❻ (家族・友人など)のもとを去る

—自 (…へ向けて)**去る, 出発する**《**for ...**》

▸He **left for** London yesterday.
彼は昨日, ロンドンに向けて出発した.

léave ... alóne (人・もの)を(かまわずに)そのままにしておく ➡ **alone**

léave ... behínd

…を置き忘れる, (人)を置き去りにする

▸Ah, I **left** my ticket **behind**!
あっ, チケットを置いてきちゃった!

leaves [líːvz りーヴズ] 名詞

leaf(葉)の複数形

leaving [líːviŋ りーヴィンґ] 動詞

leave(…を去る)の現在分詞・動名詞

lecture [léktʃər れクチャ] 名詞

C (…についての)講義, 講演《**on** [**about**] ...》

▸give a **lecture on** Japanese culture
日本文化についての講義をする

lecturer [léktʃərər れクチャラ] 名詞

C 講演者; (大学の)講師

LED [éliːdíː エるイーディー] 名詞

C 発光ダイオード
(◆ *l*ight-*e*mitting *d*iode の略)

·led [léd れッド] 動詞

lead[1](…を導く)の過去形・過去分詞

·left [léft れふト]

left[1]	動詞	**leave の過去形・過去分詞**
left[2]	形容詞	**左の**
	副詞	**左に[へ]**
	名詞	**❶ 左**

·left[1] [léft れふト] 動詞

leave(…を去る)の過去形・過去分詞

:left[2] [léft れふト]

——形容詞《名詞の前に用いて》
左の, 左側の(対義語 right 右の)
▸He sat on my **left** side.
彼はわたしの左側にすわった.
▸I write with my **left** hand.
わたしは左手で字を書く.
——副詞 **左に**[**へ**], 左側に
(対義語 right 右に)

▸Turn **left** at the corner.
その角(かど)を左に曲がってください.
——名詞 (複数 **lefts** [léfts れふツ])
❶ U《ふつう **the left** または *one's* **left** で》**左**, 左側, 左方(対義語 right 右)
▸Keep **Left** 《掲示》左側通行
▸You can see Mt. Fuji on **your left**.
左に富士山が見えますよ.
❷ C【野球】レフト, 左翼(さよく)手

left-handed [léfthǽndid れふトハぁンディッド] 形容詞
左利(き)きの; (道具などが)左利き用の

·leg [lég れッグ] 名詞 (複数 **legs** [-z])
❶ C (人・動物の)**脚**(あし), 足
(♦もものつけ根から足首までを指すが, 足首から先の部分 foot までふくめる場合もある)
➡ **巻頭カラー 英語発信辞典⑭**
▸cross *one's* **legs** 脚を組む
▸Spiders have eight **legs**.
クモには足が8本ある.
❷ C (机・いすなどの)脚

legacy [légəsi れガスィ] 名詞
C 遺産 (♦個人の財産だけでなく, 文化的・社会的なものも言う)

legal [líːgl リーグる] 形容詞
❶ 法律の, 法律上の
❷ 法律で認められた, 合法的な
(対義語 illegal 違法(いほう)の)
▸a **legal** act 合法的行為(こうい)

legal holiday [líːgl hálədèi リーグる ハりデイ] 名詞 C 《米》法定休日
➡ **holiday** 文化

legend [lédʒənd れヂェンド] 名詞
C U 伝説, 言い伝え; C 伝説的な 人物

lei [léi れイ] 名詞
C レイ(♦ハワイで首に掛(か)ける花輪)

leisure [líːʒər リージャ] 名詞
U 暇(ひま), 余暇(よか), 自由時間;《形容詞的に》暇な
at one's léisure
暇なときに, 都合がよいときに

lemon [lémən れモン] 名詞
❶ C U【植物】レモン(の実); レモンの木
▸a slice of **lemon** レモン1切れ
❷ U レモン色

lemonade [lèmənéid れモネイド] 名詞
U 《米》レモネード(♦レモン果汁(かじゅう)に水・砂糖を加えたもの); 《英》レモンスカッシュ(♦レモン果汁に砂糖・炭酸水を加えたもの)

:lend [lénd れンド] 動詞
(三単現 **lends** [léndz れンヅ]; 過去・過分 **lent** [lént れント]; 現分 **lending**) 他
❶ (もの・金など) **を貸す**
(対義語 borrow 借りる)

▸The library **lends** out books, comics, and DVDs.
その図書館は本, マンガ, DVD を貸し出している.
❷《**lend** ＋**人**＋**もの**または **lend** ＋**もの**＋**to** ＋**人**で》(人)に(もの)を貸す
▸Would you **lend** me your bike? (=Would you **lend** your bike **to** me?) 自転車を貸してくれませんか?
(♦文末にくる語句が強調される; 前者は「何を」貸すか, 後者は「だれに」貸すかに重点が置かれる)
▸Who **lent** it **to** you?
だれがそれをあなたに貸したのですか?

▸She always **lends** a hand **to** poor people. 彼女はいつも貧しい人々に援助(えんじょ)の手を差し伸(の)べる.

lender [léndər れンダ] 名詞

C 貸し手, 貸し主

·length [léŋkθ れンクす]

(★発音に注意) 名詞

(複数 **lengths** [-s])

❶ U C (距離(きょり)・寸法(すんぽう)の)**長さ, 縦**

▸The **length** of the Shinano River is about 370 kilometers.
信濃川の長さは約 370 キロメートルだ.

参考 距離・寸法を表すことば

英語では長いほうの辺を length「縦」, 短いほうを width「横」といいます.

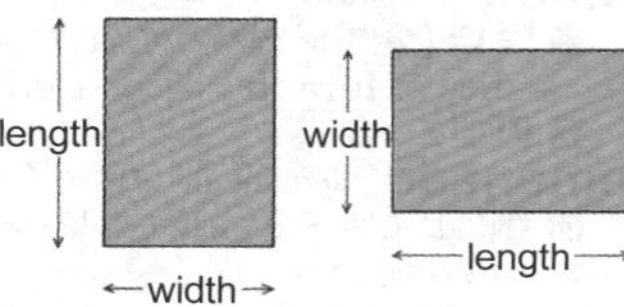

▸The card is four centimeters in **length** and three in **width**.
そのカードは縦 4 センチ, 横 3 センチだ.

❷ C U (時間の)長さ, 期間; (本・映画などの)長さ

lengthen [léŋkθn れンクすン] 動詞

自 長くなる, 伸(の)びる

—他 …を長くする, 伸ばす

lens [lénz れンズ] 名詞 (複数 **lenses** [-iz]) C レンズ; (眼の)水晶(すいしょう)体

·lent [lént れント] 動詞

lend(…を貸す)の過去形・過去分詞

Leonardo da Vinci [lìːənáːrdou də víntʃi りーオナードウ ダ ヴィンチ] 名詞

【人名】レオナルド・ダ・ビンチ (◆ 1452-1519; イタリアの画家・彫刻(ちょうこく)家・建築家・科学者) ➡ 右図

leopard [lépərd れパド] (★発音に注意) 名詞

C【動物】ヒョウ

·less [lés れス]

(little の比較級; 最上級は least)

—形容詞 (量が) (…より) **もっと少ない** 《than ...》(対義語 more もっと多くの); (…より)もっと小さい《than ...》

▸We had **less** snow this year **than** last year.
今年は去年より雪が少なかった.

—副詞 (…より)**もっと少なく**《than ...》

▸I watch TV **less than** before.
わたしは以前よりテレビを見なくなった.

—名詞 (…より)**もっと少ない量 [数]** 《than ...》

▸in **less than** two hours
2 時間かからずに

▸You're eating **less than** usual.
いつもより食べないじゃないの.

móre or léss 多かれ少なかれ; だいたい

▸You need 1,800 calories every day, **more or less**.
きみには毎日だいたい 1,800 カロリーは必要だ.

·lesson [lésn れスン] 名詞

(複数 **lessons** [-z])

❶ C **授業**; けいこ, レッスン

▸How many **lessons** do you have on Monday?
月曜日にはいくつ授業がありますか?

▸I take piano **lessons** twice a week.
わたしは週に 2 回, ピアノのレッスンを受けている.

❷ C (教科書などの)**課**

▸Read **Lesson** 5 aloud.
第 5 課を声に出して読みなさい.

❸ C 教訓, 教え, いましめ

▸learn a **lesson**
教訓を得る

:let [lét れット] 動詞 (三単現 **lets** [léts れッツ]; 過去・過分 **let**; 現分 **letting**)

他 ❶《**let** +人+**動詞の原形**で》
(人) **に…させる**, させておく;
《**Let us** +**動詞の原形**で》
わたしたちに…させてください
(◆この意味では, Let's と短縮しない);
…**しよう**(◆ふつう Let's と短縮する)
➡ **let's**

▸**Let** me introduce myself.
自己紹介(しょうかい)させてください.

▸She **let** her children watch TV.
彼女は子供たちにテレビを見させておいた.

▸**Let us** help you.
わたしたちにお手伝いさせてください.

くらべよう let, make, get, have

let:「本人が望むことをさせる」という「許可」の意味合いがあります.

make:「本人の望みとは関係なく…させる」という「強制」の意味合いがあります.

get, have: 強制の意味が弱く, 特にgetには「説得して…してもらう」という意味合いがあります.

▸**Let** him do it.
(彼がしたいなら)彼にそれをさせればいい.

▸**Make** him do it.
(本人がどう言おうと)彼にそれをさせなさい.

▸I'll **get** him to do it.
(説得などして)彼にそれをしてもらおう. (◆getの場合, to＋動詞の原形になることに注意)

▸I'll **have** him do it.
(たのんで)彼にそれをしてもらうつもりだ.

❷《英》(土地・家など)を賃貸しする
(◆《米》rent)

▸House to **Let** (＝To **let**)
《掲示》貸家

let ... alóne (人・もの)を(かまわずに)そのままにしておく ➡ **alone**

let gó (…を)放す《of ...》

let ín …を中に入れる

▸Please **let** me **in**.
中に入れてください.

◆***Let me sée.*** = ***Let's sée.***
《口語》ええと, そうですね.
(◆返事がすぐに出てこないときなどに, つなぎのことばとして用いる) ➡ **see**

ダイアログ

A: What time is it now?
今, 何時?

B: **Let's see.** It's eleven.
ええとね. 11時です.

⁑let's [léts れッツ]

《口語》(let usの短縮形)《**let's＋動詞の原形で**》**…しよう**, …しましょう

▸**Let's** go to the beach.
海辺に行きましょう.

ルール Let'sの使い方

1 Let's .... の文に対して「うん, そうしよう」と答えるときは, ふつうYes, let's. といいます. そのほかに, All right. 「いいよ」, Sure. 「もちろん」などということもあります. 「いや, よそうよ」と答えるときは, No, let's not. といいます.

ダイアログ

A: **Let's** play tennis.
テニスをしよう.

B: **Yes, let's. / No, let's not.**
うん, そうしよう./ いや, やめよう.

2 Let's .... を付加疑問文にするには文末にコンマ(,)とshall we?をつけます. 「…しましょうか?」のような意味になります.

▸**Let's** try it**, shall we?**
それをやってみましょうか?

3 Let's .... の否定文はLet's not .... となります.

▸**Let's not** ride on the roller coaster.
ジェットコースターに乗るのはやめようよ.

⁑letter [létər れタ] 名詞

(複数 **letters** [-z])

❶ C **手紙**, 封書(ふうしょ) ➡ p.357 **How To Write a Letter of Thanks**

▸a love **letter** ラブレター

▸a **letter** of thanks
お礼状

▸send [receive] a **letter**
手紙を送る[受け取る]

▸I wrote a **letter** to Becky.
わたしはベッキーに手紙を書いた.

❷ C (表音)**文字**(◆アルファベットなど, 音を表す; 漢字などの「表意文字」はcharacter) ➡ **character**

▸a capital [small] **letter**
大文字[小文字]

letter box [létər bàks れタ バックス]
名詞 C《英》郵便受け; 郵便ポスト
(◆《米》mailbox)

letting [létiŋ れティング] 動詞
let((人)に…させる)の現在分詞・動名詞

lettuce [létis れタス] 名詞
C U【植物】レタス(の葉)

leukemia, 《英》**leukaemia**
[lu:kímiə るーキミア] 名詞
U【医学】白血病
(◆血液中の白血球が異常に増加する病気)

level [lévl れヴる] 名詞
❶ C U 水平, 水平面;(水平面の)高さ;高度
▸the water **level** in the river
川の水位
❷ C U (技術・文化・学問などの)水準, レベル
▸His cooking is on a professional **level**.
彼の料理の腕(うで)はプロレベルだ.
── 形容詞 ❶ 平らな, 水平の
▸on **level** ground 平らな地面の上で
❷ (…と)同じ高さの《with ...》

lever [lévər れヴァ] 名詞
C てこ;(機械などの)レバー

LGBT [eldʒi:bi:tí: エるジービーティー] 名詞
エルジービーティー(◆性的少数者の総称; *l*esbian, *g*ay, *b*isexual, *t*ransgender 「女性同性愛者, 男性同性愛者, 両性愛者, 性別越境者」の略)

liable [láiəbl らイアブる] 形容詞
《**be liable to** +**動詞の原形で**》
…しがちである, …しやすい
(◆好ましくないことに用いる)
▸I'm **liable to** catch colds.
わたしは風邪(かぜ)をひきやすい.

liar [láiər らイア] 名詞
C うそつき(◆日本語よりはるかに強い非難の意味がある)

liberal [líbərəl りベラる] 形容詞
❶ 気前のよい; 寛大(かんだい)な, 偏見(へんけん)のない
▸My host family was very **liberal**.
わたしのホストファミリーはとても気前がよかった.
❷ 自由主義の

liberation [lìbəréiʃn りベレイシャン]
名詞 U (…からの)解放《from ...》;
解放運動

liberty [líbərti りバティ] 名詞
(複数 **liberties** [-z])
U 自由, 解放
(◆ freedom よりかたい語; 特に国家・政府による制限からの「自由」を指す);
C《**liberties** で》(自由に使う)権利
▸civil **liberties** 市民としての自由

Liberty Bell
[líbərti bèl りバティ べる] 名詞
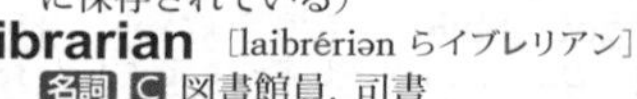
《**the Liberty Bell** で》自由の鐘(かね)(◆ 1776 年, アメリカの独立宣言を記念して鳴らされた鐘; フィラデルフィアの独立記念館に保存されている)

librarian [laibréəriən らイブレリアン]
名詞 C 図書館員, 司書

libraries [láibreriz らイブレリズ]
名詞 **library**(図書館)の複数形

:library [láibreri らイブレリ] 名詞
(複数 **libraries** [-z])
❶ C 図書館, 図書室
▸a public **library** 公立図書館
▸I went to the **library** yesterday.
わたしは昨日, 図書館へ行った.
❷ C (個人の)蔵書; 書斎(しょさい)
▸He has a large **library** of jazz CDs.
彼はジャズの CD をたくさん持っている.

license, 《英》**licence** [láisns らイセンス] 名詞 C U 免許(めんきょ), 許可;
C 免許証[状]
▸《米》a driver's **license**
(=《英》a driving **licence**)
運転免許証

license plate [láisns plèit らイセンス プれイト] 名詞 C 《米》(自動車の)ナンバープレート(◆単に plate ともいう;
《英》numberplate) ➡ **cars** 図

lick [lík リック] 動詞 他 …をなめる
── 名詞 C なめること; ひとなめ

lid [líd リッド] 名詞 ❶ C ふた
❷ C まぶた(= eyelid)

lie [lái らイ]

lie[1]	動詞	自	❶ **横たわる**
			❷ **位置する**
lie[2]	名詞		**うそ**
	動詞	自	**うそをつく**

•lie[1] [lái らイ] 動詞 (三単現 **lies** [-z];
過去 **lay** [léi れイ]; 過分 **lain** [léin れイン];

How To Write a Letter of Thanks　お礼の手紙の書き方

① 差出人の氏名
② 差出人の住所
③ 相手の氏名
④ 相手の住所

＊英語で住所を書くときは，まず番地から始め，「狭(せま)いところから広いところ」へ順に並べる．国名は大文字で書く．
＊アメリカの州名は，CA（= California）のように，2 文字の略語で表し，そのあとに郵便番号（zip code）を書く．

⑤ 日付　⑥ 書き出し
⑦ 本文　⑧ 結び　⑨ 署名

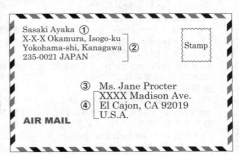

Sasaki Ayaka ①
X-X-X Okamura, Isogo-ku
Yokohama-shi, Kanagawa ②
235-0021 JAPAN

Stamp

③ Ms. Jane Procter
XXXX Madison Ave.
④ El Cajon, CA 92019
U.S.A.

AIR MAIL

---

⑤Aug. 25, 2025

⑥Dear Jane,

⑦ How are you doing? I'm now very busy doing my summer homework. Our second school term begins next week.

Thank you very much for all your help during my stay in California. I often think of you and your family, and look at the pictures that I took in Disneyland.

When you visit Japan next year, I'll show you around in Yokohama. I hope you'll like Japan.

I'm looking forward to hearing from you.

⑧Your friend,
⑨*Sasaki Ayaka*

2025 年 8 月 25 日

ジェーンへ

お元気ですか？　わたしは今，夏休みの宿題でとても忙(いそが)しくしています。来週から 2 学期が始まります。

カリフォルニアに滞在(たいざい)したときは，たいへんお世話になり，どうもありがとうございました。わたしはよくジェーンやご家族のことを思い出し，ディズニーランドで撮(と)った写真を眺(なが)めています。

来年あなたが日本に来たときには，横浜をあちこちご案内しますね。あなたが日本のことを気に入ってくれるといいな。

お便りを楽しみにしています。

友達の佐々木彩花より

表 現 集

I'm busy ...ing「…するのに忙しくしています」/ Thank you very much for ....「…をどうもありがとうございます」/ I'll show you around in ....「…を（あちこち）ご案内しますね」/ I hope you'll like ....「あなたが…のことを気に入ってくれるといいのですが」/ I'm looking forward to ...ing「…するのを楽しみにしています」/ hear from ...「…から便りをもらう」

A B C D E F G H I J K L M N O P Q R S T U V W X Y Z

現分 **lying** [láiiŋ らイインヶ]) 自
❶ (人・動物が) **横たわる**, 横になる; 横たわっている ➡ **lay**[1] 参考
▸Kate **lay** on the sofa.
ケイトはソファーに横になった.
▸Tom is **lying** on his back.
トムはあおむけに寝(ね)ている.
▸Emma is **lying** on her stomach.
エマはうつぶせになっている.
❷ **位置する**, ある
▸Yokohama **lies** to the southwest of Tokyo. 横浜は東京の南西にある.
❸ …の状態にある, …のままである
▸A book **lay** open on the desk.
本が机の上に開いたまま置いてあった.
líe dówn 横になって休む

参考 **lie の変化形のちがい**
「横たわる」という意味の lie と「うそをつく」という意味の lie では, 変化形が異なるので注意しましょう.

	過去	過分	現分
lie「横たわる」	**lay**	**lain**	lying
lie「うそをつく」	**lied**	**lied**	lying

⁺lie²
[lái らイ]
—名詞 (複数 **lies** [-z])
C **うそ**, 偽(いつわ)り (対義語 the truth 真実)
▸Don't tell a **lie**. うそをつくな.
—動詞 (三単現 **lies** [-z]; 過去・過分 **lied** [-d]; 現分 **lying** [láiiŋ らイインヶ])
自 **うそをつく** ➡ **lie**[1] 参考
▸I **lied** to my father.
わたしは父にうそをついた.

⁑life
[láif らイふ] 名詞
(複数 **lives** [láivz らイヴズ])

❶ **生命**
❷ (人の) **一生**
❸ **人生**
❹ **生活**

❶ U **生命**, 命; 生; C (個人の)命 (対義語 death 死); U 活力, 活気
▸The doctor saved her **life**.
その医者は彼女の命を救った.
▸Ann is always full of **life**.
アンはいつも元気いっぱいだ.
❷ U C (人の) **一生**, 生涯(しょうがい)
▸His **life** was short.
彼の一生は短かった.
▸I wrote an e-mail in English for the first time in my **life**.
わたしは生まれて初めて英語で E メールを書いた.
❸ U **人生**, この世に生きること
▸He has much experience of **life**.
彼は人生経験が豊富だ.
❹ C U **生活**, 暮らし
▸a busy **life** 忙(いそが)しい生活
▸How is your school **life**?
学校生活はどうですか?
❺ U 生物(全体), 生き物
▸animal [plant] **life** 動物[植物]
▸Is there **life** on Mars?
火星に生物はいるのかな?
❻ C 伝記(♦ life story ともいう; 同義語 biography)
▸a **life** of George Washington
ジョージ・ワシントンの伝記
áll one's lífe 一生涯
for one's [déar] lífe 命がけで, 必死で
▸He fought **for his life**.
彼は命がけで戦った.
in (all) one's lífe
生まれてこのかた, 一生で
▸She's never been abroad **in her life**. 彼女は生まれてこのかた外国に行ったことがない.

lifeboat [láifbòut らイふボウト] 名詞
C 救命艇(てい), 救命ボート

lifeguard [láifgɑ̀:rd らイふガード] 名詞
C (海・プールの)救助員, 監視(かんし)員 (♦ life guard ともつづる)

lifelong [láiflɔ̀:ŋ らイふろーンヶ] 形容詞
《名詞の前に用いて》一生の, 生涯(しょうがい)にわたる
▸a **lifelong** friend 一生の友

life-size(d) [láifsáiz(d) らイふサイズ(ド)]
形容詞 (写真・彫刻(ちょうこく)などが)等身大の

lifestyle [láifstàil らイふスタイる] 名詞
C 生活様式, 生き方

lifetime [láiftàim らイふタイム] 名詞
C 生涯(しょうがい), 一生

lifework [láifwə́:rk らイふワ〜ク] 名詞
U 一生の仕事, ライフワーク

lift [líft りふト] 動詞 他 …を持ち上げる (同義語 raise); (目・顔など)を上に向ける
—名詞 ❶ C (好意で車などに)乗せること (同義語 ride)
▸Can I have a **lift**?
乗せてもらえませんか?

❷ C 《英》エレベーター
(◆《米》elevator); (スキー場の)リフト

⁺light [láit らイト] (★発音に注意)

light[1]	名詞	❶ 光
		❷ 明かり
	動詞 他	❶ …に火をつける
	形容詞	❶ 明るい
light[2]	形容詞	❶ (重量が)軽い
		❷ (量が)少ない

⁑light[1] [láit らイト]

―名詞 (複数 **lights** [láits らイツ])
❶ U **光**, 光線; 日光; 明るさ
(対義語 darkness 暗さ)
▸strong [bright] **light**
強い光
▸The **light** came into my room.
光がわたしの部屋に差しこんだ.
❷ C **明かり**, 照明, 電灯; (交通)信号
➡ **lamp**
▸a street **light** 街灯
▸turn on [off] the **light**
明かりをつける[消す]
▸Turn left at the next (traffic) **light**.
次の信号で左に曲がりなさい.
❸ 《**a light** で》
《口語》(マッチ・タバコなどの)火
―動詞 (三単現 **lights** [láits らイツ]; 過去・過分 **lighted** [-id] または **lit** [lít リット]; 現分 **lighting**)
―他 ❶ **…に火をつける**, (火)をつける
▸**light** a candle [the gas]
ろうそくに火をつける[ガスに点火する]
❷ …を明るくする(◆しばしば up をともなう); (明かり)をつける
▸**light up** the stage
舞台(ぶたい)を照らす
―自 火がつく; (表情が)明るくなる
―形容詞 (比較 **lighter**; 最上 **lightest**)
❶ **明るい**(対義語 dark 暗い)
▸a **light** room
明るい部屋
▸It's getting **light** outside.
外が明るくなってきた.
❷ (色が)薄(うす)い(対義語 dark 濃(こ)い)
▸**light** blue 淡(あわ)い青

⁺light[2] [láit らイト] 形容詞

(比較 **lighter**; 最上 **lightest**)

❶ 
❷ 

❶ (重量が)**軽い**(対義語 heavy 重い)
▸a **light** package 軽い小包
▸Oil is **lighter** than water.
油は水よりも軽い.
❷ (量が)**少ない**; (強さ・程度が)弱い; 簡単な, 楽な
▸a **light** meal 軽い食事
▸Traffic is **light** today.
今日は交通量が少ない.
❸ (内容が)軽い
make light of ... …を軽んじる

lighten[1] [láitn らイトゥン] 動詞 他
❶ …を明るくする, 照らす
▸A large window **lightened** the room.
大きな窓が部屋を明るくしていた.
❷ (表情など)を輝(かがや)かせる
―自 (空・表情などが)明るくなる

lighten[2] [láitn らイトゥン] 動詞
他 …を軽くする
―自 ❶ (ものが)軽くなる; 緩和(かんわ)される
❷ (気分などが)楽になる, 陽気になる

lighter [láitər らイタ] 名詞
C (たばこ用の)ライター

lighthouse [láithàus らイトハウス]
名詞 C 灯台

lighting [láitiŋ らイティング] 名詞
U 照明, 照明方法

lightly [láitli らイトリ] 副詞
❶ 軽く; 少しだけ
❷ 軽率(けいそつ)に, 軽々しく
(◆ふつう否定文で用いる)

lightning [láitniŋ らイトニング] 名詞
U 稲妻(いなずま), 稲光(いなびかり)
(◆「雷鳴(らいめい)」は thunder)

like [láik ライク]

like¹ 動詞 他 ❶ …を好む
❷ …するのが好きである
自 好む
like² 前置詞 …のような[に]

⁑like¹ [láik ライク] 動詞

(三単現 **likes** [-s]; 過去・過分 **liked** [-t]; 現分 **liking**)

──他 ❶ …を好む, …が好きである
(対義語 dislike …を嫌(きら)う)

▸I **like** soccer very much.
わたしはサッカーが大好きだ.

▸He **likes** dogs. 彼はイヌが好きだ.
(♦一般的な好みを言うときは, 目的語となる数えられる名詞は複数形になる)

❷《**like** + **...ing** または **like to** +動詞の原形で》…するのが好きである

▸I **like** traveling [**to** travel].
わたしは旅行をするのが好きだ.

──自 好む, 望む

▸Do as you **like**.
好きなようにしなさい.

♦***Hów do you líke ...?*** (好き嫌いをたずねたり, 意見を求めたりして)
…はどうですか?

ダイアログ
A: **How did you like** this book?
この本はどうだった?
B: I really enjoyed it.
とてもおもしろかったよ.

if you like よろしかったら

would like ... =《英》***should like ...***
① …がほしい(のですが)
(♦ want よりていねいな言い方; I'd like のように短縮されることが多い)

▸**I'd like** a large size.
L サイズのものがほしいのですが.

▸**I'd like** a second helping, please.
(食事のときに)お代わりをください.

②《**Would you like ...?** で》
…はいかがですか?

ダイアログ
A: **Would you like** a piece of cake?
ケーキを 1 切れいかがですか?
B: Yes, please.
はい, いただきます. (♦いらないときは No, thank you. などと答える)

♦***I would like to*** +動詞の原形
=《英》***I should like to*** +動詞の原形
① …したい(のですが)
(♦ want to +動詞の原形よりもていねいな言い方; I'd like to .... と短縮されることが多い)

▸**I'd like to** rest a little.
少し休みたいのですが.

②《**Would you like to** +動詞の原形 **?** で》…してはいかがですか?

▸**Would you like to** try some Japanese food?
和食を食べてみてはいかがですか?
(♦人にすすめるときには, 疑問文でも any ではなく some を用いる)
➡ **some** ルール

③《**I would** [《英》**should**] **like** +人+ **to** +動詞の原形で》
(人)に…してほしい(のですが)

▸**I'd like** you **to** stay here.
ここにいてほしいのですが.

•like² [láik ライク]

──前置詞 **…のような[に]**, …に似た, …らしい

▸She is **like** a sister to me.
彼女はわたしにとって姉[妹]のようなものだ.

▸It tastes **like** an orange.
それはオレンジのような味がする.

▸Do it **like** this.
こんなふうにやってごらん.

▸Is Ed sick in bed? That's not **like** him. エドが病気で寝(ね)ているんだって? 彼らしくないね.

féel like ... …がほしい; …のような手触(てざわ)りがする; …らしい; …したい気がする《...ing》➡ **feel**

♦***lóok like ...*** **…に似ている; …のように見える**; …になりそうだ ➡ **look**

Whát is ... like?
…はどういうもの[人]ですか?

▸**What is Ann like?**
アンはどんな人ですか？
——形容詞 似ている，同様の
——名詞 (複数 **likes** [-s])
C《ふつう **the like** または *one's* **like** で》似たもの[人]
and (áll) the like
《口語》およびそのほかの同じようなもの

-like 接尾辞 名詞について「…のような」という意味の形容詞をつくる：child(子供)＋-like → childlike(子供のような)

liked [láikt らイクト] 動詞
like¹(…を好む)の過去形・過去分詞

likely [láikli らイクり] 形容詞
(比較 **more likely** または **likelier**；最上 **most likely** または **likeliest**)
❶ ありそうな，起こりそうな
(対義語 unlikely ありそうもない)
▸a **likely** end　ありそうな結末
❷《**be likely to** ＋動詞の原形で》…しそうだ；《**it is likely** ＋ **that** 節で》たぶん[おそらく]…だろう
▸Tom **is likely to** come to the party. (＝**It is likely that** Tom will come to the party.)
トムはパーティーに来そうだ．(おそらくトムはパーティーに来るだろう．)
——副詞 おそらく，たぶん
▸She is **likely** at home.
彼女はおそらく家にいるだろう．

liking [láikiŋ らイキング] 動詞
like¹(…を好む)の現在分詞・動名詞

lilac [láilək らイらック] 名詞
C【植物】ライラック，リラ
(◆モクセイ科の落葉低木)

lily [líli りり] 名詞 (複数 **lilies** [-z])
C【植物】ユリ；ユリの花

limb [lím りム] (★発音に注意)
名詞 ❶ C 手足(の1本)；翼(つばさ)
❷ C (木の)大枝(同義語 bough)

limit [límit りミット] 名詞
❶ C 限界，限度；制限
▸the upper **limit**　最大限
▸the speed **limit**　速度制限
❷ C《ふつう **limits** で》範囲(はんい)，境界
▸**Off Limits**
《掲示》《主に米》立入禁止区域
——動詞 他 …を(…に)制限する《to ...》

limited [límitid りミティッド] 形容詞
(数・量などが)限られた，限定の；《米》(列車・バスなどが)特別(急行)の
▸a **limited** edition
(本などの)限定版

limousine [líməzìːn りムズィーン] 名詞
❶ C リムジン(◆高級大型乗用車)
❷ C リムジンバス (◆空港と駅などを結ぶ送迎(そうげい)用大型バス)

Lincoln [líŋkən りンカン] 名詞
【人名】リンカーン
(◆ Abraham Lincoln [éibrəhæm- エイブラハぁム-], 1809-65；アメリカ合衆国第16代大統領；奴隷(どれい)解放に貢献(こうけん)した)

·line [láin らイン]
——名詞 (複数 **lines** [-z])

❶ 線
❷ (文章の)行
❸ 列
❹ ひも；電話線

❶ C 線
▸draw a straight **line**　直線をひく
❷ C (文章の)行；《ふつう **lines** で》(役者の)せりふ；《**a line** で》短い手紙
▸the seventh **line** from the top [bottom]　上[下]から7行め
▸I forgot my **lines** on stage.
わたしは舞台(ぶたい)でせりふを忘れた．
❸ C 列，並び，行列
(◆ 同義語 row，《英》queue)
▸I stood in **line** for the tickets.
わたしはチケットを買う列に並んだ．
❹ C ひも，綱(つな)；糸；電話線，電線
▸Hold the **line**, please.
(電話を)切らずにお待ちください．
▸She is on the **line** now.
彼女は今，電話中です．
❺ C (列車・バスなどの)路線，航(空)路

ダイアログ
A: Which **line** should I take?
何線に乗ればいいですか？
B: Take the Tozai **Line**.
東西線に乗ってください．

——動詞 (三単現 **lines** [-z]；過去・過分 **lined** [-d]；現分 **lining**) 他
❶ …に沿って並ぶ；
…に(…を)並べる《with ...》

❷ …に線をひく

líne úp

① 1列に並ぶ, 整列する

② …を1列に並べる

linen [línin リネン] 名詞 U リネン, 亜麻(あま)布; U《しばしば **linens** で》リネン製品 (♦シーツ, タオルなど)

liner [láinər ライナ] 名詞

❶ C (大洋航路の)定期船; (大型)定期旅客(りょかく)機

❷ C【野球】ライナー (♦ line drive ともいう)

lining [láiniŋ ライニング] 名詞 U C (衣服・箱などの)裏張り, 裏地

link [líŋk リンク] 動詞 他 …を(…と)つなぐ, 連結する《with [to] ...》(同義語 connect, join)

——名詞 C (鎖(くさり)の)輪; 結びつけるもの[人]; きずな; 接続

·lion [láiən ライアン] 名詞 (複数 **lions** [-z])

❶ C【動物】**ライオン**; 雄(おす)ライオン (♦特に「雌(めす)ライオン」を指すときは lioness [láiənəs ライオネス] を用いる)

❷《**the Lion** で》【天文】しし座 ➡ **horoscope** 文化

·lip [líp リップ] 名詞 (複数 **lips** [-s])

C **唇**(くちびる) (♦鼻の下までふくむ) ➡ **mouth** 図

▸the upper [lower] **lip** 上唇[下唇]

▸She put her finger to her **lips**.
彼女は唇に指を当てた. (♦「静かにするように」というジェスチャー)

lipstick [lípstìk リップスティック] 名詞 C U (スティックタイプの)口紅

liquid [líkwid リクウィッド] 形容詞 液体の, 液状の

——名詞 C U 液体 (♦「気体」は gas, 「固体」は solid)

liquor [líkər リカ] 名詞 U《米》(ウイスキーなどの)強い酒, 蒸留(じょうりゅう)酒; 《英》酒類, アルコール飲料

·list [líst リスト]

——名詞 (複数 **lists** [lísts リスツ])

C **表, リスト; 名簿**(めいぼ)

▸a price **list** 価格表

▸a passenger **list**
(旅客機・客船の)乗客名簿

▸make a **list** 表を作る

——動詞 (三単現 **lists** [-s]; 過去・過分 **listed** [-id]; 現分 **listing**)

他 …を表にする; …を(表・名簿などに)載(の)せる (♦×英語では list up とはいわない)

:listen [lísn リスン] (★発音に注意) 動詞 (三単現 **listens** [-z]; 過去・過分 **listened** [-d]; 現分 **listening**) 自

❶ (…を)**聴**(き)**く**, 聞く, (…に)耳を傾(かたむ)ける《to ...》; 《命令形で》ねえ (♦注意をひくときの呼びかけ)

▸**listen** carefully 注意して聞く

▸**Listen to** me.
わたしの言うことを聞きなさい.

▸I was **listening to** rock music in my room.
わたしは部屋でロック音楽を聴いていた.

▸**Listen**, Meg. ねえ, メグ.

❷《**listen to** ＋人＋**動詞の原形**[**...ing**]で》(人)が…する[している]のを聞く

▸I **listened to** Ann **singing**.
わたしはアンが歌っているのを聴いた.

lísten (óut) for ...
…を聞こうと耳を澄(す)ます

くらべよう **listen と hear**

listen: 自ら進んで聞こうと, 意識的に耳を傾けることを表します.

▸She is **listening** to music.
彼女は音楽を聴いている.

hear: 自分の意思とは関係なく, 自然に聞こえることを表します.

▸I **heard** some noise then.
わたしはそのとき騒音(そうおん)を聞いた.

listener [lísnər リスナ] 名詞 C 聞く人; (ラジオなどの)聞き手, リスナー

·lit [lít リット] 動詞 light¹(…に火をつける)の過去形・過去分詞の一つ

liter, 《英》litre [líːtər リータ]
(★発音に注意) 名詞
C (容積の単位の)リットル
(◆L. または lit. と略す)

literally [lítərəli リテラり] 副詞
文字どおりに；ほんとうに，実際に

literary [lítərèri リテレリ] 形容詞
文学の，文学的な；文語の

literature [lítərətʃər リテラチャ] 名詞
U 文学；文学作品(全体)；文献(ぶんけん)

litre [líːtər リータ] 名詞
《英》=《米》liter(リットル)

litter [lítər リタ] 名詞
U (特に戸外に捨てられた)ごみ，くず
▸pick up **litter**　ごみを拾う
—動詞 他 …を散らかす，汚(よご)す
—自 ものを散らかす

ロンドンの
旧王立海軍
大学のごみ箱

:little [lítl りトゥる]

形容詞	❶ 小さい ❷ 少量の ❸ ほとんど(ない)
副詞	❶ 少し(は) ❷ ほとんど…ない
代名詞	❶ ほとんど(…ないもの) ❷ 少し

—形容詞 (比較 **less** [lés れス]；
最上 **least** [líːst りースト])
❶《名詞の前に用いて》**小さい**，かわいい
(対義語 big 大きい)
(◆この意味では比較級に smaller，最上級に smallest を用いる)
▸a **little** dog　小イヌ
▸a cute **little** baby
かわいい赤ちゃん

くらべよう little と small

little:「かわいらしい」などの感情がふくまれます.
small: 感情はふくまれず，単に大きさが「小さい」ことを表します.
▸a **little** cat　小さくてかわいいネコ
▸The cat is **small**.
そのネコは小さい.

❷《a little で数えられない名詞の前に用いて》**少量の**，少しの
(対義語 much 多くの) ➡ **few** ルール
▸I have **a little** money.
わたしは少しお金を持っている.
▸I speak **a little** French.
わたしは少しフランス語を話す.
❸《little で数えられない名詞の前に用いて》**ほとんど(ない)** ➡ **few** ルール
▸We had **little** rain last year.
去年は雨がほとんど降らなかった.
❹《名詞の前に用いて》(時間・距離(きょり)などが)短い(同義語 short)
▸for a **little** while　少しの間
❺ 年下の，若い(対義語 big 年上の)
▸my **little** brother　わたしの弟

only a líttle
ほんのわずかの，ほとんど(…がない)
—副詞 (比較 **less** [lés れス]；
最上 **least** [líːst りースト])
❶《a little で》**少し**(は)

ダイアログ
A: Do you speak Spanish?
あなたはスペイン語を話しますか？
B: Yes, just **a little**.
はい，少しだけなら.

▸This jacket is **a little** too small for me.
この上着はわたしには少し小さ過ぎる.
❷《very little で》**ほとんど…ない**
▸He slept **very little** last night.
彼はゆうべほとんど眠(ねむ)らなかった.
—代名詞 ❶《little で》**ほとんど**(…ないもの)(対義語 much 多量)
▸**Little** is known about the writer.　その作家については，ほとんど知られていない.
❷《a little で》**少し**，少量
▸Give me **a little** of that cake, please.　そのケーキを少しください.

líttle by líttle　少しずつ，しだいに

Little Bear [lítl béər りトゥる ベア]
名詞《the Little Bear で》
【天文】こぐま座

little finger [lítl fíŋgər りトゥる ふィンガ] 名詞 C 小指 ➡ **finger** 参考

⁑live¹ [lív リヴ] 動詞
(三単現 **lives** [-z]; 過去・過分 **lived** [-d]; 現分 **living**)
—自

❶ 住む
❷ 生きる
❸ 暮らす

❶《場所を表す副詞(句)をともない》
住む, 住んでいる

ダイアログ
A: Where do you **live**?
あなたはどこに住んでいますか?
B: I **live** in Osaka.
わたしは大阪に住んでいます.

▸My uncle is **living** in London.
わたしのおじは(今は)ロンドンに住んでいる.(♦進行形は一時的に住んでいることを表す)
❷ **生きる**, 生存する(対義語 die 死ぬ)
▸We cannot **live** without air.
空気がなければ生きられない.
▸He **lived** to be ninety-seven.
彼は97歳(さい)まで生きた.
❸ **暮らす**, 生活する;
(…で)生計を立てる《by ...》
▸**live** well [in poverty]
裕福(ゆうふく)に[貧しく]暮らす
▸They **lived** happily ever after.
彼らはその後幸せに暮らしました.
(♦おとぎ話の結びでよく用いられる)
❹(記憶(きおく)・歴史などに)ずっと残る
—他《**live a** [**an**]+**形容詞**+ **life** で》
…な生活[人生]を送る
▸**live a** happy [quiet] **life**
幸福な[静かな]人生を送る
líve ón ... = ***líve upón ...***
①(給料など)で暮らしていく, 生計をたてる
② …を常食とする
▸The bird **lives on** small insects.
その鳥は小さな昆虫(こんちゅう)を常食とする.
live úp to ... (期待など)にこたえる;
…に従って行動する

live² [láiv らイヴ] (★ live¹ との発音のちがいに注意) 形容詞
❶《名詞の前に用いて》
(動植物が)生きている(♦人の場合には living を, be 動詞などのあとには alive を用いる; 対義語 dead 死んだ)
▸a **live** animal 生きている動物
❷(放送などが)生(なま)の, 実況(じっきょう)の
▸a **live** concert ライブコンサート

lived [lívd リヴド] 動詞
live¹(住む)の過去形・過去分詞

livelihood [láivlihùd らイヴりフッド] 名詞 U《または **a livelihood** で》
生計(の手段), 暮らし(同義語 living)

lively [láivli らイヴり] 形容詞
(比較 **livelier**; 最上 **liveliest**)
元気のよい, 活発な

liver [lívər りヴァ] 名詞
C 肝臓(かんぞう); U (食用にする)レバー, 肝臓

Liverpool [lívərpù:l りヴァプーる] 名詞
リバプール(♦イギリスのイングランド北西部の港湾(こうわん)都市)

lives [láivz らイヴズ] 名詞
life(生命)の複数形

•living [líviŋ りヴィング]
—動詞 live¹(住む)の現在分詞・動名詞
—形容詞 (人・動物が)**生きている**
(対義語 dead 死んだ) ➡ **alive**;
(言語などが)現在使われている;
生活の, 生活に適した
▸**living** things 生物
▸**living** English 生きた英語
▸the **living** standard 生活水準
—名詞 (複数 **livings** [-z]) U **生活**; C《ふつう **a living** または *one's* **living** で》生計, 暮らし(同義語 livelihood)
▸make [earn] *one's* **living**
生計をたてる

living room [líviŋ rù:m りヴィング ルーム] 名詞 (複数 **living rooms** [-z])
C 居間, リビングルーム(♦家族がくつろぐ部屋;《英》sitting room)
➡ **巻頭カラー 英語発信辞典⑫**

lizard [lízərd りザド] 名詞
C【動物】トカゲ

-'ll will, shall の短縮形: I'll, They'll などをつくる

load [lóud ろウド] 名詞
C 積み荷, 荷; (心の)重荷
▸a heavy **load** 重い荷物
—動詞 他 (荷)を積む, (荷)を載(の)せる

loaf [lóuf ろウふ] 名詞
(複数 **loaves** [lóuvz ろウヴズ])
C (パンの)ひとかたまり, パン1個
(♦「切ったもの」は slice) ➡ **bread**

▸a **loaf** of bread パン1個

loan [lóun ろウン] 名詞 U C 貸すこと, 貸しつけ; C 貸し出したもの, 貸付金
—動詞 他 《主に米》《**loan** ＋人＋もの・金で》(人)に(もの・金)を貸す

lobby [lábi らビ] 名詞 (複数 **lobbies** [-z]) C (ホテル・劇場などの)広間, ロビー

lobster [lábstər らブスタ] 名詞 C 【動物】ロブスター, ウミザリガニ(♦大型のエビで, はさみをもつ; 中型のエビは prawn, 小エビは shrimp); U ロブスターの肉

local [lóukl ろウクる] 形容詞
❶ (ある)地方の, その土地の, 地元の (♦「都会」に対する「いなか」の意味はない)
▸a **local** paper　地元の新聞
❷ (列車が)短区間の; 各駅停車の (対義語 express 急行の)
▸a **local** train　普通列車

locally [lóukli ろウカり] 副詞 その地方で, 局地的に

locate [lóukeit ろウケイト] 動詞 (三単現 **locates** [lóukeits ろウケイツ]; 過去・過分 **located** [-id]; 現分 **locating**) 他
❶ (建物など)を(ある場所に)設置する, 設ける; 《**be located in [on] ...** で》(建物などが)…にある, 位置する
▸Our school **is located in** the center of the city.
わたしたちの学校は市の中心部にある.
❷ …の場所[位置]を見つけ出す

location [loukéiʃn ろウケイシャン] 名詞
❶ C 位置, 場所
❷ C U (映画の)野外撮影(さつえい)(地), ロケ(地)

lock [lák らック] 名詞 C 錠(じょう) (♦ key「かぎ」は lock を開けるためのもの) ➡ **key** 図
▸turn [open] a **lock**　かぎをあける
—動詞 他 ❶ (ドアなど)にかぎをかける
▸**lock** the door　ドアにかぎをかける
❷ …を(かぎのかかる場所に)閉じこめる, しまいこむ《in ...》 (♦しばしば up をともなう)

locker [lákər らカ] 名詞 C ロッカー

locker room [lákər rù:m らカ ルーム] 名詞 C ロッカールーム, 更衣(こうい)室

locomotive [lòukəmóutiv ろウコモウティヴ] 名詞 C 機関車
▸a steam **locomotive**　蒸気機関車 (♦英語では SL と略さない)

locust [lóukəst ろウカスト] 名詞 C 【昆虫】イナゴ, バッタ; 《米》セミ (同義語 cicada)

lodge [ládʒ らッヂ] 名詞 C (邸宅(ていたく)などの)番小屋; 山小屋, ロッジ

loft [lɔ́:ft ろーふト] 名詞 C 屋根裏(部屋); 《米》(アパートなどの)上階, ロフト

log [lɔ́:g ろーグ] 名詞 C 丸太, 丸木
▸a **log** cabin
丸太小屋, ログキャビン

logging [lɔ́(:)giŋ ろ(ー)ギング] 名詞 U 伐採

logic [ládʒik らヂック] 名詞 U 論理; 論理学

logical [ládʒikl らヂクる] 形容詞 論理的な, 筋の通った

lollipop, lollypop [lálipàp らりパップ] 名詞 C 棒つきキャンディー; 《英》アイスキャンディー

♦**London** [lʌ́ndən らンダン] (★発音に注意) 名詞 ロンドン(♦イギリスの首都)

London Bridge [lʌ́ndən brídʒ らンダン ブリッヂ] 名詞 ロンドン橋(♦テムズ川にかかる橋; 現在まで何度もかけ直されてきた)

Londoner [lʌ́ndənər らンダナ] 名詞 C ロンドン市民, ロンドンっ子

loneliness [lóunlinəs ろウンりネス] 名詞 U 孤独(こどく), 寂(さび)しさ

lonely [lóunli ろウンり] 形容詞 (比較 **lonelier**; 最上 **loneliest**) ひとりぼっちの; 寂(さび)しい; 人里はなれた, 人気(ひとけ)のない
▸I felt **lonely** then.
そのときわたしは孤独(こどく)を感じた.
▸a **lonely** island　孤島(ことう)

lonesome [lóunsəm ろウンサム] 形容詞 《米》寂(さび)しい, 孤独(こどく)な; 人里はなれた

a b c d e f g h i j k **l** m n o p q r s t u v w x y z

A B C D E F G H I J K L M N O P Q R S T U V W X Y Z

:long¹ [lɔ́ːŋ ローング]

——形容詞 (比較 **longer**; 最上 **longest**)

❶ (長さ・距離(きょり)が) **長い**
(対義語 short 短い)
▸a **long** dress (丈(たけ)の)長いドレス
▸Kate has **long** hair.
ケイトは髪(かみ)が長い.

❷ (時間が) **長い**
(対義語 little, short 短い)
▸He took a **long** vacation.
彼は長い休暇(きゅうか)をとった.
▸I haven't seen you for a **long** time.
お久しぶりです.(♦「わたしは長い間, あなたに会っていない」の意味から)

❸《長さを表す語のあとに用いて》
…の長さがある
▸This table is five feet **long**.
このテーブルは長さが5フィートだ.

> **ダイアログ**
> *A:* How **long** is this bridge?
> この橋の長さはどのくらいですか?
> *B:* It's about four hundred meters **long**.
> 約400メートルです.

——副詞 (比較・最上 は 形容詞 に同じ)
《疑問文・否定文で》
(時間的に)長い間; ずっと
▸all year **long** 一年じゅう

> **ダイアログ**
> *A:* How **long** did you stay there?
> そこにはどのくらい滞在(たいざい)したの?
> *B:* For three days.
> 3日間だよ.

▸I didn't have to wait **long**.
わたしは長く待たずに済んだ.

> **参考 「どのくらいの期間…?」の表し方**
> 「どのくらいの期間…?」とたずねるときは How long ...? を使います. 具体的な日数や時間数をたずねる How many ...? とのちがいに注意しましょう.
> ▸**How long** do you watch TV a day**?**
> 1日にどのくらいテレビを見ますか?
> ▸**How many** hours do you watch TV a day**?**
> 1日に何時間テレビを見ますか?

a lóng tíme ago = ***lóng ago***
ずっと前に

as lóng as ...
① …である間は; …であるかぎりは
▸Stay here **as long as** you like.
好きなだけここにいなさい.
▸I'll love you **as long as** I live.
生きているかぎり, あなたを愛します.
② …でありさえすれば
(同義語 so long as)
▸Any book will do, **as long as** it's interesting.
おもしろい本なら, 何でもいい.

lóng, lóng ago
(物語の語り出しで)昔々

no lónger ... = ***not ... any lónger***
もはや…ない
▸They **no longer** live here. (=They do**n't** live here **any longer**.)
彼らはもうここに住んでいない.

Lóng tíme nó sée.
《口語》久しぶりですね. ➡ **see**

So lóng! 《主に米口語》さようなら!

so lóng as ... = as long as ... ②

——名詞 U 長い間
▸It won't take **long**.
長い時間はかかりません.

before lóng
まもなく, やがて(同義語 soon)

for lóng
《ふつう否定文・疑問文で用いて》長い間

long² [lɔ́ːŋ ローング] 動詞
自 (…を)心から望む《for ...》;
《**long to** +動詞の原形で》…することを切望する
▸Everyone **longs for** peace.
だれもが平和を心から望んでいます.
▸She **longed to** visit the country again.
彼女はその国を再び訪(おとず)れることを切望していた.

longing [lɔ́ːŋiŋ ローンギイング] 名詞
C U (…への / …したいという)切望, あこがれ《for ... / to +動詞の原形》

longitude [lándʒitjùːd ランヂテュード]
名詞 C U 経度(♦ lon. または long. と略す; 対義語 latitude 緯度(いど))

:look [lúk ルック]

——動詞 (三単現 **looks** [-s];
過去・過分 **looked** [-t]; 現分 **looking**) 自

基本のイメージ：見ようとして見る

❶ (…を)(注意して)**見る**, (…に)目を向ける《at ...》
▸**Look**! What's that?
見て！ あれは何？
▸**Look at** this picture.
この写真を見てください.

> くらべよう **look, see, watch**
>
> **look**: 意識的に見ようとして目を向けることを表します.
> **see**: 自然に目に入ることを表します.
> **watch**: 人やものの動き・変化を観察したり, テレビやスポーツの試合などを継続的に見たりすることを表します.
> ▸I **looked**, but **saw** nothing.
> 目をこらしたが, 何も見えなかった.
> ▸I **watched** the wild birds.
> わたしは野鳥を観察した.

❷《**look at**＋**名詞**＋**動詞の原形**[**...ing**]で》～が…する[している]のを見る
▸We **looked at** John **skating**.
わたしたちはジョンがスケートをしているのを見た.

❸《**look (to be)**＋**形容詞**[**名詞**]で》…のように見える(同義語 seem)
▸He **looks** young. 彼は若く見える.
▸My parents **looked (to be)** surprised.
両親は驚(おどろ)いたように見えた.

❹ (建物が)(ある方向に)向いている, 面している
▸Tom's house **looks** toward the ocean. トムの家は海に面している.

look áfter ...
…の世話をする；…に気をつける
▸I **looked after** her baby that night. その晩, わたしは彼女の赤ちゃんのめんどうを見た.

◆***lóok aróund*** = ***lóok róund*** (まわりを)**ぐるりと見回す**；(辺りを)見て回る
▸Martin came out and **looked around**.
マーティンは外に出て, 辺りを見回した.

◆***lóok at ...***
…**を見る**(➡ 自 ❶ ❷)；…を調べる
▸Please **look at** my computer.
わたしのコンピューターを調べてください.

lóok báck 振(ふ)り返る；回想する

lóok dówn 下を見る；目を伏(ふ)せる

lóok dówn on ...
= ***lóok dówn upon ...***
① …を見下ろす
② (人)を見下(みくだ)す
(対義語 look up to(人)を尊敬する)
▸Don't **look down on** others.
他人を見下してはいけない.

◆***lóok for ...*** …**をさがす**, 求める
▸I'm **looking for** the key to my house.
わたしは家のかぎをさがしています.

◆***lóok fórward to ...***
…**を楽しみにして待つ** ➡ **forward**

Lóok hére! (相手の注意をひくときに) おい, ねえ, いいかい.
(◆単に Look! ともいう)

lóok ín ① …の中をのぞく
▸She **looked in** the box.
彼女はその箱の中をのぞいた.
② (人のところに)立ち寄る《on [at] ...》
(◆ at は場所, on は人に用いる)

lóok ínto ... ① …をのぞきこむ
▸He **looked into** my face.
彼はわたしの顔をのぞきこんだ.
② …の内容[原因]を調べる
▸The police are **looking into** the case. 警察はその事件を調べている.

◆***lóok like ...*** …**に似ている**；…**のように見える**；…しそうだ, …になりそうだ
▸Your bag **looks like** mine.
きみのかばんはわたしのものに似ている.

> ダイアログ
>
> *A:* What does he **look like**?
> 彼は(外見は)どんな人？
> *B:* He's very tall.
> とても背が高いよ.

▸It **looks like** rain. 雨が降りそうだ.

lóok ón [***upón***] ***...***
① 傍観(ぼうかん)する, そばで見る
② …を(…と)みなす, …を(…と)思う《as ...》

lóok óut
① (…から)外を見る《of ...》
▸I **looked out of** the window.
わたしは窓から外を見た.
② (…に)気をつける《for ...》
▸**Look out!** 気をつけて！

lóok óver
① …越(ご)しに見る
② (書類など)に目を通す; …を調べる
▸Could you **look over** these papers? これらの書類に目を通してくださいますか？

lóok through
① …を通して見る
② …に目を通す, …をよく調べる

lóok úp
① 見上げる
▸He **looked up** at the sky.
彼は空を見上げた.
② (辞書などで)…を調べる《in ...》
▸**Look up** these words **in** your dictionary.
これらの単語を辞書で調べなさい.

lóok úp to ... (人)を尊敬する
(同義語 respect, 対義語 look down on ...(人)を見下(みくだ)す)
▸I **look up to** my parents.
わたしは両親を尊敬している.

—名詞 (複数 **looks** [-s])
❶ C《ふつう **a look** で》**見ること**, ひとめ
▸Have **a look**. 見て.
▸I took **a** quick **look** at my watch.
わたしはちらっと腕(うで)時計を見た.
❷ C《ふつう **a look** で》顔つき, 目つき; 外観;《しばしば **looks** で》容ぼう, ルックス
▸She wore **a** serious **look**.
彼女はまじめな顔つきをしていた.
▸He has good **looks**.
彼はよいルックスの持ち主だ.

lookout [lúkàut るックアウト] 名詞
《**a lookout** または **the lookout** で》(…に対する)見張り, 警戒(けいかい)《for ...》

loop [lú:p るープ] 名詞
C (糸・針金などの)輪; 環状(かんじょう)のもの

⁺loose [lú:s るース] (★発音に注意) 形容詞
(比較 **looser**; 最上 **loosest**)
❶ (結び目・服などが)**ゆるい**, ゆるんだ; (ものが)束(たば)ねられていない
(対義語 fast しっかりした, tight きつい)
▸a **loose** jacket だぶだぶの上着
❷《名詞の前には用いない》**つながれていない**
▸Don't let the dog **loose**.
そのイヌを放してはいけません.
❸ だらしない; ルーズな; 不正確な

loosen [lú:sn るースン] 動詞
他 …をゆるめる
—自 ゆるむ

lord [lɔ́:rd ろード] 名詞
❶ C 君主, 領主; 支配者
❷ C《英》貴族;《**Lord ...** で》…卿(きょう)(◆貴族・高官などの尊称(そんしょう));
《**the Lords** で》(イギリスの)上院議員(全体), 上院
❸《**the Lord** または **our Lord** で》(キリスト教の)神, 主, キリスト

lorry [lɔ́:ri ろーリ] 名詞 (複数 **lorries** [-z]) C《英》トラック(◆《米》truck)

Los Angeles [lɔ:s ǽndʒələs ろースあンヂェらス] 名詞 ロサンゼルス
(◆アメリカのカリフォルニア州の都市; LA, L.A. と略す)

ロサンゼルスのハリウッド大通り

⁑lose [lú:z るーズ]
(★発音に注意) 動詞
(三単現 **loses** [-iz]; 過去・過分 **lost** [lɔ́:st ろースト]; 現分 **losing**)

他 ❶ …**を失う, なくす**
❷ (道・方向・人)**を見失う**; (道)**に迷う**
❸ (試合など)**に負ける**
自 **負ける**

—他 ❶ …**を失う, なくす**
(対義語 gain 得る); (人)を亡(な)くす
▸**lose** *one's* wallet 財布(さいふ)をなくす
▸She **lost** her son in an accident.
彼女は息子(むすこ)を事故で亡くした.
❷ (道・方向・人)**を見失う**; (道)**に迷う**
▸She **lost** her way in the street.
彼女は町中で道に迷った.
❸ (試合など)**に負ける**(対義語 win 勝つ)

▸We **lost** the final game.
わたしたちは決勝戦で負けた.
❹ (機会)を逃(のが)す; …をむだにする
▸He **lost** his chance.
彼は機会を逃した.
❺ (時計が)…だけ遅(おく)れる
(対義語 gain (時計が)…だけ進む)
—自 (…に)**負ける**《to ...》; (…で)損をする《on ...》
▸Argentina **lost to** Germany in the finals.
アルゼンチンは決勝戦でドイツに敗れた.

loser [lúːzər るーザ] 名詞
C 負けた人, 敗者(対義語 winner 勝者)

losing [lúːziŋ るーズィング] 動詞
lose (…を失う) の現在分詞・動名詞

loss [lɔ́ːs ろース] 名詞 (複数 **losses** [-iz]) ❶ U C 失うこと, 喪失(そうしつ), 紛失(ふんしつ)
▸**loss** of memory 記憶喪失(きおくそうしつ)
❷ U C 損害, 損失; 損害額
▸The company had big **losses**.
その会社は大損害をこうむった.
❸ C 敗北
at a lóss 途方(とほう)に暮れて
▸Ann was **at a loss**.
アンは途方に暮れていた.

˙lost [lɔ́ːst ろースト]
—動詞 lose (…を失う)の過去形・過去分詞
—形容詞 ❶ **失われた**, なくした; 行方(ゆくえ)不明の; 道に迷った
▸I looked for my **lost** watch.
わたしはなくした腕(うで)時計をさがした.
▸a **lost** child 迷子
❷ 負けた

lost and found [lɔ́ːst ən fáund ろースト アン ふァウンド] 名詞 《**the lost and found** で》《米》遺失物取扱(とりあつかい)所

:lot [lát らット] 名詞
(複数 **lots** [láts らッツ])
❶《**a lot** または **lots** で》(数・量が) **たくさん**(♦ lots はよりくだけた表現)
▸Japan learned **a lot** from other countries then. 当時, 日本は外国から多くのことを学んだ.
▸I have **a lot** [**lots**] to do today.
今日はすることがたくさんある.
❷《**a lot** または **lots** で副詞的に》
たいへん, とても
▸Thanks **a lot**. ほんとうにありがとう.
❸ C くじ
❹《**a lot** または *one's* **lot** で》運命
❺ C 1区画(の土地)
▸a parking **lot** 駐車(ちゅうしゃ)場
♦***a lót of ... = lóts of ...***
(数・量が)**たくさんの…**
➡ **many** くらべよう
▸**A lot** [**Lots**] **of** people were there.
たくさんの人がそこにいた.
▸**a lot** [**lots**] **of** love たくさんの愛情

lottery [látəri らタリ] 名詞
(複数 **lotteries** [-z]) C 宝くじ

lotus [lóutəs ろウタス] 名詞
(複数 **lotuses** [-iz]) C【植物】ハス

loud [láud らウド] 形容詞
(比較 **louder**; 最上 **loudest**)
(声・音が)大きい; 騒々(そうぞう)しい, うるさい
(対義語 quiet 静かな);
(服装などが)はでな
▸Bill has a **loud** voice.
ビルは声が大きい.
—副詞 (比較・最上 は 形容詞 に同じ)
大声で
▸Speak a little **louder**, please.
もう少し大きな声で話してください.

loudly [láudli らウドリ] 副詞
大声で, 騒々(そうぞう)しく ➡ **aloud** くらべよう

loudspeaker [láudspìːkər らウドスピーカ] 名詞
C 拡声器, (ラジオなどの)スピーカー
(♦単に speaker ともいう)

Louisiana [luːìːziǽnə るーイーズィあナ]
名詞 ルイジアナ(♦アメリカ南部の州; La. または【郵便】で LA と略す)

lounge [láundʒ らウンヂ] 名詞
C (ホテル・空港などの)休憩(きゅうけい)室, 待合室, ラウンジ

Louvre [lúːvrə るーヴル] 名詞
《**the Louvre** で》ルーブル美術館
(♦フランスのパリにある国立美術館で, もとは王宮だった)

A B C D E F G H I J K L M N O P Q R S T U V W X Y Z

⁑love [lʌ́v らヴ]

—名詞 (複数 loves [-z])

❶ U《または a love で》(…に対する)愛《for [of] ...》; 恋(こい), 恋愛(れんあい)

▸Susan has **a** deep **love for** her children.
スーザンは自分の子供たちに深い愛情を抱(いだ)いている.

▸It was **love** at first sight.
それはひとめぼれだった.

❷ U《または a love で》愛着, 愛好心; C 愛好していること[もの]

▸Lisa has **a** strong **love** of [for] music.
リサには音楽に対する強い愛好心がある.

▸Soccer is one of my **loves**.
サッカーは大好きなものの一つです.

❸ C 恋人

❹ U【テニス】(得点が)ゼロ, 零(れい)点

be in lóve (…に)恋をしている《with ...》

▸Ann **is in love with** Tom.
アンはトムに夢中だ.

fáll in lóve (…に)恋をする《with ...》

▸Bob **fell in love with** Meg.
ボブはメグに恋をした.

Gíve* [*Sénd*] *my lóve to ....
…によろしくお伝えください.

With lóve, = Lóve,
(手紙やメールの結びで)愛をこめて, さようなら(♦ふつう女性が用いる; そのほかに Lots of love, とすることもある)

—動詞 (三単現 loves [-z]; 過去・過分 loved [-d]; 現分 loving) 他

❶ **…を愛している**(対義語 hate …を憎む)

▸I **love** you.
あなたが好きです, 愛しています.

❷ …が大好きである; 《**love** + **...ing** または **love to** +**動詞の原形**で》
…するのが大好きである
(♦疑問文・否定文ではふつう like を使う)

▸I **love** candy.
わたしはキャンディーが大好きだ.

▸We **love dancing** [**to** dance].
わたしたちはダンスが大好きだ.

would lóve to **+動詞の原形** …したい
(♦「would like to +動詞の原形」の代わりに, 主に女性が用いる; I'd love to ... と短縮できる)

▸**I'd love to** interview her.
ぜひ彼女にインタビューしたいわ.

> ダイアログ
> *A:* Let's go to a movie.
> 映画に行こうよ.
> *B:* **I'd love to.** ええ, ぜひ.

loved [lʌ́vd らヴド] 動詞
love(…を愛している)の過去形・過去分詞

love game [lʌ́v gèim らヴ ゲイム] 名詞
C【テニス】ラブゲーム
(♦一方が 0 点で負けたゲーム)

⁺lovely [lʌ́vli らヴリ] 形容詞

(比較 lovelier; 最上 loveliest)

❶ **美しい, 愛らしい**

▸a **lovely** child 愛らしい子供

❷《口語》すばらしい, 楽しい

▸**lovely** weather すばらしい天気

lover [lʌ́vər らヴァ] 名詞

❶ C (特に女性からみた)恋人(こいびと), 愛人
(♦ boyfriend や girlfriend のほうがふつう)

❷ C (…の)愛好者《of ...》

loving [lʌ́viŋ らヴィング] 動詞 love
(…を愛している)の現在分詞・動名詞

—形容詞 ❶ 愛情に満ちた; 優(やさ)しい

❷ (人を)愛する

▸Your **loving** daughter, Sarah
(あなたを)愛する娘, サラより
(♦手紙, メールなどで用いる)

⁺low [lóu ろウ]

—形容詞 (比較 lower; 最上 lowest)

❶ (高さ・位置などが) **低い**
(♦山や建物などが低い場合に用いる; 「人の背が低い」と言うときは short を用いる; 対義語 high 高い)

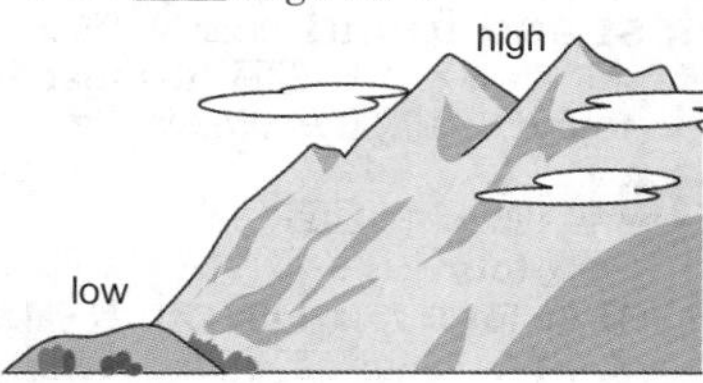

▸a **low** hill 低い丘(おか)

▸This chair is a little too **low**.
このいすは少し低過ぎる.

❷ (値段・程度などが) **低い, 小さい**; (地位・身分が)低い

▸a **low** price 安い値段

▸This food is **low** in calories.

この食品は低カロリーだ.
❸ (声・音が)小さい; (音程が)低い
▸Chris spoke in a **low** voice.
クリスは小声で話した.
——副詞 (比較・最上 は 形容詞 に同じ)低く
——名詞 (複数 **lows** [-z]) C 最低値

lower [lóuər ろウア] 形容詞
(low の比較級)
❶ より低い
❷《名詞の前に用いて》下のほうの, 低いところの(対義語 upper 上のほうの)
▸the **lower** Amazon アマゾン川下流
——動詞 他 …を下げる, 低くする
▸**lower** the blinds
ブラインドを下げる
——自 下がる, 低くなる

loyal [lɔ́iəl ろイアる] 形容詞
(友人・主義・国家などに)忠実な《to ...》
▸**loyal** supporters of the team
そのチームの忠実なサポーター

loyalty [lɔ́iəlti ろイヤるティ] 名詞
(複数 **loyalties** [-z]) U 忠誠, 誠実;
C《ふつう **loyalties** で》忠誠心

Ltd., ltd. 《英》(会社が)有限責任の
(♦会社名のあとにつける; *limited* の略)

luck [lʌ́k らック] 名詞
U 運(同義語 fortune); 幸運, つき
▸have good **luck** ついている
▸**Luck** is with us.
つきはわたしたちにある.
▸Good **luck** with [on] your math test. 数学のテスト, がんばってね.

ダイアログ
A: I lost my wallet.
財布(さいふ)をなくしたんだ.
B: Bad **luck**. ついてなかったね.

Góod lúck (to you)!
幸運を祈(いの)ります; がんばって.

luckily [lʌ́kili らキり] 副詞
運よく, 幸いにも

·lucky [lʌ́ki らキ] 形容詞
(比較 **luckier**; 最上 **luckiest**)
幸運な, ついている; 幸運をもたらす
(同義語 fortunate, 対義語 unlucky 不運な)
▸a **lucky** person 幸運な人
▸**Lucky** you.
きみはついているね.
▸I was **lucky** to get a ticket for the concert.
そのコンサートのチケットが手に入るなんて, わたしは幸運だった.

luggage [lʌ́gidʒ らゲッヂ] 名詞
U《主に英》(旅行者の)手荷物(全体)
(♦《主に米》baggage)

lullaby [lʌ́ləbài ららバイ] 名詞
(複数 **lullabies** [-z]) C 子守(こもり)歌

lumber [lʌ́mbər らンバ] 名詞
U《米》材木, 木材(♦《英》timber)

lump [lʌ́mp らンプ] 名詞
❶ C (小さな)かたまり; (1個の)角砂糖
❷ C こぶ, はれもの

lunar [lúːnər るーナ] 形容詞
月の(♦「太陽の」は solar)

:lunch [lʌ́ntʃ らンチ] 名詞
(複数 **lunches** [-iz])
❶ U C **昼食**(♦ふつう a をつけず複数形にもしないが, 修飾(しゅうしょく)する語がつくと a がついたり, 複数形になったりする)
➡ **breakfast** ルール
▸a school **lunch** 給食
▸What did you have for **lunch**?
昼食には何を食べたの?
▸Let's take a walk after **lunch**.
昼食後に散歩しよう.
❷ U C《米》軽い食事; 弁当

lunchbox, lunch box [lʌ́ntʃbàks らンチバックス] 名詞 (複数 **lunchboxes** [-iz]) C 弁当入れ, 弁当ケース

luncheon [lʌ́ntʃən らンチャン] 名詞
C U 昼食(♦ lunch よりかたい語);
(正式な)昼食会

lunchtime [lʌ́ntʃtàim らンチタイム]
名詞 C U 昼食時間, ランチタイム

lung [lʌ́ŋ らンッグ] 名詞 C 肺
(♦左右両方の肺は lungs という)

luxury [lʌ́kʃəri らクシャリ] 名詞
(複数 **luxuries** [-z])
U ぜいたく, 豪華(ごうか); C ぜいたく品

-ly 接尾辞 ❶ 名詞について「…の性質をもつ」「…らしい」「…のような」の意味の形容詞をつくる: friend(友人)+ -ly → friendly(親しい)
❷ 形容詞について副詞をつくる: loud (声が大きい)+ -ly → loudly(大声で)

lying [láiiŋ らイイングッ] 動詞 lie[1] (横たわる), lie[2] (うそをつく) の現在分詞・動名詞

lyric [lírik りリック] 名詞
《**lyrics** で》歌詞

Mm

Q マラソンの由来は？➡ marathon をひいてみよう！

M, m [ém エム] 名詞 (複数 **M's, m's** または **Ms, ms** [-z]) C U エム
(◆アルファベットの 13 番めの文字)

m, m. ❶ (長さの単位の)マイル
(◆ *m*ile(s) の略)
❷ メートル(◆ *m*eter(s) の略)
❸ (時間の)分(◆ *m*inute(s) の略)

MA 【郵便】マサチューセッツ州
(◆ *Ma*ssachusetts の略)

ma [mɑ́ː マー] 名詞《しばしば **Ma** で》
C《口語》お母ちゃん, ママ

ma'am [mǽm マぁム] 名詞 C《米口語》
(呼びかけで)奥(おく)様；お嬢(じょう)様；先生
(◆ madam の短縮形；目上の女性や女性教師などへのていねいなことば)

Mac [mǽk マぁック] 名詞 C【商標】マック(◆アメリカのアップル社製のパソコンであるマッキントッシュの愛称)

macaroni [mæ̀kəróuni マぁカロウニ]
名詞 U マカロニ

·**machine** [məʃíːn マシーン]
名詞 (複数 **machines** [-z])
C **機械**；機械製品；コンピューター
▸a washing **machine**
洗濯(せんたく)機
▸a vending **machine**
自動販売(はんばい)機
▸a sewing **machine** ミシン
(◆日本語の「ミシン」は machine の発音がなまったもの)

machinery [məʃíːnəri マシーナリ] 名詞
U《単数あつかいで》機械(類)(全体)
(◆個々の機械は machine という)

mad [mǽd マぁッド] 形容詞
(比較 **madder**; 最上 **maddest**)
❶ 怒(おこ)って
▸Mary got **mad** at [with] Tom.
メアリーはトムに腹を立てた.
❷ 正気のさたではない
❸ 夢中になって
▸John is **mad** about tennis.
ジョンはテニスに夢中だ.
go mád 気が変になる

madam [mǽdəm マぁダム] 名詞
(複数 **mesdames** [meidɑ́ːm メイダーム])
C《ふつう **Madam** で》
(呼びかけで)奥(おく)様, お嬢(じょう)様
(◆ていねいな言い方；男性には sir を用いる；《口語》ma'am)

:**made** [méid メイド] 動詞
make(…を作る)の過去形・過去分詞

madness [mǽdnəs マぁッドネス] 名詞
U 狂気(きょうき)；無謀(むぼう)な行動

Madrid [mədríd マドゥリッド] 名詞
マドリード(◆スペインの首都)

·**magazine** [mǽgəzìːn マぁガズィーン, mæ̀gəzíːn マぁガズィーン] 名詞
(複数 **magazines** [-z]) C **雑誌**
▸a comic [fashion] **magazine**
マンガ[ファッション]雑誌
▸a weekly **magazine** 週刊誌
▸a monthly **magazine**
月刊誌
▸subscribe to a **magazine**
雑誌を定期購読(こうどく)する

magic [mǽdʒik マぁヂック] 名詞
❶ U 魔法(まほう), 魔術；魔力
▸use [work] **magic** 魔法を使う
❷ U 手品, 奇術(きじゅつ)
▸perform **magic**
手品をして見せる
—形容詞 魔法の；手品の
▸a **magic** carpet
魔法のじゅうたん

magician [mədʒíʃn マヂシャン] 名詞
C 手品師, 奇術(きじゅつ)師；魔法(まほう)使い

magnet [mǽgnit マぁグネット] 名詞
C 磁石 ➡ **experiment** 図

magnetic [mægnétik マぁグネティック]

形容詞 磁石の, 磁気を帯びた
▸magnetic force 磁力

magnificent [mægnífəsnt マぁグニふィスント] 形容詞 壮大(そうだい)な, 華麗(かれい)な; 《口語》すばらしい
▸a **magnificent** view of the Pyramids ピラミッドの壮大な眺(なが)め

magnitude [mǽgnitjùːd マぁグニテュード] 名詞 ❶ U 大きさ; 重要さ
❷ C マグニチュード
(◆地震(じしん)の規模を表す単位)

Mahatma [məhɑ́ːtmə マハートマ] 名詞
C マハトマ(◆インドの聖人・偉人に付ける敬称) ➡ **Gandhi**

Mahomet [məhɑ́mit マハメット] 名詞
=Muhammad(ムハンマド)

maid [méid メイド] 名詞
C メイド, お手伝い(=housekeeper)

•mail [méil メイる]
──名詞 U 《主に米》**郵便**; 郵便物(全体)
(◆《主に英》post); (E)メール
(同義語 e-mail); C 1通の(E)メール
▸I sent him a book by **mail**.
わたしは彼に郵便で本を送った.
▸receive a lot of **mail**
たくさんの郵便物を受け取る
▸I got a few **mails** from her.
彼女から数通のメールが来た.
──動詞 (三単現 **mails** [-z];
過去・過分 **mailed** [-d]; 現分 **mailing**)
他 **…を郵便で送る**, 投函(とうかん)する,
(◆《英》post); …を(E)メールで送る
▸I **mailed** the letter today.
わたしは今日, その手紙を投函した.

mailbox [méilbɑ̀ks メイるバックス] 名詞
(複数 **mailboxes** [-iz])
《米》❶ C 郵便ポスト
(◆《英》postbox, pillar box)
❷ C 郵便受け(◆《英》letter box)
➡ **house** 図

文化 青いポスト

1 アメリカの郵便ポストは箱型で青く, 国鳥のハクトウワシ(bald eagle)のマークがついています.
2 郊外(こうがい)の一軒(けん)家の郵便受けには横に旗がついていることがあります. その旗を上げておけば集配人が中に入れた郵便物を持って行ってくれるので, ポストが近くにない地域でも便利です.

郵便ポスト

郵便受け

mailman [méilmæ̀n メイるマぁン] 名詞
(複数 **mailmen** [méilmèn メイるメン])
C 《米》郵便配達[集配]人
(◆性差別を避(さ)けるため mail carrier や letter carrier ともいう; 《英》postman)

mail order [méil ɔ̀ːrdər メイる オーダ]
名詞 U 通信販売(はんばい)

main [méin メイン] 形容詞 《名詞の前に用いて》主な, 主要な(同義語 chief)
▸the **main** characters in the story
その物語の主な登場人物
▸a **main** street 大通り
▸the **main** event (ボクシングなどの) 主要試合, メインイベント
▸the **main** dish 主菜

Maine [méin メイン] 名詞 メーン州
(◆アメリカ北東部の州; Me. または【郵便】で ME と略す)

mainland [méinlæ̀nd メインらぁンド]
名詞 C 《ふつう **the mainland** で》
(島・半島に対して)本土
▸**mainland** China 中国本土

mainly [méinli メインり] 副詞
主に, 主として(同義語 chiefly); 大部分は

maintain [meintéin メインテイン] 動詞
他 ❶ (いい状態に)…を維持(いじ)する, …を保持する; …を整備する
▸**maintain** world peace
世界平和を維持する
▸The city **maintains** the park.
市がその公園の整備を行っている.
❷ …を主張する
❸ (家族など)を養う(同義語 support)

maintenance [méintənəns メインテナンス] 名詞 U 維持(いじ), 保持; 管理, メンテナンス

maize [méiz メイズ] 名詞
U 《英》トウモロコシ(◆《米》corn)

majestic [mədʒéstik マヂェスティック]
形容詞 威厳(いげん)のある, 荘厳(そうごん)な

A B C D E F G H I J K L M N O P Q R S T U V W X Y Z

majesty [mǽdʒəsti マぁヂャスティ] 名詞
❶ U 威厳(いげん); 雄大(ゆうだい)さ
❷ C 《Majesty で》 陛下 (◆男性には His, 女性には Her, 両者に対しては Their をつけて用いる尊称(そんしょう); 直接呼びかけるときには Your をつける)
▸**Your Majesty** 陛下
▸**Her Majesty the Queen** 女王陛下

major [méidʒər メイヂャ] 形容詞
❶ (数・量・質などが)大きい[多い]ほうの; 過半数の, 多数の
(対義語 minor 小さいほうの)
▸the **major** part of the area
その地域の大半
❷ 主要な, 一流の
▸a **major** airport 主要な空港
——名詞 ❶ C 《米》専攻(科目); 専攻学生
▸My **major** is history.
わたしの専攻科目は歴史だ.
❷ C 【音楽】長調(対義語 minor 短調)
——動詞 自 《主に米》(…を)専攻する《in ...》

majority [mədʒɔ́ːrəti マヂョーリティ]
名詞 《**the majority** または **a majority** で単数または複数あつかい》大多数, 大部分(対義語 minority 少数); 過半数
▸**The majority** of the class knew the song.
クラスの大多数はその歌を知っていた.
▸gain [get, win] **a majority**
過半数を得る

major league [méidʒər líːg メイヂャ リーグ] 名詞 C 《ふつう **Major League** で》(アメリカのプロ野球の)大リーグ, メジャーリーグ

major leaguer [méidʒər líːgər メイヂャ リーガ] 名詞 C (アメリカのプロ野球の)大リーグの選手, 大リーガー

⁑make 動詞 名詞 ➡ p.376 **make**

maker [méikər メイカ] 名詞
❶ C 作る人, 製造業者
❷ 《**the Maker** または **our Maker** で》創造主, 神

makeup [méikʌ̀p メイクアップ] 名詞
❶ U 化粧(けしょう), メイクアップ; 化粧品
▸She was wearing no **makeup**.
彼女は全く化粧をしていなかった.
❷ C 《米》追試験(= make-up exam)

•making [méikiŋ メイキング] 動詞
make(…を作る)の現在分詞・動名詞

Malay [méilei メイれイ, məléi マれイ] 名詞
C マレー人; U マレー語
——形容詞 マレー半島の; マレー人[語]の

Malaysia [məléiʒə マれイジャ] 名詞
マレーシア (◆東南アジアの国; 首都はクアラルンプール Kuala Lumpur)

male [méil メイる] 形容詞
男性の, 雄(おす)の(対義語 female 女性の)
——名詞 C 男性, 雄

mall [mɔ́ːl モーる] 名詞
C 《米》(車が乗り入れできない)商店街, ショッピングモール

malt [mɔ́ːlt モーるト] 名詞
U モルト, 麦芽(ばくが)

mama, mamma [mɑ́ːmə マーマ]
名詞 C 《米口語》お母さん, ママ
(◆呼びかけにも用いる; 《米》mommy, 《英》mummy のほうがふつう)
(対義語 papa お父さん)

mammal [mǽml マぁムる] 名詞
C ほ乳動物, ほ乳類
▸Dolphins are **mammals**.
イルカはほ乳類だ.

mammoth [mǽməθ マぁモす]
(★発音に注意) 名詞 C 【動物】マンモス
(◆氷河時代に生きていた巨象(きょぞう))

mammy [mǽmi マぁミ] 名詞
(複数 **mammies** [-z])
C 《米口語》《小児語》お母さん, ママ

⁑man [mǽn マぁン] 名詞
(複数 **men** [mén メン])
❶ C (成人した) **男性**, 男の人
(対義語 woman 女性)
▸a tall **man** 背の高い男性
▸act like a **man** 男らしく行動する
▸Who are those **men**?
あの男の人たちはだれですか?
❷ C (一般的に)人(◆女性もふくむ; 性差別を避(さ)けるために person, people を使うことが多い)
▸All **men** are born equal.
人はすべて生まれながらにして平等である.
❸ U 人類 (◆ほぼ同じ意味の語に mankind があるが, 性差別を避けるために, これらよりも the human race, humans, human beings を使うことが多い)
▸the evolution of **man**
人類の進化

❹ C《ふつう men で》(男性の)部下

manage [mǽnidʒ マぁネッヂ] 動詞
(三単現 **manages** [-iz]; 過去・過分 **managed** [-d]; 現分 **managing**) 他
❶ …を経営する, 管理する
▸He **manages** a flower shop.
彼は花屋を経営している.
❷《**manage to** ＋動詞の原形で》
どうにか…する
▸I **managed to** finish my homework.
わたしはなんとか宿題を終えた.

management [mǽnidʒmənt マぁネヂメント] 名詞
❶ U 経営, 管理
❷ U C《単数または複数あつかいで》
経営者(側)(全体)(対義語 labor 労働者)

manager [mǽnidʒər マぁネヂャ]
(★アクセントに注意) 名詞
C (会社などの)経営者, 支配人; 部長;
(スポーツなどの)監督(かんとく); マネージャー

Mandela [mændélə マぁンデラ] 名詞
【人名】マンデラ (♦ Nelson Mandela [nélsn ネるスン-], 1918-2013: 南アフリカ共和国の反アパルトヘイト運動指導者で, 人種隔離政策撤廃後の初代大統領; 1993 年にノーベル平和賞を受賞する)

mandolin [mǽndəlin マぁンダリン]
名詞 C【楽器】マンドリン

manga [mǽŋgə マぁンガ] 名詞
C U (ふつう日本の)マンガ

参考 **世界に通用する manga**
日本のマンガは海外でも高い評価を得ており, そのため manga という語が広く通用するようになりました.

mango [mǽŋgou マぁンゴウ] 名詞
(複数 **mangoes** または **mangos** [-z])
C【植物】マンゴー(の実); マンゴーの木

mangrove [mǽŋgrouv マぁングロウヴ]
名詞 C【植物】マングローブ
(♦熱帯・亜(あ)熱帯地方の河口付近や沼地(ぬまち)などに群生する樹木)

Manhattan [mænhǽtn マぁンハぁトゥン]
名詞 マンハッタン(♦アメリカのニューヨーク市内の島; 経済・金融(きんゆう)・文化の中心地)

mania [méiniə メイニア] 名詞
❶ C U《口語》(…への)異常な執心(しゅうしん), 熱狂(ねっきょう), …熱《for ...》(♦「熱狂する人」を意味する日本語の「マニア」は maniac)
❷ C U【医学】躁(そう)病

maniac [méiniæk メイニあック] 名詞
C 正気を失った人, 粗暴(そぼう)な人;
《口語》熱狂(ねっきょう)的愛好者, マニア

manicure [mǽnikjùər マぁニキュア]
名詞 U C 手とつめの手入れ

mankind [mænkáind マぁンカインド]
名詞 U《ふつう単数あつかいで》人類, 人間(全体)(♦ほぼ同じ意味の語に man があるが, 性差別を避(さ)けるために, これらよりも the human race, humans, human beings を使うことが多い)

man-made [mǽnméid マぁンメイド]
形容詞 人工の, 人造の(同義語 artificial, 対義語 natural 自然の)

mannequin [mǽnikin マぁネキン]
名詞 C マネキン人形(♦フランス語から)

·manner [mǽnər マぁナ] 名詞
(複数 **manners** [-z])
❶ C **方法**, やり方(同義語 way)
▸Use your knife and fork in this **manner**. ナイフとフォークはこのように使いなさい.
▸learn a **manner** of speaking
話し方を学ぶ
❷ U《または **a manner** で》**態度**
▸He spoke to us in **a** friendly **manner**. 彼は気さくな態度でわたしたちに話しかけた.
❸《**manners** で》**行儀**(ぎょうぎ), 作法
▸Where are your **manners**?
お行儀はどうしたの?
(♦親が子をしかるときの表現)
▸table **manners** テーブルマナー
➡ **table manners** 文化
❹《**manners** で》風習, 風俗(ふうぞく)

A B C D E F G H I J K L M N O P Q R S T U V W X Y Z

⁑make 動詞 名詞

[méik メイク]

動詞 ❶ …を作る
❷ (友人など)をつくる, (名声など)を得る, (金)をかせぐ
❸ …になる

基本のイメージ: 手を加えて新たなものを作る

――動詞 (三単現 **makes** [-s]; 過去・過分 **made** [méid メイド]; 現分 **making**) ⑩

❶ **…を作る**; …を製造する; (文書など)を作成する;
《**make** ＋**人**＋**もの**または **make** ＋**もの**＋ **for** ＋**人**で》(人)に(もの)を作る

▸Let's **make** a cake. ケーキを作ろう.
▸Who **made** this doll? だれがこの人形を作ったのですか?
▸This car is **made** in Japan. この車は日本製です.
▸Meg **made** me a dress. (=Meg **made** a dress **for** me.) メグはわたしにドレスを作ってくれた.

(♦文末の語句が強調される; 前者は「何を」作ったか, 後者は「だれに」作ったかに重点が置かれる)

くらべよう 「B から A を作る」の表し方

make A from B: 原料・材料の質が変化する場合に用います.
make A (out) of B: 原料・材料の質が変化しない場合に用います.

▸Wine is **made from** grapes.
ワインはブドウから作られる.
▸This box is **made of** wood.
この箱は木でできている.

make A from B は, make B into A に言いかえることができます.

▸We **make** grapes **into** wine.
わたしたちはブドウをワインに加工する.

❷ (友人など)**をつくる**, (名声など)**を得る**, (金)**をかせぐ**

▸Ann soon **made** friends with her new classmates. アンはすぐに, 新しいクラスメートと友達になった.
▸I **made** good grades on the exams. わたしはその試験でよい成績をとった.
▸Bill **made** a lot of money. ビルは大金をかせいだ.

❸ **…になる**

▸He will **make** a great singer. 彼はすばらしい歌手になるだろう.
▸One and one **make(s)** two. 1足す1は2(1＋1＝2).

❹ (人など)に[を]…させる
❺ (人・もの)を…の状態にする
❻ (行為(こうい)・動作)をする, 行う

❹《**make** +人など+動詞の原形で》(人など)に[を]…させる ➡ **let** くらべよう

▸I **made** him **go** there. わたしはそこに彼を行かせた.
▸He was **made to go** there. 彼はそこに行かされた.
(♦受け身の文では「…させられる」の部分が「to +動詞の原形」になる)

❺《**make** +人・もの+名詞[形容詞]で》(人・もの)を…の状態にする

▸Her coach **made** her a great runner. 彼女のコーチは彼女をすばらしい走者にした.
▸The news **made** her sad. その知らせは彼女を悲しませた.

参考 make❺ の言いかえ表現

英語で「彼はその知らせに喜んだ」という場合, 次のような表現を用いることができます.

▸The news **made** him happy. その知らせは彼を喜ばせた.
▸He was happy about [at] the news. 彼はその知らせに喜んだ.
▸He was happy to hear the news. 彼はその知らせを聞いて喜んだ.

❻ (行為・動作)をする, 行う

▸**make** a bow おじぎする
▸**make** a call 電話する
▸**make** an effort [efforts] 努力する
▸**make** an excuse 言い訳をする
▸**make** a mistake まちがえる
▸**make** peace 仲直りする
▸**make** plans [a plan] 計画を立てる
▸**make** progress 進歩する
▸**make** a promise 約束する
▸**make** a speech 演説する
▸**make** a trip 旅行する; へまをする

❼ …を用意する, 整える

▸She **made** tea for me. 彼女はわたしにお茶を入れてくれた.

máke it 《口語》うまくいく, 成功する

▸We **made it**! (自分たちの成功などに対して)やったあ!

make óut ① (書類など)を作成する
② …を理解する; …を(何とか)見分ける

make úp ① (話など)をでっち上げる

▸**make up** a good excuse うまい言い訳を思いつく

② …に化粧(けしょう)をする

make úp for ... …を埋(う)め合わせる, 補う

▸We must **make up for** the delay. わたしたちは遅(おく)れを取り戻(もど)さなければならない.

――名詞 (複数 **makes** [-s]) C U …製; 型

▸What **make** is your computer? あなたのコンピューターは何社の製品ですか?

A B C D E F G H I J K L M N O P Q R S T U V W X Y Z

mansion [mǽnʃn マぁンシャン] 名詞
❶ C 大邸宅(ていたく)

参考 **mansion とマンション**

1 英語の mansion は広大な敷地(しきち)をもつ大邸宅を指します.

2 日本語の「マンション」にあたる英語は,賃貸なら《米》apartment (house),《英》flat, 分譲(ぶんじょう)なら《米》condominium です.

❷《**Mansions** で》《英》(固有名詞につけて)…マンション, …アパート

manta [mǽntə マぁンタ] 名詞
C【魚類】マンタ(◆エイの一種)

mantelpiece [mǽntlpìːs マぁントゥるピース] 名詞 C マントルピース(◆暖炉(だんろ)の上の飾(かざ)り棚(だな)) ➡ **fireplace**

manual [mǽnjuəl マぁニュアる] 形容詞
手の; 手動式の
(対義語 automatic 自動式の)
—名詞 C 手引き, 説明書, マニュアル

manufacture [mæ̀njəfǽktʃər マぁニュふぁクチャ] 動詞 (三単現 **manufactures** [-z]; 過去・過分 **manufactured** [-d]; 現分 **manufacturing**)
他 (機械を使って大量に)…を生産する
—名詞 U 大量生産;
C《ふつう **manufactures** で》製品

manufacturer [mæ̀njəfǽktʃərər マぁニュふぁクチャラ] 名詞
C《しばしば **manufacturers** で》(大規模な)製造業者, メーカー

manuscript [mǽnjəskrìpt マぁニュスクリプト] 名詞
❶ C (印刷前の)原稿(げんこう)
❷ C 写本(◆印刷技術発明以前に手で書き写されたもの)

∗many [méni メニ]

—形容詞 (比較 **more** [mɔ́ːr モーア]; 最上 **most** [móust モウスト])
《数えられる名詞の複数形につけて》
たくさんの, 多くの(対義語 few 少しの)
▸**Many** people like the singer.
その歌手を好きな人は多い.
▸I don't have **many** books.
わたしはあまり本を持っていない.

くらべよう **many, much, a lot of**

many:「数」について「多い」ことを表します.
much:「量」について「多い」ことを表します.
a lot of, lots of:「数」についても,「量」についても「多い」ことを表します.
▸I don't have **many** CDs.
わたしは CD をあまり持っていない.
▸I don't have **much** money.
わたしはお金をあまり持っていない.

1 《口語》では, many と much は主に否定文・疑問文で使います.
➡ **much** ルール

2 肯定(こうてい)文で many を使うのは次のような場合です.
(1) so, too とともに用いる場合
▸She has **so many** friends. 彼女にはとてもたくさんの友達がいる.
▸He has **too many** T-shirts.
彼は T シャツを持ちすぎだ.
(2) There are .... の文
▸**There are many** stores on the street.
その通りにはたくさんの店がある.
(3) the, these, those, 所有代名詞 (my, your など)とともに用いる場合
▸He painted **these many** pictures in his twenties.
彼はこれらたくさんの絵を 20 代にえがいた.
(4) 時間の長さを表す場合
▸for **many** years 長年にわたって
これら以外の場合, 肯定文では a lot [lots] of を使うのがふつうです.

—代名詞《複数あつかいで》**多数**, 多数の人[もの](対義語 few 少数の人[もの])
▸**Many** of his fans are children.
彼のファンの多くは子供たちだ.

a good mány ... かなり多くの…
a great mány ... 非常に多くの…
as mány as ... …と同じ数;《数を強調して》…ほど(多くの), …もの; …だけ全部
▸You can take **as many as** you like. 好きなだけ取っていいですよ.
▸He ate **as many as** six hot dogs.
彼はホットドッグを 6 本も食べた.
as mány ... as ～ ～と同じ数の…

▸I have **as many** books **as** she (does). わたしは彼女と同じくらいたくさんの本を持っている.

◆***How many ...?*** いくつ(の)…?, 何人(の)…? (◆How many に続く名詞は複数形になる) ➡ **long**[1] 参考

▸**How many** sisters do you have? あなたには姉妹(しまい)が何人いますか?

só mány ... そんなに多くの…

▸Do you have **so many** DVDs? あなたはそんなに多くの DVD を持っているのですか?

Maori [máuri マウリ] 名詞 C マオリ人 (◆ニュージーランドの先住民); U マオリ語
——形容詞 マオリ人の; マオリ語の

◆**map** [mǽp マぁップ] 名詞
(複数 **maps** [-s]) C (1枚の)地図
(◆map を集めた「地図帳」は atlas)

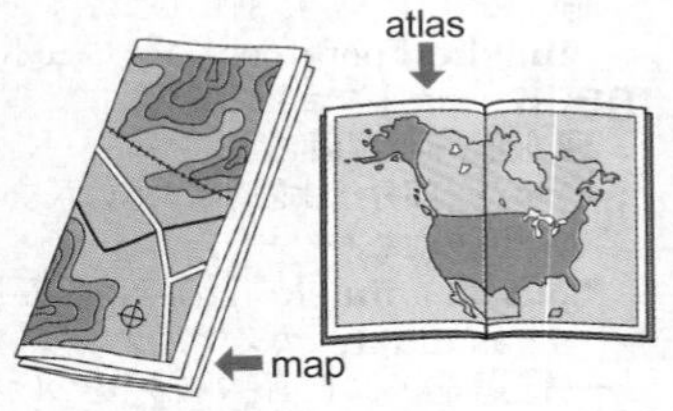

▸a world **map** 世界地図
▸draw a **map** to the station 駅までの地図をかく
▸study [read] a **map** 地図を調べる[地図を読む]

maple [méipl メイプる] 名詞
C【植物】カエデ, モミジ
(◆カエデの葉(maple leaf)はカナダの国章で, 国旗にえがかれている) ➡ **flag** 図
▸**maple** syrup メープルシロップ

Mar. [mɑ́ːrtʃ マーチ] 3月(◆*March* の略)

marathon [mǽrəθɑ̀n マぁラさン] 名詞
C【スポーツ】マラソン

> **文化 マラソンの由来**
>
> 紀元前5世紀に, ギリシャがマラトン(Marathon)の戦いでペルシャ(今のイラン)を破ったとき, 一人の兵士がアテネまで, 約40km を走り, 勝利を伝えると同時に息絶えました. マラソンはこの故事にちなんだ競技です. 現在の走行距離(きょり)は 42.195km(26 マイル 385 ヤード)に統一されています.

marble [mɑ́ːrbl マーブる] 名詞
❶ U 大理石
❷ C ビー玉;《**marbles** で単数あつかい》ビー玉遊び

⁑**March** [mɑ́ːrtʃ マーチ] 名詞
3月(◆Mar. と略す)
➡ **January** ルール, **month** 参考

◆**march** [mɑ́ːrtʃ マーチ]
——名詞 (複数 **marches** [-iz])
C U 行進, 行軍; C 行進曲, マーチ
▸join a peace **march** 平和行進に参加する
——動詞 (三単現 **marches** [-iz]; 過去・過分 **marched** [-t]; 現分 **marching**)
自 行進する, 進軍する
▸They **marched** through the streets. 彼らは通りを行進した.

mare [méər メア] 名詞
C【動物】(成長した)雌(めす)ウマ, 雌ロバ

margarine [mɑ́ːrdʒərin マーヂャリン] (★発音に注意) 名詞 U マーガリン

margin [mɑ́ːrdʒin マーヂン] 名詞
❶ C (ページなどの)余白, 欄外(らんがい); (経費・時間などの)余裕(よゆう); (得点などの)差
❷ C (商売上の)利ざや, マージン
❸ C へり, 縁(ふち)(同義語 edge)

marimba [mərímbə マリンバ] 名詞
C【楽器】マリンバ
(◆アフリカが起源の木琴(もっきん))

marine [məríːn マリーン] (★アクセントに注意) 形容詞 海の; 海に住む; 海運の
——名詞 C 海兵隊員

marionette [mæ̀riənét マぁリオネット] 名詞 C 操(あやつ)り人形, マリオネット

◆**mark** [mɑ́ːrk マーク]
——名詞 (複数 **marks** [-s])
❶ C 跡(あと), 汚(よご)れ; 印, 記号(同義語 sign)
▸a question **mark** 疑問符(ふ)
❷ C《主に英》点数, 成績
(◆《米》ではふつう grade を用いる)
▸He got full **marks** in English. 彼は英語で満点をとった.
❸ C 的(まと), 目標
▸hit the **mark** 的に当たる
▸miss the **mark** 的をはずす
❹ C (競技の)スタートライン, 出発点

A B C D E F G H I J K L M N O P Q R S T U V W X Y Z

▸On your **mark(s)**, get set, go!
位置について，用意，どん！

—動詞 (三単現 **marks** [-s]; 過去・過分 **marked** [-t]; 現分 **marking**) 他
❶ …に印をつける；…に跡をつける
▸He **marked** some difficult words.
彼はいくつかの難しい単語に印をつけた.
❷《主に英》(答案など)を採点する

·market [mɑ́ːrkit マーケット] 名詞
(複数 **markets** [mɑ́ːrkits マーケッツ])
❶ C 市場(いちば)，市
▸a fish [vegetable] **market**
魚市場[野菜市場]
▸go to (the) **market** 買い物に行く
❷ U C《ふつう **the market** で》
市場(しじょう)
▸**the** stock **market** 株式市場

marmalade [mɑ́ːrməlèid マーマレイド]
名詞 U マーマレード(♦オレンジ・レモンなどの実と皮(かわ)で作ったジャム)

marriage [mǽridʒ マぁリッヂ] 名詞
C U 結婚(けっこん)；U C 結婚生活；
C 結婚式(同義語 wedding)

married [mǽrid マぁリド] 形容詞
結婚(けっこん)した，結婚している
(対義語 single 独身の)；結婚の
▸a **married** couple 夫婦(ふうふ)
▸He has been **married** for four years. 彼は結婚して 4 年になる.
get márried (…と)結婚する《to ...》
▸She **got married to** a doctor.
彼女は医者と結婚した.

·marry [mǽri マぁリ] 動詞
(三単現 **marries** [-z];
過去・過分 **married** [-d]; 現分 **marrying**)
—他 ❶ …と結婚(けっこん)する
▸Ken **married** Liz that year.
その年，ケンはリズと結婚した.
❷ …を(…と)結婚させる《to ...》
—自 結婚する
▸Jane **married** late.
ジェーンは晩婚だった.
be márried 結婚している ➡ **married**
get márried
(…と)結婚する《to ...》➡ **married**

Mars [mɑ́ːrz マーズ] (★発音に注意) 名詞
❶【ローマ神話】マルス(♦戦争の神)
❷【天文】火星

marshmallow [mɑ́ːrʃmèlou マーシメろウ] 名詞 C U マシュマロ

marvelous,《英》**marvellous**
[mɑ́ːrvələs マーヴェらス] 形容詞
驚(おどろ)くべき，不思議(ふしぎ)な；すばらしい

Mary [méəri メアリ] 名詞
聖母マリア(＝Virgin Mary)
➡ **Virgin Mary** 参考

Maryland [mériland メリらンド] 名詞
メリーランド州(♦アメリカ東部の州；Md. または【郵便】で MD と略す)

mascot [mǽskət マぁスコット]
(★アクセントに注意) 名詞
C マスコット
(♦幸運をもたらすと考えられているもの)

masculine [mǽskjəlin マぁスキュりン]
形容詞 男性の；男らしい，男性的な
(対義語 feminine 女性の)

mash [mǽʃ マぁシ] 動詞
(三単現 **mashes** [-iz];
過去・過分 **mashed** [-t]; 現分 **mashing**)
他 …をすりつぶす，押(お)しつぶす
▸**mashed** potatoes マッシュポテト

mask [mǽsk マぁスク] 名詞
C 仮面，面，覆面(ふくめん)
(♦顔の一部分だけを隠(かく)すものもふくむ)；
(防護用の)マスク
▸put on a **mask** 仮面をかぶる
▸a gas **mask** ガスマスク
—動詞 他 …に仮面[マスク]をつける

Mass [mǽs マぁス] 名詞 (複数 **Masses** [-iz]) ❶ C U《しばしば **mass** で》
(カトリックの)ミサ(♦神をたたえ，罪のあがないを神に祈(いの)る儀式(ぎしき))
❷ C《ふつう **mass** で》【音楽】ミサ曲

mass [mǽs マぁス] 名詞 (複数 **masses** [-iz]) ❶ C かたまり，集まり，集団
▸a **mass** of snow 雪のかたまり
▸in a **mass** ひとかたまりになって
❷《**a mass of ...** または **masses of ...** で》《口語》多数の…，多量の…；
《**the mass of ...** で》大部分の…
▸I have **a mass of** books.
わたしはたくさんの本を持っている.
❸《**the masses** で》大衆

Massachusetts [mæ̀sətʃúːsits マぁサチューセッツ] 名詞 マサチューセッツ州
(♦アメリカ北東部の州；Mass. または【郵便】で MA と略す)

mass communication [mǽs kəmjùːnikéiʃn マぁス コミューニケイシャン]
名詞 U (テレビ・新聞・インターネットなどのメディアによる情報の)大量伝達，マ

スコミ

mass media [mǽs míːdiə マぁス ミーディア] 名詞《**the mass media** で単数または複数あつかい》マスメディア，マスコミ機関（◆テレビ・新聞・インターネットなどを指す；単に the media ともいう）

mass production [mǽs prədʌ́kʃn マぁス プロダクシャン] 名詞 U 大量生産

mast [mǽst マぁスト] 名詞 C（船の）マスト，帆柱(ほばしら)

˙master [mǽstər マぁスタ]

——名詞（複数 **masters** [-z]）

❶ C **主人**，支配者，長；（動物の）飼い主（対義語 mistress 女主人）

▸the **master** of a house　家の主人

▸a dog's **master**　イヌの飼い主

❷ C 名人，大家；親方

▸a **master** of an art　一芸の達人

❸ C《ふつう **Master** で》（大学院の）修士（号）

——動詞（三単現 **masters** [-z]；過去・過分 **mastered** [-d]；現分 **mastering**）他 …**を修得する**，マスターする；…を支配する

▸He **mastered** several languages. 彼は複数の言語を習得した.

masterpiece [mǽstərpìːs マぁスタピース] 名詞 C 傑作(けっさく)，名作；代表作

mat [mǽt マぁット] 名詞 C 敷物(しきもの)，マット（◆ござ・畳(たたみ)なども指す）；（体操・レスリングなどの）マット

˙match[1] [mǽtʃ マぁッチ]

——名詞（複数 **matches** [-iz]）

❶ C **試合**，競技 ➡ **game** くらべよう

▸a tennis **match**　テニスの試合

▸We won our home **match**. わたしたちは地元での試合に勝った.

❷ C 好敵手，競争相手，（…と）対等の人[もの]《for ...》

▸Bob is a good **match** for Chris in tennis. ボブはテニスでクリスの好敵手だ.

> **ダイアログ**
> *A:* You're an excellent singer. あなたはすばらしい歌手ですね.
> *B:* Thank you. But I'm no **match for** Emma. ありがとう. でも，エマにはとてもかないません.

❸ C（…と）似合う人[もの]《for ...》

▸This tie will be a good **match for** your red jacket. このネクタイはあなたの赤い上着によく合うでしょう.

——動詞（三単現 **matches** [-iz]；過去・過分 **matched** [-t]；現分 **matching**）

——他 …と調和する；…に匹敵(ひってき)する

▸That blouse will **match** this skirt. そのブラウスはこのスカートに合うでしょう.

▸No one **matches** Ann in math. 数学では，だれもアンにかなわない.

——自 調和する

match[2] [mǽtʃ マぁッチ] 名詞（複数 **matches** [-iz]）C（1本の）マッチ

▸strike a **match**　マッチをする

mate [méit メイト] 名詞 ❶ C 仲間，友達

参考 **mate の複合語**	
classmate	同級生，クラスメート
roommate	ルームメート，同室者
schoolmate	学友
teammate	チームメート

❷ C（…の）配偶(はいぐう)者（◆妻または夫）；（1対(つい)のものの）片方《to ...》

material [mətíriəl マティリアる]

名詞 ❶ U C 原料，材料（◆料理の材料は ingredient）；（服などの）生地(きじ)

▸raw **materials**　原材料

❷ C U 資料；U（本などの）題材《for ...》

▸teaching **materials**　教材

❸《**materials** で》用具，道具

▸writing **materials**　筆記用具

——形容詞 物質の，物質的な（対義語 spiritual 精神の）

˸math [mǽθ マぁす] 名詞

U《米口語》数学（◆ *math*ematics を短縮した語；《英口語》maths）

mathematician [mæ̀θəmətíʃn マぁせマティシャン] 名詞 C 数学者

˙mathematics

[mæ̀θəmǽtiks マぁせマぁティックス] 名詞

U《単数あつかいで》**数学**（◆《米口語》では math，《英口語》では maths と短縮する）

▸**Mathematics** is my strong subject. 数学はわたしの得意科目だ.

maths [mǽθs マぁすス] 名詞 U《英口語》数学（◆ *math*ematics を短縮した語；《米口語》math）

ˈmatter [mǽtər マぁタ]

名詞	❶ 事柄(ことがら), 問題
	❷ 物質
動詞	重要である

──名詞 (複数 **matters** [-z])

❶ C 事柄, 問題;《**matters** で》事情

▸I don't know much about the **matter**.
そのことについてはよく知らない.

▸It's a private **matter**.
それはプライベートな問題だ.

▸That's no laughing **matter**.
それは笑いごとではない.

❷ U 物質, もの

▸solid **matter** 固体

❸《**the matter** で》困ったこと, めんどうなこと, 故障 ➡ 成句 ***What's the matter (with you)?***

as a matter of cóurse
もちろん, 当然のこととして

as a matter of fáct
実際のところは, 実は ➡ **fact**

***no mátter hów* [*whát, whén, whére, whó*] ...** たとえどんなに[何が, いつ, どこで, だれが]…しても

▸**No matter what** others say, I won't change my mind. ほかの人が何と言っても, わたしは決心を変えない.

What's the mátter (with you)?
どうしたのですか?

──動詞 (三単現 **matters** [-z]; 過去・過分 **mattered** [-d]; 現分 **mattering**)

自 (…にとって)重要である《to ...》(♦主に it を主語として, 疑問文・否定文で用いる)

▸**It matters** little **to** him.
それは彼にとってはたいした問題ではない.

mattress [mǽtrəs マぁトゥレス] 名詞

(複数 **mattresses** [-iz])

C (ベッドの)マットレス ➡ **bedroom** 図

mature [mətʃúər マチュア] 形容詞

(比較 **more mature** または **maturer**; 最上 **most mature** または **maturest**)

(人・動物・精神が)成熟した, おとなの;
(果物(くだもの)などが)熟した

▸She is **mature** for her age.
彼女は年のわりに大人びている.

──動詞 (三単現 **matures** [-z]; 過去・過分 **matured** [-d]; 現分 **maturing**)

自 成熟する, おとなになる;
(果物・チーズなどが)熟す, 熟成する

maximum [mǽksəməm マぁクスィマム]

名詞 (複数 **maxima** [mǽksəmə マぁクスィマ] または **maximums** [-z])

C 最大限, 最大量[数]; 最高点
(対義語 minimum 最小限)

──形容詞 最大限の, 最大の; 最高の
(対義語 minimum 最小限の)

ːMay [méi メイ] 名詞

5月 ➡ **January** ルール, **month** 参考

ːmay [méi メイ] 助動詞

(過去 **might** [máit マイト])

❶〔許可〕**…してもよい**
(♦《口語》では can を用いることが多い)

▸You **may** sit down.
すわってもいいですよ.

> ダイアログ
> *A:* **May** I use your eraser?
> 消しゴムをお借りしてもいいですか?
> *B:* Sure, go ahead.
> ええ, どうぞ.

> ダイアログ
> *A:* **May** I come in?
> 入ってもいいですか?
> *B:* Yes, of course.
> ええ, もちろん.

> **ルール May I ...? に対する答え方**
>
> **1** 「はい, どうぞ」と答えるときは Certainly. / Yes, of course. / Sure. / Why not? などと言います. Yes, you may. は子供や目下の人に対して使います.
>
> **2** 「いいえ」と答えるときは No, I'm sorry. / I'm afraid you can't. などと言います. No, you may not. は子供や目下の人に対して使います. また, 強い禁止を表すときには No, you must not. と言います.

> **ルール May I help you?**
>
> **1** May I help you? は店員が客に対して使う決まり文句です. 「いらっしゃいませ」「何かおさがしですか?」などの日本語にあたります. 答え方としては, 次のような表現を覚えておくと便利です.

▸Yes, please. I'm looking for a jacket.
はい, お願いします. ジャケットをさがしています.

▸No, thank you. I'm just looking.
いいえ, けっこうです. 見ているだけです.

2 May I help you? は道に迷った人など困っている人に対して「どうしましたか？」「お手伝いしましょうか？」の意味でも使います.

ダイアログ
A: **May I help you?**
どうしましたか？
B: Could you tell me the way to the station? 駅までの道を教えてくださいますか？

❷〔推量〕…**かもしれない**, (たぶん)…だろう

▸It **may** rain this afternoon.
今日の午後は雨が降るかもしれない.

▸She **may** not come today.
彼女は今日, 来ないかもしれない.

❸〔願望〕《**May** ＋**主語**＋**動詞の原形**で》…しますように

▸**May** you be very happy! お幸せに！

may ..., but なるほど…かもしれないが

▸He **may** be famous, **but** I don't like him. 彼は有名かもしれないが, わたしは彼が好きではない.

máy (just) as wéll ＋**動詞の原形**
…するほうがよい ➡ **well**[1]

may wéll ＋**動詞の原形**
…するのももっともだ ➡ **well**[1]

˙maybe
[méibiː メイビー] 副詞
たぶん, もしかすると, ひょっとすると
➡ **perhaps** くらべよう

▸**Maybe**, he's right.
たぶん, 彼は正しい.

▸**Maybe**, you can do it.
もしかすると, きみならできるかもね.

May Day [méi dèi メイ デイ] 名詞
❶ 五月祭(♦5月1日に行われるヨーロッパの春の祭り)
❷ メーデー(♦5月1日に行われる国際的な労働者の祭典; イギリスでは5月の第1月曜日で, 休日となる)

Mayflower [méiflàuər メイふラウア]
名詞《**the Mayflower** で》メイフラワー号(♦1620年にイギリスの清教徒たち(the Pilgrim Fathers)がアメリカ大陸に渡(わた)ったときに乗っていた船)

mayonnaise [méiənèiz メイオネイズ] (★発音に注意) 名詞 U マヨネーズ

mayor [méiər メイア] 名詞
C 市長, 町長, 村長

maze [méiz メイズ] 名詞 C 迷路(めいろ), 迷宮

McKinley [məkínli マキンり] 名詞
《**Mount McKinley** で》マッキンリー山(♦アメリカのアラスカ州にある北アメリカでいちばん高い山; 6,194メートル; 正式には Denali という) ➡ **Denali**

MD [émdíː エムディー] 名詞
【郵便】メリーランド州(♦ *Maryland* の略)

ME 【郵便】メーン州(♦ *Maine* の略)

˙me
[míː ミー] 代名詞 〖人称代名詞の一人称単数 I の目的格〗
(複数 **us** [ʌ́s アス])

❶ **わたしを**[**に**], **ぼくを**[**に**] ➡ **I** 参考

▸He knows **me** well.
彼はわたしをよく知っています.

▸Come with **me**.
わたしといっしょに来て.

❷《補語として用いて》
《口語》わたし(です)

ダイアログ
A: Who is it?
(ドアのノックを聞いて)どなたですか？
B: It's **me**, Sarah. わたし, サラです.

ダイアログ
A: I'm tired. 疲(つか)れたよ.
B: **Me**, too. わたしも.

meadow [médou メドウ] (★発音に注意)
名詞 C U 牧草地, 草地

˙meal
[míːl ミーる] 名詞
(複数 **meals** [-z]) C **食事**

▸prepare [fix] a **meal**
食事の準備をする[料理を作る]

▸eat between **meals** 間食をする
▸We have three **meals** a day.
わたしたちは1日3回食事をする.

⁑mean¹ [míːn ミーン] 動詞

(三単現 **means** [-z]; 過去・過分 **meant** [mént メント]; 現分 **meaning**) 他
❶ **…を意味する**; …のことを言う; …を本気で言う
▸What does this word **mean**?
この単語はどういう意味ですか?
▸A green light **means** "Go ahead."
青信号は「進め」を意味する.

> ダイアログ
> A: What do you **mean** by that?
> それはどういう意味ですか?
> B: I **mean** (that) it's possible.
> それは可能だという意味です.

▸I **mean** what I say.
わたしは本気で言っているのです.
❷《**mean to** +**動詞の原形で**》
…するつもりである
▸I didn't **mean to** hurt him.
彼を傷つけるつもりはなかった.
I mean (訂正(ていせい)したり補足したりするときに)いや(…と言いたかった); つまり
▸He's from Cambridge — **I mean** Cambridge in Britain.
彼はケンブリッジ, いや, イギリスのケンブリッジの出身だ.

mean² [míːn ミーン] 形容詞

(比較 **meaner**; 最上 **meanest**)
ひきょうな, 意地が悪い; けちな
▸Why are you so **mean** to him?
なぜきみは彼にそんなに意地悪なの?

meaning [míːniŋ ミーニング] 名詞

U C 意味; U 意義, 価値
▸I didn't know the **meaning** of the word.
わたしはその単語の意味を知らなかった.

meaningful [míːniŋfl ミーニングふる]

形容詞 有意義な, 意味のある; 意味ありげな

means [míːnz ミーンズ] 名詞

(複数 **means**: 単複同形)
❶ C《単数または複数あつかいで》方法, 手段(同義語 way)
▸E-mail is a very useful **means** of communication. Eメールはとても便利なコミュニケーション手段だ.
❷ U《複数あつかいで》財産, 資産
by áll means ① 必ず, ぜひとも
② (返事で)もちろん, いいですとも

> ダイアログ
> A: May I visit your house?
> おうちにうかがってもいいですか?
> B: **By all means.**
> もちろん.

by means of ...
…によって(♦手段を表す)
by nó means 決して…ない
▸This problem is **by no means** easy.
この問題は決してやさしくない.

˙meant [mént メント] (★発音に注意) 動詞

mean¹(…を意味する)の過去形・過去分詞

meantime [míːntàim ミーンタイム]

名詞《**the meantime** で》その間
in the méantime その間に, そうしているうちに; 話は変わって, 一方では

meanwhile [míːnhwàil ミーン(ホ)ワイる] 副詞

その間に; その一方では

measles [míːzlz ミーズるズ] 名詞

U《単数あつかいで》【医学】はしか

˙measure [méʒər メジャ]

―名詞 (複数 **measures** [-z])
❶ U **寸法**, 大きさ, 重さ, 分量 (♦長さ・面積・体積・重量のいずれにも用いる)
❷ C《しばしば **measures** で》
手段, 処置, 対策
▸first-aid **measures** 応急処置
❸ C 計量の単位; U 計量(法), 測定(法)
▸The gram is a **measure** of weight. グラムは重さの単位だ.
❹ C 計量[測定]器具 (♦物差しなど)
―動詞 (三単現 **measures** [-z]; 過去・過分 **measured** [-d]; 現分 **measuring**)
―他 (長さ・大きさ・量・重さなど)をはかる, …の寸法をとる
▸**measure** the width of a desk
机の幅(はば)をはかる
―自《ふつう寸法を表す語をともなって》(…の)幅[長さ, 高さ]がある

measurement [méʒərmənt メジャメント] 名詞

❶ C《ふつう **measurements** で》(はかった)寸法, 大きさ, 量
❷ U 測定, 測量; 測定法

・meat [míːt ミート] 名詞
（複数 **meats** [míːts ミーツ]）
U（食用の）肉（◆ふつう魚肉・鳥肉はふくまない；種類をいう場合には meats が用いられることもある）；
《米》（果物(くだもの)・カニ・貝などの）肉，身
▸**meat** loaf ミートローフ
（◆ハンバーグに似た家庭料理）
▸Which would you like, fish or **meat**?
魚料理と肉料理のどちらにしますか？

参考 **食用の肉**
beef: cow（ウシ）の肉
veal [víːl ヴィーる]: calf（子ウシ）の肉
pork: pig（ブタ）の肉
mutton: sheep（ヒツジ）の肉
lamb: lamb（子ヒツジ）の肉
chicken: chicken（ニワトリ）の肉

Mecca [mékə メカ] 名詞
❶ メッカ（◆サウジアラビアの都市；イスラム教の聖地）

❷ C《しばしば **mecca** で》
あこがれの地；（活動などの）中心地

mechanic [məkǽnik メキぁニック]
名詞 C 機械工，修理工

mechanical [məkǽnikl メキぁニクる]
形容詞 ❶ 機械の，機械による
▸a **mechanical** pencil シャープペンシル（◆「シャープペンシル」は和製英語；《英》propelling pencil）
❷（人・動作が）機械的な；自動的な

mechanism [mékənìzm メカニズム]
名詞 ❶ C 機械装置（の一部）；仕組み，メカニズム
❷ C 体系的な手法；機構

medal [médl メドゥる] 名詞
C メダル，勲章(くんしょう)

media [míːdiə ミーディア]（★発音に注意）
名詞 ❶ medium（媒介(ばいかい)物）の複数形の一つ
❷《**the media** で単数または複数あつかい》マスメディア（＝mass media）

medical [médikl メディクる] 形容詞
医学の，医療(いりょう)の；内科の
▸**medical** science 医学
▸a **medical** checkup 健康診断(しんだん)

・medicine [médəsn メディスン]
（複数 **medicines** [-z]）名詞
❶ U C 薬，内服薬
（◆「丸薬」は a pill，「錠剤(じょうざい)」は a tablet，「カプセル」は a capsule）
▸take (a) **medicine** 薬を飲む
▸ことわざ A good **medicine** tastes bitter. 良薬口に苦し．
❷ U 医学；内科（学）

Mediterranean [mèditəréiniən メディタレイニアン] 形容詞 地中海（沿岸）の
▸the **Mediterranean** Sea 地中海
──名詞《**the Mediterranean** で》地中海

medium [míːdiəm ミーディアム] 名詞
（複数 **mediums** [-z] または **media** [míːdiə ミーディア]）C 媒介(ばいかい)物；手段
──形容詞（程度・大きさなどが）中くらいの，中間の，M サイズの；（ステーキなどが）中くらいに火の通った，ミディアムの
▸a **medium**-size(d) sweater
M サイズのセーター

:meet [míːt ミート]
──動詞（三単現 **meets** [míːts ミーツ]；過去・過分 **met** [mét メット]；現分 **meeting**）

他 ❶（人）と出会う；（人）に会う
❷（人）と知り合いになる
❸（人・乗り物など）を出迎(でむか)える
自 会う

──他 ❶（偶然(ぐうぜん)に）（人）と出会う；（約束して）（人）に会う；…と面会する
▸I **met** Ellen at the supermarket by chance. スーパーマーケットで，偶然エレンと出会った．
❷（人）と知り合いになる
▸I'm glad to **meet** you.
（初対面で）はじめまして；よろしく．

(♦ 2度目からは see を使う) ➡ ルール

ルール 初対面のあいさつ

1 I'm glad to meet you. は「お会いできてうれしい」という意味ですが,「はじめまして」とほとんど同じ意味で使われます.

2 I'm glad to meet you. のほかに, Nice to meet you. や Pleased to meet you. などもよく使われます.

ダイアログ

A: Nice to **meet** you.
お会いできてうれしいです.

B: Nice to **meet** you, too.
わたしもです.

❸ (人・乗り物など)**を出迎える**

▸I'll **meet** you at the station.
駅にあなたを迎えに行きますね.

❹ (道・川などが)…と合流する

❺ (要求など)に応じる, …を満たす

—自 **会う**; 知り合う; 集まる, 会合する; 合流する

▸Let's **meet** in the park at five.
5時に公園で会いましょう.

▸They **met** at the party.
彼らはそのパーティーで知り合った.

méet with ...

(事故・不幸など)にあう, …を経験する

—名詞 (複数 **meets** [míːts ミーツ])

C 《主に米》競技会 (♦《英》meeting)

▸an athletic **meet** 陸上競技会

ˑmeeting [míːtiŋ ミーティング]

—動詞 meet(…と出会う)の現在分詞・動名詞

—名詞 (複数 **meetings** [-z])

C **会合**, 集会, 会議, ミーティング; 《英》競技会(♦《米》meet)

▸hold [have] a **meeting**
会合を開く

▸attend a **meeting**
会議に出席する

melancholy [mélənkɑ̀li メらンカり]

(★アクセントに注意) 名詞

U 物悲しさ, 深い悲しみ; ゆううつ

—形容詞 物悲しい, ゆううつにさせる; (人が)陰気(いんき)な, ふさぎこんだ

Melbourne [mélbərn メるバン] 名詞

メルボルン

(♦オーストラリア南東部の港湾(こうわん)都市)

melody [mélədi メろディ] 名詞

(複数 **melodies** [-z]) C U 【音楽】

メロディー, 旋律(せんりつ); U 美しい調べ

▸a sweet **melody** 美しい調べ

melon [mélən メろン] 名詞

C 【植物】メロン(♦マスクメロン・スイカなどのウリ科植物の総称(そうしょう))

melt [mélt メるト] 動詞

自 溶(と)ける; (心・感情などが)やわらぐ

▸The snow will **melt** away soon.
雪はもうすぐ溶けてなくなるだろう.

—他 …を溶かす; …をやわらげる

⁚member [mémbər メンバ] 名詞

C (団体の)一員, 会員, メンバー; 議員

▸a **member** of the judo club
柔道(じゅうどう)部員

membership [mémbərʃìp メンバシップ]

名詞 ❶ U (グループの)会員[メンバー]であること; 会員資格

▸a **membership** card 会員証

❷ U《または **a membership** で》会員数;《単数または複数あつかいで》会員(全体)

memo [mémou メモウ] 名詞

(複数 **memos** [-z])

C 《口語》(職場での)事務連絡(れんらく)票

(♦ *memo*randum を短縮した語; 日本語で使う「(個人的な)メモ」は note)

memorandum [mèmərǽndəm メモラぁンダム] 名詞

(複数 **memorandums** [-z] または **memoranda** [mèmərǽndə メモラぁンダ])

❶ C 覚え書き; (職場での)事務連絡(れんらく)票

❷ C (外交上の)覚え書き

memorial [məmɔ́ːriəl メモーリアる]

名詞 C (…の)記念物, 記念碑(ひ), 記念館, 記念行事《to ...》

▸a war **memorial** 戦没(せんぼつ)者記念碑

—形容詞 記念の, 追悼(ついとう)の

▸a **memorial** event 記念行事

Memorial Day [məmɔ́ːriəl dèi メモーリアる デイ] 名詞

《米》戦没(せんぼつ)将兵追悼(ついとう)記念日(♦アメリカの祝日; 南北戦争以後の戦死者を追悼する日; 5月の最終月曜日とする州が多い)

memorize, 《英》memorise [méməràiz メモライズ] 動詞

(三単現 **memorizes** [-iz]; 過去・過分 **memorized** [-d]; 現分 **memorizing**)

他 …を暗記する, 記憶(きおく)する(♦無意識のうちに「覚えている」は remember)

▸**memorize** English words
英単語を暗記する

memory [méməri メモリ] 名詞
(複数 **memories** [-z])
❶ C U 記憶(きおく); 記憶力
▸He has a good [bad] **memory**.
彼は記憶力がいい[悪い].
❷ C 思い出
▸I have happy **memories** as a child. わたしには子供のころの幸せな思い出がある.
❸ C【コンピューター】記憶装置[容量]
in mémory of ... …を記念して

＊men [mén メン] 名詞
man(男性)の複数形

＊mend [ménd メンド] 動詞
(三単現 **mends** [méndz メンヅ];
過去・過分 **mended** [-id];
現分 **mending**) 他
❶ (もの)を直す, 修理する
▸He **mended** my shoes.
彼はわたしの靴(くつ)を直してくれた.

> くらべよう **mend, repair, fix**
>
> **mend**: 衣服・家具などのような手先で修理できるものを直すときに用いられます.
>
> **repair**: 車・テレビ・パソコンなど複雑なものを修理するときに用いられます.
>
> **fix**: 《米》簡単なものでも複雑なものでも用いられます.
>
> ▸She **mended** the socks [broken chair].
> 彼女はその靴下をつくろった[壊(こわ)れたいすを直した].
>
> ▸She **repaired** the car.
> 彼女はその車を直した.

❷ (行儀(ぎょうぎ)など)を改める
—自 (行儀などを)改める
▸ことわざ It is never too late to **mend**. 過(あやま)ちて改むるにはばかることなかれ.(♦「行いを改めるのに遅(おそ)過ぎることはない」の意味から)

men's room [ménz rù:m メンズ ルーム] 名詞 C 《米》(公共の)男性用トイレ
(対義語 women's room 女性用トイレ)

-ment 接尾辞 動詞について結果・動作などを表す名詞をつくる: agree(同意する)+ -ment → agreement(同意)

mental [méntl メントゥる] 形容詞
❶ 心の, 精神の(同義語 spiritual, 対義語 physical 身体の);
知能の; 頭の中の
▸**mental** health 心の健康
▸a **mental** test 知能テスト
❷ 精神病の

mention [ménʃn メンシャン] 動詞
他 …のことを言う, …に(簡単に)触(ふ)れる
▸He often **mentions** you to us.
彼はあなたのことをわたしたちによく話します.
Don't méntion it. 《主に英》(礼を言われたときの返事で)どういたしまして.
(♦《米》You're welcome.)

menu [ménju: メニュー] 名詞
❶ C メニュー, 献立(こんだて)表
❷ C【コンピューター】メニュー(作業[コマンド]の一覧表)

meow [miáu ミアウ] 名詞
C 《米》(ネコの鳴き声を表して)ニャー
(♦《英》miaow) ➡ **animal** 図
—動詞 自 《米》(ネコが)ニャーと鳴く

merchant [mə́:rtʃənt マ〜チャント]
名詞 C (卸(おろ)し売り・貿易商などの)商人; 《米》小売り商人, 商店主

Mercury [mə́:rkjəri マ〜キュリ] 名詞
❶【ローマ神話】マーキュリー, メルクリウス(♦商業・交通などの神で, 神々の使者も務める)
❷【天文】水星

mercury [mə́:rkjəri マ〜キュリ] 名詞
U【化学】水銀(♦元素記号は Hg);
《**the mercury** で》(温度計などの)水銀柱

mercy [mə́:rsi マ〜スィ] 名詞
U 慈悲(じひ), 哀(あわ)れみ, 情け

mere [míər ミア] 形容詞
《名詞の前で用いて》ほんの, 単なる
(♦比較級はなく, 特に強調するときは merest を用いる)
▸a **mere** child ほんの子供

merely [míərli ミアり] 副詞
ただ…だけの, 単に
(♦ only よりもかたい語)
▸He is **merely** a child.
彼はほんの子供だ.
(＝He is a mere child.)

merit [mérit メリット] 名詞
C U 長所, とりえ(♦日本語の「メリット(利点)」は英語の advantage に近い)

Merlion [mə́ːrlàiən マ～ライアン] 名詞
《**the Merlion** で》マーライオン(♦シンガポールのマーライオン公園(Merlion Park)にある上半身がライオン，下半身が魚の像)

mermaid [mə́ːrmèid マ～メイド] 名詞
C (女の)人魚 (♦男の人魚は merman [mə́ːrmæ̀n マ～マぁン])

merrily [mérili メリリ] 副詞
陽気に，楽しく，愉快(ゆかい)に

merry [méri メリ] 形容詞
(比較 **merrier**; 最上 **merriest**)
陽気な，楽しい
▸a **merry** song 楽しい歌

> **ダイアログ**
> *A:* **Merry** Christmas!
> メリークリスマス！
> *B:* **Merry** Christmas (to you, too)!
> (あなたにも)メリークリスマス！

merry-go-round [mérigouràund メリゴウラウンド] 名詞
C メリーゴーランド，回転木馬
(同義語 carousel [kæ̀rəsél キぁラセる])

mess [més メス] 名詞
U《または **a mess** で》乱雑，めちゃくちゃ(な状態)；困った状態
▸His room is (in) **a mess.**
彼の部屋はめちゃくちゃだ.

⁑message [mésidʒ メセッヂ]
名詞 (複数 **messages** [-iz])
❶ C **伝言**，言づて，メッセージ
▸a **message** board 伝言板
▸Could you take a **message**?
(= Can I leave a **message**?)
伝言をお願いできますか？
❷ C (映画・本・演説などの)メッセージ，意図，ねらい

messenger [mésəndʒər メセンヂャ]
名詞 C メッセンジャー，伝言を伝える人；(書類などの)配達者，使いの者

messy [mési メスィ] 形容詞
(比較 **messier**; 最上 **messiest**)
散らかった；(状況(じょうきょう)が)こみ入った

•met [mét メット] 動詞
meet(…と出会う)の過去形・過去分詞

metal [métl メトゥる] 名詞
C U 金属

metallic [mətǽlik メタぁリック] 形容詞
金属(製)の，金属に似た

meteorite [míːtiəràit ミーティオライト]
名詞 C いん石

meter[1], 《英》**metre** [míːtər ミータ]
(★発音に注意) 名詞 C (長さの単位の)メートル(♦ m または m. と略す)

meter[2] [míːtər ミータ] 名詞
C (ガス・水道などの)メーター，計量器

method [méθəd メそッド] 名詞
C (系統だった)方法；U (物事の)筋道

metre [míːtər ミータ] 名詞
《英》=《米》meter[1](メートル)

metropolis [mətrápəlis メトゥラポりス]
(★アクセントに注意) 名詞
(複数 **metropolises** [-iz])
C (国・地方の)主要都市，大都市；首都

metropolitan [mètrəpálitn メトゥロパりトゥン] 形容詞
大都市の，主要都市の；首都の

mew [mjúː ミュー] 動詞 名詞 (ネコが)ニャーと鳴く；(ネコの)泣き声(=meow)

Mexican [méksikən メクスィカン]
形容詞 メキシコの；メキシコ人の
——名詞 C メキシコ人

Mexico [méksikòu メクスィコウ] 名詞
メキシコ(♦北アメリカ南部の国；首都はメキシコシティMexico City)

MI 【郵便】ミシガン州(♦ *Mi*chigan の略)

miaow [miáu ミアウ] 名詞 動詞
《英》=meow (ネコの) ニャーという泣き声；ニャーと鳴く

mice [máis マイス] 名詞
mouse (ハツカネズミ)の複数形

Michelangelo [màikəlǽndʒəlòu マイケらぁンヂェろウ] 名詞
【人名】ミケランジェロ(♦ 1475-1564; イタリアの画家・彫刻(ちょうこく)家・建築家; 代表作として，『最後の審判(しんぱん)』，『ピエタ像』などがある)

Michigan [míʃigən ミシガン] 名詞
ミシガン州(♦アメリカ北部の州；Mich. または【郵便】で MI と略す)

Mickey Mouse [míki máus ミキ マウス] 名詞 ミッキーマウス
(♦ウォルト・ディズニー (Walt Disney) によるアニメの主人公のネズミ)

microphone [máikrəfòun マイクロふォウン] 名詞 C マイクロホン，マイク
(♦《口語》mike) ➡ **video** 図

microscope [máikrəskòup マイクロスコウプ] 名詞 C 顕微(けんび)鏡

➡ **experiment** 図

microwave [máikrouwèiv マイクロウウェイヴ] 名詞
❶ C【電気】マイクロ波, 極超(ごくちょう)短波
❷ C 電子レンジ(=microwave oven)
——動詞 (三単現 **microwaves** [-z]; 過去・過分 **microwaved** [-d]; 現分 **microwaving**)
他 …を電子レンジにかける

microwave oven [máikrouweiv ʌ̀vn マイクロウウェイヴ アヴン] 名詞
C 電子レンジ
(◆単に microwave ともいう)

mid- 接頭辞 名詞について「中の…」「中間の…」「真ん中の…」という意味の語をつくる: mid- + summer(夏)→ midsummer(真夏)

midday [míddèi ミッドデイ] 名詞
U 正午, 真昼
(同義語 noon, 対義語 midnight 真夜中)

*__middle__ [mídl ミドゥる]
——名詞《**the middle** で》**中央**, 真ん中
(◆ center は「中心点」で, middle は周辺もふくむ); (期間の)中ごろ
▸Who's the boy in **the middle**?
真ん中の男の子はだれですか?
in the míddle of ... …の真ん中に
▸**in the middle of** the city
市の中心部に
▸**in the middle of** June
6月の中旬(ちゅうじゅん)に
——形容詞 **真ん中の**, 中間の; 中流の, 中程度の

Middle Ages 名詞 [mídl éidʒiz ミドゥる エイヂズ]
《**the Middle Ages** で複数あつかい》
中世(◆西洋史では一般に5世紀後半の西ローマ帝国(ていこく)滅亡(めつぼう)から16世紀のルネサンス期にわたる時代)

Middle East [mídl íːst ミドゥる イースト] 名詞《**the Middle East** で》中東(◆リビアからアフガニスタンにいたる地域)

middle name [mídl néim ミドゥる ネイム] 名詞 C ミドルネーム(◆姓(せい)と名の間の名前; 例えば John Paul Jones の Paul を指す) ➡ **name** 参考

middle school [mídl skùːl ミドゥる スクーる] 名詞 C ミドルスクール(◆《米》ではふつう4・4・4制の中間の4学年を教える学校,《英》では8歳(さい)から12歳までの公立学校) ➡ **high school** 文化

midnight [mídnàit ミッドナイト] 名詞
U 夜の12時, 真夜中
(対義語 midday 真昼) ➡ **day** 図
▸at **midnight** 夜の12時に

midsummer [mídsʌ́mər ミッドサマ]
名詞 U 真夏; 夏至(げし)のころ

midterm [mídtə̀ːrm ミッドタ〜ム] 名詞
U (学期・任期の)中間;
C《しばしば **midterms** で》《米口語》中間試験

midway [mídwéi ミッドウェイ] 形容詞
中間に[の], 中途(ちゅうと)に[の]

Midwest [mídwést ミッドウェスト] 名詞
《**the Midwest** で》(アメリカの)中西部

*__might__[1] [máit マイト] 助動詞
(may の過去形)
❶《時制の一致(いっち)を受け, may の過去形として》
(1)〔推量〕…**かもしれない**
▸Ann thought (that) Bill **might** be angry.
ビルは怒(おこ)っているかもしれないと, アンは思った.
(2)〔許可〕…**してもよい**
▸He asked me if he **might** call me. (=He said to me, "May I call you?")
彼はわたしに電話してもよいかときいた.
❷《現在の実現性の低い可能性》
…かもしれない
▸I **might** join you later.
あとであなたがたに合流するかもしれません. (◆合流する可能性が低い)

might[2] [máit マイト] 名詞
U 力, 権力; 勢力
▸ことわざ **Might** is right.
力は正義なり. (◆「勝てば官軍」)

mighty [máiti マイティ] 形容詞
(比較 **mightier**; 最上 **mightiest**)
強大な, 強力な(同義語 strong); 大きな

migrate [máigreit マイグレイト]
(★発音に注意) 動詞
(三単現 **migrates** [máigreits マイグレイツ]; 過去・過分 **migrated** [-id]; 現分 **migrating**)
自 (人が) (一時的に仕事などを求めて)移住する; (鳥・魚などが)(季節によって定期的に)移動する, 渡(わた)る

mike [máik マイク] 名詞
《口語》マイクロフォン(=microphone)

A B C D E F G H I J K L M N O P Q R S T U V W X Y Z

mild [máild マイるド] 形容詞
(比較 **milder**; 最上 **mildest**)
❶ (気候などが)穏(おだ)やかな, 温暖な
(対義語 severe 厳しい)
▸a **mild** climate　穏やかな気候
❷ (人・態度などが)穏やかな
(同義語 gentle)
▸a **mild** voice　穏やかな声
❸ (味・香(かお)りなどが)強くない, まろやかな
▸**mild** flavor　まろやかな香り

˙mile [máil マイる] 名詞
(複数 **miles** [-z])
C (距離(きょり)の単位の)**マイル**
(♦ m や mi または mi. と略す; 1 マイルは 1,609 メートル)
▸The bank is two **miles** from my house.　その銀行はわたしの家から 2 マイルのところにある.
▸fifty **miles** an [per] hour
時速 50 マイル(♦ 50 mph と略す)

military [mílitèri ミりテリ] 形容詞
軍隊の, 軍人の(対義語 civil 市民の); 陸軍の

:milk [mílk ミるク]
——名詞 U **乳**, **牛乳**, ミルク
▸a glass [carton] of **milk**
グラス 1 杯の牛乳[牛乳 1 パック]
▸I want some **milk** in my coffee.
コーヒーに少しミルクがほしい.
——動詞 (三単現 **milks** [-s];
過去・過分 **milked** [-t]; 現分 **milking**)
他 …の乳をしぼる

milkman [mílkmən ミるクマン] 名詞
(複数 **milkmen** [mílkmən])
C 牛乳屋, 牛乳配達人

milk shake [mílk ʃèik ミるク シェイク]
名詞 C ミルクセーキ
(♦単に shake ともいう)

milky [mílki ミるキ] 形容詞
(比較 **milkier**; 最上 **milkiest**)
ミルクのような; 乳白色の

Milky Way [mílki wéi ミるキ ウェイ]
名詞《**the Milky Way** で》
【天文】銀河, 天の川

mill [míl ミる] 名詞
❶ C 製粉所; (製紙・製粉・紡績(ぼうせき)などの)工場
❷ C 製粉機; (コーヒー・コショウなどの)粉ひき器, ミル

millennium [miléniəm ミれニアム]
名詞 (複数 **millenniums** [-z] または **millennia** [miléniə ミれニア])
C 千年(間); 千年紀

miller [mílər ミら] 名詞
C 粉屋, 製粉業者

millimeter, 《英》**millimetre**
[míləmìːtər ミりミータ] 名詞
C (長さの単位の)ミリメートル
(♦ 1 ミリメートルは 1 メートルの 1,000 分の 1; mm と略す)

˙million [míljən ミりョン]
——名詞 (複数 **millions** [-z]) C **100 万**
▸a [one] **million**　100 万
▸ten **million**　1,000 万

> **ルール million の複数形**
> **1** hundred や thousand とは異なり, million は前に数を表す語がつくと複数形になることがあります.
> ▸three **million(s)**　300 万
> **2** million のあとにさらに数を表す語が続くときは複数形にはなりません.
> ▸three **million**, five hundred and sixty thousand　356 万
> **3**「何百万もの」の意味の millions of は必ず複数形で用います.

millions of ...
何百万もの…; 多数の…, 無数の…
▸**millions of** people　何百万の人
——形容詞 100 万の; 《口語》多数の, 無数の
▸twenty **million** people
2,000 万の人々

millionaire [mìljənéər ミりョネア] 名詞
C 百万長者, 大金持ち

min. (時間の)分(♦ *min*ute(s) の略)

˙mind [máind マインド]

> 名詞 ❶ 心, 精神
> ❷ 考え
> 動詞 他 ❶ …をいやがる
> ❷ …に気をつける

——名詞 (複数 **minds** [máindz マインヅ])
❶ U C **心**, **精神**(対義語 body 肉体); 知力, 知性; U 理性
▸peace of **mind**　心の平安
▸She has a quick **mind**.
彼女は頭の回転が速い.
❷ C U **考え**, 意見

▸I've changed my **mind**.
わたしは気が変わりました.

❸ C U 記憶(きおく)(力)(同義語 memory)

▸ことわざ Out of sight, out of **mind**.
去る者は日々に疎(うと)し.(◆「見えなくなると,記憶からも消える」の意味から)

be on a person's mínd
気がかりである,心配である

▸What's **on your mind**?
何を考えているのですか?

come to mínd
(物事が)(突然(とつぜん))心に浮(う)かぶ

make úp one's mínd (to)
(…しようと)決心する(同義語 decide)

▸I can't **make up my mind to** buy the computer. そのコンピューターを買う決心がつかない.

——動詞 (三単現 **minds** [máindz マインヅ]; 過去・過分 **minded** [-id]; 現分 **minding**)

——他 ❶ **…をいやがる**,気にする;《**mind** + **...ing** で》…するのをいやがる(◆主に疑問文・否定文で用いる)

▸I do**n't mind** a short walk.
少しくらい歩くのはかまわない.

▸Would you **mind carrying** this to my room? これをわたしの部屋まで運んでいただけませんか?

ルール Do [Would] you mind ...? に対する答え方

1 「はい,どうぞ」と答えるときは,日本語では肯定(こうてい)でも,英語では Yes ではなく No を使って答えます.

ダイアログ

A: **Do you mind** my **asking** a question**?**
質問をしてもよろしいですか?

B: **No**, I don't. Go ahead.
はい.どうぞ.
(◆ my は asking の意味上の主語)

2 「いいえ,やめてください」と答えるときは, Well, I'd rather you didn't. や Would you not, please? などと答えます.

❷ **…に気をつける**,注意する
(◆主に命令文で用いる)

▸**Mind** Your Step
《掲示》足もとに注意

——自 いやがる,気にする
(◆主に疑問文・否定文で用いる)

▸I want to stay longer, if you do**n't mind**. よろしければ,わたしはもう少しいたいのですが.

Mínd your ówn búsiness. 他人のことに口出しするな,余計なお世話だ.

Néver mínd.
気にするな,たいしたことではない.

⁑mine[1]

[máin マイン] 代名詞 《人称代名詞の一人称単数 I の所有代名詞》(複数 **ours** [áuərz アウアズ])
わたしのもの,ぼくのもの ➡ **I** 参考

▸Those shoes are **mine**.
あの靴(くつ)はわたしのものです.

▸His bag is bigger than **mine**.
彼のかばんはわたしのものより大きい.

▸Bob is a friend of **mine**.
ボブはわたしの友達だ.

➡ **friend** ルール

mine[2]

[máin マイン] 名詞
❶ C 鉱山
❷ C 地雷(じらい); 水雷; 機雷

mineral

[mínərəl ミネラる] 名詞
C 鉱物; 無機物; ミネラル

——形容詞 鉱物(性)の,鉱物をふくんだ

▸**mineral** water
鉱泉水,ミネラルウォーター

miniature

[míniətʃər ミニアチャ] 名詞
❶ C 小型模型,ミニチュア
❷ C 小さな肖像(しょうぞう)画; 細密画

——形容詞 小型の,小さな,ミニチュアの

mini debate

[míni dibéit ミニ ディベイト] 名詞 C ミニディベート(◆日常的な話題について少人数で意見を述べ合う簡単なディベート) ➡ **debate**

minimum

[mínəməm ミニマム] 名詞
(複数 **minima** [mínəmə ミニマ] または **minimums** [-z])
C 最小限,最小量,最低限
(対義語 maximum 最大限)

——形容詞 最小限の,最低限の
(対義語 maximum 最大限の)

mining

[máiniŋ マイニング] 名詞
U 採鉱,採掘

minister

[mínəstər ミニスタ] 名詞
❶ C (イギリス・ヨーロッパ・日本などの)大臣(◆アメリカでは secretary という)

▸the Prime **Minister** 総理大臣

❷ C 公使,使節
❸ C 牧師

ministry

[mínəstri ミニストゥリ] 名詞
(複数 **ministries** [-z])

❶ C《ふつう Ministry で》
(イギリス・ヨーロッパ・日本などの)省, 庁
(◆《米》department)
▸the **Ministry** of the Environment
環境省
❷《the ministry で》
聖職, 司祭[牧師]の職

Minnesota [mìnəsóutə ミネソウタ]
名詞 ミネソタ州(◆アメリカ北部の州; Minn. または【郵便】で MN と略す)

minor [máinər マイナ] 形容詞
小さい[少ない]ほうの; 過半数に達しない; あまり重要でない
(対義語 major 大きいほうの)
—名詞 C【法律】未成年者

minority [minɔ́ːrəti ミノーリティ, mainɔ́ːrəti マイノーリティ] 名詞
(複数 **minorities** [-z]) C 少数(派)
(対義語 majority 大多数); 少数民族

minor league [máinər líːg マイナ リーグ] 名詞 C《ふつう **Minor League** で》
(アメリカのプロ野球の)マイナーリーグ
(◆大リーグ(major league)の下位の連盟)

mint [mínt ミント] 名詞
U【植物】ハッカ, ミント
(◆香料(こうりょう)に用いる)

minus [máinəs マイナス] 前置詞
…をひいて(対義語 plus …を加えて)
▸Ten **minus** six is four.
10 ひく 6 は 4(10 − 6=4).
—形容詞 マイナスの, 負の
(対義語 plus プラスの)

:minute [mínit ミニット] 名詞
(複数 **minutes** [mínits ミニッツ])
❶ C (時間の単位の)**分**
(◆ m や m. または min. と略す;「時」は hour,「秒」は second)
▸It's ten **minutes** past nine.
現在, 9 時 10 分過ぎです. (◆《米》では past の代わりに after も用いる)
▸It's ten **minutes'** [a ten-**minute**] walk from here to the station.
ここから駅まで歩いて 10 分です.
❷ U《ふつう **a minute** で》
《口語》**瞬間**(しゅんかん); ほんのしばらくの間
(同義語 moment)
▸May I borrow your dictionary for **a minute**? あなたの辞書を少しの間お借りしてもいいですか?

in a minute すぐに
▸I'll be back **in a minute**.
すぐに戻(もど)ります.
Just a minute.=***Wáit a minute.***
ちょっと待ってください.

minute hand [mínit hæ̀nd ミニット ハぁンド] 名詞 C (時計の)長針, 分針
➡ **clocks and watches** 図

miracle [mírəkl ミラクる] 名詞
C 奇跡(きせき), 奇跡的な出来事

mirror [mírər ミラ] 名詞
C 鏡; 反射鏡 ➡ **bathroom** 図
▸I looked at myself in the **mirror**.
わたしは鏡(に映る自分)を見た.
(◆ look at the mirror とすると,「鏡そのものを見る」という意味になる)

mis- 接頭辞「悪い」「誤った」「不利な」などの意味の語をつくる: mis- + fortune (運)→ misfortune(不運)

mischief [místʃif ミスチふ] 名詞
(複数 **mischiefs** [-s])
❶ U いたずら, 悪さ; ちゃめっけ
❷ U 害, 危害

mischievous [místʃivəs ミスチヴァス]
形容詞 いたずら好きな; 有害な

miserable [mízərəbl ミゼラブる] 形容詞
みじめな; (物事が人を)みじめな気持ちにさせる; みすぼらしい

misery [mízəri ミゼリ] 名詞
(複数 **miseries** [-z])
❶ U みじめさ, 悲惨(ひさん)さ
❷ C《**miseries** で》不幸, 苦難

misfortune [mìsfɔ́ːrtʃən ミスふォーチュン] 名詞 U 不運, 不幸; C 災難(さいなん)
(対義語 fortune 幸運)

misjudge [misdʒʌ́dʒ ミスヂャッヂ] 動詞
(三単現 **misjudges** [-iz]; 過去・過分 **misjudged** [-d]; 現分 **misjudging**)
他 (距離(きょり)・時間など)の判断を誤る; …を不当に評価する

misprint [mísprìnt ミスプリント] 名詞
C 印刷の誤り, 誤植, ミスプリント

•Miss [mís ミス] 名詞
(複数 **Misses** [-iz])
❶ C (未婚(みこん)の女性を指して)…**さん**, …嬢(じょう); …先生 ➡ **Ms.** 図考
▸This is **Miss** Kate Smith.
こちらはケイト・スミスさんです.
▸**Miss** Miller is our homeroom teacher.

ミラー先生はわたしたちの担任です.

❷《ふつう **miss** で》(呼びかけで)お嬢さん, 娘(むすめ)さん; 先生; (ウェイトレス・女子店員などに対して)おねえさん, きみ(♦特に日本語に訳す必要はない)

▸Excuse me, **miss.**
すみませんが.

˙miss [mís ミス] 動詞

(三単現 **misses** [-iz]; 過去・過分 **missed** [-t]; 現分 **missing**) 他

❶ (的など)**を外す**
❷ (乗り物)**に乗り遅(おく)れる**
❸ **…しそこなう**
❹ **…がいないのを寂(さび)しく思う**

❶ (的など)**を外す**; …を打ちそこなう, 捕(つか)まえそこなう

▸His shot **missed** the goal.
彼のシュートはゴールを外した.

▸The catcher **missed** the ball.
捕手(ほしゅ)はボールを取りそこなった.

❷ (乗り物) **に乗り遅れる**, 乗りそこなう(対義語 catch …に間に合う)

▸I **missed** my usual train.
わたしはいつもの電車に乗りそこねた.

❸ **…しそこなう**, …することに失敗する, …を逃(のが)す(♦「見そこなう」「聞きそこなう」など, 目的語に応じて訳語を使い分ける);《**miss** + **...ing** で》…しそこなう

▸I **missed** (**watching**) the TV program.
わたしはそのテレビ番組を見逃した.

▸Just go straight. You can't **miss** it. まっすぐ行ってください. それを見逃すことはないですよ. (♦道案内で)

❹ **…がいないのを寂しく思う**; …の不在に気づく

▸I'll **miss** you.
(長い間別れる人に対し)あなたがいなくなると寂しくなります. (♦カードや手紙にもよく使われる)

❺ (事故・災害など)を免(まぬか)れる

❻ …を抜(ぬ)く, 欠かす; …に出席しない

missile [mísl ミスる] (★発音に注意)
名詞 C ミサイル

missing [mísiŋ ミスィンヶ] 形容詞
あるべき場所にない; 行方(ゆくえ)不明の; 欠けている; 紛失(ふんしつ)した

▸a **missing** person 行方不明者

mission [míʃn ミシャン] 名詞

❶ C (政治・外交の)使節団
❷ C 使命, 任務; 天命
❸ C 伝道; 宣教師団

missionary [míʃənèri ミシャネリ]
名詞 (複数 **missionaries** [-z])
C 宣教師, 伝道者

Mississippi [mìsisípi ミスィスィピ]
名詞 ❶ ミシシッピ州(♦アメリカ南部の州; Miss. または【郵便】で MS と略す)
❷《**the Mississippi** で》ミシシッピ川(♦アメリカ中部を流れ, メキシコ湾(わん)に注ぐ)

Missouri [mizúːri ミズーリ] 名詞
❶ ミズーリ州(♦アメリカ中部の州; Mo. または【郵便】で MO と略す)
❷《**the Missouri** で》ミズーリ川(♦アメリカ中部を流れ, ミシシッピ川に合流する)

mist [míst ミスト] 名詞 C U 霧(きり), もや, かすみ(♦ fog より薄(うす)い霧)

˙mistake [mistéik ミステイク]

――名詞 (複数 **mistakes** [-s])
C **誤り**, まちがい

▸I made a spelling **mistake** on the English exam.
英語の試験でつづりを 1 つまちがえた.

by mistáke 誤って, まちがって

▸He got on the wrong train **by mistake.**
彼は誤ってちがう電車に乗ってしまった.

――動詞 (三単現 **mistakes** [-s]; 過去 **mistook** [mistúk ミストゥック]; 過分 **mistaken** [mistéikən ミステイクン]; 現分 **mistaking**)

他 **…をまちがえる**, 誤解する;
《**mistake ... for** ～で》
…を～とまちがえる, 取りちがえる

▸He **mistook** my words.
彼はわたしの言ったことを誤解した.

▸I often **mistake** Sarah **for** Lisa, her twin sister.
わたしはよくサラを彼女の双子(ふたご)の姉[妹]のリサとまちがえる.

mistaken [mistéikən ミステイクン] 動詞
mistake(…をまちがえる)の過去分詞
—形容詞《名詞の前には用いない》
(…を)誤解した, まちがった《about ...》
▸I was **mistaken about** the date.
わたしは日付をまちがえていた.

mister [místər ミスタ] 名詞
❶ C …氏, …先生(◆ふつう Mr. と略す)
❷《口語》(知らない男性への呼びかけで)きみ, おにいさん, おじさん

mistletoe [mísltòu ミスるトウ] 名詞
U【植物】ヤドリギ
(◆小枝をクリスマスの飾(かざ)りに用いる)

mistook [mistúk ミストゥック] 動詞
mistake(…をまちがえる)の過去形

mistress [místrəs ミストゥレス] 名詞
(複数 **mistresses** [-iz]) C (女性の)主人(対義語 master 主人); 愛人

misty [místi ミスティ] 形容詞
(比較 **mistier**; 最上 **mistiest**)
霧(きり)のかかった, 霧の深い

misunderstand [mìsʌndərstǽnd ミスアンダスタぁンド] 動詞
(三単現 **misunderstands** [mìsʌndərstǽndz ミスアンダスタぁンヅ]; 過去・過分 **misunderstood** [mìsʌndərstúd ミスアンダストゥッド]; 現分 **misunderstanding**)
他 …を誤解する, …の意味を取りちがえる
▸I **misunderstood** her.
わたしは彼女のことを誤解していた.
—自 誤解する

misunderstanding
[mìsʌndərstǽndiŋ ミスアンダスタぁンディング] 名詞 C U 誤解, 思いちがい

misunderstood [mìsʌndərstúd ミスアンダストゥッド] 動詞 misunderstand (…を誤解する)の過去形・過去分詞

mitt [mít ミット] 名詞 C (野球用の)ミット(◆「グローブ」は glove)

mitten [mítn ミトゥン] 名詞 C ミトン
(◆親指の部分だけ分かれた手袋(てぶくろ))
➡ **glove** 図
▸a pair of **mittens** ひと組のミトン

mix [míks ミックス] 動詞 (三単現 **mixes** [-iz]; 過去・過分 **mixed** [-t]; 現分 **mixing**)
他 …を(…と)混ぜる《with ...》
▸**mix** eggs **with** [and] sugar
卵と砂糖を混ぜる
—自
❶ (…と)混ざる《with ...》
▸Oil and water don't **mix**.
(=Oil doesn't **mix with** water.)
油と水は混ざらない.
❷ (人と)親しくつき合う《with ...》

mixed [míkst ミックスト] 形容詞
❶《名詞の前で用いて》混じり合った, 混合した; (年齢(ねんれい)・人種など)種々雑多な人々からなる
▸**mixed** feelings 複雑な気持ち
❷《主に英》男女混合の; 共学の

mixer [míksər ミクサ] 名詞
C 混合機, ミキサー; (料理用の)ミキサー
(◆ケーキなどの材料を混ぜる器具)

mixture [míkstʃər ミクスチャ] 名詞
U 混合; C U 混合物

mm, mmm [mm ンー] 間投詞
(相づち・同意を表して)うん; ええと

MN 【郵便】ミネソタ州(◆ *Min*nesota の略)

MO 【郵便】ミズーリ州(◆ *M*issouri の略)

moan [móun モウン] 名詞
C うめき声, うなり声
—動詞 自 うめく, うなる; 文句を言う
—他 …をうめくように言う

mob [mɑ́b マブ] 名詞 C 暴徒(全体), 群衆

mobile [móubl モウブる, móubail モウバイる] 形容詞 動きやすい; 移動できる
▸a **mobile** computer
モバイルコンピューター
—名詞 C モビール(◆空気の流れによって動く造形品); 携帯(けいたい)電話

mobile home [móubl hóum モウブる ホウム, móubail- モウバイる-] 名詞
C《米》移動住宅, モービルホーム
(◆車輪つきの一戸建て住宅; 車でひいて移動できる)

mobile phone [móubl fóun モウブる ふォウン, móubail- モウバイる-] 名詞
C《主に英》携帯(けいたい)電話

(◆単に mobile ともいう;
《米》cell [cellular] phone)

mock [mák マック] 動詞
他 …をあざける, (人・動作など)をまねてからかう
—自 (…を)あざける《at ...》
—形容詞 偽(にせ)の; 模擬(もぎ)の
▸a **mock** examination 模擬試験

mode [móud モウド] 名詞
❶ C 方法, 様式, やり方
❷《**the mode** で》流行; モード

model [mádl マドゥる] 名詞
❶ C 模型; 原型
❷ C 手本, 模範(もはん)
▸He is a **model** for every soccer player. すべてのサッカー選手にとって彼は手本だ.
❸ C (絵・写真などの)モデル; ファッションモデル
❹ C (自動車などの)型
▸the latest **model** 最新型
—形容詞《名詞の前に用いて》
模型の; 模範的な
▸a **model** ship 模型の船
▸a **model** student 模範的な学生

moderate [mádərit マデレット] 形容詞
❶ 適度の, 中くらいの
▸**moderate** exercise 適度の運動
❷ (人が)穏健(おんけん)な, 節度ある

moderator [mádərèitər マデレイタ]
名詞 ❶ C 仲裁(ちゅうさい)者, 調停者
❷ C (討論会・クイズ番組などの)司会者

·modern [mádərn マダン] 形容詞
(比較 **more modern**;
最上 **most modern**)
現代の; 近代の(対義語 ancient 古代の);
現代的な, 最新(型)の
▸**modern** times 現代
▸**modern** society 現代社会
▸**modern** furniture 最新型の家具

modest [mádist マデスト] 形容詞
(人・態度が)謙虚(けんきょ)な, 控(ひか)え目な,
慎(つつ)み深い; 適度の

modesty [mádəsti マデスティ] 名詞
U 謙虚(けんきょ)さ, 慎(つつ)み深さ; 適度

modify [mádəfài マディふァイ] 動詞
(三単現 **modifies** [-z]; 過去・過分 **modified** [-d]; 現分 **modifying**) 他
❶ …を修正する, 変更(へんこう)する
❷【文法】…を修飾(しゅうしょく)する

moist [mɔ́ist モイスト] 形容詞
(比較 **moister**; 最上 **moistest**) 湿(しめ)った, 湿気(しっけ)のある(対義語 dry 乾(かわ)いた)

> くらべよう **moist, damp, humid, wet**
>
> **moist**: 「心地(ここち)よい湿り」を表します.
> **damp**: ふつう「冷たく不快な湿気」を表します.
> **humid**: 「多湿の」という意味を表し, 天候などに用います.
> **wet**: ぬれて「湿った」状態を表します.

moisture [mɔ́istʃər モイスチャ] 名詞
U 湿気(しっけ), 水分

mold[1], 《英》**mould**[1] [móuld モウるド]
名詞 C 鋳型(いがた), 型; (ゼリーやプディングなどの)流し型

mold[2], 《英》**mould**[2] [móuld モウるド]
名詞 U C かび

mole[1] [móul モウる] 名詞 C【動物】モグラ

mole[2] [móul モウる] 名詞 C ほくろ, あざ

mom [mám マム] 名詞
C《米口語》お母さん(◆《英口語》mum;
対義語 dad お父さん) ➡ **mother**

·moment [móumənt モウメント]
名詞 (複数 **moments** [móumənts モウメンツ]) C **瞬間**(しゅんかん), ちょっとの間
(同義語 minute, instant); 《ふつう **a moment** または **the moment** で》
(特定の)時, 時点
▸Just **a moment**, please.
(=Wait **a moment**, please.)
ちょっと待ってください.

(at) ány mómentl いつなんどき; 今にも
▸An accident can happen **at any moment**.
事故はいつ起こるかわからない.

for a mómentl しばらく, 少しの間

mommy [mámi マミ] 名詞
(複数 **mommies** [-z])
C《米》《小児語》お母さん, ママ (◆《英》mummy; 対義語 daddy お父さん)

Mon. [mʌ́ndèi マンデイ] 月曜日
(◆ *Mon*day の略)

monarch [mánərk マナク] (★発音に注意) 名詞 C 君主, (女)王, 皇帝(こうてい), 女帝

:Monday [mʌ́ndèi マンデイ]
名詞 (複数 **Mondays** [-z])
C U 月曜日
(◆Mon. と略す) ➡ **Sunday** ルール

A B C D E F G H I J K L M N O P Q R S T U V W X Y Z

:money [mʌ́ni マニ] 名詞
U 金(かね), 金銭; 通貨
▸borrow [lend, earn] **money**
金を借りる[貸す, 稼(かせ)ぐ]
▸I have no **money** with [on] me.
わたしはお金を持ちあわせていない.
▸Don't spend so much **money** on clothes. 衣服にそんなにたくさんのお金を使ってはいけない.
▸How much **money** do you need?
いくらお金が必要ですか?
make móney 金をもうける, 金持ちになる

> 参考 **お金のいろいろ**
> 《米》a bill, 《英》a note 紙幣(しへい) / cash 現金 / change つり銭, 小銭(こぜに) / e-money 電子マネー / a coin 硬貨(こうか)

Mongolia [maŋɡóuliə マンゴウりア]
名詞 ❶ モンゴル国(◆中央アジア東部の国; 首都はウランバートル Ulan Bator)
❷ モンゴル(中央アジア東部の高原地帯)

Mongolian [maŋɡóuliən マンゴウりアン]
形容詞 モンゴルの; モンゴル人の; モンゴル語の
——名詞 C モンゴル人; U モンゴル語

monitor [mánitər マニタ] 名詞
❶ C (画像などをチェックする)監視(かんし)用テレビ, モニター; 【コンピューター】モニター(画面), 表示装置, ディスプレー
➡ **computers** 図
❷ C 学級委員; (学級内の)委員, 係

monk [mʌ́ŋk マンク] 名詞
C 修道士, 修道僧(そう)(対義語 nun 修道女)

monkey [mʌ́ŋki マンキ] 名詞
C 【動物】サル(◆ふつう「尾(お)のある小型のサル」; チンパンジーやゴリラなど, 「尾のない大きいサル」は ape)

monocycle [mánəsàikl マノサイクル]
名詞 C 一輪車

monopoly [mənápəli モナポり] 名詞
(複数 **monopolies** [-z])
❶ C 独占(どくせん)(権); 専売品; 独占企業
❷《**Monopoly** で》【商標】モノポリー(◆不動産の売買をするボードゲーム)

monorail [mánərèil マノレイる] 名詞
C モノレール

monotone [mánətòun マナトウン]
名詞 U《または **a monotone** で》
(話し方・歌い方の)一本調子; (音・色彩(しきさい)の)単調さ

monotonous [mənátənəs モナトナス]
形容詞 単調な, 変化のない; 退屈(たいくつ)な

monsoon [mansúːn マンスーン] 名詞
❶ C (インド洋・南アジアの)モンスーン, 季節風; (モンスーンがもたらす)大雨
❷ C (モンスーンがもたらす)雨期

monster [mánstər マンスタ] 名詞
C 怪物(かいぶつ), 化け物; 巨大(きょだい)なもの[人]

montage [mantáːʒ マンタージ] 名詞
C 合成写真, モンタージュ写真(◆フランス語から)

Montana [mantǽnə マンタぁナ] 名詞
モンタナ州(◆アメリカ北西部の州; Mont. または【郵便】で MT と略す)

:month [mʌ́nθ マンす] 名詞
(複数 **months** [mʌ́nts マンツ])
C (暦(こよみ)の上での)月; 1か月
▸this [last, next] **month**
今[先, 来]月
▸What day of the **month** is (it) today? 今日は何日ですか?
(＝What's the date today?)
▸I'm going to stay there for two **months**. わたしはそこに2か月間滞在(たいざい)する予定です.

参考 **12か月の名**

日本語	英語	略
1月	**January**	Jan.
2月	**February**	Feb.
3月	**March**	Mar.
4月	**April**	Apr.
5月	**May**	(略さない)
6月	**June**	Jun.
7月	**July**	Jul.
8月	**August**	Aug.
9月	**September**	Sep., Sept.
10月	**October**	Oct.
11月	**November**	Nov.
12月	**December**	Dec.

monthly [mʌ́nθli マンすり] 形容詞《名詞の前で用いて》毎月の, 月1回の; 月刊の
——副詞 毎月, 月に1回
——名詞 (複数 **monthlies** [-z]) C 月刊誌

Montreal [màntriɔ́ːl マントゥリオーる]
名詞 モントリオール
(◆カナダ南東部の港湾(こうわん)都市)

monument [mánjəmənt マニュメント]
名詞 C 記念碑(ひ), 記念像, 記念建造物

moo [múː ムー] 動詞
自 (ウシが)モーと鳴く
—名詞 (複数 **moos** [-z])
C (ウシの鳴き声を表して)モー
➡ **animals** 図

mood [múːd ムード] 名詞 C (一時的な)気分; (人々の)雰囲気(ふんいき), 気分
▸She is in a good [bad] **mood** today.
今日, 彼女は機嫌(きげん)が良い[悪い].

⁑moon [múːn ムーン] 名詞 (複数 **moons** [-z])
❶《ふつう **the moon** で》(天体の)月
▸**The moon** is shining brightly.
月が明るく輝(かがや)いている.

ルール the moon と a moon
月は一つしかない天体なので, ふつうは the moon としますが,「月が出ているかいないか」や「月の時期・形」について言うときは, a をつけます.
▸There is **a moon** tonight.
今夜は月が出ている.
▸**a** new [half, full] **moon**
新月[半月, 満月]
「三日月」は a crescent [krésənt クレセント] といいます.

文化 月の模様とイメージ
西洋では, 一般に月の光は魔力(まりょく)をもち, 人を狂(くる)わすと考えられ, 文学や演劇などの背景としてもよく使われてきました. また, 日本では月面の模様にウサギのもちつきを想像しますが, 欧米(おうべい)では女性の横顔, 大きなはさみのカニ, ワニ, 本を読む老婆(ろうば)などと見る慣習があります.

❷ C (惑星(わくせい)の) 衛星 (同義語 satellite)

moonlight [múːnlàit ムーンらイト]
名詞 U 月光, 月明かり

mop [mάp マップ] 名詞
C モップ(◆長い柄(え)のついたぞうきん)

moral [mɔ́ːrəl モーラる] 形容詞
道徳の; 道徳的な
—名詞 ❶ C (物語中の)教訓
❷《**morals** で》品行; 道徳

⁑more [mɔ́ːr モーア]
—形容詞 (many または much の比較級; 最上級は most)
❶〔many の比較級〕
《数えられる名詞の複数形につけて》
(数が) **もっと多くの**, もっと多数の;
《**more ... than 〜**で》〜より多くの…
(対義語 fewer より少ない)
▸I have **more** CDs **than** he does.
ぼくは彼より多くの CD を持っている.
❷〔much の比較級〕
《数えられない名詞につけて》
(量が) **もっと多くの**, もっと多量の;
《**more ... than 〜**で》〜より多くの…
(対義語 less もっと少ない)
▸You need **more** practice.
あなたはもっと練習が必要だ.
▸She makes **more** money **than** he does.
彼女は彼よりももっと多くお金を稼(かせ)ぐ.
❸ **それ以上の**, あと…(◆ any, some や数を表す語をともなうことが多い)
▸Would you like **some more** cake? ケーキをもう少しいかがですか?
▸We need two **more** chairs.
いすがあと 2 脚(きゃく)必要だ.

◆***móre and móre ...*** **ますます多くの…**
▸**More and more** young people will visit this city.
この街を訪(おとず)れる若者はますます増えるでしょう.

much móre ... 《数えられない名詞につけて》ずっと多くの…
▸We have had **much more** rain this year than last.
今年は去年よりずっと雨が多い.

—代名詞 ❶〔many の比較級〕
《複数あつかいで》**もっと多くのもの**
▸Some students like my idea, but **more** don't (like it).
わたしの案を好ましく思う生徒もいるが, そうでない生徒のほうが多い.
❷〔much の比較級〕《単数あつかいで》
もっと多くの量, もっと多くのもの[こと]
▸Please tell me **more** about you.
あなたのことをもっと教えてください.

—副詞 (much の比較級; 最上級は most)
❶《**more ＋形容詞[副詞]**で比較級をつくり》**もっと**…(◆主に形容詞[副詞]が 2 つ以上の母音をふくむ場合; 対義語 less もっと少なく);
《**more ＋形容詞[副詞]＋ than 〜**で》
〜よりもっと…
▸Speak **more** slowly, please.
もっとゆっくり話してください.

▸This movie is **more** interesting **than** that one. この映画はあの映画よりもっとおもしろい.

❷《動詞を修飾(しゅうしょく)して》**もっと**

▸You should sleep **more**. もっと眠(ねむ)ったほうがいいですよ.

❸ **さらに**, これ以上; そのうえ

▸We need five days **more** to finish this work. わたしたちがこの作業を終えるには, さらに 5 日必要だ.

◆***móre and móre*** **ますます**

▸Recycling will be **more and more** important in the future. リサイクルは将来ますます重要になるだろう.

móre or léss 多かれ少なかれ

◆***móre than ...***

① (数が)…**以上に**[**の**] (同義語 over)

ルール more than の使い方

1 「more than one＋単数名詞」は, 意味は複数ですが, 単数としてあつかいます.

▸**More than one** passenger was injured. 複数の[2 人以上の]乗客がけがをした.

2 「5 日以上」を表すとき, 厳密には five days **or more** とします. **more than** five days とすると, 「5 日より多い＝6 日以上」の意味になり, 「5 日」はふくまれません.

② (程度などが)とても…で (◆形容詞などの前で用いる)

▸I'm **more than** glad to hear that. それを聞いてとてもうれしいです.

no móre*＝*not ... any móre

もうこれ以上…ない, もう二度と…しない

▸I can eat **no more**. (＝I can**not** eat **any more**.) もうこれ以上食べられません.

no móre than ...

(ただ)…にすぎない; (たった)…だけ

▸He is **no more than** a boy. 彼はただの少年にすぎない.

▸She spoke **no more than** a few words. 彼女は二言三言しゃべっただけだった.

not móre than ...

多くても…, せいぜい…

▸It's **not more than** 50 meters to the top. 頂上までせいぜい 50 メートルだ.

once móre もう一度 ➡ **once**

the móre ..., the móre ～

…すればするほど, ますます～する

▸**The more** I talk with her, **the more** I like her. 彼女と話せば話すほど, わたしは彼女を好きになる.

moreover [mɔːróuvər モーアオウヴァ] 副詞 なおそのうえに, さらに (◆かたい語; 同義語 besides)

⁑morning [mɔ́ːrniŋ モーニング] 名詞 (複数 **mornings** [-z])

C U **朝**(◆日の出から正午ごろまで); 午前(◆0 時から正午まで)

➡ **afternoon** ルール, **day** 図

▸My mother gets up at six every **morning**. 母は毎朝 6 時に起きる.

▸We have four classes in the **morning**. 午前中に授業が 4 つある.

▸at five in the **morning** 朝 5 時に

▸early in the **morning** 朝早く

▸on Sunday **morning** 日曜日の朝に

▸on the **morning** of July 4 7 月 4 日の朝に (◆4 は (the) fourth と読む)

▸from **morning** till [to] night 朝から晩まで

▸I had pancakes this **morning**. 今朝, ホットケーキを食べた.

Good mórning. おはよう; こんにちは. (◆朝や午前中に人と会ったときのあいさつ; まれに別れるとき goodbye の代わりに使うこともある)

morning glory [mɔ́ːrniŋ glɔ̀ːri モーニング グローリ] 名詞 C U 【植物】アサガオ

morning paper [mɔ́ːrniŋ péipər モーニング ペイパ] 名詞 C (新聞の)朝刊 (◆「夕刊」は evening paper)

mortal [mɔ́ːrtl モートゥる] 形容詞 死から逃(のが)れられない, 死ぬべき運命にある (対義語 immortal 不死の)

mosaic [mouzéiik モウゼイイック] 名詞 C U モザイク画[模様]

Moscow [máskau マスカウ] 名詞 モスクワ(◆ロシア(連邦(れんぽう))の首都)

Moslem [mázləm マズれム] 名詞 形容詞 イスラム教徒(の) (＝Muslim)

mosque [mɑ́sk マスク] 名詞 C モスク, イスラム教寺院

mosquito [məskíːtou モスキートウ]
名詞 (複数 **mosquitoes** または **mosquitos** [-z]) C【昆虫】蚊(か)

moss [mɔ́ːs モース] 名詞 C U【植物】コケ
▶ことわざ A rolling stone gathers no **moss**. 転石(てんせき)苔(こけ)を生ぜず.
(◆「転がる石に苔は生えない」の意味)

⁑most [móust モウスト]

—形容詞 (many または much の最上級; 比較級は more)

❶〔many の最上級〕
《数えられる名詞の複数形につけて》
(数が) **最も多くの**, いちばん多くの
(◆ふつう the をつける; 対義語 fewest 最も少ない)
▶She has **the most** books among us.
わたしたちの中では, 彼女が最も多くの本を持っている.

❷〔much の最上級〕
《数えられない名詞につけて》
(量が) **最も多くの**, いちばん大量の
(◆ふつう the をつける; 対義語 least 最も少ない)
▶He spent **the most** money last month.
先月は彼がいちばんお金を使った.

❸《ふつう冠詞をつけずに》
たいていの, 大部分の
▶**Most** students like comic books.
たいていの生徒はマンガが好きだ.

—代名詞 ❶《**most of** +名詞で》
…の大部分, …のほとんど
▶**Most of** the students study hard before the tests.
学生の大部分はテスト前に一生懸命(けんめい)勉強する.

❷《**the most** で》最多数, 最大量, 最大限
at (the) móst 多くて, せいぜい
▶It will take ten minutes **at most** to walk to the station.
駅まで歩いても, せいぜい 10 分だろう.

—副詞 (much の最上級; 比較級は more)

❶《**the most** +形容詞[副詞]で最上級をつくり》**いちばん…**, 最も…
(◆主に形容詞[副詞]が 2 つ以上の母音をふくむ場合; 対義語 least 最も…でなく)
▶This is **the most** delicious cake in this shop. これはこの店でいちばんおいしいケーキだ.
▶She eats **(the) most** slowly of us.
彼女はわたしたちの中で食べるのがいちばん遅(おそ)い.

> **くらべよう the most と most**
> 最上級の形容詞の前には, 「the most +形容詞+名詞」のように, 必ず the をつけますが, 副詞の最上級には, 「most +副詞」のように, the をつけないこともあります.
> ▶This is **the most** interesting book of the five.
> これは 5 冊の中でいちばんおもしろい本だ.
> ▶She speaks **most** clearly of all.
> 彼女はみんなの中で最もはっきりと話す.

❷《動詞を修飾(しゅうしょく)して》**いちばん**, 最も
(対義語 least 最も少なく)
▶Who worked (the) **most**?
だれがいちばん勉強しましたか?

❸《形容詞・副詞を修飾して》
非常に, **たいへん**, とても (同義語 very)
▶She is a **most** active woman.
彼女はとても活動的な女性だ.

mostly [móustli モウストリ] 副詞
たいていは; 主に

motel [moutél モウテル] (★アクセントに注意) 名詞 C モーテル
(◆自動車旅行者用の駐車(ちゅうしゃ)場つきホテル; motor「自動車」+ hotel「ホテル」からできた語)

moth [mɔ́ːθ モーす] 名詞
C【昆虫】ガ(蛾)

⁑mother [mʌ́ðər マざ] 名詞

(複数 **mothers** [-z])

❶ C 母, 母親, お母さん (◆《米口語》mom, 《英口語》mum; 対義語 father 父)
➡ **family** 図, **father** ルール
▶Where's **Mother**? お母さんはどこ?
▶My **mother** is a teacher of English. わたしの母は英語の先生です.
▶the **mother** country 母国, 祖国

❷《**the mother of ...** で》
(物事を生み出す) 母, 源
▶ことわざ Necessity is **the mother of** invention.
必要は発明の母; 「窮(きゅう)すれば通ず」

Mother Goose rhymes
[mʌ́ðər gúːs ràimz マざ グース ライムズ]

名詞 マザーグースのうた(◆イギリスの民俗(みんぞく)的な童謡(どうよう)を集めたもの; Mother Goose(ガチョウおばさん)という伝説的な人物の作とされる)

mother-in-law [mʌ́ðərinlɔ̀: マザインろー] 名詞
(複数 **mothers-in-law** [mʌ́ðərzinlɔ̀: マざズインろー]または **mother-in-laws** [-z]) C 義理の母, 義母, しゅうとめ

Mother's Day [mʌ́ðərz dèi マざズ デイ] 名詞 母の日(◆アメリカ・カナダでは5月の第2日曜日; イギリスでは四旬(しじゅん)節(Lent)の第4日曜日で, 3月初めから4月初めのいずれかの日曜日)

Mother Teresa [mʌ́ðər tərí:sə マざ テリーサ] 名詞【人名】マザー・テレサ(◆1910-97; 旧ユーゴスラビア出身の修道女; インドで貧しい人々を救った)

mother tongue 名詞 [mʌ́ðər tʌ́ŋ マざ タング] C 母語
(◆生まれてから最初に覚えた言語)

motif [mouti:f モウティーふ] 名詞
(複数 **motifs** [-s])
❶ C (デザインなどの)モチーフ, 基調となる模様
❷ C (芸術作品などの)主題, モチーフ

motion [móuʃn モウシャン] 名詞
❶ U 動き, 運動, 移動
(同義語 movement)
▸slow **motion** スローモーション
❷ C 動作, 身振(みぶ)り; 身のこなし

motion picture [móuʃn píktʃər モウシャン ピクチャ] 名詞
C《米》映画(同義語 movie)

motive [móutiv モウティヴ] 名詞
C (行動の)動機; (…の)目的《of [for] ...》

motocross [móutoukrɔ̀:s モウトウクロース] 名詞 U モトクロス(◆険しい坂, 急カーブ, ぬかるみなどのコースを走るオートバイのクロスカントリーレース)

motor [móutər モウタ] 名詞
❶ C モーター, エンジン
❷ C《英》自動車

motorbike [móutərbàik モウタバイク] 名詞 ❶ C《米》小型オートバイ(◆原動機つき自転車をふくむ; ふつうのオートバイは motorcycle;「オートバイ」は和製英語)
❷ C《英口語》オートバイ

motorboat [móutərbòut モウタボウト] 名詞 C モーターボート

motorcycle [móutərsàikl モウタサイクる] 名詞 C オートバイ ➡ **motorbike**

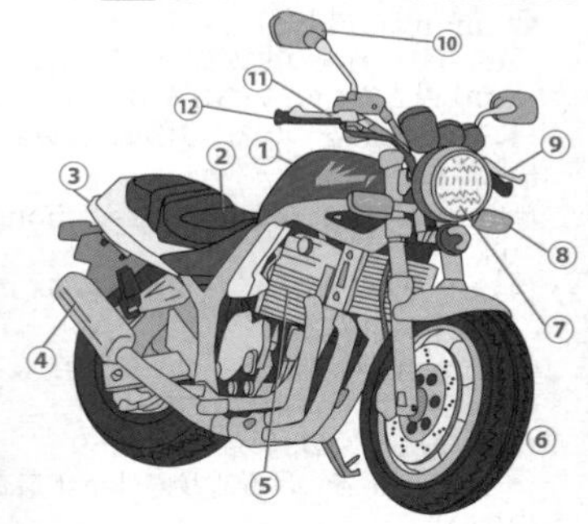

① fuel tank 燃料タンク
② seat シート
③ taillight テールライト
④ muffler マフラー
⑤ engine エンジン
⑥ tire タイヤ
⑦ headlight ヘッドライト
⑧ turn signal 方向指示器
⑨ clutch lever クラッチレバー
⑩ mirror ミラー
⑪ brake lever ブレーキレバー
⑫ throttle スロットル

motor home [móutər hòum モウタ ホウム] 名詞 C (旅行用の)移動住宅車, モーターホーム(◆後部が生活用の部屋になっている自動車)

motorist [móutərist モウタリスト] 名詞
C 車を運転する人, ドライバー

motorway [móutərwèi モウタウェイ]
名詞 C《英》高速道路
(◆《米》expressway, freeway; 英米ではふつう通行料は無料)

motto [mátou マトウ] 名詞
(複数 **mottoes** または **mottos** [-z])
C モットー, 標語; 格言

mound [máund マウンド] 名詞
C 塚(つか), 土手; 小山(のようなもの);
【野球】マウンド ➡ **baseball** 図

Mount [máunt マウント] 名詞
(山の名の前につけて)…山(◆ Mt. と略す)
▸**Mount** [Mt.] Fuji 富士山

mount [máunt マウント] 動詞
他 (山・はしご・木など)にのぼる
(同義語 climb);
(馬・自転車など)に乗る(同義語 ride)

⁝mountain [máuntn マウントゥン] 名詞 (複数 **mountains** [-z])
C 山;《**mountains** で》山脈
▸climb a **mountain** 山にのぼる
▸Let's go to the **mountains** next Sunday. 次の日曜日に山へ行こうよ.

ダイアログ
A: What is the highest **mountain** in the world?
世界でいちばん高い山は何ですか?
B: Mt. Everest is. エベレスト山です.

▸the Rocky **Mountains**
ロッキー山脈

mountainous [máuntnəs マウントナス]
形容詞 山の多い, 山地の

mountainside [máuntnsàid マウントゥンサイド] 名詞 C 山腹

mourn [mɔ́ːrn モーン] 動詞
自 (人の死などを)悲しむ, 悼(いた)む
《for [over] ...》
——他 (人の死など)を悲しむ, 嘆(なげ)く

mournful [mɔ́ːrnfl モーンふる] 形容詞
悲しみに沈(しず)んだ; 哀(あわ)れを誘(さそ)う

mouse [máus マウス] 名詞
❶ (複数 **mice** [máis マイス])
C【動物】ハツカネズミ
(◆ヨーロッパの小さなイエネズミ; 日本の家にすむ大型のネズミは rat)
➡ **animals** 図
▸ ことわざ When the cat's away, the **mice** will play. ネコの留守(るす)にネズミが遊ぶ;「鬼(おに)のいぬ間に洗濯(せんたく)」
❷ (複数 **mouses** [-iz] または **mice**)
C【コンピューター】マウス
➡ **computers** 図

mousse [múːs ムース] 名詞 U C
ムース(◆泡立(あわだ)てたクリームや卵白(らんぱく)にゼラチンなどを加えて冷やしたデザート); (ヘア)ムース(◆泡状の整髪(せいはつ)料)

moustache [mʌ́stæʃ マスタぁシ] 名詞
《英》=《米》mustache(口ひげ)

⁝mouth [máuθ マウす] 名詞
(複数 **mouths** [máuðz マウずズ])
❶ C (人・動物の)口 ➡ **head** 図

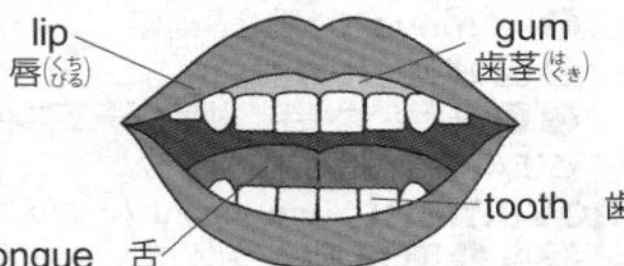

▸open [close, shut] *one's* **mouth**
口を開ける[閉じる]
▸The dog had a bone in his **mouth**.
そのイヌは骨を口にくわえていた.
▸Don't speak with your **mouth** full. (食べ物で)口をいっぱいにしたまましゃべるな.
❷ C (びんなどの)口; (トンネルなどの)出入口; 河口

⁝move [múːv ムーヴ]
——動詞 (三単現 **moves** [-z];
過去・過分 **moved** [-d]; 現分 **moving**)

他 ❶ (もの)を動かす
❷ (人)を感動させる
自 ❶ 動く
❷ 引っ越(こ)す

——他 ❶ (もの)**を動かす**, 移動させる
▸Can you **move** your bike? あなたの自転車を移動させてくれますか?
❷ (人) **を感動させる** (◆感動だけでなく怒(いか)り・同情・悲しみなど, さまざまな感情を起こさせる場合にも使う)
▸Her music will **move** a lot of people. 彼女の音楽は多くの人々を感動させるだろう.
▸The movie **moved** me to tears.
わたしはその映画に感動して泣いた.
——自 ❶ **動く**, 移動する
▸**move** fast [slowly]
速く[ゆっくりと]動く

❷ **引っ越す**, 移転する
▸He **moved** from Tokyo to Kobe.
彼は東京から神戸へ引っ越した.

móve aróund
動き回る, …のまわりを回る
▸The earth **moves around** the sun.
地球は太陽のまわりを回る.

móve ín 移り住む, 入居する
móve ón 前進する; 移る
móve óver 席を詰(つ)める
▸Would you **move over** a little, please? 少し詰めていただけますか?

——名詞 (複数 **moves** [-z])
❶《**a move** で》動き, 動作
❷ C 移動; 引っ越し
❸ C (打つべき)手, 対策; (チェスなどの)こまの動き, 指し手

movement [múːvmənt ムーヴメント]
名詞 ❶ U C 動き, 運動;
C 身振(みぶ)り, 動作(同義語 motion)
▸the **movement** of the sun
太陽の動き
❷ C (政治的・社会的な)運動
▸a peace **movement** 平和運動

⁑movie [múːvi ムーヴィ] 名詞

(複数 **movies** [-z])
❶ C《米口語》映画 (◆同義語 motion picture, 《主に英》film);
《**the movies** で》映画の上映
▸see [watch] a **movie** 映画を見る
▸go to the **movies** [a **movie**]
映画を見に行く(◆特定の映画を指すときは the movie となる)
▸I watched the **movie** on TV.
わたしはその映画をテレビで見た.
❷ C《米口語》映画館
(=movie theater)

moving [múːviŋ ムーヴィング] 動詞
move(…を動かす)の現在分詞・動名詞
——形容詞 ❶ 感動させる, 感動的な
▸a **moving** scene 感動的な場面
❷ 動く, 動かすことができる

mow [móu モウ] 動詞
(三単現 **mows** [-z]; 過去 **mowed** [-d]; 過分 **mowed** または **mown** [móun モウン]; 現分 **mowing**)
自 芝生(しばふ)を刈(か)る, 穀物を刈り取る
——他 …を刈る, 刈り取る

mower [móuər モウア] 名詞
❶ C 芝刈(しばか)り機
❷ C (穀物の)刈り取り機

mown [móun モウン] 動詞 mow(芝生(しばふ)を刈(か)る)の過去分詞の一つ

Mozart [móutsɑːrt モウツァート] 名詞
【人名】モーツァルト(◆Wolfgang Amadeus Mozart [wúlfgæŋ æmədéiəs- ウるふガぁンゲ あマデイアス-], 1756-91; オーストリアの作曲家で, 古典派音楽の確立者)

⁑Mr., Mr [místər ミスタ] 名詞

❶ C (男性を指して)…**氏**, …**さん**, …**先生**(◆ *M*ister の略; 《英》ではピリオドをつけずに用いることが多い; 複数形は Messrs.)
▸**Mr.** Brown ブラウン氏
▸**Mr.** and Mrs. Green
グリーン夫妻
▸Our homeroom teacher is **Mr.** Smith.
わたしたちの担任はスミス先生です.

> **ルール Mr. の使い方**
> Mr. は姓(せい)または姓名の前につけます. 名前だけの場合にはつけません.
> ▸**Mr.** Smith スミスさん
> ▸**Mr.** Joe Smith ジョー・スミスさん
> (◆× Mr. Joe とはいわない)

❷ (役職名や官職名の前につけ, 呼びかけに用いて)…殿(どの)
▸**Mr.** President 大統領閣下(かっか)
❸ (土地・スポーツ・職業などを代表するような男性を指して)ミスター…
▸**Mr.** Baseball
ミスター・ベースボール, 野球の名手

⁑Mrs., Mrs

[mísiz ミスィズ] 名詞
❶ C (結婚(けっこん)している女性を指して)…**夫人**, …**さん**, …**先生**(◆ *M*istress の略; 《英》ではピリオドをつけずに用いることが多い; 複数形は Mmes.) ➡ **Ms.** 参考
▸**Mrs.** Farrow ファロウ夫人
▸**Mrs.** Maria Brown
マリア・ブラウン夫人

> **ルール Mrs. の使い方**
> **1** Mrs. は姓(せい)または姓名の前につけます. 名前だけの場合にはつけません.
> ▸**Mrs.** Smith スミスさん
> ▸**Mrs.** Jane Smith

ジェーン·スミスさん
(◆× Mrs. Jane とはいわない)
2 公式の場では夫の姓名の前につけます. また「…夫妻」という場合は Mr. and Mrs. ... とします.
▸**Mrs.** Joe Smith ジョー·スミス夫人
▸**Mr. and Mrs.** (Joe) Smith
(ジョー·)スミス夫妻

❷ (土地·スポーツ·職業などを代表するような既婚(きこん)女性を指して)ミセス…
▸**Mrs.** UN ミセス国連

MS 【郵便】ミシシッピ州(◆ *M*ississippi の略)

⁑Ms., Ms [míz ミズ] 名詞

C (女性を指して)…**さん**, …先生
(◆《英》ではピリオドをつけずに用いることが多い; 複数形は Mses. または Mss., Ms's [míziz ミズィズ])
▸**Ms.** Baker ベーカーさん
▸**Ms.** Ellen Baker
エレン·ベーカーさん

ルール Ms. の使い方

Ms. は姓(せい)または姓名の前につけます. 名前だけの場合にはつけません.
▸**Ms.** Brown ブラウンさん
▸**Ms.** Mary Brown
メアリー·ブラウンさん
(◆× Ms. Mary とはいわない)

参考 Ms. は Mrs. より新しいことば

1 Ms. は, 既婚(きこん)女性を指す Mrs. と未婚女性を指す Miss からできたことばです.
2 男性は既婚でも未婚でも Mr. なのに対して, 女性について Mrs. と Miss を分けるのは差別だという考えから, 話しことばでも書きことばでも Ms. が用いられるようになりました.

MT 【郵便】モンタナ州(◆ *Mont*ana の略)

·Mt., Mt [máunt マウント]

(山の名の前につけて)…山(◆ *Mount* の略)
▸**Mt.** Everest エベレスト山

⁑much [mʌ́tʃ マッチ]

—形容詞 (比較 **more** [mɔ́ːr モーア]; 最上 **most** [móust モウスト])
《数えられない名詞につけて》**多くの**, 多量の(対義語 little 少しの)
➡ **many** くらべよう
▸**much** water 多量の水
▸She had too **much** cake.
彼女はケーキを食べ過ぎた.
▸I don't have **much** time.
わたしにはあまり時間がない.
▸Did you have **much** snow last winter? 去年の冬は雪がたくさん降りましたか?

ルール much の使い方

1 much は量が多いことを表し, 数えられない名詞の前で用います.
2 主に否定文·疑問文で用います.
3 肯定文ではふつう so, too, very とともに用います.
▸I had **too much** coffee.
わたしはコーヒーを飲みすぎた.

—副詞 (比較·最上 は 形容詞 に同じ)
❶《動詞を修飾(しゅうしょく)して》**おおいに**, たいへん(◆しばしば very much の形で用いられる)
▸Thank you **very much**.
どうもありがとうございます.

ダイアログ
A: Do you like this picture?
この絵が好きですか?
B: Yes, **very much**. はい, とても.

▸I'm **much** surprised to hear the news. わたしはそのニュースを聞いて, たいへん驚(おどろ)いています.
▸I didn't enjoy the movie **much**.
その映画はあまりおもしろくなかった.
❷《形容詞·副詞の比較級·最上級を強調して》ずっと, はるかに(同義語 far)
➡ **very** ルール
▸Jim is **much taller** than I am.
ジムはわたしよりずっと背が高い.
▸This is **much the best** song of the three. これは3つの中でずば抜(ぬ)けていい曲だ.

—代名詞 《単数あつかいで》**たくさん**, 多量(対義語 little 少量)
▸I didn't eat **much** for breakfast this morning. わたしは今朝, あまり朝食を食べなかった.

as much as ...
…と同じ量, 同じだけ(たくさん);
《量を強調して》…(ほど)も(たくさん)

▸Eat **as much as** you like.
好きなだけ食べなさい.

▸He had **as much as** a thousand dollars. 彼は1,000ドルも持っていた.

as múch ... as ~ ～と同じ量の…

▸I have **as much** money **as** he (does).
わたしは彼と同じだけお金を持っている.

◆***How múch ...?***
いくら…, どれほどの量(の)…？

▸**How much** milk do you need?
どのくらい牛乳が必要ですか？

ダイアログ
A: **How much** is this jacket?
このジャケットはいくらですか？
B: It's thirty-five dollars.
35ドルです.

much móre ... 《数えられない名詞につけて》ずっと多くの…

so múch for ... …についてはこれだけ

mud [mʌ́d マッド] 名詞 U 泥(どろ), ぬかるみ

muddy [mʌ́di マディ] 形容詞
(比較 **muddier**; 最上 **muddiest**)
泥(どろ)だらけの, 泥んこの, 泥の

muffin [mʌ́fin マふィン] 名詞
C マフィン(◆《米》カップケーキの一種; 《英》平たく丸いパン)

《米》

《英》

muffler [mʌ́flər マふラ] 名詞
❶ C マフラー, えり巻き
❷ C 《米》(車などの)マフラー, 消音装置 (◆《英》silencer [sáilənsər サイれンサ])
➡ **motorcycle** 図

mug [mʌ́g マッグ] 名詞 C マグ, ジョッキ (◆取っ手のついた大型のコップ)

Muhammad [muhǽməd ムハぁマッド]
名詞【人名】ムハンマド, マホメット (◆イスラム教の開祖; 570?-632; Mahomet または Mohammed [mouhǽmid モウハぁメッド] ともいう)

mule [mjúːl ミューる] 名詞
C【動物】ラバ(◆ロバと馬の雑種)

multi- 接頭辞「多くの…」「多数の…」の意味の語をつくる: multi- + cultural(文化の) → multicultural(多文化の)

multicultural [mʌ̀ltikʌ́ltʃərəl マるティカるチュラる] 形容詞 多文化の

multimedia [mʌ̀ltimíːdiə マるティミーディア] 名詞 U マルチメディア(◆コンピューター上で映像・音声などを組み合わせた情報の表現; テレビ・新聞などさまざまなメディアを組み合わせた情報通信の形態)

multiply [mʌ́ltəplài マるティプらイ] 動詞
(三単現 **multiplies** [-z]; 過去・過分 **multiplied** [-d]; 現分 **multiplying**)
他 ❶【数学】…に(…を)掛(か)ける《by ...》
(対義語 divide 割る)
▸5 **multiplied by** 2 is 10.
5掛ける2は10(5 × 2=10).
❷ …を増やす(同義語 increase)
——自 掛け算をする; 増える

mum [mʌ́m マム] 名詞
C 《英口語》お母さん, ママ
(◆《米》mom; 対義語 dad お父さん)

mummy[1] [mʌ́mi マミ] 名詞
(複数 **mummies** [-z]) C 《英》《小児語》
お母さん, ママ (◆《米》mommy;
対義語 daddy お父さん)

mummy[2] [mʌ́mi マミ] 名詞
(複数 **mummies** [-z]) C ミイラ

munch [mʌ́ntʃ マンチ] 動詞
(三単現 **munches** [-iz]; 過去・過分 **munched** [-t]; 現分 **munching**)
他 …をむしゃむしゃ食べる
——自 むしゃむしゃ食べる

murder [mə́ːrdər マ～ダ] 名詞
C U 殺人; 殺人事件
——動詞 他 (人)を(意図的に)殺害する
(◆ kill は意図的・偶発(ぐうはつ)的のどちらの場合にも用いる)

murderer [mə́ːrdərər マ～ダラ]
名詞 C 殺人者, 殺人犯

murmur [mə́ːrmər マ～マ] 名詞
C ささやき, つぶやき;
(木の葉・小川などの)サラサラ[ザワザワ]いう音; 《**a murmur** で》不平の声
——動詞 自 ささやく, かすかな音を立てる; ブツブツ不平を言う
——他 …を低い声で言う, ささやく

muscat [mʌ́skət マスカット]
名詞 C【植物】マスカット
(◆大粒(おおつぶ)のブドウの一種)

muscle [mʌ́sl マスる] (★発音に注意)

名詞 C U 筋肉；U 筋力

muscular [mʌ́skjələr マスキュら] 形容詞
❶ 筋肉の
❷ 筋肉の発達した，筋骨たくましい

•museum [mjuːzíəm ミューズィアム]（★アクセントに注意）名詞（複数 **museums** [-z]）
C 博物館，美術館
▸an art **museum** 美術館

mushroom [mʌ́ʃruːm マッシルーム]
名詞 C【植物】(食用の)キノコ，マッシュルーム

:music [mjúːzik ミューズィック]
名詞 ❶ U 音楽
▸classical [rock, pop] **music**
クラシック[ロック，ポップ]ミュージック
▸listen to **music** 音楽を聴(き)く
▸dance to [write] **music**
音楽に合わせて踊(おど)る[作曲する]
❷ U 楽譜(がくふ)

musical [mjúːzikl ミューズィクる]
形容詞 音楽の，音楽的な；音楽好きな，音楽の才能のある
▸a **musical** instrument 楽器
➡ 下図
―名詞 C ミュージカル

music box [mjúːzik bɑ̀ks ミューズィック バックス] 名詞 C 《米》オルゴール
（◆《英》musical box）

musician [mjuːzíʃn ミューズィシャン]
（★アクセントに注意）名詞 C 音楽家
（◆作曲家・指揮者・演奏者・歌手などを指す）；音楽の得意な人

Muslim [mʌ́zləm マズりム] 名詞
C イスラム教徒，回教徒
（◆ Moslem [mɑ́zləm マズれム]ともいう）
―形容詞 イスラム教[回教]の；イスラム教[回教]徒の

:must [mʌ́st マスト；
(弱く言うとき) məst マスト] 助動詞
❶〔義務・命令・必要〕
…しなければならない
▸I **must** go to the dentist. わたしは歯医者に行かなければならない.
▸You **must** wear your seat belt.
シートベルトをしなければなりません.

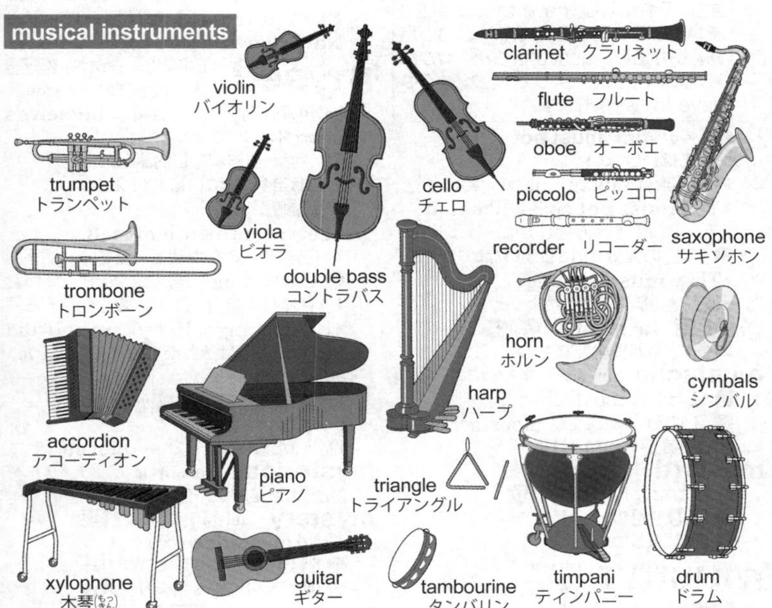

ダイアログ
A: **Must** I do this now?
今，これをしなければなりませんか？
B: Yes, you **must**.
はい，しなければなりません．
（◆「いいえ，しなくてもけっこうです」と言う場合は，No, you need not. / No, you don't have to. を用いる）

ルール **must と have to**

1 must には過去形がないので，「…しなければならなかった」という場合は have to の過去形 had to を代わりに使います．また，「…しなければならないだろう」と未来について言う場合は will have to を使います．

▶I **had to** walk in the rain.
わたしは雨の中を歩かなければならなかった．

▶I **will have to** do a lot of homework tomorrow.
わたしは明日，たくさんの宿題をしなければならないだろう．

2 must は話し手の意志や命令を示します．それに対し，have to には周囲の事情からそうせざるを得ないという意味合いがあり，must よりも穏(おだ)やかな表現になります．よって，《口語》では have to が好まれます．

❷〔強い禁止〕《**must not ...** で》**…してはいけない**
（◆短縮形は mustn't [mʌ́snt マスント]）
▶You **must not** speak like that.
そんな口のきき方をしてはいけません．

❸〔現在の推量〕…**にちがいない**
▶They **must** be hungry.
彼らは空腹にちがいない．

——名詞 《**a must** で》《口語》必見[必読]のもの，絶対に必要なもの

mustache [mʌ́stæʃ マスタぁシ] 名詞
C《しばしば **mustaches** で》
《米》口ひげ（◆《英》では moustache とつづる）➡ **beard** 図

mustard [mʌ́stərd マスタド]
（★アクセントに注意）名詞
❶ U【植物】カラシナ
❷ U からし，マスタード

:mustn't [mʌ́snt マスント]
（★発音に注意）
《口語》must not の短縮形

mutton [mʌ́tn マトゥン] 名詞
U ヒツジの肉，マトン（◆子ヒツジの肉は lamb）➡ **meat** 参考

mutual [mjúːtʃuəl ミューチュアる] 形容詞
たがいの，相互(そうご)の；共通の，共同の
▶**mutual** understanding 相互理解

MVP [émvìːpíː エムヴィーピー] 名詞
最優秀(ゆうしゅう)選手
（◆ the *m*ost *v*aluable *p*layer の略）

:my [mái マイ]
——代名詞〔人称代名詞の一人称単数 I の所有格〕（複数 **our** [áuər アウア]）
❶ **わたしの**，ぼくの ➡ I 参考
▶**My** uncle is a baker.
わたしのおじはパン職人です．
❷（◆呼びかけに名詞の前につけて，親しみ・同情などを表す；特に訳す必要はない）
▶How are you, **my** friend?
やあ，元気？
——間投詞《口語》おや，まあ．
▶Oh, **my**! What a surprise!
おやまあ，驚(おどろ)いた！

Myanmar [mjɑ́ːnmɑːr ミャンマー] 名詞
ミャンマー（◆東南アジアの国；旧称(きゅうしょう)ビルマ Burma；首都はネーピードー Naypyidaw）

:myself [maisélf マイセるふ] 代名詞
〔人称代名詞の一人称単数 I の再帰代名詞〕（複数 **ourselves** [auərsélvz アウアセるヴズ]）
❶《動詞・前置詞の目的語となって》
わたし自身を[に]，ぼく自身を[に]
➡ I 参考
▶Let me introduce **myself**.
自己紹介(しょうかい)をさせてください．
❷《I または me の意味を強調して》わたし自身，ぼく自身，自ら（◆強く発音する）
▶I did it **myself**. (=I **myself** did it.) わたしはそれを自分でやりました．

(all) by mysélf
ひとりぼっちで；独力で ➡ **oneself**

for mysélf
自分のために；自分で ➡ **oneself**

mysterious [mistíriəs ミスティリアス]
形容詞 神秘的な，不思議な，なぞの

mystery [místəri ミステリ] 名詞
（複数 **mysteries** [-z]）
❶ C U 神秘，なぞ；ミステリー
❷ C 推理小説；ミステリー映画

myth [míθ ミす] 名詞 C 神話

Nn *Nn*

Q 窓から首…は出さない？➡ neck をひいてみよう！

N, n [én エン] 名詞 (複数 **N's, n's** または **Ns, ns** [-z]) C U エヌ
(◆アルファベットの 14 番めの文字)

N, N. 北(◆ *n*orth の略);
北の(◆ *n*orthern の略)

'n' [ən アン] 接続詞 …と～
(◆ a*n*d を短縮した語)
▸rock'n'roll ロックンロール

nail [néil ネイる] 名詞
❶ C (手・足の指の)つめ ➡ **hand** 図
❷ C くぎ, びょう

Nairobi [nairóubi ナイロウビ] 名詞
ナイロビ(◆ケニアの首都)

naked [néikid ネイキッド]
(★発音に注意) 形容詞
裸(はだか)の, むき出しの; ありのままの
▸a **naked** body [light bulb]
裸体(らたい)[裸電球]

⁑name [néim ネイム]

——名詞 (複数 **names** [-z])
C 名前, 氏名, 姓名(せいめい); 名称(めいしょう)
▸My **name** is Ellen Baker.
わたしの名前はエレン・ベーカーです.
▸May I ask [have] your **name**, please? お名前を教えてください.
▸How do you spell your **name**?
お名前はどうつづりますか?

参考 名前の表し方

1 日本人の名前は「姓＋名」の順に言いますが, 英米人の名前は, Thomas Alva Edison (トマス・アルバ・エジソン)のように「名(first name)＋ミドルネーム (middle name) ＋ 姓 (family name)」の順に言います.

2 first name は given name または Christian name と, family name は last name または surname といいます. ミドルネームはしばしば省略されたり, 頭(かしら)文字だけを書いたりします.

3 日本人の名前を英語で言うときは, 日本語の「姓＋名」の順にする人も, 英語の慣習に従って「名＋姓」の順にする人もいます. 日本語の順序で日本人の名前を書くときには, ITO Kota のように姓を大文字にするか, Ito, Kota のようにコンマで区切ることで, どちらが姓なのかをはっきりさせることがあります.

by náme 名前は, 名前で; 名指しで
▸I know about her only **by name**.
彼女の名前だけは知っている.

——動詞 (三単現 **names** [-z]; 過去・過分 **named** [-d]; 現分 **naming**)
——他 ❶ **…に名前をつける**;
《**name ＋人など＋名前で**》(人など)に…という名前をつける
▸He **named** his dog John.
彼はイヌにジョンという名前をつけた.

***náme* ＋人など(＋名前)＋ after** [《米》 **for**] **～** ～にちなんで(人など)を(…と)名づける
▸I **named** my daughter Mary **after** my grandmother.
わたしは祖母の名にちなんで娘をメアリーと名づけた.

❷ …の名前を言う
▸Can you **name** all the Presidents of the United States?
すべての合衆国大統領の名前を言うことができますか?

namely [néimli ネイムり] 副詞
すなわち, 詳(くわ)しく言うと
(同義語 that is to say)

nameplate [néimplèit ネイムプれイト]
名詞 C 表札, 名札

nap [nǽp ナぁップ] 名詞
C うたた寝(ね), 居眠(いねむ)り, 昼寝
▸take [have] a **nap**
うたた寝をする

——動詞 (三単現 **naps** [-s];

A B C D E F G H I J K L M **N** O P Q R S T U V W X Y Z

過去・過分 **napped** [-t]; 現分 **napping**)
自 うたた寝[居眠り]する, 昼寝をする

napkin [nǽpkin ナぁプキン] 名詞
❶ C (食卓(しょくたく)用の)ナプキン
❷ C《英》おむつ;《米》生理用ナプキン

Naples [néiplz ネイプるズ] 名詞 ナポリ
(♦イタリア南部にある港湾都市)

Napoleon [nəpóuliən ナポウれオン] 名詞
【人名】ナポレオン1世(♦ Napoleon Bonaparte [-bóunəpɑːrt -ボウナパート], 1769-1821; フランスの皇帝(こうてい))

Narcissus [nɑːrsísəs ナースィサス]
名詞【ギリシャ神話】ナルキッソス

> **文化 自分の姿に恋(こい)した美青年**
> 美青年のナルキッソスは泉に映る自分の姿に恋をし, 最後は泉に身を投げてしまいます. それを見た神が彼をスイセン(narcissus)に変えたといわれています. この話から narcissism [nɑːrsísizm ナースィスィズム]「ナルシシズム, 自己陶酔(とうすい)」という語ができました.

narcissus [nɑːrsísəs ナースィサス]
名詞 (複数 **narcissuses** [-iz] または **narcissi** [nɑːrsísai ナースィサイ] または **narcissus**) C【植物】スイセン

narration [næréiʃn ナぁレイシャン] 名詞
U 物語ること, ナレーション; C 物語

narrator [nǽreitər ナぁレイタ] 名詞
C (劇・放送などの)語り手, ナレーター

˙narrow [nǽrou ナぁロウ]
— 形容詞
(比較 **narrower**; 最上 **narrowest**)
❶ (幅(はば)の)狭(せま)い, 細い
(対義語 wide, broad 広い)

> **くらべよう narrow と small**
> **narrow**:「幅が狭い」という意味になります. 道や廊下(ろうか)などに用います.
> ▸a **narrow** road　狭い道
> **small**:「面積が狭い」という意味になります.
> ▸a **small** room　狭い部屋

❷ (範囲(はんい)などが)限られた; (心などが)狭い
▸He has a **narrow** mind.
彼は心が狭い.
❸ かろうじての
▸win a **narrow** victory
辛勝(しんしょう)する
— 動詞 (三単現 **narrows** [-z]; 過去・過分 **narrowed** [-d]; 現分 **narrowing**)
— 自 狭くなる
— 他 …を狭くする
— 名詞 (複数 **narrows** [-z])
《**narrows** で》海峡(かいきょう), 瀬戸(せと)

NASA [nǽsə ナぁサ] 名詞
ナサ, アメリカ航空宇宙局
(♦ *N*ational *A*eronautics and *S*pace *A*dministration の略)

nasty [nǽsti ナぁスティ] 形容詞
(比較 **nastier**; 最上 **nastiest**)
不快な, いやな(対義語 nice すてきな); 不潔な; 意地の悪い
▸a **nasty** smell　いやなにおい

˙nation [néiʃn ネイシャン] 名詞
(複数 **nations** [-z])
❶ C 国家, 国 ➡ country くらべよう
▸Asian **nations**　アジア諸国
❷ C《ふつう **the nation** で》国民(全体)(♦全体をひとまとまりと考えるときは単数あつかい, 一人ひとりに重点を置くときは複数あつかい)
▸the Japanese **nation**　日本国民
➡ p.409 参考

˙national
[nǽʃnəl ナぁショナる] 形容詞
❶ 国の, 国家の; 国内の
▸a **national** flag　国旗
▸**national** news　全国のニュース
❷ 国民の
▸a **national** hero　国民的英雄(えいゆう)
❸ 国立の, 国有の
▸a **national** university　国立大学

national holiday [nǽʃnəl hɑ́lədèi ナぁショナる ハりデイ] 名詞 C 国の祝祭日

nationality [næʃənǽləti ナぁショナぁりティ] 名詞 (複数 **nationalities** [-z])
U C 国籍(こくせき)

National League [nǽʃnəl líːg ナぁショナる リーグ] 名詞
《**the National League** で》

ナショナル・リーグ(◆米国プロ野球の大リーグ(Major League)の一つ)

national park [nǽʃnəl pɑ́ːrk ナぁショナる パーク] 名詞 C 国立公園

National Trust [nǽʃnəl trʌ́st ナぁショナる トゥラスト] 名詞
《英》《the National Trust で》
ナショナルトラスト(◆自然環境(かんきょう)や史跡(しせき)を守る世界的な団体)

native [néitiv ネイティヴ] 形容詞
❶《名詞の前に用いて》
自国の, 生まれた国[故郷]の
▸*one's* **native** language
母語(◆幼いころ, 最初に習得した言語)
▸a **native** speaker of English
英語の母語話者
❷(その土地に)固有の, 原産の《to ...》; 生粋(きっすい)の
▸Potatoes are **native to** South America. ジャガイモは南米原産だ.
❸ 生まれつきの, 生来の
── 名詞 C (…)生まれの人; 土地の人; (ある土地の)固有の動[植]物《of ...》

Native American [néitiv əmérikən ネイティヴ アメリカン] 名詞
C 先住アメリカ人, アメリカ先住民
(◆一般に American Indian より好ましい言い方とされる) ➡ **Indian** 文化

NATO [néitou ネイトウ] (★発音に注意)
名詞 ナトー, 北大西洋条約機構
(◆ *N*orth *A*tlantic *T*reaty *O*rganization の略)

ˈnatural [nǽtʃərəl ナぁチュラる]
形容詞 (比較 **more natural**; 最上 **most natural**)
❶ **自然の**, 天然の, 自然のままの
(対義語 artificial, man-made 人工の)

参考 国名・国民(の一人)・形容詞

国民(の一人)と形容詞は, 多くの場合, 同じ語を使います.

国名	国民(の一人)	形容詞
Australia(オーストラリア)	an Australian	Australian
Brazil(ブラジル)	a Brazilian [brəzíliən ブラズィりアン]	Brazilian
Canada(カナダ)	a Canadian	Canadian
China(中国)	a Chinese	Chinese
France(フランス)	(男)a Frenchman (女)a Frenchwoman	French
Germany(ドイツ)	a German	German
Greece(ギリシャ)	a Greek	Greek
India(インド)	an Indian	Indian
Italy(イタリア)	an Italian	Italian
Japan(日本)	a Japanese	Japanese
Korea(韓国(かんこく)・朝鮮(ちょうせん))	a Korean	Korean
Mexico(メキシコ)	a Mexican	Mexican
Russia(ロシア)	a Russian	Russian
Singapore(シンガポール)	a Singaporean [siŋəpɔ́ːriən スィンガポーリアン]	Singaporean
Spain(スペイン)	a Spaniard	Spanish
Switzerland(スイス)	a Swiss	Swiss
the United Kingdom (イギリス)	a British / (男)an Englishman (女)an Englishwoman	British ➡ **England** 参考
the United States of America(アメリカ合衆国)	an American	American

A B C D E F G H I J K L M N O P Q R S T U V W X Y Z

▸the **natural** environment
自然環境
▸**natural** foods　自然食品
▸**natural** gas　天然ガス
❷ **生まれつきの**, 天性の
▸**natural** talent
もって生まれた才能
❸ **当然の**, もっともな
▸It is **natural** that you (should) get angry. (=It is **natural** for you to get angry.)
あなたが怒(おこ)るのももっともだ.
❹ (言動などが)気どらない, ありのままの

naturally [nǽtʃərəli ナぁチュラリ] 副詞
❶ 自然に; ふだんのように
❷ 生まれつき, 生来(同義語 by nature)
❸ 当然, もちろん

ダイアログ
A: Are you going to the party?
パーティーへ行きますか?
B: **Naturally.**　もちろんです.

:nature [néitʃər ネイチャ] 名詞
(複数 **natures** [-z])
❶ U **自然**, 自然界(対義語 art 人工)
▸the forces of **nature**　自然の力
▸protect **nature**　自然を保護する
❷ U C (人の)**性質**, 性格; 天性; 本質
▸She has a good **nature**.
彼女は気立てがいい.
by náture　生まれつき, 生来
▸She is quiet **by nature**.
彼女は生まれつきおとなしい.

naughty [nɔ́ːti ノーティ] (★発音に注意) 形容詞
(比較 **naughtier**; 最上 **naughtiest**)
いたずらな, わんぱくな

navel [néivl ネイヴる] 名詞 C へそ

navigation [næ̀vigéiʃn ナぁヴィゲイシャン] 名詞 ❶ U (船・飛行機などの)操縦, 航行, 航海; (車の)誘導(ゆうどう)
❷ U 航海[航空]術

navigator [nǽvigèitər ナぁヴィゲイタ] 名詞
❶ C 航海士, 航法士, ナビゲーター
❷ C (車の)ナビ(ゲーター)
(◆運転者に道順を指示する人[機械])

navy [néivi ネイヴィ] 名詞
(複数 **navies** [-z])
C《しばしば **the Navy** で単数または複数あつかい》海軍(◆「陸軍」は the army, 「空軍」は the air force)

Nazi [nɑ́ːtsi ナーツィ] 名詞 C ナチ党員; 《**the Nazis** で》ナチス, ナチ党
(◆ヒトラーを党首としたドイツの政党)
—形容詞 ナチスの

NBA 全米バスケットボール協会
(◆ *N*ational *B*asketball *A*ssociation の略)

NC 【郵便】ノースカロライナ州
(◆ *N*orth *C*arolina の略)

ND 【郵便】ノースダコタ州
(◆ *N*orth *D*akota の略)

NE 【郵便】ネブラスカ州
(◆ *Ne*braska の略)

:near [níər ニア]
—副詞 (比較 **nearer**; 最上 **nearest**)
(場所・時間が)**近くに**[へ]
(同義語 close, 対義語 far 遠くに[へ])
▸A boy came **near** to me.
一人の少年がわたしに近寄ってきた.
▸Summer vacation is getting **near**.　夏休みが近づいてきた.
néar at hánd　すぐ近くに; 間近に
▸Keep your dictionary **near at hand**.
辞書を手元に置いておきなさい.
—形容詞 (比較・最上 は 副詞 に同じ)
❶ (場所・時間が)**近い**, 近くの
(対義語 far 遠い)
▸My house is quite **near** here.
わたしの家はここからすぐ近くだ.
▸Where is the **nearest** station?
いちばん近い駅はどこですか?
❷ (関係が)近い, 親しい
—前置詞 (場所・時間が)…**の近くに**[で]
(類語 by …のそばに)
▸Our school is **near** the park.
わたしたちの学校は公園の近くにある.

nearby [nìərbái ニアバイ] 形容詞
《名詞の前に用いて》近くの
—副詞 近くに[で]

·nearly [níərli ニアり] 副詞
(比較 **more nearly**;
最上 **most nearly**)
❶ **ほとんど**, ほぼ ➡ **almost** くらべよう
▸The homework took me **nearly** an hour.　宿題に1時間近くかかった.
▸His answer was **nearly** perfect.
彼の解答はほとんど完ぺきだった.

❷ あやうく，もう少しのところで
▸I was **nearly** late for school.
わたしはもう少しで学校に遅(おく)れるところだった.

near miss [níər mís ニア ミス] 名詞
C (航空機の)異常接近，ニアミス

neat [níːt ニート] 形容詞 (比較 **neater**; 最上 **neatest**) きちんとした，こぎれいな；(人が) きれい好きな (同義語 tidy)；《米口語》すばらしい，かっこいい
▸a **neat** room 整とんされた部屋
▸He always wears **neat** clothes.
彼はいつもきちんとした服を着ている.

Nebraska [nəbrǽskə ネブラぁスカ]
名詞 ネブラスカ州 (◆アメリカ中部の州；Neb., Nebr. または【郵便】で NE と略す)

necessarily [nèsəsérəli ネセセリり]
副詞 ❶ 必ず，どうしても
▸War **necessarily** brings sadness.
戦争は必ず悲しみをもたらす.
❷《否定語をともなって部分否定を表す》必ずしも…でない
▸Money does **not necessarily** bring happiness.
お金は必ずしも幸福をもたらさない.

·necessary [nésəsèri ネセセリ] 形容詞 (比較 **more necessary**; 最上 **most necessary**)
❶ (…に)必要な《for ...》
(対義語 unnecessary 不必要な)
▸Dictionaries are **necessary for** all learners of a language.
ことばを学ぶすべての人に辞書は必要だ.
▸It is **necessary for** you to have a good sleep.
あなたには十分な睡眠(すいみん)が必要だ.
❷ 必然的な
if nécessary もし必要ならば
▸You can use my bike, **if necessary**. 必要なら，わたしの自転車を使ってもいいですよ.

necessity [nəsésəti ネセスィティ] 名詞
(複数 **necessities** [-z])
❶ U (…の)必要，必要性《of [for] ...》
▸the **necessity of** [**for**] exercise
運動の必要性
▸out of **necessity**
必要にせまられて
❷ C《しばしば **necessities** で》
(…に)不可欠なもの《for ...》，必需(ひつじゅ)品
▸the **necessities** of life
生活必需品

·neck [nék ネック] 名詞
(複数 **necks** [-s])
❶ C 首 ➡ **head** 図
▸She is wearing a scarf around her **neck**.
彼女は首にスカーフを巻いている.

> **ルール neck の場所**
>
> neck は頭と胴(どう)とをつなぐ部分を指します. 日本語では「窓から首[顔・頭]を出す」「首[顔・頭]を縦[横]に振(ふ)る」のように言うことがありますが，英語ではこの場合すべて head を使います.
> ▸Don't put your **head** out of the window.
> 窓から首を出してはいけません.
> ▸She nodded [shook] her **head**.
> 彼女は首を縦[横]に振った.

❷ C (衣服の)えり；首状の部分，(びん・つぼなどの)首

necklace [nékləs ネクれス] 名詞
C ネックレス，首飾(かざ)り

necktie [néktài ネクタイ] 名詞
C《米》ネクタイ(◆ふつう tie という)

:need [níːd ニード]
—動詞 (三単現 **needs** [níːdz ニーヅ]; 過去・過分 **needed** [-id]; 現分 **needing**)
他 ❶ …**を必要とする** (同義語 require)
▸They **need** food and drink.
彼らには食べ物と飲み物が必要だ.
▸I **need** your help.
わたしにはあなたの助けが必要だ.
❷《**need to** ＋動詞の原形で》
…**する必要がある**
▸We **need to** save energy.
わたしたちはエネルギーを節約する必要がある.
▸You don't **need to** worry.
心配する必要はありません.
❸《**need** ＋ **...ing** で》
…される必要がある
▸This shirt **needs washing**.
(＝This shirt **needs** to be washed.)
このシャツは洗う必要がある.
—助動詞 …**する必要がある** (◆ふつう否定文・疑問文で用いる；肯定(こうてい)文では have to を用いる)

▸You **need not** come so early.
きみはそんなに早く来る必要はない.

ダイアログ
A: **Need** I go there?
そこへ行く必要はありますか?
B: No, you **needn't**. / Yes, you must. いいえ, 行く必要はありません. / はい, 行く必要があります.

ルール **need の使い方**
need は助動詞としてよりも, 動詞としてよく使われます. 例えば, 次の 2 つの文はどちらも「彼は来る必要がない」という意味ですが, 特に《米》では a) の文のほうがよく使われます.
a) He doesn't **need** to come.
動詞
b) He **need** not come.
助動詞
助動詞 need は主語が三人称単数でも needs とならず, 過去形もありません.

——名詞 (複数 **needs** [ní:dz ニーヅ])
❶ U《または **a need** で》**必要(性)**
▸There's no **need** for you to come.
あなたが来る必要はありません.
▸They are in **need** of help.
彼らは助けを必要としている. (♦ be in need of ... で「…を必要としている」)
❷ C《ふつう **needs** で》必要なもの
❸ U 困っている状態; 貧困(ひんこん)
▸ことわざ A friend in **need** is a friend indeed.
まさかの時の友こそ真の友.

needle [ní:dl ニードゥる] 名詞
C (注射器や編み物などの)針

needless [ní:dləs ニードれス] 形容詞
不必要な, むだな
néedless to sáy
言うまでもなく, もちろん

:needn't [ní:dnt ニードゥント]
《口語》need not の短縮形

needy [ní:di ニーディ] 形容詞
(比較 **needier**; 最上 **neediest**)
貧乏(びんぼう)な, 貧困(ひんこん)の
▸the **needy** 貧しい人々(= the poor) (♦複数あつかい)

negative [négətiv ネガティヴ] 形容詞
❶ 消極的な; 否定の, 否認(ひにん)の
(対義語 positive 積極的な; 肯定(こうてい)の)
▸a **negative** attitude 消極的な態度
▸a **negative** sentence 否定文
❷ (写真が)ネガの; 陰(いん)性の
——名詞 ❶ C 否定; 拒否(きょひ)
❷ C (写真の)ネガ

neglect [niglékt ネグれクト] 動詞
他 …を怠(おこた)る, おろそかにする; …を無視する; …(するの)を忘れる
▸**neglect** *one's* job [responsibility]
仕事[責任]をおろそかにする
——名詞 U 怠慢(たいまん); 無視, 放置すること

negotiate [nigóuʃièit ネゴウシエイト]
動詞 (三単現 **negotiates** [nigóuʃièits ネゴウシエイツ]; 過去・過分 **negotiated** [-id]; 現分 **negotiating**)
自 (…と / …について)交渉(こうしょう)する
《with ... / about ...》

negotiation [nigòuʃiéiʃn ネゴウシエイシャン] 名詞
C U《しばしば **negotiations** で》
交渉(こうしょう), 協議

Negro [ní:grou ニーグロウ] 名詞
(複数 **Negroes** [-z]) C ニグロ, 黒人
(♦差別的な語なので, 現在では black または《米》African-American を用いる)

neigh [néi ネイ] 動詞 自 (馬が)いななく
——名詞 C (馬の)いななき ➡ **animals** 図

:neighbor,
《英》neighbour [néibər ネイバ]
(★発音に注意) 名詞
(複数 **neighbors** [-z]) C **近所の人, 隣人**(りんじん); 隣(となり)の席の人; 隣国
▸He is my **neighbor**.
彼はわたしの隣人です.
▸They are next-door **neighbors**.
彼らの家は隣どうしだ.

neighborhood,
《英》neighbourhood [néibərhùd ネイバフッド] (★発音に注意) 名詞
❶ U 近所, 付近
▸I live in this **neighborhood**.
わたしはこの近所に住んでいます.
❷《**the neighborhood** で》
近所の人たち(全体)(♦全体をひとまとまりと考えるときは単数あつかい, 一人ひとりに重点を置くときは複数あつかい)

neighboring,
《英》neighbouring [néibəriŋ ネイバリング] 形容詞《名詞の前に用いて》
近所の, 隣(となり)の

neighbour [néibər ネイバ] 名詞
《英》=《米》neighbor(近所の人)

neighbourhood [néibərhùd ネイバフッド] 名詞
《英》=《米》neighborhood(近所)

neighbouring [néibəriŋ ネイバリング] 形容詞 《英》=《米》 neighboring(近所の)

:neither [níːðər ニーざ]

—副詞 ❶《**neither ... nor 〜**で》
…でも〜でもない, …も〜も(—し)ない
(◆「…」と「〜」は常に同じ品詞の語(句))
➡ **both** 2つめの ルール

▸He plays **neither** baseball **nor** soccer. 彼は野球もサッカーもしない.

▸**Neither** you **nor** I am right.
あなたもわたしも正しくありません.
(◆ neither ... nor 〜 が主語のとき, 動詞の人称・数は「〜」の(代)名詞に一致(いっち)させるが, 《口語》ではしばしば複数あつかい)

❷《否定文に続けて **neither** +(**助**)**動詞** +**主語**で》…**もまた〜ない**

▸She **can't** play the guitar, and **neither** can I.
彼女はギターをひけないし, わたしもひけない.

> ダイアログ
> *A:* I **don't** want to go there again.
> もうあそこには行きたくない.
> *B:* **Neither** do I. わたしも.
> (◆ Nor do I. や I don't, either. ともいう; 後者のほうがくだけた言い方)

—形容詞《単数名詞の前につけて》
(2つのうち)どちらの…も〜でない
(◆《口語》では文頭以外では neither の代わりに not ... either を用いることが多い)

▸I know **neither** girl.
わたしはどちらの女の子も知らない.
(= I **don't** know **either** girl.)

—代名詞 (2つのうち)どちらも…ない
(◆原則として単数あつかいだが, 《口語》ではしばしば複数あつかい)

▸**Neither** of us eats [《口語》eat] meat.
わたしたちは2人とも肉を食べない.

neon [níːɑn ニーアン] 名詞
❶ U 【化学】ネオン(◆元素記号は Ne)
❷ C ネオン灯 (= neon light, neon lamp), ネオンサイン(= neon sign)

Nepal [nəpɔ́ːl ナポーる] (★発音に注意)
名詞 ネパール(◆インドと中国の間の国; 首都はカトマンズ Kat(h)mandu)

nephew [néfjuː ネふュー] 名詞
C おい(◆兄弟や姉妹の息子(むすこ);
対義語 niece めい) ➡ **family** 図

Neptune [néptjuːn ネプテューン] 名詞
❶【ローマ神話】ネプチューン(◆海の神)
❷【天文】海王星

nerve [nə́ːrv ナ〜ヴ] 名詞 C 神経

get on a person's nérves
(人の)神経にさわる

nervous [nə́ːrvəs ナ〜ヴァス] 形容詞
❶ 神経質な; 緊張(きんちょう)して(いる); (…について)不安になって(いる)《**about ...**》

▸I was very **nervous** just before the interview. その面接の直前, わたしはとても緊張していた.

❷《名詞の前に用いて》神経の

-ness 接尾辞 形容詞について「…の状態」や「…の性質」の意味の名詞をつくる:
dark(暗い)+ -ness → darkness(暗さ)

nest [nést ネスト] 名詞
C (鳥・小動物・昆虫(こんちゅう)の)巣

net [nét ネット] 名詞
❶ C 網(あみ); ネット
➡ **tennis** 図, **volleyball** 図
❷ (コンピューター・放送などの)ネットワーク(= network); 《**the Net** で》インターネット(= the Internet)

netball [nétbɔ̀ːl ネトボーる] 名詞
U ネットボール(◆バスケットボールに似た競技)

Netherlands [néðərləndz ネざランヅ]
名詞《**the Netherlands** で単数あつかい》オランダ (◆西ヨーロッパの国; 通称(つうしょう)Holland; 首都はアムステルダム Amsterdam)

netiquette [nétikit ネティケット] 名詞
U ネチケット(◆インターネット上で通信を行う上でのエチケット; network「ネットワーク」+ etiquette「エチケット」からできた語)

network [nétwə̀ːrk ネットワ〜ク] 名詞
❶ C (鉄道・道路などの)網状(もうじょう)組織

▸a **network** of roads 道路網

❷ C (ラジオ・テレビの)放送網, (コンピューターなどの)ネットワーク

▸The Internet is a worldwide **network**. インターネットは世界じゅうに広がるネットワークだ.

A B C D E F G H I J K L M N O P Q R S T U V W X Y Z

neutral [njúːtrəl ニュートゥラる] 形容詞
中立の; あいまいな; 【化学・環境】中性の; (車のギアが)ニュートラルの

Nevada [nəvǽdə ネヴぁダ] 名詞
ネバダ州(◆アメリカ西部の州; Nev. または【郵便】で NV と略す)

‡never [névər ネヴァ] 副詞
❶ 決して…ない(◆ not よりも強い否定)
➡ **always** 参考
▸**Never** do such a thing again.
二度とそんなことをしてはなりません.
▸She is **never** late for school.
彼女は決して学校に遅刻(ちこく)しない.
❷ 今までに一度も…しない
▸I have **never** met him. わたしは今まで一度も彼に会ったことがない.

> **ルール never の使い方**
> **1** ふつう be 動詞・助動詞の直後か, 一般動詞の直前に置きます.
> **2** never は副詞なので, 現在時制の文で主語に三人称単数がくる場合には, 動詞に (e)s をつける必要があります. 一方, doesn't は助動詞なので, 動詞は原形になります.
> ▸He **never** sings.
> 彼は決して歌わない.
> ▸He **doesn't** sing. 彼は歌わない.

nevertheless [nèvərðəlés ネヴァざれス] 副詞 それにもかかわらず
(同義語 however)
▸It was snowing. **Nevertheless**, they played soccer outside.
雪が降っていた. それにもかかわらず, 彼らは外でサッカーをした.

‡new [njúː ニュー] 形容詞
(比較 **newer**; 最上 **newest**)
新しい(対義語 old 古い), 新鮮(しんせん)な; 新品の; 新任の, 新入りの; 不慣れな, 経験のない, 初めての
▸a **new** book 新刊本
▸a **new** student 新入生
▸a **new** face 新顔
▸This word is **new** to me.
この単語は初めて目にします.
Whát's néw? 元気?, 変わりはない? (◆親しい間でのあいさつ)

newcomer [njúːkʌ̀mər ニューカマ] 名詞 C 新しく来た人; 新任者, 新人

New England [njùː íŋglənd ニュー イングらンド] 名詞 ニューイングランド
(◆アメリカ北東部のメーン, ニューハンプシャー, バーモント, マサチューセッツ, ロードアイランド, コネチカットの 6 州を指す)

New Hampshire [njùː hǽmpʃər ニュー ハぁンプシャ] 名詞
ニューハンプシャー州(◆アメリカ北東部の州; N.H. または【郵便】で NH と略す)

New Jersey [njùː dʒə́ːrzi ニュー ヂャ～ズィ] 名詞 ニュージャージー州
(◆アメリカ東部の州; N.J. または【郵便】で NJ と略す)

newly [njúːli ニューり] 副詞
最近; 新しく, 新たに
▸a **newly** married couple
新婚(しんこん)夫婦(ふうふ)

New Mexico [njùː méksikòu ニューメクスィコウ] 名詞 ニューメキシコ州
(◆アメリカ南西部の州; N.M., N. Mex. または【郵便】で NM と略す)

New Orleans [njùː ɔ́ːrliənz ニューオーりアンズ] 名詞 ニューオーリンズ
(◆アメリカのルイジアナ州の都市; ジャズ発祥(はっしょう)の地として有名)

‡news [njúːz ニューズ] (★発音に注意) 名詞
U ニュース, 報道; 《**the news** で単数あつかい》ニュース番組; 知らせ, 便り; 新しい情報
▸sports **news** スポーツニュース
▸world **news** 世界のニュース
▸Did you see **the** ten o'clock **news**?
10 時のニュースを見ましたか?

> **ルール news の数え方**
> news は数えられない名詞で, a がつくことも複数形になることもありません. 数えるときは a piece of ... や an item of ... を用います.
> ▸**a piece of** good **news**
> よいニュース 1 本

▸I have some good **news** for you.
あなたによい知らせがあります.
▸That's **news** to me.
それは知らなかった[初耳だ].
▸ことわざ No **news** is good **news**.
便りのないのはよい便り.

newscaster [njúːzkæ̀stər ニューズキぁスタ] 名詞 C ニュースキャスター

ˈnewspaper

[njúːzpèipər ニューズペイパ]
名詞 (**複数** **newspapers** [-z]) **C** **新聞**
(◆単に paper ともいう); **U** 新聞紙
▸a morning **newspaper** 朝刊
▸an evening **newspaper**
夕刊
▸a local [national] **newspaper**
地方[全国]紙
▸subscribe to a **newspaper**
新聞を購読(こうどく)する
▸What **newspaper** do you read?
(ふだん)何新聞を読んでいますか?
▸I read the news in a **newspaper**.
わたしはそのニュースを新聞で読んだ.

newsstand [njúːzstæ̀nd ニューズスタァンド] **名詞**
C (街頭などの)新聞雑誌売り場

Newton [njúːtn ニュートゥン] **名詞**
【人名】ニュートン (◆Isaac Newton [áizək- アイザック-], 1642-1727; 万有(ばんゆう)引力の法則を発見したイギリスの物理学者・数学者・天文学者)

ˈnew year

[njúː jíər ニュー イヤ] **名詞**
❶ **C** 《ふつう **the new year** で》
新年, 新しい年
❷ 《**New Year** で》
正月, 元日, 年始の数日間

ダイアログ
A: Happy **New Year**!
新年おめでとう!
B: And the same to you!
新年おめでとう!

New Year's Day [njúː jìərz déi ニュー イヤズ デイ] **名詞**
U 元日(◆1月1日; 祝日; New Year's または New Year ともいう)

New Year's Eve [njúː jìərz íːv ニュー イヤズ イーヴ] **名詞**
U 大みそか (◆12月31日)

ˈNew York

[njùː jɔ́ːrk ニュー ヨーク] **名詞**
❶ **ニューヨーク市**(◆アメリカ東部の大都市)(= New York City)
❷ ニューヨーク州 (◆アメリカ東部の州; N.Y. または【郵便】で NY と略す)

ˈNew York City

[njúː jɔ̀ːrk síti ニュー ヨーク スィティ] **名詞**
ニューヨーク市(◆アメリカ東部の大都市; ブルックリン(Brooklyn), マンハッタン(Manhattan)などの5つの地区に分かれている; N.Y.C. または NYC と略す)

New Yorker [njùː jɔ́ːrkər ニュー ヨーカ] **名詞** **C** ニューヨーク市民

New Zealand [njùː zíːlənd ニュージーランド] **名詞** ニュージーランド
(◆オーストラリアの南東にある国; 首都はウェリントン Wellington; N.Z. または NZ と略す)

ˈ̏next [nékst ネクスト]

—**形容詞** ❶《時を表す名詞につけて》
次の, 今度の, 来…, 翌…
(**対義語** last この前の)
▸See you **next** week.
来週会いましょう.
▸Are you free **next** Sunday?
今度の日曜は暇(ひま)ですか?
(◆現在を基準にして「次の」というときは, next に the をつけない)
▸He visited me **the next** morning.
その翌朝, 彼が訪ねてきた.
(◆過去を基準にして「次の」というときは, next に the をつける)
▸She will arrive here on Saturday and leave **the next** day.
彼女は土曜日に到着(とうちゃく)し, 翌日出発する. (◆未来を基準にして「次の」というときは, next に the をつける)

ルール **next Friday はいつ?**
1 今日が月曜日だとすると, next Friday は「今週の金曜日」を指します.
▸Let's play tennis **next Friday**.
今週の金曜日にテニスをしよう.
2 「来週の金曜日」と言いたい場合は, 次の表現を用います. ➡ **last**[1] **ルール**
▸Let's play tennis **on Friday next week**.
来週の金曜日にテニスをしよう.

❷ (順番が)**次の**, 今度の

▸The **next** train is the last one.
次の電車が終電です.
▸The picture is on the **next** page.
その写真は次のページに載(の)っている.
❸ (場所・位置が)**隣**(となり)**の**, 次の
▸Turn right at the **next** corner.
次の角で右に曲がりなさい.
next dóor to ... …の隣に[の] ➡ **door**
◆***next to ...*** (場所が)…**の隣に**[**の**], …に最も近く[い]; (順番・程度が)…の次に[の]
▸Our school is **next to** the park.
わたしたちの学校は公園の隣にある.
▸What is your favorite sport **next to** soccer? サッカーの次に好きなスポーツは何ですか?
(the) néxt time 今度…なときは
——副詞 **次に**, 今度は
▸What shall we do **next**?
次は何をしましょうか?
——代名詞 次の人; 次のもの
▸**Next**, please. 次の方どうぞ.

next-door [nékstdɔ́ːr ネクストドーア]
形容詞 隣(となり)の家の
▸a **next-door** neighbor 隣人(りんじん)

NGO [éndʒìːóu エンヂーオウ] 名詞
(複数 **NGOs** [-z])
C エヌジーオー, 非政府組織
(◆ *n*on-*g*overnmental *o*rganization の略; 民間の国際協力団体)

NH 【郵便】ニューハンプシャー州
(◆ *N*ew *H*ampshire の略)

Niagara [naiǽgərə ナイあガラ] 名詞
❶《**the Niagara** で》ナイアガラ川
(◆アメリカとカナダの国境, エリー湖とオンタリオ湖を結ぶ川)
❷ ナイアガラの滝(たき)(= Niagara Falls)

Niagara Falls [naiǽgərə fɔ́ːlz ナイあガラ ふォーるズ] 名詞
《ふつう単数あつかいで》ナイアガラの滝(たき)
(◆ナイアガラ川にある滝)

⁝**nice** [náis ナイス] 形容詞
(比較 **nicer**; 最上 **nicest**)
❶ **すてきな, よい**; 気持ちのよい, 楽しい; 天気のよい
▸a **nice** jacket すてきな上着

ダイアログ
A: We're going camping tomorrow.
明日, キャンプに行くんだ.
B: That's **nice**.
それはいいね.

▸You look **nice** in that shirt.
そのシャツ似合うね.
▸Have a **nice** weekend.
(金曜日に別れるときに)よい週末を.
▸**Nice** meeting you.
(初対面の人と別れるときに)お会いできてよかったです.
▸**Nice** talking to [with] you.
(別れるときに)お話しできて楽しかったです.
❷ **親切な**(同義語 kind)
▸They are really **nice** to me.
彼らはわたしにとても親切だ.
nice and ... 《「...」の形容詞や副詞を強調して》《口語》十分に, とても
▸This water is **nice and** cold.
この水はとても冷たくておいしい.

nicer [náisər ナイサ] 形容詞
nice(すてきな)の比較級

nicest [náisist ナイセスト] 形容詞
nice(すてきな)の最上級

nickel [níkl ニクる] 名詞
❶ U【化学】ニッケル(◆元素記号は Ni)
❷ C (アメリカ・カナダの)5 セント白銅貨

◆**nickname**
[níknèim ニックネイム] 名詞
(複数 **nicknames** [-z])
C **あだ名, ニックネーム**; 愛称(あいしょう)
▸Bill is a **nickname** for William.
ビルはウィリアムの愛称だ.

niece [níːs ニース] 名詞
C めい(◆兄弟や姉妹の娘(むすめ);
対義語 nephew おい) ➡ **family** 図

Nigeria [naidʒíriə ナイヂリア] 名詞
ナイジェリア(◆アフリカ大陸西部の国; 首都はアブジャ Abuja)

⁝**night** [náit ナイト] 名詞

(複数 **nights** [náits ナイツ])
C U 夜, 晩(◆日没(にちぼつ)から日の出まで; 対義語 day 昼間) ➡ **day** 図
▸every **night** 毎晩
▸a quiet **night** 静かな夜
▸on the **night** of August 10
8月10日の夜に(◆特定の日の夜を指すときは前置詞は on)
▸I went to bed early last **night**.
昨晩は早く寝(ね)た.

áll níght (lóng) 一晩じゅう, 夜通し
▸I read the book **all night (long)**.
わたしは一晩じゅうその本を読んだ.

at níght 夜に, 夜間に
▸at 11 o'clock **at night** 夜の11時に
▸stay up late **at night**
夜更(ふ)かしをする

by níght (昼に対して)夜は, 夜に

Good níght. おやすみなさい.(◆あとに相手の名前などを添(そ)えることが多い)

ダイアログ
A: **Good night,** Mom.
おやすみなさい, お母さん.
B: **Good night,** Tom. Sweet dreams! おやすみ, トム. いい夢が見られるといいわね.

have a góod [bád] níght
よく眠(ねむ)る[あまり眠れない]

níght and dáy = ***dáy and níght***
昼も夜も ➡ **day**

nightdress [náitdrès ナイトドゥレス]
名詞 C 寝巻(ねまき)(=《主に米》nightgown)

nightgown [náitgàun ナイトガウン]
名詞 C 《主に米》(女性・子供用の丈(たけ)の長いゆったりした)寝巻(ねまき), ネグリジェ(◆単に gown ともいう; 同義語 nightdress)

Nightingale [náitngèil ナイティンゲイる] 名詞 【人名】ナイチンゲール
(◆ Florence Nightingale [flɔ́ːrəns- ふろーレンス-], 1820-1910; イギリスの看護師; クリミア戦争に従軍; 近代看護法の創始者)

nightingale [náitingèil ナイティンゲイる] 名詞 C 【鳥類】ナイチンゲール
(◆アフリカ・ヨーロッパ産のツグミに似た渡(わた)り鳥; 夜に美しい声でさえずる)

nightmare [náitmèər ナイトメア] 名詞
C U 悪夢;
C 悪夢のような恐(おそ)ろしい経験

night school [náit skùːl ナイト スクーる] 名詞 U C 夜間学校, 夜学

Nile [náil ナイる] 名詞
《the Nile で》ナイル川
(◆アフリカ北東部を流れる大河)

⁑nine [náin ナイン]

—名詞 (複数 **nines** [-z])
❶ C 《冠詞をつけずに単数あつかい》**9**; 《複数あつかいで》9人, 9個; U 9歳(さい); 9時
▸I got up at **nine** this morning.
わたしは今朝, 9時に起きた.
❷ C 9人[9個]1組のもの; 《米》野球のチーム, ナイン
—形容詞 **9の**; 9人の, 9個の; 9歳の

níne tímes out of tén
十中八九, たいてい
▸**Nine times out of ten,** he will win. 十中八九, 彼は勝つだろう.

⁑nineteen

[nàintíːn ナインティーン]
—名詞 (複数 **nineteens** [-z])
C 《冠詞をつけずに単数あつかい》**19**; 《複数あつかいで》19人, 19個; U 19歳(さい)
—形容詞 **19の**; 19人の, 19個の; 19歳の
▸My brother is **nineteen** years old. 兄[弟]は19歳だ.

nineteenth [nàintíːnθ ナインティーンす] 名詞 ❶ U 《**the nineteenth** で》第19, 19番め; (日付の)19日
(◆ 19th と略す)
❷ C 19分の1
—形容詞 ❶ 《**the nineteenth** で》第19の, 19番めの
❷ 19分の1の

ninetieth [náintiəθ ナインティエす] 名詞
❶ U 《**the ninetieth** で》第90, 90番め
❷ C 90分の1
—形容詞 ❶ 《**the ninetieth** で》第90の, 90番めの
❷ 90分の1の

⁑ninety [náinti ナインティ]

—名詞 (複数 **nineties** [-z])
❶ C 《冠詞をつけずに単数あつかい》**90**; 《複数あつかいで》90人, 90個; U 90歳(さい)
❷ 《*one's* **nineties** で》90歳代; 《**the nineties** で》(20世紀の)90年代

A B C D E F G H I J K L M N O P Q R S T U V W X Y Z

▸in the nineteen-**nineties**
1990年代に

——形容詞 **90の**; 90人の, 90個の; 90歳の

▸He is **ninety** years old.
彼は90歳だ.

⁑ninth [náinθ ナインす]

——名詞 (複数 **ninths** [-s])

❶ U《**the ninth** で》**第9, 9番め**; (日付の)9日(◆9th と略す)

▸on **the ninth** of May
(=on May 9) 5月9日に(◆May 9はMay (the) ninth と読む)

❷ C 9分の1

——形容詞

❶《**the ninth** で》**第9の, 9番めの**

❷ 9分の1の

nitrogen [náitrədʒən ナイトゥロヂェン]
名詞 U【化学】窒素(ちっそ)(◆元素記号はN)

NJ 【郵便】ニュージャージー州
(◆*N*ew *J*ersey の略)

NM 【郵便】ニューメキシコ州
(◆*N*ew *M*exico の略)

⁑no [nóu ノウ]

——副詞 ❶ (質問に答えて)**いいえ**, いや, だめだ; (否定の質問に答えて)はい (対義語 yes はい); 《間投詞的に用いて》まさか(◆驚(おどろ)き, 非難, 不信を表す)

> **ダイアログ**
> *A:* Do you know Mr. Brown?
> ブラウンさんとお知り合いですか?
> *B:* **No**, I don't. いいえ, 知りません.

> **ルール Noでも「はい」**
> 質問が肯定(こうてい)文でも否定文でも, 答えの内容が否定ならNoを使います.
> ➡ **yes** ルール
>
> **ダイアログ**
> *A:* Don't you like dogs?
> イヌは好きじゃないんですか?
> *B:* **No**, I don't.
> はい, 好きじゃないです.

▸Oh, **no**! I missed the bus.
まさか! バスに乗りそこなうなんて.

❷《比較級の前に用いて》少しも…ない

▸The kitten was **no bigger** than my hand. その子ネコはわたしの手の大きさと同じくらいだった. (◆「わたしの手より少しも大きくない」の意味から)

no lónger ... もはや…ない ➡ **long**[1]

no móre もうこれ以上…ない ➡ **more**

——形容詞 ❶ **1つ[1人]も…ない**, 少しも…ない ➡ ルール

▸They have **no** food.
彼らには食料が全くない.
(= They don't have any food.)

▸**No** people live on the island.
だれもその島に住んでいない.

> **ルール noの使い方**
> **1** 数えられる名詞にも, 数えられない名詞にも使います.
> ▸I have **no DVDs**.
> わたしはDVDを1枚も持っていない.
> ▸I have **no money** with me.
> わたしは(今,)お金を少しも持っていない.
> **2** 数えられる名詞と使う場合, 名詞はふつう1つしかないものは単数形に, 複数あるものは複数形にします.
> ▸The party has **no leader**.
> その党にはリーダーがいない.
> ▸I have **no sisters**.
> わたしには姉[妹]がいない.
> **3** 文頭にあるno以外は, not any に言い換(か)えることができます.
> ▸I have **no** money with me.
> = I do**n't** have **any** money with me.

❷ **決して…ではない**, …どころではない

▸He is **no** poet.
彼は詩人なんかじゃない.

❸《掲示で》…してはいけない, …禁止

▸**No** Smoking 禁煙(きんえん)

There is nó ...ing
…することはできない ➡ **there**

——名詞 (複数 **nos** または **noes** [-z])
C U「いいえ」ということば[返事], 拒否(きょひ), 拒絶

▸She said **no** to me.
彼女はわたしにノーと言った.

▸His answer was a clear **no**.
彼の返事は明らかなノーだった.

No., no. [nʌ́mbər ナンバ] 名詞
《数字の前に用いて》第…番, 第…号, …番地(◆number を表すラテン語の略; 複数形は Nos. または nos. [nʌ́mbərz ナンバズ])

▸No. 1　第1番（◆1は one と読む）

Noah ［nóuə ノウア］ 名詞 【聖書】ノア（◆ヘブライの族長；神のお告げにより箱舟(はこぶね)を作り，家族や動物とともに大洪水(こうずい)の難を免(まぬ)れた）

Nobel ［noubél ノウベる］ 名詞 【人名】ノーベル（◆Alfred Bernhard Nobel ［ǽlfrid béərnhɑːrt- あるふレッド ベアンハート-］，1833-96；スウェーデンの化学者で，ダイナマイトを発明した；遺産でノーベル賞が設立された）

◆Nobel Prize

［nóubel práiz ノウベる プライズ］ 名詞 （複数 **Nobel Prizes** ［-iz］）

C **ノーベル賞**（◆スウェーデンの化学者ノーベルの遺言(ゆいごん)と遺産によって設けられた賞；毎年，物理学，化学，生理学・医学，文学，経済学，平和の6部門に貢献(こうけん)した人々にあたえられる）

▸win the **Nobel** Peace **Prize**
ノーベル平和賞をとる

2014年のノーベル平和賞受賞者マララ・ユスフザイ

noble ［nóubl ノウブる］ 形容詞 （比較 **nobler**；最上 **noblest**）

❶ 気高い，高潔な，りっぱな

❷ 貴族の，高貴な

▸a **noble** family　名家，貴族の家柄(いえがら)

◆nobody

［nóubədi ノウバディ］ 代名詞

《三人称単数あつかいで》**だれも…ない**（◆no one よりも口語的）

▸**Nobody** knows his address.
だれも彼の住所を知らない．

▸**Nobody** is perfect.
完ぺきな人などいない．

▸There was **nobody** in the house.
その家にはだれもいなかった．

nod ［nɑ́d ナッド］ 動詞 （三単現 **nods** ［nɑ́dz ナッヅ］；過去・過分 **nodded** ［-id］；現分 **nodding**） 自

❶（あいさつ・同意などを表して）うなずく，会釈(えしゃく)する

▸Ann **nodded** with a smile.
アンは笑顔でうなずいた．

❷（居眠(いねむ)りをして）こっくりする

── 名詞 C 《ふつう単数形で》うなずき；会釈

◆noise

［nɔ́iz ノイズ］ 名詞 （複数 **noises** ［-iz］）

C U （不快な）**音，騒音**(そうおん)，物音；
U （ラジオなどの）雑音，ノイズ
（◆快不快に関係なく，一般的に「音」は sound）

▸a loud **noise**　大きな騒音

▸Don't make so much **noise**.
そんなに騒(さわ)がしい音を立てるな．

◆noisy

［nɔ́izi ノイズィ］ 形容詞 （比較 **noisier**；最上 **noisiest**）

騒(さわ)**がしい**，やかましい，うるさい
（対義語 quiet 静かな）

▸**noisy** children　騒がしい子供たち

▸The classroom was too **noisy**.
教室はとても騒がしかった．

non- 接頭辞 名詞・形容詞について「否定」や「反対」などの意味の語をつくる：non- ＋ fiction（小説；作り話）→ nonfiction（ノンフィクション）

◆none

［nʌ́n ナン］（★発音に注意）

代名詞 《ふつう **none of ...** で》
…のだれも［どれも］～ない

▸**None of** these children speak Japanese.　この子供たちはだれも日本語を話さない．

ダイアログ

A: Do you have any brothers?
兄弟はいますか？

B: No, I have **none**.
いいえ，いません．

ルール none of ... の使い方

1「none of ＋名詞の複数形」はふつう複数あつかいにします．

▸**None of** us were late.
わたしたちはだれも遅刻(ちこく)しなかった．

2「none of ＋数えられない名詞」は単数あつかいにします．

▸**None of** the food was left.
食べ物は何も残っていなかった．

(*That's*) ***nóne of your búsiness.***
きみには関係ない, 余計なお世話だ.

nonfiction [nὰnfíkʃn ナンふィクシャン]
名詞 U ノンフィクション(◆伝記・随筆(ずいひつ)など, 事実に基(もと)づいて書かれた作品; 対義語 fiction 小説; 作り話)

nonsense [nánsens ナンセンス] 名詞
U《(英)または **a nonsense** で》
無意味なことば[行い], ばかげたこと, ナンセンス
▸talk **nonsense** ばかなことを言う
—間投詞 ばかな, まさか, くだらない

nonstop [nὰnstáp ナンスタップ] 形容詞
《名詞の前に用いて》途中(とちゅう)で止まらない, 直行の, ノンストップの

non-violence [nɑnváiələns ナンヴァイオれンス] 名詞 U 非暴力

non-violent [nɑnváiələnt ナンヴァイオれント] 形容詞 非暴力の

noodle [núːdl ヌードゥる] 名詞
C《ふつう **noodles** で》ヌードル, めん

:noon [núːn ヌーン] 名詞
U **正午**, **真昼**(同義語 midday)
➡ **day** 図
▸at **noon** 正午に
▸It's **noon**. 12時[正午]です.

·nor [nɔ́ːr ノーア;(弱く言うとき) nər ノ]
接続詞 ❶《**neither ... nor 〜**で》
…でも〜でもない, …も〜も(…し)ない
(◆「...」と「〜」は常に同じ品詞の語(句))
▸I like **neither** summer **nor** winter.
わたしは夏も冬も好きではない.
▸**Neither** Ken **nor** I am a student of this school.
ケンもわたしもこの学校の生徒ではありません.(◆動詞の人称・数は nor のあとの主語に一致(いっち)させる)
❷《否定文のあとで **nor** +(**助**)**動詞**+**主語**で》**…もまた〜ない**
▸I could**n't** see the star, **nor** could he. わたしにはその星が見えなかったし, 彼にも見えなかった.

ダイアログ
A: I do**n't** like P.E.
体育は好きじゃないんだ.
B: **Nor** do I. わたしも.
(= Neither do I. / I don't, either.)

normal [nɔ́ːrml ノームる] 形容詞
ふつうの, 通常の; 正常な
(対義語 abnormal 異常な)

·north [nɔ́ːrθ ノーす]
—名詞
❶《ふつう **the north** で》**北**, 北方, 北部
(◆ N, N. と略す; 対義語 south 南)
➡ **direction** 図, **east** 参考
▸A cold wind was blowing from **the north**.
冷たい風が北から吹(ふ)いていた.
▸The village is in **the north** of France.
その村はフランスの北部にある.
❷《**the North** で》(米)アメリカ北部; (英)イングランド北部地方
—形容詞《名詞の前に用いて》**北の**, 北部の; 北向きの; (風が)北からの
▸a **north** wind 北風
—副詞 **北へ**, 北に
▸Swans are going back **north**.
白鳥が北に帰ろうとしている.

North America [nɔ́ːrθ əmérikə ノーす アメリカ] 名詞 北アメリカ, 北米

North Carolina [nɔ́ːrθ kæ̀rəláinə ノーす キャロらイナ] 名詞
ノースカロライナ州(◆アメリカ東部の州; N.C. または【郵便】で NC と略す)

North Dakota [nɔ́ːrθ dəkóutə ノーすダコウタ] 名詞 ノースダコタ州
(◆アメリカ北部の州; N.D., N. Dak. または【郵便】で ND と略す)

northeast [nɔ̀ːrθíːst ノーすイースト]
名詞 ❶《**the northeast** で》北東(◆ NE, N.E. と略す); 北東部 ➡ **direction** 図
❷《**the Northeast** で》アメリカ北東部
(◆ニューイングランド州など)
—形容詞 北東の; (風が)北東からの
—副詞 北東へ

northeastern [nɔ̀ːrθíːstərn ノーすイースタン] 形容詞 北東の; (風が)北東からの

northern [nɔ́ːrðərn ノーざン] 形容詞
❶ 北の, 北部の; (風が)北からの
(対義語 southern 南の)
▸**Northern** Europe 北欧(ほくおう)
❷《しばしば **Northern** で》
(米)(アメリカの)北部の

Northern Ireland [nɔ́ːrðərn áiərlənd ノーざン アイアランド] 名詞
北アイルランド

(♦イギリスに属するアイルランド島北東部地方) ➡ England 図, 参考

northern lights [nɔ́ːrðərn láits ノーザン らイツ] 名詞《the northern lights で》(北半球に現れる)オーロラ ➡ aurora

North Pole [nɔ́ːrθ póul ノーす ポウる] 名詞《the North Pole で》北極, 北極点 (対義語 the South Pole 南極)

North Star [nɔ́ːrθ stáːr ノーす スター] 名詞《the North Star で》【天文】北極星 (= the Polestar, the polar star)

northward [nɔ́ːrθwərd ノーすワド] 形容詞 北方(へ)の, 北向きの
—副詞 北へ[に]

northwards [nɔ́ːrθwərdz ノーすワヅ] 副詞《主に英》= northward(北へ)

northwest [nɔ̀ːrθwést ノーすウェスト] 名詞 ❶《the northwest で》北西 (♦ NW, N.W. と略す); 北西部 ➡ direction 図
❷《the Northwest で》アメリカ北西部 (♦ワシントン州, オレゴン州, アイダホ州の 3 州)
—形容詞 北西の; (風が)北西からの
—副詞 北西へ

northwestern [nɔ̀ːrθwéstərn ノーすウェスタン] 形容詞 北西の; (風が)北西からの

Norway [nɔ́ːrwei ノーウェイ] 名詞 ノルウェー(♦北ヨーロッパの国; 首都はオスロ Oslo)

Norwegian [nɔːrwíːdʒən ノーウィーチャン] 形容詞 ノルウェー(人, 語)の
—名詞 C ノルウェー人; U ノルウェー語

⁑nose [nóuz ノウズ] 名詞 (複数 **noses** [-iz])
C 鼻;《a nose で》嗅覚(きゅうかく) ➡ head 図
▸a big [long] **nose**
高い鼻
▸a small [short] **nose**
低い鼻(♦鼻の高低には high や low を使わない)
▸blow *one's* **nose**
鼻をかむ
▸Your **nose** is bleeding.
鼻血が出ているよ.

⁑not [nát ナット] 副詞
❶《文全体を否定して》
…でない, …しない ➡ ルール
▸I am [I'm] **not** busy now.
わたしは今, 忙(いそが)しくありません.
▸He is [He's] **not** from Canada.
(=He is**n't** from Canada.)
彼はカナダの出身ではない.
▸I do **not** [do**n't**] like cats.
わたしはネコが好きではない.
▸She will **not** [**won't**] come.
彼女は来ないでしょう.

> ダイアログ
> *A:* Is that a park?
> あれは公園ですか?
> *B:* No, it's **not**. (=No, it is**n't**.)
> It's a zoo.
> いいえ, ちがいます. 動物園です.

▸Do**n't** be late.
遅(おく)れないでね. (♦否定の命令文では be 動詞にも Don't を用いる)

> **ルール not の短縮形**
> **1**「be 動詞+ not」「do [does, did] + not」「助動詞+ not」は, しばしば次のように短縮されます. ただし, am not は短縮形がないので, **I'm not** になります.
>
> | | |
> |---|---|
> | are not | → **aren't** |
> | was not | → **wasn't** |
> | does not | → **doesn't** |
> | did not | → **didn't** |
> | cannot | → **can't** |
> | could not | → **couldn't** |
> | will not | → **won't** |
> | would not | → **wouldn't** |
> | should not | → **shouldn't** |
> | must not | → **mustn't** |
>
> **2** be 動詞のある否定文では, 次の 2 通りの短縮形のつくり方があります.
> a) **That's not** my pen.
> b) That **isn't** my pen.
> それはわたしのペンではありません.
> 《口語》では, a)のほうをよく用います.

❷《語句を否定して》**…ではなく**
(♦ふつう否定する語句の直前に置く)
▸He's John, **not** Jack.
彼はジョンよ, ジャックじゃないわ.

> ダイアログ
> *A:* Who broke my cup?
> だれがわたしのカップを割ったの?
> *B:* Tom did. **Not** me.
> トムだよ. ぼくじゃないからね.

❸《all, both, every, always などとともに用いて部分否定を表して》
必ずしも…ではない
▸**Not all** boys like soccer.
男の子がみなサッカーが好きだとはかぎらない.
▸She is **not always** in a bad mood.
彼女はいつも機嫌(きげん)が悪いわけではない.
❹《**not any** で全体を否定して》
何も[だれも]…でない
▸I do**n't** have **any** coins.
わたしはコインを全く持っていない.
(= I have no coins.)
❺《否定をふくむ文の代わりに用いて》

ダイアログ
A: Is Jenny coming?
ジェニーは来ますか?
B: Probably **not**.
おそらく来ないでしょう. (♦ She is *probably not* coming. の略)

Not at áll. どういたしまして. ➡ **all**
not ... but ~ …ではなくて~ ➡ **but**
♦***not ónly ... but*** (***also***) ***~*** …ばかりでなく~もまた
▸The bike is **not only** light **but** (**also**) strong. その自転車は軽いだけでなく, 頑丈(がんじょう)だ.
▸**Not only** you **but** (**also**) I was wrong.
あなただけでなく, わたしもまちがっていた. (♦主語に用いられるときは, 動詞の人称・数は「~」に一致(いっち)する)

♦note [nóut ノウト]

名詞		❶ **メモ, 覚え書き**
		❷ **短い手紙**
		❸ **注**
		❹ **紙幣**(しへい)
動詞	他	❶ **…を書き留める**

—名詞 (複数 **notes** [nóuts ノウツ])
❶ C **メモ, 覚え書き**; 《ふつう **notes** で》記録 (♦日本語の「ノート」は notebook)

▸I took [made] a **note** of Mary's address.
わたしはメアリーの住所をメモした.
▸take [make] **notes** in class
授業でノートをとる
❷ C (形式ばらない)**短い手紙**
▸a thank-you **note** 礼状
❸ C **注**, 注釈(ちゅうしゃく)
▸See the **notes** at the bottom of the page. ページ下の注を参照せよ.
❹ C 《英》紙幣 (♦《米》bill)
➡ **money** 参考
❺ C 【音楽】音符(おんぷ); (楽器の)音
—動詞 (三単現 **notes** [nóuts ノウツ]; 過去・過分 **noted** [-id]; 現分 **noting**) 他
❶ **…を書き留める, …のメモをとる**
▸I **noted** down the number.
わたしはその数字を書き留めた.
❷ …に注意を向ける, 気づく

♦notebook

[nóutbùk ノウトブック] 名詞
(複数 **notebooks** [-s])
C **ノート, 手帳; ノート型パソコン**
▸Write this sentence down in your **notebook**.
この文をノートに書き留めなさい.

noted [nóutid ノウテッド] 動詞

note(…を書き留める)の過去形・過去分詞
—形容詞 有名な, 著名な

♦nothing [nʌ́θiŋ ナスィング]

—代名詞《三人称単数あつかいで》
何も…ない
(♦ no + thing からできた語)
▸I know **nothing** about her.
わたしは彼女について何も知らない.
(♦ I don't know anything about her. のほうが口語的)
▸He said **nothing**.
彼は何も言わなかった.
▸**Nothing** interesting happened yesterday. 昨日はおもしろいことが何も起こらなかった. (♦ nothing を修飾(しゅうしょく)する語句はそのあとに置く)
▸There is **nothing** to do today.
今日は何もすることがない.
—名詞 (複数 **nothings** [-z])
❶ C U とるに足りない人[もの]
▸It's **nothing**. たいしたことではないよ.
❷ U 無; ゼロ

be nóthing to ... …にとって何でもない
do nóthing but ＋動詞の原形
…してばかりいる
▸Tom **does nothing but** play.
トムは遊んでばかりいる.
for nóthing ただで
have nóthing to dó with ...
…とは全く関係がない
▸He **had nothing to do with** the accident.
彼はその事故とは何の関係もなかった.

・notice [nóutis ノウティス]
──名詞 (複数 **notices** [-iz])
❶ C 掲示(けいじ), 告知, はり紙
▸put up a **notice** 掲示をはる
❷ U 注意, 注目
▸The poster drew everyone's **notice**.
そのポスターはみなの注目をひいた.
❸ U C 通知, 予告
▸Please give me **notice** in advance. 前もってお知らせください.
──動詞 (三単現 **notices** [-iz]; 過去・過分 **noticed** [-t]; 現分 **noticing**)
他 **…に気づく; …に注意する**
▸She **noticed** the sound.
彼女はその音に気づいた.

notion [nóuʃn ノウシャン] 名詞
C 考え, 意見; 概念(がいねん)

notorious [noutɔ́:riəs ノウトーリアス]
形容詞 (…で)悪名高い, (悪い意味で)有名な《for ...》
(◆「(よい意味で)有名な」は famous)

noun [náun ナウン] 名詞
C【文法】名詞(◆ n. と略す)

nourish [nə́:riʃ ナ～リッシ] 動詞 (三単現 **nourishes** [-iz]; 過去・過分 **nourished** [-t]; 現分 **nourishing**)
他 (食物・栄養分をあたえて)…を養う, 育てる

Nov. [nouvémbər ノウヴェンバ] 11月
(◆ *Nov*ember の略)

novel [návl ナヴる] 名詞 C (長編)小説
(◆「短編小説」は short story)

novelist [návəlist ナヴリスト] 名詞
C 小説家

⁑November
[nouvémbər ノウヴェンバ]
名詞 **11月**(◆ Nov. と略す)
➡ January ルール, month 参考

⁑now [náu ナウ]
──副詞 ❶ **今, 現在は; 今では**
▸What are they doing **now**?
彼らは今, 何をしているの?
▸I had a headache this morning, but **now** I'm all right.
今朝は頭痛がしましたが, もうだいじょうぶです.
❷ 今すぐ, ただちに(同義語 at once)
▸Do your homework **now**.
今すぐ宿題をしなさい.
❸ (注意をひいたり話題を変えたりするときに)**さて, ところで**, さあ
▸**Now**, let's start today's lesson.
さあ, 今日の授業を始めましょう.
❹《過去形の文で》今や, そのとき
▸The frog **was now** a handsome prince.
そのカエルは, 今や美しい王子となりました.
(***every***) ***nów and thén*** [***agáin***]
ときどき
▸I see her **every now and then**.
わたしはときどき彼女を見かける.
just nów
①《過去形の文で》たった今, 今しがた
▸I finished breakfast **just now**.
たった今朝食を済ませたところです.
②《現在時制の文で》ちょうど今
▸She's not here **just now**.
彼女は今ここにいません.
right nów 今すぐに; ちょうど今
▸I'll send the picture to you **right now**.
すぐにその写真を送りますね.
──名詞 U 今, 現在
▸**Now** is the time to tell the truth.
今こそ本当のことを言うときだ.
by nów 今ごろまでには, 今はもう
for nów 今のところは
▸Bye **for now**! じゃあね, さよなら.
from nów ón これからは, 今後は
▸I'll do my best **from now on**.
これからはベストを尽(つ)くします.
──接続詞《しばしば **now that** で》
今はもう…であるから
▸**Now** (**that**) everyone is here, let's start the game.
全員そろったので, 試合を始めよう.

nowadays [náuədèiz ナウアデイズ] 副詞 このごろは，今日(こんにち)では

⁺nowhere [nóuhwèər ノウ(ホ)ウェア] 副詞
どこにも…ない
▸I went **nowhere** last summer.
去年の夏はどこにも出かけなかった.

NPO [énpìːóu エンピーオウ] 名詞
C エヌピーオー，(民間)非営利団体
(◆ *n*on*p*rofit *o*rganization の略；民間の支援(しえん)のもとに，利益を目的としない，社会的な活動を行う組織)

nuclear [njúːkliər ニュークリア] 形容詞
核(かく)の；原子核の；原子力の
▸a **nuclear** bomb　核爆弾(ばくだん)

nuclear energy [njúːkliər énərdʒi ニュークリア エナヂィ] 名詞
U 原子力，核(かく)エネルギー

nude [njúːd ニュード] 形容詞
裸(はだか)の，全裸(ぜんら)の，ヌードの

nuisance [njúːsns ニュースンス]
(★発音に注意) 名詞
C 迷惑(めいわく)なもの[こと，人]

⁺number [nʌ́mbər ナンバ]
──名詞 (複数 **numbers** [-z])
❶ C U 数，数字；(…の)数，総数《of ...》
▸an odd [even] **number**
奇数(きすう)[偶数(ぐうすう)]
▸The **number of** houses in this village is eighty.
この村の家の戸数は 80 軒(けん)だ.
❷ C (電話・住所などの)番号，…番
(◆ No. と略す)
▸Can I have your phone **number**?
電話番号を教えてくれませんか？
❸ C (雑誌などの)号数，…号；曲目
a númber of ... 《複数あつかいで》たくさんの…(◆ large や great で意味をはっきりさせることがある)；いくつかの…
▸**A large number of** people visit the country.
たくさんの人がその国を訪(おとず)れている.
númbers of ... たくさんの…
──動詞 (三単現 **numbers** [-z]；過去・過分 **numbered** [-d]；現分 **numbering**)
他 ❶ …に番号をつける
❷ …の数に達する，総計…になる

number one [nʌ́mbər wʌ́n ナンバ ワン] 名詞 U《口語》第一人者；最上のもの

number plate [nʌ́mbər plèit ナンバ プレイト] 名詞 C《英》(自動車の)ナンバープレート(◆《米》license plate)

numeral [njúːmərəl ニューメラる] 名詞
C 数字；【文法】数詞
▸Arabic **numerals**　アラビア数字

numerous [njúːmərəs ニューメラス]
形容詞 たくさんの，多数の

nun [nʌ́n ナン] 名詞 C 修道女，尼僧(にそう)
(対義語 monk 修道士)

⁺nurse [nə́ːrs ナ～ス]
──名詞 (複数 **nurses** [-iz])
❶ C 看護師，看護人
▸a head **nurse**　主任看護師
▸the **nurse**'s office　保健室
❷ C 乳母(うば)，子守(こもり)
──動詞 (三単現 **nurses** [-iz]；
過去・過分 **nursed** [-t]；現分 **nursing**)
他 …を看護する；…に乳を飲ませる

nursery [nə́ːrsəri ナ～サリ] 名詞
(複数 **nurseries** [-z])
❶ C 育児室，子供部屋
❷ C 保育所，託児(たくじ)所

nursery rhyme [nə́ːrsəri ràim ナ～サリ ライム] 名詞 C 童謡(どうよう)，わらべ歌

nursery school [nə́ːrsəri skùːl ナ～サリ スクーる] 名詞 C U 保育園[所]

nursing [nə́ːrsiŋ ナ～スィング] 名詞
U 看護，介護(かいご)
▸a **nursing** home
(私立の)老人ホーム，老人医療施設(いりょうしせつ)

nut [nʌ́t ナット] 名詞
❶ C (クリ・クルミなど殻(から)のかたい)木の実，ナッツ
❷ C (ボルトを締(し)める)ナット，留めねじ

nutrient [njúːtriənt ニュートゥリアント]
名詞 C 栄養になるもの，栄養素

nutritious [njuːtríʃəs ニュートゥリシャス] 形容詞 栄養のある

NV 【郵便】ネバダ州(◆ *Nev*ada の略)

NY 【郵便】ニューヨーク州
(◆ *N*ew *Y*ork の略)

N.Y.C., NYC ニューヨーク市
(◆ *N*ew *Y*ork *C*ity の略)

nylon [náilɑn ナイらン] 名詞
U ナイロン；《**nylons** で》(女性用)ナイロン製ストッキング

nymph [nímf ニンふ] 名詞
C【ギリシャ・ローマ神話】ニンフ
(◆森・泉・海などにすむ少女の妖精(ようせい))

Oo

Q 「壁(かべ)に掛(か)かっている絵」は英語で何という？➡ on をひいてみよう！

O, o [óu オウ] 名詞 (複数 **O's, o's** または **Os, os** [-z]) ❶ C U オー (♦アルファベットの 15 番めの文字)
❷ C (数字の)ゼロ (♦例えば，電話番号の 2390-7503 は，two three nine o, seven five o three のようにいう)

O [óu オウ] 間投詞 おお，ああ (♦驚(おどろ)き・恐怖(きょうふ)・痛み・喜びなどを表す；ふつう oh のほうがよく用いられる)

oak [óuk オウク] 名詞 C【植物】オーク(♦カシ・ナラなどブナ科の樹木の総称(そうしょう))；U オーク材

文化 イギリスを代表するオークの大木

樹齢(じゅれい)何百年もの大木に生長するオークは，そのたくましい姿からイギリス精神を代表する木とされます．材質がかたく木目が美しいので，船材をはじめ家具や床(ゆか)材としてよく使われます．

oar [ɔ́ːr オーア] 名詞
C (ボートの)オール，かい

oasis [ouéisis オウエイスィス] (★発音に注意) 名詞
(複数 **oases** [ouéisiːz オウエイスィーズ])
C オアシス(♦砂漠(さばく)の中の緑地)；憩(いこ)いの場所

oat [óut オウト] 名詞《**oats** で単数または複数あつかい》【植物】オート麦，カラス麦，エンバク(♦飼料やオートミールの原料)

oath [óuθ オウす] 名詞
(複数 **oaths** [óuðz オウずズ])
C (神にかけての)誓(ちか)い；(法廷(ほうてい)での)宣誓(せんせい)

oatmeal [óutmìːl オウトミーる] 名詞
❶ U ひき割りオート麦
❷ U《米》オートミール
(♦シリアル(cereal)の一つ)

Obama [oubáːmə オウバーマぁ] 名詞
【人名】オバマ (♦ Barack Obama [bəráːk- バぁラク-], 1961-：黒人初のアメリカ合衆国大統領；2009 年にノーベル平和賞を受賞する)

obedience [oubíːdiəns オウビーディエンス] 名詞
U (人・命令などへの)服従；従順《to ...》

obedient [oubíːdiənt オウビーディエント] 形容詞 (…に)従順な，忠実な《to ...》
▸Liz is **obedient to** her parents.
リズは両親の言うことをよく聞く．

obey [oubéi オウベイ] 動詞 他 (命令・目上の人など)に従う，(規則など)を守る
▸The players **obeyed** their coach well. 選手たちはコーチの言うことによく従った．
―自 服従する，言うことを聞く

ˈobject (★名詞・動詞のアクセントのちがいに注意)
―名詞 [ábdʒikt アブヂェクト]
(複数 **objects** [ábdʒikts アブヂェクツ])
❶ C もの，物体
▸What's that shining **object**?
あの光っているものは何だろう？
❷ C 対象，目標；目的
▸an **object** of study 研究の対象
❸【文法】目的語
―動詞 [əbdʒékt オブヂェクト]
(三単現 **objects** [əbdʒékts オブヂェクツ]；過去・過分 **objected** [-id]；現分 **objecting**)
自 (…に)反対する，異議を唱える《to ...》
▸He **objected to** the new plan.
彼はその新しい案に反対した．

a b c d e f g h i j k l m n o p q r s t u v w x y z

A B C D E F G H I J K L M N O P Q R S T U V W X Y Z

objection [əbdʒékʃn オブヂェクシャン]
名詞 U C (…に対する)反対, 異議;
C 反対理由《to [against] ...》
▸I have no **objection to** your plan.
あなたの計画に異議はありません.

objective [əbdʒéktiv オブヂェクティヴ]
形容詞 ❶ 客観的な
(対義語 subjective 主観的な)
❷【文法】目的格の
——名詞 C 目標, 目的

oblige [əbláidʒ オブらイヂ] 動詞 (三単現 **obliges** [-iz]; 過去・過分 **obliged** [-d]; 現分 **obliging**)
他 (人)にやむをえず…させる;
《**be obliged to** ＋動詞の原形で》
…せざるをえない
▸I **was obliged to** agree with him. 彼に同意せざるをえなかった.

oboe [óubou オウボウ] (★発音に注意)
名詞 C【楽器】オーボエ(♦木管楽器の一種) ➡ **musical instruments** 図

observation [àbzərvéiʃn アブザヴェイシャン] 名詞 U C 観察, 観測; 観察力

observe [əbzə́ːrv オブザ～ヴ] 動詞
(三単現 **observes** [-z]; 過去・過分 **observed** [-d]; 現分 **observing**) 他
❶ …を観察する, 観測する; …に気づく
▸**observe** stars 星を観測する
❷ (法律・規則など)を守る
▸**observe** the speed limit
速度制限を守る

observer [əbzə́ːrvər オブザ～ヴァ] 名詞
❶ C 観察者, 観測者
❷ C (会議などの)オブザーバー, 立会人

obstacle [ábstəkl アブスタクる] 名詞
C 障害(物); じゃまなもの

obstruct [əbstrʌ́kt オブストゥラクト] 動詞
他 (道など)をふさぐ; …を妨(さまた)げる

obstruction [əbstrʌ́kʃn オブストゥラクシャン] 名詞 U 障害; 妨害(ぼうがい); C 障害物

obtain [əbtéin オブテイン] 動詞
他 (努力して)…を得る; (目的)を達成する
(♦ get よりもかたい語)

obvious [ábviəs アブヴィアス] 形容詞
明らかな, 明白な
▸an **obvious** fact [lie]
明らかな事実[うそ]

obviously [ábviəsli アブヴィアスり]
副詞 明らかに

occasion [əkéiʒn オケイジャン] 名詞
C 場合, (何かが起こった)時; 機会;
(特別の)行事
▸on one **occasion** あるとき
▸miss an **occasion** 機会を逃(のが)す
▸dress up for a special **occasion**
特別な行事のために正装する

occasional [əkéiʒənl オケイジョヌる]
形容詞《ふつう名詞の前に用いて》
ときどきの, ときおりの
▸We had **occasional** rain this morning. 今朝, ときおり雨が降った.

occasionally [əkéiʒnəli オケイジョナり] 副詞 ときどき, ときおり

occupation [àkjəpéiʃn アキュペイシャン] 名詞 ❶ C 職業(♦かたい語)
➡ **巻頭カラー 英語発信辞典⑮**
▸Please write your name and **occupation** here.
ここにあなたのお名前とご職業をお書きください.
❷ U 占領(せんりょう); 占有, 居住

occupy [ákjəpài アキュパイ] 動詞
(三単現 **occupies** [-z]; 過去・過分 **occupied** [-d]; 現分 **occupying**) 他
❶ (国・場所)を占領(せんりょう)する
▸**occupy** a village 村を占領する
❷ (地位・場所など)を占(し)める; (時間)をとる(同義語 take up)
▸**Occupied**
《掲示》(公共のトイレなどで)使用中

***be óccupied with* [*in*] ...**
…に従事している; …で忙(いそが)しい
▸My father **is occupied with** his new project.
父は新プロジェクトで忙しい.

occur [əkə́ːr オカ～] 動詞 (三単現 **occurs** [-z]; 過去・過分 **occurred** [-d]; 現分 **occurring**) 自
❶ (事故などが)起こる, 発生する
(同義語 happen)
▸A train accident **occurred** at 10 a.m.
午前 10 時に列車事故が発生した.
❷ (考えなどが)(人に)浮(う)かぶ《to ...》
▸An idea **occurred to** me.
わたしにある考えが浮かんだ.

˙ocean [óuʃn オウシャン] 名詞
(複数 **oceans** [-z])
U C《ふつう **the ocean** で》**大洋**, 海洋;
U《ふつう **the ocean** で》海
➡ **sea**

参考 世界の主な大洋

the Pacific **Ocean** 太平洋
the Atlantic **Ocean** 大西洋
the Indian **Ocean** インド洋
the Arctic **Ocean** 北極洋(北極海)
the Antarctic **Ocean** 南氷洋(南極海)

⁑o'clock
[əklák オクラック] 副詞

…時(♦ of the clock を短縮した語)

▸It is eleven **o'clock** in the morning. 午前11時です.

▸the five **o'clock** train 5時発の列車

ルール o'clock の使い方

1 o'clockは「(ちょうど)…時」と言うときに用い，「…時～分」と言うときには用いません.

▸It is three ten. 3時10分です.

2 o'clockはしばしば省略されます.

▸He gets up at seven (**o'clock**). 彼は7時に起きる.

Oct. [aktóubər アクトウバ] 10月 (♦ *Oct*ober の略)

⁑October
[aktóubər アクトウバ] 名詞

10月(♦ Oct. と略す)

➡ **January** ルール, **month** 参考

octopus [áktəpəs アクトパス] 名詞

(複数 **octopuses** [-iz] または **octopi** [áktəpài アクトパイ]) C【動物】タコ

odd [ád アッド] 形容詞

(比較 **odder**; 最上 **oddest**)

❶ 変な, 奇妙(きみょう)な(同義語 strange)

▸an **odd** person 変人

❷ 奇数の(対義語 even 偶数(ぐうすう)の)

▸**odd** numbers 奇数

❸《名詞の前で用いて》(一対(いっつい)のうちの)片方の, はんぱな, 対になっていない

odor, 《英》odour [óudər オウダ] 名詞

C U (特に不快な)におい

⁑of
前置詞 ➡ p.428 **of**

⁑off
[ɔ́ːf オーふ]

副詞	❶ (位置・時間が)**はなれて, 去って**
	❷ **脱(ぬ)いで**
	❸ (電気・ガス・水道などが)**切れて**
前置詞	❶ **…からはなれて**

―副詞

❶ (位置・時間が)**はなれて, 去って**; 先に

▸Hands **Off** 《掲示》手を触(ふ)れるな

▸The exams are three days **off**. 試験まであと3日だ.

▸The station is one kilometer **off**. 駅は1キロ先だ[はなれたところにある].

❷ **脱いで** (対義語 on 身につけて)

▸He took **off** his coat. (=He took his coat **off**.) 彼はコートを脱いだ.

❸ (電気・ガス・水道などが)**切れて**, 止まって(対義語 on ついて)

▸turn **off** the TV テレビを消す

▸The air conditioner is **off** now. エアコンは今ついていません.

❹ (仕事を)休んで

▸She's **off** today. 今日, 彼女は休みです.

❺ (値段を)値引きして

▸at 30 percent **off** 30%引きで

óff and ón = ***ón and óff***

断続的に, ときどき

▸A strong wind is blowing **off and on**. 強い風が断続的に吹(ふ)いている.

―前置詞 ❶ **…からはなれて**, 外れて

▸get **off** the train 列車を降りる

▸Keep **Off** the Grass 《掲示》芝生(しばふ)内立入禁止

❷ (仕事)を休んで

▸He is **off** work with a cold. 彼は風邪(かぜ)で仕事を休んでいる.

―形容詞 はなれた; まちがった; 休みの; 暇(ひま)な; 季節外れの

▸during the **off** season シーズンオフ中に

offence [əféns オふェンス] 名詞

《英》= offense(犯罪)

offend [əfénd オふェンド] 動詞

他 (人)の感情を害する, (人)を怒(おこ)らせる

▸She was **offended** by his words. 彼女は彼のことばに怒った.

―自 罪を犯(おか)す, (法律・規則などを)破る

offense, 《英》offence [əféns オふェンス] 名詞

❶ C 犯罪; (…に対する)違反(いはん)《against ...》

❷ U (人の)感情を害すること; C 不快なもの[こと]

❸ U 攻撃(こうげき); 【スポーツ】攻撃(側)(対義語 defense 防御(ぼうぎょ))

A B C D E F G H I J K L M N O P Q R S T U V W X Y Z

⁘of 前置詞

［ʌ́v アヴ；(弱く言うとき) əv アヴ］

❶〔所属・所有〕…の
❷〔分量〕…の量の
❸〔部分〕…の中の［で］
❹〔材料・要素〕…で；…から

❶〔所属・所有〕…**の**；…の所有する，…に属する

▸the door **of** his house　彼の家のドア
▸a member **of** the tennis team　テニス部の部員
▸a friend **of** mine　わたしの友達 ➡ **friend** ルール
▸that car **of** Sally's　あそこにあるサリーの車
(♦ that Sally's car とすると，「"あのサリー"の車」の意味となる)

くらべよう of ... と ...'s

1 人や動物について「…の」と言うときは ...'s を用います．
▸my father**'s** jacket　父の上着　▸a dog**'s** tail　イヌの尾(お)
2 生物ではないものについて「…の」と言うときは，ふつう of で表します．
▸the door **of** a car　車のドア　▸the cap **of** a bottle　びんのふた
3 時などを表す名詞や慣用表現では，「…の」を ...'s で表します．
▸today**'s** paper　今日の新聞
ただし，o'clock を用いる場合には 's はつけません．
▸the three **o'clock** train　3時の列車

❷〔分量〕**…の量の**，…分の；〔種類〕…種類の

▸a cup **of** coffee　1杯(ぱい)のコーヒー
▸two pieces **of** paper　2枚の紙
▸three kinds **of** tea　3種類のお茶

❸〔部分〕**…の中の［で］**，…の

▸One **of** my friends is from China.　わたしの友達の一人は中国の出身だ．
▸I know some **of** the girls.　その女の子たちの何人かを知っています．
▸He is the tallest **of** all.　全員の中で彼がいちばん背が高い．

ルール「…の中で」は of か in か

最上級の文で「…の中でいちばん～」と言うとき，「…の中で」は of ... または in ... で表しますが，次のような使い分けをします．

a) of＋数，of＋all，of＋複数名詞
▸**of** the four　4つ［人］の中で　▸**of** all　すべての中で
▸Yurika likes tennis (the) best **of** all sports.
百合香はすべてのスポーツの中でテニスがいちばん好きだ．

b) in＋グループ名・場所などを表す単数名詞
▸**in** my family　家族の中で　▸**in** my class　クラスの中で
▸**in** Japan　日本で
▸He is the tallest student **in** the school.
彼は学校でいちばん背が高い生徒だ．

❹〔材料・要素〕**…で**(作った)；**…から**(成る)(♦材料の質が変化をしない場合に用いる；材料の質が変化する場合は from を使う ➡ **make** くらべよう)

▸a dress **of** silk　絹のドレス
▸This desk is made **of** steel.　この机はスチール製だ．

❺〔距離(きょり)・分離〕…からはなれて	❾〔主題〕…について
❻〔原因・動機〕　…のため	
❼〔起源・出所〕　…から	
❽〔同格〕　…という	

❺〔距離・分離〕…**からはなれて**, …から

▸My house is within five minutes' walk **of** the station. わたしの家は駅から歩いて5分以内です.

(♦ within を使う場合はふつう from ではなく of を用いる)

❻〔原因・動機〕…**のため**, …で

▸He died **of** a heart attack. 彼は心臓発作(ほっさ)で死んだ.

❼〔起源・出所〕…**から**, …出の

▸She comes **of** a good family. 彼女は名門の出だ.

(♦ of の代わりに from を用いることもある)

❽〔同格〕…**という**, …の

▸the city **of** Hiroshima
広島市

▸at the age **of** six
6歳(さい)のときに

▸The four **of** us are junior high school students.
わたしたち4人は中学生だ.
(♦ the をつけずに four of us とすると「わたしたちのうちの4人」の意味になる ➡ 右図)

the four of us　　four of us

❾〔主題〕…**について**

▸a story **of** a soccer player あるサッカー選手の物語

▸I heard **of** the accident. その事故については聞きました.

❿〔行為(こうい)の主体〕…が, …の, …による

▸the works **of** Shakespeare シェークスピアの作品

▸the arrival **of** the first train 始発電車の到着(とうちゃく)

⓫〔行為の対象〕…を, …の, …への

▸a fear **of** water 水をこわがること

▸a teacher **of** English 英語の先生

(♦ an English teacher ともいうが, その場合は English を強く発音しないと「イングランド人の先生」の意味になる)

▸love **of** music 音楽への愛着

⓬〔性質・特徴〕…の(性質をもった)

▸a person **of** great talent 大変な才能のある人物

▸a sister **of** sixteen 16歳の姉[妹]

⓭《**It is ... of ＋人＋ to ＋動詞の原形で**》(人)が～するのは…である

(♦ of のあとの「人」が「to ＋動詞の原形」の意味上の主語;「...」は good, kind, foolish など人の性質を表す形容詞 ➡ **for ⓭**)

▸**It's** very kind **of** you **to** come. 来てくださってありがとうございます.

⓮〔時刻〕《米》(…分)前(♦《英》to)

▸It's ten **of** five. 5時10分前です.

·offer [ɔ́:fər オーふァ]

——動詞 (三単現 **offers** [-z]; 過去・過分 **offered** [-d]; 現分 **offering**)

他 …を提供する, 申し出る, 差し出す;
《**offer** ＋人＋名詞または **offer** ＋名詞＋ **to** ＋人で》(人)に…を提供する;
《**offer to** ＋動詞の原形で》
…しようと申し出る

▸He **offered** her a ride.
(＝He **offered** a ride **to** her.)
彼は彼女に車で送っていくと申し出た.

▸I **offered to** help him.
わたしは彼を手伝おうと申し出た.

——名詞 (複数 **offers** [-z])

C 申し出, 提案

▸accept an **offer**
申し出を受け入れる

·office [ɔ́:fis オーふィス] 名詞 (複数 **offices** [-iz])

❶ C 事務所, 事務室, 会社, 営業所
➡ **company** くらべよう

▸the head **office**　本社, 本店

▸a doctor's **office**
(医者の)診察(しんさつ)室, 診療(しんりょう)所

▸go to the **office**　出勤する

▸an **office** worker
(事務職の)サラリーマン, 会社員

▸**office** hours
(会社などの)業務時間

❷ C 役所, 官庁;《ふつう **Office** で》
《英》省, 《米》(省の下の)局

▸a post **office**　郵便局

officer [ɔ́:fisər オーふィサ] 名詞

❶ C (地位の高い)役人, 公務員; (団体の)役員

▸a public **officer**　公務員

❷ C 将校, 士官

❸ C 警官, (主に呼びかけで)おまわりさん(＝ police officer)
➡ **policeman** ルール

official [əfíʃl オふィシャる] 形容詞

公式の, 正式の; 公(おおやけ)の, 公務上の

▸an **official** record　公式記録

——名詞 C (地位の高い)公務員, 役人

official language [əfíʃl lǽŋgwidʒ オふィシャる らぁングウィッヂ] 名詞

C 公用語(♦国によって公式に使用が認められた言語)

officially [əfíʃəli オふィシャり] 副詞

公式に; 職務上; 公式には

:often [ɔ́:fn オーふン, ɔ́:ftn オーふトゥン] 副詞

(比較 **more often** または **oftener**; 最上 **most often** または **oftenest**)

《ふつう be 動詞・助動詞の直後か, 一般動詞の直前に置いて》
しばしば, よく, たびたび
➡ **always** 参考

▸I **often** go to the library.
わたしはよく図書館に行く.

▸He is **often** late for school.
彼はよく学校に遅刻(ちこく)する.

▸She changes her hairdo quite **often**.
彼女はしょっちゅう髪型(かみがた)を変える.

***every so ófte*n**　ときどき

◆***How ófte*n ...?**　何回…?, 何度…?
(♦ How many times ...? ともいう)

> **ダイアログ**
> *A:* **How often** do you play tennis?
> どのくらい(頻繁(ひんぱん)に)テニスをしますか?
> *B:* About three times a week.
> 週 3 回くらいです.

OH 【郵便】オハイオ州(♦ *Oh*io の略)

:oh [óu オウ] 間投詞

❶ (驚(おどろ)き・喜び・悲しみなどを表して)
まあ, あら, ああ, おや

▸**Oh**, I'm sorry.
あら, ごめんなさい; まあ, お気の毒に.

▸**Oh**, boy.　おやまあ.

❷ (返事をするときや, ことばをつなぐときに)ああ, えーと

Ohio [ouháiou オウハイオウ] 名詞

❶ オハイオ州(♦アメリカ中東部の州; O. または【郵便】で OH と略す)

❷《**the Ohio** で》オハイオ川

·oil [ɔ́il オイる]

——名詞 (複数 **oils** [-z]) U 油; 石油
(♦複数形は種類を言うときに用いる)

▸salad **oil**　サラダ油

▸an **oil** painting　油絵

——動詞 (三単現 **oils** [-z]; 過去・過分 **oiled** [-d]; 現分 **oiling**)

他 …に油を差す, 油を塗(ぬ)る

oily [ɔ́ili オイり] 形容詞

油を含んだ; 油のような

◆OK¹, O.K. [òukéi オウケイ]

—形容詞《名詞の前には用いない》
《口語》よろしい, だいじょうぶ
(◆okay ともつづる; 同義語 all right)
➡ gestures 図
▸Everything is **OK**.
すべてうまくいっています.

ダイアログ
A: I'm sorry. ごめんなさい.
B: That's **OK**. 気にしなくていいよ.

▸Is that **OK** (with you)?
(あなたは)それでいいですか?
▸Are you **OK**? だいじょうぶ?
—間投詞《口語》❶ よろしい, はい;
(相手をなだめて)わかった
❷ (話題を変えたり, 間を置いたりするときに)それでは, さて
—副詞 うまく, 順調に
—名詞 (複数 **OK's, O.K.'s** [-z])
C オーケー, 許可
—動詞 (三単現 **OK's** [-z];
過去・過分 **OK'd** [-d]; 現分 **OK'ing**)
他 …をオーケーする, …に賛成する

OK² 【郵便】オクラホマ州
(◆ *Ok*lahoma の略)

okay [òukéi オウケイ] 形容詞 間投詞 副詞
= OK(よろしい)

Oklahoma [òukləhóumə オウクらホウマ]
名詞 オクラホマ州 (◆アメリカ中南部の州; Okla. または【郵便】で OK と略す)

◆old [óuld オウるド] 形容詞

(比較 **older** または **elder**;
最上 **oldest** または **eldest**)

❶ 年をとった
❷ …歳(さい)の
❸ 年上の
❹ 古い
❺ 昔からの

❶ **年をとった**, 年老いた
(対義語 young 若い)
▸an **old** person 年寄り
▸get [become, grow] **old** 年をとる
▸He looks **old** for his age.
彼は年のわりにはふけて見える.
▸the **old** (= **old** people) 高齢(こうれい)者
❷《ふつう数を表す語のあとで》…**歳の**, (生まれて[作られて]から)…年[月]になる
▸a six-month-**old** baby (= a baby six months **old**)
生後6か月の赤ちゃん(◆ハイフンで結ばれるときには month, year などに s をつけない)

ダイアログ
A: How **old** is Tom?
トムは何歳ですか?
B: He's thirteen (years **old**).
13 歳です.

❸ **年上の**, 年長の(◆《英》では兄弟または姉妹(しまい)関係を表すときに elder や eldest を名詞の前につけて用いる)
▸He is two years **older** than I (am). 彼はわたしより2歳年上だ.
▸Paul has two **older** [《英》**elder**] sisters. ポールには姉が2人いる.
❹ **古い**(対義語 new 新しい)
▸**old** clothes 古着
▸an **old** town 古い町
❺《名詞の前に用いて》
昔からの; 古代の; 以前の
▸He is an **old** friend of mine.
彼は古くからの友人だ.
▸in the **old** days 昔は

old-fashioned [óuldfǽʃnd オウるドふぁッシャンド] 形容詞
旧式の, 流行遅(おく)れの

olive [áliv アりヴ] (★発音に注意) 名詞
C【植物】オリーブの木; オリーブの実
▸an **olive** branch オリーブの枝
(◆平和の象徴(しょうちょう); 国連の旗にもえがかれている)

Olympia [əlímpiə オリンピア] 名詞
オリンピア(◆ギリシャのペロポネソス半島にある遺跡(いせき)および平原; オリンピック発祥(はっしょう)の地)

◆Olympic Games

[əlímpik géimz オリンピック ゲイムズ] 名詞
《**the Olympic Games** で複数あつかい》**国際オリンピック競技大会**

Olympics [əlímpiks オリンピックス]
名詞《**the Olympics** で単数または複数あつかい》国際オリンピック競技大会 (= the Olympic Games)

omelet, omelette [ámlit アムレット]
名詞 C オムレツ

omit [oumít オウミット] 動詞 (三単現 **omits** [oumíts オウミッツ]; 過去・過分 **omitted** [-id]; 現分 **omitting**) 他
❶ …を省略する; …を書き落とす
❷ (…すること)を忘れる

:on 前置詞 副詞 ➡ p.434 **on**

:once [wʌ́ns ワンス]

副詞	❶ 1度
	❷ かつて
接続詞	一度…すれば

── 副詞 ❶ 1度, 1回 ➡ **time** ❻
▸We have a school festival **once** a year. 年に1回, 文化祭があります.
▸I came here **once** before.
以前に1度ここに来たことがある.
❷ かつて, 以前, 昔
▸She **once** lived in Nagoya.
彼女は以前, 名古屋に住んでいた.
▸This building was **once** a school.
この建物はかつて学校だった.

(every) ónce in a whíle
ときどき, たまに
▸I eat at that restaurant **once in a while**. わたしはときどきあのレストランで食事をする.

once agáin = ***once móre*** もう一度
▸Would you say that **once again**?
もう一度言っていただけませんか?

ónce upon a tíme
(おとぎ話などの始まりで)昔々
▸**Once upon a time**, there was a king. 昔々, 一人の王様がいました.

── 接続詞 一度…すれば
▸**Once** you meet him, you'll like him. 一度彼に会えば, 好きになるよ.

── 名詞 U 1度, 1回

áll at ónce 突然(とつぜん); まったく同時に, みないっしょに, いっせいに
▸They stood up **all at once**.
彼らはいっせいに立ち上がった.

◆***at ónce*** すぐに(同義語 right away, immediately); 同時に, いっせいに
▸Come here **at once**.
すぐにここに来なさい.

:one [wʌ́n ワン]

名詞	1
形容詞	❶ 1つの
	❷ ある…
代名詞	❶ 1つ, 1人; …なもの
	❷ 人

── 名詞 (複数 **ones** [-z])
U C《ふつう冠詞をつけずに》**1**; 1人, 1個; U 1歳(さい); 1時;《**one of** ＋複数名詞で》…の中の1つ[1人]
▸**One** and two make(s) three.
1足す2は3(1＋2＝3).
▸Only **one of** the members speaks English. メンバーのうち1人だけが英語を話す.
▸The lesson starts at **one**.
レッスンは1時に始まる.

óne by óne 1人ずつ, 1つずつ
▸Five players shot the ball **one by one**. 5人の選手が1人ずつボールをシュートした.

── 形容詞
❶ **1つの**; 1人の, 1個の; 1歳の
▸I have two daughters and **one** son. わたしには娘(むすめ)が2人と息子(むすこ)が1人いる.
▸**One** coffee, please. コーヒーを1つください. (◆店での注文では, one coffee, two coffees などという)

> くらべよう **a, an と one**
>
> **a, an**: ふつう「1つの」「1人の」と言うときに用います.
> ▸I have **a** dog.
> わたしはイヌを(1匹(ぴき))飼っている.
>
> **one**: 特に「1つの」「1人の」と, 数を強調したいときに用います.
> ▸I have **one** dog and two cats.
> わたしはイヌを1匹とネコを2匹飼っている.
>
> また, 「1つだけの…」と言うときは「only one ＋名詞」になります.
> ▸I have **only one** dog.
> わたしはイヌを1匹だけ飼っている.

❷《時を表す名詞の前に用いて》**ある…**
▸**One** morning, I went to the beach.
ある朝, わたしは海辺に行った.

◆***óne day*** ある日；いつか ➡ day

──代名詞 (複数 **ones** [-z])

❶《前に出てきた名詞の代わりとして》

1つ, 1人；…なもの ➡ it ルール 2

▸My bike is old. I want a new **one**. わたしの自転車は古い. 新しいものがほしい.(◆ one は bike の代わり)

▸Do you want a bike? That shop has a lot of good **ones**. 自転車がほしいの？ あの店にいいのがたくさんあるよ.(◆ ones は bikes の代わり)

ダイアログ

A: Which dictionary should I buy? どの辞書を買えばいいかな？

B: How about this **one**? これはどう？(◆ one は dictionary の代わり)

くらべよう **one と it**

one: 前に出てきた名詞の繰(く)り返しを避(さ)けるために使われます. ただし, 特定のものではなく,「同種類の別のもの」(複数なら ones)を表します.

▸Your watch is very nice. Where can I get **one**? あなたの時計はとてもいいですね. (同じものは)どこで買えますか？

it: すでに述べられた特定のものを指して「それ」と言うときに用います.

▸I bought a new watch. **It** was expensive. 新しい時計を買いました. それは高価でした.(◆ It は The new watch の代わり)

❷ (一般に)**人**, だれでも(◆かたい語；ふつう you, we, they を用いる)

▸**One** should do **one**'s best. 人は最善を尽(つ)くすべきだ.

❸ (いくつかのうちの)1つ(◆ the other, another と対応する)

➡ 下の成句, **other** ルール

óne after anóther

(3つ以上のものについて)次から次へと

▸She sang five songs **one after another**. 彼女は5曲の歌を次から次へと歌った.

óne after the óther

(2つのものが)代わる代わる, 交互(ごう)に

▸Mary and Sue sang **one after the other**. メアリーとスーは代わる代わる歌った.

one anóther たがいに[を]

▸We all helped **one another**. わたしたちはみなたがいに助け合った.

◆***óne ... the óther ～***

(2つのうち)**一方は…もう一方は～**

▸I bought two T-shirts. **One** is yellow, and **the other** is blue. わたしはTシャツを2枚買った. 1枚は黄色で, もう1枚は青だ.

one's [wʌ́nz ワンズ] 代名詞

(one の所有格)自分の, その人の

◆oneself [wʌnsélf ワンセるふ]

代名詞〘one の再帰代名詞〙

❶《動詞・前置詞の目的語となって》

自分自身を, 自分自身に

▸Ann made **herself** some coffee. アンは(自分自身に)コーヒーを入れた.

❷《主語または目的語の意味を強調して》

自分自身, 自ら(◆強く発音する)

▸Tom painted the house **himself**. トムは自分で家にペンキを塗(ぬ)った.

ルール **oneself の使い方**

英和辞典では, ふつう再帰代名詞の代表の形として oneself を使います. 成句や例文の中で oneself となっている場合, 主語に応じて次のように形を変えて用います. ただし, 主語が one のときは oneself を使います.

人称	数	主格	再帰代名詞
一	単数	I	**myself**
	複数	we	**ourselves**
二	単数	you	**yourself**
	複数	you	**yourselves**
三	単数	he	**himself**
		she	**herself**
		it	**itself**
	複数	they	**themselves**

◆(***all***) ***by onesélf***

① **ひとりぼっちで**(同義語 alone)

▸He lives **by himself**. 彼はひとり暮らしをしている.

② 独力で, ひとりで

▸I found the answer **(all) by myself**. わたしは(全くの)独力でその答えを見つけた.

③ ひとりでに, 自然に

▸The door opened **by itself**. そのドアはひとりでに開いた.

A B C D E F G H I J K L M N **O** P Q R S T U V W X Y Z

⁚on 前置詞 副詞

[ɑ́n アン]

前置詞 ❶〔場所〕…(の上)に[で]
❷〔日時〕…に
❸〔状態〕…している最中で

—前置詞 ❶〔場所〕…**(の上)に[で]**；(本などに)載(の)って；…の身につけて

▸get **on** a bus　バスに乗る

▸sit **on** a chair　いすにすわる

(♦ひじかけいす(armchair)などに深くすわるときには, in を用いる)

▸Your book is **on** the table.　きみの本はテーブルの上にある.

▸The painting is **on** the wall.　その絵は壁(かべ)に掛(か)かっている.

▸He had a smile **on** his face.　彼の顔には笑(え)みが浮(う)かんでいた.

▸Look at the picture **on** page one.　1ページの写真を見なさい.

▸I had no money **on** me then.　そのとき, わたしはお金を全く持ち合わせていなかった.

くらべよう on, above, over

on: 表面に接していることを表します. on the wall「壁に」, on the ceiling「天井(てんじょう)に」や on his face「彼の顔に」のように, 必ずしも「上」とはかぎりません.

above: 表面からはなれて「上のほう」にあることを表します. 必ずしも真上とはかぎりません.

over: 「真上」にあること, また表面をおおっていることを表します.

❷〔日時〕…**に** (♦特定の日時を表す) ➡ **at** 2つめの くらべよう

▸play tennis **on** Friday　金曜日にテニスをする

▸Let's meet **on** May 3 [the 3rd of May].　5月3日に会いましょう.

▸**on** the morning of the 12th　12日の午前に

(♦「午前に」は in the morning だが, 特定の日の午前には on を用いる)

❸〔状態〕…**している最中で**, …中で

▸Sarah is **on** vacation.　サラは休暇(きゅうか)中だ.

▸The building is **on** fire.　ビルが火事だ[燃えている].

▸I'm **on** my way home.　わたしは家に帰る途中(とちゅう)です.

▸Tom is **on** the phone.　トムは電話中だ.

▸The DVD is now **on** sale.　その DVD は今, 発売中だ.

❹〔近接〕…の近くに；(川など)のほとりに；(道など)に沿って

▸The hotel is **on** the lake.　そのホテルは湖のほとりにある.

▸I live **on** 3rd Avenue.　わたしは3番街に住んでいます.

▸You'll find the shop **on** your left.　その店は左手に見えるでしょう.

副詞　❶(ものの)上に[へ]
❷(洋服などを)**身につけて**
❸(動作を)**続けて**
❹(電気・水道・ガスなどが)**通じて**

❺〔理由・根拠(こんきょ)〕…で，…の理由で；…に基(もと)づいて
▸I went to Izu **on** business.　わたしは仕事で伊豆へ行った.
▸This movie is based **on** facts.　この映画は事実に基づいている.
❻〔手段〕…で，…によって
▸**on** foot　徒歩で
▸I watched the game **on** TV.　わたしはテレビでその試合を見た.
❼〔主題〕…に関して，…について(◆aboutより内容が専門的であることを表す)
▸a book **on** Japan　日本に関する本
❽〔所属〕(チームなど)の一員で，…に属して
▸Ted is **on** the rugby team.　テッドはラグビー部の一員だ.
❾〔対象〕…に対して，…に
▸make an attack **on** the enemy　敵に対して攻撃(こうげき)をかける
❿〔直後〕…するとすぐ，…と同時に(◆動作を表す名詞や動名詞とともに用いる)
▸**On** my arrival [arriving] home, I took a shower.　わたしは家に帰るとすぐシャワーを浴びた.
―副詞 ❶(ものの)**上に[へ]**
▸When the bus arrived, they got **on** in a hurry.　バスが着くと，彼らは急いで乗った.
❷(洋服などを)**身につけて**(対義語 off 脱(ぬ)いで)
▸He sometimes has his glasses **on**.　彼はときどきめがねをかけている.
▸She put her coat **on**.　彼女はコートを着た.
(=She put **on** her coat.)
▸May I try **on** these shoes?　この靴(くつ)をはいてみてもいいですか？
(=May I try these shoes **on**?)
❸(動作を)**続けて**，進行中で
▸Please go **on** with your work.　どうぞお仕事を続けてください.
▸We worked **on** for five hours.　わたしたちは5時間働き続けた.
▸What's **on** at the theater?　その映画館では何を上映しているの？
❹(電気・水道・ガスなどが)**通じて**，ついて，出て(対義語 off 切れて)
▸turn **on** the light　明かりをつける
(=turn the light **on**)
▸The water isn't **on**.　水が出ません.

◆***and só on***　…など ➡ **and**

from nów ón　これからは，今後は
▸**From now on**, I'll take care of the dog.　これからは，わたしがイヌの世話をします.

ón and óff =(米)***óff and ón***　断続的に，ときどき
▸It snowed **on and off** all day yesterday.　昨日は1日じゅう雪が降ったりやんだりした.

ón and ón　どんどん，休まずに
▸walk **on and on** till night　夜まで歩き続ける

for oneself ① 自分のために
▸She saves money **for herself**.
彼女は自分のために貯金している.
② 自分で, 独力で
▸Look that word up **for yourself**.
自分でその単語を調べなさい.

one-way [wʌ́nwéi ワンウェイ] 形容詞
❶ 一方通行の, 一方向の
▸a **one-way** street 一方通行路
❷ 《米》(切符(きっぷ)が)片道の(♦《英》single)
▸a **one-way** ticket 片道切符

onion [ʌ́njən アニョン] (★発音に注意)
名詞 C U 【植物】タマネギ

online, on-line [ɑ́nláin アンらイン]
形容詞 【コンピューター】オンラインの
(♦ネットワークに接続されている状態)
——副詞 オンラインで, インターネット上で

:only [óunli オウンり] (★発音に注意)
——形容詞 《名詞の前に用いて》
ただ1人の, ただ1つの, 唯一(ゆいいつ)の
▸I'm the **only** girl on my team.
わたしはチームでただ1人の女子だ.
▸He is an **only** child.
彼は一人っ子だ.
(♦ He is only a child. だと「彼はほんの子供にすぎない」の意味になる; この only は副詞)
——副詞 **ただ…だけ**, ほんの…にすぎない, たった, つい(同義語 just)
▸He **only** smiled.
彼はただ笑っただけだった.
▸She is **only** twelve years old.
彼女はほんの12歳(さい)だ.
▸**Only** you understand me.
あなただけがわたしのことをわかってくれる.
▸She called me **only** five minutes ago.
彼女はつい5分前に電話をくれた.

ルール **only の使い方・訳し方**

1 only はしばしば強調したい語句のすぐ前に置かれます. 強調したい語句は強く発音します.
▸**Only** Tom washed the car.
トムだけがその車を洗った.
(♦トム以外は洗っていない)
▸Tom **only** washed the car.
トムはその車を洗っただけだった.
(♦それ以外のことはしていない)
▸Tom washed **only** the car.
トムはその車だけを洗った.
(♦それ以外の車は洗っていない)

2 ただし会話では, only はふつう一般動詞の前か be 動詞・助動詞のあとに置かれ, 強調したい語句を強く発音します.
▸He **only** drinks French wine.
彼はフランスのワインしか飲まない.
▸She **only** watches action movies.
彼女はアクション映画しか見ない.

3 only は次のように肯定(こうてい)的にも否定的にも訳せます. どちらに訳すかは状況(じょうきょう)や文の前後関係によります.
▸She has **only** three DVDs.
彼女は DVD を3枚だけ持っている.
彼女は DVD を3枚しか持っていない.

have ónly to **＋動詞の原形**
…しさえすればよい ➡ **have**
♦***not ónly ... but (also)*** **～**
…ばかりでなく～もまた ➡ **not**

onto [ɑ́ntuː アントゥー, (母音(ぼいん)の前で)ɑ́ntu アントゥ, (子音の前で) ɑ́ntə アンタ] 前置詞
…の上へ[に]
(♦《英》ではふつう on to と分けて書く)
▸jump **onto** the table
テーブルの上に跳(と)び上がる

onward [ɑ́nwərd アンワド] 副詞
前方へ, 先へ(同義語 forward)
——形容詞 《名詞の前に用いて》
前方への; 前進する

onwards [ɑ́nwərdz アンワヅ] 副詞
《主に英》＝《米》onward(前方へ)

oops [úps ウップス] 間投詞
(驚(おどろ)いたり, 失敗したりしたときなどに)
おっと, うわっ, しまった

:open [óupn オウプン]

形容詞 ❶ **開いている**
❷ (店などが)**開いている**
動詞 他 ❶ **…を開ける, 開く**
❷ (会議など)**を開始する**
自 ❶ **開く**
❷ **始まる**

——形容詞
(比較 **more open** または **opener**;
最上 **most open** または **openest**)
❶ **開いている**, 開いた

(対義語 closed 閉じた)
▸an **open** door　開いているドア
▸Leave the window **open**.
その窓を開けたままにしておきなさい.
❷《名詞の前には用いない》
(店などが)**開いている**, 営業している
▸We are **open** until six.
当店は6時まで開いています.
❸《名詞の前に用いて》広々とした;
屋根のない, おおいのない
▸an **open** field　広々とした野原
❹ 公開の; 自由参加の
▸The class is **open** to the public.
その授業は一般に公開されている.
❺ (心・性格などが)あけっぴろげな, 率直(そっちょく)な; 偏見(へんけん)のない
▸an **open** smile　飾(かざ)らない笑顔(えがお)
▸She has an **open** mind.
彼女は偏見のない考えの持ち主だ.
──動詞 (三単現 **opens** [-z];
過去・過分 **opened** [-d]; 現分 **opening**)
──他 ❶ **…を開ける, 開く**
(対義語 close, shut 閉める)
▸**open** the window　窓を開ける
▸He slowly **opened** his eyes.
彼はゆっくりと目を開けた.
▸**Open** your textbook to [《英》at] page 35.
教科書の35ページを開きなさい.
❷ (会議など)**を開始する**, (商売など)を始める
▸**open** a meeting
会議を開始する
▸He is going to **open** a restaurant.
彼はレストランを始める予定だ.
──自 ❶ **開く**; (花が)咲(さ)く
▸Suddenly, the door **opened**.
突然(とつぜん), ドアが開いた.
❷ **始まる**, 開始する
▸The bank **opens** at nine.
その銀行は9時に開く.
▸A new flower shop **opened** yesterday.
昨日, 新しい花屋が開店した.

open-air [óupnéər オウプンエア] 形容詞
野外の, 戸外の(同義語 outdoor)

opener [óupnər オウプナ] 名詞
C 開ける道具; 開ける人
▸a can **opener**
《米》缶(かん)切り(♦《英》tin **opener**)

open house [óupn háus オウプン ハウス] 名詞 ❶ C 《米》授業参観; (学校・施設(しせつ)などの)一般公開日
❷ C 自宅開放パーティー(♦個人の家で開かれる気楽なパーティー)

opening [óupniŋ オウプニング] 動詞
open (…を開ける) の現在分詞・動名詞
──名詞 U 開始, 開くこと; C 初め; すき間
▸the **opening** of a new airport
新空港の開港
▸an **opening** between the walls
壁(かべ)の間のすき間
──形容詞 開始の, 最初の
▸an **opening** ceremony　開会式

openly [óupnli オウプンり] 副詞
公然と; 率直(そっちょく)に, あからさまに

opera [ápərə アペラ] 名詞
U C【音楽】
オペラ, 歌劇

operate [ápərèit アペレイト] 動詞 (三単現 **operates** [ápərèits アペレイツ]; 過去・過分 **operated** [-id]; 現分 **operating**) 自
❶ (機械・器官などが)動く, 働く
▸This machine **operates** well.
この機械はよく動く.
❷ (…を) 手術する《on ...》, (…の) 手術をする《for ...》
▸The doctor **operated on** him **for** stomach cancer.
その医師は彼に胃癌(いがん)の手術をした.
──他 (機械)を動かす, 操作する

operation [àpəréiʃn アペレイシャン]
名詞 ❶ U (機械などの)操作, 運転;
C (器官などの)働き, 作用
▸Easy **operation** is a strong point of this computer.
操作のしやすさがこのコンピューターの長所だ.
❷ C (…の)手術《on [for] ...》
▸perform an **operation**
手術を行う

operator [ápərèitər アペレイタ]
(★アクセントに注意) 名詞
C (機械を)操作する人, 運転する人,
オペレーター; (電話の)交換(こうかん)手

***opinion** [əpínjən オピニョン] 名詞

(複数 **opinions** [-z])

❶ C U (…についての)意見, 考え《of [about] ...》(同義語 view)

▸express an **opinion**
意見を言う

▸In my **opinion**, you should listen to your parents.
わたしの考えでは, あなたは両親の言うことをきくべきです.

❷ U 世論(＝public opinion)

❸《**a ... opinion** で》評価(♦「...」は high や low などの形容詞); C 判断, 見解

▸have **a** high [low] **opinion** of ...
…を高く[低く]評価する

opponent [əpóunənt オポウネント]
名詞 C (試合・議論などの)相手, 敵; (計画などに)反対する人《of ...》

opportunity [àpərtjú:nəti アパテューニティ] 名詞 (複数 **opportunities** [-z])
U C 機会, 好機(同義語 chance)

▸I had an **opportunity** to meet the singer. わたしにはその歌手に会う機会があった.

oppose [əpóuz オポウズ] 動詞
(三単現 **opposes** [-iz]; 過去・過分 **opposed** [-d]; 現分 **opposing**)
他 …に反対する, 対抗(たいこう)する

▸He **opposes** our plan.
彼はわたしたちの計画に反対している.

opposite [ápəzit アポズィット] 形容詞
(…の)向こう側の; (…と)反対側にある; (…と)反対の《to ...》

▸The bus stop is on the **opposite** side of the street.
バス停は通りの向こう側にあります.

▸go in the **opposite** direction
反対の方向に行く

—名詞 C《ふつう **the opposite** で》
正反対のもの[人]; 対義語

▸"Long" is **the opposite** of "short." 「長い」は「短い」の対義語だ.

—前置詞 …の向こう側に, …に向かい合って

▸He lives **opposite** my house.
彼はわたしの家の向かいに住んでいる.

opposition [àpəzíʃn アポズィシャン]
名詞 ❶ U (…に対する)反対, 抵抗(ていこう); (…との)対立《to ...》

❷ U《しばしば **the Opposition** で》
野党, 反対勢力

oppression [əpréʃn オプレシャン]
名詞 U C 圧迫(あっぱく), 圧制; U 重苦しさ

option [ápʃn アプシャン] 名詞 U 選択(せんたく)(の自由); C 選択肢(せんたくし)

OR 【郵便】オレゴン州(♦ *Oregon* の略)

:or [ɔ́:r オーア; (弱く言うとき)ər ア] 接続詞

❶ …かまたは～, …あるいは～
❷ すなわち
❸ そうしなければ

❶《肯定(こうてい)文・疑問文で》…**かまたは～, …あるいは～**, …や～;
《否定文で》…も～も(—ない)(♦語・句・節を結ぶ)

▸Who is taller, Jim **or** Tom?
ジムとトムの, どちらがより背が高いですか?(♦どちらかを選ばせる疑問文では, 最初(Jim)は上げ調子(↗)で, 次(Tom)は下げ調子(↘)で発音する)

▸Would you like coffee, tea, **or** cocoa?
コーヒー, 紅茶, それともココアのどれがいいですか?(♦3つ以上の中から選ばせる選択肢(せんたくし)では最後以外(coffee と tea)は上げ調子(↗)で, 最後(cocoa)は下げ調子(↘)で発音する)

▸I'll call you in a day **or** two.
一両日中にあなたに電話をします.

▸They speak Chinese **or** English in this town. この町では人々は中国語かまたは英語を話す.

▸Will you come tomorrow **or** not?
明日来るの, それとも来ないの?

▸You **or** Fred has to stay here.
あなたかフレッドのどちらかがここにいなければなりません.(♦動詞の人称は or のあとの主語に一致(いっち)させる)

▸Time goes by. We ca**n't** stop it **or** change it.
時は過ぎ去る. それを止めることも, 変えることもできない.

ルール or で結ぶもの

or で結ぶ語句は, ふつう同じ品詞や対等の句・節になります.

ダイアログ

A: Meat **or** fish? 肉にしますか, それとも魚にしますか?
B: Fish, please.
魚でお願いします.

❷《ふつう or の前にコンマをつけて》すなわち, 言い換(か)えれば
▸a mile, **or** 1,609 meters
1マイル, すなわち 1,609 メートル
❸《主に命令文のあとで》**そうしなければ,** さもないと (同義語 otherwise, 対義語 and そうすれば)
▸Get up, **or** you'll be late.
起きなさい. さもないと遅刻(ちこく)するぞ.

◆***either ... or ~***
…か~のどちらか ➡ **either** 接続詞

... or so …くらい ➡ **so**

-or 接尾辞 動詞について「…する人[もの]」という意味の名詞をつくる : act(演じる) + -or → actor(俳優)

oral [ɔ́ːrəl オーラる]
(★ aural「耳の」と発音は同じ) 形容詞
口頭の, 口述の (同義語 spoken, 対義語 written 書面の); 口の
▸an **oral** examination 口頭試験

⁑orange [ɔ́ːrindʒ オーレンヂ]

(★アクセントに注意)
—名詞 (複数 **oranges** [-iz])
❶ C【植物】**オレンジ**; オレンジの木
(◆ミカン科の常緑高木; 日本のミカンは mandarin orange または satsuma)
❷ U オレンジ色, だいだい色
—形容詞《名詞の前に用いて》
オレンジ(色)の

orbit [ɔ́ːrbit オービット] 名詞
C U【天文】(惑星(わくせい)・人工衛星などの)軌道(きどう)

orchard [ɔ́ːrtʃərd オーチャド] 名詞
C 果樹園

orchestra [ɔ́ːrkəstrə オーケストゥラ]
(★アクセントに注意) 名詞
C オーケストラ, 管弦(かんげん)楽団

orchid [ɔ́ːrkid オーキッド] 名詞
C【植物】ラン

⁎order [ɔ́ːrdər オーダ]

動詞	❶ …を命じる
	❷ …を注文する
名詞	❶ 命令
	❷ 順序; 整理; 秩序(ちつじょ)
	❸ 注文

—動詞 (三単現 **orders** [-z]; 過去・過分 **ordered** [-d]; 現分 **ordering**) 他
❶ **…を命じる,** 指示する;
《**order** +人+ **to** +動詞の原形または **order** + **that** 節で》
(人に)…するように命じる
(◆ tell や ask より強い命令を表す)
▸He **ordered** me **to** go home.
(= He **ordered that** I (should) go home.)
彼はわたしに家に帰るように命じた.
(◆ that 節で should を用いるのは主に《英》)
❷ **…を注文する;**
《**order** +もの+ **from** +店などで》
(もの)を(店など)に注文する;
《**order** +人+ものまたは **order** +もの+ **for** +人で》
(人)のために(もの)を注文する
▸I **ordered** the book **from** the bookstore.
わたしはその本を書店に注文した.
▸I **ordered** a coffee **for** her.
(=I **ordered** her a coffee.)
わたしは彼女(のため)にコーヒーを注文した. (◆文末の語句が強調される; 前者は「だれのために」, 後者は「何を」に重点が置かれる)
—名詞 (複数 **orders** [-z])
❶ C《しばしば **orders** で》**命令, 指図(さしず)**
▸give an **order** 命令する
❷ U C **順序, 順番;** U **整理; 秩序, 規律**
▸in alphabetical **order**
アルファベット順に
▸Keep your room in **order**.
部屋をきちんとしておきなさい.
(◆ in order は「秩序よく, 整然と」の意味)
❸ C **注文;** 注文品
▸May I take your **order**?
ご注文をおうかがいしましょうか?

in order to **+動詞の原形**
…するために, …しようと
▸I studied hard **in order to** pass the exam.
試験に合格するために, わたしは一生懸命(けんめい)勉強した.

out of órder
(機械などが)故障して; 順序が狂(くる)って
▸The elevator is **out of order**.
エレベーターが故障している.

ordinary [ɔ́ːrdənèri オーディネリ] 形容詞
ふつうの(同義語 common); ありふれた (対義語 extraordinary 並外れた)
▸**ordinary** people ふつうの人々

Oregon [ɔ́ːrigən オーレガン] 名詞
オレゴン州(◆アメリカ北西部の州; Ore., Oreg. または【郵便】で OR と略す)

organ [ɔ́ːrgən オーガン] (★発音に注意)
名詞 ❶ C【楽器】パイプオルガン (= pipe organ); オルガン
▸an electronic **organ** 電子オルガン
❷ C (生物の)器官, 臓器
❸ C (公的な)機関, 組織

organic [ɔːrgǽnik オーギぁニック] (★アクセントに注意) 形容詞
有機(体)の, 生物の; 有機栽培(さいばい)による

organization, 《英》organisation [ɔ̀ːrgənəzéiʃn オーガニゼイシャン] 名詞
❶ C 団体, 協会
❷ U 組織, 構造; 組織化

organize, 《英》organise [ɔ́ːrgənàiz オーガナイズ] 動詞
(三単現 **organizes** [-iz]; 過去・過分 **organized** [-d]; 現分 **organizing**)
他 (団体)を組織[結成]する; (行動・行事など)を準備する
▸They **organized** a tennis club.
彼らはテニス同好会を結成した.

organizer [ɔ́ːrgənàizər オーガナイザ] 名詞 C 組織者; (会などの)幹事

Orient [ɔ́ːriənt オーリエント] 名詞
《**the Orient** で》東洋; アジア

Oriental [ɔ̀ːriéntl オーリエントゥる] 形容詞 東洋の, 東洋風の

orientation [ɔ̀ːriəntéiʃn オーリエンテイシャン] 名詞 ❶ C U 興味, 方針
❷ U (新しい環境(かんきょう)などへの)適応
❸ U オリエンテーション(◆新入生・新入社員などが環境に慣れるように行う指導)

orienteering [ɔ̀ːriəntíəriŋ オーリエンティアリング] 名詞 U オリエンテーリング (◆地図と磁石をたよりに決められたコースを通り, 時間を競(きそ)う競技)

origin [ɔ́ːridʒin オーリヂン] 名詞
C U 起源, 始まり, 由来;
U 《しばしば **origins** で》生まれ
▸the **origin** of life 生命の起源

original [ərídʒənl オリヂヌる] 形容詞
❶《名詞の前に用いて》最初の, もとの
▸the **original** plan 最初の計画
❷ 独創的な, 独自の
▸Her idea is very **original**.
彼女のアイディアはとても独創的だ.
—名詞
C (複製などに対する)原物, 原作, 原文

originality [ərìdʒənǽləti オリヂナぁりティ] 名詞
U 独創性, 創造力; 斬新(ざんしん)さ, 目新しさ

originally [ərídʒənəli オリヂナり] 副詞
❶ もとは, 初めは
❷ 独創的に

Orion [əráiən オライオン] 名詞
❶【ギリシャ神話】オリオン (◆狩(か)りを得意とした巨人(きょじん))
❷【天文】オリオン座

ornament [ɔ́ːrnəmənt オーナメント] 名詞 U 装飾(そうしょく); C 装飾品, 装身具

orphan [ɔ́ːrfn オーふン] 名詞 C 孤児(こじ) (◆両親または片親を失った子供)

orthodox [ɔ́ːrθədɑ̀ks オーそダックス] 形容詞 ❶ 正統な, 正しいと認められた
❷ (宗教上)正統派の

ostrich [ɑ́stritʃ アストゥリッチ] 名詞
(複数 **ostriches** [-iz] または **ostrich**)
C【鳥類】ダチョウ

Othello [əθélou オせろウ] 名詞 オセロ (◆シェークスピア(Shakespeare)が書いた四大悲劇の一つ; またその主人公の名) ➡ **Shakespeare** 文化

:other 形容詞 代名詞
➡ p.442 **other**

otherwise [ʌ́ðərwàiz アざワイズ] 副詞
❶ もしそうでなければ, そうしないと (同義語 or)
▸Hurry up, **otherwise** you'll miss the bus. 急いで, さもないとバスに乗り遅(おく)れるよ.
❷ 別のやり方で, ちがうふうに
▸They think **otherwise**.
彼らはちがうふうに考えている.
❸ そのほかの点では
▸The movie was a little long, but **otherwise** it was good.
その映画は少し長かったが, そのほかの点ではよかった.

Ottawa [ɑ́təwə アタワ] 名詞
オタワ(◆カナダの首都)

ouch [áutʃ アウチ] 間投詞 (突然(とつぜん)の痛みに発することば)痛いっ, 熱い
➡ **sound** 図

ought [ɔ́ːt オート] (★発音に注意)
助動詞 ❶《**ought to** +**動詞の原形**で》
…すべきである; …したほうがいい
(◆ should より意味が強い)

▸You **ought to** follow the school rules. あなたは校則に従うべきです.

❷《**ought to** ＋**動詞の原形で**》
(当然)…するはずだ

▸She **ought to** be home by now.
彼女はもう(今ごろは)家にいるはずだ.

ounce [áuns アウンス] (★発音に注意)
名詞 C (重さの単位の)オンス(♦1オンスは16分の1ポンドで, 約28.35グラム; oz. と略す)

:our [áuər アウア] 代名詞
〘人称代名詞の一人称複数 we の所有格〙
わたしたちの, われわれの ➡ **we** 参考

▸**our** house わたしたちの家

:ours [áuərz アウアズ] 代名詞 〘人称代名詞の一人称複数 we の所有代名詞〙
わたしたちのもの ➡ **we** 参考

▸These textbooks are **ours**.
これらの教科書はわたしたちのものだ.

▸Their uniform is red, and **ours** is blue. 彼らのユニフォームは赤く, わたしたちのものは青い.
(♦ ours = our uniform)

▸a friend of **ours** わたしたちの友達

·ourselves [auərsélvz アウアセるヴズ] 代名詞 〘人称代名詞の一人称複数 we の再帰代名詞〙

❶《動詞・前置詞の目的語となって》
わたしたち自身を, わたしたち自身に
➡ **we** 参考

▸We enjoyed **ourselves** at the party.
わたしたちはパーティーを楽しんだ.

❷《we または us の意味を強調して》
わたしたち自身; 自ら(♦強く発音する)

▸We made this plan **ourselves**.
わたしたち自身でこの計画を立てた.

(all) by oursélves
自分たちだけで; 独力で ➡ **oneself**

for oursélves
自分たちのために; 独力で ➡ **oneself**

:out [áut アウト] 副詞

> ❶〘運動・方向〙**外へ**; **外出して**
> ❷(燃料・品物などが)**なくなって**;
> (火・照明などが)**消えて**

❶〘運動・方向〙**外へ**, 外に; **外出して**, 不在で(対義語 in 中へ; 在宅して)

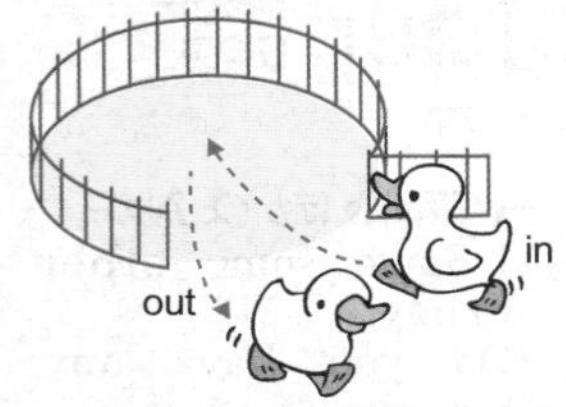

▸go **out** for a walk 散歩に出かける

▸Let's eat **out** tonight.
今晩は外食しよう.

▸Tom is **out** now.
トムは今, 外出中です.

❷(燃料・品物などが)**なくなって**, 品切れで; (火・照明などが)**消えて**;
(期間などが)終わって

▸The tickets are sold **out**.
チケットは売り切れです.

▸Time is running **out**.
時間がなくなってきた.

❸(外に)現れて; (月・星などが)出て;
(花が)咲(さ)いて; (本などが)出版されて

▸The roses will be **out** in a week.
バラの花は1週間で咲くだろう.

❹すっかり, 徹底(てってい)的に, 最後まで

▸The cake dried **out** in the fridge.
冷蔵庫の中でケーキがすっかり乾(かわ)いてしまった.

❺はっきりと, 大声で

▸He shouted **out** for help.
彼は助けを求めて大声で叫(さけ)んだ.

❻(提案などが)不可能で, 問題外で

❼【野球】アウトになって

·out of ... ①…**から**, …から外へ
(対義語 into …の中へ)

▸Please get **out of** the car.
車から降りてください.

②(いくつかあるもの)**の中から**

▸Four **out of** the five members are girls. 5人の会員のうち4人は女子だ.

③…を切らして, …がなくなって

▸We are **out of** sugar.
砂糖を切らしている.

outcome [áutkʌ̀m アウトカム] 名詞
C 結果, 成果(同義語 result)

outdoor [áutdɔ̀ːr アウトドーア] 形容詞
《名詞の前に用いて》屋外の, 野外の;
野外活動を好む(対義語 indoor 屋内の)

▸**outdoor** sports 屋外スポーツ

⁑other 形容詞 代名詞

[ʌ́ðər アざ]

形容詞 ❶ ほかの，別の
❷（2つの中で）もう1つの…；（3つ以上の中で）残りすべての…

―形容詞 ❶ ほかの，別の

▸I have some **other** things to buy. わたしにはほかにいくつか買うものがあります．

▸Do you have any **other** questions? 何かほかに質問はありますか？

▸Chinese is spoken by **more** people than **any other** language. 中国語は，ほかのどの言語よりも多くの人々に話されている．

（♦比較級と any other をいっしょに用いるときは，ふつう単数名詞が続く）

❷《**the other** ＋**単数名詞**で》（2つの中で）**もう1つの…**，もう一方の…；《**the other** ＋**複数名詞**で》（3つ以上の中で）**残りすべての…**

▸I can't find **the other** sock. 靴下(くつした)のもう片方が見つからない．

▸The park is on **the other** side of the street. その公園は通りの反対側にあります．

▸Jane agreed, but **the other** members didn't. ジェーンは同意したが，残りのメンバーは同意しなかった．

▸Two of his movies are interesting, but **the other** three are not. 彼の映画は2本はおもしろいが，残り3本はおもしろくない．

every óther day 1日おきに

▸She goes to the gym **every other day**. 彼女は1日おきにジムに行く．

on the óther hand 他方では（♦ふつう on (the) one hand「一方では」と対(つい)で用いる）

▸**On one hand**, people waste so much food daily; **on the other hand**, many people don't get enough food. 一方では，人々は毎日大量の食べ物を無駄(むだ)にしている．他方では，たくさんの人々が十分に食べ物を得られないでいる．

óther than ... …以外の[に，は]（♦主に否定文で用いる）

▸I met **no** one **other than** Mark today. 今日はマーク以外にはだれとも会わなかった．

♦***the other dáy*** 先日 ➡ day

―代名詞（複数 **others** [-z]）

❶《しばしば **others** で》**別の人[もの]**，ほかの人[もの]；《**others** で》**他人**

▸This sweater is too large for me. Will you show me some **others**? このセーターはわたしには大き過ぎます．ほかのものを見せてくれませんか？

▸He is like no **other**. 彼はほかのだれともちがう．

▸Be kind to **others**. 他人には親切にしなさい．

❷《**some ... others** ～で》…（する）ものもあれば～（する）ものもある

▸**Some** like tea, **others** like coffee. 紅茶が好きな人もいれば，コーヒーが好きな人もいる．

代名詞 ❶ 別の人[もの];他人
❸ (2人[2つ]の中で)もう一方の人[もの];
(3人[3つ]以上の中で)残りすべての人[もの]

❸《**the other** で》(2人[2つ]の中で)**もう一方の人[もの]**;
《**the others** で》(3人[3つ]以上の中で)**残りすべての人[もの]**

▸I have two brothers. One is in Tokyo, and **the other** is in Osaka. わたしには兄が2人いる. 1人は東京にいて, もう1人は大阪にいる.

▸Tom and I went home, but **the others** stayed. トムとぼくは家に帰ったが, ほかの人たちは全員残った.

◆***each óther*** たがい(に[を])

▸Jack and Jill looked at **each other**. ジャックとジルはたがいに見つめ合った.

óne after the óther (2つのものが)代わる代わる, 交互(こうご)に ➡ **one**

◆***óne ... the óther ～*** (2つのうち)**一方は…もう一方は～** ➡ **one**

ルール one, some と the other, (the) others の関係

1 「the other(+単数名詞)」
→2つのうちの, 残りの一方を表します.

▸I have two dogs. **One** is white, and **the other** is black.
わたしは2匹(ひき)のイヌを飼っている. 1匹(ぴき)は白く, もう1匹は黒い.

2 「the others」または「the other +複数名詞」
→3つ以上の特定の数のうちの, 残りのすべてを表します.

▸There are three children. **One** is a boy, and **the others** are girls.
子供が3人いる. 1人は男の子で, ほかは女の子だ.

▸There were ten cookies. Ken ate **some**, and Aya ate **the others**.
クッキーが10枚あった. ケンが何枚か食べ, アヤが残り全部を食べた.

3 「others」または「other +複数名詞」→不特定多数のうちのいくつかを表します.

▸A lot of people like sports. Some play soccer, and **others** play baseball.
多くの人はスポーツが好きだ. サッカーをする人もいれば, 野球をする人もいる.

outdoors [àutdɔ́ːrz アウトドーアズ]
副詞 屋外で[へ](対義語 indoors 屋内で)
▸sleep **outdoors** 野宿する

outer [áutər アウタ] 形容詞《名詞の前に用いて》外の, 外側の, 外部の
(対義語 inner 内側の)
▸**outer** space 宇宙(空間)

outfit [áutfit アウトふィット] 名詞
C 衣装(いしょう)(ひとそろい); 装備[用具]一式

outing [áutiŋ アウティング] 名詞
C 遠足, 遠出, ピクニック

outlet [áutlèt アウトれット] 名詞
❶ C (水・ガスなどの)出口; (感情などの)はけ口《for ...》
❷ C 直売店; アウトレット(余った在庫品を割引価格で販売(はんばい)する店)
❸ C《米》(電気の) コンセント
(◆《英》power point, socket)

outline [áutlàin アウトらイン] 名詞
❶ C 概略(がいりゃく), おおよその内容
▸an **outline** of the speech
その演説の概略
❷ C (ものの)輪郭(りんかく)《of ...》; 略図

outlook [áutlùk アウトるック] 名詞
C 見晴らし, 眺(なが)め; 《単数形で》(将来の)見通し

out-of-date [áutəvdéit アウトオヴデイト] 形容詞 時代遅(おく)れの, 旧式の
(対義語 up-to-date 最新の)

output [áutpùt アウトプット] 名詞
U《または **an output** で》
(一定期間内の)生産高; U (コンピューターなどからの)出力, アウトプット
(対義語 input 入力)

⁺outside

[àutsáid アウトサイド, áutsàid アウトサイド]
—名詞 (複数 **outsides** [àutsáidz アウトサイヅ, áutsàidz アウトサイヅ])
C《ふつう **the outside** で》**外側, 外部**; 外観, 外見(対義語 inside 内側)
▸the **outside** of a building
建物の外側
—形容詞《名詞の前に用いて》
外側の, 外部の; 戸外の
—副詞 外側で[に, へ]; 外で[に, へ]
▸I went **outside** for some fresh air.
新鮮(しんせん)な空気を吸うために外に出た.
▸It's getting dark **outside**.
外はだんだん暗くなってきた.
—前置詞 …の外側で[に, へ]
▸**outside** the room 部屋の外で[に]

outstanding [àutstǽndiŋ アウトスタぁンディング] 形容詞 目立つ; 抜群(ばつぐん)の

outward [áutwərd アウトワド] 形容詞
《名詞の前に用いて》外部の, 外側(へ)の
(対義語 inward 内部の)
—副詞 外部へ[に], 外側へ[に]

outwards [áutwərdz アウトワヅ] 副詞
《英》= outward(外部へ)

oval [óuvl オウヴる] 形容詞
卵形の; 楕円(だえん)形の
—名詞 C 卵形(のもの), 楕円形(のもの)

oven [ʌ́vn アヴン] (★発音に注意) 名詞
C オーブン, 天火(てんぴ)

⁑over [óuvər オウヴァ]

前置詞	❶〔位置〕**…の上に**
	❷ **…(の上)をおおって**
	❸〔動作〕**…を越(こ)えて**
	❹〔数量〕**…より多く**
副詞	❶ **上方に**
	❷ **一面に**
	❸ **終わって**

—前置詞
❶〔位置〕**…の上に**, 真上に
(対義語 under …の下に) ➡ **on** くらべよう
▸A bird was flying **over** me.
鳥がわたしの頭上を飛んでいた.
❷ …(の上)**をおおって**; …のいたるところに, 一面に
▸She put a cloth **over** the table.
彼女はテーブルに布を掛(か)けた.
❸〔動作〕…**を越えて**, …の向こう側に
➡ **across** くらべよう
▸The horse jumped **over** the bar.
その馬はバーを跳(と)び越えた.
❹〔数量〕…**より多く**, …を超(こ)えて
(同義語 more than, 対義語 under …未満で)
▸This watch costs **over** ten thousand yen.
この時計は1万円以上する.
(◆ over ten は厳密には「10」をふくまない; 10をふくめるときは ten and [or] over という ➡ 副詞 ❻)
❺〔時間〕…の間じゅう, …が終わるまで
▸I stayed on the island **over** the weekend.
週末はずっとその島で過ごした.
❻ …しながら

▸We made our travel plan **over** lunch. わたしたちは昼食をとりながら旅行の計画を立てた.

❼〔主題〕…について, …に関して (同義語 about)

▸talk **over** school uniforms 学校の制服について話し合う

❽〔手段〕(電話など)で(同義語 on)

▸Let's talk about it **over** the phone. それについては電話で話しましょう.

◆***áll over*** …のいたるところに, …の一面に

▸**all over** the world 世界じゅうに

—副詞 ❶ **上方に**; 真上に

▸A plane is flying **over**. 飛行機が頭上を飛んでいる.

❷ **一面に**, いたるところに

▸The ground is covered **over** with snow. 地面は一面雪でおおわれている.

❸ **終わって**, 済んで

▸The lesson was **over** at four. レッスンは4時に終わった.

❹ 向こうへ, あちらへ, こちらへ

▸Ms. Brown went **over** to France. ブラウンさんはフランスへ渡(わた)った.

▸Bring him **over** next time. 次は彼を連れて来て.

❺ 始めから終わりまで, すっかり

▸I read the book **over**. わたしはその本を一通り読んだ.

❻ (ある数量を)超えて

▸People seventy and **over** are free. 70歳(さい)以上の方は無料です.

❼ ひっくり返って

▸**Over.** 《米》(答案などで)裏面に続く. (◆《英》では *Please turn over.* の略 PTO または P.T.O. を使う)

❽ 繰(く)り返して; 《米》もう一度

◆***áll óver*** **いたるところに**[で], 一面に

▸Mountains are **all over** in Japan. 山は日本のいたるところにある.

(áll) óver agáin もう一度

▸Check the answers **all over again**. もう一度解答を確かめなさい.

óver and óver (agáin) 何度も, 繰り返して

over hére こちらに, こちらは

◆***over thére*** **あちらに**, 向こうに

▸Can you see a bridge **over there**? あそこに橋が見えますか?

over- 接頭辞 ❶「上に」「外側に」「…を越(こ)えて」などの意味の語をつくる: over- + head(頭)→ overhead(頭上に)

❷「過度の」「…過ぎる」などの意味の語をつくる: over- + work(働く)→ overwork(働き過ぎる)

overall [óuvərɔ̀ːl オウヴァオーる] 名詞

❶《**overalls** で》《米》オーバーオール (◆胸当てつきの作業ズボン)

❷ C 《英》スモック, 上っ張り

overcame [òuvərkéim オウヴァケイム] 動詞 overcome(…に打ち勝つ)の過去形

overcoat [óuvərkòut オウヴァコウト] 名詞 C オーバー, コート

overcome [òuvərkʌ́m オウヴァカム] 動詞 (三単現 **overcomes** [-z]; 過去 **overcame** [òuvərkéim オウヴァケイム]; 過分 **overcome**; 現分 **overcoming**) 他 (敵など)に打ち勝つ; (困難など)を克服(こくふく)する

overflow (★動詞・名詞のアクセントのちがいに注意) 動詞 [òuvərflóu オウヴァふろウ] 自 (水・人・ものが)あふれる; (川などが)はんらんする

—他 …からあふれ出る; …にはんらんする

—名詞 [óuvərflòu オウヴァふろウ] U C あふれ出ること; (川などの)はんらん

overhead (★副詞・形容詞のアクセントのちがいに注意) 副詞 [òuvərhéd オウヴァヘッド] 頭上に, (空)高くに; 階上に

—形容詞 [óuvərhèd オウヴァヘッド] 頭上の, 高架(こうか)の

overhear [òuvərhíər オウヴァヒア] 動詞 (三単現 **overhears** [-z]; 過去・過分 **overheard** [òuvərhə́ːrd オウヴァハ～ド]; 現分 **overhearing**) 他 …を偶然(ぐうぜん)耳にする, もれ聞く

overlook [òuvərlúk オウヴァるック] 動詞 他 ❶ (建物・場所などが)…を見下ろせる, 見渡(みわた)せる

❷ …を見落とす, 見過ごす

❸ …を大目に見る

overnight (★副詞・形容詞のアクセントのちがいに注意) 副詞 [òuvərnáit オウヴァナイト] ❶ 一晩(じゅう), 夜通し

❷ 一夜にして, 突然(とつぜん)

❸ 《米》前夜のうちに; 夜のうちに

—形容詞 [óuvərnàit オウヴァナイト] 《名詞の前に用いて》夜通しの, 1泊(ぱく)の

overseas [òuvərsíːz オウヴァスィーズ] 形容詞 外国への, 海外への; 海外(から)の

▸an **overseas** student

（海外からの）留学生
——副詞 外国へ[で]，海外へ[で]

oversleep [òuvərslíːp オウヴァスリープ]
動詞（三単現 **oversleeps** [-s]；過去・過分 **overslept** [òuvərslépt オウヴァスれプト]；現分 **oversleeping**）
自 寝過(ねす)ごす，寝坊(ねぼう)する

overtake [òuvərtéik オウヴァテイク]
動詞（三単現 **overtakes** [-s]；過去 **overtook** [òuvərtúk オウヴァトゥック]；過分 **overtaken** [òuvərtéikən オウヴァテイクン]；現分 **overtaking**）他
❶（人・車）に追いつく；…を追い抜(ぬ)く
❷（災難などが）…を不意に襲(おそ)う

overweight [òuvərwéit オウヴァウェイト] 形容詞 重量超過(ちょうか)の；太り過ぎの

overwork（★動詞・名詞のアクセントのちがいに注意）動詞 [òuvərwə́ːrk オウヴァワ～ク] 他 …を働かせ[使い]過ぎる
——自 働き過ぎる
——名詞 [óuvərwə̀ːrk オウヴァワ～ク]
U 過労，働き過ぎ

owe [óu オウ] 動詞（三単現 **owes** [-z]；過去・過分 **owed** [-d]；現分 **owing**）他
❶（金）を借りている；
《**owe** ＋人＋金または **owe** ＋金＋ **to** ＋人で》（人）に（金）を借りている
▸You **owe** me ten dollars.
（=You **owe** ten dollars **to** me.）
きみはぼくに 10 ドルの借りがある.
❷《**owe** ＋こと＋ **to** ＋人で》
（こと）は（人）のおかげである；
《**owe** ＋人＋義務などまたは **owe** ＋義務など＋ **to** ＋人で》
（義務など）を（人）に負っている
▸I **owe** my success **to** her.
わたしの成功は彼女のおかげだ.

owing [óuiŋ オウインg] 形容詞《**owing to ...** で》…のために，…のおかげで
（同義語 because of, due to）

owl [ául アウる]（★発音に注意）名詞
C【鳥類】フクロウ

˙own [óun オウン]
——形容詞 ❶《*one's* **own** で》
自分自身の；独自の，特有の
（◆冠詞といっしょには用いない）
▸Write down **your own** ideas.
あなた自身の考えを書きなさい.
❷《*one's* **own** で名詞的に》
自分自身のもの，自分のもの
▸This bike is **my own**.
この自転車はわたし自身のものだ.
(áll) on one's ówn
単独で；独力で；ひとりぼっちで
of one's ówn ① 自分自身の
▸I want a car **of my own**.
わたしは自分自身の車がほしい.
② それ[その人]独特の，特有の
——動詞（三単現 **owns** [-z]；過去・過分 **owned** [-d]；現分 **owning**）
他 **…を所有する**
▸My aunt **owns** this hotel. わたしのおばがこのホテルを所有している.

owner [óunər オウナ] 名詞
C 所有者，持ち主

ox [áks アックス] 名詞（複数 **oxen** [áksn アクスン]）C【動物】雄牛(おうし) ➡ **cow** 参考

oxcart [ákskàːrt アックスカート] 名詞
C 牛車(ぎっしゃ)

oxen [áksn アクスン] 名詞
ox（雄牛(おうし)）の複数形

Oxford [áksfərd アクスふォド] 名詞
❶ オックスフォード（◆イギリスの都市；オックスフォード大学の所在地）
❷ オックスフォード大学
（= Oxford University）

oxygen [áksidʒən アクスィヂャン] 名詞
U【化学】酸素（◆元素記号は O）

oyster [ɔ́istər オイスタ] 名詞
C【貝類】カキ

oz. [áuns(iz) アウンス(ィズ)]
（重さの単位の）オンス（◆ ounce(s) の略）

ozone [óuzoun オウゾウン]
（★発音に注意）名詞
U【化学】オゾン
▸the **ozone** layer オゾン層

Pp *Pp*

Q パンドラの箱を開けると？➡ Pandora's box をひいてみよう！

P, p [píː ピー] 名詞 (複数 **P's, p's** または **Ps, ps** [-z]) C U ピー
(◆アルファベットの16番めの文字)

p [píː ピー] (通貨単位の)ペニー, ペンス
(◆ *p*enny, *p*ence の略)

p. ❶ [péidʒ ペイヂ] ページ
(◆ *p*age の略; 複数形は pp.)
❷ 過去 (◆ *p*ast の略)

PA 【郵便】ペンシルベニア州
(◆ *P*ennsylvani*a* の略)

pace [péis ペイス] 名詞
❶ C 一歩, 歩幅(ほはば)
❷ U《または **a pace** で》歩調, 速度
▸walk at **a** slow **pace**
ゆっくりした歩調で歩く
keep páce (…に)遅(おく)れずについていく, (…と)同じ速さで行く《with ...》
▸I couldn't **keep pace with** him.
わたしは彼に遅れずについていけなかった.

◆Pacific [pəsífik パスィふィック]
━━ 形容詞 **太平洋の**, 太平洋岸の
(対義語 Atlantic 大西洋の)
━━ 名詞 《**the Pacific** で》**太平洋**
(= the Pacific Ocean)

Pacific Ocean [pəsífik óuʃn パスィふィック オウシャン] 名詞
《**the Pacific Ocean** で》太平洋
➡ **ocean** 参考

◆pack [pǽk パぁック]
━━ 名詞 (複数 **packs** [-s])
❶ C (人が背負ったり, 馬に積んだりする)包み, 荷物
❷ C《主に米》**1箱**; (トランプの)1組; (オオカミなどの)群れ, (悪人などの)一味
▸two **packs** of gum　ガム2箱
▸a **pack** of cards　トランプ1組
━━ 動詞 (三単現 **packs** [-s]; 過去・過分 **packed** [-t]; 現分 **packing**)
━━ 他 **…を荷造りする**; …を詰(つ)めこむ
▸**pack** a suitcase
スーツケースに詰めこむ
▸The hall was **packed** with children.
ホールは子供たちでいっぱいだった.
━━ 自 荷造りする

package [pǽkidʒ パぁケッヂ] 名詞
C 小包, 小荷物 (◆《主に英》parcel); 包装した商品

packet [pǽkit パぁケット] 名詞
C 小包, 小荷物; (手紙などの)束(たば)

pad [pǽd パぁッド] 名詞
❶ C (もの・体を保護するための)当て物, 詰(つ)め物; (服の肩(かた)につける)パッド
▸shoulder **pads**　肩パッド
❷ C (便せんなどの)ひとつづり, はぎ取り式ノート[メモ帳, 便せん]
❸ C スタンプ台
❹ C (ロケットの)発射台
(= launch [launching] pad)

paddle [pǽdl パぁドゥる] 名詞
❶ C (カヌーなどで使う短く幅広(はばひろ)の)かい, パドル
❷ C (かき混ぜるための)へら; (卓球(たっきゅう)の)ラケット
━━ 動詞 (三単現 **paddles** [-z]; 過去・過分 **paddled** [-d]; 現分 **paddling**)
自 パドルでこぐ
━━ 他 (カヌーなど)をパドルでこぐ

paddy [pǽdi パぁディ] 名詞
(複数 **paddies** [-z]) C 水田
(◆ paddy field ともいう)

◆page[1] [péidʒ ペイヂ] 名詞
(複数 **pages** [-iz])
C (本などの)**ページ**; (新聞などの)面
▸turn a **page** (over)
ページをめくる
▸Open your textbooks to [《英》at] **page** 17.
教科書の17ページを開きなさい.

A B C D E F G H I J K L M N O P Q R S T U V W X Y Z

▸Look at the pictures on **pages** four and five.
4 ページと 5 ページの写真を見なさい.

参考 page の表し方と読み方

page は p. と, pages(複数ページにわたる場合)は pp. と略します. どちらも数字の前につけて使います.

▸See **p.** 85.
85 ページ参照. (♦ p. 85 は page eighty-five と読む)

▸See chapter 5, **pp.** 85-90.
第 5 章 85 ページから 90 ページ参照.
(♦ pp. 85-90 は pages eighty-five to ninety と読む)

page² [péidʒ ペイヂ] 【動詞】
(【三単現】 **pages** [-iz]; 【過去・過分】 **paged** [-d]; 【現分】 **paging**)
㊀ (場内放送などで)…を呼び出す

pageant [pǽdʒənt パぁヂェント]
(★発音に注意) 【名詞】
Ⓒ (歴史的な出来事などをあつかった)野外劇; (時代衣装(いしょう)を身につけ, 歴史的な場面を見せる)華麗(かれい)な行列

paid [péid ペイド] 【動詞】
pay(…を払(はら)う)の過去形・過去分詞

pail [péil ペイる] 【名詞】
Ⓒ《主に米》バケツ, 手おけ
(【同義語】 bucket); 《**a pail of ...** で》バケツ 1 杯(ぱい)(の量)の…

˙pain [péin ペイン] 【名詞】

(【複数】 **pains** [-z])
❶ Ⓤ Ⓒ (鋭(するど)い)痛み; Ⓤ (肉体的・精神的な)苦痛 ➡ **ache** くらべよう

▸a sharp **pain**　鋭い痛み

ダイアログ
A: What's the matter?
どうしたのですか?
B: I feel a **pain** in my shoulder.
肩(かた)が痛いのです.

▸He is in great **pain**.
彼はとても苦しんでいる.

❷《**pains** で》骨折り, 苦労

▸She took great **pains** with the job.
彼女はその仕事で大変な苦労をした.

painful [péinfl ペインふる] 【形容詞】
❶ 痛い, 痛みをともなう

▸My tooth is **painful**.
歯が痛い.

❷ (精神的に)つらい; 骨の折れる

▸a **painful** experience
苦い経験

▸It's **painful** for me to hear you say that.
あなたの口からそんな言葉を聞くのはつらい.

˙paint [péint ペイント]

——【名詞】 (【複数】 **paints** [péints ペインツ])
❶ Ⓤ **ペンキ; 絵の具**; 塗料(とりょう)

▸a can of red **paint**
赤いペンキ 1 缶(かん)

▸Wet [《英》Fresh] **Paint**
《掲示》ペンキ塗(ぬ)りたて

❷《**paints** で》絵の具(一式)

▸oil [water] **paints**
油[水彩(すいさい)]絵の具

——【動詞】 (【三単現】 **paints** [péints ペインツ]; 【過去・過分】 **painted** [-id]; 【現分】 **painting**)

——㊀ ❶ **…にペンキを塗る**;
《**paint** + **もの** + **色で**》(もの)を…色に塗る

▸We **painted** the wall white.
わたしたちは壁(かべ)を白く塗った.

❷ (絵の具で絵)**をかく**
➡ **draw** くらべよう

▸She **painted** the mountain in oil.
彼女はその山を油絵の具でかいた.

——㊁ ペンキを塗る; 絵をかく

painter [péintər ペインタ] 【名詞】
❶ Ⓒ 画家; 絵をかく人
❷ Ⓒ ペンキ屋, 塗装(とそう)業者

painting [péintiŋ ペインティング] 【名詞】
❶ Ⓒ (絵の具でかいた)絵, 絵画

▸an oil **painting**　油絵

▸a watercolor **painting**
水彩(すいさい)画

❷ Ⓤ 絵をかくこと

˙pair [péər ペア] 【名詞】

(【複数】 **pairs** [-z])
❶ Ⓒ (2 つで 1 つの)**1 対**(つい), 1 組, ペア; 《**a pair of ...** で》1 対の…

▸**a pair of** gloves
1 組の手袋(てぶくろ)

▸**a pair of** shoes　靴(くつ)1 足

▸**a pair of** socks　ソックス 1 足

▸**a pair of** scissors　はさみ 1 丁
(♦刃(は)が 2 枚そろって切る役目を果た

すから）

▸**a pair of** pants [jeans]
ズボン[ジーンズ]１本

▸**a pair of** glasses
めがね１つ

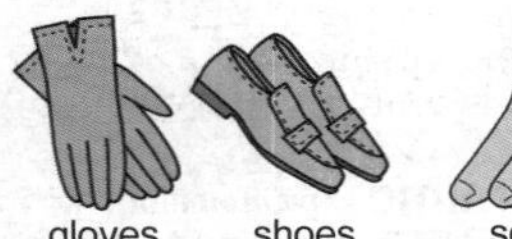
gloves　shoes　socks

scissors　pants　glasses

❷ Ⓒ 男女２人（１組）; 夫婦(ふうふ), 恋人(こいびと)どうし, ２人組; （動物の）１つがい
（♦１組の人[もの]をひとまとまりと考えるときは単数あつかい, 一人ひとり[一つひとつ]に重点を置くときは複数あつかい）

▸They will make a nice **pair**.
彼らはいいカップルになるだろう.

in páirs　２つ[２人]１組になって

▸dance **in pairs**
２人１組で踊(おど)る

pajamas, 《英》pyjamas
[pədʒɑ́ːməz パヂャーマズ] 名詞
《複数あつかい》パジャマ, 寝巻(ねまき)

▸a pair of **pajamas**　パジャマ１着
（♦上下で１組; パジャマのズボンは pajama pants のようにいう）

▸a **pajama** party
《米》パジャマパーティー
（♦主に10代の女の子どうしで友達の家に泊(と)まり, おしゃべりなどをして楽しむこと）

Pakistan [pǽkistæ̀n パァキスタァン]
名詞 パキスタン（♦インドの西隣(どなり)にある国; 首都はイスラマバード Islamabad）

pal [pǽl パァる] 名詞
Ⓒ 《口語》友達, 仲間（同義語 friend）

palace [pǽlis パァれス] 名詞
❶ Ⓒ 《しばしば **Palace** で》
宮殿(きゅうでん), 王宮

▸Buckingham **Palace**
（イギリスの）バッキンガム宮殿

❷ Ⓒ 大邸宅(ていたく), 御殿(ごてん)

pale [péil ペイる] 形容詞
（比較 **paler**; 最上 **palest**）
❶（顔が）青い, 青白い, 顔色が悪い
（同義語 white）➡ **blue** 参考

▸Erika, you look **pale**. Are you all right?
エリカ, 顔色が悪いよ. だいじょうぶ?

❷（色が）薄(うす)い（対義語 deep 濃(こ)い）

▸**pale** pink　淡(あわ)いピンク

Palestine [pǽləstàin パァれスタイン]
名詞 パレスチナ
（♦アジア南西部に位置する地中海沿岸地域; ユダヤ教・キリスト教・イスラム教の聖地エルサレム（Jerusalem）がある）

palette [pǽlit パァれット] 名詞
Ⓒ パレット

palm[1] [pɑ́ːm パーム]（★発音に注意）名詞
Ⓒ 手のひら ➡ **hand** 図

palm[2] [pɑ́ːm パーム] 名詞
Ⓒ 【植物】ヤシ, シュロ（♦palm tree ともいう;「ヤシの実」は coconut）

pamphlet [pǽmflit パァンふれット]
名詞 Ⓒ パンフレット, 小冊子

pan [pǽn パァン] 名詞
Ⓒ（片手の）平なべ, なべ
（♦深いなべは pot）

▸a frying **pan**　フライパン

pancake [pǽnkèik パァンケイク] 名詞
Ⓒ パンケーキ, ホットケーキ

> **文化 おなべでケーキ**
>
> pancake は, 小麦粉に卵や牛乳, 砂糖を加えたものを平なべ（pan）で焼くことから, このように呼ばれるようになりました. アメリカではふつうバターやメープルシロップなどをつけて食べます.

a b c d e f g h i j k l m n o p q r s t u v w x y z

panda [pǽndə パぁンダ] 名詞【動物】
❶ C パンダ, ジャイアントパンダ (= giant panda)
❷ C レッサーパンダ (= lesser [lésər れサ] panda) (♦アライグマの一種)

1

2

Pandora's box
[pændɔ́ːrəz bɑ́ks パぁンドーラズ バックス]
名詞【ギリシャ神話】パンドラの箱

文化 パンドラの箱を開けると…?
ギリシャ神話の神ゼウス(Zeus)は, パンドラ(Pandora)という美しい女性を地上に送るとき, 一つの箱を持たせました. 彼は絶対に開けてはいけないと言いましたが, 好奇心に駆(か)られた彼女はそれを開けてしまいます. すると, 中から人類のあらゆる「悲しみ」「病気」「災(わざ)い」などが飛び出し, 地上に広がってしまいました. あわててふたを閉めたところ, 最後に「希望」だけが箱の中に残っていたといいます. このことから, Pandora's box は「決して手を触(ふ)れてはいけないもの」という意味を表すようになりました.

pane [péin ペイン] 名詞
C (1枚の)窓ガラス(= windowpane)

panel [pǽnl パぁヌる] 名詞
❶ C 羽目(はめ)板, 鏡板, パネル
(♦壁(かべ)・天井(てんじょう)などに飾(かざ)りのためにつける四角形の板)
❷ C (専門家の)委員会;
(討論会・座談会などの)討論者グループ;
(クイズ番組の)解答者グループ;
(コンテストなどの)審査(しんさ)員団
▸a **panel** discussion 公開討論会

panelist, 《英》**panellist**
[pǽnəlist パぁネりスト] 名詞
❶ C (パネルディスカッションの)討論者, パネラー
❷ C (クイズ番組などの)解答者

panic [pǽnik パぁニック] 名詞
U C 恐慌(きょうこう), 大混乱, パニック

panorama [pæ̀nərǽmə パぁノラぁマ] (★アクセントに注意) 名詞
C パノラマ, 全景

pansy [pǽnzi パぁンズィ] 名詞
(複数 **pansies** [-z])
C【植物】パンジー, 三色スミレ

panties [pǽntiz パぁンティズ] 名詞
《複数あつかいで》(女性・子供用の)パンティー, パンツ

pantomime [pǽntəmàim パぁントマイム] 名詞 C U パントマイム, 無言劇

˙pants [pǽnts パぁンツ] 名詞
《複数あつかいで》
❶ 《主に米》ズボン(同義語 trousers)
▸a pair of **pants** ズボン1本
❷ 《英》(女性・子供用の)パンティー, パンツ

papa [pɑ́ːpə パーパ] 名詞
C 《米小児語》お父さん, パパ
(♦ dad, daddy のほうがふつう; 対義語 mama, mamma お母さん)

papaya [pəpáiə パパイア] 名詞
C 【植物】パパイヤ(♦メキシコなどの熱帯地方原産の果樹); パパイヤの実

⁑paper [péipər ペイパ]
—名詞 (複数 **papers** [-z])
❶ U 紙, 用紙
▸blank **paper** 白紙
▸letter **paper** 便せん
▸Do you have **paper** and a pen?
紙とペンを持っていますか?
▸She wrapped the book in blue **paper**.
彼女はその本を青い紙に包んだ.

ルール paper の数え方
1 紙や用紙の意味の paper は数えられない名詞なので, 枚数を言うときは次のように言います.
▸**a piece [sheet] of** paper
1枚の紙
▸**two pieces [sheets] of** paper
2枚の紙

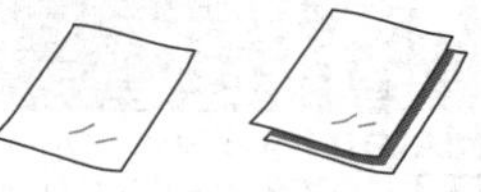

2 sheet はふつう規格で大きさや形の決まった紙に, piece は不定形の紙に用いられます.

❷ C 新聞
(♦ newspaper よりくだけた語)
▸a morning **paper** 朝刊
▸an evening **paper** 夕刊
▸I read an interesting story in today's **paper**.
今日の新聞でおもしろい話を読んだ.
❸ C 研究論文, 学術論文; (学生の)レポート(♦ report は「報告書」の意味)
▸Hand in your **paper** by four o'clock tomorrow. 明日の4時までにレポートを提出しなさい.
❹《**papers** で》書類, 文書; 証明書
(♦パスポートや身分証明書など)
❺ C 答案, 試験用紙; 試験問題
——形容詞 紙の, 紙で作った
▸a **paper** bag 紙袋(かみぶくろ)

paperback [péipərbæ̀k ペイパバぁック]
名詞 C U ペーパーバック
(♦紙の表紙の軽装本;「かたい表紙の本」は hardcover)

paper money [péipər mʌ̀ni ペイパ マニ] 名詞 U 紙幣(しへい)

paperweight [péipərwèit ペイパウェイト] 名詞 C 文鎮(ぶんちん), ペーパーウェイト

parachute [pǽrəʃùːt パぁラシュート]
名詞 C 落下傘(らっかさん), パラシュート

parade [pəréid パレイド] (★アクセントに注意) 名詞 C 行進, パレード, 行列
——動詞 (三単現 **parades** [pəréidz パレイヅ]; 過去・過分 **paraded** [-id];
現分 **parading**)
自 行進する, パレードする

paradise [pǽrədàis パぁラダイス] 名詞
❶《**Paradise** で》天国, 極楽(ごくらく);
エデンの園(♦旧約聖書に出てくる楽園)
➡ **Eden**
❷《**a paradise** で》絶好の場所;
(地上の)楽園

paragraph [pǽrəgræ̀f パぁラグラぁふ]
名詞 C (文章の)段落, パラグラフ
(♦いくつかの文が集まって一つの内容を表す, 文章構成の上での区切り)

parallel [pǽrəlèl パぁラれる] 形容詞
❶ (…と) 平行の《**to** [**with**] ...》
(対義語 vertical 垂直の)
▸**parallel** lines 平行線
❷ (…と)同様の, 類似(るいじ)の《**to** ...》
——名詞 ❶ C 平行線[面]
❷ C 類似のもの; 匹敵(ひってき)するもの

Paralympics [pæ̀rəlímpiks パぁラリンピックス] 名詞
《**the Paralympics** で》パラリンピック
(♦身体障がい者の国際スポーツ大会; Paralympics Games ともいう)

parasol [pǽrəsɔ̀ːl パぁラソーる] 名詞
C 日傘(ひがさ), パラソル
(♦「雨傘」は umbrella,「ビーチパラソル」は beach umbrella)

parcel [pɑ́ːrsl パースる] 名詞
C 《主に英》小包, 小荷物
(♦《主に米》package)

:pardon [pɑ́ːrdn パードゥン]
——名詞 (複数 **pardons** [-z])
C U 許し, 許すこと
I bég your párdon.
① 《**I beg your pardon?** で》何とおっしゃいましたか, (すみませんが)もう一度お願いします.(♦相手のことばが聞き取れなかったときに用いる; 文末を上げ調子で発音する; 《口語》では Beg your pardon?, Pardon? ということも多い)

> **ダイアログ**
> *A:* Change trains at Shinjuku Station.
> 新宿駅で乗り換えてください.
> *B:* **I beg your pardon?**
> すみませんが, もう一度お願いします.

② 失礼ですが, すみません.(♦知らない人に話しかけるときに用いる; 文末を下げ調子で発音する)
▸**I beg your pardon**, but could you tell me what time it is?
すみませんが, 今何時か教えていただけますか?
③ ごめんなさい, 失礼しました.(♦小さな過失や非礼を謝(あやま)るときに用いる; 文末を下げ調子で発音する; I'm sorry. よりもていねいな表現)
——動詞 (三単現 **pardons** [-z]; 過去・過分 **pardoned** [-d]; 現分 **pardoning**)

A B C D E F G H I J K L M N O P Q R S T U V W X Y Z

㊐ (人・過(あやま)ちなど)を許す
Párdon me. = ***I bég your párdon.***
➡ 名詞 成句

pare [péər ペア] 動詞 (三単現 **pares** [-z]; 過去・過分 **pared** [-d]; 現分 **paring**) ㊐
❶ (つめなど)を切る, 切りそろえる
❷ (ナイフなどで)…の皮(かわ)をむく

:parent [péərənt ペ(ア)レント] 名詞
(複数 **parents** [péərənts ペ(ア)レンツ])
C 親 (♦文脈によって父の場合もあるし, 母の場合もある); 《**parents** で》両親
(対義語 child 子供)
▸These are my **parents.**
こちらがわたしの両親です.

parfait [pɑːrféi パーふェイ] 名詞
U C パフェ (♦アイスクリーム・果物などを盛り付けたデザート)

Paris [pǽris パぁリス] 名詞
パリ (♦フランスの首都)

:park [pɑ́ːrk パーク]
— 名詞 (複数 **parks** [-s])
❶ C **公園**; 自然公園 (♦ふつう樹木・池・散歩道などのある広いものを指す; 街角の「小さな公園」は square)

park　square

▸a national **park**　国立公園
▸Central **Park**　(ニューヨークの)セントラルパーク (♦固有名詞の場合にはふつう冠詞がつかない)
❷ C 遊園地 (= amusement park);
《米》運動場, 競技場; 《**the park** で》
《英》サッカー場
▸a baseball **park** (=a ball **park**)
野球場
❸ C 駐車(ちゅうしゃ)場
(♦《米》parking lot, 《英》car park)
— 動詞 (三単現 **parks** [-s];
過去・過分 **parked** [-t]; 現分 **parking**)
— ㊐ (自動車など)を駐車する
▸I **parked** my car across the street. 道の向こう側に車を駐車した.
— ㊉ 駐車する

parking [pɑ́ːrkiŋ パーキング] 名詞
U 駐車(ちゅうしゃ); 駐車場所 (♦ P と略す)
▸No **Parking** 《掲示》駐車禁止

parking area [pɑ́ːrkiŋ èəriə パーキング エ(ア)リア] 名詞 C 駐車(ちゅうしゃ)場, 駐車区域

parking lot [pɑ́ːrkiŋ lɑ̀t パーキング らット] 名詞
C 《米》駐車(ちゅうしゃ)場 (♦《英》car park)

parliament [pɑ́ːrləmənt パーらメント]
(★発音に注意) 名詞
❶ C 議会, 国会
❷ 《**Parliament** で》イギリス議会
(♦ the House of Lords「上院」と the House of Commons「下院」から成る; 「アメリカの国会」は Congress, 「日本の国会」は the Diet)
▸a member of **Parliament**
下院議員

parlor, 《英》**parlour** [pɑ́ːrlər パーら]
名詞 C 《ふつう **a ... parlor** で》
《米》…店, 営業所
▸a beauty **parlor**　美容院

parrot [pǽrət パぁロット] 名詞
C 【鳥類】オウム

parsley [pɑ́ːrsli パースり] 名詞
U 【植物】パセリ

·part [pɑ́ːrt パート]

名詞	❶ **部分**
	❷ (仕事の)**役目**
動詞	㊉ (人が)**別れる**;
	(川などが)**分かれる**
	㊐ …**を分ける**

— 名詞 (複数 **parts** [pɑ́ːrts パーツ])
❶ C **部分**; C U 《**part of ...** で》…の一部 (対義語 whole 全体)
▸I cut the apple into six **parts.**
わたしはリンゴを 6 つに切った.
▸Japan is (a) **part of** Asia.
日本はアジアの一部だ.
▸The last **part of** his report isn't right.
彼の報告書の最後の部分は正しくない.

ルール part of の使い方

1 part of には, ふつう a をつけません. ただし, large, small など形容詞がつくと a が必要になります.
▸The fire destroyed **a large part of** the factory.

その火事で工場のかなりの部分が焼失した.

2 ふつう part of の次の名詞が単数形のときは単数あつかい, 複数形のときは複数あつかいになります.

▸**Part of** the building was damaged by strong winds.
強風で建物の一部が壊(こわ)れた.
(♦ building は単数形なので was)

▸**Part of** the apples were bad.
(いくつかある)リンゴの一部は腐(くさ)っていた. (♦ apples は複数形なので were)

❷ C (仕事の)**役目**; (芝居(しばい)などの)役 (同義語 role)

▸She played the **part** of Alice.
彼女はアリスの役を演じた.

❸ C 《しばしば **parts** で》地方, 地域

▸the northern **parts** of England
イングランドの北部地方

❹ C (機械の)部品, パーツ

▸auto **parts** 自動車の部品

❺ C (本の)部; 【音楽】パート

▸**Part** I 第1部(♦ Part one と読む)

▸a piano **part** ピアノのパート

pláy a párt
(…において)役目を果たす《in ...》

▸She **played a** big **part in** this project. このプロジェクトで彼女は大きな役割を果たした.

take párt (…に)加わる, 参加する《in ...》

▸I **took part in** the cleaning of the beach. わたしは浜の清掃(せいそう)に参加した.

——動詞 (三単現 **parts** [pá:rts パーツ]; 過去・過分 **parted** [-id]; 現分 **parting**)

——自 (人が)(…と)**別れる**《from ...》; (川などが)**分かれる**; 分離(ぶんり)する

▸I **parted from** her at the station. わたしは駅で彼女と別れた.

▸The river **parts** into two branches here.
その川はここで2つの支流に分かれる.

——他 …**を分ける**; (人)をひきはなす

▸He **parts** his hair at the side.
彼は髪(かみ)を横分けにしている.

párt with ... …を手放す

▸I have to **part with** my cat.
わたしはネコを手放さなければなりません.

partial [pá:rʃl パーシャる] 形容詞

❶ 一部分の, 部分的な
❷ 不公平な, えこひいきする
❸ (…が)大好きで《to ...》

participant [pɑ:rtísəpənt パーティスィパント] 名詞

C (…の)参加者, 関係者《in ...》

participate [pɑ:rtísəpèit パーティスィペイト] 動詞 (三単現 **participates** [pɑ:r-tísəpèits パーティスィペイツ]; 過去・過分 **participated** [-id]; 現分 **participating**)

自 (…に)参加する, 加わる《in ...》 (同義語 take part in)

▸She **participated in** the party.
彼女はそのパーティーに参加した.

particular [pərtíkjələr パティキュら]

形容詞 ❶ 特定の, (ほかではなく)その; 個々の, 特有の

▸He was at home on that **particular** day.
彼はまさしくその日に家にいた.

❷ 《名詞の前に用いて》格別の, 特別の

▸**particular** reason 特別な理由

❸ (…について) 好みがうるさい, 気難しい《about ...》

▸She is **particular about** tea.
彼女はお茶にはうるさい.

——名詞 《**particulars** で》詳細(しょうさい)

in partícular 特に, なかでも
(対義語 in general 一般に)

▸I don't want anything **in particular** now.
今は特にほしいものはありません.

particularly [pərtíkjələrli パティキュらり] 副詞

特に, なかでも (同義語 especially)

▸She likes animals, **particularly** dogs. 彼女は動物, 特にイヌが好きだ.

partly [pá:rtli パートり] 副詞

部分的に, 一部分は; 少しは

partner [pá:rtnər パートナ] 名詞

C (ダンスやテニスなどで組む)相手, パートナー; (活動をともにする)仲間

part-time [pá:rttáim パートタイム]

形容詞 パートタイムの, 非常勤の
(対義語 full-time 常勤の)

▸a **part-time** job
パートタイムの仕事, アルバイト

——副詞 パートタイムで, 非常勤で

▸work **part-time** パートタイムで働いている, アルバイトをしている

A B C D E F G H I J K L M N O P Q R S T U V W X Y Z

part-timer [pɑ́ːrttáimər パートタイマ]
名詞 C パートタイマー, 非常勤で働く人

˙party [pɑ́ːrti パーティ] 名詞

(複数 **parties** [-z])

❶ C **パーティー**, (社交上の)会, 集まり

▸a birthday **party**
誕生日パーティー

▸have [give, hold] a **party**
パーティーを開く

▸attend a **party**
パーティーに出席する

▸a welcome **party** 歓迎(かんげい)会

▸a farewell **party** 送別会

文化 いろいろなパーティー

日本語で「パーティー」というと, 特別な催(もよお)しという感じをあたえますが, 英語では何人かの友達を家に招待すれば, それを party といいます.
欧米(おうべい)ではいろいろな機会にパーティーを開きます.

▸a tea **party**
お茶会, ティーパーティー

▸a garden **party**
ガーデンパーティー
(◆自宅の庭で楽しむバーベキュー)

▸a surprise **party**
サプライズパーティー
(◆直前まで主賓(しゅひん)に知らせずに行う)

▸a pajama **party**
パジャマパーティー ➡ **pajamas**

なお, 「ダンスパーティー」はふつう単に a dance といいます.

❷ C **党**, 政党 (◆党全体をひとまとまりと考えるときは単数あつかい, 党の一人ひとりに重点を置くときは複数あつかい)

参考 英米の主な政党

[アメリカ]

the Republican **Party**	共和党
the Democratic **Party**	民主党

[イギリス]

the Labour **Party**	労働党
the Conservative **Party**	保守党
the Liberal Democratic **Party**	自由民主党

❸ C **一行**, 一団, 仲間 (◆ 1つの集団と考えるときは単数あつかい, 一人ひとりに重点を置くときは複数あつかい)

▸a rescue **party** 救助隊

˙pass [pǽs パぁス]

—動詞 (三単現 **passes** [-iz]; 過去・過分 **passed** [-t]; 現分 **passing**)

—自 ❶ **通る**, 通り過ぎる

▸Let me **pass**, please.
(人ごみを通り抜(ぬ)けるときなどに)通してください.

❷ (時が)**たつ**, 過ぎる

▸Time **passes** quickly.
時がたつのは速い.

❸ (試験などに)合格する

❹ (苦痛などが)なくなる, 消える

❺【スポーツ】(ボールを)パスする

—他 ❶ **…のそばを通る**, …を通り過ぎる; …を追い越(こ)す

▸This bus **passes** the city library.
このバスは市立図書館のそばを通る.

▸Ann **passed** me just now.
今, アンがわたしを追い越して行った.

❷ (試験)**に合格する**; (議案・法律)を可決する

▸He **passed** the entrance exam.
彼は入学試験に合格した.

❸ (時)を過ごす

▸We **passed** a few hours on the beach.
わたしたちは海辺で 2, 3 時間過ごした.

❹《**pass** +人+ものまたは **pass** +もの+ **to** +人で》(人)に(もの)を手渡(わた)す; (伝統など)を伝える

▸**Pass** me the salt, please.
塩を取ってください.

❺【スポーツ】(ボール)をパスする

páss aróund [***róund***]　…を順々に回す
páss awáy　亡くなる
(♦ die の遠回しな言い方)
páss bý
① …のそばを通り過ぎる
② (時が)過ぎ去る
páss ón
…を(…に)伝える, 回す, 譲(ゆず)る《to ...》
páss óut　《口語》気絶する, 意識を失う
páss thróugh ...　…を通過する, 通り抜ける; (危機など)を経験する, 切り抜ける
— 名詞 (複数 **passes** [-iz])
❶ C 通行証, パス; 無料乗車[入場]券
▸a boarding **pass**
(飛行機の)搭乗(とうじょう)券; 乗船券
❷ C 【スポーツ】(ボールの) パス, 送球
➡ **American football** 図, **basketball** 図

passage [pǽsidʒ パぁセッヂ] 名詞
❶ C 廊下(ろうか), 通路; U 通行, 通過
❷ C (文章の)一節

passenger [pǽsindʒər パぁセンヂャ]
名詞 C (列車・船・飛行機などの)乗客, 客
▸a **passenger** boat　客船

passerby [pǽsərbái パぁサバイ] 名詞
(複数 **passersby** [pǽsərzbái パぁサズバイ]) C 通行人, 通りがかりの人
(♦ passer-by ともつづる)

passion [pǽʃn パぁシャン] 名詞
❶ U C 激(はげ)しい感情, 情熱;
《**a passion** で》(…への)熱中《for ...》
▸He has **a passion for** baseball.
彼は野球に熱中している.
❷《**a passion** で》激しい怒(いか)り

passive [pǽsiv パぁスィヴ] 形容詞
❶ 消極的な, 受け身の
(対義語 active 積極的な); 逆らわない
❷【文法】受動態の, 受け身の
(対義語 active 能動態の)

passport [pǽspɔ̀ːrt パぁスポート] 名詞
❶ C パスポート, 旅券 (♦ある国へ行くのに必要な身分・国籍(こくせき)証明書) ➡ **visa**
❷ C (…へ至る)方法, 手段《to ...》

password [pǽswə̀ːrd パぁスワ〜ド]
名詞 C 合いことば; パスワード

***past** [pǽst パぁスト]
— 前置詞
❶〔時間・年齢(ねんれい)〕…を過ぎて
▸It is half **past** [《米》after] eleven.
11時半です.
▸He looks **past** fifty.　彼は50歳(さい)を過ぎているように見える.
❷〔場所〕…を通り過ぎて
▸They walked **past** my house.
彼らはわたしの家を通り過ぎて行った.
▸The bus stop is just **past** that corner.
バス停はその角(かど)を過ぎてすぐです.
— 形容詞 (♦比較変化なし)
❶ 過去の, 過ぎ去った; 過ぎたばかりの, ここ… (対義語 present 現在の)
▸**past** experiences　過去の経験
▸I haven't seen him for the **past** few days.
ここ2, 3日, 彼に会っていない.
❷【文法】過去(時制)の
▸the **past** tense　過去時制
(♦ tense の発音は [téns テンス])
— 名詞《**the past** で》過去
▸In **the past**, Mr. Izumi was a professional tennis player.
昔, 泉さんはプロのテニス選手だった.
— 副詞 (場所を)通り過ぎて; (時間が)過ぎて
▸Several cars ran **past**.
車が数台走り去った.
▸Days went **past** quickly.
月日がまたたく間に過ぎ去った.

pasta [páːstə パースタ] 名詞 U パスタ
(♦スパゲッティ・マカロニなど, イタリアのめん類の総称(そうしょう))

paste [péist ペイスト] 名詞
❶ U (接着用の)のり; のり状のもの
❷ U C (菓子(かし)などの材料にする)練り粉; U ペースト(♦魚・肉・果実などを練ったものでパンなどにつける); ペースト状のもの(♦練り歯みがきなど)
— 動詞 (三単現 **pastes** [péists ペイスツ]; 過去・過分 **pasted** [-id]; 現分 **pasting**)
他 ❶ …をのりではる
❷【コンピューター】…をはりつける, ペーストする

pastime [pǽstàim パぁスタイム] 名詞
C 娯楽(ごらく), 気晴らし(♦余暇(よか)に楽しみですること) ➡ **hobby** 〔参考〕

pastry [péistri ペイストゥリ] 名詞
(複数 **pastries** [-z])
U ペストリー(パイ皮などの生地(きじ));
C ペストリー菓子(かし)(♦パイ・タルトなど)

pasture [pǽstʃər パぁスチャ] 名詞
C U 牧草地, 牧場

A B C D E F G H I J K L M N O **P** Q R S T U V W X Y Z

pat [pǽt パぁット] 動詞
(三単現 **pats** [pǽts パぁッツ];
過去・過分 **patted** [-id]; 現分 **patting**)
他 …を軽くたたく, (やさしく)なでる
(◆激励(げきれい)や慰(なぐさ)めを表すしぐさ;
同義語 tap)
▸Sally **patted** me on the shoulder.
サリーは軽くわたしの肩(かた)をたたいた.
—名詞 C 軽くたたくこと

patch [pǽtʃ パぁッチ] 名詞
(複数 **patches** [-iz]) C (衣服などの)継(つ)ぎ; (補強のための)当て布

patchwork [pǽtʃwə̀ːrk パぁッチワ〜ク]
名詞 U パッチワーク
(◆さまざまな布を縫(ぬ)い合わせる手芸)

patent [pǽtnt パぁトゥント] 名詞
C U 特許, 特許権, パテント

path [pǽθ パぁす] 名詞
❶ C (人・動物が自然に踏(ふ)みならした)道; (車が通れない)小道
➡ road くらべよう
❷ C 通り道, 進路; (天体の)軌道(きどう)

patience [péiʃns ペイシェンス] 名詞
U 忍耐(にんたい)(力), 我慢(がまん)(強さ)

patient [péiʃnt ペイシェント] 名詞
C 患者(かんじゃ)
—形容詞 我慢(がまん)強い, 忍耐(にんたい)強い; 根気のある
(対義語 impatient 我慢できない)
▸Be **patient**. 我慢しなさい.

patiently [péiʃntli ペイシェントり] 副詞
我慢(がまん)強く; 根気よく

patrol [pətróul パトゥロウる] 名詞
U (警官・兵隊の)巡回(じゅんかい), 巡視, パトロール; C パトロール隊(全体); 巡回者
—動詞 (三単現 **patrols** [-z]; 過去・過分 **patrolled** [-d]; 現分 **patrolling**)
他 …を巡回する, パトロールする
—自 巡回する, パトロールする

patrol car [pətróul kɑ́ːr パトゥロウる カー]
名詞 C パトカー(同義語 police car)

pattern [pǽtərn パぁタン] (★アクセントに注意) 名詞
❶ C (布・壁紙(かべがみ)などの)模様, 柄(がら)
▸a flower **pattern** 花柄
❷ C (行動などの)型, 様式, パターン
❸ C 原型; (服の)型紙; 鋳型(いがた)

pause [pɔ́ːz ポーズ] 名詞 C 小休止, 間(ま); 休息; (機械などの)停止, ポーズ
▸take [make] a **pause** 小休止する
—動詞 (三単現 **pauses** [-iz];
過去・過分 **paused** [-d]; 現分 **pausing**)
自 休止する; ちょっと休む; 立ち止まる
—他 (CD・DVD など)を一時停止する

pave [péiv ペイヴ] 動詞 (三単現 **paves** [-z]; 過去・過分 **paved** [-d];
現分 **paving**) 他《ふつう **be paved** で》(…で)舗装(ほそう)されている《with ...》

pavement [péivmənt ペイヴメント]
名詞 ❶ U (道路の)舗装(ほそう)面
❷ C《英》(舗装した)歩道
(◆《米》sidewalk); 《米》舗装道路

pavilion [pəvíljən パヴィりョン] 名詞
❶ C (博覧会などの)展示館, パビリオン
❷ C 大型テント

paw [pɔ́ː ポー] 名詞
C (イヌ・ネコなどつめのある動物の)足, 手

⁚pay [péi ペイ]
—動詞 (三単現 **pays** [-z]; 過去・過分 **paid** [péid ペイド]; 現分 **paying**)
—他 ❶ (代金など)**を払(はら)う**, 支払う;
《**pay**＋**人**＋**金銭**または **pay**＋**金銭**＋**to**＋**人**で》(人)に(金銭)を支払う
▸**pay** a bill 勘定(かんじょう)を払う
▸I **paid** ten dollars for the shirt.
わたしはそのシャツに 10 ドル支払った.
▸I **paid** him 500 yen.
(＝I **paid** 500 yen **to** him.)
わたしは彼に 500 円払った.
❷ (注意・敬意など)**を払う**; (訪問)をする
▸They **pay** no attention to my words. 彼らはわたしの言うことに全く注意を払わない.
▸I **paid** a visit to him yesterday.
わたしは昨日, 彼を訪問した.
—自 ❶ (…の)**代金を払う**《for ...》
▸I **paid for** the meal in cash.
わたしは食事の代金を現金で払った.
❷ (仕事などが)割に合う, ひき合う
▸That business does not **pay**.
あの仕事は割に合わない.
—名詞 U **給料**, 賃金(ちんぎん)

payment [péimənt ペイメント] 名詞
U (金の)支払(しはら)い, 納入; C 支払い金
▸make (a) **payment** 支払う

PC [píːsíː ピースィー] 名詞
C パソコン, パーソナルコンピューター
(◆ *p*ersonal *c*omputer の略)
➡ **computers** 図

P.E., PE [píːíː ピーイー] 名詞
U 体育(◆ *p*hysical *e*ducation の略;

同義語 gymnastics)

pea [píː ピー] 名詞
C【植物】エンドウ, エンドウ豆
▸green **peas** グリーンピース

like twó péas in a pód
うり二つで(♦「さやの中の2つの豆のようによく似ている」の意味)
▸They are **like two peas in a pod.** 彼らはうり二つだ.

⁑peace [píːs ピース] 名詞
❶ U《または **a peace** で》平和(対義語 war 戦争); 和平;《**the peace** で》治安
▸world **peace** 世界平和
▸keep **the peace** 治安を守る
❷ U 平穏(へいおん), 安らぎ
▸**peace** of mind 心の平穏

at péace
平和に[な]; (…と)仲よくして《with ...》

in péace 平和に[な], 安らかに[な]
▸They lived together **in peace.**
彼らは仲よく暮らした.

make (*one's*) ***péace with ...***
…と仲直りする, 和解する
▸Bob **made peace with** Lisa.
ボブはリサと仲直りした.

peaceful [píːsfl ピースふる] 形容詞
平和な, 静かな, 平和的な

peacefully [píːsfəli ピースふりィ] 副詞
平和に; 穏(おだ)やかに, 静かに

Peace Memorial Park
[píːs məmɔ́ːriəl pɑ́ːrk ピース メモーリアる パーク] 名詞 (広島の)平和記念公園(♦公園内とその周辺には原爆関連の記念建造物や記念碑がある)

peach [píːtʃ ピーチ] 名詞
(複数 **peaches** [-iz])
C【植物】モモ, モモの実; モモの木

peacock [píːkɑ̀k ピーカック] 名詞
C【鳥類】(雄(おす)の)クジャク
(♦雌(めす)は peahen [píːhèn ピーヘン])

peak [píːk ピーク] 名詞
❶ C (とがった)山頂, 峰(みね)
(同義語 top, summit)
❷ C 最高点, 絶頂, ピーク

peanut [píːnʌ̀t ピーナット] 名詞
C ピーナッツ, 落花生

Peanuts [píːnʌ̀ts ピーナッツ] 名詞
『ピーナッツ』(♦スヌーピーやチャーリー・ブラウンが登場するアメリカの人気マンガ)

pear [péər ペア] 名詞
C【植物】西洋ナシ; 西洋ナシの木

pearl [pə́ːrl パ～る] 名詞 C 真珠(しんじゅ)
▸a **pearl** necklace
真珠のネックレス

peasant [péznt ペズント] 名詞 C 小作農, 農民(♦「農場経営者」は farmer)

pebble [pébl ペブる] 名詞 C (川や海の水に洗われて丸くなった)小石

peck [pék ペック] 動詞 自
(…を)(くちばしで)つつく, ついばむ《at ...》
──他 …を(くちばしで)つつく, ついばむ
──名詞 C つつくこと

peculiar [pikjúːljər ペキューりャ] 形容詞
❶ 奇妙(きみょう)な, 風変わりな
(同義語 strange)
❷ (…に)特有の《to ...》; 特別の, 特殊(とくしゅ)な

pedal [pédl ペドゥる] 名詞
C (自転車・オルガンなどの)ペダル
➡ **bicycles** 図

pedestrian [pədéstriən ペデストゥリアン] 名詞 C 歩行者, 通行人
──形容詞 歩行者用の; 徒歩の
▸a **pedestrian** crossing 横断歩道

peekaboo [píːkəbùː ピーカブー]
名詞 U いないいないばあ
(♦赤ちゃんをあやすときのことば)
──間投詞 いないいないばあ

peel [píːl ピーる] 動詞
他 (果物(くだもの)・野菜など)の皮(かわ)をむく
──自 (皮が)むける; (ペンキなどが)はげ落ちる
──名詞 U (果物・野菜などの)皮

peep¹ [píːp ピープ] 動詞
自 (…を)(こっそり)のぞき見る《at ...》
──名詞《**a peep** で》のぞき見, こっそり[ちらっと]見ること

peep² [píːp ピープ] 名詞
C (ひな鳥などの)ピーピー鳴く声;

a b c d e f g h i j k l m n o p q r s t u v w x y z

(ネズミの)チューチュー鳴く声

peg [pég ペッグ] 名詞 C くぎ;
掛(か)けくぎ; (テントの)ペグ, くい

pelican [pélikən ペりカン] 名詞
C 【鳥類】ペリカン

:pen[1] [pén ペン] 名詞
(複数 **pens** [-z])
C ペン(♦万年筆・ボールペンもふくむ)
▸a ballpoint **pen** ボールペン
▸a fountain **pen** 万年筆
▸She wrote a letter with a **pen**.
彼女はペンで手紙を書いた.

pen[2] [pén ペン] 名詞
C (家畜(かちく)などの)おり, 囲い

penalty [pénəlti ペナるティ] (★アクセントに注意) 名詞 (複数 **penalties** [-z]) C U 刑罰(けいばつ), 処罰; C 罰金;
【スポーツ】(反則に対する)ペナルティー

pence [péns ペンス] 名詞 penny(ペニー)の複数形の一つ(♦ p と略す)

:pencil [pénsl ペンスる] 名詞
(複数 **pencils** [-z]) C **えんぴつ**
▸a red **pencil** 赤えんぴつ
▸a set of colored **pencils**
色えんぴつ1組
▸write in **pencil** [with a **pencil**]
えんぴつで書く(♦ in を用いるときは冠詞をつけない)

pencil case [pénsl kèis ペンスる ケイス] 名詞 C 筆箱, ペンシルケース

pencil sharpener [pénsl ʃɑ̀:rpnər ペンスる シャープナ] 名詞
C えんぴつ削(けず)り

pendant [péndənt ペンダント]
名詞 C ペンダント

pendulum [péndʒələm ペンヂュらム]
名詞 C (時計などの)振(ふ)り子

pen-friend [pénfrènd ペンふレンド]
名詞 C 《主に英》ペンフレンド, ペンパル, 文通相手(♦《主に米》pen pal)

penguin [péŋgwin ペングウィン]
名詞 C 【鳥類】ペンギン

peninsula [pənínsələ ペニンスら]
名詞 C 半島

penmanship [pénmənʃìp ペンマンシップ] 名詞 U 書法, (ペン)習字

pen name [pén nèim ペン ネイム]
名詞 C ペンネーム, 筆名

pennant [pénənt ペナント] 名詞
❶ C 《米》(三角形の)優勝旗, ペナント; 応援(おうえん)旗
▸a **pennant** race
(野球の)ペナントレース
❷ C (船の信号用)三角旗

Pennsylvania [pènslvéinjə ペンスるヴェイニャ] 名詞 ペンシルベニア州
(♦アメリカ東部の州; Pa., Penn. または【郵便】で PA と略す)

penny [péni ペニ] 名詞 ❶ (複数 **pence** [péns ペンス]) C ペニー, ペンス
(♦イギリスの貨幣(かへい)単位で 100 分の 1 ポンドを指す; 数字のあとでは p と略す)
❷ (複数 **pennies** [-z])
C ペニー硬貨(こうか); (アメリカ・カナダの) 1 セント硬貨(同義語 cent)

pen pal [pén pæ̀l ペン パぁる] 名詞
C 《主に米》ペンフレンド, ペンパル, 文通相手(♦《主に英》pen-friend)

pension[1] [pénʃn ペンシャン] 名詞
C 年金, 恩給

pension[2] [pɑ:nsjóun パーンショウン]
(★発音に注意) 名詞 C (ヨーロッパの)小ホテル, 民宿(♦フランス語から; 日本の観光地にある西洋風の宿泊(しゅくはく)施設(しせつ)は resort lodge などと表す)

:people [pí:pl ピープる] 名詞
(複数 **peoples** [-z])
❶ U 《複数あつかいで》**人々**(♦ persons よりくだけた語; 同義語 folks);
世間(の人々); (動物に対する)人間
▸young **people** 若者
▸**People** say I'm careless.
世間はわたしのことを注意不足だという.
▸Do animals laugh like **people**?
動物は人間のように笑いますか?
❷ C 国民; 《しばしば **peoples** で》民族
▸the **peoples** of Japan and China
日本と中国の国民
▸all the **peoples** on the earth
地球上のすべての民族
❸《**the people** で複数あつかい》一般大衆, (政府や支配者に対する)国民, 人民
▸government of **the people**, by **the people**, for **the people**
人民の, 人民による, 人民のための政治
(♦アメリカ大統領リンカーンの演説の一節 ➡ **civil war** 文化)

pepper [pépər ペパ] 名詞
❶ U (香辛(こうしん)料の)コショウ
❷ C 【植物】コショウ; トウガラシ

peppermint [pépərmìnt ペパミント] 名詞
❶ U【植物】西洋ハッカ，ペパーミント
❷ C U ハッカ入りキャンデー

per [pə́ːr パ～；（弱く言うとき）pər パ] 前置詞
…につき（◆ふつうは a, an を使う）
▸at fifty kilometers **per** hour
時速 50 キロメートルで

perceive [pərsíːv パスィーヴ] 動詞
（三単現 **perceives** [-z]；過去・過分 **perceived** [-d]；現分 **perceiving**）
他（五感を使って）…を知覚する；…に気づく；…を理解する

percent, 《主に英》**per cent**
[pərsént パセント] 名詞（複数 **percent** または **per cent:** 単複同形）
C パーセント（◆ per「…につき」＋ cent「100 分の 1」の意味から；記号は％）
▸Two **percent** of this milk is fat.
この牛乳の 2 パーセントは脂肪(しぼう)分だ.
（◆ percent of のあとの名詞が単数のときは単数あつかい，複数のときは複数あつかい）

percentage [pərséntidʒ パセンテッヂ]
（★アクセントに注意）名詞
C パーセンテージ，百分率；割合

perception [pərsépʃn パセプシャン]
名詞 U 知覚(力)；U C 認識(にんしき)，理解

percussion [pərkʌ́ʃn パカシャン]
名詞《**the percussion** で》打楽器（全体）；（オーケストラの）打楽器部門（◆一つひとつの打楽器を指すときは percussion instrument を用いる）

perfect [pə́ːrfikt パ～ふェクト] 形容詞
❶ 完全な，完ぺきな；最適な；正確な
▸a **perfect** game （野球の）完全試合
▸Nobody is **perfect**.
完ぺきな人などいない.
▸the **perfect** place for a picnic
ピクニックに最適な場所
❷《名詞の前に用いて》全くの
▸He is a **perfect** stranger.
彼は全く知らない人です.
❸《名詞の前に用いて》
【文法】完了(かんりょう)(時制)の

perfection [pərfékʃn パふェクシャン]
名詞 U 完全(なこと)，完ぺき

perfectly [pə́ːrfiktli パ～ふェクトり]
副詞 完全に，申し分なく；全く，すっかり（同義語 completely）
▸Our plan is working **perfectly**.
わたしたちの計画は申し分なく進行している.

perform [pərfɔ́ːrm パふォーム] 動詞 他
❶（役など）を演じる；（楽器など）を演奏する
▸**perform** a play 劇を上演する
❷（仕事など）を行う；（義務など）を果たす
▸She **performed** the job well.
彼女はその仕事をよくこなした.
━自 演じる，演奏する
▸He often **performs** abroad.
彼はよく海外で公演する.

performance [pərfɔ́ːrməns パふォーマンス] 名詞
❶ C 演技，演奏；（劇などの）上演，公演
❷ U（義務などを）行うこと，実行

performer [pərfɔ́ːrmər パふォーマ]
名詞 C 演技者，役者，演奏者，歌手；実行者，行為(こうい)者

performing arts [pərfɔ́ːrmiŋ ɑ́ːrts パふォーミング アーツ] 名詞
《**the performing arts** で》舞台(ぶたい)芸術

perfume [pə́ːrfjuːm パ～ふューム] 名詞
U C 香水(こうすい)；香(かお)り，におい
▸put on [wear] **perfume**
香水をつける[つけている]

˙perhaps
[pərhǽps パハぁップス] 副詞
もしかすると，ひょっとしたら，たぶん
▸**Perhaps**, he is right. もしかすると，彼が正しいのかもしれない.

ダイアログ
A: Will it rain tomorrow?
明日は雨が降るかな？
B: **Perhaps.** / **Perhaps** not.
たぶんね. / たぶん降らないよ.

くらべよう **perhaps, maybe, possibly, probably**

いずれも「もしかすると，たぶん」という意味ですが，実現の可能性の低いほうから並べると次のようになります.

possibly	→ perhaps / maybe	→ probably
ことによると	おそらく	十中八九

˙period [píəriəd ピ(ア)リオド] 名詞
（複数 **periods** [píəriədz ピ(ア)リオヅ]）
❶ C **期間**
▸for a long **period** 長期間

A B C D E F G H I J K L M N O P Q R S T U V W X Y Z

❷ C 時代
▸This book is about the Edo **period**. この本には江戸時代について書かれている.
❸ C (授業の)時間, 時限
(同義語 class, lesson)
▸the first **period** 1時間目
❹ C 《主に米》ピリオド, 終止符(ふ)
(♦《英》full stop)
➡ 巻末付録 Ⅳ. 句読点・符号(ふごう)

perish [périʃ ペリッシ] 動詞 (三単現 **perishes** [-iz]; 過去・過分 **perished** [-t]; 現分 **perishing**) 自
❶ (事故・災害などで)死ぬ, 滅(ほろ)びる
(♦新聞などで用いる)
❷ (ゴムなどが)ぼろぼろになる;
(食べ物などが)腐(くさ)る

permanent [pə́ːrmənənt パ～マネント] 形容詞 永久の, 永続する; 耐久(たいきゅう)性のある
▸a **permanent** tooth 永久歯

permission [pərmíʃn パミシャン] 名詞 U 許可, 承諾(しょうだく)
▸get [give] **permission**
許可を得る[あたえる]
▸without **permission** 許可なく

permit [pərmít パミット] 動詞 (三単現 **permits** [pərmíts パミッツ]; 過去・過分 **permitted** [-id]; 現分 **permitting**)
他 …を許す, 許可する;
《**permit** ＋人＋ **to** ＋動詞の原形で》
(人)が…するのを許す ➡ **allow** くらべよう
▸Smoking is not **permitted** here.
ここは禁煙(きんえん)です.
▸My parents **permitted** me **to** use the room. 両親はわたしがその部屋を使うのを許した.

Perry [péri ペリ] 名詞 【人名】ペリー
(♦ Matthew Calbraith Perry [mǽθjuː kǽlbreiθ- マぁすュー キぁるブレイす-], 1794-1858; アメリカの提督(ていとく); 1853年, 日本に来航し開国を要求した)

Persia [pə́ːrʒə パ～ジャ]
名詞 ペルシャ(♦イランの旧称(きゅうしょう))

Persian [pə́ːrʒn パ～ジャン] 形容詞
ペルシャの; ペルシャ人の; ペルシャ語の
▸the **Persian** Gulf ペルシャ湾(わん)
── 名詞 C ペルシャ人; U ペルシャ語

persimmon [pərsímən パスィモン]
名詞 C 【植物】カキ; カキの木
(♦ kaki [kɑ́ːki カーキ]ともいう)

ˈperson [pə́ːrsn パ～スン] 名詞
(複数 **persons** [-z])
C 人, 個人(♦性別・年齢(ねんれい)の区別なく用いる; 複数の場合は persons よりも people を用いることが多い)
▸He is a nice **person**.
彼はいい人だ.
ˈ***in pérson*** 自分で, 本人自ら
▸You should thank her **in person**.
あなたは彼女に自分でお礼を言ったほうがいい.

personal [pə́ːrsənl パ～ソヌる] 形容詞
個人の, 個人的な(同義語 private)
▸a **personal** matter 個人的な問題
▸**personal** information
個人情報
▸This CD is for **personal** use only. このCDは個人で聴(き)く以外に使用してはいけません.

personal computer [pə́ːrsənl kəmpjúːtər パ～ソヌる コンピュータ] 名詞
C パソコン(♦ PC と略す)

personality [pə̀ːrsənǽləti パ～ソナぁりティ] 名詞 (複数 **personalities** [-z])
❶ C U 個性, 性格; 人格
❷ C (テレビ・ラジオ番組の) パーソナリティー, (芸能・スポーツなどの) 有名人
▸TV **personalities**
テレビタレント

personally [pə́ːrsənəli パ～ソナり]
副詞
❶《文全体を修飾(しゅうしょく)して》
個人的な意見では, 自分としては
▸**Personally**, I think this plan is fine.
個人的な意見では, この計画はいいと思います.
❷ 個人的に; 一個人として
❸ (代理ではなく) 自分自身で
(同義語 in person)

persuade [pərswéid パスウェイド] 動詞
(三単現 **persuades** [pərswéidz パスウェイヅ]; 過去・過分 **persuaded** [-id]; 現分 **persuading**)
他 (人)を説得する;
《**persuade** ＋人＋ **to** ＋動詞の原形で》
(人)を説得して…させる
▸He **persuaded** her **to** make a speech. 彼は彼女を説得してスピーチをしてもらった.

Peru [pərúː ペルー]（★アクセントに注意）
名詞 ペルー（◆南アメリカの国；首都はリマ Lima）

·pet [pét ペット]
——名詞（複数 **pets** [péts ペッツ]）
❶ C ペット，愛がん動物

ダイアログ
A: Do you have any **pets**?
何かペットを飼っていますか？
B: Yes, I have two dogs.
はい，イヌを2匹(ひき)飼っています．

▸I have a cat as a **pet**.
わたしはペットとしてネコを飼っている．
❷ C お気に入り（◆しばしば悪い意味で使われる）；（呼びかけで）かわいい子
——形容詞《名詞の前に用いて》
❶ ペットの，愛がん用の
❷ 得意の，おはこの；お気に入りの

petal [pétl ペトゥる] 名詞
C 花弁，花びら

Peter Pan
[píːtər pǽn ピータ パぁン] 名詞 ピーターパン（◆イギリスの作家バリー（J. M. Barrie）による劇，またはその主人公）

Peter Rabbit
[píːtər rǽbit ピータ ラぁビット] 名詞
ピーターラビット（◆イギリスの作家ベアトリクス・ポッター（Beatrix Potter）による童話の主人公のウサギ）

petrol [pétrəl ペトゥラる] 名詞
U《英》ガソリン（◆《米》gas, gasoline）

petroleum [pətróuliəm ペトゥロウりアム]
名詞 U 石油

phantom [fǽntəm ふぁントム] 名詞
❶ C 幽霊(ゆうれい)，お化け（同義語 ghost）
❷ C 幻(まぼろし)，幻影(げんえい)

pharmacist [fáːrməsist ふァーマスィスト] 名詞 C《英》薬剤(やくざい)師
（◆《米》druggist）

pharmacy [fáːrməsi ふァーマスィ]
名詞（複数 **pharmacies** [-z]）
❶ C 薬店，薬局（◆《米》drugstore,《英》chemist's (shop)）
❷ U 薬学；調剤(ちょうざい)

phase [féiz ふェイズ] 名詞
❶ C（発達・変化などの）段階，局面，時期（同義語 stage）
▸enter a new **phase**
新たな段階に入る
❷ C（問題などの）面，側面
（同義語 aspect）

pheasant [féznt ふェズント] 名詞
（複数 **pheasant** または **pheasants** [féznts ふェズンツ]）C【鳥類】キジ

phenomena [finámənə ふィナメナ]
名詞 phenomenon（現象）の複数形

phenomenon [finámənàn ふィナメナン] 名詞（複数 **phenomena** [finámənə ふィナメナ]）C 現象
▸a natural **phenomenon** 自然現象

Philadelphia [filədélfiə ふィらデるふィア] 名詞 フィラデルフィア（◆アメリカのペンシルベニア州の大都市；1776年に「独立宣言」が読み上げられた）

Philippine [fíləpìːn ふィりピーン] 形容詞
フィリピン（諸島）の；フィリピン人の
（◆「フィリピン人」は Filipino [filəpíːnou ふィりピーノウ]）

Philippines [fíləpìːnz ふィりピーンズ]
名詞《**the Philippines** で》
❶《単数あつかいで》フィリピン（◆東南アジアの国；首都はマニラ Manila）
❷《複数あつかいで》フィリピン諸島
（＝the Philippine Islands）

philosopher [filásəfər ふィらソふァ]
名詞 C 哲学(てつがく)者；（物事を）深く考える人

philosophy [filásəfi ふィらソふィ]
名詞（複数 **philosophies** [-z]）
U 哲学(てつがく)；C 人生観

·phone [fóun ふォウン]
——名詞（複数 **phones** [-z]）
U《口語》電話；C 電話器，受話器
（◆ tele*phone* を短縮した語）
▸answer the **phone** 電話に出る
▸talk on [over] the **phone**
電話で話す
▸Bob, Sue is on the **phone**.
ボブ，スーから電話です．
▸pick up the **phone**
受話器を取り上げる
▸hang up the **phone** 電話を切る

A B C D E F G H I J K L M N O P Q R S T U V W X Y Z

—動詞（三単現 **phones** [-z]; 過去・過分 **phoned** [-d]; 現分 **phoning**）

—他 …に電話をかける

▸Please **phone** me later. あとで電話をください.

—自 電話をかける

phone book [fóun bùk ふォウン ブック] 名詞 C 電話帳（同義語 telephone directory）

phone call [fóun kɔ̀:l ふォウン コーる] 名詞 C 電話をかけること, 電話がかかってくること; 通話

phone number [fóun nʌ̀mbər ふォウン ナンバ] 名詞 C 電話番号

phonics [fɑ́niks ふァニックス] 名詞 U 《単数あつかい》フォニックス（♦アルファベットの文字と発音の関係に基(もと)づいて単語の読み方を教える指導法）

˙photo [fóutou ふォウトウ] 名詞

（複数 **photos** [-z]）

C 《口語》写真（♦ *photo*graph を短縮した語）

▸take a **photo** 写真を撮(と)る

▸Please take a **photo** of us. わたしたちの写真を撮ってください.

photograph [fóutəgræ̀f ふォウトグラぁふ] 名詞 C 写真（♦《口語》picture, photo）

photographer [fətɑ́grəfər ふォタグラふァ]（★アクセントに注意）名詞 C 写真を撮(と)る人; 写真家

photography [fətɑ́grəfi ふォタグラふィ]（★アクセントに注意）名詞 U 写真撮影(さつえい); 写真術

phrase [fréiz ふレイズ] 名詞 ❶ C【文法】句 ❷ C 成句, 熟語, 慣用句, 言い回し

physical [fízikl ふィズィクる] 形容詞 ❶ 肉体の, 身体の（対義語 mental 精神の）

▸**physical** exercise 体操, 運動

❷《名詞の前に用いて》物質の, 自然(界)の; 物理的な; 自然科学の; 物理学の

physical education [fízikl èdʒəkéiʃn ふィズィクる エヂュケイシャン] 名詞 U 体育（♦ P.E. または PE と略す）

physically [fízikəli ふィズィカり] 副詞 身体的に, 肉体的に; 物理的に

physician [fizíʃn ふィズィシャン] 名詞 C 内科医; 医者, 開業医（♦「外科医」は surgeon,「歯科医」は dentist; 一般的には「医者」は doctor という）

physicist [fízəsist ふィズィスィスト] 名詞 C 物理学者

physics [fíziks ふィズィクス] 名詞 U《単数あつかいで》物理学

pianist [piǽnist ピあニスト]（★アクセントに注意）名詞 C ピアニスト, ピアノをひく人

⁑piano [piǽnou ピあノウ] 名詞

（複数 **pianos** [-z]）

C【楽器】ピアノ

➡ **musical instruments** 図

▸play the **piano** ピアノをひく

Picasso [pikɑ́:sou ピカーソウ] 名詞【人名】ピカソ（♦ Pablo Picasso [pɑ́blou- パブろウ-], 1881–1973; スペインで生まれ, 主にフランスで活動した画家・彫刻(ちょうこく)家）

Piccadilly Circus [píkədìli sə́:rkəs ピカディり サ～カス] 名詞 ピカデリーサーカス（♦イギリスのロンドンの中心にある円形広場; 近くに大英博物館やトラファルガー広場があり, 観光客が多く訪(おとず)れる）

piccolo [píkəlòu ピコろウ] 名詞 C【楽器】ピッコロ（♦横笛の一種; フルートより小型で, より高い音が出る）

➡ **musical instruments** 図

˙pick [pík ピック] 動詞

（三単現 **picks** [-s]; 過去・過分 **picked** [-t]; 現分 **picking**）他

❶（花・実など）**をつむ**, もぐ

▸Don't **pick** flowers in the park. 公園の花をつんではいけない.

❷ …を選ぶ（同義語 choose）

▸She **picked** the shirt for his birthday present. 彼女は彼の誕生日プレゼントにそのシャツを選んだ.

pick óut …を選ぶ; …を見つけ出す

▸You can **pick out** any cake in

the box.
箱の中のどのケーキを選んでもいいよ.

◆**pick úp** …を拾い上げる; 取り上げる; …を車で迎(むか)えに行く, 車に乗せる

▸**pick up** the phone
(鳴っている電話の)受話器を取る

▸Would you **pick** me **up** at the station (at) around five?
5時ごろ駅に車で迎えに来ていただけますか?

pickle [píkl ピクる] 名詞
C《ふつう **pickles** で》ピクルス, (キュウリなどの)酢漬(づ)け

pickpocket [píkpɑ̀kit ピックパケット]
名詞 C すり(◆人を指す)

pickup [píkʌ̀p ピックアップ] 名詞
❶ C (人・客などを)車で拾うこと, (荷物などを)車で集配すること
❷ C 小型トラック
(◆ pickup truck ともいう)

picnic [píknik ピクニック] 名詞
❶ C ピクニック, 遠足
▸They went on a **picnic** to the lake. 彼らは湖へピクニックに行った.
❷ C 屋外の食事(◆郊外(こうがい)や自宅の庭でする食事)
▸We had a **picnic** in the park.
わたしたちは公園で食事をした.

:**picture** [píktʃər ピクチャ]
―名詞 (複数 **pictures** [-z])
❶ C 絵, 絵画
▸a **picture** postcard 絵はがき
▸draw a **picture** 絵をかく
(◆ draw はえんぴつ・ペン・クレヨンなどでえがくこと)
▸Liz painted a **picture** of her father. リズは父親の絵をかいた.
(◆ paint は絵の具を使ってえがくこと)
❷ C 写真(同義語 photograph)
▸Will you take a **picture** of us?
わたしたちの写真を撮(と)ってくれませんか?
❸ C《英口語》映画(同義語 movie, film)
❹ C (テレビ・映画の)映像, 画像; (心にえがく)イメージ
―動詞 (三単現 **pictures** [-z]; 過去・過分 **pictured** [-d]; 現分 **picturing**)
他 …を(心に)えがく; …を絵にえがく

picture book [píktʃər bùk ピクチャ ブック] 名詞
C (主に子供用の)絵本; 図鑑(ずかん)

picture card [píktʃər kɑ̀:rd ピクチャ カード] 名詞 C (トランプの)絵札(えふだ)

pie [pái パイ] 名詞 C U パイ
(◆肉や果物(くだもの)などをパイ生地(きじ)で包んで焼いたもの)
▸(a) meat **pie** ミートパイ

·**piece** [pí:s ピース] 名詞
(複数 **pieces** [-iz])
❶ C《**a piece of** ... で》1つの…, 1個の…, 1本の…, 1枚の…, 1切れの…
▸**a piece of** paper 1枚の紙, 紙片
▸**a piece of** furniture 家具1点
▸**two pieces of** chalk
チョーク2本

ルール a piece of の使い方

1 数えられる名詞の場合, 数を表すときは a book「1冊の本」, two books「2冊の本」のようにします. しかし, 数えられない名詞の場合, a, an をつけることも複数形にすることもできません. このような名詞は a piece of ...「1つの…」, two pieces of ...「2つの…」などを使って数を表すことがあります.
▸**a piece of** cake
ケーキ1切れ
▸**two pieces of** cake
ケーキ2切れ

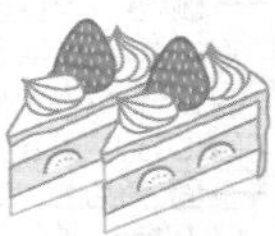

2 a piece of 以外の, 数えられない名詞の数量を表す言い方には次のようなものがあります.
▸**a cup of** coffee コーヒー1杯(ぱい)
▸**a bottle of** wine ワイン1本
▸**a sheet of** paper 紙1枚
▸**a slice of** bread パン1枚

❷ C (全体から分けられた)**部分**, 断片(だんぺん), 破片(はへん); (機械などの)**部品**; (チェスなどの)こま; (パズルなどの)ピース
▸She cut the cake into six **pieces**. 彼女はケーキを 6 つに切った.
▸Cut the onion into **pieces**. タマネギを細かく刻みなさい.
❸ C (芸術上の) **作品** (同義語 work); (新聞などの)**記事**(同義語 article)
▸a fine **piece** of music すばらしい音楽作品
to píeces 粉々に, ばらばらに
▸A glass fell and broke **to pieces**. コップが落ちて, 粉々に砕(くだ)けた.

pier [píə*r* ピア] 名詞 C 船着き場, 桟橋(さんばし)

pierce [píə*r*s ピアス] 動詞 (三単現 **pierces** [-iz]; 過去・過分 **pierced** [-t]; 現分 **piercing**)
他 …を突(つ)き通す, 貫通(かんつう)する; …に穴を空ける

pig [píg ピッグ] 名詞 C ブタ; 《米》子ブタ (◆《米》ではふつう「若いブタ」に用い, 「成長したブタ」は hog という)
➡ **animals** 図, **hog**

pigeon [pídʒən ピヂョン] 名詞
C【鳥類】ハト
(◆ dove よりも大型のものを指す)

piggy [pígi ピギ] 名詞 (複数 **piggies** [-z]) C 《口語・小児語》ブーちゃん, 子ブタ

piggy bank [pígi bæŋk ピギ バぁンク]
名詞 C (子ブタの形の)貯金箱

pilaf [pilɑ́ːf ピらーふ] 名詞 U C ピラフ
(◆米に肉・野菜などを加えて炊いた料理)

pile [páil パイる] 名詞 C 積み重ね, (ものの)山(同義語 heap); 《**a pile of ...** または **piles of ...** で》たくさんの…
▸Put this **piles of** magazines away. この雑誌の山を片づけなさい.
—動詞 (三単現 **piles** [-z]; 過去・過分 **piled** [-d]; 現分 **piling**)
他 …を積み上げる
(◆しばしば up をともなう)
—自 積もる, たまる
(◆しばしば up をともなう)
▸Snow **piled up** on the roof. 屋根に雪が積もった.

pill [píl ピる] 名詞
C 丸薬(がんやく) (◆「粉薬」は powder, 「(円形で平らな)錠剤(じょうざい)」は tablet)

pillar [pílə*r* ピら] 名詞
❶ C 柱, 支柱; (火・煙(けむり)などの)柱状のもの
❷ C 中心人物, 大黒柱

pillow [pílou ピろウ] 名詞
C まくら ➡ **bedroom** 図

pillowcase [píloukèis ピろウケイス]
名詞 C まくらカバー

pilot [páilət パイろット] 名詞
C (飛行機の)パイロット, 操縦士; (港の)水先案内人

˙pin [pín ピン]

—名詞 (複数 **pins** [-z])
C **ピン**, 留め針; 飾(かざ)りピン; (留め針のついた)ブローチ, バッジ, 記章
▸a safety **pin** 安全ピン
▸She was wearing her school **pin** on her blouse. 彼女はブラウスに校章をつけていた.
—動詞 (三単現 **pins** [-z]; 過去・過分 **pinned** [-d]; 現分 **pinning**)
他 …を(ピンで)留める
▸He **pinned** a poster on the wall. 彼は壁(かべ)に(ピンで)ポスターをはった.

pinch [píntʃ ピンチ] 動詞 (三単現 **pinches** [-iz]; 過去・過分 **pinched** [-t]; 現分 **pinching**) 他
❶ …をつねる; …をはさむ; …をつまむ
❷ (靴(くつ)・衣服などが)…を締(し)めつける
—名詞 (複数 **pinches** [-iz])
❶ C つねること; はさむこと
❷ 《**a pinch of ...** で》ひとつまみ(の量)の…
▸**a pinch of** salt ひとつまみの塩
❸ 《**the pinch** で》ピンチ, 危機

pine [páin パイン] 名詞
C【植物】松; 松の木

pineapple [páinæpl パイナぁプる]
(★アクセントに注意) 名詞 C U【植物】パイナップル; パイナップルの木

ping-pong [píŋpɑ̀ŋ ピングパング] 名詞
U 《口語》 卓球(たっきゅう), ピンポン
(同義語 table tennis)

˙pink [píŋk ピンク]

—形容詞 (比較 **pinker**; 最上 **pinkest**)
ピンクの, 桃(もも)色の
—名詞 ❶ U **ピンク(色)**, 桃色
▸The girl was dressed in **pink**. その女の子はピンク色の服を着ていた.
❷ C【植物】ナデシコ

Pinocchio [pinóukiòu ピノウキオウ]

名詞 ピノキオ（◆イタリアの作家コッローディ(Collodi)の童話『ピノキオの冒険(ぼうけん)』(*The Adventures of Pinocchio*)の主人公で木製の人形）

pint [páint パイント] 名詞 C（液量の単位の）パイント（◆《米》では約0.47リットル,《英》では約0.57リットル）

pioneer [pàiəníər パイオニア]（★アクセントに注意）名詞 C 開拓(かいたく)者；先駆(せんく)者, パイオニア

pipe [páip パイプ] 名詞
❶ C 管, パイプ
❷ C（喫煙(きつえん)用の）パイプ
❸ C 笛, 管楽器；《**pipes** で》《英口語》バグパイプ（同義語 bagpipes）

pipeline [páiplàin パイプライン] 名詞 C（石油・ガスなどの）輸送管, パイプライン

pirate [páirət パイレット] 名詞
❶ C 海賊(かいぞく)；海賊船
❷ C 著作権［特許権］を侵害(しんがい)する人；《形容詞的に》海賊版の

pistol [pístl ピストゥる] 名詞 C ピストル, けん銃(じゅう) ➡ **gun** 文化

pit [pít ピット] 名詞
❶ C（地面の）穴, くぼみ
❷ C 採掘坑(さいくつこう)；炭坑
❸ C（人体の）くぼみ
❹《**the pit** で》オーケストラ席（◆ the orchestra pit ともいう）
❺《**the pit(s)** で》（自動車レース場の）ピット（◆給油・整備を行う場所）

pitch [pítʃ ピッチ] 動詞（三単現 **pitches** [-iz]；過去・過分 **pitched** [-t]；現分 **pitching**）他
❶（ねらって）（もの・ボールなど）を投げる（同義語 throw）
▸**pitch** a ball　ボールを投げる
❷（テントなど）を張る
——自 ❶ 投げる, 投球する
❷（船・飛行機が）縦揺(たてゆ)れする（◆「横揺れする」は roll）
——名詞（複数 **pitches** [-iz]）
❶ C 投げること,（野球などの）投球
❷ U《または **a pitch** で》（声・音などの）高さ, ピッチ
❸ U《または **a pitch** で》縦揺れ

pitcher[1] [pítʃər ピチャ] 名詞 C【野球】ピッチャー, 投手

pitcher[2] [pítʃər ピチャ] 名詞 C《米》ピッチャー, 水差し（◆耳形の取っ手と口がついている）

pitfall [pítfɔ̀ːl ピットふォーる] 名詞 C 落とし穴, わな

pity [píti ピティ] 名詞
❶ U 哀(あわ)れみ, 同情（同義語 sympathy）
▸I felt **pity** for the boy.
わたしはその少年がかわいそうになった.
❷ U《ふつう **a pity** で》残念なこと（同義語 a shame）
▸It's **a pity** (that) he can't come.
彼が来られないのは残念だ.

Whát a píty!
かわいそうに；残念なことだ.

> ダイアログ
> *A:* We have to go now.
> わたしたちはもう行かなくては.
> *B:* **What a pity!**
> それは残念です.

Pixar [píksər ピクサ] 名詞 ピクサー（◆アメリカにある映像制作会社）

pizza [píːtsə ピーツァ] 名詞 C U ピザ, ピッツァ（◆イタリア語から）

placard [plǽkɑːrd プらぁカード]（★アクセントに注意）名詞 C（広告などの）はり紙, ポスター, プラカード

⁑place [pléis プれイス]

名詞	❶ 場所
	❷ 立場, 地位
動詞	…を置く

——名詞（複数 **places** [-iz]）
❶ C **場所**, ところ；地域, 土地
▸a good **place** for skiing
スキーに適した場所
▸I don't know this **place** well.
この土地はよく知りません.
❷ C **立場**, **地位**, 身分, 職；（競技などでの）順位
▸Please put yourself in my **place**.
わたしの立場にもなってみてください.
▸She took third **place** in the race.
彼女はそのレースで3位になった.
❸ C 席；（定められた）位置
▸Always put the key in the same **place**.
かぎはいつものところに置きなさい.
❹ C《口語》家, 住居
▸Why don't you come to my **place** now?　今からわたしの家に来ない？

from pláce to pláce あちらこちらに
▸My uncle traveled **from place to place** in Europe.
わたしのおじはヨーロッパのあちこちを旅行した.

in pláce of ... = *in a person's pláce*
(人・もの)の代わりに; (人)の代理で
▸I will attend the meeting **in place of** Jim.
ジムの代わりにわたしがその会議に出席します.

take pláce 起こる(同義語 happen), (予定されていたことが)行われる
▸A speech contest **takes place** every spring.
弁論大会は毎年春に開かれる.

take the pláce of ...
= *take a person's pláce*
…の代わりをする, …にとって代わる
▸My sister **took the place of** my mother and cooked dinner.
母の代わりに妹が夕食を作った.

—動詞 (三単現 **places** [-iz]; 過去・過分 **placed** [-t]; 現分 **placing**)
他 …を置く, 配置する
▸**place** the books on the shelves
本を本棚(ほんだな)に並べる

plain [pléin プレイン] 形容詞
(比較 **plainer**; 最上 **plainest**)
❶ 明らかな; わかりやすい
(同義語 simple)
▸a **plain** fact 明らかな事実
▸He speaks **plain** English.
彼はわかりやすい英語を話す.
❷ 質素な, 地味な, 飾(かざ)らない
—名詞 C 平原, 平野
▸the Kanto **Plain** 関東平野

plainly [pléinli プレインリ] 副詞
❶ はっきりと, わかりやすく; 明らかに
❷ 率直(そっちょく)に
❸ 地味に, 質素に

˚plan [plǽn プラぁン]
—名詞 (複数 **plans** [-z])
❶ C (…の)計画, 案, プラン《for ...》
▸make a **plan** 計画を立てる
▸Do you have any **plans for** next Sunday?
今度の日曜は何か予定がありますか?
❷ C 設計図, 図面; (街などの)地図
—動詞 (三単現 **plans** [-z]; 過去・過分 **planned** [-d]; 現分 **planning**) 他
❶ …を計画する; 《**plan to** +動詞の原形で》…することを計画する
▸**plan** a concert
コンサートを計画する
▸We're **planning to** go cycling.
サイクリングを計画しています.
❷ …の設計をする, 設計図をかく

˚plane[1] [pléin プレイン] 名詞
(複数 **planes** [-z])
❶ C 飛行機(♦air*plane* を短縮した語)
▸The **plane** took off for China.
飛行機は中国に向けて離陸(りりく)した.
▸travel by **plane** 飛行機で行く
(♦手段を表す by のあとは無冠詞)
❷ C 面, 平面

plane[2] [pléin プレイン] 名詞 C かんな

planet [plǽnit プラぁネット] 名詞
C 【天文】惑星(わくせい)

参考 太陽系の惑星
太陽 (the sun) から近い順

Mercury	水星	**Jupiter**	木星
Venus	金星	**Saturn**	土星
Earth	地球	**Uranus**	天王星
Mars	火星	**Neptune**	海王星

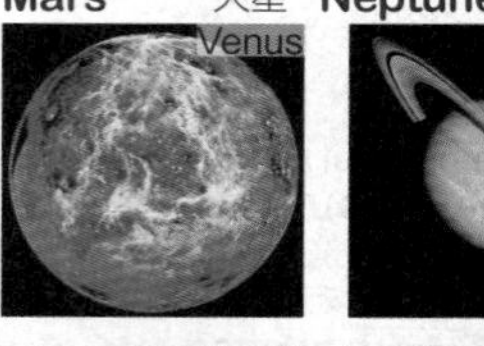

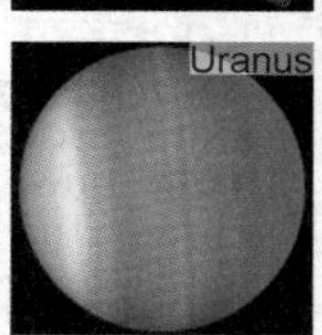

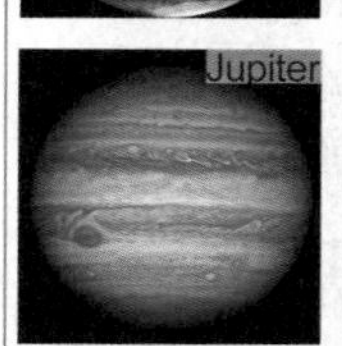

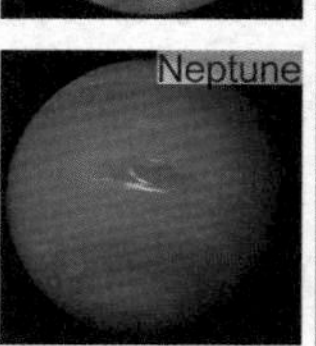

planetarium [plæ̀nətériəm プラぁネテリアム] (★アクセントに注意) 名詞
C プラネタリウム

plankton [plǽŋktən プラぁンクトン]
名詞 U 【生物】プランクトン

˙plant [plǽnt プらぁント]

——名詞 (複数 **plants** [plǽnts プらぁンツ]) ❶ C (動物に対して)植物 (♦「動物」は animal, 「鉱物」は mineral); (樹木に対して)草; 苗(なえ)

▸tropical **plants** 熱帯植物
▸**plants** and animals 動植物
▸a potato **plant** ジャガイモの苗

❷ C 工場 ➡ **factory** くらべよう; 発電所

▸a cement **plant** セメント工場
▸a nuclear power **plant** 原子力発電所

——動詞 (三単現 **plants** [plǽnts プらぁンツ]; 過去・過分 **planted** [-id]; 現分 **planting**)

他 (植物)を植える, (種)をまく

▸**plant** a tree 木を植える
▸**Plant** tulips in fall. 秋にチューリップを植えなさい.

plantation [plæntéiʃn プらぁンテイシャン] 名詞 C 大農園, プランテーション (♦特に熱帯・亜(あ)熱帯地方の綿・コーヒー・ゴムなどの大農園)

plaster [plǽstər プらぁスタ] 名詞

❶ U しっくい, 壁土(かべつち); 石こう
❷ C U ばんそうこう; C こう薬

˙plastic [plǽstik プらぁスティック] (★アクセントに注意)

——名詞 (複数 **plastics** [-s])

U プラスチック, ビニール (♦日本語の「プラスチック」と異なり, ビニールなど柔(やわ)らかいものもふくむ);
C 《しばしば **plastics** で》プラスチック[ビニール]製品

▸a sheet of **plastic** ビニールシート1枚

——形容詞 プラスチック製の, ビニール製の

▸a **plastic** bag ビニール袋(ぶくろ)
▸a **plastic** bottle ペットボトル

˙plate [pléit プれイト] 名詞 (複数 **plates** [pléits プれイツ])

❶ C (浅い)(取り)皿(♦各自が料理を取り分ける皿)(類語 dish (大)皿, saucer 受け皿 ➡ **dish** 図);
料理1皿; 料理1人前

▸a soup **plate** スープ皿
▸a **plate** of meat 肉料理1皿

❷ C 金属板, 板金, ガラス板
❸ C (金属板の)表札(ひょうさつ), 看板

▸a name **plate** 名札(ふだ)
▸a license **plate** ナンバープレート (♦《英》では number plate)

❹《**the plate** で》【野球】本塁(ほんるい)

platform [plǽtfɔːrm プらぁットふォーム] (★アクセントに注意) 名詞

❶ C (駅の)プラットホーム; (バス・列車の)乗降口, デッキ
❷ C 壇(だん); 演壇; 教壇

platinum [plǽtnəm プらぁティナム] 名詞 U 【化学】白金, プラチナ (♦元素記号は Pt)

:play [pléi プれイ]

動詞	他	❶ (競技・ゲームなど)をする
		❷ (曲・楽器など)を演奏する
		❸ (役)を演じる
	自	❶ 遊ぶ
		❷ 競技[試合]をする
		❸ 演じる
名詞		❶ 遊び
		❷ 劇

——動詞 (三単現 **plays** [-z]; 過去・過分 **played** [-d]; 現分 **playing**)

——他 ❶ (競技・ゲームなど) をする (♦競技名・ゲーム名にはふつう冠詞をつけない) ➡ **sport** 参考

▸**play** cards トランプをする
▸**play** chess チェスをする
▸**play** soccer サッカーをする
▸I **play** video games after dinner. わたしは夕食後にテレビゲームをする.

❷ (曲・楽器など)を演奏する (♦楽器名にはふつう the をつける); (ラジオ・CD・DVD など)をかける, 再生する

▸She **plays** the drums very well. 彼女はドラムの演奏がとてもうまい.
▸I **played** her new CD. わたしは彼女の新しい CD をかけた.

❸ (役)を演じる

▸She **played** the leading role. 彼女は主役を演じた.

❹ (役割)を果たす; …らしくふるまう

▸He **played** an important role in the project. 彼はそのプロジェクトで重要な役割を果たした.

❺（人に）（いたずらなど）をする《on ...》

—自 ❶ 遊ぶ（対義語 work 働く）

▸I often **played** with Kate in those days.
当時，わたしはよくケイトと遊んだ．

❷ **競技[試合]をする**，プレーする

▸Nancy **played** in the volleyball finals. ナンシーはバレーボールの決勝戦に出場した．

❸ **演じる**，出演する；演奏する；（曲・楽器などが）演奏される；（劇・映画などが）上演される

▸The actor often **plays** in foreign movies.
その役者はよく外国映画に出演する．

▸My favorite song is **playing** on the radio now.
大好きな曲が今，ラジオでかかっている．

▸What's **playing** at the theater now? 現在，その映画館では何が上映されていますか？

—名詞（複数 **plays** [-z]）

❶ U 遊び（対義語 work, study 勉強）

▸ことわざ All work and no **play** makes Jack a dull boy. よく学びよく遊べ．（◆「勉強ばかりして遊ばないと子供はだめになる」の意味から）

❷ C 劇，芝居(しばい)；脚本(きゃくほん)
（同義語 drama）

▸go to a **play** 芝居を見に行く

▸a **play** of Shakespeare's
シェークスピアの劇

❸ U 競技すること，勝負，試合ぶり；C（個々の）プレー；U 競技をする番

▸fair **play** フェアプレー

▸Judy made another nice **play**.
ジュディがまたいいプレーをした．

▸It's your **play**. きみの番だよ．

⁑player [pléiər プれイア] 名詞

（複数 **players** [-z]）

❶ C **競技者**，選手；ゲームをする人

▸a professional soccer **player**
プロのサッカー選手

▸Bob is a good [poor] tennis **player**.
ボブはテニスがじょうず[へた]だ．

❷ C **演奏者**

▸a piano **player**
ピアノ奏者（= a pianist）

❸ C（CD・DVD などの）プレーヤー

▸a CD **player** CD プレーヤー

playful [pléifl プれイふる] 形容詞

ふざけた，ふざけたがる；冗談(じょうだん)の

playground [pléigràund プれイグラウンド] 名詞（複数 **playgrounds** [pléigràundz プれイグラウンヅ]）

C（学校の）運動場；（公園などの）遊び場

▸play soccer on the **playground**
運動場でサッカーをする

playing card [pléiiŋ kɑ̀ːrd プれイングカード] 名詞 C トランプの札(ふだ)（の１枚）

（◆単に card ともいう；英語の trump [trʌ́mp トゥランプ] は「切り札」を指す）

play-off [pléiɔ̀ːf プれイオーふ] 名詞

（複数 **play-offs** [-s]） C（同点・同率首位などのときの）優勝決定戦，プレーオフ

playtime [pléitàim プれイタイム] 名詞

U（学校での）遊び時間，休み時間
（◆《米》recess）

plaza [plɑ́ːzə プらーザ] 名詞

C（都市の）広場

pleasant [plézn t プれズント] 形容詞

（比較 **more pleasant** または **pleasanter**；最上 **most pleasant** または **pleasantest**）

❶（物事が）楽しい，愉快(ゆかい)な，気持ちのよい（対義語 unpleasant 不愉快な）

▸We had a **pleasant** time.
わたしたちは愉快な時を過ごした．

▸**pleasant** weather
気持ちのよい天気

❷（人が）愉快な，感じのよい

▸a **pleasant** person 感じのよい人

⁑please [plíːz プリーズ]

—副詞《命令文や依頼(いらい)の疑問文でていねいに言うときに用いて》**どうぞ**

▸**Please** come in.
（=Come in, **please**.）
どうぞお入りください．
（◆命令文では please は文の最初か最後に置く；最後に置く場合はふつう please の前にコンマ（,）をつける）

▸Two ice creams, **please**.
アイスクリームを２つください．
（◆動詞を使わない場合には please は最後に置く）

▸Will you **please** open the window?
すみませんが窓を開けてくれませんか？（◆ Will you please ...? は Will you ...? よりていねいな言い方；疑問文

では please は主語の次か, コンマをつけて文末に置く)

ダイアログ
A: May I help you? いらっしゃいませ.
B: Yes, **please**. I want a hot dog.
すみません. ホットドッグを1つください.

――動詞 (三単現 **pleases** [-iz]; 過去・過分 **pleased** [-d]; 現分 **pleasing**)
――他 (人)を喜ばせる, 楽しませる
▸The news **pleased** her.
その知らせは彼女を喜ばせた.
▸We cannot **please** everybody.
すべての人が気に入るようにすることはできない. (♦部分否定の文)
――自 したいと思う, 気に入る, 好む
if you pléase
よろしければ; どうか, 恐(おそ)れ入りますが

pleased [plíːzd プリーズド] 動詞
please (…を喜ばせる)の過去形・過去分詞
――形容詞 (…に)喜んでいる, 満足している; (…を)気に入って(いる)《with [at] ...》
▸She is **pleased with** her new car.
彼女は新しい車を気に入っている.
be pléased to +動詞の原形
喜んで…する; …してうれしい
▸We **are pleased to** help you.
わたしたちは喜んでお手伝いします.
▸I'm **pleased to** meet you.
お会いできてうれしいです. (♦初対面のあいさつ; Nice to meet you. より少しあらたまった表現)

pleasing [plíːziŋ プリーズィング] 動詞
please (…を喜ばせる)の現在分詞・動名詞

pleasure [pléʒər プれジャ] 名詞
U 楽しみ, 喜び, 満足;
C 楽しみをあたえるもの, 楽しいこと
▸Reading is one of my **pleasures**.
読書はわたしの楽しみの一つだ.
It's mý pléasure. (礼を言われたときの返事で)どういたしまして, こちらこそ. (♦単に My pleasure. ともいう)

ダイアログ
A: Thank you for your help.
手伝ってくれてありがとう.
B: **It's my pleasure.**
どういたしまして.

with pléasure 喜んで; (返事で)いいですとも, かしこまりました

ダイアログ
A: Will you help me?
手伝っていただけますか?
B: Yes, **with pleasure**.
ええ, 喜んで.

plentiful [pléntifl プれンティふる]
形容詞 (あり余るほど)豊富な; 十分な

·plenty [plénti プれンティ] 名詞
U《ふつう肯定文で》**たくさん, 十分**; 《**plenty of ...** で》たくさんの… (♦数えられる名詞にも数えられない名詞にも使う; 否定文・疑問文では enough を用いる)
▸We still have **plenty of** time.
わたしたちにはまだ時間はたっぷりある.

ダイアログ
A: Have some more salad.
もう少しサラダをどうぞ.
B: Thanks, but I've had **plenty**.
ありがとう. でも十分いただきました.

▸We had **plenty** to eat, but we didn't have enough to drink.
食べ物はたくさんあったが, 飲み物は十分でなかった.

plop [plɑ́p プらップ] 名詞
C ポチャンという音

plot [plɑ́t プらット] 名詞
❶ C 陰謀(いんぼう), たくらみ
❷ C (小説・劇などの)あら筋, プロット

plow, 《英》**plough** [pláu プらウ]
(★発音に注意)
名詞 C (耕作・農作業の)すき
(♦牛やトラクターでひくものを指す)

plug [plʌ́g プらッグ] 名詞
❶ C (穴や管の口に詰(つ)める)栓(せん)
❷ C (電気の)差しこみ, プラグ
❸ C (エンジンの)点火プラグ

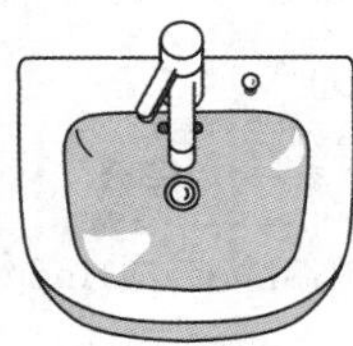
plug ❶

plug ❷

――動詞 (三単現 **plugs** [-z]; 過去・過分

plugged [-d]; 現分 **plugging**)
他 (穴など)に栓をする, …をふさぐ; (電気器具)を(…に)接続する《into ...》

plúg ín
…のプラグをコンセントに差しこむ
▸I **plugged in** the coffee maker. わたしはコーヒーメーカーのプラグをコンセントにつないだ.

plum [plʌ́m プラム] 名詞
C【植物】西洋スモモ, プラム(◆干したものは prune という); 西洋スモモの木

plump [plʌ́mp プランプ] 形容詞 (比較 **plumper**; 最上 **plumpest**) まるまると太った, ぽっちゃりした(◆ふつう子供や女性に対してよい意味で用いる)

plunge [plʌ́ndʒ プランヂ] 動詞 (三単現 **plunges** [-iz]; 過去・過分 **plunged** [-d]; 現分 **plunging**) 他
❶ …を(…に)突(つ)っこむ, 投げこむ《into ...》
❷ …を(ある状態に)陥(おとしい)れる《into ...》
──自 (…に)飛びこむ; 突入(とつにゅう)する《into ...》
▸He **plunged into** the swimming pool. 彼はプールに飛びこんだ.
──名詞 C《ふつう **a plunge** で》飛びこむこと; 突進

plural [plúərəl プるラる] 形容詞
【文法】複数の
(◆ pl. と略す; 対義語 singular 単数の)
──名詞 U【文法】複数(形) (◆ pl. と略す); C 複数形(の語)(対義語 singular 単数)

plus [plʌ́s プラス] 前置詞 …を加えて, 足して(対義語 minus …をひいて)
▸Eight **plus** two is [equals] ten. 8 プラス 2 は 10 (8 + 2 = 10).
──形容詞 ❶ プラスの, 正の
(対義語 minus マイナスの)
▸a **plus** number 正の数
❷《数字などのあとにつけて》…以上; 《成績評価などのあとにつけて》…の上(じょう), …プラス
▸A **plus** A の上
(◆ふつう A⁺ と表記される)

Pluto [plúːtou プるートウ] 名詞
【ローマ神話】プルートー (◆黄泉(よみ)の国の神; ギリシャ神話のハデス(Hades)にあたる)

p.m., P.M. [píːém ピーエム] 午後
(対義語 a.m. 午前) ➡ **a.m.** ルール
▸5:30 **p.m.** 午後 5 時 30 分
▸My watch says 3:05 **p.m.** わたしの時計では午後 3 時 5 分だ.
(◆ 3:05 は, three o five と読む)

pneumonia [njuːmóuniə ニューモウニア] (★発音に注意) 名詞
U【医学】肺炎(はいえん)

P.O. [píːóu ピーオウ] 郵便局
(◆ *post office* の略)

POB, P.O.B. [píːòubíː ピーオウビー]
(郵便局の)私書箱
(◆ *post-office box* の略)

P.O. Box [píːòu bɑ́ks ピーオウ バックス]
名詞 C (郵便局の)私書箱
(◆ *post-office box* の略)

·pocket [pɑ́kit パケット]
──名詞 (複数 **pockets** [pɑ́kits パケッツ])
C **ポケット**
▸a breast **pocket** 胸ポケット
▸an inside **pocket** 内ポケット
▸I put the ticket in my **pocket**. わたしはチケットをポケットに入れた.
──形容詞 小型の, ポケットサイズの

pocketbook [pɑ́kitbùk パケットブック]
名詞 ❶ C《米》札(さつ)入れ(◆ wallet のほうがふつう); (女性の平たい)ハンドバッグ
❷ C《英》手帳
❸ C《米》ペーパーバック, 文庫本

pod [pɑ́d パッド] 名詞 C (豆の)さや

Poe [póu ポウ] 名詞
【人名】ポー(◆ Edgar Allan Poe [édgər ǽlən- エドガ あらン-], 1809-49; アメリカの詩人・短編小説家)

poem [póuəm ポウエム] 名詞
C (一つの作品としての)詩
▸write a **poem** 詩を 1 編書く

poet [póuit ポウエット] 名詞 C 詩人

poetic [pouétik ポウエティック] 形容詞
詩の; 詩的な; 詩人(特有)の

poetry [póuitri ポウエトゥリ] 名詞
U (小説・エッセーなどに対する)詩(全体)
(◆「一つひとつの詩」は poem; 対義語 prose 散文)

·point [pɔ́int ポイント]

名詞	❶ (とがったものの)**先**
	❷ (時間的・空間的な)**点**
	❸ **点数**
動詞 他	…**を**(…に)**向ける**

—名詞（複数 **points** [pɔ́ints ポインツ]）
❶ C（とがったものの）先，先端(せんたん)；岬(みさき)，崎(さき)（◆地名の一部にも用いる）
▸the **point** of a needle　針の先
▸**Point** Omaezaki　御前崎
❷ C（時間的・空間的な）**点**，地点，時点
▸the starting **point**　出発点，始点
▸I didn't know him at that **point**. その時点ではわたしは彼を知らなかった.
❸ C **点数**，得点
▸win [lose] by five **points** 5点差で勝つ[負ける]
▸I got 85 **points** out of a hundred. わたしは100点満点で85点をとった.
❹ C（計器の目盛りの）点，度
▸the freezing **point**　氷点
❺ C（記号の）小数点(.)
▸A mile is about 1.61 kilometers. 1マイルは約1.61キロメートルだ.（◆1.61は one **point** six one と読む）
❻ C 特質，特徴(とくちょう)；（話などの）論点，《ふつう **the point** で》要点，ポイント
▸a strong **point**　長所，強み
▸a weak **point**　短所，弱点
▸I see her **point**. 彼女の言おうとしていることはわかる.
▸**The point** is that it is almost impossible. 要は，それはほとんど不可能だということだ.

—動詞（三単現 **points** [pɔ́ints ポインツ]；過去・過分 **pointed** [-id]；現分 **pointing**）
—他 …を（…に）**向ける**《at ...》
▸He **pointed** his camera **at** me. 彼はわたしにカメラを向けた.
—自（…を）指差す《to [at] ...》
▸He **pointed to** the door. 彼はドアを指差した.

póint óut …を指摘(してき)する
▸She **pointed out** my spelling mistakes. 彼女はわたしのつづりのまちがいを指摘した.

poison [pɔ́izn ポイズン] 名詞
C U 毒，毒薬
—動詞 他 ❶ …に毒を入れる，…を毒殺する
❷ …を汚染(おせん)する；（精神的に）…を毒する，害する

poisoning [pɔ́izniŋ ポイズニング] 名詞
U 中毒
▸food **poisoning**　食中毒

poisonous [pɔ́izənəs ポイズナス]
形容詞 有毒な，有害な

poke [póuk ポウク] 動詞（三単現 **pokes** [-s]；過去・過分 **poked** [-t]；現分 **poking**）他
❶ …をつつく，押(お)す
❷ …を突(つ)っこむ；…を突き出す
—自（…を）つつく《at ...》；突き出る
—名詞 C つつくこと，突くこと

Poland [póulənd ポウランド] 名詞
ポーランド（◆東ヨーロッパの国；首都はワルシャワ Warsaw）

polar [póulər ポウら] 形容詞《名詞の前に用いて》北極の，南極の，極地の
▸the **polar** star　北極星（＝the North Star, the Polestar）
▸a **polar** bear　北極グマ，シロクマ

Pole [póul ポウる] 名詞
C ポーランド人，ポーランド系の人

pole[1] [póul ポウる] 名詞 C 棒，さお，柱
▸a telephone **pole** 電柱

pole[2] [póul ポウる] 名詞
❶ C《**Pole** で》（天体・地球の）極，極地
▸the North [South] **Pole** 北[南]極
❷ C 磁極，電極

Polestar [póulstɑ̀ːr ポウるスター] 名詞
《**the Polestar** で》【天文】北極星（◆the polar star, the North Star ともいう）

˙police [pəlíːs ポリース] 名詞
《ふつう **the police** で複数あつかい》
警察；《複数あつかいで》警察官（全体）（◆1人の警察官には police officer, policeman, policewoman などを用いる）➡ **policeman** ルール
▸a **police** box　交番
▸Call **the police**! 警察を呼んで！
▸**The police** are looking into the case. 警察がその事件を捜査(そうさ)している.

police car [pəlíːs kɑ̀ːr ポリース カー]
名詞 C パトカー（同義語 patrol car）

˙policeman
[pəlíːsmən ポリースマン] 名詞
（複数 **policemen** [pəlíːsmən ポリースマン]）C **警察官**，巡査(じゅんさ)

ルール「警察官」の呼び方

1 policeman は，警察（police）に属する一人ひとりの警察官のことで，女性

の警察官は policewoman といいます.
2 しかし, 現在では男女を区別する呼び方を避(さ)けて, police officer または単に officer と呼びます. 「おまわりさん」と呼びかけるときには, "Officer."と言います.
3 警察組織, あるいは警察官全体を指すときは, (the) police を用います.

アメリカの警察官

イギリスの警察官

policemen [pəlíːsmən ポリースマン]
名詞 policeman(警察官)の複数形

police officer [pəlíːs ɔ̀ːfisər ポリースオーふィサ] 名詞 C 警察官
➡ **policeman** ルール

police station [pəlíːs stèiʃn ポリースステイシャン] 名詞 C 警察署

policewoman [pəlíːswùmən ポリースウマン] 名詞 (複数 **policewomen** [pəlíːswìmin ポリースウィミン])
C 女性警察官, 婦人警官
➡ **policeman** ルール

policy [pάləsi パりスィ] 名詞
(複数 **policies** [-z])
C U 方針, 政策; 方策, 手段
▸a foreign **policy** 外交政策
▸ことわざ Honesty is the best **policy**. 正直の頭(こうべ)に神宿る.
(♦「正直は最善の方策」の意味から)

polish [pάliʃ パりッシ] 動詞 (三単現 **polishes** [-iz]; 過去・過分 **polished** [-t]; 現分 **polishing**) 他
❶ …を磨(みが)く; …を光らせる
(同義語 shine)
▸My father is **polishing** his shoes.
父は靴(くつ)を磨いている.
❷ (技術)に磨きをかける; (外国語など)を勉強し直す(♦しばしば up をともなう)
——名詞 ❶ U つや, 光沢(こうたく)
❷ U 磨き粉, つや出し

polite [pəláit ポらイト] 形容詞
(比較 **politer** または **more polite**; 最上 **politest** または **most polite**)
ていねいな, 礼儀(れいぎ)正しい
(対義語 impolite, rude 失礼な)
▸She is always **polite** to others.
彼女はいつも他人に対して礼儀正しい.
▸It's not **polite** of you to ask such a question.
そういう質問をするなんて失礼ですよ.

参考 「敬語」と polite expressions

1 英語には基本的に日本語の敬語にあたる表現はありません. 「手伝ってあげるよ」も「お手伝いいたしましょう」も次のように言います.
▸Let me help you.
2 しかし, 何かをたのむ場合に「ていねいな言い方」を心がけることは英語でも大切です.
▸**Could you please** open the window**?**
窓を開けていただけますか?
➡ **could**, **would**

politely [pəláitli ポらイトり] 副詞
礼儀(れいぎ)正しく, ていねいに

politeness [pəláitnəs ポらイトネス]
名詞 U 礼儀(れいぎ)正しさ, ていねいさ

political [pəlítikl ポりティクる] 形容詞
政治(上)の, 政治に関する
▸a **political** party 政党

politically [pəlítikəli ポりティカり]
副詞 政治的に; 政治上, 政略的に

politician [pὰlitíʃn パりティシャン] 名詞
C 政治家

politics [pάlitiks パりティックス] 名詞
U 《単数または複数あつかいで》 政治; 《単数あつかいで》政治学; 《複数あつかいで》政治に関する意見, 政見

poll [póul ポウる] 名詞 ❶ C 世論調査
(♦ opinion poll ともいう)
❷ C 《しばしば **the polls** で》
選挙; 投票; 《**the polls** で》投票所

pollen [pάlən パれン] 名詞 U 花粉
▸I have **pollen** allergy.
わたしは花粉アレルギーだ.

pollute [pəlúːt ポるート] 動詞 (三単現 **pollutes** [pəlúːts ポるーツ]; 過去・過分 **polluted** [-id]; 現分 **polluting**)
他 (水・空気など)を汚(よご)す, 汚染(おせん)する

pollution [pəlúːʃn ポるーシャン] 名詞
U 汚染(おせん); 汚(よご)れ; (汚染による)公害; 汚染物質➡ **environment** 参考

▸air **pollution** 大気汚染
▸environmental **pollution** 環境(かんきょう)汚染

polo [póulou ポウろウ] 名詞【スポーツ】
❶ U ポロ(♦ホッケーに似た球技；ウマに乗った4人1組の2チームが, 長い柄(え)の木づちで木球を打ち合う)
❷ U 水球(= water polo)

polo ❶

˙pond [pánd パンド] 名詞 (複数 **ponds** [pándz パンヅ])
C 池(♦ふつう lake よりも小さく, pool より大きい)
▸go fishing at [in] the **pond** 池に釣(つ)りに行く
▸row a boat on the **pond** 池でボートをこぐ

pony [póuni ポウニ] 名詞 (複数 **ponies** [-z]) C【動物】ポニー(♦小型の品種のウマ)

ponytail [póunitèil ポウニテイる] 名詞
C ポニーテール(♦後ろで一つに結んで垂(た)らす髪型(かみがた)；「(編みこんだ)お下げ髪」は pigtail [pígtèil ピッグテイる])

pool [pú:l プーる] 名詞
❶ C 水たまり, 池
▸a **pool** of water 水たまり
❷ C (水泳のための)プール (= swimming pool)
▸an indoor **pool** 室内プール

⁑poor [púər プア] 形容詞
(比較 **poorer**; 最上 **poorest**)
❶ **貧しい**, 貧乏(びんぼう)な
(対義語 rich 金持ちの)
▸We were **poor** at the time. 当時, わたしたちは貧乏だった.
▸the **poor** 貧しい人々 (♦「the ＋形容詞」で「…な人々」の意味)
❷《名詞の前に用いて》**かわいそうな**, みじめな
▸Oh, **poor** Jane. ああ, かわいそうなジェーン.
▸**Poor** John is still sick in bed. かわいそうに, ジョンはまだ病気で寝(ね)こんでいる.
❸ 貧弱な, 粗末(そまつ)な；乏(とぼ)しい；へたな (同義語 bad, 対義語 good じょうずな)；《**be poor at ...** で》…がへただ, 不得意だ
▸a **poor** excuse へたな言い訳
▸She is in **poor** health. 彼女は健康がすぐれない.
▸**I'm poor at** cooking. (=I'm a **poor** cook.) わたしは料理がへただ.

poorly [púərli プアり] 副詞
❶ 貧しく, みすぼらしく；不十分に
▸He was **poorly** dressed. 彼はみすぼらしい身なりをしていた.
❷ まずく, へたに
▸She sang **poorly**. 彼女の歌はへただった.

pop[1] [páp パップ] 動詞
(三単現 **pops** [-s]; 過去・過分 **popped** [-t]; 現分 **popping**) 自
❶ ポン[パン, パチン, スポン]と音がする, ポンと鳴る
❷ ひょいと動く, 突然(とつぜん)入る[出る]
—他 ❶ …をポンと鳴らす
❷ …を突然動かす
—名詞 ❶ C ポンと鳴る音 ➡ **sound** 図
❷ U 炭酸水, ソーダ水(♦ふたを取るとポンと音を立てる飲み物；同義語 soda)

pop[2] [páp パップ] 形容詞《口語》大衆的な (♦ *pop*ular を短縮した語)
▸a **pop** song ポップス, 流行歌
—名詞 U ポピュラー音楽, 流行歌

popcorn [pápkɔ̀:rn パップコーン] 名詞
U ポップコーン

Popeye [pápai パパイ] 名詞 ポパイ (♦アメリカのマンガ『シンブルシアター (*Thimble Theatre*)』の主人公)

poplar [páplər パプら] 名詞
C【植物】ポプラ

poppy [pápi パピ] 名詞 (複数 **poppies** [-z]) C【植物】ケシ, ポピー

⁑popular [pápjələr パピュら]
形容詞 (比較 **more popular**; 最上 **most popular**)

❶ **人気のある**；流行の
▸a **popular** writer
人気作家
▸The singer is **popular** with [among] the students.
その歌手は学生に[の間で]人気がある.
▸This novel is very **popular** in Japan.
この小説は日本でとても人気がある.
❷《名詞の前に用いて》
大衆的な, 大衆向きの；安い
▸a **popular** newspaper
大衆紙(♦通俗(つうぞく)的な話題が多い新聞)
❸ 一般的な
▸a **popular** belief
通説(♦一般に信じられている説)

popularity [pɑ̀pjəlǽrəti パピュらぁリティ]
名詞 U 人気, 評判；流行；大衆性

population [pɑ̀pjəléiʃn パピュれイシャン] 名詞 C U 人口, 住民数
▸What is the **population** of Japan?
日本の人口はどのくらいですか？
(♦×How many is the population ...? とはいわない)
▸India has a large **population**.
インドは人口が多い.(♦少ない場合は large の代わりに small を用いる)

populous [pɑ́pjələs パピュらス] 形容詞
人口の多い

porch [pɔ́ːrtʃ ポーチ] 名詞
(複数 **porches** [-iz])
❶ C (母屋(おもや)から突(つ)き出た屋根のある)玄関(げんかん), 入り口, ポーチ；車寄せ
❷ C 《米》ベランダ(同義語 veranda(h))

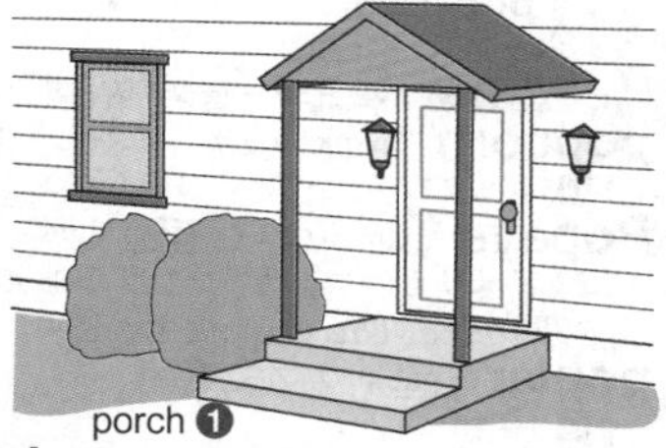
porch ❶

pork [pɔ́ːrk ポーク] 名詞
U ブタ肉, ポーク ➡ **meat** 参考

porridge [pɔ́ːridʒ ポーリッヂ] 名詞
U 《主に英》ポリッジ(♦オートミールやほかのシリアル(cereal)などを水や牛乳で煮(に)たおかゆの一種)

˙port [pɔ́ːrt ポート] 名詞
(複数 **ports** [pɔ́ːrts ポーツ])
C U 港；C 港町 ➡ **harbor** くらべよう
▸come into **port**　入港する
▸leave **port**　出港する
▸Yokohama **Port**　横浜港

portable [pɔ́ːrtəbl ポータブる] 形容詞
携帯(けいたい)用の, 持ち運びのできる

porter [pɔ́ːrtər ポータ] 名詞
C (空港・駅などの)ポーター
(♦旅行者の荷物を有料で運ぶ)；
《主に英》(ホテルの)ボーイ
(♦《米》doorman)

portion [pɔ́ːrʃn ポーシャン] 名詞
C 部分, 一部(同義語 part)；分け前；(食べ物の)1人前

portrait [pɔ́ːrtrit ポートゥレット] 名詞
C 肖像(しょうぞう)画, 肖像写真, ポートレート

Portugal [pɔ́ːrtʃəgl ポーチュグる] 名詞
ポルトガル(♦西ヨーロッパの国；首都はリスボン Lisbon)

Portuguese [pɔ̀ːrtʃəgíːz ポーチュギーズ] 形容詞 ポルトガルの；ポルトガル人の；ポルトガル語の
——名詞 (複数 **Portuguese:** 単複同形)
❶ C ポルトガル人；《**the Portuguese** で複数あつかい》ポルトガル人(全体)
❷ U ポルトガル語

pose [póuz ポウズ] 名詞
C (写真・絵などのための)ポーズ, 姿勢
——動詞 (三単現 **poses** [-iz]；過去・過分 **posed** [-d]；現分 **posing**)
自 (写真・絵などのために)ポーズをとる

˙position [pəzíʃn ポズィシャン]
名詞 (複数 **positions** [-z])
❶ C **位置**, 場所
▸Check your **position**.
(地図・計器などで)現在地を確認(かくにん)してください.
▸From this **position**, I can see the stage well.
この位置からは, ステージがよく見える.
❷ C **姿勢**
▸sit in a comfortable **position**
楽な姿勢ですわる
❸ C U 地位, 身分；C (重要な地位にある人の)職(♦かたい語)；立場
▸a person of high **position**
高い地位にいる人

▸He is in a difficult **position**.
彼は難しい立場に置かれている.

positive [pázitiv パズィティヴ] 形容詞
❶ 積極的な; 肯定(こうてい)の
(対義語 negative 消極的な; 否定の)
▸She has a **positive** attitude.
彼女は前向きな考え方の持ち主だ.
▸a **positive** opinion
肯定的な意見
❷ 明確な, はっきりとした; 確信のある
❸【医学】陽性の
(対義語 negative 陰(いん)性の)

possess [pəzés ポゼス] 動詞
(三単現 **possesses** [-iz]; 過去・過分 **possessed** [-t]; 現分 **possessing**)
他 …を所有する, 持っている; (能力・特性)をもっている(♦ have よりかたい語)
▸She **possesses** many paintings.
彼女は絵画をたくさん所有している.

possession [pəzéʃn ポゼシャン] 名詞
U 所有; C 《しばしば **possessions** で》所有物, 財産

possibility [pàsəbíləti パスィビりティ]
名詞 (複数 **possibilities** [-z])
U 《または **a possibility** で》可能性, 実現性; C 可能性のある[起こりうる]こと; 《**possibilities** で》将来性

・**possible** [pásəbl パスィブる]
形容詞 (比較 **more possible**; 最上 **most possible**)
❶ (物事が) **可能な**, できる
(対義語 impossible 不可能な)
▸a **possible** plan 実行可能な計画
▸It is **possible** for him to swim across this lake. 彼にはこの湖を泳いで渡(わた)ることが可能だ. (♦人は be possible の主語にはならない; × He is possible .... とはいわない)
▸Rapid reading is **possible** for everyone. 速読はだれにでもできる.
❷ ありうる, 起こりうる
▸That's quite **possible**.
それは十分にありうる.

as ... as póssible できるだけ…
▸I ran **as** fast **as possible**.
わたしはできるだけ速く走った.

if póssible もしできれば
▸I'd like to see you tomorrow, **if possible**.
できれば, 明日にお会いしたいのですが.

possibly [pásəbli パスィブり] 副詞
❶ ことによると, ひょっとしたら
➡ **perhaps** くらべよう
▸He will **possibly** come.
彼はひょっとしたら来るかもしれません.
❷《**can** をともなって》できるかぎり, なんとかして; 《否定文で》どうしても
▸**Could** you **possibly** help me?
なんとか手伝ってもらえないでしょうか?
▸I **can't possibly** forget his words.
わたしはどうしても彼のことばが忘れられない.

・**post**[1] [póust ポウスト] (★発音に注意)
—名詞 ❶ U 《主に英》郵便, 郵便制度; 郵便物(全体)(♦《米》mail)
▸send ... by **post** …を郵便で送る
▸Emma checked today's **post** quickly. エマは今日の郵便物をすばやく確認(かくにん)した.
❷《**the post** で》
《英》郵便ポスト(♦《米》mailbox); 郵便局(♦《米》post office)
—動詞 (三単現 **posts** [póusts ポウスツ]; 過去・過分 **posted** [-id]; 現分 **posting**)
他 《英》**…を郵送する**; …を投函(とうかん)する, ポストに入れる(♦《米》mail)
▸This letter was **posted** in Tokyo.
この手紙は東京で投函された.

post[2] [póust ポウスト] 名詞 C 柱, くい
▸a telephone **post** 電柱
—動詞 他 (壁(かべ)・柱などに)…をはる, はり出す, 掲示(けいじ)する; (インターネットで)(情報など)を書きこむ

post[3] [póust ポウスト] 名詞 C 地位, 職, ポスト; (警官・看護師などの)持ち場

postage [póustidʒ ポウステッヂ] 名詞
U 郵便料金, (郵)送料

postage stamp [póustidʒ stæ̀mp ポウステッヂ スタぁンプ] 名詞
C 郵便切手(♦単に stamp ともいう)

postal [póustl ポウストゥる] 形容詞
郵便の; 郵便局の

postal card [póustl kɑ̀ːrd ポウストゥる カード] 名詞 C 《米》(官製)はがき

postal code [póustl kòud ポウストゥる コウド] 名詞 C U 郵便番号
(=《米》zip code) ➡ **postcode**

・**postcard** [póustkɑ̀ːrd ポウストカード] 名詞 (複数 **postcards**

[póustkɑ̀ːrdz ポウストカーヅ])
C郵便はがき(◆《米》postal card); 絵はがき(◆ picture postcard, または単に card ともいう)
▸send a **postcard**　はがきを送る

postcode [póustkòud ポウストコウド]
名詞 C U 《英》郵便番号(◆イギリスの郵便番号はアルファベットと数字を組み合わせたもので, あて名の最後につける; 《米》zip code)

poster [póustər ポウスタ] 名詞
C ポスター, 広告, ビラ
▸put up a **poster**
ポスターをはる

postman [póustmən ポウストマン] 名詞
(複数 **postmen** [póustmən ポウストマン]) C 《英》郵便集配[配達]人
(◆《米》では mailman, または性差別を避(さ)けて mail carrier を用いる)

postmaster [póustmæ̀stər ポウストマぁスタ] 名詞 C 郵便局長

post office [póust ɔ̀ːfis ポウスト オーふィス] 名詞 C 郵便局(◆ P.O. と略す)

postpone [poustpóun ポウストポウン]
動詞 (三単現 **postpones** [-z]; 過去・過分 **postponed** [-d]; 現分 **postponing**)
他 …を延期する(同義語 put off)
▸The game was **postponed** to next Sunday.
その試合は次の日曜日に延期された.

postscript [póustskrìpt ポウストスクリプト] 名詞 C (手紙の)追伸(ついしん)
(◆ P.S. と略す); (本などの)後書き

pot [pɑ́t パット] 名詞
C つぼ, かめ, 鉢(はち); (深い)なべ, ポット
▸ ことわざ A little **pot** is soon hot.
心の狭(せま)い人はすぐ怒(おこ)る.
(◆「小なべはすぐ熱くなる」の意味から)

˙potato [pətéitou ポテイトウ] 名詞

(複数 **potatoes** [-z])
C U【植物】**ジャガイモ**(◆ sweet potato「サツマイモ」と区別して Irish potato, white potato ともいう)

ダイアログ
A: How would you like your **potatoes**?　ポテトはどのようにいたしましょうか?
B: Baked, please.
ベイクトポテトでお願いします.

参考 **ポテトの調理法**
《米》(potato) chips, 《英》crisps ポテトチップス / 《主に米》French fries, 《英》(potato) chips フライドポテト / baked potatoes ベイクトポテト / mashed potatoes マッシュポテト / hash browns ハッシュブラウン(細切りのジャガイモを固め, フライパンでこんがり焼いたもの ➡ 写真)

potato chip [pətéitou tʃìp ポテイトウ チップ] 名詞 ❶ C《ふつう **potato chips** で》《米》ポテトチップス(◆単に chips ともいう; 《英》(potato) crisps)
❷《ふつう **potato chips** で》
《英》フライドポテト
(◆《主に米》French fries)

potluck [pɑ́tlʌ̀k パットラック] 名詞
C あり合わせの食事; 《米》食べ物を持ち寄る食事

potluck party [pɑ́tlʌ̀k pɑ̀ːrti パットラック パーティ] 名詞
C 持ち寄りパーティー(◆招かれた人たちが食べ物を持ち寄るパーティー)

pottery [pɑ́təri パテリ] 名詞
U 陶器(とうき), 陶磁器(全体); 陶芸

˙pound [páund パウンド] 名詞

(複数 **pounds** [páundz パウンヅ])
❶ C (重量の単位の)**ポンド**
(◆ 1 ポンドは 16 オンスで約 454 グラム; lb. と略す)
▸a **pound** of meat　1 ポンドの肉
❷ C 《英》(貨幣(かへい)の単位の)**ポンド**
(◆ 1 ポンドは 100 ペンス; £ と略す)
▸£8.10　8 ポンド 10 ペンス
(◆ eight pounds ten (pence) と読む)

˙pour [pɔ́ːr ポーア] 動詞

(三単現 **pours** [-z]; 過去・過分 **poured** [-d]; 現分 **pouring**)
━他 (液体)**を注ぐ**, つぐ;
《**pour** +人+液体または **pour** +液体+ **for** +人で》(人)に(液体)をつぐ

▸**pour** coffee into a cup
カップにコーヒーを注ぐ
▸He **poured** me a cup of tea. (= He **poured** a cup of tea **for** me.)
彼はわたしに紅茶を入れてくれた.
—自 (水・煙(けむり)などが急速に)流れる; (雨が)激しく降る(♦しばしば down をともなう)
▸It **poured down** all day yesterday.
昨日は一日じゅうどしゃ降りだった.
▸ことわざ When it rains, it **pours**.
降れば必ずどしゃ降り; 泣きっ面(つら)に蜂(はち).

poverty [pávərti パヴァティ] 名詞
U 貧乏(びんぼう), 貧困;《または **a poverty** で》欠乏

powder [páudər パウダ] 名詞
C U 粉, 粉末; (各種の)粉末剤(ざい)
▸milk **powder** 粉ミルク

power [páuər パウア] 名詞
(複数 **powers** [-z])
❶ U C 力, 能力;《**powers** で》体力, 知力; U 権力; C 権力者
▸the **power** of nature 自然の力
▸the **power** of speech 言語能力
▸Save your **powers** for the next game. 次の試合のために体力を蓄(たくわ)えておきなさい.
❷ U 動力, 電力
▸electric [water, wind] **power**
電力[水力, 風力]

powerful [páuərfl パウアふる] 形容詞
力強い, 勢力のある; 効(き)き目のある; 有力な
▸The car has a **powerful** engine.
その車には強力なエンジンがついている.
▸**powerful** medicine
効き目のある薬
▸a **powerful** nation 強国

power plant [páuər plæ̀nt パウアプラぁント] 名詞 ❶ C 《米》発電所
(同義語 power station)
❷ C 動力装置; 発電装置

power station [páuər stèiʃn パウアステイシャン] 名詞 C 発電所
(同義語 《米》power plant)

pp. [péidʒiz ペイヂズ] ❶ ページ
(♦ p. の複数形; pages の意味)
▸See chapter 2, **pp.** 59-60.
第2章59ページから60ページ参照.
❷ 過去分詞 (♦ *p*ast *p*articiple [pá:rtəsipl パーティスィプる]の略; p.p. とも書く)

PR, P.R. [pí:á:r ピーアー] 宣伝活動, 広報活動(♦ *p*ublic *r*elations の略)

practical [prǽktikl プラぁクティクる]
形容詞 ❶ 実際の, 現実的な
▸You need some **practical** experience for this job.
この仕事には多少の実務経験が必要だ.
▸Your plan is not **practical**.
きみの計画は現実的ではない.
❷ 実用的な, 実際の役に立つ
▸**practical** English 実用的な英語

practically [prǽktikəli プラぁクティカり]
副詞 ほとんど, ほぼ; 事実上
(同義語 almost); 実際[実用]的に

practice
[prǽktis プラぁクティス]
—名詞 (複数 **practices** [-iz])
❶ C U 練習, けいこ
▸a **practice** game 練習試合
▸Anybody can ride a bike with **practice**.
練習すればだれでも自転車に乗れる.
▸ことわざ **Practice** makes perfect.
習うより慣れろ. (♦「練習は完成を生む」の意味から)
❷ U 実行, 実践(じっせん)
(対義語 theory 理論)
▸He put his ideas into **practice**.
彼は考えを実行に移した.
❸ C U 習慣, 慣習
—動詞 (♦《英》では practise とつづる)
(三単現 **practices** [-iz]; 過去・過分 **practiced** [-t]; 現分 **practicing**) 他
❶ …を練習する;《**practice** + **...ing** で》…することを練習する; …を実行する
▸I **practice (playing)** the piano every day.
わたしは毎日ピアノの練習をする.
❷ (医者・弁護士業など)を開業する
▸**practice** medicine 医者を開業する

prairie [préri プレリ] 名詞
C 《しばしば **prairies** で》(特にアメリカ西部の)大草原, プレーリー

praise [préiz プレイズ]
—名詞 U 賞賛, ほめたたえること

▸Their activities received a lot of **praise**.
彼らの活動は多くの賞賛を得た.
▸He won high **praise** for his novel.
彼の小説は大いに賞賛された.

——動詞 (三単現 **praises** [-iz]; 過去・過分 **praised** [-d]; 現分 **praising**)
他 **…をほめたたえる**, 賞賛する;
《**praise** ＋人＋ **for** ＋理由で》
(人)を(理由)でほめる
▸People **praised** her **for** her courage.
人々は彼女の勇気をほめたたえた.

prawn [prɔ́ːn プローン] 名詞
C クルマエビ(◆中型のエビの総称(そうしょう))
➡ **lobster**

pray [préi プレイ] 動詞 自
(人・神に / …を)祈(いの)る, 願う
《to ... / for ...》
▸**pray for** peace 平和を祈る

prayer[1] [préər プレア] (★ prayer[2] との発音のちがいに注意) 名詞
U C 祈(いの)り; C 《しばしば **prayers** で》祈りのことば, 願いごと

prayer[2] [préiər プレイア] (★ prayer[1] との発音のちがいに注意) 名詞
C 祈(いの)る人

pre- 接頭辞 「…前(の)」や「…以前(の)」などの意味の語をつくる: pre- ＋ view(眺(なが)め)→ preview(予告編)

preach [príːtʃ プリーチ] 動詞 (三単現 **preaches** [-iz]; 過去・過分 **preached** [-t]; 現分 **preaching**)
他 (神の教えなど)を説教する, 説く
——自 ❶ 説教する, 説く
❷ 小言を言う, お説教をする

preacher [príːtʃər プリーチャ] 名詞
C 説教者, 伝道者, 牧師

precious [préʃəs プレシャス] 形容詞
貴重な, 高価な; 大切な
▸a **precious** experience 貴重な体験
▸a **precious** metal 貴金属
▸a **precious** stone 宝石

precise [prisáis プリサイス] 形容詞
正確な, 精密な(同義語 exact)
▸a **precise** report 正確な報告書

precisely [prisáisli プリサイスり] 副詞
❶ 正確に, ちょうど; まさに, まさしく
❷ (返事で)全くそのとおり

predict [pridíkt プリディクト] 動詞
他 …を予言する; …を予測する

preface [préfis プレふィス] (★発音に注意) 名詞
C (著者による)序文, はしがき

prefectural [priféktʃərəl プリふェクチュラる] 形容詞 県[府]の, 県立[府立]の

prefecture [príːfektʃər プリーふェクチャ] 名詞
C (日本・フランスなどの)県, 府
▸Wakayama **Prefecture** 和歌山県

prefer [prifə́ːr プリふァ〜] (★アクセントに注意) 動詞 (三単現 **prefers** [-z]; 過去・過分 **preferred** [-d]; 現分 **preferring**) 他
❶ …のほうを好む, …を選ぶ
▸Which do you **prefer**, coffee or tea?
コーヒーと紅茶, どちらが好きですか?
❷《**prefer ... to** 〜で》〜より…のほうが好きである(◆ like ... better than 〜よりも改まった言い方)
▸I **prefer** soccer **to** tennis.
テニスよりサッカーのほうが好きだ.
▸He **prefers** playing baseball **to** watching it.
彼は野球を見るよりもプレーするほうが好きだ.

pregnant [prégnənt プレグナント]
形容詞 妊娠(にんしん)している

prehistoric [prìːhistɔ́ːrik プリーヒストーリック] 形容詞 有史以前の, 先史時代の

prejudice [prédʒədis プレヂュディス]
名詞 C U 偏見(へんけん), 悪い先入観

prelude [préljuːd プレりュード] 名詞
❶ C (…の)前触(まえ)れ, 前兆; 序章《to ...》
❷ C【音楽】前奏曲, プレリュード

premier [primíər プリミア] 名詞
《**Premier** で》 C 首相(しゅしょう), 総理大臣
(同義語 prime minister)
——形容詞 首位の, 最も重要な, 最高の

premium [príːmiəm プリーミアム] 名詞
C 割り増し金, プレミアム; 保険料
——形容詞《名詞の前に用いて》
高級な, 上等な; (価格が)ほかより高い

prep [prép プレップ] 名詞
C 《米口語》(大学進学を目的とする)私立高校(◆ *prep*aratory school を短縮した語) ➡ **preparatory school**

preparation [prèpəréiʃn プレパレイシャン] 名詞 U C 準備, 用意
▸the **preparation** of dinner
夕食の準備

▸She studied very hard in **preparation** for the exam.
彼女は試験に備えてとても熱心に勉強した.

preparatory [pripǽrətɔ̀ːri プレパぁラトーリ]（★アクセントに注意）形容詞
準備の, 予備の；（大学などへの）進学準備の

preparatory school
[pripǽrətɔːri skùːl プレパぁラトーリ スクール] 名詞 ❶ C《米》（大学進学を目的とする）私立高校（◆《口語》prep (school)）
❷ C《英》（パブリックスクールへの進学を目的とする）私立小学校
➡ **public school**

˙prepare [pripéər プリペア]
動詞（三単現 **prepares** [-z]；過去・過分 **prepared** [-d]；現分 **preparing**）
―他 ❶ …の準備をする, …を用意する
▸He is **preparing** dinner.
彼は夕食の準備をしている.
▸**prepare** food for a party
パーティーのために物を用意する
❷ …に（…の）覚悟(かくご)をさせる《for ...》
▸She **prepared** me **for** the bad news. 彼女はその悪い知らせを伝える前にわたしに心の準備をさせた.
―自（…の）準備をする,（…に）備える《for [against] ...》（◆ against は災害など悪いことに備えるときに用いる）
▸You should **prepare for** tomorrow's lessons.
明日の授業の予習をしたほうがいいよ.
▸**prepare against** an earthquake
地震(じしん)に備える

prepared [pripéərd プリペアド] 形容詞
用意ができている, 備えた

preposition [prèpəzíʃn プレポズィシャン] 名詞 C【文法】前置詞
（◆ prep. と略す）

prescription [priskrípʃn プリスクリプシャン] 名詞 C 処方せん；処方薬

presence [prézns プレズンス] 名詞
U（ある場所に）いる［ある］こと, 存在；出席, 同席（対義語 absence 欠席）
in the présence of** a person* ＝ ***in** a person's **présence
（人の）前で, 面前で
▸I feel nervous **in his presence**.
彼の前では緊張(きんちょう)してしまう.

present

present[1] [préznt プレズント]
形容詞 ❶ 出席して
❷ 現在の
名詞 ❶ 現在
present[2]
動詞 [prizént プリゼント]
他 ❶（贈(おく)り物・賞など）を贈る
❷ …を提出する
名詞 [préznt プレズント]
贈り物

ːpresent[1] [préznt プレズント]
（★ present[2] の動詞とのアクセントのちがいに注意）
―形容詞（◆比較変化なし）
❶《名詞の前には用いない》
（…に）**出席して**《at ...》
（対義語 absent 欠席して）
▸Mark was **present at** the meeting.
マークはその会議に出席していた.

> **ダイアログ**
> *A:* Mr. Mori? 森さん.
> *B:* **Present.** はい.
> （◆出席の返事；Here. や Yes. ともいう）

❷《名詞の前に用いて》**現在の**, 今の
（対義語 past 過去の）
▸the **present** situation 現状
▸*one's* **present** address 現住所
▸the **present** owner 現在の所有者
❸【文法】現在（時制）の
▸the **present** tense 現在時制
（◆ tense の発音は [téns テンス]）
―名詞 ❶《**the present** で》**現在**, 今
（◆「過去」は past,「未来」は future）
▸ ことわざ There is no time like **the present**. 善は急げ, 思い立ったが吉日.
（◆「現在ほどよい時はない」の意味から）
❷《**the present** で》
【文法】現在時制, 現在形
at présent 現在は, 今のところ（は）
▸I am busy **at present**.
今, わたしは忙(いそが)しい.
for the présent 当分は, さしあたり
▸Stay warm in bed **for the present**.
当分はベッドで温かくしていなさい.

˙present² (★ present¹ との，また動詞と名詞のアクセントのちがいに注意)

──動詞 [prizént プリゼント] (三単現 **presents** [prizénts プリゼンツ]; 過去・過分 **presented** [-id]; 現分 **presenting**) 他

❶ (贈(お)り物・賞など)**を贈る**; 《**present** ＋人＋ **with** ＋**もの**または **present** ＋**もの**＋ **to** ＋人で》(人)に(もの)を贈る

▸They **presented** Meg **with** a bouquet. (=They **presented** a bouquet **to** Meg.) 彼らはメグに花束を贈った.

❷ …**を提出する**; (問題など)を提起する; (問題など)をひき起こす

▸Bob **presented** his report to his boss. ボブは上司に報告書を提出した.

❸《**present** *oneself* で》出席する，出頭する，現れる

❹ (劇・番組など) を上演する，放送する，提供する

❺ (高い地位の人に)…を紹介(しょうかい)する

──名詞 [préznt プレズント] (複数 **presents** [-s]) C **贈り物**，プレゼント (♦親しい者どうしの日常的な贈り物を指す; 改まった贈り物には gift を用いる)

ダイアログ

A: Happy birthday, Ann! Here's a **present** for you.
お誕生日おめでとう，アン！ これ，あなたへのプレゼントよ.

B: Thank you, Mom. Can I open it?
ありがとう，お母さん. 開けてもいい？
(♦欧米(おうべい)では，プレゼントをもらうと，ふつうその場で開けて，贈り主にお礼を言う)

presentation [prèzntéiʃn プレゼンテイシャン] 名詞

❶ U 提示; C 発表，説明，プレゼンテーション

▸make a **presentation** 発表をする

❷ C 授与(式)

present-day [prézntdéi プレズントデイ] 形容詞 《名詞の前に用いて》 現代の，現在の，今日(こんにち)の

presently [prézntli プレズントり] 副詞

❶ まもなく，やがて(同義語 soon)

❷ 現在，目下(同義語 now)

preserve [prizə́ːrv プリザ〜ヴ] 動詞 (三単現 **preserves** [-z]; 過去・過分 **preserved** [-d]; 現分 **preserving**)

他 ❶ …を保存する，保護する; …を保つ，維持(いじ)する

▸**preserve** wildlife 野生生物を保護する

▸**preserve** world peace 世界平和を維持する

❷ (食物など) を保存する，保存加工する (♦乾燥(かんそう)・冷凍(れいとう)・缶詰(かんづめ)・酢漬(すづ)けなど)

──名詞 C U 《ふつう **preserves** で》(野菜・果物(くだもの)の)砂糖煮(に); ジャム; (缶詰・酢漬けなどの)保存食品

˙president [prézidənt プレズィデント] 名詞 (複数 **presidents** [prézidənts プレズィデンツ])

❶ C 《しばしば **the President** で》 **大統領**

▸**President** Kennedy ケネディ大統領

▸**the President** of Russia ロシア大統領

❷ C 《ときに **President** で》議長，会長，学長，総裁; 《主に米》社長

˙press [prés プレス]

──動詞 (三単現 **presses** [-iz]; 過去・過分 **pressed** [-t]; 現分 **pressing**) 他

❶ …**を押**(お)**す**，押しつける; …にアイロンをかける

▸**Press** this button, and the machine will stop. このボタンを押せば機械は止まります.

▸He **pressed** his ear against the door. 彼は耳をドアに押し当てた.

▸**press** a shirt シャツにアイロンをかける

❷ …を押し[握(にぎ)り]つぶす; (汁(しる)など)をしぼり出す

▸**press** grapes to get juice
ブドウから果汁(かじゅう)をしぼり出す
❸(主張・もの)を押しつける, 無理に勧(すす)める; (人)にせがむ
▸Don't **press** your idea on me.
きみの考えをわたしに押しつけるな.
▸I'm not **pressing** you to come.
無理に来てとは言っていません.
—名詞 (複数 **presses** [-iz])
❶ C 押すこと; プレス機
▸a trouser **press**
ズボンプレッサー
❷《**the press** で単数または複数あつかい》報道機関; 出版物, 新聞, 雑誌, 報道(陣(じん))(◆全体を指す)
▸freedom of **the press**
報道の自由
❸ C 印刷機; 印刷所; U 印刷

pressure [préʃər プレシャ] 名詞
❶ C U 圧力; 気圧
▸blood **pressure** 血圧
▸high [low] **pressure**
高[低]気圧
❷ U C 抑圧(よくあつ), (精神的な)圧迫(あっぱく)

pretend [priténd プリテンド] 動詞 他
❶ …のふりをする;
《**pretend to** ＋動詞の原形で》…するふりをする; 《**pretend** ＋ **that** 節で》…というふりをする
▸He **pretended** illness.
(＝He **pretended to** be ill. / He **pretended that** he was ill.)
彼は病気のふりをした.
❷ …ごっこをする, …をまねて遊ぶ
▸The boys are **pretending** that they are pirates.
少年たちは海賊(かいぞく)ごっこをしている.

prettier [prítiər プリティア] 形容詞
pretty(かわいい)の比較級

prettiest [prítiist プリティエスト] 形容詞
pretty(かわいい)の最上級

⁑pretty [príti プリティ]

—形容詞
(比較 **prettier**; 最上 **prettiest**)
(女性や小さなものに対して)**かわいい**, きれいな; (声などが)心地(ここち)よい, すてきな
▸Who is that **pretty** girl?
あのかわいい女の子はだれですか?
▸a **pretty** bird きれいな鳥
▸She has a **pretty** voice.
彼女の声は心地よい.
▸What a **pretty** dress!
なんてすてきなドレスなのでしょう!
—副詞 《口語》**かなり**, 相当; 《主に米》とても(◆比較変化なし; 形容詞・副詞を修飾(しゅうしょく)する)
▸Ann speaks Japanese **pretty** well.
アンはかなりじょうずに日本語を話す.

ダイアログ
A: How are you, Jack?
元気, ジャック?
B: **Pretty** good, thanks.
とても元気だよ. ありがとう.

pretzel [prétsl プレッツる] 名詞
C プレッツェル(◆結び目状, または棒状のかたい塩味のビスケット)

prevent [privént プリヴェント] 動詞
他 …を妨(さまた)げる; (事故・病気など)を防ぐ, 予防する;
《**prevent** ＋名詞＋ **from** ＋ **...ing** で》〜が…するのを妨げる[防ぐ]
▸A storm **prevented** us **from going** out. あらしのせいでわたしたちは外出できなかった.

prevention [privénʃn プリヴェンシャン]
名詞 U (…の)防止, 予防《of ...》

preview [príːvjùː プリーヴュー] 名詞
❶ C (映画の)試写会; (演劇の)試演, プレビュー
❷ C (映画・テレビの)予告編
❸ C 【コンピューター】プレビュー
(◆印刷などをする前に, その仕上がり状態を画面上で見ること)

previous [príːviəs プリーヴィアス]
形容詞《名詞の前に用いて》
(時間・順序が)その前の, 先の
▸the **previous** day その前日
▸I have a **previous** engagement.
先約があるのです.

previously [príːviəsli プリーヴィアスり]
副詞 以前に, かつて; 前もって

prey [préi プレイ] 名詞
❶ U (肉食獣(じゅう)の)えじき, えさ, 獲物(えもの)
❷ U《または **a prey** で》犠牲(ぎせい)者
(同義語 victim)

＊price [práis プライス] 名詞
(複数 **prices** [-iz])
❶ C U 値段;《**prices** で》物価
▸at a high [low] **price**
高い[安い]値段で
(◆ price が「高い」は high,「安い」は low を用いる)
▸What is the **price** of this T-shirt?
このTシャツの値段はいくらですか?
▸**Prices** are a little higher here.
ここは物価が少し高い.
❷ U《または **a price** で》
犠牲(ぎせい), 代償(だいしょう)
▸We paid **a** high **price** for independence. わたしたちは独立のために多大な犠牲を払った.

at ány price
どんな犠牲を払っても, なにがなんでも
▸I'll do it **at any price**.
どんな犠牲を払ってもわたしはそれをするつもりです.

pride [práid プライド] 名詞
❶ U《または **a pride** で》
誇(ほこ)り, プライド, 自尊心; 満足(感)
▸Her words hurt his **pride**.
彼女のことばは彼の自尊心を傷つけた.
▸She takes **pride** in her work.
彼女は自分の仕事に誇りをもっている.
❷ U 高慢(こうまん), うぬぼれ
❸ U 自慢の種, 誇りとするもの
▸She is our **pride**.
彼女はわたしたちの誇りだ.

priest [príːst プリースト] 名詞
❶ C (主にカトリックの)司祭
❷ C (キリスト教以外の)聖職者, 僧侶(そうりょ), 祭司

prima donna [príːmə dɑ́nə プリーマ ダナ] 名詞 C プリマドンナ
(◆オペラの女性の主役)

primary [práimeri プライメリ] 形容詞
《ふつう名詞の前に用いて》
❶ 第一の, 主要な (同義語 main)
▸the **primary** goal 第一の目標
❷ 最初の, 初期の; 原始的な;《名詞の前に用いて》(教育が)初級の, 初歩の
▸**primary** education 初等教育
❸ 根本の, 根本的な; 本来の

primary school [práimeri skùːl プライメリ スクーる] 名詞 C《英》小学校

文化 前・後期に分かれる公立小学校

1 イギリスの公立小学校はふつう前期2年と後期4年の計6年制です. 厳密には後期4年を指して primary school といいますが, 小学校全体を指すこともあります.

2 アメリカの小学校は州により6年制と8年制があります.「小学校」は elementary school, または grade school といいます.

prime [práim プライム] 形容詞
《名詞の前に用いて》
❶ 第一の, 最も重要な, 主要な
❷ 最上の, 最良の
── 名詞 U《ふつう **the prime** または *one's* **prime** で》全盛(ぜんせい)期, 盛(さか)り

prime minister [práim mínistər プライム ミニスタ] 名詞
C《しばしば **Prime Minister** で》
総理大臣, 首相(しゅしょう)
(◆ PM と略す; 同義語 premier)

prime time [práim táim プライム タイム] 名詞 U ゴールデンタイム
(◆テレビ・ラジオなどの最も視聴(しちょう)率の高い時間帯のこと)

primitive [prímitiv プリミティヴ] 形容詞
原始(時代)の; 原始的な; 素朴(そぼく)な, 幼稚(ようち)な
▸a **primitive** man 原始人

primrose [prímrouz プリムロウズ] 名詞
C【植物】サクラソウ, プリムラ

prince [príns プリンス] 名詞
C《しばしば **Prince** で》王子, 皇子
(対義語 princess 王女)
▸**Prince** Edward
エドワード王子
▸the **Prince** of Wales
(イギリスの)皇太子

▸the crown **prince**
（イギリス以外の）皇太子

princess [prínsəs プリンセス] 名詞
（複数 **princesses** [-iz]）
C《しばしば **Princess** で》王女，皇女
（対義語 prince 王子）
▸the **Princess** of Wales
（イギリスの）皇太子妃(ひ)

principal [prínsəpl プリンスィプる]
形容詞《名詞の前に用いて》主な，主要な
（同義語 chief）
▸the **principal** food　主食
——名詞 ❶ C《しばしば **Principal** で》（小学校・中学校・高校の）校長；《英》学長
➡ **headmaster**
▸the **principal**'s office　校長室
❷（劇などの）主演者
❸《米》社長，会長

principle [prínsəpl プリンスィプる] 名詞
❶ C 原理，原則；法則
▸the **principles** of democracy
民主主義の原則
❷ C U（個人の）主義，信条
▸It's against my **principles**.
それはわたしの主義に反している.

·print [prínt プリント]
——動詞（三単現 **prints** [prínts プリンツ]；過去・過分 **printed** [-id]；現分 **printing**）
他 ❶ …を印刷する；…を出版する
▸Important words are **printed** in red.
重要な単語は赤で印刷されています.
▸His new novel was **printed** last month.
彼の新しい小説は先月出版された.
❷ …を活字体[ブロック体]で書く
▸Please **print** your name here.
名前をここに活字体で書いてください.
❸（フィルムなど）を焼きつける，プリントする；（模様・型など）を押(お)してつける；（布地など）に模様をつける
print óut 【コンピューター】（データ・文書など）を打ち出す，印刷する
——名詞（複数 **prints** [prínts プリンツ]）
❶ U 印刷；印刷された字体
▸The **print** in this handout is not clear.
このプリントの印刷は鮮明(せんめい)ではない.（◆授業などで配られる「プリント」は handout という）
❷ C 版画；（写真の）印画；（押しつけてできた）跡(あと)；U プリント生地(きじ)
▸a **print** dress
プリント生地のワンピース
in prínt 印刷物になって，出版されて
out of prínt
（本などが）絶版(ぜっぱん)になって

printer [príntər プリンタ] 名詞
❶ C 印刷工；印刷業者
❷ C 印刷機；（コンピューターの）プリンター ➡ **computers** 図

printing [príntiŋ プリンティング] 名詞
❶ U 印刷（術），印刷業
❷ C（1回分の）印刷部数；（第…）刷，版

printout [príntàut プリントアウト] 名詞
C U【コンピューター】プリントアウト
（◆印刷された出力データ）

priority [praiɔ́:rəti プライオーリティ]
名詞（複数 **priorities** [-z]）
U 優先（権），重要性；C 優先事項(じこう)
▸**priority** seats　優先席

prism [prízm プリズム] 名詞
❶ C プリズム（◆光を屈折(くっせつ)・分散させる三角柱のガラス）
❷ C【数学】角柱

prison [prízn プリズン] 名詞
C 刑務(けいむ)所，監獄(かんごく)，拘置(こうち)所
（同義語 jail）

prisoner [príznər プリズナ] 名詞
❶ C 囚人(しゅうじん)；拘置(こうち)されている人
❷ C 捕虜(ほりょ)

privacy [práivəsi プライヴァスィ]
（★発音に注意）名詞
U プライバシー，他人から干渉(かんしょう)されないこと；（個人の）秘密

private [práivit プライヴェット]
（★発音に注意）形容詞
❶《名詞の前に用いて》個人の，個人的な；私有の，私立の（同義語 personal，対義語 public 公(おおやけ)の）
▸a **private** life　私生活
▸a **private** hospital　私立病院
▸a **private** school　私立学校
❷ 秘密の
▸a **private** talk　ないしょの話
in prívate ないしょで，非公式に
▸I need to talk to you **in private**.
2人だけで話したいのですが.

privilege [prívəlidʒ プリヴィれッヂ]
（★アクセントに注意）名詞
C U 特権，特典

A B C D E F G H I J K L M N O **P** Q R S T U V W X Y Z

·prize [práiz プライズ] 名詞
(複数 **prizes** [-iz])
U C 賞, 賞品, 賞金
▸the Nobel **Prize** ノーベル賞
▸win [take, get] (the) first **prize** 1等賞をとる

pro [próu プロウ] 名詞 (複数 **pros** [-z])
C《口語》プロスポーツ選手, プロ; 専門家(♦ *pro*fessional を短縮した語)

probable [prábəbl プラバブる] 形容詞
ありそうな, 起こりそうな, 見こみがある
▸Rain is **probable** this afternoon. 今日の午後は雨になりそうだ.

probably [prábəbli プラバブり] 副詞
十中八九, たぶん ➡ **perhaps** くらべよう
▸It'll **probably** snow tomorrow. たぶん明日は雪だろう.

ダイアログ
A: Is she home now? 彼女は今家にいるかな?
B: **Probably. / Probably** not. たぶんね. / たぶんいないよ.

:problem [prábləm プラブれム]
名詞 (複数 **problems** [-z])
C 問題(同義語 question), 難問; (数学などの)問題
▸a social **problem** 社会問題
▸solve a **problem** 問題を解く
▸I have a **problem** with my computer. コンピューターの調子が悪い. (♦「コンピューターに問題がある」の意味)

Nó próblem.
(依頼(いらい)に対して)いいですよ, もちろん; (礼・謝罪に対して)どういたしまして, かまいません, だいじょうぶです.

ダイアログ
A: Would you take a picture of us? わたしたちの写真を撮(と)ってくださいますか?
B: **No problem.** いいですよ.

procedure [prəsí:dʒər プロスィーヂャ]
名詞 U C 手続き; 手順, 方法

proceed [prəsí:d プロスィード] 動詞 自
❶ (…を)続ける, 続行する《with ...》; 《**proceed to** +動詞の原形で》続けて…する
▸Please **proceed with** your work. どうぞ仕事を続けてください.
▸The officer asked my name and **proceeded to** ask me some questions. 警官はわたしの名前をたずね, 続いていくつか質問した.
❷ (…へ)進む, 向かう《to ...》
(♦ go よりかたい語)

process [práses プラセス] 名詞
(複数 **processes** [-iz])
❶ U C (進行)過程; (時の)経過
▸the **process** of evolution 進化の過程
❷ C 製法, (製造)工程, 手順
▸the **process** of making soy sauce しょう油の製法

procession [prəséʃn プロセシャン]
名詞 C 行列, 列
in procéssion 行列をつくって

·produce
(★動詞・名詞のアクセントのちがいに注意)
—動詞 [prədjú:s プロデュース] (三単現 **produces** [-iz]; 過去・過分 **produced** [-t]; 現分 **producing**) 他
❶ **…を生産する**, 製造する; …を生じる, 産出する; (人)を輩出(はいしゅつ)する; (子)を産む
▸This factory **produces** car parts. この工場は自動車部品を生産している.
▸The country **produces** oil. その国は石油を産出する.
❷ (劇・映画)を制作する, 上演する; (本など)を出版する
▸This movie was **produced** by Kurosawa Akira. この映画は黒澤明によって制作された.
❸ …を取り出す; …を見せる
—名詞 [prádju:s プラデュース]
U 農産物(全体)

producer [prədjú:sər プロデューサ]
名詞 ❶ C 生産者, 生産国 (対義語 consumer 消費者)
❷ C (映画・テレビ番組などの)制作者, プロデューサー

product [prádəkt プラダクト] 名詞
❶ C (自然の)産物; (人工の)製品
▸farm **products** 農産物
▸dairy **products** 乳製品
▸a new **product** 新製品
❷ C 結果, 成果(同義語 result)

production [prədʌ́kʃn プロダクシャン]
名詞 ❶ U 生産; 生産高
▸mass **production**
大量生産
▸**Production** is increasing.
生産高が上がってきている.
❷ U (映画・演劇などの)制作, 上演
❸ C (芸術)作品; (研究などの)成果

productive [prədʌ́ktiv プロダクティヴ]
形容詞 生産力のある; (土地などが)肥(こ)えた; (議論などが)実り多い

Prof. [prəfésər プロふェサ] (肩書(かたが)きとして用いて)…教授(♦ *prof*essor の略)

profession [prəféʃn プロふェシャン]
名詞 C (医師・弁護士・教師などの専門的な)職業

professional [prəféʃənl プロふェショヌる] 形容詞 ❶《名詞の前に用いて》知的職業の, 専門職の
▸**professional** advice
専門家の助言
❷ プロの, 本職の(♦ pro ともいう; 対義語 amateur アマチュアの)
▸a **professional** soccer team
プロのサッカーチーム
── 名詞 C プロ(選手); 専門家
(対義語 amateur アマチュア)

professor [prəfésər プロふェサ] 名詞
C (大学の)教授

profile [próufail プロウふァイる]
(★発音に注意) 名詞
❶ C U (人の)横顔; 輪郭(りんかく)
❷ C (短い)人物紹介(しょうかい), プロフィール

profit [prɑ́fit プラふィット] 名詞
❶ C U (金銭的な)利益, もうけ
▸make a **profit** 利益を得る
❷ U 有益, 得
── 動詞
自 (…から) 利益を得る《from [by] ...》

profitable [prɑ́fitəbl プラふィタブる]
形容詞 利益になる, もうかる; ためになる, 有益な

profound [prəfáund プロふァウンド]
形容詞 (比較 **profounder**;
最上 **profoundest**)
❶ (程度が)大きい, 深い, 強い
▸a **profound** change
多大な変化
❷ (学識が)深い; 難解な
▸a **profound** book
難解な本

♦**program,**
《英》**programme** [próugræm プロウグラぁム] 名詞 (複数 **programs** [-z])
❶ C 番組, プログラム
▸The show is my favorite TV **program**. そのショーはわたしの大好きなテレビ番組です.
▸plan a concert **program**
コンサートのプログラムを立てる
❷ C 計画, 予定; 予定表
▸a study **program** 学習計画(表)
▸What is the **program** for today?
今日の予定はどうなっていますか?
❸ C (コンピューターの) プログラム
(♦この意味では《英》でも program とつづる)
▸write a **program**
プログラムを組む

programmer, programer
[próugræmər プロウグラぁマ] 名詞
C (コンピューターの)プログラマー, プログラム作成者

progress (★名詞・動詞のアクセントのちがいに注意) 名詞 [prɑ́gres プラグレス]
❶ U 前進, 進行
▸They made slow **progress** against the wind.
向かい風の中を, 彼らはゆっくり進んだ.
❷ U 進歩, 発達
▸She is making great **progress** in her English.
彼女は英語の力をどんどんつけている.
in prógress 進行中で
▸The project is now **in progress**.
その計画は現在進行中だ.
── 動詞 [prəgrés プログレス]
(三単現 **progresses** [-iz]; 過去・過分 **progressed** [-t]; 現分 **progressing**)
自 前進する; 進歩する
▸Information technology is **progressing** rapidly.
情報技術は急速に進歩している.

prohibit [prouhíbit プロウヒビット] 動詞
他 (法律・規則などが)…を禁止する

project (★名詞・動詞のアクセントのちがいに注意) 名詞 [prɑ́dʒekt プラヂェクト]
C 計画, 企画(きかく); (大規模な)事業; 研究課題
▸a research [building] **project**
研究プロジェクト[建設計画]

—動詞 [prədʒékt プロヂェクト] 他
❶ (光・影(かげ)など)を投影(とうえい)する, 映写する
▸**project** a film onto the screen
スクリーンに映画を映す
❷ …を計画する, 企画する
—自 突(つ)き出る, 出っ張る

projector [prədʒéktər プロヂェクタ]
名詞 C プロジェクター, 映写機

ˋpromise [prámis プラミス]
—名詞 (複数 **promises** [-iz])
❶ C 約束
▸make a **promise** 約束をする
▸keep [break] *one's* **promise**
約束を守る[破る]
❷ U 見こみ, 将来性
▸That young singer shows real **promise**.
あの若い歌手は大いに将来性がある.
—動詞 (三単現 **promises** [-iz]; 過去・過分 **promised** [-t]; 現分 **promising**)
—他 ❶ …を約束する;
《**promise**(+人)+ **to** +**動詞の原形で**》
(人に)…すると約束する
▸He **promised** a quick reply.
彼はすぐに返事をすると約束した.
▸I **promise** (you) **to** tell the truth. (=I **promise** (you) that I'll tell the truth.)
真実を述べることを(あなたに)約束します.
❷ …の見こみがある
—自 約束する

promising [prámisiŋ プラミスィング]
動詞 promise (…を約束する) の現在分詞・動名詞
—形容詞 見こみのある, 将来有望な

promote [prəmóut プロモウト] 動詞
(三単現 **promotes** [prəmóuts プロモウツ]; 過去・過分 **promoted** [-id]; 現分 **promoting**) 他
❶ (人)を(…に)昇進(しょうしん)させる《to ...》
(♦ふつう受け身の文で用いる)
▸Mr. Brown **was promoted to** manager.
ブラウンさんは支配人に昇進した.
❷ …を促進(そくしん)する, 奨励(しょうれい)する;
…の販売(はんばい)を促進する
▸**promote** world peace [free trade]
世界平和[自由貿易]を促進する

promotion [prəmóuʃn プロモウシャン]
名詞 ❶ C U 昇進(しょうしん)
❷ C U 促進(そくしん), 奨励(しょうれい);
販売(はんばい)促進活動

prompt [prámpt プランプト] 形容詞
(比較 **prompter**; 最上 **promptest**)
すばやい; 即座(そくざ)の
▸give a **prompt** answer 即答する

promptly [prámptli プランプトり] 副詞
すばやく; 即座(そくざ)に

pronoun [próunàun プロウナウン]
(★アクセントに注意) 名詞
C【文法】代名詞(♦ pron. と略す)

pronounce [prənáuns プロナウンス]
動詞 (三単現 **pronounces** [-iz]; 過去・過分 **pronounced** [-t]; 現分 **pronouncing**) 他
❶ …を発音する
▸How do you **pronounce** this word?
この単語はどう発音するのですか?
❷ …を宣言する, 公言する
—自 発音する

pronunciation [prənʌ̀nsiéiʃn プロナンスィエイシャン] 名詞 U C 発音

proof [prúːf プルーふ] 名詞
U 証拠(しょうこ), 証明(同義語 evidence);
C 証拠品; 試験
—形容詞《名詞の前には用いない》
(水・火・震動(しんどう)などに)耐(た)えられる, 持ちこたえる《against ...》(♦しばしば名詞のあとに続けて複合語をつくる)
➡ **fireproof, waterproof**

propeller [prəpélər プロペら]
(★アクセントに注意) 名詞
C (飛行機の)プロペラ; (船の)スクリュー

proper [prápər プラパ] 形容詞
❶ 適切な, 正しい, ふさわしい
(同義語 fit, right)
▸a **proper** way of brushing teeth
歯の正しい磨(みが)き方
▸choose **proper** clothes for the party
そのパーティーにふさわしい服を選ぶ
❷《ふつう名詞の前には用いない》
(…に)固有の, 特有の《to ...》
▸The custom is **proper to** Japan.
それは日本に特有の慣習だ.

properly [prápərli プラパりィ] 副詞
❶ 適切に, 正確に; 正しく
❷ きちんと, 礼儀(れいぎ)正しく

property [prɑ́pərti プラパティ] 名詞
(複数 **properties** [-z])
❶ U 財産, 所有物; C U 所有地
▸private **property** 私有財産
❷ C《しばしば **properties** で》
特性, 特質

proportion [prəpɔ́ːrʃn プロポーシャン]
名詞 ❶ U C (…の / …に対する)割合, 比率《of ... / to ...》
▸The **proportion of** boys **to** girls in this club is about the same.
このクラブの男子と女子の比率はだいたい同じです.
❷ U C つり合い, 調和
▸a sense of **proportion**
バランス感覚
❸ C 割り当て, 分け前; 部分
in propórtion
(…に)比例して; (…と)比べると《to ...》

proposal [prəpóuzl プロポウズる] 名詞
❶ U C 提案, 申しこみ
▸make a **proposal** 提案をする
❷ C プロポーズ, 結婚(けっこん)の申しこみ

propose [prəpóuz プロポウズ] 動詞
(三単現 **proposes** [-iz]; 過去・過分 **proposed** [-d]; 現分 **proposing**)
他 …を提案する
▸He **proposed** (having) a party.
彼はパーティーを開こうと提案した.
▸I **propose** to cancel the trip.
旅行を中止することを提案します.
—自 (…に)結婚(けっこん)を申しこむ《to ...》
▸Tom **proposed to** Ann.
トムはアンにプロポーズした.

prose [próuz プロウズ] 名詞
U 散文; 散文体(♦ふだん使っている話しことばや書きことばでつくった文章; 対義語 poetry, verse 詩)

prospect [prɑ́spekt プラスペクト] 名詞
❶ U C (将来の)見通し, 予想;
《**prospects** で》(成功などの)見こみ, 可能性
❷ C 見晴らし, 景色(同義語 view)

prosper [prɑ́spər プラスパ] 動詞
自 繁栄(はんえい)する; 成功する

prosperity [prɑspérəti プラスペリティ]
名詞 U 繁栄(はんえい), 成功

prosperous [prɑ́spərəs プラスペラス]
形容詞 繁栄(はんえい)している, (経済面で)成功している(同義語 successful)

protect [prətékt プロテクト] 動詞
他 (危険などから)…を守る, 保護する
《from [against] ...》
▸**Protect** yourself **from** danger in the jungle.
ジャングルでは危険から身を守りなさい.
▸The coat **protected** me **against** the cold.
そのコートでわたしは寒さをしのいだ.

protection [prətékʃn プロテクシャン]
名詞 U 保護; C 防護物, 保護者

protest (★動詞・名詞のアクセントのちがいに注意) 動詞 [prətést プロテスト]
自 (…に)抗議(こうぎ)する, 強く反対する
《about [against] ...》
▸**protest against** war
戦争に対して抗議する
—他 ❶ …を主張する, 断言する
▸Steve **protested** his innocence.
スティーブは自分の無実を主張した.
❷《米》…に抗議する, 強く反対する
—名詞 [próutest プロウテスト]
U 抗議, 反対; C 抗議行動
▸They made a **protest** against the new tax.
彼らは新しい税に抗議した.

Protestant [prɑ́təstənt プラテスタント]
名詞 C【キリスト教】プロテスタント, 新教徒(♦宗教改革を通じてカトリック教会から分離(ぶんり)した)

◆proud [práud プラウド] 形容詞
(比較 **prouder**; 最上 **proudest**)
❶ **誇(ほこ)りをもった**, 光栄に思う;
《**be proud of ...** で》…を誇りに思う;
《**be proud to** ＋動詞の原形で》
…することを誇りに思う
▸**I'm proud of** you.
あなたのことを誇りに思います.
▸**I'm proud to** know her.
わたしは彼女と知り合いであることを光栄に思っています.
❷ 高慢(こうまん)な, うぬぼれた; 自尊心のある

proudly [práudli プラウドり] 副詞
誇(ほこ)らしげに, 得意そうに; いばって

prove [prúːv プルーヴ] 動詞 (三単現 **proves** [-z]; 過去 **proved** [-d]; 過分 **proved** [-d] または《主に米》**proven** [prúːvn プルーヴン]; 現分 **proving**)
他 …を証明する;
《**prove** ＋人・もの＋(**to be** ＋)**名詞**[**形容詞**]で》(人・もの)が…であることを証

明する

▸The police **proved** her alibi.
警察は彼女のアリバイを立証した.

▸Can you **prove** him **(to be)** innocent? (=Can you **prove** he is innocent?)
彼が無実だと証明できますか?

—自《**prove (to be)＋名詞[形容詞]で**》…であることがわかる

▸The rumor **proved (to be)** false.
そのうわさは誤りであることがわかった.

proven [prúːvn プルーヴン] 動詞
《主に米》prove(…を証明する)の過去分詞の一つ

proverb [prάvəːrb プラヴァ～ブ] 名詞
C ことわざ, 格言(同義語 saying)

▸as the **proverb** says [goes]
ことわざにあるとおり

provide [prəváid プロヴァイド] 動詞
(三単現 **provides** [prəváidz プロヴァイヅ]; 過去・過分 **provided** [-id]; 現分 **providing**)

他 …を用意する, 供給する, あたえる;
《**provide＋もの＋ for ＋人**または **provide ＋人＋ with ＋もので**》(人)に(もの)を供給する

▸They **provide** information **for** tourists.(= They **provide** tourists **with** information.)
彼らは旅行者に情報をあたえている.

—自 ❶ (…に)備える《for [against] ...》

▸We should **provide for** the future.
わたしたちは将来に備えるべきだ.

❷ (人を)養う《for ...》

province [prάvins プラヴィンス] 名詞
❶ C (カナダ・オーストラリアなどの)州
(◆アメリカの州は state); (中国の)省
❷《**the provinces** で》地方, いなか

provision [prəvíʒn プロヴィジャン] 名詞
❶ U (…の/…への) 供給《of ... / for [to] ...》

▸the **provision of** food **for** [to] poor people
貧しい人々への食糧(しょくりょう)の支給

❷ U C (…の/…に対する)用意, 準備《for ... / against ...》
❸《**provisions** で》食糧
(◆ food よりかたい語)

prune [prúːn プルーン] 名詞
C プルーン, 干しスモモ
(◆西洋スモモ(plum)を干したもの)

P.S., p.s. [píːés ピーエス] 追伸(ついしん)
(◆ postscript の略; 手紙を書き終えたあと, つけ加えたいことがあるときに用いる)

psalm [sάːm サーム] (★発音に注意) 名詞
❶ C 賛美歌, 聖歌
❷《**the Psalms** で》(旧約聖書の) 詩編

psychologist [saikάlədʒist サイカロヂスト] (★発音に注意) 名詞
C 心理学者

psychology [saikάlədʒi サイカらヂィ] (★発音に注意) 名詞
❶ U 心理学
❷ U C (個人・集団の)心理(状態)

PTA, P.T.A. [píːtìːéi ピーティーエイ]
ピーティーエー(◆ *P*arent-*T*eacher *A*ssociation「父母と教師の会」の略)

PTO, P.T.O. [píːtìːóu ピーティーオウ]
裏面へ続く(◆ *P*lease *t*urn *o*ver. の略)

pub [pʌ́b パブ] 名詞
C《英口語》パブ, 居酒屋
(◆イギリスの伝統的な大衆酒場; ビールや簡単な食事を出し, その地域の人々の社交の場にもなっている)

***public** [pʌ́blik パブリック]

—形容詞 **公(おおやけ)の, 公共の**; 公立の; 公衆の, 大衆の; 公開の
(対義語 private 個人の)

▸**public** opinion 世論
▸a **public** library 公立図書館
▸**public** transport 《英》公共交通機関
(◆《米》では public transportation)
▸a **public** space 公共の場
▸The scandal was made **public**.
そのスキャンダルは公になった.

—名詞《**the public** で》
一般大衆, 一般の人々

▸This castle is open to **the public**.
この城は一般に公開されている.

in públic 人前で, 公然と

▸speak **in public** 人前で話す

publication [pʌ̀blikéiʃn パブりケイシャン] 名詞 ❶ U 発表, 公表
❷ U 出版, 発行; C 出版物

public relations [pʌ́blik riléiʃnz パブりック リれイシャンズ] 名詞
U《単数あつかいで》広報[宣伝]活動, ピーアール(◆ PR または P.R. と略す)

public school [pʌ́blik skùːl パブりック スクーる] 名詞 ❶ C《米》(小学校から高校までの)公立学校
❷ C《英》パブリックスクール
(◆大学進学の予備教育, または公務員養成を目的とする私立の中・高一貫校)

publish [pʌ́bliʃ パブりッシ] 動詞 (三単現 **publishes** [-iz]; 過去・過分 **published** [-t]; 現分 **publishing**) 他
❶ …を出版する, 発行する
▸This book was **published** in 1987. この本は 1987 年に出版された.
❷ …を公表する, 発表する
▸The news was **published** today. 今日, そのニュースは発表された.

publisher [pʌ́bliʃər パブりシャ] 名詞
C 出版社, 出版業者, (新聞・本などの)発行人

pudding [púdiŋ プディング] 名詞
C U プディング(◆小麦粉・卵・牛乳などを混ぜて焼いた[蒸(む)した]菓子(かし); 日本の「プリン」は custard pudding という)

puddle [pʌ́dl パドゥる] 名詞
C (道路などの)水たまり

puff [pʌ́f パふ] 名詞 (複数 **puffs** [-s])
❶ C (息・風などの)ひと吹(ふ)き; ぷっと吹くこと[音]; (たばこなどの)一服
❷ C《ほかの語について》ふっくらした菓子(かし)
▸a cream **puff** シュークリーム
──動詞 自 ❶ (煙(けむり)などが)ぱっと吹き出す; (たばこを)ふかす
❷《口語》ぜいぜいと息を切らす
──他 (息・煙など)をぷっと吹き出す; (たばこ)をふかす

Pulitzer Prize [púlitsər práiz プりツァ プライズ] 名詞 C ピューリッツァー賞
(◆毎年アメリカのジャーナリズム・文学・音楽などで優秀(ゆうしゅう)な作品を残した人に贈(おく)られる)

˙pull [púl プる]

──動詞 (三単現 **pulls** [-z]; 過去・過分 **pulled** [-d]; 現分 **pulling**)
──他 ❶ …を引く, 引っ張る
(対義語 push …を押(お)す)
▸Two dogs are **pulling** a sled. 2 頭のイヌがそりを引いている.
▸She **pulled** the window curtain. 彼女は窓のカーテンを引いた.
▸The boy **pulled** his mother by the arm. 少年は母親の腕(うで)を引っ張った.
❷ (果実など)をもぐ; (花など)を引き抜(ぬ)く; (栓(せん)・歯など)を抜く
(◆しばしば out をともなう)
▸**pull** weeds 雑草を抜く
▸The dentist **pulled out** my bad tooth. 歯医者はわたしの虫歯を抜いた.
❸ (車)を寄せる; (ボート)をこぐ
──自 ❶ (…を)引く, 引っ張る《at [on] ...》
▸**pull on** a rope ロープを引く
❷ (車・船などが) (…の側へ) 寄る, 進む《to [toward] ...》; (人が)ボートをこぐ

púll dówn
…を引き下ろす; (家など)を取り壊(こわ)す
▸He **pulled down** the blind. 彼はブラインドを下ろした.
▸The old house was **pulled down**. その古い家は取り壊された.

púll ín (車などが)(…に)入って止まる; (列車・船などが) (…に) 入ってくる, 到着(とうちゃく)する《at [to] ...》
▸The train **pulled in at** the station just on time. その列車は駅に定刻に到着した.

púll óff …を引っ張って脱(ぬ)ぐ

púll ón …を引っ張って着る, はく
▸He **pulled on** his gloves. 彼は手袋(てぶくろ)をはめた.

púll óut
(車・列車・船などが)(…から)出る《of ...》
▸A car **pulled out of** the garage. 車が車庫から出た.

púll úp
(車などが)止まる; (車など)を止める

A B C D E F G H I J K L M N O P Q R S T U V W X Y Z

——名詞 (複数 **pulls** [-z])
C (…を)引くこと, 引っ張ること《at [on] ...》
(対義語 push 押(お)すこと)

pullover [púlòuvər プるオウヴァ] 名詞
C プルオーバー(♦頭からかぶって着るセーターやトレーナーなど)

pulp [pʌ́lp パるプ] 名詞
❶ U《または **a pulp** で》(果物(くだもの)などを)つぶしてどろどろにしたもの
❷ U パルプ
(♦木材・植物を処理した紙の原料)

pulse [pʌ́ls パるス] 名詞
C《ふつう単数形で》脈拍(みゃくはく), 鼓動(こどう); リズム

pump [pʌ́mp パンプ] 名詞 C ポンプ
——動詞 他 (水など)をポンプでくむ;
(タイヤなど)にポンプで空気を入れる

pumpkin [pʌ́mpkin パンプキン] 名詞
C U【植物】カボチャ

punch [pʌ́ntʃ パンチ] 動詞 (三単現 **punches** [-iz]; 過去・過分 **punched** [-t]; 現分 **punching**) 他
❶ …をこぶしでなぐる
❷ …に(穴空け器で)穴を空ける;
(切符(きっぷ))にはさみを入れる
——名詞 (複数 **punches** [-iz])
❶ C パンチ, なぐること
❷ C 穴空け器, パンチ

punctual [pʌ́ŋktʃuəl パンクチュアる]
形容詞 時間を守る, 遅刻(ちこく)しない

punctuation [pʌ̀ŋktʃuéiʃn パンクチュエイシャン] 名詞 U 句読法; C 句読点
(= punctuation mark)
➡ 巻末付録 Ⅳ. 句読点・符号(ふごう)

punctuation mark [pʌ̀ŋktʃuéiʃn mɑ̀ːrk パンクチュエイシャン マーク] 名詞 C
句読点(♦コンマ(,), ピリオド(.), クエスチョンマーク(?)などの総称(そうしょう); 単に punctuation ともいう)

punish [pʌ́niʃ パニッシ] 動詞 (三単現 **punishes** [-iz]; 過去・過分 **punished** [-t]; 現分 **punishing**)
他 (人)を(…の罪で)罰(ばっ)する《for ...》;
(人)をひどい目にあわせる
▸He was **punished for** breaking the rules.
彼は規則を破ったことで罰せられた.

punishment [pʌ́niʃmənt パニッシメント] 名詞 C U 罰(ばつ), 刑罰(けいばつ), 処罰

***pupil** [pjúːpl ピュープる] 名詞
(複数 **pupils** [-z])
C 生徒, 児童(♦《米》では主に小学生を指すが, 《英》では小・中・高校生を指す);
教え子; 弟子(でし)
▸This school has about 800 **pupils**.
当校には約 800 人の児童がいる.

puppet [pʌ́pit パペット] 名詞
C 操(あやつ)り人形, 指人形

puppy [pʌ́pi パピ] 名詞 (複数 **puppies** [-z]) C 子イヌ

purchase [pə́ːrtʃəs パ〜チェス] 動詞
(三単現 **purchases** [-iz]; 過去・過分 **purchased** [-t]; 現分 **purchasing**)
他 …を買う, 購入(こうにゅう)する
(♦ buy よりかたい語)
——名詞 U C 購入, 買うこと; C 購入品, 買ったもの

pure [pjúər ピュア] 形容詞
(比較 **purer**; 最上 **purest**)
❶ 純粋(じゅんすい)な, 混じり気のない;
生っ粋(きっすい)の; 清潔な
▸**pure** gold 純金
▸**pure** white 純白
▸a sweater of **pure** wool
純毛のセーター
▸**pure** water きれいな水
❷ (道徳的に)清らかな, 汚(けが)れのない
❸《名詞の前に用いて》《口語》全くの
▸by **pure** chance 全く偶然(ぐうぜん)に

Puritan [pjúritn ピュリトゥン] 名詞
C【キリスト教】清教徒, ピューリタン
(♦イギリスのプロテスタントの一派)

purple [pə́ːrpl パ〜プる] 名詞
U 紫(むらさき)色(♦ violet「スミレ色」より赤味がかった色)
——形容詞
(比較 **purpler**; 最上 **purplest**) 紫色の

***purpose** [pə́ːrpəs パ〜パス]
名詞 (複数 **purposes** [-iz])
C 目的, 目標; 意図
▸We couldn't accomplish [achieve] our **purpose**. わたしたちは目的を達成することができなかった.

ダイアログ
A: What's the **purpose** of your stay? 滞在(たいざい)の目的は何ですか?
B: Sightseeing. 観光です.

for the púrpose of ...
…の目的で, …のために

on púrpose わざと, 故意に
▸He lied **on purpose**.
彼はわざとうそをついた.

⁺purse [pə́ːrs パ～ス] 名詞
(複数 **purses** [-iz])
❶ C 財布(さいふ), 小銭(こぜに)入れ
(♦通例女性用の留め金がついたもの;「札入れ」は wallet)

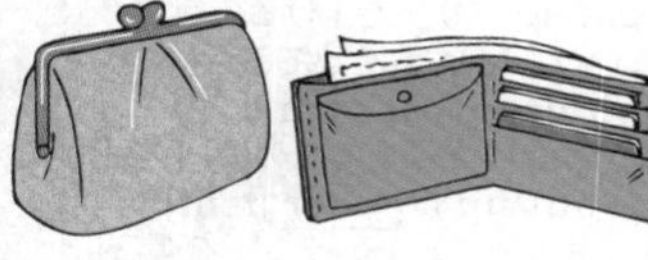

❷ C 《米》ハンドバッグ
(同義語 handbag)

purser [pə́ːrsər パ～サ] 名詞
C (飛行機・船などの)事務長, パーサー

pursue [pərsúː パスー] (★アクセントに注意) 動詞 (三単現 **pursues** [-z]; 過去・過分 **pursued** [-d]; 現分 **pursuing**) 他
❶ (犯人・獲物(えもの)など)を追う, 追跡(ついせき)する; (目的など)を追い求める
(同義語 chase)
❷ (仕事など)を続ける, …に従事する

pursuit [pərsúːt パスート] 名詞
❶ U 追跡(ついせき); 追求 (同義語 chase)
❷ 《ふつう **pursuits** で》趣味(しゅみ), 娯楽(ごらく)

⁺push [púʃ プッシ]
―動詞 (三単現 **pushes** [-iz]; 過去・過分 **pushed** [-t]; 現分 **pushing**)
―他 ❶ **…を押(お)す**, 押して動かす
(対義語 pull …を引く)
▸**push** a button ボタンを押す
▸She **pushed** the cat off her book.
彼女はネコを本から押しのけた.
❷ (人)に強(し)いる; (要求など)を押し進める; (商品など)を売りこむ
▸I'm not **pushing** you.
あなたをせかしているわけではない.
―自 ❶ **押す**
▸**push** hard from the back
後ろから強く押す
❷ 押しのけて進む, 突(つ)き進む
▸**push** through the crowd
人ごみを押し分けて進む
―名詞 (複数 **pushes** [-iz])
C ひと押し, 押すこと
(対義語 pull 引くこと)

push-up [púʃʌ̀p プッシアップ] 名詞
C 《米》腕立(うでた)て伏(ふ)せ
(《英》press-up)

pussy [púsi プスィ] 名詞
(複数 **pussies** [-z])
C 《小児語》ネコちゃん

⁑put [pút プット] 動詞
(三単現 **puts** [púts プッツ]; 過去・過分 **put**; 現分 **putting**)

他 ❶ **…を(場所に)置く**
❷ **(人・物事)を…の状態にする**
❸ **…を表現する**

基本のイメージ: ある場所にものを置く

―他 ❶ **…を(場所に)置く**, 載(の)せる; …を入れる, つける
▸**Put** the box on this desk.
その箱をこの机の上に置きなさい.
▸He **put** something in his bag.
彼はかばんに何かを入れた.
❷《**put** ＋**人・物事**＋**副詞句**で》
(人・物事)を…の状態にする, させる
▸His lie **put** him in a difficult position. うそをついたことで, 彼は苦しい立場に立たされた.
❸ **…を表現する**, 述べる, 書く;
《**put** ... **into** ～で》…を～に訳す, 翻訳(ほんやく)する
▸**Put** your name here.
ここにお名前を書いてください.
▸**Put** the sentence **into** English.
その文を英語に訳しなさい.
❹ (問題・質問など)を出す, 提起する; (罪・責任など)を課す

put aside …を取っておく, 蓄(たくわ)える
▸I'll **put aside** this money for my next trip. このお金は次の旅行のために取っておきます.

put awáy
…を片づける；…を取っておく
▸I will **put** the dishes **away**.
わたしが食器を片づけますね.

put báck …をもとに返す，戻(もど)す
▸**Put** the book **back** on the shelf.
その本を本棚(だな)に戻しなさい.

put dówn ① …を下に置く
② …を書き留める
▸I **put down** his address.
わたしは彼の住所を書き留めた.

put óff
…を延期する，延ばす(同義語 postpone)
▸ことわざ Never **put off** till tomorrow what you can do today.
今日できることは決して明日に延ばすな.

◆***put ón***
…を身につける，着る，はく，かぶる
▸**Put on** your boots. It's raining.
長靴(ながぐつ)をはきなさい. 雨が降っているよ.

ルール「…を着る」の表し方

1 目的語が名詞のときは「put on＋名詞」または「put＋名詞＋on」の語順になります.
▸He **put on** his coat.
▸He **put** his coat **on**.
彼はコートを着た.

2 目的語が代名詞のときは「put＋代名詞＋on」の語順だけです.
▸He found his coat and **put** it **on** quickly.
彼はコートを見つけると，(それを)急いで着た.

くらべよう put on と wear

put on:「身につける」という動作を表します.
wear:「身につけている」という状態を表します. ただし「ある時点で一時的に身につけている」という場合は進行形になります.

put óut ① (火・明かりなど)を消す
▸**Put out** the light when you leave the room.
部屋を出るときは，明かりを消しなさい.
② (手・舌など)を出す

put togéther …を組み立てる，作る；…を集める；(考えなど)をまとめる
▸**put together** a plastic model
プラモデルを組み立てる

put úp ① …を上げる，掲(かか)げる；(家・小屋など)を建てる
▸**put up** *one's* hand
(質問などをするために)手を上げる
▸**put up** a poster [tent]
ポスターをはる[テントを張る]
② (人)を泊(と)める；泊まる
▸We **put up** at a hotel.
わたしたちはホテルに泊まった.

put úp with ... …を我慢(がまん)する
▸I can't **put up with** that noise.
あの騒音(そうおん)には我慢できない.

putting
[pútiŋ プティング] 動詞
put(…を置く)の現在分詞・動名詞

puzzle
[pʌ́zl パズる] 動詞 (三単現 **puzzles** [-z]；過去・過分 **puzzled** [-d]；現分 **puzzling**)
他 …をとまどわせる，困らせる，悩(なや)ませる(◆しばしば受け身の形で用いられる)
▸Her questions **puzzled** me. (＝I **was puzzled** by her questions.)
わたしは彼女の質問にとまどった.
——自 (…に)頭を悩ます《about [over] ...》
——名詞 **1** C パズル
▸a crossword [jigsaw] **puzzle**
クロスワード[ジグソー]パズル
▸do [solve] a **puzzle**
パズルを解く
2 C《ふつう単数形で》難問，なぞ；なぞの人

pyjamas
[pədʒɑ́:məz パヂャーマズ]
名詞《英》＝pajamas(パジャマ)

pyramid
[pírəmid ピラミッド]
(★アクセントに注意) 名詞
C《しばしば **Pyramid** で》ピラミッド(◆古代エジプトの国王を葬(ほうむ)った巨大(きょだい)な墓)；ピラミッド形のもの
▸the three Great **Pyramids** of Giza
ギザの3大ピラミッド
▸a population **pyramid**
人口ピラミッド

Qq

Q 女王さまの英語って，どんな英語？➡ Queen's English をひいてみよう！

Q, q [kjúː キュー] 名詞 (複数 **Q's, q's** または **Qs, qs** [-z]) C U キュー (◆アルファベットの 17 番めの文字)

quack [kwǽk クワぁック] 名詞
C (アヒルの鳴き声を表して)ガアガア
――動詞 自 (アヒルが)ガアガア鳴く

quake [kwéik クウェイク] 動詞 (三単現 **quakes** [-s]; 過去・過分 **quaked** [-t]; 現分 **quaking**) 自
❶ (恐怖(きょうふ)・寒さなどで)震(ふる)える《with ...》
❷ (地面・建物などが)激しく揺(ゆ)れる
――名詞 ❶ C 《口語》地震(じしん) (同義語 earthquake)
❷ C 震え

qualification [kwɑ̀ləfikéiʃn クワりふィケイシャン] 名詞
C《しばしば **qualifications** で》(…の / …する)資格，資質，能力，適正《for ... / to ＋動詞の原形》; 資格証明書

qualify [kwɑ́ləfài クワりふァイ] 動詞 (三単現 **qualifies** [-z]; 過去・過分 **qualified** [-d]; 現分 **qualifying**)
他 (人)に(…の / …する)資格をあたえる《for [as] ... / to ＋動詞の原形》
▸She is **qualified** to teach [for teaching].
(＝She is **qualified as** a teacher.)
彼女には教師の資格がある.
――自 (…の / …する)資格を得る《for [as] ... / to ＋動詞の原形》;【スポーツ】(…の)予選を通過する《for ...》
▸He **qualified as** a doctor.
彼は医師の資格を得た.

quality [kwɑ́ləti クワりティ] 名詞 (複数 **qualities** [-z])
❶ U 質，品質(対義語 quantity 量); 良質
▸water **quality** 水質
▸butter of good **quality**
良質のバター
▸**Quality** is more important than quantity. 量より質のほうが重要だ.
▸a **quality** paper (新聞の)高級紙
(◆報道内容の質が高い新聞)
❷ C 特性，特質; 長所
▸He has the **qualities** of a leader.
彼にはリーダーの素質がある.

quantity [kwɑ́ntəti クワンティティ] 名詞 (複数 **quantities** [-z])
❶ U 量(対義語 quality 質); C 分量
▸a small **quantity** of water
少量の水
▸a large **quantity** of milk
たくさんの(量の)牛乳
❷《**quantities** で》多量，多数
▸We ordered large **quantities** of food for the party.
わたしたちはパーティーのために大量の食べ物を注文した.
in quántity*＝*in* (*large*) *quántities
多量に，たくさん

quarrel [kwɔ́ːrəl クウォーレる] 名詞
C 口論，(口での)けんか
(◆なぐり合いの「けんか」は fight)
▸I had a **quarrel** with Jim.
わたしはジムと口論をした.
――動詞 自 (…と)けんかをする，口論をする，仲たがいをする《with ...》
▸They are always **quarreling with** each other.
彼らときたらいつも言い争いをしている.
(◆ be always ＋...ing で「しょっちゅう…している」という意味になる)

·quarter [kwɔ́ːrtər クウォータ] 名詞 (複数 **quarters** [-z])
❶ C **4 分の 1** (◆「2 分の 1」は half)
▸a **quarter** of a mile
4 分の 1 マイル
▸three **quarters** 4 分の 3

a b c d e f g h i j k l m n o p q r s t u v w x y z

▸the first **quarter** of the 21st century
21 世紀の最初の 25 年間
▸He cut the apple into **quarters**.
彼はリンゴを 4 等分した.
▸About a **quarter** of the seats are still available.
まだ, 約 4 分の 1 の席が空いている.
(♦動詞は of のあとの名詞に合わせる)
❷ C (時刻の) 15 分 (♦ 1 時間の 4 分の 1; 《口語》ではしばしば a を省略する)
▸The movie starts at (a) **quarter** after [《英》past] six.
映画は 6 時 15 分(過ぎ)に始まる.
▸It's (a) **quarter** of [before, 《英》to] ten.
10 時 15 分前です.
❸ C (アメリカ・カナダなどの) 25 セント (♦ 1 ドルの 4 分の 1); 25 セント硬貨(こうか)
▸Will you change this **quarter** into nickels?
この 25 セント硬貨を 5 セント硬貨にくずしてもらえませんか?
❹ C 四半期 (♦ 1 年の 4 分の 1), 3 か月; 《米》(4 学期制の大学などの) 学期; 【スポーツ】クオーター (♦競技時間の 4 分の 1)
❺ C 地区, 地域, 街
▸the residential **quarter** 住宅地
(♦ residential「住宅向きの」の発音は [rèzidénʃl レジデンシャる])
▸the student **quarter** 学生街

quartet, quartette
[kwɔːrtét クウォーテット] 名詞 C 【音楽】カルテット; 四重唱[四重奏]団; 四重唱[四重奏]曲

quartz
[kwɔ́ːrts クウォーツ] 名詞
U 石英 (♦透明(とうめい)な結晶(けっしょう)は水晶 (crystal) と呼ばれる)

Quebec
[kwibék クウィベック] 名詞
ケベック (♦カナダ東部の州)

˙queen
[kwíːn クウィーン] 名詞
(複数 **queens** [-z])
❶ C 《しばしば **Queen** で》**女王**; (国王の妻としての) 王妃(おうひ) (対義語 king 王);
C 花形, 女王
▸the **Queen** of England
イングランド女王
▸**Queen** Elizabeth II
エリザベス 2 世
(♦ II は the second と読む)
▸*God Save the **Queen***
『女王陛下万歳(ばんざい)』(♦イギリスの国歌; 男性の国王が治めているときは *God Save the King* という)
▸a **queen** bee 女王バチ
❷ C (トランプの) クイーン
▸the **queen** of diamonds
ダイヤのクイーン

Queen's English
[kwíːnz íŋgliʃ クウィーンズ イングリッシ] 名詞
《**the Queen's English** で》
(イギリスの) 標準英語 (♦女王が治めているときの言い方; 男性の国王が治めているときは the King's English という)

queer
[kwíər クウィア] 形容詞
(比較 **queerer**; 最上 **queerest**)
奇妙(きみょう)な, 変な, 風変わりな
(同義語 strange)

⁚question
[kwéstʃən クウェスチョン]
— 名詞 (複数 **questions** [-z])
❶ C **質問, 問い**; (試験の) **問題**
(対義語 answer 答え)
▸answer a **question**
質問に答える
▸Can I ask you a **question**?
質問してもいいですか?

> **ダイアログ**
> *A:* Do you have any **questions**?
> 何か質問はありますか?
> *B:* Yes, I have one.
> はい, 1 つあります.

▸That's a good **question**.
それはいい質問ですね. (♦答えるのが難しい質問や, 答えがわからない質問に対しても用いる)
▸Did you know the answer to **Question** 4?
問い 4 の答えはわかりましたか?
❷ U 《または **a question** で》**疑問, 疑い**
▸There's no **question** about it.
それについては疑いの余地がない.
❸ C (解決すべき) **問題**; 事柄(ことがら)
(同義語 problem, matter)
▸Let's talk about the **question**.
その問題について話し合おう.
▸Her success as a musician is just a **question** of time.
彼女が音楽家として成功するのは時間

の問題だ.

beyond (áll) quéstion
疑いなく, 確かに
▸The team's victory is **beyond question**.
そのチームの勝利はまちがいない.

out of the quéstion
問題外の, ありえない
▸Going out in this storm is **out of the question**. このあらしの中を外に出るなんて問題外だ.

——動詞 (三単現 **questions** [-z]; 過去・過分 **questioned** [-d]; 現分 **questioning**)
他 (人)に質問する, (人)を尋問(じんもん)する
▸They were **questioned** by the police.
彼らは警察に尋問された.

question mark [kwéstʃən mɑ̀ːrk クウェスチョン マーク] 名詞
C 疑問符(ふ), クエスチョンマーク(?)
➡ 巻末付録Ⅳ. 句読点・符号(ふごう)

questionnaire [kwèstʃənéər クウェスチョネア] 名詞 C (特に調査研究用の)質問表, アンケート(◆フランス語から)

queue [kjúː キュー] 名詞
C《英》(順番を待つ)列(◆《米》line)
▸Please wait in a **queue** for the ticket. チケットをお求めの方は, 列に並んでお待ちください.

——動詞 (三単現 **queues** [-z]; 過去・過分 **queued** [-d]; 現分 **queuing** または **queueing**)
自《英》(待つために) 列をつくる

˙quick [kwík クウィック]

——形容詞
(比較 **quicker**; 最上 **quickest**)
(速度が)**速い**, (動作が)すばやい; 理解が早い; 時間のかからない
(対義語 slow 遅(おそ)い)
▸Be **quick**! Here comes the bus.
急げ! バスが来たぞ.
▸She was **quick** to make our dinner.
彼女はわたしたちの夕食を手ばやく作った.
▸I had a **quick** breakfast.
わたしは朝食を急いで食べた.
▸Jack is a **quick** learner.
ジャックは理解が早い.
▸What is the **quickest** way to get to the airport?
空港に行くのにいちばん時間のかからない手段は何ですか?

くらべよう quick と fast

quick: 主として「瞬間(しゅんかん)的な動きの速さ」を表します.
fast: 主として「一定したスピードの速さ」を表します.

——副詞 (比較・最上 は 形容詞 に同じ)
速く, すばやく(◆quickly より口語的)
▸Get up **quick**! 早く起きなさい!
▸Come as **quick** as you can.
できるだけ早く来て.

⁑quickly [kwíkli クウィックリ]

副詞 (比較 **more quickly**; 最上 **most quickly**)
速く, すばやく, 急いで; すぐに
(対義語 slowly ゆっくりと)
▸He finished lunch **quickly**.
彼はすばやく昼食を済ませた.
▸The news went around **quickly**.
そのニュースはすぐに広まった.

quick-tempered [kwíktémpərd クウィックテンパド] 形容詞
怒(おこ)りっぽい, 短気な

˙quiet [kwáiət クワイエット]

——形容詞
(比較 **quieter**; 最上 **quietest**)
❶ **静かな**, 音のしない
(対義語 noisy, loud 騒々(そうぞう)しい)
▸speak in a **quiet** voice 小声で話す
▸Be **quiet**! 静かにしなさい!
▸The room was **quiet**.
部屋はひっそりとしていた.
❷ **穏(おだ)やかな**, 落ち着いた;
(人が) おとなしい, もの静かな, 無口な
▸live a **quiet** life
平穏(へいおん)な生活を送る
▸have a **quiet** weekend

のんびりと週末を過ごす
▸a **quiet** child　おとなしい子供
——名詞 U 静けさ；平穏

quietly [kwáiətli クワイエトり] 副詞
静かに，穏(おだ)やかに；落ち着いて
▸She closed the door **quietly**.
彼女は静かにドアを閉めた.

quietness [kwáiətnəs クワイエットネス]
名詞 U 静けさ，静寂(せいじゃく)；平穏(へいおん)

quilt [kwílt クウィるト] 名詞 C キルト
(◆２枚の布の間に綿・羽毛(うもう)などを入れて刺(さ)し子に縫(ぬ)った掛(か)け布団(ふとん))；キルト風に仕上げたもの

quintet, quintette [kwintét クウィンテット] 名詞 C 【音楽】クインテット；五重唱[五重奏]団；五重唱[五重奏]曲

quit [kwít クウィット] 動詞 (三単現 **quits** [kwíts クウィッツ]；過去・過分 **quit** または **quitted** [-id]；現分 **quitting**)
他 《口語》(仕事など)をやめる，中止する
▸He **quit** school and began to work.　彼は学校をやめて働き始めた.
▸My father **quit** drinking.
父は酒をやめた.
——自 やめる，中止する

˙quite [kwáit クワイト] 副詞
❶ **全く**，完全に，すっかり；
《否定文で部分否定を表して》すっかり[全く]…というわけでは(ない)
▸You are **quite** right.
全くあなたの言うとおりです.
▸He is**n't quite** well yet.
彼はまだ完治したわけではない.
▸I'm **not quite** sure about it.
それについてはっきりとわからない.
❷ **かなり**，相当；なかなか；《英》まあまあ
▸It's **quite** cold this morning.
今朝はかなり寒い.
▸She is **quite** a fast runner.
彼女は走るのがかなり速い.

ルール quite の意味の使い分け

1 quite の意味が「全く」になるか，「かなり」になるかは，quite が修飾(しゅうしょく)する語の性格によって決まります.
2「全く」の意味になるのは，right「正しい」，perfect「完全な」のような，内容が絶対的で比較(ひかく)できない語を修飾するときです.
3「かなり」の意味になるのは，cold「寒い」や rich「裕福(ゆうふく)な」のような，その内容にいろいろな程度がある語を修飾するときです．ただし，quite は比較級を修飾しません.

❸ 《主に英》(返事で)はい，全く；そうです

ダイアログ
A: That's a beautiful horse!
美しいウマですね！
B: **Quite** (so).　全くです.
(◆《米》では That's for sure. または True enough. などという)

quiz [kwíz クウィズ] 名詞
(複数 **quizzes** [-iz])
❶ C 《主に米》(簡単な)試験，小テスト
▸We have a **quiz** in English every Friday.
毎週金曜日に英語の小テストがある.
❷ C クイズ
▸a **quiz** program [show]
(テレビなどの)クイズ番組

quotation [kwoutéiʃn クウォウテイシャン] 名詞
U (人のことば・書物などからの)引用；
C 引用文[句，語]
▸**quotations** from the Bible
聖書からの引用

quotation mark [kwoutéiʃn mɑ̀ːrk クウォウテイシャン マーク] 名詞
C 《ふつう **quotation marks** で》
引用符(ふ)，クオーテーションマーク(“　” または‘　’)
➡ 巻末付録Ⅳ. 句読点・符号(ふごう)

quote [kwóut クウォウト] 動詞
(三単現 **quotes** [kwóuts クウォウツ]；
過去・過分 **quoted** [-id]；現分 **quoting**)
他 (…から)(ことば・文章など)を引用する《from ...》；…を引き合いに出す
——自 (…から)引用する《from ...》

Rr *Rr*

Q お米で作ったデザートって何？➡ rice をひいてみよう！

R, r [ɑ́ːr アー] 名詞 (複数 **R's, r's** または **Rs, rs** [-z]) C U アール
(◆アルファベットの 18 番めの文字)

rabbit [rǽbit ラぁビット] 名詞
C【動物】(飼い)ウサギ
(◆「(大型の)野ウサギ」は hare)

raccoon, 《英》racoon [rækúːn ラぁクーン] 名詞 C【動物】アライグマ

raccoon dog [rækúːn dɔ̀ːg ラぁクーンドーグ] 名詞 C【動物】タヌキ

˚race[1] [réis レイス]

—名詞 (複数 **races** [-iz]) C (…との)競走, 競争, レース《against [with] ...》
▸win [lose] a **race**
競走に勝つ[負ける]
▸have [run] a **race** 競走する

—動詞 (三単現 **races** [-iz]; 過去・過分 **raced** [-t]; 現分 **racing**)
—自 (…と/…を求めて) 競走する《against [with] ... / for ...》; 突進(とっしん)する
▸I **raced for** the bus.
わたしはバスに乗ろうと, 全力で走った.
—他 …と競走する

race[2] [réis レイス] 名詞
C U 人種, 民族; C (生物の)種族
▸the black [white, yellow] **race**
黒色[白色, 黄色]人種

racial [réiʃl レイシャる] 形容詞
《ふつう名詞の前に用いて》人種の, 民族の

rack [rǽk ラぁック] 名詞
C (ものを)掛(か)けるもの, …掛け; (乗り物の)網棚(あみだな)

racket [rǽkit ラぁケット] 名詞
C (テニスなどの)ラケット

racoon [rækúːn ラぁクーン] 名詞
《英》= raccoon(アライグマ)

radar [réidɑːr レイダー] 名詞
U レーダー; C 電波探知機

radiation [rèidiéiʃn レイディエイション] 名詞 U 放射線, 放射能

˚radio

[réidiòu レイディオウ] (★発音に注意)
名詞 (複数 **radios** [-z])
❶ C ラジオ(受信機)(= radio set)
▸turn on [off] the **radio**
ラジオをつける[消す]
▸turn up [down] the **radio**
ラジオの音を大きく[小さく]する
❷ U 《ふつう **the radio** で》ラジオ(放送)
▸listen to **the radio**
ラジオを聴(き)く
▸I heard the song on **the radio**.
わたしはその歌をラジオで聞いた.
❸ U 無線, 無線電信, 無線電話

radioactive [rèidiouǽktiv レイディオウあクティヴ] 形容詞 放射性の, 放射能のある

radioactivity [rèidiouæktívəti レイディオウあクティヴィティ] 名詞 U 放射能

radish [rǽdiʃ ラぁディシ] 名詞 (複数 **radishes** [-iz])
C【植物】ラディッシュ, ハツカダイコン(◆日本のダイコンより小さくて丸く, 色は白または赤)

radium [réidiəm レイディアム] 名詞
U【化学】ラジウム
(◆放射性金属元素; 元素記号は Ra)

radius [réidiəs レイディアス] 名詞
(複数 **radii** [réidiài レイディアイ] または **radiuses** [-iz]) C (円・球の)半径
(◆「直径」は diameter)

Raffles Place [rǽflz pléis ラぁふるズプれイス] 名詞 ラッフルズ・プレイス
(◆シンガポールの中心地区)

raft [rǽft ラぁふト] 名詞
C いかだ; (救命用の)ゴムボート

rag [rǽg ラぁッグ] 名詞 C U 布切れ, ぼろ切れ; 《**rags** で》ぼろ服

A B C D E F G H I J K L M N O P Q R S T U V W X Y Z

rage [réidʒ レイヂ] 名詞
❶ U C 激しい怒(いか)り
▸in a **rage** 激怒(げきど)して
❷ U C (波・風などの)激しさ, 猛威(もうい)
——動詞 (三単現 **rages** [-iz]; 過去・過分 **raged** [-d]; 現分 **raging**) 自
❶ (…に)激怒する《at ...》
❷ (あらし・病気などが)猛威をふるう

ragged [rǽgid ラぁギッド] (★発音に注意) 形容詞 ❶ (衣服などが)ぼろぼろの; (人が)ぼろを着た
❷ ぎざぎざの, でこぼこした; (髪(かみ)などが)ぼさぼさの

rail [réil レイる] 名詞
❶ C《ふつう **rails** で》(鉄道の)レール, 線路; U 鉄道(= railroad)
▸travel by **rail** 列車で旅行する (♦手段を表す by のあとは無冠詞)
❷ C (階段などの)手すり; (ものを掛(か)けるための)横棒, レール

*railroad [réilròud レイるロウド]
名詞 (複数 **railroads** [réilròudz レイるロウヅ]) C《米》鉄道; 線路; 鉄道会社 (♦《英》railway)
▸a **railroad** crossing 踏切(ふみきり)
▸a **railroad** station 鉄道の駅(♦単に station ともいう)

railway [réilwèi レイるウェイ] 名詞
C《英》鉄道; 線路; 鉄道会社 (♦《米》railroad)

:rain [réin レイン]
——名詞 U 雨, 雨が降ること
▸We have a lot of **rain** in June. 6月は雨が多い.
▸It looks like **rain**. 雨になりそうだ.
▸walk in the **rain** 雨の中を歩く

ルール rain と冠詞

1 一般的に「雨」を指す場合, rain に冠詞はつけません.
▸We need **rain**. 雨が必要だ.

2 今降っている雨, 降りやんだばかりの雨など, 「ある特定の雨」には the をつけます. また, rain の前に形容詞をつけて, 「いろいろな状態の雨」を指すときは冠詞をつけることがあります.
▸**The rain** has stopped. 雨はやんだ.
▸We had (**a**) heavy **rain** yesterday. 昨日は大雨だった.

3 ただし, little 「ほとんど(ない)」や much 「たくさん」をつけて「雨量」を表すときは, rain に冠詞をつけません.
▸We have **little rain** in winter. 冬はほとんど雨が降りません.

——動詞 (三単現 **rains** [-z]; 過去・過分 **rained** [-d]; 現分 **raining**)
自《it を主語にして》**雨が降る**
▸**It's raining** hard. 雨がひどく降っている.
▸**It** has already stopped **raining**. 雨はもうやんだ.

rainbow [réinbòu レインボウ] 名詞
C にじ
▸A lovely **rainbow** hung in the sky. 空に美しいにじがかかっていた.

raincoat [réinkòut レインコウト] 名詞
C レインコート

raindrop [réindràp レインドゥラップ]
名詞 C 雨だれ, 雨粒(あまつぶ)

rainfall [réinfɔ̀ːl レインふォーる] 名詞
U C 降雨; (降)雨量, 降水量

rain forest [réin fɔ̀ːrist レイン ふォーレスト] 名詞 C 多雨林; 熱帯雨林

rainstorm [réinstɔ̀ːrm レインストーム]
名詞 C 暴風雨

rainwater [réinwɔ̀ːtər レインウォータ]
名詞 U 雨水

*rainy [réini レイニ] 形容詞
(比較 **rainier**; 最上 **rainiest**)
雨の, 雨降りの, 雨の多い
▸the **rainy** season 雨季, 梅雨(つゆ)
▸on a **rainy** day 雨の日に
▸It is **rainy** today. 今日は雨が降っている.

for a ráiny dáy
いざというときに備えて
▸save money **for a rainy day** いざというときに備えてお金をためる

*raise [réiz レイズ] (★発音に注意)
動詞 (三単現 **raises** [-iz]; 過去・過分 **raised** [-d]; 現分 **raising**) 他
❶ **…を上げる**, 持ち上げる
(♦ 同義語 lift; 「上がる」は rise)
▸**Raise** your hand. 手をあげなさい.
❷ (値段・温度など)**を上げる**;

(声)を張り上げる

▸The bus fares were **raised**.
バス料金が値上げされた.

▸He never **raises** his voice.
彼は決して声を荒立(あらだ)てたりしない.

❸ (子供)を育てる (同義語 bring up);(作物)を栽培(さいばい)する; (家畜(かちく))を飼育する(同義語 grow)

▸**raise** pigs　ブタを飼育する

❹ (資金)を集める

▸They **raised** money for the new project.　彼らはその新プロジェクトのために資金を集めた.

❺ (高いもの)を建てる

raisin [réizn レイズン] 名詞
C レーズン, 干しブドウ

rake [réik レイク] 名詞 C 熊手(くまで)
—動詞 (三単現 **rakes** [-s]; 過去・過分 **raked** [-t]; 現分 **raking**)
他 …を熊手でかく, 熊手でかき集める
—自 熊手でかく

rally [rǽli ラぁリ] 名詞 (複数 **rallies** [-z])
❶ C (政治的・宗教的な)大集会, 大会

▸hold a political [protest] **rally**
政治[抗議(こうぎ)]集会を開催(かいさい)する

❷ C (自動車の)ラリー, 長距離(きょり)レース
❸ C (テニスなどの)ラリー, 打ち合い

Ramadan [ræmədɑ́ːn ラぁマダーン]
名詞 U【イスラム教】ラマダーン
(♦イスラム暦(れき)9月の断食(だんじき)月)

˙ran [rǽn ラぁン] 動詞
run(走る)の過去形

random [rǽndəm ラぁンダム] 形容詞
手当たりしだいの, 無作為(むさくい)の
—名詞 (♦次の成句で用いる)

at rándom　(なんの規則性もなく)手当たりしだいに, でたらめに, 無作為に

▸He chose some books **at random**.
彼は無作為に数冊の本を選んだ.

˙rang [rǽŋ ラぁング] 動詞
ring(鳴る)の過去形

range [réindʒ レインヂ] 名詞
❶ U《または **a range** で》範囲(はんい), 幅(はば)

▸We have **a wide range** of sizes.
幅広いサイズをとりそろえています.

❷ C 山脈, 山並み
❸ C (米)料理用レンジ(♦(英)cooker;「電子レンジ」は microwave (oven))
—動詞 (三単現 **ranges** [-iz]; 過去・過分 **ranged** [-d]; 現分 **ranging**) 自
❶ (範囲が)およぶ

▸The members **range** in age from 12 to 15.　会員の年齢(ねんれい)は12歳(さい)から15歳におよんでいる.

❷ (山などが)連なる; (一直線に)並ぶ

ranger [réindʒər レインヂャ] 名詞
C (米)森林警備員; レンジャー部隊員

rank [rǽŋk ラぁンク] 名詞
❶ C U 階級, 位, 地位; 高い地位

▸people of all **ranks**
あらゆる階級の人々

▸a painter of the first **rank**
一流の画家

❷ C 列, (兵隊の)横列
—動詞 自 位置する, 占(し)める

▸**rank** high　上位に位置する

—他 …を位置づける, 評価する

ransom [rǽnsəm ラぁンサム] 名詞
C 身代(みのしろ)金

rapid [rǽpid ラぁピッド] 形容詞
速い, 急速な(対義語 slow 遅(おそ)い)

▸a **rapid** train　快速列車

▸He made a **rapid** recovery.
彼は急速に回復した.

rapidly [rǽpidli ラぁピッドり] 副詞
速く, 急速に(対義語 slowly ゆっくりと)

▸speak **rapidly**　早口で話す

rare[1] [réər レア] 形容詞
(比較 **rarer**; 最上 **rarest**)
まれな, 珍(めずら)しい

▸**rare** animals　希少な動物

▸It is **rare** for her to be late for school.
彼女が学校に遅刻(ちこく)するのは珍しい.

rare[2] [réər レア] 形容詞
(ステーキなどが)生(なま)焼けの, レアの
➡ **steak**

rarely [réərli レアり] 副詞
《ふつう be 動詞・助動詞の直後, または一般動詞の直前に置いて》めったに…しない
➡ **always** 参考

▸He **rarely** goes to the movies.
彼はめったに映画を見に行かない.

▸This butterfly is **rarely** seen.
このチョウはめったに見られない.

rascal [rǽskl ラぁスクる] 名詞
C 悪党; いたずらっ子

raspberry [rǽzbèri ラぁズベリ] (★発音に注意) 名詞 (複数 **raspberries** [-z])
C【植物】ラズベリー, 木イチゴ

rat [rǽt ラぁット] 名詞 C【動物】ネズミ
(♦ mouse より大型のネズミ)
➡ **animals** 図

rate [réit レイト] 名詞
❶ C 率, 割合; 速度
▸a low birth **rate** 低い出生率
▸drive at the **rate** of 60 miles an hour 時速 60 マイルで運転する
❷ C 料金, 値段
▸a telephone **rate** 電話料金
❸ U 等級(♦ハイフン(-)で複合語をつくる)
▸a **first-rate** hotel 一流ホテル
at ány rate とにかく, いずれにしても

ˈ**rather** [rǽðər ラぁざ] 副詞
❶ **いくぶん**, やや; かなり(♦否定的な意味合いをもつことがある)
▸It's **rather** hot today.
今日はかなり暑い.
▸It is a **rather** [**rather** a] sad story.
それはちょっと悲しい話です.
❷《**... rather than** 〜または **rather ... than** 〜で》〜よりむしろ…
▸I'd like coffee **rather than** tea.
紅茶よりむしろコーヒーをいただきたいのですが.
would ráther ... (than 〜)
= ***had ráther ... (than 〜)***
(〜するより)むしろ…したい
(♦「...」も「〜」も動詞の原形)
▸I'd **rather** stay home (**than** go out) today.
今日は(外出するより)むしろ家にいたい.

rattle [rǽtl ラぁトゥる] 動詞
(三単現 **rattles** [-z]; 過去・過分 **rattled** [-d]; 現分 **rattling**)
自 ガラガラ[ガタガタ]と音がする;
(車などが)ガタガタと走る
—他 …をガラガラ[ガタガタ]鳴らす
—名詞 U《または **a rattle** で》
ガラガラ[ガタガタ]という音;
C (おもちゃの)がらがら

rattlesnake [rǽtlsnèik ラぁトゥるスネイク] 名詞 C【動物】ガラガラヘビ
(♦南北アメリカ産の毒ヘビで, 尾(お)の先でガラガラと音を出す)

raven [réivn レイヴン] 名詞
C【鳥類】ワタリガラス(♦ crow よりも大きく, 不吉(ふきつ)な鳥とされる)

raw [rɔ́ː ロー] 形容詞
(食べ物が)生(なま)の, 火を通していない;
原料のままの, 加工していない
▸a **raw** egg 生卵
▸**raw** material(s) 原料

ray [réi レイ] 名詞
C 光線;《**rays** で》放射線; 太陽光線

razor [réizər レイザ] 名詞 C かみそり

Rd, Rd. 道路(♦ *Road* を略した語)

re- 接頭辞 「再び」「改めて」「…し直す」などの意味の語をつくる: re- + write(…を書く)→ rewrite(…を書き直す)

-'re 《口語》are の短縮形
▸They**'re** friends.
彼らは友達どうしだ.

ˈ**reach** [ríːtʃ リーチ]
—動詞 (三単現 **reaches** [-iz];
過去・過分 **reached** [-t]; 現分 **reaching**)
—他 ❶ **…に着く**, 到着(とうちゃく)する
(♦ get to, arrive at よりかたい語)
▸They finally **reached** the South Pole. 彼らはついに南極点に到着した.
❷ **…に届く**, 達する
▸My message didn't **reach** her.
わたしの伝言は彼女に届かなかった.
❸《しばしば **reach out ...** で》
(手)を伸(の)ばす; (手を伸ばして)…を取る;
…に手が届く
▸I **reached out** my hand for the glass. わたしはそのグラスを取ろうと手を伸ばした.
▸Can you **reach** the top shelf?
いちばん上の棚(たな)に手が届きますか?
❹ …に連絡(れんらく)をとる
▸How can I **reach** you?
どうすればあなたと連絡がとれますか?
—自 ❶ 達する, 届く; 広がる
▸The ivy **reaches** to the roof of the house.
ツタはその家の屋根まで伸びている.
❷《しばしば **reach out** で》
(…を求めて)手を伸ばす《for ...》
▸I **reached out for** my smartphone.
わたしは自分のスマートフォンを取ろうと手を伸ばした.
—名詞 (複数 **reaches** [-iz])
❶ U 手の届く範囲(はんい);
《**a reach** で》腕(うで)の長さ, リーチ
▸The boxer has **a** long **reach**.
そのボクサーはリーチが長い.
❷ U (行動・理解などのおよぶ)範囲

react [riǽkt リアクト] 動詞
自 (…に)反応する《to ...》; (…に)反発する, 反抗(はんこう)する《against ...》
▸How did he **react to** the news?
彼はその知らせにどんな反応を示しましたか?

reaction [riǽkʃn リアクシャン] 名詞
❶ U C (…に対する)反応, 反響(はんきょう)《to ...》
▸an allergic **reaction**
アレルギー反応
❷ U C (…に対する)反発《to [against] ...》; U 反動
❸ U C 【化学】反応; 【物理】反作用

⁑read

[ríːd リード] 動詞 (三単現 **reads** [ríːdz リーヅ]; 過去・過分 **read** [réd レッド]; 現分 **reading**)
(★過去形・過去分詞の発音に注意)
──他 ❶ **…を読む**; …を読んで理解する; 《**read** ＋**人**＋**ものまたは read** ＋**もの**＋**to** ＋**人で**》(人)に(もの)を読んで聞かせる
▸I was **reading** a magazine then.
わたしはそのとき雑誌を読んでいた.
▸Please **read** this poem aloud.
この詩を声に出して読んでください.
▸Ann can **read** French.
アンはフランス語を読むことができる.
▸Mr. Brown **read** his daughter a picture book. (＝Mr. Brown **read** a picture book **to** his daughter.)
ブラウン氏は娘(むすめ)に絵本を読んで聞かせた. (♦文末の語句が強調される; 前者は「何を」読んだか, 後者は「だれに」読んだかに重点が置かれる)
❷ (計器が)…を示す, …表示する
▸The thermometer **reads** 30 degrees. 温度計が30度を示している.
──自 ❶ **読む**, **読書する**; 読んで知る
▸My little brother can't **read** yet.
弟はまだ本を読めない.
▸I **read** after dinner.
わたしは夕食後に読書する.
▸I **read** about the accident in the paper.
わたしは新聞でその事故について知った.
❷ 読める; 書いてある
▸Your report **reads** easily.
あなたのレポートは読みやすい.

reader [ríːdər リーダ] 名詞
❶ C 読者; 読書家
▸a fast **reader** 読むのが速い人
❷ C (語学学習などの)読本, リーダー

readier [rédiər レディア] 形容詞
ready(用意ができて)の比較級

readiest [rédiist レディエスト] 形容詞
ready(用意ができて)の最上級

readily [rédili レディり] 副詞
❶ 快く, 喜んで
❷ 簡単に, すぐに(同義語 easily)

˙reading

[ríːdiŋ リーディンヶ]
──動詞 read(…を読む)の現在分詞・動名詞
──名詞 U 読書, 読むこと(対義語 writing 書くこと); 読み方; 読み物
▸**reading** and writing 読み書き

⁑ready

[rédi レディ] 形容詞
(比較 **readier**; 最上 **readiest**)
❶《名詞の前には用いない》**用意ができて**; 《**be ready for ...** で》…の用意ができている; 《**be ready to** ＋**動詞の原形で**》…する用意ができている, 今にも…しそうである
▸Dinner is **ready**.
食事の準備ができました.
▸She **is ready for** the exam.
彼女は試験の準備ができている.
▸**Are** you **ready to** go?
出かける準備はできていますか?
▸The boy **was ready to** cry.
その男の子は今にも泣きそうだった.
❷《**be ready to** ＋**動詞の原形で**》
喜んで…する, 進んで…する
▸I'm always **ready to** help you.
いつでも喜んであなたの手伝いをします.
❸《名詞の前に用いて》
即座(そくざ)の, すばやい
▸give a **ready** answer
即答する

get réady ＝ ***make réady***
(…の /…するための)準備をする
《for ... / to ＋動詞の原形》
▸**Get ready to** go out.
出かける準備をしなさい.

Réady, sét, gó!
(競走などで)位置について, 用意, ドン!
(♦ On your mark(s), get set, go! などともいう)

ready-made [rédiméid レディメイド]
形容詞 出来合いの, 既製(きせい)の

A B C D E F G H I J K L M N O P Q R S T U V W X Y Z

•real [ríːəl リー(ア)る] 形容詞

❶ 現実の, 実在する
▸a **real** person 実在の人物
▸a **real** experience 実際の経験
❷ 本当の, 本物の
▸Please tell me the **real** reason.
本当の理由を教えてください.

realistic [rì(ː)əlístik リ(ー)アリスティック] 形容詞
❶ 現実的な, 実際的な; 現実主義の
▸a **realistic** way 現実的な方法
❷ 写実主義の, リアルな

reality [riǽləti リありティ] 名詞
(複数 **realities** [-z])
U 現実(性), 実在; U C 現実, 事実
▸Her dream became a **reality**.
彼女の夢は現実のものとなった.
in reálity 実際は, 現実は

realize, 《英》**realise** [rí(ː)əlàiz リ(ー)アらイズ] 動詞 (三単現 **realizes** [-iz]; 過去・過分 **realized** [-d]; 現分 **realizing**) 他
❶ …を(十分に)理解する, 実感する
(同義語 understand)
▸He **realized** his mistake.
彼は自分の失敗に気づいた.
❷ (希望・理想など)を実現する
▸She **realized** her dreams.
彼女は自分の夢を実現した.

∶really [ríːəli リー(ア)り] 副詞

❶ ほんとうに, 真に
▸It's **really** hot today.
今日はほんとうに暑い.

> **ダイアログ**
> A: Are you hungry?
> おなかがすいていますか?
> B: Not **really**. / I'm **really** not hungry.
> そうでもありません. / 全くすいていません.

❷ 実際は, ほんとうは (同義語 actually)
▸This watch looks expensive, but **really** it's cheap. この腕(うで)時計は高そうに見えるが, 実際は安い.
❸《間投詞的に驚(おどろ)き・感心などを表して》ほんとうですか? (◆上げ調子(↗)で用いる); へえ, そうなんだ (◆下げ調子(↘)で用いる)

> **ダイアログ**
> A: I climbed Mt. Fuji yesterday.
> 昨日, 富士山にのぼったんだ.
> B: Oh, **really**? How was it?
> えっ, ほんとう? どうだった?

reap [ríːp リープ] 動詞
他 (作物など)を刈(か)り取る;
(畑など)の作物を収穫(しゅうかく)する
—自 刈り取る

rear [ríər リア] 名詞
U《ふつう **the rear** で》後ろ, 後部
(同義語 the back, 対義語 the front 前)
▸**the rear** of a bus バスの後部
—形容詞 後ろの, 後部の

rearview mirror [ríərvjùː mírər リアヴュー ミラ] 名詞
C (車の)バックミラー ➡ **cars** 図

•reason [ríːzn リーズン] 名詞

(複数 **reasons** [-z])
❶ C U (…の)理由, 訳(わけ), 根拠(こんきょ)《for ...》
▸the **reason for** the train's delay
電車が遅(おく)れた理由
▸I have good **reason** for my anger [to be angry].
わたしには怒(おこ)るだけの理由がある.
▸That's the **reason** (why) John didn't come.
そういう訳でジョンは来なかったのです. (◆ふつう the reason か why のどちらかが省略される ➡ **why** 副詞)
❷ U 理性, 分別; 正気
▸I almost lost my **reason**.
わたしはもう少しで理性を失うところだった.
▸ことわざ Love is without **reason**.
恋は盲目(もうもく).
(◆「恋は理性を失わせる」の意味から)
❸ U 道理, 理屈(りくつ)

reasonable [ríːznəbl リーズナブる] 形容詞 ❶ (人・行為(こうい)が)道理に合った, 道理をわきまえた; もっともな
▸a **reasonable** request
もっともな要求
❷ (値段が)手ごろな, 妥当(だとう)な, 安い
▸a **reasonable** price 手ごろな値段
➡ **cheap** くらべよう

rebound (★動詞・名詞のアクセントのちがいに注意) 動詞 [ribáund リバウンド]
自 (ものが)はね返る
—名詞 [ríːbàund リーバウンド]

❶ C はね返り
❷ C 【バスケットボール】リバウンド

recall [rikɔ́ːl リコーる] 動詞 他
❶ …を思い出す;
…を(人に)思い出させる《to ...》
▸I can't **recall** the title of the movie.
その映画のタイトルが思い出せない.
❷ (人)を呼び戻(もど)す, 召還(しょうかん)する
❸ (不良品など)を回収する, リコールする
❹ 《米》(市長など)を解任する
——名詞 ❶ U 思い出すこと
❷ U《または **a recall** で》召還(状)
❸ U C (不良品の)回収
❹ C 《米》リコール(♦住民投票によって市長などを解任すること)

receipt [risíːt リスィート] (★発音に注意)
名詞 ❶ U 受け取ること
❷ C 領収書, レシート
▸Can I have a **receipt**?
領収書をもらえますか?

***receive** [risíːv リスィーヴ] 動詞
(三単現 **receives** [-z]; 過去・過分 **received** [-d]; 現分 **receiving**) 他
❶ **…を受け取る**, 受ける
▸**receive** a gift [call]
贈(おく)り物を受け取る[電話を受ける]
▸We **received** a warm welcome.
わたしたちは温かい歓迎(かんげい)を受けた.

> **くらべよう receive と accept**
> **receive**: 単に「受け取る」ことを表します.
> ▸I **received** his invitation.
> わたしは彼の招待状を受け取った.
> **accept**: 積極的に「受け入れる」ことを表します.
> ▸She **accepted** his proposal.
> 彼女は彼のプロポーズを受け入れた.

❷ 【スポーツ】(サーブ)をレシーブする

receiver [risíːvər リスィーヴァ] 名詞
❶ C 受取人; (球技で)レシーブする人
❷ C (電話の)受話機; (ラジオ・テレビなどの)受信機, 受像機

recent [ríːsnt リースント] 形容詞
最近の, 近ごろの
▸a **recent** event 最近の出来事
▸in **recent** years ここ数年

recently [ríːsntli リースントり] 副詞
《過去形・現在完了形とともに用いて》
最近, 近ごろ
▸She **got** married **recently**.
彼女は最近, 結婚(けっこん)した.
▸**Have** you **met** Jim **recently**?
最近, ジムに会いましたか?

reception [risépʃn リセプシャン] 名詞
C 歓迎(かんげい); 歓迎会, レセプション

reception desk [risépʃn dèsk リセプシャン デスク] 名詞
C (ホテルなどの)フロント, 受付

receptionist [risépʃənist リセプショニスト] 名詞 C (ホテル・会社などの)受付係

recess [ríːsés リーセス] 名詞
(複数 **recesses** [-iz]) U C 休憩(きゅうけい), 休み; 《米》(授業と授業の間の)休み時間

recipe [résəpi レセピ] (★発音に注意)
名詞 C (料理の)調理法, レシピ《for ...》

recital [risáitl リサイトゥる] 名詞
C リサイタル, 独奏会, 独唱会

recitation [rèsitéiʃn レスィテイシャン]
名詞 U C 暗唱; 朗読

recite [risáit リサイト] 動詞
(三単現 **recites** [risáits リサイツ]; 過去・過分 **recited** [-id]; 現分 **reciting**)
他 …を(人前で)暗唱する, 朗読する;
《米》(生徒が)(学課)を復唱する
——自 暗唱する; 《米》課題を暗唱する

reckless [rékləs レックれス] 形容詞
向こう見ずな; (…を)かえりみない《of ...》

recognition [rèkəgníʃn レコグニシャン] 名詞
❶ U (見たり聞いたりして)それとわかること, 見分け
❷ U《または **a recognition** で》
認めること, 承認(しょうにん)

recognize, 《英》recognise
[rékəgnàiz レコグナイズ] (★アクセントに注意) 動詞 (三単現 **recognizes** [-iz]; 過去・過分 **recognized** [-d]; 現分 **recognizing**) 他
❶ (見たり聞いたりして)…とわかる, …に見覚え[聞き覚え]がある
▸I **recognized** you at once.
すぐにあなただとわかりました.
❷ …を承認(しょうにん)する, 認める
▸They **recognized** her talent.
彼らは彼女の才能を認めた.

recollect [rèkəlékt レコれクト] 動詞
他 …を(努力して)思い出す, 回想する
(♦ remember よりかたい語)
——自 思い出す

recommend [rèkəménd レコメンド]
動詞 他 …を勧(すす)める；…を推薦(すいせん)する；
《**recommend** ＋もの＋ **to** ＋人で》
(人)に(もの)を推薦する
▸What do you **recommend**?
(レストランで)お勧めは何ですか？
▸I **recommend** this book **to** you.
あなたにこの本をお勧めします.

recommendation [rèkəmendéiʃn レコメンデイシャン] 名詞
❶ U 推薦(すいせん)；C 推薦状[文]
▸a letter of **recommendation**
推薦状
❷ U C 勧告(かんこく), 忠告

˙record (★名詞・動詞のアクセントのちがいに注意)
── 名詞 [rékərd レカド]
(複数 **records** [rékərdz レカヅ])
❶ C **記録**, 記録されたもの；
(運動競技などの)最高記録《for ...》
▸an official **record** 公式記録
▸He set [made] a new **record for** the high jump.
彼は走り高跳(と)びの新記録を出した.
❷ C (学校の)成績, 経歴
▸a school **record** 学校の成績
❸ C レコード, レコード盤(ばん)
── 動詞 [rikɔ́ːrd リコード] (三単現 **records** [rikɔ́ːrdz リコーヅ]; 過去・過分 **recorded** [-id]; 現分 **recording**)
── 他 ❶ **…を記録する**；…を書き留める
▸**Record** the results of the experiment.
実験の結果を記録しなさい.
❷ **…を録音する**；…を録画する
▸I **recorded** the TV program on (a) DVD.
わたしはそのテレビ番組を DVD に録画した.
❸ (計器などが)…を示す
── 自 録音する, 録画する

recorder [rikɔ́ːrdər リコーダ] 名詞
❶ C 記録者, 記録係
❷ C 記録装置：録音機, 録画機
❸ C【楽器】リコーダー
➡ **musical instruments** 図

recording [rikɔ́ːrdiŋ リコーディング]
名詞 ❶ U 録音, 録画, レコーディング
❷ C 録音[録画]に使用するもの
(♦テープ, CD-ROM, DVD-ROM など)

recover [rikʌ́vər リカヴァ] 動詞
自 (病気などから)回復する《from ...》
▸He **recovered from** his illness.
彼は病気から回復した.
── 他 …を取り戻(もど)す；…を回復する
▸She **recovered** her powers.
彼女は体力を取り戻した.

recovery [rikʌ́vəri リカヴァリ] 名詞
U《または **a recovery** で》(病気などからの)回復；復旧, 復興《from ...》；U 回収

recreation [rèkriéiʃn レクリエイシャン]
名詞 U C 休養, 娯楽(ごらく), 気晴らし, レクリエーション

recruit [rikrúːt リクルート] 動詞 他 (社員・会員・兵など)を新しく入れる, 募集(ぼしゅう)する
── 自 新人を募集する
── 名詞 C 新入社員, 新会員, 新兵

rectangle [réktæŋgl レクタぁングる]
名詞 C 長方形(♦「正方形」は square)

recycle [riːsáikl リーサイクる]
動詞 (三単現 **recycles** [-z]; 過去・過分 **recycled** [-d]; 現分 **recycling**)
他 (廃品(はいひん))を再生利用する, リサイクルする
▸**recycle** plastic bottles
ペットボトルをリサイクルする

recycling [riːsáikliŋ リーサイクりング]
名詞 U (廃品(はいひん)の)再生, 再生利用, リサイクル

携帯電話などのリサイクルボックス

:red [réd レッド]
── 形容詞 (比較 **redder**; 最上 **reddest**)
赤い, 赤色の
▸a **red** jacket 赤い上着
▸Stop! The light is **red**.
止まりなさい！ 信号が赤ですよ.
▸She turned **red** with shame.
彼女は恥(は)ずかしくて顔を赤らめた.
── 名詞 U **赤**, 赤色；**赤い服**
▸Jane is (dressed) in **red**.
ジェーンは赤い服を着ている.

red card [réd káːrd レッド カード] 名詞
C【スポーツ】(サッカーなどの) レッドカード

Red Carpet [réd ká:rpit レッド カーペット] 名詞
C《ふつう **the red carpet** で》(人を迎(むか)えるための)赤じゅうたん

Red Cross [réd krɔ́:s レッド クロース] 名詞《**the Red Cross** で》国際赤十字社

Red List [réd líst レッド リスト] 名詞《**the Red list** で》レッドリスト(◆絶滅のおそれのある野生生物のリスト)

Red Sea [réd sí: レッド スィー] 名詞《**the Red Sea** で》紅海(◆アラビア半島とアフリカ大陸の間の海)

reduce [ridjú:s リデュース] 動詞 (三単現 **reduces** [-iz]; 過去・過分 **reduced** [-t]; 現分 **reducing**) 他
❶(サイズ・数量・程度など)を減らす, 縮小する
▸**reduce** prices [waste]
価格を下げる[むだを減らす]
❷…を(よくない状態に)する《to ...》
▸The fire **reduced** the house **to** ashes.
その火事はその家を灰にした.
—自 減る, 縮小する; 衰(おとろ)える

reduction [ridʌ́kʃn リダクシャン] 名詞
U C 減少(量), 縮小(量); 値下げ(額)

redwood [rédwùd レッドウッド] 名詞
C【植物】アメリカスギ, イチイモドキ(◆セコイア(sequoia)の一種; カリフォルニア産の巨木(きょぼく))

reed [rí:d リード] 名詞
❶ C【植物】アシ, ヨシ
❷ C(クラリネット・サキソホンなどの)リード

reef [rí:f リーふ] 名詞 (複数 **reefs** [-s])
C 岩礁(がんしょう), 暗礁, 砂洲(さす)

reel [rí:l リーる] 名詞 C リール(◆録音テープ・フィルムなどを巻きつける巻き軸(じく)); (釣(つ)り用の)リール(◆《米》spool [spú:l スプーる])

refer [rifə́:r リふァ〜](★アクセントに注意) 動詞 (三単現 **refers** [-z]; 過去・過分 **referred** [-d]; 現分 **referring**) 自
❶《**refer to ...** で》…のことを言う, …に言及(げんきゅう)する, 触(ふ)れる
▸In her speech, she **referred to** some Japanese customs.
彼女はスピーチで, いくつか日本の慣習について触れた.
❷《**refer to ...** で》…を参照[参考に]する
▸**refer to** a dictionary
辞典を参照する

referee [rèfərí: レふェリー](★アクセントに注意) 名詞
C【スポーツ】レフェリー, 審判(しんぱん)員

reference [réfərəns レふェレンス] 名詞
❶ U 言及(げんきゅう); C 言及した事項(じこう)
❷ C U 参照, 参考(◆ ref. と略す)
▸a **reference** book 参考図書, 資料集(◆百科事典・年鑑(ねんかん)・辞書などを指す; 学習参考書は a study guide)

refine [rifáin リふァイン] 動詞 (三単現 **refines** [-z]; 過去・過分 **refined** [-d]; 現分 **refining**) 他
❶…を精製する, 精錬(せいれん)する
▸**refine** oil 石油を精製する
❷(ことばづかいなど)を洗練する; (技術など)を磨(みが)く

reflect [riflékt リふれクト] 動詞 他
❶(光・熱)を反射する; (音)を反響(はんきょう)する
▸Snow **reflects** sunlight.
雪は日光を反射する.
❷(鏡・水面などが)…を映す
▸The moon was **reflected** in the lake. 月が湖面に映っていた.
—自 ❶ 反射する
❷(…について)よく考える《on ...》

reflection [riflékʃn リふれクシャン]
名詞 U 反射, 反映; C 映像, 映った影(かげ)

reform [rifɔ́:rm リふォーム] 動詞 他
(制度・法律など)を改善[改良, 改革]する; (人)を改心させる
—名詞 U C 改善, 改良, 改革

refrain [rifréin リふレイン] 名詞
C(詩歌(しいか)の)繰(く)り返しの句, リフレイン

refresh [rifréʃ リふレッシ] 動詞 (三単現 **refreshes** [-iz]; 過去・過分 **refreshed** [-t]; 現分 **refreshing**) 他
❶(人の)気分をさわやかにする, …を元気づける
▸The hot shower **refreshed** me.
熱いシャワーを浴びてさっぱりした.
❷(記憶(きおく))を新たにする, よみがえらせる

refreshing [rifréʃiŋ リふレシング] 形容詞
❶ 新鮮(しんせん)な, 気分を一新させる
❷ さわやかな, 元気づける

refreshment [rifréʃmənt リふレッシメント] 名詞
❶ U 元気の回復; C U 元気を回復させ

るもの(♦少量の飲食物)
❷《refreshments で》(会議やパーティーで出される)軽い飲食物

refrigerator [rifrídʒərèitər リふリヂレイタ](★アクセントに注意) 名詞
C 冷蔵庫(♦《口語》fridge)

refugee [rèfjudʒíː レふュヂー](★アクセントに注意) 名詞
C (国外への)難民, 避難(ひなん)者; 亡命者

refusal [rifjúːzəl リふューザる] 名詞
U C 拒絶(きょぜつ), 辞退, 拒否

refuse [rifjúːz リふューズ] 動詞 (三単現 refuses [-iz]; 過去・過分 refused [-d]; 現分 refusing)
他 …を断る, 辞退する, 拒否(きょひ)する
(対義語 accept …を受け入れる);
《refuse to +動詞の原形で》
…することを拒(こば)む ➡ reject
▸She **refused** my offer.
彼女はわたしの申し出を断った.
▸He **refused to** comment.
彼はコメントすることを拒んだ.
—自 断る, 辞退する, 拒否する

regard [rigáːrd リガード] 動詞 他
《regard +人・物事+ as +名詞[形容詞]で》(人・物事)を…とみなす, 考える
▸Some people **regard** him **as** a genius. 彼を天才とみなす人もいる.
—名詞
❶ U 尊敬, 敬意; 配慮(はいりょ), 心づかい
❷《regards で》(伝言・手紙などでの)よろしくというあいさつ
▸Please give my best **regards** to your parents. ご両親にくれぐれもよろしくお伝えください.(♦かたい言い方; 親しい間では Say hello to your parents. などを用いる)
▸With best **regards**,
(手紙の結びで)敬具

with regárd to ... = in regárd to ...
…に関して(は)

reggae [régei レゲイ](★発音に注意)
名詞 U《しばしば Reggae で》【音楽】
レゲエ(♦ジャマイカ生まれの音楽)

region [ríːdʒən リーヂョン] 名詞
C 地方, 地域(同義語 area)
▸a forest **region** 森林地帯

register [rédʒistər レヂスタ] 名詞
❶ U 記録, 登録; C 記録簿(ぼ), 名簿
▸a hotel **register**
ホテルの宿泊(しゅくはく)者名簿
❷ C レジスター, 自動記録器
▸a cash **register** レジ, 金銭登録機
—動詞 他
❶ …を登録する, 記録する
▸**register** the birth of a baby
赤ちゃんの出生届を出す
❷ (計器が)…を示す; (感情)を表す
❸ (郵便物)を書留にする
—自 登録する

regret [rigrét リグレット] 動詞 (三単現 regrets [rigréts リグレッツ]; 過去・過分 regretted [-id]; 現分 regretting)
他 …を残念に思う, 後悔(こうかい)する;
《regret + ...ing [that 節] で》
…したことを残念に思う, 後悔する;
《regret to +動詞の原形で》
残念ながら…する
▸Sue **regrets** her careless act.
スーは自分の不注意な行動を後悔している.
▸I **regretted making** fun of Tom.
トムをからかったことを後悔した.
▸I **regret to** say **(that)** the experiment was a failure.
残念ながら, 実験は失敗だったと言わなければなりません.
—名詞 C U 残念; 後悔

regular [régjələr レギュら] 形容詞
❶ 規則正しい, 規則的な
(対義語 irregular 不規則な); 整った
▸lead a **regular** life
規則正しい生活を送る
▸have **regular** teeth 歯並びがよい
❷ 正規の, 正式の
▸a **regular** player
正選手, レギュラー
❸ 定期の; 一定の, 決まった; いつもの
▸a **regular** meeting 定例会議
❹《米》(サイズなどが)標準の, ふつうの; 並みの, 一般的な
▸**regular** French fries
レギュラーサイズのフライドポテト
—名詞 C 正選手, レギュラー

regularly [régjələrli レギュらり] 副詞
規則正しく, きちんと; 定期的に

regulation [règjəléiʃn レギュれイシャン]
名詞 C《しばしば regulations で》
規則, 規定(同義語 rule); U 規制; 調節
▸school **regulations** 校則

rehabilitation [rìːhəbilitéiʃn リーハビりテイシャン] 名詞

U リハビリテーション, 社会復帰訓練

rehearsal [rihə́:rsl リハ〜スる] 名詞
U C (劇・演奏会などの)リハーサル, 下げいこ, 予行演習

reign [réin レイン] (★発音に注意) 名詞
C 治世, 在位期間; U 統治, 支配
—動詞 自 君臨する; (国などを)支配する, 統治する《over ...》

reindeer [réindìər レインディア] 名詞
(複数 **reindeer** または **reindeers** [-z])
C【動物】トナカイ

reject [ridʒékt リヂェクト] 動詞
他 …を(断固として)拒絶(きょぜつ)する, 拒否する(♦ refuse より断り方が強い)
▸**reject** an offer 申し出を拒絶する

rejection [ridʒékʃn リヂェクシャン]
名詞 U C 却下(きゃっか); 拒絶(きょぜつ), 拒否

rejoice [ridʒɔ́is リヂョイス] 動詞 (三単現 **rejoices** [-iz]; 過去・過分 **rejoiced** [-t]; 現分 **rejoicing**) 他 …を喜ばせる
—自 (…を)喜ぶ《at [over] ...》
▸She **rejoiced at** my success.
彼女はわたしの成功を喜んでくれた.

relate [riléit リれイト] 動詞
(三単現 **relates** [riléits リれイツ]; 過去・過分 **related** [-id]; 現分 **relating**)
自 (…に)関係がある《to ...》
—他 ❶ …を(…に)関係させる《to ...》
❷ …を(…に)話す, 語る《to ...》

relation [riléiʃn リれイシャン] 名詞
❶ U 関係; 《**relations** で》
(人・組織との具体的な)関係, 人間関係
▸**relations** between Japan and America 日米関係
❷ C 親類, 親戚(しんせき)(♦ relative のほうがふつう); U 親類関係

relationship [riléiʃnʃip リれイシャンシップ] 名詞 C U 関係, 関連, 結びつき;
U 親類関係

relative [rélətiv レらティヴ] 形容詞
❶ (…に)関係のある, 関連している《to ...》
❷ 相対的な(対義語 absolute 絶対的な)
—名詞 C 親類(の人); 身内
▸He is a near **relative** of mine.
彼はわたしの近い親類だ.

relatively [rélətivli レらティヴリ] 副詞
比較(ひかく)的, わりあいに; 相対的に

relax [rilǽks リらぁックス] 動詞 (三単現 **relaxes** [-iz]; 過去・過分 **relaxed** [-t]; 現分 **relaxing**) 他
❶ (人)をくつろがせる, リラックスさせる
▸Music always **relaxes** me.
音楽はいつもわたしをくつろいだ気分にしてくれる.
❷ (規則など)をゆるめる
▸**relax** school rules
校則を緩和(かんわ)する
—自 (人が)くつろぐ, リラックスする; (緊張(きんちょう)などが)ほぐれる

relay [rí:lei リーれイ] (★アクセントに注意) 名詞 ❶ C【スポーツ】リレー競走(= relay race) ➡ **track and field** 図
❷ C (ラジオ・テレビの)中継(ちゅうけい)(放送)
❸ C (仕事などの)交替(こうたい); 交替要員
—動詞 他 …を中継放送する;
(伝言など)を取り次ぐ

release [rilí:s リリース] 動詞 (三単現 **releases** [-iz]; 過去・過分 **released** [-t]; 現分 **releasing**) 他
❶ …を解放する, 放す, 自由にする
▸**release** a fox from a trap
キツネをわなから解放する
❷ (ニュースなど)を公表する; (CD など)を発売する; (映画)を劇場公開する
❸ (ガス・熱など)を発散する, 放出する
—名詞 ❶ U C 解放, 免除(めんじょ); U 放出
❷ U (ニュースなどの)公表; (CD などの)発売; (映画の)劇場公開

reliable [riláiəbl リらイアブる] 形容詞
信頼(しんらい)できる; 確実な

relief [rilí:f リリーふ] 名詞
❶ U (不安・苦痛などを)和(やわ)らげること; U《または **a relief** で》ほっとすること, 安心
▸The news gave me some **relief**.
その知らせを聞いて少しほっとした.
❷ U 救助; 救援(きゅうえん)物資
❸ U 交替(こうたい); C 交替する人
▸a **relief** pitcher リリーフピッチャー

relieve [rilí:v リリーヴ] 動詞 (三単現 **relieves** [-z]; 過去・過分 **relieved** [-d]; 現分 **relieving**) 他
❶ (苦痛・心配など)を和(やわ)らげる;
(人)を安心させる; …を救助する
▸This medicine will **relieve** your pain.
この薬はあなたの痛みを和らげます.
❷ (人)と交替(こうたい)する, (人)を交替させる

religion [rilídʒən リリヂョン] 名詞
U 宗教; C …教; 信仰(しんこう)
▸believe in **religion** 宗教を信仰する

A B C D E F G H I J K L M N O P Q R S T U V W X Y Z

religious [rilídʒəs リリヂャス] 形容詞
宗教(上)の; 信心深い, 敬けんな

reluctant [rilʌ́ktənt リラクタント] 形容詞
いやいやながらの;《**be reluctant to** + 動詞の原形で》…するのは気が進まない
▸I'm **reluctant to** meet her.
彼女に会うのは気が進みません.

rely [rilái リライ] 動詞
(三単現 **relies** [-z]; 過去・過分 **relied** [-d]; 現分 **relying**)
自《**rely on** [**upon**] ... で》
(…を)…にたよる, …を当てにする《for ...》;《**rely on** [**upon**] + 人 + **to** + 動詞の原形[**...ing**]で》
(人)が…するのを当てにする
(同義語 depend)
▸He always **relies on** others.
彼はいつも他人をたよる.
▸You can **rely on** me **to** help you.
わたしの助けを当てにしていいですよ.

⁺remain [riméin リメイン]
— 動詞 (三単現 **remains** [-z]; 過去・過分 **remained** [-d]; 現分 **remaining**) 自
❶ 残る; とどまる
▸They left the town, but Jack **remained**.
彼らは町を去ったが, ジャックは残った.
❷ …のままである
▸She **remained** silent during the meal. 食事中, 彼女は黙(だま)っていた.
— 名詞《**remains** で複数あつかい》
残り, 残り物; 遺体; 遺跡(いせき)

remark [rimáːrk リマーク] 名詞
C 意見, 感想, 寸評
▸She made a **remark** about the painting.
彼女はその絵について意見を述べた.
— 動詞 他 (意見・感想などとして)…と言う, 述べる《that 節》
▸He **remarked that** the movie was great.
その映画はすばらしいと彼は言った.

remarkable [rimáːrkəbl リマーカブる]
形容詞 注目すべき, 目立った

remarkably [rimáːrkəbli リマーカブり]
副詞 非常に, 目立って, 著(いちじる)しく

remedy [rémədi レメディ] 名詞
(複数 **remedies** [-z])
❶ U C 治療(ちりょう), 治療法[薬]
❷ C U 改善方法, 救済策

⁺remember [rimémbər リメンバ] 動詞 (三単現 **remembers** [-z]; 過去・過分 **remembered** [-d]; 現分 **remembering**)
— 他

> ❶ …を思い出す; …を覚えている
> ❷ 忘れずに…する
> ❸ …したことを覚えている
> ❹ …のことを～によろしく伝える

❶ …を思い出す; …を覚えている;
《**remember** + **that** 節[**wh-** 節]で》
…ということを[…かを]思い出す, 覚えている(対義語 forget 忘れる)
▸I can't **remember** the man's name. その男性の名前が思い出せない.
▸I still **remember** her happy smile. わたしは彼女のうれしそうな笑顔を今でも覚えている.
▸Of course, I **remember** (**that**) today is your birthday.
もちろん今日があなたの誕生日だってことは覚えています.
▸I can't **remember what** the title of the movie is.
わたしはその映画のタイトルが何か思い出せない.
❷《**remember to** +動詞の原形で》
忘れずに…する ➡ ルール
▸Please **remember to** call me.
忘れずに電話をください.
❸《**remember** + **...ing** で》
…したことを覚えている
▸Do you **remember meeting** me in London? ロンドンでわたしに会ったことを覚えていますか？

> ルール **remember のあとの動詞の形**
>
> **1** 「過去に…したことを覚えている」は「remember + ...ing」で表します.
> ▸I **remember seeing** her.
> わたしは彼女に会ったことを覚えている.
>
> **2** 「これから…することを覚えておく」「忘れずに…する」は「remember to + 動詞の原形」で表します.
> ▸Please **remember to** see her.
> 忘れずに彼女に会ってください.

❹《**remember ... to** ～で》
…のことを～によろしく伝える

▸Please **remember** me **to** your parents.
ご両親によろしくお伝えください.
——自 思い出す; 覚えている
▸Now, I **remember**. ああ, 思い出した.

remind [rimáind リマインド] 動詞
他 (人)に(…を)思い出させる, 気づかせる《of ...》
▸This song **reminds** me **of** my childhood.
この歌を聞くと子供のころを思い出す.

remote [rimóut リモウト] 形容詞
(比較 **remoter** または **more remote**; 最上 **remotest** または **most remote**)
(距離(きょり)・時間・関係が)遠い

removal [rimúːvl リムーヴる] 名詞
❶ U C 除去, 取りはずし; 解任
❷ U C《英》移動, 引っ越(こ)し

remove [rimúːv リムーヴ] 動詞 (三単現 **removes** [-z]; 過去・過分 **removed** [-d]; 現分 **removing**)
他 …を取り除く, 取り去る, 片づける; (衣服など)を脱(ぬ)ぐ
▸**remove** a stain from a shirt
シャツのしみを取り除く
▸She **removed** the dishes from the table.
彼女はテーブルから皿を片づけた.
——自 引っ越(こ)す, 移転する

Renaissance [rènəsáːns レナサーンス] 名詞《**the Renaissance** で》
ルネサンス, 文芸復興(♦ 14～16 世紀にイタリアを中心にヨーロッパで起こった文学・芸術の改革運動)

renew [rinjúː リニュー] 動詞 他
❶ (活動など)を再開する
❷ (元気・力など)を回復する, 取り戻(もど)す; (友情など)を復活させる
❸ …を更新(こうしん)する
▸**renew** *one's* driver's license
運転免許証を更新する
❹ (古くなったもの)を取り替(か)える

renewable [rinjúːəbl リニューアブる]
形容詞 ❶ 再生可能な
▸**renewable** energy
再生可能なエネルギー
❷ (契約(けいやく)などが)更新(こうしん)可能な

rent [rént レント] 動詞 他
❶ (使用料を払(はら)い)…を借りる
➡ **borrow** くらべよう
▸He **rented** a car. 彼は車を借りた.
❷《主に米》…を賃貸しする
(♦しばしば out をともなう;《英》let)
——名詞 U C (…の)賃貸(ちんたい)料, 使用料, レンタル料《for ...》
for rént 《米》賃貸の(♦《英》to let)
▸House [Room] **for Rent**
(= **For rent**) 《掲示》貸家[貸間あり]

rent-a-car [réntəkὰːr レンタカー] 名詞
C《米》レンタカー

rental [réntl レントゥる] 名詞
❶ C (家・車などの)賃貸(ちんたい)料, 使用料
❷ C 賃貸の物件 (♦貸家・レンタカー・貸し衣装(いしょう)などを指す)
——形容詞 賃貸の, レンタルの

repair [ripéər リペア] 動詞
他 …を修理する, 直す
➡ **mend** くらべよう
▸Will you **repair** this clock?
この時計を修理してくれますか?
——名詞 U 修理; 回復; C《しばしば **repairs** で》修理作業[工事]
under repáir 修理中で
▸The bridge is **under repair**.
その橋は補修工事中だ.

˙repeat [ripíːt リピート] 動詞
(三単現 **repeats** [ripíːts リピーツ]; 過去・過分 **repeated** [-id]; 現分 **repeating**)
——他 **…を繰(く)り返し言う; …を繰り返す**
▸She **repeated** the question.
彼女はその質問を繰り返した.
——自 繰り返し言う; 繰り返す
▸**Repeat** after me.
(授業で先生が生徒に)わたしのあとについて言いなさい.

repeatedly [ripíːtidli リピーティッドり]
副詞 繰(く)り返して, たびたび

repetition [rèpitíʃn レペティシャン]
名詞 C U 繰(く)り返し, 反復; 復唱

replace [ripléis リプれイス] 動詞 (三単現 **replaces** [-iz]; 過去・過分 **replaced** [-t]; 現分 **replacing**) 他
❶ …に取って代わる; …を(…と)取り替(か)える《with [by] ...》
▸He **replaced** the old tires **with** [**by**] new ones. 彼は古いタイヤを新しいものと取り替えた.
❷ …を(もとの場所に)返す, 戻(もど)す
▸Sarah finished the call and **replaced** the receiver. サラは電

話を終え，受話器をもとに戻した.

replacement [ripléismənt リプれイスメント] 名詞 ❶ U 取り替(か)え，交換(こうかん)
❷ C (…の)代わりの人[もの]；(…の)代用品《for ...》

replica [réplikə レプリカ] 名詞 C レプリカ，複製品，正確な模写

˙reply [riplái リプらイ]
——動詞 (三単現 **replies** [-z]; 過去・過分 **replied** [-d]; 現分 **replying**)
——自 (…に)**返事をする**，答える《to ...》(◆ answer よりかたい語; 対義語 ask たずねる)
He didn't **reply to** my question.
彼はわたしの質問に答えなかった.
——他 …と答える
▸Emily **replied** that she had no comment.
エミリーはノーコメントだと答えた.
——名詞 (複数 **replies** [-z]) C **答え**，返事
▸I got her **reply** today.
今日，彼女から返事をもらった.

˙report [ripɔ́ːrt リポート]
——名詞 (複数 **reports** [ripɔ́ːrts リポーツ]) ❶ C (…についての)**報告**，**報告書**，レポート；報道，記事《of [on] ...》
▸I gave a **report on** yesterday's meeting.
わたしは昨日の会議の報告をした.
▸TV **reports** テレビ報道
▸a weather **report** 天気予報
❷ C《英》成績表，通信簿(ぼ)(◆《米》report card)
——動詞 (三単現 **reports** [ripɔ́ːrts リポーツ]; 過去・過分 **reported** [-id]; 現分 **reporting**)
——他 (…に)…**を報告する**《to ...》；…を報道する
▸He **reported** the accident **to** the police. 彼は事故を警察に通報した.
——自 (…について)報告する《on ...》；(…の)記者を務める《for ...》；(…に)出頭する《to ...》
▸The radio news is **reporting on** a forest fire. ラジオのニュースが森林火災を報じている.

reporter [ripɔ́ːrtər リポータ] 名詞 C 報道記者，レポーター；報告者，通報者

represent [rèprizént レプリゼント] 動詞 他 ❶ …を表現する，えがく；…を象徴(しょうちょう)する
▸What does the mark **represent**?
そのマークは何を表していますか？
❷ …を代表する，…の代理をする
▸He **represented** our school.
彼はわたしたちの学校の代表をつとめた.

representative [rèprizéntətiv レプリゼンタティヴ] 名詞 C 代理人，代表者；代議士
——形容詞 代表的な，(…を)代表する《of ...》；代理の，代表の

reproduce [rìːprədjúːs リープロデュース] 動詞 (三単現 **reproduces** [-iz]; 過去・過分 **reproduced** [-t]; 現分 **reproducing**)
他 …を再生する，再現する；…を複製[複写]する；(生物)を繁殖(はんしょく)させる
——自 再生できる；複製[複写]できる；繁殖する

reproduction [rìːprədʌ́kʃn リープロダクシャン] 名詞
❶ U 再生，再現
❷ U C 複製，複写，模造(品)
❸ U 繁殖(はんしょく)

republic [ripʌ́blik リパブリック] 名詞 C 共和国

republican [ripʌ́blikən リパブリカン] 形容詞 ❶ 共和国の；共和制の
❷《Republican で》(アメリカの)共和党(員)の
——名詞 ❶ C《Republican で》(アメリカの)共和党員
❷ C 共和主義者

Republican Party [ripʌ́blikən pɑ́ːrti リパブリカン パーティ] 名詞《the Republican Party で》(アメリカの)共和党(◆民主党(the Democratic Party)とともにアメリカの二大政党の一つ)

reputation [rèpjətéiʃn レピュテイシャン] 名詞 U《または **a reputation** で》評判；名声
▸She has **a good reputation**.
彼女は評判がいい.

request [rikwést リクウェスト] 名詞 C 願い，たのみ；リクエスト(曲)
▸Any **request**? 何かご要望は？
by requést 求めに応じて
on requést 請求(せいきゅう)がありしだい
——動詞 他 (人)にたのむ；…を要求する(◆ ask よりかたい語)
▸**request** help 援助(えんじょ)を要請(ようせい)する

require [rikwáiər リクワイア] 動詞 (三単現 **requires** [-z]; 過去・過分 **required** [-d]; 現分 **requiring**)
他 …を必要とする, 要する(♦ need よりかたい語); (…することを)…に要求する《to＋動詞の原形》(♦ふつう受け身の形で)
▸My job **requires** computer skills. わたしの仕事はコンピューターの技能を必要とする.
▸Passengers **are required** to wear seat belts. 乗客はシートベルトを着用しなければならない.

requirement [rikwáiərmənt リクワイアメント] 名詞
C《ふつう **requirements** で》必要なもの, 必需(ひつじゅ)品; 要求されるもの; (…の)必要条件, 資格《for ...》

rescue [réskju: レスキュー] 動詞 (三単現 **rescues** [-z]; 過去・過分 **rescued** [-d]; 現分 **rescuing**)
他 …を(危険な状況(じょうきょう)・場所から)救い出す《from ...》(同義語 save)
▸She **rescued** a child **from** the fire. 彼女が子供を火事から救い出した.
——名詞 U C 救助, 救出

research [risə́:rtʃ リサ～チ] 名詞 (複数 **researches** [-iz])
U《または **researches** で》(…の)(科学的な)研究, 調査, リサーチ《into [on] ...》
▸do **research into** [**on**] viruses ウイルスの研究をする

researcher [risə́:rtʃər リサ～チャ] 名詞 C 研究者, 調査員

resemblance [rizémbləns リゼンブランス] 名詞 U 類似; C (…との / …間の)類似点《to ... / between ...》

resemble [rizémbl リゼンブる] 動詞 (三単現 **resembles** [-z]; 過去・過分 **resembled** [-d]; 現分 **resembling**)
他 …に似ている(♦進行形にしない)
▸Ann **resembles** her mother. アンは母親に似ている.

reservation [rèzərvéiʃn レザヴェイシャン] 名詞 C (部屋・座席などの)予約, 指定
▸make a **reservation** 予約をする

reserve [rizə́:rv リザ～ヴ] 動詞 (三単現 **reserves** [-z]; 過去・過分 **reserved** [-d]; 現分 **reserving**) 他
❶ …を(…のために)取っておく《for ...》
▸He **reserved** the whole day **for** her. 彼はまる1日を彼女のために空けておいた.
❷ (部屋・座席など)を予約する (♦《主に英》book)
▸I **reserved** a room at the hotel. わたしはそのホテルに部屋を予約した.
——名詞 ❶ C《しばしば **reserves** で》蓄(たくわ)え, 備え
❷ U 遠慮(えんりょ), 控(ひか)えめ

reserved [rizə́:rvd リザ～ヴド] 形容詞
❶ 予備の; 予約済みの, (席などが)指定の
❷ 控(ひか)えめな, 遠慮(えんりょ)がちな

residence [rézidəns レズィデンス] 名詞
C 住宅, (大)邸宅(ていたく)(♦かたい語); U 居住

resident [rézidənt レズィデント] 名詞
C 住民, 居住者

resign [rizáin リザイン] (★発音に注意) 動詞 他 …を辞職[辞任]する
——自 (…を)辞職[辞任]する《from ...》

resignation [rèzignéiʃn レズィグネイシャン] 名詞 ❶ C U (会社・職などからの)辞職, 辞任《from ...》; C 辞表
❷ U あきらめ

resist [rizíst リズィスト] 動詞 他
❶ …に抵抗(ていこう)する, 反抗する; (化学作用・病気など)に耐(た)える
▸**resist** the military government 軍事政権に抵抗する
❷ …を我慢(がまん)する, こらえる (♦ふつう否定文で)

resistance [rizístəns リズィスタンス] 名詞 ❶ U《または **a resistance** で》(…に対する)抵抗(ていこう), 反抗; 抵抗力《to ...》
❷ U《しばしば **the Resistance** で単数または複数あつかい》(地下)抵抗運動組織, レジスタンス

resolution [rèzəlú:ʃn レゾるーシャン] 名詞 ❶ C 決意, 決心
▸New Year('s) **resolutions** 新年の決意
❷ C 決議(案); 決議文
❸ U《または **a resolution** で》(問題・争いなどの)解決; (疑問などの)解明

resolve [rizálv リザるヴ] 動詞 (三単現 **resolves** [-z]; 過去・過分 **resolved** [-d]; 現分 **resolving**) 他
❶ (問題など)を解決する; (疑いなど)を晴らす
▸**resolve** a problem 問題を解決する

❷《resolve to ＋動詞の原形で》
…しようと決心する, 決意する
▸She **resolved to** go to college.
彼女は大学に進学しようと決心した.
❸ …を決議する

resort [rizɔ́ːrt リゾート] 名詞
C 行楽地, 保養地
▸a summer **resort** 避暑(ひしょ)地

resource [ríːsɔːrs リーソース] 名詞
C《ふつう **resources** で》資源
▸natural **resources** 天然資源

respect [rispékt リスペクト] 名詞
❶ U (…に対する)尊敬, 敬意; 尊重《for ...》
▸I have **respect for** my parents.
わたしは両親を尊敬している.
❷ C 点, 箇所(かしょ)
▸in every **respect** あらゆる点で
❸《**respects** で》よろしくとの伝言
── 動詞 他 …を尊敬する, 尊重する
(同義語 look up to, 対義語 despise …を軽蔑(けいべつ)する)
▸I **respect** Ms. Baker.
わたしはベーカー先生を尊敬している.
▸Tom **respected** my wishes.
トムはわたしの希望を尊重してくれた.

respectable [rispéktəbl リスペクタブる]
形容詞 (世間的に)まともな; 見苦しくない

respectful [rispéktfl リスペクトふる]
形容詞 (人・ことに)敬意を表す, ていねいな, 礼儀(れいぎ)正しい

respective [rispéktiv リスペクティヴ]
形容詞《複数名詞の前に用いて》
それぞれの, めいめいの

respond [rispɑ́nd リスパンド] 動詞 自
(…に)答える, 応じる; (…に)反応する《to ...》
▸**respond to** a question
質問に答える

response [rispɑ́ns リスパンス] 名詞
U C (…への)応答; 反応《to ...》
▸make [give] no **response to** ...
…に答えない

responsibility [rispɑ̀nsəbíləti リスパンスィビリティ] 名詞
(複数 **responsibilities** [-z])
U 責任, 義務; C 責任を負うもの; (個々の)責任
▸a sense of **responsibility** 責任感
▸take **responsibility** 責任を取る

responsible [rispɑ́nsəbl リスパンスィブる] 形容詞 (人が)(物事に対して)責任がある《for ...》; (人が)信頼(しんらい)できる; (物事が)(…の)原因である《for ...》
▸I'm **responsible for** this accident.
この事故の責任はわたしにあります.

˙rest[1] [rést レスト]

── 名詞 (複数 **rests** [résts レスツ])
C U 休み, 休息, 休養; 休止, 睡眠(すいみん)
(類語 break 小休止)
▸have [take] a **rest** ひと休みする
▸Did you have a good **rest**?
よくお休みになれましたか?
── 動詞 (三単現 **rests** [résts レスツ]; 過去・過分 **rested** [-id]; 現分 **resting**)
── 自 休む, 休息する; 眠(ねむ)る
▸Let's **rest** for a while.
少し休みましょう.
── 他 …を休ませる, 休息させる

rest[2] [rést レスト] 名詞
《**the rest** で》残り, 残りのもの[人]
(◆数えられるものを指す場合は複数あつかい, 数えられないものを指す場合は単数あつかい)
▸**The rest** of the cake is in the fridge. ケーキの残りは冷蔵庫にある.
▸Jim is Canadian, and **the rest** are British. ジムはカナダ人で, そのほかの人たちはイギリス人だ.

⁚restaurant

[réstərənt レストラント] 名詞
C **レストラン**, 料理店
▸a Chinese [fast-food] **restaurant**
中国料理店[ファストフード店]

アメリカのレストラン

restless [réstləs レストレス] 形容詞
❶ 落ち着きのない, そわそわした
❷ 眠(ねむ)れない, 休めない

restore [ristɔ́ːr リストーア] 動詞 (三単現 **restores** [-z]; 過去・過分 **restored** [-d]; 現分 **restoring**) 他
❶ …を(…に)戻(もど)す, 返還(へんかん)する《to ...》
(同義語 return)
❷ (秩序(ちつじょ)・健康など)を回復させる; (建物など)を修復する;

(人)を(もとの地位に)復帰させる《to ...》

restrain [ristréin リストゥレイン] 動詞
他 (感情など)を抑(おさ)える; …を制限する

restrict [ristríkt リストゥリクト] 動詞
他 (行動・動き・量・範囲(はんい)など)を(…に)制限する《to ...》

restriction [ristríkʃn リストゥリクシャン] 名詞 C U (…に対する)制限, 制約, 規則《on ...》

rest room [rést rù:m レスト ルーム]
名詞 C 《米》(ホテル・劇場などの)手洗い, 化粧(けしょう)室, トイレ(♦家庭のものは, ふつう bathroom という)

˙result [rizʌ́lt リザるト]
——名詞 (複数 **results** [rizʌ́lts リザるツ])
C U 結果(同義語 effect), 結末;
C (試験や試合などの)成績, 結果
▸the **result** of the experiment
実験結果

as a resúlt (…の)結果として《of ...》

——動詞 (三単現 **results** [rizʌ́lts リザるツ]; 過去・過分 **resulted** [-id]; 現分 **resulting**) 自
❶《**result from ...** で》**…から結果として生じる**
▸The accident **resulted from** the driver's carelessness.
その事故は運転者の不注意から起きた.
❷《**result in ...** で》**…という結果になる**, …に終わる
▸Her efforts **resulted in** success.
彼女の努力は成功につながった.

retire [ritáiər リタイア] 動詞
(三単現 **retires** [-z]; 過去・過分 **retired** [-d]; 現分 **retiring**)
自 (…を)退職する, 引退する; (試合などから)リタイアする, 途中(とちゅう)退場する《from ...》
▸Chris **retired from** the company.
クリスはその会社を退職した.

˙return [ritə́:rn リタ〜ン]
——動詞 (三単現 **returns** [-z]; 過去・過分 **returned** [-d]; 現分 **returning**)
——自 **帰る**, 戻る;
(季節などが)再び訪(おとず)れる
(同義語 come back, go back)
▸They **returned** to Japan last week. 彼らは先週, 日本に帰国した.
——他 …を(…に)**返す**, 戻す《to ...》
▸I have to **return** this book **to** John tomorrow. 明日, ジョンにこの本を返さなければならない.

——名詞 (複数 **returns** [-z])
❶ U C **帰り**, 帰宅, 帰国
▸I'm waiting for her **return**.
わたしは彼女の帰りを待っている.
❷ C (…に対する)お返し, 返礼, 返事《for ...》; U 返すこと
❸ C (季節などが)再び巡(めぐ)ってくること
▸Many happy **returns** (of the day)! 今日のよき日が何度も巡ってきますように.(♦バースデーカードにそえることば)

in retúrn (…の)お返しに, お礼に《for ...》
▸I invited him to dinner **in return for** his help. 手伝ってくれたお礼に, わたしは彼を夕食に招いた.

——形容詞 帰りの; 返礼の; 2度目の;
《英》往復の
▸a **return** ticket 《英》往復切符(きっぷ)
(♦《米》a round-trip ticket)

reunion [rì:jú:njən リーユーニョン] 名詞
U 再会; C 再会の集まり, 同窓会
▸a class **reunion** クラスの同窓会

reuse (★動詞・名詞の発音のちがいに注意) 動詞 [rì:jú:z リーユーズ] (三単現 **reuses** [-iz]; 過去・過分 **reused** [-d]; 現分 **reusing**) 他 …を再利用する
——名詞 [rì:jú:s リーユース] U 再利用

reveal [riví:l リヴィーる] 動詞
他 …を(…に)明らかにする, (秘密など)を(…に)もらす《to ...》; (見えなかったもの)を見せる

revenge [rivéndʒ リヴェンヂ] 名詞
U 復讐(ふくしゅう), 仕返し; (スポーツなどでの)雪辱(せつじょく)
——動詞 (三単現 **revenges** [-iz]; 過去・過分 **revenged** [-d]; 現分 **revenging**) 他 …のかたきを討(う)つ, (侮辱(ぶじょく)など)に仕返しをする

reverse [rivə́:rs リヴァ〜ス] 名詞
❶《**the reverse** で》逆, 反対; 逆転;
U C (車などの)逆進, バック

❷《the reverse で》裏，裏面(りめん)
▸See **the reverse**.
裏面を見よ.
── 動詞 （三単現 **reverses** [-iz]; 過去・過分 **reversed** [-t]; 現分 **reversing**）他 …を逆にする，反対にする，裏返す；…を後退させる
── 形容詞《名詞の前に用いて》
逆の，反対の；裏の；バックの，逆進の
▸in **reverse** order　逆の順序に

reversible [rivə́ːrsəbl リヴァ〜スィブる] 形容詞 逆にできる，もとに戻(もど)せる；(衣類が)両面着られる，リバーシブルの

review [rivjúː リヴュー] 動詞 他
❶ …をよく調べる，見直す；
《米》…を復習する(♦《英》revise)
▸**review** the last lesson
前回の授業の復習をする
❷ …を批評する，論評する
▸**review** a book　書評をする
── 名詞 ❶ U C 再調査；《米》復習；
C 復習問題
❷ U C 批評，論評；C 論評記事

revise [riváiz リヴァイズ] 動詞 （三単現 **revises** [-iz]; 過去・過分 **revised** [-d]; 現分 **revising**）他
❶ (本など) を改訂(かいてい)する；
(意見・法律など)を改める，修正する
❷《英》…を復習する(♦《米》review)

revision [rivíʒn リヴィジャン] 名詞
❶ U C 改訂(かいてい)，修正；C 改訂版
❷ U《英》復習(♦《米》review)

revival [riváivl リヴァイヴる] 名詞
U C 生き返ること；(健康などの)回復；(伝統などの)復活；再上映，再演

revive [riváiv リヴァイヴ] 動詞 （三単現 **revives** [-z]; 過去・過分 **revived** [-d]; 現分 **reviving**）自
❶ 生き返る；回復する；よみがえる
❷ 復活[復興]する
── 他 ❶ …を生き返らせる；
…を回復させる；…をよみがえらせる
❷ …を復活[復興]させる
❸ …を再上映[再演]する

revolution [rèvəlúːʃn レヴォるーシャン] 名詞 ❶ U C 革命；C 大変革
▸the French **Revolution**
フランス革命
❷ U C (天体などの)回転；公転

revolutionary [rèvəlúːʃənèri レヴォるーシャネリ] 形容詞 革命の；革命的な

revolve [riválv リヴァるヴ] 動詞 （三単現 **revolves** [-z]; 過去・過分 **revolved** [-d]; 現分 **revolving**）自 回転する，回る
▸The moon **revolves** around the earth.　月は地球の周りを回る.
── 他 …を回転させる，回す

revolver [riválvər リヴァるヴァ] 名詞
C リボルバー(♦回転式連発ピストル)

reward [riwɔ́ːrd リウォード] 名詞
U C 報酬(ほうしゅう)，ほうび，報(むく)い；C 賞金
── 動詞 他 (…に対して)…に報酬をあたえる；…に報いる《for ...》

rewrite [rìːráit リーライト] 動詞
（三単現 **rewrites** [rìːráits リーライツ]; 過去 **rewrote** [rìːróut リーロウト]; 過分 **rewritten** [rìːrítn リーリトゥン]; 現分 **rewriting**）他 …を書き直す

Reyhan Jamalova
[réihən dʒáməlòuvə レイハン ヂャマろウヴァ] 名詞【人名】レイハン・ジャマロバ(♦ 2002-;15 歳のとき，雨を利用して電力を発生させる装置を発明したアゼルバイジャンの女性)

Rhine [ráin ライン] 名詞
《the Rhine で》ライン川
(♦スイスに発し，ドイツ・オランダなどを流れ，北海に注ぐ川)

rhino [ráinou ライノウ] 名詞 （複数 **rhino** または **rhinos** [-z]）C《口語》【動物】サイ
(♦ *rhino*ceros を短縮した語)

rhinoceros [rainásərəs ライナセラス]
名詞 （複数 **rhinoceros** または **rhinoceroses** [-iz]）
C【動物】サイ(♦《口語》rhino)

Rhode Island [ròud áilənd ロウド アイらンド] 名詞 ロードアイランド州
(♦アメリカ北東部の州；R.I. または【郵便】で RI と略す)

rhyme [ráim ライム] (★発音に注意)
名詞 ❶ U 韻(いん)(♦単語や，特に詩の行末で同じ音を繰(く)り返すこと)
❷ C 同韻語；(韻を踏(ふ)んだ)詩

rhythm [ríðm リずム] (★発音に注意)
名詞 U C (音楽・ことばなどの)リズム，調子

rhythmic [ríðmik リずミック] 形容詞
リズムのある，リズミカルな

rhythmical [ríðmikl リずミクる] 形容詞
= rhythmic(リズムのある)

RI【郵便】ロードアイランド州
(♦ *R*hode *I*sland の略)

Rialto Bridge [riǽltou brídʒ リあるトウ ブリッヂ] 名詞 《**the Rialto Bridge** で》リアルト橋(♦イタリアのベネチアにある大運河にかかる4つの橋の1つ)

rib [ríb リブ] 名詞 C 肋骨(ろっこつ), あばら骨; (骨つきの)あばら肉

ribbon [ríbn リボン] 名詞 C U リボン
▸tie a **ribbon** around a gift box
プレゼントの箱にリボンを結ぶ

⁑rice
[ráis ライス] 名詞
U **米**, **稲**(いね); **ご飯**
▸grow **rice** 稲を育てる
▸boil [cook] **rice** ご飯をたく
▸**rice** cake もち
▸**rice** pudding ライスプディング
(♦米・砂糖・牛乳で作る甘(あま)いデザート)

rice field [ráis fi:ld ライス ふぃーるド] 名詞
C 水田(同義語 paddy field)

⁑rich
[rítʃ リッチ] 形容詞
(比較 **richer**; 最上 **richest**)
❶ **金持ちの**, **裕福**(ゆうふく)**な**, **富んだ**
(同義語 wealthy, 対義語 poor 貧しい)
▸a **rich** country 富める国
▸the **rich** 裕福な人々
(♦「the ＋形容詞」で「…な人々」の意味)
❷ **豊かな**; (土地が)肥(こ)えている;
(食べ物が)栄養価が高い, こってりした;
《**be rich in ...** で》…が豊富である
▸**rich** land 肥えた土地
▸This country **is rich in** water.
この国は水が豊富だ.
❸ 貴重な, 高価な, ぜいたくな

riches [rítʃiz リチズ] 名詞
《複数あつかいで》富, 財産
(同義語 wealth)

rickshaw [ríkʃɔ: リクショー] 名詞
C 人力車(♦日本語から)

rid [ríd リッド] 動詞 (三単現 **rids** [-z];
過去・過分 **rid** または **ridded** [-id];
現分 **ridding**) 他 《**rid ... of 〜**で》
…から〜(望ましくないもの)を取り除く
▸**rid** a house **of** harmful insects
家から害虫を駆除(くじょ)する

get rid of ... (不用なもの)を処分する;
(やっかいなもの)を取り除く
▸I **got rid of** my old piano.
わたしは古いピアノを処分した.

⁎ridden
[rídn リドゥン] 動詞
ride(…に乗る)の過去分詞

riddle [rídl リドゥる] 名詞
C なぞなぞ; なぞ
▸solve a **riddle** なぞを解く

⁑ride
[ráid ライド]
—動詞 (三単現 **rides** [ráidz ライヅ];
過去 **rode** [róud ロウド]; 過分 **ridden**
[rídn リドゥン]; 現分 **riding**)
—他 (乗り物・馬など)**に乗る**, 乗っていく
➡ **drive** くらべよう
▸He **rode** his bike to the station.
彼は駅まで自転車に乗っていった.
—自 (乗り物に)**乗る**, 乗っていく
▸Let's **ride** to the museum on the bus.
バスに乗って博物館まで行きましょう.
—名詞 (複数 **rides** [ráidz ライヅ]) C
(馬・乗り物などに)**乗ること**, 乗せること
▸go for a **ride** ドライブに行く

give a person a ride
(人)を(車など)に乗せる
▸She **gave** me **a ride** home.
彼女はわたしを家まで乗せてくれた.

rider [ráidər ライダ] 名詞
C (馬・自転車などに)乗る人, 騎手(きしゅ)

ridge [rídʒ リッヂ] 名詞 C (山の)尾根(おね);
山脈; (屋根の)棟(むね); (畑の)うね

ridiculous [ridíkjələs リディキュらス]
形容詞 ばかげた; こっけいな

riding [ráidiŋ ライディング] 動詞
ride(…に乗る)の現在分詞・動名詞
—名詞 U 乗馬, 乗車

rifle [ráifl ライふる] 名詞 C ライフル銃(じゅう)

right
[ráit ライト] (★発音に注意)

right¹	形容詞	❶ 正しい
		❷ 適切な
	副詞	❶ 正しく
		❷ ちょうど
	名詞	❶ 正しいこと
		❷ 権利
right²	形容詞	右の
	副詞	右に[へ]
	名詞	❶ 右

⁑right¹
[ráit ライト]
—形容詞
(比較 **more right** または **righter**;
最上 **most right** または **rightest**)
❶ **正しい**, 正確な; 正当な, 正義の

(対義語 wrong まちがった)
▸the **right** answer　正解
▸What's the **right** time now?
正確な時間は今何時ですか？
▸Is this the **right** bus to Shibuya?
渋谷へはこのバスでいいのですか？
▸You're **right**, Beth.
あなたの言うとおりです，ベス.
▸He'll come at two, **right**?
彼は2時に来るのですよね？
(♦..., right? は自分の言ったことが正しいかどうか確認(かくにん)する表現)
❷ **適切な**，適当な，ふさわしい
(同義語 proper)；好都合の
▸You are the **right** person for this job.　きみはこの仕事に適任の人物だ.
▸Sue, you came at the **right** time.
スー，ちょうどよいときに来ましたね.
❸ 健康な(同義語 healthy)；
調子がいい；正気の
▸I'm not feeling **right** today.
今日は調子がよくありません.
♦***all ríght*** **よろしい**；いいんですよ；
無事で；申し分ない ➡ **all**
—副詞 (比較・最上 は 形容詞 に同じ)
❶ **正しく**，正当に，公正に；正確に
(対義語 wrong まちがって)
▸She guessed **right**.
彼女は正しく推測した.
▸If I remember **right**, they have five cats.
わたしの記憶(きおく)が正しければ，彼らはネコを5匹(ひき)飼っている.
❷ **ちょうど**，まさに(同義語 just)；
すっかり；まっすぐに(同義語 straight)；
すぐに
▸The accident happened **right** in front of me.
その事故はちょうどわたしの目の前で起きた.
▸I'll be **right** back.
すぐに戻(もど)ります.
right awáy 《口語》すぐに
(同義語 at once, immediately)
▸Come down **right away**, John.
ジョン，すぐに降りていらっしゃい.
right nów
今すぐに；ちょうど今 ➡ **now**
—名詞 (複数 **rights** [ráits ライツ])
❶ U **正しいこと**，善，正義
(対義語 wrong 悪)
▸know **right** from wrong
善悪の区別がつく
❷ C U **権利**，法的権利
▸human **rights**　人権
▸civil **rights**　公民[市民]権
▸We have the **right** to vote from the age (of) twenty.　わたしたちには20歳(はたち)から選挙権がある.

⁑right²　[ráit ライト]

—形容詞《名詞の前に用いて》
右の，右側の(対義語 left 左の)
▸He had a bag in his **right** hand.
彼は右手にバッグを持っていた.
—副詞 **右に[へ]**，右側に(対義語 left 左に)
▸Turn **right** at the next corner.
次の角を右折しなさい.
▸Keep **Right** 《標識》右側通行
(♦ Keep to the right. ともいう)
—名詞 ❶ U《ふつう **the right** または *one's* **right** で》**右**，右側(対義語 left 左)
▸Turn to **the right**.
右に曲がりなさい.
▸You'll find the library on **your right**.
右手にその図書館が見えるでしょう.
❷ U【野球】ライト，右翼(うよく)

right-handed　[ráithǽndid ライトハぁンディッド] 形容詞
右利(き)きの；右利き用の

rigid　[rídʒid リヂッド] 形容詞
❶ (ものが)かたい；(考えなどが)かたい
❷ 厳しい，厳格な

ring　[ríŋ リンヶ]

ring¹	動詞	自 ❶ (ベル・電話などが)**鳴る** 他 ❶ (ベルなど)**を鳴らす**
ring²	名詞	❶ **輪** ❷ **指輪**

⁎ring¹　[ríŋ リンヶ]

—動詞 (三単現 **rings** [-z]；
過去 **rang** [rǽŋ ラぁンヶ]；
過分 **rung** [rʌ́ŋ ランヶ]；現分 **ringing**)
—自 ❶ (ベル・電話などが)**鳴る**，響(ひび)く；
(耳などが)鳴る
▸The telephone is **ringing**.
電話が鳴っている.
▸My ears are **ringing**.
耳鳴りがしている.

❷ (ベルを鳴らして)(…を)呼ぶ《for ...》
—他 ❶ (ベルなど)**を鳴らす**
▸He **rang** the doorbell twice.
彼は玄関(げんかん)のベルを2度鳴らした.
❷ 《主に英》(人)に電話をかける
(◆《米》call)
▸I'll **ring** you back later.
あとで電話をかけ直します.
—名詞 (複数 **rings** [-z])
❶《**a ring** または **the ring** で》
(ベル・電話などの)鳴る音;
C (ベルなどを)鳴らすこと, 鳴ること
❷《**a ring** で》
《主に英口語》電話をかけること

˙ring²

[ríŋ リンヶ] 名詞
(複数 **rings** [-z])
❶ C 輪, 円形のもの
▸a key **ring** (輪の形の)キーホルダー
▸**rings** of a tree 木の年輪
❷ C **指輪**
▸a wedding **ring** 結婚(けっこん)指輪
▸She wears an engagement **ring**.
彼女は婚約指輪をしている.
❸ C (ボクシングなどの) リング;
(すもうの)土俵; (円形の)競技場

rink [ríŋk リンク] 名詞
C アイススケート場; ローラースケート場

rinse [ríns リンス] 動詞 (三単現 **rinses** [-iz]; 過去・過分 **rinsed** [-t]; 現分 **rinsing**) 他 …をすすぐ, ゆすぐ
—名詞 C U すすぎ; リンス液; 毛染め液

riot [ráiət ライオット] 名詞 C 暴動, 騒動(そうどう)
—動詞 自 暴動を起こす, 暴動に加わる

ripe [ráip ライプ] 形容詞
(比較 **riper**; 最上 **ripest**)
熟した, 実った; 円熟した
▸a **ripe** tomato 熟したトマト

ripple [rípl リプる] 名詞 C さざ波;
波紋(はもん);《**a ripple** で》さざ波の音;
(笑いなどの)さざめき
—動詞 (三単現 **ripples** [-z];
過去・過分 **rippled** [-d]; 現分 **rippling**)
他 (水面)にさざ波を立てる
—自 さざ波が立つ; さざめく

⁑rise

[ráiz ライズ]
—動詞 (三単現 **rises** [-iz]; 過去 **rose** [róuz ロウズ]; 過分 **risen** [rízn リズン]; 現分 **rising**) 自
❶ (太陽・月などが)**のぼる**(対義語 set 沈(しず)む); (煙(けむり)などが)**上がる**;
(幕などが)上がる(対義語 fall 降りる)
▸The sun **rises** in the east.
太陽は東からのぼる.
▸Smoke is **rising** to the sky.
煙が空にのぼっている.
❷ (高い山・建物が)**そびえ立つ**;
(地形が)上りになる
▸The tower **rises** above other buildings. その塔(とう)は, ほかの建物の上にそびえ立っている.
❸ (値段・温度などが)**上昇**(じょうしょう)**する**;
(数量・程度などが)上がる
▸The temperature **rose** to 36℃.
気温がセ氏36度まで上がった.
❹ 立ち上がる; 起床(きしょう)する
(◆ stand up や get up よりかたい語)
—名詞 (複数 **rises** [-iz])
C 上がること, 上昇; 増加
(対義語 fall 落下)
▸a **rise** in crime 犯罪の増加

˙risen

[rízn リズン] 動詞
rise(のぼる)の過去分詞

rising [ráiziŋ ライズィンヶ] 動詞
rise (のぼる) の現在分詞・動名詞
—形容詞 のぼる, 上がる; 成長しつつある
—名詞 C 上昇(じょうしょう), 上がること

risk [rísk リスク] 名詞
U C 危険, 危険性; 冒険(ぼうけん)
▸take [run] a **risk** 危険を冒(おか)す
at the risk of ... …の危険を冒して
—動詞 他 (命など)をかける, 危険にさらす

rival [ráivl ライヴる] 名詞
C 競争相手, ライバル
▸Bill has no **rival** in skiing.
スキーでビルにかなう者はいない.

⁑river

[rívər リヴァ] 名詞
(複数 **rivers** [-z]) C 川, 河
▸the mouth of a **river** 河口
▸Let's go fishing in the **river**.
川に釣(つ)りをしに行こう.

ルール 川の名前

常に the をつけますが, 《米》と《英》では語順が異なります. また, River を省略する場合もあります.
▸《米》the Mississippi (**River**) ミシシッピ川
▸《英》the (**River**) Thames テムズ川

A B C D E F G H I J K L M N O P Q R S T U V W X Y Z

riverside [rívərsàid リヴァサイド] 名詞
《**the riverside** で》川岸, 川辺

˙road [róud ロウド] 名詞
(複数 **roads** [róudz ロウヅ])
❶ C 道路, 道, 街道
▸Don't cross the **road** here.
ここで道路を横断してはいけない.
▸This **road** goes to London.
この道はロンドンに出る.

くらべよう **いろいろな道**

road: 主に都市間を結ぶ, 車の通る道路を指します.
street: 建物が立ち並ぶ街路を指します.

avenue: (南北に走る)大通りを指します.
path: 人が通る小道・散歩道を指します.
boulevard: 広い並木道・大通りを指します.
lane: (家などの間の)小道, また道路の車線を指します.
way: 通り道や道筋を指します.

❷《**Road** で》(都市の)…街(がい), …通り (◆Rd, Rd. と略す)
❸ C (…に至る)道, 方法, 手段《to ...》
▸a **road to** success 成功への道

road map [róud mæ̀p ロウド マぁップ]
名詞 ❶ C (自動車用の)道路地図
❷ C (目的達成のための)工程表

roadside [róudsàid ロウドサイド]
名詞《**the roadside** で》道端(みちばた)

road sign [róud sàin ロウド サイン]
名詞 C 道路標識

roar [rɔ́ːr ローア] 動詞
自 (ライオンなどが)ほえる; (海・風などが)とどろく; (人が)大声を出す, どよめく
—名詞 C ほえる声; とどろき; どよめき

roast [róust ロウスト] 動詞
他 (肉など)を(オーブン・じか火で)焼く, あぶる; (豆など)をいる ➡ **cook** 図
▸**roast** some meat 肉を焼く

rob [rάb ラブ] 動詞 (三単現 **robs** [-z]; 過去・過分 **robbed** [-d]; 現分 **robbing**)
他《**rob** +人+ **of** +もので》
(人)から(もの)を奪(うば)う, 強奪(ごうだつ)する
▸A man **robbed** me **of** my bag.
男がわたしからかばんを奪った.

くらべよう **rob と steal**

rob: 無理やり奪うことを指します.
▸The man **robbed** Eric **of** his money. その男はエリックからお金を奪い取った.
steal: こっそり見つからないように盗(ぬす)むことを指します.
▸Someone **stole** my wallet.
だれかがわたしの財布(さいふ)を盗んだ.

rob

steal

robber [rάbər ラバ] 名詞
C 強盗(ごうとう), どろぼう

くらべよう **robber, thief, burglar, pickpocket**

robber: 脅(おど)しや暴力によって盗(ぬす)む者を指します.
thief: ひそかに盗む者を指します.
burglar: 家屋に押(お)し入って盗む者を指します.
pickpocket: すりを働く者を指します.

▸a bank **robber** 銀行強盗

robbery [rάbəri ラバリ] 名詞
U 強盗(ごうとう); C 強盗事件

robe [róub ロウブ] 名詞
❶ C ローブ(◆すそまであるゆったりした上着), ガウン; バスローブ
(同義語 bathrobe)
❷ C《しばしば **robes** で》礼服, 式服; 法服(◆聖職者・裁判官などが着る長衣)

robin [rábin ラビン] 名詞
C【鳥類】《英》コマドリ(♦イギリスの国鳥) ➡ bird 参考; 《米》コマツグミ

robot [róubat ロウバット] (★発音に注意)
名詞 C ロボット; 自動機械装置
▸an industrial **robot** 産業用ロボット

˙rock[1] [rák ラック] 名詞
(複数 **rocks** [-s])
❶ U C 岩, 岩壁(がんぺき); C 岩石
▸(a) hard **rock** かたい岩
❷ C《ふつう **rocks** で》岩礁(がんしょう), 暗礁
❸ C 《米》(さまざまな大きさの)石
(同義語 stone)

rock[2] [rák ラック] 動詞
他 …を揺(ゆ)り動かす, 揺らす; 激しく揺らす
—自 揺れる; 激しく揺れる
—名詞 ❶ U C 揺れ, 動揺(どうよう)
❷ U【音楽】ロック, ロックンロール
(♦ rock music, rock'n'roll ともいう)

rocket [rákit ラケット] (★アクセントに注意) 名詞
❶ C ロケット; ロケット弾(だん)
❷ C のろし; ロケット花火

Rockies [rákiz ラキズ] 名詞
《**the Rockies** で》ロッキー山脈
(♦ the Rocky Mountains ともいう)

rocking chair [rákiŋ tʃèər ラキング チェア] 名詞 C ロッキングチェア, 揺(ゆ)りいす ➡ **chairs** 図

rocking horse [rákiŋ hɔ̀:rs ラキング ホース] 名詞 C 揺(ゆ)り木馬(♦子供の遊具)

rock music [rák mjù:zik ラック ミューズィック] 名詞
U【音楽】ロック(♦単に rock ともいう)

rock'n'roll [rákənróul ラックンロウる]
名詞 U【音楽】ロックンロール(♦ 1950 年代にアメリカで生まれた音楽; 正確には rock-and-roll; 単に rock ともいう)

rocky [ráki ラキ] 形容詞 (比較 **rockier**; 最上 **rockiest**) 岩の多い

Rocky Mountains [ráki máuntnz ラキ マウントゥンズ] 名詞 《**the Rocky Mountains** で》ロッキー山脈(♦北アメリカ西部の山脈; the Rockies ともいう)

rod [rád ラッド] 名詞 C (細長い)棒, さお; 釣(つ)りざお(= fishing rod)

˙rode [róud ロウド] 動詞
ride(…に乗る)の過去形

rodeo [róudiòu ロウディオウ] 名詞
(複数 **rodeos** [-z]) C 《米》ロデオ
(♦荒馬(あらうま)を乗り回したり, 投げ縄(なわ)でウシを捕(と)らえたりするカウボーイの競技)

role [róul ロウる] 名詞
C (劇の)役; 役割, 任務(同義語 part)
▸play the **role** of a doctor
医者の役を演じる

role model [róul màdl ロウる マドゥる]
名詞 C 模範(もはん)となる人, お手本

role-play [róulplèi ロウるプれイ] 名詞 U
【心理学】ロールプレイング(♦ある役割を演じさせる心理療法(りょうほう)); (語学演習で)役割演技(♦ role-playing ともいう)

˙roll [róul ロウる]
—動詞 (三単現 **rolls** [-z];
過去・過分 **rolled** [-d]; 現分 **rolling**)
—自 ❶ 転がる; (車などが)進む, 走る
▸A ball **rolled** into the pond.
ボールが池に転がり落ちた.
▸The train **rolled** into the station.
列車が駅に入っていった.
❷ (船が)横揺(ゆ)れする; (波が)うねる
—他 ❶ …を転がす, 回転させる
▸He **rolled** a ball toward the dog.
彼はイヌに向かってボールを転がした.
❷ …を巻く, 丸める; 包む
▸**roll** up a poster ポスターを巻く
—名詞 (複数 **rolls** [-z])
❶ C 巻いたもの; 《**a roll of ...** で》ひと巻きの…; ロールパン ➡ **bread** 図
▸**a roll of** film フィルム 1 本
❷ C 名簿(めいぼ), 出席簿; 目録
▸call the **roll** 出席をとる

roll call [róul kɔ̀:l ロウる コーる] 名詞
U C 出欠調べ, 点呼

roller [róulər ロウら] 名詞 C ローラー
(♦塗装(とそう)・地ならし・印刷などに使う)

roller coaster [róulər kòustər ロウら コウスタ] 名詞 C ジェットコースター

roller-skate [róulərskèit ロウラスケイト] 動詞 (三単現 **roller-skates** [róulərskèits ロウらスケイツ];
過去・過分 **roller-skated** [-id];
現分 **roller-skating**)

A B C D E F G H I J K L M N O P Q R S T U V W X Y Z

㊐ ローラースケートをする
(◆単に skate ともいう)

roller skate [róulər skèit ロウら スケイト] 名詞 C《ふつう **roller skates** で》ローラースケートの靴(くつ)
(◆単に skates ともいう)

roller-skating [róulərskèitiŋ ロウらスケイティング] 名詞
U ローラースケートをすること

ROM [rám ラム] 名詞 C
【コンピューター】ロム, 読み出し専用メモリ(◆ *r*ead-*o*nly *m*emory を略した語)

Roman [róumən ロウマン] 形容詞
(古代)ローマ(人)の; (現代の)ローマ市の
——名詞 C (古代)ローマ人; (現代の)ローマ市民

romance [rouméns ロウマぁンス] 名詞
❶ C 恋愛(れんあい), ロマンス
❷ C 中世騎士(きし)物語
❸ C 空想小説; 恋愛小説

romantic [rouméntik ロウマぁンティック] 形容詞 空想的な, ロマンチックな; 非現実的な(対義語 realistic 現実的な); 恋愛(れんあい)の, 恋愛に関する

Rome [róum ロウム] 名詞 ローマ(◆イタリアの首都; 古代ローマ帝国(ていこく)の首都)
▸ ことわざ **Rome** was not built in a day. ローマは1日にして成らず.
(◆「大事業は短期にはできない」の意味)

Ronald Mace [ránəld méis ラナるド メイス] 名詞 【人名】ロナルド・メイス(◆1941-1998;アメリカの建築家;障がいの有無などに関係なく利用できる「ユニバーサルデザイン」という概念を提唱した)

***roof** [rú:f ルーふ] 名詞
(複数 **roofs** [-s])
C 屋根; 屋上 ➡ **house** 図
▸A cat is sleeping on the **roof**.
屋根の上でネコが寝(ね)ている.

rookie [rúki ルキ] (★発音に注意)
名詞 C《米口語》ルーキー, 新人; 初心者

:room [rú:m ルーム] 名詞
(複数 **rooms** [-z])
❶ C 部屋
➡ **巻頭カラー 英語発信辞典⑫**
▸a dining **room** 食堂
▸a living **room** 居間
▸He is in **Room** 206. 彼は206号室にいる.(◆206は two o [zí:rou ズィーロウまたは óu オウ] six と読む)
❷ U (…のための)場所, 空間; 余地《for ...》
▸His story left no **room for** doubt.
彼の話には疑いをはさむ余地がない.

make róom for ...
…のために場所を空ける

roommate [rú:mmèit ルームメイト]
名詞 C (学生寮(りょう)などの) ルームメート, 同室の人; 《米》(アパートや家の)同居人(◆《英》flatmate)

Roosevelt [róuzəvèlt ロウズヴェるト]
名詞 ❶【人名】ルーズベルト
(◆ Franklin Delano Roosevelt [frǽŋklin délənou- ふラぁンクりン デらノウ-], 1882–1945; アメリカ合衆国第32代大統領)
❷【人名】ルーズベルト(◆ Theodore Roosevelt [θí:ədɔ:r- すィーアドーア-], 1858–1919; アメリカ合衆国第26代大統領) ➡ **teddy bear** 文化

rooster [rú:stər ルースタ] 名詞
C《米》【鳥類】おんどり, 雄(おす)のニワトリ
(同義語 cock; 対義語 hen めんどり)
➡ **animals** 図, **chicken** 参考

root [rú:t ルート] 名詞
❶ C《しばしば **roots** で》(植物の)根; (髪(かみ)・歯などの)つけ根, 根元
▸the **roots** of a tree 木の根
❷ C《ふつう **the root** で》根源, 根本
❸ C【数学】根(こん), ルート
▸a square **root** 平方根
❹《**roots** で》(伝統・習慣などの)起源; (心の)ふるさと; 祖先
——動詞 ㊉ (植物)を根づかせる; (考えなど)を定着させる
——㊐ 根づく; 定着する

róot óut …を根絶する, 根絶やしにする

rope [róup ロウプ] 名詞
U C 縄(なわ), 綱(つな), ロープ
▸tie a **rope** to the tree
木にロープを結ぶ
▸Let's jump **rope**.
縄跳(なわと)びをしよう.

ropeway [róupwèi ロウプウェイ] 名詞
C ロープウエー

***rose**[1] [róuz ロウズ] 名詞
(複数 **roses** [-iz])
❶ C【植物】バラ(の花); バラの木
▸a bunch of **roses** バラの花束

▸ [ことわざ] **Roses** have thorns.
(= No **rose** without thorn.)
すべてのバラにはとげがある.
(◆「美しいものや, よいことにも悪い面が必ずある」という意味)
❷ [U] バラ色

˙rose²
[róuz ロウズ] [動詞]
rise(のぼる)の過去形

rosy [róuzi ロウズィ] [形容詞]
([比較] **rosier**; [最上] **rosiest**)
❶ バラ色の; 血色のよい
❷ (前途(ぜんと)などが)明るい

rot [rát ラット] [動詞] ([三単現] **rots** [-s]; [過去・過分] **rotted** [-id]; [現分] **rotting**)
[自] 腐(くさ)る, 腐敗(ふはい)する, 朽(く)ちる
—[他] …を腐らせる, 腐敗させる

rotary [róutəri ロウタリ] [形容詞]
回転する; 回転式の
—[名詞] ([複数] **rotaries** [-z])
[C] 《米》ロータリー, 円形交差点
([同義語] traffic circle, 《英》roundabout)

rotate [róuteit ロウテイト] [動詞] ([三単現] **rotates** [róuteits ロウテイツ]; [過去・過分] **rotated** [-id]; [現分] **rotating**) [他]
❶ …を回転させる
❷ …を交替(こうたい)させる
—[自] ❶ 回転する
❷ 交替する

rotation [routéiʃn ロウテイシャン] [名詞]
❶ [U] [C] 回転(運動), 循環(じゅんかん); (天体の)自転
❷ ローテーション; 交替(こうたい)(制)

rotten [rátn ラトゥン] [形容詞]
([比較] **rottener**; [最上] **rottenest**)
腐(くさ)った, 腐敗(ふはい)した; (木が)朽(く)ちた

˙rough
[rʌ́f ラふ]
(★発音に注意) [形容詞]
([比較] **rougher**; [最上] **roughest**)
❶ (表面が)**でこぼこした**, ざらざらした, 粗(あら)い([対義語] smooth 滑(なめ)らかな)
▸a **rough** road でこぼこ道
❷ (天候・海などが)**荒(あ)れた**; (人・行為(こうい)などが)荒(あら)っぽい, 乱暴な
▸**rough** weather 荒天(こうてん)
▸The sea is **rough** today.
今日は海が荒れている.
▸He has **rough** manners.
彼は無作法(ぶさほう)だ.
❸ **大まかな**, だいたいの
▸a **rough** plan 大まかな案
▸draw a **rough** map to the station
駅までの略図をかく

roughly [rʌ́fli ラふリ] [副詞]
❶ およそ, だいたい
❷ 乱暴に, 雑に; 無作法(ぶさほう)に

˙round
[ráund ラウンド]

[形容詞]	❶ **丸い**
	❷ **丸々とした**
[名詞]	❶ **連続**
	❷ **一周; 巡回**(じゅんかい)
[動詞]	❶ (曲がり角(かど)など)**を曲がる**
	❷ **…を丸める**

—[形容詞]
([比較] **rounder**; [最上] **roundest**)
❶ **丸い**; 円形の, 球形の; 円筒(えんとう)形の
▸a **round** table 丸いテーブル
▸The earth is **round**. 地球は丸い.
❷ **丸々とした**, ふっくらとした
▸She has **round** cheeks.
彼女はふっくらとしたほおをしている.
❸ ぐるっと回る, 一周の
▸make a **round** trip of America
アメリカ一周旅行をする
—[名詞] ([複数] **rounds** [ráundz ラウンヅ]) ❶ [C] (同種の出来事の)**連続**, 繰(く)り返し; (交渉(こうしょう)などの)ひと区切り
▸the daily **round** 日課
▸the **round** of the seasons
季節の繰り返し
❷ [C] **一周**, ひと回り; 《しばしば **rounds** で》**巡回**
▸The doctor made his **rounds**.
その医者は回診(かいしん)をした.
❸ [C] 円, 球, 輪([同義語] circle)
❹ [C] (ボクシングの)ラウンド; (ゴルフの)ラウンド; (トランプの)ひと回り
❺ [C] 【音楽】輪唱
—[動詞] ([三単現] **rounds** [ráundz ラウンヅ]; [過去・過分] **rounded** [-id]; [現分] **rounding**) [他]
❶ (曲がり角など)**を曲がる**, 回る
▸**round** a corner 角を曲がる
❷ **…を丸める**, 丸くする
▸He **rounded** his lips and whistled. 彼はくちびるをすぼめて口笛を吹(ふ)いた.
—[前置詞] (◆《米》では around を用いる

ことが多い)
❶ …のまわりに, 周囲に
▸They sat **round** the table.
彼らはテーブルを囲んですわった.
❷ …のまわりを回って; …を曲がって
▸It's **round** the corner.
それは角を曲がったところですよ.
❸ …のあちこちを
▸I showed him **round** the town.
わたしは彼を町のあちこちに案内した.
❹ およそ, …ごろ
▸**round** midnight 夜の12時ごろ
——副詞 (◆《米》では around を用いることが多い)
❶ ぐるりと, 回って
▸She walked **round** in the garden. 彼女は庭をひと回りした.
❷ まわりに, 周囲に
▸People gathered **round** at the accident site.
事故現場のまわりに人々が集まった.
❸ あちこちに[を]
▸He took me **round** in the town.
彼はわたしを町のあちこちに連れて行ってくれた.

áll* (*the*) *yéar róund
一年じゅう ➡ **year**

roundabout [ráundəbàut ラウンドアバウト] 形容詞
回り道の; (言い方などが)遠回しの
——名詞 《英》❶ C ロータリー, 環状(かんじょう)交差点(◆《米》rotary)
❷ C メリーゴーランド
(◆《米》merry-go-round, carousel)

round-trip [ráundtríp ラウンドトゥリップ] 形容詞 《米》(切符(きっぷ)・料金が)往復の
(◆《英》return)

round trip [ráund tríp ラウンド トゥリップ] 名詞
C 《米》往復旅行(◆《英》return trip);
《英》周遊旅行

route [rú:t ルート] 名詞 C 道筋, ルート;
(国道などの)…号線; 航路, 経路

routine [ru:tí:n ルーティーン] 名詞
C U (日常の)決まりきった仕事, 日課;
いつもの手順
——形容詞 決まりきった; 日常的な

row[1] [róu ロウ] 動詞 (三単現 **rows** [-z];
過去・過分 **rowed** [-d]; 現分 **rowing**)
他 (オールで)(ボート)をこぐ
▸**row** a boat ボートをこぐ
——自 ボートをこぐ
——名詞 C 《ふつう単数形で》こぐこと;
ボート遊び

row[2] [róu ロウ] 名詞 C (ふつうまっすぐな)列, 並び(同義語 line); (劇場などの)座席の列
▸a **row** of houses 家並み
▸He took a seat in the front **row**.
彼は最前列にすわった.

rowboat [róubòut ロウボウト] 名詞
C 《米》オールでこぐボート
(◆《英》rowing boat)

royal [rɔ́iəl ロイアる] 形容詞
《名詞の前に用いて》国王の, 王室の;
王立の
▸the **royal** family
王室, 王家

rub [rʌ́b ラブ] 動詞 (三単現 **rubs** [-z];
過去・過分 **rubbed** [-d]; 現分 **rubbing**)
他 …をこする, 磨(みが)く; …をすりこむ
▸Don't **rub** your eyes.
目をこすってはいけません.
▸She **rubbed** cream into her face.
彼女は顔にクリームをすりこんだ.

rubber [rʌ́bər ラバ] 名詞
U ゴム(同義語 gum); C ゴム製品;
《主に英》消しゴム(◆《米》eraser);
《**rubbers** で》《米》(ゴム製の)オーバーシューズ(◆防水用に靴(くつ)の上にはくもの)

rubber band [rʌ́bər bǽnd ラバ バぁンド] 名詞 C 輪ゴム, ゴムバンド

rubbish [rʌ́biʃ ラビッシ] 名詞
U 《主に英》がらくた, くず; つまらないもの, ばかげた考え[話](◆《米》trash)

ruby [rú:bi ルービ] (★発音に注意) 名詞
(複数 **rubies** [-z]) C (宝石の)ルビー;
U ルビー色, 真紅(しんく)

rude [rú:d ルード] 形容詞 (比較 **ruder**;
最上 **rudest**) 失礼な, 無作法(ぶさほう)な
(対義語 polite ていねいな)
▸It is **rude** to say such a thing.
そんなことを言うのは失礼だ.

rug [rʌ́g ラッグ] 名詞
❶ C (床(ゆか)の一部に敷(し)く)敷き物
(◆床全体をおおうものは carpet)
❷ C 《主に英》ひざ掛(か)け
(◆《主に米》lap robe)

rugby [rʌ́gbi ラグビ] 名詞
U 《しばしば **Rugby** で》
【スポーツ】ラグビー
➡ **football** 参考

rugged [rʌ́gid ラギッド]
(★発音に注意) 形容詞
でこぼこの, ごつごつした; 岩だらけの

ruin [rúːin ルーイン] 名詞
❶ U 崩壊(ほうかい); 破滅(はめつ)
❷ C《ふつう **ruins** で》遺跡(いせき), 廃墟(はいきょ)
—動詞 他 …を破壊する, だめにする
▸The rain **ruined** our picnic.
雨でピクニックが台なしになった.

˙rule [rúːl ルーる]

名詞		❶ 規則
		❷ 支配
		❸ 習慣
動詞	他	…を支配する

—名詞 (複数 **rules** [-z])
❶ C **規則**, 規約, (競技の)ルール
(同義語 **regulation**)
▸follow [break] the school **rules**
校則に従う[を破る]
❷ U **支配**, 統治
▸This country was once under British **rule**. この国はかつてイギリスの統治下にあった.
❸ C **習慣**, 習わし(同義語 habit);
《**the rule** で》いつものこと
as a rúle 一般に, 概(がい)して, ふつうは
▸**As a rule**, students hate exams.
一般に, 学生は試験が大嫌(きら)いなものだ.
make it a rúle to **+動詞の原形**
…することにしている, …するのが習慣だ
▸She **makes it a rule to** jog every morning. 彼女は毎朝ジョギングをするのが習慣だ.
—動詞 (三単現 **rules** [-z];
過去・過分 **ruled** [-d]; 現分 **ruling**)
—他 **…を支配する**, 統治する
▸The queen **ruled** the country for a long time.
長い間, 女王がその国を統治した.
—自 (…を)支配する, 統治する《over ...》

ruler [rúːlər ルーら] 名詞
❶ C 支配者, 統治者
❷ C 定規(じょうぎ)

rumor, 《英》**rumour** [rúːmər ルーマ]
名詞 U C うわさ

:run [rʌ́n ラン]

—動詞 (三単現 **runs** [-z]; 過去 **ran** [rǽn ラぁン]; 過分 **run**; 現分 **running**)

自	❶ (人・動物が)**走る**
	❷ (車・列車などが)**走る**
	❸ (機械などが)**動く**
	❹ (川・液体などが)**流れる**
他	❶ (ある距離(きょり)・道)**を走る**
	❷ **…を経営する**

—自 ❶ (人・動物が)**走る**;
(競走に)出場する
▸He **runs** fast. 彼は走るのが速い.
▸I **ran** to school this morning.
今朝, わたしは学校まで走っていった.
▸**run** in a marathon
マラソン大会に出場する
❷ (車・列車などが)**走る**;
(定期的に)運行している
▸This car **runs** silently.
この車は静かに走る.
▸The buses to the airport **run** every hour.
空港行きのバスは 1 時間ごとに運行している.
❸ (機械などが)**動く**, 作動する
▸The car **runs** on electricity.
その車は電気で動く.
❹ (川・液体などが)**流れる**;
(流れるように)動く
▸The river **runs** into the sea.
その川は海に流れこんでいる.
❺ (道などが)通じている, 延びる;
(物事が)続く; 続けて上演される
▸This road **runs** over the hill.
この道は丘(おか)の向こうまで続いている.
▸The musical **ran** for three years.
そのミュージカルは 3 年間上演された.
—他 ❶ (ある距離・道)**を走る**;
(競走)をする; (人・動物)を走らせる
▸We **ran** a 100-meter race.
わたしたちは 100 メートル競走をした.
❷ **…を経営する**, 管理する
▸**run** a French restaurant
フランス料理店を経営する
❸ (機械など)を動かす, (自動車など)を走らせる; (手・視線など)をさっと走らせる
▸Can you **run** this machine?
あなたはこの機械を動かせますか?
rún across ... ① …を走って横切る
② (人)に偶然(ぐうぜん)出会う
run áfter ... …を追いかける
▸The dog **ran after** the ball.
そのイヌはボールを追いかけた.

run aróund 走り回る
◆***run awáy*** (…から)**逃げる**《from ...》; (液体などが)流れ出る
▸**run away from** home 家出する
run ínto ... ①(困難など)に遭遇(そうぐう)する; 《口語》(人)に偶然出会う
▸I **ran into** Jim yesterday.
昨日, わたしはジムに偶然出会った.
②(人・車などが)…にぶつかる
run óut なくなる; (契約(けいやく)などが)切れる
run óut of ...
…を使い果たす, …がなくなる
▸Our car is **running out of** gas.
車のガソリンがなくなりそうだ.
run óver ① (液体が)(…を)あふれ出る
② (車などが)…をひく
── 名詞 (複数 **runs** [-z])
❶ C 走ること; 競走; 走行距離
▸go for a **run** 走りに行く
❷ C (野球などの)得点
▸score three **runs** 3点入れる
❸ C 《**a run** で》(ある状態の)連続; (映画・劇などの)連続上映[公演]
▸The movie had **a** long **run**.
その映画は長期間上映された.
in the lóng run 結局, 長期的には
in the shórt run 当面, 短期的には

◆**rung** [rʌ́ŋ ランｸﾞ] 動詞
ring(鳴る)の過去分詞

runner [rʌ́nər ラナ] 名詞
C 走る人[動物]; (競技の)走者, ランナー

◆**running** [rʌ́niŋ ラニンｸﾞ]
── 動詞 run(走る)の現在分詞・動名詞
── 名詞 U **走ること**, ランニング; 《**the running** で》経営, (機械などの)運転
── 形容詞 《名詞の前に用いて》
走っている, 走りながらの;
(水が)流れている

runny [rʌ́ni ラニ] 形容詞
(比較 **runnier**; 最上 **runniest**)
《口語》流れやすい; 鼻水[目やに]の出る
▸have a **runny** nose 鼻水が出る

runway [rʌ́nwèi ランウェイ] 名詞
C 滑走(かっそう)路

rupee [ru:píː ルーピー] 名詞 C ルピー
(◆インド・パキスタンなどの貨幣(かへい)単位)

rural [rúrəl ルラる] 形容詞
いなかの, 田園の; いなか風の
(対義語 urban 都会の)

rush [rʌ́ʃ ラッシ] 動詞 (三単現 **rushes** [-iz]; 過去・過分 **rushed** [-t]; 現分 **rushing**)
自 突進(とっしん)する; 急ぐ; (勢いよく)流れる
── 他 …を大急ぎでする;
…を大急ぎで運ぶ; (人)をせかす
── 名詞 (複数 **rushes** [-iz])
❶ C 突進; 勢いのよい流れ
❷ C 《ふつう単数形で》
(人・注文などの)殺到(さっとう), ラッシュ
❸ U 《または **a rush** で》急ぐこと;
あわただしさ

rush hour [rʌ́ʃ àuər ラッシ アウア]
名詞 C U ラッシュアワー

Rushmore [rʌ́ʃmɔːr ラシモーア] 名詞
《**Mount Rushmore** で》ラシュモア山
(◆アメリカのサウスダコタ州にある山; 4人の米国大統領の顔が岩に刻まれている; 大統領は左からワシントン(Washington), ジェファーソン(Jefferson), セオドア・ルーズベルト(Theodore Roosevelt), リンカーン(Lincoln))

Russia [rʌ́ʃə ラシャ] 名詞
ロシア(連邦(れんぽう))
(◆首都はモスクワ Moscow)

Russian [rʌ́ʃn ラシャン] 形容詞
ロシアの; ロシア人の; ロシア語の
── 名詞
❶ C ロシア人; 《**the Russians** で複数あつかい》ロシア人(全体)
❷ U ロシア語

rust [rʌ́st ラスト] 名詞 U (金属の)さび
── 動詞 他 …をさびつかせる
── 自 さびる, さびつく

rusty [rʌ́sti ラスティ]
形容詞
(比較 **rustier**;
最上 **rustiest**) さびた

rye [rái ライ] 名詞 U
【植物】ライ麦
(◆黒パンやウイスキーの原料)

rye

Ss *Ss*

Q くしゃみをするとどうなる？➡ sneeze をひいてみよう！

S, s [és エス] 名詞 (複数 **S's, s's** または **Ss, ss** [-iz]) C U エス
(♦アルファベットの 19 番めの文字)

S, S. 南(♦ *south* の略);
南の(♦ *southern* の略)

's[1] ❶ 名詞について所有格をつくる
▸Jim's car　ジムの車
❷ 職業や人の名前について「…の店, …の家」などの意味の語をつくる
▸go to the dentist**'s**　歯医者に行く

> **ルール 's の使い方**
> **1** s で終わる複数名詞には, アポストロフィ(')だけをつけます.
> ▸the **students'** hope
> 生徒たちの希望
> **2** s で終わる固有名詞には **'s**, または ' だけをつけます.
> ▸**James's** [**James'**] house
> ジェームズの家
> (♦前者は[dʒéimziz　ヂェイムズィズ], 後者は[dʒéimz ヂェイムズ]と発音する)

's[2] ❶ 《口語》is, has の短縮形(♦'s のあとに名詞・形容詞・副詞などがくるときは is, 過去分詞がくるときは has)
▸She's Ann.　彼女はアンです.
(♦この 's は is の短縮形)
▸He's gone to America.
彼はアメリカに行ってしまった.
(♦この 's は has の短縮形)
❷ us の短縮形(♦ Let's でのみ用いる)
▸**Let's** go.　さあ行こう.

-s 接尾辞 ❶ 名詞について複数形をつくる
▸three dogs　3 匹(ぴき)の犬
❷ 動詞について三人称単数現在形をつくる
▸She sings well.　彼女は歌がうまい.

$, $ ドル(♦ dollar(s) の記号)
▸$5.50　5 ドル 50 セント
(♦ five dollars (and) fifty cents と読む)

sack [sǽk サぁック] 名詞
❶ C (布製のじょうぶで大きな) 袋(ふくろ), 麻(あさ)袋(♦穀物・石炭・ジャガイモなどを入れる); 《米》買い物袋 (♦スーパーなどでくれる紙袋・ビニール袋)
❷ C 《**a sack of ...** で》
1 袋分(の量)の…

sacred [séikrid セイクリッド] 形容詞
神聖な(同義語 holy); 宗教的な;
厳粛(げんしゅく)な

sacrifice [sǽkrəfàis サぁクリふァイス]
名詞 ❶ U 生けにえをささげること;
C 生けにえ
❷ U C 犠牲(ぎせい); C 【野球】犠打
— 動詞 (三単現 **sacrifices** [-iz];
過去・過分 **sacrificed** [-t];
現分 **sacrificing**) 他 …を犠牲にする;
…を生けにえとしてささげる

:sad [sǽd サぁッド] 形容詞
(比較 **sadder**; 最上 **saddest**)
悲しい, 悲しそうな
(対義語 happy うれしい)
▸a **sad** story　悲しい話
▸You look **sad**. What's up?
悲しそうだけど, どうしたの？
▸I was very **sad** to hear the news.
その知らせを聞いてとても悲しかった.

sadder [sǽdər サぁダ] 形容詞
sad(悲しい)の比較級

saddest [sǽdist サぁデスト] 形容詞
sad(悲しい)の最上級

saddle [sǽdl サぁドゥる] 名詞
C (馬などの)くら; (自転車などの)サドル
➡ **bicycles** 図

sadly [sǽdli サぁッドり] 副詞
悲しんで; 悲しそうに

sadness [sǽdnəs サぁッドネス] 名詞
U 悲しみ, 悲しさ(同義語 sorrow)

safari [səfɑ́ːri サふァーリ] 名詞 U C
(アフリカでの)狩猟(しゅりょう)旅行, サファリ

A B C D E F G H I J K L M N O P Q R S T U V W X Y Z

·safe [séif セイふ]
——形容詞 (比較 **safer**; 最上 **safest**)
❶ **安全な**, 危険のない
(対義語 dangerous 危険な); 無事な
▸a **safe** place　安全な場所
▸Judy had an accident, but she was **safe**. ジュディーは事故にあったが, 無事だった.
❷ 無事に, 安全に(♦ come, arrive, find などの動詞のあとで用いる)
▸They all came back **safe**.
彼らは全員無事に帰ってきた.
❸【野球】セーフの
——名詞 (複数 **safes** [-s]) C 金庫

safely [séifli セイふり] 副詞
安全に, 無事に

safety [séifti セイふティ] 名詞 U 安全, 安全性 (対義語 danger 危険); 無事
▸the **safety** of food　食品の安全性
in sáfety　無事に, 安全に

safety belt [séifti bèlt セイふティ ベルト] 名詞 C 安全ベルト, シートベルト
(= seat belt)

Sahara (Desert) [səhǽrə (dézərt) サハあラ (デザト)] 名詞《**the Sahara (Desert)** で》サハラ砂漠(さばく)

:said [séd セッド] (★発音に注意) 動詞
say(…を言う)の過去形・過去分詞

·sail [séil セイる]
——名詞 (複数 **sails** [-z])
❶ C 帆(ほ); U (船全体の)帆
▸put up a **sail**　帆を上げる
❷《**a sail** で》(帆船(はんせん)での)帆走, 航海
▸go for **a sail**　航海に出る
❸ (複数 **sail:** 単複同形) C 帆船
——動詞 (三単現 **sails** [-z];
過去・過分 **sailed** [-d]; 現分 **sailing**)
自 **帆走する**, 航海する; (…に向けて)出航する《for ...》
▸They **sailed** across the Atlantic Ocean. 彼らは大西洋を船で横断した.

sailboat [séilbòut セイるボウト] 名詞
C《米》帆船(はんせん), ヨット
(♦《英》sailing boat)

sailing [séiliŋ セイりンヶ] 名詞
U 帆走(はんそう), ヨット競技; C 航海, 航行

sailor [séilər セイら] 名詞
❶ C 船員, 船乗り, 水夫; 水兵
❷ C 船に…な人
▸I'm a bad [good] **sailor**. わたしは船に酔(よ)いやすい[船酔いしない].

saint [séint セイント] 名詞
❶ C 聖人, 聖者(♦ローマカトリック教会で, 生前, 特に信仰(しんこう)の厚かった人や殉教(じゅんきょう)者の尊称(そんしょう))
❷ C《**St.** と略し, 人名の前につけて》聖…
▸**St.** Patrick　聖パトリック
(♦アイルランドの守護聖人)

Saint Valentine's Day [sèint vǽləntainz dèi セイント ヴぁれンタインズ デイ] 名詞 = St. Valentine's Day

sake [séik セイク] 名詞 C U 目的; 利益
(♦ふつう次の成句で用いる)
for Gód's [héaven's, góodness'] sake 《口語》お願いだから, たのむから
for the sake of ...　…のために
▸**for the sake of** safety
安全のために

salad [sǽləd サぁらド] 名詞 C U サラダ

salaried [sǽlərid サぁらリド] 形容詞
給料をかせいでいる
▸a **salaried** worker　給与所得者, サラリーマン(♦女性にも使う)

salary [sǽləri サぁらリ] 名詞 (複数 **salaries** [-z]) C U 給料, サラリー
▸get a monthly **salary**　月給をかせぐ

> **参考 「サラリーマン」の英語は?**
>
> 1 「サラリーマン」という英語はありません. 英語で「会社員」はふつう an office worker のようにいいます.
> 2 英語で職業をきかれたときは, a salesperson「販売(はんばい)員」や an engineer「エンジニア」のように, 具体的に職名を答えるのがふつうです.

·sale [séil セイる] 名詞
(複数 **sales** [-z])
❶ U C **販売**(はんばい)
▸the **sale** of vegetables　野菜の販売
❷ C **特売**, 安売り
▸I got this jacket at [in] a **sale**.
この上着はバーゲンセールで買った.
❸《**sales** で》売上高
for sále　(特に個人のものが)売りに出されて, 売り物の
▸This doll is not **for sale**.
この人形は売り物ではありません.
on sále　(特に店頭で)売りに出されて; 《米》特売中で

salesclerk [séilzklə̀:rk セイるズクら～ク] 名詞 C 《米》店員(◆単に clerk ともいう; 《英》shop assistant)

salesgirl [séilzgə̀:rl セイるズガ～る]
名詞 C (若い)女性の店員
(◆ salesperson のほうがよく用いられる)

salesman [séilzmən セイるズマン]
(★発音に注意) 名詞 (複数 **salesmen** [séilzmən セイるズマン]) C (男性の)店員; 外交販売(はんばい)員, セールスマン
(◆ salesperson のほうがよく用いられる)

salesperson [séilzpə̀:rsn セイるズパ～スン] 名詞 C (性別を問わず)店員, 販売(はんばい)係; 外交販売員, セールスマン

saleswoman [séilzwùmən セイるズウマン] 名詞 (複数 **saleswomen** [séilzwìmin セイるズウィミン])
C 女性の店員; 外交販売(はんばい)員, セールスウーマン(◆ salesperson のほうがよく用いられる)

salmon [sǽmən サぁモン] (★発音に注意)
名詞 (複数 **salmon**: 単複同形)
C 【魚類】サケ; U サケの肉

salon [səlɑ́n サらン] 名詞
❶ C (美容・服飾(ふくしょく)のしゃれた)店
(◆フランス語から)
▸a beauty **salon** 美容院
❷ C (邸宅(ていたく)の)大広間, 客間
❸ C (上流の女性の間で開かれた)名士の集まり, サロン

saloon [səlú:n サるーン] 名詞
❶ C (ホテルなどの)大広間, 談話室
❷ C 《米》酒場, バー(◆西部劇などに登場する 19 世紀の酒場)
❸ C 《英》セダン型自動車

˙salt [sɔ́:lt ソーるト]

—名詞 U 塩, 食塩
▸Would you please pass me the **salt**? 塩を取っていただけますか?
➡ **table manners** 文化

—形容詞《名詞の前に用いて》
塩気のある; 塩辛(しおから)い; 塩漬(しおづ)けの
▸**salt** water 塩水, 海水

salty [sɔ́:lti ソーるティ] 形容詞
(比較 **saltier**; 最上 **saltiest**)
塩気のある; 塩辛(しおから)い ➡ **taste** 参考

samba [sǽmbə サぁンバ] 名詞
C《**the samba** で》サンバ
(◆ブラジル起源のダンス); サンバの曲

˸same [séim セイム]

—形容詞《**the same** で》同じ, 同一の; 同じような (対義語 different ちがう)
▸We're in **the same** class.
わたしたちは同じクラスだ.
▸Bill and Pat are (of) **the same** age.
ビルとパットは同い年だ.
▸This is **the same** watch that I lost. これはわたしがなくしたのと同じ時計です.

in the sáme wáy 同じように

—代名詞《**the same** で》
同じもの[こと]; 同様のもの[こと]
▸Sarah is wearing a nice dress. I want **the same**.
サラはすてきな服を着ている. わたしも同じものがほしい.
▸**(The) same** for me, please.
(店で)わたしにも同じものをください.
(◆ the は省略されることがある)

all the sáme = ***just the sáme***
① 《口語》全く同じ, どうでもよい
② とはいうものの, それでもやはり
▸I didn't have to use your bike, but thanks **all the same**.
あなたの自転車は使わなくて済んだけれど, とにかくありがとう.

(The) sáme to yóu! = ***And the sáme to yóu!*** 《口語》あなたもね.

> ダイアログ
> *A:* Have a good weekend!
> よい週末を!
> *B:* Thank you. **Same to you!**
> ありがとう. あなたもね.

sample [sǽmpl サぁンプる] 名詞
C 見本, 標本, サンプル

sanctuary [sǽŋktʃuèri サぁンクチュエリ] 名詞 (複数 **sanctuaries** [-z])
❶ U 避難(ひなん); C 避難所

❷ C 禁猟(きんりょう)区，(動物の)保護区域
❸ C 神聖な場所，聖域

˙sand [sǽnd サぁンド] 名詞
(複数 **sands** [sǽndz サぁンヅ])
U 砂；C《**sands** で》**砂地**；砂浜(すなはま)

sandal [sǽndl サぁンドゥる] 名詞
C サンダル
▸a pair of **sandals** サンダル1足

sandbox [sǽndbὰks サぁンドバックス]
名詞 (複数 **sandboxes** [-iz])
C《米》(子供が遊ぶ) 砂場
(◆《英》sandpit [sǽndpìt サぁンドピット])

sandpaper [sǽndpèipər サぁンドペイパ] 名詞 U 紙やすり，サンドペーパー

˙sandwich
[sǽn(d)witʃ サぁン(ド)ウィッチ] 名詞
(複数 **sandwiches** [-iz])
C **サンドイッチ**
▸a ham **sandwich** ハムサンド

文化 サンドイッチは伯爵(はくしゃく)の名前

イギリスにトランプのかけ勝負が大好きなサンドイッチ伯爵という人がいました．伯爵は食事のためにゲームを中断したくないと思い，パンの間に肉を挟(はさ)んだものを食べながらゲームを続けたことから，その食べ物がサンドイッチと呼ばれるようになりました．

sandy [sǽndi サぁンディ] 形容詞
(比較 **sandier**；最上 **sandiest**)
砂の；砂地の，砂だらけの

San Francisco [sæ̀n frənsískou サぁン フランスィスコウ] 名詞
サンフランシスコ
(◆アメリカのカリフォルニア州の都市；坂とケーブルカー，金門橋(the Golden Gate Bridge)などで有名)

˙sang [sǽŋ サぁング] 動詞
sing(歌う)の過去形

sank [sǽŋk サぁンク] 動詞
sink(沈(しず)む)の過去形の一つ

Santa Claus [sǽntə klɔ̀ːz サぁンタ クろーズ] 名詞 サンタクロース(◆子供の守護聖人である聖ニコラス(St. Nicholas)の愛称(あいしょう)；単に Santa ともいう；《英》Father Christmas)

Santiago [sæ̀ntiáːgou サぁンティアーゴウ] 名詞 サンティアゴ(◆チリの首都)

sapphire [sǽfaiər サぁふァイア]
(★アクセントに注意) 名詞 C サファイア
(◆青色で透明(とうめい)な宝石)

sardine [sɑːrdíːn サーディーン] (★アクセントに注意) 名詞 (複数 **sardine** または **sardines** [-z]) C【魚類】イワシ

sari [sɑ́ːri サーリ] 名詞 C サリー
(◆インド・パキスタンなどの女性の民族衣装(いしょう)；長い1枚の布を体に巻きつけるようにして着る)

sari

sash [sǽʃ サぁッシ] 名詞 (複数 **sashes** [-iz])
C 窓枠(まどわく)，サッシ

˙sat [sǽt サぁット] 動詞
sit(すわる)の過去形・過去分詞

Sat. [sǽtərdèi サぁタデイ] 土曜日
(◆ *Sat*urday の略)

Satan [séitn セイトゥン] (★発音に注意)
名詞 悪魔(あくま)，サタン，魔王
(同義語 the Devil)

satellite [sǽtəlàit サぁテらイト] 名詞
❶ C【天文】衛星(◆惑星(わくせい)(planet)のまわりを回る天体)
▸The moon is a **satellite** of the earth. 月は地球の衛星である．
❷ C 人工衛星(= artificial satellite)
▸a weather **satellite** 気象衛星

satisfaction [sæ̀tisfǽkʃn サぁティスふぁクシャン] 名詞
U 満足；C 満足させるもの

satisfactory [sæ̀tisfǽktəri サぁティスふぁクトリ] 形容詞 満足のいく；十分な

satisfy [sǽtisfài サぁティスふァイ] 動詞
(三単現 **satisfies** [-z]; 過去・過分 **satisfied** [-d]; 現分 **satisfying**)
他 (人・欲望など)を満足させる;
《**be satisfied with ...** で》
…に満足している
▸I'm **satisfied with** my new school.
わたしは新しい学校に満足している.

:Saturday
[sǽtərdèi サぁタデイ] 名詞
(複数 **Saturdays** [-z]) U C 土曜日
(♦ Sat. と略す) ➡ **Sunday** ルール

Saturn [sǽtərn サぁタン] 名詞
❶【ローマ神話】サトゥルヌス, サターン
(♦農耕の神)
❷【天文】土星

sauce [sɔ́ːs ソース] 名詞 U C ソース
▸soy **sauce**
しょうゆ

saucepan
[sɔ́ːspæ̀n ソースパぁン]
名詞
C シチューなべ
(♦長い柄(え)のついた深なべ)

saucepan

saucer [sɔ́ːsər ソーサ] 名詞
❶ C (カップなどの)受け皿
(類語 dish 皿, plate 浅い皿)
➡ **dish** 図
▸a cup and **saucer** カップと受け皿
❷ C 受け皿状のもの
▸a flying **saucer** 空飛ぶ円盤(えんばん)

Saudi Arabia [sáudi əréibiə サウディ アレイビア] 名詞 サウジアラビア(♦アラビア半島の大部分を占(し)める王国; 首都はリヤド Riyadh)

Saudi Arabian [sáudi əréibiən サウディ アレイビアン] 形容詞
サウジアラビアの; サウジアラビア人の
——名詞 C サウジアラビア人

sausage [sɔ́ːsidʒ ソーセッヂ] 名詞
U C ソーセージ, 腸詰(ちょう)め

savage [sǽvidʒ サぁヴェッヂ] 形容詞
❶ 野蛮(やばん)な, 未開の
❷ 残忍(ざんにん)な
——名詞 C 野蛮人; 残忍な人

savanna(h) [səvǽnə サヴぁナ] 名詞
C U サバンナ
(熱帯・亜(あ)熱帯地方の草原)

˙save [séiv セイヴ] 動詞
(三単現 **saves** [-z];
過去・過分 **saved** [-d]; 現分 **saving**) 他
❶ **…を救う**, 救助する;
《**save** ＋**人など**＋ **from** ＋**危険など**で》
(人など)を(危険など)から救う
▸The firefighters **saved** the child **from** the fire.
消防士たちはその子を火事から救った.

くらべよう **save と help**

save: 命にかかわる危険から救助することを表します.
▸The doctor **saved** my life. その医師がわたしの命を救ってくれた.
help: 人の手助けをすることを表します.
▸She **helped** me with my homework. 彼女はわたしの宿題を手伝ってくれた.

❷ (金・ものなど)**を蓄**(たくわ)**える**, 取っておく; 【コンピューター】(データなど)を保存する; …を節約する
▸He is **saving** money for the trip.
彼はその旅行のために貯金している.
▸Let's **save** Ann some cake.
アンに少しケーキを取っておこう.
▸**save** a file [time]
ファイルを保存する[時間を節約する]

saving [séiviŋ セイヴィンゲ] 動詞
save(…を救う)の現在分詞・動名詞
——名詞 U C 節約; 《**savings** で》貯金, 預金

savior, 《英》**saviour** [séivjər セイヴィア] 名詞
❶ C 救済者, 救い主
❷《**the** [**our**] **Savior** で》
【キリスト教】救世主, キリスト

saw[1] [sɔ́ː ソー] 名詞 C のこぎり
(♦英米ののこぎりは歯の向きが日本のものと逆で, 押(お)して切る)

:saw[2] [sɔ́ː ソー] 動詞
see(…が見える)の過去形

sax [sǽks サぁックス] 名詞
《口語》= saxophone

saxophone [sǽksəfòun サぁクソふォウン] 名詞 C 【楽器】サキソホン, サックス
(♦《口語》では単に sax ともいう)
➡ **musical instruments** 図

:say 動詞 ➡ p.531 say

saying [séiiŋ セイイング] 動詞
say(…を言う)の現在分詞・動名詞
——名詞 C ことわざ, 格言
(同義語 proverb)

SC 【郵便】サウスカロライナ州
(♦ *S*outh *C*arolina の略)

scale[1] [skéil スケイる] 名詞
❶ C 目盛り; 物差し, 定規(じょうぎ)
▸a ruler with **scales**
目盛りのついた定規
❷ C U 規模, スケール
▸They ran farms on a large **scale**.
彼らは農場を大規模に経営した.
❸ C (地図の)縮尺

scale[2] [skéil スケイる] 名詞
❶ C《(英)では **scales** で》
天びん, はかり(同義語 balance)
➡ **experiment** 図
❷《**the Scales** で》【天文】てんびん座
➡ **horoscope** 文化

scan [skǽn スキぁン] 動詞 (三単現 **scans** [-z]; 過去・過分 **scanned** [-d]; 現分 **scanning**) 他
❶ (ものをさがして)…をよく調べる《for ...》
❷ …に急いで目を通す
❸ (人体・手荷物など)をスキャンする; (画像など)をスキャナーで読み取る, スキャナーでコンピューターに取りこむ
——名詞 ❶ C 急いで目を通すこと
❷ C【医学】スキャン

scandal [skǽndl スキぁンドゥる] 名詞
U C よくない評判; 汚職(おしょく)事件

Scandinavia [skæ̀ndənéiviə スキぁンディネイヴィア] 名詞 スカンジナビア(諸国)
(♦ノルウェー, スウェーデン, デンマークの総称(そうしょう); フィンランドとアイスランドをふくめることもある); スカンジナビア半島

scar [skɑ́ːr スカー] 名詞
C (皮膚(ひふ)の)傷跡(きずあと); (家具などの)傷

scarce [skéərs スケアス] 形容詞
(比較 **scarcer**; 最上 **scarcest**)
《名詞の前には用いない》
乏(とぼ)しい, 不足して

scarcely [skéərsli スケアスり] 副詞
ほとんど…ない (同義語 hardly
➡ **always** 参考); かろうじて
▸I **scarcely** know the family.
その一家のことはほとんど知りません.
▸I could **scarcely** see Mt. Fuji through the clouds.
雲の向こうにかろうじて富士山が見えた.

scare [skéər スケア] 動詞 (三単現 **scares** [-z]; 過去・過分 **scared** [-d]; 現分 **scaring**)
他 …をびっくりさせる, こわがらせる
▸You **scared** me! おどかすなよ.
——名詞《**a scare** で》(突然(とつぜん)の)恐怖(きょうふ)

scarecrow [skéərkròu スケアクロウ] 名詞 C かかし
(♦英米のかかしは2本足で, 服を着ているものが多い)

scarecrow

scared [skéərd スケアド] 形容詞
おびえた; (…を)こわがって《of ...》(同義語 afraid)
▸I'm **scared of** snakes.
わたしはヘビがこわい.

scarf [skɑ́ːrf スカーふ] 名詞 (複数 **scarfs** [-s] または **scarves** [skɑ́ːrvz スカーヴズ]) C スカーフ; マフラー

scarlet [skɑ́ːrlit スカーれット] 名詞
U 緋色(ひいろ)(♦鮮(あざ)やかな赤い色; 「濃(こ)い赤色」は crimson [krímzn クリムズン])
——形容詞 緋色の

scary [ské(ə)ri スケ(ア)リ] 形容詞
(比較 **scarier**; 最上 **scariest**)
《口語》恐(おそ)ろしい, こわい
▸a **scary** movie こわい映画

scatter [skǽtər スキぁタ] 動詞
他 …をまき散らす; (人・動物)を追い散らす

·scene [síːn スィーン] 名詞
(複数 **scenes** [-z])
❶ C (劇・映画などの)場面, シーン
▸Act II, **Scene** 3 第2幕第3場
▸the last **scene** ラストシーン
❷ C (事件などの)現場
▸the **scene** of a crime 犯行現場
❸ C 景色, 光景(同義語 view)
▸I enjoyed the beautiful **scenes** along the way. わたしは道沿いの美しい景色を楽しんだ.

scenery [síːnəri スィーナリ] 名詞
U (ある地域全体の美しい)風景, 景色; (舞台(ぶたい)の)背景, 道具立て

⁑say 動詞

[séi セイ]

(三単現 **says** [séz セズ] (★発音に注意); 過去・過分 **said** [séd セッド] 現分 **saying**)

──他 ❶ …を言う, 述べる;《**say** + **that 節**[**wh- 節**]で》…だと[…かを]言う

▸Sorry, but what did you **say**? ごめんなさい, なんて言ったのですか?

▸My father **said** to me, "Be quiet!" 父はわたしに「静かにしなさい」と言った. (♦言った内容が目的語)

▸She **said (that)** she didn't like tennis. (=She **said**, "I don't like tennis." / "I don't like tennis," she **said**.) 彼女はテニスが好きではないと言った. (♦最後の文は ...," said she. の語順にもなる)

くらべよう say, tell, speak, talk

say: あることばや, だれかの言ったことをそのまま口に出して言うときに使います.

▸She **said**, "I'm going on a trip to London." 彼女は「わたし, ロンドンへ旅行に行くの」と言った.

tell: 「知らせる, 教える」という意味です.

▸He **told** me the truth. 彼はわたしに真実を伝えた.

speak: 「話しかける」「ことばを発する」という意味です. 一言二言話す場合や, 演説などをする場合にも使えます.

▸She **speaks** Chinese. 彼女は中国語を話す.

talk: 「話し合う」「おしゃべりをする」という意味です.

▸We **talked** about the book. わたしたちはその本について話した.

❷《**say** + **that 節**で》(本などに)…と書いてある, (時計などが)…と示している

▸His e-mail **says (that)** he has a cold. 彼の E メールには, (彼が)風邪(かぜ)をひいていると書いてある.

──自 ❶ 言う, 話す

❷《副詞的に》例えば, まあ

▸It takes, **say**, an hour. まあ, 1 時間は必要かな.

It goes without sáying that .... …ということは言うまでもない

♦***sáy to oneself*** (…と)**心の中でつぶやく**, (心の中で)自分に言い聞かせる

▸**I said to myself**, "Great!" わたしは「すごい!」と心の中でつぶやいた.

that is to say すなわち, つまり

▸Sue is two years older than I (am), **that is to say**, twenty. スーはわたしより 2 歳(さい)年上, つまり 20 歳です.

They say (that) .... = It is sáid that .... …といううわさだ, …だそうだ.

▸**They say that** Susan is sick in bed. スーザンは病気で寝(ね)ているそうだ.

Whát do you sáy to* + 名詞[*...ing*]*? 〖提案・勧誘(かんゆう)〗…はいかがですか?

▸**What do you say to** playing tennis tomorrow? 明日テニスをするのはどうですか?

Yóu sáid it! 《口語》あなたの言うとおりだ, 全くそのとおりだ.

A B C D E F G H I J K L M N O P Q R S T U V W X Y Z

scent [sént セント] 名詞
U C (快い)香(かお)り；
(動物・人が残した)におい

schedule [skédʒuːl スケヂューる，
ʃédʒuːl シェヂューる]) 名詞
❶ C 予定(表)，計画(表)
▸the class **schedule** for this year
今年度の授業の時間割
▸The **schedule** is tight this week.
今週はハードスケジュールだ.
(◆ hard は使わない)
❷ C 表；《米》時刻表(◆《英》timetable)
▸a bus **schedule**
バスの時刻表
ahead of schédule 予定より早く
▸We arrived **ahead of schedule**.
わたしたちは予定より早く着いた.
behind schédule 予定より遅(おく)れて
▸The flight is **behind schedule**.
飛行機は予定より遅れている.
on schédule 予定どおりに，定刻に
▸The train started **on schedule**.
列車は予定どおりに出発した.
——動詞 (三単現 **schedules** [-z]；
過去・過分 **scheduled** [-d]；
現分 **scheduling**)
他《**be scheduled for** ＋日時で》
(ある日時)に予定されている；
《**be scheduled to** ＋動詞の原形で》
…する予定である
▸The school trip **is scheduled for** next month.
修学旅行は来月に予定されている.
▸John **is scheduled to** leave tomorrow.
ジョンは明日，出発する予定だ.

scheme [skíːm スキーム] (★発音に注意) 名詞 C《主に英》計画，(公共)事業案
(同義語 program)；たくらみ

scholar [skálər スカら] (★発音に注意)
名詞 ❶ C (特に人文科学系の)学者
(対義語 scientist 自然科学者)
❷ C 奨学(しょうがく)生

scholarship [skálərʃip スカらシップ]
名詞 ❶ C 奨学(しょうがく)金(制度)
❷ U 学問，学識

⁑school[1]

[skúːl スクーる] 名詞 (複数 **schools** [-z])
❶ C U 学校，校舎；U 授業
➡ 巻頭カラー 英語発信辞典①

ルール school の使い方

1 school は，学校本来の目的である「授業」を表すときは冠詞をつけずに使いますが，「建物としての学校」を表すときは冠詞をつけます.
▸I go to **school** five days a week.
わたしは週に5日学校へ行く.
▸I often go to **the school** on business.
わたしはよく仕事でその学校へ行く.
2 college「大学」や church「教会」なども同様です.

▸Our **school** begins at 8:30.
わたしたちの学校は8時半に始まる.

ダイアログ
A: What **school** do you go to?
どこの学校に通っていますか？
B: I go to Kita Junior High **School**.
北中学校に通っています.

▸**School** is over at three.
学校[授業]は3時に終わる.
▸We have no **school** tomorrow.
明日，学校は休みだ.
❷《**the school** で》全校生徒(および教職員)(◆全体をひとまとまりと考えるときは単数あつかい，一人ひとりに重点を置くときは複数あつかい)
▸**The** whole **school** gathers in the gym once a week.
週に1度，全校生徒が体育館に集まる.
❸ C (大学の)専門学部；大学院；
教習所，専門学校
▸the Columbia **School** of Law
コロンビア大学法学部
◆***after schóol*** 放課後(に)
▸What do you do **after school**?
あなたは放課後に何をしますか？

school[2] [skúːl スクーる] 名詞
C (魚・クジラなどの)群れ《of ...》

schoolboy [skúːlbɔ̀i スクーるボイ]
名詞 C (小・中学校の)男子生徒
(対義語 schoolgirl 女子生徒)

school bus [skúːl bʌ̀s スクーる バス]
名詞 C スクールバス

schoolchild [skúːltʃàild スクーるチャイるド] 名詞 (複数 **schoolchildren** [skúːltʃìldrən スクーるチるドゥレン])
C (小・中学校の)生徒

school festival [skúːl féstəvl スクーる ふェスティヴる] 名詞 C 学園祭, 文化祭

schoolgirl [skúːlgə̀ːrl スクーるガ〜る]
名詞 C (小・中学校の)女子生徒
(対義語 schoolboy 男子生徒)

schoolhouse [skúːlhàus スクーるハウス] 名詞 C (主に小さな村の学校の)校舎

schooling [skúːliŋ スクーりング] 名詞
U 学校教育; (通信教育の)スクーリング

schoolmate [skúːlmèit スクーるメイト]
名詞 C 学校の友達, 学友; 同窓生

schoolteacher [skúːltìːtʃər スクーるティーチャ] 名詞
C (小・中・高等学校の)教師

school trip [skúːl tríp スクーる トゥリップ] 名詞 C 修学旅行, 遠足

schoolwork [skúːlwə̀ːrk スクーるワ〜ク] 名詞 U 学校の勉強
(♦学校での勉強と学校の宿題)

schoolyard [skúːljàːrd スクーるヤード]
名詞 C (学校の)運動場, 校庭

school year [skúːl jìər スクーる イア]
名詞 C 学年(＝academic year)(♦授業が行われている期間を指す; 欧米(おうべい)では9月に始まり翌年の6月に終わるところが多い)

Schweitzer [ʃwáitsər シュワイツァ]
名詞 【人名】シュバイツァー(♦Albert Schweitzer [ǽlbərt- あるバト-], 1875–1965; ドイツ生まれのフランスの神学者・医師・音楽家; 1952年ノーベル平和賞受賞)

:science [sáiəns サイエンス] 名詞 (複数 **sciences** [-iz])
❶ U 科学; 自然科学
▸**science** and technology 科学技術
▸a **science** teacher 理科の先生
❷ U C (学問の分野の)…学, …科学
▸social **science** 社会科学
▸medical **science** 医学

science fiction [sáiəns fíkʃn サイエンス ふィクシャン] 名詞 U 空想科学小説
(♦SFと略す)

scientific [sàiəntífik サイエンティふィック] (★アクセントに注意) 形容詞
科学の; 科学的な
▸**scientific** evidence 科学的証拠(しょうこ)

·scientist
[sáiəntist サイエンティスト] 名詞
(複数 **scientists** [sáiəntists サイエンティスツ]) C **科学者**, 自然科学者
(対義語 scholar 人文科学者)
▸I want to be a **scientist** in the future.
わたしは将来, 科学者になりたい.

scissors [sízərz スィザズ] 名詞
《複数あつかいで》はさみ
▸a pair of **scissors** はさみ1丁
▸two pairs of **scissors** はさみ2丁
▸These **scissors** cut well.
このはさみはよく切れる. (♦thisではなくtheseになることに注意)

scold [skóuld スコウるド] 動詞
他 (…の理由で)…をしかる《for ...》
▸Mr.Yamada **scolded** me **for** being late.
遅刻(ちこく)したので, 山田先生はわたしをしかった.

scone [skóun スコウン] 名詞
C スコーン(♦小型の柔(やわ)らかな菓子(かし)パン; 《米》biscuit) ➡ **biscuit** 文化

scoop [skúːp スクープ] 名詞
❶ C (小麦粉などをすくう)ひしゃく, 大さじ; (小さい)シャベル, スコップ
❷ C 《**a scoop of ...** で》ひとすくいの量の…
▸two **scoops of** ice cream
アイスクリームふたすくい
❸ C (新聞などの)特ダネ, スクープ
—— 動詞 他 ❶ …をすくう
❷ 《口語》(新聞などが)(他社)を特ダネで出し抜(ぬ)く

score [skɔ́ːr スコーア] 名詞
❶ C (競技の)得点, スコア; (試験の)成績
▸What's the **score** now?
今, 得点はどうなっていますか?
▸Our team won the game by a **score** of 2-0.
わたしたちのチームはその試合に2対0で勝った.
(♦2-0はtwo to nothingと読む)

▸Kota got a high **score** on the English exam. 光太はその英語の試験で高得点を取った.
❷ C 楽譜(がくふ)
—動詞 (三単現 **scores** [-z]; 過去・過分 **scored** [-d]; 現分 **scoring**)
他 …を得点する, (点)を入れる
▸**score** a goal 1ゴール決める

scoreboard [skɔ́ːrbɔ̀ːrd スコーアボード] 名詞 C 得点掲示(けいじ)板, スコアボード

scorebook [skɔ́ːrbùk スコーアブック] 名詞 C 得点記入帳, スコアブック

scorpion [skɔ́ːrpiən スコーピオン] 名詞
❶ C【動物】サソリ
❷《the Scorpion で》【天文】さそり座
➡ **horoscope** 文化

Scotch [skɑ́tʃ スカッチ] 形容詞
スコットランドの; スコットランド人の; スコットランド語の(♦ウイスキーなどに使うほかは, Scottish や Scots [skɑ́ts スカッツ] などのほうが好まれる)
—名詞 U C スコッチ(ウイスキー)

Scotland [skɑ́tlənd スカットランド]
名詞 スコットランド(♦イギリスのグレートブリテン島北部の地方)
➡ **England** 図, 参考

Scottish [skɑ́tiʃ スカティッシ] 形容詞
スコットランドの; スコットランド人の; スコットランド語[方言]の
—名詞 ❶《the Scottish で複数あつかい》スコットランド人(全体)
❷ U スコットランド語[方言]

scout [skáut スカウト] 名詞
❶ C 斥候(せっこう), 偵察(ていさつ)機
❷ C (スポーツ・芸能などの)スカウト
❸ C《しばしば Scout で》ボーイ[ガール]スカウト(the Boy [Girl] Scouts)の一員
—動詞 自 偵察する; (…を)さがし回る; (チームなどの)スカウトを務める《for ...》

scramble [skrǽmbl スクラぁンブる]
動詞 (三単現 **scrambles** [-z]; 過去・過分 **scrambled** [-d]; 現分 **scrambling**)
自 ❶ (すばやく)よじのぼる
❷ (…を)奪(うば)い合う《for ...》
❸ (軍用機が)緊急(きんきゅう)発進する
—他 ❶ (卵)をかき混ぜながら焼く
❷ …を混乱させる, ごちゃごちゃにする

scrambled eggs [skrǽmbld égz スクラぁンブるド エッグズ] 名詞
《複数あつかいで》いり卵, スクランブルエッグ ➡ **egg** 参考

scrap [skrǽp スクラぁップ] 名詞
❶ C 断片(だんぺん), かけら, 切れ端(はし)
❷ U くず, くず鉄, スクラップ

scrapbook [skrǽpbùk スクラぁップブック] 名詞 C スクラップブック(♦新聞・雑誌の切り抜(ぬ)きなどを保存するアルバム)

scratch [skrǽtʃ スクラぁッチ] 動詞
(三単現 **scratches** [-iz]; 過去・過分 **scratched** [-t]; 現分 **scratching**) 他
❶ …をひっかく, …にかき傷をつける
▸The cat **scratched** my hand. そのネコはわたしの手をひっかいた.
❷ (かゆいところなど)をかく
—自 ひっかく
—名詞 (複数 **scratches** [-iz])
C かすり傷; きしる音;
《a scratch で》ひっかくこと
from scrátch 最初から, ゼロから

scream [skríːm スクリーム] 動詞
自 悲鳴をあげる, 金切り声をあげる
▸**scream** for help 助けを求めて悲鳴をあげる
—他 …と大声で叫ぶ
—名詞 C 悲鳴, 金切り声
▸give a **scream** 悲鳴をあげる

screen [skríːn スクリーン] 名詞
❶ C (映画の)スクリーン; (テレビ・コンピューターの)画面
➡ **computers** 図;
《the screen で》映画界, 映画
❷ C ついたて, 仕切り; 幕; 網戸(あみど)

screw [skrúː スクルー] (★発音に注意)
名詞 ❶ C ねじ, ねじくぎ
❷ C (船の)スクリュー; (飛行機の)プロペラ

screwdriver [skrúːdràivər スクルードゥライヴァ] 名詞 C ねじ回し, ドライバー

script [skrípt スクリプト] 名詞
❶ U《または a script で》手書き; 手書きの文字
❷ C (放送・演劇などの)台本, 脚本(きゃくほん)

scroll [skróul スクロウる] 動詞
他 (画面)をスクロールさせる
—自 (画面が)スクロールする

scuba [skúːbə スクーバ] 名詞
C スキューバ(♦潜水(せんすい)用呼吸器)

scuba diving [skúːbə dàiviŋ スクーバ ダイヴィング] 名詞
U【スポーツ】スキューバダイビング
(♦スキューバ(scuba)や潜水(せんすい)服を身

につけて水に潜(もぐ)るスポーツ)

sculptor [skʌ́lptər スカるプタ] 名詞
C 彫刻(ちょうこく)家

sculpture [skʌ́lptʃər スカるプチャ]
名詞 U 彫刻(ちょうこく); C U 彫刻品, 彫像

SD 【郵便】サウスダコタ州
(◆ *S*outh *D*akota の略)

:sea [síː スィー] 名詞 (複数 **seas** [-z])
❶ C《ふつう **the sea** で》海, 海洋
(◆一時的な状態を表す形容詞をともなうときは a, an がついたり, 複数形 seas で用いたりする; 対義語 land 陸)
▸Beth went to **the sea** yesterday.
ベスは昨日, 海へ行った.
▸a rough **sea** [rough **seas**]
荒(あ)れた海
❷ U《しばしば **Sea** で固有名詞に用いて》…海(◆ Ocean より小さい海を指し, ときに大きな湖にも用いられる)
▸the Japan **Sea**　日本海
▸the Dead **Sea**　死海
at séa 海上に[で]; 航海中で
by séa 船で, 海路で(同義語 by ship)
▸He sent me a package **by sea**.
彼はわたしに小包を船便で送った.
(◆手段を表す by のあとは無冠詞)
go to séa
船乗りになる; 船出する (◆ go to the sea は「海に遊びに行く」の意味)

seafood [síːfùːd スィーふード] 名詞
U 海産食品, 海産物, シーフード

sea gull [síː gʌ̀l スィー ガる] 名詞
C【鳥類】カモメ

seal[1] [síːl スィーる] 名詞
❶ C 印(いん), 印鑑(いんかん), 判子(はんこ)(◆英米では官庁・大学などの公文書に用い, 溶(と)かしたろうなどの上に押(お)す場合もある)
❷ C 封(ふう), 封印; シール
—動詞 他 ❶ …に封をする, 封印をする
❷ (取り引きなど)を確定させる

seal[2] [síːl スィーる] 名詞 (複数 **seal** または **seals** [-z])
C【動物】アザラシ(◆広くはアシカ・オットセイ・トドもふくむ)

sea level [síː lèvl スィー れヴる] 名詞
U 平均海面, 海水面
▸1,200 meters above **sea level**
海抜(かいばつ)1,200 メートル

sea lion [síː làiən スィー らイアン] 名詞
C【動物】アシカ, トド

seam [síːm スィーム] 名詞
C 縫(ぬ)い目, 継(つ)ぎ目

seaman [síːmən スィーマン] 名詞
(複数 **seamen** [síːmən スィーマン])
C 船員, 船乗り, 水夫; (海軍の)水兵

sea otter [síː ɑ̀tər スィー アタ] 名詞
C【動物】ラッコ

seaport [síːpɔ̀ːrt スィーポート] 名詞
C 海港; 港町(◆単に port ともいう)

search [sə́ːrtʃ サ～チ] 動詞 (三単現 **searches** [-iz]; 過去・過分 **searched** [-t]; 現分 **searching**) 他
(場所など)をさがす, 調べる;
《**search** +場所+ **for** +もので》
(もの)を求めて(場所)をさがす
▸Bob **searched** every pocket **for** the key.
ボブはかぎが入っていないか確認(かくにん)するために全てのポケットを探(さ)った.
—自 (…を)さがす《for [after] ...》
▸They **searched for** the lost boy.
彼らは迷子の男の子をさがした.
—名詞 (複数 **searches** [-iz])
C 捜索(そうさく), 追求; 調査;
【コンピューター】検索
in séarch of ... …をさがして, 求めて

seashell [síːʃèl スィーシェる] 名詞
C 貝殻(かいがら)

seashore [síːʃɔ̀ːr スィーショーア] 名詞
《**the seashore** で》海辺, 海岸
(◆単に shore ともいう)

seasick [síːsìk スィースィック] 形容詞
船に酔(よ)った, 船酔いの

·seaside [síːsàid スィーサイド]
名詞 U《ふつう **the seaside** で》
《主に英》(休日を過ごす場所としての)
海岸, 海辺(◆《米》beach)
▸spend a summer by **the seaside**
夏を海辺で過ごす

:season [síːzn スィーズン]
—名詞 (複数 **seasons** [-z])

❶ C 季節, 四季の一つ
▸Summer is my favorite **season**.
夏はわたしのいちばん好きな季節だ.
▸Spring is the best **season** for a picnic.
春はピクニックにいちばんいい季節だ.
❷ C 時期, シーズン
▸the baseball **season**
野球のシーズン
▸the rainy **season** 雨季, 梅雨(つゆ)

in séason (食べ物が)旬(しゅん)で
▸Peaches are **in season** now.
モモは今が旬だ.

out of séason 季節はずれで
▸Strawberries are **out of season** now. イチゴは今, 季節はずれだ.

Séason's Gréetings! 時候のごあいさつを申し上げます.(♦クリスマスカードなどに書くあいさつのことば)
➡ **greeting** 文化

— 動詞 (三単現 **seasons** [-z]; 過去・過分 **seasoned** [-d]; 現分 **seasoning**)
他 …を(…で)味つけする《with ...》

seasonal [síːzənəl スィーズナる]
形容詞 季節の
▸a **seasonal** word (俳句の)季語

seasoning [síːzəniŋ スィーズニング]
名詞 U C 調味料, 香辛(こうしん)料

season ticket [síːzn tíkit スィーズン ティケット] 名詞
❶ C 定期券, 回数券
(♦《米》commutation ticket)
❷ C (演奏会・試合などの)定期入場券

⁑seat [síːt スィート]

— 名詞 (複数 **seats** [síːts スィーツ])
❶ C 座席, 席
▸the front [back] **seat** of a car
車の前[後]部座席
▸an aisle [a window] **seat**
通路[窓]側の席
▸reserve a **seat** 席を予約する
▸take [have] a **seat** すわる

> **ダイアログ**
> *A:* Is this **seat** taken?
> この席はふさがっていますか?
> *B:* Yes, it is. / No, it's not.
> はい, ふさがっています. / いいえ, ふさがっていません.

❷ C (いすなどの)座部, すわる部分

— 動詞 (三単現 **seats** [síːts スィーツ]; 過去・過分 **seated** [-id]; 現分 **seating**)
他 ❶ …を着席させる, すわらせる;《**be seated** または **seat** *oneself* で》すわる
▸Please **be seated**.
どうぞおすわりください.
(♦ Please sit down. よりかたい言い方)
❷ 座席数が…ある, …人を収容する

seat belt [síːt bèlt スィート べるト] 名詞
C (自動車・飛行機などの)シートベルト, 安全ベルト(♦ safety belt ともいう)
▸Please fasten your **seat belt**.
シートベルトをお締(し)めください.
(♦飛行機内でのアナウンス)

Seattle [siːǽtl スィーあトゥる] 名詞
シアトル
(♦アメリカのワシントン州の都市)

sea turtle [síː tə̀ːrtl スィー タ～トゥる]
名詞 C【動物】ウミガメ
(♦単に turtle ともいう)

seawater [síːwɔ̀ːtər スィーウォータ]
名詞 U 海水(対義語 fresh water 真水)

seaweed [síːwìːd スィーウィード] 名詞
U C 海草, 藻(も)

sec, sec. 秒(♦ *sec*ond(s) の略)

second [sékənd セカンド]

> **second[1]**
> 名詞 ❶ 第2
> 形容詞 ❶ 第2の
> 副詞 第2に
> **second[2]**
> 名詞 ❶ (時間・角度の)秒
> ❷ ちょっとの間

⁑second[1] [sékənd セカンド]

— 名詞 ❶ U《**the second** で》
第2, 2番めの人[もの];(日付の)2日
(♦ 2nd と略す)
▸on **the second** of May (=on May 2) 5月2日に(♦ May 2 は May (the)

second と読む)

▸Tom was **the second** to come.
トムが2番めにやって来た.

❷ U《**the Second** で》2世

▸Elizabeth **the Second** エリザベス2世(◆ふつう Elizabeth II と書く)

❸ U【野球】二塁(るい)(= second base)

❹《**seconds** で》お代わり

▸May I have **seconds**?
お代わりしてもいいですか?

──形容詞 ❶《**the second** で》

第2の, 2番めの(◆ 2nd と略す)

▸She is in **the second** grade [**the second** grader].
彼女は小学2年生だ.

▸This is my **second** time to come here. ここに来るのは2回めだ.

❷《**a second** で》

もう一つ[一人]の, 別の
(同義語 another)

▸**a second** helping お代わり

▸Give me **a second** chance, please.
もう一度わたしに機会をください.

be sécond to nóne

《口語》だれ[何]にも劣(おと)らない

▸He **is second to none** in swimming.
彼は泳ぎではだれにも負けない.

──副詞 **第2に**, 2番めに

▸the **second** largest city in Japan
日本で2番めに大きい都市

˙second²

[sékənd セカンド]

名詞 (複数 **seconds** [sékəndz セカンヅ]) ❶ C (時間・角度の)秒

▸a **second** hand (時計の)秒針

▸There are sixty **seconds** in a minute. 1分は60秒だ.

❷ C《ふつう **a second** で》

ちょっとの間, 瞬間(しゅんかん)
(同義語 moment)

▸I'll be ready in **a second**.
すぐに用意します.

secondary [sékəndèri セカンデリ]
形容詞 ❶ 第2の, 2番めの; 二次的な
❷ (教育が)中級の, 中等の

secondary school [sékənderi skù:l セカンデリ スクーる] 名詞 C 中等学校(◆日本の中学校・高校に相当する)

secondhand [sékəndhǽnd セカンドハぁンド] 形容詞 中古の(同義語 used)

▸**a secondhand** car 中古車

secondly [sékəndli セカンドり] 副詞
《文頭に用いて》第2に, 次に

secret [sí:krit スィークレット] 形容詞
秘密の, ないしょの

▸**secret** talks ないしょの話; 秘密会談

──名詞 ❶ C 秘密, 機密

▸keep a **secret** 秘密を守る

❷ C ひけつ, こつ

❸《ふつう **secrets** で》(自然界の)神秘

in sécret 秘密に, こっそりと

secretary [sékrətèri セクレテリ] 名詞
(複数 **secretaries** [-z])

❶ C 秘書; 書記(官)

❷《**the Secretary** で》
《米》(各省の)長官(◆アメリカ以外の国の大臣に相当する); 《英》大臣

▸**the Secretary** of State
《米》国務長官

secretly [sí:kritli スィークレットり] 副詞
秘密に, こっそりと, ひそかに

section [sékʃn セクシャン] 名詞

❶ C (切断された)部分; 地域, 区域

❷ C 部門; (官庁などの)部, 課

▸the stationery **section**
文具売り場

❸ C (本の)節(◆記号は§);
(新聞などの)欄(らん)

▸**Section** two 第2節

▸the sports **section** スポーツ欄

sector [séktər セクタ] 名詞

❶ C (経済・産業などの)部門, 分野, 領域

❷ C【数学】扇形(せんけい)

secure [sikjúər セキュア] 形容詞
(比較 **more secure** または **securer**;
最上 **most secure** または **securest**)

❶ 安全な(同義語 safe);
(…の)危険がない《from ...》

▸This area is **secure from** flooding.
この地域は洪水(こうずい)の心配はない.

❷ しっかりした, じょうぶな

❸ 確実な, 安定した

──動詞 (三単現 **secures** [-z]; 過去・過分 **secured** [-d]; 現分 **securing**) 他

❶ …を安全にする, 守る

❷ …を手に入れる, 確保する

security [sikjúərəti セキュリティ] 名詞 U
安全; 安心; 防衛

:see

動詞 ➡ p.540 **see**

◆seed [síːd スィード] 名詞 (複数 **seeds** [síːdz スィーヅ])
C U 種, 種子 (◆梅・桃(もも)などの「種」は stone, リンゴ・ナシ・オレンジなどの「種」は pip [píp ピップ] ともいう)
▸sow **seeds** 種をまく

Seeing Eye dog [síːiŋ ái dɔ̀ːg スィーイングアイ ドーグ] 名詞 C 盲導(もうどう)犬(◆盲導犬の商標名が広く用いられるようになったもの; 一般には guide dog という)

seek [síːk スィーク] 動詞 (三単現 **seeks** [-s]; 過去・過分 **sought** [sɔ́ːt ソート]; 現分 **seeking**) 他 …をさがす, 求める
▸**seek** a job [advice]
仕事をさがす[助言を求める]

◆seem [síːm スィーム] 動詞 (三単現 **seems** [-z]; 過去・過分 **seemed** [-d]; 現分 **seeming**) 自
❶《主に **seem (to be)** +名詞[形容詞] または **it seems** + **that** 節で》
…のように見える, 思われる; …らしい (同義語 look, appear)
▸He **seems to be** a kind person.
(=He **seems** kind.)
彼は親切な人物に見える.
▸She **seems (to be)** sick.
(=**It seems that** she is sick.)
彼女は病気だと思われる.
❷《**seem to** +動詞の原形で》
…するように見える, …するらしい
▸Jim doesn't **seem to** like dogs.
ジムはイヌが好きではないようだ.

◆seen [síːn スィーン] 動詞
see(…が見える)の過去分詞

seesaw [síːsɔ̀ː スィーソー] 名詞
C シーソー

seize [síːz スィーズ] (★発音に注意) 動詞 (三単現 **seizes** [-iz]; 過去・過分 **seized** [-d]; 現分 **seizing**)
他 ❶ …を(急に強く)つかむ;
…を捕(つか)まえる; …を力ずくで奪(うば)う
▸I **seized** him by the arm.
わたしは彼の腕(うで)をつかんだ.
❷ (病気・恐怖(きょうふ)などが)…を襲(おそ)う
——自 (機会などを)つかむ《on [upon] ...》

seldom [séldəm セるダム] 副詞
《ふつう be 動詞・助動詞の直後か, 一般動詞の直前に置いて》めったに…しない
➡ **always** 参考
▸Ann is **seldom** late.
アンはめったに遅刻(ちこく)しない.
▸My father **seldom** gets angry.
父はめったに怒(おこ)らない.

select [silékt セれクト] 動詞
他 (多くのものの中から)…を選ぶ, 選び出す《from ...》(同義語 choose)
▸You should **select** a computer carefully.
コンピューターは慎重(しんちょう)に選んだほうがいい.
▸The best players were **selected** from each team.
各チームから最高の選手たちが選ばれた.

selection [sélékʃn セれクシャン] 名詞
❶ U C 選ぶこと, 選択(せんたく)
❷ C 選ばれたもの[人], 精選品, 選集

self [sélf セるふ] 名詞
(複数 **selves** [sélvz セるヴズ])
U 自己, 自身;
C (特定の時期・状態の)自分

self-help [sélfhélp セるふへるプ] 名詞
U 自助, 自立

self-introduction [sélfintrədʌ́kʃn セるふイントゥロダクシャン] 名詞
U C 自己紹介(しょうかい)

selfish [sélfiʃ セるふィッシ] 形容詞
(人・言動などが)わがままな, 自分勝手な

self-portrait [sélfpɔ́ːrtrit セるふポートゥレット] 名詞 C 自画像

self-service [sélfsə́ːrvis セるふサ〜ヴィス] 名詞 U セルフサービス
——形容詞 セルフサービスの

⁑sell [sél セる] 動詞
(三単現 **sells** [-z]; 過去・過分 **sold** [sóuld ソウるド]; 現分 **selling**)
——他 ❶ **…を売る** (対義語 buy …を買う);
《**sell** +人+ものまたは **sell** +もの+ **to** +人で》(人)に(もの)を売る
▸Sarah **sold** her painting for three thousand yen.
サラは自分の絵を 3,000 円で売った.
▸Would you **sell** me this book? (= Would you **sell** this book **to** me?)
この本をわたしに売ってくれませんか? (◆文末の語句が強調される; 前者は「何を」売るか, 後者は「だれに」売るかに重点が置かれる)
❷ (店などが)…を売っている

▸This store **sells** fresh bread. (=They **sell** fresh bread at this store.)
この店では焼きたてのパンを売っている.

—自 (ものが)**売れる**; (人が)売る
▸Her novels **sell** well.
彼女の小説はよく売れる.

séll óut 売り切れる; …を売り切る
▸The tickets **sold out** in one day.
チケットは1日で売り切れた.

ダイアログ
A: Two ice creams, please.
アイスクリームを2つください.
B: Sorry, but we're **sold out** today.
すみませんが, 今日は売り切れです.

seller [sélər セら] 名詞
❶ C 売る人(対義語 buyer 買い手)
❷ C《形容詞をともなって》
売れ行きが…なもの
▸a longtime **seller** ロングセラー
▸a best**seller** ベストセラー
(♦2語に分けて best seller ともつづる)

semester [siméstər セメスタ] 名詞
C (2学期制の)学期
(♦「(3学期制の)学期」は term)

semicolon [sémikòulən セミコウろン]
名詞 C セミコロン(;)(♦句読点の一種; コンマ(,)とピリオド(.)の中間の区切り)
➡ 巻末付録 Ⅳ. 句読点・符号(ふごう)

senate [sénit セネット] 名詞
U《ふつう **the Senate** で》
(アメリカ・カナダ・フランスなどの)上院
(同義語 the Upper House)

senator [sénətər セネタ] 名詞
C《しばしば **Senator** で》(アメリカ・カナダ・フランスなどの)上院議員

:send [sénd センド] 動詞
(三単現 **sends** [séndz センヅ];
過去・過分 **sent** [sént セント];
現分 **sending**)
—他 ❶ …**を送る**, 届ける;
《**send** +人+ものまたは **send** +もの + **to** +人で》(人)に(もの)を送る
▸**send** (an) e-mail
Eメールを送る
▸He **sent** me some books by mail. (=He **sent** some books **to** me by mail.)
彼はわたしに本を何冊か郵送してくれた. (♦ by mail の直前の語句が強調される; 前者は「何を」送ったか, 後者は「だれに」送ったかに重点が置かれる)
▸Please **send** my best wishes **to** your parents.
ご両親によろしくお伝えください.
❷ (人)**を行かせる**, 派遣(はけん)する
▸They **sent** their children to a summer camp.
彼らは子供たちをサマーキャンプに行かせた.
▸They **sent** Ms. Brown to the international meeting. 彼らはブラウンさんを国際会議に派遣した.
—自 使いをやる, 便りを出す

send ín …を提出する
▸He **sent in** an application form for a new passport. 彼は新しいパスポートの申請(しんせい)書を提出した.

send óut
(手紙など)を発送する; (人)を派遣する

send-off [séndɔ̀:f センドオーふ] 名詞
C《口語》見送り; 送別会

·senior [sí:njər スィーニャ]
(★発音に注意)
—形容詞 ❶ (…より)**年上の**, 年長の
(対義語 junior 年下の); (地位が)上の
《to ...》
▸They are five years **senior to** us.
彼らはわたしたちより5歳(さい)年上だ.
❷ 父親のほうの(♦父親と息子(むすこ)が同じ名前のときに, 父親の姓名(せいめい)のあとにつけて区別する; Sr. または sr. と略す)
▸Martin Luther King, **Sr.** (父親のほうの)マーチン・ルーサー・キング
❸《米》(大学・高校の)最上級の, 最高学年の; 《英》(学年が)上級の
▸a **senior** student 最上級生
—名詞 (複数 **seniors** [-z])
❶ C **年長者**; 先輩(せんぱい)
(対義語 junior 年少者)
▸Tom is two years my **senior**. (=Tom is my **senior** by two years.)
トムはわたしより2つ年上だ.
❷ C《米》(大学・高校の)最上級生;
《英》上級生

senior citizen [sí:njər sítizn スィーニャ スィティズン] 名詞
C 高齢(こうれい)者, お年寄り
(♦ old person の遠回しな言い方)

a b c d e f g h i j k l m n o p q r s t u v w x y z

A B C D E F G H I J K L M N O P Q R S T U V W X Y Z

⁑see 動詞

[síː スィー]

他 ❶ …が見える, …を見る
❷ (人)に会う
❸ …がわかる

(三単現 **sees** [-z]; 過去 **saw** [sɔ́ː ソー]; 過分 **seen** [síːn スィーン];
現分 **seeing**) **基本のイメージ:目に入ってくる**

—他 ❶ **…が見える, …を見る**; (人)を見かける(◆進行形にしない)
➡ **look** くらべよう

▸What do you **see** from there? そこから何が見えますか?

▸I **saw** Ann in the library yesterday. 昨日, 図書館でアンを見かけた.

▸Have you ever **seen** a panda? 今までにパンダを見たことがありますか?

❷ **(人)に会う**, …と面会する; (医者)に診(み)てもらう

▸I'm glad to **see** you again. またお会いできてうれしいです.

▸I had a fever, so I went to **see** a doctor. 熱があったので, 医者に行って診てもらった.

❸ **…がわかる**, …を理解する, 知る

▸I didn't **see** her point. 彼女の話の主旨(しゅし)がわからなかった.

▸I **see** what you mean. あなたの言いたいことはわかります.

▸I **see** (that) you're tired. お疲(つか)れのようですね.

❹《**see ＋名詞＋動詞の原形**で》～が…するのを見る

▸I **saw** him **cut** the cake. わたしは彼がケーキを切るのを見た.
(◆❺とのちがいに注意;「ケーキを切り始めるときから切り終わるまでの動作を全部見た」という意味になる)

❺《**see ＋名詞＋ ...ing** で》～が…しているのを見る

▸I **saw** him **cutting** the cake. わたしは彼がケーキを切っているのを見た.
(◆❹とのちがいに注意;「ケーキを切っている, という進行中の動作の一部を見た」という意味になる)

❻ …を見物する, (映画など)を見る

▸I want to **see** the sights of Kyoto. わたしは京都を見物したい.

▸Let's go to **see** a movie. 映画を見に行こう.

❼ …を確かめる, 調べる; …を参照する

▸Can I **see** your passport? パスポートを見せていただけますか?

㊀ ❶ 見える
❷ わかる

❽ (人)を見送る, 送っていく
▸I'll **see** you home. 家まで送りましょう.
❾《ふつう完了形で》…を経験する
▸My grandparents have **seen** war. 祖父母は戦争を経験した.
—㊀ ❶ **見える**, 見る
▸Cats can **see** in the dark. ネコは暗いところでも目が見える.
❷ **わかる**, 理解する
▸We don't have much time. Don't you **see**? あまり時間がないのです. わからないのですか?
▸As you **see**, the sea is too rough for swimming. 見てわかるように, 海は泳ぐには荒(あ)れ過ぎている.

◆***I sée.*** **わかりました**, なるほど.

ダイアログ
A: Is that a school? あれは学校ですか?
B: No, it's a hospital. いいえ, 病院です.
A: Oh, **I see.** ああ, わかりました.

◆***Let me sée.*** = ***Let's sée.*** 《口語》(返事がすぐに出てこないときなどのつなぎのことばとして)**ええと**, そうですね. ➡ **let**

ダイアログ
A: Can we meet tomorrow? 明日, お会いできますか?
B: **Let me see.** Would five o'clock be OK with you? ええと, 5時でよろしいですか?

Lóng tíme nó sée. 《口語》久しぶりですね.
▸Hi, Tom! **Long time no see.** やあ, トム. 久しぶりだね.
sée ... óff …を見送る
▸I went to the station to **see** Ann **off**. わたしはアンを見送りに駅まで行った.

◆***Sée you (láter).*** 《口語》**またね**, さようなら. (◆See you again. や See you soon. ともいう; 次に会う日がはっきりわかっているときは, See you on Sunday.「じゃあ, 日曜日に」のようにいう; また「行ってきます」「行ってらっしゃい」の意味で使うこともある)
▸**See you** tomorrow. じゃあ, またあした.
you sée 《口語》ですから, ほら, あのね; いいですか(◆相手に何かをわからせたいときや, ことばをやわらげるために用いる)

ダイアログ
A: Mom, I have a toothache! お母さん, 歯が痛いんだ.
B: **You see**, you should brush your teeth after meals. だからね, 食事のあとに歯を磨(みが)かないとだめなのよ.

senior high school [síːnjər hái skùːl スィーニャ ハイ スクーる] 名詞
C 《米》高等学校(◆単に senior high または high school ともいう)
➡ **high school** 文化

sensation [senséiʃn センセイシャン]
名詞 ❶ C 大評判, 物議, センセーション
❷ U 感覚, 知覚; C U 感じ, 気持ち

sensational [senséiʃənl センセイショヌる] 形容詞 世間をあっと言わせるような, センセーショナルな

·sense [séns センス] 名詞 (複数 **senses** [-iz])
❶ C 感覚; 五感の一つ

参考 五感(the five senses)とは?			
視覚	sight	味覚	taste
聴覚(ちょうかく)	hearing	きゅう覚	smell
触覚(しょっかく)	touch		

このほかに, いわゆる"勘(かん)"とされる第六感(the sixth sense)もあります.

▸Dogs have a keen **sense** of smell. イヌは鋭(するど)いきゅう覚をもっている.
❷ U 《ふつう **a sense** または *one's* **sense** で》(…を)理解する能力, (…に対する)意識, …感, センス《of ...》
▸**a sense of** humor ユーモアのセンス
▸I have no **sense of** direction. わたしは方向音痴(おんち)だ.
❸ U 分別, 正常な判断力
▸common **sense** 常識
❹《ふつう **senses** で》正気(◆五感の正常な状態), (正常な)意識
▸The man lost his **senses**. その男性は意識を失った.
❺ C (ことばの)意味(同義語 meaning)
▸In what **sense**, did he use this word? どういう意味で, 彼はこの単語を使ったのだろうか?

in a [***óne***] ***sénse***
ある意味では, ある程度

make sénse
意味を成す, 道理にかなっている
▸His story doesn't **make** any **sense**. 彼の話は全く意味を成さない.

sensible [sénsəbl センスィブる] 形容詞
分別のある, 賢明(けんめい)な (同義語 wise)
▸a **sensible** person 分別のある人

sensitive [sénsitiv センスィティヴ]
形容詞 (…に)敏感(びんかん)な, 影響(えいきょう)を受けやすい《to ...》; (人が)(…について)傷つきやすい《about ...》(同義語 nervous)
▸**sensitive** skin 敏感肌(はだ)
▸The eyes of cats are **sensitive to** light. ネコの目は光に敏感だ.

·sent [sént セント] 動詞
send(…を送る)の過去形・過去分詞

sentence [séntəns センテンス] 名詞
❶ C 【文法】文
▸a negative **sentence** 否定文
❷ C U (刑(けい)の)宣告, 判決; 刑
▸a death **sentence** 死刑の判決
—動詞 (三単現 **sentences** [-iz]; 過去・過分 **sentenced** [-t]; 現分 **sentencing**) 他 《しばしば受け身の文で》(人)に(…の)判決を下す《to ...》
▸He **was sentenced to** three years in prison.
彼は懲役(ちょうえき)3 年の判決を受けた.

sentiment [séntəmənt センティメント]
名詞 ❶ U C 感情, 心情; 意見
❷ U 多感, 涙(なみだ)もろさ

sentimental [sèntəméntl センティメントゥる] 形容詞 感傷的な, 涙(なみだ)もろい, センチメンタルな

Seoul [sóul ソウる] 名詞
ソウル(◆大韓(だいかん)民国の首都)

Sep. 9月(◆ *Sep*tember の略)

separate (★動詞・形容詞の発音のちがいに注意) 動詞 [sépərèit セパレイト]
(三単現 **separates** [sépərèits セパレイツ]; 過去・過分 **separated** [-id]; 現分 **separating**) 他 …を分ける; …を(…から)引きはなす《from ...》
▸The referee **separated** the two boxers. レフェリーは 2 人のボクサーを引きはなした.
▸The monkey was **separated from** its parents.
そのサルは両親から引きはなされた.
—自 別れる; 分かれる; 分離(ぶんり)する
▸The country **separated** into two after the war.
戦後, その国は 2 つに分離した.
—形容詞 [sépərit セパレット]
別々の; 独立した
▸They have **separate** rooms.
彼らは別々の部屋を持っている.

separately [sépəritli セパレットり] 副詞
はなれて, 分かれて; 別々に

separation [sèpəréiʃn セパレイシャン]
名詞 U 分離(ぶんり)

Sept. [septémbər セプテンバ] 9月
(♦ *Sept*ember の略)

:September
[septémbər セプテンバ] 名詞
9月(♦ Sep. または Sept. と略す)
➡ **January** ルール, **month** 参考

sequence [síːkwəns スィークウェンス]
名詞 C (…の)連続《of …》, 連続して起こること[もの]; U (一連のことが起こる)順序

serial [síriəl スィリアる] 形容詞
通しの, 連続した, 連続して起こる
▸a **serial** number 通し番号, 製造番号
—名詞 C (小説などの)続き物, 連載(れんさい)物, シリーズ

·series [síriːz スィリーズ] 名詞
(複数 **series**: 単複同形)
❶ C 連続, ひと続き;《**a series of** … で》一連の, ひと続きの…
▸**a series of** discoveries 一連の発見
❷ C (出版物・テレビ番組などの)続き物, シリーズ; (野球などの)シリーズ
▸a TV **series** 連続テレビ番組

serious [síriəs スィリアス] 形容詞
❶ まじめな, 本気の
▸a **serious** look 真剣な表情
▸Are you **serious**?
本気で言っているのですか?
❷ 重大な, (病気などが)重い
▸a **serious** problem 重大な問題
▸His injury is not **serious**.
彼のけがはひどくない.

seriously [síriəsli スィリアスり] 副詞
❶ まじめに, 本気に
▸Don't take the news so **seriously**.
その知らせをそんなに深刻に受けとらないで.
❷ 重大に, ひどく
▸He is **seriously** ill.
彼の病状はとても重い.

sermon [sə́ːrmən サ〜モン] 名詞 C
(教会での)説教; 《口語》お説教, 小言

servant [sə́ːrvənt サ〜ヴァント] 名詞
❶ C 召(め)し使い, 使用人
(対義語 master 主人)
❷ C 公務員, 役人
▸a public **servant** 公務員

·serve [sə́ːrv サ〜ヴ] 動詞
(三単現 **serves** [-z]; 過去・過分 **served** [-d]; 現分 **serving**)
—他 ❶ (客)に応対する;
(食べ物など)を出す
▸Are you being **served**?
(店員が客に)ご用をおうかがいしておりますか?
▸**serve** ice cream for dessert
デザートにアイスクリームを出す
❷ …に仕える, …のために働く, (職務・任期など)を務める
▸She **served** the company for 25 years.
彼女はその会社に25年間勤めた.
▸He **served** five years as mayor.
彼は5年間, 市長を務めた.
❸ …に(必要なものを)供給する《with …》
▸The lake **serves** this town **with** water.
その湖はこの町に水を供給している.
❹ (人)の役に立つ;
(目的・用途(ようと))に適している
❺【スポーツ】(球)をサーブする
—自 ❶ 務める, 働く, 仕える
▸My sister **serves** as a clerk in the bookstore.
わたしの姉[妹]はその書店で店員として働いている.
❷ 給仕(きゅうじ)する, 食事を出す
❸ (…として)役に立つ《as [for] …》
▸This box **serves as** a chair.
この箱はいすの代わりになる.
❹【スポーツ】サーブする

server [sə́ːrvər サ〜ヴァ] 名詞
❶ C 料理を取り分ける道具, サーバー
❷ C 給仕(きゅうじ)(人), ウェイター, ウェイトレス(♦男女の性差別を避(さ)けるために, waiter, waitress の代わりに使われる)
❸ C【スポーツ】サーブをする人
❹ C【コンピューター】サーバー
(♦ネットワーク上のほかのコンピューターに機能やデータなどを提供するコンピューター)

·service [sə́ːrvis サ〜ヴィス] 名詞
❶ U (ホテル・レストランなどの)接客, サービス; U C (商品に対する)アフターサービス, 修理, 点検

(◆日本語の「サービス」のような「おまけ」や「無料」の意味はない)
▸door-to-door delivery **service** 宅配サービス
▸The **service** is very good in this restaurant.
このレストランは非常にサービスがいい.
▸repair **service** 修理サービス
❷ C U 公共事業, (交通の)便; (医療(いりょう)・福祉(ふくし)などの)公的事業
▸public **services** 公共事業
▸bus **service** バスの便
▸mail **service** 郵便事業
❸ C U 奉仕(ほうし), 務め, 勤務
▸social **service** 社会奉仕
❹ C (教会の)礼拝, 儀式(ぎしき)
▸morning **service** 朝の礼拝
❺ C (テニスなどの)サーブ ➡ **tennis** 図

service dog [sə́ːrvis dɔ̀ːg サ～ヴィス ドーグ] 名詞 介助(かいじょ)犬 ➡ **dog** 参考

sesame [sésəmi セサミ] 名詞
U【植物】ゴマ; ゴマの実

session [séʃn セシャン] 名詞
❶ U C (議会・法廷(ほうてい)などの)開会, 開廷; C 会期
❷ C 集会, 講習会; 《主に米》(大学の)学期, 授業(時間)

˙set [sét セット]

動詞	他	❶ …を置く
		❷ …を準備する
		❸ (人・物事)を…の状態にする
		❹ (規則・日時・値段など)を定める
	自	(太陽・月が)沈(しず)む
名詞		❶ 1組

基本イメージ: 決められた場所に置く

── 動詞 (三単現 **sets** [séts セッツ]; 過去・過分 **set**; 現分 **setting**)
── 他 ❶ **…を置く**, すえる, 配置する
▸He **set** the vase on the table.
彼はテーブルの上に花びんを置いた.
❷ **…を準備する**, 整える; …を調節する, 合わせる; (髪(かみ))をセットする
▸**set** the table for dinner
夕食のために食卓(しょくたく)を準備する
▸**set** the alarm clock for six o'clock
目覚まし時計を6時に合わせる
❸《**set** ＋**人・物事**＋**形容詞**[**副詞**]で》(人・物事)**を…の状態にする**
▸She **set** the bird free.
彼女はその鳥を逃(に)がした.
❹ (規則・日時・値段など)**を定める**
▸They **set** the date of their wedding ceremony.
彼らは結婚(けっこん)式の日取りを決めた.
❺ (人)に(仕事・目標・課題など)を課す
── 自 (太陽・月が)**沈む** (対義語 rise のぼる)
▸The sun **sets** in the west.
太陽は西に沈む.

set asíde (金など)を取っておく
set ín (病気・悪天候などが)始まる
▸A severe winter has **set in.**
厳しい冬が始まった.
set óff ① (旅などに)出発する
▸**set off** on a trip 旅に出る
② (ロケット・花火など)を打ち上げる
set óut
① (…に向けて)出発する《for ...》
▸**set out for** New York
ニューヨークに向けて出発する
② …し始める《to ＋動詞の原形》
set úp
…を建てる, 設立する, 立ち上げる
▸**set up** a tent テントを張る
▸**set up** a hospital 病院を設立する

── 名詞 (複数 **sets** [séts セッツ])
❶ C **1組**, ひとそろい;
《**a set of ...** で》…の1組
▸a tea **set** ティーセット
▸**a set of** tools 道具一式
❷ C (ラジオ・テレビの)受信装置
▸a TV **set** テレビ
❸ C (映画・演劇の)舞台(ぶたい)装置
❹ C (テニスなどの試合の)セット
❺《**a set** で》(髪の)セット

── 形容詞 定められた; 型にはまった; 準備が整った
▸a **set** phrase 決まり文句

On your márk(s), get sét, gó!
(競走で)位置について, 用意, ドン!

setting [sétiŋ セティング] 動詞
set (…を置く) の現在分詞・動名詞

——名詞 ❶ C《ふつう単数形で》
(出来事の)舞台(ぶたい), 背景; 環境(かんきょう);
(小説などの)舞台(設定)
❷《the setting で》セットすること;
(太陽・月が)沈(しず)むこと

settle [sétl セトゥる] 動詞
(三単現 **settles** [-z]; 過去・過分 **settled** [-d]; 現分 **settling**) 他
❶ …を(きちんと)解決する, 片づける;
(勘定(かんじょう))を支払(しはら)う, 清算する
▸**settle** a problem 問題を解決する
▸**settle** a bill 勘定を払う
❷ …を(動かないように)置く, 安定させる;
…を定住させる, (場所)に移民させる;
…を静める, 落ち着かせる
——自 定住する, 落ち着く;
(天候・心などが)静まる
▸They finally **settled** in London.
彼らは最後にロンドンに落ち着いた.
▸The wind **settled**.
風が静まった.
séttle dówn 落ち着く; 身を固める

settlement [sétlmənt セトゥるメント]
名詞 ❶ U 植民, 移民; C 植民地
❷ C U 解決, 和解, 清算

:seven [sévn セヴン]
——名詞 (複数 **sevens** [-z])
C《冠詞をつけずに単数あつかい》
7;《複数あつかいで》7人, 7個;
U 7歳(さい); 7時
▸It's **seven** now.
今, 7時だ.
——形容詞 **7の**; 7人の, 7個の; 7歳の

:seventeen
[sèvntíːn セヴンティーン]
——名詞 (複数 **seventeens** [-z])
C《冠詞をつけずに単数あつかい》
17;《複数あつかいで》17人, 17個;
U 17歳(さい)
——形容詞 **17の**; 17人の, 17個の;
17歳の
▸She is **seventeen**. 彼女は17歳だ.

seventeenth [sèvntíːnθ セヴンティーンす] 名詞
❶ U《the seventeenth で》第17, 17番め; (日付の)17日(♦ 17th と略す)
❷ C 17分の1
——形容詞 ❶《the seventeenth で》
第17の, 17番めの
❷ 17分の1の

:seventh [sévnθ セヴンす]
——名詞 (複数 **sevenths** [-s])
❶ U《the seventh で》第7, 7番め;
(日付の)7日(♦ 7th と略す)
❷ C 7分の1
▸one **seventh** 7分の1
——形容詞 ❶《the seventh で》
第7の, 7番めの
❷ 7分の1の

seventieth [sévntiəθ セヴンティエす]
名詞 ❶ U《the seventieth で》
第70, 70番め(♦ 70th と略す)
❷ C 70分の1
——形容詞 ❶《the seventieth で》
第70の, 70番めの
❷ 70分の1の

:seventy [sévnti セヴンティ]
——名詞 (複数 **seventies** [-z])
❶ C《冠詞をつけずに単数あつかい》
70;《複数あつかいで》70人, 70個;
U 70歳(さい)
❷《*one's* **seventies** で》70歳代;
《**the seventies** で》(世紀の)70年代
——形容詞 **70の**; 70人の, 70個の;
70歳の

·several [sévrəl セヴラる]
——形容詞《名詞の前に用いて》
いくつかの, 数人の, 数個の
(♦ 3以上で, many より少ない数を表す)
▸**several** apples リンゴ数個
▸I called you **several** times.
あなたに何回か電話をしました.
——代名詞《複数あつかいで》**数人, 数個**
▸I went to the beach with **several** of my friends.
わたしは友達数人と海辺に行った.
▸**Several** of them saw the movie.
彼らのうち数人がその映画を見た.

severe [səvíər セヴィア] 形容詞
(比較 **severer**; 最上 **severest**)
❶ (人・規則などが)厳しい, 厳格な
(同義語 strict)
▸My parents are **severe** with me.
両親はわたしに厳しい.
❷ (天候・病気などが)厳しい, ひどい, 激しい(対義語 mild 穏(おだ)やかな)
▸a **severe** winter 厳しい冬

A B C D E F G H I J K L M N O P Q R S T U V W X Y Z

severely [səvíərli セヴィアり] 副詞
ひどく；厳しく

sew [sóu ソウ]（★発音に注意）動詞
（三単現 **sews** [-z]；過去 **sewed** [-d]；過分 **sewn** [sóun ソウン] または **sewed**；現分 **sewing**）他 …を縫(ぬ)う，縫いつける
▸I **sewed** this dress.
わたしはこのドレスを縫った．
—自 縫う，裁縫(さいほう)をする

sewing [sóuiŋ ソウイング] 名詞
U 裁縫(さいほう)，針仕事

sewing machine [sóuiŋ məʃìːn ソウイングマシーン] 名詞 C ミシン

sewn [sóun ソウン] 動詞
sew（…を縫(ぬ)う）の過去分詞の一つ

sex [séks セックス] 名詞（複数 **sexes** [-iz]）❶ C U 性，性別，雌雄(しゆう)の別
▸the male [female] **sex** 男［女］性
▸a school for both **sexes**
共学の学校
❷ U 性行為(こうい)，セックス

sexual [sékʃuəl セクシュアる] 形容詞
性の，性的な；男女の，雌雄(しゆう)の

SF, sf [éséf エスエふ] エスエフ，空想科学小説（◆ *s*cience *f*iction の略）

sh [ʃː シー] 間投詞 静かに，シーッ（= shh）

shabby [ʃǽbi シぁビ] 形容詞
（比較 **shabbier**；最上 **shabbiest**）
（もの・衣服などが）みすぼらしい，ぼろの

shade [ʃéid シェイド] 名詞
（複数 **shades** [ʃéidz シェイヅ]）
❶ U《しばしば **the shade** で》
陰(かげ)，日陰，物陰 ➡ **shadow** くらべよう
▸We rested in **the shade** of a tree. わたしたちは木陰で休んだ．
❷ C 日よけ，（窓の）ブラインド；（電球などの）かさ
▸a window **shade** 窓のブラインド
▸a lamp **shade** ランプのかさ
❸ C（色の）濃淡(のうたん)，色合い
—動詞（三単現 **shades** [-z]；過去・過分 **shaded** [-id]；現分 **shading**）
他（場所・もの）を陰にする；（目など）を（光などから）さえぎる《from ...》

***shadow** [ʃǽdou シぁドウ] 名詞
（複数 **shadows** [-z]）
C（光が当たってできる）影(かげ)
▸The tree threw a long **shadow** on the ground.
その木は地面に長い影を投げていた．

くらべよう shadow と shade

shadow：輪郭(りんかく)のはっきりした人・ものなどの「影」です．ただし，shade の意味で使うこともあります．
shade：光が当たらず，輪郭のはっきりしない「日陰(ひかげ)」を指します．

shake [ʃéik シェイク] 動詞（三単現 **shakes** [-s]；過去 **shook** [ʃúk シュック]；過分 **shaken** [ʃéikən シェイクン]；現分 **shaking**）
他 …を振(ふ)る，揺(ゆ)さぶる
▸He **shook** me and said, "Wake up!" 彼はわたしを揺すって「起きろ！」と言った．
—自 揺れる；（人・声などが）震(ふる)える
▸The earth is **shaking**.
地面が揺れている．
▸I **shook** with joy.
わたしは喜びに体が震えた．
sháke hánds （…と）握手(あくしゅ)する《with ...》➡ **handshake** 文化
▸They **shook hands with** each other. 彼らはたがいと握手をした．
sháke one's héad （否定・不満・悲しみなどを表して）首を横に振る
▸She **shook** her **head**.
彼女は首を横に振った．
—名詞 ❶ C《ふつう **a shake** で》
振ること；震動(しんどう)
❷ C《米》ミルクセーキ

shaken [ʃéikən シェイクン] 動詞
shake（…を振(ふ)る）の過去分詞

Shakespeare
[ʃéikspiər シェイクスピア] 名詞
【人名】
シェークスピア
（◆ William Shakespeare [wíljəm- ウィりャム-], 1564-1616; イギリスの劇作家・詩人）

文化 イギリスの誇(ほこ)る劇詩作家

シェークスピアは四大悲劇といわれる『ハムレット』(*Hamlet*),『オセロ』(*Othello*),『マクベス』(*Macbeth*),『リア王』(*King Lear*)をはじめ,『ロミオとジュリエット』(*Romeo and Juliet*),『ヴェニスの商人』(*The Merchant of Venice*)など,劇詩の傑作(けっさく)を多く残しました.

ロミオ(右) ジュリエット(左)

shaking [ʃéikiŋ シェイキング] 名詞
U C 揺れ, 振動

:shall [ʃǽl シャる;(弱く言うとき)ʃəl シャる] 助動詞
(過去 **should** [ʃúd シュッド])
❶《**Shall I ...?** または **Shall we ...?** で相手の意思をたずねて》
…しましょうか?
▸**Shall I** turn the TV down?
テレビの音量を下げましょうか?

ダイアログ
A: **Shall we** go to the movies?
映画に行きましょうか?
B: Yes, let's. ええ, 行きましょう.

▸What **shall I** do?
わたしは何をしたらいいのでしょうか?
❷《**Let's ..., shall we?** で》
…しませんか, …しましょうか?

ダイアログ
A: Let's go shopping, **shall we?**
買い物に行きませんか?
B: Yes, let's. / No, let's not.
ええ, 行きましょう. / いいえ, やめておきましょう.

❸〔単なる未来〕《**I shall ....** または **We shall ....** で》…だろう, …でしょう
(◆ふつう shall ではなく will を用いる; 'll と短縮する)
▸**I shall** be fifteen next month.
わたしは来月で 15 歳(さい)になる.
❹〔話者の意志〕…させる, …させよう
(◆親が子供に, 目上の人が目下の人に言うときなど)
▸He **shall** keep his promise.
彼に約束を守らせよう.

shallow [ʃǽlou シャろウ] 形容詞
(比較 **shallower**; 最上 **shallowest**)
浅い(対義語 deep 深い)
▸a **shallow** river 浅い川

shame [ʃéim シェイム] 名詞
❶ U 恥(は)ずかしさ; 恥(はじ)
▸I was filled with **shame**.
わたしは恥ずかしさでいっぱいだった.
❷《**a shame** で》恥になること[人]; 残念なこと(同義語 a pity)
▸It is **a shame** that you told such a lie. きみがそんなうそをついたなんて, 恥ずべきことだ.
▸What **a shame**!
なんて残念なことでしょう; お気の毒に.
Sháme on you!
恥を知りなさい!; みっともない!

shampoo [ʃæmpúː シャンプー](★アクセントに注意) 名詞 (複数 **shampoos** [-z]) C U シャンプー; C 洗髪(せんぱつ)
——動詞 他 (髪(かみ))をシャンプーで洗う

Shanghai [ʃæŋhái シャングハイ] 名詞
シャンハイ(上海)(◆中国東部の都市)

·shape [ʃéip シェイプ]
——名詞 (複数 **shapes** [-s])
❶ C U 形, かっこう
▸a round **shape** 丸い形
▸What **shape** is it?
それはどんな形をしていますか?
❷ U 状態, 調子
▸I'm in good **shape** these days.
最近, わたしは調子がいい.
——動詞 (三単現 **shapes** [-s]; 過去・過分 **shaped** [-t]; 現分 **shaping**)
他 …を(…に)形作る《into ...》
▸**shape** clay **into** a cat
粘土(ねんど)でネコを形作る

share [ʃéər シェア] 名詞
❶ C《**a share** または *one's* **share** で》分け前, 取り分; 割り当て, 分担, 負担
▸She did **her share** of the work.
彼女は割り当てられた分の仕事をした.
❷ C《ふつう **shares** で》株式, 株
(同義語 stock)
——動詞 (三単現 **shares** [-z]; 過去・過分 **shared** [-d]; 現分 **sharing**) 他

…を(…と)共同で使う；…を(…と)分け合う，分かち合う
《with [among, between] ...》
▸share a room　部屋を共同で使う
▸share the dishes　料理を分け合う

shark [ʃάːrk シャーク] 名詞
(複数 **sharks** [-s] または **shark**)
C【魚類】サメ，フカ

˙sharp [ʃάːrp シャープ]

── 形容詞
(比較 **sharper**; 最上 **sharpest**)
❶ (刃(は)などが)**鋭(するど)い**，よく切れる；(先が)**とがった**
(対義語 dull 切れ味の悪い)
▸The knife is very **sharp**.
そのナイフはとてもよく切れる.
▸a **sharp** pencil
先のとがったえんぴつ(♦日本語「シャープペンシル」は a mechanical pencil または《英》a propelling pencil という)
❷ (輪郭(りんかく)・細部が)**はっきりした**，くっきりした，鮮明(せんめい)な
▸Our new TV has a **sharp** picture.
新しいテレビは映像がくっきりしている.
▸a **sharp** contrast
はっきりとしたちがい
❸ (人が)頭が切れる；感覚が鋭い
▸Jane has a **sharp** mind.
ジェーンは頭が切れる.
▸Cats have **sharp** ears.
ネコは鋭い耳を持っている.
❹ (カーブ・坂などが)急な，険しい
▸a **sharp** curve　急カーブ
❺ (音が) 鋭い，かん高い；
(痛みが) 激しい；(寒さなどが)厳しい
▸a **sharp** cry　かん高い悲鳴
▸a **sharp** pain　激痛
── 副詞《時刻を表す語のあとに置いて》
ぴったりに
▸at six o'clock **sharp**　6時ちょうどに
── 名詞 (複数 **sharps** [-s])
C【音楽】シャープ，半音高い音；
シャープ記号(♯)(対義語 flat フラット)

sharpen [ʃάːrpn シャープン] 動詞
他 …を鋭(するど)くする，とがらせる，とぐ
── 自 鋭くなる，とがる

sharpener [ʃάːrpnər シャープナ] 名詞
C とぐ[削(けず)る]道具
▸a pencil **sharpener**　えんぴつ削り

sharply [ʃάːrpli シャープり] 副詞
急激に；すばやく；厳しく；くっきりと

shave [ʃéiv シェイヴ] 動詞
(三単現 **shaves** [-z]; 過去 **shaved** [-d]; 過分 **shaved** または **shaven** [ʃéivn シェイヴン]; 現分 **shaving**) 他
(ひげなど)をそる；(人)のひげなどをそる
▸My father **shaves** his face every day.　父は毎日ひげをそる.
── 自 ひげをそる
── 名詞 C《ふつう **a shave** で》
そること，ひげそり

shaved ice [ʃéivd áis シェイヴド アイス] 名詞 C U かき氷

shaven [ʃéivn シェイヴン] 動詞
shave(…をそる)の過去分詞の一つ

:she [ʃíː シー] 代名詞

〖人称代名詞の三人称単数女性の主格〗
(複数 **they** [ðéi ゼイ])
彼女は，彼女が (対義語 he 彼は)
▸Ann is a friend of mine. **She** is American.　アンはわたしの友人です. 彼女はアメリカ人です.

参考 she の変化形と所有・再帰代名詞

主格	**she**	彼女は[が]
所有格	**her**	彼女の
目的格	**her**	彼女を[に]
所有代名詞	**hers**	彼女のもの
再帰代名詞	**herself**	彼女自身を[に]

ルール she の使い方

1 she はすでに話題にあがっている女性や，その場の状況(じょうきょう)からだれを指しているのかが必ずわかる女性について用います. ➡ **he** ルール
2 今まで話題になっていなかった女性についてだれなのかをきくときには，Who is that woman?「あの女の人はだれですか？」といいます(× Who is she? とはいいません).
3 人間だけではなく，動物の雌(めす)や月・国家・船・車なども she で表すことがあります.
▸I have a dog. **She** likes milk.
わたしはイヌを飼っています. そのイヌ(雌)はミルクが好きです.

shed[1] [ʃéd シェッド] 名詞
C 小屋，物置，倉庫

shed² [ʃéd シェッド] 動詞
(三単現 **sheds** [ʃédz シェッヅ];
過去・過分 **shed**; 現分 **shedding**)
他 (植物が)(葉など)を落とす;
(動物が)(皮(かわ)・毛皮など)を脱(ぬ)ぐ;
(涙(なみだ)・血など)を流す

⁑she'd [ʃíːd シード]

《口語》she would, she had の短縮形

sheep [ʃíːp シープ] 名詞
(複数 **sheep**: 単複同形)
C【動物】ヒツジ ➡ **animals** 図
▸a flock of **sheep** ヒツジの群れ

> **参考 ヒツジの表し方**
> 1 単複同形なので「2頭のヒツジ」は two sheep といいます.
> 2 子ヒツジ(の肉)は lamb,「成長したヒツジの肉」は mutton,「羊毛」は wool といいます.
> 3 「従順」「すなお」というイメージがあり, キリスト教では「民衆」を sheep にたとえることもあります.

sheepdog [ʃíːpdɔ̀ːg シープドーグ] 名詞
C 牧羊犬

⁎sheet [ʃíːt シート] 名詞

(複数 **sheets** [ʃíːts シーツ])
❶ C シーツ, 敷布(しきふ)
▸put **sheets** on a bed
ベッドにシーツを敷(し)く
➡ **bedroom** 図
❷ C (紙・ガラスなどの)**1枚**
▸a **sheet** of paper 紙1枚
➡ **paper** ルール
❸ C (雪・炎などの)一面の広がり

shelf [ʃélf シェるふ] 名詞 (複数 **shelves** [ʃélvz シェるヴズ]) C 棚(たな)
▸My bookcase has five **shelves**.
わたしの本箱には棚が5つある.

shell [ʃél シェる] 名詞
C U 貝殻(かいがら), (カニなどの)甲羅(こうら);
(卵などの)殻; (豆の)さや

⁑she'll [ʃíːl シーる]

《口語》she will の短縮形

shellfish [ʃélfìʃ シェるふィッシ] 名詞
(複数 **shellfish** または **shellfishes** [-iz]) C U (食用の)貝類; 甲殻(こうかく)類
(◆エビ・カニなど)

shelter [ʃéltər シェるタ] 名詞
❶ C (風雨・攻撃(こうげき)などから)守ってくれるもの[場所], 避難(ひなん)所; U 住居
❷ U 保護, 避難
▸take **shelter** from the rain
雨宿りする
━━動詞 他 (…から)…を保護する
《from ...》(同義語 protect)
━━自 (…から)避難する, 隠(かく)れる
《from ...》

shepherd [ʃépərd シェパド] (★発音に注意) 名詞 C ヒツジ飼い

sherbet [ʃə́ːrbit シャ〜ベット] 名詞
U 《米》シャーベット(◆《英》sorbet)

sheriff [ʃérif シェリふ] 名詞
C 《米》(郡の)保安官(◆警察権と司法権をもつ郡の最高職); 《英》州長官

Sherlock Holmes [ʃə́ːrlɑk hóumz シャ〜らック ホウムズ] 名詞 シャーロック・ホームズ(◆イギリスの作家コナン・ドイル(Conan Doyle)による一連の推理小説の主人公である探偵(たんてい))

ホームズ(右)と助手のワトソン(左)

⁑she's [ʃíːz シーズ]

《口語》she is, she has の短縮形
(◆ she's のあとに名詞・形容詞・副詞などがくるときは she is, 過去分詞がくるときは she has)

shh [ʃː シー] 間投詞 静かに(= sh)

shield [ʃíːld シーるド] 名詞 C 盾(たて)

shift [ʃíft シふト] 動詞
他 (場所・方向など)を変える; …を移す;
《主に米》(車のギア)を変える
━━名詞 ❶ C 変化, 変換(へんかん), 交換
▸a **shift** in direction 方向転換
❷ C (仕事の)交替(こうたい)(制), 交替時間
▸work in **shifts** 交替で勤務する

shilling [ʃíliŋ シリング] 名詞
❶ C シリング (◆イギリスの旧貨幣(かへい)単位; 1ポンドの20分の1で, 12ペンスにあたる)
❷ C 1シリング硬貨(こうか)

A B C D E F G H I J K L M N O P Q R S T U V W X Y Z

⁺shine [ʃáin シャイン] 動詞 (三単現 **shines** [-z]; 過去・過分 自 では **shone** [ʃóun ショウン], 他 では **shined** [-d]; 現分 **shining**)

—自 **輝**(かが)**く**, 光る, 照る

▸The moon was **shining** in the sky. 空では月が輝いていた.

—他 …を磨(みが)く(同義語 polish)

▸He **shined** his leather shoes. 彼は革靴(かわぐつ)を磨いた.

shining [ʃáiniŋ シャイニング] 形容詞

❶ 光る, 明るい, きらめく

❷ すぐれた, 群を抜(ぬ)いた

shiny [ʃáini シャイニ] 形容詞

(比較 **shinier**; 最上 **shiniest**)

❶ 輝(かが)く, 光る, ぴかぴかの

❷ 晴れた

⁺ship [ʃíp シップ]

—名詞 (複数 **ships** [-s])

C (大型の)船

(◆代名詞は she を用いることが多い)

▸They got on the **ship**. 彼らはその船に乗った.

by shíp* = *on a shíp

船で, 船便で(同義語 by sea)

▸We went there **by ship**. わたしたちは船でそこに行った.

—動詞 (三単現 **ships** [-s]; 過去・過分 **shipped** [-t]; 現分 **shipping**)

他 …を(船・列車・車・飛行機などで)送る, 運ぶ; …を船に積む

shipyard [ʃípjɑ̀ːrd シップヤード] 名詞

C 造船所

⁺shirt [ʃə́ːrt シャ～ト] 名詞

(複数 **shirts** [ʃə́ːrts シャ～ツ])

❶ C (主に男子用の)**シャツ**, ワイシャツ

(◆「ワイシャツ」は和製英語で, 英語では単に shirt という)

❷ C 《米》(下着の)シャツ, 肌着(はだぎ)

Shishmaref [ʃíʃmərèf シシマレふ]

名詞 シシュマレフ

(◆アメリカのアラスカ州にある村)

shiver [ʃívər シヴァ] 動詞 自

(寒さ・恐(おそ)れなどで)震(ふる)える《with ...》

—名詞 C 震え, 身震い

⁺shock [ʃɑ́k シャック]

—名詞 (複数 **shocks** [-s])

❶ C U 衝撃(しょうげき); (地震(じしん)の)震動

▸The glass was broken by the **shock** of the fall. 落とした衝撃でそのコップは割れた.

❷ C U (精神的な)**打撃**, ショック

▸The news was a **shock** to me. その知らせはわたしにはショックだった.

—動詞 (三単現 **shocks** [-s]; 過去・過分 **shocked** [-t]; 現分 **shocking**)

他 **…に衝撃[ショック]をあたえる**

▸The letter from her **shocked** us. 彼女からの手紙はわたしたちにショックをあたえた.

shocking [ʃɑ́kiŋ シャッキング] 形容詞

衝撃(しょうげき)的な, ショッキングな

⁺shoe [ʃúː シュー] 名詞

(複数 **shoes** [-z])

C 《ふつう **shoes** で》**靴**(くつ), 短靴

(◆長靴は boots)

▸a pair of **shoes** 靴 1 足

▸He was putting on his **shoes**. 彼は靴をはいているところだった.

▸Please take off your **shoes** here. ここで靴を脱(ぬ)いでください.

shoelace [ʃúːlèis シューれイス] 名詞

C 《ふつう **shoelaces** で》靴(くつ)ひも

(同義語 shoestring)

shoemaker [ʃúːmèikər シューメイカ]

名詞 C 靴(くつ)職人, 靴屋

shoestring [ʃúːstrìŋ シューストゥリング]

名詞 C 《ふつう **shoestrings** で》

《主に米》靴(くつ)ひも (同義語 shoelace)

shone [ʃóun ショウン] 動詞

shine(輝(かがや)く)の過去形・過去分詞の一つ

shook [ʃúk シュック] 動詞

shake(…を振(ふ)る)の過去形

⁺shoot [ʃúːt シュート]

—動詞 (三単現 **shoots** [ʃúːts シューツ]; 過去・過分 **shot** [ʃɑ́t シャット]; 現分 **shooting**)

—他 (銃(じゅう)・弓などで)**…を撃**(う)**つ**, 射る; (銃)を発砲(はっぽう)する

▸He **shot** his gun into the air.

彼は銃を空に向けて撃った.

—自 ❶ (…をねらって)撃つ, 射る《at ...》; 狩(か)りをする

▸**shoot at** a bird
鳥をねらって撃つ

❷【球技】シュートする
(♦日本語の名詞「シュート」は shot)

くらべよう shoot と shoot at

次の 2 つの文の意味のちがいに注意しましょう.

▸He **shot** the target.
彼は標的を撃った.
(♦標的に弾(たま)が当たった)

▸He **shot at** the target.
彼は標的をねらって撃った.
(♦標的に弾が当たったかどうかはわからない)

Shóot! 《米》話してください.
(♦くだけた会話で用いる)

ダイアログ

A: May I ask a question?
質問をしてもいいですか?

B: OK, **shoot!**
ええ, どうぞ.

—名詞 (複数 **shoots** [ʃúːts シューツ])
❶ C 新芽
❷ C 射撃(しゃげき); 発射

shooting star [ʃúːtiŋ stáːr シューティング スター] 名詞 C【天文】流れ星

⁑shop [ʃáp シャップ]

—名詞 (複数 **shops** [-s])
❶ C 《主に英》店, 小売店, 商店
▸a flower **shop** 花屋
▸a beauty **shop** 美容院
▸This **shop** closes at nine.
この店は 9 時に閉まる.
❷ C 作業場, 仕事場(= workshop)
▸a repair **shop** 修理工場

—動詞 (三単現 **shops** [-s]; 過去・過分 **shopped** [-t]; 現分 **shopping**) 自
買い物をする, (…を)買いに行く《for ...》

go shópping 買い物に行く
▸**go shopping** in Akihabara
秋葉原に買い物に行く
(♦×go shopping to とはいわない)

shopkeeper [ʃápkìːpər シャップキーパ] 名詞 C 《英》小売店の経営者, (商店の)主人(♦《米》storekeeper)

⁺shopping [ʃápiŋ シャピング]

—動詞 shop(買い物をする)の現在分詞・動名詞

—名詞 U **買い物**, ショッピング
▸a **shopping** bag 買い物袋(ぶくろ)
▸do the **shopping** 買い物をする

⁺shore [ʃɔ́ːr ショーア] 名詞

(複数 **shores** [-z])
C U (海・湖などの)岸, 岸辺; 海岸
▸The hotel stands on the **shore** of a lake.
そのホテルは湖のほとりに立っている.

くらべよう shore, coast, beach

shore: 「海岸(seashore)」だけでなく, 湖や大きな川の「岸」も指します.
coast: 地理的な意味で「海岸, 海岸線」を指すときによく使います.
beach: 海水浴を楽しめる「小石や砂の浜辺(はまべ)」を指します.

⁑short [ʃɔ́ːrt ショート]

—形容詞
(比較 **shorter**; 最上 **shortest**)
❶ (長さ・距離(きょり)が)**短い**
(対義語 long 長い)
▸a **short** story 短編小説
▸She has **short** hair.
彼女は髪(かみ)が短い.
❷ (時間が)**短い**
▸The days are getting **shorter**.
日が短くなってきている.
▸in a **short** time
短時間で
❸ **背が低い**(対義語 tall 背が高い)
▸John is **shorter** than Tom.
ジョンはトムより背が低い.
❹ 不足して, 足りない;
《**be short of ...** で》…が不足している
▸The change is ten-yen **short**.
おつりが 10 円足りません.
▸I'm **short of** time.
わたしには時間が足りない.
❺ 簡潔な; 無愛想(ぶあいそう)な; 気が短い
▸His answer was **short** and clear.
彼の返事は簡潔で明瞭(めいりょう)だった.

—名詞 (複数 **shorts** [ʃɔ́ːrts ショーツ])
C【野球】ショート, 遊撃(ゆうげき)手
(=shortstop [ʃɔ́ːrtstàp ショートスタップ])

for shórt 略して

▸Benjamin is often called Ben **for short**. ベンジャミンは略してベンと呼ばれることがよくある.

in shórt 要するに, 簡単に言えば

▸**In short**, she likes him. 要するに, 彼女は彼が好きなんだ.

shortage [ʃɔ́ːrtidʒ ショーテッヂ] 名詞 C U 不足, 欠乏(けつぼう)

shortcut [ʃɔ́ːrtkʌ̀t ショートカット] 名詞 C 近道; (コンピューターの)ショートカット

take a shórtcut 近道をする

shorten [ʃɔ́ːrtn ショートゥン] 動詞 他 …を短くする, 縮める, 短縮する

▸**shorten** a string ひもを短くする

──自 短くなる, 縮む

shorthand [ʃɔ́ːrthæ̀nd ショートハぁンド] 名詞 U 速記, 速記術

shortly [ʃɔ́ːrtli ショートり] 副詞 ❶ まもなく, すぐに (同義語 soon) ❷ 簡潔に; そっけなく

shorts [ʃɔ́ːrts ショーツ] 名詞 《複数あつかいで》半ズボン, (運動用の)ショートパンツ; 《主に米》パンツ(◆男性用の下着)

shortsighted [ʃɔ́ːrtsáitid ショートサイティッド] 形容詞 《主に英》近眼の, 近視の (◆《主に米》nearsighted)

shot[1] [ʃát シャット] 名詞 ❶ C (銃(じゅう)などの)発射, 発砲(はっぽう); 銃声

▸fire a **shot** 発砲する

❷ C 【スポーツ】シュート, ショット, 1打 ➡ **basketball** 図, **soccer** 図

▸make a **shot** シュートを決める

❸ C 注射(同義語 injection)

▸give [get] a **shot** 注射をする[される]

❹ C 《口語》写真

shot[2] [ʃát シャット] 動詞 shoot(…を撃(う)つ)の過去形・過去分詞

shotgun [ʃátgʌ̀n シャットガン] 名詞 C 散弾銃(さんだんじゅう)

⁑should [ʃúd シュッド; (弱く言うとき)ʃəd シャド] (★発音に注意) 助動詞

❶ **…すべきである**, …したほうがよい (◆had better のほうが強制の度合いが強い)

▸You **should** take a rest. 休んだほうがいいよ.

▸You **should** not miss the movie. その映画は見逃(みのが)さないほうがいいよ.

▸**Should** I go now? もう行ったほうがいいでしょうか?

▸How **should** I solve this problem? この問題はどうやって解けばよいのですか?

❷ 《時制の一致(いっち)を受け, shall の過去形として》…**だろう**

▸I said I **should** call Tom later. わたしはあとでトムに電話すると言った. (= I said, "I shall call Tom later.")

❸ 《見こみ・推量》…のはずだ, おそらく…だろう

▸She **should** be home by now. 今ごろ, 彼女は家にいるはずだ.

❹ 《感情・判断を表す文の that 節で》…するなんて, …だなんて

▸It is strange **that** he **should** break his promise. (当然守るはずなのに)彼が約束を破るなんて変だ. (◆意外・驚(おどろ)きを表す)

❺ 《命令・提案・要求などを表す文の that 節で》…するように (◆《米》ではふつう should を省略し, 動詞の原形を用いる)

▸I suggested **that** he (**should**) see a doctor. わたしは医者に診(み)てもらうよう彼に勧(すす)めた.

❻ 《if 節で》(万一)…ならば

▸**If** you **should** change your mind, please let me know. もし気が変わったら, お知らせください.

❼ 《疑問詞とともに用いて》(不可解さ・驚きを表して)いったい, なんと

▸**How should** I know? いったいどうしてわたしが知っているというんだ? (◆知るわけがない)

should like ... …がほしい(のですが) ➡ **like**[1]

◆***should like to*** **+動詞の原形** 《主に英》**…したい(のですが)**; 《**should like +人+ to +動詞の原形**で》(人)に…してほしい(のですが) ➡ **like**[1]

˙shoulder [ʃóuldər ショウるダ] 名詞 (複数 **shoulders** [-z])

C **肩**(かた); 《**shoulders** で》両肩の部分, 双肩(そうけん) (◆日本語の「肩」より広く, 上背部全体を指す) ➡ **back** 参考

▸Ann patted him on the **shoulder**. アンは彼の肩をポンとたたいた.

▸I have stiff **shoulders**. わたしは肩がこっている.

⁝shouldn't [ʃúdnt シュドゥント]
《口語》should not の短縮形

⁝shout [ʃáut シャウト]
—動詞 (三単現 **shouts** [ʃáuts シャウツ]; 過去・過分 **shouted** [-id]; 現分 **shouting**)
—自 **叫**(さけ)**ぶ**; 大声で言う (同義語 cry)
▸**shout** for help
助けを求めて叫ぶ
▸Don't **shout**. I can hear you.
大声を出さないで. 聞こえるから.
—他 **…と叫ぶ**; …を大声で言う
▸"A robber!" she **shouted**.
「どろぼう!」と彼女は叫んだ.
—名詞 (複数 **shouts** [ʃáuts シャウツ])
C 叫び, 叫ぶ声, 大声

shovel [ʃʌ́vl シャヴる] 名詞
C シャベル; シャベル1杯(ぱい)の量

⁝show [ʃóu ショウ]

動詞	他	❶…を見せる, 示す
		❷(人)を案内する
		❸…を教える
		❹…を上映する
	自	見える
名詞		展示会

—動詞 (三単現 **shows** [-z]; 過去 **showed** [-d]; 過分 **shown** [ʃóun ショウン] または **showed**; 現分 **showing**)
—他 ❶ **…を見せる, 示す**; 《**show**＋人＋ものまたは **show**＋もの＋**to**＋人で》(人)に(もの)を見せる, 示す
▸Please **show** your ticket at the gate.
入り口でチケットをお見せください.
▸He **showed** no interest.
彼は全く興味を示さなかった.
▸Will you **show** me your passport? (= Will you **show** your passport **to** me?)
パスポートをわたしに見せてください.
(◆文末の語句が強調される; 前者は「何を」見せるか, 後者は「だれに」見せるかに重点が置かれる)
▸Her face **showed** that she was worried.
彼女の顔つきから, 彼女が心配しているのがわかった.

❷ **(人)を案内する**
▸I **showed** her around the town.
わたしは彼女を町のあちこちに案内した.
❸ (実例などをあげて)**…を教える**
▸My mother **showed** me how to make cookies.
母はクッキーの作り方を(実際に作りながら)教えてくれた.
❹ **…を上映する**, 上演する; …を展示する
▸This theater sometimes **shows** Chinese movies. この映画館はときどき中国映画を上映する.
—自 **見える**; 現れる
▸The worry **shows** on his face.
彼の顔には心配の色が見える.
shów úp (会などに)姿を現す, 現れる
▸He didn't **show up** at the party.
彼はパーティー会場に姿を現さなかった.
—名詞 (複数 **shows** [-z]) C **展示会**, 展覧会; ショー, 映画, (テレビの)番組
▸an automobile **show**
自動車の展示会
▸a quiz **show** クイズ番組

showcase [ʃóukèis ショウケイス] 名詞
C 陳列(ちんれつ)ケース, ショーケース

shower [ʃáuər シャウア] 名詞
❶ C シャワー ➡ **bathroom** 図
▸take a **shower** シャワーを浴びる
❷ C にわか雨
▸I was caught in a **shower**.
わたしはにわか雨に降られた.

◆shown [ʃóun ショウン] 動詞
show(…を見せる)の過去分詞の一つ

showroom [ʃóurù:m ショウルーム]
名詞 C (商品の)展示室, ショールーム

shrank [ʃrǽŋk シュラぁンク] 動詞
shrink(縮む)の過去形の一つ

shriek [ʃrí:k シュリーク] 動詞
自 金切り声を出す, 悲鳴をあげる
—名詞 C 金切り声, 悲鳴

shrimp [ʃrímp シュリンプ] 名詞
(複数 **shrimps** [-s] または **shrimp**)
C 【動物】小エビ ➡ **lobster**

shrine [ʃráin シュライン] 名詞
C 聖堂, 神殿(しんでん); (日本の)神社
(◆日本の「寺」は temple)
▸the Meiji **Shrine** 明治神宮

shrink [ʃríŋk シュリンク] 動詞
(三単現 **shrinks** [-s];
過去 **shrank** [ʃrǽŋk シュラぁンク]

または《米》で **shrunk** [ʃrʌ́ŋk シュランク]; 過分 **shrunk** または《米》で **shrunken** [ʃrʌ́ŋkən シュランクン]; 現分 **shrinking**)
自 (衣服などが)縮む，小さくなる

shrug [ʃrʌ́g シュラッグ] 動詞 (三単現 **shrugs** [-z]; 過去・過分 **shrugged** [-d]; 現分 **shrugging**) 他 (肩(かた))をすくめる (◆当惑(とうわく)・あきらめ・不賛成などの気持ちを表す) ➡ **gesture** 図
▸Luke **shrugged** his shoulders.
ルークは肩をすくめた.

shrunk [ʃrʌ́ŋk シュランク] 動詞
shrink(縮む)の過去形・過去分詞の一つ

shrunken [ʃrʌ́ŋkən シュランクン] 動詞
shrink(縮む)の過去分詞の一つ

shudder [ʃʌ́dər シャダ] 動詞
自 (寒さ・恐怖(きょうふ)などで)身震(みぶる)いする
── 名詞 C 身震い，戦りつ

˙shut [ʃʌ́t シャット] 動詞
(三単現 **shuts** [ʃʌ́ts シャッツ]; 過去・過分 **shut**; 現分 **shutting**)
── 他 **…を閉める，閉じる**，たたむ
(同義語 close, 対義語 open …を開く)

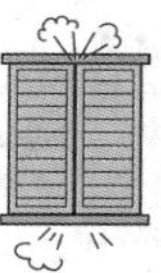

▸I **shut** the window.
わたしは窓をバタンと閉めた. (◆close よりも勢いよく閉める，という意味合いがある)
▸He **shut** the book.
彼は本をパタンと閉じた.
▸She **shut** her umbrella.
彼女は傘(かさ)をサッとたたんだ.
── 自 **閉まる**，閉じる
▸This window doesn't **shut** easily.
この窓はなかなか閉まらない.

shút óut
① …をさえぎる; …を締(し)め出す
② …を(試合で)完封(かんぷう)する

Shút úp! 黙(だま)りなさい!

shutter [ʃʌ́tər シャタ] 名詞
❶ C 《ふつう **shutters** で》
雨戸，シャッター
❷ C (カメラの)シャッター

shuttle [ʃʌ́tl シャトゥる] 名詞
❶ C (近距離(きんきょり)用の)往復バス (=shuttle bus);
往復列車(=shuttle train)
❷ C スペースシャトル (=space shuttle)
❸ C (バドミントンの)羽根 (=shuttlecock)

shuttlecock [ʃʌ́tlkàk シャトゥるカック] 名詞 C (バドミントンの)羽根
(◆単に shuttle ともいう)

shy [ʃái シャイ] 形容詞 (比較 **shyer** または **shier**; 最上 **shyest** または **shiest**)
内気な，恥(は)ずかしがりの; おくびょうな
▸a **shy** boy 内気な男の子

:sick [sík スィック] 形容詞
(比較 **sicker**; 最上 **sickest**)
❶ **病気の，病気で**(対義語 well 健康な)
➡ **ill** くらべよう
▸a **sick** child 病気の子供
▸He's **sick** in bed with the flu.
彼はインフルエンザで寝(ね)こんでいる.
❷《名詞の前には用いない》
吐(は)き気がする，むかむかする
▸I feel **sick**. 吐き気がする.
❸《口語》(…に)うんざりして《of ...》
▸I'm **sick of** fast food.
ファストフードにはあきあきしています.

sickness [síknəs スィックネス] 名詞
(複数 **sicknesses** [-iz])
❶ C U 病気
(同義語 illness, 対義語 health 健康)
❷ U 吐(は)き気

˙side [sáid サイド]
── 名詞 (複数 **sides** [sáidz サイヅ])

❶ 側; 面; 側面
❷ わき; 横腹; 山腹
❸ (敵・味方の)側

❶ C (前後・左右の)**側**，**側面**; (裏・表の)**面**; (図形の)辺，面; (物事の)**側面**，局面
▸Both **sides** of the street were crowded. 道の両側ともこんでいた.
▸Look at the other **side** of that sheet. その紙の裏面(りめん)を見なさい.
▸Look on the bright **side** of things.
物事の明るい面を見なさい.
❷ C **わき**，**横**; (人の)**横腹**，わき腹; **山腹**，(山の)斜面(しゃめん)

▸Could I sit by your **side**?
あなたの横にすわってもいいですか？
▸I feel [have] a pain in my **side**.
わき腹が痛い．
❸ C (敵・味方の)**側**, 味方
▸They're on our **side**.
彼らはわたしたちの味方だ．
from side to side 左右に，横に
▸Our ship rolled **from side to side**.
わたしたちの船は左右に揺(ゆ)れた．
side by side 並んで
▸They walked **side by side**.
彼らは横に並んで歩いた．
—形容詞 側面の，横の；副…，二次的な

sidewalk [sáidwɔ̀ːk サイドウォーク]
名詞 C《主に米》(舗装(ほそう)した)歩道
(♦《英》pavement)

siesta [siéstə スィエスタ] 名詞
C シエスタ
(♦昼食後の昼寝(ひるね)；スペイン語から)

『シエスタ』ゴッホ画(ミレー作品の模写)

sigh [sái サイ] (★発音に注意) 動詞
自 ため息をつく
—名詞 C ため息

·sight [sáit サイト] (★発音に注意)
名詞 (複数 **sights** [sáits サイツ])
❶ U **視力**；視覚 ➡ **sense** 参考
▸have good [poor] **sight**
視力がよい[悪い]
▸She lost her **sight** in the accident.
彼女はその事故で失明した．
❷ U **見ること**，見えること；一見
▸I don't like the **sight** of snakes.
わたしはヘビを見るのが好きではない．
❸ U **視界**；視野
▸An island came into **sight**.
島が見えてきた．
❹ C 光景，眺(なが)め；
《ふつう **the sights** で》名所
▸a common **sight** よく見る光景
▸see **the sights** of Nara
奈良の名所を見る

at first sight
ひと目で，直ちに；一見したところでは
▸She fell in love with him **at first sight**. 彼女はひと目で彼に恋(こい)をした．
at the sight of ... …を見て
▸Jim ran away **at the sight of** a big bug.
ジムは大きな虫を見て逃(に)げていった．
catch sight of ...
…を見かける，見つける
▸I **caught sight of** Emma at the station. 駅でエマを見かけた．
in sight 見えるところに；間近に
lose sight of ... …を見失う
out of sight
見えないところに，見えなくなって

sightseeing [sáitsìːiŋ サイトスィーイング] 名詞 U 観光，見物

·sign [sáin サイン] (★発音に注意)

名詞	❶ **記号**，**符号**(ふごう)
	❷ **標識**
	❸ **合図**
動詞 他	❶ (書類など)**に署名する**
	❷ **…に合図する**

—名詞 (複数 **signs** [-z])
❶ C **記号**，**符号**，印 (同義語 mark)
▸a plus **sign** プラス記号(＋)
▸a sharp **sign** シャープ記号(♯)
❷ C **標識**，看板，掲示(けいじ)
▸a traffic **sign** 交通標識
▸a road **sign** 道路標識
▸What does this **sign** say?
この掲示は何を表しているのですか？
❸ C **合図**；身振(みぶ)り，手まね
▸talk by **signs** 身振りで話す
▸He gave us a **sign** to stop.
彼はわたしたちに止まれと合図した．
❹ C 前兆，徴候(ちょうこう)，印
▸The clouds show **signs** of rain.
雲が雨の前兆を示している．
❺ C (十二宮の)星座
➡ **horoscope** 文化
—動詞 (三単現 **signs** [-z]；
過去・過分 **signed** [-d]；現分 **signing**)
—他 ❶ (書類など)**に署名する**，サインする(♦「署名」は signature)
▸Emma **signed** the letter.
エマはその手紙にサインした．
❷ (身振り・手まねで)**…に合図する**，…を

知らせる
——自 署名する，サインする
▸Please **sign** here.
ここに署名してください．

◆signal
[sígnl スィグヌる] 名詞 (複数 **signals** [-z])
C 信号，合図；信号機
▸a traffic **signal** 《米》交通信号
▸give a **signal** 合図を送る

signature [sígnətʃər スィグナチャ] 名詞
C 署名，サイン

> **文化 署名は印鑑(いんかん)の代わり**
> 欧米(おうべい)の多くの国では，契約(けいやく)書，申込(もうしこみ)書，手紙，小切手などによく署名をします．日本のように印鑑を押(お)す習慣はなく，署名によって本人であることの証明にします．そのため，ほかの人がまねできないような独特な書き方をする人もいます．

significance [signífikəns スィグニふィカンス] 名詞 U 重要性，重大さ；意義

significant [signífikənt スィグニふィカント] 形容詞
重要な (同義語 important)；
(特別に)意味のある；意味ありげな

sign language [sáin læ̀ŋgwidʒ サインらぁングウィッヂ] 名詞 U 手話
▸talk in **sign language** 手話で話す

silence [sáiləns サイれンス] 名詞
❶ U 静けさ，物音がしないこと
▸A cry broke the **silence**.
叫(さけ)び声が静寂(せいじゃく)を破った．
❷ U 沈黙(ちんもく)；無口
▸They walked in **silence**.
彼らは黙(だま)って歩いた．
❸ U 音信のないこと，ごぶさた；
C 音信のなかった期間

◆silent
[sáilənt サイれント] 形容詞
(比較 **more silent**；最上 **most silent**)
❶ **静かな**，物音がしない
(対義語 noisy, loud 騒々(そうぞう)しい)
▸a **silent** night 静かな夜
▸The room fell **silent**.
その部屋は物音ひとつしなくなった．
❷ **黙(だま)っている**，声を出さない
▸a **silent** prayer 黙祷(もくとう)
▸He was **silent** during dinner.
彼は夕食の間，ずっと黙っていた．
❸ (文字が)発音されない
▸a **silent** letter 黙字(もくじ)
(◆knife や know の k など)

silently [sáiləntli サイれントり] 副詞
静かに；黙(だま)って，無言で

silhouette [sìlu:ét スィるーエット]
(★発音に注意) 名詞
C シルエット，影絵(かげえ)；輪郭(りんかく)

silk [sílk スィるク] 名詞
U 絹(きぬ)，シルク；絹糸；絹織物

silkworm [sílkwə̀:rm スィるクワ〜ム]
名詞 C【昆虫】カイコ(蚕)

silly [síli スィり] 形容詞
(比較 **sillier**；最上 **silliest**)
愚(おろ)かな，ばかな，ばかげた
(同義語 foolish, stupid)
▸a **silly** question ばかげた質問
▸Don't be **silly**.
ばかなことをするな[言うな]．

silo [sáilou サイろウ] 名詞 C サイロ
(◆飼料にする穀物や牧草を貯蔵(ちょぞう)する円筒(えんとう)形の建物)

◆silver
[sílvər スィるヴァ]
——名詞 ❶ U【化学】銀(◆元素記号は Ag)
▸This ring is made of **silver**.
この指輪は銀製だ．
❷ U 銀貨；銀食器 (全体)
——形容詞 **銀の**；銀色の
▸a **silver** spoon 銀のスプーン

similar [símələr スィミら] 形容詞
(…と)同じような，同様の，(…に)似た
《to ...》
▸Your bag is **similar to** his.
きみのバッグは彼のものと似ている．

◆simple
[símpl スィンプる] 形容詞
(比較 **simpler**；最上 **simplest**)
❶ **単純な，簡単な** (同義語 easy)
▸a **simple** job 簡単な仕事
▸Her idea was **simple**.
彼女のアイディアは単純だった．
❷ **質素な**，地味な，飾(かざ)り気のない
(同義語 plain)
▸a **simple** lunch 質素な昼食
❸ 無邪気(むじゃき)な；お人よしな

simply [símpli スィンプり] 副詞
❶ 単に，ただ (同義語 only)
▸I was **simply** bored.
わたしはただ退屈(たいくつ)していた．
❷ 簡単に，わかりやすく(同義語 easily)；
質素に

▸He explained things **simply**.
彼は事情をわかりやすく説明した.

simulate [símjəlèit スィミュれイト] 動詞
(三単現 **simulates** [símjəlèits スィミュれイツ]; 過去・過分 **simulated** [-id]; 現分 **simulating**) 他 …の模擬(もぎ)実験をする, シミュレーションを行う

simulation [sìmjəléiʃn シミュれイシャン] 名詞
C U シミュレーション, 模擬(もぎ)実験

sin [sín スィン] 名詞 C U (宗教的な)罪;
C《ふつう **a sin** で》(道徳的に)悪いこと
(◆「法律上の罪」は crime)

⁑since [síns スィンス]

—前置詞《ふつう現在完了形とともに用いて》…**以来**, …から(ずっと)

▸He **has lived** here **since** 2015.
彼は 2015 年からずっとここに住んでいる.

▸I **haven't seen** her **since** then.
それ以来, 彼女には会っていない.

—接続詞 ❶《ふつう現在完了形とともに用いて》…**して以来**(**ずっと**)

▸They **have been** good friends **since** they met in school.
彼らは学校で出会って以来, ずっと親友どうしだ.

❷ …**なので**, …**だから**
➡ **because** くらべよう

▸**Since** it was Sunday, I went fishing in the river.
日曜日だったので, わたしは川に釣(つ)りに行った.

—副詞《現在完了形とともに用いて》
それ以来(ずっと), その後

▸I met Ann last summer, but I **haven't seen** her **since**.
アンには去年の夏に会ったが, それ以来彼女とは会っていない.

ever sínce それ以来ずっと

sincere [sinsíər スィンスィア] 形容詞
(比較 **sincerer** または **more sincere**; 最上 **sincerest** または **most sincere**)
本心からの, 誠実な

sincerely [sinsíərli スィンスィアり]
副詞 心から, 本気で, 誠実に

Sincérely (yóurs),
= 《英》***Yóurs sincérely,***
(手紙の結びで)敬具

⁑sing [síŋ スィンヶ] 動詞

(三単現 **sings** [-z]; 過去 **sang** [sǽŋ サぁンヶ]; 過分 **sung** [sʌ́ŋ サンヶ]; 現分 **singing**)

—自 ❶ **歌う**

▸Tom **sings** well.
トムは歌がじょうずだ.

▸She **sang** to her children.
彼女は自分の子供たちに歌を歌った.

▸They **sang** to the piano.
彼らはピアノに合わせて歌った.

❷ (小鳥・虫などが)鳴く, さえずる

▸The birds were **singing** in the woods.
森で鳥たちがさえずっていた.

—他 (歌)**を歌う**

▸He **sang** the song for me.
彼はわたしにその歌を歌ってくれた.

Singapore [síŋgəpɔ̀ːr スィンガポーア]
名詞 シンガポール(◆東南アジアの国; 首都はシンガポール Singapore)

Singapore Flyer [síŋgəpɔ̀ːr fláiər スィンガポーア ふらイア] 名詞
《**the Singapore Flyer** で》
シンガポール・フライヤー(◆シンガポールにある大観覧車)

singer [síŋər スィンガ] 名詞
C 歌手, 歌う人

▸Ann is a good **singer**.
アンは歌がうまい.

singer-songwriter
[síŋərsɔ́ːŋràitər スィンガソーンヶライタ]
名詞 C シンガーソングライター, 歌手兼(けん)作詞作曲家

⁎singing [síŋiŋ スィンギンヶ]

—動詞 sing(歌う)の現在分詞・動名詞
—名詞 U 歌うこと, 歌唱;
(鳥などの)さえずり

⁎single [síŋgl スィングる]

—形容詞《❶ ❸ ❹ の意味では名詞の前に用いて》
❶ **たった1つの**, たった1人の
▸I didn't say a **single** word.
わたしはただのひと言も発しなかった.
❷ **独身の**
(対義語 married 結婚(けっこん)している)
▸He is **single**. 彼は独身だ.
❸ **1人用の**(◆「2人用の」は double)
▸a **single** bed シングルベッド
❹ 《英》(切符(きっぷ)が)片道の
(◆《米》one-way; 対義語 《英》return, 《米》round-trip 往復の)
▸a **single** ticket 片道切符
—名詞 (複数 **singles** [-z])
❶ C (ホテルの)1人部屋
❷ C 【野球】シングルヒット
❸ 《**singles** で単数あつかい》
(テニスなどの)シングルス(◆1対1の試合; 対義語 doubles ダブルス)
❹ C (CDなどの)シングル盤(ばん)

singular [síŋgjələr スィンギュら] 形容詞
【文法】単数の(◆ s. または sing. と略す; 対義語 plural 複数の)
—名詞 U 《**the singular** で》【文法】単数(形)(◆ s. または sing. と略す);
C 単数形(の語)(対義語 plural 複数)

sinigang [síniɡæŋ シニギぁング] 名詞
U シニガン(◆酸味のあるフィリピンのスープ)

˙sink [síŋk スィンク]
—動詞 (三単現 **sinks** [-s]; 過去 **sank** [sǽŋk サぁンク] または **sunk** [sʌ́ŋk サンク]; 過分 **sunk**; 現分 **sinking**)
—自 ❶ (水中に)**沈(しず)む**, 沈没(ちんぼつ)する
(対義語 float 浮(う)く);
(太陽・月が)沈む(同義語 set)
▸A boat **sank** in the storm.
あらしの中, ボートが沈んだ.
▸The sun is **sinking** behind the mountains.
太陽が山陰(やまかげ)に沈もうとしている.
❷ (地盤(じばん)などが)沈下する
—他 …**を沈める**, 沈没させる
▸**sink** a ship 船を沈める
—名詞 C (台所の)流し; 《米》洗面台
(◆《英》washbasin)
➡ **巻頭カラー 英語発信辞典⑬**

sip [síp スィップ] 動詞 (三単現 **sips** [-s]; 過去・過分 **sipped** [-t]; 現分 **sipping**)
他 …をちょっとずつ飲む, する

˙sir [sə́ːr サ～; (弱く言うとき)sər サ] 名詞
(複数 **sirs** [-z])
❶ U 《ときに **Sir** で》
(呼びかけで)**あなた**, お客さま, 先生
(◆目上・年上の男性や男性の客などに用いて敬意を表す; 日本語にするときは特に訳す必要はない)
▸Excuse me, **sir**.
すみません; もしもし.
▸Can I help you, **sir**?
(店員が客に)いらっしゃいませ.
❷ C 《しばしば **Sir** で》
(手紙の書き出しで)**拝啓**(はいけい)
▸Dear **Sir**,
拝啓(◆知らない人への手紙や商用文に用いる)
❸ 《**Sir** でナイト・准男爵(じゅんだんしゃく)の人の姓名(せいめい)または名前につけて》《英》…卿(きょう)
▸**Sir** Charles Chaplin
チャールズ・チャップリン卿

siren [sáirən サイレン] 名詞
❶ C (列車などの)警笛(けいてき), サイレン
▸sound a **siren** 警笛を鳴らす
❷ C 《しばしば **Siren** で》
【ギリシャ神話】セイレン(◆美しい歌声を持つ, 半身が女性でもう半身が鳥の海の精)

:sister [sístər スィスタ] 名詞
(複数 **sisters** [-z])
❶ C **姉**, **妹**; 姉妹(しまい)
(対義語 brother 兄弟) ➡ **family** 図
▸This is Becky, my **sister**. こちらはベッキー, わたしの姉[妹]です.

> ダイアログ
> *A:* How many **sisters** do you have?
> あなたには何人姉妹がいますか?
> *B:* I have three. 3人です.

> **文化 sister は姉か妹か?**
>
> **1** 英語では, 年齢(ねんれい)の上下を区別して「姉」「妹」のようにいうことはあまりなく, ふつうは sister で済ませます.
> **2** 特に「姉」と「妹」を区別する場合は次のようにいいます.
>
> | | | |
> |---|---|---|
> | 姉: | an older | **sister** |
> | 《米》 | a big | **sister** |
> | 《英》 | an elder | **sister** |

妹: a younger sister
《米》a little sister
3「お姉さん」と呼びかける場合は sister を用いず, 名前で呼びます.
4 brother(「兄」「弟」)の場合も同様です.

❷ C (カトリックの)修道女, シスター

sister-in-law [sístərinlɔ̀ː スィスタインろー] 名詞 (複数 **sisters-in-law** [sístərzinlɔ̀ː スィスタズインろー])
C 義理の姉[妹] ➡ **family** 図

:sit [sít スィット] 動詞
(三単現 **sits** [síts スィッツ]; 過去・過分 **sat** [sǽt サぁット]; 現分 **sitting**) 自
❶ **すわる**, 腰(こし)かける; すわっている
(対義語 stand 立つ)
▸Tom **sat** on the grass.
トムは芝生(しばふ)の上に腰を下ろした.
▸**sit** in an armchair
ひじかけいすに(深く)すわる
(◆ in は「深々と」という意味をふくむ)
▸I **sat** at the table.
わたしは食卓(しょくたく)についた.
❷ (鳥が)止まる; (鳥が)(卵を)抱(だ)く
▸Some birds were **sitting** on the wire. 鳥が何羽か電線に止まっていた.

◆*sit dówn* **すわる**, 着席する
▸Please **sit down** here.
どうぞここにすわってください.

sit úp ① きちんとすわる;
(ベッドの上などで)起き上がる
▸**Sit up** straight.
背を伸(の)ばしてすわりなさい;
ちゃんとすわりなさい.
② (寝(ね)ないで)起きている
(同義語 stay up)
▸They **sat up** late.
彼らは遅(おそ)くまで起きていた.

site [sáit サイト] 名詞 C 用地, 敷地(しきち); 跡(あと), 遺跡(いせき); (事件などの)現場;
【コンピューター】(インターネットの)サイト(◆ website ともいう)
▸the World Heritage **Site** 世界遺産

·sitting [sítiŋ スィティンヶ] 動詞
sit(すわる)の現在分詞・動名詞

sitting room [sítiŋ rùːm スィティンヶルーム] 名詞 C 《主に英》居間
(◆《主に米》living room)

sitting volleyball [sítiŋ válibɔ̀ːl スィティンヶヴァりボーる] 名詞
U シッティングバレーボール
(◆座ったままプレーするバレーボール)

situated [sítʃuèitid スィチュエイテッド]
形容詞 (ある場所に) 位置して
(◆名詞の前では用いない)

situation [sìtʃuéiʃn スィチュエイシャン]
名詞 ❶ C 立場, 境遇(きょうぐう); 状況(じょうきょう), 情勢, 場面
▸He was in a difficult **situation**.
彼は難しい立場に立っていた.
▸the economic **situation** 経済情勢
❷ C (建物などの)位置, 場所

sit-up [sítʌ̀p スィトアップ] 名詞
C 腹筋運動
▸do **sit-ups** 腹筋運動をする

:six [síks スィックス]
—名詞 (複数 **sixes** [-iz])
C 《冠詞をつけずに単数あつかい》
6; 《複数あつかいで》6 人, 6 個;
U 6 歳(さい); 6 時
▸I get up at **six**.
わたしは 6 時に起きる.
—形容詞 **6 の**; 6 人の, 6 個の; 6 歳の

:sixteen
[sìkstíːn スィクスティーン]
—名詞 (複数 **sixteens** [-z]) C 《冠詞をつけずに単数あつかい》**16**; 《複数あつかいで》16 人, 16 個; U 16 歳(さい)
—形容詞 **16 の**; 16 人の, 16 個の; 16 歳の
▸Her daughter is **sixteen**.
彼女の娘(むすめ)は 16 歳だ.

sixteenth [sìkstíːnθ スィクスティーンす]
名詞 ❶ U 《**the sixteenth** で》第 16, 16 番め; (日付の)16 日(◆ 16th と略す)
❷ C 16 分の 1
—形容詞 ❶ 《**the sixteenth** で》
第 16 の, 16 番めの
❷ 16 分の 1 の

:sixth [síksθ スィックスす]
—名詞 (複数 **sixths** [-s])
❶ U 《**the sixth** で》**第 6**, 6 番め;
(日付の)6 日(◆ 6th と略す)
❷ C 6 分の 1
—形容詞 ❶ 《**the sixth** で》
第 6 の, 6 番めの

▸**the sixth** principal　第6代校長
❷6分の1の

sixtieth [síkstiəθ スィクスティエす] 名詞
❶ U《**the sixtieth** で》
第60, 60番め(◆60th と略す)
❷ C 60分の1
── 形容詞 ❶《**the sixtieth** で》
第60の, 60番めの
❷60分の1の

:sixty [síksti スィクスティ]
── 名詞 (複数 **sixties** [-z])
❶ C《冠詞をつけずに単数あつかい》
60;《複数あつかいで》60人, 60個;
U 60歳(さい)
❷《*one's* **sixties** で》60歳代;
《**the sixties** で》(20世紀の)60年代
── 形容詞 **60の**; 60人の, 60個の;
60歳の

·size [sáiz サイズ] 名詞
(複数 **sizes** [-iz])
❶ C U **大きさ**, 規模
▸actual [life] **size**　実物大
❷ C (衣服などの)サイズ, 寸法
▸We have all **sizes** of shoes.
当店ではあらゆるサイズの靴(くつ)を取りそろえております.

ダイアログ
A: What **size** shirt do you wear?
シャツのサイズは何ですか?
B: I wear a medium.　Mサイズです.

·skate [skéit スケイト]
── 名詞 (複数 **skates** [skéits スケイツ])
C《ふつう **skates** で》
アイススケートの靴(くつ)(= ice skate);
ローラースケートの靴(= roller skate)
➡ p.561 図
▸a pair of **skates**
スケート靴1足
── 動詞 (三単現 **skates** [skéits スケイツ];
過去・過分 **skated** [-id]; 現分 **skating**)
自 **スケートをする**
▸go **skating** on the lake
湖へスケートに行く

skateboard [skéitbɔ̀ːrd スケイトボード]
名詞 C スケートボード
── 動詞 自 スケートボードをする

skater [skéitər スケイタ] 名詞
C スケートをする人

skating [skéitiŋ スケイティング] 動詞
skate(スケートをする)の現在分詞・動名詞
── 名詞 U スケート(をすること)

skeleton [skélətn スケれトゥン] 名詞
C (人間・動物の)骨格, がい骨;
(建物の)骨組み

sketch [skétʃ スケッチ] 名詞
(複数 **sketches** [-iz]) C スケッチ;
下絵; 略図; 概要(がいよう), あらまし
── 動詞 (三単現 **sketches** [-iz];
過去・過分 **sketched** [-t];
現分 **sketching**)
他 …のスケッチ[写生]をする;
…の略図をかく

sketchbook [skétʃbùk スケッチブック]
名詞 C スケッチブック, 写生帳

·ski [skíː スキー]
── 名詞 (複数 **skis** [-z])
C《ふつう **skis** で》**スキー**(の板)
(◆スポーツとしての「スキー」は skiing)
➡ p.561 図
▸a new pair of **skis** 新品のスキー1組
▸You can rent **skis** here.
ここでスキー板が借りられます.
── 動詞 (三単現 **skis** [-z];
過去・過分 **skied** [-d]; 現分 **skiing**)
自 **スキーをする**
▸go **skiing** in Nagano
長野にスキーに行く

skier [skíːər スキーア] 名詞
C スキーヤー, スキーをする人
▸She's a good **skier**.
彼女はスキーが得意だ.

skies [skáiz スカイズ] 名詞
sky(天気)の複数形

skiing [skíːiŋ スキーイング] 名詞
U【スポーツ】スキー(で滑(すべ)ること)

·skill [skíl スキる] 名詞
❶ U **腕前**(うでまえ), 熟練
▸She has great **skill** in painting.
彼女は絵をかくのがうまい.
❷ C (特殊(とくしゅ)な)**技術**, 技能
▸I want to learn useful PC **skills**.
わたしは役に立つパソコン技能を習得したい.

skilled [skíld スキるド] 形容詞
腕(うで)のいい, (…に)熟練した《in [at] ...》;
特殊(とくしゅ)技能をもっている

skate

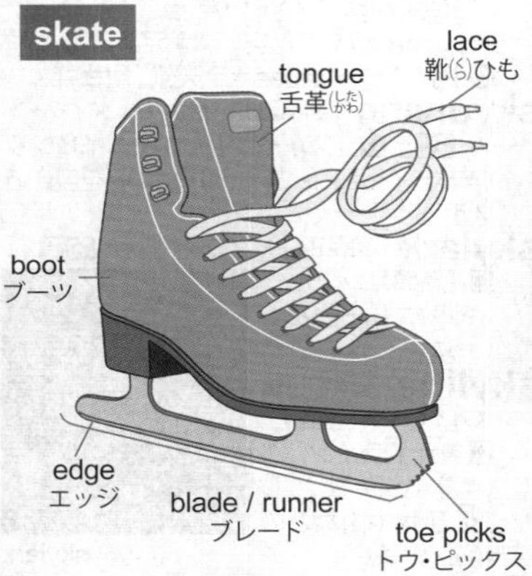

lace
靴(くつ)ひも

tongue
舌革(したがわ)

boot
ブーツ

edge
エッジ

blade / runner
ブレード

toe picks
トウ・ピックス

slap skate
スラップスケート

in-line skate
インラインスケート

figure skating
フィギュアスケート

speed skating
スピードスケート

ice hockey
アイスホッケー

ski

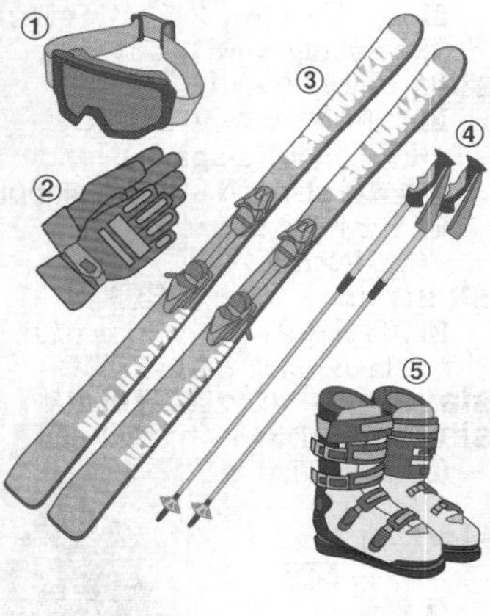

① ski goggles　ゴーグル
② ski gloves　グローブ
③ skis　スキー板
④ ski poles　ストック
⑤ ski boots　スキーブーツ

slalom
[slá:ləm スらーろム]
スラローム

moguls
[móuglz モウグるズ]
モーグル

cross-country skiing
クロスカントリー・
スキー

ski jump
ジャンプ

skillful, 《英》skilful [skílfl スキるふる] 形容詞 熟練した; (…が)うまい《in [at] ...》
▸a **skillful** doctor 腕(うで)のいい医者

˙skin [skín スキン] 名詞 (複数 **skins** [-z])
❶ U C 皮膚(ひふ), 肌(はだ); (動物の)皮(かわ)
▸Beth has sensitive **skin**.
ベスは敏感(びんかん)肌の持ち主だ.
❷ C U (果物(くだもの)・野菜などの)皮

skin diving [skín dàiviŋ スキン ダイヴィング] 名詞
U【スポーツ】スキンダイビング
(♦潜水(せんすい)服を着ず, シュノーケルや足ひれなどだけで潜水すること)

skinny [skíni スキニ] 形容詞
(比較 **skinnier**; 最上 **skinniest**)
《口語》やせこけた, がりがりの

skip [skíp スキップ] 動詞 (三単現 **skips** [-s]; 過去・過分 **skipped** [-t]; 現分 **skipping**) 他
❶ …を跳(と)ぶ, (軽く)跳び越(こ)す
❷ …を省略する, 抜(ぬ)かす; …を飛ばす, 飛ばして読む; (授業)をさぼる
▸**skip** breakfast 朝食を抜(ぬ)く
▸You should **skip** Chapter 8.
第 8 章は飛ばして読んだほうがいい.
——自 軽く跳ぶ, スキップをする; 《英》縄跳びをする
▸A girl was **skipping** in the street.
女の子が通りでスキップをしていた.

˙skirt [skə́ːrt スカ～ト] 名詞 (複数 **skirts** [skə́ːrts スカ～ツ])
C スカート; (衣服の)すそ
▸wear [put on] a long **skirt**
長いスカートをはいている[はく]

skit [skít スキット] 名詞 C 寸劇, スキット

skunk [skʌ́ŋk スカンク] 名詞
C【動物】スカンク
(♦危険がせまると悪臭(あくしゅう)を出す;「いやなやつ」「鼻つまみ」の意味でも用いる)

⁑sky [skái スカイ] 名詞 (複数 **skies** [-z])
❶ C《ふつう **the sky** で》空, 大空
(♦形容詞をともない, 一時的な状態を表すときは a, an をつける)
▸Stars were shining in **the sky**.
空に星が輝(かがや)いていた.
▸a blue **sky** 青空
❷ C《ふつう **skies** で》天気, 空模様

skydiving [skáidàiviŋ スカイダイヴィング] 名詞 U【スポーツ】スカイダイビング
(♦パラシュートで降下する技術を競(きそ)うスポーツ)

skylark [skáilàːrk スカイらーク] 名詞
C【鳥類】ヒバリ
(♦単に lark ともいう)

skylark

skyline [skáilàin スカイライン] 名詞
C スカイライン
(♦空を背景とした, 建物や山などの輪郭(りんかく)線)

skyscraper [skáiskrèipər スカイスクレイパ] 名詞 C 超(ちょう)高層ビル, 摩天楼(まてんろう)

slacks [slǽks スらぁックス] 名詞
《複数あつかいで》スラックス
(♦ふだん着のズボン)

slang [slǽŋ スらぁング] 名詞
U 俗語(ぞくご)(全体), スラング (♦個々の俗語は a slang word などという)

slap [slǽp スらぁップ] 名詞
C 平手打ち, ピシャリと打つこと
——動詞 (三単現 **slaps** [-s]; 過去・過分 **slapped** [-t]; 現分 **slapping**)
他 …を平手でピシャリと打つ; …をパタンと置く

slash [slǽʃ スらぁッシ] 名詞
C【印刷】斜線(しゃせん), スラッシュ(/)
(♦ slash mark ともいう)

slave [sléiv スれイヴ] 名詞 C 奴隷(どれい)

slavery [sléivəri スれイヴァリ] 名詞
U 奴隷(どれい)制度; 奴隷の身分

sled [sléd スれッド] 名詞
C《米》(小型の)そり ➡ 写真
(♦《英》sledge [slédʒ スれッヂ])

⁑sleep [slíːp スリープ]

——動詞 (三単現 **sleeps** [-s]; 過去・過分 **slept** [slépt スれプト]; 現分 **sleeping**)
——自 眠(ねむ)る, 寝(ね)ている
➡ **asleep** ルール
▸Did you **sleep** well last night? 昨夜はよく眠れましたか?
▸Jim **sleeps** late on holidays. 休みの日, ジムは遅(おそ)くまで寝ている.

くらべよう **sleep と go to bed**
sleep:「眠っている」という意味になります.
go to bed: 眠るかどうかに関係なく,「床(とこ)につく」という動作を表します.
▸I **went to bed** early last night, but I couldn't get to **sleep**. 昨夜わたしは早く床についたが, 眠れなかった.

——名詞 U《または **a sleep** で》睡眠(すいみん), 眠り
▸a deep **sleep** 深い眠り
▸have [get] **a** good **sleep** よく眠る (♦この good は「十分な」の意味)

go to sléep
寝入る, 眠る; (手足が)しびれる
▸I **went to sleep** late that night. その晩, わたしは寝るのが遅かった.

sleeper [slíːpər スリーパ] 名詞
❶ C 眠(ねむ)る人
❷ C (列車の)寝台(しんだい)車 (♦ sleeping car ともいう)

sleeping bag [slíːpiŋ bæ̀g スリーピング バぁッグ] 名詞 C 寝袋(ねぶくろ)

sleeping car [slíːpiŋ kɑ̀ːr スリーピング カー] 名詞 C (列車の)寝台(しんだい)車 (♦ sleeper ともいう)

sleepless [slíːpləs スリープれス] 形容詞 眠(ねむ)れない, 不眠(ふみん)の

sleepy [slíːpi スリーピ] 形容詞 (比較 **sleepier**; 最上 **sleepiest**) 眠(ねむ)い, 眠そうな; 活気のない
▸I'm **sleepy** now. わたしは今眠い.

sleepyhead [slíːpihèd スリーピヘッド] 名詞 C《口語》(起きぬけで)眠(ねむ)そうな人[子供]; 朝寝坊(ねぼう)の人

sleeve [slíːv スリーヴ] 名詞 C (衣服の)そで, たもと

sleigh [sléi スれイ] (★発音に注意) 名詞 C (ウマなどが引く大型の)そり(♦「小型のそり」は《米》sled, 《英》sledge [slédʒ スれッヂ])

slender [sléndər スれンダ] 形容詞 (比較 **slenderer** または **more slender**; 最上 **slenderest** または **most slender**) (人が)ほっそりとした, すらりとした (同義語 slim); (ものが)細長い

·**slept** [slépt スれプト] 動詞 sleep(眠(ねむ)る)の過去形・過去分詞

slice [sláis スらイス] 名詞 C (薄(うす)く切ったものの)1切れ, 1枚; 《**a slice of ...** で》1切れの…
➡ **piece** ルール
▸**a slice of** bread パン1切れ
——動詞 (三単現 **slices** [-iz]; 過去・過分 **sliced** [-t]; 現分 **slicing**)
他 …を薄く切る

slid [slíd スリッド] 動詞 slide(なめらかに滑(すべ)る)の過去形・過去分詞

slide [sláid スらイド] 動詞 (三単現 **slides** [sláidz スらイヅ]; 過去・過分 **slid** [slíd スリッド]; 現分 **sliding**) なめらかに滑(すべ)る, 滑走(かっそう)する; 【野球】滑りこむ (♦「うっかり滑る」場合は slip を用いる)
▸The runner **slid** into second base. ランナーは二塁(るい)に滑りこんだ.
——名詞 ❶ C 滑ること, 滑走; 【野球】滑りこみ, スライディング
❷ C 滑り台
❸ C (映写機・顕微鏡(けんびきょう)の)スライド

slight [sláit スらイト] 形容詞 (比較 **slighter**; 最上 **slightest**) わずかな, 少しの, 軽い
▸I have a **slight** headache. 少し頭痛がします.

slightly [sláitli スらイトり] 副詞 わずかに, 少しばかり

slim [slím スリム] 形容詞 (比較 **slimmer**; 最上 **slimmest**) ほっそりとした, すらりとした (同義語 slender)

slip [slíp スリップ] 動詞 (三単現 **slips** [-s]; 過去・過分 **slipped** [-t]; 現分 **slipping**) 自
❶ 滑(すべ)る, 滑って転ぶ; 滑り落ちる (♦「意図的に滑る」場合は slide を用いる)
▸I **slipped** on the ice. わたしは氷の上で滑って転んだ.
❷ そっと動く, こっそり入る[出る]
▸He **slipped** out of the room.

彼は部屋をこっそり出た.
—他 ❶ …を滑らす; …をそっと置く
❷ …をさっと着る[はく, 脱(ぬ)ぐ]
—名詞 ❶ C 滑ること; (ちょっとした)まちがい
❷ C スリップ(♦女性用下着)

slipper [slípər スリパ] 名詞 C《ふつう **slippers** で》上ばき, 室内ばき(♦日本語の「スリッパ」とは異なり, 主にかかとのある靴(くつ)のようなものを指す)
▸a pair of **slippers** 上ばき1足

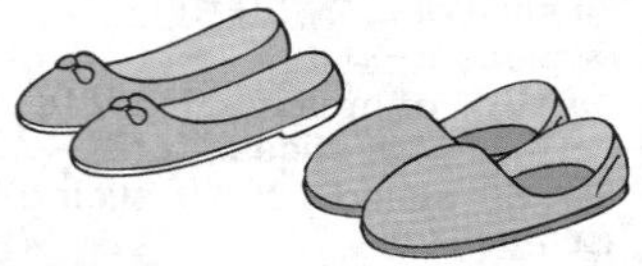

slippery [slípəri スリパリ] 形容詞
(比較 **slipperier**; 最上 **slipperiest**)
(道路などが)(ぬれて)滑(すべ)りやすい;
(ものが)(滑って)つかみにくい

slit [slít スリット] 名詞
C (細長い)切れ目;
(硬貨(こうか)・郵便物などの)投入口

slogan [slóugən スろウガン] 名詞
C スローガン, 標語; 宣伝文句

slope [slóup スろウプ] 名詞
C 坂, 坂道, 斜面(しゃめん)
▸a gentle **slope** ゆるやかな坂

sloppy [slάpi スらピ] 形容詞
(比較 **sloppier**; 最上 **sloppiest**)
いいかげんな, ずさんな; だらしない

slot [slάt スらット] 名詞
C (自動販売(はんばい)機などの)料金差し入れ口

slot machine [slάt məʃìːn スらット マシーン] 名詞 ❶ C《米》スロットマシーン
❷ C《英》自動販売(はんばい)機
(同義語 vending machine)

˙slow [slóu スろウ]

—形容詞
(比較 **slower**; 最上 **slowest**)
❶ (動作・速度などが)遅(おそ)い, のろい
(対義語 fast, quick, swift 速い)
▸a **slow** runner 走るのが遅い人
▸a **slow** train 普通(ふつう)列車
▸I'm **slow** at figures.
わたしは計算が遅い.
▸ことわざ **Slow** and [but] steady wins the race.
急がば回れ. (♦「ゆっくりでも着実な者が競走に勝つ」の意味から)

> くらべよう **slow と late**
>
> **slow**: 「動作」「速度」が遅いことを表します. (対義語 fast 速い)
> ▸**slow** music ゆっくりした音楽
> **late**: 「時刻」「時期」が遅いことを表します. (対義語 early 早い)
> ▸in **late** May 5月末に

❷ (時計が)**遅(おく)れている**
(対義語 fast 進んでいる)
▸My watch is two minutes **slow**.
わたしの時計は2分遅れている.
—副詞 (比較・最上 は 形容詞 に同じ)
ゆっくり, 遅く(= slowly)
▸He speaks very **slow**.
彼は非常にゆっくり話す.
—動詞 (三単現 **slows** [-z];
過去・過分 **slowed** [-d]; 現分 **slowing**)
—自《しばしば **slow down** で》**遅くなる**
▸The runners **slowed down** at the slope. その坂道でランナーたちはペースが落ちた.
—他《しばしば **slow down** で》
…の速度を遅くする
▸He **slowed** the car **down**.
彼は車のスピードを落とした.

⁑slowly [slóuli スろウり] 副詞

(比較 **more slowly**;
最上 **most slowly**) **ゆっくりと**, 遅(おそ)く
(対義語 fast, quickly 速く)
▸walk **slowly** ゆっくりと歩く

slum [slʌ́m スらム] 名詞
C《しばしば **the slums** で》
スラム, 貧民(ひんみん)街

slump [slʌ́mp スらンプ] 名詞
C《主に米》スランプ, 不調
▸break a **slump** スランプを脱(だっ)する

⁑small [smɔ́ːl スモーる] 形容詞

(比較 **smaller**; 最上 **smallest**)
❶ **小さい**, (面積が)狭(せま)い
(対義語 large, big 大きい)
➡ **little** くらべよう, **narrow** くらべよう
▸a **small** town 小さな町
▸a **small** room 狭い部屋
▸Bill is **small** for his age.
ビルは年のわりに小柄(こがら)だ.
❷ **少ない**, わずかな; ささやかな; ささいな
(対義語 large 多い)

▸a **small** amount of water
少量の水
▸a **small** mistake　ささいなまちがい

small letter [smɔ́ːl létər スモーる れタ]
名詞 C 小文字
(対義語 capital letter 大文字)

smart [smάːrt スマート] 形容詞
(比較 **smarter**; 最上 **smartest**)
❶ りこうな, 頭のいい; 抜(ぬ)け目のない
(♦日本語の「スマート」(体つきがほっそりした)の意味はない;「ほっそりした」は slender, slim; 同義語 clever, bright)
▸a **smart** child　頭のいい子供
❷ (身なりが)しゃれた
▸a **smart** dress　しゃれたドレス

smartphone [smάːrt fòun スマート ふォウン] 名詞 C スマートフォン
(♦一般的に, パソコンに近い性能を持たせた多機能携帯(けいたい)電話を指す)

smash [smǽʃ スマあッシ] 動詞
(三単現 **smashes** [-iz]; 過去・過分 **smashed** [-t]; 現分 **smashing**) 他
❶ …を粉々にする, 打ち壊(こわ)す
❷ …を強打する; (テニスなどで)(ボール)をスマッシュする
—名詞 (複数 **smashes** [-iz])
❶ C 粉砕(ふんさい), 衝突(しょうとつ)(同義語 crash)
❷ C (テニスなどの)スマッシュ
❸ C 大ヒット(= smash hit)

•smell [smél スメる]
—動詞 (三単現 **smells** [-z]; 過去・過分 《主に米》**smelled** [-d], 《主に英》**smelt** [smélt スメるト]; 現分 **smelling**)
—他 **…のにおいをかぐ**
▸She **smelled** the roses.
彼女はバラのにおいをかいだ.
▸I **smell** something burning.
何かがこげているにおいがする.
—自 《**smell** +形容詞 または **smell like** [**of**] ... で》**…のにおいがする**
▸It **smells** good.　いいにおいですね.
▸It **smells like** mint.
ミントのにおいがします.
—名詞 (複数 **smells** [-z])
C U **におい**; U きゅう覚
➡ **sense** 参考
▸a **smell** of gas　ガスのにおい

smelly [sméli スメり] 形容詞
(比較 **smellier**; 最上 **smelliest**)
いやなにおいのする, 臭(くさ)い

smelt [smélt スメるト] 動詞 《主に英》
smell(…のにおいをかぐ)の過去形・過去分詞の一つ

:smile [smáil スマイる]
—動詞 (三単現 **smiles** [-z]; 過去・過分 **smiled** [-d]; 現分 **smiling**)
自 **(…に)ほほえむ**, 微笑(びしょう)する《at ...》
(♦声を出さないでほほえむこと)
▸He **smiled at** the children.
彼は子供たちにほほえみかけた.
—名詞 (複数 **smiles** [-z])
C **ほほえみ**, 微笑
▸She gave me a gentle **smile**.
彼女はわたしに優(やさ)しくほほえんだ.

くらべよう laugh と smile
laugh:「声を出して笑う」ことを表します.
smile:「ほほえむ」ことを表します.

smiled [smáild スマイるド] 動詞
smile(ほほえむ)の過去形・過去分詞

smiley [smáili スマイり] 名詞
C【コンピューター】スマイリー, 顔文字
(♦ e-mail などで使う感情を表す絵文字; smiley face ともいう)

参考 よく使われるスマイリー
欧米(おうべい)で使われるものは日本と異なり, 横倒(よこだお)しになっています.

:-)	にこにこ, 笑顔
:-D	笑っています, ワハハ
;-)	ウインク
;'-)	泣いています
:-O	びっくり!

smiley face [smáili fèis スマイり ふェイス] 名詞 C スマイリー, 笑顔マーク
(♦単に smiley ともいう)

smiling [smáiliŋ スマイりンヶ] 動詞
smile(ほほえむ)の現在分詞・動名詞

smog [smάg スマッグ] 名詞
U C スモッグ (♦車の排気(はいき)ガスなどで汚(よご)れた空気が霧状(きりじょう)になったもの;

smoke「煙(けむり)」＋fog「霧」から)

ˈsmoke [smóuk スモウク]

——名詞 (複数 smokes [-s])

❶ U 煙(けむり)

▸ ことわざ There's no smoke without fire.
火のないところに煙は立たぬ.(◆「悪いうわさは事実であることが多い」の意味)

❷ C《ふつう a smoke で》
タバコを吸うこと,(タバコの)一服(いっぷく)

▸have a smoke 一服する

——動詞 (三単現 smokes [-s]; 過去・過分 smoked [-t]; 現分 smoking)

——自 ❶ タバコを吸う

▸My father doesn't smoke.
父はタバコを吸わない.

❷ 煙を出す, くすぶる

——他 ❶ (タバコ)を吸う, ふかす

❷ (肉・魚など)をくんせいにする

smoked [smóukt スモウクト] 形容詞
くんせいの

▸smoked salmon スモークサーモン

smoker [smóukər スモウカ] 名詞
C 喫煙(きつえん)者, タバコを吸う人

smoking [smóukiŋ スモウキング] 動詞
smoke(タバコを吸う)の現在分詞・動名詞

——名詞 U タバコを吸うこと, 喫煙(きつえん)

▸No Smoking 《掲示》禁煙

smooth [smúːð スムーず]
(★発音に注意) 形容詞
(比較 smoother; 最上 smoothest)

❶ 滑(なめ)らかな, すべすべした, でこぼこのない(同義語 even, 対義語 rough 粗(あら)い)

▸smooth skin すべすべした肌(はだ)

❷ (海などが)静かな (同義語 calm)

smoothly [smúːðli スムーずり] 副詞
滑(なめ)らかに, 円滑(えんかつ)に

snack [snǽk スナぁック] 名詞
C 軽い食事, 軽食(◆間食のサンドイッチやドーナツなどを指す)

snail [snéil スネイる] 名詞
C【動物】カタツムリ

snake [snéik スネイク] 名詞
C【動物】ヘビ

snap [snǽp スナぁップ] 動詞
(三単現 snaps [-s]; 過去・過分 snapped [-t]; 現分 snapping) 他

❶ …をポキッと折る《off ...》

▸snap off a piece of a chocolate bar 板チョコをポキッと折る

❷ …をポキッ[パチン, カチッ]と鳴らす

▸He snapped his fingers.
彼は指をパチンと鳴らした.

——自 ❶ ポキッと折れる

❷ ポキッ[パチン]と鳴る

——名詞 ❶ C ポキッ[パチン]という音

❷ C スナップ写真(＝snapshot)

❸ C《米》(衣服などの)ホック, スナップ(＝snap fastener)(◆《英》press-stud [préssṭʌd プレススタッド])

snapshot [snǽpʃɑ̀t スナぁップシャット]
名詞 C スナップショット, スナップ写真
(◆単に snap ともいう)

sneaker [sníːkər スニーカ] 名詞
C《ふつう sneakers で》《米》運動靴(ぐつ), スニーカー(◆《英》trainers)

▸a pair of sneakers スニーカー1足

sneeze [sníːz スニーズ] 動詞 (三単現 sneezes [-iz]; 過去・過分 sneezed [-d]; 現分 sneezing) 自 くしゃみをする

——名詞 C くしゃみ

文化 くしゃみをすると…

英米では, 人がくしゃみをすると, 周囲の人が (God) bless you!(神のご加護を!)と言うことがあります. これは, くしゃみとともにその人の魂(たましい)が逃(に)げていくと思われていたからです. こう言われたら, くしゃみをした人は Thank you. と答えます.

sniff [sníf スニふ] 動詞 自

❶ (…を)クンクンかぐ《at ...》

❷ (風邪(かぜ)などで)鼻をすする

Snoopy [snúːpi スヌーピ] 名詞 スヌーピー(◆アメリカのチャールズ・シュルツ(Charles Schulz)のマンガ『ピーナッツ』(*Peanuts*)に登場するビーグル犬)

snore [snɔ́ːr スノーア] 名詞 C いびき

——動詞
(三単現 snores [-z]; 過去・過分 snored [-d]; 現分 snoring) 自 いびきをかく

snorkel [snɔ́ːrkl スノークる] 名詞 C
シュノーケル(◆ダイバーが使う呼吸管;

先端(せんたん)を水面に出し空気を取り入れる)
—**動詞** 自 シュノーケルをつけて潜(もぐ)る

⁑snow [snóu スノウ]

—**名詞** U 雪, 降雪(♦冠詞をつける場合は rain と同じ ➡ **rain** ルール)
▸It looks like **snow**. 雪が降りそうだ.
▸We had a lot of **snow** yesterday. 昨日は雪がたくさん降った.
▸**a** heavy **snow** 大雪 (♦形容詞をつけて,「ある状態の雪」を指すときには a, an をつけることがある)
▸We went to town in **the snow**. わたしたちは雪の降る中を町に行った. (♦そのとき降っている雪など「特定の雪」を指すときには the をつける)
—**動詞** (三単現 **snows** [-z]; 過去・過分 **snowed** [-d]; 現分 **snowing**)
自《it を主語にして》**雪が降る**
▸**It snowed** a lot last night. 昨夜は大雪だった.

snowball [snóubɔ̀ːl スノウボーる]
名詞 C 雪玉
▸have a **snowball** fight 雪合戦をする

snowboard [snóubɔ̀ːrd スノウボード]
名詞 C スノーボード
—**動詞** 自 スノーボードをする

snowboarding [snóubɔ̀ːrdiŋ スノウボーディング] **名詞**
U スノーボード(をすること)

snowfall [snóufɔ̀ːl スノウふォーる] **名詞**
C 降雪; U《ときに **a snowfall** で》降雪量

snowflake [snóuflèik スノウふれイク] **名詞**
C 雪のひとひら

snowman [snóumæ̀n スノウマぁン] **名詞**
(複数 **snowmen** [snóumèn スノウメン])
C 雪だるま ➡ 写真

snowmobile [snóuməbìːl スノウモビーる] **名詞** C スノーモービル

snowshoe [snóuʃùː スノウシュー] **名詞**
C《ふつう **snowshoes** で》雪靴(ゆきぐつ)

snowstorm [snóustɔ̀ːrm スノウストーム] **名詞** C ふぶき, 暴風雪(ぼうふうせつ)

snowy [snóui スノウイ] **形容詞**
(比較 **snowier**; 最上 **snowiest**)
雪の降る, 雪の多い; 雪の積もった

SNS [és én és エス エン エス] **名詞**
ソーシャル・ネットワーキング・サービス (♦ *s*ocial *n*etworking *s*ervice の略; インターネットを介(かい)してコメントなどをやり取りすることで, 多数の人々とコミュニケーションをはかることのできるネットワークを提供する)

⁑so [sóu ソウ]

副詞	❶〔程度〕**そんなに** ❷〔強調〕**とても** ❸〔先行語句の代用〕**そのように**
接続詞	❶ **だから**

—**副詞** ❶〔程度〕**そんなに**, それほど
▸Why were you **so** late? どうしてそんなに遅(おく)れたのですか?
▸The movie wasn't **so** bad. その映画はそんなにひどくなかった.
❷〔強調〕**とても**, 非常に(♦特に女性や子供が very の代わりに用いる)
➡ **such** ルール
▸The game was **so** exciting! その試合はすごくおもしろかった!
❸〔先行語句の代用〕**そのように**, そう; そのようで(♦ think, believe, say, tell, hope などのあとに用い, 前に話された内容の繰(く)り返しを避(さ)ける)
▸I don't **think so**. わたしはそうは思いません.
▸I **told** you **so**. だからそう言ったでしょう.

> **ダイアログ**
> *A:* Will the rain stop soon? 雨はすぐにやむかな?
> *B:* I **hope so**. そう願うよ.

▸Is that **so**? そうなのですか?
❹《**so** + **be 動詞**[**助動詞, do**] + **主語** で》…もそうである
▸Ann is absent, and **so is** Tom. アンは休みで, トムもそうだ.

> **ダイアログ**
> *A:* I went to his concert yesterday. 昨日, 彼のコンサートに行ったんだ.
> *B:* Really? **So did** I. 本当? わたしもよ.

A B C D E F G H I J K L M N O P Q R S T U V W X Y Z

❺《so＋主語＋be 動詞[助動詞, do]で強い肯定(こうてい)を表して》そのとおりだ

ダイアログ
A: Jim is a good baseball player.
ジムはよい野球選手だ.
B: **So** he **is**. 全くだね.

ルール ❹ ❺ の使い分け
1 両方とも, 前の文が be 動詞の文の場合は be 動詞, 助動詞の文の場合は助動詞, 一般動詞の文の場合は do か does, または did を用います.
2 ❹ は主語(Tom, I)を, ❺ は動詞(is)の部分を強く発音します.

◆***... and só on*** …など ➡ and
not so ... as ～ = not as ... as ～ ～ほど…ではない
▸She is **not so** busy **as** you are.
彼女はあなたほど忙(いそが)しくはない.
... or so (数量が)…くらい
▸I'll be back in ten minutes **or so**.
10 分くらいで戻(もど)ります.
só far 今まで(は) ➡ far
So lóng! 《主に米口語》さようなら.
so lóng as ... …でありさえすれば ➡ long[1]
◆***só ... (that) ～***
とても…なので～だ(◆《口語》では that を省略することが多い) ➡ too 参考
▸He ran **so** fast **that** I couldn't catch up with him.
彼はとても速く走ったので, わたしは追いつけなかった.
so to speak いわば ➡ speak
——**接続詞** ❶ **だから**
▸I felt thirsty, **so** I had a cola.
のどが渇(かわ)いたので, コーラを飲んだ.
❷《文頭で》それで, では

ダイアログ
A: I found that I had lost my wallet. 財布(さいふ)をなくしたことに気づいたんだ.
B: **So** what did you do?
それでどうしたの?

as ..., so ～
…であるのと同じように～ ➡ as

soak [sóuk ソウク] **動詞** **自**
❶ (液体に)つかる, 浸(ひた)る《in ...》
❷ (液体が)しみこむ
——**他** ❶ …を(液体に)つける, 浸す《in ...》
❷ …をびしょぬれにする

◆**soap** [sóup ソウプ] **名詞**
U **せっけん**
▸a bar of **soap** せっけん 1 個
▸He washed his hands with **soap**.
彼はせっけんで手を洗った.

soap opera [sóup àpərə ソウプ アペラ] **名詞** **C** 《口語》(ラジオ・テレビの)連続メロドラマ(◆番組のスポンサーにせっけん会社が多かったことから)

sob [sáb サブ] **動詞** (**三単現** **sobs** [-z]; **過去・過分** **sobbed** [-d]; **現分** **sobbing**)
自 すすり泣く, むせび泣く
➡ cry くらべよう
——**名詞** **C** すすり泣き

so-called [sóukɔ́:ld ソウコーるド]
形容詞《名詞の前に用いて》いわゆる(◆「そういわれてはいるが, 実際は疑わしい」という意味をふくんでいることが多い)
▸He is a **so-called** expert.
彼はいわゆる専門家だ.

◆**soccer** [sákər サカ] **名詞**
U 【スポーツ】**サッカー**(◆《英》football, Association football) ➡ p.569 図
▸a **soccer** player サッカー選手
▸Let's play **soccer**.
サッカーをしようよ.

◆**social** [sóuʃl ソウシャる] **形容詞**
(**比較** **more social**; **最上** **most social**)
❶《名詞の前に用いて》
社会の, 社会的な; 社会生活をする
▸a **social** worker
ソーシャルワーカー
(◆社会福祉(ふくし)事業に従事する人)
▸**social** problems 社会問題
❷《名詞の前に用いて》**社交の**;
(人・性格が)社交的な
▸a **social** club 社交クラブ
▸a **social** person 社交的な人

social media [sòuʃəl mí:diə ソウシャる ミーディア] **名詞**《単数または複数あつかいで》ソーシャルメディア(◆インターネットを通じた交流を可能にするウェブサイトやアプリケーションソフト)

social networking [sòuʃəl nétwə̀:rkiŋ ソウシャる ネットワ～キング]

名詞 U ソーシャルネットワーキング(♦インターネットを通じて交流すること)

social studies [sóuʃl stʌ́diz ソウシャる スタディズ] 名詞 《単数または複数あつかいで》(学校の教科の)社会科

society [səsáiəti ソサイアティ]
名詞 (複数 **societies** [-z])
❶ U 社会; 世間
▸a member of **society** 社会の一員
❷ C 協会, 会, クラブ
▸a medical **society** 医師会
❸ U 社交界, 上流社会(の人々)

•sock [sák サック] 名詞
(複数 **socks** [-s])
C 《ふつう **socks** で》**靴下**(くつした), ソックス
▸a pair of **socks** 靴下1足
▸put on *one's* **socks** 靴下をはく

socket [sákit サケット] 名詞
❶ C (ものをはめこむ)くぼみ; (電球の)ソケット
❷ C 《英》(電気の)コンセント(♦ 同義語 《英》power point, 《米》outlet)

Socrates [sákrətìːz サクラティーズ]
名詞 【人名】ソクラテス (♦ギリシャの哲学(てつがく)者, 470?-399 B.C.; プラトン(Plato)の師)

soda [sóudə ソウダ] 名詞
❶ U C (味のない)ソーダ水, 炭酸水 (♦ soda water ともいう)
❷ U C (味つきの)炭酸入り清涼(せいりょう)飲料水, サイダー(♦ soda pop ともいう)
❸ C U 《米》クリームソーダ (♦ ice-cream soda ともいう)

soda pop [sóudə pɑ̀p ソウダ パップ]
名詞 U C (味つきの)炭酸入り清涼(せいりょう)飲料水, サイダー(♦単に soda ともいう)

soda water [sóudə wɔ̀ːtər ソウダ ワタ]
名詞 U C (味のない)ソーダ水, 炭酸水 (♦単に soda ともいう)

sofa [sóufə ソウふァ] (★発音に注意) 名詞
C ソファー, 長いす
➡ **巻頭カラー 英語発信辞典⑫, chairs 図**

•soft [sɔ́ːft ソーふト] 形容詞
(比較 **softer**; 最上 **softest**)
❶ **柔**(やわ)**らかい**(対義語 hard かたい)
▸a **soft** bed ふわふわしたベッド
▸This bread is very **soft**.
このパンはとても柔らかい.
❷ (色・光・音などが)穏(おだ)やかな; (性格が)優(やさ)しい
▸a **soft** voice 穏やかな声

soccer

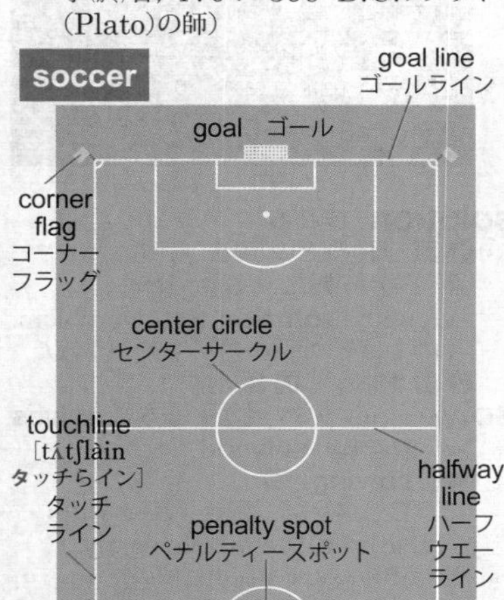

kickoff
キックオフ

shot
シュート

heading
ヘディング

dribble
ドリブル

▸a soft light　柔らかい光

softball [sɔ́:ftbɔ̀:l ソーふトボーる] 名詞
【スポーツ】U ソフトボール;
C ソフトボール用のボール

soft-boiled [sɔ́:ftbɔ́ild ソーふトボイるド]
形容詞 (卵が)半熟の
(対義語 hard-boiled 固ゆでの)

soft drink [sɔ́:ft dríŋk ソーふト ドゥリンク] 名詞 C 清涼(せいりょう)飲料水, ソフトドリンク(◆アルコールをふくまない飲み物)

soften [sɔ́:fn ソーふン] (★発音に注意)
動詞 他 …を柔(やわ)らかくする;
(態度・痛みなど)を和(やわ)らげる
(対義語 harden …をかたくする)
——自 柔らかくなる, 和らぐ

softly [sɔ́:ftli ソーふトり] 副詞
柔(やわ)らかく; 穏(おだ)やかに, 優(やさ)しく

software [sɔ́:ftwèər ソーふトウェア]
名詞 U【コンピューター】ソフトウエア
(◆プログラムの総称(そうしょう);
対義語 hardware ハードウエア)

soil [sɔ́il ソイる] 名詞 U 土, 土壌(どじょう);
土地, 国
▸rich soil　肥えた土地

solar [sóulər ソウら] 形容詞 太陽の
▸solar energy　太陽エネルギー
▸a solar panel　太陽光パネル

solar cooker [sóulər kúkər ソウらクカ] 名詞 C 太陽熱調理器, ソーラークッカー(◆太陽熱を利用して, お湯を沸(わ)かしたり, 加熱調理したりする器具)

solar system [sóulər sístəm ソウらスィステム] 名詞
《the solar system で》太陽系(◆太陽と, それを中心に運行する天体の集団)

˙sold [sóuld ソウるド] 動詞
sell(…を売る)の過去形・過去分詞

soldier [sóuldʒər ソウるヂャ]
(★発音に注意) 名詞
❶ C (陸軍の)軍人
❷ C 兵士(類語 officer 将校)

sole[1] [sóul ソウる] 形容詞
❶ 唯一(ゆいいつ)の, ただ一人[一つ]の
❷ 独占(どくせん)的な, 単独の

sole[2] [sóul ソウる] 名詞
C 足の裏; 靴底(くつぞこ), ソール

solemn [sáləm サれム] (★発音に注意)
形容詞 厳粛(げんしゅく)な, おごそかな; まじめな

solid [sálid サりッド] 形容詞
(比較 solider; 最上 solidest)
❶ 固体の(◆「液体の」は liquid)
▸solid fuel　固形燃料
❷ 中身の詰(つ)まった; 頑丈(がんじょう)な
▸a solid wall　頑丈な壁(かべ)
——名詞 C 固体
(◆「液体」は liquid, 「気体」は gas)

solo [sóulou ソウろウ] (★発音に注意)
名詞 (複数 solos [-z] または soli [sóuli: ソウりー])
C【音楽】独唱, 独奏; 独唱[独奏]曲, ソロ
——形容詞 独唱の, 独奏の, ソロの

Solomon [sáləmən サろモン] 名詞
【聖書】ソロモン(◆紀元前 10 世紀のイスラエルの王; 賢者(けんじゃ)として有名)

ソロモン(右)とシバの女王(左)

solution [səlú:ʃn ソるーシャン] 名詞
❶ U (問題などの)解決, 解明;
C (…の)解決法, 解答《to [for] ...》
▸I found a **solution to** the problem.
わたしはその問題の解決法を見つけた.
❷ U 溶解(ようかい); U C 溶液

solve [sálv サるヴ] 動詞 (三単現 solves [-z]; 過去・過分 solved [-d];
現分 solving) 他
(問題など)を解く, (困難など)を解決する
▸He **solved** the puzzle easily.
彼はそのパズルを簡単に解いた.

⁑some 形容詞 代名詞 副詞
➡ p.572 some

˙somebody
[sʌ́mbàdi サムバディ] 代名詞
《ふつう単数あつかいで》**だれか**, ある人
▸**Somebody** is calling me.

だれかがわたしを呼んでいる.

ルール somebody と someone

1 ふつう somebody, someone は肯定(こうてい)文に使い, 疑問文·否定文·if 節には anybody, anyone を使います.

▸There was **somebody** in the room. 部屋にだれかいた.

▸There was**n't anybody** in the room. 部屋にはだれもいなかった.

2 疑問文でも, 相手に何かをたのんだり, 勧(すす)めたりする場合は somebody, someone を使うほうがていねいです.

▸Will **someone** come with me**?** だれかいっしょに来てくれませんか?

someday [sʌ́mdèi サムデイ] 副詞

(未来の)いつか(♦ some day ともつづる)

somehow [sʌ́mhàu サムハウ] 副詞

❶《ときに **somehow or other** で》何とかして, どうにかして

▸I want to contact him **somehow**.
どうにかして彼と連絡(れんらく)をとりたい.

❷ どういうわけか, 何だか

▸**Somehow** I like her.
どういうわけか, 彼女のことが好きだ.

⁑someone

[sʌ́mwʌ̀n サムワン] 代名詞

《ふつう単数あつかいで》**だれか**, ある人

➡ **somebody** ルール

▸**Someone** rang the doorbell.
だれかが呼び鈴(りん)を鳴らした.

▸I'll ask **someone** else.
だれかほかの人にたのみます.

somersault [sʌ́mərsɔ̀ːlt サマソーるト]

名詞 C とんぼ返り, 宙返り; (背中を地面につけて回る)前転, 後転

⁑something

[sʌ́mθiŋ サムすィング]

——代名詞《ふつう肯定(こうてい)文で》

何か, あるもの

▸There's **something** wrong with this computer. (=**Something** is wrong with this computer.)
このコンピューターはどこかおかしい.

▸I want **something** cold to drink.
何か冷たい飲み物がほしい.

▸He picked up **something** small.
彼は何か小さなものを拾い上げた.

ダイアログ

A: Here's **something** for you, Ben.
ベン, これをあなたに.

B: Oh, thank you, Ann.
えっ, ありがとう, アン.

ルール something の使い方

1 something はふつう肯定文に使い, 否定文·疑問文·if 節には anything を使います. ただし, 疑問文であっても, 相手に何かをたのんだり, 勧(すす)めたりする場合には, something を使うほうがていねいです.

▸Would you like **something** to drink? 何か飲み物はいかがですか?

2 something を修飾(しゅうしょく)する形容詞, 不定詞(to +動詞の原形), 「主語+動詞」は something の後ろにつけます.

▸**something** new
何か新しいもの

▸**something** to read
何か読むもの, 読むべきもの

▸**something** I want
わたしがほしいもの

... or something 《口語》…か何か

▸Do you want tea **or something**?
お茶か何かいかがですか?
(♦ tea と something のあとを上げ調子(↗)で発音する)

sómething like ... …のようなもの

▸The animal looked **something like** a big cat.
その動物は大きなネコのように見えた.

sómething of a ...

《口語》かなりの, ちょっとした

▸Beth is **something of a** musician.
ベスはちょっとした音楽家だ.

——名詞 U たいしたもの[人]

sometime [sʌ́mtàim サムタイム] 副詞

(♦ some time ともつづる)

❶ (未来の)いつか, そのうち

▸Please come and see me **sometime** next year. 来年になったらいつか遊びに来てください.

❷ (過去の)あるとき, いつか

⁑sometimes

[sʌ́mtàimz サムタイムズ] 副詞

A B C D E F G H I J K L M N O P Q R S T U V W X Y Z

⁑some 形容詞 代名詞 副詞

形容詞 ❶ いくつかの ❷ 一部の ❸ ある　代名詞 ❶ いくらか ❷ ある人たち

[sʌ́m サム ; (弱く言うとき)səm サム]

―形容詞《ふつう肯定(こうてい)文で用いて》

❶ **いくつかの**, いくらかの, 少しの ➡ **this** ルール

▸I bought **some** apples.　わたしはリンゴを(いくつか)買った.

▸**Some** people are absent today.　今日は何人かが欠席している.

▸Let's have **some** tea.　お茶にしましょう.

ルール some の使い方

1 some は，数えられる名詞の複数形や数えられない名詞の前につけて使います．意味が弱く，日本語に訳す必要のないこともよくあります．

2 ふつう some は肯定文に使われ，疑問文·否定文·if 節には any を使います．

▸I have **some** money.　わたしはお金をいくらか持っている.

▸Do you have **any** money?　あなたはお金をいくらか持っていますか？

▸I do**n't** have **any** money.　わたしはお金を少しも持っていない.

3 形は疑問文でも，肯定の答えを期待して，相手に何かをたのんだり，勧(すす)めたりする場合は，some を使うほうがていねいです．

▸Would you like **some** coffee?　コーヒーをいかがですか？

❷ (全部ではなく) **一部の**，(中には) …もある;《**some ... others ～** または **some ... some ～**で》…(する)ものもあれば～(する)ものもある ➡ **other** 参考

▸**Some** students walk to school, and **others** go by bus.　歩いて学校に行く生徒もいれば，バスで行く生徒もいる.

❸《数えられる名詞の単数形につけて》**ある**, 何かの, どこかの (♦よくわからないもの, 不特定のものに用いる)

▸I read the story in **some** magazine.　その話は何かの雑誌で読んだ.

❹《口語》相当の, かなりの; たいした(♦皮肉の意味で使うこともある)

▸That's **some** price!　それはかなり(高額)の値段ですね！

⁂***sóme day***　(未来の)**いつか**, いつの日か(♦ someday ともつづる)

▸We'll meet again **some day**.　いつかまた会いましょう.

sóme tíme　① しばらくの間, かなりの間

▸We talked (for) **some time**.　わたしたちはしばらくの間話をした.

② (未来の)いつか, そのうち; (過去の)あるとき, いつか(♦ sometime ともつづる)

▸I'll come <u>and</u> [to] see you **some time** next week.　来週にうかがいますね.

―代名詞《ふつう肯定文で用いて》

❶ **いくらか**, 多少, 少し, 数人

▸I read **some** of the books.　それらの本のうち何冊かは読んだ.

❷《複数あつかいで》**ある人たち**, あるもの;《**some ... others ～** または **some ... some ～**で》…(する)ものもあれば～(する)ものもある ➡ **other** ルール

▸**Some** say you're a genius.　あなたを天才だという人もいます.

▸**Some** are kind, **some** are not.　親切な人もいれば, そうでない人もいる.

―副詞《数を表す語とともに用いて》約, およそ

▸**some** two weeks ago　約 2 週間前

ときどき(♦ふつう一般動詞の前, be 動詞・助動詞のあとに置くが, 強調するときは文頭や文末に置くこともある)
➡ **always** 参考
▸They **sometimes** play catch.
彼らはときどきキャッチボールをする.
▸The window is **sometimes** open.
その窓はときどき開いている.
▸**Sometimes**, he oversleeps.
ときどき, 彼は寝坊(ねぼう)する.

somewhat [sʌ́mhwàt サム(ホ)ワット]
副詞 いくぶん, 少し
▸She looked **somewhat** tired.
彼女は少し疲(つか)れているようだった.

somewhere [sʌ́mhwèər サム(ホ)ウェア] 副詞 《ふつう肯定(こうてい)文で》どこかに[へ, で](♦疑問文・否定文・if 節にはふつう anywhere を使う)
▸He went **somewhere** near Paris.
彼はどこかパリの近くに行った.

:son [sʌ́n サン] 名詞 (複数 **sons** [-z])
C **息子**(むすこ)(対義語 daughter 娘(むすめ))
➡ **family** 図
▸I have a **son**.
わたしには息子が1人いる.
▸Tom is my only **son**.
トムはわたしの一人息子だ.
▸the oldest **son** 長男

sonata [sənɑ́ːtə ソナータ] (★アクセントに注意) 名詞 C 【音楽】ソナタ, 奏鳴曲(♦器楽曲の一つ)

:song [sɔ́ːŋ ソーング] 名詞
(複数 **songs** [-z])
❶ C 歌; U 歌うこと
▸sing a **song** 歌を歌う
▸She has a talent for **song**.
彼女には歌の才能がある.
❷ U C 鳥のさえずり, 鳴き声

sonnet [sɑ́nit サネット] 名詞
C ソネット(♦ 14 行の定型詩)

:soon [súːn スーン] 副詞
(比較 **sooner**; 最上 **soonest**)
すぐに, まもなく; 早く
▸She'll be back **soon**.
彼女はすぐに戻(もど)ります.
▸His birthday comes **soon**.
もうすぐ彼の誕生日だ.
▸See you **soon**! またね.
▸Get well **soon**! 早くよくなってね.

as sóon as ... …するとすぐに
▸**As soon as** he had lunch, he went fishing. 昼食を食べるとすぐ, 彼は釣(つ)りに出かけた.

as sóon as póssible = ***as sóon as one cán*** できるだけ早く
▸Come here **as soon as possible [you can]**.
できるだけ早くここに来て.

sóoner or láter 遅(おそ)かれ早かれ

sophomore [sɑ́fəmɔ̀ːr サふォモーア]
名詞 C 《米》(4 年制の大学・高校の)2 年生 ➡ **freshman** 参考

soprano [səprǽnou ソプラぁノウ] 名詞
(複数 **sopranos** [-z] または **soprani** [səprǽniː ソプラぁニー])
U 【音楽】ソプラノ(♦女声または子供の声の最高音域); C ソプラノ歌手

sore [sɔ́ːr ソーア] 形容詞
(比較 **sorer**; 最上 **sorest**)
(触(さわ)ると)痛い, ひりひりする
▸I have a **sore** throat.
わたしはのどが痛い.

sorrow [sɑ́rou サロウ] 名詞
U 悲しみ(同義語 sadness);
C 《しばしば **sorrows** で》不幸, 悲しいこと(対義語 joy 喜び)

:sorry [sɑ́ri サリ] 形容詞
(比較 **sorrier**; 最上 **sorriest**)
《名詞の前には用いない》
❶ **すまなく思って**, 後悔(こうかい)して;
《**be sorry for [about] ...** で》
…についてすまなく思っている;
《**be sorry + that 節**で》
…ということをすまなく思っている

> ダイアログ
> *A:* Oh! I'm **sorry**.
> うわっ! ごめんなさい.
> *B:* That's OK. いいのよ.
> (♦親しい間柄(あいだがら)では単に Sorry. ともいう) ➡ **excuse** ルール

▸**I'm sorry (that)** I'm late.
(=**I'm sorry for** being late.)
遅(おく)れてすみません.

> ルール **I'm sorry. の使い方**
> 日本語では相手に呼びかけるときや感謝の意味で「すみません」と言うことが

ありますが，英語のI'm sorry. は「申しわけありません」と謝(あやま)るときだけに用います．相手に呼びかけるときにはExcuse me. と，相手が自分のために何かをしてくれたときなどには，Thank you. と言います．

❷（…について）**気の毒で**，かわいそうで《for [about] ...》

▸I felt **sorry for** the children. その子供たちがかわいそうだった．

▸I'm **sorry** to hear that. （不幸な話を聞いて）それはお気の毒に．

❸（ていねいに断ったり，不賛成を表したりする場合に）**残念で**

▸I'm **sorry**, but I don't agree with you. 申し訳ないのですが，あなたの意見には賛成できません．

—間投詞 ❶ **すみません**，失礼ですが

▸**Sorry**, but we're sold out. すみません，売り切れです．

❷《上げ調子↗で》もう一度言ってください．

*sort [sɔ́ːrt ソート] 名詞

（複数 **sorts** [sɔ́ːrts ソーツ]）

C **種類**（同義語 kind）

▸a new **sort** of camera 新型のカメラ

▸all **sorts** of people あらゆる人々

▸What **sort** of music do you like? どんな種類の音楽が好きですか？

a sort of ... 一種の…，…のようなもの

▸It's **a sort of** fantasy movie. それはファンタジー映画のようなものだ．

sort of 《口語》いくぶん，少し

SOS [ésòués エスオウエス] 名詞

（複数 **SOS's** または **SOSs** [-iz]）

C エスオーエス，遭難(そうなん)信号

so-so [sóusòu ソウソウ] 形容詞 副詞

よくも悪くもない[なく]，まあまあ(の)

sought [sɔ́ːt ソート] 動詞

seek（…をさがす）の過去形・過去分詞

soul [sóul ソウる] 名詞

❶ C 魂(たましい)（対義語 body, the flesh 肉体）; C U 精神

❷ C《ふつう否定文で単数形で用いて》人

▸There was **not** a **soul** on the street. 道にはひとりも人がいなかった．

*sound[1] [sáund サウンド]

—名詞（複数 **sounds** [sáundz サウンヅ]）C U **音**，物音，響(ひび)き（類語 noise 雑音）➡ p.575 図

▸make a **sound** 音をたてる

▸the **sound** of bells 鐘(かね)の響き

—動詞（三単現 **sounds** [sáundz サウンヅ]; 過去・過分 **sounded** [-id]; 現分 **sounding**）

—自 ❶ **鳴る**，響く

▸Thunder **sounded** behind us. わたしたちの背後で雷(かみなり)が鳴った．

❷（…のように）**聞こえる**，思える

▸That **sounds** like fun. それはおもしろそうだね．

> **ダイアログ**
> *A:* How about going swimming? 泳ぎに行かない？
> *B:* **Sounds** good. いいね．（◆主語の省略）

—他 …を鳴らす

sound[2] [sáund サウンド] 形容詞

（比較 **sounder**; 最上 **soundest**）

❶ 健全な，健康な（同義語 healthy）

▸ ことわざ A **sound** mind in a **sound** body. 健全な身体に健全な精神(が宿らんことを)．

❷ 堅実(けんじつ)な，安定した; (睡眠(すいみん)などが)十分な

▸have a **sound** sleep 熟睡(じゅくすい)する

—副詞（比較・最上 は 形容詞 に同じ）ぐっすりと

▸She is **sound** asleep. 彼女はぐっすり眠(ねむ)っている．

soundproof [sáundprùːf サウンドプルーふ] 形容詞 防音の

soundtrack [sáundtræ̀k サウンドトゥラぁック] 名詞

❶ C サウンドトラック（◆映画のフィルムの端(はし)の録音帯）

❷ C 映画音楽

˙soup [súːp スープ] 名詞
(複数 **soups** [-s])
C U スープ(◆複数形は何種類かのスープを表すときに用いる)
➡ **table manners** 文化
▸He ate **soup** for lunch.
彼は昼食にスープを飲んだ.
(◆ eat soup は「スプーンを使って飲む」ことを, drink soup は「カップなどに口をつけて飲む」ことを表す)

eat soup　drink soup

sour [sáuər サウア] 形容詞
(比較 **sourer**; 最上 **sourest**)
すっぱい, 酸味のある ➡ **taste** 参考
▸a **sour** apple すっぱいリンゴ

source [sɔ́ːrs ソース] 名詞
❶ C 源, 源泉; 水源
▸a **source** of energy　エネルギー源
❷ C 原因;《しばしば **sources** で》(ニュースなどの)出所
▸**sources** of information　情報源

sour grapes [sáuər gréips サウア グレイプス] 名詞 U 負け惜(お)しみ

> 文化 **負け惜しみ**
> キツネが, 木になっているブドウの実を取ろうとしましたが手が届かず, 「あのブドウはまだすっぱい」と負け惜しみを言った, という『イソップ物語』に由来します.

˙south [sáuθ サウす]
—名詞 ❶《ふつう **the south** で》南; 南方, 南部
(◆ S, S. と略す; 対義語 the north 北)
➡ **direction** 図, **east** 参考
▸He lives in **the south** of London.
彼はロンドンの南部に住んでいる.
▸New York is to **the south** of Boston.
ニューヨークはボストンの南にある.
❷《**the South** で》南部地方;

sound

[nák nák ナック ナック] **トントン**

[smúːtʃ スムーチ] **チュッ**

[zː ズー] **グーグー**

[bǽŋ バぁンッ] **バン**

[páp パップ] **ポン**

[áutʃ アウチ] **イテッ**

[krǽʃ クラぁッシ] **ガチャン**

[splǽʃ スプらぁッシ] **パシャッ**

[klǽp klǽp クらぁップ クらぁップ] **パチパチ**

[tík tǽk ティック タぁック] **カチカチ**

[díŋdɔ̀ːŋ ディンッ ドーンッ] **ゴーンゴーン**

[ətʃúː アチュー] **ハクション**

《米》(アメリカの)南部; 《英》(イングランドの)南部地方
——形容詞 《名詞の前に用いて》
南の, 南部の; 南向きの; (風が)南から の
——副詞 **南へ**, 南に
▸go **south** 南へ行く

South Africa [sàuθ ǽfrikə サウす あふリカ] 名詞 南アフリカ(♦アフリカ大陸南部の国; 行政上の首都はプレトリア Pretoria, 立法上の首都はケープタウン Cape Town)

South America [sáuθ əmérikə サウす アメリカ] 名詞 南アメリカ, 南米

South Carolina [sáuθ kærəláinə サウす キぁロらイナ] 名詞
サウスカロライナ州(♦アメリカ南東部の州; S.C. または【郵便】で SC と略す)

South Dakota [sáuθ dəkóutə サウす ダコウタ] 名詞 サウスダコタ州
(♦アメリカ中北部の州; S.D., S. Dak. または【郵便】で SD と略す)

southeast [sàuθíːst サウすイースト]
名詞 《**the southeast** で》南東(♦ S.E. と略す); 南東部 ➡ **direction** 図
——形容詞 南東の; (風が)南東からの
——副詞 南東へ, 南東に

Southeast Asia [sáuθìːst éiʒə サウすイースト エイジャ] 名詞 東南アジア

southern [sʌ́ðərn サざン] (★発音に注意) 形容詞 ❶ 南の, 南部の; (風が)南からの(対義語 northern 北の)
❷《**Southern** で》《米》(アメリカの)南部の

Southern Cross [sʌ́ðərn krɔ́ːs サざン クロース] 名詞 《**the Southern Cross** で》【天文】南十字星

southpaw [sáuθpɔ̀ː サウすポー] 名詞
C 左利(き)きの人; 《米》左腕(さわん)投手; 《英》左利きのボクサー ➡ **left-handed**

South Pole [sáuθ póul サウす ポウる]
名詞 《**the South Pole** で》南極
(対義語 the North Pole 北極)

southward [sáuθwərd サウすワド]
形容詞 南(へ)の, 南向きの
——副詞 南へ[に]

southwards [sáuθwərdz サウすワヅ]
副詞 =《主に英》southward(南へ)

southwest [sàuθwést サウすウェスト]
名詞 《**the southwest** で》
南西(♦ S.W. と略す); 南西部
➡ **direction** 図
——形容詞 南西の; (風が)南西からの
——副詞 南西へ, 南西に

souvenir [sùːvəníər スーヴェニア] 名詞
C 記念品, みやげ(♦「(自分でとっておく)旅の記念品」を意味することが多い; 人にあげる「みやげ」はふつう present または gift という)

sow [sóu ソウ] 動詞 (三単現 **sows** [-z]; 過去 **sowed** [-d]; 過分 **sowed** [-d] または **sown** [sóun ソウン]; 現分 **sowing**)
他 …に(種を)まく《with ...》; (種)をまく
▸**sow** the field **with** seed (=**sow** seed in the field) 畑に種をまく
——自 種をまく

sown [sóun ソウン] 動詞
sow(…にまく)の過去分詞の一つ

soy [sɔ́i ソイ] 名詞 U しょうゆ(= soy sauce); C 大豆(だいず)(= soybean)

soybean [sɔ́ibìːn ソイビーン] 名詞
C 大豆(だいず)(♦ soy bean ともつづる; 単に soy ともいう)

soy sauce [sɔ́i sɔ̀ːs ソイ ソース] 名詞
U しょうゆ(♦単に soy ともいう)

˙space [spéis スペイス] 名詞
(複数 **spaces** [-iz])
❶ C U (ある目的のための)**場所**; 余地, 余白; 間隔(かんかく)
▸a wide open **space** 広い空き地
▸find a parking **space**
駐車(ちゅうしゃ)する場所を見つける
❷ U (時間に対して)**空間**
▸time and **space** 時間と空間
❸ U (大気圏(けん)外の)**宇宙**, 宇宙空間
▸**space** travel 宇宙旅行
▸go into **space** 宇宙に行く

spaceman [spéismæn スペイスマぁン]
名詞 (複数 **spacemen** [spéismèn スペイスメン]) C 宇宙飛行士
(♦ astronaut のほうがふつう)

spaceship [spéisʃìp スペイスシップ]
名詞 C 宇宙船 (♦ spacecraft [spéiskræ̀ft スペイスクラぁふト] ともいう)

space shuttle
[spéis ʃʌ̀tl スペイス シャトゥる] 名詞 C
スペースシャトル(♦アメリカが開発した有人宇宙船; 宇宙と地球の間を何度も往復できる; 2011年6月に退役(たいえき))

space station
[spéis stèiʃn スペイス ステイシャン] 名詞

C 宇宙ステーション

spade¹ [spéid スペイド] 名詞
C (農具の)すき

spade² [spéid スペイド] 名詞
C (トランプの)スペードの札

spaghetti [spəgéti スパゲティ] 名詞
U スパゲッティ

Spain [spéin スペイン] 名詞 スペイン
(♦西ヨーロッパの国; 首都はマドリード Madrid)

span [spǽn スパぁン] 名詞
❶ C (ある一定の)期間, 短い時間
❷ C 長さ, 全長

Spaniard [spǽnjərd スパぁニャド] 名詞
C スペイン人(♦一人ひとりを指す; 国民全体を指すときは the Spanish という)

Spanish [spǽniʃ スパぁニッシ] 形容詞
スペインの; スペイン人の; スペイン語の
——名詞 ❶《**the Spanish** で複数あつかい》スペイン人(全体)
(♦一人ひとりを指すときは Spaniard)
❷ U スペイン語

spank [spǽŋk スパぁンク] 動詞
他 (罰(ばつ)として子供のしりなど)を(平手やスリッパで)ピシャリと打つ

spare [spéər スペア] 動詞 (三単現 **spares** [-z]; 過去・過分 **spared** [-d]; 現分 **sparing**) 他
❶ (時間・費用)を割(さ)く; …を分ける
▸Could you **spare** me a few minutes?
少しお時間を(割いて)いただけますか?
❷《ふつう否定文で》
(労力・費用など) を惜(お)しむ, 節約する
▸He did**n't spare** any efforts to become a professional soccer player.
彼はプロのサッカー選手になるために努力を惜しまなかった.
——形容詞 予備の, スペアの; 余分の
▸a **spare** tire　スペアタイヤ
▸**spare** time　余暇(よか)

spark [spɑ́ːrk スパーク] 名詞
C 火花, 火の粉; (電気の)スパーク

sparkle [spɑ́ːrkl スパークる] 動詞
(三単現 **sparkles** [-z]; 過去・過分 **sparkled** [-d]; 現分 **sparkling**) 自
(きらきらと)輝(かがや)く, 光る; 火花を発する
——名詞 U C (宝石・星・目などの)輝き, きらめき; 火花

sparrow [spǽrou スパぁロウ] 名詞
C【鳥類】スズメ

⁝speak [spíːk スピーク] 動詞

(三単現 **speaks** [-s]; 過去 **spoke** [spóuk スポウク]; 過分 **spoken** [spóukən スポウクン]; 現分 **speaking**)

基本のイメージ: 声を出して話す

——自 ❶ **話す**, しゃべる, 口をきく
➡ **say** くらべよう
▸Please **speak** more slowly.
もっとゆっくり話してください.
▸Would you **speak** in Japanese?
日本語で話していただけますか?
▸He didn't **speak** at all.
彼は全く口をきかなかった.

ダイアログ
A: Hello. This is Mike **speaking**. May I **speak** to Ellen?
もしもし. マイクですが, エレンをお願いできますか?
B: **Speaking**.
わたしよ. (♦電話で名乗るときは名前のあとに **speaking** をつける;「わたしです」と答えるときは主語を省略し, **Speaking**. と言う)

❷ (…について) **演説する**, 講演する《on [about] ...》
▸She **spoke on** the environment.
彼女は環境(かんきょう)について演説をした.
——他 (ある言語) **を話す**, 使う; (ことば)を話す, (真実・本心など)を言う
▸He **speaks** five languages.
彼は 5 つの言語を話す.

ダイアログ
A: Do you **speak** English?
あなたは英語を話せますか?
B: Just a little.　ほんの少しなら.
(♦ Can you speak ...? は「言語の運用能力」を話題にすることになり, 失礼な印象をあたえることもある)

▸What language do they **speak** [is **spoken**] in Canada?
カナダでは何語を話していますか？
▸She only **spoke** a few words.
彼女は二言三言しか話さなかった.

génerally spéaking
一般的にいえば ➡ **generally**

not to spéak of ... …はいうまでもなく

so to speak 《口語》いわば, いってみれば(♦文中や文末で用いる)
▸She's my sun, **so to speak**.
彼女は, いわばぼくの太陽だ.

spéak of ... …について話す

spéak to ... …と話す; …に話しかける
▸A stranger **spoke to** me in French. 知らない人がフランス語でわたしに話しかけてきた.

spéak úp
① (もっと)大きな声で話す, はっきり話す
▸**Speak up**, please.
大きな声で話してください.
② 思いきって意見を言う
▸Sometimes, you need to **speak up**. 時には, 思いきって意見を言うことも必要だ.
③ (…への支持を)表明する《for ...》

spéak wéll [íll] of ... …のことをよく[悪く]言う, …をほめる[けなす]

speaker [spíːkər スピーカ] 名詞
❶ C 話す人, 演説者
▸Saki is a good **speaker**.
咲は話がうまい.
❷ C (音響(おんきょう)機器の)スピーカー (= loudspeaker)
➡ **computers** 図

Speakers' Corner [spíːkərz kɔ́ːrnər スピーカズ コーナ] 名詞
スピーカーズコーナー
(♦イギリスのロンドン市内にある, だれでも自由に演説することができる場所)

spear [spíər スピア] 名詞 C やり

˙special [spéʃl スペシャる]
—形容詞 特別な; 専門の
▸He is my **special** friend.
彼はわたしにとって特別な友達だ.
▸My **special** field is physics.
わたしの専門分野は物理だ.
—名詞 (複数 **specials** [-z])
C 特別なもの; (テレビの)特別番組; 《米口語》(割安の)特別料理

specialist [spéʃəlist スペシャりスト] 名詞 C (…の)専門家; 専門医《in ...》

specialize, 《英》specialise [spéʃəlàiz スペシャらイズ] 動詞 (三単現 **specializes** [-iz]; 過去・過分 **specialized** [-d]; 現分 **specializing**)
自 (人が)(…を)専門にする, 専攻(せんこう)する; (店などが)(…を)専門にあつかう《in ...》
▸**specialize in** Japanese history
日本史を専攻する

specially [spéʃəli スペシャり] 副詞
特別に; 特に(同義語 especially)

specialty [spéʃəlti スペシャるティ] 名詞 (複数 **specialties** [-z])
(♦《英》speciality [spèʃiǽləti スペシあリティ])
❶ C 専門(分野), 専攻(せんこう); 特技, 得意なもの
❷ C 特産品, 名物; 名物料理

species [spíːʃiːz スピーシーズ] (★発音に注意) 名詞 (複数 **species**: 単複同形)
C (生物学上の)種(しゅ); 種類
▸an endangered **species**
絶滅危惧(きぐ)種

specific [spəsífik スペスィふィック] (★アクセントに注意) 形容詞
明確な, 具体的な; 特定の, 一定の

specimen [spésəmən スペスィメン] 名詞 ❶ C 標本; (検査などのための)サンプル
❷ C 見本(同義語 sample); 典型的な例

spectacle [spéktəkl スペクタクる] 名詞
❶ C 光景, 壮観(そうかん); (壮大な)見せ物
❷ 《**spectacles** で》めがね
(♦ glasses のほうがふつう)

spectator [spékteitər スペクテイタ] 名詞 C (スポーツなどの)観客, 見物人

sped [spéd スペッド] 動詞 speed(速く行く)の過去形・過去分詞の一つ

˸speech [spíːtʃ スピーチ] 名詞 (複数 **speeches** [-iz])
❶ C 演説, 話, スピーチ

▸make [give] a **speech** 演説をする
❷ U **話すこと**, 話し方; **話す力**, 言語能力
▸freedom of **speech** 言論の自由
▸I was very surprised, and I lost my power of **speech**.
わたしはとても驚(おど)いてしまい, 口がきけなかった.
▸ ことわざ **Speech** is silver, silence is golden.
言わぬは言うにまさる; 言わぬが花.
(♦「雄弁(ゆうべん)は銀, 沈黙(ちんもく)は金」の意味から)

speech contest [spíːtʃ kàntest スピーチ カンテスト] 名詞
C スピーチコンテスト, 弁論大会
▸She won the **speech contest**.
彼女はスピーチコンテストで優勝した.

˙speed [spíːd スピード]
—名詞 (複数 **speeds** [spíːdz スピーヅ])
C U **速度**, スピード; U 速いこと
▸She ran at full **speed**.
彼女は全速力で走った.
▸He drove his car at a **speed** of 50 kilometers an hour.
彼は時速 50 キロで車を走らせた.
—動詞 (三単現 **speeds** [spíːdz スピーヅ]; 過去・過分 **sped** [spéd スペッド] または **speeded** [-id]; 現分 **speeding**)
自 (車などが)**速く行く**, 急ぐ;
《ふつう進行形で》スピードを出しすぎる; スピード違反(いはん)をする
▸A car **sped** along the street.
1台の車が通りを疾走(しっそう)した.
spéed úp 速度を上げる; …を加速する

speed limit [spíːd lìmit スピード リミット] 名詞 C U (道路上の)最高速度制限

speedometer [spi(ː)dámitər スピ(ー)ダミタ] (★アクセントに注意) 名詞 C (自動車などの)速度計, スピードメーター

speedy [spíːdi スピーディ] 形容詞
(比較 **speedier**; 最上 **speediest**)
速い, すばやい; 即刻(そっこく)の

˙spell [spél スペる] 動詞
(三単現 **spells** [-z]; 過去・過分 《主に米》 **spelled** [-d], 《主に英》**spelt** [spélt スペるト]; 現分 **spelling**)
他 (語)**をつづる**, …のつづりを言う[書く]
▸I couldn't **spell** the word.
わたしはその単語をつづれなかった.

> ダイアログ
> *A:* How do you **spell** your name?
> あなたの名前はどうつづるのですか?
> *B:* (It's **spelled**) E-L-L-E-N.
> E, L, L, E, N とつづります.
> (♦読むときは文字ごとに区切る)

spelling [spéliŋ スペりング] 名詞
C (語の)つづり, スペリング;
U つづり方

spelling bee [spéliŋ bìː スペりング ビー]
名詞 C 《米》つづり字競争[競技会](♦単語のつづりの正しさを競(きそ)う)

spelt [spélt スペるト] 動詞
《主に英》spell (…をつづる) の過去形・過去分詞の一つ

:spend [spénd スペンド] 動詞
(三単現 **spends** [spéndz スペンヅ];
過去・過分 **spent** [spént スペント];
現分 **spending**) 他
❶ (お金・労力など) **を使う**, 費(つい)やす;
《**spend** +お金・労力など+ **on** +名詞で》
(お金・労力など)を…に使う
▸He **spends** a lot of money **on** books. 彼は本にお金をたくさん使う.
❷ (時)**を過ごす**, 費やす;
《**spend** +時+ **...ing** で》
(時)を…して過ごす
▸Where did you **spend** your vacation?
どこで休暇(きゅうか)を過ごしたのですか?
▸She **spends** a lot of time **playing** video games. 彼女は多くの時間をテレビゲームをして過ごす.

˙spent [spént スペント] 動詞
spend(…を使う)の過去形・過去分詞

sphere [sfíər スふィア] 名詞
❶ C 球 (同義語 ball, globe); 天体
➡ **figures** 図
❷ C (生活・行動などの)範囲(はんい), 領域

Sphinx [sfíŋks スふィンクス] 名詞
《**the Sphinx** で》
❶【ギリシャ神話】スフィンクス
(♦体はライオンで翼(つばさ)をもち, 人間の女の顔と胸をもつ)
❷ C (エジプトにある)スフィンクス像

spice [spáis スパイス] 名詞
C U 薬味, 香辛(こうしん)料, スパイス
(♦コショウ・ショウガ・シナモンなど)

a b c d e f g h i j k l m n o p q r s t u v w x y z

A B C D E F G H I J K L M N O P Q R S T U V W X Y Z

spicy [spáisi スパイスィ] 形容詞
(比較 **spicier**; 最上 **spiciest**)
香辛(こうしん)料のきいた, 香(こう)ばしい

spider [spáidər スパイダ] 名詞
C【動物】クモ

spike [spáik スパイク] 名詞
❶ C 大くぎ
❷ C (靴(くつ)の底につける)スパイク;
《**spikes** で》スパイクシューズ
❸ C【バレーボール】スパイク

spill [spíl スピる] 動詞 (三単現 **spills** [-z], 過去・過分 《主に米》**spilled** [-d], 《主に英》**spilt** [spílt スピるト];
現分 **spilling**) 他 (液体・粉など)をこぼす
▸He **spilled** milk on the carpet.
彼はカーペットに牛乳をこぼした.

spilt [spílt スピるト] 動詞
《主に英》spill(…をこぼす)の過去形・過去分詞の一つ

spin [spín スピン] 動詞 (三単現 **spins** [-z]; 過去・過分 **spun** [spʌ́n スパン];
現分 **spinning**) 他
❶ (糸)をつむぐ; (カイコ・クモが)(糸)を出す
▸**spin** threads from cotton
綿から糸をつむぐ
❷ …を回す, 回転させる
▸**spin** a top　こまを回す
── 自 回る, 回転する
── 名詞 U C 回転

spinach [spínitʃ スピニッチ] (★発音に注意) 名詞 U【植物】ホウレンソウ

spirit [spírit スピリット] 名詞
❶ U 精神, 心(対義語 body, the flesh 肉体); C 霊魂(れいこん), 幽霊(ゆうれい)
▸body and **spirit**　肉体と精神
▸evil **spirits**　悪霊(あくりょう)
❷ U 気迫(きはく), 熱情; …精神
▸the fighting **spirit**　闘争(とうそう)心
❸《**spirits** で》気分; 元気, 快活
▸in high **spirits**　元気よく
❹ C《ふつう **spirits** で》蒸留(じょうりゅう)酒
(◆ウイスキー・ブランデーなど)

spiritual [spíritʃuəl スピリチュアる]
形容詞 精神の, 精神的な
(同義語 mental, 対義語 physical 肉体の, material 物質的な); 霊(れい)的な; 宗教上の; 気高い
── 名詞 C【音楽】黒人霊歌
(◆アメリカの黒人の宗教歌)

spit [spít スピット] 動詞 (三単現 **spits** [spíts スピッツ]; 過去・過分 **spat** [spǽt スパぁット]または **spit**; 現分 **spitting**)
自 つばを吐(は)く
── 他 (つば・血など)を吐く

spite [spáit スパイト] 名詞 U 悪意; 恨(うら)み
in spite of ...　…にもかかわらず
▸They played the game **in spite of** the snow.
雪が降っていたにもかかわらず, 彼らは試合を行った.

splash [splǽʃ スプらぁシ] 動詞 (三単現 **splashes** [-iz]; 過去・過分 **splashed** [-t]; 現分 **splashing**)
他《**splash** ＋水・泥(どろ)など＋ **on** ＋名詞 または **splash** ＋名詞＋ **with** ＋水・泥などで》(水・泥など)を…にはねかける
▸A car **splashed** water **on** my jeans.　車がわたしのジーンズに水をはねかけた.
── 自 (液体が)はねる, 飛び散る
── 名詞 (複数 **splashes** [-iz])
C (泥などの)はね; はねること; バシャッ[ザブン]という音 ➡ **sound** 図

splendid [spléndid スプれンディッド]
形容詞 華麗(かれい)な, みごとな; すばらしい
▸a **splendid** view　みごとな眺(なが)め

split [splít スプリット] 動詞
(三単現 **splits** [splíts スプリッツ];
過去・過分 **split**; 現分 **splitting**) 他
❶ (木材など)を(縦に)割る, (布など)を裂(さ)く; …を分裂(ぶんれつ)させる
▸He **split** the board in two.
彼はその板を 2 つに割った.
❷ …を分ける; …を分配する, 分担する
▸Let's **split** the bill.
割り勘(かん)にしよう.
── 自 割れる, 裂ける; 分裂する

spoil [spɔ́il スポイる] 動詞
(三単現 **spoils** [-z]; 過去・過分 **spoiled** [-d] または **spoilt** [spɔ́ilt スポイるト];
現分 **spoiling**)
他 …をだめにする, 台なしにする;
(子供)を甘(あま)やかしてだめにする
▸The bad weather **spoiled** the picnic.
悪天候でピクニックはさんざんだった.
▸a **spoiled** child
甘やかされてわがままになった子

spoilt [spɔ́ilt スポイるト] 動詞
spoil(…をだめにする)の過去形・過去分詞の一つ

ˈspoke [spóuk スポウク] 動詞
speak(話す)の過去形

ˈspoken [spóukən スポウクン]
—動詞 speak(話す)の過去分詞
—形容詞 話される；口語の
(対義語 written 書かれた)
▸**spoken** language 話しことば

spokesman [spóuksmən スポウクスマン] 名詞 (複数 **spokesmen** [spóuksmən スポウクスマン])
C (団体などの)代弁者, スポークスマン
(♦性差のない言い方は spokesperson [spóukspə̀ːrsn スポウクスパ～スン])

sponge [spʌ́ndʒ スパンヂ] 名詞
C U スポンジ, 海綿(かいめん)

sponsor [spɑ́nsər スパンサ] 名詞
❶ C 保証人
❷ C 発起(ほっき)人, 後援(こうえん)者
❸ C 番組提供者, スポンサー
—動詞 他 …の保証人になる；
…を後援する；…のスポンサーになる

spontaneous [spɑntéiniəs スパンテイニアス] 形容詞
❶ (行動が)自然に起こる；自発的な；無意識の
❷ (現象が)自然発生的な

ˈspoon [spúːn スプーン] 名詞 (複数 **spoons** [-z])
C スプーン, さじ；《**a spoon of ...** で》スプーン1杯(ぱい)(の量)の…
▸I ate the soup with a **spoon**.
わたしはスプーンでスープを飲んだ.

spoonful [spúːnfùl スプーンふる] 名詞
(複数 **spoonfuls** [-z] または **spoonsful** [spúːnzfùl スプーンズふる])
C《**a spoonful of ...** で》
スプーン1杯(ぱい)(の量)の…
▸**a spoonful of** sugar
スプーン1杯の砂糖

ˈˈsport [spɔ́ːrt スポート] 名詞
(複数 **sports** [spɔ́ːrts スポーツ])
❶ C U **スポーツ**, 運動競技(♦狩(か)り, 釣(つ)りなどもふくむ；スポーツ全体を指すときは《米》sports, 《英》sport)
▸do **sports** スポーツをする
▸What's your favorite **sport**?
いちばん好きなスポーツは何ですか？
❷《**sports** で》《英》運動会, 競技会

> **参考 スポーツに関する表現**
>
> 具体的なスポーツ競技を「する」と言うには, 次の3つの表現があります.
>
> ① play を使う(♦主に球技の場合)
> ▸I play **baseball** [**tennis** / **soccer** / **basketball**] after school.
> わたしは放課後に, 野球[テニス / サッカー / バスケットボール]をする.
>
> ②動詞をそのまま使う
> ▸I **swim** [**ski** / **skate** / **jog** / **bowl**] on Sundays.
> わたしは日曜日に, 水泳[スキー / スケート / ジョギング / ボウリング]をする.
>
> ③ practice や do を使う
> ▸My sister **practices judo** [**kendo**] almost every day.
> わたしの姉[妹]はほとんど毎日, 柔道(じゅうどう)[剣道]のけいこをする.
> ▸My mother **does aerobics** twice a week.
> わたしの母は週に2回, エアロビクスをする.

sports day [spɔ́ːrts dèi スポーツ デイ]
名詞 C《英》運動会の日
(♦《米》field day)

sportsman [spɔ́ːrtsmən スポーツマン]
名詞 (複数 **sportsmen** [spɔ́ːrtsmən スポーツマン])
C スポーツマン, スポーツが好きな人
(♦女性に対しては sportswoman [spɔ́ːrtswùmən スポーツウマン]という語もあるが, 最近は男女の性差別を避(さ)けるために sportsperson [spɔ́ːrtspə̀ːrsn スポーツパ～スン]が使われる)

sportsmanship [spɔ́ːrtsmənʃìp スポーツマンシップ] 名詞 U スポーツマン精神, スポーツマンシップ

sporty [spɔ́ːrti スポーティ] 形容詞
軽快な, スポーティーな

spot [spɑ́t スパット] 名詞
❶ C 地点, 場所
▸The park is a nice **spot** for viewing cherry blossoms.
その公園はお花見に適した場所だ.
❷ C 斑点(はんてん)；しみ, 汚(よご)れ
▸a blue tie with white **spots**
青地に白の水玉のネクタイ

on the spót 即座(そくざ)に；その場で

▸They helped her **on the spot**.
彼らは即座に彼女を助けた.

—動詞 (三単現 **spots** [-s]; 過去・過分 **spotted** [-id]; 現分 **spotting**) 他
❶ …を見つける, 見抜(ぬ)く
▸**spot** an error
誤りを見つける
❷ …を(…で)汚(よご)す, …に(…で)しみをつける《with ...》

sprain [spréin スプレイン] 動詞
他 (足首など)をくじく, ねんざする

sprang [spræŋ スプラぁング] 動詞
spring(飛び上がる)の過去形の一つ

spray [spréi スプレイ] 名詞
U しぶき; C (香水(こうすい)・殺虫剤(ざい)などの)噴霧(ふんむ)器, スプレー
—動詞 他 …にしぶきをかける; (殺虫剤など)を(…に)吹(ふ)きかける《on [over] ...》

⁺spread [spréd スプレッド]

—動詞 (三単現 **spreads** [sprédz スプレッヅ]; 過去・過分 **spread**; 現分 **spreading**)
—他 ❶ **…を広げる**
▸**spread** a newspaper on the table
テーブルの上に新聞を広げる
▸The eagle **spread** its wings.
ワシは翼(つばさ)を広げた.
❷《**spread ... on ~; spread ~ with ...** で》**…を~に塗(ぬ)る**
▸**spread** butter **on** a slice of toast (=**spread** a slice of toast **with** butter)
トーストにバターを塗る
❸ (ニュースなど)を広める; (病気)をまん延させる
—自 **広がる**, 広まる
▸The news **spread** quickly.
そのニュースはまたたく間に広がった.
—名詞 (複数 **spreads** [sprédz スプレッヅ]) ❶ C《ふつう単数形で》広がり, 幅(はば)
❷《**the spread** で》普及(ふきゅう)
❸ U C パンに塗るもの, スプレッド

⁑spring [spríŋ スプリンヶ]

名詞 ❶ 春
❷ ばね
❸ 泉
動詞 飛び上がる

—名詞 (複数 **springs** [-z])
❶ C U 春
▸early [late] **spring** 早[晩]春
▸My town holds a big festival in (the) **spring**.
わたしの町では春に大きなお祭りがある. (♦ the を用いるのは主に《米》)
▸Ann came to Japan in the **spring** of 2018.
アンは 2018 年の春に日本に来た.
▸I entered junior high school this **spring**.
この春, わたしは中学校に入学した.
▸I will go to China next **spring**.
来春, わたしは中国に行くつもりだ.

> **ルール spring の使い方**
> **1** ある年の, 特定の春を指すときは the をつけ, 不特定の春を指すときはつけないのがふつうですが, 《米》では不特定の春にも the をつけることがあります.
> **2** this, last, next, every などがつくとき, 前置詞の in はつけません.
> **3** summer, fall [autumn], winter の使い方も spring と同様です.

❷ C **ばね**, ぜんまい
▸Some **springs** in the mattress of the bed are broken. ベッドのマットレスのばねのいくつかが壊(こわ)れている.
❸ C《しばしば **springs** で》**泉**
▸hot **springs** 温泉
❹ C《ふつう **a spring** で》跳躍(ちょうやく)
▸with **a spring** ひとっ跳(と)びで
—動詞 (三単現 **springs** [-z]; 過去 **sprang** [spræŋ スプラぁング] または **sprung** [sprʌ́ŋ スプランヶ]; 過分 **sprung**; 現分 **springing**)
—自 **飛び上がる**, 跳(は)ねる (同義語 jump, leap); 出る, 生じる
▸He **sprang** from the chair in surprise. 彼は驚(おどろ)いていすから跳ねるように立ち上がった.

sprinkle [spríŋkl スプリンクる] 動詞
(三単現 **sprinkles** [-z]; 過去・過分 **sprinkled** [-d]; 現分 **sprinkling**)
他 (水・粉など)をまく, まき散らす
—自《it を主語にして》小雨がぱらつく

sprinkler [spríŋklər スプリンクら] 名詞
C スプリンクラー
(♦芝生(しばふ)・火災防止用の散水装置)

sprung [sprʌ́ŋ スプラングｸﾞ] 動詞
spring(飛び上がる)の過去形の一つ；また過去分詞

spun [spʌ́n スパン] 動詞
spin(…をつむぐ)の過去形・過去分詞

spy [spái スパイ] 名詞 (複数 **spies** [-z]) C スパイ
——動詞 自 (三単現 **spies** [-z]；過去・過分 **spied** [-d]；現分 **spying**)
自 (…を)ひそかに見張る，スパイする《on ...》

*square [skwéər スクウェア]

——名詞 (複数 **squares** [-z])
❶ C 正方形，四角，四角いもの
➡ **figures** 図
▸draw a **square**　正方形をかく
▸a **square** of cloth　四角い布
❷ C (四角い) 広場 (♦「円形の広場」は《米》circle，《英》circus) ➡ **park**
▸Washington **Square**
ワシントン広場
❸ C 【数学】平方，2 乗
▸Sixteen is the **square** of four.
16 は 4 の 2 乗だ.
——形容詞 正方形の，四角い；平方の
▸a **square** room
四角い部屋

squash[1] [skwɑ́ʃ スクワッシ] 名詞
U《英》スカッシュ
(♦果汁(かじゅう)を入れた飲み物)

squash[2] [skwɑ́ʃ スクワッシ] 名詞
U【スポーツ】スカッシュ(= squash rackets)(♦壁(かべ)に囲まれたコートで，壁に向かってボールを打ち合う球技)

squash[3] [skwɑ́ʃ スクワッシ] 名詞 (複数 **squashes** [-iz] または **squash**) C U
【植物】カボチャ(類)(♦ウリ類の総称(そうしょう))

squeak [skwíːk スクウィーク] 動詞
自 (ネズミなどが)チューチュー鳴く；(ドア・車輪などが)ギーギーきしむ
——名詞 C チューチュー(鳴く声)；ギーギー(きしむ音)；金切り声

squeeze [skwíːz スクウィーズ] 動詞
(三単現 **squeezes** [-iz]；過去・過分 **squeezed** [-d]；現分 **squeezing**) 他
❶ …をしぼる，しぼり出す
▸**squeeze** a lemon　レモンをしぼる
❷ …を握(にぎ)りしめる，抱(だ)きしめる
▸She **squeezed** my hand.
彼女はわたしの手をぎゅっと握った.
——名詞 C しぼること；しぼり汁(じる)

squid [skwíd スクウィッド] 名詞
(複数 **squid** または **squids** [skwídz スクウィッヅ]) C
【動物】イカ
(♦特にヤリイカ・スルメイカなど)

squid

squirrel [skwə́ːrəl スクワ～レる]
(★発音に注意)
名詞 C【動物】リス

squirrel

Sr., sr. ❶ 年長の
(♦ *Senior* の略)
❷ 修道女，シスター
(♦ *Sister* の略)

Sri Lanka [srìː lɑ́ːŋkə スリー らーンカ]
名詞 スリランカ (♦インド洋にある共和国；首都は Sri Jayawardenepura Kotte スリジャヤワルダナプラコッテ)

St.[1] [séint セイント] 《キリスト教の聖者や使徒，また聖者にちなんだ地名や病院名などの前につけて》聖…，セント…
(♦ *Saint* の略；複数形は SS. または Sts.)
▸**St.** Valentine's Day
聖バレンタイン祭の日(♦ 2 月 14 日)
▸**St.** Louis　セントルイス
(♦アメリカのミズーリ州の大都市)

St.[2] [stríːt ストゥリート] …街，…通り
(♦ *street* の略；手紙のあて先などに使う)
▸7339 Tomwood **St.**
トムウッド通り 7339 番地

stab [stǽb スタぁブ] 動詞 (三単現 **stabs** [-z]；過去・過分 **stabbed** [-d]；現分 **stabbing**) 他 …を(刃物(はもの)などで)(突(つ)き)刺(さ)す《with ...》

stable[1] [stéibl ステイブる] 形容詞
(比較 **stabler** または **more stable**；最上 **stablest** または **most stable**)
安定した，しっかりした

stable² [stéibl ステイブる] 名詞
❶ C 馬小屋, 厩舎(きゅうしゃ)
❷ C (ある管理のもとにある, スポーツ選手などの)集団, グループ
▸a *sumo* **stable** すもう部屋

stack [stǽk スタぁック] 名詞
C (干し草などの)(きちんと)積み重ねられた山
—動詞 他 …をきちんと積み重ねる, 積み上げる; (場所)に(ものを)きちんと積み重ねる, 積み上げる《with ...》

stadium [stéidiəm ステイディアム] (★発音に注意) 名詞 (複数 **stadiums** [-z] または **stadia** [stéidiə ステイディア])
C スタジアム, 野球場, 競技場
▸I went to Yankee **Stadium** yesterday. わたしは昨日, ヤンキースタジアムへ行った.

staff [stǽf スタぁふ] 名詞 (複数 **staffs** [-s]) C 職員, 従業員, 部員, スタッフ(全体) (♦全体をひとまとまりと考えるときは単数あつかい, 一人ひとりに重点を置くときは複数あつかい; 具体的な従業員数を述べる場合は staff member(s) を用いる)
▸a hotel **staff** ホテルの従業員(全体)
▸a **staff member** スタッフの一員
▸We have ten **staff members** in the office. わたしたちの職場には従業員が 10 人いる.

ˈ**stage** [stéidʒ ステイヂ] 名詞 (複数 **stages** [-iz])
❶ C 舞台(ぶたい), ステージ
▸perform a drama on the **stage** 舞台で芝居(しばい)をする

❷《**the stage** で》演劇; 俳優業
▸go on [leave] **the stage** 俳優になる[俳優業をやめる]
❸ C (発達などの)**段階**, 時期
▸the early **stage** of development 発達の初期段階

stagecoach [stéidʒkòutʃ ステイヂコウチ] 名詞 (複数 **stagecoaches** [-iz])
C 駅馬車 (♦かつて定期的に旅行者や郵便物などを運んだ馬車)

stagger [stǽgər スタぁガ] 動詞
自 よろめく, ふらつく, よろよろ歩く

stain [stéin ステイン] 動詞 他
❶ …にしみをつける, …を(…で)汚(よご)す《with ...》
❷ (木材など)を着色する
—名詞 C U 汚れ, しみ

stained glass [stéind glǽs ステインド グらぁス] 名詞 U
ステンドグラス (♦教会の窓などを飾(かざ)るための色ガラス)

stained glass

stainless [stéinləs ステインれス] 形容詞
❶ 汚(よご)れのない; (評判などが)汚点(おてん)のない
❷ ステンレス製の; (金属が)さびない

stainless steel [stéinləs stíːl ステインれス スティーる] 名詞 U ステンレス (♦「さびない鋼(はがね)」の意味)

ˈ**stair** [stéər ステア] 名詞 (複数 **stairs** [-z])
❶ C《**stairs** で単数または複数あつかい》(屋内の)**階段**(♦「屋外の階段」は steps)
▸I went up the **stairs** to the third floor.
わたしは 3 階まで階段を上がった.
❷ C (階段の)1 段

staircase [stéərkèis ステアケイス] 名詞

C (手すり・踊(おど)り場をふくめた)階段(全体)(同義語 stairway)

stairway [stéərwèi ステアウェイ] 名詞
= staircase(階段)

stalk [stɔ́ːk ストーク] 名詞
C (植物の)茎(くき), 葉柄(ようへい)

stall [stɔ́ːl ストール] 名詞
❶ C (台に商品を並べて売る)売店, 屋台
❷ C (馬小屋などの中の家畜(かちく)1頭分の)仕切り, 囲い;
《米》(シャワー・トイレなどの)個室

˙stamp [stǽmp スタぁンプ]

—名詞 (複数 **stamps** [-s])
❶ C **切手**(= postage stamp); 印紙
▸put [stick] a **stamp** on a postcard はがきに切手をはる
❷ C スタンプ, 判(はん); (押(お)された)印

—動詞 (三単現 **stamps** [-s]; 過去・過分 **stamped** [-t]; 現分 **stamping**) 他
❶ …を踏(ふ)みつける
❷ …に判を押す
❸ …に切手をはる

⁚stand [stǽnd スタぁンド]

—動詞 (三単現 **stands** [stǽndz スタぁンヅ]; 過去・過分 **stood** [stúd ストゥッド]; 現分 **standing**)

自	❶ 立つ ❷ 立ち上がる
他	❶ …を立てる ❷ …を我慢(がまん)する

—自 ❶ **立つ**; 立っている(対義語 sit すわる); 《**stand** + **...ing** で》…しながら立っている
▸**stand** before the mirror
鏡の前に立つ
▸She **stood looking** into the show window.
彼女はショーウィンドーの中をのぞきこみながら立っていた.
❷ **立ち上がる**, 起立する (♦しばしば up とともに用いる)
▸**Stand up**, please. ご起立ください.
❸《ふつう進行形にはしない》
(ものが)立っている, …にある
▸A church **stands** in the center of the city. 教会が市の中心部にある.
❹ (車・列車などが)停止している
❺ (ある状態に)ある;
(高さ・身長・温度などが)…である
▸The window **stood** open.
その窓は開いていた.
▸He **stands** over two meters.
彼の身長は2メートル以上ある.

—他 ❶ **…を立てる**, 立たせる
▸I **stood** candles on the cake.
わたしはケーキにろうそくを立てた.
❷ **…を我慢する**, …に耐(た)える; 《**stand to** + **動詞の原形**または **stand** + **...ing** で》…することを我慢する (♦ふつう否定文・疑問文で can とともに用いる; 同義語 bear)
▸I **can't stand** this heat.
この暑さには耐えられない.
▸I **can't stand** to wait [**waiting**] any longer.
もうこれ以上待つなんて我慢できない.

stand bý ① 待機する
② (人)を支援(しえん)する, (人)の味方をする
▸Bill always **stands by** me.
ビルはいつもわたしの味方をしてくれる.

stánd for ① …を表す, …の略である
▸USA **stands for** the United States of America.
USA はアメリカ合衆国の略だ.
② (考えなど)を支持する, …に賛成する

stand óut ① (…から)突(つ)き出る, 飛び出る《of [from] ...》
② 目立つ, 際立(きわだ)つ

˙*stand úp* 立ち上がる ➡ 自 ❷;
(ものが)耐える, もつ

—名詞 (複数 **stands** [stǽndz スタぁンヅ]) ❶ C 台, …掛(か)け, …立て
▸an umbrella **stand** 傘(かさ)立て
❷ C 売店, 屋台
❸ C 《しばしば **the stands** で》観覧席, 観客席, スタンド

standard [stǽndərd スタぁンダド] (★アクセントに注意) 名詞
❶ C U 《しばしば **standards** で》
標準, 基準; 水準
▸the **standard** of living 生活水準
❷ C スタンダードナンバー
(♦いつの時代にも人気のある歌や曲)

—形容詞 ❶ 標準の; 規格に合った
▸**standard** English 標準英語
❷《名詞の前に用いて》定評ある

standard time [stǽndərd tàim スタぁンダド タイム] 名詞 U (国・地方の)標準時
➡ **time zone**, **time difference**

A B C D E F G H I J K L M N O P Q R S T U V W X Y Z

standby [stǽndbài スタぁンドバイ] 名詞
C (いざというとき)代わりになる人[もの]; 交替(こうたい)要員
on stándby
① 待機中で, スタンバイして
② キャンセル待ちで

standpoint [stǽndpɔ̀int スタぁンドポイント] 名詞
C《ふつう単数形で》観点, 見地; 立場

staple [stéipl ステイプる] 形容詞
主な, 主要な
——名詞 C 基本的食料品; 主食; 主産物, 主要製品

stapler [stéiplər ステイプら] 名詞
C ホッチキス(◆ Hotchkiss は商標名で, 英語では使われない)
➡ 巻頭カラー 英語発信辞典⑤

:star [stάːr スター]
——名詞 (複数 **stars** [-z])

❶ C 星, 【天文】恒星(こうせい); 星印, 星形のもの
▸a fixed **star** 恒星(◆「惑星(わくせい)」は planet, 「彗星(すいせい)」は comet)
▸**Stars** were shining bright in the sky.
空には星がきらきらと輝(かがや)いていた.
▸a shooting [falling] **star** 流れ星
❷ C **スター**, 人気者, 花形
▸a movie [film] **star** 映画スター
▸a **star** in the classroom
クラスの人気者
——動詞 (三単現 **stars** [-z]; 過去・過分 **starred** [-d]; 現分 **starring**)
他 …を主演させる, 主役とする
——自 主役を演じる, 主演する

starch [stάːrtʃ スターチ] 名詞
❶ U でんぷん;
U C《ふつう **starches** で》でんぷん食品(◆米, 小麦, いもなど)
❷ U (洗濯(せんたく)用の)のり

stare [stéər ステア] 動詞 (三単現 **stares** [-z]; 過去・過分 **stared** [-d]; 現分 **staring**) 自 (…を)じっと見つめる, じろじろ見る《at ...》
▸She was **staring at** the poster.
彼女はそのポスターをじっと見ていた.
——他 …をじっと見つめる

starfish [stάːrfìʃ スターふィッシ] 名詞
(複数 **starfish** または **starfishes** [-iz])
C【動物】ヒトデ

Stars and Stripes
[stάːrz ən stráips スターズ アン ストゥライプス] 名詞《**the Stars and Stripes** で単数あつかい》星条旗(◆アメリカ合衆国の国旗; 星の数は現在の州の数 50 を, 横じまの数は独立当時の州の数 13 を表す)

:start [stάːrt スタート]
——動詞 (三単現 **starts** [stάːrts スターツ]; 過去・過分 **started** [-id]; 現分 **starting**)

——自 ❶ **始まる**; 始める(同義語 begin, 対義語 finish 終わる); 起こる
▸The first lesson **starts** at nine.
最初の授業は 9 時に始まる.
▸Let's **start** with some warm-up exercises.
準備運動から始めよう.

▸The fire **started** in the kitchen.
火事の火元は台所だった.
❷（人・乗り物などが）（…から / …へ向けて）**出発する**《from ... / for ...》（対義語 arrive 到着する）➡ leave くらべよう
▸**start from** Tokyo **for** Kyoto
京都へ向かって東京を出発する
▸I'm going to **start** tomorrow morning.
わたしは明日の朝に出発するつもりだ.
❸（機械などが）**動き出す**, 始動する
▸The engine **started** easily.
エンジンは簡単にかかった.
—他 ❶ **…を始める**, 開始する（同義語 begin, 対義語 finish …を終える）;
《**start** ＋ **...ing** または **start to** ＋**動詞の原形**で》…し始める
▸**start** a new life 新しい生活を始める
▸It **started snowing**.
(=It **started to** snow.)
雪が降り始めた.
❷（出来事）をひき起こす
▸He **started** a fire with a match.
彼はマッチで火を起こした.
❸（機械など）を始動させる, 動かす
▸**start** a computer
コンピューターを立ち上げる
get stárted 始める, 取りかかる
▸Let's **get started**.
では始めましょう.
to stárt with まず第一に; 最初は
▸**To start with**, let's clean up the room.
まずはじめに, 部屋を片づけよう.
—名詞（複数 **starts** [stáːrts スターツ]）
❶ C **開始**, 始まり; **出発**(点), スタート
▸the **start** of a baseball season
野球シーズンの始まり
▸The song is slow at the **start**.
その歌は, 始まりはスローテンポだ.
▸make an early [a good] **start**
早くに出発する[いいスタートを切る]
❷ C《ふつう **a start** で》
（驚(おどろ)いて）びくっと動くこと
▸He looked back with **a start**.
彼はびくっとして振(ふ)り向いた.

starter [stáːrtər スタータ] 名詞
❶ C（スポーツの）先発メンバー
❷ C スタート合図係, スターター

startle [stáːrtl スタートゥる] 動詞（三単現 **startles** [-z]; 過去・過分 **startled** [-d]; 現分 **startling**）
他 …をびっくりさせる, ぎょっとさせる

starvation [stɑːrvéiʃn スターヴェイシャン] 名詞 U 飢餓(きが); 餓死

starve [stáːrv スターヴ] 動詞（三単現 **starves** [-z]; 過去・過分 **starved** [-d]; 現分 **starving**）自 餓死(がし)する; 飢(う)える
▸**starve** to death 餓死する
▸I'm **starving**!
おなかがぺこぺこだ.

˙state [stéit ステイト]

—名詞（複数 **states** [stéits ステイツ]）
❶ C **状態**, ようす
▸a **state** of emergency 非常事態
▸He is in a good **state** of health.
彼は良好な健康状態にある.
❷ C U《しばしば **State** で》**国家**, 国 ➡ **country** くらべよう;
（アメリカ・オーストラリアなどの）州
▸a welfare **state** 福祉(ふくし)国家
▸the **State** of Texas テキサス州
❸《**the States** で》
《口語》アメリカ合衆国（◆ふつうアメリカ人が国外で, 自国を指して用いる）
—動詞（三単現 **states** [stéits ステイツ]; 過去・過分 **stated** [-id]; 現分 **stating**）
他（意見など）**を明確に述べる**
▸She always **states** her opinions clearly. 彼女はいつも自分の意見をはっきりと述べる.

statement [stéitmənt ステイトメント] 名詞 C 述べること;（公式）声明, 声明書

statesman [stéitsmən ステイツマン] 名詞（複数 **statesmen** [stéitsmən ステイツマン]）C 政治家（◆女性に対しては stateswoman [stéitswùmən ステイツウマン]（複数 stateswomen [stéitswìmin ステイツウィミン]）という語もあるが, 最近は男女の性差別を避(さ)けるために statesperson [stéitspə̀ːrsn ステイツパ～スン]が使われる）

˙˙station [stéiʃn ステイシャン] 名詞（複数 **stations** [-z]）

❶ C **駅**;（バスの）発着所, ターミナル（◆ Sta. と略す）
▸a subway **station** 地下鉄の駅
▸a bus **station** バスターミナル
（◆ a bus terminal ともいう;「バス停」は bus stop）
▸Tokyo **Station** 東京駅

(◆駅名にはふつう the をつけない)
▶Change trains at the next **station**.
次の駅で電車を乗り換(か)えなさい.
❷ C 署, 局, …所
▶a police **station** 警察署
▶a TV **station** テレビ放送局
▶a power **station** 発電所
▶a gas [filling, 《英》petrol] **station** ガソリンスタンド(◆「ガソリンスタンド」は和製英語)

stationery [stéiʃənèri ステイショネリ] 名詞 U 文房(ぶんぼう)具; (封筒(ふうとう)とそろいのデザインの)便せん
➡ 巻頭カラー 英語発信辞典⑤

stationmaster [stéiʃnmæstər ステイシャンマぁスタ] 名詞 C 駅長

statue [stǽtʃuː スタぁチュー] 名詞 C 像, 彫像(ちょうぞう)(◆ふつう等身大以上の大きさのものを指す)

Statue of Liberty [stǽtʃuː əv líbərti スタぁチュー アヴ リバティ] 名詞 《**the Statue of Liberty** で》自由の女神(めがみ)像

文化 フランスからのプレゼント

the Statue of Liberty は, ニューヨーク湾(わん)のリバティー島(Liberty Island)にある高さ約 46 メートル(台をふくめると約 93 メートル)の像で, 右手で高くたいまつを掲(かか)げ, 左手には独立宣言書をかかえています. この像は, アメリカ合衆国の独立百周年を記念してフランスから贈(おく)られました. 像の内部はのぼることができます.

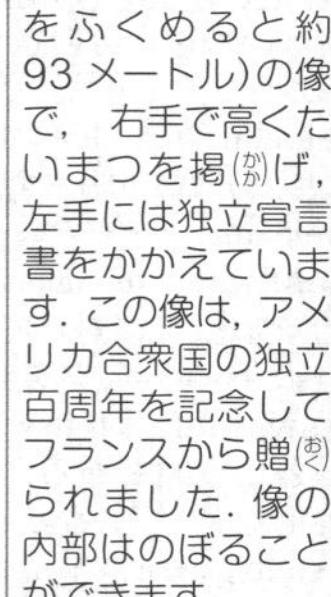

status [stéitəs ステイタス] 名詞 (複数 **statuses** [-iz])
❶ U (社会的)地位, 身分; 高い地位
❷ C 状態; 情勢

:stay [stéi ステイ]
—動詞 (三単現 **stays** [-z]; 過去・過分 **stayed** [-d]; 現分 **staying**) 自
❶ (ある場所に)**とどまる**; いる
▶**stay** home 家にいる
▶Bob **stayed** in bed until noon.
ボブは昼までベッドの中にいた.
▶Could you **stay** here?
ここにいてもらえますか?
❷ **滞在(たいざい)する**, 泊(と)まる; 《**stay at [in] + 場所で**》(場所)に滞在する; 《**stay with + 人で**》(人)の家に滞在する
▶**stay at** a hotel ホテルに泊まる
▶Please come (and) **stay with** us.
うちに泊まりに来てください.

ダイアログ
A: How long are you going to **stay** in the United States?
アメリカにはどのくらい滞在する予定ですか?
B: For two weeks.
2 週間です.

❸ 《**stay + 形容詞で**》…**のままでいる**
▶**stay** cool 冷静でいる
stay awáy (…から)はなれている; (…を)欠席する《from ...》
▶He has **stayed away from** school for a week.
彼は 1 週間学校を休んでいる.
stay úp
(寝(ね)ないで)起きている(同義語 sit up)
▶**stay up** all night 徹夜(てつや)する
—名詞 (複数 **stays** [-z]) C **滞在**
▶a short **stay** 短い滞在
▶Kota visited a lot of places during his **stay** in London.
光太はロンドン滞在中にたくさんの場所を訪(おとず)れた.
▶Have a nice **stay** in our hotel.
当ホテルでのご滞在をお楽しみください.

steadily [stédili ステディり] 副詞
着実に, 着々と; しっかりと

steady [stédi ステディ] 形容詞
(比較 **steadier**; 最上 **steadiest**)
一定の; 着実な; 安定した, しっかりした

▸**steady** progress　着実な進歩
▸a **steady** job　定職
▸Keep your camera **steady**.
カメラを動かさないようにしなさい.
——名詞（複数 **steadies** [-z]）
C《米口語》恋人(こいびと), 決まった異性の友人

steak [stéik ステイク]（★発音に注意）
名詞 U C ステーキ, ビーフステーキ（= beefsteak）;（肉や魚の）厚い切り身

ダイアログ
A: How would you like your **steak** (done)?　ステーキの焼きかげんはいかがいたしましょうか？
B: Rare [Medium, Well-done], please.　レア[ミディアム, ウェルダン]でお願いします.

˙steal [stíːl スティーる] 動詞

（三単現 **steals** [-z]; 過去 **stole** [stóul ストウる]; 過分 **stolen** [stóulən ストウるン]; 現分 **stealing**）
——他 ❶（人・場所から）…を**盗**(ぬす)**む**, こっそり取る《from ...》（♦力ずくで奪(うば)う場合は rob ➡ **rob** くらべよう）
▸Someone **stole** my bike.
だれかがわたしの自転車を盗んだ.
▸My bag was **stolen**.
わたしのかばんが盗まれた.
❷【野球】…に盗塁(とうるい)する
▸**steal** second base　二塁に盗塁する
——自 ❶（…から）盗みをする《from ...》
❷ こっそり行く[来る]
▸A cat **stole** into the kitchen.
ネコが台所に忍(しの)びこんだ.
❸【野球】盗塁をする

˙steam [stíːm スティーム]

——名詞 U **蒸気**, 湯気(ゆげ), スチーム
▸a **steam** locomotive
蒸気機関車
——動詞（三単現 **steams** [-z]; 過去・過分 **steamed** [-d]; 現分 **steaming**）
——自 蒸気を出す, 湯気を立てる
▸The kettle is **steaming**.
やかんから湯気が出ている.
——他 …を蒸(む)す, ふかす ➡ **cook** 図

steel [stíːl スティーる] 名詞 U 鋼鉄, 鋼(はがね)

steep [stíːp スティープ] 形容詞
（比較 **steeper**; 最上 **steepest**）
（斜面(しゃめん)などが）急な, 険しい
▸a **steep** slope　急な坂

steer [stíər スティア] 動詞
他（船など）の舵(かじ)をとる;（車）のハンドルを切る, …を操縦する
▸**steer** a boat　ボートの舵をとる

steering wheel [stíəriŋ *h*wìːl スティ(ア)リング (ホ)ウィーる] 名詞
C（自動車の）ハンドル
（♦×英語では handle といわない）
➡ **cars** 図; 舵輪(だりん)（♦船の舵(かじ)を操(あやつ)る輪状の取っ手）

stem [stém ステム] 名詞
❶ C（草木の）茎(くき), 幹(みき)
❷ C（道具の）柄(え),（グラスの）脚(あし)

˙step [stép ステップ]

名詞	❶ 歩み, 1歩 ❷ 足どり ❸ 足音; 足跡(あしあと) ❹ 段; 階段
動詞	❶ 歩く

——名詞（複数 **steps** [-s]）
❶ C **歩み, 1歩**; わずかの距離(きょり)
▸Take one **step** forward, please.
1歩前に出てください.
▸The station is only a **step** from here.　その駅はここからすぐです.
❷ C **足どり**; 歩き方, 走り方, 踊(おど)り方
▸She came with slow **steps**.
彼女はゆっくり歩いてやって来た.
❸ C **足音**; **足跡**（= footstep）
▸I heard **steps** outside the room.
部屋の外で足音が聞こえた.
❹ C（階段・はしごなどの）**段**, 踏(ふ)み段;（バスなどの）ステップ;
《**steps** で》（ふつう屋外の）**階段**, 石段（♦「屋内の階段」は stairs）
▸miss the bottom **step**
いちばん下の段を踏み外す
▸a flight of **steps**　ひと続きの階段
❺ C 手段, 方法;（目標への）一歩
▸a big **step** to success
成功への大きな一歩

stép by stép　一歩一歩, 着実に
wátch** one's **stép
足もとに気をつける; 用心して行動する
▸**Watch Your Step**
《掲示》足もと注意
——動詞（三単現 **steps** [-s]; 過去・過分 **stepped** [-t]; 現分 **stepping**）自

A B C D E F G H I J K L M N O P Q R S T U V W X Y Z

❶ (短い距離を)歩く, 進む

▸**step** into the room
部屋に足を踏み入れる

❷ (…を)踏む《on ...》

stép asíde わきへ寄る, 道を空ける

▸He **stepped aside** for her.
彼は彼女のために道を空けた.

stepladder [stéplæ̀dər ステップらぁダ]
名詞 C 脚立(きゃたつ)

stereo [stériòu ステリオウ] 名詞
C ステレオ装置(= stereo set)
U ステレオサウンド, 立体音響(おんきょう)

stern [stə́ːrn スタ〜ン] 形容詞
(比較 **sterner**; 最上 **sternest**)
(人・規則・処置などが)厳しい, 厳格な
(同義語 severe); (表情などが)厳しい, いかめしい

stew [stjúː ステュー] 名詞 C U シチュー
▸beef **stew** ビーフシチュー
── 動詞 他 …を(とろ火で)煮(に)る, シチューにする ➡ **cook** 図

steward [stjúːərd ステューアド] (★発音に注意) 名詞 C (船・列車などの)(男性の)乗客係(♦旅客機の客室乗務員はふつう flight attendant という;
対義語 stewardess(女性の)乗客係)

stewardess [stjúːərdəs ステューアデス]
(★発音に注意) 名詞
(複数 **stewardesses** [-iz])
C (船・列車などの)(女性の)乗客係, スチュワーデス(♦旅客機の客室乗務員はふつう flight attendant という;
対義語 steward (男性の)乗客係)

˙stick[1] [stík スティック] 動詞

(三単現 **sticks** [-s]; 過去・過分 **stuck** [stʌ́k スタック]; 現分 **sticking**)

── 他 ❶《**stick ... into** 〜または **stick 〜 with ...** で》…を〜に突(つ)き刺(さ)す

▸**stick** a fork **into** a potato
(=**stick** a potato **with** a fork)
フォークをポテトに突き刺す

❷ …をはりつける, くっつける

▸I'll **stick** a stamp on the envelope.
その封筒(ふうとう)に切手をはりますね.

❸ …を突っこむ

▸He **stuck** his hands <u>in</u> [into] his coat pockets.
彼はコートのポケットに手を突っこんだ.

── 自 ❶ 突き刺さる

▸A fish bone **stuck** in my throat.
魚の骨がのどに刺さった.

❷ くっつく; はまりこむ

▸A lizard was **sticking** to the window.
トカゲが窓にくっついていた.

stíck óut …を突き出す; 突き出る

▸He **stuck out** his tongue.
彼は舌を突き出した.
(♦軽べつを表すしぐさ)

stíck to ...
(主義・考えなど)に忠実である, …を守り抜(ぬ)く; (仕事など)を最後までやり抜く

▸I'll **stick to** my decision.
わたしは自分の決心を貫(つらぬ)く.

stick[2] [stík スティック] 名詞
(複数 **sticks** [-s])

❶ C 棒切れ, 棒; (切り取った)小枝

▸a **stick** of celery セロリ 1 本

❷ C 《主に英》つえ, ステッキ
(= walking stick) (同義語 cane)

❸ C (ホッケーなどの)スティック

sticker [stíkər スティカ] 名詞
C ステッカー, はり札

sticky [stíki スティキ] 形容詞
(比較 **stickier**; 最上 **stickiest**)
ねばねばした, べとべとする; 蒸(む)し暑い

stiff [stíf スティふ] 形容詞
(比較 **stiffer**; 最上 **stiffest**)

❶ (紙・革(かわ)などが)(曲がらずに)かたい; (筋肉が)こわばった

❷ (態度などが)かたくるしい

⁑still [stíl スティる]

── 副詞 ❶ まだ, 今でも (♦物事が予想以上に長く続いているときに用いる)

▸Is John **still** in bed?
ジョンはまだ寝(ね)ているの?

▸Mary **still** lives in Boston.
メアリーは今でもボストンに住んでいる.

❷《比較級を強調して》
さらに, なおいっそう(同義語 even)

▸I have a **still better** idea.
わたしにはさらにいい考えがあります.

❸ それでも, それにもかかわらず

▸The watch is expensive, but **still** I want it.
その腕(うで)時計は高いが, それでもほしい.

── 形容詞 (比較 **stiller**; 最上 **stillest**)
静かな, 音のしない; 静止した, 動かない

▸a **still** night (風のない)静かな夜

stilt [stílt スティるト] 名詞
C《ふつう **stilts** で》竹馬

sting [stíŋ スティンゲ] 動詞
(三単現 **stings** [-z]; 過去・過分 **stung** [stʌ́ŋ スタンゲ]; 現分 **stinging**)
他 …を針[とげ]で刺(さ)す; (体)をひりひりさせる
▸A bee **stung** my arm [me on the arm]. ハチがわたしの腕(うで)を刺した.
——自 刺す; ひりひりする
——名詞 ❶ C (ハチの)針; (植物の)とげ
❷ C 刺すこと; 刺し傷

stir [stə́ːr スター] 動詞 (三単現 **stirs** [-z]; 過去・過分 **stirred** [-d]; 現分 **stirring**)
他 ❶ …をかき回す, かき混ぜる; …を(…に)入れて混ぜる《into ...》
❷ …を(軽く)動かす, 揺(ゆ)り動かす

stitch [stítʃ スティッチ] 名詞 (複数 **stitches** [-iz]) C ひと針, ひと縫(ぬ)い; C U (刺繍(しゅう)の)ステッチ
▸ ことわざ A **stitch** in time saves nine. 今日の一針, 明日の十針.
(◆「早めに一針縫っておけば, あとで九針縫う手間が省ける」の意味から)

stock [sták スタック] 名詞
❶ U C 在庫品, ストック;
C 貯蔵(ちょぞう), 蓄(たくわ)え
▸We have a large **stock** of children's shoes.
当店では子供用の靴(くつ)を豊富に置いています.
▸The DVD is in [out of] **stock**.
その DVD は在庫があります[切れています].
❷ C U 株, 株式
——動詞 他 (店が) (商品) を置いている; (品物)を仕入れる; …を蓄える

Stockholm [stákhoum スタックホウム]
名詞 ストックホルム
(◆スウェーデンの首都)

stocking [stákiŋ スタキンゲ] 名詞
(複数 **stockings** [-z])
C《ふつう **stockings** で》ストッキング, (長い)靴下(くつした)(◆ひざ, またはひざ上まであるものを指す)
▸a pair of **stockings**
ストッキング 1 足

stole [stóul ストウる] 動詞
steal(…を盗(ぬす)む)の過去形

stolen [stóulən ストウるン] 動詞
steal(…を盗(ぬす)む)の過去分詞

stomach [stʌ́mək スタマック]
(★発音に注意) 名詞
❶ C 胃
▸He has a strong [weak] **stomach**.
彼は胃がじょうぶだ[弱い].
▸I have a pain in my **stomach**.
胃[おなか]が痛いんです.
❷ C《口語》腹, 腹部

stomachache [stʌ́məkèik スタマックエイク] 名詞 C U 胃痛, 腹痛
▸I've had a **stomachache** since this morning.
今朝からずっと胃[おなか]が痛い.

◆**stone** [stóun ストウン] 名詞
(複数 **stones** [-z])
❶ C 石, 小石, 石ころ
(◆《米》では rock ということが多い)
▸Don't throw **stones**. 石を投げるな.
❷ U (材料としての)石, 石材
▸These buildings are made of **stone**. これらの建物は石造りです.
❸ C (サクランボなどのかたい)種

stony [stóuni ストウニ] 形容詞
(比較 **stonier**; 最上 **stoniest**)
❶ (地面が)石の多い, 石だらけの
❷ 冷ややかな; (目つきなどが)無表情な

◆**stood** [stúd ストゥッド] 動詞
stand(立つ)の過去形・過去分詞

stool [stúːl ストゥーる] 名詞
C (背・ひじかけのない)いす, 腰(こし)かけ, スツール ➡ **chairs** 図

stoop [stúːp ストゥープ] 動詞
自 かがむ, 前かがみになる
——名詞《**a stoop** で》前かがみ(の姿勢), 猫背(ねこぜ)

⁑**stop** [stáp スタップ]

動詞	自	❶ **止まる**
		❷ **泊(と)まる**
	他	❶ **…を止める**
		❷ **…を妨(さまた)げる**
名詞		❶ **止まること**
		❷ **停留所**

——動詞 (三単現 **stops** [-s]; 過去・過分 **stopped** [-t]; 現分 **stopping**)
——自 ❶ **止まる**, 停止する; やむ
▸The bus **stopped** near the park.
バスはその公園の近くで止まった.

▸Will the snow **stop** soon?
雪はすぐにやむでしょうか？
❷ **泊まる**, 滞在(たいざい)する(同義語 stay)
▸**stop** at a hotel　ホテルに泊まる
—他 ❶ **…を止める**, 停止させる；
…を中止する, 中断する；
《**stop + ...ing** で》…することをやめる
▸**Stop** the car.　車を止めなさい.
▸Don't **stop** the music, please.
音楽を止めないでください.
▸I must **stop eating** too much.
わたしは食べ過ぎをやめなければならない.

ルール stop のあとの動詞の形

1 「stop + ...ing」は「…することをやめる」という意味です.
▸I **stopped watching** TV.
わたしはテレビを見るのをやめた.
2 「stop + to + 動詞の原形」は「…するために立ち止まる」という意味です.
▸I **stopped to** watch TV.
わたしはテレビを見るために立ち止まった.

stop watching

stop to watch

❷ **…を妨げる**, やめさせる；
《**stop + 人 + (from +) ...ing** で》
(人)が…するのを妨げる, やめさせる
▸She **stopped** him **(from) talking** without a break.
彼女は彼が休みなく話し続けるのをやめさせた.
stóp bý　《口語》立ち寄る；…に立ち寄る
▸I'll **stop by** your place later.
あとであなたの家に寄りますね.
stóp ín　① 《口語》(人の家・店などに)途中(とちゅう)で立ち寄る《at ...》
② 《英》(外出しないで)家にいる
stóp óver
(旅行の途中で)(…に)泊まる；(飛行機などが)途中で(…に)立ち寄る《at [in] ...》
—名詞 (複数 **stops** [-s])
❶ C **止まること**, 停止, 停車
▸This train will make a brief **stop** at the next station.
この列車は次の駅に短時間停車します.
❷ C **停留所**, 駅
▸a bus **stop**　バスの停留所

stopped [stάpt スタップト] 動詞
stop(止まる)の過去形・過去分詞

stopping [stάpiŋ スタピング] 動詞
stop(止まる)の現在分詞・動名詞

⁑store [stɔ́ːr ストーア]

—名詞 (複数 **stores** [-z])
❶ C **店**
▸a food **store**　食料品店
▸run [keep] a **store**　店を経営する
❷ C (…の)**蓄**(たくわ)**え**；多量(の…)《of ...》
▸a **store of** food　食糧(しょくりょう)の蓄え
—動詞 (三単現 **stores** [-z]；
過去・過分 **stored** [-d]；現分 **storing**)
他 **…を蓄える**, 貯蔵(ちょぞう)する
▸**store** important data
重要なデータを蓄える

stored [stɔ́ːrd ストーアド] 動詞
store(…を蓄(たくわ)える)の過去形・過去分詞

storehouse [stɔ́ːrhàus ストーアハウス]
名詞 C 倉庫, 貯蔵(ちょぞう)所

storekeeper [stɔ́ːrkìːpər ストーアキーパ] 名詞 C 《米》店主, 小売商人
(◆《英》shopkeeper)

storeroom [stɔ́ːrrùːm　ストーアルーム]
名詞 C 貯蔵(ちょぞう)室, 物置

storey [stɔ́ːri ストーリ] 名詞
《英》= story[2](階)

stories [stɔ́ːriz ストーリズ] 名詞
story[1](話), story[2](階)の複数形

storing [stɔ́ːriŋ ストーリング] 動詞
store(…を蓄(たくわ)える)の現在分詞・動名詞

stork [stɔ́ːrk ストーク] 名詞 C
【鳥類】コウノトリ(◆欧米(おうべい)には赤ちゃんを運んで来るという言い伝えがある)

storm [stɔ́ːrm ストーム] 名詞
C あらし, 暴風雨；《**a storm of ...** で》
(拍手(はくしゅ)など)のあらし
▸He went out in the **storm**.
彼はあらしの中を出ていった.
▸**a storm of** applause
あらしのような拍手

stormy [stɔ́ːrmi ストーミ] 形容詞
(比較 **stormier**；最上 **stormiest**)
あらしの, 暴風雨の；(議論などが)激しい

:story¹ [stɔ́ːri ストーリ] 名詞
(複数 **stories** [-z])
❶ C (事実に基(もと)づく)話; (新聞などの)記事
▸Tell me the **story**.
その話をわたしにしてください.
▸It's a long **story**.
話せば長くなりますよ.
❷ C (作られた)**物語**, 話; 小説
(♦novelより短い「小説」を指す); 伝記
▸a short **story** 短編小説
▸a ghost **story** 怪談(かいだん)
❸ C 由来, 経歴; うわさ
❹ C 《口語》作り話, うそ
▸tell **stories** 作り話をする, うそを言う

story², 《英》storey [stɔ́ːri ストーリ]
名詞 (複数 **stories** [-z])
C (建物の)階(♦「…階建て」を表すときに用いる; 個々の「階」はfloor)
▸a six-**story** building 6階建ての建物

stout [stáut スタウト] 形容詞
(比較 **stouter**; 最上 **stoutest**)
❶ 体格のよい, 太った(♦fatよりていねいな語); (ものが)頑丈(がんじょう)な, じょうぶな
❷《名詞の前に用いて》強い, 勇敢(ゆうかん)な
(同義語 brave)

stove [stóuv ストウヴ] 名詞
❶ C 《米》(料理用の)レンジ, こんろ
(= cooking stove)(♦《英》cooker)
❷ C (暖房(だんぼう)用の)ストーブ

St. Paul's
[sèint pɔ́ːlz セイント ポーるズ]
名詞 セントポール大聖堂
(= St. Paul's Cathedral)
(♦ロンドンの名所の一つで有名人の墓が多くある)

˙straight [stréit ストゥレイト]
(★発音に注意)
—形容詞 (比較 **straighter**;
最上 **straightest**)
❶ **まっすぐな**
▸a **straight** line 直線
▸a **straight** road まっすぐな道
❷ 正直な, 率直(そっちょく)な(同義語 honest)
▸a **straight** opinion 率直な意見
—副詞 (比較・最上 は 形容詞 に同じ)
まっすぐに; 直立して; 率直に
▸Go **straight** along this road.
この道をまっすぐに行きなさい.
▸Come **straight** home.
まっすぐ帰ってきなさい.

straighten [stréitn ストゥレイトゥン]
動詞 他
❶ (体・もの)をまっすぐにする, 伸(の)ばす
❷ …をきちんとする, 整とんする

strain [stréin ストレイン] 名詞
C U (精神的な)緊張(きんちょう); 負担, 重圧
—動詞 他
❶ (ロープなど)を張る, 引っ張る
❷ (体の一部など)を最大限使う;
(使い過ぎて)…を痛める

strait [stréit ストゥレイト] 名詞
C 海峡(かいきょう)

˙strange
[stréindʒ ストゥレインヂ] 形容詞
(比較 **stranger**; 最上 **strangest**)
❶ **不思議(ふしぎ)な**, 変な, 奇妙(きみょう)な
(同義語 odd, queer)
▸A **strange** thing happened.
奇妙なことが起きた.
▸That's **strange**. それは変ですね.
❷ **見知らぬ**, 未知の; 初めての
▸a **strange** place 見知らぬ場所

strangely [stréindʒli ストゥレインヂり]
副詞《文全体を修飾(しゅうしょく)して》
奇妙(きみょう)なことに; 奇妙に, 変に

stranger [stréindʒər ストゥレインヂャ]
名詞 ❶ C 見知らぬ人
▸The man is a total **stranger** to me.
その男性はわたしの全く知らない人だ.
❷ C 初めて来た人, 不案内な人

ダイアログ
A: Could you tell me the way to the city library? 市立図書館への道順を教えてくださいますか?
B: I'm sorry. I'm a **stranger** here. すみません. この辺りはわたしも初めてなのです.

strap [strǽp ストゥラぁップ] 名詞
C ひも, 革(かわ)ひも, バンド; (携帯(けいたい)電話などの)ストラップ; (電車などの)つり革; (ドレスなどの)肩(かた)ひも
➡ **clocks and watches** 図

strategy [strǽtədʒi ストゥラぁテヂィ]
名詞 (複数 **strategies** [-z])
U 戦略; 作戦; C 計画, 対策

straw [strɔ́ː ストゥロー] 名詞
C U わら, 麦わら; C ストロー
▸a **straw** hat 麦わら帽子(ぼうし)
▸ことわざ A drowning man will catch at a **straw**.
おぼれる者はわらをもつかむ.
(◆「困ったときにはどんな小さなことにもたよろうとする」の意味)

strawberry [strɔ́ːbèri ストゥローベリ]
(★アクセントに注意) 名詞
(複数 **strawberries** [-z])
C【植物】イチゴ(の実)

stray [stréi ストゥレイ] 動詞
自 道に迷う, はぐれる; さまよう
──形容詞《名詞の前に用いて》
道に迷った, はぐれた
▸a **stray** dog
のらイヌ

stream [stríːm ストゥリーム] 名詞
❶ C 小川(◆ river より小さく, brook より大きい川を指す)
▸cross a **stream** 小川を渡(わた)る
❷ C (水・空気・人・車などの)流れ
──動詞 自 流れる, 流れ出す

streamlined [stríːmlàind ストゥリームラインド] 形容詞 流線型の

street [stríːt ストゥリート] 名詞
(複数 **streets** [stríːts ストゥリーツ])
❶ C (両側に建物の並んでいる)**通り**, 街路 ➡ **road** くらべよう
▸a shopping **street**
商店街
▸a busy **street**
人通りの激しい通り
▸cross the **street**
通りを横切る
▸walk along the **street**
通りを歩く
▸Go down this **street**, and you'll find the post office.
この通りを行けば, 郵便局があります.
▸I met Meg on [《英》in] the **street**.
わたしは通りでメグに会った.
❷《**Street** で》…通り, …街(◆ St. と略す)

streetcar [stríːtkɑ̀ːr ストゥリートカー]
名詞 C《米》市街電車, 路面電車(◆《英》tram, tramcar [trǽmkɑ̀ːr トラぁムカー])

strength [stréŋkθ ストゥレンクす] 名詞
U 力, 体力; C U (人・性格などの)強さ, 長所
▸**strength** of will 意志の強さ

strengthen [stréŋkθn ストゥレンクすン]
動詞 他 …を強くする
──自 強くなる

stress [strés ストゥレス] 名詞
(複数 **stresses** [-iz])
❶ U C 圧迫(あっぱく), 緊張(きんちょう), (精神的)ストレス
▸She is under great **stress**.
彼女は強いストレスを感じている.
❷ U 強調, 重点, 重視;
C【音声】強勢, アクセント
──動詞 (三単現 **stresses** [-iz];
過去・過分 **stressed** [-t];
現分 **stressing**) 他
❶ …を強調する, 力説する
❷【音声】…に強勢[アクセント]を置く

stretch [strétʃ ストゥレッチ] 動詞
(三単現 **stretches** [-iz]; 過去・過分 **stretched** [-t]; 現分 **stretching**) 他
(手足など)を伸(の)ばす(同義語 extend);
(ロープなど)を張る; …を広げる
▸**stretch** *one's* arm 腕(うで)を伸ばす
──自 広がる; 手足を伸ばす; 伸びる
──名詞 (複数 **stretches** [-iz])
❶ C《ふつう単数形で》伸びること, 伸ばすこと; 伸び
❷ C (空間・時間などの)広がり, ひと続き

stretcher [strétʃər ストゥレッチャ] 名詞
C 担架(たんか)

strict [stríkt ストゥリクト] 形容詞
(比較 **stricter**; 最上 **strictest**)
厳格な, 厳しい(同義語 severe)
▸a **strict** teacher 厳格な教師

strictly [stríktli ストゥリクトり] 副詞
厳しく; 厳密に

stridden [strídn ストゥリドゥン] 動詞
stride(大またで歩く)の過去分詞

stride [stráid ストゥライド] 動詞 (三単現 **strides** [-z]; 過去 **strode** [stróud ストゥロウド]; 過分 **stridden** [strídn ストゥリドゥン]; 現分 **striding**)
自 大またで歩く
—名詞
❶ C 大またで歩くこと; 大またの1歩
❷ C 進歩, 前進

˙strike [stráik ストゥライク]
—動詞 (三単現 **strikes** [-s]; 過去 **struck** [strʌ́k ストゥラック]; 過分 **struck**; 現分 **striking**)
—他 ❶ **…を打つ**, たたく, なぐる; (時計が)(時)を打つ
▸**strike** a ball with a bat バットでボールを打つ
▸The clock **struck** ten. 時計が10時を打った.
❷ **…にぶつかる**; (体の一部など)を(…に)ぶつける《against [on] …》
▸The car **struck** a tree. その車は木にぶつかった.
❸ (マッチ)をする; (火)をつける
❹ (考えなどが)(人の心)に急に浮(う)かぶ; (人)の心を打つ(◆進行形にはしない)
▸A wonderful idea **struck** me. すばらしい考えが急に浮かんだ.
—自 ❶ (…をめがけて)打つ, なぐりかかる《at …》; (…に)ぶつかる, 衝突(しょうとつ)する《against [on] …》
❷ ストライキをする
—名詞 (複数 **strikes** [-s])
❶ C 打つこと
❷ C U ストライキ
❸ C【野球】ストライク (対義語 ball ボール); (ボウリングの)ストライク
➡ **baseball** 図

strikeout [stráikàut ストゥライクアウト] 名詞 C【野球】三振(さんしん)

striking [stráikiŋ ストゥライキング] 動詞 strike(…を打つ)の現在分詞・動名詞
—形容詞 際立(きわだ)った, 目立つ, 印象的な

string [stríŋ ストゥリング] 名詞
❶ U C ひも, 糸 (◆ thread より太く cord より細いものを指す);
C (衣服などの)ひも, リボン
▸a piece of **string** 1本の糸
▸I tied the package with (some) **string**. わたしはその包みをひもでしばった.
❷ C (糸などを通した)ひとつなぎ(の…), (人・車などの)ひと続き《of …》
▸a **string of** beads 糸に通したビーズ
❸ C (弓の)つる; (楽器の)弦(げん); 《**the strings** で》弦楽器(全体)

strip[1] [stríp ストゥリップ] 動詞 (三単現 **strips** [-s]; 過去・過分 **stripped** [-t]; 現分 **stripping**)
他 (服など)を脱(ぬ)がせる, (人など)をはだかにする; (果物(くだもの)など)の皮(かわ)をむく

strip[2] [stríp ストゥリップ] 名詞
C (布などの)細長い一片(いっぺん); (土地などの)細長い部分《of …》
▸a **strip of** paper 細長い紙切れ

stripe [stráip ストゥライプ] 名詞
C しま, 筋, ストライプ

striped [stráipt ストゥライプト] 形容詞
しま[筋]のある, ストライプの

strode [stróud ストゥロウド] 動詞
stride(大またで歩く)の過去形

stroke[1] [stróuk ストゥロウク] 名詞
❶ C 一撃(いちげき), 一打
❷ C (水泳の)ひとかき; (テニスなどの)一打; (ボートの)ひとこぎ; 一筆
❸ C 脳卒中; 発作(ほっさ)

stroke[2] [stróuk ストゥロウク] 動詞 (三単現 **strokes** [-s]; 過去・過分 **stroked** [-t]; 現分 **stroking**) 他 …をなでる, さする
—名詞 C なでること, ひとなで

stroll [stróul ストゥロウル] 動詞
自 ぶらつく, 散歩する
▸**stroll** along the beach 海辺をぶらぶら歩く
—名詞 C《ふつう **a stroll** で》ぶらぶら歩き, 散歩

stroller [stróulər ストゥロウら] 名詞
C《米》ベビーカー

:strong [strɔ́ːŋ ストゥローング] 形容詞
(比較 **stronger**; 最上 **strongest**)
❶ **強い**, じょうぶな; (意志などが)強固な; 強烈(きょうれつ)な (対義語 weak 弱い)
▸a **strong** person 力の強い人
▸a **strong** wind 強い風
▸**strong** cloth じょうぶな布
▸a **strong** will 強固な意志
▸a **strong** smell 強烈なにおい
❷《口語》得意な, じょうずな (対義語 weak 苦手な)
▸I'm **strong** in [at] science.

わたしは科学が得意だ.

❸ (茶などが)濃(こ)い
(対義語 weak 薄(うす)い); (酒・薬が)強い

▸**strong** coffee
濃いコーヒー

❹《数詞のあとに用いて》
人員が…の, 総勢…の

▸four thousand-**strong** members
総勢4千人の会員

strongly [strɔ́ːŋli ストゥローングり] 副詞
強く; 強硬(きょうこう)に; 強固に

strove [stróuv ストロウヴ] 動詞
strive(奮闘(ふんとう)する)の過去形

struck [strʌ́k ストゥラック] 動詞
strike(…を打つ)の過去形・過去分詞

structure [strʌ́ktʃər ストゥラクチャ]
名詞 U C 構造; 組織; C 建造物

struggle [strʌ́gl ストゥラグる] 動詞
(三単現 **struggles** [-z]; 過去・過分 **struggled** [-d]; 現分 **struggling**) 自

❶ もがく; (…と)戦う《with ...》

▸**struggle with** illness
病気と闘(たたか)う

❷ (…を求めて)奮闘(ふんとう)する《for ...》

▸**struggle for** peace
平和を求めて奮闘する

—名詞 ❶ C もがき, 戦い
❷ C 努力

stubborn [stʌ́bərn スタボン] 形容詞
頑固(がんこ)な, 強情(ごうじょう)な

stuck [stʌ́k スタック] 動詞 stick
(…を突(つ)き刺(さ)す) の過去形・過去分詞

student [stjúːdnt ステューデント] 名詞 (複数 **students** [stjúːdnts ステューデンツ])

❶ C **学生**, 生徒

▸We are junior high school **students**. わたしたちは中学生です.

▸a college **student** 大学生

▸a **student** at Tokyo University
東京大学の学生

❷ C (…の)研究者, 研究家《of ...》

student teacher [stjúːdnt tíːtʃər ステューデント ティーチャ] 名詞 C 教育実習生

studied [stʌ́did スタディド] 動詞
study(…を勉強する)の過去形・過去分詞

studies [stʌ́diz スタディズ] 動詞
study(…を勉強する)の三人称単数現在形

—名詞 study(研究)の複数形

studio [stjúːdiòu ステューディオウ] (★発音に注意) 名詞 (複数 **studios** [-z])
C (画家・写真家などの)仕事場, アトリエ, スタジオ; (放送局の)スタジオ

study [stʌ́di スタディ]

—動詞 (三単現 **studies** [-z]; 過去・過分 **studied** [-d]; 現分 **studying**)

—他 …**を勉強する**, 学ぶ, 研究する

➡ **learn** くらべよう

▸**study** math 数学を勉強する

▸I'm going to **study** Japanese history in [at] college.
わたしは大学で日本史を研究するつもりだ.

▸I **studied** English for three hours yesterday.
わたしは昨日, 3時間英語の勉強をした.

—自 勉強する, 研究する

▸Sarah is **studying** in her room now. サラは今, 自室で勉強している.

—名詞 (複数 **studies** [-z])

❶ U (一般的な)**勉強**, 勉学
(対義語 play 遊び)

▸English **study** 英語の勉強

❷ C《しばしば **studies** で》
(特定分野の)**研究**, 調査

▸**studies** of Canadian wild animals カナダの野生動物の研究

❸ C 書斎(しょさい), 勉強部屋

stuff [stʌ́f スタふ] 名詞

❶ U 材料, 原料(同義語 material)

▸cooking **stuff** 料理の材料

❷ U《口語》(漠然(ばくぜん)とした)もの, 物質; 物事(◆何だかわからない, またははっきり言う必要がない場合に用いる)

▸Don't leave your **stuff** here.
ここにあなたのものを置いていかないで.

—動詞 他 …に詰(つ)めこむ; …に詰め物をする; …を詰めこむ

▸I **stuffed** my clothes in the bag.
わたしはかばんに洋服を詰めた.

stuffed animal [stʌ́ft ǽnəml スタふト あニムる] 名詞 C《米》ぬいぐるみ
(◆《英》soft toy)

stumble [stʌ́mbl スタンブる] 動詞
(三単現 **stumbles** [-z]; 過去・過分 **stumbled** [-d]; 現分 **stumbling**)
自 (…に)つまずく《over [on] ...》;
よろめきながら歩く

stump [stʌ́mp スタンプ] 名詞

❶ C (木の)切り株
❷ C 切れ端(はし), (えんぴつなどの)使い残し

stun [stʌ́n スタン] 動詞 (三単現 **stuns** [-z]; 過去・過分 **stunned** [-d]; 現分 **stunning**) 他 …をぼう然とさせる; 《**be stunned** で》ぼう然とする

stung [stʌ́ŋ スタング] 動詞 sting(…を針[とげ]で刺(さ)す)の過去形・過去分詞

stupid [stjúːpid ステューピッド] 形容詞 (比較 **stupider** または **more stupid**; 最上 **stupidest** または **most stupid**) ばかな, 愚(おろ)かな(同義語 foolish, silly)
▸a **stupid** question
ばかげた質問
▸Don't be so **stupid**!
ばかを言うな; ばかなことをするな.

St. Valentine's Day [sèint vǽləntainz dèi セイント ヴぁれンタインズ デイ] 名詞 聖バレンタイン祭, バレンタインデー(◆2月14日に恋人(こいびと)・友人・先生などにカードやプレゼントを贈(おく)る) ➡ **valentine**

> **文化 男性からも贈り物**
> 日本では女性から男性にチョコレートを贈り, 愛を告白する日とされていますが, 欧米(おうべい)では男性からもプレゼントやカードを贈ります. また, 感謝の意味で家族や友人に贈ることもあります. なお, 3月14日の「ホワイトデー」は欧米にはありません.

style [stáil スタイる] 名詞
❶ C U (生活・行動などの)様式, やり方; (芸術・建築などの)様式; 文体
▸the Japanese **style** of living
日本の生活様式
▸her **style** of speaking
彼女の話し方
▸the Gothic **style** ゴシック様式
❷ C U (服などの)(流行の)型, スタイル (◆「体型」の意味の「スタイル」は figure)
▸These clothes are in [out of] **style** now. 今, これらの洋服は流行している[流行遅(おく)れだ].

stylish [stáiliʃ スタイりッシ] 形容詞 おしゃれな, かっこいい

:**subject** [sʌ́bdʒikt サブヂェクト] 名詞 (複数 **subjects** [sʌ́bdʒikts サブヂェクツ])
❶ C 教科, 科目, 学科
➡ 巻頭カラー 英語発信辞典②

> **ダイアログ**
> A: Which **subject** do you like (the) best?
> どの科目がいちばん好きですか?
> B: I like English (the) best.
> 英語がいちばん好きです.

❷ C (研究・論文などの)主題, 題目; 話題 (同義語 theme)
▸a **subject** of research 研究のテーマ
▸Let's change the **subject**.
話題を変えましょう.
❸ C【文法】主語, 主部

subjective [səbdʒéktiv サブヂェクティヴ] 形容詞
❶ 主観的な(対義語 objective 客観的な)
❷【文法】主格の

submarine [sʌ́bməriːn サブマリーン] 名詞 C 潜水艦(せんすいかん)

subscribe [səbskráib サブスクライブ] 動詞 (三単現 **subscribes** [-z]; 過去・過分 **subscribed** [-d]; 現分 **subscribing**) 自 (新聞・雑誌などを)定期購読(こうどく)する[している]; (ケーブルテレビなどに)加入する[している]《to ...》

substance [sʌ́bstəns サブスタンス] 名詞 ❶ C 物質, 物体, もの
❷ U 本質, 内容, 中身

substitute [sʌ́bstitjùːt サブスティテュート] 名詞 C (…の)代用品, 代理人; 代役, 補欠《for ...》
— 動詞 (三単現 **substitutes** [sʌ́bsti-tjùːts サブスティテューツ]; 過去・過分 **substituted** [-id]; 現分 **substituting**)
他 …を(…の)代わりに使う《for ...》
— 自 (…の)代わりをする《for ...》

subtle [sʌ́tl サトゥる] (★発音に注意) 形容詞 (比較 **subtler**; 最上 **subtlest**) かすかな, ほのかな; 巧(たく)みな

subtract [səbtrǽkt サブトゥラぁクト] 動詞 他 (…から)…をひく, 減らす《from ...》(対義語 add …を加える)
▸**Subtract** three **from** eight and you have five. 8ひく3は5.
— 自 ひき算をする

subtraction [səbtrǽkʃn サブトゥラぁクシャン] 名詞 C U ひき算

·**suburb** [sʌ́bəːrb サバ〜ブ] 名詞 (複数 **suburbs** [-z])

A B C D E F G H I J K L M N O P Q R S T U V W X Y Z

C 郊外(こうがい)(の1地区);
《the suburbs で》郊外(全体), 近郊
▸We live in **the suburbs** of Tokyo.
わたしたちは東京の郊外に住んでいる.

⁺subway [sʌ́bwèi サブウェイ]

名詞 (複数 **subways** [-z])
❶ C 《米》**地下鉄**
(◆《英》underground, 《英口語》tube)
▸She goes to work by **subway**.
彼女は地下鉄で通勤している.
(◆手段を表す by のあとは無冠詞)
❷ C 《英》 地下道 (◆《米》 underpass [ʌ́ndərpæ̀s アンダパぁス])

⁺succeed [səksíːd サクスィード]

動詞 (三単現 **succeeds** [səksíːdz サクスィーヅ]; 過去・過分 **succeeded** [-id]; 現分 **succeeding**)
—自 ❶ **成功する**, うまくいく
(対義語 fail 失敗する);
《**succeed in ...** で》…に成功する
▸She **succeeded** as an actor.
彼女は俳優として成功した.
▸They **succeeded in** climbing Mt. Everest.
彼らはエベレスト山の登頂に成功した.
❷《**succeed to ...** で》
(仕事・財産など)**を引き継**(つ)**ぐ**
▸Tom **succeeded to** the family business. トムは家業を引き継いだ.
—他 (人)のあとを継ぐ

⁺success [səksés サクセス]

(★アクセントに注意) 名詞
(複数 **successes** [-iz])
❶ U (…における)**成功**, 出世《in ...》
(対義語 failure 失敗)
▸I wish you **success**.
ご成功をお祈(いの)りしています.
▸As a singer, she has a chance of **success**. 歌手として, 彼女には成功する見こみがある.
❷ C 成功者, 成功したこと
▸The concert was a great **success**.
コンサートは大成功だった.

successful [səksésfl サクセスふる]

形容詞 成功した, うまくいった; 出世した
▸a **successful** person 成功者
▸His operation was **successful**.
彼の手術は成功した.

successfully [səksésfli サクセスふり]

副詞 首尾(しゅび)よく, みごとに, うまく

succession [səkséʃn サクセシャン]

名詞 ❶ C U 連続(同義語 series);
《**a succession of ...** で》一連の…
❷ U (財産・地位などの)相続, 継承(けいしょう)
in succéssion 連続して, 次々に

successor [səksésər サクセサ] 名詞

C (…の)あとにくるもの, 後継(こうけい)者, 後任; 相続人《to ...》

⁑such [sʌ́tʃ サッチ] 形容詞

❶《**such** + (a [an] +) **名詞**で》
そのような, **このような**, そんな, こんな
▸I don't know **such** a person.
そのような人は知りません.
▸Correct all **such** mistakes.
そのような誤りはすべて訂正(ていせい)しなさい. (◆all, any, many, no, some などは such の前に置く)
❷《**such** + (a [an] +) **形容詞**+**名詞**で》
そんなに…な, このように…な; 非常に…な
▸I can't get ready in **such a** short time.
そんなに短い時間で準備はできません.

> **ルール such と so**
>
> どちらも形容詞を強調しますが, such はあとに「(a [an]) + 形容詞 + 名詞」がくるのに対して, so はふつう形容詞だけが続きます.
> ▸He is **such a** kind person.
> 彼はとても親切な人だ.
> ▸He is **so** kind.
> 彼はとても親切だ.

such as ... (例えば)…のような, …などの
▸Tom doesn't eat vegetables **such as** carrots and broccoli.
トムはニンジンやブロッコリーのような野菜を食べない.
such ... as ～ ～のような…
▸Kate likes **such** winter sports **as** skiing and skating.
ケイトはスキーやスケートのようなウインタースポーツが好きだ.
súch ... that ～ とても…なので～だ
▸It was **such** a lovely day **that** we played soccer outside.
とてもいい天気だったので, わたしたちは外でサッカーをした.

suck [sʌ́k サック] 動詞

他 (液体)を吸う, すする;
(指・あめなど)をしゃぶる
——自 吸う; しゃぶる

sudden [sʌ́dn サドゥン] 形容詞
突然(とつぜん)の, 不意の
▸a **sudden** stop 急停車
——名詞《次の成句で用いる》
áll of a súdden
突然, 不意に(同義語 suddenly)

˙suddenly [sʌ́dnli サドゥンり]
副詞 **突然(とつぜん), 不意に, 急に**
▸**Suddenly**, he started laughing.
突然, 彼は笑い出した.

suffer [sʌ́fər サふァ] 動詞
他 (苦痛・傷害など)を受ける, 被(こうむ)る
▸**suffer** pain 苦痛を受ける
——自 (…で)苦しむ, 悩(なや)む《from [for, with] ...》; (病気に)かかっている《from ...》
▸He is **suffering from** a bad cold.
彼はひどい風邪(かぜ)をひいている.

suffering [sʌ́fəriŋ サふァリング] 名詞
U 苦痛; 《ふつう **sufferings** で》苦難

sufficient [səfíʃnt サふィシェント]
形容詞 (…に) 十分な《for ...》
(同義語 enough)

˙sugar [ʃúgər シュガ] 名詞
U **砂糖**
▸a lump of **sugar** 角砂糖1個
▸He put two spoonfuls of **sugar** in his tea.
彼は紅茶に2さじの砂糖を入れた.
(◆《口語》では角砂糖や1さじの砂糖を a sugar, two sugars のように数えることもある)

sugarcane [ʃúgərkèin シュガケイン]
名詞 C 【植物】サトウキビ
▸**sugarcane** fields
サトウキビ畑

˙suggest
[səgdʒést サ(グ)ヂェスト] 動詞
(三単現 **suggests** [səgdʒésts サ(グ)ヂェスツ]; 過去・過分 **suggested** [-id]; 現分 **suggesting**) 他
❶ (考え・計画など)**を提案する**; 《**suggest** + **...ing** で》…することを提案する
▸He **suggested** a change in the plan. 彼は計画の変更を提案した.
▸She **suggested going** skiing.
彼女はスキーに行くことを提案した.
▸I **suggested** that she (should) take the test.
わたしは彼女にその試験を受けてみてはどうかと提案した.(◆《米》ではふつう should を省略し, 動詞の原形を用いる)
❷ …を暗に示す, ほのめかす
▸Her way of talking **suggested** anger. 彼女の話しぶりから, 彼女が怒(おこ)っていることが読み取れた.

suggestion [səgdʒéstʃən サ(グ)ヂェスチョン] 名詞 U C 提案; 示唆(しさ)

suicide [súːəsàid スーイサイド] 名詞
U C 自殺; C 自殺的行為(こうい)

˙suit [súːt スート]

名詞	(衣服の)**1着; スーツ**
動詞	❶ **…に適する**
	❷ **…に似合う**

——名詞 (複数 **suits** [súːts スーツ])
C (衣服の)**1着; スーツ**(◆男性用は上着(jacket)とズボン(trousers), ときにベスト(vest)を加えたものを指し, 女性用は上着と, スカート(skirt)またはズボン(trousers)を指す)

▸My father rarely wears **suits**.
父はめったにスーツを着ない.
——動詞 (三単現 **suits** [súːts スーツ]; 過去・過分 **suited** [-id]; 現分 **suiting**) 他
❶ **…に適する**, 合う, 都合がよい
▸The climate here doesn't **suit** me. ここの気候はわたしに合わない.
❷ (服・色などが)…**に似合う**
(同義語 become)
▸Jeans really **suit** her. 彼女にはジーンズがほんとうによく似合う.

suitable [súːtəbl スータブる] 形容詞
(…に)適当な, ふさわしい《for ...》

(同義語 fit)

▸This book is **suitable for** small children.
この本は幼い子供向きだ.

suitcase [súːtkèis スートケイス] 名詞
C スーツケース,(小型の)旅行かばん
(◆「大型の旅行かばん」は trunk)

sum [sʌ́m サム] 名詞
❶《**the sum** で》合計, 総計, 和
(= sum total)
▸**The sum** of six, seven, and nine is twenty-two.
6と7と9の合計は22.
❷ C 金額
▸a large **sum** of money 大金
——動詞 (三単現 **sums** [-z]; 過去・過分 **summed** [-d]; 現分 **summing**)
他《**sum up** で》…を合計する;
…を要約する, …の要点を述べる
▸He **summed up** our opinions.
彼はわたしたちの意見を要約した.

summary [sʌ́məri サマリ] 名詞
(複数 **summaries** [-z]) C まとめ, 要約
in súmmary 要約すると

⁑summer [sʌ́mər サマ] 名詞
(複数 **summers** [-z])
C U 夏 ➡ **spring** ルール
▸We often go to the sea in (the) **summer**.
わたしたちは夏によく海へ行く.
(◆ the をつけるのは主に《米》)
▸in the **summer** of 2020
2020年の夏に
▸next **summer** 来年の夏に
▸a **summer** school
夏期学校[講習会]
▸a **summer** resort 避暑(ひしょ)地
▸**summer** time 《英》サマータイム, 夏時間(《米》daylight saving time)

summer camp [sʌ́mər kæ̀mp サマ キャンプ] 名詞 C U サマーキャンプ
(◆夏期の林間[臨海]学校)

summer vacation [sʌ́mər veikéiʃn サマ ヴェイケイシャン] 名詞
C 《米》夏休み, 夏期休暇(きゅうか)
(◆《英》summer holidays)

文化 長い夏休み
アメリカの夏休みは, 6月ごろから約3か月間あります. 夏休みは学年の区切りでもあるため, ふつう宿題はほとんどなく, また学校主催(しゅさい)の林間[臨海]学校や部活動の合宿といったものもあまりありません. その代わり, 民間主催のサマーキャンプや, 友人とのキャンプに出かけたり, 家族と旅行を楽しんだりします.

summit [sʌ́mit サミット] 名詞
❶ C 頂上(同義語 top, peak)
❷ C (先進国間の)首脳会談, サミット

Sun. [sʌ́ndèi サンデイ] 日曜日
(◆ *Sun*day の略)

⁑sun [sʌ́n サン] 名詞
❶《**the sun** で》**太陽**, 日
(◆「月」は the moon)
▸**the** rising [setting] **sun**
朝[夕]日
▸**The sun** rises in the east and sets in the west.
太陽は東からのぼり, 西に沈(しず)む.
(◆前置詞は in を用いることに注意)
▸**The sun** was shining bright.
太陽が明るく輝(かがや)いていた.
❷ U《ふつう **the sun** で》**日光**, ひなた
▸This room gets a lot of **sun**.
この部屋はよく日が当たる.
▸The cat was sitting in **the sun**.
そのネコはひなたにすわっていた.

sunburn [sʌ́nbə̀ːrn サンバ〜ン] 名詞
U《または **a sunburn** で》
(炎症(えんしょう)を起こすほどの)日焼け
(◆健康的な日焼けは suntan)

sundae [sʌ́ndei サンデイ] 名詞
C サンデー(◆アイスクリームに果物(くだもの)をのせてシロップをかけたもの)

⁑Sunday [sʌ́ndèi サンデイ] 名詞
(複数 **Sundays** [-z])
C U **日曜日**(◆ Sun. と略す)
▸**Sunday** is the first day of the week. 日曜日は週の最初の日だ.
▸This store is open on **Sunday(s)**.
この店は日曜日に開いている.

▸We went fishing last **Sunday**.
わたしたちはこの前の日曜日に釣(つ)りに行った.

ルール Sunday の使い方

1「…曜日に」と言うとき，前置詞は on を使います．冠詞はつけません．
▸on **Sunday**　日曜日に

2 next, last, every などが前につくときは，on をつけずに使います．
▸I met him **last Sunday**.
わたしはこの前の日曜日に彼と会った.

3 曜日名を複数形にして on をつけると，「…曜日はいつも」の意味になります．
▸Saki goes to judo school **on Sundays**.
咲は毎週日曜日に柔道(じゅうどう)教室に通っている.

4 使い方はほかの曜日も同様です.

sunflower [sʌ́nflàuər サンふらウア] 名詞 C【植物】ヒマワリ

***sung** [sʌ́ŋ サング] 動詞
sing(歌う)の過去分詞

sunglass [sʌ́nglæ̀s サングらぁス] 名詞
(複数 **sunglasses** [-iz])
《**sunglasses** で》サングラス

***sunk** [sʌ́ŋk サンク] 動詞 sink(沈(しず)む)の過去形の一つ，また過去分詞

sunlight [sʌ́nlàit サンらイト] 名詞
U 日光(同義語 sunshine)

****sunny** [sʌ́ni サニ] 形容詞
(比較 **sunnier**; 最上 **sunniest**)
❶ **日の当たる**, 日が照って明るい; 晴れた
▸a **sunny** room　日当たりのよい部屋
▸a **sunny** day　よく晴れた日
❷ 陽気な, 快活な(同義語 cheerful)

sunny-side up [sʌ́nisàidʌ́p サニサイドアップ] 形容詞 《名詞の前に用いない》《米》(卵が)片面焼きの, 目玉焼きの
➡ **egg** 参考

sunrise [sʌ́nràiz サンライズ] 名詞
U 日の出; 日の出の時刻;
C U 日の出の空
(対義語 sunset 日没(にちぼつ)) ➡ **day** 図

sunset [sʌ́nsèt サンセット] 名詞
C U 日没(にちぼつ); 日没の時刻;
C U 夕焼け空(対義語 sunrise 日の出)
➡ **day** 図

***sunshine**
[sʌ́nʃàin サンシャイン] 名詞
U **日光**, 日ざし; ひなた
(同義語 sunlight)
▸I enjoyed the **sunshine** in the garden.
わたしは庭で日光浴を楽しんだ.

suntan [sʌ́ntæ̀n サンタぁン] 名詞
C (健康的な)日焼け(◆単に tan ともいう; 炎症(えんしょう)を起こすほどの日焼けは sunburn)

super [sú:pər スーパ] 形容詞
《口語》最高級の, すばらしい
—名詞《口語》
❶ C (映画などの)エキストラ
❷ C 監督(かんとく)者, (アパートなどの)管理人
❸ C 特級品, 特製品

superb [supə́:rb スパ～ブ] 形容詞
すばらしい, みごとな, 最高の

superhighway [sù:pərháiwèi スーパハイウェイ] 名詞 C 《米》高速幹線道路

superior [supíriər スピリア] 形容詞
(…より)すぐれた; 上位の, 上役の《to ...》
(対義語 inferior 劣(おと)った)
▸This computer is **superior to** that one. このコンピューターはあのコンピューターの上位機種だ.
—名詞 C 先輩(せんぱい), 上司

superman [sú:pərmæ̀n スーパマぁン]
名詞 (複数 **supermen** [sú:pərmèn スーパメン]) C 超人(ちょうじん)的な能力のある人

***supermarket**
[sú:pərmɑ̀:rkit スーパマーケット]
(★アクセントに注意) 名詞
(複数 **supermarkets** [sú:pərmɑ̀:rkits スーパマーケッツ])
C **スーパー(マーケット)**
(◆× super と略さない)

superstar [sú:pərstɑ̀:r スーパスター]
(★アクセントに注意) 名詞
C スーパースター

superstition [sù:pərstíʃn スーパスティシャン] 名詞 C U 迷信(めいしん)
➡ **charm** 文化

> **文化 西洋の迷信いろいろ**
> [幸運なことに関する例]
> ・ウサギの足は幸運を呼ぶとされ，お守りなどにします．
> ・馬蹄(ばてい)を入り口に打ちつけると，その家に幸せが訪れるといわれます．
> [不吉(ふきつ)なことに関する例]
> ・鏡が割れるのは縁起(えんぎ)が悪いとされます．
> ・黒ネコが行く手を横切るのは不吉とされます．

supervisor [sú:pərvàizər スーパヴァイザ]（★アクセントに注意）名詞
C 監督(かんとく)者，管理責任者

⁺supper [sʌ́pər サパ] 名詞 （複数 **suppers** [-z]）
U C **夕食**（◆ふつう a をつけず，複数形にもしないが，形容詞がつくと a がついたり複数形になったりする）
➡ **breakfast** ルール，**dinner** 参考
▸I had spaghetti for **supper**.
わたしは夕食にスパゲッティを食べた．
▸They had **a** late **supper**.
彼らは遅(おそ)い夕食をとった．

supplement [sʌ́pləmənt サプるメント]
名詞 ❶ C（…への）追加，補足，補充(ほじゅう)《to ...》；栄養補助食品，サプリメント
❷ C（書物・新聞などの）補遺(ほい)，増補，付録，増刊

⁺supply [səplái サプらイ]
——動詞（三単現 **supplies** [-z]；過去・過分 **supplied** [-d]；現分 **supplying**）
他 …**を供給する**，あたえる；
《**supply** ＋**もの**＋ **to** ＋**人など**または **supply** ＋**人など**＋ **with** ＋**もので**》
（もの）を（人など）に供給する
▸**supply** electricity
電気を供給する
▸The government **supplied** food and drink **to** them.
(=The government **supplied** them **with** food and drink.)
政府は彼らに飲食物を供給した．
——名詞（複数 **supplies** [-z]）
❶ C U 供給(量)，支給
（対義語 demand 需要(じゅよう)）
▸the **supply** of water 給水
❷ C ストック，備蓄(びちく)；在庫
❸《**supplies** で》生活必需品

⁺support [səpɔ́:rt サポート]
——動詞（三単現 **supports** [səpɔ́:rts サポーツ]；過去・過分 **supported** [-id]；現分 **supporting**）他
❶（人・考えなど）**を支持する**，支援(しえん)する；《主に英》（特定のチーム）を応援する
▸I will **support** your opinion.
わたしはあなたの意見を支持します．
▸My father **supports** the football team.
父はそのサッカーチームを応援している．
❷ …**を支える**（同義語 hold）
▸Please **support** the ladder.
はしごを支えてください．
❸（人）**を養う**，扶養(ふよう)する
▸**support** a large family
大家族を養う
——名詞（複数 **supports** [səpɔ́:rts サポーツ]）U 援助，支持，支え；扶養；
C 支えになるもの

supporter [səpɔ́:rtər サポータ] 名詞
C 支持者，支援(しえん)者；（サッカーチームなどの）ファン，サポーター

⁺suppose [səpóuz サポウズ]
動詞（三単現 **supposes** [-iz]；過去・過分 **supposed** [-d]；現分 **supposing**）
他《**suppose** ＋ **that** 節で》
（たぶん）…**と思う**，推測する（◆ that はしばしば省略される；同義語 guess）
▸**I suppose (that)** he is right.
たぶん彼の言うことが正しいのだろう．

> **ダイアログ**
> *A:* Is everything all right?
> すべて順調ですか？
> *B:* I **suppose** so.
> そう思います．

be suppósed to ＋**動詞の原形**
① …することになっている
▸He **is supposed to** come by six.
彼は6時までに来ることになっている．
② （一般には）…すると考えられている

Suppóse ＋ ***that*** **節**（◆ふつう that は省略される）
① もし…なら（同義語 if）

▸**Suppose** it snows tomorrow, the game will be canceled.
もし明日雪が降ったら, その試合は中止になるだろう.

② (提案として)…はどうですか

supreme [suprí:m スプリーム] 形容詞
最高の, 最上の; 最高位の
▸the **Supreme** Court　最高裁判所

⁑sure [ʃúər シュア]

―形容詞 (比較 **surer**; 最上 **surest**)

❶ **確信して**; 《**be sure of** [**about**] ... で》…を確信している, 信じている; 《**be sure** + **that** 節[**wh-** 節・句]で》…だと[…かを]確信している
▸Are you **sure**?　確かなのですか?
▸He **was sure of** her success.
(=He **was sure that** she would succeed.)
彼は彼女の成功を確信していた.
▸I'm not **sure whether** he can swim (or not).
彼が泳げるかどうかはわからない.

❷ 《**be sure to** +動詞の原形で》**きっと…する**, …するのは確実だ; 《**Be sure to** +動詞の原形で》必ず…しなさい
▸He's **sure to** come.
(=I'm **sure that** he will come.)
彼はきっと来る. (◆確信しているのは「彼」ではなく, 話し手)
▸**Be sure to** lock the door.
必ずドアにかぎをかけなさい.

❸ **確実な**, 確かな, 信頼(しんらい)できる
▸**sure** information　確かな情報

for súre　確かに, はっきりと
▸She's very kind, that's **for sure**.
彼女がとても親切であることは確かだ.

make súre　(…を)確かめる《of ...》
▸**make sure of** the fact
その事実を確かめる

to be súre　《口語》確かに, なるほど
▸**To be sure**, this book is very interesting.
確かに, この本はすごくおもしろい.

―副詞 《主に米口語》

❶ **確かに**, ほんとうに

> ダイアログ
> *A:* Oh, it's cold!　ああ, 寒い!
> *B:* It **sure** is.　ほんとうに寒いね.

❷ (返事で) **もちろん**, いいとも (同義語 certainly)

> ダイアログ
> *A:* May I borrow this book?
> この本を借りてもいい?
> *B:* **Sure**.　もちろん.

sure enóugh
《口語》案の定(じょう), 思ったとおり

⁎surely [ʃúərli シュアリ] 副詞

(比較 **more surely**; 最上 **most surely**)

❶ **まちがいなく**, きっと, 確実に
▸She's **surely** the best guitarist in our school.
彼女はまちがいなくわたしたちの学校で最高のギタリストだ.

❷ **確かに**, 着実に
▸His English is getting better slowly but **surely**.
彼の英語はゆっくりだが着実に上達している.

surf [sə́:rf サ～ふ] 名詞 U 打ち寄せる波
―動詞 自 サーフィン[波乗り]をする

súrf the Nét = ***súrf the Ínternet***
【コンピューター】(インターネット上で) ウェブサイトを次々と見て回る, ネットサーフィンをする

surface [sə́:rfis サ～ふェス] (★発音に注意) 名詞 C 表面, 外面; 水面; 《**the surface** で》外見, うわべ
▸the **surface** of the earth
地球の表面

on the súrface　表面上は, うわべは

surfboard [sə́:rfbɔ̀:rd サ～ふボード]
名詞 C サーフボード, サーフィンの板

surfer [sə́:rfər サ～ふァ] 名詞
C サーファー, サーフィンをする人

surfing [sə́:rfiŋ サ～ふィング] 名詞
U サーフィン, 波乗り

surgeon [sə́:rdʒən サ～ヂャン] 名詞
C 外科(げか)医(対義語 physician 内科医)

surgery [sə́:rdʒəri サ～ヂャリ] 名詞
U 外科(げか); 外科手術

surname [sə́:rnèim サ～ネイム] 名詞
C 姓(せい), 名字(みょうじ)(同義語 family name, last name) ➡ **name** 参考

⁎surprise [sərpráiz サプライズ]

―動詞 (三単現 **surprises** [-iz];

(過去・過分 **surprised** [-d];
現分 **surprising**)
他 …を**驚**(おど)**かす**, びっくりさせる
▸The news **surprised** all of us.
その知らせはわたしたち全員を驚かせた.
▸You **surprised** me!
びっくりしたじゃないですか!
(1)《**be surprised at ...** で》…に驚く
▸They **were surprised at** the price of the food.
彼らはその食品の値段に驚いた.
(2)《**be surprised to** ＋**動詞の原形で**》…して驚く
▸I **was surprised to** see her there.
わたしはそこで彼女に出会って驚いた.
―名詞 (複数 **surprises** [-iz])
C **驚くべきこと**, 意外なもの[こと];
U 驚き
▸The result was a great **surprise** to them.
その結果は彼らにとってほんとうに意外だった.
▸What a **surprise**!
これは驚いた!
▸a **surprise** party
《米》不意打ちパーティー(◆本人には知らせずに計画して驚かせるパーティー)

in surpríse 驚いて
▸She looked at him **in surprise**.
彼女は驚いて彼を見た.

to a person's surpríse
驚いたことには
▸**To my surprise**, he turned down the offer.
驚いたことに, 彼はその申し出を断った.

˙surprised
[sərpráizd サプライズド] 形容詞
(比較 **more surprised**;
最上 **most surprised**)
驚(おど)**いた**, びっくりした ➡ **surprise**
▸They looked **surprised**.
彼らはびっくりしたようだった.

surprising [sərpráiziŋ サプライズィング]
形容詞 驚(おど)くべき; すばらしい
▸a **surprising** fact 驚くべき事実

surprisingly [sərpráiziŋli サプライズィングリ] 副詞 驚いたことに, 意外にも

surrender [səréndər サレンダ] 動詞
自 (…に)降伏(こうふく)する《to ...》
―他 …を明け渡(わた)す, あきらめる

surround [səráund サラウンド] 動詞
他 …を囲む, 取り巻く

surrounding [səráundiŋ サラウンディング] 形容詞
《名詞の前に用いて》周囲の, 付近の
―名詞 《**surroundings** で複数あつかい》周囲の状況(じょうきょう), 環境(かんきょう)
(同義語 environment)

survey (★動詞・名詞のアクセントのちがいに注意)
動詞 [sərvéi サヴェイ] 他
❶ …を調査する; …の聞き取り[意識]調査をする; …を測量する
❷ …を見渡(みわた)す; …の全体を見る
―名詞 [sə́ːrvei サ〜ヴェイ]
❶ C 調査; 測量
❷ C 概観(がいかん), 概説

survival [sərváivl サヴァイヴる] 名詞
U 生き残ること, 生存; C 生存者; 遺物

survive [sərváiv サヴァイヴ] 動詞
(三単現 **survives** [-z]; 過去・過分 **survived** [-d]; 現分 **surviving**) 自
(事故・危機などを切り抜(ぬ)けて)生き残る
―他 ❶ …を切り抜けて生き残る, (困難など)を乗り切る
▸He **survived** the accident.
彼はその事故で生き残った.
❷ …より長生きする

survivor [sərváivər サヴァイヴァ] 名詞
C 生存者, 生き残った人;
(困難などを乗り越(こ)えて)立ち直った人

suspect (★動詞・名詞のアクセントのちがいに注意) 動詞 [səspékt サスペクト]
他 ❶ …を怪(あや)しいと思う;
…に(…の)疑いをかける《of ...》
▸Sue **suspected** Bob **of** hiding something. スーはボブが何かを隠(かく)しているのではないかと疑った.
❷《**suspect** ＋ **that 節**で》…だと疑う;
《口語》…だろうと思う

> くらべよう **suspect と doubt**
>
> **suspect**:「…だろうと思う」と, that 節の内容を肯定(こうてい)する推測になります.
> ▸I **suspect that** he is sick.
> 彼は病気だと思う.
>
> **doubt**:「…ではないと思う」と, that 節の内容を否定する推測になります.
> ▸I **doubt that** he is sick.
> 彼は病気ではないと思う.

―名詞 [sʌ́spekt サスペクト] C 容疑者

suspend [səspénd サスペンド] 動詞 他
❶ …をつるす, ぶら下げる(同義語 hang)
❷ (活動など)を一時停止[中止]する, 見合わせる; …を停学にする

suspender [səspéndər サスペンダ]
名詞 ❶《suspenders で》
《主に米》ズボンつり, サスペンダー
❷ C《ふつう suspenders で》
《英》靴下(くつした)留め, ガーター

suspense [səspéns サスペンス]
(★アクセントに注意) 名詞
U (はらはらさせる)緊張(きんちょう)感, (どうなるのだろうかという)不安感, サスペンス

suspicion [səspíʃn サスピシャン] 名詞
U C 疑い; 容疑

suspicious [səspíʃəs サスピシャス]
形容詞 ❶ 疑い深い; (…を)疑っている, 怪(あや)しいと思っている《of [about] ...》
❷ (人・ことが)疑いを起こさせる, 疑わしい; 怪しげな

sustainable [səstéinəbl サステイナブる] 形容詞 (環境に害をあたえずに)持続可能な, 長続きする

Swahili [swɑːhíːli スワーヒーり] 名詞
(複数 Swahilis [-z] または Swahili)
U スワヒリ語(♦東アフリカで公用語として用いられる言語); C スワヒリ語を話す人

swallow[1] [swálou スワろウ] 動詞 他
❶ …を飲みこむ, …を急いで食べる[飲む]
❷《口語》(人の話など)をうのみにする

swallow[2] [swálou スワろウ] 名詞
C【鳥類】ツバメ

˙swam [swǽm スワぁム] 動詞
swim(泳ぐ)の過去形

swamp [swámp スワンプ] 名詞
C U 沼地(ぬまち), 湿地(しっち)

swan [swán スワン] 名詞
C【鳥類】ハクチョウ(白鳥)

swarm [swɔ́ːrm スウォーム] 名詞
C (人・虫などの)群れ
―動詞 自 群がる

sway [swéi スウェイ] 動詞
他 …を(左右に)揺(ゆ)らす;
(意見など)を変えさせる
―自 (左右に)揺れる
―名詞 U 揺れ, 動揺(どうよう)

swear [swéər スウェア] 動詞
(三単現 swears [-z]; 過去 swore [swɔ́ːr スウォーア]; 過分 sworn [swɔ́ːrn スウォーン]; 現分 swearing)
他 …を誓(ちか)う, 宣誓(せんせい)する;
…を(本当だと)断言する
▸I **swear** to tell the truth.
真実を述べると誓います.
―自 ❶ 誓う
▸Do you **swear**?
誓いますか?
❷ (…を)ののしる《at ...》

sweat [swét スウェット] (★発音に注意)
名詞 U 汗(あせ)
―動詞 (三単現 sweats [swéts スウェッツ]; 過去・過分 sweat または sweated [-id]; 現分 sweating) 自 汗をかく

sweater [swétər スウェタ] (★発音に注意) 名詞 C セーター
▸put on a **sweater** セーターを着る

> **文化 なぜセーターっていうの?**
> もともとは船乗りが着たウールで編んだシャツでしたが, スポーツ選手などが減量を目的として汗(あせ)(sweat)をかくために着用したことから, sweater と呼ばれるようになりました.

sweat pants [swét pæ̀nts スウェットパぁンツ] 名詞《複数あつかいで》
《米》スウェットパンツ

sweat shirt [swét ʃəːrt スウェット シャ〜ト] 名詞 C スウェットシャツ, トレーナー
(♦「トレーナー」は和製英語)

Sweden [swíːdn スウィードゥン]
(★発音に注意) 名詞
スウェーデン(♦北ヨーロッパの国; 首都はストックホルム Stockholm)

sweep [swíːp スウィープ] 動詞 (三単現 sweeps [-s]; 過去・過分 swept [swépt スウェプト]; 現分 sweeping) 他
❶ …を掃(は)く, 掃除(そうじ)する
▸I'll **sweep** the floor.
床(ゆか)を掃きますね.
❷ (波・風などが)…を押(お)し流す, 吹(ふ)き飛ばす; …を一掃(いっそう)する
―自 掃く, 掃除する
―名詞《a sweep で》
掃くこと, 掃除; C 一掃

˙sweet [swíːt スウィート]
―形容詞
(比較 sweeter; 最上 sweetest)
❶ 甘(あま)い, 砂糖の入った
(対義語 bitter 苦い) ➡ taste 参考

a b c d e f g h i j k l m n o p q r s t u v w x y z

▸a **sweet** apple　甘いリンゴ
▸This cake is too **sweet** for me.
このケーキはわたしには甘過ぎる.
❷ **香(かお)りがいい**, 甘い香りの
▸This flower smells **sweet**.
この花はいい香りがする.
❸ **心地(ここち)よい**, 気持ちよい, 楽しい;
(性質が)優(やさ)しい, 親切な(同義語 kind)
▸**sweet** music　耳に心地よい音楽
▸It's very **sweet** of you to help me.　手伝ってくれるなんて, あなたはほんとうに親切ですね.
—名詞 (複数 **sweets** [swíːts スウィーツ]) ❶ C 《英》甘い菓子(かし), キャンディー (♦《米》candy)
❷ C U 《英》(食後の)デザート
(♦《米》dessert)

sweetheart [swíːthɑ̀ːrt スウィートハート] 名詞 ❶ C 恋人(こいびと)
❷ (呼びかけで)ねえ, きみ
(♦恋人・家族などに対して用いる)

sweet pea [swíːt pìː スウィート ピー]
名詞 C 【植物】スイートピー

sweet potato [swíːt pətèitou スウィート ポテイトウ] 名詞 C 【植物】サツマイモ

swell [swél スウェる] 動詞 (三単現 **swells** [-z]; 過去 **swelled** [-d]; 過分 **swelled** [-d] または **swollen** [swóulən スウォウるン]; 現分 **swelling**)
自 膨(ふく)れる, 膨らむ, はれる;
(数・量が)増える
—他 …を膨らませる

swept [swépt スウェプト] 動詞
sweep(…を掃(は)く)の過去形・過去分詞

swift [swíft スウィふト] 形容詞
(比較 **swifter**; 最上 **swiftest**)
速い, すばやい(対義語 slow 遅(おそ)い);
即座(そく)の
▸a **swift** runner　走るのが速い人

swiftly [swíftli スウィふトり] 副詞
速く, すばやく; すぐに

⁑swim [swím スウィム]

—動詞 (三単現 **swims** [-z]; 過去 **swam** [swǽm スワぁム]; 過分 **swum** [swʌ́m スワム]; 現分 **swimming**)
—自 (人・動物が)**泳ぐ**, 水泳をする
▸She can **swim** very fast.
彼女はとても速く泳げる.
▸He **swam** across the lake.
彼は湖を泳いで渡(わた)った.
▸He went **swimming** in the ocean [sea].　彼は海へ泳ぎに行った.
(♦× to the ocean とはいわない)
—他 (場所・距離(きょり))を泳ぐ, 泳いで渡(わた)る
▸I **swam** two kilometers today.
今日, わたしは2キロ泳いだ.
—名詞 (複数 **swims** [-z])
C 《ふつう **a swim** で》**泳ぐこと, 水泳**
▸have **a swim**　泳ぐ
▸go for **a swim**　泳ぎに行く

swimmer [swímər スウィマ] 名詞
C 泳ぐ人, 泳ぎ手; 水泳選手

⁂swimming

[swímiŋ スウィミング] 動詞
swim(泳ぐ)の現在分詞・動名詞

swimming pool [swímiŋ pùːl スウィミング プーる] 名詞 C (水泳用の)プール
(♦単に pool ともいう)

swimming trunks [swímiŋ trʌ̀ŋks スウィミング トゥランクス] 名詞
《複数あつかいで》(男性用の)水泳パンツ

swimsuit [swímsùːt スウィムスート]
名詞 C (ワンピース型の女性用)水着

swing [swíŋ スウィング] 動詞
(三単現 **swings** [-z]; 過去・過分 **swung** [swʌ́ŋ スワング]; 現分 **swinging**)
他 …を揺(ゆ)り動かす, 振(ふ)る;
…を(孤(こ)をえがくように)ぐるりと回す, 回転させる
▸The girl was **swinging** her legs under the table.
女の子はテーブルの下で脚(あし)をぶらぶらさせていた.
—自 揺れる; ぶら下がる;
(孤をえがくように)ぐるっ[くるっ]と動く
▸The sign was **swinging** in the wind.　その看板は風に揺れていた.
—名詞 ❶ C 揺れ; 振ること
❷ C ぶらんこ

swing door
[swíŋ dɔ̀ːr スウィング ドーア] 名詞
C スイングドア
(= swinging door) (♦押(お)してもひいても開き, はなすともとへ戻(もど)るドア)

Swiss [swís スウィス] 形容詞
スイスの; スイス人の

——名詞 (複数 Swiss: 単複同形)
C スイス人;《the Swiss で複数あつかい》スイス人(全体)

switch [swítʃ スウィッチ] 名詞 (複数 **switches** [-iz]) C (電気器具の)スイッチ
▸turn on [off] the **switch**
スイッチを入れる[切る]
——動詞 (三単現 **switches** [-iz]; 過去・過分 **switched** [-t]; 現分 **switching**) 他
❶ …を変える; (場所など)を取り替(か)える
▸**switch** seats 席を交換(こうかん)する
❷ …のスイッチを切り換(か)える《on [off] ...》
▸**switch** the light **on** [**off**]
照明のスイッチを入れる[切る]

Switzerland [swítsərlənd スウィツァランド] 名詞 スイス(♦ヨーロッパ中部の国; 首都はベルン Bern)

swollen [swóulən スウォウるン] 動詞 swell(膨(ふく)れる)の過去分詞の一つ

sword [sɔ́ːrd ソード] (★発音に注意) 名詞 C 剣(けん), 刀

swore [swɔ́ːr スウォーア] 動詞 swear(…を誓(ちか)う)の過去形

sworn [swɔ́ːrn スウォーン] 動詞 swear(…を誓(ちか)う)の過去分詞

˙swum [swʌ́m スワム] 動詞 swim(泳ぐ)の過去分詞

swung [swʌ́ŋ スワング] 動詞 swing(…を揺(ゆ)り動かす)の過去形・過去分詞

Sydney [sídni スィドゥニ] 名詞 シドニー(♦オーストラリア南東部の大都市)

▲シドニーのオペラハウス(Opera House)

syllable [síləbl スィらブる] 名詞 C 音節, シラブル(♦単語をさらに区切ったもので, ふつう母音がふくまれている)

symbol [símbl スィンブる] 名詞 C シンボル, 象徴(しょうちょう); (化学・数学などの)記号, 符号(ふごう)
▸a **symbol** of peace 平和の象徴
▸a chemical **symbol** 化学記号

sympathetic [sìmpəθétik スィンパセティック] 形容詞
❶ 思いやりのある, (…に)同情的な《to [toward] ...》
❷ (…に)共感して《to [toward] ...》

sympathize, 《英》sympathise [símpəθàiz スィンパさイズ] 動詞 (三単現 **sympathizes** [-iz]; 過去・過分 **sympathized** [-d]; 現分 **sympathizing**) 自
❶ (…に)同情する, (…を)気の毒に思う《with ...》
▸I **sympathized with** her.
わたしは彼女に同情した.
❷ (…に)共感する, 同意する《with ...》

sympathy [símpəθi スィンパすィ] 名詞 (複数 **sympathies** [-z]) U 同情(同義語 pity); C《**sympathies** で》共感
▸I felt great **sympathy** for them.
わたしは彼らに深く同情した.

symphony [símfəni スィンふォニ] 名詞 (複数 **symphonies** [-z]) C【音楽】交響(こうきょう)曲, シンフォニー; 《米》交響楽団

symptom [símptəm スィンプトム] 名詞 C (病気の)兆候, 症状(しょうじょう); (よくないことの)兆候
▸the **symptoms** of influenza
インフルエンザの症状

synonym [sínənìm スィノニム] 名詞 C 同義語, 類(義)語 (対義語 antonym 対義語)

synthesizer [sínθəsàizər スィンせサイザ] 名詞 C【楽器】シンセサイザー (♦音を電気的に合成する楽器)

syrup [sírəp スィラップ] 名詞 U シロップ, 糖みつ

˙system [sístəm スィステム] 名詞 (複数 **systems** [-z]) C 組織, 制度; **体系**, 系統; **方法**, 方式
▸a **system** of education 教育制度
▸the solar **system** 太陽系

systematic [sìstəmǽtik スィステマぁティック] 形容詞 組織的な, 体系的な, 系統だった; 規律正しい, 計画的な
▸a **systematic** movement
組織的な運動

Tt *Tt*

Q 大統領とクマのぬいぐるみ？　その関係は？➡ teddy bear をひいてみよう！

A B C D E F G H I J K L M N O P Q R S T U V W X Y Z

T, t [tíː ティー] 名詞 (複数 **T's, t's** または **Ts, ts** [-z]) C U ティー
(◆アルファベットの 20 番めの文字)

t. (重さの単位の)トン(◆ *ton(s)* の略)

tab [tǽb タぁブ] 名詞
❶ C (内容表示のための)ラベル
❷ C (持ったり，つるしたりするための布や皮(かわ)などの)垂れ，つまみ；《米》(缶(かん)の)プルタブ
❸ C 《米》(レストランなどの)勘定(かんじょう)書
❹ C【コンピューター】タブ；タブキー
(◆ tab key ともいう)

:table [téibl テイブる] 名詞
(複数 **tables** [-z])
❶ C **テーブル**，食卓(しょくたく)；台
(◆「勉強・事務用の机」は desk)
➡ **desk** 図
▸a dining **table**　食卓
▸set the **table**　食卓の用意をする
(◆食事のために食器などをテーブルに並べること)
▸clear the **table**　食卓を片づける
▸reserve a **table** for two
(レストランの)2 名の席を予約する
▸He put some dishes on the **table**.
彼はテーブルの上に皿を置いた.
❷ C 表，一覧表
▸a **table** of contents　(本の)目次

at (the) táble　食事中で
(◆《英》ではふつう the をつけない)
▸They were **at the table** when I dropped in.
わたしが立ち寄ったとき，彼らは食事中だった.

tablecloth [téiblklɔ̀ːθ テイブるクろーす] 名詞 C テーブルクロス
(◆単に cloth ともいう)

table manners [téibl mæ̀nərz テイブる マぁナズ] 名詞《複数あつかいで》
テーブルマナー，食事の作法

文化 テーブルマナーは大事

一般的に日本人が注意すべきことには，次のようなものがあります.

▶スープはスプーンを手前から向こうへすくうように動かし，飲むときには音を立てない.
▶塩，コショウ，バターなどを取ろうと腰(こし)を浮(う)かしたり，ほかの人の前に手を伸(の)ばしたりせず，Would you pass me the salt, please?（塩を取っていただけますか？）などと言って取ってもらう.
パーティーだけではなく，一般の家庭でも大皿に盛られた料理を各自で取ることがよくあります. Help yourself.（自分で自由に取って食べてください）の原則に従い，あまり遠慮(えんりょ)する必要はありません. また，食卓(しょくたく)は会話を楽しむ場でもあるので，自分から話題を提供して楽しい雰囲気(ふんいき)をつくるように心がけましょう.

Would you pass me the salt?
Sure.

tablespoon [téiblspùːn テイブるスプーン] 名詞 C テーブルスプーン，大さじ
(◆ teaspoon 3 杯と同量；約 15ml)

tablet [tǽblit タぁブれット] 名詞
❶ C (薬の)錠剤(じょうざい)；
(石けん・菓子(かし)などの)小片(しょうへん)
❷ C (金属・石などの)銘板(めいばん)(◆文字を刻んで記念碑(ひ)などに埋(う)めこむ)

tablet computer [tǽblit kəmpjúːtər タぁブれット コンピュータ] 名詞
C タブレット型コンピューター(♦持ち運びの可能な薄型の携帯コンピューター)

table tennis [téibl tènis テイブる テニス] 名詞 U 【スポーツ】卓球(たっきゅう)
(♦《口語》ping-pong)

taboo [təbúː タブー] 名詞 (複数 taboos [-z]) C U タブー, 禁制; 禁句

tackle [tǽkl タぁクる] 名詞
C (アメリカンフットボール・ラグビーなどの)タックル
➡ **American football** 図
── 動詞 (三単現 **tackles** [-z]; 過去・過分 **tackled** [-d]; 現分 **tackling**) 他
❶ (困難な任務・問題など)に取り組む
❷ (人)を組み伏(ふ)せる, 捕(つか)まえる; 【スポーツ】(敵)にタックルする

tadpole [tǽdpòul タぁドポウる] 名詞
C 【動物】オタマジャクシ

tag[1] [tǽg タぁッグ] 名詞
C つけ札(ふだ), 下げ札, 荷札
▸a name [price] **tag** 名札[値札]

tag[2] [tǽg タぁッグ] 名詞 U 鬼(おに)ごっこ
▸Let's play **tag**. 鬼ごっこをしよう.

⁑tail

[téil テイる] 名詞 (複数 **tails** [-z])
❶ C 尾(お), しっぽ; 尾に似たもの
▸That dog is wagging its **tail**.
あのイヌがしっぽを振(ふ)っているよ.
▸the **tail** of a comet すい星の尾
❷ C 後部; (シャツの)すそ; (列の)最後尾(び)
❸ C 《ふつう **tails** で単数あつかい》(コインの)裏(対義語 head 表)
▸Heads or **tails**? 表か裏か?
(♦コインを投げ, 勝敗や試合の先攻(せんこう)後攻などを決めるときのことば)

tailor [téilər テイら] 名詞
C (紳士(しん)服の) 仕立屋
(類語 dressmaker (婦人服の) 仕立屋)

⁑take

動詞 ➡ p.610 **take**

takeaway [téikəwèi テイクアウェイ]
名詞 C 《英》=《米》takeout(持ち帰り用の料理(店))
── 形容詞 《英》=《米》takeout(持ち帰り用の)

⁑taken

[téikən テイクン] 動詞
take(…を取る)の過去分詞

takeout [téikàut テイクアウト] 名詞
C 《米》持ち帰り用の料理(店)
(♦《英》takeaway)
── 形容詞 《米》持ち帰り用の
(♦《英》takeaway)

taking [téikiŋ テイキンゲ] 動詞
take(…を取る) の現在分詞・動名詞

tale [téil テイる] 名詞
C 物語, (架空(かくう)または実際の)話
(♦ story よりかたい語)
▸a fairy **tale** おとぎ話

talent [tǽlənt タぁれント] 名詞
❶ U C (…の)才能, 天分《for ...》
(同義語 ability)
▸He has a **talent for** music.
彼は音楽の才能がある.
❷ U 才能のある人々; C 《米》才能のある人(♦日本語の「テレビタレント」は TV personality や entertainer という)

talented [tǽləntid タぁれンティッド]
形容詞 (生まれつき)才能のある, 有能な

⁑talk

[tɔ́ːk トーク]
── 動詞 (三単現 **talks** [-s]; 過去・過分 **talked** [-t]; 現分 **talking**)
── 自 (…に / …と / …について) 話す, しゃべる《to ... / with ... / about ...》
➡ **say** くらべよう
▸They **talked** overnight.
彼らは一晩じゅう, おしゃべりをした.
▸Mary **talked with** Jim **about** the camp. メアリーはジムとキャンプについて話した.
▸I'm **talking to** you, Jack.
あなたに言っているんだよ, ジャック.
── 他 …について話す, 論じる

tálk báck
(…に)言い返す, 口答えをする《to ...》

tálking of* [*about*] *...
《ふつう文頭に用いて》《口語》…と言えば

tálk óver …について(十分に)話し合う
▸We should **talk over** our future.
わたしたちは自分たちの将来について話し合うべきだ.

tálk to oneself ひとり言を言う
▸She often **talks to herself**.
彼女はよくひとり言を言う.

── 名詞 (複数 **talks** [-s])
C U 話, 話し合い, 相談;
C 《ふつう **talks** で》会談
▸summit **talks** 首脳会談

A B C D E F G H I J K L M N O P Q R S T U V W X Y Z

⁑take 動詞

[téik テイク]

❶ …を(手に)取る
❷ (もの)を持って行く；(人)を連れて行く
❸ …を手に入れる
❹ …を選ぶ

(三単現 **takes** [-s]; 過去 **took** [túk トゥック]; 過分 **taken** [téikən テイクン]; 現分 **taking**) 他

❶ **…を(手に)取る**, つかむ, 抱(だ)く; …を捕(と)らえる(同義語 hold)

▸She **took** an apple from the basket. 彼女はかごからリンゴを1つ取った.

▸She **took** his hand. (=She **took** him by the hand.) 彼女は彼の手をつかんだ.

▸I **took** my cat in my arms. わたしはネコを腕(うで)に抱いた.

❷ **(もの)を持って行く; (人)を連れて行く** ➡ **bring** くらべよう

▸**Take** an umbrella (with you). 傘(かさ)を持って行きなさい.

▸My aunt **took** me to the zoo. おばが動物園に連れて行ってくれた.

▸Sue **took** her dog for a walk. スーはイヌを散歩に連れて行った.

❸ **…を手に入れる**, もらう; (もの・金)を受け取る; (助言など)を受け入れる

▸Who **took** (the) first prize? だれが1等賞をとりましたか?

▸She **took** my advice. 彼女はわたしの助言を受け入れた.

❹ **…を選ぶ**; (試験など)を受ける; (ある道・席)をとる

▸I **took** his class last year. わたしは去年, 彼の授業をとった.

▸Which way did you **take**? どちらの道を行ったのですか?

▸**Take** your seats, everyone. みなさん, 席に着いて.

❺ (乗り物など)**に乗る**, …を利用する

▸I **take** the 7:30 bus every morning. わたしは毎朝, 7時30分のバスに乗る. (♦ 7:30 は seven thirty と読む)

▸We **took** the elevator to the eighth floor. わたしたちは8階までエレベーターを使った.

❻ (薬・飲み物)**を飲む**(♦「飲み物」の場合は《口語》ではふつう drink を用いる); …を食べる(♦《口語》ではふつう eat または have を用いる)
➡ **drink** くらべよう

▸**Take** this medicine after each meal. 毎食後, この薬を飲みなさい.

▸**take** breakfast at six 6時に朝食をとる

❼ (写真)**を撮る**; …を書き留める, 記録する

▸Jack likes to **take** pictures. ジャックは写真を撮るのが好きだ.

▸Did you **take** notes? メモをとりましたか?

❽ (時間・労力・費用など)**を必要とする**, (時間・労力・費用など)がかかる (♦ it を主語にすることが多い)

▸How long does **it take** to get to the station? 駅までどのくらいの時間がかかりますか?

▸This homework will **take** (me) two days. この宿題(を終えるに)は(わたしには)2日かかるだろう.

❾ (ある行動)をとる, する

▸**take** a bath / **take** a walk ふろに入る / 散歩する

▸**take** a rest / **take** action ひと休みする / 行動を起こす

❺ (乗り物など)**に乗る**
❻ (薬・飲み物)**を飲む**
❼ (写真)**を撮**(と)**る**
❽ (時間・労力・費用など)**を必要とする**

⓾ …を買う; (新聞など)を購読(こうどく)する; …を借りる
▸I'll **take** this one. (お店で)これを買います.
▸She **takes** an English newspaper. 彼女は英字新聞を購読している.
⓫ …を持ち去る, 盗(ぬす)む(同義語 steal); …を取り去る
▸A monkey **took** my cap. サルに帽子(ぼうし)を持って行かれた.

táke áfter ... (親など)に似ている
▸Sue **takes after** her mother. スーは母親に似ている.

◆***take awáy*** **(もの)を持ち去る**, (人)を連れ去る
▸Please **take away** this dish. この皿を持って行ってください.

take báck (買ったもの・借りたもの)を(…に)返す《to ...》; …を取り戻(もど)す
▸I **took** the sweater **back to** the shop. わたしは店にそのセーターを返品した.

take cáre 気をつける; お大事に; さようなら ➡ **care**

◆***take cáre of ...*** **…の世話をする; …に気を配る** ➡ **care**

take dówn ① …を降ろす, 下げる
② (建物など)を取り壊(こわ)す, (機械)を解体する
③ …を書き留める(同義語 write down)

táke ... for 〜 …を〜と思う; …を〜とまちがえる
▸People often **take** my voice **for** my mother's (voice). わたしの声はよく母の声とまちがえられる.

take ín ① (水・空気など)を吸収する
② (意味・状況(じょうきょう)など)を理解する

take it éasy 気楽にやる; じゃあね ➡ **easy**

◆***take óff*** ① **(もの)を取り除く**; (服など)**を脱ぐ**
▸He **took off** his jacket. 彼は上着を脱いだ.
② (飛行機などが)離陸(りりく)する
▸The plane **took off** on time. その飛行機は時間どおりに離陸した.

take óut (もの)を取り出す, 持ち出す; (人)を連れ出す; 《米》(買った食べ物など)を持ち帰る
▸I **took out** the garbage. わたしはゴミを出した.

táke ... out of 〜 …を〜から取り出す; …を〜から除く
▸He **took** a map **out of** his backpack. 彼はリュックから地図を取り出した.

take óver (仕事など)を引き継(つ)ぐ
▸She **took over** her father's bakery. 彼女は父親のパン屋を継いだ.

take párt (…に)加わる《in ...》 ➡ **part**

take pláce 起こる ➡ **place**

take úp (もの)を取り上げる; (時間・場所など)をとる
▸His speech **takes up** too much time. 彼のスピーチは時間をとりすぎる.

talkative [tɔ́ːkətiv トーカティヴ] 形容詞
話好きな，おしゃべりな

:tall [tɔ́ːl トーる] 形容詞
(比較 **taller**; 最上 **tallest**)
❶ **背が高い** (対義語 short 背が低い)，(木・建物などが)(細長く)**高い**
➡ **high** くらべよう

▸a **tall** person　背の高い人
▸a **tall** tower　高い塔(とう)
▸Kate is **taller** than her father.
ケイトは彼女の父親よりも背が高い.
▸Tom is the **tallest** in his class.
トムはクラスでいちばん背が高い.
❷《身長・高さを表す名詞のあとに用いて》身長が…ある，高さが…ある

ダイアログ
A: How **tall** is Lisa?
リサは身長がどれくらいあるの？
B: She's 155 centimeters **tall**.
155センチだよ.

❸ (話などが)信じられない，大げさな

tambourine [tæ̀mbəríːn タぁンバリーン] (★アクセントに注意) 名詞
C 【楽器】タンバリン
➡ **musical instruments** 図

tame [téim テイム] 形容詞
(比較 **tamer**; 最上 **tamest**)
(動物が人に)なれた，飼いならされた (対義語 wild 野生の)；
(人や動物が)従順な
——動詞 (三単現 **tames** [-z]; 過去・過分 **tamed** [-d]; 現分 **taming**)
他 (動物)を飼いならす

Tamil [tǽml タムる] 名詞 U タミル語
(◆インド東南部などで話されている言語)

tan [tǽn タぁン] 動詞 (三単現 **tans** [-z]; 過去・過分 **tanned** [-d]; 現分 **tanning**)
他 …を日焼けさせる
——名詞 C (健康的な)日焼け
(同義語 suntan)

tangerine [tæ̀ndʒəríːn タぁンヂェリーン]
名詞 C 【植物】タンジェリン
(◆日本のミカンに似た果物(くだもの))

tank [tǽŋk タぁンク] 名詞
❶ C (液体・ガスなどを入れる)タンク，貯水槽(そう)
❷ C 戦車，タンク

tank top [tǽŋk tɑ̀p タぁンク タップ]
名詞 C タンクトップ(◆そでなしのシャツ)

tap[1] [tǽp タぁップ] 動詞
(三単現 **taps** [-s]; 過去・過分 **tapped** [-t]; 現分 **tapping**)
他 …を軽くたたく，トントン[コツコツ]たたく(同義語 pat)
▸He **tapped** my shoulder. (=He **tapped** me on the shoulder.)
彼はわたしの肩(かた)を軽くたたいた.
——名詞 C トントン[コツコツ]たたく音；たたくこと

tap[2] [tǽp タぁップ] 名詞
❶ C (水道などの)蛇口(じゃぐち)，栓(せん)
(◆《米》faucet)
▸turn the **tap** on [off]
蛇口を開ける[閉める]
▸**tap** water　水道水
❷ C (たるなどの)飲み口

•tape [téip テイプ]
——名詞 (複数 **tapes** [-s])
❶ U C (布・紙などの)**テープ**，(平たい)ひも，リボン
❷ U **接着テープ** (◆《米》Scotch tape, 《英》Sellotape [sélətèip セろテイプ])
❸ U C (録音・録画用の)**テープ**
▸play back a **tape**
テープを再生する
❹《**the tape** で》(開通式・ゴールなどの)テープ
——動詞 (三単現 **tapes** [-s]; 過去・過分 **taped** [-t]; 現分 **taping**) 他
❶ …をテープに録音[録画]する
(◆ tape-record ともいう)
❷ …をテープで留める[縛(しば)る]；
《米》…に包帯を巻く，テーピングする

tape measure [téip mèʒər テイプ

メジャ] 名詞 C 巻き尺, メジャー

tape recorder [téip rikɔ̀ːrdər テイプリコーダ] 名詞 C テープレコーダー

target [táːrgit ターゲット] 名詞
❶ C (射撃(しゃげき)などの)的(まと), 標的
❷ C 目標; 目標額
❸ C (非難などの)的; (調査などの)対象

tart [táːrt タート] 名詞 C U タルト
(◆果物(くだもの)・ジャムなどを入れたパイ)

Tarzan [táːrzən ターザン] 名詞 ターザン
(◆アメリカの小説家バローズ(Edgar Rice Burroughs) による冒険(ぼうけん)小説『類人猿(るいじんえん)ターザン』(*Tarzan of the Apes*)の主人公)

task [tǽsk タぁスク] 名詞
C 仕事, 課題; (つらい)任務
▸a difficult **task**
難しい仕事

⁺taste [téist テイスト]

—動詞 (三単現 **tastes** [téists テイスツ]; 過去・過分 **tasted** [-id]; 現分 **tasting**)
—他 ❶ (飲食物)**の味見をする**
▸I **tasted** the soup.
わたしはスープの味見をした.
❷《しばしば **can** をともなって》
…の味がわかる, 味を感じる
▸I **can taste** orange in this cake.
このケーキはオレンジの味がする.
—自《**taste** +形容詞 または **taste of** [**like**] ... で》…の[…のような]**味がする**
▸What does it **taste like**?
それはどんな味がしますか?

ダイアログ
A: How does the apple **taste**?
そのリンゴの味はどう?
B: It **tastes** a little sour, but good.
少しすっぱいけれど, おいしいよ.

—名詞 (複数 **tastes** [téists テイスツ])
❶ U《または **a taste** で》(飲食物の)**味**;
U 味覚 ➡ **sense** 参考
▸the **taste** of lemon　レモンの味
▸This vegetable has a bitter **taste**.
この野菜は苦味がある.

参考 味のいろいろ

sweet	甘(あま)い
salty	塩辛(から)い
hot, spicy	辛い
sour	すっぱい
sweet-and-sour	甘ずっぱい
bitter	苦い

❷ C U (…の)趣味(しゅみ), 好み《in [for] ...》; U (…の)センス《in ...》
▸She has good **taste in** clothes.
彼女は服装の趣味がいい.
❸ C《通例単数形で》(…の)ひと口; 試食; ちょっとした経験《of ...》
▸I had a **taste of** the cake.
わたしはそのケーキをひと口味見した.

tasty [téisti テイスティ] 形容詞
(比較 **tastier**; 最上 **tastiest**)
おいしい, 味がよい(同義語 delicious)

tattoo [tætúː タぁトゥー] 名詞
(複数 **tattoos** [-z]) C 入れ墨(ずみ), タトゥー

⁺taught [tɔ́ːt トート] 動詞

teach(…を教える)の過去形・過去分詞

tax [tǽks タぁックス] 名詞 (複数 **taxes** [-iz]) C U 税, 税金
▸the consumption **tax**　消費税
—動詞 (三単現 **taxes** [-iz]; 過去・過分 **taxed** [-t]; 現分 **taxing**)
他 (人・もの)に税金をかける
▸Gasoline is heavily **taxed**.
ガソリンには高い税金がかかっている.

⁺taxi [tǽksi タぁクスィ] 名詞

(複数 **taxis** または **taxies** [-z])
C **タクシー**(=taxicab [tǽksikæ̀b タぁクスィキぁブ])(◆《口語》cab)
▸I took a **taxi** to the station.
わたしは駅までタクシーで行った.
▸Could you call a **taxi**, please?
タクシーを呼んでくれますか?
▸He went home by **taxi**.
彼はタクシーで家に帰った. (◆手段を表す by のあとは無冠詞)

文化 タクシーのドア
アメリカのタクシーのドアは自動ではないため, 乗客が自分でドアを開け閉めしなければなりません. イギリスや

カナダ，オーストラリアでも同じです．

·tea [tíː ティー] 名詞 (複数 **teas** [-z])

❶ U 茶，紅茶(◆単に tea というときはふつう「紅茶」(black tea)を指す)

▸green **tea** 緑茶

▸I made **tea** for the guest.
わたしは来客にお茶を入れた．

▸Would you like another cup of **tea**?
お茶をもう1杯(ぱい)いかがですか？

❷ C (1杯の)茶，紅茶

▸Two **teas**, please.
(お店で)紅茶を2つください．
(◆注文するときなどは，two cups of tea よりも two teas のほうがふつう)

❸ C U 《英》アフタヌーンティー，午後のお茶(=afternoon tea)

文化 紅茶とイギリス人

イギリスでは，afternoon tea といって，友人や知人を招いて，午後3時ごろから5時ごろまでの間に紅茶を飲む習慣があります．そのとき，サンドイッチやスコーンなどの軽食もとります．紅茶はふつう牛乳を混ぜたミルクティー(tea with milk)が好まれます．また，high tea と呼ばれる5時から6時ごろの食事もあります．この食事は夕食(supper)を兼(か)ねることもあります．

tea break [tíː brèik ティー ブレイク]
名詞 C 《主に英》お茶の時間
(◆《米》coffee break)

:teach [tíːtʃ ティーチ] 動詞
(三単現 **teaches** [-iz]; 過去・過分 **taught** [tɔ́ːt トート]; 現分 **teaching**)

—他 (学科など)を教える;《**teach** ＋人＋名詞または **teach** ＋名詞＋ **to** ＋人で》(人)に…を教える(◆ teach は学問や技術などを教える場合に用い，道順などの情報を教える場合には tell を用いる)
➡ **tell** 参考

▸My father **teaches** mathematics at a high school.
父は高校で数学を教えている．

▸Ms. Baker **teaches** us English. (=Ms. Baker **teaches** English **to** us.)
ベーカー先生は，わたしたちに英語を教えている．(◆文末にくる語句が強調される；前者は「何を」教えているか，後者は「だれに」教えているかに重点が置かれる)

▸They are **taught** Chinese at school.
彼らは学校で中国語を教わっている．

—自 **教える，教師をする**

▸Where does he **teach**?
彼はどこの先生ですか？

:teacher [tíːtʃər ティーチャ] 名詞
(複数 **teachers** [-z])

C **先生，教師**

▸a science **teacher** 理科の先生

▸a **teachers'** room 職員室

▸Mr. Ito is our English **teacher**.
伊藤先生はわたしたちの英語の先生です．

▸She wants to be a kindergarten **teacher**. 彼女は幼稚(ようち)園の先生になりたいと思っている．

▸He is a **teacher** at a high school.
彼は高校の先生だ．

参考 先生の呼び方

1 英語で「林先生」と呼びかけるときは Teacher Hayashi とはいわず，名前に Mr. や Ms. または Mrs. や Miss をつけて呼びます．

▸Good morning, **Mr.** Hayashi.
林先生，おはようございます．

2 大学の先生にはProfessor Hayashiということができます.
また,「英語の先生」はa teacher of Englishですが,an English teacherともいいます.この場合は,Englishをteacherよりも強く発音します.Englishよりteacherを強く発音すると,「イギリス[イングランド]人の先生」の意味になります.

teaches [tíːtʃiz ティーチズ] 動詞
teach(…を教える)の三人称単数現在形

teaching [tíːtʃiŋ ティーチング] 動詞
teach(…を教える)の現在分詞・動名詞
──名詞 U 教えること; 教職

⁑team [tíːm ティーム] 名詞 (複数 **teams** [-z])
C (仕事や競技をいっしょにする)**チーム**, 組(◆全体をひとまとまりと考えるときは単数あつかい, 一人ひとりに重点を置くときは複数あつかい) ➡ **club** 区考
▸a baseball **team** 野球チーム
▸He is on [《英》in] our volleyball **team**.
彼はわたしたちのバレーボールチームのメンバーだ.

teammate [tíːmmèit ティームメイト]
名詞 C チームの仲間, チームメイト

teamwork [tíːmwəːrk ティームワ～ク]
名詞 U チームワーク, 共同作業

teapot [tíːpàt ティーパット] 名詞
C ティーポット, きゅうす

⁎tear[1] [tíər ティア] (★tear[2]との発音のちがいに注意) 名詞 (複数 **tears** [-z])
C 《ふつう **tears** で》**涙**(なみだ)
▸burst into **tears** わっと泣き出す
▸**Tears** ran down his cheeks.
涙が彼のほおを流れ落ちた.
in téars 涙を浮(う)かべて, 泣きながら
▸Ann was **in tears**.
アンは涙を浮かべていた.

tear[2] [téər テア] (★tear[1]との発音のちがいに注意) 動詞 (三単現 **tears** [-z]; 過去 **tore** [tɔ́ːr トーア]; 過分 **torn** [tɔ́ːrn トーン]; 現分 **tearing**)
他 …を引き裂(さ)く, 破る; …をもぎ取る
▸She **tore** the sheet into pieces.
彼女はその紙を細かく破いた.
──自 裂ける, 破れる

teardrop [tíərdràp ティアドゥラップ]
名詞 C 涙(なみだ)のしずく; 涙形のもの

tearoom [tíːrùːm ティールーム] 名詞
C 喫茶(きっさ)店, 喫茶室

tease [tíːz ティーズ] 動詞 (三単現 **teases** [-iz]; 過去・過分 **teased** [-d]; 現分 **teasing**) 他 …をからかう, いじめる
──自 からかう, いじめる

teaspoon [tíːspùːn ティースプーン] 名詞
C ティースプーン, 小さじ(◆約 5ml)

technical [téknikl テクニクる] 形容詞
❶ 技術の; 工業の
▸a **technical** school 工業学校
❷ 専門の, 専門的な

technician [tekníʃn テクニシャン] 名詞
C (ある分野の)専門家, 技術者; (芸術・スポーツなどの)技巧(ぎこう)家

technique [tekníːk テクニーク] (★アクセントに注意) 名詞
C (芸術の)手法, テクニック;
U (専門的な)技術

technology [teknálədʒi テクナらヂィ] 名詞 (複数 **technologies** [-z])
U 科学技術, テクノロジー;
C (具体的な)技術
▸a communications **technology**
通信技術

teddy bear [tédi bèər テディ ベア]
名詞 C クマのぬいぐるみ, テディーベア

文化 テディーは大統領の愛称(あいしょう)!

狩猟(しゅりょう)家であったアメリカの第26代大統領セオドア・ルーズベルト(Theodore Roosevelt)は,クマ狩(が)りのときに子グマを見逃(みのが)してやりました.この話が新聞のマンガを通じて評判となり,大統領の愛称(あいしょう)のTeddyにちなんだTeddy Bearという名の子グマのぬいぐるみが売り出されました.イギリスではミルン(A. A. Milne)の『クマのプーさん』(*Winnie-the-Pooh*)の影響(えいきょう)もあって,teddy bearを持つ子供が多いようです.

teenage [tíːnèidʒ ティーンエイヂ] 形容詞
ティーンエージャー(向け)の，ティーンエージャー特有の(＝teenaged)

teenaged [tíːnèidʒd ティーンエイヂド]
形容詞 ティーンエージャー(向け)の，ティーンエージャー特有の(＝teenage)

teenager [tíːnèidʒər ティーンエイヂャ]
名詞 C 10代の少年[少女]，ティーンエージャー
(♦正確には語尾(ごび)に -teen がつく13歳(さい)(thir*teen*)から19歳(nine*teen*)までの少年少女を指す)

•teeth [tíːθ ティーす] 名詞
tooth(歯)の複数形

telegram [téləgræ̀m テれグラぁム] 名詞
C 電報(文)(♦送られるメッセージそのものを指す；《米口語》wire)
▸send [receive] a **telegram**
電報を打つ[受け取る]

telegraph [téləgræ̀f テれグラぁふ] 名詞
U (telegram を送る制度としての)電報，電信；C 電信機

•telephone
[téləfòun テれふォウン]
— 名詞 (複数 **telephones** [-z])
U (制度としての)電話；
C 電話機(＝telephone set)
(♦《口語》phone)
▸a public [pay] **telephone**
公衆電話
▸The **telephone** is ringing.
電話が鳴っていますよ.
▸answer the **telephone**
電話に出る
▸May I use your **telephone**?
電話をお借りしてもいいですか？
▸I talked with Ann on [over] the **telephone**.
わたしは電話でアンと話をした.
▸We talked by **telephone**.
わたしたちは電話で話した.
(♦手段を表す by のあとは無冠詞)
— 動詞 (三単現 **telephones** [-z]；
過去・過分 **telephoned** [-d]；
現分 **telephoning**)
他 …に電話をかける
▸Please **telephone** me tonight.
今晩，電話をください.

telephone booth [téləfoun bùːθ テれふォウン ブーす] 名詞 C 電話ボックス
(♦単に booth ともいう；《英》telephone box)

telephone directory
[téləfoun dirèktəri テれふォウン ディレクトリ]
名詞 C 電話帳

telescope [téləskòup テれスコウプ]
名詞 C 望遠鏡

•television
[téləvìʒn テれヴィジャン] 名詞
(複数 **televisions** [-z])(♦ TV と略す)
❶ U テレビ(放送)
▸Susan is watching **television**.
スーザンはテレビを見ている.
(♦「テレビ番組を見る」というときは television に a や the はつかない)
▸What's on **television** now? 今，テレビで何(の番組)をやっていますか？
▸He watches a news program on **television** every evening.
彼は毎晩，テレビでニュース番組を見る.
❷ C テレビ(受像機)(＝television set)
▸turn on [off] the **television**
テレビをつける[消す]

:tell [tél テる] 動詞
(三単現 **tells** [-z]；過去・過分 **told** [tóuld トウるド]；現分 **telling**)
— 他

❶ …を話す；…を教える
❷ (人)に…することを命じる
❸ …がわかる；…を見分ける

❶ **…を話す**，言う；**…を教える**，知らせる；《**tell ＋人＋ about ＋こと**で》(こと)について(人)に話す，教える
➡ **say** くらべよう
▸He **told** a strange story.
彼は奇妙(きみょう)な話をした.
▸Don't **tell** a lie.
うそを言ってはいけないよ.
▸**Tell** me **about** your school life.
学校生活について話してください.
❷《**tell ＋人＋ to ＋動詞の原形**で》(人)に**…することを命じる**，…するように言う(同義語 order)
▸I **told** him **to** be quiet.
わたしは彼に静かにするように言った.
▸Ms. Smith **told** us not **to** swim in that river.

スミス先生はわたしたちに, あの川で泳がないようにと言った.

❸ **…がわかる; …を見分ける**, 区別する; 《**tell ... from ～**で》…と～を見分ける; (◆ふつう can, be able to をともなう)

▸I **can tell** that he is lying.
彼がうそをついているのはわかる.

▸I **can't tell** Beth **from** Emily, her twin sister.
わたしはベスと彼女の双子(ふたご)の姉[妹]のエミリーを区別できない.

❹《**tell +人+ことまたは tell +こと+ to +人**で》(人)に(こと)を話す, 教える

▸Could you **tell** me his phone number? (=Could you **tell** his phone number **to** me?) 彼の電話番号を教えていただけませんか?

参考 「道を教える」の表し方

1 「道」をことばで教える場合は, teach ではなく tell を使います.
▸Would you **tell** me the way to the station?
駅への道を教えていただけませんか?

2 実際に連れて行く, または地図を書いて示す場合には, show を使います.
▸Would you **show** me the way to the station?

3 teach は学問や技術などを教える場合に使います. 道を教える場合には使いません.

❺《**tell +人+ that 節[wh- 節・句]**で》(人)に…だと[かを]言う

▸She **told** me (**that**) Chris had a bad cold.
彼女はわたしにクリスがひどい風邪(かぜ)をひいていると言った.

▸I'll **tell** you **what** happened after that. そのあとに何が起こったか話してあげよう.

―自 ❶ 話す, 語る

❷ わかる, 見分ける(◆ふつう can または be able to をともなう)

Don't téll me (***that ...***)
まさか(…ではないでしょうね)

▸**Don't tell me** you forgot your wallet. まさか財布(さいふ)を忘れたのではないでしょうね.

I can téll you 確かに, ほんとうに

▸The dog is cute, **I can tell you.**
そのイヌはほんとうにかわいい.

I'll téll you whát. 《口語》いい考えがある; こうしたらどうだろう.

I tóld you so. だから言ったでしょう, それごらん.

to téll (***you***) ***the trúth*** 実は ➡ **truth**

You're télling mé. 《口語》全く同感だ; そんなことは百も承知だ.

temper [témpər テンパ] 名詞

❶ C U 気分, きげん; 気質, 気性(きしょう)

▸Ann is in a good [bad] temper today.
アンは今日, きげんがいい[悪い].

❷ U《または **a temper** で》短気, かんしゃく; 落ち着き

▸He can't control his **temper**.
彼は怒(おこ)りっぽい感情を抑(おさ)えられない.

temperature [témpərətʃər テンペラチャ] 名詞

❶ C U 温度, 気温

▸high [low] **temperature** 高[低]温

ダイアログ
A: What's the **temperature** now?
今, 気温は何度ですか?
B: It's about 20℃. セ氏 20 度くらいかな. (◆ 20℃は twenty degrees Celsius [centigrade] と読む)

❷ U 体温;《**a temperature** で》(平熱より高い)熱(同義語 fever)

▸Take your **temperature**.
体温をはかりなさい.

temple [témpl テンプる] 名詞

C (古代ギリシャ・ローマなどの)神殿(しんでん); (ユダヤ教, ヒンドゥー教, 仏教など, キリスト教以外の)寺, 寺院

▸the Todai-ji **Temple**
東大寺

ヒンドゥー教の寺院

ユダヤ教の寺院

temporary [témpərèri テンポレリ]

形容詞 一時的な, 臨時の, 仮の

tempt [témpt テンプト] 動詞
㊀ …を誘惑(ゆうわく)する, 誘(さそ)う, そそのかす

temptation [temptéiʃn テンプテイシャン] 名詞 U C (…したいという)誘惑(ゆうわく)《to ＋動詞の原形》; C 誘惑するもの

⁑ten [tén テン]

——名詞 (複数 **tens** [-z])
C《冠詞をつけずに単数あつかい》**10**; 《複数あつかいで》10 人, 10 個;
U 10 歳(さい); 10 時
▸I got up at **ten** (o'clock).
わたしは 10 時に起きた.

tén to óne 十中八九, きっと
▸**Ten to one**, Mike will win.
十中八九, マイクは勝つだろう.

——形容詞 **10 の**; 10 人の, 10 個の; 10 歳の
▸My brother is **ten** (years old).
弟は 10 歳だ.

tend [ténd テンド] 動詞
㊂《**tend to ＋動詞の原形で**》
…する傾向(けいこう)がある, …しがちだ
▸He **tends to** eat between meals.
彼は間食する傾向がある.

tendency [téndənsi テンデンスィ] 名詞
(複数 **tendencies** [-z])
C (…する)傾向(けいこう), 風潮(ふうちょう); 癖(くせ)《to ＋動詞の原形》

tender [téndər テンダ] 形容詞
(比較 **tenderer**; 最上 **tenderest**)
❶ 優(やさ)しい, 親切な
▸Mary has a **tender** heart.
メアリーは優しい心の持ち主だ.
❷ (肉などが)柔(やわ)らかい (♦肉には soft や hard は使わない; 対義語 tough かたい)
▸The steak was very **tender**.
ステーキはとても柔らかかった.

tenderly [téndərli テンダリ] 副詞
優(やさ)しく, 親切に

Tennessee [tènəsíː テネスィー] 名詞
❶ テネシー州 (♦アメリカ南部の州; Tenn. または【郵便】で TN と略す)
❷《**the Tennessee** で》テネシー川

⁑tennis [ténis テニス] 名詞

U【スポーツ】テニス, 庭球 ➡ p.619 図
▸I played **tennis** with Alice.
わたしはアリスとテニスをした.
▸She won a **tennis** match.
彼女はテニスの試合に勝った.

tenor [ténər テナ] 名詞
U【音楽】テノール, テナー (♦男声の最高音域); C テノール[テナー]歌手

tense[1] [téns テンス] 形容詞
(比較 **tenser**; 最上 **tensest**)
❶ 緊張(きんちょう)した, 張りつめた
▸a **tense** situation 緊迫(きんぱく)した事態
❷ (綱(つな)・筋肉などが)張った
▸a **tense** rope ぴんと張ったロープ

tense[2] [téns テンス] 名詞
U C【文法】(動詞の)時制
▸the present [past] **tense**
現在[過去]時制

tension [ténʃn テンシャン] 名詞
❶ U (精神的な)緊張(きんちょう), 不安
❷ U (糸・筋肉などが)ぴんと張ること

⁂tent [tént テント] 名詞

(複数 **tents** [ténts テンツ])
C テント
▸pitch [put up] a **tent** テントを張る
▸take down [strike] a **tent**
テントをたたむ

⁑tenth [ténθ テンす]

——名詞 (複数 **tenths** [-s])
❶ U《**the tenth** で》
第 10, 10 番め; (日付の)10 日
(♦ 10th と略す)
▸**the tenth** of July (＝July 10)
7 月 10 日(♦ July 10 は July (the) tenth と読む)
❷ C 10 分の 1

——形容詞 ❶《**the tenth** で》
第 10 の, 10 番めの
❷ 10 分の 1 の

term [tə́ːrm ターム] 名詞
❶ C (ある一定の)期間; 任期; 《英》(3 学期制の)学期(♦アメリカなどの「2 学期制の学期」は semester)
▸The US President's **term** of office is four years.
アメリカ大統領の任期は 4 年です.
▸the spring **term** 春学期
▸the first **term** 1 学期
❷ C 専門[学術]用語, ことば
▸a technical **term** 専門用語

be on … térms
(人と)…の間柄(あいだがら)[仲]である《with …》
▸She **is on** good **terms with** Jack.
彼女はジャックと仲がいい.

terminal [tə́ːrmənl タ～ミヌる] 形容詞
終わりの; 終点の, 終着駅の; (病気などが)末期の
▸a **terminal** station 終着駅
――名詞 C 終点; (鉄道・バスなどの)終着駅, 始発駅; (空港の)ターミナル; 【コンピューター】端末(たんまつ)(機)

terrace [térəs テラス] 名詞
❶ C テラス(♦建物の外で, 石やレンガなどを敷(し)き詰(つ)め, 地面より少し高くした部分)
❷ C 台地, 高台; 段丘(だんきゅう)

terrace ❶

terrible [térəbl テリブる] 形容詞
❶《口語》ひどく悪い, ひどい
▸This is a **terrible** cake.
これはまずいケーキだ.

ダイアログ
A: How was the movie?
映画はどうだった?
B: It was **terrible**. ひどかったよ.

❷ (程度が)ひどい, 猛烈(もうれつ)な; 恐(おそ)ろしい(同義語 awful)
▸He went out in a **terrible** rain.
彼はすさまじい雨の中を出かけた.

terribly [térəbli テリブり] 副詞
《口語》すごく, 非常に; 恐(おそ)ろしく
▸I'm **terribly** sorry.
ほんとうに申し訳ありません.

terrific [tərífik テリふィック] 形容詞
❶《口語》すばらしい, すごくいい
▸That's **terrific**! すごくいいね!
❷ (程度・大きさなどが)ものすごい; 恐(おそ)ろしい

terrify [térəfài テリふァイ] 動詞 (三単現 **terrifies** [-z]; 過去・過分 **terrified** [-d]; 現分 **terrifying**)
他 …を恐(おそ)れさせる, こわがらせる

territory [térətɔ̀ːri テリトーリ] 名詞
(複数 **territories** [-z])
❶ C U 領土, 領地; 地域, 地方

tennis

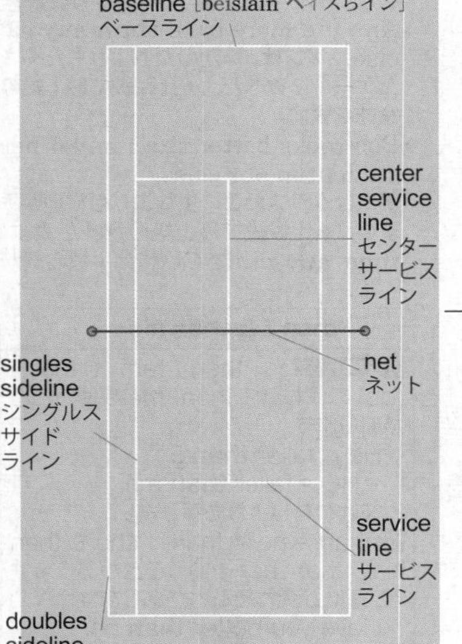

service
サーブ

point
ポイント

forehand
フォアハンド

backhand
バックハンド

▸India was a British **territory**.
インドはイギリスの領土だった.
❷ C U (活動などの) 範囲(はんい); (動物の) 縄張(なわば)り

terror [térər テラ] 名詞
U 《または **a terror** で》(強い)恐怖(きょうふ); C 恐(おそ)ろしいもの[人, こと]

˙test [tést テスト]

── 名詞 (複数 **tests** [tésts テスツ])
C **テスト, 試験**; 検査
▸a **test** paper
問題用紙, 答案用紙
▸I took three **tests** yesterday.
わたしは昨日, 3 つの試験を受けた.
▸I passed [failed] the **test**.
わたしはその試験に合格した[落ちた].
▸The doctor gave me a blood **test**.
医者はわたしの血液検査をした.

── 動詞 (三単現 **tests** [tésts テスツ]; 過去・過分 **tested** [-id]; 現分 **testing**)
他 **…を試験する**, 検査する
▸They **tested** the performance of the new car.
彼らは新しい車の性能を試験した.
▸Mr. Suzuki **tested** us on history.
鈴木先生はわたしたちに歴史の試験をした.

Texas [téksəs テクサス] 名詞 テキサス州 (♦アメリカ南部の州; Tex. または【郵便】で TX と略す)

text [tékst テクスト] 名詞
❶ U (序文・挿(さ)し絵などに対して)本文
❷ C 原文, 原典
❸ C 教科書(=textbook)

˙textbook

[tékstbùk テクストブック] 名詞
(複数 **textbooks** [-s])
C **教科書**, 教本(♦単に text ともいう)
▸a science **textbook**
理科の教科書
▸Open your **textbooks** to [《英》at] page three.
教科書の 3 ページを開きなさい.

textile [tékstail テクスタイる] 名詞
C 織物(の材料), 布地

-th 接尾辞 ❶ 動詞・形容詞について状態・性質・動作などを表す名詞をつくる: grow(成長する) + -th → growth(成長)
❷ 4 以上の数詞について序数をつくる: seven(7) + -th → seventh(第 7)

Thai [tái タイ] 形容詞
タイの; タイ人の; タイ語の
── 名詞 C タイ人; U タイ語

Thailand [táilænd タイらぁンド] 名詞
タイ(♦東南アジアの国; 首都はバンコク Bangkok)

Thames [témz テムズ]
(★発音に注意) 名詞
《**the Thames** で》テムズ川(♦イギリスのロンドンを流れ, 北海に注ぐ川)

⁚than

[ðǽn ざぁン; (弱く言うとき) ðən ざン]

── 接続詞 ❶ 《形容詞・副詞の比較級のあとに用いて》…**よりも**
▸Tom is younger **than** I (am).
トムはわたしよりも若い. ➡ ルール
▸Pat sings better **than** I (do).
パットはわたしよりも歌がうまい.
▸I like cats better **than** dogs.
わたしはイヌよりネコのほうが好きだ.
▸Ann ate more cake **than** anyone else. アンは, ほかのだれよりもたくさんケーキを食べた. (♦比較級で最上級の意味を表す)
▸Bob cooks better **than** any other student in our class.
ボブはクラスのどの生徒よりも料理がうまい. (♦比較級で最上級の意味を表す; than any other の次には単数名詞がくる)

ルール than I と than me

1 《口語》では, than I (am) や than I (do) の代わりに than me を使うことがあります.
▸He is taller **than** I.
=He is taller **than** me.
彼はわたしよりも背が高い.

2 than he や than she も than him, than her ということがありますが, 意味が変わることがあります.
▸I love you better **than** he.
わたしは彼(があなたを愛する)より

も，あなたを愛しています．(◆ than he は than he loves you の意味)
▸I love you better **than** him.
わたしは彼よりも，あなたのほうを愛しています．(◆ than him は than I love him の意味)

❷《other, otherwise, else などのあとに用いて》…よりほかに，…とは別の
▸I have no **other** dogs **than** Ben.
ベン以外のイヌは飼っていません．

❸《**rather** のあとに用いて》…するよりはむしろ
▸I'd **rather** read this book now **than** watch TV. テレビを見るより，今はこの本を読みたい．

——前置詞《形容詞・副詞の比較級のあとに用いて》…よりも
▸More **than** 5,000 runners joined the marathon. 5,000人以上のランナーがマラソンに参加した．

⁑thank [θǽŋk さぁンク]

——動詞 (三単現 **thanks** [-s]; 過去・過分 **thanked** [-t]; 現分 **thanking**)
他 **…に感謝する**，礼を言う;
《**thank** ＋人＋ **for** ＋名詞[**...ing**]で》(人)に…のことで感謝する
▸**I thanked** him **for coming**.
わたしは彼に，来てくれたことの礼を言った．

◆***No, thánk you.*** (相手の申し出をていねいに断るときに)**いいえ，けっこうです**．

ダイアログ
A: How about some more salad?
サラダをもう少しいかがですか？
B: **No, thank you.** I've had enough. いいえ，けっこうです．十分いただきました．

Thánk Gód! ありがたい，ああ助かった，やれやれ．
Thánk Héaven! ありがたい；しめた．
◆***Thánk you.***
① **ありがとう**．
(◆感謝の気持ちを表す一般的な言い方)
▸**Thank you** very [so] much.
どうもありがとうございます．
(◆ so much は主に女性が使う)
▸**Thank you** for calling.
お電話ありがとう．

ダイアログ
A: **Thank you** for the nice present.
すてきなプレゼントをありがとう．
B: You're welcome.
どういたしまして．

ダイアログ
A: Excuse me, you dropped your glove.
あのう，手袋(てぶくろ)を落としましたよ．
B: Oh, **thank you.** あら，すみません．

② (スピーチ，アナウンスなどの終わりに)以上です．
▸**Thank you** (for listening).
ご清聴(せいちょう)ありがとうございます．

文化 Thank you. と「すみません」
日本語では相手に何かしてもらったとき，相手に面倒(めんどう)をかけたことをわびて「すみません」とよく言いますが，英語では感謝を表して Thank you. または Thanks. と言います．日本語につられて I'm sorry. と言わないように気をつけましょう．➡ **sorry** ルール

参考 Thank you. への返事
「どういたしまして」にあたる言い方には次のようなものがあります．
▸You're welcome.
▸That's all right.
▸Don't mention it.
▸Not at all.
▸It's my pleasure.
▸The pleasure is mine.
また，「こちらこそありがとう」と言うときは Thank you. と返しますが，この場合は you を強く発音します．

——名詞 (複数 **thanks** [-s])
《**thanks** で》**感謝**，感謝のことば
▸express *one's* **thanks**
お礼を言う
▸send a letter of **thanks**
お礼の手紙を送る

No, thánks. いいえ，けっこうです．
(◆ No, thank you. よりくだけた言い方)
◆***Thánks.*** **ありがとう**．
(◆ Thank you. よりくだけた言い方)
▸**Thanks** a lot.
どうもありがとう．
thánks to ... …のおかげで；…のせいで

▸**Thanks to** his help, I was able to finish my homework.
彼が手伝ってくれたおかげで, 宿題を終えることができた.

thankful [θǽŋkfl さぁンクふる] 形容詞
感謝して, ありがたく思って

thanksgiving [θæ̀ŋksgíviŋ さぁンクスギヴィング] 名詞
❶ U (特に神に対する)感謝
❷《**Thanksgiving** で》《米》感謝祭(の日)(＝Thanksgiving Day)

Thanksgiving Day [θæ̀ŋksgíviŋ dèi さぁンクスギヴィング デイ] 名詞
《米》感謝祭(の日)

文化 何を感謝するの?

11月の第4木曜日は感謝祭と呼ばれるアメリカの祝日です. 感謝祭は, 1620年にメイフラワー号でアメリカのプリマスに上陸した清教徒(ピューリタン)たちが, 翌年の秋にアメリカでの最初の収穫(しゅうかく)を祝って, 神に感謝の祈(いの)りをささげたことから始まったといわれています. 家族で食卓(しょくたく)を囲み, クランベリーソース(cranberry sauce)をつけ合わせにした七面鳥の丸焼き(roast turkey)やカボチャのパイ(pumpkin pie)などを食べて祝う習慣があります. ➡ **turkey** 文化

Thanksgiving Day の食卓

七面鳥の丸焼き

thank-you [θǽŋkjùː さぁンキュー]
形容詞 感謝の, お礼の
▸a **thank-you** letter 礼状
—名詞 C 感謝[お礼]のことば

:that 形容詞 代名詞 副詞 接続詞
➡ p.624 **that**

:that'll [ðǽtl ざぁトゥる; (弱く言うとき) ðətl ざトゥる] 《口語》that will の短縮形

:that's [ðǽts ざぁッツ; (弱く言うとき) ðəts ざッツ]
《口語》that is, that has の短縮形

:the 冠詞 副詞 ➡ p.626 **the**

·theater, 《英》**theatre**
[θíːətər すィーアタ] 名詞 (複数 **theaters** [-z]) C 劇場, 《米》映画館
(◆ movie theater ともいう; 《英》cinema; 《米》でも劇場名や映画館名では theatre とつづることがある)
▸Ben often goes to the **theater**.
ベンはよく劇場に足を運ぶ.

:their [ðéər ぜア] 代名詞 《人称代名詞の三人称複数 they の所有格》
彼らの, 彼女らの, それらの ➡ **they** 参考
▸**Their** mother is a good cook.
彼らの母親は料理がうまい.

:theirs [ðéərz ぜアズ] 代名詞
《人称代名詞の三人称複数 they の所有代名詞》
彼らのもの, 彼女らのもの, それらのもの ➡ **they** 参考
▸This computer is **theirs**.
このコンピューターは彼らのものだ.
▸Our bus is bigger than **theirs**.
わたしたちのバスは彼らのバスより大きい. (◆ theirs は their bus を指す)

:them [ðém ぜム] 代名詞 《人称代名詞の三人称複数 they の目的格》
彼らを[に], 彼女らを[に], それらを[に] ➡ **they** 参考
▸We met **them** yesterday.
わたしたちは昨日, 彼らに会った.
▸Those shoes look cool. I like **them**.

あの靴(くつ), かっこいい. 好きです.

theme [θíːm ティーム] (★発音に注意)
名詞 ❶ C 主題, 題目, テーマ; 話題
(同義語 subject)
❷ C【音楽】(楽曲の)主題, 主旋律(せんりつ)
❸ C《米》(学校の)課題作文

⁺themselves

[ðəmsélvz ゼムセるヴズ]
代名詞〘人称代名詞の三人称複数 they の再帰代名詞〙
❶《動詞・前置詞の目的語となって》
彼ら自身を[に], 彼女ら自身を[に], それら自体を[に] ➡ **they** 参考
▸The children enjoyed **themselves** at the party.
子供たちはパーティーで楽しい時を過ごした.
❷《they または them の意味を強調して》**彼ら自身, 彼女ら自身, それら自体**; 自分自身(◆強く発音する)
▸They made a plan **themselves**.
彼らは自分たちで計画を立てた.
(all) by themsélves
自分たちだけで; 独力で ➡ **oneself**
for themsélves
自分たちのために; 自分たちで
➡ **oneself**

⁑then [ðén ゼン]

副詞	❶ **そのとき(に)**
	❷ **それから**
	❸ **それでは**
名詞	**そのとき**

—副詞 ❶ **そのとき(に)**, そのころ, その当時(◆過去にも未来にも用いる)
▸Just **then**, it started to rain.
ちょうどそのとき, 雨が降り始めた.

> ダイアログ
> *A:* Let's meet here at four.
> 4時にここで会おう.
> *B:* Sure. See you **then**.
> いいよ. じゃ, またそのときに.

▸The town wasn't this big **then**.
その当時, 町はこれほど大きくはなかった.
❷《順序を表して》**それから**, その次に
▸First we had lunch, and **then** (we) played tennis.
わたしたちはまず昼食を食べ, それからテニスをした.
❸《ふつう文頭・文末で用いて》
それでは, それなら, そうすると
▸**Then** why did you do that?
それなら, なぜそんなことをしたの?
(every) nów and thén ときどき
—名詞 U《ふつう**前置詞+ then** で》
そのとき
▸before **then**
それ以前に
▸by **then**
そのときまでに
▸since **then**
そのとき以来

theory [θíːəri ティーアリ] 名詞
(複数 **theories** [-z]) C U 理論(対義語 practice 実践(じっせん)); C 学説; 意見, 自説
▸music **theory** 音楽理論

⁑there

[ðéər ゼア; (弱く言うとき)ðər ざ]
—副詞 ❶ **そこに, そこで, そこへ**
(対義語 here ここに)
▸The key is right **there**.
カギはすぐそこにあるよ.
▸Put your bag **there**.
バッグをそこへ置きなさい.
▸Are you **there**?
そこにいるの?; (電話で)もしもし, 聞いて[聞こえて]いますか?
▸I went **there** last summer.
わたしは去年の夏, そこへ行った.
▸The people **there** were very kind.
そこの人々はとても親切だった.
❷《**there is ...** または **there are ...** で》
…がある, いる; …が存在する
(◆あとにくる名詞(主語)が単数のときは is, 複数のときは are を用いる)
▸**There is** a big desk in my room.
わたしの部屋には大きな机があります.
▸**There are** two libraries in this town.
この町には図書館が2つある.
▸**There aren't** many people (walking) in the street.
通りにはあまり人が(歩いて)いない.
▸**There was** no time for eating.
食べている時間はなかった.
▸**Are there** enough chairs?
いすは足りていますか?

a b c d e f g h i j k l m n o p q r s t u v w x y z

A B C D E F G H I J K L M N O P Q R S T U V W X Y Z

⁝that 形容詞 副詞 代名詞 接続詞

[ðǽt ざぁット；(弱く言うとき) ðət ざト]

形容詞　あの，その；例の
代名詞　❶ あれ，それ　❷ そのこと　❸ …のそれ

——形容詞〔指示形容詞〕（複数 **those** [ðóuz ぞウズ]）

あの，その（♦ this「この」よりはなれた人・物事や過去のことを指す）；**例の**（♦おたがいに了解(りょうかい)していることを指す）

▸**That** boy is John.　あの男の子はジョンです.
▸Is **that** building a school?　あの建物は学校ですか？
▸**that** idea of his　彼のその考え
（♦× that his idea, his that idea とはいわない）➡ **this** ルール
▸We played soccer **that** day.　その日，わたしたちはサッカーをした.
▸Did you forget **that** promise?　例の約束を忘れたのですか？

——代名詞〔指示代名詞〕（複数 **those** [ðóuz ぞウズ]）

❶ **あれ，それ**；あの人[もの，こと]，その人[もの，こと]（♦ this「これ」よりはなれた人や物事を指す）

▸**That**'s our school.　あれはわたしたちの学校です.
▸Which do you choose, this or **that**?　これとあれの，どちらを選びますか？
▸Is **that** you, John?　ジョン，(そこにいるのは)きみなの？（♦相手の顔が見えないときに用いる）

くらべよう　that と it

that: 話し手からはなれた人や物事を指します.
▸Mom, what's **that**?
お母さん，あれは何？
it: 距離(きょり)に関係なく，すでに話題になっている物事を指します.
▸**It**'s a UFO!
UFO だわ！

❷（すでに述べた事柄(ことがら)を指して）**そのこと**，それ

▸**That**'s right.　そのとおりです.
▸What does **that** mean?　それはどういう意味ですか？

❸《しばしば **that of ...** で》…**のそれ**
（♦前に出た「the ＋名詞」を繰(く)り返す代わりに用いる）

▸The population of Japan is smaller than **that of** China.　日本の人口は中国の人口より少ない.（♦ that = the population）

❹〔関係代名詞〕[ðət ざト] …**するところの**（♦主格・目的格として用いられる；目的格の場合は省略されることが多い；ふつう日本語には訳さない）

▸Do you know the girl **that** is sitting next to Tom?　トムの隣(となり)にすわっている女の子を知っていますか？
▸The book (**that**) you gave to me is very interesting.　あなたがくれた本はとてもおもしろいです.

❹〔関係代名詞〕…するところの

接続詞 ❶ …ということ

❷ …という

ルール 関係代名詞の that の使い方

1 that は，先行詞（関係代名詞が受ける名詞）が人・もの・動物のいずれの場合にも使えます．

2 以下のような場合は，ふつう that を使います（♦ただし，先行詞が人の場合は who がよく使われます）．

a）先行詞に形容詞の最上級，only, first, last などの「唯一(ゆいいつ)であること」を表す修飾(しゅうしょく)語がついている場合

▸This novel is the most important work (**that**) he has written.
この小説は，彼が今までに書いた中で最も重要な作品だ．

▸He is the only student **that** knows how to use that machine.
彼はその機械の使い方を知っている唯一の生徒だ．

b）先行詞に all, every, no, anything, nothing など，「すべての（もの）」や「全く…ない」を表す語がふくまれている場合

▸I like all the poems (**that**) she wrote.
わたしは彼女が書いたすべての詩が好きだ．

c）先行詞が「人＋もの［動物］」の場合

▸He studies the people and animals **that** live on the island.
彼はその島に住む人々と動物について研究している．

that is (to say) すなわち，つまり

▸She came back to Japan three years later, **that is to say**, in 2019. 彼女は 3 年後，すなわち 2019 年に日本に帰国した．

Tháť's áll. それだけだ．➡ **all**

Tháť's ít. それだ，そのとおり；これで終わりだ，もうたくさんだ．

ダイアログ

A: Is "B" the answer? 「B」が答えですか？

B: Yes, **that's it.** はい，そのとおりです．

—**副詞**《口語》そんなに

▸Is the story **that** funny? その話はそんなにおもしろいのですか？

—**接続詞** [ðət ザト] ❶《名詞節をつくって》…**ということ**（♦動詞の目的語になる場合などは，しばしば省略される）

▸I know (**that**) he is honest. 彼が正直だということはわかっている．

▸The reason is **that** I cannot drive a car. 理由はわたしが車を運転できないことだ．

▸I'm afraid (**that**) I don't know. 申し訳ないのですが，わかりません．

▸It's true (**that**) she was here. 彼女がここにいたのは事実だ．
（♦ It は仮の主語で，that 以下の内容を指す）➡ **it** ❸

❷《同格を表して》…**という**

♦***só ... that ～*** とても…なので～だ ➡ **so**

súch ... that ～ とても…なので～だ ➡ **such**

⁘the 冠詞 副詞

冠詞 ❶❷❸ **その**
❹《一つしかないものを指して》
❺《最上級・序数・only などにつけて》

[(子音の前で)ðə ざ, (母音の前で)ði ずィ; (強く言うとき)ðíː ずィー]

―冠詞〔定冠詞〕

ルール the の使い方 1

the は，すでに話題にのぼっていたり，たがいに知っていてすぐわかる特定のものを指したりするときに，その名詞の前に置きます．また，the は日本語に訳さなくてもよい場合が多くあります．

❶《一度述べた名詞を繰(く)り返す場合》**その**, この, あの, 例の

▸Once upon a time, there was an old king. **The** king had two sons. 昔々，年老いた王様がいました．(その)王様には 2 人の息子(むすこ)がいました．

ルール the の使い方 2

the は，同じように特定のものを表す this, that, my, his などといっしょに使うことはできません．「彼のその本」は that book of his といいます．

➡ **this** ルール

○**the** book **その**本
○**his** book **彼の**本
×the his book その彼の本

❷《前後関係・修飾(しゅうしょく)語句から何を指すかわかる場合》**その**

▸**the** right answer 正解
▸**the** capital of Japan 日本の首都
(♦ of Japan によって「日本の首都」と特定される)
▸Let's meet at **the** usual place. いつもの場所で会いましょう．

❸《その場の状況(じょうきょう)から，何を指すかわかる場合》**その**

▸Pass me **the** salt, please. 塩を取ってください．
▸Let's go to **the** library. 図書館へ行こう．

❹《天体・時・方角など，一つしかないものを指す場合》

▸**the** moon / **the** sky 月 / 空
▸in **the** morning 朝に; 午前中に
▸**the** north 北

ルール 形容詞がつくと a, an

一つしかないものであっても，形容詞がついて，ある一時的な状態を表す場合は，the ではなく，a または an をつけます．

▸**a** new moon 新月 ▸**a** blue sky 青空

❺《形容詞・副詞の最上級，「…番め」を表す数, only, next などの前につけて》

▸This is **the shortest** way to the station. これが駅までの最短の道です．
▸Who is **the fourth** batter? 4 番打者はだれですか？
▸**The only** vegetable I don't like is green pepper. わたしが唯一(ゆいいつ)嫌(きら)いな野菜はピーマンだ．
▸**The next** day, it snowed. 次の日，雪が降った．

❻《固有名詞につけて》
❼…というもの
副詞 《the＋比較級 ..., the＋比較級 〜で》
…すればするほど〜

ルール 副詞の最上級と the

副詞の最上級は the をつける場合と，つけない場合の両方があります．
▸He runs (**the**) fastest in the class.
彼はクラスでいちばん速く走る．

❻《固有名詞につけて》(♦ふつう固有名詞には冠詞をつけないが，慣用的に海・川・山脈・複数形の国名・新聞・乗り物・公共の建物・団体・家族などにはつける；ただし，公園・駅・橋・通りの名・学校などにはつけないことが多い)
▸**the** Pacific Ocean　太平洋
▸**the** Thames　テムズ川
▸**the** Alps　アルプス山脈
▸**the** United States of America　アメリカ合衆国
(♦×America だけの場合は，the America としない)
▸**the** British Museum　大英博物館
▸**the** Times　タイムズ紙
▸**the** Shinkansen　新幹線(しんかんせん)
▸**the** Kennedy family (=**the** Kennedys)　ケネディ家
▸**the** Germans　ドイツ人(全体)
❼《単数名詞につけて種類全体を表す》…**というもの** (♦かたい言い方；また楽器名につける)
▸**The** cheetah runs fast.　チーター(という動物)は速く走る．
(♦ Cheetahs run fast. のほうがふつう)
▸play **the** piano　ピアノをひく
❽《**the＋形容詞**で》…の人々(♦複数名詞の意味になる)；…であること(♦抽象(ちゅうしょう)的な名詞の意味になる)
▸**the** poor　貧しい人々(♦ poor people の意味)
▸**the** beautiful　美しさ(♦ beauty の意味)
❾《年代の 10 年をまとめて表す場合》
▸**the** 2010s [twenty tens]　2010 年代
❿《身体の部分につけて》
▸He patted me on **the** shoulder.　彼はわたしの肩(かた)をたたいた．
(♦「わたし」に重点を置いた言い方；He patted my shoulder. だと「肩」に重点が置かれる)
⓫《単位を表す名詞につけて》
▸They sell oranges by **the** kilogram at the store.　その店では，オレンジはキログラム単位で売られている．
▸She is paid by **the** hour.　彼女は時間給で働いている．
(♦「時間単位で支払(しはら)われている」の意味)
── 副詞 《**the＋比較級 ..., the＋比較級 〜で**》《口語》…**すればするほど〜**
▸**The more, the better.**　多ければ多いほどよい．
▸**The sooner, the better.**　早ければ早いほどよい．

ルール there の使い方

1 there is [are] ... は「…がある」ということを表します. この there には「そこに」という場所の意味はありません. 「そこに」と言いたい場合は, 別に there をつけ加えます.

▸**There were** two pens there.
そこに 2 本のペンがあった.

2 be 動詞の代わりに live や stand, seem などの動詞が使われることもあります.

▸**There lived** a woman in the village.
その村に 1 人の女性が住んでいた.

3 there is [are] ... のあとには, a girl「(1 人の)女の子」や some cars「数台の車」, something「何か」のような不特定な名詞や代名詞がきます. ふつう the book「その本」, this pen「このペン」, my bag「わたしのかばん」のようなすでに特定された名詞はきません.

▸My book is on the desk.
わたしの本は机の上にある.
(♦× There is my book on the desk. とはいわない)

❸《相手の注意をひくために文頭に用いて》ほら, そら

▸**There** she comes at last.
ほら, ようやく彼女が来た.

▸**There** comes our bus.
そら, わたしたちの乗るバスが来た.
(♦主語が代名詞以外の場合は, 「There＋動詞＋主語」の語順になる)

hére and thére あちこちに[で]

◆***over thére*** あちらに ➡ **over**

There is nó …ing
…することはできない

▸**There is no denying** the fact.
その事実を否定することはできない.
(=It is impossible to deny the fact.)

Thére you áre. (相手にものを渡(わた)すときに)さあどうぞ.(同義語 Here you are.)

up thére あそこで, あの上のほうで

── 間投詞 (慰(なぐさ)め・励(はげ)まし・満足などを表して)そら, それ, まあまあ

▸**There**! **There**! Never mind.
まあまあ, 気にするな.

▸Hello [Hi] **there**! やあ!

── 名詞 U そこ

▸from **there** そこから

therefore

[ðéərfɔ̀ːr ゼアふォーア] 副詞
それゆえに, したがって, だから

▸The result was expected and **therefore** no surprise to us.
その結果は予想されたことだった. それゆえ, わたしたちには驚(おどろ)きではなかった.

▸I think, **therefore** I am.
われ思う, ゆえにわれあり. (♦フランスの哲学(てつがく)者・数学者デカルトのことば)

there'll

[ðéərl ゼアる; (弱く言うとき)ðərl ざる] 《口語》there will の短縮形

there're

[ðéərə ゼアア; (弱く言うとき)ðərə ざラ] 《口語》there are の短縮形

⁑there's

[ðéərz ゼアズ; (弱く言うとき)ðərz ざズ]
《口語》there is, there has の短縮形

thermometer

[θərmɑ́mitər さマミタ] (★アクセントに注意) 名詞
C 温度計, 寒暖計; 体温計
(=clinical thermometer)
➡ **experiment** 図

thermos

[θə́ːrməs さ～マス] 名詞 (複数 **thermoses** [-iz]) C【商標】魔法(まほう)びん

thermos bottle

[θə́ːrməs bɑ́tl さ～マス バトゥる] 名詞 C 《米》魔法(まほう)びん
(♦ vacuum bottle ともいう; 《英》thermos [vacuum] flask)

⁑these

[ðíːz ずィーズ]

── 形容詞 〖指示形容詞〗(this の複数形)
これらの(♦日本語に訳すときは「この」としたほうが自然なことが多い; 対義語 those あれらの)

▸**These** people are *sumo* fans.
この人たちはすもうファンだ.

▸Are **these** books interesting?
これらの本はおもしろいですか?

óne of these days
近日中に, そのうちに

thése dáys 近ごろ ➡ **day**

── 代名詞 〖指示代名詞〗(this の複数形)
これら, この人たち(♦日本語に訳すときは「これ」としたほうが自然なことが多い; 対義語 those あれら)

▸**These** are my classmates.
この人たちはわたしの同級生だ.

▸**These** are my scissors.
これはわたしのはさみだ.

:they [ðéi ゼイ] 代名詞
〖人称代名詞の三人称複数の主格〗
❶ **彼らは[が], 彼女らは[が], それらは[が]**
▸I have two brothers. **They** like soccer. わたしには兄弟が 2 人いる. 彼らはサッカーが好きだ.

ダイアログ
A: What are those trees?
あの木は何ですか？
B: **They**'re peaches.
それはモモの木です.

参考 **they の変化形と所有・再帰代名詞**

主格	**they**	彼らは[が]
所有格	**their**	彼らの
目的格	**them**	彼らを[に]
所有代名詞	**theirs**	彼らのもの
再帰代名詞	**themselves**	彼ら自身を[に]

ルール **they の使い方**
they は, 男性か女性か, また生物か無生物かを問わず, すべての三人称の複数を指します.

❷ (一般に)人々は; (ある地域・店などの)人々は(♦日本語に訳さない場合が多い)
▸**They** speak English in Australia. オーストラリアでは英語を話す.
▸**They** say (that) Sarah got married. サラが結婚(けっこん)したそうだ.

:they'd [ðéid ゼイド]
《口語》they would, they had の短縮形

:they'll [ðéil ゼイる]
《口語》they will の短縮形

:they're [ðéiər ゼイア]
《口語》they are の短縮形

:they've [ðéiv ゼイヴ]
《口語》they have の短縮形

·thick [θík スィック]
——形容詞 (比較 **thicker**; 最上 **thickest**)
❶ (板・本などが)**厚い**; (糸・指などが)**太い**(対義語 thin 薄(うす)い); 厚さが…の
▸a **thick** book 厚い本
▸a **thick** neck 太い首

thick

thin

ダイアログ
A: How **thick** is this glass?
このガラスの厚さはどれくらいですか？
B: It's five millimeters **thick**.
5 ミリです.

❷ (液体・霧(きり)などが)**濃(こ)い**
▸**thick** soup
(どろっとした)濃いスープ
(♦「味が濃い」は strong)
▸in a **thick** fog 濃い霧の中で[に]
❸ 密集した, (髪(かみ)が)濃い
▸a **thick** forest 密林
——副詞 (比較・最上 は 形容詞 に同じ)
厚く; 濃く; 密に

thief [θíːf スィーふ] 名詞 (複数 **thieves** [θíːvz スィーヴズ]) C どろぼう, こそどろ
(♦「強盗(ごうとう)」は robber; 「夜間や留守(るす)中に家に押(お)し入るどろぼう」は burglar)
➡ **robber** くらべよう

thigh [θái サイ] (★発音に注意)
名詞 C 太もも

·thin [θín スィン] 形容詞
(比較 **thinner**; 最上 **thinnest**)
❶ (板・本などが)**薄(うす)い**; (糸・指などが)**細い**(対義語 thick 厚い) ➡ **thick** 図
▸This wall is very **thin**.
この壁(かべ)はとても薄い.
▸a **thin** line 細い線
❷ (病気などで)**やせた**, 細い(♦よい意味では使わない; ほめる場合は slender や slim を用いる; 対義語 fat 太った)
▸He looks **thinner** than before.
彼は前よりもやせたみたいだ.
❸ (液体が)**薄い**, 水っぽい(♦軽べつ的に用いる); (気体が)希薄(きはく)な
▸**thin** soup 薄いスープ
❹ まばらな, (髪(かみ)が)薄い

:thing [θíŋ スィング] 名詞
(複数 **things** [-z])

❶ C (形のある)もの; (形のない)こと
▸an important **thing**
大切なもの[こと]
▸living **things**
生き物
▸I don't like sweet **things**.
わたしは甘(あま)いものが好きではない.
▸Don't say such a **thing**.
そんなことを言わないで.
▸A strange **thing** happened.
不思議(ふしぎ)なことが起こった.
❷《**things** で》事態, 状況(じょうきょう)
▸**Things** are getting better.
事態はよくなりつつある.
▸How are **things** (with you)?
調子はどうですか?
❸《**things** で》身の回り品; 着るもの
▸Leave your **things** here.
持ちものはここに置いておきなさい.

⁑think

[θíŋk ティンク] 動詞
(三単現 **thinks** [-s]; 過去・過分 **thought** [θɔ́ːt ソート]; 現分 **thinking**)
—他 ❶《**think** + **that** 節で》…**だと思う**, 考える(♦ that はしばしば省略される)
▸I **think** (**that**) he is honest.
彼は正直だと思う.
▸Bob **thought** (**that**) Liz loved John.
リズはジョンのことが好きなのだとボブは思った.
▸I don't **think** she knew me then.
当時, 彼女はわたしのことを知らなかったと思う. ➡ ルール 1

ダイアログ
A: Do you **think** she will win?
彼女は勝つと思いますか?
B: Yes, I **think** so.
ええ, 勝つと思います.

▸Where do you **think** he comes from? 彼はどこの出身だと思う? ➡ ルール 2

ルール think の使い方

1 英語では「…ではないと思う」というとき, think を否定します.
彼は来ないと思う.
○I **don't think** he will come.
×I think he will not come.

2 Do you think ...?「あなたは…思いますか?」を疑問詞(how, what など)のある疑問文に入れるには, do you think を疑問詞のあとに入れ, 残りの部分を肯定(こうてい)文の形にします.
○**Where do you think** he comes from**?**
×Do you think where does he come from?

❷《**think** + 人・物事 + (**to be** +) 名詞[形容詞]で》
(人・物事)**を…だと思う**, みなす
(♦《口語》ではふつう think that ... を用いる)
▸I **think** him polite.
(=I think (that) he is polite.)
彼は礼儀(れいぎ)正しいと思う.
—自 **考える**, 思う
▸**Think** carefully before you act.
行動する前に, 慎重(しんちょう)に考えなさい.

♦***thínk about ...***
…**について考える**, よく考える
▸I often **think about** my future.
わたしはよく自分の将来について考える.
▸What do you **think about** their decision?
彼らの決定についてどう思いますか?
(♦× How do you think about ...? とはいわない)

think bétter of ...
…をより高く評価する, 見直す

think híghly of ... = ***think múch of ...***
…を重視する, 高く評価する

♦***thínk of ...***
① …**について考える**, …のことを思う
▸What do you **think of** Mark?
マークのことをどう思う?
(♦× How do you think of ...? とはいわない)
②《ふつう進行形で》…しようかと考える
▸**I'm thinking of** going abroad.
外国に行こうかと思っています.
③ …を思い出す, 思いつく

thínk óver …をじっくり考える

:third [θə́ːrd さ～ド]

—名詞 (複数 thirds [θə́ːrdz さ～ヅ])

❶ U《the third で》第 3, 3 番め; (日付の)3 日(◆ 3rd と略す)

▸on **the third** of May 5月3日に (◆ on May 3 ともいう; May 3 は May (the) third と読む)

❷ C 3 分の 1(◆分子が 2 以上の場合は分母が複数形になる)

▸a [one] **third** 3分の1

▸I finished two **thirds** of my homework.
わたしは宿題の 3 分の 2 を終えた.

❸《the Third で》3 世

▸George **the Third** ジョージ 3 世 (◆ふつう George III と書く)

❹ U【野球】サード, 三塁(るい) (= third base)

—形容詞 ❶《the third で》第 3 の; 3 番めの

▸May is in **the third** grade.
メイは小学校 3 年生だ.

❷ 3 分の 1 の

—副詞 第 3 に, 3 番めに

thirdly [θə́ːrdli さ～ドリ] 副詞

第 3 に, 3 番めに

thirst [θə́ːrst さ～スト] 名詞

U《または a thirst で》のどの渇(かわ)き; (…への)渇望(かつぼう), 切望《for ...》

:thirsty [θə́ːrsti さ～スティ] 形容詞

(比較 thirstier; 最上 thirstiest)

❶ **のどの渇(かわ)いた**

▸I'm **thirsty**. のどが渇いた.

▸Do you feel **thirsty**? (=Are you **thirsty**?)
のどが渇いていますか?

❷《be thirsty for ... で》…を渇望(かつぼう)している, 切望している

▸They **are thirsty for** freedom.
彼らは自由を強く求めている.

:thirteen [θəːrtíːn さ～ティーン]

—名詞 (複数 thirteens [-z])

C《冠詞をつけずに単数あつかい》**13**;《複数あつかいで》13 人, 13 個; U 13 歳(さい)

—形容詞 **13 の**; 13 人の, 13 個の; 13 歳の

▸I'm **thirteen** (years old).
わたしは 13 歳です.

> **文化 13 は不吉(ふきつ)な数**
>
> 欧米(おうべい)では 13 は不吉な数字とされ, ホテルや病院では 13 号室や 13 階を設けていないところもあります. キリストが十字架(か)にかけられる前に最後の食事をしたとき, テーブルにいた弟子(で)が 13 人だったという理由をはじめ, さまざまな説があります.

thirteenth [θəːrtíːnθ さ～ティーンす]

名詞 ❶ U《the thirteenth で》第 13, 13 番め; (日付の) 13 日(◆ 13th と略す)

❷ C 13 分の 1

—形容詞 ❶《the thirteenth で》第 13 の, 13 番めの

❷ 13 分の 1 の

thirtieth [θə́ːrtiəθ さ～ティエす] 名詞

❶ U《the thirtieth で》第 30, 30 番め; (日付の)30 日(◆ 30th と略す)

❷ C 30 分の 1

—形容詞 ❶《the thirtieth で》第 30 の, 30 番めの

❷ 30 分の 1 の

:thirty [θə́ːrti さ～ティ]

—名詞 (複数 thirties [-z])

❶ C《冠詞をつけずに単数あつかい》**30**;《複数あつかいで》30 人, 30 個; U 30 歳(さい)

❷《*one's* thirties で》30 歳代;《the thirties で》(20 世紀の)30 年代

—形容詞

30 の; 30 人の, 30 個の; 30 歳の

▸There are **thirty** students in our class. わたしたちのクラスには 30 人の生徒がいる.

:this [ðís ズィス]

—形容詞 〔指示形容詞〕(複数 these [ðíːz ズィーズ]) ❶ **この**(◆ that「その」より近くの人や物事を指す)

▸Look at **this** map.
この地図を見なさい.

▸What's **this** yellow box?
この黄色い箱は何ですか?
(◆ this はふつう形容詞の前に置く)

▸I like **this** watch of mine.
わたしのこの(自分の)腕(うで)時計を気に入っている. (◆× this my watch, my this watch とはいわない)

ルール 名詞を修飾(しゅうしょく)する語句の順

名詞を前から修飾する語句は，次の①から④の順に並びます．

① 冠詞(a, an, the)，my や Tom's などの(代)名詞の所有格，this, that などの指示形容詞，some, all, any, every, each, no などの形容詞
② first などの「…番め」を表す語
③ two などの数を表す語
④ interesting, black, beautiful などの性質や状態などを表す形容詞

[順番の例]
始発電車
▸the first train (the ①, first ②)
いくつかのおもしろい考え
▸some interesting ideas (some ①, interesting ④)
彼女の 3 匹(ひき)の黒ネコ
▸her three black cats (her ①, three ③, black ④)

❷ **今の**，現在の
▸**this** morning　今朝
▸**this** afternoon　今日の午後
▸**this** evening
今晩（♦「今夜」は this night ではなく tonight,「今日」は this　day ではなく today）
▸**this** month　今月
▸**this** year　今年
▸I think I can do well **this** time.
今回はうまくできると思う．

—代名詞 〖指示代名詞〗
(複数 **these** [ðíːz ずィーズ])
❶ **これ**，この人[もの，こと](♦ that「それ」より近くの人や物事を指す)
▸**This** is my bike.
これはわたしの自転車だ．
▸What is **this**?　これは何ですか？
▸Sarah, **this** is my friend Mark.
サラ，こちらは友人のマークです．
(♦紹介(しょうかい)のときは，he や she よりも this のほうがふつう)

ダイアログ
A: Hello, may I speak to John, please?（電話で）もしもし，ジョンをお願いできますか？
B: Who is **this**, please?
どなたですか？

ダイアログ
A: Can I talk to Ann?
（電話で）アンさんをお願いします．
B: **This** is Ann [she].　わたしです．
（♦単に Speaking. ともいう）

❷ **今**，現在，今日；今回
▸**This** is my birthday.
今日はわたしの誕生日だ．
▸**This** is my first visit to London.
今回が初めてのロンドン訪問だ．
❸ **次に述べること**；今，述べたこと
▸Listen to **this**.　これを聞いて．

thistle [θísl すィスる] 名詞
C【植物】アザミ(♦イギリスのスコットランド地方を象徴(しょうちょう)する花)

thorn [θɔ́ːrn そーン] 名詞
C（植物の）とげ，針

thorough [θə́ːrou さ～ロウ]（★発音に注意）形容詞 完全な，徹底(てってい)的な
(同義語 complete)

thoroughly [θə́ːrouli さ～ロウり]
（★発音に注意）副詞
完全に，徹底(てってい)的に
(同義語 completely)

:those [ðóuz ぞウズ]

—形容詞 〖指示形容詞〗(that の複数形)
あれらの，それらの(♦日本語に訳すときは，「あの」「その」としたほうが自然なことが多い；対義語 these これらの)
▸Who painted **those** pictures?
あれらの絵をかいたのはだれですか？

♦***in thóse dáys***　**そのころは** ➡ **day**

—代名詞 〖指示代名詞〗(that の複数形)
❶ **あれら**，それら；あの人たち，その人たち(♦日本語に訳すときは，「あれ」「それ」としたほうが自然なことが多い；
対義語 these これら)
▸**Those** are my paintings.
あれ(ら)はわたしの絵です．
▸Can you take **those** for me?
それ(ら)を取ってもらえますか？
❷《しばしば **those of ...** で》…のそれら(♦前に出た複数形の名詞を繰(く)り返す代わりに用いる)
▸His opinions were quite different from **those of** other people.
彼の意見はほかの人たちの意見とは全く異なっていた．
❸《**those who** で》…する人々

▸**Those who** can't see, please come forward. 見えない人は，どうぞ前へ.

⁑though

[ðóu ぞウ]（★発音に注意）

—接続詞 …**だけれども**，…にもかかわらず（♦ although よりくだけた語）

▸Jimmy hasn't come home yet, **though** it's past ten.
10 時を過ぎたというのに，ジミーはまだ帰ってこない.

▸**Though** (he was) busy, he helped me. 彼は忙(いそが)しかったのに，わたしを手伝ってくれた.（♦ though 節の主語と主節の主語が同じ場合，though 節の「主語＋ be 動詞」は省略できる）

as though ...
…ではあるが；まるで…であるかのように ➡ **as**

even though ...
たとえ…だとしても ➡ **even**

—副詞《文末で用いて》けれども

▸I don't want to go. I'll go, **though**.
行きたくないなあ. 行くけどさ.

⁎thought

[θɔ́ːt ぞート]（★発音に注意）

—動詞 think（…だと思う）の過去形・過去分詞

—名詞（複数 **thoughts** [θɔ́ːts ぞーツ]）

❶ C U（…についての）**考え**，意見，思いつき《about [on] ...》

▸What are your **thoughts on** this case? この事件について，あなたはどうお考えですか？

❷ U **考えること**，思考

▸She was deep in **thought**.
彼女はもの思いにふけっていた.

❸ U C（…に対する）思いやり；配慮(はいりょ)《for [to] ...》

▸Thank you for your **thoughts**.
お気遣(きづか)いありがとうございます.

thoughtful

[θɔ́ːtfl ぞートふる] 形容詞

❶ 考えこんだ，もの思いにふけった；思慮(しりょ)深い
（対義語 thoughtless 考えのない）

❷ 思いやりのある，親切な

▸It's very **thoughtful** of you to help me.
手伝ってくれて，どうもありがとうございます.

⁑thousand

[θáuznd さウザンド]

—名詞（複数 **thousands** [θáuzndz さウザンヅ]）C《単数あつかいで》**1,000，千**；《複数あつかいで》1,000 人，1,000 個

▸three **thousand** 3,000

▸ten **thousand** 1 万

▸a hundred **thousand** 10 万

▸a **thousand** six hundred 1,600
（♦ a thousand と six hundred の間に and を入れない）

> **ルール 「1,000」「2,000」の言い方**
>
> 1 「1,000」はふつう a thousand とし，強調するときは one thousand とします.
>
> 2 「2,000」「3,000」は，それぞれ two thousand, three thousand とします. 前に複数を表す語がきても thousand に s はつけません.

◆***thóusands of ...*** **何千もの…**，多くの…

▸**thousands of** stars 何千もの星々

—形容詞 ❶ **1,000 の**；1,000 人の，1,000 個の

▸three **thousand** people 3,000 人

❷《**a thousand** で》多数の，無数の

▸**A thousand** thanks.
ほんとうにありがとう.

thread

[θréd すレッド] 名詞

U C 糸，縫(ぬ)い糸（同義語 string）

▸a needle and **thread**
糸を通した針

—動詞 他 …に糸を通す；…を糸を通してつなぐ

threat

[θrét すレット] 名詞

C 脅(おど)し，脅迫(きょうはく)

threaten

[θrétn すレトゥン] 動詞

他（凶器(きょうき)などで）(人)を脅(おど)す，脅迫(きょうはく)する《with ...》

▸The man **threatened** me **with** a gun.
その男はわたしを銃(じゅう)で脅した.

⁑three

[θríː すリー]

—名詞（複数 **threes** [-z]）

C《冠詞をつけずに単数あつかい》**3**；《複数あつかいで》3 人，3 個；

U 3 歳(さい)；3 時

▸Four and **three** make(s) seven.
4 足す 3 は 7(4 ＋ 3＝7).

―形容詞 3の；3人の，3個の；3歳の
▸He has **three** daughters.
彼には娘(むすめ)が3人いる．

threw [θrúː スルー] 動詞
throw(…を投げる)の過去形

thrill [θríl スリる] 名詞 C (喜び・恐怖(きょうふ)で)ぞくぞく[わくわく]する感じ，スリル
▸I get my **thrills** from skydiving.
わたしはスカイダイビングでスリルを味わう．
―動詞 他 …をぞくぞく[わくわく]させる
―自 (…に)ぞくぞくする，感動する《to ...》

thriller [θrílər すりら] 名詞
C (小説・映画などの)スリラー(物)

thrilling [θríliŋ すりりング] 形容詞
ぞくぞくさせる，わくわくさせる

throat [θróut すロウト] 名詞
C のど；(容器などの)口，首
▸He had a sore **throat** yesterday.
彼は昨日，のどが痛かった．

throne [θróun すロウン] 名詞
C 王座；《**the throne** で》王位，王権

through
[θrúː スルー] (★発音に注意)

前置詞	❶〔貫通(かんつう)〕…を通り抜(ぬ)けて
	❷〔時間〕…の間じゅう
副詞	❶ 通り抜けて
	❷ 始めから終わりまで

―前置詞
❶〔貫通〕…を通り抜けて，…を通って
➡ **across** くらべよう
▸The moonlight came in **through** the window.
月の光が窓から差しこんできた．
▸The boy ran **through** the crowd.
その男の子は人ごみを走り抜けた．
▸The train went **through** a tunnel.
列車はトンネルを通り抜けた．
❷〔時間〕…の間じゅう，…の始めから終わりまで
▸The lights were on (all) **through** the night.
明かりは一晩じゅうついていた．
▸The children sat still **through** the movie.
子供たちはその映画の始めから終わりまでじっとすわっていた．
❸〔場所〕…のいたるところを[に]
▸He searched **through** the house for his car key.
彼は車のキーを家じゅうさがし回った．
▸travel **through** Japan
日本じゅうを旅する
❹〔原因・手段〕…のために，…によって
▸The accident happened **through** my carelessness.
その事故はわたしの不注意のために起きた．
▸communicate **through** gestures
ジェスチャーで意思を伝える
❺〔時間の終点〕《米》…まで(同義語 to)
▸from September **through** April
9月から4月まで
(◆「4月の終わりまで」を意味する)
―副詞 ❶ 通り抜けて
▸Let me **through**.
通してください．
❷ 始めから終わりまで，通して
▸I've just read this book **through**.
ちょうどこの本を読み通したところです．
❸ すっかり，全く
▸It rained hard, and she was wet **through**. 雨がひどく降り，彼女はすっかりぬれてしまった．
❹《主に英》(電話が)つながって，通じて
▸Put me **through** to Mr. Brown.
ブラウンさんにつないでください．
―形容詞 終わって；
《**be through with ...** で》…をやり終える，使い終わる
▸I'm **through with** the computer.
コンピューターを使い終えました．

throughout [θruːáut スルーアウト] (★発音に注意) 前置詞
❶〔場所〕…のいたるところを[に]，…じゅう
▸The news spread **throughout** the world.
そのニュースは世界じゅうに広まった．
❷〔時間〕…じゅう，…を通して
▸**throughout** the week
一週間ずっと
―副詞 始めから終わりまで，すっかり

throw [θróu すロウ]
―動詞 (三単現 **throws** [-z]；
過去 **threw** [θrúː スルー]；過分 **thrown**

[θróun すロウン]; 現分 throwing)
——他 ❶ …を投げる, ほうる;
《throw＋人＋ものまたは throw＋もの＋to＋人で》(人)に(もの)を投げる;
《throw＋もの＋at ... で》(もの)を…めがけて投げつける
▸**throw** a ball　ボールを投げる
▸Tom **threw** me a can of juice. (=Tom **threw** a can of juice **to** me.)　トムはわたしに缶(かん)ジュースを投げてよこした.(♦文末にくる語句が強調される; 前者は「何を」投げたか, 後者は「だれに」投げたかに重点が置かれる)
▸He **threw** a book **at** me in anger.
彼は怒(おこ)って, わたしに本を投げつけた.
❷(視線・ことば・光など)を投げかける
▸She **threw** me a glance.
彼女はわたしをちらりと見た.
▸The tree **threw** a long shadow on the grass.　その木は芝生(しばふ)に長い影(かげ)を落としていた.
❸ …を投げ飛ばす, 投げ倒(たお)す
——自 投げる; 投球する
thrów awáy　(もの)を投げ捨てる;
(金・機会など)をむだにする
▸She **threw** the receipts **away**.
彼女は領収書を投げ捨てた.
▸Don't **throw away** this chance.
この機会をむだにしないで.
thrów óff
…をさっと脱(ぬ)ぐ, 脱ぎ捨てる
thrów óut
…を投げ出す, 捨てる; …を追い出す
thrów úp　《口語》(食べたものを)吐(は)く, もどす; …を吐く, もどす(= vomit)
——名詞 (複数 **throws** [-z])
❶ C **投げること**;【野球】投球
▸His first **throw** was a strike.
彼の第1球はストライクだった.
❷ C 投げて届く距離(きょり)[範囲(はんい)]
▸The park is just a stone's **throw** away.
公園はすぐ近くです. (♦「石を投げれば届く距離にある」という意味)

⁺thrown [θróun すロウン] 動詞
throw(…を投げる)の過去分詞

thrust [θrʌ́st すラスト] 動詞
(三単現 **thrusts** [θrʌ́sts すラスツ]; 過去・過分 **thrust**; 現分 **thrusting**)
他 …を強く押(お)す; (もの)を(…に)突(つ)っこむ, (刃物(はもの)など)を(…に)突き刺(さ)す《into [in] ...》
▸He **thrust** his hands **into** his pockets.
彼は両手をポケットに突っこんだ.
——自 強く押す, 突く;
(…を)かき分けて進む《through ...》
——名詞 C ひと突き, ひと押し

thumb [θʌ́m さム] (★発音に注意) 名詞
C (手の)親指(♦「足の親指」は big toe)
➡ **finger** 参考, **hand** 図
▸a **thumb** and four fingers
(手の)5本の指(♦英語では親指を finger として数えないことが多い)
Thúmbs dówn!
《口語》だめだ!, 反対だ!
(♦「不満」「失望」「反対」の気持ちを表す)
Thúmbs úp!　《口語》いいぞ!, 賛成だ!
(♦「勝利」「成功」「賛成」を表す)

Thumbs down!

Thumbs up!

thunder [θʌ́ndər さンダ] 名詞 U 雷(かみなり), 雷鳴(らいめい)(♦「稲光(いなびかり)」は lightning, 「雷雨」は thunderstorm)
▸a clap of **thunder**　雷鳴
——動詞 自《it を主語にして》雷が鳴る

thunderstorm [θʌ́ndərstɔ̀ːrm さンダストーム] 名詞 C 激しい雷雨(らいう)

Thur., Thurs. [θə́ːrzdèi さ〜ズデイ]
木曜日(♦ *Thurs*day の略)

⁑Thursday
[θə́ːrzdèi さ〜ズデイ] 名詞
(複数 **Thursdays** [-z]) C U **木曜日**
(♦ Thur. または Thurs. と略す)
➡ **Sunday** ルール

thus [ðʌ́s ざス] 副詞
したがって, そのため; このように
(♦かたい語)

⁺ticket [tíkit ティケット] 名詞
(複数 **tickets** [tíkits ティケッツ])
C **切符(きっぷ)**, 乗車券, 入場券, チケット
▸a one-way **ticket**　《米》片道切符
(♦《英》a single **ticket**)

▸a round-trip **ticket** 《米》往復切符（♦《英》a return **ticket**）
▸a **ticket** for the concert（=a concert **ticket**）コンサートのチケット
▸a **ticket** for [to] Paris パリまでの切符

ticket agency [tíkit èidʒənsi ティケット エイヂェンスィ] 名詞 C（演劇・映画などの）チケット取次販売(はんばい)所

ticket office [tíkit ɔ̀ːfis ティケット オーふィス] 名詞 C 切符(きっぷ)売り場（♦《英》booking office）

tickle [tíkl ティクる] 動詞（三単現 **tickles** [-z]; 過去・過分 **tickled** [-d]; 現分 **tickling**）他（人・体）をくすぐる
——自 くすぐったいと感じる，むずむずする

ticktack [tíktæ̀k ティックタぁック] 名詞 C（時計などの）チクタク[カチカチ]いう音；（心臓の）ドキドキいう音
➡ **sound** 図

tick-tack-toe [tíktæktóu ティックタぁックトウ] 名詞 U《米》三目並べ（♦縦横３つずつ計９つのます目に，○と×を２人が交互(こうご)に記入し，同じ符号(ふごう)を早く３つ並べたほうが勝ちという遊び；《英》noughts [nɔ́ːts ノーツ] and crosses）

tide [táid タイド] 名詞
❶ U C 潮(しお)，潮の干満；潮流(ちょうりゅう)
▸high [low] **tide** 満[干]潮
❷ C《ふつう単数形で》（世論などの）風潮，傾向(けいこう)

tidy [táidi タイディ] 形容詞（比較 **tidier**; 最上 **tidiest**）
（部屋・服装・人などが）きちんとした，整然とした（同義語 neat）
▸a **tidy** room 整然とした部屋

·tie [tái タイ]
——動詞（三単現 **ties** [-z]; 過去・過分 **tied** [-d]; 現分 **tying** [táiiŋ タイインヶ]）
——他 ❶（ひもなどで）…**を結ぶ**，縛(しば)る，つなぐ
▸**Tie** your shoelaces. 靴(くつ)ひもを結びなさい．
▸She **tied** the package with a rope. 彼女はロープで荷物を縛った．
▸The dog was **tied** to a tree. そのイヌは木につながれていた．
❷ …と同点になる，ひき分ける；（試合・スコア）をひき分ける，同点にする
▸I **tied** her in the bowling game. ボウリングのゲームで彼女とひき分けた．
▸His homer **tied** the game. 彼のホームランで試合は同点になった．
——自 ❶ 結べる
▸This string is too short to **tie**. このひもは短すぎて結べない．
❷（…と）同点になる，ひき分ける《with ...》
▸We **tied with** the Tigers in the game. その試合でわたしたちはタイガースとひき分けた．

tíe úp …をしっかり結ぶ
▸He **tied up** the box with a rope. 彼はその箱をひもでしっかり結んだ．
——名詞（複数 **ties** [-z]）
❶ C **ネクタイ**（同義語 necktie）；ひも
❷ C《ふつう **ties** で》**つながり**，きずな
▸family **ties** 家族のきずな
❸ C 同点，引き分け

·tiger [táigər タイガ] 名詞（複数 **tigers** [-z] または **tiger**）
C【動物】トラ
（♦特に雌(めす)のトラは tigress という）

tight [táit タイト] 形容詞（比較 **tighter**; 最上 **tightest**）きつい，ぴったりした；（ひもなどが）ピンと張った；（結び目・ふたなどが）かたい（対義語 loose ゆるい）
▸This dress is a little **tight** for me. このドレスはわたしには少しきつい．
▸a **tight** rope ぴんと張ったロープ
——副詞（比較・最上 は 形容詞 に同じ）
しっかりと，きつく；ぴったりと；ぴんと；ぐっすりと
▸Hold **tight**! しっかりつかまれ！
▸sleep **tight** ぐっすり眠(ねむ)る

tightly [táitli タイトり] 副詞 しっかりと，きつく，ぴったりと；きちんと

tigress [táigrəs タイグレス] 名詞（複数 **tigresses** [-iz]）C 雌(めす)のトラ

tile [táil タイる] 名詞 C タイル；屋根がわら

:till [tíl ティる]

—前置詞 ❶ …まで(ずっと)
(同義語 until) ➡ **by** くらべよう
▸I studied **till** eleven last night.
ゆうべは 11 時まで勉強した.
▸from morning **till** night
朝から晩まで
▸We are open from Monday **till** Friday. わたしたちは月曜日から金曜日まで営業しています.
▸Can I borrow this **till** Monday?
月曜日までこれを借りてもいいですか?(◆「月曜日に返す」という意味)
❷《否定文で》…まで(…しない), …になって初めて(…する)
▸I did**n't** get up **till** noon.
わたしは正午まで起きなかった.
—接続詞 ❶ **…まで(ずっと)**
▸Please wait here **till** he comes back. 彼が戻(もど)るまで, どうぞここでお待ちください.(◆ till で始まる節の時制は, 未来のことでも現在形を用いる)
❷《否定文で》…するまで(…しない), …して初めて(…する)
▸He **never** gets up **till** the alarm rings. 彼は目覚まし時計が鳴るまで決して起きない.

timber [tímbər ティンバ] 名詞
❶ U《英》材木, 木材(◆《米》lumber)
❷ U 樹木, 森林(全体)

:time [táim タイム] 名詞
(複数 **times** [-z])

❶ **時刻**
❷ **時間**
❸ (…するべき)**時**
❹ **時代**
❺ **…倍**
❻ **…回**

❶ U **時刻**
▸What **time** do you eat breakfast?
あなたは何時に朝食をとりますか?

ダイアログ
A: What **time** is it? (=What's the **time**?) 今, 何時ですか?
B: It's half past five. 5 時半です.

▸What **time** do you have?
(=Do you have the **time**?)
何時ですか?(◆時計をしている人に時刻をたずねるときに用いる)
❷ U (空間に対して)**時間**;《または **a time** で》(ある一定の)**時間**, 期間; 暇(ひま)
▸ことわざ **Time** flies. 光陰(こういん)矢のごとし.(◆「時は飛ぶように過ぎる」の意味から)
▸for **a** long **time** 長い間ずっと
▸I had no **time** to have breakfast this morning.
今朝は朝食をとる時間がなかった.
▸**Time** is up. 時間切れです.
▸Do you have **time**? お暇ですか?
(◆ Do you have the time? とすると「何時ですか?」の意味 ➡ ❶)
❸ U C (…するべき)**時**, (…にふさわしい)時機; (特定の)時, 時期
▸It's **time** for lunch. 昼食の時間だ.
▸It's **time** to go to bed, Mike.
マイク, 寝(ね)る時間ですよ.
▸I was watching TV at the **time**.
そのときわたしはテレビを見ていた.
❹ C《しばしば **times** で》**時代**
(同義語 age)
▸in modern **times** 現代に[では]
▸in ancient **times** 古代に[では]
❺《**times** で》**…倍**(◆「2 倍」は twice, 「3 倍」以上は ... times で表す; ほかの回数とのちがいを強調するときは two times ともいう)
▸Four **times** three is [are] twelve.
3 の 4 倍は 12(3 × 4=12).
▸America is about twenty-six **times** as large as Japan.
アメリカは日本の約 26 倍の広さだ.
❻ C **…回**, …度(◆「1 回[度]」は once, 「2 回[度]」は twice, 「3 回[度]」以上は ... times で表す)
▸How many **times** have you ever been to London? 今までにロンドンへは何回行ったことがありますか?
▸three **times** a day 1 日 3 回
❼ U《または **a time** で》
(ある経験をした)時間
▸I had **a** wonderful **time** at the party. パーティーではすばらしい時間を過ごした.
❽ U (競技などの)タイム, 所要時間
áll the tíme その間ずっと; いつも
▸He chattered **all the time**. 彼はその間ずっとしゃべりっぱなしだった.
at a tíme 一度に

(*at*) *ány time* いつでも
▸You can call me **(at) any time**. いつでも電話してくれていいよ.
at óne time かつては; 同時に, 一度に
at thát [*the*] *tíme*
その当時(は), そのとき(は)
at the sáme tíme 同時に
▸They began to cry **at the same time**. 彼らはいっせいに泣き出した.
at thís tíme of ... …の今ごろは
▸**at this time of** the year
1年のうち今ごろは
éach tíme
毎回; …するたびに ➡ **each**
évery tíme
…するときはいつも; その都度 ➡ **every**
◆*for the fírst tíme* 初めて ➡ **first**
from tíme to tíme
ときどき(同義語 sometimes)
◆*have a góod tíme* 楽しく過ごす
▸**Have a good time!**
楽しんでいらっしゃい!
have a hárd tíme つらい経験をする
in tíme 間に合って; そのうち, やがて
▸We're just **in time**. The play is beginning. ちょうど間に合ったね. 劇が始まるところだ.
keep góod [*bád*] *tíme*
(時計が)正確である[でない]
(*the*) *néxt time ...* 今度…なときは
on tíme 時間どおりに
(◆「時間より早く」は ahead of time, 「時間に遅(おく)れて」は behind time)
ónce upon a tíme 昔々 ➡ **once**
sóme tíme
しばらくの間; いつか ➡ **some**
take one's (*ówn*) *tíme*
ゆっくり[のんびり]やる

time capsule [táim kæpsl タイム キャプスる] 名詞 C タイムカプセル

time difference [táim dìfərəns タイム ディふァレンス] 名詞 U 時差

timely [táimli タイムり] 形容詞
(比較 **timelier**; 最上 **timeliest**)
ちょうどよい時の, 時宜(じぎ)を得た, タイムリーな

time machine [táim məʃìːn タイム マシーン] 名詞 C タイムマシン

time-out [táimáut タイムアウト] 名詞
❶ C U【スポーツ】タイムアウト;
U 短時間の中断, 小休止
❷ C タイムアウト(◆子供にあたえる, ひとりでおとなしくさせておく罰(ばつ))

Times [táimz タイムズ] 名詞
《新聞名に用いて》…タイムズ
▸*The New York **Times***
ニューヨークタイムズ

times [táimz タイムズ] 前置詞
…倍した, …かける ➡ **time** ❺

timetable [táimtèibl タイムテイブる]
名詞 ❶ C (列車などの)時刻表
❷ C (行事などの)予定表
❸ C 《英》(授業の)時間割
(◆《米》schedule)

time zone [táim zòun タイム ゾウン]
名詞 C 時間帯(◆同一の標準時を用いる地帯) ➡ **zone**

timid [tímid ティミッド] 形容詞
おくびょうな, 内気な; おどおどした

timing [táimiŋ タイミング] 名詞
U 間合い, タイミング, 時機を選ぶこと

timpani [tímpəni ティンパニ] 名詞
U《単数または複数あつかいで》【楽器】ティンパニー(◆2つ以上の太鼓(たいこ)を組み合わせたもの)
➡ **musical instruments** 図

tin [tín ティン] 名詞
❶ U【化学】スズ(◆元素記号は Sn)
❷ U ブリキ; C《英》缶詰(かんづめ)(の缶)
(◆《米》can)

tinkle [tíŋkl ティンクる] 動詞 (三単現 **tinkles** [-z]; 過去・過分 **tinkled** [-d]; 現分 **tinkling**)
他 (鈴(すず)など)をチリンチリン鳴らす
——自 チリンチリン鳴る
——名詞 C (鈴・グラスの中の氷などの)チリンチリン[リンリン]という音

◆**tiny** [táini タイニ] 形容詞
(比較 **tinier**; 最上 **tiniest**)
ごく小さい, ちっぽけな
(対義語 huge 巨大(きょだい)な)
▸a **tiny** village とても小さな村

-tion 接尾辞
動詞について動作・状態・結果などを表す名詞をつくる: communicate(通信する) + -tion → communication(通信)

tip¹ [típ ティップ] 名詞 C 先, 先端(せんたん)
(同義語 point); 頂, 頂上(同義語 top)
▸the **tip** of a finger 指先

tip² [típ ティップ] 名詞 C チップ, 心づけ
▸I gave the waiter a **tip**. わたしはそのウェイターにチップを渡(わた)した.

—動詞 (三単現 tips [-s]; 過去·過分 tipped [-t]; 現分 tipping)
他 (人)にチップを渡す

tip³ [típ ティップ] 名詞 C 【野球】チップ(◆球がバットをかすって打者の後方などに飛ぶこと); 軽くたたくこと

tiptoe [típtòu ティップトウ] 名詞
(◆次の成句で用いる)
on tiptoe(s) つま先立ちで

tire¹ [táiər タイア] 動詞 (三単現 tires [-z]; 過去·過分 tired [-d]; 現分 tiring)
他 (人)を疲(つか)れさせる; (人)を飽(あ)きさせる, うんざりさせる

tire² [táiər タイア] 名詞
C 《米》タイヤ(◆《英》tyre)
➡ **bicycles** 図, **cars** 図
▸Oh, I've got a flat **tire**.
ああ, タイヤがパンクしている.

:tired [táiərd タイアド] 形容詞
(比較 **more tired**; 最上 **most tired**)
❶ 疲(つか)れた; 《**tired from ...** で》…で疲れた
▸You look so **tired**.
とても疲れているみたいですね.
▸He was **tired from** hard work.
彼は骨の折れる仕事で疲れていた.
❷ 《**tired of ...** で》…に飽(あ)きた, うんざりした(◆名詞の前には用いない)
▸I'm **tired of** playing this game.
わたしはこのゲームをするのに飽きた.

tissue [tíʃuː ティシュー] 名詞
❶ U C (筋肉などの)組織
❷ C ティッシュペーパー, ちり紙
(◆英語の tissue paper は「(包装用の)薄(うす)い紙」を指す)

title [táitl タイトゥる] 名詞
❶ C 題名, 表題
▸What's the **title** of the book?
その本の題名は何ですか?
❷ C 肩(かた)書き, 称号(しょうごう), 敬称
(◆ Dr., Mr., Sir, Prof. など)
❸ C (競技の)選手権, タイトル

TN 【郵便】テネシー州
(◆ *Ten*nessee の略)

:to 前置詞 ➡ p.640 **to**

toast¹ [tóust トウスト] 名詞 U トースト
▸a slice [piece] of **toast** トースト1枚
—動詞 他 (パンなど)をこんがり焼く, トーストにする(◆小麦粉をこねたものを焼いてパンを作るときは bake を用いる) ➡ **cook** 図

toast² [tóust トウスト] 名詞
C 乾杯(かんぱい), 祝杯
—動詞 他 …のために祝杯をあげる, 乾杯する

> **参考 乾杯のことば**
> 乾杯のときに言うことばには, 次のようなものがあります.
> ▸Cheers! / Bottoms up! 乾杯!
> ▸Here's to you! きみのために乾杯!
> ▸To your good health!
> きみの健康を祝して乾杯!

toaster [tóustər トウスタ] 名詞
C トースター, パン焼き器

tobacco [təbǽkou タバぁコウ] 名詞
(複数 **tobaccos** または **tobaccoes** [-z]) U C タバコ(◆ふつうパイプ用のタバコを指す;「紙巻きタバコ」は cigarette); U 【植物】タバコ

:today [tədéi トゥデイ]
—名詞 ❶ U 今日
▸**Today** is Monday.
今日は月曜日だ.
▸**today**'s paper 今日の新聞
❷ U 現代, 今日(こんにち)
▸**today**'s Japan 現代の日本
▸(the) kids of **today** 現代の子供たち
—副詞 ❶ 今日(は)
▸I'm busy **today**. 今日は忙(いそが)しい.

> **ダイアログ**
> *A:* What day (of the week) is it **today**? 今日は何曜日ですか?
> *B:* It's Wednesday. 水曜日です.

> **ダイアログ**
> *A:* What's the date **today**?
> 今日は何日ですか?
> *B:* It's May 3. 5月3日です.
> (◆ May 3 は May (the) third と読む)

▸《米》a week from **today**
来週の今日(◆《英》**today** week)
▸《米》a week ago **today** 先週の今日
(◆《英》this day last week)
❷ 今日では, 現在では, 最近では
▸**Today**, a lot of people use smartphones. 今日では, 多くの人々がスマートフォンを使っている.

A B C D E F G H I J K L M N O P Q R S T U V W X Y Z

⁑to 前置詞

[tú: トゥー; (弱く言うとき)(子音の前で)tə タ; (母音の前で)tu トゥ]

❶〔方向・到達(とうたつ)〕…へ
❷〔対象・関連〕　…に; …にとって
❸〔範囲(はんい)・限界〕…まで
❹〔時間・時刻〕　…まで; …(分)前

❶〔方向・到達〕…**へ**, …に, …のほうへ[に]

▸Let's go **to** the movies. 映画を見に行きましょう.
▸The car turned **to** the left. その車は左に曲がった.
▸the way **to** the station 駅へ行く道
▸My house is **to** the south of the park. わたしの家はその公園の南のほうにある.

くらべよう 方向を表す to, toward, for

to: 方向だけでなく, そこに到達することを意味します.

toward, **for**: 単に行く方向だけを表し, 到達するかどうかは問いません.

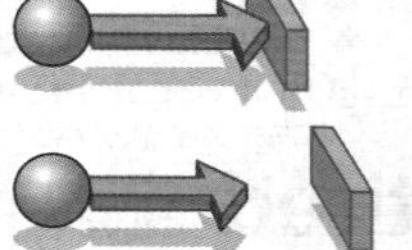

❷〔対象・関連〕…**に**, …へ; **…にとって**

▸Give that **to** him. それを彼にあげなさい.
▸She listened **to** the song. 彼女はその曲に耳を傾(かたむ)けた.
▸May I speak **to** Meg? (電話で)メグはいますか?
▸She is a good teacher **to** John. 彼女はジョンにとってよい先生だ.

❸〔範囲・限界〕…**まで**

▸from beginning **to** end 始めから終わりまで
▸This bus goes **to** Yokohama. このバスは横浜まで行きます.
▸**to** my knowledge わたしの知るかぎりでは

❹〔時間・時刻〕…**まで**; …**(分)前**

▸from Monday **to** Saturday 月曜日から土曜日まで
▸It's five **to** ten. 10時5分前です.

❺〔比較(ひかく)・対照〕…に対して; …よりも

▸We won by two **to** one. わたしたちは2対1で勝った.
▸I prefer summer **to** winter. わたしは冬より夏のほうが好きだ.

❻〔結果〕…(に至る)まで

▸She lived **to** one hundred. 彼女は100歳(さい)まで生きた.
▸The book moved me **to** tears. わたしはその本に感動して泣いた.

❼〔目的〕…のために

▸go **to** work 仕事に行く
▸They sat down **to** lunch. 彼らは昼食の席についた.

❽〔一致(いっち)・適合〕…に合わせて

▸We danced **to** the music. わたしたちは音楽に合わせて踊(おど)った.

❾〔所属・付着〕…に, …へ

▸attach a name tag **to** every box すべての箱に名札(なふだ)をつける
▸He belongs **to** the brass band. 彼はブラスバンドに入っている.

《to +動詞の原形》
❶ …すること
❷ …するための
❸ …するために; …して; …となる

⑩《感情を表す名詞といっしょに, 文全体を修飾(しゅうしょく)する副詞句をつくる》
▸**to** *a person's* surprise　驚(おど)ろいたことに
──《**to** **+動詞の原形**で不定詞をつくって》
❶《名詞的用法》…**すること**(♦主語・目的語・補語として用いる)
▸I want **to** have some coffee.　コーヒーが飲みたい.
▸It's easy **to** make doughnuts.　ドーナツを作るのは簡単だ.
(♦ It は仮の主語で, to make doughnuts を指す) ➡ **it** ❸
❷《形容詞的用法》…**するための**, …すべき(♦前の(代)名詞を修飾する)
▸I have a lot of work **to** do.　やるべき仕事がたくさんある.
▸She bought something **to** read.　彼女は読むものを買った.
❸《副詞的用法》(1)〘目的〙…**するために**
▸save money **to** study abroad　留学するために貯金する
(2)〘原因・理由〙…**して**, …するとは
▸I'm glad **to** hear that.　それを聞いてうれしいよ.
(3)〘結果〙…**となる**
▸He grew up **to** be a teacher.　彼は成長して教師になった.
(4)〘独立した不定詞〙《副詞句として文全体を修飾する》
▸**To** be honest, I'd like to go with you.　正直なところ, きみといっしょに行きたいよ.
❹《**疑問詞+ to +動詞の原形**で》
(♦ただし why to ... とはいえない; whether もこの形で用いる)
▸I don't know **what to** do.　どうしたらいいのかわからない.
▸She showed me **how to** cook.　彼女が料理の仕方を教えてくれた.

ルール 不定詞の使い方

1 不定詞の否定: 不定詞の部分を否定にするときは, to の直前に not や never を置きます.
▸Try **not to** make a mistake.
まちがいをしないように心がけなさい.

2 不定詞の意味上の主語: 不定詞の主語は「for +人・もの」で表し, to の直前に置きます.
▸It's easy **for me to** make dinner.
夕食を作ることはわたしには簡単だ.
ただし, 話し手が人の行為(こうい)について何らかの判断を下すときは「of +人」で表します.
▸It was kind **of him to** help me.
彼は親切にも手伝ってくれた.
(♦話し手が「手伝ってくれたのは親切だ」と判断している)

3 動詞の省略: 同じ動詞(句)を繰(く)り返すのを避(さ)けるために, 不定詞の動詞を省略することがあります.
▸I just did it because I wanted **to**.　やりたかったから, やっただけです.
(♦ to のあとに do it が省略されている)

A B C D E F G H I J K L M N O P Q R S T U V W X Y Z

toddle [tάdl タドゥる] 動詞 (三単現 **toddles** [-z]; 過去・過分 **toddled** [-d]; 現分 **toddling**)
自 (赤ちゃんなどが)よちよち歩く

toe [tóu トウ] (★発音に注意) 名詞
C 足の指(◆「手の指」は finger); (靴(くつ)などの)つま先
▶on *one's* **toes** つま先立ちで

参考 **足の指の呼び方**

① big [great] **toe**
② second **toe**
③ third [middle] **toe**
④ fourth **toe**
⑤ little [small] **toe**

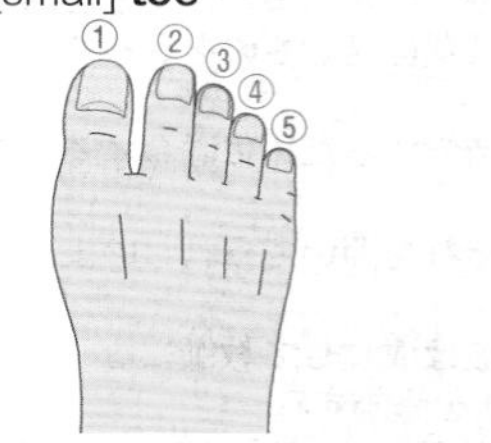

TOEFL [tóufl トウふる] 名詞
U トーフル(◆ *T*est *o*f *E*nglish as a *F*oreign *L*anguage の略; アメリカの大学・大学院へ留学を希望する人のための英語能力テスト)

TOEIC [tóuik トウイック] 名詞
U トーイック(◆ *T*est *o*f *E*nglish for *I*nternational *C*ommunication の略; 国際コミュニケーションのための英語能力テスト)

:together [təgéðər トゥゲざ] 副詞
❶ **いっしょに**, ともに; 合わせて
▶We had dinner **together**.
わたしたちはいっしょに夕食をとった.
▶We must work **together**.
わたしたちは協力して働かなければならない.
▶Mix red and blue **together**, and you (will) get purple.
赤と青を混ぜ合わせると, 紫(むらさき)になる.
❷ 同時に, いっせいに

all togéther 全部いっしょに
▶The students began to run (**all**) **together**.
生徒たちはいっせいに走り始めた.

get togéther
集まる; …を集める ➡ **get**

put togéther …を組み立てる; …を集める; (考えなど)をまとめる ➡ **put**

togéther with ...
…といっしょに; …に加えて

toilet [tɔ́ilit トイれット] 名詞 C 便器; 《主に英》トイレ, (水洗)便所; 洗面所 ➡ **bathroom** 図

参考 **主なトイレの呼び方**

一般家庭の場合	《米》	bathroom
	《英》	toilet, lavatory
公共の場合	《米》	rest room, washroom, men's [women's] room
	《英》	public convenience, gents(男性), ladies(女性)

token [tóukən トウクン] 名詞
❶ C (…の)印, 象徴(しょうちょう), 証拠(しょうこ) 《of ...》; 記念品
❷ C 代用硬貨(こうか), 専用コイン, トークン

·told [tóuld トウるド] 動詞
tell(…を話す)の過去形・過去分詞

tolerant [tάlərənt タらラント] 形容詞
(…に対して) 寛容(かんよう)な, 寛大な 《of [toward] ...》

tolerate [tάlərèit タらレイト] 動詞
(三単現 **tolerates** [tάlərèits タらレイツ]; 過去・過分 **tolerated** [-id]; 現分 **tolerating**)
他 …を大目に見る, 寛大(かんだい)にあつかう

toll [tóul トウる] 名詞
C (有料道路などの)通行料(金), 使用料(金)

toll-free [tóulfríː トウるふリー] 形容詞
《米》(電話が)フリーダイヤルの
(◆「フリーダイヤル」は和製英語)
——副詞 《米》フリーダイヤルで

tollgate [tóulgèit トウるゲイト] 名詞
C (有料道路などの)通行料金徴収(ちょうしゅう)所

tomato [təméitou トメイトウ] (★発音に注意) 名詞
(複数 **tomatoes** [-z])
C U 【植物】トマト(の実), トマトの木

tomb [túːm トゥーム] (★発音に注意) 名詞 C 墓; 納骨所
(◆「墓地」は cemetery; 同義語 grave)

:tomorrow

[təmɑ́rou トゥマロウ]

——名詞 ❶ U あした, 明日, 明日(みょうにち)

▸**Tomorrow** is Sunday.
明日は日曜日だ.

▸**tomorrow** morning
明日の朝(に)

▸**tomorrow** afternoon
明日の午後(に)

▸See you **tomorrow** evening.
では, あしたの晩に(会いましょう).

❷ U《または **a tomorrow** で》未来, 将来

the dáy after tomórrow
あさって, 明後日(◆《米》では副詞的に用いるときに the を省略する)

——副詞 あした(は), 明日は

▸It will rain **tomorrow**.
あしたは雨が降るでしょう.

ton

[tʌ́n タン](★発音に注意)

名詞 (複数 **tons** [-z] または **ton**)

❶ C (重量単位の)トン(◆日本などのメートル法では 1,000 キログラム; t. または tn. と略す)

❷ C (船の容積単位の)トン

tone

[tóun トウン] 名詞

❶ C 音色(ねいろ), 音調

❷ C《ときに **tones** で》口調(くちょう), 語気; (新聞などの)論調

▸She spoke in an angry **tone**.
彼女は怒(おこ)ったような口調で話した.

❸ C 色調, 色合い

·tongue

[tʌ́ŋ タング]

(★発音に注意) 名詞

(複数 **tongues** [-z])

❶ C 舌

❷ C 国語, 言語(同義語 language)

▸Her mother **tongue** is Spanish.
彼女の母語はスペイン語だ.

tongue twister

[tʌ́ŋ twìstər タング トゥウィスタ] 名詞 C 早口ことば

> **参考 早口ことばを言えますか?**
>
> twister は「(舌を)からませるもの→発音しにくいことば」という意味です. 英語の早口ことばには, "Kitty caught the kitten in the kitchen. (キティが台所で子ネコを捕(つか)まえた", "Six thick thistles stick. (6本の太いアザミの枝木)などがあります.

·tonight

[tənáit トゥナイト]

——名詞 U 今夜, 今晩

▸**Tonight**'s TV programs look interesting.
今夜のテレビ番組はおもしろそうだ.

——副詞 今夜(は), 今晩は

▸It's cold **tonight**.
今夜は冷える.

:too

[túː トゥー] 副詞

❶ …もまた; そのうえ
(◆ also よりくだけた語)

▸She's kind, and she's bright, **too**.
彼女は親切で, そのうえ頭もいい.

> **ダイアログ**
>
> *A:* I want to go skiing.
> スキーに行きたいな.
>
> *B:* Me, **too**. わたしもよ.

> **ルール too「…も」の使い方**
>
> **1** 次の文は文脈によって下の a), b) いずれの意味にもなります.
>
> ▸Tom went to London, **too**.
> a) トムもロンドンに行った.
> b) トムはロンドンにも行った.
>
> a)の意味のときは Tom と too を強く, b)の意味のときは London と too を強く発音します.
>
> **2** 意味があいまいになるのを避(さ)けるために, 修飾(しゅうしょく)する語の直後に too を置くことがあります.
>
> ▸Tom, **too**, went to London.
> トムもロンドンに行った.
>
> **3** 否定文では too の代わりに either を使います. ➡ **either** 副詞 ルール
>
> ▸I do**n't** want to go, **either**.
> わたしも行きたくないな.

❷《形容詞・副詞を強めて》
あまりに(…過ぎる), …過ぎる

▸This question is **too** difficult for him. この質問は彼には難し過ぎる.

▸That's **too** bad.
それはお気の毒に.

▸He ate **too** much.
彼は食べ過ぎた.

cannót ... too ～
どんなに…しても～し過ぎることはない

▸I **cannot** thank you **too** much.
あなたには感謝のしようもありません.

◆*too ... to 〜*　〜するにはあまりに…；あまりに…なので〜できない
▸I'm **too** busy **to** go to the movies. 忙(いそが)し過ぎて映画を見に行けない.
▸That's **too** good a story **to** be true. それは話があまりにうま過ぎて信用できない.（◆語順「too＋形容詞＋a＋名詞」に注意）

参考「too ... for＋人＋to 〜」の内容を別の文で表す

「(人)にとってあまりに…なので〜できない」は「too ... for＋人＋to 〜」のほかに「so ... (that)＋人＋cannot [can't] 〜」の文でも表すことができます.
▸The book is **too** difficult **for** me **to** read.
＝The book is **so** difficult **that** I **can't** read it.
その本はわたしには難し過ぎて読むことができない.
2つめの文のread itのitを落とさないように注意しましょう.

⁑took [túk トゥック] 動詞
take(…を取る)の過去形

◆tool [tú:l トゥール] 名詞
(複数 **tools** [-z]) C **道具**, 工具
▸carpenter's **tools** 大工(だいく)道具

くらべよう tool と instrument

tool: 大工道具のような, 手で使う単純な道具を指します.
instrument: より専門的で, 精密な機器を指します.

◆tooth [tú:θ トゥーす] 名詞
(複数 **teeth** [tí:θ ティーす]) C 歯
▸a baby [《英》milk] **tooth** 乳歯
▸a back [front] **tooth** 奥(おく)[前]歯
▸brush *one's* **teeth** 歯を磨(みが)く
▸I have two decayed [bad] **teeth**. わたしは虫歯が2本ある.

toothache [tú:θèik トゥーすエイク]
名詞 C U 歯痛
▸I have a **toothache**. 歯が痛い.

toothbrush [tú:θbrʌ̀ʃ トゥーすブラッシ]
名詞 (複数 **toothbrushes** [-iz]) C 歯ブラシ

toothpaste [tú:θpèist トゥーすペイスト]
名詞 U 練り歯みがき

toothpick [tú:θpìk トゥーすピック] 名詞
C つまようじ

◆top[1] [táp タップ]
―名詞 (複数 **tops** [-s])
❶ C《ふつう **the top** で》
頂上, てっぺん (同義語 summit, 対義語 the bottom, the foot ふもと)
▸I climbed to **the top** of the mountain. わたしは山頂までのぼった.
▸**the top** of a ladder はしごの最上段
❷《**the top** で》**首位**, 首席, トップ；絶頂
▸The team is at **the top** of the league now. そのチームは現在, リーグの首位にいる.
▸He cried at **the top** of his voice. 彼は声を限りに叫(さけ)んだ.
❸ C《ふつう **the top** で》表面, 上部；(車などの)屋根；(びんなどの)ふた；【野球】(回の)表
▸She cleaned **the top** of the desk. 彼女は机の上をきれいにした.
▸put **the top** on a bottle びんにふたをする

from tóp to bóttom すっかり
from tóp to tóe 頭のてっぺんからつま先まで；すっかり
on (the) tóp of ... …の上に；…に加えて

―形容詞 (位置・地位・程度が)いちばん上の；最高の
▸a **top** secret 最高機密

top[2] [táp タップ] 名詞 C こま
▸spin a **top** こまを回す

◆topic [tápik タピック] 名詞
(複数 **topics** [-s])
C **話題**, トピック；テーマ
▸current **topics** 時事問題
▸Let's change the **topic**. 話題を変えよう.

torch [tɔ́ːrtʃ トーチ] 名詞
(複数 **torches** [-iz])
❶ C たいまつ
❷ C 《英》懐中(かいちゅう)電灯
(♦《米》flashlight)

tore [tɔ́ːr トーア] 動詞
tear²(…を引き裂(さ)く)の過去形

torn [tɔ́ːrn トーン] 動詞
tear²(…を引き裂(さ)く)の過去分詞

tornado [tɔːrnéidou トーネイドウ] (複数 **tornadoes** または **tornados** [-z]) 名詞
C (アメリカ中西部・南部などに発生する)大竜巻(たつまき)

Toronto [tərántou トラントウ] 名詞
トロント(♦カナダ南東部の都市)

torrent [tɔ́ːrənt トーレント] 名詞
C 急流; ほとばしり; (質問などの)連発

tortoise [tɔ́ːrtəs トータス]
(★発音に注意) 名詞
C【動物】(陸上・淡水(たんすい)にすむ)カメ, リクガメ(♦「ウミガメ」は turtle)

torture [tɔ́ːrtʃər トーチャ] 名詞
U 拷問(ごうもん); U C 《口語》(激しい)苦痛
──動詞 (三単現 **tortures** [-z]; 過去・過分 **tortured** [-d]; 現分 **torturing**) 他
…を拷問にかける; …をひどく苦しめる

toss [tɔ́ːs トース] 動詞 (三単現 **tosses** [-iz]; 過去・過分 **tossed** [-t]; 現分 **tossing**) 他 …を(軽く)投げ上げる, 投げる(同義語 throw, pitch)
▸**toss** a ball ボールを(軽く)投げる
──自 ❶ (船などが)(上下に)揺(ゆ)れる
❷ 寝返(ねがえ)りをうつ
❸ (硬貨(こうか)を)投げて決める《up ...》

total [tóutl トウトゥる] 形容詞
❶《名詞の前に用いて》総計の, 全体の
▸the **total** number of students
生徒総数
❷ 完全な, 全くの(同義語 complete)
▸That was a **total** failure.
それは完全な失敗だった.
──名詞 C 合計, 総額
▸How much is it **in total**?
全部でいくらですか?
(♦ in total は「全部で」の意味)
──動詞 (三単現 **totals** [-z]; 過去・過分 **totaled**, 《英》**totalled** [-d]; 現分 **totaling**, 《英》**totalling**)
他 …を総計[合計]する
(♦しばしば up をともなう)

totally [tóutəli トウタり] 副詞
全く, すっかり, 完全に

totem pole [tóutəm pòul トウテム ポウる] 名詞
C トーテムポール
(♦特にアメリカ先住民が, 丸太に崇拝(すうはい)する動植物の像(totem)を彫(ほ)り, 色を塗(ぬ)ったもの)

·touch [tʌ́tʃ タッチ]
──動詞 (三単現 **touches** [-iz]; 過去・過分 **touched** [-t]; 現分 **touching**) 他
❶ …に触(さわ)る, 触(ふ)れる
▸Don't **touch** the wet paint.
塗(ぬ)りたてのペンキに触らないで.
❷ …を感動させる
▸The novel **touched** me deeply.
その小説はわたしをとても感動させた.
──名詞 (複数 **touches** [-iz])
❶ U 触覚(しょっかく); 感触(かんしょく), 手触(てざわ)り;
C 触れること, 接触 ➡ **sense** 参考
▸I felt a slight **touch** on my back.
背中に何かが軽く触れるのを感じた.
❷ C U (絵画などの)ひと筆; 筆の運び
❸《**a touch of ...** で》少量の…; …ぎみ
▸This stew needs **a touch of** salt.
このシチューには少し塩が必要だ.
▸I have **a touch of** a cold.
わたしは風邪(かぜ)ぎみです.

get in tóuch
(…と)連絡(れんらく)をとる《with ...》
▸I'll **get in touch with** you soon.
近いうちに連絡しますね.

keep in tóuch
(…と)連絡をとり合う《with ...》
▸Let's **keep in touch with** each other. たがいに連絡を取り合おう.

touchdown [tʌ́tʃdàun タッチダウン]
名詞 ❶ C U (飛行機などの)着陸
❷ C (アメリカンフットボールなどの) タッチダウン
➡ **American football** 図

tough [tʌ́f タふ] (★発音に注意) 形容詞
(比較 **tougher**; 最上 **toughest**)
❶ 困難な, 難しい(同義語 difficult)
▸a **tough** problem 難しい問題
❷ 強い, じょうぶな, 頑丈(がんじょう)な
▸**tough** rope じょうぶなロープ

❸ (肉などの食べ物が)かたい
▸This steak is **tough**.
このステーキは硬い.
(対義語 tender 柔(やわ)らかい)
❹ (指導・処置などが)厳しい, 手ごわい

tour [túər トゥア] 名詞
C (観光・視察などの)旅行, ツアー; 見学, 見物 ➡ **trip** くらべよう
▸a package **tour**
パッケージツアー, パックツアー
▸go on a **tour** 旅行に出かける
▸They took a **tour** of Europe.
彼らはヨーロッパを旅行した.
(◆ to や in ではなく, of を用いる)

tourist [túərist トゥ(ア)リスト] 名詞
C 観光客, 旅行者

tournament [túərnəmənt トゥアナメント] 名詞 C トーナメント, 勝ち抜(ぬ)き戦, 選手権大会

⁺toward

[tɔ́ːrd トード, təwɔ́ːrd トゥウォード] 前置詞
❶ 〔方向〕…**のほうへ**, …に向かって
➡ **to** くらべよう
▸The plane was flying **toward** the east.
飛行機は東に向かって飛んでいた.
❷ 〔対象〕…**に対して**, …に関して
▸his attitude **toward** me
わたしに対する彼の態度
❸ 〔時間・数量〕…に近く, …ごろ
▸**toward** the end of the month
月末にかけて

⁺towards

[tɔ́ːrdz トーヅ, təwɔ́ːrdz トゥウォーヅ]
前置詞 《主に英》=toward(…のほうへ)
➡ **to** くらべよう

towel [táuəl タウエる] (★発音に注意)
名詞 C タオル, 手ふき
▸a bath **towel** バスタオル

tower [táuər タウア] 名詞 C 塔(とう), タワー
▸a control **tower** (空港の)管制塔
▸the Eiffel **Tower**
エッフェル塔

Tower of London [táuər əv lʌ́ndən タウア アヴ ランドン] 名詞
《**the Tower of London** で》ロンドン塔(とう)(◆ロンドンにある古城で, かつての王宮; その後, 監獄(かんごく)や処刑(しょけい)場になり, 現在は博物館として公開されている)

⁑town

[táun タウン] 名詞 (複数 **towns** [-z])
❶ C 町
➡ **city** くらべよう, 巻頭カラー 英語発信辞典⑪
▸I live in a small **town** in Ohio.
わたしはオハイオ州の小さな町に住んでいます.
❷ U 《ふつう冠詞をつけずに》
町の中心部, 繁華(はんか)街(=downtown)
▸We went to **town** for dinner.
わたしたちは食事をしに町へ行った.
❸ 《**the town** で単数または複数あつかい》町民, 市民(全体)
❹ 《**the town** で》都会
(対義語 the country いなか); 都会生活

town hall [táun hɔ́ːl タウン ホーる] 名詞
C 町役場, 市役所; 町[市]公会堂

toy [tɔ́i トイ] 名詞 C おもちゃ
▸play with a **toy** おもちゃで遊ぶ
▸a **toy** piano おもちゃのピアノ

toyshop [tɔ́iʃɑ̀p トイシャップ] 名詞
C おもちゃ屋

trace [tréis トゥレイス] 名詞
C U (人・動物の)足跡(あしあと), (車などの)跡; (事件などの)痕跡(こんせき), 形跡; なごり
——動詞 (三単現 **traces** [-iz]; 過去・過分 **traced** [-t]; 現分 **tracing**) 他
❶ …の跡をたどる, …をさがし出す
❷ (図面など)を書き写す, トレースする

track [trǽk トゥラぁック] 名詞
❶ C 《しばしば **tracks** で》
(人・車などの)通った跡(あと), 足跡
(◆連続した跡を指す)
▸tire **tracks** タイヤの跡
❷ C (踏(ふ)みならされた)小道, 通り道
❸ C (鉄道の)線路, 軌道(きどう); …番線
▸Take the train on **track** No. 2.
2番線の電車に乗りなさい.

(◆ No. 2 は number two と読む)
❹ C (陸上競技の)トラック
(◆トラックの内側の競技場は field)

track and field [trǽk ən fíːld トゥラぁック アン ふィーるド] 名詞
U【スポーツ】陸上競技 ➡ 下図

tractor [trǽktər トゥラぁクタ] 名詞
C トラクター; けん引車

·trade [tréid トゥレイド]
—名詞 (複数 **trades** [tréidz トゥレイヅ])
❶ U 貿易, 通商; 商売(同義語 business)
▸foreign **trade** 海外貿易
▸Japan does a lot of **trade** with China.
日本は中国と盛(さか)んに貿易をしている.
❷ C U (手先の技術を必要とする)職業
▸She is an engineer by **trade**.
彼女の職業は技師だ.
—動詞 (三単現 **trades** [tréidz トゥレイヅ]; 過去・過分 **traded** [-id]; 現分 **trading**)
自 (…と)貿易する, 取り引きする《with ...》; (…を)売買する《in ...》
▸The US **trades with** a lot of countries.
アメリカはたくさんの国々と貿易をしている.

trademark [tréidmàːrk トゥレイドマーク] 名詞 C トレードマーク, 商標

:tradition [trədíʃn トゥラディシャン] 名詞 (複数 **traditions** [-z])
C U 伝統, しきたり, 慣例; 伝説
▸Japanese **traditions** 日本の伝統

·traditional [trədíʃənl トゥラディショヌる] 形容詞
(比較 **more traditional**; 最上 **most traditional**)

track and field

sprint [sprínt スプリント]
短距離(きょり)走
middle-distance race
中距離走
long-distance race 長距離走

steeplechase
[stíːpltʃèis スティープるチェイス]
障害物競走

hurdle race ハードル競走

relay race リレー競走

triple jump
三段跳び

long jump
走り幅跳(と)び

shot put
砲丸投げ

hammer throw
ハンマー投げ

high jump
走り高跳び

pole vault [vóːlt ヴォーるト]
棒高跳び

discus [dískəs ディスカス] throw 円盤(えんばん)投げ

javelin [dʒǽvəlin ヂぁヴェリン] throw
やり投げ

伝統的な; 伝説の
▸**traditional** sports
伝統的なスポーツ
▸Japanese **traditional** music
日本の伝統音楽

˙traffic [trǽfik トゥラぁふィック]

名詞 U 交通, (人・車の)行き来; 交通量
▸air **traffic** control
航空交通管制
▸There's heavy **traffic** around here.
この辺りは交通量が多い.
▸have a **traffic** accident
交通事故にあう

traffic light [trǽfik làit トゥラぁふィック ライト] 名詞 C 交通信号(灯)
(同義語 traffic signal)

文化 アメリカの歩行者用信号

アメリカの歩行者用信号では, 青信号の上にWALK「進め」と, 赤信号の上にDON'T WALK「止まれ」と表示されていることがあります. また, 文字ではなく, 青信号では人が歩いている姿, 赤信号では「止まれ」の意味で手の平を見せているものもあります.

tragedy [trǽdʒədi トゥラぁヂェディ]
名詞 (複数 **tragedies** [-z])
U (劇のジャンルで)悲劇; C (作品としての)悲劇(対義語 comedy 喜劇);
U C 悲惨(ひさん)な出来事

trail [tréil トゥレイる] 動詞 他
❶ …をひきずる
❷ …の跡(あと)を追う
—名詞 ❶ C (人・動物の)通った跡
❷ C (通ってできた)小道

trailer [tréilər トゥレイら] 名詞
❶ C トレーラー(♦荷物の運搬(うんぱん)などのために, ほかの車にひかれる車両)
❷ C ⦅米⦆トレーラーハウス, 移動住宅
(♦同義語 mobile home; ⦅英⦆caravan)
➡ **mobile home** 写真

⁑train [tréin トゥレイン]

—名詞 (複数 **trains** [-z]) C 列車, 電車
(♦連結された電車全体を指す; 一台一台の車両は⦅米⦆car, ⦅英⦆carriage, coach)
▸get on [off] a **train**
列車に乗る[から降りる]
▸catch [miss] a **train**
列車に間に合う[乗り遅(おく)れる]
▸change **trains** 列車を乗り換(か)える
▸a **train** for Tokyo 東京行きの列車
▸I'll take the 10:15 **train** to Sendai. 10時15分発の仙台行きの列車に乗ることにしますね.
(♦ 10:15 は ten fifteen と読む)

by tráin 列車で
(♦手段を表す by のあとは無冠詞)
▸Mary goes to school **by train**.
メアリーは電車で通学している.

参考 いろいろな列車

a local (train)	普通(ふつう)列車
an express (train)	急行列車
a rapid train	快速列車
a limited [⦅英⦆special] express	特急列車
a super express train =a bullet train	超(ちょう)特急列車
a night train	夜行列車
a freight train	貨物列車

—動詞 (三単現 **trains** [-z]; 過去・過分 **trained** [-d]; 現分 **training**) 他
(…するように)(人・動物)**を訓練する**, しつける; 養成する⦅to ＋動詞の原形⦆
▸This dog is **trained** to guide the blind.
このイヌは目の不自由な人を案内するように訓練されている.

trainee [treiníː トゥレイニー] 名詞
C 実習生, 研修生, 訓練生
(対義語 trainer トレーナー)

trainer [tréinər トゥレイナ] 名詞
C トレーナー, 訓練する人; 調教師

(◆衣服の「トレーナー」は sweat shirt; 対義語 trainee 実習生)

•training [tréiniŋ トゥレイニングｸﾞ]
名詞 U《または **a training** で》
訓練, 練習, トレーニング
▸I'm in **training** for the game.
わたしは試合に向けてトレーニングしている.

tram [trǽm トゥラぁム] 名詞
C《英》路面電車(◆ tramcar [trǽmkɑ̀ːr トラぁムカー] ともいう;《米》streetcar)

trans- 接頭辞 「越(こ)えて, 横切って」「別の状態[場所]へ」「…間の」などの意味の語をつくる: trans- ＋ form(…を形づくる)→ transform(…をすっかり変える)

transfer (★動詞・名詞のアクセントのちがいに注意) 動詞 [trænsfə́ːr トゥラぁンスふァ〜] (三単現 **transfers** [-z]; 過去・過分 **transferred** [-d]; 現分 **transferring**)
他 …を移す, 運ぶ;(人)を転勤[転任, 転校]させる
▸Tom was **transferred** from London to New York.
トムはロンドンからニューヨークに転勤になった.
—自 ❶ 転勤[転任, 転校]する
❷ 乗り換(か)える(同義語 change)
▸I **transferred** to the subway at Tokyo. 東京駅で地下鉄に乗り換えた.
—名詞 [trǽnsfəːr トゥラぁンスふァ〜]
U C 移転; 転任, 転勤, 転校; 乗り換え

transform [trænsfɔ́ːrm トゥラぁンスふォーム] 動詞 他 (…に)(形・外見・性質など)をすっかり変える, 一変させる《into ...》(類語 change 変える)

transit [trǽnsit トゥラぁンスィット, trǽnzit トゥラぁンズィット] 名詞
❶ U 輸送, 移送
❷ U《米》交通機関

translate [trænsléit トゥラぁンスれイト]
動詞 (三単現 **translates** [trænsléits トゥラぁンスれイツ]; 過去・過分 **translated** [-id]; 現分 **translating**)
他 …を(…から / …に)訳す, 翻訳(ほんやく)する《from ... / into ...》
▸Many of his works were **translated from** English **into** Japanese. 彼の作品の多くが英語から日本語に翻訳された.

translation [trænsléiʃn トゥラぁンスれイシャン] 名詞 U 翻訳(ほんやく); C 翻訳書, 訳本

translator [trǽnsleitər トゥラぁンスれいタ] 名詞 C 翻訳(ほんやく)家, 訳者; 通訳者

transmit [trænsmít トゥラぁンスミット]
動詞 (三単現 **transmits** [trænsmíts トゥラぁンスミッツ]; 過去・過分 **transmitted** [-id]; 現分 **transmitting**)
他 (信号・メッセージなど)を伝える, 送信する

transparent [trænspǽrənt トゥラぁンスパぁレント] 形容詞
❶ 透明(とうめい)な; 透(す)けている
❷ (文体が)わかりやすい;(うそなどが)見えすいた;(性格・態度が)率直(そっちょく)な

transport (★動詞・名詞のアクセントのちがいに注意) 動詞 [trænspɔ́ːrt トゥラぁンスポート] 他 …を(大量に)輸送する
—名詞 [trǽnspɔːrt トゥラぁンスポート]
U《主に英》輸送, 運送; 輸送機関
(◆《主に米》transportation)

transportation [træ̀nspərtéiʃn トゥラぁンスパテイシャン] 名詞
U《主に米》輸送, 運送; 輸送機関
(◆《主に英》transport)
▸public **transportation**
公共交通機関

trap [trǽp トゥラぁップ] 名詞
C わな, 落とし穴; 計略
▸fall into a **trap** わなにはまる
—動詞 (三単現 **traps** [-s]; 過去・過分 **trapped** [-t]; 現分 **trapping**)
他 (動物など)をわなで捕(と)らえる;(人)をわなにかける

•trash [trǽʃ トゥラぁッシ] 名詞
U《米》ごみ, くず, がらくた
(◆《英》rubbish; 類語 garbage 生ごみ)
▸take out the **trash** ごみを外に出す

trash can [trǽʃ kæ̀n トゥラぁッシ キぁン] 名詞 C《米》(乾(かわ)いたごみを入れる)くず入れ(◆《英》dustbin)

•travel [trǽvl トゥラぁヴる]
—名詞 (複数 **travels** [-z])
❶ U (一般に)**旅行**, 旅;《**travels** で》長期の旅行, 海外旅行 ➡ **trip** くらべよう
▸How were your **travels**?
旅行はどうでしたか?
❷《**travels** で》旅行記
▸*Gulliver's **Travels***『ガリバー旅行記』

—動詞 (三単現 **travels** [-z]; 過去・過分 **traveled**, 《英》**travelled** [-d]; 現分 **traveling**, 《英》**travelling**) 自
❶ 旅行する
▸**travel** around the world
世界一周旅行をする
❷ 行く, 進む; (光・音などが)伝わる
▸Swans **travel** north in (the) spring. 白鳥は春になると北へ行く.
▸Light **travels** faster than sound.
光は音より速く進む.

traveler, 《英》**traveller** [trǽvələr トゥラぁヴェら] 名詞 C 旅行者, 旅人

traveler's check,
《英》**traveller's cheque**
[trǽvələrz tʃèk トゥラぁヴェらズ チェック]
名詞 C トラベラーズチェック, 旅行者用小切手

traveling, 《英》**travelling**
[trǽvəliŋ トゥラぁヴェリング] 動詞
travel(旅行する)の現在分詞・動名詞
—形容詞 旅行(用)の; 巡業(じゅんぎょう)の

tray [tréi トゥレイ] 名詞
C 盆(ぼん), トレー; (浅い)盛り皿

tread [tréd トゥレッド] 動詞 (三単現 **treads** [-z]; 過去 **trod** [trád トゥラッド]; 過分 **trodden** [trádn トゥラッドゥン] または **trod**; 現分 **treading**)
自 (…を)踏(ふ)む, 踏みつける《on ...》
—他 …を踏む, 踏みつける

treasure [tréʒər トゥレジャ] 名詞
❶ U 宝物, 財宝
▸find **treasure** 財宝を見つける
❷ C 《ふつう **treasures** で》貴重品;
C 《口語》貴重な存在
▸a national **treasure** 国宝
—動詞 (三単現 **treasures** [-z]; 過去・過分 **treasured** [-d]; 現分 **treasuring**) 他 …を大切にする

·treat [tríːt トゥリート]
—動詞 (三単現 **treats** [tríːts トゥリーツ]; 過去・過分 **treated** [-id]; 現分 **treating**) 他
❶ (もの・人・動物)を(…のように)あつかう《like ...》; …を(…と)みなす《as ...》
▸Don't **treat** me **like** a child.
わたしを子供あつかいしないで.
▸They **treated** their dog **as** a family member.
彼らはイヌを家族の一員とみなしていた.
❷ (人・病気)を治療(ちりょう)する(♦必ずしも治すことを意味しない; 類語 cure 治す)
▸He **treated** me for my injury.
彼がわたしのけがを治療してくれた.
❸ …に(…を)おごる, 買う《to ...》
▸I'll **treat** you **to** lunch.
お昼をごちそうします.
—名詞 (複数 **treats** [tríːts トゥリーツ])
C 楽しみ; おごり
▸This is my **treat**.
これはわたしのおごりです.

treatment [tríːtmənt トゥリートメント]
名詞 ❶ U 取りあつかい, 待遇(たいぐう)
❷ U 治療(ちりょう); C 治療法

treaty [tríːti トゥリーティ] 名詞 (複数 **treaties** [-z]) C (国家間の)条約, 協定

:tree [tríː トゥリー] 名詞
(複数 **trees** [-z])
C 木, 樹木(♦生け垣(がき)などに用いる「低い木」は bush, shrub [ʃrʌ́b シュラブ], 「木材としての木」は wood)
▸climb a **tree** 木にのぼる
▸He planted a pine **tree** in the garden.
彼は庭に松(まつ)の木を植えた.

trek [trék トゥレック] 動詞
(三単現 **treks** [-s]; 過去・過分 **trekked** [-t]; 現分 **trekking**)
自 (徒歩で)旅行する, トレッキングをする

tremble [trémbl トゥレンブる] 動詞
(三単現 **trembles** [-z]; 過去・過分 **trembled** [-d]; 現分 **trembling**) 自
❶ (恐怖(きょうふ)・寒さなどで)(体や声が)震(ふる)える《with ...》
▸**tremble with** fear
恐怖で震える
❷ (風・地震(じしん)などで)(ものが)揺(ゆ)れる, (木の葉が)そよぐ

tremendous [triméndəs トゥリメンダス] 形容詞
❶ (大きさ・量・程度が)ものすごい, すさまじい
❷ 《口語》すばらしい(同義語 wonderful)

trend [trénd トゥレンド] 名詞
C (…への)傾向(けいこう), 動向; 流行《toward ...》

trendy [tréndi トゥレンディ] 形容詞
(比較 **trendier**; 最上 **trendiest**)
《口語》流行の先端(せんたん)をいく;
流行に敏感(びんかん)な

trial [tráiəl トゥライアる] 名詞
❶ C U 試(ため)し, 試験; C 試み, 努力
❷ C 試練, 苦難
❸ C U 裁判

triangle [tráiæŋgl トゥライあングる]
(★アクセントに注意) 名詞
❶ C 三角形 ➡ **figures** 図
❷ C【楽器】トライアングル
➡ **musical instruments** 図
❸ C《米》三角定規(◆《英》set square)

triathlon [traiǽθlən トゥライあすろン]
名詞 U トライアスロン(◆1人で水泳・自転車・長距離走の3種目を連続して行う競技)

tribe [tráib トゥライブ] 名詞 C《単数または複数あつかいで》種族, 部族(全体)

trick [trík トゥリック] 名詞
❶ C たくらみ; ごまかし; 手品, トリック
▸a card **trick** トランプの手品
❷ C (意味のない)いたずら
▸Bob always plays **tricks** on me.
ボブはいつもわたしにいたずらをする.
—動詞 他 …をだます
Tríck or tréat! 《米》お菓子(かし)をくれないと, いたずらするぞ! (◆ハロウィーン(Halloween)で, 子供たちがお菓子をねだるときの決まり文句)
➡ **Halloween** 文化

tricky [tríki トゥリキ] 形容詞
(比較 **trickier**; 最上 **trickiest**)
(人などが)ずる賢(がしこ)い, 油断ならない;
(問題などが)あつかいにくい

tricycle [tráisikl トゥライスィクる]
(★発音に注意) 名詞
C 3輪車 ➡ **bicycle** 参考

:**tried** [tráid トゥライド] 動詞
try(…を試(ため)す)の過去形・過去分詞

tries [tráiz トゥライズ] 動詞
try(…を試(ため)す)の三人称単数現在形
—名詞 try(試み)の複数形

trifle [tráifl トゥライふる] 名詞
C くだらないこと[もの], つまらないこと[もの]

trigger [trígər トゥリガ] 名詞
C (銃(じゅう)の)ひき金(がね)
▸pull the **trigger** ひき金を引く
—動詞 他 …をひき起こす, …のきっかけとなる

trillion [tríljən トゥリりャン] 名詞
❶ C 1兆(◆前に数を表す語がついても s はつけない)
▸three **trillion** yen 3兆円
❷《**trillions** で》《口語》無数(の…)《of ...》

trim [trím トゥリム] 動詞
(三単現 **trims** [-z]; 過去・過分 **trimmed** [-d]; 現分 **trimming**)
他 …を刈(か)りこむ, きれいに手入れする
—形容詞
(比較 **trimmer**; 最上 **trimmest**)
きちんとした, こぎれいな

trio [tríːou トゥリーオウ] (★発音に注意)
名詞 ❶ C 3人組, 3つ組, トリオ
❷ C【音楽】三重唱[奏]団; 三重唱[奏]曲

:**trip** [tríp トゥリップ]
—名詞 (複数 **trips** [-s]) C 旅行
▸a day **trip** 日帰り旅行
▸a round **trip**
《米》往復旅行; 《英》周遊旅行
▸take [make] a **trip**
旅行する
▸go on a business **trip** to Paris
出張でパリに行く
▸Have a nice **trip**!
よいご旅行を!

> **くらべよう trip, journey, tour, travel**
>
> **trip**: 比較(ひかく)的短い旅行で, 帰ってくることが暗示されています.
> **journey**: 比較的長い陸路の旅で, 必ずしもその旅から戻(もど)ってくるとはかぎりません.
> ▸a long train **journey**
> 電車による長旅
> **tour**: 主に観光や視察の目的で名所などを巡(めぐ)る旅を指します.
> ▸a package **tour**
> パッケージツアー
> ▸a **tour** of Italy イタリア周遊旅行
> **travel**: もともとは遠くへの旅行や外国への旅行を指していましたが, 今では一般的に「旅行」を表します.
> ▸foreign **travel** 海外旅行
> ▸**travel** abroad [overseas]
> 海外旅行をする

—動詞 (三単現 **trips** [-s];
過去・過分 **tripped** [-t]; 現分 **tripping**)
—自 (…に)つまずく《on [over] ...》
—他 (人)をつまずかせる

triple [trípl トゥリプる] 形容詞
3倍の, 3重の; 3部から成る

triumph [tráiəmf トゥライアンふ]
(★発音に注意) 名詞 C 大勝利; 大成功 (同義語 victory)
▸in **triumph** 勝ち誇(ほこ)って

trivia [tríviə トゥリヴィア]
名詞 U 雑学的な知識
▸a **trivia** quiz 雑学クイズ

trivial [tríviəl トゥリヴィアる] 形容詞
つまらない, 重要でない; ありふれた

trod [trád トゥラッド] 動詞
tread(踏(ふ)む)の過去形・過去分詞の一つ

trodden [trádn トゥラドゥン] 動詞
tread(踏(ふ)む)の過去分詞の一つ

trombone [trɑmbóun トゥランボウン]
名詞 C【楽器】トロンボーン
➡ **musical instruments** 図

troop [trúːp トゥループ] 名詞
❶ C (移動中の人・動物の)群れ, 一団
▸a **troop** of lions ライオンの群れ
❷《**troops** で》軍隊, 部隊

trophy [tróufi トゥロウふィ] (★アクセントに注意) 名詞 (複数 **trophies** [-z])
C トロフィー, 優勝記念品; 戦利品

tropic [trápik トゥラピック] 名詞
《**the tropics** で》熱帯地方

tropical [trápikl トゥラピクる] 形容詞
熱帯の, 熱帯地方の; 熱帯産の
▸**tropical** fish 熱帯魚

trot [trát トゥラット] 名詞
《**a trot** で》(馬の)速足(♦いちばん速い走り方は gallop); (人の)急ぎ足
——動詞 (三単現 **trots** [-s]; 過去・過分 **trotted** [-id]; 現分 **trotting**)
自 (馬が)速足で駆(か)ける; 《口語》(人が)小走りで行く
——他 (馬)を速足で駆けさせる

•trouble [trʌ́bl トゥラブる]

名詞	❶ 心配
	❷ 困難, めんどう
	❸ もめ事
動詞	❶ (人)を心配させる

——名詞 (複数 **troubles** [-z])
❶ U **心配**, 悩(なや)み;
C《ふつう **a trouble** で》心配事, 悩みの種, やっかい者
▸Do you have any **trouble** with your studies?
勉強のことで, 何か悩みがありますか?
▸What's the **trouble** (with you)?
どうしたのですか?
❷ U **困難, めんどう**, 迷惑(めいわく), 苦労
▸Ann had a lot of **trouble** with the homework.
アンはその宿題にずいぶん苦労した.
▸I found the house without any **trouble**.
わたしはその家を難なく見つけた.
❸ U《または **troubles** で》**もめ事**, 紛争(ふんそう), トラブル
▸political **troubles** 政治的紛争
❹ U 病気; (機械の)故障
▸liver **trouble** 肝臓(かんぞう)病
▸engine **trouble** エンジンの故障

be in tróuble
困っている; …ともめている《with ...》
▸I'm **in** big **trouble**.
わたしはとても困っています.

——動詞 (三単現 **troubles** [-z]; 過去・過分 **troubled** [-d]; 現分 **troubling**) 他
❶ **(人)を心配させる**, 悩ませる, 苦しめる
▸She is **troubled** with headaches.
彼女は頭痛に苦しんでいる.
❷ (人) に迷惑をかける, めんどうをかける (同義語 bother)
▸I'm sorry to **trouble** you.
ご迷惑をおかけしてすみません.

troublesome [trʌ́blsəm トゥラブるサム] 形容詞 やっかいな; あつかいにくい

•trousers
[tráuzərz トゥラウザズ] 名詞
《複数あつかいで》**ズボン**(♦《米》pants)
▸a pair of **trousers** ズボン 1 本
▸He is wearing black **trousers**.
彼は黒いズボンをはいている.

trout [tráut トゥラウト] 名詞
(複数 **trout** または **trouts** [tráuts トゥラウツ]) C【魚類】マス

•truck [trʌ́k トゥラック] 名詞
(複数 **trucks** [-s])
❶ C《主に米》**トラック**, 貨物自動車 (♦《英》lorry)
▸a **truck** driver トラックの運転手
❷ C《主に英》屋根のついていない貨車
❸ C 手押(お)し車, トロッコ

•true [trúː トゥルー] 形容詞
(比較 **truer**; 最上 **truest**)
❶ **本当の**, 真実の(対義語 false うその)
▸Is the story **true**?
その話は本当ですか?

▸That's **true**. そのとおりです.
▸It's **true** (that) he was there.
彼がそこにいたのは, 本当だ.
❷ (…に)**誠実な**, 忠実な《to ...》
▸She was **true to** her word.
彼女は約束を忠実に守った.
❸ 本物の, 純粋(じゅんすい)な
▸**true** love 真実の愛
▸a **true** signature 本物の署名
come trúe (希望などが)実現する
▸My dream finally **came true**.
わたしの夢がついに実現した.
It is trúe (that) ..., but ～
なるほど…だが, しかし～
▸**It is true (that)** money is important, **but** it is not everything. 確かにお金は大切だが, それがすべてというわけではない.

truly [trúːli トゥルーり] 副詞
❶ ほんとうに, とても(同義語 really)
▸I was **truly** touched by his words. 彼のことばにとても感動した.
❷ 事実のとおりに, 偽(いつわ)りなく
▸speak **truly** 事実のとおりに話す
Yóurs (very) trúly, = ***Trúly yóurs,***
《主に米》(改まった手紙の結びで)敬具

trumpet [trʌ́mpit トゥランペット] 名詞
C【楽器】トランペット
➡ **musical instruments** 図

trunk [trʌ́ŋk トゥランク] 名詞
❶ C (木の)幹; (身体の)胴体(どうたい)
❷ C トランク, 大型旅行かばん
❸ C (ゾウの)鼻
❹ C《米》(自動車の) トランク
(◆《英》boot) ➡ **cars** 図

trunks [trʌ́ŋks トゥランクス] 名詞
《複数あつかいで》(ボクシング・水泳用などの)男子用パンツ, トランクス

trust [trʌ́st トゥラスト] 動詞
他 (人・誠意など)を信頼(しんらい)[信用]する;
…を当てにする;
(人)を信頼して(…を)預ける《with ...》,
信頼して…を(…に)預ける《to ...》
▸I **trust** him. 彼を信頼している.
▸I **trusted** her **with** my money.
(= I **trusted** my money **to** her.)
わたしは彼女にお金を預けた.
——名詞 U (…に対する) 信頼, 信用《in ...》
(同義語 confidence, faith)
▸I have **trust in** her.
わたしは彼女を信頼している.

·**truth** [trúːθ トゥルーす] 名詞
(複数 **truths** [trúːðz トゥルーずズ])
❶ U C《しばしば **the truth** で》**真実**, **事実**(対義語 lie うそ); U 真実性[味]
▸Tell me **the truth**, please.
わたしに本当のことを話してください.
▸There's no **truth** in his words.
彼のことばには真実味がない.
❷ C 真理, 証明された事実
▸a scientific **truth** 科学的真理
The trúth is that .... 実は…である.
▸**The truth is that** I cannot swim. 実は, わたしは泳げないのです.
to téll (you) the trúth
実は, 本当のことを言うと
▸**To tell (you) the truth**, I'm late because I overslept.
本当のことを言うと, わたしは寝坊(ねぼう)して遅(おく)れました.

:**try** [trái トゥライ]
——動詞 (三単現 **tries** [-z];
過去・過分 **tried** [-d]; 現分 **trying**)
——他 ❶ …を試(ため)す, やってみる;
《**try + ...ing** で》試しに…してみる
➡ **challenge** ルール
▸Would you like to **try** some *tempura*? てんぷらを食べてみますか?
▸I **tried** my best on the exam.
試験では, できるだけのことはした.
▸He **tried opening** the door, but it was locked. 彼はドアを開けようとしたが, かぎがかかっていた.
▸I **tried** the medicine.
わたしはその薬を飲んでみた.
❷《**try to** +**動詞の原形で**》 **…しようと試みる**, 努力する(◆「try + ...ing」との意味のちがいに注意)
▸She **tried to** be a teacher.
彼女は教師になろうと(努力を)した.
❸ …を裁判にかける
——自 **やってみる**, 試みる; 努力する
▸ことわざ You never know what you can do till you **try**.
やってみるまでは, 自分に何ができるか決してわからない.
trý ón …を試しに身につける, 試着する
▸May I **try** these shoes **on**?
この靴(くつ)をはいてみてもいいですか?
——名詞 (複数 **tries** [-z]) C 試み, 試し

▸have a **try** 試してみる
▸I made it on the third **try**.
わたしは３度目の挑戦(ちょうせん)で成功した.

T-shirt [tíːʃəːrt ティーシャ～ト] 名詞
C Tシャツ

tub [tʌ́b タブ] 名詞
❶ C おけ, たらい
❷ C《口語》ふろおけ(＝bathtub)

tuba [tjúːbə テューバ] 名詞
C【楽器】チューバ(♦大型の金管楽器)

tube [tjúːb テューブ] 名詞
❶ C 管, 筒(つつ), (歯みがきなどの)チューブ
▸a test **tube** 試験管
❷ C《しばしば **the tube** で》
《英口語》(ロンドンの) 地下鉄
(♦ 同義語 underground, 《米》subway)
➡ **underground** 文化

Tue., **Tues.** [tjúːzdèi テューズデイ]
火曜日(♦ *Tue*sday の略)

⁑Tuesday

[tjúːzdèi テューズデイ] 名詞
(複数 **Tuesdays** [-z]) U C **火曜日**
(♦ Tue. または Tues. と略す)
➡ **Sunday** ルール

tug [tʌ́g タッグ] 動詞 (三単現 **tugs** [-z];
過去・過分 **tugged** [-d]; 現分 **tugging**)
他 …を強く引っ張る
——自 (…を)強く引っ張る《at ...》
——名詞 C《ふつう **a tug** で》強くひくこと
▸**a tug** of war 綱(つな)ひき

tulip [tjúːlip テューリップ] 名詞
C【植物】チューリップ

tumble [tʌ́mbl タンブる] 動詞 (三単現
tumbles [-z]; 過去・過分 **tumbled** [-d];
現分 **tumbling**) 自
❶ 転ぶ, 倒(たお)れる; 転がり落ちる;
転がるように出る[入る]
❷ (価値などが)急落する
——名詞 C 転倒(てんとう); 転落; 急落

tumbler [tʌ́mblər タンブら] 名詞
C タンブラー
(♦平底で, 取っ手や脚(あし)のないコップ)

tuna [tjúːnə テューナ] 名詞
(複数 **tuna** または **tunas** [-z])
C【魚類】マグロ; U マグロの肉, ツナ

tundra [tʌ́ndrə タンドゥラ]
(★発音に注意) 名詞
U C ツンドラ, 凍土(とうど)帯

tune [tjúːn テューン] 名詞
❶ C 曲, 調べ, 旋律(せんりつ), メロディー
▸play a **tune** 曲を演奏する
❷ U (音の)正しい調子; 調和
▸ in [out of] **tune**
音程が合って[はずれて]
——動詞 (三単現 **tunes** [-z];
過去・過分 **tuned** [-d]; 現分 **tuning**)
他 (楽器)の調子を合わせる, …を調律する; (機械)を調整する; (テレビ・ラジオ)を(特定の局・番組に)合わせる《to ...》
túne ín (テレビ・ラジオの) チャンネル[周波数]を(…に)合わせる《to ...》
túne úp
(楽団などが)楽器の調子を合わせる

tunnel [tʌ́nl タヌる] (★発音に注意)
名詞 C トンネル; 地下道

turban [tə́ːrbn タ～バン] 名詞
C ターバン(♦インド人やイスラム教徒などが頭に巻く布)

turf [tə́ːrf タ～ふ] 名詞 (複数 **turfs** [-s],
《主に英》**turves** [tə́ːrvz タ～ヴズ])
U 芝(しば), 芝地;
C《主に英》(移植用に切られた１枚の)芝

Turk [tə́ːrk タ～ク] 名詞 C トルコ人

Turkey [tə́ːrki タ～キ] 名詞 トルコ(♦西アジアの国; 首都はアンカラ Ankara)

turkey [tə́ːrki タ～キ] 名詞 C【鳥類】
七面鳥 ➡ **Thanksgiving Day** 文化

文化 七面鳥はごちそう

七面鳥はもともとアメリカ特産の鳥で, 特に感謝祭(Thanksgiving Day)とクリスマス(Christmas)のごちそうとして, 丸焼きが出されます.

Turkish [tə́ːrkiʃ ターキッシ] 形容詞
トルコの；トルコ人[語]の
—名詞 U トルコ語

⁑turn [tə́ːrn ターン]

動詞 他 ❶ …を回す
❷ …の向きを変える；…を曲がる
❸ …をひっくり返す
自 ❶ 回る
❷ 向く；曲がる
名詞 ❶ 回転
❷ 方向転換(てんかん)
❸ 順番

—動詞 (三単現 **turns** [-z]；過去・過分 **turned** [-d]；現分 **turning**)

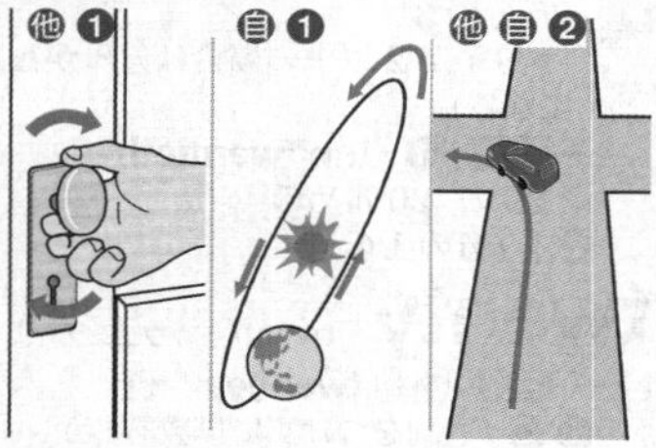

—他 ❶ **…を回す**, 回転させる
▸**turn** a knob ドアのノブを回す
▸**turn** the key in the lock
錠(じょう)に差しこんだかぎを回す
▸**turn** a steering wheel
ハンドルを切る
❷ **…の向きを変える**；…を(…へ)向ける《to [toward, on] ...》；**…を曲がる**
▸He **turned** his back **to** me.
彼はわたしに背を向けた.
▸**turn** a corner 角(かど)を曲がる
❸ **…をひっくり返す**, 裏返す；(ページ)をめくる
▸**turn** a page ページをめくる
❹《**turn ... into 〜**で》…を〜に変える；(ある言語)を(別の言語に)翻訳(ほんやく)する (同義語 translate)
▸**Turn** this sentence **into** English.
この文を英語に訳しなさい.
—自 ❶ **回る**, 回転する
▸The earth **turns** around the sun.
地球は太陽のまわりを回っている.
❷ (…へ)**向く**, 振(ふ)り向く；(…へ)**曲がる**《to [toward] ...》
▸She **turned** around and waved at me.
彼女は振り向いて, わたしに手を振った.
▸**Turn (to** the) left at the next corner. 次の角を左に曲がりなさい.
❸ ひっくり返る, 転覆(てんぷく)する
▸The boat **turned** upside down.
その船は転覆した.
❹ (…に)変わる, なる《into [to] ...》
▸Ice **turned into** water.
氷が溶(と)けて水になった.
❺《**turn＋名詞[形容詞]**で》…になる
▸He **turned** pale when he heard the news.
その知らせを聞いて, 彼は青くなった.

turn aróund
(反対方向に) 向きを変える, 回転する；…の向きを変える ➡ 自 ❷
▸He **turned** his car **around** and went back. 彼はぐるっと車の向きを変えてひき返した.

turn báck ひき返す；(もとに)戻(もど)る

turn dówn
① (ガス・明かりなど)を弱くする；(音量)を下げる
② (申し出など)を断る
③ (ページなど)を折り返す

turn óff (水・ガスなど)を止める；(テレビ・明かりなど)を消す
▸**turn off** the water
(水道の)水を止める
▸**turn off** the light 明かりを消す

turn ón (水・ガスなど)を出す；(テレビ・明かりなど)をつける
▸**turn on** the gas ガスをつける
▸**turn on** the TV テレビをつける

turn óut
① …だとわかる；…という結果になる
▸He **turned out** to be innocent.
彼は無実だということが明らかになった.
② (明かり・火など)を消す

turn óver ① …をひっくり返す；ひっくり返る, 寝返(ねがえ)りをうつ
② (ページ)をめくる；めくる, 裏返す

turn úp ① (人が) ひょっこり現れる；(ものが)偶然(ぐうぜん)見つかる；(事件などが)起こる；…を発見する
② (ガスの火など)を強くする；(音量)を上げる

—名詞 (複数 **turns** [-z])
❶ C 回転
▸give the key a **turn** かぎを回す

❷ C 方向転換，曲がる[曲げる]こと
▸The car made a quick **turn** to the left. 車は左へすばやく曲がった.
❸ C 順番，番
▸Now, it's your **turn** to draw a card. さあ，今度はきみがカードをひく番だよ.
❹ C 曲がり角
by túrns かわるがわる，交替(こうたい)で
in túrn 交替で，順番に

turning [tə́ːrniŋ ターニング] 動詞
turn(…を回す)の現在分詞・動名詞
——名詞 U 回転；C 曲がり角(かど)

turnip [tə́ːrnip ターニップ] 名詞
C U【植物】カブ

turnpike [tə́ːrnpàik ターンパイク] 名詞
C《米》有料高速道路

turtle [tə́ːrtl タートゥる] 名詞
(複数 **turtles** [-z] または **turtle**)
C【動物】ウミガメ(◆「陸上・淡水(たんすい)にすむカメ」は tortoise)

tutor [tjúːtər テュータ] 名詞
❶ C 個人教師，家庭教師
❷ C《英》(大学の)個人指導教師；《米》(大学の)講師

⁑TV [tíːvíː ティーヴィー] 名詞
(複数 **TVs** または **TV's** [-z])
U テレビ放送；C テレビ受像機
(=TV set)(◆ *tele*vision の略)
▸watch **TV** three hours a day
1日3時間テレビを見る
▸watch a baseball game on **TV**
テレビで野球の試合を見る
▸a **TV** program テレビ番組

⁑twelfth [twélfθ トゥウェるふす]
——名詞 (複数 **twelfths** [-s])
❶ U《**the twelfth** で》第 **12**，12番め；(日付の)12日(◆ 12th と略す)
▸on **the twelfth** of June
(=on June 12) 6月12日に
(◆ June 12 は June (the) twelfth と読む)
❷ C 12分の1
——形容詞 ❶《**the twelfth** で》第 **12** の，12番めの
❷ 12分の1の

⁑twelve [twélv トゥウェるヴ]
——名詞 (複数 **twelves** [-z])
❶ C《冠詞をつけずに単数あつかい》**12**；《複数あつかいで》12人，12個；
U 12歳(さい)；12時
❷《**the Twelve** で》キリストの12使徒
——形容詞 **12 の**；12人の，12個の；12歳の
▸There are **twelve** months in a year. 1年は12か月ある.

twentieth [twéntiəθ トゥウェンティエす]
名詞 ❶ U《**the twentieth** で》第20，20番め；(日付の)20日(◆ 20th と略す)
▸on **the twentieth** of May
(=on May 20) 5月20日に
(◆ May 20 は May (the) twentieth と読む)
❷ C 20分の1
▸a [one] **twentieth**
20分の1
▸three **twentieths**
20分の3
(◆分子が2以上の場合は分母が複数形になる)
——形容詞 ❶《**the twentieth** で》第20の，20番めの
❷ 20分の1の

⁑twenty [twénti トゥウェンティ]
——名詞 (複数 **twenties** [-z])
❶ C《冠詞をつけずに単数あつかい》**20**；《複数あつかいで》20人，20個；U 20歳(さい)
▸My sister will be **twenty** next month. 姉は来月20歳になる.
❷《*one's* **twenties** で》20歳代；《**the twenties** で》(20世紀の)20年代
▸She is in **her** early **twenties**.
彼女は20代前半だ.(◆「後半」は early の代わりに late を用いる)
——形容詞 **20 の**；20人の，20個の；20歳の
▸a break of **twenty** minutes
20分間の休憩(きゅうけい)

⁂twice [twáis トゥワイス] 副詞
❶ **2度**，2回(◆ two times ともいう)
▸Tom called me up **twice**.
トムは2度わたしに電話をしてきた.
▸**twice** a week 週に2回
▸once or **twice** 1，2回
❷ **2倍**
▸**Twice** five is [are] ten.
5の2倍は10(5 × 2 = 10).
▸This room is **twice** as large as mine.
この部屋はわたしの部屋の2倍の広さ

がある.

twig [twíg トゥウィッグ] 名詞 C 小枝(♦一般に「枝」は branch,「大枝」は bough)

twilight [twáilàit トゥワイらイト] 名詞 U (日没(にちぼつ)後・日の出前の)薄(うす)明かり; たそがれ時

twin [twín トゥウィン] 名詞
❶ C 双子(ふたご)の一方; 対(つい)になったものの一方; 《**twins** で》双子, 対
▸Bob is a **twin**.
ボブは双子(のうちの一人)だ.
▸Bob has a **twin** brother [sister].
ボブには双子の兄弟[姉妹(しまい)]がいる.
▸Sarah and Susan are **twins**.
サラとスーザンは双子だ.
❷《**the Twins** で》【天文】ふたご座
➡ **horoscope** 文化
── 形容詞《名詞の前に用いて》
双子の, 1 対の
▸**twin** sisters 双子の姉妹

twinkle [twíŋkl トゥウィンクる] 動詞
(三単現 **twinkles** [-z];
過去・過分 **twinkled** [-d];
現分 **twinkling**)
自 (星などがまたたくように)きらきら光る, 輝(かがや)く; (目が)輝く
▸A lot of stars were **twinkling** in the sky.
空にはたくさんの星がきらきら光っていた.

twirler [twə́ːrlər トゥワ〜ら] 名詞
C バトントワラー(= baton twirler)

twist [twíst トゥウィスト] 動詞 他
❶ …を巻きつける; (糸など)をよる
❷ …をねじる; (手足など)をねんざする, くじく
▸He **twisted** a wet cloth.
彼はぬれたぞうきんをしぼった.
▸**twist** *one's* ankle
足首をねんざする
── 自 ねじれる, よれる
── 名詞 C ねじれ; (道路の)カーブ
▸That road has many **twists**.
あの道路はカーブが多い.

twitter [twítər トゥウィタ] 動詞 自
❶ (鳥が)さえずる
❷ (人が)ぺちゃくちゃしゃべる
── 名詞《**the twitter** で》(鳥の)さえずり

⁑two [túː トゥー]
── 名詞 (複数 **twos** [-z])
C《冠詞をつけずに単数あつかい》**2**;
《複数あつかいで》2 人, 2 個;
U 2 歳(さい); 2 時
▸**Two** and three is [are] five.
2 足す 3 は 5 (2 + 3=5).
▸**two** of my classmates
クラスメートのうち 2 人
▸It's **two** p.m. 午後 2 時だ.
── 形容詞 **2 つの**; 2 人の, 2 個の; 2 歳の
▸**Two** students come to school by bus. 2 人の生徒がバスで学校に来る.
▸**Two** hamburgers, please.
ハンバーガーを 2 つください.
▸This boy is **two** (years old).
この男の子は 2 歳だ.

TX 【郵便】テキサス州(♦ *T*exas の略)

tying [táiiŋ タイイング] 動詞
tie(…を結ぶ)の現在分詞・動名詞

•type [táip タイプ]
── 名詞 (複数 **types** [-s])
❶ C 型, タイプ; 種類 (同義語 kind, sort); 《口語》(好みの)タイプ
▸I bought a new **type** of computer.
わたしは新型のコンピューターを買った.
❷ C **典型**, 見本
❸ U (印刷の)活字(全体);
C (1 個の)活字
▸italic **type** 斜(しゃ)字体, イタリック体
── 動詞 (三単現 **types** [-s];
過去・過分 **typed** [-t]; 現分 **typing**)
── 他 …をタイプライター[ワープロ]で打つ; 【コンピューター】…を入力する
── 自 キーボード[タイプライター, ワープロ]を打つ

typewriter [táipràitər タイプライタ]
名詞 C タイプライター

typhoon [taifúːn タイふーン] (★アクセントに注意) 名詞
C 台風(♦太平洋西部で発生するもの)
▸A **typhoon** hit [struck] Japan.
台風が日本を襲(おそ)った.

typical [típikl ティピクる] (★発音に注意)
形容詞 典型的な; (…に)特有の《**of ...**》
▸These problems are **typical of** our country. これらの問題はわたしたちの国に特有のものだ.

typist [táipist タイピスト] 名詞
C タイプライターを打つ人, タイピスト

tyre [táiər タイア] 名詞
《英》=《米》tire(タイヤ)

Uu *Uu*

Q この人はだれ？➡ Uncle Sam をひいてみよう！

U, u [júː ユー] 名詞 (複数 **U's, u's** または **Us, us** [-z]) C U ユー
(♦アルファベットの 21 番めの文字)

UFO [júːèfóu ユーエふオウ, júːfou ユーふォウ] 名詞 (複数 **UFOs** または **UFO's** [-z]) C 未確認(かくにん)飛行物体
(♦ *u*nidentified *f*lying *o*bject の略)

ugly [ʌ́gli アグり] 形容詞
(比較 **uglier**; 最上 **ugliest**)
❶ 醜(みにく)い, 見苦しい, ぶかっこうな
(♦人の容姿について言う場合は, 遠まわしに plain を用いる;
対義語 beautiful 美しい)
▸an **ugly** building 見苦しい建物
▸an **ugly** duckling
醜いアヒルの子(♦子供のときは醜い[将来性がない]と思われていても, 後に美しく[りっぱに]なる人のこと; アンデルセン (Andersen)の童話から)
❷ 不快な, いやな; ひどい
▸an **ugly** smell 不快なにおい

uh [ʌ́ ア] 間投詞 (次に言うことばを考えているときなどに)えー, あー, うーん

uh-huh [əhʌ́ アハ] 間投詞 (相づちや同意を表して)うん, ふむふむ, なるほど

uh-uh [ʌ́ʌ́ アア] 間投詞
(否定や不賛成を表して)ううん

UK, U.K. [júːkéi ユーケイ]
《**the UK** で》英国, 連合王国
(♦ the *U*nited *K*ingdom の略)
➡ **England** 参考

ultimate [ʌ́ltəmit アるティメット] 形容詞
最後の, 最終の, 究極の

ultra [ʌ́ltrə アるトゥラ] (★発音に注意)
形容詞 極端(きょくたん)な, 過激な

ultraviolet [ʌ̀ltrəváiəlit アるトゥラヴァイオれット] 形容詞
紫外線(しがいせん)の(♦ UV と略す)
——名詞 U 紫外線

um, umm [ʌ́m アム] 間投詞
(ためらいや疑いを表して)ううん, ええ

·umbrella [ʌmbrélə アンブレら]
名詞 (複数 **umbrellas** [-z])
C 傘(かさ), 雨傘(♦「日傘」は parasol)
▸<u>open</u> [put up] an **umbrella**
傘をさす
▸<u>close</u> [put down] an **umbrella**
傘をたたむ
▸Take your **umbrella** with you.
傘を持って行きなさい.

umpire [ʌ́mpaiər アンパイア] (★アクセントに注意) 名詞
C (野球・テニス・バドミントン・バレーボールなどの)審判(しんぱん)員, アンパイア

UN, U.N. [júːén ユーエン]
国連, 国際連合(♦ the *U*nited *N*ations の略)

un- 接頭辞 ❶ 形容詞・副詞・名詞について「否定」「反対」の意味の語をつくる: un- + happy(幸福な)→ unhappy(不幸な)
❷ 動詞について「逆の行為(こうい)」の意味の語をつくる: un- + lock(…にかぎをかける)→ unlock(…のかぎをあける)

unable [ʌnéibl アンエイブる] 形容詞
《**be unable to** +動詞の原形で》
…することができない
(対義語 able …できる)
▸I **was unable to** find the shop.
その店を見つけることができなかった.

unanimous [juːnǽnəməs ユーナぁニマス] 形容詞 満場一致(いっち)の, 全員同意の

unbelievable [ʌ̀nbilíːvəbl アンビりーヴァブる] 形容詞 信じられない(ほどの)

uncertain [ʌnsə́ːrtn アンサ～トゥン]
形容詞 ❶ 不確実な; (…について)確信がない《<u>of</u> [about] ...》(対義語 certain 確かな)
▸**uncertain** information
不確実な情報
▸I'm **uncertain** <u>**of**</u> [**about**] his true feelings.

彼の本当の気持ちがよくわからない.
❷ 不安定な, 変わりやすい
▸**uncertain** weather　不安定な天気

⁑uncle [ʌ́ŋkl アンクる] 名詞
(複数 **uncles** [-z])
C おじ, おじさん (◆血縁(けつえん)関係にない男の人を指すこともあり, 呼びかけにも用いる; 対義語 aunt おば)
➡ **aunt, family** 図
▸I have two **uncles**.
わたしにはおじが2人いる.
▸I met **Uncle** Brian yesterday.
わたしは昨日, ブライアンおじさんに会った. (◆名前につけて用いるときは Uncle と大文字で始める)

unclean [ʌnklíːn アンクリーン] 形容詞
汚(きたな)い, 不潔な (対義語 clean きれいな)

Uncle Sam [ʌ́ŋkl sǽm アンクる サぁム]
名詞 アンクルサム (◆アメリカ政府や典型的なアメリカ人を一人の人間として表す)

文化 **典型的なアメリカ人**

マンガなどによく登場するアンクルサムは, 長身でやせ型の男性で, 白いあごひげを生やし, 鋭(するど)い目つきをしています. 星条旗を表すシルクハットをかぶり, 青のえんび服に赤と白のしまのズボンをはいています. 政治風刺(ふうし)マンガに登場するときはふつうアメリカ政府を表しています. Uncle Sam という名前は the United States の頭(かしら)文字 U.S. をもじったものといわれています. これに対して, 典型的なイギリス人を John Bull といいます.

uncomfortable [ʌnkʌ́mfərtəbl アンカンふァタブる] 形容詞 心地(ここち)よくない; 気持ちの落ち着かない, 気まずい
(対義語 comfortable 快適な)
▸These shoes are **uncomfortable**.
この靴(くつ)ははき心地が悪い.

uncommon [ʌnkámən アンカモン]
形容詞 めったにない, 珍(めずら)しい
(対義語 common ふつうの)

unconscious [ʌnkánʃəs アンカンシャス] 形容詞 ❶ 意識を失った, 意識不明の
(対義語 conscious 意識のある)
❷ (…に)気づかない (◆名詞の前には用いない) 《of ...》
▸I was **unconscious of** her gaze.
わたしは彼女の視線に気づかなかった.
❸ 無意識の

uncover [ʌnkʌ́vər アンカヴァ] 動詞 他
…のおおい[ふた]を取る (対義語 cover …をおおう); (秘密など)を明らかにする, あばく; (発掘(はっくつ)で) …を発見する

⁑under [ʌ́ndər アンダ] 前置詞

❶〔位置・場所〕…**の下に**[**で**]
❷〔年齢(ねんれい)・時間・価格・数量など〕…**未満で**
❸〔状態〕…**中で**

❶〔位置・場所〕…**の下に**[**で**], …の真下に, …におおわれて; …の表面下に
(対義語 over …の上に)
▸The cat is **under** the table.
ネコはテーブルの下にいるよ.
▸John was wearing a blue shirt **under** his jacket.
ジョンは上着の下に青いシャツを着ていた.
▸She is holding a book **under** her arm.　彼女はわきに本をかかえている.
▸Look!　There are a lot of fish **under** the sea.
見て！海の中に魚がたくさんいるよ.

くらべよう **under と below**

under: 「…の真下に」を表します. 下を通って, 一方からもう一方へ, という動きをともなう場合もあります.
▸The ducks passed **under** the bridge. カモが橋の下を通り過ぎた.
below: 真下とはかぎらず, 漠然(ばくぜん)と「下のほうに」を表します. above の対義語です.
▸He saw a yacht and lighthouse **below** him.
彼は眼下にヨットと灯台を見た.

under

below

❷〘年齢・時間・価格・数量など〙…未満で(対義語 over …より多く)
▸Children **under** five are admitted free.
5歳(さい)未満のお子さんは入場無料です.
(◆「5歳以下の子供」は children of five and under)
❸〘状態〙…中で
▸The soccer stadium is **under** construction.
そのサッカースタジアムは建設中だ.
❹〘支配・保護・監督(かんとく)〙…のもとに
▸He's studying **under** Dr. Ito.
彼は伊藤博士のもとで研究している.

undergo [ʌ̀ndərɡóu アンダゴウ] 動詞
(三単現 **undergoes** [-z]; 過去 **underwent** [ʌ̀ndərwént アンダウェント]; 過分 **undergone** [ʌ̀ndərɡɔ́ːn アンダゴーン]; 現分 **undergoing**)
他 (苦しいこと)を経験する, …に耐(た)える; (検査・手術など)を受ける

undergone [ʌ̀ndərɡɔ́ːn アンダゴーン]
動詞 undergo(…を経験する)の過去分詞

underground [ʌ́ndərɡràund アンダグラウンド] 形容詞
❶ 地下の
▸**underground** water
地下水
❷ 秘密の; (演劇などが)前衛的な
—名詞 C《ふつう **the underground** で》《英》地下鉄(◆《米》subway); 《**the Underground** で》(ロンドンの)地下鉄

文化 ロンドンの地下鉄

the Underground と呼ばれるロンドンの地下鉄は円筒(えんとう)形のトンネル内を走るために, 車両の多くは天井(てんじょう)が丸いかまぼこ形をしています. 口語でよく the tube「管」とも呼ばれるのはそのためです. なお, アメリカで「地下鉄」を指す subway は, イギリスでは「地下道」を指します.

underline [ʌ́ndərlàin アンダライン]
動詞 (三単現 **underlines** [-z]; 過去・過分 **underlined** [-d]; 現分 **underlining**)
他 …に下線をひく; …を強調する
▸I **underlined** important words with a red pencil.
重要な単語に赤えんぴつで下線をひいた.
—名詞 C 下線, アンダーライン

underneath [ʌ̀ndərníːθ アンダニーす]
前置詞 …の(すぐ)下に(同義語 under)
▸I hid **underneath** the table.
わたしはテーブルの下に隠(かく)れた

undershirt [ʌ́ndərʃə̀ːrt アンダシャ〜ト]
名詞 C《米》下着, 肌着(はだぎ)(◆《英》vest)

⁑understand [ʌ̀ndərstǽnd アンダスタぁンド] 動詞

(三単現 **understands** [ʌ̀ndərstǽndz アンダスタぁンヅ]; 過去・過分 **understood** [ʌ̀ndərstúd アンダストゥッド]; 現分 **understanding**)
—他 ❶ **…を理解する**, …がわかる
▸I **understand** him.
彼の言ったことはわかる.
▸I don't **understand** the meaning of this word.
この単語の意味がわからない.
▸Do you **understand** Japanese?
あなたは日本語がわかりますか?
(◆ Can you understand ...? は相手に理解する能力があるかどうかを問うので, 失礼になることがある ➡ **speak** 他)
❷《**understand** + **that** 節で》
…と聞いている, 聞いて知っている
(◆ていねいな言い方; 同義語 hear)
▸I **understand (that)** he is in Paris. 彼はパリにいると聞いている.
❸《**understand** + **that** 節で》
…と思う, 解釈(かいしゃく)する, 推察する
▸I **understand (that)** Sarah is angry with me.
サラはわたしに腹を立てていると思う.
—自 **理解する**, わかる
▸Do you really **understand**?
ほんとうにわかっているのですか?

make oneself understóod
自分の考えを人にわからせる
▸I couldn't **make myself understood** in English.
わたしは英語で自分の考えをわからせることができなかった. (◆「わたしの英

語は通じなかった」の意味)

understanding [ʌ̀ndərstǽndiŋ アンダスタぁンディング] 動詞 understand(…を理解する)の現在分詞・動名詞
—名詞 ❶ U 理解力, 知性;《または **an understanding** で》理解, 知識
❷ C《**an understanding** で》合意, 意見の一致
▸come to **an understanding** 合意に達する

·understood
[ʌ̀ndərstúd アンダストゥッド] 動詞 understand(…を理解する)の過去形・過去分詞

undertake [ʌ̀ndərtéik アンダテイク] 動詞 (三単現 **undertakes** [-s]; 過去 **undertook** [ʌ̀ndərtúk アンダトゥック]; 過分 **undertaken** [ʌ̀ndərtéikən アンダテイクン]; 現分 **undertaking**) 他
❶(仕事など)を引き受ける
▸She **undertook** the work. 彼女はその仕事を引き受けた.
❷《**undertake to** +**動詞の原形で**》…することを約束する
▸I **undertook to** finish the report by Friday. わたしはその報告書を金曜日までに仕上げると約束した.
❸…に着手する

undertaken [ʌ̀ndərtéikən アンダテイクン] 動詞 undertake(…を引き受ける)の過去分詞

undertook [ʌ̀ndərtúk アンダトゥック] 動詞 undertake(…を引き受ける)の過去形

underwater [ʌ̀ndərwɔ́:tər アンダウォータ] 形容詞 水面下の, 水中の
—副詞 水面下で[に], 水中で[に]

underwear [ʌ́ndərwèər アンダウェア] 名詞 U 下着類, 肌着(はだぎ)類(全体)

underwent [ʌ̀ndərwént アンダウェント] 動詞 undergo(…を経験する)の過去形

undid [ʌndíd アンディッド] 動詞 undo(…をほどく)の過去形

undo [ʌndú: アンドゥー] 動詞 (三単現 **undoes** [ʌndʌ́z アンダズ]; 過去 **undid** [ʌndíd アンディッド]; 過分 **undone** [ʌndʌ́n アンダン]; 現分 **undoing**) 他
❶(ひもなど)をほどく;(包みなど)を開く;(ボタンなど)をはずす
▸**undo** a knot 結び目をほどく
▸**undo** a package 小包を開く
❷(一度したこと)をもとに戻(もど)す

undone [ʌndʌ́n アンダン] 動詞 undo(…をほどく)の過去分詞

undoubtedly [ʌndáutidli アンダウティッドり] 副詞 疑いもなく, まちがいなく, 確かに(同義語 certainly)

uneasy [ʌní:zi アンイーズィ] 形容詞 (比較 **uneasier**; 最上 **uneasiest**) 落ち着かない, 不安な, 心配な(対義語 easy 気楽な); きゅうくつな
▸I feel **uneasy** about the exams. わたしは試験のことが心配だ.

unequal [ʌní:kwəl アンイークウォる] 形容詞 等しくない; 不平等な

UNESCO [ju:néskou ユーネスコウ] 名詞 ユネスコ, 国連教育科学文化機関(◆国連の専門機関の一つ; the *U*nited *N*ations *E*ducational, *S*cientific and *C*ultural *O*rganization の略)

unexpected [ʌ̀nikspéktid アンイクスペクティッド] 形容詞 予期しない, 思いがけない, 不意の
▸The news was **unexpected**. その知らせは予想外だった.
▸an **unexpected** visitor 不意の客

unexpectedly [ʌ̀nikspéktidli アンイクスペクティッドり] 副詞 思いがけず, 突然(とつぜん)に, 不意に

unfair [ʌnféər アンふェア] 形容詞 不公平な, 不当な; 不正な, ずるい(対義語 fair 公平な)

unfairly [ʌnféərli アンふェアり] 副詞 不公平に, 不当に; 不正に

unfamiliar [ʌ̀nfəmíljər アンふァミりャ] 形容詞
❶(物事が)(人に)知られていない《to ...》
❷(人が)(物事を)よく知らない《with ...》
▸I'm **unfamiliar with** the rules of *go*. わたしは碁(ご)のルールをよく知らない.

unforgettable [ʌ̀nfərgétəbl アンふォゲタブる] 形容詞 忘れられない, いつまでも記憶(きおく)に残る

unfortunate [ʌnfɔ́:rtʃənit アンふォーチュネット] 形容詞 不運な, 不幸な; 残念な(対義語 fortunate 幸運な)

▸an **unfortunate** accident
不幸な事故
▸It's **unfortunate** that you cannot attend the meeting.
きみが会議に出席できないのは残念だ.

unfortunately [ʌnfɔ́ːrtʃənitli アンふォーチュネトり] 副詞
運悪く, あいにく; 残念ながら
(対義語 fortunately 幸運にも)
▸**Unfortunately**, he was out then.
あいにく, そのとき彼は外出中だった.

unfriendly [ʌnfréndli アンふレンドり]
形容詞 (比較 **unfriendlier**; 最上 **unfriendliest**)
好意的でない, 不親切な, よそよそしい, 敵意をもった(対義語 friendly 親切な)

unhappy [ʌnhǽpi アンハぁピ] 形容詞
(比較 **unhappier**; 最上 **unhappiest**)
不幸な, 不運な; 悲しい; (…に) 不満な《about [at, with] ...》(対義語 happy 幸福な)
▸an **unhappy** ending 不幸な結末
▸She looked **unhappy with** the taste of the coffee.
彼女はそのコーヒーの味に不満なようだった.

uni- 接頭辞 「単一の」の意味の語をつくる: uni- + cycle(自転車)→ unicycle(1輪車)

UNICEF [júːnəsèf ユーニセふ] 名詞
ユニセフ, 国連児童基金(◆ the *U*nited *N*ations *I*nternational *C*hildren's *E*mergency *F*und「国連国際児童緊急(きんきゅう)基金」の略; 1953年に the United Nations Children's Fund「国際連合児童基金」と改称(かいしょう)されたが, 今も UNICEF という略称が使われている)

unicorn [júːnikɔ̀ːrn ユーニコーン] 名詞
C 一角獣(じゅう), ユニコーン(◆額(ひたい)にねじれた1本の角(つの)がある想像上の動物; ウマの頭と胴(どう), シカの脚(あし), ライオンの尾(お)をもつ)

unicycle
[júːnəsàikl ユーニサイクる] 名詞 C 1輪車 ➡ **bicycle** 参考

***uniform** [júːnəfɔ̀ːrm ユーニふォーム] 名詞 C U 制服, ユニフォーム
▸wear a school **uniform**
学校の制服を着ている
— 形容詞 同一の, そろいの; 一定の
▸These boxes are **uniform** in size.
これらの箱は大きさが同じだ.

union [júːnjən ユーニョン] 名詞
❶ U 結合, 連合, 団結
▸ ことわざ **Union** is strength.
団結は力なり.
❷ C 組合, 協会, 連盟
▸a labor **union**
《米》労働組合(◆《英》trade **union**)
❸ C 連合国家, 連邦(れんぽう)

Union Jack [júːnjən dʒǽk ユーニョンヂぁック] 名詞《**the Union Jack** で》
イギリス国旗, ユニオンジャック
(◆①イングランド, ②スコットランド, ③アイルランドの, 3つのシンボルを重ねてできた国旗) ➡ **England** 参考

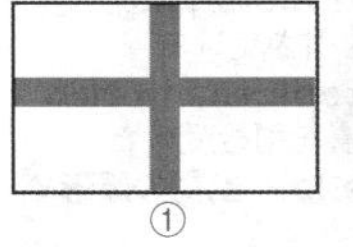
①

②
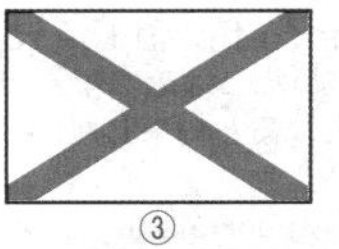
③

the Union Jack

unique [juːníːk ユーニーク] (★発音に注意) 形容詞 ただ一つの, 唯一(ゆいいつ)の; 特有の, 独特な(◆日本語の「ユニーク」にある「おかしな」「変わった」という意味はない)

unit [júːnit ユーニット] 名詞
❶ C (構成) 単位; (全体の中の) 1人, 1個; (設備などの) 一式; (学科の) 単元
❷ C (数・量の) 単位
▸The meter is a **unit** of length.
メートルは長さの単位だ.

unite [ju(ː)náit ユ(ー)ナイト] 動詞
(三単現 **unites** [ju(ː)náits ユ(ー)ナイツ]; 過去・過分 **united** [-id]; 現分 **uniting**)
他 …を結合する; …を団結させる
— 自 一つになる, 結合する; 団結する, 協力

する
▸We must **unite** to win the game. わたしたちはその試合に勝つために一つにならなければならない.

united [ju(ː)náitid ユ(ー)ナイティッド] 形容詞 団結した, 結ばれた; 連合した
▸The players were **united** under the new coach. 選手たちは新しいコーチのもとに団結した.

ˋUnited Kingdom

[ju(ː)náitid kíŋdəm ユ(ー)ナイティッド キングダム] 名詞《**the United Kingdom** で》**イギリス**, 連合王国(◆(the) UK または (the) U.K. と略す; 首都はロンドン London) ➡ **England** 参考

United Nations [ju(ː)náitid néiʃnz ユ(ー)ナイティッド ネイシャンズ] 名詞
《**the United Nations** で》国際連合, 国連(◆世界平和と人類の進歩を目指す世界最大の国際機構; 1945 年設立; 本部はアメリカのニューヨーク市にある; (the) UN または (the) U.N. と略す)

ˋUnited States (of America)

[ju(ː)náitid stéits (əv əmérikə) ユ(ー)ナイティッド ステイツ (アヴ アメリカ)] 名詞
《**the United States of America** で単数あつかい》**アメリカ合衆国**
(◆(the) US や (the) U.S. または (the) USA や (the) U.S.A. と略す; 首都はワシントン Washington, D.C.)

unity [júːnəti ユーニティ] 名詞
❶ U 単一(性); 統一(性), まとまり; 不変性
❷ U (…との)一致(いっち); 調和《with ...》

universal [jùːnəvə́ːrsl ユーニヴァ〜サる] 形容詞 ❶ すべての人々の; 全世界の, 世界共通の; 宇宙の
▸**universal** peace 全世界の平和
▸a **universal** design ユニバーサルデザイン
(◆言語や文化, 年齢(ねんれい)のちがい, 障がいの有無(うむ)などにかかわらず, だれもが快適に利用できるような設計)
➡ **barrier-free**
❷ 一般的な, 普遍(ふへん)的な

universe [júːnəvə̀ːrs ユーニヴァ〜ス] 名詞《**the Universe** または **the universe** で》宇宙;
《**the universe** で》全世界

ˋuniversity

[jùːnəvə́ːrsəti ユーニヴァ〜スィティ]
名詞 (複数 **universities** [-z])
C (総合)**大学**(◆いくつかの学部をもつ大学を指す;「単科大学」は college だが, しばしば区別なく用いられる)
▸the **University** of Pennsylvania ペンシルベニア大学
▸Oxford **University** オックスフォード大学
▸a **university** student 大学生
▸My sister goes to (《米》 the [a]) **university**.
わたしの姉は大学に通っている.
(◆《英》ではふつう冠詞をつけない)

unkind [ʌnkáind アンカインド] 形容詞
(比較 **unkinder**; 最上 **unkindest**)
不親切な, 思いやりのない
(対義語 kind 親切な)

unknown [ʌnnóun アンノウン]
(★発音に注意) 形容詞
(…に)知られていない《to ...》; 不明の, 未知の(対義語 known 知られている)
▸an **unknown** singer 無名の歌手

unless [ənlés アンれス] 接続詞
もし…でなければ(◆ if ... not よりかたい語); …でないかぎり
▸I'll be late for school **unless** I catch the bus.
(=I'll be late for school **if I don't** catch the bus.)
そのバスに乗らないと, 学校に遅刻(ちこく)してしまう.(◆ unless 節や if 節の中では, 未来のことも現在形で表す)

unlike [ʌnláik アンらイク] 前置詞
…とちがって; …らしくなく
(対義語 like …のような)
▸**Unlike** you, I can't sing well.
きみとちがって, わたしは歌が下手(へた)だ.
―形容詞 似ていない, 同じではない
(同義語 different, 対義語 like 似ている)

unlikely [ʌnláikli アンらイクり] 形容詞
(比較 **more unlikely** または **unlikelier**; 最上 **most unlikely** または **unlikeliest**)
❶ ありそうもない, 起こりそうもない
(対義語 likely ありそうな)
▸an **unlikely** story
ありそうもない話
❷《**be unlikely to** +動詞の原形で》
…することはありそうもない, …しそうにない;《**It is unlikely** + **that** 節で》
…ということはありそうもない
▸He **is unlikely to** win the match. (=**It is unlikely (that)** he will win the match.)
彼はその試合に勝てそうもない.

unlock [ʌnlák アンらック] 動詞
他 (ドアなど)のかぎをあける
(対義語 lock …にかぎをかける)

unlucky [ʌnlʌ́ki アンらキ] 形容詞
(比較 **unluckier**; 最上 **unluckiest**)
不運な, 不幸な; 不吉(ふきつ)な
(対義語 lucky 幸運な)

unnecessary [ʌnnésəsèri アンネセセリ] 形容詞 不必要な, 余計な
(対義語 necessary 必要な)

unpleasant [ʌnpléznt アンプれズント]
形容詞 不愉快(ふゆかい)な, いやな
(対義語 pleasant 愉快な)

:until [əntíl アンティる]
——前置詞 ❶〔動作・状態の継続(けいぞく)〕
…まで(ずっと), …になるまで
(同義語 till) ➡ **by** くらべよう
▸We stayed up **until** midnight.
わたしたちは夜の 12 時まで起きていた.
❷《否定文で》…までは(…しない), …になって初めて(…する)
▸I did**n't** know about that **until** yesterday.
わたしは昨日までそのことを知らなかった.
——接続詞 ❶〔動作・状態の継続〕
…するまで(ずっと)
▸Let's take a rest **until** they catch up with us. 彼らがわたしたちに追いつくまで休んでいよう. (♦until 節の中では未来のことも現在形で表す)
❷《否定文で》…するまで(…しない), …して初めて(…する)
▸We did**n't** start the party **until** Bob came. わたしたちはボブが来るまでパーティーを始めなかった.

unused [ʌnjúːzd アンユーズド] 形容詞
使われていない, 未使用の

unusual [ʌnjúːʒuəl アンユージュアる]
形容詞 ふつうでない, 異常な; 珍(めずら)しい
(対義語 usual いつもの)
▸I had an **unusual** experience there.
わたしはそこで異常な体験をした.

unusually [ʌnjúːʒuəli アンユージュアり]
副詞 異常に; 珍(めずら)しく; 非常に, とても
(対義語 usually たいてい)

unwilling [ʌnwíliŋ アンウィりング]
形容詞 いやいやながらの;
《**be unwilling to** +動詞の原形で》
しぶしぶ…する
▸John **was unwilling to** accept defeat at first.
ジョンは最初, 敗北を認めるのをしぶっていた.

unwillingly [ʌnwíliŋli アンウィりングり]
副詞 いやいやながら, しぶしぶ

:up [ʌ́p アップ]

副詞	❶ 上へ, 上に
	❷ 起立して, 起きて
	❸ 近づいて
	❹ すっかり
前置詞	❶ …の上へ

——副詞 ❶ **上へ, 上に**, 上のほうへ
(対義語 down 下へ)
▸A balloon is going **up** slowly.
風船がゆっくりと上がっていく.
▸We ran **up** to the third floor.
わたしたちは 3 階まで駆(か)け上がった.
▸He looked **up** at the sky.
彼は空を見上げた.
❷ **起立して, 起きて**
▸Stand **up**! 起立!
▸I get **up** at six thirty.
わたしは 6 時 30 分に起きる.
▸Don't stay **up** late.
遅(おそ)くまで起きていてはいけません.
❸ **近づいて**, 向かって; 北へ;
《英》大都市へ, 都会へ
▸A dog came **up** to me.
イヌがわたしに近づいてきた.
▸drive from New York **up** to Boston ニューヨークからボストンまで車で北上する

▸I've just come **up** to this town.
わたしはつい最近この町にやって来た.
❹ **すっかり**, すべて, 完全に; 終わって
▸He ate **up** all the sushi.
彼はそのすしをすべて食べた.
▸Time is **up**. もう時間です.
(♦試験の終了(しゅうりょう)などを告げるときに)
❺ (程度・価格などが)上がって, 増して
▸Please turn **up** the volume.
ボリュームを上げてください.
▸Prices are going **up**.
物価が上がっている.

úp and dówn
上がったり下がったり; 行ったり来たり

úp to ...
① (時間・程度・数量などが)…まで
▸The girl can count **up to** twenty.
その女の子は 20 まで数えられる.
②《**be up to ...** で》
…の責任である, …しだいである

ダイアログ
A: What shall we have for dinner?
夕食は何にする?
B: It's **up to** you. あなたに任せるわ.

③《**be up to ...** で》(よくないこと)をしようとしている

Whát's úp? 《口語》どうしたの, 何事だ; 元気かい, 調子はどう?

── 前置詞 ❶ **…の上へ**, …を上がって
(対義語 down …の下へ)
▸Salmon were swimming **up** the river. サケが川をのぼっていた.
❷ …に沿って(同義語 along)
▸Go straight **up** this street.
この通りをまっすぐに行きなさい.

── 形容詞《名詞の前に用いて》
上へ向かう; 北へ向かう;
《英》大都市[都会]へ向かう, のぼりの
(対義語 down 下りの)

upgrade
[ʌpgréid アプグレイド] 動詞 他
❶ …の性能[質]を向上させる
❷ 【コンピューター】…をアップグレード[バージョンアップ]する

upload
[ʌ́plòud アプろウド] 動詞
他 【コンピューター】(ファイルなど)をアップロードする(対義語 download …をダウンロードする)

upon
[əpɑ́n アパン] 前置詞 …の上に
(♦ on とほとんど同じ意味だが, on のほうが口語的; ただし, upon のみを用いる表現があるので注意)
▸once **upon** a time
(物語の語り出しで)昔々
(♦× once on a time とはいわない)

˙upper
[ʌ́pər アパ] 形容詞
《名詞の前に用いて》**上のほうの**; 上位の; 上流の (対義語 lower 下のほうの)
▸the **upper** lip 上唇(うわくちびる)
▸the **upper** floor 上の階
▸the **upper** class 上流階級
▸the **upper** Missouri
ミズーリ川上流

upright
[ʌ́pràit アプライト] 形容詞
直立した, まっすぐの
▸an **upright** piano
アップライトピアノ(♦縦型のピアノ)

upset
[ʌpsét アプセット] 動詞
(三単現 **upsets** [ʌpséts アプセッツ]; 過去・過分 **upset**; 現分 **upsetting**) 他
❶ …をひっくり返す
▸**upset** a tray トレーをひっくり返す
❷ (人)をうろたえさせる, 動揺(どうよう)させる; 怒(おこ)らせる
▸The news **upset** me.
その知らせにわたしはうろたえた.
❸ (計画など)をだめにする
── 形容詞 うろたえて, 動揺して; 怒って
(♦名詞の前には用いない)
▸Don't be **upset**. あわてないで.

upside
[ʌ́psàid アプサイド] 名詞
C 上部, 上側; 《主に米》(悪いことの中の)よい側面

úpside dówn
さかさまに, ひっくり返って
▸That picture is **upside down**.
あの絵はさかさまだよ.

upside-down
[ʌ́psàiddáun アプサイドダウン] 形容詞
❶ さかさまの, ひっくり返った
❷ 混乱した, めちゃくちゃの

˙upstairs
[ʌ́pstéərz アプステアズ]
── 副詞 **上の階へ[で]**
(対義語 downstairs 下の階へ)
▸Tom is sleeping **upstairs**.
トムは上の階で眠(ねむ)っている.
▸Let's go **upstairs**.
上(の階)に行きましょう.
── 形容詞《名詞の前に用いて》上の階の

—名詞《the upstairs で単数あつかい》
上の階

up-to-date [ʌ́ptədéit アプタデイト]
形容詞 最新の，最新の情報が盛りこまれた；現代的な，はやりの
(対義語 out-of-date 時代遅(おく)れの)
▸**up-to-date** information　最新情報

upward [ʌ́pwərd アプワド] 副詞
上のほうへ，上向きに
(対義語 downward 下のほうへ)
▸She looked **upward**.
彼女は目を上に向けた．
—形容詞《名詞の前に用いて》
上方への，上向きの
▸an **upward** slope　のぼり坂

upwards [ʌ́pwərdz アプワヅ] 副詞
《英》=upward (上のほうへ)

Uranus [júrənəs ユラナス] 名詞
❶【ギリシャ神話】ウラノス
(♦天の神；大地の女神(めがみ)を妻にもち，最初に宇宙を支配したとされる)
❷【天文】天王星

urban [ə́ːrbn ア～ブン] 形容詞
《名詞の前に用いて》都市の；都市に住む；都会的な(対義語 rural いなかの)

urge [ə́ːrdʒ ア～ヂ] 動詞 (三単現 **urges** [-iz]；過去・過分 **urged** [-d]；現分 **urging**)
他 (人・動物)をせき立てる；
《**urge** ＋人＋ **to** ＋動詞の原形で》
(人)に…するよう強く勧(すす)める
▸I **urged** him **to** go at once.
わたしは彼にすぐ行くよう強く勧めた．

urgent [ə́ːrdʒənt ア～チェント] 形容詞
緊急(きんきゅう)の，差しせまった
▸an **urgent** meeting　緊急会議

US, U.S. [júːés ユーエス]
アメリカ合衆国，米国
(♦ the *U*nited *S*tates の略)

:us [ʌ́s アス；(弱く言うとき)əs アス] 代名詞
《人称代名詞の一人称複数 we の目的格》
わたしたちを，わたしたちに ➡ **we** 参考
▸Come and see **us**.
わたしたちに会いにきて．
▸Would you like to go shopping with **us**? わたしたちといっしょに買い物に行きませんか？

USA, U.S.A. [júːèséi ユーエスエイ]
アメリカ合衆国，米国
(♦ the *U*nited *S*tates of *A*merica の略)

:use
(★動詞・名詞の発音のちがいに注意)
—動詞 [júːz ユーズ] (三単現 **uses** [-iz]；過去・過分 **used** [-d]；現分 **using**) 他
❶ **…を使う，用いる**；…を利用する
➡ **borrow** くらべよう
▸**use** a computer
コンピューターを使う
▸She often **uses** the library.
彼女はその図書館をよく利用する．

> ダイアログ
> *A:* Can I **use** your phone?
> 電話をお借りしてもいいですか？
> *B:* Sure.　もちろん．

❷ (頭など)を働かせる
▸**Use** your imagination.
想像力を働かせなさい．
❸ …を消費する
▸This car doesn't **use** much gas.
この車はあまりガソリンを消費しない．
—名詞 [júːs ユース] (複数 **uses** [-iz])
❶ U **使うこと，使用**；使い方
▸These scissors are for cooking **use**.　このはさみは料理用だ．
❷ C U **使い道，用途**(ようと)；U 役に立つこと
▸Computers have many **uses**.
コンピューターには多くの使い道がある．
be in úse　使われている
be out of úse　使用されていない
It is nó úse ...ing　…してもむだだ
▸ことわざ **It is no use crying** over spilt milk.
覆水(ふくすい)盆(ぼん)に返らず．(♦「こぼれたミルクを嘆(なげ)いてもむだだ」の意味から)
make úse of ...　…を使う，利用する
▸**Make** good **use of** your time.
時間を有効に使いなさい．
of úse　役に立つ(同義語 useful)
▸The guidebook was **of** great **use**.
そのガイドブックはたいへん役立った．

used[1] [júːzd ユーズド] 動詞
use(…を使う)の過去形・過去分詞
—形容詞 使った，使い古した，中古の
(同義語 secondhand)
▸a **used** car　中古車

used[2] [júːst ユース(ト)] (★発音に注意)
動詞 自《**used to** ＋**動詞の原形で**》
以前はよく…した；以前は…だった(♦常に used の形で用いられ，変化形はない)

▸I **used to** go fishing when I was young.
わたしは若いころ，よく釣(つ)りに行った.
▸There **used to** be a park here.
ここにはかつて公園があった.
── 形容詞《**be used to** ＋名詞[...ing]で》
…に慣れている；
《**get used to** ＋名詞[...ing]で》
…に慣れる
(♦ to のあとに動詞の原形は続かない)
▸He's **used to cooking**.
彼は料理をすることに慣れている.
▸Liz soon **got used to** her new life. リズはすぐに新しい生活に慣れた.

ルール be [get] used to の使い方

be [get] used to のあとに動詞を続けるには，...ing の形にします.
彼女は早起きに慣れている.
○She **is used to getting** up early.
×She is used to get up early.

⁑useful [júːsfl ユースふる] 形容詞
(比較 **more useful**;
最上 **most useful**)
役に立つ，有用な，有益な
(対義語 useless 役に立たない)
▸**useful** information 有益な情報
▸The TV program is **useful** to [for] children.
そのテレビ番組は子供にとって有益だ.

useless [júːsləs ユースレス] 形容詞
役に立たない，無用な，無益な
(対義語 useful 役に立つ)

user [júːzər ユーザ] 名詞
C 使用者，利用者，ユーザー

user-friendly [júːzərfréndli ユーザふレンドり] 形容詞 (機械などが) 利用者にとって使いやすい，わかりやすい

⁂using [júːziŋ ユーズィング] 動詞
use (…を使う) の現在分詞・動名詞

⁂usual [júːʒuəl ユージュアる]
形容詞 (比較 **more usual**;
最上 **most usual**) **いつもの，ふだんの**
(対義語 unusual ふつうでない)
▸the **usual** excuse いつもの言い訳
▸He took his **usual** seat.
彼はいつもの席にすわった.

as úsual いつものように
▸She walked to school **as usual**.
彼女はいつものように歩いて登校した.

⁑usually [júːʒuəli ユージュアりィ]
副詞 **たいてい，ふつう，いつも**
(対義語 unusually 珍(めずら)しく)
➡ **always** 参考
▸What do you **usually** do after dinner?
夕食後はいつも何をしますか？

UT 【郵便】ユタ州 (♦ *Ut*ah の略)

Utah [júːtɔː ユートー] 名詞 ユタ州
(♦アメリカ西部の州；Ut. または【郵便】で UT と略す)

utility [juːtíləti ユーティりティ] 名詞
(複数 **utilities** [-z])
❶ U 役に立つこと，実用性
❷ C《しばしば **utilities** で》
(電気・水道・ガスなどの) 設備 (♦公共事業を利用するもの)；公益事業

utility room [juːtíləti rùːm ユーティりティ ルーム] 名詞
C《米》ユーティリティールーム

文化 ユーティリティールーム

ふつう台所の隣(となり)や地下室にあり，洗濯(せんたく)などの家事や，日曜大工(だいく)の仕事場として使われます.

utilize [júːtəlàiz ユーティらイズ] 動詞
(三単現 **utilizes** [-iz];
過去・過分 **utilized** [-d]; 現分 **utilizing**)
他 …を利用する，役立たせる (♦かたい語)

utmost [ʌ́tmòust アトモウスト] 形容詞
《名詞の前で用いて》最大(限)の，最高の
── 名詞《**the** [*one's*] **utmost** で》
最大限度，極限
do one's útmost 最大限の努力をする

utopia [juːtóupiə ユートウピア] 名詞《時に **Utopia** で》C U ユートピア，理想郷

UV [juːvíː ユーヴィー] 形容詞 名詞
紫外線(しがいせん)(の) (♦ *u*ltra*v*iolet の略)

Vv

Q Vサインはいつするの？➡ V sign をひいてみよう！

V, v [víː ヴィー] 名詞 (複数 **V's, v's** または **Vs, vs** [-z]) ❶ C U ブイ (◆アルファベットの22番めの文字)
❷ U (ローマ数字の)5

VA 【郵便】バージニア州(◆ *Virginia* の略)

vacancy [véikənsi ヴェイカンスィ] 名詞 (複数 **vacancies** [-z])
❶ C 空室, 空き部屋
▸**Vacancy** 《掲示》(ホテルなどで)空室あり
▸No **Vacancy** 《掲示》満室
❷ C (職・地位などの)空席, 欠員
❸ U ぼんやりしていること

vacant [véikənt ヴェイカント] 形容詞
❶ 空(から)の, 空虚(くうきょ)な(同義語 empty); (座席・部屋・時間などが)空いている, 使用されていない
(対義語 occupied 使用中)
▸a **vacant** seat 空席
❷ (心などが)ぼんやりした

⁑vacation [veikéiʃn ヴェイケイシャン] 名詞 (複数 **vacations** [-z])
C U 《主に米》休暇(きゅうか), 休日, 休み (◆《主に英》holiday)
▸Christmas **vacation** クリスマス休暇
▸take a **vacation** 休暇をとる

ダイアログ
A: When does (the) summer **vacation** begin at your school?
あなたの学校では, 夏休みはいつから始まりますか？
B: Around the middle of June.
6月の中ごろです.

ダイアログ
A: Have a nice **vacation**!
よい休暇を！
B: You too! あなたもね！

参考 「休暇, 休日」を表す語
1 《米》では, ふつう「1日の休日」に holiday を, 「連続した休み」に vacation を使います.
2 《英》では, ふつう「1日の休日」に holiday を, 「連続した休み」に holidays を使います. そして, 大学や法廷(ほうてい)が休みになる期間について vacation を使います.
3 会社などで「(個人的に)1日休暇をとる」は《米》《英》とも take a [*one's*] day off といいます. ➡ **holiday**

on vacátion 《主に米》休暇中で
▸Tom is in Hawaii **on vacation**.
トムは休暇でハワイにいる.

vaccine [væksíːn ヴァクスィーン] (★発音に注意) 名詞
❶ U C 【医学】ワクチン
❷ U C 【コンピューター】ワクチン (◆コンピューターウイルスを除去するためのプログラム)

vacuum [vǽkjuəm ヴァキュウム] (★発音に注意) 名詞
❶ C 真空;《ふつう **a vacuum** で》空虚(くうきょ), 空白
❷ C 《口語》電気掃除(そうじ)機 (=vacuum cleaner)
——動詞 他 《口語》(部屋など)に掃除機をかける
——自 《口語》掃除機をかける

vacuum cleaner [vǽkjuəm klìːnər ヴァキュウム クリーナ] 名詞
C 電気掃除(そうじ)機 (◆《口語》では単に vacuum という)

vague [véig ヴェイグ] (★発音に注意) 形容詞 (比較 **vaguer**; 最上 **vaguest**) (ことば・考えなどが)あいまいな, 漠然(ばくぜん)とした; (輪郭(りんかく)などが)ぼんやりした

vain [véin ヴェイン] 形容詞 (比較 **vainer**; 最上 **vainest**)

❶ むだな, 無益な; むなしい
(◆かたい語)
▸make a **vain** effort
むだな努力をする
❷ うぬぼれ[虚栄(きょえい)心]の強い;
(…を)鼻にかけた《of [about] ...》
in váin むだに, むなしく
▸I tried to cheer him up, but **in vain**. わたしは彼を励(はげ)まそうとしたが, むだだった.

valentine [vǽləntàin ヴァれンタイン]
名詞 ❶ C バレンタインデーのカード[贈(おく)り物](◆差出人の名前を書かないことも多い) ➡ **St. Valentine's Day**
▸Did you get any **valentines**?
バレンタインのカードはもらった?
❷ C《しばしば **Valentine** で》
バレンタインカードを送られる人;
(一般に)恋人(こいびと)(◆バレンタインカードにしばしば "Be my Valentine!"「わたしの恋人になって!」という決まり文句を書く)

Valentine's Day [vǽləntainz dèi ヴァれンタインズ デイ] 名詞
聖バレンタイン祭, バレンタインデー
➡ **St. Valentine's Day**
▸Happy **Valentine's Day**!
バレンタインデーおめでとう!

valley [vǽli ヴァり] 名詞 (複数 **valleys** [-z]) C 谷, 谷間, 渓谷(けいこく)(類語 canyon 深い渓谷); (大河の)流域
▸the Amazon **valley**
アマゾン川流域

valuable [vǽljuəbl ヴァりュアブる]
形容詞 貴重な; 有益な; 高価な
▸**valuable** information 貴重な情報
▸a **valuable** diamond ring
高価なダイヤの指輪
──名詞
《**valuables** で》(宝石などの)貴重品

value [vǽlju: ヴァりュー] 名詞
❶ U 価値, 値打ち, 重要性
▸She talked about the **value** of studying. 彼女は勉強することの大切さについて話した.
❷ U C 価格, 値段(同義語 price);
U (金額に)相当するもの
of válue 価値のある(同義語 valuable)
▸The information is **of** great [little] **value** to me.
その情報はわたしにとってとても価値がある[ほとんど価値がない].
──動詞 (三単現 **values** [-z];
過去・過分 **valued** [-d]; 現分 **valuing**)
他 …を高く評価する, 尊重する;
(金銭的に)…を評価する, 見積もる

valve [vǽlv ヴァるヴ] 名詞
C (機械などの)弁, バルブ;
(心臓・血管の)弁, 弁膜(べんまく)

van [vǽn ヴァン] 名詞
❶ C バン, ワンボックス車
❷ C 《英》(鉄道の)屋根つきの貨車

Vancouver [vænkú:vər ヴァンクーヴァ] 名詞 バンクーバー(◆カナダ南西部の港湾(こうわん)都市)

vanilla [vənílə ヴァニら] (★アクセントに注意) 名詞 C 【植物】バニラ(◆中央アメリカ原産; アイスクリームや菓子(かし)などの香料(こうりょう)に用いる); U バニラエッセンス

vanish [vǽniʃ ヴァニッシ] 動詞 (三単現 **vanishes** [-iz]; 過去・過分 **vanished** [-t]; 現分 **vanishing**)
自 (突然(とつぜん))見えなくなる, 消える;
消えてなくなる, 絶滅(ぜつめつ)する
(同義語 disappear)

vanity [vǽnəti ヴァニティ] 名詞
U うぬぼれ; 虚栄(きょえい)心, 見栄(みえ)

vapor, 《英》**vapour** [véipər ヴェイパ]
名詞 U C 蒸気(◆霧(きり)・かすみ・水蒸気・湯気(ゆげ)など)

variable [vériəbl ヴェリアブる] 形容詞
変わりやすい, 気まぐれな; 変えられる

variation [vèriéiʃn ヴェリエイシャン]
名詞 U C 変化; C 変種; 【音楽】変奏曲

variety [vəráiəti ヴァライエティ] (★発音に注意) (複数 **varieties** [-z]) 名詞
❶ U 変化(に富んでいること)
▸My life here is full of **variety**.
ここでのわたしの生活は, 変化に満ちあふれている.
❷《**a variety of ...** で》(同類のものが)さまざまな…, いろいろな…

(同義語 various)
▸**a variety of** animals
さまざまな動物
❸ C (同類の中での)種類, 品種
▸This dog is a rare **variety**.
このイヌは珍種(ちんしゅ)だ.

various [véəriəs ヴェ(ア)リアス]
形容詞 (比較 **more various**;
最上 **most various**)
いろいろな, さまざまな
▸for **various** reasons
さまざまな理由で
▸Students from **various** countries study at my school.
いろいろな国から来た学生がわたしの学校で学んでいる.

vary [véəri ヴェ(ア)リ] 動詞
(三単現 **varies** [-z]; 過去・過分 **varied** [-d]; 現分 **varying**) 自
❶ (状況(じょうきょう)により)変わる, 変化する
▸The restaurant's menu **varies** with the season. そのレストランのメニューは季節によって変わる.
❷ (同類のものが)異なる, さまざまである
▸Homemade products **vary** in shape.
手作りの製品は形がさまざまだ.
—他 …を変える

vase [véis ヴェイス] 名詞
C 花びん; (装飾(そうしょく)用の)つぼ

vast [vǽst ヴぁスト] 形容詞
(比較 **vaster**; 最上 **vastest**)
広大な; (数・量・程度が)ばく大な
(同義語 huge)

Vatican [vǽtikən ヴぁティカン] 名詞
《**the Vatican** で》バチカン宮殿(きゅうでん)
(=the Vatican Palace)(◆バチカン市国にあるローマ教皇の宮殿);
ローマ教皇庁

vegetable
[védʒətəbl ヴェヂタブる] 名詞
(複数 **vegetables** [-z])
C《ふつう **vegetables** で》野菜
(◆豆類・キノコ類もふくむ)
▸fresh **vegetables** 新鮮(しんせん)な野菜
▸raw **vegetables** 生野菜
▸**vegetable** oil 植物油
▸grow **vegetables**
野菜を栽培(さいばい)する

参考 野菜のいろいろ

asparagus	アスパラガス
broccoli	ブロッコリー
cabbage	キャベツ
carrot	ニンジン
cauliflower	カリフラワー
celery	セロリ
cucumber	キュウリ
eggplant	ナス
green pepper	ピーマン
leek [líːk リーク]	ニラネギ
lettuce	レタス
onion	タマネギ
parsley	パセリ
pea	エンドウ豆
potato	ジャガイモ
pumpkin	カボチャ
radish	ハツカダイコン
spinach	ホウレンソウ
tomato	トマト
zucchini	ズッキーニ

vegetarian [vèdʒitériən ヴェヂテリアン]
名詞 C 菜食主義者, ベジタリアン

vehicle [víːikl ヴィーイクる] (★発音に注意) 名詞 C 車, 乗り物
(◆自動車・自転車・バス・トラックなど, 主に陸上の乗り物・輸送機関を指す)

veil [véil ヴェイる]
名詞 C ベール
(◆女性が顔を隠(かく)すための薄(うす)い布);
おおい隠すもの
▸wear a **veil**
ベールをかぶっている
—動詞 他 …にベールをかける; …を隠す

vein [véin ヴェイン] 名詞
❶ C 静脈(じょうみゃく); 血管
❷ C (植物の) 葉脈; (昆虫(こんちゅう)の羽の) 翅脈(しみゃく)

velvet [vélvit ヴェるヴェット] 名詞
U ビロード, ベルベット

vending machine [véndiŋ məʃìːn ヴェンディング マシーン] 名詞
C 自動販売(はんばい)機(◆ vendor ともいう; (英)slot machine)
▸buy coffee from a **vending machine**
自動販売機でコーヒーを買う

文化 欧米(おうべい)の自動販売機

欧米では飲食物の自動販売機は，食堂や休憩(きゅうけい)所にはあっても，道路際(ぎわ)に並んでいることはほとんどありません．年齢(ねんれい)制限のあるたばこやビールなどは対面販売が基本となっていることや，販売機荒らしなどの犯罪を防ぐためです．

vendor [véndər ヴェンダ] 名詞
❶ C (屋台の)物売り，行商人；販売(はんばい)者
❷ C 自動販売機(=vending machine)

Venice [vénis ヴェニス] 名詞 ベネチア，ベニス(♦イタリア北東部の都市)

venture [véntʃər ヴェンチャ] 名詞
C 冒険(ぼうけん)；冒険的な新事業；投機
—動詞 (三単現 **ventures** [-z]；過去・過分 **ventured** [-d]；現分 **venturing**) 他 (生命・財産など)を危険にさらす，かける；…を思いきってする
—自 危険を冒(おか)して行く

Venus [víːnəs ヴィーナス] 名詞
❶【ローマ神話】ウェヌス，ビーナス(♦愛と美の女神(めがみ))
❷【天文】金星

veranda(h) [vərǽndə ヴェラぁンダ]
名詞 C ベランダ(♦ふつう1階の窓の外側にあり，屋根がついている；(米)porch)

verb [vəːrb ヴァ～ブ] 名詞
C【文法】動詞(♦ v. と略す)

Vermont [vərmɑ́nt ヴァマント] 名詞
バーモント(♦アメリカ北東部の州；Vt. または【郵便】で VT と略す)

vernal [vəːrnl ヴァ～ヌる] 形容詞
春の(ような)；春に現れる

vernal equinox [vəːrnl íːkwinɑ̀ks ヴァ～ヌる イークウィナックス] 名詞
《**the vernal equinox** で》春分(点)
▸**Vernal Equinox** Day 春分の日

verse [vəːrs ヴァ～ス] 名詞
U 詩歌(しいか)，詩全体 (同義語 poetry)；韻文(いんぶん) (♦似た響(ひび)きのことばを特定の位置に置いてリズムをもたせた文；対義語 prose 散文)

version [vəːrʒn ヴァ～ジャン] 名詞
❶ C …版，バージョン (♦もととは異なる形に変えられたもの；「第3版」「改訂(かいてい)版」などの「版」にはふつう edition を用いる)
▸a film **version** of *Hamlet*
『ハムレット』の映画版
❷ C 翻訳(ほんやく)書，…訳
❸ C (出来事の)(個人的な)解釈(かいしゃく)
❹ C【コンピューター】
(ソフトの)バージョン，版(♦「バージョンアップ(する)」は和製英語で，英語では upgrade [ʌpgréid アプグレイド]という)

versus [vəːrsəs ヴァ～サス] 前置詞
(競技・訴訟(そしょう)などで)…対～
(♦「…」と「～」には人[チーム・国]名などが入る；vs. または v. と略す)

vertical [vəːrtikl ヴァ～ティクる] 形容詞
垂直の，縦の，直立した
(対義語 horizontal 水平の)

⁚very [véri ヴェリ]
—副詞 ❶ **非常に**，とても，たいへん
▸It is **very** hot today.
今日はとても暑い．
▸This is a **very** difficult problem.
これはとても難しい問題だ．
▸He runs **very** fast.
彼はとても速く走る．
▸Thank you **very** much.
ほんとうにありがとうございます．
❷《否定文で》あまり(…でない)，たいして(…でない)
▸I do**n't** like this painting **very** much.
わたしはこの絵があまり好きではない．

ダイアログ
A: Are you hungry?
おなかすいている？
B: No, **not very**. Are you?
いや，あんまり．きみは？

A B C D E F G H I J K L M N O P Q R S T U V W X Y Z

ルール very と much の使い方

1 形容詞・副詞の原級に「とても」の意味を加えるときは very を使います.

▸John is **very** tall.
ジョンはとても背が高い.

▸Emma sang **very** well.
エマはとてもうまく歌った.

2 形容詞・副詞の比較級に「とても」の意味を加えるときは much を使います.

▸John is **much taller** than Tom.
ジョンはトムよりずっと背が高い.

▸Emma sang **much better** than I did.
エマはわたしよりずっとうまく歌った.

3 very は「全く, まさに」の意味で, 形容詞・副詞の最上級を修飾(しゅうしょく)することもあります.

▸This song is his **very best**.
この歌は彼の歌の中でもまさに最高だ.

4 形容詞化した現在分詞の修飾には very を使い, 受け身であることが明らかな過去分詞には (very) much を使います.

▸The boxing match was **very** exciting.
そのボクシングの試合はとても興奮させる内容だった.

▸Ms. Baker is (**very**) **much** loved by her students.
ベーカー先生は生徒にとても好かれている.

Very góod. たいへんけっこうです; かしこまりました.

Very wéll. たいへんけっこうです; (しばしば不本意な賛同を表して)いいですよ, はいはい.

— **形容詞** 《あとに続く名詞を強調して》まさにその, ちょうどその

▸This is the **very** watch I lost.
これはまさにわたしがなくした時計だ.

vessel [vésl ヴェスる] **名詞**

❶ **C** (液体を入れる) 容器, 入れ物 (♦コップ・びん・たるなど; かたい語)

❷ **C** (大型の) 船 (♦かたい語)

vest [vést ヴェスト] **名詞**

❶ **C** 《米》ベスト, チョッキ (♦《英》waistcoat)

❷ **C** 《英》下着, 肌着(はだぎ) (♦《米》undershirt)

vet [vét ヴェット] **名詞** **C** 獣医(じゅうい) (♦ *vet*erinarian を短縮した語)

veteran [vétərən ヴェテラン] **名詞**

❶ **C** 経験豊富な人, ベテラン (♦日本語の「熟練者」の意味で使われる「ベテラン」はふつう expert で表す)

❷ **C** 老兵, 古参兵; 《米》退役(たいえき)軍人

Veterans Day [vétərənz dèi ヴェテランズ デイ] **名詞**

《米》退役(たいえき)軍人の日, 終戦記念日 (♦アメリカの法定休日; 11月11日; 退役軍人の名誉(めいよ)をたたえる日)

veterinarian [vètərənéəriən ヴェテリネ(ア)リアン] **名詞** **C** 《米》獣医(じゅうい) (♦《英》*vet*erinary [vétərənèri ヴェテリネリ] surgeon; 《口語》では《米》《英》とも vet と短縮する)

via [váiə ヴァイア] **前置詞**

❶ …を経由して, …を通って (**同義語** by way of ...)

▸Mr. Jones came back to London **via** Amsterdam. ジョーンズ氏はアムステルダム経由でロンドンに帰ってきた.

❷ …によって; …を通して (**同義語** by)

▸**via** airmail 航空便で

vibrate [váibreit ヴァイブレイト] **動詞**

(**三単現** **vibrates** [váibreits ヴァイブレイツ]; **過去・過分** **vibrated** [-id]; **現分** **vibrating**)

自 揺(ゆ)れる, 振動(しんどう)する; (声が)震(ふる)える

— **他** …を振動させる

vice- **接頭辞** 役職名の前について「副…」「…代理」「次…」などの意味の語をつくる: vice- + president (大統領) → vice-president (副大統領)

victim [víktim ヴィクティム] **名詞**

C 犠牲(ぎせい)者, 被害(ひがい)者, 被災者

▸war **victims** 戦争の犠牲者

victory [víktəri ヴィクトゥリ] **名詞**

(**複数** **victories** [-z]) **C** **U** 勝利 (**同義語** triumph; **対義語** defeat 敗北); 優勝

▸win [gain, get, have] a **victory**
勝利を収める

˙video [vídiòu ヴィディオウ]

— **名詞** (**複数** **videos** [-z])

❶ **C** **U** 《口語》ビデオ(テープ) (=videotape) ➡ p.673 図

▸I watched the movie on **video**.
その映画はビデオで見た.

❷ **C** (ビデオやコンピューター, DVD

などに録画された)映像, 動画
▸I took this **video** yesterday.
わたしは昨日, この動画を撮(と)った.
—形容詞《名詞の前に用いて》
テレビの; 映像の; ビデオの, 動画の

video camera [vídiou kæ̀mərə ヴィディオウ キャメラ] 名詞 C ビデオカメラ

video game [vídiou gèim ヴィディオウ ゲイム] 名詞 C テレビゲーム
(◆「テレビゲーム」は和製英語)
▸play **video games**
テレビゲームをする

videotape [vídioutèip ヴィディオウテイプ] 名詞 C U ビデオテープ
(◆《口語》では単に video ともいう)
▸a **videotape** recorder
ビデオテープレコーダー
(◆ VTR と略す)
—動詞 (三単現 **videotapes** [-s]; 過去・過分 **videotaped** [-t]; 現分 **videotaping**)
他 …をビデオテープに録画する

Vienna [viénə ヴィエナ] 名詞 ウィーン
(◆オーストリアの首都)

Vietnam, Viet Nam [vìːetnɑ́ːm ヴィーエトナーム] 名詞 ベトナム
(◆東南アジアの国; 首都はハノイ Hanoi)

view [vjúː ヴュー] 名詞
❶ C 眺(なが)め, 景色, 見晴らし
▸We enjoyed a wonderful **view** from the top. わたしたちは頂上からのすばらしい眺めを楽しんだ.
❷ U 視界, 視野; 視力
▸Excuse me, but you're blocking my **view**.
すみません, 前が見えないのですが.
▸The finish line was coming into **view**. ゴールが視界に入ってきた.
(◆ come into view は「視界に入る」という意味)
❸ C (…についての) 意見, 考え, 見方《on [about, of] ...》(同義語 opinion)
▸I want to know her **view on** Japanese culture. 日本の文化についての彼女の考えを知りたい.
▸The book changed my **view of** nature.
その本はわたしの自然観を変えた.

a póint of víew
見地, 立場, 観点(同義語 viewpoint)
▸from this **point of view**
この観点からすれば

in a pérson's view (人の)考えでは
▸**In my view**, you should talk with your parents about it.
わたしの考えでは, あなたはそれについて両親と話すべきだ.

viewer [vjúːər ヴューア] 名詞
C (テレビの)視聴(しちょう)者; 観察者, 見物人

viewpoint [vjúːpɔ̀int ヴューポイント]
名詞 C 見地, 立場, 観点
(同義語 point of view)

villa [vílə ヴィラ] 名詞 C (郊外(こうがい)の)大邸宅(ていたく); (南欧(なんおう)の)別荘(べっそう)

⁑village [vílidʒ ヴィレッヂ] 名詞
(複数 **villages** [-iz])
❶ C **村**, 村落
▸He was born in a small fishing **village**. 彼は小さな漁村で生まれた.
❷《the village で》村人(全体)
▸The whole **village** looks up to

video

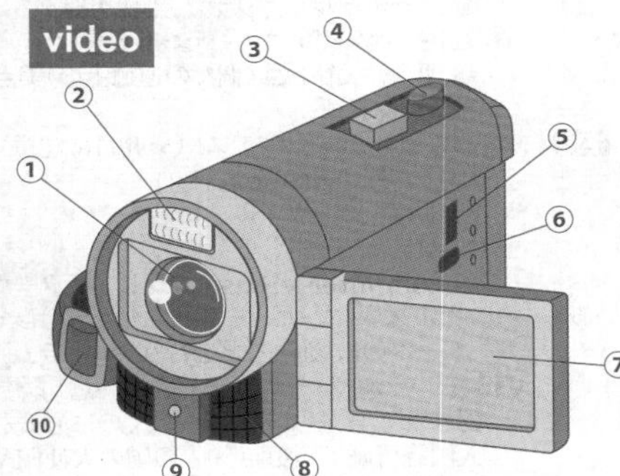

① lens レンズ
② built-in flash 内蔵フラッシュ
③ zoom lever ズームレバー
④ photo button シャッターボタン
⑤ USB terminal USB 端子(たんし)
⑥ power button 電源ボタン
⑦ LCD monitor / touch panel 液晶(えきしょう)モニター / タッチパネル
⑧ built-in microphones 内蔵マイク
⑨ light ライト
⑩ hand strap ハンドストラップ

the doctor.
村人はみなその医師を尊敬している.

villager [vílidʒər ヴィれヂャ] 名詞
C 村人, 村の住人(◆一人ひとりを指す)

vine [váin ヴァイン] 名詞
❶ C ブドウのつる[木](◆ grapevine [gréipvàin グレイプヴァイン] ともいう)
❷ C つる性植物
(◆ツタ・メロン・エンドウなど)

vinegar [vínigər ヴィネガ] 名詞
U ビネガー, 酢(す)

vineyard [vínjərd ヴィニャド] (★発音に注意) 名詞
C (ワイン製造用の)ブドウ園[畑]

vinyl [váinl ヴァイヌる] (★発音に注意)
名詞 C U 【化学】ビニール(◆「ビニール製の」の意味ではふつう plastic を用いる)

viola [vióulə ヴィオウら] (★アクセントに注意) 名詞 C 【楽器】ビオラ(◆バイオリンよりやや大型で低音の弦(げん)楽器)
➡ **musical instruments** 図

violence [váiələns ヴァイオれンス] 名詞
U 乱暴, 暴力; (感情・天候などの)激しさ

violent [váiələnt ヴァイオれント] 形容詞
激しい, 猛烈(もうれつ)な; 乱暴な
▸a **violent** storm 激しい嵐(あらし)
▸a **violent** act 乱暴な行為(こうい)
▸a **violent** temper 激しい気性(きしょう)

violet [váiəlit ヴァイオれット] 名詞
C 【植物】スミレ
(◆「三色スミレ」は pansy); U スミレ色

˙violin [vàiəlín ヴァイオリン] (★アクセントに注意) 名詞 (複数 **violins** [-z])
C 【楽器】バイオリン
➡ **musical instruments** 図
▸play the **violin** バイオリンをひく

violinist [vàiəlínist ヴァイオリニスト]
名詞 C バイオリン奏者

VIP, V.I.P. [víːàipíː ヴィーアイピー] 名詞
(複数 **VIPs** または **VIP's** [-z])
C 《口語》重要人物, 要人
(◆ *v*ery *i*mportant *p*erson の略)

virgin [vóːrdʒin ヴァ～ヂン] 名詞
❶ C 処女, 童貞(どうてい)(◆男女ともに用いる)
❷ 《**the Virgin** で》聖母マリア
(＝the Virgin Mary)
❸ 《**the Virgin** で》【天文】おとめ座
➡ **horoscope** 文化
—— 形容詞
❶ 《名詞の前に用いて》処女の, 童貞の
❷ 汚(けが)れのない, 純潔な; 最初の; 未開拓(かいたく)の
▸a **virgin** forest 原生林

Virginia [vərdʒínjə ヴァヂニャ] 名詞
バージニア州(◆アメリカ東岸の州; Va. または【郵便】で VA と略す)

Virgin Mary [vóːrdʒin méri ヴァ～ヂン メリ] 名詞 《**the Virgin Mary** で》
聖母マリア(◆単に the Virgin ともいう)

参考 聖母マリアの呼び名

聖母マリアはイエス・キリスト(Jesus Christ)の母で, 聖霊(せいれい)によって身ごもり, 処女のままでイエスを産んだといわれています. 英語では, the Virgin Mary のほかに the Virgin, the Virgin Mother などと呼びます. また, 単に Mary あるいは Our Lady などと親しみをこめて呼ぶこともあります.

▲聖母マリアと幼子(おさなご)イエス・キリスト

Virgin Mother [vóːrdʒin mʌ́ðər ヴァ～ヂン マざ] 名詞
《**the Virgin Mother** で》聖母マリア
➡ **Virgin Mary** 参考

virtual reality [vóːrtʃuəl riǽləti ヴァ～チュアる リありティ] 名詞
U バーチャルリアリティ, 仮想現実

virtue [vóːrtʃuː ヴァ～チュー] 名詞
❶ U 徳, 美徳; C (個々の道徳上の)美点
❷ C U 長所

virus [váirəs ヴァイラス] (★発音に注意)
名詞 (複数 **viruses** [-iz])
C (病原体の)ウイルス;
【コンピューター】ウイルス
▸a computer **virus** コンピューターウイルス(◆コンピューターに感染(かんせん)してデータの破壊(はかい)などを行うプログラム)

visa [víːzə ヴィーザ] (★発音に注意) 名詞
C ビザ, 査証(◆ある国へ行くのに必要な入国許可証で, 渡航(とこう)先の国の大使館や領事館などが発行する)

visible [vízəbl ヴィズィブる] 形容詞
目に見える(対義語 invisible 目に見えない); 明らかな, (見て)それとわかる

vision [víʒn ヴィジャン] 名詞
❶ U 視力, 視覚
❷ U (未来を見通す)想像力; 先見の明
▸a person of **vision**
先見の明がある人
❸ C (心にえがく)空想; 未来像, 理想像
▸Jack has a clear **vision** of his future.
ジャックは自分の将来について明確なビジョンを持っている.

⁑visit [vízit ヴィズィット]
—動詞 (三単現 **visits** [vízits ヴィズィッツ]; 過去・過分 **visited** [-id]; 現分 **visiting**)
—他 ❶ (人)**を訪問する**, 訪ねる; (病人)を見舞(みま)う
▸I'm going to **visit** Ms. Baker next Sunday.
今度の日曜日にベーカー先生を訪ねようと思っています.
▸Ann **visited** John in (《米》the) hospital. アンは入院中のジョンを見舞った.
❷ (場所)**を訪ねる**, …へ行く, …見物に行く
▸I want to **visit** London.
ロンドンを訪ねてみたい.
❸【コンピューター】(ホームページ) を見る, 訪問する
▸**visit** the company's website
その会社のウェブサイトを見る
—自 訪問する; 《米》滞在(たいざい)する
—名詞 (複数 **visits** [vízits ヴィズィッツ]) C **訪問**; 見舞い; 見物
▸an official **visit**
公式訪問

ダイアログ
A: Is this your first **visit** to Japan?
日本に来るのは今回が初めてですか?
B: No. It's my second **visit**.
いいえ, 2度目です.

go on a vísit to ...
…を訪問する; …を見物に行く
▸Our class **went on a visit to** the museum last Saturday.
わたしたちのクラスは先週の土曜日にその博物館へ行った.

pay a vísit to ... …を訪問する
▸Sarah **paid a visit to** her aunt last week.
先週, サラはおばに会いに行った.

visiting [vízitiŋ ヴィズィティンヶ] 動詞
visit (…を訪問する) の現在分詞・動名詞
—形容詞 訪問の, 遠征(えんせい)の; 巡回(じゅんかい)の
▸**visiting** hours
(病院などの)面会時間
▸a **visiting** team 遠征チーム

˙visitor [vízitər ヴィズィタ] 名詞 (複数 **visitors** [-z])
C **訪問客**, 来客, 見舞(みま)い客; 泊(と)まり客; 観光客, 見学者
➡ **guest** くらべよう
▸The museum was crowded with **visitors**. 博物館は訪(おと)ずれた人たちで混雑していた.

visual [víʒuəl ヴィジュアる] 形容詞
視覚の; 視覚に訴(うった)える; 目に見える
▸the **visual** arts
視覚芸術(♦絵画・彫刻(ちょうこく)など)
▸**visual** aids 視覚教材
(♦絵・地図・ビデオ・DVD など)

vital [váitl ヴァイトゥる] 形容詞
❶《名詞の前に用いて》生命の, 生命活動に必要な
▸the **vital** organs 生命維持(いじ)に必要な器官(♦心臓・脳・肺など)
❷ (…にとって)きわめて重要な, 不可欠な《for [to] ...》; 致命(ちめい)的な
▸English is **vital** to modern education.
英語は現代の教育に不可欠だ.

vitamin [váitəmin ヴァイタミン] (★発音に注意) 名詞 C ビタミン

vivid [vívid ヴィヴィッド] 形容詞
❶ (色・光などが)鮮(あざ)やかな, 強烈(きょうれつ)な
▸a **vivid** color 鮮やかな色
❷ (表現などが)生き生きとした, 真にせまった; (記憶(きおく)が)鮮明(せんめい)な
▸a **vivid** sentence 真にせまった文

vocabulary [voukǽbjəlèri ヴォウキぁビュれリ] 名詞 (複数 **vocabularies** [-z])
❶ C U 語い; 用語範囲(はんい), 用語数
▸Kate likes reading and has a large **vocabulary**.
ケイトは読書好きで, 語いが豊富だ.
(♦× many [much] vocabulary とはいわない; 少ない場合は small を用いる)
❷ C 単語集

A B C D E F G H I J K L M N O P Q R S T U V W X Y Z

vocal [vóukl ヴォウクる] 形容詞
❶《名詞の前に用いて》声の, 音声の
❷【音楽】声楽の
▸**vocal** music　声楽
——名詞 C《しばしば **vocals** で》
【音楽】ボーカル(♦バンド演奏をともなった歌の部分;「歌い手」の意味の「ボーカル」は vocalist)

vocalist [vóukəlist ヴォウカリスト] 名詞
C (ロックバンドなどの)ボーカリスト, ボーカル

⁺voice
[vɔ́is ヴォイス] 名詞 (複数 **voices** [-iz])
❶ U C 声, 音声
▸a loud [small] **voice**
大きな[小さな]声
▸They were talking in low **voices**.
彼らは低い声で[声をひそめて]話し合っていた.
▸She has a soft **voice**.
彼女は穏(おだ)やかな声をしている.
❷ C《ふつう **the voice** で》【文法】態(たい)
▸the active **voice**　能動態
▸the passive **voice**　受動態, 受け身
❸ U C (訴(うった)える)声, 意見

vol., Vol. (本・書類などの) 巻
(♦ *vol*ume の略, 複数形は vols.)
▸**vol.** 2
第2巻(♦ volume two と読む)

volcano [vɑlkéinou ヴァるケイノウ]
(★発音に注意) 名詞
(複数 **volcanoes** または **volcanos** [-z])
C 火山
▸an active **volcano**　活火山

⁺volleyball
[válibɔ̀:l ヴァりボーる] 名詞
(複数 **volleyballs** [-z])
❶ U【スポーツ】バレーボール
➡ p.677 図
▸play **volleyball**
バレーボールをする
❷ C バレーボール用のボール

volume [válju:m ヴァりューム]
(★アクセントに注意) 名詞
❶ C (特に大きな)本, 書物;
(2巻以上から成るものの)巻, 冊
(♦ vol., Vol. と略す)
▸an encyclopedia in twenty **volumes**　全20巻の百科事典
▸**Vol.** III
第3巻(♦ volume three と読む)
❷ U 体積, 容積
▸the **volume** of a tank
タンクの容積
❸ U 音量, ボリューム
▸The TV is too loud. Turn the **volume** down. テレビの音が大き過ぎる. 音量を下げなさい.

voluntary [válәntèri ヴァらンテリ]
(★アクセントに注意) 形容詞
自発的な, 自分から進んでする;
無償(むしょう)の, ボランティアの
▸a **voluntary** worker
ボランティア, 無償で働く人

⁑volunteer
[vàləntíər ヴァらンティア]
(★アクセントに注意)
——名詞 (複数 **volunteers** [-z])
❶ C (…への)**ボランティア**, 志願者, 有志《for ...》; 志願兵
▸We clean the park as **volunteers**.
わたしたちはボランティアとしてその公園を掃除(そうじ)している.
❷《形容詞的》ボランティアの
▸do **volunteer** work
ボランティア活動をする
——動詞 (三単現 **volunteers** [-z];
過去・過分 **volunteered** [-d];
現分 **volunteering**)
他 …を自発的にする;
《**volunteer to** +**動詞の原形**で》
進んで…する
▸Haruki **volunteered to** teach Japanese to the students from abroad.
春樹は留学生に進んで日本語を教えた.

vomit [vámit ヴァミット] 動詞 他
❶ (胃の中のもの)を吐(は)く, もどす
❷ (煙(けむり)など)を吹(ふ)き出す
——自 ❶ 吐く, もどす(= throw up)
❷ (煙などが)吹き出る

vote [vóut ヴォウト] 名詞 C (…についての)投票, 票決《on [about] ...》; (個々の)票; 投票用紙;《**the vote** で》選挙権
▸Let's have [take] a **vote**.
採決しよう.
——動詞 (三単現 **votes** [vóuts ヴォウツ];
過去・過分 **voted** [-id]; 現分 **voting**)

自 (…に賛成の / …に反対の)投票をする《for ... / against ...》
▸I **voted for** [**against**] the bill.
わたしはその議案に賛成[反対]の投票をした.

voter [vóutər ヴォウタ] 名詞
C 投票人[者]; 有権者

vowel [váuəl ヴァウエる] 名詞
❶ C【音声】母音(ぼいん)
(◆「子音」は consonant)
❷ C 母音字(◆英語では a, e, i, o, u; また, y が i と同じ役割をすることがある)

˙voyage [vɔ́iidʒ ヴォイエヂ] 名詞
(複数 **voyages** [-iz])
C 航海, 船旅; 空の旅; 宇宙旅行
(◆「陸上の旅行」はふつう journey)
▸make a **voyage** from Japan to Hawaii 日本からハワイへ航海する
▸He went on a **voyage** around the world by yacht.
彼はヨットで世界一周の航海に出た.

VR [víːɑ́ːr ヴィーアー] 名詞
U 仮想現実, バーチャルリアリティー, ブイアール(◆ *v*irtual *r*eality の略)

vs. …対～(◆ *v*er*s*us の略)

V sign [víː sàin ヴィー サイン] 名詞
C ブイサイン
(◆ V は victory「勝利」の意味)

文化 **何でも V サイン?**
指で V の字をつくる V サインは, スポーツ競技などに勝利したときに見せるしぐさです. 日本でよく見られるように, 日常の集合写真を撮(と)るときなどに V サインをすることはあまりありません.

VT【郵便】バーモント州(◆ *V*ermon*t* の略)

vulture [vʌ́ltʃər ヴァるチャ] 名詞
C【鳥類】ハゲワシ, コンドル

volleyball

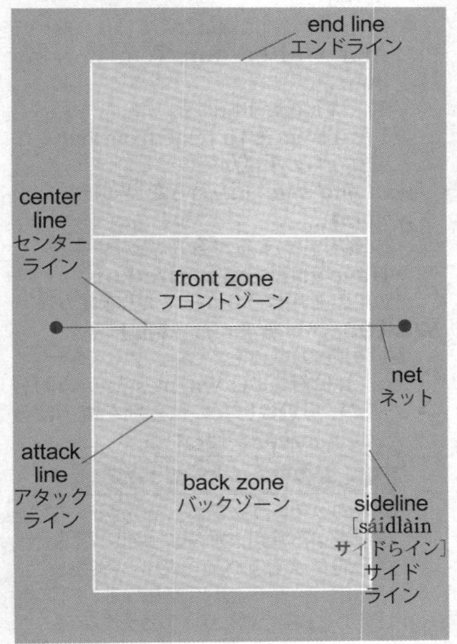

serve a ball
ボールをサーブする

spike a ball
ボールをスパイクする

receive a ball
ボールをレシーブする

toss a ball
ボールをトスする

Ww *Ww*

Q 水は water. お湯は… water？ ➡ water をひいてみよう！

W, w [dʌ́blju: ダブリュー] 名詞
(複数 **W's, w's** または **Ws, ws** [-z])
C U ダブリュー
(♦アルファベットの 23 番めの文字)

W, W. 西 (♦ *w*est の略);
西の (♦ *w*estern の略)

WA 【郵便】ワシントン州
(♦ *Wa*shington の略)

wafer [wéifər ウェイふァ] 名詞
C ウエハース(♦薄(うす)い焼き菓子(かし))

waffle [wáfl ワふる] 名詞
C 《主に米》ワッフル
(♦小麦粉・牛乳・卵などを混ぜて，格子(こう)模様の焼き型で薄(うす)くパリパリに焼き上げた菓子(かし)；バター，はちみつ，シロップなどをつけて，よく朝食に食べる)

wag [wǽg ワぁッグ] 動詞 (三単現 **wags** [-z]; 過去・過分 **wagged** [-d]; 現分 **wagging**)
他 (尾(お)・頭など)を振(ふ)る
▸Koro, my dog, was **wagging** its tail.
わたしの飼いイヌのコロはしっぽを振っていた.
—自 (尾・頭などが)揺(ゆ)れる

wage [wéidʒ ウェイヂ] 名詞
C 《ふつう **wages** で》(しばしば肉体労働に対する)賃金；(主に時間給・日給などの)給料

wagon, 《英》waggon
[wǽgən ワぁガン] 名詞
❶ C (4 輪の)荷馬車
❷ C 《英》(鉄道の)屋根なしの貨車
❸ C 《米》小型の運搬(うんぱん)自動車，ワゴン車(＝ station wagon)
❹ C 《米》(料理や飲み物を運ぶ)ワゴン

waist [wéist ウェイスト] (★発音に注意)
名詞 ❶ C ウエスト，腰(こし)
(♦胴(どう)のくびれた部分)
➡ 巻頭カラー 英語発信辞典⑭
❷ C (服の)胴部，ウエスト

⁑wait [wéit ウェイト] 動詞
(三単現 **waits** [wéits ウェイツ];
過去・過分 **waited** [-id]; 現分 **waiting**)
自 待つ；《**wait for ...** で》…を待つ；
《**wait to** ＋動詞の原形で》…するのを待つ
▸**Wait** a minute.　ちょっと待って.
▸You have to **wait** while the light is red.
信号が赤の間は待たなくてはならない.
▸Ann **waited for** Tom (for) an hour.
アンはトムを 1 時間待った.
▸I can't **wait to** hear from her.
彼女からの手紙が待ち遠しい.

wáit and sée　成り行きを見守る

wáit on ...
…に給仕(きゅうじ)する；(客)に応対する
▸Have you been **waited on**?
(店で)ご用はうかがっておりますか？

waiter [wéitər ウェイタ] 名詞
C (男性の)給仕(きゅうじ)(人)，ウェイター
(♦女性に対しては waitress という語もあるが，最近は男女の性差別を避(さ)けるために，server が使われる)

文化 どのウェイターだっけ？

英米のレストランではふつう各テーブルを担当する給仕人が決まっていて，給仕から清算まですべてその担当者が受け持ちます．テーブルで支払(しはら)いを済ませたあと，担当者にチップを残します．

waiting room [wéitiŋ rùːm ウェイティングルーム] 名詞
C (駅・病院などの)待合室

waitress [wéitrəs ウェイトゥレス] 名詞
(複数 **waitresses** [-iz])
C (女性の)給仕(きゅうじ)(人), ウェイトレス
(◆男性に対しては waiter という語もあるが, 最近は男女の性差別を避(さ)けるために, server が使われる)

˙wake [wéik ウェイク] 動詞
(三単現 **wakes** [-s]; 過去 **woke** [wóuk ウォウク]または **waked** [-t]; 過分 **woken** [wóukən ウォウクン] または **waked**; 現分 **waking**)
—自 **目が覚める**, 目を覚ます《up ...》
▸I **woke (up)** at four this morning.
今朝, わたしは 4 時に目が覚めた.

くらべよう **wake (up) と get up**

wake (up):「目を覚ます」ことを表します.
get up:「横になっている状態から起き上がる」ことを表します.

—他 **…の目を覚まさせる**, …を起こす《up ...》(同義語 awake, waken)
▸Please **wake** me **up** three hours later.
3 時間したら起こしてください.

waken [wéikən ウェイクン] 動詞
他 …の目を覚まさせる, …を起こす
(◆かたい語; 同義語 wake, awake)

Wales [wéilz ウェイるズ] 名詞
ウェールズ(◆イギリスのグレートブリテン島南西部の地方)
➡ **England** 図, 参考

:walk [wɔ́ːk ウォーク]
—動詞 (三単現 **walks** [-s]; 過去・過分 **walked** [-t]; 現分 **walking**)
—自 **歩く**, 歩いて行く; **散歩する**
▸He **walks** fast. 彼は歩くのが速い.
▸I usually **walk** to school.
わたしはたいてい歩いて学校へ行く.
▸We **walked** along the river.
わたしたちは川沿いを散歩した.
—他 ❶ (道・場所など)**を歩く**
▸Bill and Emma **walked** the street arm in arm.
ビルとエマは腕(うで)を組んで通りを歩いた.
❷ (イヌなど)を歩かせる, 散歩させる; (人)につき添(そ)って歩く
▸I **walk** my dog in the park every morning.
わたしは毎朝, 公園でイヌを散歩させる.
—名詞 (複数 **walks** [-s])
❶ C **散歩**, 歩くこと, 歩行
▸go for a **walk** 散歩に出かける
▸take [have] a **walk** 散歩する
▸Please take Pochi for a **walk**.
ポチを散歩させてください.
❷ C《ふつう **a walk** で》
道のり, 歩く距離(きょり)
▸It's **a** ten-minute **walk** from here to the station.
ここから駅までは歩いて 10 分です.
❸ C 歩道; 散歩道

walkie-talkie [wɔ́ːkitɔ́ːki ウォーキトーキ] 名詞 C《口語》携帯(けいたい)用無線電話機, トランシーバー

˙walking [wɔ́ːkiŋ ウォーキング]
—動詞 walk (歩く) の現在分詞・動名詞
—名詞 U 歩くこと, 歩行
—形容詞《名詞の前に用いて》
歩く; 歩行用の;《ユーモアをまじえて》歩く…, 生きている…
▸**walking** shoes
ウォーキングシューズ, 散歩靴(ぐつ)
▸a **walking** dictionary 生き字引

:wall [wɔ́ːl ウォーる] 名詞
(複数 **walls** [-z])
C (部屋の)壁(かべ); (石・れんがなどの)塀(へい)
▸an inside [outside] **wall** 内[外]壁(へき)
▸That picture on the **wall** is nice.
壁に掛(か)かっているあの絵はいいね.
▸ことわざ **Walls** have ears.
壁に耳あり. (◆日本語では「障子(しょうじ)に目あり」と続けることが多い)

wallet [wálit ワれット] 名詞
C 札(さつ)入れ, 財布(さいふ) ➡ **purse**

wallpaper [wɔ́ːlpèipər ウォーるペイパ]
名詞 U C 壁紙(かべがみ);【コンピューター】
壁紙(♦表示画面の背景に置かれた画像)

walnut [wɔ́ːlnʌ̀t ウォーるナット] 名詞
C【植物】クルミ(の実); クルミの木

waltz [wɔ́ːlts ウォーるツ] (★発音に注意)
名詞 (複数 **waltzes** [-iz])
C【音楽】ワルツ; ワルツ曲, 円舞(えんぶ)曲

wand [wɑ́nd ワンド] 名詞
C 魔法(まほう)のつえ
(♦魔法使いや奇術(きじゅつ)師が使う)

wander [wɑ́ndər ワンダ] 動詞 自
❶ (ぶらぶら)歩き回る, さまよう, 放浪(ほうろう)する
❷ はぐれる, 道に迷う, 迷子になる

wanna [wɑ́nə ワナ] 動詞《口語》
❶ want to を短縮した語
▸I **wanna** see him. 彼に会いたい.
❷ want a を短縮した語
▸I **wanna** chicken sandwich.
チキンサンドイッチがほしい.

⁑want [wɑ́nt ワント]

——動詞 (三単現 **wants** [wɑ́nts ワンツ]; 過去・過分 **wanted** [-id]; 現分 **wanting**)
他

❶ …がほしい
❷ …したい
❸ (人)に…してほしい

❶ **…がほしい**, …を望む, ほしがる
▸I'm thirsty. I **want** a drink.
のどが渇(かわ)いた. 飲み物がほしい.

> ダイアログ
> *A:* What do you **want** for your birthday?
> 誕生日に何がほしい?
> *B:* I **want** a baseball glove, Dad.
> 野球のグローブがほしいんだ, お父さん.

❷《**want to** ＋**動詞の原形**で》
…したい, …したがる
▸I **want to** study abroad.
わたしは留学したい.
▸I **want to** be a singer in the future. わたしは将来, 歌手になりたい.
▸Liz **wanted to** go skating.
リズはスケートに行きたがっていた.

❸《**want** ＋**人**＋ **to** ＋**動詞の原形**で》
(人)に…してほしい, (人)が…することを望む(♦ふつう目上の人には使わない)
▸I **want** you **to** clear the table.
食卓(しょくたく)を片づけてほしいのですが.
(♦軽い命令を表す)

> ダイアログ
> *A:* Do you **want** him **to** call you back?
> 彼に折り返し電話をさせましょうか?
> *B:* Yes, please.
> はい, お願いします.

❹ …を必要とする(同義語 need);
《**want** ＋ **...ing** で》…される必要がある
▸This radio **wants** repair [**repairing**]. (＝This radio needs to be repaired.)
このラジオは修理が必要だ[修理される必要がある].(♦1文めの repair は名詞)

❺ (人)に用事がある, (人)を呼ぶ
▸Ken, you're **wanted** on the phone. ケン, あなたに電話ですよ.

——名詞 U《または **a want** で》
不足, 欠乏(けつぼう)(同義語 lack);
貧困(ひんこん)(同義語 poverty)

for* [*from*] *wánt of ...
…不足のため; …がないので

in wánt of ... …を必要として

wanted [wɑ́ntid ワンティッド] 形容詞
指名手配の; (広告などで)求む

⁂war [wɔ́ːr ウォーア] (★発音に注意)

名詞 (複数 **wars** [-z])
❶ U (国家間の) **戦争**
(対義語 peace 平和); C (個別の)戦争
➡ **battle** くらべよう
▸nuclear **war** 核(かく)戦争
▸No more **war**.
戦争反対, 戦争を繰(く)り返すな.
▸**War** broke out between the two countries.
その2国間で戦争が起こった.
▸World **War** II ended in 1945.
第二次世界大戦は1945年に終わった.
(♦ II は two と読む)
▸win [lose] a **war** 戦争に勝つ[負ける]

❷ C U (…に対する)戦い, 闘(たたか)い, 争い《against [on] ...》
▸the **war against** poverty
貧困(ひんこん)との闘い

at wár (…と)戦争中で《with ...》
▸The two countries were **at war** then. 当時, 両国は戦争中だった.

ward [wɔ́ːrd ウォード] 名詞
❶ C 病棟(びょうとう), 病室
❷ C (都市の)区; 選挙区

wardrobe [wɔ́ːrdròub ウォードロウブ] (★発音に注意) 名詞
❶ C 洋服だんす; 衣装(いしょう)部屋
❷ C 衣類, 持ち衣装(全体)

ware [wéər ウェア] 名詞 U …焼, …製品
▸Arita **ware** 有田焼

warehouse [wéərhàus ウェアハウス] 名詞 C (商品などの)倉庫, 保管所

⁑warm [wɔ́ːrm ウォーム]

—形容詞
(比較 **warmer**; 最上 **warmest**)
❶ **暖かい**, 温暖な; **温かい**
(対義語 cool 涼(すず)しい)
▸It's **warm** today. 今日は暖かい.
▸You will need a **warm** coat tomorrow. 明日は暖かいコートが必要になるでしょう.
▸Eat your dinner while it's **warm**. 温かいうちに夕食を食べなさい.

> **参考 イギリスの夏は warm**
> 夏の暑さはよく hot で表しますが, イギリスではふつう(very) warm を使って表します. イギリスは緯度(いど)が高いので(樺太(からふと)(サハリン)北部とほぼ同じ), 夏でもそれほど暑くなく, a hot day といえる日があまりないからです. また,「冬にしては暖かい」という意味では, ふつう mild で表します.
>
> 

❷ (心の)**温かい**, 思いやりのある
▸Meg has a **warm** heart.
メグは心の温かい人だ.
▸receive a **warm** welcome
温かい歓迎(かんげい)を受ける

—動詞 (三単現 **warms** [-z]; 過去・過分 **warmed** [-d]; 現分 **warming**)
—他 (人・もの)**を暖める, 温める**; …を温かい気持ちにさせる
➡ 成句 ***warm up*** ①
▸He **warmed** the milk for me.
彼はわたしにミルクを温めてくれた.
▸Her story **warmed** my heart.
彼女の話を聞いて心が温まった.
—自 (ものが)暖かく[温かく]なる《up》

wárm úp ① 暖まる; …を暖める; (料理など)を温め直す
▸The room hasn't **warmed up** yet.
その部屋はまだ暖まっていない.
② 準備運動をする
▸**Warm up** before the race.
レース前に準備運動をしなさい.

warmer [wɔ́ːrmər ウォーマ] 形容詞
warm(暖かい)の比較級
—名詞 C 暖める器具[衣類]
(◆「暖房(だんぼう)装置」はふつう heater)

warm-hearted [wɔ́ːrmhάːrtid ウォームハーティッド] 形容詞
心の温かい, 思いやりのある, 親切な

warmly [wɔ́ːrmli ウォームり] 副詞
暖かく; 温かく, 心から

warmth [wɔ́ːrmθ ウォームす] 名詞
U 暖かさ, 温かさ, ぬくもり;
(心の)温かさ, 思いやり

warm-up [wɔ́ːrmʌ̀p ウォームアップ] 名詞 C 準備運動, ウォーミングアップ

warn [wɔ́ːrn ウォーン] 動詞
他 (人)に(危険などを)警告する, 注意する《of [about] ...》;
《**warn** ＋**人**＋ **not to** ＋**動詞の原形で**》
(人に)…しないように警告する, 注意する
▸He **warned** me **of** the risk.
彼はわたしにその危険性を警告した.
▸She **warned** me **not to** eat too much. 彼女はわたしに食べ過ぎないよう注意した.

warning [wɔ́ːrniŋ ウォーニング] 名詞
C U 警告, 警報, 注意; 戒(いまし)め

⁑was [wάz ワズ; (弱く言うとき) wəz ワズ]

(be の一・三人称単数過去形; 現在形は am, is)
—動詞 〔状態・性質〕…***だった***;
〔存在〕(…に)いた, あった
▸Yesterday **was** my birthday.
昨日はわたしの誕生日だった.
▸Beth **was** in China when she **was** a child.
ベスは子供のころ, 中国にいた.
—助動詞
❶《過去進行形をつくる / **was** ＋ **...ing**》

…していた

▸My brother **was playing** the piano when I came home.
わたしが家に帰ったとき，兄[弟]はピアノをひいていた．

❷《過去の受け身の形をつくる / **was** ＋ **過去分詞**》…**された**，…されていた

▸The cat **was hit** by a car.
そのネコは車にはねられた．

⁑wash [wɑ́ʃ ワッシ]

──動詞 (三単現 **washes** [-iz]; 過去・過分 **washed** [-t]; 現分 **washing**)

──他

❶ (手・服など) **を洗う**，洗濯(せんたく)する；(汚(よご)れ)を洗い落とす

▸I **wash** my face after I get up.
わたしは起床(きしょう)後に顔を洗う．

▸**Wash** your hands before dinner.
夕食前に手を洗いなさい．

▸I **washed** the clothes and dried them in the sun.
わたしは服を洗濯して，ひなたに干した．

❷ (海・波などが)(岸)を洗う，(岸)に打ち寄せる；(水の流れなどが)…を押(お)し流す

──自 手[顔，体]を洗う；洗濯をする；(衣服が)洗濯がきく，洗える

wásh awáy
(水の流れなどが)…を押し流す

wásh oneself
体[手，顔]を洗う

──名詞 U《または **a wash** で》
洗うこと，洗濯；洗濯物(全体)
(＝ washing)

▸Give your hair **a** good **wash**.
髪(かみ)をよく洗いなさい．

washbasin [wɑ́ʃbèisn ワッシベイスン]
名詞 C《英》洗面器；洗面台
(♦《米》washbowl)

washbowl [wɑ́ʃbòul ワッシボウる] 名詞
C《米》洗面器；洗面台
(♦《英》washbasin)

washcloth [wɑ́ʃklɔ̀ːθ ワッシクろーす]
名詞 C《米》(小さい)浴用タオル

washer [wɑ́ʃər ワシャ] 名詞
C《口語》洗濯(せんたく)機
(＝ washing machine)

washes [wɑ́ʃiz ワシズ] 動詞
wash(…を洗う)の三人称単数現在形

washing [wɑ́ʃiŋ ワシング] 動詞
wash(…を洗う) の現在分詞・動名詞

──名詞 U 洗濯(せんたく)；洗濯物(全体)
(＝ wash)

washing machine [wɑ́ʃiŋ məʃìːn ワシング マシーン] 名詞
C 洗濯(せんたく)機(＝ washer)

Washington [wɑ́ʃiŋtən ワシングトン]
(★アクセントに注意) 名詞

❶ ワシントン市 (♦アメリカの首都)
(＝ Washington, D.C.)
➡ **Washington, D.C.** 参考

❷ アメリカ政府

❸ ワシントン州 (♦アメリカ北西部，太平洋岸の州；Wash. または【郵便】で WA と略す)

❹【人名】ワシントン
(♦ George Washington [dʒɔ́ːrdʒ- ヂョーヂ-], 1732–99; アメリカ合衆国の初代大統領)

Washington, D.C. [wɑ́ʃiŋtən dìːsíː ワシングトン ディースィー] 名詞
ワシントン市(♦アメリカの首都)

> **参考 首都ワシントンとワシントン州**
>
> 大西洋側にあるアメリカの首都ワシントンはどの州にも属さず，行政的には連邦(れんぽう)政府直轄(ちょっかつ)の特別区になっています．太平洋岸にあるワシントン州とまちがえられないように，市名のあとに the District of Columbia「コロンビア特別区」の頭(かしら)文字をつけて，Washington, D.C. と呼びます．

⁑wasn't [wɑ́znt ワズント]

《口語》was not の短縮形

⁂waste [wéist ウェイスト]

──動詞 (三単現 **wastes** [wéists ウェイスツ]; 過去・過分 **wasted** [-id]; 現分 **wasting**)

他 (時間・金など)**を**(…に)**むだに使う**，**浪費**(ろうひ)**する**《**on** ...》

▸**waste** water [energy]
水をむだに使う[エネルギーを浪費する]
▸He **wasted** money **on** comic books.
彼は金をマンガ本に浪費した.
▸We have no time to **waste**.
わたしたちにはむだにする時間はない.
── 形容詞 《名詞の前に用いて》
❶ 不用の, 廃物(はいぶつ)の
▸**waste** gas 排気(はいき)ガス
▸**waste** materials 廃棄(はいき)物
❷ (土地が)荒(あ)れた, 不毛の
── 名詞 (複数 **wastes** [wéists ウェイスツ]) ❶ U 《または **a waste** で》
むだ, むだ使い, 浪費
▸She said, "Gambling is **a waste** of time and money."
「かけ事は時間とお金のむだよ」と彼女は言った.
❷ U 《または **wastes** で》ごみ, 廃棄物
▸household **waste** 家庭ごみ
▸industrial **wastes** 産業廃棄物

wastebasket [wéistbæ̀skit ウェイストバぁスケット] 名詞 C 《米》(紙)くずかご
(◆《英》wastepaper basket)

wastepaper [wéistpèipər ウェイストペイパ] 名詞 U 紙くず
▸a **wastepaper** basket
《英》(紙)くずかご
(◆《米》wastebasket)

⁑watch [wátʃ ワッチ]

── 動詞 (三単現 **watches** [-iz]; 過去・過分 **watched** [-t]; 現分 **watching**)
基本のイメージ: 動いているものをじっと見つめる

── 他 ❶ …を(注意して)見る, じっと見る, 見守る ➡ **look** くらべよう
▸I often **watch** TV after dinner.
わたしは夕食のあと, よくテレビを見る.
▸I **watched** the soccer game with my family.
わたしは家族といっしょにそのサッカーの試合を見た.
❷ 《**watch** ＋名詞＋動詞の原形[...ing]で》～が…する[している]のを(じっと)見る ➡ **see** 他❹❺
▸I **watched** Liz get on the train.
わたしはリズが列車に乗るのを見た.
▸I **watched** some children **swimming** in the river.
わたしは何人かの子供たちが川で泳いでいるのを見た.
❸ …に注意する, 気をつける
▸**Watch** [Mind] Your Step
《掲示》足もとに注意
❹ …を見張る, …の番をする; …の世話をする
▸Would you **watch** my suitcase for a minute?
少しの間, わたしのスーツケースを見ていていただけませんか?
▸I **watch** my little brothers when my mother is out.
母が外出中のときは, わたしが弟たちの世話をする.
── 自 ❶ じっと見る, 見守る
❷ 見張る, 番をする; 世話をする
Wátch óut! 危ない!; 気をつけなさい!
▸**Watch out** for cars!
車に気をつけなさい!
── 名詞 (複数 **watches** [-iz])
❶ C 腕(うで)時計, 懐中(かいちゅう)時計(◆特に「腕時計」であることをはっきりさせる場合は, wristwatch を用いる; 「置き時計」「掛(か)け時計」は clock)
➡ **clock** くらべよう, **clocks and watches** 図
▸wear a watch 腕時計をしている
▸It's three by my **watch**.
わたしの腕時計では3時だ.
❷ U 《または **a watch** で》
見張り, 警戒(けいかい); C 見張り番

watches [wátʃiz ワチズ] 動詞
watch(…を見る)の三人称単数現在形
── 名詞 watch(腕(うで)時計)の複数形

⁑water [wátər ワタ, wɔ́ːtər ウォータ] (複数 **waters** [-z])

── 名詞 ❶ U 水
▸a glass of **water**
コップ1杯(ぱい)の水
▸boiling **water** 熱湯
▸drink **water** 水を飲む

参考 「湯」も water

日本語では，温度によって「水」と「湯」の２つのことばを使い分けますが，英語では温度に関係なく water を次のように使います．

▸cold **water** 冷水

▸hot **water** お湯

❷《**the water** で》水中；U 水面

▸I saw a big fish in **the water**.
水の中にすごく大きな魚がいるのを見た．

▸I went down under **the water**.
わたしは水中に［水面下に］潜(もぐ)った．

❸《**waters** で》(海・川などの)水，流れ；近海，領海；海域

──動詞（三単現 **waters** [-z]；過去・過分 **watered** [-d]；現分 **watering**）

他 (植物)に水をやる，…に水をまく；(動物)に水を飲ませる

▸I **watered** the plants in the garden.
わたしは庭の植物に水をやった．

Water Bearer [wɑ́tər bèərər ワタベアラ] 名詞《**the Water Bearer** で》【天文】みずがめ座(♦ Aquarius [əkwéəriəs アクウェ(ア)リアス]ともいう)

➡ **horoscope** 文化

watercolor, 《英》**watercolour** [wɑ́tərkʌ̀lər ワタカラ]

名詞 ❶ C U《ふつう **watercolors** で》水彩(すいさい)絵の具

❷ C 水彩画

waterfall [wɑ́tərfɔ̀ːl ワタふォーる] 名詞

C 滝(たき)(♦単に falls ともいう)

watermelon [wɑ́tərmèlən ワタメろン]

名詞 C U【植物】スイカ

waterproof [wɑ́tərprùːf ワタプルーふ]

形容詞 水を通さない，防水の

water-skiing [wɑ́tərskìːiŋ ワタスキーイング] 名詞 U【スポーツ】水上スキー

watt [wɑ́t ワット] 名詞

C (電力の単位の)ワット

(♦ W または w と略す；イギリスの発明家ジェームズ・ワット(James Watt)の名からつけられた)

˙wave [wéiv ウェイヴ]

──名詞（複数 **waves** [-z]）

❶ C **波**

▸a big **wave** 大波

▸The **waves** are very high today.
今日は波がとても高い．

❷ C (光・音などの)波

❸ C (髪(かみ)の)ウエーブ

──動詞（三単現 **waves** [-z]；過去・過分 **waved** [-d]；現分 **waving**）

──自 ❶ **揺(ゆ)れる**，ひるがえる

▸A flag was **waving** in the wind.
旗が風に揺れていた．

❷ 手を振(ふ)る，手を振って合図をする

▸We **waved** to each other.
わたしたちはたがいに手を振った．

──他 ❶ (…に)…**を振る**《at [to] ...》

▸We **waved** flags **at** the marathon runners.
わたしたちはマラソン選手たちに旗を振った．

❷ (手・旗などを振って)…に合図する

wax [wǽks ワぁックス] 名詞

U ろう；みつろう；
(床(ゆか)などを磨(みが)く)ワックス

:way [wéi ウェイ] 名詞

（複数 **ways** [-z]）

❶ C (…への)**道**，**道路**《to ...》；道筋，通り道；《ふつう単数形で》戸口

➡ **road** くらべよう

▸We took the wrong **way**.
わたしたちは道をまちがえた．

▸Beth asked the **way to** the station.
ベスは駅への道をたずねた．

▸**Way** In [Out] 《掲示》入り口［出口］

❷《ふつう **a way** で》**道のり**，距離(きょり)(同義語 distance)

▸It's **a** long **way** home.
家までの道のりは遠い．

❸ C **方向**，方角(同義語 direction)

▸This **way**, please.
こちらへどうぞ．

▸One **Way**
《掲示》一方通行

❹ C **方法**，やり方；《しばしば **ways** で》習慣(同義語 manner)

▸Do it (in) this **way**.
この方法でやってごらん．

▸Telling the truth is the best **way** for you.
真実を話すことがあなたにとって最良の方法だ．

▸She should change her **way** of thinking.
彼女は考え方を変えるべきだ．

❺ C 点, 方面
▸It's a perfect answer in every **way**.
それはあらゆる点で完ぺきな解答だ.

áll the wáy 途中(とちゅう)ずっと; はるばる
▸He drove **all the way** to Boston by himself.
彼はボストンまでずっと一人で車を運転した.

◆***by the wáy***
(話題を変えるときに)**ところで**
▸**By the way**, how's your father?
ところで, きみのお父さんは元気かい?

by way of ... …を通って, …経由で
(同義語 via)
▸I went to London **by way of** Paris.
わたしはパリ経由でロンドンへ行った.

in a wáy ある意味では
▸**In a way**, he is right.
ある意味では, 彼は正しい.

in the sáme wáy 同じように

in the wáy = ***in*** *a person's* ***wáy***
(人の)じゃまになって; (人の)行く手をふさいで
▸Don't get **in my way**.
わたしのじゃまをしないでください.

lose *one's* ***wáy*** 道に迷う
▸Tom **lost his way** in the forest.
トムは森の中で道に迷った.

make *one's* ***wáy***
進む, 前進する; 成功する
▸I **made my way** through the crowd.
わたしは人ごみをかき分けて進んだ.

nó wáy 《口語》いやだ; とんでもない

ダイアログ
A: Do my homework for me.
わたしの代わりに宿題をやって.
B: **No way!**
とんでもない!

◆***on the wáy*** = ***on*** *one's* ***wáy***
(…へ行く)**途中で**《to ...》
▸I'm **on** the [my] **way to** the library.
わたしは図書館へ行くところだ.
▸He was **on the** [his] **way** home.
彼は帰宅途中だった.

out of the wáy = ***out of*** *a person's* ***wáy*** (人の)じゃまにならないところに
▸Please keep this box **out of the** [my] **way**.
この箱をじゃまにならない場所に片づけてください.

WC, W.C. [dʌ́blju:sí: ダブリュースィー]
名詞 C 《英》(水洗)トイレ
(◆ *w*ater *c*loset の略)

⁑we [wí: ウィー] 代名詞
〖人称代名詞の一人称複数の主格〗
❶ **わたしたちは**, わたしたちが
▸**We** are junior high school students. わたしたちは中学生だ.
▸Shall **we** go swimming?
泳ぎに行きませんか?

参考 **we の変化形と所有・再帰代名詞**

主格	**we**	わたしたちは[が]
所有格	**our**	わたしたちの
目的格	**us**	わたしたちを[に]
所有代名詞	**ours**	わたしたちのもの
再帰代名詞	**ourselves**	わたしたち自身を[に]

❷《自分をふくめた人々を指して》人は, われわれはみな(◆日本語に訳さない場合が多い); 当地では; わが国では;
《自分の所属している団体を指して》
当校では, 当社では
▸**We** must not break the law.
法律に違反してはならない.
▸**We** had a little rain last year.
(当地では)昨年は雨が少なかった.

◆weak [wí:k ウィーク] 形容詞
(比較 **weaker**; 最上 **weakest**)
❶ (力・体力などが)**弱い**, 病弱な;
(ものが)もろい(対義語 strong 強い)
▸He's still **weak** after his illness.
彼は病後でまだ弱っている.
▸a **weak** branch
折れやすい枝
❷ 不得意な, 苦手な; 劣(おと)った, へたな
(対義語 strong じょうずな)
▸a **weak** point 弱点
▸a **weak** team
弱いチーム
▸I'm **weak** in [at] science.
わたしは理科が苦手だ.
❸ (量・程度が)かすかな, 弱々しい
▸a **weak** voice
か細い声

❹ (茶・コーヒーなどが)薄(うす)い
(対義語 strong 濃(こ)い)
▸**weak** coffee 薄いコーヒー

weaken [wíːkən ウィークン] 動詞
他 …を弱くする
——自 弱くなる

weakly [wíːkli ウィークリ] 副詞
(比較 **weaklier**; 最上 **weakliest**)
弱く, 弱々しく

weakness [wíːknəs ウィークネス] 名詞
(複数 **weaknesses** [-iz])
❶ U 弱さ; C 弱点
(対義語 strength 強さ)
❷ C とても好きなもの;
《ふつう **a weakness** で》(…が)とても好きであること

wealth [wélθ ウェるす] 名詞
U 富, 財産(同義語 fortune)
▸ことわざ Health is better than **wealth**. 健康は富にまさる.

wealthy [wélθi ウェるすィ] 形容詞
(比較 **wealthier**; 最上 **wealthiest**)
裕福(ゆうふく)な, 金持ちの(同義語 rich)

weapon [wépn ウェプン] 名詞
C 武器, 兵器; 凶器(きょうき)
▸nuclear **weapons** 核(かく)兵器

⁺wear [wéər ウェア]

——動詞 (三単現 **wears** [-z]; 過去 **wore** [wɔ́ːr ウォーア]; 過分 **worn** [wɔ́ːrn ウォーン]; 現分 **wearing**)
——他 ❶ **…を着ている**, 身につけている
(◆服だけではなく, 帽子(ぼう)・靴(くつ)・めがね・アクセサリーなど, 身につけているものにはみな wear を用いる)

▸**wear** glasses めがねをかけている
▸**wear** contact lenses
コンタクトレンズをつけている
▸**wear** shoes 靴をはいている
▸**wear** a tie ネクタイを締(し)めている
▸**wear** a ring 指輪をはめている
▸**wear** makeup 化粧(けしょう)をしている
▸She usually **wears** jeans.
彼女はたいていジーンズをはいている.
▸The man was **wearing** a black hat and a black coat.
その男性は黒い帽子をかぶり, 黒いコートを着ていた. (◆ wear を進行形で用いると「一時的に着ている」ことを表す)

> **くらべよう wear と put on**
> **wear**:「身につけている」という状態を表します.
> **put on**:「身につける」という動作を表します.
> ➡ **put on** くらべよう

❷ (態度など)を表している, (表情)を浮(う)かべている
▸**wear** a smile ほほえみを浮かべる
❸ (もの) をすり減らす, 使い古す;
(人) を疲(つか)れさせる
——自 ❶ (ものが)長もちする, もちがよい
▸This shirt **wears** well.
このシャツはもちがいい.
❷ すり減る, すり切れる
——名詞 U 衣類(全体), 着物
▸children's **wear** 子供服
▸everyday **wear** ふだん着

weary [wíəri ウィ(ア)リ] 形容詞
(比較 **wearier**; 最上 **weariest**)
❶ 疲(つか)れきった, とても疲れた
(◆ tired よりかたい語)
▸He looked **weary**.
彼は疲れきった様子だった.
❷ (…に)あきあきして, うんざりして
《of ...》; 退屈(たいくつ)な

weasel [wíːzl ウィーズる] 名詞
C【動物】イタチ; ずるいやつ

⁑weather [wéðər ウェざ] 名詞

U **天気**, 天候, 気象 (◆「一時的な天候」を表す;「ある地域の平均的な気候」は climate)
▸good **weather** 好天

> **ダイアログ**
> *A:* How was the **weather** in Okinawa?
> 沖縄の天気はどうでしたか?
> *B:* It was beautiful.
> すばらしかったです.

▸unusual **weather** 異常気象
▸a **weather** map 天気図

weathercock [wéðərkɑ̀k ウェざカック] 名詞
C 風見鶏(かざみどり)

weathercock

weather forecast [wéðər fɔ̀ːrkæst ウェざ ふォーキァスト] 名詞
C 天気予報
(♦ weather report ともいう)

参考 天気予報の英語

1 短い天気予報では，ふつう「地名」「天候」「気温」の順番で述べられます.
▸In New York, cloudy with a high of 42, and ...
ニューヨークでは，曇(くも)り，最高気温カ氏 42 度，…

2 次のような天候を表すことばがよく使われます.
▸fair 晴れ
▸cloudy 曇り
▸mostly cloudy おおむね曇り
▸partly cloudy ところにより曇り
▸rain 雨
▸cloudy with rain 曇りときどき雨
▸occasional rain ときどき雨

3 次のような気温に関係することばがよく使われます. 気温はふつうカ氏で表されます. ➡ **Fahrenheit** 文化
▸(a) temperature 気温
▸a [the] high 最高気温
▸a [the] low 最低気温

weather vane [wéðər vèin ウェざヴェイン] 名詞 C 風見(かざみ), 風向計

weave [wíːv ウィーヴ] 動詞
(三単現 **weaves** [-z];
過去 **wove** [wóuv ウォウヴ];
過分 **woven** [wóuvn ウォウヴン];
現分 **weaving**)
他 …を織る, 編む; …を編んで(…を)作る《into ...》; (クモが)(巣)を張る
—自 はたを織る, 織物を作る

web [wéb ウェッブ] 名詞
❶ C クモの巣(= cobweb [kɑ́bweb カブウェッブ]); クモの巣状のもの
❷ C (水鳥・カエルなどの)水かき
❸《the Web で》【コンピューター】ウェブ(♦ the World Wide Web (WWW)のこと; 世界じゅうにクモの巣状に情報通信網(もう)が広がっていることから)

website [wébsàit ウェッブサイト] 名詞
C (インターネットの)ウェブサイト, ホームページ(♦ Web site ともつづる; 単に site ともいう)
▸start a **website**
ウェブサイトを開設する

Wed. [wénzdèi ウェンズデイ] 水曜日
(♦ *Wed*nesday の略)

we'd [wíːd ウィード]
《口語》we would, we had の短縮形

wedding [wédiŋ ウェディング] 名詞
❶ C 結婚(けっこん)式
(= wedding ceremony)
❷ C 結婚記念日
(= wedding anniversary)
▸a silver **wedding** (anniversary)
銀婚式(♦結婚 25 周年)
▸a golden **wedding** (anniversary)
金婚式(♦結婚 50 周年)

Wednesday

[wénzdèi ウェンズデイ] (★発音に注意)
名詞 (複数 **Wednesdays** [-z])
C U **水曜日**
(♦ Wed. と略す) ➡ **Sunday** ルール

weed [wíːd ウィード] 名詞 C 雑草
▸pull out **weeds** 雑草を抜(ぬ)く
—動詞 他 (庭など)の雑草を抜く
—自 草取りをする

week

[wíːk ウィーク] 名詞
(複数 **weeks** [-s])
C 週, 1 週間
▸this **week** 今週
▸next **week** 来週
▸last **week** 先週
▸every **week** 毎週

ダイアログ
A: What day of the **week** is (it) today? 今日は何曜日だっけ?
B: It's Friday. 金曜日だよ.

▸She stayed in (the) hospital for a **week**. 彼女は 1 週間入院した.
▸a **week** ago 1 週間前

abcd**e**fghijklmnopqrstuv**w**xyz

A B C D E F G H I J K L M N O P Q R S T U V W X Y Z

参考 1 週間の曜日名

日本語	英語	略
日曜日	**Sunday**	Sun.
月曜日	**Monday**	Mon.
火曜日	**Tuesday**	Tue. または Tues.
水曜日	**Wednesday**	Wed.
木曜日	**Thursday**	Thu. または Thurs.
金曜日	**Friday**	Fri.
土曜日	**Saturday**	Sat.

weekday [wíːkdèi ウィークデイ] 名詞
C 平日，ウイークデー
(◆ふつう月曜日から金曜日までを指す)
▸I get up early in the morning on **weekdays**.
平日，わたしは朝早くに起きる.

weekend [wíːkènd ウィーケンド] 名詞
C 週末(◆土曜日と日曜日，または金曜日の夜から月曜日の朝までを指す)

ダイアログ
A: Have a nice **weekend**!
よい週末を！
B: Thank you. You, too.
ありがとう. あなたもね.

weekly [wíːkli ウィークり] 形容詞
毎週の，週1回の；週刊の
▸a **weekly** magazine 週刊誌
—副詞 毎週，週に1回
—名詞 (複数 **weeklies** [-z])
C 週刊誌，週刊紙

weep [wíːp ウィープ] 動詞
(三単現 **weeps** [-s]; 過去・過分 **wept** [wépt ウェプト]; 現分 **weeping**)
自 (涙(なみだ)を流して)しくしく泣く；悲しむ
➡ **cry** くらべよう

weigh [wéi ウェイ] (★発音に注意) 動詞
他 …の重さをはかる
▸I **weighed** the meat on the scales. わたしはその肉の重さをはかりではかった.
—自 …の重さがある
▸How much does your cat **weigh**?
あなたのネコ，体重はどのくらい？

weight [wéit ウェイト] (★発音に注意)
名詞 ❶ U 重さ，重量；体重
▸put on [gain] **weight**
体重が増える，太る
▸lose **weight** 体重が減る，やせる
▸What is the **weight** of this box?
この箱の重さはどれくらいですか？
(◆× How much is the weight of ...? とはいわない)
❷ C 重いもの；(重量あげの)ウェイト；分銅，おもり；文鎮(ぶんちん)

weightlifting [wéitlìftiŋ ウェイトりふティング] 名詞 U 【スポーツ】重量あげ

⁑welcome

[wélkəm ウェるカム]
—名詞 (複数 **welcomes** [-z])
C (人を)**喜んで迎**(むか)**えること，歓迎**(かんげい)
▸My host family gave me a warm **welcome**. ホストファミリーはわたしを温かく迎えてくれた.
—間投詞 **ようこそ**，いらっしゃい
▸**Welcome** to our home!
わが家にようこそ！
▸**Welcome** back [home]! (長い不在から戻(もど)った人に)お帰りなさい！
—形容詞 (比較 **more welcome**; 最上 **most welcome**)
歓迎される，喜ばしい
▸a **welcome** guest
歓迎される客
▸A holiday is always **welcome**.
休みはいつでも歓迎だ.
◆***You're wélcome.*** **どういたしまして.**
(◆Thank you.「ありがとう」に対する最も一般的な返事) ➡ **thank** 参考
—動詞 (三単現 **welcomes** [-z]; 過去・過分 **welcomed** [-d]; 現分 **welcoming**)
他 (特に好意的に)**…を迎える**，歓迎する，喜んで受け入れる
▸I **welcomed** them at the door.
わたしは彼らを玄関(げんかん)で出迎えた.

welfare [wélfèər ウェるふェア] 名詞
U 福祉(ふくし)；幸福；福祉事業；《米口語》生活保護
▸social **welfare** 社会福祉

⁑well[1]

[wél ウェる]

副詞	❶ じょうずに ❷ 十分に，よく
形容詞	❶ 健康で ❷ よい

—副詞 (比較 **better** [bétər ベタ];

最上 **best** [bést ベスト])

❶ **じょうずに**, うまく (対義語 badly へたに); 適切に

▸You speak Japanese very **well**.
日本語がとてもおじょうずですね.

▸Things are going **well** at school.
学校ではうまくいっているよ.

❷ **十分に, よく**, 申し分なく

▸Did you sleep **well** last night?
昨夜はよくお休みになれましたか?

▸Shake the dressing **well**.
ドレッシングをよく振(ふ)りなさい.

▸I don't know this place **well**.
この辺りはよく知りません.

... as wéll
…もまた, そのうえ…も(同義語 too)

▸Liz speaks English, and French **as well**. リズは英語を話し, そのうえフランス語も話す.

... as well as ～
～と同様…も, ～だけでなく…も
(◆「...」の部分を強調する)

▸Jim speaks Japanese **as well as** English.
ジムは英語だけでなく日本語も話す.

▸Saki **as well as** Kota is going to travel abroad.
光太だけでなく, 咲も海外旅行をする予定だ. (◆主語として用いるときは, 動詞の人称・数は「...」に合わせる)

***máy (just) as wéll* ＋動詞の原形**
…するのも悪くない, …してみればよい
(◆消極的な提案を表す)

▸You **may as well** say you are sorry to Emma.
エマに謝(あやま)ったらどうでしょう.

***may wéll* ＋動詞の原形**
…するのももっともだ; おそらく…だろう

▸John **may well** get angry.
ジョンが腹を立てるのも無理はない.

▸The rumor **may well** be true, but I can't prove it.
そのうわさはおそらく真実だろうけれど, わたしには証明できない.

Wéll dóne! よくやった, うまいぞ!

―形容詞 (比較・最上 は 副詞 に同じ)
《ふつう名詞の前には用いない》

❶ **健康で**, 元気で(対義語 ill, sick 病気の)

▸Get **well** soon!
早く元気になってね! (◆お見舞(みま)いのカードなどによく書かれる)

▸I don't feel **well** today.
今日は気分がよくない.

> **ダイアログ**
> *A:* Hi, Ann. How are you?
> やあ, アン. 元気?
> *B:* I'm **well**, thanks. And you?
> 元気よ, ありがとう. あなたは?

❷ **よい**, 申し分ない, 都合のよい

▸ことわざ All's **well** that ends well.
終わりよければすべてよし. (◆「仕上げが肝心(かんじん)」の意味; 文末の well は副詞)

Very wéll. たいへんけっこうです; いいですよ. ➡ **very**

―間投詞 ❶ (話を切り出したり, 再び始めたりして)さて, ところで, それでは

▸**Well**, how about having lunch?
さて, 昼食でもどうですか?

❷ (ためらったり, 返事に詰(つ)まったりして) ええと, そうですね

▸**Well**, let's see. ええと, そうですねえ.

❸ (驚(おどろ)き・怒(いか)りなどを表して)
おや, まあ, ええっ

▸**Well, well!** I never thought you would come.
いやー, きみが来てくれるとは思わなかったよ.

❹ (相手の話を促(うなが)して)それで, どうなの

well² [wél ウェる] 名詞
C 井戸(いど); 油田, 油井(ゆせい)

⁝we'll [wíːl ウィーる]
《口語》we will の短縮形

well-done [wéldʌ́n ウェるダン] 形容詞
❶ (ステーキなどが)よく焼けた
❷ (仕事などが)きちんとなされた

Wellington [wéliŋtən ウェりンgトン]
名詞 ウェリントン
(◆ニュージーランドの首都)

well-known [wélnóun ウェるノウン]
形容詞 (比較 **better-known** [bétərnóun ベタノウン] または **more well-known**; 最上 **best-known** [béstnóun ベストノウン] または **most well-known**)
有名な, よく知られた(◆ famous とは異なり, よい意味でも悪い意味でも使う)

▸a **well-known** pianist
有名なピアニスト

well-off [wélɔ́(ː)f ウェるオ(ー)ふ] 形容詞
裕福な

Welsh [wélʃ ウェるシ] 形容詞 ウェールズの; ウェールズ人の; ウェールズ語の
── 名詞 ❶《the Welsh で複数あつかい》ウェールズ人(全体)
❷ U ウェールズ語

:went [wént ウェント] 動詞
go(行く)の過去形

wept [wépt ウェプト] 動詞
weep(しくしく泣く)の過去形・過去分詞

:were [wə́ːr ワ～; (弱く言うとき)wər ワ] (be の二人称単数過去形, また一・二・三人称複数過去形; 現在形は are)
── 動詞
❶〔状態・性質〕…だった; 〔存在〕(…に)いた, あった
▸We **were** surprised at the news. わたしたちはその知らせに驚(おどろ)いた.
▸There **were** two parks in the town. その町には公園が 2 つあった.
❷〔仮定〕…であるとしたら(◆現在の事実に反する過程を表す if 節などですべての人称と共に用いる;《口語》では was が用いられることもある)
── 助動詞
❶《過去進行形をつくる / **were** + **...ing**》…していた
▸They **were playing** chess when I opened the door. わたしがドアを開けたとき, 彼らはチェスをしていた.
❷《過去の受け身の形をつくる / **were** + 過去分詞》…された, …されていた
▸Many people **were killed** in the war. その戦争で多くの人が殺された.

:we're [wíər ウィア]
《口語》we are の短縮形

:weren't [wə́ːrnt ワ～ント]
《口語》were not の短縮形

:west [wést ウェスト]
── 名詞 ❶《the west で》西, 西方; 西部(◆ W, W. と略す; 対義語 the east 東)
➡ **direction** 図, **east** 参考
▸The sun sets in **the west**. 太陽は西に沈(しず)む. (◆ to ではなく in を用いる)
▸Kobe is to **the west** of Osaka. 神戸は大阪の西方にある.
❷《the West で》西洋, 欧米(おうべい)(対義語 the East 東洋); 西側(諸国); 《米》(アメリカの)西部(◆ミシシッピ川より西の地方)
── 形容詞《名詞の前に用いて》**西の**, 西部の; 西向きの; (風などが)西からの
▸the **West** Coast (アメリカの)西海岸
── 副詞 西へ, 西に

western [wéstərn ウェスタン] 形容詞
❶ 西の, 西部の; (風が)西からの(対義語 eastern 東の)
▸Oregon is in the **western** United States. オレゴンは合衆国西部にある.
❷《**Western** で》西洋の, 西欧(せいおう)の, 欧米(おうべい)の; 《米》(アメリカ)西部の
▸**Western** culture 西洋文化
── 名詞 C《しばしば **Western** で》西部劇, ウエスタン

West Indies [wést índiz ウェストインディズ] 名詞《**the West Indies** で》西インド諸島(◆北アメリカと南アメリカの間の大西洋上に連なる島々)

Westminster [wéstminstər ウェス(ト)ミンスタ] 名詞 ウエストミンスター(◆ロンドン中央部の地区; ウエストミンスター寺院・国会議事堂・バッキンガム宮殿などがある)

Westminster Abbey [wéstminstər ǽbi ウェス(ト)ミンスタ あビ] 名詞 ウエストミンスター寺院(◆ロンドンにあるゴシック式建築の大寺院; 英国国王・女王の戴冠(たいかん)式を行う教会として有名; 単に the Abbey ともいう)

West Virginia [wést vərdʒínjə ウェスト ヴァヂニャ] 名詞 ウエストバージニア州(◆アメリカ東部の州; W.Va. または【郵便】で WV と略す)

westward [wéstwərd ウェストワド] 形容詞 西方(へ)の
── 副詞 西へ[に]

westwards [wéstwərdz ウェストワヅ]
副詞 《主に英》= westward(西へ)

˙wet [wét ウェット] 形容詞
(比較 **wetter**; 最上 **wettest**)
❶ ぬれた, 湿(しめ)った(対義語 dry 乾(かわ)いた)
▸a **wet** towel 湿ったタオル
▸Ken was **wet** to the skin.
ケンはずぶぬれだった.
▸**Wet** Paint
《掲示》ペンキ塗(ぬ)りたて
❷ 雨の, 雨降りの(同義語 rainy)
▸the **wet** season 雨季

wetland [wétlæ̀nd ウェットらぁンド]
名詞 C U 《しばしば **wetlands** で》
湿地(しっち)

⁑we've [wíːv ウィーヴ]
《口語》we have の短縮形

whale [hwéil (ホ)ウェイる] 名詞
(複数 **whale** または **whales** [-z])
C 【動物】クジラ
▸a blue **whale** シロナガスクジラ

wharf [hwɔ́ːrf (フ)ウォーふ] 名詞
(複数 **wharves** [hwɔ́ːrvz (フ)ウォーヴズ]
または **wharfs** [-s])
C 波止場(はとば), 埠頭(ふとう)

wharves [hwɔ́ːrvz (フ)ウォーヴズ] 名詞
wharf(波止場(はとば))の複数形の一つ

⁑what
代名詞 形容詞 間投詞 ➡ p.692 **what**

whatever [hwɑ̀tévər (ホ)ワットエヴァ]
代名詞 ❶ …するもの[こと]は何でも
▸You may use **whatever** you need (to use).
必要なものは何でも使ってよろしい.
❷ どんなもの[こと]が…しようとも
(♦《口語》no matter what)
▸**Whatever** happens, don't give up. どんなことが起こっても, あきらめないで.
—形容詞 ❶ どんな…でも
▸Tom bought **whatever** books he wanted to read.
トムは読みたい本は何でも買った.
❷ どんな…が[を]～しようとも
▸**Whatever** excuse you make, I won't forgive you.
どんな言い訳(わけ)をしたって, わたしはあなたを許さない.

⁑what's [hwɑ́ts (ホ)ワッツ]
《口語》what is, what has の短縮形

˙wheat [hwíːt (ホ)ウィート] 名詞
U 【植物】小麦
▸Spaghetti is made from **wheat**.
スパゲッティは小麦から作られる.

wheel [hwíːl (ホ)ウィーる] 名詞
❶ C 車輪, 輪
❷《**the wheel** で》(自動車の) ハンドル
(= steering wheel) (♦× handle とはいわないことに注意)

wheelchair [hwíːltʃèər (ホ)ウィーるチェア] 名詞 C 車いす ➡ **chairs** 図

⁑when
副詞 接続詞 代名詞 ➡ p.694 **when**

whenever [hwènévər (ホ)ウェンエヴァ]
(★発音に注意) 接続詞
❶ …するときはいつでも
▸Come and see us **whenever** you like. 気が向いたらいつでもわたしたちのところに遊びにいらっしゃい.
❷ いつ…しようとも
(♦《口語》no matter when)
▸He'll welcome you **whenever** you visit him. いつ訪ねても, 彼はあなたを歓迎(かんげい)しますよ.

⁑when's [hwénz (ホ)ウェンズ]
《口語》when is, when has の短縮形

⁑where
副詞 接続詞 代名詞 ➡ p.695 **where**

where're [hwéərə (ホ)ウェアア]
《口語》where are の短縮形

⁑where's [hwéərz (ホ)ウェアズ]
《口語》where is, where has の短縮形

wherever [hwèərévər (ホ)ウェアエヴァ]
(★発音に注意) 接続詞
❶ …するところならどこ(へ)でも
▸I sleep well **wherever** I am.
わたしはどこでもよく眠(ねむ)れる.
❷ どこへ[で]…しようとも
(♦《口語》no matter where)
▸She takes Kuro, her dog, with her **wherever** she goes.
どこへ行くにも, 彼女は飼いイヌのクロを連れて行く.

A B C D E F G H I J K L M N O P Q R S T U V W X Y Z

⁑what 代名詞 形容詞 間投詞

[*h*wát (ホ)ワット]

代名詞 ❶〔疑問代名詞〕何
❷〔関係代名詞〕…するところのもの[こと]

——代名詞 ❶〔疑問代名詞〕**何**, どんなもの, どんなこと ➡ p.696 **which** くらべよう

▸**What** is in this box? この箱には何が入っているの？

ダイアログ
A: **What**'s (=**What** is) this? これは何？
B: It's a tablet computer. タブレット型コンピューターよ.

▸**What** is your favorite movie? お気に入りの映画は何ですか？
▸**What** do you call this flower in English? この花は英語で何というのですか？

ダイアログ
A: **What** do you do? お仕事は何ですか？
B: I'm a musician. 音楽家です.

▸**What** are you looking for? 何をさがしているのですか？
▸**What** do you think of my idea? わたしのアイディアをどう思いますか？
(♦「…をどう思いますか？」とたずねるときは how ではなく what を用いる)
▸**What** can I do for you? どういったご用でしょうか？
▸**What** do you think Tom wanted to do? トムは何をしたかったと思いますか？ ➡ **think** ルール **2**

ルール 文中の what

1 what で始まる疑問文が別の肯定(こうてい)文・否定文の中に組みこまれる場合, what 以下は「主語＋(助)動詞」の語順になります. 別の文の中に組みこまれたら, クエスチョンマーク(？)は消えます.
I don't know ....「わたしは…を知りません」＋
What is this?「これは何ですか？」
→ I don't know **what** this is. わたしはこれが何なのか知りません.

2 「what to ＋動詞の原形」で「何を…するべきか」という意味になります.
▸I asked my mother **what to** do next.
わたしは母に, 次に何をすればよいかたずねた.

3 which, who, whom, whose, when, where, why, how も what と同様の使い方をします.

❷〔関係代名詞〕…**するところのもの**[**こと**]
(♦関係代名詞の who, which, that とは異なり, what は先行詞をふくむ)
▸This is **what** was left at the site. これが現場に残されていたものだ.
▸John got **what** he wanted. ジョンはほしいものを手に入れた.

So whát? 《口語》だから何だって言うのですか？

形容詞 ❶〔疑問形容詞〕**何の**
❷〔感嘆(かんたん)〕 **なんと**

Whát about ...? ①〔提案・勧誘(かんゆう)〕…はどうですか？(同義語 How about ...?)
▸**What about** some snacks? 軽食はいかがですか？

ダイアログ
A: **What about** playing soccer? サッカーをするのはどうですか？
B: Sounds good. いいね.

② …についてどう思いますか, …はどうしますか?(同義語 How about ...?)

ダイアログ
A: Ann is interested in Japanese culture. アンは日本の文化に興味を持っています.
B: **What about** Tom? トムはどうなのですか？

Whát do you sáy to ...? …はいかがですか？ ➡ **say**
Whát (...) for? 《口語》何のために, なぜ(同義語 Why ...?)
▸**What** did you go to Canada **for?** あなたはなぜカナダに行ったのですか？
what is called = ***what we [you, they] call*** いわゆる
▸He is **what is called** a computer maniac. 彼はいわゆるコンピューターマニアだ.
What is ... like? …はどういうもの[人]ですか？ ➡ **like**[2]
Whát's néw? 元気？, 変わりはない？(♦親しい間でのあいさつ)
Whát's the mátter (with you)? どうしたのですか？ ➡ **matter**
Whát's úp? どうしたの？; 元気？(♦親しい間でのあいさつとしても使う) ➡ **up**
―**形容詞** ❶〔疑問形容詞〕**何の**, 何という, どんな
▸**What** time is it now? 今, 何時ですか？
▸**What** day of the week is it today? 今日は何曜日ですか？
▸**What** (kind of) food do you like? あなたはどんな食べ物が好きですか？
❷〔感嘆〕《ふつう **what (a [an])** ＋**形容詞**＋**名詞で**》**なんと**, なんて ➡ **how** ❹ 参考
▸**What** an exciting movie (it is)! (= How exciting the movie is!) なんとおもしろい映画なんだ！
▸**What** expensive shoes (they are)! (= How expensive the shoes are!) なんと高価な靴(くつ)なんだ！
―**間投詞** (驚(おどろ)き・怒(いか)りなどを表して)なんだって, まあ！
▸**What!** You won the game? なんだって！ あの試合に勝ったのか？

A B C D E F G H I J K L M N O P Q R S T U V W X Y Z

⁘when 副詞 接続詞 代名詞

[hwén (ホ)ウェン]

副詞 ❶〔疑問副詞〕いつ
❷〔関係副詞〕(1) …する(とき)
(2) …するとそのとき(に)
接続詞 …するときに

—副詞 ❶〔疑問副詞〕いつ, どんなときに

▸**When** is your birthday? あなたの誕生日はいつですか？

ダイアログ
A: **When** will you take me to the zoo? いつ動物園に連れていってくれるの？
B: I'll take you there next Sunday. 今度の日曜日に連れていくよ.

▸**When** did you arrive? いつ着いたのですか？

▸I know **when** Halloween is. ハロウィーンはいつだか知っています.
(♦when 以下は「主語＋動詞」の語順) ➡ p.692 **what** ルール 1 3

▸I don't know **when** he will come back to Japan. 彼がいつ日本に戻(もど)ってくるか知りません.
(♦when 以下は「主語＋助動詞」の語順) ➡ p.692 **what** ルール 1 3

▸Please tell me **when** to push the button. いつボタンを押せばいいのか教えてください.
(♦「when to ＋動詞の原形」で「いつ…すべきか」という意味になる)
➡ p.692 **what** ルール 2 3

▸**When** do you think Jack met her? ジャックはいつ彼女に会ったと思いますか？ ➡ **think** ルール 2

❷〔関係副詞〕(1) **…する(とき)**(♦先行詞は「時」を表す語句になる)

▸The day **when** I first met her was Sunday. わたしが初めて彼女と会った日は日曜日だった.

(2) **…するとそのとき(に)**
(♦when の前にコンマをつける)(＝ and then)

▸Please wait until six**, when** I'll have some time. 6時まで待ってください. そのときには少し時間ができますので.

—接続詞 **…するときに**; …してから

▸**When** you make a speech, speak slowly and clearly. スピーチをするときは, ゆっくりと, そしてはっきりと話しなさい.

▸Come and see us **when** you are free. 暇(ひま)なときに, わたしたちに会いに来てくださいね.

▸Let's watch this DVD **when** John comes. ジョンが来たら, このDVDを見よう.
(♦「…するときに; …してから」の意味を表す when 節の中では未来のことでも現在形で表す) ➡ **if** ❶ ルール

▸**When** (I was) walking down the street, I saw a cute dog. 通りを歩いていたときに, かわいいイヌを見た.
(♦when 節の主語と主節の主語が同じ場合, when 節の「主語＋ be 動詞」は省略できる)

—代名詞《前置詞のあとに置いて》いつ

▸Until **when** can you stay here? あなたはいつまでここにいられますか？

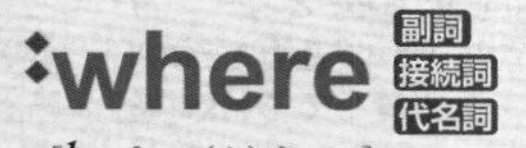

[*h*wéər (ホ)ウェア]

副詞 ❶〔疑問副詞〕どこに
❷〔関係副詞〕(1) …するところの
(2) そしてそこで[に, へ]

—副詞 ❶〔疑問副詞〕**どこに**, どこで, どこへ

ダイアログ
A: **Where** do you live? どこに住んでいるの？
B: I live in Yokohama. 横浜だよ.

▸**Where** is your school? あなたの学校はどこにありますか？

ダイアログ
A: I didn't see you during the lunch break. **Where** were you? 昼休みに見かけなかったよ. どこにいたの？
B: In the library. 図書室だよ.

▸The police officer asked me **where** I was going. 警察はわたしにどこへ行くのかとたずねた.
(♦where 以下は「主語＋動詞」の語順) ➡ p.692 **what** ルール 1 3
▸I didn't know **where** to go. わたしはどこへ行けばいいのかわからなかった.
(♦「where to ＋動詞の原形」で「どこへ…すべきか」という意味になる)
➡ p.692 **what** ルール 2 3

ダイアログ
A: **Where** do you think she is now? 彼女は今どこにいると思いますか？
➡ **think** ルール 2
B: I think she is at Jenny's house. ジェニーの家にいると思います.

❷〔関係副詞〕(1) …**するところの**, …であるところの(♦先行詞は「場所」を表す語句になる; 意味があいまいにならなければ, 先行詞を省略してもよい)
▸I visited the house **where** Beethoven was born. わたしはベートーベンが生まれた家を訪(おとず)れた.
▸This is (the place) **where** she lost her bag. ここが彼女がバッグをなくした場所だ.
(2) **そしてそこで**[**に, へ**] (♦where の前にコンマをつける)(＝ and there)
▸We went to London**, where** we stayed for a week. わたしたちはロンドンへ行き, そこに1週間滞在(たいざい)した.

—接続詞 …するところに[で]; …するところはどこへでも
▸Stay **where** you are now. 今いる場所にいなさい.

—代名詞《前置詞の目的語として用いて》どこ

ダイアログ
A: **Where** are you from? どちらのご出身ですか？
B: I'm from Australia. オーストラリアの出身です.

⁝which 代名詞 形容詞

[*h*wítʃ (ホ)ウィッチ]

代名詞 ❶〘疑問代名詞〙**どちら, どれ**
❷〘関係代名詞〙(1) **…するところの**
(2) **そしてそれは[を]**
形容詞〘疑問形容詞〙 **どちらの**

―代名詞 ❶〘疑問代名詞〙**どちら, どれ**, どちらの人[もの]

▸**Which** is your bike? あなたの自転車はどれですか?

ダイアログ
A: **Which** is larger, Japan or Mexico? 日本とメキシコでは, どちらが広いのですか?
B: Mexico is. メキシコです.

▸My mother asked me **which** I wanted. 母はどちら[どれ]がほしいのかわたしにたずねた.
(♦ which 以下は「主語+動詞」の語順) ➡ p.692 **what** ルール 1 3

▸I don't know **which** to buy. どちら[どれ]を買うべきかわからない.
(♦「which to +動詞の原形」で「どれを…すべきか」という意味になる)
➡ p.692 **what** ルール 2 3

▸**Which** do you think is better? どちらがいいと思いますか?
➡ **think** ルール 2

くらべよう which と what

which: 限られた範囲(はんい)内での選択(せんたく)に使います.
what: 範囲が限られていない選択に使います.
▸**Which** of the three colors do you like (the) best?
その 3 色のうち, どれがいちばん好きですか?
▸**What** color do you like (the) best?
何色がいちばん好きですか?

❷〘関係代名詞〙
(1) **…するところの**, …であるところの(♦ 主格・目的格として用いる; 目的格の場合, しばしば省略される)

▸I have a cat <u>**which**</u> [that] catches mice very well. わたしはネズミを捕(つか)まえるのがとてもうまいネコを飼っている. (♦主格)

▸The book <u>**which**</u> [that] is on the table is mine. テーブルの上にある本はわたしのものだ. (♦主格)

▸This is the pen (<u>**which**</u> [that]) I bought yesterday. これはわたしが昨日買ったペンだ. (♦目的格)

ルール 前にコンマのつかない関係代名詞 which の使い方

1 which は先行詞が「もの・こと・動物」のときに使います.
2 多くの場合, which よりも that が使われます.

(2) **そしてそれは[を]**
(♦ which の前にコンマをつける; (1)とは異なり, 省略できない)

▸I made an apron**, which** I gave to my mother. わたしはエプロンを作り, そしてそれを母にあげた.

―形容詞〘疑問形容詞〙**どちらの**, どの

▸**Which** bag is yours? どちらのかばんがあなたのものですか?

˙whether [hwéðər (ホ)ウェざ]
接続詞 ❶《名詞節をつくって》…**かどうか**
(同義語 if)
▸Tell me **whether** he is at home.
彼が家にいるかどうか教えてください.
▸**Whether** it will rain (or not) tomorrow matters a lot to our plan. 明日, 雨が降るかどうかはわたしたちの計画にとって重要だ. (◆ Whether から tomorrow までが主語)
❷《副詞節をつくって》
《**whether ... or not** で》
…であろうとなかろうと;
《**whether ... or 〜**で》
…であろうと〜であろうと
▸**Whether** I win **or not**, I'm happy to be in the final round.
勝っても勝てなくても, 決勝に出られるのがうれしい.

⁑which
代名詞 形容詞 ➡ p.696 **which**

whichever [hwìtʃévər (ホ)ウィチエヴァ]
代名詞 ❶ …するものはどれ[どちら]でも
▸Drink **whichever** you like.
どれでも好きなものを飲みなさい.
❷ どれ[どちら]が[を]…しても
(◆《口語》no matter which)
▸**Whichever** you buy, the prices are almost the same. どちらを買うにしても, 値段はほぼ同じだ.
——形容詞 …するものはどちらの〜でも;
どちらの…が[を]〜しようとも
▸Use **whichever** pen you like.
どちらでも好きなペンを使いなさい.

⁑while [hwáil (ホ)ワイる]
——接続詞
❶《しばしば進行形とともに用いて》
…する間に
▸**While** you were out, Ann called you. あなたが外出している間に, アンから電話がありましたよ.
▸Ed was watching TV **while** I **was reading** a book.
わたしが本を読んでいる間, エドはテレビを見ていた.
▸**While** (he was) in New York, he studied painting.
ニューヨークにいる間, 彼は絵を学んだ.
(◆ while 節の主語と主節の主語が同じ場合, while 節の「主語＋ be 動詞」は省略できる)
❷ **…なのに** (同義語 although);
(ところが)一方では
▸**While** the team had no star players, it won the tournament.
そのチームにはスター選手がいなかったのに, トーナメントで優勝した.
▸Some people like dogs, **while** others don't (like them).
イヌを好きな人もいる一方, 嫌(きら)いな人もいる.
——名詞 U《ふつう **a while** で》
(少しの)時間, (しばらくの)間
▸We played soccer for **a while**.
わたしたちは少しの間サッカーをした.
after a whíle しばらくして
▸**After a while**, the fog cleared.
しばらくして, 霧(きり)が晴れた.
áll the whíle その間ずっと
▸He kept talking **all the while**.
彼はその間ずっとしゃべり続けた.
It is wórth whíle ＋ ***...ing*** [***to*** ＋**動詞の原形**] …する価値がある
ónce in a whíle ときどき

whip [hwíp (ホ)ウィップ] 名詞 C むち
——動詞 (三単現 **whips** [-s]; 過去・過分 **whipped** [-t]; 現分 **whipping**) 他
❶ …をむちで打つ
❷ (卵・クリームなど)を泡(あわ)立てる

whirl [hwə́ːrl (ホ)ワ〜る] 動詞
自 ぐるぐる回る, うず巻く
——他 …をぐるぐる回す, うず巻かせる
——名詞 C《ふつう **a whirl** で》
回転; うず巻き

whisker [hwískər (ホ)ウィスカ] 名詞
C《ふつう **whiskers** で》
(ネコなどの)ひげ; ほおひげ

whiskey, whisky [hwíski (ホ)ウィスキ] 名詞 U C ウイスキー

whisper [hwíspər (ホ)ウィスパ] 動詞
他 …をささやく, 小声で言う
▸Meg **whispered** something to me. メグはわたしに何かささやいた.
——自 ささやく, 小声で話す
——名詞 ❶ C ささやき声; ないしょ話
❷ C (小川・木の葉の) サラサラいう音
(同義語 murmur)

whistle [hwísl (ホ)ウィスる] (★発音に注意) 動詞 (三単現 **whistles** [-z];

(過去・過分) **whistled** [-d];
(現分) **whistling**) 自
口笛を吹(ふ)く; 警笛(けいてき)[ホイッスル]を鳴らす; (風が)ヒューと鳴る
—名詞 C 口笛; 警笛, ホイッスル; ヒューという音

⁑white [hwáit (ホ)ワイト]

—形容詞 (比較 **whiter**; 最上 **whitest**)
❶ **白い**, 白色の
▸a **white** dress 白いドレス
❷ (顔色が恐怖(きょうふ)などで)青ざめた, 血の気のない (同義語 pale)
▸Beth turned **white** when she heard the news.
ベスはそのニュースを聞いて青ざめた.
❸ 白色人種の, 白人の
▸the **white** race 白色人種
—名詞 (複数 **whites** [hwáits (ホ)ワイツ]) ❶ U **白**, 白色; **白い服**
▸Doctors and nurses wear **white** in the hospital. その病院では医者と看護師は白衣を着ている.
❷ C 白人
❸ C U (卵の)白身, 卵白(らんぱく)
(対義語 yellow 黄身); C (目の)白目
➡ **eye** 図

White House [hwáit hàus (ホ)ワイト ハウス] (★アクセントに注意) 名詞

《**the White House** で》ホワイトハウス
(♦アメリカの首都ワシントンにある大統領官邸(かんてい))

WHO [dʌ́blju:èitʃóu ダブリューエイチオウ, hú: フー] 名詞 世界保健機関

(♦ the *W*orld *H*ealth *O*rganization の略; 国連の専門機関)

⁑who 代名詞 ➡ p.700 **who**

whoever [hù:évər フーエヴァ] 代名詞

(所有格 **whosever** [hù:zévər フーズエヴァ]; 目的格 **whomever** [hù:mévər フームエヴァ])
❶ …する人はだれでも (= anyone who)
▸**Whoever** wants to join our club will be welcomed.
わたしたちのクラブに入りたい人はだれでも歓迎(かんげい)します.
❷ だれが[を]…しようとも
(♦《口語》no matter who)
▸**Whoever** comes, tell them I'm not home. だれが来ても, わたしは家にいないと言いなさい.

⁂whole [hóul ホウる]

—形容詞 ❶《名詞の前に用いて》
全体の, すべての, 全…
▸the **whole** country 全国(民)
▸She devoted her **whole** life to science.
彼女は科学に全生涯(しょうがい)をささげた.
❷ (期間・距離(きょり)などが)まる…, ちょうど…; まるごとの
▸I stayed in New York for a **whole** month. わたしはまる1か月の間, ニューヨークに滞在(たいざい)した.
—名詞 U《ふつう **the whole** で》
全体, 全部 (対義語 part 部分)
▸**the whole** of Asia アジア全体
as a whóle 全体として
on the whóle
全体から見れば, 概(がい)して
▸**On the whole**, the concert was a success. 全体的に見ると, そのコンサートは成功だった.

wholesale [hóulsèil ホウるセイる]

形容詞 卸(おろ)し売りの

wholly [hóu*l*li ホウ(る)り]

副詞 すっかり, 全く, 完全に

⁂whom [hú:m フーム] 代名詞 (who の目的格)

❶ 〔疑問代名詞〕**だれに, だれを**
(♦《口語》ではふつう whom の代わりに who を用いる)
▸**Whom** did you see in the park?
公園でだれに会いましたか?
▸**Whom** are you looking for?
だれをさがしているのですか?
▸Please tell me **whom** Liz likes.
リズはだれを好きなのか教えてください. (♦ whom 以下は「主語+動詞」の語順) ➡ p.692 **what** ルール 1 3
▸**Whom** do you think Bob likes?
ボブはだれを好きだと思いますか?

➡ think ルール 2

▸From **whom** did you get this? だれからこれをもらいましたか？
(♦ whom の前に前置詞があるときは who に言い換(か)えられない)

❷〔関係代名詞〕
(1) **…するところの** (♦先行詞は「人」を表す語句になり, 目的格として用いる; 《口語》では省略されることが多い)
▸The girl (**whom**) I like (the) best is Beth.
ぼくがいちばん好きな女の子はベスだ.
▸The man with **whom** Sue is talking is Mr. Lee.
(=The man (**whom**) Sue is talking with is Mr. Lee.)
スーが話をしている男の人はリー先生だ. (♦前置詞が前につくと whom は省略できない)
(2) **そしてその人に**[を] (♦ whom の前にコンマをつける; この whom は省略できない)
▸Mr. Cook**, whom** I know well, is a gentleman. クック氏のことはよく知っていますが, あの人は紳士(しんし)です.
▸I called Ann**, to whom** I told the truth. わたしはアンに電話をして, 彼女に本当のことを伝えた.

⁑who's [húːz フーズ]

《口語》who is, who has の短縮形

⁑whose [húːz フーズ] 代名詞

❶〔疑問代名詞 who の所有格〕
だれの; だれのもの
▸That bike is cool. **Whose** is it?
あの自転車かっこいいね. だれの？

ダイアログ
A: **Whose** book is this?
これはだれの本ですか？
B: It's mine.
わたしのです.

▸**Whose** novels do you like best?
だれの小説がいちばん好きですか？
▸Do you know **whose** car that is?
あれはだれの車か知っていますか？
(♦ whose 以下は「主語＋動詞」の語順)
➡ p.692 **what** ルール 1 3

❷〔関係代名詞 who または which の所有格〕
(1) **その…が**[を, に]**〜するところの**
(♦主格の who, 目的格の whom の場合は「人」を表す語句が先行詞になるが, 所有格の whose の場合は「人」のほかに「もの」や「動物」を表す語句も先行詞になる)
▸I have an American friend **whose** name is Sue.
わたしにはスーという名のアメリカ人の友人がいる.
▸Those mountains **whose** tops are white are the Canadian Rockies.
頂上が白いあの連峰(れんぽう)はカナディアンロッキーだ.
(2) そしてその
(♦ whose の前にコンマをつける)
▸Ellen**, whose** parents live in Boston, now lives in Japan.
エレンは, 両親はボストンに住んでいるが, 今は日本で暮らしている.

⁑why 副詞 間投詞 ➡ p.701 why

WI

【郵便】ウィスコンシン州
(♦ *Wi*sconsin の略)

wicked [wíkid ウィケッド]

(★発音に注意) 形容詞
(比較 **wickeder**; 最上 **wickedest**)
悪い, 邪悪(じゃあく)な, 意地悪な

˙wide [wáid ワイド]

—形容詞 (比較 **wider**; 最上 **widest**)
❶ **幅(はば)の広い**
(同義語 broad, 対義語 narrow 狭(せま)い); 幅が…の

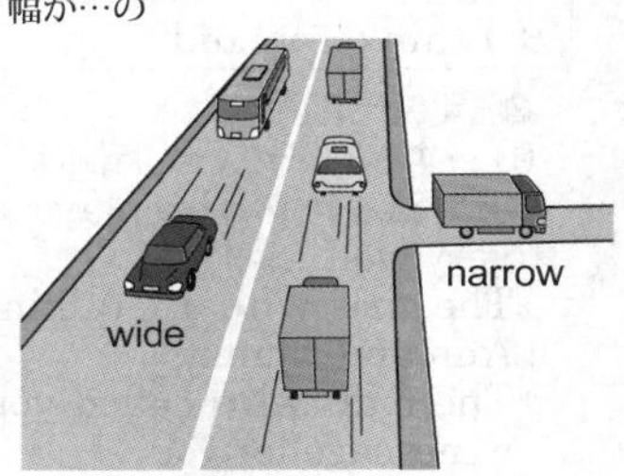

▸a **wide** river 幅が広い川

ダイアログ
A: How **wide** is the road?
その道路の道幅はどれくらいですか？
B: It is ten meters **wide**.
10 メートルです.

➡ p.702

A B C D E F G H I J K L M N O P Q R S T U V W X Y Z

⁝who 代名詞

[húː フー]

❶〔疑問代名詞〕**だれ, だれが**
❷〔関係代名詞〕(1) **…するところの**
(2) **そしてその人は**

(所有格 **whose** [húːz フーズ]; 目的格 **whom** [húːm フーム])

❶〔疑問代名詞〕**だれ, だれが**

ダイアログ

A: **Who**'s that woman?	あの女性はだれですか?
B: She's Ms. Ellen Baker, my English teacher.	彼女はエレン・ベーカー, わたしの英語の先生です.

(♦ Who's は Who is の短縮形; 相手に直接 Who are you? とたずねるのは失礼になるので, May I ask [have] your name? などと言う)

▸**Who** is it? (♦この場合 it を用いる) — (ノックの音などを聞いて)どちらさまですか?

ダイアログ

A: **Who** came to see me?	だれがわたしに会いに来たのですか?
B: Mary did.	メアリーです.

▸**Who** are you looking for? — だれをさがしているのですか?
(♦「だれを」は whom だが, 《口語》では who を用いる)

▸I wonder **who** he is. — 彼はだれだろう.
(♦ who 以下は「主語+動詞」の語順) ➡ p.692 **what** ルール 1 3

▸Do you know **who** won? — だれが勝ったか知っていますか?
(♦この who は主語として使われているため, who 以下は「who +(助)動詞」の語順になる)

ダイアログ

A: **Who** do you think won the race?	だれがレースに勝ったと思いますか? ➡ **think** ルール 2
B: I think Tom did.	トムだと思います.

❷〔関係代名詞〕

(1) **…するところの** (♦先行詞は「人」を表す語句になる; 主格として用いる)

▸Jim is a boy **who** plays soccer very well. — ジムはサッカーがとてもうまい少年だ.

▸The girls **who** are talking are Ann and Emma. — おしゃべりしている女の子はアンとエマだ.

▸The man **who** called you left a message for you. — あなたに電話をしてきた男性がメッセージを残しました.

(2) **そしてその人は** (♦ who の前にコンマをつける)

▸They have a son**, who** lives in Paris. — 彼らには息子(むすこ)が1人いて, (彼は)パリに住んでいる.

(♦息子は1人しかいない; They have a son who lives in Paris.「彼らにはパリに住んでいる息子が(1人)いる.」だと, 息子が2人以上いることになる ➡ (1))

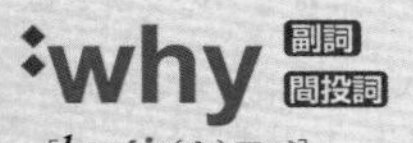

[*h*wái（ホ）ワイ]

副詞 ❶〔疑問副詞〕なぜ
❷〔関係副詞〕…する（理由）

—副詞 ❶〔疑問副詞〕**なぜ**，どうして（♦「理由・目的」をたずねる場合に用いる）

ダイアログ
A: **Why** were you absent yesterday? なぜ昨日休んだのですか？（♦理由をたずねる）
B: Because I had a cold. 風邪(かぜ)をひいたからです．

ダイアログ
A: **Why** did you stay up late last night? 昨晩はどうして夜遅(おそ)くまで起きていたの？（♦目的をたずねる）
B: To finish my homework. 宿題を終わらせるためだよ．
➡ **because** くらべよう

▸I don't know **why** she was late for school. 彼女がなぜ学校に遅刻(ちこく)したのか，わたしは知らない．
（♦why 以下は「主語＋動詞」の語順；この文の why は ❷ の関係副詞と考えることもできる）➡ p.692 **what** ルール **1** **3**

▸**Why** do you think Bob had a quarrel with Tom? なぜボブはトムと口論をしたと思う？
➡ **think** ルール **2**

❷〔関係副詞〕**…する（理由）**（♦先行詞は the reason だが，why か the reason のどちらか一方が省略されることが多い）

▸He's honest. That's (the reason) **why** I like him. 彼は正直です．だからわたしは彼が好きです．

▸Tell me (the reason) **why** you're crying. なぜ泣いているの．（♦「あなたの泣いている理由をわたしに話して」から）

Why don't we ...? （いっしょに）…しませんか？

Why don't you ...? 〔提案〕…してはどうですか？

▸**Why don't you** invite her to your birthday party? 彼女をあなたのバースデーパーティーにさそってみたらどうですか？

Why nót?

①《相手が否定文を使ったあとで》なぜそうしないのか，どうしてだめなのか？

ダイアログ
A: I **don't** want to eat. 食べたくないんだ．
B: **Why not?** どうして？

②《許可を求められて》もちろん，いいとも；《提案に》そうしよう．

ダイアログ
A: May I join you? わたしも仲間に入れてもらっていい？
B: **Why not?** もちろん．

—間投詞 [wái ワイ] 《主に米》（驚(おどろ)き・いらだち・反対・ためらいなどを表して）おや，まあ，なんだって，ええと

❷ **広大な**, 広々とした

▸the **wide** world 広大な世界

❸ (範囲(はんい)・知識などが)**広い**

▸This store has a **wide** variety of books. この店は本の品ぞろえが豊富だ.

❹ 大きく開いた

▸Emily's eyes were **wide** with surprise. エミリーは驚(おどろ)き, 目を大きく見開いていた.

──副詞 (比較・最上 は 形容詞 に同じ)

広く; 広範囲に; 大きく開けて; すっかり

▸He opened the window **wide**. 彼は窓を大きく開けた.

fár and wíde いたるところを[に] (同義語 everywhere)

widely [wáidli ワイドり] 副詞

広く, 広範囲(はんい)に

widen [wáidn ワイドゥン] 動詞

他 …を広げる, 広くする

──自 広くなる; (ちがいなどが)広がる

widow [wídou ウィドウ] 名詞 C 未亡人 (◆男性は widower [wídouər ウィドウア])

width [wídθ ウィドす] 名詞

U C 幅(はば), 広さ ➡ **length** 参考

⁺wife [wáif ワイふ] 名詞

(複数 **wives** [wáivz ワイヴズ])

C **妻**, 夫人(対義語 husband 夫)

▸They are husband and **wife**. 彼らは夫婦(ふうふ)だ. (◆この場合, husband and wife に冠詞をつけない)

Wi-Fi [wáifài ワイふァイ] 名詞

U【コンピューター】ワイファイ (◆無線 LAN の標準的な規格) ➡ **LAN**

⁺wild [wáild ワイるド]

──形容詞 (比較 **wilder**; 最上 **wildest**)

❶ (動植物が)**野生の**(対義語 domestic, tame 飼いならされた)

▸**wild** animals 野生動物

❷ (土地が)**荒**(あ)**れた**; 未開の

▸**wild** land 荒れ地

❸ (人・動物などが)**乱暴な**, 荒々(あらあら)しい

▸a **wild** child 手に負えない子供

▸go **wild** 激怒(げきど)する, 興奮する

❹ (天候・海などが)荒れた, 激しい

▸a **wild** sea 荒海

❺ 熱狂(ねっきょう)的な; (…に) 夢中になって《about ...》

▸Tigers fans are **wild about** the team's victory. チームの勝利にタイガースのファンは熱狂している.

──名詞 (複数 **wilds** [wáildz ワイるヅ])

《**the wild** で》野生 (の状態);

《**the wilds** で》荒野(こうや), 未開地

in the wíld 野生で

wildcat [wáildkæ̀t ワイるドキぁット]

名詞 C【動物】ヤマネコ

wilderness [wíldərnəs ウィるダネス]

(★発音に注意) 名詞

(複数 **wildernesses** [-iz])

C 荒野(こうや), 荒(あ)れ地

wildlife [wáildlàif ワイるドらイふ] 名詞

U 野生動物(全体), 野生生物(全体)

⁑will[1] 助動詞 ➡ p.703 will[1]

will[2] [wíl ウィる] 名詞

❶ U C 意志, 意欲; 望み

▸She has a strong **will**. 彼女は強い意志の持ち主だ.

❷ C 遺言(ゆいごん); 遺書

at wíll 思いのままに, 自由に

willing [wíliŋ ウィりンヶ] 形容詞

❶《**be willing to** ＋**動詞の原形**で》

…してもかまわない, …するのをいとわない

▸**I'm willing to** do the dishes. 食器はわたしが洗います.

❷《名詞の前で用いて》自発的な, 進んでする

▸a **willing** worker 働き者

willingly [wíliŋli ウィりンヶり] 副詞

快く, 進んで

willow [wílou ウィろウ] 名詞

C【植物】ヤナギ

⁺win [wín ウィン]

──動詞 (三単現 **wins** [-z]; 過去・過分 **won** [wʌ́n ワン]; 現分 **winning**)

──他 ❶ (戦い・競技など) **に勝つ**

(◆「(相手)に勝つ」は defeat, beat; 対義語 lose …に負ける)

▸The Yankees **won** the game over the Mets two to one. ヤンキースは 2 対 1 でメッツに勝った. (◆× The Yankees won the Mets. とはいわない)

❷ (勝利・名声など)**を勝ちとる**, 獲得(かくとく)する

▸Saki **won** (the) first prize in the English speech contest. 咲は英語弁論大会で 1 等賞をとった.

⁑will¹ 助動詞

[wíl ウィる ; (弱く言うとき)əl (ア)る]

❶〔単なる未来〕…でしょう
❷〔意志〕…するつもりだ
❸〔依頼(いらい)・勧誘(かんゆう)〕…してくれませんか？
❹〔習慣・傾向(けいこう)〕よく…する

(過去 **would** [wúd ウッド])

ルール will の使い方

1 《口語》では代名詞のあとの will をしばしば 'll と短縮します.
I will → **I'll**　they will → **they'll**

2 ただし, Yes, I will. のように will が文の最後にくるときは短縮しません.

3 will not は won't [wóunt ウォウント] と短縮します.

❶〔単なる未来〕**…でしょう**, …だろう(♦確定的なことや, 話し手の考え, 予想などを述べるときに使う)

▸I **will** be fifteen next month.　わたしは来月で 15 歳(さい)になる.
▸He'll be back in a minute.　彼はすぐに戻(もど)るでしょう.

ダイアログ
A: **Will** it rain tomorrow?　あしたは雨が降るでしょうか？
B: No, it **won't**.　いいえ, 降らないでしょう.

❷〔意志〕**…するつもりだ**(♦「be going to ＋動詞の原形」とは異なり, 発話の時点で生じた意志や決意を表す ➡ **go** 成句 ***be going to*** ＋**動詞の原形** ルール)

▸OK. **I'll** do it.　わかりました. わたしがやります.
▸I **won't** forget you.　あなたのことは忘れません.

❸〔依頼・勧誘〕《**Will you ...?** で》**…してくれませんか？**, …しませんか？(♦ Will you ..., please? とするとよりていねいになる)

ダイアログ
A: **Will you** lend me the book?　その本を貸してくれませんか？
B: Sure. Here you are.　いいですよ. はいどうぞ.

ダイアログ
A: **Will you** have seconds?　お代わりはいかがですか？
B: No, thank you.　いいえ, けっこうです.

❹〔習慣・傾向〕**よく…する**, …するものだ(♦ I, we は主語にならない)

▸They **will** watch TV after dinner.　彼らはよく夕食後にテレビを見る.
▸ことわざ Accidents **will** happen.　事故は起きるものだ.

❺〔強い主張〕どうしても…しようとする;〔強い拒絶(きょぜつ)〕《否定文で》どうしても…しようとしない

▸My little sister **will** always come along with me.　いつも妹があとについてくる(からいやになる).
▸My car **won't** start.　車のエンジンがどうしてもかからない.

❻〔強い命令〕…しなさい

▸You **will** clean your room right now.　今すぐ, 自分の部屋を掃除(そうじ)しなさい.

——自 勝つ(対義語 lose 負ける)
▸Our team **won** in the finals.
決勝戦ではわたしたちのチームが勝った.
Yóu win. 《口語》あなたの言うとおりだ, わたしの負けです; (クイズなどで)当たり.
——名詞 (複数 **wins** [-z])
C 勝ち, 勝利(対義語 loss 敗北)

⁑wind¹ [wínd ウィンド] 名詞

(複数 **winds** [wíndz ウィンヅ])
❶ U C 《形容詞がつかないときはふつう **the wind** で》風
(◆「(快い)そよ風」は breeze)
▸a gentle **wind** 穏やかな風
▸**The wind** is rising [dropping].
風が強くなってきた[弱まってきた].
▸There was a strong **wind** today.
今日は風が強かった.
▸A cold north **wind** is blowing.
冷たい北風が吹(ふ)いている.
❷ U 息, 呼吸(同義語 breath)
❸《**the winds** で単数または複数あつかい》(オーケストラの)管楽器部(全体)
(◆一つひとつの管楽器は a wind instrument という)

wind² [wáind ワインド] (★発音に注意)

動詞 (三単現 **winds** [wáindz ワインヅ]; 過去・過分 **wound** [wáund ワウンド]; 現分 **winding**)
他 (糸など)を巻く; (布など)を巻きつける
▸The nurse **wound** a bandage around his arm.
看護師は彼の腕(うで)に包帯を巻いた.
——自 (川・道などが)曲がる, くねる
▸The stream **winds** through the woods.
その小川は森の中を曲がりくねって流れている.

windmill [wíndmìl ウィンドミる] 名詞

C 風車(小屋); 風力発電機

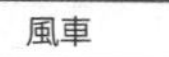

風車

風力発電機

⁑window [wíndou ウィンドウ]

名詞 (複数 **windows** [-z])
❶ C 窓 ➡ **house** 図
▸Will you open the **window**?
窓を開けていただけますか?
▸He closed [shut] the **window**.
彼は窓を閉めた.
▸Kate looked out of the **window**.
ケイトは窓の外を見た.
▸a **window** seat
(列車・飛行機などの)窓側の席
(◆通路側の席は an aisle seat)
❷ C 窓ガラス
▸Who broke the **window**?
だれが窓ガラスを割ったのですか?
❸ C ショーウインドー
(= show window); (銀行などの)窓口; 窓のようなもの
❹ C 【コンピューター】ウインドウ
(◆ファイルやプログラムなどを別個(べっこ)に表示するための分割された画面)

windsurfing [wíndsə̀ːrfiŋ ウィンドサ〜ふィング] 名詞

U 【スポーツ】ウインドサーフィン
(◆帆(ほ)を取りつけたボードを使う波乗り)

windy [wíndi ウィンディ] 形容詞

(比較 **windier**; 最上 **windiest**)
風の吹(ふ)く, 風の強い; 風の当たる
▸It's **windy** today.
今日は風が強い.

wine [wáin ワイン] 名詞 U C ワイン

▸a glass of **wine**
グラス1杯(ぱい)のワイン

˙wing [wíŋ ウィング] 名詞

(複数 **wings** [-z])
❶ C (鳥の)翼(つばさ); (昆虫(こんちゅう)の)羽
➡ **feather** 図
▸The eagle spread its **wings**.
ワシは翼を広げた.
❷ C (飛行機・風車などの)翼, 羽
❸ C (建物の) そで; 《**the wings** で》(舞台(ぶたい)の)そで
❹ C (サッカーなどの)ウイング; ウイングの選手

wink [wíŋk ウィンク] 動詞 自

❶ (…に) ウインクする, (片目で) 目くばせする《at ...》; まばたきをする
❷ (星・光などが)またたく, きらめく; (明かりなどが)点滅(てんめつ)する

—名詞 ❶ C ウインク, 目くばせ
❷《a wink で》またたく間, わずかな時間

winner [wínər ウィナ] 名詞
C 勝者(対義語 loser 敗者); 受賞者

:winter [wíntər ウィンタ] 名詞
(複数 **winters** [-z])
U C 冬, 冬季 ➡ **spring** ルール
▸I enjoy skiing in (the) **winter**.
わたしは冬にスキーを楽しむ.
(♦ the を用いるのは主に《米》)
▸We had a very cold **winter** last year. 去年の冬はとても寒かった.
▸this **winter** ことしの冬
▸the **winter** vacation 冬休み

·wipe [wáip ワイプ] 動詞
(三単現 **wipes** [-s]; 過去・過分 **wiped** [-t]; 現分 **wiping**)
他 **…をふく**, ぬぐう; (汚(よご)れなど)をふき取る
▸**Wipe** your mouth with your napkin. ナプキンで口をふきなさい.

wiper [wáipər ワイパ] 名詞
❶ C ふく人; ふくもの
❷ C (自動車の)ワイパー
(= windshield [wíndʃìːld ウィンドシールド] wiper) ➡ **cars** 図

wire [wáiər ワイア] 名詞
(複数 **wires** [-z])
❶ C U 針金; 電線, 電話線
▸a telephone **wire** 電話線
▸a **wire** fence 鉄条網(じょうもう)
❷ C U 《米口語》電報
(同義語 telegram)
▸send a **wire** 電報を打つ

wireless [wáiərləs ワイアレス] 形容詞
無線の, ワイヤレスの

Wisconsin [wiskɑ́nsn ウィスカンスン]
名詞 ウィスコンシン州
(♦アメリカ中北部の州; Wis., Wisc. または【郵便】で WI と略す)

wisdom [wízdəm ウィズダム] 名詞
U 知恵(ちえ), 分別, 賢明(けんめい)さ
▸a person of **wisdom** 賢者(けんじゃ)

·wise [wáiz ワイズ] 形容詞
(比較 **wiser**; 最上 **wisest**)
賢(かしこ)い, 賢明(けんめい)な, 分別のある
(対義語 foolish, stupid 愚(おろ)かな)
▸make a **wise** decision
賢明な決断を下す
▸It was **wise** of you to reserve two tickets. (=You were **wise** to reserve two tickets.)
あなたが切符(きっぷ)を 2 枚予約したのは賢明だった.

·wish [wíʃ ウィッシ]
—動詞 (三単現 **wishes** [-iz]; 過去・過分 **wished** [-t]; 現分 **wishing**)
—他 ❶《**wish to** +動詞の原形で》
…したいと思う, …することを望む; …を望む(♦ want よりもかたい語)
▸Bob **wishes to** be a pilot.
ボブはパイロットになりたいと思っている.
❷《**wish** +人+ **to** +動詞の原形で》
(人)**に…してもらいたい**, (人)が…であることを望む
▸I **wished** Ann **to** play the piano.
アンにピアノをひいてほしかった.
❸《**wish** +人+名詞で》(人)に(幸運・成功などが)もたらされるよう祈(いの)る
▸I **wish** you a Merry Christmas and a Happy New Year!
メリークリスマス, そしてよい年を!
(♦クリスマスカードに書かれることば)
❹《**wish** + **that** 節で》
…であればよいのだが
(♦現在の事実と反対のことを仮定する表現; that 節の中の動詞・助動詞は過去形になる; be 動詞は主語が単数でも were (《口語》では was)を用いる; that は省略することが多い) ➡ **hope** くらべよう
▸I **wish** he **were** [《口語》**was**] here now. 彼が今ここにいたらなあ.
(♦実際には, 彼はここにいない)
▸I **wish** I **had** a car.
車があったらなあ.
(♦実際には, 車を持っていない)
▸I **wish** I **could** fly.
飛ぶことができたらなあ. (♦実際には, 飛べない)
—自 **望む**, ほしいと思う; 《**wish for** ... で》…を望む
▸We **wish for** world peace.
わたしたちは世界平和を望んでいる.
—名詞 (複数 **wishes** [-iz])
❶ C **願い**; 願い事
▸make a **wish** 願い事をする
❷ C 《ふつう **wishes** で》祝福のことば, 祈(いの)り

▸Please give your family my best **wishes**. どうぞご家族のみなさんによろしくお伝えください.

With* (*my*) *bést wíshes,
= ***Bést wíshes,*** ご多幸をお祈りします.
(◆手紙の結びなどに添(そ)えることば)

wishbone [wíʃbòun ウィッシボウン]
名詞 C (鳥の胸の)叉骨(さこつ)
(◆Yの形をした骨を2人で引っ張り合い, 長いほうを取った人の願い事がかなうといわれている)

wit [wít ウィット] 名詞 U 機知, ウイット
(◆内容があって, しかもおもしろいことを言う能力) ➡ **joke** くらべよう

witch [wítʃ ウィッチ] 名詞
(複数 **witches** [-iz])
C 魔女(まじょ), (女の)魔法使い
(対義語 wizard (男の)魔法使い)

:with 前置詞 ➡ p.707 **with**

withdraw [wiðdrɔ́ː ウィずドゥロー] 動詞
(三単現 **withdraws** [-z];
過去 **withdrew** [wiðdrúː ウィずドゥルー];
過分 **withdrawn** [wiðdrɔ́ːn ウィずドゥローン]; 現分 **withdrawing**) 他
❶ …をひっこめる
▸He quickly **withdrew** his hand from the hot water in the bath.
彼は浴槽(よくそう)の湯からすぐに手をひっこめた.
❷ (預金)を(…から)ひき出す;
…を(…から) 取り出す《from [out of] ...》
❸ (軍隊)を撤退(てったい)させる;
…を撤回(てっかい)する
—自 ひき下がる, 退く

withdrawn [wiðdrɔ́ːn ウィずドゥローン]
動詞 withdraw(…をひっこめる)の過去分詞

withdrew [wiðdrúː ウィずドゥルー] 動詞
withdraw(…をひっこめる)の過去形

•within [wiðín ウィずイン] 前置詞
❶ 〔時間・距離(きょり)〕…**以内に[で]**
▸I'll be back **within** an hour.
1時間以内に戻(もど)ってきます.
(◆in an hour だと「1時間たてば, 1時間後に」という意味になる)
▸There are two libraries **within** one kilometer of our school.
わたしたちの学校から1キロ以内に図書館が2つある.
❷ …の内側に[で], …の内部に[で]
▸stay **within** the building
建物内にとどまる
❸ …の範囲(はんい)内で
▸live **within** *one's* income
収入の範囲内で生活する

:without [wiðáut ウィずアウト]
前置詞 ❶ **…なしで[に]**, …がなければ
▸We can't live **without** food and water. 食料や水がなければわたしたちは生きられない.
❷《**without** + **...ing** で》
…しないで, …せずに
▸He left **without saying** goodbye.
彼はさよならも言わずに去った.

do withóut ... = ***go withóut ...***
…なしで済ませる

witness [wítnəs ウィットネス] 名詞
(複数 **witnesses** [-iz]) C 目撃(もくげき)者, 証人(= eyewitness); U 証拠(しょうこ), 証言
—動詞 (三単現 **witnesses** [-iz];
過去・過分 **witnessed** [-t];
現分 **witnessing**) 他
❶ …を目撃する
▸They **witnessed** the accident.
彼らはその事故を目撃した.
❷ (証人として)…に立ち会う
❸ …を証言する; …の証拠となる
—自 (…を)証言する, 立証する《to ...》

wives [wáivz ワイヴズ] 名詞
wife(妻)の複数形

wizard [wízərd ウィザド] 名詞
C (男の) 魔法(まほう)使い
(対義語 witch (女の) 魔法使い)

woke [wóuk ウォウク] 動詞
wake(目が覚める)の過去形の一つ

woken [wóukən ウォウクン] 動詞
wake(目が覚める)の過去分詞の一つ

wolf [wúlf ウるふ] 名詞 (複数 **wolves** [wúlvz ウるヴズ]) C【動物】オオカミ

⁝with 前置詞

［wíð ウィず］

❶〔共同・同伴(どうはん)〕…といっしょに
❷〔携帯(けいたい)・所有〕…を身につけて
❸〔道具・手段〕 …で，…を使って
❹〔覆(おお)い・供給〕 …で，…を使って

❶〔共同・同伴〕…**といっしょに**，…とともに

▸I went shopping **with** Ann.	わたしはアンと買い物に行った.
▸I live **with** my big sister.	わたしは姉といっしょに住んでいる.
▸We have a turkey **with** cranberry sauce on Thanksgiving Day.	感謝祭の日に，わたしたちはクランベリーソースをかけた七面鳥を食べる.
▸Are you **with** me?	わたしの話がわかりますか？

(♦「わたしについてきていますか？」が本来の意味)

▸He gets up **with** the sun.	彼は日の出とともに起きる.

❷〔携帯・所有〕…**を身につけて**，…を持って；…の身につけて

▸a girl **with** blue eyes	青い目の少女
▸a boy **with** a straw hat	麦わら帽子(ぼうし)をかぶった少年
▸I have no money **with** me now.	今はお金の持ち合わせがない.

❸〔道具・手段〕…**で**，…**を使って**

▸Eat your soup **with** the spoon.	スプーンを使ってスープを飲みなさい.

❹〔覆い・供給〕…**で**，…**を使って**

▸Bob filled the glass **with** water.	ボブはグラスを水で満たした.
▸The village was covered **with** snow.	その村は雪に覆われていた.

❺〔関係・対象〕…に関して，…について

▸What's wrong **with** you?	どうしたんですか？

❻〔対立・比較(ひかく)〕…を相手に

▸She is still angry **with** me.	彼女はまだわたしのことを怒(おこ)っている.
▸I had a quarrel **with** my little brother.	わたしは弟と口げんかをした.
▸I checked my answers **with** his.	わたしは自分の答えを彼の答えと照らし合わせた.

❼〔賛成〕…に賛成して，味方して

▸On this issue, I'm **with** you.	この件に関しては，きみに賛成だ.

❽〔状況(じょうきょう)・状態〕…で，…の状態で；《**with** ＋**人・物事**＋**形容詞**［**副詞**］(**句**)で》(人・物事)を…の状態にしたままで

▸I did the job **with** pleasure.	わたしは喜んでその仕事をした.
▸Tom was sitting **with** his legs on the desk.	トムは机の上に両足を載(の)せてすわっていた.

❾〔原因・理由〕…のために

▸She turned red **with** anger.	彼女は怒(いか)りで(顔が)赤くなった.

with áll ... …にもかかわらず

▸**With all** that talent, he is still in the minor league.	あれだけの才能がありながら，彼はまだマイナーリーグにいる.

wolves [wúlvz ウるヴズ] 名詞
wolf (オオカミ)の複数形

⁑woman [wúmən ウマン] 名詞

(複数 **women** [wímin ウィミン])
C (成人した)**女性**, 婦人
(類語 lady ご婦人, 対義語 man 男性)

▸a **woman** writer 女流作家
(♦複数形は women writers; 職業に性別をつけるのは避(さ)けられる傾向(けいこう)にあるため, 単に writer ということも多い)

▸This book is very popular among young **women**.
この本は若い女性の間でとても人気がある.

wombat [wɑ́mbæt ワンバぁット] 名詞 C
【動物】ウォンバット (♦オーストラリア産の有袋(ゆうたい)動物)

⁎women

[wímin ウィミン] (★発音に注意)
名詞 woman(女性)の複数形

women's room [wíminz rù:m ウィミンズ ルーム] 名詞 C 《米》(公共の)女性用トイレ (♦《英》ladies; 対義語 men's room 男性用トイレ)

⁎won [wʌ́n ワン] (★発音に注意) 動詞

win(…に勝つ)の過去形・過去分詞

⁎wonder [wʌ́ndər ワンダ]

——動詞 (三単現 **wonders** [-z]; 過去・過分 **wondered** [-d]; 現分 **wondering**)

——他 ❶《**wonder** + **wh-** 節[**if** 節]で》
…だろうかと思う

▸**I wonder why** she left so early.
彼女はどうしてあんなに早く帰ってしまったのだろう.

▸**I wonder if** the story is true.
その話は事実なのだろうか.

❷《**wonder** + **that** 節で》…ということに驚(おどろ)く, …だとは不思議(ふしぎ)だ

▸**I wonder (that)** she painted this picture in a few days.
彼女がこの絵を数日でえがいたとは驚きだ.

..., I wonder? …だろうか(♦ふつう疑問文のあとにつけて用いる)

▸What's this, **I wonder?**
これは何だろうか?

——自《**wonder at ...** で》
…に驚く, …を不思議に思う
(♦ be surprised at よりもかたい言い方)

▸We **wondered at** his memory.
わたしたちは彼の記憶(きおく)力に驚いた.

——名詞 (複数 **wonders** [-z])

❶ U **驚き**; 不思議
(♦ surprise よりかたい語)

▸She turned around in **wonder**.
彼女は驚いて振(ふ)り返った.

❷ C 不思議なもの[人・こと]; 驚くべきもの[人]

▸the Seven **Wonders** of the World
世界の七不思議

It is nó wónder (that) ...
= ***Nó wónder (that) ...***
…は少しも不思議ではない

▸**It's no wonder that** she won the tournament.
彼女がトーナメントで優勝したことは少しも不思議ではない.

⁑wonderful

[wʌ́ndərfl ワンダふる] 形容詞
(比較 **more wonderful**; 最上 **most wonderful**)

❶ **すばらしい**, すてきな

▸I had a **wonderful** Christmas.
わたしはすばらしいクリスマスを過ごした.

▸You look **wonderful** in your kimono. 着物姿がすてきですね.

❷ **不思議(ふしぎ)な**, 驚(おどろ)くべき

▸the **wonderful** world of the deep sea 深海の不思議な世界

wonderland [wʌ́ndərlæ̀nd ワンダらぁンド] 名詞 U 不思議(ふしぎ)の国, おとぎの国; C《ふつう **a wonderland** または **the wonderland** で》すばらしいところ

▸*Alice's Adventures in **Wonderland***
『不思議の国のアリス』 ➡ **Alice**

⁑won't [wóunt ウォウント]

《口語》will not の短縮形

⁎wood [wúd ウッド] 名詞

(複数 **woods** [wúdz ウッヅ])

❶ C U **木材**, 材木(◆種類を言うとき以外は a をつけず, 複数形にもしない); U まき, たきぎ

▸Paper is made from **wood**.
紙は木材から作られる.

▸a piece of **wood**　1本のたきぎ

❷ C《しばしば **woods** で単数または複数あつかい》**森**, 林 ➡ **forest** くらべよう

▸I got lost in the **woods**.
わたしは森で道に迷った.

woodcutter [wúdkʌtər ウッドカタ]
名詞 C きこり

wooden [wúdn ウドゥン] 形容詞
木でできた, 木製の, 木造の

▸a **wooden** house　木造の家

woodpecker [wúdpèkər ウッドペカ]
名詞 C【鳥類】
キツツキ

woof
[wúf ウふ]
間投詞 名詞
(複数 **woofs** [-s]) C ウー
(◆イヌの(ような)低いうなり声)

˙wool [wúl ウる] (★発音に注意)

名詞 U **羊毛**; **毛糸**; 毛織物, ウール

▸This dress is made of **wool**.
このワンピースはウールでできている.

⁑word [wəːrd ワ〜ド] 名詞

(複数 **words** [wəːrdz ワ〜ヅ])

❶ C **語**, **単語**

▸an English **word**　英単語

▸What does this **word** mean?
この単語はどういう意味ですか?

❷ C《しばしば **words** で》**ことば**;《ふつう **a word** で》(短い)会話(同義語 talk)

▸a person of few **words**
口数の少ない人

▸Can I have **a word** with you?
ちょっとお話ししたいのですが.

❸《**words** で》歌詞(同義語 lyrics)

❹《*one's* **word** で》約束
(同義語 promise)

▸keep *one's* **word**　約束を守る

▸Ellen never breaks **her word**.
エレンは決して約束を破らない.

in a wórd* = *in óne wórd
ひと言で言えば, 要するに

▸**In a word**, the plan was a failure.
ひと言で言えば, 計画は失敗だった.

in óther words　言い換(か)えれば, つまり

▸**In other words**, we can't see her anymore.
言い換えれば, わたしたちはもう彼女に会うことができない.

word processor [wəːrd pràsesər ワ〜ド プラセサ] 名詞
C ワードプロセッサー, ワープロ(ソフト)

˙wore [wɔːr ウォーア] 動詞

wear(…を着ている)の過去形

⁑work [wəːrk ワ〜ク]

名詞		❶ 仕事; 勉強
		❷ 職場
		❸ 作品
動詞	自	❶ 働く; 勉強する
		❷ (機械などが)動く

── 名詞 (複数 **works** [-s])

❶ U **仕事**, 職; **勉強**(対義語 play 遊び)

▸find **work**　仕事を得る

▸I have a lot of **work** to do.　しなければならない仕事がたくさんある.

▸ことわざ All **work** and no play makes Jack a dull boy.
よく学び, よく遊べ.
(◆「勉強ばかりして遊ばないと子供はだめになる」の意味から)

> くらべよう **work と job**
>
> **work**: お金にならない場合もふくめて, 広く「仕事」を表します. (◆数えられない)
>
> ▸do volunteer **work**
> ボランティアの仕事をする
>
> ▸He is out of **work**.
> 彼は失業中だ.
>
> **job**: お金をもらってする具体的な「仕事」を指します. (◆数えられる)
>
> ▸find a **job**　仕事を見つける
>
> ▸a part-time **job**　アルバイト

❷ U **職場**, 仕事場

▸go to **work**
仕事に出かける, 出勤する

▸I saw him at **work** yesterday.
わたしは昨日, 職場で彼に会った.

❸ C 作品, 製品, 著作
▸the **works** of Natsume Soseki
夏目漱石の作品
❹《**works** で単数または複数あつかい》
工場, 製作所 ➡ **factory** くらべよう
at wórk 仕事中で
—動詞 (三単現 **works** [-s];
過去・過分 **worked** [-t]; 現分 **working**)
—自 ❶ **働く**, 作業をする; 勤める;
勉強する (対義語 play 遊ぶ)
▸My father **works** for [at, in] a bank. 父は銀行で働いている.
▸Mike is **working** hard to pass the exam. 試験に合格するために, マイクは一生懸命(けんめい)勉強している.
❷ (機械などが) **動く**; (薬などが) 効き目がある; (計画などが) うまくいく
▸This old computer doesn't **work** well. この古いコンピューターは正常に機能しない.
▸The medicine **worked** on me quickly. その薬はわたしにすぐ効いた.
—他 (機械など)を動かす
wórk on ... …に取り組む, 従事する
▸He is **working on** his new novel. 彼は新しい小説に取り組んでいる.
wórk óut
① (問題など)を解く (同義語 solve);
(計画・解決策など)を考え出す
▸**work out** a solution
解決方法を見つける
② (物事が) (結局は) うまくいく;
(結局) …となる
③ 《口語》運動をする

workbook [wə́ːrkbùk ワ～クブック]
名詞 C 学習帳, 練習帳, ワークブック

worker [wə́ːrkər ワ～カ] 名詞
C 働く人, 労働者; 勉強する人, 勉強家
▸My mother is an office **worker**.
母は会社員だ.

˙working [wə́ːrkiŋ ワ～キング]
—動詞 work (働く) の現在分詞・動名詞
—形容詞 《名詞の前に用いて》**働く**
▸a **working** woman 働く女性

workman [wə́ːrkmən ワ～クマン]
名詞 (複数 **workmen** [wə́ːrkmən ワ～クマン]) C 労働者; 職人
(♦性差のない語は worker)

workshop [wə́ːrkʃɑ̀p ワ～クシャップ]
名詞 ❶ C 仕事場, 作業場
(♦単に shop ともいう)
❷ C 研究会, 講習会, ワークショップ

˸world [wə́ːrld ワ～るド]
—名詞 (複数 **worlds** [wə́ːrldz ワ～るヅ]) ❶《**the world** で》**世界**, 地球;
《単数あつかいで》世界じゅうの人々, 人類
▸all countries in **the world**
世界のすべての国々
▸travel around **the world**
世界じゅうを旅行する
❷ C《ふつう **the world** で》**世の中**;
《単数あつかいで》世間の人々
▸Let's make **the world** better.
よりよい世の中にしましょう.
❸ C《ふつう **the world** で》
…界, …の世界
▸the business **world** 実業界
all over the wórld 世界じゅうで[に]
▸Her songs are popular **all over the world**.
彼女の歌は世界じゅうで人気がある.
in the wórld
一体全体 (♦疑問文を強調する)
▸What **in the world** are you saying? いったいあなたは何を言っているのですか?
It's a smáll wórld.
世間は狭(せま)いものですね. (♦思いがけない場所で知人に会ったときなどに用いる)
—形容詞 世界の, 世界的な
▸a **world** record 世界記録

World Cup [wə́ːrld kʌ́p ワ～るド カップ]
名詞《**the World Cup** で》ワールドカップ (♦サッカーなどの世界選手権大会)

World Heritage Site [wə́ːrld hérətidʒ sàit ワ～るド ヘリテッジ サイト]
名詞 C《**the World Heritage Site** で》世界遺産 (♦「世界遺産条約」に基(もと)づいて指定された, 世界の貴重な自然物や遺跡(いせき), 歴史的建造物など)

World War I [wə́ːrld wɔ̀ːr wʌ́n ワ～るド ウォーア ワン] 名詞 第一次世界大戦
(♦ 1914–18; the First World War または the Great War ともいう)

World War II [wə́ːrld wɔ̀ːr túː ワ～るド ウォーア トゥー] 名詞 第二次世界大戦
(♦ 1939–45; the Second World War ともいう)

worldwide [wə́ːrldwáid ワ～るドワイド] 形容詞《ふつう名詞の前で用いて》

世界的な，世界じゅうに知れ渡(わた)った
——副詞 世界じゅうに，世界的に

worm [wə́ːrm ワ〜ム]（★発音に注意）
名詞 C 虫（♦ミミズ・毛虫など体が柔(やわ)らかくて細長く，足のない虫を指す；アリやミツバチなどの昆虫(こんちゅう)は insect）

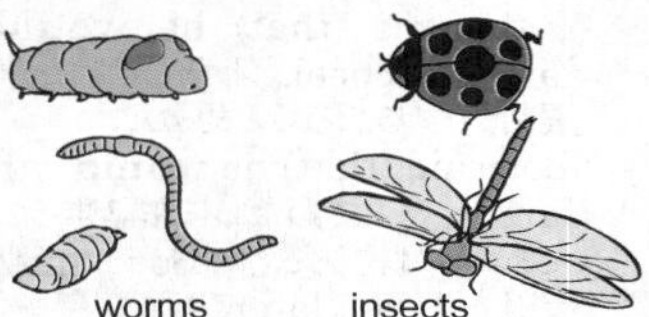

⁺worn [wɔ́ːrn ウォーン]
——動詞 wear（…を着ている）の過去分詞
——形容詞 着古した，使い古した；疲(つか)れきった
▸a **worn** coat 着古したコート

worn-out [wɔ́ːrnáut ウォーンアウト]
形容詞（もはや使用できないほど）使い古した，すり切れた；（人が）疲(つか)れきった

worried [wə́ːrid ワ〜リド]
——動詞 worry（…を心配させる）の過去形・過去分詞
——形容詞 心配そうな，（…を）心配している《about [over] ...》
▸a **worried** look 心配そうな顔
▸He was **worried about** you.
彼はあなたのことを心配していた.

⁑worry [wə́ːri ワ〜リ]
——動詞（三単現 **worries** [-z]；過去・過分 **worried** [-d]；現分 **worrying**）
——他 ❶ **…を心配させる**，悩(なや)ませる；…を苦しめる
▸His illness is **worrying** her.
彼の病気が彼女を悩ませている.
▸What's **worrying** you?
何を悩んでいるの？
❷《**be worried about [over] ...** で》**…のことで心配している**，悩んでいる
➡ **worried**
——自（…のことで）**心配する**，悩む《about [over] ...》
▸There's nothing to **worry about**.
何も心配はいりません.

⁺***Don't wórry.***
① **心配しないで.**
▸**Don't worry.** I'm all right.
心配しないで. わたしはだいじょうぶ.
② 気にしないで.（= Never mind. / That's OK. / No problem.）

ダイアログ
A: I'm sorry I'm late.
遅(おそ)くなってごめんね.
B: **Don't worry.** I just came, too.
気にしないで. ぼくも来たばかりだよ.

——名詞（複数 **worries** [-z]）
❶ U **心配**，不安，悩み
▸cause **worry** 不安を起こさせる
❷ C《ふつう **worries** で》**心配事**
▸He has a lot of **worries**.
彼には多くの心配事がある.

⁺worse [wə́ːrs ワ〜ス]
——形容詞（bad または ill の比較級；最上級は worst）
❶〘bad の比較級〙**より悪い**，より劣(おと)った（対義語 better よりよい）
▸His handwriting is **worse** than mine. 彼の字はわたしのよりひどい.
❷〘ill の比較級〙《名詞の前には用いない》（病気・気分などが）**より悪い**

ダイアログ
A: How do you feel? 気分はどう？
B: **Worse** than yesterday.
昨日より悪いんだ.

——副詞（badly または ill の比較級；最上級は worst）**より悪く**，いっそうひどく（対義語 better よりよく）
▸Tom plays tennis **worse** than I.
トムはわたしよりテニスがへただ.

worship [wə́ːrʃip ワ〜シップ] 名詞
U 礼拝，礼拝式；崇拝(すうはい)
——動詞（三単現 **worships** [-s]；過去・過分 **worshiped**，《英》**worshipped** [-t]；現分 **worshiping**，《英》**worshipping**）
他（神など）を礼拝する，（英雄(えいゆう)など）を崇拝する

⁺worst [wə́ːrst ワ〜スト]
——形容詞（bad または ill の最上級；比較級は worse）《ふつう **the worst** で》**最も悪い**，最もひどい，最低の（対義語 best 最もよい）
▸**the worst** result 最悪の結果
▸It was **the worst** experience of my life.

それはわたしの人生で最悪の経験だった.
——副詞 (badly または ill の最上級; 比較級は worse) **最も悪く**, 最もひどく (対義語 best 最もよくく)
▸This area was **worst** damaged by the flood. この地域は洪水(こうずい)の被害(ひがい)が最も大きかったところだ.
wórst of áll 最も悪いことには
▸**Worst of all**, I ran out of money. 最も悪いことに, わたしはお金を使い果たしてしまった.
——名詞 《**the worst** で》最悪の事態
▸Expect the best, and prepare for **the worst**. 最高の結果を期待しつつ, 最悪の事態に備えよ.
at (the) wórst 最悪の場合でも[には], せいぜい(対義語 at (the) best よくても)
▸Our team will finish third **at the worst**. わたしたちのチームは悪くても 3 位には入るだろう.

◆worth [wə́ːrθ ワ～す]

——形容詞 《名詞の前には用いない; 前置詞とみなすこともある》
❶《**worth** ＋**名詞**で》
(金銭的に)…**の値打ちがある**
▸This painting is **worth** a million yen.
この絵には 100 万円の値打ちがある.
❷《**worth** ＋**名詞**[**...ing**]で》
(物事が)…**するだけの価値がある**
▸The work is **worth** the trouble.
その仕事は苦労するだけの価値がある.
▸This book is **worth reading** many times.
この本は何回も読むだけの価値がある.
——名詞 U 価値, 値打ち

worthless [wə́ːrθləs ワ～すれス] 形容詞
価値のない, 役に立たない

worthwhile [wə̀ːrθhwáil ワ～す(ホ)ワイる] 形容詞 やりがいのある
▸a **worthwhile** job
やりがいのある仕事

worthy [wə́ːrði ワ～ずィ]
(★発音に注意) 形容詞
(比較 **worthier**; 最上 **worthiest**)
《名詞の前には用いない》
(…に / …するに)値(あたい)する, ふさわしい
《of ... / to ＋動詞の原形》
▸He is **worthy of** the prize.
彼はその賞を受賞するに値する.

⁑would [wúd ウッド; (弱く言うとき) wəd ウド, d ドゥ]

助動詞 (will の過去形)
❶《時制の一致(いっち)を受け, will の過去形として》
…でしょう, …だろう; **…するつもりだ**
▸I thought (that) he **would** be late for school. わたしは彼が学校に遅刻(ちこく)するだろうと思った.
▸Bob said (that) he **would** call me later. あとでわたしに電話するつもりだとボブは言った. (＝Bob said, "I will call you later.")
❷《**Would you ...?** で》
…してくださいませんか?
(◆Will you ...? よりていねいな依頼(いらい)の表現)
▸**Would you** please tell me the way to the station?
駅へ行く道を教えていただけませんか?
❸〔過去の習慣〕よく…したものだった
(◆used to と異なり, 動作を表す動詞にだけ用いる ➡ **used**)
▸I **would** often go skiing with my family in those days.
そのころ, わたしは家族とよくスキーに行ったものだった.
❹〔過去の強い意志〕
どうしても…しようとした
(◆主に否定文で用いられる)
▸He **wouldn't** change his mind.
彼は頑(がん)として自分の考えを変えようとしなかった.
❺《現在の事実に反することを仮定するときに用いて》(もし…ならば)…するのだが
➡ **if** ルール **2**
▸If I were you, I **would** tell the truth. もしわたしがあなたなら, 本当のことを話すだろう.
would like ...
…がほしい(のですが) ➡ **like**[1]
◆***would like to*** ＋**動詞の原形**
…したい(のですが) ➡ **like**[1];
《**Would you like to** ＋**動詞の原形 ?** で》
…してはいかがですか?;
《**would like** ＋**人**＋ **to** ＋**動詞の原形**で》
(人)に…してほしい(のですが)
would love to ＋**動詞の原形**
…したい ➡ **love**
would ráther ... (***than*** ～)
(～するより)むしろ…したい ➡ **rather**

⁑wouldn't [wúdnt ウドゥント]

《口語》would not の短縮形

wound[1] [wúːnd ウーンド]（★ wound[2] との発音のちがいに注意）名詞

C（主に武器による）傷，けが；（感情への）痛手

▸suffer a serious **wound** 重傷を負う

―動詞 他 …を負傷させる，傷つける（♦ふつう受け身の形で用いる）

➡ **injure** くらべよう

▸Six people **were wounded** in the accident. その事故で6名が負傷した．

wound[2] [wáund ワウンド]（★ wound[1] との発音のちがいに注意）動詞

wind[2]（…を巻く）の過去形・過去分詞

wounded [wúːndid ウーンディッド]

形容詞 けがをした；傷ついた

wove [wóuv ウォウヴ] 動詞

weave（…を織る）の過去形

woven [wóuvn ウォウヴン] 動詞

weave（…を織る）の過去分詞

wow [wáu ワウ] 間投詞《口語》

（驚(おど)き・喜びなどを表して）うわあ，わあ

wrap [rǽp ラぁップ]（★発音に注意）動詞

（三単現 **wraps** [-s]；過去・過分 **wrapped** [-t]；現分 **wrapping**）

他《しばしば **up** をともない》…を包む，くるむ

▸I **wrapped (up)** the present in colorful paper.
わたしはそのプレゼントをカラフルな紙に包んだ．

wrapper [rǽpər ラぁパ] 名詞

C 包み紙，包装紙；包装係

wrapping [rǽpiŋ ラぁピング] 名詞

C U 包装材料，包装紙

wrapping paper [rǽpiŋ pèipər ラぁピング ペイパ] 名詞 U 包装紙，包み紙

wreath [ríːθ リーす]（★発音に注意）名詞

C 花輪，花の冠(かんむり)，リース

Christmas wreath:
玄関(げんかん)のドアなどに飾(かざ)るクリスマスリース

wreck [rék レック]（★発音に注意）名詞

C（難破船・事故車・墜落(ついらく)した飛行機などの）残がい；難破船；事故車；

《米》（自動車などの）事故

―動詞 他 …を破壊する；（船）を難破させる（♦ふつう受け身の形で用いる）

wrestle [résl レスる]（★発音に注意）

動詞（三単現 **wrestles** [-z]；過去・過分 **wrestled** [-d]；現分 **wrestling**）

自（人・問題などと）格闘(かくとう)する；（…と）レスリングをする《with ...》

wrestler [réslər レスら]（★発音に注意）

名詞 C レスラー，レスリングの選手；（すもうの）力士（＝ sumo wrestler）

wrestling [résliŋ レスリング]（★発音に注意）名詞 U【スポーツ】レスリング；すもう（＝ sumo wrestling）

wrist [ríst リスト]（★発音に注意）名詞

C 手首（♦ arm と hand の間の部分）

➡ **巻頭カラー 英語発信辞典⑭**，**hand** 図

wristwatch [rístwɑ̀tʃ リストワッチ]

名詞（複数 **wristwatches** [-iz]）

C 腕(うで)時計

（♦単に watch というほうがふつう）

⁑write [ráit ライト]（★発音に注意）

動詞（三単現 **writes** [ráits ライツ]；過去 **wrote** [róut ロウト]；過分 **written** [rítn リトゥン]；現分 **writing**）

―他 ❶（文字・文章・小説など）**を書く**

➡ **draw** くらべよう；（曲）を作る

▸**write** a short story
短編小説を書く

▸Please **write** your name here.
ここに名前を書いてください．

❷（人）**に手紙を書く**；

《**write** ＋**人**＋**手紙など**または **write** ＋**手紙など**＋ **to** ＋**人**で》

（人）に（手紙など）を書き送る

▸**write** a letter
手紙を書く

▸Please **write** me an e-mail.
(=Please **write** an e-mail **to** me.)
メールしてくださいね．（♦文末の語句が強調される；前者では「何を」書いたか，後者は「だれに」書いたかに重点が置かれる）

―自 ❶ **書く**，字を書く

▸Please **write** in English.
英語で書いてください．

▸**write** in ink インクで書く

❷ 手紙を書く;
《write to ... で》…に手紙を書く
▸Write soon, 手紙をください.
(◆手紙の最後に書かれることば)
▸Tom sometimes **writes to** me.
トムはときどきわたしに手紙をくれる.

wríte báck
(人に)手紙の返事を書く《to ...》

wríte dówn …を書き留める
▸**Write down** that idea.
その考えを書き留めておきなさい.

wríte óut …を全部[詳(くわ)しく]書く

writer [ráitər ライタ] (★発音に注意)
名詞 C 筆者, 書く人; 作家, 著者; 記者

˙writing [ráitiŋ ライティンヶ]

(★発音に注意)
—動詞 write(…を書く)の現在分詞・動名詞
—名詞 (複数 **writings** [-z])
❶ U **書くこと**(対義語 reading 読むこと)
❷ U 筆跡(ひっせき)
❸ U 書かれたもの;
《**writings** で》(ある人の)著作, 作品

˙written [rítn リトゥン]

(★発音に注意)
—動詞 write(…を書く)の過去分詞
—形容詞《名詞の前で用いて》
書いた, 書かれた; 書面の
(対義語 oral, spoken 口頭の)
▸**written** language 書きことば

˙˙wrong [rɔ́ːŋ ローンヶ]

(★発音に注意)

形容詞	❶ 悪い
	❷ まちがった
	❸ 故障した; ぐあいが悪い
副詞	まちがって
名詞	❶ 悪

—形容詞 (比較 **more wrong**;
最上 **most wrong**)
❶ (道徳的に) **悪い**, 不正な
(対義語 right 正しい)
▸a **wrong** act 不正な行為(こうい)
▸Stealing is **wrong**.
盗(ぬす)みを働くことは悪い.
❷ **まちがった**, 誤った
▸take a **wrong** train
乗る電車をまちがえる
▸Sorry, you have the **wrong** number.
(電話で)番号をおまちがえのようです.
❸《名詞の前には用いない》
(機械などが)**故障した**, 調子が悪い;
(人が)**ぐあいが悪い**《with ...》
▸Something is **wrong with** this TV.
このテレビはどこかおかしい.

> **ダイアログ**
> *A:* What's **wrong with** you?
> どうしたの?
> *B:* I have a slight fever.
> ちょっと熱があってね.

—副詞 **まちがって**, 誤って
(対義語 right 正しく)
▸I spelled the word **wrong**.
わたしはその単語のつづりをまちがえた.

go wróng
① まちがえる
▸Where did I **go wrong**?
わたしはどこでまちがえたのだろう?
② うまくいかない, 失敗する
▸Everything **went wrong**.
何もかもうまくいかなかった.
③ (機械などが)故障する
—名詞 (複数 **wrongs** [-z])
❶ U 悪, 不正(対義語 right 正義)
▸He can't tell right from **wrong**.
彼は善悪の区別がつかない.
❷ C 悪事, 不正な行い

be in the wróng まちがっている

˙wrote [róut ロウト]

(★発音に注意) 動詞
write(…を書く)の過去形

WV 【郵便】ウエストバージニア州
(◆ *West Virginia* の略)

WWW [dʌ́bljuːdʌ̀bljuːdʌ́bljuː ダブリューダブリューダブリュー] 名詞
ワールドワイドウェブ
(◆ *World Wide Web* の略;
インターネット上で検索(けんさく)が可能な世界規模の情報ネットワーク)

WY 【郵便】ワイオミング州
(◆ *Wyoming* の略)

Wyoming [waióumiŋ ワイオウミンヶ]
名詞 ワイオミング州
(◆アメリカ北西部の州; Wy., Wyo.
または【郵便】で WY と略す)

Xx

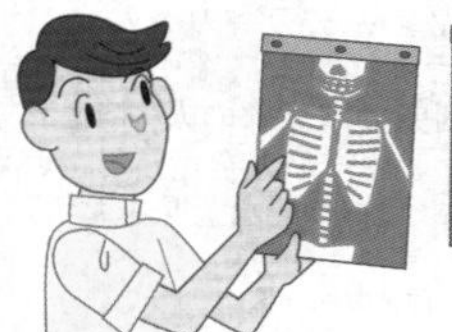

Q レントゲン写真は何という？ ➡ X-ray をひいてみよう！

X, x ［éks エクス］ 名詞 （複数 **X's, x's** または **Xs, xs** ［-iz］） ❶ C U エックス （◆アルファベットの 24 番めの文字）
❷ U （ローマ数字の）10

Xing, XING ［krɔ́ːsiŋ クロースィング］ 名詞 C 《主に交通標識で用いられて》 交差点；踏切(ふみきり)；横断歩道；
C U 横断（すること）
（◆ cross を X で表したもの）
▸Ped **Xing** 《掲示》横断歩道

（◆ PED は *ped*estrian の略； pedestrian crossing とも書く）

Xmas ［krísməs クリスマス］ 名詞 C U 《口語》クリスマス
（◆正しくは Christmas とつづる； X'mas とつづるのは誤り）
➡ **Christmas**

X-ray, x-ray ［éksrèi エクスレイ］ 名詞 （◆ X ray, x ray ともつづる）
❶ C 《ふつう **X-rays** で》エックス線，レントゲン
❷ C エックス線写真，レントゲン写真；レントゲン検査
▸have a chest **X-ray**
胸部レントゲン検査を受ける
—— 形容詞 エックス線の，レントゲンの
—— 動詞 他 …のレントゲン写真を撮(と)る，…をレントゲンで調べる

xylophone ［záiləfòun ザイらふォウン］ （★発音に注意） 名詞
C 【楽器】木琴(もっきん)，シロホン
➡ **musical instruments** 図

Yy

Q 「いいえ」なのに yes？ ➡ yes をひいてみよう！

Y, y ［wái ワイ］ 名詞 （複数 **Y's, y's** または **Ys, ys** ［-z］） C U ワイ
（◆アルファベットの 25 番めの文字）

yacht ［jɑ́t ヤット］ （★発音に注意） 名詞
C ヨット（◆主に宿泊(しゅくはく)施設(しせつ)を備えた大型のレース用・レジャー用の船に用いる； 日本語でいう小型の「ヨット」はふつう《米》sailboat，《英》sailing boat という）
▸by **yacht**
ヨットで
（◆手段を表す by のあとは無冠詞）
▸sail a **yacht**
ヨットを走らせる
—— 動詞 自 ヨットを走らせる；ヨットに乗る

Yankee [jǽŋki ヤぁンキ] 名詞
C 《口語》ヤンキー，アメリカ人
(◆アメリカ国外ではアメリカ人を指し，アメリカ国内では北部の人，特にニューイングランド地方の人を指して用いられる；しばしば軽べつ的な意味をもつ)

yard [já:rd ヤード]

yard[1] 名詞 庭
yard[2] 名詞 (長さの単位の)**ヤード**

⁑yard[1] [já:rd ヤード] 名詞

(複数 **yards** [já:rdz ヤーヅ])

C 庭 ➡ **garden** くらべよう, **backyard**
▸a front **yard**
前庭(◆裏庭は backyard)
▸Mr. Brown's **yard** is large.
ブラウンさんの家の庭は広い.
▸We were playing in the **yard**.
わたしたちは庭で遊んでいた.
▸a **yard** sale　ヤードセール
(◆自宅の庭などで行う不要品セール)
➡ **garage sale** 文化
❷ C 中庭；(学校・駅などの)構内；(教会などの)境内(けいだい)
▸a school**yard**　校庭
❸ C 作業場；…置き場
▸a coal **yard**　石炭置き場

˙yard[2] [já:rd ヤード] 名詞

(複数 **yards** [já:rdz ヤーヅ])
C (長さの単位の) **ヤード**
(◆ 1 ヤードは 3 フィート(feet)で，約 91.4cm；yd または yd.(複数は yds または yds.)と略す)

yarn [já:rn ヤーン] 名詞
U (織物・編み物用の)糸，毛糸

yawn [jɔ́:n ヨーン] 名詞 C あくび
──動詞 自 あくびをする

yd, yd. (長さの単位の)ヤード
(◆ *yard* の略；複数形は yds または yds.)

yea [jéi イエイ] 名詞
C 賛成票，賛成の返事

yeah [jéə イエア] 副詞 《口語》=yes(はい)

⁑year [jíər イア] 名詞

(複数 **years** [-z])
❶ C **年**，1 年 (=calendar year)
(◆ this, last, next などとともに用いられる場合，前置詞をつけない)
▸this **year**　ことし
▸I'll be fifteen next **year**.
わたしは来年 15 歳(さい)になる.
▸She went to London last **year**.
彼女は去年ロンドンに行った.
▸the **year** before last
一昨年，おととし
▸the **year** after next　再来年
▸My uncle travels abroad every **year**.
おじは毎年，外国を旅行する.
▸every other **year**　1 年おきに
▸I bought this bike two **years** ago.
わたしは 2 年前にこの自転車を買った.
▸I have lived in Kyoto for ten **years**.
わたしは京都に 10 年間住んでいる.
❷ C 《数を表す語とともに用いて》…**歳**，《**years** で》年齢(ねんれい)
▸I'm thirteen (**years** old).
わたしは 13 歳です.
(◆ years old は省略できる)
▸He is two **years** younger than I (am) [me].
彼はわたしよりも 2 歳年下だ.
▸a seven-**year**-old girl　7 歳の少女
(◆数を表す語とハイフン(-)で結ばれて「…歳の」という意味で使われる場合，year は複数形にならない)
❸ C **年度**；**学年**
(=school year, academic year)
▸In Japan, the school **year** begins in April.
日本では，学年は 4 月から始まる.
▸I'm in the second **year** of junior high school.
(=I'm a second-**year** student in junior high school.)
わたしは中学 2 年生です.(◆ I'm in the eighth grade. というほうがふつう)
➡ **grade** 1 つめの 参考

***áll* (*the*) *yéar aróund* [*róund*]**

一年じゅう

▸The top of the mountain is covered with snow **all (the) year round**.
その山の頂は一年じゅう雪におおわれている.

yéar after yéar
毎年毎年, 来る年も来る年も
▸They went to Hawaii in (the) summer **year after year**.
毎年毎年, 彼らは夏にハワイへ行った.

yéar by yéar
年々, 年ごとに
▸Prices go up **year by year**.
物価が年々上がる.

yearbook [jíərbùk イアブック] 名詞
❶ C 年鑑(ねんかん), 年報
❷ C 《米》(高校・大学の)卒業記念アルバム

yearly [jíərli イアりィ] 形容詞
毎年の, 年1回の; 1年間の
▸a **yearly** meeting　年1回の会合
▸a **yearly** income　年収
—副詞 毎年, 年に1回

yell [jél イェる] 動詞
自 大声で叫(さけ)ぶ, わめく, どなる
—名詞 ❶ C 叫び声, わめき声
❷ C 《米》エール(◆選手やチームに対する, 声を合わせた声援(せいえん))

:yellow [jélou イェろウ]
—形容詞
(比較 **yellower**; 最上 **yellowest**)
❶ **黄色い**, 黄色の
▸**yellow** tulips　黄色いチューリップ
❷ 皮膚(ひふ)の黄色い, 黄色(おうしょく)人種の
(◆差別的な意味合いをふくむので, 使用を避(さ)ける傾向(けいこう)にある)
▸the **yellow** race　黄色人種
—名詞 (複数 **yellows** [-z])
❶ U **黄色**; 黄色い服
▸She often wears **yellow**.
彼女はよく黄色の服を着ている.
❷ C U (卵の)黄身, 卵黄(らんおう)
(対義語 white (卵の)白身)

Yellow Pages [jélou pèidʒiz イェろウペイヂズ] 名詞 《複数あつかいで》
【商標】(電話帳の)職業別ページ; 職業別電話帳
(◆黄色の紙に印刷されていることから; 「個人別電話帳」は White Pages)

·yen [jén イェン] 名詞
(複数 **yen**: 単複同形)
C **円** (◆日本の貨幣(かへい)単位; y または Y と略す; 記号は¥で, 数字の前に置く)
▸This bag is 3,000 **yen** [¥3,000].
このバッグは3,000円だ.
▸That's five hundred and ten **yen**, please.
(レジで)510円いただきます.

:yes [jés イェス]
—副詞 ❶ (質問に答えて)**はい**, ええ, そうです; (否定の質問に答えて)いいえ
(対義語 no いいえ)

ダイアログ
A: Is she a student?
彼女は学生ですか?
B: **Yes**, she is.　はい, そうです.

ダイアログ
A: Do you like dogs?
イヌは好きですか?
B: **Yes**, I do.　ええ, 好きです.

ルール 「いいえ」でも Yes
疑問文が肯定(こうてい)でも否定でも, 答えの内容が肯定なら Yes を使います.

ダイアログ
A: Don't you like pizza?
ピザは好きではないのですか?
B: **Yes**, I do.
いいえ, 好きですよ.
➡ **no** 1つめの ルール

❷ (相手の発言に同意して) はい, そうです; (呼びかけに答えて)はい

ダイアログ
A: Let's have lunch.
お昼にしましょう.
B: **Yes**, let's.
はい, そうしましょう.

ダイアログ
A: Come over here, Luke.
ルーク，こっちに来てくれないか.
B: **Yes**, Dad.　はい，父さん.

❸《待っている人などに対して》何か，ご用は(♦相手が用件を告げるのを促(うなが)す)

ダイアログ
A: **Yes**?
(チケット売り場で)いかがなさいますか?
B: I'd like two tickets for tonight's concert.
今夜のコンサートのチケットを2枚ください.

——名詞 (複数 **yeses** または **yesses** [-iz])
C U「はい」ということば[返事]，賛成
▸He said "**Yes.**"　彼は「はい」と言った.
▸Answer with a **yes** or a no.
「はい」か「いいえ」で答えなさい.

⁝yesterday

[jéstərdèi イエスタデイ]
——名詞 U 昨日 ➡ **last**[1] 参考
▸**yesterday**'s paper　昨日の新聞
▸**yesterday** morning
昨日の朝(に)
▸**yesterday** afternoon
昨日の午後(に)
▸**yesterday** evening
昨日の夕方[晩](に)
(♦ night を用いる場合は last night という；× yesterday night とはいわない)
▸**Yesterday** was my birthday.
昨日はわたしの誕生日だった.
(the) dáy before yésterday
おととい，一昨日(♦《米》では副詞的に用いるとき the を省略する)
——副詞 昨日(は)
▸It rained **yesterday**.
昨日，雨が降った.
▸What did you do **yesterday**?
あなたは昨日何をしましたか?

⁝yet

[jét イェット]
——副詞 ❶《否定文で》**まだ**，今のところは(♦ふつうは文末か，否定語の直後に置く；同義語 still)
▸Dinner is not ready **yet**.
夕食はまだ準備できていません.
▸I have**n't** finished my homework **yet**.
わたしはまだ宿題を終えていない.

ダイアログ
A: Have you had lunch?
昼食は済みましたか?
B: No, **not yet**.
いいえ，まだです.

ダイアログ
A: When do you plan to go to London?
ロンドンへはいつ行く予定ですか?
B: I haven't decided **yet**.
まだ決めていません.

❷《肯定(こうてい)の疑問文で》**もう**，すでに
➡ **already** ルール
▸Has he come back to Japan **yet**?
彼はもう日本に戻(もど)っていますか?
▸Have you finished writing the paper **yet**?
そのレポートはもう書き終わりましたか?
❸《進行形か継続(けいぞく)を表す動詞を用いた肯定文で》まだ，今なお，依然(いぜん)として(♦ still のほうがふつう)
▸Fred **is sleeping yet**.
フレッドはまだ寝(ね)ている.
and yet　それでも，それにもかかわらず
▸Bob doesn't study much, **and yet** he always gets good grades.
ボブはあまり勉強をしないが，それにもかかわらずいつもいい成績をとる.
as yet　今までのところは
▸I haven't heard from Lisa **as yet**.
今のところ，リサから連絡(れんらく)はない.
——接続詞 それでも，それにもかかわらず
▸Ann was tired, **yet** she stayed up late last night.
アンは疲(つか)れていたが，それでも昨夜は遅(おそ)くまで起きていた.

yield

[jíːld イーるド] 動詞 他

❶ …を産出する；(結果など)を生む
▸These trees **yield** a lot of apples.
これらの木々にはリンゴの実がたくさんなる.
❷ …を(…に)譲(ゆず)る, あたえる；…を(…に)明け渡(わた)す《to ...》
――自 ❶ (…に)負ける, 降伏(こうふく)する《to ...》
▸They **yielded to** the enemy at last.
ついに彼らは敵に降伏した.
❷ (圧力を受けて)曲がる, へこむ；(力に)屈(くっ)する《to ...》

YMCA, Y.M.C.A. [wáièmsì:éi ワイエムスィーエイ] 名詞 キリスト教青年会
(♦ the *Y*oung *M*en's *C*hristian *A*ssociation の略)

yogurt, yoghurt [jóugərt ヨウガト]
(★発音に注意) 名詞 U C ヨーグルト
(♦ yoghourt ともつづる)

:you [jú: ユー；(弱く言うとき)ju ユ]
代名詞 〖人称代名詞の二人称単数・複数の主格および目的格〗
❶《主格》**あなたは[が], あなたたちは[が]**
▸**You**'re so kind.
あなたはとても親切ですね.
▸Are **you** busy now?
今, 忙(いそが)しいですか？
▸**You** can do it!
あなたならできます.
▸**You** and I must go there.
あなたとわたしはそこへ行かなくてはならない. (♦ I よりも You を先に言う)
➡ I ルール 3

ダイアログ
A: Are **you** high school students?
あなたたちは高校生ですか？
B: No. We're college students.
いいえ. わたしたちは大学生です.

❷《目的格》**あなたを[に], あなたたちを[に]**
▸Emma likes **you**.
エマはきみのことが好きなんだよ.
▸I'll show **you** the picture tomorrow.
明日, その写真を見せてあげるね.
▸Please take me there with **you**.
わたしをいっしょにそこへ連れて行ってください.

参考 **you の変化形と所有・再帰代名詞**

主格	**you** あなた(たち)は[が]
所有格	**your** あなた(たち)の
目的格	**you** あなた(たち)を[に]
所有代名詞	**yours** あなた(たち)のもの
再帰代名詞	**yourself, yourselves** あなた(たち)自身を[に]

❸ 人は, だれでも (♦相手をふくめて一般の人々を指す；日本語には訳さない場合が多い)
▸**You** can learn a lot from your mistakes.
失敗からは多くを学ぶことができる.
▸**You** never know what will happen tomorrow.
明日, 何が起こるかはだれにもわからない.

:you'd [jú:d ユード]
《口語》you would, you had の短縮形

:you'll [jú:l ユーる]
《口語》you will の短縮形

:young [jʌ́ŋ ヤング]
(★発音に注意) 形容詞
(比較 **younger**；最上 **youngest**)
❶ **若い**, 幼い (対義語 old 年をとった)
▸a **young** man [woman]
若い男性[女性]
▸**young** people (＝the **young**)
若者たち
▸He looks **young** for his age.
彼は年のわりには若く見える.
❷ **年下の**, 年少の
▸a **younger** brother 弟
▸a **younger** sister 妹
▸My brother is two years **younger** than I (am) [me].
弟はわたしより2つ年下だ.
▸Who is the **youngest** in this picture? この写真の中ではだれがいちばん若いのですか？

:your [júər ユア] 代名詞
〖人称代名詞の二人称単数・複数 you の所有格〗**あなたの, あなたたちの**
➡ **you** 参考
▸I need **your** help. わたしにはあなた(たち)の助けが必要です.

a b c d e f g h i j k l m n o p q r s t u v w x y z

ダイアログ
A: Is this **your** bag?
これはあなたのかばんですか？
B: Yes, it's mine.　はい，わたしのです.

⁑you're [júər ユア]
《口語》you are の短縮形

⁑yours [júərz ユアズ] 代名詞
〘人称代名詞の二人称単数・複数 you の所有代名詞〙
❶ **あなたのもの，あなたたちのもの** ➡ **you** 参考
▸Which book is **yours**?
どの本があなたのものですか？
▸I've got new glasses, but **yours** look better.
新しいめがねを買ったのですが，あなたのめがねのほうがすてきですね.
(♦ yours は your glasses という複数形の名詞を表しているので，動詞は look で受ける)
▸Is he a friend of **yours**?
彼はあなたの友達なのですか？
❷《**Yours,** で》(手紙の結びで)敬具，草々
***Sincerely* (*yóurs*),**
=《英》***Yours sincérely,***
(手紙の結びで)敬具，草々

⁑yourself [juərsélf ユアセるふ]
代名詞〘人称代名詞の二人称単数 you の再帰代名詞〙(複数 **yourselves** [juərsélvz ユアセるヴズ])
❶《動詞・前置詞の目的語となって》**あなた自身を［に］** ➡ **you** 参考
(♦日本語に訳さないことが多い)
▸Enjoy <u>**yourself**</u> [**yourselves**]!
楽しんでくださいね！
▸Please make **yourself** at home.
どうぞ楽にしてください.
▸Take care of **yourself**.
体に気をつけてね.
❷《you の意味を強調して》
あなた自身；自ら(♦強く発音する)
▸Do it **yourself**.　自分でやりなさい.
(*all*) *by yoursélf*
ひとりぼっちで；独力で ➡ **oneself**
for yoursélf
自分のために；自分で ➡ **oneself**
hélp yoursélf
(…を)自分で取って食べる《to ...》
▸Please **help yourself to** the cake.
どうぞケーキをご自由に召し上がってください.

yourselves [juərsélvz ユアセるヴズ]
代名詞 yourself(あなた自身を［に］)の複数形 ➡ **you** 参考
(*all*) *by yourselves*
自分たちだけで；独力で ➡ **oneself**
▸Discuss and solve the problem **by yourselves.**
その問題は，あなたたち自身で話し合って解決しなさい.

youth [júːθ ユーす] 名詞 (複数 **youths** [júːθs ユーすス，júːðz ユーずズ])
❶ U 若さ；若いころ，青春時代
▸Ms. Green lived in Canada in her **youth**.
グリーン先生は若いころ，カナダに住んでいた.
❷ C 若い人，青年
(♦しばしば軽べつ的な意味をもつ)
▸A group of **youths** were making noise in the park.
若者の一群が公園で騒(さわ)いでいた.

youthful [júːθfl ユーすふる] 形容詞
若々しい，若者らしい，はつらつとした

youth hostel [júːθ hὰstl ユーす ハストゥる] 名詞 C ユースホステル(♦主に若者のための，安い料金で宿泊(しゅくはく)できる会員制の施設(しせつ)；単に hostel ともいう)

⁑you've [júːv ユーヴ]
《口語》you have の短縮形

yo-yo [jóujòu ヨウヨウ] 名詞 (複数 **yo-yos** [-z]) C (おもちゃの)ヨーヨー

yummy [jʌ́mi ヤミ] 形容詞
(比較 **yummier**; 最上 **yummiest**)
《口語》おいしい

YWCA, Y.W.C.A. [wáidʌ̀bljuːsìːéi ワイダブりュースィーエイ] 名詞 キリスト教女子青年会(♦ the *Y*oung *W*omen's *C*hristian *A*ssociation の略)

Zz

Q「ジグザグ」って，どういう形？➡ zigzag をひいてみよう！

Z, z [zíː ズィー] 名詞
(複数 **Z's, z's** または **Zs, zs** [-z])
C U ズィー，ゼット
(♦アルファベットの 26 番めの文字)

zebra [zíːbrə ズィーブラ] 名詞
(複数 **zebras** [-z] または **zebra**)
C【動物】シマウマ

zebra crossing [zíːbrə krɔ̀ːsiŋ ズィーブラ クロースィング] 名詞
C《英》横断歩道
(♦白ペンキのしま模様がシマウマを連想させることから；《米》crosswalk)

▲イギリスでは，車は日本と同じ左側通行．道路の手前側（右から車が来る側）に LOOK RIGHT「右を見よ」と書いてある．

:zero [zíːrou ズィーロウ]
—名詞 (複数 **zeros** または **zeroes** [-z])
❶ C **0**，**ゼロ**，零(れい)；0 の数字
▸How many **zeros** are there in a billion?
10 億にはいくつゼロがありますか？
❷ C U (テストなどの) 零点；
U (温度計などの)零度
▸I got a **zero** on the math test.
わたしは数学のテストで零点をとった．
▸It was five degrees below **zero** this morning.
今朝は零下 5 度だった．

> **ルール 数字のゼロの読み方**
>
> **1** 数字のゼロはアルファベットのオー(O)と似ています．そのため，電話番号や郵便番号などを読むときに [óu オウ] と発音されることがあります．
> 239**0**-75**0**3 → two three nine **o**, seven five **o** three
>
> **2** 小数点の前のゼロは zero と読みますが，省略されることもあります．
> **0**.5 → (**zero**) point five
>
> **3** スポーツなどの点数のゼロはふつう《米》nothing，《英》nil [níl ニる] などと発音します．テニスでは love といいます．
> ▸We won the game 3 - **0**.
> わたしたちはその試合に 3 対 0 で勝った．
> (♦ 3 - 0 は《米》three (to) nothing, 《英》three (to) nil と発音する)
> ▸30 - 0【テニス】30 対 0
> (♦ thirty love と発音する)

—形容詞 0 の，ゼロの

Zeus [zúːs ズース] 名詞
【ギリシャ神話】ゼウス
(♦オリンポス山(Olympus)の神々の主神で天の支配者；ローマ神話のジュピター(Jupiter)にあたる)

zigzag [zígzæ̀g ズィグザぁグ] 名詞
C ジグザグ，Z 字形
—副詞 ジグザグに，Z 字形に
—動詞 (三単現 **zigzags** [-z]；過去・過分 **zigzagged** [-d]；現分 **zigzagging**)
自 ジグザグに進む，Z 字形に進む

zip [zíp ズィップ] 名詞
❶ C《英》ファスナー，ジッパー，チャック
(♦《米》zipper)
❷ U《口語》活力，元気
❸ C ビュッという音

—動詞 (三単現 **zips** [-s]; 過去・過分 **zipped** [-t]; 現分 **zipping**)
他 …をファスナーで開ける[閉める]
—自《口語》勢いよく動く[進む]; ファスナーで開く[閉まる]

zip code [zíp kòud ズィップ コウド]
名詞 C U《米》ジップコード, 郵便番号
(◆zip は *z*one *i*mprovement *p*rogram [*p*lan] の略; 5 けたの数字で表し, あて名の最後につける; ZIP code とも書く;《英》postcode)
➡ p.357 **How To Write a Letter of Thanks**

zipper [zípər ズィパ] 名詞
C《米》ジッパー, ファスナー, チャック
(◆《英》zip, zip fastener)

zodiac [zóudiæ̀k ゾウディあック] 名詞
❶《**the zodiac** で》【天文】黄道(こうどう)帯
(◆太陽・月・主要な惑星(わくせい)が通る天球上の帯状の区域)
❷ C (星占(うらな)いの) 十二宮; 十二宮図
(◆黄道帯に 12 の星座を配した図)
➡ **horoscope** 文化

zone [zóun ゾウン] 名詞
C 地帯, 地域, 地区
▸a danger [safety] **zone**
危険[安全]地帯
▸a time **zone**
(標準) 時間帯, タイムゾーン
(◆同じ時刻を使う地域; 世界は 24 のタイムゾーンに分かれており, タイムゾーンが変わることで時差が生じる)
▸a school **zone**
学校地区, 文教地区

▲学校地区の交通標識:「学校がある日は, 午前 8 時から 9 時半と午後 2 時半から 4 時の間は車の運転速度を時速 40 キロに制限すること」と表示されている

◆**zoo** [zúː ズー] 名詞 (複数 **zoos** [-z])
❶ C 動物園
▸I saw pandas at the Ueno **Zoo**.
わたしは上野動物園でパンダを見た.
▸a **zoo** keeper
動物園の飼育係
❷《**the Zoo** で》《英》ロンドン動物園

zoology [zouálədʒi ゾウアろヂィ]
(★発音に注意) 名詞 U 動物学

zoom [zúːm ズーム] 動詞 自
❶《口語》猛(もう)スピードで行く[する]
❷ 急上昇(じょうしょう)する, 急増する
❸ ブーンという音を立てる
zóom ín (カメラが)(…を)ズームレンズで大写しにする《on ...》
▸The camera **zoomed in on** the bird.
カメラはその鳥にズームインした.
zóom óut (カメラが) ズームレンズで被(ひ)写体から遠ざかる

zucchini [zukíːni ズキーニ] 名詞
(複数 **zucchini** または **zucchinis** [-z])
C《米》【植物】ズッキーニ
(◆キュウリに似た野菜; カボチャの一種)

ZZZ, zzz [zː ズー] 間投詞
(マンガなどで寝息(ねいき)やいびきの音を表して) グーグー, ガーガー ➡ **sound** 図

付　録

Ⅰ. Eメールライティング

Eメールの例

① From: Watanabe Yuki <y.watanabe@xxx.co.jp>
② To: Chris Hill <chris_123@xmail.com>
③ Subject: Your visit to us
④ Hi Chris, ⑤ How is it going? I hope you are doing well. We are looking forward to your visit. I am planning to show you around my favorite places. Is there anything you want to do during your visit? ⑥ Take care, Yuki

① 差出人，送信者

自分の E メールアドレスが From の欄に入ります．

② 宛先

E メールの送り先のメールアドレスが To の欄に入ります．

③ 件名

E メールの件名が Subject の欄に入ります．日本語では「…について」のように書きますが，英語では冒頭に about は不要です．また，件名の頭に付く A, An や The などの冠詞は省略するのがふつうです．

件名の例

- Inquiry into your product（製品に関する問い合わせ）
- Invitation to our 1st anniversary party（1 周年記念パーティーへのご招待）

④ 書き始めのあいさつ

E メールの書き始めには「Hi（相手のファーストネーム),」などのあいさつが入ります．Hi のほかに Hello や Dear も使われます．フォーマルな内容の E メールでは Dear が使われ，敬称を付けて Dear Mr.[Ms.] Green, などとすることもできます．また，特定の人物だけではなく Dear Customer Service,（カスタマーサービス御中）などと部署名を入れることもできます．いずれの場合も名前の後ろにはコンマを入れます．

⑤ 本文

メール本文では要件をできるだけ簡潔に伝えます．初めてメールを送る相手の場合は，最初に自己紹介を書きます．長いメールでは改行して段落を分けると読みやすくなります．

自己紹介で使える表現

- My name is ... and I am a student at Minami Junior High School.
（わたしの名前は…です．南中学校の生徒です．）

▸My name is ... and I am writing you to request information about ～.
（わたしの名前は…です．～についての情報を要求したくメールを差し出しました．）

E メール本文で使える表現

▸How are you?（お元気ですか？）
▸How is everything?（調子はどうですか？）
▸How is [are] ... going?（…の調子はどうですか？）
▸I have not seen you for a long time.（ごぶさたしています．）
▸I am writing this e-mail because I would like to ....
（…したいと思い，この E メールを書いています．）
▸Please say hello to ....（…によろしくお伝えください．）

⑥ 結びのことば

最後に「Take care,」などの結びのことばを添え，その下に自分の名前を書きます．

結びのことばの例

▸Regards, / Best regards, / Sincerely, / Yours sincerely, / Best wishes,
➡これらは日本語の「敬具」にあたります．
▸Take care,（体に気をつけて）/ With love,（愛を込めて）/ Your friend,（あなたの友人より）/ See you soon,（近いうちに会いましょう）

日本語訳

クリスへ

調子はどうですか？元気にしているといいのですが．わたしたちはあなたの訪問を心待ちにしています．わたしはあなたをお気に入りの場所に連れて行こうと思っています．滞在中に何かしたいことはありますか？

体に気をつけて．
ユキより

返信メールの例

From: Chris Hill <chris_123@xmail.com>
To: Watanabe Yuki <y.watanabe@xxx.co.jp>
Subject: ⑦ Re: Your visit to us

Hi Yuki,

I cannot wait to see you in two weeks! I heard that a famous festival will be held in your hometown. I want to go see it if possible.
Please say hello to your parents.

Best regards,
Chris

⑦ メールの件名に付く「Re:」はそのメールが返信メールであることを示します．通常，返信ボタンを押すと自動的に「Re:（元のメールの件名）」という件名になります．この「Re:」は「…について」という意味のラテン語が由来です．また，同様に件名に付く「Fwd:」は「…を転送する」という意味の forward の略で，そのメールが転送メールであることを示します．

日本語訳

> ユキへ
>
> 2 週間後にあなたたちに会うのが待ちきれません！あなたの地元で有名なお祭りが開かれると聞きました．可能ならそれを見に行きたいです．
> ご両親にもよろしくお伝えください．
>
> よろしくお願いします．
> クリスより

★ E メールでよく使われる略語

略語	元の形	意味
AKA	also known as	…としても知られる， またの名を…
ASAP	as soon as possible	できるだけ早く
B4	before	…の前に
BTW	by the way	ところで
FYI	for your information	ご参考までに
IDK	I do not know	わかりません
IMO	in my opinion	わたしの意見では
LOL	laugh(ing) out loud	爆笑
NP	no problem	問題ありません
NRN	no response necessary ／ no reply needed	返信不要
PLS	please	お願いします
THX	thanks	ありがとう
TTYL	talk to you later	またあとで話しましょう

★ E メールでよく使われる顔文字など

欧米の顔文字は，顔を横に倒した形で表現されます．

<table>
<tr><td>:) / XD / :D</td><td>笑顔</td></tr>
<tr><td>;)</td><td>ウインク</td></tr>
<tr><td>:(</td><td>しかめっ面</td></tr>
<tr><td>:-|</td><td>無表情，真剣な顔</td></tr>
<tr><td>:_(</td><td>泣き顔</td></tr>
<tr><td>:-o</td><td>驚いた顔</td></tr>
<tr><td>:P</td><td>舌を出した顔</td></tr>
<tr><td><3</td><td>ハート</td></tr>
</table>

Ⅱ. 句読点・符号(ふごう)

.　　period / full stop / dot（ピリオド，終止符(ふ)）

(1) 平叙(へいじょ)文・命令文の終わりを表します.
▸I like dogs.（わたしはイヌが好きだ）
▸Wait a minute.（少し待ちなさい）
(2) 略語を表します.
▸Mr. (=Mister) Baker（ベーカー氏）
（注）英国では Mr とピリオドをつけないことが多い.
▸No. (=number) 7（第７番）
▸Sun. (=Sunday)（日曜日）
★文末に略語が来るときは，ピリオドを重ねません.
▸There are fifty states in the U.S.A.
（アメリカには州が 50 ある）
(3) 小数点を表します.
▸0.5

,　　comma（コンマ）

(1) 接続詞を用いて２つ以上の文をつなげます.
▸I like dogs, but my brother does not.
（わたしはイヌが好きですが，兄[弟]はイヌが好きではありません）
▸Hurry up, or you will be late.（急がないと遅(おく)れるよ）
(2) ３つ以上の語句を同列に並べます．接続詞の直前のコンマは省略されることもあります.
▸I like dogs, horses(,) and giraffes.
（わたしはイヌとウマとキリンが好きだ）
▸He is young, ambitious(,) and full of energy.
（彼は若く，野心的で，エネルギーにあふれている）
★形容詞が名前の前で用いられる場合は，２つのときでもコンマで並べます.
▸a young, ambitious woman（若くて野心的な女性）
(3) 挿入(そうにゅう)・付加・語句の切れ目などを表します.
▸I believe, of course, that I am right.
（もちろん，わたしは自分が正しいと信じている）
▸You are not lying, are you?（うそじゃないよね？）
▸Even Ann, the smartest student in our class, could not solve the question.（クラスでいちばん頭のいい生徒であるアンでもその問題を解けなかった）
▸Good morning, Bob.（おはよう，ボブ）
▸"Good morning," said Emma.（「おはよう」とエマは言った）
（注）次のような文末に置く副詞もふつうコンマで区切る．ただし，英国では省略することも多い.
▸I like tennis, too.（わたしもテニスが好きだ）
▸I do not like it, either.（わたしもそれは好きではない）
(4) 数字の区切りを表します.
▸1,000

? **question mark（疑問符(ふ)，クエスチョンマーク）**

主に疑問文のあとにつけて疑問を表します．
- ▸Do you like music?（音楽は好きですか？）
- ▸What kind of music do you like?
（あなたはどんな音楽が好きですか？）
- ▸Really?（ほんとうですか？）
- ▸You did it, didn't you?（きみのしわざだろう？）

! **exclamation point [mark]（感嘆符(かんたんふ)，エクスクラメーションマーク）**

主に感嘆文・命令文のあとにつけて強い感情を表します．
- ▸Look at the sunset! How beautiful!
（ほら夕焼けを見てごらんよ！　なんてきれいなのだろう！）
- ▸It is really big!（ほんとうに大きいなあ！）
- ▸Hey, come here!（ねえ，こっちに来なよ！）
- ▸Great!（すばらしい！）

: **colon（コロン）**

(1) 具体的な例を示す場合に使います．
- ▸We visited the following cities: Nara, Kyoto, and Kobe.
（わたしたちは次の都市を訪(おとず)れた．奈良，京都，そして神戸だ）

(2) 前の語・句・文を補足する語・句・文をつけ加える場合に使います．
- ▸He is interested in only one thing: making money.
（彼は１つのことにしか関心がない．金もうけだ）
- ▸Warning: smoking causes cancer.
（警告．喫煙(きつえん)はがんの原因）

(3) 時刻を表します．
- ▸7:00（７時）

; **semicolon（セミコロン）**

関連する２つの文を接続詞を用いずにつなぐ場合に使います．
- ▸The door was closed; nobody seemed to be in the room.
（ドアは閉まっていた．部屋にはだれもいないようだった）

（注）これはややかたい文体で，ふつうは and を使う．このほかに「それで」(so)，「つまり」(that is)のような意味も表す．

“ ” または ‘ ’ **quotation marks（引用符(ふ)，クオーテーションマーク）**

“　”を double quotation marks（ダブルクオーテーションマーク）といい，‘　’を single quotation marks（シングルクオーテーションマーク）といいます．ふつう米国では“　”が，英国では‘　’が使われます．

(1) 直接話法で発言の部分を表します．
- ▸“Come with us,” she said.
（「わたしたちといっしょに来て」と彼女は言った）

★米国ではふつう，ピリオド・コンマ・クエスチョンマークなどは引用符の中に入れます．

▸ He asked me, "Are you free tomorrow?"
(「あしたは暇(ひま)？」と彼はわたしにたずねた)
(注) " " の中が平叙(へいじょ)文で，文全体が疑問文のときなどは，次のようになる.
▸ Did you say, "I can," or "I can't"?
(あなたは「わたしにはできる」と言ったのですか，それとも「わたしにはできない」と言ったのですか？)
★" " の中でさらに引用符を用いるときは，' 'を使います.
▸ He said, "Someone cried, 'Help!'"
(「『助けて！』という悲鳴が聞こえた」と彼は言った)
(2) 引用・作品名などを表します.
▸ The author describes basketball as "the most exciting sport."(著者はバスケットボールを「最もエキサイティングなスポーツ」と述べている)
▸ I watched "Dumbo" on TV.
(わたしはテレビで『ダンボ』を見た)
★作品名はしばしばイタリック体でも表します.
▸ *Romeo and Juliet*『ロミオとジュリエット』
(3) 強調したり，ふつうとはちがうニュアンスで用いたりしていることを表します. 「いわゆる」「いわば」といった表現を使える場合もよくあります.
▸ The "language" which helped us the most was gesture.
(わたしたちにいちばん役立った「ことば」はジェスチャーだった)
(注) ふつうジェスチャーはことばとは考えないが，ここでは「ことばのようにコミュニケーションに役立ったもの」という意味で language を使っていることが示されている.
▸ That was their "democratic" style.
(それが彼らのいわゆる「民主的な」やり方だった)

'　　apostrophe (アポストロフィ)

▸ I'm (=I am) tired.(わたしは疲(つか)れた)
▸ My mother doesn't (=does not) know this.(母はこのことを知らない)
▸ How's (=How is) it going?(調子はどう？)
(2) 名詞に 's をつけて所有格をつくります.
▸ Tom's bike(トムの自転車)
▸ a month's vacation(1か月の休み)
★名詞が s で終わるときは，ふつう 's とせず ' だけをつけます.
▸ Chris' bike(クリスの自転車)
▸ a boys' school(男子校)
(注) Chris'の発音は[krís クリス]，boys'の発音は[bɔ́iz ボイズ].
(3) アルファベット・数字の複数形をつくります.
▸ two s's(２つの s)
▸ three 7's(３つの７)
▸ in the 1980's(1980 年代に)
(注) the 1980's は複数扱い.

—　　dash (ダッシュ)

▸ Everybody—including our dog Shiro—got into the car.

（全員—飼い犬のシロもふくめて—車に乗りこんだ）
▸The bag on the table—is it yours?
（テーブルの上のバッグ，それきみの？）

- **hyphen（ハイフン）**

(1) 複数の単語をつなげて複合語をつくります.
▸a self-service gas station（セルフサービスのガソリンスタンド）
▸She is left-handed.（彼女は左利(き)きだ）
(2) 21 から 99 までの数字を書くときに用います.
▸thirty-five（35）
(3) 1 つの単語が 2 行にわたるとき，最初の行の終わりの部分につけて，次の行に続いていることを示します.

( ) **parentheses, round brackets（丸括弧(かっこ)）**

補足説明を加えるときに用います.
▸Mt. Fuji (3,776m) is the highest mountain in Japan.
（富士山（3,776 メートル）は日本でいちばん高い山だ）

[ ] **(square) brackets（角括弧(かっこ)）**

引用文中に引用者のコメントや情報を加えるときに用います.
▸He added, “I love my hometown [Sapporo].”
（「わたしは故郷［注：札幌(さっぽろ)］を愛しています」と彼は言い添(そ)えた）

/ **slash（スラッシュ）**

(1) or（…かまたは～）の意味で用います.
▸If a student works part-time, he/she (=he or she) has to report it to the school.
（学生がアルバイトをする場合は，学校に届け出なければならない）
(2) per（…につき）の意味で用います.
▸The price of this cheese is ¥200/100g (=200 yen per 100 grams).（このチーズの価格は 100 グラムにつき 200 円です）
(3) 日付を表します.
▸4/15/2021, 4/15/21 (=April 15, 2021)（2021 年 4 月 15 日）

A, B, ... ***a, b, ...*** **italics（イタリック体）**

(1) 書名・作品名などを示します.
▸He reads *The New York Times* every day.
（彼は毎日『ニューヨークタイムズ』を読んでいる）
▸I like *Early Summer* best of Ozu Yasujiro’s movies.
（わたしは小津安二郎の映画では，『麦秋』が最も好きだ）
(2) 語句を強調します.
▸I have seen *beautiful* flowers, but I have never seen the *beauty* of flowers.
（わたしは**美しい**花を見たことはあるが，花の**美しさ**を見たことはない）

Ⅲ. 世界の国名

国名(日本語)	国名(英語)	国名(カナ発音)
アイスランド	Iceland	[アイスらンド]
アイルランド	Ireland	[アイアらンド]
アゼルバイジャン	Azerbaijan	[アーザルバイヂャーン]
アフガニスタン	Afghanistan	[あふギぁニスタぁン]
アメリカ合衆国	the United States of America	[ざ ユ(ー)ナイティッド ステイツ アヴ アメリカ]
アラブ首長国連邦	the United Arab Emirates	[ざ ユ(ー)ナイティッド あラブ エミレッツ]
アルジェリア	Algeria	[あるヂ(ア)リア]
アルゼンチン	Argentina	[アーヂェンティーナ]
アルバニア	Albania	[あるベイニア]
アルメニア	Armenia	[アーミーニア]
アンゴラ	Angola	[あンゴウら]
アンティグア・バーブーダ	Antigua and Barbuda	[あンティーガ アン バーブーダ]
アンドラ	Andorra	[あンドーラ]
イエメン	Yemen	[イェメン]
イギリス	the United Kingdom	[ざ ユ(ー)ナイティッド キンｸﾞダム]
イスラエル	Israel	[イズリアる]
イタリア	Italy	[イタり]
イラク	Iraq	[イラぁク]
イラン	Iran	[イラぁン]
インド	India	[インディア]
インドネシア	Indonesia	[インドニージャ]
ウガンダ	Uganda	[ユーギぁンダ]
ウクライナ	Ukraine	[ユークレイン]
ウズベキスタン	Uzbekistan	[ウズベキスタぁン]
ウルグアイ	Uruguay	[ユ(ア)ルグワイ]
エクアドル	Ecuador	[エクワドー(ア)]
エジプト	Egypt	[イーヂプト]
エストニア	Estonia	[エストウニア]
エスワティニ	Eswatini	[エスワティーニ]
エチオピア	Ethiopia	[イーすィオウピア]
エリトリア	Eritrea	[エリトゥリーア]
エルサルバドル	El Salvador	[エる サぁるヴァドー(ア)]
オーストラリア	Australia	[オーストゥレイりャ]
オーストリア	Austria	[オ(ー)ストゥリア]
オマーン	Oman	[オウマーン]
オランダ	the Netherlands	[ざ ネざらンヅ]
ガーナ	Ghana	[ガーナ]
カーボベルデ	Cabo Verde	[カーボ ヴァ～ド]
ガイアナ	Guyana	[ガイあナ]
カザフスタン	Kazakhstan	[キぁザぁクスターン]
カタール	Qatar	[カーター]
カナダ	Canada	[キぁナダ]
ガボン	Gabon	[ギぁボウン]
カメルーン	Cameroon	[キぁメルーン]

ガンビア	Gambia	[ギぁンビア]
カンボジア	Cambodia	[キぁンボウディア]
北マケドニア共和国	the Republic of North Macedonia	[ざ リパブリック アヴ ノーす マぁスィドウニア]
ギニア	Guinea	[ギニ]
ギニアビサウ	Guinea-Bissau	[ギニ ビサぁウ]
キプロス	Cyprus	[サイプラス]
キューバ	Cuba	[キューバ]
ギリシャ	Greece	[グリース]
キリバス	Kiribati	[キリバーティ, キリバぁス]
キルギス	Kyrgyzstan	[キルギスターン]
グアテマラ	Guatemala	[グワーテマーら]
クウェート	Kuwait	[クウェイト]
クック諸島	the Cook Islands	[ざ クック アイらンヅ]
グレナダ	Grenada	[グレネイダ]
クロアチア	Croatia	[クロウエイシャ]
ケニア	Kenya	[ケニャ]
コートジボワール	Côte d'Ivoire	[コウト ディヴワー]
コスタリカ	Costa Rica	[コウスタ リーカ]
コソボ	Kosovo	[コソヴォウ]
コモロ	Comoros	[カモロウズ]
コロンビア	Colombia	[コらンビア]
コンゴ共和国	the Republic of the Congo	[ざ リパブリック アヴ ざ カンゴウ]
コンゴ民主共和国	the Democratic Republic of the Congo	[ざ デモクラぁティック リパブリック アヴ ざ カンゴウ]
サウジアラビア	Saudi Arabia	[サウディ アレイビア]
サモア	Samoa	[サモウア]
サントメ・プリンシペ	São Tomé and Príncipe	[サウ トメイ アン プリンスィパ]
ザンビア	Zambia	[ザぁンビア]
サンマリノ	San Marino	[サぁン マリーノウ]
シエラレオネ	Sierra Leone	[スィエラ りオウン]
ジブチ	Djibouti	[ヂブーティ]
ジャマイカ	Jamaica	[ヂャメイカ]
ジョージア	Georgia	[ヂョーヂャ]
シリア	Syria	[スィリア]
シンガポール	Singapore	[スィンガポーア]
ジンバブエ	Zimbabwe	[ズィンバーブウェイ]
スイス	Switzerland	[スウィツァらンド]
スウェーデン	Sweden	[スウィードゥン]
スーダン	Sudan	[スーダぁン]
スペイン	Spain	[スペイン]
スリナム	Suriname	[スリナーム]
スリランカ	Sri Lanka	[スリー らーンカ]
スロバキア	Slovakia	[スろウヴァーキア]
スロベニア	Slovenia	[スろウヴィーニア]
セーシェル	Seychelles	[セイシェるズ]
赤道ギニア	Equatorial Guinea	[イークウォトーリアる ギニ]
セネガル	Senegal	[セネゴーる]
セルビア	Serbia	[サ～ビア]
セントクリストファー・ネービス	Saint Christopher and Nevis	[セイント クリストファ アン ニーヴィス]
セントビンセントおよびグレナディーン諸島	Saint Vincent and the Grenadines	[セイント ヴィンセント アン ざ グレナディーンズ]

セントルシア	Saint Lucia	[セイント ルーシャ]
ソマリア	Somalia	[ソマーりア]
ソロモン諸島	the Solomon Islands	[ざ サろモン アイらンヅ]
タイ	Thailand	[タイらぁンド]
韓国	Korea (South Korea)	[コリーア(サウす コリーア)]
タジキスタン	Tajikistan	[タヂキスターン]
タンザニア	Tanzania	[タぁンザニーア]
チェコ	the Czech Republic	[ざ チェック リパブりック]
チャド	Chad	[チぁッド]
中央アフリカ	the Central African Republic	[ざ セントゥラる あふリカン リパブりック]
中国	China	[チャイナ]
チュニジア	Tunisia	[テューニズィア]
朝鮮民主主義人民共和国	the Democratic People's Republic of Korea (North Korea)	[ざ デモクらぁティック ピープるズ リパブりック アヴ コリーア(ノーす コリーア)]
チリ	Chile	[チり]
ツバル	Tuvalu	[トゥーヴァるー]
デンマーク	Denmark	[デンマーク]
ドイツ	Germany	[ヂャ〜マニ]
トーゴ	Togo	[トウゴウ]
ドミニカ共和国	the Dominican Republic	[ざ ドミニカン リパブりック]
ドミニカ国	Dominica	[ダミニーカ]
トリニダード・トバゴ	Trinidad and Tobago	[トゥりニダぁド アン トベイゴウ]
トルクメニスタン	Turkmenistan	[タ〜クメニスターン]
トルコ	Turkey	[タ〜キ]
トンガ	Tonga	[タンガ]
ナイジェリア	Nigeria	[ナイヂ(ア)リア]
ナウル	Nauru	[ナウルー]
ナミビア	Namibia	[ナミビア]
ニウエ	Niue	[ニウーエイ]
ニカラグア	Nicaragua	[ニカラーグワ]
ニジェール	Niger	[ナイヂャ]
日本	Japan	[ヂャパぁン]
ニュージーランド	New Zealand	[ニューズィーらンド]
ネパール	Nepal	[ネポーる]
ノルウェー	Norway	[ノーウェイ]
バーレーン	Bahrain	[バーレイン]
ハイチ	Haiti	[ヘイティ]
パキスタン	Pakistan	[パぁキスタぁン]
バチカン市国	the Vatican City	[ざ ヴぁティカン スィティ]
パナマ	Panama	[パぁナマー]
バヌアツ	Vanuatu	[ヴぁヌアトゥー]
バハマ	Bahamas	[バハーマズ]
パプアニューギニア	Papua New Guinea	[パぁプア ニュー ギニ]
パラオ	Palau	[パらウ]
パラグアイ	Paraguay	[パぁラグワイ]
バルバドス	Barbados	[バーベイダス]
ハンガリー	Hungary	[ハンガリ]
バングラデシュ	Bangladesh	[バぁングらデッシ]
東ティモール	Timor-Leste	[ティモー れシテイ]
フィジー	Fiji	[ふィーヂー]
フィリピン	Philippines	[ふィりピーンズ]
フィンランド	Finland	[ふィンらンド]

ブータン	Bhutan	[ブー**ター**ン]
ブラジル	Brazil	[ブラ**ズィ**る]
フランス	France	[ふ**らぁ**ンス]
ブルガリア	Bulgaria	[バる**ゲ**(ア)リア]
ブルキナファソ	Burkina Faso	[バ〜**キ**ナ **ファ**ソウ]
ブルネイ	Brunei	[ブル**ナ**イ]
ブルンジ	Burundi	[ブ**ル**ンディ]
ベトナム	Viet Nam	[ヴィーエト **ナー**ム]
ベナン	Benin	[ベ**ニー**ン]
ベネズエラ	Venezuela	[ヴェネズ**ウェ**イら]
ベラルーシ	Belarus	[べら**ルー**ス]
ベリーズ	Belize	[ベ**リー**ズ]
ペルー	Peru	[ペ**ルー**]
ベルギー	Belgium	[**べる**チャム]
ポーランド	Poland	[**ポウ**らンド]
ボスニア・ヘルツェゴビナ	Bosnia and Herzegovina	[**バ**ズニア アン ハ〜ツェゴウ**ヴィー**ナ]
ボツワナ	Botswana	[バツ**ワー**ナ]
ボリビア	Bolivia	[ボ**リ**ヴィア]
ポルトガル	Portugal	[**ポー**チュガる]
ホンジュラス	Honduras	[ハン**デュ**ラス]
マーシャル諸島	the Marshall Islands	[ざ **マー**シャる **アイ**らンヅ]
マダガスカル	Madagascar	[マぁダ**ギぁ**スカ]
マラウイ	Malawi	[マ**ら**ウィ]
マリ	Mali	[**マー**り]
マルタ	Malta	[**モー**るタ]
マレーシア	Malaysia	[マ**れ**イジャ]
ミクロネシア連邦	Micronesia	[マイクロ**ニー**ジャ]
南アフリカ	South Africa	[サウす **あ**ふリカ]
南スーダン	South Sudan	[サウす スー**ダぁ**ン]
ミャンマー	Myanmar	[**ミャー**ンマー]
メキシコ	Mexico	[**メ**クスィコウ]
モーリシャス	Mauritius	[モー**リ**シャス]
モーリタニア	Mauritania	[モーリ**テイ**ニア]
モザンビーク	Mozambique	[モウザン**ビー**ク]
モナコ	Monaco	[**マ**ナコウ]
モルディブ	Maldives	[**モー**るディーヴズ]
モルドバ	Moldova	[マる**ドウ**ヴァ]
モロッコ	Morocco	[マ**ラ**コウ]
モンゴル	Mongolia	[マン**ゴウ**りア]
モンテネグロ	Montenegro	[マンティ**ニー**グロウ]
ヨルダン	Jordan	[**ヂョー**ドゥン]
ラオス	Laos	[**らー**オウス]
ラトビア	Latvia	[**らぁ**トヴィア]
リトアニア	Lithuania	[りす**エイ**ニア]
リビア	Libya	[**り**ビア]
リヒテンシュタイン	Liechtenstein	[**り**クテンスタイン]
リベリア	Liberia	[らイ**ビ**(ア)リア]
ルーマニア	Romania	[ロウ**メイ**ニア]
ルクセンブルク	Luxembourg	[**ら**クセンバ〜グ]
ルワンダ	Rwanda	[ル**アー**ンダ]
レソト	Lesotho	[れ**ソ**ウトウ]
レバノン	Lebanon	[**れ**バノン]
ロシア連邦	Russia	[**ラ**シャ]

Ⅳ. 不規則動詞・助動詞の変化表

(太字は重要語)

原形		過去形	過去分詞	現在分詞
awake	…の目を覚まさせる	awoke awaked	awoken awaked	awaking
be {**am, is** (注) **are**	…である	**was** **were**	**been**	**being**
bear	…を運ぶ …を産む	**bore**	**borne** **born**	**bearing**
beat	…を打つ	beat	beat beaten	beating
become	…になる	**became**	**become**	**becoming**
begin	…を始める	**began**	**begun**	**beginning**
bend	…を曲げる	bent	bent	bending
bet	…をかける	bet betted	bet betted	betting
bind	…をしばる	bound	bound	binding
bite	…をかむ	**bit**	**bitten**	**biting**
bless	…を祝福する	blessed blest	blessed blest	blessing
blow	吹(ふ)く	blew	blown	blowing
break	…を壊(こわ)す	**broke**	**broken**	**breaking**
bring	…を持って来る	**brought**	**brought**	**bringing**
broadcast	…を放送する	broadcast broadcasted	broadcast broadcasted	broadcasting
build	…を建てる	**built**	**built**	**building**
burn	燃える	**burned** **burnt**	**burned** **burnt**	**burning**
burst	破裂(はれつ)する	burst	burst	bursting
buy	…を買う	**bought**	**bought**	**buying**
can	…することができる	**could**	—	—
cast	…に役を割り当てる	cast	cast	casting
catch	…を捕(つか)まえる	**caught**	**caught**	**catching**
choose	…を選ぶ	**chose**	**chosen**	**choosing**
cling	くっつく	clung	clung	clinging
come	来る	**came**	**come**	**coming**
cost	…がかかる	**cost**	**cost**	**costing**
creep	はう	crept	crept	creeping
cut	…を切る	**cut**	**cut**	**cutting**
deal	…を分配する	**dealt**	**dealt**	**dealing**
dig	…を掘(ほ)る	dug	dug	digging
dive	飛びこむ	dived dove	dived	diving
do, does	…をする	**did**	**done**	**doing**
draw	(絵など)をかく	**drew**	**drawn**	**drawing**
dream	夢を見る	**dreamed** **dreamt**	**dreamed** **dreamt**	**dreaming**
drink	…を飲む	**drank**	**drunk**	**drinking**
drive	…を運転する	**drove**	**driven**	**driving**
eat	…を食べる	**ate**	**eaten**	**eating**
fall	落ちる	**fell**	**fallen**	**falling**
feed	…にえさをあたえる	fed	fed	feeding

(注)be 動詞の現在形 am, are, is の使い分けは p.56 **be** の ルール 参照.

原形		過去形	過去分詞	現在分詞
feel	…を感じる	**felt**	**felt**	**feeling**
fight	戦う	**fought**	**fought**	**fighting**
find	…を見つける	**found**	**found**	**finding**
fit	…に合う	**fitted** **fit**	**fitted** **fit**	**fitting**
fly	飛ぶ	**flew**	**flown**	**flying**
forecast	…を予報する	forecast forecasted	forecast forecasted	forecasting
forget	…を忘れる	**forgot**	**forgotten** **forgot**	**forgetting**
forgive	…を許す	forgave	forgiven	forgiving
freeze	凍(こお)る	froze	frozen	freezing
get	…を得る	**got**	**got** **gotten**	**getting**
give	…をあたえる	**gave**	**given**	**giving**
go	行く	**went**	**gone**	**going**
grind	…をひいて粉にする	ground	ground	grinding
grow	成長する	**grew**	**grown**	**growing**
hang	…を掛(か)ける	hung	hung	hanging
have, has	…を持っている	**had**	**had**	**having**
hear	…が聞こえる	**heard**	**heard**	**hearing**
hide	…を隠(かく)す	hid	hidden	hiding
hit	…を打つ	**hit**	**hit**	**hitting**
hold	…を持つ	**held**	**held**	**holding**
hurt	…にけがをさせる	hurt	hurt	hurting
keep	…を持っている	**kept**	**kept**	**keeping**
kneel	ひざまずく	knelt kneeled	knelt kneeled	kneeling
knit	…を編む	knitted knit	knitted knit	knitting
know	…を知っている	**knew**	**known**	**knowing**
lay	…を置く	**laid**	**laid**	**laying**
lead	…を導く	**led**	**led**	**leading**
lean	寄りかかる	leaned leant	leaned leant	leaning
learn	…を習う	**learned** **learnt**	**learned** **learnt**	**learning**
leave	…を去る	**left**	**left**	**leaving**
lend	…を貸す	**lent**	**lent**	**lending**
let	…させる	**let**	**let**	**letting**
lie	横たわる	**lay**	**lain**	**lying**
light	…に火をつける	lighted lit	lighted lit	lighting
lose	…を失う	**lost**	**lost**	**losing**
make	…を作る	**made**	**made**	**making**
may	…してもよい	**might**	—	—
mean	…を意味する	**meant**	**meant**	**meaning**
meet	…と出会う	**met**	**met**	**meeting**
mistake	…をまちがえる	**mistook**	**mistaken**	**mistaking**
misunderstand	…を誤解する	misunderstood	misunderstood	misunderstanding
must	…しなければならない	(**must**)(注)	—	—
overcome	…に打ち勝つ	overcame	overcome	overcoming

(注) must には過去形がないので，have to の過去 had to で代用する．ただし，従属節の中の must を時制の一致(いっち)で過去にするときは，must のまま用いてもかまわない．

原形	過去形	過去分詞	現在分詞
pay …を払(はら)う	**paid**	**paid**	**paying**
prove …を証明する	proved	proved proven	proving
put …を置く	**put**	**put**	**putting**
quit …をやめる	quit quitted	quit quitted	quitting
read …を読む	**read** [réd]	**read** [réd]	**reading**
ride …に乗る	**rode**	**ridden**	**riding**
ring 鳴る	**rang**	**rung**	**ringing**
rise のぼる	**rose**	**risen**	**rising**
run 走る	**ran**	**run**	**running**
say …を言う	**said**	**said**	**saying**
see …が見える	**saw**	**seen**	**seeing**
seek …をさがす	sought	sought	seeking
sell …を売る	**sold**	**sold**	**selling**
send …を送る	**sent**	**sent**	**sending**
set …を置く	**set**	**set**	**setting**
shake …を振(ふ)る	shook	shaken	shaking
shall …だろう	**should**	—	—
shave …をそる	shaved	shaved shaven	shaving
shine 輝(かがや)く …を磨(みが)く	**shone** **shined**	**shone** **shined**	**shining**
shoot …を撃(う)つ	**shot**	**shot**	**shooting**
show …を見せる	**showed**	**shown** **showed**	**showing**
shut …を閉める	**shut**	**shut**	**shutting**
sing 歌う	**sang**	**sung**	**singing**
sink 沈(しず)む	**sank** **sunk**	**sunk**	**sinking**
sit すわる	**sat**	**sat**	**sitting**
sleep 眠(ねむ)る	**slept**	**slept**	**sleeping**
slide 滑(すべ)る	slid	slid	sliding
smell …のにおいをかぐ	**smelled** **smelt**	**smelled** **smelt**	**smelling**
speak 話す	**spoke**	**spoken**	**speaking**
speed 急ぐ	**sped** **speeded**	**sped** **speeded**	**speeding**
spell …をつづる	**spelled** **spelt**	**spelled** **spelt**	**spelling**
spend …を使う	**spent**	**spent**	**spending**
spill …をこぼす	spilled spilt	spilled spilt	spilling
spin …をつむぐ	spun	spun	spinning
split …を割る	split	split	splitting
spoil …をだめにする	spoiled spoilt	spoiled spoilt	spoiling
spread …を広げる	**spread**	**spread**	**spreading**
spring 飛び上がる	**sprang** **sprung**	**sprung**	**springing**
stand 立つ	**stood**	**stood**	**standing**
steal …を盗(ぬす)む	**stole**	**stolen**	**stealing**
stick …を突(つ)き刺(さ)す	**stuck**	**stuck**	**sticking**
sting …を針で刺す	stung	stung	stinging
strike …を打つ	**struck**	**struck**	**striking**

原形		過去形	過去分詞	現在分詞
sweat	汗(あせ)をかく	sweat sweated	sweat sweated	sweating
sweep	…を掃(は)く	swept	swept	sweeping
swim	泳ぐ	swam	swum	swimming
swing	…を揺(ゆ)り動かす	swung	swung	swinging
take	…を取る	took	taken	taking
teach	…を教える	taught	taught	teaching
tear	…を引き裂(さ)く	tore	torn	tearing
tell	…を話す	told	told	telling
think	…だと思う	thought	thought	thinking
throw	…を投げる	threw	thrown	throwing
understand	…を理解する	understood	understood	understanding
wake	目が覚める	woke waked	woken waked	waking
wear	…を着ている	wore	worn	wearing
weep	しくしく泣く	wept	wept	weeping
will	…でしょう	would	—	—
win	…に勝つ	won	won	winning
wind	…を巻く	wound	wound	winding
write	…を書く	wrote	written	writing

V. 不規則形容詞・副詞の変化表

原級		比較(ひかく)級	最上級
bad badly ill	悪い 悪く 病気で	worse	worst
far	(距離(きょり))遠くに (時間) 遠く	farther further	farthest furthest
good well	よい じょうずに	better	best
late	(時間)遅(おそ)い (順序)遅い	later latter	latest last
little	小さい	less	least
many much	たくさんの	more	most
old	年をとった 年上の	older elder	oldest eldest

NEW HORIZON
JAPANESE-ENGLISH DICTIONARY
ニューホライズン和英辞典

【第6版】

上智大学名誉教授
監修 **笠島 準一**

TOKYO SHOSEKI

監修——————笠島準一

編者——————阿野幸一　磐崎弘貞　緒方孝文　Tom Gally

校閲——————Christopher Clyne

ケースイラスト———ミヤタジロウ

本文イラスト————石橋えり子（スタジオ　あい-2）

岩井デザイン

大津永介（イエローバッグ）

榊原ますみ（あーとすぺっく）

佐藤隆志

ハヤシナオユキ

写真および資料提供——アマナイメージズ，PPS通信社

編集協力——————日本アイアール株式会社

はじめに

『ニューホライズン和英辞典』は，小学生，中学生のみなさんが日本語で頭に浮(う)かぶことをどのようにして英語で言い表せばよいのか迷うときに役立ててもらえるよう作られています．

簡単な例ですが，試験に合格した人に「すごい！」と英語で言いたいときはどう言えばよいのでしょうか．辞典を引けば Great! と言うことがわかります．ただ和英辞典を引けばよいのです．

でもこのように日本語を英語に置き換(か)えるだけでは正しい英語にならないことがあります．英語としての使い方，その語に関連する知識，同じような意味をもつほかの語との関係などを知ることにより，自分が言いたいことを正しく伝える英語を見つけることができるのです．そのためこの辞典では ルール，参考，くらべよう の囲み記事を随所(ずいしょ)に示してあります．もし目につけば読んでみましょう．単に日本語を英語に言い換えるのではなく，英語として深く理解するようにしてください．

外国人とコミュニケーションをとると，どうしても日本文化のことが話題になります．中学生のみなさんに身近な文化についての説明も示してあります．このような英語を使うとよいのだと実感してください．

そのほか，役に立つ用例，ことわざなども収録し，付録では身近なことを言い表すのに便利な，イラスト中心の英語発信辞典も入れてあります．活用してください．

和英辞典は，日本語で言えるのに英語で言えないときに調べるだけのものではありません．時間のあるときにぱらぱらとめくり，関心のある日本語があればどのように英語で言うのかを見てみましょう．自分が知っている英語で言い表せることがあるはずです．「なんだ，こう言うのか！」と思う経験を積み重ねると英語で表現するコツが身につきます．

この辞典を使って，英語で自分の言えることが一つひとつ増えていくことを願っています．

笠島　準一

この辞典の構成と使い方

見出し語
あいうえお順になっています．重要な語には⁑や◆の印をつけ，赤い大きな文字で示しました．

訳語一覧
重要語のうち，見出し語に対応する訳語が多い場合には，初めに一覧にしました．

訳語
見出し語に相当する英語です．訳語が複数ある場合は「，」や「/」で区切ってあります．意味のちがいによる区切りは，まず❶，❷…の数字で大きく，さらに「；」で細かく分けてあります．また，〖　〗と（　）の中で意味のちがいを説明しています．

イラスト・写真・表
その項目を理解しやすくするのに役に立つと思われる場合には，イラストや写真，表を入れました．

対義語
訳語の理解を助けるため，訳語と反対の意味の語や対になる語を必要に応じて入れました．

日本の事物
日本の事物を表す見出し語には✽をつけました．

⁑**あいだ**【間】

❶〖位置，空間〗**between ...; among ...**
❷〖期間〗**for ..., during ..., while ...**
❸〖関係，範囲(はんい)〗**between ...; among ...**

❶〖位置，空間〗
（2 つの間）**between ...** ［ビトゥウィーン］；
（3 つ以上の間）**among ...** ［アマング］
▸パットとベティー**の間に**座(すわ)りなさい．Sit down **between** Pat and Betty.
▸茶色の家**の間に**白い家があるのが見えますか？ Can you see the white house **among** the brown ones?

❷〖期間〗**for ..., during ...** ［デュアリング］，**while ...** ［(ホ)ワイる］
▸何時間も**の間**　**for** hours
▸ジョンは長い**間**，学校を休んでいた．John was absent from school **for** a long time.
▸夏休み**の間**，毎日何をしていたの？ What did you do every day **during** (the) summer vacation?

アウトプット〖コンピュータ〗
（出力）output ［アウトプット］
（対義語「インプット」input）

✽**うどん** *udon* noodles ［ヌードゥるズ］
▸てんぷらうどん ***udon* noodles** topped with tempura

【注意】訳語として one や one's または oneself と出ていることがあります．実際に使うときは，これらを主語や意味に応じて他のことばに置き換(か)えます．
（例）暖まる warm oneself →ストーブにあたって暖まろう．Let's warm ourselves by the heater.

おいかける—おんど

そのページに出てくる見出し語の最初の語と最後の語を示します．

おいかける【追いかける】
run* after ..., chase［チェイス］➡**おう**[1]

不規則変化語
訳語の動詞，助動詞，形容詞，副詞のうち，不規則に変化する語については＊をつけました．

おうえん【応援】 cheering［チアリング］

応援する
cheer《for ...》,〚口語〛root《for ...》
▸どっちを**応援し**ているの？
Which team are you **cheering** [**rooting**] **for**?

応援演説 a campaign speech
応援歌 a fight song
応援団 a cheerleading squad
応援団員
a member of a cheerleading squad
応援団長

参照語
➡はその項目を参照せよ，という意味です．

発音
標準的な発音をもとにして，訳語にカタカナとひらがなで読みを示しました．赤い文字の部分は強く読みます．

派生語
見出し語から派生した語や，見出し語がほかの語と結びついた合成語などを太字で示しました．

おおきさ【大きさ】 size［サイズ］
▸これらの袋(ふくろ)は同じ**大きさ**だ．
These bags are the same **size**.
▸中国は日本**の**約 20 **倍の大きさ**（→広さ）がある．China is about twenty **times as large as** Japan.

＊おんど【温度】
(a) **temperature**［テンペラチャ］
▸部屋の**温度**を計る measure the **temperature** of the room

ダイアログ　**質問する**
A: おふろのお湯の**温度**は何度ですか？
What's the **temperature** of the bath water?
B: セ氏 40 度です．
It's 40 degrees Celsius.

温度計 a thermometer［さマミタ］

参考 アメリカの温度
アメリカでは，特に断りのない限り，温度は力氏(Fahrenheit)で示します．(例) The temperature is 68 degrees *Fahrenheit*.（温度は力氏 68 度(＝セ氏 20℃)だ）
換算(かんさん)式は $C = (F - 32) \times \frac{5}{9}$

用例
訳語の実際の使い方を示した例には行頭に▸をつけ，英語の訳語部分と日本語のそれにあたる部分を太字にしました．訳語を使っていない例には▸をつけ，言い換(か)えや注記を加えました．また，特に語句のかたまりとして覚えておくとよい例にも▸をつけ，日本語を太字にし，その部分に対応する英語も太字にしました．
会話用例のダイアログでは会話表現の「機能」をタイトルの右に示しています．

コラム
訳語の文法上の解説や，類似した訳語の使い分け，文化的な背景を，それぞれ ルール，くらべよう，参考 のコラムにしました．また，見出し語とともによく使う表現を 結びつくことば で示しました．

記号

＿＿と [　　]	＿＿の部分は [　　] 内のことばに置き換(か)えることができます. (例) ▸ジョンはわたしにとても**愛想がよかった**. John was very **friendly** [**nice**] to me.
/	用例中の / は, その前後が日本語に対する異なった表現であることを示します. (例) ▸雨は**上がった**. It **stopped** raining. / The rain **stopped**.
(　　)	(　　) 内のことばは省略することができるという意味です. (例) ▸わたしたちは**握手をした**. We **shook hands** (**with** each other).
訳語の前の 〖　　〗と (　　)	見出し語が多義語の場合, 〖　　〗と (　　) の中で意味のちがいを説明しています. (例) **あかす【明かす】** ❶ 〖過ごす〗 spend* [スペンド] **あじわう【味わう】** (味をみる) taste [テイスト]; (うまさを楽しむ) enjoy [インヂョイ]
➡	➡に続くことばの項目を参照しなさいという意味です. (例) **あす【明日】** tomorrow ➡**あした**
♦	用法上などの注意事項, 関連のある事がらなどを示しています. (例) ▸**あっちこっち**かぎを探した. I looked for the key **here and there**. (♦ × there and here とは言わない)
→	日本語と英語のちがいが大きい場合は, 英語にするときのヒントとなるように(→　)の形で言い換えた日本語を示しています. (例) ▸彼はことばづかいが**荒い**(→**荒いことばを使う**). He uses **rough** language.
〖　　〗	a) 見出し語の意味の分類を示しています. 〖植物〗, 〖動物〗, 〖魚類〗, 〖スポーツ〗, 〖楽器〗などがあります. (例) **イルカ** 〖動物〗 a dolphin [ダるふィン] b) 訳語の用法を示しています. (例) 〖米〗＝アメリカ用法　〖英〗＝イギリス用法　〖口語〗＝話しことば c) 訳語といっしょに用いることの多い前置詞や副詞を示しています. (例) **いっち【一致する】** (意見が) agree 〖with ...〗 [アグリー]
複数	複数形を示しています.

大図版・日本紹介(しょうかい)索引(さくいん)

大図版(ある場面で出てくる事物や動作をまとめて示しています)

日本紹介(日本の事物を説明する一例を示しています)

発音のかな表記について

この辞典では，初めて英語を学習する人がことばの発音を知る手がかりとして，できるだけ多くの英語に，ひらがなとカタカナで発音を示しました．また，強く発音する音は太い赤文字で示してあります．しかし英語の発音には，日本語にはない音や日本語と似ているようでも実際は異なっている音がたくさんあります．ひらがなとカタカナだけでは，完全に正確な英語の発音を表すことはできません．ですから，英和辞典で発音記号を覚えながら，先生の発音や，ラジオ・テレビなどで，さらにはDVDなども活用してたくさんの英語を聴(き)いて，正しい発音を身につけてください．

また，このかな表記では微妙な発音のちがいを示すために，いろいろな工夫がしてあります．そこで，初めて英語に触(ふ)れる人にはややわかりにくいかなと思える部分を，母音と子音に分けて下にまとめましたので，参考にしてください．

母音について

日本語の母音は5つですが，英語の母音は日本語に比べて数も多く構造も複雑です．例えば日本語の「ア」の音でも，英語では[æ]，[ʌ]，[ɑ]，[ə]の音があり，さらに[ai]，[au]などの二重母音もあります．かなで示した発音は最も英語に近い音であり，英語の音そのものではないということを，つねに頭に置いて学習してください．ただし，下にあげた音だけは区別して示してあります．

●[æ]

子音に続く母音が[æ]の音の場合には小さな「ぁ」をそえて，母音が[ʌ]，[ɑ]，[ə]，[ai]，[au]の音の場合と区別してあります．

(例) bath [バぁす]
but [バット]，body [バディ]，
October [アクトウバ]，
bike [バイク]，about [アバウト]
また，子音がなく母音だけの[æ]は，大きな「あ」で示しました．

(例) apple [あプる]

●[əːr]

長音の[ː]は原則として「ー」ですが，[əːr]の長音だけは[ɑːr]と区別するため「〜」で示しました．

(例) [əːr] birth [バ〜す]
[ɑːr] bark [バーク]

子音について

●[l]と[r]

[l]音はひらがなで，[r]音はカタカナで示しました．

(例) light [らイト]
right [ライト]

●[θ]と[s]

[θ]音はひらがなで，[s]音はカタカナで示しました．

(例) mouth [マウす]
mouse [マウス]

●[ð]と[z]と[dz]

[ð]音はひらがなで，[z]音はカタカナで示しました．また[dz]は「ヅ」で示しました．

(例) with [ウィず]
rise [ライズ]，goods [グッヅ]

●[ŋ]と[ŋg]と[ŋk]

原則的に[ŋ]音は「ング」で示しました．また[ŋg]音は「ン＋ガ行のカタカナ」，[ŋk]は「ン＋カ行のカタカナ」で示しています．

(例) sing [スィング]
finger [ふィンガ]，ink [インク]

●[dʒ]と[ʒ]

[dʒ]音は「ヂ」で，[ʒ]音は「ジ」で示しました．

(例) danger [デインヂャ]
pleasure [プれジャ]

あ

あ ア

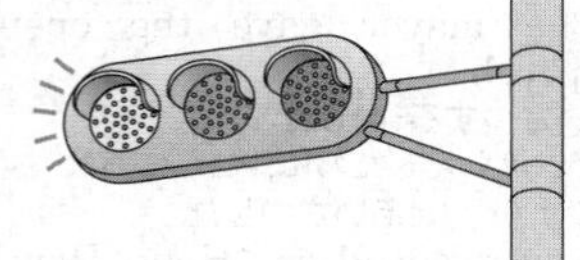

Q「青信号」は英語でどう言う？➡「あお」を見てみよう！

あ Oh!［オウ］➡**あっ**

ああ ❶〘感動・驚(おどろ)きなどを表して〙
oh［オウ］, ah［アー］
▸ああ，すてきだ！ **Oh**, it's nice!
▸ああ！ 驚いた.
Ah! I'm surprised.
❷〘返事〙yes［イエス］➡**はい**[1]

ダイアログ 肯定する
A: B 組の鈴木健のこと知ってる？ Do you know Suzuki Ken in Class B?
B: ああ，知ってるよ.
Yes, I know him.

ああいう such, like that ➡**あんな**
アーケード an arcade［アーケイド］
アーチ an arch［アーチ］
アーチェリー〘スポーツ〙
archery［アーチェリ］
▸アーチェリーの選手 an archer
アーティスト an artist［アーティスト］
アート (an) art［アート］
➡**げいじゅつ，びじゅつ**
アーメン amen［エイメン］
アーモンド
〘植物〙an almond［アーモンド］
アール（面積の単位：100 平方メートル）
an are［アー］（♦a と略す）

◆あい[1]**【愛】love**［らヴ］
▸子供たちに対する彼の愛は深い.
His **love** for his children is deep.
▸愛をこめて. With **love**,（♦手紙や E メールの結びのことば）
▸ブライアンは彼女に愛を告白した（→愛していると彼女に言った）.
Brian told her that he **loved** her.
愛する love（♦ふつう進行形にしない）

ダイアログ
A: 愛しているよ，アン.
I **love** you, Ann.
B: わたしもよ，ジム.
Me too, Jim.

▸彼らはおたがいに愛し合っていた.
They **loved** each other.
▸アンディーはみんなに愛されている.
Andy is **loved** by everyone.
▸平和を愛する人々
peace-**loving** people

あい[2]**【藍】** indigo［インディゴウ］
あいかぎ【合いかぎ】
a duplicate key, a spare key
あいかわらず【相変わらず】
（以前のように）as before［ビふォーア］；
（いつものように）as usual［ユージュアる］
▸エレンは相変わらず話し好きだった.
Ellen was as talkative **as before**.
▸彼は相変わらずよく食べる.
He's eating a lot **as usual**.
あいきょう【愛きょうのある】
（魅力(みりょく)的な）charming［チャーミング］；
（こっけいな）humorous［ヒューモラス］
あいけん【愛犬】 one's pet dog
▸ショコラは香織の愛犬だ.
Chocola is Kaori's **pet dog**.
愛犬家 a dog lover
あいこ even［イーヴン］
▸わたしの勝ち！ これであいこだ.
I win! We're **even** now.
あいことば【合言葉】
（パスワード）a password［パぁスワ～ド］；
（スローガン）a slogan［スろウガン］
アイコン〘コンピュータ〙
an icon［アイカン］
▸アイコンをクリックする
click an **icon**

◆あいさつ a **greeting**［グリーティング］
▸礼儀(れいぎ)正しいあいさつ
a polite **greeting**
▸…とあいさつを交(か)わす

exchange **greetings** with ...
▸市長が開会のあいさつ(→演説)をした. The mayor gave the opening speech.
あいさつする greet
▸アンはわたしたちに,「こんにちは. お元気ですか?」とあいさつした. Ann **greeted** us, "Hello. How are you?"
あいさつ状 a greeting card

あいしょう¹【愛称】 a pet name; (あだ名) a nickname [ニックネイム]
▸友達はわたしを「ゆきちゃん」と愛称で呼ぶ. My friends call me by my **pet name**, "Yuki-chan."
▸ビルはウィリアムの愛称です. Bill is a **nickname** for William.

あいしょう²【相性がいい】 get* along well with ..., be* a good pair
▸わたしは森さん**と相性がいい**. I **get along well with** Mr. Mori.
▸あなたとわたしは**相性がいい**. You and I **are a good pair**.

あいじょう【愛情】 love [らヴ], (an) affection [アふェクシャン] ➡**あい¹**
▸父はこの町に深い愛情をもっています. My father has great **affection** for this town.

アイス (氷) ice [アイス]
アイスキャンディー
〖米〗〖商標〗a Popsicle [パプスィクる]; 〖英〗an ice lolly [アイス らり]
アイスクリーム ice cream
▸バニラアイスクリームを1つください. One vanilla **ice cream**, please. (♦ice cream は数えられないが, 注文時にカップやコーンに入ったものを one [an] ice cream, two ice creams と言うこともある)
アイスコーヒー ice(d) coffee
アイススケート ice skating
▸アイススケートをする ice-skate [アイススケイト]
アイスティー ice(d) tea
アイスホッケー ice hockey
▸アイスホッケーをする play **ice hockey**

あいず【合図】 a sign [サイン], a signal [スィグヌる]
合図する signal, sign, make* a sign, give* a sign《to ...》
▸警備(けいび)員は, 運転手に合図した. The guard **signaled** to the driver.

あいそ(う)【愛想】
愛想がいい friendly, nice
▸ジョンはわたしにとても**愛想がよかった**. John was very **friendly** [**nice**] to me.
愛想が悪い unfriendly
愛想を尽(つ)かす be* disgusted

:あいだ【間】

❶〖位置, 空間〗**between ...; among ...**
❷〖期間〗**for ..., during ..., while ...**
❸〖関係, 範囲(はんい)〗**between ...; among ...**

❶〖位置, 空間〗
(2つの間) **between ...** [ビトゥウィーン]; (3つ以上の間) **among ...** [アマング]
▸パットとベティー**の間に**座(すわ)りなさい. Sit down **between** Pat and Betty.
▸茶色の家**の間に**白い家があるのが見えますか? Can you see the white house **among** the brown ones?

❷〖期間〗**for ..., during ...** [デュアリング], **while ...** [(ホ)ワイる]
▸何時間も**の間** **for** hours
▸ジョンは長い**間**, 学校を休んでいた. John was absent from school **for** a long time.
▸夏休み**の間**, 毎日何をしていたの? What did you do every day **during** (the) summer vacation?
▸きみがいない**間**にキムが来たよ. Kim came (to see you) **while** you were out.

くらべよう for と during と while
for は,「何時間もの間」「3日間」のように期間の長さを表す語とともに用います. (例) He stayed here *for* three days. (彼は3日間ここに泊(と)まりました)

during は,「休みの間」「この冬の間」のようにある決まった期間について言うときに用います.
(例) I'll jog every day *during* the summer.(夏の間, わたしは毎日, ジョギングをするつもりです)
while の後には節が続きます. 動作・状態が続いている間を節で表します.
(例) You can read this book *while* I'm studying.(わたしが勉強している間, この本を読んでもいいよ)

❸〖関係, 範囲〗(2つの間) **between ...**; (3つ以上の間) **among ...**
▸あなたとサムの間に何があったの？
What happened **between** you and Sam?
▸その歌手は若者の間で人気がある.
The singer is popular **among** young people.

あいだがら【間柄】 relation
➡かんけい

あいつ (あの男) that fellow [ふェろウ] (♦親しみや軽べつを表す言い方); he, that guy [ガイ]; (あの女) she, that woman
▸あいつはほんとうに正直なやつだ.
He is really an honest guy.
あいつら those fellows; they

あいづち【相づちを打つ】 respond

あいて【相手】
(遊び相手) a playmate [プれイメイト]; (競争相手) a rival [ライヴる]; (試合の) an opponent [オポウネント]; (ダンスの) a dance partner [ダぁンスパートナ]; (デートの) a date [デイト]
▸あの子には遊び相手がたくさんいる.
That child has many <u>**playmates**</u> [**friends**].

アイディア an idea ➡かんがえ

アイティー IT (♦*i*nformation *t*echnology(情報工学)の略)
▸彼女は IT 関係の会社で働いている.
She works for an **IT** company.
IT 革命 the IT revolution

アイディーカード an ID card (♦an <u>*id*entity</u> [*id*entification] card の略)

あいている【開いている, 空いている】 (戸・店などが) open [オウプン]; (中身・席が) empty [エンプティ], vacant [ヴェイカント] ➡あく¹

あいどく【愛読する】 like reading, enjoy reading
愛読者 an avid reader《of...》, a bookworm
愛読書 one's favorite book

アイドル an idol [アイドゥる]
▸彼女はアイドルグループのメンバーだ.
She is a member of an **idol** group.
アイドル歌手 a young popular singer, a pop <u>idol</u> [star]

あいにく
unfortunately [アンふォーチュネトり]
▸あいにく阿部先生は外出中だった.
Unfortunately, Mr. Abe was out.

アイヌ (アイヌ人) an Ainu [アイヌー]; (アイヌ人全体) the Ainu
アイヌ(人)の Ainu
アイヌ語 Ainu

アイピーエスさいぼう【iPS 細胞】〖生化学〗an iPS cell [セる]

あいま【合間】 an interval [インタヴる]; (勉強・仕事などの) a break [ブレイク]
▸彼は勉強の合間にテレビドラマを見た.
He watched a TV drama during a **break** in his studies.

あいまい【あいまいな】
vague [ヴェイグ]

あいよう【愛用の】 beloved [ビらヴィッド], favorite [ふェイヴァリット]
▸彼女の愛用の帽子(ぼうし) her **favorite** hat

あいらしい【愛らしい】
sweet [スウィート], lovely [らヴり], pretty [プリティ], charming [チャーミング]
▸愛らしいほほえみ
a **sweet** smile

アイルランド Ireland [アイアらンド]
▸北アイルランド
Northern **Ireland**
アイルランド(人)の Irish [アイリッシ]
アイルランド人 an Irish person

アイロン an iron [アイアン]
アイロンをかける iron, press
▸わたしはシャツにアイロンをかけた.
I **ironed** my shirt.
アイロン台 an ironing board

:あう¹【合う】

❶〖型・サイズが〗**fit**
〖色などが〗**look good on ..., suit**

あ

〘調和する〙 go (well) with ..., match
❷〘時計·答えなどが〙 be correct
❸〘人と意見が〙 agree with ...
〘気が〙 get along with ...

❶〘型·サイズが〙 **fit*** [ふィット];
〘色などが〙 **look good*** on ..., **suit** [スート] ➡にあう;
〘調和する〙 **go*** (well) with ..., **match** [マぁッチ]
▸このドレスはわたしには合いません.
This dress doesn't **fit** me.
▸このタイ, わたしのシャツに合う?
Does this tie **go (well) with** [**match**] my shirt?
❷〘時計·答えなどが〙
be* correct [コレクト]
▸きみの時計, 合ってる?
Is your watch **correct**?
▸わたしの答えは全部合っていた.
All my answers **were correct**.
❸〘人と意見が〙 agree with ... [アグリー]; 〘気が〙 get* along with ...
▸映画については彼と意見が合う.
I **agree with** him about movies.
▸わたしはメアリーと気が合う.
I **get along** (well) **with** Mary.

⁑あう² 【会う, 遭う】

❶〘人に〙 **meet*** [ミート], **see*** [スィー]; (偶然(ぐうぜん)) run* into ..., come* across ...
▸いつ会いましょうか?
When shall we **meet**?
▸彼には2度会ったことがある.
I have **met** him twice.
▸きょう由美に会った?
Did you **see** Yumi today?
▸通りでばったりグリーン先生に会った.
I **ran into** [**came across**] Ms. Green on the street.

くらべよう meet と see

meet も **see** も「人と会う」の意味で使いますが, 初対面の人と会う場合は Nice to meet you.(お会いできてうれしいです), 一度知り合った人と会う場合は Nice to see you. のように使い分けます.

❷〘事故などに〙
have* [ハぁヴ], meet* with ...
▸ジョンは交通事故にあった.
John **had** a traffic accident.

結びつくことば
友達と会う meet with one's friend
初めて会う meet ... for the first time
よく会う meet ... often
被害にあう suffer damage

アウェー (遠征(えんせい)試合) an away match [game]

アウター outerwear [アウタウェア]

アウト 〘野球〙
out [アウト] (対義語「セーフ」safe)
▸2アウトランナー三塁(るい)
a runner on third with two **outs**
▸三振(さんしん)! バッター, アウト.
Strike three! The batter is **out**.

アウトコース【アウトコースの】
〘野球〙 outside [アウトサイド]
▸アウトコースに投げる
throw an **outside** pitch

アウトドア【アウトドアの】
outdoor [アウトドーア]
アウトドアスポーツ an outdoor sport

アウトプット 〘コンピュータ〙
(出力) output [アウトプット]
(対義語「インプット」input)

アウトレット outlet [アウトれット]
アウトレットモール an outlet mall

あえて【敢えて…する】
《dare + to +動詞の原形》 [デア]
▸わたしはあえて彼女に話しかける勇気がなかった.
I didn't **dare to** speak to her.

あえん【亜鉛】 〘化学〙 zinc [ズィンク]

⁑あお 【青(い)】

❶〘青色〙 **blue** [ブるー] ➡いろ
▸濃(こ)い青 dark **blue** / navy **blue**
▸薄(うす)い青 light **blue** / pale **blue**
▸メアリーの目は青い.
Mary has **blue** eyes.
❷〘緑色〙 **green** [グリーン]
▸信号が青になった.
The (traffic) lights turned **green**.
(♦turn は「…に変わる」の意味)
▸そのイチゴ, まだ青いよ.
The strawberry is still **green**.

参考「青」でも green

日本語では緑色のものでも「青信号」「青葉」と言いますが, 英語では a *green*

light, *green* leaves と言います.

❸〖顔色が〗**pale**［ペイる］

▸顔色が青いね. だいじょうぶ?
You look **pale**. Are you all right?

青空 the blue sky

あおぐ (扇子(せんす)などで) fan［ふぁン］

▸武はノートで顔をあおいだ.
Takeshi **fanned** his face with his notebook.

あおざめる【青ざめる】
turn pale ➡あお

あおじろい【青白い】
(顔色が) pale［ペイる］➡あお

あおむけに on one's back
(対義語「うつぶせに」on one's stomach [face])

▸あおむけに寝(ね)る
lie **on one's back**

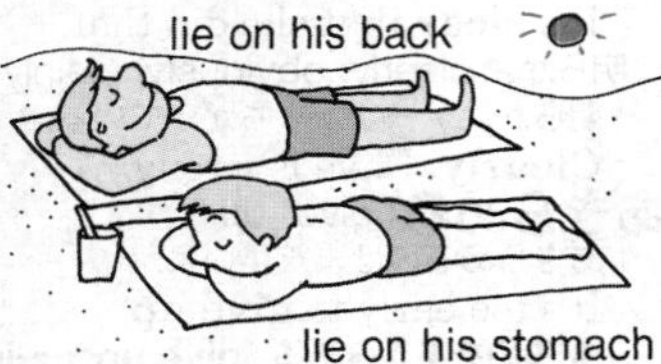

:あか¹【赤(い)】red［レッド］➡いろ

▸濃(こ)い赤 dark **red** / deep **red**
▸薄(うす)い赤 light **red** / pale **red**

赤くなる turn red;
(恥(は)ずかしくて顔が) blush［ブらッシ］

赤鉛筆(えんぴつ) a red pencil

赤信号 a red light

あか²【垢】 dirt［ダ～ト］

アカウント an account［アカウント］

▸アカウントを開く open an **account**

あかじ【赤字】 the red, a loss, a deficit［デふィスィット］
(対義語「黒字」the black, a profit)

▸赤字になる get into **the red**

あかす【明かす】

❶〖過ごす〗spend*［スペンド］

▸彼らは台風を避(さ)けるために体育館で一夜を明かした.
They **spent** the night in the gym to avoid the typhoon.

❷〖打ち明ける〗tell* (honestly) ➡うちあける;〖示す〗show*［ショウ］, reveal［リヴィーる］

▸きみだけにわたしの秘密を明かそう.
I'll **tell** my secret only to you.

あかちゃん【赤ちゃん】 a baby
➡あかんぼう

アカデミーしょう【アカデミー賞】
an Academy Award

アカペラ【アカペラで】
〖音楽〗a cappella［アーカぺら］

▸アカペラで歌を歌う
sing a song **a cappella**

:あかり【明かり】a light［らイト］

▸明かりをつける turn on the **light** / (→照明する) light (up)
▸明かりを消す turn off the **light**
▸あの部屋には明かりがついている.
The **lights** are on in that room.
▸明かりが全部消えた.
All the **lights** went out.

:あがる【上がる】

❶〖昇(のぼ)る, 上昇(じょうしょう)する〗**go up, rise**
❷〖向上する〗**improve**
❸〖入る〗**come in ...;**
〖出る〗**get out of ...**
❹〖終わりになる〗**stop**
❺〖緊張(きんちょう)する〗**get nervous**
❻〖食べる, 飲む〗**have**

❶〖昇る, 上昇する〗**go* up, rise***［ライズ］(対義語「下がる」go down, fall)

▸日中, 気温はぐんぐん上がった.
The temperature **went up** [**rose**] quickly during the day.
▸また電車賃が上がるの? Are railroad fares **going up** [**rising**] again?
▸2階に上がってカメラを取って来て.
Go upstairs and get my camera.
(♦upstairs は「階上へ」の意味の副詞)

❷〖向上する〗**improve**［インプルーヴ］

▸成績, 上がった?
Have your grades **improved**?

❸〖入る〗**come* in ...;**
〖出る〗**get* out of ...**

▸どうぞ靴(くつ)を脱(ぬ)いでお上がりください. Please take off your shoes and **come in**.
▸さあ, ふろから上がりなさい.
Get out of the bath now.

❹〖終わりになる〗**stop**［スタップ］

▸雨は上がった. It **stopped** raining.

あ

/ The rain **stopped**.
❺『緊張する』get* nervous［ナ～ヴァス］
▸人前でスピーチをすると**上がってしまう**．I **get nervous** when I make a speech in front of people.
❻『食べる，飲む』**have***［ハぁヴ］
▸クッキーをお上がりください．
Have [Help yourself to] some cookies.（♦help oneself to ... は「…を自由に取って食べる[飲む]」の意味）

あかるい【明るい】
❶『光が十分差して』
light［らイト］（対義語「暗い」dark）；『輝(かがや)いて』**bright**［ブライト］
▸**明るい**部屋　a **light** room
▸**明るい**笑顔(えがお)　a **bright** smile
▸**明るい**未来　a **bright** future
▸あなたには**明るい**青が似合う．
You look nice in a **bright** blue.
明るく bright, brightly
▸日が**明るく**照っている．
The sun is shining **brightly**.
❷『性格・気分が』**cheerful**［チアふる］
▸ハリーはいつも**明るい**．
Harry is always **cheerful**.
明るく cheerfully
▸「花火を見に行こうよ」とベンが**明るく**言った．"Let's go and see the fireworks," Ben said **cheerfully**.

あかんぼう【赤ん坊】
a baby［ベイビ］（♦代名詞は，赤ん坊の性別がわかるときには he か she，わからないときには it を用いる）
▸男の**赤ん坊**　a **baby** boy
▸女の**赤ん坊**　a **baby** girl

あき[1]【秋】『米』**fall**［ふォーる］,
autumn［オータム］➡**はる[1]**
▸**秋**に　in (the) **fall** [**autumn**]
▸ある**秋**の日に　one day in (the) **fall** [**autumn**]（♦one day には on は不要）
▸姉はことしの**秋**ロンドンへ行きます．
My sister is going to London this **fall**.（♦this, last, next, every などがつくと in は不要）

あき[2]【空き】（空間）(a) space［スペイス］；（部屋・座席・役職などの）a vacancy［ヴェイカンスィ］➡**あく[1]**
▸机と机の間に少し**空き**がある．
There is a small **space** between the desks.
▸ホテルに**空き**はありますか？　Does the hotel have any **vacancies**?
▸**空き部屋あり**　〖掲示〗**Vacancy**
空き缶(かん) an empty can
空き巣(す) a sneak thief
空き地 a vacant lot
空きびん an empty bottle
空き家 a vacant house, an empty house

あきらか【明らかな】
clear［クリア］, **obvious**［アブヴィアス］, **plain**［プれイン］
▸**明らかな**事実　a **clear** fact
▸**明らかな**まちがい
an **obvious** [a **clear**] mistake
▸彼女がそれをしたのは**明らかだ**．
It's **clear** that she did that.
明らかに clearly, obviously, plainly
▸**明らかに**デーブがまちがっている．
Clearly, Dave is wrong.

あきらめる give* up
▸**あきらめる**のはまだ早いよ．
It's too early to **give up**.
…するのをあきらめる《**give up +～ing**》
▸動物の救出を**あきらめ**なければならなかった．We had to **give up trying** to rescue the animals.

あきる【飽きる】 be* tired of ..., get* tired of ... ➡**うんざり**
▸このテレビゲームには**飽きた**．
I'm tired of this video game.

アキレスけん【アキレス腱】
an Achilles(') tendon
［アキりーズ テンドゥン］；（唯一(ゆいいつ)の弱点）an Achilles(') heel［ヒーる］
▸**アキレス腱**を切る
tear an **Achilles(') tendon**
▸彼の「**アキレス腱**」は食べ過ぎるところだ．
His '**Achilles(') heel**' is eating too much.

あきれる（驚(おどろ)く）be* amazed《at ...》［アメイズド］；（うんざりする）be* disgusted《with [at] ...》［ディスガスティッド］

あく[1]【開く，空く】
❶『戸・店などが』**open**［オウプン］（対義語「閉まる」close, shut）

▸ドアが開いてたくさんの人々が出て来た. The door **opened**, and a lot of people came out.
▸その店は朝8時に開く. The store **opens** at eight in the morning.
❷〚中身・席が〛be* empty［エンプティ］, be vacant［ヴェイカント］
▸部屋が空いていたら知らせてください. When the room **is empty**, please let me know.
❸〚時間が〛be* free［ふリー］
▸きょうの午後, 空いてる? **Are** you **free** this afternoon?

あく²【悪】
(an) evil［イーヴる］(対義語「善」good)
▸善と悪 good and **evil**
悪人 a bad person

あくい【悪意】
malice［マぁりス］, ill* will
▸彼にまったく悪意をいだいていない. I feel no **malice** [**ill will**] toward him.
悪意のある malicious［マりシャス］
悪意のない innocent［イノセント］

あくえいきょう【悪影響】
a negative effect［ネガティヴ イふェクト］

あくじ【悪事】(an) evil［イーヴる］, (a) wrong［ローング］; (犯罪) a crime［クライム］
▸悪事を働く do **evil** / commit a **crime**

あくしゅ【握手】
a handshake［ハぁン(ド)シェイク］
握手する shake* hands《with ...》［シェイク ハぁンヅ］(♦常に hands と複数形で用いる)
▸わたしたちは握手をした. We **shook hands** (**with** each other).

参考 握手のマナー
1 右手の素手(すで)でします.
2 相手の目を見ます.
3 おじぎは不要です.
4 強すぎないように, 優(やさ)しくしっかり握(にぎ)ります.

あくしゅう【悪臭】 a (bad*) smell
悪臭を放つ
give* off a (bad) smell, smell*
▸生ごみが悪臭を放っている. The garbage **smells**.

アクション (an) action［あクシャン］
アクションを起こす
act［あクト］, take* action
アクション映画 an action movie
アクションスター
an action hero [heroine]

アクセサリー
(宝石類) jewelry［ヂューエるリ］; (靴(くつ), 帽子(ぼうし), かばん, 傘(かさ), ベルトなど; 車・カメラなどの付属品) accessories［あクセサリズ］(♦ふつう複数形で用いる)
▸アクセサリーをつける put on **jewelry**
▸アクセサリーをつけている wear **jewelry**

アクセス〚コンピュータ〛
access［あクセス］(♦システムへ接続したり記憶(きおく)装置などにデータの書きこみや読み出しをしたりすること)
アクセスする access［あクセス］
▸そのサイトにアクセスできない. I can't **access** the website.
アクセスタイム
〚コンピュータ〛access time
アクセス料金〚コンピュータ〛
an access charge [fee]

アクセル
an accelerator［あクセれレイタ］
▸アクセルを踏(ふ)む step on the **accelerator**

アクセント (強勢) (an) accent［あクセント］, (a) stress［ストゥレス］; (強調) (an) accent
▸calendar という語では, アクセントは第1音節にある. In the word "calendar," the **accent** is [falls] on the first syllable.

あ

アクセント符号(ふごう) an accent mark

あくび a yawn [ヨーン]

あくびをする yawn, give* a yawn

▸洋子は大**あくびをした**.

Yoko **gave a** big **yawn**.

あくま【悪魔】 a devil [デヴる], a demon [ディーモン]

あくめい【悪名】

(a) bad* reputation [レピュテイシャン]

悪名高い notorious [ノウトーリアス]

▸**悪名高い**犯罪者

a **notorious** criminal

あくやく【悪役】 the villain [ヴィれン]

あくゆう【悪友】 a bad* friend, a bad companion, bad company

▸**悪友**と付き合うようになる

get into **bad company**

あぐら【あぐらをかく】

sit* cross-legged [クロースれッグド]

あくりょく【握力】 a grip [グリップ]

▸**握力**が強い　have a strong **grip**

アクロバット

(曲芸) acrobatics [あクロバぁティックス]; (曲芸師) acrobat [あクロバぁット]

あけがた【明け方】 daybreak [デイブレイク], (a) dawn [ドーン]

▸**明け方**に

at **daybreak** / at **dawn**

あげもの【揚げ物】

deep-fried food ➡**フライ²**

⁑あける¹【開ける，空ける】

❶〖**戸・本・びんなどを**〗**open** [オウプン]

(対義語「閉じる」close, shut)

ダイアログ　**許可を求める**

*A:*この包み，**開けて**もいい？

May I **open** this package?

*B:*どうぞ.　Sure.

▸教科書の 52 ページを**開け**なさい.

Open your textbooks to [〖英〗 at] page fifty-two.

▸ドアを開けたままにしないで.

Don't leave the door open.

(♦この open は形容詞; leave ... open で「…を開けたままにする」の意味)

❷〖**場所を**〗 make* room《for ...》

▸ちょっと**空けて**くれませんか？

Would you **make room for** me?

(♦場所についても席についても用いる)

❸〖**時間を**〗 keep* ... open, spare [スペア]

▸あしたの午後，**空けて**おいてね.

Please **keep** tomorrow afternoon **open**.

❹〖**容器・中身を**〗 empty [エンプティ]

➡**から²**

あける²【明ける】

❶〖**夜が**〗 **break*** [ブレイク], **dawn** [ドーン]; 〖**年が**〗 **begin*** [ビギン]

▸もうすぐ夜が**明ける**.

Soon the day will **break**. / It will be daybreak soon.

(♦前者は「一日が始まる」の意味なので，主語は night(夜)ではなく day (日)を用いる)

▸年が**明けた**.

The new year has **begun**.

▸**明けましておめでとう！**

Happy New Year! / I Wish You a Happy New Year!

(♦カードなどでの決まり文句)

❷〖**梅雨**(つゆ)**などが**〗 be* over [オウヴァ]

➡**おわる**

⁑あげる¹【上げる，挙げる】

❶〖**上へ動かす**〗 **raise, lift up**
❷〖**程度などを高める**〗 **raise, improve**
❸〖**あたえる**〗 **give**
❹〖**式などを**〗 **have, hold**

❶〖**上へ動かす**〗

raise [レイズ], **lift up** [りふト]

▸名前を呼んだら，手を**あげ**なさい.

When I call your name, **raise** your hand.

❷〖**程度などを高める**〗

raise, **improve** [インプルーヴ]

▸父がこづかいを 1,000 円**上げてくれた**.

Father **raised** my allowance (by) 1,000 yen.

▸ずいぶん将棋(しょうぎ)の腕(うで)を**上げた**ね.

Your shogi has greatly **improved**.

❸〖**あたえる**〗 **give*** [ギヴ]

▸ケイトにこの自転車をあげよう.
I'll **give** Kate this bike. / I'll **give** this bike to Kate.

ルール「人に物をあげる」の言い方

《**give** +人+物》か《**give** +物+ **to** +人》で表しますが,「物」が代名詞のときは後者の形を用います.
(例)"Where's your eraser?" "I *gave* it *to* Jiro."(「きみの消しゴムはどこ?」「あれは次郎にあげちゃった」)

❹〘式などを〙
have* [ハぁヴ], **hold*** [ホウるド]
▸彼らはきのう結婚(けっこん)式を**あげた**.
They **had** [**held**] a wedding yesterday.
…**してあげる**(♦英語にはこれにあたる決まった表現はなく, for「…のために」などを用いて表す)
▸わたしのノートを見せてあげる(→あなたに見せる).
I'll show you my notebook.
▸あなたにサンドイッチを作ってあげる.
I'll make some sandwiches **for** you.

結びつくことば
顔を上げる lift one's head, (顔を上げて前を見る)look up
大声を上げる shout, cry out
スキルを上げる improve one's skills
速度を上げる increase speed

あげる²【揚げる】
(油で) deep-fry [ディープふライ] ➡**りょうり**; (凧(たこ)を) fly* [ふらイ]
▸とり肉に衣(ころも)をつけて**あげ**なさい.
Dip the chicken in batter and **deep-fry** it. (♦batter は小麦粉・卵・牛乳を混ぜた衣にあたるもの)

あご a jaw [ヂョー] (♦骨格上の上あご, または下あごを指す); a chin [チン] (♦外見的な下あご, 特にあご先)
▸上[下]あご the upper [lower] **jaw**
あごひげ a beard [ビアド]

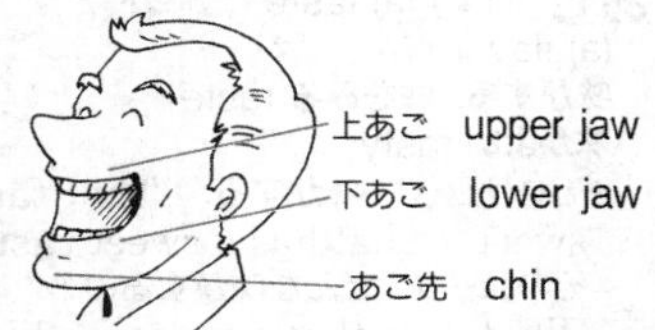

アコーディオン
an accordion [アコーディオン]

あこがれ adoration [あドレイシャン]

あこがれる (好きだ) adore [アドーア]; (ほめたたえる) admire [アドマイア]; (切望する) long《for ...》; (引きつけられている) be* attracted《to ...》
▸みんなそのサッカー選手に**あこがれている**. Everybody **adores** the soccer player.
▸ジェーンは獣医(じゅうい)の仕事に**あこがれていた**.
Jane **longed for** a job as a vet.
▸太一は外国での生活に**あこがれている**.
Taichi **is attracted to** living overseas.

:あさ¹【朝】 (a) **morning** [モーニング]
▸わたしは**朝**早く起きます.
I get up early in the **morning**.
▸10月10日の**朝**に地震(じしん)があった.
We had an earthquake on the **morning** of October 10.

ダイアログ **質問する**
A:毎朝, 何時に起きるの? What time do you get up every **morning**?
B:ふつうは7時に起きるけど, 日曜の**朝**は寝坊(ねぼう)するよ. I usually get up at seven, but I get up late on Sunday **morning(s)**.

▸きのうの**朝**, ロンドンに着いた.
I arrived in London yesterday **morning**.
▸**朝**から晩まで
from **morning** till [to] night
(♦対(つい)になる語を並べて用いるとき the はつけない)

ルール「…の朝に」の言い方

1 単に「朝に」「朝は」と言うときは **in** the morning ですが,「…日の朝に」「…曜日の朝に」とある決まった日をつけて言うときは **on** を用います. (例) *on* Sunday morning (日曜日の朝に)
2 yesterday, tomorrow, every などを morning の前につけるときは in も on も不要.

あさ²【麻】 (植物) hemp [ヘンプ], (麻布) linen [リネン]

あざ (生まれつきの) a birthmark

［バ～すマーク］;
（打撲(だぼく)傷）a bruise［ブルーズ］
あざができる bruise
▸転んでひざにあざができた.
I fell and **bruised** my knee.

・あさい【浅い】

❶〖水深などが〗**shallow**［シぁろウ］
（対義語「深い」deep）
▸浅い所で泳ぎなさい.
Swim in the **shallow** water.
❷〖傷の程度が〗slight［スらイト］
➡**かるい**
▸洋子の傷は浅い(→少しけがしただけ).
Yoko is only slightly injured.
❸〖考え・知識などが〗
superficial［スーパふィシャる］, shallow
▸その科目についてわたしの知識は浅かった. I had a **superficial** [**shallow**] knowledge of the subject.

アサガオ【朝顔】〖植物〗
a morning glory［モーニンヶグろーリ］

あさごはん【朝ご飯】breakfast
➡**ごはん, ちょうしょく**

あさって the day after tomorrow
▸あさってはサラとのデートがある.
I have a date with Sarah **the day after tomorrow**.

あさねぼう【朝寝坊】
（人）a late riser［ライザ］
▸わたしは朝寝坊です.
I'm a **late riser**.
朝寝坊する get* up late;（寝過ごす）oversleep*［オウヴァスリープ］➡**ねぼう**
▸彼はけさも朝寝坊した. He **got up late** again this morning.

あさひ【朝日】the morning sun, the rising sun（対義語「夕日」the evening sun, the setting sun）

あさめしまえ【朝飯前】
（容易なこと）an easy job, a breeze, a piece of cake
▸わたしにとってはそんなの朝飯前だ.
That's a **breeze** for me.

あざやかな【鮮やかな】
（色・光などが）vivid［ヴィヴィッド］, bright［ブライト］;（技術が）brilliant［ブリりャント］, skillful［スキるふる］
▸鮮やかな色 **vivid** colors
▸彼の生演奏は鮮やかだった. His live performance was **brilliant**.

アザラシ〖動物〗a seal［スィーる］

アサリ〖貝類〗a littleneck clam

あされん【朝練】
morning practice［プラぁクティス］
▸毎日7時から8時まで朝練がある.
We have **morning practice** from seven to eight every day.

∵あし【足, 脚】
（足首から先）a **foot**［ふット］
（複数 feet; 対義語「手」a hand）;
（足首から上）a **leg**［れッグ］（対義語「腕(うで)」an arm）;（犬・猫(ねこ)の足）a paw［ポー］;（タコ・イカの足）an arm［アーム］;（テーブル・いすの脚）a leg

●「あし」の部分名

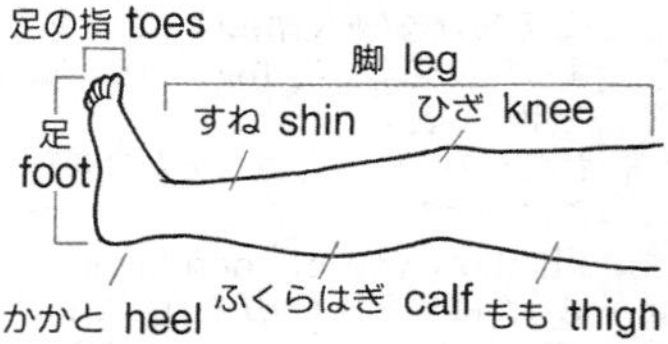

足の指 toes
脚 leg
すね shin
ひざ knee
足 foot
かかと heel
ふくらはぎ calf
もも thigh

▸脚を組む cross one's **legs**
▸ごめんなさい. 足を踏(ふ)んじゃって.
I'm sorry I('ve) stepped on your **foot**.
▸キリンは脚が長い.
Giraffes have long **legs**.
▸どうぞ脚を伸(の)ばしてください.
Please stretch (out) your **legs**.
▸いすの脚 the **leg** of a chair
▸彼女は**足が速い**(→速く走る).
She **runs fast**. /
She **is a fast runner**.
足の裏 a sole［ソウる］
足の甲(こう) an instep［インステップ］
足の指 a toe［トウ］（◆「足の親指」は a big toe）

アジ〖魚類〗a horse mackerel
［マぁカレる］（複数 horse mackerel, horse mackerels）

あじ【味】(a) taste［テイスト］,
(a) flavor［ふれイヴァ］
味がする, 味をみる taste
味がよい tasty
▸それは甘(あま)い味がする. That **tastes** sweet. / That has a sweet **taste**.
▸そのスープ, どんな味がするの?
What does that soup **taste** like?

▸ねえ，**味見**させて.
Hey, let me **taste** some.

参考 **味のいろいろ**
甘い sweet / 塩辛(から)い salty / 辛い hot (and spicy) / すっぱい sour / 甘ずっぱい sweet-and-sour / 苦い bitter/ 濃(こ)い strong / 薄(う)い weak

アジア Asia [エイジャ]
アジア(人)の Asian
アジア人 an Asian
アジア大陸 the Asian continent

あしあと【足跡】
a footprint [ふットプリント]
▸犬の**足跡** **footprints** of a dog

あしおと【足音】
a footstep [ふットステップ]

あしくび【足首】 an ankle [あンクる]
▸**足首**をねんざする
sprain [twist] one's **ankle**

アジサイ
〘植物〙 a hydrangea [ハイドゥレインヂァ]

アシスタント
an assistant [アスィスタント]

アシスト (サッカーなどの)
an assist [アスィスト]

:あした【明日】 tomorrow [トゥマーロウ]
▸**あした**は水曜日です.
Tomorrow is Wednesday. / It is Wednesday tomorrow.
▸じゃあ，また**あした**. See you **tomorrow**. (♦別れのあいさつ)
▸**あした**の3時に彼と会うことになっている. I'm going to meet him at three **tomorrow**.
▸その試合は**あした**の晩に行われる.
The game will be held **tomorrow** evening. (♦tomorrow や tomorrow evening には，on や in は不要)

あじつけ【味つけする】 (調味料などで) season 《with ...》 [スィーズン]
▸このスープは塩とコショウで**味つけ**した. I **seasoned** this soup **with** salt and pepper.

あしなみ【足並み】 step [ステップ]
▸彼らは**足並み**をそろえて行進した.
They marched in **step**.

あしもと【足もと】 one's feet [step]
▸彼女の**足もと**にある毛糸玉
a ball of wool at **her feet**
▸**足もと**注意
〘掲示〙 Watch **Your Step**

あじわい【味わい】 (a) taste [テイスト], (a) flavor [ふれイヴァ] ➡あじ
味わいのある tasteful

あじわう【味わう】
(味をみる) taste [テイスト];
(うまさを楽しむ) enjoy [インヂョイ]
▸日本料理を**味わう**
enjoy Japanese food

あす【明日】 tomorrow ➡あした

あずかる【預かる】
(保管する) keep* [キープ];
(頼(たの)まれて世話をする) take* care of ...
▸かばんを**預かって**もらえますか.
Will you **keep** my bag?
▸おばが留守の間，ときどき彼女の猫(ねこ)を**預かっている**.
When my aunt is away, I sometimes **take care of** her cat.

アズキ【小豆】
〘植物〙 an adzuki bean [あヅーキ ビーン]

あずける【預ける】 leave*; (預かり所に) check [チェック]; (預金する) deposit [ディパズィット], put* [プット]
▸子供をジルに**預ける**つもりだ. I'm going to **leave** my child with Jill.
▸荷物を手荷物預かり所に**預けよう**.
Let's **check** our baggage in the baggage room.
▸お年玉を全部銀行に**預ける**つもりだ.
I'll deposit [**put**] all my New Year's gift money in the bank.

アスパラガス
〘植物〙 (an) asparagus [アスパぁラガス]

アスファルト asphalt [あスふォーるト]
▸**アスファルト**の道路
an **asphalt** road

アスベスト
(石綿) asbestos [あスベストス]

アスリート an athlete [あすりート]

アスレチック
athletics [あすれティックス]
アスレチッククラブ an athletic club

あせ【汗】 (a) sweat [スウェット], (a) perspiration [パ～スピレイシャン] (♦sweat より正式な言い方)
▸**汗**がしたたる drip with **sweat**
▸彼は額の**汗**をぬぐった.
He wiped the **sweat** from [off] his forehead.

汗をかく perspire, sweat*
▸汗びっしょりだね.
You're perspiring [sweating] all over.

あせる¹【焦る】（急ぐ）hurry［ハ～リ］, be* in a hurry;（いらいらしている）be impatient［インペイシェント］, get* nervous［ナ～ヴァス］
▸あせるなよ！ 時間はある.
Don't **hurry**! You have time.
▸もうほとんど残り時間がない. あせるなあ.
There's almost no time left. I'm **getting nervous**.

あせる²（色が）fade［ふェイド］
▸このＴシャツは色があせてしまった.
This T-shirt has **faded**.

あそこ there［ゼア］, over there（♦後者は具体的に指差しているような場合に用いる）➡あちら, そこ¹
▸あそこにバス停があるよ.
There's a bus stop **over there**.

あそび【遊び】 play［プれイ］;（ゲーム）a **game**［ゲイム］
▸公園へ遊びに行こうよ. Let's go (out) and play in the park.
▸きのう, 拓真と原宿へ遊びに行った(→原宿へ行って楽しんだ). Yesterday I went to Harajuku with Takuma and had a good time.
遊び時間 playtime［プれイタイム］, a break［ブレイク］
遊び道具 a toy
遊び友達 someone to play with, a playmate
遊び場 a playground［プれイグラウンド］

あそぶ【遊ぶ】
（ゲームなどをする）**play**［プれイ］

ダイアログ　誘う
A: 外で遊ぼうよ.
Let's **play** outside [outdoors].
B: いいよ. 何して遊ぶ？ OK. What will we play [(→何をする)do]?

▸ケンとボブはフリスビーで遊んでいる.
Ken and Bob are **playing** (with a) Frisbee.
▸遊んでばかりはいられない.
I can't idle away my time.
（♦ idle away で「(時間を)むだに過ごす」の意味）

あたい【値する】 be* worth ➡かち¹

あたえる【与える】
give*［ギヴ］➡あげる¹;
（動物に食べ物を）feed*［ふィード］;
（影響(えいきょう)を）cause［コーズ］, do*
▸2018年に本庶佑はノーベル賞をあたえられた. Honjo Tasuku was **given** the Nobel Prize in 2018.
▸鳥[犬]にえさをあたえる
feed a bird [a dog]
▸台風はその町に大きな被害(ひがい)をあたえた. The typhoon **caused** [**did**] serious damage to the town.

あたたかい【暖かい, 温かい】
❶『温度が』 **warm**［ウォーム］（対義語「涼(すず)しい」cool）; mild［マイるド］
▸きょうは暖かい. It's **warm** today.（♦warm はかなり暖かいことを言い, 汗(あせ)ばむくらいの陽気にも用いる）
▸だんだん暖かくなってきている. It's getting **warmer** and **warmer**.
▸フロリダの冬は暖かい.
Florida has **mild** winters.
（♦mild は気候が「温暖な」の意味）
▸暖かいかっこうをしなさい.
Put **warm** clothes on.
▸何か温かい飲み物がほしい.
I want something hot to drink.
（♦飲食物には hot を用いることが多い）
❷『心が』**warm**, warm-hearted
▸林夫人は心の温かい人だ.
Mrs. Hayashi has a **warm** heart [is a **warm-hearted** person].
暖かく, 温かく warmly, kindly
▸杏はホストファミリーに温かく迎(むか)えられた. An was welcomed **kindly** by her host family.

あたたまる【暖まる, 温まる】
（部屋などが）warm (up)［ウォーム］;
（体が）warm oneself
▸部屋はすぐ暖まるよ.
The room will soon **warm up**.
▸ストーブにあたって暖まろう. Let's **warm ourselves** by the heater.

あたためる【暖める, 温める】
warm (up)［ウォーム］, heat (up)［ヒート］（対義語「冷やす」cool）
▸部屋を暖めておきます.

I'll **warm (up)** the room.
▸冷えたスープを温めた.
I **heated up** some cold soup.

アタッカー
（球技の）an attacker［アタぁカ］

アタック【アタックする】（攻撃(こうげき)する）attack［アタぁック］;（いどむ・試(こころ)みる）challenge［チぁれンヂ］, try［トゥライ］
▸エベレストにアタックする
try to climb Mt. Everest

あだな【あだ名】 a nickname［ニックネイム］ ➡**あいしょう¹**
あだ名をつける nickname
▸彼女に「さゆ」というあだ名をつけた.
I **nicknamed** her "Sayu."

アダプター〖電気〗an adapter, an adaptor［アダぁプタ］

⁑あたま【頭】

❶〖頭部〗a **head**［ヘッド］;〖髪(かみ)〗**hair**［ヘア］ ➡**かみ²**
▸頭のてっぺんからつま先まで
from **head** to foot [heel, toe]
▸ドアに頭をぶつけちゃった.
I hit my **head** on the door.
▸ジョンは息子(むすこ)の頭をなでた.
John patted his son on the **head**.
▸先生の頭は白くなった. The teacher's **hair** turned gray [white].
▸彼は**石頭**(→実際にかたい頭)だ.
He has a **hard head**. /
(→融通(ゆうずう)がきかない)
He is hardheaded [stubborn].
▸**頭が痛い**.
I **have a headache**.（♦headache［ヘッドエイク］は「頭痛」の意味の名詞）

参考 「頭」と head
head は首から上全体を指し, 顔をふくみます.

❷〖頭脳・知力〗**brain(s)**［ブレイン(ズ)］, a **head**;〖理性〗(a) **mind**［マインド］
▸頭を使いなさい.
Use your **brain(s)** [**head**].
▸試験の問題を見たとき, **頭の中が真っ白になった**. When I saw the questions on the exam, my **mind went blank**.（♦go blank で「突然(とつぜん)何も考えられなくなる」という意味）
▸彼のことで頭がいっぱいだ(→彼のことが考えているすべてだ).
He is all I think about.
▸巧は**頭がいい**.
Takumi is **smart**.（♦smart［スマート］は「頭のいい」の意味の形容詞）
▸彼が約束(やくそく)を破ったので**頭にきた**(→怒(おこ)った). I **got angry** with [at] him for breaking his promise.
▸**頭を冷やせ**(→落ち着け).
Calm down. / **Cool down**.

⁑あたらしい【新しい】

new［ニュー］（対義語「古い」old）;（新鮮(しんせん)な）**fresh**［ふレッシ］;（ニュースなどが）the latest［れイテスト］, hot［ハット］
▸わたしたちは来月, **新しい**家に引っ越(こ)す. We're going to move to our **new** house next month.
▸このチーズ, **新しい**かしら？
I wonder if this cheese is **fresh**.
▸**新しい**ニュース
the latest [**hot**] news
新しく newly
▸**新しく**できた店
a **newly** opened store

あたり¹【当たり】 ❶〖的中・成功〗a hit, a success［サクセス］
▸その映画は**大当たり**だった.
The movie was a big **hit** [**success**].
▸当たり(→的中しました)！
(→的(まと)に)You hit it! / You got it!/
(→答えに) You guessed right!
❷〖割合〗per［パ～］, a ➡ -(**に**)**つき**
▸この豚(ぶた)肉は 100 グラム**あたり** 300 円です. This pork costs three hundred yen **per** hundred grams.

あたり²【辺りに, 辺りを】 around［アラウンド］, about［アバウト］ ➡**まわり**
▸わたしは**辺りを**見回したが, だれもいなかった. I looked **around** [**about**], but nobody was there.
▸この辺りに郵便局はありませんか？
Is there a post office **around**

あ

[near] here?

あたりまえ【当たり前】 natural [ナぁチュラる]；(もちろん) of course (♦相手への返答) ➡**とうぜん**

▸2時間しか寝(ね)てないんじゃ，眠(ねむ)くなるのは**あたりまえ**だ.
It is **natural** to feel sleepy when you slept only two hours.

▸彼はわたしの存在を**あたりまえ**だと思っている. He takes me for granted.

ダイアログ　肯定する
A: 彼のこと，まだ怒(おこ)ってるのか？
Are you still angry with him?
B: **あたりまえ**だろ.
Of course(, I am).

˚あたる【当たる】

❶［ぶつかる］hit, strike
❷［的中する］guess right, come true, turn out right; win
❷［的中する］guess right, come true, turn out right; win
❸［指名される］be called on
❹［日光が］get sunshine
［火に］warm oneself
❺［相当する］be; for ...
❻［中毒する］get food poisoning 《from ...》

❶［ぶつかる］**hit***，**strike*** [ストゥライク] (対義語「外れる」miss)

▸ボールが由美の頭に**当たった**.
The ball **hit** Yumi on the head. / The ball **hit** Yumi's head. (♦後者は当たった部分(頭)を強調した言い方)

ルール「人の…に当たる」の表し方
ふつう当たった部分を **on the ...** で表し，《**hit** (または **strike**) + 人 + **on the ...**》の形で言います.「目に」なら **in the eye** と **in** を用います.

❷［的中する］guess right [ゲス ライト]，come* true [カム トゥルー]，turn out right；(くじで) win* [ウィン]

▸わたしの予想が**当たった**.
I **guessed right**.

▸あの星占(うらな)い，**当たった**よ.
The horoscope has **come true**.

▸天気予報は**当たった**ね. 雨が降ってきた.
The weather forecast **turned out right**. It began to rain.

▸どうか宝くじで1等が**当たり**ますように. I hope I'll **win** (the) first prize in the lottery.

❸［指名される］be* called on

▸数学の時間に2回も**当たった**. I **was called on** twice in math class.

❹［日光が］get* sunshine [サンシャイン]；［火に］warm oneself

▸ここはよく日が**当たる**.
This place **gets** a lot of **sunshine**.

▸近くへ来て火に**あたり**なさい. Come near(er) and **warm yourself** by the fire.

❺［相当する］(…である) **be***；(表す) **for ...**；(日時が) fall* on ... [ふぉーる]

▸久美はわたしのいとこに**あたる**.
Kumi **is** my cousin.

▸「文化」に**あたる**英語は何ですか？
What is the English **for** "bunka"?

▸今年のバレンタインデーは日曜日に**当たる**. Valentine's Day **falls on** a Sunday this year.

❻［中毒する］get* food poisoning 《from ...》[ポイズニング]

▸わたしはカキに**あたった**. I **got food poisoning from** oysters.

アチーブメントテスト (学力検査) an achievement test

あちこち around [アラウンド]，about [アバウト]，here and there, from place to place；(行ったり来たり) up and down ➡**あっちこっち**

▸兄は去年，世界を**あちこち**旅して回った.
My brother traveled **around** the world last year.

˚あちら

❶［場所，方向］**there** [ぜア]，**over there**；(方向を示して) that way ➡**あそこ，そこ[1]，そちら**

▸トイレは**あちら**です.
The restroom is **over there**.

▸どうぞあちらへ.
Go **that way**, please.
▸あちらこちらに[で]
here and **there** (♦語順に注意)
❷〖人・物を指して〗**that** ➡あの¹, あれ¹
▸あちらがグリーンさんです.
That's Mr. Green.

あっ oh [オウ], ah [アー];
Oh, dear! [ディア]
▸あっ, そうか. **Oh,** I see.

⁑あつい¹【暑い】
hot [ハット] (対義語「寒い」cold);
(少し) **warm** [ウォーム] ➡**あたたかい**
▸きょうはとても暑い.
It's very **hot** today.
▸東京はことしの夏はそれほど暑くない.
Tokyo is not so **hot** this summer.
(♦寒暖は it を主語にして言うのがふつうだが, 口語では場所などを主語にすることも多い)
▸この部屋, ちょっと暑いよ.
It's rather **warm** in this room.

⁑あつい²【熱い】
hot [ハット] (対義語「冷たい」cold)
▸熱いお茶が飲みたい.
I want to drink some **hot** tea.
熱くなる (興奮する) get* excited
▸彼の好プレーでスタジアム全体が熱くなった. The whole stadium **got excited** by his excellent play.

*あつい³【厚い】
❶〖板などが〗
thick [スィック] (対義語「薄(うす)い」thin)
▸厚い氷 **thick** ice
▸厚い本 a **thick** book
厚く thick, thickly
▸肉を厚く切ってもらえますか?
Could you cut the meat **thick**?
❷〖真心がこもっている〗
warm [ウォーム], **kind** [カインド]
▸わたしは厚いもてなしを受けた.
I was given a **warm** reception.
▸ご親切に対し厚くお礼申し上げます(→とても感謝している). Thank you very much for your kindness.

あつかう【扱う】 ❶〖使用・操作する〗
handle [ハぁンドゥる], run* [ラン]
▸この機械はあつかい方が難しい. It is difficult to **handle** this machine.
❷〖売る〗
sell* [セる], deal* in ... [ディーる]
▸あの店では酒類をあつかっていない.
The shop doesn't **sell** liquor.
❸〖人を〗treat [トゥリート],
deal* with ... [ディーる]
▸子供みたいにあつかわないでよ.
Don't **treat** me like a child.

あつかましい【厚かましい】
impudent [インピュデント],
〖口語〗pushy [プシ],
〖口語〗cheeky [チーキ] ➡**ずうずうしい**
▸なんて厚かましいんだろう!
How **pushy**! / What nerve!
(♦nerve [ナ~ヴ] は「厚かましさ」という意味の名詞)

あつぎ【厚着する】
wear* a lot of clothes

あつくるしい【暑苦しい】
very hot and humid [ヒューミッド]
(♦humid は「湿気(しっけ)の多い」の意味)
▸きょうは暑苦しい.
It's **very hot and humid** today.

あっけない
disappointing [ディサポインティング]
▸勝負はあっけなかった. (→物足りない試合だった)
It was a **disappointing** game. / (→あまりにもすぐに終わった) The game ended too soon.
▸そのチームは**あっけなく**(→あまりにも簡単に)負けた.
The team was beaten **too easily**.

あつさ¹【厚さ】 thickness [スィックネス]
▸氷の厚さはどのくらいですか(→どのくらい厚いのですか)?
How thick is the ice?

あつさ²【暑さ】 heat [ヒート]
▸この暑さがひどくこたえる.
This **heat** bothers me a lot.

あっさり (簡単に) easily [イーズィり]
▸彼は自分の誤りをあっさり認めた.
He admitted his fault **easily**.
あっさりした
(食事が) light [らイト], plain [プれイン]

あっしゅく【圧縮】
compression [コンプレシャン]
圧縮する compress [コンプレス]
▸圧縮ファイル a **compressed** file

あっち there; that

➡あそこ，あちら，あれ[1]，そこ[1]

あっちこっち here and there
▸あっちこっちかぎを探した.
I looked for the key **here and there**.(♦×there and hereとは言わない)

あっというまに【あっという間に】 in an instant［インスタント］, in a flash［ふらぁッシ］(♦flashは「パッと光る瞬間(しゅんかん)」の意味)
▸それはあっという間に起こった.
It happened **in a flash** [an instant].

あっとう【圧倒する】
overwhelm［オウヴァ(ホ)ウェるム］
▸わたしたちのチームは彼らを圧倒した.
Our team **overwhelmed** them.
圧倒的な overwhelming
▸圧倒的多数で
by [with] an **overwhelming** majority

アットホーム【アットホームな】
cozy［コウズィ］,〖米〗homey［ホウミ］

アップ (賃上げ) a raise［レイズ］;
(撮影(さつえい)の) a close-up［クろウスアップ］
▸ペットの犬の写真をアップで撮(と)る
take a **close-up** of a pet dog
アップする (上げる) raise;
(上がる)go* up ➡**あげる[1]**，**あがる**
▸両親はこづかいを1,000円アップしてくれた. My parents **raised** my allowance by 1,000 yen.

アップルパイ an apple pie

アップロード【アップロードする】〖コンピュータ〗upload［アプろウド］
(**対義語**「ダウンロードする」download)

あつまり【集まり】 a meeting［ミーティング］, a gathering［ギぁざリング］;
(社交的な) a party［パーティ］
▸あしたクラブの集まりがある. Our club has a **meeting** tomorrow.

・あつまる【集まる】
(集合する) **come* together**［トゥゲざ］, **get* together**, **gather**［ギぁざ］; (日時・場所を決めて) **meet***［ミート］; (群がる) crowd［クラウド］; (注目が) center《on ...》［センタ］ ➡**しゅうごう**
▸わたしたちはよく校庭に集まってサッカーをする.
We often **get together** in the schoolyard and play soccer.
▸生徒たちは先生のまわりに集まった.
The students **gathered** around the teacher.
▸全部員が週1回ここに集まる. All the members **meet** here once a week.
▸わたしたちの注目は選挙の開票結果に集まった. Our interest **centered on** the results of the election.

・あつめる【集める】
(寄せ集める) **gather**［ギぁざ］;
(収集・集金する) **collect**［コれクト］;
(呼び寄せる) call together
▸たき火をするのにまきを集めよう.
Let's **gather** [**collect**] wood for a fire.
▸メンバー全員を集めてよ.
Call together all the members.
(♦togetherは最後に置いてもよい)

> **くらべよう gather と collect**
> **gather**は広く「人・物を1か所に集める」を表し，**collect**は目的をもって「物・金を集める」を表すことが多い.

あつりょく【圧力】
pressure［プレシャ］
圧力をかける put* pressure
圧力なべ[がま] a pressure cooker

あて[1]【当て】(目的) an aim［エイム］
▸兄はあてもなくロンドンへ行った.
My brother went to London without **aim** [aimlessly].
▸きょうは晴れるだろうと思っていたが，あてが外れた(→まちがっていた).
I thought the weather would be nice today, but I was wrong.
あてにする
(頼(たよ)りにする) rely《on [upon] ...》［リらイ］, depend《on [upon] ...》［ディペンド］; (期待する) expect［イクスペクト］
▸彼の約束(やくそく)はあてにならない.
We cannot **rely** [**depend**] **on** his promise.

あて[2]【宛て】 for ...
▸わたしあての手紙が1通あった.
There was a letter **for** me.

あてな【宛て名】 an address;
(受取人) an addressee［あドゥレスィー］
宛て名を書く address［アドゥレス］

アテネ Athens［あセンズ］

あてはまる【当てはまる】（適用される）apply《to ...》［アプらイ］；（適切である）be* suitable《for ...》［スータブる］

▸この場合にその規則は当てはまりますか？
Does the rule **apply to** this case?

▸この空所にその語は当てはまらない．
The word **is** not **suitable** in this blank.

あてはめる【当てはめる】
（規則などを）apply ...《to ...》［アプらイ］

▸新しい状況にこの規則を当てはめることはできない． We can't **apply** this rule **to** the new situation.

✦あてる【当てる】

❶〖ぶつける〗**hit***［ヒット］

▸あの空き缶(かん)に石を当ててごらん．
Hit that empty can with a stone. /（→石を投げて当てる）Throw a stone at that empty can.

❷〖推測する〗**guess**［ゲス］

ダイアログ　質問する

A: これ何だか当ててみて．
Guess what this is.

B: ようし，当てたら（→正しく推測したら）それくれるかい？ O.K. If I **guess** right, will you give it to me?

❸〖指名する〗call on ...

▸松井先生は授業中よくわたしを当てる．
Mr. Matsui often **calls on** me in class.

❹〖あてがう〗**put*** ...《to ...》

▸「シーッ」と言って，グリーン先生は指を唇(くちびる)に当てた．
"Hush!" said Ms. Green and **put** her finger **to** her lips.

✦あと[1]【後，後へ，後に】

❶〖後方へ〗back, backward
〖後方に〗behind (...)
❷〖のちに〗after ..., later, in ...
❸〖残り〗the rest
❹〖もう，さらに〗more

❶〖後方へ〗**back**［バぁック］，**backward**［バぁックワド］；
〖後方に〗**behind (...)**［ビハインド］

▸後へ下がってください．
Please step <u>**back**</u> [**backward**].

▸だれか1人，後に残ってください． Will one of you stay **behind**, please?

❷〖のちに〗**after ...**［あふタ］，**later**［れイタ］，in ... ➡ -ご

▸昼ご飯の後，何をしよう？
What shall we do **after** lunch?

▸また後でね． See you **later**.

▸後で電話します． I'll call you **later**.

▸あと10分でバスは出ます．
The bus leaves **in** ten minutes.

❸〖残り〗the rest［レスト］

▸これはわたしが取る．あとはきみにあげるよ． I'll take this one and give you **the rest**.

❹〖もう，さらに〗more［モーア］

▸あと数分待って．
Please wait a few **more** minutes.

あと[2]【跡】（痕跡(こんせき)）a mark［マーク］；（通った跡）a track［トゥラぁック］；（遺跡）ruins［ルーインズ］

▸壁(かべ)に手の跡がついている． There are hand **marks** on the wall.

▸タイヤの跡
the **tracks** of a tire / tire **tracks**

▸城跡 the **ruins** of a castle

あとあし【後足，後脚】
a hind leg, a back leg（対義語「（動物の）前足，前脚」forefoot, foreleg）

あとかたづけ【後片づけをする】
clean, straighten (up)［ストゥレイトゥン］，put* ... in order［オーダ］；
（食事の）clear the table

▸部屋の後片づけをしなさい．
<u>**Clean**</u> [**Straighten up**] your room.

▸（テーブルの）後片づけ，お願いね．
Please **clear the table**.
（♦「食器を洗って」の意味なら， Please wash the dishes.）

あどけない
（子供らしい）childlike［チャイるドらイク］，（無邪気(むじゃき)な）innocent［イノセント］

アドバイス advice［アドヴァイス］
➡ちゅうこく

アドバンテージ
〖テニス〗advantage［アドヴぁンテッヂ］

アトピー（医学用語）atopy［あタピ］；a skin allergy（♦atopy は日常会話ではあまり使われない）

▸わたしはアトピーなんです．
I have a **skin allergy**.

あ

アトピー性皮膚炎(ひふえん)
atopic dermatitis
[エイタピック ダ～マタイティス]

あとまわし【後回し】
▸それは後回しにしよう(→後でしよう).
Let's do it **later**.

アトラクション
an attraction [アトゥラぁクシャン]

アトリエ
a studio [ステューディオウ], an atelier [あテリェイ]

アドリブ
an ad-lib [あドリブ]
アドリブで ad-lib

アドレス
an address [アドゥレス]
➡じゅうしょ
▸トムのメールアドレス知ってる？ Do you know Tom's e-mail **address**?

⁑あな【穴】
a **hole** [ホウる]
▸靴下(くつした)に穴が空いている.
There is a **hole** in my sock.
▸地面に穴を掘(ほ)った. I made [dug] a **hole** in the ground.

あなうめ【穴埋めする】
(補う)make* up《for ...》

アナウンサー
an announcer [アナウンサ]

アナウンス
an announcement [アナウンスメント]
アナウンスする announce [アナウンス]

⁑あなた
❶『あなたは, あなたが』
you [ユー] (複数 you)

◆「あなた」の変化形

あなたの	**your** [ユア] (複数 your)
あなたを, あなたに	**you** [ユー] (複数 you)
あなたのもの	**yours** [ユアズ] (複数 yours)
あなた自身	**yourself** [ユアセるふ] (複数 yourselves [ユアセるヴズ])

▸あなた(たち)は何年生ですか？
What year are **you** in?
▸これはあなたの教科書よ.
This is **your** textbook.
▸この花をあなたに差し上げます.
These flowers are for **you**.
▸これらのかばんはあなた自身が持つべきです. あなたのものなのだから.
You should carry these bags **yourself**. They are **yours**.

❷『呼びかけ』(男性に) sir [サ～]; (女性に) ma'am [マぁム]; (夫婦間で) dear [ディア], darling [ダーりング]
▸あなた, コーヒーにしませんか？ How about having a cup of coffee, **dear**?

アナログ
analog [あナろーグ]

⁑あに【兄】
a **brother** [ブラざ]; (特に弟と区別して) an older brother (♦『英』では an elder brother)
➡きょうだい[1]
▸わたしのいちばん上の兄
my oldest [eldest] **brother**
▸兄は結婚(けっこん)しています.
My **brother** is married.
▸わたしには兄が2人います. 上の兄は龍, 下の兄は明と言います. I have two **older brothers**. Ryu is the older and Akira is the younger of the two. (♦2人のうちの比較(ひかく)の場合, 比較級の前に the がつくことに注意)

義理の兄 a brother-in-law [ブラざインろー] (複数 brothers-in-law)

> **参考 「兄」も「弟」も brother**
> 英語では, ふつう「兄」と「弟」を区別せずにどちらも **brother** と言います.「姉」と「妹」も同じで, どちらも **sister** と言います. 特に区別が必要な場合,「兄」「姉」には **older** や **elder** や **big** を,「弟」「妹」には **younger** や **little** をつけます.

アニメ(ーション)
an animated cartoon [あニメイティッド カートゥーン], an animation [あニメイシャン], a cartoon; (日本の)anime [あニメイ]
アニメ(ーション)映画
an animated movie [film]
アニメ(ーション)作家 an animation creator, a cartoonist [カートゥーニスト]

⁑あね【姉】
a **sister** [スィスタ]; (特に妹と区別して) an older sister (♦『英』では an elder sister)
➡あに, きょうだい[1]
▸わたしのいちばん上の姉

あ

my **oldest [eldest] sister**
▸姉はこの夏，中国を旅行しました.
My **sister** traveled in China this summer.
▸わたしには姉が3人います.
I have three **(older) sisters**.
▸いちばん上の姉は，6月に結婚(けっこん)します. My **oldest sister** is going to get married in June.
義理の姉 a sister-in-law［スィスタインろー］（複数 sisters-in-law）

あの¹ **that**［ざぁット］（複数 those）
➡その
▸あの建物は何ですか？
What is **that** building?
▸あの人たちを知っているのですか？
Do you know **those** people?
（♦日本語は「あの」でも，複数の場合は those を用いる）
▸きみのあのDVD，もう一度貸してくれない？ Will you lend me **that** DVD of yours again?（♦×your that DVDとは言わない）
▸あのころは楽しかったね.
We were happy in **those** days.
▸わたしもあのように歌いたい.
I want to sing like **that**, too.

あの², あのう
Excuse me.［イクスキューズ ミ］;
（次に言うことばを探して）uh(h)［ア(ー)］
▸あのう，駅へどう行けばいいか教えてくれませんか？
Excuse me. Can you tell me how to get to the station?

ダイアログ　言いよどむ
A: どうして学校に遅刻(ちこく)したんだ？
Why were you late for school?
B: それは，つまり，あのう….
Well, that is, **uhh** ....

アパート
（建物全体）〚米〛an apartment house［アパートメント ハウス］，〚英〛flats［ふらぁッツ］;（1世帯分の区切り）〚米〛an apartment, 〚英〛a flat（♦×apartとは言わない）
▸わたしたちはアパートの3階に住んでいる. We live on the third floor of an **apartment house**.（♦「3階建てのアパート」は a three-story apartment house）

あばれる【暴れる】struggle
［ストゥラグる］，get* violent［ヴァイオれント］;（走り回る）run* around
▸トラはわなから逃(のが)れようとして暴れた.
The tiger **struggled** to escape from the trap.

アパレル apparel［アパぁレる］

アピール (an) appeal［アピーる］
アピールする appeal《to ...》
▸有権者にアピールする
appeal to voters

アヒル 〚鳥類〛a duck［ダック］
▸アヒルの子 a duckling

あびる【浴びる】（水浴・入浴する）
bathe［ベイず］，take* a bath［バぁす］;（シャワーを）take a shower［シャウア］
▸彼らは川で水を浴びた.
They **bathed** in the river.

アフターサービス
customer service［カスタマ サ～ヴィス］, after-sale(s) service［あふタセイる(ズ)］（♦×after serviceとは言わない）

あぶない【危ない】
（危険な） dangerous［デインヂャラス］（対義語「安全な」safe）➡きけん¹
…するのは危ない
《It is dangerous to ＋動詞の原形》
▸その道路を渡(わた)るのは危ない.
It's dangerous to cross the road.
▸**危ない！ Watch out! / Look out!**
（♦ともに「気をつけて！」の意味）
危なく（もう少しで）nearly［ニアり］, almost［オーるモウスト］
（♦nearly のほうが意味が強い）
▸危なく階段から落ちるところだった.

あ

I nearly [almost] fell down the stairs.

あぶら【油, 脂】（液体の）oil［オイる］;（常温では固形の）fat［ふぁット］

あぶらえ【油絵】
an oil painting［オイる ペインティング］
油絵をかく paint with oils
油絵の具 oil paints

アブラムシ〖昆虫〗
（アリマキ）a plant louse［らウス］

アフリカ Africa［あふリカ］
アフリカ(人)の African
アフリカ人 an African
アフリカ大陸 the African continent

アプリケーション〖コンピュータ〗
an application［あプリケイシャン］, an app
アプリケーションソフト(ウエア)
〖コンピュータ〗application software

あぶる（焼き網(あみ)などで）broil［ブロイる］,（オーブンなどで）roast［ロウスト］
➡やく[3]
▸とり肉を直火(じかび)であぶる
roast chicken over a fire

あふれる（水などが）overflow［オウヴァふろウ］, run* over;
（…でいっぱいで）be* full of ...
▸ほら，おふろがあふれているよ．Look, the bathtub is **overflowing**.
▸その新入生は希望にあふれていた．
That first-year student was **full of** hope.

あべこべ the other way (a)round
➡ぎゃく，さかさま，はんたい
▸そんな，(話が)あべこべだよ．
Oh, it's **the other way around**.

アボカド
〖植物〗an avocado［あヴォカードウ］

アポストロフィ〖文法〗
an apostrophe［アパストゥロふィ］

あま【尼】（尼僧(にそう)）a nun［ナン］
尼寺 a convent［カンヴェント］

アマ(チュア) an amateur［あマチュア］（対義語「プロ」a professional）
アマ(チュア)の amateur
▸アマチュア作家　an **amateur** writer

◆あまい【甘い】
❶〖味・香(かお)りなどが〗**sweet**
［スウィート］（対義語「苦(にが)い」bitter）
▸あなたは甘い物が好きですか？
Do you like sweet things [**sweets**]? / Do you have a **sweet tooth**?
（♦この tooth は「好み」という意味）
甘くする sweeten［スウィートゥン］
▸彼女は砂糖で紅茶を甘くした．She **sweetened** her tea with sugar.
甘く sweetly
❷〖採点などが〗lenient［りーニャント］
（対義語「厳しい」strict）
▸林先生は採点が甘い(→甘い採点者だ)．
Mr. Hayashi is a **lenient** grader.
（♦grader は「採点者」の意味）
❸〖考え・態度などが〗（楽天的な）
optimistic［アプティミスティック］;
（厳しくない）soft《on ...》
▸きみは考えが甘すぎるよ(→楽天的すぎる)．You are too **optimistic**.
▸彼は娘(むすめ)に甘い．
He is **soft on** his daughter.
甘く見る
underestimate［アンダエスティメイト］
▸彼は決して対戦相手を甘く見ない．
He never **underestimates** his opponents.

あまえる【甘える】（赤ん坊(ぼう)のようにふるまう）act like a baby
▸恵美は父親に甘えてばかりいる．
Emi is always **acting like a baby** toward [around] her father.

あまぐ【雨具】
rainwear［レインウェア］, rain gear

あまぐつ【雨靴】 rain shoes [boots]

アマゾンがわ【アマゾン川】
the Amazon［あマザン］

あまだれ【雨だれ】
a raindrop［レインドゥラップ］

あまど【雨戸】
a (window) shutter［シャタ］
▸雨戸を開ける[閉める]
open [close] the **shutters**

あまのがわ【天の川】 the Milky Way［ミるキ ウェイ］, the Galaxy［ギぁらクスィ］

あまみず【雨水】 rain water

あまもり【雨漏り】
a leak (in the roof)［りーク］
▸天井(てんじょう)から雨もりがする．
There is a **leak** in the ceiling.

あまやかす【甘やかす】 pamper［パぁンパ］, indulge［インダるヂ］;
（甘やかしてだめにする）spoil*［スポイる］
▸お父さんは美紀を甘やかしすぎる．

Father **pampers** Miki too much.

あまやどり【雨宿りする】
take* shelter from the rain

∻あまり[1]【あまり(に)】

(度を超(こ)して) **too** [トゥー]
▸あまり食べ過ぎないようにね.
Don't eat **too** much.
▸こづかいがあまりに少な過ぎます.
My allowance is **too** small.

あまり…ない not ... very, not ... much [many], not so, seldom [セるダム], rarely [レアり]; few, little
▸わたしは魚があまり好きじゃない.
I do**n't** like fish **very** much.
▸あの映画はあまりおもしろくない.
That movie is **not so** interesting.
▸彼はガールフレンドのことをあまり話さない. He **seldom** [**rarely**] talks about his girlfriend.
▸わたしはあまりセーターを持っていない. I do**n't** have **many** sweaters. / I have **few** sweaters.
▸わたしたちはあまり時間がない.
We do**n't** have **much** time. / We have **little** time.

> **ルール not ... much, few と little**
>
> **1** 「非常に」の意味の **much**, **very**, **so** は, **not** とともに用いると「**あまり…ない**」の意味になります.
>
> **2** **few**, **little** は a をつけずに用いると, 数や量が「あまり[ほとんど]ない」という意味になります. すでに否定の意味がふくまれているので not はつけません.

あまりに～なので… **so ～ that ...**
▸テストの成績があまりにも悪かったので, 落ちこんでいます.
My exam grades were **so** bad **that** I'm depressed.
▸このスーツケースはあまりに重くてわたしには持ち上げられない. This suitcase is **so** heavy **that** I can't lift it. / This suitcase is too heavy for me to lift. (♦this suitcase は文の主語と lift の目的語を兼(か)ねる)

あまり[2]【余り】
❶〖残り〗the rest [レスト] ➡のこり;
〖計算上の〗the remainder [リメインダ]
▸余りは全部食べていいですよ.
You can eat all **the rest**.
❷〖…以上〗over ..., more than ...
➡いじょう[1]

あまる【余る】 (残る) be* left (over); remain [リメイン] ➡のこる
▸お金はいくら余っていますか?
How much money **is left** (**over**)?
▸6から4を引くと2が余る. If you take four from six, two **remains**.

あみ【網】 a net [ネット]
▸網で昆虫(こんちゅう)をつかまえた.
I captured insects with a **net**.
▸大きな魚が網にかかった.
A big fish was caught in the **net**.
網棚(だな) a baggage rack
網戸 a screen [スクリーン],
(窓の) a window screen,
(ドアの) a door screen

あみばり【編み針】
(棒(ぼう)針) a knitting needle;
(かぎ針) a crochet needle

あみぼう【編み棒】
a knitting needle

あみもの【編み物】 knitting [ニティング]
▸祖母は編み物がじょうずだ. My grandmother is good at **knitting**.
編み物をする knit* [ニット]

あむ【編む】 (編み棒などで) knit* [ニット]; (髪(かみ)を) braid [ブレイド]
▸母はわたしに手袋(てぶくろ)を編んでくれた.
My mother **knitted** me a pair of gloves. / My mother **knitted** a pair of gloves for me.

∻あめ[1]【雨】rain [レイン]

(♦場合によって, 不定冠詞 a, an, 定冠詞 the がついたり, どれもつかなかったりするので, 例文および 参考 を参照のこと)
雨が降る **rain** (♦主語は it)
▸こちらは雨ですよ(→雨が降っている).
It's **raining** here.
▸雨が降りそうだ. It looks like **rain**.
▸この雨はすぐやむだろう.
The **rain** will stop soon. / It will stop **raining** soon. (♦今降っている「雨」や降りやんだ「雨」について言うときは, rain に定冠詞をつける)
▸家に帰る途中(とちゅう)で, 雨に降られた.
I was caught in the **rain** on my way home.
▸あしたは大雨になるだろう.
It will **rain** hard tomorrow. / We

あ

will have a heavy **rain** tomorrow. (♦rain の前に形容詞がつくときは，不定冠詞がつく場合が多い)
▸雨が降り出したよ.
It has started [begun] to **rain**. / It has begun **raining**.
▸(天気予報で)曇(くも)り，のち雨.
Cloudy, followed by **rain**.
▸きょうの雨の確率は 40 パーセントです.
The chance of **rain** is forty percent today.
雨の，雨の多い rainy
▸雨の日に on a **rainy** day
▸雨の多い地方 a **rainy** district

参考 「雨」のいろいろ，「雨」の降るさま
1 **大雨** (a) heavy rain / **小雨**(こさめ) (a) light rain / **にわか雨** a shower / **霧雨**(きりさめ) (a) drizzle / **どしゃ降りの雨** (a) pouring rain
2 雨の降るさまは，次のように表すことが多い. It is **raining hard**. (ざあざあ降っている) / It is **drizzling**. (しとしと降っている) / It has started to **sprinkle**. (ぱらぱら降り出した)

あめ² 〖米〗(a) candy [キぁンディ]，〖英〗 a sweet [スウィート]，sweets (♦どれも広く砂糖菓子(がし)やチョコレートもふくむ) **➡キャンディー**
▸あめ 1 個 a (piece of) **candy**
▸あめをなめる suck a **candy**

アメーバ an amoeba, 〖米〗an ameba [アミーバ]

***アメリカ** **America** [アメリカ]；
(アメリカ合衆国) the United States of America (♦正式国名で (the) U.S.A. と略す. the United States，または〖口語〗で the States とも言う)
▸北アメリカ North **America**
▸南アメリカ South **America**
アメリカ(人)の American
▸マイクはアメリカ人だ.
Mike is **American**. (♦国籍(こくせき)を言うときはふつう形容詞を使う)
アメリカ人 an American；
(全体をまとめて) the Americans

アメリカンフットボール
American football (♦〖米〗で football と言えばこれを指すが，〖英〗では「サッカー」のこと)

あやうく【危うく】
(もう少しで) nearly **➡あぶない**

あやしい【怪しい】 (変な) strange [ストゥレインヂ]；(あてにならない) doubtful [ダウトふる]；(疑わしい) suspicious [サスピシャス] **➡うたがわしい**
▸きみの話は怪しいな.
Your story is **doubtful**.
▸怪しい人物 a **suspicious** character

あやしむ【怪しむ】 (…ではないと思う) doubt [ダウト]；(…だと思う) suspect [サスペクト] **➡うたがう**
▸武が時間どおり来るかどうかみんなが怪しんでいる. Everyone **doubts** (that) Takeshi will come on time.

あやつりにんぎょう【操り人形】
a puppet [パペット]，
a marionette [マぁリオネット]

あやとり【あや取り】
cat's cradle [キぁッツ クレイドゥる]
▸あや取りをする play **cat's cradle**

あやまち【過ち】 (落ち度) a fault [ふぉーるト]，an error [エラ]；(まちがい) a mistake [ミステイク] **➡まちがい**
▸あやまちを犯(おか)す make a **mistake**

あやまり【誤り】
(計算などの) an error [エラ]；(一般に) a mistake [ミステイク] **➡まちがい**
▸この文に誤りがあれば直しなさい.
Correct any **errors** in this sentence.

***あやまる¹【謝る】**
apologize [アパろヂャイズ]；
(ごめんなさいと言う) say* sorry
▸彼は遅(おく)れたことを謝った.
He **apologized** for being late.
▸高志，由美に謝りなさい. Takashi, **say sorry** [**apologize**] to Yumi.

あやまる²【誤る】 make* a mistake [ミステイク] **➡まちがえる**
▸彼はこのコンピュータの操作を誤った.
He **made a mistake** in operating this computer.
誤って by mistake

あら Oh, my!, Oh, dear!
▸あら！ どうしましょう.
Oh, dear! What should I do?

アラーム alarm [アらーム]
アラーム時計 an alarm (clock)
➡めざまし

あらい¹【荒い】 rough [ラふ]
(対義語「穏(おだ)やかな」calm)
▸きょうは波が荒い.
The sea is **rough** today.
▸彼はことばづかいが荒い(→荒いことばを使う). He uses **rough** language.

あらい²【粗い】(きめが) coarse [コース];(手触(てざわ)りが) rough [ラふ]
(対義語「滑(なめ)らかな」smooth)
▸粗い砂 **coarse** sand
▸この布地は手触りが粗い.
This cloth feels **rough**.

アライグマ
〖動物〗a raccoon [ラぁクーン]

あらいもの【洗い物】
(食器類) the dishes [ディッシズ];
(衣類の) the wash [ワッシ],
〖英〗a wash, the laundry [ろーンドゥリ]
▸洗い物をする
do [wash] **the dishes**

:あらう【洗う】wash [ワッシ]
▸せっけんでよく体を洗いなさい.
Wash yourself well with soap.
▸泥(どろ)を洗い流しに行こう.
Let's go and **wash** the mud off.
▸わたしは毎朝, 髪(かみ)を洗う.
I shampoo [**wash**] my hair every morning.(♦shampoo は「(髪)をシャンプーで洗う」の意味)

結びつくことば
手を洗う wash one's hands
顔を洗う wash one's face
服を洗う wash clothes
念入りに洗う wash carefully

あらかじめ in advance ➡**まえもって**

あらさがし【あら探しをする】
(非難する) criticize [クリティサイズ];
(文句を言う) find* fault with ...

あらし【嵐】 a storm [ストーム]
▸あらしが来そうだ.
It looks like a **storm** is coming.
▸その船はあらしで沈(しず)んだ.
That ship sank in the **storm**.
あらしの stormy
▸あらしの日に on a **stormy** day

あらす【荒らす】 ruin [ルーイン], destroy [ディストゥロイ], damage [ダぁメッヂ]
▸庭が風で荒らされた. The garden was **ruined** by the wind.
▸悪天候が作物を荒らした. The bad weather **destroyed** the crops.

あらすじ【あら筋】 an outline [アウトらイン], a plot [プらット]

あらそい【争い】
(口論) a quarrel [クウォーレる];
(なぐり合い) a fight [ふァイト];
(競争) competition [カンペティシャン]

あらそう【争う】
(口論する) quarrel [クウォーレる];
(なぐり合う) fight* [ふァイト];
(競争する) compete [コンピート]
▸ボブは弟とおやつを巡(めぐ)って争った.
Bob **quarreled** over the snack with his brother.
(人)と…を(得るために)争う
《compete with ＋人＋ for ...》
▸ベンはリズとクラスで1番を争っている.
Ben is **competing with** Liz **for** the top spot in their class.

あらたまる【改まる】
❶〖形式ばる〗be* formal [ふォームる]
▸何ですか? 急に改まったりして.
Why have you suddenly **become** so **formal**?
改まった(形式ばった) formal
改まって in a formal manner, formally
❷〖変わる〗change [チェインヂ]
▸規則が部分的に改まった.
The rules have partly **changed**.

あらためて【改めて】(ほかのときに) some other time, another time;
(再び) again [アゲン]
▸その問題は, 改めて話し合いましょう.
Let's talk about the problem **some other time**.
▸改めてお電話します.
I'll call you **again**.

あらためる【改める】
❶〖変える〗change [チェインヂ], mend [メンド] ➡**かえる²**
▸彼は習慣を改めようとした. He tried to change [**mend**] his ways.
❷〖調べる〗check [チェック]
▸お荷物を改めさせてください.
Let me **check** your baggage.

アラビア(半島) Arabia [アレイビア]
アラビア(風)の Arabic [あラビック]
アラビア語 Arabic
アラビア数字
Arabic numerals [ニューメラるズ]

あ

アラブ【アラブ(人)の】 Arab［あラブ］
アラブ人 an Arab

・**あらゆる**（すべての）**all**［オーる］;（どの…もみな）**every**［エヴリ］➡**ぜんぶ**
▸この図書館にはあらゆる種類の本がある. This library has **all** kinds of books.
▸あらゆる人間に生きる権利がある. **Every** human being has the right to live.

あられ hail［ヘイる］
あられが降る hail（♦主語は it）

⁑**あらわす**[1]**【表す】**
❶〘表現する〙**express**［イクスプレス］, show［ショウ］
▸わたしの感謝はことばでは**表せ**ません. I can't **express** my thanks in words.
▸彼女は怒(いか)りを顔に表さなかった. She didn't **show** (her) anger.
❷〘意味する〙mean*［ミーン］, stand* for ...［スタぁンド］, represent［レプリゼント］
▸このマークは何を表しているのですか？ What does this mark <u>**mean**</u> [**stand for**]?

あらわす[2]**【現す】**
（姿を）appear［アピア］
▸仁はそのパーティーに**姿を現した**. Jin **appeared** at the party.

・**あらわれる【現れる】**
（姿が）**appear**［アピア］（対義語「消える」disappear）, come* out;（会合などに）show* up
▸1そうの船が水平線に**現れた**. A ship **appeared** on the horizon.

ダイアログ
A:ケイトがまだだね. Kate hasn't come yet, has she?
B:うん, でもそのうち**現れ**ますよ. No, but she'll **show up** soon.

アリ〘昆虫〙an ant［あント］
アリーナ an arena［アリーナ］
ありうる possible［パスィブる］
▸それは十分**ありうる**ことだ. That's quite **possible**.

ありえない impossible［インパスィブる］
▸そんなことはまず**ありえない**. That's quite **impossible**.
ありえないくらい
incredibly［インクレディブり］

ありがたい（喜ばしい）welcome［ウェるカム］;（幸運な）fortunate［ふォーチュネット］, lucky［らキ］;（親切な）kind［カインド］, nice［ナイス］;（間投詞的に）Thank God!
▸**ありがたい**知らせ **welcome** news
▸**ありがたい**, やっと授業が終わった. **Thank God**, class is over!
▸そう言っていただけるなんて, ほんとうにありがたい(→たいへん親切だ). It's very **nice** of you to say so.
ありがたいことに
（幸運にも）fortunately, luckily
▸**ありがたいことに**, わたしはその事故でけがをしなかった. <u>**Fortunately**</u> [**Luckily**], I wasn't injured in the accident.

ありがためいわく【ありがた迷惑な】 unwelcome［アンウェるカム］
▸彼の助けは**ありがた迷惑**だった. His help was **unwelcome**.

⁑**ありがとう** **Thank you.**［さぁンキュー］;〘口語〙**Thanks.**［さぁンクス］

ダイアログ　感謝する
A:どうもありがとう. **Thank you** very much.
B:どういたしまして. You're welcome.

参考「ありがとう」のいろいろ
ふつうは **Thank you.** または **Thank you very much.** と言います. くだけた言い方に **Thanks.** や **Thanks a lot.** があり, 会話でよく用いられます.

…をありがとう《Thank you for ...》
▸お手紙をどうも**ありがとう**ございます. **Thank you** very much **for** your letter.
…してくれてありがとう

あ

《Thank you for +〜ing》

ダイアログ　感謝する

A:お招きほんとうにありがとうございました. とても楽しかったです.
Thank you very much **for inviting** me. I really had a good time.

B:こちらこそ. The pleasure is mine. / My pleasure.

ありそうな probable [プラバブる], likely [らイクり]

▸ありそうな結果
the <u>**probable**</u> [**likely**] result

ありのまま
(真実) the truth [トゥルーす]

▸わたしは父にありのままを話した.
I told my father **the truth**.

▸ありのままのあなたが好きです.
I like you as you are.

アリバイ an alibi [ありバイ]

▸ジョンにはアリバイがある.
John has an **alibi**.

ありふれた ordinary [オーディネリ], common [カモン]

▸ありふれた種類の車
an **ordinary** <u>sort</u> [kind] of car

▸わたしの名前はありふれたものだ.
My name is a **common** one.

:ある¹【在る, 有る】

❶〖位置する, 存在する〗There is .... / There are ....; ... is, ... are
❷〖所有する〗have; be
❸〖起こる〗happen;
〖行われる〗be held; 〖経験する〗have

❶〖位置する, 存在する〗➡いる¹
(不特定の物が)ある
《There is* .... / There are*....》

▸机の上に本が1冊ある.
There is a book on the desk.

▸机の上に本が3冊ある. **There are** three books on the desk.

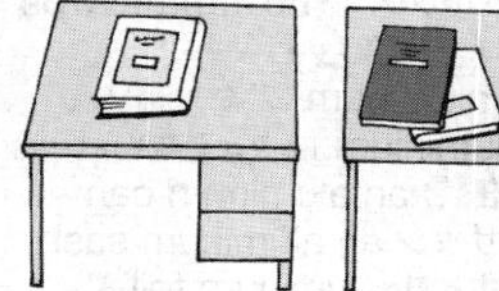

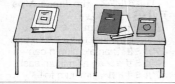

(特定の物が)ある《... is, ... are》

▸綾の本は机の上にある.
Aya's book **is** on the desk.

ダイアログ　描写する

A:きょうの新聞, どこ(にある)?
Where's today's (news)paper?

B:目の前にありますよ.
It's right in front of you.

▸わたしたちの学校は町の中心にある.
Our school <u>**is**</u> [stands] in the center of the town.

ルール「…がある」の言い方

不特定の物が主語のとき
「どれ」と特定しない物が「ある」と言うとき, 単数なら《There is ....》, 複数なら《There are....》を用います.
There is +単数名詞〜.
There are +複数名詞〜.

特定の物が主語のとき
「その…」「わたしたちの…」など, ある決まった物が「ある」と言うときは《物+ is ....》で表します. その物が複数なら are を用います.
「物」+ <u>is</u> [are] ....

❷〖所有する〗(一般に物を) **have*** [ハぁヴ]; (高さ・長さなどを) **be***

ダイアログ　質問する

A:あなたの家にはパソコン, ある?
Do you **have** a PC at home?

B:ありますよ. Yes, <u>I</u> [we] do.

▸身長はどのくらいあるの?
How tall **are** you?

❸〖起こる〗happen [ハぁプン]; 〖行われる〗be* held [へるド]; 〖経験する〗have*

▸何があったの?
What **happened** to you?

▸きのう, 大きな地震(じしん)があった.
<u>We **had**</u> [**There was**] a big earthquake yesterday.

▸10月にわたしたちの文化祭がある.
Our school festival will **be held** in October. / We will **have** a school festival in October.

…したことがある ➡ -(した)ことがある

:ある² (過去の時について)

one [ワン]; some [サム] (♦単数名詞の前に用いる); a certain [サ〜トゥン];

(ある1つ[1人]の) a
▸ある朝 **one** morning
▸ある日 **one** day
▸ある程度まではきみの意見に賛成する. I agree with you to **some** [**a certain**] extent.
▸ある男の人がわたしに駅へ行く道をたずねた. **A** man asked me the way to the station.

くらべよう some と a certain
原則として **some** は自分ではっきりわからない場合に, **a certain** はわかっていてもその名を言いたくない場合に用います.

あるいは

❶『または』**or**; **either ~ or ...** [イーざ] (♦後者は「どちらか一方」という意味を強める言い方)
▸月曜, あるいは火曜にお電話ください. Please call me on Monday **or** Tuesday.
▸由紀あるいはわたしのどちらかが行かなければならない. **Either** Yuki **or** I have to go. (♦either ~ or ... が主語になるとき, 動詞は or の後の語に合わせる)
❷『もしかすると』**perhaps** [パハぁップス], **maybe** [メイビー]
▸あるいはそれはほんとうかもしれない. **Perhaps** [**Maybe**] that is true.

アルカリ

『化学』**alkali** [あるカらイ]
アルカリ性の alkaline [あるカらイン]
アルカリ電池 an alkali battery

あるく【歩く】

walk [ウォーク]
▸父は歩くのが早い[遅(おそ)い](→早く[遅く]歩く). My father **walks** fast [slowly].
▸わたしは歩いて学校へ行く. I **walk** to school. (♦walk to ... で「歩いて…へ行く」の意味)

ダイアログ **提案する**
A:駅まで歩きますか, それともバスに乗りますか? Shall we go to the station on foot or by bus? (♦on foot は「徒歩で」の意味)
B:歩きましょう. Let's **walk**.

▸わたしの家は駅まで歩いて5分だ. It is a five-minute walk from my house to the station. (♦ここでは walk は名詞)

参考 「歩く」のいろいろ
walk は「歩く」を表す最も一般的な語. ほかに次のような言い方もあります. さまよい歩く **wander** [ワンダ] / ぶらぶら歩く **stroll** [ストゥロウる] / とぼとぼ歩く **plod** [プらッド] / (幼児が)よちよち歩く **toddle** [タドゥる] / 大またで歩く **stride** [ストゥライド]

アルコール

『化学』
alcohol [あるコホーる] (♦発音注意)
アルコール飲料 alcoholic drinks, alcoholic beverages
アルコールランプ a spirit lamp

アルツハイマー(びょう)【アルツハイマー(病)】

Alzheimer's (disease) [あるツハイマ〜ズ (ディズィーズ)]

アルト

『音楽』**alto** [あるトウ]
アルト歌手 an alto (複数 altos)

アルバイト

(学生などの) **a part-time job** [パートタイム ジャブ]; (副業) **a side job, a second job**; (人) **a part-time worker** (♦「アルバイト」はドイツ語から)
▸彼はコンビニでアルバイトをしている. He has a **part-time job** [works part-time] at a convenience store.

アルバム

an album [あるバム]
▸この写真をアルバムに入れておこう. I'll put this picture in my **album**.
▸彼女は5月にファーストアルバムをリリースする. She will release his first **album** in May.
卒業アルバム 『米』a yearbook

アルファベット

the alphabet [あるふァベット]
アルファベットの alphabetical
▸辞書の見出し語はアルファベット順に並んでいる. Dictionary entries are listed in **alphabetical** order.

アルプス【アルプス山脈】

the Alps [あるプス] (♦複数あつかい)
▸日本アルプス the Japan **Alps**

アルミ(ニウム)

『化学』**aluminum** [アるーミナム], 『英』**aluminium** [ありュミニャム]
アルミ缶(かん) an aluminum can
アルミサッシ an aluminum sash
アルミホイル aluminum foil

あれ[1] **that** [ざぁット] (複数 those)

ダイアログ 質問する
A: あれは何ですか？ What's **that**?
B: 銭湯(せんとう)です. It's a public bath.

▸あれは久美のTシャツです. (→1枚の場合) **That**'s Kumi's T-shirt. / (→2枚以上の場合) **Those** are Kumi's T-shirts.
▸あれよりこれのほうがいいです. I like this (one) better than **that** (one).

あれから since then, after that
▸優輝にはあれから一度も会っていない. I haven't seen Yuki at all [even once] **since then**.
▸あれからどうなったのですか？ What happened **after that?**

あれ[2] Huh?; Oh, dear!
▸あれ？どうしてドアが開かないのですか？ **Huh?** How come the door won't open? (♦How come ...? は「なぜ…なのか」という口語的表現)

あれこれ(と) this and that
▸彼女たちは夕方5時まで, あれこれとしゃべり続けた. They chatted about **this and that** until five in the evening.

あれほど
(あんなに) so [ソウ], such [サッチ]
▸あれほど言ったのに. I told you (**so**)!
▸彼があれほどおしゃべりだとは知らなかった. I didn't know he was **such** a (nonstop) talker.

あれら those [ぞウズ]

あれる【荒れる】 be* [get*] rough [ラふ]; (天候が) be stormy [ストーミ]; (気分が) be in a bad temper
▸海は荒れていた. The sea **was rough**.
▸あすは荒れるでしょう. It will **be stormy** tomorrow.
▸彼, きょう荒れてない？ He **is in a bad temper** today, isn't he?

アレルギー
〖医学〗an allergy [あらヂィ]

アレルギーの allergic《to ...》[アら〜ヂック]
▸わたしは牛乳アレルギーです. I'm **allergic to** milk.

アレルギー性鼻炎(びえん) hay fever [ヘイ ふィーヴァ], allergic rhinitis [ライナイティス]

アレルギー体質 an allergic constitution [カンスティテューシャン]

アレルギー反応 an allergic reaction [リあクシャン]

アレンジ
(an) arrangement [アレインヂメント]

アレンジする arrange [アレインヂ]

アロエ 〖植物〗an aloe [あろウ]

あわ【泡】 (1個の) a bubble [バブる]; (いくつも集まったかたまり) foam [ふォウム]
▸せっけんの泡 soap **bubbles**
▸ビールの泡 the **foam** of beer

泡立つ bubble, foam

泡立てる beat*, whisk [(ホ)ウィスク]

泡立て器 an eggbeater, a whisk

あわい【淡い】 (色などが薄(うす)い) pale [ペイる], light [らイト] (対義語「濃(こ)い」dark); (かすかな) faint [ふェイント]
▸淡いピンク色 **pale** [**light**] pink

あわせる【合わせる】
❶〖1つにする〗put* together [トゥゲざ]; 〖協力する〗work together
▸みんなで力を合わせればできますよ. We can do it if we **work together**.

合わせて
altogether [オーるトゥゲざ], in all
▸わたしたちは合わせて300円しか持っていない. We have only 300 yen altogether [**in all**].

❷〖調整する〗**set*** [セット]; 〖照合する〗check [チェック]
▸目覚まし時計を6時に合わせた. I **set** my alarm clock for six.
▸さあ, 正解と自分の答えを合わせなさい. Now, **check** your answers against the answer sheet.

あわただしい (忙(いそが)しい) busy [ビズィ]; (大急ぎの) hurried [ハ〜リド]
▸あわただしい一日 a **busy** day
▸あわただしい足音 **hurried** (foot-)steps

あわただしく
busily; hurriedly, in a hurry

あわてる (急ぐ) hurry [ハ〜リ]; (あわてふためく) panic [パぁニック]
▸そうあわてるな. (→急ぐな) Don't **hurry**. / (→落ち着け) Calm down. /

(→気を楽にして) Take it easy.
あわてて in a hurry

アワビ 〖貝類〗 an abalone [あバろウニ], an ear shell

あわれ 【哀れな】 poor ➡かわいそう

◆**あん**[1] 【案】 (考え) an **idea** [アイディーア]; (計画) a **plan** [プらぁン]
▸何かいい案はありませんか?
Do you have any good **ideas?**
▸その案に賛成[反対]です.
I'm for [against] the **plan**.

あん[2] sweet bean paste
あんパン a bun filled with sweet bean paste, a bean-jam bun

アンカー 〖スポーツ〗 an anchor(person) [あンカ(パ～スン)]

あんがい 【案外】 unexpectedly [アンイクスペクティッドり]
▸試験の結果は案外よかった. The exam results were **unexpectedly** good.

あんき 【暗記する】 learn* ... by heart, memorize [メモライズ]
▸これらの例文を暗記しなさい.
Learn these example sentences **by heart**. / **Memorize** these example sentences.

アンケート (アンケート調査・用紙) a questionnaire [クウェスチョネア]
▸アンケートを行う conduct [carry out, do] a **questionnaire**
▸アンケート用紙を発送する
send out **questionnaires**
▸アンケートに答える answer [reply to, fill out] a **questionnaire**

あんごう 【暗号】 a (secret) code [コウド], a cipher [サイふァ]
▸暗号を解読する
break a (**secret**) **code**

アンコール an encore [アーンコーア]
(◆フランス語で「もう一度」の意味)
▸アンコールを求める call for an **encore**
▸彼女はアンコールに応えて2曲演奏した. She played two **encores**.
アンコールする encore

あんさつ 【暗殺】 (an) assassination [アサぁスィネイシャン]
暗殺する assassinate [アサぁスィネイト]
暗殺者 an assassin [アサぁシン]

あんざん 【暗算】 mental arithmetic [アリすメティック], (a) mental calculation [キぁるキュれイシャン]
▸きのう暗算のテストがあった.
We had a **mental arithmetic** test yesterday.
暗算する calculate ... in one's head
▸彼はつり銭を暗算した.
He **calculated** the change **in his head**.

あんじ 【暗示】 suggestion [サ(グ)ヂェスチョン], a hint [ヒント]
暗示する give* a hint, suggest

あんしつ 【暗室】 a darkroom [ダークルーム]
(◆a dark room は「暗い部屋」の意味)

あんしょう 【暗唱する】 recite [リサイト]
▸詩を暗唱する **recite** a poem

あんしょうばんごう 【暗証番号】 a personal identification number [パ～ソヌる アイデンティふィケイシャン ナンバ] (◆PIN [ピン] または PIN number と略すことが多い), a code number
▸暗証番号を入力してください.
Enter your **PIN**.

◆**あんしん** 【安心】 (a) relief [リりーふ]
安心する be* relieved [リりーヴド], feel* relieved
▸それを聞いて安心した. I was [felt] **relieved** to hear that.
▸安心しなさい(→心配するな). きみはきっと試験に受かるよ. Don't worry. I'm sure you will pass the exam.

アンズ 〖植物〗 an apricot [あプリカット]

あんせい 【安静】 (a) rest
▸その患者(かんじゃ)は絶対安静にする必要があった. That patient needed a complete **rest**.

◆◆**あんぜん** 【安全】
safety [セイふティ] (対義語 「危険」 danger), security [セキュリティ]
▸安全のため, ヘルメットをかぶってください. Please wear a helmet for your **safety**.
安全な **safe**
(対義語 「危険な」 dangerous)
▸この建物は地震(じん)がきても安全だ.
This building is **safe** even during an earthquake.

安全に safely, in safety
安全運転 〖掲示〗Drive Safely
安全装置 a safety device, a guard, （機械の）a lock
安全第一 〖掲示〗Safety First
安全ピン a safety pin
安全ベルト a safety belt, a seat belt

あんだ【安打】〖野球〗a hit［ヒット］
▸内野安打　an infield **hit**
▸きょうの大谷は 3 打数 2 安打だった. Ohtani hit [went] 2-for-3 today. (♦「…打数〜安打する」は hit [go] 〜 -for-... で表す)

アンダーライン an underline
アンダーラインを引く underline, 〖米〗underscore［アンダスコーア］

あんてい【安定した】
stable［ステイブる］, steady［ステディ］
▸このいすは安定がよくない. This chair is not **stable** [unstable].

アンテナ 〖米〗an antenna［あンテナ］,〖英〗an aerial［エアリアる］

あんな （あのような）**such**［サッチ］, **like that**;（あの・あれほどの）**that**;（あの種の）that kind of ...
▸あんなにいい人, 会ったことない. I've never met **such** a nice person.（♦ × a such nice person とはしない; so nice a person とも言う）
▸あんな車がほしいな. I want a car **like that**.
▸ジムがあんな人だとは思わなかった. I didn't think Jim was **that kind of** person.

あんない【案内する】
guide［ガイド］, show*［ショウ］;（先に立って）lead*［リード］
▸彼女を連れて村じゅうを案内した. I **guided** her all over the village.
▸学校の中を案内していただけますか？ Will you **show** me around the school?
案内係 a guide［ガイド］
案内書 a guide, a guidebook
案内所 an information desk, an information office
案内状 a card, an invitation (card)
案内図 a (guide) map

アンパイア
〖野球〗an umpire［アンパイア］

アンペア 〖電気〗an ampere［あンピア］,〖口語〗an amp（♦ A または a と略す）

あんまり
（不当な）unreasonable［アンリーズナブる］;（あまりにも）too (much)［トゥー］➡**あまり**[1]
▸これが 5,000 円！それはあんまりだ（→高すぎる）. This costs 5,000 yen! **Too** expensive!
▸あの冗談(じょうだん)はあんまりだ. That joke is **too much**.

アンモニア
〖化学〗ammonia［アモウニア］

あんらく【安楽】
comfort［カンふァト］, ease［イーズ］
安楽死 euthanasia ［ユーさネイジャ］, mercy killing［マ〜スィ キリング］

Q「イースター」は どんなお祭りかな？
➡「イースター」を見てみよう！

い【胃】 a stomach［スタマック］
➡**おなか, はら**[1]
▸わたしは胃がじょうぶだ[弱い]. I have a strong [weak] **stomach**.
▸食べ過ぎて胃の調子が悪い. My **stomach** is upset from eating too much.
胃痛 (a) stomachache

-い【…位】（競技の順位）《(the +)序数 + place》で表す.
▸1 位になる　win first **place**
▸わたしは 100 メートル競走で 4 位だった. I came in fourth **(place)** in the 100-meter dash.（♦ come in ... で「…位になる」の意味.

いい （良好な）good* ➡**よい**[1];（十分な）enough;（問題ない）all right, OK

ダイアログ　断る
A: クッキーをもっとどう？
How about some more cookies?

い

B:もういいよ. I've eaten **enough**.

ダイアログ 質問する
A:いすの位置はいいかい？
Is the position of the chairs **all right** [**OK**]?
B:いいよ. Yes, it's **all right** [**OK**].

いいあらそう【言い争う】
(口論する) quarrel [クウォーレる];
(議論する) argue [アーギュー]
▸けさ掃除(そうじ)についてお母さんと**言い争ってしまった**.
I **quarreled** with my mother about cleaning this morning.

いいあらわす【言い表す】
express [イクスプレス]
▸この喜びはことばでは**言い表せ**ません.
No words can **express** this joy.

:いいえ
no [ノウ] (対義語「はい」yes)

ダイアログ 否定する
A:これはあなたの傘(かさ)?
Is this your umbrella?
B:いや, ちがうよ.
No, it's not.

ダイアログ 断る
A:コーヒーのお代わりはいかがですか？
Would you like some more coffee?
B:**いいえ**, けっこうです.
No, thank you.

ダイアログ 否定する
A:映画へ行かなかったの？
Didn't you go to the movies?
B:いいえ, 行きました. Yes, I did.
(♦× No, I did. とはならない)

ルール Yes と No

英語では, 肯定の疑問文に対しても否定の疑問文に対しても, 答えが**肯定**(「…である」や「…する」)**なら Yes** を, **否定**(「…ではない」や「…しない」)**なら No** を用います.
Is this your eraser?(これ, きみの消しゴムですか?)/ Isn't this your eraser?(これ, きみの消しゴムじゃないですか?)どちらの疑問文に対しても,「わたしのです」は Yes, it is.「わたしのではありません」は No, it's not. と答えます. ただし, 後者の疑問文に対する答えの日本語は「いいえ, わたしのです」,「はい, わたしのではありません」となります.

いいかえす【言い返す】
talk back [トーク], answer back [あンサ]

いいかえる【言い換える】
say* ... in other words
▸同じことを**ほかのことばで言い換(か)えて**ください. Could you **say** the same thing **in other words**?
言い換えると in other words, that is (to say) ➡つまり

いいかげん【いい加減な】
(ずさんな) sloppy; (無責任な) irresponsible

いいかた【言い方】
a way of speaking, how to speak
▸そんな言い方はやめなさい.
Don't talk like that.

いいき【いい気になる】
(うぬぼれる) be* conceited [コンスィーティッド]
▸ほめられたからって, **いい気になるな**.
Don't **become conceited** just because you were praised.

いいすぎる【言い過ぎる】
say* too much
▸ちょっと**言い過ぎちゃった**かなあ.
I'm afraid I **said too much**.

イースター
(復活祭) Easter

参考 Easter

キリストの復活を祝う祭り. その日は年によって異なり, 春分の日以降 3 月 21

日ころから4月25日の間のいずれかの日曜日に行われます．きれいに色を塗(ぬ)った卵(Easter egg)を飾(かざ)ったり，パレードをしたりします．Easter の後は1～2週間ほど学校が休み(Easter vacation)になります．

▲イースターエッグ

いいだす【言い出す】
(提案する) suggest［サ(グ)ヂェスト］
▸父がパーティーをやろうと言い出した．
My father **suggested** having a party.

いいつける【言いつける】
❶〘命令する〙order［オーダ］, tell*［テる］
▸母にトイレの掃除(そうじ)を言いつけられた．
I was **told** to clean the bathroom by my mother.
言いつけ orders
▸わたしは父の言いつけに従った．
I followed my father's **orders**.
❷〘告げ口する〙〘口語〙 tell* (...) on ...
▸きみのこと，先生に言いつけますよ．
I'll **tell** our teacher **on** you.

いいつたえ【言い伝え】
a tradition［トゥラディシャン］, a legend［れヂェンド］

いいとも OK., Sure.

ダイアログ　承諾(しょうだく)する
A: ここでちょっと待っていてね．
Please wait here for a minute.
B: いいとも．　**OK. [Sure.]**

いいなり【言いなりになって】
under a person's thumb
▸彼女はいつも母親の言いなりだ．　She is always **under her mother's thumb**.

いいのがれ【言い逃れ】➡いいわけ

いいはる【言い張る】 insist《on ...》［インスィスト］
▸妹はわたしといっしょに映画へ行くと言い張る．　My sister **insists on** going to the movies with me.

いいぶん【言い分】 one's say［セイ］, what one has* to say
言い分がある[ない]
have something [nothing] to say

イーメール (an) e-mail［イーメイる］
(◆electronic mail の略)➡**メール**

いいわけ【言い訳】
an excuse［イクスキュース］
▸いい言い訳を思いついた．
I've got a good **excuse**.
言い訳をする make* an excuse, excuse oneself《for ...》［イクスキューズ］(◆語末の音が名詞は［ス］, 動詞は［ズ］になることに注意)
▸彼は遅刻(ちこく)の言い訳をした．
He **made an excuse for** being late.

いいん¹【委員】 a member of the committee［コミティ］
▸図書委員　**a member of** [on] **the** library **committee**
委員会 a committee;
(会合) a committee meeting
➡**巻頭カラー 英語発信辞典④**
委員長 a chairperson

いいん²【医院】 a doctor's office, a clinic［クリニック］

いう【言う】

❶〘考えなどを述べる〙**say;**〘告げる〙**tell;**〘話す，しゃべる〙**speak, talk**
❷〘呼ぶ〙**call, say**
❸〘うわさする〙**They say that ....**

❶〘考えなどを述べる〙**say***［セイ］;〘告げる〙**tell***［テる］;〘話す，しゃべる〙**speak***［スピーク］, **talk**［トーク］
…と言う
《**say ...**》《**say, "..."**》《**say that ...**》
▸拓はうんと言った．　Taku **said** yes.
▸「忙(いそが)しいわ」とアンが言った．
Ann **said,** "I'm busy." / Ann **said that** she is [was] busy. (◆過去に言ったことを引用符(ふ)(" ")なしで表す場合，that 節中の動詞が過去のことを表すなら，その動詞を過去形にする)
…を言う say, tell; talk about ...
▸そんなことを言うなよ．
Don't **say** such a thing.
▸うそを言わないで．　Don't **tell** a lie.

い

▸きみは何を言っているのですか？
What are you **talking about**?

(人)に言う《tell ＋人》

▸(きみに)言ったよね，彼女は天才だって．
I **told** you, she's a genius.

(人)に…を言う《tell ＋人＋ ...》

▸わたしに本当のことを言って．
Please **tell** me the truth.

▸ベスにはこのこと言わないで．
Don't **tell** this to Beth.
(♦「…を」にあたる語が代名詞の場合は《tell ... to ＋人》)

(人)に…と言う《say to ＋人，"..."》《tell ＋人＋ that ...》

▸愛はわたしに，「チョコレートが好き」と言った． Ai **said to** me, "I like chocolate." / Ai **told** me **that** she likes [liked] chocolate.

(人)に…するように言う《tell ＋人＋ to ＋動詞の原形》

(人)に…しないように言う《tell ＋人＋ not to ＋動詞の原形》

▸美紀はわたしたちに「かまわないでよ」と言った． Miki **said to** us, "Leave me alone." / Miki **told** us **to** leave her alone. / Miki **told** us **not to** bother her.

ルール 「…と言う」の表し方

《say to ＋人，"..."》の文を引用符(" ")なしの文に書き換(か)える場合，引用符内が命令文なら《tell ＋人＋ to ＋動詞の原形》の形に，Will you ...? や Please .... など依頼(いらい)の文なら《ask ＋人＋ to ＋動詞の原形》の形にします．

その他

▸今の気持ち，どう言ったら(→どう表現したら)よいかわかりません． I don't know how to express my feelings.

▸**もう一度言ってくれませんか？**
I beg your pardon?(↗)/ **Pardon?**(↗)(♦上げ調子で言う)

くらべよう say, tell, speak, talk

一般に **say** は「(事がら・ことばを)言う」ときに，**tell** は「(話などの内容を)伝える，告げる」ときに使います．(例) I *said* nothing.(わたしは何も言わなかった) / *Tell* me the truth.(本当のことを言って)
speak，**talk** は「話す，しゃべる」の意味で，「話す」という行為(こうい)に重点があります．**talk** は「会話する」という意味が強い語です．(例) Jill always *speaks* gently.(ジルはいつも穏(おだ)やかにものを言う) / This is the song they were *talking* about.(これがあの人たちが言っていた曲だ)

❷〚呼ぶ〛**call** [コーる]，**say***

▸この鳥は日本語では「カラス」と言います(→呼ばれる)．
This bird is **called** [We **call** this bird] "karasu" in Japanese.

▸「カラス」は英語で何と言いますか？
How do you say [What do you **call**] "karasu" in English?

❸〚うわさする〛(…と言われている)
They say* that .... / It is said that ....

▸彼女は日本一のピアニストだ**と言われている**． **They say that** she is the best pianist in Japan.

いうまでもない【言うまでもない】

needless to say [ニードれス トゥ セイ]；(…は言うまでもなく) not to speak of, not to mention

▸言うまでもなく，そのサッカー選手は日本でもよく知られている． **Needless to say**, the soccer player is well-known in Japan, too.

:いえ【家】

(建物) a **house** [ハウス] ➡巻頭カラー 英語発信辞典⑫ (複数 houses [ハウズィズ])；
(家庭) (one's) **home** [ホウム]；
(家族) a family [ふぁミりィ]

▸広い庭のある大きな家
a large **house** with a big yard

▸わたしの家には浴室が２つある．
My **house** has two bathrooms.

▸おじは先月，２階建ての家を建てた．
My uncle built a two-story **house** last month.

家に，家へ，家で (at) home

▸きょうは一日じゅう家にいる． I'll be [stay] **(at) home** all day today.
(♦〚米〛ではよく at が省略される)

▸さあ家に帰ろう． Let's go **home** now.
(♦× go to home としない)

▸きのうは６時に家に着いた．
I got **home** at six yesterday.
(♦× got to home としない)

参考 house と home

ふつう建物としての「家」には **house**,

家族が暮(く)らす場所としての「家庭」の意味には **home** を使いますが，アメリカでは **home** は **house** の意味でもよく用いられます．

イエス・キリスト Jesus Christ
➡キリスト

いえで【家出する】
run* away from home, leave* home
家出人 a runaway

イエローカード a yellow card

いおう【硫黄】〖化学〗sulfur［サるふァ］

イオン〖物理・化学〗an ion［アイアン］
▸マイナスイオン　negative **ions**

イカ〖動物〗（コウイカ類）
a cuttlefish［カトゥるふィッシ］
（複数 cuttlefish, cuttlefishes）;
（スルメイカなど）a squid［スクウィッド］
（複数 squid, squids）

いか【以下】
❶〖数量・程度が〗（…より下）**less than** ...（対義語「以上」more than），**under** ...［アンダ］（対義語「以上」over），below ...［ビろウ］（対義語「以上」above）
▸ジェーンは新しい自転車を１万円以下で買った．　Jane bought a new bike for **less than** 10,000 yen.
▸4 歳(さい)以下の子供たち
children **under** four years old
▸わたしの数学の成績は平均以下だった．
My math grade was **below** (the) average.

くらべよう **less than と under**

less than, under は厳密には「未満」の意味．日本語の「50 以下」を正確に言うと，fifty or less や less than fifty-one のようになります．

❷〖下記のこと〗
the following［ふァろウイング］
▸以下の人たちが入賞者です．　**The following** are the prizewinners.
（♦the following は，それが指すものが複数なら複数あつかい，単数なら単数あつかいになる）
▸以下（→残り）省略．
The rest is [are] omitted.

いがい【意外な】
unexpected［アンイクスペクティッド］
▸意外な結果　an **unexpected** result
意外に unexpectedly
▸意外にも，トムがテニスのトーナメントで優勝した．　**Unexpectedly**, Tom won the tennis tournament.

-いがい【…以外】
（…を除いて）except ...［イクセプト］;
（…のほかに）besides ...［ビサイヅ］
▸きみ以外の人なんて好きになれません．
I can't love anyone **except** you.
▸パーティーにはきみ以外にだれが行くの？
Who'll go to the party **besides** you?

いかいよう【胃かいよう】
a stomach ulcer［アるサ］

いかが ➡どう[1]

❶〖調子や様子をたずねて〗**how**［ハウ］

ダイアログ　質問する
A: ごきげんいかがですか？
How are you?
B: おかげさまで元気です．
(I'm) fine, thank you.

ダイアログ　質問する
A: アメリカ旅行はいかがでした？
How was your trip to the United States?
B: すばらしかった．とても楽しかったよ．
Wonderful. I had a very good time there.

い

❷『物を勧(すす)めるとき』
Would you like ...?, How about ...?

ダイアログ 勧める
A:デザートにアイスクリームをいかがですか？
Would you like [**How about**] some ice cream for dessert?
B:ええ，いただきます．　Yes, please.

いがく【医学】 medicine［メディスン］, medical science
▸医学を学ぶ　study **medicine**
医学者 a medical scientist
医学部 the faculty of medicine, (a) medical school

いかす【生かす】 ❶『生かしておく』 keep* ... alive［アらイヴ］
▸この魚，生かしておきましょう．
Let's **keep** this fish **alive**.
❷『活用する』 make* use of ...
▸きみは自分の才能を生かすべきだ．　You should **make use of** your talent.

いかだ a raft［ラぁふト］
▸いかだで川を下る
go down a river on a **raft**

いかだいがく【医科大学】
a medical college, a medical school

いかに
(どんなに…でも) however［ハウエヴァ］
▸いかに困難であろうと，わたしはそれを達成します．　I'll accomplish it **however** difficult it may be.

いかり¹【怒り】 anger［あンガ］

いかり² (船の) an anchor［あンカ］
▸いかりを上げる　weigh **anchor**
▸いかりを下ろす　cast [drop] **anchor**

いかる【怒る】 get* angry ➡**おこる¹**

いがん【胃がん】 stomach cancer［キぁンサ］

***いき¹【息】** (a) **breath**［ブレす］ ➡**こきゅう**
息をする
breathe［ブリーず］, take* a breath
▸深く息を吸って！　はい，ゆっくりはいて．　**Breathe** in deeply! Now **breathe** out slowly. / **Take a** deep **breath**! Now let it out slowly.
▸息を止める　stop **breathing** / hold one's **breath**
▸彼らはみんな息を切らしている．
All of them are out of **breath**.

いき²【行き】 for ..., bound for ...［バウンド］, headed for ...［ヘディッド］
▸大阪行きの列車
a train (**bound**) **for** Osaka
▸このバスはどこ行きですか？
Where is this bus **headed**? / Where does this bus go?

いき³【生きがよい】
(新鮮(しんせん)な) fresh［ふレッシ］

いぎ¹【異議】
(an) objection［オブヂェクシャン］
異議を唱える object《to ...》［オブヂェクト］/ make* an objection《to ...》

ダイアログ 意見する
A:異議はありませんか？
Does anyone have an **objection**?
B:異議なし！　No **objection**!
(◆「異議あり」なら“Objection!”；これは会議などでの表現で，ふつうの状況(じょうきょう)ではI agree. / I don't agree.と言う)

いぎ²【意義】 (a) meaning［ミーニンヶ］, significance［スィグニふィカンス］
意義のある　meaningful［ミーニンヶふる］, significant［スィグニふィカント］

いきいき【生き生きした】
(元気な) lively［らイヴり］;
(表現が) vivid［ヴィヴィッド］
▸生き生きした表情
a **lively** expression
▸生き生きした動き　a **vivid** action

いきおい【勢い】 (力) power［パウア］
▸あのチームには勢いがある．
That team has **power**.

いきがい【生きがい】
▸生きがいのある(→生きる価値のある)人生を送る　lead a life worth living
▸あなたの生きがいは何ですか(→何のために生きているか)．
What do you live for?

いきかえる【生き返る】
come* to life
▸水を替(か)えたら，金魚が生き返った．
When I changed the water, the goldfish **came to life**.

いきかた¹【生き方】 lifestyle［らイふスタイる］, a way of living

いきかた²【行き方】
how to go [get] to ...
▸駅への行き方を教えていただけますか．

Could you tell me **how to get to** the station?

いきごみ【意気込み】（熱意）enthusiasm［インすーズィあズム］;（決意）determination［ディター～ミネイシャン］

▸彼はその試合に勝つという意気ごみを語った.
He told of his **determination** to win the next game.

いきさき【行き先】
a destination［デスティネイシャン］

▸ジョンはあなたに行き先(→どこに向かっているか)を言いましたか? Did John tell you where he is going?

いきちがい【行きちがいになる】
cross each other, pass each other, cross paths

いきどまり【行き止まり】
a dead end

▸道はここで行き止まりだ. The road comes to a **dead end** here.

いきなり suddenly ➡とつぜん

いきのこる【生き残る】
survive［サヴァイヴ］

▸その飛行機墜落(ついらく)事故で，1人の少女が生き残った. One girl **survived** the airplane crash.

いきもの【生き物】 a living thing, a creature［クリーチャ］

イギリス (Great) Britain［ブリトゥン］, the United Kingdom（♦U.K. と略す）

イギリス(人)の British

▸サラはイギリス人です.
Sarah is **British**.（♦国籍(こくせき)は形容詞を用いて言うのがふつう）

イギリス人 a British person,〖口語〗a Brit;（全体）the British (people)

参考「イギリス」とは?

1「イギリス」の正式国名は the United Kingdom of Great Britain and Northern Ireland（グレートブリテン島と北アイルランド連合王国）ですが，ふつうは the United Kingdom でもよく，手紙のあて名にはふつう U.K. と書きます.
2 グレートブリテン島は England（イングランド），Scotland（スコットランド），Wales（ウェールズ）からなり，English は正式には「イングランド人，イングランドの」という意味です.

いきる【生きる】

（生存する）**live**［リヴ］（対義語「死ぬ」die）

▸わたしは100歳(さい)まで生きたい.
I want to **live** to be one hundred years old.

ルール live は進行形にしない

「生きている，生存している」という意味の live は「状態」を表す動詞なので，ふつう進行形にしません.

生きた，生きている live［らイヴ］, living［リヴィング］, alive［アらイヴ］（対義語「死んだ」dead）（♦alive は名詞の前で使われない）

▸生きた魚 a **live** fish / a **living** fish（♦× an alive fish とは言わない）

▸この魚は生きている.
This fish is alive [living].
（♦living は形容詞）

いく【行く】

❶〚移動する〛go; come
❷〚届く〛get;〚通じる〛lead
❸〚行われる，進行する〛go

❶〚移動する〛（今いる所から相手以外の方へ）**go***［ゴウ］;
（相手の方へ）**come***［カム］

くらべよう「行く」と go, come

ふつう「行く」という場合は **go** を使いますが，相手(聞き手)のいる場所へ行くという場合は **come** を使います. したがって，「(あなたの所へ)今，行くよ」は，I'm *coming*. で表し，× I'm *going*. とは言いません.

…へ行く《go to＋名詞》

▸わたしはふつう，バスで学校へ行く.
I usually **go to** school by bus.

（♦学校へ授業を受けに行くときは，school に the をつけない）

▸この電車は原宿へ行きますか？
Does this train **go to** Harajuku?

…**しに行く**《**go ＋～ing**》

▸北海道へスキーに行こう．
Let's **go skiing** in Hokkaido.
（♦「北海道へ」につられて in を to としない）

ダイアログ　**質問する**
A: いつチケットを取りに来られますか？
When will you come to get your ticket?
B: あすの朝，行きます．
I'll **come** tomorrow morning.

▸日曜日に遊びに行ってもいい？　Can I **come** and see you on Sunday?

▸フランスへ行ったことがありますか？
Have you ever been to France?
（♦「行ったことがある」と経験(けいけん)を表すときには現在完了の have been to を用いる）

❷〖**届く**〗**get*** ［ゲット］；
〖**通じる**〗**lead*** ［リード］

▸サラからメールが行きませんでしたか？
Haven't you **gotten** an e-mail from Sarah?

▸この道は京都へ行きますか？
Does this road **lead** to Kyoto?

❸〖**行われる，進行する**〗**go***

▸すべてうまくいった．
Everything **went** well.

▸わたしは武とうまくいっていない．
I'm not getting along with Takeshi.（♦get along with ... で「(人)とうまくやっていく」の意味）

結びつくことば
…へ歩いて行く go to ... on foot
…へバスで行く go to ... by bus
電車で行く go to ... by train
急いで行く rush
買い物に行く go shopping

イグアナ 〖動物〗an iguana ［イグワーナ］

いくじ[1]【育児】
childcare ［チャイるドケア］

いくじ[2]【意気地】
意気地なし（おく病者）a coward ［カウアド］

いくつ

❶〖**数が**〗**how many**

ダイアログ　**質問する**
A: グラスはいくつ必要なの？　**How many** glasses do you need?
B: 3つです．　We need three.

▸その箱にケーキがいくつ入ってるの？
How many cakes are (there) in that box?

ルール《**how many ＋複数形**》
how many は「いくつ」「何本」「何個」と「数」をたずねる言い方．how many に続く名詞は複数形にします．

❷〖**年齢**(ねんれい)**が**〗**how old**

▸きみはいくつですか？
How old are you?

▸わたしは森先生がいくつか知らない．　I don't know **how old** Mr. Mori is.
（♦how old 以下が目的語になるときは，《how old ＋主語＋動詞》の語順になる）

いくつでも　（ほしいだけ）
as many ... as you like [want]

▸本なら，何冊でも貸してあげるよ．
I'll lend you **as many** (of my) books **as you like** [**want**].

いくつも　（たくさん）many, a lot of ...;
（いくつも…ない）only a few, few

▸母はドーナツをいくつも作ったけど，もういくつも残ってない．
Mother made **a lot of** doughnuts, but now there are **only a few** left.（♦left は leave の過去分詞）

いくつか **some** ［サム］
➡**いくらか，すこし**

▸これらのリンゴのいくつかは腐(くさ)ってる．
Some of these apples are rotten.

イクラ pickled salmon roe

いくら （金額・量が）**how much**

▸このかばんはいくらですか？
How much is this bag?

▸全部でいくらですか？
How much is it altogether?

▸今，お金いくら持ってる？
How much money do you have (with [on] you)?

いくら…でも［ても］ no matter how

▸いくら熱心に練習しても彼のギターは上達しなかった．　**No matter how** hard he practiced, he couldn't improve his guitar playing.

いくらでも as much as

▸いくらでも持てるだけ持っていきなさい. You can take **as much as** you can carry.
(♦数えられない名詞の場合は much, 数えられる名詞なら many を用いる)

いくらも…ない

▸お金はいくらも(→少ししか)残っていなかった.
I only had a little money left.

˙いくらか

❶〚数・量が〛(肯定文で) **some** [サム], (疑問文で) **any** [エニ]

▸まだミルクは**いくらか**ある.
There's still **some** milk left.

ダイアログ 〔質問する〕
A: いくらかお金を持ってる? Do you have **any** money with you?
B: いや, 全然. No, I don't (have any). (♦「少しなら持っている」なら Yes, I have some.)

〔ルール〕 **some と any**
一般に **some** は肯定文に, **any** は疑問文・否定文に用います. 形は疑問文でも, 人にものを勧(すす)めたり, 頼(たの)んだりするときなど, Yes の答えを期待するような場合は any ではなく **some** を用います. (例) Will you have *some* coffee? (コーヒーをいかがですか?)

❷〚少し〛**a little** [リトゥる] ➡**すこし**

▸ジョンは**いくらか**日本語を話す.
John speaks **a little** Japanese.
(♦この a little は形容詞句) /
John speaks Japanese **a little**.
(♦この a little は副詞句)

いけ【池】a pond [パンド]

いけがき【生垣】a hedge [ヘッヂ]

いけどる【生け捕る】

catch* ... alive

⁚いけない

❶〚状態が〛**bad**
❷〚禁止〛**must not**, 《**Don't** +動詞の原形》
❸〚義務, 必要〛**must**, 《**have to** +動詞の原形》

❶〚状態が〛**bad*** [バあッド] ➡**わるい**

ダイアログ 〔同情する〕
A: 今日は歯が痛いんだ.
I have a toothache today.
B: それは**いけない**ね.
That's too **bad**.

❷〚禁止〛**must not** (♦短縮形は mustn't [マスント]), 《**Don't** +動詞の原形》

▸きょうは外出してはいけない. You **must not** [**Don't**] go out today.

ダイアログ 〔禁止する〕
A: このケーキを食べてもいい?
May I eat this cake?
B: いけません. No, you may not.
(♦子供や目下の人に対する答え方. 目上の人には I'm sorry, you can't.「すみません, だめなんです」などと言う)

▸この中に入って**はいけない**.
〚掲示〛**Do Not** Enter / Keep Out

❸〚義務, 必要〛**must** [マスト], 《**have* to** +動詞の原形》[ハあふトゥ] ➡ **-ならない**

▸きょうは部屋の掃除(そうじ)を**しなければいけません**よ. You **must** clean up your room today.

▸もう帰ら**なければいけない**.
I **have to** go home now.

…**するといけないから** in case

▸寒くなる**といけないから**, 上着を着て行きなさい. Wear your jacket **in case** it gets cold. (♦in case は「…の場合に備えて」の意味)

✽いけばな【生け花】*ikebana*, flower arrangement, flower arranging

▸生け花を習ってみたい.
I want to take lessons in **flower arrangement**.

生け花部 a flower arranging club

イケメン【イケメンな】

handsome [ハあンサム], good-looking [グッド るキング]

いける【生ける】

(花を) arrange [アレインヂ]

い

▸花を生ける　**arrange** flowers

いけん【意見】

❶『考え』an **opinion** [オピニョン]

▸この計画について意見を述べてください.
Please give your **opinion(s)** about this plan.

▸この件についてのあなたのご意見は？
What's your **opinion** about [on] this matter?

▸わたしの意見では，あなたは計画を変更(へんこう)したほうがいい.
In my **opinion**, you should change your plan.

❷『忠告』**advice** [アドヴァイス]

▸わたしはグリーン先生の意見に従った.
I followed Ms. Green's **advice**.

いげん【威厳】 dignity [ディグニティ]

威厳のある dignified [ディグニふァイド]

いご[1]【以後】 ❶『ある時より後』after ... [あふタ], since ... [スィンス]

▸あすは7時以後うちにいます. I'll be home **after** seven tomorrow.

▸あれ以後，由美さんには会っていない.
I haven't seen Yumi **since then** [**after** that].

❷『今後』from now on

▸以後，気をつけます.
I'll be careful **from now on**.
(♦on は「ずっと」という意味合い)

✲**いご[2]【囲碁】** go, the game of go
⇒ご[3]

囲碁部 a go club

いこう【以降】 after ... [あふタ], since ... [スィンス] ⇒いご[1]

イコール (等しい) equal [イークウォる]

▸2かける3イコール6 (2 × 3 = 6).
Two times three **equals** six.

いごこち【居心地のよい】
comfortable [カンふァタブる], at home

▸この部屋はとても居心地がいいです.
I feel quite **comfortable** [**at home**] in this room.

いざこざ
(もめごと) (a) trouble [トゥラブる];
(口論) a quarrel [クウォーレる]

いさましい【勇ましい】
brave [ブレイヴ]

勇ましく bravely

いさん【遺産】 (相続遺産) an inheritance [インヘリタンス]; (歴史的・文化的遺産) heritage [ヘリテッヂ]

▸世界遺産　a World **Heritage** (site)

いし[1]【石】 (石ころ) a **stone** [ストウン]; (石材) stone (♦物質名として用いる場合は，a をつけたり複数形にしたりしない), rock

▸あの像は石でできている.
That statue is made of **stone**.

▸彼は川に石を投げた.
He threw a **stone** into the river.

石がき a stone wall

石段 stone steps

石橋 a stone bridge

いし[2]【意志，意思】 (意志) (a) will [ウィる]; (意思・意図) (an) intention [インテンシャン]

▸ボブはいつもはっきり意思表示をする.
Bob always expresses his **intention(s)** clearly.

いし[3]【医師】 a doctor [ダクタ]

いじ[1]【意地】 (誇(ほこ)り) pride [プライド]

▸ちょっとは意地を見せろよ.
Show a little **pride**.

意地が悪い
nasty [ナぁスティ], mean [ミーン]

意地っ張りな (頑固(がんこ)な) stubborn [スタボン]; (あることに) obstinate [アブスティネット]

いじ[2]【維持】
maintenance [メインテナンス]

維持する maintain [メインテイン]

▸世界の平和を維持する
maintain world peace

いしき【意識】
consciousness [カンシャスネス]

▸意識を失う　lose **consciousness**

意識的に consciously

意識のある conscious [カンシャス]; (気づいて) aware [アウェア]

意識が高い conscious [カンシャス]

▸エレンは健康意識が高い.
Ellen is health-**conscious**.

いしつぶつ【遺失物】
〖米〗a lost article [ろースト アーティクる];
〖英〗lost property

遺失物取扱(とりあつかい)所
〖米〗the lost and found (office);
〖英〗the lost property (office)

いじめ bullying [ブりイング]

▸その学校ではいじめが問題だった.
Bullying was a problem at that

school.

▸いじめを許してはいけない.
Bullying must not be allowed.

いじめる bully［ブりィ］

▸妹をいじめるものではありません.
Don't **bully** your sister.

いじめっ子 a bully

・いしゃ【医者】 a **doctor**［ダクタ］

▸医者を呼ぶ　call a **doctor**

▸先週，わたしは風邪(かぜ)で医者にみてもらった.　I saw the **doctor** for my cold last week.

(◆「医者にみてもらう」「診察(しんさつ)を受ける」は see the doctor と言う)

▸かかりつけの医者　one's family **doctor**

参考 医者のいろいろ

外科(げか)医 a surgeon/ **内科医** a physician/ **眼科医** an eye doctor / **歯科医** a dentist / **小児(しょうに)科医** a children's doctor / **獣医(じゅうい)** a vet

いじゅう【移住】 migration［マイグレイシャン］；(外国へ) emigration［エミグレイシャン］；(外国から) immigration［イミグレイシャン］

移住する
(外国へ) emigrate［エミグレイト］；
(外国から) immigrate［イミグレイト］

いしょう【衣装】 clothes［クろウズ］；(ある集団に特有の服装) (a) costume［カステューム］

・いじょう[1]【以上】

❶〚数量·程度が〛**more than ..., over ...; above ...**
❷〚上記のこと〛**the above**
❸〚…するからには〛**since, once**

❶〚数量·程度が〛(…より上) **more than ...**［モーア　ざン］(対義語「以下」less than), **over ...**［オウヴァ］(対義語「以下」under)；(程度が) above ...［アバヴ］

▸ビルは3日以上も学校を休んでいる.
Bill has been absent from school more than [**over**] three days.

▸平均以上　**above** (the) average

これ以上…ない not ... any longer, no longer

▸もうこれ以上待てない.
I **can't** wait **any longer**.

<比較> more than と over

more than ten, over ten は厳密には「11以上」の意味. 日本語の「10以上」を正確に言うと ten and more や over nine のようになります.

❷〚上記のこと〛the above

▸以上を参照のこと.
Refer to [See] **the above**.

▸**以上**(→それですべて)**です**.
That's all.

❸〚…するからには〛
since［スィンス］, **once**［ワンス］

▸一度やると言った以上, 最後までやりとおせ.　**Once** you have said you will do something, you should do it.

いじょう[2]【異常な】 (ふつうでない) unusual［アニュージュアる］；(正常でない) abnormal［あブノームる］

▸異常気象
abnormal [**unusual**] weather

異常に unusually

▸6月にしては異常に暑い.
It's **unusually** hot for June.

いじょう[3]【異状】 something wrong《with ...》［ローング］, trouble［トゥラブる］

▸エンジンに異状がある.
There's **something wrong with** the engine.

いしょく【移植】
transplant［トゥラぁンスプらぁント］

▸臓器移植　an organ **transplant**

移植する
transplant［トゥラぁンスプらぁント］

いじる (もてあそぶ) play with ..., fiddle with ...

いじわる【意地悪な】
nasty［ナぁスティ］, mean［ミーン］

いじん【偉人】
a great man [woman, person]

⁑いす a **chair**［チェア］；(背やひじかけのない) a stool［ストゥーる］；

い

(長い) a sofa [ソウふァ], a bench [ベンチ]
▸どうぞいすにおかけください.
Please sit down on [in] a **chair**.
(♦ひじかけいすのようにゆったりとしたいすの場合, in を用いることが多い)
▸いすから立ち上がらないでください.
Please don't get up [rise] from your **chair**.
●いすのいろいろ

①ソファー sofa ②スツール stool ③ひじかけいす armchair ④ロッキングチェア rocking chair ⑤デッキチェア deck chair ⑥折りたたみいす folding chair

いずみ【泉】 a spring [スプリング]; (人工の) a fountain [ふァウンテン]

イスラム
イスラム教 Islam [イズらーム]
イスラム教徒 a Muslim [マズりム]; (集合的に) Islam

いせい【異性】 the opposite sex [アポズィット セックス], the other sex

いせき1【遺跡】 ruins [ルーインズ], remains [リメインズ]
▸トロイの遺跡 the **remains** of Troy

いせき2【移籍する】 transfer [トゥラぁンスふァ～]

いぜん1【以前】 ago [アゴウ], before [ビふォーア]; (かつて) **once** [ワンス]
➡まえ
▸ずっと以前に彼はそこに住んでいた.
He lived there a long time **ago**.
▸わたしは以前にカナダへ行ったことがある. I've been to Canada **before**.
▸彼女は以前, ロンドンに住んでいた.
She **once** lived in London.

> くらべよう **ago と before**
> **ago** は時間を表す語(two years, long など)とともに, 過去の文で用います. これに対し **before** は漠然(ばくぜん)と「以前に」を表し, 過去・完了どちらの文にも用いることができます.

いぜん2【依然として】 still [スティる]

いそがしい【忙しい】
busy [ビズィ] (対義語「暇(ひま)な」free)
▸わたしのおばは忙しい人だ.
My aunt is a **busy** woman.
▸みんな忙しそうだ.
Everybody looks **busy**.
…するのに忙しい《busy +～ing》
▸作文を書き上げるのに忙しい. I'm **busy writing** the composition.
…で忙しい《busy with +名詞》
▸母は仕事で忙しい.
My mother is **busy with** work.
忙しく busily

いそぐ【急ぐ】 hurry [ハ～リ]
▸急ごう. 暗くなってきた.
Let's **hurry**. It's getting dark.
▸急がないと店が閉まってしまいます.
Hurry up, or the store will be closed.
▸フレッドは急いで家に帰った.
Fred **hurried** home.
急ぎ hurry, haste [ヘイスト]
ことわざ 急がば回れ **Haste makes waste.** (♦「あわてるとむだが生まれる」という表現)
急ぎの hasty [ヘイスティ]
急いで in a hurry
▸何をそんなに急いでるの.
Why are you **in** such **a hurry**?

イソップ Aesop [イーサップ]
イソップ物語 Aesop's Fables

いぞん【依存する】 rely《on ...》[リらイ], depend《on ...》[ディペンド]

いた【板】 a board [ボード]; (金属の) a plate [プれイト]

いたい【痛い】 painful [ペインふる]; (はれ・熱などによる) sore [ソーア]; (間投詞的に) Ouch! [アウチ] ➡いたむ1
▸骨折は痛い.
Breaking a bone is **painful**.
▸体中が痛い. I'm **sore** all over.
▸おなかが痛い. (→腹痛がある) I have a stomachache. /
(→痛む) My stomach aches [hurts].
▸その質問は痛いところを突いている.
That question **hits close to home**.

参考 「痛い」の言い方

歯が痛い. I have a toothache.
のどが痛い. I have a sore throat.
頭が痛い. I have a headache.
背中が痛い. I have a pain in my back. / I have back pain.

いだい【偉大な】 great［グレイト］
▸偉大な人物 a **great** person

いだく【抱く】
have*［ハぁヴ］, hold*［ホウるド］ ➡もつ

いたずら mischief［ミスチふ］;
（害の少ない）a trick［トゥリック］
いたずらな mischievous［ミスチヴァス］;
（わんぱくな）naughty［ノーティ］
いたずらをする
do* mischief, play a trick《on ...》
▸亮はよくわたしたちにいたずらをする.
Ryo often **plays tricks on** us.
いたずら電話 a prank call

いただきます

参考 *Itadakimasu*

英語には食事を始めるときの決まり文句はなく，アメリカではふつう，主人が簡単なお祈(いの)りをするか，“Let's eat.”とだけ言います. それだけではしっくりこなければ“Itadakimasu.”と言えばよいでしょう. 意味をたずねられたら“It means ‘Thank you for the food I am going to eat.’ Japanese people say it before meals.”(「この食事に感謝します」という意味で，日本人は食事の前に言う)などと説明するとよいでしょう.

***いただく**（◆敬語「いただく」を直接表す語はなく，動詞だけで表すことが多い）
❶『もらう』**have***［ハぁヴ］, **get***［ゲット］
➡もらう
▸あなたの写真を 1 枚いただけますか？
May I **have** a photo of you?
▸これをいただきます. いくらですか？
I'll **take** this. How much is it?
▸野村さんから手紙をいただきました.
I **got** a letter from Mr. Nomura.
❷『食べる，飲む』**have***, **eat***
▸お茶をもう 1 杯(ぱい)いただけますか？
May I **have** another cup of tea?

ダイアログ **断る**
A: お代わりをいかがですか？
Would you like another helping?
B: いえ，けっこうです. もう十分いただきました.
No, thank you. I've **had** enough.

…**していただく**（◆would などの助動詞を用いて表すが，動詞だけで済ませる場合も多い）➡もらう

ダイアログ **依頼する**
A: 窓を開けていただけますか？
Would you open the window?
B: ええ，いいですよ. Sure.

▸後でお電話をいただきたいのですが.
I'd like you to call me later.

イタチ〘動物〙a weasel［ウィーズる］

いたばさみ【板ばさみ】
a dilemma［ディれマ］

いたまえ【板前】
a cook (in a Japanese restaurant)

いたみ【痛み】 a pain［ペイン］
▸激(はげ)しい痛み a severe **pain**
▸鋭(するど)い痛み a sharp **pain**
▸痛みはありますか？
Do you feel any **pain**?
▸痛みが止まった.
The **pain** went away [is gone].
痛み止め(の薬) a painkiller

いたむ¹【痛む】
hurt*［ハ～ト］, ache［エイク］ ➡いたい

ダイアログ **質問する・説明する**
A: 痛みますか？ Does it **hurt?**
B: ええ，ひどく痛みます.
Yes, it **hurts** badly.

▸歯が痛む. My tooth **aches**.

いたむ²【傷む】
(食物が) go* bad, spoil* [スポイる];
(物が) be* damaged [ダぁメッヂド]
▸この魚は**傷んでしまった**.
This fish has **gone bad**.
▸その品物は**傷んでいた**.
The goods **were damaged**.

いためる¹【痛める】
hurt* [ハ~ト], injure [インヂャ]
▸うちのピッチャーが肩(かた)**を痛めた**.
Our pitcher **hurt** [**injured**] his shoulder.

いためる²【炒める】 fry [ふライ]
▸ベーコンをかりかりになるまで**いためて**. **Fry** the bacon until it's crisp.

イタリア Italy [イタり]
イタリア(人)の Italian [イタぁりャン]
イタリア語 Italian
イタリア人 an Italian

いたるところ【いたる所】
everywhere [エヴリ(ホ)ウェア]
▸この昆虫(こんちゅう)は日本じゅう**いたる所で**見られる. This insect is found **everywhere** in Japan.

いたわる (優(やさ)しくする)
be* kind to ... [カインド];
(世話をする) care for ... [ケア], take* good care of ...
▸お母さんを**いたわってあげて**.
Be kind to your mother.

⁑いち¹【一】
❶〚数〛**one** [ワン]
▸1足す2は3 (1＋2＝3).
One and two makes [is] three. / **One** plus two equals [is] three.
❷〚最初, 第一〛
the first [ふァ~スト] (♦1st. と略す);
(始まり) the beginning [ビギニンヶ]
▸1日目に on **the first** day
▸もう一度, 一からやり直しなさい.
Start again from **the beginning**.
❸〚最も〛《(the ＋)最上級》➡**いちばん**
▸純はクラス一の人気者だ.
Jun is **the most** popular (person) in our class.

⁑いち²【位置】 a **position** [ポズィシャン], a place [プれイス]
▸プリンターの**位置**を変えよう.
Let's change the **position** of the printer.
▸きみの守備**位置**は?
Which **position** do you play?
▸**位置について**, ヨーイ, ドン!
Ready, set, go! / **On your mark**, get set, go!

いち³【市】 a market [マーケット];
(ときどき開かれる) a fair [ふェア]
▸のみの市 a flea **market**
(♦free ではないことに注意)

いちい【一位】 first place
➡**いっとう**, **いちばん**

いちいち
▸やることにいちいち(→何でも)口を出さないでください. Don't meddle in everything I do. (♦meddle は「干渉(かんしょう)する, おせっかいを焼く」の意味)

いちいん【一員】 a member [メンバ]
▸きみは社会の**一員**だ.
You are **a member** of society.

いちおう【一応】
▸あなたの自転車, 直しましたよ. これでいちおう(→当分は)だいじょうぶでしょう. I've fixed your bicycle. It'll be all right for the time being.

いちおし【一押し】
the top recommendation
[タップ レコメンデイシャン]

⁑いちがつ【一月】
January [ヂぁニュエリ] (♦Jan. と略す)
▸1月上旬(じょうじゅん)に
early in [in early] **January**
▸1月下旬に
late in [in late] **January**
▸1月にスキーに行くつもりだ.
We're going skiing in **January**.
▸2人の結婚(けっこん)式は1月15日に行われる. Their wedding will be held on **January** 15.
(♦January the fifteenth と読むが, the が省略されることも多い)

ルール 「…月に」の言い方

「…月に」と言うときは *in* January のように **in** を使いますが，「…月…日に」と日付を加えるときには *on* January 15 のように **on** を使います.

いちがん【一丸となる】

(1つになる) unite [ユ(ー)ナイト]

▸クラスが合唱大会で優勝するために**一丸となった**. Our class **united** to win the chorus contest.

イチゴ

〘植物〙 a strawberry [ストゥローベリ]

▸イチゴジャム **strawberry** jam

▸イチゴ狩(が)りに行く
go picking **strawberries**

ˋいちじ¹【一時】

❶〘時計で〙 **one o'clock** [オクラック]

▸1時にサッカーの試合が始まる.
The soccer game will start at **one (o'clock)**.

❷〘かつて〙 **once** [ワンス]

▸わたしは一時ロンドンに住んでいた.
I **once** lived in London.

❸〘しばらく〙 for a time [タイム],
for a while [(ホ)ワイる]

▸地震(じしん)のため列車が一時ストップした.
The trains stopped **for a time [while]** because of the earthquake.

一時的な temporary [テンポレリ]

▸一時的な流行 a **temporary** trend

一時停止 〘掲示〙 Stop

▶「一時停止」の標識. 4-WAYは，十字路のどちらから来てもこの標識があるという意味.

いちじ²【一次】

(最初の) first

▸第一次世界大戦
the **First** World War / World War I (♦ I は one と読む)

一次試験 a preliminary examination

一次方程式 a linear equation

一次予選 the first preliminary

イチジク 〘植物〙

(果実) a fig [ふィッグ]; (木) a fig tree

いちじるしい【著しい】

(目立った) remarkable [リマーカブる]

著しく remarkably

▸健人の成績は**著しく**伸(の)びた.
Kento's grades have improved **remarkably**.

ˋいちど【一度】

❶〘1回〙 **once** [ワンス]

▸きみの妹には**1度**会ったことがある.
I've met [seen] your sister **once**.

▸わたしは年に**1度**旅行をする.
I go on a trip **once** a year.

▸もう一度やってごらん.
Try it **once** again [more].

▸(聞こえず)**もう一度言ってください**.
Pardon? (↗) / **I beg your pardon?** (↗) / **Excuse me?** (↗)
(♦どれも上げ調子で言う)

参考 「もう一度言って」の表現

相手の言うことがよく聞こえなくて「もう一度言ってください」と言う場合は，**Pardon?** (↗) または **I beg your pardon?** (↗) を用います. **Once more.** (もう一度)は命令口調，**What?** (えっ，何？)はぞんざいな口調になるので注意が必要です. また, Repeat. は先生が生徒に例文などを繰(く)り返すように言う表現です.

一度も…ない 《**have never** ＋過去分詞》

▸わたしは**一度も**外国へ行ったことが**ない**. **I've never been** abroad.

❷〘一時に〙 at a time [タイム];
〘同時に〙 at one time, (all) at once

▸**一度に**全部やろうと思っても無理だよ.
You can't do everything **at a [one] time**.

▸オランダでは，4月下旬(げじゅん)になるとチューリップが**一度に**咲(さ)き出す.
In the Netherlands, tulips bloom **all at once** at the end of April.

ˋいちにち【一日】

a day [デイ];
(終日) all day (long)

▸1日か2日で in **a day** or two

▸彼は**1日に**2回しか食事をしない.
He only has two meals **a day**.

▸わたしは**1日**おきに図書館へ行く. I go to the library every other **day**.

▸きのうは**1日じゅう**寝(ね)ていた. I was in bed **all day (long)** yesterday.

い

いちにん【一任する】
leave* 《to ...》[リーヴ]
▸その件は伊藤さんに一任しましょう. Let's **leave** that **to** Ms. Ito.

いちにんまえ【一人前】
(食べ物の1盛り) a helping [へるピング]
一人前の(成人した) grown-up [グロウンアップ]; (技術・能力が) completely trained [トゥレインド]
一人前になる(成年になる) come* of age [エイヂ]; (おとなになる) grow* up

:いちねん【一年】
❶『期間』**a year** [イア], **one year**
▸アメリカに来てから**1年**がたった. A [**One**] **year** has passed since I came to America.
▸わたしは**1年**に1度, 北海道の祖父の家へ行く. I go to my grandfather's home in Hokkaido once **a year.**
▸**1年**じゅう all (the) **year** round
▸**1年**おきに every other **year**
❷『学年の』(小学) the first grade [グレイド]; (中学) the seventh grade, the first year (of junior high school) ➡**がくねん**
▸わたしは**1年**3組です. I'm in the 3rd Class of **the first year**. / I'm in **the first year**, Class 3.
一年生(小学) a first-year pupil, 〖米〗 a first grader; (中学) a first-year student, 〖米〗 a seventh grader; (高校) a tenth grader, 〖米〗 a freshman (複数 freshmen; 女子にも用いる); (大学) a freshman
▸由美は中学**1年生**です. Yumi is in **the first year** of junior high school. / Yumi is in **the seventh grade**. / Yumi is a **seventh grader**.

いちば【市場】 a market [マーケット]

:いちばん【一番】
❶『順番が』**first place** [ふァ〜スト プれイス], the best
▸彼女はピアノコンテストで**1番**になった. She took **first place** in the piano contest.
▸数学では香織がクラスで**1番**だ. Kaori is **the best** in our class at math.
1番の the first
▸『イエスタデイ』の**1番の**歌詞を知ってる? Do you know **the first** verse of "Yesterday"?
▸1番線 Platform [Track] No. 1 (♦No. 1はnumber oneと読む)
❷『最も』《**the** +形容詞の最上級》《(**the** +)副詞の最上級》
▸翔はクラスで**いちばん**足が速い. Sho **is the fastest** runner [runs **(the) fastest**] in our class.
▸ここがロンドンで**いちばんおもしろい**場所だ. This is **the most interesting** place in London.
▸どんな食べ物が**いちばん**好きですか? What food do you like **(the) best**?

> **ルール 「いちばん…」の表し方**
> 《the +形容詞の最上級》または《(the +)副詞の最上級》を用います. 最上級は, 原則として fast のように1音節の語の場合は語尾に -est をつけ, in·ter·est·ing のように2音節以上の場合は, その語の前に (the) most をつけます.

いちぶ【一部】
❶『ある部分』(a) part [パート] (対義語「全部」whole), some [サム]
▸現在では多くの英単語が日本語の**一部**になっている. A lot of English words are **part** of Japanese today.
▸**一部**の生徒がまだ来ていない. **Some** students have not come yet. (♦「何人かの生徒」の意味ではない)
❷『本などの1冊』a copy [カピ]
▸このパンフレットを**1部**ちょうだい. Give me **a copy** of this brochure.

いちまい【一枚】 one [ワン]; (紙など) a sheet [シート], a piece [ピース]; (パンなど) a slice [スライス] ➡**-まい**
▸**1枚**の紙 **a sheet** [**piece**] of paper
▸トースト**1枚** **a slice** of toast

いちめん【一面に】 all over
▸その辺り**一面に**美しい花が咲(さ)いていた. There were beautiful flowers **all over** the place.

いちやづけ【一夜漬け】 (知識の詰(つ)めこみ) (overnight) cramming [クラぁミング]
一夜漬けする cram [クラぁム]

イチョウ 〖植物〗 a ginkgo [ギンコウ], a gingko (複数 ginkgoes, gingkoes)

いちらんひょう【一覧表】 a list

いちりゅう【一流の】
first-class［ふァ～ストクらぁス］
▸一流の選手　a **first-class** player
▸一流ホテル　a **first-class** [five-star] hotel（♦five-star はホテルなどの格が最上級であることを表す）

いちりんしゃ【一輪車】
a monocycle［マノサイクル］,
a unicycle［ユーニサイクる］

いちるい【一塁】〖野球〗first base
一塁手 a first baseman

:いつ **when**［(ホ)ウェン］;
（何時）what time
➡**いつでも，いつのまにか，いつまで**
▸あなたの誕生日は**いつ**ですか？
When is your birthday?

ダイアログ　質問する
*A:*いつ日本に来たの？
When did you come to Japan?
*B:*先月だよ.　Last month.

ダイアログ　質問する
*A:*今度は**いつ**集まりましょうか？
When shall we meet again?
*B:*そうですね，　あなたは**いつ**がいいですか？　Well, **when**'s [what's] a good day for you?

▸絵美が**いつ**戻(もど)ってくるか知ってますか？　Do you know **when** Emi will come back?（♦when 以下が目的語になるときは，《when ＋主語＋(助動詞＋)動詞 ...》の語順になる）
▸**いつ**おうかがいしましょうか？
What time shall I visit you?

˙いつか¹（未来の）**someday**;
（過去の）**once**［ワンス］,
before［ビふォーア］
▸**いつか**また会える日を楽しみにしています.　I'm looking forward to seeing you again **someday**.
▸**いつか**彼に会ったことがある.
I've met him **before**.

ルール　**未来と過去の「いつか」**
未来の「いつか」は **someday** を，過去の「いつか」は **once**，**before** を使います. なお，someday は **some day** ともつづります.

いつか²【五日】（日数）five days;
（暦(こよみ)の）(the) fifth［ふィふす］
▸5月5日
May **5**（♦May (the) fifth と読む）

いっか【一家】 one's family
▸あすは一家そろって食事に出かける.
All **my family** will go out for dinner tomorrow.
▸林さん一家
the Hayashis（♦「…さん一家」は the をつけて名前を複数形にする）

いっかい¹【一階】〖米〗the first floor,〖英〗the ground floor ➡**-かい²**

いっかい²【一回】 once ➡**いちど**

いっきに【一気に】
（休まずに）at a sitting;
（ひと飲みに）in one gulp［ガるプ］
▸5 通の手紙を一気に書く
write five letters **at a sitting**
▸レース後彼はコップの冷水を一気に飲んだ.　After the race he drank a glass of cold water **in one gulp**.

いっけん【一見して】
（ひと目見て）at a glance

いっこ【一個】 one［ワン］
▸**1** 個もらうよ.　I'll take **one**.
▸あめ 1 個　a piece of candy
（♦数えられない名詞には a ... of を使う. ... はその名詞によって異なる）

いっこう【一行】 a party［パーティ］
▸森氏一行
Mr. Mori and his **party**

いっさい【一切】
➡**すっかり，すべて，まったく**

いっさくじつ【一昨日】
the day before yesterday

いっさんかたんそ【一酸化炭素】
〖化学〗carbon monoxide
［カーボン モナクサイド］

いっしき【一式】 a set［セット］,
（道具などの）a kit［キット］

いっしゅ【一種】 a kind［カインド］
一種の a kind of ..., a sort of ...
▸ペンギンは鳥の一種だ.　A penguin is [Penguins are] **a kind of** bird.

いっしゅう【一周】（競技用トラック）
a lap［らぁップ］

ダイアログ　質問する
*A:*このトラックは **1** 周どのくらいですか？　How long is **one lap** around this track?

い

B: 1周(→円周が)400メートルです. It's 400 meters around.

一周する go* around
▸皇居を一周する
go around the Imperial Palace

いっしゅうかん【一週間】 a week [ウィーク]; (1週間の間) for a week
▸**1週間に**4時間, 英語の授業がある. We have four hours of English classes [lessons] **a week**.
▸里美はパリに**1週間**いた. Satomi stayed in Paris **for a week**.
▸**1週間**おきに every other **week**
▸**1週間**ごとに every **week** / weekly

いっしゅん【一瞬】 a moment [モウメント]; an instant [インスタント]
(♦後者のほうが短時間の意味が強い)
▸男は**一瞬**, 立ち止まった.
The man stopped for **an instant**.

いっしょ【一緒】

❶〖ともに〗(**all**) **together** [トゥゲざ]; 〖…とともに〗**with ...** [ウィず]
▸みんなで**いっしょに**テニスをしない? Why don't we (**all**) play tennis **together**?
▸友達**といっしょに**金沢を旅行した. I traveled in Kanazawa **with** my friends.

ダイアログ 誘う
A: いっしょに映画に行かない? Will you go to a movie **with** me?
B: 何の映画? What movie?

❷〖同時に〗at the same time ➡どうじ
❸〖同じ〗same《as ...》[セイム]
▸わたしの帽子(ぼうし)はあなたの**といっしょ**だ. My cap is the **same as** yours.

いっしょう【一生】 (a) life [らイふ]
▸彼は幸福な**一生**を送った.
He lived a happy **life**.
一生ずっと all one's life

いっしょうけんめい【一生懸命】 hard [ハード]
▸これからは**一生懸命**勉強しよう.
I will study **hard** from now on.
▸**一生懸命**(→できるだけ速く)走った.
I ran as fast as I could.

いっせい【一斉に】
(同時に) at once, all together; (声をそろえて) in unison [ユーニスン]
▸みんな**いっせいに**立ち上がった.
Everybody stood up **at once**.
▸みんなが**いっせいに**「がんばれ」と叫(さけ)んだ. Everybody shouted, "Come on!" **in unison**.

いっせきにちょう【一石二鳥】
ことわざ **Kill two birds with one stone.** (♦英語のことわざが日本語のことわざとして定着したもの)

いっそ ➡むしろ

いっそう【一層】 (♦形容詞や副詞の比較級を用いて表す) ➡ますます
▸2月になると**いっそう寒く**なる.
It gets **colder** in February.
▸わたしたちはお金を節約するために**いっそう**努力すべきだ.
We should make **greater** efforts to save money.

いっそく【一足】 a pair [ペア]
▸靴下(くつした)**1足** **a pair** of socks

いったい on earth [ア~す]
▸**いったい**何があったの?
What **on earth** happened?

いったん (ひとたび) once [ワンス]
▸彼は**いったん**何かを始めたら止められません. **Once** he starts something, nobody can stop him.

いっち【一致する】
(意見が) agree《with ...》[アグリー]
▸ブライアン**と**意見が**一致した**.
I **agreed with** Brian.
▸**満場一致で**
by (a) unanimous vote

いっちゃく【一着】 (競争の)
(the) first place ➡いっとう, -ちゃく
▸一着でフィニッシュする
win **first place**

いっちょういったん【一長一短】
merits and demerits,
advantages and disadvantages

いっちょくせん【一直線】
a straight line
一直線に straight [ストゥレイト]

いつつ【五つ】
(数) five [ふァイヴ] ➡ご[1];
(年齢(ねんれい)) five (years old) ➡ -さい[1]

いってい【一定の】
(定まった) fixed [ふィクスト];
(不変の) constant [カンスタント]

いってきます【行ってきます】

参考 「行ってきます」の言い方

英語には出かけるときの決まり文句はなく，**See you later.**（またね）/ **I'm leaving.**（出かけるよ）/ **I'll come home early.**（早く帰るよ）などと言います. ➡**いってらっしゃい**

ˋいつでも

（常に）**always**［オーるウェイズ］ ➡**いつも**;
（好きなときに）(at) any time, anytime
▸いつでも力になるよ.
I'm **always** ready to help.

ダイアログ **委ねる**
A: 何時に電話しましょうか？
What time should I call you?
B: いつでもどうぞ.
(At) any time (you want).

いってらっしゃい【行ってらっしゃい】

参考 「行ってらっしゃい」の言い方

英語には出かける人に対する決まり文句はなく，ふつう **Take care.** / **Be careful.**（気をつけて）や **See you later.**（後でね）などと言います. 楽しいことで出かける人には **Have a good day.** / **Have a nice time.**（楽しんできてね）などと言い，学校に行く子供には **Be good.** / **Behave yourself.**（いい子にしていなさい）などと言います. ➡**いってきます**

いっとう【一等】

（競争などの）(the) first place［プれイス］;
（乗り物などの）(the) first class ➡ **-とう**[1]
▸マラソンで **1** 等になった. I won **first place** in the marathon.
一等賞 (the) first prize

いつのまにか【いつの間にか】

▸**いつのまにか**(→気がつく前に)外は暗くなっていた. **Before I knew it**, it was dark outside.

ˋいっぱい【一杯】

❶［容器 1 つの量］**a cup of ...; a glass of ...**
❷［満ちあふれた］**be full** ⟪of ...⟫, **be filled** ⟪with ...⟫;
❸［たくさんの］**a lot of ...**
❹［ぎりぎりまで］**until the end** ⟪of ...⟫

❶［容器 1 つの量］（カップに）**a cup of ...**［カップ］;（コップに）**a glass of ...**［グらぁス］ ➡ **-はい**
▸水を **1** 杯ください.
A glass of water, please.

❷［満ちあふれた］**be* full** ⟪of ...⟫, **be filled** ⟪with ...⟫ ;
［たくさんの］**a lot of ...** ➡**たくさん**
▸劇場は人でいっぱいだった.
The theater **was full of** people.
▸もうおなかいっぱいだ.
I'm full now. /（→じゅうぶん食べた）I've had enough.
▸サラは目に涙(なみだ)をいっぱい浮(う)かべていた. Sarah's eyes **were filled with** tears.

❸［ぎりぎりまで］until the end ⟪of ...⟫
▸わたしは今月いっぱい日本にいる.
I'm going to stay in Japan **until the end of** this month.

いっぱん【一般の】

（全体的な）general［ヂェネラる］
▸世間一般の人々　the **general** public
一般(的)に generally, in general
▸一般に子供はカレーライスが好きだ.
Generally [**In general**], children like curry and rice.

いっぺん【一遍】

once［ワンス］ ➡**いちど**
いっぺんに at a time, at one time

いっぽ【一歩】

a step ➡**-ほ**
▸**1** 歩前へ.　Take **a step** forward.
▸もう一歩も(→これ以上)歩けない.
I cannot walk any more.
一歩一歩 step by step

いっぽう【一方】

❶［片方］one［ワン］;
［もう一方］the other［アざ］;
［片側］one side［サイド］
▸わたしは 2 冊の本を買った. **一方**は小説で，もう一方は漫画(まんが)本だ.
I bought two books. **One** is a

novel and **the other** is a comic.
▸その塔(とう)は一方に傾(かたむ)いている.
The tower leans to **one side.**
❷〖一方では〗on the other hand（♦on one hand「一方では」に対する「他方では」が文字通りの意味), while［(ホ)ワイる］
▸父は肉が好き，一方母は魚が好きだ.
My father likes meat, **while** my mother likes fish.
一方通行〖掲示〗One Way

▲「一方通行」の標識

いっぽん【一本】 one［ワン］;
（びん）a bottle［バトゥる］➡**ほん**
▸**1本の**桜(さくら)の木 **a**［**one**］cherry tree

いつまで（どのくらいの間）**how long**

ダイアログ　質問する
A:ジョン，**いつまで**日本にいるの？
How long are you going to stay in Japan, John?
B:来年の夏までです.
Until next summer.

いつまでも forever［ふォエヴァ］
▸**いつまでも**きみといっしょにいたい.
I want to be with you **forever**.

いつも（常に）**always**［オーるウェイズ］;
（たいてい）**usually**［ユージュアり］

ダイアログ　ほめる
A:きみは**いつも**元気がいいね.
You're **always** cheerful.
B:それがとりえです.
That's my good point.

▸日曜日は**いつも**何をしてるの？ What do you **usually** do on Sunday(s)?
いつもの usual
▸**いつもの**所で待ってますよ. I'll wait for you at the **usual** place.
いつものように as usual
▸けさは**いつものように**6時に目が覚めた. I woke up at six **as usual** this morning.
いつもより than usual
▸きょうは**いつもより**早く帰宅した.
I came home earlier **than usual** today.
いつも…ない never
▸明は**いつも**朝ご飯を食べ**ない**.
Akira **never** eats breakfast.（♦never は副詞なので eats と s がつく）
いつも…とはかぎらない not always
▸彼らが**いつも**正しい**とはかぎらない**.
They are**n't always** right.

ルール **always, usually の位置**
ふつう，be 動詞，助動詞があればその直後に，一般動詞だけならその前に置きます.

いつわり【偽り】 a lie［らイ］➡**うそ**
偽りの false［ふォーるス］
偽る lie, tell* a lie

イディオム（慣用句・成句・熟語）
an idiom［イディオム］

いてざ【いて座】
Sagittarius［サぁヂテリアス］,
the Archer［アーチャ］➡**じゅうに**

いてん【移転する】 move［ムーヴ］

いでん【遺伝】 heredity［ヘレディティ］,
an inheritance［インヘリタンス］
遺伝する inherit［インヘリット］
遺伝子 a gene［ヂーン］
遺伝子組み換え食品
genetically modified food
遺伝子工学 genetic engineering
遺伝子治療(ちりょう) gene therapy

いと[1]【糸】（縫(ぬ)い糸）(a) thread［すレッド］;（釣(つ)り糸）a line［らイン］

いと[2]【意図】 (an) intention［インテンシャン］➡**いし[2]**

いど[1]【緯度】 latitude［らぁティテュード］
（対義語「経度」longitude)（♦lat. と略す.「北緯」は the north latitude,「南緯」は the south latitude と言う）

いど[2]【井戸】 a well［ウェる］

いどう【移動する】
move［ムーヴ］➡**うごかす，うごく**
移動教室 a field trip

いとこ a cousin［カズン］
（♦男女両方に用いる）
▸またいとこ a second **cousin**

-いない【…以内】
within …［ウィずイン］
▸1時間以内に戻(もど)ります.

I'll be back **within** an hour.
(♦in an hour だと「1時間で」「1時間たったら」の意味になる)

いなか

❶〘都会に対して〙(the) **country**
(対義語「都会」a city)
▸いなかの生活 **country** life
▸わたしのおじは和歌山県のいなかに住んでいる. My uncle lives in **the country** in Wakayama.

❷〘故郷〙one's **home** [ホウム], one's hometown [ホウムタウン]
▸わたしたちは父のいなかに引っ越(こ)します. We are going to move to my father's **hometown.**

イナゴ 〘昆虫〙a locust [ろウカスト]

いなずま【稲妻】
lightning [らイトニング]
▸夜空に稲妻が光った. **Lightning** flashed in the night sky.

いなびかり【稲光】
lightning [らイトニング] ➡**いなずま**

イニシャル initials [イニシャるズ]
(♦複数形になることに注意)
▸わたしのイニシャルは M.A. だ.
My **initials** are M.A.

イニング 〘野球〙an inning ➡**-かい**[1]

いぬ【犬】〘動物〙a **dog** [ドーグ]
(♦「子犬」は puppy と言う)
▸犬を飼(か)う have [keep] a **dog**
▸わたしは毎日, 犬を散歩させる.
I walk our **dog** every day.
(♦walk は「…を散歩させる」の意味)
犬かき (the) dog paddle
犬小屋 a doghouse, a kennel [ケヌる]

イヌイット an Inuit
[イヌーイット] (複数 Inuit, Inuits)
(♦北米北部・シベリアなどに住む民族)

イネ【稲】〘植物〙rice [ライス]
稲刈(か)り rice harvesting

いねむり【居眠り】 a doze [ドウズ]
居眠りする doze (off)

いのこり【居残りする】
(放課後に) stay after school
▸彼は居残って教室の掃除(そうじ)をした.
He **stayed after school** to clean the classroom.

イノシシ 〘動物〙a wild boar [ボーア]

いのち【命】 (a) life [らイふ]
(複数 lives)
▸亮はその男の子の命を救った.
Ryo saved the boy's **life**.
▸その事故で多くの人が命を失った.
Many people lost their **lives** [were killed] in the accident.
▸彼らは命がけで戦った.
They fought for their **lives**.
▸今は野球に命をかけているんだ(→野球のために生きている).
I'm living for baseball now.

いのり【祈り】
(神仏への) (a) prayer [プレア];
(食前・食後の) (a) grace [グレイス]
▸神に祈りをささげる
say [offer] a **prayer** to God
▸(食前・食後に)お祈りをしましょう.
Let's say **grace**.

いのる【祈る】 pray 《to ...》 [プレイ];
(願う) wish [ウィッシ]
▸わたしは神様に祈った.
I **prayed to** God.
(人)の…を祈る《**wish** +人 ...》
▸ご幸運を祈ります.
I **wish** you good luck. / Good luck to you! (♦後者はくだけた言い方)

いばる be* proud 《of ...》 [プラウド]
▸ヒットを打ったからって, そういばるな.
Don't **be** so **proud** just because you got a hit.

いはん【違反】 (規則に対する)
(a) violation [ヴァイオれイシャン]
▸交通違反 a traffic **violation**
違反する violate [ヴァイオれイト], break*

いびき a snore [スノーア]
いびきをかく snore

イブ (祝祭日の前夜・前日) eve [イーヴ]
▸クリスマスイブ Christmas **Eve**

いふく【衣服】 clothes [クろウズ] (♦常に複数形で用いる; 帽子(ぼうし)や靴(くつ)など, 身につける物すべてをふくむ)

イベント an event [イヴェント]

いほう【違法の】 illegal [イリーグる]

:いま¹【今】

❶『現在』now, at present
『今日(こんにち)』today
❷『すぐに』at once, right now
❸『ちょうど今』just, just now

❶『現在』**now** [ナウ], **at present** [プレズント]; 『今日』**today** [トゥデイ]
▸わたしは今, ロンドンにいます. I'm in London **now.**
▸今から50年後, 世界はどうなっているだろう? What will the world be like fifty years from **now**?
▸今からでも遅(おそ)くはない. Even **now** it's not too late.
▸今は多くの人がコンピュータを使う. A lot of people use computers **today** [**now**].
今の current [カ～レント], (of) today
▸今の大統領 the **current** President
▸今の若者 the young people **(of) today** / today's young people
今風の (現代的な) modern [マダン]; (流行の) trendy [トゥレンディ]
❷『すぐに』
at once [ワンス], **right now**

ダイアログ 承諾(しょうだく)する
A:ケリー, 部屋を掃除(そうじ)してね. Kelly, please clean the room.
B:今, やるわ. I'll do it **right now** [**at once**].

❸『ちょうど今』
just [ヂャスト], **just now**
▸ジェーンは今, 出かけたところです. Jane has **just** gone out. / Jane went out **just now**. (♦現在完了では just now は用いず, just を用いる)
▸すみません, 今, 忙(いそが)しいのです. I'm sorry, but I'm busy **just now**. (♦今現在の状況を表している)

いま²【居間】a living room

いまいち

▸数学の成績はいまいちだった(→あまりよくなかった). My math grade was not quite good.

いまごろ【今ごろ】(今) (by) now; (同じころ) about this time

▸兄は今ごろ, ニューヨークに着いているだろう. My brother should be in New York **by now**.
▸あすの今ごろ, サムはウィーンにいるだろう. **About this time** tomorrow Sam will be in Vienna.

いまさら【今さら】now [ナウ]

▸今さら後悔(こうかい)してもしようがない. It's too late to regret it **now**.

いまに【今に】

(いつか) someday [サムデイ]; (まもなく) soon [スーン], before long
▸今にきっと後悔(こうかい)するよ. You'll regret it **someday**.

いまにも【今にも】(at) any moment

▸今にも雨が降り出しそうだ. It will begin raining **at any moment**.
今にも…しようとしている
《**be* about to** +動詞の原形》
▸その犬は今にも飛びかかって来ようとしていた. The dog **was about to** attack me.

いまのところ【今のところ】(現在は) at present, now [ナウ]; (さしあたり) for the present; (今までは) so far

▸今のところはすべて申し分ない. Everything is fine **so far**.

いままで【今まで】till now, until now; (かつて) ever [エヴァ]

▸そんなこと, 今まで知らなかった. I didn't know that **until now**.
▸今までその映画を見たことありますか? Have you **ever** seen the movie? (♦ever はふつう疑問文・否定文で使う)

˙いみ【意味】(a) meaning [ミーニング]

意味する mean*; (表す) stand* for ...
▸それどういう意味(→何を言いたい)? What do you **mean** (by that)?
▸わたしはそんな意味で言ったのではない. I didn't **mean** that.
▸赤信号は止まれを意味する. A red light **means** we have to stop.

ダイアログ 説明する
A:e-mail の e ってどういう意味? What's the **meaning** of the "e" in "e-mail"? / What does the "e" in "e-mail" **stand for**?
B:「電子の」という意味だよ. It's "electronic." / It **stands for** "electronic."

▸get という語にはいろいろな意味があ

る. The word "get" has various **meanings**.

意味がある meaningful, significant

意味がない meaningless, pointless

いみん【移民】❶『外国からの』 immigration［イミグレイシャン］; (人) an immigrant［イミグラント］

移民する (外国から) immigrate［イミグレイト］

❷『外国への』 emigration［エミグレイシャン］; (人) an emigrant［エミグラント］

移民する(外国へ) emigrate［エミグレイト］

イメージ an image［イメッヂ］(♦発音注意)

▸イメージチェンジする change one's **image**

イメージアップになる improve one's image

イメージダウンになる damage one's image

イメージトレーニング motor imagery［モウタ イメヂャリ］

イモ〖植物〗(ジャガイモ) a potato［ポテイトウ］(複数 potatoes); (サツマイモ) a sweet potato

いもうと【妹】 a **sister**［スィスタ］; (姉と区別して) a younger sister, a little sister ➡**あね, きょうだい**[1]

▸蓮には妹がいる. Ren has a **sister**.

▸きのう, 妹が生まれた. My baby **sister** was born yesterday.

義理の妹 a sister-in-law［スィスタインろー］(複数 sisters-in-law)

イモムシ〖昆虫〗a smooth caterpillar［スムーず キャタピら］

イモリ〖動物〗a newt［ニュート］

いや[1] no ➡**いいえ**

いや[2]**【嫌な】**(不愉快(ゆかい)な) unpleasant［アンプれズント］, nasty［ナぁスティ］; (むかつく) disgusting［ディスガスティング］; (ひどい) bad*［バぁッド］➡**きらい**

▸いやなにおい <u>an **unpleasant**</u> [a **bad**] smell

▸何かいやなことがあったの? Did anything **bad** happen to you?

▸こんな寒い日に出かけるのはいやだ(→嫌(きら)いだ). I hate going out on such a cold day.

いやになる (うんざりする)《be* <u>**sick**</u> **[tired] of** ＋〜ing / 名詞》

▸ピアノの練習がいやになった. I'm <u>**sick**</u> [**tired**] **of practicing** the piano. (♦sick のほうが意味が強い)

いやいや unwillingly［アンウィりングり］

▸わたしはいやいや歯医者に行った. I went to the dentist's **unwillingly**.

いやがらせ harassment［ハラぁスメント］

▸性的いやがらせ sexual **harassment**

いやがる (嫌(きら)う) don't like, dislike［ディスらイク］; (…する気になれない)《be* unwilling to ＋動詞の原形》

▸この犬は洗ってもらうのをいやがる. This dog **doesn't like** to be washed.

いやくひん【医薬品】 (a) medicine［メディスン］

いやしい【卑しい】(どん欲な) greedy［グリーディ］; (あさましい) mean［ミーン］

▸彼は食べ物にいやしい. He's **greedy** for food.

いやす (人・傷などを) heal［ヒーる］; (病気などを) cure［キュア］

イヤホン an earphone［イアふォウン］(♦ふつう earphones と複数形で用いる)

いやみ【嫌味】(皮肉) sarcasm［サーキャズム］; (不愉快(ふゆかい)なこと) a disagreeable thing

いやらしい dirty［ダ〜ティ］

▸そんないやらしいことを言わないで. Don't say such **dirty** things.

イヤリング an earring［イアリング］

▸彼女はいつもイヤリングをしている. She always wears **earrings**.

いよいよ ❶『ついに』 at last［らぁスト］, finally［ふァイナり］

▸いよいよあしたは決勝戦だ. **At last** the final game is tomorrow.

❷『ますます』《比較級＋ and ＋比較級》

▸雨はいよいよ激(はげ)しくなった. It rained **harder and harder**.

いよく【意欲】(a) will［ウィる］

▸生きる意欲 the **will** to live

意欲的な ambitious［あンビシャス］

いらい【依頼】 a request［リクウェスト］

依頼する request, ask ➡**たのむ**

-いらい【…以来】 since ...［スィンス］➡**-から**

▸あれ以来，明と会っていない．
I haven't seen Akira **since** then.
▸サラ，卒業以来どうしてたの？
How have you been **since** you graduated, Sarah?

いらいら【いらいらする】
be* irritated［イリテイティッド］
▸バスがまだ来ない．**いらいらする**なあ．
The bus hasn't come yet. I'm **irritated**.

イラク Iraq［イラぁク］
イラク(人)の Iraqi［イラぁキ］
イラク人 an Iraqi；(全体)Iraqi people

イラン Iran［イラぁン］
イラン(人)の Iranian［イレイニアン］
イラン人 an Iranian

イラスト an illustration［イらストゥレイシャン］，a picture
▸**イラスト**をかく draw **illustrations**

イラストレーター
an illustrator［イらストゥレイタ］

いらっしゃい（♦状況(じょうきょう)によってさまざまな表現になる）
▸こっちへいらっしゃい(→来なさい)．
Come this way. / Come here.
▸(電話で)森さんはいらっしゃいますか(→森さんと話せますか)？
May I speak to Mr. Mori?
▸(わが家へ)**ようこそいらっしゃいました**．
Welcome to our house [home].
▸(店で)**いらっしゃいませ**．
May I help you? / What can I do for you?（♦店員の決まり文句）

(…しては)いられない
cannot［キぁナット］，can't［キぁント］
▸試験が終わったからといって，のんびりしてはいられないですよ．
You **can't** relax just because you finished the exam.
…**せずにはいられない**
《**cannot help ＋～ing**》
▸先生の冗談(じょうだん)に**笑わずにはいられなかった**．We **couldn't help laughing** at our teacher's joke.

いりぐち【入り口】 an entrance［エントゥランス］(対義語「出口」an exit)
▸映画館の**入り口**で会いましょう．
Let's meet at the **entrance** to [of] the movie theater.

いりょう【医療】 medical care
▸医療費 medical expenses

いりょうひん【衣料品】 clothing［クろウずィング］；(衣服) clothes［クろウズ］
衣料品店 a clothing store

いりょく【威力】(力) power［パウア］
威力のある powerful［パウアふる］

⁑いる¹【居る】

❶『位置する，存在する』There is .... / There are ....; ... is, ... am, ... are
❷『とどまる』stay
❸『もっている』have

❶『位置する，存在する』(不特定の人·動物などが)いる《**There is* .... / There are* ....**》➡ある¹
▸うちの学校には生徒が約500人いる．
There are [We have] about five hundred students in our school.
(**特定の人·動物などが)いる**
《**... is, ... am, ... are**》
▸父は今タイにいる．
My father **is** in Thailand now.

ダイアログ　質問する・説明する
A: そのバケツの中に何がいるの？
What's in the bucket?
B: 魚だよ．　A fish (**is** in the bucket).

❷『とどまる』**stay**［ステイ］
▸ここにいなさい．すぐ戻(もど)るから．
Stay here. I'll be back soon.
❸『もっている』**have***
▸彼氏いる？
Do you **have** a boyfriend?

⁎いる²【要る】

(必要とする) **need**［ニード］，**be* necessary**［ネセセリ］；
(ほしい) **want**［ワント］
▸コンサートへ行くのに少しお金が**いる**．
I **need** some money to go to the concert.
▸外国へ行くには何がいるの？
What do we **need** [What is

necessary] to go to a foreign country?（♦need は「人」を主語とし，be necessary は「物」を主語とする）

いる³【射る】
shoot*［シュート］；（当たる）hit*
▸矢を射る **shoot** an arrow

⁘–(して)いる

❶〖進行中の動作〗
～している（人・もの・動物）
《～ing ＋名詞》《名詞＋～ing ...》
▸飛んでいる鳥 a **flying** bird
▸空を飛んでいる鳥
a bird **flying** in the sky
（人・もの・動物が）～している《be* ＋～ing》

ダイアログ 質問する・説明する
A: ここで何をしているの？
What **are** you **doing** here?
B: 由美を待っているの．
I'm **waiting** for Yumi.

❷〖習慣的動作〗動詞の現在形で表す．
▸毎日，バスで学校へ通っている．
I **go** to school by bus every day.
❸〖状態〗動詞の現在形で表す．
▸ブライアンのことを知っている．
I **know** Brian.
▸わたしはパソコンを持っている．
I **have** a personal computer.
▸わたしは神戸に住んでいる．
I **live** in Kobe.（♦「10年間住んでいる」のように継続(けいぞく)を強調するときは，I **have lived** in Kobe for ten years. と現在完了形を用いる）

ルール「…している」でも現在形
know や **be**，**have**，**live** などの「状態」を表す動詞は，日本語は「…している」でも，進行形ではなく現在形で表すのがふつうです．

いるい【衣類】 clothes［クろウズ］；（身につける物すべて）clothing［クろウずィング］ ➡**いふく**，**いりょうひん**

イルカ〖動物〗a dolphin［ダるふィン］

イルミネーション
illumination［イるーミネイシャン］

いれかえる【入れ替える】（…と～を）change ... for ～，replace ... with ～
➡**こうかん¹**
▸写真を別のと入れ替える
change one photo **for** another

いれかわる【入れ替わる】 change［チェインヂ］，be* replaced［リプれイスト］
➡**こうたい¹**
▸テレビ番組は大部分，入れ替わった．
Most of the TV programs **changed** [**were replaced**].

いれば【入れ歯】 a false tooth［ふォーるス トゥーす］（複数 false teeth）
▸父は入れ歯をしている． My father has [is wearing] **false teeth.**

イレブン（サッカーなど）an eleven

いれもの【入れ物】 a container［コンテイナ］，a case［ケイス］

⁘いれる【入れる】

❶〖外から中に〗**put ... in [into] ～; let in**
❷〖意見などを〗**accept**
〖人を会などに〗**admit**
❸〖数・計算に〗**include**
❹〖飲み物を〗**make**
❺〖スイッチを〗**switch on, turn on**

❶〖外から中に〗（物を）**put* ... in [into] ～**；（人・空気などを）**let* in**
▸牛乳を冷蔵庫に入れておいてね．
Put the milk **in** [**into**] the fridge.
▸お湯はポットに入れた．
I **put** [poured] hot water **into** the thermos.
▸（家や部屋の）中に入れてください．
Please **let** me **in.**
▸少し風を入れようか？
Shall I **let in** some air?
❷〖意見などを〗**accept**［アクセプト］；〖人を会などに〗**admit**［アドミット］
▸よし，きみの意見を入れよう．
OK. I'll **accept** your opinion.
❸〖数・計算に〗**include**［インクるード］
▸消費税を入れて 2,200 円払(はら)った．
I paid two thousand (and) two hundred yen, **including** the consumption tax.
❹〖飲み物を〗**make***［メイク］
▸コーヒーを入れてちょうだい． Will you **make** some coffee for me?
❺〖スイッチを〗switch on, turn on
➡**きる¹**，**スイッチ**

⁘いろ【色】〖米〗(a) **color**［カら］，〖英〗(a) **colour**
▸わたしのいちばん好きな色は赤です．あなたは何色が好きですか？

My favorite **color** is red. What **color** do you like?
▸サラは色が白い.
Sarah has fair skin.
（♦肌(はだ)が「白い」は fair を用いて表す）
色を塗(ぬ)る paint, color ➡**ぬる**
色鉛筆(えんぴつ) a colored pencil
色紙 colored paper

参考 「明るい色」「暗い色」
色のニュアンスは次のような形容詞を用いて表します. 明るい **bright** / 鮮(あざ)やかな **vivid** / 薄(うす)い **light**, **pale** / 暗い **dark** / 濃(こ)い **deep**
（例） *vivid* red（鮮やかな赤）

*いろいろ 【いろいろな】
various ［ヴェアリアス］, **many kinds of ...**; （たくさんの） **a lot of ..., many**
▸この店ではいろいろなおもちゃを売っている. They sell **many kinds of** [**various**] toys at this store.

いわ 【岩】 (a) rock ［ラック］
岩登り rock climbing

いわい 【祝い】 （祝うこと） a celebration ［セれブレイシャン］; （ことば） congratulations ［コングラぁチュれイシャンズ］（♦複数形で用いる）
▸金婚(きんこん)式のお祝い
a golden wedding anniversary **celebration**
▸心からお祝いを申し上げます. I offer you my sincere **congratulations.**
▸誕生日のお祝い（→贈(おく)り物）
a birthday present

いわう 【祝う】 （事がらを） celebrate ［セれブレイト］; （人を） congratulate《on ...》［コングラぁチュれイト］
▸わたしたちはアンの誕生日を祝った.
We **celebrated** Ann's birthday.

イワシ 〘魚類〙 a sardine ［サーディーン］

いわば 【言わば】 so to speak; （ある意味では） in a sense

いわゆる what is called, so called
▸彼はいわゆる人間国宝だ.
He is **what is called** a living national treasure.

-(と)いわれている 【-(と)言われている】《They say* + (that)...》《主語 + be* said + to + 動詞の原形》; （呼ばれている）《主語 + be* called + 名詞》
▸モーツァルトは5歳(さい)で作曲をしたと言われている.
They say that Mozart composed music at the age of five. / Mozart **is said to** have composed music at the age of five.
▸ライオンは百獣(ひゃくじゅう)の王と言われている. The lion **is called** the king of beasts.

いんかん 【印鑑】 a seal ［スィーる］

いんき 【陰気な】 gloomy ［グるーミ］, dark ［ダーク］, blue ［ブるー］, melancholy ［メらンカり］

インク ink ［インク］
▸赤インクで書く write in red **ink**

イングランド
England ［イングらンド］➡**イギリス**
イングランドの English ［イングりッシ］

インコ 〘鳥類〙 a parakeet ［パぁラキート］

インコース （野球の） inside; an inside pitch; （陸上競技の） the inside track

いんさつ 【印刷】
printing ［プリンティング］
印刷する print
印刷所 a printing office
印刷物 printed matter

*いんしょう 【印象】
an **impression** ［インプレシャン］
▸日本の印象はいかがですか？
What are your **impressions** of Japan? / How do you like Japan? / What do you think of Japan?
（♦× How do you think of Japan? とはならないことに注意）
印象をあたえる impress ［インプレス］, make* an impression《on ...》
▸ジョンは面接官によい印象をあたえた.
John **made** a good **impression on** the interviewer.
印象的な impressive
▸グランドキャニオンが特に印象的だった. The Grand Canyon was particularly **impressive**.

いんしょく 【飲食】
eating and drinking（♦語順に注意）
飲食物 food and drink

インスタント instant ［インスタント］
インスタントコーヒー instant coffee
インスタント食品 instant food(s)

インスタントラーメン instant noodles

インストール
installation［インスタれイシャン］
インストールする install［インストーる］
▶パソコンにソフトをインストールする
install software in a PC

インストラクター
an instructor［インストゥラクタ］

インスピレーション
(an) inspiration［インスピレイシャン］
▶突然(とつぜん)インスピレーションがわいた.
I had a sudden **inspiration**.

いんせき【隕石】
a meteorite［ミーティオライト］

いんそつ【引率する】 lead*［リード］
引率者 a leader

インターセプト【インターセプトする】 intercept［インタセプト］

インターチェンジ（高速道路の）
an interchange［インタチェインヂ］

インターネット
the internet［インタネット］; the Net
▶インターネットでアメリカの野球チームについて調べる
look up [check out] American baseball teams on **the internet**

インターホン an intercom［インタカム］, an interphone［インタふォウン］

いんたい【引退する】 retire《from ...》［リタイア］, 〖口語〗quit*［クウィット］
▶その選手は2019年にプロ野球を引退した. That player **retired from** professional baseball in 2019.
引退選手 a retired player

インタビュアー
an interviewer［インタヴューア］

インタビュー
an interview［インタヴュー］
インタビューする interview
▶日本の記者がジャクソン氏にインタビューした. A Japanese reporter had an **interview** with [**interviewed**] Ms. Jackson.

インチ an inch［インチ］（♦1インチは1/12フィートで, 約2.54センチ）

いんちき（さぎ）(a) fraud［ふロード］; cheating［チーティング］;
（にせ物）a fake［ふェイク］

インディアン an Indian
［インディアン］, an American Indian
（♦Indian は「インド人」のことも指すので, 区別するときに American をつける. 最近では Native American と呼ばれることが多く, American Indian よりも好ましい言い方とされる）

インテリア（室内装飾(そうしょく)）interior decoration［インティリア デコレイシャン］
インテリアコーディネーター
an interior (design) coordinator

インド India［インディア］
インド(人)の Indian
インド人 an Indian
インド洋 the Indian Ocean

インドシナはんとう【インドシナ半島】 Indochina［インドウチャイナ］

イントネーション
(an) intonation［イントネイシャン］

イントロ〖口語〗an intro;
an introduction［イントゥロダクシャン］

インナー innerwear［イナウェア］

インフォメーション
information［インふォメイシャン］

インプット〖コンピュータ〗input［インプット］（対義語「アウトプット」output）
インプットする input*

インフルエンザ influenza
［インふるエンザ］, 〖口語〗the flu［ふるー］
▶インフルエンザにかかっている
have **the flu**

インフレ inflation［インふれイシャン］
（対義語「デフレ」deflation）

いんよう【引用する】
quote《from ...》［クウォウト］
▶彼は『イソップ物語』から文を引用した.
He **quoted** texts **from** *Aesop's Fables*.
引用符(ふ) quotation marks
［クウォウテイシャン マークス］

> **ルール quotation marks**
> “ ”と‘ ’の2種類があり, 〖米〗では“ ”を用い, 〖英〗では‘ ’を使います.

引用文 quotation

インラインスケート（スケート靴(ぐつ)）
in-line skates;（インラインスケートをすること）in-line skating

いんりょう【飲料】
a drink［ドゥリンク］
▶清涼(せいりょう)飲料 a soft **drink**
飲料水 drinking water

いんりょく【引力】
gravity［グラぁヴィティ］

う

う ウ

Q「メアリーは歌がうまい」は英語でどう言う？
➡「うまい」を見てみよう！

ウイークエンド
a weekend［ウィーケンド］➡**しゅうまつ**

ウイークデー a weekday［ウィークデイ］（♦ふつう土日を除く平日を指す）

ウイークポイント a weak point

ウイスキー whisk(e)y［(ホ)ウィスキ］

ウイルス a virus［ヴァイラス］；〖コンピュータ〗（コンピュータの）a virus
▸彼のパソコンがウイルスに感染(かんせん)した.
His PC caught a **virus**.

ウインク a wink［ウィンク］
ウインクする wink《at ...》
▸ポールはわたしにウインクした.
Paul **winked at** me.

ウインタースポーツ
winter sports

ウインドー a window［ウィンドウ］

ウインドーショッピング
window-shopping
ウインドーショッピングをする
window-shop

ウインドサーフィン
windsurfing［ウィンドサ〜ふィング］
ウインドサーフィンをする
windsurf［ウィンドサ〜ふ］

ウインドブレーカー
a windbreaker［ウィンドブレイカ］

ウインナー (a) Vienna sausage［ヴィエナ ソーセッヂ］➡**ソーセージ**

ウール wool［ウる］
ウールの wool, woolen［ウるン］
▸ウールのセーター
a **wool**(**en**) sweater

ウーロンちゃ【ウーロン茶】
oolong［ウーろーング］

うーん（考えこんだり，満足したときに出す声）mmm［ンー］, umm［アム］

⁑うえ¹【上，上に，上の】

❶〖表面に〗**on (...)**
❷〖上方に〗**over (...); above (...);**
〖上方へ〗**up (...)**
❸〖頂上，高い所〗**the top**
❹〖年上の〗**older**
❺〖上位の〗**upper, higher**
〖すぐれた〗**better (...)**
❻〖加えて〗**besides**

❶〖表面に〗**on (...)**
▸テーブルの上に花びんを置いて.
Put the vase **on** the table.

❷〖上方に〗（真上に）**over (...)**［オウヴァ］（対義語「下に」under）；（離(はな)れて上方に）**above (...)**［アバヴ］（対義語「下に」below）；〖上方へ〗**up (...)**［アップ］（対義語「下へ」down）
▸その川の上には木の橋がかかっている.
There is a wooden bridge **over** the river.
▸雲の上を飛んでいる飛行機
a plane flying **above** the clouds
▸上を見てごらん. Look **up**.

above the clouds
over the mountain
on the grass

❸〖頂上，高い所〗**the top**［タップ］（対義語「下」the bottom；「ふもと」the foot）
▸山の上の小屋 a cabin on **the top** of the mountain
▸上から４行目の文 the sentence on the fourth line from **the top**

❹〖年上の〗**older**［オウるダ］（対義語「年下の」younger）
▸絵美はわたしより２つ上です. Emi is two years **older** than I [me].

❺〖上位の〗**upper**［アパ］, **higher**［ハイア］（対義語「下位の」lower）；〖すぐれた〗**better**［ベタ］
▸上のクラス
an upper [a **higher**] class
▸テニスではわたしのほうが彼より上だ.
I'm a **better** tennis player [I play tennis **better**] than he [him].

❻『加えて』**besides (...)**［ビサイヅ］
➡**そのうえ**
▸健はジュースを2本飲んだうえに牛乳も飲んだ. **Besides** drinking two bottles of juice, Ken also drank some milk.

うえ² 【飢え】 hunger［ハンガ］, starvation［スターヴェイシャン］
飢えた hungry［ハングリ］
飢える get* hungry, starve［スターヴ］

ウエーター a waiter［ウェイタ］

ウエート（重さ・体重）wait［ウェイト］
ウエートトレーニング weight training
ウエートリフティング weight lifting

ウエートレス
a waitress［ウェイトゥレス］

ウエーブ（髪(かみ)の）a wave［ウェイヴ］;（パフォーマンスの）a wave
▸彼の髪はウエーブがかかっている.
He has a **wave** in his hair.
▸ウエーブをする do the **wave**

うえき【植木】
a garden tree, a garden plant
▸父は毎朝, 植木に水をやる.
My father waters the **garden plants** every morning.
植木鉢(ばち) a flowerpot
植木屋 a gardener

ウエスト a waist［ウェイスト］➡**こし¹**
▸彼のウエストは80センチだ.
His **waist** (measurement) is 80 centimeters.

ウエットスーツ a wet suit

ウエディング（結婚(けっこん)式）
a wedding (ceremony)［ウェディング］
ウエディングケーキ a wedding cake
ウエディングドレス a wedding dress

ウェブ〖コンピュータ〗the web［ウェッブ］（♦インターネット上の情報ネットワーク; the World Wide Webの略. クモの巣のように世界中に情報網(もう)が張りめぐらされていることから）
▸ウェブ上で on **the web**
ウェブサイト a website［ウェッブサイト］, a web site, a site［サイト］
▸ウェブサイトに接続する
access a **website**
ウェブデザイナー a web designer

うえる【植える】 plant［プらァント］;（栽培(さいばい)する）grow*［グロウ］
▸庭にモミジの木を植える
plant a maple tree in the garden

うお【魚】 a fish［ふィッシ］➡**さかな**
うお市場 a fish market
うお座 Pisces［パイスィーズ］, the Fish ➡**じゅうに**

ウォーキング walking［ウォーキング］
▸ウォーキングに出かける go **walking**
ウォーキングシューズ walking shoes

ウォークラリー a walk rally

ウォーミングアップ
a warm-up［ウォームアップ］
ウォーミングアップする warm up

うがい a gargle［ガーグる］
うがいをする gargle
うがい薬 (a) mouthwash, (a) gargle

うかがう¹【伺う】
（♦敬語「うかがう」を直接表す英語はないが, 動詞を, May I ...? やI'd like to .... などのていねいな表現につけて表せる）
❶『訪問する』visit［ヴィズィット］,（人を）call on ...,（場所を）call at ... ➡**ほうもん**
▸いつかお宅へうかがってよろしいですか? May I **visit** your house someday? / May I **call on** you [**call at** your house] someday?
❷『質問する』ask［あスク］➡**たずねる¹**
▸いくつかおうかがいしたいのですが. I'd like to **ask** you a few questions.（♦I'dはI wouldの短縮形）
❸『聞く』hear*［ヒア］
▸あなたは留学する予定だとうかがいました. I **hear** (that) you're planning to study abroad.

うかがう²【窺う】（観察する）watch［ワッチ］;（機会を待つ）wait for ...

うかぬ【浮かぬ】 unhappy
▸浮かない顔だね.
You look **unhappy**.

うかぶ【浮かぶ】
❶『水・空中などに』float［ふろウト］（対義語「沈(しず)む」sink）
▸ボートが湖に浮かんでいる.
A boat is **floating** on the lake.
❷『心に』occur《to ...》［オカ～］
▸いい考えが浮かんだ.
A good idea **occurred to** me.

うかべる【浮かべる】 float［ふろウト］
▸花びらを川に浮かべよう. I'll **float** some petals on the stream.
▸ケリーは目に涙(なみだ)を浮かべながらさよ

ならを言った. Kelly said goodbye **with tears in her eyes**.

うかる【受かる】
(合格する) pass [パぁス] ➡**ごうかく**
▸姉は高校の入学試験に**受かった**.
My sister **passed** the entrance exam for high school.

うき[1]【雨季】 the rainy season [レイニ スィーズン], the wet season
▸雨季に入った.
The rainy season has set in.

うき[2]【浮き】
(釣(つ)りの) a float [ふろウト]

うきうき (陽気な) cheerful [チアふる]; (わくわくした) excited [イクサイティッド]

ダイアログ　興奮(こうふん)する
A:そんなに**うきうき**して, 何かいいことがあったの?
You look so **cheerful**. Did something good happen?
B:あした, ディズニーランドへ行くのよ. もう, **うきうき**しちゃうわ.
I'm going to Disneyland tomorrow. I'm really **excited**.

うきうきと cheerfully, happily

うきぶくろ【浮き袋】
(水泳用の) an inner tube; (救助用の) a life-saving ring, a buoy [ブーイ]

うく【浮く】 float ➡**うかぶ**

ウグイス
〖鳥類〗a bush warbler [ウォーブら]

ウクレレ
〖楽器〗a ukulele [ユークれイり]

うけ【受け】
(人気) popularity [パピュらぁリティ]; (評判) (a) reputation [レピュテイシャン]
▸その作家は若者にとても**受けがよい**(→人気がある). The writer **is** very **popular** among young people.

うけいれる【受け入れる】 receive [リスィーヴ]; (同意する) accept [アクセプト]; (許可する) admit [アドミット]
▸そんな要求は**受け入れられない**.
I can't **accept** such a request.
▸わが校では3人の留学生を**受け入れた**.
Our school **received** [**admitted**] three overseas students.

うけうり【受け売り】
▸彼の言うことは先生の受け売りにすぎないよ(→先生の言ったことをただ繰(く)り返している). He is just parroting what his teacher said.

うけざら【受け皿】 a saucer [ソーサ]

うけつぐ【受け継ぐ】 (仕事などを) take* over; (財産・地位・仕事などを) succeed to ... [サクスィード]; (財産・性格・体質などを) inherit [インヘリット]
▸わたしが彼女の仕事を**受け継いだ**.
I **took over** her job.
▸王位を**受け継ぐ**
succeed to the throne
▸わが校は輝(かがや)かしい伝統を**受け継いでいる**.
Our school her **inherited** some wonderful traditions.

うけつけ【受付】 (来客用の場所)
a reception desk [リセプシャン デスク], an information desk [インふォメイシャン デスク]; (申しこみなどの) acceptance [アクセプタンス]
受付係 a reception clerk

うけつける【受け付ける】
accept [アクセプト]
▸入学願書は2月15日まで**受け付けられます**. Applications for admission **are** [will **be**] **accepted** until February 15.

うけとめる【受け止める】
take* [テイク]
▸彼はその批判を冷静に**受け止めた**.
He **took** the criticism calmly.

うけとり【受取】 receipt [リスィート]
受取人 a receiver [リスィーヴァ]

うけとる【受け取る】
receive [リスィーヴ], get* (対義語「送る」send); (同意して) accept [アクセプト]
▸手紙を**受け取る**
receive [**get**] a letter
▸この贈(おく)り物を**受け取って**いただけますか?
Would you **accept** this present?

うけみ【受け身】〖文法〗the passive voice; (柔道(じゅうどう)などの) *ukemi*

うけもち【受け持ち】➡たんにん

▸グリーン先生がわたしたちのクラス**の受け持ちです**. (→担任をしている)Ms. Green **is in charge of** our class. / (→担任の先生だ)Ms. Green **is our homeroom teacher**.

うけもつ【受け持つ】

be* in charge of ... ➡**うけもち**

⁑うける【受ける】

❶〖ボールなどを〗catch
❷〖授業・試験などを〗have, take
❸〖賞・待遇(たいぐう)などを〗get, win, receive
❹〖被害(ひがい)・苦痛などを〗suffer
❺〖評判を〗be popular

❶〖ボールなどを〗**catch*** [キぁッチ]

▸わたしの投球を受けてください.

Catch for me.

❷〖授業・試験などを〗

have* [ハぁヴ], **take*** [テイク]

▸週４回英語の授業を受ける

have [**take**] four English classes a week

▸東高校の入試を受けるつもりだ.

I'm going to **take** the Higashi High School entrance exam.

❸〖賞・待遇などを〗**get*** [ゲット],

win* [ウィン], **receive** [リスィーヴ]

▸賞を受ける get [**win**] a prize

▸温かい歓迎(かんげい)を受ける

receive a warm welcome

❹〖被害・苦痛などを〗**suffer** [サふァ]

▸その町は地震(じしん)で大きな被害**を受けた**.

That town **suffered** heavy damage from the earthquake.

❺〖評判を〗**be* popular** [パピュら]

➡**うれる**

▸その歌は子供たちの間で**受けている**.

The song **is popular** among children.

▸先生のジョークは生徒にものすごく受けた(→生徒の笑いを引き起こした).

The teacher's joke got a big laugh from the students.

結びつくことば

テストを受ける take a test
授業を受ける take a class
説明を受ける receive an explanation
注意を受ける be cautioned
ショックを受ける be shocked

˙うごかす【動かす】

❶〖移動する〗**move** [ムーヴ]

▸テーブルをもう少し右へ動かしてください. Please **move** the table a little to the right.

❷〖作動させる〗**work** [ワ〜ク], **operate** [アペレイト], **run***

▸この機械の動かし方を教えてください.

Please tell me how to work [**operate**] this machine.

うごき【動き】(a) movement [ムーヴメント], motion [モウシャン]

⁑うごく【動く】

❶〖移動する〗**move** [ムーヴ]

▸飛行機はゆっくり動き始めた.

The plane began to **move** slowly.

❷〖作動する〗**work** [ワ〜ク], **run***, **go***

▸コピー機が動かない.

The copy machine doesn't **work**.

▸この自動車は電気で動く.

This car **runs** on electricity.

ウサギ 〖動物〗a rabbit [ラぁビット];

(野ウサギ) a hare [ヘア]

˙うし【牛】〖動物〗a **cow** [カウ]

▸牛の乳をしぼる milk a **cow**

参考 「牛」のいろいろ

ふつう,「牛」といえば「雌牛(めうし), 乳牛」の意味の **cow** を使います.「雄牛(おうし)」は去勢したものを **ox**, 去勢していないものを **bull** と言います.「子牛」は **calf**. 家畜(かちく)としての牛をまとめて指すときは **cattle** と言います.

˙うしなう【失う】

lose* [るーズ]; (逃(のが)す) miss [ミス]

▸彼は幼いころに母を失った.

He **lost** his mother when he was very young.

⁑うしろ【後ろ】the **back** [バぁック]

(対義語「前」the front) ➡**あと**[1]

後ろの back

後ろに (後方に) behind ... [ビハインド], at the back《of ...》,〖米口語〗in back《of ...》; (後部に) in the back [rear]《of ...》

後ろへ back, backward [バぁックワド]

▸後ろの席に座(すわ)って.
Sit in the **back** (seat).
▸ジェーンの後ろにいるのはだれ?
Who is **behind** [**in back of**] Jane?
▸後ろを見て. Look **back** [**behind**].
後ろ足 a hind leg [ハインド], a back leg
後ろ前に (あべこべに) back to front

うず【渦】 a whirlpool [(ホ)ワ〜るプーる]
うずを巻く whirl, swirl [スワ〜る]

・うすい【薄い】

❶ [厚さが] thin
❷ [濃度(のうど)が] thin, weak
❸ [色が] light

❶ [厚さが] **thin** [すィン]
(対義語「厚い」thick)
▸薄い壁(かべ) a **thin** wall
薄く thin, thinly
▸パンを薄く切りなさい.
Slice the bread **thin**.
❷ [濃度が] **thin**, **weak** [ウィーク]
(対義語「濃(こ)い」thick, strong)
▸薄いスープ **thin** soup
▸薄いコーヒー **weak** coffee
▸高い山では空気が薄い. On a high mountain, the air is **thin**.
❸ [色が] **light** [らイト], **pale** [ペイる]
(対義語「濃い」dark, deep)
▸薄い緑 **light** [**pale**] green

うずうず【うずうずする】
《itch to +動詞の原形》[イッチ]
▸わたしたちは外で遊びたくてうずうずしている.
We are **itching to** play outside.

うすぎ【薄着の】
thinly [lightly] dressed
▸きみはこの天気に薄着しすぎだよ.
You are too **thinly** [**lightly**] **dressed** for this weather.
薄着をする dress lightly

うずくまる crouch (down) [クラウチ]

うすぐらい【薄暗い】 (明かりが) dim [ディム] (対義語「明るい」bright)

うずまき【渦巻き】
a whirlpool [(ホ)ワ〜るプーる]

うずまる【埋まる】 be* buried
➡うまる

うすめる【薄める】
(水で) water down; (液体を液体で) dilute [ダイるート], thin ... (down)

うずめる【埋める】 bury ➡うめる[1]

うすらぐ【薄らぐ】
(痛みなどが) ease [イーズ];
(色・光などが) fade (away) [ふェイド]

うせる【失せる】
(消える) disappear [ディスアピア]

・うそ a lie [らイ]

うそをつく tell* a lie, lie
▸彼はわたしにうそをついた.
He **told** me **a lie**. / He **lied** to me. (♦× say a lie とは言わない)
▸うそでしょ! **You're kidding!** / **No kidding!** (♦kid は「からかう」の意味) / **No way!** (♦There's no way that's true. (それが本当のはずがない)の省略; You are lying [telling a lie]. は, 非常に強い非難をこめた言い方で, 軽い気持ちで用いる日本語の「うそでしょ!」や「うそつけ!」などにはあたらないので注意)
うその false [ふォーるス]
うそつき a liar [らイア]
うそ発見器 a lie detector

⁑うた【歌】 a song [ソーング]

▸ジョンはアメリカの歌を歌った.
John sang an American **song**.
▸あなたは歌がじょうずですね.
(→じょうずな歌い手) You're a good singer. / (→じょうずに歌う) You sing very well.
歌番組 a popular music show

⁑うたう【歌う】 sing* [スィング]

▸いっしょに歌いましょう.
Let's **sing** together.
▸わたしたちは校歌を歌った.
We **sang** our school song.

うたがい【疑い】 (疑問) (a) doubt [ダウト]; (疑惑(ぎわく)・嫌疑(けんぎ))

う

(a) suspicion［サスピシャン］
▸これは疑いなくいちばんいい方法だ.
This is without **doubt** [I have no **doubt** that this is] the best way.
(♦This .... のほうは「確信している」という意味をふくむ(＝I am sure); I .... は I think 程度の意味)

⁑うたがう【疑う】

(…ではないと思う) **doubt**［ダウト］
(対義語「信じる」believe); (…だろうと怪(あや)しむ) suspect［サスペクト］
…**かどうか疑う**《**doubt if [whether] ...**》
▸わたしは彼が本当のことを言った**かどうか疑っている**. I **doubt if** he told the truth (or not).
▸サラが成功することを**疑わ**ない.
I don't **doubt** that Sarah will succeed. (♦疑問文・否定文のときには if, whether の代わりに that を用いることが多い)
…**だと疑う**(…だろうと思う)
《**suspect + that ...**》(♦if [whether] ... は続かない)
▸トムはわたしがうそをついている**と疑っている**. Tom **suspects that** I am telling a lie.

うたがわしい【疑わしい】

(疑問の多い) questionable［クウェスチョナブる］;
(不確かな) doubtful［ダウトふる］;
(怪(あや)しい) suspicious［サスピシャス］
▸その話は**疑わしい**ね.
The story is **questionable**.
▸一郎がそう言ったかどうかは**疑わしい**.
It is **doubtful** whether Ichiro said that (or not).
▸彼は**疑わしい**と思う.
I'm **suspicious** of him.

⁑うち¹【内, 内の, 内に, 内で】

❶〚内部〛**the inside**
〚内部の, 内部に〛**inside (...)**
❷〚期間内で〛**within ..., in ...; during ..., while**
❸〚範囲(はんい)の中で〛**of ..., out of ...**

❶〚内部〛the **inside**［インサイド］
(対義語「外」the outside) ➡**うちがわ**;
〚内部の, 内部に〛**inside (...)** ➡**なか¹**
▸内も外も暑い.
It's hot **inside** and out.

❷〚期間内で〛**within ...**［ウィずイン］, **in ...**; (…の間に) **during ...**［デュアリング］;
(…する間に) **while**［(ホ)ワイる］
▸2, 3日の**うちに**また電話するよ.
I'll call you again **within** [**in**] a few days. (♦in を用いると「2, 3日したら」の意味になる)
▸休みの**うちに**海外旅行がしたい.
I want to travel overseas **during** (the) vacation.
▸若い**うちに**たくさん本を読むべきです.
You should read a lot of books **while** you're young. (♦while は接続詞)

❸〚範囲の中で〛**of ..., out of ...**
▸きみたちの**うちで**いちばん年上はだれ?
Which **of** you is the oldest?
▸この3つの**うちから**1つを選んで.
Choose one **out of** these three.

⁑うち²

(家庭) (one's) **home**［ホウム］;
(建物) a **house**［ハウス］(複数 **houses**［ハウズィズ］), 〚口語〛a place ➡**いえ**; (家族) a family ➡**かぞく**
うちに, うちへ home
うちの (わたしの)my; (わたしたちの)our
▸**うちに**帰ろう. Let's go back **home**.
▸あすは**うちに**います.
I'll be (at) **home** tomorrow.
▸**うち**へ来ない? Why don't you come to my **house**?
▸**うち**はみんな背が高い.
Everybody in my **family** is tall.
▸**うちの**母はガーデニングが大好きです.
Our mother likes gardening very much.

うちあげ【打ち上げ】

(ロケットの) a launch［ろーンチ］;
(…の後の宴会(えんかい)) a party after ...

うちあける【打ち明ける】

confide［コンふァイド］;
(正直に言う) tell* honestly［アネストり］
▸悩(なや)みを健二に**打ち明けた**.
I **confided** my troubles to Kenji.

うちあげる【打ち上げる】

(ロケットを) launch［ろーンチ］,
send* up; (花火を) set* off
▸宇宙船を**打ち上げる**
send up a space rocket

うちあわせ【打ち合わせ】

arrangements［アレインヂメンツ］
(♦複数形で用いる)

打ち合わせをする
make* arrangements《for ...》, arrange《for ...》

うちかつ【打ち勝つ】
overcome*［オウヴァカム］, get* over ...
▸困難に**打ち勝つ**
overcome [**get over**] difficulties

うちがわ【内側】 the inside
［インサイド］（対義語「外側」the outside）
▸このドアは**内側**に開く.
This door opens to **the inside**.
内側の inside (...)

うちき【内気な】 shy［シャイ］

うちきず【打ち傷】
a bruise［ブルーズ］
打ち傷ができる bruise

うちくだく【打ち砕く】 smash
［スマぁッシ］;（望みなど）shatter［シぁタ］
▸その事故が彼の望みを**打ち砕いた**.
The accident **smashed** his hopes.

うちけす【打ち消す】 deny［ディナイ］

うちこむ【打ち込む】
（くぎなどを）drive*［ドゥライヴ］;
（熱中する）devote oneself《to ...》;
（入力する）input*［インプット］
▸彼は野球に**打ちこんだ**.
He **devoted himself to** baseball.

うちとける【打ち解ける】
（友達になる）make* friends with ...;
（心を開く）open up
▸彼らはすぐに**打ち解けた**. They soon **made friends with** each other.

うちゅう【宇宙】 the universe
［ユーニヴァ～ス］, the cosmos［カズモス］;
（宇宙空間）space［スペイス］
▸その宇宙人は**宇宙**のかなたからやって来た. The alien came a long, long way from **space**.
宇宙科学 space science
宇宙食 space food
宇宙人 an alien［エイりアン］
宇宙ステーション a space station
宇宙船 a spaceship［スペイスシップ］
宇宙飛行士
an astronaut［あストゥロノート］
宇宙服 a spacesuit［スペイススート］
宇宙旅行 space travel

うちょうてん【有頂天】
rapture［ラぁプチャ］
▸彼女は**有頂天になっている**（→喜びにわれを忘れている）.
She **is beside herself with joy**.

✲うちわ[1] a Japanese fan［ふぁン］
うちわであおぐ fan

うちわ[2]【内輪】
▸彼らは**内輪もめし**ている.
They are **quarreling among themselves**.
▸彼の冗談(じょうだん)は**内輪受けした**（→彼の友だちだけが冗談を笑った）. **Only his friends laughed** at his joke.

⁑うつ【打つ，撃つ】

> ❶［たたく］strike, hit; beat
> ❷［発砲(はっぽう)する］fire, shoot
> ❸［感動させる］move

❶［たたく］**strike***［ストゥライク］, **hit***;（連続して）**beat***［ビート］
▸時計が夜中の 12 時を**打った**ところです. The clock has just **struck** midnight.
▸転んでひざを**打った**.
I fell down and **hit** my knee.
▸大谷がホームランを**打った**.
Ohtani **hit** a home run.
▸雨が激しく窓を**打っている**.
The rain is **beating** hard against the windows.
❷［発砲する］**fire**［ふァイア］, **shoot***［シュート］
▸**撃て**! **Fire!**
▸エドは的(まと)をねらって銃(じゅう)を**撃った**.
Ed **shot** [**fired**] his gun at the target.
❸［感動させる］**move**［ムーヴ］
▸恵美は武の優(やさ)しさに**心を打たれた**.
Emi **was moved** by Takeshi's kindness.

うっかり carelessly［ケアれスり］
▸**うっかりして**財布(さいふ)を忘れた.
I **carelessly** forgot my wallet.

⁑うつくしい【美しい】

beautiful［ビューティふる］, **lovely**［らヴり］;（かわいらしい）**pretty**［プリティ］
▸**美しい**声　a **beautiful** voice
▸**美しい**少女　a **pretty** [**lovely**] girl
▸庭の花がとても**美しかった**.
The flowers in the garden were very **beautiful**.
美しく beautifully

くらべよう beautiful, pretty など

beautiful は調和のとれた完ぺきな美しさを，**pretty** はかわいらしさの意味をこめた美しさを，**lovely** は主として上品で心の温かみを感じる美しさを言います．なお，**handsome** はふつう男性の顔立ちがよいことを意味しますが，女性に対して用いられた場合は知性や品性が備わった美しさを言います．

うつくしさ【美しさ】 beauty

うつし【写し】 a copy ➡コピー

◆うつす¹【写す，映す】

❶〚文書などを〛**copy**［カピ］

▸きみのノートを写させて．
Let me **copy** your notebook.
（◆「手書きで写す」「複写機でコピーをとる」の両方の意味がある）

❷〚写真を〛**take***［テイク］➡とる

▸きみのこと，写してもいい？
May I **take** a picture of you?

❸〚スライドなどを〛project［プロヂェクト］;（映して見せる）show*［ショウ］

▸オーストラリア旅行のスライドを映します．
I'll **show** the slides of our trip to Australia.

❹〚水面・鏡に〛

▸自分の姿を鏡に映して見た． I **looked at** myself **in the mirror**.

◆うつす²【移す】

❶〚移動する〛**move**［ムーヴ］

▸テーブルをもっと窓際(まどぎわ)に移したい．
I want to **move** the table closer to the window.

❷〚病気を〛give*［ギヴ］

▸わたしに風邪(かぜ)をうつさないで．
Don't **give** me your cold.

うったえる【訴える】（呼びかける）appeal《to ...》［アピーる］;（苦痛などを）complain《of ...》［コンプれイン］

▸世論に訴える
appeal to public opinion

うっとうしい（どんよりした）dull［ダる］;（重苦しい）oppressive［オプレスィヴ］

▸うっとうしい天気
dull [oppressive] weather

うっとり【うっとりする】

be* charmed《by ...》［チャームド］

▸アンはフルートの音にうっとりと聞きほれていた． Ann **was charmed by** the sound of the flute.

うつぶせに on one's stomach［スタマック］, on one's face［ふェイス］（対義語「あおむけに」on one's back）

▸うつぶせに寝(ね)転びなさい．
Lie down **on your stomach**.

うつむく hang* one's head［ヘッド］, look down［ダウン］

うつりかわり【移り変わり】

a change［チェインヂ］

▸季節の移り変わり
changes of season

◆うつる¹【写る，映る】

❶〚写真に〛be* in a picture

▸その写真に一郎が写ってる？
Is Ichiro **in** the **picture**?

❷〚テレビに〛be* on TV

▸グリーン先生がテレビに映っている．
Ms. Green **is on TV**.

❸〚水面・鏡などに〛

be* reflected［りふれクティッド］

▸湖に富士山が映っている．
Mt. Fuji **is reflected** on the lake.

◆うつる²【移る】

❶〚移動する〛**move**《to ...》［ムーヴ］

▸窓側の席に移ってもいいですか？
May I **move to** the window seat?

❷〚変化する〛**change**《to ...》［チェインヂ］

▸話題はサッカーに移った．
Our talk **changed to** soccer.

❸〚病気が〛**catch***［キぁッチ］

▸父の風邪(かぜ)がうつった．
I **caught** (a) cold from my father.

うつわ【器】 a container［コンテイナ］;（液体を入れる）a vessel［ヴェスる］

▸彼はキャプテン**のうつわではない**（→になるのに適した人ではない）． He **is not the person to be** a captain.

◆うで【腕】

❶〚人の体〛an **arm**［アーム］（対義語「脚(あし)」a leg）

▸腕を曲げる bend one's **arm(s)**

▸腕を伸(の)ばす stretch one's **arm(s)**

▸その子はわたしの腕をつかんだ．
The child caught me by the **arm**. / The child caught my **arm**.

▸腕組みをする fold one's **arms**

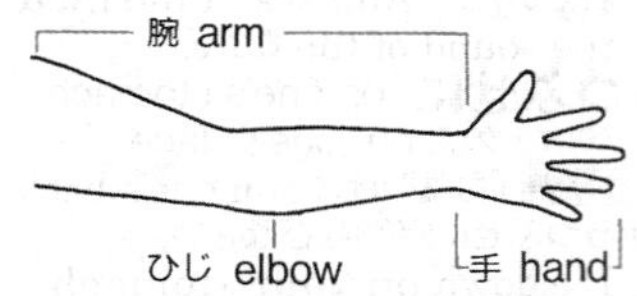

▸わたしたちは**腕を組んで**通りを歩いた. We walked **arm in arm** along the street.

❷〚技術〛skill［スキる］;〚能力〛(an) ability［アビりティ］

▸ここが腕の見せどころだ. This is a chance to show my **skill**.

腕のいい skillful, skilled, good*

▸腕のいい歯医者 a <u>**skillful**</u> [**skilled**] dentist

腕ずもう arm wrestling

うでたてふせ【腕立て伏せ】〚米〛a push-up［プッシアップ］;〚英〛a press-up［プレスアップ］

▸腕立て伏せを 50 回する do 50 **push-ups**

うでどけい【腕時計】 a wristwatch［リストワッチ］, a watch

うでまえ【腕前】（技術）skill［スキる］;（能力）(an) ability［アビりティ］➡**うで**

うでわ【腕輪】 a bracelet［ブレイスれット］

うてん【雨天】 rain ➡**あめ¹**

▸雨天のため, テニスの試合が延期になった. The tennis match was put off because of **rain**.

雨天の場合 if it rains, in case of rain

▸**雨天の場合**でも水泳大会は決行されます. The swim meet will be held even **if it rains**.

うとうと【うとうとする】 doze off

✽**うどん** *udon* noodles［ヌードゥるズ］

▸てんぷらうどん ***udon* noodles** topped with tempura

ウナギ〚魚類〛an eel［イーる］

うなされる（寝(ね)ている間にうめく）groan while asleep［グロウン］;（悪夢を見る）have* a nightmare［ナイトメア］

うなずく nod［ナッド］

▸「いっしょに来てくれません？」と言うと, 由美は**うなずいた**. I said, "Will you come with me?" and Yumi **nodded**.

うなる（動物が）growl《at ...》［グラウる］;（苦痛で）groan［グロウン］

▸その犬はわたしに向かってうなった. The dog **growled at** me.

うなり声 a growl

ウニ〚動物〛a sea urchin［ア～チン］

うぬぼれ conceit［コンスィート］

うぬぼれる be* conceited［コンスィーティッド］

うねる（川・道などが）wind*［ワインド］;（波が）roll［ロウる］

うばう【奪う】 ❶〚**盗(ぬす)む**〛rob ...《of ...》［ラブ］, steal*［スティーる］;（取り上げる）snatch［スナぁッチ］, take* ... away

（人）から（物）を奪う《rob＋人＋of＋物》

▸彼女は空港でバッグを奪われた. She was <u>**robbed of**</u> [Someone **stole** / Someone **snatched**] her bag at the airport.

❷〚**心を**〛fascinate《<u>with</u> [by] ...》［ふぁスィネイト］

▸駿はサラの美しい歌声に**心を奪われた**. Shun was **fascinated** <u>**with**</u> [**by**] Sarah's beautiful singing voice.

うばぐるま【乳母車】〚米〛a baby carriage［キぁリッヂ］,〚英〛a pram［プラぁム］

*****うま【馬】**〚動物〛a **horse**［ホース］

▸馬はヒヒーンと鳴く. **Horses** neigh.

▸馬に乗る ride a **horse**

馬小屋 a stable［ステイブる］

参考「馬」のいろいろ

一般に「馬」は **horse** で「子馬」は **colt**［コウるト］. 特に区別して「雌(めす)馬」は **mare**［メア］,「雌の子馬」は **filly**［ふィり］と言います. 小型の品種の「ポニー」は **pony**［ポウニ］,「競走馬」は **racehorse**［レイスホース］,「サラブレッド」は **thoroughbred**［さ～ロウブレッド］と言います.

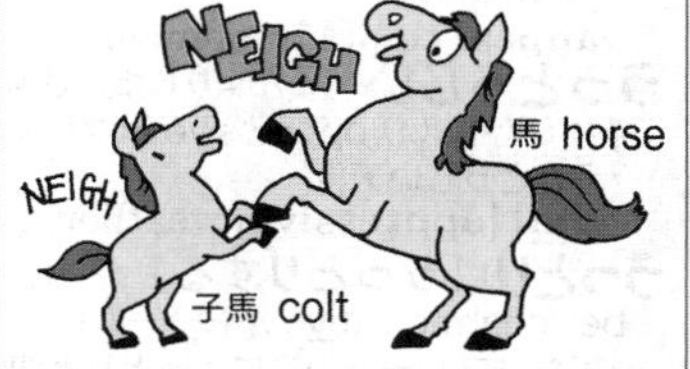

:うまい ❶〖じょうずな〗**good*** [グッド]

うまく(じょうずに) **well*** [ウェる]

▸メアリーは歌がうまい. Mary is a **good** singer. / Mary is **good** at singing. / Mary sings (very) **well**.

ダイアログ　描写する

A:英語をうまく話したいな.
I want to speak English **well**.

B:練習すればもっとうまくなるよ.
You'll speak (it) **better** if you practice.

▸**うまい**(→よくやった)! 言うことなしだ. **Well done!** There's nothing left to say.

❷〖おいしい〗**good*** [グッド], delicious [デリシャス], tasty [テイスティ] ➡**おいしい**

うまとび【馬跳び】
leapfrog [リープふラッグ]

▸**馬跳びをする** play **leapfrog**

うまる【埋まる】

❶〖埋められている〗be* buried [ベリド]

▸この山のどこかに宝が**埋まっている**.
A treasure **is buried** somewhere in this mountain.

❷〖いっぱいだ〗be* filled《with ...》[ふィるド], be full《of ...》

▸コンサートホールは音楽好きで**埋まった**. The concert hall **was filled with** music lovers.

うまれ【生まれ】 birth [バ〜す]
➡**うまれる**

▸**お生まれ**(→出身)**は**どちらですか?
Where **are** you **from**? / Where do you **come from**?

うまれつき【生まれつき】
by nature [ネイチャ],
naturally [ナぁチュラり]

▸彼は**生まれつき**おとなしい.
He is gentle **by nature**. / He is **naturally** gentle.

:うまれる【生まれる】

be* born [ボーン]

▸わたしは2009[平成21]年10月10日に山形で**生まれた**. I **was born** in Yamagata on October 10, 2009 [in the twenty-first year of Heisei]. (◆October 10, 2009は, October (the) tenth, two thousand nineと読む)

▸きのう, 姉に女の赤ちゃんが**生まれた**.
A baby girl **was born** to my sister yesterday.

▸太郎は**生まれて初めて**(→彼の人生で初めて)海を見た. Taro saw the sea **for the first time in his life**.

:うみ[1]【海】 the **sea** [スィー]
(対義語「陸」land);
(大洋) the **ocean** [オウシャン]
(◆ふつうoceanは「大洋」「海洋」の意味に用いるが,〖米〗ではseaの代わりに用いることも多い)

▸荒(あ)れた**海**　a rough **sea**
(◆形容詞が前につくときは不定冠詞(aまたはan)を形容詞の前につける)

▸**海**へ釣(つ)りに行こう.
Let's go fishing in **the ocean** [**sea**]. (◆toではなくinを用いる)

海の marine [マリーン],
seaside [スィーサイド]

海の家 a seaside house [cottage]

海の幸(さち) seafood, marine products

海の日 Marine Day

◆海のいろいろ

太平洋	the Pacific (Ocean) [パスィふィック]
大西洋	the Atlantic (Ocean) [アトゥらぁンティック]
インド洋	the Indian Ocean [インディアン]
北極海	the Arctic Ocean [アークティック]
南極海	the Antarctic Ocean [あンタークティック]
地中海	the Mediterranean (Sea) [メディタレイニアン]
日本海	the Sea of Japan / the Japan Sea

うみ[2] (傷口の) pus [パス]

うみべ【海辺】(行楽地としての)
the seaside [スィーサイド];
(浜辺(はまべ)) the beach [ビーチ]

:うむ[1]【生む, 産む】

❶〖子供を〗give* birth to ... [バ〜す],
have* [ハぁヴ], bear* [ベア];
(卵を) lay* [れイ]

▸姉が男の子を**産んだ**. My sister **gave birth to** [**had**] a baby boy.

う

▸うちの猫(ねこ), もうすぐ子供を産むよ. Our cat will **have** kittens soon.
▸きょう鶏(にわとり)が卵を産んだ. A hen **laid** an egg today.
❷『産出する』 produce [プロデュース]; (生じる) cause [コーズ]
▸イギリスは多くの有名作家を生んだ. Britain has **produced** a lot of famous writers.

うむ² (傷などが) fester [ふェスタ]

✽**ウメ【梅】**〘植物〙(実) an *ume*, a Japanese apricot [あプリカット], a plum [プらム]; (花) plum blossoms [ブらサムズ]
梅干し a pickled plum

うめあわせる【埋め合わせる】 make* up for ...
▸彼は失った時間を埋め合わせた. He **made up for** the lost time.

うめく groan [グロウン]

うめたてる【埋め立てる】 reclaim [リクれイム]
埋め立て地 reclaimed land

うめる【埋める】 (地中に) bury [ベリ]; (穴・空所を) fill in ...
▸生ごみを土に埋める **bury** garbage in the ground
▸空所を埋めなさい. **Fill in** the blanks.

うもう【羽毛】 a feather [ふェざ]; (綿(わた)毛) down [ダウン]
羽毛ぶとん a down quilt [クウィるト]

うやまう【敬う】 respect [リスペクト], look up to ...

˙うら【裏】

❶『裏面』 the **back** [バぁック] (対義語「表」the front, the face), the reverse (side), the flip (side); (野球で) the bottom
▸封筒(ふうとう)の裏に名前と住所を書いた. I wrote my name and address on **the back** of the envelope.
▸硬貨(こうか)の裏 **the reverse** [**flip**] **side** of a coin
▸(野球で) 1回の裏に in **the bottom** of the first inning
▸**裏へ続く** 〘表示〙〘米〙 **Over.** / 〘英〙 **Please Turn Over**.
❷『背後』 (the) **back**
▸家の裏に池がある. There is a pond at **the back** of my house.
裏表 (両面) both sides; (裏返しに) inside out
▸Tシャツを裏表に着ていますよ. You're wearing your T-shirt **inside out**.
裏通り a back street
裏庭 a backyard [バぁックヤード]
裏番組 a program on another channel
裏門 a back gate
裏技 a trick [トゥリック]

うらがえし【裏返し】 inside out; (表を下に) face down
▸明, 靴下(くつした)が裏返しですよ. Akira, your socks are (on) **inside out**.
▸カードを裏返しにしてここに置いて. Put the card here **face down**.

うらがえす【裏返す】 (紙などを) turn ... over; (服などを) turn ... inside out
▸答案用紙を裏返しなさい. **Turn** your papers **over**.
▸わたしはジーンズを干すときは裏返す. I **turn** my jeans **inside out** when I hang them out to dry.

うらぎる【裏切る】 betray [ビトゥレイ]
▸よくも裏切りましたね. How dare you **betray** me?
裏切り (a) betrayal [ビトゥレイアる]
裏切り者 a betrayer [ビトゥレイア]

うらない【占い】 fortune-telling [ふォーチュンテりング]
占い師 a fortune-teller [ふォーチュンテら]; (手相見) a palmist [パーミスト], a palm reader
星占い astrology [アストゥラろヂ]

うらなう【占う】 tell* a person's fortune [ふォーチュン]
▸あなたのこと, トランプで占ってあげる. I'll **tell your fortune** with [using] cards. (◆「星占いで」なら by the stars)

うらむ【恨む】 resent [リゼント]
▸彼女はわたしのことを恨んでいる. She **resents** me.
恨み hard feelings, a grudge [グラッヂ]

うらやましい be* envious《of ...》, envy [エンヴィ]
▸勇の新しい自転車がうらやましい. **I'm envious of** Yu's new bike.
▸新しいパソコンだね. うらやましい. You have a new PC. I **envy** you.

うらやましそうに enviously

うらやむ envy ➡うらやましい

うららかな bright［ブライト］, beautiful［ビューティふる］

▶うららかな春の日
a **bright** [**beautiful**] spring day

ウラン 〖化学〗uranium［ユレイニアム］

ウリ 〖植物〗a melon［メろン］

▶勤はお兄さんと**うり二つだ**. Tsutomu **looks just like** his brother.

うり【売り】

▶家を**売りに出す**
put one's house **up for sale**

▶深みのある声が**彼女の売り**(→最大の強み)だ. Her deep voice is **her strongest point**.

うりきれる【売り切れる】
be* sold out

▶切符(きっぷ)は**すべて売り切れ**です.
The tickets **are all sold out**.

▶本日売り切れ
〖掲示〗**Sold Out** Today

うりだし【売り出し】
(安売り) a sale［セイる］

▶大売り出し中
〖掲示〗Now on **Sale / Sale**

▶**売り出し中の**(→これから成功しそうな)歌手 an **up-and-coming** singer

▶「春の大売り出し」の掲示(けいじ). 「靴(くつ)と衣類, ただ今 25-50% 引き」とある.

うりだす【売り出す】
put*... on sale

うりば【売り場】 a counter［カウンタ］; (デパートの) a department［ディパートメント］

▶文房具(ぶんぼうぐ)売り場
a stationery **counter**

▶食品売り場はどこですか?
Where is the food **department**?

うりもの【売り物】 goods for [on] sale, an article for sale

うる【売る】

(品物を)**sell***［セる］(対義語「買う」buy)

▶ずいぶん高く売りましたね. You **sold** it at a very high price. (♦「安く」なら high の代わりに low を用いる)

▶この店では切手を売っている.
They **sell** stamps at this store. / Stamps **are sold** at this store.

(人)に(物)を売る
《**sell +人+物**》《**sell +物+ to +人**》

▶彼はこのバッグを 5,000 円でわたしに売った. He **sold** me this bag [this bag **to** me] for 5,000 yen.

-うる can*, be* able to ➡できる

うるうどし【うるう年】 a leap year

うるおう【潤う】 moisten［モイスン］, be* moistened

潤す
moisten, moisturize［モイスチャライズ］

潤い moisture［モイスチャ］

うるさい

❶ noisy［ノイズィ］ ➡**やかましい**

▶なんて**うるさい**所なんだ!
What a **noisy** place!

▶**うるさい!**(→静かに) **(Be) quiet!** / (→黙(だま)れ) **Shut up!**
(♦非常に強い表現なので, かなり親しい相手でなければ使わないほうがよい)

❷ (好みなどが) particular《about ...》［パティキュら］;
(規則などに) strict［ストゥリクト］

▶妹は食べ物に**うるさい**. My sister is **particular about** food.

うるし【漆】 lacquer［らぁカ］

うれしい

happy［ハぁピ］, **glad**［グらぁッド］

▶**うれしい**出来事 a **happy** event

▶あしたから夏休みで**うれしい**.
I'm **happy** because my summer vacation begins tomorrow.

▶徹といっしょに踊(おど)れて**うれしい**.
I'm **happy** that I could dance with Toru.

…してうれしい
《**be happy [glad] to +動詞の原形**》
《**it is nice to +動詞の原形 [~ing]**》

▶お会いできて**うれしい**です.
I'm glad to meet you. /
(It's) nice to meet you.
(♦後者はくだけた言い方)

▶お会いできて**うれしかった**です.
I'm glad to have met [seen] you. /

It was nice meeting [seeing] you.（♦別れるときのあいさつ）

うれしさ joy［ヂョイ］

うれしそうに happily［ハぁピリ］

うれしがる **be* glad, be pleased** ➡よろこぶ

うれゆき【売れ行き】 sale［セイる］

▸この本は**売れ行きがよい**（→よく売れる）． This book **sells well**.

˙うれる【売れる】

❶『物が』**sell***［セる］, **be* sold**［ソウるド］

▸わたしの中古パソコンは1万円で**売れた**． My used computer **(was) sold** for ten thousand yen.

▸このテレビはよく**売れる**． This TV **sells** well.（♦×This TV is sold well. とはしない）

❷『名前が』**be*popular**［パピュら］

▸日本でいちばん**売れている**ミュージシャンはだれですか？ Who **is** the most **popular** musician in Japan?

うろうろ【うろうろする】 hang* around, wander (about) ➡**うろつく**

うろこ a scale［スケイる］

うろつく hang* around［ハぁング］, wander (about)［ワンダ］

うわー oh［オウ］, wow［ワウ］

うわぎ【上着】 a coat［コウト］, a jacket［ヂぁケット］

▸**上着を着る** put on a **coat**

▸**上着を脱**(ぬ)**ぐ** take off a **coat**

うわさ (a) rumor［ルーマ］; （私生活などの）gossip［ガスィップ］

▸グリーン先生が結婚(けっこん)するという**うわさ**だ． There is a **rumor** that Ms. Green is getting married.

ことわざ **うわさをすれば影**(かげ)**だ**，ほらサムが来た． **Speak of the devil**, here comes Sam.（♦Speak of the devil and he will appear.「悪魔(あくま)のことを言うと姿を現す」を用いた言い方）

うわさする talk about [of] ...

うわばき【上ばき】 slippers［スリパズ］, indoor shoes

うわべ【上辺】 the surface［サ～ふェス］; （外見）(an) appearance［アピアランス］

˙うん¹【運】 **luck**［らック］, fortune［ふォーチュン］

運のよい lucky［らキ］, fortunate［ふォーチュネット］

▸晴人に勝てるなんて，わたしは**運がよかった**． I was **lucky** to beat Haruto.

運の悪い unlucky, unfortunate

運よく luckily, fortunately

▸**運よく**，すぐバスが来た． Luckily [Fortunately], a bus came right away.

運悪く unluckily, unfortunately

うん²（はい）yeah［イエア］; （よろしい）all right, OK［オウケイ］, sure［シュア］; （相づちで）uh-huh［アハ］➡**はい¹**

ダイアログ **肯定する**

A:きのうの夜テレビ見た？ Did you watch TV last night?

B:うん，見たよ． **Yeah**, I did. / **Uh-huh**.（♦huh を強く言う）

ダイアログ **肯定する**

A:寒くない？ Aren't you cold?

B:うん，寒くないよ． **No**, I'm not.（♦日本語では「うん」になるが，英語では否定の答えのときは常に No）

ダイアログ **承諾**(しょうだく)**する**

A:いっしょに来てくれる？ Will you come with me?

B:うん，いいよ． **Sure**.

うんが【運河】 a canal［カナぁる］

うんきゅう【運休する】 be* suspended［サスペンディッド］

うんこ 〘米小児語〙 poop［プープ］

うんこする〘米小児語〙 poop

うんざり【うんざりする】（いや気がさす）be* sick《of ...》［スィック］; （飽(あ)きた）be tired《of ...》［タイアド］

▸勉強には**うんざりだ**． I'm **tired** [**sick**] **of** studying.

うんせい【運勢】

fortune [ふぉーチュン] ➡うん[1]

うんそう【運送】 transportation [トゥラぁンスパテイシャン], 〖英〗transport [トゥラぁンスポート]

運送する transport [トゥラぁンスポート]

▸運送会社
a **transportation** company

うんちん【運賃】(旅客の) a fare [ふぇア]; (貨物の) freight (rates) [ふレイト(レイツ)]

▸片道運賃 a one-way **fare**

▸往復運賃 a round-trip **fare**

▸京都までの運賃はいくらですか？
What is the **fare** to Kyoto?

◆うんてん【運転】

(車の) driving [ドゥライヴィンヶ]; (オートバイの) riding [ライディンヶ]; (機械の) operation [アペレイシャン]; (列車・機械の) run [ラン]

運転する drive*; ride*; operate [アペレイト]; run*

▸車を運転したい.
I want to **drive** a car. (♦オートバイの場合は **ride** a motorcycle)

▸日曜日には臨時列車が運転される.
Extra trains are **run** [**run**] on Sundays. (♦後者の run は「運行する」の意味の自動詞)

運転手(車の) a driver; (オートバイの) a rider; (電車の) a motorman [モウタマン] (複数 motormen)

運転免許(めんきょ)証 〖米〗a driver's license, 〖英〗a driving licence

◆うんどう【運動】

❶〖身体の〗exercise [エクササイズ], (a) sport [スポート]

▸適度な運動は健康によい. Moderate **exercise** is good for the health.

▸武は, 運動はなんでも得意だ.
Takeshi is good at all **sports**.

▸最近, 運動不足だ. I don't get enough **exercise** these days.

運動する get* exercise, exercise

❷〖物体の〗movement [ムーヴメント], motion [モウシャン]

❸〖社会的な〗a campaign [キぁンペイン]

▸選挙運動 an election **campaign**

運動会
〖米〗a field day, 〖英〗a sports day

運動靴(ぐつ) sports shoes, sneakers

運動場 a playground, a field

運動神経(反射神経) reflexes [リーふれックスィズ]

運動選手 an athlete [あすりート]

運動部 an athletic club

運動不足 lack of exercise

うんめい【運命】 (a) fate [ふぇイト], (a) destiny [デスティニ]

▸その出来事が彼の運命を変えた.
The event changed his **destiny**.

え エ

Q「絵馬」を英語で説明するとしたらどう言う？
➡「えま」を見てみよう！

◆え[1]【絵】 a **picture** [ピクチャ]; (絵の具でかいた) a **painting** [ペインティンヶ]; (線画) a drawing [ドゥローインヶ] ➡かく[1]

▸ピカソの絵
a **picture** [**painting**] by Picasso / a Picasso

▸わたしは絵をかくのが得意だ.
I'm good at drawing **pictures**.

▸馬の絵をかく
draw [paint] (a **picture** of) a horse (♦draw は鉛筆(えんぴつ)やクレヨンなどで絵をかくこと; 絵の具を使って油絵・水彩(すいさい)画などを描(えが)くことは paint)

くらべよう 「絵」の言い方

1 一般的に「絵」は **picture** と言い, 特に油絵・水彩画など絵の具で色をつけた絵を **painting**, 鉛筆やクレヨンなどでかいた線画を **drawing** と言います. 「さし絵」は **illustration** です.

2 「人物画」は **portrait**, 「静物画」は **still life**, 「風景画」は **landscape** と言います.

絵日記 a picture diary

え[2]【柄】(握(にぎ)る部分) a handle ➡とって

エアーズロック Ayers Rock [エアズ ラック] (♦正式名は Uluru)

え

エアガン an air gun

エアコン
an air conditioner［エア コンディシャナ］

エアロビクス aerobics［エアロウビクス］
エアロビクスをする do* aerobics

えいえん【永遠の】 eternal［イタ～ヌる］, permanent［パ～マネント］
永遠に forever［ふォエヴァ］
▸わたしたちの愛は永遠に続くだろう.
Our love will last **forever**.

・えいが【映画】
(1本の)〘米〙a **movie**［ムーヴィ］, a **film**［ふィるム］;(全体を指して) the movies
▸エマ・ワトソン主演の映画 a movie [film] starring Emma Watson

ダイアログ 質問する
A: 今どんな映画をやってるの?
What kind of **movie** is showing [on] now?
B: ホラー映画よ. A horror **movie**.

▸その映画はもう見た.
I've seen that **movie**.
▸あした, 映画を見に行きませんか?
Will you go to (see) a **movie** with me tomorrow?
映画館 a movie theater
映画監督(かんとく) a movie director
映画祭 a film festival
映画スター a movie star
映画制作者 a movie producer
映画俳優 (男優) a movie actor; (女優) a movie actress
映画部 a film club

えいかいわ【英会話】 English conversation［カンヴァセイシャン］
英会話学校
an English conversation school
英会話クラブ the English Speaking Society (♦ESS と略す)

えいきゅう【永久に】 forever
➡えいえん

・えいきょう【影響】
(an) **influence**［インふるエンス］;
(効果) (an) effect［イふェクト］
▸アメリカの日本に対する影響は大きい.
The **influence** of the U.S.A. on Japan is great. / The U.S.A. has a great **influence** on Japan.
影響する, 影響をあたえる influence《on ...》; have* an effect《on ...》
影響を受ける be* influenced
▸わたしは人に影響されやすい.
I'm easily **influenced** (by other people).

えいぎょう【営業】 business
営業中で open［オウプン］
▸日曜日は営業していますか?
Are you **open** on Sundays?
▸営業時間午前7時～午後11時
〘掲示〙**Open** 7 a.m. to 11 p.m.
▸営業中 〘掲示〙**Open**

▲「営業中」という中国料理店の掲示

営業所 an office［オーふィス］

えいけん【英検】 the EIKEN Test (in Practical English Proficiency)
▸英検3級を受ける take Grade Three of **the EIKEN Test**

:えいご【英語】 **English**［イングりッシ］, the English language［らぁングウィッヂ］(♦やや改まった言い方)
▸英語の先生 a teacher of **English** / an **English** teacher (♦後者では English を強く言う. teacher も強く言うと「イギリス人の先生」の意味になる)
▸あなたは英語が話せますか?
Do you speak **English**? (♦Can you ...? は能力を問題にすることになるので避(さ)けたほうがよい)
▸英語でメールを書いてみます. I'll try to write an e-mail in **English**.
▸この英語を日本語に直しなさい.
Translate this **English** into Japanese.
▸「カラス」は英語で何と言いますか?
What is the **English** word for "*karasu*"? / How do you say "*karasu*" in **English**?

えいこう【栄光】 glory［グろーり］

えいこく【英国】 (Great) Britain, the United Kingdom ➡イギリス
英国(人)の English［イングりッシ］
英国人 (男) an Englishman

(複数 Englishmen);
(女) an Englishwoman
(複数 Englishwomen);
(全体) the British (people)

えいさくぶん【英作文】
English composition [カンポズィシャン]

えいじしんぶん【英字新聞】
an English(-language) newspaper

えいしゃ【映写する】
project [プロヂェクト]

えいじゅう【永住する】
settle down [セトゥる ダウン]

エイズ AIDS [エイヅ] (♦*A*cquired *I*mmune *D*eficiency *S*yndrome(後天性免疫(めんえき)不全症候(しょうこう)群)の略)

えいせい[1]【衛星】
a satellite [サぁテらイト]
▶月は地球の衛星だ. The moon is a **satellite** of the earth.
▶気象衛星 a weather **satellite**
▶通信衛星
a communications **satellite**
衛星中継(ちゅうけい) a telecast via satellite [テれキぁスト ヴァイア サぁテらイト]
(♦telecast は「テレビ番組」の意味)
▶この番組は今, ベルリンから衛星中継されている. This program is now being sent from Berlin **via satellite**. (♦《be 動詞+ being +過去分詞》で「…されているところだ」)
衛星都市 a satellite city
衛星放送 satellite broadcasting;
(番組) a satellite broadcast;
(テレビ) a satellite television [TV]

えいせい[2]【衛生】
(心身の健康) health [へるす]
▶公衆衛生 public **health**
衛生的な sanitary [サぁニテリ]

えいぞう【映像】 a picture [ピクチャ], an image [イメッヂ]
▶テレビの映像がぼやけている.
The **picture** on our TV isn't clear.

えいぶん【英文】 English text, an English sentence [センテンス]
➡えいご

えいべい【英米】
Britain and America
英米の British and American
英米人 the British and Americans

えいやく【英訳】 (an) English translation [トゥラぁンスれイシャン]
英訳する translate ... into English, put* ... into English

えいゆう【英雄】 a hero [ヒーロウ]
(複数 heroes);
(女性の) a heroine [ヘロウイン]
英雄的な heroic [ヘロウイック]

えいよう【栄養】
nutrition [ニュートゥリシャン]; (栄養のある物) nourishment [ナ～リシメント];
(栄養分) a nutrient [ニュートゥリアント]
栄養のある nutritious [ニュートゥリシャス]
▶牛乳は栄養がある. Milk is rich in **nutrition**. / Milk is **nutritious**.
栄養士 a dietician [ダイエティシャン]
栄養失調
malnutrition [マぁるニュートゥリシャン]

えいわじてん【英和辞典】
an English-Japanese dictionary

ええ yes ➡はい[1]

エーエルティー ALT
(♦*A*ssistant *L*anguage *T*eacher(外国語指導助手)の略)

エース an ace [エイス]
▶(トランプの)ハートのエース
the **ace** of hearts

ええと Let me see.(♦ちょっと考えるときに言う); well [ウェる] (♦「そうですね」「ところで」などにあたる)

ダイアログ 言いよどむ
A:何冊本を持ってる?
How many books do you have?
B:ええと, 50 冊くらいです.
Let me see. About fifty.

エープリルフール (4月1日)
April Fools' Day, All Fools' Day

えがお【笑顔】 a smile [スマイる],
a smiling face
▶パットは笑顔で「ええ」と答えた. Pat answered "Yes" with a **smile**.

えがく【描く】 (絵の具で) paint [ペイント]; (ペン・鉛筆(えんぴつ)で) draw* [ドゥロー];
(ことばで) describe [ディスクライブ]
➡かく[1]

・えき【駅】 (鉄道の) a (railroad) **station** [ステイシャン];
(止まる所) a stop [スタップ]
▶原宿は新宿から2つ目の駅です.
Harajuku is the second station [stop] from Shinjuku.
▶次に止まる駅はどこですか?

What is the next **stop**?
▸わたしたちは次の駅で降りる.
We get off at the next **station**.
▸ここから駅まで歩いて5分くらいです.
It's about a five-minute walk from here to the **station**.
▸名古屋駅の南口
the south gate of Nagoya **Station**
(◆駅名には the をつけない)
駅員 a station employee;
(駅全体の) the station staff
駅長 a stationmaster
駅ナカ an in-station shop
駅ビル a station building
駅弁 a box lunch sold at a station for travelers

エキサイトする get* [be*] excited

えきしょう【液晶】 liquid crystal [リクウィッド クリストゥる]
液晶画面 a liquid crystal screen
液晶テレビ a liquid crystal display TV, an LCD TV

エキストラ an extra [エクストゥラ]

エキスパート
(専門家) an expert [エクスパ〜ト]

えきたい【液体】 liquid [リクウィッド]
(◆「気体」は gas, 「固体」は a solid)

✽**えきでん【駅伝】**〖スポーツ〗
an *ekiden* (◆a long distance relay road race のように説明を加える)

えくぼ a dimple [ディンプる]
▸彼女は笑うとほほにえくぼができる.
Dimples appear on her cheeks when she smiles.

エクレア an éclair [エイクれア]

エゴイスト (利己主義者) a selfish person, an egoist [イーゴウイスト]

エコシステム (生態系)
an ecosystem [イーコウスィステム]

エコバッグ a reusable shopping bag [リーユーザブる シャピンヶ バぁッグ]

えこひいき favor [ふェイヴァ]
えこひいきする favor
▸岸先生は生徒をえこひいきしない.
Ms. Kishi doesn't **favor** students.

エコマーク an Eco Mark

エコロジー
(生態学) ecology [イカろヂィ]

えさ (家畜(かちく)の) food [ふード];
(釣(つ)りなどの) bait [ベイト]
えさをやる feed* [ふィード]
▸金魚にはもうえさをやった?
Did you **feed** the goldfish yet?
えさを食べる feed*《on ...》
▸ゾウは果物や野菜をえさとして食べる.
Elephants **feed on** fruit and vegetables.

えじき【餌食】 prey [プレイ]
▸…のえじきになる
be [fall, become] **prey** to ...

エジプト Egypt [イーヂプト]
エジプト(人)の Egyptian [イヂプシャン]
エジプト人 an Egyptian

えしゃく【会釈する】 (軽く一礼する)
make* a slight bow《to ...》[バウ];
(うなずいてみせる) nod《to ...》[ナッド]

エスエフ (空想科学小説)
science fiction, sci-fi [サイふァイ], SF
SF映画 an SF movie
SF小説 an SF novel

エスエヌエス SNS
(◆*s*ocial *n*etworking *s*ervice の略;英米ではこの略称はあまり使われない)
▸何か SNS(→ソーシャルネットワーキングのサイト)はやっていますか?
Are you on any social networking sites?

エスエフエックス
SFX (◆special effects の略)

エスオーエス an SOS [エスオウエス]

エスカレーター
an escalator [エスカれイタ]
▸エスカレーターで上がろう.
Let's go up the **escalator**.

エスカレート【エスカレートする】 escalate [エスカれイト]

エスキモー an Eskimo [エスキモウ]
(複数 Eskimo, Eskimos) (◆最近では an Inuit [イヌーイット]をよく使う)
➡**イヌイット**

エスサイズ【Sサイズ】
a small (size)

エステ cosmetic treatment
エステサロン
a beauty treatment salon

エスニック ethnic [エすニック]
エスニック料理
ethnic food [cooking, dishes]

エスプレッソ
(an) espresso [エスプレソウ]

エスペラントご【エスペラント語】 Esperanto [エスペラーントウ]

えだ【枝】（一般に）a branch ［ブラぁンチ］；（小枝）a twig ［トゥウィッグ］；（大枝）a bough ［バウ］ ➡き[1]
▸木の枝を切る cut **branches** from a tree
▸道はその地点で２つの方向に枝分かれしていた. The road divided into two **branches** at the point.

えたい【得体の知れない】（怪(あや)しい）dubious ［デュービアス］，（なぞめいた）mysterious ［ミスティリアス］，（奇妙(きみょう)な）strange ［ストゥレインヂ］

エチケット etiquette ［エティケット］
▸エチケットを守る observe the rules of **etiquette**
▸それはエチケットに反します. It's against **etiquette**.

えっ What?（↗）［(ホ)ワット］，Huh?（↗）［ハ］；（聞き取れなかったとき）Pardon?（↗）［パードゥン］（♦どれも上げ調子で言う）

エックスせん【X線】
X-rays ［エクスレイズ］ ➡**レントゲン**
X線写真 an X-ray

エッセイ an essay ［エセイ］
エッセイスト an essayist ［エセイイスト］

エッセンス (an) essence ［エセンス］

エッチ ❶〖鉛筆(えんぴつ)の〗H ［エイチ］（♦*h*ard の略）
▸HBの鉛筆 an **HB** pencil（♦HBは *h*ard *b*lack の略）
❷〖いやらしい〗
nasty ［ナぁスティ］，dirty-minded
▸エッチね！ You're **nasty!**（♦英語には「エッチ」にあたる決まった表現はない）

エッチング etching ［エチング］

えつらん【閲覧する】
browse ［ブラウズ］
▸わたしは１日に何回もウェブを閲覧する. I **browse** the web many times a day.

エデン Eden ［イードゥン］
▸エデンの園(その) (the Garden of) **Eden**

✽**えと【干支】** *eto*
▸今年の干支は辰(たつ)だ(→辰の年だ). This is the Year of the Dragon.

エヌジー NG（♦*n*o *g*ood の略；英米ではあまり使われない）

エヌジーオー an NGO（♦*n*on*g*overnmental *o*rganization（非政府組織）の略）

エヌピーオー an NPO（♦*n*on*p*rofit *o*rganization（民間非営利団体）の略）

エネルギー
energy ［エナヂィ］（♦発音注意）
▸エネルギー問題 an **energy** problem
▸去年は部活にたくさんのエネルギーを注いだ. I put a lot of my **energy** into club activities last year.
エネルギーの(ある)
energetic ［エナヂェティック］

えのぐ【絵の具】
colors ［カラズ］，paints ［ペインツ］（♦ふつう複数形で用いる）
▸水彩(すいさい)絵の具 water**colors** / water **paints**
▸油絵の具 oil **colors** / oil **paints**
絵の具箱 a set of paints

えはがき【絵はがき】 a (picture) postcard（♦ふつう postcard だけで絵はがきを指す）

エビ 〖動物〗（大エビ）a lobster ［らブスタ］；（クルマエビ）a prawn ［プローン］；（小エビ）a shrimp ［シュリンプ］
エビフライ a fried prawn

エピソード an episode ［エピソウド］

エフエム（放送）FM broadcasting ［ブロードキぁスティング］；（番組）an FM broadcast（♦FMは *F*requency *M*odulation「周波数変調」の略）
FM放送局 an FM station

えふで【絵筆】 a brush ［ブラッシ］，a paintbrush ［ペイントブラッシ］

エプロン an apron ［エイプロン］
▸エプロンをつける put on an **apron**

エフワン F1（♦*F*ormula *One* の略）
F1グランプリ F1 Grand Prix
F1ドライバー an F1 driver

エベレスト
Mt. Everest ［エヴェレスト］（♦チベット名はチョモランマ Chomolungma）

えほん【絵本】 a picture book
絵本作家 a picture-book writer

✽**えま【絵馬】** an *ema*, a votive picture ［ヴォウティヴ ピクチャ］
日本紹介 絵馬は小さな木の板です. 願い事を書いて，神社内につるします. 絵馬には伝統的に馬が描(えが)かれていますが，今日(こんにち)では，ほかの絵も見られます.
An *ema* is a small wooden board. People write wishes on it and then hang it at a Shinto

shrine. A horse is the traditional picture on the *ema*, but today we can see other pictures, too.

エムサイズ【M サイズ】
a medium (size)
▸わたしは M サイズを着ている.
I wear a **medium.**

エメラルド
(宝石) an emerald [エメラるド]

えもじ【絵文字】 an emoji [イモウヂ]

えもの【獲物】
(狩猟(しゅりょう)の) game [ゲイム];
(捕(と)らえたもの) a catch [キぁッチ]

えら (魚の) a gill [ギる]
▸えら呼吸をする
breathe through **gills**

エラー an error [エラ]
▸エラーをする make an **error**

えらい【偉い】 **great** [グレイト];
(重要な) **important** [インポータント]
▸えらい人ってどんな人かな?
What is a great [an **important**] person like?
▸ジムはいつも**えらそうなことを言う**.
Jim always **talks big.**

えらぶ【選ぶ】
❶『一般的に』**choose*** [チューズ];
『精選する』select [セれクト]
▸3 種類あるケーキのうち, これを選んだ.
I **chose** this cake from among (the) three kinds.
▸よい本を**選ん**で読みなさい. **Select** some good books and read them.
❷『選挙する』elect [イれクト]
▸わたしたちは結衣を**キャプテンに選んだ**.
We **elected** Yui (as) captain. (♦「…に選ぶ」と言うとき, その地位・役職が 1 人だけなら a や the はつけない)

くらべよう choose, select, elect
choose は「あたえられたものの中から選ぶ」こと, **select** は「多数の中から最適のものを選ぶ」こと, **elect** は「選挙で人を選ぶ」ことを言います.

結びつくことば
贈り物を選ぶ choose a present
洋服を選ぶ choose clothes
席を選ぶ choose a seat
投票で選ぶ choose ... by vote, elect
くじで選ぶ choose ... by lot

えり【襟】 a collar [カら]

エリート the elite [イりート]
エリートコース
(出世コース) the fast track

えりごのみ【えり好みする】 be* particular [choosy, picky] about ...

える【得る】 (手に入れる) get* [ゲット];
(勝ち取る) win* [ウィン] ➡とる
▸よい友達を得る **get** a good friend

エルエル【LL】
❶ (LL 教室) a language laboratory
❷ (サイズ) extra-large

エルサイズ【L サイズ】
a large (size)

エルディーケー【LDK】 (♦LDK は living, dining, kitchen の頭(かしら)文字をとった和製英語; 英語では用いない)
▸3LDK のマンション
a three-bedroom apartment

エルニーニョ El Niño
[エるニーニョウ] (♦スペイン語から)

エレキギター an electric guitar

エレクトーン
an electronic [electric] organ
(♦「エレクトーン」は商標名)

エレクトロニクス (電子工学)
electronics [イれクトゥラニックス]

エレベーター 『米』an elevator [エれヴェイタ], 『英』a lift [りふト]
▸5 階までエレベーターに乗る take an **elevator** to the fifth floor

えん[1]【円】 ❶『形』a circle [サ〜クる]
▸コンパスで円をかく
draw a **circle** with a compass
▸円グラフ a **circle** graph

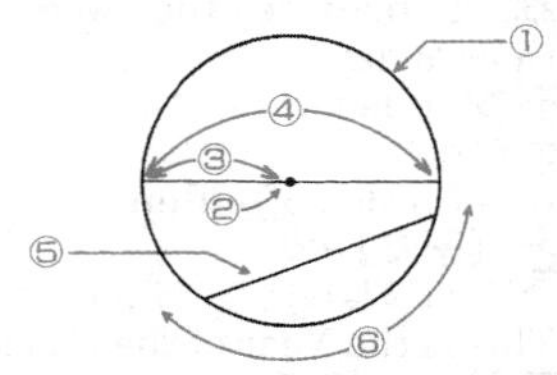

①円周 circumference ②中心 center
③半径 radius ④直径 diameter
⑤弦(げん) chord ⑥弧(こ) arc

円周率 pi [パイ] (♦記号は π)

円すい a cone ［コウン］
円柱 a cylinder ［スィりンダ］
だ円 an oval ［オウヴる］,
an ellipse ［イりプス］
❷『**お金の単位**』yen ［イェン］（単複同形）（◆記号は￥で，数字の前に置く）
▸100円玉 a hundred-**yen** coin
▸1万円札(さつ) a ten-thousand-**yen** bill
円高（強い円）a strong yen
円安（弱い円）a weak yen

えん²【縁】（血縁など）relation ［リれイシャン］;（結びつき）(a) connection ［コネクシャン］;（機会）a chance ［チぁンス］
▸（親が）**親子の縁を切る**
disown one's child
▸（恋人）**と縁を切る** **break up with ...**

✽**えんか【演歌】** *enka*,
a sentimental Japanese ballad

えんかい【宴会】 a party ［パーティ］;（正式）a banquet ［バぁンクウェット］

えんかビニル【塩化ビニル】
vinyl chloride ［ヴァイヌる クろーライド］

✽**えんがわ【縁側】** an *engawa*,
a veranda(h) ［ヴェラぁンダ］,
〘米〙a porch ［ポーチ］

えんがん【沿岸】 the coast ［コウスト］
▸太平洋沿岸 the Pacific **coast**
沿岸の coastal ［コウスタる］
沿岸漁業 coastal fishing
沿岸警備隊 the Coast Guard

えんき【延期する】
put* off, postpone ［ポウス(ト)ポウン］
▸その試合は翌日に延期された. The game was **put off** [**postponed**] till the next day.

えんぎ¹【演技】
a performance ［パふォーマンス］
演技する perform ［パふォーム］
▸彼女はすばらしい演技をした.
She **performed** wonderfully.

えんぎ²【縁起】 (an) omen ［オウメン］
縁起のいい lucky ［らキ］
縁起の悪い unlucky ［アンらキ］

えんきょり【遠距離の】
long-distance ［ろーンヶディスタンス］

えんげい¹【園芸】
gardening ［ガードゥニンヶ］
園芸家 a gardener ［ガードゥナ］
園芸植物 a garden plant
園芸部 a gardening club
園芸用具 gardening tools

えんげい²【演芸】 entertainment ［エンタテインメント］,〘米〙vaudeville ［ヴォードヴィる］,〘英〙variety ［ヴァライエティ］

えんげき【演劇】 drama ［ドゥラーマ］;（1つ1つの芝居(しばい)）a play
演劇部 a drama club

えんし【遠視の】 farsighted ［ふァーサイティッド］, longsighted ［ろーンヶサイティッド］（対義語「近眼の」nearsighted, shortsighted）

エンジニア an engineer ［エンヂニア］

えんしゅつ【演出する】
direct ［ディレクト］
▸勘三郎演出の芝居(しばい)
a drama **directed** by Kanzaburo
演出家 a director ［ディレクタ］

えんじょ【援助】 help ［へるプ］, aid ［エイド］, assistance ［アスィスタンス］, support ［サポート］
▸わたしたちは先生に援助を求めた.
We asked our teacher for **help**.
援助する help, aid, assist, support
➡たすける

えんじる【演じる】
play ［プれイ］, act ［あクト］
▸今夜，隆はロミオの役を演じる.
Takashi is going to play [act] the part of Romeo tonight.

エンジン an engine ［エンヂン］
▸エンジンをかける start the **engine**
▸エンジンを止める
cut [turn off] the **engine**
▸エンジンの故障 **engine** trouble

エンスト an engine stall ［ストーる］

えんせい【遠征】
an expedition ［エクスペディシャン］
遠征試合 an away game
遠征チーム a visiting team

えんぜつ【演説】 a speech ［スピーチ］
演説する speak*, make* a speech
演説会 a speech

えんせん【沿線】
▸わたしは中央線沿線に(→中央線の近くに)住んでいる.
I live near [along] the Chuo Line.

えんそう【演奏】
a performance ［パふォーマンス］
演奏する play ［プれイ］
▸ピアノを演奏する **play** the piano（◆演奏する楽器名には the をつける）
演奏会 a concert ［カンサト］,

（独奏会）a recital［リサイトゥる］
演奏者 a player

えんそく【遠足】 an outing［アウティング］, an excursion［イクスカ～ジャン］; （学校の）a field trip
▸遠足に行く　go on [for] an **outing**

エンターテイナー
an entertainer［エンタテイナ］

えんだん[1]【演壇】
a platform［プらぁットふォーム］

えんだん[2]【縁談】
an offer of marriage

えんちょう[1]【延長】
extension［イクステンシャン］
延長する extend［イクステンド］➡**のばす**
▸（サッカーなどで）**延長戦になる**
go into overtime（♦野球の場合は go into extra innings）

えんちょう[2]【園長】
a director［ディレクタ］

エンドウ〘植物〙a pea［ピー］
（♦ふつうは複数形 peas［ピーズ］を使う）

えんとつ【煙突】 a chimney［チムニ］

えんにち【縁日】
（祭り）festival (day)［ふエスティヴる］

えんばん【円盤】 a disk, a disc［ディスク］;（競技用の）a discus［ディスカス］
▸空飛ぶ円盤　a flying saucer
円盤投げ the discus throw（♦「選手」は a discus thrower と言う）

˙えんぴつ【鉛筆】 a **pencil**［ペンスる］
▸色鉛筆　a colored **pencil**
▸鉛筆をけずる　sharpen a **pencil**
▸鉛筆のしん　the lead of a **pencil**
（♦lead は［れッド］と発音する）
▸答案は鉛筆で書きなさい．　Write your answers with a [in] **pencil**.
（♦in を用いるときは a をつけない）
鉛筆けずり
a pencil sharpener［シャープナ］

えんぶん【塩分】 salt［ソーるト］
▸**塩分控**(ひか)**えめの**食事 a **low-salt** diet

えんぽう【遠方】 a distance［ディスタンス］, a distant place
遠方の faraway

えんまん【円満な】
happy［ハぁピ］, peaceful［ピースふる］;（性格が）amiable［エイミアブる］
▸円満な家庭　a **happy** home

えんりょ【遠慮する】
（ためらう）hesitate［ヘズィテイト］;
（控(ひか)える）refrain［リふレイン］
▸困ったことがあったら，**遠慮なく**言ってください．　If you have any trouble, don't **hesitate** to ask for help.
▸おタバコはご遠慮ください．〘掲示〙
Please **Refrain** from Smoking

お オ

Q クリスマスカードを英語で書くとしたら？
➡「おめでとう」を見てみよう！

お【尾】 a tail［テイる］➡**しっぽ**
▸犬の尾　a dog's **tail**
▸**尾の長い**サル
a **long-tailed** monkey

オアシス an oasis［オウエイスィス］
（複数 oases）

おあずけ【お預け】（犬などへの命令）
Wait!［ウェイト］, Don't eat it!

おい[1]【甥】 a nephew［ネふュー］
（対義語「めい」a niece）

おい[2]（ぶっきらぼうな呼びかけ）Hey!［ヘイ］;（気やすい呼びかけ）Hi!［ハイ］;（相手の注意をひきたいとき）Look!［るック］
▸おい！そこで何してるんだ？
Hey! What are you doing there?
▸おい！あれ伊藤先生じゃないか？
Look! Isn't that Mr. Ito?

おい[3]【老い】 old age
▸**老いも若きも**その祭りを楽しんでいた．
Both young and old were enjoying the festival.（♦young and old は「若い人もお年寄りも」の意味で名詞的に用いる．英語では young のほうが先に来る）

おいかける【追いかける】
run* after ..., chase［チェイス］➡**おう[1]**

おいこす【追い越す】 pass［パぁス］;
（先に立つ）get* ahead of ... ➡**おいぬく**
▸バイクがわたしの自転車を**追い越した**.
A motorcycle **passed** my bicycle.
▸追い越し禁止
〘掲示〙No **Passing**

お

・おいしい good* [グッド], nice [ナイス]; (とても) delicious [デリシャス]; (味わいがある) tasty [テイスティ]

▸おいしい料理
good [**nice, delicious**] food

ダイアログ　ほめる
A: ぼくのシチューの味はどうかな？
How's my stew?
B: おいしい！ It tastes **good**!

▸この魚は新鮮(しんせん)でおいしい.
This fish is fresh and **tasty**.

おいだす【追い出す】
drive* out, get* ... out, send* off
▸彼は迷って入ってきたスズメを家から追い出した. He **drove** the lost sparrow **out** of the house.

おいたち【生い立ち】
one's background [バぁックグラウンド], (子供時代) one's childhood [チャイるドフッド]

おいつく【追いつく】
catch* up with ...
▸ついに紗希はトップランナーに追いついた. At last Saki **caught up with** the top runner.

おいで【お出で】
▸今度の日曜にうちにおいでよ(→来て).
Come over to my house next Sunday.

おいぬく【追い抜く】 pass; (先に立つ) get* ahead of ... ➡**おいこす**
▸わたしは身長では孝を追い抜いた(→孝より背が高くなった).
I've become taller than Takashi.

おいはらう【追い払う】 drive* away

オイル oil [オイる]

・おう¹【追う】
❶『追いかける』**run* after ...**, chase [チェイス]; 『追い求める』follow [ふァろウ]
▸あの黒い車を追ってください！
Chase that black car!
▸きみはいつも夢(ゆめ)ばかり追っている.
You are always **running after** [**chasing**] your dreams.
▸流行を追う **follow** the fashion
❷『順序を踏(ふ)む』
▸**順を追って**(→順に)見ていこう.
Let's see them **in order**.

おう²【負う】 ❶『責任・義務を』take*
▸結果についての責任を負う
take responsibility for the result
❷『傷を』(武器などで) be* wounded [ウーンディッド]; (事故などで) be injured [インヂャド] ➡**けが**
▸その衝突(しょうとつ)で, 2人が重傷を負った.
Two people **were** seriously **injured** in the crash.
❸『恩恵(おんけい)を受ける』owe [オウ]
▸わたしたちがこうして優勝したのは, 監督(かんとく)に負うところが大きい.
We really **owe** this championship to our manager.

おう³【王】 a king [キング]
(対義語「女王」a queen)
王冠(おうかん) a crown; (びんのふた) a cap
王国 a kingdom

おうえん【応援】 cheering [チアリング]
応援する
cheer《for ...》, 〖口語〗root《for ...》
▸どっちを応援しているの？
Which team are you **cheering** [**rooting**] **for**?
応援演説 a campaign speech
応援歌 a fight song
応援団 a cheerleading squad
応援団員
a member of a cheerleading squad
応援団長
the head of a cheerleading squad

おうぎ¹【扇】 a folding fan [ふぁン]
➡**せんす**

おうぎ²【奥義】 the essence [エセンス]; (秘伝) the secret [スィークレット]

おうきゅう【応急の】
first-aid [ふァ～ストエイド]
▸応急手当をしてあげよう. I'll give you some **first-aid** treatment.

おうごん【黄金】 gold [ゴウるド]
➡**きん**
黄金の golden
黄金時代 (全盛(ぜんせい)期) a golden age

お

おうし【雄牛】〖動物〗（去勢した）an ox［アックス］（複数 oxen［アクスン］）；（去勢していない）a bull［ブる］（対義語「雌牛(めうし)」a cow）➡**うし**
おうし座 Taurus［トーラス］, the Bull
➡**じゅうに**

おうじ【王子】a prince［プリンス］

おうじょ【王女】
a princess［プリンセス］

おうじる【応じる】
❶〖答える〗answer［あンサ］
▸質問に応じる **answer** a question
❷〖受ける〗accept［アクセプト］
▸きみの挑戦(ちょうせん)に応じよう.
I'll **accept** your challenge.
…に応じて（…に従って）
according to ...［アコーディンヶ］

おうしん【往診】a house call［コーる］, a doctor's visit［ヴィズィット］
▸先生は往診に出ています. The doctor is out on a **house call**.

おうせつしつ【応接室】
（会社などの）a reception room

おうせつま【応接間】
a living room,〖英〗a drawing room
（♦英米ではふつう living room「居間」が応接間を兼(か)ねている）

***おうだん【横断】**
(a) crossing［クロースィンヶ］
横断する cross［クロース］,
go* across (...)
▸テッドは道路を走って横断した.
Ted ran across the road.
横断禁止〖掲示〗No Crossing
横断歩道 a pedestrian crossing
［ペデストゥリアン クロースィンヶ］,
〖米〗a crosswalk

◀「横断歩道あり」の標識. PED は Pedestrian(s)（歩行者）の略. XING は Crossing のこと.

おうて【王手】check［チェック］
▸（キングに）王手をかける
put the King in **check**

おうどいろ【黄土色】ocher［オウカ］

おうひ【王妃】a queen［クウィーン］

おうふく【往復する】
go* and come* back, go and return
▸この列車は大阪・神戸間を往復している（→大阪・神戸間を走っている).
This train runs between Osaka and Kobe.
往復運賃 a round-trip fare
往復切符(きっぷ)〖米〗a round-trip ticket,〖英〗a return ticket
往復はがき（♦a postcard with an attached reply card のように説明する）

おうべい【欧米】
Europe and America,
Europe and the United States
欧米の
European and American, Western
▸欧米諸国 **Western** countries
欧米人 Europeans and Americans

おうぼ【応募】
(an) application［あプりケイシャン］
応募する apply《for ...》［アプらイ］
応募者 an applicant［あプりカント］

オウム〖鳥類〗a parrot［パぁロット］

おうめん【凹面の】
concave［カンケイヴ］
▸凹面レンズ a **concave** lens

おうよう【応用】
(an) application［あプりケイシャン］
応用する apply《to ...》
応用できる applicable［あプりカブる］
応用問題 an applied problem,
a practical exercise

おうらい【往来】（行き来）traffic［トゥラぁふィック］;（道路）a street［ストゥリート］
▸この道は往来が激しい. The **traffic** is heavy on this street.

オウンゴール an own goal

***おえる【終える】**（完了(かんりょう)する）
finish［ふィニッシ］;（終了する）**end**［エンド］（対義語「始める」begin）
▸先生は簡単に話を終えた.
Our teacher **ended** his [her] speech briefly.
…し終える《**finish ＋～ing**》
▸この本を読み終えるのに 1 か月かかった.
It took me a month to **finish reading** this book.
（♦《finish to ＋動詞の原形》としない）

おお
（悲鳴・驚(おどろ)きなどを表して）oh［オウ］

▸おお，痛い．　**Oh**, it hurts.

おおあめ【大雨】
a heavy rain ➡**あめ**[1]

⁑おおい[1]【多い】

❶〚数が〛**many, a lot of ..., plenty of ..., lots of ...**
❷〚量が〛**much, a lot of ..., plenty of ..., lots of ...**
❸〚回数が〛**often**

❶〚数が〛**many***［メニ］（対義語「少ない」few），**a lot of ...**, **plenty of ...**,〚口語〛lots of ... ➡**おおく，たくさん**

▸先月は学校行事が多かった．
There were **a lot of** school events last month. / **Many** school events occurred last month.
（♦口語では，肯定文の特に主語にあたる部分以外では，many ではなく a lot of や lots of を使うことが多い）

▸インドは人口が多い．　India has a large population.（♦population（人口）の「多い」には large を用いる）

❷〚量が〛**much***［マッチ］（対義語「少ない」little），**a lot of ...**, **plenty of ...**,〚口語〛lots of ... ➡**おおく，たくさん**

▸新潟では雪が多い．
We [They] have **a lot of** snow in Niigata.（♦新潟に住んでいる人が言う場合には We を使う） / It snows **a lot** in Niigata.

▸これは多過ぎだ．食べきれないですよ！
This is too **much** for me. I can't eat it all!

❸〚回数が〛**often**［オーふン］➡**しばしば**

▸広志は図書館に行く**ことが多い**．
Hiroshi **often** goes to the library.

おおい[2]【覆い】 a cover［カヴァ］
覆いをかける cover（対義語「覆いを取る」uncover, take off）

おおい[3]（離れた所にいる人への呼びかけ）hey［ヘイ］, hello［へろウ］

おおいそぎ【大急ぎの】
urgent［ア～ヂェント］
大急ぎで in a great hurry ➡**いそぐ**

おおいに【大いに】 very, (very) much ➡**たいへん，ひじょうに**

おおう【覆う】 cover《with ...》［カヴァ］

▸山々は雪におおわれていた．
The mountains were **covered with** snow.

オーエス〚コンピュータ〛OS
（♦*o*perating *s*ystem の略）

オーエル【OL】 an office worker
（♦英語では office lady という言い方はなく，office worker を男女の区別なく使う）

おおかぜ【大風】 a gale［ゲイる］, a strong wind

おおかた【大方】（ほとんど）almost［オーるモウスト］, nearly［ニアり］
おおかたの most［モウスト］

おおがた【大型の】
large, big, large-sized［らーヂサイズド］
（対義語「小型の」small, small-sized）

オーガニック organic［オーギぁニック］
オーガニック野菜 organic vegetables

オオカミ〚動物〛a wolf［ウるふ］
（複数 wolves）

おおかれすくなかれ【多かれ少なかれ】 more or less

▸子供は多かれ少なかれ友達の影響（えいきょう）を受ける．　Children are **more or less** influenced by their friends.

⁑おおきい【大きい】

❶〚形・広さが〛**big, large**
❷〚背が〛**tall**
❸〚程度が〛**big**;〚声が〛**loud**

❶〚形・広さが〛**big**［ビッグ］
（対義語「小さい」little, small），
large［らーヂ］（対義語「小さい」small）

▸大きい机　a **big** desk

▸ロシアは世界一大きい国だ．　Russia is the **largest** country in the world.

> **くらべよう big と large**
> **big** も **large** もほぼ同じ意味ですが，**big** のほうが口語的．**large** は広がりの大きさを言うときによく用い，**big** は形・広がりだけでなく，程度や重要度の大きさを言うときにも用います．

❷〚背が〛**tall**［トーる］

▸きみは 14 歳（さい）にしてはずいぶん大きいね．　You're very **tall** for fourteen.
（♦big を使うと，「大柄（おおがら）」の意味が強くなる）

❸〚程度が〛**big**;〚声が〛**loud**［らウド］

▸大きい地震（じしん）　a **big** earthquake

▸そんなに大きい声で話さないで．
Don't talk so **loud**.

お

˙おおきく【大きく】

big［ビッグ］, **large**［らーヂ］➡**おおきい**;（広く）wide［ワイド］

▸もっと口を大きく開けて.
Open your mouth **wider**.

大きくする make* ... bigger

▸スカートのウエストを少し大きくした.
I **made** the waist of my skirt a little **bigger**.

大きくなる（成長する）grow* (up)

▸大きくなったら何になりたいですか?
What do you want to be when you **grow up**?（♦grow up で「大人になる」の意味）

▸畑のスイカがずいぶん大きくなった.
The watermelons in the field have really **grown**.

おおきさ【大きさ】 size［サイズ］

▸これらの袋(ふくろ)は同じ大きさだ.
These bags are the same **size**.

▸中国は日本の約20倍の大きさ(→広さ)がある. China is about twenty **times as large as** Japan.

おおきな【大きな】 big, large ➡**おおきい**

▸大きな誤り a **big** mistake

おおきめ【大きめの】

（ゆったりした）loose［るース］

▸大きめのセーター a **loose** sweater

˙おおく【多く(の)】

❶〖数が〗**many***［メニ］（♦特定の人・物について「…の多く」は many of ... で, 不特定の人・物については many ... で表す）, **a lot of ...**

▸多くの日本人は桜(さくら)が大好きです.
Many Japanese love cherry blossoms.

▸この学校の生徒の多くは学校に徒歩で来ます. **Many** of the students in this school walk to school.

❷〖量が〗**much***［マッチ］, **a lot of ...**

▸彼女は多くの時間を読書に費やした.
She spent <u>much</u> [**a lot of**] time on (reading) books.

❸〖大部分〗**most**［モウスト］➡**だいぶぶん**

▸友達の多くは野球のやり方を知っている. **Most** of my friends know how to play baseball.

おおぐい【大食い】
a glutton［グらトゥン］, a big eater

オークション
an auction［オークシャン］

▸オークションで売る［買う］
<u>sell</u> [buy] at **auction**

オーケー OK, O.K., okay［オウケイ］
（♦all right よりくだけた言い方）

▸万事(ばんじ)オーケーだ.
Everything is **O.K.**

おおげさ【大げさな】 exaggerated［イグザぁヂャレイティッド］

大げさに言う exaggerate

オーケストラ
an orchestra［オーケストゥラ］

おおごえ【大声】 a loud voice

大声で loud, loudly［らウドり］, in a loud voice ➡**こえ**

おおざっぱ【大ざっぱな】
rough［ラふ］;（無とんちゃくな）nonchalant［ナンシャらーント］

▸彼は何事も大ざっぱな性格だ. He is **nonchalant** about most things.

大ざっぱに roughly

おおさわぎ【大騒ぎ】 a fuss［ふァス］

▸大騒ぎをする make a **fuss**

オージー（卒業生）a graduate［グラぁヂュエット］,（女子の卒業生）〖米〗an alumna［アらムナ］（(複数) alumnae）

オーストラリア
Australia［オーストゥレイりャ］

オーストラリア(人)の
Australian［オーストゥレイりャン］

オーストラリア人 an Australian;（全体をまとめて）the Australians

オーストリア Austria［オーストゥリア］

オーストリア(人)の
Austrian［オーストゥリャン］

オーストリア人 an Austrian

おおぜい【大勢の】 many*［メニ］
➡**おおく**

▸おおぜいの人が公園に集まった. **Many** people gathered in the park.

おおそうじ【大掃除】
(a) general (house) cleaning

▸日本では年の暮(く)れに家じゅうの大掃除をする(→徹底(てってい)的に掃除をする).
Japanese clean their houses thoroughly at the end of the year.（♦アメリカでは春の初めに大掃除 (spring cleaning) を行う）

オーダー an order［オーダ］
オーダーする order
オーディオ audio［オーディオウ］
オーディオ装置(そうち) audio equipment［イクウィップメント］, a stereo［ステリオウ］
オーディション
an audition［オーディシャン］
▸映画のオーディションを受ける
have an **audition** for a movie
オーデコロン (eau de) cologne［コろウン］(♦フランス語から)
おおどおり【大通り】 a main street
➡とおり
オートキャンプ car camping
オートキャンプ場 a car camping site
オートバイ a motorcycle［モウタサイクる］(♦「オートバイ」は和製英語)
▸オートバイに乗る
ride a **motorcycle**
オードブル an hors d'oeuvre［オーダ～ヴ］(♦フランス語で「前菜」のこと)
オートミール oatmeal［オウトミーる］
オーナー an owner［オウナ］
▸ホテルのオーナー a hotel **owner**
オーバー ❶(衣服の) an overcoat［オウヴァコウト］, a coat
❷(大げさな) exaggerated［イグザぁヂャレイティッド］➡**おおげさ**
オーバースロー
an overhand throw
オーバーワーク
(働き過ぎ) overwork［オウヴァワ～ク］
オービー ❶(卒業生) a graduate［グラぁヂュエット］, (男子の卒業生)〘米〙an alumnus［アらムナス］(**複数** alumni)
▸OB戦 a match against an **alumni** team
❷(ゴルフ) out of bounds
オーブン an oven［アヴン］
オーブントースター a toaster oven
オーブンレンジ
a convection microwave oven
オープン open［オウプン］
▸新しい店が昨日, オープンした.
A new shop **opened** yesterday.
▸本日オープン
〘掲示〙**Opening** Today
オープン戦〘野球〙an exhibition game［エクスィビシャン ゲイム］
(♦× open game とは言わない)
オーボエ〘楽器〙an oboe［オウボウ］
おおみそか the last day of the year, New Year's Eve
オオムギ【大麦】
〘植物〙barley［バーり］
おおめ[1]【多め】
▸ごはんを茶わんにいつもより多めに(→少し多く)よそう fill one's bowl with a little more rice than usual
おおめ[2]【大目に見る】
overlook［オウヴァるック］
▸今回だけは大目に見てやろう.
I'll **overlook** it this time only.
おおもじ【大文字】 a capital letter (**対義語**「小文字」a small letter), an upper-case letter
おおもの【大物】 a important figure,〘口語〙a big name [shot]
おおもり【大盛り】 a large serving
▸チャーハンの大盛り
a **large serving** of fried rice
おおやけ【公の】 public［パブりック］, official［オふィシャる］
公に publicly, officially
公にする make* ... public
おおゆき【大雪】 (a) heavy snow; (降雪量) (a) heavy snowfall
オーライ all right, OK
おおらか【大らかな】 (心が広い) broad-minded［ブロードマインディッド］; (寛大(かんだい)な) generous［ヂェネラス］; (あくせくしない) easygoing［イーズィゴウイング］
オール (ボートの) an oar［オーア］
オールスター【オールスターの】
all-star
オールスターゲーム an all-star game
オーロラ an aurora［オーローラ］
おか【丘】 a hill［ヒる］
▸丘に登る
climb a **hill** / go up a **hill**

⁑おかあさん【お母さん】

a **mother**［マざ］(**対義語**「お父さん」a father), a mom［マム］➡**はは**
▸お母さんはお元気ですか?
How is your **mother**?
▸お母さん, 何か食べるものない?
Is there anything to eat, **Mom**?

参考「お母さん」と呼びかける言い方
子供が「お母さん」と呼びかけるときは,

Mother, Mom［マム］などを使います. 小さい子供は Mommy［マミ］をよく使います.

おかえりなさい【お帰りなさい】

ダイアログ　あいさつする

A: お母さん, ただいま.
I'm home, Mom.

B: お帰りなさい, ルーク. きょうはどうだった？
Hi, Luke. How was your day?

参考「お帰りなさい」

英語には, 日本語の「お帰りなさい」にあたる決まり文句はなく, 人に会ったときのあいさつのことば **Hello.** や **Hi.** などを用います.

おかげ【おかげで】

thanks to ..., with one's help

▸きみの**おかげで**宿題を終わらせることができたよ.
Thanks to your help, I was able to finish my homework.

˙おかしい

❶〖こっけいな〗**funny**［ふァニ］➡おもしろい

▸何が**おかしい**の？ What's so **funny**?

❷〖変な〗**strange**［ストゥレインヂ］; (故障して) **wrong**［ローング］

▸**おかしい**な. 切符(きっぷ)がないぞ. That's **strange**. My ticket is missing.

▸このテレビ**おかしい**よ. Something is **wrong** with this TV.

❸〖正しくない〗**not fair**, **not proper**

▸京子だけ2切れなんて**おかしい**よ.
It's **not fair** only Kyoko gets two pieces.

おかす【犯す, 冒す】

(規則を) break*［ブレイク］; (罪を) commit［コミット］; (危険を) risk［リスク］, run* a risk

▸罪を**犯す** **commit** a crime

おかず

a dish［ディッシ］(◆欧米(おうべい)では主食とおかずを分けて考えないので, dish「料理」や food「食べ物」などで表す)

おかっぱ【お河童】

a bob［バブ］, bobbed hair

おかまい【お構い】

▸どうぞ**おかまい**なく.
Don't go to any trouble.

おがむ【拝む】

pray［プレイ］, worship［ワ～シップ］

▸神棚(かみだな)を**拝む**
worship at a Shinto altar

オカリナ

an ocarina［アカリーナ］

オカルト

(超(ちょう)自然的なもの) the occult［オカるト］

オカルト映画 an occult film

おがわ【小川】

a stream［ストゥリーム］, a brook［ブルック］

おかわり【お代わり】

another helping; (もう少し) some more

▸**お代わり**していいですか？
May I have **another helping**?

▸お茶の**お代わり**はいかがですか？
Would you like **some more** tea?

おき【沖】

off the shore, offshore［オーふショーア］

▸10キロ沖に[で] ten kilometers **off the shore** [**offshore**]

-おき【…置きに】

every［エヴリ］

▸1日**おき**に
every other [second] day

▸バスは10分**おき**に来る.
Buses come **every** ten minutes.

ルール「…おきに」の言い方

「1日[週間, 月, 年]おきに」は, every other day [week, month, year], または every second day [week, ...] のように表します.
「2日[週間, …]おきに」は every three days [weeks, ...] または every third day [week, ...] のように表します.
「バスは10分おきに来る」の場合, 「10分おきに」は10分に一度, つまり, 「10分ごとに」の意味なので, every ten minutes となります. every の後でも複数形を用いることに注意しましょう.

おきあがる【起き上がる】

get* up; (上体を起こす) sit* up

おきて【掟】

(規則) a rule［ルーる］; (公(おおやけ)の統制規則) a regulation［レギュれイシャン］; (法) a law［ろー］

お

おきどけい【置き時計】
a clock［クらック］➡**とけい**

おぎなう【補う】 make* up for ..., （不足を）supplement［サプるメント］; （空所を）fill in ...

おきにいり【お気に入り】 a favorite［ふェイヴァリット］;（人）a pet［ペット］

▸ボブは先生のお気に入りだ. Bob is his teacher's **favorite** [**pet**]. （♦pet を使うとしばしば軽べつの意味になる）

▸このサイトはお気に入りに入れなければ. I should put this site in my **favorites**. （♦favorite は「ブックマーク」を表す）

お気に入りの favorite

▸スーザンのお気に入りの帽子(ぼうし) Susan's **favorite** hat

おきる【起きる】 ❶〚起床(きしょう)する〛**get* up**;〚目を覚ます〛**wake* up**

▸健二, 起きなさい. **Wake up**, Kenji.

❷〚発生する〛happen［ハぁプン］, occur［オカ～］, break* out ➡**おこる²**

▸けさ地震(じしん)が起きた.
An earthquake **occurred** this morning.

結びつくことば
朝早く起きる get up early in the morning
7時に起きる get up at 7
ベッドから起きる get out of bed
トラブルが起きる trouble occurs
地震が起きる an earthquake occurs

おきわすれる【置き忘れる】
leave*［リーヴ］, forget*［ふォゲット］
➡**おく¹**, **わすれる**

▸電車に傘(かさ)を置き忘れた.
I **left** my umbrella on the train.

おく¹【置く】

❶〚のせる, すえる〛put; set
❷〚後に残す〛leave
❸〚間隔(かんかく)をあける〛

❶〚のせる, すえる〛（物を）**put***［プット］;（特定の場所に）**set***［セット］

▸では, 鉛筆(えんぴつ)を置きなさい.
Now **put** down your pencil(s).

▸ナイフとフォークを(並べて)置いてくれない? Can you **set** the knives and forks on the table?
（♦set は「きちんと整えて置く」の意味）

❷〚後に残す〛**leave***［リーヴ］

▸かばん, どこに置いてきたの?
Where did you **leave** your bag?

❸〚間隔をあける〛

▸うちから**1軒(けん)おいた隣(となり)**に舞が住んでいる. Mai lives **two doors away** [**down**] from my house.

(人・物)を…にしておく《**leave** [**keep**] ＋人・物＋形容詞・副詞・過去分詞》

▸電気をつけっぱなしにしておかないで.
Don't **leave** the lights **on**.

▸部屋はいつもきれいにしておきなさい.
Keep your room **clean**.

おく²【億】 a hundred million ➡**かず**

▸2億6千万円 two **hundred** and sixty **million** yen

10億 a billion

おく³【奥】（後ろ）the back［バぁック］;（深い所）the depths［デプすス］

▸その手紙を引き出しの奥にしまった.
I put the letter in **the back** of the drawer.

▸(混雑したバスなどで)もう少し**奥に詰(つ)めて**くれませんか.
Could you **move back** a little?

おくがい【屋外の】 outdoor［アウトドーア］, open-air［オウプンエア］（対義語「屋内の」indoor）

屋外で outdoors［アウトドーアズ］

屋外スポーツ outdoor sports

おくさん【奥さん】 a person's wife［ワイふ］（複数 wives）;（呼びかけ）ma'am［マぁム］

おくじょう【屋上】
a roof［ルーふ］（複数 roofs）

▸デパートの屋上で
on the **roof** of a department store

オクターブ an octave［アクティヴ］

おくない【屋内の】 indoor

[インドーア]（対義語「屋外の」outdoor）

屋内で indoors [インドーアズ]

▸わたしたちは屋内で練習している.
We practice **indoors**.

屋内スポーツ indoor sports

屋内プール an indoor swimming pool

おくびょう【おくびょうな】

timid [ティミッド], cowardly [カウアドリ]

おくびょう者 a coward, 〖口語〗a chicken [チキン]

▸おくびょう者！自分ひとりじゃできないんだ. You **chicken**! You can't do it by yourself.

おくやみ【お悔やみ】

condolence [コンドウれンス] ➡**くやみ**

オクラ 〖植物〗(an) okra [オウクラ]

おくらせる【遅らせる】 delay [ディれイ]；（延期する）put* off ➡**えんき，のばす**

▸出発をもう10分遅(おく)らせよう.
Let's **delay** our departure (for) ten more minutes.

⁑おくりもの【贈り物】

a **present** [プレズント], a gift [ギふト]
（♦gift は少し改まった贈り物）
➡**プレゼント**

▸誕生日の**贈り物** a birthday **present**

▸父の日の**贈り物**に何を買おうかな.
I wonder what I should buy as a Father's Day **present**.

⁑おくる[1]【送る】

❶〖品物を〗send
❷〖人を〗take, drive, see ... off
❸〖年月を〗spend, pass

❶〖品物を〗send* [センド]
（対義語「受け取る」receive）

（人）に（物）を送る《send＋人＋物》《send＋物＋to＋人》

▸スーザンに日本人形を送った.
I **sent** Susan a Japanese doll. / I **sent** a Japanese doll **to** Susan.

▸すてきな絵はがきを送っていただいてありがとうございました.
Thank you for **sending** me the nice postcard.

▸わたしにメールを送ってね.
Send me an e-mail.

❷〖人を〗take* [テイク], **drive*** [ドゥライヴ], **see* ... off** ➡**みおくる**

▸駅まで送りましょうか？
Shall I **take** you to the station?

▸ジャックが車で家まで送ってくれた.
Jack **drove** me home.

❸〖年月を〗spend* [スペンド], **pass** [パぁス] ➡**すごす**

▸彼は1か月間の入院生活を送った. He **spent** a month in the hospital.

おくる[2]【贈る】（あげる）give* [ギヴ]；（プレゼントをする）present [プリゼント]

▸彼女はジョージにセーターを贈った.
She **presented** [**gave**] a sweater to George. / She **gave** George a sweater.

⁑おくれる【遅れる，後れる】

❶〖時間に〗be late《for ...》; be delayed
❷〖進歩などが…より〗fall behind; be behind
❸〖時計が〗lose; be slow

❶〖時間に〗be* late《for ...》[れイト]；（遅らされる）**be delayed** [ディれイド]

▸ごめん，遅れてしまって.
I'm sorry I'**m late**.

▸まずい！ 電車に遅れそうだ.
Oh, no! I'll **be late for** the train.

▸その事故で電車は1時間遅れた.
The trains **were delayed** (for) an hour because of that accident.

❷〖進歩などが…より〗fall* behind [ビハインド]；（遅れている）**be* behind**

▸わたしたちのクラスは，英語がほかのクラスより遅れている. Our class **is behind** the others in English.

▸フレッドが遅れ始めたようだ.
Fred seems to be **falling behind**.

❸〖時計が〗lose* [るーズ]（対義語「進む」gain)；（遅れている）**be* slow**

▸わたしの時計は1か月に2分遅れる.
My watch **loses** two minutes a month.

▸この時計2, 3分遅れてるよ. This watch **is** a few minutes **slow**.

おけ【桶】（大型の）a tub [タブ]；（手おけ）a pail [ペイる]

▸ふろおけ a bath**tub**

⁑おこす[1]【起こす】

❶〖目を覚まさせる〗wake* up

▸あしたの朝5時に**起こして**ください.
Wake me **up** at five tomorrow morning.

❷〖立たせる〗raise［レイズ］
▸その看板を**起こして**ください.
Raise that signboard.

❸〖引き起こす〗**cause**［コーズ］
▸交通事故を**起こす**
cause a traffic accident

おこす²（火を）make [build] a fire

おこたる【怠る】neglect［ネグれクト］
▸自分の義務を**おこたる**な.
Don't **neglect** your duties.
▸注意を**おこたって**は(→不注意になっては)いけない. Don't be careless.

おこない【行い】conduct［カンダクト］, behavior［ビヘイヴィア］
▸彼は日ごろの**行いがいい**.
He always **behaves well**.

˖おこなう【行う】

❶〖する〗**do***［ドゥー］➡**する¹**
ことわざ **言うは易(やす)く行うは難(かた)し.**
Easier said than done.

❷〖会などを〗**hold***［ホウるド］; 〖試験などを〗**give***［ギヴ］
▸入学式は4月3日に**行われる**.
The entrance ceremony will be **held** on April 3.
▸英語の小テストを**行います**.
I'll **give** you a quiz in English.

おこり【起こり】（起源）the origin［オーリヂン］;（原因）the cause［コーズ］

おごり（ごちそうすること）a treat［トゥリート］➡**おごる**
▸これはわたしの**おごり**だ.
This is my **treat**.

おこりっぽい【怒りっぽい】
short-tempered ➡**たんき**

˖おこる¹【怒る】

❶〖腹を立てる〗**get* angry**［あングリ］, 〖口語〗get mad［マぁッド］
▸わたしの行いを見て母は**怒った**.
My mother **got** angry [**mad**] when she saw my behavior.
▸アンはまだわたしに**怒っている**.
Ann **is** still **angry** with [at] me.
▸そんなつまんないことで**怒る**なよ.
Don't **get angry** about [at] such little things.（♦物事に対して怒る場合は about か at を, 人に対しては with か at を使うことが多い）

怒らせる make* ... angry, offend［オふェンド］

怒って angrily, in anger
▸悠太は**怒って**帰っちゃったよ. Yuta went home **angrily** [**in anger**].

❷〖しかる〗scold［スコウるド］; 〖口語〗tell* off ➡**しかる**

˖おこる²【起こる】

（事件などが）**happen**［ハぁプン］, occur［オカ～］;（戦争・火事などが）break* out
▸何が**起こった**のですか?
What **happened**?
▸その事故は昨夜**起こった**.
The accident **occurred** [**happened**] last night.
▸海の向こうで戦争が**起こった**. A war has **broken out** across the ocean.

おごる（ごちそうする）treat［トゥリート］
▸姉がステーキを**おごって**くれた.
My sister **treated** me to a steak.

おさえる【押さえる, 抑える】
hold*［ホウるド］;（感情を）control［コントゥロウる］
▸はしごをしっかり**押さえていて**ください.
Hold the ladder tight.
▸わたしは怒(いか)りを**抑えられなかった**.
I couldn't **control** my anger.

おさげ【お下げ】a pigtail［ピッグテイる］;（三つ編み）〖米〗a braid［ブレイド］

おさない【幼い】very young;（幼稚(ようち)な）childish［チャイるディッシ］
▸**幼い**ころ, 大阪に住んでいた.
I lived in Osaka when I was **very young**.

おさななじみ【幼なじみ】
a childhood friend
▸恵とわたしは**幼なじみ**です. Megumi and I are **childhood friends**.

おさまる【治まる】（静まる）go* down, die down;（やむ）stop［スタップ］
▸風が**おさまった**. The wind has **died down** [**stopped**].
▸痛みがだいぶ**おさまった**.
The pain has almost **stopped**.

おさめる¹【納める】
（払(はら)いこむ）pay*［ペイ］
▸明は給食費を**納めた**.
Akira **paid** his school lunch fee.

お

おさめる²【治める】(統治する) rule 《over ...》[ルーる], govern [ガヴァン]
▶その女王は国をうまく治めた. The queen **ruled over** [**governed**] her country wisely.

:おじ an **uncle** [アンクる]
(対義語「おば」an aunt)
▶きょう, 長野のおじがうちに来るんだ. My **uncle** in Nagano is coming to visit us today.
▶正男おじさん, 映画に連れて行って. Take me to the movies, **Uncle** Masao. (♦Uncle ... は親類以外の親しい人にも使える)

おしあう【押し合う】
push one another

おしあける【押し開ける】
push open; (無理に) force open

おしあげる【押し上げる】push up

おしい【惜しい】(残念な) (too) bad; (大切な) precious [プレシャス]
▶あなたが絵をやめてしまったのは惜しいことです. I feel **bad** that you gave up painting.
▶この本は捨てるには惜しい. This book is too **precious** to throw away.

•おじいさん (祖父) a **grandfather**
[グラぁン(ド)ふぁーざ] (対義語「おばあさん」a grandmother), 〖口語〗a grandpa [グラぁンパー]; (老人) an **old man**
▶ひいおじいさん
a great-**grandfather**
▶おじいさん, 将棋(しょうぎ)教えてくれる? Can you teach me how to play shogi, **Grandpa**?
▶むかし, ある所におじいさんとおばあさんが住んでいました.
Long ago, there lived an **old man** and woman.

***おしいれ**【押し入れ】an *oshiire*, a closet [クらゼット]

日本紹介 押し入れは和室にある, 引き戸のついたクローゼットです. 昼間, そこにふとんや毛布をしまいます. また, ほかに衣類のような物も押し入れにしまいます. An *oshiire* is a closet with sliding doors in a *tatami* room. In the daytime, we put our *futon* and blankets in the *oshiire*. We also keep other things like clothes in the *oshiire*.

おしえ【教え】teachings [ティーチングズ]; (教訓) a lesson [れスン]
▶キリストの教え
the **teachings** of Christ

教え方
how to teach, a teaching method

教え子 one's pupil [ピュープる], one's student [ステューデント]

:おしえる【教える】

❶〖学問などを〗**teach**
❷〖ことばで説明する〗**tell**
❸〖実演などをして示す〗**show**

❶〖学問などを〗**teach*** [ティーチ]
▶父は高校で音楽を教えている.
My father **teaches** music at a high school.

(人)に(物事)を教える
《teach +人+物事》
《teach +物事+ to +人》
▶田中先生がわたしたちに英語を教えてくれた. Mr. Tanaka **taught** us English [English **to** us].

❷〖ことばで説明する〗**tell*** [テる]
▶駅へ行く道を教えてください.
Please **tell** me the way to the station. / Please **tell** me how to get to the station. (♦「ことばで説明する」の意味; show を用いると, 同行するか, または図などで説明することを意味する; teach は用いない)
▶日にちが決まったら教えてね.
Let me know if you fix the date. (♦《let +人+ know +物事》で「(人)に(物事)を知らせる」の意味)

❸〖実演などをして示す〗**show*** [ショウ]
▶このコンピュータの使い方を教えてくれない? Will you **show** me how to use this computer?

くらべよう teach, tell, show

teach は「学問や技術などを教える」こと, **tell** は「ことばで伝える」こと, **show** は「実際に行動や図で示したりする」ことを言います. 3 語とも, 「人に物事を教える」は《主語+動詞+人+物事》か, 《主語+動詞+物事+ to +人》の形で表します.

おじぎ a bow [バウ];
(会釈(えしゃく)) a nod [ナッド]
おじぎする
bow《to ...》, make* a bow《to ...》

参考「おじぎ」の習慣
英米ではおじぎは深い尊敬や服従を表し，日常的なあいさつとして行う習慣はありません．あいさつではおじぎよりも握手(あくしゅ)が原則です．

おしころす【押し殺す】（感情を）hold* [ホウるド], smother [スマざ]

おじさん（おとなの男性）a gentleman [ヂェントゥるマン]；（呼びかけ）sir [サ～]；（おじ）an uncle ➡おじ

おしたおす【押し倒す】 push over [down]；（風が）blow* down

おしだす【押し出す】 push out；（力ずくで）force out；（しぼって）press out

おしつける【押しつける】
push [プッシ], press [プレス];
（強制する）force《on ...》[ふォース]
▸ケニーがこの仕事をわたしに押しつけた．
Kenny **forced** this job **on** me.

おしっこ〖口語〗(a) pee [ピー]
おしっこをする pee

おしつぶす【押しつぶす】
crush [クラッシ]

おしのける【押しのける】
push aside

おしべ a stamen [ステイメン]
（対義語「めしべ」a pistil）

おしまい（終わり）an end [エンド]
➡**おわり, さいご**
▸（授業の終わりなどで）**きょうはこれでおしまいにしましょう．**
That's all for today.

おしむ【惜しむ】
（残念に思う）feel* sorry《about ...》[サリ]；（使うのをいやがる）spare [スペア]
▸みんなが彼の引退を**惜しんだ**．
Everybody **felt sorry about** his retirement.
▸亮はあなたのためなら骨身を**惜しまない**． Ryo **spares** no effort for you.

おしめ a diaper [ダイアパ]

おしゃべり（雑談）a chat [チあット]
おしゃべりする chat, talk;
（ぺちゃくちゃしゃべる）chatter [チあタ]
▸おしゃべりはやめなさい．
Stop talking [**chattering**].

おしゃべりな talkative [トーカティヴ]
▸母はほんとうにおしゃべりだ．
My mother is very **talkative**.

おじゃま ➡**じゃま**

おしゃれ【おしゃれな】（最新流行の）fashionable [ふぁショナブる]
▸おしゃれな服 **fashionable** clothes
おしゃれする
be* dressed nicely [ナイスり]
▸きょう，ベスはおしゃれしている．
Beth **is dressed nicely** today.

おじゃん
▸旅行は母の急な仕事の都合で**おじゃんになった**（→中止された）．
Our trip **was canceled** because of my mother's urgent business.

おじょうさん【お嬢さん】
（娘(むすめ)）a person's daughter [ドータ]；（呼びかけ）Miss [ミス]

おしろい【白粉】 (face) powder

おしわける【押し分ける】
▸人ごみを**押し分けて進んだ**．
I **pushed my way through** the crowd.

おしんこ【お新香】 pickles [ピクるズ]

⁑おす[1]【押す】
❶〖人・物を〗**push** [プッシ]
（対義語「引く」pull), press [プレス]
▸ボタンを押したが，何も起こらなかった．
I **pressed** [**pushed**] the button, but nothing happened.
▸ドアを押して開ける
push the door open
❷〖印(いん)を〗place [プれイス], put*
▸ここに判(はん)を押してください． Please **place** [**put**] your seal here.

おす[2]【雄】 a male [メイる]（対義語「雌(めす)」a female),〖口語〗a he [ヒー]
雄の male
▸**雄の**猫(ねこ)
a **male** cat / a **he**-cat / a tomcat
▸きみの犬は**雄**なの，雌なの？
Is your dog a **he** or a she?

おすすめ【お勧め】 ➡**すすめる[1]**
▸どれがお勧めですか（→どれを推薦(すいせん)しますか）．
Which (one) do you recommend?

オセアニア Oceania [オウシあニア]
（◆メラネシア・ミクロネシア・ポリネシアの総称）

お

おせじ【お世辞】
(おべっか) flattery [ふらぁタリ];
(ほめことば)
a compliment [カンプりメント]
お世辞を言う
flatter [ふらぁタ], compliment

ダイアログ　謙(けん)そんする
A: きみは歌がじょうずだね.
You're a good singer.
B: お世辞でしょ.
Oh, you're just **flattering** me.

✽**おせち【お節】** *osechi*, dishes eaten during the New Year period
日本紹介 お節は日本の伝統的な正月料理です. 新年が来る前に用意します. それぞれの料理には特別の意味がこめられていて, わたしたちの幸せへの願いを表しています.
Osechi are traditional Japanese dishes for the New Year period. They are prepared before the New Year comes. Each dish has a special meaning and shows our wish for happiness.

おせっかい meddling [メドゥりング]
おせっかいな〖口語〗nosy [ノウズィ]
おせっかいな人
a busybody [ビズィバディ]
おせっかいを焼く meddle [メドゥる]
▸**よけいなおせっかいはしないでくれ.**
None of your business. / (→自分のことだけ気にしていろ) **Mind your own business.**

おせん【汚染】
pollution [ポるーシャン],
contamination [コンタぁミネイシャン]
▸大気汚染 air **pollution**
▸環境(かんきょう)汚染 environmental **pollution** [**contamination**]
▸放射能汚染
radioactive **contamination**
汚染する pollute [ポるート]
汚染物質 a pollutant [ポるータント],
a contaminant [コンタぁミナント]
海洋汚染
marine pollution [マリン ポるーシャン]

おそい【遅い】
❶〖時間が〗**late** [れイト]
(対義語「早い」early)
▸近ごろ, 兄は帰りが**遅い**. My brother comes back home **late** these days.
▸もう帰らなくては. **遅く**なってる. I have to go home now. It's getting **late**.
▸ずいぶん**遅い**朝ご飯だね. You're having a very **late** breakfast.
❷〖速度が〗**slow** [スろウ]
(対義語「速い」quick)
▸ジャックは計算が**遅い**.
Jack is **slow** at figures.
▸カメは動くのが**遅い**.
Tortoises move **slow** [slowly]. / Tortoises are **slow** movers.

おそう【襲う】 attack [アタぁック]
▸彼はハチに**襲われた**.
He was **attacked** by bees.

おそかれはやかれ【遅かれ早かれ】 sooner or later

おそく【遅く】
❶〖時間が〗**late** [れイト]
(対義語「早く」early)
▸**遅く**なってごめん.
I'm sorry I'm **late**.
▸電車は予定より 30 分**遅く**出発した.
The train left thirty minutes **late** [**later** than scheduled].
▸夜**遅く**電話をしてすみません. I'm sorry I called you so **late** at night.
▸絵美, **遅くとも** 5 時には来てね.
Emi, come by five **at the latest**.
❷〖速度が〗**slow(ly)** [スろウ(り)]
(対義語「速く」fast) ➡**おそい**, **ゆっくり**

おそなえ【お供え】

an offering [オーふァリング]

おそまつ【お粗末な】 poor ➡**そまつ**

おそらく【恐らく】 probably ➡**たぶん**

おそるおそる【恐る恐る】
(おくびょうに) timidly [ティミッドり];
(こわごわ) fearfully [ふィアふり]

おそれ (恐怖(きょうふ)・心配) (a) fear
[ふィア]; (危険) (a) danger [デインヂャ];
(可能性) (a) possibility [パスィビりティ]
…するおそれがある
《be* likely to ＋動詞の原形》
▸大雨のおそれがある.
It **is likely to** rain heavily.

おそれいる【恐れ入る】
▸**おそれいりますが**, 最寄(もよ)りのバス停はどちらでしょうか? **Excuse me, but** where's the nearest bus stop?

•おそれる【恐れる】

be* afraid 《of ...》 [アふレイド],
fear [ふィア] ➡**こわがる**
▸ミスをすることなんか恐れていない. **I'm** not **afraid of** making mistakes.
▸最悪の場合を恐れては何もできない.
If you **fear** the worst case, you can't do anything.

おそろい【お揃いの】
matching [マぁチング] ➡**そろい**
▸2人の女の子はおそろいの服を着ていた.
The two girls were wearing **matching** dresses.

•おそろしい【恐ろしい】

terrible [テリブる], horrible [ホーリブる]
▸恐ろしい夢(ゆめ)
a <u>**terrible**</u> [**horrible**] dream
▸きのうは恐ろしい目にあったよ. I had a **terrible** experience yesterday.
恐ろしく (非常に) awfully, terribly
▸きょうは恐ろしく疲(つか)れたよ.
I'm **awfully** tired today.

おそわる【教わる】 (習い覚える)
learn* [ら～ン]; (教えられる) be* taught [トート] ➡**ならう**
▸のこぎりの使い方を母から教わった.
I **learned** how to use a saw from my mother.
▸それは学校で教わったよ.
I **was taught** it at school.

オゾン 〖化学〗 ozone [オウゾウン]
オゾン層 the ozone layer [れイア]
オゾンホール an ozone hole

おたがい【お互いに, お互いを】
each other, one another ➡**たがい**

オタク a nerd [ナ～ド]
▸コンピュータオタク
a computer **nerd**

おたく【お宅】 (相手の家) your home, your house; (相手) you

おだちん【お駄賃】
(チップ) a tip [ティップ];
(報酬(ほうしゅう)) a reward [リウォード]

おだてる flatter [ふらぁタ] ➡**おせじ**

オタマジャクシ
〖動物〗 a tadpole [タぁドポウる]

•おだやか【穏やかな】

(天候・海などが) **calm** [カーム];
(気候が) **mild** [マイるド];
(人・性質が) **gentle** [ヂェントゥる];
(音などが) **quiet** [クワイエット]
▸きょうは海が穏やかだ.
The sea is **calm** today.
▸ここの気候は穏やかだ.
The climate here is **mild**.
▸姉は性格が穏やかだ.
My sister has a **gentle** personality.
穏やかに gently, quietly

おちこぼれ【落ちこぼれ】
(脱落(だつらく)者) a dropout [ドゥラプアウト]

おちこむ【落ち込む】 (落ちこんでいる) be* depressed [ディプレスト]

おちつき【落ち着きのある】
calm [カーム]
落ち着きのない restless [レストれス]

おちつく【落ち着く】
❶〖心・気持ちが〗 calm down [カーム ダウン], settle down [セトゥる ダウン]
▸落ち着きなよ. **Calm down**. / **Settle down**. / (→気楽に) Take it easy. / (→興奮(こうふん)しないで) Don't be so excited.
❷〖場所に〗 settle down
▸わが家は新居に落ち着いた.
My family has **settled down** in our new house.

おちば【落ち葉】 a fallen leaf
(複数 fallen leaves)

おちゃ【お茶】 (日本茶) green tea [ティー]; (紅茶) tea, black tea;
(お茶の時間) a tea break ➡**ちゃ**

✲おちゃづけ【お茶漬け】 *ochazuke*

お

日本紹介 お茶漬(ちゃ)けは軽い食事です．ご飯茶わんにご飯を盛り，上からお茶をかけます．お茶漬けはのどをすんなり通り，カロリーが低いので，少しだけ食べたいときにぴったりです．
Ochazuke is a light meal. You put rice in an *ochawan*, a bowl for rice, and pour tea over it. It is easy to swallow and low in calories, so *ochazuke* is good when you want to eat just a little.

おちゃめ【お茶目な】（ふざけたがる）playful［プれイふる］

おちゃらける kid around

:おちる【落ちる】

❶［落下する］**fall, drop**
❷［程度が下がる］**go down**
❸［失敗する］**fail**《in ...》
❹［とれる］**come out**

❶［落下する］**fall*** ［ふォーる］, **drop**［ドゥラップ］
▸木の葉がだいぶ落ちた． Most of the tree leaves have **fallen**.
▸ボブは溝(みぞ)に落ちた．
Bob **fell** into a ditch.
▸棚(たな)から人形が落ちた．
A doll **dropped** from the shelf.
❷［程度が下がる］**go* down**
▸ひどく成績が落ちちゃった．
My grades **went down** terribly.
❸［失敗する］**fail**《in ...》
▸入試に落ちたらどうしよう？
What (do I do) if I **fail** the entrance exam?
❹［とれる］**come* out**
▸しょうゆのしみはなかなか落ちない．
Soy sauce stains don't **come out** so easily.

おつかい【お使い】
an errand［エランド］➡**つかい**

おっかけ【追っかけ】
（ロック歌手などの）a groupie［グルーピ］

おつかれさま【お疲れ様】（♦別れのあいさつやねぎらいのことばで代用できる）

ダイアログ　あいさつする
A:今日はもう帰ります．お疲れ様です(→また明日)． I'm leaving for today. See you tomorrow.
B:お疲れ様です(→良い夜を)．
Have a good evening.

ダイアログ　ねぎらう
A:テストがやっと終わった!
Exams are finally over!
B:お疲れ様(→きっと疲れているでしょうね)．
You must be tired.

おっくうな【億劫な】
（めんどうな）troublesome［トゥラブるサム］；（気が進まない）reluctant［リらクタント］, unwilling［アンウィりング］

おっしゃる say*［セイ］, tell*［テる］
（♦敬語「おっしゃる」を直接表す言い方はなく，say, tell などを用いる）➡**いう**
▸森先生は大きな声で英語を話しなさいとおっしゃった． Mr. Mori **told** us to speak English in a loud voice.

おっちょこちょい（うっかり者）
a scatterbrain［スキぁタブレイン］

おっと[1]【夫】 a husband［ハズバンド］
（対義語「妻」a wife）

おっと[2] oops［ウップス］（♦驚(おどろ)いたり失敗したときに用いる）

オットセイ
〖動物〗a fur seal［ふァ～ スィーる］

おっとり【おっとりした】
gentle［ヂェントゥる］, easygoing［イーズィゴウイング］, calm［カーム］
▸おっとりした女性 a **gentle** woman

おっぱい a breast［ブレスト］
▸赤ちゃんにおっぱいを飲ませる
give a baby the **breast** / nurse a baby（♦この nurse は「授乳(じゅにゅう)する」の意味の動詞）

おつり【お釣り】 change［チェインヂ］
➡**つり[2]**

おてあげ【お手上げ】
▸お手上げだ．
（→わたしにできることは何もない）
There is nothing I can do. / (→もうどうしようもない) **I can't help it.** / (→降参だ) **I give up.**

おてあらい【お手洗い】 a bathroom, a restroom ➡**トイレ(ット)**

おでき a boil［ボイる］

おでこ a forehead ➡**ひたい**

おてだま【お手玉】

a beanbag [ビーンバぁッグ]
▸お手玉をする play **beanbags**

おてつだいさん【お手伝いさん】
a helper [へるパ], a housekeeper [ハウスキーパ], a maid [メイド]

✻おでん *oden*, boiled fish-cake and vegetables in soy-seasoned broth

⁑おと【音】 (a) **sound** [サウンド];
(騒音(そうおん)・雑音) (a) **noise** [ノイズ];
(音色・音調) a **tone** [トウン]
▸大きな音 a loud **sound**
▸小さな音 a low [soft] **sound**
▸車の音 traffic **noise**
▸ものを食べるときに音を立ててはいけません.
Don't make **noise** when you eat.
▸ドアの開く音がしませんでしたか?
Didn't you hear the door open?
(♦《hear＋名詞＋動詞の原形》で,「…が～する音を聞く」の意味)
▸ステレオ**の音を小さく**[**大きく**]**して**ください. Please **turn** the stereo **down** [**up**].
▸このフルートはいい**音がする**.
This flute **sounds** nice.(♦このsoundは「音が鳴る」の意味の動詞)

参考 音の表し方
音を表すとき, 日本語ではよく「ドンと」「バタンと」など「…と」の形で言いますが, 英語ではふつう **with …** の形や動詞だけで表します.(例) He shut the door *with* a bang. / He *slammed* the door.(彼はドアをバタンと閉めた)

⁑おとうさん【お父さん】
a **father** [ふァーざ]
(**対義語**「お母さん」a mother) ➡**ちち[1]**
▸お父さんはおいくつですか?
How old is your **father**?
▸お父さん, 海に連れて行ってよ.
Take me to the sea, **Dad**.

参考「お父さん」と呼びかける言い方
子供が「お父さん」と呼びかけるときは, **Father**, **Dad** [ダぁッド] などを用います. 小さい子供は **Daddy** [ダぁディ] をよく用います.

⁑おとうと【弟】 a **brother** [ブラざ];
(兄と区別して) a younger brother, a little brother ➡**あに**, **きょうだい[1]**
▸弟は小学校に行っている.
My **brother** goes to elementary school.
▸いちばん下の弟
the youngest **brother**

おどおど【おどおどした】
timid [ティミッド], nervous [ナ～ヴァス]
▸女の子たちの前ではおどおどしてしまう.
I'm **timid** around girls.
おどおどと timidly, nervously

おどかす【脅かす】
threaten [すレトゥン]

おとぎのくに【おとぎの国】
a fairyland [ふェアリらぁンド]

おとぎばなし【おとぎ話】
a fairy tale [ふェアリ テイる]

おどける clown (around) [クらウン], play the fool

⁑おとこ【男】 a **man** [マぁン]
(**複数** men; **対義語**「女」a woman);
(性別を強調して) a male [メイる]
(**対義語**「女性」a female)
▸若い男 a young **man**
男の male
▸男の先生 a **male** teacher
▸男物の時計 a men's watch
男友達 a male friend
(♦boyfriend は「男の恋人(こいびと)」の意味)
男の子 a boy [ボイ];
(赤ん坊(ぼう)) a baby boy
男らしい manly

おとしあな【落とし穴】
a pitfall [ピットふォーる];
(わな) a trap [トゥラぁップ]

✻おとしだま【お年玉】
a New Year's gift

おとしもの【落とし物】
a lost article [アーティクる]
▸谷先生, これ落とし物です(→だれかが落としました). Mr. Tani, someone dropped [lost] this.
落とし物取扱(とりあつかい)所
the lost and found office

おとしより【お年寄り】 an old person; (全体) old [older, elderly] people, senior citizens, the aged

⁑おとす【落とす】

drop [ドゥラップ]; (失う) **lose*** [るーズ]
▸お皿(さら)を落とさないように気をつけて.
Take care not to **drop** the plates.
▸財布(さいふ)を落としてしまった.
I **lost** my wallet.
▸**スピード落とせ**
〘掲示〙 **Slow down**

おどす【脅す】 threaten [すレトゥン]
▸強盗(ごうとう)は銃(じゅう)で彼らを脅した.
The robber **threatened** them with a gun.

❖おとずれる【訪れる】

visit [ヴィズィット], (人を) call on ..., (場所を) call at ...; (来る) come* [カム]
➡**ほうもん**
▸毎年, 多くの観光客が京都を訪れる.
Many tourists **visit** Kyoto every year.
▸ようやく春が訪れた.
Spring has **come** at last.

おととい the day before yesterday
▸おととい図書館に行った.
I went to the library **the day before yesterday**.

おととし the year before last, two years ago [アゴウ]
▸その店はおととしオープンした.
The shop opened **the year before last**.

❖おとな【大人】

(男の) a **man** [マぁン] (複数 men); (女の) a **woman** [ウマン] (複数 women); (男女ともに) a grown-up [グロウンアップ], an adult [アダるト]
▸(切符(きっぷ)売り場で)おとな２枚, 子供１枚ください.
Two **adults** and one child, please.
おとなになる grow* up
▸おとなになったら何になりたいの?
What do you want to be when you **grow up** [you're an **adult**]?
おとなの adult

おとなしい quiet [クワイエット], gentle [ヂェントゥる]
▸おとなしくしなさい.
(→静かに) Be **quiet**! / (→よい子にしていなさい) Be a good boy [girl].
おとなしく quietly, gently
▸エレン, おとなしく待っててね.
Ellen, wait for me **quietly**.

おとなっぽい【大人っぽい】
adult [アダるト], mature [マチュア]
▸彼女はいつもおとなっぽい格好をしている. She always dresses in a **mature** way.

おとめざ【おとめ座】 Virgo [ヴァ～ゴウ], the Virgin [ヴァ～ヂン] ➡**じゅうに**

おどり【踊り】 a dance [ダぁンス]; (踊ること) dancing [ダぁンスィング]
▸盆(ぼん)踊り the *Bon* **dance**
▸カレンは踊りがじょうずです. Karen is good at **dancing**. / (→上手な踊り手) Karen is a good dancer.
踊り場 (階段の) a landing

おとる【劣る】
be* inferior 《to ...》 [インふィリア]; (悪い) be worse 《than ...》 [ワ～ス]
▸質の点では, このグラスはそれより劣っている. This glass **is worse than** [**inferior to**] that one in quality.

おどる【踊る】 dance [ダぁンス]
▸わたしと踊ってくれませんか?
Will you **dance** with me?

おとろえる【衰える】
become* weak
▸最近視力が衰えた. Recently my eyesight has **become weaker**.

おどろかす【驚かす】 surprise [サプライズ]; (おびえさせる) scare [スケア]
▸驚かすなよ! You **surprised** me! / Don't **scare** me! / You **scared** me!

おどろき【驚き】 surprise [サプライズ]; (驚嘆(きょうたん)) wonder [ワンダ]

❖おどろく【驚く】

❶〘びっくりする〙 **be* surprised** [サプライズド], be astonished [アスタニッシト]
…**に驚く** 《**be surprised at ...**》
…**して驚く**
《**be surprised to** +**動詞の原形**》
▸圭の話に驚いた. I **was surprised at** Kei's story. / I **was surprised to** hear Kei's story.
驚いたことに to one's surprise
▸驚いたことに, 広司は試験を受けなかった. **To my surprise**, Koji didn't take the exam.
驚いて in surprise

▶驚いて振(ふ)り返った.
I looked back **in surprise**.

驚くべき surprising, amazing
▶驚くべき結末 a **surprising** ending

❷〘感心する〙
be* amazed 《by ...》[アメイズド],
be so impressed 《by ...》[インプレスト]
▶夕日の美しさに驚いた.
I **was** amazed [**so impressed**] **by** the beauty of the sunset.

おないどし【同い年だ】
be* the same age, be as old as ...
▶由美とジェイクは同い年だ.
Yumi and Jake **are the same age**. / Yumi **is as old as** Jake.

おなか a stomach [スタマック]
➡い, はら[1]
▶おなかが痛い. I have a pain in my **stomach**. /(→腹痛がする) I have a stomachache.
▶**おなかがすいた**. **I'm hungry**.
▶わたし, **おなかがいっぱい**.
I'm full. / **I've had enough**.

***おなじ【同じ】** **the same** [セイム];(…と同じ～) **the same ～ as ..., the same ～ that ...**
▶由紀とわたしは同じクラスだ.
Yuki and I are in **the same** class.
▶わたしはあなた**と同じ**色のセーターを持っている. I have a sweater **the same** color **as** yours.(♦the same ～ as の後は, ふつう名詞か代名詞)
▶鈴木先生が, きのう言ったの**と同じ**冗談(じょうだん)を言ってるよ.
Mr. Suzuki is telling us **the same** joke **that** he told yesterday.
▶1時間は60分と同じだ.
An hour is equal to sixty minutes.
▶**同じような**話を聞いたことがある.
I've heard a **similar** story.

同じくらい as ～ as ...
▶トムはわたしと同じくらいの背たけだ.
Tom is **as** tall **as** I (am).

> **ルール 「…と同じ～」と as ～ as ...**
> **1** 「…と同じ大きさ[長さ, 年, 背の高さ]」などは, **as ～ as ...**(…と同じくらい～)を使い, as big [long, old, tall] as ...のように表します.
> **2** as と as の間には, ふつう**形容詞・副詞の原級**を使います.

おなら 〘米〙 gas [ギぁス],
〘英〙 wind [ウィンド]
おならをする pass gas, break* wind

おに【鬼】(民話などの) an ogre [オウガ];(鬼ごっこの) it;(悪魔(あくま)のような) a demon [ディーモン], a devil [デヴる];〘口語〙(ものすごく) super [スーパ], as hell [へる]
▶桃太郎は**鬼**退治に鬼が島へ行きました.
Momotaro went to *Onigashima* to punish the **ogres**.
▶彼は仕事の**鬼**だ.
He's a **demon** for work.
▶決勝戦の前で**鬼**緊張(きんちょう)した.
I was **super** nervous [nervous **as hell**] before the final match.
(♦super は形容詞の前に, as hell は形容詞のあとに置く)

> **ダイアログ** **質問する・説明する**
> *A:*(鬼ごっこで)鬼はだれ? Who's **it**?
> *B:*ぼくだよ. I'm **it**.

鬼ごっこ tag [タぁッグ]
▶**鬼ごっこ**をしよう. Let's play **tag**.

***おにぎり** an *onigiri*, a rice ball

> **日本紹介** おにぎりは, お弁当や軽い食事として, 日本でとても人気がある食べ物です. 英語ではよく「ライスボール」と呼ばれます. ご飯を三角やだ円形ににぎります. よく焼きザケや梅(うめ)干しのような塩気のある物を中に入れたり, ノリと呼ばれる乾燥(かんそう)した海草を巻いたりします. おにぎりは手で食べることができるので, 遠足やお弁当に最適です.
> An *onigiri* is a very popular Japanese lunch food or snack. It is often called a "rice ball" in English. Rice is made into a triangular or oval shape. It is often stuffed with something salty such as grilled salmon or sour plums and covered with dried seaweed called *nori*. We can eat it with our hands, so it is best for picnics and box lunches.

おねがい【お願い】 ➡ねがい, ねがう

おねしょ bed-wetting
おねしょする wet* one's [the] bed

おの【斧】 an ax [あックス];
(手おの) a hatchet [ハぁチェット]

お

おのおの(の)【各々の】each［イーチ］
▸生徒はおのおの自分の帽子(ぼうし)を持っている. **Each** student has their [his or her] own cap.(◆each＋単数名詞になる；所有格は性別を特定しない their や his or her が用いられる)

・おば an **aunt**［あント］
(対義語「おじ」an uncle)
▸あす，おばの所へ行きます.
I'm going to my **aunt**'s tomorrow.
(◆aunt's で「おばさんの家」)
▸洋子おばさん，また来てね. Please visit us again, **Aunt** Yoko.(◆Aunt ... は親類以外の親しい人にも使える)

・おばあさん
(祖母) a **grandmother**［グラぁン(ド)マざ］
(対義語「おじいさん」a grandfather),
〖口語〗a grandma［グラぁンマー］;
(老人) an **old woman**
▸ひいおばあさん
a great-**grandmother**
▸おばあちゃん，肩(かた)もんであげようか？
Shall I massage your shoulders, **Grandma**?(◆知らない老婦人に呼びかけるときは ma'am［マぁム］を使う)

おばけ【お化け】
(幽霊(ゆうれい)) a ghost［ゴウスト］;
(異常に大きい物) a monster［マンスタ］
▸そのホテルには**お化けが出る**.
The hotel **is haunted**.
お化け屋敷(やしき) a haunted house
［ホーンティッド ハウス］

おばさん (おとなの女性) a lady
［れイディ］；(呼びかけ) ma'am［マぁム］;
(おば) an aunt ➡おば

＊おはじき *ohajiki*, small disks used in a children's game similar to marbles

・おはよう **Good morning.**

ダイアログ　あいさつする
A:松井先生，おはようございます.
Good morning, Ms. Matsui.
B:おはよう. **Good morning**.

ダイアログ　あいさつする
A:おはよう，エマ. **Hi**, Emma.
B:アヤ，おはよう.元気？
Hi, Aya. How are you?

参考 **Good morning.**
1 朝から午前中いっぱい使うあいさつ. 昼に近い時間でも使うので，日本語の「こんにちは」にあたることもあります. ふつう，後に相手の名前をつけます.
2 少し改まったあいさつなので，友達どうしではふつう **Hello.** や **Hi.** を使います. Hello. や Hi. は一日じゅう，時間に関係なく何回も使えます.

おび【帯】a belt［べるト］;
(和服の) an *obi*

おびえる be* frightened《at [by] ...》
［ふライトゥンド］
▸その子は大きな犬におびえた.
The child **was frightened by** the big dog.

おひつじざ【おひつじ座】Aries
［エリーズ］, the Ram［ラぁム］➡**じゅうに**

おひとよし【お人好しの】(気がいい) good-natured［グッドネイチャド］
▸マイクはお人好しだ.
Mike is a **good-natured** person.

＊おひなさま a *hina* doll, a Girls' Festival doll ➡**ひなまつり**

オフィス an office［オーふィス］

オフェンス offense［オふェンス］
(対義語「ディフェンス」defense)

オフサイド offside［オーふサイド］
オフサイドトラップ an offside trap
オフサイドライン an offside line

オプション an option［アプシャン］

オペラ〖音楽〗an opera［アペラ］
オペラ歌手 an opera singer

オペレーター an operator［アペレイタ］

おぼえ【覚え】(記憶(きおく)力)
(a) memory［メモリ］➡**ものおぼえ**
▸彼は物覚えがいい.
He has a good **memory**.

・おぼえている【覚えている】
remember［リメンバ］
(対義語「忘れる」forget)

▸ここで遊んだこと**覚えてる**かい？
Do you **remember** playing here?
▸これは**覚えておいて**ね.
Remember this.

ルール **《remember ＋～ing》**
過去のことについて「…**したことを覚えている**」の意味を表します. **《remember to ＋動詞の原形》**とすると，これからのことについて「…**するのを覚えておく**」，つまり「**忘れずに…する**」の意味になります.

˙おぼえる【覚える】
（習い覚える）**learn*** [ら～ン]；（記憶(きおく)する）memorize [メモライズ], learn ... by heart [ハート]
▸どうやって日本語を**覚えた**のですか？
How did you **learn** Japanese?
▸そんなにたくさんのこと，一度に**覚え**きれません. I can't **memorize** so many things at a time. / I can't **learn** all those things **by heart** at once.

結びつくことば
名前を覚える remember a person's name
単語を覚える remember [memorize] a word
ダンスを覚える learn to dance
作り方を覚える learn how to make ...

おぼれる
（おぼれて死ぬ）drown [ドゥラウン], be* drowned
▸海で**おぼれ**かけた. I (was) almost **drowned** in the sea.
ことわざ **おぼれる者はわらをもつかむ.**
A drowning man will catch at a straw.

✻おぼん【お盆】
the Bon Festival
➡**ぼん**

おまいり【お参りする】
visit [ヴィズィット]
▸神社に**お参りする**
visit a shrine and pray

おまえ
you [ユー] ➡**あなた**

おまけ
（景品）a giveaway [ギヴアウェイ]；（余分なもの）an extra [エクストゥラ]；（割引）a discount [ディスカウント]
▸これ，**おまけ**(→ただ)です.
This is yours for free.

おまけに
（そのうえ）besides [ビサイヅ]
➡**そのうえ**；（さらに悪いことに）to make matters worse [ワ～ス]
▸彼は足にけがをし，**おまけに**日も暮(く)れてきた. He hurt his leg, and, **to make matters worse**, it was getting dark.

おまじない
a charm [チャーム], a spell [スペる]

おまちどおさま【お待ちどおさま】
▸**お待ちどおさまでした.**
(→待たせてすみません) **I'm sorry I've kept you waiting.** / (→待ってくれてありがとう) **Thank you for waiting.**

おまつり【お祭り】
a festival [ふェスティヴる] ➡**まつり**

おまもり【お守り】
a charm [チャーム]
▸入試合格祈願(きがん)の**お守り**
a good-luck **charm** for entrance exams

おまる
（病人用）a bedpan [ベッドパぁン]；（幼児用）a potty [パティ]

おまわりさん
（警官）a police officer [ポリース オーふィサ] ➡**けいかん**；（呼びかけ）officer [オーふィサ]
▸すみません，**おまわりさん**. 駅はどちらですか？ Excuse me, **officer**. Which way is the train station?

✻おみくじ
an *omikuji*, a fortune paper [ふォーチュン ペイパ]

日本紹介 おみくじは小さな紙切れで，大吉(だいきち)から大凶(だいきょう)まで，運勢を告げます. 神社で手に入れることができます. おみくじで凶が出たときは，運勢を変えるために，おみくじをその神社内の木の枝に結びます.
An *omikuji* is a small piece of paper, and it tells your fortune from very good luck to very bad luck. You can get it at a *Shinto* shrine. If your paper says bad luck, you tie it around a tree branch at the shrine to change your luck.

✻おみこし
an *omikoshi*, a movable shrine [ムーヴァブる シュライン]
➡**みこし**

おみや【お宮】
a shrine [シュライン]

おみやげ【お土産】

お

a present［プレズント］;（記念品）a souvenir［スーヴェニア］➡**みやげ**

＊おむすび an *omusubi*, a rice ball ➡**おにぎり**

おむつ a diaper［ダイアパ］

オムライス fried rice wrapped in a thin omelet

オムレツ an omelet［アムれット］

おめでとう

Congratulations!［コングラぁチュれイシャンズ］

（◆複数形の s をつけることに注意）

▸優勝おめでとう！ **Congratulations** on your championship!

▸ご結婚(けっこん)おめでとうございます(→あらんかぎりの幸福をお祈(いの)りします).
I wish you every happiness. / **Congratulations!**

参考 カードで「おめでとう」

カードには次のように書きます.

「誕生日おめでとう！」
Happy birthday (to you)!

「クリスマス・新年おめでとう！」
Merry Christmas and (a) Happy New Year! /
Best wishes for a merry Christmas and a happy New Year.

「新年おめでとう！」
A Happy New Year! /
I wish you a happy New Year.

おめにかかる【お目にかかる】
meet*［ミート］, see*［スィー］

▸お目にかかれてうれしく思います.
I'm glad to **meet** you.

おもい¹【重い】

❶〘重さが〙**heavy**［ヘヴィ］
（対義語「軽い」light）

▸重いかばん a **heavy** bag

▸この机は重すぎて，簡単には動かせない.
This desk is too **heavy** to move easily.

❷〘重大な〙**serious**［スィリアス］

▸重い病気 a **serious** illness

❸〘気分・頭が〙be* depressed［ディプレスト］, feel* depressed

▸ジャックは試験のせいで気が重かった.
Jack **was depressed** about [because of] the exam.

おもい²【思い】（考え）(a) thought［そート］;（気持ち）feelings［ふィーリングズ］

▸彼女は思いを胸にしまった. She kept her **thoughts** to herself.

▸きみが来るなんて**思いもよらなかった**.
I **never dreamed** (that) you would come.

おもいあたる【思い当たる】

▸どうして彼が腹を立てていたのか，まったく**思い当たる節**(ふし)**がない**.
I **don't have** the slightest **idea** why he was angry.

おもいがけない【思いがけない】
unexpected［アンイクスペクティッド］
➡**いがい**

思いがけなく unexpectedly

おもいきって【思い切って…する】《dare to ＋動詞の原形》［デア］

▸トムは思い切って手をあげた.
Tom **dared to** raise his hand.

おもいきり【思い切り】
as ... as possible, as ... as one can*

▸わたしたちは思い切り大声で叫(さけ)んだ.
We shouted **as** loud **as** possible [**we could**].

おもいこみ【思い込み】
（先入観）prejudice［プレヂュディス］

おもいだす【思い出す】

remember［リメンバ］;（思い出させる）remind《of ...》［リマインド］

▸あなたのことを思い出してはよくみんなで話をしています. We often **remember** and talk about you.

(物・人)が(人)に…を思い出させる
《(物・人)＋ remind ＋(人)＋ of ...》

▸この音楽を聴(き)くと楽しいことを思い出す(→この音楽はわたしに楽しいことを思い出させる).
This music **reminds** me **of** pleasant things.

おもいちがい【思い違い】
（誤解）(a) misunderstanding［ミスアンダスタぁンディング］

思い違いをする
be* mistaken［ミステイクン］

おもいつき【思いつき】
an idea［アイディーア］➡**かんがえ**

おもいつく【思いつく】 think* of ...

▸学級新聞につけるいい名前が思いつかない. I can't **think of** a good name

for our class paper.

˙おもいで【思い出】

a memory [メモリ]

▸いちばんの思い出は北海道への修学旅行だ. My favorite **memory** is (from) our school trip to Hokkaido.

▸学校生活の楽しい思い出がたくさんある. I have a lot of happy **memories** of school days.

おもいどおり【思い通り】

▸**われわれの思いどおりに**事が進んだ. Things went **as we wished**.

おもいやり【思いやりがある】

(親切な) kind《to ...》[カインド];
(理解がある) considerate《of [to] ...》[コンスィダレット]

▸恵子は人に思いやりがある. Keiko is **kind to** others. / Keiko is **considerate of** others.

おもいやる【思いやる】

consider [コンスィダ], think* of ...

⁑おもう【思う】

❶ 〖考える〗 think; suppose
❷ 〖信じる〗 believe, be sure
❸ 〖疑う〗 doubt, suspect
❹ 〖想像する〗 imagine
〖予想する〗 guess, be afraid
❺ 〖希望する〗 want, hope
❻ 〖意図する〗
《be going to ＋動詞の原形》
❼ 〖みなす〗 regard ... as
〖解釈(かいしゃく)する〗 take

❶ 〖考える〗 **think*** [スィンク]; (推測する) **suppose** [サポウズ] ➡かんがえる

ダイアログ　主張する・共感する

A: それはいい考えだと思うな.
I **think** that's a good idea.
B: わたしもそう思うわ.
I **think** so, too.

▸スーはサッカーがとてもうまい**と思った**. I **thought** Sue played soccer very well. (♦「…と思った」では think を過去形 thought にし, 後ろの「主語＋動詞」の動詞も過去形にする)

▸ケイトはそれに反対しない**と思う**. I don't **think** [**suppose**] Kate will oppose that.

ルール 「…しないと思う」の言い方

英語では, 「…しないと思う」も「…するとは思わない」も, think の部分を打ち消して言うのがふつうです. つまり, 下の(1)がふつうの言い方で, (2)はあまり使われません.
(1) I *don't think* he *will* win.
(彼は勝たないと思う)
(2) I *think* he *won't* win.

❷ 〖信じる〗
believe [ビリーヴ], **be* sure** [シュア]

▸きみは本気でほかの惑星(わくせい)に生命が存在する**と思っているの**? Do you really **believe** life exists on other planets?

▸きっとフレッドが勝つ**と思う**. **I'm sure** Fred will win.

❸ 〖疑う〗 **doubt** [ダウト], **suspect** [サスペクト] ➡うたがう

▸あの話, ほんとうじゃないんじゃないかって思っていたんだ. I **doubted** if that story was true.

❹ 〖想像する〗 **imagine** [イマヂン];
〖予想する〗 **guess** [ゲス], **be* afraid** [アふレイド] (♦be afraid は悪い結果・望ましくないことを予想するときに用いる)

▸ボブって**思ってた**とおりいい人だね. Bob is just as nice as I **imagined**.

▸(残念だけど)彼は来ない**と思う**よ. **I'm afraid** he won't come.

❺ 〖希望する〗 **want** [ワント],
hope [ホウプ]

▸エミリーは歌手になり**たいと思っている**. Emily **wants** [**hopes**] to become a singer.

▸あなたがこの曲を気に入っ**てくれればと**思います. I **hope** you will like this song.

❻ 〖意図する〗
《**be* going to ＋動詞の原形**》

▸わたしは東高を受け**ようと思っている**. **I'm going to** take the entrance exam for Higashi High School.

❼ 〖みなす〗 **regard ... as** [リガード];
〖解釈する〗 **take***

▸彼が悪い人**だとは思い**ません. I don't **regard** him **as** a bad person.

▸トムはすしがよほど好きなんだ**と思い**ます. I **take** it that Tom likes *sushi* very much.

お

おもさ【重さ】 weight［ウェイト］
重さがある weigh［ウェイ］
▸この荷物の重さはどのくらいですか？
What's the **weight** of this baggage? / How much does this baggage **weigh**?

⁑おもしろい

❶『心をひかれる』interesting
❷『こっけいな』funny
❸『はらはらする』exciting

❶『心をひかれる』
interesting［インタレスティング］
▸おもしろい本　an **interesting** book

ダイアログ　賛成する
A:京都旅行なんかどう？
How about a trip to Kyoto?
B:おもしろそうね.
That sounds **interesting**.

▸日本史はわたしにはとてもおもしろい.
Japanese history is very **interesting** to me. / I'm very interested in Japanese history.
(♦interesting は「興味を起こさせる」の意味. interested は「興味をもっている」の意味で,《主語(人)＋ be interested in ...》の形で用いる)
❷『こっけいな』**funny**［ふァニ］
➡おかしい
▸そりゃ，おもしろい.　That's **funny**.
❸『はらはらする』
exciting［イクサイティング］
▸おもしろい試合だったね.　It was an **exciting** game, wasn't it?

おもしろがる（楽しむ）be* amused《at ...》［アミューズド］
▸みんなジェーンの話をおもしろがった.
Everyone **was amused at** Jane's story.

⁎おもちゃ a **toy**［トイ］
▸おもちゃで遊ぶ　play with **toys**
おもちゃ箱 a toy box
おもちゃ屋 a toy shop

⁎おもて【表】
❶『表面』the **face**［ふェイス］, the **front**［ふラント］(対義語「裏」the back);
（野球で）the top
▸封筒(ふうとう)の表
the face [**front**] of an envelope
▸（野球で）5 回の表に
in **the top** of the fifth inning
▸コインを投げて決めよう. **表か裏か？**
Let's toss [flip] for it. **Heads or tails?** (♦コインの表は heads, 裏は tails)
❷『戸外』the outdoors［アウトドーアズ］
➡そと
表に, 表で outdoors, outside
▸表で遊んでもいいよ.
You can play **outside**.
表通り a main street

⁎おもな【主な】 **main**［メイン］, **chief**［チーふ］, **principal**［プリンスィプる］
▸アメリカの主な都市の名前をあげてごらん.　Name the **main** [**principal**] cities of the U.S. (♦この name は動詞で「名前をあげる」の意味)
主に mainly, chiefly
▸うちのチームは主に 2 年生からレギュラーを選ぶ.
We choose the regulars **mainly** from second-year students.

おもなが【面長】 oval［オウヴる］
▸面長の顔　an **oval** face
(♦a long face は「浮(う)かぬ顔」の意味)

おもに【重荷】 a burden［バ〜ドゥン］, a load［ろウド］

おもみ【重み】 weight［ウェイト］,（重要性）importance［インポータンス］➡おもさ

おもらし【お漏らしする】
wet* oneself [one's pants]

おもり a weight［ウェイト］;
（釣(つ)りの）a sinker［スィンカ］

おもわず【思わず】
in spite of oneself
▸わたしは思わず吹(ふ)き出した.　I burst out laughing **in spite of myself**.
▸あまり腹が立ったので, 思わず彼をどなってしまった.　I got so angry that I couldn't help shouting at him.
(♦《cannot help ＋〜ing》で「…しなくてはいられない」の意味)

おもわれる【思われる】
seem［スィーム］, appear［アピア］
▸痛みはいつまでも続くように思われた.
The pain **seemed** endless.

おもんじる【重んじる】（大切にする）

make* much of ..., value［ヴぁりュー］

おや¹【親】（父または母）one's **parent**［ペアレント］;（両親）one's **parents**

▸親にあまり心配かけないで． Don't give **your parents** too much trouble.

▸親犬　a **parent** dog

親孝行

▸雅美はとても**親孝行だ**（→両親にとても親切だ）． Masami **is** very **kind to her parents**.

親不孝

▸わたしは**親不孝でした**（→悪い息子(むすこ)だった）． **I was a bad son**.

おや² oh［オウ］

おやこ【親子】（父と息子(むすこ)）father and son［サン］（♦母と娘(むすめ)なら mother and daughter）

▸彼らは親子（→**父と娘**）です．
They are **father and daughter**.

親子電話

a multiple handset telephone

おやじ【親父】 one's dad［ダぁッド］, the [one's] old man

おやすみ【お休みなさい】

Good night.［グッ(ド) ナイト］

（♦寝(ね)る前だけでなく，夜，人と別れるときのあいさつとしても用いる）

ダイアログ　**あいさつする**

A: お父さん，お母さん，お休みなさい．
Good night, Dad, Mom.

B: お休み，ルーク．
Have a good sleep, Luke.

おやつ a snack［スナぁック］, refreshment［リふレッシメント］

▸**おやつの時間**〘米〙**a coffee break** /〘英〙**a tea break**

おやゆび【親指】（手の）a thumb［さム］;（足の）a big toe［トウ］ ➡ゆび

おゆ【お湯】➡ゆ

およぎ【泳ぎ】 swimming［スウィミンヶ］,（ひと泳ぎ）a swim

▸プールへ泳ぎに行こう．
Let's go **swimming** in the pool. / Let's go for a **swim** in the pool.
（♦両方× ... to the pool とは言わない）

泳ぎ方 how to swim

およぐ【泳ぐ】 swim*［スウィム］

▸ケイトはプールで泳いでいます．
Kate is **swimming** in the pool.

▸拓馬は 500 メートル泳げる． Takuma can **swim** five hundred meters.

▸クロールで泳ぐ　**swim** (the) crawl

泳ぐ人 a swimmer［スウィマ］ ➡**およぎ**

およそ

about, almost ➡ **-くらい**，**だいたい**

およぶ【及ぶ】（達する）reach［リーチ］;（広がる）spread*［スプレッド］

▸その会社の売り上げは 10 億円**にもおよんだ**． The company's sales **reached** one billion yen.

…にはおよばない

（勝てない）be* no match for ...

▸テニスでは彼の足もとにもおよばない．
I'm no match for him in tennis.

…するにはおよばない《do* not have to ＋動詞の原形》➡**ひつよう**

オランウータン〘動物〙

an orangutan［オーラぁンヶウタぁン］

オランダ the Netherlands［ネざらンヅ］（♦正式国名は the Kingdom of the Netherlands（オランダ王国））

オランダ(人)の Dutch［ダッチ］

オランダ語 Dutch

オランダ人（男性）a Dutchman,（女性）a Dutchwoman;（全体をまとめて）the Dutch

おり【檻】 a cage［ケイヂ］;（家畜(かちく)などの）a pen［ペン］

オリーブ〘植物〙an olive［アりヴ］

オリーブ油 olive oil

オリエンテーション

an orientation［オーリエンテイシャン］

オリエンテーリング〘スポーツ〙

orienteering［オーリエンティアリンヶ］

おりかえし【折り返し】（マラソンなどの）the turn;（すぐに）soon

▸折り返しこちらから電話します．
I'll call you back **soon**.

折り返し地点 the turning point

おりがみ【折り紙】 origami（♦英語

お

化しているが，通じない場合は，紙のことは colored folding paper，遊びのことは paper folding と説明する）
▸折り紙でかぶとを折る
fold **origami** into a helmet / make an **origami** helmet

オリジナリティー
originality［オリヂナぁりティ］

オリジナル
（原作）an original［オリヂヌる］
オリジナルの，オリジナルな original

おりたたむ【折りたたむ】
fold［ふォウるド］
折りたたみの folding
▸折りたたみ式ベッド　a **folding** bed

おりづる【折鶴】
a folded paper crane

おりまげる【折り曲げる】
（物・体の部分を）bend*［ベンド］;
（布・紙などを）fold［ふォウるド］

おりもの【織物】 (a) fabric［ふぁブリック］, a textile［テクスタイる］, cloth［クろーす］

:おりる【下りる，降りる】
❶『高い所から』**come* down**, get* down;（山を）climb down［クらイム］
▸朝食ができたわよ．下りてらっしゃい．
Breakfast is ready. **Come down**.
▸山を下りよう．
Let's **climb down** the mountain.
❷『バス・列車・飛行機から』**get* off (...)**
（対義語「乗る」get on (...)）;
『自動車から』get out of ...
（対義語「乗る」get in (...)）
▸どこでタクシーを降りたの？　Where did you **get out of** the taxi?
▸次の駅で降ります．
I'll **get off** at the next stop.

come down　　get off

❸『やめる』**quit***［クウィット］, **give* up**
▸ゲームを降りる　**quit** the game

オリンピック（大会）the Olympic Games, the Olympics［オりンピックス］
▸冬季オリンピック
the Olympic Winter **Games** / the Winter **Olympics**
▸オリンピックの金メダリスト
an **Olympic** gold medalist
オリンピック競技場
an Olympic stadium
オリンピック記録 an Olympic record
オリンピック選手 an Olympic athlete
オリンピック村 an Olympic village

・おる[1]【折る】（物を壊(こわ)す）**break***［ブレイク］;（たたむ）**fold**［ふォウるド］;（曲げる）bend*［ベンド］
▸スキーで脚(あし)を折った．
I **broke** my leg (while) skiing.
▸アキはハンカチを折ってバッグに入れた．
Aki **folded** her handkerchief and put it in her bag.
▸ひざを折る　**bend** one's knees

おる[2]【織る】 weave*［ウィーヴ］

オルガン（パイプオルガン）an organ［オーガン］, a pipe organ;
（小型の）a reed organ［リード オーガン］
オルガン奏者 an organist

オルゴール a music box

おれ ➡わたし

おれい【お礼】 thanks; a reward
➡れい[1]

おれる【折れる】 break*［ブレイク］;
（譲歩(じょうほ)する）give* in
▸大雪のせいで，木の枝が何本か折れた．
Because of the heavy snow, some branches of the tree **broke**.

オレンジ『植物』an orange［オーレンヂ］
オレンジ色(の) orange
オレンジジュース orange juice

おろか【愚かな】 foolish［ふーりッシ］
➡ばか

おろし【卸しの，卸しで】 wholesale［ホウるセイる］

・おろす【下ろす，降ろす】
❶『高い所から』get* ... down, take* ... down

お

▸棚(たな)からあの本を下ろすのを手伝って. Help me **get** that book **down** from the shelf.

❷『車から』drop［ドゥラップ］

▸駅で降ろしてくれますか? Will you **drop** me (off) at the station?

❸『預金を』draw*［ドゥロー］

❹『すりおろす』grate［グレイト］

▸大根をおろす **grate** a radish

結びつくことば

手を下ろす put one's hand(s) down
バッグを下ろす put one's bag down
荷物を下ろす put one's baggage down
火から下ろす remove ... from the heat

おわかれ【お別れ】

(a) parting［パーティング］,
(a) farewell［ふェアウェる］➡**わかれ**

お別れ会 a farewell party

***おわらい【お笑い】**

(a) comedy［カメディ］

お笑い芸人 a comic［カミック］, a comedian［コミーディアン］

お笑い番組 a (TV) comedy show

日本紹介 お笑いはこっけいな演芸です. ふつうは1人もしくは2人で演じられますが, それよりも多い人数のときもあります. お笑いの人たちはおかしい話を語ったり, いろいろなことにおかしなコメントや気のきいたコメントをします.
Owarai is a kind of comical entertainment. It is usually performed by one or two persons, but sometimes more. The performers tell funny stories or make funny and witty comments on a variety of things.

·おわり【終わり】 the **end**［エンド］

(対義語「初め」the beginning) ➡**すえ**

▸初めから終わりまで from beginning to **end** / from start to finish (♦対(つい)の意味の語を並べて示す場合, a, an, the はつけない)

▸今月の終わりに
at **the end** of this month

▸来週の終わりまでにはお返事します.
I'll give you an answer by **the end** of next week.

▸きょうはこれで終わりにしよう.
Let's call it a day. (♦call it a day は「その日の仕事を終わりにする」の意味) / **That's all for today.** (♦授業の終わりなどで)

終わりの final［ふァイヌる］, the last［らぁスト］

·おわる【終わる】

❶『終わりになる』**be* over**［オウヴァ］, end (対義語「始まる」begin)

▸やっと1学期が終わった.
The first term **is** finally **over**.

▸日本では, 学校は4月に始まって3月に終わる. In Japan, school begins in April and **ends** in March.

▸彼の計画は失敗に終わった.
His plan **ended** in failure.

❷『完了する』**finish**［ふィニッシ］

▸宿題, もう終わった? Have you **finished** your homework?

…し終わる《finish +～ing》

▸部屋の掃除(そうじ)は終わったの?
Have you **finished cleaning** your room? (♦《finish + to +動詞の原形》としない)

おん【恩】(好意) kindness［カインドネス］

▸ご恩は決して忘れません.
I'll never forget your **kindness**.

▸恩返しをする
return one's **kindness**

恩知らずの ungrateful［アングレイトふる］

オンエア (放送中で) on the air; (放送されている) be* broadcast［ブロードキぁスト］

▸新番組がオンエア中です.
The new program is **on the air** [**being broadcast**].

·おんがく【音楽】music［ミューズィック］

➡**巻頭カラー 英語発信辞典⑦**

▸ふだんどんな音楽を聴(き)いてるの?
What kind of **music** do you usually listen to?

▸わたしは音楽の授業が大好きだ.
I like **music** class very much.

▸音楽の先生 a **music** teacher

音楽家 a musician［ミューズィシャン］
音楽会 a concert［カンサト］
音楽学校 a music school
音楽祭 a music festival

音楽室 a music room

おんけい【恩恵】
(a) benefit [ベネふィット]

おんし【恩師】
one's former teacher

おんしつ【温室】
a greenhouse [グリーンハウス]
(複数 greenhouses [グリーンハウズィズ])
温室効果 the greenhouse effect
▸地球の気温は温室効果の影響(えいきょう)で上がり続けている. The temperature of the earth is going up because of **the greenhouse effect**.
温室効果ガス a greenhouse gas

おんじん【恩人】
▸林さんはわたしの恩人です(→林さんに負うところが大きい).
I owe a lot to Mr. Hayashi.

おんせつ【音節】
a syllable [スィらブる]

おんせん【温泉】
a hot spring [スプリング], a spa [スパー]
▸温泉に入る
take a **hot spring** bath /
bathe in a **hot spring**

おんたい【温帯】
the Temperate Zone [テンペレット ゾウン]

おんだん【温暖な】 warm [ウォーム], mild [マイるド] ➡**あたたかい**
▸温暖な気候 a **warm** [**mild**] climate
地球温暖化 global warming

おんち【音痴の】 tone-deaf [トウンデふ]
▸わたしは音痴なの. (→音のちがいがわからない) I'm **tone-deaf**. /(→調子っぱずれに歌う) I sing out of tune.
▸彼は**方向音痴だ**(→方向感覚がない).
He **has no sense of direction**.

おんど【温度】
(a) **temperature** [テンペラチャ]
▸部屋の温度を計る measure the **temperature** of the room

ダイアログ 質問する
A: おふろのお湯の温度は何度ですか?
What's the **temperature** of the bath water?
B: セ氏40度です.
It's 40 degrees Celsius.

温度計 a thermometer [さマミタ]

参考 **アメリカの温度**
アメリカでは, 特に断りのない限り, 温度は力氏(Fahrenheit)で示します.(例) The temperature is 68 degrees *Fahrenheit*.(温度は力氏68度(=セ氏20℃)だ)
換算(かんさん)式は $C = (F - 32) \times \frac{5}{9}$

おんてい【音程】 an interval [インタヴる]; (調子) tune [テューン]
▸わたしのギターは音程が狂(くる)っている.
My guitar is out of **tune** [not in **tune**].

おんどく【音読する】
read* aloud [アらウド]

おんどり 〘動物〙〘米〙 a rooster [ルースタ], 〘英〙 a cock [カック]
(対義語「めんどり」a hen) ➡**ニワトリ**

おんな【女】 a **woman** [ウマン]
(複数 women [ウィミン]; 対義語「男」a man); (性別を強調して) a female [ふィーメイる] (対義語「男性」a male)
女の female
▸女の先生 a **female** teacher
女友達 a female friend (◆girlfriend は「女の恋人(こいびと)」の意味)
女の子 a girl [ガ～る];
(赤ん坊(ぼう)) a baby girl
女らしい
feminine [ふェミニン], womanly

おんぱ【音波】
sound waves, sonic waves

おんぶ【おんぶする】
carry ... on one's back

おんぷ【音符】 a (musical) note

オンライン【オンラインの, オンラインで】 online [アンらイン]
▸兄はオンラインで本を買う.
My brother buys books **online**. (◆副詞なので前置詞はいらない)
オンラインゲーム an online game

おんわ【温和な】 (気候・人柄(ひとがら)が) mild [マイるド]; (人柄が) gentle [ヂェントゥる] ➡**おだやか**
▸ここは気候が温和だ.
The climate here is **mild**.
▸温和な人 a **gentle** [**mild**] person

か

か カ

Q「１万円」は英語でどう言う？➡「かず」を見てみよう！

カ【蚊】〘昆虫〙a mosquito［モスキートウ］（複数）mosquitoes, mosquitos）
▸蚊に刺(さ)された. A **mosquito** bit me.
蚊取り線香(せんこう)
an anti-mosquito incense coil

か¹【科】（大学・病院の）department［ディパートメント］;（学校の）course［コース］;（動植物の）family［ふぁミリ］
▸（大学の）社会福祉(ふくし)学科
the **department** of social welfare
▸普通(ふつう)科　a general **course**

か²【課】（教科書の）a lesson［れスン］;（会社などの）a section［セクシャン］
▸きょうは第３課から始めた.　We started with **Lesson** 3 today.
課長　a section chief

か³【可】
▸わたしの成績は**可もなく不可もなく**といったところだ.
My grades are **neither good nor bad**. / My grades are **so-so**.

⁝-か

❶〘疑問〙《be 動詞＋主語 ...?》
《Do［Does, Did］＋主語＋動詞の原形 ...?》
《助動詞(Can, Will など)＋主語＋動詞の原形 ...?》
《疑問詞(What, When など)＋ be 動詞［do, does, did, 助動詞］＋主語 ...?》
❷〘提案, 誘(さそ)い〙
How about ...?, Will you ...?
〘申し出〙Shall I ...?, Can I ...?
❸〘選択(せんたく)〙... or 〜, either ... or 〜
❹〘不確実〙some
❺〘驚(おどろ)き, 非難〙

❶〘疑問〙《be 動詞＋主語 ...?》
▸これはあなたの傘(かさ)ですか？
Is this your umbrella?
《Do［Does, Did］＋主語＋動詞の原形 ...?》
▸ベスはパーティーに行きましたか？
Did Beth go to the party?
《助動詞(Can, Will など)＋主語＋動詞の原形 ...?》
▸今すぐうちに来られますか？　**Can** you come to my place right now?
《疑問詞(What, When など)＋ be 動詞［do, does, did, 助動詞］＋主語 ...?》
▸どうしたのですか？
What's the matter? /（→何が起きたの？）**What** happened?

❷〘提案, 誘い〙
How about ...?, Will you ...?;
〘申し出〙Shall I ...?, Can I ...?

ダイアログ　提案する
A:映画に行くのはどうですか？
How about going to the movies?
B:いいわね.　That sounds great.

▸わたしと踊(おど)りませんか？
Will you dance with me? / **Would you (like to)** dance with me?（♦後者はていねいな言い方）
▸手伝いましょうか？
Shall［**Can**］I help you?

❸〘選択〙... or 〜, either ... or 〜［イーざ］
▸黒か茶なら適切でしょう.
Black **or** brown will do.（♦will do は「目的に合う, 役に立つだろう」の意味）
▸明か健太か, どちらかが会に出席します.
Either Akira **or** Kenta will go to the meeting.（♦「どちらか一方」の意味を強調している）

❹〘不確実〙some［サム］
▸正志は九州の**どこかの**町に引っ越(こ)した.　Masashi moved to **some** town in Kyushu.
▸**何か**おかしなこと
something strange

❺〘驚き, 非難〙
（♦感嘆(かんたん)符（！）や疑問符（？）で表す）
▸ああ, きみか！　Oh, it's you!

▸何, またテストか？
What? Another test?

ガ【蛾】 〘昆虫〙a moth［モーす］

が【我】 self［せるふ］, ego［イーゴウ］

我が強い stubborn［スタボン］, obstinate［アブスティネット］

⁚―が

❶〘主語を表して〙
❷〘目的語を表して〙
❸〘しかし〙but
❹〘そして〙and
❺〘表現を和(やわ)らげて〙

❶〘主語を表して〙（◆名詞, 代名詞の主格を用いる）
▸わたしが行きます.
I will go.（◆I を強く言う）
▸あなたが言い出したんですよ.
You proposed it.（◆You を強く言う）

❷〘目的語を表して〙
（◆英語では《動詞＋目的語》の関係で表す）
▸水がほしい. I want some **water**.
▸映画が好きです. I like **movies**.

❸〘しかし〙but［バット］
▸わたしの部屋のかぎを探したが, 見つからなかった. I looked for my room key, **but** I couldn't find it.

❹〘そして〙and
▸奈良へ旅行したが, とても楽しかった.
I took a trip to Nara **and** had a very good time.

❺〘表現を和らげて〙
▸これを受け取って**ほしいのですが**.
I'd like you to accept this.
（◆《I would like＋人＋to＋動詞の原形》は「人に…してほしい」のていねいな言い方）
▸（電話で）番号をおまちがえだと**思いますが**. **I'm afraid** you have the wrong number.

カー （自動車）a car［カー］

カーステレオ a car stereo

カーラジオ a car radio

があがあ
（アヒルの鳴き声）(a) quack［クワぁック］

があがあ鳴く （アヒルが）quack

かあさん【母さん】 one's mother
➡おかあさん

ガーゼ gauze［ゴーズ］

カーソル
〘コンピュータ〙a cursor［カ～サ］

カーディガン
a cardigan［カーディガン］

ガーデニング
gardening［ガードゥニング］

カーテン a curtain［カ～トゥン］
▸カーテンを閉めて[開けて]ください.
Draw [Open] the **curtains**, please.

カーテンレール a curtain rail

カード a card［カード］
▸母はホテル代をカードで支払(しはら)った.
My mother used a (credit) **card** for the hotel charges.

ガード¹ （護衛）guard［ガード］;
（バスケットボールの）a guard

ガードする guard

ガードマン
a guard（◆「ガードマン」は和製英語）

ガード²
（陸橋）an overpass［オウヴァパぁス］

カートリッジ
a cartridge［カートゥリッヂ］

ガードレール
a guardrail［ガードレイる］

カーナビ(ゲーション)
(an) in-car navigation (system)
［ナぁヴィゲイシャン］

カーニバル （謝肉祭）carnival［カーニヴる］（◆カトリック教国で四旬(しじゅん)節（復活祭前の 40 日間）の直前に行う祭り）

カーネーション
〘植物〙a carnation［カーネイシャン］

カーブ （道路の）a curve［カ～ヴ］;
〘野球〙a curve (ball)

カーブする curve
▸道は左へカーブしている.
The road **curves** to the left.

カーペット a carpet［カーペット］

カーラー a curler［カ～ら］

ガーリック garlic［ガーりック］

カーリング
〘スポーツ〙curling［カ～りング］

カーリングをする play curling

カーリング選手 a curler

カール a curl［カ～る］

カールする curl

ガールスカウト （組織）the Girl Scouts［ガ～る スカウツ］（対義語「ボーイスカウト」the Boy Scouts）;
（団員）a girl scout

ガールフレンド
a girlfriend [ガ〜るふレンド]
(対義語「ボーイフレンド」a boyfriend)

´かい¹【会】
❶〖会合〗 a **meeting** [ミーティング];
〖パーティー〗a **party** [パーティ]
▸会を開く have [hold] a **meeting**
▸送別会 a farewell **party**
❷〖団体〗a **club** [クラブ], a society [ソサイアティ];〖同好会〗a circle [サ〜クる]
▸わたしはその会に入りたい.
I want to join the **club** [**circle**].

かい²【甲斐】(価値のある) worth [ワ〜す]
▸読みがいのある本
a book **worth** reading
▸努力の**かいがあって**(→努力したおかげで)彼は入試に合格した.
Thanks to his hard work, he passed the entrance examination.
かいのない useless [ユースれス], fruitless [ふルートれス]
…**のかいもなく** in spite of ..., (al)though [(オーる)ぞウ]
▸走った**かいもなく**電車に乗り遅(おく)れた.
Though I ran, I missed the train.

かい³【貝】 a shellfish [シェるふィッシ]
(複数 shellfish; 種類を表すときは shellfishes とすることもある)
貝殻(かいがら) a shell, a seashell
二枚貝 a clam
巻き貝 a snail

⁑-かい¹【…回】
❶〖回数, 度数〗a **time** [タイム]
▸2回 two **times** / twice
▸2, 3回 two or three **times**
▸その映画は何回も見ました.
I've seen the movie many **times**.
▸お会いするのはこれが2回目ですね.
This is the second **time** I've seen you, isn't it?
▸1回 once ; one time
▸何回 how often ➡**なんかい**
❷〖野球の〗an inning [イニング];
〖ボクシングの〗a round [ラウンド]
▸(野球で) 5回の裏 the bottom of the fifth **inning** (♦「表」は the top)

´-かい²【…階】
(各階) a **floor** [ふろーア]; (…階建て) a **story** [ストーリ] ➡**いっかい¹**

ダイアログ 質問する
A: ここは何階ですか?
What **floor** is this?
B: 6階よ. The sixth **floor**.
(♦〖英〗では fifth を用いる)

▸わたしの家は2階建てです.
My house has two **stories** [is two **stories** high].
▸10階建ての建物 a ten-**story** building / a ten-storied building

参考 **「1階」は「2階」?**
アメリカとイギリスでは1階の呼び方が異なるため, 2階以上の言い方は1つずつずれます.

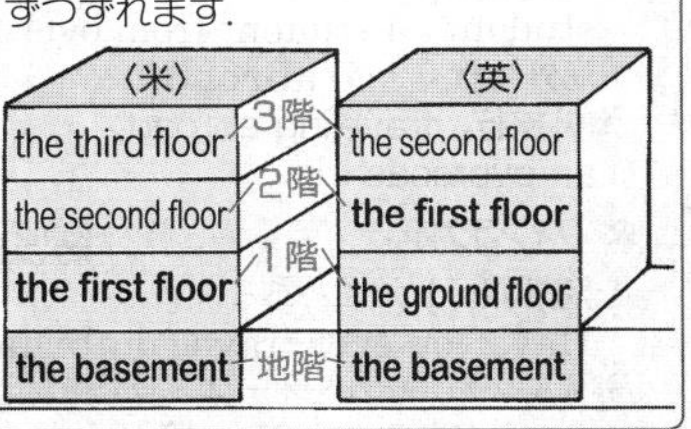

´がい【害】(有害) **harm** [ハーム]; (損害) damage [ダぁメッヂ]
害のある harmful
▸喫煙(きつえん)は体に**害がある**. Smoking is **harmful** to your health.
ことわざ **百害あって一利なし.** **It does no good and a lot of harm. / It does more harm than good.**
害する **hurt*** [ハ〜ト], injure [インヂャ], damage, do* harm《to ...》
▸ケイトの気分を害してしまった.
I've **hurt** Kate's feelings.
▸働き過ぎで健康を害する人が多い.
Many people **injure** [**damage**] their health by overworking.

かいいぬ【飼い犬】
one's (house [pet]) dog
▸**飼い犬に手をかまれる**(→信頼(しんらい)していた人に裏切られる) **be betrayed by a person one has trusted**

かいいん【会員】 a member [メンバ]
▸わたしは科学クラブの会員です. I am a **member** of the science club.
会員証 a membership card

かいえん【開演】

か

▸開演は２時です(→劇場の幕が開く).
The curtain rises at two.

かいおうせい【海王星】〘天文〙
Neptune［ネプテューン］➡**わくせい(図)**

かいが【絵画】 a picture ➡**え**[1]

かいかい【開会】
the opening of a meeting
開会する open［オウプン］
開会式 an opening ceremony

かいがい【海外の, 海外からの】
overseas［オウヴァスィーズ］,
foreign［ふォーリン］➡**がいこく**
海外へ, 海外に abroad［アブロード］,
overseas
▸海外にいる留学生
a student (studying) **overseas**
▸海外からの留学生 an **overseas** student / a student from overseas
▸海外へ行く go **abroad**
海外旅行 traveling abroad,
an overseas trip

ダイアログ 質問する
*A:*海外旅行したことある?
Have you ever traveled **abroad**?
*B:*うん．アメリカとオーストラリアに行ったことがあるよ． Yes. I've been to the US and Australia.

かいかく【改革】(a) reform［リふォーム］
▸税制改革 a **reform** in the tax system / tax **reform(s)**
改革する reform

かいかつ【快活な】
cheerful［チアふる］

かいかぶる【買いかぶる】(過大評価する) overestimate［オウヴァエスティメイト］, overrate［オウヴァレイト］

かいかん【会館】 a hall［ホーる］

かいがん【海岸】
the (**sea**)**shore**［ショーア, スィーショーア］,
the **seaside**［スィーサイド］, the **beach**
［ビーチ］, the coast［コウスト］
▸海岸に沿って松林(まつばやし)がある.
There is a pine grove along **the seashore**.
海岸線 a coastline

参考 **「海岸」のいろいろ**
seashore は海辺の土地, 特に海から見た岸, **seaside** は保養地·行楽地としての海岸, **beach** は砂浜(すなはま), なぎさを言います. **coast** は沿岸地帯を指し, 地図などでよく用いられます. 都市や町の海岸部分は **waterfront** と言います.

がいかん【外観】(an) appearance
［アピアランス］, a look［るック］;(建物の)
an exterior［イクスティアリア］

かいぎ【会議】
a meeting［ミーティング］;
(公的な) a conference［カンふァレンス］
▸国際会議
an international **conference**
▸会議を開く
hold a **meeting** [**conference**]
▸会議に出席する
attend a **meeting** [**conference**]
▸来週の火曜日に会議があります.
We will have a **meeting** next Tuesday.
▸野田先生は今, 会議中です. Mr. Noda is now in a **meeting** [**conference**].
会議室 a conference room,
a meeting room

かいきゅう【階級】 a class［クらァス］;(軍隊などの) a rank［ラァンク］

かいきょう【海峡】
(広い) a channel［チァヌる］;
(狭(せま)い) a strait［ストゥレイト］
▸津軽海峡 the Tsugaru **Straits**
(◆strait は, 固有名詞の場合よく s がつくが単数あつかい)

かいきん【皆勤】
perfect attendance
▸皆勤賞
a prize for **perfect attendance**

かいぐい【買い食いする】
buy* snacks and eat* them
▸彼らはいつも学校の帰りに買い食いをしている. They always **buy snacks and eat them** on the [their] way home from school.

かいぐん【海軍】 the navy［ネイヴィ］
海軍の naval［ネイヴァる］

かいけい【会計】
(出納(すいとう)) accounting［アカウンティング］;
(勘定(かんじょう)書)〘米〙 a check［チェック］,
〘英〙 a bill［ビる］;
(支払(はら)い) a payment［ペイメント］
▸会計を済ます pay the **bill**
▸(レストランなどで)会計をお願いします.

Check [〖英〗**Bill**], please.

会計係　(出納係) an accountant [アカウンタント]; (ホテル・レストランなどの) a cashier [キぁシア]

会計士　an accountant [アカウンタント]

かいけつ【解決】 a solution [ソるーシャン], a settlement [セトゥるメント]

解決する　solve [サるヴ], settle [セトゥる]

▸問題は解決した.
The problem is **solved**. / We have **solved** the problem.

解決策　a solution

かいけん【会見】 an interview [インタヴュー]; (一堂に会した) a conference [カンふァレンス]

▸記者会見　a press **conference**

会見する　have* an interview 《with ...》, interview

▸校長先生は新聞部と会見した.
The principal **had an interview with** the school newspaper club. / The school newspaper club **interviewed** the principal.

がいけん【外見】
(an) appearance [アピアランス]

▸外見で人を判断するな.　Don't judge people by their **appearance**.

カイコ【蚕】〖昆虫〗
a silkworm [スィるクワ～ム]

かいこ【解雇】 (a) dismissal [ディスミサる], (a) discharge [ディスチャーヂ]; (一時的な) a layoff [れイオーふ]

解雇する　dismiss [ディスミス], discharge [ディスチャーヂ], fire; (一時的に) lay* off

かいご【介護】
nursing [ナ～スィンヶ], care [ケア]

介護する　nurse, care for ..., take* care of ...

介護福祉(ふくし)士　a care worker

介護保険(制度)　(the) nursing-care insurance (system)

かいこう【開校する】
found a school

▸わたしたちの学校は1900年に開校した.
Our school **was founded** in 1900.

開校記念日　School Foundation Day [ふァウンデイシャン デイ]

かいごう【会合】 a meeting; (集まり) a get-together ➡かいぎ

がいこう【外交】
diplomacy [ディプろウマスィ]

外交の　diplomatic [ディプろマぁティック]

外交官　a diplomat [ディプろマぁット]

外交政策　a diplomatic policy

外交問題　a diplomatic problem

がいこうてき【外向的な】
extroverted [エクストゥロヴァ～ティッド], outgoing [アウトゴウインヶ]

***がいこく【外国】**

a **foreign country** [ふォーリン カントゥリ]

外国の　foreign

外国へ, 外国に　abroad [アブロード]

▸わたしの父はよく外国へ行く.
My father often goes **abroad**.
(♦× to abroad とはしない)

ダイアログ　**質問する**

A: あなたは外国へ行ったことがありますか? Have you ever been **abroad** [to a **foreign country**]?

B: ええ. イタリアとスペインに行きました.
Yes. I've been to Italy and Spain.

▸外国旅行をする　travel **abroad**

外国語　a foreign language

外国人　a foreigner (♦「よそ者」の意味もあるので, 国籍(こくせき)がわかっている場合は American「アメリカ人」のように具体的に言うほうがよい)

外国製品　foreign goods, foreign products

がいこつ【がい骨】
a skeleton [スケれトゥン]

***かいさい【開催する】** hold* [ホウるド]

▸次のオリンピックはどこで開催されるのですか? Where will the next Olympics be **held**?

かいさつ(ぐち)【改札(口)】
a ticket gate

▸自動改札　an automatic **ticket gate**

かいさん【解散する】
(会・グループなどが) break* up; (国会が) be* dissolved [ディザるヴド]

▸パレードは市役所の前で解散となった.
The parade **broke up** in front of the City Hall.

かいさんぶつ【海産物】 marine products; (食品) seafood [スィーふード]

かいし【開始】 a start [スタート],

か

a beginning［ビギニング］
▸その試合の**開始**は遅(おく)れた. The **start** of the game was delayed.
開始する start, begin*
➡**はじまる, はじめる**

がいして【概して】 in general［ヂェネラる］, generally ➡ **いっぱん**

***かいしゃ【会社】**
a **company**［カンパニ］(♦会社の種類や会社名を言うときに用いる;Co. と略す);(仕事をする場) an office［オーふィス］

ダイアログ 質問する
A: お母さんのお仕事は?
What does your mother do?
B: 建設**会社**に勤めています. She works for a construction **company**.

▸父は８時に**会社へ行く**.
My father **goes to work** [**the office**] at eight. (♦「出勤する」の意味で× go to the company とはしない)
会社員 an office worker, a company employee
株式会社 〖米〗a corporation, an incorporated company; 〖英〗a limited company (♦それぞれ, Corp., Inc., Ltd. と略す)

がいしゃ【外車】 a foreign car; (輸入車) an imported car

かいしゃく【解釈】
(an) interpretation［インタ～プリテイシャン］
解釈する interpret［インタ～プリット］

かいしゅう【回収する】(集める) collect［コれクト］; (取り戻(もど)す) get* back, recover［リカヴァ］
▸先生は生徒からアンケートを**回収した**.
The teacher **collected** the questionnaires from the students.

かいじゅう【怪獣】
a monster［マンスタ］
怪獣映画 a monster movie

****がいしゅつ【外出する】**
go* out; (外出している) be* out
▸きょうは**外出する**予定ですか?
Are you **going out** today?
▸姉は今, **外出しています**.
My sister **is out** now.

かいじょ【介助】 help［へるプ］, aid［エイド］, assistance［アスィスタンス］
介助犬 a service dog

かいじょう[1]【会場】(集会場) a hall［ホーる］; (会合する所) a meeting place

かいじょう[2]【海上】
海上で, 海上に at sea, on the sea, afloat［アふろウト］
海上の marine［マリーン］
海上保安庁 the Japan Coast Guard

かいじょう[3]【開場】
opening［オウプニング］

がいしょく【外食する】 eat* out

かいしん【改心する】
reform［リふォーム］

かいすい【海水】 seawater［スィーワータ］(対義語「淡水(たんすい)」freshwater)
海水パンツ swimming trunks

かいすいよく【海水浴】
swimming in the ocean
▸わたしはこの夏, 湘南へ**海水浴に**行った.
I went **swimming in the ocean** at Shonan this summer.
海水浴場 a beach, a seaside resort

かいすう【回数】 the number of times

かいすうけん【回数券】(１片)
a coupon (ticket)［クーパン ティケット］; (ひと続きの) a strip of coupons (♦とじてあるなら a book of coupons. coupons の代わりに tickets でもよい)

かいせい[1]【快晴の】 very fine, very clear, very fair ➡ **はれ**
▸きょうは**快晴**です.
It's a **very clear** day today.

かいせい[2]【改正】 revision［リヴィジャン］, amendment［アメンドメント］
改正する revise［リヴァイズ］, amend［アメンド］

かいせつ【解説】
an explanation［エクスプらネイシャン］; (論評) a commentary［カメンタリ］
▸ニュース**解説** news **commentary**
解説する explain［イクスプれイン］, comment《on ...》［カメント］
解説者 a commentator［カメンテイタ］, a newscaster［ニューズキャスタ］

かいぜん【改善】
improvement［インプルーヴメント］
改善する improve［インプルーヴ］, make* ... better

かいそう[1]【海草】
seaweed［スィーウィード］

かいそう²【回想する】 recollect［レコれクト］, recall［リコーる］; look back

かいぞう【改造する】
（作り直す）make* over;
（別の物にする）convert［コンヴァ～ト］;
（デザインなどを）remodel［リーマドゥる］
▸父は空き部屋を改造してわたしの勉強部屋にした. My father **converted** the spare room into my study room.

かいそく【快速の】 rapid［ラぁピッド］, high-speed［ハイスピード］
快速電車 a rapid-service train

かいぞく【海賊】 a pirate［パイレット］
海賊船 a pirate ship
海賊版 a pirated edition

かいたく【開拓する】（土地を耕す）cultivate［カるティヴェイト］
開拓者 a pioneer［パイオニア］
開拓者精神 frontier spirit

˙かいだん¹【階段】
（屋外の）steps［ステップス］;
（屋内の）stairs［ステアズ］
▸階段を上る go up the **stairs**
▸階段を降りる go down the **stairs**
▸急な階段を駆(か)け上がる run up the steep **steps**
▸非常階段 emergency **stairs**

かいだん²【会談】 talks［トークス］（♦ふつう複数形で用いる）
会談する hold* talks《with ...》, talk together
▸首相はアメリカ大統領と会談した. The prime minister **held talks with** the U.S. president.

かいだん³【怪談】
a ghost story［ゴウスト ストーリ］

ガイダンス guidance［ガイダンス］

かいちく【改築する】 reconstruct［リーコンストゥラクト］, rebuild*［リービるド］

かいちゅう【海中の】 marine［マリーン］
海中に in the sea, into the sea

がいちゅう【害虫】
a harmful insect, a pest;
（全体をまとめて）vermin［ヴァ～ミン］

かいちゅうでんとう【懐中電灯】
〖米〗a flashlight［ふらぁッシライト］,
〖英〗a torch［トーチ］

かいちょう¹【会長】
the president［プレズィデント］
▸生徒会の会長 **the president** of the student council

かいちょう²【快調】
▸チームの調子は**快調だ**(→コンディションがよい). The team **is in excellent condition**.

かいつう【開通する】 open［オウプン］
▸新しい道路が開通した. A new road __**opened**__ [was opened].

かいてい¹【海底】
the bottom of the sea
海底ケーブル a submarine cable
海底トンネル an undersea tunnel
海底油田 an underwater oil field

かいてい²【改訂する】
revise［リヴァイズ］
改訂版 a revised edition

かいてき【快適な】 comfortable［カンふァタブる］, pleasant［プれズント］
▸この車は乗り心地(ごこち)が快適だ. This car is **comfortable** to ride in.

かいてん¹【回転する】
turn［タ～ン］➡**まわる**
▸観覧車がゆっくり回転している. The Ferris wheel is **turning** slowly.
▸あの少年**は頭の回転が早い**(→賢(かしこ)い). That boy **is __bright__ [smart]**.
回転競技
（スキーの）the slalom［スらーろム］
回転ずし a sushi-go-round, conveyor-belt sushi
回転ドア a revolving door

かいてん²【開店する】 open［オウプン］（対義語「閉店する」close）
▸とうふ屋は朝早く開店する. Tofu stores **open** early in the morning.
▸本日開店〖掲示〗**Open** Today

ガイド（案内人・案内書）a guide［ガイド］
▸バスガイド a bus tour **guide**
ガイドブック a guide, a guidebook

かいとう¹【解答】 an answer［あンサ］（対義語「問題」a question）➡**こたえ**
▸その問題に対するわたしの解答は正しかった. My **answer** to the question was correct.
解答する answer, solve［サるヴ］
解答者（クイズ番組などの）a panelist［パぁネりスト］
解答用紙 an answer sheet
解答欄(らん) a place for answers, a column for answers

か

かいとう² 【回答】 an answer [あンサ], a reply [リプらイ]
回答する answer, reply

かいとう³ 【解凍する】 defrost [ディ(ー)ふロ(ー)スト]; 〖コンピュータ〗 decompress [ディーコンプレス], unpack [アンパぁック]

がいとう 【街灯】
a street lamp, a street light

かいどく 【買い得】
a bargain [バーゲン], a good buy

かいぬし 【飼い主】 an owner [オウナ], a master [マぁスタ]
▶その犬の飼い主を探す
look for the **owner** of the dog

がいはく 【外泊する】 stay out [ステイ アウト], stay 《at [in, with] ...》

かいはつ 【開発】
development [ディヴェろプメント]
開発する develop
開発途上(とじょう)国 a developing country

かいばつ 【海抜】 above sea level
▶あの山は海抜約 5,000 メートルです.
That mountain is about 5,000 meters **above sea level**.

かいひ 【会費】
a (membership) fee [ふィー]

がいぶ 【外部】 the outside [アウトサイド] (対義語「内部」the inside)
外部の, 外部に, 外部で
outside [アウトサイド]

かいふく 【回復】
recovery [リカヴァリ]
回復する recover 《from ...》,
get* over, get well, get better
▶エレンは病気が回復したのですか?
Has Ellen **recovered from** [**gotten over**] her illness? / Has Ellen **gotten better**?

かいぶつ 【怪物】 a monster [マンスタ]

かいほう¹ 【開放する】
(開ける) open;
(開けたままにする) leave* ... open
▶ドア開放禁止 〖掲示〗 Don't **Leave** the Door **Open**
▶この庭園は一般に開放されている.
This garden is open to the public.
(◆この open は形容詞)

かいほう² 【解放する】
set* ... free [ふリー], release [リリース]
▶1863 年にリンカーンは奴隷(どれい)を解放した. Lincoln **set** the slaves **free** in 1863.

かいほう³ 【介抱する】
take* care of ..., nurse [ナ～ス]

かいぼう 【解剖する】
dissect [ディセクト]

かいまく 【開幕する】 start, open
▶セリーグの今年のシーズンはあす開幕する. The Central League will **open** this year's season tomorrow.
開幕戦 the opening game

◆かいもの 【買い物】
shopping [シャピンヶ]
➡巻頭カラー 英語発信辞典⑩
買い物に行く[出ている]
go* [be* out] shopping
▶原宿へいっしょに買い物に行きませんか? Won't you **go shopping** in Harajuku with me?
(◆× to Harajuku とはしない)
▶母は買い物に出かけています.
My mother **is out shopping**.
買い物かご a shopping basket
買い物客 a shopper

がいや 【外野】 〖野球〗
the outfield [アウトふィーるド]
▶外野フライを打つ
hit a fly ball into **the outfield**
外野手 an outfielder
外野席 the outfield bleachers

がいらいご 【外来語】 a loanword [ろウンワ～ド], a borrowed word

かいらく 【快楽】 pleasure [プれジャ]

がいりゃく 【概略】
(要約) a summary [サマリ];
(あらまし) an outline [アウトらイン]

かいりゅう 【海流】 an ocean current [カ～レント], a current
▶日本海流 the Japan **Current**

かいりょう 【改良】
(an) improvement [インプルーヴメント]
改良する improve [インプルーヴ], make* ... better

カイロ
Cairo [カイロウ] (◆エジプトの首都)

かいろ 【回路】
〖電気〗 a circuit [サ～キット]

がいろ 【街路】
a street [ストゥリート]
街路樹 roadside trees

・かいわ【会話】
(a) **conversation** [カンヴァセイシャン], a talk [トーク];
(対話) (a) dialog(ue) [ダイアろーグ]
▸亮は英語が得意で,日常会話には困らない. Ryo speaks English well and has no problem with everyday [daily] **conversation**.
▸きょうは英会話の授業があります. We have an English **conversation** class today.
会話する have* a conversation《with ...》, talk《with ...》

かいん【下院】 the Lower House [ろウア ハウス]; 〖米〗 the House of Representatives [レプリゼンタティヴズ], 〖英〗 the House of Commons [カモンズ]

・かう¹【買う】
(品物を) **buy*** [バイ] (対義語 「売る」 sell), **get*** [ゲット] (♦get は金額以外のことを話題にするときや,金額を話題にしたくないときによく用いる)
▸きのうデパートでスカートを買った. I **bought** a skirt at the department store yesterday.
(物)を(金額)で買う 《**buy** +物+ **for** +金額》《**pay** +金額+ **for** +物》
▸このスニーカーを5,000円で買った. I **bought** these sneakers **for** 5,000 yen. / I **paid** 5,000 yen **for** these sneakers.
(人)に(物)を買う 《**buy [get]** +人+物》《**buy [get]** +物+ **for** +人》
▸お父さん,わたしにスマホを買ってくれない? Dad, will you **get** [**buy**] me a smartphone? / Dad, will you **get** [**buy**] a smartphone **for** me? (♦× to me とはしない)
▸このブラウスいいですね. これ,買います. I like this blouse. I'll take it. (♦買い物で品物を決めて言うときは take)

・かう²【飼う】 (所有する) **have***, (世話をする) **keep*** [キープ]; (家畜(かちく)を) **raise** [レイズ]
▸うちでは猫(ねこ)を3匹(ぴき)飼っている. We **have** [**keep**] three cats.

カウボーイ a cowboy [カウボイ]

ガウン
a gown [ガウン], a dressing gown

カウンセラー
a counselor [カウンスら]

カウンセリング
counseling [カウンスりング]
▸カウンセリングを受ける get [receive] **counseling**

カウンター (受付・会計などの) a counter [カウンタ]; (飲食店の) a counter, a bar; (ボクシングの) a counterpunch [カウンタパンチ]

カウント a count [カウント]
▸(野球で)カウントはツーストライク,ワンボールです. The **count** is one (ball) and two (strikes).
カウントする (数える) count
カウントダウン a countdown
▸新年を迎(むか)えるカウントダウン a New Year's Eve **countdown**

・かえす【返す】
return [リターン], give* back; (お金を) pay* back; (元の位置に) put* back
▸この本を図書館に返さないといけない. I have to **return** this book to the library.
▸そのお金はいつ返してくれる? When will you **pay** me **back** the money?
▸その本は棚(たな)に返しておきなさい. **Put** that book **back** on the shelf.

かえって (反対に) on the contrary [カントゥレリ]; (むしろ) rather [ラぁざ]
▸母を手伝うつもりが,かえって迷惑(めいわく)をかけてしまった. I wanted to help my mother, but **on the contrary** I gave her more trouble.

カエデ 〖植物〗
a maple (tree) [メイプる トゥリー]

・かえり【帰り】 **return** [リターン]; (帰り道) the way home, one's way home
▸カナダからのお帰りを待っています. I'll be waiting for your **return** from Canada.
▸帰りに本屋に寄ろう. Let's drop by the bookstore on **the** [**our**] **way home**.

カエル 〖動物〗 a frog [ふラッグ], (ヒキガエル) a toad [トウド]
▸カエルがケロケロ鳴いている. A **frog** is croaking.

か

ことわざ カエルの子はカエル.
Like father [mother], like son [daughter].

かえる1【帰る】

come* back [バあック], **go* back** (♦話し手が今いる所に帰って来るのが come back, 元いた所に戻(もど)るのが go back); **return** [リターン];
(家に) **come home**, **go home**

▸堀さんは2時ごろ帰って来ます. Ms. Hori will **come back** around two.
▸奈良に帰りたい.
I want to **go back** to Nara.
▸お父さん, 今夜は何時ごろ帰って来るの? Dad, what time will you **come home** tonight?

ダイアログ 質問する
*A:*春香はどこ? Where is Haruka?
*B:*もう帰ったよ.
She **went home** already.

結びつくことば
学校から帰る go home from school
旅行から帰る return from a trip
急ぎ足で帰る go home in a hurry
早めに帰る go home early
電車で帰る go home by train

かえる2【変える, 替える, 換える】

❶『変更(へんこう)する』 **change** [チェインヂ], **turn** [ターン]
▸話題を変えよう.
Let's **change** the topic.
▸ああ, 髪型(かみがた)変えたんですね.
Oh, you have **changed** your hairstyle, haven't you?
▸水を氷に変える **turn** water into ice

❷『交換(こうかん)する』 **change, exchange** [イクスチェインヂ] (♦交換の意味を強調したいときは exchange を用いる);
(取り替える) **replace**
▸席を替わってもらえますか?
Could we **change** seats? (♦seats と複数形になることに注意)
▸コーチはキーパーを千夏に替えた.
The coach **replaced** the goalkeeper with Chika.
▸10万円をドルに換えてください.
Please **change** 100,000 yen into dollars. (♦100,000は a hundred thousand と読む)

かえる3【返る】 be* returned 《to ...》

▸落とした時計が返ってきた.
The lost watch **was returned**.

かえる4【孵る】 (卵が) hatch [ハあッチ]

かお【顔】

❶『顔面』 a face
❷『表情』 a look
❸『よく知られている』 be well known

❶『顔面』 a **face** [ふェイス]
➡巻頭カラー 英語発信辞典⑭

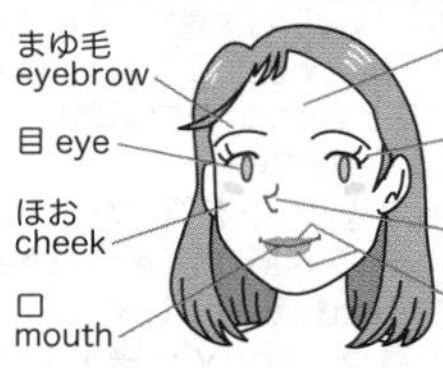

▸冷たい水で顔を洗った. I washed my **face** with cold water.
▸美紀は丸顔です.
Miki has a round **face**. (♦「四角」なら square,「長い」なら long を用いる)
▸窓から顔(→頭)を出さないで. Don't stick your head out of the window.
▸顔を見合わせる(→おたがいを見る)
look at each other

❷『表情』 a **look** [るック]
▸エバンズ先生はびっくりした顔をしてわたしを見た. Ms. Evans gave me a surprised **look**.
▸先生は疲(つか)れた顔をしている(→疲れたように見える).
Our teacher looks tired.
▸美咲はわたしに会っても**知らん顔をする**(→気づかないふりをする).
Even when Misaki sees me, she **pretends not to recognize** me.
▸彼は彼女の冗談(じょうだん)に**顔を赤らめた**.
He **blushed** at her joke.
▸母はそのニュースを聞いて**顔をしかめた**.

My mother **frowned** at the news.
❸『よく知られている』be* well known
▸黒田さんはこの辺では顔だ.
Ms. Kuroda **is well known** in this neighborhood.
顔なじみ a familiar face
顔パス
▸彼女は顔パスで(→名前を使って無料で)その施設に入れる.
She can get free entry to the facility by using her name.
顔文字 an emoticon [イモウティカン]

かおいろ【顔色】 color [カら]
▸顔色を変える change [lose] **color**
▸**顔色がよくない**(→青ざめている)ね.
You **look pale**. / You don't look so good.

カオス chaos [ケイアス]
▸パーティーの後, わたしの部屋は完全にカオスだった. After the party, my room was in complete **chaos**.

かおつき【顔つき】 a look [るック]
▸当惑(とうわく)した顔つき
an embarrassed **look**

かおり【香り】 (a) smell [スメる] (♦smell は修飾(しゅうしょく)語がつかないと「いやなにおい」を意味することが多い), (a) scent [セント], (a) fragrance [フレイグランス]
▸このバラはいい香りがする. These roses have a good **smell**. / These roses smell good. (♦後者の smell は「…のにおいがする」の意味の動詞)

かおる【香る】 smell* [スメる]

がか【画家】 a painter [ペインタ], an artist [アーティスト] (♦artist は広い意味では「芸術家」を指す)

かがい【課外の】
extracurricular [エクストゥラカリキュら]
課外活動 extracurricular activities
課外授業 an extracurricular lesson; (補習) a supplementary lesson [サプるメンタリ れスン]

かかえる【抱える】
(両手で) hold* ... in one's arms;
(わきに) hold ... under one's arm
▸大きな袋(ふくろ)を両手でかかえる
hold a big bag **in one's arms**

かかく【価格】 a price [プライス]

・かがく¹【科学】 science [サイエンス]
▸自然科学 natural **science**
▸科学技術 **science** and technology
▸わたしはもっと科学について学びたい. I want to learn more about **science**.
科学的な scientific [サイエンティふィック]
科学的に scientifically
科学者 a scientist [サイエンティスト]
科学博物館 a science museum
科学部 a science club

かがく²【化学】 chemistry [ケミストゥリ]
化学的な chemical [ケミクる]
化学式 a chemical formula
化学実験室 a chemistry laboratory
化学者 a chemist
化学製品, 化学薬品 chemicals
化学反応 a chemical reaction
化学物質 a chemical substance
化学変化 a chemical change

かかげる【掲げる】 (旗などを) fly* [ふらイ]; (掲示(けいじ)などを) put* up, hang* up

かかし a scarecrow [スケアクロウ]

かかす【欠かす】 miss [ミス]
▸父は毎朝欠かさずラジオ体操をする.
My father never **misses** doing radio exercises every morning.

かかと (足・靴(くつ)などの) a heel [ヒーる]

・かがみ【鏡】 a **mirror** [ミラ]; (姿見) a (looking) glass [グらぁス]
▸わたしは新しいブラウスを着て鏡に映してみた(→鏡の中の自分自身を見た).
I put on my new blouse and looked at myself in the **mirror**. (♦× look at the mirror とは言わない)
▸手鏡 a hand [pocket] **mirror**

かがむ stoop (down) [ストゥープ ダウン], bend* (down) [ベンド]
▸戸口が低いのでかがんで通ってください.
The doorway is low, so please **stoop** [**bend**] **down** to go through.

かがやく【輝く】 shine* [シャイン]; (宝石などが) glitter [グリタ];
(星などが) twinkle [トゥウィンクる]
▸太陽が明るく輝いている.
The sun is **shining** brightly.
▸メアリーの指にダイヤが輝いていた.
A diamond was **glittering** on Mary's finger.
輝き brightness [ブライトネス]
輝かしい bright

かかり【係】
(責任者) the person in charge

か

▸係の人はどこですか？
Where is **the person in charge**?
…**係である** be* in charge of ...
▸わたしは黒板を消す係だ. I'm **in charge of** erasing the blackboard.

⁑かかる[1]【掛かる, 懸かる】

❶〚ぶら下がる〛hang
❷〚費(つい)やされる〛take; cost
❸〚作動する〛be locked; be played
❹〚次第(しだい)である〛depend on ...
❺〚電話がくる〛get a call
❻〚医者にみてもらう〛see a doctor

❶〚ぶら下がる〛**hang*** [ハぁンㇰ]
▸壁(かべ)に丸い鏡が掛かっていた.
A round mirror **hung** on the wall. / There was a round mirror (**hanging**) on the wall.
❷〚費やされる〛(時間が) **take*** [テイク]; (金額が) **cost*** [コースト]
▸この宿題は時間がかかった.
This homework **took** time.
▸名古屋から富山まで車でどのくらい時間**がかかり**ますか？
How long does it **take** from Nagoya to Toyama by car?
(人が)…するのに(時間)がかかる 《**It takes (+人)+時間+ to +動詞の原形**》
▸その山を登るのに3時間かかった.
It took (me) three hours **to** climb the mountain.
(人が)…するのに(金額)がかかる 《**It costs (+人)+金額+ to +動詞の原形**》
▸ここへ来る**のに**500円かかった.
It cost (me) five hundred yen **to** come here.
❸〚作動する〛(かぎが) be* locked [らックト]; (音楽などが) be played
▸誠の自転車**にはかぎがかかっていない**.
Makoto's bicycle **isn't locked**.
▸ラジオでわたしの好きな曲**がかかった**.
My favorite song **was played** on the radio.
❹〚次第である〛depend on ... [ディペンド]
▸勝利できるかどうかは, 彼女の働き**にかかっている**. Our victory **depends on** her performance.
❺〚電話がくる〛get* a call
▸ゆうべ11時ごろマイクから**電話がかかってきた**. I **got a call** from Mike around eleven last night.
❻〚医者にみてもらう〛see* a doctor

ダイアログ 質問する
A:熱が下がらないんだ.
My fever hasn't gone down.
B:医者にかかったのかい？
Did you **see a doctor**?

…**しかかる**
《be* about to +動詞の原形》
▸眠(ねむ)り**かかった**ときに電話が鳴った.
When I **was about to** fall asleep, the telephone rang.

かかる[2]
(病気に) have*, get*, catch*, suffer 《from ...》 [サふァ]
▸彼はインフルエンザ**にかかっている**.
He is **suffering from** the flu.

-(にも)かかわらず
although [オーるぞウ], though [ぞウ] (♦後に節を続ける);
in spite of ... (♦後に名詞(句)を置く)
▸一生懸命(けんめい)勉強した**にもかかわらず**, テストの点が悪かった. **Although** I studied hard, I got bad grades.
▸雨**にもかかわらず**わたしたちは出かけた.
We went out **in spite of** the rain.

かかわる【関わる】
concern oneself with ... ➡**かんけい**
▸そんなこと**にかかわっ**てはいられない.
I can't **concern myself with** such matters.

カキ[1]
〚貝類〛an oyster [オイスタ]
▸生**ガキ** raw **oysters**
カキフライ fried oysters

カキ[2]【柿】
〚植物〛a persimmon [パスィモン]

かき[1]【夏期, 夏季】
summer [サマ], summertime [サマタイム]
夏期休暇(きゅうか) 〚米〛a summer vacation, 〚英〛summer holidays
夏期講習 (a) summer school

かき[2]【下記の】
following [ふァろウインㇰ] ➡**つぎ**

▸出席者は**下記のとおり**.
The attendees are **as follows**.

˙かぎ【鍵】 a **key** [キー];
(錠(じょう)) a **lock** [らック]
▸合いかぎ　a spare **key**
▸自転車のかぎをなくした.
I lost my bike **key**.
▸彼女が事件のかぎを握(にぎ)っている.
She holds the **key** to the incident.
かぎをかける　lock
▸玄関(げんかん)のかぎをかけ忘れた.
I forgot to **lock** the front door.

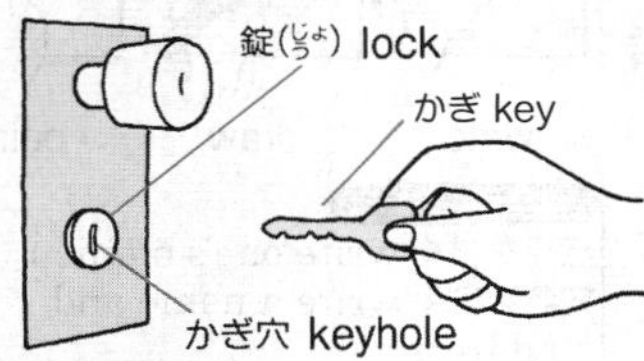

かぎをあける　unlock
かぎ穴　a keyhole
かぎっ子
a latchkey child [らぁッチキー]

かきあつめる【かき集める】 rake [レイク], scrape together [up] [スクレイプ]

かきいれる【書き入れる】
write* in, fill in

かきかえる【書き換える】
(書き直す) rewrite* [リーライト];
(もう一度書く) write* over again;
(更新(こうしん)する) renew [リニュー]

かきかた【書き方】 how to write

かきこみ【書き込み】 a note [ノウト]; (ネットの) a message
▸わたしは教科書にたくさん**書きこみ**をしている. I've written a lot of **notes** in my textbook.
▸ネット掲示板の**書き込み**を読む　read **messages** on an internet forum

かきこむ【書き込む】 write* in, fill in
▸この動画投稿サイトにコメントを書き込んだ. I posted some comments on this video-sharing site.

✻かきぞめ【書初め】 *kakizome*, a calligraphy ritual at the beginning of the year

かきとめ【書留】〖郵便〗
registered mail [レヂスタド メイル]
▸この小包を書留で送ってください.
Please send this package by **registered mail**.
書留料金　the registration fee

かきとり【書き取り】
(a) dictation [ディクテイシャン]
▸きょう書き取りのテストがあった.
We had a **dictation** test today.

かきなおす【書き直す】 rewrite*
➡かきかえる

かきね【垣根】 a fence [ふェンス];
(生け垣(がき)) a hedge [ヘッヂ]

かきまぜる【かき混ぜる】
stir [スタ～], mix [ミックス];
(泡(あわ)立て器などで) beat* [ビート]

かきまわす【かき回す】 stir [スタ～]
▸コーヒーをスプーンで**かき回す**
stir one's coffee with a spoon

かきゅう【下級の】
(階層・価値が) lower [ろウア];
(地位・品質が) inferior [インふィリア];
(役職・年齢(ねんれい)が) junior [ヂューニャ]

かきゅうせい【下級生】 a younger student [ヤンガ ステューデント]
(対義語「上級生」an older student)

かぎょう【家業】 family business
▸家業を継(つ)ぐ
take over the **family business**

˙かぎり【限り】
❶〖限度, 限界〗a **limit** [りミット]
▸天然資源には**限り**がある. There is a **limit** to natural resources.
限りない　limitless
❷〖…するかぎり〗(程度) as [so] far as, (時間) as long as;
〖…しないかぎり〗unless [アンれス]
▸見渡(みわた)すかぎり　**as far as** I can see
▸わたしの知る**かぎり**, だれもこの計画に気づいていない. **As far as** I know, nobody is aware of this plan.
▸きみが謝(あやま)らない**かぎり**, スーはきみを許さないよ. Sue will not forgive you, **unless** you apologize to her.
できるかぎり…　as ... as possible, as ... as one can*
▸**できるかぎり**お手伝いします.
I'll help you as much **as possible** **[I can]**.
❸〖…だけ〗**only** [オウンり], **just** [ヂャスト] ➡-だけ
▸やり直しは1回**限り**だよ.
You can try it **only** once more.

か

˙かぎる【限る】

❶〚制限する〛**limit**［リミット］
▸スピーチは1人5分に限られている. Speeches are **limited** to five minutes (for) each person.
❷〚いちばんよい〛the **best**［ベスト］
▸汗(あせ)をかいた後はシャワーに限るね. A shower is **(the) best** after sweating.
…**とはかぎらない**　not all, not always
▸頭がよければだれでも科学者になれる**とはかぎらない**. **Not all** smart people can become scientists.

かきん【課金】 charging［チャーヂング］

˙˙かく1【書く, 描く】

❶〚文字・文章を〛(書く) **write**
❷〚つづりを〛(書く) **spell**
❸〚鉛筆(えんぴつ)などで絵を〛(描(え)く) **draw**
❹〚絵の具で絵を〛(描く) **paint**

❶〚文字・文章を〛**write***［ライト］
▸名前はペンで書きなさい. **Write** your name with a pen.
▸詩を書く　**write** a poem
▸この本は英語で書かれています. This book is **written** in English.
▸新聞には台風が近づいていると書いてあります. The paper says a typhoon is coming. (♦この say は「(新聞などに)…と書いてある」という意味)
❷〚つづりを〛**spell***［スペる］
▸その単語をどう書くのか教えてください. Please tell me how to **spell** [the spelling of] the word.
❸〚鉛筆などで絵を〛**draw***［ドゥロー］
▸簡単な地図をかいてください. Please **draw** a rough map.
▸わたしはコンパスで円をかいた. I **drew** a circle with a compass.
❹〚絵の具で絵を〛**paint**［ペイント］
▸油絵をかく　**paint** in oils (♦oils は「油絵の具」の意味)

ダイアログ　質問する
A: だれがこの絵をかいたの？ Who **painted** this picture?
B: お父さんだよ. 絵をかくのが趣味(しゅ)なんだ. My father did. **Painting** is his hobby.

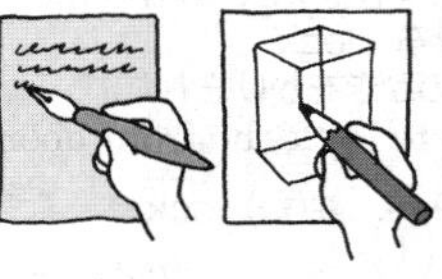

write　draw　paint

結びつくことば
意見を書く write one's opinion
宛名を書く write a name and address
作文を書く write a composition
漢字で書く write in kanji
黒板に書く write ... on the blackboard

かく2【掻く】 scratch［スクラぁッチ］

▸背中がかゆい. ちょっとかいて. My back itches. Can you **scratch** it?

かく3【欠く】 lack［らぁック］ ➡かかす

▸水はわたしたちの生活には欠くことができない(→水なしでは生きられない). We can't live without water.

かく4【核】 a nucleus［ニュークりアス］

(複数 nucleuses, nuclei)
▸反核運動　an antinuclear movement
核の　nuclear［ニュークりア］
核エネルギー　nuclear energy
核家族　a nuclear family
核シェルター　a nuclear shelter
核実験　a nuclear test
核戦争　a nuclear war
核燃料　nuclear fuel
核廃棄(はいき)物　nuclear waste
核分裂(ぶんれつ)　nuclear fission
核兵器　a nuclear weapon
核兵器削減(さくげん)　nuclear disarmament
核ミサイル　a nuclear missile
核融合(ゆうごう)　nuclear fusion

かく5【角】 an angle［あングる］

鋭角(えいかく)　an acute angle
直角　a right angle
鈍角(どんかく)　an obtuse angle

か

かく-【各…】 each［イーチ］
▸各家庭で　at **each** home

かぐ[1]【家具】 furniture［ふァ～ニチャ］
▸家具一式　a set of **furniture**
家具を備えつける　furnish
▸家具つきの部屋　a **furnished** room
家具店　a furniture store

参考 furnitureの数え方
furnitureは家具全体を指す語で数えられない名詞．数えるにはa piece of furniture（家具１点），two pieces of furniture（家具２点）のように言います．

かぐ[2]（においを）smell*［スメる］；（鼻をならして）sniff《at ...》［スニふ］
▸このバラの花をかいでごらん．
Smell this rose.

がく[1]【額】（金額）a sum［サム］；（額縁(がくぶち)）a (picture) frame［ふレイム］
▸多額の金
a large **sum** of money（♦「少額」ならlargeの代わりにsmallを用いる）

がく[2]（花の）a calyx［ケイリックス］

かくう【架空の】
（想像上の）imaginary［イマぁヂネリ］；（作り事の）fictitious［ふィクティシャス］
▸架空の動物　an **imaginary** animal
▸このドラマの登場人物はすべて架空のものです．　All the characters in this drama are **fictitious**.

かくえきていしゃ【各駅停車】
（普通(ふつう)列車）a local train
▸この列車は各駅停車ですか？
Is this a **local train**? /（→各駅に止まるか）Does this train stop at every station?

がくえん【学園】 a school［スクーる］
学園祭　a school festival

がくがく（震(ふる)える）tremble［トゥレンブる］，shake*［シェイク］
▸怖(こわ)くてひざががくがく震えた．　My knees trembled [shook] with fear.

がくげいかい【学芸会】（劇中心の）a drama festival［ふェスティヴる］；（音楽中心の）a music festival

かくげん【格言】
a proverb［プラヴァ～ブ］

かくご【覚悟する】（用意できている）be* ready《for ...》［レディ］
▸何が起ころうと覚悟はできている．　I'm **ready for** anything (to happen).

かくざとう【角砂糖】 lump sugar, cube sugar（♦数えるときはa lump [cube] of sugarのように言う）

かくさん【拡散する】
diffuse［ディふューズ］；
（ネットで情報が）go viral［ヴァイラる］
▸これらのカーテンは光を拡散する．
These curtains **diffuse** light.
▸その映像はウェブ上で拡散した．　That video **went viral** on the web.

かくしあじ【隠し味】
a secret ingredient
（♦ingredientは「成分，材料」の意味）

かくしつ【角質】 keratin［ケラティン］

かくじつ【確実な】 sure［シュア］，**certain**［サ～トゥン］➡たしか
▸安全で確実なやり方
a safe and **sure** way
▸ケイトがキャプテンに選ばれるのは確実だ．　I'm **sure** (that) Kate will be elected captain.
確実に　surely, certainly

がくしゃ【学者】 a scholar［スカら］

がくしゅう【学習】
learning［ら～ニング］➡ならう，まなぶ
学習する　learn*；（勉強する）study
▸わたしは毎日英語を学習する．
I **study** English every day.
学習活動　class activities
学習参考書　a study aid
学習指導要領　course guidelines, a course of study
学習者　a learner
学習塾(じゅく)　a *juku*, a cram school ➡じゅく
学習机　a desk

かくしん[1]【確信する】
be* sure《of ...》［シュア］，
be convinced《of ...》［コンヴィンスト］
▸わたしたちは勝利を確信していた．
We **were sure of** our victory. / We **were sure** (that) we would win.

ダイアログ　**質問する**
*A:*それについて確信がありますか？
Are you **sure** about that?
*B:*はい，確信しています．
Yes, I'**m** quite **sure**.

か

かくしん²【革新】（改革）(a) reform［リふォーム］;（新しいものの導入）innovation［イノヴェイシャン］
革新的な reformist［リふォーミスト］; innovative［イノヴェイティヴ］;（進歩的な）progressive［プログレスィヴ］

***かくす【隠す】** hide*［ハイド］
▸わたしのかばんを隠したのはだれだ？ Who **hid** my bag?
▸わたしに隠し事はできないよ. You can't **hide** anything from me.

***がくせい【学生】**
a **student**［ステューデント］➡**せいと**
▸プリンストン大学の学生 a **student** at Princeton University（♦at を of としない）
学生時代 one's school days
学生証 a student ID card
学生生活 student life
学生服 a school uniform
学生割引 a student discount ➡**がくわり**

かくだい【拡大する】（レンズなどで）magnify［マぁグニふァイ］;（サイズを）enlarge［インらーヂ］
拡大鏡 a magnifying glass

がくだん【楽団】 a musical band;（管弦(かんげん)楽団）an orchestra

かくちょう【拡張する】 expand［イクスパぁンド］, widen［ワイドゥン］

かくど【角度】 an angle［あングる］
▸角度を測る measure an **angle**

がくどうほいく【学童保育】
after-school care

かくとく【獲得する】 get*;（賞などを）win* ➡**とる**
▸コンテストで１等賞を獲得する **win** (the) first prize in the contest

かくにん【確認する】
make* sure, confirm［コンふァ〜ム］
▸全員そろったかどうか確認しなさい. **Make sure** (that) everybody is here.

***がくねん【学年】**
（学校の１年）a **school year**［イア］;（…学年）a **year**,〘米〙a **grade**［グレイド］➡**ねん¹**
▸大部分のアメリカの学校では学年は９月に始まり, 6 月に終わる. In most American schools, the **school year** begins in September and ends in June.
▸アンはわたしより学年が１つ上です. Ann is one **grade** above me.
▸彼とわたしは同じ学年です. He and I are in the same **grade**.
学年末試験 year-end examinations, final examinations

参考 「学年」の言い方
アメリカでは, 学年を小学校から **grade** で通して数えることが多く, その場合, 日本の中学校の第１学年, 第２学年, 第３学年は順に the seventh grade, the eighth grade, the ninth grade と表します.

がくひ【学費】
school expenses［イクスペンスィズ］

がくふ【楽譜】 a (musical) score［スコーア］;（内容）music
▸楽譜を読む read **music**

かくめい【革命】
a revolution［レヴォるーシャン］
▸フランス革命は 1789 年に起こった. The French **Revolution** occurred in 1789.

がくもん【学問】 learning［ら〜ニング］

がくや【楽屋】 a dressing room, a greenroom［グリーンルーム］

がくようひん【学用品】
school supplies［サプらイズ］;（文房(ぶんぼう)具）stationery［ステイショネリ］

かくりつ【確率】
(a) probability［プラバビりティ］

がくりょく【学力】 academic competence［あカデミック カンペタンス］, scholastic ability［スコらぁスティック アビりティ］
▸その学校に入るには高い学力が必要だ. Entering that school requires high **scholastic ability**.
学力テスト an achievement test

かくれが【隠れ家】（人目につかない場所）a hideaway［ハイダウェイ］;（犯罪者などの）a hideout［ハイダウト］

がくれき【学歴】 one's educational background, one's school education
学歴社会 a society which puts too much value on a person's

academic background

・かくれる【隠れる】

hide* (oneself) [ハイド]

▸戸の後ろにジョシュが隠れている. Josh is **hiding** behind the door.

▸典子の家はビルに隠れている. Noriko's house is **hidden** by the building.

隠れファン a secret fan

かくれんぼ(う)

hide-and-seek [ハイドゥンスィーク]

かくれんぼをする play hide-and-seek

がくわり【学割】 a student discount

かけ【賭】 a bet [ベット]; (金をかけたかけ事) gambling [ギァンブりング]

かけをする bet*, make* a bet

・かげ[1]【影】 a **shadow** [シァドウ]; (シルエット)

a silhouette [スィるーエット]

➡かげ[2], かげえ

▸幽霊(ゆうれい)には影がない. Ghosts don't have [cast] **shadows**.

▸カーテンに彼女の影が映った. Her **silhouette** appeared against [on] the curtain.

・かげ[2]【陰】 (日陰) (the) **shade** [シェイド]

▸あの木の陰で休もう. Let's take a rest in the **shade** of that tree.

陰で (人にないしょで) behind a person's back [ビハインド]

▸陰で人の悪口を言うな. Don't say bad things about others **behind their backs**.

▸その通りは木陰(こかげ)になっている. The street is shaded by trees. (◆この shade は「陰にする」の意味の動詞)

くらべよう shade と shadow

shade は光がさえぎられてできる暗い所や光の当たらない所を言い, **shadow** は光が物に当たってできるその物の形をした影(かげ)を言います.

がけ【崖】 a cliff [クりフ]

崖くずれ a landslide

かけあし【駆け足】 running

▸拓真は駆け足でやって来た(→走りながら来た). Takuma came **running**.

かけい【家計】

a family budget [バヂェット]

家計簿(ぼ) a housekeeping book

かげえ【影絵】 a silhouette

[スィるーエット], a shadow picture

かげき[1]【歌劇】 an opera [アペラ]

かげき[2]【過激な】 (人・意見などが)

extreme [イクストゥリーム];

(急進的な) radical [ラぁディクる];

(感情・言葉が) violent [ヴァイオれント]

かげぐち【陰口】 ➡かげ[2], わるくち

かけごえ【掛け声】 a call [コーる]

かけ声をかける call《to ...》

かけざん【掛け算】

multiplication [マるティプりケイシャン]

(対義語「割り算」division)

掛け算をする

multiply, do* multiplication

かけじく【掛け軸】

a (hanging) scroll [スクロウる]

かけつ【可決する】 pass [パぁス],

carry [キぁリ] (◆ふつう受身で用いる)

かけつける【駆けつける】

run* to ..., rush to ..., hurry to ...

▸数台の消防車が現場に駆けつけた. Some fire engines **ran** [**rushed**, **hurried**] **to** the scene.

かけっこ a foot race [ふット レイス]

かけっこをする have* [run*] a race

-(に)かけて (…まで) till ..., to ...

▸今晩からあすの朝にかけて, 雪になるでしょう. It will snow from tonight **till** [**to**] tomorrow morning.

かけぶとん【掛け布団】

a quilt [クウィるト]

かけら a broken piece [ピース]

・かける[1]【掛ける】

1 〚ぶら下げる〛 **hang**
2 〚かぶせる〛 **cover, put**
3 〚注ぐ〛 **pour**
4 〚作動させる〛 **play; lock**
5 〚電話をする〛 **call**
〚声をかける〛 **speak to**
6 〚時間・金を費(つい)やす〛 **spend**

か

❼〖掛け算をする〗multiply
❽〖座(すわ)る〗sit (down)

❶〖ぶら下げる〗**hang*** [ハぁング]
▸制服をハンガーに掛けなさい. **Hang** your school uniform on a hanger.
❷〖かぶせる〗**cover** [カヴァ], **put***
▸毛布を2枚かけよう. I'll **cover** myself with two blankets.
▸レンジにやかんをかけて.
Put the kettle on the stove.
❸〖注ぐ〗(水などを) **pour** [ポーア]
▸植物に水をかける
pour water on a plant
❹〖作動させる〗(CD などを) **play** [プれイ]; (かぎを) lock [らック] ➡かぎ
▸何の CD をかけましょうか?
What CD shall I **play**?
❺〖電話をする〗**call** [コーる];
〖声をかける〗**speak* to ...**
▸ごめんね, ゆうべ電話をかけられなくて.
I'm sorry I couldn't **call** you last night.
▸男の子がわたしに声をかけてきた.
A boy **spoke to** me.
❻〖時間・金を費やす〗**spend*** [スペンド]
▸早希は本にお金をかけている. Saki **spends** a lot of money on books.
❼〖掛け算をする〗
multiply [マるティプらイ]
▸2掛ける3は6 (2×3=6).
2 **multiplied** by 3 is 6. / 2 times 3 is 6.
❽〖座る〗**sit*** (**down**)
▸どうぞおかけください.
Please **sit down**. (♦公式の場では Please be seated. とも言う)
…**しかける** (…し始める)
《start + ~ing》; (もう少しで) almost
▸夕飯を食べかけたら, 由里から電話がかかってきた.
Just when I **started eating** dinner, I got a call from Yuri.
▸彼との約束(やくそく)を忘れかけた.
I **almost** forgot his promise.

かける²【欠ける】 lack [らぁック]
➡かく³; (一部が壊(こわ)れる) break* off
▸きみには勇気が欠けている.
You **lack** courage.
▸湯のみのふちが欠けている. The rim of the teacup is **broken off**.

かける³【賭ける】 bet* [ベット] ➡かけ
▸ルミは来ないって, かけてもいいよ.
I **bet** Rumi won't come.

かける⁴【駆ける】 run* [ラン] ➡はしる
駆け回る run around

かげん【加減】 ➡いいかげん
▸おじいちゃん, **湯かげん**(→ふろ)はどう?
How's **the bath**, Grandpa?
かげんする (調節する)
adjust [アヂャスト] ➡ちょうせつ

•かこ【過去】 the **past** [パぁスト]
(♦「現在」は the present, 「未来」は the future)
▸過去に in **the past**
▸過去のことは忘れよう.
Let's forget **the past**.
過去の past
▸わたしは過去3年間, 旅行をしていない.
I haven't taken a trip for the **past** three years.

かご (編みかご) a basket
[バぁスケット]; (鳥かご) a cage [ケイヂ]

かこい【囲い】 a fence [ふェンス]
▸彼は池に囲いをした. He put up a **fence** around the pond.

かこう¹【河口】 the mouth of a river

かこう²【火口】 a crater [クレイタ]

かこう³【加工する】
process [プラセス]
加工食品 processed food(s)

かこう⁴【囲う】
enclose, surround ➡かこむ

•かこむ【囲む】 enclose [インクろウズ],
surround [サラウンド]
▸美穂の家は生け垣(がき)で囲まれている.
Miho's house is **enclosed** by a hedge.
▸その城は高い壁(かべ)に囲まれている.
The castle is **surrounded** by high walls.
▸正しい答え**を丸で囲み**なさい.
Circle the correct answer.

•かさ【傘, 笠】 (雨傘) an **umbrella** [アンブレら];
(日傘) a parasol [パぁラソーる]; (電灯のかさ) a lampshade [らぁンプシェイド]
▸折りたたみ傘 a folding **umbrella**
▸傘をさす
open [put up] an **umbrella**
▸傘をたたむ close an **umbrella**

▸わたしの傘に入りませんか？ Won't you come under my **umbrella**?
▸傘に入れてくださいませんか？ May I share your **umbrella**?
（♦「あなたの傘を共同で使ってよろしいですか」の意味）

傘立て an umbrella stand

umbrella beach umbrella lampshade

かさい【火災】 a fire［ふァイア］➡**かじ**[1]

火災報知器 a fire alarm

火災保険 fire insurance

かさかさ（乾燥(かんそう)した）dry［ドゥライ］
▸手がかさかさだ（→乾燥して荒(あ)れている）. My hands are **dry** and rough.

かさかさ音を立てる rustle［ラスる］

がさがさ（ざらざらした）rough［ラふ］

かざぐるま【風車】
〖米〗a pinwheel［ピン(ホ)ウィーる］,
〖英〗a windmill［ウィンドミる］

かさなる【重なる】 be* piled (up)［パイるド］;（日が）fall* on ...
▸いくつかの箱が机の上に重なっている. Some boxes **are piled up** on the desk.
▸クリスマスが日曜日と重なった. Christmas **fell on** Sunday.

かさねる【重ねる】（積む）pile (up)［パイる］;（きちんと積む）stack (up)［スタぁック］;（繰(く)り返す）repeat［リピート］
▸そんなにたくさんお皿(さら)を重ねるな. Don't **stack (up)** so many dishes.

かさばる be* bulky［バるキ］
▸おみやげで荷物がすごくかさばっちゃった. My baggage **is** very **bulky** with presents.

かざむき【風向き】（風の向き）the direction of the wind

かざり【飾り】 a decoration［デコレイシャン］, an ornament［オーナメント］
▸クリスマスの飾り Christmas **decorations**
▸クリスマスツリーの飾り Christmas tree **ornaments**

かざる【飾る】 decorate［デコレイト］, ornament［オーナメント］
▸バラの花で部屋を飾ろう. Let's **decorate** the room with roses.

かざん【火山】 a volcano［ヴァるケイノウ］（複数 volcano(e)s）
▸海底火山 a submarine **volcano**
▸活火山 an active **volcano**
▸休火山 a dormant **volcano**
▸死火山 an extinct **volcano**

火山帯 a volcanic zone［ヴァるキぁニック ゾウン］

火山灰 volcanic ash

カシ 〖植物〗an oak［オウク］

カし【カ氏】 Fahrenheit［ふぁレンハイト］（♦F または F. と略す）➡**せし, おんど**
▸カ氏 60 度 60°F（♦sixty degrees Fahrenheit と読む；セ氏では約 15.6 度）

♦**かし**[1]**【菓子】**（ケーキ類）(a) **cake**［ケイク］;（キャンディー・チョコレート類）(a) **candy**［キぁンディ］,〖英〗**sweets**［スウィーツ］;（クッキー類）a cookie, a cooky［クキ］,〖英〗a biscuit［ビスケット］

菓子パン a sweet roll

菓子屋 〖米〗a candy store, a candy shop,〖英〗a sweet shop

かし[2]**【貸し】** a loan［ろウン］（対義語「借り」a debt）➡**かす**

貸し自転車 a rental bicycle

貸し洋服屋 a clothing rental shop

貸しボート a rental boat

かし[3]**【歌詞】** the words (of a song), the lyrics［りリックス］

♦**かじ**[1]**【火事】** a **fire**［ふァイア］
▸山火事 a forest **fire**
▸ゆうべ３丁目で火事があった. There was a **fire** [A **fire** broke out] at 3-chome last night.
▸火事だ！ **Fire**!
▸ショッピングセンターが火事だ. The shopping center is on **fire**.

かじ[2]**【家事】** housework［ハウスワ～ク］
▸家事をする do **housework**

かじ[3]（船・飛行機の）a rudder［ラダ］
▸おもかじ！〖号令〗Right (**rudder**)!
▸とりかじ！〖号令〗Left (**rudder**)!

かじをとる steer［スティア］

がし【餓死】

starvation ［スターヴェイシャン］
餓死する die of hunger ［ハンガ］, starve (to death) ［スターヴ］

かしか【可視化】
visualization ［ヴィジュアらイゼイシャン］
可視化する visualize ［ヴィジュアらイズ］

かじかむ be* numb with cold ［ナム ウィず コウるド］
▸手がかじかんだ. My hands **are numb with cold**.

かしきり【貸し切りの】
chartered ［チャータド］
貸し切りバス a chartered bus

***かしこい【賢い】** wise ［ワイズ］, clever ［クれヴァ］, smart ［スマート］
▸そこに気がつくとは, きみもなかなか賢い. It's very wise [clever] of you to notice that.
▸また同じ失敗をしたのか. **もっと賢くなりなさい**. You made the same mistake again. You have to be **smarter** than that.

くらべよう wise, clever, smart
wise は知識や経験によって物事を正しく判断できる賢さを表します. **clever** は頭がよく機敏(きびん)なことを表し,「ずる賢い」という意味も表します. **smart** は, 飲みこみがよく抜(ぬ)け目がない賢さを表します.

かしつ【過失】（失敗）a mistake ［ミステイク］;（落ち度）a fault ［ふォーるト］

かじつ【果実】 (a) fruit ［ふルート］

かしつき【加湿器】
a humidifier ［ヒューミディふァイア］

かじてつだい【家事手伝い】
家事手伝いをする help out at home

カシミア cashmere ［キぁシミア］

かしや【貸し家】〖米〗a house for rent,〖英〗a house to let（♦掲示(けいじ)の場合は〖米〗For Rent,〖英〗To Let）

かしゃ【貨車】〖米〗a freight car,〖英〗a (goods) wagon

かしゅ【歌手】 a singer ［スィンガ］
▸ポップ歌手 a pop **singer**
▸人気歌手 a popular **singer**

かじゅ【果樹】 a fruit tree
果樹園 an orchard ［オーチャド］

カジュアル【カジュアルな】
casual ［キぁジュアる］
カジュアルウエア（全体を指して）casual wear [clothing]（♦1着については a piece of casual clothing のように言う）

かしゅう【歌集】
a songbook ［ソーングブック］

かじゅう【果汁】 fruit juice ［ふルート チュース］ ➡**ジュース**[1]
▸果汁入りのアイスクリーム (an) ice cream containing **fruit juice**（♦juice は100%天然果汁を言う）
▸オレンジの果汁 orange **juice**

かしょ【箇所】 a place ［プれイス］;（点）a point ［ポイント］
▸この画面には1か所傷がある. There is a scratch on this screen.（♦「1か所」「2か所」は「か所」を使わず単に one [a], two で表すことも多い）

かじょう【箇条】
（項目(こうもく)）an item ［アイテム］;
（条項(じょうこう)）an article ［アーティクる］
箇条書きにする itemize ［アイテマイズ］
▸授業の要点を箇条書きにした. I **itemized** the points of the lesson.

かしょくしょう【過食症】
bulimia ［ビューりミア］

-かしら（自問）I wonder if ....,《I wonder＋疑問詞》;（希望・依頼(いらい)）I hope ...., Will you ...? ➡**-かな**
▸ルースはここに来るのかしら. **I wonder if** Ruth will come here.
▸だれか手伝ってくれないかしら. **I hope** somebody will help me.

かしらもじ【頭文字】（姓名(せいめい)の）an initial ［イニシャる］ ➡**イニシャル**

かじる bite* ［バイト］;（かたい物を）gnaw ［ノー］（♦発音注意）
▸リンゴをかじる **bite** an apple
▸犬が骨をかじっている. A dog is **gnawing** on a bone.

***かす【貸す】**

❶〖無料で〗lend
❷〖有料で〗rent (out)
❸〖手を〗give

❶〖無料で〗**lend*** ［れンド］
（対義語「借りる」borrow）
（人）に（物）を貸す《lend＋人＋物》《lend＋物＋to＋人》
▸消しゴム, 貸してくれない？

Can you **lend** me your eraser? / Can you **lend** your eraser **to** me?
▸自転車を貸していただけませんか？ Will you **lend** me your bicycle? / (→借りてもいいですか) May I borrow your bicycle?
(♦後者のほうがていねいな言い方)
❷『有料で』rent (out) [レント] (♦rent には「借りる」の意味もあるので，ちがいをはっきりさせるため，よく out を用いる)
▸あそこでボートを貸してくれるよ． They will **rent out** a boat over there.
❸『手を』give* [ギヴ]
▸手を貸してください．
Give me a hand, please.

くらべよう lend と rent (out)
無料で物やお金を「貸す」が **lend**．相手が持って行って使うという意味をふくみます．物を一定期間，有料で「貸す」が **rent (out)**.

結びつくことば
本を貸す lend a book
お金を貸す lend money
傘を貸す lend an umbrella
耳を貸す lend an ear

◆かず【数】
a **number** [ナンバ] ➡表
▸生徒の数は 40 人です．
The **number** of students is forty.
▸今ボール**の数を数え**ているんだ．
I'm **counting** the balls now.
数多くの a lot of ..., many ➡たくさん

◆ガス
gas [ギぁス]
▸ガスをつける turn on the **gas**
▸ガスを消す turn off the **gas**
ガスストーブ a gas heater
ガス代 the cost of gas
ガス中毒 gas poisoning
ガス湯沸(ゆわかし)器 a gas water heater
ガスレンジ a gas range

かすか【微かな】
(音・色・光などが) faint [ふェイント]; (記憶(きおく)などが) dim [ディム]
▸かすかな物音 a **faint** sound
かすかに faintly; dimly
▸窓から富士山がかすかに見える．

◆数の言い方

20 以上の数

20	twenty	50	fifty
21	twenty-one	60	sixty
22	twenty-two	70	seventy
30	thirty	80	eighty
40	forty	90	ninety

100 以上の数→ 1,000 以上は，100 万，10 億と 0 が 3 けた増えるごとに言い方が変わる．

100	one hundred	100,000	one hundred thousand
101	one hundred (and) one	1,000,000	one million
200	two hundred	10,000,000	ten million
1,000	one thousand	100,000,000	one hundred million
10,000	ten thousand	1,000,000,000	one billion

分数→分子は基数，分母は序数で表す．
分子が 2 以上の場合は，分母を表す序数を複数形にする．

$\frac{1}{2}$	one half/a half	$\frac{1}{4}$	one quarter/a quarter/one fourth/a fourth
$\frac{1}{3}$	one third/a third	$1\frac{3}{5}$	one and three fifths
$\frac{2}{3}$	two thirds		

小数→ 0.12 のように整数部分が 0 の場合は，0 を省いて .12 と書くこともある．読む場合は，小数点を point と言い，小数点以下は 1 けたずつ言う．
0.12 zero point one two　　34.56 thirty-four point five six

I can see Mt. Fuji **dimly** through the window.
▸あの少年の事はかすかに覚えています.
I **dimly** remember that boy.

カスタード custard [カスタド]
カスタードプリン custard pudding

カスタネット castanets [キャスタネッツ](♦ふつう複数形で用いる)

カステラ
sponge cake [スパンヂ ケイク]

かずのこ【数の子】
herring roe [ヘリング ロウ]

かすみ【霞】 (a) haze [ヘイズ], (a) mist [ミスト]
▸山にはかすみがかかっていた.
A **haze** hung over the mountain.

かすむ (かすみが立ちこめている) be* hazy [ヘイズィ], be misty [ミスティ]; (目が) be dim [ディム]

かすりきず【かすり傷】
a scratch [スクラぁッチ]
▸ほんのかすり傷だ.
It's only a **scratch**.

かする graze [グレイズ]
▸そのバッターは数球をかするだけはできた. That batter could only **graze** a few balls.
▸彼の答えは正解にかすっていた(→に近かった). His answer was close to the correct one.

かすれる
(声が) become* husky [ハスキ]
▸歌い過ぎて声がかすれた.
My voice has **become husky** from too much singing.

:かぜ¹【風】 (the) **wind** [ウィンド]; (そよ風) a breeze [ブリーズ]
▸冷たい風 a cold **wind**(♦形容詞がつくときは,ふつう不定冠詞 a, an をつける)
▸北風 **the** north **wind**
▸風が出てきた. **The wind** is rising.
▸風が弱まった.
The wind has calmed.
▸きょうは風がない.
There is no **wind** today.
▸風は北から吹(ふ)いている. The wind [It] is blowing from the north.
風の強い, 風のある windy
▸きょうは風が強いですね.
It is **windy** today, isn't it?

:かぜ²【風邪】 (a) **cold** [コウるド]; (インフルエンザ) influenza [インふるエンザ], 〖口語〗 the flu [ふるー]
▸風邪をひく catch [get] (a) **cold**
▸風邪をひいている have a **cold**

ダイアログ 質問する・説明する
A: 風邪? Do you have a **cold**?
B: うん, ひどいんだ. Yes, I have a bad **cold**. (♦「軽い風邪」なら bad の代わりに slight を用いる)

▸風邪をうつさないで.
Don't give me your **cold**. ➡うつる²
▸風邪がはやっているそうね. I hear that **the flu** is going around.
風邪薬 cold medicine

かせい【火星】
〖天文〗 Mars [マーズ] ➡わくせい(図)
火星人 a Martian [マーシャン]

かせき【化石】 a fossil [ふァスる]
▸恐竜(きょうりゅう)の化石 a dinosaur **fossil**
▸化石燃料 **fossil** fuel

かせぐ【稼ぐ】 earn [アーン]
▸お金をかせぐのはたいへんだ.
It's hard to **earn** money.

かせつじゅうたく【仮設住宅】
a temporary dwelling [house], a shelter [シェるタ]

カセット a cassette (tape) [カセット テイプ], (ビデオカセット) a video cassette
カセットテープレコーダー
a cassette tape recorder

かせん【下線】
an underline [アンダらイン]
下線を引く underline
▸**下線部**を英訳しなさい. Translate **the underlined part** into English.

かそ【過疎】 (人口の) depopulation [ディーパピュれイシャン]
過疎地 a depopulated area, a sparsely populated area (対義語「人口密集地」a densely populated area)

かそう【仮装する】
be* dressed as ...
▸ベンはスーパーマンの仮装をした.
Ben **was dressed as** Superman.
仮装行列 a fancy dress parade

がぞう【画像】 an image [イメッヂ]

:かぞえる【数える】 count [カウント]

▸1から10まで**数え**なさい.
Count from one to ten.
▸グラスが何個あるか**数え**てくれますか？
Will you **count** the glasses?
▸その歌手は**数えきれないほどの**ファンレターをもらった. The singer received **countless** fan letters.

参考 ものの数え方

日本語ではものの数を数えるとき，…個，…枚，…冊などの単位をつけますが，英語には特にこれにあたる語はなく，そのものを表す名詞が数えられる名詞か数えられない名詞かによって表し方が異なります．数えられる名詞なら one (または a, an), two, three... を名詞の前に置き，2つ以上のときは名詞を複数形にします．数えられない名詞なら piece, slice などを用います．➡表

⁑かぞく【家族】 a **family** ［ふぁミリ］

➡巻頭カラー 英語発信辞典⑫

▸うちは5人**家族**です.
We are a **family** of five. / There are five people in my **family**.
▸ご**家族**は何人ですか？
How many people are there in [How big is] your **family**?
▸うちの**家族**はみな元気です.
My **family** are all fine.
▸この前の週末は**家族**そろって伊豆へ行った. I went to Izu with the whole **family** last weekend.
▸このアパートには6**家族**が住んでいる.
Six **families** live in this apartment house.
▸その犬は**家族**同然だった.
That dog was treated as a member of the **family**.

ルール family の使い方

1 家族全体を1つのまとまりとして表すときは単数あつかい, 家族の一人ひとりを表すときは複数あつかいにします.
2 families は複数の家族(世帯)を表します.

かそくど【加速度】

acceleration ［アクセれレイシャン］

ガソリン

〖米〗gasoline ［ギぁソりーン］, 〖米口語〗gas ［ギぁス］, 〖英〗petrol ［ペトゥラる］

ガソリンスタンド 〖米〗a gas station; (給油だけする所) a filling station

⁺かた[1]【肩】 a **shoulder** ［ショウるダ］

(♦日本語の「肩」より範囲(はんい)が広く，肩甲(けんこう)骨をふくむ背の上部を指す.「両肩」のときは複数形にする)
▸愛はなで**肩**だ.
Ai has sloping **shoulders**.

◆数え方

…回	3回のコンサート three concerts	…着	コート2着 two coats
		…通	手紙7通 seven letters
…缶(かん)	ジュース2缶 two cans of juice	…頭	馬3頭 three horses
		…人	子供3人 three children
…曲	歌謡(かよう)曲2曲 two popular songs	…杯(はい)	紅茶2杯 two cups of tea; 水2杯 two glasses of water
…切れ	パン2切れ two slices of bread	…匹(ひき)	犬3匹 three dogs; 魚5匹 five fish
…軒(けん)	家2軒 two houses	…本	鉛筆(えんぴつ)3本 three pencils; 映画5本 five movies; チョーク3本 three pieces of chalk; ジュース（びん）2本 two bottles of juice; ズボン3本 three pairs of pants
…件	Eメール3件 three e-mails		
…個	卵3個 three eggs; 消しゴム2個 two erasers; 石けん1個 a bar [cake] of soap		
…冊	本10冊 ten books/(同じ本を) ten copies (of the book)	…枚	紙5枚 five sheets of paper; 切符(きっぷ)2枚 two tickets; DVD3枚 three DVDs
…足	靴(くつ)1足 a pair of shoes; 靴下2足 two pairs of socks		
…台	車5台 five cars	…羽	白鳥6羽 six swans
…題	問題10題 ten problems		

か

▸ジョーンズさんは肩をすくめた. Ms. Jones shrugged her **shoulders**. (♦「しかたがない」とか「困ったね」,「お好きなように」などの意味を表すしぐさ)
▸肩がこっている.
I have stiff **shoulders**.
▸あなたはなぜいつも正治**の肩をもつ**(→味方をする)んですか? Why do you always **stand by** Masaharu?

かた²【方】 ❶〖人をていねいに呼ぶとき〗(♦英語には決まった言い方はない)
▸あの**かた**が森さんです.
(→男性の場合) That **gentleman** is Mr. Mori. / (→女性の場合) That **lady** is Miss [Mrs., Ms.] Mori.
❷〖気付(きつけ)〗(手紙などのあて先で) c/o (♦(in) care of と読む)
▸林春男**様方** 山田麻理子様
Ms. Yamada Mariko, **c/o** Mr. Hayashi Haruo
…**し方** a way, how to ➡**しかた**
▸いちばんいい**やり方**は何ですか?
What is the best **way**?

かた³【型】(種類) a type [タイプ]; (様式) a style [スタイる]; (自動車などの) a model [マドゥる]; (材料を流しこむための) a mold [モウるド]
▸血液**型** a blood **type** ➡**けつえき**
▸最新**型**の車 the latest **model** car
▸ゼリーは**型**に入れて作ります.
We make jelly in a **mold**.

*かたい【堅い, 硬い, 固い】

❶〖物が〗**hard** [ハード] (対義語「柔(やわ)らかい」soft); 〖肉などが〗tough [タふ] (対義語「柔らかい」tender)
▸**かたい**木材 **hard** wood
▸このステーキはずいぶん**かたい**.
This steak is very **tough**.
❷〖変わらず確かな〗firm [ふァ〜ム]
▸**かたい**約束(やくそく) a **firm** promise
▸そのチーム**は守りがかたい**(→守備が強い).
The team **is strong on defense**.
❸〖まじめな〗serious [スィリアス]; 〖厳しい〗strict [ストゥリクト]
▸そんなに**かたい**ことを言うなよ.
Don't be so **serious**.

かだい【課題】(題) a subject [サブヂェクト]; (宿題) homework; (問題) a problem
課題図書 an assigned reading book

かたおもい【片思い】 one-sided love
▸彼に片思いをしている.
I have a crush on him.

かたがき【肩書き】 a position [ポズィシャン], a title [タイトゥる]

かたかた (音をたてる) rattle [ラぁトゥる]

がたがた (音をたてる) rattle [ラぁトゥる]; (震(ふる)える) tremble [トゥレンブる], shake* [シェイク]
▸風で窓が**ガタガタ**いっている.
The windows are **rattling** in the wind.

※かたかな【片仮名】 *katakana*, one of the two Japanese syllabaries (used mainly for loanwords)
(♦syllabary [スィらバリ] は「音節文字表」の意味)

かたがわ【片側】 one side
▸この通りは片側通行となっている.
Traffic is restricted to one lane on this street. (♦lane は「(道路の)車線」の意味)

*かたく【堅く, 硬く, 固く】

❶〖かためにに〗**hard** [ハード]; 〖しっかりと〗tight(ly) [タイトり]
▸卵を**かたく**ゆでる
boil an egg **hard**
▸くつのひもをもっと**かたく**結びなさい.
Tie your shoelaces more **tightly**.
▸この結び目は**かたく**てほどけない.
This knot is too **tight** to undo.
❷〖変わらず確かに〗firmly [ふァ〜ムり]
▸健は自分が正しいと**かたく**信じている.
Ken **firmly** believes he is right.
かたくなる harden [ハードゥン]
▸おもちが**かたくなった**.
The rice cake has **hardened**.

かたくるしい【堅苦しい】 formal [ふォームる]

かたこと【片言の】(少しの) a little

▸わたしは片言の英語しか話せない.
I can speak only **a little** English.

˙かたち【形】(a) **shape** [シェイプ], (a) **form** [ふォーム]

▸ハートの形のブローチ
a brooch in the **shape** of a heart

ダイアログ　質問する
A: きみのクッキーはどんな形?
What **shape** is your cookie?
B: クマの形よ. It looks like a bear.

くらべよう **form と shape**
form は中身や性質と対比した外形や形式を, **shape** は物の具体的な形を表します.

形作る shape, form
▸人の性格は幼いころに形作られる.
A person's character is **formed** in childhood.

かたづく【片付く】(整理してある) be* in order [オーダ]; (完了(かんりょう)する) be finished [ふィニッシト]
▸麻理の部屋はきちんと片づいていた.
Mari's room **was in** good **order**.
▸宿題は5時前に片づいた.
My homework **was finished** before five.

˙かたづける【片付ける】

❶〚整とんする〛put* ... in order [オーダ]; 〚しまう〛put ... away; 〚取り除く〛clear (off)
▸部屋を片づけなさい.
Put your room **in order**.
▸おもちゃは片づけたの?
Have you **put** your toys **away**?
▸テーブルを片づけるの手伝って.
Help me **clear** the table. (♦clear the table で「テーブルの上の食器を片づける」の意味)
❷〚終わらせる〛**finish** [ふィニッシ]; 〚解決する〛settle [セトゥる]
▸まずその問題から片づけよう.
Let's **settle** that problem first.

カタツムリ〚動物〛a snail [スネイる]

かたな【刀】 a sword [ソード]

かたほう【片方】(2つのうちの一方) one; (もう一方) the other
▸靴下(くつした)が片方なくなった.
One of the socks is missing.

かたまり【塊】 a lump [らンプ]
▸氷のかたまり a **lump** of ice

かたまる【固まる】 become* hard
▸ねん土が固まってきた.
The clay has **become hard**.
▸その高校を受験する決意が固まった(→決心した). I **made up my mind** [decided] to take the entrance examination for that high school.

かたみ【形見】
a keepsake [キープセイク]

かたみち【片道】 one way
片道切符(きっぷ)〘米〙a one-way ticket, 〘英〙a single (ticket)

かたむき【傾き】 a slant [スらぁント], a tilt [ティるト], a slope [スろウプ]

かたむく【傾く】(ななめになる) lean* [りーン]; (日が) set* [セット]
▸この絵は少し右に傾いている.
This picture is **leaning** a little to the right.

かたむける【傾ける】 tilt [ティるト], lean*; (耳を) listen《to ...》[りスン]
▸体を前に傾けなさい.
Lean your body forward.
▸わたしは美紀の話にじっと耳を傾けた.
I **listened** attentively **to** Miki.

かためる【固める】 harden [ハードゥン]; (強くする) strengthen [ストゥレンクすン]
▸守りを固める
strengthen the defense

かためん【片面】 one side

かたよる【偏る】(偏見(へんけん)がある) be* biased [バイアスト]; (不公平である) be partial [パーシャる]
偏った (偏見がある) biased; (不公平な) partial, unfair [アンふェア]

かたりつぐ【語り継ぐ】
▸この話は何世代にもわたり語り継がれてきた. This story **has been passed on** from generation to generation.

かたる【語る】 talk《about ...》[トーク]
➡はなす[1]
▸わたしは詩織とその映画について語り合った. I **talked** with Shiori **about** the movie.
語り手 a narrator [ナぁレイタ]

カタログ
a catalog, a catalogue [キぁタろーグ]

かだん【花壇】 a flower bed

か

がたんと (急激(きゅうげき)に) sharply
▸彼女の数学の成績は**がたんと**落ちた.
Her math grade fell **sharply**.

かち[1]【価値】
value [ヴぁりュー], **worth** [ワ〜す]
▸人間の**価値**は外見ではわからない.
We can't judge people's **worth** by their appearance.
▸このダイヤはどのくらいの**価値がある**のですか? How much is this diamond **worth**? / What is the **value** of this diamond?
価値のある valuable, ... of value
▸これはたいへん**価値のある**つぼです.
This is a very **valuable** pot. / This is a pot **of** great **value**.
価値のない valueless, ... of no value, worthless
…**の価値がある** be* worth
▸この指輪は 100 万円**の価値がある**.
This ring **is worth** one million yen.
▸この映画は一見**の価値がある**. This movie **is worth** seeing [a watch].

かち[2]【勝ち】 (a) victory [ヴィクトゥリ]
➡かつ
ことわざ **早い者勝ち.**
First come, first served.
勝ち組 the winners

-(し)がち
《be* apt to +動詞の原形》[あプト],
《tend to +動詞の原形》[テンド]
▸この時計は遅(おく)れ**がち**だ.
This clock **tends to** lose time.

かちかち (音) a tick [ティック], ticking; (かたい) solid [サりッド]
▸時計の**カチカチ**いう音
the **ticking** of the clock
▸バケツの水が**かちかちに**凍(こお)っていた.
The water in the bucket was frozen **solid**.

がちがち
▸緊張(きんちょう)で**がちがちになる**(→こわばる)
freeze because of nervousness
▸寒さで歯が**がちがち鳴った**.
My teeth **chattered** from the cold.

かちき【勝気な】 (競争心の強い)
competitive [コンペティティヴ]

かちく【家畜】
livestock [らイヴスタック]; (人に飼いならされている動物) a domestic animal [ドメスティック あニムる]

かちほこる【勝ち誇る】
be* triumphant [トゥライアンふァント]
勝ち誇って triumphantly

カチャカチャ
(ガラスなどの音) a clink [クリンク]
▸皿(さら)が**カチャカチャ**いう音が聞こえる.
I can hear the **clink** of dishes.

ガチャガチャ (皿(さら)などの音)
(a) clatter [クらあタ], (a) rattle [ラあトゥる]
▸皿をガチャガチャいわせるな.
Don't clatter the dishes. (♦この clatter は動詞)

ガチャン (音) a crash [クラあッシ]
▸窓ガラスが**ガチャン**と割れた.
The window broke with a **crash**.

かちょう【課長】
a section chief ➡か[2]

ガチョウ 〖鳥類〗
a goose [グース] (複数 geese)

カツ a cutlet [カットれット]

かつ【勝つ】** (試合に) **win [ウィン] (対義語「負ける」lose); (相手に) beat* [ビート]
▸今度こそ絶対に**勝つ**ぞ.
We'll **win** for sure this time.
▸マリナーズがレッドソックスに2対1で**勝った**. The Mariners **won** the game against [**beat**] the Red Socks by 2 to 1.

> くらべよう **win と beat**
> **win** は試合などに「勝つ」という意味で game や race などを目的語にとります. **beat** は競争相手に「勝つ」という意味で相手の名前などを目的語にとります.

カツオ 〖魚類〗 a bonito [ボニートウ]
(複数 bonito, bonitos)

かっか【かっかする】
▸そんなに**かっかしなさんな**.
(→興奮するな) **Don't get** so

excited. / (→怒(おこ)るな) **Don't get** so **angry**.
▸顔が**かっかする**(→熱くなる).
My face **feels very hot**.

がっか【学科】
a (school) subject ➡**きょうか¹**

かつかつ tight [タイト]
▸お金がかつかつだったので, よりいっそう働いた. I worked harder because money was **tight**.

がっかつ【学活】
(学級活動) homeroom activities

がつがつ hungrily [ハングリり], greedily [グリーディり]

がっかり【がっかりする】
be* disappointed《at [with, in, by] ...》[ディスアポインティッド],
be discouraged [ディスカ〜レッヂド];
(元気をなくす) lose* heart
▸決勝戦で負けて, みんながっかりした.
All of us **were disappointed at** losing (in) the finals.
▸あの映画にはがっかりしたよ. I **was disappointed with** that movie.
(♦disappointed に続く前置詞は, 原因・理由を表す場合は at, 物・人なら with, 人やその行為(こうい)なら in)
▸がっかりするな. Don't **be discouraged**! / Don't **lose heart**!

がっき【活気】
life [らイふ], energy [エナヂィ]
活気のある lively [らイヴり]
▸このクラスは活気がある.
This class is **lively**.
活気のない dull [ダる]

˙がっき¹【学期】
(3学期制の) a (school) term [タ〜ム];
(2学期制の) a semester [セメスタ]
▸1年の3学期
the third **term** of the first year
▸新学期 a new **term**
▸2学期は数学の成績がよかった.
I got a good grade in math in the second **term**.
学期末試験 term [final] examinations

がっき²【楽器】 an instrument, a musical instrument
➡**巻頭カラー 英語発信辞典⑦**
▸管楽器 a wind **instrument**
▸弦(げん)楽器 a stringed **instrument** / (→全体をまとめて) the strings
▸打楽器 a percussion **instrument** / (→全体をまとめて) the percussion
▸鍵盤(けんばん)楽器
a keyboard **instrument**

> **ダイアログ** 　**質問する**
> *A:*何か楽器を弾(ひ)ける? Can you play any **musical instruments**?
> *B:*うん. ギターが弾けるよ
> Yes. I can play the guitar.

かっきてき【画期的な】
epoch-making [エポックメイキング]
▸画期的な発明
an **epoch-making** invention

˙がっきゅう【学級】
a class [クらぁス] ➡**クラス**
▸インフルエンザで学級閉鎖(へいさ)になった.
Our **class** was suspended due to the flu.
学級委員 a class representative
学級会 a homeroom meeting
学級活動 homeroom activities
学級新聞 a class newspaper
学級日誌 a class diary
学級崩壊(ほうかい)
classroom collapse [コらぁプス]

かつぐ【担ぐ】 (肩(かた)に) shoulder
[ショウるダ]; (だます) play a trick [トゥリック], take* in
▸さあ, みこしをかつごう. All right, let's **shoulder** the *mikoshi*.

かっこ【括弧】 (丸かっこ)
a parenthesis [パレンセスィス]
(**複数** parentheses [パレンセスィーズ])
(♦1組のかっこを表す場合が多いので, ふつう複数形にする)

> **参考 かっこのいろいろ**
> 丸かっこ( ) parentheses
> 角かっこ[ ] brackets
> 波かっこ{ } braces

かっこ(う)【格好】
▸**そんなかっこうで**学校へ行くつもりなの? Are you going to school **(looking) like that**?
かっこいい nice [ナイス], fashionable [ふぁショナブる], cool [クーる]
▸彼ってかっこよくない?
Isn't he **cool**?

カッコウ 〖鳥類〗a cuckoo［クックー］

がっこう【学校】

(a) **school**［スクーる］(♦「校舎(こうしゃ)」を表すときは a や the をつけるが,「授業」などの意味のときは a も the もつけない)

➡巻頭カラー 英語発信辞典①③

▶学校に入る(→入学する)
enter **school**

▶学校を出る(→卒業する)
graduate from **school** / leave **school** (♦leave school には「下校する, 退学する」の意味もある)

▶わたしたちの市には中学校が4つあります. There are four junior high **schools** in our city.

ダイアログ 質問する
A: きみはどうやって学校へ行くの？
How do you get to **school**?
B: 歩いて行きます. I walk.

ダイアログ 質問する
A: きみはどこの学校に行ってるの？
Where do you go to **school**?
B: 緑中学です. I go to Midori Junior High **School**.

▶学校は8時30分に始まります.
Our **school** starts at eight thirty.

▶きょう学校で健を見かけなかった.
I didn't see Ken at **school** today.

▶学校が終わったらうちへ来ない？
Why don't you come to my house after **school** (is over)?

▶きょうは学校はお休みです.
We have no **school** today.

▶学校の帰りに本屋に寄った.
I stopped by the bookstore on my way home from **school**.

▶アメリカの学校生活について教えてください. Would you tell us about **school** life in America?

▶公立学校 〖米〗a public **school** / 〖英〗a state **school** ➡**こうりつ**

▶私立学校 a private **school**

学校5日制
the five-day school week system

学校給食 a school lunch

学校行事 a school event

学校祭 a school festival

学校新聞 a school (news)paper

学校説明会 a school introduction

学校だより a school newsletter

学校図書館 a school library

学校友達 a school friend

結びつくことば
学校へ行く go to school
学校を休む be absent from school
学校に遅れる be late for school
学校が終わる school ends

かっさい【喝采】

(拍手(はくしゅ)) applause［アプろーズ］;
(歓声(かんせい)) a cheer［チア］

かっさいする (拍手する) applaud［アプろード］; (歓声をあげる) cheer

がっさく【合作】

collaboration［コらぁボレイシャン］

かつじ【活字】 (a) type［タイプ］

(♦活字全体の場合は数えられない名詞)

がっしゅく【合宿】 a training camp

合宿する have* a training camp, stay together

▶テニス部は軽井沢で1週間合宿した.
Our tennis club **had a training camp** in Karuizawa for a week.

がっしょう【合唱】 a chorus［コーラス］

合唱する sing* in chorus

▶男声合唱 a men's [male] **chorus**

▶女声合唱
a women's [female] **chorus**

▶混声合唱 a mixed **chorus**

合唱コンクール a chorus contest

合唱団 a chorus

合唱部 a chorus club

かっしょく【褐色(の)】

(dark) brown

かっそう【滑走する】 slide*［スらイド］, glide［グらイド］; (飛行機) run*［ラン］;
(スキー) ski［スキー］;
(スケート) skate［スケイト］

がっそう【合奏】 an ensemble

［アーンサーンブる］(♦フランス語から)

合奏する play together

かっそうろ【滑走路】

a runway［ランウェイ］

カッター a cutter［カタ］

かったるい (疲(つか)れている) feel* tired

▶きょうは体がかったるい.
I **feel tired** today.

▶いちいち説明するのは**かったるい**(→面倒(めんどう)なことだ). **It's a nuisance**

to explain in detail.

がっちりした (体が) sturdy [スターディ], solidly built

がっちりと (かたく) firmly [ふァ〜ムり]

▶がっちりと握手(あくしゅ)する
shake hands **firmly**

ガッツ guts [ガッツ]

▶彼はとてもガッツがある.
He has a lot of **guts**.

ガッツポーズをする (こぶしを振(ふ)り上げる) raise one's fist in the air

がっつく (がつがつ食べる)
eat* greedily, gobble [ガブる]

がっつり (たくさん) a lot; (よく) well

▶試験の前はがっつり寝るようにしている.
I try to sleep **a lot** before exams.

˙かつて ❶『以前』**once** [ワンス], **before** [ビふォーア]

▶かつてうちの家族は三重に住んでいた.
Our family **once** lived in Mie. / Our family lived in Mie **before**.

かつての former

▶かつての世界チャンピオン
a **former** world champion

❷『今までに…ない』**never** [ネヴァ]

▶こんなにおもしろい試合はいまだかつて見たことがない.
I have **never** seen such an exciting game as this. / (→今まで見た中でいちばんおもしろい試合だ)
This is the most exciting game I have ever seen.

かって【勝手な】 selfish [せるふィッシ]

▶きみは勝手過ぎる.
You're too **selfish**.

▶何をしようと**わたしの勝手でしょ**(→だれもわたしに何をしろとは言えない).
Nobody tells me what to do. / **None of your business**.

勝手に (好きなように) as one likes, as one pleases; (許可(きょか)なく) without a person's permission

▶勝手にやっていいですよ.
You can do **as you like [please]**.

▶わたしの物を勝手にいじらないで.
Don't touch my things **without my permission**.

▶**勝手にしなさい!** **Suit yourself! / Do it your way!**

カット (切ること) cut [カット]; (挿絵(さしえ)) an illustration [イらストゥレイシャン], a picture [ピクチャ]

▶髪(かみ)をカットしてもらいたい.
I want to have [get] my hair cut.
(♦《have [get] +物+過去分詞》で「(物)を…してもらう」)

カットソー cut and sewn

カットモデル a haircut model

ガット gut [ガット]

ガットを張る
(ラケットに) string* [ストゥリング]

かつどう【活動】
(an) activity [あクティヴィティ]

▶クラブ活動 club **activities**

▶ボランティア活動に参加した. I took part in volunteer **activities**.

活動する be* active, work

活動的な active [あクティヴ]

かっとなる
get* angry, get mad [マぁッド]

▶彼は**すぐかっとなる**(→気が短い).
He **is short-tempered**.

かっとして in a fit of anger

かっぱつ【活発な】
(活動的な) active [あクティヴ]

▶2組は男子より女子のほうが活発だ.
In Class 2 the girls are more **active** than the boys.

活発に actively

カップ (賞杯(しょうはい)) a cup [カップ], a trophy [トゥロウふィ]; (茶わん) a cup

▶優勝カップを勝ち取る win the **cup**

▶コーヒーカップ a coffee **cup**

カップケーキ
a cupcake [カップケイク]

カップラーメン
instant noodles (in a cup)

カップル a couple [カプる]

▶彼らは似合いのカップルだ.
They make a good **couple**.
(♦couple は「夫婦」など, 2人のおとなを言い, 中学・高校生には用いない)

がっぺい【合併する】
(会社などが) merge [マ〜ヂ]

かつやく【活躍】
activity [あクティヴィティ]

活躍する be* active [あクティヴ], play an active part《in ...》

▶明彦は生徒会で活躍した. Akihiko **played an active part [was active] in** the student council.

かつよう【活用する】 make* use

か

of ..., make the most of ...
▸辞書をもっと活用しなさい. **Make** better **use of** your dictionary.

かつら a wig［ウィッグ］;
（一部につける）a hairpiece［ヘアピース］

かつりょく【活力】 vitality［ヴァイタぁりティ］, energy［エナヂィ］
活力にあふれた
full of vitality [energy]

カツレツ a cutlet［カットれット］

がつんと
▸そのボートは岩にがつんとぶつかった. The boat banged against rocks.
▸そのことについてわたしが彼**にがつんと言い**ます. I'll **give** him **a piece of my mind** about it.

:かてい¹【家庭】
a **home**［ホウム］, a **family**［ふぁミり］
▸わたしたちは幸せな家庭をつくりたいと思っています. We would like to make a happy **home**.
家庭の, 家庭用の home
家庭(内)の, 家庭的な domestic［ドメスティック］,（形容詞的に）family
▸彼は家庭の事情で岐阜の学校へ転校した. He transferred to a school in Gifu for **family** reasons.
▸家庭的な夫 a **domestic** husband
家庭科
homemaking, home economics
家庭科室 a homemaking classroom, a home economics classroom
家庭科部 a homemaking club, a home economics club
家庭教育 home schooling, education in the home
家庭教師 a private teacher;（住みこみの）a tutor［テュータ］
家庭教師をする tutor
家庭菜園 a kitchen garden, a vegetable garden
家庭生活 (a) home life
家庭内暴力 domestic violence
家庭訪問 （先生の）a home visit (by a teacher)（♦アメリカでは先生が各家庭を回る習慣はない）
家庭用品 household articles, household goods
家庭料理 home cooking

かてい²【過程】 a process［プラセス］

かてい³【仮定】
(a) supposition［サポズィシャン］
仮定する suppose［サポウズ］
▸彼が9時の列車に乗ったと**仮定し**よう. Let's **suppose** he got on the 9:00 train.

かてい⁴【課程】 a course［コース］,（教科課程）a curriculum［カリキュらム］

かど【角】 a corner［コーナ］
▸机の角 the **corner** of a desk
▸次の角を右へ曲がりなさい. Turn right at the next **corner**.

かとう【下等な】 low［ろウ］, lower;（劣(おと)っている）inferior［インふィリア］

かどう【華道】 (the art of) flower arrangement, flower arranging
華道部 a flower arrangement club

-かどうか if［イふ］, whether［(ホ)ウェザ］
▸トムが来る**かどうか**, わたしは知らない. I don't know **if** Tom will come. / I don't know **whether** Tom will come (or not).

カトリック【カトリック教】
Catholicism［カさりスィズム］
カトリックの Catholic［キぁそりック］
カトリック教徒 a Catholic

:かな【仮名】 *kana*, the Japanese syllabary (consisting of *hiragana* and *katakana*)［スィらバリ］➡**かたかな, ひらがな**

-かな （自問）I wonder if ....,
I wonder ＋疑問詞;（希望・依頼(いらい)）
I hope ...., Will you ...? ➡**-かしら**
▸夏希はどこにいるのかな.
I wonder where Natsuki is.

かなあみ【金網】 wire netting;（囲い）a wire fence

かなう ❶『望み・願いが』come* true
▸夢がかないますように. I hope my dreams will **come true**.
❷『匹敵(ひってき)する』➡**かなわない**

かなえる fulfill［ふるふィる］;（実現する）realize［リーアらイズ］;（聞き入れる）hear*［ヒア］, grant［グラぁント］

:かなしい【悲しい】 sad［サぁッド］
（**対義語**「うれしい」glad, happy）
▸悲しい歌 a **sad** song
▸麻理が去ってしまってわたしは**悲しい**. I am **sad** because Mari left me.
▸何がそんなに悲しいの(→何があなたをそんなに悲しくさせるのか)?

What makes you so **sad**?
悲しそうに sadly

かなしばり【金縛り】
sleep paralysis [パラりスィス]

かなしみ【悲しみ】
sadness [サぁッドネス], sorrow [サロウ]

かなしむ【悲しむ】
be* sad《at [about] ...》, feel* sad《at [about] ...》
▸スーは犬の死を悲しんでいる. Sue **is sad about** her dog's death.

かなた【彼方に】
in the far distance [ディスタンス], far away
▸はるかかなたに高層ビルが見える. I can see the skyscraper **in the far distance** [**far away**].

カナダ
Canada [キぁナダ]
カナダの Canadian [カネイディアン]
カナダ人 a Canadian; (全体をまとめて) the Canadians

かなづち【金づち】
a hammer [ハぁマ]
▸父は**金づちです**(→全然泳げない). My father **can't swim at all**.

かなもの【金物】
hardware [ハードウェア]
金物屋 (店) a hardware store

:かならず【必ず】
❶『きっと』**surely** [シュアり], **certainly** [サ～トゥンり], definitely [デふィニットり], for sure
必ず…する
《be* sure to ＋動詞の原形 [that ...]》, 《do* not fail to ＋動詞の原形》
▸5時までには**必ず**帰って来ます. I will **surely** [**certainly**, **definitely**] come home by five. / I will come home by five **for sure**.
▸ベンは**必ず**来ます. Ben will **surely** [**certainly**, **definitely**] come. / **I'm sure** (that) Ben will come. / Ben **is sure to** come. / Ben will come **for sure**. (♦いずれも話し手(わたし)の確信を表す言い方)
▸自転車には**必ず**かぎをかけること. **Be sure to** lock your bicycle. / (→かぎをかける**のを忘れるな**) **Don't forget to** lock your bicycle.
❷『常に』**always** [オーるウェイズ]; (…するときはいつも) whenever
▸わたしは新宿に来ると**必ず**この店に寄る. When I come to Shinjuku, I **always** drop by this shop. / **Whenever** I come to Shinjuku, I drop by this shop.
必ずしも…ない not always
▸成績のいい生徒が**必ずしも**頭がいいとは**かぎらない**. Students with good grades are **not always** bright.

かなり
pretty [プリティ], quite [クワイト]
▸リリーはテニスが**かなり**うまい. Lily plays tennis **pretty** [**quite**] well.
かなりの
fair, considerable [コンスィダラブる]
▸かなりの収入
a **considerable** income

カナリア
『鳥類』a canary [カネリ]

かなわない
(対等にはなれない) can't match; (勝てない) can't beat; (我慢(がまん)できない) can't stand
▸100メートル競走ではきみに**かなわない**. I **can't match** [**beat**] you in the 100-meter dash.
▸こう暑くては**かなわない**. I **can't stand** this heat.

カニ
『動物』a crab [クラぁブ]
かに座 Cancer [キぁンサ], the Crab ➡じゅうに

かにゅう【加入する】
join [ヂョイン], enter [エンタ]; (…の会員になる) become* a member of ...

カヌー
a canoe [カヌー]

:かね[1]【金】
money [マニ]

ダイアログ　**質問する**
A: 今, お金いくら持ってる?
How much **money** do you have with you now?
B: 全然ないよ. お金は全部使っちゃった.
I don't have any. I spent **all the money I had** [it all].

▸自転車を買うのに**お金**をためている.
I'm saving **money** for a bicycle.

か

▸お金をもうける
make [earn] **money**
▸その本, ずいぶんお金がかかったの？
Did the book cost you a lot?（◆cost は「(費用)がかかる」の意味の動詞）
▸まだそのお金を払(はら)っていません.
I haven't paid for it yet.（◆pay for ... で「…の代金を払う」の意味）

ルール money は数えられない

money は数えられない名詞なので, a をつけたり, 複数形にしたりしません. a little（少しの）や little（ほとんどない）, much, a lot of（たくさんの）を前に用いてその量を表します. ただし, coin（硬貨(こうか)）や bill（紙幣(しへい)）は 1 枚, 2 枚, …と数えられるので, a をつけたり複数形にしたりします.
きょうはほとんどお金を持っていない.
I have *little money* today.
千円札(さつ)を 5 枚持っている.
I have five thousand-yen *bills*.

かね²【鐘】 a bell［べる］
▸鐘を鳴らす ring a **bell**
▸真夜中に鐘が鳴った.
The **bell** rang at midnight.

かねがね（長い間）for a long time
▸かねがねお会いしたいと思っておりました. I have been looking forward to meeting you **for a long time**.

かねもち【金持ちの】 rich［リッチ］（対義語「貧しい」poor）
▸大金持ちになりたいな.
I want to be very **rich**.
▸金持ちが必ずしも幸せとはかぎらない.
The rich are not always happy.（◆《the＋形容詞》で「…な人々」を表し, 複数あつかいをする）

かねる【兼ねる】（…でも～でもある）be* both ... and ～;（…と～の両方の役割をする）serve both as [for] ... and ～
▸この部屋は会議室と教室を兼ねている.
This room **serves both as** (a) meeting room **and** (a) classroom.

かねんぶつ【可燃物】（燃えるごみ）burnables［バ～ナブるズ］（対義語「不燃物」non-burnables）;（燃えやすい物）combustibles［コンバスティブるズ］, inflammables［インふらぁマブるズ］

かのう¹【可能な】 possible［パスィブる］（対義語「不可能な」impossible）
▸何事も強い意志があれば可能だ.
Anything is **possible** if you have a strong will.
▸彼ならこの宿題を1日で終わらせるのは可能だ. It is **possible** for him to finish this homework in one day.
可能性 (a) possibility
▸今夜は雨になる可能性がある. There is a **possibility** of rain tonight.

かのう²【化膿する】 fester［ふェスタ］, become* infected［インふェクティッド］

˚かのじょ【彼女, 彼女は】

❶〚あの女〛**she**［シー］
（複数 they）（対義語「彼は」he）➡かれら

◆「彼女」の変化形

彼女の	**her**［ハ～］
彼女を, 彼女に	**her**
彼女のもの	**hers**［ハ～ズ］
彼女自身	**herself**［ハセるふ］

▸こちらがサラです. 彼女は絵がじょうずなんです. This is Sarah. **She**'s good at painting.
▸この絵は彼女自身がかいたの？
Did **she** paint this **herself**?
▸彼女のお母さんは先生です.
Her mother is a teacher.
▸彼女のこの本はとてもおもしろかった.
This book of **hers** was very interesting.（◆her this book, this her book にはならない）
❷〚恋人〛a girlfriend［ガ～るふレンド］

カバ〚動物〛a hippopotamus［ヒパパタマス］,〚口語〛a hippo［ヒポウ］

カバー a cover［カヴァ］;（本の）a (book) jacket
▸車にカバーをかける
put a **cover** over a car
カバーする cover
▸三塁(るい)をカバーしろ.

Cover third base.

かばう protect［プロテクト］

▸妹をかばってやらなくてはいけないよ.
You have to **protect** your sister.

˙かばん a **bag**［バぁッグ］

●かばんのいろいろ

①,②ランドセル satchel ③デイパック backpack ④ハンドバッグ handbag,〖米〗purse ⑤書類かばん briefcase ⑥スポーツバッグ gym bag ⑦ショルダーバッグ shoulder bag ⑧手さげバッグ tote bag

▸かばんを開ける open a **bag**
▸かばんを閉める close a **bag**
▸かばんに何が入ってるの?
What do you have in your **bag**?

かはんしん【下半身】
the lower part of the body

かはんすう【過半数】
(a) majority［マヂョーリティ］
▸過半数に達する
amount to a **majority**
▸過半数を獲得(かくとく)する
gain [get] a **majority**

かび mold［モウるド］
かびのはえた,かびくさい moldy
かびがはえる,かびる get* moldy
▸パンにかびがはえた.
The bread **got moldy**.

がびょう【画びょう】
〖米〗a thumbtack［さムタぁック］,
〖英〗a drawing pin
画びょうでとめる tack［タぁック］

かびん【花びん】 a vase［ヴェイス］
▸花びんに花をさす
put flowers in a **vase**

カブ 〖植物〗a turnip［ターニップ］

かぶ【株】（木の切り株）a stump［スタンプ］;（株式）(a) stock［スタック］
株価 stock prices
株主 a shareholder［シェアホウるダ］,〖米〗a stockholder［スタックホウるダ］

カフェ a cafe［キぁふェイ］
カフェオレ cafe au lait
［キぁふェイ オウ れイ］（◆フランス語から）
カフェテラス an open-air cafe
カフェラテ a (caffe) latte
［(キぁふェイ) らぁテイ］（◆イタリア語から）

カフェテリア
a cafeteria［キぁふェティリア］

がぶがぶ【がぶがぶ飲む】
gulp (down)［ガるプ］, guzzle［ガズる］

✽かぶき【歌舞伎】
kabuki, a *kabuki* drama

日本紹介 歌舞伎は日本の古典演劇の一種です. 演技, 舞踊(ぶよう), 音楽に定まった様式があります. 歌舞伎は男性だけで演じられます. 女性の役でさえも男性によって演じられます.
Kabuki is a type of classical Japanese theater. It has fixed styles of acting, dancing, and music. *Kabuki* is only performed by men. Even the roles of women are played by men.

かぶせる put* ... on;（おおう）cover
▸ピアノに布をかぶせた.
I **covered** my piano with a cloth.

カプセル a capsule［キぁプスる］

かぶと a helmet［へるメット］

カブトムシ
〖昆虫〗a beetle［ビートゥる］

˙かぶる

❶〖着用する〗（かぶる動作） **put* on**
（対義語「脱(ぬ)ぐ」take off）;（かぶっている状態・習慣） **wear***［ウェア］➡きる²
▸帽子(ぼうし)をかぶりなさい.
Put on your hat.
▸真紀はいつも帽子をかぶっている.
Maki always **wears** a hat.
▸その女の子は赤い帽子をかぶっていた.
The girl was **wearing** a red hat.

❷〖おおわれている〗
be* covered《with ...》［カヴァド］
▸わたしの本はほこりをかぶっていた.
My books **were covered with** dust.

❸〖重複する〗
▸予定がかぶる
have a schedule conflict
▸アレックスとわたしはアイデアがかぶっ

か

た(→まったく同じアイデアを持っていた). Alex and I had the exact same idea.

かぶれる get* a rash [ラぁッシ]

かふん【花粉】 pollen [パれン]

花粉症(しょう) pollen allergy, hay fever [ヘイ ふィーヴァ] (♦「花粉アレルギー」を表す pollen allergy のほうが適切)

˙かべ【壁】 a wall [ウォーる]

▸壁に掛(か)かっている絵,すてきね. The picture on the **wall** is beautiful.

▸わたしたちの計画は壁につき当たった. Our plan has run up against a **wall**. (♦wall は比ゆ的に「障害物」の意味でも用いる)

▸テニス部員が壁打ちをしている. A member of the tennis team is hitting a ball against the **wall**.

ことわざ **壁に耳あり.** **The walls have ears.**

壁紙 wallpaper

かへい【貨幣】 money ➡かね[1]

カボチャ

〖植物〗 a squash [スクワッシ], (皮がオレンジ色のもの) a pumpkin [パンプキン]

カボチャちょうちん a jack-o'-lantern [ヂぁカらぁンタン] ➡ハロウィーン

かま[1]【釜】 an iron pot [アイアン パット]

電気がま an electric rice cooker

かま[2]【鎌】 a sickle [スィクる]

かまう【構う】 (気にする) mind [マインド], care 《about ...》 [ケア] ➡かまわない

ダイアログ 許可を求める

A: 窓を開けてもかまいませんか? Do you **mind** if I open the window?

B: ええ,どうぞ. No, I don't. (♦mind は「気にする」の意味なので,「ええ(はい)」と答えるときは No と言う)

かまえる【構える】

(用意する) get* ready 《for ...》

▸ボールが来てもいいように構えなさい. **Get ready for** the ball.

▸そんなに構えるなよ(→緊張するな). Don't be so tense.

カマキリ 〖昆虫〗 a praying mantis [プレイイング マぁンティス]

˙かまわない【構わない】

(気にしない) do* not care 《about ...》 ➡かまう

▸麻理は服装**のことはまったくかまわない.** Mari **doesn't care about** her clothes.

▸**わたしのことにはかまわないで**(→ひとりにしておいて). **Leave me alone.**

▸きみが来ようが来まいがわたしは**いっこうにかまわない**(→何のちがいもない). **It doesn't make any difference** to me whether you come or not.

がまん【我慢する】 (こらえる) stand* [スタぁンド]; (苦痛などを) bear* [ベア] (♦ふつう can とともに疑問文・否定文中で用いる); (しかたないと耐(た)える) put* up with ...

▸歯が痛いのが**我慢**できない. I can't **stand** this toothache.

我慢強い patient [ペイシェント]

▸我慢しなさい. Be **patient**.

⁚かみ[1]【紙】 paper [ペイパ]

▸1枚の紙 a piece [sheet] of **paper**

▸これを包むのに,何かきれいな紙はない? Do you have any nice **paper** for wrapping this?

▸明は紙にゾウの絵をかいた. Akira drew a picture of an elephant on the **paper**.

紙切れ a slip of paper
紙くず wastepaper
紙コップ a paper cup
紙テープ a streamer [ストゥリーマ]
紙ナプキン a paper napkin
紙飛行機 a paper plane
紙風船 a paper balloon
紙袋(ぶくろ) a paper bag
紙吹雪(ふぶき) confetti [コンふェティ]
紙やすり sandpaper

ルール **「紙」の数え方**

paper はふつう数えられない名詞とし

てあつかわれ, a をつけたり, 複数形にしたりしません. メモ用紙などを数えるときは a piece of paper(1 枚の紙), two pieces of paper(2 枚の紙)のように言います. 規格サイズの紙を言うときは, よく sheet を用います.

かみ²【髪】 (全体) **hair** [ヘア]; (1 本) a **hair** ➡け
▸黒い髪 dark [black] **hair**
▸髪をとかす comb [コウム] one's **hair**
▸髪を洗う wash [shampoo] one's **hair**
▸留美の髪は長くてつやがある. Rumi has long, glossy **hair**.
▸髪を切ってもらった. I had [got] my **hair** cut. (♦《have [get] one's hair +過去分詞》で「髪を…してもらう」)
▸千尋はいつも髪を編んでいます. Chihiro always wears her **hair** in braids. (♦braid は「編んだ髪, 三つ編み」の意味)
髪型 a hairstyle; (女性の) (a) hairdo

かみ³【神】 a **god** [ガッド]; (一神教の) God
▸神を信じますか? Do you believe in **gods**? (♦キリスト教など一神教の神なら God; 存在を信じるという意味なので in が必要)
▸彼は神に祈(いの)った. He prayed to **God**.

かみいれ【紙入れ】 a wallet [ワレット], a billfold [ビるふォウるド]

がみがみ【がみがみ言う】 nag [ナぁッグ]
▸母はもっと勉強しろといつも**がみがみ言**う. My mother is always **nagging** me to study harder.

かみしばい【紙芝居】 *kamishibai*, verbal storytelling with a series of illustrations

かみそり a razor [レイザ]

かみだな【神棚】 a household *Shinto* altar

かみつ【過密】 (こみ合った) overcrowded [オウヴァクラウディッド]; (人口過密の) overpopulated [オウヴァパピュれイティッド]; (余裕(よゆう)のない) tight [タイト]
▸過密スケジュール a **tight** schedule

かみなり【雷】 thunder [さンダ]; (稲妻(いなずま)) lightning [らイトニング]
▸杉(すぎ)の木に雷が落ちた. The cedar was struck by **lightning**. / **Lightning** struck the cedar. (♦落ちるのは稲妻なので lightning を用いる)
▸あっ, 雷が鳴っている. Oh, it's thundering. (♦この thunder は「雷が鳴る」の意味の動詞; ふつうは it を主語にする)

かみのけ【髪の毛】 hair ➡かみ²

かみわざ【神業】 a superhuman feat [ふィート]; (奇跡(きせき)) a miracle [ミラクる]

かむ¹ (がぶりと) **bite*** [バイト]; (もぐもぐと) chew [チュー]
▸犬に足を**かま**れた. A dog **bit** me in [on] the leg. / I had my leg **bitten** by a dog.
▸食べ物はよく**かみ**なさい. **Chew** your food well.

かむ² (鼻を) blow* one's nose

ガム (chewing) gum [(チューイング) ガム]
▸風船**ガム** bubble **gum**
▸**ガム**をかむ chew **gum**

ガムテープ packing tape

カムバック a comeback [カムバぁック]
カムバックする come* back, make* a comeback

カメ 〘動物〙(陸ガメ) a tortoise [トータス]; (海ガメ) a turtle [タ～トゥる]

かめ (容器) a pot [パット]; (広口の) a jar [ヂャー]; (装飾(そうしょく)用) a vase [ヴェイス]

かめい【加盟する】 join [ヂョイン]; affiliate oneself [アふィりエイト]《with ...》; become* a member of ...

がめつい greedy [グリーディ], grasping [グラぁスピング]

カメラ a camera [キぁメラ]
▸一眼レフ**カメラ** a single-lens reflex **camera**
▸デジタル**カメラ** a digital **camera**
▸水中**カメラ** an underwater **camera**
▸ポラロイド**カメラ** a Polaroid (**camera**)
▸彼はスマホの**カメラ**で桜の写真をとった. He took a picture of cherry blossoms with his smartphone **camera**.

か

カメラマン (写真家) a photographer; (映画・テレビの) a cameraman

カメラ屋 a camera shop

カメレオン
〘動物〙 a chameleon [カミーりオン]

かめん【仮面】 a mask [マぁスク]
▸仮面をかぶる put on a **mask**
▸仮面を脱(ぬ)ぐ take off a **mask**

がめん【画面】 (映像が写される面) a screen [スクリーン]; (画像) a picture [ピクチャ]

カモ 〘鳥類〙 a (wild) duck [ダック]; (だまされやすい人) 〘口語〙 a sucker [サッカ]

かもく【科目】 a (school) subject [サブヂェクト] ➡きょうか[1]
▸わたしのいちばん好きな**科目**は数学だ. My favorite **subject** is math.

カモシカ 〘動物〙 (ニホンカモシカ) a Japanese serow [セロウ]

–かもしれない may [メイ]
▸誠は森野高校を受ける**かもしれない**. Makoto **may** take the entrance exam for Morino High School.
▸うわさはほんとう**かもしれない**. The rumor **may** be true.
▸定期がなくなってしまった. どこかで落としたの**かもしれない**. My commuter pass is missing. I **may** have dropped it somewhere. (♦「…したのかもしれない」と過去のことを言うときは, 《may have ＋過去分詞》の形)

かもつ【貨物】 freight [ふレイト], 〘英〙 goods [グッヅ]; (船荷) a cargo [カーゴウ] (複数 cargo(e)s)

貨物船 a freighter [ふレイタ], a cargo boat, a cargo ship

貨物列車 a freight train, 〘英〙 a goods train

–かもね may [メイ] ➡-かもしれない

ダイアログ　推論する
A:あしたは雨じゃない?
　It will rain tomorrow, won't it?
B:かもね(→もしかすると). 　Maybe.

カモノハシ 〘動物〙 a platypus [プらぁティパス], a duckbill [ダックビる]

カモメ 〘鳥類〙 a (sea) gull [ガる]

がやがや (ざわつく) buzz [バズ]
▸教室内はがやがやしていた. The classroom was **buzzing**.

がやがやと noisily [ノイズィり]

かやく【火薬】 gunpowder [ガンパウダ]

かゆい feel* itchy [イチ], itch [イッチ]
▸首すじがかゆい. My neck **feels itchy**. / My neck **itches**.

∴かよう【通う】 go* to ..., come* to ..., attend [アテンド]
▸わたしは自転車で学校へ**通っている**. I **go to** school by bicycle. (♦「授業を行う学校」の意味では school に a や the をつけない; 交通手段を表して by ... と言うときは bicycle に a や the をつけない)

かようきょく【歌謡曲】 a popular song [パピュら ソーング]

がようし【画用紙】 drawing paper

∴かようび【火曜日】
Tuesday [テューズデイ] (♦語頭は常に大文字; Tue. または Tues. と略す)
➡げつようび

から[1]【殻】 (穀物の) a husk [ハスク]; (貝・木の実の) a shell [シェる]
▸卵の殻 an egg**shell**
▸セミの抜(ぬ)け殻 a cicada's **shell**

から[2]【空の】 empty [エンプティ]
▸ポットが空です. The thermos is **empty**.
▸部屋は空っぽだった. The room was **empty**.

空にする empty
▸1リットルのペットボトルをもう空にしちゃったの? Have you **emptied** a one-liter plastic bottle already?

空メール a blank e-mail

∴–から

❶〘場所・方向の始まり〙 from ...; out of ...; off ...
❷〘時間・順序・範囲(はんい)の始まり〙 from ...; since ...; after ...; out of ...
❸〘動作・作用などの始まるところ〙 from ...; by ...
❹〘変化の始まり〙 from ...
〘原料, 材料〙 from ..., of ...
❺〘原因, 理由〙 because; so

❶〘場所・方向の始まり〙 **from ...** [ふラム]; (…から外へ) **out of ...**; (…から離(はな)れて) **off ...** [オーふ]

▸ここからあの木まで競走だ！
Let's (have a) race **from** here to that tree!
▸トランクからバッグを出して.
Take my bags **out of** the trunk.
▸かなりの人がバスから降りた.
A great number of people got **off** the bus.（♦「車から」なら out of (the car) を用いる）
▸太陽は東から昇(のぼ)る.
The sun rises in the east.
（♦ × from the east としない）
▸さて, 何から始めようか. Now, what shall we begin with?（♦この場合, × begin from とは言わない）
❷〖時間・順序・範囲の始まり〗**from ...**;
（…以来）**since ...**［スィンス］;
（…の後）**after ...**［あふタ］;
（…の範囲の外へ）**out of ...**
▸わたしは6時から7時までテレビを見る.
I watch TV **from** six to seven.
▸あれから, メアリーと会っていない.
I haven't seen Mary **since** then.

くらべよう from と since

「…から(～まで)」のように始まりの時点を表すのが **from**. 過去のある時に始まり, 現在まで続いていることを表すのが **since**. since は現在完了形とともに用います.

▸この中から1つ選んで.
Choose one **out of** all these.
▸会議は2時から始まる.
The meeting will start at two.
（♦ × from two としない）
❸〖動作・作用などの始まるところ〗
from ...;（受け身の相手）**by ...**［バイ］
▸きのう, エバから手紙が来た.
I got a letter **from** Eva yesterday.
▸アリスはだれからも好かれている.
Alice is liked **by** everybody.
❹〖変化の始まり〗**from ...**;
〖原料, 材料〗**from ..., of ...**
▸信号が青から赤に変わった.
The traffic light changed **from** green to red.
▸このケーキは何からできているの？
What is this cake made **from**?
（♦材料の質がかなり変わる場合は from を, そうでない場合は of を用いる）
❺〖原因, 理由〗（…だから）**because**［ビコーズ］;（それで）**so**
▸真央がいるから美術部に入りました.
I joined the art club **because** Mao is a member.
▸気分が悪いから, 先に帰ります. I feel sick, **so** I'm leaving before you.

がら【柄】（模様）a pattern［パぁタン］, a design［ディザイン］
▸花柄の着物 a kimono with a flower [floral] **design**

カラー[1]（色）a color［カら］
カラーコピー a color copy
カラー写真 a color photo

カラー[2]（服のえり）a collar［カら］

からあげ【から揚げにする】
deep-fry［ディープふライ］
▸とりのから揚げ
deep-fried chicken

からい【辛い】（ひりひりと）hot［ハット］;（塩辛い）salty［ソーるティ］
▸辛いカレー **hot** curry

カラオケ karaoke［キぁラオウキ］
▸わたしたちはカラオケに行ってたくさん歌を歌った. We went to **karaoke** and sang a lot of songs.

からかう tease［ティーズ］;
（笑いものにする）make* fun of ...
▸髪型(かみがた)のことで理絵がわたしをからかった. Rie **made fun of** me for my hairstyle.

からから（のどが渇(かわ)いた）thirsty［さ～スティ］, parched［パーチト］;
（干上がった）dry［ドゥライ］, dried-up;
（天気が乾燥(かんそう)した）dry

がらがら（音）a clatter［クらぁタ］, a rattle［ラぁトゥる］;
（すいている）empty［エンプティ］

からくち【辛口の】（カレーなどが）hot［ハット］;（酒が）dry［ドゥライ］

からし【辛子】 mustard［マスタド］

カラス〖鳥類〗a crow［クロウ］
▸カラスがカーカー鳴いている.
A **crow** is cawing.

か

ガラス glass［グらあス］;（窓ガラス）a windowpane［ウィンドウペイン］
▸1枚のガラス a sheet of **glass**（◆「窓ガラス」の場合は a pane of *glass*）
▸ガラスの破片 a broken piece of **glass**
▸ガラスのカップ a **glass** cup
▸わたしは家の窓ガラスを誤って割ってしまった. I broke a **windowpane** of my house by accident.

からだ【体】
❶〚身体〛a **body**［バディ］;
〚体格〛(a) build［ビるド］
➡巻頭カラー 英語発信辞典⑭
▸体を鍛(きた)える build up one's **body**
▸誠は体は小さいが腕(うで)の力が強い. Makoto has a small **build**, but he has strong arms.
▸体(→自分自身)を洗う wash oneself
❷〚健康〛**health**［へるす］
▸最近体の調子がいい. Recently I've been in good **health**.（◆「調子が悪い」なら bad health を用いる）
▸夜ふかしは体によくない. Staying up late is bad for your **health**.

からて【空手】 karate［カラーティ］
空手部 a karate team

からぶり【空振りする】 swing* wide
▸空振り三振(さんしん)した. I **struck out swinging**.

カラフル【カラフルな】 colorful［カらふる］, multicolored［マるティカらド］

からまる【絡まる】 get* entangled［エンタぁングるド］
▸わたしの釣(つ)り糸が美優のとからまってしまった. My fishing line **got entangled** with Miyu's.

からむ【絡む】
▸知らない男がわたしに絡んできた(→けんかを売ってきた). A strange man picked a fight with me.

がらん【がらんとした】 empty［エンプティ］;
（人けのない）deserted［ディザ～ティッド］

かり¹【借り】 (a) debt［デット］
（対義語「貸し」a loan）➡かりる
▸卓也には1,000円借りがある. I am in **debt** to Takuya for 1,000 yen.

かり²【狩り】 hunting［ハンティング］, a hunt［ハント］
狩りをする hunt
いちご狩り strawberry picking
潮干(しおひ)狩り shellfish gathering

かり³【仮に】 if, suppose［サポウズ］
▸仮に春菜が来なかったら, だれがスピーチをする？ **If** Haruna doesn't come, who will make the speech?（◆if で始まる節では未来のことでも現在形になる）
仮の（一時的な）temporary［テンポレリ］
仮縫(ぬ)い（寸法合わせ）a fitting
仮免許(めんきょ) a learner's permit, a temporary license

かりいれ【刈り入れ】 harvest［ハーヴェスト］
刈り入れる reap［リープ］, harvest

カリウム 〘化学〙potassium［ポタぁスィアム］

かりかり （かりかりした）crisp［クリスプ］
▸かりかりしたトースト **crisp** toast

がりがり
▸がりがりにやせている **be (all) skin and bone(s) / be skinny**
▸犬が骨をがりがりかじっている. A dog is **gnawing** (at) a bone.

カリキュラム a curriculum［カリキュらム］

カリスマ charisma［カリズマ］

カリフラワー 〘植物〙(a) cauliflower［コーりふらウア］
▸カリフラワー1個 a (head of) **cauliflower**

がりべん【がり勉】（人）a grind［グラインド］, a drudge［ドゥラッヂ］
がり勉する grind* away《at [for] ...》, grind for ...

かりゅう【下流に】 down (the river)
（対義語「上流に」above (the river)）
▸この川の下流に温泉地がある. There is a spa **down** this **river**.

かりょく【火力】 heating power［ヒーティング パウア］
火力発電 thermal power generation［さ～ムる パウア ヂェネレイシャン］
火力発電所 a thermal power plant

かりる【借りる】
❶〚無料で〛**borrow**《from ...》［バロウ］

(対義語「貸す」lend);(使用する) **use** [ユーズ];(借りている) owe [オウ] ➡**かす**

▸ケンから漫画(まんが)の本を3冊借りた.
I **borrowed** three comic books **from** Ken.

ダイアログ 許可を求める
A:トイレをお借りできますか.
Can [May] I **use** your bathroom?
B:ええ,どうぞ.
Yes, of course. / Sure, go ahead.
(♦トイレ・固定電話など移動できない物を借りるときは use を用いる)

▸きみにいくら借りてたっけ?
How much do I **owe** you? (♦店で精算時に「おいくらですか」の意味でも使う)

❷〖有料で〗rent [レント]
▸部屋を借りる **rent** a room

くらべよう borrow と rent
無料で物やお金を「借りる」が **borrow**. 持ち帰って使うという意味をふくみます. 物を一定期間,お金を払って「借りる」が **rent**.

かる【刈る】
(髪(かみ)・草を) cut* [カット];(芝生(しばふ)を) mow* [モウ];(穀物を) reap [リープ]
▸母が髪を刈ってくれた.
My mother **cut** my hair.
▸芝生を刈る **mow** the lawn
▸稲(いね)を刈る **reap** (the) rice

-がる
《want to +動詞の原形》
▸彼女はカナダに留学したがっている.
She **wants to** study in Canada.

:かるい【軽い】
❶〖重量が〗**light** [らイト]
(対義語「重い」heavy)
▸軽いかばん a **light** bag
▸母はわたしより体重が軽い.
My mother is **lighter** than I (am).
❷〖程度が〗slight [スらイト], light
▸軽い食事をしませんか?
Shall we have a **light** meal?

ダイアログ 説明する
A:どうしたの? What's the matter?
B:軽い風邪(かぜ)です.
I have a **slight** cold.

軽く lightly, gently [ヂェントゥり]
▸軽く肩(かた)をもんでくれる?
Can you massage my shoulders **lightly** [**gently**]?
軽くする, 軽くなる lighten [らイトゥン]

カルシウム
〖化学〗calcium [キぁるスィアム]

カルタ
(playing) cards [カーヅ]
▸いろはカルタ *iroha* **cards**

カルチャー
(a) culture [カるチャ]
カルチャーショック (a) culture shock

カルテ
a medical (treatment) record

カルト
a cult [カるト]

:かれ【彼, 彼は】
❶〖あの男〗**he** [ヒー] (複数 they)
(対義語「彼女は」she) ➡**かれら**

◆「彼」の変化形

彼の	**his** [ヒズ]
彼を, 彼に	**him** [ヒム]
彼のもの	**his**
彼自身	**himself** [ヒムセるふ]

▸雅夫くん? 彼はもう帰りましたよ.
Masao? **He** has already gone home.

ダイアログ 説明する
A:これ,彼のかばんだと思うよ.
I think this is **his** bag.
B:そうね,彼の(もの)ね. Yes, it's **his**.

▸後で彼に電話するよ.
I'll call **him** later.
❷〖彼氏〗a boyfriend [ボイふレンド]

か

カレイ 〘魚類〙 a flatfish ［ふらぁットふィッシ］, a flounder ［ふらウンダ］

カレー curry ［カ～リ］

カレー粉 curry powder

カレー風味の curry flavored

カレーライス curry and rice

カレールー curry roux ［ルー］

ガレージ a garage ［ガラージ］

ガレージセール a garage sale

・かれら【彼らは】 **they** ［ぜイ］

◆「彼ら」の変化形

彼らの	**their** ［ぜア］
彼らを, 彼らに	**them** ［ぜム］
彼らのもの	**theirs** ［ぜアズ］
彼ら自身	**themselves** ［ぜムセるヴズ］

▸公園に人がたくさんいます. **彼らは**何をするつもりでしょう. There are a lot of people in the park. What are **they** all going to do?

▸**彼ら**と話をして, **彼らの**意図(→彼らがしようとしていること)を確かめてみましょう. I'll talk to **them** and see what **they** intend to do.

▸**彼らが彼ら自身**でその問題を解決すべきです. **They** should solve the problem by **themselves**.

かれる[1] (声が) get* hoarse ［ホース］

▸大声を出して応援(おうえん)したので声が**かれ**た. I cheered so loud that my voice **got hoarse**.

かれる[2]**【枯れる】** (植物が) die ［ダイ］, (しおれる) wither ［ウィざ］

▸森の木が年々**枯れ**ていく. The trees in the woods are **dying** year by year.

枯れた dead ［デッド］

枯れ木 a dead tree

枯れ葉 a dead leaf

カレンダー a calendar ［キぁれンダ］

かろう【過労】 overwork ［オウヴァワ～ク］

▸小野先生が**過労**でたおれた(→病気になった). Mr. Ono fell sick from **overwork**.

過労死 death from overwork

がろう【画廊】 a gallery ［ギぁらリ］

かろうじて barely ［ベアり］, narrowly ［ナぁロウり］

▸わたしたちは**かろうじて**試合に勝った. We **barely** won the match.

カロリー a calorie ［キぁろリ］ (♦cal. と略す)

かろんじる【軽んじる】 make* light of ...

:かわ[1]**【川, 河】** a **river** ［リヴァ］; (流れ) a stream ［ストゥリーム］

▸ミシシッピ**川** the Mississippi (**River**) (♦川の名には the をつける)

▸**川**をさかのぼる go up a **river**

▸**川**を下る go down a **river**

▸この**川**を泳いで渡(わた)ってはいけません. You should not swim across this **river**?

▸**川**へ釣(つ)りに行く go fishing in the **river** (♦in を× to としない)

川岸 the riverside

かわ[2]**【皮, 革】** (なめし皮) leather ［れざ］; (皮膚(ひふ)) skin ［スキン］; (果物(くだもの)などの) (a) peel ［ピーる］, (a) skin

皮をむく, 皮がむける peel

▸リンゴの**皮をじょうずにむける**? Can you **peel** an apple well?

革靴(ぐつ) leather shoes

革製品 leather goods

がわ【側】 a side ［サイド］

▸右**側** the right **side**

▸両**側** both **sides**

▸郵便局はこの道をまっすぐ行った左**側**です. 向かい**側**には銀行があります. The post office is along this street on the left (**side**). There's a bank on the opposite **side** of the street.

▸川のこちら**側**が埼玉で, あちら**側**が群馬だ. This **side** of the river is Saitama, and the other **side** is Gunma.

:かわいい **pretty** ［プリティ］; (愛らしい) **cute** ［キュート］

▸サリーってほんとに**かわいい**ね. Sally is really **pretty**.

▸うわあ, 見て! **かわいい**子猫(こねこ)! Wow! Look! What a **cute** kitten!

かわいがる love ［らヴ］

かわいそう poor ［プア］, pitiful ［ピティふる］

かわいそうに思う feel* sorry 《from ...》, feel pity ［ピティ］

▶かわいそうな子！
（女の子に）**Poor** girl!
▶かわいそうにその男の子は泣き寝(ね)入りました.
The **poor** boy cried himself to sleep.（♦「かわいそうな」の意味で poor を用いるときは, 次に名詞を続ける）
▶かわいそう！
What a pity!（♦pity は「気の毒なこと」の意味の名詞）/ **How sad!**

かわいらしい pretty ➡かわいい

かわかす【乾かす】 dry (up)
▶シャツを日に当てて乾かす
dry a shirt in the sun

かわく¹【乾く】 dry, get* dry
▶きょうは洗濯(せんたく)物が早く乾く.
The clothes are **drying** fast today.

かわく²【渇く】 get* thirsty［さ～スティ］;（渇いている）be* thirsty
▶のどが渇いた. お茶を飲もう.
I'm **thirsty**. I'll have some tea.

かわす¹【交わす】（交換(こうかん)する）exchange［イクスチェインヂ］
▶彼とはまだひと言もことばをかわしたことがない. I've never **exchanged** a (single) word with him yet.

かわす²（さっとよける）dodge［ダッヂ］
▶攻撃(こうげき)から身をかわす
dodge an attack

かわった【変わった】（珍(めずら)しい）new, strange［ストゥレインヂ］;（ちがった）different［ディふァレント］
▶何か変わったことない？
What's **new**? / Something **new**?
▶何か変わった遊びをしませんか？
Why don't we play some **different** games?

かわら¹【川原, 河原】
the shore of a river, a river shore

かわら²【瓦】 a tile［タイる］
▶かわらぶきの屋根 a tiled roof（♦この tile は「…をかわらでふく」の意味の動詞）

かわり¹【代わり】（代わりの人・物）a substitute［サブスティテュート］
▶結衣の代わりはいないの？ Don't we have a **substitute** for Yui?
代わりに instead［インステッド］;（…の代わりに）instead of ..., for ...
▶きみのケーキがなくなっちゃったね. 代わりにこれあげる. Your cake is gone. I'll give this to you **instead**.
▶わたしの代わりにきみがそこへ行ってよ. Please go there **instead of** [**for**] me.

かわり²【変わり】（変化）change;（ちがい）difference［ディふァレンス］
▶たいして変わりはないように思えるけれど. I can't see much **difference** among them.

かわりやすい【変わりやすい】
changeable［チェインヂャブる］
▶このごろ天気が変わりやすい. The weather is **changeable** these days.

:かわる¹【変わる】 change［チェインヂ］;（…に変わる）**turn**［タ～ン］
▶あなたを愛する気持ちは少しも変わっていません. My love for you hasn't **changed** a bit.
▶予定が変わった.
The schedule has been **changed**.
▶信号が青に変わった.
The traffic light **turned** [**changed** to] green.

かわる²【代わる, 替わる】（交替(こうたい)する）take* one's place［プれイス］
▶サム, 代わってあげましょうか？
Can I **take your place**, Sam?
▶席を替わってくれませんか？
Could you **change seats** with me?（♦change seats で「席を替わる」の意味）
▶（電話で）少しお待ちください. 母と代わります（→母を電話に出させます）.
Hold the line, please. I'll **get** my mother **on the phone**.

かわるがわる【代わる代わる】
（次々に・順に）in turn［タ～ン］;（交代に）by turns ➡こうご², こうたい¹
かわるがわる…する
《**take* turns ＋～ing**》
▶わたしとジョーは代わる代わるかばんを持った. Joe and I **took turns carrying** the bag.

かん¹【缶】
a can［キぁン］,〖英〗a tin［ティン］
缶切り a can opener
缶ジュース a can of juice

かん²【勘】（感じ）a feeling［ふィーりング］;（直観）intuition［インテューイシャン］;〖口語〗a hunch［ハンチ］

か

ダイアログ 説明する
A:どうしてわたしたちがここにいるってわかったの? How did you know we were here?
B:かんだよ.
By **intuition**. / I had a **hunch**.

▸わたしのかんが当たった.
My **hunch** was right.

かん³【管】
a pipe [パイプ], a tube [テューブ]
▸水道管 a water **pipe**

◆-かん¹【…間】
❶『時間』(…の期間) **for ...**;
(…の期間内で) **in ...** ➡**あいだ**
▸わたしは3年間,英語を習っています.
I have studied English **for** three years.
▸宿題,2時間で終わると思う?
Do you think we can finish our homework **in** two hours?
❷『位置, 関係』(2つの間) **between ...** [ビトゥウィーン]; (3つ以上の間)
among ... [アマング] ➡**あいだ**
▸日米間で[の] **between** Japan and the United States

-かん²【…巻】 a volume
[ヴァりューム] (♦vol. と略す)
▸第2巻 the second **volume / Vol.** 2 (♦volume two と読む)

ガン¹ 〖鳥類〗a wild goose
[ワイるド グース] (複数 wild geese)

ガン² (銃(じゅう)) a gun [ガン] ➡**じゅう²**

がん (病気) (a) cancer [キぁンサ]

かんいっぱつ【間一髪】
▸**間一髪で逃(のが)れる**
have a narrow escape

かんか【感化】
influence [インふるエンス]
感化する influence
▸子供は感化されやすい.
Children are easily **influenced**.

がんかい【眼科医】 an eye doctor

◆かんがえ【考え】

❶『考えたこと』**an idea; an opinion, thoughts**
❷『考えること』**thought, thinking**
❸『意図』**(an) intention**

❶『考えたこと』(思いつき) an **idea** [アイディーア]; (意見) an **opinion** [オピニョン], **thoughts** [そーツ] ➡**いけん**

ダイアログ 賛成する
A:バドミントンをするのはどう?
How about playing badminton?
B:それはいい考えだ.
That's a good **idea**.

▸どうぞ自由にあなたの考えを述べてください. Please express your **opinion** freely.
❷『考えること』
thought, thinking [すィンキング]
▸考えもなしにものを言うなよ.
Don't speak without **thinking**.
❸『意図』(an) intention [インテンシャン]
▸わたしにはクラブをやめる考えはありません. I have no **intention** of quitting the club.
考え方 one's way of thinking

かんがえこむ【考え込む】 (真剣(しんけん)に考える) think* seriously [スィリアスり]; (考えにふける) be* lost in thought

かんがえつく【考えつく】 get* an idea [アイディーア], think* of ...
➡**おもいつく**

かんがえなおす【考え直す】
reconsider [リーコンスィダ],
rethink* [リーすィンク]

◆かんがえる【考える】

❶『思考する』**think《of [about] ...》; think over**
❷『想像する』**imagine**
『予期する』**expect**
❸『意図する』**think of ...**
❹『見なす』**regard ... as ~**
『解釈(かいしゃく)する』**take**

❶『思考する』**think***《of [about] ...》[すィンク]; (よく考える) **think over**
▸リズ,何を考えてるの? What are you **thinking about**, Liz?

ダイアログ 保留する
A:ぼくとつき合ってくれない?
Will you go out with me?
B:考えておくわ. I'll **think about** it.
(♦遠回しに断る言い方)

ダイアログ 助言する

A: お父さん, わたし, どうしたらいいの？
What should I do, Dad?
B: 自分でよく考えなさい.
Think it **over** yourself.

❷〖想像する〗**imagine**［イマぁヂン］;
〖予期する〗**expect**［イクスペクト］
▸彼女が試合に負けるなんて考えられません. I can't **imagine** her losing the game.
▸ジムが試合に勝つなんて考えてもみなかった. I didn't **expect** Jim to [that Jim would] win the game.

❸〖意図する〗**think* of ...**
▸わたしは日曜日に小田原へ行こうかと考えています. I'm **thinking of** going to Odawara on Sunday.

❹〖見なす〗**regard ... as ～**［リガード］, **think* of ... as ～**;
〖解釈する〗**take***［テイク］
▸みんな美奈子は賢(かしこ)い女の子だと考えている.
Everybody **regards** [**thinks of**] Minako **as** a smart girl.
▸電話をしなかったときは, 参加するものと考えてくれていいよ.
You can **take** it that I'll join you, if I don't call you.

結びつくことば
真剣に考える think seriously
いろいろ考える think about various things
プランを考える think of a plan
将来を考える think about the future
言い訳を考える think of an excuse

かんかく¹【感覚】 a sense［センス］
▸麻理は色彩(しきさい)感覚がいい.
Mari has a good **sense** of color.
▸寒さで指先の感覚がなくなった.
My fingers were numb from the cold. （♦numb［ナム］は「まひした, しびれた」の意味）

感覚の鋭い sensitive［センスィティヴ］

参考「感覚」のいろいろ

きゅう覚	the sense of smell
視覚	the sense of sight
触覚(しょっかく)	the sense of touch
聴覚(ちょうかく)	the sense of hearing
味覚	the sense of taste

かんかく²【間隔】
（物と物との）(a) **space**［スペイス］;
（時間の）an **interval**［インタヴる］
▸机と机の間隔をもう少し空けなさい.
Make some more **space** between the desks.
▸8時から9時の間, 電車は5分間隔で(→5分おきに)運行しています.
Between 8:00 and 9:00, trains run every five minutes.

かんがっき【管楽器】 a wind instrument［ウィンド インストゥルメント］

カンガルー
〖動物〗a kangaroo［キぁンガルー］

かんかん
▸太陽が**かんかん**(→明るく)**照っている**.
The sun **is shining brightly**.

かんかんに
▸父はそれを聞くと**かんかんに怒**(おこ)**った**.
When my father heard it, he **got mad**.

がんがん
▸**頭ががんがんする**.
I have a splitting headache.
▸エアコンを**がんがんきかせた**.
I **had** the air conditioner **on at full blast.**

かんき【換気】
換気する ventilate［ヴェンティれイト］
換気扇(せん) a ventilator

かんきゃく【観客】 （劇などの） an **audience**［オーディエンス］;（スポーツなどの）a **spectator**［スペクテイタ］
▸映画館には**観客**がおおぜいいた.
There was a large **audience** in the movie theater.（♦many は用いない;「少ない」は small を用いる）

観客席 a seat;（スタンド）the stands

かんきょう【環境】
(an) **environment**［インヴァイロンメント］, **surroundings**［サラウンディングズ］
（♦ふつう複数形で用いる）
▸家庭環境
one's home **environment**
▸わたしたちの学校はまわりの**環境**がいい.
The **environment** around our school is good [nice].
▸電気自動車は**環境にやさしい**.
Electric cars are **environmentally friendly**.

環境汚染(おせん)

か

environmental pollution
環境破壊(はかい) environmental destruction [disruption]
環境保護 environmental protection
環境ホルモン
an environmental hormone, a hormone-disrupting substance
環境問題 environmental problems

*かんけい【関係】

(a) **relation** [リれイシャン], relationship; (結びつき) a connection [コネクシャン]
▸親子関係 parent-child **relations**
▸きみは加奈さんとどういう**関係**なの？ What's the **relationship** between you and Kana?
▸この２つの事件には密接な**関係がある**. There is a close **connection** between these two incidents.
関係がある, 関係している have* (something) to do with ..., be* connected with ...; (影響(えいきょう)をあたえる・重要である) concern [コンサ〜ン]
▸そんなのわたしには**関係ないよ**. That **has nothing to do with** me.
▸彼の言ったことはわたしたちみんなに**関係がある**. What he said **concerns** all of us.

*かんげい【歓迎】

(a) welcome [ウェるカム]
歓迎する welcome, give* a welcome
▸どなたでも入部**歓迎**. We **welcome** anybody [Anybody is **welcome**] to join our club.
歓迎会 a welcome party, a reception [リセプシャン]

かんげき【感激する】

be* deeply moved [ムーヴド]
▸トニーはベスの優(やさ)しさに**感激した**. Tony **was deeply moved** by Beth's kindness.

かんけつ[1]【簡潔な】

brief [ブリーふ], concise [コンサイス]; (手短で要点をとらえている) brief and to the point
▸彩花の説明は**簡潔だった**. Ayaka's explanation was **brief and to the point**.
簡潔に briefly and to the point

かんけつ[2]【完結】

a conclusion [コンクるージャン]; (完成) completion [コンプリーシャン]
完結編 the final program [installment] of a series

かんげんがく【管弦楽】

orchestral music [オーケストゥラる]
管弦楽団 an orchestra

かんご【看護】

nursing [ナ〜スィンッグ]
看護する nurse [ナ〜ス]; (世話をする) look after ..., care for ... ➡**かんごし**

がんこ【頑固な】

stubborn [スタボン]
頑固に stubbornly

かんこう【観光】

sightseeing [サイトスィーインッグ]
▸ここへは**観光**で来ています. We're here for **sightseeing**.
観光案内所 a tourist information center [desk]
観光客 a tourist [トゥアリスト]
観光シーズン the tourist season
観光地 a tourist spot
観光バス a sightseeing bus
観光旅行 a sightseeing tour

かんこく【韓国】

South Korea [サウす コリーア] (♦正式国名は the Republic of Korea (大韓民国)) ➡**ちょうせん**[2]
韓国語 Korean
韓国人 a (South) Korean
韓国(人)の Korean

かんごく【監獄】

a jail [ヂェイる], a prison [プリズン]

かんごし【看護師】

a nurse [ナ〜ス]

かんさい【関西(地方)】

the Kansai district
関西弁 the Kansai dialect

かんさつ【観察】

(an) observation [アブザヴェイシャン]
観察する observe [オブザ〜ヴ]; (行動を) watch [ワッチ]
▸毎晩, 星を**観察しています**. I **observe** the stars every night.

かんさん【換算】

(a) conversion [コンヴァ〜ジャン]
換算する convert [コンヴァ〜ト]

かんし[1]【冠詞】

〖文法〗an article [アーティクる]

かんし[2]【監視する】

watch [ワッチ], guard [ガード], keep* an [one's] eye 《on ...》
監視員 a guard

かんじ[1]【感じ】

(心持ち) a feeling [ふィーりンッグ];

（印象）an impression［インプレシャン］
▸フレッドってどんな感じの(→どのような)人？ **What's Fred like?**
感じがする feel*, have* a feeling
▸だれかがわたしに電話をくれる感じがした. I **had a feeling** that somebody was calling me.
感じのいい pleasant, charming
感じの悪い unpleasant

✽かんじ² 【漢字】
(a) kanji, a Chinese character
漢字検定 the Japanese Kanji Aptitude Test, Kanji *Kentei*

がんじつ 【元日】 New Year's Day
➡しょうがつ

-(に)かんして 【…に関して】
➡-(に)ついて

・かんしゃ 【感謝】
thanks［さぁンクス］**➡れい¹**
感謝する（人に）**thank**,
（事に）appreciate［アプリーシエイト］
▸この感謝の気持ちはことばでは表せません(→どのようにして感謝すればいいかわからない).
I don't know how to **thank** you.
▸ご親切に感謝しています.
Thank you for your kindness. / I **appreciate** your kindness.
感謝祭 Thanksgiving Day（♦アメリカの祝日で, 11月の第４木曜日）
感謝状 a testimonial［テスティモウニアる］

かんじゃ 【患者】
a patient［ペイシェント］

かんしゃく
▸彼はすぐ**かんしゃくを起こす**.
He **loses his temper** easily.

かんしゅう¹ 【観衆】
spectators **➡かんきゃく**

かんしゅう² 【慣習】 (a) custom［カスタム］, (a) convention［コンヴェンシャン］

かんじゅせい 【感受性】
sensibility［センスィビりティ］,
a feeling［ふィーりング］
感受性が強い sensitive［センスィティヴ］

がんしょ 【願書】
an application［あプりケイシャン］
▸入学願書
an **application** for admission

かんしょう¹ 【感傷的な】
sentimental［センティメントゥる］

かんしょう² 【干渉する】 interfere《with [in] ...》［インタふィア］（♦「人に干渉する」ときは with,「事がらに干渉する」ときは in を用いる）, meddle《in ...》［メドゥる］
▸人のことに干渉しないで.
Don't **interfere** [**meddle**] **in** my affairs.

かんしょう³ 【鑑賞, 観賞】
(an) appreciation［アプリーシエイシャン］
鑑賞する appreciate［アプリーシエイト］

・かんじょう¹ 【感情】
feelings［ふィーりングズ］（♦ふつう複数形で用いる）; (an) emotion［イモウシャン］
▸あのとき, わたしは感情を抑(おさ)えられなかった. I couldn't control my **feelings** at that time.
▸感情を表に出す
show one's **feelings**
▸彼の言ったことに感情を害された.
What he said hurt my **feelings**.
感情的な emotional
▸彼はすぐ感情的になる.
He gets **emotional** easily.
感情的に emotionally

かんじょう² 【勘定】（勘定書）〖米〗a check［チェック］,〖英〗a bill［ビる］
▸勘定はいくらですか？
How much is my **bill**?
▸勘定は別々にしてください.
Please split the **check**.

がんじょう 【頑丈な】
（強い）strong［ストゥローング］;
（しっかりした）solid［サりッド］

かんしょく¹ 【間食する】
eat* between meals

かんしょく² 【完食する】
（食べ終える）finish eating,（残さず食べる）eat* everything on one's plate

・かんじる 【感じる】 **feel***［ふィーる］
▸脚(あし)に痛みを感じる.
I **feel** some pain in my leg.
▸家に着いたら, とたんに疲(つか)れを感じた.
I **felt** tired as soon as I got home.
(人・物が)…しているのを感じる
《**feel** +人・物+～**ing**》
▸その犬が手のひらをなめているのを感じた. I **felt** the dog **licking** my palm.

…であると感じる 《**feel that ...**》
▸サラは正直に話していると感じた.
I **felt (that)** Sarah was speaking honestly.

かんしん[1]【関心】
(興味) (an) interest［インタレスト］;
(気がかりなこと) concern［コンサ～ン］
関心がある be* interested《in ...》, have* an interest《in ...》
▸わたしは天文学に関心がある.
I'm interested in astronomy. / I **have an interest in** astronomy.

かんしん[2]【感心する】
admire［アドマイア］
▸みんな翔の絵に感心した. Everybody **admired** Kakeru's paintings.
感心な admirable, good*

かんじん【肝心な】
the most important［インポータント］, essential［イセンシャる］

かんすう【関数】
a function［ふァンクシャン］

-(に)かんする【…に関する】
about ...［アバウト］, on ... ➡-(に)ついて
▸動物に関する本
a book about [on] animals (♦onのほうが専門的な内容のものを指す)

***かんせい[1]【完成】**
completion［コンプリーシャン］
完成する **complete**［コンプリート］, **finish**［ふィニッシ］
▸あすまでにこの模型飛行機を完成しよう.
I'll **finish** this model airplane by tomorrow.
▸新校舎はもうじき完成する.
Our new school building will soon be **completed**.

かんせい[2]【歓声】 a cheer［チア］, a shout of joy
▸その知らせに生徒たちは歓声をあげた.
The students **cheered** at the news.

かんぜい【関税】 customs［カスタムズ］, duties［デューティズ］

かんせいかん【管制官】
an air traffic controller

かんせいとう【管制塔】
a control tower

かんせつ[1]【関節】
a joint［ヂョイント］

かんせつ[2]【間接の】 indirect［インディレクト］(対義語「直接の」direct)
間接的に indirectly

かんせん【感染】
(an) infection［インふェクシャン］
感染する
get* infected (with ...), catch*
感染症(しょう) an infectious disease

***かんぜん【完全な】**
(欠点のない) **perfect**［パ～ふェクト］;
(全部そろった) **complete**［コンプリート］
▸完全な人間なんていない.
Nobody is **perfect**.
▸恐竜(きょうりゅう)の完全な骨格
the **complete** skeleton of a dinosaur
完全に perfectly; completely
▸病気は完全に治ったのですか?
Have you **completely** recovered from your sickness?
完全試合 (野球の) a perfect game
完全犯罪 a perfect crime

かんそ【簡素な】 simple［スィンプる］

かんそう[1]【感想】
impression(s)［インプレシャン(ズ)］
▸わたしたちの学校についての感想は?
What's your **impression** of our school?
感想文 an essay［エセイ］

かんそう[2]【乾燥した】
dry［ドゥライ］➡かわく[1]
乾燥する dry, get* dry
▸きょうは空気が乾燥している.
The air is **dry** today.
乾燥機
(衣類の) a (clothes) drier [dryer]
乾燥剤(ざい) (a) desiccant［デスィカント］

かんぞう【肝臓】 a liver［りヴァ］

かんそく【観測】 observation［アブザヴェイシャン］➡かんさつ
観測する observe［オブザ～ヴ］
▸星を観測する
observe the stars
観測所
an observatory［オブザ～ヴァトーリ］

かんたい【寒帯】
the Frigid Zones［ふリヂッド ゾウンズ］

かんだい【寛大な】 generous《to ...》［ヂェネラス］;(心が広い)
broad-minded［ブロードマインディッド］
寛大に generously

かんだかい【甲高い】 high-pitched［ハイピッチト］, shrill［シュリる］

***かんたん**[1] **【簡単な】**
❶〖やさしい〗**easy**［イーズィ］;〖単純な〗**simple**［スィンプる］（**対義語**「複雑な」complicated）;〖手軽な〗**light**［らイト］
▸簡単な仕事
an easy [a **simple**] task
▸きょうのテストは前回より簡単だった.
Today's test was **easier** than the last one.
▸このロボットは操作が簡単です.
This robot is **easy** to operate. / It's **easy** to operate this robot.
▸映画を見る前に簡単な(→軽い)食事をしておこう. Let's have a **light** meal before we see the movie.
簡単に easily; simply
❷〖手短な〗brief［ブリーふ］
▸机の上に簡単なメモが置いてあった.
There was a **brief** note on the desk.
簡単に briefly

かんたん[2] **【感嘆する】**
admire［アドマイア］
▸ソフィアは富士山の美しさに感嘆した.
Sophia **admired** the beauty of Mt. Fuji.

がんたん【元旦】 (the morning of) New Year's Day ➡しょうがつ

かんだんけい【寒暖計】
a thermometer［さマミタ］

かんちがい【勘違い】
(a) misunderstanding
［ミスアンダスタぁンディング］
かんちがいする misunderstand*, mistake*［ミステイク］
▸わたしはきみのお母さんをお姉さんだとかんちがいした. I **mistook** your mother for your sister.

かんちょう【干潮】 (a) low tide［ろウ タイド］（**対義語**「満潮」(a) high tide）

かんづく【感づく】 sense［センス］, notice［ノウティス］
▸感づかれないように用心しろよ.
Take care not to be **noticed**.

かんづめ【缶詰】
（缶詰食品）(a) canned food［キぁンド ふード］;（一つひとつの）a can［キぁン］
缶詰の canned
▸サケの缶詰
canned salmon / a **can** of salmon

かんてい【鑑定】 (a) judgment［ヂャッヂメント］,〖英〗(a) judgement
鑑定する judge［ヂャッヂ］

かんてん【観点】 a viewpoint［ヴューポイント］, a point of view ➡みかた[2]

かんでん【感電する】
get* an electric shock［シャック］

かんでんち【乾電池】 a dry battery［バぁテリ］, a dry cell［セる］
▸単1の乾電池 a D (size) **battery**
（◆「単2」は a C (size) battery,「単3」は a AA (size) battery,「単4」は a AAA (size) battery と言う）

かんとう【関東(地方)】
the Kanto district

***かんどう【感動】** emotion［イモウシャン］
感動する be* moved［ムーヴド］, be impressed［インプレスト］, be touched［タッチト］
▸わたしは『星の王子様』に深く感動した.
I **was** deeply **moved** [**touched**, **impressed**] by *The Little Prince*.
感動させる move, impress, touch
感動的な
moving, impressive, touching
▸感動的なスピーチ
an **impressive** speech

かんとうし【間投詞】〖文法〗
an interjection［インタジェクシャン］

かんとく【監督】
（仕事の）a supervisor［スーパヴァイザ］, an overseer［オウヴァスィア］;
（映画の）a director［ディレクタ］;
（スポーツの）a manager［マぁネヂャ］
監督する（仕事を）supervise, oversee*;（映画を）direct
▸この映画の監督はだれ？
Who's the **director** of this film? / Who **directed** this film?

カントリーミュージック
〖音楽〗country music

かんな（道具）a plane［プれイン］
かんなをかける plane

カンニング cheating［チーティング］
カンニングする cheat
▸試験でカンニングする
cheat on an exam

かんねん【観念】（意識）a sense

か

［センス］；（考え）an idea［アイディーア］
▸メアリーには時間の観念がない．
Mary has no **sense** of time.

カンパ（寄付したお金）
a contribution［カントゥリビューシャン］
カンパする
contribute［コントゥリビュート］

かんぱ【寒波】 a cold wave

かんぱい¹【乾杯】 a toast［トウスト］
乾杯する drink* a toast, toast
▸**乾杯！ Cheers! / Here's to ...!**（◆... に人や事がらがきて,「…に乾杯！」の意味になる）

かんぱい²【完敗】
a complete defeat
完敗する be* completely defeated
▸わたしたちのチームは準決勝で完敗した．
Our team **was completely defeated** in the semifinal.

かんばつ【干ばつ】
a drought［ドゥラウト］

◆がんばる（努力する）**try hard**［トゥライ ハード］；
（全力を尽(つ)くす）do* [try] one's best；
（へこたれない）hold* on；（言い張る）
insist《on ...》［インスィスト］
▸入試まであとたった１か月，**がんばらなくっちゃ**． There's only one more month before the entrance exam. I have to **study hard**.（◆「がんばる」の内容によって study hard, work hard などとする）
▸入賞を目指して**がんばろう**． Let's **try our best** to win the prize.
▸（応援(おうえん)で）**がんばれ！ Come on! / Hang in there! / Go for it! / Stick with it! / Good luck!**
がんばり屋 a hard worker

かんばん【看板】 a sign［サイン］；
（板）a signboard［サインボード］

かんぱん【甲板】 a deck［デック］

かんびょう【看病する】
take* care of ..., look after ..., nurse［ナ～ス］

かんぶ【幹部】（企業(きぎょう)の）an executive［イグゼキュティヴ］；（経営陣(じん)）
management［マぁネヂメント］
▸最高幹部
top **executives** [**management**]

かんぶん【漢文】（中国の古典）
Chinese classics［クらぁスィックス］

かんぺき【完ぺきな】 perfect［パ～ふェクト］, complete［コンプリート］
▸きみの英語はほとんど完ぺきだ．
Your English is almost **perfect**.
完ぺきに perfectly, completely

かんべん【勘弁する】
forgive*［ふォギヴ］➡**ゆるす**

カンボジア
Cambodia［キぁンボウディア］
カンボジア(人)の Cambodian
カンボジア人 a Cambodian

カンマ ➡**コンマ**

かんまつ【巻末】 the end of a book

かんむり【冠】 a crown［クラウン］

かんゆう【勧誘する】
《persuade［パスウェイド］＋人＋ to ＋動詞の原形》,《urge［ア～ヂ］＋人＋ to ＋動詞の原形》
▸彼らはわたしを演劇部に入るよう勧誘した． They **persuaded** me **to** join the drama club.

かんようしょくぶつ【観葉植物】
a decorative plant［デコラティヴ プらぁント］,
a foliage plant［ふォウリエッヂ］

かんらんしゃ【観覧車】
〖米〗a Ferris wheel［ふェリス (ホ)ウィーる］,〖英〗a big wheel

かんらんせき【観覧席】
a seat［スィート］；
（野球場などの）stands［スタぁンヅ］

かんり【管理】
management［マぁネヂメント］
管理する manage［マぁネッヂ］
▸この公園は市が管理している．
The city **manages** this park.
管理人 a manager［マぁネヂャ］；
（ビルなどの）a janitor［ヂぁニタ］

かんりゅう【寒流】
a cold current［カ～レント］
（対義語「暖流」a warm current）

かんりょう【完了する】
complete, finish ➡**かんせい¹**

かんれん【関連】 (a) relation
➡**かんけい**

かんろく【貫禄】 dignity［ディグニティ］, presence［プレズンス］

かんわ¹【緩和する】 ease［イーズ］, relax［リらぁックス］, relieve［リリーヴ］

かんわ²【漢和辞典】 a Japanese dictionary of Chinese characters

き キ

Q「キャッチボール」は catch ball？
➡「キャッチボール」を見てみよう！

:き¹【木】 ❶［樹木］a **tree**［トゥリー］
▸桜の木 a cherry **tree**
▸木に登る climb (up) a **tree**
▸木を植える plant a **tree**
▸木を切り倒(たお)す cut down a **tree**
▸この木は樹齢(じゅれい)100年だ. This **tree** is one hundred years old.
❷［木材］**wood**［ウッド］➡**まるた**
▸この机は木でできている.
This desk is made of **wood**.
木の wooden［ウドゥン］
▸木の箱 a **wooden** box
木の実 a nut
木登り climbing a tree

◆木のいろいろ types of trees

イチョウ	ginkgo［ギンコウ］
エノキ	Japanese hackberry［ハあックベリ］
カシ	oak［オウク］
ケヤキ	zelkova［ぜるコヴァ］
サクラ	cherry［チェリ］
スギ	Japanese cedar［スィーダ］
ツバキ	camellia［カミーりャ］
ハナミズキ	dogwood［ドーグウッド］
ブナ	beech［ビーチ］
ポプラ	poplar［パプら］
マツ	pine (tree)［パイン］
モミ	fir［ファ～］
モミジ	maple［メイプる］
ヤシ	palm［パーム］
ヤナギ	willow［ウィろウ］

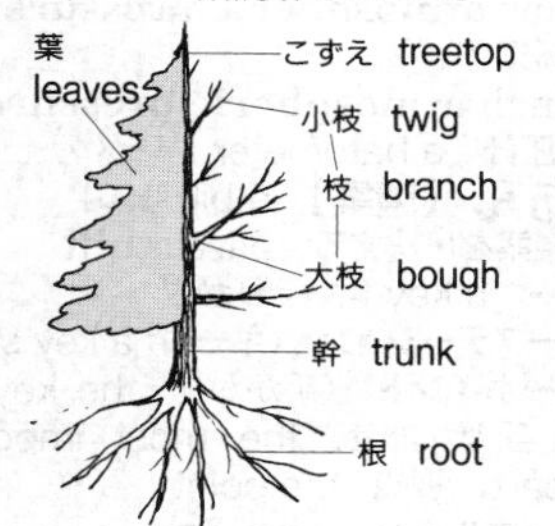

・き²【気】

❶［気持ち］a heart, a mind
❷［気質］(a) temper
❸［意向］(an) intention
❹［精神］mind

❶［気持ち］a **heart**［ハート］, a **mind**［マインド］（♦heart は感情的な面を, mind は理性的な面を指す）
▸メアリーは気が優(やさ)しい.
Mary has a kind **heart**.
▸彼はころころ気が変わる.
He often changes his **mind**.
▸彼はあなた**に気がある**(→関心がある)のよ. He **is interested in** you.
❷［気質］(a) **temper**［テンパ］
▸気が短い have a short **temper**
▸気が長い(→我慢(がまん)強い) be patient
▸気が小さい(→おくびょうだ) be timid
❸［意向］(an) **intention**［インテンシャン］
▸野球部に入る気はありません.
I have no **intention** of joining the baseball club.
▸**気が向いたら**電話してください.
Give me a call **when you feel like it**.（♦feel like ... は「…がほしい, …がしたい」の意味）
❹［精神］**mind**［マインド］
▸気が変になりそうだ.
I'm about to lose my **mind**.
▸まだ**気を抜**(ぬ)**い**てはだめです.
Don't **relax** yet.（♦relax は「リラックスする」の意味の動詞）
気が合う get* on [along] well《with ...》
▸高志とは気が合います.
I **get on well with** Takashi.
気がきく considerate［コンスィダレット］
▸ボブはとても気がきく.
Bob is very **considerate**.
気がくるう go* mad
気がする（…という気がする）have* a feeling［ふィーりング］;（…したい気がする）《feel* like ＋～ing》
▸きょうは彼に会えそうな気がする.

I **have a feeling** I'll see him today.
▸外出する気がしない.
I don't **feel like going** out.

気が散る be* [get*] distracted
▸テレビがついていると気が散る.
When the TV is on, I **get distracted**.

気がつく become* aware《of ...》, notice [ノウティス], realize [リーアらイズ]; (見い出す) find* (out) [ふァインド]; (意識を取り戻(もど)す) come* to
▸サングラスをかけていたので, だれも絵美梨に気がつかなかった.
Nobody **noticed** Emiri because she was wearing sunglasses.
▸バスに乗ってから, 財布(さいふ)を忘れて来たことに気がついた.
I **realized** (that) I forgot to bring my wallet after I got on the bus.
▸息子(むすこ)さんが気がついたら, この薬を飲ませてください.
Make your son take this medicine when he **comes to**.

気が強い strong-minded
▸彼女は小さいときから気が強かった.
She has been **strong-minded** since she was small.

気に入る like [らイク], be* pleased《with ...》[プリーズド] ➡**おきにいり**
▸デザインはすてきだけど, 色が気に入りません. I like the design, but I don't **like** the color.
▸わたしのプレゼント, 気に入った?
How do you **like** my present?

気にする worry《about ...》[ワ～リ]; (否定文・疑問文で) care《about ...》[ケア], mind [マインド]
▸他人のことは気にしてはいけません.
Don't **worry about** other people.
▸わたしは服装のことはあまり気にしない. I don't **care** much **about** my clothes.

ダイアログ 許す
A: お役に立てなくてごめんなさい.
I'm sorry I couldn't help you.
B: いいのよ, 気にしないで.
Never **mind**.

気になる (気にかかる) be* anxious《about ...》[あンクシャス]; (…したい気持ちになる)《feel* like +～ing》
▸あしたの試合のことが気になる.
I'm **anxious about** tomorrow's game.
▸まったく勉強する気になれない.
I don't **feel like studying** at all.

気を失う faint [ふェイント], pass out

気を使う
▸みんなは彼に気を使って (→彼のために) その話題を避(さ)けた.
Everybody avoided talking about the subject **for his sake**.

気をつける **be* careful**《of [about] ...》[ケアふる], **watch (out)** [ワッチ]《for ...》; take* care of ...
▸車に気をつけなさい. **Be careful of** cars. / **Watch out for** cars.
▸忘れ物をしないように気をつけなさい.
Be careful not to leave anything behind.
▸体にはお気をつけください.
Please **take care of** yourself.

結びつくことば
足元に気をつける watch one's step
発言に気をつける watch one's words
身だしなみに気をつける be careful about one's appearance
間違いに気をつける be careful not to make a mistake

き³【黄】 yellow ➡**きいろ**

ギア a gear [ギア]
▸3段ギアの自転車
a bicycle with three **gears**

きあい【気合】 spirit [スピリット]
▸彼は気合を入れるために叫(さけ)んだ.
He shouted to boost his **spirit**.

きあつ【気圧】 atmospheric pressure [アトゥモスふェリック プレシャ], air pressure
▸低気圧
low **atmospheric pressure**
▸高気圧
high **atmospheric pressure**

気圧計 a barometer [バラメタ]

ぎあん【議案】 a bill [ビる]
▸議案を可決する pass a **bill**

キー a key [キー] ➡**かぎ**

キーステーション (キー局) a key station

キーポイント (手がかり) the key; (最も重要な部分) the most important part; (要点) the point

キーホルダー a key ring

キーワード a keyword

キーパー a goalkeeper［ゴウるキーパ］

キーボード （パソコン・ワープロなどの）a keyboard［キーボード］；（シンセサイザーなどの鍵盤(けんばん)楽器をまとめて）keyboard instruments

・きいろ【黄色(の)】 yellow［イエろウ］

▸黄色いサクランボ a **yellow** cherry

▸木の葉が黄色く色づいてきた. The leaves are turning **yellow**.

ぎいん【議員】 a member《of ...》；（日本の国会の）a member of the Diet［ダイエット］；（イギリス議会の）a member of Parliament［パーらメント］；（アメリカ連邦(れんぽう)議会の）a member of Congress［カングレス］

▸参議院議員 a **member of** the House of Councilors

▸衆議院議員 a **member of** the House of Representatives

▸県会議員 a **member of** the prefectural assembly（◆「市会」なら prefectural の代わりに city を,「町会」なら town を,「村会」なら village を用いる）

キウイ 〖鳥類〗a kiwi［キーウィー］；〖果物〗a kiwi fruit

・きえる【消える】

❶［火・明かりが］**go* out**, be* put out

▸彼女の部屋の明かりが消えた. The light in her room **went out**.

▸火事はもう消えた. The fire has **been put out**.

❷［姿が］ disappear［ディスアピア］（対義語「現れる」appear）；（だんだん薄(うす)れていく）fade (away)

▸女性は暗やみに消えた. The woman **disappeared** into the darkness.

▸その音はだんだんと消えていった. The sound **faded away**.

・きおく【記憶】 (a) **memory**［メモリ］

▸麻里は記憶力がいい. Mari has a good **memory**.（◆「記憶力が悪い」なら good の代わりに bad を用いる）

▸その光景はわたしの記憶に焼きついている. The scene is imprinted in my **memory**.

▸その男は記憶を失った. The man lost his **memory**.

記憶する memorize［メモライズ］；（記憶している）**remember**［リメンバ］➡**おぼえる, おぼえている**

▸そのことについては記憶がはっきりしません(→よく覚えていません). I don't **remember** that clearly.

▸わたしは車のナンバーを記憶にとどめた. I **memorized** the license plate number of the car.

記憶喪失(そうしつ) loss of memory, 〖医学〗amnesia［あムニージャ］

キオスク a kiosk［キーアスク］

> 参考 **kiosk は駅の売店だけ？**
>
> kiosk は駅の売店だけではなく, 公園などの売店も指し, 移動式のものもあります. アメリカでは街角の小さな広告塔(とう)のことを, またイギリスでは街角の電話ボックスのことも kiosk と呼びます.

きおん【気温】 (a) temperature ➡**おんど**

きか¹【幾何(学)】 geometry［ヂアメトゥリ］

きか²【帰化】 naturalization［ナぁチュラりゼイシャン］

帰化する be* naturalized《in [as] ...》

きが【飢餓】 hunger［ハンガ］, starvation［スターヴェイシャン］

▸飢餓に苦しむ suffer from <u>**hunger**</u> [**starvation**]

・きかい¹【機械】（1つの）a **machine**［マシーン］；（まとめて）machinery［マシーナリ］；（機械の構造）mechanics［メキぁニックス］

▸この機械の操作の仕方がわかりますか？ Do you know how to operate this **machine**?

▸わたしは機械に弱い. I know little about **mechanics**.

機械の, 機械的な mechanical［メキぁニクる］

機械的に mechanically

機械化する mechanize［メカナイズ］

機械科 （学校の）a mechanics course

機械工 a mechanic

・きかい²【機会】 a **chance**［チぁンス］, an opportunity［アパテューニティ］（◆ chance のほうが偶然(ぐうぜん)の意味が強い）

き

▸わたしの町へ来る機会があったら,知らせてください. If you get a **chance** to come to my town, please let me know.
▸この機会を逃(のが)さないように.
Don't miss this **chance**.
▸ジェフに会う機会はほとんどない.
I have few **opportunities** to meet Jeff.

きかい³【器械】(道具)
an instrument［インストゥルメント］;
(装置(そうち)) an apparatus［あパラぁタス］
器械体操 apparatus gymnastics

ぎかい【議会】 an assembly
［アセンブり］;(日本の国会) the Diet
［ダイエット］;(アメリカ連邦(れんぽう)議会)
Congress［カングレス］;(イギリスの国会) Parliament［パーらメント］
▸県議会 a prefectural **assembly**
(♦「市」の場合は prefectural の代わりに city を,「町」なら town を,「村」なら village を用いる)
議会政治
parliamentary government
［パーらメンタリ ガヴァ(ン)メント］

きがえ【着替え】(服) spare clothes
［クろウズ］, a change of clothes
▸着替えを持ってきなさい.
Bring your **spare clothes**.

きがえる【着替える】 change
［チェインヂ］, change one's clothes
▸わたしたちは教室で体操着に着替える.
We **change** into (our) sportswear in the classroom.

きがかり【気がかりだ】
be* worried《about ...》［ワ～リド］,
be anxious《about ...》［あンクシャス］
➡**しんぱい**
▸麻里は試験の結果が気がかりだった.
Mari **was** <u>**worried**</u> [**anxious**] **about** the results of the exam.

きかく【企画】 planning［プらぁニング］;
(計画) a plan, a project［プラヂェクト］

きかざる【着飾る】 dress up

きがする【気がする】 ➡**き²**

きかせる【聞かせる】(話して) tell*
［テる］➡**はなす¹**;(読んで) read*［リード］
▸あなたの将来の夢を聞かせてください.
Please **tell** me your dreams for the future.

きがつく【気がつく】 ➡**き²**

きがる【気軽に】
(快く) readily［レディり］
▸谷先生は何でも気軽に相談にのってくれる. Mr. Tani **readily** gives us advice about anything.
▸気軽に遊びに来てください.
Feel free to come and see us.
(♦feel free to ... は「自由に…してよい」の意味で,しばしば命令形で用いる)

***きかん¹【期間】** a period
［ピアリオド］
▸彼女は長期間ロンドンに滞在(たいざい)した.
She stayed in London for a long **period**.
▸願書の受付期間(→いつ受け付けるか)を教えていただけますか.
Would you tell me when applications will be accepted?

きかん²【機関】
❶〖エンジン〗an engine［エンヂン］
▸ディーゼル機関 a diesel **engine**
❷〖手段〗
means［ミーンズ］, media［ミーディア］
▸報道機関 news **media**
▸交通機関
a **means** of transportation
(♦この means は単数あつかい)
機関士 an engineer［エンヂニア］
機関車 an engine, a locomotive
機関銃(じゅう) a machine gun

きかん³【器官】 an organ［オーガン］
▸発声器官 **organs** of speech

きかん⁴【気管】
a windpipe［ウィンドパイプ］
気管支炎(えん) bronchitis［ブランカイティス］

きかん⁵【季刊の】
quarterly［クウォータり］
季刊誌 a quarterly (magazine)

きき【危機】 a crisis［クライスィス］
(複数 crises［クライスィーズ］)
▸食糧(しょくりょう)危機 a food **crisis**
▸その患者(かんじゃ)は危機を脱(だっ)した(→乗り越(こ)えた). The patient has gotten over the **crisis**.
危機の critical［クリティクる］
危機一髪(いっぱつ)
▸死を危機一髪のところで免(まぬか)れた.
I **had a narrow escape** from death. / I **narrowly escaped** death.
危機管理 crisis management

▸危機管理センター
a **crisis management** center

ききいれる【聞き入れる】 grant [グラぁント]; (忠告を) take* [テイク], listen to ... [リスン]; (申し出を) accept [アクセプト]

▸彼女は母親の忠告を**聞き入れ**なかった. She didn't **take** her mother's advice.

ききかえす【きき返す】
ask (...) again

▸子供はよく同じことを何度も**きき返す**. Children often **ask** the same thing **again and again**.

ききとる【聞き取る】
hear* [ヒア], catch* [キぁッチ]

▸もう一度おっしゃってください. よく**聞き取れ**ませんでした. I beg your pardon? (↗) I didn't quite **hear** you. (◆hear you は「あなたの言うことを聞き取る」という意味)

▸お名前が**聞き取れ**ませんでした.
I couldn't **catch** your name.

聞き取り hearing

聞き取りテスト
a listening (comprehension) test

ききめ【効き目】
(an) effect [イふェクト]

▸きみの言うことは彼には**効き目**がないよ. Your words have no **effect** on him.

効き目のある effective

▸この薬は**効き目がある**.
This medicine is **effective**.

ききゅう【気球】
a balloon [バるーン]

▸**気球**に乗って空を飛ぶ
fly in a **balloon**

ききょう【企業】 an enterprise [エンタプライズ], a company [カンパニ]

▸大**企業** a large **company**

▸中小**企業** small and medium-scale **companies**

ぎきょく【戯曲】 a play [プれイ]

ききん[1]【基金】 a fund [ふァンド]; (団体) a foundation [ふァウンデイシャン]

▸国際児童**基金**
the United Nations Children's **Fund** (略 UNICEF)

ききん[2]【飢饉】 (a) famine [ふぁミン]

ききんぞく【貴金属】
a precious metal

キク【菊】〘植物〙
a chrysanthemum [クリサぁンせマム]

✼**菊人形** a doll wearing a kimono decorated with chrysanthemums

きく[1]【聞く, 聴く】

> ❶〘音・声を耳で感じ取る〙**hear**
> ❷〘注意して聞く〙**listen**《to ...》
> ❸〘たずねる〙**ask**
> ❹〘聞き入れる, 従う〙**obey, follow**

❶〘音・声を耳で感じ取る〙
hear* [ヒア] ➡**きこえる**

▸あなたの声を**聞く**たびに幸せな気分になります. I feel happy every time I **hear** your voice.

▸そんなこと, **聞いた**ことがない. I've never heard of such a thing. (◆hear of ... で「…について聞く」の意味)

…と聞いている 《**hear that ...**》

▸美紀は静岡に引っ越(こ)した**と聞いています**. I **hear (that)** Miki moved to Shizuoka.

(人・物が)…するのを聞く
《**hear ＋人・物＋動詞の原形**》

▸わたしは玲奈が人の悪口を**言う**のを**聞い**たことがない.
I've never **heard** Rena **say** bad things about others.

❷〘注意して聞く〙**listen**《to ...》[リスン]

▸音楽を**聴く**のが大好きです. I like **listening to** music very much.

▸まじめに話を**聞いて**ください.
Listen to me seriously.

> **くらべよう hear と listen**
> 一般に **hear** は「音や声が自然に耳に入る」を表し, **listen** は「注意して聞こうという態度で耳を傾(かたむ)ける」を表します.

❸〘たずねる〙**ask** [あスク]

▸ホワイト先生にカナダの自然について**き**いた. I **asked** Ms. White about nature in Canada.

(人)に(物事)をきく 《**ask ＋人＋物事**》

▸警官に駅への道を**きいた**.
I **asked** the police officer the way to the station.

▸理由を**きいて**もいい?
Can I **ask** you the reason [why]?

▸その歌手のことなら何でもわたしに**きい**

て. **Ask** me anything you like about the singer.

▸友子はわたしに「何をしてるの?」ときいた. Tomoko **asked** me, "What are you doing?" / Tomoko **asked** me what I was doing.(♦引用符(ふ)(" ")を用いない場合,what 以下の主語,語順が変わる.また,過去の文脈では what 以下の動詞を過去形にする)

❹〖聞き入れる,従う〗

obey [オウベイ], **follow** [ふァろウ]

▸キャプテンの言うことをきくこと,いいですね. **Obey** the captain, OK?

きく² 【効く,利く】 (効果的である) be* good《for ...》, be effective [イふェクティヴ]; (作用する) work [ワ〜ク]

▸この薬は頭痛に効く. This medicine **is good for** headaches.

▸エアコンが効いています. The air conditioner is **working** well.

きぐ 【器具】 (家庭用電気器具など) an appliance [アプらイアンス]

▸電気器具 electrical **appliances**

ぎく (驚きなどを表して) gulp [ガるプ]

ぎくり 【ぎくりとする】 be* startled [スタートゥるド], be shocked [シャックト]

▸わたしはその物音にぎくりとした. I **was startled** by the noise.

きげき 【喜劇】 (a) comedy [カメディ] (対義語 「悲劇」(a) tragedy)

喜劇の,喜劇的な comic [カミック], comical [カミカる]

喜劇俳優 a comedian [コミーディアン]

・きけん¹ 【危険】

(a) **danger** [デインヂャ]; (自分の責任で冒(おか)す危険) (a) risk [リスク]

▸危険,立入禁止 〖掲示〗**Danger**! Keep Out!

▸アンナの身に危険がせまっていた. Anna's life was in **danger**.

▸津波(つなみ)の危険はありません. There is no **danger** of a tsunami.

▸冒険(ぼうけん)には危険がつきものだ. Any adventure involves some **risk**.

危険な dangerous [デインヂャラス]

▸危険な行為(こうい) **dangerous** behavior

▸ひとりで行くのは危険だ. It's **dangerous** to go alone.

危険信号 a danger signal

危険人物 a dangerous person

危険物 a dangerous object

きけん² 【棄権する】 (投票を) abstain (from voting) [アブステイン]; (競技を) withdraw*《from ...》[ウィずドゥロー]

▸圭は決勝戦を棄権した. Kei **withdrew from** the finals.

きげん¹ 【機嫌】 a mood [ムード]

▸父はきょうはきげんがいい. My father is in a good **mood** today.(♦「きげんが悪い」なら good の代わりに bad を用いる)

▸**ごきげんいかがですか? How are you?**

きげんよく cheerfully [チアふり]

きげんをとる please [プリーズ]

きげん² 【期限】 a time limit, a deadline [デッドらイン]

▸期限は2日です. The **time limit** is two days.

▸宿題の提出期限は今月末です. The **deadline** for the homework is the end of this month.

きげん³ 【起源】 the origin [オーリヂン], the beginning [ビギニング]

▸日本文化の起源をたどる trace **the origin** of Japanese culture

きげん⁴ 【紀元】 ➡せいれき

▸紀元前150年に in 150 **B.C.** (♦B.C. は *B*efore *C*hrist の略で,年を表す数字の後に置く)

・きこう 【気候】 a climate [クらイメット]

▸北海道の気候は寒い. The **climate** of Hokkaido is cold. / We have a cold **climate** in Hokkaido.(♦自分がそこに住んでいる場合には We have .... を,そうでない場合は They have .... を用いる)

▸温暖な気候 a mild **climate**

> **くらべよう climate と weather**
>
> **climate** はある地域の平均的な気候を, **weather** はそのときどきの一時的な天候を指します.

きごう 【記号】 a sign [サイン], a symbol [スィンブる]

▸発音記号 a phonetic symbol [sign]

ぎこう 【技巧】 (わざ・こつ) art [アート]; (熟練による) skill [スキる];

（専門的な）a technique［テクニーク］

・きこえる【聞こえる】

❶〘耳で感じ取る〙**hear***［ヒア］
▸2階から笑い声が聞こえた.
I **heard** laughter upstairs.

ダイアログ　質問する
A: もしもし，アヤです．聞こえる？
Hello, this is Aya. Can you **hear** me?
B: うん，よく聞こえるよ.
Yes, I can **hear** you well.

（人・物が）…するのが聞こえる
《hear＋人・物＋動詞の原形》
▸家の前で車の止まるのが聞こえた.
I **heard** a car **stop** in front of my house.
（人・物が）…しているのが聞こえる
《hear＋人・物＋〜ing》
▸だれかが歌っているのが聞こえた.
I **heard** somebody **singing**.
❷〘受け取られる〙sound［サウンド］
▸春菜の話は冗談(じょうだん)に聞こえる.
What Haruna said **sounds** like a joke.

きこく【帰国する】
come* home, go* home
▸お父さんはいつイタリアから帰国されるのですか？　When will your father **come home** from Italy?
帰国子女
a returnee［リターニー］student,
a child [student] who has recently returned from overseas

ぎこちない awkward［オークワド］, clumsy［クらムズィ］;
（かたくるしい）stiff［スティふ］
▸ぎこちない動き
an **awkward** movement

きこなし【着こなし】 dressing

きこり a woodcutter［ウッドカタ］

きざ【きざな】
affected［アふェクティッド］➡きどる

ぎざぎざ【ぎざぎざの】
jagged［ヂぁギッド］

きさく【気さくな】
friendly［ふレンドり］, frank［ふラぁンク］
気さくに　frankly［ふラぁンクり］

きざし【兆し】 a sign［サイン］,
an indication［インディケイシャン］,
a symptom［スィンプトム］
▸春のきざし　a **sign** of spring

きざむ【刻む】（切る）cut*, chop［チャプ］;（彫(ほ)る）cut, carve［カーヴ］
▸キャベツを刻む
cut [**chop**] cabbage
▸木にわたしたちの名前を刻んだ.
We **carved** [**cut**] our names in the tree.

きし[1]【岸】（川の）a bank［バぁンク］;
（海・湖・大河の）a shore［ショーア］;
（海岸）a coast［コウスト］

きし[2]【騎士】 a knight［ナイト］

キジ〘鳥類〙a pheasant［ふェズント］

きじ[1]【記事】 an article［アーティクる］, news［ニューズ］, a story［ストーリ］
▸（新聞・雑誌の）トップ記事　a front-page **article** / front-page **news**
▸あの交通事故の記事がけさの新聞に出ているよ.　There's an **article** about that traffic accident in the paper this morning.

きじ[2]【生地】（布地）cloth［クろーす］;
（服地）material［マティリアる］

ぎし【技師】 an engineer［エンヂニア］
▸電気技師　an electrical **engineer**
▸土木技師　a civil **engineer**

きしかいせい【起死回生】
▸彼は起死回生のホームランを打った(→彼のホームランが試合の流れを逆転させた).　His homer **reversed the course of the game**.

ぎしき【儀式】 a ceremony［セレモウニ］
▸儀式を行う　hold a **ceremony**

きしつ【気質】（a) disposition［ディスポズィシャン］, a temper［テンパ］
▸おとなしい気質
a quiet **disposition**

きじつ【期日】 a (fixed) date［デイト］;（最終期限）a deadline［デッドらイン］, a time limit
▸支払(しはら)い期日を決める
fix the **date** for payment

き

▸期日に間に合う　meet the **deadline**（♦「遅(おく)れる」は miss を使う）

きしゃ¹【記者】 a journalist［ヂャ～ナリスト］，（新聞記者）a (newspaper) reporter［リポータ］；（報道記者）a newsperson［ニューズパ～スン］

記者会見　a press conference

雑誌記者　a magazine writer

きしゃ²【汽車】 a train ➡**れっしゃ**

きしゅ【機種】 a model［マドゥる］

きじゅつ【奇術】 magic［マぁヂック］

奇術師　a magician［マヂシャン］

ぎじゅつ【技術】 (a) technique［テクニーク］；（熟練を必要とする）(a) skill［スキる］；（科学技術）technology［テクナらヂィ］

▸コンピュータ技術
computer **technology**

技術的な　technical［テクニクる］，technological［テクノらヂクる］

技術的に　technically, technologically

技術科　technical arts

技術家庭科　technical arts and home economics

技術者　a technician［テクニシャン］，an engineer［エンヂニア］

きじゅん【基準】
a standard［スタぁンダド］

▸基準に達している
be up to the **standard**

きしょう¹【気象】 weather［ウェざ］

▸異常気象　abnormal **weather**

気象衛星　a weather satellite

気象観測　weather observation(s)

気象台　a weather station

気象庁　the Meteorological Agency［ミーティオロらヂクる エイヂェンスィ］

気象予報士
a (certified) weather forecaster

きしょう²【記章】 a badge［バぁッヂ］

きしょう³【起床する】
get* up, rise* ➡**おきる**

▸（日記を書くときに）６時半起床. ７時朝食.　**Got up** at six thirty and had breakfast at seven.（♦日記では I を省略して書くことも多い）

起床時刻　the hour of rising

きしょう⁴【気性】
(a) nature［ネイチャ］，a temper［テンパ］

▸気性の激(はげ)しい人
a person with a violent **temper**

キス　a kiss［キス］

▸歌手はファンに投げキスをした.　The singer blew a **kiss** to her fans.

キスをする　kiss

▸すみれは彼のほおにキスをした.
Sumire **kissed** him on the cheek.（♦kissed his cheek よりも自然な表現）

˙きず【傷】（事故などによる）an injury［インヂュリ］；（刃物(はもの)や銃(じゅう)などによる）a wound［ウーンド］

▸傷がひどく痛んだ.
The **wound** hurt very badly.

▸わたしは病院で傷の手当てを受けた.
I was treated for my **injury** at a hospital.

傷跡(あと)　a scar［スカー］

> **参考　傷のいろいろ**
> かすり傷, すり傷 a scratch［スクラぁッチ］/ 切り傷 a cut /（ハチなどの）刺(さ)し傷 a sting

きすう【奇数】
an odd number［アッド ナンバ］
（**対義語**「偶数(ぐうすう)」an even number）

きずく【築く】 build*［ビるド］，construct［コンストゥラクト］

▸幸せな家庭を築く
build a happy family

きずつく【傷つく】（身体・心が）get* injured［インヂャド］，get hurt［ハ～ト］；（身体が）get wounded［ウーンディッド］

▸ロミーのことばにベスはひどく傷ついた.　Beth **got** deeply **hurt** by Romy's words.

きずつける【傷つける】（身体・心を）injure［インヂャ］，hurt*［ハ～ト］；（身体を）wound［ウーンド］

▸彼女の気持ちを傷つけるつもりはなかったんだ.　I didn't mean to **hurt** her feelings.

きせい¹【既製の】
ready-made［レディメイド］

既製服　ready-made clothes

きせい²【帰省】
homecoming［ホウムカミング］

帰省する　go* [come*, return] home

ぎせい【犠牲】 (a) sacrifice［サぁクリふァイス］；（時間・労力などの）(a) cost［コースト］；（犠牲者）a victim［ヴィクティム］

▸彼は命を犠牲にしてその少年を救った. He saved the boy at the **sacrifice** of his own life.
▸どんな犠牲を払(はら)っても at all **costs** / at any **cost**
▸あの事故では, 多くの人が犠牲になった. There were a lot of **victims** in that accident.

きせき【奇跡】 a miracle［ミラクる］
▸そのとき奇跡が起こった. Then a **miracle** happened.
▸奇跡的に by a **miracle**
奇跡的な miraculous［ミラぁキュらス］

:きせつ【季節】 a **season**［スィーズン］

ダイアログ 質問する
A: どの季節がいちばん好き？ Which **season** do you like (the) best?
B: 冬がいちばん好き. I like winter (the) best.

▸夏はマリンスポーツの季節だ. Summer is the **season** for marine sports.
▸桜の咲(さ)く季節がやって来た. The cherry blossom **season** is here [has come].
▸季節の変わり目によく風邪(かぜ)をひく. I often catch a cold at the change of the **seasons**.
季節風 a seasonal wind

きぜつ【気絶する】 faint［ふェイント］

きせる【着せる】 dress［ドゥレス］, clothe［クろウず］
▸妹は人形に服を着せていた. My sister was **dressing** her doll.

きせん【汽船】 a steamboat［スティームボウト］, a steamship［スティームシップ］

ぎぜん【偽善】 hypocrisy［ヒパクリスィ］
偽善者 a hypocrite［ヒパクリット］

·きそ【基礎】（土台）a base［ベイス］, a foundation［ふァウンデイシャン］;（基本）a basis［ベイスィス］（複数 bases）, the basics［ベイスィックス］ ➡きほん
▸建物の基礎 the **base** [**foundation**] of a building
▸スキーの基礎をマスターする master **the basics** of skiing
基礎的な basic［ベイスィック］, fundamental［ふァンダメンタる］
▸数学の基礎的な問題 a **basic** question of mathematics
基礎知識 the basics, a basic knowledge

きぞう【寄贈する】 present［プリゼント］, give*［ギヴ］, donate《to ...》［ドウネイト］ ➡きふ, おくる[2]
寄贈品 a contribution［カントゥリビューシャン］, a donation［ドウネイシャン］

ぎぞう【偽造する】 forge［ふォーヂ］, counterfeit［カウンタふィット］
偽造紙幣(しへい) a counterfeit bill

·きそく【規則】 a **rule**［ルーる］; a regulation［レギュれイシャン］
▸規則を守る keep the **rules**
▸規則を破る break the **rules**
▸それは規則違反(いはん)です. That's against the **rules**.
▸規則正しい生活をしましょう. Let's keep regular hours.（◆keep regular hours で「規則正しい生活をする」の意味）
規則的な regular［レギュら］（対義語「不規則な」irregular）
規則的に regularly

きぞく【貴族】（男性）a nobleman［ノウブるマン］（複数 noblemen）;（女性）a noblewoman［ノウブるウマン］（複数 noblewomen）;（全体をまとめて）the nobility［ノウビりティ］
貴族的な aristocratic［アリストクラぁティック］

:きた【北】 the **north**［ノーす］（◆N. と略す）（対義語「南」the south）
北の north, northern［ノーざン］
北へ, 北に north, northward［ノーすワド］
▸北海道は本州の北にある. Hokkaido is to **the north** of Honshu.（◆to the north of は「…の北方に」の意味;

き

「…の北部に」なら in the north of)

本州の北に to the north of Honshu　本州の北部に in the north of Honshu

▸ほら，白鳥が北へ飛んで行きます. Look! Swans are flying **north**.
▸わたしの部屋は北向きだ. My room faces **north**.

北アメリカ　North America
北風　a north wind
北口　the north exit
北国　(地方) a northern district; (国) a northern country
北半球　the Northern Hemisphere

・ギター　〘楽器〙 a **guitar** [ギター]
▸エレキギター　an electric **guitar**
▸父はときどきギターを弾(ひ)く. My father sometimes plays the **guitar**. (♦ふつう定冠詞 the をつける)
ギター奏者　a guitarist

・きたい[1]【期待】
(an) expectation [エクスペクテイシャン] (♦複数形で用いられることが多い)
▸コンサートは期待どおりだった. The concert met [fulfilled] my **expectations**.
▸その試合は期待に反してつまらなかった. That game was dull, contrary to our **expectations**.
期待する　**expect** [イクスペクト]
▸子供たちはサンタクロースからのプレゼントを期待している. Children are **expecting** presents from Santa.
(人・物が)…するのを期待する
《**expect +人・物+ to +動詞の原形**》
《**expect + that 節**》
▸きみたちが全力を尽(つ)くすことを期待します. I **expect** you **to** [**that** you will] do your best.

きたい[2]【気体】　gas [ギぁス]
(♦「液体」は liquid,「固体」は a solid)

ぎだい【議題】　(話題) a subject [サブヂェクト], a topic [タピック]
▸きょうの議題は「いかにしてごみを減らすことができるか」です. Today's **subject** [**topic**] is: "What can we do to reduce trash?"
▸次の議題に移りましょう. Let's go on to the next **topic**.

きたえる【鍛える】
train [トゥレイン]; (体を) build* up
▸新入部員を鍛える　**train** the new members of the team
▸体を鍛える　**build up** the body

・きたく【帰宅する】
go* home, come* home ➡**かえる[1]**
▸母は6時に帰宅した. My mother **came home** at six o'clock.
▸**帰宅の途中**(とちゅう), むかしの友達にばったり会った. **On my way home**, I ran into my old friend.

きたちょうせん【北朝鮮】　North Korea (♦正式国名は the Democratic People's Republic of Korea (朝鮮民主主義人民共和国)) ➡**ちょうせん[2]**

きだて【気立て】　(a) nature [ネイチャ]
気立てのよい
good-natured [グッドネイチャド]

・きたない【汚い】
(汚(よご)れている) **dirty** [ダ～ティ]
(対義語「きれいな」clean);
(いやしい) mean [ミーン]
▸汚いタオル　a **dirty** towel
▸今，手が汚いから食べ物に触(さわ)れません. I can't touch any food now because my hands are **dirty**.
▸わたしのせいにするなんて汚いです. It's **dirty** [**mean**] of you to blame it on me.

きたる【来たる】
coming [カミング], next [ネクスト]
▸来たる金曜日に生徒総会があります. The student meeting will be held this **coming** Friday.

きち[1]【基地】　a base [ベイス]

きち[2]【機知】　wit [ウィット]
機知に富んだ　witty [ウィティ]

きちっと　properly [プラパリ]; (正確に) exactly [イグザぁクトリ]

きちょう[1]【貴重な】　precious

［プレシャス］, valuable［ヴぁりュアブる］
▸貴重な時間を割(さ)いてくださってありがとうございます. Thank you for sparing me your **precious** time.
▸貴重な情報 **valuable** information
貴重品 valuables（♦複数形で用いる）

きちょう² 【機長】
a (flight) captain［キぁプテン］

ぎちょう 【議長】 a chairperson［チェアパ～スン］, a chairman［チェアマン］（(複数) chairmen), the chair
▸わたしたちは由美を議長に選んだ. We elected Yumi **chairperson**.

きちょうめん 【几帳面な】
precise［プリサイス］
きちょうめんに precisely
▸きちょうめんな生徒
a **precise** student
▸真紀はきちょうめんだ(→なんでもきちょうめんにやる).
Maki does everything **precisely**.

きちんと ❶〘きれいに, 整然と〙
neat(ly)［ニート(り)］, tidy［タイディ］
▸あて名(→住所)はきちんと書きなさい.
Write the address **neatly**.
▸高志の部屋はいつもきちんとしている.
Takashi's room is always **neat** and **tidy**.
❷〘規則的に〙regularly［レギュらり］; 〘時間どおりに〙punctually［パンクチュアり］
▸食事はきちんととらなければね.
We must have meals **regularly**.
▸みんな, **時間をきちんと守って**ね.
Be punctual, everybody.

きつい ❶〘仕事などが〙hard［ハード］; 〘厳しい〙severe［セヴィア］
▸サッカー部の練習はきついが楽しい.
The training for our soccer team is **hard**, but I enjoy it.
❷〘きゅうくつな〙tight［タイト］
▸この靴(くつ)はちょっときつい. These shoes are a little (too) **tight** for me.
❸〘厳しい態度の〙harsh［ハーシ］
▸昨晩は彼にきつくあたったかもしれない. Maybe I was **harsh** on him last night.

きつえん 【喫煙】
smoking［スモウキング］
喫煙する smoke
喫煙席 a smoking section

きづかう 【気遣う】 be* anxious《about ...》［あンクシャス］, be worried《about ...》［ワ～リド］➡**しんぱい**
▸両親はわたしの健康を気づかっている.
My parents **are anxious about** my health.

きっかけ (機会) a chance［チぁンス］
▸雅美に話しかけるきっかけがなかった.
I didn't get a **chance** to talk to Masami.

きっかり exactly［イグザぁクトり］, just［ヂャスト］➡**ちょうど**

キック a kick［キック］
▸コーナーキック a corner **kick**
キックする kick
▸ボールをキックする **kick** a ball
キックオフ a kickoff

きづく 【気づく】 become* aware《of [that] ...》［アウェア］, notice［ノウティス］; （気づいている）be* aware《of [that] ...》➡**き²**
▸バスの中で彼女はわたしに気づかなかった. She didn't **notice** me in the bus.
▸彼は事の重大さに気づいていない.
He **is not aware of** the seriousness of the matter.

ぎっくりごし 【ぎっくり腰】
a strained back, a slipped disk

ぎっしり closely［クろウスり］
▸その箱には本がぎっしり詰(つ)まっていた. The box was **closely** packed with books.
▸スケジュールがぎっしりだ.
My schedule is very tight.
(♦この tight［タイト］は「(予定などが)ぎっしり詰まった」の意味の形容詞)

きっちり (固く) tightly［タイトり］; (ちょうど) exactly［イグザぁクトり］, sharp［シャープ］; (適切に) properly［プラパり］
▸授業は８時きっちりに始まる.
The class begins exactly at eight [at eight **sharp**].

キッチン
a kitchen［キチン］➡**だいどころ**

キツツキ
〘鳥類〙a woodpecker［ウッドペカ］

˚きって 【切手】 a (postage) **stamp**［(ポウステッヂ) スタぁンプ］

ダイアログ 質問する
A: この手紙にはいくらの切手をはればよ

いですか(→郵便料金はいくらか)?
What is the postage for this letter?
B: 84円切手をはってください.
Please put an eighty-four yen **stamp** on it.

キット a kit [キット]
きっと surely, certainly ➡かならず
キツネ 〖動物〗a fox [ふァックス]
きつね色 (淡(あわ)い茶色) light brown
きっぱり (はっきり) flatly [ふらぁットり]
▶遥は大輝の招待をきっぱりと断った.
Haruka **flatly** refused Daiki's invitation.

・きっぷ【切符】 a **ticket** [ティケット]
▶京都までの切符を2枚ください.
Two **tickets** to Kyoto, please.
▶この切符は3日間有効です.
This **ticket** is good [valid] for three days.
▶切符のないかたは入場できません
〖掲示〗Admission by **Ticket** Only
切符売場 (窓口) a ticket window; (売場全体) a ticket office
切符自動販売(はんばい)機
a ticket vending machine

▶ロンドンの地下鉄の切符自動販売機

往復切符 〖米〗a round-trip ticket, 〖英〗a return (ticket)
片道切符 〖米〗a one-way ticket, 〖英〗a single (ticket)

きている【着ている】 wear*, have* ... on ➡きる[2]
きてき【汽笛】
a (steam) whistle [(ホ)ウィスる]
きてん【機転】 wit [ウィット]
機転がきく
quick-witted [クウィックウィティッド]
きどう【軌道】 (天体・ロケットなどの) an orbit [オービット]
きとく【危篤の】 critical [クリティクる], serious [スィリアス]
▶その患者(かんじゃ)は危篤です. The patient is in **critical** condition.
きどる【気取る】 put* on airs
気取った affected [アふェクティッド]
▶彼の気取った態度が気に入らない.
I don't like his **affected** manner.
きない【機内】
機内食 an in-flight meal
機内持ち込み手荷物 carry-on baggage
きにいる【気に入る】 ➡き[2]
きにする【気にする】 ➡き[2]
きになる【気になる】 ➡き[2]
きにゅう【記入する】 fill out, fill in
▶このカードに記入してください.
Please **fill out** this card.
きぬ【絹】 silk [スィるク]
絹糸 silk thread
ギネスブック *the Guinness World Records* (♦イギリスのギネス社が毎年発行する世界記録集)

・きねん【記念】
(a) commemoration [コメモレイシャン]; (思い出) (a) memory [メモリ]
▶このペンダントを記念にあげる.
I'll give you this pendant as a **memory** of me.
記念する commemorate [コメモレイト]
記念切手 a commemorative stamp [コメモラティヴ スタぁンプ]
記念写真
a souvenir picture [スーヴェニア]
記念碑(ひ) a monument [マニュメント]
記念日 an anniversary [あニヴァ〜サリ]
記念品 a souvenir

:きのう[1]【昨日】 **yesterday** [イェスタデイ]
▶きのうの朝 **yesterday** morning
▶きのうの午後 **yesterday** afternoon
▶きのうの晩 **yesterday** evening

▸きのうの夜 **last night**
(♦×yesterday night とは言わない)
▸きのう駅でエドに会った. I met Ed at the station **yesterday**. (♦「きのう…した」のように yesterday を副詞として使うときは前置詞をつけないことに注意. last night なども同様)
▸きのうの新聞はどこ？
Where is **yesterday**'s paper?
▸きのうの日曜日はどこへ行ったの？
Where did you go on Sunday, **yesterday**?

きのう²【機能】
a function [ふァンクシャン]
機能する function, work [ワ〜ク]
機能的な functional [ふァンクショヌる]

キノコ 〘植物〙 a mushroom [マッシルーム] (♦食用のものを指す；毒キノコは toadstool [トウドストゥーる])

きのどく【気の毒な】 sorry [サリ]; (かわいそうな) poor [プア]

ダイアログ 同情する
A: 父は入院しています. My father has been in the hospital.
B: それはお気の毒です.
I'm **sorry** to hear that.

▸グリーンさんも気の毒です. I feel **sorry** for Mr. Green. (♦feel sorry for ... で「…を気の毒に思う」の意味)
▸気の毒にトムは財布(さいふ)を落としてしまった. **Poor** Tom lost his wallet.

きば (象・イノシシなどの) a tusk [タスク]; (犬・ヘビなどの) a fang [ふぁング]

きばせん【騎馬戦】 a mock cavalry battle [マック キぁヴァるリ バぁトゥる], a piggyback fight

きばつな【奇抜な】 (新奇な) novel [ナヴる]; (風変わりな) eccentric [イクセントゥリック]; (独創的な) original [オリヂヌる]

きばらし【気晴らし】
(a) recreation [レクリエイシャン]; (気分転換(てんかん)) a change [チェインヂ]
▸気晴らしに何か運動でもしたら？
Why don't you <u>do</u> [get] some exercise for a **change**?

***きびしい【厳しい】**
severe [セヴィア]; (規則などが) **strict** [ストゥリクト]; (程度が) **hard** [ハード]; (指導などが) tough [タふ]
▸厳しい先生
a <u>**severe**</u> [**strict**] teacher
▸厳しい練習
<u>**tough**</u> [**severe, strict**] training
▸うちの母はわたしたちに厳しい.
Our mother is **strict** with us.
▸厳しい冬 a <u>**severe**</u> [**hard**] winter
厳しく severely; strictly; hard

きひん【気品】 grace [グレイス], elegance [エりガンス]
気品のある graceful [グレイスふる], elegant [エりガント]

きびん【機敏な】 quick [クウィック], prompt [プランプト]
機敏に quickly, promptly

きふ【寄付】 contribution [カントゥリビューシャン], donation [ドウネイシャン]
寄付する contribute ((to ...)) [コントゥリビュート]; (慈善(じぜん)事業などに) donate ((to ...)) [ドウネイト]
寄付金 a contribution, a donation

ぎふ【義父】 (夫または妻の父)
a father-in-law [ふァーざインろー]; (継父(ままちち)) a stepfather [ステップふァーざ]

ギブアップ【ギブアップする】
give* up

ギプス, ギブス a cast [キぁスト]
▸足にギプスをはめる
put a **cast** on one's leg

ギフト
a gift [ギふト], a present [プレズント]
ギフト券 a gift coupon
ギフトショップ a gift shop

***きぶん【気分】** a **feeling** [ふィーりング], a mood [ムード] ➡きもち
気分がする **feel***

ダイアログ 説明する
A: だいじょうぶ？ Are you all right?
B: 気分がよくないんだ.
I don't **feel** well.

き

ダイアログ 説明する

A: 気分はどうですか?
How do you **feel**?
B: おかげでだいぶ気分がよくなりました.
I **feel** much better. Thank you.

▸…の**気分**を害する
hurt a person's **feelings**
▸泣きたいような**気分**だ.
I **feel** like crying. (♦feel like ~ing で「…したい気分である」の意味)
▸きょうは最高の**気分**だ.
I **feel** great today.
▸外出する**気分**じゃないね. I'm not in the **mood** for going out.
気分転換(てんかん) a change ➡**きばらし**
気分屋 a moody person

きぼ【規模】 a scale [スケイる]
▸小**規模**に on a small **scale**
▸大**規模**な実験
a large-**scale** experiment

ぎぼ【義母】(夫または妻の母)
a mother-in-law [マざインろー];
(継母(ままはは)) a stepmother [ステップマざ]

♦きぼう【希望】

(a) **hope** [ホウプ]; (願い) a **wish** [ウィッシ] ➡**ねがい, のぞみ**
▸まだ**希望**を失ってはいません.
I haven't lost **hope** yet.
▸あなたの**希望**はきっとかなうでしょう.
Your **wish** will surely come true.
希望する **hope**; **wish** ➡**ねがう, のぞむ**
▸わたしは月星高校への進学を**希望しています**. I **hope** to enter Tsukihoshi High School.
希望に満ちた hopeful [ホウプふる], full of hope
希望のない hopeless [ホウプれス]

♦きほん【基本】

basics [ベイスィックス],
a basis [ベイスィス] (複数 bases),
fundamentals [ふァンダメンタるズ]
▸料理の**基本** the **basics** [**fundamentals**] of cooking
▸**基本**に忠実に!
Be true [Stick] to the **basics**.
基本的な basic, fundamental
▸**基本的な**ルールを教えてください.
Please teach me the **basic** rules.
基本的に basically, fundamentally
▸きみの考え方は**基本的に**正しいと思う.
I think your way of thinking is **basically** right.
基本的人権 basic human rights

きまえ【気前のよい】 generous [ヂェネラス], liberal [りベラる]
▸母は(お金に)**気前がいい**. My mother is **generous** with her money.

きまぐれ【気まぐれ】
(a) caprice [カプリース]
気まぐれな capricious [カプリシャス], changeable [チェインヂャブる]
▸**気まぐれな**人 a **capricious** person
▸**気まぐれな**天気
changeable weather
気まぐれに on a whim [ホウィム]

きまじめ【生真面目な】 very serious [スィリアス], very earnest [ア〜ネスト]

きまずい【気まずい】(ばつが悪い) awkward [オークワド]; (落ち着かない) uncomfortable [アンカンふァタブる]; (困惑(こんわく)した) embarrassed [インバぁラスト]
▸わたしたちの間に**気まずい**空気が流れた.
There was an **awkward** atmosphere between us.

きまつ【期末】 the end of a term
期末試験 term [final] examinations

きまま【気ままに】(好きなように) as one pleases, as one likes
▸彼女は**気ままに**暮らしている.
She lives **as she pleases** [**likes**].

きまり【決まり】(規則) a rule [ルーる] ➡**きそく**
▸ラブレターの書き方に**決まり**はない.
There is no fixed **rule** in writing love letters.
▸よし, **それで話は決まりだ**(→決着をつける). O.K. **That settles it.**
決まり文句 a set phrase

きまり(が)わるい【決まり(が)悪い】 feel* embarrassed [インバぁラスト], be* embarrassed
▸きまり悪くて, そんなこと言えないよ(→そんなことを言ったらきまりが悪い).
I'll **feel embarrassed** if I say such a thing.
きまり悪そうに
awkwardly [オークワドり]

♦きまる【決まる】

き

❶〖決定される〗**be* decided** [ディサイディッド];
〖日取りなどが〗**be fixed** [ふィックスト], be arranged [アレインヂド] ➡きめる
▸前回の話し合いでどんなことが決まったの？ What **was decided** at the last meeting?
▸次の試合は来週の土曜日に決まった. The next game **was fixed** for next Saturday.
❷〖確実である〗**be* sure** [シュア]
▸彼は試合に勝つに決まってる. He **is sure to** [I'm **sure** (that) he will] win the game.
❸〖よく見える〗look good
▸このスーツ, 決まってるね. You **look good** in this suit.

きみ[1]【君】 you [ユー] ➡あなた
きみの your [ユア]
きみを, きみに you
きみのもの yours [ユアズ]
きみ自身 yourself [ユアセるふ]

ダイアログ　質問する
A:ぼくはハンバーグにする. きみは？ I'll have a hamburger steak. How about **you**?
B:スパゲッティミートソース. I'll have spaghetti with meat sauce.

きみ[2]【気味】
▸**気味の悪い**音 a **creepy** sound

きみ[3]【黄身】 (a) yolk [ヨウク], (a) yellow [イエろウ] (♦「白身」= white)

-ぎみ【…気味】
a bit of ..., slight [スらイト]
▸風邪(かぜ)ぎみです. I have **a bit of** a cold. / I have a **slight** cold.

きみじか【気短な】
impatient [インペイシェント], quick-tempered [クウィックテンパド], short-tempered [ショートテンパド]

きみどり【黄緑】 yellowish green

きみょう【奇妙な】
strange [ストゥレインヂ], odd [アッド]
▸奇妙な夢 **a strange** [an **odd**] dream
奇妙なことに strangely
▸奇妙なことに, 智也はそれについて何も知らなかった. **Strangely**, Tomoya knew nothing about it.

ぎむ【義務】 (a) duty [デューティ]
▸義務を果たす do one's **duty**
▸義務感 a sense of **duty**
▸法を守るのはわたしたちの義務だ. It is our **duty** to observe the law.
義務教育 compulsory education

きむずかしい【気難しい】
(喜ばせるのが難しい) hard to please, difficult to please
▸父は気難しい. My father is **hard** [**difficult**] **to please**.

キムチ kimchi [キムチ]

ぎめい【偽名】 a false name; (犯罪者が使う) an alias [エイりアス]

⁑きめる【決める】

❶〖決定する〗**decide; fix, arrange**
❷〖決心する〗**decide, make up one's mind**
❸〖選ぶ〗**choose, select**

❶〖決定する〗**decide** [ディサイド];
(日取りなどを) **fix** [ふィックス], **arrange** [アレインヂ] (♦fix は「確定する」, arrange は「予定する」の意味が強い)
▸どこへ行くか決めましたか？ Did you **decide** where to go?
▸彼女のホームランが試合を決めた. Her home run **decided** the game.
▸今度いつ和美と会うことに決めたの？ When did you **arrange** to meet Kazumi next time?
▸母は毎朝ジョギング**することに決めている**(→習慣にしている). My mother **makes it a rule to** jog every morning.
❷〖決心する〗**decide, make* up** one's **mind** ➡けっしん
▸真人は東高校を受験することに決めた. Masato **decided** to take the entrance examination for Higashi High School.
❸〖選ぶ〗**choose*** [チューズ], **select** [セれクト]

▸どっちを取るか決めなさい.
Choose which one you'll take.

き

きもち【気持ち】

feelings [ふィーりングズ] ➡きぶん

▸わたしが言ったことで, 美央の気持ちが傷ついた. What I said hurt Mio's **feelings**.

▸あなたの気持ちはよくわかる.
I understand your **feelings**.

気持ちがする feel*

▸5万人の観客の前で歌うって, 彼女はどんな気持ちがするんだろう.
I wonder how she **feels** when she sings before an audience of 50,000.

…の気持ちになる feel*

▸彼の手紙を読んでうれしい気持ちになった. I **felt** happy when I read his letter.

…したい気持ちになる feel* like ~ing

▸試合に負けたとき, 泣きたい気持ちになった. When we lost the game, I **felt like crying**.

気持ちのよい
nice [ナイス], pleasant [プれズント]

▸気持ちのよい朝
a **pleasant** morning

気持ちの悪い
unpleasant [アンプれズント]

気持ちよく
(快適に) comfortably [カンふァタブり];
(快く) willingly [ウィりングり]

きもの【着物】

(和服) a kimono (複数 kimonos)

▸着物を着ている wear a **kimono**

ぎもん【疑問】

(疑問点) a **question** [クウェスチョン];
(疑い) a **doubt** [ダウト]

▸何か疑問があったら, 先生にききなさい.
If you have any **questions**, ask your teacher.

▸この話には疑問がある.
I have **doubts** about this story.
(◆「疑問の点」の意味では doubt は複数形で用いることが多い)

▸これが本物だということに疑問の余地(よち)はない. There is no **doubt** that this is real.

疑問に思う doubt ➡うたがう

疑問のある doubtful ➡うたがわしい

▸ポールがそれを知っているかどうか疑問だ. I **doubt** if Paul knows it. / It's **doubtful** if Paul knows it.

疑問符(ふ) a question mark

疑問文 an interrogative sentence

きゃあ ➡キャッ

キャーキャー【キャーキャー言う】

scream [スクリーム]

きゃく【客】

(招待客) a **guest** [ゲスト];
(訪問客) a visitor [ヴィズィタ];
(店のお客) a customer [カスタマ];
(乗客) a passenger [パぁセンヂャ]

▸今度の土曜日にお客さまを夕食にお招きしています. We'll have (some) **guests** for dinner next Saturday.

▸きょうはお店に客がごくわずかしかいない. There are only a few **customers** in the store today.

客室 a guest room;
(飛行機の) a cabin [キぁビン]

客席 a seat [スィート]

ぎゃく【逆】

the reverse [リヴァ〜ス], the opposite [アポズィット]

逆の reverse, opposite

▸順序が逆です.
They're in **reverse** order.

▸逆方向に向かってるのではないですか?
Aren't we going in the **opposite** direction?

逆にする reverse;
(上下を) turn ... upside down;
(裏表を) turn ... inside out

ギャグ

a gag [ギぁグ], a joke [ヂョウク]

ギャグを言う tell* a gag, crack a joke

ぎゃくぎれ【逆切れする】

snap back《at ...》, react angrily《to ...》

きゃくしつじょうむいん【客室乗務員】

a flight attendant [ふらイト アテンダント]

きゃくしょく【脚色】

(a) dramatization [ドゥラぁマティゼイシャン]

脚色する dramatize [ドゥラぁマタイズ]

ぎゃくたい【虐待】

abuse [アビュース], mistreatment [ミストゥリートメント], cruelty [クルーエるティ]

虐待する abuse [アビューズ], mistreat, treat ... cruelly

ぎゃくてん【逆転する】

▸わがチームは逆転して勝ちました.
Our team **came from behind**

and won the game.
逆転優勝 a comeback victory

きゃくほん【脚本】（劇の）a play［プれイ］;（映画の）a scenario［スィナぁリオウ］（**複数** scenarios）, a screenplay［スクリーンプれイ］
脚本家（演劇の）a playwright;（映画の）a scenario writer, a screenwriter

きゃくま【客間】（居間）a living room;（大きな屋敷(やしき)の）〖英〗a drawing room;（客を泊(と)める部屋）a guest room

きゃしゃな slender［スれンダ］

キャスター（ニュースキャスター）an anchor［あンカ］➡**ニュース**

キャスト a cast［キぁスト］

きゃたつ【脚立】a stepladder［ステップらぁダ］

キャッ eek［イーク］（♦実際の叫(さけ)び声）
キャッと叫ぶ scream［スクリーム］

ギャッ eek［イーク］（♦実際の叫(さけ)び声）
ギャッと叫ぶ yell［イェる］

きゃっか【却下】(a) rejection［リヂェクシャン］
却下する〖法律〗dismiss［ディスミス］; reject, turn down

きゃっかん【客観的な】objective［オブヂェクティヴ］（**対義語**「主観的な」subjective）
客観的に objectively
▸客観的に見て, わたしたちが不利だ. Looking at it **objectively**, we're at a disadvantage.

キャッシュ cash［キぁッシ］➡**げんきん**

キャッシュカード a bank card, a cash card

キャッシング a cash advance

キャッチ a catch［キぁッチ］
キャッチする catch*

キャッチフレーズ a catchphrase［キぁッチふレイズ］

キャッチボール catch［キぁッチ］（♦× catch ball とは言わない）
▸キャッチボールをする play **catch**

キャッチホン call waiting

キャッチャー〖野球〗a catcher［キぁチャ］
キャッチャーフライ a pop-up to the catcher
キャッチャーミット a catcher's mitt

キャットフード cat food

キャップ（ふた）a cap［キぁップ］

ギャップ a gap［ギぁップ］
▸理想と現実のギャップ a **gap** between the ideal and the reality

キャプテン a captain［キぁプテン］
▸わたしがこの野球チームのキャプテンだ. I am (the) **captain** of this baseball team.

キャベツ〖植物〗(a) cabbage［キぁベッヂ］
▸キャベツ１玉 a (head of) **cabbage**

キャミソール a camisole［キぁミソウる］

ギャラ a performance fee, pay［ペイ］

キャラクター（性格）(a) character［キぁラクタ］, (a) personality［パ〜ソナぁりティ］;（登場人物）a character
キャラクターグッズ products featuring popular characters, character goods

キャラメル a caramel［キぁラメる］

ギャラリー（展示場）a gallery［ギぁらリ］;（見物人）the gallery

キャリア a career［カリア］（♦発音注意）
▸わたしは, テニスは４年のキャリアがある(→４年間してきている). I have played tennis for four years.
キャリアウーマン a career woman

ギャング（集団）a gang［ギぁング］;（一員）a gangster［ギぁングスタ］
ギャング映画 a gangster film, a gangster movie

キャンセル cancellation［キぁンセれイシャン］
キャンセルする cancel［キぁンスる］
▸予約をキャンセルしたいのですが. I'd like to **cancel** my reservation.

キャンディー〖米〗(a) candy［キぁンディ］,〖英〗sweets［スウィーツ］;（棒つきの）〖米〗lollipop［らりパップ］（♦candy は砂糖やシロップを主とした固形の菓子(かし)を言い, ドロップ・キャラメル・ヌガー・チョコレートなどもふくむ; sweets は甘(あま)い物一般を言う）

き

▸キャンディー1つ a (piece of) **candy**

キャンバス (麻(あさ)布・画布) (a) canvas [キぁンヴァス]

キャンパス a campus [キぁンパス]

キャンピングカー 〖主に米〗a camper [キぁンパ], 〖英〗a camper van

キャンプ (テントなどの集まり) a camp [キぁンプ]; (野球などの) a training camp; (キャンプすること) camping

キャンプする camp, make* camp

▸ベースキャンプ a base **camp**

▸キャンプに行く go **camping**

キャンプ場 〖米〗a campground, 〖英〗a campsite

キャンプファイア a campfire

キャンプ村 a campground

ギャンブル gambling [ギぁンブりング], a gamble [ギぁンブる]

キャンペーン a campaign [キぁンペイン]

•**きゅう**[1] **【九(の)】** **nine** [ナイン]

第9(の) the **ninth** [ナインす] (♦9th と略す)

•**きゅう**[2] **【急な】**

❶〖急ぎの〗urgent [ア～ヂェント]

▸母は急な仕事でシドニーへ行きました. My mother flew to Sydney on **urgent** business.

❷〖突然(とつぜん)の〗**sudden** [サドゥン]

▸急な誘(さそ)いなので,すぐには返事ができない. It's such a **sudden** invitation, so I can't answer right away.

急に suddenly

▸急にそんなこと言い出してどうしたの? Why have you **suddenly** brought up such a thing?

❸〖険しい〗steep [スティープ]; 〖流れが速い〗rapid [ラぁピッド]

▸学校へ行く坂道はかなり急です. The slope on the way to our school is very **steep**.

▸この川は流れが急です. This river is **rapid**.

急カーブ a sharp curve

急流 a swift current; (早瀬(はやせ)) rapids [ラぁピッヅ]

きゅう[3] **【級】** (学級・階級) a class; (学年・等級) a grade [グレイド]

▸武とは同級です. I am in the same **class** with [as] Takeshi.

▸軽量級 the lightweight **class**

▸英検3級 **Grade** three of the EIKEN Test

きゅう[4] **【球】** a sphere [スふィア], a globe [グろウブ]

▸ピッチャーは第一球を投げた. The pitcher threw **the first pitch**. (♦pitch は「(野球などの)投球」の意味)

きゅうえん **【救援】** relief [リリーふ], (a) rescue [レスキュー]

救援物資 relief supplies

•**きゅうか** **【休暇】**

〖米〗(a) **vacation** [ヴェイケイシャン], 〖英〗**holidays** [ハりデイズ]; (休日) a **holiday** ➡きゅうじつ, やすみ

▸夏期休暇 (the) summer **vacation**

▸冬期休暇 (the) winter **vacation**

▸楽しい休暇をお過ごしください. Have a nice **holiday**!

▸わたしは来週,休暇をとります. I will take a **vacation** next week.

▸2,3日休暇をとりなさい. Take a few days off.

▸真美の一家は箱根で休暇を過ごしています. Mami's family is spending their **vacation** in Hakone.

> **参考 holiday と vacation**
>
> **1** アメリカでは日数に関係なく「休暇」には **vacation** を用い,「休日」には **holiday** を用います. イギリスでは **vacation** は大学の休暇や裁判所の休廷(きゅうてい)期を指し, **holiday(s)** は一般的な休暇を指します.
>
> **2** 英米の学校の主な休暇は, 正月をふくむ12日ぐらいのChristmas vacation (クリスマス休暇), 春のEaster vacation (イースター休暇), 約3か月にわたるsummer vacation (夏期休暇)です.

きゅうかく **【嗅覚】** a sense of smell

きゅうがく **【休学する】** be* absent from school, be away from school

▸ベスは3週間休学している. Beth has **been absent** [**away**] **from school** for three weeks.

きゅうかん【急患】 an emergency patient, an emergency case

キュウカンチョウ【九官鳥】
〘鳥類〙a (hill) myna(h)［マイナ］

きゅうぎ【球技】
a ball game（◆特に野球を指す）
球技大会 a team sports day

きゅうきゅう【救急の】
first-aid［ふァ～ストエイド］
救急救命士
a paramedic［パぁラメディック］, an emergency medical technician
救急車 an ambulance［あンビュらンス］
▸救急車を呼んでください.
Call an **ambulance**, please.

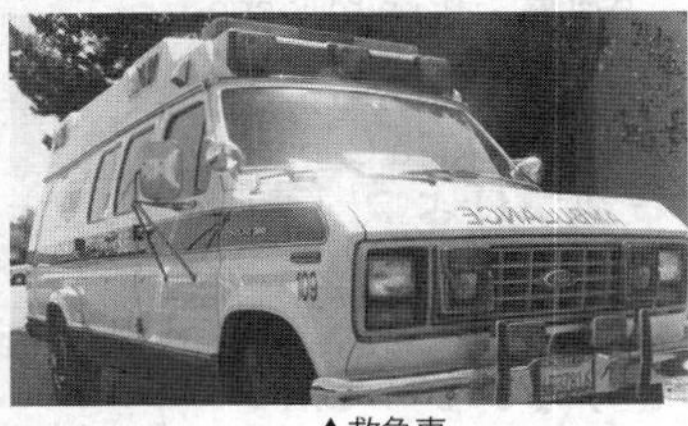

▲救急車

救急処置 first aid
救急箱 a first-aid kit
救急病院 an emergency hospital

ぎゅうぎゅう
▸光一はリュックサックに荷物を**ぎゅうぎゅう詰**(つ)**めこんだ**. Koichi **squeezed** his stuff into a backpack.

きゅうぎょう【休業する】
close［クろウズ］, be* closed
休業日 a holiday［ハりデイ］
▸臨時休業
an extra [a special] **holiday**
▸本日休業 〘掲示〙**Closed** (Today)

▶「休業」の表示. 上のSORRYは「勝手ながら」と言ったところ.

きゅうくつ【窮屈な】（きつい）tight［タイト］;（小さい）small［スモーる］;（かたくるしい）formal［ふォームる］
▸この上着は少しきゅうくつだ. This jacket is a little too **tight** for me.
▸この部屋でパーティーを開くのはきゅうくつです. This room is too **small** for a party.

˙きゅうけい【休憩】
(a) **rest**［レスト］➡やすみ
休憩する rest, take* a rest, take a break ➡やすむ
▸わたしたちは座(すわ)ってしばらく**休憩した**. We sat and **rested** for a while.
▸ここで10分間休憩しよう. Let's **take a** 10-minute **break** now.
休憩時間（仕事の）a break;（授業の間）a recess［リセス］;（劇場の）an intermission［インタミシャン］
休憩室 a lounge［らウンヂ］

きゅうげき【急激な】（突然(とつぜん)の）sudden［サドゥン］;（動きが）sharp［シャープ］;（増減が）rapid［ラぁピッド］
▸気温の急激な変化
a **sudden** change in temperature

きゅうけつき【吸血鬼】
a vampire［ヴぁンパイア］

きゅうこう¹【急行】（列車）an express (train)［イクスプレス トゥレイン］
▸急行で岡山に行く go to Okayama by **express** train（◆by の後では express train に an や the をつけない）
急行券 an express ticket
急行料金 express charges

きゅうこう²【休校】
▸来週の金曜日は休校です. School will be closed [(→授業はない)There will be no school] next Friday.

きゅうこん【球根】 a bulb［バるブ］

きゅうし【急死】 (a) sudden death
急死する die suddenly

きゅうしき【旧式の】
old-fashioned
▸旧式の携帯(けいたい)電話
an **old-fashioned** cell phone

˙きゅうじつ【休日】
a **holiday**［ハりデイ］
▸今度の**休日**は映画に行きませんか？
How about going to the movies on our next **holiday**?
▸今度の木曜日は**休日**です.
Next Thursday is a **holiday**.

きゅうしゅう¹【吸収する】
（液体などを）absorb［アブソーブ］;（知識などを）absorb, take* in
▸日本は急速に西洋文化を**吸収**してきた.

Japan has **absorbed** [**taken in**] Western culture rapidly.

きゅうしゅう2【九州(地方)】 the Kyushu district

***きゅうじゅう【九十(の)】**
ninety [ナインティ]
▸91 **ninety**-one
▸90年代後半の日本 Japan in the late **nineties** [1990s]
第90(の) the **ninetieth** [ナインティエス] (♦90th と略す)

きゅうじゅつ【弓術】
archery [アーチェリ]

きゅうしょ【急所】 (命にかかわる) a vital organ, (弱点) a weak point; (要点) the point [ポイント]
▸弾(たま)は彼の急所をはずれた. The bullet missed his **vital organs**.

きゅうじょ【救助】 (a) rescue [レスキュー], saving [セイヴィング]
救助する rescue, save ➡**たすける**
▸人命救助 life**saving**
救助隊 a rescue party (♦一人ひとりの隊員は rescuer)

きゅうじょう【球場】
a baseball field, 〖米〗 a ball park, a stadium [ステイディアム]

きゅうしょく【給食】 (学校の)
a school lunch, 〖英〗 a school meal
給食室 a school kitchen
給食費 school-lunch expenses

きゅうじん【求人】 a job offer
求人広告 a job ad

きゅうしんてき【急進的な】
(過激(かげき)な) radical [ラぁディクる], (極端(きょくたん)な) extreme [イクストゥリーム]

きゅうすい【給水】
(a) water supply [サプらイ]

きゅうせい【急性の】 acute [アキュート]
▸急性アルコール中毒
acute alcoholism

きゅうそく1【休息】 (a) rest
休息をとる rest, take* a rest
➡**やすむ, やすみ**

きゅうそく2【急速な】 rapid [ラぁピッド]; (すばやい) quick [クウィック]
▸急速冷凍(れいとう) **quick**-freezing
▸急速な進歩を遂(と)げる
make **rapid** progress
急速に rapidly; quickly

きゅうでん【宮殿】 a palace [パぁれス]

きゅうどう【弓道】
Japanese archery

ぎゅうにく【牛肉】 beef [ビーふ]

***ぎゅうにゅう【牛乳】**
milk [ミるク]
▸びん牛乳2本 two bottles of **milk**
▸わたしは毎朝牛乳を1杯(ぱい)飲む.
I have a glass of **milk** every morning.
牛乳配達人 a milkman (複数 milkmen), a milk deliverer
牛乳パック a milk carton
牛乳びん a milk bottle
牛乳屋 (店) a milk shop

キューバ Cuba [キューバ]
キューバ(人)の Cuban [キューバン]
キューバ人 a Cuban

きゅうびょう【急病】
(a) sudden sickness [スィックネス], (a) sudden illness [イるネス]
急病人 an emergency medical case

きゅうめい【救命】
lifesaving [らイふセイヴィング]
救命胴衣(どうい) a life jacket
救命ボート a lifeboat

きゅうゆ【給油する】
refuel [リーふューエる]

きゅうゆう1【級友】
a classmate [クらぁスメイト]

きゅうゆう2【旧友】 an old friend

きゅうよう1【休養】 a rest [レスト]
休養する rest, have* a rest

きゅうよう2【急用】
urgent business

キュウリ
〖植物〗 a cucumber [キューカンバ]

きゅうりょう1【給料】 pay [ペイ], (a) salary [サぁらリ]
▸彼の給料は月に20万円だ. His **pay** is 200,000 yen a month.
給料日 a pay day

きゅうりょう2【丘陵】 a hill [ヒる]

ぎゅっと tightly [タイトり]
▸彼女はその子をぎゅっと抱(だ)きしめた. She hugged the child **tightly**.

きゅんと
▸彼のすてきな笑顔を見たとき, きゅんとした. When I saw his cute smile, my heart skipped a beat.

きよい【清い】（けがれのない）clean［クリーン］, pure［ピュア］, clear［クリア］;（健全な）wholesome［ホウるサム］

きよう【器用な】（手仕事が）skillful［スキるふる］, handy［ハぁンディ］
▸彼は手先が器用だ.
He is **skillful** with his hands.
器用に skillfully

⁺きょう【今日】 **today**［トゥデイ］
▸きょうの夕刊
today's evening paper
▸**きょうの朝**は寝坊(ねぼう)した. I overslept **this morning**.（♦前置詞をつけないことに注意）
▸**きょうの午後** **this afternoon**
▸**きょうの夜**
tonight / this evening

ダイアログ 質問する
A:きょうは何曜日？ What day (of the week) is it **today**?
B:(きょうは)金曜だよ.
It's Friday. / **Today** is Friday.

ダイアログ 質問する
A:きょうは(何月)何日？
What's the date **today**? / What's **today**'s date?
B:5月10日です. It's May (the) tenth. / It's the tenth of May.

▸きょうはこれまで.
That's all for **today**.
▸きょうじゅうに宿題を終えるつもりだ.
I'll finish my homework **today**.
▸きょうから夏休みです. The summer vacation begins **today**.
（♦× from today とはしない）

ぎょう【行】 a line［らイン］
▸10ページの6行目から読みなさい.
Read from **line six** [the sixth **line**] on page ten.

ダイアログ 説明する
A:horizon という単語どこにあるの？
Where is the word "horizon"?
B:上から3行目だよ.
It's on the third **line** from the top.（♦「下から…行目」と言う場合は top の代わりに bottom を用いる）

▸1行おきに書く
write on every other **line**

きょうい[1]【胸囲】 one's chest measurement［チェスト メジャメント］;（女性の）a bust［バスト］➡**バスト**

きょうい[2]【驚異的な】 wonderful［ワンダふる］, surprising［サプライズィンヶ］
▸驚異的な発展を遂(と)げる
make **surprising** progress

きょうい[3]【脅威】 (a) threat［すレット］, (a) menace［メネス］

⁺きょういく【教育】
education［エヂュケイシャン］
教育の, 教育的な educational
教育する educate［エヂュケイト］
▸あなたはどこで音楽の教育を受けた(→教育をされた)のですか？ Where were you **educated** in music?
教育委員会 the Board of Education
教育実習 〖米〗student teaching, 〖主に英〗teaching practice
教育実習生 a student teacher
教育者 an educator, a teacher
教育制度 an educational system
教育番組 an educational program
教育費 educational expenses
教育ママ
a pushy education-minded mother

参考 **「教育」のいろいろ**
学校教育 school education, schooling / 家庭教育 home training / 義務教育 compulsory education / 性教育 sex education / 通信教育 education by correspondence

きょういん【教員】
a teacher［ティーチャ］➡**せんせい[1]**
教員免許 a teacher's license

⁺きょうか[1]【教科】
a (**school**) **subject**［サブヂェクト］

きょうか[2]【強化する】
strengthen［ストゥレンクすン］;（補強する）reinforce［リーインふォース］
強化合宿 a training camp

きょうかい[1]【教会】
a church［チャ～チ］
▸チャーリーは毎週日曜日に教会へ行く.
Charlie goes to **church** every Sunday.（♦「礼拝に行く」の意味では

church にaもtheもつけない)

きょうかい²【境界】 a border [ボーダ], a boundary [バウンダリ] ➡さかい

境界線 a boundary (line)

きょうかい³【協会】 an association [アソウスィエイシャン], a society [ソサイアティ]

きょうがく【共学】 coeducation [コウエヂュケイシャン]

共学の coeducational, coed [コウエッド]

▸共学の公立高校 a coeducational [**coed**] public high school

***きょうかしょ【教科書】**

a textbook [テクストブック]

(♦単に text とも言う)

▸英語の教科書

an English **textbook**

▸わたしたちは教科書の85ページを開いた. We opened our **textbooks** to page 85.

結びつくことば

教科書を読む read the textbook

教科書を写す copy the textbook

教科書を忘れる forget one's textbook

教科書をしまう put away one's textbook

きょうぎ【競技】 (競争) a contest [カンテスト]; (運動競技) athletics [あすれティックス]; (種目) an event [イヴェント]

▸次の競技は何ですか?

What is the next **event**?

▸陸上競技 track and field **events**

▸ダンスの競技会 a dance **contest**

▸**陸上競技会** an **athletic meet**

競技者 a player, a contestant [コンテスタント]; (陸上の) an athlete [あすりート]

競技場 (サッカーなどの) a playing field; (大きな) a stadium; (陸上の) an athletic field

ぎょうぎ【行儀】 (作法) manners [マぁナズ] (♦複数形で用いる); (ふるまい) behavior [ビヘイヴィア]

行儀がいい have* good manners, be* well-behaved, be well-mannered

▸彼らは行儀がいい.

They **have good manners** [**are well-behaved**].

行儀が悪い have* bad manners, have no manners, be* ill-mannered

きょうきゅう【供給】

supply [サプライ]

▸需要(じゅよう)と供給 **supply** and demand (♦ふつう, 日本語と語順が異なる)

供給する supply, provide [プロヴァイド] 《with ...》

▸人々に食料を供給する

supply people **with** food / **supply** food to [for] people

きょうぐう【境遇】 (暮らし向き) circumstances [サ～カムスタぁンスィズ]; (状況(じょうきょう)) a condition [コンディシャン], a situation [スィチュエイシャン]

きょうくん【教訓】 a lesson [れスン]

教訓的な instructive [インストゥラクティヴ]

きょうけん【狂犬】 a mad dog

狂犬病 rabies [レイビーズ]; 〘医学〙 hydrophobia [ハイドゥロふォウビア]

***きょうげん【狂言】**

Kyogen, a Noh comedy (farce) [ノウ カメディ(ふァース)], a Noh farce

きょうさん【共産】

共産主義 communism [カミュニズム]

共産主義者 a communist [カミュニスト]

共産党 the Communist Party

きょうし【教師】 a teacher ➡せんせい¹

ぎょうじ【行事】 an event [イヴェント]

***きょうしつ【教室】**

a **classroom** [クらぁスルーム]

➡巻頭カラー 英語発信辞典②

▸日本では, わたしたち自身で教室の掃除(そうじ)をします. In Japan, we clean our **classrooms** ourselves.

▸山田先生は教室で授業中です.

Ms. Yamada is teaching in the **classroom**.

▸教室で騒(さわ)いではいけません.

Don't be noisy in the **classroom**.

きょうじゅ【教授】

a professor [プロふェサ]

▸石田教授 **Professor** Ishida (♦Prof.Ishida と略して書くこともある)

▸ブラウン大学のフランス文学教授

a **professor** of French literature at Brown University

きょうせい【強制する】

force [ふォース]

▸自分たちで答えを見つけるように**強制された**. We were **forced** to get an answer.

強制的な compulsory［コンパるソリ］

強制的に by force

ぎょうせい【行政】
administration［アドミニストゥレイシャン］

ぎょうせき【業績】
an achievement［アチーヴメント］

▸梶田博士は物理学の分野ですぐれた**業績**をあげた. Dr. Kajita made remarkable **achievements** in the field of physics.

きょうそう[1]【競争】
competition［カンペティシャン］, a **contest**［カンテスト］

▸彼らは激(はげ)しい**競争**をくり広げている. There is fierce **competition** between them.

▸この**競争**, だれが勝つだろうか? Who will win this **competition**?

競争する
compete《with ...》［コンピート］

競争相手 a rival［ライヴる］

競争社会 a competitive society

競争率 the competitive rate

きょうそう[2]【競走】 a race［レイス］;（短距離(きょり)）a dash［ダぁッシ］

▸100 メートル**競走**
the 100-meter **dash**

競走する race, run* a race

▸あの電柱まで**競走しよう**. Let's **race** [**run a race**] to that pole.

きょうそうきょく【協奏曲】
a concerto［コンチェアトウ］
(複数 concertos)

きょうぞん【共存】
coexistence［コウイグズィステンス］

共存する coexist, live together

▸自然と**共存する**
live together with nature

きょうだい[1]【兄弟】
（男の）a **brother**［ブラざ］;
（女の）a **sister**［スィスタ］

ダイアログ　質問する・説明する

A: 兄弟は何人ですか? How many **brothers and sisters** do you have?（♦質問は複数形を用いる）

B: 3人兄弟です(→兄弟が2人いる). I have two **brothers**.

▸誠と麻理は**兄弟**です.
Makoto and Mari are **brother and sister**.（♦brother, sister の前に a をつけない）

▸理恵には**兄弟**がいない.
Rie has no **brothers** or **sisters**.（♦no の後はふつう複数形にする）

くらべよう「兄弟」

日本語では兄弟, 姉妹, 兄妹, 姉弟のいずれの場合にも「きょうだい」と言うことがありますが, 英語では **brother**（男のきょうだい）と **sister**（女のきょうだい）の使い分けをします.

きょうだい[2]【鏡台】 a dressing table,〚米〛a dresser［ドゥレサ］

きょうだん【教壇】
a platform［プらぁットふォーム］

きょうちょう[1]【強調する】
emphasize［エンふァサイズ］

▸校長先生は読書の大切さを**強調した**.
The principal **emphasized** the importance of reading.

きょうちょう[2]【協調】 harmony［ハーモニ］, cooperation［コウアパレイシャン］

きょうつう【共通の】 common［カモン］, mutual［ミューチュアる］

▸隆夫とは**共通の**友達がたくさんいる.
Takao and I have many **mutual** friends.

共通語 a common language

きょうてい【協定】
an agreement［アグリーメント］;
（国家間の）a pact［パぁクト］

きょうど【郷土】
one's hometown［ホウムタウン］

▸その城はわが**郷土**の誇(ほこ)りです.
The castle is the pride of **our hometown**.

郷土色 local color

きょうとう【教頭】 a vice principal, an assistant principal

きょうどう【共同・協同】
cooperation［コウアパレイシャン］

➡きょうりょく[1]

共同の・協同の joint［ヂョイント］, cooperative［コウアパラティヴ］

▸わたしたちの学校は緑中学校と**共同**して

川の清掃(せいそう)を行いました.
Our school cleaned the river in **cooperation** with Midori Junior High School.
協同組合 a cooperative society, a co-op
共同作業 a joint effort［エふォト］, a group work
共同声明 a joint statement, a joint communiqué［コミューニケイ］
共同募金(ぼきん) a community chest

きょうはく【脅迫】 (a) threat［すレット］
脅迫する threaten［すレトゥン］
脅迫的な threatening
脅迫状 a threatening letter
脅迫電話 a threatening phone call

きょうふ【恐怖】 (a) fear［ふィア］, (a) terror［テラ］, horror［ホーラ］
▸失敗に対する**恐怖**を克服(こくふく)する overcome the **fear** of failing

きょうふう【強風】 a strong wind
強風注意報 a strong-wind warning

きょうほ【競歩】
〖スポーツ〗(race) walking［ウォーキング］

＊きょうみ【興味】
(an) **interest**［インタレスト］
興味をもつ take* an interest《in ...》; (興味をもっている) be* interested《in ...》, have* an interest《in ...》
▸わたしは沖縄の音楽に**興味があり**ます. **I'm interested in** the music of Okinawa. / I **have an interest in** the music of Okinawa.
▸サンドラは歌舞伎(かぶき)に**興味をもち**始めた. Sandra began to **take an interest in** kabuki.
興味深い interesting ➡おもしろい
▸それは**興味深い**話だ. That's an **interesting** story.

結びつくことば
興味を引く attract a person's interest
…に興味がわく get interested in ...
…に興味を失う lose interest in ...
…にまるで興味がない have no interest in ...
…に興味を示す show one's interest in ...

きょうゆう【共有する】
share［シェア］, have* ... in common
▸わたしは妹と部屋を**共有している**.
I **share** the room with my sister.

きょうよう【教養】 culture［カるチャ］
▸教養を身につける acquire **culture**
教養のある cultured, educated
教養番組 an educational program

きょうり【郷里】
one's hometown［ホウムタウン］

きょうりゅう【恐竜】
a dinosaur［ダイナソーア］

＊きょうりょく[1]【協力】
cooperation［コウアパレイシャン］
▸わたしたちには多くの生徒の**協力**が必要です. We need **cooperation** from many students.
協力する cooperate［コウアパレイト］
▸わたしは妹と**協力して**夕食を作った. My sister and I **cooperated** and cooked dinner (together).
協力的な cooperative［コウアパラティヴ］

きょうりょく[2]【強力な】 strong［ストゥローング］, powerful［パウアふる］

きょうれつ【強烈な】 strong［ストゥローング］, (激しい) hard［ハード］
▸スーの印象は**強烈**でした. Sue made a **strong** impression on me.
▸**強烈な**右ストレート！ チャンピオン, ダウン. A **hard** straight right! The champion's down.

ぎょうれつ【行列】 a line［らイン］; (行進) a parade［パレイド］ ➡れつ
▸レジの前に長い**行列**ができていた. There was a long **line** of people in front of the cashier.
▸2時間も**行列して**待ってチケットを手に入れた. I waited **in line** for two hours to get the ticket.
▸もうすぐ時代祭りの**行列**がここを通ります. The Jidai Matsuri **parade** will soon pass by here.

きょうわこく【共和国】
a republic［リパブりック］

きょうわとう【共和党】
(アメリカの) the Republican Party［リパブりカン パーティ］(対義語「民主党」the Democratic Party)

ギョーザ【餃子】 *gyoza*, a pot sticker［パット スティカ］, a Chinese-style dumpling

きょか【許可】

permission［パミシャン］, leave［リーヴ］
▸ここでは許可なしに写真撮影(さつえい)はできません. You cannot take pictures here without **permission**.
許可する
permit［パミット］, allow［アラウ］
▸父は映画に行くことを許可してくれなかった. My father didn't **permit** me to go see a movie.
許可証 a permit［パ〜ミット］

ぎょぎょう【漁業】
fishing［ふィシング］,
the fishing industry［インダストゥリ］

きょく【曲】 a tune［テューン］,
music［ミューズィック］; (歌) a song
▸この曲を知っていますか? Do you know this <u>**tune**</u> **[music, song]**?
曲目 (演目) a program［プロウグラぁム］; (個々の曲) a number［ナンバ］

きょくげい【曲芸】 (軽業(かるわざ))
acrobatics［あクロバぁティックス］;
(離(はな)れ業) a stunt［スタント］
曲芸師 an acrobat［あクロバぁット］

きょくせん【曲線】 a curve［カ〜ヴ］
▸曲線を描(えが)く draw a **curve**

きょくたん【極端な】
extreme［イクストゥリーム］
▸極端な例 an **extreme** example
▸きみの意見は極端過ぎる.
Your opinions are too **extreme**.
▸**極端に走る**
go to extremes (♦この extremes は「極端な行為(こうい)」の意味の名詞)
極端に extremely

きょくとう【極東】
the Far East［ふァー イースト］

きょくめん【局面】
a phase［ふェイズ］, a stage［ステイヂ］
▸新しい局面に入る enter a new **phase**

ぎょこう【漁港】 a fishing port

きょじゃく【虚弱な】
weak［ウィーク］, delicate［デリケット］;
(病気がちな) sickly［スィックリ］

きょじゅうしゃ【居住者】
an inhabitant［インハぁビタント］,
a resident［レズィデント］

きょしょくしょう【拒食症】
〚医学〛anorexia［あナレクスィア］
拒食症患者(かんじゃ)
an anorexic［あナレクスィク］

きょじん【巨人】 a giant［ヂャイアント］

きょぜつ【拒絶】 (a) refusal［リふューザる］, (a) rejection［リヂェクシャン］, (a) denial［ディナイアる］
拒絶する refuse［リふューズ］,
reject［リヂェクト］, deny［ディナイ］

ぎょせん【漁船】 a fishing boat

ぎょそん【漁村】 a fishing village

きょだい【巨大な】 huge［ヒューヂ］
▸巨大なスタジアム a **huge** stadium

ぎょっと【ぎょっとする】
be* startled《at ...》［スタートゥるド］
▸その光景にぎょっとした.
I was startled at the sight.

きょとんと【きょとんとする】
look blank［ブらぁンク］
▸彼女にあいさつしたら, きょとんとしていた. When I said hi to her, she **looked blank**.

・きょねん【去年】 last year

(♦「ことし」は this year,「来年」は next year)
▸去年の今ごろ
about this time **last year**
▸兄は去年高校を卒業した.
My brother graduated from high school **last year**.
去年の (この前の) last
▸去年の 10 月 **last** October (♦11 月, 12 月の時点で使うと「ことしの 10 月」という意味になることもある;「去年の 10 月」をはっきり表すためには October (of) **last year** を用いる)
▸去年の冬は雪がたくさん降った.
We had a lot of snow **last** winter.

きょひ【拒否する】 refuse ➡ことわる

・きょり【距離】 (a) distance［ディスタンス］

▸長距離 a long **distance**
▸名古屋・広島間の距離は約 530 キロです. The **distance** between Nagoya and Hiroshima is about 530 kilometers.
▸ここから法隆寺まで**どれくらい距離がありますか** (→どれくらい遠いですか)?
How far is it from here to Horyuji Temple?

きょろきょろ【きょろきょろする】 look around

・きらい【嫌い】

き

（嫌う）**do* not like**, dislike［ディスらイク］;（ひどく嫌う）hate［ヘイト］
▸愛美はチーズが**嫌い**です.
Manami **doesn't like** cheese.
▸料理するのはいいけど, 食器を洗うのは**嫌い**です. I like cooking, but I **don't like** washing the dishes.
▸わたしのことももう嫌いになったの？
Don't you **like** me anymore?
▸将希は食べ物の**好き嫌いが激しい**.
Masaki **has strong likes and dislikes** in food.（♦この dislike は名詞;like and dislike「好き嫌い」という表現では［ディスらイク］と強調の位置が変わる）

きらう【嫌う】 do* not like, dislike;（ひどく）hate ➡**きらい**

きらきら【きらきらする】
（宝石などが）glitter［グリタ］;（星や月が）twinkle［トゥウィンクる］➡**かがやく**
▸空には星がきらきらと輝(かが)いていた.
Stars were **twinkling** in the sky.

ぎらぎら【ぎらぎらする】
glare［グれア］
▸太陽がぎらぎらと照りつけた.
The sun **glared** down on us.

きらく【気楽な】 easy［イーズィ］;（のんきな）easygoing［イーズィゴウインヶ］
▸**気楽な**生活を送る　lead an **easy** life
気楽に　easily, at home

ダイアログ　**もてなす**
A:（客に）どうぞ気楽にしてください.
Please make yourself **at home**.
*B:*ありがとう.　Thank you.

ダイアログ　**はげます**
*A:*ああ, うまくいかない.
Oh, this is not going very well.
*B:***気楽にやりなよ**.　**Take it easy**.
（♦激励(げきれい)の意味で使われる）

きらす【切らす】 run* out of ...
▸塩を切らしてしまった.
I've **run out of** salt.

きらめく　glitter［グリタ］;
（星などが）twinkle［トゥウィンクる］

きり¹【霧】（濃(こ)い）(a) fog［ふァッグ］;（薄(う)い）(a) mist［ミスト］
▸**霧**が晴れた.　The **fog** cleared up.
霧のかかった　foggy, misty
霧雨(きりさめ)　(a) drizzle［ドゥリズる］

きり²【切り】（区切り）an end［エンド］;（限度）a limit［りミット］
▸欲を言えば**きり**がない.　There are no **limits** to one's desires.

きり³（木工きり）a gimlet［ギムれット］;（ドリル）a drill［ドゥリる］

-きり ❶〖…だけ〗only［オウンり］
▸昨夜は3時間寝(ね)た**きり**です.　I slept for **only** three hours last night.
▸**寝たきりの**老人
a **bedridden** old person
❷〖最後の〗the last［らぁスト］
▸エミリーとはあれっきり会っていない.（→あれが会った最後のとき）　That was **the last** time I saw Emily. /（→あのとき以来）　I haven't seen Emily since then.

ぎり【義理】 (a) duty［デューティ］,（恩(おん)義）a debt［デット］
▸彼には**義理**がある.
I have a **duty** to him.
▸あなたは義理がたい(→**義務感**が強い).
You have a strong sense of **duty**.

きりかえる【切り替える】
change［チェインヂ］, switch［スウィッチ］
▸頭(→考え方)を切り替える
change one's way of thinking

きりかぶ【切り株】
（木の）a stump［スタンプ］

きりきず【切り傷】 a cut［カット］;（大きく深い）a gash［ギぁッシ］

ぎりぎり　just［ヂャスト］

ダイアログ　**説明する**
*A:*遅刻(ちこく)したでしょ？
You were late, weren't you?
*B:*いや, ぎりぎりセーフだったよ(→間に合った).　No, I was **just** in time.

キリギリス〖昆虫〗a grasshopper［グラぁスハパ］（♦バッタ, イナゴなどもふくむ）

ギリシャ　Greece［グリース］
ギリシャ(人·語)の　Greek［グリーク］
ギリシャ語　Greek
ギリシャ人　a Greek;
（全体をまとめて）the Greeks
ギリシャ神話　Greek myths, Greek mythology

キリスト
Jesus Christ［ヂーザス クライスト］
キリスト教

Christianity [クリスチあニティ]
キリスト教徒 a Christian [クリスチャン]

きりたおす【切り倒す】
cut* down
▸大木を切り倒す
cut down a big tree

きりつ¹【規律】（規則）rules [ルーるズ]；（統制）discipline [ディスィプりン]
▸規律を守る observe the **rules**
▸この学校では規律はそれほどやかましくない. **Discipline** is not so strict at this school.

きりつ²【起立する】 stand* up, rise* [ライズ]（♦後者は改まったことば）
▸全員起立！
〘号令〙**Stand up**, everybody!

きりつめる【切り詰める】（節約する）
cut* down《on ...》, reduce [リデュース]

きりぬき【切り抜き】〘米〙a clipping [クリピンヶ], 〘英〙a cutting [カティンヶ]

きりぬく【切り抜く】 clip [クリップ]
▸この新聞記事を切り抜いていいですか？
May I **clip** this article from the newspaper?

きりぬける【切り抜ける】
get* through ..., get out of ...
▸難しい局面を切り抜ける
get through a difficult phase

きりゅう【気流】 an air current [エア カ～レント], a current of air
▸上昇(じょうしょう)[下降]気流 upward [downward] **currents of air**
乱気流 turbulence [タ～ビュらンス]

きりょく【気力】（精神力）willpower [ウィるパウア]；（精力）energy [エナヂィ]
▸里美は気力で最後の100メートルを走った. Satomi ran the last one hundred meters on **willpower**.
▸これからひと泳ぎする気力がありますか？ Do you have the **energy** to swim now?

キリン〘動物〙a giraffe [ヂラぁふ]

⁚きる¹【切る】

❶〘刃物(はもの)で〙**cut; slice; chop**
❷〘スイッチを〙**turn off, switch off**
❸〘電話を〙**hang up**
❹〘トランプを〙**shuffle**

❶〘刃物で〙**cut*** [カット]；（薄(うす)く）**slice** [スらイス]；（たたき切る）**chop** [チャプ]
▸ケーキを8つに切る
cut a cake into eight
▸わたしにパンを1枚切ってくれませんか？ Will you **slice** one piece of bread for me?

❷〘スイッチを〙**turn off** [タ～ン オーふ], **switch off** [スウィッチ オーふ]
▸ラジオを切って.
Turn [**Switch**] **off** the radio.

❸〘電話を〙hang* up [ハぁンヶ アップ]
▸もう電話を切るよ.
I'd better **hang up** now.

❹〘トランプを〙shuffle [シャふる]
▸トランプをよく切ってください.
Please **shuffle** the cards well.

結びつくことば
はさみで切る cut ... with scissors
髪の毛を切る cut a person's hair
細かく切る cut ... finely
指を切る cut one's finger

⁚きる²【着る】

put* on（対義語「脱(ぬ)ぐ」take off）；（着ている）**wear*** [ウェア], have* ... on；（試着する）try ... on
▸早くコートを着なさい.
Hurry up and **put** your coat **on**.
▸わたしは着物を着たことがない.
I've never **worn** a kimono.
▸すてきなドレスを着ているね. You're **wearing** a nice dress. / You **have** a nice dress **on**.（♦「そのとき着ている」と言うときには wear の進行形を用いる）
▸（店で）着てみてもいいですか？
May I **try** this **on**?

くらべよう put on と wear

put on は「着る」という動作を, **wear** は「着ている」という状態を言います. **have ... on** も wear とほぼ同じ意味です. 3 表現とも衣服だけでなく, 帽子(ぼうし)・靴(くつ)・めがねなど, 身につけるものすべてに用いることができます.

put on

wear

キルティング

quilting［クウィるティング］

きれ【切れ】（布）cloth［クろーす］

－きれ【…切れ】（小片(しょうへん)）a piece of ...；（薄(うす)い物）a slice of ...

▶肉5切れ
five **pieces** [**slices**] **of** meat

▶パン2切れ
two **slices** [**pieces**] **of** bread

⁺きれい【きれいな】

❶〖美しい〗**beautiful**［ビューティふる］, **lovely**［らヴり］；〖かわいらしい〗**pretty**［プリティ］➡うつくしい

▶きれいな花　a **beautiful** flower

▶きみはいつもきれいだね.
You are always **pretty**.

❷〖清潔な〗**clean**［クリーン］（対義語「汚(きたな)い」dirty）；〖澄(す)んだ〗clear［クリア］；〖きちんとした〗neat［ニート］

▶ハンカチをきれいなものに替(か)えなさい.　Change the handkerchief for a **clean** one.

▶この川は水がきれいだ.　The water in this river is nice and **clear**.

きれいに　beautifully；neatly；（すっかり）completely［コンプリートり］

▶もっと字をきれいに書きなさい.
Write more **neatly**.

⁺きれる【切れる】

❶〖切れ味がよい〗cut well, be sharp
❷〖切断される〗break
❸〖なくなる〗run out of ...
❹〖期限が終わる〗be up, run out
❺〖頭が鋭(するど)い〗be sharp
❻〖かっとなる〗lose one's temper, go into a rage, blow one's top

❶〖切れ味がよい〗
cut* **well, be*** **sharp**［シャープ］

▶このはさみはよく切れる.　These scissors **cut well** [**are sharp**].

▶よく切れないナイフ
a dull knife（♦dull［ダる］は「(刃(は)物が)切れ味の悪い」の意味の形容詞）

❷〖切断される〗**break***［ブレイク］

▶また糸が切れた.
The thread **broke** again.

▶あれ？電話が切れてしまった.
Huh? My call was cut off.（♦cut off は「…を切り離(はな)す」の意味で, ここでは受け身で使われている）

❸〖なくなる〗（切らす）run* out of ...

▶コーヒーが切れている. 買ってきて.
We've **run out of** coffee. Please go (and) get some.

❹〖期限が終わる〗be* up, run* out

▶時間切れです.　Time **is up**.

▶わたしの定期券はもうすぐ切れる.
My commuter pass will **run out** soon.

❺〖頭が鋭い〗be* sharp

▶ハリーは頭が切れる.
Harry **is sharp**.

❻〖かっとなる〗lose* one's temper, go* into a rage, blow* one's top

▶あいつはすぐキレる.
He is quick to **lose his temper**. / He has a short fuse.

キロ　a kilo［キーろウ］（複数 kilos）（♦kilogram, kilometer の略）

キロカロリー　a kilocalorie［キろキぁろリ］（♦kcal と略す）

キロリットル　a kiloliter［キろりータ］（♦kl と略す）

キロワット　a kilowatt［キろワット］（♦kW, kw と略す）

⁺きろく【記録】 a record［レカド］

▶(競技などで)新記録を出す
make [set] a new **record**

▶記録を破る　break a **record**

▶100メートル競走の校内記録をもっているのはだれですか？
Who holds the school **record** in [for] the 100-meter dash?

記録する　record［リコード］（♦名詞との発音・アクセントのちがいに注意）

記録映画　a documentary film［ダキュメンタリ ふィるム］

記録係　a recorder；（競技の）a scorer［スコーラ］

記録保持者　a record holder

キログラム　a kilogram［キろグラぁム］（♦kg と略す）

キロメートル　a kilometer［キらミタ］（♦km と略す）

⁺ぎろん【議論】

an argument［アーギュメント］, (a) discussion［ディスカシャン］

議論する　argue《about ...》, discuss,

talk《of [about] ...》

▸わたしは重要な問題について父と議論した. I **argued** with my father **about** important matters.

▸わたしたちは文化祭で何をやるかを議論した. We **discussed** [**talked about**] what we would do at our school festival.（♦discuss の場合, about はつけない）

くらべよう argue と discuss

argue は自分の意見を主張して相手を説得しようとする場合に, **discuss** は問題を解決しようとしてたがいに話し合う場合に用います.

きわどい（接戦の）close［クろウス］

▸きわどい勝負 a **close** game

きわめて【極めて】 very［ヴェリ］, extremely［イクストゥリームり］

▸きわめて重大な問題

an **extremely** serious problem

きをつけ【気をつけ】

（号令）Attention!［アテンシャン］

きをつける【気をつける】 ➡き[2]

きん【金】 gold［ゴウるド］

ことわざ 光るもの必ずしも金ならず.

All that glitters is not gold.

金の（金でできた）gold;（金色の・金のような）golden［ゴウるドゥン］

▸金の指輪 a **gold** ring

金貨 a gold coin

金賞 a gold prize

金髪(きんぱつ) blond hair

金メダル a gold medal

ぎん【銀】 silver［スィるヴァ］

銀の, 銀色の silver

銀貨 a silver coin

銀賞 a silver prize

銀メダル a silver medal

きんえん【禁煙する】

quit* smoking, stop smoking

▸父は去年, 禁煙した. My father **quit smoking** last year.

禁煙〚掲示〛No(n) Smoking

禁煙席 a no(n)-smoking section

ぎんが【銀河】（天の川）the Milky Way, the Galaxy［ギぁらクスィ］

銀河系 the Galaxy

きんがく【金額】 an amount of money, a sum of money

▸エドはかなりの金額をパソコン用品にかけている. Ed spends **a large amount of money** on PC goods.

きんがしんねん【謹賀新年】

(I wish you a) Happy New Year!

➡しんねん[1]

きんがん【近眼の】

nearsighted［ニアサイティッド］,

shortsighted［ショートサイティッド］

きんかんがっき【金管楽器】

a brass instrument

［ブラぁス インストゥルメント］

きんき【近畿(地方)】

the Kinki district

きんきゅう【緊急】（緊急のこと・場合）(an) emergency［イマ～ヂェンスィ］

（♦災害・事故・病気などの場合に用い, 単に急用という意味では用いない）

▸緊急の場合はこの番号に電話してください. In an **emergency**, please call this number.

緊急の urgent［ア～ヂェント］

緊急事態 (an) emergency

きんぎょ【金魚】

〚魚類〛a goldfish［ゴウるドふィッシ］

（複数 goldfish, goldfishes）

金魚すくい goldfish scooping

金魚鉢(ばち) a goldfish bowl

きんく【禁句】

(a) taboo［タブー］, a taboo word

キング（トランプの）a king［キング］

きんげん【金言】

a maxim［マぁクスィム］

きんこ【金庫】

a safe［セイふ］（複数 safes）

きんこう【近郊】

the suburbs［サバ～ブズ］

▸わたしは東京近郊に住んでいる.

I live in **the suburbs** of Tokyo.

•ぎんこう【銀行】 a **bank**［バぁンク］

▸わたしは銀行に 3 万円預金がある.

I have 30,000 yen in the **bank**.

▸銀行からお金を下ろす

withdraw money from a **bank**

銀行員 a bank clerk［クら～ク］

銀行家 a banker

銀行口座 a bank account

きんし[1]【禁止】

prohibition［プロウイビシャン］

禁止する（法律や規則などで）

prohibit［プロウヒビット］;

（私的に）forbid* ［ふォビッド］
▸学校では髪(かみ)を染めることは禁止されている. Dyeing your hair is **prohibited** at our school.
▸テレビゲームは禁止です.
I **forbid** you to play video games.
▸**駐車**(ちゅうしゃ)**禁止** 〖掲示〗**No Parking**
▸**立入禁止** 〖掲示〗 (→施設(しせつ)などに) **Off Limits / Private** / (→芝生(しばふ)などに) **Keep Off**

▶公園の「禁止」の掲示
「犬禁止区域」
「物品販売禁止」
とある

きんし² 【近視の】
nearsighted ➡**きんがん**

きんじち 【近似値】 an approximation ［アプラクスィメイシャン］

きんじつ 【近日】
▸**近日公開** 〖掲示〗**Coming Soon**
▸**近日中に**おうかがいいたします.
I'll visit you **one of these days**.

きんしゅ 【禁酒する】
give* up drinking

きんじょ 【近所】

the neighborhood ［ネイバフッド］
▸遥はこの近所に住んでいる. Haruka lives in this **neighborhood** [near here].
近所の neighboring ［ネイバリング］, nearby ［ニアバイ］
▸近所の家 a **nearby** house
近所の人 a neighbor

きんじる 【禁じる】 prohibit, forbid* ➡**きんし¹**

きんせい¹ 【金星】 〖天文〗
Venus ［ヴィーナス］ ➡**わくせい(図)**

きんせい² 【均整】
(a) proportion ［プロポーシャン］
▸彼は**均整のとれた**体をしている. He has a **well-proportioned** body.

きんせん 【金銭】 money ➡**かね¹**

きんぞく 【金属】 (a) metal ［メトゥる］
▸この箱は金属製です.
This box is made of **metal**.
金属製品 metal goods
金属バット a metal bat
貴金属 a precious metal

きんだい 【近代】 modern ages ［マダン エイヂズ］, modern times
近代の, 近代的な modern
近代化 modernization ［マダニゼイシャン］
近代化する modernize ［マダナイズ］

きんちょう 【緊張】
tension ［テンシャン］
緊張する become* tense ［テンス］, get* nervous ［ナ～ヴァス］ (♦「緊張している」は be tense [nervous])
▸校長先生と話したときは緊張してしまった. I **became** [**got**] **tense** when I talked with our principal.
緊張した nervous

きんトレ 【筋トレ】
workout ［ワ～カウト］

ギンナン 【銀杏】
a ginkgo nut ［ギンコウ ナット］

きんにく 【筋肉】 (a) muscle ［マスる］
▸筋肉を鍛(きた)える
develop one's **muscles**
筋肉の, 筋肉の発達した
muscular ［マスキュら］
▸小山先生は筋肉がモリモリしている.
Mr. Koyama is a **muscular** man.

きんねん 【近年】 in recent years

きんべん 【勤勉な】 diligent ［ディりヂェント］, hardworking ［ハードワ～キング］, earnest ［ア～ネスト］
▸勤勉な学生 a **diligent** student
勤勉に diligently

きんむ 【勤務】 service ［サ～ヴィス］, duty ［デューティ］
▸今, 勤務中です. I'm on **duty** now.
勤務する work ［ワ～ク］, serve
▸お父さんの勤務先はどちらですか?
Where does your father **work**?
勤務時間 working hours

きんようび 【金曜日】

Friday ［ふライデイ］ (♦語頭は常に大文字; Fri. または Fr. と略す) ➡**げつようび**

きんりょく 【筋力】 muscle power

きんろう 【勤労】
勤労感謝の日 Labor Thanksgiving Day ［れイバ さぁンクスギヴィング デイ］

 ク 

Q「首を長くして待つ」を英語で書くとしたら？
➡「くび」を見てみよう！

く¹【九(の)】
nine［ナイン］
第9(の) the **ninth**（♦9th と略す）
▸今,午前9時です.
It's **nine** o'clock in the morning.
▸ベートーベンの第9(→交響(こうきょう)曲第9番) Beethoven's Symphony No. Nine [**Ninth** Symphony]

く²【区】（都市の）a ward［ウォード］;（区域）a district［ディストゥリクト］
▸渋谷区 Shibuya-ku / Shibuya **Ward**（♦手紙のあて名では前者がふつう; Shibuya City のようにも言う）
▸東京23区の地図
a map of the 23 **Wards** of Tokyo
▸学区 a school **district**
区大会 a ward competition;（トーナメント）a ward tournament
区長 the chief of a ward
区役所 a ward office
区予選 ward preliminaries

く³【句】〖文法〗a phrase［ふレイズ］;（俳句）a haiku

ぐあい【具合】
（状態）a condition［コンディシャン］

ダイアログ　質問する
A: きょうは**体のぐあいはどう**(→どのように感じますか)?
How do you feel today?
B: きのうよりずっといいよ. I'm feeling much better than yesterday.

▸彼は**ぐあいが悪くて寝ている**.
He **is sick in bed**.

グアム【グアム島】 Guam［グワーム］
グアムの Guamanian［グワーメイニアン］

くい¹【杭】 a stake［ステイク］;（テントの）a peg［ペッグ］
▸くいを地面に打ち込(こ)む
drive a **stake** into the ground

くい²【悔い】（a) regret［リグレット］
▸わたしは悔いのない人生を送りたい.
I want to lead a life with no **regrets**. ➡**こうかい³**

クイーン
（トランプの）a queen［クウィーン］

くいき【区域】 a zone［ゾウン］, a district［ディストゥリクト］, an area［エアリア］

くいしんぼう【食いしん坊】
a big eater, a glutton［グラトゥン］

クイズ a quiz［クウィズ］(複数 quizzes)
▸クイズを解く answer a **quiz**
▸テレビのクイズ番組
a TV **quiz** show [program]

くいちがい【食い違い】（違い）(a) difference［ディふァレンス］;（矛盾(むじゅん)）(a) contradiction［カントゥラディクシャン］

くいちがう【食い違う】
be* different《from ...》［ディふァレント］;（矛盾する）contradict［カントゥラディクト］
➡**ちがう**

くいつく【食い付く】 bite［バイト］
▸ねえ！魚が食い付いてるよ！
Hey! A fish is **biting**!
▸わたしの計画を伝えたとき,彼女は食い付いてこなかった. She didn't **bite** when I told her about my plan.

くいとめる【食い止める】
（抑(おさ)える）check［チェック］;
（防止する）prevent［プリヴェント］;
（止める）stop［スタップ］
▸病気の拡大を食い止める
check the spread of the disease
▸地球温暖化を食い止める
stop global warming

くいる【悔いる】 regret ➡**こうかい³**

くう【食う】 eat*［イート］, have*;（刺(さ)す）bite*［バイト］➡**たべる**
▸蚊(か)に食われた.
I was **bitten** by a mosquito.

グー (じゃんけんの石) a rock [ラック]
➡じゃんけん

くうかん【空間】 space [スペイス]; (余地) room [ルーム]

˙くうき【空気】

❶『気体』**air** [エア]
▸タイヤに空気を入れる
pump **air** into a tire
▸高く登るにつれて空気が冷たくなった.
As we climbed (up) higher, the **air** got colder.

❷『雰囲気(ふんいき)』
an atmosphere [あトゥモスふィア]
▸きょうは教室の空気が少し変だ.
There is a strange **atmosphere** in the classroom today.
▸空気が読めない
ignore the **atmosphere** / can't read between the lines

空気入れ an air pump; (自転車の) a bicycle pump
空気清浄(せいじょう)器 an air cleaner

グーグー
▸父は**グーグー**(→大きく)**いびきをかいて**いる. My father is **snoring loudly**.

▸空腹でおなかが**グーグーいっ**ている.
My stomach is **growling** from hunger.

くうぐん【空軍】 the air force [エアふォース] (♦「陸軍」は the army,「海軍」は the navy)
空軍基地 an air base

˙くうこう【空港】 an airport [エアポート]

▸成田空港 Narita **Airport** (♦正式には Narita International Airport「成田国際空港」と言う)
▸その飛行機はけさ茨城空港をたった.
The plane took off from Ibaraki **Airport** this morning.
空港ビル an air terminal building

くうしゃ【空車】 an empty taxi

くうしゅう【空襲】 an air raid

くうしょ【空所】 a blank [ブらぁンク]
▸空所に答えを記入しなさい. Write your answers in the **blanks**.

ぐうすう【偶数】
an even number [イーヴン ナンバ]
(対義語「奇数(きすう)」an odd number)

ぐうぜん【偶然】 chance [チぁンス]; (偶然の出来事) an accident [あクスィデント]; (偶然の一致(いっち)) (a) coincidence [コウインスィデンス]

ダイアログ 驚く
A: きょう,この本を買ったんだ.
I bought this book today.
B: わたしもよ.偶然ね. I bought it too. What a **coincidence**!

偶然に by chance
偶然…する 《happen to +動詞の原形》
▸けさは偶然トムと同じバスに乗った.
This morning Tom and I took the same bus **by chance**. / Tom and I **happened to** take the same bus this morning.

くうそう【空想】 a fancy [ふぁンスィ], a daydream [デイドゥリーム]
空想する fancy; (空想にふける) daydream*
空想上の imaginary [イマぁヂネリ]

ぐうぞう【偶像】 an idol [アイドゥる]

くうちゅう【空中に】 in the air
空中ぶらんこ a trapeze [トゥラぁピーズ]

クーデター a coup d'état [クー デイター] (複数 coups d'état [クー デイター]), a coup [クー] (♦いずれもフランス語から)

くうはく【空白】 a blank [ブらぁンク]

くうふく【空腹】 hunger [ハンガ]
ことわざ **空腹は最上のソースである.**
Hunger is the best sauce.
(♦「空腹なときは何を食べてもおいしい」の意味)
空腹な hungry [ハングリ]

クーポン
(クーポン券) a coupon [クーパン]
▸クーポンを…に使う
use a **coupon** for ...
クーラー (エアコン)
an air conditioner [エア コンディシャナ]
(♦冷房(れいぼう)にも暖房にも使う)
▸この部屋はクーラーがよく効(き)いている. The **air conditioner** in this room is working well.
クーラーボックス a cooler [クーら]
クール【クールな】 (冷静沈着(ちんちゃく)な) cool-headed [クーるヘッディド]
ぐうわ【寓話】 a fable [ふェイブる]
▸『イソップ寓話集』 *Aesop's **Fables***
クエスチョンマーク
〘文法〙a question mark
クオーテーションマーク 〘文法〙
quotation marks [クウォウテイシャン マークス] (♦ふつう“ ”のように対(つい)になるので marks となる) ➡**いんよう** ルール
くかく【区画】 (区分) a division [ディヴィジャン]; (1片の土地) a lot [らット]; (街区) a block [ブらック]
区画整理 land readjustment
:くがつ【九月】 **September** [セプテンバ]
(♦語頭は常に大文字. Sep. または Sept. と略す) ➡**いちがつ**
▸この国では9月に新学期が始まる.
The new school year begins in **September** in this country.
くき【茎】
a stem [ステム], a stalk [ストーク]
くぎ【釘】 a nail [ネイる]
▸秀樹は板にくぎを打ちつけた.
Hideki hammered [drove] some **nails** into the board.
くぎづけ【釘付けになる】
be* glued《to ...》
▸子供たちはテレビの前にくぎづけだった.
The kids **were glued to** the TV.
くぎり【区切り】 (終わり) an end [エンド]; (切れ目) a pause [ポーズ]
くぎる【区切る】
(分ける) divide《into ...》[ディヴァイド];
(間をおく) put* a pause;
(句読点で) punctuate [パンクチュエイト]
▸箱を板で2つに区切る **divide** a box **into** two parts with a board
くくる (しばる) bind* [バインド], tie [タイ]
▸この古新聞をひもでくくってくれる?
Will you **bind** [**tie**] up these old newspapers with string?
くぐる (間を通り抜(ぬ)ける) go* through ... [すルー], pass through ...; (下を通る) go under ..., pass under ...
▸列車はトンネルをくぐった. The train **went** [**passed**] **through** a tunnel.
▸あのガードをくぐってまっすぐ行ってください. **Pass under** that overpass and go straight.
ググる google [グーグる]
▸後でその俳優をググってみます.
I'll **google** that actor later.
•くさ【草】 **grass** [グラぁス]; (雑草) a weed [ウィード]
▸草を刈(か)る mow [cut] the **grass**
▸男の子たちは草の上を走り回った.
The boys ran around on the **grass**.
▸裏庭は草ぼうぼうだった.
The backyard was overrun with **weeds**. (♦overrun は「…にはびこる」の意味の動詞の過去分詞)
草花 flowers [ふらウアズ]
草野球 amateur baseball [あマチュア]
くさい【臭い】 smell* (bad) [スメる]; (ひどく臭い) stink* [スティンク]
▸この魚はくさいぞ.
This fish **smells** (**bad**).
▸ガスくさくない(→ガスのにおいがしない)? Don't you **smell** gas?
くさむしり【草むしりをする】
weed
▸庭の草むしりをする **weed** a garden
くさり【鎖】 a chain [チェイン]
▸犬を鎖につないでおきなさい.
Keep your dog on a **chain**.
▸わたしは犬の鎖をはずしてやった.
I unchained the dog. (♦unchain は「…の鎖を解く」の意味)
くさる【腐る】 (食べ物などが)
go* bad, spoil* [スポイる]; (ふさぎこむ) be* depressed [ディプレスト]
腐った rotten [ラトゥン]
▸リンゴが腐ってしまった.
The apple has **gone bad** [**rotten**].
▸この卵, 腐っています.
This egg is spoiled [bad]. (♦腐っている状態を表すときには, be spoiled [spoilt], be bad, be rotten を用いる)
▸腐った肉 **rotten** meat

▸そう腐らないで.
Don't **be** so **depressed**.

くし¹ (髪(かみ)をとかす) a comb [コウム]
▸真央は髪**をくしでとかし**ていた. Mao was **combing** her hair. (♦comb は動詞で「(髪)をくしでとかす」の意味)

くし²【串】 (小さな) a skewer [スキューア]; (大きな) a spit [スピット]
▸美穂は魚をくしに刺(さ)した.
Miho put fish on **skewers**.

くじ (a) lot [らット]; (賞品つきの) a lottery [らタリ]
▸宝くじ a (public) **lottery**
▸わたしはくじに当たった[はずれた].
I won [lost] the **lottery**.
▸わたしたちは順番をくじ引きで決めた.
We decided our turns by **lot**. / (→順番を決めるためにくじを引いた) We drew **lots** to decide our turns.

くじく (ねんざする) sprain [スプレイン]; (勢いをそぐ) discourage [ディスカ～リッヂ]
▸右の足首をくじいた.
I **sprained** my right ankle.

くじける
be* discouraged [ディスカ～レッヂド]

クジャク 〖鳥類〗 (雄(おす)) a peacock [ピーカック]; (雌(めす)) a peahen [ピーヘン]

くしゃくしゃ【くしゃくしゃの】
rumpled [ランプるド]
▸国雄はくしゃくしゃのシャツを着ていた. Kunio was wearing a **rumpled** shirt.
くしゃくしゃにする
crumple 《up》 [クランプる]
▸由紀は紙を1枚くしゃくしゃに丸めた. Yuki **crumpled (up)** a piece of paper.

くしゃみ a sneeze [スニーズ]
くしゃみをする sneeze ➡**ハクション**

くじょ【駆除する】 exterminate [イクスタ～ミネイト];
(取り除く) 〖口語〗 get* rid of ... [リッド]
▸家からネズミを駆除する
get rid of rats in the house

くじょう【苦情】
a complaint [コンプれイント]
苦情を言う complain 《about [of] ...》, make* a complaint 《about [of] ...》
▸お隣(となり)がわたしの犬**のことで苦情を言っ**た. My neighbor **complained** to me **about** my dog.

クジラ 〖動物〗 a whale [(ホ)ウェイる]

くしん【苦心】 pains [ペインズ]
苦心する take* pains
▸ニコルは苦心の末, それをやり遂(と)げた.
Nicole **took pains** to finish that.

くず waste [ウェイスト], 〖米〗 trash [トゥラあッシ] ➡**ごみ**
▸紙くず **waste**paper
くず入れ[かご] (屋内の) a wastebasket; (屋外の) a trash can

ぐず【ぐずな】 slow [スろウ]

くすくす【くすくす笑う】 giggle [ギグる]; (小さな声で) chuckle [チャクる]; (ばかにして) snicker [スニカ] ➡**わらう**

ぐずぐず
▸**ぐずぐずするな**(→急げ). **Hurry up**.
▸**ぐずぐずしてはいられない**(→むだにする時間はない).
I **have no time to lose**.
▸終わったことを**ぐずぐず言わ**ないで(→不平を言うな). Don't grumble [**complain**] about something that's over and done with.

くすぐったい tickle [ティクる]
▸背中がくすぐったい.
My back **tickles**.

くすぐる tickle [ティクる]
▸足の裏をくすぐらないで.
Don't **tickle** my foot.

くずす【崩す】 break* [ブレイク]
➡**こわす**
▸この1,000円札(さつ)を100円玉に**くずし**てください. Please break [(→両替する) change] this 1,000-yen bill into 100-yen coins.

くすぶる【燻る】 smolder [スモウるダ]; (煙(けむり)を出す) smoke [スモウク]

くすり【薬】 (a) **medicine** [メディスン],
a drug [ドゥラッグ] (♦drug は麻薬(まやく)の意味で用いられることも多いので注意)
▸風邪(かぜ)薬 cold **medicine**
▸この薬は何に効(き)くの?
What is this **medicine** good for?
▸毎朝この薬を飲みなさい. Take this **medicine** every morning. (♦「薬を飲む」は take を用いる)
薬箱 a medicine chest;
(救急薬品の) a first-aid kit
薬屋 (店) a pharmacy [ふァーマスィ], 〖米〗 a drugstore, 〖英〗 a chemist

[ケミスト]

参考 薬のいろいろ

丸薬(がんやく) a pill / 粉薬 a powder / 錠剤(じょうざい) a tablet / カプセル a capsule / 塗(ぬ)り薬 an ointment

くすりゆび【薬指】 the third finger (◆特に左手の薬指は結婚(けっこん)指輪をはめるので the ring finger とも言う) ➡**ゆび**

くずれる【崩れる】 collapse [コらぁプス], break* down [ブレイク ダウン], crumble [クランブる], give* way; (形が) go* out of shape [シェイプ]

▸橋がくずれた. The bridge **broke down** [**gave way**].

▸わたしの希望はすべてくずれ去った. All my hopes **crumbled** away.

▸天気は夕方からくずれた(→悪くなった). The weather changed for the worse in the evening.

•くせ【癖】 a habit [ハぁビット]

▸悪い癖を直す break a bad **habit**

▸純は頭をかく癖がある. Jun has a **habit** of scratching her head.

▸明は毎朝6時に起きる癖がついた. Akira has got every **habit** of getting up at six every morning.

くせ毛 (naturally) curly hair

-(の)くせに (…にもかかわらず) though [ぞウ], although [オーるぞウ]

▸ビルはたくさんお菓子(かし)を持っていたくせに1つしかくれなかった. Bill gave me only one piece of candy, even **though** he had a lot.

くそ【糞】 shit [シット] (◆下品なことばなので使わないほうがよい)

くだ【管】 a pipe, a tube ➡**かん³**

ぐたいてき【具体的な】 concrete [カンクリート] (**対義語**「抽象(ちゅうしょう)的な」abstract); (明確な) specific [スペスィふィック]

▸具体的な提案 a **concrete** proposal

▸もう少し具体的に説明してもらえませんか. Could you be a bit more **specific** (in your explanation)?

具体的に concretely

くだく【砕く】 break* [ブレイク]; (粉々にする) shatter [シぁタ]; (押(お)しつぶす) crush [クラッシ]

▸ブタの貯金箱を粉々に砕いた. I **broke** my piggy bank into pieces.

くたくた【くたくたになる】 (疲(つか)れきっている) be* dead tired [タイアド], be exhausted [イグゾースティッド] ➡**つかれる**

▸くたくただ. もう歩けない. I'm **dead tired** [**exhausted**]. I can't walk anymore.

くだける【砕ける】 break* into pieces, be* broken [ブロウクン]

▸石で窓ガラスが粉々に砕けた. The window **broke** [**was broken**] **into pieces** by a stone.

•ください Please give me .... / Will you please give me ...? / May I have ...?

▸水を1杯(ぱい)ください. **Please give me** a glass of water. / **Will you please give me** a glass of water? / **May I have** a glass of water? (◆順にていねいな言い方になる)

▸すぐお手紙をください(→わたしに手紙を書いてください). **Please write** to me soon.

▸(店で)これください(→これをいただきます). **I'll take this**.

▸コーヒーを2つください. **Two coffees, please**. (◆店での注文時に two cups of coffee の代わりに用いる)

…してください

▸このことばの意味を教えてください. **Could you tell** me the meaning of this word?

ルール「(…して)ください」

敬語「(…して)ください」を直接表す語はなく, **Please .... / Will you please ...?** などの形を用いて, 動詞にていねいな意味をそえます. ほかに **Would you ...? / Could you ...? / Would you mind +~ing?** などがあります.
(例) *Could you* move over a little? (少し席を詰(つ)めてください)

…しないでください Please don't ....

▸ここに自転車を置かないでください. **Please don't** leave your bicycle here.

くだす【下す】 (判断を) make*, give*; (腹を) have* diarrhea [ダイアリーア], have loose bowels [るース バウエるズ]

▸わたしたちが下した決定は正しかったと

思う. I think the decision we **made** was right.
▸きょうは**腹を下して**いる. I **have diarrhea** [**loose bowels**] today.

くたびれる get* [be*] tired 《of ...》 [タイアド] ➡**つかれる**
▸長い間歩いたので**くたびれた**.
I **got tired** after a long walk.
▸もう待ち**くたびれ**ちゃったよ.
I'**m tired of** waiting.

•くだもの【果物】
(a) **fruit** [ふルート]
(♦まとめて言うときは a をつけず, 複数形にもしない. ただし, いくつかの種類を言うときは複数形にする)
▸新鮮(しんせん)な**果物** fresh **fruit**

> **ダイアログ** 質問する
> A: 朝食の**果物**は何にしましょうか?
> What kind of **fruit** would you like for breakfast?
> B: グレープフルーツをお願いします.
> I'd like grapefruit, please.

▸マンゴーやパパイヤなどの**果物**
fruits such as mangoes and papayas
果物ナイフ a fruit knife
果物屋 a fruit shop [store]

◆果物のいろいろ fruits

イチゴ	strawberry [ストゥローベリ]
オレンジ	orange [オーレンヂ]
カキ	persimmon [パスィモン]
キウイ	kiwi (fruit) [キーウィ]
グレープフルーツ	grapefruit [グレイプふルート]
サクランボ	cherry [チェリ]
スイカ	watermelon [ワタメろン]
ナシ	Japanese pear [ペア]
パイナップル	pineapple [パイナぁプる]
バナナ	banana [バナぁナ]
パパイヤ	papaya [パパイア]
ブドウ	grape [グレイプ]
マンゴー	mango [マぁンゴウ]
ミカン	Japanese orange
メロン	melon [メろン]
モモ	peach [ピーチ]
リンゴ	apple [あプる]
レモン	lemon [れモン]

くだらない
(取るに足りない) trivial [トゥリヴィアる]; (価値のない) worthless [ワ～すれス]; (ばかげた) silly [スィり]
▸**くだらない**ことで電話をしてこないで.
Don't call me about [over] such a **trivial** matter.
▸**くだらない**冗談(じょうだん) a **silly** joke

くだり【下りの】
down [ダウン] (対義語「上りの」up)
▸**下りの**エスカレーターはどこですか?
Where's the **down** escalator?
▸道はここから**下り**になる.
The road goes **down** from here.
下り列車 〖米〗 an outbound train, 〖英〗 a down train

くだりざか【下り坂】
a downward slope
▸わが社は景気が下り坂だ(→事業が衰退(すいたい)している). The business at our company is declining.
▸天気は下り坂だ(→悪くなる). The weather will change for the worse.

•くだる【下る】
go* down (...) (対義語「上る」go up); (降りる) climb down (...)
▸隅田川を船で**下った**. I **went down** the Sumida River in a boat.
▸山道を**下る**と, 湖が見えてきた.
When we **climbed down** the mountain path, a lake appeared.
▸その事故の犠牲(ぎせい)者は 50 人は**下らない**(→ 50 人以上)だろう.
The number of victims in the accident will **be more than** 50.

⁑くち【口】

> **❶**〖人間や動物などの口〗**a mouth**
> **❷**〖ことば〗**words, a tongue**
> **❸**〖味覚〗**taste**

❶〖人間や動物などの口〗a **mouth** [マウす] (複数 mouths [マウずズ])
▸**口**をすすぐ
rinse (out) one's **mouth**
▸びんの**口** the **mouth** of a bottle
▸さあ, **口**を大きく開けて.
Now, open your **mouth** wide.
▸**口**を閉じて. Close your **mouth**.
❷〖ことば〗
words [ワ～ヅ], a tongue [タング]

▸正は口が重い(→ことば数の少ない人だ). Tadashi is a man of few **words**.
▸おばは口は悪いが気は優(やさ)しい. My aunt has a sharp **tongue**, but she is kind.
ことわざ **口は災(わざわ)いのもと.** **Out of the mouth comes evil.**
▸麻里とはまだ**口をきいた**(→話した)ことがない. I have never **talked to** Mari.
▸雅史は**口がかたい**(→秘密を守れる). Masashi **can keep a secret**.
▸母はいつもわたしのやること**に口を出す**(→干渉(かんしょう)する). My mother is always **meddling in** [**sticking her nose into**] my affairs.
❸ 〖味覚〗 **taste** [テイスト]
▸これはわたしの口には合わない. This doesn't suit my **taste**.

ぐち a complaint [コンプレイント], a grumble [グランブる]
ぐちをこぼす complain《about [of] ...》, grumble《about [of] ...》

くちぐせ【口癖】 a habit of saying ...; (好きなことば) a favorite phrase
▸「夢をあきらめるな」が明の**口癖**だ. Akira has **a habit of saying**, "Don't give up your dreams."

くちごたえ【口答えする】 talk back《to ...》, be* a smart mouth
▸口答えするのはやめなさい. Don't **be a smart mouth**!

くちコミ【口コミで】 by word of mouth
▸その店のうわさは口コミで広がった. The rumor about the store spread **by word of mouth**.

くちさき【口先だけの】 empty [エンプティ]
▸口先だけの約束 an **empty** promise

くちパク【口パク】 lip synch [リップ スィンク]

くちばし (ハト・スズメなどの) a bill [ビる]; (ワシなどの) a beak [ビーク]

くちびる【唇】 a lip [リップ] (♦口の上下にあるので,複数形で用いることが多い)
▸上唇 the upper **lip**
▸下唇 the lower **lip**
▸アランは唇に指を当てた. Alan put his finger to his **lips**. (♦唇に指を当てるのは「黙(だま)っていろ」という合図)

くちぶえ【口笛】 a whistle [(ホ)ウィスる]
口笛を吹(ふ)く whistle

くちべた【口下手】 (人) a poor [clumsy] speaker

くちべに【口紅】 (a) lipstick [リップスティック]
▸口紅を塗(ぬ)る put on **lipstick** (♦動作を表す)
▸ジェシカは口紅をつけてパーティー会場に現れた. Jessica turned up at the party wearing **lipstick**.

くちょう【口調】 a tone [トウン]
▸アリスは興奮した口調で事故のようすを話した. Alice talked about the accident in an excited **tone**.

:くつ【靴】 (短靴) a **shoe** [シュー]; (長靴) a boot [ブート]; (運動靴) a sneaker [スニーカ] (♦どれもふつう複数形で用いる) ➡ ルール

●靴のいろいろ

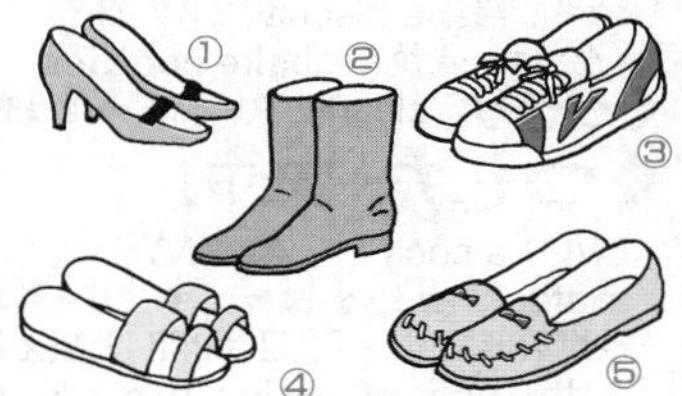

①ハイヒール high-heeled shoes
②ブーツ boots
③スニーカー sneakers
④サンダル sandals
⑤モカシン moccasins

▸革(かわ)靴 leather **shoes**
▸美紀はきょうは新しい靴をはいている. Miki has new **shoes** on today. (♦この on は「はいている」という意味の副詞) / Miki is wearing new **shoes** today. (♦「靴をはく」という動作を表すなら put on を用いる)
▸日本では家の中に入るときは靴を脱(ぬ)がなければなりません. In Japan, you must take off your **shoes** [take your **shoes** off] when you enter a house.

く

ダイアログ 質問する
A:靴のサイズはいくつですか.
What size **shoes** do you wear?
B:25 センチです.
Twenty-five centimeters.

靴ずみ shoe polish
靴ひも a shoestring, a shoelace
靴べら a shoehorn
靴磨(みが)き (行為(こうい)) a shoeshine; (人) a shoe(-)shine boy [man] (♦男性), a shoe(-)shine girl (♦女性)
靴屋 (店) a shoe store; (人) a shoemaker

ルール **「靴」の数え方**
「片方の靴」を指すときは a shoe のように単数形ですが,ふつうは 2 つで 1 組なので複数形を用います.「1 足」「2 足」と数えるときは **a pair of** shoes, **two pairs of** shoes と言います.

くつう【苦痛】 pain [ペイン]
▸苦痛を感じる feel **pain**
クッキー 〘米〙a cookie, a cooky [クキ], 〘英〙a biscuit [ビスケット]
▸クッキーを焼く bake **cookies**
くっきり clearly [クリアり] ➡**はっきり**
くつした【靴下】
(短い) a sock [サック]; (長い) a stocking [スタキング] (♦どちらもふつう複数形で用い,「1 足」「2 足」と数えるときは a pair of socks, two pairs of socks のように言う) ➡**くつ** ルール

●**靴下のいろいろ**

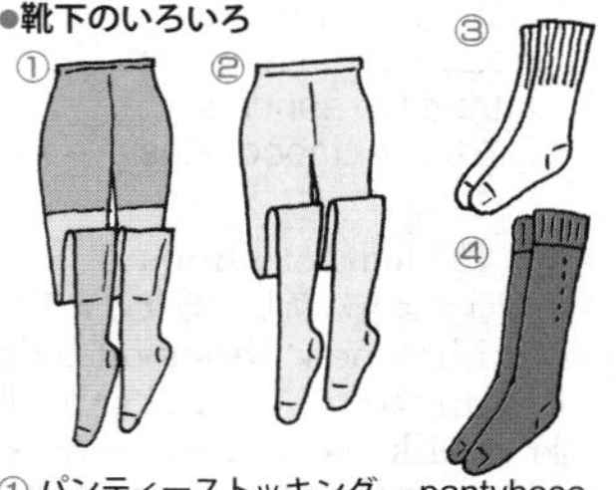

① パンティーストッキング pantyhose
② タイツ tights ③ ソックス socks
④ ハイソックス knee socks

▸靴下をはく put on one's **socks**
▸靴下を脱(ぬ)ぐ take off one's **socks**
クッション a cushion [クシャン]
ぐっすり fast [ふぁスト], sound [サウンド], well* [ウェる]
▸赤ちゃんがぐっすり眠(ねむ)っている.
The baby is **fast** [**sound**] asleep.
▸ゆうべはぐっすり眠れた.
I slept **well** last night.
くっせつ【屈折】
(光, 音の) refraction [リふラぁクシャン]
屈折した
(性格などが) warped [ウォープト]
ぐったり ➡**くたくた**
くっつく【くっ付く】 stick* 《to ...》 [スティック], cling* 《to ...》 [クリング]
▸その古切手は封筒(ふうとう)にくっつかなかった. The old stamp didn't **stick to** the envelope.
▸その少女は怖(こわ)くて母親にぴったりくっついていた. The little girl **clung to** her mother in fear.
くっつける【くっ付ける】
stick* [スティック]; (接着剤(ざい)で) paste [ペイスト], glue (together) [グるー]
▸茶わんのかけらを接着剤でくっつけてみよう. I'll **glue together** the broken pieces of the bowl.
くってかかる【食ってかかる】
turn on ...
▸彼女は彼に猛然(もうぜん)とくってかかった.
She **turned on** him fiercely.
ぐっと (かたく) firmly [ふァ〜ムり]; (ずっと) much
▸彼はこぶしをぐっと握(にぎ)りしめた.
He clenched his fist **firmly**.
▸あなたのダンス,前よりぐっとよくなっているね. Your dancing is **much** better than before.
▸メグは涙(なみだ)をぐっとこらえた.
Meg **held back** her tears. (♦hold back で「…を抑(おさ)える」の意味)
▸彼女の歌声にはぐっときた(→深く感動した). I **was deeply moved** by her voice when she sang.
グッピー a guppy [ガピ] (♦発音注意)
くつろぐ relax [リらぁックス], make* oneself at home
▸自分の家がいちばんくつろげる.
I can **relax** best in my own home.
▸(客に)どうぞおくつろぎください.
Please **make yourself at home**.
くどい (話が)wordy [ワ〜ディ]
くとうてん【句読点】
a punctuation mark

[パンクチュエイシャン マーク]
句読点をつける
punctuate [パンクチュエイト]

:くに【国】

a **country** [カントゥリ], a **nation** [ネイシャン], a **state** [ステイト]; (政府) a government [ガヴァ(ン)メント] (♦しばしば Government) ➡こきょう
▸その国では何語が話されていますか. What language do they speak in the **country**? (♦they は「その国の人々」を指す)
▸その国中を旅行したい. I want to travel all over that **country**.

くばる【配る】

hand out, pass out; (カードを) deal* [ディーる]; (配達する) deliver [デリヴァ]
▸テスト用紙が配られた. The exams were **handed out**.
▸カードを配る **deal** cards

:くび【首】

❶〖体の〗a **neck** [ネック]; (頭部) a head [ヘッド]
▸彼女は首に黄色いスカーフを巻いていた. She wore a yellow scarf around her **neck**.
▸窓から首を出さないで. Don't stick your **head** out of the window.
▸首を寝(ね)ちがえた. I have a crick in my **neck**.
❷〖比ゆ的に〗
▸**首を縦に振**(ふ)**る**(→うなずく) **nod** / (→承諾(しょうだく)する) **say yes**
▸その提案に対し彼女は**首を横に振った**. She **shook her head** to the proposal.
▸大和は何にでも**首を突**(つ)**っこみ**たがる(→かかわりたがる). Yamato tends to **get involved in** everything.
▸わたしたちは夏休み**が来るのを首を長くして待った**. We **waited eagerly for** [**looked forward to**] the summer vacation.
▸きみは**クビだ**. You **are fired**. (♦fire は「解雇(かいこ)する」の意味)
首飾(かざ)**り** a necklace

くびわ【首輪】

a collar [カら]

くふう【工夫】

(考え) an idea [アイディーア]; (方策) a device [ディヴァイス]
工夫する (方法・装置(そうち)などを) devise [ディヴァイズ] (♦名詞と動詞の発音のちがいに注意)
▸この机にはいろいろと独自の**工夫**が凝(こ)らされている. This desk is full of original **ideas**.

くぶん【区分】

(分割(ぶんかつ)) division [ディヴィジャン]
区分する (分割する) divide [ディヴァイド]

くべつ【区別】

(a) distinction [ディスティンクシャン]
区別する (…と～を見分ける) tell* ... from ～, distinguish ... from ～ [ディスティングウィッシ]
▸ヒツジとヤギを区別できますか? Can you **tell** [**distinguish**] a sheep **from** a goat?

くぼみ

a hollow [ハろウ], a pit

くぼむ

become* hollow, sink* [スィンク]

クマ【熊】

〖動物〗a bear [ベア]
▸ヒグマ a brown **bear**
▸白クマ[ホッキョクグマ] a white **bear** / a polar **bear**

くま【隈】

(目の下の) a bag
▸彼女は目の下にくまができていた. She had **bags** under her eyes.

くまで【熊手】

a (bamboo) rake [レイク]

:くみ【組】

> ❶〖学級〗**a class**
> ❷〖集団〗**a group**
> 〖競技のチーム〗**a team**
> ❸〖ひとそろい〗**a set**
> 〖一対(いっつい)〗**a pair**

❶〖学級〗a **class** [クらぁス]
▸1年2組 1st Grade, **Class** 2 / 2nd **Class** of the 1st Grade

> ダイアログ **質問する**
> *A:* あなたは何組? Which **class** are you in?
> *B:* C組です. I'm in **Class** C.

▸久美とわたしは同じ組だ. Kumi and I are in the same **class**.
❷〖集団〗a **group** [グループ]; 〖競技のチーム〗a **team** [ティーム]
▸7人ずつ組になった. We made up [formed] **groups** of seven.
▸白組が赤組を5点リードしている.

The white **team** has a five-point lead over the red **team**.

❸〘ひとそろい〙a **set** [セット];
〘一対〙a **pair** [ペア]

▸5 個組の食器
a five-piece **set** of tableware

▸彼らは 2 人ひと組になって踊(おど)った.
They danced in **pairs**.

くみあい【組合】 an association [アソウスィエイシャン], a union [ユーニョン]

▸労働組合 〘米〙a labor **union**, 〘英〙a trade **union**

くみあわせ【組み合わせ】
(a) combination [カンビネイシャン];
(試合などの) pairing [ペアリング]

▸すてきなセーター着てるね. オレンジ色と緑色の**組み合わせ**がいい.
You're wearing a beautiful sweater. Orange and green make a good **combination**.

▸準決勝の**組み合わせ**が決まった.
The **pairings** for the semifinals were decided.

くみあわせる【組み合わせる】
combine《with ...》[コンバイン];
(競技で) match《against ...》[マぁッチ]

くみたて【組み立て】
(作業) assembly [アセンブり];
(構造) (a) structure [ストゥラクチャ]

くみたてる【組み立てる】
assemble [アセンブる], put* together [トゥゲざ]

▸この工場では自動車を**組み立て**ている.
They are **assembling** [**putting together**] cars at this factory.

◆くむ¹【組む】

❶〘腕(うで)を〙fold [ふォウるド];
〘腕・脚(あし)を〙cross [クロース]

▸先生は腕を組んで立っていた.
Our teacher was standing with his arms **folded**. (◆この with は「…しながら」の意味で, folded は過去分詞)

▸脚を**組む**のはよしなさい.
Don't **cross** your legs.

▸樹は加奈と**腕を組んで**歩いていた.
Itsuki was walking **arm in arm** with Kana.

❷〘力を合わせる〙join forces《with ...》[ふォースィズ]; 〘競技などで〙(2 者が) pair《with ...》[ペア]

▸わたしたちが**組め**ば向かうところ敵なしだ. If we **join forces**, no one can match us [be a match for us].

▸(テニスなどで)あなたはだれと**ペアを組み**たいですか. Who do you want to **pair** (**up**) **with**?

くむ²【汲む】 (水を) draw* [ドゥロー]; (ポンプで) pump (up) [パンプ]

クモ 〘動物〙a spider [スパイダ]

▸クモの糸 a **spider**'s thread

クモの巣 a (spider's) web, a cobweb

⁑くも【雲】 a **cloud** [クらウド]

▸雨雲 a rain **cloud**

▸雷(かみなり)雲 a thunder**cloud**

▸空は厚い[薄(うす)い]雲におおわれている.
The sky is covered with thick [thin] **clouds**.

▸雲が出てきた.
Clouds are gathering.

▸**入道雲** **a thunderhead**

◆くもり【曇りの】 **cloudy** [クらウディ]

▸曇り空 a **cloudy** sky

▸あすは**曇り**だ.
It will be **cloudy** tomorrow.

▸**曇り**のちときどき雨. **Cloudy**, later with occasional rain.

曇りガラス frosted glass

◆くもる【曇る】

❶〘空が〙
become* [get*] cloudy [クらウディ]

曇った cloudy

▸きのうは一日じゅう**曇っ**ていた.
It was **cloudy** all day yesterday.

❷〘ガラスなどが〙fog up

▸湯気(ゆげ)で窓が**くもった**. The windows **fogged up** with steam.

❸〘表情が〙cloud (over)

▸その知らせを聞いて父の顔は**くもった**.
My father's face **clouded over** at the news.

くやしい【悔しい】 (フラストレーションを感じる) feel* frustrated [ふラストゥレイティッド]; (くやむ) regret [リグレット]; (残念に思う) be* sorry; (がっかりさせる) disappointing

▸彼に負けて**くやしい**.
I **feel frustrated** that he beat me.

▸金メダルを逃(のが)してしまって**くやしい**.

I'm **sorry** I've missed the gold medal.

くやしなき【悔し泣きする】
cry in frustration

くやみ【悔やみ】
condolence［コンドウれンス］
▸心からおくやみ申し上げます. Please accept my deepest **condolences**.（♦condolence は,「くやみのことば」の意味ではふつう複数形にする）

くやむ【悔やむ】be* sorry for ..., regret；（人の死を）mourn［モーン］
▸自分のしたことをくやんでいる. I **regret** [**I'm sorry for**] what I did.

くよくよ【くよくよする】
worry《about ...》［ワ～リ］；
（考えこむ）brood《over ...》［ブルード］
▸過ぎたことをくよくよするな. Don't **worry about** the past.

くら[1]【蔵・倉】（商品保管用の）
a warehouse［ウェアハウス］；
（貯蔵用の）a storehouse［ストーアハウス］

くら[2]【鞍】a saddle［サぁドゥる］

くらい[1]【暗い】
❶〚光・色が〛**dark**［ダーク］
（対義語「明るい」light）
▸暗い色 a **dark** color
▸ここは本を読むには暗過ぎる. It is too **dark** to read a book here.
▸暗くなる前に帰って来なさい. Come back before (it gets) **dark**.
▸彼は**暗いうちに**(→夜明け前に)出かけた. He left home **before dawn**.
❷〚気持ちが〛gloomy［グるーミ］；
（気落ちした）depressed［ディプレスト］
▸暗いニュース **gloomy** news
▸ピートは性格が暗い. Pete is a **gloomy** (type of) guy.

ダイアログ　描写する
A:どうしたの？ そんな暗い顔して. What's wrong? You look so **depressed**.
B:ふられたんだよ,由紀に. I was dumped by Yuki.

くらい[2]【位】（地位）a rank［ラぁンク］；〚数学〛a place［プれイス］
▸位の高い[低い]人 a person of high [low] **rank**
▸千の位 the thousands **place**

-くらい

❶〚おおよその数・程度〛**about ..., around ...**
❷〚比較(ひかく)の基準〛**as ... as**
❸〚軽い程度〛**at least**
❹〚重い程度〛**too ... to ～, so ... that — can't ～**

❶〚おおよその数・程度〛**about ...**［アバウト］, **around ...**［アラウンド］

ダイアログ　説明する
A:この時計,いくらしたの？ How much was this watch?
B:3,000円くらいだったよ. It was **about** [**around**] 3,000 yen.

▸森さんは50歳(さい)くらいです. Mr. Mori is **about** fifty years old.
❷〚比較の基準〛**as ... as**
▸アマンダはジムと同じくらい足が速い. Amanda runs **as** fast **as** Jim.
▸うそをつく**くらいなら**(→つくより)何も話さないほうがましだ. I'd rather say nothing **than** tell a lie.
❸〚軽い程度〛
（少なくとも）**at least**［リースト］
▸週に1回くらいはみんなで集まろうよ. Let's meet **at least** once a week.
❹〚重い程度〛（～できないくらい…だ）
too ... to ～, so ... that — can't ～
▸わたしたちは口もきけないくらい疲(つか)れていた. We were **too** tired **to** speak. / We were **so** tired **that** we **couldn't** speak.

グライダー a glider［グらイダ］

クライマックス
a climax［クらイマぁックス］
▸ゲームはいよいよクライマックスを迎(むか)えました. The game has reached its **climax** at last.

クラウド
〚コンピュータ〛the cloud［クらウド］
▸クラウドでデータを保存する store data in **the cloud**

グラウンド a ground［グラウンド］, a field［ふィーるド］（♦「運動場」の意味では通例 a baseball field（野球場）のように複合語で用いる）；（学校の）a playground［プれイグラウンド］,

a schoolyard [スクーるヤード]
▸サッカーグラウンド a soccer **field**
▸グラウンドを3周走ろう. Let's run three laps around the **schoolyard**.

ぐらぐら【ぐらぐらした】 loose [るース], unstable [アンステイブる], shaky [シェイキ]
▸前歯が1本ぐらぐらしている. One of my front teeth is **loose**.
▸その机はかなりぐらぐらしている. That desk is rather **unstable** [**shaky**].

クラゲ 〖動物〗a jellyfish [ヂェりふィッシ] (複数 jellyfish, jellyfishes)

・くらし【暮らし】 (a) **life** [らイふ] (複数 lives), (a) **living** [りヴィンヶ]
▸彼は質素な[ぜいたくな]暮らしをしている. He is living a simple [luxurious] **life**.

クラシック
クラシック音楽 classical music
クラシックバレエ classical ballet

・クラス a **class** [クらぁス]
▸和也はクラスでいちばんの人気者だ. Kazuya is the most popular (student) in his **class**.
▸運動会でクラス対抗のリレーが行われた. An **interclass** relay race was held on sports day.
クラス委員 a class representative [レプリゼンタティヴ]
クラス会 (卒業後の) a class reunion [リーユーニョン]
クラス替(が)え rearrangement of classes [リーアレインヂメント]
クラスメート a classmate [クらぁスメイト]

・くらす【暮らす】 **live** [りヴ]; (生計を立てる) make* a living; (なんとかやっていく) get* by
▸快適に[質素に]暮らす **live** comfortably [simply]
▸祖父は長崎で暮らしています. My grandfather **lives** in Nagasaki.
▸あなたがいなくては暮らしていけない. I cannot **get by** without you.

グラス a glass [グらぁス] ➡コップ
▸ワイングラス a wine **glass**

グラタン gratin [グラぁトゥン] (♦フランス語から)

クラッカー (食品・爆竹(ばくちく)) a cracker [クラぁカ]

グラニューとう【グラニュー糖】 granulated sugar [グラぁニュれイティッド]

・クラブ[1] a **club** [クらブ]
➡巻頭カラー 英語発信辞典④

ダイアログ 質問する・説明する
A:麻理, どのクラブに入るの? Mari, what **club** are you going to join?
B:漫画(まんが)クラブに決めたわ. I've decided to join the cartoon **club**.

▸わたしは美術クラブに入っています. (→一員である) I'm a member of [in] the art **club**. / (→属している) I belong to the art **club**.
クラブ活動 club activities

クラブ[2] (トランプの) clubs (♦単数あつかい)

グラフ (図表) a graph [グラぁふ]
▸グラフを書く make [draw] a **graph**
▸棒グラフ a bar **graph**
▸線グラフ a line **graph**
▸円グラフ a pie [circle] **graph**
グラフ用紙 graph paper

グラブ a glove ➡グローブ

グラフィックデザイナー a graphic designer

くらべる【比べる】 compare ((with [to] ...)) [コンペア]
▸AとBを比べてみよう. Let's **compare** A **with** [**to**] B.
▸1学期に比べ, 2学期は成績が上がった. **Compared with** the first term, in the second my grades went up.

くらむ (目が) be* dazzled [ダぁズるド], be blinded [ブらインディッド]; (目まいがする) feel* dizzy [ディズィ]
▸太陽の光で目がくらんだ. I **was dazzled** by the sunlight.
▸あの男は金に目がくらんだ. That man **was blinded** by money.

グラム a gram [グラぁム] (♦gと略す)

くらやみ【暗闇】 darkness [ダークネス], the dark
▸わたしたちは暗やみの中を歩き続けた. We walked on in **the dark**.

クラリネット 〖楽器〗a clarinet [クらぁリネット]

グランド a ground ➡**グラウンド**

グランドキャニオン the Grand Canyon [グラぁンド キぁニョン]

グランドスラム
〘テニス・ゴルフ〙 a Grand Slam

グランドピアノ
〘楽器〙 a grand piano

グランプリ a grand prix
[グラーン プリー] (♦フランス語から)

クリ【栗】〘植物〙 a chestnut [チェスナット]

くりあげる【繰り上げる】
(期日などを) advance, move up ...;
(数を) carry
▸予定を繰り上げる
advance [**move up**] a schedule

クリーニング (ドライクリーニング)
dry cleaning [ドゥライ クリーニング]
クリーニング店
a laundry, a (dry) cleaner

クリーム cream [クリーム];
(化粧(けしょう)用) (a) cream
▸生クリーム heavy **cream**
▸手にクリームを塗(ぬ)る
apply **cream** to one's hands
クリームソーダ ice-cream soda
(♦〘米〙では単に soda とも言う)

グリーン (緑色) green;
〘ゴルフ〙 a (putting) green ➡**みどり**

クリーンエネルギー
clean energy [クリーン エナヂィ]

グリーンピース a green pea
(♦1粒(つぶ)のグリーンピースを表すので, ふつうは複数形 green peas [ピーズ] を使う)

グリーンランド Greenland

くりかえし【繰り返し】
(a) repetition [レペティシャン];
(歌などの) a refrain [リふレイン]
▸英語の学習では繰り返しが大切だ.
Repetition is important in learning English.

˙くりかえす【繰り返す】
repeat [リピート]
▸同じまちがいを繰り返さないで.
Don't **repeat** the same mistake.
▸「おなかすいた」と彼は繰り返して言った. "I'm hungry," he **repeated**.
▸美穂はその手紙を**繰り返し**読んだ.
Miho read the letter <u>**over and over**</u> [**again and again**].

クリケット cricket [クリケット]

くりさげる【繰り下げる】 (延期する) put* off, postpone [ポウストポウン]
▸試験は1時間繰り下げられた. The examination was **put off** for an hour.

クリスチャン
a Christian [クリスチャン]

˙クリスマス **Christmas** [クリスマス]
(♦広告などでは Xmas と書くこともある. X'mas と書くのは一般的ではない)
▸もうすぐクリスマスだ. **Christmas** is <u>coming soon</u> [almost here].

ダイアログ　**あいさつする**
A: メリークリスマス, レイチェル.
Merry **Christmas** to you, Rachel.
B: メリークリスマス, 一郎.
And to you, too, Ichiro.

▸メリークリスマス. あわせて新年も良い年でありますように.
I wish you a Merry **Christmas** and a Happy New Year.
(♦日本と異なり, クリスマス期間は元日もふくむので, クリスマスカードには新年を祝う文もともに書くことが多い)
クリスマスイブ Christmas Eve
クリスマスカード a Christmas card
クリスマス会 a Christmas party
クリスマスキャロル a Christmas carol
クリスマス休暇(きゅうか)
〘米〙 the Christmas vacation,
〘英〙 the Christmas holidays
クリスマスケーキ a Christmas cake
クリスマスツリー a Christmas tree
クリスマスプレゼント
a Christmas present, a Christmas gift

参考 クリスマスについて
クリスマスはキリストの誕生(たんじょう)日(12月25日)を祝うキリスト教のお祭りです. この日は厳密には Christmas Day と言います.「キリスト(Christ)にミサ(Mass)をささげる日」という意味です. キリスト教徒は教会で祈(いの)りをささげ, 家ではクリスマスツリーを飾(かざ)り, 家族や親せきと食事をしたりプレゼントを交換(こうかん)したりして過ごします. この時期, 学校はクリスマス休暇になります.

▲クリスマスの靴下(くつした)

クリック a click [クリック]
クリックする click
▸このアイコンを**クリックし**てください. **Click** on this icon.
クリップ a clip [クリップ]
グリップ a grip [グリップ]
クリニック a clinic [クリニック]
グリル a grill [グリる]

くる【来る】

❶『近づく, 到着(とうちゃく)する』**come*** ⇒いく
▸さあ, **来い**. **Come** on!
▸春が**来た**. Spring has **come**.
▸バスが**来た**. Here **comes** the bus. / The bus is here.
▸きょうロビンがわたしの家に遊びに**来る**. Robin is going to **come** and [to] see me today. (◆and でつなぐほうが, to を用いるより口語的. 両方とも省略されることもある) / Robin is going to **come** over today.
▸どこへ**行ってきた**の? Where **have** you **been**? / Where **did** you **go** (to)?
❷『由来する, 起因する』**come*** from ...
▸このことばはドイツ語**から来ている**. This word **comes from** German.
▸きみの病気は過労**から来ている**. Your illness **comes from** overwork.
(状態などが)…**してくる** **get***, 《**begin*** **to +動詞の原形**》; (…するようになる)《**come*** **to +動詞の原形**》
▸暑くな**ってきた**. It is **getting** hot.
▸雪が降**ってきた**. It **began to** snow.
▸明梨は最近ジャズが好き**になってきた**. Akari has **come to** like jazz recently.

結びつくことば
助けに来る come to help ...
時間ぴったりに来る come on time
自転車で来る come on a bike
期限が来る the deadline comes
遠くから来る come a long way

くるう【狂う】

❶『気が』**go*** **crazy** [クレイズィ], **go mad** [マぁッド]
狂った crazy, mad
▸彼らは**狂った**ように踊(おど)っていた. They were dancing like **crazy**.
❷『調子・順序などが』**go*** **wrong** [ローング], get* out of order;
『計画などが』be* upset [アプセット]
▸わたしの時計はめったに**狂わない**. My watch seldom **goes wrong**.
▸雨で予定が**狂った**. Our schedule **was upset** by the rain.
グループ a group [グループ]
▸鎌倉ではわたしたちは**グループ**で行動する予定だ. In Kamakura, we will go around in **groups**.
グループ学習 group study
グループ活動 a group activity
くるくる round (and round)
▸風車(かざぐるま)が**くるくると**回っている. A pinwheel is spinning **round and round**.
ぐるぐる
▸三塁(るい)ベースコーチは腕(うで)**をぐるぐる**(→輪を描(えが)くように)**回し**ていた. The third base coach was **moving** his arm **in circles**.
▸医者は彼女の腕**を**包帯で**ぐるぐる巻きにした**(→厚く巻いた). The doctor **wound** her arm **heavily** with a bandage.

くるしい【苦しい】

(困難な) **hard** [ハード];
(苦痛の) painful [ペインふる]
▸今が**いちばん苦しい**時だ. おたがいがんばろう. This is the **hardest** time. Let's keep trying.
▸失恋(しつれん)はいつも**苦しい**ものだ. A broken heart is always **painful**.
▸彼らは**生活が苦しい**. They **are** badly [**poorly**] **off**.
▸走ったので**息が苦しい**. **I'm short of breath** from running.
くるしみ【苦しみ】 (a) suffering [サふァリング]; (困難) (a) hardship [ハードシップ]; (苦痛) pain [ペイン]
▸**苦しみを乗り越**(こ)**える** overcome **hardships** [**sufferings**]

▸だれもわたしの苦しみをわかってはくれない. Nobody can understand my **pain**.

・くるしむ【苦しむ】 suffer《from ...》［サふァ］;（苦労する）take* pains

▸世界には食糧(しょくりょう)不足に**苦しん**でいる人がたくさんいる.
Many people in the world are **suffering from** lack of food.

▸わたしは英語の単語を暗記するのにとても苦しんでいる.
I'm **taking** a lot of **pains** to learn English words by heart.

くるしめる【苦しめる】
worry［ワ〜リ］, give* pain［ペイン］

ぐるっと, ぐるりと around (...)

▸歩いて町をぐるっと一周した.
I walked **around** the town.

くるぶし an ankle［あンクる］

・くるま【車】
（乗用車）a **car**［カー］;
（車輪）a wheel［ホウィーる］

▸車に乗る get in [into] a **car**

▸車から降りる get out of a **car**

▸車を運転する drive a **car**

▸電車で行くの？ 車で行くの？
Are you going by train or by **car**?
（♦交通手段を表す by の後の train や car には a や the をつけない）

▸うちの猫(ねこ)が車にひかれた.
Our cat was run over by a **car**.

車いす a wheelchair

クルミ
〖植物〗a walnut［ウォーるナット］

クルミ割り(器) a nutcracker

グルメ（美食家）a gourmet［グアメイ］（♦フランス語から）; a fine-food lover

▸加奈はなかなかのグルメだ.
Kana is quite a **gourmet**.

▸**ご当地グルメ**(→土地の料理)を楽しむ
enjoy **local dishes** [**food**]

くれ【暮れ】（年末）the year-end, the end of the year

グレー gray,〖英〗grey ➡**はいいろ**

クレーター a crater［クレイタ］

クレープ crepe［クレイプ］（♦crêpe ともつづる; フランス語から）

グレープ〖植物〗a grape［グレイプ］

グレープフルーツ
〖植物〗a grapefruit［グレイプふルート］

クレーム
（苦情）(a) complaint［コンプれイント］

クレームをつける make* complaints about ..., complain about ...［コンプれイン］

クレーン a crane［クレイン］

クレーン車 a crane truck

クレジット credit［クレディット］

▸クレジットで買い物をする
buy things on **credit**

クレジットカード a credit card

クレパス
a pastel crayon（♦「クレパス」は商標）

クレヨン (a) crayon［クレイアン］

・くれる[1] **【暮れる】**

❶〖日が〗
get* dark［ダーク］, grow* dark

▸日が暮れてきた. It's **getting dark**.

▸日が暮れないうちに帰ろう. Let's go home before (it **gets**) **dark**.

❷〖年が〗come* to an end

▸ことしももうすぐ暮れる.
This year is **coming to an end**.

❸〖思案などに〗

▸彼は**どうしたらいいのか途方(とほう)に暮れた**. He **didn't know** [**had no idea**] **what to do**.

・くれる[2]（あたえる）**give***［ギヴ］

▸おばがこのペンをくれた.
My aunt **gave** me this pen.

▸いとこがシドニーから絵はがきをくれた(→送ってきた). My cousin sent me a postcard from Sydney.

…してくれる（♦《動詞＋人＋物》《動詞＋物＋to [for]＋人》などで表すことが多い）

▸姉がこの弁当を作ってくれた. My sister **made** me this lunch. / My sister **made** this lunch **for** me.

…してくれませんか
Will you ...? / Would you ...?
（♦後者のほうがていねいな言い方）

▸贈(おく)り物用に包んでくれませんか？
Would you gift-wrap it, please?

⁑くろ【黒(い)】
black［ブらぁック］;
（皮膚(ひふ)・髪(かみ)などが）**dark**［ダーク］

▸黒い帽子(ぼうし) a **black** hat
▸黒いひとみ **dark** eyes
▸彼は色が黒い. He has **dark** skin.

・くろう【苦労】(めんどう) **trouble** [トゥラブる];(骨折り) pains [ペインズ]
▸ご苦労さまでした. Thank you very much (for your **trouble**).
苦労する have* trouble [difficulty], have a hard time
▸ニューヨークでは公衆便所を見つけるのに苦労した. I **had trouble** [**difficulty**] finding a public restroom in New York.
▸父は若いころ苦労した.
My father **had a hard time** when he was young.

くろうと【玄人】
(本職の人) a professional [プロふェショヌる], 〖口語〗a pro [プロウ] (複数 pros); (熟練者) an expert [エクスパ〜ト]

クローク a cloakroom [クろウクルーム] (♦英語の cloak は「マント」の意味)

クローバー
〖植物〗(a) clover [クろウヴァ]
▸四つ葉のクローバー
a four-leaf **clover**

グローバル(な) global [グろウブる]
▸グローバルな視点で物事を見る
see things from a **global** point of view
グローバルスタンダード
(国際基準) a global standard

グローブ a glove [グらヴ]

クロール the crawl [クローる]
▸クロールで泳ぐ swim **the crawl** / crawl (♦後者の crawl は動詞)

クローン a clone [クろウン]
▸ヒツジのクローンを作る
clone a sheep (♦この clone は「クローンを作る」の意味の動詞)

くろじ【黒字】
the black, a profit, (a) surplus
(対義語「赤字」the red, a loss)
▸母の会社は今黒字だ. My mother's company is now in **the black**.

くろしお【黒潮】 the Black Stream [Current], the Japan Current

グロス[1]
(リップグロス) (a) lip gloss [グらス]

グロス[2] (12 ダース) a gross [グロウス] (複数 gross)

クロスカントリースキー
cross-country skiing

クロスワードパズル
a crossword (puzzle)

グロテスクな
grotesque [グロウテスク]

クロワッサン a croissant
[クロワーサーング] (♦フランス語から)

クワ【桑】 〖植物〗a mulberry [マるベリ]

くわ【鍬】 a hoe [ホウ]

・くわえる[1]【加える】
❶〖足す〗**add** [あッド]
▸12 に 8 を加えると 20 になる.
If you **add** eight to twelve, you have [get] twenty. / Twelve and eight make [are] twenty.
▸塩をひとつまみ加える
add a pinch of salt
❷〖仲間に入れる〗
(加わらせる) **let* ... join** [ヂョイン]
▸明も仲間に加えようよ.
Why don't we **let** Akira **join** us?

くわえる[2] hold* ... in one's mouth
▸クマはサケをくわえた. The bear **held** a salmon **in its mouth**.

クワガタムシ
〖昆虫〗a stag beetle [スタぁグ ビートゥる]

・くわしい【詳しい】
(こと細かな) **detailed** [ディテイるド];
(よく知っている) **know* a lot** 《about ...》
▸もっと詳しい地図はありませんか?
Don't you have a more **detailed** map?
▸彼はオーストラリアのことに詳しい.
He **knows a lot about** Australia.
▸詳しいことは後でお知らせします.
I'll let you know the **details** later on. (♦details は「詳細(しょうさい)」の意味)
詳しく in detail
▸あなたのアイディアについて詳しく説明してください. Please explain to us about your idea **in detail**.

くわずぎらい【食わず嫌い】
▸姉は漫画(まんが)が嫌(きら)いだと言うがそれはただの食わず嫌いだ(→偏見(へんけん)だ)と思う.
My sister says she doesn't like comic books, but I think she **is** just **prejudiced**.

け

くわだてる【企てる】
(計画する) plan; (たくらむ) plot
▸幸助は自転車での日本一周旅行を企てている. Kosuke is **planning** to travel all over Japan by bicycle.

くわわる【加わる】 join [ヂョイン]
▸きみが仲間に加わってくれてほんとうにうれしい. I'm really glad (that) you have **joined** us.

-くん【…君】
▸友紀君, 阿部先生が呼んでるよ.
Tomoki, Ms. Abe is calling you.

> **参考 「…君」の言い方**
> 友人や年下の人を呼ぶ場合, 英語ではファーストネーム, またはその愛称(あいしょう)を用い, ふつう敬称は用いません. その呼び方が日本語の「…君」にあたると考えていいでしょう.

ぐん【郡】 (日本やアメリカの) a county [カウンティ]; (イギリスの) a district [ディストゥリクト] (◆日本の「郡」を手紙のあて名などに書くときは, そのまま -gun とする. (例) Kiso-gun「木曽郡」)

ぐんかん【軍艦】 a warship [ウォーシップ], a battleship [バぁトゥるシップ]

くんくん【くんくんかぐ】
sniff [スニふ] ➡かぐ[2]

ぐんぐん (急速に) quickly [クウィックり], rapidly [ラぁピッドり]
▸竹の子はぐんぐん生長する. Bamboo shoots grow tall **quickly**.
▸その歌手はぐんぐん人気が出てきた. The singer has **rapidly** become popular.

ぐんしゅう【群衆】
a crowd [クラウド]
▸広場にはおおぜいの群衆がいた. There was a large **crowd** in the plaza.

くんしょう【勲章】 a decoration [デコレイシャン], a medal [メドゥる]
▸勲章を授与される
be awarded a **decoration**

ぐんじん【軍人】 (陸軍の) a soldier [ソウるヂャ]; (海軍の) a sailor [セイら]; (空軍の) an airman [エアマン] (複数 airmen); (将校) an officer [オーふィサ]

くんせい【くん製の】
smoked [スモウクト]

ぐんたい【軍隊】 armed forces, an army [アーミ]; (陸軍) the army; (海軍) the navy [ネイヴィ]; (空軍) the air force [エア ふォース]; (海兵隊) 〖米〗 the Marine Corps [マリーン コー], 〖英〗 the Royal Marines

ぐんび【軍備】
armaments [アーマメンツ]
▸軍備を縮小[拡張, 増強]する reduce [expand, reinforce] **armaments**

くんれん【訓練】 training [トゥレイニング]; (反復訓練) a drill [ドゥリる]
▸火災避難(ひなん)訓練 a fire **drill**
訓練する train; drill
▸そのイルカはたくさんの芸をするように訓練されていた. The dolphin was **trained** to do many tricks.
訓練士 a trainer
訓練所 a training school

け ケ

Q 「デコレーションケーキ」は decoration cake?
➡「ケーキ」を見てみよう!

***け**【毛】 (髪(かみ)の毛全体) **hair** [ヘア]; (その他の体毛) hair; (1本の毛) a hair; (動物の柔(やわ)らかい毛) fur [ふァ~]; (羊毛) wool [ウる]; (羽毛(うもう)) a feather [ふェざ]
▸柔らかい毛 soft **hair**
▸巻き毛 curly **hair**
▸髪の毛の手入れをする do one's **hair**
▸おじさんは髪の毛がふさふさしている. My uncle has thick **hair**.
毛穴 a pore [ポーア]

-け【…家】
▸夏目家 **the** Natsume **family** / **the** Natsumes

ケア (介護(かいご)・保護) care [ケア]
▸スキンケア skin **care**
ケアワーカー a care worker

げい【芸】 (演技) a performance [パふォーマンス]; (芸当) a trick [トゥリック]
▸母はわが家の犬に芸をしこんだ(→芸をするように教えた). My mother taught our dog to do some **tricks**.

け

けいい【敬意】 respect［リスペクト］
▸目上の人に敬意を払(はら)う
show **respect** for one's senior

けいえい【経営】
management［マぁネヂメント］
経営する manage,〚口語〛run*［ラン］
▸中島さんはこの町で書店を経営している. Mr. Nakajima **runs** a bookstore in this town.
経営者 a manager［マぁネヂャ］

けいえん【敬遠する】
▸次のバッターは敬遠し(→意図的に歩かせ)よう. Let's **give** the next batter **an intentional walk**.

けいおんがく【軽音楽】
light music, popular music

けいか【経過】
(成り行き) progress［プラグレス］
▸試合の経過
the **progress** of a game
経過する (時が過ぎる) pass［パぁス］
▸あれから5年が経過した. Five years have **passed** since then.

けいかい¹【警戒】
guard［ガード］, caution［コーシャン］
警戒する guard; (守る) protect
▸警察はそのホテル周辺を厳重に警戒した. The police closely **guarded** the area around the hotel.

けいかい²【軽快な】
(軽い) light［らイト］;
(リズミカルな) rhythmical［リずミクる］
▸軽快な足どりで with **light** steps
軽快に lightly; rhythmically

⁑けいかく【計画】
a **plan**［プらぁン］, a program［プロウグラぁム］; (大規模な) a project［プラヂェクト］; (立案) planning
計画する plan, make* a plan
▸計画を実行する carry out a **plan**
▸都市計画 city **planning**
▸その計画はうまくいった.
The **plan** worked out.
▸突然(とつぜん)の雨のため, わたしたちは計画を変更(へんこう)した. We changed our **plan** because of the sudden rain.

ダイアログ　質問する・説明する
A: 夏休みの計画は立てたの?
Have you **made plans** for summer vacation?
B: ええ, 伊豆へ行こうと計画しています.
Yes, I'm **planning** to go to Izu.

計画的な planned; (整然とした) systematic［スィステマぁティック］
計画的に systematically

けいかん【警官】 a police officer［ポリース オーふィサ］
警官隊 a police force

けいき¹【景気】 (商売の) business［ビズネス］; (一般的な) things［すィングズ］
▸景気はよくなりつつある. **Things** are getting better. (♦「悪く」と言うときは better の代わりに worse を用いる)

けいき²【計器】 a meter［ミータ］, a gauge［ゲイヂ］; (飛行機などの) an instrument［インストゥルメント］

けいぐ【敬具】 Sincerely yours, / Yours sincerely,

⁂けいけん【経験】
(an) **experience**［イクスピアリエンス］
▸ボランティア活動はとてもいい経験になった. Volunteer work was a very good **experience** for me.
▸部活ではすばらしい経験があった.
I had great **experiences** in my club activities.
経験する experience
▸ことしのキャンプではいろいろ新しいことを経験した. I **experienced** a lot of new things while camping this year.
▸経験を積んだ医師
an **experienced** doctor

けいこ (a) practice［プラぁクティス］, a lesson［れスン］
▸わたしは週2回, ピアノのけいこがあります. I have piano **lessons** twice a week.
けいこする practice
▸毎日, 踊(おど)りをけいこしなさい.
Practice dancing every day.

けいご【敬語】
an honorific［アナリふィック］, a polite expression［ポらイト イクスプレシャン］

参考 **敬語と英語**
英語には日本の敬語にあたる尊敬の気

持ちを表す特別なことばづかいはありません. しかし, 改まった言い方·ていねいな言い方(polite expression)はあるので, 場面や状況(じょうきょう)に応じて用います.

けいこう【傾向】 a tendency [テンデンスィ], a trend [トゥレンド]

…する傾向がある 《tend to ＋動詞の原形》,《be* apt to ＋動詞の原形》

▸エドはものを大げさに言う傾向がある. Ed **tends to** exaggerate things.

けいこうぎょう【軽工業】 (a) light industry

けいこうとう【蛍光灯】 a fluorescent light [ふろーレスント らイト], a fluorescent lamp [らぁンプ]

けいこうペン【蛍光ペン】 a highlighter [ハイらイタ]

けいこく【警告】 (a) warning [ウォーニング]

警告する warn, give* a warning

けいさい【掲載する】 (新聞などが) carry [キぁリ], run* [ラン]

▸学校新聞は, 屋上に巣作りしたカモの記事を掲載していた. The school newspaper **carried** an article of a duck nesting on the roof.

けいざい【経済】 economy [イカナミ]

▸日本経済 the Japanese **economy**

経済の economic [イーコナミック]

▸経済発展 **economic** development

経済的な economical [イーコナミクる]

▸値段が高くても品質がよいものを買うほうが経済的です. It is **economical** (for you) to buy high-quality goods even if they are expensive.

経済学 economics [イーコナミックス]

経済学者 an economist [イカノミスト]

経済問題 an economic problem

けいさつ【警察】 the police [ポリース] (♦複数あつかい)

▸警察を呼んで(→警察に電話して)! Call **the police**!

▸警察はそのどろぼうを逮捕(たいほ)した. **The police** arrested the thief.

警察官 a police officer

警察犬 a police dog

警察署 a police station

けいさん【計算】 (a) calculation [キぁるキュれイシャン], figures [ふィギャズ]

▸わたしはよく計算をまちがえる. I often make errors [mistakes] in **calculation(s)**.

▸計算が速い be quick at **figures**

計算する calculate [キぁるキュれイト]

けいし【軽視する】 make* little of ..., underestimate [アンダエスティメイト], take* ... lightly

けいじ[1]【掲示】 a notice [ノウティス], a bulletin [ブれトゥン]

▸掲示には「廊下(ろうか)を走ってはいけません」と書いてある. The **notice** says, "Don't Run in the Corridors."

掲示板 〚米〛a bulletin board, 〚英〛a notice board

けいじ[2]【刑事】 a (police) detective [ディテクティヴ]

けいしき【形式】 (a) form [ふォーム]

形式的な formal [ふォームる]

けいしゃ【傾斜】 (an) inclination [インクりネイシャン], a slope [スろウプ], a slant [スらぁント]

▸急な傾斜 a steep **inclination** [**slope**]

傾斜する incline [インクらイン], slope, slant

げいじゅつ【芸術】 (an) art [アート]

▸きみは芸術の才能があるね. You have a talent for **art**.

芸術的な artistic [アーティスティック]

芸術家 an artist

芸術作品 a work of art

けいしょく【軽食】 a light meal [らイト ミーる], a snack [スナぁック]

けいせい【形勢】 (情勢) the situation [スィチュエイシャン]; (物事の流れ) the tide [タイド], the current [カ～レント]

▸清のゴールで形勢が一気に逆転した. With Kiyoshi's goal, **the tide** turned at once.

けいぞく【継続】 continuation [コンティニュエイシャン]

継続する continue [コンティニュー]

➡**つづける**

▸この問題については継続して話し合おう. Let's **continue** our discussion of this problem.

継続的な continuous [コンティニュアス]

継続的に continuously

けいそつ【軽率な】 (不注意な)

け

careless [ケアれス]; (早まった) hasty [ヘイスティ] ➡ふちゅうい
▸軽率な判断 **hasty** judgment
軽率に carelessly; hastily

けいたい【携帯する】
carry [キぁリ], bring* [ブリンッ]
携帯用の portable [ポータブる]
▸携帯用充電器
a **portable** battery charger
携帯電話 a cellular phone [セりュら ふォウン], a cell phone, a mobile (phone)
▸優先席付近では携帯電話の電源をお切りください. Please turn off your **cell phones** when you are near the priority seats.
携帯メール a cell phone e-mail, a text (message); SMS (♦*s*hort *m*essage *s*ervice(短信受送サービス)の略)

けいてき【警笛】(車の) a (car) horn [ホーン]; (電車の) a whistle [(ホ)ウィスる]

けいと【毛糸】 wool [ウる] (♦発音注意), woolen yarn [ウるン ヤーン]
▸毛糸で帽子(ぼうし)を編んだ.
I knitted a cap out of **wool**.
毛糸の woolen
▸毛糸のセーター a **woolen** sweater

けいど【経度】 longitude [らンヂテュード] (対義語「緯度(いど)」latitude)

けいとう【系統】
a system [スィステム]
系統的な
systematic [スィステマぁティック]
系統的に
systematically [スィステマぁティカり]

げいとう【芸当】(曲芸) a trick [トゥリック]; (離(はな)れ技(わざ)) a feat [ふィート]

げいにん【芸人】
an entertainer [エンタテイナ]

げいのう【芸能】 (public) entertainment [エンタテインメント]
芸能界 the entertainment world, (the world of) show business
芸能人 an entertainer [エンタテイナ]
芸能ニュース entertainment news
芸能プロダクション
a theatrical agency

けいば【競馬】
horse racing, the races [レイスィズ]
競馬場 〖米〗a racetrack [レイストゥラぁック], 〖英〗a racecourse [レイスコース]

けいはく【軽薄な】 frivolous [ふリヴォらス], flippant [ふりパント]

けいひ【経費】 expenses, a cost ➡ひよう

けいび【警備】 guard [ガード], security [セキュリティ]
警備する guard
警備員 a guard
警備会社 a security company

けいひん【景品】(おまけ)
〖米〗a giveaway [ギヴァウェイ],
〖英〗a free gift; (賞品) a prize [プライズ]

けいべつ【軽べつする】 look down on ..., despise [ディスパイズ]
(対義語「尊敬する」respect, look up to)

けいほう【警報】(警告) a warning [ウォーニンッ]; (危険を知らせる音・光など) an alarm [アらーム]
▸暴風雨警報が出ました. A storm **warning** has been given.
▸警報を発する
give [raise, sound] the **alarm**
警報器 an alarm

けいむしょ【刑務所】
a prison [プリズン]

けいやく【契約】
a contract [カントゥラぁクト]
契約する contract, make* a contract
契約期間 the term of a contract
契約書 a contract

けいゆ【経由で】
by way of ..., via ... [ヴァイア]
▸アムステルダム経由でパリへ行きます.
I will go to Paris **by way of** [**via**] Amsterdam.

けいようし【形容詞】
〖文法〗an adjective [あヂェクティヴ]
(♦a. または adj. と略す)

けいりゃく【計略】(策略) a trick [トゥリック]; (わな) a trap [トゥラぁップ]; (陰謀(いんぼう)) a plot [プラット]
▸彼らは彼女の計略にはまった.
They fell into her **trap**.

けいりゅう【渓流】
a mountain stream

けいりん【競輪】
a bicycle race [バイスィクる レイス]

けいれい【敬礼する】
(挙手して) salute [サるート];
(おじぎする) bow [バウ]
▸敬礼! 〖号令〗**Salute!**

けいれき【経歴】(学歴・職歴など)

one's background [バぁックグラウンド];
(職歴) one's work history
▸森さんはどんな経歴の人ですか?
What is Ms. Mori's **background**?

けいれん (a) cramp [クラぁンプ]
▸けいれんを起こす
get [have] (a) **cramp**

けいろうのひ【敬老の日】
Respect-for-the-Aged Day,
Senior Citizens' Day

ケーオー a KO [ケイオウ] (複数 KO's),
a knockout [ナックアウト]
▸ケーオーで勝つ win by a **KO**
ケーオーする KO, knock out

◆ケーキ (a) cake [ケイク]
▸ケーキが食べたい.
I want to eat **cake**.
▸ケーキを2切れください.
Give me two pieces of **cake**.
(♦ナイフで切っていないものは a cake, two cakes, 切り分けたものは a piece of cake, two pieces of cake と数える)
ケーキ屋 a pastry shop

●ケーキのいろいろ

① デコレーションケーキ fancy cake
② チョコレートケーキ chocolate cake
③ ロールケーキ Swiss roll
④ フルーツケーキ fruitcake
⑤ チーズケーキ cheesecake

ケース[1] (場合) a case [ケイス]
▸ケースバイケースだ(→それは状況(じょうきょう)による). **That [It (all)] depends.**
(♦後ろに on the situation が省略されている)

ケース[2] (入れ物) a case [ケイス]

ケースワーカー
a caseworker [ケイスワ〜カ]

ゲート a gate [ゲイト]
▸ANA108便の搭乗(とうじょう)ゲートは何番ですか? What's the **gate** number for ANA Flight 108?

ゲートボール gate ball (♦ゲートボールは日本生まれのスポーツで gate ball だけでは通じない. It's a ball game like croquet. It was invented in Japan. などの説明が必要)

ケーブル (a) cable [ケイブる]
ケーブルカー a cable car
ケーブルテレビ cable television, cable TV (♦CATV と略す)

ゲーム a game [ゲイム]
▸ゲームをする play a **game**
▸テレビゲーム a video **game**
ゲームセンター 〖米〗a video arcade, 〖英〗an amusement arcade
ゲームソフト game software

◆けが (一般に) a **hurt** [ハ〜ト],
an injury [インヂュリ];
(暴力などによる) a wound [ウーンド]
▸腕(うで)のけがはすぐに治った.
My arm **injury** healed soon.
けがをする hurt* oneself, (get*) hurt, be* injured; be wounded
けがをさせる hurt, injure [インヂャ]
▸けがをしないように気をつけてね.
Take care not to **hurt yourself**.
▸サッカーをしているとき, 足にけがをした. I **hurt** my leg when I was playing soccer.
▸フレッドが事故でひどいけがをした.
Fred **was** seriously **injured** in an accident. (♦「軽い」なら seriously の代わりに slightly を用いる)
けが人 an injured person;
a wounded person; (全体をまとめて) the injured; the wounded

げか【外科】 surgery [サ〜ヂャリ]
外科医 a surgeon [サ〜ヂャン]

けがわ【毛皮】 (a) fur [ふァ〜]
▸毛皮のコート a **fur** coat

◆げき【劇】 a **play** [プれイ]; (戯曲(ぎきょく)) a drama [ドゥラーマ]
▸わたしたちは学園祭で劇を上演した.
We put on [performed] a **play** at the school festival.
劇的な dramatic [ドゥラマぁティック]
劇作家 a dramatist [ドゥラぁマティスト], a playwright [プれイライト]
劇団 a dramatic company

け

げきから【激辛な】 super hot, super spicy

げきじょう【劇場】〘米〙a theater［ティーアタ］,〘英〙a theatre

げきせん【激戦】（戦闘(せんとう)）a fierce battle;（競争）a bitter contest;（選挙）a hot contest

げきれい【激励】
encouragement［インカ〜リヂメント］
激励する encourage［インカ〜リッヂ］

げこう【下校する】 go* home (from school), come* home (from school), leave* school
下校時間 the time of leaving school

•けさ【今朝】 **this morning**［モーニング］
▸けさ早く early **this morning**
▸けさはよく晴れている.
It's really nice out **this morning**.

げし【夏至】
the summer solstice［サるスティス］
（♦「冬至(とうじ)」は the winter solstice）

けしいん【消印】
a postmark［ポウストマーク］

•けしき【景色】（全体の）scenery［スィーナリ］;（一場面）a scene［スィーン］;（眺(なが)め）a view［ヴュー］
▸山の景色 mountain **scenery**
▸展望台から見た景色はすばらしかった.
The **view** from the observation deck was beautiful.

けしゴム【消しゴム】〘米〙an eraser［イレイサ］,〘英〙a rubber［ラバ］
▸消しゴムで字を消す
erase a word with an **eraser**

けじめ a distinction［ディスティンクシャン］
▸遊びと勉強のけじめをはっきりつけなさい. Make a clear **distinction** between study and play.

げしゃ【下車する】 get* off (...)
（対義語「乗車する」get on）➡**おりる**
▸わたしたちは上野で下車した. We **got off** the train [bas] at Ueno.

げしゅく【下宿する】 board［ボード］（♦食事なしで, 部屋だけを借りる場合は rent a room [place] を用いる）
▸ダニエルは谷さんのところに下宿しています.
Daniel is **boarding** [**renting a room**] at Ms. Tani's house.

げじゅん【下旬】（♦英米には, このような区切りの習慣がない）
▸佐藤さんは**5月の下旬に**帰るでしょう.
Ms. Sato will come back **near the end of May** [**in late May**].

けしょう【化粧】
makeup［メイカップ］
化粧する make* (oneself) up, put* on makeup
化粧室 a powder room
化粧水 (a) lotion［ろウシャン］
化粧品 cosmetics［カズメティックス］
化粧品店 a cosmetics store

•けす【消す】

❶〘火を〙**put out**
❷〘電灯・ガス・テレビなどを〙**turn off, switch off**
❸〘文字などを〙**erase; wipe off**
❹〘姿を〙**disappear**

❶〘火を〙
put* out（対義語「つける」light）
▸バーベキューが終わったら必ず火を消してください. After the barbecue, be sure to **put out** the fire.
▸さあ, ケーキのろうそくを吹(ふ)き消して.
Now, blow out the candles on the cake.（♦blow out は「…を吹き消す」の意味）

❷〘電灯・ガス・テレビなどを〙 **turn off**（対義語「つける」turn on）, **switch off**
▸明かりを消した? Did you **turn** [**switch**] **off** the light?
▸もうテレビを消しなさい.
Turn [**Switch**] **off** the TV now.

❸〘文字などを〙erase［イレイス］;（ふき取る）wipe off
▸黒板を消す **erase** a blackboard
▸壁(かべ)の落書きを消す
wipe the scribbles **off** the wall

❹〘姿を〙disappear［ディサピア］
▸男は町から姿を消した. The man

disappeared from (the) town.

げすい【下水】
(下水道) a drain [ドゥレイン]
下水管 a drainpipe [ドゥレインパイプ]
下水工事 sewage work [スーエッヂ]

ゲスト a guest [ゲスト]
▸きょうのスペシャルゲスト
today's special **guest**
ゲストルーム a guest room

けずる【削る】(薄(うす)く削る) shave* [シェイヴ]; (とがらす) sharpen [シャープン]
▸鉛筆(えんぴつ)を削る **sharpen** a pencil

けた【桁】(数字の) a figure [ふィギャ]
▸2けたの数 double **figures**
▸5けたの数 five **figures**
▸**小数点以下3けたまで**計算した.
I calculated it **to** three **decimal places**.(♦decimal [デスィマる] は「小数の」の意味)

✲**げた【下駄】** *geta*, Japanese clogs (♦clog [クらッグ] は「木靴(ぐつ)」のこと)
げた箱 a shoe rack

けだかい【気高い】 noble [ノウブる]

けだもの
a beast [ビースト], a brute [ブルート]

けち【けちな】 stingy [スティンヂィ]

ダイアログ　**非難する**
A: それはあげられないよ.
I can't let you have that.
B: けち! You're **stingy**.

けちをつける find* fault《with ...》
▸あなたはわたしのやることにいちいちけちをつけるんですね. You **find fault with** whatever I do.
けちん坊(ぼう) a miser [マイザ]

ケチャップ ketchup [ケチャプ]

けちる skimp [スキンプ], be* stingy [スティンヂィ]
▸お金をけちる <u>skimp on</u> [**be stingy** with] money

げっ(不快・嫌悪(けんお)などを表して)
yuck [ヤック]

けつあつ【血圧】
blood pressure [ブらッド プレシャ]
▸父は血圧が高い. My father has high **blood pressure**.(♦「血圧が低い」なら high の代わりに low を用いる)

けつい【決意】 determination [ディタ〜ミネイシャン] ➡**けっしん**
▸彼女の決意はかたい.
Her **determination** is firm.
決意する determine [ディタ〜ミン]

けつえき【血液】 blood [ブらッド]
血液型 a blood <u>type</u> [group]
▸わたしの血液型はB型です.
My **blood type** is B.
血液検査 a blood test

•けっか【結果】

a **result** [リザるト], (an) effect [イふェクト] (**対義語** 「原因」 a cause)
▸試験の結果
the **results** of the exam
▸努力の結果, 彼は試験に合格した.
As a **result** of his efforts, he passed the examination.
結果的に eventually [イヴェンチュアり], consequently [カンセクウェントり], in the end

けっかく【結核】
tuberculosis [テュバ〜キュろウスィス]

けっかん¹【血管】
a blood vessel [ブらッド ヴェスる]

けっかん²【欠陥】
a defect [ディーふェクト, ディふェクト]
欠陥のある defective [ディふェクティヴ]
欠陥商品 a defective product

げっかん【月刊の】
monthly [マンすり]
月刊誌 a monthly (magazine)

げっきゅう【月給】 monthly pay, (a) salary [サぁらり] ➡**きゅうりょう¹**

•けっきょく【結局】

after all, in the end
▸本を買いに町へ出たが, 結局1冊も買わなかった.
I went to town to buy some books, but didn't buy any **after all**.
▸わたしたちは善戦したが, 結局試合に負けた. We played well, but lost (the game) **in the end**.

げっけいじゅ【月桂樹】

〖植物〗 a laurel [ろーレる]

*けっこう¹【結構】

❶〖よい〗good, nice
❷〖間に合う〗do
〖だいじょうぶ〗all right
❸〖いらない〗No, thank you.
❹〖かなり〗fairly

❶〖よい〗**good***, **nice**
▸けっこうな品をどうもありがとうございました. Thank you very much for the **nice** present.
❷〖間に合う〗**do***;
〖だいじょうぶ〗**all right**

ダイアログ 承諾(しょうだく)する
A:書く物をお借りしてもよろしいですか? May I borrow something to write with?
B:鉛筆(えんぴつ)しかありませんが.
I only have a pencil.
A:それでけっこうです. That will **do**.

▸わたしはこの席でけっこうです.
This seat is **all right** with me.
❸〖いらない〗**No, thank you.**

ダイアログ 断る
A:ご飯のお代わりはいかがですか?
Won't you have some more rice?
B:いえ,けっこうです.もうおなかいっぱいです.
No, thank you. I'm full now.

❹〖かなり〗**fairly** [ふェアり]
▸彼女はけっこう英語がうまい.
She speaks English **fairly** well.

けっこう²【決行する】
carry out, go* ahead《with ...》
▸遠足は雨天決行です.
We will **go ahead with** the school excursion even if it rains.

けっこう³【欠航する】
be* canceled
▸全便が欠航となった.
All flights **were canceled**.

けつごう【結合】
combination [カンビネイシャン];(団結) union [ユーニョン]
結合する combine [コンバイン];
unite [ユ(ー)ナイト]; join [ヂョイン]

げっこう【月光】
moonlight [ムーンらイト]

*けっこん【結婚】

(a) marriage [マぁリッヂ]
▸恋愛(れんあい)結婚 a love **marriage**
▸見合い結婚 an arranged **marriage**
結婚する marry [マぁリ],
get* married《to ...》;
(結婚している) be* married
▸わたしと結婚してくれませんか?
Will you **marry** me?
▸彼女は医者と結婚した.
She **got married to** [**married**] a doctor.
▸両親は結婚して 20 年になります.
My parents have **been married** for twenty years.
結婚記念日 a wedding anniversary
結婚式 a wedding (ceremony)
結婚披露宴(ひろうえん)
a wedding reception
結婚指輪 a wedding ring

けっさく【傑作】
a masterpiece [マぁスタピース]

**けっして【決して…ない】

never [ネヴァ], by no means [ミーンズ]
▸クラスの仲間のことは決して忘れません.
I'll **never** forget my classmates.
▸このことは決してだれにも言わないようにね. **Never** tell this to anybody.
▸明夫は決しておくびょう者ではない.
Akio is **by no means** a coward.

げっしゃ【月謝】
a monthly fee

げっしゅう【月収】
a monthly income, a monthly salary

けっしょう¹【決勝】
the finals [ふァイヌるズ],
the final game, the final match
▸わたしたちのチームは決勝に進んだ.
Our team reached **the finals**.
▸日本は決勝で中国と対戦した. Japan faced China in **the finals**.
準決勝 semifinals
準々決勝 quarterfinals

けっしょう²【結晶】
a crystal [クリストゥる]
▸雪の結晶 a snow **crystal**
結晶する, 結晶させる
crystallize [クリスタらイズ]

けつじょう【欠場する】
(棄権(きけん)) default [ディふォーるト];

(欠席) be* absent from ..., sit* out

げっしょく【月食】
an eclipse of the moon [イクリプス], a lunar eclipse [るーナ]

⁺けっしん【決心】
determination [ディタ～ミネイシャン]
決心する make* up one's mind, decide [ディサイド]; (かたく決心する) determine [ディタ～ミン]
▸歌手になるという彼女の決心はかたい. Her **determination** to be a singer is firm.
▸美咲は弁護士になろうと決心した. Misaki **made up her mind** [**decided**] to be a lawyer.

⁺けっせき【欠席】
(an) absence [あブセンス]
(対義語「出席」attendance, presence)
▸無断欠席
(an) **absence** without notice
欠席する **be* absent** ((from ...))
(対義語「出席する」attend, be present)

ダイアログ 質問する
A: きのうはなぜ学校を欠席したの？
Why **were** you **absent from** school yesterday?
B: 風邪(かぜ)をひいたんです.
I caught a cold.

欠席者 an absentee [アブセンティー]
欠席届 a report of absence, a notice of absence
欠席日数
the number of days absent

けつだん【決断】
(a) decision [ディスィジャン]
決断する decide [ディサイド]
▸美咲は決断するのが早い.
Misaki is quick to **decide**.

けってい【決定】
(a) decision [ディスィジャン]
決定する decide [ディサイド] ➡きめる

けってん【欠点】 a fault [ふォーるト], a weak point ➡じゃくてん
▸だれにでも欠点はある. Everybody has their **faults**. (♦everybody は単数あつかいだが所有格は their)

けっとうしょ【血統書】
a certificate of pedigree [サティふィケット アヴ ペディグリー]
血統書つきの pedigreed, pedigree
▸血統書つきの犬 a **pedigree(d)** dog

ゲットする (手に入れる) get*; (買う) buy*

けっぱく【潔白な】
innocent [イノセント]
▸わたしは潔白です. I am **innocent**.

げっぷ a belch [べるチ], a burp [バ～プ]
げっぷをする belch, burp
▸人前でげっぷをしたら, 必ず謝(あやま)りなさい. Say "Excuse me" when you **burp** in public. (♦欧米(おうべい)ではげっぷは非常に行儀(ぎょうぎ)の悪い行為(こうい)とされている)

けっぺき【潔癖な】
cleanly [クれンり] (♦発音注意)
▸彼女は潔癖症(しょう)だ(→清潔であることを気にし過ぎる). She **is too concerned with cleanliness**.

けつぼう【欠乏】 (a) shortage [ショーテッヂ], (a) lack [らぁック]
欠乏する be* short of ..., lack

けつまつ【結末】 an end [エンド]; (物語などの) an ending ➡おわり
▸意外な結末 an unexpected **ending**

げつまつ【月末】
the end of the month
▸月末に at **the end of the month**
▸この本を月末までに返さなくてはならない. I have to return this book by **the end of the month**.

⁑げつようび【月曜日】
Monday [マンデイ]
(♦語頭は常に大文字; Mon. と略す)
▸月曜日には朝礼がある.
We have a morning assembly on **Monday(s)**. (♦「…曜日に」では on を用いる)
▸来週の月曜日に
next **Monday** ➡らいしゅう
▸先週の月曜日に理科のテストがあった.
We had a test in science last **Monday**. (♦曜日名の前に last や next がつくときは副詞あつかいで on は不要) ➡せんしゅう

けつろん【結論】
a conclusion [コンクるージャン]
▸この問題は簡単に結論が出そうもない.

I don't think we can bring this matter to a **conclusion** easily.

結論として in conclusion

結論を下す conclude [コンクるード]

けとばす【蹴飛ばす】
kick (away) [キック]

▶ジャックは空き缶(かん)を思い切り**けとばし**た. Jack **kicked** an empty can as hard as he could.

けなす (悪口を言う)
say* bad things《about ...》;
(非難する) criticize [クリティサイズ]

ケニア Kenya [ケニャ]

ゲノム 〖生物〗a genome [ヂーノウム]

けはい【気配】 a sign [サイン]

▶春の気配 a **sign** of spring

けばけばしい gaudy [ゴーディ],
loud [らウド], showy [ショウイ]

げひん【下品な】 vulgar [ヴァるガ]

けむい【煙い】 smoky [スモウキ]

けむし【毛虫】
a (hairy) caterpillar [(ヘアリ) キぁタピら]

·けむり【煙】 **smoke** [スモウク]

▶部屋は煙がもうもうとしていた.
The room was filled with **smoke**.

ことわざ **火のない所に煙は立たぬ.**
There is no smoke without fire.

煙を出す smoke

けむる【煙る】 smoke [スモウク];
(かすむ) look dim

けもの【獣】 a beast [ビースト]

げらげら【げらげら笑う】
laugh aloud

げり【下痢】 diarrhea [ダイアリ(ー)ア]

▶下痢をしている have **diarrhea**

ゲリラ a guerrilla [ゲリら]

ける【蹴る】 kick [キック]

▶選手がまちがってわたしの脚(あし)を**けっ**た. A player **kicked** me on the leg by mistake.

けれど(も) but [バット], though [ぞウ], although [オーるぞウ]

➡-が, -(にも)かかわらず, しかし

▶雨が降っていた**けれども**, わたしは釣(つ)りに行った. **Though** it was raining, I went fishing.

ゲレンデ
a ski slope [スろウプ], a ski run

げろ vomit [ヴァミット]

げろを吐(は)く vomit, throw* up

けわしい【険しい】 steep [スティープ]

▶険しいがけ a **steep** cliff

けん[1]【県】 a prefecture [プリーふェクチャ] (◆日本の「県」を手紙のあて名などに書くときは, ふつう prefecture や -ken などをつけない. (例) Iyo-shi, Ehime (愛媛県伊予市))

▶わたしは宮城県の出身です. I am [come] from Miyagi **Prefecture**.

県(立)の prefectural
[プリふェクチュラる] **➡けんりつ**

県大会 a prefectural contest,
a prefectural meet,
a prefectural tournament

県知事 a governor

県庁 a prefectural office

県予選 a prefectural preliminary

けん[2]【件】 a matter [マぁタ]

▶その件についてはわたしは何も知らない.
I know nothing about that **matter**.

けん[3]【剣】 a sword [ソード]

けん[4]【券】 a ticket [ティケット]

券売機 a ticket machine,
a ticket-vending machine

げん【弦】
(楽器の) a string [ストゥリング]

弦楽器 a stringed instrument

けんい【権威】 authority
[アそーリティ]; (人) an authority

·げんいん【原因】 a **cause** [コーズ]
(対義語「結果」a result, (an) effect);
(起源) (an) origin [オーリヂン]

▶けんかの原因は何なの?
What is the **cause** of the quarrel?

▶原因不明の火事
a fire of unknown **origin**

原因となる cause

▶居眠(いねむ)り運転が事故の原因だった.
The accident was **caused** by a sleeping driver.

げんえき【現役】

現役の active [あクティヴ]

現役選手 a player on the active list

けんか (口論) a quarrel [クウォーレる],
an argument [アーギュメント];
(なぐり合い) a fight [ふァイト]

けんかする quarrel; fight*

げんか【原価】 (a) cost [コースト]

けんがい【圏外にいる】 be* out of (service) range, be outside cell phone service range, have* no reception
▸彼の携帯(けいたい)電話は圏外だった. His cell phone **was out of range**.

げんかい【限界】 a limit [リミット] (♦しばしば複数形で単数あつかいになる)
▸もう体力の限界だ(→限界に達した).
I have reached the **limits** of my strength.

けんがく【見学】 a field trip
見学する visit ... for study, take* a field trip to ...
▸わたしたちはきのうテレビ局を見学した. We **took a field trip to** a TV station yesterday.
▸足をけがしているので体育の授業を見学させて(→免除(めんじょ)して)ください. I would like to be excused from P.E. class because my leg is injured.
(♦この excuse は「(義務などから)(人)を免除する」の意味)

げんかく【厳格な】 strict [ストゥリクト]
▸厳格な家庭 a **strict** family

げんかん【玄関】
(戸) the front door;
(屋根つきの外の空間) the porch [ポーチ]

*げんき【元気】

(活力) energy [エナヂィ]; (活気) vitality [ヴァイタぁりティ]; (気分) spirits [スピリッツ]; (体力) strength [ストゥレンクす]
▸瞬は元気いっぱいだ.
Shun is full of **energy**.
元気な (健康な) **fine** [ふァイン], **well*** [ウェる]; (活発な) high-spirited [ハイスピリティッド]; (陽気な) cheerful [チアふる]
▸由紀はいつも元気だね.
Yuki is always **cheerful**.

ダイアログ　**あいさつする**
*A:*やあ, フレッド. **元気?**
Hi, Fred. **How are you?**
*B:*元気だよ. きみは?
Fine, thank you. And you?

参考 **「元気?」「元気だよ」**
How are you? はあいさつの一種で, きのう会ったばかりの相手に対しても言います. 答え方には, 友達どうしでは **Fine.** のほかに (**Pretty**) **good.** (とても元気)や **I'm all right.** (まあまあ)などもあります.

元気に cheerfully, in high spirits
▸子供たちは元気よく走り回っていた.
The children were running around **in high spirits**.
元気になる
(病気などから) get* well, get better
▸早く元気になってください.
I hope you will **get well** soon.
▸**元気出し**て, さくら.
Cheer up, Sakura. (♦cheer up で「元気を出す」の意味)
元気づける encourage [インカ〜リッヂ]; cheer (up) ➡**はげます**

*けんきゅう【研究】

a study [スタディ]
研究する study
▸ジョンは歌舞伎(かぶき)の研究をしている.
John is **studying** kabuki.
研究家, 研究者 a researcher [リサ〜チャ], a student [ステューデント]
▸古代史の研究家
a **student** of ancient history
研究室 a study room; (化学などの) a laboratory [らぁブラトーリ]
研究所 a research institute

けんきょ【謙虚な】
modest [マデスト], humble [ハンブる]

けんきん【献金】
a contribution [カントゥリビューシャン], a donation [ドウネイシャン] ➡**きふ**
献金する contribute《to ...》[コントゥリビュート], donate《to ...》[ドウネイト]

*げんきん【現金】 cash [キぁッシ]

ダイアログ　**質問する**
*A:*現金で払(はら)えますか?
Can I pay by **cash**?
*B:*はい, どうぞ. Yes, please.

現金にする cash
▸この小切手を現金にしてください.
Cash this check, please.
現金自動預け払(ばら)い機 〘米〙 an ATM (♦*a*utomated [*a*utomatic] *t*eller *m*achine の略), a cash machine, 〘英〙

a cash dispenser

けんけつ【献血】
(a) blood donation［ドウネイシャン］
献血する donate blood［ドウネイト］, give* blood

げんご【言語】 (a) language［らぁングウィッヂ］➡**ことば**
言語学 linguistics［りングウィスティックス］

***けんこう【健康】** health［へるす］
健康な well*［ウェる］, healthy［へるすィ］(対義語「病気で」sick, ill)
➡**巻頭カラー 英語発信辞典⑭**
▸わたしの祖母はとても健康です.
My grandmother is in very good **health**. / My grandmother is very **well** [**healthy**].
▸食べ過ぎは健康に悪い. Eating too much is bad for your **health**.
▸健康に(じゅうぶん)気をつけてください.
Take (good) care of your **health**.
健康食品 health food
健康診断(しんだん) a physical examination, a physical checkup
健康診断書 a health certificate
健康保険 health insurance
健康保険証 a health insurance card

げんこう【原稿】
a manuscript［マぁニュスクリプト］
原稿用紙 manuscript paper

げんこうはん【現行犯で】
red-handed［レッドハぁンディッド］, in the act
▸そのすりは現行犯でつかまった.
The pickpocket was caught **red-handed** [**in the act**].

けんこくきねんのひ【建国記念の日】 National Foundation Day［ナぁショナる ふァウンデイシャン デイ］

げんこつ
a (clenched) fist［(クれンチト) ふィスト］
▸ジョージがわたしをげんこつでなぐった.
George struck me with his **fist**.

けんさ【検査】 (an) examination［イグザぁミネイシャン］, a check［チェック］, a test［テスト］, a checkup［チェックアップ］
▸学力検査 an achievement **test**
▸身体検査
a physical **examination**/ a physical **checkup**
検査する examine, check, test
▸空港でかばんを検査された. My bags were **examined** at the airport.

***げんざい【現在】**
the **present**［プレズント］➡**いま**[1]
現在の present, current［カ～レント］
▸これがわたしの現在の住所です. This is my **present** [**current**] address.
現在のところ now, at present
▸現在, この学校の生徒は280人です.
There are 280 students in this school **now**.

けんさく【検索】 a search［サ～チ］, retrieval［リトゥリーヴァる］
▸検索エンジン **search** engine
検索する search, retrieve［リトゥリーヴ］
▸インターネットで検索する
search the internet

げんさく【原作】
the original (work)［オリヂヌる］
原作者 the (original) author

げんさん【…原産の】
native to ...［ネイティヴ］
▸中国原産の花
flowers **native to** China

けんじ【検事】
a prosecutor［プラセキュータ］

げんし[1]【原子】 an atom［あトム］
原子の atomic［アタミック］
原子爆弾(ばくだん) an atomic bomb, an A-bomb
原子物理学 nuclear physics
原子炉(ろ) a nuclear reactor
➡**げんしりょく**

げんし[2]【原始的な】
primitive［プリミティヴ］
原始時代 the primitive ages
原始人 primitive people

けんじつ【堅実な】 steady［ステディ］; (財政・事業などが) sound［サウンド］; (堅固な) solid［サリッド］

げんじつ【現実】
reality［リありティ］
▸彼の夢(ゆめ)が現実になった.
His dream became a **reality**.
現実の
actual［あクチュアる］, real［リーアる］
現実的な realistic［リーアリスティック］
現実に (実際に) actually
現実離(ばな)れしている unrealistic
▸きみの考えは現実離れしている.

Your idea is **unrealistic**.

けんじゅう【拳銃】
a pistol［ピストゥる］➡**じゅう²**

げんじゅう【厳重な】 strict［ストゥリクト］, severe［セヴィア］➡**きびしい**
厳重に strictly, severely

げんじゅうしょ【現住所】
one's present [current] address

げんしゅく【厳粛な】
solemn［サれム］

けんしょう【懸賞】
a prize［プライズ］
▸やったあ，懸賞に当たった！
Wow, I won the **prize**!
▸懸賞(→懸賞のかかったコンテスト)に応募(おうぼ)する enter a **prize** contest
懸賞金 a prize

げんしょう¹【減少】
(a) decrease［ディークリース］
(対義語「増加」an increase)
減少する decrease［ディクリース］
(♦アクセントに注意)➡**へる**
▸その学校の生徒数は減少している．
The number of students in the school is **decreasing**.

げんしょう²【現象】
a phenomenon［ふェナメナン］
(複数 phenomena)

げんじょう【現状】 the present condition(s), the present situation
▸現状では
under **the present condition(s)**

げんしょく【原色】 a primary color；(鮮(あざ)やかな色) a vivid color
三原色 the three primary colors

げんしりょく【原子力】
nuclear energy［ニュークりア エナヂィ］,
atomic energy［アタミック］
原子力潜水艦(せんすいかん)
an atomic submarine
原子力発電
nuclear power generation
原子力発電所 a nuclear power plant
➡**げんし¹**

けんしん【献身】
devotion［ディヴォウシャン］；
self-sacrifice［セるふサぁクリふァイス］
献身する
devote oneself《to ...》［ディヴォウト］
献身的な devoted［ディヴォウティッド］
▸彼女の献身的な世話のおかげで，彼はすぐに健康を回復した．
Thanks to her **devoted** care, he recovered his health quickly.

けんすい【懸垂】〘米〙a chin-up［チナップ］,〘英〙a pull-up［プらップ］
▸わたしはけんすいが20回できる．
I can do twenty **chin-ups**.

げんせいりん【原生林】
a virgin forest［ヴァ～ヂン ふォーレスト］

けんせつ【建設】
construction［コンストゥラクシャン］
▸新しい駅が，建設中です． A new station is under **construction**.
建設する build*［ビるド］,
construct［コンストゥラクト］
建設的な
constructive［コンストゥラクティヴ］
建設会社 a construction company
建設現場 a construction site
建設工事 construction work

けんぜん【健全な】
sound［サウンド］, healthy［へるスィ］
ことわざ **健全な身体に健全な精神．**
A sound mind in a sound body.

げんそ【元素】
an element［エれメント］
元素記号 the symbol of an element

げんぞう【現像】
development［ディヴェろプメント］
現像する develop［ディヴェろプ］

げんそく【原則】
a principle［プリンスィプる］
▸**原則的には**きみの意見に賛成だ．
In principle, I agree with your opinion.

けんそん【謙そんする】
be* modest［マデスト］

げんそん【現存の】 existing［イグズィスティング］; living［リヴィング］
▸これは日本に現存する最古の寺です．
This is the oldest temple **existing** in Japan.

•げんだい【現代】
the present day［プレズント デイ］, the present age［エイヂ］, **today**［トゥデイ］
現代の modern［マダン］,
present-day,
contemporary［コンテンポレリ］
▸現代の日本 **modern** Japan /

けpresent-day Japan / Japan **today**
▸現代では電気のない生活は考えられない. We can hardly imagine life without electricity **today**.
現代音楽 contemporary music
現代作家 a contemporary writer
現代っ子 a modern kid
現代文学 contemporary literature

けんだま【けん玉】 a *kendama*
▸けん玉をして遊ぶ play with a ***kendama***

げんち【現地】 the place［プれイス］, the spot［スパット］
現地時間 local time

***けんちく【建築】**
(建物) (a) **building**［ビるディング］; (建てること) construction［コンストゥラクシャン］➡けんせつ
▸木造建築 a wooden **building**
▸高層建築 a high-rise **building** / a skyscraper
建築する build*［ビるド］, put* up, construct［コンストゥラクト］
建築家 an architect［アーキテクト］
建築学 architecture［アーキテクチャ］

けんちょう【県庁】 ➡けん¹

げんつき【原付き】 a moped［モウペッド］,〖米〗a motorbike［モウタバイク］

けんてい【検定する】 approve［アプルーヴ］, authorize［オーそライズ］

げんてん【減点する】 subtract［サブトゥラぁクト］
▸スペルミスで２点減点された. I had two points **subtracted** because of spelling mistakes.

げんど【限度】 a limit［りミット］
▸我慢(がまん)にも限度があるよ. There is a **limit** to my patience.

けんとう¹【見当】 a guess［ゲス］
見当をつける guess
▸費用がいくらかかるか見当もつかない. I cannot **guess** how much it will cost.

けんとう²【検討する】 examine［イグザぁミン］, consider［コンスィダ］

けんとう³【健闘する】
(競技などで) play well, do one's best
▸わたしたちは健闘したが, 残念ながら負けた. We **played well**, but unfortunately we lost.

***けんどう【剣道】** *kendo* ➡図
▸姉は剣道初段です. My sister has a first *dan* in ***kendo***.
▸剣道をする practice ***kendo***
剣道部 a *kendo* team

日本紹介 剣道は伝統的な日本版フェンシングです. 防護のため特別な用具を身につけ, 竹刀(しない)と呼ばれる竹の刀でおたがいに打ち合います.
Kendo is a traditional Japanese-

● 剣道 kendo

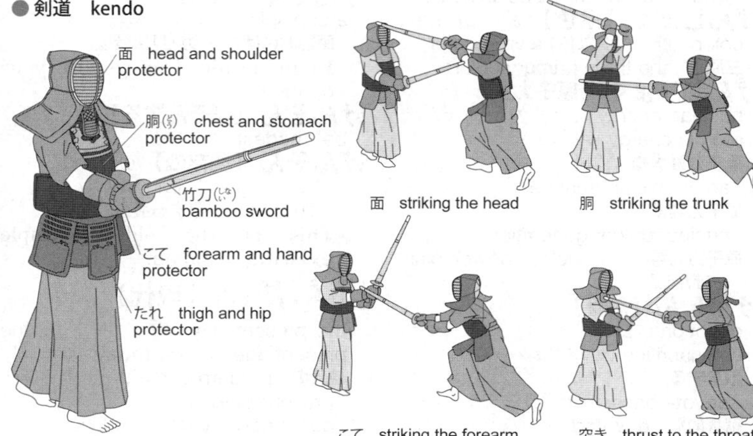

style fencing. People wear special gear for protection. They try to hit each other with special bamboo swords called *shinai*.

げんば【現場】（事故などの）a scene［スィーン］;（建築などの）a site［サイト］

けんばいき【券売機】 ➡けん[4]

げんばく【原爆】 an atomic bomb, A-bomb［エイバム］

原爆記念日 an anniversary of the atomic bombing in Hiroshima [Nagasaki]

原爆ドーム Atomic Bomb Dome

けんばん【鍵盤】

a keyboard［キーボード］

鍵盤楽器 a keyboard instrument

けんびきょう【顕微鏡】

a microscope［マイクロスコウプ］

けんぶつ【見物】

sightseeing［サイトスィーインッ］

▸奈良見物に行く

go **sightseeing** in Nara（♦× to Nara とは言わない）

見物する see* the sights《of ...》, visit［ヴィズィット］

▸シドニーを見物する

see the sights of Sydney

見物席 a seat;（競技場の）a stand

見物人 a visitor［ヴィズィタ］, a sightseer［サイトスィーア］;（観客）a spectator［スペクテイタ］

けんぽう【憲法】

a constitution［カンスティテューシャン］

▸憲法第9条

Article 9 of the **Constitution**

▸日本国憲法

the **Constitution** of Japan

憲法記念日

Constitution (Memorial) Day

げんまい【玄米】 brown rice

げんみつ【厳密な】 strict［ストゥリクト］

厳密に strictly

▸厳密に言えば, この文は正しくない.

Strictly speaking, this sentence isn't correct.

けんめい[1]【賢明な】 wise［ワイズ］; sensible［センスィブる］

けんめい[2]【懸命に】 hard

➡いっしょうけんめい

げんめつ【幻滅】

disillusionment［ディスイるージャンメント］

幻滅する be* disillusioned《with ...》［ディスイるージャンド］

けんやく【倹約する】 save［セイヴ］

げんゆ【原油】 crude oil

けんり【権利】 a right［ライト］

▸あなたにそんなことを言う権利はない.

You have no **right** to say that.

▸他人の権利を尊重する

respect the **rights** of others

げんり【原理】

a principle［プリンスィプる］

けんりつ【県立の】

prefectural［プリふェクチュラる］

県立高校 a prefectural high school

げんりょう【原料】

(raw) materials［マティリアるズ］

▸原料を輸入する

import **raw materials**

けんりょく【権力】 power［パウア］

権力者 a powerful person, a power

げんろん【言論】 speech［スピーチ］

▸言論の自由 freedom of **speech**

Q 英語でも「ごちそうさま」にあたる表現はある？

➡「ごちそうさま」を見てみよう！

◆**こ[1]【子】**（子供）a **child**［チャイるド］（複数 children）,〖口語〗a kid［キッド］;（男の子）a **boy**［ボイ］;（女の子）a **girl**［ガ～る］

▸彼女は一人っ子です.

She is an only **child**.

▸海斗, いい子にしていなさいね.

Be a good **boy**, Kaito.

▸うちの子（→娘(むすめ)[息子(むすこ)]）はケーキが大好きです. My daughter [son] likes cake very much.

ことわざ **かわいい子には旅をさせよ.**

Spare the rod and spoil the child.（♦「むちを惜(お)しめば, 子供をだめにする」という意味）

子機（電話の）an extension

［イクステンシャン］

こ²【弧】 an arc［アーク］

▸弧を描(えが)いて飛ぶ　fly in an **arc**

こ–【故…】 the late ...［れイト］

▸故レノン氏　**the late** Mr. Lennon

–こ【…個】（♦ふつうは，名詞の前に one（または a, an），two, three ... を置いて表す；数えられない名詞には piece, bar, lump などを用いて a piece [two pieces] of ... のように表す）➡**かぞえる**

▸オレンジ1個　an [one] orange

▸消しゴム2個　two erasers

▸せっけん3個　three **bars** of soap

▸角砂糖4個　four **lumps** of sugar

▸キャンディー5個　five **pieces** of candy（♦soap, sugar, candy などは数えられない名詞なので，2個以上でも of の後の名詞に s はつけない）

⁑ご¹【五(の)】 five［ふァイヴ］

▸5回　**five** times

第5(の)　the **fifth**［ふィふす］
（♦5th と略す）

▸5分の1　one **fifth** / a **fifth**

▸5分の2　two **fifths**

五角形　a pentagon［ペンタガン］

⁎ご²【語】（単語）a **word**［ワ～ド］；

（言語）(a) **language**［らぁングウィッヂ］

▸この語の意味を知っていますか？
Do you know the meaning of this **word**?

▸カナダでは何語が話されていますか？
What **language** do they speak [is spoken] in Canada?

ご³【碁】 go, the game of go

▸碁を打つ
play **go** / have a game of **go**

碁石　a go stone

碁盤(ごばん)　a go board

⁎–ご【…後】 after ...［あふタ］；

（…後になって）**later ...**［れイタ］；
（…後ずっと）**since ...**［スィンス］；
（…たったら）**in ...**

▸夕食後　**after** dinner

▸それから2，3日後，健二から返事が来た.
A few days **later**, I got an answer from Kenji.

▸1時間後に駅で会おう.
Let's meet at the station **in** an hour.（♦現在から「…後」の場合は after an hour とは言わない）

▸その後，彼はどうしているの？
How has he been **since** then?

コアラ〘動物〙
a koala (bear)［コウアーら ベア］

コイ【鯉】
〘魚類〙a carp［カープ］（複数 carp）

✽**こいのぼり**　a carp streamer

日本紹介 こいのぼりは，コイの形をした吹(ふ)き流しです．コイとは carp のことです．日本ではコイは力強い魚と考えられています．こどもの日のために，子供，特に男の子の健康と成長を祈(いの)っていくつかのこいのぼりをあげます．
A *koinobori* is a windsock shaped like a carp. *Koi* means carp. In Japan, carp are considered powerful fish. People fly one or more *koinobori* for Children's Day to pray for the good health and growth of children, especially boys.

⁎こい¹【恋】 love［らヴ］

▸初恋　one's first **love**

恋をしている　**love**,
be* in love《with ...》

▸わたしはベンに恋をしている.　I **love** Ben. / I **am in love with** Ben.

ダイアログ　説明する
A:美紀ったらこのごろ変ね.
Miki is not herself these days.
B:きっと**恋わずらい**よ.
She's **lovesick**, I'm sure.
（♦lovesick［らヴスィック］は「恋に悩(なや)む，恋わずらいの」の意味の形容詞）

恋占(うらな)い　love fortune-telling

恋人　a sweetheart［スウィートハート］；
（男）a boyfriend［ボイふレンド］；
（女）a girlfriend［ガ～るふレンド］

⁎こい²【濃い】

❶〘色が〙**dark**［ダーク］，**deep**［ディープ］
（対義語「薄(うす)い」light）

▸濃い灰色　**dark** gray / **deep** gray

❷〘濃度(のうど)・密度が〙**thick**［すィック］
（対義語「薄い」thin）；〘お茶などが〙**strong**［ストゥローング］（対義語「薄い」weak）

▸濃いスープ　**thick** soup

こ

▸濃い霧(きり) a **thick** fog
▸コーヒーは少し濃いめにして. Make my coffee a little **strong**.

ごい【語彙】
(a) vocabulary［ヴォウキぁビュれリ］
▸真紀は英語の語いが豊富だ. Maki has a large English **vocabulary**. (♦「語いが少ない」は large の代わりに small を用いる)

こいし【小石】 a small stone, a pebble［ペブる］

こいしい【恋しい】
(思い焦(こ)がれる) long for ...; (いないことを残念に思う) miss［ミス］

こいぬ【子犬】 a puppy［パピ］

コイン a coin［コイン］➡こうか[2]
コインパーキング metered parking［ミータ〜ド パーキング］
コインランドリー 〘米〙a laundromat［ろーンドゥロマぁット］, 〘英〙a laund(e)rette［ろーンドゥレット］
コインロッカー a coin-operated locker

♦**こう** this［ずィス］; (このように) like this, (in) this way
▸こううるさくては眠(ねむ)れない. I can't sleep with **this** noise.
▸わたしの計画はこうです. My plan is **this**. (♦この後に計画の説明を続ける)
▸ほら, こうしてみて. Look. Do it **like this** [(**in**) **this way**].

-ごう【…号】 (番号・順番) a number［ナンバ］; (雑誌などの) an issue［イシュー］
▸…の6月号 the June **issue** of ...

こうい[1]【好意・厚意】
(親切) kindness［カインドネス］, goodwill［グッドウィる］
▸ご厚意に感謝します. Thank you for your **kindness**.
好意的な kind, friendly［ふレンドり］
▸みんなルーシーには好意的でした. Everyone was **friendly** to Lucy.

こうい[2]【行為】 ➡おこない

ごうい【合意】
an agreement［アグリーメント］
合意する agree［アグリー］
▸合意に達する reach an **agreement**

こういう like this ➡こんな

こういしつ【更衣室】 (体育施設(しせつ)の) a locker room［らカ ルーム］; (劇場など) a dressing room［ドゥレッスィング ルーム］

こういしょう【後遺症】
an aftereffect［あふタイふェクト］

こういん【工員】
a factory worker

ごうう【豪雨】 a heavy rain［ヘヴィ レイン］, a downpour［ダウンポーア］

♦**こううん【幸運】** (good) luck［らック］ (対義語「不運」bad luck), (good) fortune［ふォーチュン］
▸幸運を祈(いの)ってます. **Good luck** (to you)! / I wish you **good luck**.
幸運な lucky［らキ］, fortunate［ふォーチュネット］
▸1,000人の中から選ばれたの? きみは幸運だよ! Were you selected from among 1,000 people? You are **lucky**!
幸運にも luckily, fortunately

こうえい[1]【後衛】 a back［バぁック］

こうえい[2]【光栄】 an honor［アナ］, 〘英〙an honour
▸ご招待いただいてたいへん光栄です. It's a great **honor** to be here.

♦**こうえん[1]【公園】** a **park**［パーク］
▸国立公園 a national **park**
▸上野公園 Ueno **Park** (♦特定の公園名にはふつう the をつけない)
▸わたしは毎朝, 公園でジョギングする. I jog in the **park** every morning.

こうえん[2]【講演】 a lecture［れクチャ］
講演する give* a lecture
▸日本の政治について講演する **give a lecture** on Japan's politics
講演会 a lecture meeting
講演者 a lecturer［れクチャラ］

こうえん[3]【後援する】
sponsor［スパンサ］, support［サポート］
▸この展覧会は地元の新聞社が後援している. This exhibition is **sponsored** by a local newspaper.
後援会 a support group; (芸能人の) a fan club
後援者 a sponsor, a supporter

こうえん[4]【公演】
a performance［パふォーマンス］
公演する perform［パふォーム］

こうか[1]【効果】 (an) effect［イふェクト］

こ

▸この薬はあまり効果がない.
This medicine has little **effect**.
(♦「効果がある」は little の代わりに a good を用いる)

効果的な effective［イふェクティヴ］

▸英語を覚える**効果的な**方法 an **effective** way to learn English

こうか²【硬貨】 a coin［コイン］

▸500円硬貨
a five-hundred-yen **coin**

こうか³【校歌】 a school song

▸わたしたちは**校歌**を歌った.
We sang our **school song**.

こうか⁴【高価な】 expensive
➡たかい

こうが【黄河】 the Huang He［ホワーング ハー］, the Yellow River

ごうか【豪華な】 luxurious［らグジュリアス］, gorgeous［ゴーヂャス］

こうかい¹【航海】
a voyage［ヴォイエヂ］

航海する sail［セイる］,
make* a voyage, go* by sea

こうかい²【公開する】
open ... to the public［パブりック］

公開の public

▸この庭園は一般に**公開**されています.
This garden is open to the public.
(♦この open は形容詞)

公開討論会 an open forum

公開録音 a public recording

こうかい³【後悔】
(a) regret［リグレット］

後悔する regret,
feel* [be*] sorry《for ...》［サリ］

▸わたしは自分のしたことを**後悔**している.
I **regret** what I did. / I'**m sorry for** what I did. (♦後者のほうが口語的)

ことわざ **後悔先に立たず.**
It's (much) too late for regrets.
(♦「後悔するには遅(おそ)過ぎる」の意味) / **There's [It's] no use crying over spilt milk.** (♦「こぼれたミルクを嘆(なげ)いてもしかたがない」の意味)

こうがい¹【公害】
(environmental) pollution
［ポるーシャン］**➡おせん**

公害病 a pollution(-related) disease

公害問題 a pollution problem

こうがい²【郊外】
the suburbs［サバ～ブズ］

郊外の suburban［サバ～バン］

こうがい³【校外で】
outside (of) school

校外学習 a field trip

ごうかい【豪快な】 dynamic［ダイナぁミック］, powerful［パウアふる］

ごうがい【号外】
an extra［エクストゥラ］

こうかいどう【公会堂】
a public hall

こうかがくスモッグ【光化学スモッグ】 photochemical smog
［ふォウトケミクる スモッグ］

こうがく【工学】
engineering［エンヂニアリング］

▸遺伝子工学 genetic **engineering**

·ごうかく【合格】 a pass［パぁス］,
success［サクセス］**➡ふごうかく**

合格する **pass**, succeed in ...

▸みんな試験に**合格**していますように.
I hope we all **pass** the exam.

ダイアログ　祝う
A: 合格おめでとう! Congratulations on **passing** the exam!
B: ありがとう. とてもうれしいよ.
Thank you. I'm very happy.

合格者 a successful candidate

合格通知 an acceptance letter,
a letter of acceptance

合格点 a passing mark

こうかん¹【交換】 (an) exchange
［イクスチェインヂ］, a change［チェインヂ］

交換する exchange, change
➡とりかえる

▸わたしのノートとあなたのペンを**交換**しない? Won't you **exchange** your pen for my notebook?

▸この腕(うで)時計の電池を**交換**してくれますか? Can you **change** the battery in this watch?

交換留学生 an exchange student

こうかん²【好感】
a good impression
▶**好感度ナンバーワンの**女優 **the most likable** actress（♦likable は「好感のもてる」の意味の形容詞）

こうき¹【校旗】 a school flag

こうき²【後期】（2 学期制の）
the second semester［セメスタ］;（前期・後期の）the latter [second] half (of the period)（対義語「前期」the first half (of the period)）
▶1990 年代後期(→終わりごろ)に
in the late 1990s

こうき³【好機】(good) opportunity［アパテューニティ］, a (good) chance［チぁンス］

こうぎ¹【抗議】
a protest［プロウテスト］
抗議する protest［プロテスト］
▶わたしたちは審判(しんぱん)の判定に**抗議した**.
We **protested** (against) the referee's decision.

こうぎ²【講義】 a lecture［れクチャ］
講義する give* a lecture《on ...》

こうきあつ【高気圧】➡きあつ

こうきしん【好奇心】
curiosity［キューリアスィティ］
好奇心の強い curious［キュアリアス］
▶エイミーは好奇心がとても強い.
Amy is very **curious**.

こうきゅう¹【高級な】 high-class［ハイクらぁス］, high-grade［ハイグレイド］
▶高級車 a **high-class** car
高級品 quality goods

こうきゅう²【硬球】 a hard ball

こうきょ【皇居】 the Imperial Palace［インピリアる パぁれス］

こうきょう【公共の】
public［パブりック］
公共事業 public works（♦複数あつかい）, a public enterprise
公共施設(しせつ) public facilities
公共料金 public utility charges

こうぎょう¹【工業】
(an) industry［インダストゥリ］
▶軽工業 light **industry**
▶重工業 heavy **industry**
▶工業の盛(さか)んなところ
a center of **industry**
工業の industrial［インダストゥリアる］
工業高校 a technical high school
工業地帯 an industrial zone
工業都市 an industrial city

こうぎょう²【鉱業】 mining［マイニング］, the mining industry

こうきょうがく【交響楽】
《音楽》a symphony［スィンふォニ］
交響楽団 a symphony orchestra

こうきょうきょく【交響曲】
《音楽》a symphony［スィンふォニ］

こうきん【抗菌】
抗菌性の antibacterial［アンティバぁクティアリアる］

こうくう【航空】
航空会社 an airline (company)
航空機 an aircraft
航空券 an airline ticket
航空写真 an aerial photograph
航空便 airmail
▶航空便でベスに手紙を出した.
I sent a letter to Beth by **airmail**.（♦by air とも言う）

こうけい【光景】
a scene［スィーン］, a sight［サイト］

こうげい【工芸】 industrial arts［インダストゥリアる アーツ］

ごうけい【合計】

the sum［サム］, a total［トウトゥる］
合計で in all, in total, altogether
合計する add up［あッド アップ］

ダイアログ　質問する
*A:*おいくらですか？ How much is it?
*B:*合計 800 円になります.
Eight hundred yen **in all [total]**.

▶これを合計してください.(合計は)いくつになりますか？ Please **add up** these (figures). What's the **total**?
合計金額 the total amount, the total price

こうげき【攻撃】 (an) attack［アタぁック］, offense［オふェンス］（対義語「守備, 防御(ぼうぎょ)」defense）
▶攻撃は最大の防御(ぼうぎょ)である. The most effective defense is **offense**.
攻撃する attack
攻撃的な aggressive［アグレッスィヴ］
攻撃側 the offense

こうけん【貢献】
(a) contribution［カントゥリビューシャン］
貢献する contribute《to ...》

こ

［コントゥリビュート］,
make* a contribution《to ...》
▸翔は学園祭の成功におおいに貢献した.
Sho has **contributed** greatly **to** the success of our school festival.

こうげん【高原】（高地）highlands［ハイらンヅ］, heights［ハイツ］

こうご¹【口語】 spoken language
口語の spoken［スポウクン］,
colloquial［コろウクウィアる］
口語英語 spoken English
口語体 (a) colloquial style

こうご²【交互に】 by turns［タ～ンズ］, alternately［オーるタネットり］
交互に…する take* turns (at) ~ing
▸父と母が**交互に**車を運転した.
My father and mother **took turns (at) driving** the car.

***こうこう¹【高校】**
a (**senior**) **high school**
▸姉は高校へ通っています.
My sister goes to **high school**.
▸兄は高校１年生です.
My brother is a first-year student in **high school**. / My brother is in his first year of **high school**.

ダイアログ　質問する
A: 高校に入ったら何がしたいですか？
What do you want to do when you start **high school**?
B: 美術部に入りたいです.
I want to join the art club.

▸工業高校　a technical **high school**
▸商業高校
a commercial **high school**
▸農業高校
an agricultural **high school**
▸女子高校　a **high school** for girls, a girls' **high school**
▸男子高校　a **high school** for boys, a boys' **high school**
高校生 a high school student
高校入試 a high school entrance examination
高校野球 high school baseball

こうこう²【孝行】
▸**親孝行するん**だよ.
（→両親に優(やさ)しくしなさい）**Be good to your parents**. /（→両親を大事にしなさい）**Take care of your parents**.

こうごう【皇后】 an empress［エンプレス］（対義語「天皇」an emperor）
皇后陛下 Her Majesty the Empress

ごうごう（風が）roar［ローア］
▸風がごうごうと吹(ふ)き荒(あ)れている.
The wind is **roaring**.

こうこく【広告】 an advertisement［あドヴァタイズメント］,〚口語〛an ad［あッド］
▸新聞広告
a newspaper ad [**advertisement**]
広告する advertise［あドヴァタイズ］
広告代理店 an advertising agency
広告欄(らん) an advertisement column

こうさ【交差】 (a) crossing［クロースィング］, intersection［インタセクシャン］
交差する cross［クロース］
▸この通りは国道６号線と**交差します**.
This street **crosses** Route 6.
交差点 a crossing, an intersection

こうざ¹【講座】 a course［コース］
▸ラジオの英語講座
an English **course** on the radilo
▸通信講座　a correspondence **course**

こうざ²【口座】
an account［アカウント］
▸銀行口座　a bank **account**

こうさい【交際】（友好関係）friendship［ふレン(ド)シップ］
交際する be* friends《with ...》;
（特に異性と）go* out《with ...》
▸両親が達也**との交際**を許してくれない.
My parents won't allow me to **go out with** Tatsuya.
▸勇人は**交際範囲**(はんい)**が広い**（→多くの友人の輪をもっている）. Yuto **has a large circle of friends**.

こうさく【工作】 making;（工作品）handicraft［ハぁンディクラぁふト］（◆ふつう複数形で用いる）

こうさん【降参する】 give* in《to ...》;（あきらめる）give up

こうざん¹【高山】 a high mountain
高山の alpine［あるパイン］
高山植物 an alpine plant
高山病 mountain sickness

こうざん²【鉱山】 a mine［マイン］

こうし¹【子牛】
a calf［キぁふ］（複数 calves）

こうし²【講師】 a lecturer［れクチャ

ラ], an instructor [インストゥラクタ]

こうし³【公私】
public and private matters
▸公私混同する mix public matters with private ones

こうじ【工事】
construction [コンストゥラクシャン]
工事現場 a construction site
工事中 〘掲示〙Men at Work / Under Construction

▲「工事中」の標識

こうしき¹【公式】（数学などの）
a formula [ふォーミュら]
公式の（正式な）formal [ふォームる];（公務の）official [オふィシャる]
▸政府の公式発表 an **official** government statement
公式に formally, officially
公式記録 an official record
公式試合
a regular game, a regular match
公式戦（野球の）a regular-season game, an official game

こうしき²【硬式】
▸硬式テニス tennis
▸硬式野球 baseball（♦欧米(おうべい)には軟式(なんしき)テニスや軟式野球はない）

こうしつ【皇室】 the Imperial Family [インピリアる ふぁミり]

こうじつ【口実】
an excuse [イクスキュース] ➡**いいわけ**

こうして
(in) this way, like this ➡**こう**

こうしゃ¹【校舎】
a school building, a schoolhouse

こうしゃ²【後者】 the latter [らぁタ]
（対義語「前者」the former）

こうしゅう¹【公衆】
the public [パブリック]
▸**公衆の面前で** **in public**
公衆の public
公衆衛生 public health
公衆電話
a public telephone, a pay phone
公衆便所 a public restroom
公衆浴場 a public bath

こうしゅう²【講習】 a (training) course [コース], a class [クらぁス]
▸夏期講習を受ける
take a summer __course__ [**class**]

こうしょう¹【交渉】
a negotiation [ネゴウシエイシャン]
（♦しばしば複数形で用いる）
交渉する negotiate [ネゴウシエイト]

こうしょう²【校章】
a school badge [バぁッヂ]

˙こうじょう¹【工場】
a **factory** [ふぁクトリ];
（大規模な）a plant [プらぁント]
▸自動車工場 an automobile **plant**
▸工場で働く work __at__ [in] a **factory**

参考「工場」のいろいろ
製紙工場 a paper mill（♦製材·製紙などの工場には mill を用いる）
ガラス工場 a glassworks（♦ガラス·製鉄などの工場には works（単数あつかい）を用いる）
自動車修理工場 an auto repair shop

工場地帯 a factory area, an industrial region
工場排水(はいすい) industrial waste water

こうじょう²【向上】
(an) improvement [インプルーヴメント];
（地位の）(a) rise [ライズ]
向上する
improve [インプルーヴ], get* better
▸彼女の英語は少しずつ向上している.
Her English is gradually **improving**.
向上させる improve

ごうじょう【強情な】 stubborn [スタボン], obstinate [アブスティネット]

こうしょきょうふしょう【高所恐怖症】 a fear of heights [ふィア アヴハイツ], acrophobia [あクロふォウビア]
▸わたしは高所恐怖症なんだ.
I have a **fear of heights**.

こうしん【行進】 a march [マーチ], a parade [パレイド]
行進する march, parade
▸彼らは市内の通りを行進した. They **paraded** the streets of the city.
行進曲 a march

こ

こうすい【香水】
perfume［パ～ふューム］
▸香水をつけている　wear **perfume**

こうずい【洪水】 a flood［ふらッド］
▸車がたくさん洪水で流された.
Many cars were washed away by the **flood**.
洪水になる, 洪水にさせる　flood

こうせい[1]【厚生】 welfare
［ウェるふェア］, (公共の) public welfare
厚生施設(しせつ)　welfare facilities

こうせい[2]【恒星】 a (fixed) star

こうせい[3]【公正な】 fair［ふェア］
▸公正な判断　a **fair** judgment
公正に　fairly

こうせい[4]【構成】
composition［カンポズィシャン］
構成する
compose［コンポウズ］, make* up
▸多くの交響(こうきょう)曲は 4 楽章から構成されている.　Most symphonies are **composed** of four movements.

ごうせい【合成】
composition［カンポズィシャン］;
〖化学〗synthesis［スィンセスィス］
合成物質　a compound substance

こうせいぶっしつ【抗生物質】
an antibiotic［あンティバイアティック］

こうせき【功績】 (貢献(こうけん)) (a) contribution［カントゥリビューシャン］;
(業績) achievements［アチーヴメンツ］
▸わたしたちは彼女の功績をたたえた.
We praised her **achievements**.

こうせん【光線】 a ray［レイ］,
a beam［ビーム］; (光) light［らイト］
▸レーザー光線　a laser **beam**

こうぜん【公然の】
open［オウプン］, public［パブりック］
▸公然の秘密　an **open** secret
公然と　openly, publicly, in public

こうそう【高層の】
high-rise［ハイライズ］ ➡ **ちょうこうそう**
高層ビル　a high-rise building; (超(ちょう)高層の) a skyscraper［スカイスクレイパ］

こうぞう【構造】
structure［ストゥラクチャ］
構造(上)の　structural
▸この車には構造上の欠陥(けっかん)がある.
This car has a **structural** defect.

こうそく[1]【校則】
school regulations［レギュれイシャンズ］,
school rules［ルーるズ］
▸わたしたちの学校は校則が厳しい.
Our **school <u>regulations</u> [rules]** are strict.
▸校則を守る［破る］　<u>obey</u> [break] **school <u>regulations</u> [rules]**

こうそく[2]【高速】 high speed
高速道路　〖米〗an expressway, a speedway, a freeway,
〖英〗a motorway

˙こうたい[1]【交代する, 交替する】
(順番に行う) take* turns; (役割などを代わる) take a person's place
▸圭が純と交代して主将になった.　Kei **took Jun's place** as the captain.
交代で　by turns ➡ **こうご[2]**
▸わたしと妹は交代で食器を洗います.
My sister and I wash the dishes **by turns**. / My sister and I **take turns** washing the dishes.

こうたい[2]【後退する】 go* back

こうだい【広大な】
vast［ヴぁスト］, very large
▸広大な平原　a **vast** plain

こうたいし【皇太子】
the Crown Prince［クラウン プリンス］
皇太子妃(ひ)　the Crown Princess

こうたく【光沢】 luster［らスタ］;
(塗料(とりょう)) gloss［グらス］
光沢のある　lustrous［らストゥラス］, glossy［グらスィ］

こうちゃ【紅茶】 (black) tea［ティー］
(◆英米では緑茶(green tea)と区別するときに black tea を用いる)
▸紅茶を入れる　make **tea**

˙こうちょう[1]【校長】
〖米〗a principal［プリンスィプる］,
〖英〗a head teacher; (男性の)
a headmaster［ヘッドマぁスタ］; (女性の)
a headmistress［ヘッドミストゥレス］
(◆〖米〗では a headmaster, a headmistress は私立学校の校長)
▸わたしたちの学校の校長先生
the **principal** of our school
校長室　the principal's office

こうちょう[2]【好調】
▸すべては好調だ(→うまく行っている).
Everything **is going <u>well</u> [all right]**.

▸出足好調だ.
We **made a good start**.
▸今, わがチームは**絶好調です**.
Our team **is** now **at its best**.

・こうつう【交通】
traffic [トゥラぁふィック];
(輸送・輸送機関) transportation
[トゥラぁンスパテイシャン]
▸国道1号線は交通が激(はげ)しい.
Traffic is heavy on Route 1. / There is a lot of **traffic** on Route 1.
交通安全週間 Traffic Safety Week
交通違反(いはん) traffic (rules) violation
[ヴァイオれイシャン]
▸交通違反をする
violate [break] traffic rules
交通機関
(a means of) transportation
交通規則 traffic rules
▸交通規則を守る obey **traffic rules**
交通事故 a traffic accident
▸交通事故にあう
have a **traffic accident**
交通渋滞(じゅうたい) a traffic jam
交通情報 a traffic report, a traffic information
交通整理 traffic control
交通費 transportation expenses
交通標識 a traffic sign

こうつごう【好都合な】
convenient [コンヴィーニャント] ➡つごう
▸それは好都合だ.
That's **convenient** for me.

こうてい¹【校庭】 a schoolyard
[スクーるヤード]; (運動場)
a playground [プれイグラウンド];
(学校の構内) school grounds
▸校庭でサッカーをする
play soccer in the **schoolyard**

こうてい²【肯定する】
affirm [アふァ〜ム]
肯定的な affirmative [アふァ〜マティヴ]

こうてい³【皇帝】 an emperor [エンペラ] (♦女性形は empress [エンプレス])

こうてつ【鋼鉄】 steel [スティーる]

こうど【高度】 (a) height [ハイト];
(海抜(かいばつ), 標高) altitude [あるティテュード]
高度な (程度が) advanced
[アドヴぁンスト], high [ハイ]
高度に highly

こうとう¹【高等な】
high [ハイ], higher [ハイア]
高等学校 a (senior) high school
高等教育 higher education
高等専門学校 a technical college

こうとう²【口頭の】
oral [オーラる], verbal [ヴァ〜バる]

こうどう¹【行動】 action [あクシャン];
(ふるまい) behavior [ビヘイヴィア]
行動的な active [あクティヴ]
行動する act [あクト], take* action;
behave [ビヘイヴ]
▸なぜこんな行動をとったの？ Why did you **take** such **action**? / Why did you act [**behave**] in such a way?
▸修学旅行中は常に**グループで行動した**.
We always **did everything as a group** during our school trip.
▸3時までは**自由行動にします**. **You will have free time** until three.

こうどう²【講堂】
an auditorium [オーディトーリアム],
〖英〗an assembly hall [アセンブり]

ごうとう【強盗】 (人) a robber
[ラバ]; (行為(こうい)) robbery [ラバリ]
▸銀行強盗 a bank **robber**

ごうどう【合同の】 joint [ヂョイント]
合同演奏会 a joint concert

こうどく【購読】
a subscription [サブスクリプシャン]
購読する subscribe 《to ...》
[サブスクライブ], take* [テイク]
▸雑誌を定期購読する
subscribe to a magazine

こうない【校内で】 in the school
[スクーる]; (大学のキャンパスで) on campus [キぁンパス]
校内放送 a school PA (system)
(♦PA は *p*ublic-*a*ddress の略で「拡声装置(そうち)」の意味)
校内暴力 school violence

こうにゅう【購入する】
purchase [パ〜チェス], buy* [バイ]

こうにん【後任】
a successor [サクセサ]
▸彼女が後任の校長先生です. She is the **successor** to the principal.

こうば【工場】 a factory ➡こうじょう¹

こうはい【後輩】
(下級生) a younger student
(対義語「先輩」an older student)

こ

▸誠は高校の１年後輩(→１年下)なんだ. Makoto is one year below me in high school.

こうばいぶ【購買部】
(学校の) a school shop

こうはん【後半】 the latter half [らぁタ ハぁふ], the second half (対義語「前半」the first half)
▸先週の後半はとても忙(いそが)しかった.
I was very busy (during) **the latter half** of last week.
▸彼女は後半にゴールを１点決めた.
She made a goal in **the second half**.
後半戦 the second half of the game

こうばん【交番】
a police box [ポリース バックス]

こうひょう[1]【好評な】 popular [パピュら], well-received [ウェるリスィーヴド]

こうひょう[2]【公表する】
announce (officially [publicly]) [アナウンス], make* ... public
▸彼は真実を公表した.
He **made** the truth **public**.

こうふう【校風】 (a) school tradition [トゥラディシャン] (◆具体的な事例を指すときは s をつける), the character of a school (◆school color は学校を象徴(しょうちょう)する色のことで「校風」の意味はない)
▸あなたの学校の校風はどう？ What are your **school traditions** like? / What is **the character of your school** like?

・こうふく[1]【幸福】 happiness [ハぁピネス]
幸福な **happy** [ハぁピ]
▸幸福な家庭 a **happy** home
▸母は今，幸福だと思う.
I think my mother is **happy** now.
幸福に happily
▸幸福に暮(く)らす live **happily**

こうふく[2]【降伏】
(a) surrender [サレンダ]
降伏する surrender《to ...》

こうぶつ[1]【好物】
one's favorite (food) [ふェイヴァリット]
▸わたしの好物は大福です.
My **favorite (food)** is *daifuku*.

こうぶつ[2]【鉱物】
a mineral [ミネラる]
鉱物の mineral
鉱物資源 mineral resources

・こうふん【興奮】
excitement [イクサイトメント]
興奮する get* excited;
(興奮している) be* excited
興奮させる excite
▸興奮する試合
an **exciting** game [match]
▸興奮した観客 an **excited** audience
▸そんなに興奮しないで.
Don't **get** so **excited**.
▸なんでそんなに興奮しているのですか？
Why **are** you so **excited**? / What makes you so **excited**?

・こうへい【公平な】
fair [ふェア] (対義語「不公平な」unfair)
▸公平な判断を下す
make a **fair** judgment
公平に fairly
▸ケイトは生徒たちに等しく公平に接した. Kate treated her students equally and **fairly**.

こうほ【候補】 (選挙の候補者)
a candidate [キぁンディデイト]

こうほう【後方】
the rear [リア], the back [バぁック]

ごうほう【合法的な】 legal [リーグる]

こうま【子馬】 a colt [コウるト]

ごうまん【傲慢な】 arrogant [あロガント], haughty [ホーティ]

こうみょう【巧妙な】 clever [クれヴァ], smart [スマート], skillful [スキるふる]
巧妙に cleverly, smartly, skillfully
▸巧妙な手口 a **clever** trick

こうみりょう【香味料】
(a) flavoring [ふれイヴァリング],
a spice [スパイス]

こうみん【公民】 (科目) civics [スィヴィックス] (◆単数あつかい)

こうみんかん【公民館】 a public hall,〖米〗a community center

こうむ【公務】 (an) official duty

こうむいん【公務員】
a public servant [サ～ヴァント],
an official [オふィシャる]
▸国家公務員 a government **official**

こうむる【被る】 (被害(ひがい)を) suffer [サふァ]; (恩恵(おんけい)を) receive [リスィーヴ]

こうもく【項目】 (一つひとつの)

an item［アイテム］;（見出し）a heading

コウモリ〖動物〗a bat［バぁット］

こうもん【校門】 a school gate

こうやく【公約】 a pledge［プレッヂ］;（選挙の）a platform［プらぁットふォーム］, a campaign promise

▸選挙公約を実行する
fulfill a **campaign promise**

こうよう[1]【紅葉】 red [colored] leaves［リーヴズ］, autumn colors

紅葉する
turn red [yellow], change colors

▸モミジが紅葉し始めている.
The maples are **turning red**.

こうよう[2]【公用】 official business;（公務上の使用）public use

公用語 an official language［らぁングウィッヂ］

こうらく【行楽】
a picnic［ピクニック］, an excursion［イクスカ〜ジャン］, an outing［アウティング］

行楽客
〖米〗a vacationer［ヴェイケイシャナ］, 〖英〗a holidaymaker［ハりデイメイカ］

行楽地 a holiday resort

こうり【小売り】 retail［リーテイる］

小売りする retail

小売価格 a retail price

小売り店 a retail store

ごうり【合理的な】 reasonable［リーズナブる］, rational［ラぁショヌる］

合理的に reasonably, rationally

こうりつ【公立の】 public［パブリック］（対義語「私立の」private）

公立学校 〖米〗a public school, 〖英〗a state school

こうりゃく【攻略する】 capture

攻略本 a strategy guidebook《for ...》, a book on strategy

こうりゅう【交流】
exchange［イクスチェインヂ］

▸文化交流 cultural **exchange**

交流試合 a friendly match

交流戦 （野球の）an interleague game

ごうりゅう【合流する】 join［ヂョイン］

こうりょ【考慮】
consideration［コンスィダレイシャン］

考慮する
consider［コンスィダ］, think* over

▸わたしの立場を考慮してください.
Please **consider** [**think over**] my position.

こうりょく【効力】 effect［イふェクト］

効力のある effective［イふェクティヴ］

効力のない
ineffective［イネふェクティヴ］

こうれい【高齢】 an advanced age

高齢化 aging［エイヂング］

高齢(化)社会 an aging society

ごうれい【号令】 an order［オーダ］

号令をかける order, give* an order

こうろん【口論】
a quarrel［クウォーレる］

口論する quarrel ➡けんか

こうわ【講和】 peace［ピース］

▸講和条約 a **peace** treaty

•こえ【声】

（人の）a **voice**［ヴォイス］;（虫や鳥の鳴き声）a chirp［チャ〜プ］;（鳥のさえずり）a **song**［ソーング］

▸淳は声がいい.
Atsushi has a pleasant **voice**.

▸もっと大きな声で話して. Please speak **in a louder voice** [up].（♦speak up で「大きな声で話す」の意味）

▸ジュディーは声をひそめて話した.
Judy talked in a low **voice**.

▸この文を**声を出して**読みなさい.
Please read this sentence **aloud**.（♦aloud は「声を出して」の意味の副詞）

▸「静かにしなさい」と先生は**大きな声で言った**（→叫(さけ)んだ）. “Be quiet!” **cried** [**shouted**] our teacher.

声変わり the change of one’s voice

ごえい【護衛する】（見張り）guard［ガード］;（同行）escort［エスコート］

こえた【肥えた】（人・動物が）fat［ふぁット］;（土地が）fertile［ふァ〜トゥる］

こえだ【小枝】 a twig［トゥウィッグ］

•こえる【越える, 超える】

❶〖越えて向こう側へ行く〗**go* over ..., get* over ..., cross (over ...)**

▸山を越える **go over** the mountain

▸この線を越えるな.
Don’t **cross (over)** this line.

❷〖数・量が上回る〗be* over ..., be more than ..., be above ... ➡いじょう[1]

▸多田先生は 40 歳(さい)を超えている. Ms. Tada **is over** [**more than**] forty.

▸この間の英語のテストでは平均点を超えた. I **was above** average on the

last English test.

ゴーグル goggles [ガグるズ]
(♦数えるときは a pair of goggles, two pairs of goggles のように言う)

ゴージャス【ゴージャスな】
gorgeous [ゴーヂャス]

コース (進路・食事の) a course [コース]; (競泳・陸上などの) a lane [れイン]
▸フルコースのディナー
a full-**course** dinner (♦a course は一つひとつの料理を表す)
▸第4コース **lane** 4 / the 4th **lane**

コーチ a coach [コウチ]
▸森先生はわたしたちのテニスのコーチです. Ms. Mori is our tennis **coach**.
コーチする coach

コーディネーター
a coordinator [コウオーディネイタ]
▸インテリアコーディネーター
an interior **coordinator**

コーディネート【コーディネートする】 coordinate [コウオーディネイト]

コーデュロイ【コーデュロイの】
corduroy [コーデュロイ]

コート[1] (衣服) a coat [コウト],
an overcoat [オウヴァコウト]
▸コートを着る put on a **coat**

コート[2] (テニスなどの) a court [コート]

コード[1] (電気の) a cord [コード]

コード[2] (和音) a chord [コード]

コード[3] (符号(ふごう)) a code [コウド]

コーナー (曲がり角) a corner [コーナ]; (売り場) a department [ディパートメント]; (陸上競技などの) a turn
▸(デパートの)子供服コーナー the children's clothing **department**
▸その走者は第4コーナーを回った.
The runner rounded the fourth **turn**.
コーナーキック a corner kick

コーヒー coffee [コーふィ]
▸濃(こ)いコーヒー strong **coffee**
▸インスタントコーヒー
instant **coffee**
▸コーヒーを入れる make **coffee**

ダイアログ 質問する
A: コーヒーに何か入れましょうか?
How would you like your **coffee**?
B: 砂糖とクリームを入れてください.
With sugar and cream, please.

▸コーヒーを2つください. Two **coffees**, please. (♦「コーヒーを2杯(はい)」はふつう two cups of coffee だが, 店で注文するときは two coffees と言う)
コーヒーカップ a coffee cup
コーヒーショップ a coffee shop
コーヒー豆 a coffee bean
コーヒーメーカー a coffee maker

コーラ (a) cola [コウら],
〖口語〗(a) coke [コウク]

コーラス a chorus [コーラス]

⁺こおり【氷】 ice [アイス]
▸ひとかたまりの氷 a cake of **ice** / (大きめの) a block of **ice** (♦冷蔵庫で作る角氷は an ice cube と言う)
▸バケツに**氷が張った** (→バケツの水が凍(こお)った). The water in the bucket **has frozen**.
▸かき氷 shaved **ice** (with syrup)
氷砂糖 〖米〗rock candy,
〖英〗sugar candy
氷まくら an ice bag (used as a pillow)
氷水 ice water

⁺こおる【凍る】 freeze* [ふリーズ];
(凍っている) be* frozen [ふロウズン]
▸冬場, この池は一面に**凍ります**.
This pond **freezes** over in winter.
▸この肉はカチカチに**凍っている**.
This meat **is frozen** solid.
▸**凍るような寒さです**. It's **freezing**.

ゴール (サッカーなど) a goal [ゴウる];
(陸上競技など) a finish (line) [ふィニッシ]
▸高野, 1着でゴールイン! Takano has reached the <u>goal</u> [**finish**] (**line**) first. (♦× goal in とは言わない)
ゴールする (サッカーなどで)
make* a goal, get* a goal;
(陸上競技などで) finish
ゴールエリア the goal area
ゴールキーパー a goalkeeper
ゴールキック a goal kick
ゴールポスト a goalpost
ゴールライン a goal line

✽ゴールデンウィーク
Golden Week

日本紹介 日本では, 4月の終わりから5月の初めの時期をゴールデンウィークと呼びます. 多くの人は連続した国民の祝日を楽しみます.

In Japan, a period from late April to early May is called "Golden Week." Many people enjoy national holidays in a row.

ゴールデンタイム
prime time, peak time（♦×golden time とは言わない）

ゴールド gold［ゴウるド］

コールドゲーム
〖野球〗a called game

コオロギ 〖昆虫〗a cricket［クリケット］

コーン[1]（トウモロコシ）corn［コーン］
コーンフレーク cornflakes
［コーンふれイクス］（♦複数あつかい）

コーン[2]
（ソフトクリームの）a cone［コウン］

ごかい【誤解】
(a) misunderstanding
［ミサンダスタぁンディング］
▸誤解を解く remove [clear up] a **misunderstanding**
誤解する misunderstand*,
get* ... wrong, take* ... wrong
▸きみを誤解していたようだ. I seem to have **misunderstood** you.
▸誤解しないで. Don't **get** me **wrong**.

ごがく【語学】 language (study)
語学力 linguistic knowledge, linguistic ability

ごかくけい【五角形】
a pentagon［ペンタガン］

こかげ【木陰】 the shade of a tree

こがす【焦がす】 burn* ➡こげる

こがた【小型の】 small［スモーる］, small-sized［スモーるサイズド］
（対義語「大型の」large, large-sized）
▸小型自動車 a **small** car

♦ごがつ【五月】 **May**［メイ］
（♦語頭は常に大文字;省略形はない）
➡いちがつ
五月人形 a doll for the Boys' Festival

こがらし【木枯らし】
a cold winter wind

こぎって【小切手】
a check［チェック］,〖英〗a cheque
▸小切手で支払(しはら)う pay by **check**

ゴキブリ
〖昆虫〗a cockroach［カックロウチ］

♦こきゅう【呼吸】 a **breath**［ブレす］;
（呼吸すること） breathing［ブリーずィング］; respiration［レスピレイシャン］
▸人工呼吸 artificial **respiration**
呼吸する breathe［ブリーず］
▸走った後は呼吸が荒(あら)くなる.
We **breathe** hard after running.
呼吸困難 difficulty (in) breathing

♦こきょう【故郷】 one's **home**［ホウム］,
one's hometown［ホウムタウン］
▸母の故郷は神戸です.
My mother's **hometown** is Kobe.

こく【こくのある】
full-bodied［ふるバディド］, rich［リッチ］

こぐ【漕ぐ】 row［ロウ］
▸湖へボートをこぎに行こう.
Let's go **rowing** on the lake.

ごく[1]**【語句】**
words and phrases［ふレイズィズ］

ごく[2] very［ヴェリ］➡**とても**

こくおう【国王】 a king［キング］

こくがい【国外の】 foreign
［ふォーリン］（対義語「国内の」domestic）
国外に［で］ abroad［アブロード］,
overseas［オウヴァスィーズ］➡**がいこく**

こくぎ【国技】 a national sport
▸相撲(すもう)は日本の国技だ.
Sumo wrestling is the **national sport** of Japan.

♦こくご【国語】
❶〖日本語〗**Japanese**［ヂぁパニーズ］, the Japanese language［らぁングウィッヂ］
▸国語の先生 a teacher of **Japanese** / a **Japanese-language** teacher
❷〖自国語〗one's **native language**
国語辞典 a Japanese dictionary

ゴクゴク【ゴクゴク飲む】
gulp (down)［ガるプ］
▸ルークはゴクゴク水を飲んだ. Luke **gulped (down)** the water.

♦こくさい【国際的な】

international［インタナぁショヌる］;（全世界的な）global［グろウブる］
国際化する internationalize［インタナぁショナらイズ］
国際会議 an international conference
国際空港 an international airport
国際結婚(けっこん) an international marriage
国際語 an international language
国際交流 international exchanges
国際人 a cosmopolitan［カズモパりタン］
国際線 an international flight
国際電話 an international (phone) call, an overseas call
▸ロンドンへ国際電話をした. I made an **international** [**overseas**] **call** to London.
国際都市 a cosmopolitan city
国際問題 an international problem [issue]
国際連合 the United Nations ➡こくれん

こくさん【国産の】
domestic［ドメスティック］
国産車 a domestic car;（日本製の車）a Japanese(-made) car, a car made in Japan
国産品 domestic products

こくじん【黒人】
a black［ブらぁック］;（全体を指して）black people;（アメリカの）an African [Afro-]American
黒人の black

こくせき【国籍】
nationality［ナぁショナぁりティ］

ダイアログ　質問する
A: あなたの国籍はどこですか.
What is your **nationality**? / What **nationality** are you?
B: 日本です. I'm Japanese.
（◆Japan や a Japanese ではなく, 形容詞の Japanese で答える）

こくたい【国体】
the National Athletic Meet ➡こくみん

こくていこうえん【国定公園】
a quasi-national park［クウェイザイナぁショナる］

こくど【国土】
a country［カントゥリ］
▸オーストラリアは国土が広い. Australia is a large **country**.

こくどう【国道】
a national highway［ハイウェイ］
▸国道３号線 **National Highway** 3

こくない【国内の】
domestic［ドメスティック］, home［ホウム］
（対義語「国外の」foreign）
国内に［で］ in [inside] the country, at home
国内線（飛行機の）a domestic airline
国内総生産 gross domestic product（◆GDP と略す）

こくはく【告白】（罪などの）
(a) confession［コンふェシャン］
告白する confess［コンふェス］;（打ち明ける）tell* frankly［ふラぁンクり］
▸わたしは彼女に秘密を告白した. I **confessed** my secret to her.
▸わたしはアンに愛を告白した. I **told** Ann **frankly** that I loved her.

˚こくばん【黒板】
a blackboard［ブらぁックボード］,〖米〗a chalkboard［チョークボード］
▸黒板を消してください. Please erase [〖英〗clean] the **blackboard**.
黒板消し an eraser［イレイサ］, a blackboard eraser

こくふく【克服する】
overcome*［オウヴァカム］, conquer［カンカ］
▸恐怖(きょうふ)を克服する **overcome** [**conquer**] one's fear

こくほう【国宝】
a national treasure［トゥレジャ］
▸人間国宝 a living **national treasure**

˚こくみん【国民】
（ある国の国民全体）a **nation**［ネイシャン］, a **people**［ピープる］（◆どちらも複数あつかい）;（１人）a **citizen**［スィティズン］
▸日本国民（全体）the Japanese **people** [**nation**] /（１人）a Japanese **citizen**

▸全国民が平和な社会を願っている.
The whole **nation** hopes for a peaceful society.

国民の, 国民的 national ［ナぁショナる］

国民栄誉(えいよ)賞
the People's Honor Award

国民宿舎 a national hostel

国民性 the national character

国民総生産 gross national product （♦GNP と略す）

国民体育大会
（国体）the National Athletic Meet

国民投票 a national referendum ［レふぁレンダム］

くらべよう nation と people

nation は政治的なまとまりの意味で, **people** は文化的・社会的な意味で「国民」と言うときに用います. この意味の people は, a がついたり複数形になったりします.（例）the *peoples* of East Asia（東アジアの諸国民）

こくむ【国務】
（国事）state [national] affairs

国務長官
（アメリカの）the Secretary of State

こくもつ【穀物】
grain ［グレイン］, cereals ［スィーリアるズ］

ごくらく【極楽】
a (Buddhist) paradise ［パぁラダイス］

▸極楽往生する
go to the **(Buddhist) paradise** / （→安らかに死ぬ）die peacefully

こくりつ【国立の】
national ［ナぁショナる］

国立競技場 the National Stadium

国立公園 a national park

国立大学 a national university

こくるい【穀類】 ➡こくもつ

こくれん【国連】（国際連合）
the United Nations（♦UN と略す）

国連事務総長 the Secretary General of the United Nations

国連本部
the United Nations Headquarters

ごくろうさま【ご苦労さま】
Thank you very much (for your trouble). ➡くろう

コケ 〚植物〛(a) moss ［モース］

コケコッコー （鶏(にわとり)の鳴き声）
a cock-a-doodle-doo

［カカドゥードゥるドゥー］

✲こけし a *kokeshi* (doll)
▸こけしは素朴(そぼく)な木製の人形です. A ***kokeshi*** is a simple wooden doll.

こけにする
（ばかにする）make* a fool of ...

こける ➡ころぶ

こげる【焦げる】 burn* ［バ～ン］
▸肉が黒く焦げてしまいました.
The meat has **burned** black.

⁑ここ ❶〚場所〛here ［ヒア］
▸ここへ来てごらん. Come (over) **here**.

ダイアログ **説明する**

A: わたしのペンどこか知ってる?
Do you know where my pen is?

B: ここにあるよ.（→物を指して）
It's **here**. / （→物を差し出して）
Here it is.

ダイアログ **説明する**

A: ルーク, どこにいるの?
Luke, where are you?

B: ここだよ. **Here** I am. / I'm **here**.

▸すみません, **ここはどこですか?**
Excuse me. **Where am I now?**
（♦自分が今いる場所をたずねるときの決まった言い方）

ここに…がある
Here is .... / Here are ....（♦be 動詞の後に続く名詞がこの文の主語で, 主語に合わせて is または are を用いる）

▸ここに古い教会がある.
Here is an old church.

❷〚期間〛

▸**ここ 2 週間は**ずっと肌(はだ)寒い日が続いた. We have had chilly days **for the past two weeks**.

⁑ごご【午後】 afternoon
［あふタヌーン］
（**対義語**「午前」morning）;（時刻につけ

て) p.m.［ピーエム］(対義語「午前」a.m.)
▸午後に　in the **afternoon**
▸午後３時に
at three in the **afternoon** / at 3 **p.m.** (♦後者は掲示(けいじ)物や案内状などで用いる; × p.m. 3 とはしない)
▸午後遅(おそ)く　late in the **afternoon**
▸金曜の午後に　on Friday **afternoon**
▸１月９日の午後に
on the **afternoon** of January 9
▸あすの午後(に)
tomorrow **afternoon**
▸きょうの午後(に)　this **afternoon**
▸きのうの午後(に)
yesterday **afternoon**

ルール「…の午後に」の言い方

1 単に「午後に」と言うときは **in** を用います.「土曜日の午後に」などのように,ある決まった日の「午後に」と言うときは **on** を用います.
2 afternoon の前に this, every, yesterday などをつけるときは in, on は不要です.

ココア cocoa［コウコウ］,
hot chocolate［チョーコれット］

こごえ【小声】 a low voice, a whisper［(ホ)ウィスパ］➡こえ
▸小声で　in a **low voice**

こごえる【凍える】 freeze*［ふリーズ］, be* frozen［ふロウズン］
▸けさは寒くて凍えそうだ.
I'm [It's] **freezing** this morning.

ここく【故国】 one's home country, one's homeland［ホウムらぁンド］

ここだけ
▸これは**ここだけの話だ**よ.
(→きみとわたしだけの話だ) This is **(just) between you and me.** / (→だれにも話すな) Don't tell anybody (about this).

ここち【心地よい】 comfortable［カンふァタブる］, pleasant［プれズント］
▸心地よいそよ風　a **pleasant** breeze
▸このいすは座(すわ)り**心地がいい**. This chair is **comfortable** to sit on.

こごと【小言を言う】 scold［スコウるド］; (不平を言う) complain［コンプれイン］

ココナッツ 〖植物〗a coconut［コウコナット］, a cocoanut

ここのつ【九つ】 (数) nine［ナイン］; (年齢(ねんれい)) nine (years old) ➡-さい[1]

こころ【心】

❶『気持ち・感情』a **heart**［ハート］, a feeling［ふィーりング］
▸彩菜は優(やさ)しい**心**のもち主だ.
Ayana has a kind **heart**. / Ayana is kindhearted.
▸彼はわたしに**心**を開かなかった. He didn't open his **heart** to me.
▸あなたの**心**を傷つけてしまいましたか?
Did [Have] I hurt your **feelings**?

❷『考え・精神』(a) **mind**［マインド］
▸わたしはそれを**心**に留めておいた.
I bore [kept] it in my **mind**.
▸その光景はいまだに**心**に残っている.
The scene is still imprinted in my **mind**.
▸**心が狭**(せま)**い**人
a **narrow-minded** person
▸**心が広い**人
an **open-minded** person

心から from (the bottom of) one's heart, sincerely［スィンスィアり］
▸**心から**きみを愛している. I love you **from (the bottom of) my heart**.
▸あなたの合格を**心から**祈(いの)っています.
I **sincerely** pray (that) you'll pass the exam.

心のこもった
heartfelt［ハートふェるト］, sincere
▸**心のこもった**プレゼントをありがとう.
Thank you for your **heartfelt** present.

こころあたたまる【心温まる】
heartwarming［ハートウォーミング］

こころあたり【心当たり】
(考え) an idea［アイディーア］
▸ビルが今どこにいるか何か**心当たり**はありますか? Do you have any **idea** where Bill is now?

こころがけ【心掛け】
▸早寝早起きするのは**よい心がけ**(→賢明(けんめい))だ. It's **wise** (of you) to keep early hours.

こころがける【心掛ける】
try［トゥライ］
▸毎日運動をするよう**心がけています**.
I **try** to exercise every day.

こころがまえ【心構え】
▸最悪の場合**の心がまえはできています**

(→覚悟(かく)している).
I'm **prepared for** the worst.

こころがわり【心変わり】
a change of mind

こころづかい【心づかい】
thoughtfulness [そートふるネス],
consideration [コンスィダレイシャン]

こころづよい【心強い】（頼(たの)もしい）reassuring [リーアシュリング]

こころぼそい【心細い】（不安な）uneasy [アニーズィ]；（頼(たよ)るものがない）helpless [へるプれス]；（ひとりぼっちの）lonely [ろウンり]
▸ひとりで待っているときは心細かった.
I felt **uneasy** when I was waiting alone.

こころみ【試み】 a try [トゥライ], a trial [トゥライアる], an attempt [アテンプト]

こころみる【試みる】
《try to ＋動詞の原形》[トゥライ]；
《attempt to ＋動詞の原形》[アテンプト]
▸子犬は箱から飛び出ようと試みた.
The puppy **tried to** jump out of the box.

こころゆくまで【心行くまで】
to one's heart's content

こころよい【快い】
pleasant [プれズント]
▸快いそよ風 a **pleasant** breeze
快く willingly [ウィりングり]
▸岳は快くわたしの手伝いをしてくれた.
Gaku helped me **willingly**.

ごさ【誤差】 an error [エラ]

ござ a mat [マぁット]
▸地面にござを敷(し)く
lay a **mat** on the ground

コサージュ a corsage [コーサージ]

-ございます （ある）be*, have*
（♦英語には敬語「ございます」を直接表す言い方はない；あいさつなどの場合，改まった言い方を用いる）
▸辞書はこちらの棚にございます.
Dictionaries **are** on this shelf.
▸北野先生，おはようございます.
Good morning, Mr. Kitano.

こさめ【小雨】（小降りの雨）a light rain；（こぬか雨）a drizzle [ドゥリズる], a fine rain

◆**こし[1]【腰】**（くびれた部分）a waist [ウェイスト]；（背中の下部）a lower back [バぁック]；（左右の張り出した部分）a hip [ヒップ]

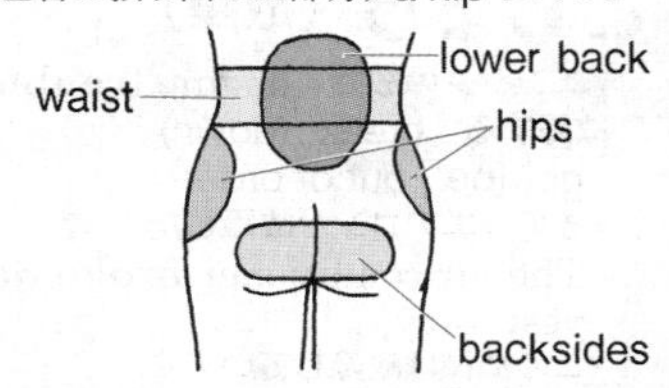

▸ニックはほっそりした腰をしている.
Nick has a slender **waist**.
▸腰が痛い.
I have a pain in my **lower back**.
▸**腰を下ろす**（→座(すわ)る） **sit down**
▸**腰を伸(の)ばす** **stretch out** / **stretch one's back**

こし[2]【古紙】 used paper
▸古紙回収
the collection of **used paper**

こじ【孤児】 an orphan [オーふン]

ごし【…越しに】
through ... [すルー], over ... [オウヴァ]
▸窓越しに **through** a window
▸肩(かた)越しに **over** one's shoulder

こじあける【こじ開ける】 force ... open；（壊(こわ)して）break* ... open
▸警察はドアをこじ開けた.
The police **broke** the door **open**.

こしかけ【腰かけ】 a chair；（背やひじかけのない）a stool ➡いす

こしかける【腰かける】 sit* ➡すわる

こじつける distort [ディストート], strain [ストレイン]
こじつけ a stretch [ストゥレッチ]

ゴシップ (a) gossip [ガスィップ]
▸ゴシップ欄 a **gossip** column

◆**ごじゅう【五十(の)】**
fifty [ふィふティ]
第 50(の) the **fiftieth**
[ふィふティエす]（♦50th と略す）
▸三浦さんは 50 代です.
Ms. Miura is in her **fifties**.
五十音 the Japanese syllabary [スィらバリ]

ごじゅうのとう【五重の塔】
a five-storied pagoda [パゴウダ]

ごじゅん【語順】 word order

コショウ pepper [ペパ]
コショウ入れ a pepper shaker

こしょう【故障】 trouble［トゥラブる］

▸エンジンの故障 engine **trouble**

故障する break* (down), go* [be*] out of order

▸きのうエアコンが故障した.
The air conditioner **broke down** yesterday.

▸この機械は故障しています.
This machine **is out of order**.

故障中 〖掲示〗 Out of Order

ゴジラ Godzilla［ゴヅィら］

こしらえる make* ➡つくる

こじらせる
(病気が悪くなる) get* worse［ワ～ス］

▸わたしは風邪(かぜ)をこじらせた.
My cold **got worse**.

こじれる (人間関係などが) go* sour［サウア］, become* complicated［カンプりケイティッド］

▸わたしたちの仲はすっかりこじれてしまった. Our relationship has hopelessly **gone sour**.

こじん【個人】 an individual［インディヴィヂュアる］

個人の, 個人的な individual, personal［パ～ソナる］, private［プライヴェット］

▸個人の権利 the rights of the **individual** / **individual** rights

▸これはわたしの個人的な意見です.
This is my **personal** opinion.

個人的に personally

▸個人的にはあなたの考えに賛成だ.
Personally, I support your opinion.

個人授業 a private lesson
個人差 individual differences
個人主義 individualism
個人メドレー an individual medley
個人面談 private consulting, private guidance
個人練習 individual practice

こす[1]【越す, 超す】

❶〖越えて向こう側へ行く〗**go over ..., get over ..., cross (over ...)**
❷〖数・量などを上回る〗**be over ..., be more than ..., be above ...**
❸〖時期を過ごす〗**spend**
❹〖引っ越す〗**move**

❶〖越えて向こう側へ行く〗**go* over ..., get* over ..., cross (over ...)** ➡こえる

▸暗くならないうちにこの山を越そう.
Let's **get over** this mountain before dark.

❷〖数・量などを上回る〗**be* over ..., be more than ...,** be above ...

▸気温はセ氏 30 度を超した.
The temperature **was over** [**above**] thirty degrees Celsius [centigrade].

❸〖時期を過ごす〗spend* ➡すごす

▸ハワイで冬を越す
spend the winter in Hawaii

❹〖引っ越す〗move ➡ひっこす

こす[2] (ろ過する) filter［ふィるタ］; (液体だけ取り出す) strain［ストレイン］

こずえ【梢】 treetops［トゥリータップス］, the end of a branch

コスト (a) cost［コースト］

コストパフォーマンス

▸このレストランはコストパフォーマンスがいい(→費用に対して十分な価値がある). This restaurant has good value for money.

コスモス 〖植物〗 a cosmos［カズモス］(複数 cosmos, cosmoses)

こする rub［ラブ］; (こすってきれいにする) scrub［スクラブ］

▸汚(きたな)い手で目をこすっちゃだめ.
Don't **rub** your eye with (those) dirty hands.

▸壁(かべ)をごしごしこすってきれいにした.
I **scrubbed** the wall clean.

こせい【個性】 individuality［インディヴィヂュありティ］, (a) personality［パ～ソナありティ］

▸個性を発揮する
show one's **individuality**

こぜに【小銭】 (small) change［チェインヂ］, small money

小銭入れ a coin purse

ごせん【五線】 a staff［スタぁふ］

五線紙 music paper

五線譜(ふ) a score [スコーア]

:ごぜん【午前】 morning [モーニング]
(対義語「午後」afternoon);(時刻につけて) a.m. [エイエム](対義語「午後」p.m.)
▸午前に in the **morning**
▸午前10時に
at ten in the **morning** / at 10 **a.m.**(◆後者は掲示(けいじ)や案内状で用いる;× a.m. 10とはしない)
▸午前中ずっと all (the) **morning**
▸日曜日の午前に
on Sunday **morning**
▸3月3日の午前に
on the **morning** of March 3
▸きょうの午前(に) this **morning**
▸あすの午前中にお電話します.
I'll call you tomorrow **morning**.

ルール「…の午前に」の言い方

1 単に「午前に」と言うときは **in** を用い,「日曜日の午前に」などのようにある決まった日の「午前に」と言うときは **on** を用います.
2 morning の前に this, every, yesterday などをつけるときには in や on は不要です.

-こそ (◆名詞を強調するときは very, just を用いることが多い)
▸これこそわたしのほしかった本だ.
This is the **very** book I wanted.

こそこそ (ひそかに) secretly [スィークレットり], in secret

ごぞんじ【ご存じ】 know* [ノウ]
➡しる[1]
▸ご存じのように as you (may) **know**

こたい【固体】 a solid [サりッド]
(◆「液体」は liquid,「気体」は gas)

こだい【古代】
ancient times [エインシェント タイムズ]
古代の ancient
▸古代ローマ **ancient** Rome
古代文明 ancient civilization

:こたえ【答え】 an **answer** [あンサ]
▸きみの答えは正しい. Your **answer** is correct.(◆「まちがっている」なら correct の代わりに wrong を用いる)
答えを出す give* an answer

:こたえる[1]【答える】
answer [あンサ](対義語「たずねる」ask)
▸質問するよ. イエスかノーで答えてね.
I will ask you a question. Please **answer** yes or no.
▸亜美は「わかりません」と答えた.
Ami **answered**, "I don't know." / "I don't know," **answered** Ami.

結びつくことば
質問に答える answer a question
アンケートに答える answer a questionnaire
笑顔で答える answer with a smile
的確に答える give a precise answer

こたえる[2]【応える】(期待・要求などに) meet* [ミート];(体に) be* hard on ...;(心に) come* home to ...
▸ご要望にこたえられず申し訳ありません.
I'm sorry I couldn't **meet** your needs.

ごたごた (もめごと) troubles [トゥラブるズ];(混乱) a mess [メス]

✲こたつ
a *kotatsu*, a table-type heater
▸どうぞこたつにあたってください.
Please warm yourself at the ***kotatsu***.

こだま an echo [エコウ](複数 echoes)
こだまする echo

こだわる (考えなどに) stick*《to ...》[スティック];(好みがうるさい) be* particular《about ...》[パティキュら]
▸彼は最後まで自分の計画にこだわった.
He **stuck to** his plan to the end.
▸スニーカーにこだわる
be **particular about** sneakers

ごちそう (料理) a dish [ディッシ];(食事) a dinner [ディナ]
▸たいへんごちそうになりました.
Thank you very much for the nice **dinner**.
ごちそうする treat [トゥリート]
▸谷さんが夕食をごちそうしてくれた.
Ms. Tani **treated** me to dinner.

ごちそうさま It was good. / I really enjoyed the meal.

参考 ごちそうさま
英語には「ごちそうさま」にあたる決まった言い方はありません. 家庭では It was good. / It tasted good.(おいしかった), ディナーに招待されたときは I

really enjoyed the dinner. / I enjoyed the dinner very much.（食事をとても楽しみました）などと，感謝の気持ちを表します.

ごちゃごちゃ【ごちゃごちゃした】（散らかった）messy［メスィ］，（乱雑な）confused［コンふューズド］

こちょう【誇張】（an）exaggeration［イグザぁヂャレイシャン］
誇張する exaggerate［イグザぁヂャレイト］

:こちら
❶〘場所〙**here**［ヒア］;〘方向〙this way
▸お席は**こちら**です. **Here** is your seat.
▸どうぞ**こちら**へ. **This way**, please.
❷〘物・人を指して〙**this**［ずィス］（複数 these）;〘わたし〙**I**;〘わたしたち〙**we**
▸（買い物で）**こちら**をいただきます. I'll take **this** one.
▸アニー，**こちら**は友達のビル．ビル，**こちら**はアニーよ. Annie, **this** is my friend Bill. Bill, **this** is Annie.（◆人を紹介（しょうかい）するときはまず男性を女性に，また年下の人を年上の人に紹介するのがふつう）

ダイアログ　**感謝する**
A: いろいろありがとう. Thank you for everything.
B: こちらこそ. (It's) **my** pleasure.

こぢんまり【こぢんまりとした】（心地よい）cozy［コウズィ］，little;（整然とした）little and tidy［タイディ］;（むだがなくまとまった）compact［カンパぁクト］
▸**こぢんまりとした**部屋 a **cozy little** room

こつ a knack［ナぁック］
▸このかぎを開ける**こつ**がわかった. I found the **knack** of opening this lock.

こっか¹【国家】 a nation［ネイシャン］，a state［ステイト］➡くに
国家の national
国家公務員 a government official, a public servant
国家試験 a national examination

こっか²【国歌】 a national anthem［あンさム］
▸国歌を斉唱（せいしょう）する sing the **national anthem**

参考 **英米の国歌**
アメリカ "the Star-Spangled Banner"（星条旗）
イギリス "God Save the Queen"（神よ女王を守りたまえ）

こっかい【国会】（一般に）a national assembly［アセンブり］;（日本の）the Diet［ダイエット］;（アメリカの）Congress［カングレス］;（イギリスの）Parliament［パーらメント］
国会議員 ➡ぎいん
国会議事堂（日本の）the Diet Building;（アメリカの）the Capitol［キぁピトゥる］;（イギリスの）the Houses of Parliament

こづかい 〘米〙an allowance［アらウアンス］，〘英〙pocket money
▸わたしは月に**こづかい**を5,000円もらっています. I get an **allowance** of 5,000 yen a month.

こっき【国旗】 a national flag

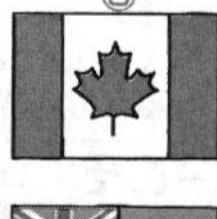

①アメリカ
②イギリス
③カナダ
④オーストラリア
⑤ニュージーランド

こっきょう【国境】 a border［ボーダ］
▸国境を越（こ）える cross the **border**
国境線 a borderline［ボーダらイン］

コック a cook［クック］
コック長 a chef［シェふ］

こっくり【こっくりする】 nod (off)［ナッド］

こっけい【こっけいな】 funny［ふぁニ］，comical［カミカる］
➡おもしろい，おかしい

こつこつ（着実に）steadily［ステディり］;（音）a tap［タぁップ］

ごつごつ【ごつごつした】（岩が）rough［ラふ］;（山が）rocky［ラキ］;

こ

（手が）bony［ボウニ］

こつずいバンク【骨髄バンク】
a bone marrow bank

こっせつ【骨折】
a fracture［ふラぁクチャ］
骨折する break* (a bone)

こっそり
secretly［スィークレットり］, in secret
▸菜々はその手紙を**こっそり**見せてくれた. Nana let me see the letter **secretly** [**in secret**].

ごっそり （全部）all［オーる］;
（すっかり）completely［コンプリートり］

こっち here, this ➡こちら

こづつみ【小包】 （物）a package［パぁケッヂ］, a parcel［パースる］;
（小包郵便）parcel post

こってり【こってりした】
（食べ物が）rich［リッチ］

こっとう【骨董品】 an antique［あンティーク］, a curio［キュアリオウ］

コットン cotton［カトゥン］

◆**コップ** （ガラスの）a **glass**［グらぁス］
▸コップに１杯(ぱい)の牛乳をください.
Give me a **glass** of milk, please.

こてい【固定する】
fix［ふィックス］, settle［セトゥる］
固定観念 a fixed idea

こてこて
▸**こてこての**大阪弁
a **heavy** [**strong**] Osaka accent

こてん【古典】 the classics［クらぁスィックス］;（１編の作品）a classic
▸日本の古典 **the** Japanese **classics**
古典の classic, classical
古典音楽 classical music
古典文学
classical literature, the classics

⁑**こと**[1]**【事】** a **thing**［すィング］;（事がら）a **matter**［マぁタ］;
（何か）something［サムすィング］
▸きょうはやる事がたくさんある.
I have a lot of **things** to do today.
▸この事は彼女が片づけるべきだ. She should take care of this **matter**.
▸あなたに話したい**こと**があるの.
I have **something** to tell you.
▸何か困った事でもありますか？
Is there **something** wrong?（◆あるという前提で親切に聞いているので anything ではなく something）

＊**こと**[2]**【琴】** a *koto*,
a Japanese harp with 13 strings

⁑**–こと**
❶〖…すること〗《to＋動詞の原形》, ~ing
▸わたしの趣味(しゅみ)はケーキを焼く**こと**です. My hobby is **baking** [**to bake**] cakes.
▸わたしたちはその問題について話し合う**こと**に決めた. We decided **to discuss** the problem.
▸智恵とわたしは５時に校門で会う**こと**になっている.
Tomoe and I are **to meet** at the school gate at 5 o'clock.
（◆《be 動詞＋ to ＋動詞の原形》で未来の予定を表す）
▸毎日みんなの食事を作る**こと**ってたいへんだね, お母さん. Mom, it's really hard work **to prepare** meals for us all every day.（◆《to ＋動詞の原形》が長くなる場合, 主語として文頭に置かず, 代わりに形式的な主語 it を置く）
❷〖…ということ〗**that ...**
▸あの２人が仲よしだ**ということ**はだれでも知っている. Everybody knows **that** those two are good friends.

こどう【鼓動】 (a) heartbeat［ハートビート］, (a) pulsation［パるセイシャン］;
（心拍(しんぱく)）a pulse［パるス］
鼓動する beat*, pulsate［パるセイト］

–(した)ことがある
（経験）《have* ＋過去分詞》
▸和田さんには１度会った**ことがある**.
I **have met** Ms. Wada once.

ダイアログ　**質問する・説明する**
A:九州へ行ったことがありますか？
Have you ever **been** to Kyushu?
B:いいえ, 一度も行ったことがありません.
No, I **have** never **been** there.

–(する)ことがある （ときどき…する）sometimes［サムタイムズ］
▸母だって朝寝坊(ねぼう)する**ことがある**.
Even my mother **sometimes** gets up late.

ことがら【事柄】 ➡こと[1]

こどく【孤独】 solitude［サりテュード］, loneliness［ろウンりネス］（◆前者は単に１人であること, 後者はひとりぼっち

で寂(さび)しいことを表す)

孤独な solitary [サりテリ], lonely

ことごとく entirely [インタイアり]; all [オーる], every [エヴリ]

▸わたしの提案は**ことごとく**拒否(きょひ)された. **All** my proposals were rejected. / **Every** proposal of mine was rejected.

❖ことし【今年】 this year

▸**ことし**は梅雨(つゆ)が長かった.
We've had a long rainy season **this year**. (♦this year の前に in や at をつけない)

▸**ことしの夏は**暑かった.
It was hot **this summer**.

ことづけ【言づけ】

a message [メセッヂ] ➡**でんごん**

▸キムに**ことづけ**をお願いしてもいいですか? May I ask you to give my **message** to Kim?

ことづける leave* a message

ことなる【異なる】 be* different

《from ...》[ディふァレント] ➡**ちがう**

❖－ごとに【…毎に】

every [エヴリ] ➡**-おき** ルール

▸2週間**ごとに** **every** two weeks / **every** second week / **every** other week

▸日曜日**ごとに** **every** Sunday

▸バスは10分**ごとに**出ている.
The bus leaves **every** ten minutes.

ことによると maybe [メイビー], possibly [パスィブり] ➡**もしかすると**

❖ことば【言葉】

❶〖言語〗(a) **language** [らぁングウィッヂ]

▸外国の**ことば** a foreign **language**

▸話し**ことば** spoken **language**

▸書き**ことば** written **language**

▸シンガポールではどんな**ことば**を話しているのですか? What **language** is spoken in Singapore?

▸土地の**ことば**(→方言) a local dialect

❷〖語句・表現〗(個々のことば) a **word** [ワ～ド]; (言い方・話すことば) **language**, speech [スピーチ]

▸この**ことば**はどういう意味ですか?
What is the meaning of this **word**? / What does this **word** mean?

▸わたしの気持ちは**ことば**では言い表せません. There are no **words** to express my feelings.

▸花**ことば** flower **language**

ことば遊び a word game

❖こども【子供】 a child [チャイるド]

(複数 children [チるドゥレン]),
〖口語〗 a kid [キッド]

▸鈴木さんには2人の**子供**がいます.
Ms. Suzuki has two **children**. (♦男か女かわかっているときは son(s), daughter(s) を使うことも多い)

▸わたしは**子供**のころよくこの公園で遊んだ. I often played in this park when I was a **child** [in my childhood].

▸(切符(きっぷ)売り場で)おとな1枚と**子供**2枚ください. One adult and two **children**, please.

▸彼女はまだ**子供**だ.
She is just a **kid**.

▸10歳未満の**子供**は入場できません.
Children under 10 years old are not admitted.

▸彼はいつもわたしを**子供**あつかいする.
He always treats me like a **child**.

子供っぽい childish [チャイるディッシ] (♦「子供じみた, おとなげない」などの悪い意味)

子供らしい childlike (♦「純真な, 無邪気(むじゃき)な」などのよい意味)

子供の権利条約 Convention on the Rights of the Child

こどもの日 Children's Day

ことり【小鳥】 a (little) bird [バ～ド]

▸**小鳥**がさえずっている.
A **bird** is singing.

ことわざ

a proverb [プラヴァ～ブ], a saying

ことわり【断り】

(拒絶(きょぜつ)) a refusal [リふューザる]; (許可) permission [パミシャン]

❖ことわる【断る】

(拒絶(きょぜつ)する) refuse [リふューズ], turn down; (辞退する) decline [ディクらイン]; (許可を得る) ask for [get*] permission [パミシャン]

▸ティナはジムのプロポーズを断った.
Tina <u>**declined**</u> [**refused**] Jim's marriage proposal.
▸体育を休みたいのなら, 先生に断ったほうがいいよ.
You should **ask for** your teacher's **permission** if you want to be absent from P.E. (class).
▸申しこんだが断られてしまった. My application was **turned down**.

こな【粉】 powder [パウダ]
粉薬 powder, powdered medicine
粉チーズ grated cheese
粉ミルク powdered milk
粉雪 powdery snow [パウダリ スノウ], powder snow

こなごな【粉々になる】
break* into pieces

こにもつ【小荷物】
a parcel [パースる]

コネ connections [コネクシャンズ], (a) pull [プる]
▸彼はその会社にコネがある. He has **connections** with the company.

こねこ【子猫】 a kitten [キトゥン]

こねる (ねり粉を) knead [ニード]; (理屈(りくつ)を) quibble [クウィブる]; (だだを) whine [(ホ)ワイン]

この

❶『手近の』**this** [ずィス] (複数 these)
▸この自転車 **this** bicycle
▸わたしのこのカメラはとても使いやすい. **This** camera of mine is very easy to use. (♦× My this camera, × This my camera とはしない)
▸このような形の時計は見たことがない.
I have never seen a clock in **this** kind of shape.
▸このようにやればいいんですよ.
You should do it like **this**.

❷『最近の』
this, these [ずィーズ], **last** [らぁスト]
▸わたしはこの5月で14歳(さい)になる.
I will be fourteen **this** May.
▸この夏は非常に暑かった.
It was very hot <u>**this**</u> [**last**] summer. (♦this は「ことしの」, last は「すぐ前の」の意味; この文を夏以前に言うと last は「去年の」の意味になる)

このあいだ【この間】
(先日) the other day ➡**このまえ**; (最近) recently [リースントり]
▸ついこの間, 火事があった.
There was a fire quite **recently**.

このあたり【この辺り】
near here, around here, nearby [ニアバイ] ➡**このへん**
▸この辺りには店が一軒(けん)もない.
There are no stores <u>**near**</u> [**around**] **here**.

このうえ【この上】 (これ以上)
more [モーア], further [ふァ〜ざ]
▸この上望むものは何もない. There is nothing **more** (that) I want.

このかた【この方】
(以来) since [スィンス]

このくらい about this; (数量が) this many, this much
▸このくらいの背たけの男性を見かけませんでしたか. Did you happen to see a man **about this** tall?

このごろ these days, nowadays [ナウアデイズ] ➡**さいきん**[1]
▸このごろ彼女は楽しそうだ.
She looks happy **these days**.

このさい【この際】 (現状では)
under these circumstances; (この場合) on this occasion
▸この際ひとつはっきりさせておきたい.
Let me make one thing clear **on this occasion**.

このさき【この先】 ahead [アヘッド]; (今後) (from) now, from now on
▸この先に警察署があります. There is a police station just **ahead**.
▸この先どうするつもりなの? What are you going to do **from now on**?

このつぎ【この次】 next [ネクスト]
▸この次の土曜日に集まろう.
Let's get together **next** Saturday.
▸この次の駅で乗り換えてください.
You can change trains at the **next** station.

このとおり【この通り】
like this, in this way; (見てのとおり) as you (can) see

このところ these days, recently [リースントり] ➡**さいきん**[1]

このは【木の葉】 a leaf ➡**は**[2]

このへん【この辺】
❶『近所に』near here, around here,

in this neighborhood [ネイバフッド]
▸この辺に郵便局はありますか？
Is there a post office **near** [**around**] **here**?
❷『この程度で』
▸きょう**はこの辺で終わりにします**.
So much for today. / **That's all for** today.

•このまえ【この前】（先日）
the other day;（前回）the last time
▸この前, 変な夢を見た. I had a strange dream **the other day**.
▸この前お会いしたのはいつでしたか？
When was **the last time** I saw you?
この前の（前回の）last [らぁスト];（先日の）the other [アざ]
▸この前の日曜日に **last** Sunday
▸この前の夕方 **the other** evening
▸この前のミーティングでは何を話し合ったのですか？ What did you discuss at the **last** meeting?

このましい【好ましい】
（望みどおりの）desirable [ディザイラブる];（感じがいい）pleasant [プれズント];（有利な）favorable [ふェイヴァラブる];（適した）suitable [スータブる]

このまま as it is（♦複数のものを指すときには as they are）
▸プラモデルを**このまま**にしておいてよ.
Leave my plastic model **as it is**.

このみ[1]**【好み】** taste [テイスト]
▸このデザインはわたしの好みではない.
This design isn't to my **taste**.

このみ[2]**【木の実】** a nut [ナット]（♦クリやクルミなど, かたい皮(かわ)の実を指す）

このむ【好む】 like [らイク] ➡すき[1]

このよ【この世】 this world [ワ〜るド]
この世の worldly, earthly [ア〜すり]

このような like this
このように like this

こばな【小鼻】 a nostril [ナストゥりる]

こばむ【拒む】 refuse [リふューズ]

こはるびより【小春日和】 mild autumn weather, an Indian summer

こはん【湖畔】
a lakeside [れイクサイド]
▸湖畔のホテル a **lakeside** hotel

•ごはん【ご飯】
（米飯）**(boiled) rice** [ライス];
（食事）a **meal** [ミーる]
▸ご飯をたく boil **rice** / cook **rice**
▸ご飯をよそう
serve **rice** (in a bowl)
▸ご飯をお代わりする
eat another helping of **rice**
▸（夕方に）**ご飯ですよ**（→夕食の準備ができた）. **Dinner** [**Supper**] **is ready**.（♦朝なら breakfast, 昼なら lunch を用いる）

コピー a copy [カピ]
コピーする copy, make* a copy
▸この2ページをコピーしたいです.
I want to **coppy** [**make a coppy of**] these two pages.
コピー機 a photocopier [ふォウトウカピア], a copy machine
コピー商品 fake goods
コピーライター
a copywriter [カピライタ]

こヒツジ【子羊】 a lamb [らぁム]
（♦「子羊の肉」は lamb で, 数えられない名詞となる）

こびと【小人】
a dwarf [ドゥウォーふ]（(複数) dwarfs）

コピペ【コピペする】
copy and paste [カピ アン(ド) ペイスト]

こぶ[1]（はれもの）a lump [らンプ];（ぶつかってできたこぶ）a bump [バンプ];（背のこぶ）a hump [ハンプ]
▸ラクダのこぶ a camel's **hump**
▸頭にこぶができた.
I've got a **bump** on my head.

こぶ[2]**【鼓舞する】** inspire [インスパイア], encourage [インカ〜リッヂ]

ごぶさた ➡ひさしぶり
▸**ごぶさたいたしております**.
I haven't seen you for a long time.

こぶし a fist [ふィスト]
▸こぶしを握(にぎ)る clench one's **fist**

こぶり【小降り】 light rain
小降りになる（弱まる）let* up
▸雨が小降りになってきた.
The rain is **letting up**.

こふん【古墳】 an ancient tomb

こぶん【古文】（日本の古典）
the Japanese classics

ゴボウ〖植物〗a burdock [バ〜ダック]
（♦英米では食用にしない）

こ

こぼす ❶〘液体を〙spill* [スピる]
▸お母さん, エドが牛乳をこぼしたよ. Mom, Ed **spilled** [**spilt**] his milk.
❷〘涙(なみだ)を〙shed* [シェッド]
▸試合に勝ったとき, ロビンは涙をこぼした. Robin **shed** tears when she won the game.
❸〘不平を〙complain [コンプれイン]
▸母は天気が悪いとこぼしている. My mother is **complaining** about the bad weather.

こぼれる fall* [ふォーる], drop [ドゥラップ]; (液体が) spill* [スピる]
▸徹の目から涙(なみだ)がこぼれ落ちた. Tears **dropped** [**fell**] from Toru's eyes.
▸紅茶がズボンにこぼれた. Tea **spilled** [**spilt**] on my trousers.

ゴホン
▸ゴホンとせきをする **cough (harshly)**

こま[1] a top [タップ]
▸こまを回す spin a **top**

こま[2]【駒】(チェスなどの) a chessman [チェスマぁン] (複数 chessmen), a piece [ピース]

ゴマ 〘植物〙sesame [セサミ]
ごまをする flatter [ふらぁタ]
ゴマ油 sesame oil

コマーシャル a commercial [コマ～シャる]
コマーシャルソング a commercial jingle

・こまかい【細かい】
❶〘物事が小さい〙**small** [スモーる], little [りトゥる];〘きめなどが〙fine [ふアイン]
▸細かい字 **small** letters
▸細かい泡(あわ) **fine** foam
▸そんな細かいことは気にするな. Don't worry about such **little** things.
細かく into pieces
▸タマネギを細かく刻む cut an onion **into pieces**
❷〘詳(くわ)しい〙detailed [ディテイるド]
➡くわしい
▸細かい説明 a **detailed** explanation
❸〘神経が〙sensitive [センスィティヴ]
▸明は神経が細かい. Akira is **sensitive**.
❹〘お金に〙stingy [スティンヂィ]

ごまかす cheat [チート]; (うそをつく) lie, tell* a lie
▸わたしをごまかすことはできませんよ. You can't **cheat** me.
▸メグは年齢(ねんれい)をごまかした. Meg **lied** about her age.
▸笑ってごまかさないでよ. Don't **laugh it off**.
ごまかし (a) deception [ディセプシャン], a cheat

こまらせる【困らせる】 trouble [トゥラブる], annoy [アノイ], bother [バざ]
▸そんなことでわたしを困らせないで. Don't **bother** [**annoy**] me with that.

・こまる【困る】 **be* troubled** [トゥラブるド]; (困った状態にある) be in trouble, have* a trouble; (とまどう) be at a loss [ろース]
▸隣(となり)の犬にはほんとうに困っている. We **are** really **troubled** by our neighbor's dog.
▸困ったことがおありですか? **Are** you **in trouble**? / Are you **having** any **trouble**?

ごみ 〘米〙trash [トゥラぁッシ], 〘英〙rubbish [ラビッシ]; (生ごみ) garbage [ガーベッヂ]; (ほこり) dust [ダスト]
▸火・金曜日は燃えるごみの収集日です. Burnable **trash** is collected on Tuesday and Friday.
▸ごみを出してきてくれない? Will you take out the **garbage**?
▸公園はごみで散らかっていた. The park was littered with **trash**.
▸ごみ捨て禁止 〘掲示〙Don't Throw **Trash** / No Littering
ごみ収集車 〘米〙a garbage truck, 〘英〙a dust cart
ごみ焼却(しょうきゃく)施設(しせつ) a garbage incineration facility
ごみ捨て場 a dump [ダンプ]
ごみ箱 〘米〙a trash can, a garbage can, 〘英〙a dustbin [ダストビン]
ごみ拾い collecting trash, trash collection
ごみ問題 garbage problems

こみあう【込み合う】 be* crowded《with ...》[クラウディッド],

be jammed《with ...》[ヂぁムド]

こみいった【込み入った】（複雑な）complicated［カンプりケイティッド］;（手の込んだ）elaborate［イらぁボレット］
➡こむ, ふくざつ

こみち【小道】（細道）a path［パぁす］;（路地）a lane［れイン］;（野山の）a trail［トゥレイる］

コミック（漫画(まんが)）comics［カミックス］;（漫画本）a comic (book) **➡まんが**

コミュニケーション
communication［コミューニケイシャン］
▸うちの家族はよくコミュニケーションがとれていると思う. I think there is good **communication** among (the members of) our family.

◆こむ【込む】
❶〖混雑している〗be* crowded《with ...》;〖道路が〗be heavy［ヘヴィ］
▸けさのバスは**こんでいた**. The bus **was crowded** this morning.
▸この時間は道路が**こむ**. Traffic **is heavy** at this hour.
❷〖精巧(せいこう)な〗elaborate［イらぁボレット］
▸これはとても**手のこんだ**細工(さいく)ですね. This is a very **elaborate** piece, isn't it?

ゴム rubber［ラバ］
▸ゴム底の靴(くつ) **rubber**-soled shoes
▸輪ゴム a **rubber** band
ゴム印 a rubber stamp
ゴム手袋(てぶくろ) rubber gloves
ゴムの木（ゴムを採るための木）a gum tree;（観葉植物）a rubber plant
ゴムボート
a rubber raft, a rubber boat
ゴムボール a rubber ball

コムギ【小麦】
〖植物〗wheat［(ホ)ウィート］
小麦粉 (wheat) flour
小麦色 yellowish-brown
［イェろウィッシブラウン］, light-brown

◆こめ【米】 **rice**［ライス］（◆数えられない名詞なので, a をつけたり複数形にしたりしない）
▸米を作る grow **rice**
▸米をとぐ rinse [wash] **rice**
▸日本では米が主食です. **Rice** is the staple food in Japan.（◆英語で rice は穀物としてもご飯としても使う）

参考 米のイメージ
欧米(おうべい)では米はふつう主食ではなく, 副食や料理・菓子(かし)などの材料として用います. また結婚(けっこん)式を終えた新郎(しんろう)新婦に米を投げかけて, 子宝に恵(めぐ)まれるよう祝福する習慣(rice shower)もあります.

こめかみ a temple［テンプる］

コメディアン
a comedian［コミーディアン］

コメディー a comedy［カメディ］

こめる【込める】
▸この料理はわたしが**心を込めて**作りました. I **put my heart into** cooking this dish.

◆ごめん
❶〖自分の非をわびて〗**I'm sorry.**;〖物事をする前に〗**Excuse me.**
▸ごめん. わたしが悪かった.
I'm sorry. It was my fault.

ダイアログ 謝る
A:遅(おく)れてごめんなさい.
I'm sorry I'm late.
B:いいのよ. That's quite all right.

▸ごめんなさい. もう1つ教えていただけますか? **Excuse me**, (but) could I ask you one more thing?

くらべよう「ごめんなさい」
I'm sorry. はあやまちを認めたときの言い方で, 相手に大きな迷惑(めいわく)をかけたときに用います. **Excuse me.** は, これから相手にめんどうをかけるようなときや, 軽い迷惑をかけたときに用います.

❷〖家・部屋の前で〗May I come in? / Hello.;（店で）Excuse me.
▸ごめんください. 和雄です.
Hello. It's Kazuo.

コメント (a) comment［カメント］

こ

コメントする comment
▸ノーコメント！ No **comment**!

こもじ【小文字】 a small letter（対義語「大文字」a capital letter），a lower-case letter

ごもっとも ➡もっとも²

こもの【小物】 small articles；（装飾(そうしょく)品）accessories［あクセサリズ］

こもり【子守】 baby-sitting［ベイビスィティンヶ］；（人）a baby-sitter

子守をする baby-sit*
▸ジュディーはアルバイトで子守をした. Judy did **baby-sitting** as a part-time job.（♦過去は baby-sat よりこのほうがよく用いられる）

子守歌 a lullaby［ららバイ］，a cradle song［クレイドゥる ソーンヶ］

こもる（気体などが充満(じゅうまん)する）fill［ふィる］；（閉じこもる）shut* oneself up《in ...》➡とじこもる

こもん【顧問】 an adviser［アドヴァイザ］，a consultant［コンサるタント］
▸岡田先生はバレー部の顧問です. Mr. Okada is an **adviser** to the volleyball club.

こや【小屋】 a cabin［キぁビン］，a hut［ハット］；（物置き）a shed［シェッド］
▸丸太小屋 a log **cabin**
▸山小屋 a mountain **hut**

こヤギ【子ヤギ】 a kid［キッド］

ごやく【誤訳】 a mistranslation［ミストゥラぁンスれイシャン］

誤訳する mistranslate［ミストゥラぁンスれイト］

こゆう【固有の】 peculiar《to ...》［ペキューりャ］
▸日本固有の習慣 a custom **peculiar to** Japan

固有名詞 a proper noun

こゆび【小指】（手の）a little finger；（足の）a little toe［トウ］➡ゆび

こよみ【暦】 a calendar［キぁれンダ］➡カレンダー

こら（相手に呼びかけて）Hey!［ヘイ］
▸こら！ ここで何をしてるんだ. **Hey!** What are you doing here?

コラーゲン collagen［カらヂェン］

こらえる bear*［ベア］，stand*［スタぁンド］，put* up with ...；（控(ひか)える）hold* back
▸悲しみをこらえる **bear** one's sorrow
▸涙(なみだ)をこらえる **hold back** one's tears

ごらく【娯楽】（a）recreation［レクリエイシャン］，an amusement［アミューズメント］，an entertainment［エンタテインメント］

娯楽映画 an entertaining movie

娯楽番組 an entertainment program

こらしめる【懲らしめる】（罰(ばっ)する）punish［パニッシ］；（思い知らせる）teach* [give*] ... a lesson

コラム a column［カらム］

コラボレーション collaboration［コらぁボレイシャン］

ごらん【ご覧】
▸ご覧のとおり **as you (can) see**
▸あれを見てごらん. **Look at** that.（♦「…してごらん」は命令文で表せる）

こりごり
▸もうこりごりだ. **I've had enough of** it.

こりつ【孤立】 isolation［アイソれイシャン］

孤立する be* isolated［アイソれイティッド］

ゴリラ〖動物〗a gorilla［ゴリら］

こりる【懲りる】（教訓を得る）learn* a lesson《from ...》

こる【凝る】 ❶〖熱中している〗be* crazy《about ...》［クレイズィ］
▸母は園芸にこっている. My mother **is crazy about** gardening.

❷〖肩(かた)が〗have* a stiff neck [shoulder]
▸父はよく肩がこる. My father often **has a stiff neck [shoulder]**.

こった（手のこんだ）elaborate［イらぁボレット］
▸こったデザイン an **elaborate** design

コルク（a）cork［コーク］

ゴルフ golf［ガるふ］
▸ゴルフをする play **golf**
▸父はゴルフに行った. My father has gone **golfing**.

ゴルフクラブ a golf club

ゴルフ場 a golf course

ゴルフボール a golf ball

ゴルファー a golfer［ガるふァ］

:これ **this**［ずィス］（複数 these）
▸これはアボカドです.（→１個のとき）

こ

This is an avocado. / (→ 2 個以上のとき) **These** are avocados.
▸これのふたはどこ?
Where's the lid for **this**?
▸(店で商品を指して)これとこれください. I'll take **this** and **this**.
▸(紹介(しょうかい)して)これはわたしの妹です.
This is my sister.

これから (今後ずっと) from now on, after this; (将来) in the future [ふューチャ] ➡こんご; (今) now [ナウ]
▸これからは遅刻(ちこく)しないように.
From now on, don't be late.
▸これからミーティングを開きます.
We'll have a meeting **now**.

コレクション
a collection [コれクシャン]
▸これがわたしの CD のコレクションです.
This is my **collection** of CDs.

コレクター a collector [コれクタ]

コレクトコール
a collect call [コれクト コーる]

これぐらい
about this; (量・程度) this much
▸これぐらいの大きさの箱がほしい.
I want a box **about this** size.
▸水はこれぐらいでいい? Will **this much** water be enough?

これだけ (量・程度) this much
▸これだけあれば食べ物は十分だ.
This much food will be enough.

これほど such [サッチ], this ➡こんな
▸健太がこれほど歌がうまいとは知らなかった. I didn't know Kenta could sing **this** well.

これまで (今まで) so far
▸これまでで何がいちばんおもしろかったですか? What was the most interesting **so far**?
▸きょうはこれまで.
That's all for today.

コレラ cholera [カれラ]

これら these [ずィーズ] ➡これ

◆**-ころ【…頃】** (時期) **time** [タイム];
(…のとき) **when** [(ホ)ウェン]
▸そろそろ彼女が帰ってくるころだ.
It's about **time** for her to come [be] back.
▸毎年このころになると, わたしはよく風邪(かぜ)をひく. I often catch cold at this **time** of (the) year.
▸6 歳(さい)のころ, わたしは父とカナダへ行った. I went to Canada with my father **when** I was six.

◆**-ごろ【…頃】** (およそ) **about** [アバウト],
〖口語〗around [アラウンド]
▸お昼ごろ **about** [**around**] noon

ころがす【転がす】 roll [ロウる]
▸ボールを転がす **roll** a ball

ころがる【転がる】 roll (over) [ロウる]; (倒(たお)れる) fall* [ふォーる], tumble [タンブる]
▸横綱(よこづな)がすってんころりと転がった.
The *yokozuna* was rolled over.
(♦この roll over は「転がす」の意味)

ころころ
▸おむすびは坂をころころ転がって行きました. The rice ball **rolled and rolled** down the slope.
▸彼は言うことがころころ変わる.
He often [soon] **changes** his opinions.

ごろごろ
▸雷(かみなり)がごろごろ鳴っている.
Thunder is **rumbling**.
▸日曜日はたいていうちでごろごろしています. I usually **lie** around [about] at home on Sundays.
▸浜辺(はまべ)には空き缶(かん)がごろごろしていた(→浜辺のいたる所にあった).
There were a lot of empty cans **all over** the beach.

◆**ころす【殺す】**
kill [キる]; (意図して) murder [マ～ダ]
▸そのシカはクマに殺されてしまった.
The deer was **killed** by a bear.
▸わたしは戸の陰(かげ)に隠(かく)れ, 息を殺した. I hid behind the door and **held my breath**. (♦hold one's breath で「息を止める」の意味)

コロッケ a croquette [クロウケット]

ころぶ【転ぶ】
fall* (down) [ふォーる ダウン]
▸子供が転んで泣き出した. The child **fell down** and began crying.
ことわざ 転ばぬ先のつえ.
Look before you leap. (♦「跳(と)ぶ前に見よ」の意味)

ころも【衣】 (法衣) a robe [ロウブ];

（天ぷらの）coating［コウティング］, batter［バあタ］

ころもがえ【衣替え】
a seasonal change of clothing

コロン 〖文法〗a colon［コウろン］
（◆符号(きごう)「:」のこと）

> **ルール コロンの使い方**
> **1** 前の文を言い換(か)えたり，詳(くわ)しく説明したりするときに用います。
> **2** 時刻を数字で表すときや，会話文で話し手の名前の後に用います。
> （例）9:30
> Tom: Good morning!

◆こわい【怖い】
（恐(おそ)ろしい）**terrible**［テリブる］, fearful［ふィアふる］;
（厳しい）strict［ストゥリクト］➡**こわがる**
▸**怖い夢** a **terrible** dream
▸**怖い先生** a **strict** teacher
▸あの時は死ぬほど**怖かった**.
I was scared to death then.

◆こわがる【怖がる】
be* afraid《**of ...**》［アふレイド］;
（一時的に）be scared《of ...》［スケアド］
▸まちがいをするのを**怖がって**はいけない. Don't **be afraid of** making mistakes.
▸弟はゴリラのぬいぐるみを**怖がった**.
My brother **was scared of** a stuffed toy gorilla.

こわごわ timidly［ティミッドり］, fearfully［ふィアふり］, with fear

◆こわす【壊す】
❶〖物を〗**break***［ブレイク］, destroy［ディストゥロイ］
▸だれがこのおもちゃを**壊した**のですか？
Who **broke** this toy?
▸台風がたくさんの家を**壊した**.
The typhoon **destroyed** a lot of houses.（◆跡形(あとかた)もなく壊す場合は break down を用いる）
▸男は彫刻(ちょうこく)を粉々に**壊した**.
The man **broke** the sculpture into pieces.
❷〖健康を〗harm［ハーム］
▸そんなに勉強ばかりしていると体を**壊し**ますよ. If you study all the time, you will **harm** your health.

> **結びつくことば**
> 花瓶を壊す break a vase
> 古い家を壊す pull down an old house
> お腹を壊す have an upset stomache
> 自然を壊す destroy (the) nature
> わざと壊す break ... on purpose

◆こわれる【壊れる】 **break***［ブレイク］;
（壊れている）be* broken［ブロウクン］;
（故障している）be out of order
壊れた broken
▸気をつけて．それ**壊れ**やすいから.
Be careful. It **breaks** easily.
▸わたしの時計は**壊れている**.
My watch **is broken**.
▸このコピー機は**壊れている**. This copy machine **is out of order**.
▸**壊れもの**，取りあつかい注意
〖掲示〗**Fragile**, Handle with Care

こん【紺】 dark blue, navy blue

こんかい【今回】 this time ➡**こんど**

こんがらかる（糸などが）
get* entangled［エンタあングるド］;
（複雑になる）get complicated［カンプりケイティッド］
▸事態は**こんがらかってきた**.
The situation has **gotten complicated**.

こんき【根気】 patience［ペイシェンス］
▸英語の勉強には**根気**が必要だ.
Learning English requires **patience**.
根気のよい，根気強い
patient［ペイシェント］
根気よく patiently

こんきょ【根拠】 grounds［グラウンヅ］, a basis［ベイスィス］, foundation［ふァウンデイシャン］;（理由）reason［リーズン］
▸何を**根拠**にそう言うのですか？ What are your **grounds** for saying so?

コンクール a contest［カンテスト］
▸合唱**コンクール**に参加する
participate in a chorus **contest**

コンクリート concrete［カンクリート］
▸鉄筋**コンクリート**の建物
a reinforced **concrete** building

こんけつ【混血の】
half-blooded［ハあふブらディッド］

◆こんげつ【今月】 **this month**［マンす］

こ

▸今月の 20 日に
on the 20th of **this month**
▸今月の初めに
at the beginning of **this month**
▸今月は雨が多かった. We had a lot of rain **this month**. (♦this month には in, on をつけない)
▸父は今月半ばまでロンドンにいます. My father will stay in London till the middle of **this month**.
▸この本は今月中に(→今月の終わりまでに)返してください. Return this book to me by the end of **this month**.
今月号 (月刊誌の) the current issue

⁺こんご【今後】

after this, in the future [ふューチャ]; (これからずっと) from now on
▸今後, 注意します.
I'll be careful **in the future**.
▸今後はだれもいじめません. **From now on**, I will not bully anyone.
▸クラブの今後(→将来)について話し合おう. Let's discuss the future of our club.
今後の future
▸今後の予定を教えて. Let me know your **future** schedule.

こんごう【混合】 mixture [ミクスチャ]
混合する mix [ミックス], blend [ブれンド] ➡まぜる
混合ダブルス mixed doubles

コンサート a concert [カンサト]
▸コンサートに行く go to a **concert**
コンサートホール a concert hall
コンサートマスター
a concertmaster [カンサトマぁスタ]

こんざつ【混雑する】
be* crowded 《with ...》 [クラウディッド]
➡こむ
▸東京駅は帰省客で混雑している.
Tokyo Station **is crowded with** people going home.

コンサルタント
a consultant [コンサるタント]
▸経営コンサルタント
a management **consultant**

⁺こんしゅう【今週】

this week [ウィーク]
▸今週の土曜日に **this** Saturday / on Saturday **this week**
▸今週は宿題がたくさんあった. I had a lot of homework **this week**. (♦this week には in, on をつけない)
▸今週中に(→今週の末までに)宿題を提出すること. Hand in your homework by the end of **this week**.

ルール 「今週の…曜日」の言い方

水曜日に言うと, 次のような言い方になります.

日 月 火 水 木 金 土
① ②

①今週の月曜日…last Monday ②今週の金曜日…this Friday, next Friday. last は「すぐ前の」, next は「次の」の意味なので, 水曜日に last Friday と言えば「先週の金曜日」, next Monday と言えば「来週の月曜日」の意味になります. 今週ということをはっきりさせたいときは on Monday this week「今週の月曜日に」のように言います.

こんじょう【根性】 (意志の力)
(a) will [ウィる], 《口語》 guts [ガッツ]; (性質) nature [ネイチャ]
▸ジョージは根性がある. George has a strong **will**. / George has **guts**.
▸あいつは**根性の悪い**男だ.
He is an **ill-natured** man.

こんせい【混声の】 mixed [ミックスト]
混声合唱 a mixed chorus

こんぜつ【根絶】
eradication [イラぁディケイシャン]
根絶する eradicate [イラぁディケイト]

コンセンサス
(a) consensus [コンセンサス]

コンセント 《米》 an outlet [アウトれット], 《英》 a socket [サケット]
▸プラグをコンセントに差しこむ
put a plug into the **outlet**

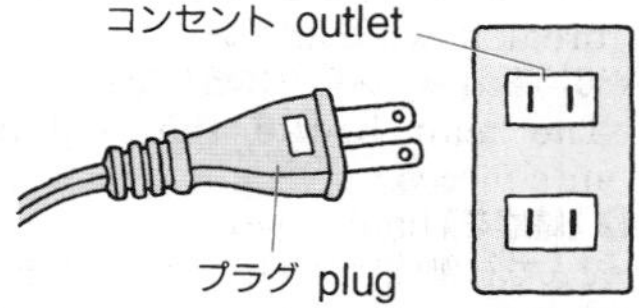

こ

コンソメ consommé［カンソメイ］（♦フランス語から）

コンダクター a conductor［コンダクタ］

コンタクトレンズ（片方）a contact lens［カンタぁクト れンズ］

▸コンタクトレンズを入れる［はずす］ put in [take out] **contact lenses**（♦片目だけなら a contact lens）

▸コンタクトレンズをしている wear [have] **contact lenses**

こんだて【献立】 a menu［メニュー］

こんちゅう【昆虫】 an insect［インセクト］,〖米口語〗a bug［バッグ］➡**むし¹**

昆虫採集 insect collecting

昆虫標本 specimens of insects［スペスィメンズ］, insect specimens

コンディショナー a conditioner［コンディシャナ］

コンディション condition［コンディシャン］（♦「健康状態」を意味する）

▸コンディションがいい be in good **condition**

コンテスト a contest［カンテスト］

▸写真コンテスト a photo **contest**

コンテナ a container［コンテイナ］

コンテンツ content［カンテント］

▸このブログは種類豊富なコンテンツを含んでいる. This blog has a variety of **content**.

コント a comic skit, a comic sketch

˙こんど【今度】

❶〖今回〗**now**［ナウ］, this time

▸今度はきみの番だ. **Now** it's your turn.

▸今度はわたしがやってみよう. I'll try it **this time**.

❷〖次回〗next time;〖いつか〗some day

▸今度また誘(さそ)ってね. Will you take me out again **some day**?

❸〖最近〗recently［リースントり］;〖先日〗the other day

▸今度,とっても元気な子が転校して来た. **Recently**, a very cheerful girl transferred to our school.

今度の（今の）this［ずィス］;（次の）next［ネクスト］;（この前の）last［らぁスト］

▸今度の土曜日 **this** [**next**] Saturday

▸今度の旅行は実に楽しかった. We enjoyed our **last** trip very much.

こんどう【混同】 confusion［コンふュージャン］

混同する confuse《with ...》［コンふューズ］, mix up［ミックス］

▸わたしはよく彼を弟さんと混同してしまう. I often **confuse** him **with** his brother.

▸p と q を混同する take "p" for "q"

ゴンドラ a gondola［ガンドら］;（ロープウェーの）a (cable) car

コントロール control［コントゥロウる］

▸小林さんはカーブのコントロールがいい. Kobayashi throws a curve ball with good **control**.

コントロールする control

コントロールタワー a control tower

こんとん【混沌】 chaos［ケイアス］, confusion［コンふュージャン］

˙こんな

（このような）**such**［サッチ］, **like this**;（この・これほどの）**this**;（この種の）this kind [sort] of ...

▸こんな難しい問題はわたしにはできません. I can't solve **such** a difficult problem.（♦ × a such ... とはしない）

▸こんなふうにして解けますよ. You can solve it **like this**.

▸こんなにたくさんはひとりで運べない. I can't carry **this** much by myself.（♦量ではなく数について言うなら this many）

▸こんなストーリーは人気がある. **This kind** [**sort**] **of** story is popular.

˙こんなん【困難】

(a) difficulty［ディふィカるティ］;（めんどうなこと）trouble［トゥラブる］

▸困難に打ち勝つ get over **difficulties**

▸困難にぶつかったら,勇気をもって立ち向かうのだ. If you meet a **difficulty**, you should face it with bravery.

困難な **difficult**［ディふィカるト］, hard［ハード］➡**むずかしい**

▸困難な問題 a **difficult** problem

こんにち【今日】 today［トゥデイ］, nowadays［ナウアデイズ］

▸今日の学生 the students of **today**

▸今日ではインターネットから多くの情報が簡単に手に入る. **Nowadays**

[**Today**] we can easily get a lot of information from the internet.

こ

:こんにちは (午前中) **Good morning.** [モーニング]; (午後) **Good afternoon.** [あふタヌーン]; (一日じゅういつでも) **Hello.** [ハろウ] / **Hi.** [ハイ] (♦後者のほうがくだけたあいさつ)

ダイアログ　あいさつする

A: ウィルソン先生, **こんにちは.**
Hello, Ms. Wilson.
B: **こんにちは**, 英夫. 元気ですか?
Hi, Hideo. How are you?

参考 「こんにちは」

1 日本では午前中でも日が高くなると「こんにちは」と言うので, Good morning. が「こんにちは」にあたることもあります.
2 ふつう, あいさつの後に相手の名前を言います.
3 Good morning. や Good afternoon. は比較的改まったあいさつなので, 親しい人どうしでは Hello. や Hi. をよく用います.
4 Hello. や Hi. は一日じゅういつでも何度でも使えます.

コンパ a party [パーティ]

コンパクト (化粧(けしょう)道具) a compact [カンパあクト]

コンパクトな
small [スモーる], compact [コンパあクト]

コンパクトカー 〖米〗 a compact car

コンパクトカメラ a compact camera

コンパス (製図用) (a pair of) compasses [カンパスィズ] (♦単数あつかい), a compass

·こんばん【今晩】
this evening [イーヴニング], **tonight** [トゥナイト]

▸今晩パーティーを開きます.
We are having a party **this evening** [**tonight**].

ダイアログ　許可を求める

A: 今晩お訪(たず)ねしてもいいですか?
May I visit you **this evening** [**tonight**]?
B: ええ, どうぞ. Certainly.

:こんばんは **Good evening.** [イーヴニング] / **Hello.** [ハろウ]

ダイアログ　あいさつする

A: ロビンソンさん, **こんばんは.**
Good evening, Ms. Robinson.
B: **こんばんは**, 希美.
Good evening, Nozomi.

参考 Good evening.

このあいさつは夕方から寝(ね)るまで用います. 夜, 別れるときには **Good night.**「お休みなさい」と言います.

コンビ (2人組) a pair [ペア]; (相棒) a partner [パートナ]

コンビーフ
corned beef [コーンド ビーふ]

コンビニエンスストア
a convenience store [コンヴィーニャンス ストーア]

コンビネーション
(a) combination [カンビネイシャン]

コンピュータ a computer [コンピュータ] ➡巻頭カラー 英語発信辞典⑤

▸コンピュータを操作する
operate [use] a **computer**

▸コンピュータで図面をかく
draw a plan by **computer**
(♦by の後では a や the をつけない)

コンピュータウィルス
a computer virus

コンピュータグラフィックス
computer graphics (♦CG と略す)

コンピュータゲーム
a computer game

コンピュータ室 a computer room

コンピュータ部 a computer club

◆コンピュータ用語

アイコン icon [アイカン]
アクセス access [あクセス]
　ホームページにアクセスする
　access a web site
Eメール e-mail [イーメイる]
　(♦e-mail は「Eメールを送る」という動詞としても用いる)
　Eメールを送る[受け取る]
　send [receive] an e-mail
インストール install [インストーる]
　ソフトをインストールする

install software
インターネット the internet
[インタネット]
インターネットで調べる
research ... on the internet
オンライン online [アンらイン]
オンラインで買い物をする
shop online
クリック(する) click [クリック]
そこをクリックしなさい.
Click there.
スマートフォン a smartphone
[スマートふォウン]
セーブ save [セイヴ]
ファイルをセーブする
save a file
ソーシャルネットワーキングサービス
social networking service
[ソウシャる ネットワ〜キング サ〜ヴィス]
(♦SNSと略す)
ダウンロード download [ダウンろウド]
ソフトをダウンロードする
download software
立ち上げる(起動させる)
boot up [ブートアップ]
ダブルクリックする
double-click (on)
タブレットコンピュータ
a tablet computer [タぁブレット]
デスクトップコンピュータ
a desktop computer [デスクタップ]
ドラッグ(する) drag [ドゥラぁッグ]
ノートパソコン
a notebook computer [ノウトブック], a laptop [らぁップタップ]
パスワード password [パぁスワ〜ド]
パスワードを入力する
enter one's password

***こんぶ【昆布】** *kombu*, kelp

コンプライアンス
compliance [コンプらイアンス]

コンプレックス
an inferiority complex ➡れっとう²

コンポ (セットになったステレオ)
stereo components

こんぼう【こん棒】 a club [クらブ], a heavy stick;
(体操競技用) an Indian club

こんぽん【根本的な】
fundamental [ふァンダメンタる], basic [ベイスィック]
根本的に fundamentally, basically
▸きみの考え方は根本的にまちがっている. Your way of thinking is **fundamentally** [**basically**] wrong.

コンマ 〚文法〛
a comma [カマ] (♦符号(ふごう)「,」のこと)
▸コンマを打つ put a **comma**

ルール コンマの使い方
名詞や形容詞などを2つ以上並べるとき,呼びかけの語の前や後,yesやnoの後,文中に軽い区切りをつけるときなどに用います. (例) I like bananas, apples(,) and strawberries. (わたしはバナナやリンゴ,イチゴが好き) / Hello, Ann. (こんにちは,アン) /When I woke up, it was raining. (わたしが目を覚ましたとき,雨が降っていた)

こんもり【こんもりした】
thick [すィック]
▸こんもりした森 a **thick** forest

•こんや【今夜】 **tonight** [トゥナイト], **this evening** ➡こんばん

ダイアログ 提案する
*A:*今夜映画を見に行かない?
How about going to the movies **tonight** [**this evening**]?
*B:*いいわね. That sounds nice.

こんやく【婚約】
an engagement [インゲイヂメント]
婚約する be* engaged 《to ...》
[インゲイヂド], get* engaged 《to ...》
▸トムとベスは先月婚約した.
Tom **got engaged to** Beth last month. / Tom and Beth **got engaged** last month.
婚約者 (女) one's fiancée [ふィーアーンセイ]; (男) one's fiancé [ふィーアーンセイ] (♦どちらもフランス語から)
婚約指輪 an engagement ring

こんらん【混乱】
confusion [コンふューヂャン]
混乱する get* confused [コンふューズド]
▸頭が混乱してきた.
I'm **getting confused**.

こんろ
a stove [ストウヴ], a range [レインヂ]
▸ガスこんろ a gas **stove**

さ

さ　サ

Q あこがれのサッカー選手に「サインください」と言いたいときは？➡「サイン」を見てみよう！

さ【差】 (a) difference［ディふァレンス］
▸今年の夏と去年の夏はずいぶん**差**がある. There is a great **difference** between this summer and the last.
▸ドジャーズが3点**差で**ジャイアンツを破った. The Dodgers beat the Giants **by** three runs [points].（♦run で「点」を表すのは野球など）

ˈさあ
❶〖それでは〗**now**［ナウ］;
〖急ぐように促(うなが)して〗Come on.
▸さあ, お昼を食べよう.
Now, let's have lunch.
▸さあ, 学校へ行く時間ですよ.
Come on, it's time to go to school.
❷〖ええと〗**well**［ウェる］, Let me see.
（♦後者は, とっさに答えが出なくて考えているときなどに用いる）

ダイアログ　**保留する**
A: ジェーンの誕生日はいつだっけ？
When is Jane's birthday?
B: さあ. たしか7月10日だと思うけど.
Let me see. It's July 10, I think.

サーカス a circus［サ～カス］
サーキット
a (racing) circuit［サ～キット］
サークル a circle ➡ **かい[1]**
ざあざあ
（ざあざあ降る）pour (down)［ポーア］
▸雨が**ざあざあ**降っている. The rain is **pouring down**. / It's pouring [raining heavily].
サード 〖野球〗（三塁(るい)）third base［ベイス］;（三塁手）a third baseman
サーバー 〖スポーツ〗a server［サ～ヴァ］;〖コンピュータ〗a server（♦ネットワークの中心となるコンピュータ）
サービス service［サ～ヴィス］
▸そのレストランは**サービス**がいい.
That restaurant gives good **service**. / The **service** is good at that restaurant.（♦「サービスが悪い」場合は good の代わりに poor を使う）
▸コーヒーはサービス(→無料)です.
The coffee is free.
サービスエース a service ace
サービスステーション a service station
サービス料 a service charge
サーブ 〖スポーツ〗a serve［サ～ヴ］, a service［サ～ヴィス］
サーブする serve (a ball)
サーファー a surfer［サ～ふァ］
サーフィン surfing［サ～ふィング］
サーフィンをする surf
サーフボード
a surfboard［サ～ふボード］
サーモスタット（温度自動調節器）
a thermostat［さ～マスタぁット］
サーモン 〖魚類〗（サケ）a salmon［サぁモン］（♦単複同形;「サケの肉」の意味では数えられない名詞として用いる）
▸スモーク**サーモン** smoked **salmon**
サイ 〖動物〗a rhinoceros［ライナセラス］（複数 rhinoceros, rhinoceroses）,〖口語〗a rhino［ライノウ］
さい-【最…】（♦ふつう形容詞や副詞の最上級を用いて表す）
▸世界**最強の**ボクサー
the strongest boxer in the world
▸**最優秀**(ゆうしゅう)選手 **the most** valuable player（♦MVP と略す）

ˈ-さい[1]【…歳】 **... year(s) old**, (an) **age**［エイヂ］

ダイアログ　**質問する・説明する**
A: あなたは何歳ですか？
How **old** are you?
B: 15歳です.
I'm fifteen (**years old**).

▸卓はわたしより 2 歳年上です.
Taku is two **years older** than me [I].（♦「年下」なら older の代わりに younger を用いる）
▸ピカソは 55 歳のとき, ゲルニカを描(えが)いた. Picasso painted *Guernica* when he was fifty-five **(years old)** [at the **age** of fifty-five].

-さい² 【…祭】
a ... festival［ふェスティヴる］
▸（学校の）文化祭　a school **festival**
▸カンヌ映画祭
the Cannes Film **Festival**

さいあい 【最愛の】 beloved［ビらヴィッド］, (the) dearest［ディアレスト］（♦beloved は名詞の前にだけ用いる）
▸わたしの最愛の姉
my **beloved** sister

さいあく 【最悪(の)】 the worst［ワ～スト］（♦bad「悪い」の最上級）
▸試験の結果は最悪でした.
The exam turned out **the worst**.

ざいあく 【罪悪】（宗教・道徳上の）(a) sin［スィン］;（法律上の）a crime［クライム］

さいかい¹ 【再開する】 restart［リースタート］; reopen［リーオウプン］
▸その店は昨日営業を再開した.
The store **reopened** yesterday.

さいかい² 【再会する】
meet* again
▸彼らは再会をかたく誓(ちか)った.
They made a firm promise to **meet again**.

さいかい³ 【最下位】（順位）
(the) last place, the bottom［バタム］
▸彼は数学ではクラスの最下位だった.
He was at **the bottom** of his class in math.
▸（競争で）最下位になる　come in last

さいがい 【災害】
(a) disaster［ディザぁスタ］
▸自然災害　a natural **disaster**

ざいがく 【在学する】
be* in school [college]
▸わたしの姉はオーストラリアの大学に在学しています. My sister **is in college** in Australia.

在学証明書
a certificate of student registration, a certificate of enrollment

さいかくにん 【再確認】
a double-check［ダブるチェック］;（予約などの）reconfirmation［リーカンふァメイシャン］
再確認する double-check; reconfirm［リーコンふァ～ム］

さいきょう 【最強の】
the strongest［ストゥローンゲスト］
▸史上最強のサッカーチーム
the strongest soccer team ever

♦さいきん¹ 【最近】

lately［れイトり］, recently［リースントり］;（近ごろ）these days
▸最近, ビルと話していない.
I haven't talked with Bill **lately**.
▸その俳優は最近, 結婚(けっこん)した.
That actor got married **recently**.
▸最近, 編み物に興味がある. **These days** I'm interested in knitting.
最近の recent; the latest ➡ さいしん
▸最近の出来事　a **recent** event
▸最近の流行　**the latest** fashions

さいきん² 【細菌】 bacteria［バぁクティリア］（♦複数あつかい）, a germ［ヂャ～ム］

さいく 【細工】
（製作品）(a piece of) work［ワ～ク］
▸竹細工
(a piece of) bamboo **work**

サイクリング cycling［サイクりング］
▸サイクリングに行く　go **cycling**

サイクル（周期）a cycle［サイクる］
▸ライフサイクル　a life **cycle**

さいけつ¹ 【採決する】 take* a vote on ..., vote on ...［ヴォウト］
▸法案を採決する
take a vote on a bill

さいけつ² 【採血する】
take* blood, collect blood

さいげつ 【歳月】
（時）time［タイム］,（年）years［イアズ］
▸彼女に最後に会ってから 5 年の歳月が流れた. Five **years** have passed since I met her last.

♦さいご 【最後】

the **last**［らぁスト］（対義語「最初」the first）; the **end**［エンド］（対義語「最初」the beginning）➡ おわり
最後の the last, final［ふァイヌる］
▸最後の問題は簡単だった.
The last question was easy.

さ

最後に　(at) last, in the end, finally
▸**最後に**部屋を出たのはだれですか？
Who left the room **last**?
▸**最後には**拓也も自分のまちがいを認めた.
In the end Takuya admitted his error. / Takuya **finally** admitted his error.
最後まで　until the end, to the last

˙さいこう【最高の】
(最も高い) the **highest** [ハイエスト] (対義語「最低の」the lowest); (最もよい) the **best** [ベスト] (対義語「最悪の」the worst); (すばらしい) great [グレイト], (とてもよい) terrific [テリふィック]
▸数学の**最高点**は 96 点でした.
The highest mark on the math test was 96 points.

ダイアログ　感動する
*A:*旅行はどうでした？
How was your [the] trip?
*B:*最高だったよ！　It was **great**!

最高気温　the highest temperature; (天気予報で) high
最高記録　the best record
最高点　the highest points, the highest grade

ざいこう【在校する】 be* at school
在校生　a student [ステューデント]; (卒業生に対して) a current student

さいころ　a die [ダイ] (複数 dice) (♦ふつう複数形で用いる)
▸さいころを振(ふ)る
cast [throw] the **dice**

ざいさん【財産】
property [プラパティ]; (比較(ひかく)的大きな) (a) fortune [ふォーチュン]

さいじつ【祭日】
a (national) holiday ➡ しゅくじつ

さいしゅう[1]【最終の】
the last [らぁスト]
▸**最終**電車は何時ですか？
What time is **the last** train?
最終回　(野球の) the last inning; (連続ドラマの) the last episode

さいしゅう[2]【採集する】 collect
[コれクト], gather [ギぁざ] ➡ あつめる
▸昆虫(こんちゅう)**採集する**　**collect** insects

˙さいしょ【最初】
the **first** [ふァ〜スト] (対義語「最後」the last); the **beginning** [ビギニンヶ] (対義語「最後」the end) ➡ はじめ
▸**最初**から最後まで
from **beginning** to end / from **first** to last (♦対(つい)になる語を並べるときは, a や the はつけない)
最初の　the first
▸月に降り立った**最初の人**はだれですか？
Who was **the first** (person) to get to the moon?
最初に　first; (何よりも) first of all
▸わたしはそのことを**最初に**由加に話し, それから英士に話した.　I **first** told that to Yuka and then to Eiji.
▸**最初に**, あなたを友達に紹介(しょうかい)したいと思います.　**First of all**, I'd like to introduce you to my friends.
最初(のうち)は　at first
▸**最初は**だれもわたしの言うことを信じてくれなかった.
At first nobody believed me.

さいしょう【最小の, 最少の】
(大きさが) the smallest [スモーれスト]; (量・程度が) the least [りースト]
最小公倍数　the least common multiple, the lowest common multiple (♦L.C.M. と略す)

さいじょう【最上の】
(最もよい) the best [ベスト]; (いちばん上の) the top [タップ]
▸ホテルの**最上階**
the top floor of a hotel

さいしょうげん【最小限】
a minimum [ミニマム]
最小限の　minimum
▸**最小限の**努力で最大の効果を上げる
achieve the greatest effect with **minimum** effort

さいしょくしゅぎ【菜食主義】
vegetarianism [ヴェヂテリアニズム]
菜食主義者　a vegetarian [ヴェヂテリアン]

さいしん【最新の】 the latest
[れイテスト], the newest [ニューエスト]
▸**最新の**ニュース
the latest (news) (♦the latest だけで「最新のもの」の意味がある)
▸このカメラは**最新型**です.　This camera is **the newest** model.

サイズ　a size [サイズ]
サイズを測る　measure [メジャ]

ダイアログ　質問する・依頼する

A:（店で）**サイズ**はおいくつですか？ What **size** do you wear? / What **size** are you? / What's your **size**?

*B:*わからないんです．**サイズを測って**もらえますか？ I don't know my **size**. Will you **measure** me?

▸このスカートの**サイズ**はわたしに合わない． This skirt is not my **size**.

▸**フリーサイズの**トレーナー a **one-size-fits-all** sweatshirt

さいせい【再生】（録音・録画の） a playback［プれイバぁック］; （廃物(はいぶつ)の） recycling［リーサイクリング］

再生する（録音・録画を） play back; （廃物を） recycle［リーサイクる］

再生医療 regenerative medicine［リヂェネラティヴ メディスン］

再生可能エネルギー renewable energy［リニューアブる エナヂィ］

再生工場 a recycling plant

再生紙 recycled paper

ざいせい【財政】 finance［ふィナぁンス］

ざいせき【在籍する】 be* enrolled［エンロウるド］

▸その高校には約 900 人の生徒が**在籍している**． About 900 students **are enrolled** in the high school.

さいせん[1]【再選する】 reelect［リーイれクト］

さいせん[2]【さい銭】 an offering of money (at a temple [shrine])

さい銭箱 an offertory box［オーふァトーリ］

さいぜん【最善(の)】 the [one's] best

▸**最善の**方法 **the best** way

▸輝は何にでも**最善を尽**(つ)**くす**. Teru **does his best** in everything.

さいせんたん【最先端】 the forefront［ふォーふラント］, the state of the art

最先端の the most advanced, state-of-the-art［ステイトオヴザィアート］; （最新の） the latest［れイテスト］

▸彼女は流行の**最先端**を行っている． She follows **the latest** fashion.

さいそく【催促する】 press［プレス］, urge［アーヂ］

▸わたしはパトリックにその本を返してくれるよう**催促した**． I **pressed** Patrick to return the book.

サイダー (soda) pop［パップ］

さいだい【最大の】 the largest［らーヂェスト］, the biggest［ビゲスト］; （最も偉大な）the greatest［グレイテスト］

➡ **おおきい**

▸地球上で**最大の動物** **the largest** animal on (the) earth

最大公約数 the greatest common divisor（♦G.C.D. と略す）

さいだいげん【最大限】 a maximum［マぁクスィマム］

最大限の maximum

▸わたしは入学試験に合格するために**最大限の努力**（→あらゆる努力）をした． I made **maximum efforts** [every effort] to pass the entrance exams.

ざいたく【在宅の】 in-home［インホウム］, at-home［あットホウム］

在宅看護 home care

在宅勤務 telecommuting［テれコミューティング］

さいちゅう【最中に】 in the middle of ...［イン ざ ミドゥる アヴ］; （…の間に）during ...［デュアリング］

さいてい【最低の】 the lowest

▸**最低価格** **the lowest** price

▸映画に行くのに**最低でも**（→少なくとも）1,000 円は必要だ． I need **at least** one thousand yen to go to the movie.

最低気温 the lowest temperature; （天気予報で）low

最低点 the lowest points, the lowest grade

さいてん【採点する】 grade［グレイド］, mark［マーク］

▸先生は試験の答案を**採点している**． The teacher is **grading** [**marking**] the exam papers.

サイト 〖コンピュータ〗 （インターネットの） a (web) site［サイト］

サイド a side［サイド］

▸日本の右**サイド**からの攻撃(こうげき)が非常に効果的だった． Japan's attacks from the right **side** were very effective.

サイドスロー 〖スポーツ〗 a sidearm throw

サイドミラー 〖米〗 a side(-view)

mirror,〖英〗a wing mirror

サイドライン

〖スポーツ〗a sideline［サイドらイン］

さいなん【災難】
(a) misfortune［ミスふォーチュン］

ざいにん【罪人】
（法律上の）a criminal［クリミヌる］;
（違反(いはん)者）an offender［オふェンダ］;
（道徳・宗教上の）a sinner［スィナ］

*さいのう【才能】
(a) talent［タぁれント］,
a gift［ギふト］;（能力）ability［アビりティ］
（◆複数形で用いることが多い）

才能のある　talented［タぁれンティッド］,
able［エイブる］

▸**才能を伸(の)ばす**
develop one's **talents [abilities]**

▸莉奈には絵の**才能**がある．　Rina has a **talent [gift]** for painting.

サイバー
cyber［サイバ］

サイバーテロ

cyber terrorism［サイバ テロリズム］

サイバービジネス

cyber business［サイバ ビズネス］

さいばい【栽培する】
grow*［グロウ］

▸彼女は庭でナスを栽培している．　She **grows** eggplants in the garden.

さいはっこう【再発行する】
reissue［リーイシュー］

▸学生証を再発行してもらった．　I had my student ID card **reissued**.

さいばん【裁判】
(a) trial［トゥライアる］;（訴訟(そしょう)）(a) suit［スート］,
a lawsuit［ろースート］, a case［ケイス］

▸（人）を裁判にかける
put [bring] ... on **trial**

▸**裁判**に勝つ
win a **suit [lawsuit, case]**

裁判する　judge［ヂャッヂ］

裁判官　a judge

裁判所　(a) court［コート］, a law court

▸最高裁判所　the Supreme **Court**

▸高等裁判所　a high **court**

▸地方裁判所　a district **court**

▸家庭裁判所　a family **court**

さいふ【財布】
（小銭(こぜに)入れ）a (coin) purse［パ～ス］;
（札(さつ)入れ）a wallet［ワれット］

▸道で**財布**を拾った(→見つけた).
I found a **purse** on the street.

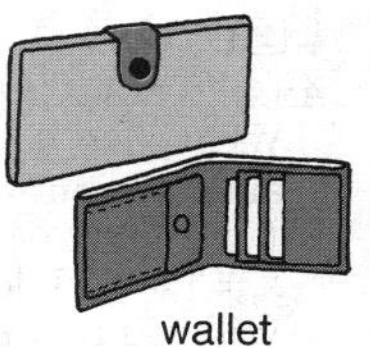

さいほう【裁縫】
sewing［ソウイング］,
needlework［ニードゥるワ～ク］

裁縫をする　sew*, do* needlework

裁縫道具　a sewing kit

さいぼう【細胞】
a cell［セる］

さいほうそう【再放送】
a rerun［リーラン］

再放送する　rerun*［リーラン］(◆名詞との発音の違いに注意), repeat［リピート］

サイホン
a siphon［サイふォン］

さいまつ【歳末】
the end of the year

歳末大売り出し　a year-end sale

さいみんじゅつ【催眠術】
hypnotism［ヒプノティズム］

ざいもく【材木】
wood［ウッド］;（角材などに加工した）〖米〗lumber［らンバ］,
〖英〗timber［ティンバ］

材木置き場　〖米〗a lumber yard,
〖英〗a timber yard

さいよう【採用】
（案などの）adoption［アダプシャン］;
（人の）employment［インプろイメント］

採用する　（案などを）adopt［アダプト］;
（人を）employ［インプろイ］

さいりよう【再利用】
recycling［リーサイクりング］

再利用する　recycle

▸ペットボトルを再利用する
recycle PET [plastic] bottles

さいりょう【最良の】
the [one's] best

▸フレッドはわたしの最良の友の１人です.
Fred is one of **my best** friends.

ざいりょう【材料】
material(s)［マティリアるズ］;（料理などの）
ingredients［イングリーディエンツ］

▸建築材料　building **materials**

サイレン
a siren［サイレン］

さいわい【幸い】
（幸福）happiness［ハぁピネス］;
（幸運）good luck

幸いな　happy, lucky

▸お役に立てれば幸いです.
I'd be **happy** to help you if I can.
幸いにも fortunately [ふォーチュネトり], luckily
▸幸いにも,雨があがった.
Fortunately, the rain stopped.

サイン
(署名) a signature [スィグナチャ]; (有名人の) an autograph [オートグラぁふ]; (合図) a sign [サイン]; (野球の) a signal [スィグヌる]
サインする sign
▸ここにサインしてください.
(→書類に)Please **sign** (your name) here. / (→芸能人などに対して)May I have your **autograph** here?
サイン会 an autograph session
サインペン a felt(-tip) pen, a felt-tip(ped) pen

サウンド
(音) (a) sound [サウンド]
サウンドトラック
a soundtrack [サウンドトゥラぁック]

…さえ
❶〘…ですら〙**even** [イーヴン]
▸そんなことは子供でさえわかる. **Even** a child can understand such things.
▸真紀はわたしにあいさつさえしない.
Maki doesn't **even** greet me.
▸マイクは母親にさえ,本当のことを言わなかった. Mike didn't tell the truth **even** to his mother.

> **ルール even の位置**
> even はふつう,修飾(しゅうしょく)する語句の前に置きます.したがって,日本語と語順が逆になります.(例)*even* now (今でさえ)

❷〘…だけで〙**only** [オウンり]
…でさえあれば if only ...
▸絵里さえいてくれたらなあ.
If only Eri were here.
(◆現在の事実に反する願望を言うとき, be 動詞(am, is, are) はふつう,主語にかかわらず過去形の were になる)
…しさえすればよい
《have* only to ＋動詞の原形》
▸きみはここにいさえすればいいんだ.
You **have only to** stay here.

さえぎる
(視界を) shut* out; (発言・行動を) interrupt [インタラプト] ➡ **じゃま**
▸木々が暑い日差しをさえぎっていた.
The trees **shut out** the blazing sun.

さえずる
sing* [スィング], chirp [チャ～プ]

さえる【冴える】
(澄(す)んでいる) be* clear [クりア]; (明るい) be bright [ブライト]
▸今夜は頭がどうもさえない.
My head **is** not **clear** tonight.

さお
a pole [ポウる], a rod [ラッド], (横棒) a bar [バー]
▸釣(つ)りざお a fishing **rod** **[pole]**
▸物干(ほ)しざお
a **bar** for drying the wash

さか【坂】
a slope [スろウプ], a hill [ヒる]
▸急な坂 a steep **slope** **[hill]**
▸なだらかな坂 a gentle **slope** **[hill]**
▸坂を上る go up a **slope** **[hill]**
▸坂を下る go down a **slope** **[hill]**

さかあがり【逆上がり】
forward upward circling
▸逆上がりをする
do **forward upward circling**

さかい【境】
(地図上の境界線) a boundary [バウンダリ]; (地形などによる区切り・その周辺) a border [ボーダ]
➡ **きょうかい**[2]
▸両家の境に柵(さく)がある. There is a fence along the **boundary** between the two houses.

さかえる【栄える】
flourish [ふら～リッシ], prosper [プラスパ]
▸ここはかつて城下町として栄えた.
This place once **prospered** as a castle town.

さかさま【逆さまに】
(上下が) upside down, headfirst [ヘッドふァ～スト], headlong [ヘッドろーング]
▸お弁当箱をさかさまにしないでね.
Don't turn the lunch box **upside down**.

> **参考 さかさまのいろいろ**
> 1 上下がさかさま **upside down**
> 2 裏表がさかさま **inside out**
> (例)You're wearing your shirt *inside out*. (シャツが裏表逆だよ)
> 3 前後がさかさま **on backward(s)**
> (例)Emma has her cap *on backward(s)*. (エマは帽子(ぼうし)を後ろ前にしている)

upside down　inside out　on backward(s)

˙さがす【捜す，探す】

❶〖人・物を〗
look for ..., search for ... ［サ～チ］

ダイアログ　**質問する・説明する**
A:何を探しているんだい？
What are you **looking for**?
B:片一方の靴(くつ)を探してるの.
I'm **looking for** my other shoe.

❷〖人・物を見つけるために場所を〗**search**
▸美希は手帳を見つけようと部屋じゅう探した. Miki **searched** her room **for** her notebook.（♦《search＋場所＋for＋人・物》の形で表す）

❸〖辞書などで事柄(ことがら)を〗look up
▸これらの単語を辞書で探した.
I **looked up** these words in my dictionary.

結びつくことば
なくしたかぎを探す look for one's lost key
空席を探す look for a vacant seat
あちこち探す search everywhere
ポケットの中を探す search one's pocket

さかだち【逆立ち】

a handstand ［ハぁン(ド)スタぁンド］
逆立ちする　stand* on one's hands, do* a handstand

⁚さかな【魚】

a **fish** ［ふィッシ］
(複数 fish, fishes)
（♦複数形 fishes は種類の異なる魚を強調して言う場合に用いられることがある）
▸ベンは大きな魚を3匹(ひき)釣(つ)った.
Ben caught three big **fish**.
▸きょうは夕食に魚を食べた.
I had **fish** for dinner today.
（♦「魚肉」の意味では a をつけない）
魚釣り　fishing
▸魚釣りに行く go **fishing**
魚屋　(店) a fish store, 〖英〗 a fishmonger('s);
(人) a fish dealer, 〖英〗 a fishmonger

◆魚介(かい)類のいろいろ
fish and other sea animals

アサリ	littleneck clam ［りトるネック クらぁム］
アジ	horse mackerel ［ホース マぁカレる］
アワビ	abalone ［あバろウニ］
イカ	cuttlefish ［カトゥるふィッシ］, squid ［スクウィッド］
イワシ	sardine ［サーディーン］
ウナギ	eel ［イーる］
ウニ	sea urchin ［スィー ア～チン］
エビ	(大エビ)lobster ［らブスタ］; (クルマエビ)prawn ［プローン］; (小エビ) shrimp ［シュリンプ］
カキ	oyster ［オイスタ］
カツオ	bonito ［ボニートウ］
カニ	crab ［クラぁブ］
カレイ・ヒラメ	flatfish ［ふらぁットふィッシ］, flounder ［ふらウンダ］
コイ	carp ［カープ］
サケ	salmon ［サぁモン］
サザエ	turban shell ［タ～バン シェる］
サバ	mackerel ［マぁカレる］
サメ	shark ［シャーク］
サンマ	(Pacific) saury ［ソーリ］
タイ	sea bream ［スィー ブリーム］
タコ	octopus ［アクトパス］
タラ	cod ［カッド］
トビウオ	flying fish ［ふらイイング ふィッシ］
ナマズ	catfish ［キぁットふィッシ］
ニシン	herring ［ヘリング］
ハマグリ	clam ［クらぁム］
フグ	blowfish ［ブろウふィッシ］, globefish ［グろウブふィッシ］
フナ	crucian carp ［クルーシャン カープ］
ブリ	yellowtail ［イェろウテイる］
ホタテガイ	scallop ［スカろップ］
マグロ	tuna ［テゥーナ］
マス	trout ［トゥラウト］

さかのぼる【遡る】

(川を) go* up ...; (時代を) go back《to ...》
▸川をさかのぼる　**go up** a river
(昔に)さかのぼって　back《to ...》
▸わたしたちはロック音楽の歴史を1960年代にさかのぼって調べた.

We examined the history of rock music **back to** the 1960s.

さかみち【坂道】 ➡ さか

さかや【酒屋】
a liquor store [shop]［リカ］

さからう【逆らう】 disobey［ディソベイ］, go* against ...［アゲンスト］
▸親に逆らうのはよくない. I't not good to **disobey [go against]** your parents.

さかり【盛り】（絶頂）the height［ハイト］, peak［ピーク］
▸春の盛りに
in **the height** of spring
▸ブドウは今が盛りです.
Grapes are now at their **peak**.

•さがる【下がる】

❶〖垂れ下がる〗**hang***［ハぁングｹﾞ］
▸窓にはブラインドが下がっていた.
Blinds were **hanging** over the window.
❷〖下降する〗**go* down, fall***［ふォーる］, drop［ドゥラップ］（対義語「上がる」go up, rise）;（悪くなる）go [get*] bad*
▸石油の値段が下がった. Oil prices have **fallen [gone down]**.
▸理科の成績が下がった.
My grade in science **got worse**.
❸〖退く〗step back［ステップ バぁック］, move back［ムーヴ バぁック］
▸1歩下がりなさい.
Move back a step.

さかん【盛んな】（活発な）active［あクティヴ］;（人気がある）popular［パピュら］
▸うちの学校ではスポーツが盛んだ.
Sports are **popular** at our school.
盛んに actively

•さき【先, 先に, 先へ】

❶〖先端(せんたん)〗**the end; a point, a tip**
❷〖順番が前〗**first; before ...; ahead**
❸〖未来〗**(the) future**
❹〖前方に〗**ahead**

❶〖先端〗the **end**［エンド］;（とがった先端）a **point**［ポイント］, a tip［ティップ］
▸棒の先 **the end** of a pole
▸鉛筆(えんぴつ)の先 the **point** of a pencil
▸指先 the **tip** of a finger
▸舌先 the **tip** of the tongue

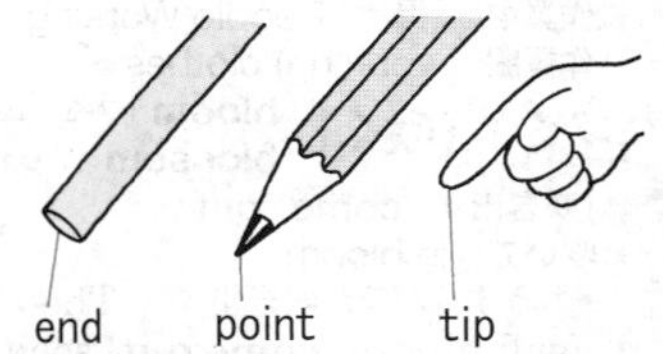

❷〖順番が前〗（初めに）**first**［ふァ～スト］;（…の前に）**before ...**［ビふォーア］;（先に）ahead［アヘッド］
▸まず健康の問題が先だ.
Health comes **first**.
▸ジムはわたしより先にそこに着いた.
Jim arrived there **before** me.

ダイアログ　勧める
A: お先にどうぞ.
Please go ahead. / After you.
B: ありがとうございます. Thank you.

❸〖未来〗(the) **future**
▸先のことはわかりません.
I can't tell my **future**.
▸今から5年先 five years from now
▸**これから先 after this / from now on / in the future**
❹〖前方に〗**ahead**［アヘッド］
▸郵便局は約100メートル先です.
The post office is about 100 meters **ahead**.

さぎ【詐欺】 a swindle［スウィンドゥる］
詐欺師 a swindler

サキソホン ➡ サックス

さきどり【先取りする】
be* ahead of ...
▸時代を先取りする
be ahead of the times

さきほど【先ほど】 ➡ さっき

さきゅう【砂丘】 a sand hill

さぎょう【作業】 work［ワ～ク］
作業する work
作業員 a worker
作業時間 working hours

作業中 〖掲示〗People Working
作業服 work(ing) clothes

さく¹【咲く】 bloom［ブルーム］, blossom［ブラサム］;（咲き出す）come* out
咲いて in bloom
▸もうすぐバラが咲きます. The roses will bloom [come out] soon.
▸花壇(かだん)のスミレが咲いている. The violets in the flower bed are blooming [in bloom].

さく²【割く, 裂く】
❶〖破る〗tear*［テア］
▸わたしはこの布を手で裂ける. I can **tear** this cloth with my hands.
❷〖時間を〗spare［スペア］
▸ちょっと時間を割いてくれませんか? Will you **spare** me a few minutes?
❸〖関係を〗separate［セパレイト］
▸彼はわたしたちの仲を裂こうとしている. He is trying to **separate** us.

さく³【柵】 a fence［ふェンス］

さくいん【索引】 an index［インデックス］（複数 indexes, indices）

さくさく【さくさくした】 crisp［クリスプ］
▸さくさくしたリンゴ a **crisp** apple
さくさく（と） at a blazing speed, at a rapid pace

さくし【作詞する】 write* the words [(the) lyrics] (for a song)
作詞家 a lyricist［リリスィスト］, a songwriter［ソーングライタ］

さくじつ【昨日】 yesterday ➡ きのう¹

さくしゃ【作者】（著者）an author［オーさ］, a writer［ライタ］

さくじょ【削除】 deletion［ディリーシャン］, elimination［イリミネイシャン］
削除する delete［ディリート］, eliminate［イリミネイト］
削除キー a delete key

さくせん【作戦】 operations［アペレイシャンズ］;（戦術）tactics［タぁクティックス］;（戦略）strategy［ストゥラぁテヂィ］
▸作戦を立てる plan [work out] a **strategy**

さくっと （すばやく）quickly［クウィックリ］

さくねん【昨年】 last year ➡ きょねん

さくばん【昨晩】 last night ➡ さくや

さくひん【作品】 a (piece of) work
▸美術作品 a **work** of art
▸三島由紀夫の作品を研究する study Mishima Yukio's **works**

さくぶん【作文】 (a) composition［カンポズィシャン］;（随筆(ずいひつ)）an essay［エセイ］
▸英作文 English **composition**
▸わたしは将来の夢について作文を書いた. I wrote an **essay** about my dream for the future.

さくもつ【作物】 a crop［クラップ］（◆ふつう複数形で用いる）

ダイアログ　質問する
A: この辺りではどんな作物がとれるのですか? What kind of **crops** do you harvest in this area?
B: 主に米です. We harvest mainly rice.

さくや【昨夜】 last night［ナイト］, yesterday evening［イーヴニング］
▸昨夜はよく眠(ねむ)れなかった. I couldn't sleep well **last night**.
▸父は昨夜遅(おそ)くに帰宅した. My father came home late **last night**.

サクラ【桜】 〖植物〗（木）a cherry (tree)［チェリ トゥリー］;（花）cherry blossoms［ブラサムズ］
▸校庭の桜は今, 満開だ. The **cherry trees** in the school grounds are now in full bloom.
▸桜は日本の国花です. The **cherry blossom** is the national flower of Japan.

サクランボ a cherry［チェリ］

さくりゃく【策略】 a trick［トゥリック］

さぐる【探る】 （手足などで）feel*《for ...》;（調べる）search
▸わたしは 100 円玉がないかとポケットを探った. I **felt** (around) in my pocket **for** a 100-yen coin.

ザクロ 〖植物〗a pomegranate［パムグラぁネット］

サケ 〖魚類〗a salmon［サぁモン］（複数 salmon）
▸秋にはたくさんのサケがこの川を上る. A lot of **salmon** go up this river in fall.
▸サケの缶詰(かんづめ) canned **salmon**

(◆「サケの肉」の意味では a はつかない)

さけ【酒】 liquor [りカ], alcohol [あるコホーる]; (日本酒) sake [サーキ]

酒を飲む drink* [ドゥリンク]

さけび(ごえ)【叫び(声)】

a cry [クライ], a shout [シャウト]; (悲鳴) a scream [スクリーム]

▸助けを求める**叫び声** a **cry** for help

˙さけぶ【叫ぶ】

cry (out) [クライ], **shout** [シャウト]

▸少女は助けを求めて**叫んだ**. The girl **cried out** [**shouted**] for help.

▸わたしたちは選手たちに,「がんばれ!」と**叫んだ**. We **shouted** to the players, "Come on!"

くらべよう cry と shout

cry は驚(おど)きや苦痛で思わず叫ぶ場合に用い, **shout** はそうしたものとは無関係に大声をあげる場合に用います.

さける¹【避ける】 avoid [アヴォイド]

▸彼の前でその話をするのは**避けた**ほうがいい. We should **avoid** talking about that in front of him. (◆ × to talk とはしない)

▸その問題は**避けられ**ない.
We can't **avoid** that problem.

さける²【裂ける】 tear* [テア]

▸くぎに引っかかってズボンが**裂けた**.
I **tore** my pants on a nail.

▸この布は**裂け**やすい.
This cloth **tears** easily.

˙さげる【下げる】

❶ **〚低くする〛 lower** [ろウア]; (音量などを) turn down

結びつくことば

頭を下げる (お辞儀(じぎ)する) bow
視線を下げる look down
食器を下げる clear the table
音量を下げる turn down the volume
手を下げる put one's hand down

❷ **〚つり下げる〛 hang*** [ハぁング]

▸ここにカーテンを**下げ**よう.
Let's **hang** a curtain here.

❸ **〚後ろに動かす〛** move ... back

▸いすを**下げる** **move** a chair **back**

さこつ【鎖骨】

a collarbone [カらボウン]

ササ【笹】 〚植物〛 bamboo grass [バぁンブー グラぁス]; (ササの葉) a bamboo leaf (**複数** bamboo leaves)

ささい【ささいな】 little [りトゥる], small [スモーる], trivial [トゥリヴィアる]

▸**ささいな**誤り a **small** mistake

ささいな事 a trivial thing, a small thing, a trifle [トゥライふる]

ささえ【支え】 support [サポート], (a) help [へるプ]

▸困っている友達の**支え**になってあげたい. I want to give **support** to a friend in trouble.

サザエ

〚貝類〛 a turban shell [ターバン シェる]

ささえる【支える】 support [サポート]; (落ちないように) hold* [ホウるド]

▸父が一家の暮らしを**支えている**.
My father **supports** our family.

▸はしごをしっかり**支えて**ください.
Please **hold** the ladder steady.

ささげる devote [ディヴォウト]

▸ジョンは貧しい人々の救済に一生を**ささげてきた**. John has **devoted** his life to helping poor people.
(◆「…することに一生をささげる」は《devote one's life to +〜ing》)

ささやく whisper [(ホ)ウィスパ]

▸美加は由紀の耳に何か**ささやいた**.
Mika **whispered** something in Yuki's ear.

ささやき a whisper

ささる【刺さる】 stick* [スティック]

▸指にとげが**刺さった**. My finger was **stuck** with a thorn.

さじ a spoon [スプーン] ➡ **スプーン**

▸大さじ a table**spoon**

▸小さじ1杯(ぱい)分の塩
a tea**spoon**ful of salt

さしあげる【差し上げる】

❶ **〚持ち上げる〛** lift up, raise [レイズ]

▸サラはトロフィーを高く**差し上げた**.
Sarah **raised** the trophy high.

❷ **〚あたえる〛** give*;
〚プレゼントする〛 present [プリゼント]
(◆敬語「差し上げる」を直接表す語はなく, give や present などで表す)

▸この絵をスミスさんに**差し上げ**ようと思います. I'll **give** this picture to Ms. Smith.

さしいれ【差し入れ】

a present [プレズント]

さ

さしえ【挿絵】
an illustration［イらストゥレイシャン］
挿絵画家
an illustrator［イらストゥレイタ］

✻**ざしき【座敷】**（畳敷(たたみじ)きの客間）
a *tatami*-matted drawing room；（畳敷きの部屋）a *tatami*-matted room；（日本の部屋）a Japanese-style room

さしこむ【差し込む】
put* ... in ～, insert［インサ～ト］；（光が）shine* in [into] ...［シャイン］
▸仁はかぎをかぎ穴に差しこんだ．
Jin **put** the key **in** the keyhole.
▸朝日が部屋に差しこんでいた．
The morning sunlight was **shining into** the room.

さしず【指図】 directions［ディレクシャンズ］, orders［オーダズ］➡ しじ[1], めいれい
指図する direct［ディレクト］, order

さしだす【差し出す】
（手などを）hold* out
▸メアリーはにっこりしてわたしに手を差し出した． Mary smiled and **held out** her hand to me.
差し出し人 a sender［センダ］

さしつかえ【差し支え】
▸**差し支えなければ** **if it would be all right with you / if you don't mind**

✻**さしみ【刺身】** *sashimi*
日本紹介 刺身は生(なま)の魚を薄(うす)く切ったものです．しょうゆに軽くつけて食べます．よく，わさびというとても辛(から)い香辛(こうしん)料といっしょに食べます．いろいろな魚が刺身に使われますが，マグロがとても人気があります．
Sashimi is thin slices of raw fish. We dip *sashimi* in soy sauce and eat it. People often eat *sashimi* with a very hot spice called *wasabi*. Many types of fish are used for *sashimi*. Tuna is very popular.

さす[1]【刺す】（刃物(はもの)などで）stab［スタぁブ］；（針やとげなどで）prick［プリック］；（蚊(か)が）bite*［バイト］；（ハチが）sting*［スティング］；（野球で）throw* out
▸針で指を刺してしまった． I **pricked** my finger with a needle.
▸鼻の頭を蚊(か)に刺された． I got [was] **stung** on the nose by a mosquito.
▸隆は2塁(るい)で刺された． Takashi was **thrown out** at second (base).

さす[2]【指す】
（指差す）point《to [at] ...》［ポイント］；（指名する）call on ... ➡ **あてる**
▸圭は写真の女の子を指して名前をたずねた． Kei **pointed at** the girl in the picture and asked her name.

さす[3]【差す】 put* ... in ～；（光が）come* into [in] ...；（傘(かさ)を）open
▸この花を花びんに差しておきましょう． I'll **put** these flowers **in** a vase.
▸この部屋は日が差さない． The sun doesn't **come into** [**in**] this room.
▸傘をさす **open** an umbrella

さすが（…さえ）even［イーヴン］
▸さすがの直美もその質問には答えられなかった． **Even** Naomi couldn't answer the question.

サステナブル【サステナブルな】
sustainable［サステイナブる］

サスペンス（はらはらする気持ち）
suspense［サスペンス］
▸スリルとサスペンスに満ちている映画 a movie full of thrills and **suspense**

サスペンダー〖米〗suspenders［サスペンダズ］,〖英〗braces［ブレイスィズ］（♦数えるときは a pair of ... とする）

ざせき【座席】 a seat［スィート］
➡ **せき[1]**
▸2人がけの座席 a double **seat**（♦「3人がけ」なら triple を用いる）
▸窓側の座席 a window **seat**
▸通路側の座席 an aisle **seat**
座席指定券 a reserved-seat ticket

ざせつ【挫折】 failure［ふェイりャ］, collapse［コらぁプス］
挫折する fail［ふェイる］, collapse

◆**-させる, -せる**
❶〚強制的に〛《make* ＋人＋動詞の原形》
▸弟にテープを取りに行かせよう． I'll **make** my brother **go** and **get** us the tape.
▸わたしたちは台風のため早く帰宅をさせられた． We were made to go back home earlier because of the typhoon.（♦受け身では《be made to ＋動詞の原形》になる）
❷〚許可して〛《let* ＋人＋動詞の原形》

▸お父さん, 合宿に参加させて. Dad, **let** me **go** to the training camp.

❸〖頼(たの)んで〗《**have*** ＋人＋動詞の原形》,《**get*** ＋人＋ **to** ＋動詞の原形》

▸ベスは今,出かけています. 後で電話させましょうか? Beth is out now. Shall I **have** her **call** you (back) later? / Shall I **get** her **to call** you (back) later?

✲ざぜん【座禅】 *zazen*, Zen meditation [メディテイシャン]

さそい【誘い】

(招き) (an) invitation [インヴィテイシャン]

▸わたしたちは由美の誘いに乗った. We accepted Yumi's **invitation**.

˙さそう【誘う】

invite [インヴァイト], ask [あスク]

▸わたしはジャネットを映画に誘った. I invited [asked] Janet to the movies.

▸ベンも誘おうよ. Let's **ask** [**invite**] Ben to join us, too.

サソリ 〖動物〗a scorpion [スコーピオン]

さそり座 Scorpio [スコーピオウ], the Scorpion ➡ じゅうに

さた【沙汰】

▸その問題はとうとう**警察沙汰になった**. The trouble **was** finally **reported to the police**.

さだめる【定める】 (固定する)set* [セット], fix [ふィックス] ➡ きめる ;(ねらう)aim《at ...》[エイム]

▸出発日を定める **fix** the date of departure

▸彼らは結婚(けっこん)式の日取りを6月8日に定めた. They **set** their wedding day on June 8th.

▸あの的(まと)にねらいを定めて. 撃(う)て! **Aim at** that mark. Fire!

ざだんかい【座談会】 a round-table talk, a discussion [ディスカシャン]

さつ【札】 〖米〗a bill [ビる], 〖主に英〗a (bank) note [ノウト]

▸1万円札 a ten-thousand-yen **bill**

-さつ【…冊】 (同じ本の)a copy [カピ]

▸この本を3冊ください. I'll take three **copies** of this book.(◆同じ本を「…冊」と言うときは, a copy of, two copies of, ... を用いる)

▸わたしは1週間に2冊本(→2つの本)を読む. I read two books a week.

ざつ【雑な】 sloppy [スらピ]

雑に sloppily

▸広志は万事(ばんじ)やることが雑だ. Hiroshi does everything **sloppily**.

さつえい【撮影する】 (写真を) take* a picture《of ...》[ピクチャ]; (映画を) film [ふィるム]

撮影禁止 〖掲示〗No Pictures, No Photography

撮影所 a movie studio

ざつおん【雑音】 (a) noise [ノイズ]

さっか【作家】 a writer [ライタ], an author [オーさ]; (小説家)a novelist [ナヴりスト]

▸推理作家 a mystery **writer**

▸あなたの好きな作家はだれですか? Who is your favorite **writer**?

ざっか【雑貨】 sundries [サンドゥリズ]

雑貨屋 a general store

サッカー soccer [サカ], 〖英〗football [ふットボーる]

➡ 図 p. 256, 巻頭カラー 英語発信辞典⑧

▸わたしたちはよく学校でサッカーをする. We often play **soccer** at school.

サッカー競技場 a soccer field, a soccer pitch

サッカー選手 a soccer player

サッカー部 a soccer team, a soccer club

サッカーボール a soccer ball

さっかく【錯覚】 an illusion [イるージャン]

ダイアログ　**説明する**

A: この線, ちょっと曲がってるね. This line is a little bent.

B: 目の錯覚だよ. It's just an optical **illusion**.

さっき a little while ago [アゴウ]

▸わたしはさっき着いたんだ. I arrived here **a little while ago**.

▸**さっきから**由美が待ってるよ. Yumi has been waiting for you **for some time**.

さっきょく【作曲】 composition [カンポズィシャン]

作曲する compose [コンポウズ]

作曲家 a composer [コンポウザ]

さっきん【殺菌する】 sterilize [ステリらイズ],

（低温で）pasteurize［パぁスチャライズ］

サックス 〖楽器〗a sax［サぁックス］, a saxophone［サぁクソふぉウン］

ざっくばらん【ざっくばらんに】 frankly［ふラぁンクり］

▸わたしたちはざっくばらんに話をした. We talked with each other **frankly**.

さっさと （速く）quickly［クウィックり］

▸さっさと宿題をやりなさい.
Do your homework **quickly**.

サッシ a (window) sash［サぁッシ］

▸アルミサッシ an aluminum **sash**

ざっし【雑誌】 a **magazine**［マぁガズィーン］

▸どんな**雑誌**をとっていますか？
What **magazines** do you subscribe to [take]?

▸父は居間で**雑誌**を読んでいた. My father was reading a **magazine** in the living room.

▸月刊**雑誌** a monthly **magazine**

▸週刊**雑誌** a weekly **magazine**

▸ファッション**雑誌**
a fashion **magazine**

ざっしゅ【雑種】 a cross-breed［クロ(ー)スブリード］

雑種の cross-bred［クロ(ー)スブレッド］

さつじん【殺人】 (a) murder［マ〜ダ］

▸殺人を犯(おか)す commit **murder**

殺人事件 a murder case

殺人者, 殺人犯 a murderer［マ〜ダラ］

殺人未遂(みすい) (an) attempted murder

ざつぜん【雑然とした】 messy［メスィ］

▸雑然とした部屋 a **messy** room

ざっそう【雑草】 weeds［ウィーヅ］

▸母はときどき家の庭の雑草取りをする. My mother often weeds our garden.（♦この weed は「…の雑草を取る」の意味の動詞）

さっそく【早速】 at once, right away［アウェイ］ ➡ **すぐ**

▸では, さっそくきょうの授業に入りましょう. Well, let's get to today's lesson **right away [at once]**.

ざつだん【雑談】 a chat［チぁット］ ➡ **おしゃべり**

雑談する chat, have* a chat

さっちゅうざい【殺虫剤】 (an) insecticide［インセクティサイド］

さっと （すばやく）quickly［クウィックり］; （すぐに）immediately［イミーディエトり］; （急に）suddenly［サドゥンり］

▸その猫(ねこ)はネズミを**さっと**つかまえた.
The cat caught a mouse **quickly**.

ざっと ❶〖およそ〗about ...［アバウト］

▸このクラブの会員は**ざっと**200人ぐらいです. **About** two hundred people belong to this club.

❷〖簡単に〗briefly［ブリーふり］

▸このゲームのルールを**ざっと**説明します.

● サッカー soccer

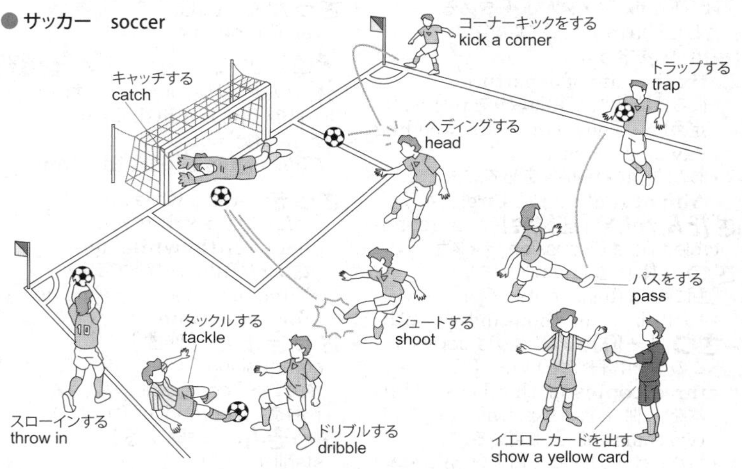

I'll explain the rules of this game **briefly**.

さっとう【殺到】 a rush［ラッシ］

殺到する rush, make* a rush

▸観客が出口へ殺到した. The spectators **rushed** to the exit.

▸そのテレビゲームに注文が殺到している. There has been a **rush** of orders for the video game.

さっぱり【さっぱりした】（服装が）neat［ニート］;（料理が）plain［プれイン］, light［らイト］, refreshing［リふレシング］, not heavy;（性格が）frank［ふラぁンク］

▸さっぱりした食べ物 **plain** food

▸玲子はさっぱりした性格の女の子だ. Reiko is a **frank** girl.

さっぱりする feel* refreshed［リふレッシト］;（重荷などが下りて楽になる）feel relieved［リりーヴド］

▸シャワーを浴びたらさっぱりした. I **felt refreshed** after taking a shower.

さっぱり…ない not ... at all

▸勉強がさっぱりはかどらない. I'm **not** getting on with my studies **at all**.

ざっぴ【雑費】 miscellaneous expenses［ミセれイニアス イクスペンスィズ］

さっぷうけい【殺風景な】 desolate［デソれット］;（部屋が）bare［ベア］

サツマイモ〖植物〗a sweet potato（複数 sweet potatoes）

ざつよう【雑用】（家庭の）a chore［チョーア］

さて well［ウェる］, now［ナウ］

➡ ところで

▸さて,宿題を始めるとしよう. **Well**, let's start our homework.

サトイモ〖植物〗(a) taro［ターロウ］（複数 taros）

さとう【砂糖】 **sugar**［シュガ］

▸コーヒーに砂糖を入れますか？ Would you like **sugar** in your coffee?

▸スプーン３杯(ばい)分の砂糖 three spoonfuls of **sugar**

▸角砂糖 lump [cube] **sugar**

▸黒砂糖 brown **sugar**

▸氷砂糖 **sugar** candy / rock candy

砂糖入れ a sugar bowl

サトウキビ〖植物〗sugar cane

✽**さどう【茶道】** *sado*, tea ceremony［セレモウニ］

日本紹介 茶道は,日本の伝統的なお茶のしきたりです.お茶会では,主人役の人が,伝統的な作法を用いて特別な緑茶を入れます.

Sado is the traditional Japanese tea ceremony. At a tea party, the host serves special green tea using traditional rules and manners.

茶道部 a tea ceremony club

サドル a seat［スィート］, a saddle［サぁドゥる］

▸自転車のサドルを高くする raise the bicycle **seat**

さなぎ a pupa［ピューパ］

サバ〖魚類〗a mackerel［マぁカレる］（複数 mackerel, mackerels）

サバイバル（生き残ること）survival［サヴァイヴる］

サバイバルゲーム a survival game

さばく[1]【砂漠】 a desert［デザト］

▸ゴビ砂漠 the Gobi **Desert**

砂漠化 desertification［ディザ～ティふィケイシャン］

▸中央アジアでは砂漠化が広がっている. **Desertification** is expanding in Central Asia.

さばく[2]【裁く】 judge［ヂャッヂ］

▸人を裁く **judge** a person

さび rust［ラスト］

さびる rust［ラスト］, gather rust

さびた rusty

▸さびたくぎ a **rusty** nail

⁺**さびしい【寂しい】**

lonely［ろウンり］, lonesome［ろウンサム］

▸寂しい所 a **lonely** place

▸そのころは友達がいなくて寂しかった. I was **lonely** because I had no friends then.

寂しがる,寂しく思う feel* lonely

▸ファニー,きみがいなくなるととても寂しい. Fannie, I will miss you very much.（♦動詞 miss は「…がいなくて寂しく思う」の意味）

ざひょう【座標】 coordinate［コウオーディネット］

座標軸(じく) a coordinate axis［あクスィス］

サブ（補欠要員）a substitute［サブスティテュート］,〖口語〗a sub［サブ］

さ

サブキャプテン
a subcaptain [サブキぁプテン]
サブリーダー a subleader [サブりーダ]

サファイア (a) sapphire [サぁふァイア]

サファリ (a) safari [サふァーリ]
サファリパーク an animal park, a safari park

＊**ざぶとん【座布団】** a *zabuton*, a (floor) cushion [クシャン]

サプリメント
a supplement [サプるメント]

ザブン【ザブンと】 with a splash
▸ケンはザブンとプールに飛びこんだ.
Ken dived into the pool **with a splash**.

さべつ【差別】
discrimination [ディスクリミネイシャン]
▸人種差別
racial **discrimination** / racism
差別する discriminate《against ...》[ディスクリミネイト]

さほう【作法】 manners [マぁナズ], etiquette [エティケット]
▸うちの母は行儀(ぎょうぎ)作法にやかましい.
My mother is particular about **manners**.

サポーター (運動用の) an athletic supporter [サポータ]; (サッカーなどのファン) a supporter
▸ひじにサポーターをする
wear a **supporter** on one's elbow
▸サッカーチームの熱狂(ねっきょう)的なサポーターたち enthusiastic **supporters** of the soccer team

サボテン 〖植物〗 a cactus [キぁクタス] (**複数** cacti, cactuses)

サボる
(授業を) cut* (a) class, skip (a) class
▸授業をサボってはいけない.
We should not **cut** (the) **class**.

-さま【…様】 (男性に) Mr. [ミスタ]; (既婚(きこん)の女性に) Mrs. [ミスィズ]; (未婚の女性に) Miss [ミス]; (未婚・既婚にかかわらず女性に) Ms. [ミズ] (♦Mr, Mrs, Ms とピリオドを省略することもある) ➡**-さん**
▸山田正男様 **Mr.** Yamada Masao
▸清水由里様, いらっしゃいましたら受付までお越(こ)しください.
Paging **Ms.** Shimizu Yuri, please come to the reception [front] desk. (♦呼び出しの決まり文句; page は「人の名前を呼んで探す」という意味)

サマー (夏) summer [サマ]
サマーキャンプ a summer camp
サマースクール (a) summer school
サマーセール a summer sale
サマータイム 〖米〗 daylight saving(s) time, 〖主に英〗 summer time

さまざま【さまざまな】 various [ヴェアリアス], many [various] kinds of ..., a large variety of ...; (異なった) different [ディふァレント] ➡ **いろいろ**
▸世の中にはさまざまな人がいる.
There are **various** [**many**] **kinds of** people in the world.
▸さまざまな角度から問題を検討する
examine a problem from **different** angles

さます[1]【冷ます】 cool [クーる]
▸彼はスープを吹(ふ)いて冷ました.
He blew on his soup to **cool** it.

さます[2]【覚ます】 (目を覚ます) wake* up [ウェイク], awake* [アウェイク]
▸けさは5時ごろ目を覚ました. **I woke up** around five this morning.

さまたげる【妨げる】 (心・休息を) disturb [ディスタ〜ブ]; (進行を) obstruct [オブストゥラクト], block [ブらック]
▸安眠(あんみん)を妨げる
disturb a person's sleep

さまになる【様になる】
▸初めてにしては様になってるよ. You **are very good** for a beginner.

さまよう wander《about ...》[ワンダ]
▸スーザンは森の中をさまよい歩いた.
Susan **wandered about** in the woods.

さみしい【寂しい】 lonely ➡ **さびしい**

サミット ((先進国)首脳会議)
a summit (meeting) [サミット]

⁑**さむい【寒い】**
cold [コウるド] (**対義語**「暑い」hot)

▸きのうはとても**寒かった**. It was very **cold** yesterday. / Yesterday was very **cold**. (♦天候や寒暖は, ふつう it を主語にして言うが, yesterday や地名を主語にすることもできる)
▸冬のシカゴはひどく**寒い**. It's terribly **cold** in Chicago in winter. / Chicago is terribly **cold** in winter.
▸去年の冬はとても**寒かった**. We had a very **cold** winter last year.
▸こちらは東京よりもずっと**寒い**です. It is much **colder** here than in Tokyo.
▸**寒く**ないですか? Aren't you **cold**? / Don't you feel **cold**?
▸彼のギャグは**寒い**(→つまらない). His jokes are cheesy [not funny].

さむけ【寒け】 a chill [チる]
▸**寒け**がします. I have [feel] a **chill**.

さむさ【寒さ】 (the) cold [コウるド]
▸その子犬は**寒さ**で震(ふる)えていた. That puppy was shivering in **the cold**.

✲**さむらい【侍】** a *samurai*, a (Japanese) warrior [ウォーリア]

サメ 〖魚類〗a shark [シャーク]

さめる[1]【覚める】
wake* up [ウェイク], awake* [アウェイク]
▸夢から**覚める** **wake up** from a dream / (→現実的になる)**wake up** to reality, come to one's senses

さめる[2]【冷める】 (温度が)
get* cold; (感情が) cool down
▸お茶が**冷めた**. The tea **got cold**.
▸彼のサッカー熱もすぐに**冷める**だろう. His enthusiasm for soccer will soon **cool down**.

さもないと or [オーア]
▸手を上げろ. **さもないと**撃(う)つぞ. (Get your) hands up, **or** I'll shoot.

さや[1]
(豆の) a pod [パッド], a shell [シェる]
サヤインゲン 〖米〗a green bean, 〖英〗a French bean
サヤエンドウ a field pea

さや[2] (剣(けん)・ナイフの)a sheath [シーす]

さゆう【左右】 right and left
(♦英語では日本語の語順と逆になる)
▸通りを渡(わた)る前に**左右**をよく見なさい. Look **right and left** carefully before you cross the street.

さよう【作用】 (働き)(an) action [あクシャン]; (影響(えいきょう))(an) effect [イふェクト]
▸フィルム上での光の**作用** the **action** of light on film
▸この薬は副**作用**があります. This medicine has some side **effects**.

⁚さようなら

Goodbye. [グッドバイ], So long., Bye. [バイ]; (またね) See you.

ダイアログ　あいさつする
A: ウィルソン先生, さようなら. **Goodbye**, Ms. Wilson.
B: さようなら, ブライアン. 元気で. **Goodbye**, Brian, and good luck.

ダイアログ　あいさつする
A: さようなら, ルーク. **Bye**, Luke.
B: またあしたね. See you tomorrow.

参考 「さようなら」の言い方

1 **Goodbye.** は最も一般的な言い方で, 1日じゅういつでも使えます. **Good-bye.**, **Good-by.** ともつづります. しばらく会わない場合には **Good luck.** (元気で / 幸運を祈(いの)る)などを, また, いつ会うかわかっている場合には **See you tomorrow.** (またあした)などをつけ加えます.
2 親しい間がらでは **Bye.** / **So long.** / **See you.** をよく使います.
3 **See you later.** はすぐまた会う人に言います.
4 夜, 別れるときは **Good night.** と言います.
5 **Have a nice day.** (よい1日を)や **Have a nice weekend.** (よい週末を)などもよく使います.

さよなら ➡ さようなら
さよならパーティー a farewell party
さよならヒット a winning hit,

a game-ending hit
さよならホームラン
a game-ending home run

◆さら【皿】 a **dish** [ディッシ]; (平皿) a **plate** [プれイト]; (受け皿) a saucer [ソーサ]
▶皿を洗う wash [do] the **dishes**
▶皿を片づけるの, 手伝ってちょうだい.
Help me (to) clear (away) the **dishes**, please.
▶お皿を持ち上げてはいけません.
Don't lift your **plate** up.

> **参考 「皿」のいろいろ**
> **dish** は一般的に皿などの入れ物を指します. **plate** は平皿を指し, **saucer** はコーヒーカップなどの受け皿を指します. 食器類をまとめて **the dishes** と言います.

さらいげつ【再来月】
the month after next
さらいしゅう【再来週】
the week after next
さらいねん【再来年】
the year after next
さらさら
▶**さらさらした**粉 **dry** powder
▶**さらさら流れる**小川の音
the **murmur** of a stream
▶木の葉が風で**さらさら鳴っていた**.
The leaves **rustled** in the wind.
ざらざら rough [ラふ]
▶この紙はざらざらしている.
This paper feels **rough**.
さらす expose [イクスポウズ]
▶危険に身をさらす
expose oneself to danger
サラダ (a) salad [サぁらド]
▶ポテトサラダ (a) potato **salad**
サラダオイル salad oil
サラダドレッシング (a) salad dressing
サラダボール a salad bowl
さらに (比較級の強調) even
▶これからはさらに勉強しなければならない. From now on we should study **even** harder.
▶ベンは**さらに話を続けた**.
Ben **went on with** his story.
サラブレッド
a thoroughbred [さ～ロウブレッド]
サラリーマン (給料生活者)
a salaried worker (◆× salary man とは言わない); (会社員) a company employee; (事務職) an office worker
ザリガニ 〖動物〗 a crayfish [クレイふィッシ] (**複数** crayfish, crayfishes)
さりげない【さり気ない】
casual [キぁジュアる]
さりげなく casually
▶ジョンは**さりげなく**春菜の肩(かた)に腕(うで)を回した. John **casually** put his arm around Haruna's shoulders.
サル【猿】 〖動物〗 a monkey [マンキ] (◆チンパンジーやゴリラなどの尾(お)のない類人猿(えん)は ape [エイプ] と言う)
ことわざ **サルも木から落ちる.**
Even Homer sometimes nods.
(◆「ホメロスのような大詩人でも居眠(いねむ)りをすることがある」という意味)

◆さる【去る】 (その場を離(はな)れる) **leave*** [りーヴ], **go* away** [アウェイ], **pass** [パぁス]; (終わりになる) **be* over** [オウヴァ]
▶フレディーはニューオーリンズを去り, シカゴを目指した. Freddy **left** New Orleans for Chicago.
▶台風は去った. The typhoon has **passed**. / The typhoon **is over**.
ざる a colander [カらンダ], a strainer [ストゥレイナ]

◆-される
❶〖受け身〗《**be 動詞＋過去分詞**》
▶彼はみんなに英雄(えいゆう)あつかいされた.
He **was treated** as a hero by everybody.
❷〖尊敬〗(◆敬語の「される」を直接表す言い方はなく, 動詞だけで表す)
▶校長先生は, 礼儀(れいぎ)の話をされた.
The principal **told** us about manners.
➡ -れる
さわがしい【騒がしい】
noisy [ノイズィ] ➡ うるさい
さわぎ【騒ぎ】 (a) fuss [ふァス]; (騒動(そうどう)) an uproar [アプローア]
▶そう大騒ぎするな.
Don't make such a **fuss**.
▶その事件で町じゅう大騒ぎになった.
The whole town was in an **uproar** over the incident.
さわぐ【騒ぐ】

（音を立てる）make* (a) noise［ノイズ］；（騒ぎ立てる）make (a) fuss［ふァス］
▸教室で**騒い**ではいけません． We must not **make noise** in the classroom.

さわやか【さわやかな】
refreshing［リふレシング］；（新鮮(しんせん)な）fresh
▸さわやかな味 a **refreshing** taste
▸朝のさわやかな空気 the **fresh** morning air

⁺さわる【触る】
touch［タッチ］，**feel***［ふィーる］
▸わたしは母の腕(うで)に触った． I **touched** Mother on the arm.
▸わたしはその氷がどれほど冷たいか触ってみた． I **felt** the ice to see how cold it was.
ことわざ 触らぬ神にたたりなし．
Let sleeping dogs lie.（♦「眠(ねむ)っている犬はそのまま眠らせておけ」という意味）

⁑さん¹【三(の)】
three［すリー］
▸3匹(ぴき)の子豚(ぶた) **three** little pigs
第3(の) the **third**［さ～ド］（♦3rdと略す）
▸3階 the **third** floor（♦〖英〗ではthe second floor）
▸3分の1 a [one] **third**
▸3分の2 two **thirds**（♦分子が2以上のとき，分母は複数形）
三冠(かん)王 the triple crown
三重唱，三重奏 a trio（複数 trios）
3乗 a cube
▸4の3乗は64だ． The **cube** of 4 is 64.
3度 three times

さん²【酸】〖化学〗
(an) acid［あスィッド］➡ **さんせい²**

⁑-さん
（男性に）**Mr.**［ミスタ］；（既婚(きこん)の女性に）**Mrs.**［ミスィズ］；（未婚の女性に）**Miss**［ミス］；（未婚・既婚にかかわらず女性に）**Ms.**［ミズ］（♦Mr, Mrs, Msとピリオドを省略することもある）
▸山田美久さん **Ms.** Yamada Miku
▸藤田さん，どうぞこちらへ． Please come this way, **Mr.** Fujita.
▸（電話で）百合さん，いらっしゃいますか？ May I speak to Yuri?

参考 敬称(けいしょう)について

1 **Mr.** などの敬称は，姓(せい)または姓名の前に用い，ていねいさを表します．
2「百合さん」のように名だけのときは，名を呼ぶことが親しみの表現なので，敬称は用いません．
3 **Dr.**［ダクタ］などの肩(かた)書きがあるときも，Mr. などは用いません．
（例）小林先生［医師］ Dr. Kobayashi
4 女性には未婚と既婚の差別をなくすため，**Ms.** を使うことが好まれます．

さんいん【山陰(地方)】
the San-in district

⁺さんか【参加する】
take* part《in ...》，**join (in ...)**［ヂョイン］，participate《in ...》［パーティスィペイト］
▸わたしはマラソン大会に参加した． I **took part in** the marathon.
▸彼はボランティアグループに参加した． He **joined** the volunteer group.
参加校 a participating school
参加者 a participant［パーティスィパント］
参加賞 a prize for participation

さんかく【三角，三角形】
a triangle［トゥライあングる］
▸紙を三角に折る fold a sheet of paper in a **triangle**
三角の triangular［トゥライあンギュら］
三角巾(きん) a triangular bandage
三角定規(じょうぎ) a triangle
三角洲(す) a delta［デるタ］

●三角形のいろいろ

① 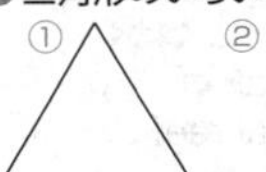 ② 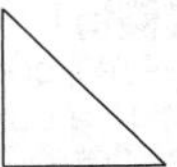 ③ 

① 正三角形 equilateral triangle［イークイらテラる トゥライあングる］
② 直角三角形 right-angled triangle
③ 二等辺三角形 isosceles triangle［アイササりーズ］

⁑さんがつ【三月】
March［マーチ］（♦語頭は常に大文字；Mar. と略す）➡ **いちがつ**
▸3月に in **March**
▸3月5日に on **March** 5 / on the fifth of **March**

さんかん【参観する】

visit［ヴィズィット］
▸父が授業参観に来ます. My father is going to **visit** our class.
参観日 Parents' Day, class observation day

さんぎいん【参議院】 the House of Councilors［カウンスィらズ］
参議院議員 a member of the House of Councilors

さんきゃく【三脚】
a tripod［トゥライパッド］

さんぎょう【産業】
(an) industry［インダストゥリ］
▸第一次産業 (the) primary **industry**（♦農業・林業・水産業など）
▸第二次産業 (the) secondary **industry**（♦鉱業・工業など）
▸第三次産業
(the) tertiary **industry**
（♦商業・運輸通信・サービス業など）
産業の industrial［インダストゥリアる］
産業革命 the Industrial Revolution
産業廃棄(はいき)物 industrial waste, industrial discharges

ざんぎょう【残業】
overtime (work)［オウヴァタイム］
残業する work overtime

サングラス sunglasses
［サングらぁスィズ］（♦複数形で用いる;数えるときは a pair of ... とする）➡ **めがね**
▸サングラスをかける
put on **sunglasses**
▸サングラスをかけた女性
a lady with **sunglasses**

ざんげ【懺悔】 ➡ **こくはく**

サンゴ〖動物〗coral［コーらる］
サンゴ礁(しょう) a coral reef［リーふ］

さんこう【参考】
(a) reference［レふェレンス］
▸参考のためにこの本を読んでごらん.
Read this book for **reference**.
参考にする refer《to ...》［リふァ～］
▸この問題は教科書を参考にして解いた.
I solved this problem by **referring to** the textbook.
参考書（参考図書） a reference book;（学習参考書）a study aid

ざんこくな【残酷な】
cruel［クルーエる］
▸戦争は人間の最も残酷な行為(こうい)です.
War is the **cruelest** deed of human beings.

さんざん【散々】（何度も）
repeatedly［リピーテッドり］;（ひどく）terribly［テリブり］, badly［バぁッドり］;（厳しく）severely［セヴィアり］
▸母親にさんざんしかられた. I was **severely** scolded by my mother.
さんざんである be* terrible

さんじ【惨事】 (a) disaster［ディザぁスタ］, (a) tragedy［トゥラぁヂェディ］
▸大惨事が起こった.
A great **disaster** took place.

さんじげん【三次元】
three dimensions［ディメンシャンズ］

*さんじゅう[1]【三十(の)】
thirty［さ～ティ］
▸31 **thirty**-one
▸32 **thirty**-two
▸30分 **thirty** minutes / half an hour
第30(の) the **thirtieth**［さ～ティエす］
（♦30th と略す）
▸モーツァルトは30代の半ばで死んだ.
Mozart died in his mid-**thirties**.

さんじゅう[2]【三重の】 triple［トゥリプる］, three-fold［すリーふォウるド］
▸三重苦 a **triple** handicap

さんしゅつ【産出する】
produce［プロデュース］, yield［イーるド］
▸ダイヤモンドを産出する
produce diamonds

ざんしょ【残暑】 the late summer heat, the lingering summer heat
▸まだ残暑が厳しい. **The lingering summer heat** is still severe.

さんしょう【参照】
(a) reference［レふェレンス］;（略語）cf.
（♦ラテン語 confer（比較(ひかく)せよ）の略で,［スィーエふ］または［コンペア］と読む）
参照する（あたって調べる）refer《to ...》［リふァ～］;（見る）see*［スィー］;（比較する）compare［コンペア］➡ **さんこう**
▸10ページ参照. **See** p. 10. / cf. p. 10.
（♦p. 10 は page ten と読む）

さんしん【三振】
〖野球〗a strikeout［ストゥライカウト］
三振する be* struck out, strike* out

さんすう【算数】
arithmetic［アリすメティック］

*さんせい[1]【賛成】

agreement [アグリーメント]
賛成する　agree 《with [to] ...》
[アグリー] (対義語「反対する」object);
(選ぶ・味方する) **be* for ...** (対義語「反対する」be against)
▶きみの意見に賛成だよ.
I agree with you. (◆賛成するものが「人」のときは with を用いる)
▶ベンの提案に賛成です. **I agree to** Ben's proposal. (◆賛成するものが「意見や提案など」のときは to を用いる)

ダイアログ　質問する・賛成する
A: わたしの案に賛成なの, 反対なの?
Are you **for** or against my plan?
B: 賛成だよ.　**I'm for** it.

…することに賛成する
《agree to +動詞の原形》
▶クラス全員が先生にプレゼントをすることに賛成した.
Everyone in the class **agreed to** give a present to our teacher.

さんせい² 【酸性】
〖化学〗 acidity [アスィディティ]
酸性の　acid [あスィッド]
(対義語「アルカリ性の」alkaline)
酸性雨　acid rain

さんそ 【酸素】 〖化学〗
oxygen [アクスィヂャン] (◆記号は O)

ざんだか 【残高】
the balance [バぁランス]

サンタクロース　Santa Claus
[サぁンタ クろーズ]
▶弟はまだサンタクロースを信じている.
My little brother still believes in **Santa Claus**.

サンダル　a sandal [サぁンドゥる]
(◆ふつう複数形で用いる) ➡ **-そく**
▶サンダルを(1足)買った.
I bought (a pair of) **sandals**.

さんだんとび 【三段跳び】
〖スポーツ〗 the triple jump;
the hop, step and jump

さんち 【産地】
▶サクランボの**産地**
a cherry-**producing district**
▶**産地直送の**カキ
oysters **sent directly from the farm** (◆farm は「農場」だけでなく, 特定の生物の飼育場のことも言う)

さんちょう 【山頂】
the top of a mountain,
a mountaintop [マウントゥンタップ]

サンデー　(食べ物) a sundae
[サンデイ]
▶ストロベリーサンデー
a strawberry **sundae**

さんど 【三度】　three times
3度目　the third time
ことわざ **三度目の正直.**
The third time does it. (◆「3度目はうまくいく」という意味)

サンドイッチ　a sandwich
[サぁン(ド)ウィッチ]
▶ハムとチーズのサンドイッチ
a ham and cheese **sandwich**

サンドペーパー
sandpaper [サぁンドペイパ]

***ざんねん 【残念】**
残念に思う　be* sorry [サリ]

ダイアログ　悲しむ
A: ごいっしょできなくて**残念です**.
I'm sorry I can't go with you.
B: ほんとうに残念ね.　That's too bad.

▶**残念なことに**, 遠足は中止になった.
To our disappointment, the excursion was canceled.
(◆disappointment は「失望」の意味)

さんねんせい 【三年生】　(小学) a third-year student, 〖米〗 a third grader
[グレイダ]; (中・高・大学) a third-year student; (中学) 〖米〗 a ninth grader;
(高校) 〖米〗 a junior, a twelfth grader;
(大学) 〖米〗 a junior ➡ **がくねん, ねん¹**
▶ベスは中学3年生だ.　Beth is in **her third year** of junior high school. / Beth is in **the ninth grade**. / Beth is a **ninth grader**.

さんばい 【三倍】　three times ➡ **ばい**
3倍の　triple [トゥリプる]
▶彼女の部屋は, わたしの部屋の**3倍の**広さがある.　Her room is **three times** as large as mine.

さんぱい 【参拝】　a visit (to a shrine [temple]) [ヴィズィット]
参拝する　visit (a shrine [temple])

さんばし 【桟橋】　a pier [ピア]

さんぴ 【賛否】
approval and disapproval
[アプルーヴる アン(ド) ディサプルーヴる]

▸新しい規則については**賛否両論**ある.
There are **arguments for and against** the new rules.

さんびか【賛美歌】 a hymn［ヒム］

さんぷく【山腹】
a mountainside［マウントゥンサイド］

さんふじんか【産婦人科】
(the department of) obstetrics and gynecology（♦obstetrics［アブステトゥリクス］は「産科」, gynecology［ガイネカろヂィ］は「婦人科」の意味）

さんぶつ【産物】
a product［プラダクト］
▸農産物 agricultural **products**
▸副産物 a by-**product**

サンフランシスコ
San Francisco［サぁン フランスィスコウ］

サンプル a sample［サぁンプる］

さんぶん【散文】 prose［プロウズ］

♦**さんぽ【散歩】** a **walk**［ウォーク］
▸散歩に行こう. Let's go for a **walk**.
散歩する take* a walk, walk
散歩させる
（犬などを）walk, take ... for a walk

ダイアログ　**質問する・説明する**
*A:*毎日散歩するの？
Do you **take a walk** every day?
*B:*うん, 犬のクロを**散歩させ**なきゃいけないんだ. Yes, I do. I have to **walk** my dog, Kuro.

散歩道
a walk, a promenade［プラメネイド］

サンマ 〖魚類〗a (Pacific) saury［ソーリ］,〖口語〗a skipper

さんまいにく【三枚肉】（牛）a plate［プれイト］;（豚(ぶた)）a belly［べり］

さんみゃく【山脈】
a mountain range［レインヂ］
▸ロッキー山脈
the Rocky **Mountains** / the Rockies（♦山脈の名には the をつける）

さんりゅう【三流の】 third-rate［さ～ドレイト］, third-class［さ～ドクらぁス］

さんりんしゃ【三輪車】
a tricycle［トゥライスィクる］

し　シ

Q「辞書を引く」は英語でどう言う？
➡「じしょ」を見てみよう！

シ 〖音楽〗（音階）(a) ti［ティー］, (a) si［スィー］（♦ti のほうがふつう）

♦**し[1]【四(の)】** **four**［ふォーア］➡**よん**

♦**し[2]【市】** a **city**［スィティ］
▸水戸市
Mito **City** / the **city** of Mito（♦手紙のあて名などでは Mito-shi でよい）
▸市の野球場 a **city** baseball ground
市大会 a city competition;（トーナメント）a city tournament
市役所 a city hall

♦**し[3]【死】** a **death**［デす］
▸父の死 my father's **death**
▸事故死 an accidental **death**
▸二死(→ツーアウト)満塁(まんるい)です. The bases are loaded with two outs.

し[4]【詩】（1編の）a poem［ポウエム］;（ジャンル全体）poetry［ポウエトゥリ］
▸1編の詩を書く
compose [write] a **poem**
詩集 a collection of poems
詩人 a poet［ポウエット］

♦**じ【字】**（a, b, c などの）a **letter**［れタ］;（漢字などの）a character［キぁラクタ］;（筆跡(ひっせき)）handwriting［ハぁンドライティング］
▸この字は何と読むの？
How do you read this **character**?
▸彼女は字がうまい.
Her **handwriting** is good. / She has good **handwriting**.

◆-じ¹【…時】 o'clock［オクらック］

ダイアログ　質問する・説明する

A:今，何時？ **What time is it? / Do you have the time?**
B:4時だよ． It's four (**o'clock**).
（◆o'clock は「…時(ちょうど)」のときに用いるが，省略してもよい）

▸今は朝の10時です． It's 10 **o'clock** in the morning now.
▸わたしは6時30分に起きます．
I get up at six thirty.（◆「…時(…分)に」と言うときは at を用いる）
▸午前[午後]3時に at 3:00 a.m. [p.m.]

ルール「…時…分」の表し方

「…時…分」は「時」「分」の順に数を言い，o'clock は用いません．改まった言い方で，次のような表し方もあります．
1「7時10分**過ぎ**」ten *past* seven / 〖米〗ten *after* seven
2「1時5分**前**」five *to* one / 〖米〗five *before* one
3「3時**15分**過ぎ」*a quarter* past three（◆a quarter = ¼ = 15分）
4「4時**半**」*half* past four（◆half = ½ = 30分）

-じ²【…寺】 temple［テンプる］
▸唐招提寺 *Toshodaiji* **Temple**

◆しあい【試合】（野球などの）a **game**［ゲイム］；（テニスなどの）a **match**［マぁッチ］
▸サッカーの試合をする
play a soccer **game**
▸わたしたちは北中学のチームと試合をした．
We had a **game** with [against] Kita Junior High School's team.
▸きみはその試合に出るの？ Are you going to play in that **game**?

ダイアログ　質問する

A:試合はどうでした？
How was the **game**?
B:5対2でわたしたちが勝ちました．
We won (by) five to two.

▸対校試合 an interschool **game**
▸練習試合 a practice **game**

結びつくことば
試合に**勝つ** win a game [match]
試合に**負ける** lose a game [match]
試合を**観戦する** watch a game [match]
試合を**棄権**(きけん)**する** withdraw from a game [match]
試合を**延期する** postpone a game [match]

くらべよう game と match

アメリカではふつう，baseball（野球）のように -ball のつく競技は **game** を用い，ゴルフ・テニス・ボクシングなどは **match** を用います．イギリスではいずれの場合も **match** をよく使います．

しあがる【仕上がる】 be* finished［ふィニッシト］，be completed［コンプリーティッド］➡ **かんせい¹**
▸やっと壁画(へきが)が仕上がった． The wall painting **is finished** at last.

しあげ【仕上げ】 finish［ふィニッシ］

しあげる【仕上げる】 finish［ふィニッシ］，complete［コンプリート］
▸この模型をきょうじゅうに仕上げるつもりだ． I'll **finish** this model today.

しあさって
（3日後）three days from now

◆しあわせ【幸せ】
happiness［ハぁピネス］➡ **こうふく¹**
幸せな happy［ハぁピ］
▸いい友達がたくさんいて，とても幸せです． I'm very **happy** to have a lot of good friends.
▸幸せな家庭 a **happy** family
幸せに happily
▸おじいさんとおばあさんはいつまでも幸せに暮らしましたとさ． The old man and his wife lived **happily** ever after.（◆ever after はおとぎ話の最後に用いられる決まり文句）
▸**お幸せに．**
Good luck. / Best wishes.

シーエム（テレビ・ラジオの）
a commercial［コマ〜シャる］

し

シーエムソング a jingle

しいく【飼育する】（繁殖(はんしょく)などのため）breed* [ブリード]；（食用にするため）raise [レイズ] ➡ **かう**[2]

飼育係 a keeper；（動物園の）a zookeeper

シージー〖コンピュータ〗computer graphics（♦CG は computer graphics（コンピュータグラフィックス）の略語だが，英語では一般的ではない）

シーズー〖動物〗a Shih Tzu [シー ヅー]

シーズン a season [スィーズン]
➡**きせつ**
▸今はフットボールのシーズンだ．
Now it's the football **season**.

シーソー (a) seesaw [スィーソー]
▸シーソー遊びをする
play on a **seesaw** / seesaw
（♦2 つ目の seesaw は「シーソーに乗る」という意味の動詞）

シーソーゲーム a seesaw [close] game

シイタケ
〖植物〗a *shiitake* mushroom

シーツ a sheet [シート]
▸ベッドにシーツを敷(し)く put **sheets** on a bed（♦欧米(おうべい)ではシーツを 2 枚敷いてその間に寝(ね)るのがふつう；日本式に 1 枚敷くのなら sheets ではなく a sheet）

シーッ，シッ
❶〖「静かに」と言うとき〗Sh!, Shh!, Shhh! [シー]；Hush! [ハッシ]
▸シーッ，静かに． **Shh!** Be quiet.
❷〖追い払(はら)うとき〗Shoo! [シュー]
▸シッシッ，あっちへ行け．
Shoo! Go away.

シーディー (a) CD [スィーディー]
（♦*c*ompact *d*isc の略）
▸**CD** を聴(き)く listen to a **CD**

CD プレーヤー a CD player

シーディーロム〖コンピュータ〗a CD-ROM（♦*c*ompact *d*isc *r*ead-*o*nly *m*emory（読み取り専用メモリーCD）の略）

シート[1]（座席）a seat [スィート]

シート[2]
（用紙・切手のシート）a sheet [シート]；（覆(おお)い）a cover(ing) [カヴァリング]

シード〖スポーツ〗（選手・チーム）a seed [スィード]
▸彼らのチームは第 5 シードになった．
Their team was **seeded** number five.（♦この seed は「シードする」の意味の動詞）

シード校[選手]
a seeded school team [player]

シートベルト
a seat belt, a safety belt
▸シートベルトを締(し)める[締めている]
fasten [wear] a **seat belt**

ジーパン jeans ➡ **ジーンズ**

ジープ a jeep [ヂープ]

シーフード seafood [スィーふード]

シール
a sticker [スティカ], a seal [スィーる]
▸ノートにハートのシールをはった．
I put a heart-shaped **sticker** [**seal**] on my notebook.

シーン（場面・場）a scene [スィーン]；（光景）a sight [サイト]
▸感動的なシーン a moving **scene**

しいん[1]**【子音】** a consonant [カンソナント]（対義語「母音(ぼいん)」a vowel）

しいん[2]
▸ドームの中は**しいんとしていた**．
There was a deep silence in the dome.

しいん[3]**【死因】**
the cause of a person's death

じいん【寺院】 a temple ➡ **てら**

ジーンズ
jeans [ヂーンズ]（♦複数あつかい）
▸1 本のジーンズ a pair of **jeans**

しうんてん【試運転】
a trial run；（機械・飛行機などの）a shakedown；（車の）a test drive

試運転する（機械・飛行機などを）shake* down；（車を）test-drive*

しえい【市営の】 city [スィティ], city-run [スィティラン], municipal [ミューニスィプる]

市営グラウンド[球場]
a city ground [baseball ground]

市営バス a city bus

市営プール a city-run pool

じえい【自衛】
self-defense [せるふディふェンス]
自衛する defend oneself
自衛官
a Self-Defense Force(s) officer
自衛隊 the Self-Defense Forces

シェイプアップする
(やせる) slim down; (スタイルをよくする) improve one's figure

ジェーアール
JR(♦*J*apan *R*ailways の略)
▸**JR** 線 the **JR** line

ジェーリーグ【J リーグ】
J. League(♦*J*apan Professional Football *League*(日本プロサッカーリーグ)の略)

ジェスチャー a gesture [ヂェスチャ]
▸彼はジェスチャーを混じえてパーティーの様子を話してくれた. He spoke with **gestures** about the party.
ジェスチャーをする gesture, motion
▸リンダはわたしに入るようにというジェスチャーをした. Linda **gestured** [**motioned**] to me to come in.

●ジェスチャーのいろいろ

ぼく/わたし

賛成/満足

反対/不満足

うまくいった

うまくいきますように

当惑(とうわく)

ジェット
ジェットエンジン a jet engine
ジェット機 a jet (plane)
ジェットコースター
a (roller) coaster [ロウら コウスタ], 〖英〗 a switchback [スウィッチバぁック]

シェパード
〖動物〗 a German shepherd

シェルター
(避難(ひなん)所) a shelter [シェるタ]
▸核(かく)シェルター a fallout **shelter**

♦**しお¹【塩】** salt [ソーるト]
▸塩ひとつまみ a pinch of **salt**
▸(食卓(しょくたく)で)塩を取ってくれませんか? Would you pass me the **salt**, please?
塩辛(から)い salty
塩水 salt water

しお²【潮】 (a) tide [タイド]
▸引き潮 an ebb **tide**
▸満ち潮 a flood **tide**
▸潮が満ちて[引いて]いる. The **tide** is in [out].
▸そろそろ潮時だ. It's about time to end this.

しおひがり【潮干狩り】
clam [shellfish] gathering

しおり (本にはさむ) a bookmark [ブックマーク]; (案内書) a guide [ガイド]

しおれる (植物が) wilt [ウィるト]; (枯(か)れる) wither [ウィざ]; (しょんぼりする) be* depressed [ディプレスト]
▸花びんの花がしおれてしまった. The flowers in the vase have **wilted**.

しおん【子音】
a consonant ➡ **しいん¹**

シカ【鹿】
〖動物〗 a deer [ディア] (複数 deer)

しか¹【市価】
a market (price) [マーケット]
▸市価の 30 パーセント引きで売られる be sold at 30 percent off the **market price**

しか²【歯科】
dentistry [デンティストゥリ]
歯科医 a dentist [デンティスト]
歯科医院 a dental clinic

♦**-しか** **only** [オウンり]
▸きみしかピッチャーはいないんだ. You're the **only** pitcher.
▸わたしは 1 度しか東京へ行ったことがない. I've been to Tokyo **only** once.

> **ルール only の意味と位置**
> only そのものに「〜しか…**ない**」という意味があるので, not は不要です. また, only はふつう修飾(しゅうしょく)する語句のすぐ前かすぐ後に置きます.

▸わたしはこれしかお金を持っていない (→これが持っているすべてのお金だ). This is all the money I have.

しかい【司会する】 (会議などで) preside 《at [over] ...》 [プリザイド], chair [チェア], act as a chairperson; (番組・催(もよお)し物で) host [ホウスト]

▸和也が学級会の司会をした.
Kazuya **presided over** [at] the class meeting. / Kazuya **chaired** the class meeting.

司会者 (会議の) a chairperson; (番組・催し物の) a master of ceremonies (◆M.C. と略す), a host

しがい¹【市外】 the outside of a city; (郊外(こうがい)) the suburbs [サバ～ブズ]

▸名古屋市外に転居する
move **outside (of)** Nagoya **City**

市外局番 an area code

しがい²【市街】 (街路) the streets

市街地 a downtown area

しがいせん【紫外線】 ultraviolet rays [アるトゥラヴァイオれット レイズ]

しかえし【仕返し】
revenge [リヴェンヂ]

仕返しする
get* [take*] (one's) revenge on ...

▸物語の女主人公は恋人に浮気の仕返しをした. The heroine of the story **took revenge on** her boyfriend for his love affair.

しかく¹【資格】
a qualification [クワりふィケイシャン]

▸千夏は英語教師の資格を取った.
Chika obtained a **qualification** to be a teacher of English.

資格がある be* qualified [クワりふァイド]

▸姉は保育士の資格がある.
My sister **is qualified** as a nursery school teacher.

しかく²【四角, 四角形】
(正方形) a square [スクウェア]

四角の square

▸四角い布 a **square** of cloth / a **square** piece of cloth

●四角形のいろいろ

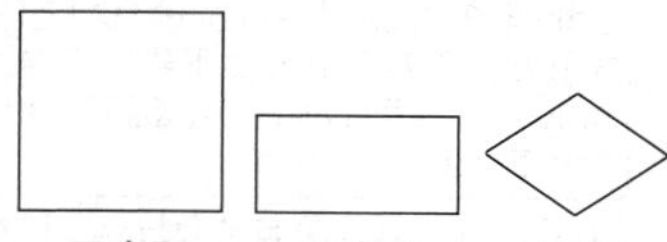

しかく³【視覚】 sight [サイト]

視覚障害者
a visually-impaired person

じかく【自覚する】
be* conscious《of ...》[カンシャス], be aware《of ...》[アウェア]

▸力が足りないことは十分自覚しています.
I'm fully **conscious of** my lack of ability.

しかけ【仕掛け】 (装置) a device [ディヴァイス]; (トリック) a trick [トゥリック]

▸このおもちゃはどういうしかけで動くの (→どんなしかけがこのおもちゃを動かすの)? What kind of **device** makes this toy move?

しかけ花火 set-piece fireworks

:しかし **but** [バット], however [ハウエヴァ] (◆後者はややかたい言い方; 文頭, 文中, 文尾(ぶんび)で使える)

▸正もわたしも数学で悪い点を取った. しかし, 理江はよい出来だった.
Tadashi and I got bad scores in math, **but** Rie did well.

▸人は平等であるべきだ. しかし現実はちがう. All human beings should be equal. In fact, **however**, we aren't.

じかせい【自家製の】
homemade [ホウムメイド]

◆しかた【仕方】
(方法) a **way** [ウェイ];
(…する方法)《**how to** +**動詞の原形**》

▸彼女の説明のしかた
the **way** she explains things

▸魚の料理のしかたを教えて.
Show me **how to** cook fish.

しかたがない (避(さ)けられない) It can't* be helped.; (…してもむだだ)《it is no use +～ing》

▸今さらそのことでぶつぶつ言ったってしかたがないよ. **It's no use complaining** about that now.

-しがち 《be* apt to +動詞の原形》; 《tend to +動詞の原形》 ➡ -(し)がち

:しがつ【四月】
April [エイプりる] (◆語頭は常に大文字; Apr. と略す) ➡ **いちがつ**

じかつ【自活する】
support [maintain] oneself, make* [earn] one's own living

しかとする ignore [イグノーア] ➡ **むし²**

じかに (直接に) directly [ディレクトり]; (個人的に) personally [パ～ソナり]

➡ ちょくせつ

しがみつく cling* 《to ...》[クリング], stick* 《to ...》[スティック]

▸子供は母親にしがみついた. The child **clung to** his [her] mother.

しかめっつら【しかめっ面】（まゆをひそめた表情）a frown [ふラウン];（嫌悪・苦痛などでゆがんだ表情）a grimace [グリマス]

しかめっ面をする frown; grimace

しかも ❶〚そのうえ〛besides [ビサイヅ], moreover [モーアオウヴァ]

➡ **そのうえ** ❷〚それなのに〛and yet

▸このケーキは安い. しかもうまい. These cakes are inexpensive, **(and) yet** they are delicious.

じかようしゃ【自家用車】 a family car;（個人の車）a private car

しかる【叱る】 scold [スコウるド], 〚口語〛tell* off

▸父は弟が犬をいじめていたのでしかった. My father **scolded** [**told off**] my brother for being cruel to a dog.

しがん【志願】（申しこみ）(an) application [あプりケイシャン]

志願する

（申しこむ）apply 《to [for] ...》[アプらイ];（進み出る）volunteer [ヴァらンティア]

▸友人と私は同じ高校を志願した. My friend and I **applied to** the same high school.

志願者（応募(おうぼ)者）an applicant [あプりカント];（ボランティア）a volunteer

⁑じかん【時間】

❶〚ある長さを持つ時〛time
❷〚単位(60分)〛an hour
❸〚時刻〛time
❹〚区切られた一定の時, 時限〛a period; a class

❶〚ある長さを持つ時〛**time** [タイム]

▸時間が足りなくて問題が全部はできなかった. There wasn't enough **time**, so I couldn't solve all the problems.

▸時間のむだだ. It's a waste of **time**.

▸わたしはテレビを見て時間をつぶした. I killed **time** by watching TV.

▸この本は読み終えるまでかなり時間がかかりそうだ. This book will take a lot of **time** to read through.

❷〚単位(60分)〛an **hour** [アウア]

▸何時間も for **hours**

▸スーを2時間近く待った. I waited for Sue for almost two **hours**.

▸わたしの家から新宿までは電車で1時間かかります. It takes an **hour** from my home to Shinjuku by train.

❸〚時刻〛**time**

▸約束の時間より前に[に遅(おく)れて] ahead of [after] the appointed **time**

▸もう時間です. **Time** is up.

▸待ち合わせの時間を決めよう. Let's decide our meeting **time**.

▸真由は**時間どおりに**現れなかった. Mayu didn't turn up **on time**.

❹〚区切られた一定の時, 時限〛a **period** [ピアリオド];（授業の）a class [クらぁス]

▸4時間目は数学です. We have math class in the fourth **period**.

▸英語の時間は, よく当てられる. I'm often called on in English **class**.

時間を守る（→時間に正確である）be* punctual [パンクチュアる]

▸航平はいつも時間を守る. Kohei **is** always **punctual**.

…する時間がある 《**have time for** ＋名詞[**to** ＋動詞の原形]》

▸きょうは朝食を食べる時間がなかった. Today I didn't **have time for** breakfast [**to** have breakfast].

…の[する]時間だ 《**It's time for** ＋名詞[**to** ＋動詞の原形 /（**that** ＋）節]》

▸昼食の時間だ. **It's time for** lunch.

▸寝(ね)る時間だ. **It's time to** go to bed.

時間割 a (class) schedule [スケチューる], a timetable [タイムテイブる]

しき¹【式】

❶〚儀式(ぎしき)〛a ceremony [セレモウニ]

▸式を行う hold a **ceremony**

▸入学式 an entrance **ceremony**

▸卒業式 a graduation **ceremony**

▸結婚(けっこん)式 a wedding **ceremony**

❷〚数学, 化学〛（数式）an expression [イクスプレシャン];（公式）a formula [ふォーミュら]（複数 formulas, formulae [ふォーミュりー]）

▸化学式 a chemical **formula**

しき²【四季】 (the) four seasons ［スィーズンズ］ ➡ **きせつ**
▸四季を通じて through **the four seasons** of the year

しき³【指揮する】
（音楽の演奏を）conduct ［コンダクト］;（軍隊などを）command ［コマぁンド］
▸オーケストラの指揮をしてみたい. I want to **conduct** an orchestra.
指揮者 〖音楽〗 a conductor
指揮棒 〖音楽〗 a baton ［バぁタン］

–しき【…式】 （様式）(a) style ［スタイる］;（やり方）a way ［ウェイ］
▸和式[洋式]トイレ a Japanese-**style** [Western-**style**] toilet
▸イギリス式のつづり the British **way** of spelling

じき¹【時期】 time ［タイム］;（季節・盛(さか)り）a season ［スィーズン］
▸毎年この時期は雨が多い. Every year at this **time** we have a lot of rain.
▸秋は勉強にいい時期だ. Fall is a good **season** for study.

じき²【磁気】
magnetism ［マぁグネティズム］

じき³【磁器】 (a) porcelain ［ポーセりン］, china ［チャイナ］

しきさい【色彩】 (a) color ➡ **いろ**

✻**しきし【色紙】** a *shikishi*, a square card for art or calligraphy, also used for autographs

しきち【敷地】 （用地）a site ［サイト］;（1区画の土地）a plot ［プラット］
▸ビル建設用の敷地 a **site** for a building

じきに soon ［スーン］ ➡ **まもなく**

しきゅう¹【四球】
〖野球〗 ➡ **フォアボール**

しきゅう²【死球】
〖野球〗 ➡ **デッドボール**

しきゅう³【至急】 right away ［アウェイ］, as soon as possible ［パスィブる］ ➡ **すぐ**
▸至急ご連絡(れんらく)ください. Please get in touch with me **right away**.
至急の urgent ［ア～ヂェント］

じきゅう【時給】 an hourly wage
▸姉の仕事は時給 1,000 円です. The **hourly wage** for my sister's job is 1,000 yen. (♦アルバイトなどの時給は salary とは言わない)

じきゅうじそく【自給自足の】
self-sufficient ［セるふサふィシェント］
▸彼は自給自足の生活をしている. He is leading a **self-sufficient** life.

じきゅうそう【持久走】
a long-distance run

じぎょう【事業】 (a) business ［ビズネス］;（困難が伴う大規模な）an enterprise ［エンタプライズ］

しぎょうしき【始業式】
the opening ceremony ［セレモウニ］
▸わが校の2学期の始業式は9月1日に行われる. **The opening ceremony** of our school's second term will be held on September 1.

しきり【仕切り】
a partition ［パーティシャン］

しきりに （頻繁(ひんぱん)に）frequently ［ふリークウェントり］, very often ［オーふン］;（熱心に）eagerly ［イーガり］
▸弘樹はしきりに千恵のほうを見ている. Hiroki has been looking at Chie **frequently**.
しきりに…したがる
《be* eager to ＋動詞の原形》
▸子供たちは, しきりに箱の中身を知りたがった. The children **were eager to** know what was in the box.

しきる【仕切る】 （区分けする）divide ［ディヴァイド］, partition ［パーティシャン］;（取り仕切る）manage ［マぁネッヂ］, run* ［ラン］
▸この教室はカーテンで仕切ることができます. This classroom can be **partitioned** off by a curtain.
▸パーティーは聖也が仕切った. Seiya **managed** the party.

しきん【資金】 （財源）funds ［ふァンヅ］;（基金）(a) fund ［ふァンド］;（資本金）(a) capital ［キぁピトゥる］
▸彼らは計画のための資金を集めた. They raised a **fund** for their project.

しく【敷く】 lay* (out ...) ［れイ］;（広げる）spread* ［スプレッド］
▸ふとんを敷く **lay out** one's bedding [a *futon*]
▸ござを敷く **spread** a mat

じく【軸】 （車軸）an axle ［あクスる］;（中心線）an axis ［あクスィス］（複数 axes ［あクスィーズ］）;（中心点）a pivot ［ピヴォット］

しぐさ (身ぶり) a gesture [ヂェスチャ]

ジグザグ a zigzag [ズィグザぁグ]
▸ジグザグの道 a **zigzag** road

しくしく (静かに) quietly [クワイエトり]
▸少女はしくしく泣いていた. The girl was crying [weeping] **quietly**.

しくじる (失敗する) fail [ふェイる]; do* badly; (ミスをおかす) make* a mistake [ミステイク] ➡ **しっぱい**
▸数学の試験, しくじったよ. I **did badly on** [**failed**] the math exam.

ジグソーパズル
a jigsaw puzzle [ヂグソーパズる]

シグナル a signal [スィグヌる]
➡ **あいず, しんごう**
▸シグナルを送る send out a **signal**

しくみ【仕組み】
(構造) structure [ストゥラクチャ];
(しかけ) (a) mechanism [メカニズム]

シクラメン
〚植物〛a cyclamen [スィクらメン]

しけい【死刑】
the death penalty [ペナるティ]
▸その殺人犯に**死刑が宣告された**.
The murderer **was sentenced to death**.

しげき【刺激】 stimulation [スティミュれイシャン]; (刺激物) (a) stimulus [スティミュらス] (複数 stimuli [スティミュらイ])
刺激する stimulate [スティミュれイト]
刺激的な stimulating, sensational [センセイショヌる]

しげみ【茂み】 (低木のひとかたまり)
a thicket [すィケット];
(枝の多い低木の集まり) bushes [ブシズ]

しげる【茂る】 (草木が) grow* thick
▸空き地には雑草が茂っていた. Weeds **grew thick** in the vacant lot.
茂った (木などが) thick

◆**しけん【試験】**
❶〚学力などを試(ため)すこと〛
an **examination** [イグザぁミネイシャン], 〚口語〛an exam [イグザぁム],
a **test** [テスト]; (小テスト)〚米〛a quiz [クウィズ] (複数 quizzes)
▸試験をする give an **examination** / give a **test**
▸試験勉強をする
study for an **examination**
▸試験を受ける take an **examination**
▸試験に合格する[受かる]
pass an **examination**
▸試験に失敗する[落ちる]
fail an **examination**
▸きょう, 数学の試験があった.
We had a math **exam** today. / We had an **exam** in math today.
▸今度の試験範囲(はんい)を知ってる?
Do you know what the next **exam** covers?
❷〚ものの性能などを試すこと〛a test
試験する test
▸新車の性能を試験する **test** the performance of a new car
試験科目 subjects of examination
試験管 a test tube
試験期間 (学校などの)
the examination period
試験場 an examination room
試験問題 an examination question, a test question
試験用紙 an examination paper

> **参考 「試験」のいろいろ**
> 中間試験 midterm examinations
> 期末試験 term [final] examinations
> 追試験 a make(-)up (examination)
> 筆記試験 a written examination
> 面接試験 an interview
> 入学試験 an entrance examination

しげん【資源】 resources [リーソースィズ] (◆ふつう複数形で用いる)
▸天然資源 natural **resources**
▸日本は鉱物資源にとぼしい. Japan is poor in mineral **resources**.
資源ごみ recyclable waste

◆**じけん【事件】** (出来事) an **event** [イヴェント], an affair [アふェア];
(法的な事件) a case [ケイス]
▸今年の重大事件
important **events** of the year
▸殺人事件 a murder **case**

じげん¹【次元】 (空間) a dimension [ディメンシャン]; (水準) a level [れヴる]
▸三次元 three **dimensions**

じげん²【時限】 (授業時間) a period [ピアリオド], a class [クらぁス] ➡ **じかん**
時限爆弾(ばくだん) a time bomb

◆**じこ¹【事故】** an **accident** [あクスィデント]

▸事故を起こす cause an **accident**
▸ゆうべこの通りで交通事故があった.
There was a traffic **accident** [A traffic **accident** happened] on this street last night.
▸その事故で5人が重傷を負った.
Five were seriously injured in the **accident**.

じこ²【自己】 self [セるふ] (複数 selves [セるヴズ]), oneself [ワンセるふ] ➡**じぶん**
▸ジェフは自己中心的だ.
Jeff only thinks of **himself** [is **self**-centered].
▸わたしのチェスは**自己流**だ(→自分のやり方でやる).
I play chess **in my own way**.
自己紹介(しょうかい) self-introduction [セるふイントゥロダクシャン]
自己紹介する introduce oneself

しこう【思考】 (a) thought [そート], thinking [すィンキング]
➡ **かんがえ, かんがえる**
▸プラス[マイナス]思考
positive [negative] **thinking**

しこうさくご【試行錯誤】
trial and error
▸試行錯誤して学ぶ
learn by **trial and error**

しこく【四国(地方)】
the Shikoku district

しごく train ... hard
▸わたしたちはコーチにずいぶん**しごかれた**. We were **trained** very **hard** by the coach.

じこく【時刻】 time [タイム] ➡ **じかん**
時刻表 〖米〗a (time) schedule [スケヂューる], 〖英〗a timetable [タイムテイブる]; (列車の) a train schedule (◆バスの場合には train を bus に, 飛行機の場合には flight に変える)

▶ニューヨークの駅の時刻表

▸そのバスは時刻表どおりに走っている.
The bus is running on **schedule**.

じごく【地獄】
hell [へる] (対義語「天国」heaven)

:しごと【仕事】 **work** [ワ～ク]; (職) a **job** [ヂャブ]; (商売) business [ビズネス]; (割り当て) an assignment [アサインメント]

ダイアログ 質問する
A: ジョンの仕事は何ですか?
What's John's **job**? (◆What does John do? だとよりカジュアル)
B: 銀行員です. He works for a bank. / He's a bank clerk.

▸きょうはたくさん**仕事**がある.
I have a lot of **work** (to do) today.
▸姉は**仕事**でパリにいる. My sister is in Paris on **business**.
▸父は昨年**仕事**をやめた.
My father quit his **job** last year.
▸ウサギにえさをやるのが家でのわたしの**仕事**だ. Feeding our rabbit is my **assignment** at home.
仕事をする **work**, do* one's job
▸亜希は今, 仕事中だ(→**仕事をしている**).
Aki is **working** [at **work**] now.
▸音楽関係の**仕事をしたい**. I want to **work** in the area of music.

じさ【時差】 (a) time difference [ディふァレンス]
時差ぼけ jet lag [ヂェット らぁグ]
▸彼女はまだ**時差ぼけ**が治らない.
She is still suffering from **jet lag**.

しさつ【視察】
(an) inspection [インスペクシャン]
視察する inspect [インスペクト]
▸**工場を視察する** **inspect** a factory

じさつ【自殺】 (a) suicide [スーイサイド]
自殺する kill oneself, commit suicide
▸自殺未遂(みすい) an attempted **suicide**

じさん【持参する】 (持って来る)
bring* [ブリング]; (持って行く) take* [テイク], carry [キぁリ]
▸弁当を各自**持参**した.
We **brought** our lunch with us.

•しじ¹【指示】
directions [ディレクシャンズ],
instructions [インストゥラクシャンズ]

▸人に指示をあたえる give a person **directions** [**instructions**]
▸先生の指示に従った. We followed our teacher's **instructions**.
指示する direct, instruct

しじ²【支持】 support［サポート］
支持する support, back up
▸あなたを支持します. I'll **support** you. / I'll **back** you **up**.
支持者 a supporter

じじ【時事】
時事的な （現在の）current［カ～レント］
時事英語 （ニュース報道などで使われる英語）media [news] English
時事問題 current affairs [topics]

ししざ【しし座】 Leo［リーオウ］, the Lion［らイアン］➡ じゅうに

じじつ【事実】 (a) **fact**［ふぁクト］; （真実）(the) truth［トゥルーす］
▸わたしは事実を知りたい. I want to know the **facts** [**truth**].
▸このドラマは事実に基(もと)づいている. This drama is based on **fact**(s).
▸あのうわさは事実に反している. That rumor is against **fact** [the **facts**].
…は事実だ be* true; it is true that ...（♦主語の it は that 以下を指す）
▸マイクの言った話は事実だと思いますか? Do you think Mike's story **is true**?
▸木田先生が近く結婚(けっこん)する**というのは**事実です. **It is true (that)** Ms. Kida will get married soon.

ししゃ¹【死者】 a dead person; （全体をまとめて）the dead［デッド］

ししゃ²【支社】 a branch (office)［ブラぁンチ オーふィス］

ししゃ³【使者】 a messenger［メセンヂャ］

ししゃかい【試写会】 （映画の）a preview (of a movie [film])［プリーヴュー］

じしゃく【磁石】 a magnet［マぁグネット］; （方位磁石）a compass［カンパス］

ししゃごにゅう【四捨五入する】 round 《off》
▸2.5 を四捨五入すると 3 になる. We can **round off** 2.5 to 3.

じしゅ【自主】
自主的な （自立した）independent［インディペンデント］; （自発的な）voluntary［ヴァランテリ］
自主規制 voluntary restrictions［リストゥリクシャンズ］
自主性 independence［インディペンデンス］
自主トレ independent training

ししゅう¹【刺しゅう】 embroidery［エンブロイダリ］
刺しゅうする embroider
▸帽子(ぼうし)に名前を刺しゅうした. I **embroidered** my name on the hat.
刺しゅう糸 embroidery thread

ししゅう²【詩集】 ➡ し⁴

じしゅう【自習する】 study by oneself
▸きょうの 3 時間目は, 先生が休みのため自習だった. We **studied by ourselves** during the third class today because the teacher was absent.
自習時間 a self-study [free-study] hour
自習室 a study room

しじゅうしょう【四重唱】 〘音楽〙a quartet［クウォーテット］

しじゅうそう【四重奏】 〘音楽〙a quartet［クウォーテット］

ししゅつ【支出】 (an) outgo［アウトゴウ］（対義語「収入」(an) income）, (an) expense［イクスペンス］
支出する （払(はら)う）pay*; （費(つい)やす）spend*

じしゅてき【自主的に】 （人に頼(たよ)らずに）independently［インディペンデントり］; （自発的に）voluntarily［ヴァランテリり］; （自分の判断で）on one's own judgment
▸明菜はその活動に自主的に参加した. Akina took part in the activity **voluntarily**.

ししゅんき【思春期】 adolescence［あドれスンス］

ししょ【司書】 a librarian［らイブレリアン］

じしょ【辞書】 ➡ じてん¹
a **dictionary**［ディクショネリ］
▸辞書を引く consult [use, see] a **dictionary**

▶「take」という語の意味を辞書で調べなさい. Look up the word "take" in your **dictionary**.

じじょ【次女】
the second daughter [セカンド ドータ]

じじょう【市場】
a market [マーケット]
▶自動車市場 the car **market**
▶株式市場 a stock **market**

じじょう【事情】（状況(じょうきょう)）
circumstances [サ〜カムスタぁンスィズ], a situation [スィチュエイシャン];
（理由）a reason [リーズン]
▶そういう事情なので,パーティーは中止します. Under those **circumstances**, the party will be called off.
▶住宅事情 the housing **situation**
▶家庭の事情で for family **reasons**

ししょうしゃ【死傷者】
casualties [キぁジュアるティズ]
▶その事故で多くの死傷者が出た. That accident caused many **casualties**.

じしょく【辞職】
(a) resignation [レズィグネイシャン]
辞職する resign [リザイン],
〖口語〗quit* [クウィット]
▶市長の辞職を求める
demand the mayor's **resignation**
辞職願 a resignation ➡ じひょう

じじょでん【自叙伝】
an autobiography [オートバイアグラふィ]

ししょばこ【私書箱】 a post-office box（♦POB, P.O. Box と略す）

じしん【詩人】 a poet [ポウエット]

•じしん[1]【地震】
an **earthquake** [ア〜すクウェイク]
▶マグニチュード 7.3 の地震 ➡ しんど
an **earthquake** with a magnitude of 7.3（♦7.3 は seven point three と読む）
▶日本は地震が多い. There are many **earthquakes** in Japan.
▶きのう強い[弱い]地震があった.
We had a strong [light] **earthquake** yesterday.

•じしん[2]【自信】 confidence [カンふィデンス]
▶自信をつける gain **confidence**
▶きみはもっと自分に自信をもつべきだ.
You should have more **confidence** (in yourself).
▶自信をなくす
lose **confidence** (in oneself)
▶わたしはその質問に自信をもって答えた.
I answered the question with **confidence**.
▶人前で話すことには自信がない.
I have no **confidence** about speaking in public.
自信のある confident
▶わたしは彼女に勝つ自信がある.
I'm **confident** of beating her.

じしん[3]【自身】 oneself [ワンセるふ]
▶きみ自身で確かめなさい.
Make sure of it by **yourself**.

じしん[4]【時針】
an hour [a short] hand

じすい【自炊する】 cook for oneself, do* one's own cooking

•しずか【静かな】
（物音などがしない）**quiet** [クワイエット]
（対義語「騒(さわ)がしい」noisy), silent [サイれント];（落ち着いた）**calm** [カーム]
▶静かな村 a **quiet** [(→平穏(へいおん)な) peaceful] village
▶静かな海 a **calm** [**quiet**] sea
▶静かにしなさい. Be **quiet** [**silent**].
静かに quietly, silently; calmly
▶電車は静かに動き出した.
The train started **quietly**.

-しすぎる ➡ すぎる

しずく a drop [ドゥラップ]
▶雨のしずく
a **drop** of rain / a rain**drop**

しずけさ【静けさ】
quietness [クワイエットネス], quiet;
（落ち着き）(a) calm [カーム]
▶あらしの前の静けさ
the **calm** before the storm

システム a system [スィステム]
システムエンジニア
a systems engineer

じすべり【地滑り】
a landslide [らぁンドスらイド]

しずまる【静まる】 （心が）calm down [カーム];（風などが）die down;（物音などが）become* quiet [クワイエット]
▶彼の気が静まるまでひとりにしておこう.
Leave him alone until he **calms down**.

・しずむ【沈む】
❶『物が』**sink***［スィンク］(対義語「浮(う)かぶ」float), go* down;
(太陽・月が)set*［セット］
▸その船は海に沈んだ. The ship **sank** [**went down**] in the sea.
▸日が沈みかけている. The sun is **setting** [**going down** / **sinking**].
❷『気分が』feel* down, be depressed
▸試合に負けて気分が沈んでいる. I'm **feeling down** about losing the game.

しずめる[1]【静める・鎮める】
(心を) calm《down》; (痛みを) relieve
▸気を静めて. **Calm** yourself (**down**).

しずめる[2]【沈める】(物を) sink*

しせい【姿勢】(a) posture［パスチャ］; (体の置き方) a position［ポズィシャン］; (態度) an attitude［あティテュード］
▸彼女は姿勢がよい[悪い]. She has good [poor] **posture**.
▸楽な姿勢で座(すわ)る sit in a comfortable **position**

じせい[1]【自制】
self-control［せるふコントゥロウる］
▸自制心に欠けている lack **self-control**
自制する control oneself

じせい[2]【時勢】(the) times［タイムズ］
▸時勢に逆らう go against **the times**

じせい[3]【時世】times ➡ じだい

しせき【史跡】a historic site [spot]

しせつ【施設】(建物・機関) an institution［インスティテューシャン］; (設備) facilities［ふァスィりティズ］
▸公共施設 a public **institution**

しせん[1]【視線】one's eyes［アイズ］
▸彼と視線が合った. **My eyes** met (with) his.
▸わたしはジルから視線をそらした. I turned **my eyes** away from Jill.

しせん[2]【支線】a branch line

・しぜん【自然】**nature**［ネイチャ］
▸自然の美しさ the beauty of **nature**
自然な, 自然の natural［ナぁチュラる］
▸動物は自然な環境(かんきょう)に置くべきだ. Animals should be in their **natural** surroundings.
▸大きな試合を前に緊張(きんちょう)するのは自然なことです. It's **natural** to be nervous before a big game.
自然に naturally; (ひとりでに) by itself, of itself ➡ ひとりで
▸自然にふるまう behave **naturally**
▸ドアが自然に開いた. The door opened **by itself**.
自然エネルギー natural energy
自然界 the natural world
自然科学 natural science
自然食品 natural food(s)
自然破壊(はかい) the destruction of nature
自然保護 environmental protection, the conservation of nature

じぜん【慈善】charity［チぁリティ］
慈善の charitable［チぁリタブる］
慈善事業 charitable work, charities
慈善団体 a charitable organization, a charity

しそう【思想】(a) thought［そート］, an idea［アイディーア］
▸急進的[保守的]な思想 radical [conservative] **thought**
▸思想の自由 freedom of **thought**
思想家 a thinker

-しそう《be* likely to +動詞の原形》; (もう少しで…だ) nearly, almost ➡ -そうだ

じそく【時速】speed per hour
▸この列車は平均時速 230 キロで走ります. This train runs at an average **speed** of 230 kilometers **per hour**. (♦230 k.p.h. と略す)

-しそこなう miss, 《fail to +動詞の原形》➡ -(し)そこなう

しそん【子孫】
a descendant［ディセンダント］

じそんしん【自尊心】pride［プライド］
自尊心のある proud［プラウド］
▸エレンは自尊心が強くて(→ありすぎて)まちがいを認めない. Ellen is too **proud** to admit her mistakes.

⁑した[1]【下, 下に, 下の】
❶『下方に』**under ...; below ...**
『下方へ』**down**
❷『底, 低い所』**the bottom, the foot**
❸『年下の』**younger**
❹『下位の』**lower;**『劣(おと)った』**worse**

❶〚下方に〛(真下に) **under ...** [アンダ] (対義語「上に」over); (低い位置に) **below ...** [ビろウ] (対義語「上に」above); 〚下方へ〛**down** [ダウン] (対義語「上へ」up)
▸あの木の**下で**休もう. Let's have a rest **under** that tree.
▸ほら! **下を**高志が歩いています. Look! Takashi is walking **below** us.
▸**下を**見ないで. Don't look **down**.

❷〚底, 低い所〛**the bottom** [バタム], the foot [ふット] (対義語「上」the top)
▸書棚(だな)の**いちばん下**にある辞書を取って. Get me the dictionary from **the bottom** shelf, please.
▸ページの**下の部分**に at **the foot** [**bottom**] of the page
❸〚年下の〛**younger** [ヤンガ] (対義語「年上の」older)
▸ティナはわたしより 2 つ**下**です. Tina is two years **younger** than me [I].
▸**いちばん下の**妹 the **youngest** sister
❹〚下位の〛lower [ろウア] (対義語「上位の」upper, higher); 〚劣った〛worse [ワ〜ス]
▸**下の**レベル a **lower** level

した²【舌】 a tongue [タング]
▸男の子はわたしに**舌**を出した. The boy stuck his **tongue** out at me.

-した 動詞の過去形で表す. ➡-(し)た

ダイアログ 質問する
A: それで, 試合に勝ったの? Then, **did** you **win** the game?
B: 勝ったよ. Yes, we **did**.

シダ 〖植物〗(a) fern [ふァ〜ン]

したい【死体】 a (dead) body [(デッド) バディ]

-したい 《want to +動詞の原形》 ➡ -(し)たい

-しだい【…次第】
❶〚…するとすぐ〛as soon as ...
▸決心がつき**しだい**知らせてね. Let me know **as soon as** you decide.
❷〚…による〛depend on ... [ディペンド], be* up to ...
▸試験に合格するかどうかはきみの努力**しだい**だ. Passing the exam **depends on** the effort you make.

ダイアログ 委ねる
A: どこへ行く? Where shall we go?
B: きみ**しだい**さ. It's **up to** you.

じたい¹【事態】 (状況(じょうきょう)) a situation [スィチュエイシャン]; (状態) a state [ステイト]
▸**事態**を収拾(しゅうしゅう)する settle a **situation**
▸非常**事態** a **state** of emergency

じたい²【辞退する】 decline [ディクらイン] ➡ ことわる

⁺じだい【時代】
❶〚時期, 年代〛a **period** [ピアリオド], an **age** [エイヂ], an era [イラ]
▸明治**時代** the Meiji **era** [**period**]
▸石器**時代** the Stone **Age**
▸IoT **時代**がやって来た. The IoT **age** has arrived.
▸彼女は幸せな**子供時代**を送った. She had a happy **childhood**.
❷〚年月の流れ〛(the) **times** [タイムズ]
▸**時代**は変わる. **Times** are changing.
▸**時代**についていく keep up with **the times**
▸あなたの考えは**時代遅**(おく)**れ**です. Your idea is **out of date**.

時代劇 a *samurai* drama

しだいに【次第に】 gradually [グラぁヂュアり], little by little ➡だんだん
▸薬が**しだいに**効いてきた. The medicine is **gradually** working.

したう【慕う】 (尊敬して愛する) adore [アドーア]; (愛着をもっている) be* attached to ...; (尊敬する) respect [リスペクト]

⁺したがう【従う】
❶〚言いつけ・規則に〛**obey** [オウベイ]; 〚忠告・習慣などに〛**follow** [ふァろウ]
▸規則に**従う** **obey** [**follow**] the rules
▸標示に**従って**進んでください. **Follow** the signs, please.
❷〚後について行く〛**follow** ➡ついていく

▸わたしたちはガイドに従って町を見物した. We **followed** the guide and saw the sights of the city.

結びつくことば
アドバイスに従う follow a person's advice
指示に従う follow instructions
順番に従う follow the order
素直に従う follow ... obediently
しぶしぶ従う follow ... reluctantly

したがき【下書き】
(原稿(げんこう)などの)a draft [ドゥラぁふト];
(下絵) a (rough) sketch [ラふ スケッチ]
下書きする make* a draft, draft

したがって【従って】
❶〚だから〛so [ソウ], therefore [ぜアふォーア] (♦後者はかたい言い方)
▸彼女はけがをしている. **したがって**試合には出られない.
She is injured, **so** she is not able to take part in the game.
❷〚…につれて〛as
▸時間がたつにしたがって, エリックは心が落ち着いてきた. **As** time went on, Eric became calm.

-したがる 《want to ＋動詞の原形》
➡ -がる

したぎ【下着】
underwear [アンダウェア];
(女性の) lingerie [らーンジェレイ]

◆したく【支度】
preparation(s) [プレパレイシャンズ]
➡ じゅんび, ようい[1]
▸夕食のしたくができた.
Dinner [Supper] is ready.
(♦ready は「用意ができて」の意味)
したくする prepare《for ...》[プリペア], get* ready《for ...》[レディ]
▸旅行のしたくをしよう.
Let's **prepare for** the trip.
▸帰るしたくをしなければならない.
I have to **get ready** to go [leave].

じたく【自宅】 one's (own) house, one's home
▸きのうは1日じゅう自宅にいた.
I was at **home** all day yesterday.

-したくてたまらない 《want to ＋動詞の原形＋ badly》➡ たまらない

-したことがある 《have* ＋過去分詞》➡ -(した)ことがある

◆したしい【親しい】
(親密な) **close** [クろウス];
(仲がよい) **friendly** [ふレンドり]
▸巧は親しい友人です.
Takumi is my **close** friend.
▸わたしはルースと親しくなった(→友達になった).
I've made friends with Ruth.
ことわざ **親しき仲にも礼儀(れいぎ)あり.**
A hedge between keeps friendship green. (♦「間に垣根(かきね)を作っておくことが, 2人の友情を青々とさせる」という意味)

したじき【下敷き】
a plastic sheet (for writing) (♦文具としての下敷きは海外ではふつうない)
下敷きになる
be* caught [crushed]《under ...》

したしみ【親しみ】
▸あなたにはとても**親しみを**(→親しく)**感じます.** I **feel** very **close** to you.

したしむ【親しむ】 get* close
▸自然にもっと親しみたい.
I want to **get closer** to nature.
▸この本は世界中で親しまれている(→人気がある). This book is popular all around the world.

したたる drip [ドゥリップ]
▸水が天井(てんじょう)から**したたり落ちていた.**
Water was **dripping** from the ceiling.

-したところだ 《have* ＋過去分詞》
➡ ちょうど

したばき【下履き】 (outdoor) shoes
(♦数えるときは a pair of ... とする)

じたばたする (もがく) struggle [ストゥラグる]; (騒(さわ)ぐ) make* a fuss
▸今さらじたばたしてもしようがないよ.
It's no use **making a fuss** now.

-したほうがよい should ➡ よい[1]

したまち【下町】
▸東京の下町
the old town [part] of Tokyo

-したら (もし…なら) if; (…のとき) when; (…してはどうか) Why don't you ...? ➡ -たら

じたん【時短の】
timesaving [タイムセイヴィング]
▸時短方法 a **timesaving** method

じだん【示談】

an out-of-court settlement
▸わたしたちはその件を示談ですませた.
We **settled** the case **out of court**.

し

⁑しち【七(の)】

seven［セヴン］➡**なな**

じち【自治】 self-government
［せるふガヴァ(ン)メント］
自治会（地域の）a neighborhood self-governing body;
（学生の）a student council [union]

⁑しちがつ【七月】

July［ヂュライ］（♦語頭は常に大文字; Jul. と略す）➡ **いちがつ**
▸7月7日は七夕です.
July 7 is the *Tanabata* Festival [Festival of Altair and Vega].

✻しちごさん【七五三】

Shichi-go-san
日本紹介 七五三は7歳(さい)と5歳と3歳の子供の祭りです. 11月15日に行われます. 親は子供を神社やお寺に連れて行き, 神様に成長を感謝し, 子供がこれからも健康で幸福でありますようにと祈(いの)ります.
Shichi-go-san, 7-5-3, is a festival for children aged seven, five and three. It is held on November 15. Their parents take them to a shrine or temple, and thank the gods for their growth and pray for their good health and happiness in the future.

シチメンチョウ【七面鳥】
〖鳥類〗a turkey［ターキ］

しちゃく【試着する】 try on
▸これを試着してもいいですか?
Can I **try** this [it] **on**?（♦ズボン (pants) などの場合は this [it] ではなく these [them] と言う）
試着室
a fitting room, a dressing room

シチュー
(a) stew［ステュー］（♦発音注意）

しちょう【市長】 a mayor［メイア］
▸南アルプス市長
the **mayor** of Minami-Alps

しちょうかく【視聴覚の】
audio-visual［オーディオウヴィジュアる］
視聴覚教材
audio-visual education materials
視聴覚室 an audio-visual room

しちょうしゃ【視聴者】
a (TV) viewer［ヴューア］;（全体としての）an audience［オーディエンス］

しちょうりつ【視聴率】
the ratings［レイティングズ］,
a viewer rating, an audience rating
▸その番組の視聴率は15パーセントだった. The program had a **rating** of 15 percent.

しつ【質】 quality［クワりティ］
(対義語「量」quantity)
▸このワインは質が悪い.
The **quality** of this wine is poor.

シッ（静かにさせる声）Sh!;
（追い払(はら)う声）Shoo! ➡ **シーッ**

⁂じつ【実の】 **true**［トゥルー］, **real**［リーアる］

▸メアリーはエドの実の妹です.
Mary is Ed's **true** [**real**] sister.
実に very［ヴェリ］, really［リーアり］
▸このアップルパイは実にうまい.
This apple pie is **very** [**really**] delicious.
実は in fact［ふぁクト］, as a matter of fact, to tell (you) the truth, actually［あクチュアり］
▸実は宿題, まだ手もつけてないんだ.
In fact [**As a matter of fact**], I haven't even started my homework yet.
▸時計が壊(こわ)れてたんじゃないんだ. 実は寝(ね)ぼうしたんだよ.
My clock wasn't broken. **To tell (you) the truth**, I overslept.

じつえん【実演する】
demonstrate［デモンストゥレイト］
▸秀雄はAEDの使い方を実演してみせた. Hideo **demonstrated** how to use an AED.

しっかく【失格する】
be* disqualified《from ...》
［ディスクワりふァイド］
▸広志は反則をしてレースに失格した.
Hiroshi **was disqualified from** the race for committing a foul.

⁂しっかり（かたく）tight(ly)

［タイト(り)］;（安定して）firm(ly)［ふァ〜ム(り)］;（一生懸命(けんめい)）hard［ハード］

▸ひもをもっと**しっかり**結ばないと. You should tie the string more **tightly**.
▸わたしの手に**しっかり**つかまって. Hold on **tight** to my hand.
▸明と翼は**しっかり**握手(あくしゅ)した. Akira and Tsubasa shook hands **firmly**.
▸**しっかり**勉強しなさい. Study **hard**.
しっかりした firm, steady [ステディ]; (考えなどが) sound [サウンド]; (信頼(しんらい)できる) reliable [リらイアブる]
▸井田さんはかなりお年ですが,足どりは**しっかりして**います. Ms. Ida is very old but walks with a **firm** [**steady**] step.
▸歩実は考え方が**しっかりしている**. Ayumi is **sound** in his thinking.

しっき【漆器】
lacquer(ed) ware, japan

じつぎテスト【実技テスト】
a (practical) skill test, a performance test

しつぎょう【失業】
unemployment [アニンプろイメント]
失業する lose* one's job
失業者 an unemployed person; (全体をまとめて) the unemployed [アニンプろイド]
失業率 unemployment, the unemployment rate

じっきょう【実況】
実況中継(ちゅうけい) a relay from the scene
実況放送 an on-the-spot broadcast; (生放送) a live [らイヴ] broadcast

シック(な)
chic [シーク] (♦フランス語から)

シックハウスしょうこうぐん【シックハウス症候群】 sick building syndrome [スィンドゥロウム]

しっくり
▸彼女はこのごろ母親**としっくりいって**(→うまく行って)**いない**. She **isn't getting along well with** her mother these days.

じっくり
(急がずに) without hurry [ハ～リ]
▸**じっくり**やりなさい. Do it **without hurry**.
▸**じっくり考える**時間が必要だ. We need some time to **think it over**.

しつけ discipline [ディスィプりン]; (礼儀(れいぎ)作法) manners [マぁナズ]
▸うちの両親は**しつけ**が厳しい. My parents are strict about **manners**.
▸**しつけがいい** have good **manners**

しっけ【湿気】 moisture [モイスチャ]; (不快な) damp(ness) [ダぁンプ(ネス)]; (空気中の) humidity [ヒューミディティ]
湿気のある moist [モイスト]; damp; humid [ヒューミッド] (対義語「乾(かわ)いた」dry)
▸梅雨(つゆ)の時期は**湿気が多い**. It's **humid** in the rainy season.
▸これは**湿気のない**(→乾燥(かんそう)した)所に保存してください. Please keep this in a **dry** place.

しつける train [トゥレイン], discipline [ディスィプりン]
▸ペットをきちんと**しつける** **train** one's pet properly

しつげん【失言】 (口を滑(すべ)らせること) a slip of the tongue; (不適切な発言) an improper remark
▸**失言する** make **a slip of the tongue** [**an improper remark**]

じっけん【実験】 (科学的な) an experiment [イクスペリメント]; (試作品の) a test [テスト]
▸ロケットの打ち上げ**実験**は成功だった. The rocket **test** launch was successful.
▸核(かく)**実験** a nuclear **test**
実験する experiment, do* an experiment
▸今度の理科の授業では**実験をします**. We will **do an experiment** in the next science class.
実験室 a laboratory [らぁブラトーリ]

じつげん【実現】
realization [リーアりゼイシャン]
実現する realize [リーアらイズ], come* true [トゥルー]
▸彼女は女優になるという夢**を実現させた**. She **realized** her dream of becoming an actress.
▸きみの夢は**実現する**よ. Your dream will **come true**.

しつこい (くどい) persistent [パスィスタント]; (料理などが) heavy [ヘヴィ]
▸この料理はわたしには**しつこ**すぎる. This meal is too **heavy** for me.

じっこう【実行】

practice［プラぁクティス］
実行する carry out, do*, put* ... into [in] practice
▸さっそくその計画を実行に移そう. Let's **carry out** the plan at once. / Let's **put** the plan **into practice** at once.
実行委員 a member of an executive committee
実行委員会 an executive committee

•じっさい【実際】

実際の real［リーアる］, true［トゥルー］, actual［あクチュアる］
実際に really, actually
実際には in reality, in actuality
▸みんなジャックはおもしろい人だと言うけれど,実際にそうです. People say Jack is funny, and he **really** is.

ダイアログ 説明する
A:それは実際にはありえない話だね.
In actuality, that couldn't be a true story.
B:いや,実際の話なんだよ.
No, it's a **real** story.

じつざい【実在の】 real［リーアる］
▸実在の人物 a **real** person
実在する exist［イグズィスト］

しっさく【失策】
a mistake［ミステイク］, an error［エラ］
▸彼は大失策を犯(おか)した.
He made a great **mistake**.

じっし【実施する】（実行する）carry out;（施行する）put* ... into effect
▸新しいダイヤは3月18日から実施される. The new train schedule will be **put into effect** on March 18.

しっしん【失神する】
faint［ふェイント］

しっそ【質素な】
simple［スィンプる］, plain［プれイン］
▸質素な暮(く)らしをする
live a **simple** life
▸質素な服 **plain** clothes
質素に simply; plainly

しったかぶり【知ったかぶり】
▸知孝は何でも知ったかぶりをする.
Tomotaka **is a know-it-all**.
(♦know-it-all は「何でもわかったような口をきく人」の意味)

じっちゅうはっく【十中八九】
nine times out of ten
▸十中八九,彼は勝つだろう. **Nine times out of ten** he will win.

-しつづける【…し続ける】
《keep* on ＋～ing》➡ つづける

しっている【知っている】 know*
➡しる[1]

しっと jealousy［ヂェらスィ］
しっと深い jealous
しっとする be* jealous《of ...》, envy［エンヴィ］
▸人の幸運にしっとしてはいけない.
Don't **be jealous of** others' good fortune.

しつど【湿度】
humidity［ヒューミディティ］
▸きょうは湿度が高い. The **humidity** is high today.(♦「低い」なら low) / It's humid today.

じっと（動かずに）still;
（我慢(がまん)強く）patiently［ペイシェントり］
▸猫(ねこ)はベッドの下でじっとしていた.
The cat kept **still** under the bed.
▸女の子は部屋でじっと母を待った.
The girl **patiently** waited for her mother in the room.
▸赤ん坊(ぼう)は小鳥をじっと見ていた.
The baby **stared at** the bird.

しっとりした moist［モイスト］
▸このケーキはしっとりしていておいしい.
This cake is **moist** and delicious.

しつない【室内の】 indoor［インドーア］(対義語「屋外の」outdoor)
室内で indoors［インドーアズ］
▸室内で遊ぶ play **indoors**
室内スポーツ indoor sports
室内プール an indoor swimming pool

ジッパー a zipper［ズィパ］

しっぱい【失敗】 (a) failure［ふェイりャ］;（まちがい）a mistake［ミステイク］
▸計画は失敗に終わった.
The plan ended in **failure**.
ことわざ 失敗は成功のもと.
Failure is a stepping stone to success.(♦「失敗は成功への足がかりとなる」の意味)
失敗する fail, make a mistake
▸おじは運転免許(めんきょ)試験に失敗した.
My uncle **failed** his drivng test.

じつぶつ【実物】
a real thing［リーアる すィング］

実物の　real
▸実物を見るまでは信じない.
I won't believe it until I see the **real thing**.

ダイアログ　説明する
A: あなたのスマホはどのくらいの大きさなの?
What size is your smartphone?
B: この写真が実物大だよ.
This is the **full-size** photo.

しっぽ
（動物の）a tail［テイる］
▸クロがしっぽを振(ふ)っている.
Kuro is wagging his **tail**.

しつぼう【失望】
(a) disappointment［ディサポイントメント］
失望する
be* disappointed《at [with] ...》
▸その映画には失望した. I **was disappointed with** the movie.
失望させる　disappoint ➡ がっかり

しつめい【失明する】
lose* one's sight［サイト］, become* blind［ブらインド］

•しつもん【質問】
a **question**［クウェスチョン］
▸何か質問はありませんか?
Do you have [Are there] any **questions**? / Any **questions**?
▸では, ご質問にお答えいたします.
Now I'll answer your **questions**.
質問する　ask, ask a question

ダイアログ　許可を求める
A: 質問してもいいですか?
May I **ask** you a **question**?
B: どうぞ.
Sure. / Certainly. / Of course.

じつよう【実用的な】
practical［プラぁクティクる］
▸このいすは実用的ではない.
This chair has no **practical** use.
実用品　a useful article; （日用品）daily necessities

しつりょう【質量】
mass［マぁス］

じつりょく【実力】
(real) ability［アビりティ］
実力のある　（有能な）able［エイブる］
▸香織は実力のある指導者だ.
Kaori is an **able** leader.
実力テスト　an achievement test

•しつれい【失礼】
❶〖謝(あやま)って〗**I'm sorry.**;〖物事をする前に〗**Excuse me.** ➡ ごめん

ダイアログ　謝る
A: 失礼. おけがはありませんか?
I'm sorry. Did I hurt you?
B: だいじょうぶです.
No, I'm all right.

▸ちょっと失礼します.
Excuse me. (♦途中(とちゅう)でその場を去るときや人の前を通るときに用いる)
▸失礼ですが, 駅へ行く道を教えてくださいませんか.
Excuse me, but can you tell me the way to the station?
❷〖別れるとき〗
▸そろそろ失礼しなければ(→行かなければ).
I must be going [leaving] now.
失礼な　rude［ルード］, impolite［インポらイト］
▸手紙に返事を出さないのは失礼です.
It is **rude** [**impolite**] not to answer letters.

じつれい【実例】
an example［イグザぁンプる］➡ れい[3]

しつれん【失恋】
disappointed [lost] love
失恋する　be* broken-hearted［ブロウクンハーティッド］

してい【指定する】
appoint［アポイント］
▸日時を指定してくれませんか? Will you **appoint** the date and time?
▸**全席指定**
〖掲示〗**All Seats Reserved**
▸学校の指定靴(ぐつ)(→学校にはいて行くことが許された靴) shoes the students are allowed to wear to school
指定校　a designated school; （大学）a designated college [university]

指定席 a reserved seat

-していい may*, can* ➡ **よい¹**

-している 《be 動詞＋~ing》 ➡ **-(して)いる**

-しておく leave*, keep* ➡ **おく¹**

してき¹【指摘する】 point out
▸真樹はわたしにいくつかつづりのまちがいを指摘した. Maki **pointed out** some misspellings to me.

してき²【私的な】 private［プライヴェット］, personal［パ～ソヌる］
▸私的な意見 one's **personal** opinion

-してください Please .... / Will [Would, Could] you ...? ➡ **ください**

-してくれませんか Will [Would] you ...? ➡ **くれる²**

-してくれる 《動詞＋人＋物》《動詞＋物＋ to [for] ＋人》 ➡ **くれる²**

-してしまう finish ➡ **しまう**

-してしまった 《have* ＋過去分詞》 ➡ **しまう**

してつ【私鉄】 〖米〗 a private railroad, 〖英〗 a private railway

-してはいけない must not, Don't .... ➡ **いけない**

-してはどうですか Why don't you ...?, How about ...? ➡ **-たら**

-してほしい 《want ＋人＋ to ＋動詞の原形》 ➡ **ほしい**

-してみませんか How about ...?, Will you ...? ➡ **-(し)ませんか**

-してもよい may*, can* ➡ **よい¹**

-してもよいですか May I ...?, Can I ...? ➡ **よい¹**

-してもらいたい 《want ＋人＋ to ＋動詞の原形》 ➡ **ほしい**

-してもらう ➡ **もらう**

してん【支店】 a branch (office)［ブラぁンチ］(◆「店」の場合は a branch store)
支店長 a branch manager

しでん【市電】 〖米〗 a streetcar［ストゥリートカー］, 〖英〗 a tram［トゥラぁム］

じてん¹【辞典】 a dictionary［ディクショネリ］ ➡ **じしょ**
▸和英辞典 a Japanese-English **dictionary**
▸国語辞典 a Japanese **dictionary**

じてん²【事典】 (百科事典) an encyclop(a)edia［エンサイクろピーディア］

じでん【自伝】 an autobiography［オートバイアグラふィ］

·じてんしゃ【自転車】 a **bicycle**［バイスィクる］, 〖口語〗 a **bike**［バイク］
▸自転車に乗る ride (on) a **bicycle** [**bike**]
▸わたしは自転車で通学しています. I go to school by [on a] **bike**. / I ride a **bike** to school.
自転車置き場 a bicycle parking lot
自転車専用道路 a bicycle path
自転車店 a bicycle shop

●自転車の部分名

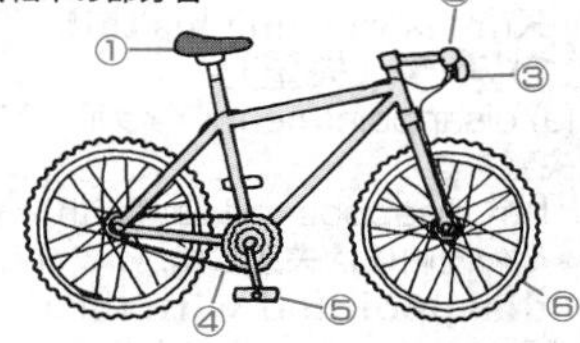

①サドル saddle
②ハンドル handlebars
③ブレーキ brake lever
④チェーン chain
⑤ペダル pedal
⑥タイヤ tire

しどう【指導】 guidance［ガイダンス］
指導する guide, lead*, teach*, (競技など) coach
▸先生は生徒たちにその道具の使い方を指導した. The teacher **taught** the students how to use the tool.
▸父は野球チームの指導をしている. My father **coaches** a baseball team.
指導員 an instructor
指導者 a leader, a teacher
指導力 leadership (qualities)

じどう¹【児童】 (子供) a child［チャイるド］ (複数 children［チるドゥレン］); (小学生) an elementary schoolchild
▸児童向けの本 a book for **children**
児童虐待(ぎゃくたい) child abuse
児童文学 juvenile [children's] literature

じどう²【自動(式)の】 automatic［オートマぁティック］
自動的に automatically
自動改札(かいさつ)機 an automatic ticket checker
自動ドア an automatic door
自動販売(はんばい)機 a vending machine

*じどうしゃ【自動車】
a **car**［カー］,〖米〗an automobile［オートモビーる］,〖英〗a motorcar［モウタカー］➡ **くるま**

▸兄は**自動車**を運転します.
My brother drives a **car**.

▸母は毎日, **自動車**で通勤しています.
My mother goes to work by **car** every day. / My mother drives to work every day.（♦drive は「(車で)行く」の意味）

自動車教習所 a driving school
自動車工場 a car factory
自動車産業 the car industry
自動車事故 a car accident
自動車修理工場 an auto-repair shop, a garage［ガラージ］
自動車メーカー an automaker, a carmaker

> **参考 自動車と car は同じ?**
> 日本語の「自動車」は乗用車のほかにバス・トラックなどをふくむ場合もありますが, 英語の **car** はバス・トラックなどはふくみません. 乗り物全般(ぜんぱん)を表すには **vehicle**［ヴィーイクる］を使います.

しとしと
しとしと降る drizzle［ドゥリズる］

▸ひと晩じゅう雨が**しとしと降って**いた.
It was raining lightly [**drizzled**] all night long.

じとじとした
humid［ヒューミッド］, wet［ウェット］

▸梅雨(ゆ)の時期には暑くて**じとじとした**日が多い. We have a lot of hot and **humid** days during the rainy season.

しとやか【しとやかな】
graceful［グレイスふる］
しとやかに gracefully

じどり【自撮り】
a selfie［せるふィ］

▸富士山の頂上で**自撮りをしたい**.
I want to take a **selfie** at the top of Mt. Fuji.

しな【品】
(品物) an article［アーティクる］; (商品) goods［グッヅ］, items［アイテムズ］

▸あの店は**品数が多い**.
That store has a large [wide] variety of **goods**.

▸その本は**品切れです**(→売り切れている).
The book **is sold out** [**out of stock**].

しない¹【市内に, 市内の】
in the city

▸芽依は弘前**市内に**住んでいます.
Mei lives **in the city** of Hirosaki.

✻しない²【竹刀】
a *shinai*, a bamboo sword used in kendo

-しない
do* not, will* not ➡ **-ない**

-しないうちに
(…する前に) before［ビふォーア］

▸暗くなら**ないうちに**帰ってきなさい.
Come back home **before** (it gets) dark.

-しないでください
Please don't .... ➡ **ください**

-しなくてはいけない
must, 《have* to +動詞の原形》➡ **-ならない**

▸もう帰ら**なくてはいけない**.
I **must** [**have to**] be going now.

-しなくてもよい
do* not have to ..., need not ➡ **よい¹**

-しなければならない
《have* to +動詞の原形》➡ **-ならない**

-しなさい
➡ **-(し)なさい**

しなびる
shrivel［シュリヴる］, wither［ウィざ］

しなもの【品物】
an article; goods ➡ **しな**

シナモン
cinnamon［スィナモン］

しなやか【しなやかな】
(曲げやすい) flexible［ふれクスィブる］; (柔軟(じゅうなん)な) soft［ソーふト］; (優雅(ゆうが)な) graceful［グレイスふる］

▸**しなやかな動き**
graceful movements

シナリオ
a scenario［スィナぁリオウ］(複数 scenarios)
シナリオライター
a scenario writer, a scriptwriter

じなん【次男】
the second son［セカンド サン］

-しに
(…するために)《to +動詞の原形》

▸わたしたちはサッカーを**しに**グラウンドへ出た. We went out to the ground **to** play soccer.

…**しに行く** 《go* +〜ing》

▸きのう川へ釣(つ)りを**しに行った**.
I **went fishing** in the river.

しにせ【老舗】
a long-established store [shop]

しにものぐるい【死に物狂いの】
desperate [デスパレット]
死に物狂いで desperately
▶彼は飼い犬を死に物狂いで助けようとした. He tried **desperately** to save his dog.

◆**しぬ【死ぬ】** **die** [ダイ];
(事故・戦争などで) be* killed [キるド]
▶彼は1832年に83歳(さい)で死んだ.
He **died** in 1832 at the age of eighty-three.
▶祖父はがんで死んだ.
My grandfather **died** of cancer.
▶彼女はけががもとで死んだ.
She **died** from an injury.
▶彼はおぼれて死んだ.
He **died** by drowning.
▶その歌手は交通事故で死んだ.
The singer **was killed** in a traffic accident.
▶死ぬほどあなたに会いたい.
I'm **dying** to see you.
(◆《be dying to ＋動詞の原形》は「…したくてたまらない」の意味)
死んだ, 死んでいる dead [デッド]
▶おばが死んでから10年になる.
It has been ten years since my aunt **died**. / My aunt has been **dead** for ten years.
▶この歌を聞くと死んだ兄を思い出す.
This song reminds me of my **dead** brother.

> くらべよう
> **die (of, from, by) と be killed**
> ふつう **die of** は病気, 飢(う)え, 老齢(ろうれい)などで死ぬとき, **die from** はけがなどで死ぬときに用いるとされていますが, of が from の代わりをすることもあります. 水死や自殺などのときは **die by** がふつうです. 事故・災害・戦争などで死ぬときは **be killed** が用いられます.

じぬし【地主】
a landowner [らぁンドオウナ]

しのびこむ【忍び込む】
steal* into ... [スティーる],
sneak into ... [スニーク]

しば【芝】
grass [グラぁス], a lawn [ろーン]
▶芝刈(か)りをする
cut the **grass** / mow the **lawn**
芝刈り機 a lawn mower

しはい【支配】 rule [ルーる]
支配する rule, govern [ガヴァン]
▶徳川幕府は日本を約260年間支配した.
The Tokugawa Shogunate **ruled** Japan for about 260 years.
支配者 a ruler
支配人 a manager [マぁネヂャ]

しばい【芝居】 a play ➡ **えんげき**

シバイヌ【柴犬】 〖動物〗a Shiba

じはく【自白】
(a) confession [コンふェシャン]
自白する confess [コンふェス]

⁑**しばしば** **often** [オーふン]
▶ポールはしばしば学校を休む.
Paul is **often** absent from school.
▶道でウィルソンさんをしばしば見かけます. I **often** see Ms. Wilson on the street.

> ルール **often の位置**
> ふつう often は, 一般動詞の前に置きます. be 動詞, 助動詞があるときはその直後に置きます.

-しはじめる【…し始める】
《begin* [start] to ＋動詞の原形》
➡ **はじめる**

しはつ【始発】
(列車) the first train
▶仙台行きの始発列車は何時ですか?
What time is **the first train** for Sendai?
始発駅 a terminal [タ～ミヌる]
(◆「終着駅」の意味もある)

じはつ【自発的な】
voluntary [ヴァらンテリ]
自発的に voluntarily [ヴァらンテリり], of one's own will

しばふ【芝生】
grass [グラぁス], a lawn [ろーン]
▶芝生に入るな
〖掲示〗Keep Off the **Grass**

しはらい【支払い】
payment [ペイメント]

しはらう【支払う】 pay* ➡ **はらう**

⁑**しばらく**
❶〖少しの間〗for a while [(ホ)ワイる]; (for) a minute [ミニット]

▸真紀としばらくの間おしゃべりを楽しんだ. I enjoyed talking with Maki **for a while**.
▸しばらくお待ちください.
Just a **minute** [moment], please.
▸**しばらくして**バスが来た.
The bus came **after a while**.
❷〚長い間〛for a long time
▸しばらくぶりです.（→お互い長い間会っていない）We haven't seen each other **for a long time**. / It's been a long time. / Long time no see.

しばる【縛る】
bind*［バインド］, tie［タイ］
▸ここにある本をひもで**縛って**ください.
Please **bind** (up) these books with some cord.

じはんき【自販機】 ➡ じどう²

じひ¹【慈悲】 mercy［マ～スィ］
慈悲深い merciful［マ～スィふる］

じひ²【自費で】
at one's own expense

じびき【字引】
a dictionary［ディクショネリ］➡ じしょ
生き字引 a walking dictionary

じびきあみ【地引き網】 a beach seine (net)［ビーチ セイン（ネット）］
地引き網漁 beach seine fishing

じひょう【辞表】 a resignation (letter)［レズィグネイシャン］
▸辞表を出す hand in a **resignation**

じびょう【持病】 a chronic disease

しびれる（手足が）go* to sleep
▸足が**しびれた**.
My legs have **gone to sleep**.

しぶい【渋い】
❶〚味が〛bitter［ビタ］
▸しぶいお茶 **bitter** [**strong**] tea
❷〚かっこいい〛cool［クーる］;
〚地味な, 落ち着いた〛subdued［サブデュード］, quiet［クワイエット］;
〚趣味(しゅみ)がいい〛be* in good taste
▸お父さん, **しぶい**セーターを着てるね!
What a **cool** sweater you're wearing, Dad!

しぶき (a) spray［スプレイ］, a splash［スプらぁシ］
▸滝(たき)の**しぶき**がかかってきた.
The **spray** from the waterfall fell on us.
▸彼は**しぶき**を上げて川に飛びこんだ.
He jumped into the river with a **splash**.

ジプシー a gypsy［ヂプスィ］, a Romany［ラマニ］（♦gypsyには軽蔑(けいべつ)的な響(ひび)きがあるため, 現在ではRomanyを用いるのが一般的）

しぶしぶ unwillingly, reluctantly
➡ いやいや

しぶとい
（強情(ごうじょう)な）stubborn［スタボン］;
（ねばり強い）persistent［パスィスタント］

・じぶん【自分】
❶〚その人自身〛**oneself**［ワンセるふ］
（♦oneselfは主語によって下の表のように使い分ける）
▸きみは**自分のこと**ばかり考えている.
You always think only of **yourself**.
自分で
（強調して）oneself;（人の助けなしで）by oneself;（自ら）for oneself
▸**自分で**行って確かめなきゃだめよ.
You have to go and see **for yourself**.
自分の one's (own)
▸**自分の**机で勉強しなさい.
Study at **your (own)** desk.

◆「自分」の表し方 oneself

わたし(I)	myself［マイセるふ］
わたしたち (we)	ourselves［アウアセるヴズ］
あなた (you)	yourself［ユアセるふ］
あなたがた (you)	yourselves［ユアセるヴズ］
彼(he)	himself［ヒムセるふ］
彼女(she)	herself［ハセるふ］
それ(it)	itself［イトセるふ］
彼ら, 彼女ら (they)	themselves［ぜムセるヴズ］

❷〚わたし〛I［アイ］➡ **わたし**
▸**自分が**やったことには責任を持ちます.
I'll take responsibility for what **I** did.

じぶんかって【自分勝手な】
selfish［セるふィッシ］
▸あなたは**自分勝手**過ぎる.
You're too **selfish**.

しへい【紙幣】（硬貨(こうか)に対し）

paper money［マニ］；（1枚の札(さつ)）〘米〙a bill［ビる］，〘英〙a (bank) note［ノウト］

じへいしょう【自閉症】
autism［オーティズム］

シベリア Siberia［サイビリア］

シベリアンハスキー
〘動物〙a Siberian Husky

しほう【四方】 all directions［ディレクシャンズ］，all sides［サイヅ］
▸四方を見渡(わた)す
look in **all directions**
▸日本は四方を海に囲まれています．
Japan is surrounded by the sea on **all sides**.

しぼう¹【死亡】 death［デす］
死亡する die［ダイ］；
（事故や戦争で）be* killed ➡ **しぬ**

しぼう²【脂肪】 fat［ふぁット］
脂肪の多い fatty

しぼう³【志望する】 wish［ウィッシ］
▸梨奈は俳優(はいゆう)志望だ．
Rina **wishes** to be an actress.
志望校 the school of one's choice

じほう【時報】
the time signal［スィグヌる］
▸時計を時報に合わせる
set a watch by **the time signal**

しぼむ （風船などが）deflate［ディふれイト］；（植物などが）wither［ウィざ］
▸風船はしぼんでしまった．
The balloon has **deflated**.

しぼりこむ【絞り込む】
narrow down［ナぁロウ］

しぼりだす【絞り出す】（液体などを）squeeze ... out［スクウィーズ］
▸チューブから歯みがき粉をしぼり出す
squeeze toothpaste **out** of a tube

しぼる【絞る，搾る】 wring*《out》［リンg］；（水分を）squeeze［スクウィーズ］
▸ぞうきんをしぼる **wring out** a rag
▸オレンジをしぼる
squeeze an orange
▸牛の乳をしぼる
milk a cow（♦この milk は「…の乳をしぼる」という意味の動詞）

しほん【資本】(a) capital［キぁピトゥる］
資本家 a capitalist［キぁピタりスト］
資本主義 capitalism［キぁピタりズム］

◆しま¹【島】 an **island**［アイらンド］
▸あの島には人が住んでいない．
No one lives on that **island**.
島民 an islander
島国 an island nation [country]
島国根性(こんじょう)
insularity［インスらぁリティ］

しま²【縞】 stripes［ストゥライプス］
▸縦じま vertical **stripes**
▸横じま
lateral [horizontal] **stripes**
▸青いしまの入ったシャツ
a shirt with blue **stripes**

しまい【姉妹】 a sister［スィスタ］
➡ **きょうだい¹**
姉妹校 a sister school
姉妹都市 a sister city,
〘英〙a twin town [city]

◆しまう （入れる）**put***；（しまっておく）**keep***［キープ］；（片づける）**put away**
▸筆箱をかばんにしまった．
I **put** my pencil case in my bag.
▸正則はそのきれいな石を箱の中にしまっておいた． Masanori **kept** the beautiful stone in a box.
…してしまう finish［ふィニッシ］，get* through ...［すルー］➡ **おえる**；
（完了）《have* ＋過去分詞》
▸7時までに宿題をやってしまいたい．
I want to **finish [get through]** my homework by seven.

ダイアログ　**説明する**
A: お昼をいっしょに食べない？
Will you have lunch with me?
B: 残念だけど，もう食べてしまったんだ．
I'm sorry. I'**ve** already **had** it.

シマウマ 〘動物〙a zebra［ズィーブラ］

じまく【字幕】
（映画などの）subtitles［サブタイトゥるズ］

-しまくる
▸**しゃべりまくる**
talk and talk（♦同じ動詞を and で結んで動作の繰(く)り返しを表す）

-しましょう Let's .... ➡ **-(し)ましょう**

-しましょうか Shall I ...?
➡ **-(し)ましょう**

-しません do* not ➡ **-ない**

-しませんか How about ...?
➡ **-(し)ませんか**

しまった Oh, no! / Oops! / Oh, my God!［ガッド］/ Gosh!

▸しまった！　電車が行っちゃった.
Oh, no! I missed the train.

しまりのない【締まりのない】
(ゆるんだ) loose [るース] (♦発音注意)
▸締まりのないロ元　a **loose** mouth

˙しまる【閉まる, 締まる】
❶〖店・戸などが〗**close** [クろウズ]; 〖戸などが〗**shut*** [シャット] (対義語「開く」open)
▸窓がどうしても閉まらない. The window won't **close** [**shut**]. (♦この won't ... は「どうしても…しない」を表す)
▸すでに門は閉まって(→閉められて)いた. The gate was already **closed** [**shut**]. (♦この close [shut] は「閉める」の意味の他動詞)
▸銀行は何時に閉まるの？
What time do the banks **close**?/ What time **are** the banks **closed**?
❷〖きつくなっている〗
be* tightened [タイトゥンド]
▸ねじがきつく締まっている.
The screws **are** firmly **tightened**.
❸〖気持ちが〗
▸(野球などで) **締まっていこう**！
Let's **pull together**!

˙じまん【自慢】 pride [プライド]
自慢する　**be* proud** (of ...) [プラウド]; (口に出して) boast (of ...) [ボウスト]
▸涼太は妹のことを自慢にしている.
Ryota **is proud of** his sister.
▸トニーは模型自動車のコレクションを自慢にしている. Tony **boasts of** his collection of model cars.

しみ【染み】 a stain [ステイン], a spot [スパット]
しみをつける　stain

じみ【地味な】 (色が) pale [ペイる], subdued [サブデュード], quiet [クワイエット]; (質素な) plain [プれイン], simple [スィンプる]
▸その色はあなたには地味だ. That color is too **subdued** for you.

しみこむ【染み込む】
(液体が) soak into ... [ソウク イントゥー], soak through ... [ソウク スルー]
▸靴(くつ)に水がしみこんだ. The water has **soaked through** my shoes.

シミュレーション
a simulation [シミュれイシャン]
シミュレーションゲーム
a simulation game

しみる【染みる】 (ひりひりする) smart; (液体が) soak [ソウク]
▸煙(けむり)が目にしみた.
The smoke made my eyes **smart**.

しみん【市民】 a citizen [スィティズン]
市民運動　a citizens' movement
市民会館　a civic center
市民権　citizenship

ジム (運動施設(しせつ))〖口語〗a gym [ヂム] (♦*gym*nasium の略)

じむ【事務】 office work, business
事務員　a clerk, an office worker
事務室, 事務所　an office

しめい¹【氏名】
a (full) name [ネイム] ➡ **なまえ**
▸住所氏名を書いてください. Please write (down) your **full name** and address.

しめい²【指名する】
(役職などに) name [ネイム];
(先生があてる) call on ...
▸わたしたちは, 平野さんをキャプテンに指名した.
We **named** Hirano (as) captain.
指名手配
▸彼女は警察に**指名手配されている**.
She **is wanted** by the police.
指名手配犯　a wanted criminal

しめい³【使命】 a mission [ミシャン]
▸使命を果たす
accomplish one's **mission**

しめきり【締め切り】
closing [クろウズィング]
締め切り日　a closing day, a deadline [デッドらイン]
▸締め切りに間に合う
meet the **deadline**

しめきる【締め切る, 閉め切る】
❶〖期日を〗close [クろウズ]
▸遠足の参加申しこみはあすで締め切られます. Applications for the outing will **be closed** tomorrow.
❷〖戸などを〗(すっかり閉(と)ざす)
close up, shut* up [シャト アップ]
▸閉め切った部屋　a **closed-up** room

しめしめ aha [アハー]
▸しめしめ. あいつ, わたしのうそを信じているぞ. **Aha!** He believes the lie I told him.

じめじめ【じめじめした】 damp［ダぁンプ］;（空気が）humid［ヒューミッド］

:しめす【示す】

❶『見せる』**show***［ショウ］
▸江美はその話に興味を示した. Emi **showed** interest in the story.
❷『指し示す』**point**［ポイント］
▸彼は指で方向を示した. He **pointed** the direction with his finger.
❸『意味する』mean*［ミーン］
▸あのジェスチャーは何を示しているの？ What does that gesture **mean**?

しめた Good!［グッド］;（やったぞ）I've got [done] it!;（ありがたい）Thank Heaven!

しめつける【締め付ける】 tighten［タイトゥン］
▸彼女の話を聞いて胸が締めつけられる思いだった(→心を痛めた). I felt distressed to hear her story.

しめりけ【湿り気】 moisture;（不快な）damp(ness);（空気中の）humidity ➡ しっけ

:しめる¹【閉める, 締める】

> ❶『店・戸などを』**close**;『戸などを』**shut**
> ❷『しっかり留める』**fasten**;『結ぶ』**tie**
> ❸『きつくする』**tighten**;『ひねって閉じる』**turn off**

❶『店・戸などを』**close**［クろウズ］;『戸などを』**shut***［シャット］
（対義語「開ける」open）➡ **しまる**
▸うちは夜8時に店を閉める. We **close** our store at 8 p.m.
❷『しっかり留める』fasten［ふぁスン］;『結ぶ』tie［タイ］
▸シートベルトをお締めください. Please **fasten** your seat belt.
▸帯(おび)を締める **tie** an *obi*
❸『きつくする』tighten［タイトゥン］;『ひねって閉じる』turn off
▸ねじを締める **tighten** a screw

結びつくことば
ドアを閉める close the door
カーテンを閉める close [draw] the curtains
蛇口を閉める turn the faucet off
ふたを閉める close the lid [cap]
勢いよく閉める shut (violently)

しめる²【占める】 occupy［アキュパイ］
▸重要な地位を占める **occupy** an important position

しめる³【湿る】 become* damp［ダぁンプ］;（少し）moisten［モイスン］;（ぬれる）get* wet［ウェット］
湿った moist, wet;（不快な）damp;（空気が）humid［ヒューミッド］
▸地面はまだ湿っている. The ground is still **wet**.

じめん【地面】 ground［グラウンド］;（土地）land［らぁンド］

しも【霜】 (a) frost［ふロースト］
▸けさ, 霜が降りた. There was [We had] **frost** this morning.

じもと【地元】（故郷）home［ホウム］, hometown［ホウムタウン］
地元の local［ろウクる］
▸地元の友達 friends in my **hometown**
▸地元のチーム the **home** team

しもやけ【霜焼け】 frostbite［ふローストバイト］; chilblains［チるブれインズ］（◆frostbite より軽い）

しもん【指紋】 a fingerprint［ふィンガプリント］
▸人の指紋をとる take [get] a person's **fingerprints**

しや【視野】 (a) view［ヴュー］
▸広い視野からものを見る take a broad **view** of things
▸あの高い建物がわたしたちの視野をさえぎっている. That tall building blocks our **view**.

ジャー（広口の魔法(まほう)びん）a wide-mouthed thermos［さ～マス］;（炊飯(すいはん)ジャー）an insulated rice cooker

じゃあ well［ウェる］, then［ぜン］
▸じゃあ, 勝手にしたら. **Then**, do as you like.
▸**じゃあまたね.** **See you!**

ジャージ（運動用上下）a sweat suit［スウェット スート］;（上のみ）a sweatshirt, a jersey［ヂャ～ズィ］;（下のみ）sweatpants

ジャーナリスト a journalist［ヂャ～ナりスト］

ジャーナリズム journalism［ヂャ～ナりズム］

シャープペンシル a mechanical pencil［メキぁニクル］

シャーベット sherbet ［シャ～ベット］,〖英〗sorbet［ソーベット］

しゃいん【社員】 an employee ［インプろイイー, エンプろイイー］

しゃおんかい【謝恩会】 a party held to thank teachers

・**しゃかい【社会】** (a) **society** ［ソサイアティ］;（世間）the world［ワ～るド］

▸現代社会はますます複雑になってきた.
Modern **society** has become more and more complicated.

社会の social［ソウシャる］
社会科 social studies
社会科見学 a field trip
社会主義 socialism
社会人 a member of society, an adult
社会福祉(ふくし) social welfare
社会福祉事業 social work
社会保障 social security
社会問題 a social problem

ジャガイモ 〖植物〗a potato ［ポテイトウ］（複数 potatoes）

しゃがむ crouch ［クラウチ］;（完全に腰(こし)を落として）squat［スクワット］

しゃがれる get* hoarse［ホース］, get husky［ハスキ］
しゃがれた hoarse, husky
▸しゃがれ声で話す
speak in a <u>**hoarse**</u> [**husky**] voice

しゃく【しゃくにさわる】 get* on one's nerves［ナ～ヴズ］, irritate［イリテイト］
▸彼のものの言い方がしゃくにさわる.
His way of speaking **gets on my nerves**.

-じゃく【…弱】 a little less than ...;（未満の）under ...
▸ここから駅まで歩いて10分弱だ.
It takes **a little less than** ten minutes to walk from here to the station.

じゃくし【弱視】 amblyopia［あンブりオウピア］

しやくしょ【市役所】 a city hall ［スィティ ホーる］, a municipal office ［ミューニスィプる オーふィス］

じゃぐち【蛇口】 〖米〗a faucet ［ふォーセット］,〖英〗a tap［タぁップ］
▸蛇口をひねって水を出す
turn on the **faucet**

じゃくてん【弱点】 a weak point

しゃくほう【釈放する】 release［リリース］, set* ... free

しゃくや【借家】 a rented house［レンティッド ハウス］

シャクヤク 〖植物〗a peony［ピーアニ］

しゃげき【射撃】 shooting［シューティング］
射撃する shoot*

ジャケット （上着）a jacket ［ヂぁケット］;（レコードの）a jacket

しゃこ【車庫】（自動車の）a garage ［ガラージ］;（屋根と柱だけの）a carport;（電車の）a train depot［ディーポウ］
（◆「バスの車庫」なら a bus depot）

しゃこう【社交的な】 sociable ［ソウシャブる］, friendly［ふレンドり］
社交上の social［ソウシャる］

しゃざい【謝罪】 an apology［アパろヂィ］
謝罪する apologize ➡ **あやまる**[1]

しゃしょう【車掌】 a conductor［コンダクタ］

・**しゃしん【写真】** a **picture** ［ピクチャ］, a photograph ［ふォウトグラぁふ］,〖口語〗a photo ［ふォウトウ］（複数 photos）

▸写真を撮(と)るよ. 笑って!
I'll take your **picture**. Smile!
▸このスマホでわたしの写真を撮ってもらえますか? Would you take my **picture** with this smartphone?
▸家族の写真を同封(どうふう)します.
I am enclosing a **picture** of my family with this letter.
▸この写真はなかなかよく撮れている.
This **picture** came out very well.
▸この写真, ピンボケです.
This **picture** is out of focus.
▸写真撮影(さつえい)禁止
〖掲示〗No **Pictures**
▸彼女は写真写りがよい[悪い].
She photographs <u>well</u> [badly].
（◆この photograph は「写真に写る」という意味の動詞）

写真家
a photographer［ふォタグラふァ］

写真集 a photo collection
写真部 a photography club

参考 写真のいろいろ
カラー写真 a color photo / 白黒写真 a black-and-white photo / スナップ写真 a snap (shot) / 記念写真 a souvenir photo / 航空写真 an aerial photo

ジャズ 〘音楽〙 jazz (music) [ヂぁズ]
▸ジャズを演奏する play **jazz**
ジャズダンス jazz dancing
ジャズバンド a jazz band

–しやすい 《easy to ＋動詞の原形》
➡ -(し)やすい

ジャスミンちゃ【ジャスミン茶】
jasmine tea [ヂぁズミン]

しゃせい【写生】
sketching [スケチンヶ]
写生する sketch
▸わたしたちはお寺へ写生に行った.
We went to a temple to do some **sketching** [**sketch**].
写生画 a sketch
写生会 a sketching event

しゃせつ【社説】 an editorial [エディトーリアる], 〘英〙 a leading article

しゃたく【社宅】
a company house

シャチ 〘動物〙 a killer whale

しゃちょう【社長】
a president [プレズィデント]
▸副社長 a vice-**president**

***シャツ** (ワイシャツなど) a **shirt** [シャ〜ト]; (下着) 〘米〙 an undershirt [アンダシャ〜ト], 〘英〙 a vest [ヴェスト]
▸長そでのシャツ a long-sleeved **shirt**
▸ティーシャツ a T-**shirt**
▸シャツを着る[脱(ぬ)ぐ]
put on [take off] a **shirt**

しゃっきん【借金】 (a) debt [デット]
▸借金を返す pay (back) one's **debt**
借金する borrow money 《from ...》; (借金をしている) owe [オウ]
▸わたしは兄に1,000円の借金がある.
I **owe** my brother 1,000 yen. / I **owe** 1,000 yen to my brother.

ジャック (トランプの) a jack [ヂぁック]

しゃっくり a hiccup [ヒカップ]
しゃっくりする hiccup

ジャッジ (審判(しんぱん)員) a judge [ヂャッヂ]; (判定) a judgment [ヂャッヂメント]

シャッター a shutter [シャタ]
(♦「カメラのシャッター」「建物のシャッター」のどちらも指す)
▸シャッターを切る press the **shutter**

しゃどう【車道】
a roadway [ロウドウェイ], a road

シャトル (スペースシャトル) a (space) shuttle [シャトゥる]; (バドミントンの) a shuttlecock [シャトゥるカック]
シャトルバス a shuttle bus

しゃにくさい【謝肉祭】
(a) carnival [カーニヴる] ➡ **カーニバル**

じゃぶじゃぶ
(水をはね散らす) splash [スプらぁシ]
▸川をじゃぶじゃぶと渡(わた)った.
I **splashed** across the river.

しゃぶる suck [サック]

シャベル a shovel [シャヴる]

しゃべる talk [トーク]; (雑談する) chat [チぁット]; (話す) speak*
▸わたしたちは夏休みのことをしゃべっていた. We were **talking** about summer vacation.

シャボンだま【シャボン玉】
soap bubbles [ソウプ バブるズ]
▸シャボン玉を吹(ふ)く blow **bubbles**

じゃま【邪魔(を)する】
❶『心・休息を』 disturb [ディスタ〜ブ]
▸勉強のじゃまをしないでくれ.
Don't **disturb** my studies.
❷『発言・行動を』 interrupt [インタラプト]; 『進行を』 obstacle [アブスタクる], block [ブラック]; 『視界を』 shut* out
▸お話しちゅう, おじゃましてすみませんが, ちょっといいですか?
I'm sorry to **interrupt** you, but will you spare me a minute?
▸大きな木がじゃまして山が見えなかった (→山の眺(なが)めをじゃました).
A tall tree **shut out** the view of the mountain.

❸〖訪問する〗visit, see*
▸あすお宅におじゃましていいですか？
May I **visit** [**see** you at] your home tomorrow?

ダイアログ　**許可を求める**
A: すみません，**おじゃまします**(→入っていいですか).
Hello. **May I come in?**
B: どうぞ.　Yes, of course.

じゃま者　(人) an intruder [イントゥルーダ], a nuisance [ニュースンス]

✲**しゃみせん【三味線】** a *shamisen*
▸三味線を弾(ひ)く
play the ***shamisen***

日本紹介 三味線は日本の伝統的な楽器です.三味線はギターに似ていますが，弦(げん)は3本で，胴(どう)は四角い形をしています.撥(ばち)と呼ばれる平たい道具を使って演奏します.
A *shamisen* is a traditional Japanese musical instrument. It is similar to a guitar but has three strings and a square body. You play it with a flat-shaped tool called *bachi*.

ジャム　jam [ヂぁム]
▸パンにジャムを塗(ぬ)る
spread **jam** on the bread

シャムねこ【シャム猫】〖動物〗
a Siamese cat [サイアミーズ キぁット]

しゃめん【斜面】 a slope [スろウプ]

じゃり【砂利】 gravel [グラぁヴる]
じゃり道　a gravel road

しゃりょう【車両】 (乗り物)
a vehicle [ヴィーイクる]; (列車の)
〖米〗a car,〖英〗a carriage [キぁリッヂ]
▸**車両通行止め**　〖掲示〗**No Traffic / Closed to Traffic**

しゃりん【車輪】 a wheel [(ホ)ウィーる]

しゃれ　(冗談(じょうだん)) a joke [ヂョウク];
(語呂(ごろ)合わせ) a pun [パン] ➡ **だじゃれ**
▸エバンズ先生は授業中によくしゃれを言う. Mr. Evans often makes **jokes** during his class.

しゃれた　nice [ナイス];
(服装などが) stylish [スタイりッシ]
▸しゃれたスカーフしていますね.
You're wearing a **nice** scarf.

じゃれる　play with ...
▸うちの子猫(こねこ)はよくわたしにじゃれる.
My kitten often **plays with** me.

シャワー　a shower [シャウア]
▸シャワーを浴びる　take a **shower**

ジャンクフード　junk food

ジャングル　the jungle [ヂャングる]
ジャングルジム　a jungle gym

✲**じゃんけん**　*janken*, rock-paper-scissors
▸じゃんけんをする　play ***janken***

参考 **じゃんけん**
アメリカなどでも"Rock(グー), Paper(パー), Scissors(チョキ), one-two-three!"などと言う遊びはありますが，それによって物事を決めることはありません.コインを投げ(toss)，"Heads or tails?"(表か裏か)と言って，その裏表で決定するのが一般的です.

じゃんじゃん
(次から次へと) one after another
▸由紀は料理をじゃんじゃん出してくれた.
Yuki brought us dishes **one after another.**

シャンソン　a chanson [シぁンソン]
(♦フランス語から)

シャンデリア
a chandelier [シぁンデリア]

ジャンパー　a jacket [ヂぁケット];
a windbreaker [ウィンドブレイカ]
ジャンパースカート　a jumper (skirt)

シャンパン　champagne
[シぁンペイン] (♦フランス語から)

ジャンプ　a jump [ヂャンプ]
ジャンプする　jump

シャンプー　(a) shampoo [シぁンプー]
シャンプーする　shampoo (one's hair)

ジャンボ【ジャンボジェット機】
a jumbo (jet)

ジャンル　a genre [ジャンラ] (♦フランス語から); (主に芸術) a category
[キぁテゴリ]; (種類) a kind [カインド]

しゅい【首位】 the top [タップ],
(the) first place

首位打者　the leading hitter

じゅい【樹医】
a tree surgeon［サ〜ヂャン］

しゅう【私有の】
private［プライヴェット］

しゅう¹【週】 a **week**［ウィーク］ ➡ しゅうかん²

▸今週　this **week**
▸先週　last **week**
▸来週　next **week**
▸毎週　every **week**
▸週に１回　once a **week**
▸英語の授業は週に３回あります．
We have three English classes a **week**.
▸７月の第１週に期末テストがある．
We'll have final examinations in the first **week** of July.

しゅう²【州】（アメリカなどの）a state［ステイト］ ➡ 表
▸カリフォルニア州
the **State** of California

◆アメリカの州名 the States of America

アーカンソー	Arkansas［アーカンソー］	ニューメキシコ	New Mexico［ニュー メクスィコウ］
アイオワ	Iowa［アイオワ］	ニューヨーク	New York［ニュー ヨーク］
アイダホ	Idaho［アイダホウ］		
アラスカ	Alaska［アらぁスカ］	ネバダ	Nevada［ネヴぁダ］
アラバマ	Alabama［あらバぁマ］	ネブラスカ	Nebraska［ネブラぁスカ］
アリゾナ	Arizona［ありゾウナ］		
イリノイ	Illinois［イりノイ］	ノースカロライナ	North Carolina［ノーす キぁロらイナ］
インディアナ	Indiana［インディあナ］		
ウィスコンシン	Wisconsin［ウィスカンスン］	ノースダコタ	North Dakota［ノーす ダコウタ］
ウエストバージニア	West Virginia［ウェスト ヴァヂニャ］	バージニア	Virginia［ヴァヂニャ］
		バーモント	Vermont［ヴァマント］
オクラホマ	Oklahoma［オウクらホウマ］	ハワイ	Hawaii［ハワイイー］
		フロリダ	Florida［ふろーリダ］
オハイオ	Ohio［オウハイオウ］	ペンシルベニア	Pennsylvania［ペンスるヴェイニャ］
オレゴン	Oregon［オーレガン］		
カリフォルニア	California［キぁりふォーニャ］	マサチューセッツ	Massachusetts［マぁサチューセッツ］
カンザス	Kansas［キぁンザス］	ミシガン	Michigan［ミシガン］
ケンタッキー	Kentucky［ケンタキ］	ミシシッピ	Mississippi［ミスィスィピ］
コネティカット	Connecticut［コネティカット］		
		ミズーリ	Missouri［ミズーリ］
コロラド	Colorado［カろラぁドウ］	ミネソタ	Minnesota［ミネソウタ］
サウスカロライナ	South Carolina［サウす キぁロらイナ］	メイン	Maine［メイン］
		メリーランド	Maryland［メリらンド］
サウスダコタ	South Dakota［サウす ダコウタ］	モンタナ	Montana［マンタぁナ］
		ユタ	Utah［ユートー］
ジョージア	Georgia［ヂョーヂャ］	ルイジアナ	Louisiana［るーイーズィあナ］
テキサス	Texas［テクサス］		
テネシー	Tennessee［テネスィー］	ロードアイランド	Rhode Island［ロウド アイらンド］
デラウェア	Delaware［デらウェア］	ワイオミング	Wyoming［ワイオウミング］
ニュージャージー	New Jersey［ニュー ヂャ〜ズィ］		
		ワシントン	Washington［ワシングトン］
ニューハンプシャー	New Hampshire［ニュー ハぁンプシャ］		

▸アリゾナ州立大学
Arizona **State** University

参考「州」の言い方
アメリカの州は **state**, イギリスは **county** です.（例）the *County* of York / Yorkshire（ヨーク州）（♦固有名詞に続けるときは -shire を用います）.
カナダの州は **province** です.（例）the *Province* of Alberta（アルバータ州）

-しゅう【…周】（スポーツ競技の 1 周）
a lap［らぁップ］➡ **いっしゅう**
▸校庭を 3 周走る　run three **laps** of the school ground

じゆう【自由】
freedom［ふリーダム］, liberty［リバティ］
▸表現の自由　**freedom** of expression
自由な　free
▸自由な時間がもっとほしい.
I want (to have) more **free** time.
自由に　freely
▸この部屋は自由に利用できます.
You can use this room **freely**. / You are **free** to use this room.
▸果物(くだもの)をご自由におあがりください.
Help yourself to some fruit.（♦ help oneself to は「…を自分で自由に取って食べる」の意味の決まった言い方）
自由主義　liberalism［リベラリズム］
自由席　a nonreserved seat
自由の女神(めがみ)像
the Statue of Liberty

じゅう[1]【十(の)】ten［テン］
第 10(の)　the **tenth**［テンす］
（♦10th と略す）
▸**10 分の 1**　a **tenth** / one **tenth**
▸**何十冊もの本**　**dozens of** books（♦a dozen は「1 ダース」= 12 をひとつのまとまりとする単位）

じゅう[2]【銃】 a gun［ガン］（♦gun はピストルなど手で持ち運べるものから大砲(たいほう)までふくむ）;
（拳銃(けんじゅう)）a pistol［ピストゥる］
▸銃を撃(う)つ　fire [shoot] a **gun**

-じゅう【…中】
❶〖期間〗**all, all through ...**［すルー］, throughout ...［すルーアウト］
▸一日じゅう　**all** day (long)
▸ひと晩じゅう　**all (through** the) night / **throughout** the night
▸一年じゅう
all (the) year around [round]
▸この DVD はきょうじゅう（→今夜まで）に返します.　I will return this DVD by tonight.
❷〖場所〗**all over ...**
▸世界じゅうを旅行する
travel **all over** the world

しゅうい【周囲】（まわりの状況(じょうきょう)）surroundings［サラウンディングズ］;
（円周）(a) circumference
［サカンふェレンス］
周囲に, 周囲を　around［アラウンド］
▸この公園は周囲が 8 キロある.　This park is eight kilometers **around**.

じゅうい【獣医】 a veterinarian［ヴェテリネアリアン］,〖口語〗a vet［ヴェット］

じゅういち【十一(の)】
eleven［イれヴン］
第 11(の)　the **eleventh**［イれヴンす］
（♦11th と略す）

じゅういちがつ【十一月】
November［ノウヴェンバ］（♦語頭は常に大文字; Nov. と略す）➡ **いちがつ**

しゅうかい【集会】 a meeting［ミーティング］, a gathering［ギぁざリング］, an assembly［アセンブり］➡ **かい[1]**
▸全校集会が体育館で開かれた.　School **assembly** was held in the gym.
集会所　a meeting place;
（公的な）an assembly hall

しゅうかく【収穫】 a crop［クラップ］, a harvest［ハーヴェスト］
▸ことしは米の収穫が多かった.
The rice **crop** was large this year.（♦「少ない」なら large の代わりに small を用いる）
収穫する　harvest
収穫期　the harvest (time)
収穫高　a crop, a yield

しゅうがくりょこう【修学旅行】
a school trip［トゥリップ］,
a school excursion［イクスカ～ジャン］
修学旅行に行く　go* on a school trip
▸わたしたちは修学旅行で伊勢へ行った.
We **went on a school trip** to Ise.

⁑じゅうがつ【十月】
October［アクトウバ］（◆語頭は常に大文字；Oct. と略す）➡ **いちがつ**

⁎しゅうかん[1]【習慣】
（個人的な）a **habit**［ハぁビット］；
（社会的な）a **custom**［カスタム］
▸よい習慣をつける　form good **habits**
▸夜ふかしの習慣がついてしまった．I got into the **habit** of staying up late.
▸国にはそれぞれ習慣がある．Each country has its own **custom(s)**.
▸わたしたちには正月に神社や寺をお参りする習慣がある．It is a **custom** for us to visit shrines or temples at New Year's.

しゅうかん[2]【週間】
a week［ウィーク］
▸1週間ずっと
a whole **week** / all **week** long
▸何週間も　for **weeks**
▸父は1週間したら戻(もど)ります．My father will be back in a **week**.
▸交通安全週間　Traffic Safety **Week** /〖英〗Road Safety **Week**

しゅうかん[3]【週刊の】
weekly［ウィークり］
週刊誌　a weekly (magazine)

しゅうき【周期】 a cycle［サイクる］；（期間）a period［ピアリオド］
周期的な　cyclic；periodic(al)

-しゅうき【…周忌】
the anniversary of a person's death

しゅうぎいん【衆議院】 the House of Representatives［リプリゼンタティヴズ］
衆議院議員　a member of the House of Representatives

しゅうきゅう【週休】
▸姉の会社は**週休2日制**(→5日の週労働時間)です．My sister's company has **a five-day workweek**.

⁎じゅうきゅう【十九(の)】
nineteen［ナインティーン］
第19(の)　the **nineteenth**
［ナインティーンす］（◆19th と略す）

じゅうきょ【住居】 a house［ハウス］, a residence［レズィデンス］（◆後者は改まった言い方）

しゅうきょう【宗教】
religion［リリヂョン］
▸宗教を信じる　believe in **religion**
宗教(上)の　religious［リリヂャス］

しゅうぎょう【終業する】 close
終業式　a closing ceremony

じゅうぎょういん【従業員】 an employee［インプろイイー, エンプろイイー］

しゅうきん【集金する】
collect money

じゅうく【十九(の)】 nineteen
第19(の)　the nineteenth
➡ **じゅうきゅう**

シュークリーム
a cream puff［クリーム パふ］

しゅうげき【襲撃】
(an) attack［アタぁック］
襲撃する　attack

⁎じゅうご【十五(の)】
fifteen［ふィふティーン］
第15(の)　the **fifteenth**
［ふィふティーンす］（◆15th と略す）
▸6時**15分**(過ぎ)です．
It's six **fifteen**. / It's a quarter past six.（◆a quarter［クウォータ］は「15分, 4分の1」の意味）

⁎しゅうごう【集合】
gathering［ギぁざリング］
集合する　assemble［アセンブる］, meet*［ミート］, gather［ギぁざ］
➡ **あつまる**
▸全校生徒が体育館に集合した．All the students **assembled** in the gym.
▸**集合！**〖号令〗**Fall in! / Line up!**
集合時間　a meeting time
集合場所　a meeting place

じゅうごや【十五夜】 a night of the full moon ➡ **ねんちゅうぎょうじ**

ジューサー　a juicer［ヂューサ］

しゅうさい【秀才】
a bright person, a bright student
▸百合はA組いちばんの秀才だ．
Yuri is the **brightest student** in Class A.

⁎じゅうさん【十三(の)】
thirteen［さ～ティーン］
第13(の)　the **thirteenth**［さ～ティーンす］（◆13th と略す）
▸きょうは13日の金曜日だ．It's Friday

the thirteenth today.(♦欧米(おうべい)では縁起(えんぎ)の悪い日とされている)

しゅうじ【習字】
(毛筆) calligraphy [カリグラふぃ]
ペン習字 penmanship [ペンマンシップ]

じゅうし¹【十四(の)】 fourteen
➡ **じゅうよん**

じゅうし²【重視する】 take* ... seriously, think* ... important, put* [lay*] stress on ...
▸わたしたちの学校ではスポーツをとても重視している. Our school **lays** [**puts**] a lot of **stress on** sports.

じゅうじ【十字】 a cross [クロース]
▸赤十字 the Red **Cross**
▸南十字星 the Southern **Cross**
▸十字を切る
cross oneself(♦この cross は動詞)
十字架(か) a cross; (キリストがはりつけにされた) the (Holy) Cross
十字路 a crossroads
(**複数** crossroads), an intersection

参考「十字を切る」
キリスト教徒が祈(いの)りのときなどに行う行為(こうい)で, ローマカトリック教徒は額(ひたい), 胸, 左肩(かた), 右肩の順に, ギリシャ正教徒は額, 胸, 右肩, 左肩の順に指で十字を描(えが)きます. プロテスタントは十字を切りません.

じゅうしち【十七(の)】 seventeen
第17(の) the seventeenth
➡ **じゅうなな**

じゅうじつ【充実した】
(仕事・楽しみなどが多い) full [ふる];
(実りの多い)fruitful [ふルートふる]
▸充実した生活を送る lead a **full** life
▸ことしの合宿は充実していた. We had a **fruitful** training camp this year.
充実感 a sense of fulfillment

しゅうしふ【終止符】 a period [ピアリオド], 〘英〙a full stop ➡ **ピリオド**

しゅうしゅう【収集】
collection [コレクシャン]
収集する collect ➡ **あつめる**
▸わたしの趣味(しゅみ)はぬいぐるみの収集です. My hobby is **collecting** rag dolls.

じゅうじゅん【従順】
obedience [オウビーディエンス]
従順な obedient
▸従順な犬 an **obedient** dog

♦**じゅうしょ【住所】**
an **address** [アドゥレス]
▸現住所 one's present **address**

ダイアログ **質問する・説明する**
A: ご住所はどちらですか?
May I have your **address**, please? / What is your **address**, please?(♦× Where is your address, please? とは言わない)
B: 横浜市港北区日吉8丁目3番地です.
My **address** is 3, Hiyoshi 8-chome, Kohoku-ku, Yokohama-shi.

▸住所, 氏名, 電話番号を書いてください. Please write (down) your name, **address** and phone number.
(♦日本語の「住所, 氏名」とは語順が逆)
住所録 an address book

しゅうしょう【愁傷】 (お悔(く)やみのことば) a condolence [コンドウれンス]
(♦ふつうは複数形)
▸このたびはまことにご愁傷さまでした. Please accept my sincere **condolences**.

じゅうしょう【重傷】
a serious injury
重傷の seriously hurt [ハ〜ト] ➡ **けが**
▸警察官が1人重傷を負った. A police officer was **seriously hurt**.
重傷者 a seriously injured [wounded] person

しゅうしょく【就職する】
get* a job [ヂャブ]
就職活動 job hunting
就職試験
an employment test [examination]
就職率 the rate of employment, the employment rate

しゅうしん【就寝する】
go* to bed ➡ **ねる¹**

じゅうしん【重心】
the center of gravity [グラぁヴィティ]

シューズ shoes ➡ **くつ**

ジュース¹ juice [ヂュース] (♦ふつう, 果汁(かじゅう)100パーセントのものをさす);
(清涼(せいりょう)飲料) soft drink
▸コップ1杯(ぱい)のアップルジュース
a glass of apple **juice**

ジュース²
(テニスなどの) deuce [デュース]

しゅうせい【修正する】
（まちがいを）correct［コレクト］；
（書物・法律などを）revise［リヴァイズ］；
（法律などを）amend［アメンド］
修正液 correction fluid
修正テープ a correction tape

しゅうぜん【修繕】 (a) repair
修繕する repair; mend; fix
➡ しゅうり, なおす

じゅうたい[1]【渋滞】
（交通の）a traffic jam［ヂァム］

じゅうたい[2]【重体, 重態】
(a) serious condition
▸彼はがんで重体です. He is **in (a) serious condition** with cancer.

じゅうだい[1]【十代】 one's teens［ティーンズ］；（人）a teenager［ティーネイヂャ］ （♦正しくは, 数字で -teen のつく 13 歳(さい)から 19 歳までを表す）
▸10 代の人 a **teenager** / a boy in **his teens** / a girl in **her teens**

じゅうだい[2]【重大な】
（重要な）important［インポータント］；
（深刻な）serious［スィリアス］
▸これは重大な問題だ. This is an **important** [a **serious**] problem.
▸きみの責任は重大だ.
You have a **serious** responsibility.

じゅうたく【住宅】 a house［ハウス］
（複数 houses［ハウズィズ］）
住宅地(域) a residential area
［レズィデンシャる エアリア］

しゅうだん【集団】
a group［グループ］
▸勇人は先頭集団の中にいた.
Yuto was in the top **group**.
集団で in a group
▸小学生たちは集団で登校している.
The elementary school children go to school **in groups**.
集団活動 group activities

じゅうたん （床(ゆか)全面に敷(し)く）
a carpet［カーペット］；
（一部に敷く）a rug［ラッグ］
▸床に赤いじゅうたんを敷いた.
We spread [laid] a red **carpet** over the floor.

しゅうちゅう【集中】
concentration［カンセントゥレイシャン］
▸集中力が足りない
lack **concentration**
集中する concentrate《on ...》
［カンセントゥレイト］
▸もっと勉強に集中しなければ. I must **concentrate** more **on** my studies.
集中豪雨(ごうう)
a local downpour［ダウンポーア］
集中治療(ちりょう)室 an intensive care unit（♦ICU と略す）

しゅうてん【終点】
a terminal［ターミヌる］,
the last station, the last stop
▸終点の１つ手前で降りればいいです.
You can get off at the next to **(the) last stop**.

しゅうでん(しゃ)【終電(車)】
the last train ➡ さいしゅう[1]

じゅうてん【重点】 （重要点）an important point; （強調点）stress［ストゥレス］, (an) emphasis［エンふァスィス］
（複数 emphases［エンふァスィーズ］）
▸…に重点を置く put [lay] **stress** on ...
重点的に intensively［インテンスィヴり］
▸英語を重点的に勉強したい. I want to study English **intensively**.

じゅうでん【充電する】
charge［チャーヂ］
充電器 a (battery) charger

シュート （サッカーなどの）
a shot［シャット］
シュートする shoot*［シュート］
▸（サッカーで）令奈がすばらしいシュートを決めた.
Rena **shot** [kicked] **a** beautiful **goal**.（♦バスケットボールの場合は made a beautiful shot と言う）

しゅうと （男）a father-in-law;
（女・しゅうとめ）a mother-in-law

✽**じゅうどう【柔道】** judo［ヂュードウ］
➡ 図 p. 297
▸柔道をする
practice **judo**（♦play は用いない）
▸わたしは柔道初段です.
I have a first “dan” rank in **judo**.
柔道部 a judo team

日本紹介 柔道は一種のレスリングです. 2人が畳(たたみ)の上で戦います. 日本で生まれましたが, 今では世界じゅうで行われています. オリンピックの正式種目の１つです.
Judo is a kind of wrestling. Two people fight on *tatami* mats. It

was born in Japan, and now it is practiced all over the world. It is an official Olympic event.

しゅうどういん【修道院】
（男子の）a monastery［マナステリ］；（女子の）a convent［カンヴェント］

しゅうとく【習得する】acquire［アクワイア］；（熟達する）master［マぁスタ］
▸外国語を習得する
master a foreign language

しゅうとくぶつ【拾得物】
▸拾得物（→見つけた物）は交番に届けるべきだ． You should take something found to a police box.

しゅうとめ a mother-in-law

・**じゅうなな**【十七（の）】
seventeen［セヴンティーン］
第 17（の） the **seventeenth**［セヴンティーンす］（♦17th と略す）

じゅうなん【柔軟な】flexible［ふれクスィブる］；（体が）supple［サプる］
▸柔軟な考え方
a **flexible** way of thinking
柔軟性 flexibility［ふれクスィビリティ］
柔軟体操 stretching［ストゥレッチング］

・**じゅうに**【十二（の）】
twelve［トゥウェるヴ］
第 12（の） the **twelfth**［トゥウェるふす］（♦12th と略す）

十二宮 a zodiac［ゾウディあック］

:**じゅうにがつ**【十二月】
December［ディセンバ］（♦語頭は常に大文字；Dec. と略す）➡ **いちがつ**
▸12 月の初めに early in **December**

じゅうにし【十二支】the twelve signs of the Japanese zodiac

しゅうにゅう【収入】(an) income［インカム］（対義語「支出」(an) outgo）
▸山田家は収入が多い．
The Yamadas have a large **income**.（♦「少ない」なら large の代わりに small を用いる）

しゅうにん【就任する】
take* [enter upon] office

-しゅうねん【…周年】
an anniversary［あニヴァ〜サリ］
▸きょうはわが校の開校 70 周年記念日だ．
Today is the 70th **anniversary**

● 柔道 judo

of the foundation of our school.

しゅうバス【終バス】 the last bus

・じゅうはち【十八(の)】

eighteen [エイティーン]

第18(の) the **eighteenth** [エイティーンす] (◆18th と略す)

十八番 (最も得意な芸・おはこ) one's specialty [スペシャるティ]

しゅうばん【週番】 weekly duty [デューティ] (◆英米の学校にはない)

じゅうびょう【重病の】
seriously sick, seriously ill

▸アランは重病です. Allan is **seriously** sick [**ill**].

重病人 a serious case

しゅうぶん【秋分】
the autumn [autumnal] equinox [オータム [オータムヌる] イークウィナックス]

秋分の日 Autumn [Autumnal] Equinox Day

⁑じゅうぶん【十分な】

enough [イナふ]

十分に enough; (よく) well

▸2,000円もあれば十分です. Two thousand yen will be **enough**.

▸わたしはそのバッグを買うのに十分なお金を持っている. I have **enough** money to buy the bag.

▸この部屋は10人入るのに十分な大きさがある. This room is large **enough** for ten persons.

> **ルール enough の位置**
> 形容詞の **enough** は, ふつう修飾(しゅうしょく)する語の前に置きます(上の2番目の例文). それに対して副詞の **enough** (上の3番目の例文)は, 必ず修飾する語の後に置きます.

しゅうまつ【週末】 a weekend [ウィーケンド] (◆土・日を指すが, 金曜の夜から月曜の朝までを言うことも多い)

▸週末は何をしていたの? How did you spend your **weekend**?

じゅうまん【十万(の)】
a hundred thousand

▸30万 three **hundred thousand** (◆thousand を複数形にしない)

じゅうみん【住民】
a resident [レズィデント]

▸わたしはこの町の住民です(→この町に住んでいる). I live in this town.

じゅうもんじ【十文字】
a cross [クロース]

しゅうや【終夜】
all night (long), through the night

▸ニューヨークでは地下鉄が終夜, 走っている. The subway runs **through the night** in New York.

終夜の all-night

じゅうやく【重役】 an executive [イグゼキュティヴ], a director [ディレクタ]

しゅうゆう【周遊する】
make* a tour, make a tour around

しゅうよう【収容する】 (入る)
hold* [ホウるド]; (座席がある) seat

▸この教室は100人を収容できる. This classroom can **seat** [**hold**] a hundred people.

▸負傷者たちは近くの病院に収容された(→運ばれた). The injured were taken to nearby hospitals.

収容所 (難民の) a refugee camp; (強制収容所) a concentration camp

・じゅうよう【重要(性)】

importance [インポータンス]

重要な important

▸スマートフォンはわたしにとってとても重要なものです. The smartphone is very **important** to me.

▸いちばん重要なのは人命を救うことです. The most **important** thing is to save (human) lives.

▸彼はもっと一生懸命(けんめい)勉強することが重要だ. It's **important** for him to study harder. / It's **important** that he (should) study harder.

重要人物 a very important person (◆VIP と略す)

重要文化財 important cultural property [assets]

・じゅうよん【十四(の)】

fourteen [ふォーティーン]

第14(の) the **fourteenth** [ふォーティーンす] (◆14th と略す)

・しゅうり【修理】

(複雑な) (a) **repair** [リペア];
(簡単な)mending [メンディング];

〖口語〗fixing［ふィクスィング］
▸この機械は**修理**が必要だ. This machine needs **repair** [**fixing**].
▸その橋は**修理**中だ.
The bridge is under **repair**.
修理する **repair; mend; fix**
▸自転車を**修理**してほしいんですが.
I'd like to have my bicycle **repaired** [**fixed**].
▸母はそのバッグを(自分で)**修理**した.
My mother **mended** the bag.
修理工 a repairman［リペアマぁン］; (自動車などの) a mechanic［メキぁニック］
修理店 a repair shop; (自動車の) a garage［ガラージ］

くらべよう repair, mend, fix

repair は機械などの複雑な物, 大きな物の修理に, **mend** は主に布製品などの簡単な物の修理に用います. **fix** は口語で, そのどちらにも用います.

しゅうりょう¹【終了】 an end
終了する be* over; finish ➡ **おわる**

しゅうりょう²【修了する】
(学業の決められた課程を終えること) finish, complete［コンプリート］
修了式
a school-year closing ceremony

じゅうりょう【重量】 weight
➡ **おもさ**
重量あげ 〖スポーツ〗weightlifting
重量あげ選手 〖スポーツ〗a weightlifter

じゅうりょく【重力】
(地球の) gravity［グラぁヴィティ］;
(一般の) gravitation［グラぁヴィテイシャン］
▸**重力の法則** the law of **gravity**
▸宇宙飛行士は**無重力状態**の中で生活する. Astronauts live in **a state of weightlessness**.

:じゅうろく【十六(の)】
sixteen［スィクスティーン］
第16(の) the **sixteenth**
［スィクスティーンす］(♦16th と略す)

しゅえい【守衛】 a guard［ガード］

しゅえん【主演】
(男優) the leading actor;
(女優) the leading actress
主演する star《in ...》, play the lead
▸ウィル・スミス**主演の映画** a film **starring** Will Smith (♦この star は「…を主演させる」の意味の他動詞)

シュガーレス(の) sugar-free［シュガふリー］, sugarless［シュガれス］

しゅかんてき【主観的な】
subjective［サブヂェクティヴ］
(対義語「客観的な」objective)

しゅぎ【主義】
a principle［プリンスィプる］
▸それはわたしの**主義**に反する.
That's against my **principles**.

:じゅぎょう【授業】
a **lesson**［れスン］, a **class**［クらぁス］
➡ **巻頭カラー 英語発信辞典②**
▸**授業**を受ける take **lessons** (♦「授業がある」の意味なら have a class)
▸**授業**のノートをとる
take notes in **class**

ダイアログ **質問する**
A: 数学の**授業**は何時間目だっけ?
Which period do we have math **class**?
B: 5時間目だよ. Fifth (period).

▸きょうの午後は**授業**がない. We have no **classes** [school] this afternoon.
授業をする teach*［ティーチ］, give* lessons
▸宮田先生は3組の**授業**中です.
Ms. Miyata is **teaching** Class 3.
授業参観日 a class-visit day, a school-visit day; 〖米〗an open house; 〖英〗an open day
授業時間 school hours
授業日数 the number of school days
授業料 school fee(s)

くらべよう lesson と class

「授業がわかる」のように授業の内容を言うときは **lesson**,「授業が3時間ある」のように時間割の単位として言うときは **class** を用います. 学校の授業全体は **school** です.

✽じゅく【塾】 a *juku* (school), a private supplementary school, a cram school［クラぁム］
▸きょうは学校が終わったら**塾**へ行かなくてはならない. I have to go to (a) ***juku*** [**private supplementary school**] after school today.

じゅくご【熟語】 an idiom［イディオム］

しゅくさいじつ【祝祭日】
a national holiday ➡ しゅくじつ

しゅくじ【祝辞】（ことば）
congratulations［コングラぁチュれイシャンズ］（♦複数形で用いる）;（スピーチ）
a speech of congratulations
▸祝辞を述べる make a **speech of congratulations**

しゅくじつ【祝日】
a national holiday［ハりデイ］

◆日本の祝日 holidays in Japan

元日	New Year's Day
成人の日	Coming-of-Age Day
建国記念の日	National Foundation Day［ふァウンデイシャン］
天皇誕生日	Emperor's Birthday［エンペラズ バ～すデイ］
春分の日	Vernal Equinox Day［ヴァ～ヌる イークウィナックス］, the Spring Equinox
昭和の日	Showa Day
憲法記念日	Constitution (Memorial) Day［カンスティテューシャン］
みどりの日	Greenery Day［グリーナリ］
こどもの日	Children's Day
海の日	Marine Day［マリーン］
スポーツの日	Health-Sports Day［へるすスポーツ］
山の日	Mountain Day
敬老の日	Respect-for-the-Aged Day, Senior Citizens' Day［スィーニャ スィティズンズ］
秋分の日	Autumn [Autumnal] Equinox Day［オータム［オータムヌる］イークウィナックス］
文化の日	Culture Day［カるチャ］
勤労感謝の日	Labor (Thanksgiving) Day［れイバ］

しゅくしゃ【宿舎】
a lodging［らヂング］, a hotel［ホウテる］

しゅくしょう【縮小】
(a) reduction［リダクシャン］
縮小する make* ... smaller, reduce［リデュース］

じゅくす【熟す】
ripen［ライプン］, mature［マチュア］
▸柿は秋に熟す.
Persimmons **ripen** in fall.
熟した ripe, mature
▸トマトはもう熟している.
Tomatoes are **ripe** now.
▸**機は熟した**（→物事を始めるちょうどよい時になった）. **The time has come. / It is high time now.**

じゅくすい【熟睡】 a good sleep
熟睡する
sleep* well, have* a good sleep
▸ゆうべは熟睡できました.
I **slept well [had a good sleep]** last night.

⁝しゅくだい【宿題】
homework［ホウムワ～ク］（♦「宿題」の意味では複数形の s はつかない）,
an assignment［アサインメント］
▸夏休みの宿題
homework for summer vacation
▸わたしはいつも夕食の後に宿題をする.
I always do my **homework** after dinner.
▸松本先生は宿題をたくさん出す.
Ms. Matsumoto gives us a lot of **homework**.

結びつくことば
宿題を終わらせる finish one's homework
宿題を手伝う help a person with a person's homework
宿題を忘れる forget one's homework
宿題がある have homework to do

しゅくでん【祝電】
a congratulatory telegram［コングラぁチュらトーリ テれグラぁム］

じゅくどく【熟読する】
read* carefully

じゅくねん【熟年】 (a) mature age

しゅくはく【宿泊する】
stay《at [in] ...》➡ とまる[2]
宿泊客 a hotel guest
宿泊施設(しせつ)〖米〗accommodations, 〖英〗accommodation
宿泊料
room charge(s), hotel charges

しゅくふく【祝福する】 bless*
▸神の祝福がありますように.

(May) God **bless** you!

しゅくめい【宿命】 (a) fate ［ふェイト］, (a) destiny ［デスティニ］

じゅくれん【熟練】 skill ［スキる］

熟練した skilled, skillful

熟練工 a skilled worker

しゅげい【手芸】 handicrafts ［ハぁンディクラぁふツ］

しゅけん【主権】 sovereignty ［サヴリンティ］

じゅけん【受験する】 take* an (entrance) examination ［イグザぁミネイシャン］

▸わたしは山川高校を受験するつもりだ. I'll **take the entrance examination** for Yamakawa High School.

▸受験(→入試)に向けて勉強を始めなければならない. I have to start studying for the entrance examinations.

受験科目 subjects of examination

受験地獄(じごく) examination hell

受験生 a student preparing for an entrance examination

受験戦争 examination war

受験番号 an examinee's (seat) number

受験料 an examination fee

しゅご【主語】 〚文法〛 a subject ［サブヂェクト］

じゅこう【受講する】 attend [take*] a course

▸わたしは塾(じゅく)で英語基礎(きそ)コースを受講している. I **attend** the basic English **course** at a cram school.

受講料 tuition

しゅさい【主催する】 organize ［オーガナイズ］

▸そのお祭りは町が主催している. The festival is **organized** by the town.

主催者 an organizer

しゅし[1]【趣旨】 (目的) a purpose ［パ～パス］; (意味) meaning ［ミーニング］; (要点) the point ［ポイント］

しゅし[2]【種子】 (a) seed ［スィード］

しゅじゅつ【手術】 an operation ［アペレイシャン］

手術する operate《on ...》［アペレイト］

▸がんの手術 a cancer **operation** / an **operation** for cancer

▸祖父は心臓の手術をした. My grandfather had a heart **operation**. / My grandfather had his heart **operated on**.

手術室 an operating room

しゅしょう[1]【主将】 a captain ［キぁプテン］

▸彼女はわたしたちバスケットボールチームの主将です. She is (the) **captain** of our basketball team.

しゅしょう[2]【首相】 the Prime Minister ［プライム ミニスタ］, the prime minister

▸山田首相 **Prime Minister** Yamada

じゅしょう【受賞する】 win* a prize [an award]

▸明彦は英語のスピーチコンテストで1等賞を受賞した. Akihiko **won** (the) first **prize** in the English speech contest.

受賞者 a (prize) winner

しゅしょく【主食】 a staple food ［ステイプる ふード］

▸日本人の主食は米です. Rice is the **staple food** for Japanese.

しゅしん【主審】 (サッカーなどの) a chief referee; (野球, テニスなどの) a chief umpire

しゅじん【主人】 (夫) one's husband ［ハズバンド］; (店の) a storekeeper ［ストーアキーパ］; (所有者) a master ［マぁスタ］, an owner ［オウナ］

主人公 a chief character; (男) a hero ［ヒーロウ］ (複数 heroes); (女) a heroine ［ヘロウイン］

じゅしん【受信】 reception ［リセプシャン］

▸この辺りは受信状態が悪い. **Reception** is poor around here.

受信する receive ［リスィーヴ］

▸メールを受信する **receive** (an) e-mail

受信機 (テレビ・ラジオの) a receiver, a receiving set

受信者 an addressee ［あドゥレスィー］

受信料 a subscription fee

じゅず【数珠】 Buddhist beads, a Buddhist rosary ［ロウザリ］

しゅぞく【種族】 a tribe ［トゥライブ］; (生物の) a race ［レイス］

し

しゅだい【主題】 the subject［サブヂェクト］;（小説・音楽などの）the theme［すィーム］（♦発音注意）

主題歌 a theme song

しゅだん【手段】 a means［ミーンズ］（複数 means）, a resort［リゾート］

▸交通手段
a **means** of transportation

ことわざ **目的のためには手段を選ばず.**
The end justifies the means.（♦「目的は手段を正当化する」という意味）

▸最後の手段として as a last **resort**

しゅちょう【主張】 a claim［クれイム］, insistence［インスィステンス］

主張する
insist《on [upon] ...》［インスィスト］

▸ピートはボールがアウトだった**と主張している**. Pete **insists** (that) the ball was outside.

しゅつえん【出演】
(an) appearance［アピアランス］

出演する appear［アピア］

▸きのうわたしの姉がテレビに**出演した**.
My sister **appeared** on TV yesterday.

出演者 a performer［パふォーマ］;（全体として）the cast［キぁスト］

出演料 a performance fee

しゅつがん【出願する】 apply［アプライ］, make* an application;（願書を送る）send* an application《to ...》

しゅっきん【出勤する】
go* to work, go to one's office

しゅっけつ¹【出血】
bleeding［ブリーディング］

出血する bleed*

しゅっけつ²【出欠をとる】
take* attendance [a roll-call]

じゅつご【述語】
〖文法〗a predicate［プレディケット］

しゅっこう¹【出航する】
（船が）sail《from ...》［セイる］,
set* sail《for ...》

しゅっこう²【出港する】
leave* (a port)

しゅっこく【出国】
an exit from a country

出国する leave* a country

出国手続き the departure formalities

しゅっさん【出産する】
give* birth to ... ➡ **うむ¹**

しゅつじょう【出場する】
take* part in ..., participate《in ...》［パーティスィペイト］

▸校内水泳大会に**出場する**
take part in a school swim meet

出場校 a participating school

出場者
a participant［パーティスィパント］

◆しゅっしん【出身】

出身である（土地）**come* from ..., be* from ...**;（学校）**graduate from ...**［グラぁヂュエイト］

ダイアログ　質問する・説明する
A: あなたはどちらの**出身**ですか？
Where do you **come from**? / Where **are** you **from**?
B: 東京です. I **come from** Tokyo. / **I'm from** Tokyo.（♦出身地は現在形を用いて言う）

▸父は慶應大学**出身です**. My father **graduated from** Keio University.

出身校 one's alma mater［あるマ マータ］（♦「養母」の意味のラテン語から）

出身地
one's home, one's hometown

しゅっせ【出世】（人生における）success in life;（会社などでの）promotion［プロモウシャン］

出世する
succeed in life; be* promoted

しゅっせい【出生】 (a) birth［バ～す］

出生率 a birthrate［バ～すレイト］

▸日本の**出生率**は低下している. The **birthrate** in Japan is declining.

◆しゅっせき【出席】

(an) attendance［アテンダンス］,
presence［プレズンス］
（対義語「欠席」(an) absence）

出席する **attend**;（出席している）**be* present**《at ...》（対義語「欠席している」be absent）

▸ミーティングには必ず**出席する**ように.
Be sure to **attend** [**be present at**] the meeting.

▸そのとき彼女はパーティーに**出席していた**. At that time she **was attending** a party.

▸先生は8時半ぴったりに**出席をとり**ま

す. Our teacher **calls the roll** at 8:30 sharp.
出席者 a person (who is) present; (全体をまとめて) attendance
出席簿 a roll book

しゅっちょう【出張】
a business trip [ビズネス トゥリップ]
出張する go* on a business trip 《to ...》, go to ... on business
▸母は札幌へ出張した.
My mother **went on a business trip to** Sapporo.

⁺しゅっぱつ【出発】
starting, departure [ディパーチャ]
(対義語「到着(とうちゃく)」arrival)
出発する **start** [スタート], **leave*** [リーヴ], depart [ディパート]
▸出発はいつですか?
When will you start [leave]?
▸ポーラはボストンへ向けて出発した.
Paula **started [left]** for Boston.
▸船は横浜へ向けて神戸を出発した.
The ship **left [started** from / **departed** from] Kobe for Yokohama.
出発時刻 the departure time
出発点 the starting point
出発ロビー a departure lounge

> **ルール start と leave**
> 「(場所)を出発する」は《**start from** +場所》か《**leave** +場所》で表しますが, leave を用いるほうが一般的です. この場合の leave は他動詞なので, 前置詞はいりません.「(場所)へ向けて出発する」場合には, どちらも **for** が必要です.

しゅっぱん[1]【出版】
publication [パブりケイシャン]
出版する publish [パブりッシ]
▸彼女の小説は先月, 出版された.
Her novel was **published** last month.
出版社 a publishing company
出版物 a publication

しゅっぱん[2]【出帆する】
sail 《for ...》, set* sail 《for ...》

しゅっぴ【出費】
(an) expense [イクスペンス]
▸出費を切り詰(つ)める
cut down (on) **expenses**
▸今月は出費が多い. I have a big **expense** this month.

しゅっぴん【出品する】
exhibit [イグズィビット]

しゅと【首都】
a capital (city) [キぁピトゥる スィティ]
▸オーストラリアの首都はキャンベラです.
The **capital** of Australia is Canberra.
首都圏(けん) the metropolitan area; (東京の) the Tokyo metropolitan area

しゅどう【手動の】
manual [マぁニュアる]

しゅとして【主として】
mainly [メインり], largely [らーヂり]
▸その動物は主として山地に住んでいる.
The animal lives **mainly** in mountains.

ジュニア (年少者) a junior
[ヂューニャ] (対義語「年長者」a senior)
▸ハリー・コニック・ジュニア Harry Connick **Jr.** (♦Jr. は Junior の略; 〘米〙で父親と同じ名前の男子に用いる)
ジュニア選手権
a junior championship

しゅにん【主任】 a head [ヘッド], a chief [チーふ] (複数 chiefs)
▸大田先生が 2 年の学年主任だ. Mr. Ota is the **head** of the teachers for the second year students.

ジュネーヴ Geneva [ヂェニーヴァ]

シュノーケル a snorkel [スノークる]

しゅび【守備】 (守り) defense
[ディふェンス] (対義語「攻撃(こうげき)」 (an) attack, offense);
(野球の) fielding [ふィーるディンッ]
▸ヤンキーズは守備がいい.
The Yankees' **fielding** is good.
守備をする defend; (野球の) field; (ゴールを守る) guard [ガード]
守備側 the defense

しゅふ[1]【主婦】 a homemaker
[ホウムメイカ], a housewife [ハウスワイふ]
(複数 housewives)

しゅふ[2]【首府】 a capital (city)
➡ しゅと

⁺しゅみ【趣味】
❶〘楽しみ〙a **hobby** [ハビ];
(気晴らし) a pastime [パぁスタイム]
➡ 巻頭カラー 英語発信辞典⑥

ダイアログ　**質問する・説明する**

A:あなたの**趣味**は何ですか？
What are your **hobbies**? / What **hobbies** do you have?
B:古いコインを集めることです.
My **hobby** is collecting old coins.

参考 音楽鑑賞(かんしょう)は hobby？

hobby はふつう専門的知識や技術がないとできないものを指します. 芸術的な活動をしたり, 自分で物を集めたり, 物を作ったりすることが **hobby** です.
読書, 音楽鑑賞, 映画鑑賞, スポーツなどはふつう hobby ではなく, **pastime** と言います.

❷〚好み〛**taste**［テイスト］
▸サンドラは着る物の**趣味**がいい. Sandra shows [has] good **taste** in clothes.
▸ラップはわたしの**趣味**じゃない.
Rap music isn't to my **taste**.

じゅみょう【寿命】
a life (span)［らイふ スパぁン］;
(物の) lifetime［らイふタイム］
▸日本人の平均**寿命**は 80 歳(さい)を超(こ)えている. The average **life span** of Japanese people is more than eighty years.
▸カメは**寿命**が長い.
Turtles have long **lives**.
▸テレビの**寿命** the **lifetime** of a TV

しゅもく【種目】(競技の) an event
▸きみはどの**種目**に出るの？
Which **event** are you entered in?

じゅもん【呪文】 a spell［スペる］

しゅやく【主役】 the lead［リード］, the leading part, the leading role
▸ローラは今度の芝居(しばい)で**主役**を演じる.
Laura will play **the lead** [**leading part**] in the next play.

じゅよ【授与する】 award［アウォード］, present［プリゼント］
▸優勝者にトロフィーが**授与された**.
The winner **was awarded** [**presented**] a trophy.

しゅよう【主要な】 main［メイン］;
(大きくて重要な) major［メイチャ］
▸**主要**科目 the **main** subjects
▸彼らのコンサートは全国の**主要**都市で開催(かいさい)される. Their concerts will be held in **major** cities throughout the country.

じゅよう【需要】
(a) demand《for ...》［ディマぁンド］
▸**需要**と供給 supply and **demand**
▸**需要**を満たす meet a **demand**
▸スニーカーは**需要**が多い.
Sneakers are in great **demand**.

しゅりゅう【主流】
the mainstream［メインストゥリーム］

しゅりょう【狩猟】
hunting［ハンティング］;
(銃(じゅう)による) shooting［シューティング］

⁑しゅるい【種類】
a **kind**［カインド］, a sort［ソート］
▸新しい**種類**のバラ
a new **kind** of rose
▸あらゆる**種類**の鳥 birds of all **kinds** / all **kinds** of birds
▸どんな**種類**の果物(くだもの)が好きですか？
What **kind** of fruit do you like?
▸何**種類**のバラを育てているのですか？
How many **kinds** of roses do you grow?

ルール「…の種類の～」

1「この種類の花々」は this kind of flowers とも flowers of this kind とも言えます.
2 kind of に続く名詞には, ふつう a, an や the をつけません.
3 複数の物について言うときは, ふつう of の後の名詞を複数形に, 2 種類以上の場合は kind も複数形にします.
(例) たくさんの種類の花があります.
There are many *kinds of* flowers. / There are flowers *of* many *kinds*.

シュロ〚植物〛a hemp palm (tree)

しゅわ【手話】
sign language［サイン らぁングウィッヂ］
▸**手話**で話す
use [talk in] **sign language**

じゅわき【受話器】
a receiver［リスィーヴァ］
▸**受話器**を取る pick up a **receiver**
(◆「置く」なら hang up)

しゅわん【手腕のある】
able［エイブる］, capable［ケイパブる］

⁂じゅん[1]【順】(順序) **order**［オーダ］;
(順番) a **turn**［タ～ン］

▸アルファベット順に　in alphabetical **order** / alphabetically
▸先着順に　in **order** of arrival / on a first-come, first-served basis
▸番号順に　in numeric(al) **order**
▸背の順に並びなさい.
Line up in **order** of height.

じゅん^2 **【純な】** pure [ピュア]
純愛　pure love
純金　pure gold

じゅんい【順位】 ranking [ラぁンキング]

じゅんえん【順延】
▸遠足は**雨天順延**(→次の晴れの日まで延期)です.
If it rains, the outing **will be put off till the next clear day**.

しゅんかん【瞬間】 a moment [モウメント], an instant [インスタント]
▸その瞬間に
at that moment [instant]

じゅんかん【循環】
(a) circulation [サ～キュれイシャン]
▸血液の循環　the **circulation** of blood / blood **circulation**
循環する　circulate [サ～キュれイト]
▸血液は体内を循環する.　Blood **circulates** through the body.

じゅんきゅう【準急(列車)】
a semi-express train (♦これにあたるものは英米にはない)

じゅんけつ【純潔な】 pure [ピュア]

じゅんけっしょう【準決勝】 the semifinals [セミふァイヌるズ] (♦準決勝という段階を指す; 準決勝の1戦1戦を指すときは a semifinal (game) と言う)
▸準決勝に進む
reach **the semifinals**

じゅんし【巡視】
(a) patrol [パトゥロウる]
巡視する　patrol

じゅんじょ【順序】 order [オーダ]
➡ じゅん^1
順序正しく　systematically [スィステマぁティカり], in order
▸順序立てて説明してくれますか?
Will you explain it systematically [**in order**]?

じゅんじょう【純情な】 pure [ピュア]
▸ジェーンは純情な(→純な心の)女の子だ.
Jane is a girl with a **pure** heart.

じゅんしん【純真な】
innocent [イノセント]

じゅんすい【純粋な】
(混じり気のない) pure [ピュア];
(純真な) innocent [イノセント];
(本物の) genuine [ヂェニュイン]
純粋に　purely

じゅんちょう【順調な】
(よい) good*
▸順調なスタートを切る
make a **good** start
順調に　well*, all right
▸すべて順調に運んでいる.　Everything is going **well** [**all right**].

じゅんばん【順番】 a turn [タ～ン]
▸順番を待つ　wait (for) one's **turn**
▸美咲, 今度はきみの順番だよ.
Misaki, it's your **turn**.
順番に　in turn, by turns ➡ じゅん^1

◆じゅんび【準備】
preparation(s) [プレパレイシャン(ズ)]
➡ したく, ようい^1
準備する　prepare《for ...》, get* ready《for ...》[レディ] (♦「…する準備をする」なら《to ＋動詞の原形》を用いる)

ダイアログ　**質問する・説明する**
A: パーティーの準備はできた?　Have you **prepared for** the party?
B: うん. すべて準備できてるよ.
Yes. Everything is **ready**.

▸私たちは旅行に出かける準備をした.
We **prepared to** go on a trip.
準備体操　warm-up (exercise)
理科準備室　a preparation room for science classes

しゅんぶん【春分】 the vernal equinox [ヴァ～ヌる イークウィナックス], the spring equinox
春分の日　Vernal Equinox Day, the Spring Equinox

じゅんゆうしょう【準優勝】
second place

準優勝する take* second place; (準優勝者となる) be* the runner-up

じょい【女医】 a female doctor, a woman doctor (複数 women doctors)

しよう¹【使用】 use [ユース]

使用する use [ユーズ] ➡ **つかう**

▶使用済みの切手 a **used** stamp

▶**使用中** 〖掲示〗 **Occupied** (♦航空機内のトイレなどの掲示)

使用者 a user

使用法 how to use, directions

使用料 (a) rent [レント]

▶貸し自転車の**使用料**はいくらですか? How much [What] is the **rent** for a bicycle?

▲機内の「トイレ使用中」の表示

しよう²【私用】 (個人的な用事) private business [プライヴェット]; (私的な目的) (a) private purpose

▶彼女は**私用**で外出しています. She is out on **private business**.

私用の private

-しよう let's ... ➡ -(し)ましょう

-しようとして 《in an effort to ＋動詞の原形》

-しようとする 《try to ＋動詞の原形》

▶杏奈は一生懸命(けんめい)事情を説明しようとした. Anna **tried** hard **to** explain the situation.

しょう¹【賞】 a prize [プライズ] ➡ **じゅしょう**

▶1等賞 (the) first **prize**

▶残念賞 a consolation **prize**

▶直木賞 the Naoki **Prize**

しょう²【章】 a chapter [チぁプタ]

▶第2章 the second **chapter** / **Chapter** II (♦chapter two と読む)

しょう³【省】 (日本やイギリスの) a ministry [ミニストゥリ] ➡ **表**; (アメリカの) a department [ディパートメント]

-しょう will* ➡ -でしょう

じよう【滋養】 nutrition [ニュートゥリシャン] ➡ **えいよう**

じょう【条】 (条項(じょうこう)) an article [アーティクる]

▶日本国憲法第9条 **Article** 9 of the Japanese Constitution

-じょう【…畳】 mat [マぁット], *tatami*

▶8畳間 an eight-**mat** room / an eight-***tatami*** room

じょういん【上院】 the Upper House; 〖米〗 the Senate [セネット]; 〖英〗 the House of Lords

上院議員 a member of the Upper House; 〖米〗 a Senator; 〖英〗 a member of the House of Lords

じょうえい【上映する】 show* [ショウ], play

▶その映画は今, この劇場で**上映中です**. The movie **is showing** [**playing**] at this theater now.

◆日本の省と大臣

総務省	Ministry of Internal Affairs and Communications	農林水産省	Ministry of Agriculture, Forestry and Fisheries
法務省	Ministry of Justice	経済産業省	Ministry of Economy, Trade and Industry
外務省	Ministry of Foreign Affairs	国土交通省	Ministry of Land, Infrastructure, Transport and Tourism
財務省	Ministry of Finance	環境(かんきょう)省	Ministry of the Environment
文部科学省	Ministry of Education, Culture, Sports, Science and Technology	防衛省	Ministry of Defense
厚生(こうせい)労働省	Ministry of Health, Labour and Welfare	内閣府	Cabinet Office

総理大臣	Prime Minister	法務大臣	Minister of Justice
外務大臣	Minister for Foreign Affairs		

▶他の大臣は, すべて省の名前の Ministry を Minister (大臣) に置き換(か)えればよい.

▸近日上映 〘掲示〙**Coming Soon**

じょうえん【上演】
a performance［パふォーマンス］, a show［ショウ］
上演する （興行主が）present［プリゼント］;（演者が）perform［パふォーム］, put* on;（続けて上演される）run*
▸その芝居(しばい)は半年以上上演されている. The play has been **running** for more than six months.

しょうか¹【消化】
digestion［ダイヂェスチャン］
消化する digest
消化器官 digestive organs
消化不良 indigestion

しょうか²【消火する】
put* out the fire
消火器 a fire extinguisher
消火訓練 a fire drill
消火栓(せん)
a (fire) hydrant［ハイドゥラント］

ショウガ 〘植物〙ginger［ヂンヂャ］

じょうか【浄化する】
purify［ピュアリふァイ］
浄化槽(そう) a septic tank
浄化装置 a purifier

◆**しょうかい【紹介】**
introduction［イントゥロダクシャン］
➡ じこ²
紹介する **introduce**［イントゥロデュース］
▸彼はわたしを彼の妹に紹介した.
He **introduced** me to his sister.
▸この店はたくさんの雑誌で紹介されて(→推薦(すいせん)されて)いる.
This store has been recommended in a lot of magazines.
紹介状 a letter of introduction

しょうがい¹【障害】
（じゃま）an obstacle［アブスタクる］;（身体的・精神的な）a disability［ディサビりティ］
▸ヘレン・ケラーはいくつもの障害を克服(こくふく)した. Helen Keller overcame a lot of **disabilities**.
▸わたしの妹は**障害のある**子供たちに絵を教えている. My sister teaches painting to **disabled** children.
障害者 a disabled person［ディスエイブるド］;（全体として）the disabled
障害物競走 （運動会の）an obstacle race;（陸上競技の）a steeplechase

しょうがい²【生涯】 （一生）a life［らイふ］（複数 lives）, one's whole life
➡ いっしょう
▸彼女は幸福な生涯を送った.
She led [lived] a happy **life**.
生涯学習
lifelong learning, lifelong study
生涯教育 lifelong education

しょうがく【少額】
a small sum, a small amount
▸少額のお金
a **small sum [amount]** of money

しょうがくきん【奨学金】
a scholarship［スカらシップ］
▸わたしは奨学金をもらっている.
I am on (a) **scholarship**.

しょうがくせい【小学生】
〘米〙an elementary schoolchild［エれメンタリ スクーるチャイるド］（複数 elementary schoolchildren）, 〘英〙a primary schoolchild;（男）a schoolboy;（女）a schoolgirl

⁑**しょうがつ【正月】**
（新年）(the) New Year;（元日）New Year's Day;（時期）New Year's (time)

◆**しょうがっこう【小学校】**
〘米〙an elementary school［エれメンタリ スクーる］, 〘英〙a primary school［プライメリ スクーる］
▸妹の未央は北小学校に通っています.
My sister Mio goes to Kita **Elementary School**.

しょうがない It can't* be helped.
➡ しかた

しょうき【正気】 senses［センスィズ］, (right) mind;（狂気(きょうき)に対して）sanity［サぁニティ］;（意識）(a) consciousness［カンシャスネス］
▸あんなことをするなんて,彼は正気とは思えない.
I don't think he was in his **right mind** to do such a thing.
正気の sane［セイン］

✲**しょうぎ【将棋】**
shogi, Japanese chess
▸将棋を指す play **shogi**
将棋盤(ばん) a shogi board
将棋部 a shogi club

じょうき【蒸気】
steam［スティーム］, vapor［ヴェイパ］
蒸気機関車　a steam locomotive

じょうぎ【定規】 a ruler［ルーら］
▸三角定規　a triangle
（♦〖英〗では a set square と言う）

じょうきげん【上機嫌で】
in (a) good mood［ムード］,
cheerful［チアふる］

しょうきゃく【焼却する】
burn* up, incinerate［インスィネレイト］
焼却炉(ろ)　an incinerator

じょうきゃく【乗客】
a passenger［パぁセンヂャ］

しょうきゅう¹【昇給】
a (pay) raise, 〖英〗a (pay) rise

しょうきゅう²【昇級】
(a) promotion［プロモウシャン］
昇級する　be* promoted

じょうきゅう【上級の】
（程度が高い）advanced［アドヴぁンスト］
上級コース　an advanced course

じょうきゅうせい【上級生】 an older student［オウるダ ステューデント］
（対義語「下級生」a younger student）

しょうぎょう【商業】 commerce［カマ～ス］, business［ビズネス］
商業の　commercial［コマ～シャる］
▸商業の中心地　a center of **commerce** / a **commercial** center
商業高校　a commercial high school

じょうきょう¹【状況】 the state of things, circumstances［サ～カムスタぁンスィズ］, situation［スィチュエイシャン］
▸現在の状況では　in **the** present **state of things [situation]**
▸状況が変わった.
Circumstances have changed.

じょうきょう²【上京する】 go* (up) to Tokyo, come* (up) to Tokyo

しょうきょく【消極的な】（否定的な）negative［ネガティヴ］（対義語「積極的な」positive）;（受け身の）passive［パぁスィヴ］（対義語「積極的な」active）
▸彼はこの計画に対して消極的だ.
He is **negative** toward this plan.

しょうきん【賞金】
a prize (money)［プライズ（マニ）］
▸由香は作文コンクールで賞金を１万円もらった.　Yuka won [got] a **prize** of 10, 000 yen in the essay contest.

じょうくう【上空】 the sky［スカイ］
▸神戸上空を飛ぶ　fly **over Kobe**

じょうげ【上下に】 up and down
▸その選手は上下に飛びはねた.　The player jumped **up and down**.
上下関係　a pecking order
▸わたしのクラブは上下関係が厳しい.
My club has a strict **pecking order**.

じょうけい【情景】
a scene［スィーン］

しょうげき【衝撃】 a shock
➡ ショック

じょうけん【条件】
a condition［コンディシャン］
▸４日以内に返すという条件でカメラを借りた.　I borrowed a camera on the **condition** that I return it within four days.
▸無条件で
without any **condition(s)**

しょうこ【証拠】 proof［プルーふ］;
（法律用語）evidence［エヴィデンス］
▸確かな証拠　positive **proof**
▸イヴが花びんを壊(こわ)したという証拠はどこにもない.　There is no **evidence** that Eve broke the vase.

♦しょうご【正午】 noon［ヌーン］;
（12 時）twelve o'clock
▸正午に　at **noon**
▸正午の時報
the **twelve o'clock** time signal

じょうご a funnel［ふァヌる］

しょうこう【将校】
an officer［オーふィサ］

しょうこうぐち【昇降口】
an entrance［エントゥランス］;
（船の）a hatch［ハぁッチ］

しょうさい【詳細】
details［ディテイるズ］
詳細な　detailed
詳細に　in detail
▸彼はその計画を詳細に説明した.
He explained the plan **in detail**.

じょうざい【錠剤】
a tablet［タぁブれット］

しょうさん【称賛】 praise［プレイズ］;
（感嘆(かんたん)）admiration［あドミレイシャン］
称賛する　praise; admire［アドマイア］

✽しょうじ【障子】

a *shoji*, a sliding paper door

◆**しょうじき【正直】**
honesty［アネスティ］
正直な honest
▸サムは正直な男だ. Sam is an **honest** man. / Sam is **honest**.
正直に honestly;
（率直(そっちょく)に）frankly［ふラぁンクり］
▸正直に言って, アマンダが成功するとは思えない. **Frankly** speaking, I don't think Amanda will succeed.

じょうしき【常識】（分別）common sense［カモン センス］;（だれもが知っていること）common knowledge［ナれッヂ］（◆例えば「ゴミを投げ捨てない」は common sense,「パリはフランスの首都」は common knowledge）
▸あの男は常識がない.
That man has no **common sense**.
▸これは常識です. This is a matter of **common knowledge**.

しょうしゃ【商社】
（貿易会社）a trading company

じょうしゃ【乗車する】 get* on
（対義語「下車する」get off）➡ **のる¹**
乗車券 a ticket ➡ **きっぷ**
乗車賃 a fare

しょうしゅう【招集する】 call［コーる］
▸会を招集する **call** a meeting

じょうじゅん【上旬】（◆英米には, この区切りの習慣がない）
▸6月上旬に(→6月の早い時期に) early in June / at the beginning of June

しょうしょ【証書】（資格などを証明する文書）a certificate［サティふィケット］
卒業証書 a diploma［ディプろウマ］

◆**しょうじょ【少女】**
a **girl**［ガ～る］（対義語「少年」a boy）, a young girl, a little girl（◆girl は若い成人女性を指す場合があるので, 後の2つの言い方を用いることも多い）
少女雑誌 a girls' magazine, a magazine for girls
少女時代 girlhood［ガ～るフッド］

しょうしょう【少々】
（少量）a little;（少数）a few;（少しの間）a minute［ミニット］➡ **すこし**
▸少々お待ちください.
Wait **a minute**, please.

しょうじょう¹【賞状】
a certificate of merit

しょうじょう²【症状】
a symptom［スィンプトム］
▸彼にインフルエンザの症状が出た.
He showed the **symptoms** of influenza.

じょうしょう【上昇する】
rise*［ライズ］, go* up;
（増加する）increase［インクリース］

しょうしん【昇進】
(a) promotion［プロモウシャン］
昇進する be* promoted

◆**じょうず【上手な】** **good***［グッド］
（対義語「へたな」poor, bad）
上手に **well***
▸さくらはピアノがじょうずだ.
Sakura is **good** at (playing) the piano. / Sakura is a **good** pianist. / Sakura plays the piano **well**.
▸ジョージのほうがビルより歌はずっとじょうずだ. George sings much **better** than Bill.
▸クラスでだれがいちばん歌がじょうずですか? Who is **the best** singer in your class?

じょうすいき【浄水器】
a water purifier

じょうすいじょう【浄水場】
a water filtering plant

じょうすいどう【上水道】
waterworks［ウォータワ～クス］

しょうすう¹【小数】
a decimal［デスィマる］
小数点 a decimal point

> **参考 小数の読み方**
> 小数点を **point**［ポイント］と読み, 小数点以下の数字は1けたずつ読みます. 例えばマラソンの 42.195 km は, forty-two point one nine five kilometers です.

しょうすう²【少数】
a small number, a few［ふュー］
少数の a few ...,
a small number of ... ➡ **すこし**
▸展示会に来た人はごく少数だった.
Only **a few** people came to the exhibition.
少数意見 a minority opinion

じょうせい【情勢】 a situation［スィチュエイシャン］, affairs［アふェアズ］
▶世界情勢　the world **situation**

◆しょうせつ【小説】

(長編の) a novel［ナヴる］;
(短編の) a story［ストーリ］;
(全体をまとめて) fiction［ふィクシャン］
▶推理小説
a detective **story** / a mystery
▶短編小説　a short **story**
▶歴史小説　a historical **novel**
▶恋愛(れんあい)小説　a love **story**
小説家　a novelist

しょうせん【商船】
a merchant ship

じょうせん【乗船する】 go* aboard (a ship), go on board (a ship)

じょうぞう【醸造】
brewing［ブルーイング］
醸造する　brew

しょうぞうが【肖像画】
a portrait［ポートゥレット］

しょうそく【消息】
(知らせ) news［ニューズ］ ➡ **たより1**
▶ブライアンからは消息がありません.
I haven't had any **news** from Brian.

◆しょうたい1【招待】

(an) invitation［インヴィテイシャン］
招待する　**invite**［インヴァイト］
▶あすの誕生パーティーにご招待したいのですが.　I'd like to **invite** you to my birthday party tomorrow.
▶ご招待ありがとうございます.
Thank you for **inviting me** [your **invitation**].
招待客　an invited guest
招待券　a complimentary ticket［カンプりメンタリ ティケット］
招待状　an invitation (card)

しょうたい2【正体】(本当の姿) one's true character［キぁラクタ］,
(身元) one's identity［アイデンティティ］

◆じょうたい【状態】

a **condition**［コンディシャン］,
a **state**［ステイト］
▶精神状態　one's **state** of mind / one's mental **state**
▶愛子は試合ができる状態じゃない.
Aiko is in no **condition** to play.

しょうだく【承諾】 consent［コンセント］;(許可) permission［パミシャン］
承諾する　consent to ...; permit
▶父はわたしたちの旅行を承諾してくれた.
My father **consented to** our trip.

じょうたつ【上達】 improvement［インプルーヴメント］, progress［プラグレス］
上達する　improve［インプルーヴ］, make* progress
▶直人は将棋(しょうぎ)が上達した.　Naoto has **improved** [**made progress**] in shogi.

じょうだん【冗談】 a joke［ヂョウク］
冗談を言う
joke, make* a joke, tell* a joke, kid
▶ブラウン先生はよく授業中におもしろい冗談を言う.　Ms. Brown often **makes** funny **jokes** in class.
▶冗談です.　I'm **joking**. / I was only **joking**. / It's (just) a **joke**.
▶(軽く)冗談でしょ.　You are **joking**.
▶(本気で)冗談はよして！
Stop **joking**!
▶彼女は冗談が通じない(→ユーモアのセンスがない).
She has no sense of humor.

しょうち【承知する】(知っている) know*;(承諾(しょうだく)する) say* yes《to ...》;(許す) forgive*［ふォギヴ］
▶ご承知のように　as you **know**
▶今度こんなことをしたら承知しません.
If you ever do such a thing again, I'll never **forgive** you.

じょうちょ【情緒】(感情)(an) emotion［イモウシャン］;(雰囲気(ふんいき)) (an) atmosphere［あトゥモスふィア］
▶ここには昔の東京の情緒がまだ残っている.　The **atmosphere** of old Tokyo still remains here.
▶彼は最近, 情緒不安定だ.
He **is emotionally unstable these days**.

しょうちょう【象徴】
a symbol［スィンブる］
▶天皇は日本国の象徴だ.　The Emperor is the **symbol** of Japan.
象徴する　symbolize, stand* for ...
▶ハトは平和を象徴する.
A dove **symbolizes** peace.

象徴的な　symbolic

じょうでき【上出来】

ダイアログ　ほめる

A: これでどうかな？
What do you think about this?
B: **上出来！**
Good job! / Well done!

しょうてん[1]【商店】

a store［ストーア］, a shop［シャップ］➡ **みせ**

▸商店を経営する　run a **store**

商店街　a shopping street; (屋根のあるもの) a shopping mall

しょうてん[2]【焦点】

a focus［ふォウカス］➡ **ピント**

▸この写真は焦点が合っていない.
This picture is out of **focus**. (♦「焦点が合っている」は in focus で表す)

焦点を合わせる　focus《on ...》

▸わたしではなく彼女にカメラの焦点を合わせてね. You should **focus** the camera **on** her, not me.

しょうとう【消灯する】

turn off the light, switch off the light

消灯時刻　lights-out［らイツアウト］

しょうどう【衝動】

(an) impulse［インパるス］

衝動的な　impulsive［インパるスィヴ］

衝動的に　impulsively, on impulse

▸シャツを衝動買いする
buy a shirt **on impulse**

じょうとう【上等な】

good* in quality［クワりティ］, high-quality, excellent［エクセれント］

しょうどく【消毒】

disinfection［ディスィンふェクシャン］, sterilization［ステリりゼイシャン］

消毒する　disinfect, sterilize

消毒薬　(a) disinfectant

-しようとしている

《be* going to ＋動詞の原形》; (今にも)《be about to ＋動詞の原形》

▸こちらから電話しようとしていたときにきみから電話があった.
You called me just when I **was about to** call you.

-しようとする

《try to ＋動詞の原形》➡ **-しよう**

しょうとつ【衝突】

(乗り物の) a crash［クラぁッシ］

衝突する　crash, run* into ..., collide［コらイド］; (意見が) argue with ...

▸バスとトラックが正面衝突した.
A bus and a truck **crashed** [**collided**] head-on. / A bus **crashed** [**collided**] head-on with a truck.

▸車が門柱に衝突した.　A car **ran into** [**crashed**] a gatepost.

▸なんで彼ら２人はいつも意見が衝突するんだ？　Why do they always **argue with** each other?

しょうに【小児】

an infant［インふァント］, a little child

小児科医　a children's doctor, a pediatrician［ピーディアトゥりシャン］

しょうにゅうどう【鍾乳洞】

a limestone cave

しょうにん[1]【承認】

approval［アプルーヴる］

承認する　approve ➡ **みとめる**

▸委員会は市長の計画を承認しなかった.
The committee didn't **approve** the mayor's plan.

しょうにん[2]【商人】(貿易商など)

a merchant［マ～チャント］; (小売商)〖米〗a storekeeper［ストーアキーパ］, 〖英〗a shopkeeper［シャップキーパ］

しょうにん[3]【証人】

a witness［ウィットネス］

しょうにんずう【少人数】

a small number of people

▸少人数(→少数の)クラス　a small class

じょうねつ【情熱】

(a) passion［パぁシャン］

▸わたしたちは演劇に情熱を燃やしている.
We have a **passion** for drama.

情熱的な　passionate［パぁショネット］

情熱的に　passionately

˙しょうねん【少年】

a **boy**［ボイ］(対義語「少女」a girl)

▸少年は浜辺(はまべ)に出かけた.
The **boy** went to the beach.

▸父は少年時代,サッカーに夢中でした. My father was crazy about soccer when he was a **boy**.
▸**少年のような**笑顔(えがお) a **boyish** smile
少年犯罪 (a) juvenile crime［チューヴェナる クライム］;（少年非行）juvenile delinquency［ディリンクウェンスィ］

じょうば【乗馬】
(horseback) riding［ライディング］
乗馬クラブ a riding club

しょうはい【勝敗】（試合の結果）the result of a game, the result of a match（◆競走の場合は race, コンテストなら contest を用いる）
▸その得点が**勝敗を決した**(→試合を決めた). The goal **decided the game**.

しょうばい【商売】
（商(あきな)い）trade［トゥレイド］;
（経営している仕事）business［ビズネス］
▸ことしは商売がよくなかった. **Trade** hasn't been so good this year.
▸スマートフォンは父の商売道具の一つだ. The smartphone is one of my father's **business** tools.
商売をする
deal* in ...;（経営する）run*
▸おじは着物をあつかう商売をしている. My uncle **deals in** kimonos. /（→着物店を営んでいる）My uncle **runs** a kimono store.

しょうばつ【賞罰】
reward and punishment

じょうはつ【蒸発】
evaporation［イヴぁポレイシャン］
蒸発する evaporate［イヴぁポレイト］;（人が）disappear［ディスアピア］

じょうはんしん【上半身】
the upper part of one's body

しょうひ【消費】
consumption［コンサンプシャン］
消費する consume［コンスーム］
消費者 a consumer［コンスーマ］
消費税 (the) consumption tax
消費量 consumption

しょうひょう【商標】
a trademark［トゥレイドマーク］

しょうひん[1]【賞品】 a prize［プライズ］
▸テレビのクイズ番組に出てたくさん賞品をもらった. I won [got] a lot of **prizes** on the TV quiz show.

しょうひん[2]【商品】 goods［グッヅ］
商品券 a gift certificate
商品名 a trade name

じょうひん【上品】（上品さ）grace［グレイス］, elegance［エりガンス］
上品な graceful, elegant
▸上品な服装 **elegant** clothing
上品に gracefully, elegantly

ショウブ 〖植物〗a sweet flag, an iris［アイリス］

しょうぶ【勝負】（試合）a game［ゲイム］, a match［マぁッチ］➡ **しあい**
▸勝負に勝つ win a **game**
▸勝負に負ける lose a **game**
勝負する play (a game)《with ...》

> **ダイアログ** 　**挑戦(ちょうせん)する**
> *A:* きみと勝負しよう.
> I'll **play with** you.
> *B:* きみじゃ**勝負にならない**よ.
> You **are no match for me**.
> （◆「きみはわたしにかなわない」の意味）

勝負事 a game, a match;（かけ事）gambling

◆じょうぶ【丈夫な】
（健康な）**healthy**［へるすィ］;
（強い）**strong**［ストゥローング］
▸祖母はいたってじょうぶだ. My grandmother is quite **healthy**.
▸このかばんはとてもじょうぶだ. This bag is really **strong**.

しょうぶん【性分】 (a) nature ➡ **せいしつ**

しょうべん【小便】 urine［ユリン］
小便をする urinate［ユリネイト］
▸寝(ね)小便をする **wet one's bed**

じょうほ【譲歩】
(a) concession［コンセシャン］
譲歩する concede［コンスィード］;（歩み寄る）meet* a person halfway

しょうぼう【消防】
fire fighting［ふァイア ふァイティング］
消防士 a fire fighter, a fireman（複数 firemen）
消防自動車 a fire engine
消防署 a fire station

◆じょうほう【情報】
information［インふォメイシャン］（◆an をつけたり複数形にしたりしない; 数を示す場合は a piece of information など

の表現を使う);（ニュース）news
▸わたしはその地震(じん)についての情報を集めた. I collected **information** about the earthquake.
▸最新の情報 the latest **news**
情報化社会
an information-intensive society
情報技術 information technology
（◆IT と略す）
情報源 a source of information
情報産業 the information industry
情報網(もう) an information network

じょうみゃく【静脈】 a vein
［ヴェイン］（対義語「動脈」an artery）

じょうむいん【乗務員】 a crew member［クルーメンバ］;（全体）a crew

しょうめい¹【証明】 proof
［プルーふ］;（論証）demonstration
［デモンストゥレイシャン］
証明する prove*［プルーヴ］, demonstrate［デモンストゥレイト］
▸彼女はわたしの無実を証明してくれた. She **proved** my innocence [that I am innocent].
証明書 a certificate［サティふィケット］
▸成績証明書
〘米〙a transcript,〘英〙a certificate

しょうめい²【照明】
lighting［らイティング］
照明係 a lighting technician

しょうめん【正面】
the front［ふラント］
▸ビルの正面 **the front** of a building
正面の front
正面に in front of ...
▸家の正面に公園がある. There is a park **in front of** my house.

しょうもう【消耗】（疲労(ひろう)）
exhaustion［イグゾースチャン］;
（消費）consumption［コンサンプシャン］
消耗する（使い果たす）exhaust［イグゾースト］;（消費する）consume［コンスーム］
消耗品 consumable goods

じょうやく【条約】
a treaty［トゥリーティ］
▸…と平和条約を結ぶ conclude [make] a peace **treaty** with ...

しょうゆ【しょう油】 soy sauce
［ソイソース］, soy（◆日本語から）
▸豆腐(とうふ)に少ししょうゆをかけた.
I poured a little **soy sauce** over [on] the tofu.

じょうようしゃ【乗用車】
a (passenger) car ➡ くるま, じどうしゃ

*しょうらい【将来】

the **future**［ふューチャ］
▸あなたは将来, 何になりたいですか?
What do you want to be in **the future**?
▸近い将来, 外国へ行くつもりです.
I'm going to go abroad in **the** near **future**.
▸美希はわたしたちに将来の夢を語った.
Miki told us her dreams for **the future**.
▸遠い将来(に) in **the** distant **future**
将来の future
将来性のある promising

しょうり【勝利】 (a) victory［ヴィクトゥリ］, a triumph［トゥライアンふ］
（対義語「敗北」(a) defeat）➡ **かち²**, **かつ**
勝利する win*
勝利者 a victor, a winner

じょうりく【上陸】
(a) landing［らぁンディング］
上陸する land《at [in, on] ...》
▸彼らは小さな島に上陸した.
They **landed on** a small island.

しょうりゃく【省略】
(an) omission［オウミッシャン］;（短縮）
(an) abbreviation［アブリーヴィエイシャン］
省略する omit;（短くする）shorten
［ショートゥン］➡ **りゃく**
▸July は Jul. と省略される.
"July" is **shortened** to "Jul."
▸詳細は省略した.
I **omitted** the details.

じょうりゅう¹【上流】
the upper stream
上流に up (the river)（対義語「下流に」down (the river));（上流に向かって）
upstream［アップストゥリーム］
▸この川の上流に滝(たき)がある. There is a waterfall **up this river**.
▸上流へ向かって進もう.
Let's go **upstream**.
上流階級 the upper class

じょうりゅう²【蒸留】
distillation［ディスティれイシャン］

しょうりょう【少量の】 a little
➡ **すこし**

し

じょうりょくじゅ【常緑樹】
an evergreen (tree)

しょうれい【奨励】
encouragement［インカ～リヂメント］
奨励する encourage

じょうろ
a watering can［ワタリング キぁン］

ショー a show［ショウ］
▸ファッションショー a fashion **show**
▸モーターショー
a car **show**,〖英〗an auto **show**

じょおう【女王】 a queen
［クウィーン］(対義語「王」a king)
女王バチ a queen bee

ショーウインドー a show window

ジョーカー
(トランプの) a joker［ヂョウカ］

ジョーク a joke ➡ **じょうだん**
ジョークを言う
joke, make* a joke, tell* a joke, kid

ショート〖野球〗
a short(stop)［ショート(スタップ)］

ショートカット (髪型(かみがた))
a short haircut; (コンピュータ)
a shortcut［ショートカット］

ショートケーキ
▸イチゴのショートケーキ
sponge cake with strawberries and whipped cream
(♦英語のshortcakeは,〖米〗ではショートニングを加えてさくさくさせた台に果物(くだもの)やクリームを載(の)せたもの,〖英〗では一種のビスケットを指す)

ショートステイ respite care［レスピット ケア］, a brief stay in a welfare facility (♦短期間の入所生活介護(かいご))

ショートパンツ shorts［ショーツ］

ショール a shawl［ショーる］

しょか【初夏】 early summer
▸初夏に in (the) **early summer** / **early** in (the) **summer**

しょき¹【初期】 the beginning
［ビギニング］, the early days
初期の early［ア～り］
▸ピカソの初期の作品
Picasso's **early** works
▸江戸時代の初期に
early in the *Edo* period / at **the beginning** of the *Edo* period
▸16世紀の初期に
in the **early** sixteenth century

初期化する initialize［イニシャらイズ］, format［ふォーマぁット］

しょき²【書記】
(会などの) a secretary［セクレテリ］;
(官庁の) a clerk［クら～ク］

しょきゅう【初級の】 (入門の)
introductory［イントゥロダクトリ］;
(初歩の) elementary［エれメンタリ］;
(初心者の) beginners'［ビギナズ］
▸わたしは英語の初級クラスにいる. I'm in the **beginners'** English class.
▸初級コース an **introductory** [**elementary**] course

ジョギング jogging［ヂャギング］
ジョギングをする jog［ヂャグ］

しょく【職】 a job
➡ **しごと, しょくぎょう**

しょくいく【食育】
food and nutrition education［ふードアン(ド) ニュートゥリシャン エヂュケイシャン］

しょくいん【職員】
(1人) a staff member;
(全体をまとめて) the staff［スタぁふ］
職員会議 (学校の) a teachers' meeting
職員室 (学校の) a teachers' room, a staff room

しょくえん【食塩】 salt ➡ **しお¹**
食塩水 (a) saline solution
［セイりーン ソるーシャン］
(♦salt waterは「塩水」「海水」の意味)

・しょくぎょう【職業】
a **job**［ヂャブ］, an occupation［アキュペイシャン］; (医師などの専門的な) a profession［プロふェシャン］
➡ **しごと, 巻頭カラー 英語発信辞典⑮**

ダイアログ 質問する
A: あなたのご職業は何ですか？
What is your **occupation** [**job**]?
(♦What do you do? も職業を聞くカジュアルな表現)
B: 数学の教師です.
I'm a math teacher.

▸わたしたちのクラスはスーパーで**職業体験をした**. Our class **experienced working** at a supermarket.
職業病 an occupational disease

しょくご【食後に】 after a meal
▸毎食後, 1錠(じょう)ずつ服用のこと.
Take one tablet **after** each **meal**.

しょくじ【食事】 a **meal** ［ミーる］
▸軽い食事　a light **meal**
▸十分な食事　a full **meal**
▸(朝食で)食事の用意ができました. Breakfast is ready. (♦昼食なら lunch, 夕食なら dinner か supper を用いる)
▸今晩, 食事にご招待したいのですが. I'd like to invite you to dinner this evening.
食事をする　have* a meal, eat*
▸ごめんなさい, 今, 食事中なのです. I'm sorry, (but) I'm **eating** now.
▸たまには外で食事したいです. I want to **eat** out for a change. (♦ for a change は「気分を変えて」の意味)
食事制限　a diet ［ダイエット］
▸食事制限をする　go on a **diet**

しょくたく【食卓】 a (dining) table
▸食卓の用意をする　set [lay] the **table**
▸食卓につく　sit down at the **table**
▸食卓を片づける　clear the **table**

しょくちゅうどく【食中毒】
food poisoning ［ふード ポイズニング］
▸食中毒にかかる
get **food poisoning**

しょくどう【食堂】
(家庭などの) a **dining room** ［ダイニング ルーム］; (学校や工場の) a lunchroom; (レストラン) a **restaurant** ［レストラント］; (セルフサービスの) a cafeteria ［キぁふェティリア］
食堂車　a dining car

しょくにん【職人】
a craftsperson ［クラぁふツパ〜スン］ (複数 craftspeople), a craftsman ［クラぁふツマン］ (複数 craftsmen) (♦女性は a craftswoman)
職人芸　craftsmanship

しょくパン【食パン】 bread ［ブレッド］
▸食パン1斤(きん)　a loaf of **bread**

しょくひ【食費】
food expenses ［イクスペンスィズ］

しょくひん【食品】
food(s) ［ふード, ふーヅ］
▸インスタント食品　instant **food**
▸加工食品　processed **food**
食品添加(てんか)物
a food additive ［あディティヴ］

しょくぶつ【植物】
a **plant** ［プらぁント］
▸観葉植物　a decorative **plant** ［デコラティヴ］, a foliage **plant** ［ふォウリエッヂ］
▸熱帯植物　a tropical **plant**
▸動植物　**plants** and animals (♦日本語の語順と逆になることに注意)
植物園　a botanical garden
植物学　botany
植物学者　a botanist
植物油　vegetable oil

しょくみんち【植民地】
a colony ［カらニ］

しょくむ【職務】
(a) duty ［デューティ］, work ［ワ〜ク］

しょくもつ【食物】 food ➡ **たべもの**

しょくよう【食用の】
edible ［エディブる］
食用油　cooking oil

しょくよく【食欲】
(an) appetite ［あペタイト］
▸けさは食欲がない. I have no [a poor] **appetite** this morning. (♦「食欲がある」なら a good appetite を用いる)
▸**食欲をそそる**におい
an **appetizing** smell

しょくりょう【食糧】 food ［ふード］
▸わたしたちには1週間分の食糧がある. We have a week's supply of **food**.
食糧危機　a food crisis
食糧問題　a food problem

しょくりょうひん【食料品】
foodstuffs ［ふードスタッふス］, food
食料品店
a grocery (store), a food store

しょくりん【植林】 afforestation ［アふォーレステイシャン］; (再植林) reforestation ［リーふォ(ー)レステイシャン］
植林する
plant trees 《in ...》; reforest

しょげる be* depressed ［ディプレスト］, be discouraged ［ディスカ〜レッヂド］

じょげん【助言】 advice ［アドヴァイス］
助言する　advise ［アドヴァイズ］
▸先生はわたしたちに, 気楽にやるようにと助言してくれた. Our teacher **advised** us to take it easy.

じょこう【徐行する】
go* slowly ［スろウり］, go slow
徐行　〘掲示〙 Slow (Down) / Go Slow

◀「徐行.子供に注意」という標識.

しょさい【書斎】 a study［スタディ］.

じょさんし【助産師】 a midwife［ミッドワイふ］(複数 midwives)

◆じょし【女子】
(女の子) a **girl**［ガ～る］(対義語「男子」a boy); (成人した女性) a **woman**［ウマン］(複数 women) (対義語「男性」a man)
女子校 a girls' school
女子高校 a girls' high school
女子高生 a female high school student
女子大学 a women's university, a women's college
女子生徒 a girl student
女子トイレ 〖米〗the ladies' room, 〖英〗the ladies

じょしゅ【助手】
an assistant［アスィスタント］
助手席 the seat next to the driver, a passenger('s) seat

しょしゅう【初秋】
〖米〗early fall, early autumn
▸初秋に in (the) **early fall [autumn]** / **early** in (the) **fall [autumn]**

しょしゅん【初春】 early spring
▸初春に in (the) **early spring** / **early** in (the) **spring**

しょじょ【処女】 a virgin［ヴァ～ヂン］

じょじょに【徐々に】 gradually［グラぁヂュアり］, little by little ➡ ***だんだん***

しょしんしゃ【初心者】
a beginner［ビギナ］
▸カーリングの初心者 a **beginner** curler
▸初心者コース a **beginners'** course

◆じょせい【女性】 a **woman**［ウマン］
(複数 women) (対義語「男性」a man); (性別を強調して) a female［ふィーメイる］(対義語「男性」a male)
▸わたしは活動的な女性にあこがれる. I admire active **women**.
女性の woman, female
女性的な feminine［ふェミニン］, womanly

しょせき【書籍】 a book［ブック］
➡ **ほん**
▸電子書籍 an e-**book**

じょせつ【除雪する】
remove snow《from ...》
除雪車 a snowplow［スノウプらウ］

じょそうざい【除草剤】 a herbicide［ハ～ビサイド］, a weed killer

しょぞく【所属する】
belong《to ...》［ビろーング］
▸わたしは美術部に所属しています. I **belong to** the art club.

しょたいめん【初対面】
▸スーとは初対面でしたが, すぐに親しくなりました. **It was the first time I met** Sue, but I made friends with her at once.

しょち【処置】 (方策) measures［メジャズ］; (治療(ちりょう)) (a) treatment［トゥリートメント］
処置する (あつかう) deal* with ...［ディーる］; (対策をとる) take* measures《against [toward] ...》; (手当てする) give* (a) treatment, treat
▸けが人に応急処置をする **give** first aid [first-aid **treatment**] to the injured

しょちゅうみまい【暑中見舞い】
a summer greeting card, a letter of summer greetings (◆海外では暑中見舞いを出す習慣がない国が多い)

しょっかく【触覚】
the sense of touch

しょっき【食器】 the dishes［ディッシズ］; (全体をまとめて) tableware［テイブるウェア］
食器洗い機 a dishwasher［ディッシワッシャ］
食器棚(だな) a cupboard［カバド］

ジョッキ a beer mug［マッグ］

ショッキング【ショッキングな】
shocking［シャッキング］

ショック (a) shock［シャック］
▸ケリーの事故はわたしにとってショックだった. Kelly's accident was a **shock** to me.

しょっちゅう often ➡ **よく**[1]

ショット a shot［シャット］
▸ナイスショット！
Good **shot**! / Fine [Beautiful] **shot**!（◆「ナイスショット」は和製英語）
しょっぱい salty
ショッピング shopping ➡ **かいもの**
ショッピングカート 〘米〙 a (shopping) cart, 〘英〙 a (shopping) trolley
ショッピングセンター
a shopping center
しょてん【書店】
〘米〙 a bookstore［ブックストーア］,
〘英〙 a bookshop［ブックシャップ］
しょとう¹【初冬】 early winter
▸初冬に in (the) **early winter** / **early** in (the) **winter**
しょとう²【初等の】 elementary［エれメンタリ］, primary［プライメリ］
初等科 an elementary course
初等教育 elementary education, primary education
しょとう³【諸島】 islands［アイらンヅ］
▸ハワイ諸島 the Hawaiian **Islands**
✽**しょどう【書道】** *shodo*, (Japanese) calligraphy［カりグラふィ］
書道部
a *shodo* club, a calligraphy club
じょどうし【助動詞】 〘文法〙
an auxiliary verb［オーグズィりアリヴァ～ブ］（◆aux., auxil., aux. v., auxil. v. と略す）, a helping verb
しょとく【所得】 (an) income［インカム］➡ **しゅうにゅう**
所得税 income tax
しょにち【初日】（芝居(しばい)などの）
the first day, the opening day
しょばつ【処罰】
(a) punishment［パニッシメント］
処罰する punish
しょひょう【書評】 a book review
しょぶん【処分】（始末）disposal［ディスポウザる］;（処罰(しょばつ)）
(a) punishment［パニッシメント］
処分する dispose of ..., get* rid of ...; punish
▸がらくたを処分する
dispose [**get rid**] **of** trash
じょぶん【序文】
a preface［プレふィス］
しょほ【初歩】 the basics［ベイスィックス］, the ABC's［エイビースィーズ］
▸わたしは英語を初歩から勉強し直そうと思っている. I'm going to study English from **the basics** again.
初歩の, 初歩的な
elementary［エれメンタリ］
▸初歩的な質問
an **elementary** question
しょほうせん【処方箋】
a prescription［プリスクリプシャン］
しょみん【庶民】 (common) people
しょめい【署名】 a signature［スィグナチャ］（◆× sign とは言わない）
署名する sign［サイン］
▸ここに署名してください.
Please **sign** here.
署名運動 a signature-collecting campaign [drive]
じょめい【除名する】
expel［イクスぺる］
▸彼はそのクラブから除名された.
He was **expelled** from the club.
しょもつ【書物】 a book ➡ **ほん**
✽**じょやのかね【除夜の鐘】**
joyanokane, temple bells on New Year's Eve

日本紹介 大みそかの夜12時の直前に, お寺の鐘の音が聞こえます. 鐘は108回鳴ります. その1回1回が, わたしたちの煩悩(ぼんのう)を取り払(はら)ってくれます. この鐘を「除夜の鐘」と呼びます.
Just before midnight on New Year's Eve, we can hear the sound of the temple bell. The bell rings 108 times. Each time is to clear away our bad thoughts. We call it *joyanokane*.

しょゆう【所有】
possession［ポゼシャン］
所有する have*［ハぁヴ］, own［オウン］, possess［ポゼス］
所有者 an owner
▸このビルの所有者はだれ？ Who is the **owner** of this building? / Who **owns** this building?
所有物
one's property, one's belongings
じょゆう【女優】 an actress［あクトゥレス］（**対義語**「男優」an actor）
しょり【処理】（処分）disposal［ディスポウザる］;（取りあつかい）
management［マぁネヂメント］

し

処理する (処分する) dispose of ... [ディスポウズ]; (あつかう) deal* with ... [ディーる ウィず], handle [ハぁンドゥる]; (薬品などで) treat [トゥリート]; (データを) 〖コンピュータ〗 process [プラセス]

▸難問を処理する **deal with** [**handle**] difficult problems

じょりゅう【女流の】

woman [ウマン], female [ふィーメイる]

▸女流作家 a **woman** writer
(♦最近は, 職業に性別をつける表現は避(さ)ける傾向(けいこう)にある)

じょりょく【助力】 help [へるプ]

➡ たすけ

助力する help

しょるい【書類】 papers [ペイパズ], a document [ダキュメント]

ショルダーバッグ

a shoulder bag

しょんぼり【しょんぼりする】

be* depressed [ディプレスト], be dejected [ディヂェクティッド]

ダイアログ　描写する

A: どうしたの? しょんぼりして.
What's the matter? You look **depressed**.
B: 財布(さいふ)を落としたの.
I've lost my wallet.

しょんぼりと dejectedly

じらい【地雷】

a landmine [らぁンドマイン]

しらが【白髪】 (1本1本の)

a white hair, a gray hair; (全体として) white hair, silver hair

▸父の頭は**白髪まじり**だ.
My father's hair is **gray**.

シラカバ 〖植物〗 a white birch [バ〜チ]

しらける【白ける】

▸彼のへたな冗談(じょうだん)で**みんながしらけた** (→みんなをしらけさせた). His bad joke **turned everyone off**.

▸彼女は**しらけた顔で** (→無関心な様子で) わたしたちを見た. She looked at us **with indifference**.

しらじらしい【白々しい】

▸そんなしらじらしいうそをつかないでください.
Don't tell such transparent lies.
(♦この transparent [トゥラぁンスパぁレント] は「見えすいた」の意味)

じらす【焦らす】

▸**じらさないで**. 早く答えを教えて.
Don't keep me hanging (on). Give me the answer.

しらずしらず【知らず知らず】

▸**知らず知らずのうちに**英語が好きになった. I came to like English **without knowing it** [(→気づかぬうちに) **before I realized it**].

⁎しらせ【知らせ】

(ニュース) **news** [ニューズ]
(♦a をつけず, 単数あつかい)

▸いい**知らせ**があります.
I have some good **news**.

▸その**知らせ**にみんな大喜びです.
All of us are glad at that **news**.

⁎しらせる【知らせる】

(口頭・文書で) **tell*** [テる]; (手段を問わず) let*... know [ノウ], inform [インふォーム]

▸このこと, サラには**知らせた**のですか?
Have you **told** this to Sarah?

▸日にちが決まったら**知らせて**ください.
Please **let** me **know** the date when you fix it.

しらばくれる play dumb [ダム]

➡ とぼける

しらべ【調べ】 ❶〖検査〗

(an) examination [イグザぁミネイシャン], inspection [インスペクシャン]; 〖調査〗 (an) investigation [インヴェスティゲイシャン]

❷〖音楽の〗 a tune [テューン], a melody [メろディ]

⁎しらべる【調べる】

❶〖検査する〗 examine [イグザぁミン], inspect [インスペクト]; 〖調査する〗 investigate [インヴェスティゲイト], look into ...

▸空港でバッグを調べられた. My bags were **examined** at the airport.
▸警察はその事件を調べている. The police are **investigating** the case.
❷〘辞書などを引く〙
look up《in ...》, consult［コンサるト］
▸地図で調べてみよう.
Let's **consult** a map.

結びつくことば
…を詳しく調べる look into ..., check ... in detail
…を教科書で調べる look up ... in the textbook
原因を調べる investigate the cause
中身を調べる check the contents

シラミ 〘昆虫〙 a louse［らウス］（複数 lice［らイス］）
しらんかお【知らん顔をする】
ignore［イグノーア］
▸話しかけようとしたのに,由香は知らん顔をしていた. Yuka **ignored** me when I tried to talk to her.
しらんぷり【知らんぷりをする】
➡ しらんかお
しり【尻】 backsides［バぁックサイヅ］, hips［ヒップス］（♦腰(こし)かけるといすに触(ふ)れる部分を backsides または bottom［バタム］, 腰の左右に出っ張った部分を hips と言う）➡ こし(図)
▸母親は息子(むすこ)のおしりをたたいた.
The mother spanked her son on the **backsides** [**bottom**].
しりあい【知り合い】 a friend［ふレンド］, an acquaintance［アクウェインタンス］（♦後者は,特に親しくはない知人を言う）
知り合いである know*
▸あの女の子と知り合いなのですか?
Do you **know** that girl?
知り合いになる get* to know
▸どうやって彼女と知り合いになったのですか?
How did you **get to know** her?
しりあう【知り合う】 get* to know, meet*［ミート］➡ しりあい
▸わたしはパーティーで初めてイザベルと知り合った.
I first **met** Isabel at a party.
シリアル cereal［スィリアる］
シリーズ
a series［スィリーズ］（複数 series）
▸映画『ドラえもん』シリーズ第 40 作
the 40th film in the *Doraemon* **series**
しりごみ【尻込みする】
（ためらう）hesitate［ヘズィテイト］
じりじり(と) （ゆっくりと）slowly (but surely);（徐々(じょじょ)に）gradually［グラぁヂュアり］;（激しく照りつける様子）fiercely［ふィアスり］
▸じりじりと追い上げる
catch up **slowly but surely**
▸太陽がじりじりと照りつけていた.
The sun was burning **fiercely**.
しりぞく【退く】 （さがる）draw* back;（退職する）retire［リタイア］
しりつ¹【市立の】 city［スィティ］, municipal［ミューニスィプる］
▸市立中学に通う go to a **city** [**municipal**] junior high school
市立高校 a city high school, a municipal high school
市立病院 a city hospital, a municipal hospital
しりつ²【私立の】 private［プライヴェット］（対義語「公立の」public）
私立高校 a private high school
私立中学校
a private junior high school
じりつ【自立】
independence［インディペンデンス］
自立する become* independent《of ...》［インディペンデント］;
（自立している）be* independent
▸親から自立する **become independent of** one's parents
✽**しりとり【尻取り】** *shiritori*, Japanese word-chain game
しりゅう【支流】 a tributary［トゥリビュテリ］, a branch［ブラぁンチ］
しりょ【思慮】 prudence［プルーデンス］, thought［そート］
思慮深い prudent［プルーデント］, thoughtful［そートふる］

⁺しりょう¹【資料】

material(s)［マティリアるズ］, data［デイタ］（♦data は datum の複数形だが,現在では単数複数両方に用いる）
▸作文を書くための資料を集める
collect **material** for a composition
▸この資料によると,オゾン層は年々薄(うす)くなっている. This **data** shows

(that) the ozone layer is thinning year by year.(♦この thin は「薄くなる」という意味の動詞)

資料集
(本) a reference book, a data book
▸社会科の資料集 a **reference** [**data**] **book** for social studies

しりょう²【飼料】 food ➡ えさ

しりょく【視力】
eyesight [アイサイト], vision [ヴィジャン]
▸わたしは視力が弱い. I have poor **eyesight** [**vision**]. (♦「視力がよい」なら poor の代わりに good を用いる)
▸わたしは視力がさらに落ちた. My **eyesight** has gotten worse.
▸視力を失う lose one's **eyesight**

視力検査
an eye test, an eyesight test

⁑しる¹【知る】

❶ [知識がある] **know**
[知識を得る] **learn**
❷ [気がつく] **find; notice**
❸ [知り合いである] **know**

❶ **[知識がある] know*** [ノウ];
[知識を得る] learn* [ら〜ン]
▸ベンの電話番号を知っていますか? Do you **know** Ben's telephone number? (♦know は「知っている」という状態を表す語なので, 進行形にはしない)
▸わたしはジャックが日本生まれだということを知っている. I **know** (that) Jack was born in Japan.
▸雄太はそのゲームのやり方を知らなかった. Yuta didn't **know** how to play the game.

ダイアログ 質問する・説明する
A:次の電車がいつ到着(とうちゃく)するか知っていますか? Do you **know** when the next train will arrive?
B:すみません, 知りません. Sorry, but I don't **know**.

▸その事故はけさの新聞で知った. I **learned** [**knew**] **of** the accident from the paper this morning.

ルール **know**
直接ではなくうわさなどで「…を知っている」は **know of ...**, **know about ...** と言います.「…だということを知っている」は **know (that) ...** です.「見たり聞いたりして情報を得る」は **learn (of) ...** で表します.

❷ **[気がつく]**
(偶然(ぐうぜん)に・探して) **find*** [ふァインド];
(見たりして) notice [ノウティス]
▸デビーが日本にいないことをそのとき知った. I **found** then that Debbie was not in Japan.
▸わたしのすぐ後ろにいたのですね. 全然知りませんでした. You were just behind me. I didn't **notice** that.

❸ **[知り合いである] know***
▸あの男の子を知っていますか? Do you **know** that boy?

しる²【汁】 (吸い物) soup [スープ];
(果物(くだもの)・野菜などの) juice [ヂュース]

シルク silk [スィるク]
シルクロード the Silk Road

✽しるこ【汁粉】
shiruko, sweet red bean soup
日本紹介 汁粉は, 焼いたもちが入っている熱くて甘(あま)い汁です. 汁はあずきを使って作られます.
Shiruko is a hot sweet soup with grilled *mochi*, rice cake, in it. The soup is made with red beans.

しるし【印】 (目印) a mark [マーク];
(合図・証拠(しょうこ)) a token [トウクン]
▸これはわたしたちの友情の印だ. This is a **token** of our friendship.
▸矢印 an arrow

印をつける mark
▸×印をつける **mark** [put, place] a cross
▸大事な箇所(かしょ)に赤鉛筆(えんぴつ)で印をつけた. I **marked** the important points with a red pencil.

シルバーシート (優先席)
a priority seat [プライオーリティ スィート]

じれったい (いらいらする)
be* irritated [イリテイティッド]
▸翔太はいつもぐずぐずしていてじれったい. I'm always **irritated** by Shota's slowness.

しれん【試練】 a trial [トゥライアる], a test [テスト]

▸人生の様々な試練に耐(た)える
endure the **trials** of life

ジレンマ a dilemma［ディれマ］

◆**しろ[1]【白(い)】**
white［(ホ)ワイト］;（肌(はだ)が）fair［ふェア］
▸白いハンカチ
a **white** handkerchief
▸雪江は色が白い. Yukie has **fair** skin [a **fair** complexion].
白バイ a police motorcycle

しろ[2]【城】 a castle［キぁスる］

しろうと【素人】
（アマチュア）an amateur［あマチュア］;（専門外の人）a layperson［れイパ～スン］（複数 laypersons）

シロクマ【白熊】〘動物〙a polar bear［ポウら ベア］, a white bear

じろじろ【じろじろ見る】
stare《at ...》［ステア］
▸人の顔, じろじろ見ないで.
Don't **stare at** me.

しろみ【白身】（卵の）the white (of an egg);（魚の）white flesh

じろりと
▸その男はわたしを**じろりと見た**.
The man **glared at** me.

しわ【皺】 a wrinkle［リンクる］
▸祖母の手はしわだらけだ.
My grandmother's hands are covered with **wrinkles**.
▸このシャツはしわになりやすい.
This shirt wrinkles easily.（◆この wrinkle は「しわになる」の意味の動詞）

しん[1]【心, 芯】（果物(くだもの)などの）a core［コーア］;（鉛筆(えんぴつ)の）lead［れッド］;（ろうそく・ランプの）a wick［ウィック］
▸リンゴのしんまで食べてしまったの？
Have you eaten the apple down to the **core**?
▸鉛筆のしんが折れた.
The **lead** of my pencil broke.

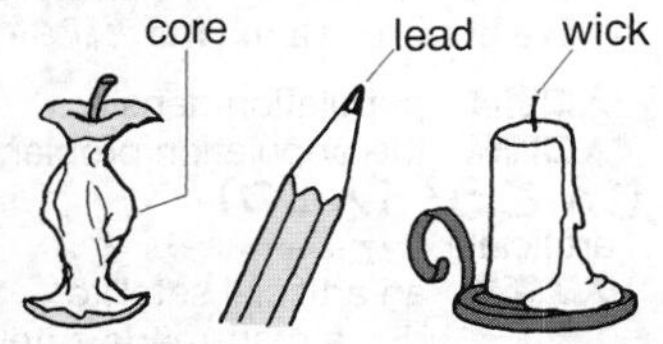

しん[2]【真の】
true［トゥルー］, real［リーアる］
▸真の優(やさ)しさ **true** kindness
▸真の理由 a **real** reason
真に truly, really

しん-【新…】 new ...
▸新学期 a **new** semester / a **new** (school) term
▸新製品 a **new** product
▸新曲 a **new** tune / a **new** song

人為的【人為的な】 human［ヒューマン］, artificial［アーティふィシャる］
▸人為的ミス **human** error
人為的に artificially

しんか[1]【進化】
evolution［エヴォるーシャン］
進化する evolve［イヴァるヴ］
進化論 the theory of evolution

しんか[2]【真価】
real worth, true value
▸真価を発揮する
show one's **real worth**

しんがく【進学する】
▸ほとんどの生徒が**高校進学**を希望している. Most of the students want to **go on to** [**enter**] **senior high school**.
進学校
a high school known for sending its graduates on to university

じんかく【人格】 (a) character［キぁラクタ］;（個性）(a) personality［パ～ソナぁりティ］
▸武田先生は人格者です. Ms. Takeda is a woman of fine **character**.
▸二重人格 (a) dual **personality**

しんがた【新型】 a new model, a new style
新型の new
▸新型のジェット機 a **new (model)** jet
▸最新型 **the latest model** [**style**]

しんかん【新刊の】 new［ニュー］
▸新刊図書
a **new** book / a **new** publication

しんかんせん【新幹線】
the Shinkansen
（◆the superexpress「超(ちょう)特急」または the bullet train「弾丸(だんがん)列車」などと説明するとよい）

しんぎ【審議する】 discuss［ディスカス］, deliberate［デリベレイト］

ジンギスカン

（料理）a dish of grilled mutton

しんきゅう【進級する】
be* promoted［プロモウティッド］, advance［アドヴぁンス］
▸わたしたちは今度の４月に３年に進級する. We will **advance** to third grade next April.

しんきろう a mirage［ミラージ］

しんきろく【新記録】
a new record［レカド］
▸新記録をつくる
set [make] a **new record**

しんきんかん【親近感をもつ】
feel* very close to ...
▸わたしはその先生に**親近感を覚えた**.
I **felt very close to** the teacher.

しんぐ【寝具】 bedding［ベディング］, bedclothes［ベッドクろウズ］

しんくう【真空】
a vacuum［ヴぁキュウム］
▸真空パックの漬(つ)け物
vacuum-packed pickles

ジンクス（◆英語の jinx は「縁起(えんぎ)の悪い人や物」という意味）
▸このチームは大阪では勝てない**というジンクスがある**（→一般に信じられている）. **It's common belief that** this team can't win in Osaka.

シングル（ホテルの）a single room
シングルベッド a single bed

シングルス《スポーツ》a singles［スィングるズ］（複数 singles）

しんけい【神経】 a nerve［ナ～ヴ］
神経の nervous［ナ～ヴァス］
神経質な nervous
▸妹は**神経質**です.
My sister is the **nervous** type.
神経痛 neuralgia［ニュラぁるヂャ］

しんげつ【新月】 a new moon

しんけん【真剣な】
serious［スィリアス］
▸真剣な顔で with a **serious** look
真剣に seriously

じんけん【人権】
human rights［ライツ］, personal rights
▸人権を守る defend **human rights**
▸基本的人権 basic **human rights**
人権宣言
the Declaration of Human Rights

しんげんち【震源地】 the area covering the epicenter［エピセンタ］

しんこう¹【進行】
（物事の）progress［プラグレス］
▸計画**は進行中だ**.
The plan **is now in progress**.
進行する make* progress;
（乗り物が）move［ムーヴ］

しんこう²【信仰】 faith［ふェイす］, (a) belief［ビりーふ］, (a) religion［リリヂョン］
▸信仰の自由 freedom of **religion**
信仰する believe in ... ➡ しんじる

◆しんごう【信号】
a **signal**［スィグヌる］;（交差点の）a (traffic) light［トゥラぁふィック らイト］
▸青信号になるまで待ちなさい.
Wait for the green **light**. /（→信号が青になるまで） Wait until the **light** turns green.（◆アメリカでは交通信号は赤…red, 黄…yellow, 青…green で表す）
▸手旗信号 a flag **signal**
▸信号を送る send a **signal**
信号灯 a signal light

◆じんこう¹【人口】
(a) **population**［パピュれイシャン］
▸この町は**人口が多い**. This city has a large **population**.（◆「少ない」なら large の代わりに small を用いる. many や few は用いない）
▸この町の**人口**が急に増えた.
The **population** of this town has increased rapidly.

> ダイアログ　**質問する**
> *A:*この市の**人口はどれくらい**ですか？
> What [How large] is the **population** of this city?
> *B:*50 万人以上です.
> It's more than 500,000.
> （◆人口をたずねるときは How many ...? とは言わない. なお,「500,000」は five hundred thousand と読む）

人口密度 population density
人口問題 the population problem

じんこう²【人工の】
artificial［アーティふィシャる］
人工衛星 an artificial satellite［サぁテらイト］, a man-made satellite
人工呼吸 artificial respiration

人工芝(しば) synthetic grass ［スィンセティック］, synthetic turf, 〖商標〗Astroturf ［あストゥロタ～ふ］
人工知能 artificial intelligence ［インテりヂェンス］(♦AI と略す)
人工林 an artificial forest

しんこきゅう【深呼吸】
deep breathing ［ブリーずィング］; (1 回の) a deep breath ［ブレす］
深呼吸する take* a deep breath, breathe deeply
▸深呼吸してごらん. そうすれば落ち着きますよ. **Breathe deeply**, and you'll calm down.

しんこく[1]【深刻な】
serious ［スィりアス］
▸深刻な顔をしているね.
You look **serious**.
深刻に seriously
▸あなたは物事を深刻に考えすぎる.
You take things too **seriously**.

しんこく[2]【申告する】
declare ［ディクれア］

しんこん【新婚の】
newly-married ［ニューりマぁリド］
▸彼らは**新婚ほやほやだ**(→結婚したばかりだ). They **have just married**.
新婚夫婦(ふうふ) a newly-married couple
新婚旅行 a honeymoon ［ハニムーン］
▸新婚旅行に行く
go on a **honeymoon**

しんさ【審査】(優劣(ゆうれつ)の)
a judgment ［ヂャッヂメント］; (検査) an examination ［イグザぁミネイシャン］
審査する judge; examine ［イグザぁミン］
審査員 a judge

しんさい【震災】 an earthquake (disaster) ［ア～すクウェイク］
▸震災にあう
suffer from an **earthquake**

しんさつ【診察】 a medical examination ［イグザぁミネイシャン］
診察する examine ［イグザぁミン］
▸診察を受ける(→医者に診(み)てもらう)
<u>see</u> [consult] a doctor
診察券 an appointment card
診察室 a consultation room

しんし【紳士】 a gentleman
［ヂェントゥるマン］(**複数** gentlemen)
紳士服 men's clothes, men's wear

しんしつ【寝室】
a bedroom ［ベッドルーム］

しんじつ【真実】 truth ［トゥルーす］
▸真実を明らかにする
reveal the **truth**
真実の true ［トゥルー］
▸その話はすべて真実である.
The whole story is **true**.

しんじゃ【信者】
a believer ［ビりーヴァ］

じんじゃ【神社】 a shrine ［シュライン］
▸神社にお参りする visit a **shrine**
▸日枝(ひえ)神社 Hie **Shrine**

ジンジャーエール
(a) ginger ale ［ヂンヂャ エイル］

しんじゅ【真珠】 a pearl ［パ～る］
▸真珠のネックレス a **pearl** necklace

じんしゅ【人種】 a race ［レイス］
人種(上)の racial ［レイシャる］
人種差別 racial discrimination ［ディスクりミネイシャン］, racism ［レイスィズム］
人種問題 racial problem(s), race problem(s)

しんしゅつ【進出する】
advance ［アドヴぁンス］
▸決勝に進出する
advance to the finals

◆しんじる【信じる】
believe ［ビりーヴ］; (存在・人柄(ひとがら)を) believe in ...; (信用する) trust ［トゥラスト］
▸**わたしの言うことを信じてください.**
Please **believe** me.
▸わたしはエドは誠実な人だと**信じています.** I **believe** (that) Ed is sincere.

ダイアログ **驚く**
A: ルークってヘビが大好きなんだって.
I hear Luke loves snakes.
B: ええ! 信じられない!
Oh, no! I can't **believe** it!

▸自分の目で確かめるまでは信じない.
I'll **believe** it when I see it.

(◆「見たら信じよう」という意味)

▸あなたは神を信じますか?
Do you **believe in** God? (◆「…を信仰(しんこう)する」の意味; 大文字の God は一神教の神を指す; 日本の神道(しんとう)のような多神教の神は a god または gods)

▸あなたを信じます.
I **believe in** you. / I **trust** you.

> **参考 「信じる」の言い方**
> **believe ...** は人のことばを「信じる」という意味. 神などの存在, 人がら, 物事の価値などを「信じる」ときは **believe in ...** とします. 人について believe in を用いると **trust**「信用する」と同じく「人格を信じる」という意味になります.

しんしん¹【心身】 mind and body
▸彼は**心身ともに**(→肉体的にも精神的にも)疲(つか)れていた. He was tired, **physically and mentally**.

しんしん²【新進の】
rising [ライズィング]; (有望な)
(young and) promising [プラミスィング]

しんじん【新人】 (新顔)
a newcomer [ニューカマ]; (芸能界の)
a new face; (野球界の) a rookie [ルキ]
▸新人歌手 a new singer
新人王 the best rookie of the year
新人戦 a rookie match

じんしんじこ【人身事故】 an accident with casualties (◆casualty [キぁジュアるティ]は「死傷者」の意味)

しんすい¹【浸水する】
be* flooded [ふらッディッド]

しんすい²【進水する】
be* launched [ろーンチト]
進水式 a launching ceremony

しんせい¹【申請する】
apply for ... [アプらイ]

しんせい²【神聖な】
sacred [セイクリッド], holy [ホウり]

◆じんせい【人生】
(a) **life** [らイふ] (複数 lives)
▸人生を楽しむ enjoy **life**
▸グリーン氏は幸福な人生を送った.
Ms. Green lived a happy **life**.
人生観 a view of life

しんせき【親せき】 a relative
➡ しんるい

シンセサイザー
〘楽器〙 a synthesizer [スィンセサイザ]

◆しんせつ¹【親切】
kindness [カインドネス]
▸**ご親切**, どうもありがとうございます.
Thank you very much for your **kindness**.
親切な **kind**, **nice** [ナイス]
▸親切な人 a **kind** person
▸アレックスはとても親切にしてくれています. Alex has been very **kind** [**nice**] to me.
親切に kindly
▸その女の人は**親切にも**わたしをここまで案内してくれました.
The woman was **kind** enough to lead me here. / The woman **kindly** led me here.

しんせつ²【新設の】
newly-established
[ニューり イスタぁブりッシト],
newly-founded [ふァウンディッド]
新設する establish, found
新設校 a newly-founded school

しんせん【新鮮な】 fresh [ふレッシ]
▸新鮮な果物(くだもの) **fresh** fruit
▸このカキは新鮮です.
These oysters are **fresh**.

しんぜん【親善】 friendship
[ふレン(ド)シップ], goodwill [グッドウィる]
▸国際**親善**を深める
promote international **friendship** [**goodwill**]
親善試合 a goodwill match

しんそう【真相】 (真実) the truth; (事実) the fact ➡ じじつ, しんじつ
▸真相を突(つ)き止める
find out **the truth**

しんぞう【心臓】 a heart [ハート]
▸宇野先生は心臓が悪い.
Mr. Uno has a weak **heart**. / Mr. Uno has **heart** trouble.
▸心臓がドキドキしている.
My **heart** is beating fast.
▸絵美は**心臓が弱い**(→気が小さい).
Emi **is shy**. / Emi **is nervous**.
▸太郎は**心臓が強い**(→神経が太い).
Taro **has a lot of nerve**.
心臓移植 a heart transplant
心臓病 a heart disease
心臓発作(ほっさ) a heart attack

心臓まひ　heart failure

じんぞう¹【じん臓】
a kidney［キドニ］

じんぞう²【人造の】 artificial ［アーティふィシャる］, man-made［マぁンメイド］

しんたい【身体】 a body［バディ］
➡ 巻頭カラー 英語発信辞典⑭

身体検査　a physical examination, a physical checkup
▸あした**身体検査**がある. I'll have a **physical examination** tomorrow.

身体障害者　a person with physical disabilities

身体測定　physical checkup

しんだい【寝台】（列車などの）
a berth［バ～す］;（ベッド）a bed

寝台車　a sleeping car, a sleeper

しんたいそう【新体操】 rhythmic gymnastics［リずミック ヂムナぁスティックス］

しんだん【診断】 (a) diagnosis ［ダイアグノウスィス］（複数 diagnoses）

診断する　diagnose［ダイアグノウズ］
▸医者は患者(かんじゃ)の病気をがんと**診断した**. The doctor **diagnosed** the patient's illness as cancer.

診断書　a medical certificate

しんちく【新築する】 build*［ビるド］
▸**新築の**家　a **new** house / a newly-built house

しんちゅう【真ちゅう】
brass［ブラぁス］

◆**しんちょう¹【身長】**
height［ハイト］➡ せ, せい¹
▸**身長**を測る　measure one's **height**
▸わたしの**身長は** 165 センチ**です**. **I'm** 165 centimeters (**tall**).（◆165 は a hundred (and) sixty-five と読む）
▸この１年で**身長が** 7 センチ**伸**(の)**びた**. I **grew** seven centimeters (**taller**) this year.

しんちょう²【慎重な】
careful［ケアふる］

慎重に　carefully
▸姉はいつも**慎重に**運転する. My sister always drives **carefully**.

しんてん¹【進展する】 develop ［ディヴェろプ］, progress［プログレス］

しんてん²【親展】（手紙の注意書き）
Confidential［カンふィデンシャる］,
Personal［パ～ソヌる］

しんと
▸町は**しんと静まり返っていた**(→まったくの静寂(せいじゃく)があった). **There was complete silence** in the city.

しんど【震度】 (seismic) intensity ［(サイズミック) インテンスィティ］
▸けさの地震は震度 4(→日本の階級で強度4)でした. The **intensity** of the earthquake this morning was four on the Japanese scale.

じんと
▸彼女のことばが**胸にじんときた**(→深く感動した). **I was deeply touched** by her words.

しんどう【震動・振動】
(a) vibration［ヴァイブレイシャン］;
（振(ふ)り子などの）a swing［スウィング］

震動する・振動する　vibrate［ヴァイブレイト］, shake*［シェイク］; swing*

しんにゅう【侵入】（押(お)し入ること）(an) intrusion［イントゥルージャン］;
（侵略）(an) invasion［インヴェイジャン］

侵入する　intrude［イントゥルード］, break* into; invade［インヴェイド］

侵入者　an intruder, an invader

しんにゅうせい【新入生】
a new student, a new pupil;
（高校・大学の）a freshman［ふレッシマン］（複数 freshmen）

しんにん【新任の】 new［ニュー］

しんねん¹【新年】 a new year［イア］
▸**新年**を迎(むか)える
greet the **New Year**
▸（書面で）**新年**おめでとう.
Happy **New Year**! / I wish you a Happy **New Year**.

新年会　a New Year's party

しんねん²【信念】
(a) belief［ビりーふ］, faith［ふェイす］

◆**しんぱい【心配】**
（不安）anxiety［あングザイアティ］;（悩(なや)み）**worry**［ワ～リ］（◆「心配事」の意味では, a がついたり複数形になったりする）
▸ジェームズは両親の**心配の種**です.
James is a **worry** to his parents.

心配する　be* anxious《about ...》［あンクシャス］, be worried《about ...》, worry《about ...》, be afraid《of ...》［アふレイド］
▸あなたが病気だと聞いて, とても**心配しま**

した. I heard about your sickness. I **was** very **worried about** you.
▸**心配**しないで. Don't **worry**.
▸彼は犬が死ぬのではないかと**心配した**. He **was afraid** (that) his dog might die.
▸由美は**心配そうな**表情を浮(う)かべていた. Yumi had an **anxious** look on her face.
▸彼は**心配性**だ. He is a worrier.
(♦worrier は「心配性の人」の意味)

結びつくことば
心配ごとが多い have a lot to worry about
心配を解消する relieve concerns
体を心配する worry about one's health
将来を心配する worry about one's future
…を本気で心配する really worry about ...

シンバル 〖楽器〗 cymbals [スィンバるズ] (♦ふつう複数形で用いる)

しんぱん【審判】 (事件などの) judgment [ヂャッヂメント]; (審判員) an umpire [アンパイア], a referee [レふェリー], a judge [ヂャッヂ]
審判をする
act as umpire [referee, judge]

参考 「審判」と種目
審判を表す英語は, 種目によって異なります. **an umpire**: 野球, テニス, バドミントン, バレーボールなど / **a referee**: ボクシング, バスケットボール, サッカーなど / **a judge**: コンテスト, 体操など.

しんぴ【神秘】
(a) mystery [ミステリ]
▸宇宙の**神秘**
the **mysteries** of the universe
神秘的な mysterious [ミスティリアス]

しんぴん【新品の】 new [ニュー], brand-new [ブラぁンドニュー]
▸**新品の**カメラ
a **(brand-)new** camera

しんぷ¹【神父】 a priest [プリースト], a father [ふァーざ]
▸ブラウン**神父** **Father** Brown

しんぷ²【新婦】 a bride [ブライド] (対義語 「新郎(しんろう)」bridegroom)

シンフォニー
〖音楽〗 a symphony [スィンふォニ]

じんぶつ【人物】 (人) a person [パ～スン]; (登場人物) a character [キぁラクタ]; (人格) character
人物画 a portrait [ポートゥレット]

♦**しんぶん【新聞】**
a **newspaper** [ニューズペイパ],
〖口語〗 a paper
▸きょうの**新聞**は読みましたか? Have you read today's **paper** yet?
▸きょうの**新聞**にわたしたちの町の記事が出ている. There's an article about our town in today's **paper**.
▸**新聞**にその事件のことが詳(くわ)しく出ている. The **paper** tells [speaks, reports] about the event in detail.
▸英字**新聞**
an English (language) **paper**
▸うちでは朝日**新聞**をとっています. We get [take] the Asahi (Shimbun).
(♦新聞名には the をつける)
新聞記事 a newspaper article, a news item [アイテム]
新聞記者 a newspaper reporter
新聞紙 newspaper
(♦「新聞紙1枚」と言うときは a piece [sheet] of newspaper とする)
新聞社 a newspaper company
新聞部 a newspaper club

▲セルフサービスの新聞スタンド

♦**しんぽ【進歩】** progress [プラグレス]
進歩する make* progress, progress [プログレス] (♦名詞とのアクセントのちがいに注意)
▸ピアノを習い始めて1年になるが, ちっとも**進歩しない**. I have studied piano for one year, but I haven't **made** any **progress**.
進歩的な progressive [プログレスィヴ]

しんぼう【辛抱】
patience [ペイシェンス]

しんぼうする be* patient《with [of] ...》, put* up with ...
しんぼう強い patient
しんぼう強く patiently
▸トムはナンシーが来るのを**しんぼう強く**待った. Tom **patiently** waited for Nancy to come.

じんぼう【人望】
popularity［パピュらぁリティ］
▸賢三はクラスで**人望がある**(→人気がある). Kenzo **is popular** in his class.

しんぼく【親睦】
friendship［ふレン(ド)シップ］
▸親睦を深める promote **friendship**
親睦会 a social (gathering)［ソウシャる(ギぁざリング)］,〖米口語〗a get-together

シンポジウム a symposium
［スィンポウズィアム］(♦発音注意)

シンボル a symbol ➡ しょうちょう
シンボルマーク a symbol;(会社・商標などの) a logo［ろウゴウ］(複数 logos)

しんまい【新米】(米) new rice;
(新人) a newcomer［ニューカマ］;
(初心者)a beginner［ビギナ］➡ しんじん

じんましん
(a) nettle rash, hives［ハイヴズ］
▸卵を食べたら**じんましん**が出た.
I got (a) **nettle rash** from eating an egg.

しんみ【親身】
▸彼女は**親身になって**(→共感して)わたしの話を聞いてくれた. She listened to me **sympathetically**.

しんみつ【親密な】close［クろウス］;
(仲のよい) friendly［ふレンドり］

じんみん【人民】
the people［ピープる］
▸人民の, 人民による, 人民のための政治
government of **the people**, by **the people**, for **the people**
(♦アメリカ第16代大統領リンカーンの演説の1節)

じんめい【人命】(a) (human) life
人命救助 lifesaving

しんや【深夜】
the middle of the night
深夜に late at night, in the middle of the night
▸深夜まで起きている
stay up **late at night**
▸深夜の2時に at two o'clock **in the middle of the night**
深夜バス a late bus
深夜番組
(テレビの) a midnight TV program
深夜放送(ラジオの)
a midnight radio program

しんやくせいしょ【新約聖書】
the New Testament［ニューテスタメント］

しんゆう【親友】 a good friend
［ふレンド］(♦仲のよい度合いに応じて close「親密な」, best「いちばんの」, true「真の」などを使い分ける)
▸優太君は**親友**だ.
Yuta is a **close friend** of mine.

しんよう【信用】 trust ➡ しんらい
信用する trust
信用できる
trustworthy［トゥラストワ～ずィ］
▸めぐみは**信用できる**.
Megumi is **trustworthy**.

しんらい【信頼】 trust［トゥラスト］
▸みんなの**信頼**を裏切らないように.
Don't betray everybody's **trust**.
信頼する trust《in ...》;(過去の経験などから) rely《on [upon] ...》［リらイ］, depend《on [upon] ...》［ディペンド］
▸先生を**信頼し**なさい.
Trust (in) your teacher.(♦in を用いると「頼(たよ)りきる」という意味になる)
▸わたしを**信頼して**いいですよ.
You can **depend on** me.
信頼できる reliable, trustworthy

しんり[1]【心理】 psychology［サイカらディ］;(心理状態) a state of mind
心理的な psychological［サイカらヂカる］
心理学 psychology
心理テスト a psychological test

しんり[2]【真理】(a) truth［トゥルーす］
▸真理を探求する search for **truth** / seek (after) **truth**

しんりゃく【侵略】
(an) invasion［インヴェイジャン］
侵略する invade［インヴェイド］

しんりょうじょ【診療所】
a clinic［クリニック］

しんりょく【新緑】
▸**新緑の季節**となりました.
Now it's **the season of fresh green leaves**.

じんりょく【人力】 human power

す

しんりん【森林】 a forest［ふォーレスト］, woods［ウッヅ］➡ もり

森林破壊(はかい) destruction of forests, deforestation［ディーふォ(ー)レステイシャン］

森林浴 a walk in the woods

▸森林浴をする
enjoy a **walk in the woods**

***しんるい【親類】**
a relative［レらティヴ］

▸美穂は遠い親類です. Miho is a distant **relative** of mine.

▸母方の親類が長野にいます.
I have **relatives** on my mother's side in Nagano.

じんるい【人類】（全体）humanity［ヒューマぁニティ］, mankind［マぁンカインド］, humankind［ヒューマンカインド］, the human race

▸人類の歴史 the history of **humanity** / human history

人類愛 love for humanity

人類学 anthropology［あンすロパろヂィ］

しんろ【進路】 a course［コース］

▸台風は進路を北東に変えた.
The typhoon changed its **course** to the northeast.

▸将来の進路を決める
decide one's future (**course**)

進路説明会 a counseling assembly to advise about students' future courses (of study)

しんろう【新郎】 a bridegroom［ブライドグルーム］(◆単に groom とも言う; 対義語「新婦」bride)

しんわ【神話】 a myth［ミす］;（全体をまとめて）mythology［ミさろヂ］

す ス

Q「彼女はスタイルがいい」は英語でどういう？
➡「スタイル」を見てみよう！

***す¹【巣】**（鳥・昆虫(こんちゅう)などの）a **nest**［ネスト］;（ハチの）a honeycomb［ハニコウム］;（クモの）a web［ウェッブ］

▸1羽の鳥が軒下(のきした)に巣を作っている.
A bird is making [building] a **nest** under the eaves.

巣箱 a birdhouse

す²【酢】 vinegar［ヴィネガ］

▸酢の物 a vinegared dish
(◆この vinegared は vinegar「…を酢に漬(つ)ける」の過去分詞)

ず【図】（本の中の説明の図）a figure［ふィギャ］;（挿絵(さしえ)など）an illustration［イらストゥレイシャン］;（線画）a drawing［ドゥローイング］

▸図2参照 See **Figure** 2

すあし【素足】 a bare foot ➡ **はだし**

ずあん【図案】 a design［ディザイン］

すいあげる【吸い上げる】
suck up; pump up

スイーツ sweets［スウィーツ］

スイートピー〖植物〗a sweet pea

***すいえい【水泳】**
swimming［スウィミング］➡ **およぎ**

水泳をする swim*

▸大輔は水泳がうまい.
Daisuke is good at **swimming**. / Daisuke is a good swimmer.

▸わたしは水泳がぜんぜんだめだ(→まったく泳げない). I can't **swim** at all.

水泳教室 a swimming class, a swimming lesson

水泳選手 a swimmer

水泳大会 a swim(ming) meet

水泳パンツ
(a pair of) swim(ming) trunks

水泳部 a swimming team [club]

水泳帽(ぼう) a swimming cap, a bathing cap

> **参考「水泳」のいろいろ**
> クロール (the) crawl (stroke) /
> 背泳ぎ (the) backstroke /
> バタフライ (the) butterfly (stroke) /
> 平泳ぎ (the) breaststroke

スイカ
〖植物〗a watermelon［ワタメろン］

すいがい【水害】（洪水(こうずい)）a flood［ふらッド］;（洪水による被害(ひがい)）a flood disaster［ディザぁスタ］

▸水害にあう suffer from a **flood**

すいがら【吸い殻】
a cigarette butt

すいきゅう【水球】〘スポーツ〙
water polo［ウォータ ポウロウ］

スイギュウ【水牛】
〘動物〙a water buffalo

すいぎん【水銀】
〘化学〙mercury［マ～キュリ］

すいげん【水源】
the source (of a river)

すいこむ【吸いこむ】
(息を) breathe in ...［ブリーず］
▸朝の新鮮(しんせん)な空気を胸いっぱい吸いこんだ. I **breathed in** the fresh morning air deeply.

すいさい【水彩】
watercolor［ウォータカら］
水彩絵の具 watercolors
水彩画 a watercolor (painting)
▸水彩画を(→水彩絵の具で)描(えが)く paint with **watercolors**

すいさんぶつ【水産物】
marine products［マリーン プラダクツ］

すいじ【炊事】 cooking［クキング］
炊事する cook［クック］
炊事道具 cooking utensils

すいしつ【水質】 water quality
水質汚染(おせん) water pollution

すいしゃ【水車】
a waterwheel［ワタホウィーる］

すいじゅん【水準】 a standard［スタぁンダド］, a level［れヴる］
▸生活水準 a **standard** of living
▸彼の野球技術は高校の水準に達している. His baseball skills are at a high school **level**.

すいしょう【水晶】
crystal［クリストゥる］

すいじょう【水上の, 水上で】
on the water
水上競技 aquatic sports
水上スキー water-skiing
水上バイク 〘商標〙a jet ski

すいじょうき【水蒸気】
steam［スティーム］;
(自然現象) (water) vapor［ヴェイパ］

スイス Switzerland［スウィツァらンド］
スイス(人)の Swiss［スウィス］
スイス人 a Swiss;
(全体をまとめて)the Swiss

すいすい
▸小さな魚が**すいすい泳いでいる.** Tiny fish **are swimming around quickly** [**darting around**].

すいせい[1]【水星】〘天文〙
Mercury［マ～キュリ］➡ **わくせい**(図)

すいせい[2]【彗星】
〘天文〙a comet［カメット］
▸ハレー彗星 Halley's **comet**

スイセン 〘植物〙a narcissus［ナースィサス］; (ラッパズイセン) a daffodil［ダぁふォディる］

すいせん【推薦】
recommendation［レコメンデイシャン］
推薦する recommend［レコメンド］
▸わたしはチームのキャプテンに浩二を推薦した. I **recommended** Koji for [as] captain of our team.
推薦状
a (letter of) recommendation
推薦図書 a recommended book
推薦入学 admission (into a school) by recommendation
推薦入試 entrance examination with recommendation

すいせんべんじょ【水洗便所】
a flush toilet［ふらッシ トイれット］

すいそ【水素】
〘化学〙hydrogen［ハイドゥロヂェン］
水素爆弾(ばくだん) a hydrogen bomb［ハイドゥロヂェン バム］, an H-bomb

すいそう【水槽】 a water tank; (観賞用) an aquarium［アクウェァリアム］

すいそうがく【吹奏楽】
wind (instrument) music
吹奏楽団 a brass band
吹奏楽部 a school (brass) band
吹奏楽器 a wind instrument

すいそく【推測】 a guess［ゲス］
推測する guess, make* a guess, suppose［サポウズ］
▸わたしの推測が当たったよ. My **guess** was right. / I **guessed** right. (◆「外れた」なら wrong を用いる)

すいぞくかん【水族館】
an aquarium［アクウェリアム］

すいちゅう【水中に, 水中で】
in the water, under (the) water
▸水中にもぐる dive **in the water**
水中カメラ an underwater camera
水中めがね

す

swimming goggles［ガグるズ］

すいちょく【垂直な】 vertical［ヴァ～ティクる］（対義語「水平な」horizontal）
垂直に vertically
垂直線 a vertical line

すいつける【吸い付ける】 attract［アトゥラぁクト］
▸磁石がくぎを吸いつけた.
The magnet **attracted** a nail.

スイッチ a switch［スウィッチ］
スイッチを入れる turn on, switch on
スイッチを切る turn off, switch off
▸テレビのスイッチを消してください.
Please **turn** [**switch**] **off** the TV.

すいてい【推定する】 presume［プリズーム］;（見積もる）estimate［エスティメイト］

すいでん【水田】 a paddy (field)
➡ た[1]

すいとう【水筒】 a canteen［キぁンティーン］, a water bottle

すいどう【水道】（設備）a water supply［サプらイ］;（水）tap water, running water
▸この村には水道がなかった. There was no **water supply** in this village.
▸水道(→水)を止めなさい.
Turn off the water.
水道管 a water pipe, a water main
水道工事
construction of a water main
水道水 running water, tap water
水道料 water charges, water rates

すいとる【吸い取る】（液体などを）absorb［アブソーブ］, soak up［ソウク］
▸タオルで水気を吸い取る
soak up the water with a towel

すいばく【水爆】 an H-bomb［エイチバム］, a hydrogen bomb［ハイドゥロヂェン］

すいはんき【炊飯器】
a rice cooker［クカ］

ずいひつ【随筆】 an essay［エセイ］
随筆家 an essayist［エセイイスト］

すいぶん【水分】 water［ウォータ］;（果汁(かじゅう)・樹液）juice［ヂュース］
▸練習中は十分水分を補給しなさい.
You should drink plenty of **water** during practice.
▸この桃(もも)は水分が多い. This peach is juicy.（♦juicy は「果汁(かじゅう)をたっぷりふくんだ」の意味の形容詞）

ずいぶん（非常に）very［ヴェリ］, a lot［らット］, very much, really［リーアり］
➡ **とても**
▸けさはずいぶん早起きした.
I got up **very** early this morning.
▸彼女はずいぶんうまくなったよ. She has improved **a lot** [**very much**].

すいへい[1]【水平な】（平らな）level［れヴる］;（垂直に対して）horizontal［ホーリザントゥる］（対義語「垂直な」vertical）
▸はかりは水平な所に置かなければ.
We should set the scales on a **level** surface.
水平に horizontally
水平線 the horizon［ホライズン］

すいへい[2]【水兵】 a sailor［セイら］, a seaman［スィーマン］（複数 seamen）

すいません ➡ **すみません**

すいみん【睡眠】 sleep［スリープ］
▸きょうは睡眠不足です(→昨夜は十分な睡眠をとれなかった). I didn't get enough **sleep** last night.
睡眠をとる sleep* ➡ **ねむる**
睡眠時間 one's hours of sleep
睡眠薬 a sleeping pill

スイミング swimming［スウィミンゲ］
➡ **すいえい**
スイミングクラブ a swimming club
スイミングスクール
a swimming club [class]

すいめん【水面】
the surface of the water［サ～ふェス］
▸湖の水面がきらきら光っていた. **The surface of** the lake was shining.
水面に on the water

すいもん【水門】 a water gate;（防潮(ぼうちょう)用の）a floodgate［ふらッドゲイト］;（せき）a sluice (gate)［スるース］

すいようび【水曜日】

Wednesday［ウェンズデイ］（♦語頭は常に大文字; Wed. と略す）➡ **げつようび**
▸水曜日の午後にトムとデートします.
I'm going on a date with Tom on **Wednesday** afternoon.

すいり【推理】 reasoning［リーズニンゲ］
推理する guess［ゲス］, reason［リーズン］
推理作家 a mystery writer
推理小説 a mystery;（探偵(たんてい)小説）a detective story［ディテクティヴ］

すいりょく【水力】 water power
水力の hydraulic［ハイドゥローリック］
水力発電 water power (generation)
水力発電所 a hydroelectric power plant［ハイドゥロウイれクトゥリック］

スイレン 〘植物〙a water lily

スイング 〘スポーツ〙a swing［スウィング］;〘音楽〙swing (music)

すう¹【吸う】 (空気を) breathe 《in》［ブリーず］, inhale［インヘイる］; (液体を) suck［サック］; (タバコを) smoke［スモウク］
▸息を吸って, はいて. **Breathe in**, breathe out. / **Inhale**, exhale.
▸子犬たちが母親の乳を吸っている. The puppies are **sucking** at their mother's breast.

すう²【数】 a number［ナンバ］➡ **かず**
▸奇数(きすう) an odd **number**
▸偶数(ぐうすう) an even **number**

すう-【数…】 several［セヴラる］, some［サム］, a few［ふュー］
▸数日間 for several [a few] days
▸数年前 several [some] years ago
▸数回 **several** times
▸この公園には**数百本の**カシの木がある. There are **hundreds of** oak trees in this park.

スウェーデン Sweden［スウィードゥン］(♦正式国名は Kingdom of Sweden (スウェーデン王国))
スウェーデン(人・語)の Swedish［スウィーディッシ］
スウェーデン人 a Swede［スウィード］

スウェットスーツ a sweat suit

すうがく【数学】 mathematics［マぁせマぁティックス］,〘米口語〙math［マぁす］
▸美羽は数学が得意だ. Miu is good at **mathematics**.
▸わたしたちの数学の先生は森先生です. Our **math** teacher is Mr. Mori.
数学者 a mathematician［マぁせマティシャン］

すうじ【数字】 a number［ナンバ］, a figure［ふィギャ］➡ **かず**
▸数字の1 the **figure** 1
▸数字に弱い be poor at **figures**

すうしき【数式】
a numerical expression [formula]

ずうずうしい (厚かましい) impudent［インピュデント］➡ **あつかましい**; (恥(はじ)知らずな) shameless［シェイムれス］➡ **はじ**
▸彼はとてもずうずうしい人だ(→神経が図太い). He's got a lot of nerve.

スーツ a suit［スート］
スーツケース a suitcase［スートケイス］

スーパー(マーケット)
a supermarket［スーパマーケット］

すうはい【崇拝】 admiration［あドミレイシャン］, worship［ワ～シップ］
崇拝する admire［アドマイア］, worship

スープ soup［スープ］
▸けさスープを飲みました. I had some **soup** this morning. (♦ふつうは have だが, カップから直接飲むときは drink も使う)
スープ皿(ざら) a soup plate

ズームレンズ a zoom lens

すえ【末】 ❶〘終わり〙the end
▸3月の末に at **the end** of March
▸今月末までに by **the end** of this month
❷〘…の後で〙after ...［あふタ］
▸よく考えた末にこの答えに達した. I reached this answer **after** some hard thinking.
末っ子 the youngest child

スエード suede［スウエイド］

すえる【据える】 (置く) set*［セット］; (しっかり固定する) fix［ふィックス］

ずが【図画】 (鉛筆(えんぴつ)・ペンなどの) drawing［ドゥローイング］; (絵の具などの) painting［ペインティング］
図画工作 arts and crafts

スカート a skirt［スカ～ト］
▸スカートをはく put on a **skirt**
▸真理はきょうは, 赤いスカートをはいている. Mari wears a red **skirt** today.

●スカートのいろいろ

①タイトスカート tight skirt ②フレアースカート flared skirt ③プリーツスカート pleated skirt ④ミニスカート miniskirt ⑤ロングスカート long skirt

スカーフ a scarf［スカーふ］

す

(複数 scarfs, scarves)

ずかい【図解】
(an) illustration [イらストゥレイシャン]
図解する illustrate [イらストゥレイト]

ずがいこつ【頭がい骨】
a skull [スカる]

スカイダイビング
〖スポーツ〗skydiving [スカイダイヴィング]
▸スカイダイビングをする skydive

スカウト (スカウトする人)
a (talent) scout [スカウト]
スカウトする scout
▸リサはファッションモデルとして**スカウト**された. Lisa was **scouted** as a fashion model.

すがお【素顔】 (化粧(けしょう)していない顔) an unmade-face ➡ **すっぴん**;
(本当の姿) one's real self

ずかずか (不作法に) rudely [ルードり]

すがすがしい
refreshing [リふレシング]
▸朝のすがすがしい空気
refreshing air in the morning

◆すがた【姿】
(体つき) a **figure** [ふィギャ];
(外観) (an) appearance [アピアランス]
▸遠くに人の姿が見えた. I saw a human **figure** in the distance.
姿を現す appear ➡ **あらわす²**
姿を消す disappear ➡ **けす**

すがる (しがみつく) cling* 《to ...》 ➡ **しがみつく**; (頼(たよ)る) depend 《on [upon] ...》 ➡ **たよる**

ずかん【図鑑】 an illustrated book [イらストゥレイティッド ブック]
▸植物図鑑
an **illustrated book** of plants

スカンク 〖動物〗a skunk [スカンク]

スカンジナビア
Scandinavia [スキぁンディネイヴィア]
スカンジナビア半島
the Scandinavian Peninsula

⁑すき¹【好き】 **like** [らイク],
be* fond of ... [ふァンド];
(大好き) **love** [らヴ]
▸わたしはチョコレートが大好きです.
I **like** chocolate very much. / I'**m** very **fond of** chocolate. / I **love** chocolate so much. (◆最後の例は女性がよく用いる表現)
▸彼の話し方が好きになれない.
I don't **like** his way of talking.
…**するのが好きである** 《**like** +~**ing**》《**like to** +**動詞の原形**》
▸わたしは海辺を散歩するのが好きだ. I **like** walking [**to** walk] by the sea.
(~より)…**のほうが好きである** 《**like ... better** (than ~)》《**prefer ... to ~**》

ダイアログ　質問する・説明する
A: 夏と冬ではどちらのほうが好き？
Which do you **like better**, summer or winter?
B: 夏のほうが好きです.
I **like** summer **better**.

▸拓のどこがいちばん好きなの？ What do you **like** (the) best about Taku?
▸パンよりご飯のほうがずっと好きです.
I much **prefer** rice **to** bread.
▸**好きなように**しなさい.
Do **as you please** [**like**].
大好きな favorite [ふェイヴァリット]
▸これはわたしの**大好きな**曲です.
This is my **favorite** song.

すき²【隙】 (空いている部分) an opening [オウプニング]; (油断しているとき) an unguarded moment [アンガーディッド モウメント]
▸**油断したすきに**相手チームに得点されてしまった. The other team scored a goal **when we were off guard**.

スギ【杉】
〖植物〗a Japanese cedar [スィーダ]

◆-すぎ【…過ぎ】
❶〖時刻〗**past ...** [パぁスト], **after ...** [あふタ];
〖年齢(ねんれい)〗**over ...** [オウヴァ], past ...
▸今5時10分過ぎだ.
It's ten (minutes) past [**after**] five now. / It's five ten now.
▸昼過ぎにまたお電話します.
I'll call (you) again **after** lunch.
▸スミスさんは80過ぎだ.
Ms. Smith is **over** [**past**] eighty.
❷〖程度〗**too** [トゥー]
▸しゃべり過ぎだよ.
You talk **too** much.

スキー skiing [スキーイング]; (道具) a ski [スキー] (◆ふつう複数形で用いる; 数

えるときは a pair of skis などと言う)

スキーをする ski (♦× do ski や× play ski とは言わない)

▸家族そろってカナダへスキーに行きました. I went **skiing** in Canada with my family.

スキーウエア skiwear, a ski suit

スキー靴(ぐつ) (a pair of) ski boots

スキー場 a ski resort ➡ **ゲレンデ**

スキーヤー a skier

すききらい【好き嫌い】

likes and dislikes [ディスらイクス]

▸わたしは食べ物の好き嫌いがある. I have **likes and dislikes** in food.

ずきずき【ずきずきする】

throb [すラブ]

▸歯がずきずき痛む. My tooth **is throbbing** with pain.

スキップ a skip [スキップ]

スキップする skip

すきとおる【透き通った】

clear [クリア]

-(に)すぎない【…(に)過ぎない】

only [オウンり]

▸それは単なるうわさに過ぎない. That's **only** a rumor.

すきま【隙間】

an opening [オウプニング]

すき間風 (a) draft [ドゥラぁふト]

スキャナー a scanner [スキぁナ]

スキャンダル

a scandal [スキぁンドゥる]

スキューバ (潜水(せんすい)用呼吸器)

a scuba [スクーバ]

スキューバダイバー a scuba diver

スキューバダイビング 〖スポーツ〗scuba diving

:すぎる【過ぎる】

❶〖通って行く〗pass
〖通り抜(ぬ)ける〗go through ...
❷〖時がたつ〗pass
❸〖数量・程度を超(こ)える〗too, over-; be over ..., be more than ...

❶〖通って行く〗pass [パぁス];
〖通り抜ける〗go* through ... [すルー]

ダイアログ **質問する・説明する**

A: もう山梨は過ぎたのかな? Have we **passed** Yamanashi yet?

B: いいえ, 今, 笹子トンネルを過ぎたところよ. No, we've just **gone through** the Sasago Tunnel.

❷〖時がたつ〗pass

▸あれから 3 か月が過ぎた. Three months have **passed** since then.

▸ラッシュアワーはピークを過ぎた. The rush hour is past its peak. (♦この past は「…を過ぎて」の意味の前置詞)

❸〖数量・程度を超える〗(あまりに) **too, over-**; (過ぎている) be* over ... [オウヴァ], be more than ...

▸食べすぎるなよ. Don't eat **too** much. / Don't **over**eat.

▸冗談(じょうだん)が過ぎるぞ. You're carrying the joke **too** far.

▸小西先生は 40 代半ばを過ぎていると思う. I think Mr. Konishi **is over** forty-five.

…すぎて～ない 《**too ... to +動詞の原形**》, **so ... that ― not ～** ➡ **あまり[1]**

▸このお茶は熱すぎて飲めない. This tea is **too** hot **to** drink. / This tea is **so** hot **that** I **cannot** drink it.

スキンケア skincare [スキンケア]

スキンヘッド

a skinhead [スキンヘッド]

スキンダイビング

〖スポーツ〗skin diving

すく【空く】 (腹が) be* hungry

[ハングリ]; (乗り物などが) be not crowded [クらウディッド]

▸おなかがすいた. **I'm hungry**.

▸きょうのバスはすいていた. The bus **was not crowded** today.

:すぐ

❶〖まもなく〗soon, before long
❷〖ただちに〗at once, right away
❸〖近くに〗near
❹〖簡単に〗easily

す

❶〚まもなく〛**soon**［スーン］, **before long**
▸もうすぐ夏休みだ.
Summer vacation is coming **soon**.
▸雨はすぐにやみますよ. It will stop raining **soon** [**before long**].
❷〚ただちに〛**at once**［ワンス］,
right away［アウェイ］
▸すぐ始めなさい. Start (it) **at once**.

ダイアログ　説明する
A:夕食の用意ができたよ.
Dinner is ready.
B:今すぐ行くよ.
I'm coming **right away**.

…**するとすぐに** as soon as
▸サラは日本に着く**とすぐに**電話をくれた.
Sarah called me **as soon as** she arrived in Japan.
❸〚近くに〛**near**［ニア］
▸公園は**すぐ**そこです.
The park is right **near** here.
❹〚簡単に〛easily［イーズィり］
▸ブライアンは**すぐ**腹を立てる.
Brian gets angry **easily**.

すくい【救い】 help ➡ **たすけ**

スクイズ〚野球〛
a squeeze play［スクウィーズ プれイ］

・すくう[1]【救う】 **save**［セイヴ］,
rescue［レスキュー］➡ **たすける**
▸スーザンがわたしを危険から**救ってくれた**. Susan **saved** [**rescued**] me from danger.

すくう[2] scoop［スクープ］
▸真紀は金魚を5匹(ひき)**すくった**.
Maki **scooped** up five goldfish.

スクーター a scooter［スクータ］

スクープ a scoop［スクープ］
スクープする scoop, get* a scoop

スクール a school［スクーる］
スクールバス a school bus

すくすく (急速に) rapidly［ラぁピッドり］
▸タケノコが**すくすく**伸(の)びている.
The bamboo shoots are growing **rapidly**.

:すくない【少ない】

❶〚数が〛**few**
❷〚量が〛**little, small**
❸〚回数が〛**seldom, hardly ever**

❶〚数が〛**few**［ふュー］(対義語「多い」many) ➡ **すこし**
▸わたしの乗ったバスは客が**少なかった**.
There were **few** passengers on my bus.
▸わたしの持っている本はディックよりずっと**少ない**.
I have far **fewer** books than Dick.
▸このことを知っている人は非常に**少ない**.
Very **few** people know this. / Only a small number of people know this.
❷〚量が〛**little***［りトゥる］(対義語「多い」much), **small**［スモーる］➡ **すこし**
▸ことしの夏は雨が**少なかった**.
We had **little** rain this summer.
▸**少ない**時間だが(→あまり時間はないが)有効に使おう. We don't have much time, so let's make good use of it.
▸**少ない**金額 a **small** amount of money(◆多い場合は large を使う)
❸〚回数が〛seldom［セるダム］,
hardly ever ➡ **めったに**
▸バスは時間どおりに来ることが**少ない**.
The buses **seldom** [**hardly ever**] come on time.

すくなくとも【少なくとも】
at least［りースト］
▸1日に**少なくとも**1時間は勉強します.
I study **at least** an hour a day.

すくなめ【少なめ】 less than usual
▸ごはんは**少なめ**にしてください.
Give me **less than** the **usual** amount of rice, please.

すくめる (肩(かた)を) shrug［シュラッグ］; (首を) duck［ダック］
▸彼女はわたしの質問に**肩をすくめた**.
She **shrugged** (her shoulders) at my question.

スクラップ (不用品) scrap［スクラぁップ］; (切り抜(ぬ)き) a clipping［クリピング］
スクラップブック
a scrapbook［スクラぁップブック］

スクラム
(ラグビーの) a scrum［スクラム］

スクランブル (緊急(きんきゅう)発進)
a scramble［スクラぁンブる］

スクリーン a screen［スクリーン］

スクリュー a screw［スクルー］

・すぐれる【優れる】

❶〖…よりまさっている〗 **be*** **better** 《than ...》, be superior 《to ...》［スピリア］
▸駿は,数学にかけてはクラスのだれよりもすぐれている. Shun **is better** in math **than** any of his classmates. / Shun **is superior to** his classmates in math.
すぐれた good*, excellent ［エクセれント］➡ **ゆうしゅう**
すぐれ物 an outstanding thing, a highly useful product
❷〖気分などが〗
▸きょうは**気分があまりすぐれない**.
I **don't feel very well** today.

ずけい【図形】 a figure ［ふィギャ］
▸図形をかく draw a **figure**

スケート skating ［スケイティンダ］
スケートをする skate （♦×do skate や× play skate とは言わない）
▸あしたはスケートに行きます.
I'm going **skating** tomorrow.
▸スピードスケート speed **skating**
▸フィギュアスケート figure **skating**
▸ローラースケート roller **skating**
スケート靴(ぐつ) (a pair of) skates
スケート部 a skating team
スケートリンク a skating rink

スケートボード
（板）a skateboard ［スケイトボード］;
（スポーツ）skateboarding
スケートボードをする skateboard

◀スケートボード

スケール a scale ［スケイる］➡ **きぼ**

スケジュール
a schedule ［スケヂューる］
▸ハードスケジュール
a tight [heavy] **schedule**
スケジュールを立てる make* a schedule, plan a schedule

ずけずけ【ずけずけとものを言う】
be* frank ［ふラぁンク］,
be outspoken ［アウトスポウクン］

スケッチ a sketch ［スケッチ］
スケッチをする
make* a sketch, sketch
▸わたしは理江の横顔をスケッチした.
I **sketched** Rie's profile.
スケッチブック a sketchbook

スケボー ➡ **スケートボード**

スコア （競技の得点・楽譜(がくふ)）
a score ［スコーア］
▸わたしたちは3対2のスコアで試合に勝った. We won the game by a **score** of three to two.
スコアブック a scorebook
スコアボード a scoreboard
スコアラー a scorekeeper ［スコーアキーパ］, a scorer ［スコーラ］

:すごい
❶〖ひどい〗 terrible ［テリブる］;
〖激しい〗 **heavy** ［ヘヴィ］➡ **ひどい**
すごく terribly; heavily
▸すごい嵐(あらし)になりそうだよ.
It looks like a **terrible** storm.
▸雨がすごく降っている.
It's raining **heavily**.
❷〖すばらしい〗 **great** ［グレイト］,
wonderful ［ワンダふる］
すごく greatly, wonderfully, really

ダイアログ　ほめる
*A:*試験にパスしたよ.
I passed the exam.
*B:*すごい！ やったね！
Great! You did it!

ずこう【図工】 arts and crafts

:すこし【少し】

❶〖数が〗 **a few, some; few**
❷〖量が〗 **a little, some; little**
❸〖程度・時間が〗 **a little; (just) a minute, a while**

❶〖数が〗（少しある）**a few** ［ふュー］
（対義語 「たくさん」many, a lot of),
some ［サム］;（少ししかない）**few**
▸外国の硬貨(こうか)を少し持っています.
I have **a few** foreign coins.
▸クッキーをもう少しちょうだい. Give me **some** more cookies, please.
▸そこには少ししか人がいなかった.
There were **few** people there.

す

❷〖量が〗(少しある) **a little** [りトゥる] (対義語「たくさん」much, a lot of), **some**; (少ししかない) **little**

ダイアログ 描写する
A:牛乳ないの? Are we out of milk?
B:いや, **少し**残ってるよ.
No, we have **a little** left.

▸お茶をもう**少し**いかがですか?
Would you like **some** more tea?
▸お金は**少ししか**持っていない.
I have **little** money with me.

ルール「少し」の言い方
❶ **a few**, **few** は数えられる名詞の複数形とともに用い, **a little**, **little** は数えられない名詞とともに用います.
❷ **a few** も **a little** も「少しはある」という肯定的な意味がありますが, **a** がつかない **few**, **little** は「少ししかない」「ほとんどない」という否定的な意味合いになります.

❸〖程度・時間が〗**a little**; (わずかの間) **(just) a minute** [ミニット], **a while** [(ホ)ワイる]
▸わたしは**少し**がっかりした.
I got disappointed **a little**.
▸**少し**お待ちください.
Just **a minute**, please.
▸**少し**たって, ケリーがやって来た.
After **a while**, Kelly came.
少しずつ little by little
▸わたしの英語は**少しずつ**よくなっている. My English is improving **little by little**.

すこしも【少しも…ない】
not ... at all ➡ **ぜんぜん**

◆すごす【過ごす】
spend* [スペンド], **pass** [パぁス]

ダイアログ 質問する・説明する
A:夏休みはどう**過ごす**つもりですか?
How are you going to **spend** the summer vacation?
B:母の故郷でのんびり**過ごそう**と思います.
I'm going to **spend** it relaxing in my mother's hometown.

▸彩夏は映画を見て1日を**過ごした**.
Ayaka **spent** [**passed**] the whole day watching movies.

スコップ (小型の) a scoop [スクープ]; (シャベル) a shovel [シャヴる]

✽すごろく【双六】 *sugoroku* (♦an indoor game like backgammon (バックギャモンに似た室内の遊び)のように説明する)
▸わたしたちはお正月に**すごろく**をして遊びました. We played ***sugoroku*** at New Year's.

すさまじい terrible [テリブる]
▸**すさまじい**交通事故だった.
It was a **terrible** traffic accident.

すし【寿司】 sushi
▸回転**ずし**(店)
a conveyor-belt **sushi** bar
すし屋 a sushi shop, a sushi bar

すじ【筋】 (物語の) a story [ストーリ]; (論理) logic [らヂック]; (線) a line [らイン]
▸**筋の通った**主張 a **logical** argument

すしづめ【すし詰めの】
crowded [クラウディッド], jammed [ヂぁムド], packed [パぁックト]
▸公会堂はおおぜいの聴衆(ちょうしゅう)で**すし詰めの状態だった**. The hall was **crowded** [**jammed**, **packed**] with a large audience.

すじみち【筋道】
(論理) logic [らヂック]

ずじょう【頭上に】 above one's head, overhead [オウヴァヘッド]
▸**頭上注意**
〖掲示〗**Watch Your Head**

すす soot [スット]
▸天井(てんじょう)の**すす**を払(はら)う
clean the **soot** off the ceiling

すず[1] **【鈴】** a bell [べる]
▸**鈴**が鳴っている. A **bell** is ringing.

すず[2] 〖化学〗tin [ティン]

ススキ 〖植物〗Japanese pampas grass [パぁンパス グラぁス] (♦pampas grass はススキに似た南アメリカの植物)

スズキ 〖魚類〗a sea bass [スィー バぁス]

すすぐ rinse (out) [リンス]
▸口をすすぐ
rinse (out) one's mouth

˙すずしい【涼しい】

cool [クーる]
(対義語「暖かい, 温かい」warm)
▸涼しいそよ風 a **cool** breeze
▸けさはとても涼しかった.
It was very **cool** this morning.

˙すすむ【進む】

> ❶〘前進する〙go forward, go ahead, advance
> ❷〘はかどる, 進歩する〙make progress, advance, get ahead
> ❸〘時計が〙gain; be fast

❶〘前進する〙**go* forward** [ふォーワド], **go ahead** [アヘッド], **advance** [アドヴぁンス]
▸運動会は予定通り進んだ. The athletic meet **went ahead** on schedule.
▸進め!〘号令〙**Forward**!
▸名前を呼ばれたので前へ進み出た.
I stepped forward when my name was called.
▸わたしたちは決勝戦まで進んだ.
We **advanced** to the finals.
❷〘はかどる, 進歩する〙
make* progress [プラグレス], advance, get* ahead
▸きょうはだいぶ勉強が進んだ. I **made** good **progress** in my studies today.
進んだ advanced
▸進んだ科学技術
advanced technology
❸〘時計が〙**gain** [ゲイン] (対義語「遅(おく)れる」lose); (進んでいる) be* fast
▸この時計は1日に2秒進む. This watch **gains** two seconds a day.
▸この時計は5分進んでいる.
This clock **is** five minutes **fast**.

すずむ【涼む】 cool oneself
▸ちょっとあの木陰(こかげ)で(→木の下で)涼もう. Let's **cool ourselves** for a minute under that tree.

スズムシ【鈴虫】〘昆虫〙
a *suzumushi*, a bell-ringing cricket

すすめ【勧め】(助言) advice [アドヴァイス]; (推薦(すいせん)) recommendation
➡ **すいせん**
▸先生の勧めで音楽学校に行くことにした.
On my teacher's **advice** I decided to go to a music school.

スズメ〘鳥類〙a sparrow [スパぁロウ]

スズメバチ〘昆虫〙a wasp [ワスプ]

˙すすめる[1]【勧める】

❶〘助言する〙**advise** [アドヴァイズ]
(人)に…するよう勧める
《advise +人+ to +動詞の原形》
▸医者はわたしにもっと運動するように勧めた. The doctor **advised** me **to** get more exercise.
❷〘推薦(すいせん)する〙recommend [レコメンド]
▸店員は赤のコートを勧めたけれど, 青いのを買った.
The salesclerk **recommended** a red coat, but I bought a blue one.
❸〘差し出す〙**offer** [オーふァ]
▸メアリーはわたしたちに手作りのケーキを勧めた. Mary **offered** us some cake she made herself.

すすめる[2]【進める】 ❶〘進行させる〙go* on with ..., go ahead with ..., advance [アドヴぁンス]
▸この計画を進めよう. Let's **go ahead [on] with** this plan.
❷〘時計を〙set*... ahead [アヘッド]
▸時計を少し進めておこう. I'll **set** my watch a little **ahead**.

スズラン〘植物〙a lily of the valley

すずり【硯】
an inkstone [インクストウン]
すずり箱 an inkstone case

すすりなく【すすり泣く】
sob [サブ]
すすり泣き a sob

すすんで【進んで】
willingly [ウィりングり]
▸ボブは進んでわたしの手助けをしてくれた. Bob helped me **willingly**.

すそ【裾】(衣類の) a hem [ヘム]; (山の) a foot [ふット]
▸スカートのすそ the **hem** of a skirt

スター a star [スター]
▸映画スター a movie **star**
▸その試合で彼はスター選手になった.
The game made him a **star** player.

スターティングメンバー

す

➡ スタメン

スタート a start [スタート]

▸詩織はいいスタートを切った.
Shiori made a good **start**.

スタートする start, make* a start

▸うちの学校のマラソン大会は午前9時にスタートした. Our school's marathon race **started** at 9 a.m.

スタート係 a starter [スタータ]

スタート台 a starting block

スタートライン a starting line

スタイリスト a fashion coordinator, a fashion stylist

スタイル (型・流行) a style [スタイる]; (容姿) a figure [ふぃギャ]

▸最新流行のヘアスタイル
the latest hair**style**

▸彼女はスタイルがいい.
She has a nice **figure**.

スタジアム a stadium [ステイディアム]

スタジオ a studio [ステューディオウ] (複数 studios)

スタッフ a staff member [スタぁふ]; (全体をまとめて) the staff

スタミナ stamina [スタぁミナ]

▸この試合はスタミナ勝負だ. This game will be a test of **stamina**.

スタメン the starting lineup

▸その選手はスタメンからはずれた.
The player was dropped from **the starting lineup**.

すたれる (使われなくなる) go* out of use [ユース]; (はやらなくなる) go [be*] out of fashion [ふぁシャン]

▸この型の服は**もうすたれてしまった**.
This kind of dress **is out of fashion**.

スタンダード
(a) standard [スタぁンダド]

スタンダードな standard

▸ビートルズのスタンダードナンバー
a **standard** of the Beatles

スタンド (観客席) the stands [スタぁンヅ]; (店) a stand; (電気スタンド) a desk lamp [らぁンプ]; (ガソリンスタンド) a gas station

▸スタンドからの大声援(せいえん)
a loud cheer from **the stands**

スタントマン
a stunt man (複数 stunt men), a stunt woman (複数 stunt women)

スタンバイ a standby [スタぁンドバイ]

スタンバイする
stand* by, be* on standby

スタンプ a stamp [スタぁンプ]

スタンプを押(お)す stamp

スチーム (蒸気) steam [スティーム]

スチームアイロン a steam iron

スチール[1] (鋼鉄) steel [スティーる]

スチール缶(かん) a steel can

スチール[2]

〖野球〗(盗塁(とうるい)) a steal [スティーる]

スチールする steal*

▸ホームスチールする **steal** home

-ずつ

▸**少しずつ**
little by little / bit by bit

▸わたしたちは**1人ずつ**部屋に入った.
We come into the room **one by one**.

▸生徒たちは1人1冊ずつ(→各生徒が1冊の)辞書を持っている. Each of the students has one [a] dictionary.

▸子供たちはリンゴを**2個ずつ**もらった.
The children were given **two** apples **each**.

ずつう【頭痛】
a headache [ヘッデイク]

▸ひどく**頭痛**がする.
I have a bad **headache**.

スツール a stool [ストゥーる]

すっかり (すべて) **all** [オーる]; (完全に) completely [コンプリートり], **quite** [クワイト]

▸木の葉が**すっかり**散ってしまった.
The leaves have **all** fallen.

▸スーに電話するのを**すっかり**忘れてた.
I **completely** forgot to call Sue.

▸こちらの生活にも**すっかり**慣れました.
I'm **quite** used to the way of life here.

すっきり

▸どうも気分がすっきりしない(→さわやかでない). I don't feel refreshed.

▸部屋がすっきり(→きれいに)片づいた.
My room was cleaned up neatly.

すっと【すっとする】
feel* refreshed

▸思い切り叫(さけ)んだら,**胸がすっとした**.
When I shouted as loud as I could, I **felt refreshed**.

すす

⁑ずっと

❶〚はるかに〛much, far
❷〚長い間〛for a long time, long
❸〚まっすぐ先へ〛straight
❹〚初めから終わりまで続けて〛all the time, (all) through ...; all the way

❶〚はるかに〛**much**［マッチ］, **far**［ふァー］
▸ジェーンの案のほうがずっといいと思うよ. I believe Jane's idea is **much** [**far**] better.
❷〚長い間〛**for a long time**［タイム］, **long**［ろーング］
▸このギターをずっとほしかったんだ. I have wanted this guitar **for a long time**.（♦《have ＋過去分詞》で「ずっと…していた」の意味）
❸〚まっすぐ先へ〛**straight**［ストゥレイト］
▸この道をずっと行くと駅が見えます. Go **straight** along this street, and you'll see the station.
❹〚初めから終わりまで続けて〛（時間的に）**all the time**, **(all) through ...**［すルー］;（距離(きょり)的に）**all the way**［ウェイ］
▸夏の間じゅうずっと **all through** the summer
▸学校から家までずっと明彦と話して帰った. I talked with Akihiko **all the way** home from school.
▸望は**その間ずっと**黙(だま)っていた. Nozomi kept silent **all the while**.
▸きのうは**1日ずっと**家にいました. I was at home **all day** yesterday.（♦all the day, all day long とも言う）

すっぱい sour［サウア］

すっぴん【素っぴんである】
（化粧(けしょう)をしていない）wear* no makeup, have* no makeup on

すで【素手】 bare hands
▸素手でボールをつかむ catch a ball with one's **bare hands**
▸**素手で**（→武器を持たずに）戦う fight **unarmed**

スティック a stick［スティック］
▸スティックのり a glue **stick**

ステーキ (a) steak［ステイク］
▸ビーフステーキ a (beef) **steak**（♦beef はつけないほうがふつう）
▸サーロインステーキ a sirloin **steak**

ステージ a stage［ステイヂ］
▸ステージに立つ appear on (the) **stage**

すてき【すてきな】
nice［ナイス］, wonderful［ワンダふる］
▸すてきなプレゼント,ありがとう. Thank you for the **wonderful** present.

すてご【捨て子】 an abandoned [deserted] child（複数 abandoned [deserted] children）

ステッカー a sticker［スティカ］

ステッキ
a (walking) stick［スティック］

ステップ a step［ステップ］

⁑すでに （肯定文で）**already**［オーるレディ］;（疑問文で）yet［イェット］➡ **もう**
▸3時の急行はすでに当駅を出ました. The 3:00 p.m. express has **already** left this station.

⁑すてる【捨てる】

❶〚投げ捨てる〛throw* away［すロウ］
▸古くなった本を数冊捨てた. I **threw away** some old books.
▸**ごみを捨てるな**〚掲示〛 **No Littering / Do Not Litter**
❷〚断念する〛
give* up, abandon［アバぁンダン］
▸夢を捨ててはだめだ. Don't **give up** your dreams.

結びつくことば
ごみを捨てる throw away trash
希望を捨てる give up hope
命を捨てる lay down one's life
勝負を捨てる give up on the game
ごみ箱に捨てる throw away ... in a trash can

捨て犬 an abandoned dog
捨て猫(ねこ) an abandoned cat

ステレオ （装置）a stereo (set)［ステリオウ（セット）］;（効果・方式）stereo
ステレオ放送 stereophonic broadcasting［ステリオふァニック］

ステンレス
stainless steel［ステインれス スティーる］

スト a strike ➡ **ストライキ**

ストア
a store［ストーア］, a shop［シャップ］

ストーカー a stalker［ストーカ］
▸彼女は**ストーカーされている**. She **is being stalked**.

す

ストーブ a heater［ヒータ］（♦stove は料理用のレンジを指すことが多い）
▸石油ストーブ　a kerosene **heater**
▸ガスストーブ　a gas **heater**
▸電気ストーブ　an electric **heater**
▸ストーブをつける　turn on a **heater**
▸ストーブを消す　turn off a **heater**

ストール a stole［ストウる］

ストッキング a stocking［スタキング］（♦ふつう複数形で用いる）
➡ **くつした, パンティー**

ストップ a stop［スタップ］
ストップする　stop ➡ **とまる**[1], **とめる**[1]
ストップウオッチ
a stopwatch［スタップワッチ］

ストライキ (a) strike［ストゥライク］
ストライキをする　go* on (a) strike
ストライキ中である　be* on (a) strike

ストライク 〖野球〗a strike［ストゥライク］（対義語「ボール」a ball）
▸カウントはワンストライク, ツーボールです. The count is two (balls) and one (**strike**).（♦英語ではボール→ストライクの順になることに注意）
ストライクゾーン　a strike zone

ストライプ a stripe［ストゥライプ］

ストラップ a strap［ストゥラぁップ］

ストリーミング
streaming［ストゥリーミング］
▸音楽ストリーミングサービス
a music **streaming** service

ストレージ storage［ストーリッヂ］
▸オンラインストレージにデータをアップロードする
upload data to online **storage**

ストレート straight［ストゥレイト］
▸(野球で)ストレート(→直球)を投げる
pitch a fast ball
▸ストレートな(→率直(そっちょく)な)意見
a frank opinion

ストレス (a) stress［ストゥレス］

ダイアログ　**質問する**
A: どうやってストレスを解消しますか？
How do you relieve **stress**?
B: ジョギングをします.　I go jogging.

▸すごくストレスがたまっている.
I have been under a lot of **stress**.

ストレッチ stretching exercises
▸ストレッチをする
do **stretching exercises**

ストロー a straw［ストゥロー］

ストロベリー
a strawberry［ストゥローベリ］

すな【砂】 **sand**［サぁンド］
▸砂遊びをする　play in the **sand**
▸砂が目に入った.
Some **sand** got in my eye(s).
砂時計　a sandglass
砂場　a sandbox
砂浜(すなはま)　a sandy beach, sands

すなお【素直な】（優(やさ)しく穏(おだ)やかな）gentle［ヂェントゥる］;（言うことをよくきく）obedient［オウビーディエント］
▸素直な子　an **obedient** child
▸直也は素直な性質だ.
Naoya is **gentle** by nature.

スナック（軽食）a snack［スナぁック］
スナック菓子(がし)　snack (food)

スナップ
（写真）a snapshot［スナぁップシャット］
▸スナップ写真を撮(と)る　snap

すなわち that is, or ➡ **つまり**

スニーカー a sneaker［スニーカ］（♦ふつう複数形で用いる）➡ **くつ**

すね（向こうずね）a shin［シン］➡ **あし**

すねる sulk［サるク］, get* sulky

ずのう【頭脳】（知力）
brains［ブレインズ］, a head［ヘッド］;
a mind［マインド］➡ **あたま**
▸美咲は頭脳明せきだ.
Misaki has a sharp **mind**.

スノーボード（板）a snowboard［スノウボード］;（スポーツ）snowboarding
スノーボードをする　snowboard

スノーモービル
a snowmobile［スノウモビーる］

スパート a spurt［スパ～ト］
スパートする　spurt

スパイ a spy［スパイ］
スパイをする　spy《on ...》

スパイク（スパイクシューズ）a spike［スパイク］, a spiked shoe（♦どちらもふつう複数形で用いる）➡ **くつ**;
（バレーボールの）spiking［スパイキング］
スパイクする　spike

スパイス (a) spice［スパイス］

スパゲッティ spaghetti［スパゲティ］（♦イタリア語から）
スパゲッティミートソース
spaghetti with meat sauce

すばしこい quick［クウィック］
ずばぬけて【ずば抜けて】
（最上級とともに）by far
▸明日香はクラスの中ではずば抜けて足が速い. Asuka is **by far** the fastest runner in the class.
すばやい【素早い】 quick［クウィック］
▸すばやい動き a **quick** move
すばやく quickly
▸蓮はすばやくボールを拾い上げた.
Ren picked up the ball **quickly**.

*すばらしい
wonderful［ワンダふる］,〖口語〗great［グレイト］; excellent［エクセれント］, splendid［スプれンディッド］
▸富士山のすばらしい景色
a **wonderful** view of Mt. Fuji

ダイアログ　感動する
A: 旅行はどうだった?
How was your trip?
B: すばらしかったわ.
It was **wonderful**!

ずばり straight (out)［ストゥレイト］
▸ずばり結論を言います. I'll tell you the decision **straight (out)**.
▸ずばり言わせてもらう.
Let me get this **straight**.
▸**ずばりその通りです.**
Yes, that's it.（♦決まり文句）
スパンコール a spangle［スパぁングる］（♦通例複数形で用いる）
スピーカー a speaker［スピーカ］, a loudspeaker［らウドスピーカ］
スピーチ a speech［スピーチ］
スピーチをする make* a speech
▸結婚(けっこん)式でスピーチをする **make a speech** at a wedding ceremony
スピーチコンテスト a speech contest
スピード (a) speed［スピード］
▸リニアモーターカーは時速500キロのスピードが出る. A linear-motor train can run at a **speed** of 500 kilometers an hour.
スピードを上げる speed* up
スピードを落とす slow down
▸運転手はカーブの手前でスピードを落とした. The driver **slowed down** before the curve.
スピード違反(いはん) speeding
スピードスケート speed skating
ずひょう【図表】 a chart［チャート］
▸図表を作る draw a **chart**
スピンオフ a spin-off［スピノ(ー)ふ］
スプーン a spoon［スプーン］
▸**スプーン1杯**(ぱい)**の**砂糖
a spoonful of sugar
ずぶぬれ【ずぶぬれになる】
get* wet through, get soaked［ソウクト］, get drenched［ドゥレンチト］
▸雨でずぶぬれになった.
I **got wet through** in the rain.
スプレー a spray［スプレイ］
スプレーする spray
スペア【スペアの】 spare［スペア］
スペアキー a spare key
スペアタイヤ a spare tire
スペアリブ spareribs［スペアリブズ］
スペイン Spain［スペイン］
スペイン(人)の Spanish［スパぁニッシ］
スペイン語 Spanish
スペイン人 a Spaniard［スパぁニャド］;（全体をまとめて）the Spanish
スペース（余地・場所）room［ルーム］, (a) space［スペイス］
▸わたしの家にはピアノを置くスペースはない. There's no **room** for a piano in my house.
スペースシャトル
a space shuttle［シャトゥる］
スペード（トランプの）spades［スペイヅ］
-すべき ➡ -(する)べき
スペシャル
（特別の）special［スペシャる］
▸テレビの**スペシャル番組**
a TV **special**（♦この special は「特別番組」の意味の名詞）
すべすべ【すべすべの】
smooth［スムーず］
▸すべすべの肌(はだ) **smooth** skin
すべて all［オーる］, everything［エヴリすィング］➡ **ぜんぶ**
すべての all, every
▸すべて順調です.
Everything is fine.
▸すべての窓が閉まっていた.
All the windows were closed. / **Every** window was closed.（♦all the 複数名詞＝every 単数名詞となることに注意. 動詞もそれに合わせて変化する. everything は単数あつかい）

す

すべりこむ【滑りこむ】
slide* 《into ...》[スらイド]
▸清は３塁(るい)に滑りこんだ.
Kiyoshi **slid into** third base.

すべりだい【滑り台】
a slide [スらイド]

***すべる【滑る】**
(滑るように動く) **slide*** [スらイド];
(つるっと滑る) **slip** [スリップ]
▸あの坂をそりで滑り降りてみよう. Let's **slide** down that slope on a sled.
▸せっけんが手から滑り落ちた.
The soap **slipped** out of my hand.
滑りやすい slippery [スリパリ]
▸床(ゆか)が滑りやすいです.
The floor is **slippery**.

スペル spelling [スペりンㇰ]
▸スペルミス a **spelling** mistake
▸その単語のスペル(→どうつづるのか)を教えてください. How do you spell that word, please? (♦spell は「(語)をつづる」の意味の動詞)

スポーク a spoke [スポウク]

***スポーツ** a **sport** [スポート] (♦ふつう複数形で用いる)
➡ **巻頭カラー 英語発信辞典⑧**

ダイアログ　**質問する**
A: きみはどんなスポーツが好き? What (kind of) **sports** do you like?
B: サッカーと野球が好きだね.
I like soccer and baseball.

スポーツをする do* sports, play sports, enjoy sports
スポーツウエア sportswear, sports clothes
スポーツカー a sports car
スポーツ新聞 a sports newspaper
スポーツ中継(ちゅうけい) a live [らイヴ] sports broadcast
スポーツテスト a physical fitness test
スポーツドリンク a sports drink
スポーツニュース sports news
スポーツ番組 a sports program
スポーツマン an athlete [あすりート], a sportsman (複数 sportsmen)
スポーツマンシップ sportsmanship
スポーツ用品 sporting goods
スポーツ欄(らん) the sports section

スポーティー【スポーティーな】
sporty [スポーティ];
(服装が) casual [キぁジュアる]

ずぼし【図星】
▸**図星だよ.** **You got that right. / You got it.**

スポットライト
a spotlight [スパットらイト]

ズボン trousers [トゥラウザズ], 〖米〗pants [パぁンツ] (♦どちらも複数形で用いる; 数えるときは a pair of ..., two pairs of ... と言う)
▸ズボンをはく
put on **pants** [**trousers**]
▸新しいズボンを１本買った.
I bought a new pair of **pants**.
▸このズボンはきつい. These **pants** are (too) tight on me.
半ズボン short pants, shorts

スポンサー a sponsor [スパンサ]

スポンジ a sponge [スパンヂ]
スポンジケーキ a sponge cake

スマート【スマートな】 (ほっそりした) slim [スリム], slender [スれンダ];
(センスのよい) stylish [スタイりッシ]
▸ヘレンはスマートだ.
Helen is **slim** [**slender**].
スマートフォン a smartphone

すまい【住まい】 a house [ハウス]
▸**お住まいはどちらですか?** **Where do you live? / May I ask your address?** (♦後者は改まった言い方)

すます[1]【済ます】
(終わらせる) finish [ふィニッシ];
(する・間に合わせる) do*
▸もう宿題は済ませたの?
Have you **finished** [done] your homework yet?
▸メモをなくしたけど, なしで済ませた.
I lost the memo, but I **did** without it.

すます[2]【澄ます】
▸**耳を澄まして**(→注意して)聞いてごらん. Listen **carefully**.
▸あの男はいつも**澄ましている**(→気取っている). That man is always **putting on airs**.

スマッシュ
〖スポーツ〗a smash [スマぁッシ]
スマッシュする smash

すみ[1]【墨】 Chinese ink, India ink;
(棒状の) *sumi*, an ink stick

すみ²【隅】 a corner［コーナ］

▸校庭の隅に大きな桜の木がある．
There is a big cherry tree in the **corner** of the playground.

すみ³【炭】 charcoal［チャーコウる］

✽すみません ➡ ごめん

❶〚自分の非をわびて〛**I'm sorry.**
❷〚物事をする前に〛**Excuse me.**
❸〚感謝して〛**Thank you.**

❶〚自分の非をわびて〛**I'm sorry.**

ダイアログ　謝る
A: ご迷惑(めいわく)をおかけしてすみません．
I'm sorry to have troubled you.
B: どういたしまして．
That's quite all right.

▸まちがえてほんとうにすみません．
I'm really **sorry** for my mistake [that I made a mistake].

❷〚物事をする前に〛**Excuse me.**

ダイアログ　呼び止める
A: すみません．ちょっとお話があるんですが．**Excuse me.** Can I talk to you for a minute?
B: どうぞ．　Sure.

❸〚感謝して〛**Thank you.**

ダイアログ　感謝する
A: これ，あなたに差し上げます．
This is for you.
B: まあ，すみません．
Thank you very much. (♦この意味で I'm sorry. とは言わない)

スミレ〚植物〛a violet［ヴァイオれット］
スミレ色 violet

✽すむ¹【住む】 live《in [at] ...》［りヴ］

(♦ふつうは進行形にしない)

ダイアログ　質問する・説明する
A: きみはどこに住んでいるの？
Where do you **live**?
B: 北区に住んでいるんだ．
I **live in** [**at**] Kita-ku.

▸兄は今，東京のおじの家に住んでいます．
My brother **is** now **living at** my uncle's in Tokyo. (♦一時期だけ住んでいる場合は進行形にする)

▸新しい家はとても**住み心地がいい**です．
Our new house is very **cozy**.

すむ²【済む】 ❶〚終わる〛finish［ふィニッシ］, be* over［オウヴァ］➡ **おわる**

▸池先生との話は済んだの？　Have you **finished** talking with Ms. Ike?

ダイアログ　質問する
A: もう済んだ？　Are you **finished**?
B: まだだよ．　Not yet.

▸試験が済んだら釣(つ)りに行こう．
Let's go fishing after the exam (**is over**).

❷〚解決する〛(問題などを) solve［サるヴ］

▸これは金で済む問題ではない．　You can't **solve** this problem with money.

❸〚間に合う〛do*

▸テレビがなけりゃ，なくても済むんだ．
If we don't have a TV set, we can **do** without (one).

すむ³【澄む】 become* clear［クリア］
澄んだ clear
▸澄んだ水　**clear** water

スムーズ【スムーズな】
smooth［スムーず］

✽すもう【相撲】〚競技〛
sumo (wrestling［レスりング］) ➡ 図 p. 344
すもうをとる do* sumo wrestling《with ...》, wrestle《with ...》
▸腕(うで)ずもう　arm **wrestling**
▸すもうのとり組み　a **sumo** match
すもうとり a sumo wrestler
すもう部 a sumo team

日本紹介 すもうは日本の伝統的なレスリングです．2人の力士が土俵(どひょう)の中で戦います．ほとんどの力士はとても大きいです．力士は伝統的な髪型(かみがた)をしていて，専用のまわしだけを身につけます．
Sumo is traditional Japanese-style wrestling. Two sumo wrestlers fight inside a ring. Most sumo wrestlers are huge. They have a traditional

hairstyle and wear only a special belt.

参考 すもうの決まり手

押(お)し倒(たお)し frontal push down / 突(つ)き出し frontal thrust out / つり出し lift out / 下手投げ underarm throw / 外掛(が)け outside leg trip / 内掛け inside leg trip / 送り出し rear push out / 引き落とし hand pull down / はたきこみ slap down

スモッグ smog [スマッグ]
スモッグ警報 a smog warning

すやすや soundly [サウンドり], peacefully [ピースふり]
▸赤ちゃんは母親の腕(うで)の中で**すやすや**眠(ねむ)っていた.
The baby was sleeping **soundly** in his [her] mother's arms.

-すら even ➡ **-さえ**

スライス a slice [スらイス]
スライスする slice
▸パンをスライスする **slice** bread

スライダー
〖野球〗a slider [スらイダ], a slide

スライディング
〖野球〗a sliding [スらイディング]
スライディングする slide*
▸ホームにヘッドスライディングする
slide into home headfirst

スライド (映写用・顕微鏡(けんびきょう)用) a slide [スらイド]
スライド映写機 a slide projector

ずらす move [ムーヴ], shift [シふト]

すらすら (滑(なめ)らかに) smoothly [スムーずり]; (簡単に) easily [イーズィり]
▸このペンは**すらすら**書ける.
This pen writes **smoothly**.
▸ベッキーは難しい数学の問題を**すらすら**解いた. Becky solved a difficult math problem **easily**.

スラックス slacks [スらぁックス]
(◆複数形で用いる; 数えるときは a pair of ..., two pairs of ... と言う)

スラムがい【スラム街】
a slum [スらム], the slums

すらり【すらりとした】 slim [スりム], slender [スれンダ] ➡ **スマート**

スランプ a slump [スらンプ]
▸大輝は**スランプ**のようですね.
Daiki seems to be in a **slump**.
▸**スランプ**を抜(ぬ)け出す
come out of a **slump**

すり (人) a pickpocket [ピックパケット]; (行為(こうい)) pickpocketing

スリーディー【3D の】 3D [すリーディー], three-dimensional [すリーディメンショヌる]
3D 映画 a 3D movie
3D プリンター a 3D printer

ずりおちる【ずり落ちる】 slip (off) [スリップ], slide* (down) [スらイド]

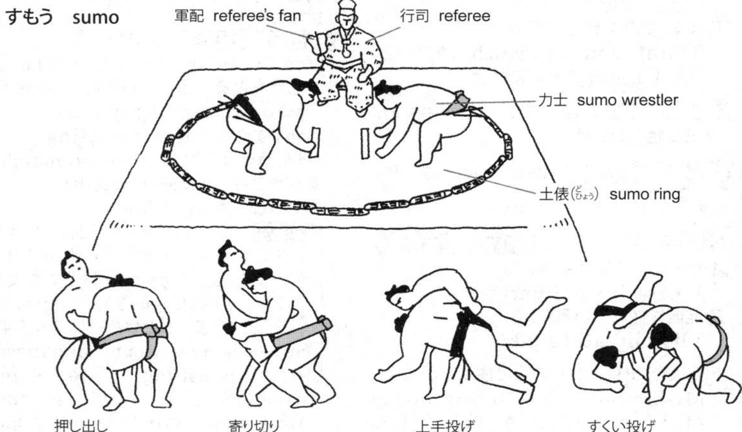

すりガラス frosted glass
すりきず【すり傷】 a scrape [スクレイプ], a scratch [スクラぁッチ]
▸ひざにすり傷をつくる
get a **scrape** on one's knee
すりきれる【擦り切れる】
wear* out [ウェア アウト],
be worn out [ウォーン アウト]
すり切れた worn-out [ウォーンアウト]
スリッパ a slipper [スリパ], a mule [ミューる] (♦ふつう複数形で用いる)
▸スリッパ１足
a pair of slippers [mules]
スリップ (車の) a skid [スキッド];
(女性用の下着) a slip [スリップ]
(車が)スリップする skid, slip
すりつぶす
mash [マぁシ], grind* [グラインド]
スリム【スリムな】 slim [スリム]
スリムになる get* slim, slim down
すりむく skin [スキン]
▸ひざをすりむく **skin** one's knee(s)
スリル a thrill [すりる]
▸スリル満点である be full of **thrills**
スリルのある thrilling

する[1] ➡表

❶ [行う] **do, play** など
❷ [立場・状態にある] **be**
❸ [人・物を…にする] **make**
❹ [決める] **decide, take**
❺ [感じられる] **feel; hear; smell**
❻ [値段である] **cost**
❼ [経過する]

❶ [行う] **do*** [ドゥー], **play** など

ダイアログ 質問する・説明する
A: 日曜日には何をするの？
What do you **do** on Sundays?
B: たいてい友達とテレビゲームをするね.
I usually **play** video games with my friends.

▸きょうは**する**事がたくさんある.
I have a lot of things to **do** today.
(♦a lot of things を to do が後ろから修飾(しゅうしょく)している)
▸宿題をする **do** one's homework
▸散歩をする **take a walk / walk**

ルール 「…(を)する」の表し方

1 「…(を)する」の多くは動詞１語で表すことができます. (例) study (勉強する) / practice (練習する) / start (出発する) / invite (招待する)
2 do を用いて, 次のような表し方をするものもあります. (例) do the washing (洗濯(せんたく)する) = wash / do one's work (仕事をする) = work
3 play は「球技やゲームをする」ときに用います. (例) play tennis (テニスをする) / play shogi (将棋(しょうぎ)をする)
(♦球技以外のスポーツについて「…をする」は表参照)
4 do 以外に give, have, make, take なども, 《動詞＋名詞》で「…(を)する」を表す場合があります. ➡ 表

◆ play 以外のスポーツを「する」の表現

《practice＋スポーツ名》の形になるもの	
柔道(じゅうどう), 剣道	judo, kendo
体操	gymnastics
ボクシング	boxing
エアロビクス	aerobics

もとの動詞の形で表すもの	
水泳	swimming → swim
スキー	skiing → ski
スケート	skating → skate
スノーボード	snowboarding → snowboard
ボウリング	bowling → bowl
ジョギング	jogging → jog

◆ give, have, make, take を用いた「する」の表現

テストする	give a test (=test)
キスをする	give a kiss (=kiss)
話をする	have a talk (=talk)
休憩(きゅうけい)する	have a rest (=rest)
選択(せんたく)する	make a choice (=choose)
スタートする	make a start (=start)
言い訳する	make an excuse (=excuse)
入浴する	take a bath (=bathe)
見る	take a look (=look)
昼寝(ひるね)する	take a nap (=nap)

す

❷〖立場・状態にある〗**be***
▸母は医者をしている.
My mother **is** a doctor.
❸〖人・物を…にする〗**make***［メイク］
(◆《make+ 人・物 +(代)名詞・形容詞》の形で用いる)
▸きみがそれをいらないのなら, わたしのものにするよ. If you don't need it, I will **make** it mine.
▸その知らせはわたしたちを幸せにした.
The news **made** us happy.
❹〖決める〗
decide［ディサイド］, **take***［テイク］
▸わたしは柔道(じゅうどう)部に入ることにした.
I **decided** to join the judo team.
▸(店で品物を指して)これにします.
I'll **take** this.
▸(料理店で)わたしはハンバーガーにします(→食べる).
I'll have a hamburger, please.
❺〖感じられる〗**feel***［ふぃーる］;(音が) **hear***［ヒア］;(においが) **smell***［スメる］
▸めまいがする. I **feel** dizzy.
▸変な音がする.
I **hear** a strange sound.
▸おいしそうなにおいがする.
I **smell** something delicious.
❻〖値段である〗**cost***［コースト］
▸このセーターは 5,000 円した.
This sweater **cost** (me) 5,000 yen.
❼〖経過する〗
▸3 分したら(→ 3 分後に)出ます.
I'll leave in three minutes.

する²【擦る】(こする) rub［ラブ］;(マッチを) strike*［ストゥライク］
▸ケイトは両手をすり合わせて暖めた.
Kate **rubbed** her hands together to warm them.

する³
▸電車内で財布(さいふ)をすられた.
I **had** my wallet **stolen** [pocket **picked**] in the train.

ずる【ずるをする】 cheat［チート］

ずるい (正当でない) unfair［アンふェア］;(悪賢(がしこ)い) cunning［カニング］

スルー【スルーする】
(無視する)ignore［イグノーア］
▸チャットグループのみんなが私のメッセージをスルーした.
Everyone in the chat group **ignored** my message.

スルーパス〖サッカー〗
a through ball, a through pass

-すること ➡ -こと

-することがある
➡ -(する)ことがある

-することになっている
《be* to +動詞の原形》
▸わたしたちは 3 時にロビーで会うことになっている. We **are to** meet at three in the lobby.

するする nimbly［ニンブりィ］, easily［イーズィりィ］, smoothly［スムーずりィ］
▸サルは木をするする登った.
The monkey climbed up the tree **nimbly**.

-するため(に・の) ➡ -ため

-するだろう ➡ -でしょう

⁺するどい【鋭い】
sharp［シャープ］(対義語「鈍(にぶ)い」dull)
▸鋭い質問 a **sharp** question
▸彼はわたしを鋭い目でにらんだ.
He stared at me with **sharp** eyes.
鋭く sharply

-するとき when ➡ とき

-するところだ ➡ -ところ

-するとすぐに as soon as ➡ すぐ

-するな ➡ -(する)な

-するほうがいい
should, had better ➡ よい¹

ずるやすみ【ずる休み】 truancy［トゥルーアンスィ］,〖米〗hooky［フキ］
ずる休みする truant, be* truant, play truant [hooky]
▸サムはよく学校をずる休みする.
Sam **is often truant** [often **plays hooky**] from school.

-するように 《to +動詞の原形》, 《in order to +動詞の原形》➡ -よう¹

-するようになる
《come* to +動詞の原形》➡ なる¹

ずれ (意見などの) a gap［ギぁップ］, (a) difference［ディふァレンス］
▸意見のずれ
a **difference** of opinion

すれすれ narrowly［ナぁロウりィ］, almost［オーるモウスト］
▸わたしはすれすれで試験に合格した.
I **narrowly** passed the exam.
▸ツバメが頭すれすれのところを飛んで行った(→すれすれで頭をかすった).

A swallow **almost** grazed my head.

すれちがう【すれ違う】
pass (by each other)［パぁス］
▸街で亜美とすれちがったけど, 知らん顔を(→無視)された. Ami **passed** me on the street, but she ignored me.

スレッド
(ネット掲示板の) a thread［すレッド］

-すれば ➡ -たら

すればするほど
《the ＋比較級, the ＋比較級》➡ -ほど

すれる【擦れる】
rub［ラブ］, get* rubbed

ずれる
▸あれ？ 箱の位置がずれてる(→正しい場所にない). Huh? The box isn't in the right place.
▸きみの考えはピントが少しずれているよ. Your opinion **is** a little **beside [off] the point**.

スロー[1] (遅(おそ)い) slow［スろウ］

スロー[2] (投げること) a throw［すロウ］

スローイン
〚サッカー〛a throw-in［すロウイン］

スローガン a slogan［スろウガン］

スロープ a slope［スろウプ］

スローモーション slow motion

スワイプ【スワイプする】
swipe［スワイプ］
▸画面を左にスワイプしてください. **Swipe** the screen to the left.

すわる【座る】
sit* (**down**), take* a seat［スィート］
▸どうぞお座りください. Please **sit down**. / Please **take a seat**. / Please be seated. (◆最後の例はかたい言い方だが, 強制するふくみをもつ)
▸あのベンチに座ろうか. Why don't we **sit** on that bench?
▸谷さんはソファに座っていた. Mr. Tani was **sitting in** a sofa. (◆sit in ... で「深々と座る」の意味)

結びつくことば
いすに座る sit in a chair
自分の席に座る sit in one's seat
地べたに座る sit on the ground
端っこに座る sit in the corner
行儀よく座る sit politely

すんなり smoothly［スムーずり］, without any trouble［トゥラブる］
▸わたしたちの意見はこの点に関してはすんなり一致(いっち)した. We agreed on this point **without any trouble**.

すんぽう【寸法】
measurements［メジャメンツ］
寸法をとる measure［メジャ］
▸シャツの寸法をとっていただけますか？ Could you **measure** me for a shirt? / Would you take my **measurements** for a shirt?

せ セ

Q「節分」を英語で説明するとしたらどう言う？
➡「せつぶん」を見てみよう！

せ, せい[1]【背】
❶〚背中, 背面〛a **back**［バぁック］
▸いすの背 the **back** of a chair
▸背筋を真っすぐ伸(の)ばしなさい. Straighten (up) your **back**.
❷〚身長〛**height**［ハイト］
背が高い tall［トーる］
背が低い short［ショート］
▸わたしはクラスでいちばん背が高い. I'm the **tallest** in my class.
▸わたしは去年の4月から5センチ背が伸びた. I have **grown** five centimeters since last April.

ダイアログ **質問する・説明する**
A: きみの背はどれくらい？ How **tall** are you? / What's your **height**?
B: 150センチだよ. I'm a hundred and fifty centimeters (**tall**).

せ

せい²【…のせいで】
（原因・理由）because of ..., due to ...
▸雪のせいで, 車はのろのろ運転だ.
Cars are moving slowly **because of** [**due to**] the snow.
…のせいにする
（罪などを）blame ... 《for ...》［ブれイム］
▸わたし**のせいにし**ないでください. あなたのせいですよ. Don't **blame** me **for** that. It's your fault.

せい³【姓】 a family name, a last name ➡ **なまえ, みょうじ**

せい⁴【性】（性別）(a) sex［セックス］,（社会的性差）(a) gender［ヂェンダ］
性の, 性的な　sexual［セクシュアる］
性教育　sex education

せい⁵【精】（精霊(せいれい)）a spirit［スピリット］;（精力）energy［エナヂィ］;（体力）strength［ストゥレンクす］
▸彼は学業に**精を出している**(→一生懸命(けんめい)勉強している). He studies **hard**.

せい⁶【生】 life［らイふ］

-せい【…製の】 made［メイド］;（生産地を表して）made in ...;（材料を表して）made of ..., made from ...
▸日本製の車　a Japanese(**-made**) car / a car **made in** Japan
▸あの古い橋は木製です.
That old bridge is **made of** wood.

ぜい【税】 (a) tax［タぁックス］
▸税こみで 990 円です.
It's 990 yen, **tax** included.
▸消費税　(the) consumption **tax**
税務署　a tax office

せいい【誠意】
sincerity［スィンセリティ］
誠意のある　sincere［スィンスィア］

せいいっぱい【精いっぱい】
as hard as one can [possible]
▸精いっぱい勉強しました. I studied **as hard as I can** [**possible**].
▸わたしは**精いっぱいやりました**(→最善を尽(つ)くした). I **did my best**.

セイウチ〖動物〗a walrus［ウォーるラス］

せいえん【声援】 cheering［チアリング］, a cheer［チア］➡ **おうえん**
声援を送る
cheer;（勇気づける）encourage
▸わたしたちはスタンドから選手に**声援を送った**. We **cheered** the players from the stands.

せいおう【西欧】 Western Europe［ユアラプ］, West Europe

せいか¹【成果】 a result［リザるト］;（努力の末の）the fruit［ふルート］
▸よい成果を収める
achieve good **results**
▸このすばらしい成功はわたしたちの努力の成果です. This wonderful success is **the fruit** of our efforts.

せいか²【聖火】（オリンピックの）the Olympic Flame［ふれイム］;（聖火リレーで運ぶ）the Olympic Torch［トーチ］
聖火ランナー　a torch bearer
聖火リレー　the Olympic Torch Relay

せいかい¹【正解】
a correct answer, a right answer
正解する　answer correctly

せいかい²【政界】 the political world,（政治）politics［パりティックス］

⁺せいかく¹【性格】
(a) **character**［キぁラクタ］,
(a) **personality**［パ～ソナぁりティ］
▸タミーは性格がいい.
Tammy has a good **character**.
▸明は人なつっこい性格だ.
Akira has a friendly **personality**.

⁺せいかく²【正確な】
correct［コレクト］, exact［イグザぁクト］, right［ライト］
▸正確な時刻を教えてくれる？ Will you give me the **correct** [**exact**] time?
▸参加者の**正確な**人数はわかりません.
I don't know the **exact** number of participants.
▸前川先生は**時間に正確だ**.
Mr. Maekawa **is punctual**.
正確に　correctly, exactly

せいがく【声楽】
〖音楽〗vocal music［ヴォウクる］

⁑せいかつ【生活】
(a) **life**［らイふ］, (a) living［リヴィング］
➡ **巻頭カラー 英語発信辞典⑨**
▸都会の生活　city [urban] **life**
▸いなかの生活　country [rural] **life**
▸学校生活　(one's) school **life**
▸日常生活　(one's) daily **life**
生活する　live［リヴ］, lead* a life;（生計を立てる）make* a living《as [by]

…》, earn a living《as [by] …》
▸スイスでは人々はどんな生活をしているのだろうか？ How do people **live** in Switzerland?
▸エドワードは質素な生活をしていた. Edward **led a** simple **life**.
▸ジェーンはダンスを教えて生活している. Jane **makes** her **living as a dance teacher** [**by** teaching dance]. / Jane teaches dance for a **living**.
生活科 life environmental studies
生活指導 school guidance counseling
生活習慣病 (a) lifestyle disease [らイふスタイる ディズィーズ]
生活水準 a standard of living
生活排水(はいすい) household wastewater
生活費 the cost of living, living expenses
生活様式 a way of life, lifestyle

ぜいかん【税関】 customs [カスタムズ] (♦単数または複数あつかい)

せいかんざい【制汗剤】 antiperspirant [あンティパ〜スピラント]

せいき[1]【世紀】 a century [センチュリ]
▸7世紀に in the seventh **century**
▸20世紀の初め[終わり]に at the beginning [end] of the twentieth **century**
▸何世紀にもわたって for **centuries**

せいき[2]【生気】（生命）life [らイふ];（活力）vigor [ヴィガ]
▸彼女は**生気のない**顔をしていた. She had a **lifeless** face.

せいき[3]【正規の】 regular [レギュら], formal [ふォームる]
▸正規の手続きを踏(ふ)む go through the **regular** procedures

せいぎ【正義】 justice [ヂャスティス]
▸正義の味方 a champion of **justice**
▸順子は正義感が強い. Junko has a strong sense of **justice**.

せいきゅう【請求】 a demand [ディマぁンド]
請求する ask《for [to] …》;（支払(はら)いを）charge《for …》[チャーヂ]
▸彼はその花びんの代金として10ドルを請求した. He **asked** ten dollars **for** the vase.
請求書 a bill,〖米〗a check

せいきょう【生協】（生活協同組合）a cooperative society [コウアペラティヴ]; a co-op [コウアプ]

ぜいきん【税金】 (a) tax ➡ ぜい

せいけい【生計】 (a) living ➡ せいかつ
生計を立てる make* a living《as [by] …》, earn a living《as [by] …》

せいけつ【清潔な】 clean [クりーン]
▸清潔なシーツ a **clean** sheet
清潔にする clean

せいげん【制限】 a limit [りミット]
▸この道路の制限速度は時速60キロです. The speed **limit** on this road is 60 kilometers per hour.
▸年齢(ねんれい)制限 an age **limit**
制限する limit, set* a limit on …
制限時間 a time limit

⁑せいこう【成功】 success [サクセス]

成功する succeed《in …》[サクスィード], be* successful《in …》
▸大成功 a great **success**
▸成功を祈(いの)っています. I hope you will **be successful** [make it].
▸わたしは彼女と話すのに成功した. I **succeeded in** talking with her.

せいこん【精魂】
▸**…に精魂を傾(かたむ)ける devote all one's energy to …**

せいざ【星座】 a constellation [カンステれイシャン];（星占(うらな)いの）a sign

ダイアログ　**質問する**
A: あなたの星座は何ですか？ What's your **sign**?
B: ふたご座です. (I'm a) Gemini. ➡ じゅうに

せいざい【製材】 lumbering [らンバリング]
製材所 a sawmill [ソーミる],〖米〗a lumbermill [らンバミる]

せいさく[1]【政策】 a policy [パりスィ]
▸経済政策 an economic **policy**

せいさく[2]【製作する, 制作する】（一般に物を作る）make*;（映画などを）produce [プロデュース] ➡ つくる
製作者 a maker;（映画などの製作者）a producer
製作所 a factory [ふぁクトリ]

製作費 production costs

せいさん¹【生産】
production［プロダクシャン］
▸大量生産 mass **production**
▸国民総生産 **the gross national product**（♦GNP と略す）
生産する produce［プロデュース］, make*［メイク］➡ **つくる**
生産者 a producer
生産高
production, output［アウトプット］
生産地 a producing district
生産物 products

せいさん²【精算する】
settle (up)［セトゥる］

せいさんじょ【精算所】
（運賃の）a fare adjustment office

せいし¹【生死】 life and death
▸生死の境をさまよっている be hovering between **life and death**
▸生死にかかわる問題
a matter of **life and death**

せいし²【制止する】 stop［スタップ］, restrain［リストゥレイン］

せいし³【製紙】
paper manufacturing
製紙工場 a paper mill

♦せいじ【政治】 politics［パりティックス］
（♦単数または複数あつかい）;
（統治）government［ガヴァ(ン)メント］
▸民主政治
democratic **government**
政治の political［ポリティクる］
政治家 a politician
政治問題 a political issue, a political problem

せいしき【正式な】 formal［ふォームる］;（公式の）official［オふィシャる］
▸正式な名称(めいしょう) an **official** name
正式に formally; officially

♦せいしつ【性質】
（人・動物の）(a) **nature**［ネイチャ］;
（物質などの）a property［プラパティ］
▸この犬は性質が穏(おだ)やかだ.
This dog has a gentle **nature**. / This dog is gentle by **nature**.
▸酸の性質の１つは, いろいろな金属を溶(と)かすことである. One of the **properties** of (an) acid is that it dissolves various metals.

せいじつ【誠実】
sincerity［スィンセリティ］
誠実な sincere［スィンスィア］
誠実に sincerely

せいしゅく【静粛な】
quiet［クワイエット］
▸静粛に願います. Please be **quiet**.

せいじゅく【成熟した】
（十分発達した）mature［マチュア］;
（熟した）ripe［ライプ］
成熟する mature; ripen［ライプン］

せいしゅん【青春】
(one's) youth［ユーす］
▸今, わたしたちは青春の真っただ中だ.
We are in the middle of **our youth** now.
青春の
youthful［ユーすふる］, young［ヤング］
青春時代(に) (in) one's youth

せいしょ¹【聖書】
the (Holy) Bible［バイブる］
▸旧約聖書 **the Old Testament**
▸新約聖書 **the New Testament**

せいしょ²【清書】
a fair copy［ふェア カピ］
清書する make* a fair copy《of ...》

せいしょう【斉唱する】 sing* in unison［ユーニスン］, sing together
▸わたしたちは校歌を斉唱した. We **sang** our school song **in unison**.

せいじょう【正常】
normality［ノーマぁりティ］
正常な normal［ノームる］

せいじょうき【星条旗】
the Stars and Stripes（♦単数あつかい）

せいしょうねん【青少年】
the youth［ユーす］, young(er) people
青少年犯罪 juvenile delinquency
［ヂューヴェナる ディリンクウェンスィ］

♦せいしん【精神】
mind［マインド］; **spirit**［スピリット］
精神の, 精神的な mental［メントゥる］
精神的に mentally
▸泳ぐと精神が安らぐ.
Swimming relaxes the **mind**.
▸開拓(かいたく)者精神 a frontier **spirit**
▸精神的な支えがほしい.
I need **mental** support.
▸精神的ショック

an **emotional** shock
精神安定剤(ざい)
a tranquilizer［トゥラぁンクワらイザ］
精神障がい a mental disorder
精神状態 a mental condition, a state of mind
精神年齢(ねんれい) one's mental age
精神力 mental strength

せいじん¹【成人】 an adult［アダるト］, a grown-up［グロウンアップ］
➡ **おとな**
成人する (大人になる) grow* up; (成年に達する) come* of age［エイヂ］
成人式 a coming-of-age ceremony
成人の日 Coming-of-Age Day

せいじん²【聖人】 a saint［セイント］

せいず【製図】
drawing［ドゥローイング］
製図する draw*

せいぜい (多くても) at (the) most
▸その本なら高くてもせいぜい 2,000 円です. The book will be 2,000 yen **at (the) most**.

せいせいする
(ほっとする) feel* relieved［リリーヴド］

せいせいどうどう【正々堂々と】
fairly［ふェアリ］
▸わたしたちは最後まで**正々堂々と**戦った. We played **fairly** to the end of the game.

•せいせき【成績】 〖米〗a **grade**［グレイド］, 〖英〗a mark［マーク］; (試験などの結果) a result［リザるト］
▸**成績**はどうだった?
What [How] was your **grade**?
▸国語でいい**成績**をとった. I got a good **grade** [good **marks**] in Japanese.
▸数学の**成績**が下がった. My math **grade** got worse [went down]. (◆「上がる」は get better, go up)
▸音楽の**成績**は A だった.
My **grade** in music was an A.
成績表 〖米〗a report card, 〖英〗a school report

せいせんしょくりょうひん【生鮮食料品】 fresh foods, (腐(くさ)りやすい) perishable foods

せいそう【清掃】 cleaning ➡ **そうじ¹**

せいぞう【製造する】
make*［メイク］, produce［プロデュース］; (大規模に) manufacture［マぁニュふぁクチャ］➡ **つくる**
製造業 the manufacturing industry
製造年月日 the date of manufacture, the date of packing
製造元 a maker, a manufacturer

せいぞん【生存】
existence［イグズィステンス］
生存する exist, live; (生き残る) survive［サヴァイヴ］
生存者 a survivor

せいだい【盛大な】
grand［グラぁンド］
▸盛大なパーティー a **grand** party

せいたいいしょく【生体移植】
living-donor transplantation［りヴィング ドウナ トゥラぁンスプらぁンテイシャン］

せいたいがく【生態学】
ecology［イカろヂィ］
生態学者 an ecologist［イカろヂスト］

せいたいけい【生態系】
an ecosystem［イーコウスィステム］

せいたいにんしょう【生体認証】
biometrics［バイオウメトゥリックス］

ぜいたく luxury［らクシャリ］
ぜいたくな luxurious［らグジュリアス］

•せいちょう¹【成長, 生長】
growth［グロウす］
成長する, 生長する grow*; (発達する) develop［ディヴェろプ］
▸朝顔の**生長**を観察しよう. I'll observe how morning glories **grow**.
▸彩乃は**成長**して医者になった.
Ayano **grew up** to be a doctor.
▸彼は一流の選手に**成長し**つつある.
He is **developing** into a first-rate player.
成長期 a growth period

せいちょう²【清聴】
▸**ご清聴たいへんありがとうございました.**
Thank you very much for your kind attention.

せいてつ【製鉄】
iron manufacturing
製鉄所 an ironworks［アイアンワ～クス］, a steelworks［スティーるワ～クス］

せいてん【晴天】
fine weather［ウェざ］

⁚せいと【生徒】

せ

(小学生) a **pupil** [ピュープる]; (中・高生) a **student** [ステューデント] (♦これは〖米〗での用法; 〖英〗では小・中・高生まで pupil を用い, student は大学生を指す)
▸わたしは南中の生徒です.
I am a **student** at Minami Junior High School.
▸わたしたちのクラスの生徒は 35 人です.
There are 35 **students** in our class.
▸全校生徒が体育館に集まった.
All the **students** of our school gathered at the gymnasium.
生徒会 a student council
生徒会室 the student council office
生徒会選挙
an election for the student council
生徒会長
the president of a student council
生徒集会 a student rally
生徒総会 a general meeting of the student council
生徒手帳 a student handbook

せいど【制度】 a system [スィステム]
▸日本の教育制度
Japan's educational **system**

せいとう[1]【政党】 a (political) party

せいとう[2]【正当な】 (正しい) just [チャスト]; (もっともな) good* [グッド]
▸正当な理由 a **good** reason
正当化する justify [チャスティふァイ]
正当防衛 self-defense

せいどう【青銅(の)】
bronze [ブランズ]
青銅器時代 the Bronze Age

せいどく【精読】 intensive reading
精読する
read* ... intensively [closely]

せいとん【整頓する】
put* ... in order ➡ **せいり[1]**

せいなん【西南】 the southwest [サウすウェスト] (♦S.W. と略す; 英語では方角は north (北), south (南), east (東), west (西) の順に言うので, 「西南」は the southwest と言う) ➡ **なんせい**
西南の southwest

せいねん【青年】 a youth [ユーす], a young man (複数 young men), a young woman (複数 young women); (全体をまとめて) young(er) people
青年時代(に) (in) one's youth, (in) one's young days
青年海外協力隊 the Japan Overseas Cooperation Volunteers (♦JOCV と略す)

せいねんがっぴ【生年月日】
the date of (one's) birth [バ〜す], one's date of birth
▸生年月日はいつですか? What is **the date of your birth**? / What is **your date of birth**?

せいのう【性能】
performance [パふォーマンス];
(能率) efficiency [イふィシェンスィ]
性能のよい efficient

せいび【整備する】
(保守) maintain [メインテイン],
(修理) repair [リペア]
整備工場 a repair shop;
(自動車の) a garage [ガラージ]
整備士 (車の) a car mechanic;
(飛行機の) a ground crew

せいひれい【正比例】
direct proportion
…に正比例する
be* in direct proportion to ...

せいひん【製品】 a product [プラダクト]; (商品) goods [グッヅ]; (大量生産品) manufactures [マぁニュふぁクチャズ]
▸新製品 a new **product**
▸乳製品 dairy **products**

せいふ【政府】 the government [ガヴァ(ン)メント] (♦gov., govt. と略す)
▸日本政府
the Japanese **Government**

せいぶ【西部】
the western part [ウェスタン パート],
the west; (アメリカの) the West
▸わたしたちの学校は島根の西部にあります. Our school is in **the western part** [**west**] of Shimane.
西部の west, western
西部劇 a Western (movie)

せいふく[1]【制服】 (a) uniform [ユーニふォーム]; (学校の) a school uniform
▸制服で登校する
go to school in **uniform**

せいふく[2]【征服】
conquest [カンクウェスト]
征服する conquer [カンカ]
征服者 a conqueror [カンカラ]

せいぶつ[1]【生物】

a living thing［リヴィングティング］；（全体をまとめて）life［らイふ］
▸海の生物
living things [life] in the sea
▸火星に生物はいるのかな．I wonder if there is any **life** on Mars.
生物学 biology［バイアらディ］
生物学者 a biologist［バイアらヂスト］
生物多様性
biodiversity［バイオウディヴァ～スィティ］

せいぶつ²【静物】 still life
静物画 a still life

せいぶん【成分】
an ingredient［イングリーディエント］

せいぼ¹【聖母】 the Virgin Mary, the Madonna［マダナ］

✲**せいぼ²【歳暮】**（◆欧米(おうべい)には歳暮を贈(おく)る習慣はない；a year-end gift「年末の贈り物」などと説明する）

せいぼう【制帽】 a uniform cap；（学校の）a school cap

せいほうけい【正方形】
a square［スクウェア］

せいほく【西北】 the northwest［ノーすウェスト］（◆N.W. と略す；英語では方角は north（北），south（南），east（東），west（西）の順に言うので，「西北」は the northwest と言う）➡ **ほくせい**
西北の northwest

せいみつ【精密な】
（正確な）precise［プリサイス］；
（詳(くわ)しい）detailed［ディテイるド］
精密機械 a precision machine
精密検査（健康の）
a thorough medical examination

˙せいめい¹【生命】

(a) **life**［らイふ］（複数 lives）➡ **いのち**
▸その飛行機墜落(ついらく)事故で多くの生命が失われた．A lot of **lives** were lost in the plane crash.
生命保険 life insurance
生命力 vitality, vital power

せいめい²【姓名】 a full name
➡ **しめい¹, なまえ**

せいめい³【声明】
a statement［ステイトメント］,
an announcement［アナウンスメント］
声明を出す make* a statement, announce［アナウンス］

せいもん【正門】 the front gate［ゲイト］，the main gate

せいゆう【声優】 a voice actor［ヴォイス あクタ］（◆女性の場合は a voice actress ともいう）

せいよう¹【西洋】
the West［ウェスト］
西洋の Western［ウェスタン］
西洋人 a Westerner［ウェスタナ］
西洋諸国 the Western countries
西洋文明 Western civilization

せいよう²【静養】 a rest［レスト］
静養する take* a rest, rest

せいり¹【整理する】 put* ... in order［オーダ］，tidy up［タイディ］➡ **かたづける**
▸引き出しの中を整理した．
I **tidied up** my drawer.
整理券 a numbered ticket
整理番号 a reference number

せいり²【生理】（月経）a period, a menstrual period［メンストゥルアる］
▸生理になる have [get] a **period**
▸今，生理中です．I have my **period**.
生理痛 (menstrual) cramps

せいりつ【成立する】（組織・団体などが）be* formed；（協定・条約などが）be concluded［コンクるーディッド］

せいりょういんりょう【清涼飲料】 a soft drink

せいりょく¹【勢力】 power［パウア］；（影響(えいきょう)力）influence［インふるエンス］
▸台風の勢力が強まってきた．The typhoon is increasing in **power**.
勢力のある powerful, influential［インふるエンシャる］

せいりょく²【精力】
energy［エナヂィ］
▸彼は壁画(へきが)の制作に全精力を傾(かたむ)けた．He put all his **energy** into making the wall painting.
精力的な energetic［エナヂェティック］

せいれき【西暦】 the Christian era［イラ］；（年数とともに用いて）A.D., A.D.［エイディー］（◆*Anno Domini*［あノウ ダミニー］の略；ラテン語から）➡ **きげん⁴**
▸西暦 3 世紀に
in the third century A.D.
▸西暦 90 年に in A.D. 90 / in 90 A.D.

> **参考 A.D. の用い方**
> A.D. はふつう年号の若い場合にのみ用い，年号の前または後ろにつけます．

せいれつ【整列する】 line up;
（縦１列に）stand* in a line［らイン］;
（横１列に）stand in a row［ロウ］
▸整列！〖号令〗**Line up!**
▸生徒は先生の前に整列した.
（→縦１列に）Students **stood in a line** in front of their teacher. /（→横１列に）Students **stood in a row** in front of their teacher.

ゼウス〖ギリシャ神話〗Zeus［ズース］

セーター a sweater［スウェタ］
▸手編みのセーター
a hand-knitted **sweater**

セーフ〖野球〗safe［セイふ］
（対義語「アウト」out）
▸ランナーは二塁(るい)セーフだった.
The runner was **safe** at second.

セーブ【セーブする】
〖コンピュータ〗save［セイヴ］

セーラーふく【セーラー服】
a sailor-suit uniform for girl students

セール a sale ➡ **バーゲン(セール)**

セールスマン（男性の）a salesman［セイるズマン］（複数 salesmen）;
（女性の）a saleswoman［セイるズウマン］（複数 saleswomen）;
（性別を問わず）a salesperson
（◆いずれも,外交員だけでなく店員も指す）

せおう【背負う】
carry ... on one's back
▸その男の子はリュックサックを背負っていた. That boy was **carrying** a backpack **on his back**.

せおよぎ【背泳ぎ】
the backstroke［バぁックストゥロウク］

⁺せかい【世界】 the **world**［ワ～るド］
▸世界の国々
countries in **the world**
▸世界でいちばん高い山は何か知ってる？
Do you know what the highest mountain in **the world** is?
▸彼女は世界的に有名な女優です.
She is a **world**-famous actress.
▸この車は世界中で使われている. This car is used all over **the world**.
▸第二次世界大戦
the Second **World** War / **World** War II（◆II は two と読む）
▸彼は自分の世界に閉じこもっている.
He is living in a **world** of his own.

世界遺産 World Heritage［ヘリテッジ］
世界一周旅行
a trip around the world
世界記録 a world record
世界史 world history
世界平和 world peace

せかす【急かす】
hurry［ハ～リ］, rush［ラッシ］
▸母親は彼女に早く宿題をするようにせかした. Her mother **hurried** her to do her homework soon.

セカンド〖野球〗（二塁(るい)）second base;（二塁手）a second baseman

⁺せき¹【席】 a **seat**［スィート］
▸わたしたちは席に着いた.
We took our **seat**.
▸彼に席を譲(ゆず)ってあげよう.
I'll give my **seat** to him.
▸席を替(か)わってくれる？
Will you change **seats** with me?
（◆seats と複数形にすることに注意）

ダイアログ　**質問する**
A: あなたの隣(となり)の席はどなたかいらっしゃる？
Is the **seat** next to you taken?
B: いいえ, いません. No, it isn't.

運転席 a driver's seat
助手席 a passenger('s) seat
席替えする
change the seating arrangement
▸新学期の初めに席替えがあった.
The seating arrangement was changed at the beginning of the new school term.

せき² a cough［コーふ］
せきをする cough, have* a cough
▸ひどいせきね. You have a bad **cough**.（◆「軽いせき」なら bad の代わりに slight を用いる）
▸彼はひどくせきこんでいる.

He is **coughing** badly [a lot].
▸せきが止まらない.
I can't stop **coughing**.

せき払(ばら)いをする clear one's throat

せきがいせん【赤外線】 infrared rays［インふラレッド］(♦複数形で用いる)

せきじ【席次】
(成績の) (class) ranking［ラぁンキング］;
(席順) the order of the seat

せきじゅうじ【赤十字(社)】
the Red Cross (Society)

せきたん【石炭】 coal［コウる］

せきどう【赤道】
the equator［イクウェイタ］

せきにん【責任】
(a) responsibility［リスパンスィビりティ］
▸自分の行動については責任をもちます.
I'll take **responsibility** for my actions.
▸由美は責任感が強い. Yumi has a strong sense of **responsibility**.
責任のある responsible《for ...》［リスパンスィブる］
▸彼に失敗の責任がある. He is **responsible for** the failure.
責任者 a person in charge

せきはん【赤飯】
a celebratory red rice dish (served on festivals)［せらブラトーリ］

せきめん【赤面する】 turn red;
(恥(は)ずかしくて) blush［ブラッシ］
▸彼女は怒(いか)りで赤面した.
Her face **turned red** with anger.

せきゆ【石油】 oil［オイる］,
petroleum［ペトゥロウりアム］
石油会社 an oil company
石油ストーブ an oil heater

せきり【赤痢】
dysentery［ディセンテリ］

せく【急く】
hurry［ハ〜リ］, hasten［ヘイスン］
ことわざ **せいては事を仕損じる.**
Haste makes waste.

セクション a section［セクシャン］

セクハラ (性的いやがらせ) sexual harassment［セクシュアる ハラぁスメント］

せけん【世間】 (世の中) the world［ワ〜るド］; (人々) people［ピープる］
▸彼は世間のことをよく知っている.
He has seen much of **the world**.
世間話 a chat［チぁット］
世間体
▸世間体を保つ
keep up appearances

せこい (性格が) mean［ミーン］;
(金銭的に) stingy［スティンヂィ］

セし【セ氏(の)】 Celsius［セるスィアス］
(♦C または C. と略す; centigrade［センティグレイド］とも言う) ➡ **カし, おんど**
▸セ氏 18 度
18°C (♦eighteen degrees Celsius [centigrade] と読む)

-せずにいられない
cannot* help ~ing

せだい【世代】
a generation［ヂェネレイシャン］
▸若い世代 the younger **generation**
▸何世代にもわたって
for **generations**

せつ[1]【説】
(意見) an opinion［オピニョン］➡ **いけん**;
(学説) a theory［すィーアリ］
▸宇宙の起源に関しては, さまざまな説がある. There are various **theories** on [about / as to] the origin of the universe.

せつ[2]【節】 (詩・文章のひと区切り)
a passage［パぁセッヂ］; (章より小さい区分) a paragraph［パぁラグラぁふ］

せっかい【石灰】 lime［らイム］
石灰岩 limestone［らイムストウン］
石灰水 limewater［らイムワタ］

せっかく
▸**せっかく**(→はるばる)来たんだから, 楽しもうよ. We came **a really long way**, so let's enjoy ourselves.

ダイアログ　断る
A: あした, わたしとスケートに行かない?
Will you go skating with me tomorrow?
B: **せっかくだけど**, ほかに約束があるの.
Thank you for asking, but I have another appointment.

せっかち【せっかちな】
impatient［インペイシェント］;
（急いだ・あわてた）hasty［ヘイスティ］

せっきょう【説教】 a lecture
［れクチャ］;（宗教の）a sermon［サ～モン］
説教する lecture;
（宗教で）preach［プリーチ］

***せっきょく【積極的な】**
（肯定的な）positive［パズィティヴ］
（対義語「消極的な」negative）;
（活動的な）active［あクティヴ］
（対義語「消極的な」passive）
▸美紀は何事にも**積極的だ**.
Miki is **active** in everything.
積極的に positively; actively
▸わたしたちは本田君の意見を**積極的に**支持した. We **positively** supported Honda's opinion.

せっきん【接近】
approach［アプロウチ］
接近する go* near［ニア］, come* near, approach
▸台風が九州に接近した.
A typhoon **came near** (to) [**approached**] Kyushu.
接近した close［クろウス］

せっく【節句】 a seasonal festival
［スィーズヌる ふェスティヴる］
➡ **たんごのせっく, もものせっく**

セックス sex［セックス］
セックスする have* sex《with ...》,
make* love《with ...》

せっけい【設計】 design［ディザイン］
設計する design
設計者 a designer, a planner
設計図 a plan

せっけん【石けん】 soap［ソウプ］
（◆a をつけたり複数形にしたりしない; 数を示すときは a bar of soap, two bars of soap, ... のように言う）
▸粉せっけん **soap** powder
▸この**せっけん**はよく落ちる.
This **soap** cleans well.

ダイアログ
A: シャツに絵の具がついちゃった.
Some watercolors stained my shirt.
B: **せっけん**で洗えば落ちるわよ.
You can wash it out with **soap**.

ゼッケン a (racing) number

せっこう【石膏】 plaster［プらぁスタ］
石こう像 a plaster figure;
（胸像）a plaster bust

ぜっこう【絶好の】
the best［ベスト］, perfect［パ～ふェクト］
▸**絶好の**スキー日和(びより)だね.
It's a **perfect** day for skiing.

ぜっこうちょう【絶好調である】
be* in top shape

せっこつい【接骨医】
a bonesetter［ボウンセタ］,
（整骨）an osteopath［アスティオパす］

ぜっさん【絶賛】 (a) high praise
絶賛する praise ... very highly

せっし【摂氏(の)】 centigrade
➡ **せし**

せつじつ【切実な】
serious［スィリアス］, acute［アキュート］

せっしょく【接触する】
touch［タッチ］➡ **ふれる**;（連絡(れんらく)する）
contact［カンタぁクト］➡ **れんらく**

せっする【接する】
（触(ふ)れる）touch［タッチ］;（隣り合う）
be* next to ...;（人と交わる）meet*
［ミート］;（あつかう）treat
▸直線 A は円 B **に接している**.
Line A **touches** circle B.
▸陸は愛里に兄のように接する（→愛里を妹のようにあつかう）. Riku **treats** Airi like his little sister.

せっせい【節制】
temperance［テンペランス］

せっせと（一心に）hard［ハード］
▸ベティーは**せっせと**勉強した.
Betty studied **hard**.

せっせん【接戦】
a close game［クろウス ゲイム］
▸決勝は**接戦**になった.
The final was a **close game**.

せつぞく【接続】
(a) connection［コネクシャン］
接続する connect《to [with] ...》

[コネクト], join [ヂョイン]
▸プリンタをコンピュータに接続する **connect** a printer **to** a computer
▸この列車は博多行きに接続します. This train **connects with** another for Hakata.
接続詞 〘文法〙 a conjunction

˚ぜったい【絶対(に)】
absolutely [あブソるートり]
▸ボブの計画には絶対反対だ. I'm **absolutely** against Bob's plan.
▸もう**絶対にしません**. I'll **never do** that again.
絶対の, 絶対的な absolute

ぜったいぜつめい【絶体絶命】
▸主人公が**絶体絶命のピンチに追い詰**(つ)**められた**. The hero **was really in a pinch**.

せっちゃく【接着する】
glue [グるー]
接着剤(ざい) (an) adhesive, (a) glue

ぜっちょう【絶頂】
the height [ハイト], peak [ピーク]
▸彼女は現在, 人気の絶頂にある. She is now at **the height** of her popularity.

せつでん【節電する】
save electricity [イれクトゥリスィティ]

セット
(ひとそろい) a set [セット]; (試合の) a set
▸3セットの試合 a three-**set** match
セットする set*
▸わたしは目覚まし時計を7時にセットした. I **set** the alarm for seven.
セットポイント (a) set point

せっとく【説得】
persuasion [パスウェイジャン]
説得する persuade [パスウェイド]

せつない【切ない】
painful [ペインふる], sad [サぁッド]

ぜっぱん【絶版で】 out of print

せつび【設備】
equipment [イクウィップメント]
▸暖房(だんぼう)設備 heating **equipment**
設備する equip 《with ...》
▸その病院は設備が整っている. The hospital is well-**equipped**.

✽せつぶん【節分】 *setsubun*, the eve of the first day of spring

日本紹介 節分は日本では特別な日です. 2月2日か3日か4日のことで, 立春の前日です. この日は豆をまき,「鬼(おに)は外, 福は内」と大きな声で言います. *Setsubun* is a special day in Japan. It is on February 2nd, 3rd or 4th, the eve of the first day of spring. On this day people throw beans and shout, "Bad luck out! Good luck in!"

ぜっぺき【絶壁】 a cliff [クりふ]

ぜつぼう【絶望】 despair [ディスペア]
絶望する
despair 《of ...》, lose* all hope
▸ピートは自分の将来に絶望した. Pete has **lost all hope** for his future.
絶望的な hopeless [ホウプれス], desperate [デスパレット]
▸わたしたちの優勝は絶望的だ(→見こみはない). We have no hope [chance] of winning.

˚せつめい【説明】
(an) explanation [エクスプらネイシャン]
▸あなたの説明はとてもわかりやすい. Your **explanation** is very easy to follow [understand].
説明する **explain** [イクスプれイン]
▸この問題を説明してくれますか? Will you **explain** this question?
▸広志は妹にカメラの使い方を説明した. Hiroshi showed his sister how to use the camera. (♦show は,「図解したり実際に操作をしながら説明する」という意味)
説明書 a manual [マぁニュアる]

ぜつめつ【絶滅】
extinction [イクスティンクシャン]
絶滅する die out, become* extinct [イクスティンクト]
絶滅危惧(きぐ)**種** an endangered species

せつやく【節約】 (an) economy
[イカナミ], (a) saving [セイヴィング]
節約する save [セイヴ]; (出費を) cut* down, reduce [リデュース]

せつりつ【設立】
foundation [ふァウンデイシャン], establishment [イスタぁブリッシメント]
設立する found [ふァウンド], establish [イスタぁブリッシ] ➡ **そうりつ**
設立者 a founder

せとぎわ【瀬戸際】

▸その銀行は倒産(とうさん)の**瀬戸際にある**.
The bank **is on the edge of** bankruptcy.

せともの【瀬戸物】 china [チャイナ] (♦数えるときは a piece of china など と言う)

せなか【背中】 a **back** [バぁック] ➡ せ, せい[1]
▸背中がかゆい. My **back** itches.
▸緑は怒(おこ)ってわたしに背中を向けた.
Midori got angry and turned her **back** on me.

せのび【背伸びする】 (つま先で立つ)stand* on tiptoe [ティップトウ]

せばんごう【背番号】 a number [ナンバ]

ぜひ 《be* sure to ＋動詞の原形》 ➡ **かならず**

セピア sepia [スィーピア]

せびろ【背広】 a (business) suit [スート]

せぼね【背骨】 a backbone [バぁックボウン]

せまい【狭い】
(面積が) **small** [スモーる] (対義語「広い」large); (幅(はば)が) **narrow** [ナぁロウ] (対義語「広い」wide)
▸狭い庭 a **small** garden
▸度量の狭い **narrow**-minded
▸わたしの部屋は狭い.
My room is **small**.
▸この通りは道幅がずいぶん狭い.
This street is very **narrow**.
狭くなる narrow, become* narrow
狭くする narrow, make* ... narrow

せまる【迫る】 ❶『近づく』approach [アプロウチ], draw* near
▸文化祭が間近にせまっている.
Our school festival is **approaching [drawing near]**.
❷『強制する』press [プレス]
▸わたしたちは決断をせまられた.
We were **pressed** for a decision.

セミ 〖昆虫〗a cicada [スィケイダ]

ゼミ a seminar [セミナー]

セミコロン 〖文法〗a semicolon [セミコウろン] (♦「;」のこと)

> **ルール セミコロンの使い方**
> コンマより大きく, ピリオドより小さい区切りを示し, 2つ以上の文を接続詞を使わずに並べるときなどに用います.
> (例)I have two dogs; one is black and the other is white. わたしは犬を2匹(ひき)飼っています. 1匹は黒でもう1匹は白です.

セミナー a seminar [セミナー]

せめて at least [リースト]

せめる[1]【責める】 blame [ブれイム]
(人)を…の[した]ことで責める
《**accuse ＋人＋ of ＋名詞[～ing]**》
▸彼はわたしがうそをついたと責めた.
He **accused** me **of lying**.

せめる[2]【攻める】 attack [アタぁック] ➡ **こうげき**

セメント cement [セメント]
セメントを塗(ぬ)る cement

ゼラチン gelatin, 〖英〗gelatine [ヂェらティン]

ゼリー (a) jelly [ヂェり]

せりふ one's lines (♦複数形で用いる)

-せる ➡ **-させる**

セルフサービス self-service [セるふサ～ヴィス]
セルフサービスの self-serve

セルフタイマー a self-timer [セるふタイマ]

セルロイド celluloid [セりュろイド]

ゼロ (a) zero [ズィーロウ] ➡ **れい[2]**

セロテープ 〖商標〗〖米〗Scotch tape, 〖英〗Sellotape [セろテイプ]

セロハン Cellophane [セろふェイン]
セロハンテープ ➡ **セロテープ**

セロリ 〖植物〗celery [セらり]

せろん【世論】 public opinion ➡ **よろん**

せわ【世話】 (めんどうをみること)
care [ケア]; (手助け) **help** [へるプ]; (やっかい) **trouble** [トゥラブる]
世話をする take* care of ..., look after ...
▸わたしが留守(るす)の間, バラの**世話をして**ください. Please **take care of** my roses while I'm away.
▸ほんとうにお世話になりました.
Thank you for your kind **help**. / (→いろいろありがとう) Thank you very much for everything.
▸ジャックはほんとうに世話が焼けるやつ

だね(→多くの世話をかける).
Jack gives us a lot of **trouble**.
▸**よけいなお世話だ.**
It's none of your business. / Mind your own business.

⁑せん¹【千(の)】 **a thousand** [さウザンド]
▸2, 3千人
two or three **thousand** people (♦2 以上の数詞が前についても thousands と複数形にはしない)
▸3万4千円
thirty-four **thousand** yen (♦「万」の位は thousand を用いて表す)
▸何千本もの木
thousands of trees (♦「何千もの」のときは thousands と複数形にする)
千円札(さつ) a thousand-yen bill

参考 4けたの数の読み方
1 (一般に)3,542 = three thousand five hundred and forty-two
1,800 = eighteen hundred / one thousand (and) eight hundred
2 (年号)1997 = nineteen ninety-seven
2030 = twenty thirty (♦2けたずつ区切って読みます)
3 (電話番号·部屋番号)2601 = two, six, o [オウ] (または [ズィーロウ]), one (♦順に1つずつ読みます)

⁎せん²【線】 **a line** [らイン]; (鉄道の番線) a track [トゥラぁック]
▸太い線 a bold [thick] **line**
▸細い線 a fine **line**
▸点線 a dotted **line**
▸線を引く draw a **line**
▸山手線 the Yamanote **Line**

せん³【栓】 (びんの) a stopper [スタパ]; (コルクの) a cork [コーク]
▸びんに栓をする
put a **stopper** in a bottle
栓抜(ぬ)**き** a bottle opener; (コルク用の) a corkscrew [コークスクルー]

ぜん¹【善】 good (対義語「悪」evil)
▸善悪を区別する tell **good** from evil
ことわざ **善は急げ.**
Good deeds should be done quickly.

ぜん²【禅】 Zen [ゼン]

ぜん-¹【全…】 all, whole [ホウる]; (統計の) total [トウトゥる]
▸全問正解です.
All the answers are correct.
▸全世界
the **whole** world / **all** the world
▸この都市の全人口
the **total** population of this city
▸全日本選抜(せんばつ)チーム
a select team of players from **all** over Japan / (the) **All** Japan team

ぜん-²【前…】 (以前の) former [ふォーマ]; (時間·順序が前の) previous [プリーヴィアス] ➡ **ぜんにん¹**
▸前首相 the **former** prime minister / the ex-prime minister (♦前者は改まった言い方)
▸前日 the **previous** day

せんい【繊維】 a fiber [ふァイバ]
繊維製品 textile products

ぜんい【善意】 goodwill [グッドウィる]; (好意) kindness [カインドネス]
▸フレッドは善意でそうしたんだ. Fred did it out of **goodwill** [**kindness**].

せんいん【船員】 a sailor [セイら]

ぜんいん【全員】 all (the members)
▸クラス全員 **all** the class(mates)
▸わたしたちは全員その案に賛成です.
We **all** [All of us] agree to the plan.

ぜんえい【前衛】
《スポーツ》a forward [ふォーワド]

ぜんかい¹【全快する】 completely recover, completely get* over
▸わたしの風邪(かぜ)は全快した.
I **completely recovered from** [**got over**] the cold.

ぜんかい²【前回】 the last time

ぜんかい³【全開】
▸エンジンを全開にする
put the engine **at full throttle**

せんかん【戦艦】
a battleship [バぁトゥるシップ]

せんがん【洗顔】 face washing
洗顔フォーム a facial foam

ぜんき【前期】 the first half (of the period) (対義語「後期」the latter half (of the period))

せんきょ【選挙】
an election [イれクシャン]
▸総選挙 a general **election**

せ

選挙する elect
▸委員会は選挙で彼女を委員長に選んだ. The committee **elected** her (as) chairperson.
選挙違反(いはん) election violations
選挙演説 a campaign speech
選挙管理委員会 an election administration committee
選挙権 the right to vote

せんきょうし【宣教師】
a missionary [ミシャネリ]

◆**せんげつ【先月】** last month [マンす]
▸先月の 10 日に
on the tenth of **last month**
▸ジェーンは先月カナダに行った.
Jane went to Canada **last month**.
(♦last の前には in や on をつけない)
先月号 last month's issue

せんけん【先見の明】
foresight [ふォーサイト]
▸先見の明のある女性
a woman of **foresight**

せんげん【宣言】
(a) declaration [デクらレイシャン]
宣言する declare [ディクれア]
▸天皇はオリンピック大会の開会を宣言した. The Emperor **declared** the Olympic Games open.
独立宣言 (アメリカの)
the Declaration of Independence

せんご【戦後の】 postwar [ポウストウォーア] (対義語「戦前の」prewar)
戦後に after the war

ぜんご【前後】
❶『位置, 方向』(位置)front and back; (動く方向) back and forth [ふォーす]
▸前後をよく見て!
Check your **front and back** carefully. / Be sure to look in **front and back** of you. (♦「前後左右を見る」なら look around を用いる)
❷『時間的に前か後』before or after ...; (…くらい) about ...
▸体育祭の前後にビルの歓迎(かんげい)会を開こう. Let's have a welcome party for Bill **before or after** the sports day.
▸そちらには 6 時前後にうかがいます.
I will come over **about** six.

せんこう[1]【専攻】
one's specialty [スペシャるティ],
〖米〗one's major [メイヂャ]
専攻する specialize in ...
[スペシャらイズ], 〖米〗major in ...

せんこう[2]【線香】
an incense stick [インセンス]
線香花火 a sparkler [スパークら],
a sparkling firework

せんこう[3]【先攻する】
attack first; (野球) bat first

ぜんこう【全校】
the whole school
全校集会
an assembly for the entire school
全校生徒
all the students of a school

ぜんこく【全国】
the whole country [カントゥリ],
all parts of the country
全国的な nationwide
全国(的)に all over the country
全国大会 a national meet
全国ツアー a nationwide tour
全国放送 nationwide broadcasting

センサー a sensor [センサ]

せんさい【繊細な】 delicate [デりケット], sensitive [センスィティヴ]

せんざい【洗剤】
(a) detergent [ディタ〜チェント]
▸合成洗剤 a synthetic **detergent**

せんさく【詮索する】
examine (in detail) [イグザぁミン]

せんし【戦死する】
be* killed in (a) war

せんしつ【船室】 a cabin [キぁビン]

◆**せんじつ【先日】** the other day
▸先日, 街で有名な歌手を見かけた. I happened to see a famous singer on the street **the other day**.

ぜんじつ【前日】
the day before ...; (祝祭日などの) Eve
▸入学試験の前日 **the day before** the entrance examination

せんしゃ【戦車】 a tank [タぁンク]

ぜんしゃ【前者】 the former [ふォーマ] (対義語「後者」the latter)

◆**せんしゅ【選手】**
(球技などの) a **player** [プれイア]; (運動選手全般(ぜんぱん)) an athlete [あすりート]

▸テニスの選手　a tennis **player**
▸最優秀(ゆうしゅう)選手　the most valuable **player** (♦MVP と略す)
▸わたしはオリンピック選手になりたい.
I want to be an Olympic **athlete**.
選手権　a championship
選手権大会
a championship tournament

˙せんしゅう【先週】

last week [ウィーク]
▸先週のきょう　〖米〗 a week ago today / 〖英〗 this day **last week**
▸先週は風邪(かぜ)をひいて学校を休んだ.
I was absent from school **last week** because I had a cold.
▸**先週の火曜日に**英語のテストがあった.
We had an English quiz **last Tuesday** [**on Tuesday last week**].

> **ルール 「先週の…曜日」の言い方**
> 「先週の木曜日」と言うときは, ふつう last Thursday と言いますが, last は「すぐ前の」という意味なので, 土曜日に last Thursday と言えば「今週の木曜日」を指します. 先週ということをはっきりさせたいときは on Thursday last week のように言います.

先週号　last week's issue

ぜんしゅう【全集】

complete works
▸シェークスピア全集
Shakespeare's **complete works**

せんじゅつ【戦術】

tactics [タぁクティックス]

せんじょう【戦場】

a battlefield [バぁトゥるふィーるド]

ぜんしょう[1]【全勝する】

win* all the games
▸わたしたちのチームは 9 戦全勝した.
Our team **won all** nine **games**.

ぜんしょう[2]【全焼する】

burn* down

せんしょくたい【染色体】

a chromosome [クロウモソウム]

せんしん【線審】

a linesman [らインズマン] (複数 linesmen)

ぜんしん[1]【前進】

(an) advance [アドヴぁンス]
前進する　go* forward [ふォーワド], go ahead [アヘッド], advance
▸前進!
〖号令〗 **Forward! / Go ahead!**

ぜんしん[2]【全身】 the whole body

▸激しく運動をしたら, 全身(→身体のあちこち)の筋肉が痛くなった.
After exercising hard, I had muscle pains all over my body.

せんしんこく【先進国】

an advanced country, a developed country (対義語 「発展途上(とじょう)国」 a developing country)

センス (a) sense [センス]

▸アンにはユーモアのセンスがある.
Ann has a **sense** of humor.

✲せんす【扇子】 *sensu*, a folding fan

> 日本紹介 扇子(せんす)は一種のうちわです. ふつうは紙でできていて, その紙は竹もしくは木の骨組みにはられています. 細い棒のように折りたたむこともできます. 扇子の紙にはよく美しい絵が描(えが)かれています.
> A *sensu* is a kind of fan. Usually it is made of paper and the paper is pasted on a bamboo or wooden frame. You can also fold it into a thin stick. The paper of a *sensu* often has a beautiful picture on it.

せんすい【潜水】

diving [ダイヴィング]
潜水する　dive* [ダイヴ] ➡ **もぐる**
潜水艦(かん)　a submarine [サブマリーン]
潜水士　a diver

⁑せんせい[1]【先生】

❶〖教師〗 a **teacher** [ティーチャ]
▸わたしは小学校の先生になりたい.
I want to be a **teacher** at an elementary school.
▸担任の先生　a homeroom **teacher**
▸理科の先生　a science **teacher**
▸松井先生　Mr. Matsui (♦×Matsui teacher とは言わない; 女の先生なら Miss (未婚(みこん)) や Mrs. (既婚(きこん)) または Ms. (未婚, 既婚を問わない) を用いる)

> **結びつくことば**
> 先生に当てられる be called on by one's teacher
> 先生に叱られる be scolded by one's teacher

先生に質問する ask one's teacher a question
担任の先生 a homeroom teacher
先生を信頼する trust one's teacher

せ

❷〖医者〗a **doctor**［ダクタ］
▸山口先生は外科(げか)医です.
Dr. Yamaguchi is a surgeon.

参考 **先生の言い方**
「…先生！」と呼びかける場合はふつう姓(せい)の前に Mr., Miss, Mrs., Ms. をつけて呼び, teacher は用いません. 名前をつけずに単に「先生！」と言う場合, 男性には sir, 女性には ma'am と呼びかけます. なお医者や博士号を持つ相手には doctor (Dr. ...) を用います.

せんせい[2]【宣誓】 an oath［オウす］
宣誓する take* an oath, swear*［スウェア］
▸宣誓！ われわれはスポーツマン精神にのっとり, 正々堂々と戦うことを誓(ちか)います. We **swear** to play fairly and follow the rules of good sportsmanship.（♦欧米(おうべい)にはこのような選手宣誓の習慣はない）

ぜんせい【全盛(期)】
the golden age; one's prime［プライム］
▸無声映画の全盛時代
the golden age of silent movies

せんせいじゅつ【占星術】
astrology［アストゥラろヂィ］

ぜんせかい【全世界(の人々)】
all the world, the whole world
▸全世界の人々が幸福を望んでいる.
The whole world desires happiness.

せんぜん【戦前の】 prewar［プリーウォーア］（対義語「戦後の」postwar）
戦前に before the war

ぜんせん【前線】
（気象の）a front［ふラント］
▸寒冷前線 a cold **front**
▸梅雨(ばいう)前線
a seasonal rain **front**

ぜんぜん【全然】
❶〖少しも…ない〗not ... at all
▸厚着をしていたので全然寒さを感じなかった. I did**n't** feel cold **at all** because I wore warm clothes.
❷〖まるで〗quite［クワイト］
▸わたしの意見はあなたのとは全然ちがう.
My opinion is **quite** different from yours.

せんせんげつ【先々月】
the month before last

せんせんしゅう【先々週】
the week before last

せんぞ【先祖】
an ancestor［アンセスタ］

•せんそう【戦争】 (a) **war**［ウォーア］
▸核(かく)戦争 (a) nuclear **war**
▸戦争に勝つ win the **war**
▸戦争に負ける lose the **war**
▸その2国間に戦争が起こった.
War broke out between those two countries.

ぜんそく【喘息】 asthma［あズマ］

ぜんそくりょく【全速力で】
at full speed, at top speed
▸全速力で走る
run **at full** [**top**] **speed**

センター（中心となる場所や施設(しせつ)）
a center［センタ］;〖野球〗center field［ふィーるド］;（選手）a center fielder
▸ショッピングセンター a shopping mall
センターライン a center line

•ぜんたい【全体】 the **whole**［ホウる］
（対義語「部分」(a) part）
全体の whole, all［オーる］, entire
▸町全体 **the whole** of the city / the **whole** city
▸全体的に見て, この計画は悪くない.
On **the whole** this plan is not bad.
全体で in all, altogether［オーるトゥゲざ］
▸費用は全体で1万円かかります. It will cost ten thousand yen **in all**.

•せんたく[1]【洗濯】
(a) **wash**［ワッシ］, washing
洗濯する
wash, do* the washing [laundry]
▸このしみは洗濯すれば落ちますか？
Can I **wash** this stain out?
▸洗濯は済みましたか？ Have you **done the washing** [**laundry**]?
▸わたしのセーター, **洗濯に出して**くれた？
Have you **sent** my sweater **to the laundry**?
洗濯機 a washing machine, a washer

洗濯ばさみ 〘米〙a clothes pin, 〘英〙a clothes peg［ペッグ］
洗濯物 (the) wash(ing), the laundry
▸洗濯物を干す
hang out **the wash(ing)**

せんたく² 【選択】 (a) choice［チョイス］, (a) selection［セれクシャン］
選択する choose*［チューズ］, select［セれクト］➡ **えらぶ**
選択科目 an elective subject

センタリング centering［センタリング］

センチ(メートル) a centimeter［センティミータ］(♦cm と略す)
▸20 センチ 20 **centimeters**

ぜんち 【全治する】
heal (up) completely
▸彼は全治 1 週間のやけどを負った.
He suffered a burn that would take a week to **heal completely**.

ぜんちし 【前置詞】
〘文法〙a preposition［プレポズィシャン］

センチメンタル 【センチメンタルな】 sentimental［センティメントゥる］

せんちゃく 【先着】
▸チケットは先着順に販売(はんばい)します.
The ticket will be sold **on a first-come, first-serve basis**.

せんちょう 【船長】
a captain［キャプテン］

ぜんちょう¹ 【全長】
(長さ) the length［れンクす］
▸この船の全長は 200 メートルです.
The length of this ship is two hundred meters.

ぜんちょう² 【前兆】
(an) omen［オウメン］, a sign［サイン］

せんて 【先手を打つ】
forestall［ふォーストーる］

せんでん 【宣伝】
(an) advertisement［あドヴァタイズメント］(♦ad と略す)
宣伝する advertise［あドヴァタイズ］
宣伝ポスター an advertising poster

セント a cent［セント］
▸5 ドル 25 セント
5 dollars (and) 25 **cents**

ぜんと 【前途】 a future［ふューチャ］; the outlook［アウトるック］
▸彼女の前途はとても明るい
Her **future** is very bright.

せんとう¹ 【先頭】 the head［ヘッド］, the lead［リード］, the top
▸真理はついにレースの先頭に立った.
Mari finally gained [took] **the lead** in the race.
▸ボブはわたしたちの先頭に立って歩いた.
Bob walked at **the head** of us.

せんとう² 【戦闘】 a battle［バあトゥる］, a fight［ふアイト］, fighting
戦闘機 a fighter (plane)

✲**せんとう³ 【銭湯】** a *sento*, a public bath (♦英米には銭湯はない)

せんどう¹ 【船頭】
a boatman［ボウトマン］
ことわざ 船頭多くして船山に登る.
Too many cooks spoil the broth. (♦「料理人が多すぎるとスープがだめになる」の意)

せんどう² 【扇動】 (an) incitement［インサイトメント］, agitation［あヂテイシャン］
扇動する incite［インサイト］, agitate［あヂテイト］

セントラルヒーティング
central heating

せんにゅうかん 【先入観】
a preconception［プリーコンセプシャン］, (偏見(へんけん)) (a) prejudice［プレヂュディス］, (a) bias［バイアス］
▸彼女はその事柄(がら)に対する誤った先入観にとらわれている.
She is possessed by an incorrect **preconception** of the matter.

ぜんにん¹ 【前任の】 preceding［プリスィーディング］, former［ふォーマ］
前任者 one's predecessor［プレデセサ］

ぜんにん² 【善人】 a good person; (全体をまとめて) the good［グッド］

せんぬき 【栓抜き】
(びんの) a bottle opener; (コルクの) a corkscrew［コークスクルー］

せんねん 【専念する】
devote oneself《to ...》［ディヴォウト］; (集中する) concentrate《on ...》
▸彼女は音楽の勉強に専念した. She **concentrated on** studying music.

ぜんねん 【前年】 (前の年)
the previous year［プリーヴィアス］, the year before; (昨年) last year

◆**せんぱい 【先輩】**
(上級生) an older student
(対義語「後輩」a younger student)

▸北さんは中学の**1年先輩です**.
Kita **is a year ahead of** me in junior high school.

せんばつ【選抜】
(a) selection［セれクシャン］
選抜する select［セれクト］➡ **えらぶ**
選抜試験 a selective examination
選抜チーム an all-star team, a select team

せんぱつ【先発する】
（先に出発する）start in advance
先発投手 a starting pitcher
先発メンバー the starting lineup
➡ **スタメン**

✻**せんばづる【千羽鶴】** a string of one thousand origami cranes (used as a prayer for recovery from illness)

ぜんはん【前半】 the first half
（対義語「後半」the latter half, the second half）
▸シーズンの**前半**わたしたちは好調だった. We were doing well in **the first half** of the season.
▸ローラは**20代前半**だ.
Laura is in **her early twenties**.

˙ぜんぶ【全部】

all［オーる］, **everything**［エヴリすィンヶ］;
（全体）the **whole**［ホウる］➡ **すべて**
全部の **all**;（どれでもみな）**every**［エヴリ］; **whole**, entire［インタイア］
▸これで**全部**ですか？ Is this **all**?
▸このケーキ, **全部**食べられますか？
Can you eat this **whole** cake?
▸あなたに**全部**任せます.
I'll leave **everything** to you.
▸提案を**全部**受け入れるわけにはいかない.
We can't accept **all** the proposals.
全部で in all, altogether［オーるトゥゲざ］

> **参考 all と every**
> **all** と **every** では,「全部」のとらえ方がちがいます. **all** は全体をひとまとめにした言い方で, 修飾(しゅうしょく)する名詞は複数形. **every** は「どれもみな」という意味で個々を考えた言い方. 修飾する名詞は単数形です. どちらも **not** とともに用いると,「全部が…とはかぎらない」という意味になります.

せんぷうき【扇風機】
an electric fan

✻**せんべい**
a Japanese (rice) cracker［クラぁカ］

せんべつ【餞別】 a farewell gift［ふェアウェる］, a farewell present

ぜんぽう【前方に, 前方へ】
ahead［アヘッド］, forward［ふォーワド］
▸100メートル**前方**にトンネルがあります.
There is a tunnel a hundred meters **ahead**.

▶「前方道路工事中」の標識

せんまん【千万】 ten million(s)
（◆million は前に数を表す語がつくと複数形になることもある）
▸4**千万**人 forty **million** people（◆この場合は形容詞なので s はつかない）

せんめい【鮮明な】
（形などが）clear［クリア］;
（色・記憶(きおく)などが）vivid［ヴィヴィッド］
鮮明に clearly; vividly ➡ **はっきり(と)**

ぜんめつ【全滅する】
be* completely destroyed［ディストゥロイド］

せんめん【洗面】
洗面器 a washbowl［ワッシボウる］
洗面所 （家庭の）a bathroom［バぁすルーム］（◆アメリカではふつうトイレ・浴室・洗面台がひと部屋にある）;（公共の）a rest room［レストルーム］
洗面台 a sink［スィンク］,
〖英〗a washbasin［ワッシベイスン］
洗面道具 toilet articles

ぜんめん¹【前面】 the front［ふラント］

ぜんめん²【全面】
the whole surface
全面的な complete［コンプリート］
全面的に completely［コンプリートり］

せんもん【専門】
a specialty［スペシャるティ］
専門の, 専門的な special［スペシャる］
専門にする
specialize《in ...》［スペシャらイズ］
専門家 a specialist［スペシャりスト］, an expert［エクスパ〜ト］
専門学校 a vocational school

専門店　a specialty store

ぜんや【前夜】（その前の夜）the night before;（祝祭日などの）Eve

▸クリスマスの**前夜**　Christmas **Eve**

前夜祭　an eve

ぜんやく【先約】　a previous engagement [appointment]

せんよう【専用】　for ... only

▸これは大統領の**専用**機です．　This plane is **for** the president **only**.

▸**女性専用**

〘掲示〙**Ladies [Women] Only**

せんりつ【旋律】

a melody［メろディ］

ぜんりゃく【前略】　Dear ...,［ディア］（◆英文の手紙では「前略」にあたることばはない; Dear ..., で始めて，すぐ用件に入る）➡ **はいけい[2]**

せんりょう[1]【占領】

occupation［アキュペイシャン］

占領する　occupy［アキュパイ］

せんりょう[2]【染料】　(a) dye［ダイ］

ぜんりょう【善良な】　good［グッド］, right-minded［ライトマインディッド］

ぜんりょうせい【全寮制】

▸**全寮制の**学校　a **boarding** school

ぜんりょく【全力】

▸**全力を尽**(つ)**くし**ます．

I'll **do my best**.

全力で　with all one's strength［ストゥレンクす］

せんれい[1]【洗礼】

(a) baptism［バぁプティズム］

洗礼を受ける

be* baptized［バぁプタイズド］

洗礼名　a Christian name

せんれい[2]【先例】

(a) precedent［プレスィデント］

▸**先例**にならう　follow a **precedent**

ぜんれつ【前列】　the front row

▸この写真の**前列**左から２人目が私です．

I am the second from the left in **the front row** in this picture.

せんれん【洗練された】

refined［リふァインド］,

sophisticated［ソふィスティケイティッド］

せんろ【線路】

a (railroad) track［トゥラぁック］

そ　ソ

Q「ソフトクリーム」は soft cream？

➡「ソフト」を見てみよう！

そいつ　（男）that man;

（女）that woman;（物・事）that

-ぞいに【…沿いに】

（…に並行(へいこう)して）along ...［アろーンヶ］;

（…に面して）on ...

▸川**沿いに**歩きましょう．

Let's walk **along** the river.

▸おじの家はこの通り**沿いに**ある．

My uncle's house is **on** this street.

⁑そう[1]

❶〘相手のことば・様子などを指して〙 **so, that**

❷〘程度を示して〙 **so, such**

❸〘答えで〙 **yes; no**

❹〘相づち・軽い疑問などを示して〙 **Is that so?, Really?**

❶〘相手のことば・様子などを指して〙

so［ソウ］, **that**［ざぁット］

ダイアログ　同調する

A: この絵はルーシーのだと思う．

I think this is Lucy's picture.

B: わたしも**そう**思う．　I think **so**, too.

ダイアログ　同調する

A: ケイトに謝(あやま)ろうと思うの．

I'm going to apologize to Kate.

B: **そう**したほうがいいね．

You should do **that**.

ダイアログ　同調する

A: わたしは汚(きたな)い手は使いません．

I won't be unfair.

B: わたしだって**そう**です．

Neither will I. / I won't, either.

（◆「…も**そう**しない」の意味のときは neither か not either を用いる）

❷〖程度を示して〗**so, such**［サッチ］
➡ **そんなに**
▸この紅茶，**そう**薄(うす)くはないよ．
This tea is not **so** weak.
▸悠真は**そう**悪い子じゃないよ． I don't think Yuma is **such** a bad boy.
❸〖答えで〗（肯定文が続くとき） **yes**；（否定文で聞かれたとき） **no**

ダイアログ　肯定する
A: これはとても重要ですよね．
This is very important, isn't it?
B: **そう**，いちばん重要です．
Yes, it's the most important.

ダイアログ　肯定する
A: これ，あなたの傘(かさ)じゃないよね？
Isn't this your umbrella?
B: **そう**，わたしのじゃない．
No, it isn't mine.

❹〖相づち・軽い疑問などを示して〗
Is that so?, Really?

ダイアログ　相づちを打つ
A: 作文コンクールで1等になったよ．
I got (the) first prize in the composition contest.
B: **そう**，よかったわね．
Oh, **is that so?** That's nice.

ダイアログ　相づちを打つ
A: これぼくが作ったんだよ．
I made this.
B: **そうなの？** **Really?**（♦Did you?, You did? とも言う）

そう²【沿う，添う】（適合する）meet*
▸あなたの期待に**は**そえない．
I can't **meet** your expectations.
沿って　along ➡ -ぞいに

そう³【僧】 a priest［プリースト］

そう⁴【層】 a layer［れイア］，stratum［ストゥレイタム］（複数 strata［ストゥレイタ］）
▸オゾン層　the ozone **layer**

-そう ➡ -そうだ

ゾウ【象】
〖動物〗an elephant［エれふァント］

ぞう【像】 an image［イメッヂ］；（彫刻(ちょうこく)）a statue［スタぁチュー］
▸自由の女神(めがみ)像
the **Statue** of Liberty

そうい¹【相違】
(a) difference［ディふァレンス］
▸意見の**相違**　a **difference** of opinion
相違する　be* different《from ...》, differ《from ...》［ディふァ］

そうい²【創意】
originality［オリヂナぁりティ］
▸**創意に富んだ**作品　an **original** work

そういう　such［サッチ］，like that
➡ **そんな**

そういえば【そう言えば】
▸ビルが欠席？　そう言えば(→それで思い出した)きのう元気がなかったですね．
Bill is absent? That reminds me. He didn't look well yesterday.

そうおん【騒音】 (a) noise［ノイズ］
騒音公害　noise pollution

ぞうか¹【増加】 (an) increase［インクリース］（対義語「減少」(a) decrease）
▸人口の**増加**
an **increase** in population
増加する　increase［インクリース］
（♦名詞とのアクセントのちがいに注意）
➡ **ふえる**
▸会員数が20パーセント**増加した**．
The number of members has **increased** by 20 percent.

ぞうか²【造花】
an artificial flower［アーティふィシャる］

そうかい【総会】
a general meeting
▸生徒総会　the **general meeting** of the students' association

そうがく【総額】 the total［トウトゥる］，the sum total［サム トウトゥる］
総額…になる　amount to ..., total
▸工事費は総額100万円**となった**．
The construction cost <u>**amounted to**</u> [**totaled**] a million yen.

そうかん【創刊する】 start［スタート］，launch［ろーンチ］，found
▸2000年創刊(→2000年に初めて出版

された） First published in 2000.
創刊号 the first issue, the first number

ぞうかん【増刊号】 an extra issue

そうがんきょう【双眼鏡】
binoculars［ビナキュらズ］, field glasses（♦どちらも複数形で用いる）

そうき【早期の】 early［ア～り］
▸警察は事件の**早期**解決を目指している．The police hope for an **early** solution to the case.

そうぎ【葬儀】 a funeral (ceremony)［ふューネラる（セレモウニ）］
葬儀場 a funeral hall

ぞうき【臓器】 (internal) organs［(インタ～ヌる) オーガンズ］
臓器移植 an organ transplant
臓器提供者 an organ donor［ドウナ］

そうきゅう【早急な】
immediate［イミーディエット］
早急に immediately, soon

そうきん【送金】
remittance［リミタンス］
送金する send* money, remit［リミット］

ぞうきん【雑巾】 a rag［ラぁッグ］;（ほこりを取る）a dustcloth［ダストクろーす］
▸床(ゆか)の**雑巾**がけをする（→**雑巾**でふく）wipe the floor with a **rag**

ぞうげ【象牙】 ivory［アイヴォリ］
象牙色 ivory

そうけい【総計】 the sum［サム］, the sum total, the total［トウトゥる］
➡ **ごうけい**

そうげい【送迎】
▸駅まで無料**送迎いたし**ます．We **drive** you **to and from** the station at no charge.
送迎バス（旅館の）a courtesy bus;（空港の）a limousine bus

そうげん【草原】 grasslands［グラぁスらぁンヅ］（♦複数形で用いる）

そうこ【倉庫】 a warehouse［ウェアハウス］, a storehouse［ストーアハウス］

そうご【相互の】
mutual［ミューチュアる］➡ **たがい**
▸**相互**理解 **mutual** understanding

そうごう【総合の】 total［トウトゥる］
▸**総合**点ではわたしがトップです．I'm the top in **total** scores.
▸**総合的に見ると**，文化祭は成功だった．**On the whole**, our school festival was a success.
▸今回の運動会では，うちのクラスが**総合優勝した**．Our class **won the overall championship** of this field day.
総合する total, add up
総合大学 a university
総合的な学習 comprehensive learning
総合病院 a general hospital

そうごん【荘厳】
solemnity［サれムニティ］
荘厳な solemn［サれム］

そうさ[1]【捜査】 (an) investigation［インヴェスティゲイシャン］
▸その事件は**捜査中**だ．That case is under **investigation**.
捜査する
investigate［インヴェスティゲイト］

そうさ[2]【操作】
operation［アペレイシャン］
操作する operate［アペレイト］
▸この機械の**操作**の仕方を教えてください．Please tell me how to **operate** this machine.

そうさく[1]【創作】 creation［クリエイシャン］;（作品）a work［ワ～ク］
創作する create［クリエイト］;（小説を書く）write* a novel

そうさく[2]【捜索】 a search［サ～チ］
捜索する search ➡ **さがす**
捜索隊 a search party

•そうじ[1]【掃除】 **cleaning**［クリーニング］
掃除する **clean**;（はき掃除）sweep*［スウィープ］, rake［レイク］;（ふき掃除）wipe［ワイプ］
▸部屋を**掃除した**．I **cleaned** my room.
▸庭の落ち葉を**掃除して**ください．**Rake** the (fallen) leaves in the garden, please.
▸わたしは窓ガラスを**掃除した**．I **cleaned** [**wiped**] the windows.
▸今週はわたしたちが**掃除**当番（→教室を**掃除する**番）だ．It is our turn to **sweep** the classroom this week.
➡ **おおそうじ**
掃除機 a (vacuum) cleaner

そうじ[2]【送辞】 a farewell speech

そうしき【葬式】

a funeral［ふューネラる］

そうしゃ【走者】 a runner［ラナ］
▸最終走者
the last **runner** / an anchor

そうじゅう【操縦する】（飛行機を）fly*［ふらイ］;（機械を）operate［アペレイト］
操縦士　（飛行機の）a pilot［パイろット］
操縦室　a cockpit［カックピット］
操縦者
（機械の）an operator［アペレイタ］
操縦席　（飛行機の）a pilot's seat

そうじゅく【早熟】
precocity［プリカスィティ］
早熟な　precocious［プリコウシャス］

そうしゅん【早春】 early spring
▸早春に　in (the) **early spring** / early in (the) spring

ぞうしょ【蔵書】 a library［らイブレリ］, a collection of books

そうしょく¹【装飾】
decoration［デコレイシャン］
▸室内装飾　interior **decoration**
装飾する　decorate［デコレイト］
装飾品　decorations;（身につける）an ornament［オーナメント］

そうしょく²【草食の】
grass-eating［グラぁスイーティング］, herbivorous［ハ～ビヴァラス］
草食動物　a herbivore［ハ～ビヴォーア］
（対義語「肉食動物」a carnivore）

そうしん【送信する】 transmit［トゥラぁンスミット］, send*［センド］
▸メールを送信する　**send** an e-mail

そうしんぐ【装身具】
accessories［あクセサリズ］

ぞうすい¹【雑炊】 a kind of rice porridge cooked with vegetables

ぞうすい²【増水する】
rise*［ライズ］, swell*［スウェる］
▸台風の後, 川は 4 メートル近く増水した. The river **rose** almost four meters after the typhoon.

そうすると then［ぜン］, so［ソウ］
▸そうすると, だれが花びんを壊(こわ)したの? Who broke the vase, **then**?

そうすれば（命令文の後で）and
▸手伝ってください. そうすればお菓子(かし)をあげます. Help me, **and** I will give you some candy.

ぞうせん【造船】
shipbuilding［シップビるディング］
造船業　the shipbuilding industry
造船所　a shipyard［シップヤード］

そうせんきょ【総選挙】
a general election

そうそう【早々(に)】（早い時期に）early［ア～り］;（すぐに）soon［スーン］, at once［ワンス］, right away
▸野原先生は来月早々, パリに向けて出発します. Mr. Nohara is going to leave for Paris **early** next month.
▸わたしはそこに着いた早々, 帰らなければならなかった. I had to come back **soon** after I arrived there.

ˈそうぞう¹【想像】
(an) imagination［イマぁヂネイシャン］
▸グランドキャニオンの眺(なが)めは想像を超(こ)える. The view of the Grand Canyon is beyond **imagination**.
▸秀美は想像力が豊かだ. Hidemi has a rich [good, great] **imagination**.
想像する　imagine［イマぁヂン］
▸佐野先生は想像してたよりずっとすてきです. Ms. Sano is far nicer than I **imagined**.
▸テレビのない生活なんて想像できない. I can't **imagine** life without TV.

そうぞう²【創造】
creation［クリエイシャン］
創造的な　creative［クリエイティヴ］
創造する　create［クリエイト］
創造力　creativity［クリーエイティヴィティ］, creative power

そうぞうしい【騒々しい】
noisy［ノイズィ］➡ うるさい

そうぞく【相続】
inheritance［インヘリタンス］
相続する　inherit［インヘリット］
相続人　（男）an heir［エア］,（女）an heiress［エレス］

ˈ-そうだ

❶『…の様子だ』look, seem;《be likely to ＋動詞の原形》
❷『もう少しで…だ』nearly, almost
❸『当然…だ』should

❶『…の様子だ』（…のように見える）look［るック］, **seem**［スィーム］;（たぶん…になるだろう）《be* likely to ＋動詞の原形》
▸とても元気そうですね.

You **look** very well.
▸雨が降り**そうだ**.
It **is likely to** rain. / It **looks** like rain.（♦後者の rain は名詞）
❷『もう少しで…だ』nearly［ニアり］, almost［オーるモウスト］
▸気分が悪くてたおれ**そう**になった.
I felt so bad that I **nearly** [**almost**] fainted.
❸『当然…だ』should［シュッド］
▸もうアンジェラが来てもよさ**そうだ**.
Angela **should** be here soon.

•-(だ)そうだ
I hear* (that) .... / **They say*** (that) ....
（♦They 以外にもさまざまな主語をとる）
▸その先生は大学を出たばかり**だそうだ**.
I hear [**They say**] (**that**) the teacher has just finished college.
▸この本**によると**芭蕉(ばしょう)は忍者(にんじゃ)だっ**たそうだ**. This book **says** (**that**) Basho was a *ninja*.

そうたい【早退する】
（学校を）leave* school early, leave school earlier than usual
早退届
a notice to leave school early

そうだい【壮大さ】
magnificence［マぁグニふィセンス］
壮大な grand［グラぁンド］, magnificent［マぁグニふィスント］

ぞうだい【増大】
(an) increase［インクリース］
増大する increase［インクリース］, grow*［グロウ］

•そうだん【相談】 a **talk**［トーク］, (a) consultation［カンサるテイシャン］
相談する（話をする）**talk over**《with ...》［トーク オウヴァ］, consult［コンサるト］;（助言を求める）ask ... for advice［アドヴァイス］
▸あなたにちょっと**相談したい**ことがあるんです. I have something to **talk over with** you.
▸進路について担任の先生に**相談した**. I **consulted** my homeroom teacher about my future courses.
▸どうやって英語を勉強したらいいのか, 山田先生に**相談した**. I **asked** Ms. Yamada **for** her **advice** about how to study English.
相談室 a counselor's office

そうち【装置】 a device［ディヴァイス］;（舞台(ぶたい)などの）a setting［セティング］
▸安全装置 a safety **device**

ぞうちく【増築】
(an) extension［イクステンシャン］
増築する build* an addition, build an extension

そうちょう【早朝(に)】
early in the morning ➡ **あさ**[1]

そうです ➡ **そう**[1]

そうでもない ➡ **それほど**

そうとう【相当】
（かなり）pretty［プリティ］, quite［クワイト］, rather［ラぁざ］➡ **かなり**
▸外は**相当**寒そうだ. It seems **pretty** [very, **rather**] cold outside.
▸杏奈は**相当**うまく英語が話せる.
Anna speaks English **quite** well.
相当する（等しい）be* equal to ...［イークウォる］;（価値がある）be worth
▸1ドルは100セントに**相当する**.
One dollar **is equal to** 100 cents.
▸3万円**相当の**品 an article **worth** thirty thousand yen

そうどう【騒動】
(a) trouble［トゥラブる］, (a) fuss［ふァス］
▸騒動を起こす make a **fuss**

そうとも You're quite right.

そうなん【遭難する】
▸彼らは山で**遭難した**（→行方(ゆくえ)不明になった）. They became [got] lost in the mountains.
遭難者 a victim［ヴィクティム］

✽ぞうに【雑煮】 *zoni*（♦rice cake soup「もちのスープ」などと説明する）

そうにゅう【挿入】
(an) insertion［インサ〜シャン］
挿入する insert［インサ〜ト］

そうび【装備】
equipment［イクウィップメント］

そうべつ【送別】
a farewell［ふェアウェる］
送別会 a farewell party

✽そうめん very thin wheat noodles

✽ぞうり *zori*, Japanese sandals

そうりだいじん【総理大臣】
the Prime Minister ➡ **しゅしょう**[2]

そうりつ【創立】
foundation［ふァウンデイシャン］,

establishment［イスタぁブリッシメント］
創立する found［ふァウンド］, establish［イスタぁブリッシ］
▸わたしたちの学校は1910年に創立された. Our school was **founded** [**established**] in 1910.
創立記念日 the anniversary of the founding
創立者 a founder

そうりょ【僧侶】 a (Buddhist) priest［プリースト］➡ **そう**[3]

そうりょう【送料】
postage［ポウステッヂ］
▸この小包の送料はいくらですか? What is the **postage** for sending this parcel?

ソウル
Seoul［ソウる］(♦大韓(だいかん)民国の首都)

そうれい【壮麗な】 magnificent［マぁグニふィスント］, grand［グラぁンド］, splendid［スプれンディッド］

そえる【添える】 attach《to ...》［アタぁッチ］;(つけ加える) add《to ...》
…をそえて with ..., along with ...
▸カードをそえてスーに花束を送った. I sent Sue a bouquet (together) **with** a card.

ソース sauce［ソース］(♦日本で一般に言う「(ウスター)ソース」はWorcestershire sauce［ウスタシャ ソース］)

ソーセージ (a) sausage［ソーセッヂ］
▸ウインナーソーセージ
Vienna **sausage**(♦発音は［ヴィエナ］)/〚米〛(a) wiener(♦発音は［ウィーナ］)

ソーダ soda［ソウダ］
▸クリームソーダ an ice-cream **soda**
ソーダ水 soda (water)

ソーラー solar［ソウら］
ソーラーエネルギー solar energy
ソーラーカー a solar car

ゾーン a zone［ゾウン］
▸スクールゾーン a school **zone**

-そく【…足】
(♦pair［ペア］を用いて表す)
▸靴(くつ)1足 a **pair** of shoes
▸靴下2足 two **pairs** of socks

ぞくご【俗語】 slang［スらぁング］(♦「個々の俗語」はa slang wordと言う)

そくし【即死する】 be* killed instantly, be killed on the spot

そくしん【促進する】
promote［プロモウト］
▸世界平和を促進する
promote world peace

ぞくする【属する】 belong《to ...》［ビろーング］➡ **しょぞく**
▸クジラはほ乳類に属する. Whales **belong to** the mammal category.

そくせき【即席の】 (料理などが) instant［インスタント］;(その場の・準備なしの) offhand［オ(ー)ふハぁンド］
即席麺(めん) instant Chinese noodles

ぞくぞく[1]**【続々と】**
one after another
▸コンサート会場に人が続々とやって来た. People came to the concert hall **one after another**.

ぞくぞく[2]**【ぞくぞくする】**
(寒さ・恐怖(きょうふ)で) feel* a chill［チる］, shiver［シヴァ］;(興奮して震(ふる)える) be* thrilled［すりるド］

そくたつ【速達】 special delivery,〚英〛express［イクスプレス］
速達料金 a special delivery charge

▶アメリカの速達専用ポスト

そくてい【測定する】 (長さ・量などを) measure;(重さを) weigh ➡ **はかる**

・そくど【速度】 (a) **speed**［スピード］
▸最高速度 maximum **speed**
▸その新幹線は毎時約300キロの速度で走る. The Shinkansen travels at a **speed** of about 300 kilometers per hour.
速度制限 a speed limit

そくとう【即答】
a prompt answer, a quick answer
即答する give* a prompt answer, give a quick answer

そくどく【速読】
rapid [speed] reading
速読する read* ... rapidly [speedily]

そくばく【束縛】
(a) restriction［リストゥリクシャン］
束縛する

restrict [リストゥリクト], tie down [タイ]

そくほう【速報】
a newsflash [ニューズふらぁッシ]

そくめん【側面】 (物の) a side [サイド]; (性質の) an aspect [あスペクト], a phase [ふェイズ]
▸問題についてあらゆる側面から話し合う discuss every **aspect** of a problem

そくりょう【測量】
a survey [サ～ヴェイ]
測量する survey [サヴェイ], measure
測量技師 a surveyor [サヴェイア]

ソケット a socket [サケット]

そこ 1
❶『場所』**there** [ぜア], that

ダイアログ 質問する
*A:*そこにいるのはだれ? Who's **there**?
*B:*わたし,アリスよ. Me, Alice.

▸そこへ案内してくれ. Take me **there**!
▸そこがトイレです.
That is the bathroom.
❷『その時』then [ぜン]
▸そこへ母が帰って来た.
My mother came home **then**.
❸『その点』that
▸そこを詳(くわ)しく説明してください.
Please explain **that** in detail.

そこ 2 **【底】** a **bottom** [バタム]; (靴(くつ)の) a sole [ソウる]
▸なべの底 the **bottom** of a pan
▸彼女を心の底から愛している. I love her from the **bottom** of my heart.

そこく【祖国】 one's own country

そこそこ (およそ) about ...
▸雅也は100メートルを11秒そこそこで走る. Masaya runs 100 meters in **about** eleven seconds.

そこで (それで) so, therefore [ぜアふォーア]
▸今, 困っています. そこで頼(たの)みを聞いてもらえますか? I'm in trouble now, **so** can I ask you a favor?

-(し)そこなう miss [ミス], 《fail to +動詞の原形》 [ふェイる]
▸わたしはいつもの電車に乗りそこなった. I **missed** my usual train.
▸彼女は1点差で賞を取りそこなった. She **failed to** win the prize by one point.

そこら (場所) around there
そこらじゅうに everywhere
▸おもちゃが部屋のそこらじゅうにあった. Toys were **everywhere** in the room.

そざい【素材】
(a) material [マティリアる]

そしき【組織】
(an) organization [オーガニゼイシャン]
組織する organize [オーガナイズ]
▸委員会を組織する
organize a committee

そしつ【素質】
the makings [メイキングズ]
▸きみにはリーダーになる素質がある.
You have **the makings** to become a leader.
素質のある talented [タぁれンティッド], gifted [ギふテッド]

そして (…と) **and**; (それから) **and then** [ぜン] ➡ **それから**
▸わがトリオのメンバーは弘, 愛実, そしてわたしだ. The members of our trio are Hiroshi, Manami **and** me.
▸わたしは部屋に入り, そしてその本を読み始めた. I went into my room **and then** began to read the book.

そせん【祖先】
an ancestor [あンセスタ]

そそぐ【注ぐ】 pour [ポーア] ➡ **つぐ**[2]; (川が) flow* into ... [ふろウ]
▸カップにコーヒーを注ぐ
pour coffee into a cup
▸利根川は太平洋に注いでいる.
The Tone River **flows into** the Pacific Ocean.

そそっかしい careless [ケアれス]
▸電車に傘(かさ)を置き忘れるなんて, あなたはそそっかしいですね.
How **careless** of you to leave your umbrella on the train!

そそのかす put* ... up to ～, 《tempt [テンプト] +人+ to +動詞の原形》
▸そのヘビはイブをそそのかしてそのリンゴを食べさせようとした. The snake **tempted** Eve **to** try the apple.

そだいごみ【粗大ごみ】
bulky garbage

そだち【育ち】 (教育・しつけ)

breeding [ブリーディング]

・そだつ【育つ】

grow* **(up)** [グロウ], be* raised [レイズド], be brought up

▸ビルはりっぱな若者に育った.
Bill has **grown (up)** into a fine young man.

▸わたしは海辺で育った.
I **was raised [brought up]** near the sea.

・そだてる【育てる】 **raise** [レイズ]; (人を) **bring*** **up**; (教育する) educate [エヂュケイト]; (養成する) train [トゥレイン]; (植物を) grow* [グロウ]

▸わたしは朝顔を育てている.
I'm **raising [growing]** some morning glories.

▸真理は大事に育てられた. Mari was **brought up** with great care.

そち【措置】 measures [メジャズ]

▸緊急(きんきゅう)措置をとる take emergency **measures** ➡ **たいさく**

そちら (場所) there; (あなた) you

▸そちらは天気はどうですか?
How is the weather over **there**?

そっき【速記】 shorthand [ショートハぁンド], 〖米〗 stenography [ステナグラふィ]

速記する write* in shorthand

速記者 〖米〗 a stenographer [ステナグラふァ], 〖英〗 a shorthand typist

・そつぎょう【卒業】

graduation [グラぁヂュエイシャン]

▸卒業してから彼女に何度か会った.
I saw her several times after **graduation**.

卒業する graduate《from ...》[グラぁヂュエイト] (♦〖英〗では大学卒業だけに用い, 大学以外のときは finish を用いる; 〖米〗ではすべての学校に graduate を用いることができる)

▸中学を卒業したらどうするの?
What are you going to do after you **graduate from [finish]** junior high school?

卒業アルバム 〖米〗 a yearbook

卒業式 a graduation (ceremony), 〖米〗 a commencement

卒業証書 a diploma [ディプろウマ] (♦〖英〗ではすべての学校に, 〖米〗では主に高校・大学に用いる); a graduation certificate (♦〖英〗では大学だけに, 〖米〗では高校・大学以外の学校に用いる)

卒業生 a graduate [グラぁヂュエット]

▲アメリカの高校の卒業式

卒業文集
essays written at graduation time

そっきょうきょく【即興曲】〖音楽〗 an improvisation [インプラヴィゼイシャン], an impromptu [インプランプテュー]

ソックス a sock [サック] (♦ふつう複数形で用いる) ➡ **くつした**

▸ハイソックス1足
a pair of knee **socks**

そっくり ❶ 〖似ている〗 look (just) like ..., be* (just) like ..., closely resemble [リゼンブる] ➡ **にる**[1]

▸沙希は母親そっくりだ. Saki **looks just like** her mother. / Saki **closely resembles** her mother.

▸チャップリンのそっくりさん
a Chaplin **look-alike**

❷ 〖全部そのまま〗 all

▸わたしはこづかいをそっくり貯金した.
I saved **all** my allowance.

そっけない (冷淡(れいたん)な) cool [クーる]; (ぶっきらぼうな) curt [カ~ト], blunt [ブラント]

▸そっけない返事 a **curt** reply

そっせん【率先する】
take* the lead, take the initiative

そっち there ➡ **そちら**

そっちょく【率直な】
frank [ふラぁンク]

▸あなたの率直な意見が聞きたい. I want to hear your **frank** opinion.

率直に frankly

▸率直に言って, あなたのやり方は気に入らない. **Frankly speaking [To be frank]**, I don't like your way of doing things.

そって【沿って】 along ➡ **-ぞいに**

そっと ❶ 〖静かに〗 quietly [クワイエト

り]；〖軽く〗lightly [らイトり], softly [ソーふトり]
▸ドアはそっと閉めてください.
Close the door **quietly**, please.
▸わたしはそっとその猫に触(ふ)れた.
I touched the cat **lightly**.
❷〖ひとりにしておく〗
▸ジミーのことはそっとしておいてあげよう. Let's **leave** Jimmy **alone**.

ぞっと【ぞっとする】
shiver [シヴァ], shudder [シャダ]
▸わたしはその光景を見て,ぞっとした.
I shivered [shuddered] at that sight.

そっとう【卒倒】 a faint [ふェイント]
卒倒する faint

そっぽ【そっぽを向く】
turn* away
▸その事件の後, その会社は消費者からそっぽを向かれた(→支持を失った).
The company lost the support of consumers after the incident.

そで【袖】 a sleeve [スリーヴ]
▸そでをまくる roll up one's **sleeves**
▸半そでのシャツ
a short-**sleeved** shirt
袖口 a cuff [カふ]

⁑そと【外】 (外部) the **outside** [アウトサイド]
(対義語「内」the inside)
▸外からドアを押(お)して.
Push the door from **the outside**.
外の outside, outdoor [アウトドーア]
▸外の空気を吸う
breathe **outdoor** air
外で, 外に out, outside, outdoors [アウトドーアズ]
▸今晩は外で食べない？ How about eating **out** this evening?
▸外で遊ぼうよ. Let's play **outside**.

そとがわ【外側】 the outside [アウトサイド] (対義語「内側」the inside)
外側の outer, outside

そとづら【外面】
(an) appearance [アピアランス]
▸彼は外面がいい. He **puts on a friendly face in public**.

そなえつける【備え付ける】
(備品を) equip《with ...》[イクウィップ], install [インストーる]；
(家具を) furnish《with ...》[ふァ～ニッシ]
▸各教室にはテレビが備えつけられている.
Each classroom is **equipped with** a television.

そなえもの【供え物】
an offering [オーふァリング]

そなえる[1]【備える】
(用意する) prepare《for ...》[プリペア]
▸彼は将来に備えて貯金している.
He is saving money to **prepare for** the future.

そなえる[2]【供える】 offer [オーふァ]
▸お墓に花を供える
offer flowers at a grave

⁂その ❶〖相手の近くの〗**that** [ざぁット] (複数 those)
▸その赤いシャツを見せていただけますか？ Would you show me **that** red shirt, please?
❷〖相手や読者もわかっている事について〗**the**；〖前の名詞を指して〗**its** [イッツ]
▸その次の日 **the** next day
▸コートを買ったの. その色がいいのよ.
I got a coat. I love **its** color.

そのうえ (しかも) besides [ビサイヅ], moreover [モーアオウヴァ]；(さらに悪いことに) to make matters worse [ワ～ス]
▸ケビンは頭がよくて, そのうえ心が温かい. Kevin is smart. **Besides**, he is warm-hearted.

⁂そのうち
❶〖近いうちに〗**soon** [スーン], before long, in time；〖いつの日か〗some day
▸そのうち遊びに行くよ.
I'll come (and) see you **soon**.
▸そのうちスーも帰って来ます.
Sue will come back **before long**.
▸そのうち彼の気も変わるよ.
He'll change his mind **in time**.
▸そのうちローマに行きます.
I'll go to Rome **some day**.
❷〖その中で〗of them
▸わたしたちのグループは6人. そのうち2人は女の子です.
There are six people in our group. Two **of them** are girls.

そのかわり【その代わり】
instead [インステッド] ➡ かわり[1]
▸テニスをするには暑すぎたので, その代わりに映画に行った.
It was too hot to play tennis, so

we went to the movies, **instead**.

そのくせ still［スティる］, and yet

▸ピーターはもともと気が弱い. **そのくせ**いばりたがる.
Peter is timid by nature, **and yet** he tends to act big.

そのくらい ➡ **それくらい**

◆**そのご【その後】**

❶〖そののち〗**after that, later**［れイタ］

▸**その後**, ロブはシカゴへ行った.
After that, Rob went to Chicago.

▸**その後**数日してから千恵に電話をした.
I called Chie a few days **later**.

❷〖そのとき以来〗**since then**

▸**その後**, メアリーとは会っていません.
I haven't seen Mary **since then**.

◆**そのころ**（その時）**then**［ぜン］, at that time;（その当時）in those days

▸**そのころ**わたしはまだベッドの中にいました. I was still in bed **at that time** [**then**].

▸**そのころは**まだ電灯がなかった.
There were no electric lights **in those days**.

そのた【その他】 ➡ **そのほか**

そのため ❶〖理由〗for that reason

▸会議の出席者はわずか 3 人. **そのため**何も決められなかった.
There were only three people at the meeting. **For that reason**, we couldn't decide anything.

❷〖目的〗for that purpose

▸わたしは医者になりたい. **そのために**一生懸命(けんめい)勉強している.
I want to be a doctor. I'm studying hard **for that purpose**.

❸〖結果〗so, therefore

▸リタは眠(ねむ)くなった. **そのため**本を読むのをやめた. Rita got sleepy, **so** she stopped reading.

そのとおり

▸**そのとおりです**.
That's right. / **You're right**.
（◆全面的に同意する場合は Exactly. や Absolutely. などと言う）

◆**そのとき【その時】**

then［ぜン］, at that time

▸**そのときは**まちがいに気づかなかった.
I didn't notice the mistake **then** [**at that time**].

そのば【その場】 the place［プれイス］, the spot［スパット］

▸わたしは**その場**に居合わせた.
I happened to be in **the spot**.

その場で then and there

▸彼女は**その場で**柔道(じゅうどう)部に入ることに決めた. **Then and there**, she decided to enter the judo team.

そのへん【その辺】 around there

ダイアログ　説明する

A: 消しゴムはどこ？
Where's the eraser?

B: どこか**その辺に**あるでしょ.
It must be somewhere **around there**.

そのほか（ほかの人・物）the others

▸ロンとわたしはあなたに賛成だけど, **そのほか**はそうではありません.
Ron and I agree with you, but **the others** don't.

そのまま as it is, as they are

▸割れたガラスを**そのままに**しておいてはいけない. Don't leave the broken glass **as it is**.

そのもの（まさにその）the very

▸これがわたしがほしかった**そのものずばり**の CD です. This is **the very** CD that I've wanted.

▸ジュディーは誠実そのものです.
Judy is honesty itself.（◆この itself は honesty の意味を強調して「それ自身」の意味を表す）

そのような such［サッチ］, like that

▸**そのような**場所に行ってみたい.
I want to go to a place **like that**.

✻**ソバ**

〖植物〗 buckwheat［バックホウィート］;（食品）*soba*, buckwheat noodles

日本紹介 そばは日本のめん類の一種です. ソバ粉からできています. おつゆに入った熱いものと, 冷たくしてつけ汁(じる)で食べるものがあります.
Soba is a kind of noodles in Japan. It is made from buckwheat flour. It is served hot in soup or served cold with dipping sauce.

そば屋（店）a *soba* shop

そば (わき) **side** [サイド]

そばに **by** [バイ]; (並んで) **beside** [ビサイド]; (近くに) **near** [ニア]

▸わたしのそばにいてください.
Please stay at [by] my **side**. / Please stay **beside** me.

▸湖のそばに丸太小屋がある.
There is a log cabin **by** [**near**] the lake. (♦by は「すぐそばに」の意味で, near より近い位置を表す)

そばの nearby [ニアバイ]

そばかす freckles [ふレクるズ]

そびえる rise* [ライズ]

▸大木が空に向かって**そびえていた**.
A big tree **rose** high into the sky.

そふ【祖父】
a grandfather [グラぁン(ド)ふァーざ]
(対義語「祖母」a grandmother)

ソファー a sofa [ソウふァ]

ソフト ❶ (柔(やわ)らかい) soft [ソーふト]

▸ソフトな声 a **soft** voice

❷ (ソフトウエア) software [ソーふトウェア]

ソフトウエア 〘コンピュータ〙 software (対義語「ハードウエア」hardware)

ソフトクリーム
soft-serve ice cream in a cone

ソフトテニス
tennis played with a soft ball

ソフトドリンク
a soft drink, a non-alcoholic drink

ソフトボール
〘スポーツ〙 softball [ソーふトボーる]

ソプラノ 〘音楽〙 soprano [ソプラぁノウ]

ソプラノ歌手
a soprano (複数 sopranos)

そぶり a manner [マぁナ]; a sign [サイン]; behavior [ビヘイヴィア]

▸つれないそぶり a cold **manner**

そぼ【祖母】
a grandmother [グラぁン(ド)マざ]
(対義語「祖父」a grandfather)

そぼく【素朴な】 simple [スィンプる]

▸素朴な疑問 a **simple** question

▸素朴な人 a nice **simple** person

そまつ【粗末な】 (貧弱な) **poor** [プア]; (簡素な) **plain** [プれイン]

▸粗末な食事 poor [**plain**] meal

粗末にする (むだづかいする) waste [ウェイスト]; (いいかげんにあつかう) treat ... badly

そまる【染まる】 dye [ダイ]

そむく【背く】
(従わない) do* not obey [オウベイ]; (裏切る) betray [ビトゥレイ]

▸ダンは父親の言いつけに背いた. Dan **did not obey** his father's orders.

…に背いて against ... [アゲンスト]

そむける【背ける】 turn away

▸現実から目をそむけてはいけない.
You shouldn't **turn** your eyes **away** from reality.

そめる【染める】 dye [ダイ]

▸この布を赤く染めたい.
I want to **dye** this cloth red.

そよかぜ【そよ風】
a breeze [ブリーズ], a gentle wind

そよそよ gently [ヂェントゥり], softly [ソーふトり]

▸心地(ここち)よい風が**そよそよ**吹(ふ)いていた. A breeze was blowing **gently**.

そら[1]【空】 the **sky** [スカイ]; (空中) the air [エア]

▸曇(くも)り空 a cloudy **sky** (♦sky にはふつう the がつくが, 形容詞をともなうと a, an がつくことがある)

▸星空 a starry **sky**

▸青空の下(もと)で(何か)スポーツをしましょうよ. Let's play (some) sports under **the** blue **sky**.

▸空に星が輝(かがや)いていた.
Stars were shining in **the sky**.

▸ヒバリが空高く舞(ま)い上がった. Some larks flew high up into **the sky**.

そら[2] (相手の注意をひいて) there [ぜア]

▸そら, 言ったでしょう. **There**, I told you! / **There**, you see!

そらす【逸らす】 (方向を) turn ... away; (注意を) distract [ディストゥラぁクト]; (話を) change [チェインヂ]

▸話をそらさないでください.
Don't **change** the subject.

そらで【空で】 by heart [ハート]

▸その歌はそらで歌えます.
I can sing that song **by heart**.

ソラマメ 〘植物〙 a broad bean

そり (小型の) a sled [スれッド]; (馬などが引く) a sleigh [スれイ]

そる[1]【剃る】 shave* [シェイヴ]

▸父は毎朝ひげをそります. My father

shaves every morning.

そる² (板などが) warp [ウォープ]; (体などが) bend* over backward

そ

⁑それ

(相手の近くの物・前に述べた事を指して) **that** [ざぁット] (複数 those); (前に述べた事を指して) **it** [イット] (複数 they)

◆「それ」の変化形

それの	**its** [イッツ] (複数 their [ぜア]) ➡**その**
それを[に]	**it** (複数 them [ぜム])
それのもの	it に「…のもの」を表す形はない. 複数形は theirs [ぜアズ]
それ自身	**itself** [イトセるふ] (複数 themselves [ぜムセるヴズ])

ダイアログ　質問する

A: **それ**, きみの雑誌?
Is **that** your magazine?
B: うん. Yes.
A: ちょっと**それ**見せてくれない? Can I take a look at **it** for a minute?

ダイアログ　同情する

A: 吐(は)き気がします.
I feel sick to my stomach.
B: **それ**はいけませんね.
That's too bad.

▸あの洗濯(せんたく)機(**それ**)**自体**が古いし, **それ**の音がまたひどい.
That washer **itself** is old, and **it** makes a terrible noise.

参考 that と it

it は前に話題になった事柄(ことがら)を指して言うときに, **that** はそれに加えて, 相手の近くの物を指して言うときにも用います. 話題になっている事柄を取り上げて「それは」と言うとき, **that** を用いるほうが響(ひび)きとして重大な感じが出ます. 特に書くときは **that** のほうが好まれます.

それいぜん【それ以前】 before that

それいらい【それ以来】 since then

⁎それから

(その次に) **(and) then** [ぜン]; (その後) after that (♦過去形とともに用いる); since then (♦完了形とともに用いる)

▸わたしはまず渋谷に行き, **それから**新宿に行った. First I went to Shibuya, **and then** (to) Shinjuku.

▸(相手の話を促(うなが)して) **それから**? Well, **then**?

▸**それから**彼女とは口もきいていない. I haven't spoken to her **since then**.

それくらい that much

▸**それくらい**わたしでもわかります. Even I can understand **that much**.

⁎それぞれ

each [イーチ] (♦単数あつかい)

それぞれの each

▸その子供たちには**それぞれ**長所がある. **Each** of those children has (their own) good points. (♦人を表す each を代名詞で受けるときはふつう they, their を用いる)

それだけ (量・程度) that much; (全部) all [オーる]

ダイアログ　説明する

A: 2,000円で足りるかな?
Will 2,000 yen be enough?
B: **それだけ**あれば十分だ.
That much will do.

ダイアログ　質問する

A: **それだけ**? Is that **all**?
B: そう, これで全部. Yes, it is.

ダイアログ　説明する

A: (店で)ほかに何か? Anything else?
B: **それだけです**. **That's it [all]**.

それっきり (それ以来) since then

・**それで** (だから) **so** [ソウ];
(そして) **and** [アンド]
▸わたしは傘(かさ)を2本持っていた. **それで**ボブに1本貸した. I had two umbrellas. **So** I lent one to Bob.
▸エレンが来る. マークも来る. **それで**きみは? Ellen will come, so will Mark. **And** what about you?
▸陸がいっしょに行こうって誘(さそ)ったんだ. それで来たんだよ(→それが来た理由だ). Riku invited me to come with him. That's why I'm here.

それでこそ that's ...
▸よく言った! **それでこそ**わたしの弟だ. Well said! **That's** my brother.

それでは then [ゼン]; (さて) now [ナウ]
▸**それでは**始めよう! **Now**, let's begin!

それでも still [スティる], and yet
▸雨がひどく降っているよ. **それでも**出かけるの? It's raining hard. Are you **still** going out?
▸さくらは他人のことを全然かまわない. **それでも**わたしは彼女が好きだ. Sakura never cares about others, **and yet** I like her.

それどころ
▸忙(いそが)しくてそれどころじゃない(→忙しすぎてそれができない). I'm too busy to do that.

それどころか on the contrary
▸それを聞いても父は喜ばなかった. **それどころか**怒(おこ)り出した. My father was not glad to hear that. **On the contrary**, he got angry.

それとなく
(遠回しに) indirectly [インディレクトり]
▸大智にわたしのことどう思ってるか, **それとなく**聞いてくれる? Ask Daichi **indirectly** what he thinks of me, will you?

・**それとも** or [オーア]
▸海へ行こうかな, **それとも**プールにしようかな. Shall I go to the beach **or** to the swimming pool?

それなのに (しかし) but [バット]; (それでも) (and) yet [イェット]

それなら if so
▸あなたはメグのパーティーに行くの? **それなら**わたしも行くけど. Are you going to attend Meg's party? **If so**, I will, too.

それはそうと(して) well [ウェる]; by the way ➡ **ところで**

それほど so [ソウ], such [サッチ] ➡ **そう**[1]

それまで till then, until then; (それまでには) by then
▸詩織は**それまで**泣いていた. Shiori was crying **until then**.
▸**それまでに**宿題をやっておこう. I'll finish my homework **by then**.

それら ➡ **それ**

それる (的から) miss [ミス]; (横道に)wander off ... [ワンダ]
▸矢は的から**それた**. The arrow **missed** the target.
▸青井先生の話はよく横道に(→主題から)**それます**. Mr. Aoi often **wanders off** the subject.

ソロ a solo [ソウろウ] (**複数** solos)
▸美香は**ソロ**でバイオリンを弾(ひ)いた. Mika played a violin **solo**.

そろい【揃い】 a set [セット]
▸スキー用具**ひとそろい** a **set** of skiing gear
▸**おそろいの**セーターを着る wear **matching** sweaters

・**そろう【揃う】**
❶ 〖集まる〗 **get* together** [トゥゲざ]
▸うちでは夕食のとき全員が**そろいます**. My family **gets together** at dinner.
❷ 〖同じである〗 **be* equal** [イークウォる]
▸木の高さが**そろっている**. The trees **are equal** in height.
❸ 〖完全になる〗
▸あとは肉を買えばカレーの材料が**そろう**(→必要なものすべてを持つ). When I buy some meat, I'll have everything I need for curry.

そろえる【揃える】 ❶〖整える〗

arrange［アレインヂ］, put* ... in order
▸靴(くつ)をきちんとそろえなさい.
Arrange your shoes neatly. / **Put** your shoes **in order**.
❷〖同じにする〗(長さを)
make* ... all the same length
▸糸の長さを切りそろえよう.
I'll cut these strings to **make** them **all the same length**.
❸〖完全にする〗complete［コンプリート］
▸あの店では『スター・ウォーズ』の DVD を全部そろえている.
They have a complete collection of *STAR WARS* DVDs in that shop.(♦この complete は「完全な」という意味の形容詞)

そろそろ (まもなく) soon［スーン］; (ほとんど) almost［オーるモウスト］; (およそ) about［アバウト］
▸そろそろバスがやって来るころだ.
The bus will come **soon**.
▸日ごとに涼(すず)しくなっている. そろそろ秋ですね. It's getting cooler day by day. It's **almost** autumn.
▸そろそろお昼ご飯の時間だ.
It's **about** time to have lunch.

ぞろぞろ
▸人々がぞろぞろと駅に向かっている.
People **are streaming** toward the station.(♦この stream は「流れる, 流れ出る」の意味の動詞)

そろばん an abacus［あバカス］

そわそわ【そわそわする】
be* restless［レストれス］, be nervous［ナ～ヴァス］, get the jitters
▸どうしてそんなにそわそわしてるのですか? Why **are** you so **restless**?

そん【損】 (a) loss［ろース］
(対義語「得」(a) profit)
▸1万円の損 a **loss** of ten thousand yen / a ten-thousand-yen **loss**
損をする lose*［るーズ］
▸彼は競馬で3万円損をした.
He **lost** thirty thousand yen on the horse races.

そんがい【損害】
damage［ダぁメッヂ］
▸ここの農家は台風で大損害を受けた.
The farmers here suffered a lot of **damage** from the typhoon.

⁺そんけい【尊敬】 respect［リスペクト］
尊敬する respect, look up to ...
(対義語「軽べつする」look down on)
▸わたしは両親を尊敬している.
I **respect** my parents. / I have **respect** for my parents.
▸森田先生はみんなから尊敬されている.
Ms. Morita is **looked up to** [**respected**] by everyone.

そんざい【存在】
existence［イグズィステンス］
存在する exist［イグズィスト］
▸UFO の存在を信じますか?
Do you believe in the **existence** of UFOs? / Do you believe UFOs **exist**?

ぞんざい【ぞんざいな】 rough［ラふ］
▸彼らはことばづかいがぞんざいだ.
They use **rough** language.

そんしつ【損失】 (a) loss ➡ そん

そんちょう¹【村長】
a mayor［メイア］

そんちょう²【尊重】
respect［リスペクト］
尊重する respect
▸人の意見は尊重しなさい. You should **respect** other people's opinions.

⁺そんな (そのような) **such**［サッチ］, **like that**; (その種の) that kind of ...
▸そんな高い時計は買えません. I can't buy **such** an expensive watch.
(♦× a such expensive... とはしない)
▸そんなふうに持ってはいけません.
Don't hold it **like that**.
▸そんな本, わたしは読みません.
I don't read **that kind of** book.

そんなあ Oh, no!

そんなに so, that
▸そんなに大声を出さなくてもいいです.
You don't have to speak **so** loudly.
▸そんなにたくさん, 一度に食べられません. I can't eat so [**that**] much at one time.(♦数について「たくさん」なら so many か that many)

そんみん【村民】 a villager［ヴィれヂャ］; (全体) the village［ヴィれッヂ］

た タ

Q「高い山」を英語でどう言う？➡「たかい」を見てみよう！

た¹【田】（水田）a paddy (field) [パぁディ], a rice field

た²【他】 the others ➡ **そのほか**

-(し)た（♦動詞の過去形を用いて表す）

▸けさ, 部屋の掃除(そうじ)をした.
I **cleaned** my room this morning.

▸きのう, 光二が会いに来た.
Koji **came** and **saw** me yesterday.

> **ルール 一般動詞の過去形**
>
> **1** 原形の語尾に -ed または -d をつけ～ed の形にして過去形になるものを規則(変化)動詞と言います.
> (例)play-played / live-lived / study-studied
>
> **2** 原形とはつづり・発音がちがう過去形になるものを不規則(変化)動詞と言います. (例)go-went ➡ **付録参照**

-だ ➡ -です

ターゲット a target [ターゲット]

ダース a dozen [ダズン]

▸鉛筆(えんぴつ)1ダース a **dozen** pencils

▸リンゴ3ダース three **dozen** apples（♦「2ダース」「3ダース」と数えるときは dozen を単数形で用いる）

ダーツ darts [ダーツ]
（♦「ダーツの矢1本」は a dart）

▸ダーツをする play **darts**

タートルネック
a turtleneck [タ～トゥるネック]

▸タートルネックのセーター
a **turtleneck** sweater

ターミナル（鉄道・バスなどの終着駅・始発駅）a terminal [タ～ミヌる]

ターン a turn [タ～ン]

Uターン U-turn [ユータ～ン]

ターンする turn, make* a turn

タイ¹（同点）a tie (score) ➡ **どうてん**;
（ネクタイ）a tie [タイ]

タイにする, タイになる tie

▸世界タイ記録を出す（→世界記録とタイになる）**tie** the world record

タイ記録 a tied record

タイピン a tiepin, a stickpin;
（留め金式の）a tie clasp [クらぁスプ]

タイ²〖魚類〗a sea bream
[スィー ブリーム]（複数 sea bream）

✲**たい焼き** a *taiyaki*,
a sea-bream-shaped pancake with a bean paste filling

たい【隊】 a party [パーティ]

▸登山隊 a **party** of climbers

-たい【…対】 between ... and ～,
versus [ヴァ～サス]（♦vs. と略す）;
（点数）... to ～

▸マリナーズ対レッドソックス
the Mariners **vs.** the Red Sox

▸わたしたちは5対1で試合に勝った.
We won the game (by a score of) five **to** one.

◆**-(し)たい** ❶〖自分が…したい〗

《**want to** ＋動詞の原形》[ワント トゥ],
《**hope to** ＋動詞の原形》[ホウプ トゥ],
《**would like to** ＋動詞の原形》
[ウド ライク トゥ]

▸新しいTシャツを買いたい.
I **want to** get a new T-shirt.

▸オレンジジュースが飲みたいのですが.
I'd like to have some orange juice.（♦I'd は I would の短縮形）

▸ボブはそのコンサートに行きたいと思っている.
Bob **wants to** go to the concert.

▸まだ帰りたくない.
I don't **want to** go home yet.

> **くらべよう「…したい」の言い方**
>
> **want to** は「…したい」を表す最も一般的な表現. **hope to** は実現の可能性があること(その人の重大関心事であることが多い)を望むときに用います. **would**

like to は want to よりていねいな表現で，会話などでよく用います．

❷『人に…してもらいたい』《want ＋人＋to ＋動詞の原形》,《would like ＋人＋to ＋動詞の原形》➡ ほしい
▸宿題を手伝ってもらいたいんだけど.
I want [I'd like] you to help me with my homework.

だい1【代】 ❶『時代, 年代』
▸1970 年代に in the 1970s（♦1970s は nineteen seventies と読む）
▸井上先生は 40 代前半だ.
Mr. Inoue is in his early forties.（♦「後半」なら late を用いる）
❷『代金』
a charge［チャーヂ］, a fare［ふェア］
▸バス代 (the) bus **fare**

だい2【題】 a title［タイトゥる］
▸その映画の題は何て言うのですか？
What is the **title** of the film?

だい3【台】 a stand［スタぁンド］；（踏(ふ)み台）a stool［ストゥーる］
▸譜面(ふめん)台 a music **stand**

だい–1【第…】
（♦《the ＋序数》で表すことが多い）
▸第 2(の) **the second**（♦2nd と略す）
▸第 3[4] 章 **the third [fourth]** chapter / chapter three [four]
▸第 2 次世界大戦 World War II / **the Second** World War

だい–2【大…】 large［らーヂ］, big［ビッグ］, great［グレイト］, huge
▸大都市 a **large [big]** city
▸大作曲家 a **great** composer

たいあたり【体当たりする】
throw* oneself《against [at] ...》
▸男は警官に体当たりした.
The man **threw himself against [at]** a police officer.

たいい【大意】
（概略(がいりゃく)）an outline［アウトらイン］；（要約）a summary［サマリ］
▸講演の大意をまとめる
make a **summary** of the lecture

·たいいく【体育】
（教科名）physical education［ふィズィクる エヂュケイシャン］（♦P.E. と略す）
▸きょうの 3 時間目は体育だ. We have **P.E.** class in the third period today.

体育館 a gymnasium［ヂムネイズィアム］,〖口語〗a gym
体育祭 a field day,〖英〗a sports day
体育の日 Health-Sports Day

·だいいち【第一(の)】
（最初の）the **first**［ふァ～スト］；（主要な）primary［プライメリ］
▸第 1 章 **the first** chapter / Chapter 1（♦後者は chapter one と読む）
第一に first, first of all
▸第一に, もっと早く起きるべきだ. 第二に, …… **First**, you should get up earlier, second, ...
▸自分のことを第一に考えるべきだ. You should think of yourself **first**.
第一印象 the first impression
第一歩 the first step

たいいん【退院する】
leave* (the) hospital

ダイエット a diet［ダイエット］
▸ダイエット中だ. I'm on a **diet**.
ダイエットする go* on a diet, diet
ダイエット食品 diet food

ダイオキシン
dioxin(s)［ダイアクスィン］

たいおん【体温】 (a) temperature［テンペラチャ］（♦アメリカでは一般に力氏 Fahrenheit を用いる）➡ おんど
▸体温を計る
take one's **temperature**
▸けさの体温は 36 度 5 分でした.
My **temperature** was 36.5°C this morning.（♦36.5°C は thirty-six point five degrees Celsius と読む）
体温計 a (clinical) thermometer

たいか1【大家】 a master［マぁスタ］；（権威(けんい)）an authority［アそーリティ］
▸書の大家
a **master** of Japanese calligraphy

たいか2【大火】 a big [great] fire

たいかい【大会】（総会）a general meeting；（競技大会）a meet；（トーナメント）a tournament［トゥアナメント］
▸サッカーの全国大会に出場する
take part in a national soccer **tournament**
▸水泳大会 a swimming **meet**
花火大会 a firework(s) display

たいがい usually; mostly; generally ➡ たいてい

たいがいの most

たいかく【体格】 a build [ビるド]

▸彼は体格がいいね.
He has a good **build**.

たいがく【退学する】
leave* school, quit* school

＊だいがく【大学】（総合大学）
a **university** [ユーニヴァ～スィティ];
〖米〗（単科大学）a **college** [カれッヂ];
（理工系大学）an institute

▸大学へ行く go to **college** / go to **university**（◆勉強をしに行く場合は the をつけない）
▸兄は今年,大学に入った. My brother entered **college** this year.
▸名古屋工業大学
Nagoya **Institute** of Technology

大学院 a graduate school
大学教授 a professor
大学生 a college student, a university student
大学総長（学長）a president of a university [college]
大学入試 a university [college] entrance examination

◆大学のいろいろ

国立大学	a national university, a national college
公立大学	a public university, a public college
私立大学	a private university, a private college
医科大学	a medical college
短期大学	a junior college
女子大学	a women's college

だいかつやく【大活躍する】
be* very active《in ...》,
do* a very good job《in ...》

たいき【大気】（空気）the air [エア]
大気汚染(おせん) air pollution
大気圏(けん)
the atmosphere [あトゥモスふィア]

だいぎし【代議士】（国会議員）
a member of the Diet [ダイエット]

だいきらい【大嫌い】 hate [ヘイト]
▸次郎は納豆(なっとう)が大嫌いだ.
Jiro **hates** *natto*.

たいきん【大金】
a large sum of money

だいきん【代金】 the price [プライス];（お金）money [マニ]

だいく【大工】
a carpenter [カーペンタ]
大工道具 carpenter's tools

たいぐう【待遇】
treatment [トゥリートメント]
▸よい[悪い]待遇を受ける
receive good [bad] **treatment**

＊たいくつ【退屈な】
boring [ボーリング], dull [ダる]
▸その映画はほんとうに退屈だった.
The movie was really **boring**.
退屈する be* bored《with ...》,
be tired《of ...》
▸わたしたちはみな彼の長いスピーチに退屈した. We **were** all **bored with** his long speech.

たいけん【体験】(an) experience
[イクスピアリエンス] ➡ **けいけん**
体験する experience
体験学習
▸わたしたちは体験学習の(→経験を通じて学ぶ)ために農場を訪(おと)ずれた.
We visited a farm to learn about it through personal experience.

たいこ【太鼓】 a drum [ドゥラム]
▸太鼓をたたく beat a **drum**
▸大太鼓 a bass **drum**
▸小太鼓 a snare **drum**

たいこう[1]【対校の】
interschool [インタスクーる]
▸野球の対校試合 an **interschool** baseball game (against ...)

たいこう[2]【対抗する】
（匹敵(ひってき)する）match [マぁッチ];
（競(きそ)う）compete [コンピート]
▸クラス対抗バレーボール大会
an **interclass** volleyball game

ダイコン【大根】〖植物〗a *daikon*,
a Japanese radish [ラぁディシ]
大根おろし（器具）a *daikon* grater;
（食物）grated *daikon*

たいざい【滞在】 a stay [ステイ]
滞在する stay

ダイアログ　質問する
A: ロンドンにはどれくらい滞在するの？
How long are you going to **stay**

in London?
B:2 週間です. Two weeks.

たいさく【対策】 a measure
［メジャ］（♦ふつう複数形で用いる）
▸交通事故を減らすために何らかの**対策**をとるべきだ. We should take some **measures** to decrease the number of traffic accidents.

だいさんしゃ【第三者】
a third party

たいし【大使】
an ambassador［あンバぁサダ］
▸駐(ちゅう)タイ日本**大使** a Japanese **ambassador** to Thailand
大使館 an embassy［エンバスィ］

たいじ【退治する】 get* rid of ...

・だいじ【大事な】
（大切な・重要な）**important**
［インポータント］;（貴重な）**valuable**
［ヴぁりュアブる］➡ **たいせつ**
▸**大事な**ことを思い出した.
I've just remembered something **important**.
▸**それは大事だ**. That counts.
大事に carefully［ケアふり］
大事にする take* care of ..., treasure
［トゥレジャ］➡ **たいせつ**
▸**お大事に**. **Please take care of yourself.** /（→病気の人に）**I hope you('ll) get better soon.**

たいした【大した】
▸彼女のけがは**たいしたことはなかった**.
Her injury **was not serious**.
▸これ, きみが自分で作ったの？ **たいしたものですね**. Did you make this by yourself? **That's great**.

たいして【大して…ない】
not ... very [so]
▸きょうは**たいして**寒く**ない**.
It is **not very** cold today.

-(に)たいして【…(に)対して】
（向けて）toward ..., to ..., for ...;
（対抗(たいこう)して）against ...
▸エマは, わたしに**対して**冷たい.
Emma is cold **toward** [**to**] me.
▸わたしはアンディの厚意(こうい)**に対して**心から感謝した. I thanked Andy very much **for** his kindness.

たいしゅう【大衆】
the (general) public［パブりック］
大衆作家 a popular writer
大衆食堂 a cheap restaurant
大衆文化 mass culture
大衆文学 popular literature

・たいじゅう【体重】
weight［ウェイト］
▸**体重**が増えちゃった.
I have gained [put on] **weight**.
（♦「減った」なら gained の代わりに lost（lose の過去分詞）を用いる）
体重が…ある weigh［ウェイ］
▸わたしの**体重は** 42 キロです.
I **weigh** 42 kilograms.

ダイアログ　質問する・説明する
A:きみの犬の**体重**はどのくらいあるの？
What's your dog's **weight**? / How much does your dog **weigh**?
B:5 キロです.
Its **weight** is 5 kilograms. / It **weighs** 5 kilograms.

▸**体重を計る**
weigh oneself（♦この weigh は「…の重さを計る」という意味の動詞）
体重計 the (bathroom) scales

たいしょう¹【対照】
(a) contrast［カントゥラぁスト］
対照的である contrast《with ...》
▸この 2 人の画家は**対照的な**一生を送った. These two painters lived **contrasting** lives.

たいしょう²【対象】
（目標・的）an object［アブヂェクト］;
（主題）a subject［サブヂェクト］
▸関心の**対象** an **object** of interest

たいしょう³【対称】
symmetry［スィメトゥリ］
対称の・対称的な
symmetrical［スィメトゥリクる］

たいしょう⁴【大将】（陸軍・空軍・海兵隊）a general［ヂェネラる］;

(海軍) an admiral [あドミラる];
(上司・親方) a boss [ボース]

たいじょう【退場する】 leave* [リーヴ]; (劇の脚本(きゃくほん)で) exit [エグズィット] (対義語「登場する」enter)

・だいじょうぶ【大丈夫】
(順調・問題ない) **all right, O.K.**; (安全な) safe [セイふ]; (確かな) **sure** [シュア]

> ダイアログ　**心配する**
> *A:* 顔色が悪いけど, だいじょうぶ?
> You look pale. Are you **all right**?
> *B:* だいじょうぶです. I'm **O.K.**

▶この水は飲んでもだいじょうぶですか.
Is this water **safe** to drink?

たいしょく【退職】
(定年) (a) retirement [リタイアメント];
(辞職) (a) resignation [レズィグネイシャン]
退職する retire; resign [リザイン], quit* [クウィット]
退職金 retirement allowance

だいじん【大臣】
a minister [ミニスタ] ➡ **しょう**³

ダイズ【大豆】
〖植物〗a soybean [ソイビーン]

だいすき【大好きだ】 like ... very much, love, be* very fond of ...
▶ジョンはすしが大好きだ.
John **likes** sushi **very much**. / John **loves** sushi. / John **is very fond of** sushi.
大好きな favorite [ふェイヴァリット]
▶村上春樹は姉の大好きな作家です.
Murakami Haruki is my sister's **favorite** writer.

-(に)たいする【…(に)対する】
to ..., for ...; (対抗(たいこう)する) against ... [アゲンスト]; (関する) on ..., in ...
➡ **-(に)たいして**
▶政治に対する関心
an interest **in** politics

たいせいよう【大西洋】 the Atlantic (Ocean) [アトゥらぁンティック]

たいせき【体積】
volume [ヴァりューム] ➡ **りっぽう**¹

:たいせつ【大切な】
(重要な) **important** [インポータント];
(貴重な) **valuable** [ヴぁりュアブる]
▶時間を守ることは大切です.
It's **important** to be punctual.
大切に carefully [ケアふり], with care
▶これは大切にあつかってください.
Please handle this **carefully**.
大切にする treasure [トゥレジャ]
▶すてきなペンダントありがとう. 大切にします. Thank you for the nice pendant. I will **treasure** it.
大切さ importance [インポータンス]

たいせん【大戦】
(世界大戦) a world war
▶第二次世界大戦
World War II (◆II は two と読む) / the Second **World War**

・たいそう【体操】
gymnastics [ヂムナぁスティックス], 〖口語〗**gym** [ヂム];
(運動) (an) **exercise** [エクササイズ]
▶器械体操 apparatus **gymnastics**
▶**ラジオ体操をする**
exercise to the radio (◆この exercise は「運動する」の意味の動詞)
体操着 gym clothes, sports wear
体操選手 a gymnast
体操部 a gymnastic club

> 参考 **体操の種目いろいろ**
> **あん馬** pommel horse / **段ちがい平行棒** uneven bars / **跳馬**(ちょうば) vault / **つり輪** rings / **鉄棒** horizontal bar / **平均台** balance beam / **平行棒** parallel bars / **床**(ゆか)**運動** floor exercises

たいだ【怠惰な】
lazy [れイズィ], idle [アイドゥる]

・だいたい【大体】
(およそ) **about ...** [アバウト];
(ほとんど) almost [オーるモウスト];
(たいてい) generally [ヂェネラり]
だいたいの (大部分の) most;
(大ざっぱな) rough [ラふ]
▶これはだいたい 2 キロの重さだ. This weighs **about** two kilograms.
▶ジョンの話す英語はだいたいわかる.
I can understand **most** of John's English. (◆most はここでは代名詞; most of ... で「…の大部分」という意味)

だいたすう【大多数】 the majority [マヂョーリティ], most《of ...》[モウスト]
大多数の most

▶クラスの生徒の大多数がそのテレビ番組を見ています.
Most of the students in my class watch the TV program.(♦in my class という限定があるので most of ... となる)

た

たいだん【対談】 a talk［トーク］
対談する talk《with ...》, have* a talk《with ...》

だいたん【大胆な】 bold［ボウるド］
大胆に boldly
大胆さ boldness

だいち[1]【大地】 the earth［ア～す］, the ground［グラウンド］

だいち[2]【台地】 a plateau［プらぁトウ］(複数 plateaus, plateaux)

たいちょう[1]【体調】
(physical) condition［コンディシャン］, shape［シェイプ］
▶体調がいい
be in good **condition** [**shape**]
▶体調が悪い
be in poor **condition** [**shape**]

たいちょう[2]【隊長】
a captain［キぁプテン］

タイツ tights［タイツ］

たいてい (ふつう) **usually**［ユージュアり］;
(ほとんどの場合) mostly［モウストり］;
(一般的に) generally［ヂェネラり］
(♦いずれもふつう一般動詞の前か be 動詞の後, 助動詞があればその後に置く)
▶朝食はたいていパンです.
I **usually** eat bread for breakfast.
▶父の言うことはたいてい正しい. What my father says is **generally** right.
たいていの **most**
▶たいていの子供はアイスクリームが好きだ. **Most** children like ice cream.

たいど【態度】
(心がまえ) an attitude［あティテュード］;
(習慣的な態度) a manner［マぁナ］
▶ジャックは授業中の態度が悪い.
Jack has a poor **attitude** [poor **manners**] in class.

たいとう【対等の】 equal［イークウォる］
対等に equally

だいとうりょう【大統領】
a president［プレズィデント］
▶リンカーン大統領 **President** Lincoln
大統領選挙 the presidential election

だいどころ【台所】
a kitchen［キチン］
➡ 図, 巻頭カラー 英語発信辞典⑬
▶お父さんは台所にいます.
Father is in the **kitchen**.
台所仕事 kitchen work
台所用品 kitchen utensils

タイトル a title［タイトゥる］

●台所 kitchen

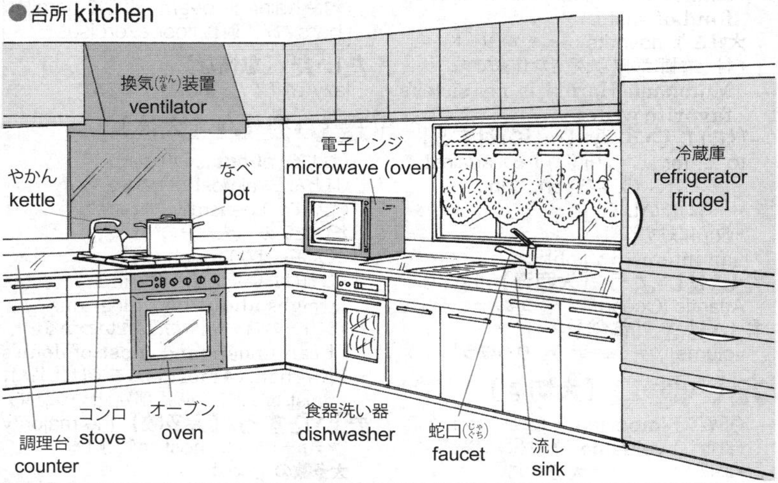

タイトルマッチ　a title match

だいなし【台なしになる】
be* spoiled［スポイるド］
▸大雨でピクニックが台なしになった.
Our picnic **was spoiled** by the heavy rain.

ダイナマイト dynamite［ダイナマイト］

ダイナミック【ダイナミックな】
dynamic［ダイナぁミック］

ダイニング a dining room

ダイバー a diver［ダイヴァ］

たいばつ【体罰】 corporal punishment［コーポラる パニッシメント］

たいはん【大半】（ほとんど）most
➡ だいぶぶん

たいびょう【大病】 serious illness

だいひょう【代表】（代表者）
a representative［レプリゼンタティヴ］
▸サッカー日本代表チーム
the Japanese national soccer team
代表する　represent［レプリゼント］
▸わたしは委員会のA組代表です.　I **represent** Class A on the committee. /（→代表者）I am Class A's **representative** on the committee.
代表的な　typical［ティピクる］
▸ボルネオ島は代表的な熱帯の島です.
Borneo is a **typical** tropical island.
代表団　a delegation

ダイビング diving［ダイヴィング］
ダイビングする　dive*
▸スキューバダイビング　scuba **diving**

たいぶ【退部する】
leave* a club, quit* a club

タイプ（好み）a type
▸ケントはわたしの好みのタイプじゃない.
Kent is not my **type** (of guy).

˙だいぶ（かなり）**pretty**［プリティ］
➡ **かなり**；（ずっと）**much**；
（たくさん）**a lot of ...**
▸リサはだいぶ眠(ねむ)そうだ.
Lisa looks **pretty** sleepy.
▸気分はだいぶよくなりました.
I feel **much** better.
▸貯金がだいぶたまった.
I have saved **a lot of** money.

たいふう【台風】
a typhoon［タイふーン］
▸台風が四国に上陸した.　The **typhoon** hit [struck] Shikoku.

だいぶつ【大仏】
a great statue of Buddha［ブダ］
▸奈良の**大仏**
the **Great Buddha** of Nara

˙だいぶぶん【大部分】
most《of ...》［モウスト］
▸クラスの生徒**の大部分**がそのパーティーに参加した.　**Most of** the students in the class joined the party.
▸彼の話**の大部分**は事実ではない.
Most of his story isn't true.
（♦most of ... は, of の後の数に合わせて単数または複数あつかいにする）

タイプライター a typewriter

たいへいよう【太平洋】
the Pacific (Ocean)
［パスィふィック（オウシャン）］
太平洋戦争　the Pacific War

⁚たいへん【大変】
❶『重大な』**serious**［スィリアス］,
terrible［テリブる］
▸たいへんなへまをしてしまった.　I've made a **serious** [**terrible**] mistake.
❷『容易でない』**hard**, not easy
▸楽しいパーティーだったけど, 後片づけがたいへんでした.
The party was wonderful, but it was **hard** to clean up afterward.
❸『とても』**very**, **really**
▸ご迷惑(めいわく)をおかけして, たいへん申し訳ありませんでした.　I'm **very** sorry to have troubled you.

だいべん【大便】
feces［ふィースィーズ］, excrement［エクスクリメント］, stool(s)［ストゥーる(ズ)］
大便をする　have* a bowel movement, relieve oneself（♦遠回しな言い方）

たいほ【逮捕】 (an) arrest［アレスト］
逮捕する　arrest
▸その男は殺人容疑で逮捕された.　The man was **arrested** for murder.
逮捕令状　an arrest warrant

たいほう【大砲】 a (heavy) gun［ガン］, a cannon［キぁノン］;
（全体をまとめて）artillery［アーティらリ］

だいほん【台本】 a script［スクリプト］;（映画の）a scenario［スィナぁリオウ］（複数 scenarios）

タイマー a timer［タイマ］

▸タイマーを5分にセットした.
I set the **timer** for five minutes.

たいまつ a torch [トーチ]

たいまん【怠慢】 neglect [ネグれクト]
怠慢な neglectful

タイミング timing [タイミンg]
▸タイミングが悪い. バットを振(ふ)るのが遅(おそ)すぎます. Your **timing** is bad. You swing the bat too late.
▸彼女に話しかける**タイミングを逃**(のが)**してしまった**. I **missed the chance** to talk to her.

タイム (時間) time; (試合などの一時中止) a time-out [タイムアウト]
▸タイムを要求しよう.
Let's call (for) a **time-out**.
タイムを計る time
▸きみの100メートル走の**タイムを計って**あげます. I'll **time** you on the 100-meter dash.
タイムカプセル a time capsule
タイムマシン a time machine

タイムリー【タイムリーな】 timely
▸タイムリーな話題 a **timely** topic
タイムリーヒット 〖野球〗 an RBI (hit) (♦RBI は *r*un *b*atted *i*n の略)

だいめい【題名】 a title [タイトゥる]

だいめいし【代名詞】 〖文法〗 a pronoun [プロウナウン] (♦pron. と略す)

タイヤ a tire [タイア], 〖英〗 a tyre
▸自転車の**タイヤ**がパンクした.
My bike got a flat **tire**.

ダイヤ (列車の運行予定) a (train) schedule [スケヂューる]; (トランプの種類) diamonds [ダイアモンヅ]
▸ダイヤどおりに on **schedule**
▸ダイヤのクイーン
the queen of **diamonds**

ダイヤモンド
(a) diamond [ダイアモンド]

ダイヤル a dial [ダイアる]
ダイヤルする dial
▸火事のときは119番に**ダイヤル**しなさい. **Dial** 119 in case of fire.
(♦119 は one, one, nine と読む)

•たいよう¹【太陽】 the **sun** [サン]
▸太陽が昇(のぼ)った. **The sun** has risen.
太陽の sun, solar [ソウら]
太陽エネルギー solar energy
太陽系 the solar system
太陽光発電システム
a solar-power generation system
太陽電池 a solar battery
太陽熱 solar heat

たいよう²【大洋】
the ocean [オウシャン]

•たいら【平らな】
(でこぼこのない) **flat** [ふらぁット] (対義語 「でこぼこした」rough); (水平な) **level** [れヴる], horizontal [ホーリザントゥる]
▸平らな板 a **flat** board
平らにする flatten [ふらぁトゥン], level, smooth [スムーず]
▸練習の後はたいていグラウンド**を平らにならします**. We usually **smooth** the playground after training.

だいり【代理】 a substitute《for ...》 [サブスティテュート]
▸きょうは彼女がキャプテンの**代理**をします. Today she will act as a **substitute for** the captain.
代理店 an agency [エイヂェンスィ]
代理人 an agent [エイヂェント]
代理母
a surrogate mother [サ～ロゲイト]

だいリーグ【大リーグ】
(アメリカの) the major leagues
大リーグ選手 a major leaguer

たいりく【大陸】
a continent [カンティネント]
▸アフリカ大陸 the African **Continent**
大陸棚(だな) a continental shelf

だいりせき【大理石】 marble [マーブる]

たいりつ【対立する】 be* against ..., be opposed《to ...》 [オポウズド]
▸わたしとジムとは意見が**対立している**.
I am against Jim's opinion.

たいりょう¹【大漁】 a good catch
▸きょうはマグロが**大漁**だった. We had a **good catch** of tuna today.

たいりょう²【大量(の)】
a large quantity《of ...》 [クワンティティ], a lot《of ...》 ➡ **たくさん**
▸大量の石油
a large quantity of oil
大量生産 mass production

たいりょく【体力】
physical strength [ふィズィクる ストゥレンクす], (physical) power(s)
▸体力を消耗(しょうもう)する exhaust one's

physical strength
体力測定 a physical test
タイル a tile［タイる］
ダイレクトメール direct mail［ディレクト メイる］
たいわ【対話】 (a) dialogue, 〖米〗(a) dialog［ダイアろーグ］;（会話）(a) conversation［カンヴァセイシャン］
対話する talk《with ...》, have* a conversation
たいわん【台湾】 Taiwan［タイワーン］
たうえ【田植え】 rice planting
田植えをする plant rice
ダウン¹【ダウンする】 be* down
▸美奈は風邪(かぜ)でダウンした.
Mina **was down** with a cold.
ダウン²（鳥の綿毛）down［ダウン］
ダウンジャケット a down jacket
ダウンロード〖コンピュータ〗a download［ダウンろウド］
ダウンロードする download
▸インターネットからファイルをダウンロードする **download** a file from the internet
たえず【絶えず】 constantly［カンスタントり］;（ひっきりなしに）continuously［コンティニュアスり］;（いつも）always［オーるウェイズ］➡ **いつも**
たえまない【絶え間ない】 constant［カンスタント］;（ひっきりなしの）continuous［コンティニュアス］
たえまなく【絶え間なく】 continuously［コンティニュアスり］, without a break
▸雪が絶え間なく降っていた.
It was snowing **continuously** [**without a break**].
・たえる¹【耐える】
（我慢(がまん)する）**bear***［ベア］, **stand***［スタぁンド］（♦ふつう can とともに疑問文・否定文中で用いる）;（しかたないと耐える）put* up with ...;（もちこたえる）withstand*［ウィすスタぁンド］
▸この部屋の暑さには耐えられない.
I can't **bear** [**stand**] the heat in this room.
▸この皿は高温に耐えられる. This plate can **withstand** high temperatures.
たえる²【絶える】（終わる）end［エンド］;（滅(ほろ)びる）die out, be* [become*] extinct［イクスティンクト］
だえん【だ円】 an ellipse［イりプス］;（卵形）an oval［オウヴる］
・たおす【倒す】（なぐり倒す）**knock down**;（切り倒す）**cut* down**;（投げ倒す）**throw* down**;（負かす）beat*［ビート］;（ひっくり返す）tip over［ティップ］, knock over
▸グリーンはアレンを右フックで倒した.
Green **knocked** Allen **down** with a right hook.
▸彼女は昨年のチャンピオンを倒した.
She **beat** last year's champion.
▸花びんを倒してしまった.
I **tipped** [**knocked**] **over** a vase.

knock down　cut down　throw down

タオル a towel［タウエる］
▸タオルで手をふく
dry one's hands with a **towel**
タオルケット a terry cloth blanket
たおれる【倒れる】
fall* (down, over)［ふォーる］
▸強風で木が倒れた. A tree **fell down** because of the strong wind.
▸おばは去年, 病に倒れた.
My aunt **fell** ill last year.
タカ〖鳥類〗a hawk［ホーク］
だが（2文を結んで）but ➡ **しかし**
:たかい【高い】

❶〖高さが〗**high; tall**
❷〖値段が〗**expensive, high**
❸〖地位・程度・温度が〗**high**

❶〖高さが〗**high**［ハイ］（対義語「低い」low）;（身長などが）**tall**［トーる］（対義語「低い」short）
▸高いビル a **tall** [**high**] building
▸エベレストは世界でいちばん高い山です.
Mt. Everest is **the highest** mountain in the world.
▸わたしは母より5センチ背が高い.
I am five centimeters **taller** than

my mother.

高く high（対義語「低く」low）

▸空高く飛ぶ fly **high** in the sky

くらべよう high と tall

high は高くて幅(はば)があることを, **tall** は高くて細長いことを表します. それで, **high** は山の高さなど高度に重点を置く場合に, **tall** は人の身長や物の高さなどを表す場合に用います.

❷〖値段が〗**expensive** [イクスペンスィヴ]（対義語「安い」cheap, inexpensive), **high**（対義語「安い」low）

▸そのコンピュータは値段が高い.
That computer is **expensive**. / The price of that computer is **high**.（♦price に対しては expensive としない）

▸彼女は高い時給をもらっている.
She gets **high** wages.

❸〖地位・程度・温度が〗
high（対義語「低い」low）

▸高い地位 a **high** position [rank]

▸ひとみは高い熱が出た.
Hitomi has a **high** fever.

たがい【互いに[を]】

each other, **one another** [アナザ]

▸みんなたがいに助け合うべきです.
We all should help **one another**.

▸2人はたがいに顔を見合わせた.
The two looked at **each other**.（♦at を落とさないこと）

▸そのとき彼らはおたがいの名前を知らなかった. They didn't know **each other's** names at that time.

ルール「たがい」の言い方

1 **each other**, **one another** とも代名詞ですが, 主語にはなりません. each other's weakness（おたがいの弱点）のように所有格でも使われます.
2 どちらも3者以上でも使われます.

たがく【多額】
a large sum [amount] of money

たかくけい【多角形】
〖数学〗a polygon [パリガン]

たかさ【高さ】 height [ハイト] ➡ **たかい**

ダイアログ 質問する
A: 東京スカイツリーの高さはどのくらいですか？ What's the **height** of Tokyo Sky Tree?
B: 高さ634メートルです.
It's six hundred and thirty four meters tall.

だがし【駄菓子】 cheap candy

たかだい【高台】（丘(おか)）a hill [ヒル];（小高い所）heights [ハイツ]

だがっき【打楽器】 a percussion instrument [パカシャン インストゥルメント]

たかとび【高跳び】（走り高跳び）the high jump ➡ **ぼうたかとび**

たかめる【高める】 raise [レイズ];（よりよくする）improve [インプルーヴ]

▸わたしは英語力を高めたい.
I want to **improve** my English.

たがやす【耕す】〖米〗plow [プラウ],〖英〗plough [プラウ];（耕して栽培(さいばい)する）cultivate [カるティヴェイト]

たから【宝】 (a) treasure [トゥレジャ]

▸わたしの宝は友人たちです.
My **treasure** is my friends.

宝くじ a lottery [らタリ]
宝探し a treasure hunt
宝物 (a) treasure

だから

（…, だから〜）**..., so 〜**;（…だから, 〜）**Because ..., 〜** / **〜 because ...** ➡ **-ので**

▸きょうは気分が悪い. だからわたしは家にいます. I don't feel well today, **so** I'm staying home.

▸もう時間がないんだから, あきらめたほうがいいですよ.
You should give up **because** you don't have enough time.

ダイアログ 説明する
A: なぜアメリカへ行きたいの？ Why do you want to go to the U.S.?
B: 野球と英語が好きだからさ. **Because** I like baseball and English.

ダイアログ　しかる

A: きのう遅(おそ)くまで勉強していたので. I studied until late last night.

B: だからと言って(→たとえそうでも)学校に遅刻(ちこく)していいことにはなりませんよ. **Even so**, you can't be late for school.

たかる (集まる) gather [ギぁざ]; (せがむ) pester [ペスタ]

-(し)たがる 《want to +動詞の原形》; (とても) 《be* eager to +動詞の原形》, 《be anxious to +動詞の原形》

▸妹は北海道に行き**たがっている**. My sister **wants** [**is eager**] **to** go to Hokkaido.

たき【滝】 a waterfall [ワタふォーる], falls (◆ふつう複数形で用いる)

▸華厳(けごん)の滝 the Kegon **Falls**

滝つぼ the foot of a waterfall

だきあう【抱き合う】 hug each other

タキシード 〖主に米〗a tuxedo [タクスィードウ] (複数 tuxedos), 〖主に英〗a dinner jacket

だきしめる【抱き締める】 hug [ハッグ], embrace [エンブレイス] ➡ **だく**

たきび【たき火】 a fire [ふァイア]

▸たき火にあたった(→自分を暖めた). I warmed myself at a **fire**.

たき火をする build* [make*] a fire

だきょう【妥協】 (a) compromise [カンプラマイズ]

妥協する compromise, make* a compromise

▸その点に関しては**妥協する**つもりはない. I won't **make a compromise** [**compromise**] with you on that point.

たく【炊く】 (ご飯を) cook, boil

▸けさはわたしがご飯を**たいた**. I **cooked** rice this morning.

だく【抱く】 hold* (... in one's arms); (抱きしめる) hug [ハッグ]

▸その女性は赤ん坊(ぼう)を**抱いていた**. The woman was **holding** a baby (**in her arms**).

✽たくあん【沢あん】 *Takuan*, pickled *daikon* [Japanese radish]

⁑たくさん

❶〖多数の〗many, a lot of ...
❷〖多量の〗much, a lot of ...
❸〖十分な〗enough

❶〖多数の〗**many*** [メニ], **a lot of ...** [ア らット アヴ] (対義語「少し」a few)

▸年賀状が**たくさん**来た. I received **many** [**a lot of**] New Year's cards.

▸こんなに**たくさん**の星は見たことがない. I have never seen so **many** stars in the sky.

❷〖多量の〗**much*** [マッチ], **a lot of ...** (対義語「少し」a little)

▸この花にはあまり**たくさん**水をやってはいけません. Don't give this flower too **much** water.

▸時間はまだ**たくさん**あります. There is still **a lot of** time left.

ルール many と much, a lot of

many は数えられる名詞と, **much** は数えられない名詞とともに使います. **a lot of** はそのどちらにも使えます.

❸〖十分な〗**enough** [イナふ]

▸もう**たくさん**いただきました. おなかがいっぱいです. I've had **enough**. I'm full.

▸もう**たくさん**です. それ以上何も言わないで! That's **enough**. Don't say any more!

タクシー a taxi [タぁクスィ], a cab [キぁブ]

▸**タクシー**を呼ぶ call a **taxi**

▸**タクシー**に乗る get in a **taxi** (◆「降りる」なら get out of を用いる)

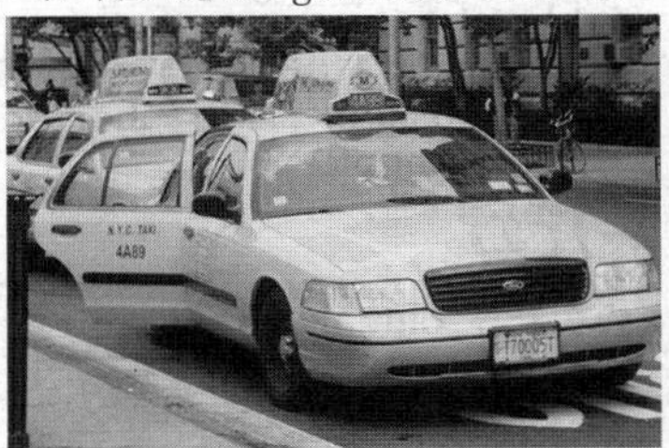

▲ニューヨークのイエローキャブ

▸**タクシー**の運転手 a **taxi** driver

▸駅まで**タクシー**で行こう. Let's take a **taxi** to the station. / Let's go to the station by **taxi**. (◆交通手段を表す by の後には a や

theをつけない)
タクシー乗り場 a taxi stand
タクシー料金 (the) taxi fare

タクト (指揮棒) a baton [バぁタン]

たくはいびん【宅配便】
door-to-door (delivery) service, home-delivery service

たくましい (筋肉の発達した) muscular [マスキュら]; (強い) strong [ストゥローング]
▸たくましい体つきの青年 a young man with a **muscular** build

たくみ【巧みな】 good [グッド]; (技(わざ)にたけた) skillful [スキるふる]; (巧妙(こうみょう)な) clever [クれヴァ]
巧みに skillfully; cleverly
▸そのボクサーは**巧みに**相手のパンチをかわした. The boxer **skillfully** dodged his opponent's punches.

たくらみ【企み】 a plot [プらット]

たくらむ【企む】 plot [プらット]

たくわえ【蓄え, 貯え】 (貯蔵) a store [ストーア]; (貯金) savings [セイヴィングズ] (◆複数あつかい)

たくわえる【蓄える, 貯える】
(貯蔵する) store (up) [ストーア];
(貯金する) save [セイヴ]
▸われわれは十分な食糧(しょくりょう)を**蓄えて**ある. We've **stored up** plenty of food.

タケ【竹】 (a) bamboo [バぁンブー] (複数 bamboos)
▸竹製のいす a **bamboo** stool / a stool made of **bamboo**
竹細工 bamboo work
竹の子 a bamboo shoot
竹やぶ a bamboo grove

たけ【丈】 length [れンクす]
▸スカートの**丈を**3センチ**詰**(つ)**めてもらっ**た. I had my skirt **shortened** three centimeters.

-だけ

❶ 〚…のみ〛 **only, alone, just**
❷ 〚…限(かぎ)り〛 **as ... as ～**
❸ 〚…に見合う〛 **worth, enough**

❶ 〚…のみ〛 **only** [オウンり], **alone** [アろウン], **just** [ヂャスト]
▸それをできるのはきみ**だけ**だ. **Only you** [You **alone**] can do that.
▸学校の勉強では英語**だけ**に興味があります. Of all my subjects, I'm interested **only** in English.

ダイアログ 説明する
A: きょうはきげんが悪そうだね. You seem to be in a bad mood today. (◆この mood は「気分」の意味)
B: いや, 眠(ねむ)い**だけ**だよ. No, I'm **just** sleepy.

ルール **onlyの位置**
only は原則として修飾(しゅうしょく)する語句の直前に置きます. (例) **Only** Cindy saw the koala. (シンディだけがコアラを見た)/ Cindy saw **only** the koala. (シンディはコアラだけを見た) ただし日常会話では動詞の前に置くことが多く, 強調したい語句は強く発音します.

❷ 〚…限り〛 **as ... as ～**
▸駅で待っていてくれますか? できる**だけ**早く行くので. Will you wait for me at the station? I'll come **as** soon **as** possible [I can].
▸好きな**だけ**お取りください. You can take **as** much **as** you like.

❸ 〚…に見合う〛
worth [ワ～す], **enough** [イナふ]
▸あの展覧会は行く**だけの価値があり**ます. The exhibition is **worth** visiting.
▸祖父は家族全員が食べられる**だけの**トウモロコシを送ってくれた. My grandfather sent **enough** corn for my whole family to eat.
～だけでなく…も not only ～ but (also) ..., ... as well as ～
▸バナナはおいしい**だけでなく**栄養も**ある**. Bananas are **not only** tasty **but also** nutritious. / Bananas are nutritious **as well as** tasty.

たけうま【竹馬】 a stilt [スティるト] (◆ふつう複数形で用いる)
▸竹馬に乗って歩く walk on **stilts**

だげき【打撃】 (痛手) blow [ブろウ]; (損害) damage [ダぁメッヂ]; (精神的な) shock [シャック]; 〚野球〛 batting [バぁティング]

だけど, だけれど but ➡ しかし

タコ 〚動物〛 an octopus [アクトパス]

たこ[1]【凧】 a kite [カイト]
▸たこをあげる fly a **kite**

たこ[2] (手足の) a callus [キぁらス]

たこくせきききぎょう【多国籍企

業】a multinational corporation [マるティナぁシャナる コーポレイシャン]

*たこやき【たこ焼き】a *takoyaki*

日本紹介 たこ焼きは人気のある軽食で, 特に関西地域で人気があります. パンケーキのタネのようなものを小さな球状に焼いたもので, 中に小さなタコの切り身が入っています.
A *takoyaki* is a popular snack, especially in the Kansai area. It is a grilled small ball of pancake-like batter and has small pieces of *tako*, octopus, in it.

ださい (かっこ悪い) uncool [アンクーる]; (やぼったい) dowdy [ダウディ]
▸彼はいつもださい服を着ている.
He always wears **uncool** [**dowdy**] clothes.

だし[1]【出汁】 stock [スタック]
▸煮干(にぼ)しでだしをとる make (soup) **stock** with small dried sardines

だし[2]【山車】 a float [ふろウト]

•たしか【確かな】

sure [シュア], **certain** [サ～トゥン]
▸ドアのかぎをかけたのは確かですか.
Are you **sure** [**certain**] you locked the door?
▸彼女が来ないのは確かです.
It's **certain** (that) she won't come. (♦sure は使えない)

確かに surely, certainly, definitely [デふィニットり]
▸確かに光男はそう言いました.
I'm **sure** [**certain**] Mitsuo said so. / Mitsuo **definitely** said so.
(♦どちらも話し手の確信を表す)

•たしかめる【確かめる】

(事実・したことを) make* sure《of [that] ...》; (照合する) check [チェック]
▸ドアにかぎをかけたことを確かめましたか? Did you **make sure that** you locked the door?
▸辞書でスペルを確かめた. I **checked** the spelling in the dictionary.

たしざん【足し算】 addition [アディシャン] (対義語「引き算」subtraction)

足し算をする
add [あッド], do* addition

だしゃ【打者】 a batter [バぁタ]

だじゃれ (くだらない冗談(じょうだん)) a boring joke [ボーリング ヂョウク]; (へたな語呂(ごろ)合わせ) a poor pun [パン]
▸だじゃれを飛ばす
make a **boring joke**

•たしょう【多少】

some [サム]; (数が少し) **a few** [ふュー]; (量が少し) **a little** [りトゥる]
(♦some は数にも量にも使える; a few, a little の a を落とさないこと; a をつけないと「ほとんどない」の意味になる)
▸そのクラブには男子生徒が多少いる.
There are **some** [**a few**] boy students in that club.

ダイアログ　描写する
A: そのコーラ, もう飲んじゃった?
Have you finished your Coke?
B: いや. まだ多少あるよ. No. There's still **some** [**a little**] left.

▸マリアは多少日本語が話せる.
Maria speaks **a little** Japanese.
(♦この a little は形容詞的な用法)

たす【足す】 add [あッド]
▸5 足す 3 は 8 (5 + 3 = 8).
5 **and** 3 **make(s)** 8. / 5 **plus** 3 **is** [**equals**] 8. / (→ 5 に 3 を加えると 8 になる) **Add** 3 **to** 5, **and you get** 8.

•だす【出す】

❶ [中から外へ] **take out, let out**
❷ [差し出す] **hold out**
❸ [提出する] **hand in**
❹ [送る] **send**
❺ [払(はら)う] **pay**

❶ **[中から外へ] take*out, let*out**
▸武はかばんから漫画(まんが)本を出した.
Takeshi **took** a comic book **out** of his bag.
▸鳥をかごから出してはだめです.
Don't **let** the bird **out** of the cage.

❷ **[差し出す] hold* out**
▸女の子は子猫(こねこ)に触(さわ)ろうと手を出した. The girl **held out** her hand to touch the kitten.

❸ **[提出する] hand in**
▸解答用紙を出した.
I **handed in** my answer sheets.

❹『送る』**send***
▸学校に行く途中(とちゅう)でこのはがきを出すね. I will **send** this postcard on my way to school.
❺『払う』**pay***
▸旅行の費用はおばが出してくれた.
My aunt **paid** my traveling expenses.
…し出す(…し始める)
《**begin*** [**start**] + **to** +動詞の原形》
《**begin** [**start**] +〜**ing**》
▸雨が降り出した.
It **began** [**started**] **to** rain. / It **began** [**started**] **raining**.

たすう【多数】
the majority [マヂョーリティ]
▸わたしたちは**多数決で**それを決めた.
We decided that **by majority vote**.
多数の many*, a lot of ... ➡ **たくさん**

たすかる【助かる】
(救われる) be* saved [セイヴド]

˙たすけ【助け】help [へるプ]
▸あなたの助けはいりません.
I don't need your **help**.

たすけあう【助け合う】
help each other [one another]

˙˙たすける【助ける】
❶『手伝う』**help** [へるプ] ➡ **てつだう**
▸困っている人がいたら助けてあげよう.
We should **help** people in trouble.
(人)が…するのを助ける
《**help** +人+(**to**)+動詞の原形》
▸あのおばあさんが通りを渡(わた)るのを助けてあげます. I'll **help** that old woman (**to**) cross the street.
❷『救助する』**help, save** 《from ...》[セイヴ]
▸助けて! **Help** me!
▸わたしたちは, 小さな女の子がおぼれかけているのを助けた. We **saved** a little girl **from** drowning.

˙˙たずねる¹【尋ねる】ask [あスク]
(対義語「答える」answer) ➡ **きく¹**
▸「今, 何時?」と佳介はたずねた.
"What time is it?" **asked** Keisuke.
▸わたしは彼女に将来の夢についてたずねた. I **asked** her about her dreams for the future.

ダイアログ　**許可を求める**
A:原先生, **おたずね**したいことがあるんですが. May I **ask** you a question, Mr. Hara?
B:いいよ, 言ってごらん.
Sure, go ahead.

結びつくことば
先生に尋ねる ask one's teacher
道を尋ねる ask the way
住所を尋ねる ask a person's address
理由を尋ねる ask the reason
時間を尋ねる ask the time

˙たずねる²【訪ねる】
visit [ヴィズィット], **call** 《on [at] ...》
▸夏休みに京都を訪ねた. I **visited** Kyoto during summer vacation.
…を訪ねる
《**call on** +人》《**call at** +場所》
▸きのう祖父母を訪ねた.
I **called on** [**visited**] my grandparents yesterday.
▸その画家のお宅を訪ねた. I **called at** [**visited**] the painter's house.

だせい【惰性】
(習慣) a habit [ハぁビット]; 『物理』inertia [イナ〜シャ]

˙˙ただ
❶『単に』**only, just**; 『唯一(ゆいいつ)の』**only**
❷『ふつうの』
ordinary, common; just, only
❸『無料の』**free**

❶『単に』**only** [オウンり], **just** [ヂャスト];
『唯一の』**only** ➡ **-だけ**
▸写真をプリントするには, ただこのボタンを押(お)すだけでいいのです.
You have **only** to push this button to print a picture.
▸彼はわたしのただ1人の友達です.
He is my one and **only** friend.
(♦one and only で「信頼(しんらい)できる」)

「愛すべき」という強い意味合いがある)
❷〖ふつうの〗 **ordinary** [オーディネリ], **common** [カモン];
(ほんの…にすぎない) just, only
▸初め, 彼女はただの風邪(かぜ)だと思っていた. At first she thought it was **an ordinary** [a **common**] cold.
▸それはただのうわさだ.
It's **just** [**only**] a rumor.
▸彼はただ者ではない.
He is no **ordinary** man.
❸〖無料の〗 **free** [ふリー]
ただで (for) free
▸このパソコン, ただでもらったんだ.
I got this PC **(for) free**.

だだ【だだをこねる】
(聞き分けがない) be* unreasonable

˙ただいま
❶〖現在〗 **now**; 〖たった今〗 **just**; 〖今すぐ〗 right away
▸グリーンさんはただいま外出中です.
Ms. Green is out **now**.
▸江本先生はただいまお見えになりました. Mr. Emoto has **just** arrived.
❷〖あいさつのことば〗

ダイアログ　あいさつする
*A:*お母さん, ただいま.　Hi, Mom!
*B:*おかえり, メグ.　Hello, Meg.

参考 「ただいま」は Hi! / Hello!
英語には日本語の「ただいま」に相当する言い方はないので, **Hi!** / **Hello!** など人に会ったときのあいさつのことばを用います. また, **I'm home [back].** と言うこともあります.

たたえる【称える】
praise [プレイズ], admire [アドマイア]

たたかい【戦い】
a fight [ふァイト], a fighting, a battle [バぁトゥる];
(戦争) a war [ウォーア]

たたかう【戦う】
fight* [ふァイト]
▸侵略(しんりゃく)者と戦う
fight against the invaders

˙たたく
hit* [ヒット], **strike*** [ストゥライク];
(軽く) pat [パぁット]; (こぶしなどで) **knock** [ナック]; (太鼓(たいこ)などを) beat* [ビート]; (手を) clap [クらぁップ]
▸麻衣がわたしの頭をたたいた.
Mai **hit** me on the head.
▸だれかがドアをたたいている.
Somebody is **knocking** on [at] the door.
▸おじはわたしの肩(かた)をぽんとたたいた.
My uncle **patted** me on the shoulder.
▸手をたたく　**clap** one's hands

ただし
but ➡ しかし

˙˙ただしい【正しい】
(道徳・事実に合った) **right** [ライト]
(対義語 「まちがった」wrong); (正確な) **correct** [コレクト]; (適切な) right
▸正しい答え
a **right** [**correct**] answer
▸正しい選択(せんたく)をする
make the **right** choice
正しく right(ly); correctly
▸彼女はいつも単語を正しくつづる. She always spells words **correctly**.
▸彼はいつも状況(じょうきょう)を正しく判断する.
He always judges the situation **right(ly)**.

ただちに【直ちに】
at once, right away ➡ すぐ

✲たたみ【畳】
(a) *tatami*, a straw mat
▸畳の部屋　a room with ***tatami*** on the floor / a ***tatami*** room

たたむ【畳む】
fold (up) [ふォウるド]
▸地図をたたむ　**fold (up)** a map
▸傘(かさ)をたたむ　close an umbrella

ただよう【漂う】
drift [ドゥリふト], float [ふろウト]

たち【質】
(性質) (a) nature ➡ せいしつ

-たち
(♦名詞・代名詞の複数形で表す)
▸女の子たち　**girls**
▸子供たち　**children**
▸きのう, 愛梨たちが来ました.
Yesterday, Airi **and the others** came. (♦the others とするのは, だいたいメンバーが決まっているとき. そう

でない場合には some others とする)

たちあがる【立ち上がる】
stand* up, rise*［ライズ］➡ たつ[1]

たちいりきんし【立ち入り禁止】
〖掲示〗Keep Off / Keep Out / No Admittance / No Trespassing / Off Limits / No Entrance

たちいる【立ち入る】(入る) enter［エンタ］; (不法侵入(しんにゅう)する) trespass［トゥレスパス］; (介入(かいにゅう)する) interfere［インタふィア］

たちぎき【立ち聞きする】
eavesdrop［イーヴズドゥラップ］; (偶然(ぐうぜん)耳にする) overhear*［オウヴァヒア］

たちさる【立ち去る】 leave* ➡ さる

たちどまる【立ち止まる】 stop
▶わたしは立ち止まって振(ふ)り返った.
I **stopped** and looked around.

たちなおる【立ち直る】 recover《from ...》［リカヴァ］, get* over ...
▶彼はそのショックから立ち直った.
He **recovered from** [**got over**] the shock.

たちのぼる【立ち昇る】 go* up, rise*［ライズ］

たちば【立場】 a position［ポズィシャン］, a place［プれイス］
▶あなたは相手の立場になって考えるべきだ. You should put yourself in the other person's **place**.

たちまち at once ➡ すぐ

ダチョウ
〖鳥類〗an ostrich［アストゥリッチ］

たちよみ【立ち読みする】
▶秀樹はコンビニで雑誌を立ち読みした(→買わずに読んだ). Hideki read magazines in a convenience store (without buying them).

たちよる【立ち寄る】
〖口語〗drop by ..., stop by ..., drop in《on [at] ...》(♦on の後には人, at の後には場所を表す語句がくる)
▶きのう, 彼女の所に立ち寄りました.
I **dropped in on** her yesterday.

˙たつ[1]【立つ】

> ❶〖立っている〗stand
> ❷〖立ち上がる〗stand up
> ❸〖出発する〗leave, start

❶〖立っている〗**stand***［スタぁンド］
▶わたしたちは立って試合を見ていた.
We **stood** watching the game.
▶校門のそばに桜の木が 1 本立っている(→ある). There is a cherry tree near the school gate.

❷〖立ち上がる〗**stand* up**
▶さあ, みんな立って.
Now, **stand up**, everybody.

❸〖出発する〗**leave*, start**

> ダイアログ　質問する
> A:いつイタリアへたつんですか?
> When are you **leaving** for Italy?
> B:次の日曜です. Next Sunday.

˙たつ[2]【経つ】(経過する) **pass (by)**［パぁス (バイ)］
▶あれから半年たった. Six months have **passed** since then.

˙たつ[3]【建つ】 be* built［ビるト］
▶家の近くにマンションが建った.
An apartment house **was built** near our home.

たつ[4]【竜, 辰】 a dragon［ドゥラぁガン］; (十二支) the Dragon

たつ[5]【絶つ, 断つ】(切り離(はな)す) cut* off; (やめる) give* up, quit
▶父は酒を断った.
My father **gave up** drinking.

たっきゅう【卓球】
(正式名) table tennis; (一般に) ping-pong［ピングパング］
▶卓球をする
play **table tennis** [**ping-pong**]
卓球台 a (ping-pong) table
卓球部 a table tennis club

だっきゅう【脱臼】
dislocation［ディスろケイシャン］
脱臼する dislocate［ディスろケイト］

たっきゅうびん【宅急便】
➡ たくはいびん

ダッグアウト
〖野球〗a dugout［ダグアウト］

ダックスフント
〖動物〗a dachshund［ダークスフンド］

タックル a tackle［タぁクる］
タックルする tackle

だっこ
だっこする hold* ... in one's arms

だっしめん【脱脂綿】(absorbent) cotton［(アブソーベント) カトゥン］

たっしゃ【達者な】（じょうずな） good*;（健康で）in good health［へるす］
▸美幸は実に口が達者だ.
Miyuki is really a **good** talker.

ダッシュ（突進(とっしん)）a dash［ダぁッシ］;
((—)の記号）a dash;
((´)の記号）a prime［プライム］
ダッシュする dash

˚たっする【達する】
（ある場所に）**reach**［リーチ］, **get* to ...**;
（ある数量に）**reach**,
amount《to ...》［アマウント］;
（目的などを）achieve［アチーヴ］
▸登山隊は昼前に頂上に達した.
The climbing party **reached** [**got to**] the top before noon.
▸その都市の人口は100万人に達した.
The population of that city has **reached** one million.
▸わたしたちはついに目的を達した.
We finally **achieved** our purpose.

たっせい【達成】
accomplishment［アカンプリッシメント］,
achievement［アチーヴメント］
達成する accomplish, achieve
▸世界記録を達成する **accomplish** [**achieve**] a world record
達成感 a sense of achievement

だっせん【脱線する】
be* derailed［ディレイるド］;
（話が）get* off the subject

˚たった
❶〚わずか〛**only**［オウンり］
▸たった100円しか持っていなかった.
I had **only** one hundred yen.
▸たった一度のチャンスを逃(のが)さないで.
Don't miss your **only** chance.
❷〚ちょうど〛**just**［ヂャスト］
▸たった今,宿題を終えたところです.
I (have) **just** finished my homework. / I finished my homework **just** now.（♦just now は現在完了形の文には用いない）

タッチ a touch［タッチ］
タッチする touch
タッチダウン〚アメフト・ラグビー〛
a touchdown［タッチダウン］
タッチパネル
a touch panel［タッチ パぁヌる］

˚だって
❶〚なぜなら〛**because**［ビコーズ］;
（しかし）**but**［バット］
▸謝(あやま)る必要はない.だってあなたは何も悪いことはしてないのだから.
You don't have to apologize, **because** you did nothing wrong.

ダイアログ　**説明する**
*A:*電話をくださいと言ったでしょ.
I told you to call me.
*B:*だって,忙(いそが)しかったんだ.
But I was too busy.

❷〚…でさえ〛**even**［イーヴン］;
（…もまた）**too**［トゥー］
▸子供だってそのくらいできるぞ.
Even a little child can do that.
▸わたしにだって言いたいことはあるんだ.
I want to say something, **too**.

ダイアログ　**同調する**
*A:*わたしはそんなこと言わなかった.
I didn't say such a thing.
*B:*わたしだって.　Neither did I.
（♦neither は「…もまた〜ない」の意味;否定文に続けて用いる;語順に注意）

❸〚…(だ)そうだ〛I hear* (that) .... / They say* (that) .... ➡ -(だ)そうだ

たづな【手綱】 a rein［レイン］
（♦しばしば複数形 reins で用いる）

だっぴ【脱皮する】 cast* off one's skin, shed* one's skin

タップ【タップする】 tap［タぁップ］
▸画面の「M」のアイコンをタップしてください.
Tap the "M" icon on the screen.

タップダンス tap-dancing
タップダンスをする tap-dance

たっぷり（十分に）plenty《of ...》［プれンティ］, enough［イナふ］
▸サラダはまだたっぷりあります.
There is still **plenty of** salad.
▸ユーモアたっぷりの(→ユーモアに満ちた)話 a story **full of humor**

たつまき【竜巻】 a tornado［トーネイドウ］（複数 tornado(e)s）;（つむじ風）a whirlwind［(ホ)ワ〜るウィンド］

たて【縦】（長さ）length［れンクす］
（♦英語では,長いほうを length,短いほうを width と言う）

▸この板は横が5センチ,縦が10センチある. This board is five centimeters wide and ten (centimeters) long.

縦の vertical [ヴァ〜ティクる]

縦に (垂直に) vertically

縦じま vertical stripes

-(し)たて fresh [ふレッシ]

▸焼きたてのパン **fresh** bread / bread **fresh** from the oven

-だて【…建て】 (階数) -story [ストーリ]

▸12階建てのビル a **twelve-story** [twelve-**storied**] building

たてかえる【立て替える】

▸バス代,**立て替えておい**てくれる?
Will you **pay** the bus fare **for me**? **I'll pay you back later**.
(♦「後で返す」という意味を表すために,後半の文が必要)

たてかける【立て掛ける】 lean* ... against ~, stand* ... against ~

▸わたしは傘(かさ)を壁(かべ)に**立て掛けた**.
I **leaned** [**stood**] my umbrella **against** the wall.

たてがみ a mane [メイン]

たてぶえ【縦笛】 a recorder [リコーダ]

・たてもの【建物】 a **building** [ビるディング]

▸あの大きい**建物**は何ですか?
What is that big **building**?

・たてる[1]【立てる】

❶『棒などを』 set* up, **stand***

▸アンテナをどこに**立て**ようか?
Where should we **set** [put] **up** the antenna?

❷『計画などを』 **make*** [メイク]

▸夏休みの計画を**立てました**. I **made** plans for summer vacation.

・たてる[2]【建てる】 **build*** [ビるド]

▸橋本さんは去年家を**建てた**.
Mr. Hashimoto **built** his house last year. / Mr. Hashimoto **had** his house **built** last year. (♦後者は「建築業者などに建ててもらった」ことを強調する言い方)

たとえ (比ゆ) a metaphor [メタふォーア]; (例) an example [イグザぁンプる] ➡ **れい[3]**

・たとえ…ても

even if ..., whatever ... [(ホ)ワットエヴァ] ➡ **-ても, -でも[1]**

▸**たとえ何が起こっても**,わたしはきみを信じているからね.
Whatever happens, I believe you.

・たとえば【例えば】

for example [イグザぁンプる], for instance [インスタンス], such as

▸うちのクラスには絵のうまい人が何人かいる. **例えば**和真だ.
There are a few students in our class who are good at painting. Kazuma, **for example**.

▸**例えば**タイやシンガポール**のような**,アジアの国々のことをもっと知りたい.
I want to know more about Asian countries **such as** Thailand and Singapore.

たとえる compare《to ...》[コンペア]

▸イタリアの形はよく長靴(ながぐつ)**にたとえられる**. The shape of Italy is often **compared to** a boot.

たどる【辿る】 (沿って行く) follow [ふァろウ]; (跡(あと)を) trace [トゥレイス]

たな【棚】 a shelf [シェるふ] (**複数** shelves); (バス・列車の) a rack [ラぁック]

▸**棚**の上に花びんを置く
put a vase on the **shelf**

✻たなばた【七夕】 the *Tanabata* Festival; (牽牛(けんぎゅう)星・織女(しょくじょ)星の祭り) the Festival of Altair and Vega [あるテア アン ヴィーガ]

➡ **ねんちゅうぎょうじ**

日本紹介 七夕祭りは空の2つの星の物語に基(もと)づいています. 2つの星は愛し合っているのですが,1年に1度,7月7日にしか会うことができません. このお祭りでは,短冊(たんざく)に願いごとを書いて,笹(ささ)の枝からつるします.
The *Tanabata* festival is based on the story of two stars in the sky. The two stars love each other, but they can only meet once a year on July 7th. For this festival, people write wishes on small pieces of paper and hang them from a bamboo branch.

たに【谷】 a valley [ヴぁり]
谷川 a mountain stream

ダニ 〖動物〗 a tick [ティック]

たにん【他人】 **others** [アざズ], **other people** [ピープる]
▸他人が何と言おうと気にしないで.
Don't worry about what **others** [**other people**] say.
▸あの人**とは赤の他人です**(→血縁(けつえん)関係がない).
I'm not related to that person. / (→見ず知らずだ) That person **is a complete stranger to** me.

タヌキ
〖動物〗 a raccoon dog [ラぁクーン ドーグ]

たね【種】
❶〖植物の〗 a **seed** [スィード];
〖果物(くだもの)の〗 a stone [ストウン] (♦桃(もも), サクランボなどのかたい種)
▸**種なし**ブドウ **seedless** grapes
種をまく plant a seed, sow* a seed
▸わたしたちは庭にヒマワリの**種をまいた**.
We **planted** [**sowed**] sunflower **seeds** in the garden.
❷〖原因〗 (a) cause [コーズ];
(話題) a topic [タピック]
▸エドはロビンソンさんの心配の**種**です.
Ed is a (**cause** of) worry to Ms. Robinson.
▸話の**種** a **topic** of conversation
❸〖手品の〗 a trick [トゥリック]
▸このトランプには**種**もしかけもありません.
There are no **trick** cards in this deck. (♦deck はトランプの「ひと組」の意味)

たのしい【楽しい】
pleasant [プれズント], **happy** [ハぁピ]
▸楽しい思い出
a **pleasant** [sweet] memory
▸わたしといっしょにいて楽しいですか?
Are you **happy** (when you're) with me?
▸きのうはほんとうに楽しかった(→楽しい時を過ごした). I really had a good time yesterday.
▸修学旅行は楽しかったですか(→楽しみましたか)?
Did you enjoy the school trip?
▸友達と旅行に行くのは楽しい.
It's fun to travel with friends.
(♦fun は「楽しいこと」の意味の名詞)
楽しく pleasantly, happily
▸楽しく暮らす
live **pleasantly** [**happily**]

たのしませる【楽しませる】
entertain [エンタテイン];
(愉快(ゆかい)にさせる) amuse [アミューズ];
(喜ばせる) delight [ディらイト]

たのしみ【楽しみ】
(a) **pleasure** [プれジャ]
▸絵をかくのがわたしの唯一(ゆいいつ)の**楽しみ**だ. Painting pictures is my only **pleasure**.
▸きみにまた会えるの**を楽しみにしています**. **I'm looking forward to** seeing you again. (♦to の後の動詞は原形ではなく～ing の形にする)

たのしむ【楽しむ】
enjoy [インヂョイ], enjoy oneself, have* a good time, have fun
▸パーティーを楽しむ **enjoy** [**enjoy oneself** at] a party / **have a good time** [**fun**] at a party
▸わたしたちはテニスをして楽しんだ.
We **enjoyed** [**had fun**] playing tennis. (♦enjoy to play としない)

たのみ【頼み】 a request [リクウェスト], a favor [ふェイヴァ]
▸母はわたしの**頼み**を聞いてくれませんでした. My mother did not agree to my **request**.

ダイアログ　**依頼する**
A: 頼み事があるんだけれど.
Will you do me a **favor**? / Can I ask a **favor** of you?
B: いいよ. 何? Sure. What is it?

た

たのむ【頼む】

❶〖依頼(いらい)する〗**ask**［あスク］

▸わたしは明に手を貸してくれるよう頼んだ. I **asked** Akira to help me.（♦「人に…してくれるように頼む」は《ask＋人＋to＋動詞の原形》）/（→手助けを求めた）I **asked** Akira for help.

❷〖注文する〗order［オーダ］

▸わたしはハンバーガーとバニラシェークを頼んだ. I **ordered** a hamburger and a vanilla shake.

たのもしい【頼もしい】
（頼(たよ)りになる） reliable ［リらイアブる］;（将来有望な）promising［プラミスィンヶ］

たば【束】 a bundle［バンドゥる］, a bunch［バンチ］

▸手紙の束 a **bundle** of letters

▸バラの花１束 a **bunch** of roses

束にする bundle, bunch

タバコ （紙巻き）a cigarette［スィガレット］;（葉巻き）a cigar［スィガー］;（パイプ用の）tobacco［タバぁコウ］

タバコを吸う smoke［スモウク］

▸父はタバコをやめた. My father gave up [quit] **smoking**.

タバスコ 〖商標〗Tabasco (sauce)［タバぁスコウ（ソース）］

たばねる【束ねる】 bundle (up)［バンドゥる］, tie up ... in a bundle

たび[1]【旅】 a trip, travel, a journey ➡ **りょこう**

旅をする
travel, take* a trip, make* a journey

✽たび[2]【足袋】
tabi, traditional Japanese-style socks

–たび【…度】
（…するたびに）every time ...

▸この写真を見るたびに, おばを思い出す. **Every time** I see this picture, I'm reminded of my aunt.

たびたび many times ➡ **なんかい**; often ➡ **しばしば**

▸たびたびご迷惑(めいわく)をおかけしてすみません.
I'm sorry to trouble you so **often**.

たびびと【旅人】
a traveler［トゥラぁヴェら］

ダビング dubbing［ダビンヶ］

ダビングする dub［ダブ］

タフ【タフな】 tough［タふ］

タブー a taboo［タブー］（複数 taboos）

だぶだぶの loose［るース］, too big

▸だぶだぶのセーター a **loose** sweater

ダブル double［ダブる］

ダブルクリックする
double-click《on ...》

▸そのアイコンをダブルクリックしてください. **Double-click on** the icon.

ダブルフォールト
〖テニス〗a double fault

ダブルプレー 〖野球〗a double play

ダブルベッド a double bed

ダブる （重なる）overlap［オウヴァらぁップ］;（繰(く)り返す）repeat［リピート］

ダブルス
〖スポーツ〗doubles［ダブるズ］

▸男子ダブルス men's **doubles**

▸混合ダブルス mixed **doubles**

タブレット a tablet (computer)［タぁブリット（コンピュータ）］

✽たぶん【多分】 **probably**［プラバブり］;（もしかすると）**perhaps**［パハぁップス］, **maybe**［メイビー］

▸たぶん俊介は美由紀のことが好きだ. Shunsuke **probably** likes Miyuki.

ダイアログ　推論する

A: また来られる？
Will you be able to come again?
B: たぶんね. **Probably**. / **Maybe**.

ダイアログ　推論する

A: フランクは来るの？
Will Frank come?
B: たぶん来ないだろうね.
Probably not.

くらべよう **probably, perhaps, maybe**

probably は起こる可能性が最も高く,「十中八九」という感じのときに用います. **perhaps** と **maybe** は可能性はあっても確実でなく,「ひょっとしたら…かもしれない」という感じのときに用います. **maybe** は特に〖口語〗で多く用います.

たべあるき【食べ歩き】
an eating tour

たべすぎる【食べ過ぎる】 eat* too much, overeat*［オウヴァイート］

たべもの【食べ物】(a) **food** [ふード] ➡ 巻頭カラー 英語発信辞典⑬
▸消化のよい食べ物 digestive **food**
▸どんな食べ物が好き？
What kind of **food** do you like?

たべる【食べる】
eat* [イート], **have*** [ハぁヴ]
▸何か食べる物をちょうだい.
Give me something to **eat**.
▸朝ご飯に何を食べたの？
What did you **have** for breakfast?
▸太郎はよく食べる. Taro **eats** a lot.
▸ちょっと食べてごらん. **Have** a bite.
▸このキノコは**食べられない**.
These mushrooms **aren't edible**.

結びつくことば
給食を食べる eat school lunch
夕飯を食べる eat dinner
お菓子を食べる eat snack,(甘いもの) eat candy
おなかいっぱい食べる eat until I'm [he is / she is など] full

たま【玉, 球, 弾】a ball [ボーる];(電球) a (light) bulb [バるブ];(銃(じゅう)の) a bullet [ブれット]

たまご【卵】an **egg** [エッグ]
▸(鳥などが) 卵を産む lay an **egg**
▸生卵 a raw **egg** (♦欧米(おうべい)ではふつう卵を生で食べない)
▸**卵の殻**(から) an **eggshell**

● 卵料理のいろいろ

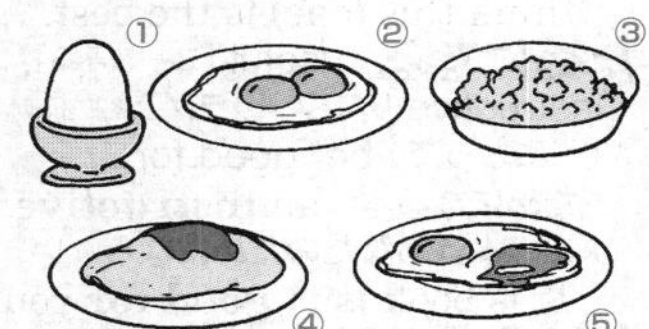

①ゆで卵 boiled egg ②目玉焼き fried eggs ③いり卵 scrambled eggs ④オムレツ omelet ⑤ハムエッグ ham and eggs

たましい【魂】
(a) soul [ソウる], spirit [スピリット]

だます (あざむく) deceive [ディスィーヴ];(ごまかす) cheat [チート]

たまたま by chance ➡ ぐうぜん

たまつき【玉突き】
玉突き事故 a pileup [パイるアップ]

たまに once in a while [(ホ)ワイる], occasionally [オケイジョナり];(めったに…ない) seldom [セるダム]
▸わたしの家族はたまに外で食事をします.
My family eat out **once in a while** [**occasionally**].
▸サリーにはたまにしか会いません.
I **seldom** see Sally.

タマネギ〖植物〗an onion [アニョン]

たまらない (耐(た)えられない)
can't stand;(…せずにはいられない) can't help ~ing
▸寒くてたまらない.
It's so cold. I **can't stand** it. (♦この stand は「耐える」の意味)
▸おかしくてたまらない(→笑わずにはいられない). I **can't help laughing**.
▸あなたに会いたくてたまらない.
I want to see you badly. (♦この badly は「非常に, とても」の意味)

たまりば【たまり場】
a haunt [ホーント]

たまる【貯まる】(集まる) gather [ギぁざ], collect [コれクト]
▸雨水がたまって水たまりになっていた.
The rainwater **gathered** and formed a pool.

だまる【黙る】
become* silent [サイれント], become quiet [クワイエット], shut* up
▸先生が教室に入ると生徒たちはみな黙った. When the teacher entered the classroom, all of the students **became silent** [**quiet**].
▸黙れ！ **Shut up**! / Stop talking!
(♦Shut up! はかなり強い言い方なので, ふつうは用いない)
▸彼女は**黙って**部屋から出て行った. She went out of the room **in silence** [(→何も言わずに)**without saying a word**].
▸このことは**黙っていて**ください.
Please **keep** this **to yourself**. / **Don't talk** about this to anyone.
(♦keep ... to yourself は「あなただけにとどめておく」, つまり「人に話さないでおく」の意味)

ダム a dam [ダぁム]

-ため

❶〖利益〗for ..., for the sake of ...
❷〖目的〗for ...
❸〖原因, 理由〗because, because of ...

❶〖利益〗**for ...**, for the sake of ...
▸このコースは初心者**のための**ものです.
This course is **for** beginners.
▸父は健康**のために**タバコをやめた.
My father quit smoking **for the sake of** his health.
❷〖目的〗**for ...**
▸わたしたちは何**のために**勉強しているのだろう?
What are we studying **for**?
…するために
《**(in order) to ＋動詞の原形**》
▸やせる**ために**毎日水泳をしている.
I swim every day **(in order) to** lose weight.
❸〖原因, 理由〗**because** [ビコーズ],
because of ... ➡ -ので
▸美紀は不注意**のため**けがをした.
Miki got injured **because of** her carelessness.

だめ

❶〖役に立たない〗no good [グッド];〖むだ〗no use [ユース]
▸このボールペンはもう**だめだ**. This ballpoint pen is **no good** any more.
▸泣いたって**だめだ**よ.
It's **no use** crying.
▸妹は英語がだめだ(→得意でない).
My sister is not good [poor] at English.
だめにする
ruin [ルーイン], spoil* [スポイる]
▸水をやりすぎて花を**だめにしてしまった**.
I **ruined** [**spoiled**] the flowers by watering them too much.
❷〖義務〗**must*** [マスト];
〖禁止〗**may* not**
▸宿題は自分でやらなければ**だめだ**.
You **must** do your homework by yourself.

ダイアログ　禁止する
A:ぼく, もうだめだ(→これ以上できない). I can't do any more.
B:そんなこと言っちゃ**だめだ**よ.
You **must not** say that.

ためいき【ため息】 a sigh [サイ]
ため息をつく sigh

ダメージ damage [ダぁメッヂ]
ダメージを受ける be* damaged

ためぐち【ため口】
▸私にはため口で(→もっとくだけた感じで)話してよ. You can talk with me more casually.

ためし【試し】

a try [トゥライ], a trial [トゥライアる], a test [テスト]
▸試しに 2, 3 日それを使ってみてください. Please use it for a few days for a **trial** [as a **test**].
試しに…してみる《**try ＋～ing**》
▸彼はその新車を**試しに**運転**してみた**.
He **tried** driving the new car.

ためす【試す】 try [トゥライ];
(テストする) test [テスト] ➡ **ためし**
▸その実験で, わたしたちはいろいろな方法を**試した**. We **tried** various methods in the experiment.
▸いろいろ**試して**みたけど, このエンジンがいちばんいいと思う.
I **tested** many engines, and I think this (one) is the best.

ためになる useful [ユースふる], instructive [インストゥラクティヴ];
(…にとって) be* good for ...
▸**ためになる**本 an **instructive** book
▸この本はあなた**のためにならない**.
This book **isn't good for** you.

ためらう hesitate [ヘズィテイト]
▸わたしは亮に声をかけるのを**ためらった**. I **hesitated** to speak to Ryo.
ためらい (a) hesitation [ヘズィテイシャン]

ためる【貯める】

(蓄(たくわ)える) save [セイヴ];
(集める) collect [コれクト]
▸わたしはテレビゲームを買うためにお金を**ためている**. I'm **saving** money for a video game.

˙たもつ【保つ】 keep* [キープ]

▸この部屋は室温が20度に**保たれている**. The temperature of this room is **kept** at 20 degrees.

たやすい easy ➡ **かんたん**[1]

˙たより[1]**【便り】**

(手紙) a **letter** [れタ]; (知らせ) **news** [ニューズ] (♦単数あつかい)

▸先日, ナンシーから**便り**があった. I got a **letter** from Nancy the other day.

▸最近, ポールから**便り**がない. I've had no **news** [I haven't heard] from Paul recently.

▸学校**便り** school **news**

˙たより[2]**【頼り】**

頼りにする

(信頼(しんらい)する) rely《on [upon] ...》[リらイ]; (依存(いぞん)する) depend《on [upon] ...》[ディペンド] ➡ **たよる**

頼りになる reliable; dependable; (助けになる) helpful [へるプふる]

▸中田さんは**頼りになる**人です. Ms. Nakada is a **reliable** person.

▸この辞書は**頼りになる**. This dictionary is **helpful**.

頼りない unreliable, undependable

たよる【頼る】 (信頼(しんらい)する) rely《on [upon] ...》[リらイ] ➡ **しんらい**, **たより**[2]; (依存(いぞん)する) depend《on [upon] ...》[ディペンド]

▸人に**頼って**はいけない. Don't **depend on** [**upon**] others.

タラ 〖魚類〗 a cod [カッド] (複数 cod(s))

‐たら

❶〖仮定, 条件〗

(もし…なら) if; (…のとき) when

▸あした晴れ**たら**釣(つ)りに行きます. **If** the weather is good tomorrow, I'm going fishing.

▸ベルが鳴っ**たら**ペンを置きなさい. Put down your pen(s) [Stop writing] **when** the bell rings. (♦if や when を用いて「…したら」という意味を表すときは, その節の中の動詞では未来のことでも現在形を用いる)

▸わたし, 魚**だったらよかったのに**. **I wish** I **were** a fish. (♦現在の事実とちがうことを仮定するときは, 過去形を用いる; be 動詞は主語が単数形でもふつう were を用いる)

❷〖提案, 勧告(かんこく)〗 (…してはどうか) Why don't you ...? / How about ...?

▸太一に電話**してみたら**? **Why don't you** call Taichi? / **How about** calling Taichi?

たらい a washtub [ワッシタブ]; (おけ) a tub [タブ]

だらく【堕落】 corruption [コラプシャン]

堕落する be* corrupted

‐だらけ

(泥(どろ)・血など) be* covered with ... [カヴァド]; (まちがいなど) be full of ...

▸きみの服はほこり**だらけ**だ. Your clothes **are covered with** dust.

だらける slack off [スらぁク]

▸文化祭の後, クラスが**だらけて**きた. The class started to **slack off** after the school festival.

だらしない (服装・態度などが) sloppy [スらピ]; (服装・部屋などが) untidy [アンタイディ] (対義語「きちんとした」tidy)

だらしなく sloppily; untidily

▸彼は服装が**だらしない**. He is **sloppily** [**untidily**] dressed.

たらす【垂らす】 (液体を) drip [ドゥリップ]; (ぶら下げる) hang* [ハぁング]

▸白いシャツに赤いペンキを**たらして**しまった. I **dripped** red paint on my white shirt.

‐たらず【…足らず】 less than ...

▸30分**足らず**で in **less than** thirty minutes

たらたら

▸そのランナーの顔から汗(あせ)が**たらたら**したたっていた. Sweat was **dripping** from the runner's face.

だらだら

▸**だらだら**と時を過ごすな. Don't spend your time messing around. (♦mess around は「ぶらぶら過ごす」という意味) / You shouldn't idle away your time. (♦idle away ... は「(時間)をむだに使う」)

タラップ (飛行機の) a ramp [ラぁンプ]

だらりと loosely [るースり]

▸その犬の耳は**だらりと**垂れていた. The dog's ears were hanging **loosely**.

ダリア 〖植物〗 a dahlia [ダぁりャ]

たりきほんがん【他力本願】

▸他力本願では (→他人に頼(たよ)っていて

は)何もできない.
You cannot do anything if you just rely [depend] on others.

だりつ【打率】
〖野球〗a batting average［あヴェレッヂ］

たりょう【多量の】
much*, a lot of ... ➡ **たくさん**

たりる【足りる】
be* enough［イナふ］➡ **まにあう**
▸その作業には3人いれば**足りる**.
Three (people) will **be enough** for that work.
▸彼には優(やさ)しさが**足りない**.
He **lacks** gentleness.
▸50円**足りない**んだ.
I'**m** fifty yen **short**.
▸砂糖が**足りない**. I'**m short of** sugar. / I **don't have enough** sugar.

たる【樽】 a barrel［バぁレる］

だるい
▸この暑さで**体がだるい**.
My body feels heavy and tired in this heat. / I **feel exhausted** because of this heat. / This heat makes me **sluggish**.

たるむ become* slack［スらぁック］; (気分が) become lazy［れイズィ］
▸ロープがたるんでいる.
The rope **is slack**.
▸彼は最近たるんでいる.
He **is slack** [**lazy**] these days.

たれ (食べ物の汁(しる)) sauce［ソース］

だれ

❶〖だれ,だれが〗who
❷〖だれの〗whose
❸〖だれを,だれに〗whom, who

❶〖だれ,だれが〗**who**［フー］

ダイアログ 質問する
A:あの女の子だれ? **Who**'s that girl?
B:美樹だよ. That's Miki.

ダイアログ 質問する
A:だれが優勝したの?
Who won the championship?
B:スーよ. Sue did.

▸あの男の子,前に会ったことがあるんだけど,**だれ**だか思い出せないの.
I have seen that boy before, but I can't remember **who** he is. (♦who以下が目的語になるときは,《who＋主語＋動詞》の語順)
▸ねえ,**だれ**が好きなのか教えて. Come on, tell me **who** [**whom**] you love.

❷〖だれの〗**whose**［フーズ］

ダイアログ 質問する
A:これ,だれの教科書?
Whose textbook is this?
B:わたしの. It's mine.

▸あの靴(くつ),**だれの**か知ってる?
Do you know **whose** shoes those are? (♦whose以下は目的語なので,《whose ... 主語＋動詞》の語順)
▸あなたは**だれの**絵がいちばんうまいと思う? Tell me **whose** pecture is the best?

❸〖だれを,だれに〗
whom［フーム］,〖口語〗**who**

ダイアログ 質問する
A:だれを捜(さが)してるの? **Who** [**Whom**] are you looking for?
B:伊藤先生を捜してるんだ.
I'm looking for Ms. Ito.

▸きのうだれに会ったの? **Who** [**Whom**] did you meet yesterday?

だれか
(肯定文で) **somebody**［サムバディ］, **someone**［サムワン］; (疑問文・否定文などで) **anybody**［エニバディ］, **anyone**［エニワン］ (♦somebody, anybodyはsomeone, anyoneより口語的)
▸ほら! **だれかが**ドアをノックしています.
Listen! **Somebody** [**Someone**] is knocking on the door.
▸留守(るす)中に**だれか**電話してこなかった?
Did **anybody** [**somebody**] call me while I was out? (♦疑問文の中

の somebody は肯定的な答えを予想してたずねる場合に用いる)

˙だれでも **anybody** [エニバディ], **anyone** [エニワン]; (みんなが) **everybody** [エヴリバディ], **everyone** [エヴリワン] (♦単数あつかい)
▸目玉焼きぐらいだれでも作れるよ. Anybody [Anyone] can cook fried eggs.
▸田中さんのことはだれでも知っている. Everybody [Everyone] knows Mr. Tanaka.
▸だれでも英語に興味があるわけではない. Not everybody [everyone] is interested in English. (♦not と every が一文の中で重なると「すべてが…であるわけではない」と部分否定の意味になる)

˙だれも【だれも…ない】 **nobody** [ノウバディ], **no one** (♦どちらも単数あつかい); none [ナン]
▸教室にはだれもいなかった. There was nobody [no one] in the classroom.
▸その質問にはわたしたちのだれも答えられなかった. **None** of us could answer the question.

たれる【垂れる】 hang* [ハぁング]; (液体が) drip [ドゥリップ], drop [ドゥラップ]
▸袋(ふくろ)から水が垂れています. Water is **dripping** from your bag.

だれる get* dull [ダる]
▸会議は途中(とちゅう)でだれてきた. The meeting **got dull** in the middle.

タレント an entertainer [エンタテイナ], a personality [パ～ソナぁりティ]
▸テレビタレント a TV entertainer [personality]

-だろう will*, 《be* going to +動詞の原形》➡ -でしょう

-だろうに (仮定) would [ウッド], could [クッド], might [マイト]
▸彼がここにいたら,助けてくれるだろうに. If he were here, he **would** help me.

タワー a tower [タウア]

たわし 〖米〗a scrub brush, 〖英〗a scrubbing brush

タン (舌肉) (a) tongue [タング]
▸タンシチュー **tongue** stew

たん (のどの) phlegm [ふれム]

だん¹【段】 (階段の) a step [ステップ]; (段位) *dan*, a degree [ディグリー]
▸この石段は100段ある. These stone stairs have 100 **steps**.
▸絵美は柔道(じゅうどう)2段だ. Emi holds the second ***dan*** (rank) in judo.

だん²【壇】 a platform [プらぁットふォーム]

だんあつ【弾圧】 oppression [オプレシャン], suppression [サプレシャン]
弾圧する oppress, suppress

たんい【単位】 a unit [ユーニット]; (学科の) a credit [クレディット]

✻たんか¹【短歌】 a *tanka*, a 31-syllable Japanese poem
▸短歌をよむ compose a ***tanka***

たんか²【担架】 a stretcher [ストゥレッチャ]
▸彼を担架で運ぼう. Let's carry him on a **stretcher**.

タンカー a tanker [タぁンカ]
▸石油タンカー an oil **tanker**

だんかい【段階】 (局面) a stage [ステイヂ], a phase [ふェイズ]; (等級) a level [れヴる]
段階的な gradual [グラぁヂュアる]

だんがん【弾丸】 a bullet [ブれット]

たんき【短気な】 short-tempered [ショートテンパド]
▸ジョンは短気だ. John is **short-tempered**.
▸**短気を起こす**な. Don't **lose your temper**.

たんきだいがく【短期大学】 a junior college

たんきょり【短距離】 a short distance [ディスタンス]
短距離競走 a short-distance race, a sprint, 〖米〗a dash

タンク a tank [タぁンク]
タンクローリー a tank truck, 〖英〗a tank lorry

ダンクシュート (バスケットボール) a dunk shot [ダンク シャット]

タンクトップ a tank top

だんけつ【団結】 union [ユーニョン]
団結する unite [ユ(ー)ナイト]

たんけん【探検】 (an) exploration [エクスプろレイシャン]; (探検旅行) (an) expedition [エクスペディシャン]
探検する explore [イクスプろーア]

探検家 an explorer
探検隊 an expedition

だんげん【断言する】
declare ［ディクれア］
▸刑事(けいじ)は，まだ彼女は生きていると断言した. The detective **declared** (that) she was still alive.

タンゴ〘音楽〙a tango ［タぁンゴウ］
（複数 tangos）
▸タンゴを踊(おど)る dance the **tango**

˙たんご【単語】 a **word** ［ワ～ド］
▸英単語 an English **word**
▸この単語はどういう意味ですか？
What does this **word** mean?
▸これらの単語を暗記しなければならない. I must learn these **words** by heart.
単語帳
a wordbook, a vocabulary book
単語テスト a vocabulary test

だんご【団子】
a *dango*, a dumpling ［ダンプりンッ］
ことわざ 花より団子.
Pudding rather than praise.
（◆「ほめことばよりプディングのほうがいい」という意味）

たんこう【炭坑】 a coal mine

˙˙たんごのせっく【端午の節句】
Tango-no-sekku,
the Boys' Festival held on May fifth

ダンサー a dancer ［ダぁンサ］

たんさん【炭酸】 carbonic acid
［カーバニック あスィッド］
炭酸飲料 soda, a carbonated drink
炭酸ガス carbonic acid gas
炭酸水 soda (water)

˙だんし【男子】
（男の子）a **boy** ［ボイ］（対義語「女子」a girl）；（成人した男性）a **man** ［マぁン］（複数 men）（対義語「女性」a woman）
▸3年の男子 third-year **boys**
男子学生［生徒］ a boy student
男子校 a boys' school
男子トイレ a men's room

たんしゅく【短縮】
(a) reduction ［リダクシャン］
短縮する shorten ［ショートゥン］
▸きょうは短縮授業だ(→授業時間が短縮される). School hours are shortened today.

たんじゅん【単純】
simplicity ［スィンプリスィティ］
単純な simple ［スィンプる］
（対義語「複雑な」complicated）
単純に simply

たんしょ【短所】（弱点）a weak point（対義語「長所」a strong point）
➡ じゃくてん；（欠点）a fault ➡ けってん

だんじょ【男女】 man and woman, boy and girl
男女共学 coeducation
［コウエヂュケイシャン］➡ きょうがく
男女兼用(けんよう)の unisex ［ユーニセックス］
男女差別 sex [sexual] discrimination
［ディスクリミネイシャン］
男女同権 equal rights for both sexes
男女平等 sexual equality

たんじょう【誕生】 birth ［バ～す］
誕生する be* born ➡ うまれる
誕生祝い a birthday present
誕生会 a birthday party
誕生石 a birthstone ➡ ほうせき

˙たんじょうび【誕生日】
one's **birthday** ［バ～すデイ］
▸きょうはわたしの15歳(さい)の誕生日です.
Today is my fifteenth **birthday**. / It's my fifteenth **birthday** today.

ダイアログ 質問する
A:誕生日はいつ？
When is your **birthday**?
B:5月27日だよ. It's (on) May 27.

▸誕生日おめでとう！
Happy **birthday** to you!

たんしん¹【単身】（単独で）alone
［アろウン］；（独力で）by oneself
▸父は那覇に単身赴任(ふにん)している(→仕事のため那覇に1人で住んでいる).
My father **lives** in Naha **alone because of his job** [**on business**].

たんしん²【短針】（時計の）
an hour hand, a short hand

たんす a chest of drawers
［ドゥローアズ］；（洋服だんす）
a wardrobe ［ウォードロウブ］

ダンス a dance ［ダぁンス］；（ダンスすること）dancing ［ダぁンスィンッ］
ダンスをする dance
ダンスパーティー a dance

たんすい【淡水】
fresh water［ふレッシ ウォータ］（対義語「海水」sea water）
淡水魚 a freshwater fish

たんすいかぶつ【炭水化物】
〖化学〗(a) carbohydrate
［カーボウハイドゥレイト］

たんすう【単数】 〖文法〗singular (number)［スィンギュら］（♦sing. と略す）（対義語「複数」plural (number)）
単数形 〖文法〗a singular (form)

***だんせい【男性】**
a **man**［マぁン］（複数 men）（対義語「女性」a woman）；（性別を強調して）a male［メイる］（対義語「女性」a female）
▸あの背の高い男性はスミスさんです.
That tall **man** is Mr. Smith.
男性の male
男性的な
masculine［マぁスキュりン］, manly

だんぜん【断然】 far［ふァー］, much［マッチ］, by far（♦比較級や最上級を強める場合に用いる）➡ **はるか**
▸中国料理より和食のほうが断然好きだ.
I like Japanese food **far** better than Chinese (food).

たんそ【炭素】
〖化学〗carbon［カーボン］

たんそく【短足】 short legs

たんだい【短大】
a junior college［チューニャ カれッヂ］

だんたい【団体】 a group［グループ］
団体競技 a team sport
団体行動 group activity
団体旅行 a group tour
団体割引
a group rate, a group reduction

***だんだん【段々】**
gradually［グラぁヂュアり］, little by little（♦《比較級＋ and ＋比較級》で表すことも多い）
▸アリシアは日本の生活にだんだん慣れてきた. Alicia has **gradually** gotten used to life in Japan.
▸だんだん寒くなってきた.
It is getting **colder and colder**.

だんち【団地】 a housing complex［カンプれックス］, a housing development［ディヴェろプメント］
▸わたしは団地に住んでいる.
I live in (an apartment in) a **housing complex**.

たんちょう[1]【単調】
monotony［モナトニ］
単調な monotonous;
（退屈(たいくつ)な）dull［ダる］
▸都会の生活はけっこう単調だ.
City life is quite **monotonous** [**dull**].

たんちょう[2]【短調】
〖音楽〗a minor (key)［マイナ（キー）］（対義語「長調」a major (key)）

たんてい【探偵】
a detective［ディテクティヴ］
▸私立探偵 a private **detective**
探偵小説 a detective story

たんとう[1]【担当する】 take* charge of ..., be* in charge of ...
▸小暮先生は野球部を担当している.
Mr. Kogure **is in charge of** the baseball team.
担当者 the person in charge

たんとう[2]【短刀】 a dagger［ダぁガ］

たんなる【単なる】 only, just ➡ **ただ**

たんに【単に】 only［オウンり］, just
▸わたしは単に真実を述べたまでです.
I **just** told the truth.
▸真紀は単に賢(かしこ)いだけでなく独創的だ.
Maki is not **only** smart but (also) creative.

たんにん【担任】（担任教師）
a homeroom teacher［ティーチャ］
担任する take* charge of ..., be* in charge of ...;（教える）teach*
▸森先生がわたしたちの担任です.
Ms. Mori is our **homeroom teacher**. / Ms. Mori **is in charge of our class**.

たんぱくしつ【たん白質】
protein［プロウティーン］

タンバリン
〖楽器〗a tambourine［タぁンバリーン］

▶タンバリンをたたく
play [beat] the **tambourine**

ダンプカー 〖米〗a dump truck [ダンプ トゥラック], 〖英〗dumper [ダンパ]

タンブラー a tumbler [タンブら]

ダンベル dumbbells [ダムべるズ]

ち

たんぺん【短編】（短編小説）
a short story;（短編映画）a short film

だんぺん【断片】
a fragment [ふラぁグメント]
断片的な fragmentary
▶断片的な記憶(きおく)
fragmentary memories
断片的に in fragments

たんぼ【田んぼ】 a paddy (field)
➡ た[1]

だんぼう【暖房】 heating [ヒーティンヶ]
暖房する heat (up)
▶この部屋は暖房がよくきいて(→暖房されて)いる.
This room is well **heated**.
暖房器具 a heater
暖房装置 a heating system

だんボール【段ボール】
（紙）cardboard [カードボード]
段ボール箱 a cardboard box

タンポポ 〖植物〗a dandelion [ダぁンデらイアン]

だんめん【断面】 a (cross) section
断面図 a cross section

だんらく【段落】
a paragraph [パぁラグラぁふ]

だんりゅう【暖流】
a warm current [カ～レント]
(対義語「寒流」a cold current)

だんりょく【弾力】
elasticity [イーらぁスティスィティ]
弾力のある elastic [イらぁスティック]

だんろ【暖炉】
a fireplace [ふァイアプれイス]

ち チ

Q「中学３年生です」を英語でどう言う？
➡「ちゅうがく」を見てみよう！

ちかい

ち[1]【血】 **blood** [ブらッド]
血が出る bleed* [ブリード]
▶血を止める stop **bleeding**
▶ひざから血が出ていますよ.
Your knee is **bleeding**.
▶彼らは血がつながっている.
They are related by **blood**.

ち[2]【地】（大地）the earth [ア～す];（地面）the ground [グラウンド]
▶地の果て the ends of **the earth**
▶天と地 heaven and **earth**
（◆この場合は the をつけない）

チアガール a cheerleader [チアりーダ]

チアリーダー a cheerleader

チアリーディング cheerleading [チアりーディンヶ]

ちあん【治安】（秩序(ちつじょ)）order [オーダ];（平和）the peace [ピース];（安全）security [セキュリティ]
▶治安を維持(いじ)する keep **order**

ちい【地位】 (a) position [ポズィシャン], (a) rank [ラぁンク], (a) status [ステイタス]
▶責任のある地位
a **position** of responsibility

ちいき【地域】 an area [エアリア], a district [ディストゥりクト];（広い）a region [リーヂョン]
▶広い地域で雨が降るでしょう.
It will rain over a wide **area**.
地域の regional [リーヂョヌる], local [ろウクる]
地域社会 a local community

ちいさい【小さい】

❶［大きさ・広さが］**small, little**
［背が］**short**
❷［年齢(ねんれい)が］**young**
❸［音声が］**low**

❶［大きさ・広さが］ **small** [スモーる]
(対義語「大きい」large), **little*** [りトゥる]

（対義語「大きい」big）;〖背が〗**short**［ショート］（対義語「高い」tall）
▸小さい箱　a **small** [**little**] box
▸小さい町　a **small** town
▸わたしは紗希よりも小さい. I'm **shorter** than Saki.

くらべよう small と little
small は数·量·大きさなどが客観的に「小さい」ことを表します. **little** には「小さくてかわいらしい」という感情的な要素がふくまれています.

❷〖年齢が〗**young**［ヤング］
▸ひとりで映画を見に行くには, あなたは小さすぎます. You're too **young** [small] to go to a movie alone.
❸〖音声が〗**low**［ろウ］
▸サラは小さい声でわたしの名前を呼んだ. Sarah called me in a **low** [small] voice.

ちいさな【小さな】
small, little*, young, low ➡ **ちいさい**

ちいさめ【小さめ】 smaller［スモーラ］
▸ニンジンは(それより)少し小さめに切りなさい. Cut the carrots into **smaller** pieces (than those).

チーズ (a) cheese［チーズ］
▸粉チーズ　powdered **cheese**
▸(写真を撮(と)るときに) はい, チーズ！ Say **cheese**!
チーズケーキ　(a) cheesecake
チーズバーガー　a cheeseburger

チーター〖動物〗a cheetah［チータ］

チーフ a chief［チーふ］, a head［ヘッド］

チーム a team［ティーム］
▸サッカーチームをつくろうよ. Let's put together a soccer **team**. (♦put together で「編成する」の意味)
チームプレー　team play
チームメート　a teammate
チームワーク　teamwork
▸わたしたちのチームはチームワークがいい. We have good **teamwork**.

ちえ【知恵】（分別）wisdom［ウィズダム］;（考え）an idea［アイディーア］
▸知恵の輪　a **wire puzzle**
知恵のある　wise［ワイズ］

チェーン a chain［チェイン］
チェーンストア　a chain store

チェス chess［チェス］
▸チェスをする　play **chess**

ちぇっ（いらだち）Tut!［タット］,（しまった！）Darn (it)!［ダーン］,（まさか）Rats!［ラぁッツ］

チェック（格子(こうし)じま）(a) check［チェック］;（照合）a check（♦チェックの印(✓)のことも言う）
▸チェックのシャツ
a **checked** [checkered] shirt
チェックをする　check
▸ボックスにチェックマークをつける
check a box
チェックアウト
(a) checkout［チェックアウト］
チェックアウトする
（ホテルを）check out (of a hotel)
チェックイン　(a) check-in［チェックイン］
チェックインする
（ホテルに）check in (at a hotel)

チェリー（サクランボ）a cherry［チェリ］

チェロ
〖楽器〗a cello［チェろウ］（複数 cellos）
チェロ奏者　a cellist［チェリスト］

チェンジ (a) change［チェインヂ］
チェンジする　change

ちか【地下】（地下室）a basement［ベイスメント］➡ **ちかしつ**
▸食料品は地下２階で売っています. Foodstuffs are sold in the second **basement**.（♦欧米(おうべい)のデパートでは地下が食料品売場ではない）
地下の, 地下に, 地下で　underground［アンダグラウンド］
地下街　an underground market, an underground shopping center
地下資源　underground resources
地下水　underground water
地下鉄　➡ **ちかてつ**
地下道　an underpass［アンダパぁス］,〖英〗a subway

ちかい[1]【近い】

❶〖距離(きょり)が〗**near ...; close**
❷〖時期が〗**near ...; close**
❸〖数量·程度が〗**almost, nearly**

❶〖距離が〗**near ...**［ニア］（対義語「遠い」far）;（…に接近した）**close**［クろウス］
▸わたしの家は駅に近い. My house is **near** [**close** to] the station.
…の近くに　**near ..., by ...**［バイ］, around ...［アラウンド］➡ **そば**

近く(に) near; close

ダイアログ 質問する・説明する

A: この近くにコンビニはありますか？
Is there a convenience store <u>**near**</u> [**around**] here?
B: ええ. すぐ近く, 次の交差点にありますよ. Yes. There's one quite **near**, just at the next intersection.

近くの nearby [ニアバイ]
▸近くの公園 a **nearby** park
❷ **[時期が]** near ...; (接近した) close
▸近い将来に in the **near** future
近いうちに, 近く
soon [スーン], before long
▸近いうちにリズが戻(もど)って来る. Liz will be back <u>**soon**</u> [**before long**].
❸ **[数量・程度が] almost** [オーるモウスト], nearly [ニアり]
▸20人近い生徒が学校を休んだ.
<u>**Almost**</u> [**Nearly**] twenty students were absent from school.

ちかい² 【誓い】
an oath [オウす], a vow [ヴァウ]

ちかい³ 【地階】
a basement (floor) [ベイスメント]

*ちがい 【違い】
(a) **difference** [ディふァレンス] ➡ さ
▸ちがいを生む make a **difference**
▸ラグビーとサッカーのちがい
the **difference** between rugby and soccer

*−(に)ちがいない
(理屈(りくつ)で考えて) **must***; (確信して) **be* sure** [シュア] ➡ かならず
▸晴人はまだ家にいる**にちがいない**.
Haruto **must** be still at home. / I'**m sure** Haruto is still at home.
▸どこかに傘(かさ)を忘れた**にちがいない**.
I **must** have left my umbrella somewhere. (◆「…したにちがいない」は, 《must have ＋過去分詞》で表す)

ちかう 【誓う】
swear* [スウェア], vow [ヴァウ] ➡ ちかい²
▸わたしは真実を述べることを**誓います**.
I **swear** to tell the truth.
▸ジャックは二度と泣かないと**誓った**.
Jack **vowed** never to cry again.

*ちがう 【違う】
❶ **[異なっている]**
be* different 《from ...》 [ディふァレント], differ 《from ...》 [ディふァ] ➡ **べつ**
▸わたしの意見はきみの**とちがう**. My opinion **is different from** yours.
▸わたしの好みはきみ**とはちがう**.
My taste **differs from** yours.
❷ **[…ではない] be* not**

ダイアログ 否定する

A: これ, あなたの手袋(てぶくろ)？
Are these your gloves?
B: ちがうよ. No, they **aren't**.

❸ **[誤っている]** be* wrong [ローング]
▸わたしの答えは**ちがいますか**？
Is my answer **wrong?**

ちがく 【地学】 earth science

ちかごろ 【近ごろ】
recently [リースントり], lately [れイトり] ➡ **さいきん¹**
近ごろの recent

ちかしつ 【地下室】
a basement [ベイスメント]; (食料などを貯蔵しておく) a cellar [セら]

*ちかづく 【近づく】
approach [アプロウチ];
(近づいて来る) come* up to ...;
(近づいて行く) go* up to ...
▸カレンがにこにこしながら**近づいて来た**. Karen <u>**approached**</u> [**came up to**] us with a smile.
▸誕生日が**近づいて来た**.
My birthday is <u>**approaching**</u>.

ちかづける 【近づける】
put* ... close 《to ...》, draw* ... close 《to ...》

ちがった 【違った】
(異なる) different [ディふァレント];
(まちがった) wrong [ローング] ➡ **ちがう**

*ちかてつ 【地下鉄】
〚米〛 a subway [サブウェイ],

〖英〗an underground (railway) [アンダグラウンド(レイるウェイ)], a tube
▸新宿まで地下鉄で行こう. Let's take the **subway** to Shinjuku. / Let's go to Shinjuku by **subway**. (♦by の後の交通手段を表す名詞には a, an や the をつけない)

▲左はワシントン, 右はロンドンの地下鉄.

ちかみち【近道】
a shortcut [ショートカット]

ちかよる【近寄る】 approach; come* up to ...; go* up to ... ➡ ちかづく

・ちから【力】

❶〖体・物の力〗**(a) power, force, strength**
❷〖能力〗**(a) power, (an) ability**
❸〖助力〗**help**

❶〖体・物の力〗 (a) **power** [パウア], force, strength [ストゥレンクす]
力いっぱい with all one's strength
力の強い **strong**, powerful
力の弱い **weak**
▸力の強い男 a **strong** man
▸彼らは力を合わせてその岩を動かした. They put their **strength** together and moved the rock.
❷〖能力〗
(a) **power**, (an) **ability** [アビりティ]
▸彼女にはクラスメートたちを引っ張ってゆく力がある. She has the **power** to lead her classmates.
▸彼にその問題を解く力はないと思います. I don't think he has the **ability** to solve the problem.
❸〖助力〗**help** [へるプ]
▸きみの力が必要だ. I need your **help**.

ちかん【痴漢】 a groper [グロウパ], a molester [モれスタ]

・ちきゅう【地球】 the earth [ア〜す]

▸地球の自転
the rotation of **the earth**
▸恐竜(きょうりゅう)は大昔に地球上から姿を消した. Dinosaurs disappeared from the face of **the earth** a long time ago.
地球温暖化 global warming [グろウブる ウォーミング]
▸地球温暖化の影響(えいきょう)
the effects of **global warming**
地球儀(ぎ) a globe [グろウブ]

ちぎる (引きちぎる) tear* [テア]; (小さく分ける) break* up
▸パンをちぎってハトにやった.
I **broke** (**up**) some bread and gave it to the doves.

チキン chicken [チキン]
▸フライドチキン fried **chicken**
チキンナゲット a chicken nugget
チキンライス chicken pilaf

ちく【地区】 a district [ディストゥリクト], an area [エアリア]
▸住宅地区 a residential **area**
地区大会 a district contest, a district tournament
地区予選 a district preliminary

ちくちく【ちくちくする】
(痛む) feel* a painful prick; (感じる) prickle [プリクる]

ちぐはぐ【ちぐはぐな】 (組み合わせがおかしい) odd [アッド]; (一致(いっち)しない) inconsistent [インコンスィステント]
▸左右がちぐはぐな手袋(てぶくろ)
an **odd** pair of gloves
▸彼は言うこととすることがちぐはぐだ.
His words are **inconsistent** with his actions.

ちくる ➡ つげぐち

ちけい【地形】
topography [トパグラふィ]

チケット a ticket ➡ きっぷ

・ちこく【遅刻する】

be* late 《for ...》 [れイト]
▸きのうは学校に10分遅刻した.
I **was** ten minutes **late for** school yesterday.

ちじ【知事】 a governor [ガヴァナ]

ちしき【知識】 knowledge [ナれッヂ]; (情報) information [インふォメイシャン]
▸スーは日本についてかなり知識がある.
Sue has a good **knowledge** of

Japan.（♦このgoodは「じゅうぶんな」の意味）

知識人 an intellect［インテれクト］, an intellectual［インテれクチュアる］

ちじょう【地上】
(the) ground［グラウンド］
地上に, 地上で above (the) ground
▸このビルは地上40階, 地下3階だ.
This building has forty stories **above ground** and three below.

ちじん【知人】 an acquaintance
➡ しりあい

⁺ちず【地図】（1枚）a **map**［マぁップ］;
（地図帳）an atlas［あトゥらス］

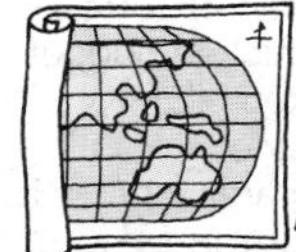
地図 map

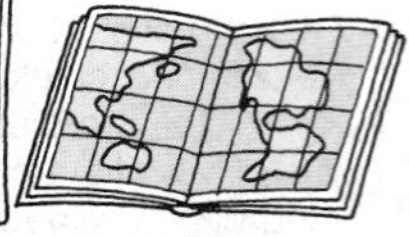
地図帳 atlas

▸この地図の見方を教えてください.
Please tell me how to read [use] this **map**.
▸あなたの家までの地図をかいてください.
Please draw a **map** of the way to your house.
▸白地図 a blank **map**

ちすじ【血筋】 blood［ブらッド］, (a) stock［スタック］

ちせい【知性】 intellect［インテれクト］;（知能）intelligence［インテりヂェンス］
知性のある, 知性的な intellectual［インテれクチュアる］ ➡ ちてき

ちたい【地帯】
a zone［ゾウン］, an area［エアリア］
▸工業地帯 an industrial **area**

⁑ちち[1]【父】 a **father**［ふァーざ］（対義語「母」a mother）
▸父にしかられた. I was told off by **Father**.（♦自分の父親を言うとき, myをつけずに大文字で始めることもある）
▸ハイドンは「交響(こうきょう)曲の父」と呼ばれている. Haydn is called "the **Father** of the Symphony."
父の日 Father's Day

ちち[2]【乳】 milk［ミるク］;
（乳房(ちぶさ)）a breast［ブレスト］
▸牛の乳をしぼる **milk** a cow（♦このmilkは「乳をしぼる」の意味の動詞）
▸彼女は赤ん坊(ぼう)**に乳を飲ませた**.
She **breast-fed** her baby.
（♦breast-fedはbreast-feed「…に母乳をやる」の過去形）

ちぢこまる【縮こまる】
（丸まる）curl up［カ〜ル アップ］
▸彼女は縮こまって眠(ねむ)った.
She **curled up** and fell asleep.

ちぢむ【縮む】 shrink*［シュリンク］
▸このセーターを洗ったら縮んでしまった.
This sweater **shrank** when I washed it.

ちぢめる【縮める】
shorten［ショートゥン］
▸スカートの丈(たけ)を縮める
shorten (the length of) a skirt

ちちゅうかい【地中海】
the Mediterranean (Sea)
［メディタレイニアン］

ちぢれる【縮れる】 curl［カ〜る］
縮れた curly［カ〜り］
▸サリーの髪(かみ)は縮れている.
Sally has **curly** hair.

ちつじょ【秩序】 order［オーダ］
▸秩序を保つ keep **order**

ちっそ【窒素】
nitrogen［ナイトゥロヂェン］

ちっそく【窒息】 a choke［チョウク］, suffocation［サふォケイシャン］
窒息死する choke to death, be* suffocated［サふォケイティッド］

ちっとも (not) at all ➡ ぜんぜん

チップ[1]（心づけ）a tip［ティップ］
チップをやる tip

チップ[2] a chip［チップ］
ポテトチップス〖米〗(potato) chips,〖英〗(potato) crisps

ちっぽけな tiny［タイニ］, very small

ちてき【知的な】 intellectual［インテれクチュアる］, intelligent［インテりヂェント］
▸英士は知的好奇(こうき)心が旺盛(おうせい)だ.
Eiji is full of **intellectual** curiosity.
▸奈々はめがねをかけると知的に見える.
Nana looks **intelligent** with her glasses on.

ちなむ【ちなんで】 after
▸わたしは祖父の名にちなんで富夫と名づけられました. I was named Tomio **after** my grandfather.

ちのう【知能】

intelligence [インテリヂェンス]
▸イルカは高度な**知能**をもつ. Dolphins have a high degree of **intelligence**.
知能の高い intelligent [インテリヂェント]
知能指数 an intelligence quotient [クウォウシャント] (♦IQ, I.Q. と略す)
知能テスト a mental test, an intelligence test

ちびちび (少しずつ) little by little
ちびちび飲む sip [スィップ]

ちぶさ【乳房】 a breast [ブレスト]

チフス〖医学〗(腸チフス) typhoid (fever) [タイふォイド (ふィーヴァ)]

ちへいせん【地平線】 the horizon [ホライズン]
▸太陽が**地平線**の上に昇(のぼ)った. The sun has risen above **the horizon**.

ちほう【地方】
(地域) a district [ディストゥリクト], an area [エアリア]; (いなか) the **country** [カントゥリ]
▸関東**地方**全域に大雨警報が出された. A heavy-rain warning was given all over the Kanto **area** [**district**].
▸この**地方**では雪はめったに降らない. It rarely snows in this **district**.
地方の local [ろウクる]
地方色 local color
地方新聞 a local newspaper

ちめい[1]【地名】 a place name

ちめい[2]【致命的な】 fatal [ふェイトゥる]
▸**致命傷** a **fatal** wound

ちゃ【茶】 (緑茶) green tea [ティー]; (紅茶) **tea**, black tea (♦tea は紅茶を指す. 緑茶などと特に区別するときに black tea を用いる)
▸濃(こ)い**茶** strong **tea**
▸薄(うす)い**茶** weak **tea**
▸お**茶**を入れましょうか? Shall I make **tea**?
▸お**茶**をどうぞ. Please have a cup of **tea**.
▸(喫茶(きっ)店などで)**紅茶**を 2 つください. Two **teas**, please. (♦注文するときは two cups of tea よりも two teas と言うほうがふつう)
▸さあ, お**茶**の時間にしましょう. Let's have a **tea** break now.
茶さじ a teaspoon [ティースプーン]
茶畑 a tea field

チャーター【チャーターする】 (借り切る) charter [チャータ]
▸バスを**チャーターする** **charter** a bus

チャート a chart [チャート]
▸フロー**チャート** a flow **chart**

チャーハン (Chinese) fried rice

チャーミング charming [チャーミング]; (かわいい) pretty [プリティ]

チャイム chimes [チャイムズ] (♦ふつう複数形で用いる)
▸玄関(げんかん)の呼びりんの**チャイム**が鳴った. The doorbell **chimes** rang.

ちゃいろ【茶色(の)】 brown [ブラウン]
▸こげ**茶色** dark **brown**

ちゃかす【茶化す】 make* fun of ...

-ちゃく【…着】
❶〖到着(とうちゃく)〗arrival [アライヴる]
▸のぞみ 249 号は午後 6 時に京都**着**の予定だ. The Nozomi 249 is due at Kyoto at six in the afternoon. (♦be due at [in] ... は「…に到着する予定になっている」という意味)
❷〖順位〗《(the +)序数+ place》
▸優は 100 メートル競走で 2 **着**に入った. Yu came in **second (place)** in the 100-meter dash. ➡ **-い**
❸〖服〗
▸ドレス 2 **着** two dresses ➡ **かぞえる**

ちゃくうた【着うた】 a truetone

ちゃくじつ【着実な】 steady [ステディ]
▸**着実な**進歩 **steady** progress
着実に steadily, step by step
▸彼女の英語は**着実に**上達している. Her English is improving **steadily**.

ちゃくしょく【着色する】 color [カら]; (塗(ぬ)る) paint [ペイント]
着色料 coloring [カらリング]

ちゃくしん【着信】 receiving phone calls
着信メロディー ➡ **ちゃくメロ**

ちゃくせき【着席する】 sit* down, take* one's seat, be* seated
▸**着席して**ください. **Sit down**, please. / Please **take your seat**. / Please **be seated**. (♦最後の文は改まった言い方だが, 強制するふくみがある)

ちゃくちゃく【着々と】

(着実に) steadily [ステディり]
▸祭りの準備は着々と進行している. Preparations for the festival are going forward **steadily**.

ちゃくにんしき【着任式】
(an) inauguration [イノーギュレイシャン]

ちゃくばらい【着払い】
cash on delivery, collect on delivery (♦CODと略す)

ちゃくメロ【着メロ】
(着信メロディー) a ringtone melody, a musical ringtone

***ちゃくりく【着陸】**
(a) landing [らぁンディング]
着陸する land [らぁンド]
(対義語「離陸(りりく)する」take off)
▸飛行機は定刻に成田空港に着陸した. The plane **landed** at Narita Airport on time.

ちゃちな (安物の) cheap [チープ]; (見せかけだけの) shoddy [シャディ]

ちゃっかり【ちゃっかりした】
(抜(ぬ)け目ない) shrewd [シュルード]

チャック a zipper [ズィパ]

チャット (a) chat [チぁット]
チャットする chat

ちゃのま【茶の間】 a living room
▸その女優はお茶の間の人気者になった(→幅(はば)広く人気になった). The actress became widely popular.

ちゃぱつ【茶髪】 dyed-brown hair
▸わたしたちの学校では茶髪は禁止です(→わたしたちが髪を染めることを禁止している). Our school prohibits us from dyeing our hair.

ちやほや【ちやほやする】
make* a fuss over ...;
(甘(あま)やかしてだめにする) spoil*

チャリティー (a) charity [チぁリティ]
チャリティーコンサート
a charity concert
チャリティーショー a charity show

チャレンジ a challenge [チぁれンヂ]
(♦「物事への挑戦(ちょうせん)」の意味では, try, attempt のほうが適切なことが多い)
チャレンジする challenge
(♦「(物事に)挑戦する」の意味では, try, tackle のほうが適切なことが多い)
▸わたしは登山にチャレンジするつもりです. I'll **try** to climb the mountain.
➡ ちょうせん[1]

ちゃわん【茶わん】
(ご飯用の) a (rice) bowl [ボウる];
(湯のみ) a teacup [ティーカップ]
▸茶わんにご飯をよそう
serve rice in a **bowl**
▸茶わん3杯(ばい)のご飯
three **bowls** of rice

チャンス a chance [チぁンス], an opportunity [アパテューニティ]
➡ きかい[2]
▸せっかくのチャンスを逃(のが)してしまった. I lost a rare **chance**. (♦rare は「めったにない」という意味)
▸わたしたちがこの試合に勝つチャンスはまだある. We still have a **chance** of winning this game.

ちゃんと
▸ちゃんとした(→適切な)服装
proper clothes
▸出かけるときはちゃんと(→必ず)ドアのかぎをかけてね. Be sure to lock the door when you go out.

チャンネル a channel [チぁヌる]
▸6チャンネルに変えてもいい?
Can I change [turn, switch] to **Channel** 6?
▸野球は1チャンネルでやっている. The baseball game is on **Channel** 1.

チャンピオン a champion [チぁンピオン], 〘口語〙 a champ [チぁンプ]
▸ヘビー級の世界チャンピオン the world heavyweight **champion**

ちゅう[1]【中】 (平均) the average [あヴェレッヂ]; (中間) a medium [ミーディアム]
▸彼の成績はクラスで中以上です. He is above (the) **average** in the class. (♦「中以下」なら below (the) average)
中くらい(の) average; medium

ちゅう[2]【注】 a note [ノウト]
▸注2を見よ. See **note** 2.

:-ちゅう【…中】

❶〘…の間に〙 **in ..., during ...**
〘…以内に〙 **within ...**
❷〘…の最中〙 **under ..., in ..., on ...**
❸〘…の数の中で〙 **out of ...**

❶〘…の間に〙 **in ..., during ...** [デュアリング]; 〘…以内に〙 **within ...** [ウィずイン]
▸午前中 **in** the morning

▸夏休み中に
during summer vacation
▸今月中に **within** this month
❷〚…の最中〛**under ..., in ..., on ...**
▸新しい橋が建設中だ. A new bridge is now **under** construction.
▸わたしたち, 恋愛(れんあい)中です.
We're **in** love with each other.
▸チケットは発売中です.
Tickets are **on** sale now.
❸〚…の数の中で〛**out of ...**
▸40人中5人が正解した. Five people **out of** forty answered correctly.

•ちゅうい【注意】

(注目) attention [アテンシャン]; (用心・警戒(けいかい)) **care** [ケア]; (忠告) **advice** [アドヴァイス]; (警告) (a) warning [ウォーニング]
▸圭はわたしの注意を聞こうとしなかった.
Kei wouldn't listen to my **advice**.
▸割れ物. 取りあつかい注意.
〚掲示〛Fragile. Handle with **Care**.
注意する (注目する) pay* attention to ..., focus on ...; (用心する) be* careful; (忠告する) advise [アドヴァイズ]
▸抑揚(よくよう)に注意して会話をもう一度聞きなさい. Listen to the conversation again, and **pay attention to** the intonation.
▸風邪(かぜ)をひかないように注意してね.
Be careful not to catch a cold.
注意深い careful [ケアふる]
(対義語「不注意な」careless)
注意深く carefully

チューインガム

(chewing) gum [ガム] ➡ **ガム**

•ちゅうおう【中央】

(中心) the **center** [センタ];
(中心付近) the middle [ミドゥる]
▸町の中央に大きな病院があります.
There is a big hospital in **the center** of the town.
▸道路の中央に立ち止まるな. Don't stand in **the middle** of the street.
中央の central [セントゥラる], middle
中央アメリカ Central America

ちゅうか【中華】

中華街 Chinatown [チャイナタウン]
中華料理 Chinese food [チャイニーズふード], Chinese dishes [ディッシズ]
中華料理店 a Chinese restaurant

ちゅうがえり【宙返り】

a somersault [サマソーるト];
(飛行機の) a loop [るープ]
宙返りする do* a somersault, turn a somersault

•ちゅうがく【中学】

a **junior high school** [ヂューニャ ハイ スクーる] (♦単に a junior high とも言う)
▸わたしは中学3年生です.
I'm a third-year student [in the third year] in **junior high school**. /〚米〛I'm in the ninth grade [a ninth grader].
(♦〚米〛では小学1年から grade で通して数えるので,「中学3年」は in the ninth grade, a ninth grader のように言う)
▸わたしたちは同じ中学に通っています.
We go to the same **junior high school**.
▸中学生活を楽しんでいますか?
Are you enjoying your life in **junior high school**?
中学時代
one's junior high school days

•ちゅうがくせい【中学生】

a junior high school student

•ちゅうがっこう【中学校】

a **junior high school** ➡ **ちゅうがく**

ちゅうかん【中間】

the middle [ミドゥる]
中間の middle, medium [ミーディアム]
中間に halfway [ハぁふウェイ], midway [ミッドウェイ]
▸わたしの家は2つの駅の中間にある.
My house is **halfway** [**midway**] between the two stations.
中間試験 midterm exams

ちゅうきゅう【中級の】

intermediate [インタミーディエット]
▸わたしはスキーの中級クラスにいる. I'm in the **intermediate** skiing class.

ちゅうきょり【中距離の】

middle-distance [ミドゥるディスタンス]
中距離ランナー
a middle-distance runner

ちゅうけい【中継】 a relay [リーれイ]

中継する relay
▸コンサートは全国放送で生(なま)中継された. The concert was **relayed** live [ライヴ] over a nationwide network.
▸実況(じっきょう)中継(→放送) on-the-spot [live] broadcasting

ちゅうげん【中元】(♦この習慣がない国が多い; a midyear gift [ミッドイアギふト] などと説明するとよい)

ちゅうこ【中古の】 used [ユーズド], secondhand [セカンドハぁンド]

ちゅうこういっかんきょういく【中高一貫教育】 unified secondary education, combined junior and senior high school education

ちゅうこく【忠告】
advice [アドヴァイス]
▸わたしは遥の忠告に従った.
I took [followed] Haruka's **advice**.
忠告する give* advice, advise [アドヴァイズ] (♦名詞 advice とのつづり・発音のちがいに注意)
▸ひと言忠告しておきます. Let me **give** you a piece [bit] of **advice**.
▸ルール違反(いはん)しないようにと順に忠告した. I **advised** Jun not to break the rules.

ちゅうごく[1]【中国】 China [チャイナ]
中国(人)の Chinese [チャイニーズ]
中国語 Chinese
中国人 a Chinese;
(全体をまとめて) the Chinese
中国料理 ➡ **ちゅうか**

ちゅうごく[2]【中国(地方)】
the Chugoku district

˙ちゅうし【中止する】
(途中(とちゅう)でやめる) **stop** [スタップ];
(予定などを) call off [コーる オーふ], cancel [キぁンスる]
▸ピクニックは雨で中止された.
The picnic was **called off** [**canceled**] because of the rain.

ちゅうじつ【忠実な】 faithful [ふェイすふる]; (裏切らない) true [トゥルー]; (忠誠な) loyal [ろイアる]
忠実に faithfully [ふェイすふり]

˙ちゅうしゃ[1]【駐車】
parking [パーキング]
駐車する park
駐車違反(いはん) a parking violation
駐車禁止 〖掲示〗No Parking
駐車場 〖米〗a parking lot,
〖英〗a car park

◀「駐車場はこちら」という掲示(けいじ)

ちゅうしゃ[2]【注射】 an injection [インヂェクシャン], 〖口語〗a shot [シャット]
▸きのう, 病院で注射された. I got a **shot** at the hospital yesterday. / They gave me an **injection** at the hospital yesterday.
注射器 a syringe [スィリンヂ]

ちゅうじゅん【中旬】(♦この区切りの習慣はない国が多いが,「7月中ごろに」なら in the middle of July のように言う)

ちゅうしょう【抽象的な】
abstract [あブストゥラぁクト]
(対義語「具体的な」concrete)
抽象画 an abstract painting
抽象画家 an abstract painter

ちゅうしょうきぎょう【中小企業】
small and medium-sized companies

˙ちゅうしょく【昼食】
lunch [らンチ] ➡ **ゆうしょく**
▸昼食は軽く済ませた. I had a light **lunch**.(♦形容詞がつくと, lunch だけのときはつけなかった a がつく)
▸昼食にツナサンドを食べた.
I had a tuna sandwich for **lunch**.
▸昼食後, 昼寝(ひるね)をした.
After **lunch** I took a nap.
昼食時間 lunchtime [らンチタイム]

˙ちゅうしん【中心】
the **center** [センタ];
(興味などの) the focus [ふォウカス]
▸市役所は町の中心にある. The city hall is in **the center** of the city.
▸きょうの話題の中心は松原先生の結婚(けっこん)だった. Ms. Matsubara's marriage was **the focus** of our conversation today.
中心の central

中心街 downtown
中心人物 (指導者) the leader; (劇の) the central figure of a drama

ちゅうせい¹【中世】
the Middle Ages [ミドゥるエイヂズ]

ちゅうせい²【中性の】
neutral [ニュートゥラる]
▶中性洗剤(せんざい) (a) **neutral** detergent

ちゅうせん【抽選】 lot [らット] ➡ くじ
抽選する draw* (lots) [ドゥロー]
抽選券 a lottery ticket

ちゅうたい【中退する】 leave* school, quit* school; (成績が悪くてやめる) drop out (of school)
中退者 a dropout [ドゥラパウト]

ちゅうだん【中断する】
stop [スタップ]
▶わたしは仕事を中断してコーヒーを飲んだ. I **stopped** working and had a cup of coffee.

チューチュー【チューチュー鳴く】 (ネズミなどが) squeak [スクウィーク]

ちゅうちょ
(a) hesitation [ヘズィテイシャン]
ちゅうちょする hesitate ➡ **ためらう**
▶ちゅうちょせずに
without **hesitation**

ちゅうと【中途(で)】 ➡ **とちゅう**

ちゅうとう【中東】
the Middle East [ミドゥる イースト]

ちゅうどく【中毒】
poisoning [ポイズニング]
▶ガス中毒 gas **poisoning**
▶食中毒にかかる
have [get] food **poisoning**

ちゅうとはんぱ【中途半端な】
(半分やった状態で) half done;
(不完全な) halfway [ハぁふウェイ]
▶何事も中途半端にしてはいけない.
You must not leave anything **half done**. / Don't do anything **halfway**.

チューナー a tuner [テューナ]

ちゅうねん【中年】 middle age
中年の middle-aged [ミドゥるエイヂド]
▶中年の男性 a **middle-aged** man

チューバ a tuba [テューバ]
▶チューバ奏者 a **tuba** player

チューブ a tube [テューブ]
▶チューブ入り歯磨(みが)き
a **tube** of toothpaste

ちゅうぶ【中部(地方)】
the Chubu district
中部国際空港
Central Japan International Airport

ちゅうふく【中腹】 (丘(おか)の) the side of a hill, a hillside [ヒるサイド]

ちゅうもく【注目】
attention [アテンシャン]
▶その歌手は注目の的だ. The singer is the center of **attention**.
注目する pay* attention to ...
▶選挙の結果にみんなが注目した.
Everyone **paid attention to** the results of the election.

⁺ちゅうもん【注文】

an order [オーダ]
注文する order
▶ご注文はお決まりですか?
Are you ready to **order**? / May I take your **order**, please?
▶すみません. 注文をお願いします.
Excuse me. I'd like to **order** now.
▶オンライン書店に本を3冊注文した.
I **ordered** three books from the online bookstore. (♦to ではなく from になることに注意)

ちゅうりつ【中立】
neutrality [ニュートゥラぁりティ]
中立の neutral [ニュートゥラる]
▶中立を守る remain **neutral**
中立国 a neutral country

チューリップ
〖植物〗 a tulip [テューりップ]

ちゅうりゅう【中流】
(社会の) the middle class;
(川の) the middle of a river
中流の middle-class [ミドゥるクらぁス]
▶中流家庭 a **middle-class** family

ちゅうりんじょう【駐輪場】
a parking lot for bicycles

チュンチュン【チュンチュン鳴く】 (小鳥などが) chirp [チャ〜プ]

チョウ 〖昆虫〗 a butterfly [バタふらイ]
▶モンシロチョウ
a cabbage **butterfly**
チョウネクタイ a bow tie [ボウ タイ]

ちょう¹【腸】 the bowels [バウエるズ], the intestines [インテスティンズ]
▶小腸 the small **intestine**
▶大腸 the large **intestine**

ち

ちょう²【兆】 a trillion［トゥリりャン］
▶5兆円 five **trillion** yen

ちょう-【超…】
super-, ultra-;（とても）so
超音速の supersonic［スーパサニック］
超伝導 superconductivity
［スーパカンダクティヴァティ］

-ちょう¹【…長】 a head［ヘッド］,
a chief［チーふ］, a leader［リーダ］
▶班(はん)長 a group **leader**

-ちょう²【…調】〘音楽〙a key［キー］
▶長調 a major **key**
▶短調 a minor **key**

ちょういん【調印】
signing［サイニング］
調印する sign［サイン］

ちょうおんぱ【超音波】
ultrasound［アるトゥラサウンド］
超音波の ultrasonic［アるトゥラサニック］

ちょうか【超過】
(an) excess［イクセス］
超過する exceed［イクスィード］

ちょうかい【朝会】（朝礼）
a morning assembly［アセンブり］;
（会議）a morning meeting

ちょうかく【聴覚】
(the sense of) hearing［ヒアリング］

ちょうかん【朝刊】
a morning paper

ちょうきょう【調教】
training［トゥレイニング］
調教する train［トゥレイン］
調教師 a trainer［トゥレイナ］

ちょうきょり【長距離】
a long distance［ディスタンス］
長距離走 a (long-)distance race

ちょうこう【兆候】 a sign［サイン］,
an indication［インディケイシャン］;
（病気の）a symptom［スィンプトム］

ちょうこうそう【超高層】
超高層ビル a high-rise building,
a skyscraper［スカイスクレイパ］
超高層マンション
a high-rise apartment building

ちょうこく【彫刻】(a) sculpture
［スカるプチャ］, (a) carving［カーヴィング］
彫刻する carve［カーヴ］,
engrave［エングレイヴ］
彫刻家 a sculptor［スカるプタ］
彫刻刀 a chisel［チズる］

ちょうさ【調査】(an) investigation
［インヴェスティゲイシャン］,
(a) survey［サ～ヴェイ］
調査する（犯罪・事件などを）
investigate［インヴェスティゲイト］,
look into ... ➡ **しらべる**
▶その事件は現在, **調査**中です. The case is now under **investigation**.
調査書（成績の）a school report card,
a school record

˙ちょうし【調子】

❶〘体のぐあい〙
condition, shape, a way
❷〘音の高低〙**tune**;〘声の〙**tone**
❸〘態度, 気分〙

❶〘体のぐあい〙**condition**［コンディシャン］, shape［シェイプ］,〘口語〙a way［ウェイ］
▶きょうは**調子**がいい.
I'm in good condition [**shape**] today. / I'm in a good **way** today.

ダイアログ　質問する
A: 調子はどう？
How are you getting along?
（◆ほかにくだけたたずね方として, How are things with you? や How's everything?, How are you doing? などがある）
B: まずまずです.
I'm doing all right.

❷〘音の高低〙tune［テューン］;
〘声の〙tone［トウン］
▶**調子**はずれに歌う sing out of **tune**
❸〘態度, 気分〙
▶**調子にのってはいけません.**
Don't get carried away.
（◆get [be] carried away で「我を忘れて興奮する」という意味）

ちょうしゅう【聴衆】
an audience［オーディエンス］
（◆ふつう単数あつかい）
▶ジョーンズさんはたくさんの**聴衆**の前で演奏した. Ms. Jones played in front of a large **audience**.

ちょうしゅしゃ【聴取者】
（ラジオの）a radio listener;
（全体）the radio audience

ちょうしょ【長所】
a strong [good] point（対義語「短所」a

weak point), a merit［メリット］

ちょうじょ【長女】
the eldest daughter［ドータ］, 〖米〗 the oldest daughter（♦2 人姉妹の場合, the elder ..., the older ... と言う）

ちょうじょう【頂上】
the top［タップ］, the summit［サミット］

ちょうしょく【朝食】
breakfast［ブレックふァスト］
➡ ちゅうしょく
▸朝食はたいてい 7 時にとります.
I usually have **breakfast** at seven.
▸父はけさは, 遅(おそ)い朝食をとった. My father had a late **breakfast** this morning.（♦breakfast に形容詞がつくときは a をつける）

結びつくことば
朝食を食べる eat [have] breakfast
朝食を作る make breakfast
朝食を食べ終わる finish breakfast
朝食を抜く skip breakfast
朝食に…を食べる eat ... for breakfast

ちょうしん【長針】（時計の）
a minute hand, a long hand

ちょうせつ【調節】
(an) adjustment［アヂャストメント］
調節する adjust［アヂャスト］
▸いすの高さを調節しよう.
I'll **adjust** the height of the chair.

ちょうせん¹【挑戦】（スポーツなどで）a challenge［チぁれンヂ］;
（試み）a try［トゥライ］
▸きみの挑戦を受けよう.
I will accept your **challenge**.
挑戦する challenge
挑戦者 a challenger［チぁれンヂャ］

ちょうせん²【朝鮮】
Korea［コリーア］
朝鮮(人・語)の Korean［コリーアン］
朝鮮語 Korean
朝鮮人 a Korean

ちょうだい（ください）give* me
▸お母さん, お金をちょうだい. Mom, **give me** some money, please.

チョウチョ ➡ チョウ

ちょうちょう¹【長調】
〖音楽〗 a major (key)［メイヂャ（キー）］
（対義語「短調」a minor (key)）
▸ヘ長調のソナタ a sonata in F **major**

ちょうちょう²【町長】
a mayor［メイア］

ちょうちん
a (paper) lantern［らぁンタン］

ちょうてん【頂点】 the top［タップ］, the peak［ピーク］;（三角形などの）the apex［エイペックス］
▸聴衆(ちょうしゅう)の興奮は頂点に達した. The audience's excitement reached its **peak**.

ちょうど just［ヂャスト］
▸ケーキがちょうど 6 個あります.
We have **just** six pieces of cake.
▸ちょうど今, 宿題を終えたところだ. I have **just** finished my homework. / I finished my homework **just** now.（♦「ちょうど今」は完了形では just を, 過去形では just now を用いる）
▸今, 7 時ちょうどです.
It's **just** seven o'clock.
▸ここはテントを張るのに**ちょうどいい**（→適した）場所だ This is a **suitable** spot to put up our tent.

ちょうどうけん【聴導犬】
a hearing dog

ちょうとっきゅう【超特急】
a superexpress［スーパエクスプレス］

ちょうなん【長男】 the eldest son, 〖米〗 the oldest son（♦2 人兄弟の場合は, the elder [older] son と言う）

ちょうのうりょく【超能力】
supernatural power［スーパナぁチュラる］
超能力者
a person with supernatural power

ちょうはつ【長髪】 long hair

ちょうほうけい【長方形】
a rectangle［レクタぁングる］

ちょうまんいん【超満員の】
jam-packed［ヂぁムパぁックト］, overcrowded［オウヴァクラウディッド］
▸バスは通勤客で超満員だった.
The bus was **jam-packed** [**overcrowded**] with commuters.

ちょうみりょう【調味料】
(a) seasoning［スィーズニング］

ちょうみん【町民】
the townspeople［タウンズピープる］（♦複数あつかい）

ちょうやく【跳躍】
a jump［ヂャンプ］, a leap［リープ］

跳躍する jump, leap

ちょうり【調理】 cooking［クキング］

調理する cook［クック］, make*

➡ **りょうり**

調理器具 cooking utensils［クキング ユーテンスるズ］（♦複数あつかい）

調理師 a chef［シェふ］

調理室 a kitchen［キチン］

調理実習 cooking practice

調理台 〘米〙a counter［カウンタ］, 〘主に英〙a worktop［ワ～クタップ］

調理法 a recipe［レセピ］

ちょうりゅう【潮流】

a current［カ～レント］, (a) tide［タイド］

▶時代の潮流

the **current** of the times

ちょうりょく¹【聴力】

hearing［ヒアリング］

▶ネコは優(すぐ)れた聴力をもっている. Cats have great **hearing**.

聴力検査 a hearing test

ちょうりょく²【張力】

tension［テンシャン］

▶表面張力 surface **tension**

ちょうれい【朝礼】

a morning assembly［アセンブり］

ちょうわ【調和】

harmony［ハーモニ］

調和する harmonize《with ...》［ハーモナイズ］, go* well《with ...》

▶このカーテンの色は壁(かべ)とよく調和している. The color of this curtain **harmonizes** nicely **with** the wall.

チョーク chalk［チョーク］（♦aをつけたり複数形にしたりしない. a piece of ..., two pieces of ...と数える）

チョキ（じゃんけんの）scissors［スィザズ］

ちょきん¹【貯金】 savings［セイヴィングズ］;（銀行預金）a deposit［ディパズィット］

▶わたしは貯金が少しある.

I have some **savings**.

貯金する save (money)［セイヴ］

▶パソコンを買うために貯金する

save money to buy [for] a PC

貯金通帳 a bankbook［バぁンクブック］, a passbook［パぁスブック］

貯金箱 a bank［バぁンク］, a money box;（子供用の豚(ぶた)の形をした）a piggy bank［ピギ バぁンク］

ちょきん²【ちょきんと切る】

snip［スニップ］

ちょくせつ【直接の】 direct［ディレクト］（対義語「間接の」indirect）

直接に direct(ly)

▶この手紙は真央に直接手渡(わた)してください. Please hand this letter **directly** to Mao.

ちょくせん【直線】

a straight line［ストゥレイト らイン］

▶ここから学校まで直線距離で2キロだ. It is two kilometers from here to school in a **straight line**.

▶（競技場の）直線コース

（ゴール前）**the homestretch** /（向こう正面側）**the backstretch**

ちょくつう【直通の】 direct［ディレクト］;（乗り物）through［すルー］

▶これは松本までの直通列車です. This is a **through** train to Matsumoto.

ちょくめん【直面する】

be* faced with ...

▶日本は, 今は経済危機に直面している. Japan **is** now **faced with** an economic crisis.

ちょくやく【直訳】

a literal translation

直訳する translate ... literally

ちょくりつ【直立の, 直立して】

upright［アプライト］

▶直立歩行 walking **upright**

チョコレート

(a) chocolate［チョーコれット］

▶板チョコ1枚

a bar of **chocolate**

▶手作りのバレンタインチョコレート

homemade Valentine **chocolate**（♦× handmadeとは言わない）

チョコレートケーキ a chocolate cake

ちょさくけん【著作権】

copyright［カピライト］

ちょしゃ【著者】 an author［オーさ］

ちょしょ【著書】 a book［ブック］, writings［ライティングズ］（♦複数あつかい）

ちょすいち【貯水池】 a reservoir［レザヴワー］（♦フランス語から）

ちょぞう【貯蔵】 a store［ストーア］;（貯蔵品）(a) stock［スタック］

貯蔵する store

貯蔵室 a storeroom［ストーアルーム］

ちょちく【貯蓄】 savings; a deposit ➡ **ちょきん¹**

ちょっかい【ちょっかいを出す】

（干渉(かんしょう)する）interfere《in [with] ...》[インタふィア]；（言い寄る）〖口語〗make* a pass at ...

ちょっかく【直角】
a right angle [あングる]
直角三角形 〖米〗a right triangle, 〖英〗a right-angled triangle

ちょっかん【直感】
(an) intuition [インテューイシャン]
直感的な intuitive [インテューイティヴ]
直感的に intuitively

ダイアログ　説明する
A: どうしてわかったの？
How did you find out about it?
B: 直感です.
By intuition [Intuitively].

チョッキ 〖米〗a vest [ヴェスト], 〖英〗a waistcoat [ウェスコット]
▸防弾(ぼうだん)チョッキ a bullet-proof **vest**

ちょっきゅう【直球】
a fastball [ふぁストボーる]

ちょっけい【直径】 a diameter [ダイあミタ]（♦半径は a radius）
▸この円は直径10センチです.
This circle is ten centimeters in **diameter** [across].

ちょっこう【直行する】
go* direct, go straight [ストゥレイト]
▸彼は東京へ直行した. He **went direct [straight]** to Tokyo.
▸（飛行機の）**直行便**でロンドンへ行く
take a **direct [nonstop] flight** to London

˙ちょっと

❶〖わずか〗**a little** [りトゥる], a bit [ビット]
▸キャシーは日本語が**ちょっと**話せる.
Cathy speaks **a little** Japanese.（♦この a little は形容詞的な用法）/ Cathy speaks Japanese **a little**.（♦この a little は副詞的な用法）
▸ちょっと食べてごらん.
Try **a bit** of it.
❷〖少しの間〗(just) a minute [ミニット], (just) a moment [モウメント]
▸ちょっと待ってね. Wait **a minute**, please. / **Just a moment**, please.
❸〖呼びかけ〗（親しい人に）Say. [セイ]；（ていねいに）Excuse me.
▸ちょっと, フレッド, どこへ行くんだい？
Say, Fred, where are you going?

ちょっぴり a little [りトゥる], a bit [ビット] ➡ **すこし**

ちょろちょろ【ちょろちょろ流れる】 trickle [トゥリクる]

ちらかす【散らかす】（ごみなどを）litter [りタ]

ちらかる【散らかる】（物が）be* scattered [スキぁタド]；（ごみなどが）be littered [りタド]；（場所が）be messy [メスィ], be in a mess
▸わたしの部屋は**散らかっている**.
My room **is (in) a mess**.

ちらし（折りこみ広告）
a leaflet [りーふれット]；
（宣伝用）a flyer [ふらイア], a flier；
（手で配る）a handbill [ハぁン(ド)ビる]

ちらちら
▸雪がちらちら(→軽く)降り始めた.
It began to snow lightly.

ちらっと ➡ **ちらりと**

ちらほら（そこここに） here and there；（ときどき）now and then

ちらりと（ちらりと見る） glance《at ...》[グらぁンス], take* a glance《at ...》；（ちらりと見える） glimpse [グリンプス], catch* a glimpse《at ...》

チリ Chile [チり]

ちり[1]【地理】
（教科名）geography [ヂアグラふィ]

ちり[2] dust [ダスト]
ちり取り a dustpan [ダストパぁン]

ちりがみ【ちり紙】
(a) tissue [ティシュー]

ちりょう【治療】
(medical) treatment [トゥリートメント]
治療する treat [トゥリート]；
（治す）cure [キュア]
▸わたしは今, 歯を**治療して**もらっている.
I'm having my teeth **treated** now.（♦《have ＋物＋過去分詞》で「物を…してもらう」）

ちる【散る】（落ちる）fall* (off) [ふォーる]；（散らばる）scatter [スキぁタ]
▸花はすっかり散ってしまった.
All the flowers have **fallen off**.

チワワ 〖動物〗a chihuahua [チワーワー]

ちんぎん【賃金】
wages；（給料）pay ➡ **きゅうりょう[1]**

チンする（電子レンジで温める）warm ... in a microwave (oven)；（電子レンジ

で調理する）cook ... in a microwave (oven),〘米口語〙zap［ザぁップ］

ちんたい【賃貸契約】 a lease［リース］, a lease [rental] agreement

ちんつうざい【鎮痛剤】
a painkiller［ペインキら］

ちんでん【沈殿】
sedimentation［セディメンテイシャン］
沈殿する settle［セトゥる］

チンパンジー
〘動物〙a chimpanzee［チンパぁンズィー］

ちんぷんかんぷん
▸きょうの授業は**ちんぷんかんぷんだった**（→まったくわからなかった）.
I **couldn't understand** today's lesson **at all**.

ちんぼつ【沈没する】 sink*［スィンク］
沈没船 a sunken ship

ちんもく【沈黙】 silence［サイれンス］
沈黙した silent［サイれント］
沈黙する become* silent, fall* into silence

ちんれつ【陳列】 (an) exhibition［エクスィビシャン］, (a) display［ディスプれイ］
陳列する
exhibit［イグズィビット］, display

つ　ツ

Q 英米ではつり銭をどう数えるのかな？
➡「つり²」を見てみよう！

ツアー（団体旅行）a group tour;（パックツアー）a package tour
▸イタリアツアーに行く go on a **group [package] tour** of Italy
ツアーガイド a tour guide
ツアーコンダクター a tour conductor

つい¹【対】 a pair［ペア］
▸この湯のみは対になっている.
These tea cups make a **pair**.

つい²
❶〘ほんのさっき〙
only［オウンり］, just［ヂャスト］
▸わたしはつい数時間前に日本へ戻(もど)って来たばかりです. I came back to Japan **only** a few hours ago.
❷〘うっかり〙carelessly［ケアれスり］
➡ **うっかり**

ツイート a tweet［トゥウィート］
ツイートする tweet

ツイード tweed［トゥウィード］

ついか【追加】
(an) addition［アディシャン］
追加の additional
▸追加料金 an **additional** charge
追加する add《to ...》➡ **つけくわえる**

ついきゅう¹【追及する】（調査する）investigate［インヴェスティゲイト］;（非難する）accuse［アキューズ］;（犯人などを）search for ...
▸警察は事故の原因を追及した.
The police **investigated** the cause of the accident.

ついきゅう²【追求】
（理想・目的などの）pursuit［パスート］
追求する pursue
▸理想を追求する **pursue** one's ideals

ついし(けん)【追試(験)】
a supplementary examination［サプるメンタリ イグザぁミネイシャン］,〘米〙a makeup test［メイカップ テスト］
▸追試験を受ける
take a **makeup test**

ついしん【追伸】 a postscript［ポウストスクリプト］（♦手紙の最後で, P.S. または p.s. と略して用いる）

ついせき【追跡】
a chase［チェイス］, pursuit［パスート］
追跡する chase, pursue

-(の)ついた【…の付いた】
with ...［ウィず］
▸フードのついたジャケット
a jacket **with** a hood

ついたて【衝立】 a screen［スクリーン］, a partition［パーティシャン］

-(に)ついて
❶〘関して〙**about ...**［アバウト］, **on ...**（♦ふつう about は一般的なことに関して, on は特定のことや専門的なことに関して用いる）;（議論・けんかの原因を示して）over ...
▸新しい制服についてどう思いますか？
What do you think **about** our new uniform?

▸アメリカ文化についての映画
a movie **on** American culture
▸わたしたちは彼女の提案について議論した. We argued **over** [**about**] her proposal.
❷『…ごとに』a ..., per ... ➡ -(に)つき

ついで
▸買い物ついでに(→買い物に行ったときに)手紙を出してきた. I mailed a letter **when** I went shopping.
▸ついでのときに(→こちらへ来るようなことがあったら)うちへ寄ってください. You can call on me **when you happen to come this way**.

ついていく【ついて行く】
(後から) follow [ふァろウ]; (いっしょに)go* with ...; (遅(おく)れずに) keep* up with ...
▸先に行って. 後からついて行くから. Please go ahead. I'll **follow** you.
▸練習が厳しくてついて行けない. The training is too hard for me to **keep up with**.

ついてくる【ついて来る】
(後から) follow [ふァろウ]; (いっしょに) come* with ...
▸犬が家までついて来た. A dog **followed** me home.

ついてる be* lucky [らキ]
▸きょうはわたしたちついてるね. We **are lucky** today.

ついとう【追悼】 mourning [モーニング]
追悼する mourn
追悼式 a memorial service

ついとつ【追突する】
run* into ... from behind
▸その車はトラックに追突した. The car **ran into** a truck **from behind**.

ついに at last; (最後に) in the end; (結局) after all
▸わたしたちはついに自由になった. We are free **at last**! (♦アメリカの黒人運動指導者キング牧師の演説より)
▸われわれはついに合意に達した. **In the end** we came to an agreement.
▸ピートはついに戻(もど)って来なかった. Pete didn't come back **after all**.

ついばむ
peck at ... [ペック], pick at ... [ピック]

ついほう【追放する】
exile [エグザイる]

ついやす【費やす】
(時間・費用をかける) spend*
▸エレンはこの絵を描(え)くのに3か月費やした. Ellen **spent** three months painting this picture. (♦《spend＋時間・費用＋～ing》で「～するのに…を費やす」)

ついらく【墜落】 a fall [ふォーる]; (飛行機の) a crash [クラあッシ]
墜落する fall*, crash

ツイン (対(つい)の) twin [トゥウィン]
ツインベッド twin beds
ツインルーム a twin (room)

つうか[1]【通過する】
pass [パあス], go* through ...
▸そのランナーは10キロ地点を通過した. The runner **passed** the ten-kilometer mark.

つうか[2]【通貨】
(a) currency [カ～レンスィ]

つうがく【通学】 going to school, a commute to school
通学する go* to school

ダイアログ　**説明する**
A:ぼくはバスで通学してるけど, きみは? I **go to school** by bus. How about you? (♦学校で話すときは, goの代わりにcomeを用いる)
B:わたしは歩いて通学してるの. I **walk to school**.

通学区域 a school district
通学時間

ダイアログ　**質問する**
A:通学時間はどれくらい(→学校に着くのにどれくらい時間がかかりますか)? How long does it take you to get to school?
B:30分くらいだよ. About 30 minutes.

通学定期
a commuter pass for students
通学路 one's route to school

つうきん【通勤】
a commute [コミュート]
通勤する go* to work, commute
通勤客 a commutation passenger, a commuter [コミュータ]
通勤時間

commute [commuting] time
通勤定期 a commuter pass
通勤電車 a commuter train
通勤ラッシュ the rush-hour traffic

つうこう【通行】
▸この通りは**一方通行**です. This is a **one-way street.** (♦〖掲示〗One Way)
▸**右側通行**
〖掲示〗**Keep (to the) Right**
▸**通行止め** 〖掲示〗 **No Through Road / Road Closed**
通行する pass [パぁス]
通行人 a passerby [パぁサバイ] (複数 passersby)
通行料金 a toll [トウる]

つうしょう【通商】 trade [トゥレイド]
通商条約 a commerce treaty

ツーショット
▸わたしと彼女の**ツーショット写真**
a **photo of** me **with** my girlfriend

つうじる【通じる】
❶〖道などが〗**lead*** 《to ...》 [リード], **go*** 《to ...》; 〖電話が〗get* through
▸この道は浜辺(はまべ)に通じている.
This path **leads to** the beach.
▸ようやく父に電話が通じた. I finally **got through** to my father.
❷〖理解される〗be* understood; (自分の意思を理解させる) make* oneself understood
▸わたしの英語, オーストラリアで通じる(→オーストラリアの人々がわたしの英語を理解する)と思う?
Do you think they'll understand my English in Australia?

つうしん【通信】 communication [コミューニケイシャン]; (手紙) correspondence [コーレスパンデンス]
▸光通信 optical **communications**
通信する communicate 《with ...》
通信員 (特派員) a correspondent; (記者) a reporter
通信衛星 a communications satellite
通信カラオケ online karaoke
通信教育 correspondence study
通信講座 a correspondence course
通信社 a news agency
通信簿(ぼ) a report card
通信網(もう) a communications network

つうち【通知】 (a) notice [ノウティス]
通知する inform, let*... know
通知表 a report card

つうちょう【通帳】
(銀行の) a bankbook [バぁンクブック]

つうどく【通読する】 read* through

ツーピース a two-piece suit

つうやく【通訳】 interpretation [インタ〜プリテイシャン]; (通訳する人) an interpreter [インタ〜プリタ]
通訳する interpret [インタ〜プリット]
同時通訳 simultaneous interpretation [サイマるテイニアス]

つうよう【通用する】 (受け入れられる) be* accepted [アクセプティッド]; (使われている) be used [ユーズド]
▸アメリカのドルはカナダでも通用しますか? **Are** U.S. dollars **used [accepted]** in Canada?
通用門 a service entrance

つうろ【通路】 a passage [パぁセッヂ]; (座席の間の) an aisle [アイる]
▸**通路側の席** an **aisle** seat

つうわ【通話】
a (tele)phone call, a call
通話料 telephone charges

つえ【杖】 a (walking) stick
▸つえをついて歩く walk with a **stick**

つかい【使い】 (用事) an errand [エランド]; (人) a messenger [メセンヂャ]

つかいかた【使い方】 how to use
▸このコンピュータの使い方を教えてくれますか? Would you show me **how to use** this computer?

つかいこなす【使いこなす】 (じょうずに利用する) make* good use of ...; (ことばなどを) have* a good command of ...

つかいすて【使い捨ての】
disposable [ディスポウザブる], throwaway [すロウアウェイ]
▸使い捨てコンタクト **disposable [throwaway]** contact lenses
▸使い捨てのビニール袋
a single use plastic bag
使い捨てカメラ a single-use camera

つかいわける【使い分ける】
▸母は 2 つのスマホを仕事用と個人用で使い分けている. My mother uses two smartphones, one for work and the other for her personal use.

:つかう【使う】

❶〖使用する〗use［ユーズ］

ダイアログ　許可を求める

A: 電話を使っていいですか？
May I **use** the phone?
B: どうぞ． Sure.

▸わたしは手紙の封(ふう)を切るのにペーパーナイフを使う． I **use** a paper knife to open (my) letters.

▸頭を使いなさい． **Use** your head.

❷〖時間・お金などを〗**spend***

▸今月は本にずいぶんお金を使った．
I **spent** a lot of money on books this month.

❸〖雇(やと)う〗
employ［インプろイ］, hire［ハイア］

つかえる[1]【仕える】 serve［サ～ヴ］

つかえる[2]【支える】（詰(つ)まる）be* blocked [stuck in]; (ことばが) stumble

▸スピーチの途中(とちゅう)2，3回**つかえて**しまった． I **stumbled** a few times in the middle of my speech.

▸パイプに何かがつかえている．
Something is blocking the pipe.

˙つかまえる【捕まえる】

catch*［キぁッチ］

▸大きなトンボを捕まえた．
I **caught** a big dragonfly.

(人)の(体の部分)をつかまえる
《catch ＋人＋ by the ＋体の部分》

▸妹はわたしの腕(うで)を**つかまえた**． My sister **caught** me **by the** arm.

> **参考 何をつかまえた？**
> **catch ... by the arm** は,「腕」よりもつかまえられた「人」を中心にした言い方です.「腕」を強調するときは, **catch my arm** のように言います.

つかまる【捕まる】

❶〖捕(と)らえられる〗be* caught［コート］, be arrested［アレスティッド］

▸そのどろぼうは捕まったよ．
The thief **was caught**.

❷〖放さない〗hold* on to ...

▸つり革(かわ)にしっかりつかまってください．
You should **hold on to** the strap.

˙つかむ

❶〖握(にぎ)る〗**catch***［キぁッチ］, hold*, grasp［グラぁスプ］, grip, get* ➡ **にぎる**

▸華はボールを**つかむ**と，次郎に向かって投げた． Hana **caught** the ball and threw it to Jiro.

❷〖理解する〗grasp［グラぁスプ］

▸要点を**つかむ**　**grasp** the point

❸〖手に入れる〗**get***［ゲット］

▸男は大金を**つかんだ**． The man **got** a large sum of money.

つかる【浸かる, 漬かる】

▸わたしの家は床(ゆか)まで**水につかった**.
My house **was flooded** floor-deep.

つかれ【疲れ】 fatigue［ふァティーグ］

▸父は**疲れ**がたまって病気になった．
My father got ill because of constant **fatigue**.

˙つかれる【疲れる】

get* tired［タイアド］;（疲れている）**be* tired** (out)《from ...》, be worn out

ダイアログ　質問する・説明する

A: 疲れた？ **Are** you **tired**?
B: うん，疲れきったよ．
Yes, I'**m tired** [**worn**] **out**.

▸一日じゅう歩いてとても**疲れた**.
I'm very **tired from** walking all day. / I **got** very **tired** after walking all day.

> **結びつくことば**
> くたくたに疲れる get exhausted, get worn out
> 勉強で疲れる get tired from studying
> 精神的に疲れる get mentally tired
> 足が疲れる have tired legs

:つき[1]【月】

❶〖天体の〗the **moon**［ムーン］

▸今夜は**月**が出ている．
The moon is out tonight. / You can see **the moon** tonight.

❷『暦(こよみ)の』a **month** [マンす]
▸**月**に1回　once a **month**
▸毎**月**　every **month**
▸わたしのこづかいは**月**3,000円です.
My allowance is three thousand yen a [per] **month**.
●「月」の形いろいろ

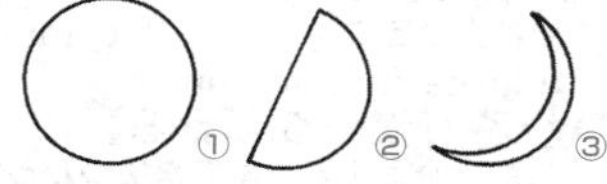

①満月 full moon
②半月 half moon
③三日月 crescent

参考「月のもつイメージ」
日本人は月を黄色とイメージしますが, 欧米(おうべい)人は銀色とイメージします. また, 月の満ち欠けが人間の運命を左右するという価値観があり, 怪奇(かいき)小説などの背景としてよく使われます.

つき² luck ➡ うん¹

-(に)つき a ..., per ... [パ〜]
▸レンタル料は1日**につき**400円です.
The rent is four hundred yen **a** [**per**] day.

-つき【…付き】with ... [ウィず]
▸ふた**つき**の箱　a box **with** a lid

つぎ【次(の)】next [ネクスト];
(以下の) following [ふァろウインᵍ]
▸**次の**日曜は暇(ひま)ですか?
Will you be free **next** Sunday?
(◆《next＋曜日名》には on はつけない)
▸**次の**角を右に曲がりなさい.
Turn right at the **next** corner.
▸**次の**方, どうぞ.　**Next**, please!
▸**次の**文を英語に直しなさい.　Put the **following** sentence into English.

次に next (time); then
▸**次に**書き取りテストを受けました.
Next we took a dictation test.
▸まずスープが出て, **次に**サラダが出た.
First came soup, **then** salad.
▸この**次は**いつ会えますか?
When can I see you **next time**?

次から次へ one after another
➡ つぎつぎ

つきあい【付き合い】
▸みどり**との付き合いは長い**の?
Have you **been friends with** Midori **long**?
▸春樹は最近**付き合いが悪い**(→冷たい).
Haruki has **been cold to** us these days.

つきあう【付き合う】
associate with ... [アソウシエイト];
(異性と) go* out with ...;
(いっしょに行く) go along《with ...》
▸彼ら**と付き合わない**ほうがいいよ.　You shouldn't **associate with** them.
▸久美**と付き合って**るのですか?
Are you **going out with** Kumi?
▸愛美**に付き合って**原宿に買い物**に行った**.　I **went along** shopping in Harajuku **with** Manami.

つきあたり【突き当たり】the end
▸**突き当たり**を右へ曲がってください.
Turn (to the) right at **the end** of the street.

つきあたる【突き当たる】
get* to ...
▸まっすぐ行くと, 広い通り**に突き当たり**ます.　Go straight, and you'll **get to** a wide street.

つぎあわせる【継ぎ合わせる】
(つなぐ) joint [ヂョイント] ... (together);
(縫(ぬ)い合わせる) sew* up ... [ソウ]

つきさす【突き刺す】stick* [スティック]; (刃物(はもの)などで人を) stab [スタぁブ]

つきそい【付き添い】(つき添うこと)attendance [アテンダンス];
(つき添う人) an attendant [アテンダント]

つきそう【付き添う】
(世話をする)take* care of ..., attend [アテンド]; (いっしょに行く) go* with ..., accompany [アカンパニ], escort [エスコート]

つきだす【突き出す】
stick* out《of ...》
▸窓から顔を**突き出す**　**stick** one's head **out of** the window

つぎつぎ【次々に】
one after another
▸サラは数学の問題を**次々に**解いていった.
Sarah answered the math questions **one after another**.

つきっきり【付きっ切り】
▸彼女はつきっきりで(→常にそばにいて)

病人の世話をした. She took care of the patient and always stayed by his [her] side.

つきでる【突き出る】 stick* out; (張り出す) jut out

つきとおす【突き通す】 pierce [ピアス]

つきとばす【突き飛ばす】 push ... down

つきひ【月日】 (時) time [タイム]; (日) days [デイズ]

▸月日のたつのは早い(→光陰(こういん)矢のごとし). **Time** flies (like an arrow).

つきまとう【付きまとう】 (人の後を) follow ... around; (不安などが) haunt [ホーント]

つきみ【月見】 moon viewing

月見をする enjoy viewing the (harvest) moon

つぎめ【継ぎ目】 a joint [ヂョイント]; (板・布などの) a seam [スィーム]

つきゆび【突き指する】 sprain one's finger [スプレイン]

つきる【尽きる】 (なくなる) run* out; (資源・体力などが) be* exhausted [イグゾースティッド]

⁑つく¹【着く】

❶〖到着(とうちゃく)する〗**get* to ...** [ゲット], **arrive** 《at [in] ...》 [アライヴ], **reach** [リーチ]

▸わたしたちは昼前に湖に着いた. We **got to** the lake before noon.

▸駅に着いたら電話してね. Call me when you **arrive at** the station.

▸サムはきのう, 日本に着いた. Sam **arrived in** Japan yesterday.

▸この列車は何時に東京に着きますか? What time does this train **reach** Tokyo?

▸やっと家に着いた. I **got home** at last.

> **くらべよう「着く」を表す言い方**
>
> **get to** は口語的な表現. **arrive at** はある地点に「着く」を, **arrive in** は比較(ひかく)的広い場所に「着く」を表します. **reach** の後にはすぐ「場所」が来ます. to や at, in は使いません.

❷〖席に座(すわ)る〗**sit*, take* a seat**

▸みんな食卓(しょくたく)に着いた. We all **sat** at the table.

⁑つく²【付く, 点く】

❶〖くっつく〗stick* 《to ...》 [スティック]; 〖汚(よご)れがつく〗be* stained 《with ...》 [ステインド]

▸切手がはがきにつかなかった. The stamp didn't **stick to** the postcard.

▸シャツにインクのしみがついていますよ. Your shirt **is stained with** ink.

❷〖点灯する〗light* (up) [らイト]; 〖火がつく〗catch* fire [ふァイア]

▸部屋に明かりがついた. The room **lit up**. (♦lit [リット] は light の過去形)

❸〖その他〗

▸英語の**力がついてきました**ね. You **have made progress** in English.

▸父はおなかに**肉がついてきた**. My father **has put on weight** around the waist.

つく³【突く】 (棒などでつつく) poke [ポウク]; (刃物(はもの)で刺(さ)す) stab [スタぁブ]; (針で刺す) prick [プリック] ➡ **さす¹**

つぐ¹【接ぐ, 継ぐ】 (つなぐ) put* ... together, set*; (受け継ぐ) succeed 《to ...》 [サクスィード]

▸医者が骨を接いでくれた. The doctor **set** my broken bone.

▸王子が王位を継いだ. The prince **succeeded to** the throne. / The prince **succeeded** the king.

つぐ²【注ぐ】 pour [ポーア]

▸お茶を1杯(ぱい)ついでくれませんか? Will you **pour** me a cup of tea?

⁑つくえ【机】 a desk [デスク]

▸わたしは家でふつう1日2時間, 机に向かう. I usually sit at my **desk** for two hours a day.

ツクシ 〖植物〗 a wild horsetail shoot

つくす【尽くす】 do*, try

▸全力を尽くそう. Let's **do** our best.

▸わたしたちはあらゆる手を尽くして迷子(まいご)を捜(さが)した. We **tried** every means available to find the lost child. (♦every means available で「できるかぎりのあらゆる手段」の意味)

つくづく really [リーアり], quite [クワイト]

▸こんな生活**つくづく**いやになった. I'm **really** [**quite**] sick and tired of this way of living.

つぐなう【償う】（埋(う)め合わせをする）make* up for ...;（罪などを）pay* for ..., atone［アトウン］（◆かたい言い方）

▸罪を償う **pay for** the crime

つくりかた【作り方】 how to make,（料理の）a recipe《for ...》［レセピ］

▸フルーツケーキの**作り方**を知っていますか. Do you know **how to make** fruit cake?

つくりなおす【作り直す】 make* ... anew [again], remake*［リーメイク］, remodel［リーマドゥる］

つくりばなし【作り話】 a made-up story, a fiction［ふィクシャン］

⁑つくる【作る, 造る】

❶［製造する］make, produce; manufacture
❷［建造する］build, construct
❸［創作する］write, compose
❹［栽培(さいばい)する］grow, raise
❺［組織する］organize, form
❻［その他］

❶［製造する］**make***《from [of] ...》［メイク］, produce［プロデュース］;（大規模に）manufacture［マぁニュふぁクチャ］

▸お母さん, ケーキを作って. Mom, please **make** [(→焼いて) bake] me a cake.

▸あの工場は自動車を作っている. That factory **manufactures** cars.

▸ブランデーはブドウから作られる. Brandy is **made from** grapes.

▸このバットは木で作られている. This bat is **made of** wood.

くらべよう「ブドウから」と「木で」

「ブドウ→ワイン」のように材料の質が変化する場合は, ふつう **be made from**,「木→バット」のように変化しない場合は **be made of** を用います.

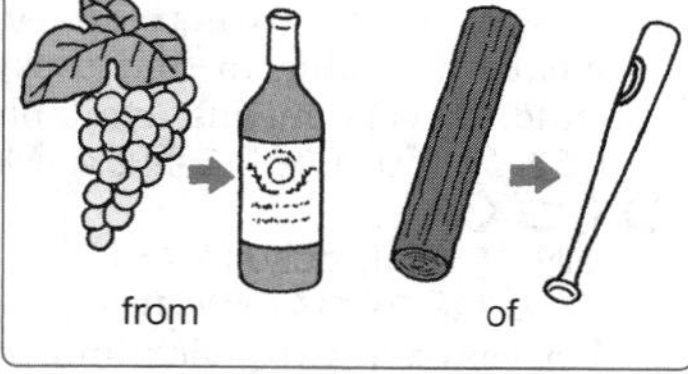

❷［建造する］**build***［ビるド］, construct［コンストゥラクト］

▸この橋は十年前に造られた. This bridge was **built** [**constructed**] ten years ago.

❸［創作する］
write*［ライト］, compose［コンポウズ］

▸わたしは詩をつくるのが好きだ. I like **writing** [**composing**] poems.

❹［栽培する］**grow***, raise

▸父は庭でナスをつくっている. My father **grows** eggplants in the garden.

❺［組織する］organize［オーガナイズ］, form［ふォーム］

▸わたしは女子サッカー部をつくりたい. I want to **form** a girls' soccer team.

❻［その他］

▸学生時代にたくさん**友達をつくり**たい. I want to **make** a lot of **friends** in your school days.

結びつくことば

模型を作る build a model
笑顔を作る put on a smile
ルールを作る make a rule
文を作る make a sentence
料理を作る cook (a meal)

つくろう【繕う】（直す）mend［メンド］

▸彼女は**その場をつくろう**ためにうそをついた. She told a lie to **smooth things over for the moment**.

-づけ【…付け】

▸5月1日**付けの**手紙 a letter **dated** May 1

つげぐち【告げ口する】 tell* on ...

▸ビルがわたしのことを先生に告げ口した. Bill **told on** me to the teacher. / Bill **told** the teacher **on** me.

つけくわえる【付け加える】
add《to ...》［あッド］

▸彼女の意見に何か**つけ加える**ことはありませんか? Do you have anything to **add to** her opinion?

つけこむ【付け込む】
take* advantage of ...

▸人の弱みにつけこむ **take advantage of** a person's weakness

✲つけもの【漬け物】（塩・米ぬか・みそで漬けたもの）*tsukemono*, vegetables preserved in salt, salted rice bran, or miso;（塩・酢(す)で漬けたもの）pickles［ピクるズ］（◆ふつう複数形で用いる;英米

の漬け物は酢漬けが多い)

ˋつける¹【付ける, 点ける】

❶〖取りつける〗attach, fix, put
❷〖記入する〗keep
❸〖塗(ぬ)る〗put, spread
❹〖点火する〗light, turn on ...
❺〖後について行く〗follow

❶〖取りつける〗**attach**《to ...》[アタぁッチ], fix《to ...》[ふィックス], **put***《on ...》[プット]
▸トランクに名札(なふだ)をつけた.
I **attached** [**fixed**] a tag **to** my suitcase.
❷〖記入する〗**keep***[キープ]
▸日記をつけている **keep** a diary (♦1回分を書くというときは write a diary)
❸〖塗る〗**put***《on ...》,
spread*[スプレッド]
▸傷口に薬をつけてください. Please **put** (some) medicine **on** the cut.
▸パンにバターをつけよう.
I'll **spread** butter on the bread.
❹〖点火する〗
light*[らイト](対義語「消す」put out), turn on ... (対義語「消す」turn off)
▸ろうそくに火をつける
light a candle
▸明かりをつける **turn on** the light
❺〖後について行く〗follow[ふァろウ]

つける²【着ける】(身につける) put* on (対義語「外す」take off); (身につけている) wear*[ウェア]
▸ネクタイをつける **put on** a tie
▸由香は胸にブローチをつけていた.
Yuka **wore** a brooch on her bosom.

つける³【浸ける, 漬ける】(ひたす) soak[ソウク]; (少しひたす) dip《in ...》[ディップ]; (漬け物にする) pickle[ピクる]

つげる【告げる】 tell*, say*

ˋつごう【都合】 convenience [コンヴィーニャンス]

都合のよい convenient

ダイアログ　**質問する・説明する**
A: いつなら都合がいいの?
When is **convenient** for you?
B: 今度の日曜日が都合がいいんですが.
Next Sunday will be **convenient** (for me).

▸都合のいいときに来てください.
You can come (and) see me at your **convenience**.
都合の悪い inconvenient

ツタ 〖植物〗(an) ivy[アイヴィ]

ˋつたえる【伝える】

❶〖知らせる〗**tell***[テる];
(報じる) report[リポート]
▸電話をくれるようトムに伝えてくれる?
Will you **tell** Tom to call me?
▸新聞は国王の死を伝えた.
The newspaper **reported** the death of the king.
❷〖紹介(しょうかい)する〗**introduce**[イントゥロデュース]; 〖伝承する〗hand down
➡ **つたわる**
❸〖伝導する〗conduct[コンダクト]
▸鉄は熱をよく伝える.
Iron **conducts** heat very well.

つたわる【伝わる】(知れ渡(わた)る) spread*[スプレッド]; (紹介(しょうかい)される) be* introduced [イントゥロデュースト]; (光・音などが伝わる) travel
▸うわさは学校中に伝わった.
The rumor has **spread** all over the school.
▸鉄砲(てっぽう)はポルトガルから日本へ伝わった. The gun **was introduced** into Japan from Portugal.
▸光は音より速く伝わる.
Light **travels** faster than sound.

ˋつち【土】 **earth**[ア〜す]; (泥(どろ)) mud[マッド];

(地面) the **ground**[グラウンド]
▸土をふき取る wipe off the **mud**
▸土に種を植える
plant seeds in **the ground**

つつ【筒】
(円筒(えんとう)) a cylinder[スィりンダ];
(管) a pipe[パイプ], a tube[テューブ]

つづき【続き】(残り) the rest[レスト]; (連続した期間) a spell[スペる]

つつく poke [ポウク]; (くちばしで) peck《at ...》[ペック]

ˋつづく【続く】

❶〖継続(けいぞく)する〗continue, go on, last
❷〖後に従う〗follow
❸〖達する〗lead to ...

つ

❶〘継続する〙**continue**［コンティニュー］, **go*** **on**, last［らぁスト］
▸太鼓(たいこ)の音が一日じゅう**続いた**.
The sound of drums **continued** all day.
▸この天気があすまで**続く**といいな.
I hope this fine weather will **last** [**go on** / hold] till tomorrow.
▸(読み物などの末尾(まつび)で)**続く**.
To be **continued**.
▸**雨が**もう3日間, **降り続いている**.
It **has been raining** for three days.(◆「(ずっと)…し続けている」は《have been +～ing》で表せる)
続いて one after another
▸悪いことが**続いて起こった**.
Bad things happened **one after another**.
❷〘後に従う〙**follow**［ふァろウ］
▸わたしの**後に続いて**ください.
Follow me.
❸〘達する〙lead* to ...［リード］
▸この線路は釧路まで**続いている**.
This railway **leads to** Kushiro.

˙つづける【続ける】

go* **on**, **continue**［コンティニュー］
▸口をはさんでごめんなさい. どうぞ話を**続けて**ください.
Excuse me for interrupting you. **Go on** [Carry on], please.
…**し続ける**《**keep** (**on**) +～**ing**》《**go on** +～**ing**》《**continue** +～**ing**》
▸絵美は**歩き続けた**. Emi **kept** (**on**) **walking**. / Emi walked on.

> 参考《**動詞＋ on**》
> **on** には「(ある動作を)続けて」の意味があり,《動詞＋ **on**》で「…し続ける」を表すことができます. (例) read *on* (読書し続ける) / drive *on* (運転し続ける)

▸ジョンは同じことを**言い続けている**.
John **keeps on saying** the same thing.(◆《keep on +～ing》には同じ動作の繰(く)り返しの意味合いがある)

つっこむ【突っ込む】 put* ... into ～; (ぶつかる) run* into ...
▸わたしは弁当をかばんに**突っこんだ**.
I **put** my lunch **into** my bag.
▸花屋に車が**突っこんだ**.
The car **ran into** a flower shop.

ツツジ〘植物〙an azalea［アゼイりャ］

つつしみ【慎み】
modesty［マデスティ］
慎み深い modest

つつしむ【慎む】(気をつける)
be* careful《about [of] ...》, watch
▸ことばを**つつしみ**なさい. **Be careful about** [**Watch**] your words.

つつみ¹【包み】 a package［パぁケッヂ］; (小さな) a parcel［パースる］
包み紙 wrapping paper

つつみ²【堤】
an embankment［エンバぁンクメント］

˙つつむ【包む】

wrap* (up)［ラぁップ］; (おおう) **cover**［カヴァ］
▸わたしはプレゼントを緑の紙で**包んだ**.
I **wrapped** the present in green paper.
▸その湖はもやに**包まれていた**.
The lake was **covered** with mist.

つづり【綴り】 (a) spelling［スペりンヶ］
▸**つづり**のまちがいを指摘(してき)する
point out a **spelling** mistake

つづる【綴る】 spell*［スペる］

> ダイアログ　**質問する**
> *A:* アガサ・マコーレイといいます.
> My name is Agatha MacCauley.
> *B:* すみません. お名前はどう**つづる**のですか? Excuse me. How do you **spell** your name?

つとめ【勤め, 務め】(仕事) work［ワ～ク］; (勤め口) job［ヂャブ］; (義務) (a) duty［デューティ］
▸母はきのう**勤め**を休んだ. My mother stayed home from **work** yesterday.
勤め先 one's office

˙つとめる¹【努める】

(努力する) try［トゥライ］, make* an effort［エふォト］
▸わたしはいつも時間を守るように**努めて**います. I always **try** [**make an effort**] to be punctual.

つとめる²【勤める】
work《for [at, in] ...》 ➡ **はたらく**

つとめる³【務める】
(…として任務を果たす) act as ...
▸会議の議長を**務める** **act as** the chairperson of a meeting

ツナ tuna［テューナ］
ツナ缶(かん) 〚米〛canned tuna, 〚英〛tinned tuna
つな【綱】（太い）a rope［ロウプ］;（やや細い）a cord［コード］
綱引き (a) tug of war
▸綱引きをする have a **tug of war** / play **tug of war**
綱渡(わた)り tightrope walking
つながる
be* connected《to [with] ...》
▸その２つの島は橋でつながっている. Those two islands **are connected** by a bridge.
▸メアリーはエドと**血がつながっている**（→血縁(けつえん)がある）. Mary **is** Ed's **blood relative**.
つなぐ（結ぶ）tie《to ...》;（接続する）connect《to [with] ...》
▸ジョンは犬を柱につないだ. John **tied** his dog **to** the pole.
▸この２本のひもをつないでください. **Tie** these two strings together.
▸（電話で）内線 31 番の森さんにつないでください. **Connect** me **with** Mr. Mori, extension 31, please.
▸アナと哲は**手をつないで**歩いた. Ana and Tetsu walked **hand in hand**.
つなみ【津波】 a tsunami［ツナーミ］, a tidal wave［タイドゥる ウェイヴ］
つねに【常に】 always ➡ **いつも**
つねる pinch［ピンチ］, give* a pinch
▸真衣がわたしのほっぺたを**つねった**. Mai **pinched** my cheek. / Mai **gave me a pinch** on the cheek.
つの【角】（牛・羊・ヤギなどの）a horn［ホーン］;（シカの）an antler［あントゥら］;（カタツムリの）an antenna［あンテナ］

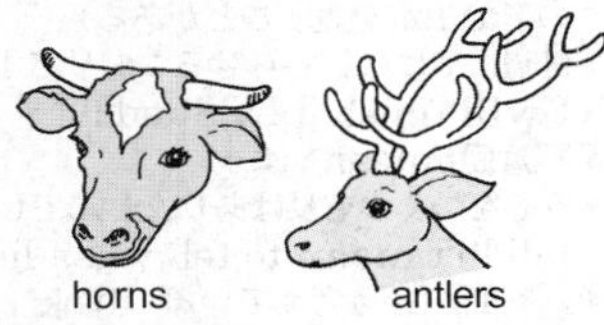

つば【唾】 spit［スピット］;（だ液）saliva［サらイヴァ］
つばを吐(は)く spit*
ツバキ 〚植物〛a camellia［カミーりャ］
つばさ【翼】 a wing［ウィング］
▸ワシは翼を広げた. The eagle spread its **wings**.
ツバメ 〚鳥類〛a swallow［スワろウ］
つぶ【粒】 a grain［グレイン］;（水滴(すいてき)）a drop［ドゥラップ］
▸米１粒 a **grain** of rice
▸大粒の雨 large **drops** of rain
つぶす crush［クラッシ］, smash［スマぁッシ］;（時間を）kill［キる］
▸箱をつぶす **crush** a box
▸暇(ひま)つぶしにトランプしましょう. Let's play cards to **kill** time.
つぶやく murmur［マ～マ］
つぶれる be* crushed［クラッシト］;（会社が）go* bankrupt［バぁンクラプト］;（計画などが）fail［ふェイる］
つぼ【壷】 a pot［パット］;（広口の）a jar［ヂャー］;（装飾(そうしょく)用の）a vase［ヴェイス］
つぼみ a bud［バッド］
つぼみが出る bud
▸桜はまだ**つぼみ**だ. The cherry trees are still <u>in **bud**</u> [**budding**].
つぼめる（口を）pucker (up)［パカ］;（傘(かさ)を）fold［ふォウるド］, close［クろウズ］
▸口をつぼめる **pucker** (**up**) one's mouth
つま【妻】 a wife［ワイふ］（複数 wives）（対義語「夫」a husband）
つまさき【つま先】
a tiptoe［ティップトウ］
▸つま先で立つ stand on **tiptoe**（♦on tiptoe は「つま先立ちで」の意味の成句）
つまずく
stumble《<u>on</u> [over] ...》［スタンブる］
▸石に**つまずいて**転んだ. I **stumbled on** a stone and fell down.
つまむ（拾い上げる）pick (up);（鼻を）hold*［ホウるド］
つまようじ a toothpick［トゥーすピック］

:つまらない

❶〚退屈(たいくつ)な〛dull［ダる］, boring［ボーリング］;〚つまらなく思う〛be* bored［ボード］
▸その映画は**つまらなかった**. The movie was <u>**dull**</u> [**boring**].
▸ああ, **つまらない**. 何かおもしろいことないかな. **I'm bored**. Isn't there anything (more) exciting (to do)?
❷〚取るに足りない〛
trifling［トゥライふりング］
▸そんな**つまらない**ことでけんかしたので

すか? Did you quarrel about such a **trifling** thing?

つまり (言い換(か)えれば) that is (to say), or [オーア], in other words; (要するに) in short [ショート]

▸わたしはこどもの日, **つまり** 5 月 5 日に生まれました. I was born on Children's Day, **that is**, on May 5.

▸**つまり**, 実験は成功したのです. **In short**, the test succeeded.

つまる【詰まる】 (ふさがる) be* stopped (up) [スタップト], be stuffed (up) [スタふト]

▸パイプが**詰まった**. The pipe **is stopped (up)**.

▸鼻が**詰まってる**. My nose **is stuffed up**.

つみ【罪】 (法律上の) a crime [クライム]; (道徳・宗教上の) a sin [スィン]

▸**罪**を犯(おか)す commit a crime [sin]

▸**罪**を償(つぐな)う pay for the **crime**

罪のある guilty [ギるティ]; sinful [スィンふる]

罪のない innocent [イノセント]

つみき【積み木】 a building block

◆つむ[1]【積む】

pile (up) [パイる]; (荷を) load [ろウド]

▸彼の机の上には本が**積まれている**. Books are **piled up** on his desk.

▸トラックに食料を**積んだ**? Did you **load** the food on the truck?

つむ[2]【摘む】 pick [ピック]

▸花を**つむ** **pick** flowers

つむぐ【紡ぐ】 spin* [スピン]

▸綿から糸を**紡ぐ** **spin** thread out of cotton / **spin** cotton into thread

つめ【爪】 (人の) a nail [ネイる]; (猫(ねこ)・タカなどの) a claw [クろー]

▸だいぶ**つめ**が伸(の)びた. My **nails** have grown (very) long.

▸**つめ**を切る cut [clip, trim] one's **nails**

つめ切り nail clippers [ネイル クりパズ]

-づめ【…詰め】

▸**びん詰め**ジュース **bottled** juice

▸彼女は一日じゅう**働きづめだった**(→働き続けた). She **kept working** all day long.

つめえり【詰め襟】 a stand-up collar

▸**詰め襟**の制服 a uniform with a **stand-up collar**

つめこむ【詰め込む】 (ぎっしりと) cram [クラぁム], pack [パぁック], stuff [スタふ]

▸バッグに洋服を**詰めこんだ**. I **crammed** [**packed**, **stuffed**] clothes into a bag.

⁝つめたい【冷たい】

(温度・態度が) **cold** [コウるド]

(**対義語** 「暑い, 熱い」hot, 「温かい」warm)

▸**冷たい**飲み物 a **cold** drink

▸**冷たい**色調 a **cold** tone

▸風が**冷たく**なってきた. The wind is getting **cold**.

▸彼は最近, わたしに**冷たい**. He is **cold** to me these days.

つめる【詰める】 fill [ふィる], pack [パぁック], stuff [スタふ] ➡ **つめこむ**

▸箱(はこ)にリンゴを**詰めた**. I **filled** the box with apples.

▸少し**席を詰め**てください. Will you **sit closer together**? / Will you **move over** a little, please?

⁝つもり

❶〖予定〗《be going to +動詞の原形》, will
❷〖意図〗mean
❸〖判断〗think; believe

❶〖予定〗《**be* going to** +動詞の原形》, **will***

▸髪型(かみがた)を変える**つもり**です. **I'm going to** change my hair style.

▸今年の夏は伊豆へ行く**つもり**です. We are going to Izu this summer. (◆go, come, leave などは, 現在進行形の形で予定を表すことがある)

▸日曜までには終わらせる**つもり**です. I **will** finish it by Sunday.

❷〖意図〗**mean*** [ミーン]

▸うそをつく**つもり**はありませんでした. I didn't **mean** to tell you a lie.

❸〖判断〗(そう考えている) think*; (信じている) believe [ビリーヴ]

▸チャールズは自分が正しい**つもりでいる**. Charles **thinks** he is right.

つもる【積もる】

▸雪がかなり**積もっている**. The snow **lies deep** [**thick**]. /

The snow **is deep** [**thick**].

▸机の上にほこりが**積もっている**(→ほこりに覆(おお)われている).

The desk **is covered with** dust.

つや¹ 【艶】(光沢(こうたく)) (a) gloss [グラス]; (磨(みが)いて出るつや) (a) polish [パリッシ]

つやのある glossy [グラスィ]

▸つやのある髪(かみ) **glossy** hair

つや² 【通夜】a wake [ウェイク]

▸母は近所の**通夜**に行きました.

My mother has gone to attend a **wake** in the neighborhood.

つゆ¹ 【露】dew [デュー]

▸その花は露にぬれていた.

The flower was wet with **dew**.

つゆ² 【梅雨】

the rainy season [レイニ スィーズン]

▸梅雨に入った. **The rainy season** has come [started].

▸梅雨が明けた.

The rainy season is over.

つゆ³ 【汁】(吸い物) soup [スープ]; (果汁(かじゅう)) juice [ヂュース]

▸そばつゆ

sauce for buckwheat noodles

⁑つよい 【強い】

❶〖力などが〗**strong** [ストゥローング]

(対義語「弱い」weak);

(力強い) powerful [パウアふる]

▸わたしたちの学校の野球部はすごく**強い**.

Our school has a very **strong** [**powerful**] baseball team.

▸きょうは日差しが**強い**.

The sunlight is **strong** today.

強く strongly; hard [ハード]

▸彼はその計画に**強く**反対した. He was **strongly** opposed to the plan.

▸このボタンを**強く**押してください.

Press **hard** on this button.

❷〖得意な〗**good*** 《at ...》[グッド]

(対義語「弱い」weak, poor at)

▸あなたは数学に**強い**ですか?

Are you **good at** math?

つよがる 【強がる】

put* on a bold front

つよき 【強気の】

(積極的な) aggressive [アグレッスィヴ]; (大胆(だいたん)な) bold [ボウるド]

強気で aggressively; boldly

つよさ 【強さ】strength [ストゥレンクす]

つよまる 【強まる】

become* stronger, strengthen

▸夜には風雨が**強まる**もようです.

The wind and rain will **become stronger** during the night.

つよみ 【強み】an advantage [アドヴァンテッヂ]; (長所) a strong point

⁑つらい 【辛い】**hard** [ハード], tough [タふ]

▸夏の熱気の中での練習は**つらかった**.

We had a **hard** [**tough**] time training in the summer heat.

▸さよならを言うのは**つらい**.

It's **hard** for me to say goodbye.

つらぬく 【貫く】

(貫通(かんつう)する) penetrate [ペネトゥレイト]; (こだわる) stick* to ...

つらら an icicle [アイスィクる]

つられる 【釣られる】

▸まわりのみんなに**つられて**わたしも走り出した(→わたしもそうした).

Everybody around me started to run, and so did I.

⁎つり¹ 【釣り】fishing [ふィシング]

▸きのう,川へ**釣り**に行った. I went **fishing** in the river yesterday.

釣りをする fish

釣り人 an angler [アングら]

釣り船 a fishing boat

釣り堀(ぼり) a fishing pond

● 釣り道具 fishing tackle

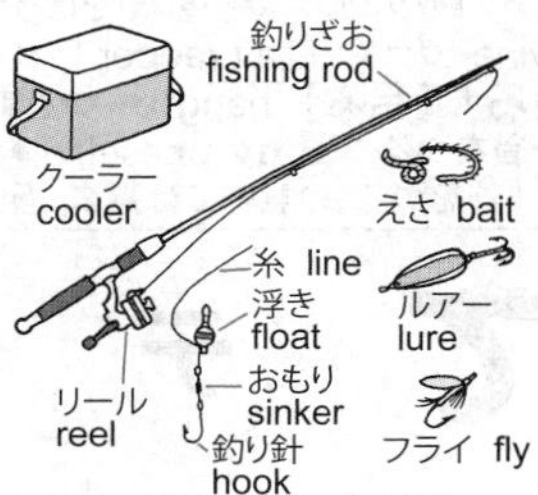

つり² 【釣り】

(つり銭) change [チェインヂ]

▸1万円札(さつ)で**おつり**がありますか?

Can you give me **change** for a ten-thousand-yen bill?

▸20円の**おつり**です.

That makes 20 yen **change**.

参考 「つり銭」の数え方

日本では客が渡(わた)した金額から品物の値段を引きます. 欧米(おうべい)では, 品物の値段に小銭(こぜに)を足していき, 最後に客がくれた金額に一致(いっち)させます. 例えば, 1,000円で750円の買い物をしたとすると, 店の人はまず50円を出して800円とし, 次に100円ずつ出して900円, 1,000円と数えていって, つり銭の250円を渡します.

つりあい【釣り合い】
(重さ・力などの)balance [バぁランス];
(組み合わせの)match [マぁッチ]
▸つり合いを保つ keep the **balance**

つりあう【釣り合う】 (重さ・力などが)balance《with ...》[バぁランス];
(組み合わせが) match [マぁッチ]

つりかわ【つり革】
a strap [ストゥラぁップ]

つりばし【つり橋】 a suspension bridge [サスペンシャン ブリッヂ],
a hanging bridge

ツル【鶴】 〖鳥類〗a crane [クレイン]

•つる¹【釣る】 **fish** [ふィッシ], **catch*** [キぁッチ]
▸魚を釣る **catch** a fish

つる² (足がつる)
get* [have*] a cramp in one's leg
▸水泳中に, 右足が**つった**.
I **got a cramp in my** right **leg** while I was swimming.

つる³ 〖植物〗(巻きつくつる) a tendril [テンドゥリる]; (地・壁(かべ)をはうつる) a vine [ヴァイン], a creeper [クリーパ]

つる⁴【吊る】 hang* ➡ **つるす**
▸首をつる **hang** oneself (◆hangは「首をつる」の意味では過去・過去分詞は hungではなく hangedとなる)

つる⁵【弦】 (弓の) a bowstring [ボウストゥリング], a string

つるす【吊るす】 hang* [ハぁング]
▸軒(のき)に風鈴(ふうりん)を**つるす**
hang a wind bell from the eaves

つるつる【つるつるした】
(滑(なめ)らかな) smooth [スムーず];
(滑(すべ)りやすい)slippery [スリパリ]

つるはし a pickax [ピックあックス]

-(に)つれて as
▸時がたつ**につれて**失恋(しつれん)の痛手は消えるものだ. **As** time goes by, you will recover from your broken heart.

•つれていく【連れて行く】
take* [テイク]
▸わたしは妹を公園へ**連れて行った**.
I **took** my sister to the park.

つれている【連れている】 ➡ **つれる**

•つれてくる【連れて来る】
bring* [ブリング]
▸妹さんも**連れて来て**ください.
Bring your sister with you.

つれる【連れる】 (同伴(どうはん)する) accompany [アカンパニ]; (連れて行く) take*; (連れて来る) bring*
▸その女性は子供を**連れていた**.
The woman was **accompanying** her child.

つんと
▸彼女は**つんとしている**(→高慢(こうまん)だ).
She **is stuck-up**.
▸わさびが鼻に**つんときた**.
Horseradish **came pungently** to my nose. (◆pungently [パンヂェントり] は「ぴりっと, つんと」の意味)

て テ

Q「てんぷら」を英語で説明するとしたらどう言う?
➡「てんぷら」を見てみよう!

•て【手】

1 〖手首から先〗**a hand**; 〖腕(うで)〗**an arm**
2 〖人手, 手間〗**a hand, a help**
3 〖手段, 方法〗**a way, means**
4 〖能力, 支配〗**ability, control**

1 〖手首から先〗a **hand** [ハぁンド];
〖腕〗an **arm** [アーム]
▸食事の前には手を洗いなさい.
Wash your **hands** before you eat.
▸トムとサラが手をつないで歩いていた.
Tom and Sarah were walking **hand in hand**.

▸ルースは両手で大きな袋(ふくろ)をかかえている. Ruth is holding a big bag in her **arms**.
▸手を上げなさい! **Hands** up!
➡ **巻頭カラー 英語発信辞典⑭**

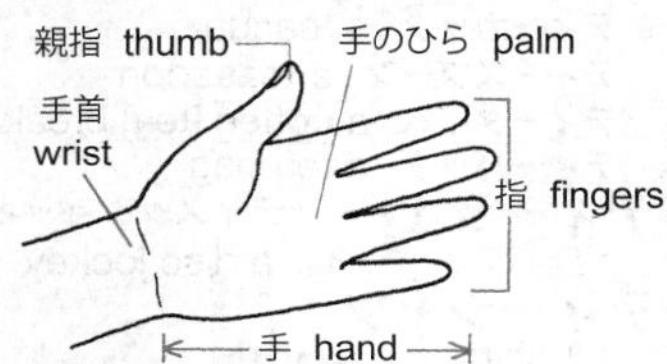

❷ **[人手, 手間]** a **hand**, a **help**
▸手が足りない.
We are short of **hands**.
▸美緒はわたしの宿題に手を貸してくれた.
Mio gave [lent] me a **hand** in doing my homework.
❸ **[手段, 方法]** a way [ウェイ], means [ミーンズ]
▸これよりほかに手はない.
This is the only **way**.
▸あらゆる手を尽(つ)くしてかばんを探した. I tried every **means** to find the bag.
❹ **[能力, 支配]** ability [アビりティ], control [コントゥロウる]
▸この問題はとてもわたしの手に負えない.
This question is far beyond my **abilities**.
手に入れる get*

-て, -で¹

❶ **[そして] and**
❷ **[…しながら] with ...**
❸ **[…ので, …から] because (of ...), for ...**

❶ **[そして] and**
▸莉奈は静かで上品だ.
Rina is quiet **and** elegant.
❷ **[…しながら] with ...** [ウィず]
▸モニカはほほえんでうなずいた.
Monica nodded **with** a smile.
❸ **[…ので, …から] because** [ビコーズ], because of ..., for ...
▸歯が痛くて少しも眠(ねむ)れなかった.
I couldn't sleep at all **because** I had a toothache [**because of** my toothache].
▸うれしくて飛び上がる jump **for** joy

-で²

❶ **[場所] at ...; in ...; on ...**
❷ **[時間] in ...**
❸ **[手段, 方法] by ..., on ..., in ...; [道具] with ...**
❹ **[材料, 原料] of ..., from ...**
❺ **[原因, 理由] because of ..., of ...**
❻ **[値段] for ...; [年齢(ねんれい), 速度] at ...; [判断のよりどころ] by ...**

❶ **[場所]** (地点) **at ...**; (広い場所) **in ...**; (狭(せま)い場所・決まった場所) **on ...**
▸いつもの場所で会おう.
Let's meet **at** the usual place.
▸わたしは九州で生まれました.
I was born **in** Kyushu.
▸浜辺(はまべ)で **on** the beach
❷ **[時間] in ...**
▸フレッドは1時間で来るだろう.
Fred will come **in** an hour.
(♦in は「…たったら」の意味;「…以内で」を強調するときは in の代わりに within を用いる)
❸ **[手段, 方法] by ...** [バイ], **on ...**, **in ...**; **[道具] with ...** [ウィず]
▸自転車で行こう.
Let's go **by** bike. (♦by の後の乗り物・交通手段には a や the をつけない)
▸この自動車は電気で走る.
This car runs on [**by**] electricity.
▸その事故のことはテレビで知りました.
I learned about the accident **on** TV. (♦「新聞で」は in the newspaper)
▸英語で話そう. Let's talk **in** English.
▸鉛筆(えんぴつ)で書く write **with** a pencil / write **in** pencil (♦in pencil の場合は a をつけない)
❹ **[材料, 原料] of ..., from ...** ➡ **つくる**
▸このかごは竹でできている.
This basket is made **of** bamboo.
▸とうふで作ったアイスクリーム
ice cream made **from** tofu
❺ **[原因, 理由] because of ..., of ...**
▸その試合は雨で中止になった.
The game was called off **because of** rain.
▸心臓発作(ほっさ)で死ぬ
die **of** a heart attack ➡ **しぬ**

❻〚値段〛for ...;〚年齢, 速度〛at ...;〚判断のよりどころ〛by ...

▸…を500円で買う buy ... **for** 500 yen

▸18歳(さい)で **at** (the age of) eighteen

▸時速60キロで走る run **at** a speed of 60 kilometers per hour

▸外見で人を判断してはいけない. Don't judge people **by** their appearance.

であい【出会い】
a meeting［ミーティング］

▸ローラとの初めての出会いは4年前です(→4年前に出会った). I met Laura for the first time four years ago.

***であう【出会う】** meet*［ミート］ ➡ あう²

▸彼は偶然(ぐうぜん)出会った女の子に恋(こい)をした. He fell in love with a girl he **met** by chance.

▸駅で友達に**ばったり出会った**. I **ran into** [**happened to meet**] a friend of mine at the station.

てあし【手足】（腕(うで)と脚(あし)）arms and legs（♦hand と foot の部分もふくむ）;（手と足）hands and feet

▸トレーニングの前にわたしたちは手足を動かした. Before the training, we exercised our **arms and legs**.

であし【出足】 a start［スタート］

▸チームの出足は好調だ[鈍(にぶ)い]. Our team has made a good [bad] **start**.

てあたりしだい【手当たり次第に】 at random［ラぁンダム］

▸トムは手当たりしだいにノートに書きとめた. Tom wrote it down on his notebook **at random**.

てあて【手当て】（治療(ちりょう)）(medical) treatment［トゥリートメント］

▸応急手当 first-aid **treatment**

手当てする treat

▸わたしは病院で傷の手当てを受けた. I was **treated** [received **treatment**] for my injury at a hospital.

てあらい【手洗い】 ➡ トイレ(ット)

-である ➡ -です

ていあん【提案】 a proposal［プロポウズる］;（控(ひか)え目な）a suggestion［サ(グ)ヂェスチョン］

提案する propose, suggest

▸計画を中止することを提案した. I **proposed** [**suggested**] that we (should) give up the plan.（♦we が he, she, it の場合でも gives ではなく give でよい）

ティー（紅茶）tea［ティー］;（ゴルフ・アメリカンフットボールの）a tee［ティー］

▸ミルクティー **tea** with milk

ティーカップ a teacup

ティースプーン a teaspoon

ティータイム a coffee [tea] break

ティーバッグ a tea bag

ディージェー（ディスクジョッキー）a DJ［ディーヂェイ］, a disc jockey

ティーシャツ a T-shirt［ティーシャ～ト］

ディーゼル a diesel (engine)［ディーズる（エンヂン）］

ディーゼル車 a diesel vehicle

ディーブイディー (a) DVD［ディーヴィーディー］（♦*d*igital *v*ersatile *d*isc（デジタル多用途(ようと)ディスク）の略）

DVDプレーヤー a DVD player

DVDレコーダー a DVD recorder

ティームティーチング team teaching

ていいん【定員】（収容能力）(a) capacity［カパぁスィティ］;（決まった数）a fixed number［ナンバ］

▸このホールの定員は500人です. This hall has a **capacity** of 500. / The (seating) **capacity** of this hall is 500.

ティーンエージャー a teenager［ティーネイヂャ］（♦13歳(さい)から19歳までの -teen がつく年齢(ねんれい)）

ていえん【庭園】 a garden［ガードゥン］

ていか¹【定価】 the fixed price

▸定価の3割引きで at 30 percent off **the fixed price**

ていか²【低下】 a drop［ドゥラップ］;（体力・価値などの）decline［ディクらイン］（♦a decline とも言う）

▸気温の低下 a **drop** in temperature

低下する drop; decline

ていき【定期の】 regular［レギュら］

定期的に regularly

定期入れ a pass holder

定期演奏会 a regularly-scheduled concert, a regular concert

定期券〚米〛a commuter pass,〚英〛a season ticket

定期試験 a regular examination

ていぎ【定義】

a definition［デふィニシャン］
定義する define［ディふァイン］

ていきあつ【低気圧】
low (atmospheric) pressure
［ろウ（アトゥモスふェリック）プレシャ］

ていきゅうび【定休日】
a regular holiday［ハりデイ］

ていきょう【提供】
an offer［オーふァ］
提供する（あたえる）give*［ギヴ］;（差し出す）offer;（番組を）sponsor［スパンサ］

テイクアウト ➡ もちかえり
テイクアウトする
〖米〗take* out,〖英〗take away

ディクテーション
(a) dictation ➡ かきとり

ていこう【抵抗】
(a) resistance［リズィスタンス］
▸空気抵抗 air **resistance**
抵抗する resist［リズィスト］
抵抗力（体の）resistance

ていこく[1]【定刻】 a fixed time;（予定時刻）a schedule［スケヂューる］
▸列車は**定刻どおり**午後7時に到着した.
The train arrived **on schedule** at 7 p.m.

ていこく[2]【帝国】
an empire［エンパイア］
帝国主義 imperialism［インピリアりズム］

ていし【停止】 a stop［スタップ］
停止する stop
▸一時停止〖掲示〗**Stop**

ていじ【定時】 a fixed time
定時に at the fixed time;
（時間どおりに）on time, on schedule
定時制高校 a part-time high school

ていしゃ【停車】 a stop［スタップ］
停車する stop
▸この列車は各駅停車です.
This train **stops** at every station.
▸バスは急停車した.
The bus **stopped** suddenly.

ていしゅつ【提出する】 hand in
▸土曜日までに宿題を提出しなければ.
I should **hand in** your homework by Saturday.

ていしょく【定食】 a set meal
▸**お昼の定食**
a **lunch set** / a **set lunch**

ディスカウント（割引）
(a) discount［ディスカウント］➡ **わりびき**
ディスカウントショップ
〖米〗a discount store,
〖英〗a cut-price shop

ディスカッション (a) discussion
➡ ぎろん, とうろん

ディスクジョッキー
a disc jockey［ディスク ヂャキ］
（♦DJと略す; discはレコード盤(ばん)のこと）

ディズニーランド
Disneyland［ディズニらぁンド］

ていせい【訂正】
(a) correction［コレクシャン］
訂正する correct［コレクト］

ていせん【停戦】
a cease-fire［スィースふァイア］;（協定に基(もと)づく休戦）a truce［トゥルース］

ていたく【邸宅】 a residence［レズィデンス］;（大邸宅）a mansion［マぁンシャン］

ティッシュ(ペーパー) (a) tissue［ティシュー］（♦tissue paperは, こわれやすいものの包装などに用いるラッピングペーパーのこと）
▸ティッシュ1箱 a box of **tissues**

ていでん【停電】
a power failure［パウア ふェイりャ］,
a blackout［ブらぁクアウト］
▸昨夜この町は停電になった.
There was a **power failure** [**blackout**] in this town last night.

ていど【程度】（度合い）(a) degree［ディグリー］;（水準）a level［れヴる］
▸ある程度はきみの責任だよ. You are responsible to some **degree**.
▸この問題は程度が高すぎる. The **level** of this question is too high.

ディナー dinner［ディナ］➡ **ゆうしょく**

ていねい【ていねいな】
（注意深い）**careful**［ケアふる］;
（礼儀(れいぎ)正しい）**polite**［ポらイト］
ていねいに carefully; politely
▸それはていねいにあつかってください, 壊(こわ)れやすいので. Be **careful** with that. It breaks easily.
▸隼人は女の子に対してていねいに話す.
Hayato speaks **politely** to girls.

ていねん【定年】 retirement age
［リタイアメント エイヂ］
定年退職する retire

ていはく【停泊する】 anchor［あンカ］;（停泊している）be* at anchor, lie* at anchor

ていばん【定番の】 standard［スタあンダド］

ディフェンス（守備）(a) defense［ディふエンス］

ディベート a debate［ディベイト］

ディベートをする debate

ていへん【底辺】 the base［ベイス］

ていぼう【堤防】（堤(つつみ)）a bank［バあンク］,（人工の）an embankment［エンバあンクメント］, a dike［ダイク］

ていぼく【低木】 a shrub［シュラブ］

ていり【定理】 a theorem［すィーオレム］

でいり【出入り】

▸わたしの家は人の出入り(→訪問者)が多い. We have a lot of visitors.

出入りする go* [come*] in and out

出入り口 a doorway

•ていりゅうじょ【停留所】

a stop［スタップ］

▸バスの停留所 a bus **stop**

ダイアログ　**質問する**

A: 郵便局はここからいくつ目の停留所ですか? How many **stops** is the post office from here?

B: 3つ目です. Three **stops**.

▸小岩行きのバスに乗って, 5つ目の停留所で降りてください.
Take the bus for Koiwa and get off at the fifth **stop**.

ていれ【手入れする】 take* care of ...;（修理する）repair［リペア］

▸自転車の手入れをしなければ. I should **take care of** your bicycle.

ディレクター a director［ディレクタ］

ティンパニー〖楽器〗timpani［ティンパニ］（◆単数または複数あつかい）

データ data［デイタ］（◆単数または複数あつかい）

データバンク a data bank

データベース a database

デート a date［デイト］

デートする have* a date《with ...》

テーピング taping［テイピンヶ］

テーピングする tape

テープ (a) tape［テイプ］;（セロテープ）〖米〗〖商標〗Scotch tape;（紙テープ）a paper streamer

▸（録音・録画の）テープを再生する
play a **tape** / put on a **tape**

▸博はセロテープで壁(かべ)にポスターをはった. Hiroshi put up a poster on the wall with **Scotch tape**.

•テーブル a **table**［テイブる］

▸どうぞテーブルに着いてください.
Please sit [take your seat(s)] at the **table**.

▸わたしたちはテーブルを囲んだ.
We sat around the **table**.

テーブルクロス a tablecloth

テーブルマナー table manners

テープレコーダー a tape recorder

テーマ a theme［すィーム］（◆発音注意）, a topic［タピック］

テーマ音楽 theme music

テーマソング a theme song

テーマパーク a theme park

ておくれ【手遅れの】 too late

▸もう手遅れだ. Now it's **too late**.

デオドラントスプレー
a deodorant spray［ディオウドラント］

でかい big, large ➡ **おおきい**

てがかり【手がかり】 a clue［クるー］

▸彼らは事件の手がかりをつかんだ.
They found a **clue** to the case.

•でかける【出かける】

（外出する）**go* out**;（出発する）**start**［スタート］, **leave***［りーヴ］

▸さあ出かけよう. Let's **go**!

▸そろそろ出かける時間だ.
It's about time to **start**.

▸父は朝の7時に仕事に出かける.
My father **leaves** for work at seven in the morning.

てかげん【手加減】

▸彼女はまだ子供なんだから手かげんしてやりなよ. **Go easy** with [**on**] her because she is still only a child.

てかてか【てかてかの】

（光る）shiny［シャイニ］

▸整髪(せいはつ)料でてかてかにした髪(かみ)
shiny oiled hair

でかでかと

（大きな文字で）in big letters

:てがみ【手紙】 a **letter**［れタ］

手紙を書く **write*** 《to ...》[ライト];
(短い手紙を) drop a line [らイン]
▸きのう,パットに手紙を書いた.
I **wrote (to)** Pat yesterday. / I **wrote a letter to** Pat yesterday.
▸きょう,ソフィアから手紙が来た.
I got a **letter** from Sophia today.
▸この手紙出しておいてくれる? Can you mail [post] this **letter** for me?
▸お礼の手紙 a thank-you **letter**

てがら【手柄】
(偉業(いぎょう)) exploits [イクスプろイツ];
(名誉(めいよ)) credit [クレディット]
▸手柄(てがら)を立てる perform **exploits**

てがる【手軽な】
(容易な) easy [イーズィ];
(使いやすい) handy [ハぁンディ]
手軽に easily
▸このパソコンは手軽に持ち運べる.
You can carry this PC **easily**.

てき【敵】 an enemy [エネミ]
(対義語「味方」a friend);
(競争相手) an opponent [オポウネント]

-てき【…滴】 a drop [ドゥラップ]
▸1滴の水 a **drop** of water

でき【出来】
▸彼女の新作映画は**すばらしいできだ**.
Her new movie **is excellent**.

ダイアログ 説明する
A: ルーク,試験どうだった?
Luke, how was the exam?
B: いや,参った. **ひどいできだった**よ.
Ugh, it was hopeless. I **did very badly**.

できあがる【出来上がる】
(完成する) be* completed [コンプリーティッド]
▸この絵はもうすぐできあがる. This picture will **be completed** soon.

てきい【敵意】
(a) hostility [ハスティりティ]
敵意のある hostile [ハストゥる]

てきおう【適応する】
adapt oneself 《to ...》, adjust 《to ...》

できごと【出来事】
an occurrence [オカ～レンス];
(大きな) an event [イヴェント];
(偶然(ぐうぜん)の) a happening [ハぁプニング]

てきざい【適材】
▸**適材適所** **the right man in the right place**

できし【溺死する】
➡ おぼれる

テキスト
(教科書) a textbook [テクストブック] (♦text は「原文・本文」の意味だが,〘米〙では textbook も指す)
▸テキストの10ページを開いた. We opened our **textbooks** to page 10.

˙てきする【適する】
be* suitable 《for ...》[スータブる]
▸ここの気候はブドウの栽培(さいばい)**には適さない**. The climate here **is not suitable for** grape-growing.
▸この靴(くつ)**は**山道を歩く(→山ではく)のに**適している**. These shoes **are suitable** to wear in the mountains.

てきせい【適性】
(an) aptitude [あプティテュード]
▸適性検査 an **aptitude** test

てきせつ【適切な】 proper [プラパ];
(よい) good* [グッド]
▸地震(じしん)のときは**適切な**行動をとりなさい. Take **proper** action at the time of an earthquake.

できたて【出来立ての】
just made, fresh [ふレッシ], freshly made
▸できたてのピザ a pizza **just made** / a **fresh** pizza

てきちゅう【的中する】
(的(まと)に) hit* the mark; (予想が) guess right;
(予言が) come* true ➡ あたる

てきど【適度な】
(ほどよい) moderate [マデレット]
▸適度な運動をする
take **moderate** exercise
適度に moderately

˙てきとう【適当な】
❶〘ふさわしい〙suitable, **good***

ダイアログ 説明する
A: パーティーに何着ていくの?
What are you going to wear to the party?

B:適当な服がないんです.
I don't have anything **suitable**.

❷〘いいかげんな〙lazy [れイズィ], not serious, sloppy [スらピ]
▸彼は適当だ.
He is **lazy** [**not serious**].
▸問題の意味がわからなかったので, **適当に書いておいた**. (→当てずっぽうを書いた)
I didn't understand the question, so I **wrote down a guess**.

てきぱき
(すばやく) quickly [クウィックり];
(能率的に) efficiently [イふィシェントり]

てきよう【適用】
application [あプりケイシャン]
適用する apply《to ...》[アプらイ]
▸この規則は学生には適用されない.
This rule isn't **applied** [doesn't **apply**] **to** students.

⁑できる

❶〘可能である〙**can, be able to**
❷〘優(すぐ)れている〙**be good《at ...》, do well**
❸〘完成する〙**be ready, be done**
❹〘育つ〙**grow**
❺〘作られる〙**be made《of [from] ...》**

❶〘可能である〙**can*** [キぁン], **be* able to** [エイブる]

ダイアログ　はげます・否定する
A:きみにはできるはずだ. やってごらん.
You **can** do it. Try it!
B:いいえ, そんなことはできません.
No, I **can't** do that.

▸日本に来る**ことができて**うれしい.
I'm happy to **be able to** come to Japan.

ルール can と be able to

❶ 現在形では **can** と **be able to** はほぼ同じ意味で用います.
❷ **can** の過去形 **could** は過去の能力を表します.「実際に成し遂(と)げた」という意味を表す場合は **was [were] able to** を使います. (例)He *could* run fast when he was young. (彼は若いころは速く走ることができた)/ He *was able to* run 100 meters in 11 seconds at the athletic meet. (彼はその競技会で 100 メートルを 11 秒で走ることができた)
❸ could は「しようと思えばできた」という仮定の意味でも使うので注意が必要です. (例)I could call you. (電話をすることもできる) / I could have called you. (電話をすることもできた)
❹ **can** は他の助動詞とともに用いることはできないので, その場合は **be able to** を使います. (例)I will *be able to* finish it by tomorrow. (あすまでにはそれを終わらせることができるだろう)

❷〘優れている〙
be* good《at ...》, do* well
▸スーザンは数学が**よくできる**.
Susan **is good at** math.
▸英語の試験が**よくできた**.
I **did well** on the English exam.

❸〘完成する〙
be* ready [レディ], be done [ダン]
▸出かける**用意はできました**か?
Are you **ready** to go out?
▸この仕事は 2 日で**できる**だろう. This work will **be done** in two days.

❹〘育つ〙grow* [グロウ]
▸カリフォルニアではいろいろな果物(くだもの)ができる. Many kinds of fruit **grow** in California.

❺〘作られる〙be* made《of [from] ...》
▸ワインはブドウから**できる**.
Wine **is made from** grapes.

⁑できるだけ as ... as one can*, as ... as possible [パスィブる]
▸**できるだけ**早く帰ってきてね.
Come home **as** soon **as you can** [**possible**].

できれば if possible, if one can
▸**できれば**あす, わたしの事務所へ来てください. Come to my office tomorrow, **if possible** [**if you can**].

てぎわ【手際のよい】skillful
手際よく (能率的に) efficiently
▸絵美は**手ぎわよく**仕事をした.
Emi did her job **efficiently**.

⁑でぐち【出口】
an exit [エグズィット], a way out

(対義語「入り口」an entrance)

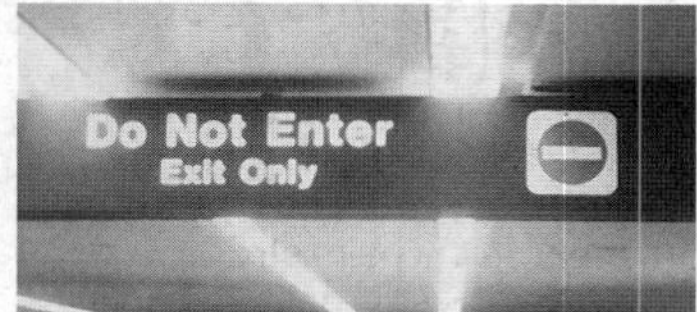

▲「出口専用」の掲示(けいじ)

テクニック (a) technique [テクニーク] (♦発音注意); (こつ) a knack [ナぁック]
▸テクニックをみがく
improve one's **technique**

テクノロジー
technology [テクナらディ]

てくび【手首】 a wrist [リスト]

てこ a lever [れヴァ]

てごたえ【手ごたえ】
(反応) a response [リスパンス]
▸(釣(つ)り糸に) **手ごたえがあった.**
I **felt a tug** on the line.
(♦tug は「強く引くこと」)

でこぼこ【でこぼこの】
rough [ラふ] (対義語「平らな」flat)
▸でこぼこ道 a **rough** road

デコレーション
(a) decoration [デコレイシャン]
デコレーションケーキ
a decorated cake, a fancy cake

てごろ【手ごろな】
(値段が) reasonable [リーズナブる];
(使いやすい) handy [ハぁンディ]
▸値段は手ごろだ.
The price is **reasonable**.

てごわい【手強い】 tough [タふ]
▸今度の相手は手ごわい.
Our next opponent is **tough**.

デザート (a) dessert [ディザ～ト]

デザイナー a designer [ディザイナ]
デザイナーズブランド (服)
designer clothes, designer labels

デザイン (a) design [ディザイン]
デザインする design

てさぐり【手探りする】 grope (around) for ..., feel* about for ...
▸わたしはかぎを手探りで捜(さが)した. I **groped** [**felt about**] **for** the key.

てさげ【手提げ】 (袋(ふくろ))
a shopping bag, 〖米〗 a tote bag

てざわり【手触り】
▸木綿(もめん)は**手触りがいい.**
Cotton **feels good**.

でし【弟子】 a pupil [ピュープる]

てした【手下】 a follower [ふァろウア], one's man (複数 men)

-でした **was** [ワズ], **were** [ワ～]; 一般動詞の過去形
(♦was, were の使い分けは, 主語が you か複数のときは were, それ以外は was を用いる)
▸そのときはまだ, わたしはほんの小さな子供でした. I **was** only a little boy [girl] at that time.
▸国語の授業中はみんな静かでした.
All of us **were** quiet during Japanese class.
▸**以前は**犬が嫌(きら)い**でした**(♦今はそうではない). I **used to** dislike dogs.

デジタル digital [ディヂタる]
デジタルウォッチ a digital watch
デジタルカメラ a digital camera
デジタルテレビ a digital TV

てじな【手品】 magic [マぁヂック], a magic trick [トゥリック]
▸彼は手品をした.
He performed **magic tricks**.
手品師 a magician [マヂシャン]

でしゃばり【出しゃばり】
(おせっかいな人) a meddler [メドゥら]
▸ジャックはでしゃばりだ.
Jack is a **meddler**.
でしゃばりな meddlesome

でしゃばる【出しゃばる】
stick* one's nose 《into ...》
▸でしゃばるんじゃない. Don't **stick your nose into** everything.

-でしょう

❶〖推量を表して〗**will, be going to; I suppose, I think**
❷〖疑問を表して〗**I wonder**
❸〖念を押(お)して〗**..., isn't it?** など
❹〖感嘆(かんたん)を表して〗**What ...! / How ...!**

❶〖推量を表して〗(未来のことを) **will***, **be* going to**; (話し手の考え)
I suppose, I think* ➡ **おもう**
▸バスはもうすぐ来るでしょう.
The bus **will** come soon.
▸後悔(こうかい)しているんでしょう.
I suppose you must be sorry about it now.

❷〖疑問を表して〗I wonder［ワンダ］
▸どこで昼食をとれるのでしょう.
I wonder where we can have lunch.
❸〖念を押して〗
..., isn't it? などの形で表す.
▸この魚, イワシでしょう？
This fish is a sardine, **isn't it**? (↘)(♦念を押す場合は下げ調子で言う)
❹〖感嘆を表して〗What ...! / How ...!
▸なんてきれいな夕焼けでしょう！
What a beautiful sunset!

-です be*; 一般動詞の現在形
(♦be は主語が I なら am, you か複数なら are, それ以外なら is となる)
▸広美は小学生です. Hiromi **is** an elementary school girl.
▸みんな無事です. All of us **are** safe.
▸あしたは遠足です(→遠足がある).
We **have** an outing tomorrow.

てすう【手数】 trouble［トゥラブる］
手数をかける trouble, bother［バざ］
▸お手数ですが, 駅へ行く道を教えてくれませんか？ I'm sorry to **trouble** you, but will you tell me the way to the station?
手数料 a fee, a charge

デスクトップ
デスクトップ型コンピュータ
a desktop computer［デスクトップ］

テスト a test［テスト］, an exam［イグザぁム］;(小テスト)〖米〗a quiz［クウィズ］➡ **しけん**
テストする test, give* a test
▸テストを受ける have [take] a **test**
▸きょうは英語のテストがあった.
We had an English **test** [**exam**] today. / We had **a test** [an **exam**] in English today.
▸実力テスト an achievement **test**

-ですね
▸寒いですね. It's cold, **isn't it**?

ダイアログ 言いよどむ
A: どんな音楽が好きですか？
What kind of music do you like?
B: **そうですね**, 日本の民謡(みんよう)が好きですね. **Well**, I like Japanese traditional folk songs.

てすり【手すり】 a rail［レイる］, a handrail［ハぁンドレイる］

てせい【手製の】 ➡ **てづくり**

てそう【手相】
the lines in one's palm［パーム］
▸手相を見てあげよう.
Let me **read your palm**.
手相占(うらな)い palmistry［パーミストゥリ］, palm reading

でたらめ nonsense［ナンセンス］
▸でたらめを言わないで.
Don't talk **nonsense**.
でたらめな (うその) false［ふぉーるス］;(成り行きまかせの) random［ラぁンダム］

てぢか【手近な, 手近に】
(near) at hand, (close) at hand
▸わたしはいつも手近に辞書を置いている.
I always keep a dictionary **(close) at hand**.

てちょう【手帳】
a (pocket) notebook［ノウトブック］;(日付入りの) a (pocket) diary［ダイアリ］
▸彼女の誕生日を手帳に書き留めた.
I wrote down her date of birth in my **notebook**.

てつ【鉄(の)】 **iron**［アイアン］
▸鉄はさびやすい. **Iron** rusts easily.
▸この手すりは鉄製ですか？
Is this handrail made of **iron**?
ことわざ **鉄は熱いうちに打て.**
Strike while the iron is hot.
鉄条網 a barbed wire fence

てつがく【哲学】
philosophy［ふィらソふィ］
哲学者 a philosopher

てつき【手つき】 a hand［ハぁンド］
▸悠人はぎこちない手つきで鉛筆(えんぴつ)を削(けず)った. Yuto sharpened the pencil with clumsy **hands**.

てっき【鉄器】
ironware［アイアンウェア］
鉄器時代 the Iron Age

デッキ (船の) a deck［デック］;(テープデッキ) a tape deck

てっきょ【撤去する】
remove［リムーヴ］
▸彼らはゴミを撤去している.
They are **removing** the garbage.

てっきょう【鉄橋】 a steel bridge［ブリッヂ］;(鉄道の)〖米〗a railroad bridge,〖英〗a railway bridge

てっきん[1]【鉄筋】
鉄筋コンクリート reinforced concrete［リーインふォースト カンクリート］, ferroconcrete［ふェロウカンクリート］

てっきん[2]【鉄琴】
〖楽器〗a glockenspiel［グらケンスピーる］（◆ドイツ語から）

てづくり【手作りの】
（手製の）handmade［ハぁン(ド)メイド］;（自家製の）homemade［ホウムメイド］
▸手作りのクッキー
homemade cookies
（◆食べ物に handmade は用いない）
▸この人形はわたしの**手作りだ**.（→自分で作った）I made this doll myself. / This is my **handmade** doll.

てっこう【鉄鋼】steel［スティーる］

てっこうじょ【鉄工所】
ironworks［アイアンワ〜クス］（◆単数または複数あつかい）

デッサン a sketch［スケッチ］（◆「デッサン」はフランス語の dessin から）

てつだい【手伝い】help［へるプ］;（人）a help, a helper［へるパ］
▸何か**お手伝いし**ましょうか？ Is there anything I **can do for** you? / Can I do anything to **help** you?

:てつだう【手伝う】**help**［へるプ］

ダイアログ　**依頼する**
A: この机を隣(となり)の部屋に移したいの. 手伝ってくれる？
I want to move this desk to the next room. Can you **help** me?
B: いいとも. Sure.

（人）の…を手伝う
《**help ＋人＋ with ...**》
▸彼女はわたしの宿題を手伝ってくれた.
She **helped** me **with** my homework.
（人）が…するのを手伝う
《**help ＋人＋動詞の原形**》
▸母の皿洗いを手伝った. I **helped** Mother do the dishes.（◆do the dishes で「皿洗いをする」の意味）

てつづき【手続き】
(a) procedure［プロスィーヂャ］
▸入試の手続きは済んでいますか？ Have you finished all the **procedures** for the entrance exam?

てってい【徹底的な】
thorough［さ〜ロウ］
徹底的に thoroughly
▸警察はその事件を**徹底的に**調べた.
The police investigated the case **thoroughly**.

:てつどう【鉄道】
〖米〗a railroad［レイるロウド］,
〖英〗a railway［レイるウェイ］
鉄道運賃 a railroad fare
鉄道事故 a railroad accident

デッドボール
▸デッドボールを当てられる
be hit by a pitch

てっぱん【鉄板】(an) iron plate
鉄板焼き meat and vegetables grilled on a griddle

てっぺん the top［タップ］, the summit［サミット］➡ **ちょうじょう**

てつぼう【鉄棒】（鉄の棒）
an iron bar［アイアン バー］;（体操の）
a horizontal bar［ホーリザントゥる バー］

てっぽう【鉄砲】a gun［ガン］
▸鉄砲を撃(う)つ fire [shoot] a **gun**

てつや【徹夜する】
stay up all night, sit* up all night
▸きのうは徹夜でした.
I **stayed** [**sat**] **up all** last **night**.

テディーベア a teddy bear

でていく【出て行く】go* (out);（立ち去る）get* out;（去る）leave* ➡ **でる**

でなおす【出直す】（戻(もど)ってくる）come* back;（新しく始める）make a new [fresh] start, start (all) over again

てにいれる【手に入れる】
get* ➡ **える, かくとく**

テニス tennis［テニス］➡ **図** p.442
▸ピートはテニスがうまい.
Pete is a good **tennis** player. / Pete is good at (playing) **tennis**.
▸軟式(なんしき)テニス soft **tennis**（◆日本

で始められたスポーツなので, soft-ball tennis などと説明する）
テニスコート a tennis court
テニスシューズ tennis shoes
テニス部 a tennis club

デニム denim［デニム］
▸デニムのシャツ a **denim** shirt

てにもつ【手荷物】〖米〗 baggage［バぁゲッヂ］, 〖英〗 luggage［らゲッヂ］（♦どちらも荷物全体を表す; 数えるときは a piece of baggage などと言う）
手荷物(一時)預かり所 a baggage room

*__てぬぐい【手ぬぐい】__ a *tenugui*, a thin Japanese-style towel

テノール 〖音楽〗 tenor［テナ］
テノール歌手 a tenor

てのひら【手のひら】
a palm［パーム］

*__では__
❶〖それでは〗 **then**［ぜン］; 〖さて〗 **now**［ナウ］, **well**［ウェる］; 〖そうしてみると〗 **so**
▸では, これはだれのしわざなのだろう? Who has done this, **then**?
▸では, 次の話題に移りましょう. **Now**, let's talk about the next subject.
▸では, あなたは来られないのですね? **So**, you can't come, can you?
❷〖…の点で〗 **in ...**; 〖場所〗 **in ...**, at ... ➡ -で[2]
▸わたしの考えでは, 彼はいい人だ. **In** my opinion, he's a good man.
▸ここではスマホを使えません. You can't use a smartphone (in) here.

デパート a department store［ディパートメント ストーア］

デパちか【デパ地下】（デパート地階の食品売り場）the food department in the basement of a department store（♦欧米(おうべい)のデパートの地下はふつう食品売り場ではない）

てばなす【手放す】 part with ...
▸その絵を手放すのはほんとうにつらかった. It was really hard for me to **part with** that picture.

てびき【手引き】 a guide［ガイド］

デビュー
a debut［デイビュー］（♦発音注意）
デビューする make* one's debut

てびょうし【手拍子】
▸手拍子をとって歌う
sing while **beating time with one's hands [clapping to the beat]**

でぶ 〖口語〗 a fatty［ふぁティ］

*__てぶくろ【手袋】__
（5本指の）a **glove**［グらヴ］; （親指だけ分かれているもの） a mitten［ミトゥン］（♦どちらもふつう複数形で用い, 数えるときは a pair of gloves などと言う）
▸手袋をはめる put on **gloves**

● テニス tennis

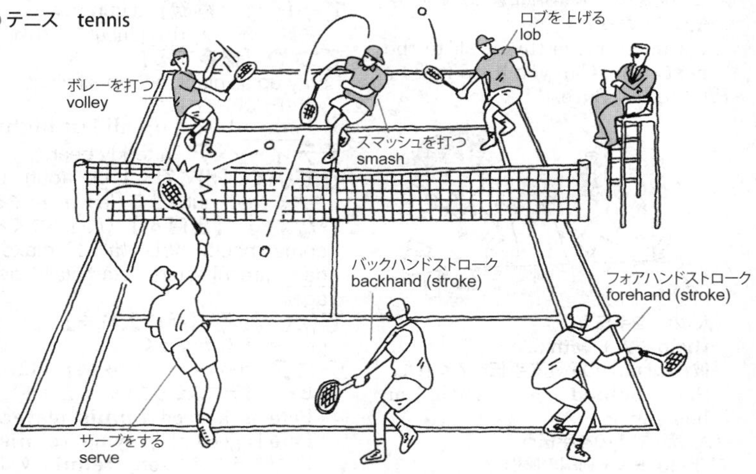

▸手袋をはずす take off **gloves**
▸わたしたちは手袋をして外へ出た. We went outside with our **gloves** on.

てぶら【手ぶらで】 empty-handed [エンプティハぁンディッド]
▸武は魚釣(つ)りに行って手ぶらで帰ってきた. Takeshi went fishing, but came home **empty-handed**.

デフレ(ーション) deflation [ディふれイシャン]

てほん【手本】 a model [マドゥる], an example [イグザぁンプる]; (習字の) a copybook [カピブック]
▸その手本どおりに書いた. We wrote it like that **example**.
▸わたしたちは母のお手本にならった. We followed the **example** of our mother.

てま【手間】 (時間) time [タイム]; (労力) labor [れイバ]
▸これを作るにはかなり手間がかかった. It took a lot of **time** and **labor** to make this.
▸手間を省くためにコピーをとった. I made a copy to save **time**.

デマ a false rumor [ルーマ]

てまえ【手前】 (こちら側) this side
▸手前のを見せてください. Show me the one on **this side**.
▸郵便局の手前を右に曲がってください. Turn right **just before** the post office.

でまかせ【出任せを言う】 (でたらめを言う) speak at random, speak haphazardly [ハぁプハぁザ～ドり]

てまねき【手招きする】 beckon [ベコン]
▸一輝は彼女に, 後について来るよう手招きした. Kazuki **beckoned** her to follow him.

•でむかえる【出迎える】

meet* [ミート] ➡ むかえ
▸おじを出迎えに空港へ行きます. I'm going to the airport to **meet** my uncle.

テムズがわ【テムズ川】 the Thames [テムズ]

∶-ても, -でも¹

❶〖たとえ…しても〗**even if**; 〖…しても～しても〗**whether** [(ホ)ウェざ] **... or ～**; 〖どんなに…しても〗**however** [ハウエヴァ] ➡ どんなに
▸雨が降ってもわたしは行きます. I will go **even if** it rains.
▸たとえ今回がだめでも, また次があります. **Even if** you fail this time, you'll have another chance.
▸勝っても負けても, 彼の勇気はほめてあげます. **Whether** he wins **or** loses, I'll praise him for his courage.

参考 「…ても, でも」のいろいろ

何が[を]…しても	whatever
だれが[を]…しても	whoever
どれが[を]…しても	whichever
いつ…しても	whenever
どこへ[で]…しても	wherever
どんなに…しても	however

(例)I'll never give up *whatever* happens. (何があってもあきらめない)

❷〖…だが〗**but, though** [ぞウ]
▸何度頼(たの)んでも, 彼はうんと言わなかった. I asked him many times, **but** he wouldn't say yes. / **Though** I asked him many times, he wouldn't say yes.

デモ a demonstration [デモンストゥレイシャン]
デモをする demonstrate [デモンストゥレイト]
デモ隊 demonstrators

でも but; (それでもやはり) and yet ➡ しかし
▸秀美はちょっと意地悪だ. でもわたしは彼女が好きだ. Hidemi is a bit mean, **but [and yet]** I like her.

∶-でも²

❶〖…でさえ〗**even** [イーヴン]
▸彼らは日曜日でも働く. They work **even** on Sundays.
▸今でも優勝したことが信じられない. **Even** now I can't believe (that) I won the championship.

❷〖例えば〗
▸今度の日曜日にでも(→例えば今度の日曜日に)集まりましょうか. How about getting together, **say**, next Sunday?

❸〖すべての…〗(♦every や any を用い

て表す) ➡ いつでも

▸この問題はだれにでも答えられる.
Everybody can answer this question.

デモクラシー
(民主主義) democracy [ディマクラスィ]

てもと【手もとに】 at hand ➡ てぢか

デュース deuce ➡ ジュース²

デュエット
a duet [デューエット] (♦発音注意)
▸彼とデュエットした.
I sang a **duet** with him.

てら【寺】 a (Buddhist) temple [テンプる] (♦寺の名前は, 例えば「法隆寺」なら Horyuji Temple のように言う)

てらす【照らす】 shine* on ... [シャイン]; (光を当てる) light* (up) [らイト]
▸月が湖面を照らしている. The moon is **shining on** the lake.

テラス a terrace [テラス]

デラックス【デラックスな】
deluxe [デらックス]

デリケート【デリケートな】
(微妙(びみょう)な) delicate [デりケット]; (感じやすい) sensitive [センスィティヴ]
▸デリケートな問題
a **delicate** [**sensitive**] problem
▸彼女はすごくデリケートだ.
She's quite **sensitive**.

⁺てる【照る】 **shine*** [シャイン]
▸月が明るく照っている.
The moon is **shining** bright(ly).

⁑でる【出る】

❶〖外に行く〗**go out**
❷〖出発する〗**start, leave**
❸〖卒業する〗**graduate**
❹〖現れる〗**appear, come out**
❺〖出席する〗**attend**
〖参加する〗**take part**
❻〖その他〗

❶〖外に行く〗**go* out** ⦅of ...⦆
▸先生は教室を出て行った. The teacher **went out of** the classroom.
▸ここから出て行け! **Get out of** here!

❷〖出発する〗
start [スタート], **leave*** [りーヴ]
▸いつ旅に出るの?
When will you **start** your trip?
▸彼女は朝5時に家を出た. She **left** her house at five o'clock in the morning.

❸〖卒業する〗
graduate ⦅from ...⦆ [グラぁヂュエイト]
▸わたしはこの春, 中学校を出た.
I **graduated from** junior high school this spring.

❹〖現れる〗
appear [アピア], **come* out**
▸にじが出た. A rainbow **appeared**.
▸雲が切れて, 太陽が出た. The clouds broke and the sun **came out**.
▸咲希がテレビに出てたよ.
Saki **appeared** on TV.

❺〖出席する〗attend [アテンド];
〖参加する〗**take* part** ⦅in ...⦆
▸その集会には出ますか?
Will you **attend** the meeting?
▸わたしは次のレースに出ます.
I will **take part in** the next race.

❻〖その他〗
▸電話に出て(→応答して).
Please **answer** the phone.
▸その道を行くと公園に出ます(→その道は公園へと導く). That road **leads to** the park. / That road will **take** you **to** the park.

✲てるてるぼうず【照る照る坊主】
a *teruteru-bozu*, a small paper doll hung under the eaves of the house as a prayer for good weather

てれくさい【照れくさい】 ➡ てれる

テレパシー telepathy [テれパスィ]

⁑テレビ (放送) **television** [テれヴィジャン], **TV** [ティーヴィー];
(受像機) a television (set), a TV (set)
▸テレビをつけてくれる?
Will you please turn on the **TV**?
(♦「消す」なら turn off を用いる)
▸ほら, 森山がテレビに出ている.
Look! Moriyama is on **TV**.
▸夕食後はたいていテレビを見ます.
I usually watch **TV** after dinner.

テレビアンテナ a TV antenna
テレビカメラ a TV camera
テレビ局 a TV station
テレビゲーム a video game
▸テレビゲームをする
play a **video game**
テレビショッピング TV home shopping,

teleshopping
テレビタレント a TV personality
テレビディレクター a TV director
テレビ電話 a videophone, a video telephone
テレビドラマ a TV drama, a teleplay
テレビ番組 a TV program
テレビ欄(らん) TV listings

テレホン a phone, a telephone
テレホンカード a telephone card, a phonecard

てれる【照れる】 feel* shy ［シャイ］, feel embarrassed ［インバぁラスト］
▸わたしはいつも人前に出ると照れてしまう. I always **feel shy** in public.
照れ屋 a shy person

テロ(リズム) terrorism ［テロリズム］
テロリスト a terrorist

てわけ【手分けする】 divide ［ディヴァイド］; (分け合う) share ［シェア］

てわたす【手渡す】 hand (over)
▸スーにきみの手紙を手渡したよ. I **handed** your letter to Sue. / I **handed** Sue your letter.

てん[1]【点】
❶〖記号〗a **point** ［ポイント］; 〖小さな印〗a dot ［ダット］; 〖問題点〗a point
▸小数点 a decimal **point**
▸0.123 (♦zero point one two three と読む)
▸「j」の上の点をつけ忘れた. I forgot to put a **dot** over the "j".
▸あなたの意見には 2 つの点で賛成できません. I can't agree with you on two **points**.
❷〖評価〗a **grade** ［グレイド］; 〖点数〗a score ［スコーア］
▸試験でいい点をとった. I got a good **grade** [**score**] on the exam.
❸〖競技の得点〗a **point**; (総得点) a score; (野球などの) a run ［ラン］; (サッカーなどの) a goal ［ゴウる］
▸わたしたちのチームは 7 点入れた. Our team scored seven **points**.

てん[2]【天】 (空) the sky ［スカイ］, the heaven(s) ［ヘヴン(ズ)］; (神) God ［ガッド］, Heaven

でんあつ【電圧】
(a) voltage ［ヴォウるティッヂ］

てんいん【店員】 a salesperson ［セイるズパ～スン］, a salesclerk ［セイるズクら～ク］, a clerk ［クら～ク］

でんえん【田園】
the country ［カントゥリ］; (田園地帯) the countryside ［カントゥリサイド］
田園都市 a garden city

でんか【電化】
電化製品 electrical appliances

てんかぶつ【添加物】
an additive ［あディティヴ］

てんき【天気】
the **weather** ［ウェざ］, climate ［クライメット］ (♦climate は年間を通しての天気・気候; 特定の日には weather を用いる. it を主語にして表すことも多い)
➡ **巻頭カラー 英語発信辞典⑰**
▸天気がよくなってきましたよ. **The weather** is improving.
▸きょうは天気がいい. **It**'s fine [sunny, clear] today. / **It**'s a lovely [fine, beautiful] day today.

ダイアログ　**質問する**
A: ロンドンの天気はどうでした? What was **the weather** like in London? / How was **the weather** in London?
B: あいにく悪かったです. Unfortunately, it was bad.

天気雨 a sun shower
天気図 a weather map [chart]
天気予報 a weather forecast
▸天気予報によれば, あすは雪だそうです. The **weather forecast** says (that) it will snow tomorrow.

でんき[1]【電気】
electricity ［イれクトゥリスィティ］; (電灯) an electric light ［らイト］, a light
▸この自動車は電気で走ります. This car runs on [by] **electricity**.
▸電気をつけて. Turn [Switch] on the **light**.
▸電気を消して. Turn [Switch] off the **light**.
電気の electric ［イれクトゥリック］, electrical ［イれクトゥリクる］
電気器具 electrical appliances
電気自動車 an electric car
電気ショック electric shock

て

電気スタンド (卓上(たくじょう)) a desk lamp; (床上(ゆかうえ)) a floor lamp
電気ストーブ an electric heater
電気製品 electrical appliances
電気毛布 an electric blanket
電気屋 (店) an electrical appliance store; (人) an electrician

でんき² 【伝記】
a biography [バイアグラふィ]

でんきゅう 【電球】
a light bulb [バるブ]

てんきょ 【転居】 a move [ムーヴ]
転居する move

てんきん 【転勤】
a transfer [トゥラぁンスふァ～]
転勤する be* transferred 《to ...》 [トゥラぁンスふァ～ド], be moved 《to ...》
▸おじはシカゴ支社へ転勤した.
My uncle **was transferred to** the branch office in Chicago.

✻**てんぐ 【天狗】** *Tengu*, Japanese goblins noted for their long noses
▸あの歌手は人気があるからといって, 最近**天狗になっている**. That singer **is puffed up** [**has a big head**] these days because he is popular.

でんぐりがえし 【でんぐり返し】
a somersault [サマソーるト]

でんぐりがえる 【でんぐり返る】
(でんぐり返しをする) do* a somersault; (ひっくり返る) be* turned upside down
➡ **ひっくりかえる**

てんけい 【典型的な】
typical [ティピクる]

てんけん 【点検】 a check [チェック], examination [イグザぁミネイシャン], (an) inspection [インスペクシャン]
点検する check, examine [イグザぁミン]

でんげん 【電源】 a power supply; (コンセント) 〖米〗 an outlet, 〖英〗 a socket ➡ **コンセント**

てんこ 【点呼】 a (roll) call
点呼をとる call the roll

てんこう¹ 【天候】
climate [クらイメット] ➡ **てんき**

てんこう² 【転校する】 transfer [トゥラぁンスふァ～], change schools
▸来月, わたしは京都の中学に転校することになりました.
I'll have to **transfer** to a junior high school in Kyoto next month.
転校生 a transfer (student) [トゥラぁンスふァ～]

でんこう 【電光】
電光掲示板(けいじばん) an electric billboard

てんごく 【天国】 heaven [ヘヴン]; (楽園) paradise [パぁラダイス]
▸天国と地獄(じごく) **heaven** and hell
歩行者天国 a pedestrian-only street

でんごん 【伝言】
a message [メセッヂ]
▸芽衣にこの伝言を伝えてください.
Please give this **message** to Mei.
▸平井さんに伝言を残した.
I left a **message** for Ms. Hirai.
▸(電話で) ご伝言をうかがいましょうか?
Can [Shall] I take a **message**?
伝言する send* [give*] ... a message
伝言板 a message board

てんさい¹ 【天才】 (人) a genius [ヂーニャス]; (才能) (a) genius
▸誠は数学の天才だ. Makoto is a **genius** at mathematics.

てんさい² 【天災】
a natural disaster [ディザぁスタ]

てんさく 【添削】
correction [コレクシャン]
添削する correct [コレクト]

てんし 【天使】 an angel [エインヂェる]

てんじ¹ 【展示】
show [ショウ], display [ディスプれイ]
展示する
exhibit [イグズィビット], display
▸わたしの絵がホールに展示された.
My painting was **exhibited** [**displayed**] in the hall.
展示会 a show, an exhibition [エクスィビシャン]
展示品 an exhibit

てんじ² 【点字】 braille [ブレイる]
▸点字の本 a book in **braille**
▸点字を読む read **braille**
点字ブロック
tactile warnings [タぁクトゥる]

でんし 【電子】
an electron [イれクトゥラン]
電子の electronic [イれクトゥラニック]
電子オルガン an electronic organ
電子音楽 electronic music
電子決済
electronic account settlement

電子顕微鏡(けんびきょう)
an electron microscope
電子工学 electronics
電子辞書 an electronic dictionary, a computerized dictionary
電子出版 electronic publishing
電子書籍(しょせき) an e-book
電子ピアノ an electronic piano
電子マネー electronic money, e-money
電子メール electronic mail, (an) e-mail ➡ イーメール
電子レンジ a microwave (oven)

でんしゃ【電車】

a **train** [トゥレイン] ➡ れっしゃ
▸電車に乗る get on a **train**
▸電車を降りる get off a **train**
▸電車を乗り換える change **trains**
▸梅田まで電車で行きました.
I went to Umeda by **train**. / I took a **train** to Umeda.
▸この電車は新潟行きです.
This **train** is bound for Niigata.
電車賃 a (train) fare

てんじょう【天井】
a ceiling [スィーりング]

テンション
▸このバンドの曲を聞くといつもテンションが上がる(→とても興奮する).
I always get hyped when I listen to this band's songs.

でんしん【電信】
telegraph [テれグラぁふ]
電信柱
a utility pole [ユーティりティ ポウる]

てんすう【点数】 a score ➡ てん¹

でんせつ【伝説】 a legend [れヂェンド]
伝説(上)の, 伝説的な legendary

てんせん【点線】
a dotted line [ダティッド らイン]

でんせん¹【電線】
an electric wire [ワイア]

でんせん²【伝染】（空気などによる）infection [インふェクシャン]；（接触(せっしょく)による）contagion [コンテイヂョン]
伝染する infect [インふェクト], spread* [スプレッド] (from person to person)
▸インフルエンザは伝染しやすい.
The flu **spreads** easily.
伝染病（空気・水などを通した）(an) infectious disease [インふェクシャス]；（接触による）(a) contagious disease [コンテイヂャス]

でんせん³【伝線】
（ストッキングなどの）a run [ラン]
▸ストッキングが伝線してしまいました.
I've got a **run** in my stocking.

てんそう【転送する】 forward [ふォーワド]
▸わたしはそのメールを彼女に転送した.
I **forwarded** the e-mail to her.

てんたい【天体】 a heavenly body
天体の astronomical [あストゥロナミクる]
天体観測
(an) astronomical observation
天体望遠鏡
an astronomical telescope

でんたく【電卓】 a desktop calculator [デスクタップ キぁるキュれイタ]；（小型の）a pocket calculator

でんち【電池】 a cell [セる], a battery [バぁテリ]（♦battery は cell を 2 個以上組み合わせたもの）
▸乾(かん)電池 a dry <u>cell</u> [**battery**]
▸太陽電池 a solar <u>cell</u> [**battery**]
▸電池を交換する change a **battery**
▸電池が切れた.
The **battery** [**cell**] is dead.

でんちゅう【電柱】 a utility pole [ユーティりティ ポウる]

テント a tent [テント]
▸テントを張る
<u>put up</u> [pitch / set up] a **tent**
▸テントをたたむ take down a **tent**

でんとう¹【伝統】
(a) tradition [トゥラディシャン]
伝統的な traditional
▸古い伝統を重んじる
respect old **traditions**
▸伝統行事 a **traditional** event
伝統工芸 traditional crafts

でんとう²【電灯】 an electric light [らイト], a light ➡ でんき¹

でんどう【伝道】 mission work [ミシャン]；（説教）preaching [プリーチング]
伝道する preach
伝道者[師] a missionary [ミシャネリ]

テントウムシ〖昆虫〗
〖米〗a ladybug [れイディバッグ],
〖英〗a ladybird [れイディバ～ド]

✽てんどん【天丼】 (a) *tendon*,

a bowl of rice topped with *tempura*

てんにゅう【転入する】
(移り住む) move into ...;
(転校する) enter another school
転入生
a transfer student [トゥラぁンスふァ〜]

てんにん【転任する】
be* transferred [トゥラぁンスふァ〜ド]
▸福田先生は仙台の学校に転任した.
Ms. Fukuda **was transferred** to a school in Sendai.

でんねつき【電熱器】
an electric range, an electric stove

てんねん【天然の】
natural [ナぁチュラる]
天然ガス natural gas
天然記念物 a natural monument
天然資源 natural resources
天然パーマ naturally curly hair, natural wavy hair

てんのう【天皇】 an emperor [エンペラ] (対義語「皇后(こうごう)」an empress)
▸昭和天皇 the **Emperor** Showa
天皇誕生日 Emperor's Birthday
天皇陛下 His Majesty the Emperor

てんのうせい【天王星】〖天文〗
Uranus [ユラナス] ➡ **わくせい(図)**

でんぱ【電波】 a radio wave
電波時計
a radio-controlled clock [watch]
電波望遠鏡 a radio telescope

てんぴ【天日】 the sun [サン]
▸洗濯物(せんたくもの)を天日干しにする
dry the washing in **the sun**

でんぴょう【伝票】 (商売上の) a slip [スリップ]; (勘定(かんじょう)書) 〖米〗 a check [チェック], 〖英〗 a bill [ビる]

てんびんざ【てんびん座】
the Balance [バぁらンス], Libra [リーブラ]
➡ **じゅうに**

てんぷ【添付する】
attach [アタぁッチ]
▸Eメールに文章ファイルを添付した.
I **attached** a document file to my e-mail.

てんぷく【転覆する】 be* turned upside down [アプサイド ダウン],
be overturned [オウヴァタ〜ンド]

✻**てんぷら【天ぷら】** *tempura*
日本紹介 天ぷらは人気のある和食です.魚介(ぎょかい)類や野菜をころもにつけて,たっぷりの油であげます.
Tempura is a popular Japanese dish. Seafood and vegetables are dipped in batter and deep-fried.

でんぷん【澱粉】 starch [スターチ]

テンポ (曲の) a tempo [テンポウ]
(複数 tempos, tempi)

てんぼう【展望】 (眺(なが)め) a view [ヴュー]; (将来の見通し) prospect [プラスペクト], an outlook [アウトるック]
展望台 an observatory (platform), an observatory tower

でんぽう【電報】 a telegram [テれグラぁム], 〖口語〗 a wire [ワイア]

デンマーク Denmark [デンマーク]

てんめつ【点滅する】
flash on and off

てんもん【天文(学)】
astronomy [アストゥラノミ]
天文学者 an astronomer
天文台 an astronomical observatory
天文部 an astronomy club

✦**てんらんかい【展覧会】**
a show [ショウ], an exhibition [エクスィビシャン]

でんりゅう【電流】
(an) electric current [カ〜レント]

でんりょく【電力】 (electric) power
電力会社 an electric power company
電力計 a wattmeter

✦**でんわ【電話】** (電話器・通話) a **phone** [ふォウン], a **telephone** [テれふォウン];
(通話) a **call** [コーる]

ダイアログ　許可を求める
*A:*電話をお借りできますか?
May I use your **phone**?
*B:*ええ,どうぞ. Sure.

▸あ,電話が鳴っている.
Oh, the **phone** is ringing.
▸あなたに電話がありましたよ.
There was a **phone call** for you.
▸電話に出ていただけませんか?
Could you answer the **phone**?
▸七海は電話中です.
Nanami is on the **phone**.
▸健太郎と電話で話した. I talked with Kentaro over [on] the **phone**.

▸固定電話 (家の)a home **phone** / (会社の)an office **phone**
▸携帯(けいたい)電話 〖米〗 a cell(ular) **phone** /〖英〗a mobile (**phone**)
▸公衆電話 a public **telephone** / a pay **phone**

▶アメリカの公衆電話

▸国際電話 an international **call**
▸勇樹は,わたしがまだ話し終わっていないのに**電話を切った**. Yuki **hung up** before I finished talking.
電話をする,電話をかける call [コーる], phone
▸9時ごろ**電話して**ね.
Call me around nine.
▸ゆうべ,きみに**電話した**けど,話し中だった. I <u>**called**</u> [**phoned**] you last night, but the line was busy.
▸後で**電話をかけ**直します.
I'll **call** you back later.
電話局 a telephone office
電話帳 a telephone directory, a telephone book
電話番号 a (tele)phone number

ダイアログ **質問する**
A:電話番号を教えてくれませんか?
May I ask your **phone number**?
B:はい. 090-1234-5678です.
Sure. 090-1234-5678. (♦電話番号は1つずつ順にo [オウ], nine, o, one, two, three, four, ... と読む; 0はzero [ズィーロウ]と読むこともある)

電話ボックス a (tele)phone booth
電話料金 a (tele)phone bill

Q 好きな動物を英語で言えるかな?
➡「どうぶつ」を見てみよう!

と¹ 【戸】 a **door** [ドーア]
▸戸を閉めてくれますか?
Will you <u>close</u> [shut] the **door**?
▸(中に入れてと)戸をたたいた.
I knocked on the **door**.

と² 【都】 (東京都)
the Tokyo metropolitan area [メトゥロパりトゥン エアリア], Tokyo Metropolis [メトゥラポりス] (♦Tokyo または Tokyo City と呼ぶことも多い; 手紙のあて名などでは, Tokyo だけでよい) ➡ **けん¹**
都の,都立の metropolitan ➡ **とりつ**
都営バス a Metropolitan bus
都大会 a metropolitan contest, a metropolitan competition, a metropolitan tournament
都知事
(東京都知事) the Governor of Tokyo
都庁 the Tokyo Metropolitan Government Office
都民 a Tokyoite [トウキョウアイト], a citizen of Tokyo

-と

❶ **〖…そして〜〗and; 〖…か〜〗or**
❷ **〖…といっしょに〗with ...**
〖…に対抗(たいこう)して〗against ..., with ...
❸ **〖…するとき〗when; 〖…ならば〗if**
❹ **〖…ということ〗that**
❺ **〖…と交換(こうかん)に〗for ...; 〖…ほど〗as**

❶ **〖…そして〜〗and; 〖…か〜〗or**
▸アンナとわたし Anna **and** I (♦人を指す語を並べる場合, I は最後におく)
▸アメリカと中国と日本
the US, China **and** Japan (♦3語以上並べるとき, and は最後にだけ用い, 他はコンマで区切る; and の前にコンマがつくこともある)
▸パンとご飯, どちらにしますか? Which would you like, bread **or** rice?
❷ **〖…といっしょに〗with ...** [ウィず]; **〖…に対抗して〗against ...** [アゲンスト], **with ...**

▸あした，サムと釣(つ)りに行きます． I'll go fishing **with** Sam tomorrow.
▸次はだれと試合をするの？
Who will you play **against** next?
▸あさって彼女と会うことになっている．
I'm going to see her the day after tomorrow.（♦名詞・代名詞の目的格で，「…と」を表すこともある）

❸〘…するとき〙**when**［(ホ)ウェン］；
〘…ならば〙**if**［イふ］
▸ケイトが電話をとると，相手は「すみません，まちがえました」と言った．
When Kate picked up the phone, the voice said, "Sorry, I got the wrong number."
▸きみが加わってくれるとうれしいんだけど． I'll be happy **if** you join us.

❹〘…ということ〙**that**［ざット］
▸わたしはきみが正しいと思う．
I think (**that**) you're right.

❺〘…と交換に〙**for ...**；〘…ほど〙**as**
▸あなたのブローチ，わたしのブレスレットと交換しませんか？
Why don't you exchange your brooch **for** my bracelet?
▸光二はわたしと同い年です．
Koji is as old **as** I [me].

-ど【…度】

❶〘回数〙**a time**［タイム］➡ **-かい**[1]
▸**1度 once**
▸2度 twice / two **times**
▸3度 three **times**
（♦3度以上は《数＋ times》の形になる）
▸何度も many **times**

❷〘温度，角度〙**a degree**［ディグリー］
▸熱が(セ氏で)38度あります．
My temperature is 38 **degrees** (Celsius).（♦38℃と略す）
▸2直線は30度の角度で交わっている．
The two lines meet at an angle of 30 **degrees**.

ドア a door［ドーア］➡ **と**[1]

▸ドアにかぎをかける lock the **door**

とい[1]【問い】

a question［クウェスチョン］
▸問いに答える answer a **question**

とい[2]【樋】a gutter［ガタ］

といあわせる【問い合わせる】

ask［あスク］，inquire［インクワイア］；（人物・身元などを）refer［リふァ～］

問い合わせ (an) inquiry［インクワイリ］

-という

❶〘…と称(しょう)する〙
▸ラッキーという（→という名前の）犬
a dog named Lucky
▸高野さんという人
a Ms. Takano（♦知らない人について言うとき，人名にもよくaを用いる）
▸「何とか銀座」という（→と呼ばれる）所はたくさんある． There are many areas called "so-and-so Ginza."

❷〘すべての〙every, all
▸窓という窓(→**すべての**窓)が花で飾(かざ)られている． **Every** window is decorated with flowers.

❸〘…ということ〙that
▸彼はパリまで6時間かかるということを知らなかった． He didn't know (**that**) it took six hours to get to Paris.

❹〘…というのに〙though［ぞウ］
▸雨だというのに，試合は予定どおり行われた．
Though it was raining, the game was held according to schedule.

❺〘…というのは〙because［ビコーズ］，for
▸みんな百花のことが大好きです．というのは彼女がとても親切だからです．
Everybody likes Momoka a lot, **because** she is very kind.

ドイツ Germany［ヂャ～マニ］

ドイツ(人)の German［ヂャ～マン］
ドイツ語 German
ドイツ人 a German；
（全体をまとめて）the Germans

トイレ(ット)

（家庭の）a bathroom［バあすルーム］；（公共の建物などの）a rest room［レスト ルーム］；（便器・便所）a toilet［トイれット］➡ **こうしゅう**[1]
▸トイレはどこですか？
Where is the **rest room**?
▸すみませんが，トイレをお借りできますか？ Excuse me, but may I use the **bathroom**?（♦この場合の「借りる」はuseを使う）

トイレットペーパー
(a roll of) toilet paper

参考 トイレの言い方
toilet は露骨(ろこつ)な感じをあたえるのでふつう用いません．**bathroom** は浴室のことですが，アメリカの家ではふろ場とトイレが同じ部屋なので，個人の家ではトイレの意味になります.

◀ロンドンの有料トイレ

とう¹【塔】（タワー）a tower［タウア］;（寺などの）a pagoda［パゴウダ］
▸エッフェル塔　the Eiffel **Tower**
▸五重の塔　a five-story **pagoda**

とう²【党】 a party［パーティ］

とう³【籐】〘植物〙(a) rattan［ラタぁン］
▸籐のかご　a **rattan** basket

-とう¹【…等】（競技の）《(the ＋)序数＋place》;（賞の）《(the ＋)序数＋prize》
▸わたしは競走で**2**等だった.
I was **second place** in the race.
▸彼女は宝くじで**3**等を当てた.　She won **third prize** in the lottery.

-とう²【…頭】（♦牛や馬などはふつう one, two, three ... を用いて数え，複数のときは名詞を複数形にする）
▸アザラシ５頭　five seals

⁚どう¹

❶〘疑問〙**what, how**
❷〘勧誘(かんゆう)〙**How about ...?**
❸〘注意を引いて〙**Say**

❶〘疑問〙**what**［(ホ)ワット］, **how**［ハウ］➡ **いかが**
▸この絵，どう思いますか？　**What** do you think about [of] this picture?

ダイアログ　質問する
A: どうしたの，ルミ.
What's the matter [wrong], Rumi? / **What**'s up, Rumi?
B: 何でもないわ.　Nothing.

▸その足，どうしたのですか？
What happened to your leg? / **What**'s the matter with your leg?
▸どうしたらいいかわからない.
I don't know **what** to do.
▸駅へはどう行ったらいいのですか？
How do I get to the station?

ダイアログ　質問する
A: きょうは気分はどうですか？
How do you feel today?
B: おかげでずっとよくなりました.
I feel much better, thank you.

❷〘勧誘〙**How about ...?**
▸お茶をもう少しどうですか？
How about some more tea?
❸〘注意を引いて〙Say［セイ］
▸どう，おもしろいでしょう？
Say, it's interesting, isn't it?

どう²【道】（北海道）Hokkaido Prefecture［プリーふェクチャ］➡ **けん¹**
道の，道立の ➡ **どうりつ**
道大会　a (Hokkaido) prefectural contest [competition, tournament]

どう³【銅】 copper［カパ］
銅貨　a copper (coin)
銅メダル　a bronze medal

どう⁴【胴】（体の）a trunk［トゥランク］

どう-【同…】 the same ➡ **おなじ**

とうあつせん【等圧線】
an isobar［アイソバー］

とうあん【答案】（用紙）a paper［ペイパ］, an answer sheet［シート］
▸数学の答案　a **paper** in math
▸答案を提出した.
I handed in my **paper**.

どうい【同意】
agreement［アグリーメント］
同意する　agree《with [to] ...》［アグリー］
➡ **さんせい¹**
▸提案に同意する　**agree to** a proposal

どういう what［(ホ)ワット］, how［ハウ］➡ **どんな**
▸この問題はどういうふうに解いたらいいの？　**How** can I solve this problem?

˙どういたしまして

❶〘感謝に対して〙**You're welcome.**［ウェるカム］/ **Not at all.** / **That's all right.**（♦最後の表現はくだけた言い方）

ダイアログ　返事をする
A: 手伝ってくれてどうもありがとう，ルーク.　Thank you very much for your help, Luke.
B: どういたしまして，ジョーンズ先生.
You're welcome, Mr. Jones.

❷『謝罪に対して』 Never mind. / **That's all right.** / Not at all. / That's OK.（♦最後の表現はくだけた言い方）

ダイアログ 返事をする

*A:*お手数をかけてすみません.
I'm sorry to trouble you.
*B:*どういたしまして.
That's quite **all right**.

とういつ【統一】 unity［ユーニティ］
統一する unite［ユ(ー)ナイト］, unify［ユーニふァイ］
▸国家を統一する **unify** a nation

どうか
❶『どうぞ』please［プリーズ］ ➡ **どうぞ**
▸どうか水をください.
Please give me some water.
❷『変である』
▸**どうかしましたか？**
What's the matter (with you)?
▸きょうのきみは**どうかしてい**ますよ.
You'**re not yourself** today.

どうが【動画】 a video［ヴィディオウ］
▸ネットでペットの動画を見るのが好きだ. I like to watch **videos** of pets on the internet.

✽**とうかいどう【東海道】**
the *Tokaido*, a main highway from Edo to Kyoto in the Edo period

トウガラシ 〖植物〗red pepper［ペパ］

どうかん【同感である】
agree《with [at] ...》［アグリー］

とうき[1]【冬期, 冬季】
winter season［スィーズン］, wintertime
冬季オリンピック大会
the Winter Olympics

とうき[2]【陶器】（陶磁器・瀬戸物(せともの)）
china(ware)［チャイナ(ウェア)］;（陶器類）pottery［パテリ］

とうぎ【討議】 (a) discussion［ディスカシャン］, (a) debate［ディベイト］
討議する discuss［ディスカス］, debate
➡ **とうろん**

どうき【動機】 a motive［モウティヴ］

どうぎご【同義語】 a synonym［スィノニム］（対義語「反意語」antonym）

とうきゅう[1]【投球】
a pitch［ピッチ］, pitching
投球する throw* (a ball)［すロウ］, pitch

とうきゅう[2]【等級】
a grade［グレイド］, a class［クらあス］

とうぎゅう【闘牛】
a bullfight［ブるふァイト］
闘牛士 a bullfighter［ブるふァイタ］
闘牛場 a bullring［ブるリング］

どうきゅう【同級】
the same class
同級生 a classmate［クらあスメイト］
▸彩花とわたしは中学の**同級生**です.
Ayaka and I are **classmates** in junior high school.

どうきょ【同居する】
live with ..., live together

•**どうぐ【道具】**
a tool［トゥーる］;（精密な）an instrument［インストゥルメント］
▸便利な道具 a handy **tool**
▸大工(だいく)道具 carpenter's **tools**
▸(劇の)**大道具** a **(stage) setting**
道具箱 a tool box

どうくつ【洞窟】 a cave［ケイヴ］

とうげ【峠】 a mountain pass

とうけい[1]【統計】 statistics［スタティスティックス］（♦複数あつかい）

とうけい[2]【東経】 the east longitude
▸東経 20 度 25 分
20° 25′ **east longitude**
（♦20° 25′は twenty degrees (and) twenty-five minutes と読む）

とうげい【陶芸】 ceramics［セラあミックス］（♦単数あつかい）, (a) ceramic art
陶芸家 a potter［パタ］
陶芸部 a ceramic art club

どうけん【同権】 equal rights
▸男女同権 **equal rights** for men and women

とうこう[1]【登校する】 go* to school
▸妹が登校拒否(きょひ)している.
My sister refuses to **go to school**.
登校拒否症(しょう) persistent reluctance to go to school
登校中に on one's way to school

登校日 a school day (♦欧米(おうべい)では休暇(きゅうか)中に登校する習慣がない所が多い)

とうこう² 【投稿する】 post [ポウスト]

▸どうすればこのサイトに写真を投稿できるのですか？ How can I **post** my photos on this site?

どうこうかい 【同好会】 a club [クラブ]

どうさ 【動作】 a movement [ムーヴメント]; (ふるまい) manners [マぁナズ]

とうざい 【東西】 east and west

東西南北 north, south, east and west (♦英語では北南東西の順に言う)

とうさん 【倒産する】 go* bankrupt [バぁンクラプト], fail [ふェイる]

とうし¹ 【闘志】 fight [ふァイト]

▸彼は闘志満々だった.
He had a lot of **fight** in him.

とうし² 【凍死する】 freeze* to death [ふリーズ]

とうし³ 【投資】 (an) investment [インヴェストメント]

投資する invest [インヴェスト]

とうじ¹ 【冬至】 the winter solstice [サるスティス] (♦「夏至(げし)」は the summer solstice)

とうじ² 【当時は】 then [ゼン], at that time; (その時代は) in those days

▸当時は父も若かった.
My father was young **then** [**at that time / in those days**].

とうじ³ 【答辞】 (祝辞に対する) an address in reply to ...

▸彼女は卒業式で校長の祝辞に対して答辞を述べた. She made an **address in reply to** the principal's address at graduation.

どうし 【動詞】 〖文法〗 a verb [ヴァ～ブ] (♦v. と略す)

♦**どうじ 【同時に】**

at the sametime;
(直ちに) at once [ワンス]

▸2つのグループは同時に出発した.
The two groups started **at the same time**.

同時通訳 simultaneous interpretation [サイマるテイニアス インタ～プリテイシャン]

とうじつ 【当日】 that day

▸当日は快晴だった.
It was nice and clear **that day**.

当日券 a same-day ticket

♦**どうして** (なぜ) **why** [(ホ)ワイ] ➡ **なぜ**;
(どうやって) **how** [ハウ] ➡ **どう¹**

ダイアログ　質問する

A: どうして宿題をやってこなかったの？
Why didn't you do your homework?
B: 難しかったからです.
Because it was too difficult.

▸どうしてそんなことを知っているのですか？ **How** do you know that?

♦**どうしても**

❶〖ぜひ〗 by all means [ミーンズ]

▸きょうはどうしても先生と話さなければならない. I have to talk with my teacher today **by all means**.

❷〖どうやっても…ない〗 won't

▸この窓はどうしても開かない.
This window **won't** open.

とうしゅ 【投手】 〖野球〗 a pitcher [ピチャ]

▸先発投手
a starting **pitcher** / a starter

トウシューズ toe shoes

とうしょ 【投書】

▸新聞に投書する
write to a newspaper

投書箱 a suggestion box

とうじょう¹ 【登場する】 appear [アピア]; (劇の脚本(きゃくほん)で) enter [エンタ] (対義語「退場する」exit)

登場人物 a character

とうじょう² 【搭乗する】 board [ボード], go* on board

▸わたしたちは3番ゲートから飛行機に搭乗した.
We **boarded** [**went on board**] the plane through gate No.3.

搭乗券 〖米〗 a boarding pass, 〖英〗 a boarding card

どうじょう 【同情】 sympathy [スィンパスィ]; (哀(あわ)れみ) pity [ピティ]

同情する feel* sympathy 《for ...》, pity, feel pity 《for ...》

▸わたしは彼女に深く同情した. I **felt** deep **sympathy** [**pity**] **for** her.

どうしようもない

▸彼はどうしようもない男だ

He is such an **impossible man**.
▸**どうしようもない**状況(じょうきょう)だ(→状況は絶望的だ).
The situation is **hopeless**.

とうしんだい【等身大の】
life-size(d) [らイふサイズ(ド)]
▸等身大の像 a **life-size(d)** statue

どうすれば what, how ➡ どう[1]
▸**どうすれば**英語をもっと速く読めるようになるだろうか？
How can I read English faster?

どうせ
▸彼は**どうせ**(→いずれにしても)うまくいかないに決まってるさ.
He won't succeed, **anyway**.
▸**どうせ**(→結局)キムはここに来ないよ.
After all, I'm sure Kim will not come here.

どうせい【同性】 the same sex

とうせん【当選する】
(選挙で) be* elected [イれクティッド];
(懸賞(けんしょう)で) win* a prize [プライズ]
▸トムがクラス委員長に**当選した**.
Tom **was elected** class leader.
▸母は台湾旅行に当選した.
My mother won a trip to Taiwan.
当選番号 a lucky number, a winning number

・とうぜん【当然】
naturally [ナぁチュラり]
当然の natural [ナぁチュラる]
▸彼が怒(おこ)るのは**当然だ**. It's **natural** (that) he should get angry.

:どうぞ please [プリーズ]
▸どうぞこちらへ. **Please** come this way. / This way, **please**.
▸**お先にどうぞ**. **Go ahead**.

ダイアログ 承諾(しょうだく)する
A:辞書を借りてもいいですか？
May I use your dictionary?
B:**どうぞ**. **Of course**. / **Sure**.

ダイアログ 承諾(しょうだく)する
A:三角定規(じょうぎ)をちょっと使わせて.
Can I use your triangle for a minute?
B:**はい,どうぞ**. Sure. **Here you are**.

とうそう【闘争】 a fight [ふァイト]
闘争する fight《for [against] ...》

どうそう【同窓】
▸彼女とわたしは**同窓です**(→同じ学校を卒業した).
She and I **graduated from the same school**.
同窓会
(組織) an alumni association;
(会合) a school reunion;
(クラス会) a class reunion
同窓生 (男性の) an alumnus [アらムナス] (複数 alumni); (女性の) an alumna [アらムナ] (複数 alumnae); (男女両方) alumni [アらムナイ]

どうぞう【銅像】
a (bronze) statue [スタぁチュー]

とうそつ【統率力】
leadership [りーダシップ]

とうだい【灯台】
a lighthouse [らイトハウス]
灯台守(もり) a lighthouse keeper

・とうちゃく【到着】
arrival [アライヴる]
(対義語「出発」starting, departure)
到着する arrive《at [in] ...》, **get* to ..., reach** [リーチ] ➡ つく[1]
▸列車は3時に京都駅に**到着した**.
The train **arrived at** [**got to** / **reached**] Kyoto Station at three.
▸到着時刻 an **arrival** time
到着ゲート an arrival gate
到着ホーム an arrival platform
到着ロビー an arrival lounge, an arrival lobby

どうってことない

ダイアログ 返事をする
A:これを3階に運ばないといけないのだけど,だいじょうぶ？ You have to carry this to the third floor. Can you?
B:どうってことないよ(→とても簡単だよ).
That's easy enough.

とうてい ➡ とても

-(は)どうですか How about ... ? ➡ どう[1]

どうでもいい

▸そんなのどうでもいいです(→気にしない). I don't care about that.

どうてん【同点】 a tie［タイ］

▸試合は結局, 4 対 4 の同点だった. The game ended in a four-to-four **tie**.

同点になる, 同点にする tie

▸亮のシュートで同点になった. Ryo's goal **tied** the game.

とうとい【尊い】（貴重な）precious［プレシャス］;（高貴な）noble［ノウブる］

とうとう ➡ ついに, やっと

どうどう【堂々とした】 dignified［ディグニふァイド］;（大きくりっぱな）grand［グラぁンド］

▸堂々とした態度 a **dignified** manner

どうとく【道徳】 morals［モーラるズ］;（学科）moral education

道徳的な moral

道徳心 the sense of morality

とうとさ【尊さ】（価値）value［ヴぁりュー］;（大切さ）importance［インポータンス］

とうなん[1]【東南】 the southeast［サウすイースト］（♦S.E. と略す; 英語では方角を north（北）, south（南）, east（東）, west（西）の順に言うので,「東南」は the southeast と表す）

東南の southeast, southeastern

東南アジア Southeast Asia

とうなん[2]【盗難】 (a) theft［せふト］, (a) robbery［ラバリ］

▸彼女は先週自転車の盗難にあった(→自転車を盗(ぬす)まれた). She had her bike stolen last week.

盗難車 a stolen car

盗難品 stolen articles, stolen goods

どうにか（なんとかして）somehow［サムハウ］;（どうにか…する）manage to ...［マぁネッヂ］

▸どうにかして彼に会いたい. I want to see him **somehow**.

▸どうにか時間までにそこへ着いた. I **managed to** get there in time.

どうにも

▸この暑さはどうにも, 我慢(がまん)できない. I **really** can't stand this heat.

▸どうにもならない. We **can't help** it.

とうにゅう【豆乳】 soybean milk［ソイビーン ミるク］, soya milk［ソイア ミるク］

とうばん【当番】（順番）one's turn［タ～ン］;（義務）duty［デューティ］

▸あしたはあなたたちがウサギにえさをやる当番です. It's your **turn** to feed the rabbits tomorrow.

どうはん【同伴する】（いっしょに行く）go* with ...;（ついていく）accompany［アカンパニ］

▸未成年者はおとなの同伴が必要です. Minors should **be accompanied** by adults.

とうひょう【投票】 voting［ヴォウティング］

投票する vote《on [for, against] ...》

▸それについては投票で決めよう. Let's **vote on** the matter.

▸わたしはその案に反対の投票をした. I **voted against** the plan.（♦「賛成の」なら for を用いる）

投票所 a polling place

投票箱 a ballot box

投票日 an election day

投票用紙 a ballot, a voting card

投票率 a turnout (of voters)

✽**とうふ【豆腐】** tofu［トウふー］, soybean curd［ソイビーン カ～ド］

▸とうふ 1 丁 a cake of **tofu**

とうぶ【東部】 the east［イースト］, the eastern part［イースタン パート］

東部の eastern

どうふう【同封する】 enclose［インクろウズ］

⁑**どうぶつ【動物】** an **animal**［あニムる］➡ 表 p. 456;（生き物）a living thing

▸野生動物 a wild **animal**

▸動物を飼う keep an **animal**

▸動物にえさをやらないでください. 〖掲示〗Don't Feed the **Animals**.

▸この森にはいろいろな動物が生息している. A wide variety of **animals**

lives in this forest.
動物園 a zoo［ズー］(**複数** zoos)
動物界 the animal kingdom
動物学 zoology［ゾウアろディ］
動物学者 a zoologist［ゾウアろヂスト］
動物病院 a veterinary hospital

◆動物のいろいろ animals

ウサギ	rabbit［ラぁビット］
オオカミ	wolf［ウるふ］
キツネ	fox［ふァックス］
キリン	giraffe［ヂラぁふ］
クマ	bear［ベア］
サル	monkey［マンキ］;（類人猿(えん)）ape［エイプ］
シカ	deer［ディア］
ゾウ	elephant［エれふァント］
タヌキ	raccoon dog［ラぁクーン ドーグ］
トラ	tiger［タイガ］
パンダ	panda［パぁンダ］
ヒツジ	sheep［シープ］
ヒョウ	leopard［れパド］
ヤギ	goat［ゴウト］
ライオン	lion［らイアン］

とうぶん1【当分】 for some time;（差しあたり）for the present, for the time being
▸当分晴れそうにない. It's not going to clear up **for some time**.

とうぶん2【糖分】 sugar［シュガ］

とうほく【東北】 the northeast［ノーすイースト］(◆N.E.と略す. 英語では方角をnorth（北）, south（南）, east（東）, west（西）の順に言うので,「東北」はthe northeastと表す)
東北の northeast, northeastern
東北地方（日本の）the Tohoku district

どうみゃく【動脈】 an artery［アーテリ］(**対義語**「静脈(じょうみゃく)」a vein)

とうみん【冬眠】 winter sleep, hibernation［ハイバネイシャン］
冬眠する hibernate［ハイバネイト］

とうめい【透明な】 transparent［トゥラぁンスパぁレント］, clear［クリア］
▸透明なガラス **transparent** glass
▸透明な水 **clear** water
透明度 (the degree of) transparency［トゥラぁンスパぁレンスィ］
透明人間（男）an invisible man;（女）an invisible woman

どうめい【同盟】 (an) alliance［アらイアンス］

◆どうも

❶『ほんとうに』**very**［ヴェリ］, very much
▸どうもありがとう.
Thank you **very much**.
▸ご迷惑(めいわく)をかけてどうもすみません.
I'm **very** sorry to trouble you.
❷『どういう訳か』 for some reason［リーズン］, somehow［サムハウ］
▸どうも彼女のことが気になってしまう.
Somehow [**For some reason**] I can't help thinking of her.

どうもう【獰猛な】 fierce［ふィアス］
▸どうもうな動物 a **fierce** animal

トウモロコシ 〘米〙 corn［コーン］, 〘英〙 maize［メイズ］(◆〘英〙ではcornは「小麦」を指すことが多い)
トウモロコシ畑 〘米〙 a cornfield［コーンふィーるド］, 〘英〙 a field of maize

どうやって how［ハウ］
▸この箱はどうやって開けるのですか?
How can I open this box?

どうやら
❶『おそらく』likely［らイクり］
▸どうやら雨になりそうだ.
It is **likely** to rain.
❷『どうにかこうにか』somehow［サムハウ］
▸わたしはどうやら試験に通った.
I passed the exam **somehow**.

とうよう【東洋】 the East［イースト］, the Orient［オーリエント］
東洋の Eastern, Oriental
東洋人 an Oriental
東洋文明 Asian civilization

どうよう1【同様の】 similar［スィミら］
▸わたしも彼らと同様の考えです.
My view is **similar** to theirs.
…と同様に like ..., as ~ as ...

どうよう2【童謡】 a children's song, a nursery rhyme［ナ～サリ ライム］

どうよう3【動揺する】 be* upset［アプセット］, be shocked［シャックト］
▸人々はそのニュースに動揺した.
People **were shocked** at the news.

どうり【道理】（理屈(りくつ)）reason［リーズン］;（真理）truth［トゥルーす］;（分別）sense［センス］
▸彼の意見は**道理にかなって**いる.

His opinion is **reasonable**.

どうりつ【道立の】 (Hokkaido) prefectural［プリふェクチュラる］

道立高校 a (Hokkaido) prefectural high school

どうりで

ダイアログ　納得(なっとく)する

*A:*久美が洋介の応援(おうえん)に来てるよ. Kumi is cheering Yosuke on.

*B:*どうりで彼が張り切ってるわけだ(→なぜ張り切っているかわかった). Now I see why he's playing so hard.

どうりょく【動力】 (motive) power

とうるい【盗塁】

〖野球〗a steal［スティーる］

盗塁する steal* (a base)

どうろ【道路】 a **road**［ロウド］; a **street**［ストゥリート］(♦両側に店や建物が並ぶ道を指す) ➡ **とおり**

▸道路を渡(わた)る cross a **road**

▸郵便局は道路沿いに行ったところにあります. The post office is down the **street**.

道路工事

(修理) road repairs [repairing];

(建設) road construction

道路標識 a road sign

とうろく【登録】

(a) registration［レヂストゥレイシャン］

登録する register［レヂスタ］

とうろん【討論】 (a) discussion［ディスカシャン］, (a) debate［ディベイト］

討論する discuss［ディスカス］, debate

▸わたしたちは憲法9条について討論した. We **discussed** Article 9 of the Constitution. (♦discuss の後に about や on などは不要)

討論会 a discussion, a debate

どうわ【童話】 a children's story; (おとぎ話) a fairy tale［ふェアリ テイる］

▸童話作家

a writer of **children's stories**

とえい【都営の】

metropolitan［メトゥロパりトゥン］

とお【十】 (数) ten［テン］ ➡ **じゅう**[1];

(年齢(ねんれい)) ten (years old) ➡ **-さい**[1]

とおい【遠い】

❶〖距離(きょり)が〗 **far*** (away)［ふァー］(対義語「近い」near), **a long way**;

〖遠くの〗**distant**［ディスタント］

▸ここから球場までは遠いです.

It's **a long way** from here to the ball park. / The ball park is **far away** from here.

ダイアログ　質問する・説明する

*A:*きみのうちまでは遠いの?

Is it **far** to your house?

*B:*うん, 遠いよ. Yes, it's **a long way off**. (♦far は疑問文・否定文で用いるのがふつう; 肯定文では a long way (off) か far away を用いる)

遠く(に) far (away), a long way off, in the distance

▸遠くにあるあの白い建物が見えますか? Can you see that white building **in the distance**?

❷〖時間・関係などが〗distant

▸遠い将来に in the **distant** future

▸千恵はわたしの遠い親せきだ. Chie is a **distant** relative of mine.

❸〖耳が〗

(聞こえにくい) be* hard of hearing

とおざかる【遠ざかる】 go* away, move away; (音が) die away

とおざける【遠ざける】

keep* ... away《from ...》

▸スプレーはストーブから遠ざけておきなさい. **Keep** the spray can **away from** the heater.

-どおし【…通し】 (…の間じゅう) all ... (long); (その間ずっと) all the time

▸夜通し **all** night **long**

▸母は働き通しだ.

My mother works **all the time**.

とおして【…を通して】

through ...［すルー］

▸その経験を通して多くのことを学んだ. I learned a lot **through** the experience.

とおす【通す】

❶〖向こうへ出す〗

(通過させる) **let*** ... pass [through]

ダイアログ　許可を求める

*A:*ちょっと通してください.

Let me **pass**, please.

*B:*どうぞ. Sure. Go ahead.

❷〘中へ入れる〙show*... into ～
▸井上さんを居間にお通しして.
Show Ms. Inoue **into** the living room, please.
❸〘目を通す〙look over
▸書類に目を通す
look over the papers
❹〘続ける〙
▸彼女はいつも自分のやり方を通す(→こだわる).
She always sticks to her own way.

トースター a toaster［トウスタ］

トースト toast［トウスト］

トーテムポール
a totem pole［トウテム ポウる］

ドーナツ a doughnut［ドウナット］

トーナメント
a tournament［トゥアナメント］
▸トーナメントに出場する
compete in a **tournament**
▸トーナメントに優勝する
win a **tournament**

ドーベルマン
〖動物〗Doberman (pinscher)
［ドウバマン(ピンシャ)］(♦ドイツ産の大型犬)

とおまわし【遠回しの】 indirect［インディレクト］, roundabout［ラウンダバウト］
遠回しに indirectly,
in a roundabout way

とおまわり【遠回り】
a roundabout way
▸道に迷って遠回りをしてしまった. I got lost and took a **roundabout way**.

ドーム a dome［ドウム］
▸東京ドーム the Tokyo **Dome**
ドーム球場
a domed baseball stadium

⁑とおり【通り】 a **street**［ストゥリート］,
a **road**［ロウド］, an avenue［あヴェニュー］
▸中央通り Chuo <u>**Street**</u> [**St.**]
▸通りは人であふれていた.
The **street** was filled with people.
▸本屋は通りの反対側です.
The bookstore is on the other side of the **street**.

> **くらべよう road, street, avenue**
>
> **road** は町と町とを結ぶ車の通る道のこと. **street** は両側に家や建物がある通りを指します. アメリカの大都市では東西に走る通りを **street**, 南北に走る通りを **avenue** と言うことがあります. 標識や手紙のあて先などでは **Rd.**, **St.**, **Ave.** (**AV**)などと略して書きます.
>
> ▶オークトン通りとロング通りの交差点. ST と AV の文字が見える.

-とおり, -どおり【…通り】
(…のように) as
▸言われたとおりにしなさい.
Do **as** you were told.
▸彼は時間どおりに来ると思います.
I think he will come **on time**.

とおりかかる【通り掛かる】
(そばを通る) pass by (...)
▸その公園の前を通りかかった.
I **passed by** the park.

とおりすぎる【通り過ぎる】
pass［パぁス］

とおりぬける【通り抜ける】
go* through (...), pass through (...)

⁑とおる【通る】

> ❶〘通過する〙**pass**
> 〘通り抜(ぬ)ける〙**go through (...)**
> 〘バスなどの便がある〙**run**
> ❷〘合格する〙**pass**
> ❸〘声などが伝わる〙**carry**

❶〘通過する〙**pass**［パぁス］;
〘通り抜ける〙**go* through (...)**［すルー］;
〘バスなどの便がある〙run*［ラン］
▸この道はダンプカーがよく通ります.
Many dump trucks **pass** along this street.
▸わたしは森を通って行くことにした. I decided to **go through** the woods.

▸この電車は東京と高尾の間を通っています. This train **runs** between Tokyo and Takao.

❷〖合格する〗pass

▸兄は入学試験に通った. My brother **passed** the entrance exam.

❸〖声などが伝わる〗carry [キャリ]

▸知美の声はよく通る.
Tomomi's voice **carries** very well.

結びつくことば
家の前を通る pass a house
…の後ろを通る pass the back of ...
トンネルを通る pass through a tunnel
…を車で通る drive through ...

トーン a tone [トウン]

とかい【都会】 a city [スィティ], a town [タウン]

トカゲ 〖動物〗a lizard [りザド]

とかす¹【溶かす】(熱で) melt [メるト]; (水で) dissolve [ディザるヴ]

▸バターを溶かす **melt** butter

▸砂糖を水に溶かした.
I **dissolve** the sugar in some water.

とかす² (くしで) comb [コウム]; (ブラシで) brush [ブラッシ]

どかす get* ... out of the way

▸この箱をどかしましょう.
I'll **get** this box **out of the way**.

とがらす (鉛筆(えんぴつ)などを) sharpen [シャープン]; (口を) pout [パウト]

とがる be* sharp [シャープ]

とがった sharp, pointed

ドカン (音) a bang [バぁング]

ドカンと音がする bang

トキ 〖鳥〗an ibis [アイビス]

:とき【時】

❶〖時間〗**time** [タイム]

▸楽しい時を過ごす have a good **time**

▸その時計は今も正確な時を告げている.
Even today the clock tells the right **time**.

▸時のたつのはほんとうに早い. **Time** passes really quickly. / **Time** flies.

ことわざ 時は金なり.
Time is money.

❷〖…するとき〗**when** [(ホ)ウェン]

▸わたしが起きたときは, 雨は降っていなかった.
When I got up, it wasn't raining. / It wasn't raining **when** I got up.

どき【土器】 an earthen vessel, earthenware [ア～すンウェア]

どきっと【どきっとする】 be* startled [スタートゥるド]

▸クラクションの音にどきっとした.
I was startled by the horn.

:ときどき【時々】

sometimes [サムタイムズ], (every) now and then, occasionally [オケイジョナり]

▸晴美と知美はときどき日曜にいっしょにテニスをします.
Harumi and Tomomi **sometimes** play tennis together on Sunday.

▸ジムはときどき手紙をくれる.
Jim writes to me **now and then**.

▸晴れときどき曇(くも)り.
Fair, **occasionally** cloudy.

ルール sometimes の位置
sometimes のような頻度(ひんど)を表す副詞は, ふつう一般動詞の前か, 助動詞または be 動詞の後に置きますが, 文頭や文末に置くこともあります.

どきどき【どきどきする】 beat* [ビート]

▸胸がどきどきする.
My heart is **beating** very fast.

ときめく (胸が) beat* [ビート]

ドキュメンタリー a documentary [ダキュメンタリ]

どきょう【度胸】 courage [カ～リッヂ]

▸彼女にそれを言う度胸がありますか?
Do you have the **courage** to say that to her?

度胸のいい brave [ブレイヴ], courageous [カレイヂャス]

とぎれる【途切れる】 (さえぎられる) be* interrupted [インタラプティッド]; (交通・交信などが中断する) be disrupted [ディスラプティッド]

途切れ (中断) a break [ブレイク]

とく¹【得】 (利益) a profit [プラふィット] (**対義語**「損」a loss)

得する gain [ゲイン], make* a profit; (節約になる) save [セイヴ]

▸一度に5箱買うと400円得になります.
You'll **save** four hundred yen if you buy five cartons at a time.

得な profitable [プラふィタブる], economical [イーコナミクる]
▸バターを買うなら,大きい箱のほうが得です. Buying a big pack of butter is more **economical**.

とく² 【解く】 (ひも・結び目を) undo* [アンドゥー], untie [アンタイ]; (問題を) solve [サるヴ]
▸わたしにはこの問題が解けない. I can't **solve** this problem.

とぐ 【研ぐ】 (鋭(するど)くする) sharpen [シャープン]; (米を) wash [ワッシ]
▸ナイフをとぐ **sharpen** a knife

どく¹ 【毒】 (a) poison [ポイズン]; (害毒) harm [ハーム]
毒のある poisonous [ポイズナス]
毒ガス poison gas
毒ヘビ a poisonous snake
毒薬 (a) poison

どく² (わきへ) step aside [アサイド]
▸車が通れるようにわきへどいた. I **stepped aside** to let the car pass by.

・とくい 【得意な】
❶『誇(ほこ)らしい』proud《of ...》[プラウド]
▸パットは自分の作文に得意になっている. Pat is **proud of** her composition.
得意げに proudly
▸父は得意げにその話をした. Father talked about the story **proudly**.
❷『じょうずな』good*《at ...》[グッド]
▸由紀はテニスが得意だ. Yuki is **good at** (playing) tennis. / Yuki is a **good** tennis player.
得意科目 one's favorite subject

とくぎ 【特技】 a specialty [スペシャるティ]

どくさい 【独裁】 (a) dictatorship [ディクテイタシップ]
独裁者 a dictator [ディクテイタ]

とくさんぶつ 【特産物】 a specialty [スペシャるティ], a special product

どくじ 【独自の】 unique [ユーニーク]; (自分自身の) own [オウン]
独自性 (個性) individuality [インディヴィヂュありティ]; (独創性) originality [オリヂナありティ]

とくしつ 【特質】 a characteristic [キぁラクタリスティック]

どくしゃ 【読者】 a reader [リーダ]

とくしゅ 【特殊な】 special [スペシャる], unusual [アニュージュアる]
特殊効果 special effects

とくしゅう 【特集】 (記事) a feature (article) [ふィーチャ (アーティクる)]
特集する feature
▸『タイム』の今週号は日本を特集している. This week's *Time* **features** articles on Japan.
特集号 a special issue

・どくしょ 【読書】 reading [リーディング]
読書する **read*** (a book)
▸玲奈は読書家だ. Rena is a **great reader**. / (→たくさん本を読む) Rena **reads a lot of books**.
読書感想文 a book report
読書週間 Book Week

どくしょう 【独唱】 〖音楽〗 a (vocal) solo [ソウろウ] (複数 (vocal) solos)
独唱する sing* a solo, sing alone

とくしょく 【特色】 a feature ➡ とくちょう²; (他と異なる点) a characteristic ➡ とくちょう¹

どくしん 【独身の】 single [スィングる] (対義語「既婚(きこん)の」married)
独身生活 single life

とくせい 【特製の】 specially made
▸わが家特製のソース our **specially made** sauce

どくせん 【独占】 a monopoly [モナポリ]
独占する monopolize [モナポらイズ], have* ... to oneself
▸日曜日は弟がテレビを独占している. On Sundays my brother **has** the TV **to himself**.

どくそう¹ 【独奏】 a solo [ソウろウ] (複数 solos)
独奏する play a solo
独奏会 a recital [リサイトゥる]
独奏者 a soloist [ソウろウイスト]

どくそう² 【独創的な】 original [オリヂヌる]
▸独創的な作品 an **original** work
独創性 originality [オリヂナありティ]

ドクター a doctor [ダクタ]
ドクターストップ (医者の指示) doctor's orders

とくだね 【特種】 a scoop [スクープ]

とぐち【戸口】 a door [ドーア], a doorway [ドーアウェイ]

・とくちょう¹【特徴】
a characteristic [キぁラクタリスティック]; (目立つ) a feature [ふィーチャ]
▸長い首がキリンの特徴だ. A long neck is a **characteristic** of the giraffe.
▸運河がベネチアの特徴です.
Canals are a **feature** of Venice.
特徴のある, 特徴的な characteristic
▸彼は特徴のある歩き方をしていた.
He was walking in his **characteristic** way.

とくちょう²【特長】(人などの) a strong point; (物事の) a feature

とくてい【特定の】
specific [スペスィふィック]

とくてん¹【得点】(競技の) a score [スコーア], a point [ポイント]; (試験の) a score ➡ **てん¹**
得点する score
▸わたしたちのチームは5対0の得点で勝った. Our team won by [with] a **score** of 5 to 0.
▸弘志は数学で高得点をとった. Hiroshi got a high **score** on the math exam.
▸紗良の得点は98点だった.
Sara **scored** 98 points.
得点掲示版(けいじばん)
a scoreboard [スコーアボード]

とくてん²【特典】
(a) privilege [プリヴィれッヂ]

どくとく【独特の】(固有の)
peculiar [ペキューりャ], own [オウン]; (特徴(とくちょう)的な) characteristic
▸この習慣は日本独特のものです. This custom is **peculiar** to Japan.
▸拓真は独特のやり方で問題を解決した.
Takuma solved the problem in his **own** way.

:とくに【特に】(他と比(くら)べて)
especially [イスペシャり]; (1つ選んで) **particularly** [パティキュらり]; (わざわざ) **specially** [スペシャり]
▸わたしはスポーツ, 特にスキーが好きだ.
I like sports, **especially** skiing.
▸太郎は特に国語が得意だ. Taro is **particularly** good at Japanese.

とくばい【特売】 a (bargain) sale ➡ **バーゲン(セール)**
特売品 a bargain [バーゲン]

とくはいん【特派員】(新聞・雑誌の) a correspondent [コーレスパンデント]

・とくべつ【特別な】
(一般とは異なった) **special** [スペシャる]; (とりわけ) **particular** [パティキュら]
▸ミーティングに出られないのには, 何か特別な理由でもあるのですか?
Do you have any **special** reason you can't attend the meeting?
▸今度の日曜日は特別することがない.
I have nothing **particular** to do next Sunday.
特別活動
(学校の) extracurricular activities
特別急行 a limited express
特別賞 a special prize
特別番組 a special program
特別料金 (割増の) an extra charge; (割引の) a reduced charge

とくめい【匿名の】
anonymous [アナニマス]
▸**匿名希望**(→名前を公(おおやけ)にしないでください). **Please do not make my name public.**
匿名で anonymously

とくゆう【特有の】 peculiar [ペキューりャ], own [オウン] ➡ **どくとく**
▸屋久島特有の巨大(きょだい)な木 giant trees **peculiar** to Yaku-Shima Island
▸どこの国民にもそれぞれ特有の性格がある. Every nation has its **own** character.

・どくりつ【独立】
independence [インディペンデンス]
独立の, 独立した independent《of ...》[インディペンデント]
独立する
become* independent《of ...》
▸インドネシアは, 1949年にオランダから独立した.
Indonesia **became independent of** the Netherlands in 1949.
独立記念日 Independence Day
独立国 an independent country

どくりょく【独力で】 by oneself, for oneself ➡ **ひとりで**

とげ(動物・植物の) a thorn [そーン];

(木・竹の) a splinter [スプリンタ]
とげ抜(ぬ)き
(a pair of) tweezers [トゥウィーザズ]

とけい 【時計】

(置き時計など) a **clock** [クらック];
(腕(うで)時計など) a **watch** [ワッチ],
a wristwatch [リストワッチ],
▸時計の文字板
the face of a **clock** **[watch]**
▸時計の短針 the hour hand of a **clock** **[watch]** (♦「長針」なら hour の代わりに minute を,「秒針」なら second を用いる. また, long hand(長針), short hand(短針)と言うこともある)
▸わたしの**時計**は正確だ.
My **watch** shows the right time [keeps good time].
▸あの**時計**は 3 分進んでいます.
That **clock** is three minutes fast. (♦「遅(おく)れている」なら fast の代わりに slow を用いる)
▸目覚まし**時計**を 5 時に合わせた.
I set the alarm **(clock)** for five.
▸わたしはよくスマホの**時計**アプリをアラームとして使います.
I often use the **clock** app on my smartphone as an alarm.
時計回りの[に] (右回りの[に]) clockwise (対義語「時計と反対回りの[に]」 counterclockwise)
時計屋 a watch store, a watch shop; (人) a watchmaker
● 時計のいろいろ

①アナログ腕(うで)時計 analogue wristwatch
②デジタル腕時計 digital wristwatch
③掛(か)け時計 wall clock
④目覚まし時計 alarm clock
⑤砂時計 sandglass

とける¹ 【溶ける】

(熱で) melt [メるト]; (水などに) dissolve [ディザるヴ]
▸雪は**溶け**て水になる.
Snow **melts** into water.
▸塩は水に**溶ける**.
Salt **dissolves** in water.

とける² 【解ける】

(ほどける) come* undone [アンダン], come untied [アンタイド] ➡ **ほどける**;
(解決される) be* solved [サるヴド]
▸6 問のうち 5 問は**解けた**. Five (out) of the six questions **were solved**.

とげる 【遂げる】

(目的を達する) achieve [アチーヴ];
(実現する) realize [リーアらイズ]
▸科学は 20 世紀にめざましい発達を**遂げた**. Science **achieved** remarkable progress in the 20th century.

どける

get* ... out of the way, move [ムーヴ] ➡ **どかす**

とこ 【床】

a bed [ベッド]
▸床につく go to **bed** ➡ **ねる¹**
▸母はぐあいが悪くて 1 週間も床についています. My mother has been sick in **bed** for a week.

どこ

❶ 『場所』 **where** [(ホ)ウェア]
▸ここは**どこ**? **Where** am I?
(♦ × Where is here? とは言わない)
▸ワールドカップは**どこ**が(→どのチームが)勝ったのですか? Which team [Who] won the World Cup?

ダイアログ 質問する
A: **どこ**の出身ですか?
Where are you from?
B: イギリスです. I'm from Britain.
A: イギリスの**どこ**ですか?
Where in [Which part of] Britain are you from?

▸トムが**どこに**住んでいるのか教えて.
Tell me **where** Tom lives. (♦where ... を tell などの目的語にするときは《where +主語+動詞》の語順にする)
どこ(で)でも everywhere [エヴリ(ホ)ウェア], anywhere [エニ(ホ)ウェア];
(…する所ならどこでも)
wherever [(ホ)ウェアエヴァ]
▸この島の**どこででも**その鳥を見ることができます. You can see that kind of bird **everywhere** **[anywhere]** on this island.
▸**どこでも**好きな所へ行っていいですよ.
You can go **wherever** you like.

どこにも…ない not ... anywhere
▸わたしの財布(さいふ)はどこにもない.
I **can't** find my wallet **anywhere**.
どこまで how far
▸数学の授業, どこまで進んだか教えて.
Tell me **how far** you went in (the) math class.
❷『箇所(かしょ)』**what** [(ホ)ワット]
▸そんな話のどこが(→どの箇所が)おもしろいのですか？ **What**'s interesting about that story?

どこか
somewhere [サム(ホ)ウェア]; (疑問文·if の文中で) anywhere [エニ(ホ)ウェア]
▸どこかに傘(かさ)を忘れてきた. I've left my umbrella **somewhere**.
▸休み中にどこかへ出かけましたか？
Did you go **anywhere** during (the) vacation?

とことん
thoroughly [さ～ロウり], all the way

どこまでも
▸頭上には青空がどこまでも(→終わりのない青空が)広がっていた. There was an **endless** blue sky above us.

とこや【床屋】
(店) a barbershop [バーバシャップ]; (人) a barber

ところ【所】
(場所) a place [プレイス]; (余地) room [ルーム], (a) space [スペイス]; (点) a point
▸わたしは騒(さわ)がしい所は嫌(きら)いです.
I don't like noisy **places**.
▸テレビを置く所がない.
There is no **room** for a TV set.
▸そこがきみの弱いところだ.
That's your weak **point**.

－ところ
…するところだ 《**be*** **going** ＋ **to** ＋**動詞の原形**》《**be about** ＋ **to** ＋**動詞の原形**》
▸わたしはこれから図書館に行くところです.
I'**m going** (**to** go) to the library. / I'**m about to** go to the library.
…しているところだ 《**be** ＋**～ing**》
▸父は車を洗っているところです.
My father **is washing** the car.
…したところだ 《**have*** **(just)** ＋**過去分詞**》
▸今ちょうど家に着いたところです.
I **have just come** home.

－どころか
▸太一は病気どころかとても元気だ.
Taichi is **not at all** ill **but** quite well. (♦《not at all ... but ～》で「…ではまったくなくて～だ」という意味) / **Far from** (being) ill, Taichi is quite well. (♦far from ... で「…どころか, 少しも…でなく」という意味)

⁺ところで
(さて) well [ウェる], now [ナウ]; (それはそうと) by the way
▸ところで, そろそろお昼にしない？ **Well** [**Now**], how about eating lunch?
▸ところで, ヒカルは元気ですか？
By the way, how is Hikaru?

ところどころ【所々】
in places, here and there
▸その地図はところどころ破れている.
That map is torn **in places**.

どさっと
with a thud [さッド]
▸屋根から雪がどさっと音を立てて落ちた. Snow fell from the roof **with a thud**.

とざん【登山】
(mountain) climbing [クらイミンヶ]
▸拓真は毎月, 登山に出かける. Takuma goes **climbing** every month.
登山する climb a mountain
登山家 a mountaineer [マウンテニア]
登山靴(ぐつ) (a pair of) mountaineering boots
登山者 a mountain climber
登山隊 a mountaineering party, a party of climbers

⁑とし[1]【年】
❶『時の単位』**a year** [イア]
▸年が明けたら
(early) in the new **year**
▸年がたつにつれて町はさびれていった.
The town declined as **years** went by [passed].
▸どうぞよいお年を！
(I wish you a) Happy New **Year**!

ダイアログ 質問する・説明する
A: 君は何年(なにどし)生まれ？
What **year** of the Chinese zodiac were you born in?
B: 辰(たつ)年だよ.
The **year** of the dragon.

❷『年齢(ねんれい)』(an) **age** [エイヂ], **years**
▸彼女は年の割に若く見える.

She looks young for her **age**.

ダイアログ 質問する
A:おじいさん, お年はおいくつですか(→何歳(さい)ですか)?
How old are you, sir?
B:86だよ. I'm eighty-six years old.

年とった old
年をとる grow* older

◆**とし² 【都市】** a city [スィティ], a town [タウン]
▸日本で2番目に大きい都市はどこですか? What is the second largest **city** in Japan?
▸工業都市 an industrial **city**
都市計画 〖米〗city planning, 〖英〗town planning

どじ a stupid mistake [ミステイク]
どじな stupid [ステューピッド]
▸どじなやつ a **stupid** fellow
▸どじをふむなよ(→注意しろ. やりそこなうな). Be careful. Don't miss it.

としうえ 【年上の】 older [オウるダ] (対義語「年下の」younger)
▸ひとみさんはわたしより3歳(さい)**年上**です. Hitomi is three years **older than I** [my senior].
▸4人の中では誠が**いちばん年上**です. Makoto is **the oldest** of the four.

とじこめる 【閉じこめる】 shut* up; (かぎをかけて) lock up

とじこもる 【閉じこもる】 shut* oneself up《in ...》, stay indoors [インドーアズ]
▸信二は部屋に**閉じこもった**. Shinji **shut himself up in** his room.
▸うちの犬は家に**閉じこもって**ばかりいる. My dog always **stays indoors**.

としごろ 【年ごろ】 (およその年齢(ねんれい)) age [エイヂ]; (結婚(けっこん)適齢期) marriageable age [マぁリヂャブる]
▸わたしの息子(むすこ)は敏感(びんかん)な**年ごろ**だ. My son is at a sensitive **age**.

としした 【年下の】 younger [ヤンガ] (対義語「年上の」older)
▸マギーはわたしより2歳(さい)**年下**です. Maggie is two years **younger than I** [my junior].

-として as ...
▸キャプテン**として**ベストを尽(つ)くします. I'll do my best **as** captain. (◆asの後の役職名のa, an, theは省略されることが多い)

どしどし
▸どしどし質問してください. (→恥(は)ずかしがらずに) Don't hesitate to ask questions. / (→自由に) Please feel free to ask questions.

とじまり 【戸締まりをする】 lock up, lock (up) the doors
▸**戸締まり**を忘れないでね. Don't forget [Be sure] to **lock (up) the doors**.

どしゃぶり 【土砂降り】 a heavy rain
▸けさは**どしゃ降り**だった. It was **raining heavily** [**pouring** down] this morning.

としょ 【図書】 books [ブックス]
図書室 a library, a reading room
図書目録 a library catalog

ドジョウ 〖魚類〗a loach [ろウチ]

◆**としょかん 【図書館】** a library [らイブレリ]
▸きょう, 学校の図書館で本を2冊借りた. I borrowed [checked out] two books from the school **library** today.
図書館員 a librarian [らイブレリアン]

としより 【年寄り】 an old person; a senior citizen; (全体をまとめて) old people, the aged [エイヂド]

◆**とじる¹ 【閉じる】** **close** [クろウズ], **shut*** [シャット] (対義語「開ける」open)
▸目を閉じて. **Close** [**Shut**] your eyes.

結びつくことば
教科書を閉じる close one's textbook
口を閉じる close one's mouth
傘を閉じる fold one's umbrella
箱を閉じる close a box
雑誌を閉じる close a magazine

とじる² 【綴じる】 file [ふァイる]
▸この書類を**とじて**おきます.

I will **file** these papers.

としん【都心】
the heart [center] of the city

ドシン【ドシンと】（衝突(しょうとつ)音など）with a bump［バンプ］;
（落下音など）with a thud［さッド］
▸廊下(ろうか)でルークにドシンとぶつかった. In the corridor I ran into Luke **with a bump**.

トス a toss［トース］
トスをする toss

どせい【土星】〘天文〙Saturn
［サぁタン］➡ **わくせい(図)**

とそう【塗装する】 paint［ペイント］

どそく【土足で】
with one's shoes on
▸**土足厳禁**〘掲示〙**Shoes off!**

どだい【土台】（建物などの）
a foundation［ふァウンデイシャン］;
（物事の）a base［ベイス］

どたキャン
a last-minute cancellation
どたキャンする
cancel ... at the last minute

とだな【戸棚】
（食器用の）a cupboard［カバド］;
（書類用の）a cabinet［キぁビネット］;
（衣類用の）〘米〙a closet［クらゼット］

どたばた
（騒々(そうぞう)しく）noisily［ノイズィり］
どたばたする
（大騒(さわ)ぎする）make* a fuss

トタン a galvanized iron sheet
［ギぁるヴァナイズド アイアン シート］

とたん【途端に】 as soon as, the moment［モウメント］➡ **すぐ**
▸家に着いたとたんに雨が降り始めた. As soon as [The moment] I got home, it began to rain.

どたんば【土壇場で】
（最後の瞬間(しゅんかん)に）at the last moment
▸ディックは土壇場になって考えを変えた. Dick changed his mind **at the last moment**.

◆とち【土地】 **land**［らぁンド］, ground［グラウンド］;
（敷地(しきち)）a lot［らット］;（地域）
an area［エアリア］;（土）**soil**［ソイる］
▸土地を耕す
cultivate the **land** [**soil**]
▸土地つきの家 a house with a **lot**
土地の（地元の）local［ろウクる］;
（土着の）native［ネイティヴ］

◆とちゅう【途中で】
❶〚道の半ばで〛**on one's way**《to ...》, **on the way**
▸家へ帰る途中で麻衣子に会いました.
I saw Maiko **on my way** home.
▸途中で花を買いましょう. Let's get some flowers **on the way**.
❷〚事の半ばで〛halfway［ハぁふウェイ］
▸わたしたちは途中でその計画をあきらめた. We gave up the plan **halfway** through.
▸ボブは仕事を途中でほうり出した.
Bob left his work half done.
▸話の途中で(→わたしが話している間に)口をはさまないでください.
Don't interrupt while I'm talking.
途中下車 a stopover［スタップオウヴァ］
途中下車する stop over

⁑どちら

❶〚どれ〛**which**
❷〚どこ〛**where**
❸〚だれ〛**who**

❶〚どれ〛**which**［(ホ)ウィッチ］
➡ **どちらも**
▸どちらが試合に勝ったのですか？
Which side won the game?
どちらでも **either**［イーざ］

ダイアログ　**質問する・説明する**
A: ペンと鉛筆(えんぴつ), どちらがほしい？
Which do you want, a pen or a pencil?
B: どちらでもいいよ. **Either**.

どちらか（一方）**either**［イーざ］;（～か…のどちらか）**either ～ or ...**
▸この2つのうちのどちらかを持って行っていいですよ. You can take **either** of these two.

▸ニックかわたしのどちらかがあなたに電話します. **Either** Nick **or** I am is going to call you.（◆動詞は or の後の語に合わせる）➡ **あるいは**
▸**どちらかと言えば**ここにいたい.
I would **rather** stay here.
❷『どこ』**where**［(ホ)ウェア］➡ **どこ**
▸**どちら**へいらっしゃるんですか？
Where are you going?
▸**どちら**にお住まいですか？
Where do you live?
❸『だれ』**who**［フー］➡ **だれ**
▸**どちら**さまですか？
（→電話で）**Who**'s calling, please? /（→ドア越(ご)しに）**Who** is it, please? /（→お名前をうかがえますか）May I ask your name, please?

・どちらも **both**［ボウす］➡ **りょうほう**

ダイアログ　説明する
A: どっちがいい？
Which one do you want?
B: **どちらも**ほしい.
I want **both** (of them).

…も～もどちらも **both ... and ～**
▸由奈も早苗も**どちらも**いい子だ. **Both** Yuna **and** Sanae are good girls.
どちらも…ない **not either**［イーざ］, **neither**［ニーざ］;（…も～も—ない）**not either ... or ～**, **neither ... nor ～**

ダイアログ　否定する
A: どちらのケーキにする？ Which piece of cake will you have?
B: **どちらも**いらないよ. おなかがいっぱいなんだ. I **don't want either** [want **neither**]. I'm full now.

▸ロックもジャズも**どちらも**好きじゃない. I **don't** like **either** rock **or** jazz. / I like **neither** rock **nor** jazz.

とっか【特価】（特別価格）a special price;（格安の値段）a bargain price
特価品売り場 a bargain counter

とっかつ【特活】（特別活動）extracurricular activities

とっきゅう【特急】a limited express［リミティッド イクスプレス］

とっきょ【特許】a patent［パぁトゥント］
特許をとる patent
▸特許を申請(しんせい)する
apply for a **patent**

ドック (a) dock［ダック］（◆造船や修理のための施設(しせつ)）

とっくに（ずっと前に）long ago;（すでに）already［オーるレディ］
▸宿題なら**とっくに**終わったよ. I've **already** finished my homework.

とっくん【特訓】（特別の訓練）special training;（特別の授業）a special lesson
特訓する give* special training, give a special lesson

とっけん【特権】(a) privilege［プリヴィれッヂ］

とっさに（反射的に）reflexively［リふれクスィヴり］;（即座(そく)に）in an instant

ドッジボール dodge ball［ダッヂ ボーる］（◆dodge は「ひらりと身をかわす」の意味）
▸**ドッジボール**をする play **dodge ball**

どっしり(した)（重い・重そうな）heavy［ヘヴィ］
▸**どっしりした**机 a **heavy** desk

とっしん【突進】a rush［ラッシ］, a dash［ダぁッシ］
突進する rush, dash
▸正はゴールに向かって**突進した**.
Tadashi **dashed** for the goal.

・とつぜん【突然】**suddenly**［サドゥンり］

▸シンディは**突然**泣き出した.
Cindy **suddenly** began to cry. / Cindy burst out crying.（◆burst out ～ing で「突然…し始める」の意味）
突然の sudden
▸彼の**突然の**登場にわたしたちは驚(おどろ)いた. We were surprised at his **sudden** appearance.

どっち which, where ➡ **どちら**

どっちみち（いずれにしても）anyway［エニウェイ］;（結局は）after all ➡ **どうせ**

とって【取っ手】a handle［ハぁンドゥる］;（引き出し・戸の）a knob［ナブ］

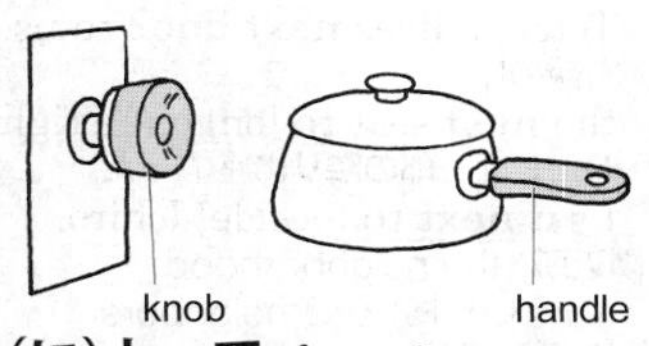

-(に)とって for ..., to ...
▶わたしにとって,彼女は友達以上の存在だった. She was more than a friend **to** [**for**] me.

とっておく【取っておく】
keep*［キープ］;（使わないでおく）
put* aside［アサイド］, save［セイヴ］
▶この席取っておいてください.
Keep this seat for me.
▶この本を取っておいてもらえませんか? あす, また来ます.
Would you **put** this book **aside** for me? I'll come back tomorrow.

とってかわる【取って代わる】
take* one's place ➡ かわる[2]

とってくる【取って来る】 get*［ゲット］, go* and get,〘主に英〙fetch
▶帽子(ぼうし)を取って来なさい.
Go (and) get your hat.

ドット （点）a dot［ダット］

どっと
▶人が入り口に**どっと押**(お)**し寄せた**.
People **rushed** to the entrance.
▶みんなが**どっと笑った**. Everybody **burst out laughing** [**into laughter**].

とっぱ【突破する】（障害物を）
break* through ...;（障害などを）
get* over ...;（試験を）pass

トッピング (a) topping［タピング］

トップ the top;（一番）the first
▶和美はいつもクラスのトップだ.
Kazumi is always at **the top** of her class.
トップバッター 〘野球〙a lead-off man
トップモデル a top model

とつめん【凸面の】 convex
［カンヴェックス］(対義語「凹面の」concave)
▶凸面レンズ a **convex** lens

どて【土手】 a (river) bank［バあンク］

◆**とても**

❶〖非常に〗**very**［ヴェリ］, **so**［ソウ］, really［リーアり］
▶ジムは**とても**親切です.
Jim is **very** [**so, really**] kind.
（◆soは女性がよく用いる）
とても…なので〜だ《**so ... that 〜**》
▶その冬は**とても**寒く,湖には一面氷が張った. That winter was **so** cold **that** the lake was frozen all over.
とても…なので〜できない
《**too ... + to +動詞の原形**》
▶**とても**暑くて外で遊べなかった.
It was **too** hot (for us) **to** play outside. / It was **so** hot **that** we couldn't play outside.
❷〖どうしても…ない〗**hardly**［ハードり］, not ... possibly［パスィブり］
▶わたしたちの優勝は**とても**望めない.
We can **hardly** hope to win the championship.

とどうふけん【都道府県】
Tokyo and all the prefectures
（◆英語では「道」「府」「県」を特に区別せずprefecture［プリーふェクチャ］という）

◆**とどく【届く】**

❶〖達する〗**reach**［リーチ］

ダイアログ 質問する
A:ジャンプしたら,あの枝に手が届く?
If you jump, can you **reach** that branch?
B:いや,届かないよ.
No, I can't (**reach** it).

❷〖手に入る〗（人が主語）**get***［ゲット］, **receive**［リスィーヴ］;（物が主語）be* delivered《to ...》［デリヴァド］
▶ジェシーから手紙が届いた. I **got** [**received**] a letter from Jessie.
▶ここでは1日に1回しか手紙は届かない.
Letters **are delivered** only once a day here.

とどけ【届け】 a report［リポート］, (a) notice［ノウティス］
▶欠席届 a **notice** of absence

とどける【届ける】

❶〖送る〗**send*** [センド]; 〖持って行く〗**take*** [テイク]; 〖持って来る〗**bring*** [ブリング]; 〖配達する〗deliver [デリヴァ]

▸その本は郵便で届けます. I'll **send** you the book by mail.

▸この花を先生にお届けして. **Take** these flowers to your teacher.

▸ペットボトルの水を1ダース届けてください. Will you **deliver** [**bring**] us a dozen bottles of water?

❷〖報告する〗**report** [リポート]

▸この事件はすぐに警察に届けたほうがいい. We should **report** this case to the police at once.

ととのう【整う】 be* ready [レディ]

▸結婚披露宴(ひろうえん)の準備が整った. Preparations for the wedding reception **are ready**.

ととのえる【調える, 整える】

(準備する) get* ready [レディ]

▸旅行の準備を調える **get ready** for the trip

とどまる stay, remain [リメイン]

▸白雪姫(ひめ)は小人たちの家にとどまった. Snow White **stayed** at the dwarfs' cottage.

▸伊藤氏は現職にとどまった. Ms. Ito **remained** in her post.

とどろく roar [ローア]; (継続(けいぞく)的に) rumble [ランブる]

▸突然(とつぜん), 大砲(たいほう)がとどろいた. All of a sudden the gun **roared**.

とどろき a roar; a rumble

ドナー (臓器などの) a donor [ドウナ] (対義語「被(ひ)提供者」recipient)

ドナーカード a donor card

トナカイ 〖動物〗a reindeer [レインディア] (複数 reindeer)

どなた who [フー] ➡ だれ

となり【隣】

(隣の家) the house next door; (隣の人) one's next-door neighbor [ネイバ]

隣の[に] next, next-door

…の隣の[に] next to ..., next door to ...

▸ウィルソンさんとは隣どうしです. The Wilsons are our **next-door neighbors**.

▸哲也は隣に住んでいる. Tetsuya lives **next door to** us.

▸右隣の席 the **next** seat **to** [on] one's right

▸わたしは一郎の隣りに座(すわ)った. I sat **next to** [beside] Ichiro.

隣近所 the neighborhood [ネイバフッド]; (人) neighbors

どなる shout [シャウト]

▸通りがとてもうるさかったので, わたしは彼に向かってどならなければならなかった. I had to **shout** at him because it was very noisy on the street.

とにかく anyway [エニウェイ], at any rate [アット エニ レイト]

▸とにかく, やれるだけやってみよう. **Anyway**, let's try to do as much as we can.

どの

❶〖どちらの〗**which** [(ホ)ウィッチ]; 〖何という〗**what** [(ホ)ワット]

▸どのチームがいちばん好きですか? **Which** team do you like best?

▸このセーターにどの色のマフラーが合う? **What** color scarf goes (well) with this sweater? (♦限られた色の中で「どの」なら which を用いる)

❷〖どの…でも〗**any** [エニ]; 〖どの…もみな〗**every** [エヴリ]

▸どの写真でも気に入ったのをあげますよ. I'll give you **any** [**whichever**] picture you like.

▸どの部屋にもテレビがあります. **Every** room has a TV set.

どのくらい

❶〖数が〗**how many**
❷〖量が〗**how much**
❸〖時間・長さが〗**how long**
❹〖距離(きょり)が〗**how far**
❺〖高さが〗**how high, how tall**
〖大きさが〗**how large**

❶〖数が〗**how many** [メニ]

▸毎年どのくらいの人が海外旅行へ行くのですか? **How many** people travel abroad every year? (♦how many の後には数えられる名詞の複数形がくる; people は複数扱い)

❷〖量が〗**how much** [マッチ]

▸宿題はどのくらい終わったのですか?

How much homework have you finished?（♦how much の後には数えられない名詞がくる）
❸〖時間·長さが〗**how long**［ろーング］
▸あとどのくらい(時間が)かかりますか？ **How long** will it take?
▸レインボーブリッジってどのくらいの長さなのですか？ **How long** is the Rainbow Bridge?
❹〖距離が〗**how far**［ふァー］
▸ここからあなたの家までどのくらいあるのですか？ **How far** is it from here to your house?
❺〖高さが〗**how high**［ハイ］, **how tall**［トーる］;〖大きさが〗**how large**［らーヂ］
▸身長はどのくらいですか？ **How tall** are you?
▸宇宙ってどのくらい大きいのですか？ **How large** is the universe?

とのさま【殿様】 a lord［ろード］

どのへん【どの辺】 where［(ホ)ウェア］
▸あなたの家は東京のどの辺ですか？ **Where** in Tokyo is your house?

どのように how［ハウ］➡ どう¹

◆とばす【飛ばす】

fly*［ふらイ］,（吹(ふ)き飛ばす）**blow* off**;（読み飛ばす）**skip**［スキップ］
▸少年は模型飛行機を飛ばした。 The boy **flew** a model plane.
▸風で看板が飛ばされた。 The wind **blew** the signboard **off**.
▸動画のつまらないところは飛ばして見た。 I **skipped** the dull scenes in the video.

トビ 〖鳥類〗a (black) kite［カイト］

とび（とび職の人）a scaffold worker［スキぁふるドワ～カ］

とびあがる【飛び上がる】
jump (up)［ヂャンプ］
▸試験に受かったとき，彩花は飛び上がって喜んだ。 Ayaka **jumped** for joy when she passed the exam.

トビウオ 〖魚類〗a flying fish（複数 flying fish）

とびおきる【飛び起きる】
jump out of bed
▸わたしは急いでベッドから飛び起きた。 I **jumped out of bed** in a hurry.

とびおりる【飛び降りる】
jump down

とびきゅう【飛び級する】
skip (a grade)［スキップ］

とびこえる【飛び越える，跳び越える】 jump over ..., jump across ...
▸ジョンは水たまりを跳び越えた。 John **jumped over** [**across**] the pool.

とびこみ【飛び込み】
（競技の）diving［ダイヴィング］;
（1回ごとの）a dive［ダイヴ］
飛び込み台
a diving board, a springboard

とびこむ【飛び込む】 jump into ..., dive*［ダイヴ］;（勢いよく入る）rush［ラッシ］
▸プールに飛び込むのは禁止です。 It is prohibited to **jump into** the swimming pool.

とびだす【飛び出す】
run* out《of ...》
▸涼太は家を飛び出して行った。 Ryota **ran out of** the house.

とびつく【飛びつく】 jump at ...
▸ポチがわたしに飛びついてきた。 Pochi **jumped at** me.

トピック a topic ➡ わだい

とびとびに（あちこちに）here and there;（時々）now and then

とびのる【飛び乗る】 jump on ...
▸ヒーローはオートバイに飛び乗った。 The hero **jumped on** the motorcycle.

とびばこ【跳び箱】
a vaulting horse［ヴォーるティング ホース］
▶跳び箱を飛ぶ
jump over a **vaulting horse**

とびら【扉】（戸）a door［ドーア］;（本の）a title page［タイトゥる ペイヂ］

◆とぶ【飛ぶ，跳ぶ】

❶〖空を〗**fly***［ふらイ］, **go* up**
▸1羽のワシが空高く飛んでいた。 An eagle was **flying** high up in the sky.
▸母は出張でロンドンに飛んだ。 My mother **flew** to London on business.
❷〖はねる〗**jump**［ヂャンプ］, **hop**［ハップ］
▸わたしは幅(はば)跳びで5メートル跳んだ。 I **jumped** five meters in the long jump.
▸カエルが池の中へ跳んだ。 A frog **hopped** into the pond.

どぶ（溝(みぞ)）a ditch［ディッチ］;（排水溝(はいすいこう)）a drain［ドゥレイン］

◆**とほ【徒歩で】** on foot ➡ あるく
▸駅から学校までは徒歩 10 分です. It takes ten minutes **on foot** from the station to our school.

とほう【途方】
途方に暮れる don't know what to do, be* at a loss
▸どうしたらいいのか途方に暮れています. I **don't know what to do**. / I'm **at a loss** what to do.
途方もない extraordinary [イクストゥローディネリ], unreasonable [アンリーズナブる]
▸途方もない要求
an **unreasonable** demand

どぼく【土木】 civil engineering
土木工事 construction work

とぼける play ignorant [イグノラント]
▸とぼけたってだめだよ.
Don't **play ignorant**.

とぼしい【乏しい】 poor [プア], short《of ...》[ショート], lacking [らぁキング]
▸わたしたちの学校の図書館は, 神話の本が乏しい. Our school library is **poor** in books of myths.
▸お金が乏しくなってきた. I'm running [getting] **short of** money.

とぼとぼ【とぼとぼ歩く】
plod [プラッド], trudge [トゥラッヂ]

どま【土間】 an earthen floor

トマト 〚植物〛 tomato [トメイトウ]
(複数 tomatoes)
トマトケチャップ (a bottle of) tomato ketchup (♦catsup ともつづる)
トマトジュース tomato juice
トマトソース tomato sauce

とまどう
(当惑(とうわく)する) be* puzzled [パズるド]; (混乱する) be confused [コンふューズド]
▸わたしたちは彼の突然(とつぜん)の退部にとまどっている. We **are puzzled** by his sudden resignation from the club.

とまりがけ【泊まりがけの】
overnight [オウヴァナイト]
泊まりがけで overnight [オウヴァナイト]

◆**とまる[1]【止まる, 留まる】**
❶〚停止する〛**stop** [スタップ]
▸急行列車はこの駅には止まらない. The express doesn't **stop** at this station.
▸おかしくて笑いが止まらない. It's so funny. I can't **stop** laughing.
❷〚鳥などが〛perch [パ～チ]
▸鳥が木の枝に止まっている.
A bird is **perching** on a branch.
❸〚目をひく〛catch* [キぁッチ]
▸シンデレラの美しさが王子の目に留まった. Cinderella's beauty **caught** the Prince's eye [attention].

◆**とまる[2]【泊まる】**
stay《at [in, with] ...》[ステイ]

ダイアログ 質問する・説明する
A: このホテルに泊まっているの? Are you **staying in** [at] this hotel?
B: いいえ, 友達のところに泊まっています. No, I'm **staying with** my friend.
(♦stay with ... で「…の家に泊まる」の意味)

とみ【富】 wealth [ウェるす], (a) fortune [ふォーチュン]

とむ【富む】 be* rich [リッチ]
▸カナダは天然資源に富んでいる. Canada **is rich** in natural resources.

◆**とめる[1]【止める, 留める】**
❶〚停止させる〛**stop** [スタップ]
▸行くと言ったら行きます. だれにもわたしを止められません. I'm going by all means. Nobody can **stop** me.
❷〚電気・ガスなどを〛turn off
▸ラジオを止めてください. Please **turn** [switch] **off** the radio.
❸〚つける〛fasten [ふぁスン], pin
▸書類をクリップで留めた. I **fastened** the papers with a clip.
▸この写真, ピンで壁(かべ)に留めておこう. I'm going to **pin** this picture on the wall.
❹〚気に〛pay* attention to ...
▸そんなことは気にも留めなかった. I didn't **pay** any **attention to** that.

結びつくことば
息を止める hold one's breath
足を止める stop walking
いったん止める stop ... for now
エアコンを止める turn off the air conditioner
水を止める turn off the water

とめる[2] **【泊める】**
put* ... up, let* ... stay
▸今晩泊めていただけますか？
Would you put me up [let me stay] for tonight?

とも【友】 a friend［ふレンド］➡ **ともだち**
ことわざ **類は友を呼ぶ．Birds of a feather flock together.**（◆「同じ羽の鳥は集まる」の意）

ともかく ➡ **とにかく**

ともかせぎ【共稼ぎ】
➡ **ともばたらき**

ともだち【友達】 a **friend**［ふレンド］
▸親しい友達 a close [good] **friend**
▸古くからの友達 an old **friend**
▸クラブの友達
a **friend** in the same club
▸広志はわたしのいちばん仲のいい友達です． Hiroshi is my best **friend**.
▸こちらはわたしの友達の理恵です．
This is my **friend** Rie.
▸友達がその本を貸してくれました． A **friend** of mine lent me the book.（◆my friend よりも a friend of mine としたほうが，複数の友達がいるという意味合いを出せる）
▸美結とめぐみは友達どうしです．
Miyu and Megumi are **friends**.
▸あなたと友達になりたいです．
I want to be **friends** with you.
▸友達がたくさんできましたか？
Did you make many **friends**?
▸わたしは愛とすぐ友達になった．
I made **friends** with Ai soon.
▸牧野先生とは友達感覚で(→友達のように)話せます． We can talk with Ms. Makino just as if we are **friends**.
（◆as if の中の動詞はふつう過去形だが，ここでは現実性が強いので現在形）
▸クラスの友達 a classmate

ともなう【伴う】 go* with ..., take*
▸王様は家来をともなって森へ出かけました． The king **went** to the woods **with** his men.

ともに【共に】 together ➡ **いっしょ**

ともばたらき【共働き】
▸両親は共働きです(→両方働いている[仕事をもっている])． **Both** of my parents **work** [**have jobs**].

どもる stammer［スタぁマ］
どもり a stammer

どようび【土曜日】
Saturday［サぁタデイ］（◆語頭は常に大文字；Sat. と略す）➡ **げつようび**

トラ〖動物〗a tiger［タイガ］

トライ（ラグビーの）a try［トゥライ］
▸トライをあげる score a **try**
トライする try

ドライ【ドライな】（事務的な）
businesslike［ビズネスらイク］;
（現実的な）realistic［リーアリスティック］

ドライアイス dry ice

トライアスロン
a triathlon［トゥライあすろン］

トライアングル
〖楽器〗a triangle［トゥライあングる］

ドライカレー rice fried with curry powder, vegetables and ground meat

ドライクリーニング dry cleaning
ドライクリーニングする dry-clean

ドライバー（運転手）a driver
［ドゥライヴァ］;（ねじ回し）a screwdriver
［スクルードゥライヴァ］

ドライブ a drive［ドゥライヴ］
▸ドライブする go for a **drive**
▸ドライブに連れて行って．
Please take me for a **drive**.
ドライブイン a roadside restaurant
ドライブウエー
（観光道路）a scenic drive
ドライブスルー drive-through,
drive-thru

ドライフラワー
a dried flower［ドゥライド ふらウア］

ドライミルク
powdered milk, dry milk

ドライヤー（ヘアドライヤー）a (hair) drier, a (hair) dryer, a blow drier

トラウマ〖心理〗（心的外傷）(a) trauma
［トゥラウマ］（複数 traumata, traumas）

とらえる【捕らえる】 catch*
➡ **つかまえる**

トラクター a tractor［トゥラぁクタ］

トラック[1]〖米〗a truck［トゥラック］,
〖英〗a lorry［ろーリ］

トラック[2]
〖スポーツ〗a track［トゥラぁック］
トラック競技 track events

ドラッグ[1]（麻薬(まやく)）a drug［ドゥラッグ］

ドラッグ²【ドラッグする】
〖コンピュータ〗drag［ドゥラぁッグ］
ドラッグストア
a drugstore［ドゥラッグストーア］
ドラフト a draft［ドゥラぁふト］
ドラフト会議 a drafting session
ドラフト制度 the draft system
トラブル trouble［トゥラブる］
トラベラーズチェック
a traveler's check
［トゥラぁヴェらズ チェック］
ドラマ a drama［ドゥラーマ］
▸テレビドラマ a TV **drama**
ドラマチックな
dramatic［ドゥラマぁティック］
ドラム 〖楽器〗drums［ドゥラムズ］
ドラム奏者 a drummer［ドゥラマ］
ドラム缶(かん) a drum
とれらる【取られる】（奪(うば)われる）be* robbed《of ...》［ラブド］;（盗(ぬす)まれる）be stolen［ストウるン］;（払(はら)わされる）be charged［チャーヂド］
トランク（大型の旅行かばん）a trunk［トゥランク］;（かばん）a suitcase［スートケイス］;（自動車の）〖米〗a trunk,〖英〗a boot［ブート］
トランクス trunks［トゥランクス］;（男性用下着）boxer shorts
トランシーバー
a transceiver［トゥラぁンスィーヴァ］
トランジスター
a transistor［トゥラぁンズィスタ］
トランプ（札(ふだ)）a playing card;（遊び）(playing) cards
▸トランプをしませんか？
How about **playing cards**?
▸トランプを切る shuffle the **cards**
トランプ占い
fortune-telling with cards
トランペット
〖楽器〗a trumpet［トゥランペット］
トランペット奏者 a trumpeter
トランポリン
a trampoline［トゥラぁンポリーン］
⁑**とり【鳥】** a **bird**［バ〜ド］
▸あの鳥は何という鳥ですか？
What is that **bird**?
鳥かご a (bird) cage［ケイヂ］
鳥小屋 a birdhouse［バ〜ドハウス］
とり肉 chicken［チキン］

◆鳥のいろいろ birds

アヒル	duck［ダック］
オウム	parrot［パぁロット］
カッコウ	cuckoo［クックー］
カナリア	canary［カネリ］
カモ	duck［ダック］
カモメ	(sea) gull［ガる］
カラス	crow［クロウ］
キジ	pheasant［ふェズント］
クジャク	peacock［ピーカック］
スズメ	sparrow［スパぁロウ］
タカ	hawk［ホーク］
ツバメ	swallow［スワろウ］
ツル	crane［クレイン］
ニワトリ	chicken［チキン］;（雄(おす)）rooster［ルースタ］, cock［カック］;（雌(めす)）hen［ヘン］
ハクチョウ	swan［スワン］
ハト	pigeon［ピヂョン］,（小型の）dove［ダヴ］
ヒバリ	skylark［スカイらーク］
フクロウ	owl［アウる］
ペンギン	penguin［ペングウィン］
ワシ	eagle［イーグる］

とりあえず（まず）first of all;（さしあたり）for the time being, for now;（すぐ）right away, at once
▸とりあえず買い物に行きましょう.
First of all, let's go shopping.
▸とりあえずあなたの手助けは必要ない.
I don't need your help **for the time being**.
▸家に着いたら**とりあえず**電話をください.
Call me **right away** when you get home.
とりあげる【取り上げる】（手に取る）take* up, pick up;（奪(うば)う）take away
▸警官は強盗(ごうとう)からナイフを取り上げた.
The police officer **took** the knife **away** from the robber.
とりあつかい【取り扱い】
（物の）handling［ハぁンドゥりング］
▸**取りあつかい注意**
〖掲示〗**Handle with Care**
とりあつかう【取り扱う】 handle
➡ あつかう
トリートメント a hair treatment
とりいれ【取り入れ】（収穫(しゅうかく)）
a harvest［ハーヴェスト］➡ しゅうかく

とりいれる【取り入れる】
（農作物を）gather［ギぁざ］, harvest［ハーヴェスト］；（考えなどを）introduce［イントゥロデュース］, take*［テイク］
▸外国の文化を取り入れる **introduce** foreign culture(s) into the country

とりえ【取り柄】 a good point, a strong point

トリオ a trio［トゥリーオウ］（複数 trios）

とりかえす【取り返す】
get* back, take* back
▸兄からボールを取り返した.
I **got** [**took**] the ball **back** from my brother.

とりかえる【取り替える】（替える）change［チェインヂ］；（交換(こうかん)する）exchange［イクスチェインヂ］；（新しくする）renew［リニュー］
▸電球を取り替える
change [**replace**] a light bulb

とりかかる【取り掛かる】
begin*［ビギン］, start［スタート］

とりかこむ【取り囲む】
surround［サラウンド］

とりきめ【取り決め】（協定）
an agreement［アグリーメント］；（手はず）(an) arrangement［アレインヂメント］

とりくむ【取り組む】 tackle［タぁクる］

とりけす【取り消す】（予約を）cancel［キぁンスる］, call off；（発言を）take* back
▸その DVD の注文を取り消したいのですが. I would like to **cancel** my order for the DVD.
▸今言ったことは取り消します. I'll **take back** what I (have) just said.
取り消し（予約の）cancellation［キぁンセれイシャン］

とりこ
▸ホールにいる何人かはその女優の演技の**とりこだ**(→魅了(みりょう)されている).
Some people in the hall **are fascinated with** the performance of the actress.

とりこわす【取り壊す】
demolish［ディマりッシ］,
〖口語〗pull [take*] down

とりさげる【取り下げる】 drop［ドゥラップ］, withdraw*［ウィずドゥロー］

とりしきる【取り仕切る】
（管理する）manage［マぁネッヂ］

とりしまる【取り締まる】
（管理する）control［コントゥロウる］；（規制する）regulate［レギュれイト］
▸生徒を校則で厳しく取り締まる
control students strictly with school regulations

とりしらべ【取り調べ】（警察の）(an) investigation［インヴェスティゲイシャン］
取り調べる
investigate［インヴェスティゲイト］

とりだす【取り出す】 take* out
▸手品師は帽子(ぼうし)の中からウサギを取り出した. The magician **took** a rabbit **out** of her hat.

とりちがえる【取り違える】
▸あなたは意味を取りちがえています(→誤解している).
You misunderstand the meaning.

とりつ【都立の】
metropolitan［メトゥロパりトゥン］
都立高校
a Tokyo metropolitan high school

とりつぎ【取次店】
an agency［エイヂェンスィ］

トリック a trick［トゥリック］

とりつける【取り付ける】 install［インストーる］；（固定する）fit* up
▸わたしは部屋にエアコンを取りつけてもらった. I had an air conditioner **installed** in my room.
（♦《have ＋物＋過去分詞》で「(物)を…してもらう」の意味になる）

とりにいく【取りに行く】
go* to get

とりのぞく【取り除く】 take* off, get* rid of ..., remove ➡ のぞく[1]

とりはずす【取り外す】
remove［リムーヴ］, take* away
▸壁(かべ)から絵を取りはずす
remove a painting from the wall

とりはだ【鳥肌】
goose bumps［グース バンプス］
▸それを見て鳥肌が立った.
It gave me **goose bumps**.

とりひき【取り引き】（商売）
business［ビズネス］, trade［トゥレイド］
取り引きする do* business《with ...》, deal*《with ...》［ディーる］

トリプル triple［トゥリプる］

ドリブル a dribble［ドゥリブる］
ドリブルする dribble

とりまく【取り巻く】

surround［サラウンド］➡ **とりかこむ**

とりみだす【取り乱す】
（動転する）be* upset［アプセット］

とりもどす【取り戻す】 get* back
➡ **とりかえす**

とりやめる【取りやめる】 ➡ **ちゅうし**

と

・どりょく【努力】 (an) **effort**［エふォト］
▸きみの成功は**努力**のたまものだ. Your success is the fruit of your **efforts**.（◆fruit は「成果, 報(むく)い」という意味）
努力する make* an effort, work hard
▸試験に合格するためにはもっと**努力し**ないとだめだ. You must **work** much **harder** to pass the exam.
努力家 a hard worker
努力賞 an award for effort

とりよせる【取り寄せる】
（注文する）order［オーダ］
▸ネットでカタログを**取り寄せた**.
I **ordered** the catalog online.

ドリル（練習）a drill［ドゥリる］;（工具）a drill

ドリンク（飲み物）a drink［ドゥリンク］

：とる【取る, 捕る, 採る, 撮る】

❶〖手に持つ〗**take, get, pick up**
〖取って来る, 取ってやる〗**get**
〖手渡(わた)す〗**hand**
❷〖手に入れる〗**get, win**
❸〖脱(ぬ)ぐ, 取り外す〗**take off**
❹〖盗(ぬす)む〗**steal, take**
❺〖捕(つか)まえる〗**catch**
❻〖食べる〗**eat, have**
❼〖写す, 記録する〗**take; record**
❽〖注文する〗**order; take**
❾〖時間・場所を占(し)める〗**take up ...**
❿〖選ぶ〗**choose;**〖採用する〗**take**

❶〖手に持つ〗**take***［テイク］, **get***［ゲット］, **pick up**;〖取って来る, 取ってやる〗**get**;〖手渡す〗**hand**［ハぁンド］
▸ビルは棚(たな)からアルバムを**取った**.
Bill **took** an album from the shelf.
▸受話器を**取って**ください.
Please **pick up** the receiver.
▸その辞書を**取って**くれませんか? Will you <u>**get**</u> [**hand**] me that dictionary?
❷〖手に入れる〗**get***, **win***［ウィン］
▸満点を**とる** **get** a perfect score / **get** full marks
▸写真コンテストで金賞を**とる** **win** the gold prize in the photo contest
❸〖脱ぐ, 取り外す〗**take* off**
▸このびんのふたを**取って**. **Take** the cap **off** this bottle, please.
❹〖盗む〗steal*［スティーる］, take*
▸バッグを取られました(→だれかが**取った**). Someone <u>**stole**</u> [**took**] my bag.
❺〖捕まえる〗**catch***［キぁッチ］
▸猫(ねこ)はネズミを**とる**.
Cats **catch** mice.
❻〖食べる〗**eat***［イート］, **have***
▸わたしは1日3度の食事を**とる**.
I <u>**eat**</u> [**have**] three meals a day.
❼〖写す, 記録する〗(写真・ノートを) **take***;（音声などを）**record**［リコード］
▸優菜はキリンの写真を**撮った**.
Yuna **took** pictures of giraffes.
❽〖注文する〗order［オーダ］; **take***
▸新聞は何を**とっている**のですか?
Which newspaper do you **take**?
❾〖時間・場所を占める〗take* up ...
▸この机は場所を**とり**すぎる. This desk **takes up** too much space.
❿〖選ぶ〗**choose***［チューズ］;
〖採用する〗**take***
▸どの進路を**とったら**いいのかな. I don't know which way to <u>**choose**</u> [**take**].

結びつくことば
ノートを取る take notes
休憩を取る take a rest
めがねを取る take off one's glasses
（テストで）90点を取る get 90 (on the test)
許可を取る get permission

ドル a dollar［ダら］（◆$ または＄と略す）

・どれ **which**［(ホ)ウィッチ］

ダイアログ　**質問する**
A: どれがぼくのコップ?
Which glass is mine?
B: この大きいのです. This big one is.

どれでも any (one)

ダイアログ 説明する
A: どのペンがいい？
Which pen do you like?
B: どれでもいい. **Any (one)** will do.

トレイ a tray [トゥレイ]
どれい【奴隷】 a slave [スれイヴ]
奴隷制度 slavery [スれイヴァリ]
トレー ➡ トレイ
トレード【トレードする】
trade [トゥレイド]
▸そのチームは田中選手を鈴木選手とトレードするだろう. The team will **trade** Tanaka for Suzuki.
トレードマーク
a trademark [トゥレイドマーク]
トレーナー
(人) a trainer [トゥレイナ];
(服) a sweat shirt [スウェット シャ～ト]
トレーニング a workout [ワ～カウト], (a) training [トゥレイニング]
トレーニングをする train [トゥレイン]
トレーニングキャンプ a training camp
トレーニングシャツ a workout shirt
トレーニングパンツ workout pants
(♦英語の training pants は幼児がおむつを外してふつうの下着に移るまでに使う, 特製のパンツのこと)
トレーラー a trailer [トゥレイら]
トレーラーハウス a trailer house, a house trailer, 〖英〗 a caravan
どれくらい ➡ どのくらい
ドレス a dress [ドゥレス]
とれたて【とれたての】
fresh [ふレッシ]
▸とれたての野菜 **fresh** vegetables / vegetables **fresh** from the field
ドレッシング
(a) dressing [ドゥレッスィング]
どれほど how, however ➡ どんなに
どれも (全部) every [エヴリ], all [オーる] ➡ ぜんぶ; (それぞれ) each ➡ それぞれ
とれる【取れる, 捕れる, 採れる, 撮れる】
❶〖外れる〗 come* off; 〖外れている〗 be* off, be away [アウェイ];
〖痛みが〗 be [have*] gone [ゴーン]
▸このふたはどうしてもとれない.
This cap won't **come off**.
▸このシャツ, ボタンがとれています.
The button **is off** this shirt.
▸歯の痛みがとれた.
The pain in my tooth **is gone**. / My toothache **has gone**.
❷〖捕(と)えられる〗 be* caught;
(生産される) be produced
▸先日この川で珍(めず)しい魚がとれた.
The other day a strange fish **was caught** in this river.
▸ここではよいオレンジがとれる.
Good oranges **are produced** here.
❸〖写真が〗 come* out, turn out
▸この写真はよく撮れている. This picture **came** [**turned**] **out** well.
どろ【泥】 mud [マッド], dirt [ダ～ト]
泥だらけの muddy [マディ]
ドロップ (あめ) a drop [ドゥラップ]
ドロップアウトする drop out
どろどろ【どろどろの】
(泥(どろ)で) muddy [マディ];
(濃(こ)くて) thick [すィック]
トロフィー a trophy [トゥロウふィ]
どろぼう【泥棒】 (こそどろ) a thief [すィーふ] (複数 thieves);
(強盗(ごうとう)) a robber [ラバ];
(押(お)しこみ強盗) a burglar [バ～グら]
トロンボーン
〖楽器〗 a trombone [トゥランボウン]
どわすれ【度忘れする】 (一瞬(いっしゅん)忘れる) forget* for the moment
▸店の名前を度忘れしてしまった.
I **have forgotten** the shop's name **for the moment**. / I can't remember the shop's name right now.
トン (重さの単位) a ton [タン]
(♦t. または tn. と略す)
▸2トン積みのトラック a 2-**ton** truck
ドン (強くぶつかる音・大砲(たいほう)の音) bang [バぁング]
▸**位置について！ 用意, ドン！**
On your mark! Get set! Go!
とんカツ【豚カツ】
a pork cutlet [ポークカットれット]
どんかん【鈍感な】 dull [ダる]
ドングリ 〖植物〗 an acorn [エイコーン]
どんこう【鈍行】 a local train
とんだ (ひどい) terrible [テリブる];
(思いがけない) unexpected
[アニクスペクティッド]
▸とんだ目にあう

have a **terrible** experience

とんち wit［ウィット］

▸**とんちのきく人** a **witty** person

どんちゃんさわぎ【どんちゃん騒ぎ】〖口語〗a binge［ビンヂ］

どんちゃん騒ぎする binge

と

とんちんかん（的外れの） off the point;（ばかげた）silly［スィり］

▸美幸に**とんちんかんな**返事をしてしまった. I gave Miyuki a **silly** answer.

とんでもない

❶〖ひどい〗terrible［テリブる］

▸**とんでもない**失敗をしてくれたものだ. You made a **terrible** mistake!

❷〖強い否定〗

ダイアログ 断る

A: この絵,わたしにくれない? Will you give me this picture?

B: **とんでもない!** **No way!**

ダイアログ 否定する

A: ご迷惑(めいわく)をおかけしてしまって. I'm sorry to have troubled you.

B: **とんでもない.** **Not at all.**

トントン

▸ドアを**トントンとたたく** **knock** on the door

どんどん

❶〖速く〗

fast［ふぁスト］, rapidly［ラぁピッドり］

▸父は**どんどん**歩いていった. My father was walking **fast.**

▸世界の人口は**どんどん**増加している. The world's population is increasing **rapidly**.

❷〖たたく音〗

▸戸を**ドンドンたたく** **bang** [**knock loudly**] on the door

・どんな

❶〖何〗**what**［(ホ)ワット］;

〖どんな種類の〗what kind of ...

▸蓮の手紙には**どんな**ことが書いてあったの? **What** does Ren's letter say?

▸**どんな**音楽が好きですか? **What kind of** music do you like?

▸あなたの友達のジムって**どんな**人? **What** is your friend Jim like?

❷〖いかなる〗**any**［エニ］;

〖もの〗**anything**［エニすィング］

▸強い意志があれば**どんなことでも**できる. You can do **anything** if you have a strong will.

▸そんなことを言われたら**どんな人だって**（→だれでも）怒(おこ)るよ. **Anybody** would get angry at such words.

▸**どんなことがあっても**（→何が起ころうと）,わたしはやり抜(ぬ)くつもりだ. **Whatever happens**, I will see it through.（♦see ... through で「…を最後までやり抜く」という意味）

どんなに（どれほど）how［ハウ］;（どんなに…ても）however［ハウエヴァ］

▸それを聞いたらあなたのお母さんは**どんなに**悲しむことか. **How** sad your mother will be if she hears that!

▸あなたが**どんなに**練習しても,彼には勝てません. **However** hard you practice, you can't beat him.

トンネル a tunnel［タヌる］

▸列車は**トンネル**を通過した. The train passed through a **tunnel**.

どんぶり a bowl［ボウる］

▸**どんぶり**1杯(ぱい)のご飯 a **bowl** of rice

トンボ

〖昆虫〗a dragonfly［ドゥラぁガンふらイ］

とんぼ返り（宙返り）a somersault［サマソーるト］➡ **ちゅうがえり**

とんま an idiot［イディオット］

ドンマイ（気にするな）Don't worry about it. / Forget about it.（♦「ドンマイ」は Don't mind. から来るが,この意味では通例使わない）

とんや【問屋】（店）a wholesale store［ホウるセイる ストーア］;（人）a wholesale dealer［ディーら］

どんよく【貪欲な】

greedy［グリーディ］➡ **よくばり**

どんより【どんよりした】（灰色の）gray;（陰気(いんき)な）gloomy［グるーミ］

な ナ

Q「フライパン」は英語で何と言うのかな？➡「なべ」を見てみよう！

な【名】 a **name**［ネイム］
➡ なまえ, なづける

▸ジェーンは作家として名をなした.
Jane made a **name** for herself as a writer.（♦make a name for oneself で「有名になる」の意味）

－(する)な

《Don't ＋動詞の原形》,《Never ＋動詞の原形》(♦後者のほうが強い禁止を表す)

▸大きなことを言うな. **Don't** talk big.
▸これに触(さわ)るな. **Never** touch this.

－なあ

❶〖感嘆(かんたん)〗**How ...!**, **What ...!**
▸うるさいなあ. **How** noisy!
▸難しい問題だなあ.
What a difficult question!
➡ なんと

❷〖願望〗I wish［ウィッシ］, I hope［ホウプ］
(♦後者は可能性がある場合に用いる)
▸学校に試験がなかったらいいのになあ.
I wish we didn't have exams in school.（♦実現できそうにないことを望むとき, I wish に続く節の動詞は過去形にする）
▸あしたは晴れるといいなあ.
I hope it will be nice tomorrow.

ナース a nurse［ナ～ス］
ナースコール a nurse call
ナースステーション a nurse station

ない

❶〖所有しない〗
do not have, have no ...
❷〖存在しない〗**be 動詞＋ not,**
There is no ...., There are no ....
❸〖…ではない〗**be 動詞＋ not**

❶〖所有しない〗
do* not have, **have* no ...**

▸うちには車がない. We **have no** cars.
▸今, お金の持ち合わせがない.
I **don't have** any money with me. / I **have no** money with me.

ルール no ＋名詞
no の後にくる数えられる名詞は, 複数形を使います. ただし単数で用いられるのがふつうの場合は単数形を使います.（例）I have no *friends*.（友達がいない）/ I have no *wife*.（妻がいない）

❷〖存在しない〗《**be 動詞＋ not**》,
There is no .... / There are no ....

ダイアログ **説明する**
A: ぼくの自転車のかぎがどこにあるか知らない? Don't you know where my bike key is?
B: ここにはないよ. It's **not** here.

▸部屋には**何もなかった**.
There was nothing in the room.

❸〖…ではない〗《**be 動詞＋ not**》
▸わたしたちは兄弟ではない.
We **are not** brothers.

－ない

❶〖…しない〗**do* not**, **will* not**
▸あまり漫画(まんが)を読まない.
I **don't** read comics much.
▸わたしは彼といっしょには行かない.
I **won't** go with him.（♦will not の短縮形は won't［ウォウント］）
▸ゆうべは全然勉強をしなかった.

I **didn't** study at all last night.

▸わたしは外国へ**行ったことがない**.
I **have never been** abroad.

❷〚…できない〛**cannot***

▸わたしは逆立ちができない. I **cannot** [**can't**] stand on my hands.

ナイアガラのたき【ナイアガラの滝】
the Niagara Falls [ナイあガラ ふォーるズ]

ナイーブ【ナイーブな】
(繊細(せんさい)な) delicate [デりケット]; (感受性の強い) sensitive [センスィティヴ]; (純真な) innocent [イノセント]
(◆英語の naive は「世間知らずの」の意味)

▸ナイーブな人
a **delicate** [**sensitive**] person

ないか【内科】 internal medicine [インタ〜ヌる メディスン]; (病院の診察(しんさつ)科目) the department of internal medicine

内科医 a physician [ふィズィシャン]

–ないか ➡ -(し) ませんか

▸何があったか教えてくれないか?
Will you tell me what happened?

▸だからやめろと言ったじゃないか.
I told you not to do that.

▸試験に失敗するのではないかと心配になった. I became afraid (that) I would fail the exam.

▸航に, その本を貸してくれないか(どうか)頼(たの)んでみよう. I will ask Wataru if he will lend me the book.

ないかい【内海】 an inland sea

ないがい【内外】

▸彼の曲は**国内外で**(→国内でも国外でも)人気がある. His songs are popular **at home and abroad**.

ないかく【内閣】
a cabinet [キぁビネット]

内閣総理大臣 the Prime Minister (または the prime minister)
[プライム ミニスタ] (◆PM と略す)

ないこうてき【内向的な】
introverted [イントロヴァ〜ティッド]
(対義語「外交的な」extroverted)

ないしょ【内緒】
(秘密) a secret [スィークレット]

ないしょの secret

▸このことは, ほかの人にはないしょよ.
Keep this (a) **secret** from everyone else.

▸**ないしょ**(→あなたとわたしの間だけの話) **だけど**, 武は由香が好きなの.
Just **between you and me**, Takeshi likes Yuka.

ないしょで in secret, secretly

▸わたしはないしょで父のためにケーキを焼いている. I am **secretly** baking a cake for my father.

ないしょ話 a private talk

ないしょく【内職】 (副業) a side job; (家で行う) piecework at home

ないしん【内心】 inside [インサイド]

▸内心, 不安を感じていた.
I felt uneasy **inside**.

▸内心(→顔には出さなかったが), とてもうれしかった. I was very glad, though I didn't show it.

ないしん【内申】

内申書 a school report (card)

内申点 one's grade on one's school report

ナイス nice [ナイス], good [グッド]

▸ナイスキャッチ!
Nice [**Good**] catch!

▸ナイスショット! **Good** shot! (◆ゴルフなどでふつう Nice shot! とは言わない)

ないせん[1]【内線】 (電話の)
an extension [イクステンシャン]

ないせん[2]【内戦】 (a) civil war

ないぞう[1]【内臓】 internal organs [インタ〜ヌる オーガンズ], guts [ガッツ]

ないぞう[2]【内蔵の】 built-in

▸デジカメ内蔵の携帯(けいたい)電話
a cell phone with a **built-in** digital camera

ナイター 〚野球〛a night game

–(し)ないで 《without +〜ing》

▸見もしないでよくそんなことが言えますね. How can you say such a thing **without seeing** it?

▸テレビゲームばかりやらないで(→やめて), 外で運動をしようよ.
Let's stop playing video games, and do outdoor exercise.

ナイト (中世の騎士(きし)・英国の爵(しゃく)位)
a knight [ナイト]; 〚チェス〛a knight

ナイトゲーム a night game

***ナイフ** a **knife** [ナイふ] (複数 knives) (◆包丁なども指す)

▸このナイフはよく切れる.

This **knife** cuts well.
▸ナイフとフォークで食事をするのは苦手だ. I'm not good at eating with a **knife** and fork.（♦対(つい)にして用いる場合, fork に a はつけない）

ないぶ【内部】 the inside［インサイド］（対義語「外部」the outside）➡ **なか¹**

ないめん【内面で】 inside［インサイド］
▸彼は内面はいいやつだ.
He is nice **inside**.
内面の, 内面的な inner［イナ］

ないや【内野】 〖野球〗the infield［インふィーるド］
内野手 an infielder

ないよう【内容】 content［カンテント］, contents［カンテンツ］
▸この記事は内容がない.
This article lacks **content**.
（♦lack は「…を欠いている」の意味）

ないらん【内乱】 (a) civil war

ナイルがわ【ナイル川】 the Nile［ナイる］

ナイロン nylon［ナイらン］

なえ【苗】 a young plant［プらぁント］, a seedling［スィードゥりンケ］
苗木 a young plant
苗床(どこ) a seedbed

なえる【萎える】（植物が）wither［ウィざ］;（人の気を萎えさせる）turn ... off
▸その俳優のひどい演技に萎えた(→私を萎えさせた). That actor's bad acting **turned** me **off**.

なお（まだ・いっそう）still［スティる］
▸なおいっそうの努力が必要だ.
I need **still** more effort.

⁺なおす【直す, 治す】

> ❶〖修理する〗**repair, mend, fix**
> ❷〖訂正(ていせい)する〗**correct**
> ❸〖治療(ちりょう)する〗**cure, heal**

❶〖修理する〗**repair**［リペア］, **mend**［メンド］, 〖口語〗**fix**［ふィックス］➡ **しゅうり**
▸わたしは時計を直してもらった. I had my watch **repaired** [**fixed**].
▸ボタンが取れそうだ. 直してあげますよ. This button is coming off. I will **mend** it.

❷〖訂正する〗**correct**［コレクト］
▸わたしのまちがいを直してください.
Please **correct** my mistakes.
▸悪い癖(くせ)を直す(→取り除く, 破る)
get rid of [break] bad habits

❸〖治療する〗**cure**［キュア］, **heal**［ヒーる］（人）の（病気）を治す
《**cure** ＋人＋ **of** ＋病気》
▸清水先生が母の病気を治してくれた.
Dr. Shimizu has **cured** my mother **of** her disease.
…し直す do* again
▸自分の作文を読み直してみた.
I read my composition **again**.

⁺なおる【直る, 治る】

❶〖修理される〗**be* repaired**［リペアド］, **be mended**［メンディッド］, **be fixed**［ふィクスト］
▸わたしの自転車は簡単に直った.
My bicycle **was fixed** [**repaired**] easily.

❷〖病気などが〗**get* well**, recover《from ...》［リカヴァ］, be* cured［キュアド］
▸おばは病気が治った.
My aunt **got** [has **gotten**] **well**. / My aunt **recovered from** [got over] her illness.

⁺⁺なか¹【中, 中に, 中へ, 中で】

> ❶〖内部〗**the inside**
> 〖内部に, 内部で〗**in ..., inside ...**
> 〖内部へ〗**into ...**
> ❷〖範囲(はんい)で〗
> **in ...; of ...; among ...; on ...**
> ❸〖最中に〗**in ...**

❶〖内部〗**the inside**［インサイド］; 〖内部に, 内部で〗**in ..., inside ...**; 〖内部へ〗**into ...**［イントゥー］
▸箱の中が見たい. I want to see **the inside** of the box.
▸ドアは中からかぎがかかっていた. The door was locked from **the inside**.
▸家の中は涼(すず)しい.
It's cool **inside** [**in**] the house.
▸部屋の中に入ってみよう.
Let's go **into** the room.
…の中から（外へ）out of ...
▸正弘はかばんの中から辞書を取り出した. Masahiro took a dictionary **out of** his bag.
…の中を通って through ...

▸ショッピングモールの中を通って行こう. Let's go **through** the shopping mall.

❷〖範囲で〗(グループ名などの前に) **in ...**; (数・all などの前に) **of ...**; (3つ以上を表す語の前に) **among ...** [アマング]; (リストに) **on ...**

▸3人の中でだれがいちばん人気ですか? Who is the most popular **of** the three? (♦「クラスの中で」なら **in** your class,「クラスメートの中で」なら **among** your classmates)

▸リストの中にわたしの名前もあった. My name was **on** the list.

❸〖最中に〗**in ...**

▸この雨の中, どこへ行くのですか? Where are you going **in** this rain?

◆なか² 【仲】
(関係) a relationship [りれイシャンシップ]

▸きみと美紀ってどういう仲なのですか? What is the **relationship** between you and Miki?

▸仲のよい友達 one's **good** friend

▸さくらと美加は仲がいい. Sakura and Mika **are good friends**.

⁑ながい 【長い】
long [ろーング]

(対義語「短い」short) ➡ ながさ

▸長い髪(かみ)の少女 a girl with **long** hair / a **long**-haired girl

ダイアログ　質問する

A: 世界でいちばん長い川は何ですか? What's **the longest** river in the world?

B: ナイル川です. The Nile is.

▸フォードさんは長いこと日本にいる. Ms. Ford has been in Japan for a **long** time.

長く long

▸急いでいるので長くはいられない. I'm in a hurry, so I can't stay (for) **long**.

ながいき 【長生きする】
live long; (…より長生きする) outlive [アウトリヴ]

▸祖母は長生きした. My grandmother **lived long**.

▸人間より長生きする動物は? What animals **live longer** than humans? / What animals **outlive** humans?

ながいす 【長椅子】
a sofa [ソウふァ], a couch [カウチ]

ナガイモ 【長芋】
〖植物〗 a *nagaimo*, a kind of yam [ヤぁム]

ながぐつ 【長靴】
(雨靴) a rain boot [ブート]; (ゴム長) a rubber boot [ラバ]; (ブーツ) a boot (♦ふつう複数形で用いる) ➡ くつ ルール

▸長靴をはく put on one's **rain boots**

なかごろ 【中頃】
(about) the middle《of ...》

▸来週の中ごろまでにはこの本を読み終えたい. I want to finish reading this book by **the middle of** next week.

◆ながさ 【長さ】
length [れンクす]

長さが…ある ... long [ろーング]

▸瀬戸大橋は長さ 9.4 キロメートルだ. The Seto Ohashi Bridge is 9.4 kilometers **long** [in **length**].

▸青函トンネルの長さはどのくらいですか? How **long** is the Seikan Tunnel?

ながし 【流し】
(台所の) a (kitchen) sink [スィンク]

なかす 【泣かす】
➡ なかせる

ながす 【流す】
(勢いよく) flush [ふラッシ]; (血・涙(なみだ)を) shed* [シェッド]; (流失させる) wash away

▸トイレの水は流してください. Please **flush** the toilet.

▸涙を流す **shed** tears

なかせる 【泣かせる】
make* ... cry

▸妹を泣かせてしまった. I **made** my sister **cry**.

ながそで 【長袖】
▸長そでのシャツ a shirt **with long sleeves** / a **long-sleeved** shirt

なかづり 【中づり】
中づり広告 (電車の) an advertising poster hanging in the train

ながでんわ 【長電話(を)する】
talk for a long time on the phone, have* a long conversation on the phone

なかなおり 【仲直りする】
make*

up 《with ...》, be* friends again
▸隼人とはもう仲直りしたの？ Have you **made up with** Hayato yet?
▸その女の子たちはすぐ仲直りした. Those girls **were** soon **friends again**.

˙なかなか

❶〖かなり〗**very**［ヴェリ］, **pretty**［プリティ］, **quite**［クワイト］
▸彼女の新曲はなかなかいい. Her new song is **pretty** good.
▸真紀のボーイフレンドはなかなかハンサムだ. Maki's boyfriend is **quite** handsome.
❷〖簡単には, すぐには…ない〗will* not (♦短縮形は won't［ウォウント］), not ... easily［イーズィり］
▸この戸はなかなか開かない. This door **won't** open.
▸絵美はなかなか「うん」と言わなかった. Emi did **not** say yes **easily**.

なかにわ【中庭】 a courtyard［コートヤード］, a court［コート］

ナガネギ 〖植物〗 a leek ➡ **ネギ**

なかば【半ば】 the middle［ミドゥる］; (半分) half［ハぁふ］; (中間) mid-［ミッド-］
▸5月の半ばに in **the middle** of May
▸母は40代半ばだ. My mother is in her **mid**-forties.

ながびく【長引く】
▸ジムの日本滞在(たいざい)は**長引いた**(→延長された). Jim's stay in Japan **was extended**.
▸この実験は思っていたより**長引いた**(→長くかかった). This experiment **took longer** than expected. (♦この expected は過去分詞)

なかほど【中程】
▸その池**の中ほどに**小さな島があった. There was a little island **in the middle of** the pond.
▸(バスで) **中ほどまで** (→先の方へ) お詰(つ)めください. Move **along**, please.

˙なかま【仲間】

a **friend**［ふレンド］, company［カンパニ］, peers［ピアズ］
▸クラブの**仲間**と伊豆へ海水浴に行った. I went swimming in Izu with some **friends** from my club.
▸わたしも**仲間に入れて**よ(→わたしも加わっていい?). Can I **join** you?
▸その少年は同級生から**仲間はずれにされていた**. The boy **was left out** by his classmates.

なかみ【中身, 中味】 content［カンテント］, contents［カンテンツ］ ➡ **ないよう**
▸かばんの**中身**は何ですか? What are the **contents** of the bag?

ながめ【眺め】 a view［ヴュー］
▸屋上からの**眺め**はすばらしかった. I had a wonderful **view** from the roof.

ながめる【眺める】 look at ...; (注意して) watch［ワッチ］ ➡ **みる**
▸子供たちが鬼(おに)ごっこをするの**を眺めた**. I **watched** the children play tag.

ながもち【長持ちする】
last long, have* a long life; (食べ物が) keep* long
▸この電池は**長持ちする**. This battery will **last long**. / (→寿命(じゅみょう)が長い) This battery **has a long life**.
▸この果物(くだもの)は**長持ちし**ない. This fruit won't **keep long**.

なかゆび【中指】
(手の) a middle finger［ふィンガ］; (足の) the third toe［トウ］

˙なかよく【仲良く】

(楽しく) happily［ハぁピり］ ➡ **なか²**
仲よくなる <u>make*</u> [become*] friends 《with ...》
▸健太君**と仲よくなった**. I have <u>**made**</u> **[become] friends with** Kenta.

なかよし【仲良し】 a good* friend ➡ **なか²**
▸由里とは子供のころから大の**仲よし**だ. Yuri and I have been very **good friends** since childhood.

⁑-ながら

❶〖同時に〗**as**［あズ］; **while**［(ホ)ワイる］
▸母は夕食を作り**ながら**わたしの話を聞いていた. My mother was listening to me <u>**as** she cooked</u> [**while** she was cooking] dinner.
▸テレビを見**ながら**一日じゅう家にいた. I stayed home all day watching TV. (♦「～ながら…する」は～ing を用いて表すことができる)

▶レイラは涙(なみだ)を浮(う)かべながら歌った. Layla sang with tears in her eyes.(♦《with＋人・物＋形容詞・副詞(句)》で,「…した状態で」を表す)

❷〖…だけれども〗**but**, **though**, **although** ➡ けれど(も), -のに

ながらく【長らく】

long [ろーンッグ], for a long time

▶長らくお待たせしました. I'm sorry to have kept you waiting so **long**.

˙ながれ【流れ】

a flow [ふろウ], a stream [ストゥリーム], a current [カ～レント]

▶時の流れ
the **flow** [**stream**] of time

▶流れを上る
go up the **stream** / go upstream

▶流れを下る go down the **stream** / go downstream

▶川の流れに乗って泳いだ. I swam with the **current**.(♦「逆らって」なら with の代わりに against を用いる)

▶**話の流れで**, わたしたちはいっしょに旅行に行くことになった.
As we were talking [**In the course of conversation**], we decided to go on a trip together.

ながれぼし【流れ星】

a shooting star [シューティンッグ スター]

˙ながれる【流れる】

❶〖水などが〗**flow** [ふろウ], **run*** [ラン]

▶ナイル川はエジプトを流れている. The Nile **flows** [**runs**] through Egypt.

▶彩花の目から涙(なみだ)が流れ落ちた.
Tears **flowed** [**ran down**] from Ayaka's eyes.

▶交通は順調に流れている.
Traffic is **flowing** smoothly.

❷〖中止になる〗**be* called off**

▶雨で体育祭が流れた.
Our field day **was called off** because of the rain.

なきごえ【泣き声, 鳴き声】

(人の) a cry [クライ]; (鳥の) a song [ソーンッグ]; (猫(ねこ)の) a meow [ミアウ]; (鳥・虫の) a chirp [チャ～プ]

▶赤ちゃんの泣き声が聞こえます.
I hear **a baby's cry**.

▶鳥の鳴き声で目が覚めた(→目覚めさせた). Bird **songs** woke me up.

なきごと【泣き言を言う】

complain [コンプれイン], whine [(ホ)ワイン]

なきむし【泣き虫】

a crybaby [クライベイビ]

˙なく[1]【泣く】

cry [クライ]; (悲しくて泣く) **weep*** [ウィープ]; (すすり泣く) sob [サブ]

▶妹は転んで泣いた.
My sister fell down and **cried**.

▶悲しい知らせを聞いてわたしたちは泣いた. We **cried** [**wept**] when we heard the sad news.

▶優勝したときはみんなうれし泣きをした.
We all **cried** [**wept**] for joy when we won the championship.

▶泣きたい気分だ. I feel like **crying**.

▶夜中に女の人の**すすり泣く**声が聞こえた.
Late at night I heard a woman **sobbing**.

▶その小さな女の子は**わっと泣き出した**.
That little girl **burst into tears**.

cry

weep

sob

˙なく[2]【鳴く】

(一般に) **cry** [クライ]; (鳥がさえずる) sing* [スィンッグ]

> **参考 「鳴く」の表し方**
> 動物の種類によって用いる動詞が異なります.(アヒル) quack /(犬) bark /(牛) moo /(馬) neigh /(カエル) croak /(カラス) caw /(小鳥) chirp /(おんどり) crow /(めんどり) cackle /(猫) meow /(ネズミ) squeak /(ハト) coo /(羊) bleat /(豚(ぶた)) grunt

なぐさめ【慰め】

(a) comfort [カンふァト]

なぐさめる【慰める】

comfort [カンふァト]

▶洋二のおじいさんが亡くなったとき, なんとか彼を慰めようとした.
I tried to **comfort** Yoji after his

grandfather's death.

˙なくす【無くす，亡くす】

(失う) **lose*** [るーズ];
(規則・制度などを) do* away with ...

▸どこかで筆箱をなくしてしまった。
I have **lost** my pencil case somewhere.

▸こんな規則はなくしたほうがいい。 We should **do away with** such a rule.

▸わたしは去年，祖母をなくした。
I **lost** my grandmother last year.

結びつくことば
ペンをなくす lose one's pen
かぎをなくす lose one's key
無駄をなくす cut waste
希望をなくす lose hope

–なくて

▸お金**がなくて** DVD が買えない。
I **don't have** any money, **so** I can't buy a DVD.

▸あの女の子は真紀**じゃなくて**美樹です。
That girl is **not** Maki **but** Miki.

なくてはならない【無くてはならない】

essential [イセンシャる], indispensable [インディスペンサブる]

▸水は生命にとって**なくてはならない**ものだ。 Water is **essential** to life.

˙なくなる【無くなる，亡くなる】

❶［紛失(ふんしつ)する］
lose; be gone, be missing
❷［使い尽(つ)くす］**run out of ...**
❸［死ぬ］**pass away, die**
❹［存在しなくなる］**be 動詞＋ not, no**

❶［紛失する］(人が) **lose*** [るーズ];
(物が) **be* gone** [ゴーン], be missing

▸消しゴムがなくなった。
I have **lost** my eraser. / My eraser **is gone [missing]**.

❷［使い尽くす］run* out of ...

▸冷蔵庫の中に食べ物がなくなった。
We **ran out of** food in the fridge.

▸わたしたち，時間がなくなってきました。
We are **running out of** time.

❸［死ぬ］pass away, die [ダイ] ➡ しぬ

▸先生のお父さんがゆうべ亡くなった。
Our teacher's father **passed away** **[died]** last night.(♦pass away は die のていねいな言い方)

❹［存在しなくなる］《be 動詞＋ not》, no

▸もう帰るバスはなくなっていた。 There were **no** more buses going home.

なぐる【殴る】

strike* [ストゥライク], hit* [ヒット];
(なぐり倒(たお)す) knock down [ナック]

▸武がわたしの頭をなぐった。
Takeshi **struck** **[hit]** me on the head.(♦なぐられた部分を強調したいときは，strike my head とする)

なげく【嘆く】

feel* sad《about ...》[サぁッド], grieve [グリーヴ]

▸自分の不幸を嘆いていてはいけない。
You should not **feel sad about** your misfortunes.

˙なげる【投げる】

❶［ほうる］**throw***《at [to] ...》[すロウ];
［ある目標に向かって］pitch [ピッチ]

▸少年は空き缶(かん)めがけて石を投げた。
The boy **threw** a stone **at** the empty can.(♦throw ... at 〜は，「…を〜に目がけて投げつける」の意味)

▸早紀は犬に骨を投げてやった。
Saki **threw** a bone **to** the dog.
(♦throw ... to 〜は「…を〜に投げあたえる」の意味)

▸そのボールをこっちへ投げて。
Please **throw** me that ball. / Please **throw** that ball **to** me.

▸カーブが投げられるようになった。
I've learned to **pitch** a curve ball.

❷［あきらめる］give* up

▸最初から試合を投げちゃいけないよ。
Don't **give up** the game from the beginning.

–(が)なければ

without ... [ウィざウト]

▸身分証明書がなければ入れません。 You can't enter **without** your ID.

▸あした，雨が降らなければいいなあ(→降らないことを望む)。
I hope it will not rain tomorrow.

▸きみでなければ(→きみ以外の人は) 彼を説得できない。 Nobody but you can persuade him.

–(し)なければならない

《have* to ＋動詞の原形》, must* ➡ -ならない

なこうど【仲人】

a matchmaker [マぁッチメイカ], a go-between

なごむ【和む】

▸彼女の歌を聴(き)くと**心がなごむ**. **My heart softens** [I **feel at ease**] when I listen to her songs.

なごやか【和やかな】
friendly [ふレンドり]
▸なごやかな雰囲気(ふんいき)
a **friendly** atmosphere

-(し)なさい (♦動詞の原形で文を始める)
▸静かにしなさい. **Be** quiet.
▸もっとゆっくり食べなさい.
Eat more slowly.

なさけ【情け】 (親切) kindness [カインドネス]; (同情) sympathy [スィンパすィ]; (慈悲(じひ)) mercy [マ～スィ]
情け深い kind, merciful

なさけない【情けない】
(恥(は)ずべき) shameful [シェイムふる]; (哀(あわ)れな) pitiful [ピティふる]; (みじめな) miserable [ミゼラブる]
▸**情けない**態度 **shameful** manner
▸きみがそんなことをする**とは情けない**. **It's a shame that** you did such a thing.

ナシ『植物』a Japanese pear [ペア] (♦pear は「洋ナシ」を指す)

-なしで without ... [ウィざウト]
▸彼の助けなしでは何もできない. I can't do anything **without** his help.

なしとげる【成し遂げる】
(達成する) accomplish [アカンプリッシ]; (やり遂げる) carry out

なじみ【なじみの】 (お気に入りの) favorite, 『英』favourite [ふェイヴァリット]; (よく知っている) familiar [ふァミりャ] ➡ **おさななじみ**

なじむ get* used to ... ➡ **なれる**

ナス
『植物』an eggplant [エッグプらぁント]

なすりつける【擦り付ける】
(こすりつける) rub [ラブ];
(責任などを) shift [シふト]

なぜ **why** [(ホ)ワイ]

> ダイアログ　**質問する**
> A:なぜこんなに早く起きたの?
> **Why** did you get up so early?
> B:宿題をするためです. To do my homework. / (→なぜなら宿題をしなければならないからです) Because I have to do my homework.

> ダイアログ　**質問する**
> A:外へ出てはいけません.
> You mustn't go out.
> B:なぜ(だめなの)? **Why** not?(♦否定文に対して「なぜ?」と問い返すときは, "Why?"だけでなく, not をつける)

▸なぜジェーンがボブを嫌(きら)うのかわからない. I don't know **why** Jane hates Bob. (♦why 以下を目的語にするときは《why ＋主語＋動詞 ...》の語順になる)

なぜか for some reason [リーズン], somehow [サムハウ]
▸なぜか彼のことを忘れられない.
Somehow I can't forget him.

なぜなら(ば) **because** [ビコーズ], for
▸わたしたちは翔太が好きだ. なぜなら彼はとても優(やさ)しいからだ. We like Shota **because** he is very kind.

なぞ【謎】 (不思議なこと) a mystery [ミステリ]; (なぞなぞ) a riddle [リドゥる]
▸なぞを解くかぎ a key to a **mystery**
▸オイディプスはスフィンクスが出したなぞを解いた. Oedipus solved the **riddle** of the Sphinx. (♦Sphinx はギリシャ神話で, 女の頭とライオンの胴(どう)と翼(つばさ)をもつ怪物. 通行人になぞをかけ, 解けない人を殺したと言われる)
なぞの mysterious [ミスティリアス]

なぞなぞ a riddle ➡ **なぞ**
▸ねえ, なぞなぞ出して.
Hey, ask me some **riddles**.

なた (山刀) a machete [マシェティ]

なだめる soothe [スーず], calm [カーム]

なだらか【なだらかな】
gentle [ヂェントゥる]
▸なだらかな坂 a **gentle** slope

なだれ a snowslide [スノウスらイド], an avalanche [あヴァらぁンチ]

ナチュラル【ナチュラルな】
natural [ナぁチュラる]

なつ【夏】 **summer** [サマ] ➡ **はる**[1]
▸季節の中では夏がいちばん好きだ.
I like **summer** (the) best of all seasons.

▸夏にはたくさんの人が海水浴に行く. Many people go swimming in the sea in **summer**.

▸ことしの夏は家族全員で山へキャンプに行きます. My whole family will go camping in the mountains this **summer**. (♦this, next, last などがつくと in は不要)

夏時間 〖米〗daylight saving time, 〖英〗summer time

夏服 summer clothes, summer clothing

夏ミカン a summer orange with a thick rind [ラインド]

夏休み (the) summer vacation, 〖英〗summer holidays

▸夏休みの間に, よくバイオリンの練習をしておこう. I'll practice the violin hard during **summer vacation**.

夏祭り a summer festival

なつかしい【懐かしい】

▸昨夜, **なつかしい友達**(→旧友)から電話があった. **My dear old friend** called me last night.

▸小学生のころを**なつかしく思い出します**(→よい思い出がある).

I **have good memories** of our elementary school days.

なつく

become* attached《to ...》[アタぁッチト]; (なついている) be* attached《to ...》

▸このクマは飼育係によくなついている. This bear **is** quite **attached to** its keeper.

なづける【名付ける】(命名する)

name [ネイム]; (呼ぶ) call [コーる]

▸赤ん坊(ぼう)はジョンと名づけられた. The baby was **named** John.

ナッツ a nut [ナット]

▸ミックスナッツ mixed **nuts**

(…することに)なっている

《be* to ＋動詞の原形》,《be going to ＋動詞の原形》; (義務・責任として)《be supposed to ＋動詞の原形》

▸わたしたちは3時に駅で会う**ことになっている**. We **are (supposed) to** meet at three at the station.

なって(い)ない

▸彼らは**しつけがなってない**. They **are not well-disciplined [poorly disciplined]**.

✲なっとう【納豆】*natto*

日本紹介 納豆は, 発酵(はっこう)した大豆からできている食品です. 朝食にご飯の上にのせて食べることが多いです. ねばねばしてにおいが強いので, 初めて食べたりにおいをかいだりするときは, 腐(くさ)っていると思うかもしれません. だれもが納豆を好きというわけではありませんが, 健康的な食品として人気です.

Natto is food made of fermented soybeans. It is often put on rice and eaten for breakfast. It is sticky and has a strong smell. So when you eat or smell it for the first time, you may think it is rotten. *Natto* is not everyone's favorite food, but it is popular as a healthy food.

なっとく【納得する】(理解する)

understand* [アンダスタぁンド]

▸納得のいかないことが多すぎる. There're too many things I don't **understand**.

▸納得した. I'm convinced.

なでる stroke [ストゥロウク], pet

▸その少女は赤ちゃんの頭をそっとなでた. The girl **stroked** the baby's head gently.

•-など **and so on**, etc. [エトセトラ]

▸京都では金閣寺や京都タワー**など**を訪ねた. In Kyoto I visited Kinkakuji Temple, Kyoto Tower, **and so on**.

▸愛美は遠足にチョコレートやクッキーなど, お菓子(かし)をたくさん持って来た. Manami brought a lot of sweets — chocolate, cookies, **etc**. — to the outing. (♦etc. の前にはコンマを打ち, and はつけない)

⁑なな【七(の)】 seven [セヴン]

▸世界の七不思議 **Seven** Wonders of the World

第7(の) the **seventh** [セヴンす] (♦7th と略す)

▸春の七草 the **seven** herbs of spring

•ななじゅう【七十(の)】

seventy [セヴンティ]

第70(の) the **seventieth**

[セヴンティエす]（♦70th と略す）

ななつ【七つ(の)】（数）seven
[セヴン] ➡ なな;
（年齢(ねんれい)）seven (years old) ➡ -さい[1]
七つ道具 a complete set of tools

ななめ【斜めの】 diagonal
[ダイあゴヌる], slanting [スらぁンティンㇰ]
▸斜めの線を引く
draw a **diagonal** line
斜めに diagonally

なに, なん【何】

❶〖疑問〗**what** [(ホ)ワット]

ダイアログ　質問する
A: あれは何？ **What**'s that?
B: レインボーブリッジよ。
It's the Rainbow Bridge.

▸何があったんですか？
What happened?
▸そこできみは何をしているの？
What are you doing there?
▸この棒は何に使うの？
What is this stick for?
▸あなたは何語を話しますか？
What languages do you speak?

ダイアログ　質問する
A:「おにぎり」は英語で何と言うのですか？ **What**'s the English for "onigiri"? / (→どう言うか) How do you say "onigiri" in English?
B:「rice ball」です。 Rice ball.

▸何をしたらいいのかわかりません。
I don't know **what** to do.

❷〖驚(おど)き〗What!, Why! [(ホ)ワイ]
▸なに！ 彼が負けたって？
What! Did he lose the game?

なにか【何か】

something [サムすィンㇰ];
anything [エニすィンㇰ]（♦ふつう something は肯定文で，anything は疑問文や if で始まる文で用いる）
▸何か甘(あま)いものが食べたい。
I want to eat **something** sweet.
（♦something や anything を修飾(しゅうしょく)する形容詞は，その後ろにつける）
▸何か飲み物はありますか？
Do you have **anything** to drink?
▸何かあったらすぐ知らせてください。
If **anything** happens, please let me know right away.
▸何か質問はありますか？
Do you have **any questions**?

なにがなんでも【何が何でも】
at all costs, at any cost, no matter what
▸何が何でもわたしはこの試合に勝たなければならない。 I have to win this game **at all costs**.

なにげない【何気ない】
casual [キぁジュアる]
▸彼の何気ないことばがエリーを傷つけた。
His **casual** remarks hurt Ellie.
何気なく casually

なにしろ【何しろ】
（とにかく）anyway [エニウェイ];
（なぜなら）because [ビコーズ];
（何と言っても）after all
▸なにしろやってみないとわかりません。
Anyway, we won't know until we try it.

ダイアログ　説明する
A: なぜ電話してくれなかったの？
Why didn't you call me?
B: なにしろとても疲(つか)れていたから。
Because I was very tired.

なにも【何も…ない】

not ... anything [エニすィンㇰ],
nothing [ナすィンㇰ]
▸そのことについては何も知らない。I **don't** know **anything** about that. / I know **nothing** about that.
▸何も泣くことはないだろう（→泣く理由はない）。
You have no reason to cry.

なにもかも【何もかも】 all [オーる], everything [エヴリすィンㇰ] ➡ ぜんぶ
▸何もかもお話しするつもりだ。
I will tell you **everything**.
▸きのう起きたことは何もかもわたしのせいだ。 I am to blame for **all** that

happened yesterday.

なにより【何より】

▸無事で**何よりだ**(→あなたが無事でうれしい).

I'm so glad (that) you're safe.

▸寒い日には熱いスープが**何よりだ**(→すべての中で最もよい). On a cold day, hot soup is **the best thing of all**.

–なので because ➡ **–ので**

–なのに though ➡ **–のに**

なびく (風に) stream [ストゥリーム]

▸旗は風になびいていた. The flag was **streaming** in the wind.

ナプキン (食事用) a napkin [ナぁプキン]; (生理用) a sanitary napkin [サぁニテリ ナぁプキン], a sanitary pad [パぁッド]

なふだ【名札】 a name card

なべ (浅めで片手のもの) a pan [パぁン]; (深めで両手のもの) a pot [パット]

● なべのいろいろ

① フライパン frying pan
② 片手なべ saucepan
③ 両手なべ pot
④ 中華(ちゅうか)なべ wok

なべ料理 a dish cooked on the table and served in a pot

なま【生の】 (熱を通していない) raw [ロー], uncooked [アンクックト]; (新鮮(しんせん)な) fresh [ふレッシ]; (録音でない) live [らイヴ] (♦発音注意)

▸魚を生で食べる eat fish **raw**

生ごみ (kitchen) garbage

生煮(に)えの half-cooked

生焼けの half-roasted, half-baked

生演奏 a live performance

生卵 a raw egg

生ハム uncured ham

生放送 a live broadcast

▸そのコンサートは今夜, ロンドンから**生放送される**.

The concert will **be broadcast live** from London tonight.

生水 (煮沸(しゃふつ)していない水) unboiled water

生野菜 fresh vegetables

なまいき【生意気】 (厚かましさ) impudence [インピュデンス]; (生意気な態度)〖口語〗cheek [チーク]

生意気な impudent; 〖口語〗cheeky, sassy [サぁスィ]

▸生意気なやつ an **impudent** fellow

⁑なまえ【名前】 a **name** [ネイム]

ダイアログ　**質問する・説明する**

*A:*お名前は何とおっしゃいますか?
What's your **name**, please? / May I have your **name**, please?

*B:*クリストファー・ワイルドです.
My **name** is Christopher Wylde.
(♦What is ...? より May I ...? のほうがていねいな言い方)

▸ここに住所と名前を記入してください. Please enter your **name** and address here. (♦英語では name and address の順がふつう)

▸この虫の名前を知っていますか? Do you know the **name** of this insect?

名前をつける name ➡ **なづける**

参考 名前の言い方

英米人の名前は Thomas Alva Edison のように 3 つの部分から成ることが多く, それぞれ first name (名), middle name (中間の名), last name または family name (姓(せい)) と言います. 日本人の名前は山田一郎のように姓・名の順ですが, 英米人に紹介(しょうかい)するときは, 日本語の順序のとおり Yamada Ichiro と姓・名の順に言う言い方と, 英語圏(けん)の順序に合わせて Ichiro Yamada と名・姓の順に言う言い方があります. また, 日本語の順序で日本人の名前を書くときには, YAMADA Ichiro と姓の部分を大文字にしたり, Yamada, Ichiro とコンマを入れたりして, どれが姓であるかわかるようにする方法もあります.

なまぐさい【生臭い】 fishy [ふィシィ]

なまける【怠ける】 (働くことをいやがる) be* lazy [れイズィ]; (勉強・仕事などをサボる) neglect [ネグれクト]

▸怠けるな. Don't **be lazy**.

▸勉強を怠けてしまって, 今や追いつくのに必死だ. I **neglected** my studies,

and now I'm trying hard to catch up.（♦catch up で「追いつく」の意味）

怠け者 a lazy person

ナマズ 〘魚類〙 a catfish ［キャットふィッシ］（複数 catfish, catfishes）

なまぬるい【生ぬるい】
lukewarm ［るークウォーム］
▸生ぬるいコーヒー **lukewarm** coffee
▸このジュースは生ぬるい（→十分冷えていない）．This juice is not cool [cold] enough.

なまり¹【訛】 an accent ［あクセント］
▸ジョンは強い関西なまりの日本語を話す．John speaks Japanese with a strong Kansai **accent**.

なまり²【鉛】 〘化学〙 lead ［れッド］

•**なみ¹【波】** a **wave** ［ウェイヴ］；（さざ波）a ripple ［リプる］
▸きょうは波が高い．
The **waves** are high [big] today.
▸ボートが波にさらわれた．A boat was washed away by the **waves**.

波打ちぎわ a beach

なみ²【並】
（平均）an [the] average ［あヴェレッヂ］

並の average

なみき【並木】 a row of trees
▸ポプラ並木 a row of poplars

並木道 a tree-lined street, an avenue ［あヴェニュー］

•**なみだ【涙】** tears ［ティアズ］
（♦ふつう複数形で用いる）；（涙の粒(つぶ)）a teardrop ［ティアドゥラップ］
▸涙を流す shed **tears**
▸あのラストシーンでは涙が止まらなかった．I couldn't hold back my **tears** at that last scene.（♦hold back で「…を抑(おさ)える」の意味）/ That last scene moved me to **tears**.
▸夏帆は仁の冗談(じょうだん)に涙を流して笑い転げた．Kaho laughed at Jin's joke with **tears** in her eyes.
▸涙をふきなよ．**Dry your eyes.**

ナメクジ 〘動物〙 a slug ［スラッグ］

なめらか【滑らかな】
smooth ［スムーず］

滑らかに smoothly

なめる
lick ［リック］；（液体を）lap ［らぁップ］
▸子犬はわたしのほおをぺろぺろなめた．
The puppy **licked** me on the cheek.
▸子猫(ねこ)がミルクをぴちゃぴちゃなめている．A kitten is **lapping** milk.

▸おれをなめるなよ．（→甘(あま)くみるなよ）**Don't make light of** me. /（→ばかにするなよ）**Don't make a fool of** me.

なや【納屋】 a barn ［バーン］

なやます【悩ます】（心配をかけて）trouble ［トゥラブる］；（じゃまをして）bother ［バざ］；（不安などで）worry ［ワ～リ］
▸一晩じゅう騒音(そうおん)に悩まされた．I was **bothered** by noise all night.
▸父は腰痛(ようつう)**に悩まされている**（→かかっている）．My father **is suffering from** backache.

なやみ【悩み】
(a) trouble ［トゥラブる］, (a) worry ［ワ～リ］, a problem ［プラブれム］
▸だれにだって悩みはある．Everybody has **troubles** [**worries**].
▸彼は両親の悩みの種だ．
He is a **worry** [**trouble** / **problem**] to his parents.

•**なやむ【悩む】** **be* worried** ［ワ～リド］, **be troubled** ［トゥラブるド］
▸春樹は学校の成績のことで悩んでいる．
Haruki **is worried** about his grades in school.
▸何を悩んでいるの？ What **are** you **worried** about? /（→何が悩みか）What's your trouble? /（→何が悩ませるのか）What's worrying you?

なよなよした
（弱々しい）feeble ［ふィーブる］

－なら if ［イふ］ ➡ **もし**
▸できるなら，今答えてほしい．I want you to answer now **if** you can.
▸野球**のことなら**何でもきいてください．
Ask me anything **about** baseball.

•**ならう【習う】**（習得する）**learn*** ［ら～ン］

（対義語「教える」teach）;
（レッスンを受ける）take* lessons
▸どこで日本語を習ったのですか？
Where did you **learn** Japanese?
▸カナダ人から英語を習っている．
I'm **learning** English from a Canadian.
▸わたしたちはこのソフトの使い方はまだ習っていません．
We haven't **learned** (how) to use this software yet.
▸週１回，ピアノを習っている． I **take** piano **lessons** once a week.
ことわざ **習うより慣れよ．**
Practice makes perfect.
（♦「練習を積むことで完全なものになる」という意味）

ならす¹【鳴らす】（音を出す）sound［サウンド］;（ベルを）ring*［リング］;（警笛(けいてき)を）blow*［ブろウ］
▸クラクションを鳴らす
sound [**blow**] a horn
▸彼女は玄関(げんかん)のベルを鳴らした．
She **rang** the doorbell.

ならす²【慣らす，馴らす】
accustom［アカスタム］;（訓練する）train［トゥレイン］;（野生の動物を飼いならす）tame［テイム］
▸博は体を北海道の寒さに慣らそうとした． Hiroshi tried to **accustom** himself to the cold in Hokkaido.

ならす³【均す】
（平らにする）level［れヴる］

⁑-ならない

❶〚…しなければならない〛
have to ＋動詞の原形，must, have got to ＋動詞の原形
❷〚…してはならない〛
must not, should not, don't
❸〚…しないではいられない〛
cannot help ＋～ing

❶〚…しなければならない〛《**have* to ＋動詞の原形**》［ハぁふ トゥ］，**must***［マスト］，〚口語〛《have got to ＋動詞の原形》
▸もう出かけなければならない．
I **have to** [**must**] leave now.

ダイアログ　質問する
A: きみといっしょに行かなければならないの？ Do I **have to** go with you?
B: いえ，その必要はありません．
No, you don't have to.

ルール have to と must
have to は **must** より柔(やわ)らかい言い方で，会話でよく用います．**must** には過去形がないので，「…しなければならなかった」は **had to** を用います．また，will などの助動詞の後に同じ助動詞の must を置くことはできないので，「…しなければならないだろう」は **will have to** で表します．（例）I *had to* walk in the rain.（雨の中を歩かなければならなかった）/ We *will have to* come again.（わたしたちはもう一度来なければならないだろう）

❷〚…してはならない〛**must* not**, **should not**, don't ➡ **いけない**
▸このかぎはなくしてはならない．
You **mustn't** [**must not**] lose this key.（♦mustn't は［マスント］と発音する）
▸同じまちがいを２度繰(く)り返してはならない． You **should not** make the same mistake again.
❸〚…しないではいられない〛
《cannot* help ＋～ing》
▸母の病気が心配でならない．
I **can't help worrying** about my mother's illness.

ならぶ【並ぶ】 stand* in (a) line, line up［らインアップ］
▸３列に並ぶ **stand in** three **lines**
▸わたしたちは並んでバスを待った．
We **lined up** for the bus.
▸メグとビルは並んでベンチに座(すわ)った．
Meg and Bill sat **side by side** on the bench.

ならべる【並べる】（列にして）line up;（隣(となり)に）put* ... side by side
▸机を１列に並べる **line up** desks
▸びんを棚(たな)に並べる **put** bottles **side by side** on the shelf

-なり
▸**わたしなりに**がんばった．
I tried hard **in my own way**.

-なりそうだ（たぶん…になるだろう）
《be* likely to ＋動詞の原形》➡ **-そうだ**
▸雨になりそうだ． It **is likely to** rain.

–なりたい want to be ➡ なる[1]

なりたつ【成り立つ】
(構成されている) be* made up《of ...》, consist《of ...》[コンスィスト] ➡ なる[1]

なりゆき【成り行き】 (経過) course [コース]; (結果) a result [リザるト]

°なる[1]【成る】

❶[ある状態にいたる] become, be, get
❷[ある状態に変わる] turn, change, go
❸[ある数・時に達する] come to ...; come
❹[ある働きをする]
❺[成り立つ] be made up, consist

❶[ある状態にいたる]
become* [ビカム], **be***, **get*** [ゲット]
▸おばの店は有名**になった**.
My aunt's shop **became** famous.
▸将来は画家**になりたい**. I want to **be** a painter in the future.(♦want to や will の後では become よりも be を用いることが多い)
▸暗く**なる**前に帰ろう. Let's go home before it **gets** [**becomes**] dark.

くらべよう「…になる」の言い方
become はややかたい語で, 後に形容詞か名詞がきます. **get** や **grow** の後には形容詞がきます. **get** は口語でよく使います.

…**するようになる**
《**come*** **to** ＋**動詞の原形**》
▸リサの言いたかったことがわかる**ように**なった. I have **come to** understand what Lisa meant.
…**できるようになる**
《**learn*** **to** ＋**動詞の原形**》
▸すぐに泳げる**ようになり**ますよ.
You'll soon **learn to** swim.
❷[ある状態に変わる] **turn**《into ...》[ターン], **change**《into ...》[チェインヂ], **go***
▸木の葉が赤く**なって**きている.
The leaves are **turning** red.
▸オタマジャクシがカエル**になった**.
The tadpoles **turned into** frogs.
▸父は白髪(しらが)が目立つよう**になって**きた.
My father is **going** gray.
❸[ある数・時に達する]
(数に) **come*** **to ...**; (時に) **come**
▸合計で 2,200 円**になる**.
It **comes to** [is] 2,200 yen in all.
▸夏**になる**と尾瀬を思い出す. When summer **comes**, I think of Oze.
▸こちらに引っ越(こ)して**から 3 年になる**.
(→ 3 年たった) **Three years have passed since** I moved here. / (→ 3 年である) It is [has been] three years since I moved here.
❹[ある働きをする]
▸このソファーはベッドにも**なる**(→ベッドとしても使える).
This sofa is also used as a bed.
❺[成り立つ] be*made up《of ...》, consist《of ...》[コンスィスト]
▸わたしたちのクラブは 50 人**から成る**大きなものだ. Our club is a large one **made up of** fifty members.

°なる[2]【鳴る】 (音が出る) **sound** [サウンド]; (ベルが) **ring*** [リング]; (警笛(けいてき)などが) blow* [ブろウ]; (警報・目覚まし時計などが) go* off
▸授業の始まりと終わりにはチャイムが**鳴る**. The chimes **ring** [**sound**] at the beginning and the end of each class.
▸試合終了(しゅうりょう)の笛(ふえ)が**鳴った**.
The whistle **blew** for the end of the game.

なる[3]【生る】 (実をつける) bear* [ベア]
▸この木には実が**なり**ますか?
Does this tree **bear** fruit?

なるべく (できたら) if possible [パスィブる]; (できるだけ) as ... as possible, as ... as one can*
▸**なるべく**あしたまでにやりなさい.
Do it by tomorrow, **if possible**.
▸**なるべく**早く始めよう. Let's start as soon **as possible** [**we can**].

なるほど (わかった) I see.; (確かに) indeed [インディード], to be sure [シュア]

ダイアログ 相づちを打つ
A: こんなふうにしてアメリカの歴史は始まりました. This is how American history started.
B: ああ, なるほど. Oh, **I see**.

▸**なるほど**, 彼は頭がいい.
He is smart, **indeed**.

ナレーション narration [ナぁレイシャン]

ナレーター a narrator [ナぁレイタ]

なれなれしい too familiar [ふァミりャ]

▸彼は亜紀に対してなれなれしい.
He is **too familiar** with Aki.

なれる【慣れる, 馴れる】

❶〚人が〛get* used to ... [ユースト], get accustomed to ... [アカスタムド]; (慣れている状態) be* used to ..., be accustomed to ...
(♦to の後には名詞か, ～ing 形がくる)
▸まだ新しいクラスに慣れていない. I'm still not **used to** the new class.
▸はしを使うのにもすぐ慣れますよ.
You will soon **get accustomed to** using chopsticks.
❷〚動物が〛become* tame [テイム]; (なれている状態) be* tame
▸この犬は人になれている.
This dog **is tame**.

なわ【縄】 a rope [ロウプ]

なわとび【縄跳び】

〚米〛rope jumping [ロウプ], 〚英〛(rope) skipping
縄跳びをする 〚米〛jump rope, 〚英〛skip rope
縄跳びの縄 〚米〛a jump rope, 〚英〛a skipping rope

なん-【何…】

❶〚どの, 何という〛what
❷〚いくつの〛how many
❸〚いくらかの〛some, several, a few
❹〚多くの〛many

❶〚どの, 何という〛what [(ホ) ワット]
➡ なに
▸あなたは何年生ですか?
What grade are you in?
▸学校の電話番号は何番ですか? **What** is the school's telephone number?

ダイアログ 質問する
A: あなたは**何月**生まれですか? In **which month** were you born?
B: 7 月生まれです. In July.

ダイアログ 質問する
A: きょうは**何曜日**? **What day** (**of the week**) is it today?
B: 火曜ですよ.
It's Tuesday. / Today is Tuesday.

❷〚いくつの〛**how many** [ハウ メニ]
▸ミーティングには何人の生徒が出席したの? **How many** students attended the meeting?
▸東京からロンドンまで何時間かかりますか? **How many** hours does it take from Tokyo to London?
❸〚いくらかの〛**some** [サム], **several** [セヴラる], **a few** [ふュー]
▸生徒の何人かが宿題を忘れた.
Some [**Several**] students forgot their homework.
▸箱の中には何冊か本が入っている.
There are **some** [**a few**] books in the box.
❹〚多くの〛**many** [メニ]
▸わたしたちは何年もここに住んでいる.
We have lived here for (**many**) years.
▸何百人もの人 **hundreds of** people
何回 ➡ **なんかい**
何歳(さい) how old ➡ **いくつ, なんさい**
何時 ➡ **なんじ**
何点 what score
▸数学のテストは何点でしたか?
What (**score**) did you get on the math test?
何度 ➡ **なんかい, なんど**
何日 ➡ **なんにち**
何年 ➡ **なんねん**

なんい【南緯】

the south latitude [らぁティテュード]
▸南緯 36 度
36 degrees **south latitude** / **latitude** 36°S (♦latitude thirty-six degrees south と読む)

なんかい【何回】

how many times, how often
▸ひと夏に何回, 海に行きますか?
How many times do you go to the beach each summer?
何回か several times
何回も many times, again and again
▸その本は何回も繰(く)り返し読んだ. I've read that book **again and again**.

なんかん【難関】

a difficulty, a hurdle [ハ～ドゥる]
▸医者になるためには, 多くの難関を突破(とっ)しなければならない. You have to overcome many **hurdles** to be

a doctor.

なんきゅう【軟球】 a rubber ball

なんきょく【南極】 the Antarctic［あンタークティック］（対義語「北極」the Arctic）

南極の Antarctic

南極海 the Antarctic Ocean

南極大陸 Antarctica［あンタークティカ］

南極探検 an Antarctic expedition, Antarctic exploration

南極点 the (geographical) South Pole

なんこう【軟膏】
(an) ointment［オイントメント］

なんさい【何歳】 how old ➡ いくつ

ダイアログ　質問する
A: きみは何歳？　**How old** are you?
B: 15歳だよ．　I'm fifteen.

なんじ【何時】 what time;
（いつ） when［(ホ)ウェン］

ダイアログ　質問する
A: 今何時ですか？　**What time** is it (now)? / What is the time? / 〖米〗〖口語〗Do you have the time?
B: 6時50分です．　It's six fifty.

▸何時に起きたの？　**What time [When]** did you get up?

なんしき【軟式】

軟式テニス soft tennis, tennis played with a soft ball

軟式野球 rubber ball baseball

なんせい【南西】 the southwest［サウすウェスト］（◆S.W. と略す）

南西の southwest, southwestern

ナンセンス nonsense［ナンセンス］

なんだ（驚(おど)きや残念な気持ちを表して） oh (no)［オウ］

ダイアログ　驚く
A: きょうはお店はお休みだって．　They say the store is closed today.
B: なんだ．がっかり．
Oh no. What a disappointment!

▸なんだ，だれかと思ったら優斗じゃないか！　きみだとわからなかったよ．**Oh**, it's you, Yuto! I didn't notice you.

なんだか somehow［サムハウ］
➡ なんとなく

なんだかんだ【何だかんだ】

▸**何だかんだ**(→あれやこれや)でお金が必要だ．
I need money for **this and that**.

▸**何だかんだ**と忙(いそが)しい．　I am busy with **one thing and another**.

なんちょう【難聴である】
be* hard of hearing

なんて【何て】（感嘆(かんたん)） how, what;（疑問） what ➡ なんと

▸**何てったって**，カレーライスがいちばん好きだ．　**Above all**, I like curry and rice.（◆above all で「何よりも」の意味）

-なんて

▸わたしが1番だ**なんて信じられない**．　**I can't believe (that)** I'm the best.

▸中華(ちゅうか)料理**なんてどう**？
How [What] about Chinese food?

なんで【何で】 why ➡ なぜ

:なんでも【何でも】

（どんなものでも） **anything**［エニすィング］;（すべて） **everything**［エヴリすィング］

▸何でも言いたいことを言っていいよ．
You can say **anything** you want to.

▸ピートのことなら何でも知っているよ．
I know **everything** about Pete.

▸漫画(まんが)本なら何でもいい．
Any comic book will do [be OK].

なんでもない nothing［ナすィング］

ダイアログ　否定する
A: どうしたんだい？
What's the matter?
B: なんでもないよ．　**Nothing**.

:なんと【何と】

❶〖感嘆(かんたん)〗
how［ハウ］, **what**［(ホ) ワット］

▸なんと大きいんだろう！
How big! / It's very big!

▸なんと不思議な話なんだ！
What a strange story! / It's a very strange story!

ルール **How ...! と What ...!**

「なんと…なのだろう！」は《How＋形容詞(または副詞)！》か, 《What＋(a, an＋) 形容詞＋名詞！》で表しますが, 一般的な会話ではこの形をとらずに, It's very big! や Wow, it's big! などで言い表し, 強調したい部分を強く言います.

❷ 『疑問』 **what** ➡ なに, なん-

▸これは何という花ですか？ **What** (kind of) flower is this?

▸「クマ」を英語で何と(→どう)言いますか？ How do you say "kuma" in English?

˙なんど 【何度】 (回数・頻度(ひんど))

how many times, how often
➡ なんかい

ダイアログ　質問する

A: とても暑いね. 今の**気温は何度**なの？ It's very hot. **What's the temperature** now?

B: 39度よ. It's 39 degrees.

何度も many times, again and again

なんとう 【南東】 the southeast

[サウスィースト] (◆S.E. と略す)

南東の southeast, southeastern

▸池は町の**南東**にある. The pond is (to **the**) **southeast** of the town.

なんとか 【何とか】

(何とかして) somehow [サムハウ]

▸**何とかして** 3 時までに行くつもりです. I'll get there by three **somehow**.

何とか…する 《manage to＋動詞の原形》[マぁネッヂ]

▸**何とか**高志と連絡(れんらく)がとれた. I **managed to** contact Takashi.

なんとなく 【何となく】

somehow [サムハウ]

▸**何となく**彼のことが好きになれない. **Somehow** I don't like him.

なんとも 【何とも】 (まったく…ない)

not ... at all; (ほんとうに) very [ヴェリ], really [リーアリ]

▸彼のこと, **何とも**思っていません. I do**n't** care about him **at all**.

▸このシチューは**何とも言えないほど**おいしい. This stew is **really** delicious.

˙なんにち 【何日】

what day; how many days

ダイアログ　質問する

A: 学校は**何日に**始まるの？ **What day** will school start?

B: 8日です. On the eighth.

ダイアログ　質問する

A: きょうは**何日ですか**？ **What's the date** today?

B: 11月6日です. It's November 6. (◆November 6 は November (the) sixth と読む)

▸東京には**何日**滞在したのですか？ **How many days** did you stay in Tokyo?

なんにん 【何人】

how many people

▸この問題に答えた**生徒は何人**ですか？ **How many students** answered this question?

なんねん 【何年】 what year; how many years

▸イギリスには**何年**いたの？ **How many years** were you in Britain?

▸**何年も**真理に会っていない. I haven't seen Mari **for (many) years**.

ダイアログ　質問する

A: それは平成**何年**だっけ？ **What** Heisei **year** was it?

B: 24年だよ. The twenty-fourth year.

なんの 【何の】

what [(ホ)ワット]; (どんな) any [エニ]

▸**何の**映画が上映されているの？ **What** movie is showing?

▸あすは**何の**予定もありません. I don't have **any** plans at all for tomorrow.

なんぱ 【難破】

(a) shipwreck [シップレック]

難破する be* wrecked

ナンバー a number［ナンバ］;（車の）a license number［らイセンス ナンバ］, a registration number［レヂストゥレイシャン ナンバ］
ナンバープレート a license plate
ナンバーワン number one

なんばん【何番】 ➡ なん-

なんぶ【南部】 the southern part［サザン パート］, the south［サウす］;（アメリカの）the South

なんべい【南米】 South America
南米の South American

なんべん【何遍】 ➡ なんかい

なんぽう【南方】 the south ➡ みなみ

なんぼく【南北】 (the) north and (the) south（♦英語では方角を north「北」, south「南」, east「東」, west「西」の順に言うので,「南北」は (the) north and (the) south と表す）
南北に（南北の方向に）north and south, north-south
南北戦争（アメリカの）the Civil War

なんみん【難民】 a refugee［レふュヂー］
難民キャンプ a refugee camp

なんもん【難問】 a difficult problem;（試験の）a difficult question

なんようび【何曜日】 ➡ なん-

に 

Q「庭」は英語で何て言うのかな？
➡「にわ」を見てみよう！

に¹【二(の)】 **two**［トゥー］
第2(の) the **second**［セカンド］（♦2nd と略す）
▸切符(きっぷ) 2 枚 **two** tickets
▸**2 分の 1** **a half / one half**
2 倍, 2 回 twice, two times

に²【荷】 a load［ろウド］
▸それで肩(かた)の荷が下りた.
That took a **load** off my mind.
荷を積む［下ろす］ load [unload]
▸船に荷を積む **load** a ship

-に

❶［時］at ...; on ...; in ...; during ...
❷［場所・位置］at ...; in ...; on ...; to ...
❸［方向］to ...; for ...
❹［目的・対象］for ..., to ...;［変化］into ...
❺［原因］at ..., with ...;［受け身の相手］by ...
❻［割合］a ..., per ...

❶［時］（時刻）**at ...**;（日）**on ...**;（月・年）**in ...**;（期間）**during ...**［デュアリンッ］
▸1 時 30 分に **at** one thirty
▸金曜日に **on** Friday（♦this「今週の」や last「この前の」, next「今度の」をつけるときは on は不要）
▸10 月 31 日に **on** October 31
▸わたしは 2010 年に生まれた.
I was born **in** 2010.（♦「2010 年の 3 月に」なら **in** March, 2010）
▸夏休みに
during summer vacation
▸土曜の朝に電話しよう.
I'll call you **on** Saturday morning.（♦「朝に」は in the morning だが, 特定の日の朝の場合は on を用いる）

❷［場所・位置］（地点）**at ...**;（広い場所・中に）**in ...**;（接して）**on ...**;（離(はな)れて）**to ...**
▸今, バス停にいます.
I'm **at** the bus stop.
▸彼女は神戸に住んでいる.
She lives **in** Kobe.
▸壁(かべ)にポスターがはってある.
There is a poster **on** the wall.
▸カナダはアメリカの北にある. Canada is **to** the north of the U.S.A.

❸［方向］（到着(とうちゃく)点）**to ...**;（行き先）**for ...** ➡ -へ
▸博物館に行こう.
Let's go **to** the museum.
▸きのう, キャシーはアトランタに向けて出発した.
Kathy left **for** Atlanta yesterday.

❹［目的・対象］**for ..., to ...**;［変化］**into ...**［イントゥ］
▸散歩に行く go **for** a walk
▸この CD をあなたにあげよう.

I'll give this CD **to** you. / I'll give you this CD.
▸王子様はカエルになってしまいました。 The prince changed **into** a frog.
▸釣(つ)りに行く　go fishing
(◆《go ＋～ing》で「…しに行く」の意味)
❺〖原因〗at ..., with ...［ウィず］;**〖受け身の相手〗by ...**［バイ］➡ **-(に)よって**
▸みんなはその知らせにびっくりした。 All of us were surprised **at** that news.
▸大輝はお父さんに腕(うで)時計をもらった。 Daiki was given a watch **by** his father.
❻〖割合〗a ..., per ...［パ～］
▸1か月に2回　twice **a** month
▸1時間に5キロ歩く　walk five kilometers **per** [**an**] hour

にあう【似合う】(服などが) look nice [good]《on ...》, suit［スート］;(調和する) go* well with ... ➡ **あう¹**
▸そのブラウス,よく似合うね。 That blouse **suits** you very well. / That blouse **looks** very **nice** [**good**] **on** you.
▸あの2人は**お似合い**です。 Those two **make a good pair**.
▸彼は顔に似合わず(→その容貌(ようぼう)にかかわらず)臆病(おくびょう)だ。 He is timid **despite** his looks.

ニアミス　a near miss
▸2機の旅客(りょかく)機の間で,ニアミスがあった。 There was a **near miss** between two airliners.

にいさん【兄さん】
a brother［ブラざ］;(特に弟と区別して) an older brother ➡ **あに**
▸一郎兄さん,ペンを貸してくれない? Ichiro, can you lend me your pen? (◆英語では,兄に呼びかけるとき,名前を呼ぶのがふつう)

ニート　a NEET［ニート］
(◆*n*ot in *e*mployment, *e*ducation, or *t*raining の略)

にえる【煮える】be* boiled［ボイるド］;(火が通る) be cooked［クックト］
▸ニンジンは煮えましたか? Have the carrots **been boiled**?

˙におい　(a) **smell**［スメる］
においがする　smell*《of ...》
においをかぐ　smell, sniff［スニふ］
▸いいにおいがする花ね。 This flower **smells** good. / This flower has a good **smell**.
▸おいしそうなにおいがする。 I **smell** something delicious. / Something **smells** delicious.
▸これ,変なにおいがする。 This **smells** bad.

におう　smell*［スメる］, smell bad
▸この肉片(にくへん)はにおいだしている。 This piece of meat is beginning to **smell**.

˙にかい¹【二階】
〖米〗the second floor［ふろーア］,
〖英〗the first floor ➡ **-かい²**
2階へ, 2階に　(上階へ[に]) upstairs
▸5階から2階へ降りた。 I went down from the fifth floor to **the second floor**.

ダイアログ　**説明する**
*A:*お父さんはどこ?　Where's Dad?
*B:*2階よ。　He's **upstairs**. / He's on **the second floor**.

▸2階のわたしの部屋へ行こう。 Let's go **upstairs** to my room.
▸2階建ての家　a two-story house

にかい²【二回】twice ➡ **にど**

にがい【苦い】bitter［ビタ］
▸このコーヒーはわたしには苦過ぎる。 This coffee is too **bitter** for me.
▸苦い経験　a **bitter** experience

ニガウリ〖植物〗bitter gourd［ビタ ゴード］, a bitter melon, a balsam pear［ボーるサム ペア］

にがおえ【似顔絵】
a portrait［ポートゥレット］

にがす【逃がす】　(放してやる) set*... free［ふリー］, let* ... go;(捕(と)らえそこなう) miss［ミス］, fail to catch
▸ケリーはチョウを逃がしてあげた。 Kelly **set** the butterfly **free**. /

Kelly **let** the butterfly **go**.
▸チャンスを逃がさないで.
Don't **miss** your chance.
▸大きな魚を逃がしてしまった.
I **failed to catch** a big fish.

にがつ【二月】 February [ふェブルエリ]
(◆語頭は常に大文字; Feb. と略す)
➡ いちがつ

にがて【苦手】 be* not good at ...
▸わたしは体育が苦手だ.
I'm **not good** [**poor**] **at** P.E.
▸カエルは苦手だ(→好きでない).
I don't like frogs.
▸彼女は苦手だ(→仲よくできない).
I can't get along with her.

にがわらい【苦笑い】
an embarrassed smile [インバぁラスト], a wry smile [ライ]

にきび a pimple [ピンプる], 〖口語〗a zit [ズィット]
▸顔じゅうににきびができちゃった.
Pimples [**Zits**] have come out all over my face.
にきびづら a pimply face

にぎやか【にぎやかな】
(通りなどが) **busy** [ビズィ];
(活気のある) lively [らイヴり];
(騒(さわ)がしい) noisy [ノイズィ]
▸にぎやかな通り a **busy** street
▸新宿はほんとうににぎやかだ.
Shinjuku is really **lively**.
▸きみたち, にぎやかだね. 何をやっているの? You are so **noisy**. What are you doing?

にぎり【握り】
▸ひと握りの米 **a handful of** rice
✽**握りずし** (hand-shaped) sushi ➡ すし
✽**握り飯** an *onigiri*, a rice ball
➡ おにぎり

にぎる【握る】 (持つ) hold* [ホウるド]; (しっかり握る) grasp [グラぁスプ], grip [グリップ]
▸彼は右手にボールを握った.
He **held** a ball in his right hand.
▸ラケットをあまり強く握らないで.
Don't **grip** the racket too firmly.

にぎわう be* crowded [クラウディッド]

にく【肉】 (食用の) **meat** [ミート]
(◆meat はふつう魚・鳥以外の食用の肉を指す); (人間や動物の) flesh [ふれッシ]
▸肉1切れ a piece [slice] of **meat**
▸肉はよく焼いたのが好きです.
I like my **meat** well-done.
▸ひき肉 minced **meat** / mince
肉団子 a meat ball
肉まん a meat bun
肉屋 (人) a butcher [ブチャ]; (店) a butcher shop

> **参考 肉の呼び名**
> **1**〖肉の種類〗牛肉 beef / 子牛の肉 veal / 豚(ぶた)肉 pork / 羊肉 mutton / 子羊の肉 lamb / とり肉 chicken
> **2**〖牛肉の種類〗ヒレ肉 fil(l)et / ロイン loin / サーロイン sirloin / ランプ rump / あばら肉 rib

にくい【憎い】 (にくむ) hate [ヘイト]
▸あいつが憎い. I **hate** him. ➡ にくむ

-(し)にくい
《**be* hard to** +動詞の原形》[ハード], 《**be difficult to** +動詞の原形》[ディふィカるト]
(対義語「-(し)やすい」be easy to)
▸この窓は開けにくい.
It's **hard to** open this window. / This window **is hard to** open.
▸ポールはつき合いにくい.
It's **difficult** for me **to** get along with Paul.

にくがん【肉眼】
the naked eye [ネイキッド アイ]
▸その星は肉眼で見える. We can see that star with **the naked eye**.

にくしみ【憎しみ】 hatred [ヘイトゥリッド] (◆a hatred とも言う)
▸人に憎しみをいだいている
have **a hatred** for a person

にくしょく【肉食の】
meat-eating;
(肉食性の) carnivorous [カーニヴォラス]
肉食動物 a carnivore [カーニヴォーア], a carnivorous animal (対義語「草食動物」a herbivore [ハ〜ビヴォーア])

にくたい【肉体】 a body ➡ からだ
肉体的な
physical [ふィズィクる], bodily
肉体的に physically
肉体美 physical beauty
肉体労働

manual labor, physical labor

にくばなれ【肉離れ】
a pulled [torn] muscle
肉離れを起こす pull a muscle

にくまれぐち【憎まれ口】
▸**憎まれ口をたたく**のはやめなさい.
Stop **saying spiteful things**.

にくむ【憎む】 hate［ヘイト］
▸トムとジェーンは憎み合っている.
Tom and Jane **hate** each other.
▸**憎むべき**犯罪(はんざい) a **hateful** crime

にくらしい【憎らしい】 hateful［ヘイトふる］, nasty［ナぁスティ］➡ **にくい**

にぐるま【荷車】 a cart［カート］

にぐん【二軍】〖野球〗a farm (team)

・にげる【逃げる】 **run* away**, **get* away**, **escape**《from ...》［イスケイプ］
▸どうして逃げたのですか？
Why did you **run away**?
▸クマがおりから逃げた.
The bear **escaped** [**got away**] **from** the cage.
▸鳥がかごから逃げた(→飛んで出た).
The bird flew out of its cage.

にこにこ【にこにこする】
smile《at ...》［スマイる］➡ **にっこり**
▸チャーリーはいつもにこにこしている.
Charlie is always **smiling**.

にごる【濁る】
(泥(どろ)で) get* muddy［マディ］
濁った muddy, cloudy［クらウディ］
▸雨が降ると川がにごる. When it rains, the river **gets muddy**.
▸水がにごっている.
The water is **cloudy** [not clear].

・にさん【二, 三(の)】
two or three; (少数の) a few［ふュー］, a couple of ...［カプる］(♦couple は必ずしも 2 ではない)
▸**2, 3**日前
a few days ago / **two or three** days ago / **a couple of** days ago
▸本を**2, 3**冊, お借りしてもよろしいですか？ May I borrow **two or three** [**a couple of**] books?

にさんかたんそ【二酸化炭素】
carbon dioxide［カーボン ダイアクサイド］

:にし【西】 the **west**［ウェスト］(♦W. と略す)
(対義語「東」the east)
西の west, western
西へ, 西に west, westward
▸飛行機は西へ飛んで行った.
The plane flew to **the west**. / The plane flew **west** [**westward**].
西口 (駅の) the west exit
西日本 the western part of Japan
西日(にしび) the afternoon sun, the setting sun

にじ[1]【虹】 a rainbow［レインボウ］
▸空ににじがかかってる.
There's a **rainbow** in the sky.
にじ色 rainbow color
にじ色の rainbow-colored

にじ[2]【二次の】
(2 番目の) the second［セカンド］;
(二次的な) secondary［セカンデリ］
▸**第二次世界大戦** **World War II** (♦II は two と読む) / **the Second World War**
二次試験 a secondary examination, a second examination
二次方程式
〖数学〗a quadratic equation
［クワドゥラぁティック イクウェイジャン］

にじむ (色・インクなどが) run*［ラン］
▸紙にインクがにじんだ.
The ink **ran** on the paper.

・にじゅう[1]【二十(の)】
twenty［トゥウェンティ］
第 20(の) the **twentieth**
［トゥウェンティエす］(♦20th と略す)
▸ミケランジェロは**20**代で『ダビデ』を完成した. Michelangelo finished *David* in his **twenties**.
21 twenty-one
(♦「第 21(の)」は the twenty-first)
21 世紀 the twenty-first century
22 twenty-two
(♦「第 22(の)」は the twenty-second)

にじゅう[2]【二重の, 二重に】
double［ダブる］
二重にする double
二重あご a double chin
二重唱(しょう)**(曲), 二重奏(曲)**
a duet［デューエット］
二重丸 a double circle

ニシン〖魚類〗a herring［ヘリング］
(複数 herring, herrings)

ニス varnish［ヴァーニッシ］
ニスをぬる varnish
にせ【偽の】 false［ふォーるス］
（対義語「本物の」real）
▸にせのパスポート a **false** passport
にせ札(さつ)
a counterfeit bill［カウンタふィット］
にせい【二世】
（日系移民の2代目）a Nisei, a nisei;（王・女王の）the second［セカンド］
▸ヘンリー2世 Henry II
（◆Henry the Second と読む）
にせたいじゅうたく【二世帯住宅】 a two-family home, a two-family house
にせもの【偽物, 偽者】
a fake［ふェイク］;
（模造品）an imitation［イミテイシャン］
▸にせ物のバッグ a **fake** bag
にせる【似せる】（ならう）model［マドゥる］;（まねる）imitate［イミテイト］
▸この公園は有名な庭園に似せて造られた. This park was **modeled** on a famous garden.
にせん【二千】 two thousand
にたにた【にたにた笑う】
smirk［スマ～ク］
にたりよったり【似たり寄ったり】
▸どれも**似たり寄ったり**(→ほとんど同じ)なので, いちばん安いのを買った.
They were **almost the same**, so I bought the cheapest one.
-にち【…日】

> **参考「…日」の言い方**
> **1** 日付を表す場合, 例えば「4月15日」は〖米〗では April 15 のように書き, April (the) fifteenth と読みます.〖英〗, オーストラリアでは 15 April の順で書きます.
> **2** 日数を表す場合は《数詞＋day(s)》の形を用います.（例）It took me fifteen days to make this.（これを作るのに15日かかった）

にちえい【日英】
（日本と英国）Japan and Britain
日英の Japanese-British
にちじ【日時】 the date and time
▸博士の到着(とうちゃく)日時は未定です.
The date and time of the doctor's arrival are not fixed yet.
•**にちじょう【日常の】**
everyday［エヴリデイ］(◆形容詞のときは every day と2語にしない), daily［デイり］
日常会話 everyday conversation
日常生活 everyday life, daily life
▸水は日常生活に欠かせない. Water is necessary for our **daily life**.
にちべい【日米】（日本と米国）
Japan and the United States
日米の
Japanese-American, Japan-U.S.
にちぼつ【日没】 (a) sunset［サンセット］, sundown［サンダウン］
（対義語「日の出」(a) sunrise）
▸日没前に山小屋に着いた. I got to the mountain hut before **sunset**.
にちや【日夜】（昼も夜も）
night and day, day and night;
（常に）always［オーるウェイズ］
にちよう【日用の】
（日常の）daily［デイり］➡ **にちようひん**
にちようだいく【日曜大工】（仕事）do-it-yourself［ドゥーイチャセるふ］(◆D.I.Y. と略す);（人）a do-it-yourselfer
⁑**にちようび【日曜日】**
Sunday［サンデイ］(◆語頭は常に大文字; Sun. と略す) ➡ **げつようび**
▸マイクは日曜日にはいつも教会へ行く.
Mike goes to church on **Sundays**.
▸今度の日曜日に奈良へ行く予定です.
I'm going to (go to) Nara next **Sunday**.
にちようひん【日用品】
daily necessities［ネセスィティズ］
-について ➡ -(に)ついて
にっか【日課】
one's (daily) routine［ルーティーン］
▸犬の散歩を朝の日課にしている(→毎朝, 犬の散歩をしている). I take my dog for a walk every morning.
にっかん【日刊の】 daily［デイり］
▸日刊紙 a **daily** (newspaper)
-につき ➡ -(に)つき
•**にっき【日記】** a **diary**［ダイアリ］
▸姉は日記をつけている.
My sister keeps a **diary**.
▸きょうの試合のことを日記に書いた.

I wrote about today's game in my **diary**.

▸絵日記 a picture **diary**

ニックネーム a nickname
➡ **あいしょう**[1]

にっけい【日系の】 Japanese-［ヂャパニーズ-］, Japanese-descended

▸日系アメリカ人
a **Japanese**-American

日系2世 a Nisei, a nisei

◆にっこう【日光】

sunshine［サンシャイン］, the **sun**［サン］, sunlight［サンらイト］

▸部屋に**日光**を入れなさい. Let some **sunshine** into the room.

▸直射**日光** direct **sunlight**

日光浴 sunbathing［サンベイずィング］

▸彼女は海岸で**日光浴をした**.
She **sunbathed** [**suntanned**] on the beach.
(◆suntan は「日焼けをする」の意味)

にっこり【にっこりする】
smile《at ...》［スマイる］

▸真紀は**にっこりしながら**うなずいた.
Maki nodded **with a smile**.

にっし【日誌】 a diary［ダイアリ］

にっしゃびょう【日射病】
sunstroke［サンストゥロウク］

にっしょく【日食】 a solar eclipse［ソウら イクリプス］, an eclipse of the sun

▸皆既(かいき)［部分］日食 a total [partial] **eclipse of the sun**

にっすう【日数】 (the number of) days;（期間）time［タイム］

▸この絵を完成させるのに多くの**日数**がかかるだろう. It will take many **days** to finish this picture.

▸わたしたちは試合まで十分な**日数**がない. We don't have enough **time** [**days**] before the game.

にっちもさっちも

▸お金を使い果たしてしまって**にっちもさっちもいかない**(→窮地(きゅうち)に陥(おちい)っている). **I'm in a fix** because I have spent all my money.

にっちゅう【日中】（昼間）
the daytime［デイタイム］, the day

✽にっちょく【日直】
(day) duty（◆英米にはない制度）

▸きょうはあなたが**日直**です.
You are on (**day**) **duty** today.

にってい【日程】 a schedule［スケヂューる］, a program［プロウグラぁム］

▸あすは**日程**が詰(つ)まっている. We have a tight **schedule** tomorrow.

日程表 a program, a schedule

ニット【ニットの】 knit［ニット］

ニット帽(ぼう) a knit cap, a knit hat

にっぽん【日本】 Japan ➡ **にほん**

にている【似ている】 look like
➡ **にる**[1]

◆にど【二度】 **twice**［トゥワイス］, two times

▸きのうは三村先生に**2度**会った. I saw Mr. Mimura **twice** yesterday.

2度目の (the) second

▸来月京都に行く予定ですが, 京都を訪(おとず)れるのはそれで**2度目**になります.
I'm going to Kyoto next month. It will be my **second** visit.

二度と…ない **not ... again**［アゲン］, never ... again

▸彼とは**二度と**テニスをし**たくない**.
I **never** want to play tennis with him **again**.

にとう【二等】
(2番目) the second［セカンド］;
(客室などの等級) the second class

2等賞 (the) second prize

にねんせい【二年生】
(小学) a second-year pupil,
〖米〗a second grader［グレイダ］;
(中・高・大学) a second-year student;
(中学)〖米〗an eighth grader; (高校)
〖米〗a junior, an eleventh grader;
(大学)〖米〗a sophomore［サふォモーア］
➡ **がくねん, ねん**[1]

▸順二は中学**2年生**です.
Junji is in his **second year** of junior high school. / Junji is in **the eighth grade**. / Junji is an **eighth grader**.

◆-には

❶［時・場所に］**in ..., on ..., at ...**
❷［期間内に］**within ...**;［…までに］**by ...**
❸［…にとっては］**for ...**;
［…に対しては］**to ...**
❹［…するためには］《**to** ＋動詞の原形》,
《**in order to** ＋動詞の原形》

❶〘時・場所に〙 **in ..., on ..., at ...**
(♦英語には「…に」を強調した「…には」にあたる語はない) ➡ **-に**
▸大阪には9歳(さい)のときまでいた. I lived **in** Osaka until the age of nine.
❷〘期間内に〙 **within ...** [ウィずイン];
〘…までに〙 **by ...** [バイ]
▸来週ちゅうには宿題が終わるだろう.
I think I can finish my homework **within** the next week.
▸彼女は5時までには来るだろう.
She'll come **by** five.
❸〘…にとっては〙 **for ...**;
〘…に対しては〙 **to ...**
▸このTシャツはわたしにはちょっときつい. This T-shirt is a little too tight **for** me.
▸由美にはわたしがそれを伝えよう.
I'll tell it **to** Yumi.
❹〘…するためには〙《**to** ＋動詞の原形》, 《**in order to** ＋動詞の原形》 ➡ **-ため**
▸午前9時の新幹線に乗るには, 7時に家を出なければならない. I have to leave home at seven **(in order) to** take the 9 a.m. Shinkansen.

⁺にばい【二倍】

twice [トゥワイス];
(2倍の数・量) double [ダブる] ➡ **ばい**
…の2倍〜な twice as 〜 as ...
▸富士山は朝日岳(だけ)の2倍の高さがある(→2倍高い). Mt. Fuji is **twice as** high **as** Mt. Asahidake.
2倍にする, 2倍になる double
▸きょうからわたしたちは練習時間を2倍にするつもりだ. We will **double** the training hours from today.

⁺にばん【二番(目の)】

(the) second [セカンド], number two
▸北岳(だけ)は日本で2番目に高い山だ.
Mt. Kitadake is **the second** highest mountain in Japan.

にぶい【鈍い】

dull [ダる] (対義語「鋭(するど)い」sharp)

にふだ【荷札】

(ひもでつける) a tag [タぁッグ]; (はりつける) a label [れイブる]

にぶる【鈍る】

(刃物(はもの)・感覚などが) get* dull [ダる], become* dull

⁑にほん【日本】

Japan [ヂャパぁン]
▸この自動車は日本製だ.
This car is made in **Japan**.
▸彼女の名前は日本じゅうに知れわたっている. Her name is known all over **Japan**.
日本の **Japanese** [ヂぁパニーズ]
▸日本の伝統 **Japanese** traditions
日本アルプス the Japan Alps
日本海 the Sea of Japan
日本語 Japanese, the Japanese language
▸あなたは日本語を話しますか?
Do you speak **Japanese**?
▸日本語の新聞
a **Japanese** newspaper
日本国民 the Japanese (people)
日本史 Japanese history
日本酒 sake [サーキ]
日本代表(チーム) the Japanese national team, the all-Japan team
日本舞踊 Japanese dancing
日本列島 the Japanese Islands
日本料理
Japanese food, Japanese dishes

⁑にほんじん【日本人】

a Japanese [ヂぁパニーズ]
(複数 Japanese);
(全体をまとめて) the Japanese
日本人の Japanese
▸わたしは日本人です.
I'm **Japanese**. (♦国籍(こくせき)は形容詞を用いて言うのがふつう)

-にもかかわらず

although; in spite of ... ➡ **-(にも)かかわらず**

にもつ【荷物】

(かばん) a bag [バぁッグ]; (包み) a package [パぁケッヂ]; (旅行の手荷物)〘米〙 baggage [バぁゲッヂ], 〘英〙 luggage [らゲッヂ] (♦手荷物類を集合的に表す言い方; 数えるときは a piece of baggage のように言う) ➡ **に²**
▸荷物を網棚(あみだな)にのせよう. Let's put our **bags** [**baggage**] on the rack.

にもの【煮物】

food boiled in broth [ブロ(ー)す]

にゃあ(にゃあ)【にゃあ(にゃあ)と鳴く】

(ネコが)〘米〙 meow, 〘英〙 miaow [ミアウ]

にやにや【にやにやする】

(得意げに) smirk [スマ〜ク]

にやり【にやりと笑う】

grin [グリン]

ニュアンス

(ふくみ) overtones

[オウヴァトウンズ]；（微妙(びみょう)なちがい）(a) nuance [ニューアーンス]（◆フランス語から）

にゅういん【入院する】 go* into the hospital；（入院している）be* in the hospital（◆〘米〙では通例 the をつけるが, 〘英〙ではつけない）
▸クリスはもう1か月入院しています. Chris has **been in the hospital** for a month.

にゅうえき【乳液】 (an) emulsion [イマるシャン], (a) milky lotion

にゅうえんしき【入園式】 an entrance ceremony of a kindergarten [キンダガートゥン]

にゅうかい【入会する】 become* a member of ..., join [ヂョイン]
入会金 an entrance fee

・にゅうがく【入学】

（入ること）(an) entrance [エントゥランス]；（許可されること）admission [アドミシャン]
入学する enter (a) school
▸この春, 中学校に入学した. I **entered** junior high **school** this spring.
入学願書 an application form for admission
入学金 an admission fee, an entrance fee
入学志願者 an applicant [あプリカント]
入学式 an entrance ceremony
入学試験 an entrance exam [examination] ➡ にゅうし
入学手続き the entrance procedures

にゅうこう【入港する】 enter a port, come* into a port

にゅうこく【入国】 (an) entry to a country [エントゥリ]
入国する enter a country [エンタ]
入国手続き the entry procedures
入国ビザ an entry visa

・にゅうし【入試】

an entrance examination [エントゥランス イグザぁミネイシャン], 〘口語〙an entrance exam [イグザぁム]
▸高校入試 an **entrance exam** for high school / a high school **entrance exam**

ニュージーランド New Zealand [ニュー ズィーらンド]
ニュージーランド人 a New Zealander [ニュー ズィーらンダ]

にゅうしゃ【入社する】 enter a company [カンパニ], join a company

にゅうしょう【入賞する】 win* a prize [プライズ]
▸英語のスピーチコンテストで3位に入賞した. I **won** third **prize** in an English speech contest.
入賞者 a prizewinner

にゅうじょう【入場】 entrance [エントゥランス], admission [アドミシャン]
入場する enter [エンタ]
入場券 an admission ticket
入場行進 an entrance march
入場者 visitors；（観客）spectators；（全体をまとめて）attendance
入場無料 〘掲示〙Admission Free / Free Admission
入場料 an admission fee

・ニュース

news [ニューズ]（◆s は[ズ]と発音する；a をつけず単数あつかい；数えるときは a piece of news などと言う）
▸国内のニュース domestic **news**
▸7時のニュース the seven o'clock **news**
▸その事故に関する最新のニュース the latest **news** on that accident
▸真紀, いいニュースがあるんです. Maki, I have some good **news**.
▸スポーツニュース sports **news**
ニュース解説 a news commentary
ニュース解説者 a news commentator
ニュースキャスター（総合司会的な）an anchor [あンカ], an anchorperson；（ニュースを読むだけの）a newscaster
ニュース速報 a newsflash
ニュース番組 a news program

にゅうせん【入選する】（選ばれる）be* selected；（賞を得る）win* a prize [プライズ]
入選作品（選ばれた作品）a selected work；（入賞作品）a prizewinning work

にゅうぶ【入部する】 join [ヂョイン], become* a member of ...
▸わたしたちのクラブに入部しませんか？ Why don't you **join** our club?
▸彼女は陸上部に入部した.

She **became a member of** the track-and-field team.

にゅうもん【入門する】（加入する）join［ヂョイン］;（弟子(でし)になる）become* a person's pupil
入門コース a beginner course
入門書 a guide, a beginner's book

ニューヨーク（市）New York (City)［ニューヨーク, ニュー ヨーク スィティ］;（州）New York（◆アメリカ北東部の州）

にゅうよく【入浴】 a bath［バぁす］
入浴する take* a bath
入浴剤(ざい) a bath additive［あディティヴ］

にゅうりょく【入力】（コンピュータの）input［インプット］, data entry
入力する input*, type［タイプ］, enter
▸コンピュータにデータを入力する
input data into a computer
▸パスワードを入力しなさい.
Type your password.

にょう【尿】 urine［ユリン］

–によれば ➡ よる[3]

にょろにょろ【にょろにょろとはう】 slither［スりざ］, crawl［クローる］
▸ヘビが道をにょろにょろとはっていった. A snake **slithered** [**crawled**] on the road.

にらむ glare《at ...》［グれア］, look angrily《at ...》［あングリり］
▸どうしてわたしをにらんでいるのですか?
Why are you **glaring at** me?

にらめっこ
a staring game［ステアリング ゲイム］
▸にらめっこをする
play a **staring game**

にりゅう【二流の】
second-class, second-rate

◆にる[1]【似る】（姿形が…と）**look like ...**［らイク］, resemble［リゼンブる］;（性質・行動・姿形が…と）be* like ...;（2つが）look alike
▸妹さんはあなたに似ていますか?
Does your sister **look like** [**resemble**] you?
▸この2人, よく似てるね.
These two **look** very much **alike**.（◆alike は「似ている」の意味の形容詞で, 名詞の前では用いない）
▸あなたはそそっかしいね. お父さんによく似てる. You're so careless. You're really **like** your father.

ルール「似ている」でも現在形
「似ている」は様子・状態を表すので, **look** を進行形にはしません. 同じような例としては, **know**（知っている）, **like**（好きである）, **love**（愛している）などがあります.

◆にる[2]【煮る】（ゆでる）**boil**［ボイる］;（調理する）**cook**［クック］;（とろ火で煮る）simmer［スィマ］, stew［ステュー］
▸ジャガイモはすでに10分間煮てあります. The potatoes have been **boiled** for ten minutes.
▸肉が柔(やわ)らかくなるまで煮なさい.
Cook [**Simmer**] the meat until it becomes tender.

◆にわ【庭】（花などを植えた）a **garden**［ガードゥン］;（家のまわりの）a **yard**［ヤード］
▸庭のある家に住みたい. I want to live in a house with a **yard**.
▸裏庭 a back**yard**
庭いじり gardening

くらべよう yard と garden
1 アメリカでは, 建物の周囲の敷地(しきち)を **yard** と言います. **garden** は **yard** の一部で, 花や庭木が植えてある部分や家庭菜園を指します.
2 イギリスでは, コンクリートや石で舗装(ほそう)した庭を **yard**, 花や庭木, 芝生(しばふ)などを植えてある庭を **garden** と言います.

にわか【にわかに】
suddenly［サドゥンり］➡ **とつぜん**
にわか雨 a shower［シャウア］
▸きのうはにわか雨があった.
We had some **showers** yesterday.

ニワトリ【鶏】〘鳥類〙a chicken［チキン］;（おんどり）a rooster［ルースタ］;（めんどり）a hen［ヘン］➡ **ひよこ**

▸鶏が卵を産んだ. A **hen** laid an egg.

▸鶏がコケコッコーと鳴いた. A **rooster** crowed "cock-a-doodle-doo."

ニワトリ小屋 a henhouse

-にん【…人】(♦英語では「…人」にあたることばはなく, 名詞の前に three, five などの数詞をつけ, 名詞を複数形にすればよい)

▸おばには子供が**3人**いる.
My aunt has **three** children.

•にんき【人気】 popularity [パピュらぁリティ]

人気がある be* popular [パピュら], be liked; (人気が出る) become* popular

▸若者の間で今いちばん**人気のある**スポーツは何ですか? What **is** the most **popular** sport with [among] young people these days?

▸あの歌手は最近人気が出てきた.
That singer has **become popular** recently.

人気歌手 a popular singer

人気投票 a popularity poll, a popularity vote

人気番組 a popular program

人気者 a favorite [ふェイヴァリット]

▸彼はクラスの人気者だ.
He is a **favorite** of the class.

にんぎょ【人魚】
a mermaid [マ～メイド]

•にんぎょう【人形】 a **doll** [ダる]

人形劇 a puppet show [パペット ショウ]

●人形のいろいろ

①着せかえ人形 dress-up doll ②あやつり人形 puppet ③指人形 hand puppet

⁑にんげん【人間】
a **human being** [ヒューマン ビーインग]
(♦複数形の human beings を用いることが多い)

人間の, 人間的な human

▸人間的な[人間らしい]感情
human feelings

人間関係 human relations

人間国宝 a living national treasure

人間性 humanity [ヒューマぁニティ], human nature

人間ドック
a complete physical checkup

人間不信 a distrust of other people

人間味のある humane [ヒューメイン]

> **参考 「人間」を表す語**
>
> これまでは **man** や **mankind** (a や the をつけない) を「人間」を表す語として用いることが多かったのですが, 男女平等の観点から, **human being(s)** や **people** が用いられるようになりました. 場合によっては, **we** や **you** でもよいことがあります.
> (例) **We** should love nature more.
> (人間はもっと自然を愛するべきだ)

＊にんじゃ【忍者】 a *ninja*

にんじょう【人情】 human feelings

人情の厚い warm-hearted

にんしん【妊娠する】
become* pregnant [プレグナント];
(妊娠している) be* pregnant

ニンジン 〘植物〙 a carrot [キぁロット]

にんずう【人数】
the number of people

▸**人数**を数える
count **the number of people**

▸きみの班(はん)の**人数はいくつ**ですか?
How many people are there in your group?

にんそう【人相】(顔かたち, 目鼻立ち) features [ふィーチャズ];
(全体的な) looks (♦複数形がふつう);
(外見) appearance [アピアランス]

▸その男の**人相**を教えていただけませんか? Could you describe that man's **features** for me?

▸**人相の悪い**男 an **evil-looking** man

にんたい【忍耐】
patience [ペイシェンス]

忍耐強い patient

にんちしょう【認知症】
dementia [ディメンシャ]

ニンニク 〘植物〙 garlic [ガーりック]

にんむ【任務】 a duty [デューティ]
(♦しばしば複数形で用いる),
a mission [ミシャン]

▸**任務**を果たす
carry out one's **duties**

にんめい【任命】
appointment [アポイントメント]

任命する name［ネイム］, appoint
▸健太は議長に任命された. Kenta was **named** [**appointed**] (as) chairperson.

ヌ

Q「クマのぬいぐるみ」は英語で何と言うのかな？
➡「ぬいぐるみ」を見てみよう！

ぬいぐるみ【縫いぐるみ】
a stuffed toy［スタッふト トイ］;
(動物の) a stuffed animal［あニムる］
▸**クマの縫いぐるみ** a **teddy bear**

ぬいめ【縫い目】 a seam［スィーム］

ぬいもの【縫い物】 sewing［ソウイング］, needlework［ニードゥるワ〜ク］

ぬう【縫う】 sew*［ソウ］
▸母はわたしに服を**縫って**くれた.
My mother **sewed** me a dress. / My mother **sewed** a dress for me.

ヌードル noodles［ヌードゥるズ］
(◆ふつう複数形で用いる;麺(めん)類のこと)

ぬか (rice) bran［(ライス) ブラぁン］

ぬかす【抜かす】 (数に入れ忘れる)
miss［ミス］, leave* out;
(飛ばす) skip［スキップ］
▸わたしの番を**抜**(ぬ)**かさない**で.
Don't **skip** my turn.

ぬかる ➡ **ぬかるむ**

ぬかるみ mud［マッド］
▸うっかりして, **ぬかるみ**に足を踏(ふ)みこんでしまった. I carelessly stepped into the **mud**.

ぬかるむ be* muddy［マディ］
▸きのうの雨で校庭は**ぬかるんでいた**.
The schoolyard **was muddy** because it rained yesterday.

ぬきうち【抜き打ちの】
(突然(とつぜん)の) surprise［サプライズ］
抜き打ちテスト a surprise test

・ぬく【抜く】
❶『引き抜く』**pull out**［プル アウト］
▸とげを**抜く** **pull out** a thorn
▸びん**の栓**(せん)**を抜いた**. (→王冠(おうかん)の場合) I **opened** the bottle. / (→コルクの場合) I **uncorked** the bottle.
❷『追い越(こ)す』**pass**［パぁス］;
『…の先へ行く』get* ahead of ...;
『負かす』**beat***［ビート］
▸3人のランナーがわたしを**抜いた**.
Three runners **passed** me.
▸英語で彼を**抜く**ことはできません.
You can't **beat** [**get ahead of**] him in English.
❸『省く』skip［スキップ］
▸朝食を**抜く** **skip** breakfast

・ぬぐ【脱ぐ】take* off
(対義語「着る, はく」put on)
▸彼女は上着を**脱いだ**.
She **took off** her jacket.
▸ここで靴(くつ)を**脱いでください**.
Please **take off** your shoes here.

ぬぐう wipe ➡ **ふく**[3]

ぬけがら【抜け殻】
(セミなどの) a (cast-off) shell［シェる］;
(ヘビなどの) a slough［スらふ］

ぬけめ【抜け目ない】
smart［スマート］, shrewd［シュルード］
▸リサは何事にも**抜け目がない**. Lisa is **smart** [**shrewd**] in everything.
抜け目なく shrewdly

ぬける【抜ける】
❶『とれる, 外れる』come* out, come off;『落ちる』fall* (out)
▸歯が**抜けた**. A tooth **came out**.
▸箱の底が**抜けた**.
The bottom of the box **fell out**.
❷『通る』go* through ...［スルー］
▸この公園を**抜けていこう**.
Let's **go through** this park.
❸『欠けている』be* missing［ミスィング］
▸わたしの名前が名簿(めいぼ)から**抜けている**.
My name **is missing** from the list.

ぬげる【脱げる】 come* off
▸靴(くつ)が片方**脱げた**.
One of my shoes has **come off**.

ぬし【主】 (所有者) an owner［オウナ］
▸電話の声の**主**(→話者)
the speaker on the phone

ぬすみ【盗み】 (a) theft［せふト］, stealing［スティーりング］

・ぬすむ【盗む】steal*［スティーる］

▸彼らは美術館から絵を盗んだ. They **stole** a painting from a museum.

▸自転車を盗まれた.
I had my bicycle **stolen**. / My bicycle was **stolen**. (♦×I was stolen my bicycle. とは言わない)

ぬの【布】 cloth [クろーす]

▸布製のカバン
a bag made of **cloth** / a **cloth** bag

ぬま【沼】 a lake [れイク], a pond [パンド]; (沼地) a swamp [スワンプ]

ぬらす wet* [ウェット]

▸タオルを冷たい水でぬらしてください.
Please **wet** the towel with cold water.

ぬりえ【塗り絵をする】
color pictures (♦この color は「(絵などに)色を塗る」の意味の動詞)

▸妹は塗り絵をしていた.
My sister was **coloring pictures**.

塗り絵帳 a coloring book

♦**ぬる【塗る】** (塗料(とりょう)を) **paint** [ペイント]; (色を) **color** [カら]; (バターなどを) **spread*** [スプレッド]; (薬を) apply [アプらイ], put* 《on ...》

▸父は塀(へい)を白く塗った. My father **painted** the wall white.

▸子供たちは絵に色を塗っていた.
The children were **coloring** their pictures.

▸パンにジャムをたっぷり塗った. I **spread** a lot of jam on the bread.

▸この軟膏(なんこう)を傷口に塗っておきなさい.
Apply this ointment to the cut. / **Put** this ointment **on** the cut.

▸**ペンキ塗りたて** 〖掲示〗〖米〗 **Wet Paint** /〖英〗**Fresh Paint**

ぬるい lukewarm [るークウォーム]

▸ふろが**ぬるい**(→十分熱くない).
The bath **is not warm enough**.

▸わたしは**ぬるい**(→熱すぎない)ふろが好きだ.
I prefer the bath **not too hot**.

ぬるぬる【ぬるぬるした】
(つるつる滑(すべ)る) slippery [スりパリ]; (ねばねばした) slimy [スらイミ]

ぬるまゆ【ぬるま湯】

▸洗面器のお湯は**ぬるま湯だ**(→ぬるい).
The **water** in the washbowl **isn't warm enough**.

ぬれぎぬ【濡れ衣】 (不当な罪)
a false charge [チャーヂ],
a false accusation [あキューゼイシャン]

▸彼女は**ぬれぎぬを着せられた**(→不当にも罪に問われた).
She **was unjustly accused**.

♦**ぬれる** **get* wet** [ウェット]; (びしょぬれになる) get soaked [ソウクト]

▸雨でコートが**ぬれた**.
My coat **got wet** in the rain.

▸雨でびしょびしょに**ぬれてしまった**.
I **got soaked** in the rain.

ぬれた wet

▸**ぬれた**手でスイッチを触(さわ)らないように. Keep your **wet** hands off the switch.

ね

Q 「年賀状」を英語で説明するとしたらどう言う?
➡「ねんが」を見てみよう!

♦**ね[1], ねえ**

❶〖軽い感嘆(かんたん)など〗**really, so**
❷〖念を押(お)して〗**... isn't it?** など
❸〖呼びかけ〗**Listen!; Look!**

❶〖軽い感嘆など〗
really [リーアり], **so** [ソウ]

▸これは大きなビルですね.
This is **really** a big building.

❷〖念を押して〗**... isn't it?** など

▸あなたのお父さんは52歳(さい)ですよね?
Your father is fifty-two, **isn't he?**

ダイアログ　**質問する**
A: きみはスキーをやらないんだったね?
You don't ski, **do you?**
B: ええ, やりません. No, I don't.

ルール 付加疑問文の作り方
会話で「…ですね」と軽く念を押す場合, 文尾(ぶんび)に疑問形(付加疑問)をつけます.

ね

> **1** 肯定文の後には否定の疑問形をつけます.(例)John is tired, *isn't he?*(ジョンは疲(つか)れているようだね)
> **2** 否定文の後には肯定の疑問形をつけます.(例)You didn't come to school yesterday, *did you?*(きみはきのう,学校に来なかったね)
> なお,相手が同意することに疑いのない場合は,文尾を下げ調子に,疑いのある場合は上げ調子に言います.

❸〖呼びかけ〗**Listen!** [リスン]; **Look!** [るック] (◆Listen. は「聞いて」, Look. は「見て」の意味); Hey! [ヘイ], 〖米〗Say! [セイ] (◆どちらも親しい間での呼びかけ)

▸**ねえ!** いい考えがあるよ.
Listen! I have a good idea.

ね² 【根】 a root [ルート]
根づく take* root
▸**根も葉もない**(→根拠(こんきょ)のない)うわさ
a **groundless** rumor
▸彼は**根は**それほど悪い人ではない. He isn't so bad **at heart**. (◆at heart は「心の底では,ほんとうは」の意味)

ね³ 【値】 (a) price ➡ **ねだん**

ね⁴ 【音】 (a) sound [サウンド]; (虫の鳴き声)a chirp [チャ~プ]
音を上げる (→あきらめる) give* up

ねあがり 【値上がりする】
go* up (in price), rise* [ライズ]

ねあげ 【値上げする】 raise the price《of ...》[レイズ ざ プライス]

ねあせ 【寝汗をかく】
sweat* in one's sleep

ネイビーブルー navy blue

ネイル a nail [ネイる]
ネイルアーティスト a nail artist
ネイルアート nail art
ネイルケア nail care

ねうち 【値打ち】 (価値) value [ヴァりュー] ➡ **かち¹**; (値段) a price [プライス]
▸この切手にはたいした**値打ち**はない.
This stamp has little **value**.

ねえさん 【姉さん】
a sister [スィスタ]; (特に妹と区別して) an older sister ➡ **あね**
▸由利姉さん, あしたは暇(ひま)?
Yuri, will you be free tomorrow?
(◆英語では, 姉に呼びかけるとき, 名前を呼ぶのがふつう)

ネーブル
a navel orange [ネイヴる オーレンヂ]

ネーム a name ➡ **なまえ**
▸ファースト[ミドル, ファミリー]ネーム
one's first [middle, family] **name**
ネームプレート a nameplate

ねおき 【寝起き】
▸妹は寝起きがよい(→起きたときに機嫌(きげん)がよい). My sister is in a good mood when she wakes up. (◆「悪い」なら good の代わりに bad を用いる)

ねおち 【寝落ちする】
fall asleep [アスリープ]
▸きのうの夜は映画を見ていて**寝落ちした**. I **fell asleep** while watching a movie last night.

ネオン(サイン)
a neon sign [ニーアン サイン]

⁺ねがい 【願い】 (願望) a **wish** [ウィッシ]; (要求) a request [リクウェスト]
▸**願い事をする** make a **wish**
▸ついに**願い**がかなった(→実現した).
My **wish** has come true at last.
▸**願い**は受け入れられなかった.
My **request** was not accepted.
▸**お願いがあるのですが.**
Will you do me a favor? / May I ask a favor of you?

⁑ねがう 【願う】
(望む) **wish** [ウィッシ], **hope** [ホウプ]; (頼(たの)む) **ask** [あスク]
▸アドバイスを**お願い**できますか?
Can I **ask** you for some advice?
▸(電話で) 田中さん**をお願いします**.
May I speak to Mr. Tanaka?
▸これのコピー**をお願いします**.
Please make a copy of this.

(人)の…を願う 《**wish** +人+名詞》
▸心からあなたの幸せを願っています.
I sincerely **wish** you happiness.

…するよう願う
《**hope [wish]** + **to** +動詞の原形》
▸すぐお便りをいただけることを願って.
Hoping to hear from you soon.
(◆手紙や E メールの最後に用いる)

(人)が…するよう願う
《**hope [wish]** +(**that**)節》
《**wish** +人+ **to** +動詞の原形》
▸あなたが早くよくなるよう願っています.
I **hope (that)** you'll get well soon.

▸両親はわたしに大学へ行ってほしいと願っている. My parents **wish** me **to** go to a university.

ねがえり【寝返りを打つ】
turn over (in bed)

ねかす【寝かす】
put* ... to bed;(横たえる) lay*［れイ］
▸子供を寝かす **put** a child **to bed**
▸けが人を床(ゆか)に寝かす
lay an injured person on the floor

ネギ 〘植物〙a leek［リーク］(♦leek は厳密には日本のネギより太く, 葉も平べったいものを指す)

ねぎる【値切る】 beat* ... down, beat down the price;(値段の交渉(こうしょう)をする) bargain［バーゲン］
▸彼女はその財布(さいふ)を 3,000 円に値切った. She **beat down the price** of the wallet to 3,000 yen.
▸彼はその新車を値切ろうとした. He tried to **bargain** for the new car.

ねぐせ【寝癖】
▸髪(かみ)に**ひどい寝癖がついてしまった**(→寝ている間にぐちゃぐちゃになってしまった). My hair **got messy while I was asleep**.

ネクタイ
a tie［タイ］, a necktie［ネクタイ］
▸ネクタイをしめる put on a **tie**
ネクタイピン a tiepin, a tie clip

ネグリジェ a nightdress［ナイトドゥレス］, a nightgown［ナイトガウン］

·ねこ【猫】 〘動物〙a **cat**［キぁット］;(子猫)a kitten［キトゥン］
▸わたしは白い猫を飼っている.
I have a white **cat**.

▸彼は**猫舌だ**(→彼の舌は熱いものに敏感(びんかん)すぎる). His **tongue is too sensitive to hot things**.
猫背 a stoop
▸彼女は猫背だ. She has a **stoop**.

ねごと【寝言】
talking [speaking] in one's sleep
寝言を言う
talk [speak*] in one's sleep

ねこむ【寝込む】
(病気で) come* down with ...
▸彼は風邪(かぜ)で寝こんでしまった.
He **came down with** a cold.

ねころぶ【寝転ぶ】 lie*［らイ］
▸優真は畳(たたみ)の上に寝転んでいる.
Yuma is **lying** on the *tatami*.

ねさがり【値下がりする】
go* down (in price), drop［ドゥラップ］
▸ガソリンが値下がりした.
The price of gasoline has **gone down [dropped]**.

ねさげ【値下げする】
cut* the price《of ...》［プライス］

ねじ a screw［スクルー］
ねじで留める screw

ねじる twist［トゥウィスト］;
(栓(せん)を)turn［ターン］

ねじれる be* twisted［トゥウィスティッド］
▸コードがねじれている.
The cord **is twisted**.

ねすごす【寝過ごす】
oversleep*［オウヴァスリープ］
▸けさは寝過ごして会議に遅(おく)れてしまった. This morning I **overslept** and was late for the meeting.

ネズミ
〘動物〙a mouse［マウス］(**複数** mice);(ドブネズミなど大型の) a rat［ラぁット］(♦mouse は「小型の」「かわいらしい」, rat は「大型の」「汚(きたな)い」「悪者の」というイメージがある)
ねずみ色 (dark) gray
ネズミとり a mousetrap, a rattrap

ねぞう【寝相】
▸遥は**寝相が悪い**(→じっとせず寝る人).
Haruka **is a restless sleeper**.

ねたきり【寝たきりの】
bedridden［ベッドリドゥン］
▸寝たきりの老人
bedridden elderly people
▸彼女は事故以来寝たきりになっている.
She has been **bedridden** since the accident.

ねたばれ a spoiler［スポイら］
▸その本を読む予定だから, ねたばれはなしでお願いね. I'm going to read that book, so, no **spoilers**, please.

ねたみ (しっと) jealousy［ヂェらスィ］;

(うらやましく思う気持ち) envy [エンヴィ]

ねたむ be* jealous《of ...》[ヂェらス], be envious《of ...》[エンヴィアス]

▸彼は弟の成功をねたんだ. He **was jealous of** his brother's success.

ねだる ask [あスク], beg [ベッグ]

▸快斗はお母さんにこづかいをねだった. Kaito **asked** his mother for some pocket money.

ね

•ねだん【値段】 a price [プライス]

▸その絵の値段は100万円だ. The **price** of the painting is one million yen.

▸その靴(くつ)の値段はいくらでしたか? What was the **price** of those shoes? / How much were those shoes? (◆×How much is the price of ...? とは言わない)

▸とても安い値段でこれを買った. I bought this at a very low **price**. (◆「高い値段」は low の代わりに high を用いる)

▸あの真珠(しんじゅ)のネックレスには100万円**の値段がついていた**よ. That pearl necklace **was priced at** one million yen. (◆この price は「…に値段をつける」の意味の動詞で, 通例受け身形で使われる)

•ねつ【熱】 heat [ヒート]; (体温) (a) temperature [テンペラチャ]; (病気の) (a) fever [ふィーヴァ]; (熱中) enthusiasm [インすーズィあズム]

熱のある

(病気で) feverish [ふィーヴァリッシ]

▸太陽熱 solar **heat** / the **heat** of the sun

▸ゆうべ39度の熱を出した. I had a **temperature** of 39 degrees last night.

▸熱が下がった(→平常値に下がった). My **temperature** has fallen to normal. (◆「上がった」なら has risen)

▸あなたの平熱は何度ですか? What is your normal **temperature**?

ダイアログ 説明する

A: 少し熱があります. I think I have a slight **fever**. / I feel **feverish**.

B: 熱を計ってみなさい. Take your **temperature**.

▸サッカー熱が冷めた. My **enthusiasm** for soccer has cooled.

ねつい【熱意】 eagerness [イーガネス], enthusiasm [インすーズィあズム]

▸あなたの熱意に打たれました. I was impressed with your **eagerness**.

ネッカチーフ a neckerchief [ネッカチふ] (複数) neckerchiefs, neckerchieves)

ねつき【寝付き】 ➡ ねつく

寝つきがよい fall* asleep quickly

寝つきが悪い can't fall asleep quickly

ねっき【熱気】 (興奮) excitement [イクサイトメント]; (熱狂(ねっきょう)) enthusiasm [インすーズィあズム]

▸コンサートホールは観客の熱気に包まれていた. The concert hall was filled with the audience's excitement [**enthusiasm**].

ねっきょう【熱狂】 enthusiasm [インすーズィあズム]

熱狂する get* excited [イクサイティッド], go* wild [ワイるド]

▸松井がゴールを決めたとき, サポーターは熱狂した. When Matsui got a goal, the supporters **got excited**.

熱狂的な enthusiastic [インすーズィあスティック]

ねつく【寝付く】 go* to sleep, fall* asleep

▸きのうの夜はなかなか寝つけなかった. I couldn't **go to sleep** [**fall asleep**] quickly last night.

ネックレス a necklace [ネクれス]

ねっこ【根っ子】 a root ➡ ね²

ねっしゃびょう【熱射病】 heatstroke [ヒートストゥロウク]

ねつじょう【熱情】 ➡ じょうねつ

•ねっしん【熱心】 eagerness [イーガネス]

熱心な (切望して) eager [イーガ]; (まじめな) earnest [ア〜ネスト]; (勉強に) hardworking [ハードワ〜キング]

▸熱心な生徒 an **eager** [a **hardworking**] student
▸熱心な先生 an **earnest** teacher
▸彩花は部活**に熱心だ**(→熱中している). Ayaka **is into** [**enthusiastic about**] her club activities.
熱心に hard, eagerly
▸彼は熱心に先生の話を聞いた. He listened **eagerly** to the teacher.

ねっする【熱する】 heat [ヒート]; (熱中する) get* enthusiastic [インすーズィあスティック]
▸水を熱する **heat (up)** water
▸彼女は何に対しても熱しやすく冷めやすい. She **gets enthusiastic** but then cools down quickly about anything.

ねったい【熱帯】
the tropics [トゥラピックス]
熱帯の tropical [トゥラピクる]
熱帯雨林 a tropical rain forest
熱帯魚 a tropical fish
熱帯植物 a tropical plant
熱帯地方 the tropics
熱帯低気圧 a tropical depression
熱帯夜 (気温がセ氏25度より下がらない夜) a night with temperature not dropping below 25℃; (蒸(む)し暑い夜) a very hot and humid night

ねっちゅう【熱中している】(没頭(ぼっとう)している) be* absorbed《in ...》[アブソーブド]; (熱を入れている) be enthusiastic《about ...》[インすーズィあスティック], 〖口語〗be crazy《about ...》[クレイズィ]
▸読書**に熱中していて**, 宿題をするのを忘れてしまった.
I **was absorbed in** reading and forgot to do my homework.
▸トムはバスケットボール**に熱中している**. Tom **is enthusiastic about** basketball.

ねっちゅうしょう【熱中症】
a heat illness

ネット a net [ネット] ➡ **インターネット**
▸ネットを張る put up a **net**
ネットイン 〖バレーボール〗a net ball
ネットカフェ an internet cafe [インタネット キぁふェイ]
ネットサーフィン
net surfing, cyber surfing
ネットタッチ 〖バレーボール〗a net foul
ネットワーク a network
バックネット 〖野球〗the backstop

ねっとう【熱湯】 boiling water

ねつぼう【熱望】
(a) longing [ろーンゲイング]
熱望する long, be* eager [イーガ]
▸彼は歌手になることを**熱望している**. He **longs** [**is eager**] to become a singer.

ねつれつ【熱烈な】
ardent [アーデント]; (熱狂(ねっきょう)的な) enthusiastic [インすーズィあスティック]
▸熱烈な歓迎(かんげい)を受ける receive an **ardent** [**enthusiastic**] welcome

ねどこ【寝床】 a bed ➡ **とこ**

-ねばならない 《have* to +動詞の原形》, must* ➡ **-ならない**

ねばねば【ねばねばした】
sticky [スティキ]

ねばり【粘り】(ねばねばすること) stickiness [スティキネス]; (忍耐(にんたい)力) perseverance [パ〜セヴィアランス]
ねばりのある sticky
ねばり強い persevering
▸メグは**ねばり強い**(→決してあきらめない). Meg **never gives up**.

ねばる【粘る】 be* sticky [スティキ]; (くっつく) stick*《to ...》[スティック]; (…し続ける)《keep* on +〜ing》
▸母に金がほしいとねばった. I **kept on asking** my mother for money.
▸もっとねばるんだ! Hang in there!

ねびき【値引き】
(a) discount [ディスカウント]
値引きする discount
▸このスカート, 値引きしていただけませんか? Could you **discount** this skirt for me?

ねぶくろ【寝袋】 a sleeping bag

ねぶそく【寝不足】
(a) lack of sleep
▸寝不足で(→よく寝ていないので), 頭がぼうっとしている. My head is not clear because I didn't sleep well.

ねぼう【寝坊】
oversleeping [オウヴァスリーピング]
寝ぼうする get* up late, oversleep*

ねぼける【寝ぼける】
be* half asleep
▸妹は寝ぼけて階段から落っこちた.

My sister fell down the stairs while she **was half asleep**.

ねまき【寝巻き】 nightclothes［ナイトクろウズ］;（パジャマ）pajamas［パヂャーマズ］;（婦人・子供用のゆったりした寝巻き）a nightgown［ナイトガウン］

ねまわし【根回し】 consensus building, prior consultation［プライア カンサるテイシャン］

ね

◆**ねむい【眠い】** sleepy［スリーピ］

▸とても眠い.
I'm [I feel] very **sleepy**.

▸彼の話を聞くとすぐ眠くなった. I got **sleepy** when I heard his story.

ねむけ【眠気】 sleepiness［スリーピネス］

▸眠気覚ましに体を動かした.
I did some exercise to shake off my **sleepiness**.

ねむたい【眠たい】 sleepy ➡ **ねむい**

ねむり【眠り】 (a) sleep［スリープ］

▸深い眠りに落ちる
fall into a deep **sleep**

▸眠りから覚める
awake from one's **sleep**

眠りにつく fall* asleep ➡ **ねむる**

眠り薬 a sleeping pill

⁑**ねむる【眠る】** sleep*［スリープ］;（眠りにつく）fall* asleep［アスリープ］, go* to sleep

ダイアログ　質問する・説明する

A: ゆうべはよく眠れましたか？ Did you **sleep** well last night?（◆ふつうCould you sleep ...? と言わない. 名詞のsleepを使ってDid you have a good sleep? とも言う）

B: ええ, ぐっすり眠れました.
Yes, I **slept** very well.

▸ゆうべは少しも眠れなかった.
I didn't **sleep** at all last night.

▸彼はソファーで眠っていた.
He was **sleeping** on the sofa.

▸わたしはいつだって, 床(とこ)につくとすぐ眠ってしまう.
I always **fall asleep** [**go to sleep**] as soon as I get into my bed.

ねらい (an) aim［エイム］

▸ねらいが外れてしまった.
My **aim** was off.

◆**ねらう** aim《at ...》［エイム］;（機会を）watch《for ...》［ワッチ］

▸猟師(りょうし)は野ウサギをねらった. The hunter **aimed** (his gun) **at** a hare.

▸攻撃(こうげき)の機会をねらっていた.
I was **watching** [(→待っていた) waiting] **for** a chance to attack.

⁑**ねる¹【寝る】**

❶『床(とこ)につく』go to bed; be in bed
❷『眠(ねむ)る』sleep
❸『横になる』lie down

❶『床につく』**go* to bed**［ベッド］;（寝ている）be* in bed

ダイアログ　質問する

A: ふつう何時ごろ寝るの？ What time do you usually **go to bed**?

B: 10時ごろ. Around ten.

▸母は風邪(かぜ)で寝ています. My mother **is in bed** because she has a cold.

❷『眠る』**sleep***［スリープ］

▸ああ, よく寝た. Ah! I **slept** well.

▸あなたのいびきでまったく寝られませんでした. Because of your snoring I didn't **sleep** at all.

▸父が帰ってくるまで寝ずに起きていた.
I **stayed** [**sat**] **up** until my father came home.（◆stay up, sit up は「(寝ないで)起きている」という意味）

❸『横になる』**lie* down**［らイ ダウン］

▸あおむけに寝る
lie (**down**) on one's back（◆「うつぶせに」なら on one's stomach を用いる）

▸太一は畳(たたみ)の上にごろりと寝た.
Taichi **lay down** on the *tatami*.

go to bed　sleep　lie down

結びつくことば

早く寝る sleep early
ぐっすり寝る sleep soundly
9時に寝る go to bed at nine
ソファーで寝る sleep on a sofa

ねる²【練る】（こねる）knead［ニード］

▸パン生地(きじ)を練る **knead** dough
▸計画を練る(→計画を念入りに作り上げる) make up a plan carefully

⁑ねん[1]【年】

❶〚時間の単位〛a year
❷〚学年〛a year, a grade
❸〚年号〛a year

❶〚時間の単位〛a **year**［イア］
▸わたしは年に2回マラソン大会に出る. I take part in a marathon twice a **year**.
▸祖母が亡くなって5年になります. It is five **years** [It has been five **years** / Five **years** have passed] since my grandmother died.
▸年々 **year** after [by] **year**
▸4年ごとに every four **years**

❷〚学年〛a **year**,〚米〛a **grade**［グレイド］➡ **がくねん**

ダイアログ 質問する・説明する
A: きみ, 何年生? What **year** [**grade**] are you in?
B: 中学2年です. I'm in my second **year** of junior high school. / I'm in the eighth **grade**.

❸〚年号〛a **year**
▸2020年に in (the **year**) 2020 (◆2020はtwenty twentyと読む)
▸令和元年 the first **year** of Reiwa

ねん[2]【念】

(気持ち) a feeling［ふィーりング］
▸感謝の念 a **feeling** of gratitude
▸その本を持って来るようもう一度健二に**念を押(お)した**(→もう一度言った). I **told** Kenji **again** [**reminded** Kenji] to bring me the book.
▸**念のため**(→確認のため)もう一度数えた. I counted again **just to make sure**.

念入りな (注意深い) careful［ケアふる］
念入りに (注意深く) carefully

ねんが【年賀】New Year's greetings

✽**年賀状** *nengajo*

日本紹介 年賀状はふつう新年のあいさつのために送るはがきです. 親類や友達が元日に年賀状を受け取れるように, 年の暮(く)れの決まった日までに書いて送ります. 近ごろでは, 新年のあいさつを電子メールで交(か)わす人がだんだん増えています.
A *nengajo* is usually a greeting postcard for New Year's. People write and post them by a certain day at the end of the year so that their relatives and friends get them on New Year's Day. These days more and more people are exchanging New Year's greetings by e-mail.

ねんかん【年鑑】

a yearbook［イアブック］

ねんきん【年金】

a pension［ペンシャン］

ねんごう【年号】

the name of an era

ねんざ【ねんざする】

sprain［スプレイン］
▸足首をねんざしちゃった. I've **sprained** my ankle.

ねんじゅう【年中】

(一年じゅう) all (the) year round; (いつも) always［オーるウェイズ］➡ **ねんちゅうぎょうじ**
▸ハワイでは年じゅう水泳ができる. You can swim **all (the) year round** in Hawaii.

年中無休 be* open all (the) year round [throughout the year];〚掲示〛Always Open

ねんしょう[1]【燃焼】

combustion［コンバスチャン］
▸完全[不完全]燃焼 complete [incomplete] **combustion**

ねんしょう[2]【年少の】young

［ヤング］; (より年下の) younger［ヤンガ］
▸その3人の中では愛が最年少だ. Ai is **the youngest** of the three.

-ねんせい【…年生】

➡ **がくねん, ねん[1], いちねん, にねんせい, さんねんせい**

ねんだい【年代】

▸**2020年代に** in **the 2020s** [**2020's**] (◆2020s, 2020'sはtwenty twenties［トゥウェンティ トゥウェンティズ］と読む)
▸このファッションは**1990年代前半に**はやった. This fashion was popular **in the early nineteen nineties**.
▸**祖父の年代**(→世代)の人々 people of my **grandfather's generation**

ねんちゅうぎょうじ【年中行事】

an annual event［あニュアる イヴェント］

◆日本の年中行事 annual events in Japan

正月	New Year's Days
節分	the eve of the first day of spring
ひな祭り	Dolls' [Girls'] Festival
春の彼岸(ひがん)	Spring Equinoctial Week [イークウィナクシャる]
端午(たんご)の節句	Boys' Festival
七夕(たなばた)祭り	*Tanabata* Festival
お盆(ぼん)	*Bon* Festival
十五夜	the night of the 15th, the full moon
秋の彼岸	Autumnal Equinoctial Week
大晦日(おおみそか)	New Year's Eve

ねんちょう【年長の】 older [オウるダ]
▸彼はそのグループで**最年長の**(→最も年上の)メンバーだ. He is **the oldest** member of the group.

ねんど【粘土】 clay [クれイ]
▸粘土でペンギンを作った.
I made a penguin out of **clay**.

ねんねん【年々】 year after year, year by year

ねんぱい【年配の】
elderly [エるダりィ] ➡ **としより**
▸年配の人 an **elderly** person

ねんぴょう【年表】
a chronological table [クラノらヂクる]

ねんまつ【年末】
the end of the year
▸年末に at **the end of the year**
年末の year-end
年末大売り出し a year-end sale

ねんりょう【燃料】 fuel [ふューエる]
燃料タンク a fuel tank

ねんりん【年輪】
(the) growth rings (of a tree)

ねんれい【年齢】 (an) age [エイヂ]
➡ **とし[1]**
▸ここにあなたの氏名と**年齢**(ねんれい)を書いてください. Please write your name and **age** here.
▸平均年齢 the average **age**
年齢制限 the age limit

の ノ

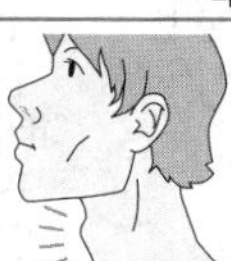

Q「のどぼとけ」は英語で何と言うのかな?
➡「のど」を見てみよう!

の【野】 a field [ふィーるド];
(平原) a plain [プれイン]
▸野山 hills and **fields**

-の

❶〖…が持っている, …に属する〗代名詞の所有格, ...'s, of ...
❷〖…のもの〗所有代名詞, ...'s
❸〖(名詞の代わりをして)もの〗one
❹〖…に関する〗about ..., on ..., of ...
〖…のための〗for, ...'s
❺〖…が作った〗by ...;
〖…でできた〗of ...
❻〖…にある, …にいる〗at ..., in ..., on ...
❼〖…するか, …ですか〗疑問文

❶〖…が持っている, …に属する〗
代名詞の所有格, **...'s**, **of ...**
▸わたしの自転車 **my** bicycle
▸マイクの本 Mike**'s** book
▸わたしの両親の故郷
my parents**'** hometown (◆名詞の複数形が s で終わるときには「'」だけをつける)
▸カメラの値段 the price **of** a camera

ルール ...'s と of ...

1 人や動物について「…の」と言うときは **...'s** を用いますが, **of** で表すこともできます. (例) my father*'s* death / the death *of* my father (父の死)
2 本など無生物について「…の」と言うときは, ふつう **of** で表します. (例) the title *of* a book (本の題名)
3 時間・距離(きょり)などを表す名詞や慣用表現では, 「…の」を **...'s** で表します. (例) today*'s* paper (きょうの新聞) ただし次の場合には's はつけません. (例) three o'clock train (3 時の列車)

❷〖…のもの〗所有代名詞, **...'s** ➡ **もの[1]**

ダイアログ 説明する

*A:*これはだれの靴(くつ)?
Whose shoes are these?
*B:*わたしのです. They're **mine**.

❸〘(名詞の代わりをして)もの〙 **one**

ダイアログ 説明する

*A:*どっちのリンゴがほしい?
Which apple do you want?
*B:*小さいのがほしい.
I want the small **one**.

❹〘…に関する〙 **about ...** [アバウト], **on ..., of ...**; 〘…のための〙 **for ..., ...'s**

▸コンピュータの本 a book **about** [**on**] computers
▸理科の先生 a teacher **of** science / a science teacher
▸女の子の雑誌 a magazine **for** girls / a girls' magazine

❺〘…が作った〙 **by ...** [バイ]; 〘…でできた〙 **of ...**

▸これは清の絵だ. This is a picture (painted) **by** Kiyoshi.
▸石の家 a house made **of** stone / a stone house

❻〘…にある, …にいる〙 **at ..., in ..., on ...**

▸大阪のおば an aunt **in** Osaka
▸棚(たな)の本 books **on** the shelf

❼〘…するか, …ですか〙 疑問文 ➡ -か

▸きょう, 図書館に行くの? Are you going to the library today?

ノイローゼ neurosis [ニュロウスィス]

のう[1] **【能】** ❶〘能力〙 (an) ability [アビりティ] ➡ **のうりょく**

▸わたしは野球をする以外には能がない(→わたしのできることと言えば野球をすることだけだ). All I can do is (to) play baseball.

ことわざ **能ある鷹(たか)は爪(つめ)を隠(かく)す.** **Still waters run deep.** (♦「静かな流れは深い」という意味)

❷〘能楽〙 a Noh play

のう[2] **【脳】** (a) brain [ブレイン]

脳死 brain death
脳しんとう (a) concussion [コンカシャン]
脳卒中 a stroke [ストゥロウク]
脳波 brain waves

のうえん【農園】 a farm ➡ **のうじょう**

のうか【農家】 (農場経営者) a farmer [ふァーマ]; (農業一家) a farming family

▸父は農家の出です. My father was born into a **farming family**.
▸わたしの家は農家です(→農場を経営している). We run a farm.

のうきょう【農協】 an agricultural cooperative (association)

のうぎょう【農業】

farming [ふァーミング], agriculture [あグリカるチャ]

▸両親は農業をやっています. My parents are engaged in **farming** [**agriculture**].

農業の agricultural [あグリカるチュラる]
農業学校 an agricultural school
農業高校 an agricultural high school
農業国 an agricultural country
農業用水 agricultural water

のうぐ【農具】 a farm tool, a farming tool

のうさぎょう【農作業】 farmwork [ふァームワ〜ク]

のうさくぶつ【農作物】 crops [クラップス], farm products

のうさんぶつ【農産物】 agricultural products, farm products

のうじょう【農場】 a farm [ふァーム]

▸農場で働く work on a **farm**

農場経営者 a farmer

のうそん【農村】 a farm village [ヴィれッヂ]

のうち【農地】 farmland [ふァームらぁンド]

のうてんき【能天気な, 脳天気な】 (楽天的な) optimistic [アプティミスティック] ➡ **のんき**

のうど【濃度】〘化学〙 concentration [カンセントゥレイシャン]

ノウハウ know-how [ノウハウ]

のうみん【農民】 (農場経営者) a

farmer [ふァーマ]；(雇(やと)われて農場で働く人) a farm worker

のうむ【濃霧】 (a) dense fog, (a) thick fog

のうやく【農薬】 agricultural chemicals [あグリカるチュラる ケミクるズ]
農薬散布 spraying of agricultural chemicals

のうりつ【能率】
efficiency [イふィシェンスィ]
▸最近，あまり勉強の能率が上がらない(→たくさん勉強できない).
I can't study much these days.
能率的な efficient [イふィシャント]
▸能率的な練習 **efficient** practice
能率的に efficiently

のうりょう【納涼】
納涼大会 a summer evening festival
納涼花火大会
summer evening fireworks

◆のうりょく【能力】
(an) ability [アビりティ]；(潜在(せんざい)的な) (a) capacity [カパぁスィティ]；(実際に発揮される) (a) capability [ケイパビりティ]
▸自分の**能力**を十分に生かしなさい.
Make the best of your **ability**.
(◆make the best of ... で,「…を最大限に利用する」の意味)
▸生徒を**能力**別にクラス編成する group students into classes by **ability**
▸このホールは800人の**収容能力**がある.
This hall has a **capacity** of 800 (people). (◆この capacity は「(建物などの) 収容能力」の意味)
能力のある
able [エイブる], capable [ケイパブる]
…**する能力がある**
《be* able to ＋動詞の原形》, can*
▸きみにはそれをやる**能力がある**はずだ.
You must **be able to** do that.

ノーコメント no comment
▸(インタビューなどに対して)ノーコメントです. **No comment**.

ノースリーブ【ノースリーブの】
sleeveless [スりーヴれス]
▸ノースリーブのブラウス
a **sleeveless** blouse

◆ノート a **notebook** [ノウトブック]；(メモ・筆記) a note
▸ノートに黒板の文を写そう. I'll copy [write down] the sentence on the blackboard in my **notebook**.
▸授業のノートをとる
take **notes** in class
ノートパソコン
a notebook computer, a laptop

ノーハウ know-how [ノウハウ]

ノーベルしょう【ノーベル賞】
a Nobel prize [ノウベる プライズ]

のがれる【逃れる】 run* away, escape [イスケイプ] ➡ **にげる**
▸責任を逃れようとしてもだめですよ.
You can't **run away** [**escape**] from your responsibilities.

のき【軒】
eaves [イーヴズ] (◆複数あつかい)

のこぎり a saw [ソー]

日本ののこぎりは手前に引いて切る.

西洋ののこぎりは向こう側に押(お)して切る.

▸…を**のこぎり**で切る
cut ... with a **saw**

◆のこす【残す】 leave* [りーヴ]；(節約して) save [セイヴ]
▸食べ物は残さないように.
Don't **leave** any food.
▸ほかの人たちにケーキを**残しておこ**う.
Let's **save** some cakes for the others.
▸祖先はわたしたちに偉大(いだい)な文化を残してくれた. Our ancestors have **left** us a great culture.

のこらず【残らず】
all [オーる] ➡ **ぜんぶ**
▸広幸ったら，キャンディーを**1つ残らず**食べちゃった. Hiroyuki has eaten **all** of that candy.

のこり【残り】 the rest [レスト]
▸**残り**は莉央に取っておくつもりだ.
I'll keep **the rest** for Rio.

ルール「残り」の数について
「残り」を表す the rest は，数えられないものを指すときは単数あつかい, 数えられるものを指すときは複数あつかいになるのがふつうです.
(例)Where is *the rest* of the soup? (スープの残りはどこ?) soup は数えられないので, Where *is* ...? となります.
Where are *the rest* of the balls? (残りのボールはどこ?) ball は数えられるので, Where *are* ...? となります.

残り物 leftovers [れふトオウヴァズ]

のこる【残る】

❶『余っている』**be* left** [れふト]

ダイアログ 質問する
A: ご飯, まだ残ってる?
Is there some rice **left**?
B: ええ, ほんの少しだけど.
Yes, but there's only a little.

❷『もとのままある』**remain** [リメイン]
▸お寺の門だけが以前のまま残っています. Only the gate of the temple **remains** as it was.

❸『とどまる』**stay** [ステイ]
▸先生はわたしに教室に残るように言った. My teacher told me to **stay** in our classroom.

のせる【乗せる, 載せる】

❶『車に』give*... a ride [ライド], give ... a lift [りふト], pick up
▸おばが駅まで車に乗せてくれた.
My aunt **gave** me **a ride** [**lift**] to the station.

ダイアログ 依頼する
A: 家まで乗せていって(→家まで車で送って)くれませんか.
Will you drive me home?
B: いいですよ. Sure.

❷『置く』**put* ...** 《on ...》;
『積む』load [ろウド]
▸この荷物を網棚(あみだな)にのせていただけますか? Would you **put** this baggage **on** the rack?

❸『記事を』put* ... 《in ...》
▸この記事を学校新聞に載(の)せよう.
Let's **put** this article **in** the school paper.

のぞく[1] **【除く】** (取り除く) take* off, get* rid of ..., remove [リムーヴ]
▸障害(物)を除く
get rid of [**remove**] an obstacle
…を除いて except ... [イクセプト]
▸春人を除いてみんなここにいます.
Everybody is here **except** Haruto.

のぞく[2] look 《into [in] ...》; (こっそり) peep 《into [in] ...》 [ピープ]
▸わたしの部屋をのぞかないで.
Don't **look** [**peep**] **into** my room.

のそのそ (ゆっくりと) slowly [スろウり]; (のろのろと) sluggishly [スらギッシり]

のぞみ【望み】 (願望) a **wish** [ウィッシ]; (希望) (a) **hope** [ホウプ]
▸わたしの望みは女優になることです.
My **wish** is to be an actress.
▸きみの望みをかなえてあげよう.
I'll make your **wish** come true.
▸わたしたちが優勝する望みはほとんどない. There is little **hope** [(→チャンス)chance] that we will win the championship.

のぞむ【望む】

(願望する) **wish** [ウィッシ], **want** [ワント]; (希望する) **hope** [ホウプ]; (期待する) expect [イクスペクト]
▸お望みなら, わたしがそれをしましょう.
If you **wish**, I'll do it for you.
…を望む 《**wish [hope] for ...**》
▸だれもが自分の幸せを望んでいる.
Everyone **wishes for** their own happiness. (♦かたい書きことば以外では, everyone は his ではなく their で受ける傾向になってきている)
…することを望む
《**hope [want] to +動詞の原形**》
▸千尋は一刻も早く退院することを望んでいる. Chihiro **hopes to** leave the hospital as soon as possible.
(人)が…することを望む 《**hope + that 節**》《**want +人+ to +動詞の原形**》
▸あなたが賞を取ることを望んでいます.
We **hope that** you'll win the prize.
▸彼はわたしが代わりにその仕事をすることを望んでいる. He **wants** me **to** do the job for him.

のち【後】

(のちに) **later** [れイタ], afterward [あふタワド]; (…ののちに) **after** [あふタ]
▸きょうは曇(くも)りのち雨でしょう.

It will be cloudy today, with showers **later** (on).
▸**のちに**, ワシントンは初代アメリカ大統領となった.
Afterward, Washington became the first president of the U.S.

ノック a knock [ナック]
ノックする knock《on [at] ...》
▸だれかがドアを**ノック**した.
Somebody **knocked on** the door.

ノックアウト a knockout [ナックアウト] (♦KO または K.O. と略す)
ノックアウトする knock out

ノックダウン
a knockdown [ナックダウン]

のっとる【乗っ取る】
(飛行機を) hijack ➡ **ハイジャック**;
(会社などを) take* over

のっぽ a (very) tall person

◆**-ので** (…だから) **because** [ビコーズ], since [スィンス]
▸熱があった**ので**遠足に行けなかった.
I couldn't go on the outing **because** I had a fever [(→熱のため)because of a fever].
▸その本は**とても**おもしろかった**ので**, 一気に最後まで読んでしまった. That book was **so** interesting **that** I read it in one sitting. (♦so ... that ~は「とても…なので〜だ」という意味)

のど【喉】 a throat [すロウト]
▸のどが痛い. I have a sore **throat**.
▸**のどが渇**(かわ)**いた**. **I'm thirsty**.
のど自慢(じまん)**大会**
an amateur singing contest
のどぼとけ one's Adam's apple

のどか【のどかな】
(平和な) peaceful [ピースふる]
▸のどかな1日 a **peaceful** day

◆**-のに**

❶〚…だけれども〛**but, though, although, in spite of ...**
❷〚…だが一方では〛**while**
❸〚…すべきだ〛**should**
〚…だといいのだが〛**I wish**
❹〚…のために〛**for ...**
〚…するために〛《**to +動詞の原形**》

❶〚…だけれども〛**but** [バット], **though** [ぞウ], **although** [オーるぞウ], in spite of ... [スパイト] (♦but が最も口語的)
▸進は本をたくさん持ってる**のに**, わたしに1冊も貸してくれない.
Susumu has a lot of books, **but** he won't lend me even one of them. / **Though** Susumu has a lot of books, he won't lend me even one of them.
❷〚…だが一方では〛**while** [(ホ)ワイる]
▸久美のケーキはすごく大きい**のに**, わたしのは小さい. **While** Kumi's cake is very big, mine is small.
❸〚…すべきだ〛**should** [シュッド];
〚…だといいのだが〛**I wish**
▸行けばよかった**のに**(→行くべきだった).
You **should** have been there.
▸もう少しお金が**あればいいのに**.
I wish we had a little more money. (♦現在の事実と異なることを望むときは, 動詞は過去形を用いる)
❹〚…のために〛**for ...**;
〚…するために〛《**to +動詞の原形**》
▸東京から福岡まで飛行機で行く**のに**, いくらお金がかかりますか?
How much does it cost **to** fly from Tokyo to Fukuoka?

ののしる call ... names;
(悪態をつく) curse [カ〜ス]

◆**のばす【延ばす, 伸ばす】**

❶〚延期する〛**put off**
〚延長する〛**extend**
❷〚長くする〛**make ... longer**
〚まっすぐにする〛**straighten**
❸〚発達させる〛**develop**

❶〚延期する〛**put* off**;
〚延長する〛extend [イクステンド]
▸出発をあさってに**延ばそう**.
Let's **put off** our departure until the day after tomorrow.
▸わたしたちは滞在(たいざい)を3日**延ばした**.
We **extended** our stay for three more days.
❷〚長くする〛make* ... longer; 〚まっすぐにする〛straighten [ストゥレイトゥン]
▸背筋を**伸ばして**.
Straighten (up) your back.
▸兄はひげを伸ばしている(→長いひげを生やしている). My brother has grown a long beard.

▸リカは人形を取ろうと手を伸ばした.
Rika reached for a doll.(♦reach for は「…を求めて手を伸ばす」という意味)
❸〖発達させる〗develop［ディヴェろプ］
▸自分の力をできるだけ**伸ばしたい**.
I want to **develop** my ability as much as possible.

のはら【野原】 a field［ふィーるド］; (平原) a plain［プれイン］

のバラ【野バラ】〖植物〗a wild rose

のび【伸びをする】
stretch oneself (out)

のびのび【伸び伸び(と)】（自由に独立心をもって）free and independent
伸び伸びした（自由な）free; (気楽な)easy［イーズィ］
▸きのうは**のびのびした**気分を味わった.
I felt **free** and **easy** yesterday.

・のびる【延びる, 伸びる】
❶〖延期になる〗**be* put off**
▸体育祭が次の日曜日に**延びた**.
Our field day **was put off** until next Sunday.
❷〖成長する〗**grow***［グロウ］;
〖進歩する〗make* progress［プラグレス］
▸1年で背が5センチ**伸びた**.
I have **grown** five centimeters (taller) in a year.
▸英語の力が**伸びた**.
I've **made progress** in English.

ノブ（取っ手）a knob［ナブ］
▸ドアノブ a door**knob**

のべ【延べ】 the total number
▸入場者は**延べ**7,000人でした.
The total number of visitors was seven thousand.

のべる【述べる】 state［ステイト］, express［イクスプレス］➡ **いう**
▸意見を**述べる** **state** one's opinion
▸あなたの考えを**述べて**ほしい. I'd like you to **express** your ideas.

のぼせる（目が回る）
be* dizzy［ディズィ］;（夢中(むちゅう)になる）
be crazy《about ...》［クレイズィ］
▸暑さで**のぼせて**しまった.
I **became dizzy** in the heat.
▸母はその歌手に**のぼせている**.
My mother **is crazy about** that singer.

のほほん【のほほんとして】
unconcerned［アンコンサ～ンド］, nonchalant［ナンシャらーント］

のぼり【上りの】
up［アップ］(対義語「下りの」down)
▸**上りの**エレベーター the **up** elevator
上りになる go* up, go uphill
▸ここから道は**上りになっている**.
The road **goes up** from here.
上り坂 an uphill road
上り列車〖米〗an inbound train,
〖英〗an up train ➡ **くだり**

・のぼる【上る, 登る, 昇る】
❶〖高い所に〗**go* up (...)**（対義語「下る」go down), **climb**［クらイム］
▸煙(けむり)が空に**上って行く**. The smoke **is going up** in the air.

ダイアログ　質問する
A:この木に登れる? Can you **go up** [**climb**] this tree?
B:簡単だよ. It's easy.

▸その山には2回**登った**ことがある.
I have **climbed** that mountain twice.
❷〖太陽などが〗**rise***［ライズ］, come* up
▸もうすぐ日が**昇る**. The sun will **rise** [**come up**] soon.
❸〖川を〗go* up ...
▸この川を**上って**行けば, 村に着きます.
Go up this river, and you will reach the village.

ノミ〖昆虫〗a flea［ふりー］

のみ（道具）a chisel［チズる］

のみこむ【飲み込む】
swallow［スワろウ］;（理解する）
understand*［アンダスタぁンド］
▸ヘビはネズミを**飲みこんだ**.
The snake **swallowed** the rat.
▸キムは**飲みこみ**が早い.
Kim is quick to **understand**.

ノミネート【ノミネートする】
nominate［ナミネイト］

のみみず【飲み水】 drinking water

のみもの【飲み物】
(a) drink［ドゥリンク］
▸わたしの大好きな**飲み物**はコーラです.
My favorite **drink** is cola.
▸何か冷たい飲み物がほしい.
I want something cold to drink.
（♦something cold to drink は「飲むための何か冷たいもの」, つまり「冷たい飲み物」の意味）

の

:のむ【飲む】
❶『飲み物などを』 **drink***［ドゥリンク］, **have***［ハぁヴ］
▸毎朝, 牛乳をコップ 1 杯(ぱい)**飲む**.
I **drink** a glass of milk every morning.
▸コーヒーをもう 1 杯**飲み**ませんか？
Won't you **have** another cup of coffee?
▸野菜スープを飲んだ. I **had** [**drank**, ate] vegetable soup. (♦drink はスープをカップから直接飲むとき, eat はスプーンを使うときに用いる)
▸父はお酒を**飲む**のをやめた.
My father quit **drinking**.
（♦この drink は「酒を飲む」という意味）
❷『薬などを』**take***［テイク］
▸(この錠剤(じょうざい)を) 毎食後, 2 錠ずつ**飲み**なさい. **Take** two tablets after each meal.

のらいぬ【野良犬】
a stray dog［ストゥレイ ドーグ］,
a homeless dog［ホウムれス ドーグ］

のらねこ【野良猫】 a stray cat,
a homeless cat

✽ノリ【海苔】 *nori* (♦dried seaweed［スィーウィード］「乾燥(かんそう)させた海草」などと説明する)
✽**のり巻き** sushi rolled in a sheet of *nori* [dried seaweed]

のり[1]【糊】
paste［ペイスト］, glue［グるー］
のりではる paste, glue

のり[2]【乗り】
のりがいい (陽気な) upbeat［アプビート］
▸のりのいい音楽 **upbeat** music
▸コンサートの間, 彼らは**のりのりで**(→活発に)踊(おど)っていた.
They were dancing **energetically** during the concert.

-のり【…乗り】
▸**5 人乗りの**車 a **five-passenger** car
▸この飛行機は 520 **人乗りです**(→ 520 人の乗客を運べる). This plane **can carry** 520 **passengers**.

のりあげる【乗り上げる】(車などを) run* ... onto ～; (船が) run aground
▸父は車を歩道に**乗り上げてしまった**.
My father **ran** his car **onto** the sidewalk.
▸船は浅瀬(あさせ)に**乗り上げた**.
The ship **ran aground**.

のりおくれる【乗り遅れる】 miss

ダイアログ　説明する
A: 遅刻(ちこく)だぞ. You're late.
B: ごめん. 電車に**乗り遅れた**んだ.
I'm sorry. I **missed** the train.

のりかえ【乗り換え】
(a) transfer［トゥラぁンスふァ～］
▸**乗り換え**駅 a **transfer** station
▸この駅からは**乗り換えなしで**渋谷まで行けます. You can go to Shibuya from this station **without changing trains**.
▸千葉方面**乗り換え**
『掲示』**Change** Here for Chiba

のりかえる【乗り換える】 change［チェインヂ］, transfer［トゥラぁンスふァ～］

ダイアログ　質問する・説明する
A: どこで電車を**乗り換え**たらいいのですか？ Where do I have to **change** trains [**transfer**]?
B: 名古屋で近鉄線に**乗り換え**てください. **Change** [**Transfer**] at Nagoya to the Kintetsu Line.

のりくみいん【乗組員】 a crew member［クルー メンバ］, a crewman［クルーマン］(複数 crewmen);
(全体をまとめて) a crew［クルー］
▸このタンカーには, **乗組員**は 5 人しかいない. There are only five **crew members** on this tanker.

（♦× five crews とは言わない）

のりこえる【乗り越える】
get* over ..., climb over ...;
（克服(こくふく)する）overcome*

のりこす【乗り越す】
ride* past ... ［ライド パぁスト］
▸眠(ねむ)っていて，駅を乗り越してしまった.
I was sleeping and **rode past** my station.

のりすごす【乗り過ごす】
ride* past ... ➡ **のりこす**

のりば【乗り場】（バスの）a bus stop；（列車・電車の）a platform ［プらぁットふォーム］；（船の）a berth ［バ～す］
タクシー乗り場 a taxi stand

のりもの【乗り物】
（陸上の）a vehicle ［ヴィーイクる］；
（海上の）a vessel ［ヴェスる］；
（空の）an aircraft ［エアクラぁふト］；
（遊園地の）a ride ［ライド］
乗り物酔(よ)い travel sickness, motion sickness, car sickness

のる[1]【乗る】

❶［乗り物に］
get on (...); get in (...); ride; take
❷［物の上に］**get (up) on ...**
❸［話などに］**join**
❹［勢いなどに］

❶［乗り物に］（バス・電車などに） **get* on (...)**（対義語「降りる」get off）；（車などに） **get in (...)**（対義語「降りる」get out of）；（自転車・馬などに） **ride*** ［ライド］；（乗り物を利用する）**take***

▸早く車に乗って.
Get in the car quickly.
▸馬に乗ったことはありますか？
Have you ever **ridden** a horse?
▸わたしたちは名古屋行きの飛行機に乗った. We **took** a plane for Nagoya.

❷［物の上に］get* (up) on ...
▸テーブルの上に乗ってはいけません.
Don't **get up on** the table.

❸［話などに］join ［ヂョイン］
▸あなたも話に乗ったらどうですか？
Why don't you **join** us?

❹［勢いなどに］
▸今，勉強が**乗ってきたところだ**(→真っ最中だ).
My study **is now in full swing.**
▸彼はすぐに**調子に乗る**（→簡単にうぬぼれる）.
He easily **becomes conceited**.

結びつくことば
電車に乗る get on a train
バスに乗る get on a bus
エレベーターに乗る ride an elevator
自転車に乗る ride a bike
相談に乗る give ... advice

のる[2]【載る】（…の上にある）be* on ..., There is* ～ on .... ➡ **ある[1]**；（記事に書かれる）appear ［アピア］，be reported ［リポーティッド］，be carried
▸あなたのかばんは網棚(あみだな)に**載っています**. Your bag **is on** the rack.
▸その記事はきのうの新聞に**載っていた**.
That article **appeared** [**was carried**] in yesterday's paper.
▸わたしの名前が名簿(めいぼ)に**載っていない**.
My name **isn't on** the list.

ノルウェー Norway ［ノーウェイ］

ノルマ a (work) quota ［クウォウタ］

のろい[1]【呪い】 a curse ［カ～ス］

のろい[2] slow ➡ **おそい**

のろう【呪う】 curse ［カ～ス］

のろのろ slowly ➡ **ゆっくり**

のんき【のんきな】 easygoing ［イーズィゴウイング］，carefree ［ケアふリー］
▸あなたは**のんき**ですね.
You are **easygoing**.
▸**のんきに**暮らす
lead a **carefree** life

ノンステップバス a low-floor bus

のんびり【のんびりする】
relax ［リらぁックス］，feel* free
▸入学試験が終わったら**のんびりしたい**.
I want to sit back and **relax** after the entrance exam.（♦sit back は「何もせずにくつろぐ」の意味）

ノンフィクション
nonfiction ［ナンふィクシャン］

ノンプロ【ノンプロの】
nonprofessional ［ナンプロふェショヌる］

は ハ

Q「期末試験は月曜日から始まる」は英語でどう言う？➡「はじまる」を見てみよう！

は¹【歯】 a **tooth** [トゥーす] (複数 teeth)

▸上の歯 an upper **tooth**
▸下の歯 a lower **tooth**
▸前歯 a front **tooth**
▸奥(おく)歯 a back **tooth**
▸虫歯 a bad [decayed] **tooth**
▸歯が痛い. My **tooth** hurts [aches]. / I have a toothache.
(♦toothache は「歯痛」の意味)
▸歯を磨(みが)く brush one's **teeth**
▸歯並びがいい[悪い]
have regular [irregular] **teeth**
▸歯を抜いてもらう
have one's **tooth** pulled out

歯医者 ➡ **はいしゃ¹**
歯ぐき gums [ガムズ]
歯ブラシ a toothbrush
歯磨(みが)き粉 toothpaste

は²【葉】 a **leaf** [リーふ] (複数 leaves)

▸落ち葉 a fallen **leaf**
▸枯(か)れ葉 a dead **leaf**
▸イチョウの葉は秋になると黄色になる.
Gingko **leaves** turn yellow in autumn.

は³【刃】 an edge [エッヂ]; (刀などの) a blade [ブれイド] (♦edge はといだ部分を, blade は刀身全体を指す)

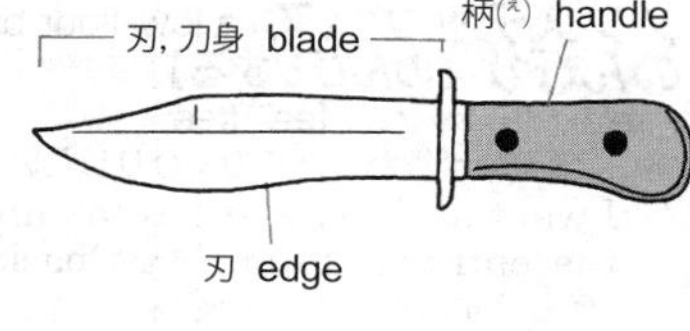

▸このナイフは刃が鋭(するど)い.
This knife has a sharp **edge**.

刃物 a cutting tool [トゥーる]; (ナイフ)a knife (複数 knives)

は⁴【派】 (グループ) a group [グループ]; (学派・流派) a school [スクーる]; (党派) a party [パーティ]

-は

❶『主語を表して』

ダイアログ 質問する・説明する
A: きみはフレッドだね？
Are **you** Fred?
B: いや, ぼくはルークだよ. フレッドはぼくの兄だ. No, **I'm** Luke. Fred is my brother.

❷『対象を表して』
▸チーズは好きじゃない.
I don't like cheese.

❸『部分否定を表して』
▸これ全部は食べられない.
I can't eat all of this. (♦not と all があると「すべては…だとはかぎらない」と部分的に否定する意味になる)

ば【場】 a place [プれイス] ➡ **ばしょ**; (機会) a chance [チぁンス]

▸わたしたちがみんなの前で演奏する場があればいいのになあ. I hope we have a **chance** to play in public.

-ば if ➡**-たら**

バー (酒場・横棒) a bar [バー]

パー (じゃんけんの) paper [ペイパ] ➡**じゃんけん**

ばあい【場合】 (a) case [ケイス]

…の場合には in case of ..., if
▸雨の場合, テニスの試合は延期される.

In case of rain [If it rains], the tennis match will be put off.
▸それは時と場合による.
It depends. / That depends.

バーゲン(セール) a (bargain) sale [(バーゲン) セイる] (♦ふつう a sale と言う)
▸あの店で今, バーゲンをやっている.
That shop is having a **sale** now.
バーゲン品 a bargain

バーコード a bar code [バー コウド]

バージョン a version [ヴァ〜ジャン]

バースデー a birthday [バ〜すデイ]
➡たんじょうび
バースデーケーキ a birthday cake
バースデーパーティー a birthday party

パーセンテージ (a) percentage [パセンテッヂ] (♦発音注意)

パーセント percent [パセント], 〖主に英〗per cent (複数 percent) (♦記号は%)
▸きょうは生徒の 6 パーセントが欠席した. Six **percent** of the students were absent today. (♦percent は, of の後の名詞が単数形なら単数あつかい, 複数形なら複数あつかい)

バーチャル【バーチャルの】 virtual [ヴァ〜チュアる]
バーチャルリアリティー virtual reality

パーツ (部品) a part [パート]
▸パソコンのパーツ computer **parts**

パーティー a party [パーティ]
▸パーティーを開く
have [give, hold] a **party**

> 参考 **パーティーのいろいろ**
> 誕生日パーティー a birthday party / 仮装パーティー a costume party / ダンスパーティー a dance / ディナーパーティー a dinner party (♦フルコースの食事が出る) / お別れパーティー a farewell party / パジャマパーティー a pajama party / サプライズパーティー a surprise party / ティーパーティー a tea party / 歓迎(かんげい)パーティー a welcome party

ハート a heart [ハート]; (トランプの種類) hearts

ハード【ハードな】 hard [ハード]; (スケジュールがぎっしりの) tight [タイト]
▸ハードな仕事 **hard** work
ハードウエア 〖コンピュータ〗 hardware [ハードウェア] (対義語「ソフトウエア」software)
ハードスケジュール a tight schedule
ハードディスク 〖コンピュータ〗a hard disk

パート (仕事) a part-time job; (人) a part-timer [パートタイマ]
▸母はパートで働いている. My mother has a **part-time job**. / My mother works as a **part-timer**. / My mother works part-time. (♦この part-time は副詞)
パートリーダー a part leader
パート練習 a part practice

バードウオッチング bird-watching [バ〜ドワチング]

パートタイマー a part-timer
➡パート

パートナー a partner [パートナ]

ハードル a hurdle [ハ〜ドゥる]; (競技名) a hurdle race, the hurdles
ハードル選手 a hurdler

はあはあ【はあはあ言う】 (息を切らす) pant [パぁント]

ハーフ (競技などの前半・後半) a half [ハぁふ] (複数 halves)
ハーフコート a half-length coat
ハーフタイム (試合の中休み) half time

ハーブ an herb [ア〜ブ]

ハープ 〖楽器〗a harp [ハープ]
ハープ奏者 a harpist

パーフェクト【パーフェクトな】 perfect ➡かんぜん, かんぺき
パーフェクトゲーム (野球で) a perfect game

バーベキュー (料理名) barbecue [バーベキュー]; (パーティー) a barbecue

パーマ(ネント) a permanent (wave) [パ〜マネント (ウェイヴ)], a perm
▸サラはパーマをかけている.
Sarah has a **permanent (wave)**.

ハーモニー (a) harmony [ハーモニ]

ハーモニカ 〖楽器〗a harmonica [ハーマニカ], a mouth organ [マウす オーガン]
▸ハーモニカを吹(ふ)く
play the **harmonica**

パール a pearl ➡しんじゅ

はい[1]

❶『質問に答えるとき』yes; no
❷『物を手渡(わた)すとき・示すとき』
Here it is. / Here you are.
❸『出欠をとられたとき』
Present. / Here. / Yes.

❶『質問に答えるとき』
yes［イエス］(対義語「いいえ」no)；(否定の疑問文に対して) no［ノウ］

ダイアログ　肯定する
A:疲(つか)れましたか？　Are you tired?
B:はい，ちょっと．　**Yes**, a little.

ダイアログ　肯定する
A:宿題をやりましたか？
Did you do your homework?
B:はい，やりました．　**Yes**, I did.

ダイアログ　肯定する
A:エリック，納豆(なっとう)は食べないの？
Don't you eat **natto**, Eric?
B:はい，食べません．　**No**, I don't.

ルール「はい」と Yes, No
英語では答えが「…しません」「…ではありません」と否定のときは，どんな形の疑問文に対しても **No** を用います．肯定のときは **Yes** です．したがって，否定の疑問文(Don't you ...?, Aren't you ...? など)に対する答えでは，日本語の「はい」が **No** になります．

❷『物を手渡すとき・示すとき』
Here it is. / Here you are.

ダイアログ　返事をする
A:塩を取って，アヤ．
Pass me the salt, Aya.
B:はい，どうぞ．
Here it is. / Here you are.

❸『出欠をとられたとき』Present.［プレズント］/ Here.［ヒア］/ Yes.

ダイアログ　返事をする
A:鈴木さん．　Mr. Suzuki?
B:はい．　**Present. / Here.**

はい²【灰】 ashes［あシズ］
(♦ふつう複数形で用いる)

はい³【肺】 a lung［らング］(♦2 つあるので，複数形で用いることが多い)
肺活量 lung capacity

-はい【…杯】(♦「カップ」の場合は cup を，「グラス」の場合は glass を用いる；2 杯以上の場合，glass や cup を複数形にする)
▸紅茶 1 杯　a **cup** of tea
▸ワイン 2 杯　two **glasses** of wine
▸ご飯 **1 杯**　**a bowl of** rice
(♦「ご飯茶わん」は bowl で表す)
▸**スプーン 2 杯の**塩
two spoonfuls of salt
(♦「スプーン 1 杯」は spoonful で表す)

ばい【倍】
❶『2 倍』**twice**［トゥワイス］；
『2 倍の数・量』**double**［ダブる］➡にばい
▸テキサス州の面積はほぼ日本の倍です．
The State of Texas is about **twice** as large as Japan.
倍にする，倍になる double
▸物価が 5 年で**倍になった**．Prices have **doubled** in five years.
❷『…倍』**... times**［タイムズ］
▸7 の 4 倍は 28 です．　Four **times** seven is twenty-eight.
▸わたしは彼の約 3 倍の DVD を持っている．I have about three **times** as many DVDs as he [him].

パイ (a) pie［パイ］

はいいろ【灰色(の)】
gray［グレイ］，『英』grey

ハイウエー(高速道路)
an expressway［イクスプレスウェイ］，
a freeway［ふリーウェイ］➡こうそく²

はいえい【背泳】➡せおよぎ

はいえん【肺炎】
pneumonia［ニューモウニア］

バイオテクノロジー
biotechnology［バイオウテクナらヂ］

バイオねんりょう【バイオ燃料】
biofuel［バイオウふューエる］

バイオハザード(生物災害)

a biohazard［バイオウハぁザド］
バイオリズム
biorhythms［バイオウリずムズ］
バイオリン
〘楽器〙a violin［ヴァイオリン］
▸バイオリンを弾(ひ)く　play the **violin**
バイオリン奏者　a violinist
ハイカー　a hiker［ハイカ］
はいかん【拝観する】
see*［スィー］, look at ...
拝観料　an admission fee
はいがん【肺がん】
lung cancer［らングキぁンサ］
はいきガス【排気ガス】
exhaust gas［イグゾースト ギぁス］
はいきぶつ【廃棄物】
waste［ウェイスト］
▸産業廃棄物　industrial **waste**
はいきょ【廃墟】a ruin［ルーイン］
(♦しばしば複数形で用いる)
はいきん【背筋】a back muscle
ばいきん【ばい菌】a germ［ヂャ～ム］
ハイキング　hiking［ハイキング］,
a hike［ハイク］
ハイキングをする　hike
▸高尾山にハイキングに行く　go **hiking** on [go on a **hike** to] Mt. Takao
ハイキングコース　a hiking course
バイキング　(海賊(かいぞく)) the Vikings［ヴァイキングズ］; (食事) a buffet［ブふェイ］
(♦たくさんの種類の料理から, 好みのものを取って食べる形式の料理)
✲**はいく【俳句】**a haiku (複数 haiku), a haiku poem
▸俳句をつくる　write a **haiku**
バイク　a motorbike［モウタバイク］,
a motorcycle［モウタサイクる］
はいけい[1]【背景】
a background［バぁックグラウンド］;
(舞台(ぶたい)の) scenery［スィーナリ］
はいけい[2]【拝啓】Dear ...,［ディア］

参考「拝啓」
日本語では拝啓に続けて手紙の文章を書き始めますが, 英語ではまずDearの後に相手の名前を書きコンマをつけます. 友達ならDear Mike, 目上の人やそれほど親しくない人なら敬称(けいしょう)をつけてDear Ms. Sato, のように書きます. 身内ならDear Father, Dear Uncle Kenji, などと書きます. この後に改行して手紙の本文が続きます.

はいざら【灰皿】
an ashtray［あシトゥレイ］
はいし【廃止】abolition［あボリシャン］
廃止する　abolish［アバリッシ］,
〘口語〙do* away with ...
はいしゃ[1]【歯医者】
a dentist［デンティスト］
▸歯医者に行く　go to the **dentist**
はいしゃ[2]【敗者】a loser［るーザ］
敗者復活戦　a second-chance game, a second-chance match
ハイジャック【ハイジャックする】
hijack［ハイヂぁック］
ばいしょう【賠償】
compensation［カンペンセイシャン］
ばいしんいん【陪審員】
a juror［ヂュアラ］, a jury member;
(全体をまとめて) a jury［ヂュアリ］(♦「陪審制度」は a jury system)
はいすい【排水】
drainage［ドゥレイネッヂ］
排水管　a drainpipe［ドゥレインパイプ］
排水口　a drain
はいせん[1]【配線】wiring［ワイアリング］
配線する　wire
はいせん[2]【敗戦】
defeat［ディふィート］
ハイソックス　a knee sock
［ニー サック］(♦ふつう複数形で用いる)
はいたつ【配達】
(a) delivery［デリヴァリ］
配達する　deliver
配達料　a delivery charge
はいち【配置】
an arrangement［アレインヂメント］;
(持ち場) a station［ステイシャン］
配置する　arrange; (持ち場に) station
ハイティーン【ハイティーンの】
in one's late teens (対義語「ローティーン」one's early teens)
▸ハイティーンの少女たち
girls **in their late teens**
ハイテク(ノロジー)
high technology
ハイテクの　high-tech, hi-tech
ばいてん【売店】a stand［スタぁンド］; (駅などの) a kiosk［キーアスク］
バイト　a part-time job ➡アルバイト
パイナップル

〖植物〗a pineapple［パイナぁプる］

バイバイ bye-bye［バイバイ］（♦もともとは幼児に対して言うことばだったが，おとなでも親しい者どうしでよく用いる）

バイパス a bypass［バイパぁス］

ハイヒール a high heel, a high-heeled shoe（♦どちらもふつう複数形で用いる；後者の方が正式な言い方）

ハイビジョンテレビ high-definition television［ハイデふぃニシャン テれヴィジャン］（♦HDTV と略す）

はいふ【配布する】 distribute［ディストゥリビュート］

パイプ（管）a pipe［パイプ］，a tube［テューブ］；（タバコの）a pipe

パイプオルガン〖楽器〗a pipe organ

ハイファイ hi-fi［ハイふァイ］（♦*h*igh *fi*delity「高忠実度再生」の略）

はいぶつ【廃物】 waste materials

廃物利用 recycling of waste materials

ハイブリッド hybrid［ハイブリッド］

ハイブリッド車 a hybrid car

バイブル（聖書）the Bible［バイブる］；（権威(けんい)のある書物）a bible

ハイフン a hyphen［ハイふン］（♦符号(ふごう)「-」のこと）

> **ルール ハイフンの使い方**
>
> **1** 行の終わりにきて，1 語を 2 行にわたって書くときに使います. ハイフンを使えるのは音節の切れ目だけです.
> (例) My children often watch televi-sion. (うちの子供たちはよくテレビを見ます)
>
> **2** 2 語以上を合わせて 1 つのまとまった語をつくるときに用います.
> (例) a forget-me-not (ワスレナグサ)

はいぼく【敗北】(a) defeat（対義語「勝利」(a) victory）➡**まけ, まける**

ハイヤー a chartered taxi

はいやく【配役】 the cast［キぁスト］（♦役を割り当てられた俳優全体を指す）

はいゆ【廃油】 waste oil

はいゆう【俳優】（男）an actor［あクタ］；（女）an actress［あクトゥレス］

ハイライト a highlight［ハイらイト］

ばいりつ【倍率】（レンズの）(a) magnification［マぁグニふィケイシャン］，power［パウア］；（競争）competition［カンペティシャン］

バイリンガル（2 言語使用の）bilingual［バイリングワる］；（2 言語使用の人）a bilingual

▸彼女は英語とフランス語のバイリンガルです. She is **bilingual** in English and French.

⁑はいる【入る】

> ❶〖部屋などに〗enter, go into ..., come into ...
> ❷〖学校などに〗enter
> 〖クラブ・会社などに〗join
> ❸〖入れ物などに〗be in ...; hold
> ❹〖ある時期などに〗begin

❶〖部屋などに〗**enter**［エンタ］，**go* into ..., come* into ...**
（対義語「出る」go out）

▸王子は城の中へ入って行った.
The prince **entered** [**went into**] the castle.

▸ノックもしないでわたしの部屋に入って来ないでください. Don't **come into** my room without knocking.

❷〖学校などに〗**enter**；
〖クラブ・会社などに〗**join**［ヂョイン］

▸兄はこの春，大学に入った. My brother **entered** (a) college this spring.

▸あなたもサッカー部に入りませんか？
Won't you **join** our soccer club?

▸どのクラブに入っているの（→属しているの）？ Which club are you in? / Which club do you belong to?

❸〖入れ物などに〗（入っている）**be* in ...**；（収容する）**hold***［ホウるド］

▸パスポートはバッグに入っている.
My passport **is in** my bag.

▸このスタジアムには約 7 万人入る.
This stadium **holds** about seventy thousand.

❹〖ある時期などに〗**begin***［ビギン］

▸九州地方はきのうから梅雨(つゆ)に入った.
The rainy season **began** in the Kyushu District yesterday.

> **結びつくことば**
> 教室に入る enter a classroom
> お風呂に入る take a bath
> 中学に入る enter junior high school
> クラブに入る join a club
> 視界に入る come into sight

パイロット a pilot［パイろット］

バインダー a binder［バインダ］

はう crawl［クローる］

▸わたしたちは洞窟(どうくつ)の中を**はって進んだ**. We **crawled** on our hands and knees in the cave.

バウンド a bounce［バウンス］, a bound［バウンド］

バウンドする bounce, bound

ハエ〘昆虫〙a fly［ふらイ］

ハエたたき a flyswatter［ふらイスワタ］

•はえる[1]【生える】

（植物・毛・ひげが）**grow***［グロウ］

▸夏は庭にすぐ雑草が生える.
In summer weeds **grow** in the garden so quickly.

はえる[2]【映える】

▸黄色い花が青空に映えてきれいだった.
Yellow flowers looked beautiful against the blue sky.

▸この写真はSNS映えする(→ソーシャルメディア上ですてきに見える)だろう.
This photo will look great on social media.

＊はおり【羽織】 a *haori*, a half coat which is worn over a kimono

はか【墓】 a grave［グレイヴ］

墓石 a gravestone

•ばか（ばかな人）a fool［ふーる］

ばかな **foolish**［ふーりッシ］, stupid［ステューピッド］, silly［スィり］（対義語「賢(かしこ)い」wise, clever, smart）

▸ばかなまねはよせ(→ばかになるな).
Don't be **foolish [stupid, silly]**.

ばかにする make* a fool of ...

▸一輝はよくわたしをばかにする.
Kazuki often **makes a fool of** me.

はかい【破壊】
destruction［ディストゥラクシャン］

破壊する break*, destroy［ディストゥロイ］➡**こわす**

破壊的な
destructive［ディストゥラクティヴ］

破壊力 destructive power

はがき【葉書】 a postcard［ポウストカード］;〘米〙（官製の）a postal card（♦欧米(おうべい)では絵はがき以外のはがきはあまり使わず, 手紙やカードが一般的）

▸はがきを出すのを忘れた. I forgot to mail a **postcard [postal card]**.

▸往復はがき a **postcard** with a prepaid reply attached（♦英米にはない）

はがす（乱暴に）tear* off［テア］;（表面にあるものを）peel off［ピーる］

▸彼は壁(かべ)からポスターをはがした.
He **tore** a poster **off** the wall.

ばかす【化かす】（魔法(まほう)をかける）bewitch［ビウィッチ］

はかせ【博士】 a doctor［ダクタ］（♦人名につけるときはDr.と略す）

▸後藤さんは理学博士です.
Ms. Goto is a **doctor** of science.

▸山口博士 **Dr.** Yamaguchi

はかどる（うまくいく）get* along《with ...》;（進む）make* good progress［プラグレス］➡**すすむ**

はかない（一時的な）transient［トゥラぁンシェント］;（短命の）short-lived［ショートらイヴド］;（むなしい）vain［ヴェイン］

はがね【鋼】 steel［スティーる］

ぱかぱか（馬のひづめの音）
a clip-clop［クリップクらップ］

▸ぱかぱかと歩く clip-clop

ばかばかしい foolish, stupid, ridiculous［リディキュらス］➡**ばか**

＊はかま【袴】 a *hakama*, an article of Japanese clothing which looks like a pleated skirt

はかり a scale［スケイる］, scales（♦単数あつかい）;（天びんばかり）a balance［バぁらンス］

•-ばかり

❶［…だけ］only;〘いつも〙always
❷［ちょうど］just
❸［およそ］about ..., around ...

❶〘…だけ〙**only**［オウンり］;〘いつも〙**always**［オーるウェイズ］➡**-だけ**

▸ただ笑うばかりで, 広志は質問には答えなかった. Hiroshi **only** smiled and didn't answer the question.

▸結衣ったら不平ばかり言っている.
Yui is **always** complaining.

▸広美はフランス語**ばかりでなく**スペイン語**も**話せる. Hiromi can speak **not only** French **but (also)** Spanish. / Hiromi can speak Spanish **as well as** French.（♦not only A but (also) B, B as well as Aはともに「A

だけでなくBも」という意味)

❷『ちょうど』**just** [ヂャスト] ➡**ちょうど**

▸試合は今始まったばかりです.
The game has **just** started.

❸『およそ』**about ...** [アバウト], **around ...** [アラウンド]

▸わたしたちは5年ばかり前にここへ引っ越(こ)して来ました. We moved here <u>**about**</u> [**around**] five years ago.

は

⁑はかる【計る, 測る, 量る】

(長さ・高さ・大きさ・量を) **measure** [メジャ]; (重さを) **weigh** [ウェイ]; (時間を)time [タイム]; (体温・寸法などを) take* [テイク]

measure　weigh　time

▸身長を測った.
I **measured** my height.

▸よく体重計で体重を量る. I often **weigh** myself on the scales.

▸体温を計る **take** one's temperature

バカンス a vacation [ヴェイケイシャン], 『英』holidays [ハりデイズ]

はきけ【吐き気がする】 feel* like throwing up, feel sick ➡**はく²**

はきはき (きびきび) briskly [ブリスクり]; (はっきり) clearly [クリアり]
はきはきした brisk; clear

はきもの【履物】
(靴(くつ)) shoes [シューズ];
(総称(そうしょう)) footwear [ふットウェア]

はく¹【履く, 穿く】put on

(対義語「脱(ぬ)ぐ」take off), **wear*** [ウェア] (♦put on ははく動作, wear ははいている状態を表す)

▸わたしは新しいジーパンをはいた.
I **put on** a new pair of jeans.

ダイアログ　説明する
A: きょうは寒いね.
It's very cold today.
B: ほんと. だからブーツをはいて来たの.
It sure is. So I came <u>**wearing boots**</u> [with boots on]. (♦come ~ing は「…しながら来る」, with ... on は「…を身につけた状態で」の意味)

はく²【吐く】 (息などを) breathe out [ブリーず]; (胃の中の物を)throw* up [すロウ], vomit [ヴァミット]; (つばなどを)spit* [スピット]

はく³【掃く】 sweep* [スウィープ]

はぐ tear* off [テア];
(動物の皮(かわ)を)skin [スキン] ➡**はがす**

バグ 『コンピュータ』a bug [バッグ]

パグ 『動物』a pug [パッグ]

はくい【白衣】 a white coat

はくがい【迫害】
persecution [パ～セキューシャン]
迫害する persecute [パ～セキュート]

はくがく【博学な】
learned [ら～ニッド] (♦発音注意)

ばくげき【爆撃】
(a) bombing [バミング]
爆撃する bomb [バム]
爆撃機 a bomber

はくさい【白菜】 a Chinese cabbage [チャイニーズ キぁベッヂ]

はくし¹【白紙】
(答案) a blank paper [ブらぁンク ペイパ]

はくし²【博士】 a doctor ➡**はかせ**

はくしゃ【拍車】 a spur [スパ～]

はくしゅ【拍手】
clapping [クらぁピング]; (拍手かっさい) applause [アプろーズ], a hand

▸わたしたちのバンドは盛大(せいだい)な拍手かっさいを受けた. There was a lot

of **applause** for our band.

拍手する clap (one's hands), give a person a big hand

はくじょう¹【薄情な】
cold-hearted［コウるドハーティッド］, heartless［ハートれス］

はくじょう²【白状する】
confess［コンふェス］《to ...》
▸その男は強盗(ごうとう)を白状した. That man **confessed to** the robbery.

ばくしょう【爆笑する】
burst* into laughter

はくしょく【白色の】
white［(ホ)ワイト］

ハクション ahchoo［アチュー］, 〖英〗atishoo［アティシュー］

ダイアログ　労わる

A: くしゃみが止まらないんだ, ハッハッハークション! The sneezing won't stop. **Ah-Ah-Ahchoo**!
B: お大事に! (God) bless you!

参考 「ハクション」には神

欧米(おうべい)では, くしゃみをすると体から魂(たましい)が抜(ぬ)け出ると考えられていました. それで, くしゃみを聞いたら(God) bless you!(神の恵(めぐ)みを)と言って, その人の体に魂を取り戻(もど)すように神に頼(たの)んだのです.「お大事に」にあたる言い方と考えていいでしょう.

はくじん【白人】 a white［(ホ)ワイト］; (全体をまとめて) white people

ばくぜん【漠然と】
vaguely［ヴェイグり］
漠然とした vague
▸きみの答えは漠然とし過ぎている. Your answer is too **vague**.

ばくだい【莫大な】
great［グレイト］, huge［ヒューヂ］
▸ばく大な財産
a **great** [**huge**] fortune

ばくだん【爆弾】 a bomb［バム］
▸時限爆弾 a time **bomb**

ばくち gambling［ギぁンブりング］

ハクチョウ【白鳥】
〖鳥類〗a swan［スワン］

バクテリア bacteria［バぁクティリア］
(♦bacterium の複数形; ふつう複数形で用いる)

ばくは【爆破する】
blow* up, blast［ブらぁスト］

ぱくぱく【ぱくぱく食べる】
munch［マンチ］《on ...》

はくはつ【白髪】
white hair, gray hair
白髪の white-haired

ばくはつ【爆発】
an explosion［イクスプろウジャン］; (火山の) (an) eruption［イラプシャン］
▸ガス爆発 a gas **explosion**
爆発する explode［イクスプろウド］, blow* up; (火山が) erupt［イラプト］
▸富士山は爆発すると思いますか? Do you think Mt. Fuji will **erupt**?

はくぶつかん【博物館】
a museum［ミューズィアム］

ばくやく【爆薬】
(an) explosive［イクスプろウスィヴ］

はくらんかい【博覧会】 a fair［ふェア］; (大規模な) an exposition［エクスパズィシャン］, an expo［エクスポウ］(複数 expos)

はくりょく【迫力】 power［パウア］
迫力のある powerful

ぱくる steal*［スティーる］, 〖口語〗lift［りふト］➡ぬすむ

はぐるま【歯車】 a gear［ギア］

はぐれる (見失う)
lose* sight of ...［るーズ サイト］
▸わたしは友達のジムとはぐれた. I **lost sight of** my friend, Jim.

ばくろ【暴露する】 expose［イクスポウズ］, disclose［ディスクろウズ］

はけ【刷毛】 a brush［ブラッシ］

はげ【禿げ】 (はげた部分) a bald spot; (人) a bald(-headed) person
はげ頭 a bald head

***はげしい【激しい】**
(強烈(きょうれつ)な) **hard**［ハード］, violent［ヴァイオれント］; (大量の) **heavy**［ヘヴィ］; (苦痛などが) severe［セヴィア］;

(議論などが) heated [ヒーティッド]
▸激しいショック a **violent** shock
▸激しい痛み a **severe** pain
▸激しい議論 a **heated** argument
▸激しい運動は控(ひか)えたほうがいいよ. You should avoid **hard** exercise.
▸この道路は車の行き来が激しい. The traffic is **heavy** on this road.
激しく hard, violently; heavily
▸雨が激しく降っていた. It was raining **hard** [**heavily**].

バケツ a bucket [バケット]

はげます【励ます】 cheer up [チア アップ], encourage [インカ～リッヂ]
▸わたしが落ちこんでいるとき, きみは励ましてくれた. You **cheered me up** [**encouraged** me] when I was depressed.

はげむ【励む】 work hard

ばけもの【化け物】 (怪物(かいぶつ)) a monster [マンスタ]; (幽霊(ゆうれい)) a ghost [ゴウスト]

はげる (頭が) become* bald [ボーるド], get* bald; (ペンキなどが) come* off
はげた (頭が) bald

ばける【化ける】 change oneself into ..., turn oneself into ...
▸魔女(まじょ)は猫(ねこ)に化けた. The witch **changed herself into** a cat.

はけん【派遣する】 send* [センド]

はこ【箱】 a **box** [バックス], a **case** [ケイス]
(♦後者はある決まった物をしまう箱; a pencil case, a jewelry case など)
▸この箱の中に何が入っているか当てて. Guess what's in this **box**.
▸キャラメル1箱 a **box** of caramels

はごいた【羽子板】 a *hagoita*, a (Japanese) battledore [バぁトゥるドーア]

はこぶ【運ぶ】
❶『物を』**carry** [キぁリ]; (持って行く) take* [テイク]; (持って来る) bring* [ブリング]
▸このかばんをわたしの部屋まで運んでください. Please **carry** this bag to my room.
▸わたしたちがいすを教室まで運びます. We'll **take** the chairs to the classroom.
▸ウエーターが料理をテーブルに運んで来た. A waiter **brought** dishes to the table.
❷『物事が』go* [ゴウ]

ダイアログ 説明する
A: 調子はどうだい? How are you getting along?
B: 万事(ばんじ)うまく運んでいるよ. Everything is **going** very well.

バザー a bazaar [バザー]

はさまる【挟まる】 get* caught《in [between] ...》[ゲット コート]
▸ドアにコートがはさまった. My coat **got caught in** the door.

はさみ scissors [スィザズ]
(♦刃(は)が2枚あるので複数形で表す; 数えるときは three pairs of scissors などと言う); (カニなどの) claws [クろーズ]

はさみうち【挟み撃ちにする】 attack ... from both sides

はさむ【挟む】 put* ... between ～; (指などを) catch* ... in ～
▸しおりを本の間にはさんだ. I **put** a bookmark **between** the pages of the book.
▸ドアに指をはさんでしまった. I **caught** my finger **in** the door.
口をはさむ cut* in《on ...》, interrupt [インタラプト]
▸わたしたちの話に口をはさまないで. Don't **cut in on** [**interrupt**] us.

はさん【破産】 (a) bankruptcy [バぁンクラプツィ]
破産する go* bankrupt [バぁンクラプト]

はし¹【橋】 a **bridge** [ブリッヂ]
▸橋を渡(わた)る cross a **bridge**
▸その川に今, 新しい橋をかけています. They are building a new **bridge** over the river.

はし²【端】 (細い物の先) an **end** [エンド]; (縁(ふち)) an edge [エッヂ]; (側) a **side** [サイド]
▸ひもの両端を結ぼう. I'll tie the **ends** of the string together.
▸テーブルの端 the **edge** of a table
▸もっと道の端に寄ろう. Let's move nearer to the **side** of the street.

はし³ (食事用の) chopsticks [チャプスティックス] (♦ふつう複数形で用いる)

▸はし１ぜん　a pair of **chopsticks**

はじ【恥】 (a) shame［シェイム］

▸授業中に恥をかいてしまった.
I was put to **shame** in (the) class.
(♦be put to shame で「恥をかく」)

▸彼は恥知らずだ.　He has no **shame**.

▸恥を知れ！　**Shame** on you!

はしおき【はし置き】
a *hashioki*, a chopstick rest

はしか　measles［ミーズるズ］

はじく【弾く】（指で）flip［ふリップ］;（水などを）repel［リペる］

はしご　a ladder［らぁダ］
はしご車　a ladder truck

はじまり【始まり】
（開始）the beginning［ビギニンγ］,
a start［スタート］;
（起源）the origin［オーリヂン］➡**きげん³**

はじまる【始まる】
begin*［ビギン］, **start**［スタート］
(対義語「終わる」be over, end)

▸コンサートは今晩７時に始まる.　The concert **begins** at seven tonight.

▸期末試験は月曜日から始まる.
Final exams will **begin** [**start**] on Monday.

> ルール **「…から[に]始まる」**
>
> **1** ある決まった時刻·時点に始まるときは《**begin [start] at** ＋時刻·時点》.
> **2** ある決まった日に始まるときは《**begin [start] on** ＋日付》.
> **3** 週·月·年など一定の期間内に始まるときは《**begin [start] in** ＋週·月·年》.
> 日本語で「…から」といっても, 上のような場合, from は使いません.

はじめ【初め, 始め】
the **beginning**［ビギニンγ］
(対義語「終わり」an end)

▸初めから終わりまで　from **beginning** to end（♦対(つい)になる語を並べるときは a や the をつけない）

初めの　the first［ふァ～スト］

▸この本は初めの部分がおもしろい.
The first part of this book is interesting.

初めに（期間の初めに）
at the beginning;（まず初めに）first

▸10月の初めに
at the beginning of October

▸初めに戸田先生からひと言いただけますか?　**First**, could you give us a few words, Mr. Toda?

初め(のうち)は　at first

▸初めはだれだって失敗をするものです.
Everybody fails **at first**.

はじめて【初めて】
first［ふァ～スト］, **for the first time**

初めての　first

▸クリスに初めて会ったのは去年の３月です.　I **first** met Chris in March last year. / In March last year I met Chris **for the first time**.

▸日本へは今回が初めてですか?
Is this your **first** visit to Japan?

はじめまして【初めまして】
Nice to meet you. / How do you do? / Hello!［ハろウ］/ **Hi!**［ハイ］
(♦How do you do? はかなり改まった言い方. 後の２つはくだけた言い方)

> ダイアログ　あいさつする
>
> *A:*初めまして, デービスさん.
> **Nice to meet you**, Mr. Davis.
> *B:*初めまして, 岡田さん.　**Nice to meet you** too, Ms. Okada.

> ダイアログ　あいさつする
>
> *A:*初めまして, マイク.　**Hello**, Mike.
> *B:*初めまして, 由美.　**Hi**, Yumi.

はじめる【始める】
begin*［ビギン］, **start**［スタート］
…し始める《**begin [start] to** ＋動詞の原形》《**begin [start]** ＋～**ing**》

▸雪が降り始めた.
It **began** [started] **to** snow. / It **began** [started] **snowing**.

▸わたしは家に帰るとすぐに勉強を始めた.　I **began** [**started**] **studying** as soon as I got home.

ばしゃ【馬車】（４輪の）a carriage［キぁリッヂ］;（荷物用の）a cart［カート］

はしゃぐ　romp［ランプ］

▸子供たちは庭ではしゃぎ回っている.
The children are **romping** around

in the yard.

ばしゃばしゃ

▸彼女は**ばしゃばしゃと**水たまりの中を**歩いて**いった. She **splashed** through the puddles.

パジャマ pajamas [パヂャーマズ], 〖英〗 pyjamas (◆上着(a top)とズボン(bottoms)から成るので, pajamas と複数形で用いる; 数えるときは two pairs of pajamas のように言う)

ばしゃん

(水がはねる音) a splash [スプらぁシ]

˙ばしょ【場所】

❶〖所〗**a place, a site**
❷〖余地, 空間〗**room, space**
❸〖位置〗**a location**
❹〖すもうの期間〗**a tournament**

❶〖所〗

a **place** [プれイス], a site [サイト]

▸わたしたちは野球の練習をする**場所**を探している. We are looking for a **place** for baseball practice.

❷〖余地, 空間〗

room [ルーム], **space** [スペイス]

▸ピアノを置く場所はない. There is no **room** [**space**] for a piano.

❸〖位置〗a location [ろウケイシャン]

▸その店の名前は知っているけど, **場所**は知らない. I know the name of the shop, but don't know its **location**.

▸その本のある場所を(→どこにあるか)教えて. Tell me where the book is.

❹〖すもうの期間〗

a tournament [トゥアナメント]

▸春場所
the Spring Sumo **Tournament**

はしら【柱】

a pillar [ピら], a post [ポウスト]

はしらせる【走らせる】

run* [ラン]; (車を) drive* [ドゥライヴ]

はしりたかとび【走り高跳び】

the high jump [ハイ ヂャンプ]

はしりはばとび【走り幅跳び】

〖米〗 the broad jump [ブロード ヂャンプ], 〖英〗 the long jump [ろーンヶ ヂャンプ]

˙はしる【走る】 run* [ラン];

(ゆっくり走る) 〖米〗 **jog** [ヂャグ]

▸トムは走るのがクラスでいちばん速い. Tom **runs** (the) fastest in his class. / (→最も速い走者だ)Tom is the fastest runner in his class.

ダイアログ　**質問する・説明する**

A:走ってここまで来たの？
Did you **run** here?
B:うん. 駅まで**走り**どおしだった. Yes. I **ran** all the way to the station.

結びつくことば

廊下(ろうか)を走る run in the corridors
グラウンドを走る run in the ground
100メートルを走る run 100 meters
駅まで走る run to the station
全速力で走る run at full speed

はじる【恥じる】

be* ashamed 《of ...》 [アシェイムド]

ハス 〖植物〗 a lotus [ろウタス]

˙はず (予定) 《**be* to ＋動詞の原形**》;

(当然) **should** [シュッド], **must** [マスト]

▸バスはそろそろ来る**はずだ**.
The bus **is to** be here soon.

▸きみはこの質問に答えられる**はずだ**.
You **should** be able to answer this question.

▸よく探してごらん. この辺りにある**はずだ**. Look for it carefully. It **must** be around here.

はずがない cannot

▸そんな(→それがほんとうである)**はずがない**. That **can't** be true.

˙˙バス[1] (乗り物) a **bus** [バス]

▸バスに乗る get on a **bus**

▸バスを降りる get off a **bus**

▸8時のバス the 8 o'clock **bus**

▸このバスは原宿へ行きますか？
Does this **bus** go to Harajuku?

▸梅田行きのバスに乗って, 3つ目の停留所で降りてください.
Take a **bus** for Umeda and get off at the third stop.

参考 **「バス」のいろいろ**

観光バス a sightseeing bus / **貸し切りバス** a chartered bus / **長距離(きょり)バス** a long-distance bus / **スクールバス** a school bus / **2階建てのバス** a double-decker (bus) / **シャトルバス** a shuttle bus

▼アメリカのスクールバス

バスガイド a bus tour conductor
バスターミナル a bus terminal
バス代 a bus fare
バス停 a bus stop
バス旅行 a bus tour

バス² (ふろ) a bath [バぁす] ➡**ふろ**
バスタオル a bath towel
バスマット a bath mat
バスルーム a bathroom ➡**よくしつ**

バス³ 〖音楽〗bass [ベイス]

パス (球技・トランプなどの) a pass [パぁス]; (無料入場券など) a free pass
パスする (受かる) pass

•はずかしい【恥ずかしい】

❶ 〖恥(はじ)と感じて〗(人が)ashamed [アシェイムド];
〖恥ずべき〗shameful [シェイムふる]
▸あんなひどい負け方をして**恥ずかしい**. I'm **ashamed** of losing so badly.
▸うそをつくなんて**恥ずかしいこと**です. It's **shameful** to tell a lie.
❷ 〖照れて〗shy [シャイ]; 〖きまりが悪い〗embarrassed [インバぁラスト]
▸あんなに大勢の前で歌うのは**恥ずかしかった**. I was **embarrassed** to sing in front of so many people.
恥ずかしがる be* shy

> 参考 「恥ずかしい」の意味
> 道徳的, 社会的に「恥ずべき」という意味には, **ashamed** や **shameful** を使います.「照れる」「気恥ずかしい」という意味なら **shy** や **embarrassed** を使います.

ハスキー husky [ハスキ]
▸ハスキーな声 a **husky** voice

バスケット
(かご) a basket [バぁスケット]

バスケットボール 〖スポーツ〗
basketball [バぁスケットボーる]
バスケットボール部
a basketball team

はずす【外す】
(取り外す) take* off, remove [リムーヴ]; (席を) leave* [りーヴ]
▸めがねを外す **take off** one's glasses

パスタ pasta [パースタ]

パステル pastel [パぁステる]
パステル画 a pastel
パステルカラー pastel colors, pastels

バスト a bust [バスト]

はずべき【恥ずべき】
shameful [シェイムふる]

パスポート a passport [パぁスポート]

はずむ【弾む】 bounce [バウンス], bound [バウンド] ➡**バウンド**

パズル a puzzle [パズる]
▸パズルを解く
work out [solve] a **puzzle**
クロスワードパズル
a crossword (puzzle)
ジグソーパズル a jigsaw puzzle

はずれ【外れ】
(空くじ) a blank [ブらぁンク];
(郊外(こうがい)) the suburbs [サバ～ブズ]
▸わたしの引いたくじははずれだった(→はずれを引いた). I drew a **blank**.

•はずれる【外れる】

❶ 〖外れてとれる〗come* off
▸なべの柄(え)が**外れた**.
The handle of the pot **came off**.
❷ 〖それる・当たらない〗
(それる)miss [ミス]; (予想などが)prove wrong ➡**それる**
▸ボールはゴールを**外れた**.
The ball **missed** the goal.
▸きょうの天気予報は**外れた**.
The weather forecast for today has **proved wrong**.

パスワード a password [パぁスワ～ド]

パセリ 〖植物〗parsley [パースり]

パソコン a personal computer [パ～ソヌる コンピュータ], a PC
(♦ふつうは単に computer と言う)

•はた【旗】 a flag [ふらぁッグ]

▸旗をあげる put up a **flag**
▸旗を降ろす take down a **flag**

参考 旗のいろいろ

校旗 a school flag / **国旗** a national flag / **優勝旗** a championship flag / (三角形の)**小旗** a pennant

はだ【肌】 skin［スキン］
▸姉は肌が白い.
My sister has fair **skin**.(◆「黒い」なら fair の代わりに dark を用いる)
肌色 flesh color, peach
肌着 underwear［アンダウェア］
肌触(ざわ)り touch［タッチ］
▸この布は肌触りがなめらかだ. This cloth is smooth to the **touch**.

バター butter［バタ］
▸パンにバターを塗(ぬ)る
spread **butter** on the bread

ばたあし【ばた足】
(水泳の)a flutter kick［ふらタ］
▸ばた足をする do **flutter kicks**

はだか【裸の】
naked［ネイキッド］, bare［ベア］
▸裸(はだか)の赤ん坊(ぼう) a **naked** baby
はだかになる
strip naked, become* naked;
(服を脱(ぬ)ぐ) take* off one's clothes

くらべよう naked と bare

人体について用いる場合, **naked** は衣服をつけていない状態を, **bare** は手・足など部分的にむき出しになっている状態を言います.

はたき a duster［ダスタ］

◆はたけ【畑】 a **field**［ふィーるド］;
(大規模な)a **farm**［ふァーム］
▸畑を耕す plow the **field**

はだし a bare foot［ベア ふット］
(複数 bare feet)
はだしの, はだしで barefoot

はたす【果たす】 do*［ドゥー］;
(実行する) carry out;
(責務などを) fulfill［ふるふィる］,
〖英〗fulfil; (目的を)achieve［アチーヴ］
▸義務を果たす
do [**carry out**] one's duty
▸責任を果たす
fulfill one's responsibility

はたち【二十歳】 twenty (years old)

ばたばた(と)
(騒々(そうぞう)しく) noisily［ノイズィり］
▸彼らは廊下(ろうか)をばたばた走っていった.
They went running down the hall **noisily**.
ばたばたさせる (翼(つばさ)などを) flap

ぱたぱた
▸旗は風に**ぱたぱたとなびいていた**.
The flag **was flapping around** in the wind.

バタフライ (水泳) the butterfly stroke［バタふらイ ストゥロウク］

はたらき【働き】 (仕事) work［ワ〜ク］; (作用) working［ワ〜キング］;
(機能)a function［ふァンクシャン］
▸脳の働き the **function** of the brain
働き口 a job［ヂャブ］
働き者 a hard worker

◆はたらく【働く】
❶〖労働する〗**work**［ワ〜ク］;
(熱心に働く) labor［れイバ］
▸父は銀行で働いている.
My father **works** at [in, for] a bank. (◆at, in は場所を, for は仕事の内容を伝える)
▸キャロルはよく働く.
Carol **works** hard.
❷〖作用する〗**work**
▸きょうは頭がよく働く. My head [brain] is **working** well today.

バタン (音) a bang［バぁング］
バタンと閉める slam［スらぁム］, bang
▸ダンは怒(おこ)ってドアをバタンと閉めた.
Dan angrily **slammed** the door.

ハチ 〖昆虫〗a bee［ビー］
▸女王バチ a queen **bee**
▸働きバチ a worker **bee**
ハチの巣(す) a honeycomb［ハニコウム］
はちみつ honey

◆はち1【八(の)】 **eight**［エイト］
第 8(の) the **eighth**［エイす］
(◆8th と略す)

はち²【鉢】（どんぶり）a bowl［ボウる］;（植木鉢(ばち)）a pot［パット］

ばち【罰】 divine judgment
▸いつか**ばちが当たり**ますよ.
You'll **pay for it** someday.（♦pay for は「…の報(むく)いを受ける」の意味）

ばちがい【場違いで】 out of place
▸観光客のグループに囲まれて, わたしは場ちがいな気がした. I felt **out of place** among groups of tourists.

⁑**はちがつ【八月】** **August**［オーガスト］
（♦語頭は常に大文字; Aug. と略す）
➡**いちがつ**
▸8月10日に on **August** 10
（♦August (the) tenth と読む）
▸8月に in **August**

バチカン（バチカン市国）
the Vatican City［ヴぁティカン］

•**はちじゅう【八十(の)】**
eighty［エイティ］
第80(の) the **eightieth**［エイティエす］
（♦80th と略す）
▸わたしの祖母は80歳(さい)です. My grandmother is **eighty** years old.
81 eighty-one
82 eighty-two

ぱちぱち
▸真紀が歌い終わると, 彼らは**ぱちぱち拍手(はくしゅ)した**.
They **clapped their hands** when Maki finished her song.
▸暖炉(だんろ)でまきが**ぱちぱち音を立てた**.
The wood **crackled** in the fireplace.

*__はちまき【鉢巻き】__ a *hachimaki*, a headband which is worn in order to encourage yourself

はちゅうるい【は虫類】
（総称(そうしょう)）the reptiles［レプトゥるズ］

はちょう【波長】
a wavelength［ウェイヴれンクす］

ぱちん【ぱちんと】 with a snap
▸彼女はバッグをぱちんと閉じた.
She closed her bag **with a snap**.

パチンコ
pachinko;（台）a pachinko machine

-はつ【…発】 from ...
▸博多発東京行きの超(ちょう)特急「のぞみ」
a superexpress "Nozomi" **from** Hakata to Tokyo
▸わたしたちは金沢8時15分発の(→金沢発8時15分の)特急「サンダーバード」に乗ります. We're going to take the 8:15 limited express "Thunderbird" **from** Kanazawa.
（♦8:15 は eight fifteen と読む）

ばつ¹【罰】 (a) punishment
［パニッシメント］, (a) penalty［ペナるティ］
罰ゲーム a punishment game

ばつ²（×の印）an x［エクス］
▸まちがった答えに**ばつ印**をつけなさい.
Mark the wrong answers with an "**x**."

はついく【発育】 growth［グロウす］
➡**せいちょう¹**
発育する grow*

はつおん【発音】
pronunciation［プロナンスィエイシャン］
▸きみはフランス語の**発音**がいい. Your French **pronunciation** is good.
発音する pronounce［プロナウンス］
▸この単語はどう**発音する**のですか？
How do you **pronounce** this word? / What is the **pronunciation** of this word?
発音記号 a phonetic sign [symbol]

はつか【二十日】（日数）twenty days;（暦(こよみ)の）(the) twentieth
［トゥウェンティエす］

ハッカ〘植物〙peppermint［ペパミント］

ハッカー a hacker［ハぁカ］

ハツカネズミ
〘動物〙a mouse［マウス］（複数 mice）

はつがん【発がん】
発がん(性)物質
a carcinogen［カースィノヂェン］

•**はっきり(と)** **clearly**［クリアリ］;
（記憶(きおく)などが）vividly［ヴィヴィッドリ］
▸そこから南十字星が**はっきり**見えた.
I was able to see the Southern Cross **clearly** from there.
▸あの日のことははっきりと覚えている.
I remember that day **vividly**.
はっきりした clear; vivid
▸きみがそれをやったことは**はっきりしている**. It's **clear** that you did it.

ばっきん【罰金】 a fine［ふァイン］
罰金を科す fine

バック（背景）a background

[バぁックグラウンド] ➡**はいけい**[1]
バックする (車を) back up
バックスクリーン
〖野球〗 the centerfield screen
バックナンバー a back issue
バックネット 〖野球〗 a backstop
バックミラー
a rearview mirror [リアヴュー ミラ]

パック (包み) a pack [パぁック];
(厚紙の) a carton [カートゥン]
▸牛乳1パック a **carton** of milk
パック旅行 a package tour

バッグ a bag [バぁッグ] ➡**かばん**

バックアップ (支援(しえん))backing [バぁキング]; 〖コンピュータ〗 (a) backup [バぁックアップ]
バックアップする (支援する)support [サポート], back (up);
〖コンピュータ〗 back up

はっくつ【発掘】
excavation [エクスカヴェイシャン]
発掘する excavate [エクスカヴェイト]

ばつぐん【抜群の】 (ずば抜(ぬ)けてよい)outstanding [アウトスタぁンディング]; (優秀(ゆうしゅう)な)excellent [エクセれント]
▸トムはスキーが抜群にうまい. Tom is **outstanding** in [at] skiing. / Tom is an **outstanding** skier.

パッケージ a package [パぁケッヂ]

はっけつびょう【白血病】
leukemia, 〖英〗 leukaemia [るーキーミア]

*はっけん【発見】
(a) discovery [ディスカヴァリ]
発見する **discover**
▸ニュートンは万有(ばんゆう)引力の法則を発見した. Newton **discovered** the law of (universal) gravitation.
発見者 a discoverer

はつげん【発言する】
speak* [スピーク]

はつこい【初恋】 one's first love
(◆「初恋の相手」の意味でも用いる)
▸拓海はわたしの初恋の人です.
Takumi is **my first love**.

はっこう【発行】
publication [パブりケイシャン]
発行する publish [パブりッシ]
▸わたしたちは学校新聞を月1回発行しています. We **publish** our school paper once a month.
発行部数 a circulation

ばっし【抜糸する】
remove the stitches (from a wound)

バッジ a badge [バぁッヂ]

はっしゃ[1]**【発車】**
departure [ディパーチャ]
発車する leave* [リーヴ], start [スタート], depart [ディパート]

はっしゃ[2]**【発射する】**
(ロケットを)launch [ろーンチ];
(銃(じゅう)を)fire [ふァイア]

はっしょうち【発祥地】
the cradle [クレイドゥる],
the birthplace [バ～すプれイス]

ばっすい【抜粋】
an extract [エクストゥラぁクト]
抜粋する extract [イクストゥラぁクト]

ハッスル【ハッスルする】
hustle [ハスる]

ばっする【罰する】 punish [パニッシ]
▸彼は校則に違反(いはん)して罰せられた.
He was **punished** for violating the school regulations.

はっせい[1]**【発声】**
vocalization [ヴォウカりゼイシャン]

はっせい[2]**【発生する】** (事件などが)happen [ハぁプン], occur [オカ～];
(災害などが) break* out ➡**おこる**[2]

はっそう【発送する】
send* out, send off

バッタ
〖昆虫〗 a grasshopper [グラぁスハパ]

バッター 〖野球〗 a batter [バぁタ]
バッターボックス the batter's box

*はったつ【発達】
development [ディヴェろプメント];
(成長)growth [グロウす]
発達する **develop**; **grow***
▸東シナ海で台風が発達している.
A typhoon is **developing** over the East China Sea.
発達した **developed**
▸犬は嗅覚(きゅうかく)が非常に発達している(→発達した嗅覚を持つ). Dogs have a highly **developed** sense of smell.

ばったり
(偶然(ぐうぜん)に) by chance, by accident;
(突然(とつぜん)に) suddenly [サドゥンり]
▸きょう愛美にばったり会った.
I saw Manami today **by chance**.

ばっちり【ばっちりの】
(完璧(かんぺき)な) perfect [パ～ふェクト]
▸きょう, 姉は化粧(けしょう)を**ばっちり**決めている. My sister is wearing **perfect** makeup today.
ばっちりと perfectly

ダイアログ 肯定する
*A:*準備できたかい? Are you ready?
*B:*ばっちりだよ. **Perfect(ly).**

バッティング 〖野球〗batting
バッテリー (電池)a battery [バぁテリ]; (野球の)a battery
はってん【発展】 development [ディヴェろプメント]; (成長)growth [グロウす]; (進歩) progress [プラグレス]
発展する develop; grow*; progress [プラグレス]
▸この国の産業は急速に**発展している**.
The industry of this country is **developing** rapidly.
発展途上(とじょう)国 a developing country
はつでん【発電】
generation of electricity
発電する generate electricity
発電機 a generator
発電所 a power station
はっと with a start
▸わたしは**はっとして**目を覚ました.
I woke up **with a start**.
はっとする (びっくりする)
be* surprised [サプライズド],
be astonished [アスタニッシト]
バット 〖野球〗a bat [バぁット]
ぱっと (突然(とつぜん))suddenly [サドゥンり]; (急速に)quickly [クウィックり]
▸ろうそくの火が**ぱっと**消えた.
Suddenly the candle went out.
ハットトリック a hat trick
はつばい【発売】 sale [セイる]
発売する
sell* [セる], put* ... on sale [セイる]
▸彼の新しい本が**発売された**. His new book has been **put on sale**.
発売日 a release date [リリース デイト]
✽**はっぴ** a *happi*
日本紹介 はっぴは, 短いはおりものです. 木綿(もめん)でできていて, 仕事や伝統的な祭りのときに着ます.
A *happi* is a short coat. It is made of cotton, and it is worn for work or some traditional festivals.

ハッピー【ハッピーな】
happy [ハぁピ]
ハッピーエンド a happy ending
はつひので【初日の出】
the first sunrise of the year
はっぴょう【発表】
(an) announcement [アナウンスメント]
発表する announce
▸あした入試の合格発表がある(→結果が発表される).
The entrance exam results will be **announced** tomorrow.
発表会 (展示会) an exhibition [エクスィビシャン]; (演奏会) a recital [リサイトゥる]
はっぽうスチロール【発泡スチロール】〖米〗〖商標〗Styrofoam [スタイロふォウム], 〖英〗polystyrene [パりスタイリーン]
はっぽうびじん【八方美人】
▸純は八方美人だ(→みんなに気に入られようとする).
Jun tries to please everyone.
はつみみ【初耳】
(ニュース) news [ニューズ]
▸それは初耳だ. That's **news** to me.

◆はつめい【発明】

invention [インヴェンシャン]
発明する **invent**
▸電話を**発明した**のはだれだか知っていますか? Do you know who **invented** the telephone?
発明品 an invention
✽**はつもうで【初もうで】**
hatsumode
日本紹介 初もうでとは, 新年に初めて神社や寺へお参りすることです. この時期は有名な神社や寺はたいへん混雑します.
Hatsumode is the first visit to a shrine or a temple during the New Year period. Famous shrines and temples are very crowded at this time of the year.
はで【はでな】 bright, loud [らウド]
(対義語「じみな」subdued, quiet)
▸はでな色のネクタイ
a **bright**-colored tie
パティシエ (菓子(かし)職人) a pastry chef (◆「パティシエ」はフランス語から)

ばてる be* tired out［タイアド］, be exhausted［イグゾースティッド］

ハト〘鳥類〙a pigeon［ピヂョン］; (特に小型の) a dove［ダヴ］

▸ハトがクークー鳴いている. A **pigeon** is cooing.

ハト小屋 a dovecote［ダヴコウト］, a pigeon house

パトカー a police car［ポリース カー］, a patrol car［パトゥロウる カー］

はとば【波止場】 a wharf［(フ)ウォーふ］(複数 wharves)

バドミントン badminton［バぁドミントン］(♦イギリスの地名から)

バドミントン部 a badminton team

パトロール patrol［パトゥロウる］

パトロールする patrol

バトン a baton［バぁタン］

バトントワラー［ガール］ a baton twirler［バぁタン トゥワ〜ら］

バトンパス a baton pass

°はな¹【花】 a **flower**［ふらウア］; (果樹の) a **blossom**［ブらサム］

花が咲(さ)く **bloom**［ブるーム］, **blossom, come* out** ➡さく¹

▸花びんに花を生ける put some **flowers** in a vase

▸リンゴの花が咲いている. The apple **blossoms** are out. / The apple trees are **blooming**.

▸桜の花が満開だ. The cherry **blossoms** are in full bloom.

花ことば the language of flowers

花畑 a field of flowers

花屋 a flower shop, a florist's

◆花のいろいろ flowers	
アサガオ	morning glory［モーニング グろーリ］
アジサイ	hydrangea［ハイドゥレインヂア］
ウメ	plum blossoms［プらム ブらサムズ］
カーネーション	carnation［カーネイシャン］
キク	chrysanthemum［クリサぁンせマム］
コスモス	cosmos［カズモス］
サクラ	cherry blossoms［チェリ ブらサムズ］
シクラメン	cyclamen［スィクらメン］
スイートピー	sweet pea［スウィート ピー］
スイセン	narcissus［ナースィサス］
スミレ	violet［ヴァイオれット］
タンポポ	dandelion［ダぁンデらイアン］
チューリップ	tulip［テューりップ］
ツツジ, サツキ	azalea［アゼィりャ］
バラ	rose［ロウズ］
パンジー	pansy［パぁンズィ］
ヒマワリ	sunflower［サンふらウア］
ユリ	lily［りり］
ラン	orchid［オーキッド］

°はな²【鼻】 a **nose**［ノウズ］; (象の) a trunk［トゥランク］; (豚(ぶた)などの) a snout［スナウト］

▸鼻をかむ blow one's **nose**

▸信也は鼻が高い. Shinya has a long **nose**. (♦「低い」なら long の代わりに flat を使う)

▸鼻が詰(つ)まっている. My **nose** is stuffed up. / I have a stuffy **nose**.

▸**鼻水が出てい**ます. I **have a runny nose**. / My **nose is running**.

鼻歌 humming［ハミング］

鼻風邪(かぜ) a cold in the nose, a head cold

鼻声 a nasal voice［ネイザる ヴォイス］

鼻血 a nosebleed ➡はなぢ

鼻の穴 a nostril［ナストゥりる］

はなざかり【花盛り】 in (full) bloom

▸そこでは今バラが花盛りだ. The roses are now **in full bloom** there.

°はなし【話】

❶〖談話〗a talk
❷〖話題〗a topic, a subject
❸〖うわさ〗a rumor
❹〖物語〗a story

❶〖談話〗a **talk**［トーク］
話をする **talk**, have*a talk ➡**はなす**[1]
▸わたしは小田先生と長いこと話をした.
I **had a** long **talk** with Ms. Oda.
▸ちょっとお話(→話すこと)があるのですが. I have something to **talk** about with you.
▸**ここだけの話だけど**, わたしはクラブをやめるつもりなの.
Just between you and me, I'm going to quit the club.
▸英士は**話がうまい**(→すぐれた話者だ).
Eiji **is a good speaker**.（◆「へただ」なら good の代わりに poor を用いる）
❷〖話題〗a **topic**［タピック］,
a subject［サブヂェクト］
▸話を変える, 話をそらす
change the **subject** [**topic**]
▸陸とは**話が合う**. Riku and I **speak the same language**.
話のわかる understanding
［アンダスタぁンディンɡ］
❸〖うわさ〗a rumor［ルーマ］
▸ジョンについてはいろいろ話を聞いています. I heard many kinds of **rumors** about John.
…**という話だ** I hear* (that) .... / They say* (that) ....
▸この学校の野球部は強い**という話だ**.
I hear [**They say**] (**that**) this school's baseball team is strong.
❹〖物語〗a **story**［ストーリ］
▸おじいちゃんはよく戦争の話をしてくれた. My grandfather often told me **stories** about the war.

はなしあい【話し合い】a talk［トーク］

はなしあう【話し合う】
talk《about ...》, discuss［ディスカス］

はなしがい【放し飼いにする】
(つながずにおく) leave* ... unchained
［アンチェインド］
▸犬を放し飼いにしてはいけない.
Don't **leave** your dog **unchained**.

はなしかける【話しかける】
talk to ..., speak* to ...
▸今は話しかけないでください.
Don't **talk to** me now.

はなしことば【話し言葉】
spoken language
話しことばの
spoken, colloquial［コろウクウィアる］

:はなす[1]【話す】
❶〖…を話す〗(言語を)**speak***; (…について話す) **talk about ...**; (告げる)**tell***
▸何を話しているの?
What are you **talking about**?
❷〖…と話す〗**talk with ..., talk to ..., speak* with ..., speak to ...**
▸恵美とはさっき電話で話しました.
I **talked with** Emi on the telephone a little while ago.
▸係の人と直接話したいのですが.
May I **speak to** the person in charge directly?
❸〖…に話す〗(…に話しかける) **talk to ..., speak* to ...** ➡**はなしかける**;
(…に教える) **tell***
▸正直にわたしに話してよ.
Tell me frankly.
❹〖人に物事を話す〗《**tell*** ＋人＋物事》《**tell** ＋物事＋ **to** ＋人》
▸そのニュースを和田先生に話しましたか? Did you **tell** Mr. Wada the news? / Did you **tell** the news **to** Mr. Wada?

結びつくことば
英語を話す speak English
事情を話す explain the situation
早口で話す speak [talk] fast
すらすら話す speak fluently

くらべよう speak, talk, tell
1 **speak** と **talk** はほぼ同じ意味ですが, **talk** は「おしゃべりをする」「話し合う」という意味でよく使います.
(例)We *talked* about it for many hours. (わたしたちはそれについて何時間も話した)
speak は「ことばを出す」行為(こうい)や話の仕方を言うときに使います.
(例)Please *speak* loudly.
(大きい声で話してください)
2 **tell** は話の内容を「伝える」「教える」という意味.
(例)I *told* you everything.
(あなたにはすべて話しました)

***はなす²【放す】** let* ... go, let go of ..., release［リリース］; (自由にする)set* ... free

▸「放して」とその女の子は叫(さけ)んだ. "**Let** me **go**," cried the girl.

▸腕(うで)を放せ. **Let go of** my arm.

▸かごから鳥を放してやった. I **set** the bird **free** from the cage.

***はなす³【離す】** part［パート］, separate［セパレイト］

▸わたしたちは2匹(ひき)の犬を離そうとした. We tried to **part** [**separate**] the two dogs.

▸この子供たち**から目を離さない**でください. Please **keep an eye** [**your eye(s)**] **on** these children.

はなたば【花束】 a bouquet［ボウケイ］(♦フランス語から)

はなぢ【鼻血】 a nosebleed［ノウズブりード］, a bloody nose

▸鼻血が出た. I got a **nosebleed**.

バナナ 〚植物〛a banana［バナぁナ］

▸バナナ1房(ふさ) a bunch of **bananas**

はなび【花火】 fireworks［ふァイアワ〜クス］(♦ふつう複数形で用いる)

▸花火を打ち上げる set off **fireworks**

▸今夜, 花火をしましょう. Let's do some **fireworks** tonight.

花火大会 a fireworks (display)

はなびら【花びら】 a petal［ペトゥる］

✽はなみ【花見】 *hanami*

日本紹介 花見は, 花を見ることです. 日本では, 特に桜の花を眺(なが)めることを意味します. 春によく公園に行って, 桜の花の下で食事をします.
Hanami means looking at flowers. In Japan this especially means admiring cherry blossoms. In spring people often go to a park and have a picnic under the cherry blossoms.

はなむこ【花婿】 a bridegroom［ブライドグルーム］(対義語「花嫁(はなよめ)」a bride)

はなよめ【花嫁】 a bride［ブライド］(対義語「花婿(はなむこ)」a bridegroom)

花嫁衣装(いしょう) a wedding dress

はなればなれ【離れ離れになる】 become* separated (from each other)

はなれる【離れる】** (去る) **leave［リーヴ］; (別れる) separate［セパレイト］; (離れている) keep* out of ..., stay away from ...

▸船は港を離れた. The ship **left** the harbor.

▸ここから離れていて. **Keep out of** here. / **Stay away from** here.

はなわ【花輪】 a (flower) wreath［リーす］

はにかむ be* shy［シャイ］

はにかんで shyly

パニック (a) panic［パぁニック］

パニックになる get* into a panic

バニラ vanilla［ヴァニら］(♦アクセント注意)

バニラアイス vanilla ice cream

バニラエッセンス vanilla extract

***はね【羽, 羽根】** (翼(つばさ)) a **wing**［ウィング］; (羽毛(うもう)) a feather［ふェざ］; (バドミントンの) a shuttlecock［シャトゥるカック］

▸タカは羽を広げた. The eagle spread its **wings**.

✽羽根つき *hanetsuki*

日本紹介 羽根つきは日本の伝統的な屋外の遊びです. バドミントンに似ていますが, 木のラケットを使い, ネットがありません. ふつう新年のお休みにこの遊びをします.
Hanetsuki is a traditional Japanese outdoor game. It is like badminton but with wooden rackets and no net. This game is usually played during the New Year holidays.

羽ぶとん a down quilt［クウィるト］

ばね a spring［スプリング］

はねかける【跳ね掛ける】 (ばしゃっと) splash［スプらぁシ］

ハネムーン a honeymoon［ハニムーン］

はねる【跳ねる】(飛び上がる) jump [チャンプ]; (ボールが) bounce [バウンス], bound [バウンド]; (水が) splash [スプらぁシ]; (車が) hit* [ヒット]
▸子供たちははね回った.
The children **jumped** around.
▸泥(どろ)水がスカートにはねてしまった.
Mud **splashed** (on) my skirt.

パネル a panel [パぁヌる]

パノラマ a panorama [パぁノラぁマ]

はは【母】 a **mother** [マざ] (対義語「父」a father)
➡おかあさん
▸母は今, 外出中です. **Mother** is out now. (♦自分の母親のことを言うとき, my をつけず, 大文字で書き始め, 固有名詞のようにあつかうことがある)
母の日 Mother's Day

はば【幅】 **width** [ウィドす]
幅が…(ある) ... wide [ワイド], ... broad [ブロード], ... in width
▸このプールは長さ 25 メートル, 幅 8 メートルです.
This pool is twenty-five meters long and eight meters **wide**.
▸そのテレビの幅はどれくらいですか?
How **wide** is the television set?
幅の広い **wide**, broad
幅の狭(せま)い **narrow** [ナぁロウ]
▸道幅が狭過ぎる.
The road is too **narrow**.
幅跳(と)び the long jump

パパ dad [ダぁッド], daddy [ダぁディ] (♦dad がよく用いられる; daddy は小さな子が用いる) ➡おとうさん
▸パパ, 帰りは何時ごろ? **Dad,** what time will you come back?

パパイヤ 〖植物〗a papaya [パパイア]

ばばぬき【婆抜き】
(トランプの)old maid

ババロア bavarois [バヴァルワー], Bavarian cream [バヴェアリアン]

パビリオン a pavilion [パヴィりョン]

パフ a (powder) puff

パブ a pub [パブ]

パフェ a parfait [パーふェイ]
(♦フランス語から)

パフォーマンス
a performance [パふォーマンス]

はぶく【省く】(節約する)save [セイヴ]; (省略する)omit [オウミット]

ハプニング
a happening [ハぁプニング]

はブラシ【歯ブラシ】
a toothbrush [トゥーすブラッシ]

バブル (泡(あわ)) a bubble [バブる]; (バブル経済) the bubble (economy)

はへん【破片】 a broken piece
▸ガラスの破片
broken pieces of glass

はま【浜】 a beach [ビーチ]

はまき【葉巻き】 a cigar [スィガー]

ハマグリ 〖貝類〗a clam [クらぁム]

はまべ【浜辺】 a beach [ビーチ]

はまる (ぴったり合う) fit* [ふィット]; (熱中する) 〖口語〗be* hooked on ...
▸このふたはこのびんにはまらない.
This cap doesn't **fit** on this bottle.
▸わたしは最近, そのゲームにはまっている. I **am hooked on** the game these days.

はみがき【歯磨き】
(歯を磨くこと)brushing one's teeth; (歯磨き粉)toothpaste [トゥーすペイスト]

ハミング humming [ハミング]
ハミングする hum (a song)

ハム (食べ物) ham [ハぁム]; (アマチュア無線家) a (radio) ham
▸ハムエッグ **ham** and eggs
ハムサンド a ham sandwich

ハムスター
〖動物〗a hamster [ハぁムスタ]

はめつ【破滅】 ruin [ルーイン], destruction [ディストゥラクシャン]
破滅する be* ruined

はめる (手袋(てぶくろ)などを) put* on; (はめている) wear* [ウェア]; (はめこむ) fit* [ふィット]

ばめん【場面】 a scene [スィーン]

はやい【早い, 速い】
❶〖時刻・時期が〗
early [ア〜り] (対義語「遅(おそ)い」late)
▸母は朝起きるのが早い.
My mother is an **early** riser. / (→朝早く起きる)My mother gets up early in the morning.
▸あきらめるのはまだ早い.
It's too **early** to give up.
❷〖速度が〗**fast** [ふぁスト] (対義語「遅

は

い」slow)；〖動作が〗 **quick** ［クウィック］ (対義語「遅い」slow)；
〖速度・動作が〗 rapid ［ラぁピッド］
▸サイモンは速い球を投げる.
Simon throws a **fast** ball.
▸優菜は計算するのが速い.
Yuna is **quick** at figures.

はやおき【早起きする】 get* up early
▸**早起きする人**　an **early bird**

はやがてん【早合点する】
jump to a (hasty) conclusion
［(ヘイスティ) コンクるージャン］

❖はやく【早く, 速く】

❶〖時間が〗 **early** ［アーり］ (対義語「遅(おそ)く」late)；〖すぐに〗 **soon** ［スーン］
▸今晩は早く帰って来て.
Please come back **early** tonight.
▸けさはいつもより 20 分早く家を出た.
This morning I left home twenty minutes **earlier** than usual.
▸早く日本の生活に慣れるといいですね.
I hope you'll get used to the Japanese way of life **soon**.
▸できるだけ早くあなたに会いたい.
I want to see you as **soon** as possible.
❷〖速度が〗 **fast** ［ふぁスト］ (対義語「遅く」slowly)；〖動作が〗 **quickly** ［クウィックり］ (対義語「遅く」slowly)
▸杏奈はわたしより速く走る.
Anna runs **faster** than I [me].

はやくち【早口】
▸あの先生はとても早口だ(→早く話す).
That teacher talks very fast.
早口ことば　a tongue twister
［タングトゥウィスタ］

参考 早口ことばの例

A big black bug bit a big black bear. (大きな黒い虫が大きな黒いクマにかみついた)
She sells sea shells by theseashore.
(彼女は海辺で貝殻(から)を売っている)

はやさ【速さ】 (速度) (a) speed ［スピード］ ➡スピード, そくど

はやし【林】 a wood ［ウッド］, woods (♦複数形で用いることが多い)

ハヤシライス
rice with hash ［ハぁッシ］

はやとちり【早とちりする】
jump to a (hasty) conclusion
［(ヘイスティ) コンクるージャン］

はやね【早寝する】 go* to bed early

はやびけ【早引けする】
(学校) leave* school early；
(仕事) leave work early

はやまる【早まる, 速まる】
(期日などが) be* moved up；
(速度が) quicken ［クウィクン］

はやめ【早めの】 early ［アーり］
早めに　early

はやめる【早める, 速める】
(時期などを) hasten ［ヘイスン］, speed up；(ペースを) quicken ［クウィクン］

はやり (a) fashion ➡りゅうこう

はやる ❶〖音楽や服などが〗(人気がある) be* popular ［パピュら］；(流行している) be in fashion ［ふぁシャン］
▸この歌は若者たちの間で**はやっている**.
The song **is popular** among young people.
▸ことしはどんな服が**はやっています**か？
What kind of dress **is in fashion** this year?
❷〖店が〗 do* (a) good business
▸あのピザ屋はとても**はやっている**.
That pizza shop is **doing** very **good business**.
❸〖病気が〗 go* around
▸今, 学校でインフルエンザがとても**はやっている**. The flu is really **going around** at school now.

❖はら【腹】 a **stomach** ［スタマック］
➡い, おなか
▸腹の調子が変だ.
My **stomach** doesn't feel good.
ことわざ **腹が減っては戦(いくさ)ができぬ.**
No one can fight on an empty stomach. / You can't work on an empty stomach.

▸**腹が減った**. I'm **hungry**.
▸悠真のうそには**腹が立つ**.
I'm **angry** about Yuma's lie.

バラ 〖植物〗 a rose [ロウズ]
バラ色の rosy, rose-colored

はらいもどし【払い戻し】
a refund [リーふァンド]
払い戻す refund [リふァンド]

はらう【払う】
❶〖代金・料金などを〗**pay*** [ペイ]
▸わたしはこの自転車の代金として3万円払った. I **paid** 30,000 yen for this bicycle.(♦30,000 yen は thirty thousand yen と読む)
(人)に(金額)を払う 《**pay** ＋人＋金額》《**pay** ＋金額＋ **to** ＋人》
▸母はクリーニング屋さんに5,000円払った. My mother **paid** 5,000 yen **to** the dry cleaner.
❷〖注意などを〗**show***, **pay***
▸…に敬意を払う
show respect for ...
▸だれもその少年に注意を払わなかった.
Nobody **paid** any attention to the boy.
❸〖ほこりを〗**dust** [ダスト]
▸彼は箱の上のほこりを払った.
He **dusted** the top of the box.

バラエティー
バラエティー番組 a variety show

パラグライダー
(器具) a paraglider [パぁラグらイダ];
(スポーツ) paragliding

パラシュート
a parachute [パぁラシュート]

パラソル a parasol [パぁラソーる]
ビーチパラソル a beach umbrella

はらっぱ【原っぱ】
a field [ふィーるド]

はらばい【腹ばいになる】
lie* on one's stomach [スタマック]

はらはら【はらはらする】 (不安で)
feel* uneasy [アニーズィ]; (緊張(きんちょう)で)
be* in suspense [サスペンス]
▸試験の結果を知るまではらはらした.
I **felt uneasy** until I knew the results of the exam.

ばらばら【ばらばらに】
(細かく) to pieces [ピースィズ];
(別々に) separately [セパレットり]
▸エドは時計をばらばらに分解した.
Ed took the clock **to pieces**.

ぱらぱら
▸雨が**ぱらぱらと降り**出した.
It started **sprinkling**.
▸彼女は雑誌を**ぱらぱらとめくった**.
She **leafed through** the magazine.

パラボラアンテナ a parabola [パラぁボラ], a parabolic antenna [パぁラバリック あンテナ]

ばらまく scatter [スキぁタ]

パラリンピック
the Paralympics [パぁラりンピックス]

バランス balance [バぁらンス]
▸バランスを保つ keep one's **balance**
▸バランスを失う lose one's **balance**

はり【針】 (縫(ぬ)い針・レコード針・注射針) a needle [ニードゥる]; (留め針) a **pin** [ピン];
(時計の針) a **hand** [ハぁンド];
(釣(つ)り針) a hook [フック];
(ハチなどの) a sting [スティング]

パリ Paris [パぁリス]

バリアフリー【バリアフリーの】
barrier-free [バぁリアふリー]

ハリウッド Hollywood [ハりウッド]
ハリウッド映画 a Hollywood movie

はりがね【針金】 (a) wire [ワイア]

ばりき【馬力】 horsepower
[ホースパウア] (♦hp と略す)

はりきる【張り切る】 (活気がある)
be* full of energy [エナヂィ];
(燃えている) be fired up [ふァイアド]
▸決勝戦に向けてみんな張り切っている.
We **are** all **fired up** for the finals.

バリケード a barricade [バぁリケイド]

ハリケーン a hurricane [ハ〜リケイン]

はりつける【貼り付ける】 stick*
[スティック]; 〖コンピュータ〗 (データを)
paste [ペイスト] ➡**はる[3]**
▸文をコピーしてドキュメントに貼り付けた. I copied and **pasted** the text into a document.

はりょくはつでん【波力発電】
wave-power generation

はる[1]【春】 **spring** [スプリング]
▸春が来た.
Spring has come [is here].

▸春が終わった.
Spring is over [has gone].
▸梅(うめ)は春先に咲(さ)く.
Plum blossoms come out early in (the) **spring** [in (the) early **spring**].
▸2022年の春に in the **spring** of 2022(♦「…年の春」のように言うときは, ふつう the をつける)
▸わたしたちは来年の春は3年生だ.
We will be third-year students next **spring**. (♦spring に next や this, last がつくときは in は不要)
春一番 the first strong south wind in the spring
春風 a spring breeze
春雨 (春の雨)a spring shower
春休み (the) spring vacation

はる²【張る】
(テントなどを) put* up, set* up;
(ロープなどを) stretch [ストゥレッチ]
▸ロープをぴんと張ってください.
Stretch the rope tight.

はる³【貼る】 stick* [スティック], put*; (のりで)paste [ペイスト]
▸壁(かべ)にポスターをはる
stick [**put**] a poster on the wall

はるか ❶『ずっと遠くに』far* [ふァー], far away [ふァー アウェイ];
『ずっと以前に』a long time ago
▸はるか遠くに富士山が見える.
We can see Mt. Fuji **far away**.
▸はるか昔に恐竜(きょうりゅう)は滅(ほろ)びた.
Dinosaurs died out **a long time ago**.
❷『程度がずっと』far ..., much ... [マッチ]; by far (♦比較級や最上級を強める場合に用いる)
▸こっちのほうがはるかにいい.
This one is **much** [**far**] better. / This one is better **by far**.

バルコニー a balcony [バぁるコニ]

はるばる all the way
▸マルコ・ポーロははるばるイタリアから中国まで旅をした.
Marco Polo traveled **all the way** from Italy to China.

バルブ a valve [ヴぁるヴ]

パルプ (wood) pulp [パるプ]

はるまき【春巻き】 a spring roll, 『米』an egg roll

˙はれ【晴れの】 fine [ふァイン], sunny [サニ], fair [ふェア], clear [クリア]
▸あすは晴れでしょう. It will be **fine** [**sunny** and **clear**] tomorrow. / The weather will be **fine** tomorrow.
▸曇(くも)りのち晴れ. Cloudy, later **fine**.

くらべよう fine, sunny, fair, clear

fine は広く「晴れた状態」を表します. アメリカではよく **sunny** を使います. **fair** は天気予報などでよく用いられる語で, 「雨のない穏(おだ)やかな状態」を表します. **clear** は「晴れわたって遠くもよく見通せる状態」を表します.

バレエ (舞踊(ぶよう))(a) ballet [バぁれイ]
▸クラシックバレエ classical **ballet**
▸モダンバレエ modern **ballet**
バレエ団 a ballet (troupe [トゥループ])
バレエダンサー a ballet dancer

ハレーすいせい【ハレー彗星】 Halley's comet

パレード (a) parade [パレイド]
パレードする parade

バレーボール volleyball [ヴァりボーる]
バレーボール部 a volleyball team

パレスチナ Palestine [パぁれスタイン]
パレスチナ(人)の Palestinian

はれつ【破裂】 a burst [バ～スト]
破裂する blow* up [ブろウ], burst*

パレット a palette [パぁれット]

バレリーナ a ballerina [バぁれリーナ]

はれる¹【晴れる】 ❶『天気が』clear (up) [クリア]; 『霧(きり)が』clear (away)
▸あらしがやんで空が晴れた. After the storm, the sky **cleared up**.
❷『気分が』feel* refreshed
▸思い切り叫(さけ)んだら, 気分が晴れた.
After shouting as loud as I could, I **felt refreshed**.
❸『疑いが』be* cleared (away)
▸わたしの疑いは晴れた. My suspicion has **been cleared away**.

はれる²【腫れる】 swell* [スウェる]

ばれる come* out

バレンタインデー
Saint [St.] Valentine's Day

参考 聖バレンタインデー

紀元269年2月14日にローマで殉教(じゅんきょう)したキリスト教徒聖バレンタイ

ンを記念する祭りの日です.バレンタインは心が優(やさ)しく,鳥とも仲よしでした.彼が老いてから子供たちに愛のことばを書いたカードを贈(おく)ったことと,昔は2月14日ごろから鳥が愛をささやき始めると考えられていたことが結びついて,この日に男女間で愛を告白したカードを贈り合うようになったとされています.今では男女間だけでなく,感謝の意味で家族や先生にもカードやプレゼントを(チョコレート以外でも)贈ることもあります.なお,3月14日の「ホワイトデー」は欧米(おうべい)にはありません.

ハロウィーン
Halloween [ハぁろウイーン]

参考 ハロウィーン

万聖(ばんせい)節の前夜(10月31日)のお祭り.アメリカでは子供が仮装をして家々を回り,"Trick or treat!"(お菓子(かし)をくれ,そうしないといたずらするぞ!)と言って,キャンディーなどをもらいます.

▲ハロウィーンの日にかざるかぼちゃちょうちん(jack-o'-lantern)

パロディー a parody [パぁロディ]

バロメーター a barometer [バラメタ]
▸食欲は健康の**バロメーター**だ.
Our appetite is a **barometer** of our health.

パワー (a) power ➡**ちから**
パワーショベル a power shovel
パワースポット a spiritual power spot [スピリチュアる パウア スパット]
▸この神社は**パワースポット**として有名だ. This shrine is famous as **a spiritual power spot**.
パワーハラスメント
▸彼は上司から**パワーハラスメント**を受けた(→いやがらせをされた).
He was harassed by his boss.

ハワイ (州名・ハワイ島) Hawaii [ハワイー]; (ハワイ諸島) the Hawaiian Islands [アイらンヅ] ➡**しゅう²**
ハワイの Hawaiian [ハワイアン]

パワフル【パワフルな】
powerful [パウアふる]

◆**はん¹【半】** (a) **half** [ハぁふ] (〔複数〕 halves)
➡**はんぶん**
▸10時**半**です. It's **half** past ten. / (→10時30分です)It's ten thirty.
▸2時間**半** two hours and a **half** / two and a **half** hours
▸**半**月(はんつき)
half a month / 〘米〙 a **half** month
半ズボン (a pair of) shorts
半そでシャツ a short-sleeved shirt

はん²【判】 (印鑑(いんかん))a seal [スィーる], a stamp [スタぁンプ] (◆欧米(おうべい)では書類の内容を認める証明として,判ではなくサインをする)
判を押(お)す put* one's seal《on ...》, put one's stamp《on ...》

はん³【班】 a group [グループ]
班長 a group leader

バン (自動車) a van [ヴぁン]

◆**ばん¹【晩】** (an) **evening** [イーヴニング], (a) **night** [ナイト]
(◆eveningは日没(にちぼつ)から寝(ね)るころまで,nightは日没から日の出までを指す)
➡**こんばん, ゆうがた, よる¹**
▸**晩**に in the **evening**
▸あすの**晩**,またお電話します. I'll call you tomorrow <u>**evening**</u> [**night**] again. (◆yesterdayやtomorrowなどがつくときはin, atなどはつけない)
▸土曜日の**晩**に花火大会がある. There will be a fireworks show on Saturday <u>**evening**</u> [**night**]. (◆特定の日の場合はonを用いる)
▸きのうは朝から**晩**まで本を読んでいた. Yesterday, I read (a book) from morning till **night**.
▸一**晩**じゅう all **night** (long)

◆**ばん²【番】**
❶〘順番〙one's **turn** [タ～ン]
▸割りこまないで.**自分の番**を待ちなさい.
Don't <u>jump</u> [cut] into (the) line. Wait (for) **your turn**.
▸あなたが自己紹介(しょうかい)する**番**だ. It's

your turn to introduce yourself.
❷『見張り』a **watch** [ワッチ]
番をする
watch (over ...), keep* an eye on ...

˙-ばん(め)【…番(目)】

❶『番号』
a **number** [ナンバ](♦No. と略す)
▸あなたの電話は何番ですか？
What's your telephone **number**?
▸2番の問題はわたしには簡単だった.
Question No.2 [The second question] was easy for me.
▸青森行きの特急は何番線ですか？
What [Which] track does the limited express for Aomori leave from? (♦track で「線路, 番線」の意味)
▸左から3番目の女の子がキャシーです.
The third girl from the left is Kathy. (♦「…番目」は《the ＋序数》で表すことが多い)
❷『すもうなどの取組』a bout [バウト]
▸この一番は見逃(のが)せない.
This **bout** is a must. (♦この must は名詞で「必見のもの」という意味)

⁑パン

bread [ブレッド](♦a をつけたり, 複数形にしたりしない; 1枚, 2枚と数えるときは a slice of bread, two slices of bread のように言う; また1斤(きん)などと数えるときは a loaf of bread と言う)

● パンのいろいろ

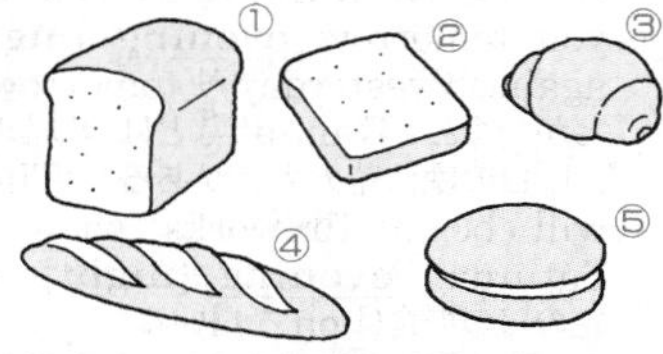

①食パン1斤(きん) a loaf of bread
②トースト1枚 a slice of toast
③ロールパン roll
④フランスパン French bread
⑤ハンバーガー用パン bun

▸わたしは朝食はたいていパンです.
I usually have (some) **bread** for breakfast.
▸パンを焼く bake **bread**
パンくず crumbs [クラムズ]
パン粉 breadcrumbs
パン屋 (人) a baker [ベイカ]; (店) a bakery [ベイカリ]

はんい【範囲】

a range [レインヂ], an area [エアリア]
▸台風16号の被害(ひがい)は広い範囲におよんだ. Typhoon No. 16 did damage over a large **area**.

ダイアログ　質問する
A: 今度の英語の試験範囲, どこ(→どの課をあつかうの)？ What lessons will the next English exam cover?
B: 3課と4課だよ. Lessons 3 and 4.

はんえい【繁栄】

prosperity [プラスペリティ]
繁栄する be* successful [サクセスふる], prosper [プラスパ]

はんが【版画】

a print [プリント]; (木版画) a woodblock print; (銅版画) an etching [エチング]; (石版画) a lithograph [りそグラぁふ]

ハンガー

a hanger [ハぁンガ]

はんがく【半額】

half (the) price [プライス]

ハンカチ

a handkerchief [ハぁンカチふ] (複数 handkerchiefs, handkerchieves)

ハンガリー

Hungary [ハンガリ]

バンガロー

(山小屋) a cabin [キぁビン]

はんかん【反感】

(an) ill feeling; (敵意) (an) antipathy [あンティパすィ]

はんきょう【反響】

(音) an echo [エコウ]; (反応) (a) response [リスパンス]
反響する echo

パンク[1]

パンクする (人・乗り物を主語にして) have* a flat (tire) [ふらぁット タイア]; (タイヤを主語にして) go* flat

パンク[2]

『音楽』punk (rock)

ハンググライダー

a hang glider [ハぁング グらイダ]

˙ばんぐみ【番組】

a **program** [プロウグラぁム]

ダイアログ　質問する・説明する
A: どんなテレビ番組が好き？ What TV **programs** do you like?
B: 音楽番組とスポーツ放送だよ. I like music **programs** and sportscasts.

▸ラジオ番組　a radio **program**
▸父はよくテレビの報道番組を見ている. My father often watches news **programs** on TV.

はんけい【半径】 a radius ［レイディアス］（♦「直径」は a diameter）
▸半径 10 センチの円　a circle with a **radius** of ten centimeters

パンケーキ a pancake ［パぁンケイク］

はんげき【反撃】
a counterattack ［カウンタアタぁック］
反撃する　counterattack, fight back

ばんけん【番犬】
a watchdog ［ワッチドーグ］

はんこ【判子】 a seal, a stamp
➡はん²

はんこう【反抗】
resistance ［リズィスタンス］
反抗的な　resistant, rebellious ［リベりャス］
反抗する　resist

はんごう【飯ごう】 a camping pot

ばんごう【番号】 a **number** ［ナンバ］
▸受験番号　an examinee's **number**
▸郵便番号（日本の）a postal code **number** /〖米〗a zip code
▸（電話で）番号がちがいます. You have the wrong **number**.

ダイアログ　質問する
A: 電話番号を教えてくれませんか？
May I have your telephone **number**?
B: 3942-0111 です.
It's 3942-0111.（♦電話番号は 1 けたずつ順に three, nine, four, two, o ［オウ］, one, one, one と読む）

ばんこく【万国】 all nations
万国旗　bunting ［バンティンヶ］
万国博覧会　an international exhibition [exposition], a world fair

ばんごはん【晩ご飯】 (a) supper; （1 日のうちで主要な食事）(a) dinner
➡ごはん, ゆうしょく

はんざい【犯罪】 a crime ［クライム］
▸犯罪を犯(おか)す　commit a **crime**
犯罪者　a criminal

ばんざい【万歳】 *banzai*; （かっさい）a cheer ［チア］;（喜び・励(はげ)ましの叫(さけ)び声）hurrah ［フラー］, hooray ［フレイ］

日本紹介「万歳」は一種の声援(せいえん)です. ふつう 3 回「万歳」と大声で言います.「万歳」と叫ぶたびに両手を上げます.
"*Banzai*" is a kind of cheer. We shout "*Banzai*" usually three times. Each time we shout "*Banzai*," we raise our arms.

ハンサム【ハンサムな】
good-looking ［グッドるキンヶ］, handsome ［ハぁンサム］（♦英語の handsome は「威厳(いげん)のある」という意味で女性にも用いられる）

はんじ【判事】 a judge ［ヂャッヂ］

パンジー〖植物〗a pansy ［パぁンズィ］

バンジージャンプ
bungee jumping ［バンヂ ヂャンピンヶ］

はんしゃ【反射】
reflection ［リふれクシャン］
反射する　reflect
反射神経　reflexes ［リーふれックスィズ］

ばんしゅう【晩秋】
late fall, late autumn

はんじゅく【半熟の】
（卵が）soft-boiled ［ソーふトボイるド］

ばんしゅん【晩春】 late spring

はんじょう【繁盛】
prosperity ［プラスペリティ］
繁盛する　do* (a) good business ［ビズネス］, prosper ［プラスパ］

はんしょく【繁殖】
breeding ［ブリーディンヶ］
繁殖する　breed*

パンスト〖米〗a pair of pantyhose,〖英〗a pair of tights ➡パンティー

ハンズフリー【ハンズフリーの】
hands-free ［ハぁンヅふリー］

はんする【反する】（逆である）
be* contrary《to ...》［カントゥレリ］;（逆(さか)らう）be against ... ［アゲンスト］
▸わたしの期待に反して, マイクはレースに負けてしまった. **Contrary to** my expectation, Mike lost the race.
▸規則に反する　**be against** the rules

はんせい【反省】 reflection ［リふれクシャン］;（後悔(こうかい)）(a) regret ［リグレット］
反省する（よく考える）think* over, reflect《on [upon] ...》;（後悔する）regret

ダイアログ　しかる
A: 自分のしたことを反省しなさい.

Think over [**Reflect on**] what you did.
*B:*はい, 反省しています.
Yes, I **regret** what I did.

反省会
▸わたしたちは試合の反省会をした(→試合を再検討するための会を開いた).
We had a meeting to review the game.

はんせん【反戦の】
antiwar［あンティウォーア］
▸反戦運動 an **antiwar** movement
反戦主義 pacifism［パぁスィふィズム］

ばんそう【伴奏】
(an) accompaniment［アカンパニメント］
伴奏する accompany［アカンパニ］
伴奏者 an accompanist

ばんそうこう
an adhesive bandage［アドヒースィヴ］,
〘商標〙a Band-Aid［バぁンドエイド］
▸傷口にばんそうこうをはる put **adhesive bandage** on the cut

はんそく【反則】(競技などでの)
a foul［ふァウる］
▸反則を犯(おか)す make a **foul**

はんそで【半袖の】 short-sleeved
▸半そでのシャツ
a **short-sleeved** shirt

パンダ 〘動物〙a panda［パぁンダ］
▸ジャイアントパンダ a giant **panda**
▸レッサーパンダ a lesser **panda**

はんたい【反対】
(…の反対) the **opposite**［アポズィット］;
(…に対する) (an) objection［オブヂェクシャン］; (逆) the reverse［リヴァ～ス］
➡**ぎゃく**
▸「高い」の反対は「低い」です.
The opposite of "high" is "low."
▸この提案に反対意見はありますか?
Do you have any **objections** to this proposal?
反対の **opposite**; reverse
▸この通りの反対側に
on the **opposite** side of this street
反対する **object**《to ...》［アブヂェクト］
(対義語「賛成する」agree); (反対である) **be* against ...**［アゲンスト］(対義語「賛成である」be for); (意見が合わない) disagree［ディサグリー］《with ...》
▸わたしはその計画に反対した.
I **objected to** the plan.
▸この考えに賛成ですか, 反対ですか?
Are you for or **against** this idea?

バンダナ a bandan(n)a［バぁンダぁナ］

はんだん【判断】
(a) judgment［ヂャッヂメント］,
〘英〙(a) judgement;
(決定) (a) decision［ディスィジャン］
▸判断ミス an error of **judgment**
▸わたしは自分の判断が正しかったと信じている.
I believe my **decision** was right.
判断する judge
▸外見で人を判断してはならない.
Don't **judge** a person by his or her appearance.

結びつくことば
判断を下す make a judgment
判断に迷う hesitate to judge
判断を待つ wait for a judgment
判断に任せる leave ... to a person's judgment

ばんち【番地】 a house number
▸北区堀船2丁目17番地
2-17 Horifune, Kita-ku (◆実際に「…番地」と言う場合は, ふつう数字のみを用いる)

パンチ a punch［パンチ］

パンツ (下着) underpants［アンダパぁンツ］; (ズボン) pants［パぁンツ］; (水泳などの) trunks［トゥランクス］(◆いずれも複数形で用いる; 数えるときは two pairs of ... のように言う)
▸ショートパンツ short **pants** / shorts
▸海水パンツ swim(ming) **trunks**

はんつき【半月】
half a month, 〘米〙a half month

はんてい【判定】 (決定) a decision
［ディスィジャン］; (判断) a judgment
［ヂャッヂメント］, 〘英〙a judgement

判定する decide; judge

パンティー panties［パぁンティズ］（◆複数形で用いる）

パンティーストッキング 〚米〛（1足）a pair of pantyhose［パぁンティホウズ］, 〚英〛a pair of tights［タイツ］

ハンディキャップ 〚スポーツ〛a handicap［ハぁンディキぁップ］

はんてん【斑点】 a spot［スパット］, a speckle［スペクる］

斑点のある spotted, speckled

バント 〚野球〛a bunt［バント］

バントする bunt, hit* a bunt

▸犠牲(ぎせい)バント a sacrifice **bunt**

バンド¹（楽団）a band［バぁンド］

▸バンドを組む form a **band**

バンド²（ひも・輪）a band［バぁンド］;（時計の）a strap［ストゥラぁップ］;（ベルト）a belt ➡ベルト

はんとう【半島】 a peninsula［ペニンスら］

はんどうたい【半導体】 a semiconductor［セミコンダクタ］

はんとし【半年】 half a year, six months（◆英語では half a year よりも six months ということが多い）

ハンドバッグ a handbag［ハぁン(ド)バぁッグ］, 〚米〛a purse［パ～ス］

ハンドブック a handbook［ハぁン(ド)ブック］

ハンドボール 〚スポーツ〛handball［ハぁン(ド)ボーる］

ハンドボール部 a handball team

ハンドル（自動車の）a (steering) wheel［(スティアリング)(ホ)ウィーる］;（自転車・オートバイの）handlebars［ハぁンドゥるバーズ］;（取っ手）a handle

はんにち【半日】 half a day

はんにん【犯人】 a criminal［クリミヌる］

ばんにん【番人】 a watchman［ワッチマン］（複数 watchmen）, a guard［ガード］

ばんにんうけ【万人受け】

▸この手の服装は万人受けする(→あらゆる好みに訴える). This kind of outfits appeals to all taste.

ばんねん【晩年】 one's later years

はんのう【反応】 (a) reaction［リあクシャン］, (a) response［リスパンス］

反応する react［リあクト］, respond［リスパンド］

ばんのう【万能の】 all-around［オーるアラウンド］

万能選手 an all-around athlete, an all-around player

はんぱ【半端な】 odd［アッド］ ➡ちゅうとはんぱ

ハンバーガー a hamburger［ハぁンバ～ガ］, a burger

ハンバーグ a hamburger, a hamburger steak

はんばい【販売】 (a) sale［セイる］

販売する sell*［セる］ ➡うる

販売係 a salesperson（複数 salespeople）

ばんぱく【万博】 an international exposition（◆しばしば expo［エクスポウ］と略される）

はんぴれい【反比例】 inverse proportion［インヴァ～ス プロポーシャン］

反比例する be* in inverse proportion to ...

パンプス pumps［パンプス］

パンフレット a brochure［ブロウシュア］, a pamphlet［パぁンふれット］

:はんぶん【半分】 (a) **half**［ハぁふ］（複数 halves）

▸わたしが持っている本の**半分**は小説だ. **Half** of my books are novels.（◆ half of ... は of の後の名詞が単数形なら単数あつかい, 複数形なら複数あつかい）

▸ケーキを**半分**に切ろう. Let's cut the cake **in half** [into **halves**].

半分の half

▸わたしの部屋はあなたの部屋の**半分の**広さです. My room is **half** as large as [the size of] yours.

半分にする halve［ハぁヴ］, share ... (equally)

ハンマー a hammer［ハぁマ］

ハンマー投げ the hammer throw

ばんめし【晩飯】 (a) supper; (a) dinner ➡ごはん, ゆうしょく

ハンモック a hammock［ハぁモック］

はんらん¹（川の）a flood［ふらッド］

はんらんする flood

▸大雨で川がはんらんした. The river **flooded** after a heavy rain.

はんらん²【反乱】 (a) revolt［リヴォウるト］, (a) rebellion［リベりャン］

ひ　ヒ

Q「ひなまつり」を英語で説明するとしたらどう言う？
➡「ひなまつり」を見てみよう！

ひ¹【日】

❶〖太陽〗the sun;〖日光〗sunshine
❷〖昼間〗(a) day
❸〖1日〗a day;〖期日〗a date
〖時代〗days

❶〖太陽〗**the sun**［サン］;
〖日光〗**sunshine**［サンシャイン］
▸日が昇(のぼ)った.　**The sun** has risen.
(♦「沈(しず)んだ」なら has set)
▸この部屋はよく日が当たる.
This room gets a lot of **sunshine**.
❷〖昼間〗(a) **day**［デイ］
▸冬は日が短い.
The **days** are short in winter.
❸〖1日〗a **day**;〖期日〗a **date**［デイト］;
〖時代〗**days**
▸日に3回　three times a **day**
▸日ごとに　**day** by **day**
▸その日わたしは家にいました.
I was home that **day**.
▸あなたが到着(とうちゃく)する日を教えてください.　Please let me know the **date** of your arrival.
▸彼は若い日のことを思い出していた.
He thought of his younger **days**.
日の入り　(a) sunset ➡**ひのいり**
日の出　(a) sunrise ➡**ひので**

ひ²【火】

fire［ふァイア］;（マッチ・ライターなどの）a **light**［らイト］
▸火を起こす　make [build, start] a **fire**（♦料理・暖房(だんぼう)用の火やたき火などを表すときは a をつける）
▸新聞紙に火がついた.
The newspaper caught **fire**.
▸火を消して.　Put out the **fire**.
火をつける　（タバコなどに）light*;（放火する）set* fire《to ...》

び【美】
beauty［ビューティ］

ピアス
earrings［イアリングズ］
（♦ふつう2つ1組なので複数形で用いる）

ひあたり【日当たりのよい】
sunny［サニ］➡**ひ¹**
▸日当たりのよい部屋　a **sunny** room

ピアニスト
a pianist［ピあニスト］

ピアノ
〖楽器〗a **piano**［ピあノウ］
（**複数** pianos）
▸ピアノを弾(ひ)く　play the **piano**
▸ピアノの練習をする
practice the **piano**
▸わたしは10年間ピアノを習っている.
I have taken **piano** lessons for ten years.

ヒアリング
（聞き取り）listening comprehension［カンプリヘンシャン］
ヒアリングテスト
a listening (comprehension) test

ピーアール
PR, P.R.［ピーアー］
（♦*p*ublic *r*elations「広報活動」の略）

ひいおじいさん
a great-grandfather
［グレイトグラぁン(ド)ふァーざ］

ひいおばあさん
a great-grandmother
［グレイトグラぁン(ド)マざ］

ビーガン
a vegan［ヴィーガン］

ひいき
（お気に入りの人・物）
one's favorite［ふェイヴァリット］
ひいきの　favorite
ひいきする　favor［ふェイヴァ］

ビーグル
〖動物〗a beagle［ビーグる］

ビーズ
a bead［ビード］

ヒーター
a heater［ヒータ］

ビーだま【ビー玉】
a marble［マーブる］;（ビー玉遊び）marbles

ビーチ
a beach［ビーチ］
ビーチサンダル
(a pair of) beach sandals
ビーチパラソル　a beach umbrella
ビーチバレー　beach volleyball
ビーチボール　a beach ball

ピーティーエー
a PTA, a P.T.A.［ピーティーエイ］（♦*P*arent-*T*eacher *A*ssociation の略）

ビート
〖音楽〗a beat［ビート］

ピーナッツ
a peanut［ピーナット］
▸ピーナッツは大好きです.
I love **peanuts**.

ピーナッツバター peanut butter
ビーバー 〖動物〗a beaver [ビーヴァ]
ぴいぴい【ぴいぴい鳴く】 peep [ピープ]
ビーフ (牛肉) beef [ビーふ]
ビーフシチュー beef stew
ピーマン 〖植物〗a green pepper [ペパ]
ヒイラギ 〖植物〗(a) holly [ハり]
ヒール (かかと) a heel [ヒーる]
ビール beer [ビア]
▸ビール１杯(ぱい) a glass of **beer**
▸ビール１本 a bottle of **beer**
ヒーロー a hero [ヒーロウ] (複数 heroes) (対義語「ヒロイン」a heroine)
ひえる【冷える】 get* cold [コウるド]
ピエロ a clown [クらウン]
ビオラ 〖楽器〗a viola [ヴィオウら]; 〖植物〗a viola
びか【美化する】 keep* ... clean, clean
ひがい【被害】 damage [ダぁメッヂ]
▸ここで地震(じしん)があったが, たいした被害はなかった. An earthquake occurred here, but didn't do much **damage**.
被害者 a victim [ヴィクティム]
ひかえ【控え】
控え選手 a reserve [リザ～ヴ]
ひかえめ【控え目な】 (慎(つつ)み深い) modest [マデスト]
▸控え目に言うと to put it mildly
ひがえり【日帰り】 (日帰り旅行) a day trip
▸わたしたちは伊豆へ日帰りで行ってきました. We took a **day trip** to Izu.
ひかえる【控える】 refrain from ... [リふレイン]; (量を減らす) cut* down on ...
▸甘(あま)い物を控える
cut down on sweets
ひかく【比較】 comparison [コンパぁリスン]
比較する compare ... 《with ...》 [コンペア] ➡くらべる
▸この写しを原物と比較してみよう.
Let's **compare** this copy **with** the original.
比較的 comparatively [コンパぁラティヴり], relatively [レらティヴり]
ひかげ【日陰】 (the) shade [シェイド]
日陰の shady [シェイディ]

ひがさ【日傘】 a parasol [パぁラソーる]
:ひがし【東】 the **east** [イースト]
(♦E. と略す) (対義語「西」the west)
東の east, eastern
東へ, 東に east, eastward
▸わたしたちの学校は町の東にある.
Our school is located in **the east** [**eastern** part] of the city.
▸わたしの部屋は東向きです.
My room faces **east**.
東アジア East Asia
東風 an east wind
東口 the east exit
東日本 Eastern Japan
ひがた【干潟】 a tideland [タイドらぁンド]
ぴかぴかの shiny [シャイニ]
▸ぴかぴかの靴(くつ) **shiny** shoes
ひがむ (しっとしてすねる) get* jealous and sulky [サるキ]
:ひかり【光】 **light** [らイト]
▸太陽の光
the **light** of the sun / sun**light**
▸ヘッドライトの光 (→光線)
the beam of the (car) headlights
光ケーブル an optical cable
光センサー an optical sensor
光通信 optical communications
光ファイバー (an) optical fiber
:ひかる【光る】 (輝(かがや)く) **shine*** [シャイン]; (星などが) twinkle [トゥウィンクる]; (ぴかっと) flash [ふらぁッシ]; (発光する) glow [グろウ]
▸月がこうこうと光っていた.
The moon was **shining** brightly.
▸ほら, 西の空に一番星が光ってる.
Look! The first star is **twinkling** in the western sky.
▸空に稲妻(いなずま)がぴかっと光った.
Lightning **flashed** in the sky.
▸このかぎは暗い所で光ります.
This key **glows** in the dark.
ひかれる【引かれる】 (心を引かれる) be* attracted by [to] ... ➡ひく[1]
ひかん【悲観的な】 pessimistic [ペスィミスティック] (対義語「楽天的な, 楽観的な」optimistic)
ひきあげ【引き上げ】 an increase

［インクリース］；（賃金の）〖米〗a raise［レイズ］,〖英〗a rise［ライズ］

ひきあげる【引き上げる】（物を）lift up［りふト］；（値段を）raise［レイズ］

ひきいる【率いる】 lead*［リード］

ひきうける【引き受ける】 take*［テイク］, undertake*［アンダテイク］

ひきおこす【引き起こす】
cause［コーズ］, bring* about［ブリング］

ひきかえけん【引換券】
（品物を預かるときの）a claim ticket；
（景品などの）a coupon［クーパン］

ヒキガエル〖動物〗a toad［トウド］

ひきがね【引き金】
a trigger［トゥリガ］
▸引き金を引く pull the **trigger**

ひきこもる【引きこもる】
（家の中に）stay home, stay indoors；
（閉じこもる）shut* oneself in (...)

ひきさがる【引き下がる】
（退く）withdraw*［ウィずドゥロー］；
（立ち去る）leave*［りーヴ］

ひきざん【引き算】
(a) subtraction［サブトゥラぁクシャン］
（対義語「足し算」(an) addition）
引き算をする subtract

ひきしめる【引き締める】
（きつくする）tighten (up)；
（気分を）brace oneself (up)

ひきずる【引きずる】
drag［ドゥラぁッグ］

ひきだし【引き出し】
a drawer［ドゥローア］

ひきだす【引き出す】 draw*［ドゥロー］,（お金を）withdraw［ウィずドゥロー］

ひきつぐ【引き継ぐ】 take* over

ひきつける【引き付ける】
（魅了(みりょう)する）attract［アトゥラぁクト］

ひきとめる【引き止める】
（とどまらせる）keep*［キープ］；
（行くのを止める）stop［スタップ］

ビキニ a bikini［ビキーニ］

ひきにく【ひき肉】
ground meat, minced meat

ひきにげ【ひき逃げ】（ひき逃げ事故）a hit-and-run (accident)
ひき逃げをする hit* and run*

ひきぬく【引き抜く】（物を）pull out；（人材を）headhunt［ヘッドハント］

ひきのばす【引き伸ばす, 引き延ばす】（写真を）enlarge［インらーヂ］；
（延期する）put* off, delay

ひきはなす【引き離す】（競走などで差をつける）outdistance［アウトディスタンス］；（離ればなれにする）pull ... apart

ひきょう【卑きょうな】
（ずるい）unfair［アンふェア］；
（卑劣(ひれつ)な）mean［ミーン］
ひきょう者〖口語〗a dirty rat

ひきわけ【引き分け】
a draw［ドゥロー］, a tie［タイ］
▸試合は3対3の引き分けだった.
The game ended in a three to three **draw** [**tie**].
引き分ける draw*, tie

❖ひく[1]【引く】

> ❶［物を］**draw, pull**
> ❷［線を］**draw**
> ❸［注意を］**attract, draw**
> ❹［辞書などを］**consult**
> ［ことばを］**look up**《in ...》
> ❺［数を］**take, subtract; minus**
> ❻［風邪(かぜ)を］**catch; have**

❶［物を］（自分の方へ・自分といっしょに）**draw***［ドゥロー］, **pull**［プる］
（対義語「押(お)す」push）
▸カーテンを引いてください.
Please **draw** the curtain.
▸その縄(なわ)を両側から引きなさい.
Pull the rope from both sides.

❷［線を］**draw***
▸線Aに平行な直線を引きましょう.
Let's **draw** a straight line parallel to [with] line A.

❸［注意を］attract［アトゥラぁクト］, draw*
▸なぜか彼に心ひかれる.
I don't know why, but I'm **attracted** [**drawn**] to him.

❹［辞書などを］consult［コンサるト］；
［ことばを］look up《in ...》➡**しらべる**
▸この単語を辞書で引いてみて.
Look up this word **in** your dictionary.

❺［数を］**take***［テイク］, subtract［サブトゥラぁクト］；（…を引いて）minus［マイナス］
▸12から7を引くといくつ？ What is (left when you **take**) 7 from 12?
▸10引く2は8 (10 − 2 = 8).
10 **minus** 2 is [equals] 8. / 2 from 10 is [leaves] 8.

❻『風邪を』**catch***［キャッチ］；
(ひいている)**have***［ハァヴ］
▸どうやら風邪をひいたみたい。
I'm afraid I've **caught** a cold.
▸彼はひどい風邪をひいている。
He **has** a bad cold.

ひく²【弾く】（楽器を）play［プれイ］
▸ギターを弾く
play the guitar（♦「楽器を弾く」と言うときは楽器名に the をつける）
▸姉は『イエスタデイ』をピアノで弾いた。
My sister **played** "Yesterday" on the piano.

ひく³（車などが）run* over

ひく⁴（豆を）grind*［グラインド］

ひくい【低い】

❶『高さ・程度などが』**low**［ろウ］
（対義語「高い」high）
▸このいすはわたしにはちょっと低過ぎる。 This chair is a little too **low** for me.
▸低い声で話す speak in a **low** voice
▸この辺りは夏でも気温が低い。
The temperature around here is **low** even in summer.
低く low
▸その飛行機は低く飛んでいた。
The airplane was flying **low**.
低くする lower［ろウア］
▸声を低くしてください。
Please **lower** your voice.
❷『背丈(せたけ)が』
short［ショート］（対義語「高い」tall）
▸うちの父は母より背が低い。 My father is **shorter** than my mother.

ピクニック a picnic［ピクニック］
▸わたしたちはいなかへピクニックに行った。 We went on [for] a **picnic** in the country.（♦to ではなく in にする）

びくびく【びくびくする】（怖(こわ)がる）be* afraid［アふレイド］；（不安がっている）be nervous［ナ～ヴァス］
びくびくして（おびえて）fearfully, timidly; nervously

ぴくぴく【ぴくぴくする】
（けいれんする）twitch［トゥウィッチ］

ピクルス pickles［ピクるズ］

ひぐれ【日暮れ】 ➡ゆうがた

ひげ（あごひげ）a beard［ビアド］；
（口ひげ）a mustache［マスタぁシ］；
（猫(ねこ)などの）whiskers［(ホ)ウィスカズ］
▸岸先生はあごひげをはやしている。
Mr. Kishi has [wears] a **beard**.
ひげをそる shave*［シェイヴ］

ひげき【悲劇】 a tragedy［トゥラぁヂェディ］（対義語「喜劇」a comedy）
悲劇的な tragic［トゥラぁヂック］

ひけつ¹【秘けつ】
a secret［スィークレット］, a key［キー］
▸成功の秘けつは何ですか？
What is the **secret** of [the **key** to] your success?

ひけつ²【否決】
a rejection［リヂェクシャン］
否決する reject

ひこう¹【飛行】（a) flight［ふらイト］
飛行時間 flying hours, flight time
飛行場（小規模な）an airfield;
（大規模な）an airport
飛行船 an airship

ひこう²【非行】
delinquency［ディリンクウェンスィ］
非行少年[少女] a juvenile delinquent［ヂューヴェナる ディリンクウェント］

ひこうき【飛行機】

an **airplane**［エアプれイン］,
a **plane**［プれイン］
▸飛行機に乗る get on [board] a **plane**
▸わたしは飛行機で高知へ行きます。
I will go to Kochi by **plane**.
飛行機雲 a vapor trail

ひこうしき【非公式の】
unofficial［アノふィシャる］；
（略式の）informal［インふォームる］
非公式に unofficially; informally

ひざ a knee［ニー］; a lap［らぁップ］
（♦knee はひざの関節部分，lap は座(すわ)ったときの両ももの上の部分全体を指す）

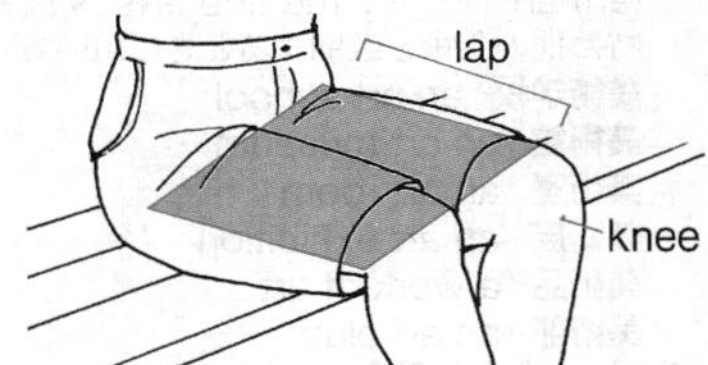

▸転んで左ひざをすりむいた。 I fell down and scraped my left **knee**.
ひざかけ〖米〗a lap robe,〖英〗a rug

ビザ （査証）a visa［ヴィーザ］

ピザ(パイ) a pizza［ピーツァ］

ひさい【被災】

被災者 a victim［ヴィクティム］

被災地 a disaster area

ひさしぶり【久しぶりに】
after a long time

▸**久しぶりだね**（→長いこと会っていなかったね）. **I haven't seen you for a long time. / Long time no see.**（♦後者はくだけた言い方）

ひざまずく kneel* (down)［ニーる］, go* (down) on one's knees［ニーズ］

ひさん【悲惨な】
（みじめな）miserable［ミゼラブる］；（痛ましい）tragic［トゥラぁヂック］

▸試合の結果は悲惨だった. The result of the game was **miserable**.

悲惨さ （残酷(ざんこく)さ）cruelty［クルーエるティ］；（みじめさ）misery［ミゼリ］

ひじ an elbow［エるボウ］

ひじかけいす an armchair

ひしがた【ひし形】
a diamond［ダイアモンド］

ビジネス business［ビズネス］

ビジネスクラス business class

ビジネスマン （実業家）
a businessperson（♦男女ともに用いる）；（男性実業家）a businessman（♦a businesswoman で「女性実業家」を表す）；（会社員）an office worker

ひしゃく
a dipper［ディパ］, a ladle［れイドゥる］

ビジュアル【ビジュアル的な】
visual［ヴィジュアる］

ビジュアル的に visually

ひじゅう【比重】 specific gravity

˙びじゅつ【美術】

(an) art［アート］, the fine arts（♦後者は特に他の芸術と区別するときに用いる）

美術学校 an art school

美術館 an art museum

美術室 an art room

美術展 an art exhibition

美術品 a work of art

美術部 an art club

ひしょ[1]【秘書】 a secretary［セクレテリ］

ひしょ[2]【避暑】

▸避暑に（→夏の暑さを避(さ)けるため）軽井沢へ行く go to Karuizawa to escape the summer heat

避暑地 a summer resort

ひじょう【非常】（非常事態）
(an) emergency［イマ～ヂェンスィ］

▸非常の際には
in case of **emergency**

非常階段 a fire escape

非常口 an emergency exit

非常ベル （火災時の）a fire alarm

びしょう【微笑】 a smile［スマイる］

微笑する smile

ひじょうきん【非常勤の［で］】
part-time［パートタイム］

ひじょうしき【非常識な】（愚(おろ)かな）absurd［アブサ～ド］；（不合理な）unreasonable［アンリーズナブる］

˙ひじょうに【非常に】

very［ヴェリ］, **very much**［マッチ］, **so**［ソウ］, **really**［リーアり］

▸非常に大きい音がした.
We heard a **very** loud sound.

▸わたしたちはその問題に非常にとまどった. We were **really** confused by the question. / The question confused us **very much**.

非常に…なので〜 so ... that 〜
➡あまり[1]

▸わたしは非常に疲(つか)れていたので, すぐに眠(ねむ)ってしまった. I was **so** tired **that** I fell asleep right away.

> **くらべよう very, very much, so**
>
> **very** は形容詞と副詞を修飾(しゅうしょく)します.
> (例)This flower is *very* beautiful.
> (この花は非常に美しい) / She walks *very* fast. (彼女は歩くのがとても速い)
> **very much** は動詞を修飾します.
> (例)I like this flower *very much*.
> (わたしはこの花が非常に好きです)
> **so** は形容詞と副詞を修飾し, **very** の代わりに女性が好んで使います.
> (例)This flower is *so* beautiful.
> (この花は非常に美しい)

びしょぬれ【びしょぬれになる】
get* wet through, get soaked［ソウクト］ ➡ずぶぬれ

びじん【美人】 a beauty［ビューティ］, a good-looking woman, a good-looking girl

美人コンテスト a beauty contest

ビスケット 〘米〙 a cookie [クキ], 〘英〙 a biscuit [ビスケット]
(♦〘米〙で biscuit は「小型のパン」を言う)

ヒステリー (病気) hysteria [ヒスティリア]; (発作(ほっさ)) hysterics [ヒステリックス]

ヒステリーの hysterical [ヒステリクる]

ピストル
a pistol [ピストゥる], a gun [ガン]

びせいぶつ【微生物】
a microbe [マイクロウブ]

ひそかに secretly ➡**こっそり**

ひそひそ【ひそひそと】
in whispers [(ホ)ウィスパズ], in a low voice

ひだ a fold [ふォウるド]; (衣服や布の) a pleat [プリート]

ひたい【額】
a forehead [ふォーリッド] (♦発音注意)
▸哲二は額が広い. Tetsuji has a high **forehead**. (♦large は用いない; 「狭(せま)い」なら high の代わりに low を用いる)

ひたす【浸す】 (ちょっとだけ) dip《in [into] ...》[ディップ]; (どっぷりと) soak《in ...》[ソウク]

ビタミン
vitamin [ヴァイタミン] (♦発音注意)
▸レモンはビタミンCが豊富だ.
Lemons are rich in **vitamin** C.

ビタミン剤(ざい) a vitamin tablet

ひだり【左】 the **left** [れふト]
(対義語「右」the right)

左の **left**
▸左の方を見て. 富士山が見えますよ.
Look on the **left** side [to your **left**]. You can see Mt. Fuji.

左に, 左へ **left**
▸次の角を左に曲がれば, 駅はすぐです.
Turn (to **the**) **left** at the next corner, and you'll soon come to the station.

左側通行 〘掲示〙 Keep (to the) Left

左利(き)きの left-handed

ひたる【浸る】
(ふける) be* lost, indulge oneself
▸思い出に浸る
be lost in one's memories

ぴちゃぴちゃ (ぴちゃぴちゃなめる) lap [らぁップ] ➡**なめる**
▸猫(ねこ)はミルクをぴちゃぴちゃ飲んだ.
The cat **lapped** (up) the milk.

ひっかかる【引っ掛かる】 (くぎなどに) catch*《on ...》➡**ひっかける**
▸シャツのそでがくぎに引っかかった.
The sleeve of my shirt **caught on** a nail.

ひっかく scratch [スクラぁッチ]
▸猫(ねこ)に手をひっかかれた(→猫が手をひっかいた).
The cat **scratched** my hand.

ひっかき傷 a scratch

ひっかける【引っ掛ける】
(くぎなどに) catch*《on ...》[キぁッチ]; (つるす) hang* [ハぁング]

ひっき【筆記する】 take* notes [ノウツ], write* down [ライト]

筆記試験 a written exam(ination)

筆記体 script [スクリプト]
▸筆記体で書く write in **script**

筆記用具 writing materials

びっくり【びっくりする】
be* surprised《at [to] ...》➡**おどろく**

びっくりして in surprise

びっくり箱 a jack-in-the-box

ひっくりかえす【ひっくり返す】
upset* [アプセット]; (さかさまにする) turn ... upside down; (裏返す) turn (over)
▸妹が花びんをひっくり返した.
My sister **upset** the vase.

ひっくりかえる【ひっくり返る】
be* turned upside down, overturn; (倒(たお)れる) fall* down
▸ボートがひっくり返った. The boat **was turned upside down**.

ひづけ【日付】 a **date** [デイト]

日付を入れる, 日付を書く date
▸8月3日の日付が入った手紙を受け取った. I received a letter **dated** August 3.

日付変更(へんこう)線
the International Date Line

参考 日付の書き方と読み方

〘米〙では, 月・日・年の順に August 3, 2025 (8/3/2025 と略す) のように書き, August (the) third, twenty twenty-five と読みます.
〘英〙やオーストラリアでは, 日・月・年の順に 3(rd) August, 2025 (3/8/2025

と略す)のように書き, the third August, twenty twenty-five と読みます.
西暦(せいれき)はふつう2けたずつ読みますが, たとえば 2005 年は two thousand (and) five または twenty-o-five のように読みます.

ピッケル an ice ax(e) [あクス]
(◆「ピッケル」はドイツ語の Pickel から)

ひっこし【引っ越し】 a move [ムーヴ], (a) removal [リムーヴる] ➡**ひっこす**

ひっこす【引っ越す】 move [ムーヴ]
▸わたしたちは昨年, 水戸から名古屋へ引っ越した. We **moved** from Mito to Nagoya last year.

ひっこみじあん【引っ込み思案の】 shy [シャイ]

ひっこむ【引っ込む】
(家に) stay indoors
▸弟は家に引っこんでばかりいる. My brother always **stays indoors**.

ひっこめる【引っ込める】
withdraw* [ウィずドゥロー], draw* back

ひっし【必死の】
desperate [デスパレット]
必死に desperately
▸わたしは必死に勉強した.
I studied **desperately**.

ヒツジ【羊】〖動物〗a sheep [シープ]
(**複数** sheep); (子羊) a lamb [らぁム]
羊飼い a shepherd [シェパド]
羊の毛 wool [ウる]
羊の肉 mutton [マトゥン]

ひっしゅう【必修の】
required [リクワイアド],
mandatry [マぁンダトーリ]

ひつじゅひん【必需品】
a necessity [ネセスィティ]
▸生活必需品 a daily **necessity**

びっしょり ➡**ずぶぬれ**
▸汗(あせ)びっしょりだね(→体じゅう汗をかいている).
You're sweating all over.

ひっそり quietly [クワイエトり]
ひっそりした quiet

ひったくり (行為(こうい)) a snatch [スナぁッチ]; (人) a snatcher
ひったくる snatch
▸わたしはバッグをひったくられた.
I had my bag **snatched**.

ぴったり (すき間なく) close(ly) [クろウス(り)]; (完全に) perfectly [パ〜ふェクトり]; (正確に) exactly [イグザぁクトり]
▸彼らはぴったりくっついて座(すわ)っていた. They were sitting **close [closely]** together.
▸この色はきみにぴったりだ.
This color suits you **perfectly**.

ピッチ (速度) a speed [スピード]; (ペース) a pace [ペイス]; (サッカー場) a field [ふィーるド]; (声・音などの) pitch [ピッチ]

ヒッチハイク hitchhiking

ピッチャー〖野球〗a pitcher [ピチャ]

ピッチング〖野球〗pitching [ピチング]

ひってき【匹敵する】
(同等である) be* equal to ...;
(互角(ごかく)である) be a match for ...

ヒット〖野球〗a hit [ヒット];
(大当たり) a hit
▸ヒットを打つ get a **hit**
▸ボブの新曲は大ヒットした.
Bob's new song was a big **hit**.
ヒットエンドラン a hit-and-run play
ヒット曲 a hit song, a hit number
ヒットチャート the (hit) charts
▸ヒットチャートの1位になる.
top **the charts**

ひっぱる【引っ張る】
pull [プる] ➡**ひく**[1]

ヒップ (腰(こし)の左右に張り出した部分)
hips [ヒップス] ➡**しり**

:ひつよう【必要】 (a) need [ニード],
(a) necessity [ネセスィティ]
必要な **necessary** [ネセセリ]
必要とする **need**, require [リクワイア], demand [ディマぁンド]

ダイアログ　**質問する**
*A:*ほかに必要なものはある？
Do you **need** anything else?
*B:*何もないです. Nothing, thank you.

▸キャンプに必要なものはすべて持ってい

ます. I have everything **necessary** for camping.

…する必要がある《**It is necessary to** ＋動詞の原形》《**need to** ＋動詞の原形》

▸先生に相談する必要があるな. **It is necessary** [We **need**] **to** ask our teacher for his [her] advice.

▸急ぐ必要はありません. You don't **need to** [have to] hurry.（♦《don't have to ＋動詞の原形》で「…する必要はない」の意味）

ひてい【否定】 (a) denial［ディナイアる］

否定する deny［ディナイ］

否定的な negative［ネガティヴ］

否定文〖文法〗a negative sentence

ビデオ (a) video［ヴィディオウ］

（複数 videos）;（テープ）a video (tape)

▸ミュージックビデオ a music **video**

▸ビデオを撮る shoot a **video**

ビデオカメラ a video camera;（携帯(けいたい)用のもの）a camcorder［キぁムコーダ］

ビデオクリップ a video clip

ひでり【日照り】 dry weather［ウェざ］

ひと【人】

> ❶〖個々の人〗**a person**
> 〖男〗**a man**
> 〖女〗**a woman**
> ❷〖人々〗**people**
> 〖ほかの人々〗**other people**
> ❸〖人間〗**a human being**
> ❹〖性質〗(a) **personality, nature**

❶〖個々の人〗a **person**［パ～スン］;
〖男〗a **man**［マぁン］（複数 men）;
〖女〗a **woman**［ウマン］（複数 women）

ダイアログ　質問する

A: あの男の人はだれ？
Who's that **man**?
B: ルークのお父さんだよ.
He's Luke's father.

▸彼女はとても優(やさ)しい人です. She's a very kind **person** [**woman**].

❷〖人々〗**people**［ピープる］;
〖ほかの人々〗**other people**

▸店の前に人がおおぜいいた. There were a lot of **people** in front of the store.

▸人の言うことを気にするな. Never mind what **other people** say.
（♦漠然(ばくぜん)と「他人」の意味では the をつけない）

❸〖人間〗a **human being**［ヒューマン ビーイング］➡にんげん

人の human

▸人の脳の重さ
the weight of the **human** brain

❹〖性質〗(a) personality［パ～ソナぁりティ］, nature［ネイチャ］

▸彼は人がいい.
He has a good **personality**.

ひと－【一…】 a, an

▸ひと粒(つぶ)の米 **a** grain of rice

▸家具ひとそろい **a** set of furniture

ひどい

❶〖残酷(ざんこく)な〗cruel［クルーエる］;
〖つらい〗hard［ハード］

▸理由もなく動物を殺すのはひどいことだ. It's **cruel** to kill animals without a reason.

▸きのうはひどい目にあった.
I had a **hard** time yesterday.

❷〖雨・雪が大量の〗**heavy**［ヘヴィ］;〖寒暑・苦痛などが厳しい〗**severe**［セヴィア］;
〖非常に悪い〗**terrible**［テリブる］, **bad***［バぁッド］➡はげしい

▸ひどい雨 a **heavy** rain

▸ひどい痛み a **severe** pain

▸ひどいミスをしちゃったよ.
I made a **terrible** mistake.

ひどく heavily; severely;
〖口語〗terribly, badly

▸けさはひどく寒い. It's **severely** [**terribly**] cold this morning.

ひといき【一息】（ひと休み）a rest［レスト］, a break［ブレイク］

ひとがら【人柄】
(a) personality［パ～ソナぁりティ］

▸人柄がいい
have a good **personality**

ひとくち【一口】
（食べ物の）a bite［バイト］, one bite;

(飲み物の) a sip [スィップ]
▸ダイアンはとうふをひと口食べた.
Diane took **a bite** of tofu.

ひとこと【一言】 a word [ワ～ド]
▸父はそのことについてひと言も話さなかった. My father didn't say **a word** about it.

ひとごと【人事】
other people's affairs
▸この問題は**人事ではない**(→わたしたちにも起こるかもしれない).
This problem **may happen to us**. / (→わたしたちのもののように感じる) We **feel as if** the problem **were ours**.

ひとごみ【人込み】
a crowd [クラウド]

ひとごろし【人殺し】
(殺人) (a) murder [マ～ダ]; (殺人者) a killer [キら], a murderer [マ～ダラ]

ひとさしゆび【人差し指】
a forefinger [ふォーふィンガ], an index finger [インデックス], the first finger

ひとしい【等しい】

equal [イークウォる]
▸AはBと重さが等しい.
A is **equal** to B in weight.
等しく equally

ひとじち【人質】
(a) hostage [ハステッヂ]
▸彼らはそのジャーナリストを人質に取った. They took the journalist **hostage**.

ひとつ【1つ(の)】

❶『数が1』one
『年齢(ねんれい)が1歳(さい)』one (year old)
❷『…さえ』even
❸『ちょっと』just

❶『数が1』one [ワン] ➡いち[1];
『年齢が1歳』one (year old) ➡-さい[1]
1つの one, a, an (◆「1つ」という数を強調して言うときにoneを使う)
▸消しゴムがいくつかあったら, **1つ**ください. If you have several erasers, give me **one**, please.
▸消しゴムは**1つ**しか持っていない.
I have only **one** eraser.
▸定規(じょうぎ)が**1つ**床(ゆか)に落ちていた.
There was **a** ruler on the floor.
▸きょうの試合でエラーを**1つ**した.
I made **an** error in today's game.
▸それらの箱**一つひとつ**に色を塗(ぬ)った.
I painted the boxes **one by one**.

> **参考 「1つ」の言い方**
> **1** a, anは数えられる名詞に用います. (例)*a* desk(1つの机)/ *an* easy question(1つの簡単な問題)
> **2** 数えられない名詞の場合, a piece of などを用います. (例)*a piece of* information(1つの情報)

❷『…さえ』even [イーヴン]
▸おまえはお皿(さら)**ひとつ**, 満足に洗えないんだな. You can't **even** wash the dishes properly.
❸『ちょっと』just [ヂャスト]
▸では, わたしも**ひとつ**やってみるか.
I'll **just** try it, then.

ヒトデ 『動物』a starfish [スターふィッシ] (**複数** starfish, starfishes)

ひとで【人手】 (働き手) a hand [ハぁンド]; (手助け) help [へるプ]

ひとどおり【人通り】
▸この通りは, 午後は**人通りが**とても**多い**(→にぎやかだ). This street **is** very **busy** in the afternoon.

ひとなつっこい【人懐っこい】
friendly [ふレンドり]

ひとなみ【人並みの】
(ふつうの) ordinary [オーディネリ]; (平均的な) average [あヴェレッヂ]

ひとびと【人々】 ➡ひと

ひとまえ【人前で】 in public, in front of other people
▸人前で話すのは得意じゃない. I'm not good at speaking **in public** [**in front of other people**].

ひとみ【瞳】 a pupil [ピュープる]

ひとみしり【人見知りする】
be* shy with strangers

ひとめ[1]【一目】 (a) sight [サイト], a look [るック]; (ちらりと見ること) a glance [グらぁンス]
ひと目で at a glance, at first sight
▸あなたが本当のことを言っていると, **ひと目で**わかった. I knew **at a glance** that you were telling the truth.
▸わたしはあなたに**ひと目ぼれ**した. I fell in love with you **at first sight**.

ひとめ²【人目】 (public) attention
▶人目を避(さ)ける avoid **attention**

ひとやすみ【一休み】 a rest; (短い休憩(きゅうけい)) a break
ひと休みする
have* a rest, take* a rest

⁺ひとり【1人, 独り】
❶『1人の人』**one**［ワン］, **one person**［パ〜スン］
▶トム・クルーズはわたしの好きな映画俳優の**1**人です. Tom Cruise is **one** of my favorite movie actors.
▶わたしには外国人の友達が2人います. **1**人は韓国(かんこく)人, もう1人(→他方)はオーストラリア人です. I have two foreign friends. **One** is Korean and the other is Australian.
▶卒業式で, 先生はわたしたち**一人ひとり**に声をかけてくれた.
Our teacher spoke to us **one by one** at the graduation.
❷『ただ1人である』**alone**［アろウン］
▶ひとりにしておいて.
Leave me **alone**.
一人っ子 an only child
一人息子(むすこ) one's only son
一人娘(むすめ) one's only daughter

ひとりごと【独り言を言う】
talk to oneself

⁺ひとりで【1人で, 独りで】
(ひとりぼっちで) **alone**［アろウン］, **by oneself**; (自力で, 独力で) **oneself, by oneself, (all) on one's own** ➡じぶん
▶姉は東京で**ひとりで**暮(く)らしている.
My sister lives in Tokyo **alone** [**by herself**].
▶絵美はそれを**ひとりで**仕上げた.
Emi finished it **(by) herself** [**on her own**].
ひとりでに by itself
▶窓が**ひとりでに**開いた.
The window opened **by itself**.

ひとりぼっち alone ➡ひとりで; (孤独(こどく)な) lonely

ひな (ひよこ) a chick［チック］

ヒナギク 『植物』a daisy［デイズィ］

ひなた【ひなたで, ひなたに】
in the sun［サン］
ひなたぼっこ
sunbathing［サンベイずィング］
ひなたぼっこをする sunbathe, bask in the sun［バぁスク］

＊ひなまつり【ひな祭り】
Hinamatsuri, the Dolls' Festival［ふェスティヴる］, the Girls' Festival
日本紹介 ひな祭りは女の子の節句です. 3月3日に行われます. 女の子のいる家庭では家にひな人形を飾(かざ)ります.
Hinamatsuri is a festival for girls. It is on March 3. Families with girls display *hina* dolls in their homes.

ひなん¹【避難】 (an) evacuation［イヴぁキュエイシャン］, shelter［シェるタ］
避難する
be* evacuated, take* shelter
避難訓練 (火災の) a fire drill
避難所 a shelter, an evacuation site
▶いちばん近い**避難所**はどこか知っておくべきだ. We should know where the nearest **shelter** is.
避難民 a refugee［レふュヂー］
避難命令 an evacuation order

ひなん²【非難】 blame［ブれイム］
非難する blame《for ...》
▶彼女はうそをついたことでビルを**非難した**.
She **blamed** Bill **for** telling a lie.

ビニール plastic［プらぁスティック］(◆「プラスチック」という日本語と異なり, かたいものも柔(やわ)らかいものも指す; vinyl［ヴァイヌる］は化学の専門用語)
ビニールハウス a plastic greenhouse
ビニール袋(ぶくろ) a plastic bag

ひにく【皮肉】 (an) irony［アイロニ］
皮肉な ironic, ironical
▶**皮肉な**感想を言う
make an **ironical** remark

ひにち【日にち】 (日取り) the date［デイト］; (日数) days［デイズ］
▶次のミーティングの**日にち**と場所を決めよう. Let's fix **the date** and place for the next meeting.

ひねくれた twisted［トゥウィスティッド］, perverse［パヴァ〜ス］

ひねる (体などを) twist［トゥウィスト］; (栓(せん)などを) turn［タ〜ン］

ひのいり【日の入り】 (a) sunset
➡にちぼつ

ひので【日の出】
(a) sunrise［サンライズ］

***ひのまる【日の丸】** *Hinomaru*, the Rising Sun［ライズィンｸﾞ サン］

ひばいひん【非売品】 an article not for sale

***ひばし【火ばし】** *hibashi*, metal chopsticks used to pick up charcoal

***ひばち【火鉢】** a *hibachi*, a charcoal brazier［ブレイジャ］

ひばな【火花】 a spark［スパーク］
火花が散る spark

ヒバリ〘鳥類〙a skylark［スカイらーク］, a lark［らーク］

ひはん【批判】
(a) criticism［クリティスィズム］
批判する criticize［クリティサイズ］
批判的な critical［クリティクる］

ひび a crack［クラぁック］
▸このカップ, ひびが入っているよ. There is a **crack** in this cup.

ひびき【響き】 (a) sound［サウンド］

ひびく【響く】 sound［サウンド］; (反響(はんきょう)する) echo［エコウ］
▸トランペットの音がホールに響いた. The trumpets **sounded** in the hall.

ひひょう【批評】 a comment［カメント］; (文学作品・美術品などについての) (a) criticism［クリティスィズム］
批評する comment《on ...》; criticize［クリティサイズ］
批評家 a critic［クリティック］; (本や劇などの) a reviewer［リヴューワ］

びびる (おじけづく)〘口語〙get* cold feet; (怖(こわ)がる) get scared; (びっくりする) get surprised

ひふ【皮膚】 skin［スキン］
皮膚科 (病院の) the department of dermatology［ダ～マタらヂ］
皮膚がん skin cancer［キぁンサ］
皮膚病 a skin disease［ディズィーズ］

びふう【微風】
(a) (light) breeze［ブリーズ］

ひふくしつ【被服室】
a sewing room［ソウインｸﾞ ルーム］

びぼう【美ぼう】 good looks; (美しさ) beauty［ビューティ］

◆ひま【暇】 (何かをする時間) **time**［タイム］; (自由な時間) free time
▸クラブが忙(いそが)しくて, 美紀とデートをする暇がない. I'm so busy with my club activities that I have no **time** to date Miki.
▸わたしたちはテレビゲームをして暇つぶしした. We killed **time** playing a video game.
暇な free
▸暇だったら, わたしたちの試合を見にきて. Please come and see our game if you're **free**.

ひまご【ひ孫】 a great-grandchild［グレイトグラぁンチャイるド］(複数 great-grandchildren)

ヒマワリ
〘植物〙a sunflower［サンふらウア］

ひまん【肥満】 fatness［ふぁットネス］
肥満の fat, obese［オウビース］, overweight［オウヴァウェイト］
肥満児 an overweight child

◆ひみつ【秘密】 a **secret**［スィークレット］
秘密の secret
秘密に secretly
▸秘密をばらす disclose a **secret**
▸わたしたちはそれを秘密にしておいたほうがいい. We'd better keep that (a) **secret**.
▸計画は秘密のうちに実行された. The plan was carried out <u>in **secret**</u> [**secretly**].

びみょう【微妙な】 subtle［サトゥる］, delicate［デリケット］
微妙に subtly, delicately

ひめ【姫】 a princess［プリンセス］

ひめい【悲鳴】 a scream［スクリーム］, a shriek［シュリーク］
悲鳴を上げる scream, shriek

ひも a string［ストゥリンｸﾞ］; (太めの) a cord［コード］
▸ひもを結ぶ tie the **strings**
▸ひもをほどく untie the **strings**

ひやあせ【冷や汗】 (a) cold sweat

ひやかす【冷やかす】
tease［ティーズ］
▸悠と歩いていたら友人たちに冷やかされた. I was **teased** by my friends when I was walking with Yu.

◆ひゃく【百(の)】
a [one] **hundred**［ハンドゥレッド］
第100(の)
the hundredth (◆100th と略す)

▸100 分の 1　one [a] **hundredth**
▸200　two **hundred**（♦2 以上の数詞が前についても hundred を複数形にしない）
▸何百人もの人　**hundreds** of people（♦「何百も」のときは hundreds と複数形にする）
▸わたしの学校の生徒数は 451 人です. There are four **hundred** and fifty-one students in our school.
百円ショップ　a 100-yen shop, a shop where everything is sold for 100 yen
100 点（成績）　a score of one hundred;（得点）a hundred points

ひゃくまん【百万(の)】
a million［ミりョン］, one million
▸200 万円　two **million** yen
▸何百万人もの人　**millions** of people

ひやけ【日焼け】
a suntan［サンタぁン］, a tan
日焼けする
（ほどよく）get* tanned, get a tan;（過度に）get sunburned［サンバ～ンド］
日焼け止め　a (cosmetic) sunscreen

***ひやしちゅうか【冷やし中華】**
hiyashichuka, a kind of cold ramen [Chinese noodles]

ヒヤシンス〖植物〗a hyacinth［ハイアスィンす］（♦発音注意）

ひやす【冷やす】 cool, chill［チる］

ひゃっかじてん【百科事典】 an encyclop(a)edia［インサイクろピーディア］

ひゃっかてん【百貨店】
a department store ➡デパート

ひゃっきん【百均】
a 100-yen shop ➡ ひゃく

ひやひや【ひやひやする】
（心配する）be* afraid［アふレイド］

ひゆ【比喩】 a metaphor［メタふォーア］
比喩的な　figurative［ふィギャラティヴ］, metaphorical［メタふォ(ー)リクる］

ピュア【ピュアな】 pure［ピュア］

ヒューズ〖電気〗a fuse［ふューズ］
▸ヒューズが飛んだ.
The **fuse** has blown.

ぴゅうぴゅう【ぴゅうぴゅう吹く】（風が）whistle［(ホ)ウィスる］

ビュッフェ a buffet［ブふェイ］（♦フランス語から）;（列車の）a buffet (car)

ひよう【費用】 (an) expense［イクスペンス］, a cost［コースト］
費用がかかる　cost*
▸その費用はどのくらいかかりましたか？
How much did it **cost** (you)?

ヒョウ〖動物〗a leopard［れパド］;（黒ヒョウ）a panther［パぁンさ］

***ひょう[1]【表】** a **table**［テイブる］, a list［リスト］
表にする　draw* up a table of ..., list, make* a list of ...
▸時刻表　a **timetable**

ひょう[2]【票】 a vote［ヴォウト］
票を入れる
cast a vote for ..., vote for ...

ひょう[3]（空から降る）hail［ヘイる］
ひょうが降る　hail（♦主語は it）
▸ひょうが降った.　It **hailed**.

びよう【美容】 beauty［ビューティ］
美容院　a beauty salon［サろン］, a beauty parlor
美容師　a beautician, a hairdresser
美容整形　cosmetic surgery

***びょう[1]【秒】** a second［セカンド］
▸2 時間 7 分 12 秒
2 hours, 7 minutes, 12 **seconds**（♦2h 7′ 12″と略す）
▸このカメラなら 1 秒間に 3 枚写せます.
You can take three shots a **second** with this camera.
秒針　a second hand
秒読み　a countdown ➡びょうよみ

びょう[2]（留め具）a tack［タぁック］
びょうで留める　tack

***びょういん【病院】**
a **hospital**［ハスピトゥる］
▸救急病院　an emergency **hospital**
▸きょう正也の見舞(みま)いに病院へ行った.
Today I went to (the) **hospital** to see Masaya.

参考　病院のいろいろな科
内科 internal medicine / 外科(げか) surgery / 耳鼻(じび)いんこう科 otolaryngology［オウトウらぁリンガらヂ］（♦an ear, nose and throat doctor「耳鼻いんこう科医」と呼ぶのがふつう）/ 眼科 ophthalmology［アふさぁるマらヂ］（♦an eye doctor「眼科医」と呼ぶのが

ふつう)/皮膚(ひふ)科 dermatology ［ダ～マタらヂ］/
小児(しょうに)科 pediatrics ［ピーディあトゥリックス］/
整形外科 orthopedic surgery ［オーそピーディック］

ひょうか【評価】

(an) evaluation ［イヴぁりュエイシャン］, estimation ［エスティメイシャン］

評価する evaluate ［イヴぁりュエイト］, estimate ［エスティメイト］; (判断する)judge ［ヂャッヂ］

ひょうが【氷河】

a glacier ［グれイシャ］

氷河期 the ice age, the glacial period

*びょうき【病気】

sickness ［スィックネス］ (♦病気である状態を指す); (a) disease ［ディズィーズ］ (♦病気そのものを指す)

▸重い病気 a serious **disease**

▸山田先生が祖母の病気を治してくれた. Dr. Yamada cured my grandmother of her **disease**.

病気で, 病気の 〖米〗sick, 〖英〗ill ［イる］ (対義語「健康な」well, healthy)

▸病気になる get **sick**

▸妹は1週間病気で寝(ね)こんでいる. My sister has been **sick** in bed for a week.

◆病気・けがのいろいろ

インフルエンザ	influenza ［インふるエンザ］, flu ［ふるー］
風邪(かぜ)	cold
花粉症(しょう)	pollen allergy ［パレン あらヂィ］, hay fever ［ヘイ ふィーヴァ］
がん	cancer ［キぁンサ］
切り傷	a cut
骨折	bone fracture ［ボウン ふラぁクチャ］
心臓病	heart disease
ぜんそく	asthma ［あズマ］
熱中症	heatstroke ［ヒートストゥロウク］
ねんざ	a sprain ［スプレイン］
脳卒中	a stroke ［ストゥロウク］
肺炎(はいえん)	pneumonia ［ニューモウニア］
はしか	measles ［ミーズるズ］
貧血(ひんけつ)症	anemia ［アニーミア］
みずぼうそう	chicken pox ［チキン パックス］
盲腸(もうちょう)炎	appendicitis ［アペンディサイティス］
やけど	a burn ［バ～ン］, a scald ［スコーるド］

ひょうきん【ひょうきんな】

funny ［ふァニ］, comical ［カミカる］

ひょうげん【表現】

(an) expression ［イクスプレシャン］

表現する express

▸自分の考えを表現する **express** one's ideas

びょうげんきん【病原菌】

a (disease) germ ［(ディズィーズ) ヂャ～ム］

ひょうご【標語】

(学校などの) a motto ［マトウ］ (複数 motto(e)s); (警察・政党などの) a slogan ［スろウガン］

ひょうさつ【表札】

a doorplate ［ドーアプれイト］

ひょうざん【氷山】

an iceberg ［アイスバ～グ］

ひょうし[1]【拍子】

time ［タイム］

▸ワルツは3拍子です. Waltzes are in triple **time**.

▸4分の3拍子 three-quarter **time**

ひょうし[2]【表紙】

a cover ［カヴァ］

ひょうしき【標識】

a sign ［サイン］

▸交通標識 a traffic **sign**

びょうしつ【病室】

a sickroom ［スィックルーム］

びょうしゃ【描写】

(a) description ［ディスクリプシャン］

描写する describe ［ディスクライブ］

*ひょうじゅん【標準】

(基準)a standard ［スタぁンダド］; (平均)an average ［あヴェレッヂ］

▸わたしの身長は標準より少し高い. I'm a little taller than (the) **average**.

標準的な standard; average

標準時 (the) standard time

ひょうしょう【表彰する】

honor ［アナ］

表彰式 an awards ceremony

表彰状
a testimonial [テスティモウニアる]
表彰台 a winner's platform

ひょうじょう【表情】 a look, an expression [イクスプレシャン]
▸退屈(たいくつ)そうな表情
a bored **expression [look]**
▸彼らはみんなうれしそうな表情をしていた. They all had a happy **look**.

びょうじょう【病状】
(健康状態) (a) condition [コンディシャン]

びょうてき【病的な】
morbid [モービッド]

ひょうてん¹【氷点】
the freezing point
▸けさは気温が氷点下5度だった.
It was five degrees below **the freezing point** this morning.

ひょうてん²【評点】
a grade [グレイド]

びょうどう【平等】
equality [イクワりティ]
平等な equal [イークウォる]
平等に equally

びょうにん【病人】 a sick person; (患者(かんじゃ)) a patient [ペイシェント]

ひょうはく【漂白する】
bleach [ブリーチ]
漂白剤(ざい) bleach

ひょうばん【評判】
(評価) (a) reputation [レピュテイシャン]; (人気) popularity [パピュらぁリティ]
▸彼女はクラスメートの評判がいい.
She has a good **reputation** among her classmates.

ひょうほん【標本】
a specimen [スペスィメン]
▸昆虫(こんちゅう)標本 insect **specimens**

ひょうめん【表面】
a surface [サ～ふェス]

びょうよみ【秒読み】
a countdown [カウントダウン]
秒読みする count down

ひょうりゅう【漂流する】
drift [ドゥリふト]

ひょうろん【評論】
(a) criticism [クリティスィズム]; (本・劇などの) (a) review [リヴュー]
評論家 a critic; a reviewer

ひよけ【日よけ】
(店先などの) a sunshade [サンシェイド]

ひよこ a chick [チック]
▸ひよこがピヨピヨ鳴いている.
Some **chicks** are cheeping.

ひょっこり (偶然(ぐうぜん)) by chance, by accident ➡ぐうぜん, とつぜん

ひょっと【ひょっとしたら, ひょっとして】 possibly [パスィブり], by any chance
▸ひょっとしたらジャックも行くかもしれない. Jack may **possibly** go with us.

ビラ (壁(かべ)などの) a bill [ビる]; (手で配る) a handbill [ハぁン(ド)ビる]

ひらいしん【避雷針】
〖米〗a lightning rod,
〖英〗a lightning conductor

ひらおよぎ【平泳ぎ】
the breaststroke [ブレストストゥロウク]
▸平泳ぎで泳ぐ
swim **the breaststroke**

✽ひらがな【平仮名】
hiragana, one of the two Japanese syllabaries (, used together with Chinese characters) ➡かたかな

⁑ひらく【開く】

❶〖開く, 開ける〗open
❷〖つぼみが〗open; 〖咲(さ)く〗come out
❸〖会などを開く〗hold, give, have

❶〖開く, 開ける〗open [オウプン]
▸このドアは内側に開く.
This door **opens** inwards.
▸そのパン屋は9時に開く.
The bakery **opens** at nine.
▸スーザンは口を開こうとしなかった.
Susan wouldn't **open** her mouth

❷〖つぼみが〗open;
〖咲く〗come* out ➡さく¹
▸バラのつぼみが開きかけている.
The rose buds are just **opening**.

❸〖会などを開く〗hold* [ホウるド], **give*** [ギヴ], **have*** [ハぁヴ]
▸今度の日曜日に美紀の誕生(たんじょう)パーティーを開く. We will **give [hold, have]** a birthday party for Miki next Sunday.

結びつくことば
教科書を開く open one's textbook
ノートを開く open one's notebook
傘(かさ)を開く open an umbrella
心を開く open one's mind

|とびらを開く open the door |

ひらたい【平たい】 flat [ふらぁット]

ひらひら【ひらひらする】
flutter [ふらタ]
▸木の葉がひらひらと舞(ま)い落ちている. Leaves are **fluttering** down.

ピラフ pilaf [ピらーふ]

ピラミッド a pyramid [ピラミッド]

ひらめく flash [ふらぁッシ]
▸いい考えがひらめいた. A good idea **flashed** into my mind.
ひらめき a flash; (霊感(れいかん)) inspiration [インスピレイシャン]

びり the last, the bottom
▸わたしは競走ではいつもびりだった. I was always **(the) last** in a race.

ピリオド a period [ピアリオド]
(♦符号(きごう)「.」のこと)

> **ルール ピリオドの使い方**
> **1** 肯定文·否定文の最後に使い, 文の終わりであることを示します.
> **2** 略語の後に使い, 省略形であることを示します. (例)Mr. (= Mister)

ひりつ【比率】
a ratio [レイショウ] (**複数** ratios)
▸わたしたちのクラブの男女の比率は2対1です. The **ratio** of boys to girls in our club is two to one.

ぴりっ【ぴりっとした】
(辛(から)い)hot [ハット], spicy [スパイスィ]

ひりひり【ひりひりする】
smart [スマート], be* sore [ソーア]

ビリヤード billiards [ビりャヅ]
(♦単数あつかい)

ひりょう【肥料】
(a) fertilizer [ふァ〜ティらイザ]
肥料をやる
put* fertilizer《on ...》, fertilize

ヒル 〘動物〙 a leech [リーチ]

ひる【昼】 (昼間)(a) **day** [デイ], the daytime [デイタイム]
(**対義語**「夜」(a) night); (正午) **noon** [ヌーン]; (昼食) **lunch** [らンチ]
▸兄は夜勉強して, 昼は寝(ね)ている. My brother studies at night and sleeps during the daytime [**day**].
▸昼も夜もあなたのことを考えている. I think about you **day** and night [night and **day**].
▸父は日曜日はたいてい昼まで寝ている. My father usually sleeps until **noon** on Sundays.
▸お昼, 何を食べたい? What do you want to eat for **lunch**?
昼休み
a lunch break, (a) noon recess

ビル a building [ビるディング]
▸5階建てのビル
a five-story **building**
ビル街 a street lined with large buildings

ひるね【昼寝】
a nap [ナぁップ], an afternoon nap
昼寝をする have* [take*] a nap

ひるま【昼間】
(a) day, the daytime ➡ひる

ヒレ (ヒレ肉) a fillet [ふィれット]

ひれ (魚の) a fin [ふィン]

ひれい【比例】
proportion [プロポーシャン]
比例する be* proportional《to ...》
▸犯罪件数は都市の人口に比例すると彼は言っている. He says the number of crimes **is proportional to** the population of the city.

ひれつ【卑劣な】
mean [ミーン], dirty [ダ〜ティ]

ひろい【広い】 (面積が) **large** [らーヂ]
(**対義語**「狭(せま)い」small), **big** [ビッグ]; (幅(はば)が) **wide** [ワイド] (**対義語**「狭い」narrow), **broad** [ブロード]
▸美咲の家はかなり広い. Misaki's house is quite **large** [**big**].
▸わたしたちの学校は校庭が広い. Our school has a **large** [**big**] playground.
▸広い川 a **wide** river
▸ジョーンズさんは心の広い人です. Ms. Jones is **broad-minded**.
広く wide, widely
▸彼の成功談は広く知られている. His success story is **widely** known.
広くする enlarge [インらーヂ]; widen [ワイドゥン] ➡ひろげる

ひろいもの【拾い物】
a thing one found

ヒロイン a heroine [ヘロウイン]
(♦発音注意) (**対義語**「ヒーロー」a hero)

ひろう[1]【拾う】 (拾い上げる) **pick up**;

（見つける）**find*** ［ふァインド］；（タクシーを）get* ［ゲット］, catch* ［キぁッチ］
▸消しゴムを拾ってくれますか？
Will you **pick up** my eraser?
▸通りで財布(さいふ)を拾った.
I **found** a wallet on the street.
▸タクシーを拾う　get [catch] a taxi

ひろう²【疲労】 tiredness ［タイアドネス］；（非常な疲労）fatigue ［ふァティーグ］
疲労する　get* tired ➡**つかれる**

ビロード velvet ［ヴェるヴェット］

ひろがる【広がる】
spread* ［スプレッド］
▸変なにおいが教室全体に広がった.
A strange smell **spread** all over the classroom.

ひろげる【広げる】（開く）
open ［オウプン］；（まわりに）**spread*** ［スプレッド］；（面積を）enlarge ［インらーヂ］；（幅(はば)を）widen ［ワイドゥン］
▸本を広げる　**open** a book
▸机の上に地図を広げる
spread a map on the desk
▸道幅を広げる　**widen** a road

ひろさ【広さ】（面積）(an) area ［エアリア］；（幅(はば)）width ［ウィドす］

ひろば【広場】 a (public) square；（空き地）an open space

ひろま【広間】 a hall ［ホーる］；（ホテルなどの）a saloon ［サるーン］

ひろまる【広まる】
spread* ［スプレッド］
▸ニュースはたちまち学校じゅうに広まった. The news **spread** all over the school very quickly.

ひろめる【広める】 spread* ［スプレッド］；make* ... popular ［パピュら］

ビワ〖植物〗a loquat ［ろウクワット］

ひん【品のよい】 refined ［リふァインド］, graceful ［グレイスふる］
品のない　vulgar ［ヴァるガ］, rude ［ルード］

びん¹【瓶】 a **bottle** ［バトゥる］；（広口の）a jar ［ヂャー］
▸空きびん　an empty **bottle**
▸びんにふたをする　cap a **bottle**
▸ブルーベリージャムの１びん
a **jar** of blueberry jam

びん²【便】（飛行機の）a flight ［ふらイト］；（バス・電車などの）a service ［サ～ヴィス］；（郵便）〖米〗mail ［メイる］, 〖英〗post ［ポウスト］
▸パリ行き 123 便　**flight** 123 [one twenty-three] to Paris
▸船便で　by sea [surface] **mail**
▸航空便で　by **airmail**

▲飛行機の出発便の掲示(けいじ)

ピン a pin ［ピン］（♦「留め針」「ゴルフの旗」「ボウリングのピン」を言う）
▸安全ピン　a safety **pin**
ピンで留める　pin (up)
▸写真を壁(かべ)にピンで留める
pin (up) a picture on the wall

びんかん【敏感な】
sensitive《to ...》［センスィティヴ］

ピンク【ピンク(の)】 pink ［ピンク］

ひんけつ【貧血】 anemia ［アニーミア］

ビンゴ bingo ［ビンゴウ］

ひんし【品詞】〖文法〗a part of speech, a word class

ひんしつ【品質】 quality ［クワりティ］
▸これらの商品は品質がよい.
These goods are of good **quality**.
（♦of good quality で「よい品質の」という形容詞の意味になる）

ひんじゃく【貧弱な】 poor ［プア］

びんしょう【敏しょうな】
agile ［あヂる］

ピンセット　tweezers ［トゥウィーザズ］
（♦複数形で用いる）

びんせん【便箋】
letter paper（♦数えるときは a sheet of letter paper のように言う）；
（１冊の）a letter pad ［パぁッド］

ピンチ（危機）a pinch ［ピンチ］
▸ピンチを切り抜(ぬ)ける
get out of a **pinch**

ヒント a hint ［ヒント］

ピント（カメラなどの）a focus ［ふォウカス］；（要点）a point ［ポイント］

▸この写真はピントが合っていない. This picture is out of **focus**. (♦「合っている」は be in focus)
▸あなたの言ってることはピントがずれています. Your comment is beside [off] the **point**.

ぴんと
(ロープなど) tight [タイト], tightly
ぴんとする (張る) stretch [ストゥレッチ]; (伸(の)ばす) straighten [ストゥレイトゥン]
▸背筋をぴんと伸ばしなさい. **Straighten** your back.
ぴんとくる
(思い浮(う)かぶ) occur to ... [オカ～]
▸彼女が何を言いたいのか, わたしにはぴんときた. It **occurred to** me what she really meant.

ひんぱん【頻繁な】
frequent [ふリークウェント]
頻繁に frequently, often [オーふン]

•びんぼう【貧乏】 poverty [パヴァティ]
貧乏な **poor** [プア]
(**対義語** 「裕福(ゆうふく)な」rich)
貧乏人 a poor person; (全体をまとめて) the poor
貧乏ゆすり jiggling one's leg(s)

ピンポン ping-pong [ピングパング], (正式名) table tennis
▸ピンポンをする play **ping-pong**

ふ　フ

Q「フリーマーケット」は「自由な市場(いちば)」?
➡「フリーマーケット」を見てみよう!

ふ【府】 a prefecture [プリーふェクチャ]
➡**けん[1]**
府の, 府立の prefectural [プリふェクチュラる] ➡**けんりつ**
▸大阪府 Osaka (Metropolitan) **Prefecture**
▸京都**府知事** the **Governor** of Kyoto (♦governor で「知事」の意味)
府大会 a prefectural contest [meet, tournament]
府庁 a prefectural office
府立高校 a prefectural high school

•ぶ【部】

❶〖クラブ〗**a club; a team**
❷〖部門〗**a department**
❸〖部分〗**a part**
❹〖冊〗**a copy**

❶〖クラブ〗a **club** [クらブ]; (スポーツの) a team [ティーム] ➡**クラブ[1]**

ダイアログ　**質問する・説明する**
A: きみは何部に入っているの?
What **club** do you belong to? / What **club** are you in?
B: 演劇部です.
I belong to the drama **club**. / I'm in the drama **club**.

❷〖部門〗a department [ディパートメント]
▸(会社の)営業部 the sales **department**
❸〖部分〗a **part** [パート] ➡**ぶぶん**
▸第2部 **Part** 2
❹〖冊〗a copy [カピ]
▸この雑誌を5部注文した. I ordered five **copies** of this magazine.
部員 a member ➡**ぶいん**
部活動 club activities
部室 a club room
部長 (クラブの) the president; (会社の) a (department) manager ➡**ぶちょう**

ファ 〖音楽〗(a) fa [ふァー]

ファースト 〖野球〗
(一塁(るい)) first base [ふァ～スト ベイス]; (一塁手) a first baseman

ファーストクラス first class
ファーストクラスの first-class

ファーストネーム
a first name [ふァ～スト ネイム], a given name [ギヴン ネイム] ➡**なまえ**

ファーストフード fast food
ファーストフード店 a fast-food restaurant, a fast-food place

ファーム (農場) a farm [ふァーム]; 〖野球〗(二軍) a farm (team)

ぶあいそう【無愛想な】 (好意的でない) unfriendly [アンふレンドり];

(ぶっきらぼうな) blunt [ブラント]

ファイト fight ➡とうし[1]

ファイル a file [ふァイる]
ファイルする file ➡とじる[2]
ファイル形式 a file format
ファイル名 a file name

ファインプレー a fine play

ファウル (競技の反則) a foul [ふァウる]; 〖野球〗a foul
ファウルする foul
ファウルを打つ foul, hit* a foul (ball)

ファクシミリ ➡ファックス

ファスナー a zipper [ズィパ]

ファックス (a) facsimile [ふぁクスィミり], (a) fax [ふぁックス]; (機械) a fax, a fax machine
ファックスで送る fax

ファッション (a) fashion [ふぁシャン]
ファッションショー a fashion show
ファッションデザイナー a fashion designer
ファッションモデル a fashion model

ファミリー a family [ふぁミり]
ファミリーレストラン a family restaurant

ふあん【不安】 uneasiness [アニーズィネス]
不安な uneasy [アニーズィ]

ファン a fan [ふぁン]
▸あなたの大ファンなんです.
I'm a big **fan** of yours. (♦この yours は your fans を表すので, 文全体として「たくさんいるファンのうちのひとり」というよいニュアンスになる)
ファンクラブ a fan club
ファンレター a fan letter

ファンタジー (a) fantasy [ふぁンタスィ]
ファンタジー小説 a fantasy novel

ふあんてい【不安定な】 unstable [アンステイブる]; (変わりやすい) changeable [チェインヂャブる]

ファンデーション (化粧(けしょう)品)(a) foundation (cream) [ふァウンデイシャン]

ファンファーレ a fanfare [ふぁンふェア]

ふい【不意の】 (突然(とつぜん)の)sudden [サドゥン]; (思いがけない)unexpected [アニクスペクティッド]
不意に (突然) suddenly; (思いがけず)unexpectedly

ブイ (浮き) a buoy [ブーイ]

フィート a foot [ふット] (**複数** feet) (♦ft. と略す;1 フィートは 30.48cm)

フィールド a field [ふィーるド]
フィールドアスレチック(コース) an obstacle course in a park
フィールド競技 a field event

フィギュアスケート 〖スポーツ〗figure skating

フィクション fiction [ふィクシャン]

ブイサイン【V サイン】 a V-sign [ヴィーサイン] (♦victory「勝利」または peace「平和」を表すジェスチャーとされることが多いが, 国や使い方によっては抗議(こうぎ)や侮蔑(ぶべつ)の意味にもなるので注意)
▸**V サインをする** make a **V-sign**

フィットネスクラブ a fitness club

ブイティーアール (録画されたビデオ映像) a video (recording) ➡ビデオ

フィナーレ a finale [ふィナぁり]

フィニッシュ a finish [ふィニッシ]

ブイヨン (a) bouillon [ブりャン] (♦フランス語から)

フィリピン the Philippines [ふィりピーンズ]
フィリピン(人)の Philippine
フィリピン人 (男性) a Filipino [ふィりピーノウ]; (女性) a Filipina [ふィりピーナ]; (全体をまとめて) the Filipinos

フィルター a filter [ふィるタ]; (紙巻きタバコの)a filter tip

フィルム (a) film [ふィるム]
▸液晶(えきしょう)保護フィルム
(a) screen protector **film**

ぶいん【部員】 a member [メンバ]
▸わたしは学校のバスケット部の部員です. I am a **member** of the basketball team at our school.
▸テニス部の新入部員 a new **member** of the tennis team

フィンランド Finland [ふィンらンド]
フィンランド(人)の Finnish [ふィニッシ]
フィンランド人 a Finn; (全体をまとめて) the Finns, the Finnish

·**ふう[1]【風】** (やり方) a **way** [ウェイ]; (人の様子) a **look** [るック]; (型) a **style** [スタイる], a type [タイプ]
▸こんなふうにラケットを振(ふ)ってごらん.
Swing your racket (in) this **way**.

▸洋風の家 a Western-**style** house
ふう²【封をする】 seal［スィーる］
▸手紙に封をする **seal** a letter
ふうき【風紀】（公衆の道徳）(public) morals［(パブリック) モーラるズ］;（規律）discipline［ディスィプりン］
ふうきり【封切り】
(a) release［リリース］
ブーケ a bouquet［ボウケイ］（♦フランス語から）
ふ
ふうけい【風景】（景色）scenery［スィーナリ］;（眺(なが)め）a view［ヴュー］
➡**けしき, ながめ**
▸山の風景 mountain **scenery**
ふうし【風刺】(a) satire［サぁタイア］
ふうしゃ【風車】
a windmill［ウィンドミる］
ふうしゅう【風習】
a custom［カスタム］, manners［マぁナズ］
ふうしん【風しん】 rubella［ルーベら］
ふうせん【風船】 a balloon［バるーン］
▸風船をふくらます blow up a **balloon**
風船ガム bubble gum
ふうそく【風速】 the speed of the wind, wind velocity［ヴェらスィティ］
風速計 a wind gauge［ウィンド ゲイヂ］（♦発音注意）
ふうぞく【風俗】 customs［カスタムズ］, manners［マぁナズ］（♦総体を表すときは複数形で用いる）
風俗習慣 manners and customs
ブーツ a boot［ブート］（♦ふつう複数形で用いる）➡**くつ**
フード a hood［フッド］（♦発音注意）
ふうとう【封筒】
an envelope［エンヴェろウプ］
▸返信用封筒 a return **envelope**
プードル〘動物〙a poodle［プードゥる］
ふうひょう【風評】
rumors［ルーマズ］
風評被害 harm caused by rumors
ふうふ【夫婦】 a couple［カプる］, husband and wife
▸新婚(しんこん)夫婦 a newly married **couple** / newlyweds
夫婦げんか a quarrel between husband and wife
ぶうぶう【ぶうぶう言う】（不平を言う）complain, grumble ➡**ふへい**
ブーム（急激(きゅうげき)な人気）a boom［ブーム］（♦「一時的な流行」の意味はない）;（一時的な）a fad［ふぁッド］
ブームになる become* a fad
ブーメラン
a boomerang［ブーメラぁング］
フーリガン a hooligan［フーりガン］
ふうりょく【風力】 the force of the wind;（動力）wind power
風力計 a wind gauge［ウィンド ゲイヂ］（♦発音注意）
風力発電 wind-power generation
ふうりん【風鈴】 a wind bell
プール a (swimming) pool
▸屋内プール an indoor **pool**
▸プールに泳ぎに行く
go swimming in a **pool**
ふうん¹【不運】
bad luck（対義語「幸運」(good) luck）
不運な unlucky, unfortunate
不運にも unfortunately, unluckily
ふうん² oh［オウ］

ダイアログ　**相づちを打つ**
A: お母さんは猫(ねこ)が大好きなんだ.
My mom loves cats.
B: ふうん, そうなんだ. **Oh**, does she?

ふえ【笛】（横笛）a flute［ふるート］;（縦笛）a recorder［リコーダ］;（合図の）a whistle［(ホ)ウィスる］
▸笛を吹(ふ)く
blow a **flute [recorder]**
フェア¹【フェアな】 fair［ふェア］
フェアプレー fair play
フェア²（展示会）a fair［ふェア］
ふえいせい【不衛生な】
unsanitary［アンサぁニテリ］
フェイント a feint［ふェイント］
フェイントをかける feint
フェミニズム feminism［ふェミニズム］
フェリー(ボート) a ferryboat［ふェリボウト］, a ferry［ふェリ］
·**ふえる【増える】**（数量が）**increase**［インクリース］（対義語「減る」decrease）;（重量が）**gain**［ゲイン］（対義語「減る」lose）, put* on
▸この国の人口は年々増えている.
The population of this country is **increasing** year by year.
▸体重が5キロ増えた. I have **gained [put on]** five kilograms.
フェルト felt［ふェるト］

フェレット
〖動物〗a ferret［ふェレット］
フェンシング fencing［ふェンスィング］
フェンシングをする fence
フェンス a fence［ふェンス］
フォアボール 〖野球〗
a base on balls, a walk［ウォーク］
（♦× four balls とは言わない）
フォーク（食器の）a fork［ふォーク］
▸ナイフとフォーク
a knife and **fork**（♦対(つい)にして用いる場合, fork に a はつけない）
フォークボール 〖野球〗a forkball
フォークソング
a folk song［ふォウク ソーング］
フォークダンス
a folk dance［ふォウク ダぁンス］
フォーマット
〖コンピュータ〗a format［ふォーマぁット］
フォーマットする 〖コンピュータ〗format
フォーマル【フォーマルな】
formal［ふォームる］
フォーム form［ふォーム］
フォワード
〖スポーツ〗a forward［ふォーワド］
フォント
a font［ふァント］
フカ 〖魚類〗a shark［シャーク］
ぶか【部下】 a subordinate［サブオーディネット］,（集合的）one's people

⁑ふかい[1]【深い】 deep［ディープ］
（対義語「浅い」shallow）
▸深い井戸(いど) a **deep** well
▸深い悲しみ **deep** sorrow
▸ジュリエットは深い眠(ねむ)りからさめた.
Juliet awoke from a **deep** [sound] sleep.
深く deep;（比ゆ的な意味で）deeply
▸わたしは(水の中に)深く潜(もぐ)れる.
I can dive **deep**.
▸わたしはこの話に深く感動した. I was **deeply** moved by this story.
深くする deepen［ディープン］
ふかい[2]【不快な】
unpleasant［アンプれズント］
不快指数 a discomfort index,
a temperature-humidity index
ふかくじつ【不確実な】
uncertain［アンサ～トゥン］
ふかさ【深さ】 depth［デプす］

ダイアログ　**質問する**
A: この辺の水の深さはどのくらいですか？ What's the **depth** of the water around here?
B: 約４メートルです. It's about four meters deep [in **depth**].

ふかす【蒸かす】 steam［スティーム］
▸ジャガイモをふかす **steam** potatoes
ぶかつ【部活】 club activities
［クらブ あクティヴィティズ］ ➡**クラブ[1], ぶ**
▸きょうは部活がある.
I have **club activities** today.
ぶかっこう【不格好な】 clumsy
［クらムズィ］;（見苦しい）ugly［アグり］

˙ふかのう【不可能な】
impossible［インパスィブる］
（対義語「可能な」possible）
▸きょうじゅうに宿題を全部終わらせるなんて,(わたしには)不可能です.
It's **impossible** (for me) to finish all my homework today.
ふかんぜん【不完全な】
imperfect［インパ～ふェクト］
ぶき【武器】
a weapon［ウェプン］, arms［アームズ］
（♦arms は複数形で用いる）
ふきかえる【吹き替える】
（映画などを）dub［ダブ］
吹き替え dubbing
▸その映画は**日本語吹き替え版**で見た.
I saw the **Japanese-dubbed version** of the movie.
ふきけす【吹き消す】 blow* out
ふきげん【不機嫌】 a bad mood
［ムード］, a bad humor［ヒューマ］
不機嫌な in a bad mood [humor]
ふきこむ【吹き込む】
（風・息など）blow* into ...;
（録音する）record［リコード］
ふきそく【不規則な】 irregular
［イレギュら］（対義語「規則的な」regular）

ふ

ふきだす【吹き出す, 噴き出す】
(笑い出す) burst* out laughing, burst into laughter

ふきつ【不吉な】 unlucky [アンらキ]

ふきつける【吹き付ける】
(風などが)blow* hard《against ...》; (スプレーなどを) spray [スプレイ]

ふきとばす【吹き飛ばす】 blow* away, blow off [ブろウ] ➡**とばす**
▸風が彼女の帽子(ぼうし)を飛ばした.
The wind **blew** her hat **away**.

ぶきみ【無気味な】 weird [ウィアド]

ふきゅう【普及する】 become* popular [パピュら], spread* [スプレッド]
▸携帯(けいたい)電話の利用は急激に普及した.
The use of cell phones rapidly **became popular**.

ふきょう【不況】 a depression
➡**ふけいき**

ぶきよう【不器用な】
clumsy [クらムズィ]

ふきん¹【付近】
neighborhood [ネイバフッド]
付近の nearby, neighboring
付近に, 付近で
near (...), by (...), around (...)
▸この付近に in this **neighborhood** / **around** here / **near** here

ふきん²【布巾】(食器をふく)
a dish towel [ディッシ タウエる];
(食卓(しょくたく)をふく) a duster [ダスタ]

•ふく¹【服】 clothes [クろウズ] (♦複数形で用いる);
(ひとそろいの) a suit [スート]
▸服を着る put on one's **clothes**
▸服を脱(ぬ)ぐ take off one's **clothes**
▸いい服を着てるね.
You're wearing nice **clothes**.
▸早く服を着替(が)えなければ. I have to change my **clothes** right away.

•ふく²【吹く】
❶〖風が〗**blow*** [ブろウ]
▸風が吹いている.
The wind is **blowing**.
▸ろうそくを吹いて消した.
I **blew** out the candles.
❷〖楽器を〗**play** [プれイ], blow*
▸わたしはときどきトランペットを吹く.
I sometimes **play** the trumpet.

ふく³【拭く】 wipe [ワイプ];
(水気を)dry [ドゥライ]
▸美里はそっと弟の涙(なみだ)をふいた.
Misato **wiped** [**dried**] her little brother's tears gently.

ふく-【副…】 vice [ヴァイス]
副会長 a vice-chairperson
副作用 a side effect
副産物 a by-product
副社長 an executive vice-president
副将 a vice-captain
副賞 an extra prize
副題 a subtitle
副大統領 a vice-president
副部長 (クラブの) a vice-captain, a vice-president

フグ〖魚類〗a globefish [グろウブふィッシ]

ふくざつ【複雑な】
complicated [カンプりケイティッド]
(対義語「単純な」simple)
▸ずいぶん複雑な話ですね.
That's a very **complicated** story.
複雑にする complicate [カンプりケイト]

ふくし¹【福祉】 welfare [ウェるふェア]
▸社会福祉 social **welfare**
福祉事業 welfare work
福祉施設(しせつ) a welfare facility

ふくし²【副詞】〖文法〗an adverb [あドヴァ～ブ](♦ad. または adv. と略す)

ふくしゃ【複写】
(複写物) a copy [カピ] ➡**コピー**
複写する copy, make* a copy

•ふくしゅう¹【復習】
(a) review [リヴュー]
復習する review, go* over ...
▸きょうの英語の復習をしよう.
Let's **review** today's English lesson. / Let's **go over** the English lesson for today.

ふくしゅう²【復讐】
revenge [リヴェンヂ]
復讐する revenge oneself on ..., take* one's revenge on ...

ふくじゅう【服従】
obedience [オウビーディエンス]
服従する obey [オウベイ]

ふくせい【複製】
(a) reproduction [リープロダクシャン];
(美術品) a replica [レプりカ]

ふくそう【服装】
clothes [クろウズ], dress [ドゥレス]

ふくつう【腹痛】 (a) stomachache [スタマックエイク] ➡**おなか**
ふくびき【福引き】 a lottery [らタリ]
✽**ふくぶくろ【福袋】** a *fukubukuro*, a sealed shopping bag that is full of various goods and is sold cheaper around the New Year holidays

˙ふくむ【含む】

(成分・内容がある) **contain** [コンテイン]; (一部として入る) **include** [インクるード]
▸この果物はビタミンCをたくさんふくんでいる. This fruit **contains** a lot of vitamin C.
▸この値段は税金をふくんでいます. This price **includes** tax.

ふくめる【含める】 include
…をふくめて including ..., with ...
▸これは税金をふくめて500ドルです. This costs five hundred dollars, **including** tax.
ふくらはぎ a calf [キぁふ] (複数 calves)
ふくらます【膨らます】 (空気を入れて) blow* up
ふくらむ【膨らむ】 swell* [スウェる]; (パンなどが) rise* [ライズ] ➡**ふくれる**
▸桜のつぼみがふくらんできた. The cherry buds are **swelling**.
ふくれる【膨れる】 swell* [スウェる] ➡**ふくらむ**; (パンなどが) rise* [ライズ]; (機嫌(きげん)が悪くなる) get* sulky [サるキ], get sullen [サれン]

˙ふくろ【袋】 a **bag** [バぁッグ]

▸袋に入れてもらえますか? Will you put it in a **bag**?
▸ポテトチップを1袋全部食べてしまった. I ate a whole **bag** of potato chips. (♦「1袋の…」は a bag of ... で表す)
袋小路(こうじ) a dead end

フクロウ 〖鳥類〗an owl [アウる]
ふくわじゅつ【腹話術】 ventriloquism [ヴェントゥリろクウィズム]
腹話術師 a ventriloquist
ふけ dandruff [ダぁンドゥラふ]
ふけいき【不景気】 hard times (♦複数形で用いる), a depression [ディプレシャン], a slump [スランプ], (a) recession [リセシャン], a bad economy [イカナミ]
ふけいざい【不経済な】 not economical [イーコナミクる], (むだな) wasteful [ウェイストふる]
ふけつ【不潔な】 dirty [ダ～ティ]
ふける[1]【更ける】 (夜がふける) get* late [れイト], become* late
ふける[2]【老ける】 grow old
ふける[3] (熱中する) be* absorbed《in ...》[アブソーブド]
ふけんこう【不健康な】 unhealthy [アンへるすィ]
ふけんぜん【不健全な】 unwholesome [アンホウるサム]
ふこう【不幸】 unhappiness [アンハぁピネス]
不幸な unhappy; (運の悪い) unfortunate [アンふォーチュネット]
▸不幸な出来事 an **unfortunate** event
不幸にも unfortunately
ふごう【符号】 a mark [マーク], a sign [サイン]
ふごうかく【不合格】 failure [ふェイりャ]
不合格になる fail
▸彼は入試で不合格になった. He **failed** the entrance exam.
ふこうへい【不公平】 unfairness [アンふェアネス]
不公平な unfair (対義語「公平な」fair)
ふごうり【不合理な】 (不当な) unreasonable [アンリーズナブる]; (はっきりした理由のない) irrational [イラぁショヌる]
ふさ【房】 (糸・毛糸などの) a tuft [タふト]; (果実の) a bunch [バンチ]
ブザー a buzzer [バザ] (♦発音注意)
ふさい【夫妻】 husband and wife
▸スミス**夫妻** **Mr. and Mrs.** Smith
ふさがる (閉じる) close [クろウズ]; (使用者がいる) be* occupied [アキュパイド]
▸傷口はふさがった. The wound **closed** up.
ふさく【不作】 a poor crop [プア クラップ], a bad crop
▸ことしは米が不作だった. We've had a **bad** rice **crop** this year.
ふさぐ (閉じる) close [クろウズ]; (覆(おお)う) cover [カヴァ]; (埋(う)める)

fill［ふィる］;（さえぎる）block［ブラック］
▸ひどい騒音(そうおん)に耳をふさいだ.
I **covered** my ears because of the terrible noise.
▸道路をふさがないで.
Don't **block** the way.

ふざける（冗談(じょうだん)を言う）joke［ヂョウク］,〘口語〙kid;（ばかなまねをする）fool around［ふーる アラウンド］
▸ふざけないで. No **kidding**!

ふ

ふさふさ【ふさふさの】
（毛が）thick［すィック］, bushy［ブシィ］

ぶさほう【無作法】 bad manners, rudeness［ルードネス］
無作法な bad-mannered, rude

ふさわしい right［ライト］, suitable《for ...》［スータブる］
▸あなたこそわたしたちのキャプテンにふさわしい. You are the **right** person to be our captain.

ふさんせい【不賛成】
disagreement［ディスアグリーメント］, disapproval［ディスアプルーヴァる］

ふし【節】（関節・竹の）a joint［ヂョイント］;（木の）a knot［ナット］;（音楽の）a melody［メろディ］, a song

フジ
〘植物〙(a) wisteria［ウィスティアリア］

•ぶじ【無事】（安全）**safety**［セイふティ］;（健康）good health［へるす］
無事な **safe, OK; well***
無事に **safely; well**
▸わたしたちはみな無事に暮らしています.
All of us are getting along **well**.
▸今, 無事に家に着いたところです.
I've just arrived home **safely**.

•ふしぎ【不思議】 (a) **wonder**［ワンダ］;（神秘）a mystery［ミステリ］
不思議な strange［ストゥレインヂ］;（神秘的な）mysterious［ミスティリアス］
▸不思議な現象 a **strange** [**mysterious**] phenomenon
▸あの2人が仲よしになるなんて不思議だ.
It's **strange** [a **wonder**] that those two guys have become good friends.
不思議に思う wonder
▸どうして先生があんなにがっかりしたのか, みんな不思議に思った.
We all **wondered** why our teacher got so disappointed.

ふしぜん【不自然な】
unnatural［アンナぁチュラる］

ぶしつ【部室】 a club room

ふじゆう【不自由】 ❶〘不便〙(an) inconvenience［インコンヴィーニエンス］
不自由な inconvenient;（不足して）short《of ...》
▸お金に不自由している.
I am **short of** money.
❷〘自由がきかない〙
不自由な disabled［ディスエイブるド］
▸体の不自由な人 a **disabled** person

ふじゅうぶん【不十分な】
insufficient［インサふィシェント］, not enough［イナふ］

ふじゅん¹【不順な】
（変わりやすい）unstable［アンステイブる］, changeable［チェインヂャブる］
▸去年の夏は天候不順(→不順な天候)に悩(なや)まされた. We suffered from **unstable** weather last summer.

ふじゅん²【不純な】
impure［インピュア］

ふしょう【負傷】
（事故などによる）(an) injury［インヂュリ］;（武器による）a wound［ウーンド］➡けが
負傷する be* injured［インヂャド］; be wounded［ウーンディッド］
負傷者 an injured [a wounded] person;（全体をまとめて）the injured, the wounded

ぶしょう【無精な, 不精な】
lazy［れイズィ］

ふしょうじき【不正直】
dishonesty［ディスアネスティ］
不正直な dishonest

ぶじょく【侮辱】
(an) insult［インサるト］
侮辱する insult［インサるト］

ふしん【不審な】 doubtful［ダウトふる］, suspicious［サスピシャス］;（奇妙(きみょう)な）strange［ストゥレインヂ］

ふじん¹【婦人】 a woman［ウマン］（**複数** women), a lady［れイディ］（♦ lady のほうがていねいな表現）
婦人用の women's, ladies'
婦人警官 a policewoman
婦人服 women's wear, ladies' wear

ふじん²【夫人】（妻）a wife［ワイふ］（**複数** wives);（敬称(けいしょう)）Mrs.［ミスィズ］

▸ブラウニング夫人 **Mrs.** Browning

ふしんせつ【不親切】
unkindness［アンカインドネス］
不親切な unkind, not kind
不親切に unkindly

ブス【ブスな】
plain［プれイン］, ugly［アグリ］

ぶすっと
▸雪だるまに木の棒を**ぶすっと**(→力をこめて)刺(さ)す. stick wooden bars into a snowman **forcefully**
▸彼女はさっきから**ぶすっとしている**.
She has **been sullen** for some time.

＊**ふすま** a *fusuma*,
a Japanese sliding door

ふせい【不正】 wrong［ローング］,
dishonesty［ディスアネスティ］,
不正な wrong, dishonest
▸不正を働く do **wrong**
不正行為(こうい) a dishonest act

ふせいかく【不正確】
inaccuracy［イナぁキュラスィ］
不正確な inaccurate［イナぁキュレット］

ふせいこう【不成功】
failure［ふェイりャ］

•**ふせぐ【防ぐ】**（保護する）**protect**
［プロテクト］, defend［ディふェンド］;
（予防する）prevent［プリヴェント］
▸攻撃(こうげき)を防ぐ <u>**protect**</u> **[defend]** oneself against the attack
▸病気のまんえんを防ぐ **prevent** a disease from spreading

結びつくことば
ミスを防ぐ prevent mistakes
事故を防ぐ prevent accidents
強風を防ぐ prevent a cold
雨を防ぐ protect oneself from rain

ふせんしょう【不戦勝】
a win by default［ディふォーるト］

ぶそう【武装】
armament［アーマメント］
武装する arm oneself

•**ふそく【不足】** (a) lack［らぁック］,
(a) shortage［ショーテッヂ］
不足する be* short of ..., lack
▸睡眠(すいみん)不足 a **lack** of sleep
▸食糧(しょくりょう)不足 a food **shortage**
▸すてきな靴(くつ)を見つけたのに, 手持ちのお金が2,000円不足していた.
I found a nice pair of shoes, but I was two thousand yen **short**.
▸壁画(へきが)を作るには人手**不足**だよ.
We're **short of** hands to do a wall painting.

ふぞく【付属する】
be* attached《to ...》［アタぁッチト］
付属品 an attachment, accessories

ふぞろい【不揃いの】
irregular［イレギュら］;
（でこぼこの）uneven［アニーヴン］

ふた【蓋】（箱・缶(かん)・なべなどの）
a lid［リッド］;（びんなどの）a cap
▸びんのふたが開きません.
I can't take off the bottle **cap**.

ふだ【札】（荷札）a tag［タぁッグ］;
（名札・カード）a card［カード］;
（はり札）a label［れイブる］

ぶた【豚】〚動物〛a pig［ピッグ］(♦アメリカでは pig は子豚を指すことが多い);（成長した豚）a hog［ホーグ］
豚小屋 a pigpen［ピッグペン］
豚肉 pork［ポーク］

ぶたい【舞台】 a stage［ステイヂ］
▸彼女は今, 舞台に出ています.
She is on **stage** now.

ふたご【双子】 twins［トゥウィンズ］
(♦双子の一方を指すときは a twin となる)
▸ジェーンとメアリーは双子だ.
Jane and Mary are **twins**.
ふたご座 the Twins, Gemini
［ヂェミナイ］➡**じゅうに**

•**ふたたび【再び】** **again**［アゲン］;
（もう一度）**once again** ➡**にど, また**[1]
▸彼は再び戻(もど)っては来なかった.
He didn't come back **again**.

•**ふたつ【2つ(の)】** **two**［トゥー］
➡**に**[1];（年齢(ねんれい)）**two (years old)**
➡**-さい**[1];（両方）**both**［ボウす］
▸ホットドッグを2つください.

Two hot dogs, please.
▸お母さん，ケーキを**2つ**に切って．
Mother, cut the cake in **two**.
▸わたしはそれら**2つとも**ほしい．
I want **both** of them.

・ふたり【2人】 **two people** [ピープる]；（組）a **pair** [ペア]，a **couple** [カプる]
▸あの**2人**は幸せそうだ．
That **couple** looks happy.
▸わたしたち2人が出席します．
Two of us will attend.

ふたん【負担】 a burden [バ～ドゥン]

・ふだん【普段(は)】
usually [ユージュアリ] ➡**いつも**
ふだんの usual
▸わたしはふだん朝の8時に家を出る．
I **usually** leave home at eight in the morning.
▸ふだんより早く学校に着いた．
I arrived at school earlier than **usual**.
ふだん着
everyday clothes, casual wear

ふち【縁】 an edge [エッヂ]；（めがねの）a rim [リム]

ふちゅうい【不注意】
carelessness [ケアれスネス]
不注意な careless
（対義語「注意深い」careful）
▸**不注意な**まちがいをしないように．
Don't make **careless** mistakes.

ふちょう【不調】
（心身の）(a) disorder [ディスオーダ]；（機械などの）a problem [プラブれム]

ぶちょう【部長】（クラブなどの）
the president [プレズィデント]；（会社の）a manager [マぁネヂャ]

ぶつ strike, hit ➡**うつ，たたく**

・ふつう[1]【普通(は)】
usually [ユージュアリ] ➡**いつも**
▸父は**ふつう**夜の8時前に家に帰って来ます． My father **usually** gets home before eight in the evening.
ふつうの **usual**, **ordinary** [オーディネリ]，common [カモン]；（平均の）**average** [あヴェレッヂ]
▸朝の6時に起きるのは，彼女にとっては**ふつうのこと**です． It's **usual** for her to get up at six in the morning.
▸あの選手はうまくもなくへたでもない．ふつうですよ． That player isn't good or bad. He's just **average**.
▸この習慣は日本人には**ふつうのこと**です． This custom is **common** among Japanese.
普通科（高校の）
a general course (at high school)
普通列車 a local train

ふつう[2]【不通である】
be* suspended [サスペンディッド]

ふつかよい【二日酔い】
a hangover [ハぁングオウヴァ]

ぶっか【物価】 prices [プライスィズ]
（♦複数形で用いる）
▸東京は**物価**が高い．
Prices are high in Tokyo.

ふっかつ【復活】 (a) revival [リヴァイヴる]；〖キリスト教〗（イエスの）the Resurrection [レザレクシャン]
復活する revive [リヴァイヴ]
復活祭 Easter [イースタ] ➡**イースター**

・ぶつかる
❶〖当たる〗**hit*** [ヒット]，**run* into ...** [ラン] ➡**あたる**
▸頭にボールが**ぶつかった**．
A ball **hit** me on the head.
▸自動車がガードレールに**ぶつかった**．
A car **ran into** the guardrail.
❷〖出くわす〗meet* with ...
▸探検隊は何度も困難に**ぶつかった**．
The expedition **met with** many difficulties.
❸〖相当する〗fall* on ... [ふォーる]
▸今年は学校の創立記念日が日曜日と**ぶつかります**． This year the anniversary of the founding of our school **falls on** (a) Sunday.

ふっきゅう【復旧】
restoration [レストレイシャン]
復旧する restore [リストーア]；（再開する）resume [リズーム]

ぶっきょう【仏教】
Buddhism [ブディズム]
仏教徒 a Buddhist [ブディスト]

ぶっきらぼう【ぶっきらぼうな】
blunt [ブラント]
ぶっきらぼうに bluntly

ふっきる【吹っ切る】

(乗り越(こ)える)get* over ...
ふっきん【腹筋】 abdominal muscles [あブダミナる マスるズ]
腹筋運動 a sit-up
ブック a book [ブック]
ブックエンド bookends
ブックカバー a (book) jacket (♦book cover は「本の表紙」の意味)
ぶつける (投げつける) throw* ... 《at ...》[すロウ]; (当てる) hit* ... 《against ...》[ヒット], knock ... 《against ...》[ナック]
▸的(まと)にボールをぶつける **throw** a ball **at** the target
▸壁(かべ)に頭をぶつけた. I **hit** [**knocked**] my head **against** the wall.
ぶっしつ【物質】 matter [マぁタ]
ぶつぞう【仏像】 an image of Buddha [ブダ]
ぶったい【物体】 an object [アブヂェクト]
✽**ぶつだん【仏壇】** a *butsudan*, a (family) Buddhist altar [ブディスト オーるタ]
ふっとう【沸騰する】 boil [ボイる]
ぶっとおし【ぶっ通しで】 (ずっと)all through [すルー]; (休みなしで)without a break [ブレイク]
▸5時間ぶっ通しで歩いた. I walked for five hours **without a break**.
フットサル 〖スポーツ〗futsal [ふットソーる]
フットボール 〖スポーツ〗football [ふットボーる] (♦〖米〗ではふつうアメリカンフットボールを,〖英〗ではサッカーやラグビーを指す)
フットワーク footwork [ふットワ〜ク]
ぶつぶつ【ぶつぶつ言う】 (不平を言う) grumble [グランブる], complain [コンプれイン]; (つぶやく)murmur [マ〜マ]
ぶつり【物理(学)】 physics [ふィズィクス] (♦単数あつかい)
物理学者 a physicist [ふィズィスィスト]
ふつりあい【不釣り合いな】 ill-matched [イるマぁッチト]; (不均衡(ふきんこう)な) disproportionate [ディスプロポーショネット]
•**ふで【筆】** (毛筆) a writing brush [ブラッシ]; (絵筆) a paint brush
筆箱 a pencil box
筆不精(ぶしょう) a lazy letter writer
ふていき【不定期の】 (不規則な) irregular [イレギュら]
ブティック a boutique [ブーティーク] (♦フランス語から)
ふてきせつ【不適切な】 inappropriate [イナプロウプリエット], (合わない) unsuitable [アンスータブる]
ふてくされる【ふて腐れる】 sulk [サるク], get* sulky [サるキ]
ふと (突然(とつぜん)) suddenly [サドゥンり]; (偶然(ぐうぜん)) by chance [チぁンス]
▸彼と初めて会った日のことをふと思い出した. I **suddenly** remembered the day I first met him.
•**ふとい【太い】** (太さが) **thick** [すィック] (対義語「細い」thin), big [ビッグ]; (線・文字などが) bold [ボウるド]; (声が) deep [ディープ]
▸太い針金 a **thick** wire
▸太い線 a **bold** line
ブドウ 〖植物〗(実) grapes [グレイプス] (♦a grape は「1粒(つぶ)のブドウ」の意味なので, ふつう複数形で用いる); (木) a (grape) vine [ヴァイン]
▸ブドウ1房(ふさ) a bunch of **grapes**
ブドウ園 a vineyard [ヴィニャド]
ブドウ酒 wine [ワイン]
ぶどう【武道】 the (Japanese) martial arts [マーシャる アーツ]
武道館 a hall [an arena] for the (Japanese) martial arts
ふとうこう【不登校】
▸不登校の(→登校を拒(こば)んでいる)生徒 a student who refuses to go to school
ふどうとく【不道徳】 immorality [イモラぁりティ]
不道徳な immoral [イモ(ー)ラる]
ふとうめい【不透明な】 opaque [オウペイク]
ふとくい【不得意な】 bad* 《at ...》[バぁッド], poor 《at ...》[プア] ➡**にがて**
不得意科目 one's weak subject
ふところ【懐】 (内ポケット) an inner pocket; (お金) money [マニ]
ふとさ【太さ】 thickness [すィックネス]
ふともも【太もも】 a thigh [さイ]
⁚**ふとる【太る】** get* fat [ふぁット]

(対義語「やせる」become thin);
(体重が増える) gain weight [ウェイト]
(♦get fat は直接的過ぎて失礼になるので, 他人に対しては gain weight を用いるのがふつう)
▸ジョー, 少し太ったんじゃない?
Joe, did you **gain** a little **weight**?
太った fat, overweight

***ふとん【布団】** a *futon*,
a Japanese thick quilt for sleeping;
(寝具)bedding [ベディング]
▸ふとんを敷(し)く
lay out one's **bedding**
▸ふとんをたたむ
fold up one's **bedding**
掛(か)けぶとん a top quilt
敷(しき)ぶとん a bottom quilt

フナ 〘魚類〙 a crucian carp
[クルーシャン カープ]
(複数 crucian carp, crucian carps)

ふなよい【船酔いする】
get* seasick

***ふね【船, 舟】** a **ship** [シップ],
a **boat** [ボウト]
(♦ふつう ship は「大型の船」, boat は「小型の船」を指すが, 日本語の「ボート」と違って boat が船一般を指すこともある)
▸船に乗る get [go] on board a **ship**
▸船を降りる get off a **ship**
▸舟をこぐ row a **boat**
▸わたしたちは那覇まで**船で**(→海路で)行った. We went to Naha **by sea**.

ふねんぶつ【不燃物】
non-burnables [ナンバ～ナブるズ],
unburnables [アンバ～ナブるズ]
(対義語「可燃物」burnables),
non-combustibles [ナンコンバスティブるズ]

ふはい【腐敗する】 decay [ディケイ];
(食べ物などが) go* bad ➡**くさる**

ふひつよう【不必要な】
unnecessary [アンネセセリ]

ふひょう【不評である】
be* unpopular [アンパピュら]

ふびょうどう【不平等】
(an) inequality [イニクワりティ]
不平等な unequal [アニークウォる];
(不公平な) unfair [アンふェア]

ぶひん【部品】 parts [パーツ]
(♦ふつう複数形で用いる)

ふぶき【吹雪】 a snowstorm [スノウストーム]; (大吹雪)a blizzard [ブリザド]

***ぶぶん【部分】** (a) **part**
[パート]
(対義語「全体」the whole)

ダイアログ　質問する・説明する
A:映画のどの**部分**がいちばんよかったですか? What **part** of the movie did you like best?
B:最後の**部分**に感動しました.
The last **part** moved me.

部分的に (少しは) partly, in part
▸彼女の話は**部分的には**真実だった.
Her story was **partly** true.

ふへい【不平】
a complaint [コンプれイント]
不平を言う complain《about [of] ...》
[コンプれイン], grumble《about ...》
[グランブる]

ふべん【不便】 (an) inconvenience
[インコンヴィーニエンス]
(対義語「便利」convenience)
不便な inconvenient
▸この箱は本を運ぶのには**不便**です.
This box is **inconvenient** for carrying books.

ふべんきょう【不勉強な】
(無知な) ignorant [イグノラント]

ふぼ【父母】 one's father and mother, one's parents
父母会 a parents' association

ふほう【不法な】 illegal [イりーグる]
不法投棄(とうき) illegal dumping

ふまじめ【ふまじめな】 not serious

ふまん【不満】 dissatisfaction [ディスサぁティスふぁクシャン], (a) complaint
不満である be* not satisfied《with ...》
[サぁティスふァイド],
be dissatisfied《with ...》
▸わたしは彼の提案に**不満**だった.
I **wasn't satisfied** [**was dissatisfied**] **with** his proposal.

ふみきり【踏切】
a railroad crossing [クロースィング]

ふみだい【踏み台】
a stool [ストゥーる]

ふむ【踏む】 step on [ステップ]
▸だれかが足を踏んだ.
Somebody **stepped on** my foot.

ふめい【不明の】
(はっきりしない) unclear [アンクりア];
(わからない) unknown [アンノウン]

▸原因不明の病気
a disease of **unknown** cause

ふめいよ【不名誉】
(a) disgrace [ディスグレイス]
不名誉な disgraceful

ふめつ【不滅の】
immortal [イモートゥる]

ふもう【不毛の】
(土地が) barren [バぁレン];
(実りのない) fruitless [ふルートれス]

ふもと
the foot [ふット], the base [ベイス]

ふやす【増やす】
increase [インクリース]
▸もっと英語の語いを増やしたい.
I want to **increase** my English vocabulary much more.

⁑ふゆ【冬】 winter [ウィンタ]
➡はる[1]
▸この辺りは冬になると白鳥が渡来(とらい)する(→海を飛んで渡(わた)る). Swans fly across the sea to this area in **winter**.
冬服 winter clothing
冬休み (the) winter vacation

ふゆかい【不愉快な】
unpleasant [アンプれズント]

ふよう【不要の, 不用の】
(不必要な)unnecessary [アンネセセリ];
(役に立たない) useless [ユースれス]
不用品 discarded articles
[ディスカーディッド アーティクるズ]

ブヨ 〘昆虫〙a gnat [ナぁット]

ぶよう【舞踊】 (a) dance [ダぁンス], dancing [ダぁンスィング]
✽**日本舞踊** Japanese dancing

ぶようじん【不用心な】
(注意が足りない) careless [ケアれス];
(安全でない)unsafe [アンセイふ];
(危険な) dangerous [デインヂャラス]

ふようど【腐葉土】
leaf mold [りーふ モウるド]

フライ[1] 〘野球〙a fly (ball) [ふらイ]
フライを打つ hit* a fly (ball), fly*

フライ[2] (料理) a deep-fried food
フライにする (deep-)fry [(ディープ)ふライ] (♦英語の fry は「いためる」の意味もあるので,「油であげる」の意味をはっきりさせるには deep-fry を使う)
▸魚のフライ a **(deep-)fried** fish

フライト a flight [ふらイト] ➡びん[2]

プライド (a) pride [プライド]
プライドの高い proud [プラウド]

フライドチキン fried chicken

フライドポテト 〘米〙French fries [ふライズ], 〘英〙chips

プライバシー privacy [プライヴァスィ]
▸他人のプライバシーを尊重する
respect other people's **privacy**
▸プライバシーの侵害
an invasion of **privacy**

フライパン a frying pan, a fry pan

プライベート【プライベートな】
private [プライヴェット];
(個人的な) personal [パ〜ソヌる]
▸フィルのプライベートなことについては何も知らない.
I don't know anything about Phil's **private** life.
▸あなたにプライベートな質問はしません.
I won't ask you **personal** questions.

フライング a false start
フライングをする make* a false start

ブラインド a blind [ブらインド],
〘米〙a window shade [シェイド]

ブラウザ
〘コンピュータ〙a browser [ブラウザ]

ブラウス a blouse [ブらウス]

プラカード a placard [プらぁカード]

プラグ a plug [プらッグ]

ぶらさがる【ぶら下がる】
hang* [ハぁング]
▸鉄棒にぶら下がる **hang** from a bar

ぶらさげる【ぶら下げる】
(つるす)hang* [ハぁング]
▸ちょうちんをぶら下げる
hang a lantern

ブラシ a brush [ブラッシ]
▸歯ブラシ a tooth**brush**
▸ヘアブラシ a hair**brush**
ブラシをかける brush

ブラジャー a brassiere [ブラズィア],
〘口語〙a bra [ブラー] (♦フランス語から)

ブラジル Brazil [ブラズィる]
ブラジル(人)の
Brazilian [ブラズィりアン]
ブラジル人 a Brazilian

プラス a plus [プらス] (対義語「マイナス」minus); (強み) an advantage [アドヴぁンテッヂ] ➡たす
▸その経験はわたしにとって大きなプラス

となるだろう. The experience will be a great **advantage** for me. / (→多くを得られる) I will be able to gain a lot from the experience.

フラスコ 〚器具〛 a flask [ふらぁスク]

プラスチック
plastic [プらぁスティック]
プラスチックごみ plastic waste

ブラスバンド
a brass band [ブラぁス バぁンド]
ブラスバンド部 a brass band

ぶらつく walk about [ウォーク], stroll [ストゥロウる]

ブラック (黒) black [ブらぁック]
ブラックコーヒー
black coffee (without sugar)
ブラックジョーク a black joke
ブラックバス 〚魚類〛 a black bass [バぁス] (◆北アメリカ原産の淡(たん)水魚)
ブラックホール a black hole
ブラックボックス a black box
ブラックリスト a blacklist

フラッシュ 〚写真〛 (光) flashlight [ふらぁッシらイト]; (装置(そうち)) a flash
▸フラッシュをたく use a **flash**

フラット 〚音楽〛 a flat [ふらぁット] (◆符号(きごう)は♭); (きっかりの) flat

プラットホーム a platform
➡ホーム¹

プラネタリウム
a planetarium [プらぁネテリアム]

ふらふら【ふらふらと】
unsteadily [アンステディり]
ふらふらする (めまいがする)
feel* dizzy [ディズィ];
(よろよろ歩く) stagger [スタぁガ]

ぶらぶら 【ぶらぶらする】 (歩く) walk [ウォーク], stroll [ストゥロウる];
(時間を浪費(ろうひ)する)idle away

フラミンゴ 〚鳥類〛 a flamingo [ふらミンゴウ] (複数 flamingo(e)s)

プラム 〚植物〛 a plum [プらム]

プラモデル
a plastic model [マドゥる]

プラン a plan ➡**けいかく**
▸プランを立てる make a **plan**

プランクトン
〚動物〛 plankton [プらぁンクトン]

ぶらんこ a swing [スウィング]
▸ブランコに乗る get on a **swing**

フランス France [ふラぁンス]
フランス(人)の French
フランス語 French
フランス人 (男) a Frenchman (複数 Frenchmen); (女) a Frenchwoman (複数 Frenchwomen);
(全体をまとめて) the French
フランスパン French bread
フランス料理 French food

ブランド a brand [ブラぁンド]
▸ブランドもののバッグ
a **name-brand** bag
ブランド商品 name-brands

ふり¹ 【不利】 (a) disadvantage [ディサドヴぁンテッヂ]
▸わたしたちは不利な立場にある.
We are at a **disadvantage**.

ふり² 【ふりをする】
pretend [プリテンド]
▸それについて何も知らないふりをした.
I **pretended** to know nothing about that. / I **pretended** (that) I knew nothing about that.

ブリ 〚魚類〛 a yellowtail [イェろウテイる]

フリー 【フリーの】 (自由な) free [ふリー]; (仕事が) freelance [ふリーらぁンス]
フリーキック 〚スポーツ〛 a free kick
フリーサイズ 〚表示〛 One Size Fits All
フリースタイル a freestyle
フリースロー 〚スポーツ〛 a free throw
フリーダイヤル a toll-free number
フリーパス a pass
▸江ノ電１日フリーパス
Enoden One-Day **Pass**

フリーザー a freezer [ふリーザ]

フリース a fleece [ふリース]
(◆素材の意味では数えられない名詞)

フリーター a part-timer [パートタイマ]

プリーツスカート a pleated skirt

ブリーフ briefs [ブリーふス]

フリーマーケット a flea market
(◆flea は昆虫(こんちゅう)の「ノミ」の意味)

ふりかえ【振替】
振替休日 a substitute holiday

ふりかえる【振り返る】
look back, turn around

プリクラ (機械) a photo sticker machine; (シール) a photo sticker

ふりこ【振り子】
a pendulum [ペンヂュらム]

フリスビー 〚商標〛 a Frisbee [ふリズビ]

プリズム a prism [プリズム]

✽ふりそで【振り袖】
a *furisode*, a long-sleeved kimono
プリペイドカード
a prepaid card［プリーペイド］
ふりむく【振り向く】
look back, turn around
ふりょう【不良の】 bad*［バぁッド］
▸天候不良で試合は中止された.
The game was called off because of **bad** weather.
▸きょうは体調不良です.
I'm not feeling well today.
不良少年［少女］ a bad boy [girl]；（非行少年［少女］） a juvenile delinquent［ヂューヴェナる ディりンクウェント］
不良品 a defective product
ぶりょく【武力】
military force, arms［アームズ］
プリン (a) custard pudding
［カスタド プディンヶ］
プリンター a printer［プリンタ］
プリント （配布物）a handout
［ハぁンダウト］；（模様）a print［プリント］
プリントする （写真を）print

⁑ふる¹【降る】
❶〘it を主語にして〙（雨が）**rain**［レイン］；（雪が）**snow**［スノウ］
▸6月にはよく雨が降ります.
It **rains** a lot in June.
❷〘落ちてくる〙**fall***［ふォーる］
▸桜(さくら)の花びらが雪のように降っていた.
The cherry blossoms were **falling** like snow.

✽ふる²【振る】
❶〘振り動かす〙
shake*［シェイク］, **swing***［スウィンヶ］, wave［ウェイヴ］, wag［ワぁッグ］
▸びんを振らないでください.
Don't **shake** the bottle.
▸先生は首を横に振った. The teacher **shook** his [her] head.（◆「縦に振った」なら shook の代わりに nodded（nod の過去形）を用いる）
▸バットを振る **swing** a bat.
▸彼女たちはたがいに手を振って別れた.
They **waved** good-by to each other.
▸その犬はしっぽを振っている.
The dog is **wagging** its tail.

shake

swing

wave

wag

❷〘断る〙〘口語〙**dump**［ダンプ］
▸ふられちゃった. I got **dumped**.
-ぶる （ふりをする）pretend ➡ふり²
⁑ふるい【古い】 **old**［オウるド］
（対義語「新しい」new）；（時代遅(おく)れの）old-fashioned
［オウるドふぁッシャンド］
▸古い友人 an **old** friend
▸あなたの考えは古い.
Your ideas are **old-fashioned**.
ふるいたたせる【奮い立たせる】
rouse［ラウズ］, inspire［インスパイア］
ふるいたつ【奮い立つ】
be* roused［ラウズド］
ブルー【ブルー(の)】 blue［ブるー］
ブルージーンズ blue jeans
ブルーベリー 〘植物〙
a blueberry［ブるーベリ］
ブルース 〘音楽〙(the) blues［ブるーズ］
フルーツ (a) fruit［ふルート］
フルーツケーキ (a) fruitcake
フルーツジュース （果汁(かじゅう)）
fruit juice；（飲料）(a) fruit drink
フルート 〘楽器〙a flute［ふるート］
フルート奏者 a flute player, a flutist
［ふるーティスト］
ブルーレイ Blu-ray［ブるーレイ］
✽ふるえる【震える】 shake*
［シェイク］,
tremble［トゥレンブる］；
（特に寒さで）shiver［シヴァ］
▸怒(いか)りで唇(くちびる)が震えた. My lips **trembled** [**shook**] with anger.
▸寒くてがたがた震えた.
I **shivered** with cold.
ブルガリア Bulgaria［バるゲアリア］
ふるぎ【古着】 used clothing,

secondhand clothing

ふるさと one's home [ホウム], one's hometown ➡**こきょう**

フルスピード【フルスピードで】 at full speed

フルセット a full set

ブルドーザー a bulldozer [ブるドウザ]

ブルドッグ a bulldog [ブるドーグ]

ぶるぶる (震(ふる)える) shake* [シェイク]; (特に寒さで) shiver [シヴァ]

ふ

ブルペン 〖野球〗 a bull pen

ふるほん【古本】 a secondhand book [セカンドハぁンド ブック], a used book [ユーズド ブック]

古本屋 a secondhand bookstore, a used bookstore

ふるまう【振る舞う】 behave [ビヘイヴ]

▸彩花は14歳(さい)なのに, おとなのようにふるまう. Ayaka is only fourteen, but she **behaves** like an adult.

ぶれい【無礼な】 rude [ルード], impolite [インポらイト]

フレー hurray [フレイ], hurrah [フラー], hooray [フレイ]

▸**フレー, フレー,** 大輝! **Hip, hip, hurray**, Daiki!

プレー a play [プれイ]

▸ファインプレー a fine **play**

プレーする play

▸**プレー**ボール! **Play** ball!

プレーオフ a playoff [プれイオーふ]

ブレーカー a breaker [ブレイカ]

ブレーキ a brake [ブレイク]

ブレーキをかける brake, put* on the brake

ブレーク【ブレークする】 (有名になる) hit* [make*] the big time

フレーズ a phrase [ふレイズ]

プレート (板) a plate [プれイト]

フレーム a frame [ふレイム]

プレーヤー (選手・演奏者) a player [プれイア]; (レコードプレーヤー) a (record) player

▸DVD プレーヤー a DVD **player**

ブレザー a blazer [ブれイザ]

ブレスレット a bracelet [ブレイスれット]

プレゼント a present [プレズント], gift [ギふト] ➡**おくりもの**

プレゼントする give* ... (as a present)

▸母の誕生日にブローチを**プレゼントした**. I **gave** my mother a brooch on her birthday.

ダイアログ **説明する・お礼を言う**

A: この絵はきみへのプレゼントだよ. This picture is (a **present**) for you.

B: ほんとう? すてきなプレゼントをありがとう. Really? Thank you very much for the wonderful **present**.

プレッシャー (圧迫(あっぱく)) pressure [プレシャ]

プレッシャーをかける put* pressure on ...

フレッシュ【フレッシュな】 fresh [ふレッシ]

▸フレッシュなフルーツ **fresh** fruit

プレッツェル a pretzel [プレッツる]

プレハブ a prefabricated house [プリーふぁブリケイティッド ハウス], a prefab [プリーふぁブ]

ふれる【触れる】 touch [タッチ]

ブレンド a blend [ブれンド]

ブレンドする blend

ブレンドコーヒー blended coffee

ふろ【風呂】 a **bath** [バぁす] (◆「入浴」の意味; ただし, 欧米(おうべい)では湯舟につかるよりシャワーを浴びるほうが多い)

ふろに入る take* a bath, bathe [ベイず]

▸わたしは毎日**ふろに入ります**. I **take a bath** every day.

ふろおけ a bathtub [バぁすタブ]

ふろ場 a bathroom ➡**よくしつ**(図)

ふろ屋 a public bath

プロ (選手)a professional [プロふェショヌる], 〖口語〗 a pro [プロウ] (複数 pros)

プロの professional

▸プロ野球 **professional** baseball

▸プロテニス選手

a **professional** tennis player

フロア a floor [ふろーア]

ブローチ a brooch [ブロウチ]

フローリング wood flooring

ふろく【付録】(おまけ) an extra [エクストゥラ];(巻末付録) an appendix [アペンディクス];(追加記事・別冊) a supplement [サプるメント]

ブログ blog [ブらーグ]

ブロガー a blogger [ブらーガ]

プログラマー
a programmer [プロウグラぁマ]

プログラミング
programming [プロウグラぁミング]

▸学校でプログラミングを習っています. I'm learning **programming** at school.

プログラム a program [プロウグラぁム]

▸プログラムを作る (→催(もよお)し物の) arrange a **program** / (→コンピュータの) make a computer **program**

✲**ふろしき【風呂敷】** a *furoshiki*

ブロック (建築用の) a concrete block [カンクリート ブラック];(おもちゃ) a block;(バレーボールなどの) blocking [ブラキング]

ブロッコリー
〖植物〗broccoli [ブラカり]

プロテクター a protector [プロテクタ]

プロテスタント (教徒) a Protestant [プラテスタント];(教義) Protestantism [プラテスタンティズム]

プロデューサー
a producer [プロデューサ]

プロバイダー (インターネットの)
a provider [プロヴァイダ],
an internet service provider

プロパンガス
propane (gas) [プロウペイン (ギぁス)]

プロフィール
a profile [プロウふァイる](♦発音注意)

プロペラ a propeller [プロぺら]

プロポーズ a proposal [プロポウズる]

プロポーズする propose [プロポウズ]

フロリダはんとう【フロリダ半島】 the Florida Peninsula [ふろーリダ ペニンスら]

プロレス(リング)
pro(fessional) wrestling [レスリング]

プロレスラー a pro wrestler

フロンガス (a) chlorofluorocarbon [クろーロふるーロカーブン](♦CFC と略す)

ブロンズ bronze [ブランズ]

フロント (ホテルなどの)
the front desk, the reception desk

ブロンド
(金髪(きんぱつ)の人) a blond(e) [ブランド]

ブロンドの blond(e)

ふわふわ【ふわふわした】
(けば立った) fluffy [ふらふィ]

⁑**ふん**[1] **【分】** a **minute** [ミニット]
➡-じ[1] ルール

▸15 分 fifteen **minutes** / a quarter (of an hour)(♦quarter は「(1 時間の)4 分の 1」という意味)

▸30 分 thirty **minutes** / (→半時間) half an hour

▸あの時計は 5 分遅(おく)れて[進んで]いる. That clock is five **minutes** slow [fast].

▸悠太は 2, 3 分で戻(もど)ります. Yuta will be back in a few **minutes**.

▸北緯(ほくい)28 度 17 分
28 degrees 17 **minutes** north latitude(♦28° 17′ N. Lat. と略す)

ふん[2]
(鳥・動物の) droppings [ドゥラピングズ]

⁎**ぶん**[1] **【文】** a **sentence** [センテンス]

▸英語の文をつくる
compose a **sentence** in English

ぶん[2] **【分】**

❶〖分け前〗a share [シェア]

▸これはあなたの分です. 取っておいて. This is your **share**. Take it.

❷〖分数〗➡かず

▸2 分の 1(→半分) a half

▸5 分の 3 three-fifths(♦分子を先に, 分母を後に言う;分母は序数;分子が 2 以上のとき, 分母に -s をつける)

ふんいき【雰囲気】
(an) atmosphere [あトゥモスふィア]

ふんか【噴火】
(an) eruption [イラプシャン]

噴火する erupt

▸火山が噴火した. The volcano has **erupted**.

噴火口 a crater [クレイタ]

⁎**ぶんか【文化】** (a) **culture** [カるチャ]

▸日本文化 (the) Japanese **culture**

文化の, 文化的な cultural

▸異文化間コミュニケーション cross-**cultural** communication
文化勲章(くんしょう) the Cultural Medal
文化祭 (学校の) a school festival
文化の日 Culture Day
文化部 a cultural (activity) club
ぶんかい【分解】 disassembly [ディサセンブり];(成分などへの) decomposition [ディーカンポズィシャン]
分解する take* ... apart
▸時計を分解する **take** a watch **apart**
ぶんがく【文学】
literature [りテラチャ]
▸英文学 English **literature**
文学の, 文学的な literary
文学作品 a literary work; (全体をまとめて) literature
文学史 a history of literature
文学者 a literary man
ぶんかざい【文化財】
a cultural asset
ぶんかつ【分割】
(a) division [ディヴィジャン]
分割する divide [ディヴァイド]
ふんき【奮起する】 stir oneself [スタ～], rouse oneself [ラウズ]
奮起させる stir, rouse
ぶんげい【文芸】
(文学) literature [りテラチャ]
ぶんこ【文庫】 a library [らイブレリ]
▸学級文庫 a class **library**
文庫本 a pocket edition
ぶんこう【分校】 a branch school
ぶんごう【文豪】 a great writer
ぶんし【分子】
(数学) a numerator [ニューメレイタ]
(**対義語**「分母」a denominator);
(化学) a molecule [マりキューる]
ふんしつ【紛失】 (a) loss [ろース]
紛失する lose* [るーズ]
紛失物 a missing item, a lost item
ぶんしゅう【文集】 a collection of compositions [カンポズィシャンズ]
ぶんしょ【文書】
a document [ダキュメント]
ぶんしょう【文章】
(文) a sentence [センテンス];
(書いたもの) writing [ライティング] ➡**ぶん**[1]
ふんすい【噴水】
a fountain [ふァウンテン]
ぶんすう【分数】
a fraction [ふラぁクシャン] ➡**かず**
ぶんせき【分析】 (an) analysis [アナぁりスィス] (**複数** analyses)
分析する analyze [あナらイズ]
ふんそう[1]**【紛争】**
(a) dispute [ディスピュート];
(主に国家間の) (a) conflict [カンふりクト]
ふんそう[2]**【扮装】**
makeup [メイカップ]
扮装する make* up
ぶんたい【文体】 (a) style [スタイる]
ぶんたん【分担】 a share [シェア]
分担する share
ブンチョウ 〘鳥類〙 a Java sparrow
ぶんちん【文鎮】 a paperweight
ぶんつう【文通】
correspondence [コーレスパンデンス]
文通する exchange letters 《with ...》, correspond 《with ...》
ふんとう【奮闘】
a struggle [ストゥラグる]
奮闘する struggle
ぶんぱい【分配】
distribution [ディストゥリビューシャン]
分配する distribute [ディストゥリビュート]
ぶんぷ【分布】
(a) distribution [ディストゥリビューシャン]
分布する be* distributed [ディストゥリビューティッド]
ぶんぶん【ぶんぶん音を立てる】
(ハチ・機械などが) buzz [バズ], hum [ハム]
ふんべつ【分別】 discretion [ディスクレシャン], prudence [プルーデンス]; (良識) sense [センス]
分別のある discreet [ディスクリート], prudent; sensible [センスィブる]
ぶんべつ【分別する】 sort [ソート]
▸ごみを分別する **sort** garbage
ぶんぼ【分母】 a denominator [ディナミネイタ] (**対義語**「分子」a numerator)
ぶんぽう【文法】 grammar [グラぁマ]
▸英文法 English **grammar**
文法(上)の grammatical
・ぶん(ぼう)ぐ【文(房)具】
stationery [ステイショネリ] ➡**がくようひん, 巻頭カラー 英語発信辞典⑤**
文(房)具店
a stationer's, a stationery store
ふんまつ【粉末】 powder [パウダ]

ぶんめい【文明】
(a) civilization［スィヴィりゼイシャン］
文明国 a civilized country
文明社会 a civilized society

ぶんや【分野】 a field［ふィーるド］

✽ぶんらく【文楽】
bunraku, a *bunraku* puppet show
日本紹介 文楽は，日本の伝統的な人形芝居(しばい)です．1体の人形を動かすのに3人の人が必要です．この人たちは人形といっしょに舞台(ぶたい)に上がりますが，彼らは黒い服を着て，頭や顔を覆(おお)う黒いずきんをかぶります．
Bunraku is classical Japanese puppet theater. It takes three people to move one puppet. These people go on the stage with the puppets, but they wear black clothes and black hoods to cover their heads and faces.

ぶんり【分離】
separation［セパレイシャン］
分離する separate［セパレイト］

ぶんりょう【分量】
a quantity［クワンティティ］➡りょう[1]
▸水の分量を確かめなさい．
Check the **quantity** of water.

ぶんるい【分類】 (a) classification［クらぁスィふィケイシャン］
分類する classify［クらぁスィふァイ］

ぶんれつ【分裂する】
split* (up)［スプリット］

Q「真紀は英語がぺらぺらだ」は英語でどう言う？
➡「ぺらぺら」を見てみよう！

✽ —へ

❶『動作の方向』to ...; for ...; toward ...
❷『動作の対象』to ..., for ...
❸『場所・位置』in ..., into ...; on ...

❶『動作の方向』(到着(とうちゃく)点・方向) **to ...**; (行き先・方面) **for ...**; (方向) **toward ...**［トード］
▸図書館へ行こう．
Let's go **to** the library.
▸隼人は8時に新潟へ向かいました．
Hayato left **for** Niigata at eight.

ダイアログ　質問する・説明する
A: その車は**どっちへ**行ったの？
Which way did the car go?
B: 海の方へ行ったよ．
It went **toward** the ocean.

くらべよう **to, for, toward**
to は到着点・目的地を表し，その場所に行くことを意味します．**for** は「…方面へ」という意味で，必ずしもその場所に行くことは意味しません．旅行の行き先や列車の行き先・方面を言うときによく用います．(例)I went *to* Kobe.（わたしは神戸へ行った→神戸に着いた）/ I started out *for* Kobe.（わたしは神戸へ向けて出発した→神戸に着いたとはかぎらない）．**toward** は方向を強調する言い方です．

❷『動作の対象』**to ..., for ...**
▸ベスへ　To Beth（♦置き手紙や贈(おく)り物の上書きの文句）
▸これはあなたへのプレゼントです．
This is a present **for** you.

❸『場所・位置』(中へ) **in ..., into ...**［イントゥー］; (上へ) **on ...**
▸この写真はわたしの机の引き出しへ入れておこう． I'll put this picture **in** my desk drawer.
▸寒いですね．部屋へ入りましょう．
It's cold. Let's go **into** the room.
▸このバッグをそっと床(ゆか)へ置いてね．
Put this bag down **on** the floor carefully.

ヘア hair［ヘア］
ヘアスタイル a hair style, a hairstyle
ヘアスプレー a hair spray
ヘアドライヤー a (hair) drier
➡ドライヤー
ヘアバンド a hair band
ヘアピン a hairpin
ヘアブラシ a hairbrush
ヘアメイク hair styling
ヘアワックス hair wax

ペア a pair［ペア］
ペアを組む pair up《with ...》
へい【塀】（石やれんがの）a wall［ウォーる］；（さく）a fence［ふェンス］
へいかい【閉会】
closing［クろウズィング］
閉会する close［クろウズ］
閉会式 a closing ceremony
へいき¹【兵器】 a weapon［ウェプン］
▸核(かく)兵器 nuclear **weapons**
へいき²【平気である】（気にかけない）do* not care［ケア］, do not mind；（落ち着いている）keep* calm

•**へいきん【平均】**
an [the] **average**［あヴェレッヂ］
▸わたしの体重はクラスの平均より重い. My weight is above the class **average**.（♦「平均より軽い」なら above の代わりに below を用いる）
▸わたしは平均して１日２時間，家で勉強する. On (the) **average** I study at home two hours a day.
平均の，平均的な average
平均する average
平均寿命(じゅみょう) the average life span
平均台〚スポーツ〛a balance beam
平均点 the average score
▸わたしたちのクラスの英語の平均点は80点だった. Our class' **average** English **score** was 80.
平均年齢(ねんれい) the average age
へいこう【平行な】
parallel［パぁラれる］
▸直線Ａと直線Ｂは平行です. Line A is **parallel** to [with] line B.
平行四辺形
a parallelogram［パぁラれろグラぁム］
平行線 parallel lines
平行棒〚スポーツ〛parallel bars
へいさ【閉鎖する】 close［クろウズ］
べいさく【米作】
米作地帯 a rice-producing district
米作農家 a rice farmer
へいし【兵士】 a soldier［ソウるヂャ］

•**へいじつ【平日】** a weekday［ウィークデイ］
▸あの店は平日は午後８時まで開いている. That store is open until eight p.m. on **weekdays**.
へいじょう【平常の】
（いつもの）usual［ユージュアる］；（正常な）normal［ノームる］
へいせい【平成】 Heisei
▸平成25年に in the twenty-fifth year of **Heisei** / in **Heisei** 25
へいたい【兵隊】
a soldier［ソウるヂャ］
へいてん【閉店する】 close［クろウズ］
（対義語「開店する」open）（♦店を閉鎖(へいさ)したり開業したりする場合にも close と open を使う）
▸あの店は午後７時に閉店する. That store **closes** at seven p.m.
閉店〚掲示〛Closed（♦この closed は過去分詞）
閉店時間 the closing time
へいねつ【平熱】
one's normal temperature
へいほう【平方】
a square［スクウェア］
▸この土地は250平方メートルです. This land is two hundred and fifty **square** meters.
平方根 a square root
へいぼん【平凡な】 ordinary［オーディネリ］, common［カモン］
へいめん【平面】 a plane［プれイン］
へいや【平野】 a plain［プれイン］
▸関東平野 the Kanto **Plain**

•**へいわ【平和】** **peace**［ピース］
▸世界の平和を守ろう. Let's maintain world **peace**.
平和(的)な peaceful
平和に peacefully
▸人々は平和に暮らしていた. People lived **peacefully** [in **peace**].
平和運動 a peace movement
へえ（驚(おどろ)いて）Oh!［オウ］；（ほんとうですか）Really?［リーアりー］
ベーコン bacon［ベイクン］
ベーコンエッグ bacon and eggs

•**ページ** a **page**［ペイヂ］（♦p. と略す；複数形の pages は pp. と略す）
▸教科書の35ページを開いた. I opened my textbook to [〚英〛at] **page** 35.
▸15ページのグラフを見てごらん. Look at the graph on **page** 15.
▸ページをめくる turn the **page**

ベーシック basic［ベイスィック］;
〘コンピュータ〙BASIC［ベイスィック］
（♦*B*eginner's *A*ll-purpose *S*ymbolic *I*nstruction *C*ode の頭(かしら)文字をとったもので, 初心者用のプログラム言語）

ベージュ beige［ベイジ］
ベージュの beige

ベース[1] 〘野球〙a base［ベイス］
▸三塁(るい)ベース third **base**

ベース[2] 〘音楽〙（最低音部）bass［ベイス］;（バス歌手）a bass;（ベースギター）a bass (guitar)

ベース[3] （基礎(きそ)）
a basis［ベイスィス］（複数 bases）

ペース a pace［ペイス］

ペースト paste［ペイスト］
ペーストする paste

ペーパー paper［ペイパ］
ペーパータオル a paper towel
ペーパーテスト a written test

ベール a veil［ヴェイる］

-(する)べき （義務としてするのが当然だ）should［シュッド］,
《ought to［オートトゥ］＋動詞の原形》;
（…しなければならない）must*［マスト］,
《have* to［ハぁふタ］＋動詞の原形》
▸きみはもっと一生懸命(けんめい)練習すべきだ.
You **should** practice harder.
▸あなたはここにいるべきだ.
You **must** [**have to**] stay here.
…すべきでない should not,
《ought not to ＋動詞の原形》;
（…してはならない）must* not
▸このことは彼に話すべきではない.
We **shouldn't** [**mustn't**] tell him about this.

へきが【壁画】 a wall painting

ペキン【北京】 Beijing［ベイヂング］,
Peking［ピーキング］（♦中国の首都; 現在は Peking よりも Beijing がふつう）

ヘクタール
a hectare［ヘクテア］（♦ha と略す）

ペケ （×の印）an x;（びり）the last
➡ばつ[2], びり

へこたれる （あきらめる）give* up;
（元気をなくす）lose* heart

ぺこぺこ （空腹だ）be* (very) hungry
［ハングリ］, be starving［スターヴィング］

へこむ【凹む】
dent［デント］, be* dented

ベジタリアン
a vegetarian［ヴェヂテリアン］

ベスト[1] （最善のもの）one's best
［ベスト］, the best
▸ベストを尽(つ)くせ！ Do **your best**!
ベストセラー a bestseller
ベストテン the top ten

ベスト[2] （服）a vest［ヴェスト］

へそ a navel［ネイヴる］,
〘口語〙a belly button
▸**へそを曲げる** **get cross**

:へた【下手な】 poor［プア］,
bad*［バあッド］
（対義語「じょうずな」good）
（♦poor より bad のほうがもっと「へた」であることを表す）
▸わたしは字がへたです.
My handwriting is **poor** [**bad**].
▸母は水泳がへただ. My mother is **poor** at swimming. / My mother is a **poor** swimmer.

べたべた【べたべたした】
sticky［スティキ］

ペダル a pedal［ペドゥる］
▸ピアノのペダルを踏(ふ)む
step on the piano **pedal**

ヘチマ
〘植物〙a loofah［るーふァ］, a loofa

ぺちゃぺちゃ
ぺちゃぺちゃなめる lap (up)［らぁップ］
ぺちゃぺちゃしゃべる chatter［チぁタ］

ぺちゃんこ【ぺちゃんこの】
flat［ふらぁット］
ぺちゃんこにする squash (flat)
［スクワッシ（ふらぁット）］

・べつ【別の】 （もう１つの）
another［アナざ］
（♦「ほかの１つ」を指す）;
（ほかの）**other**［アざ］➡ほか
▸別の遊びをしよう.
Let's play **another** game.
（♦another の後は単数形の名詞）
▸別の絵を何枚か見せて.
Show me some **other** paintings.
別の物, 別の人 **another**; **other**
（♦複数形の others で用いることが多い; ２つのうちの「もう一方」のときは the other）
▸計画を立てることと実行に移すこととは別(→別の事)だ. Making a plan is one thing; putting it into practice is **another**.

別に （特に）particularly［パティキュらり］
➡とくに；
（分けて）separately［セパレットり］
▸今は**別に**する事が**ない**. I have **nothing particular** to do now.（♦particular で「特別な」の意味）
▸生(なま)肉は**別にして**（→ほかのものと分けて）**おいて**ね. Please **separate** the raw meat from other things.
…とは別に
（…に加えて）in addition to ...
▸表示価格**とは別に**税金を払(はら)わなければならない. You must pay tax **in addition to** the price shown.
…は別として except ...［イクセプト］
▸美幸**は別として**, そのほかは全員出席しています. Everyone **except** Miyuki is present.

べっきょ【別居する】
separate［セパレイト］, be* separated

べっそう【別荘】
（小さい）a cottage［カテッヂ］；
（大きい）a villa［ヴィら］

:ベッド a **bed**［ベッド］
▸ベッドを整える make one's **bed**
▸シングルベッド a single **bed**
▸２段ベッド bunk **beds**
ベッドカバー a bedspread
ベッドタウン a bedroom town
ベッドルーム a bedroom

ペット a pet［ペット］
▸わたしは**ペット**にカメを飼っています. I have a turtle as a **pet**.
ペットショップ a pet shop
ペットフード pet food

ペットボトル a plastic bottle［プらぁスティック バトゥる］, a PET bottle［ペット］

ヘッドホン headphones［ヘッドふォウンズ］（♦数えるときは a pair of headphones のように言う）

ヘッドライト a headlight［ヘッドらイト］, a headlamp［ヘッドらぁンプ］

べつべつ【別々の】
（分かれた）separate［セパレット］；
（ちがった）different［ディふァレント］
▸運動部は**別々の**部室を持っています. The sports clubs have **separate** club rooms.
▸彼らは**別々の**学校に通っている. They go to **different** schools.
別々に separately
▸**別々に**支払(しはら)います. We will pay **separately**.
別々にする separate［セパレイト］, keep* ... separate

へつらう flatter［ふらぁタ］

ヘディング
〖スポーツ〗a header［ヘダ］
ヘディングする head

ベテラン
（熟練者）an expert［エクスパ～ト］
ベテランの expert, experienced［イクスピアリエンスト］
ベテラン選手 an experienced player

ベトナム Vietnam［ヴィーエトナーム］

へとへと【へとへとだ】 be* tired out, be exhausted［イグゾースティッド］

べとべと【べとべとの】
sticky［スティキ］

ペナルティー a penalty［ペナるティ］
ペナルティーエリア
〖スポーツ〗a penalty area
ペナルティーキック
〖スポーツ〗a penalty kick

ペナント （旗）a pennant［ペナント］

べに【紅】（色）crimson［クリムズン］；
（口紅）(a) lipstick［リップスティック］

ベニヤいた【ベニヤ板】
plywood［プらイウッド］

ペパーミント
〖植物〗peppermint［ペパミント］

へび【蛇】〖動物〗a snake［スネイク］

ベビー a baby［ベイビ］
ベビーカー 〖米〗a stroller, 〖英〗a pushchair
ベビーシッター a babysitter
ベビーフード baby food
ベビーベッド 〖米〗a crib, 〖英〗a cot
ベビー用品 baby goods

へま a blunder［ブらンダ］
へまをする make* a blunder

:へや【部屋】 a **room**［ルーム］
➡ 巻頭カラー 英語発信辞典⑫
▸空き部屋 a vacant **room**
▸自分の**部屋**を清潔(せいけつ)にしておくべきだ. I should keep my **room** clean.
▸自分の**部屋**がほしい. I want my own **room**.

へらす【減らす】 reduce［リデュース］,

cut* down《on ...》

ぺらぺら
（流ちょうに）fluently［ふるーエントり］
▸真紀は英語がぺらぺらだ.
Maki speaks English **fluently**.

ベランダ a balcony［バぁるコニ］;
（1階から張り出した部分）
a veranda(h)［ヴェラぁンダ］,
〖米〗a porch［ポーチ］

へり an edge［エッヂ］

ペリカン 〖鳥類〗a pelican［ぺりカン］

へりくつ【へ理屈】
a quibble［クウィブる］
へ理屈をこねる quibble

ヘリコプター
a helicopter［へりカプタ］

へる【減る】（数量が）decrease［ディクリース］
（対義語「増える」increase）;（体重が）lose*［るーズ］（対義語「増える」gain）
▸この村の人口はだんだん減っている.
The population of this village is gradually **decreasing**.
▸彼女はこの2か月で**体重が**5キロ減った. She has **lost** five kilograms in the last two months.

ベル a bell［べる］;
（玄関（げんかん）の）a doorbell［ドーアべる］
▸始業のベルが鳴っている.
The school **bell** is ringing.
▸非常ベルを鳴らしてください.
Ring the emergency **bell**.

ペルー Peru［ペルー］

ベルギー Belgium［べるヂャム］

ペルシャねこ【ペルシャ猫】
〖動物〗a Persian cat［パ〜ジャン］

ベルト a belt［べるト］
▸ベルトをきつくする［ゆるめる］
tighten [loosen] one's **belt**
ベルトコンベヤー a conveyor (belt)

ヘルパー a helper［へるパ］;（ホームヘルパー）〖米〗an (in-)home helper,〖英〗a home help

ヘルメット
a helmet［へるメット］, a hard hat

ベルリン Berlin［バ〜りン］

ベレーぼう【ベレー帽】
a beret［ベレイ］（♦フランス語から）

へん¹【変な】 strange［ストゥレインヂ］,
odd［アッド］, funny［ふァニ］
▸変なにおい a **strange** smell
▸わたしには変な癖（くせ）がある.
I have a **strange** habit.
▸彼女が事実を知っているなんて変だ.
It's **strange** that she knows the fact.

へん²【辺】
❶〖辺り〗around［アラウンド］;
〖近く〗near［ニア］ ➡**あたり²**
❷〖図形の〗a side［サイド］

べん【便】
❶〖便利であること〗
convenience［コンヴィーニャンス］
便がいい convenient ➡**べんり**
❷〖大便〗stool(s)［ストゥーる(ズ)］
（♦遠回しな言い方）

-べん【…弁】（方言）a dialect［ダイアれクト］;（なまり）an accent［あクセント］

ペン a **pen**［ペン］（♦万年筆やボールペンなどもふくむ）
▸太いペン a broad-tipped **pen**
▸細いペン a fine-tipped **pen**
▸ペンで書いてください.
Please write it with a [in] **pen**.
▸このペンは書きやすい.
This **pen** writes well.
ペン習字 penmanship
ペンネーム a pen name
ペンパル, ペンフレンド
〖主に米〗a pen pal［ペン パぁる］,
〖主に英〗a pen-friend［ペンふレンド］

参考 ペンのいろいろ
サインペン a felt-tip(ped) pen / シャープペンシル a mechanical pencil / ボールペン a ball-point pen / 万年筆 a fountain pen

へんか【変化】 (a) **change**［チェインヂ］;
（多様性）variety［ヴァライエティ］,
(a) variation［ヴェリエイシャン］

▸天候の変化
a **change** in the weather
▸変化に富んだ景色
a landscape full of **variations**
変化する **change** ➡**かわる**[1]
変化球 〖野球〗(カーブ) a curve;
(シュート) a screwball [スクルーボーる]

べんかい【弁解】
an excuse [イクスキュース] ➡**いいわけ**
弁解する make* an excuse《for ...》,
excuse oneself《for ...》[イクスキューズ]
(♦名詞と動詞の発音のちがいに注意)

へんかん【返還】 return [リターン]
返還する return

ペンキ paint [ペイント]
ペンキを塗(ぬ)る paint
▸ペンキ塗りたて
〖掲示〗Wet [Fresh] **Paint**
ペンキ屋 (人) a (house) painter

⁚べんきょう【勉強】
study [スタディ], **work** [ワ〜ク]
▸いちばん上の兄は, ときどきわたしの勉強をみてくれます.
My oldest brother sometimes helps me with my **studies**.
勉強する **study**, **work**
▸武はよく勉強する.
Takeshi **studies** [**works**] hard.
勉強家 a hard worker
勉強時間 one's study hours
勉強机 a (study) desk
勉強道具 school supplies
勉強部屋 a study;
(子供の自室) one's (bed)room

結びつくことば
勉強を始める begin to study
勉強を続ける continue to study
勉強を教える teach (... how to study)
勉強をすませる finish studying

ペンギン
〖鳥類〗a penguin [ペングウィン]

へんけん【偏見】 (a) prejudice
[プレヂュディス], (a) bias [バイアス]
(♦prejudice は悪い意味で用いるが, bias はよい意味でも悪い意味でも用いる)
▸…に偏見をもっている
have a **prejudice** against ...

べんご【弁護】 (a) defense
[ディふェンス], 〖英〗(a) defence
弁護する defend [ディふェンド],
stand* up for ..., speak* for ...
弁護士 a lawyer [ろーヤ],
〖米〗an attorney [アタ〜ニ]

へんこう【変更】
a change [チェインヂ] ➡**かえる**[2]
変更する change

へんさい【返済】
(a) repayment [リペイメント]
返済する pay* back
▸借金を返済する
pay back one's debt

へんさち【偏差値】
a standard(ized) score
▸彼女は英語の偏差値が高い.
She has a high **standard(ized) score** in English.

⁚へんじ【返事】 an **answer** [あンサ]
▸舞から手紙の返事が来た. I've got an **answer** to my letter from Mai.
▸きょうはデービッドに返事を書こう.
I'll write back to David today.
(♦write back で「返事を書く」の意味)
返事をする **answer**, **reply** [リプらイ]
▸わたしが話しかけたのに, 真紀は返事をしてくれなかった.
Though I spoke to Maki, she didn't **answer me** [**reply**].

へんしゅう【編集する】
edit [エディット]
編集者 an editor
編集長 a chief editor,
an editor-in-chief
編集部員 (全体) an editorial staff; (個人) a member of an editorial staff

べんしょう【弁償】 compensation
《for ...》[カンペンセイシャン]
弁償する pay*《for ...》[ペイ]

へんしょく【偏食】
an unbalanced diet

ペンション a resort inn [リゾート イン]

へんしん【変身する】 transform
oneself《into ...》[トゥラぁンスふォーム],
change oneself《into ...》

へんじん【変人】 an odd person

へんそう【変装】
(a) disguise [ディスガイズ]
変装する disguise oneself

ペンダント a pendant [ペンダント]

ベンチ a bench [ベンチ]

ペンチ combination pliers

［プらイアズ］（◆複数形で用いる）

ベンチャー a venture［ヴェンチャ］
ベンチャー企業 a venture company
ベンチャービジネス
(a) venture business

・べんとう【弁当】
a **(packed) lunch**［(パぁックト) らンチ］
▸弁当を持って行くのを忘れないでね.
Don't forget to take your **lunch**.
弁当箱 a lunch box

へんとうせん【扁桃腺】
tonsils［タンスるズ］
扁桃腺炎(えん)
tonsillitis［タンスィらイティス］

へんな【変な】 strange ➡へん[1]

へんぴ【辺ぴな】
（人里離(はな)れた）remote［リモウト］

べんぴ【便秘】
constipation［カンスティペイシャン］
便秘する be* constipated
［カンスティペイティッド］

へんぴん【返品】 returned goods
返品する return

・べんり【便利な】（便がいい）
convenient［コンヴィーニャント］
（対義語「不便な」inconvenient）;
（使いやすい）handy［ハぁンディ］
▸このアパートは買い物に便利です.
This apartment house is **convenient** to the stores.
▸あなたの絵の具箱は便利そうですね.
Your paint box looks **handy**.

べんろん【弁論】 a speech［スピーチ］
弁論大会 a speech contest

ほ ホ

Q「駅のホーム」は station home?
➡「ホーム[1]」を見てみよう!

ほ[1]【帆】 a sail［セイる］

ほ[2]【穂】 an ear［イア］
▸イネの穂 an **ear** of rice

-ほ【…歩】 a step［ステップ］
▸1歩1歩 **step** by **step**

-ぽい
▸最近わたしは**忘れっぽい**.
I **forget things easily** [have become forgetful] these days.
▸彼女はその服を着ると**子供っぽく**見える.
She looks **like a child** in that dress. ➡こども

ほいく【保育】 child care
保育園 a day-care center［デイケア センタ］, a nursery school［ナ〜サリ スクーる］
保育士（保育園の）a nursery school teacher;（幼稚(ようち)園の）a kindergarten teacher

ボイコット【ボイコット】
a boycott［ボイカット］
ボイコットする boycott

ホイッスル a whistle［(ホ)ウィスる］

ホイップ【ホイップする】
whip［(ホ)ウィップ］
ホイップクリーム whipped cream

ボイラー a boiler［ボイら］

ホイル foil［ふォイる］
▸アルミホイル aluminum **foil**

ぼいん【母音】 a vowel［ヴァウエる］

ポイント（得点）a point［ポイント］;
（要点）the point ➡ようてん
ポイントカード a rewards card

・ほう[1]【方】
❶『方向』a **way**［ウェイ］,
a **direction**［ディレクシャン］

ダイアログ　質問する・説明する
*A:*博物館はどちらの方?
Which **way** is the museum?
*B:*こっちの方だよ. This **way**.

…の方へ, …の方に
toward ...［トード］, to ...
▸彼らは駅の方へ歩いて行った.
They walked **toward** the station.

❷『比較(ひかく)』《比較級+ than ...》;

〚むしろ〛rather［ラぁざ］
▸わたしのほうが父より背が高い.
I'm **taller than** my father.
▸リンゴよりオレンジのほうが好きだ. I like oranges **better than** apples.
▸武は勇気があるほうだと思う.
I think Takeshi is **rather** brave.
…したほうがよい should［シュッド］
▸すぐ家に電話したほうがいいよ. You **should** call home right away.
(♦You had better ... とすると上の人から下の人へ忠告するひびきになる)

ほう²【法】(法律) (a) law ➡**ほうりつ**; (方法) a way ➡**ほうほう**

ぼう【棒】(棒切れ) a stick［スティック］; (さお・柱) a pole
棒グラフ a bar graph

ぼういんぼうしょく【暴飲暴食】
eating and drinking too much

ぼうえい【防衛】
defense［ディふェンス］
防衛する defend ➡**まもる**
防衛省 the Ministry of Defense

ぼうえき【貿易】 trade［トゥレイド］
貿易する trade《with ...》
貿易会社 a trading company

ぼうえんきょう【望遠鏡】
a telescope［テれスコウプ］

ほうおう【法王】
(ローマ法王) the Pope［ポウプ］

ぼうおん【防音の】
soundproof［サウンドプルーふ］

ほうか【放火】 arson［アースン］
放火する set* fire to ...

ぼうか【防火】 fire prevention
防火の fireproof［ふァイアプルーふ］
防火訓練 a fire drill

ほうかい【崩壊する】
fall* down, collapse［コらぁプス］

ぼうがい【妨害】 (a) disturbance［ディスタ〜バンス］➡**じゃま**
妨害する disturb［ディスタ〜ブ］

ほうがく【方角】 a way［ウェイ］, a direction［ディレクシャン］
➡**ほう¹, ほうこう**
▸そちらは方角ちがいです.
That is the wrong **direction**.

•ほうかご【放課後に】
after school
▸放課後にサッカーをやろう.
Let's play soccer **after school**.

ぼうかん【傍観する】 look on

ほうがんし【方眼紙】
graph paper

ほうがんなげ【砲丸投げ】
〚スポーツ〛the shot put［シャット プット］

ほうき¹ a broom［ブルーム］
▸ほうきで教室を掃(は)く sweep the classroom with a **broom**

ほうき²【放棄】
abandonment［アバぁンダンメント］
放棄する give* up, abandon

ぼうぎょ【防御】 defense［ディふェンス］(対義語「攻撃(こうげき)」(an) attack, offense)
防御する defend ➡**まもる**

ほうけん【封建的な】
feudal［ふュードゥる］
封建時代 the feudal age

ほうげん【方言】
a dialect［ダイアれクト］

ぼうけん【冒険】
(an) adventure［アドヴェンチャ］
冒険する run* a risk, venture
冒険家 an adventurer

ほうこう【方向】 a way［ウェイ］, a direction［ディレクシャン］
➡**ほう¹, ほうがく**
▸わたしたちは帰る方向が同じだ. We go home in the same **direction**.
▸わたしは**方向音痴**(おんち)**だ**(→方向感覚がない).
I have no sense of direction.

ぼうこう【暴行】
(an act of) violence［ヴァイオれンス］
暴行を加える do* violence《to ...》

•ほうこく【報告】 a report［リポート］
報告する report, make* a report
▸先生に試合の結果を報告しなくてはならない. We have to **report** the results of the game to our teacher.
報告者 a reporter
報告書 a report

ぼうさい【防災】
disaster prevention［プリヴェンシャン］
防災訓練 a disaster drill

ほうさく【豊作】
a good crop［クラップ］
▸ことしは米が豊作でした. We had a **good** rice **crop** this year. (♦この

good は「十分な」の意味)

ぼうさん【坊さん】 a Buddhist priest
➡ぼうず

ほうし【奉仕】 (a) service［サ〜ヴィス］
▸社会奉仕 public **service**
奉仕する serve［サ〜ヴ］
▸教会に奉仕する **serve** the church
奉仕活動 voluntary service

ほうじ【法事】 a (Buddhist) memorial service (for the dead)

ぼうし¹【帽子】（縁(ふち)のある）a **hat**［ハぁット］;（縁のない）a **cap**［キぁップ］
▸帽子をかぶる put on a **hat** [**cap**]
▸帽子を脱(ぬ)ぐ take off a **hat** [**cap**]
▸帽子をかぶった男の子
a boy with a **hat** [**cap**]

●帽子のいろいろ

① 野球帽 baseball cap ② 麦わら帽 straw hat ③ フェルト帽 felt hat ④ ベレー帽 beret［ベレイ］ ⑤ シルクハット top hat ⑥ ニット帽 knit cap

ぼうし²【防止】 prevention［プリヴェンシャン］
▸転落防止柵(さく)
a fall **prevention** fence
防止する prevent

ほうしゃ【放射】 radiation［レイディエイシャン］
放射性廃棄物(はいきぶつ) radioactive waste［レイディオウあクティヴ ウェイスト］
放射線 radiation
放射能 radioactivity［レイディオウあクティヴィティ］

ほうしゅう【報酬】（給料）〖口語〗 pay［ペイ］, (a) salary［サぁらリ］;（報(むく)い）(a) reward［リウォード］

ほうしん¹【方針】（主義）a principle［プリンスィプる］;（方策）a policy［パりスィ］;（方向）a course［コース］
▸その学校の教育方針 the school's **principles** of education

ほうしん²【放心】
放心状態の absent-minded［あブセント マインディッド］, dazed［デイズド］

ぼうず【坊主】（仏教の僧(そう)）a Buddhist priest［ブディスト プリースト］
ぼうず頭（そった頭）a shaved head;（短い髪(かみ)）a close-cropped head

ぼうすい【防水の】 waterproof［ワタプルーふ］
防水時計 a waterproof watch

ほうせき【宝石】 a jewel［ヂューエる］, a gem［ヂェム］;（宝石類）jewelry［ヂューエるリ］
▸**宝石をちりばめた**ブレスレット
a **jeweled** bracelet
宝石商（人）a jeweler;（店）a jeweler's shop, a jewelry shop
宝石箱 a jewel box

ぼうせん【傍線】 a sideline［サイドらイン］

ほうそう¹【放送】（放送すること）broadcasting［ブロードキぁスティング］;（1回の放送・番組）a broadcast
▸FM 放送 FM **broadcasting**
▸衛星放送 satellite **broadcasting**
▸2か国語放送
bilingual **broadcasting**
▸わたしはときどき FM 放送を聴(き)く.
I sometimes listen to FM **broadcasts**.
▸生放送 a live［らイヴ］**broadcast**
放送する broadcast*;（テレビで）telecast*［テれキぁスト］, televise［テれヴァイズ］
放送局 a (broadcasting) station
放送室 a studio［ステューディオウ］
放送中〖掲示〗On Air
放送番組 a radio program, a TV program
放送部 a broadcasting club

ほうそう²【包装】 wrapping［ラぁピング］
包装する wrap* ➡つつむ
包装紙 wrapping paper

ぼうそうぞく【暴走族】（オートバイの）a motorcycle gang;（改造車の）a gang of hot-rodders

ほうそく【法則】 a law［ろー］

ほうたい【包帯】
a bandage [バぁンデッヂ]
包帯を巻く bandage

-ほうだい【…放題】
▸このレストランではピザが**食べ放題**だ(→好きなだけ食べることができる).
You **can eat as much** pizza **as you like** at this restaurant.

ぼうたかとび【棒高跳び】
〚スポーツ〛the pole vault [ヴォーるト]

ほうちょう【包丁】
a kitchen knife [キチン ナイふ]

ぼうちょう【膨張】 expansion [イクスパぁンシャン], swelling [スウェりンッグ]
膨張する expand, swell* ➡**ふくれる**

ほうっておく【放っておく】
leave* ... alone [りーヴ アろウン],
let* ... alone

ぼうっと (はっきりしないで) vaguely [ヴェイグり]; (疲(つか)れなどで) stupidly [ステューピッドり]
▸何をぼうっと見てるの? What are you looking at so **stupidly**?

ぽうっと
▸彼は恥(は)ずかしくて顔が**ぽうっと赤くなった**. He **blushed** with shame.

ほうてい【法廷】
a (law) court [コート]

ほうていしき【方程式】
an equation [イクウェイジャン]
▸方程式を解く solve an **equation**

ほうどう【報道】 a report [リポート]
報道する report
▸その事故はテレビで報道された. That accident was **reported** on TV.
報道機関 the news media
報道陣(じん) reporters, the press

ぼうどう【暴動】 a riot [ライオット]
暴動を起こす riot, cause a riot

ほうにん【放任する】
leave* ... alone, let* ... alone
放任主義 permissive parenting [パミスィヴ ペアレンティンッグ]

ぼうねんかい【忘年会】
an end-of-the-year party

ぼうはてい【防波堤】
a breakwater [ブレイクワタ]

ぼうはん【防犯】 crime prevention [クライム プリヴェンシャン]
防犯ベル
a burglar alarm [バ〜グら アらーム]

ほうび a reward [リウォード],
a present [プレズント];
(賞品) a prize [プライズ]

ほうふ[1]【豊富な】 rich [リッチ],
abundant [アバンダント]
▸カナダは鉱物資源が豊富だ.
Canada is **rich** in minerals.
豊富に richly, abundantly,
in abundance

ほうふ[2]【抱負】 (野望) an ambition [あンビシャン]; (計画) a plan [プらぁン]
▸クラスメートに今年の抱負を語った.
I told my classmates about my **ambitions** [**plans**] for this year.

ぼうふう【暴風】 a storm [ストーム]
暴風雨 a rainstorm
暴風(雨)警報 a storm warning

ぼうふうりん【防風林】
a windbreak [ウィンドブレイク]

◆ほうほう【方法】
(やり方) a **way** [ウェイ], a means [ミーンズ], a method [メそッド];
(…する方法)《how to ＋動詞の原形》

ダイアログ　**説明する**
*A:*わたしの英語が上達する**方法**を教えてよ. Tell me **how to** improve my English.
*B:*いちばんいい**方法**は英語で映画を見ることだと思う. I think the best **way** is to watch movies in English.

ほうぼう【方々】
everywhere [エヴリ(ホ)ウェア]

ほうむる【葬る】 bury [ベリ]

ぼうめい【亡命する】 be* granted political asylum [アサイらム]

ほうめん【方面】 (方向) a direction [ディレクシャン]; (地域) an area [エリア];
(分野) a field [ふィーるド]
▸尾瀬**方面**では雪が降るでしょう.
It will snow in the Oze **area**.
▸どの**方面**の研究をしているのですか?
What **field** are you studying?

◆ほうもん【訪問】
a **visit** [ヴィズィット],
a **call** [コーる]
訪問する **visit**; (人を) call on ...;
(家を) call at ... ➡**たずねる[2]**
▸この前の日曜はおじの家を訪問した.
I **visited** [**called on**] my uncle

last Sunday. / I **called at** my uncle's (house) last Sunday.
▸家庭訪問 a home **visit**
訪問客 a visitor, a guest

ぼうや【坊や】（男の子）a boy［ボイ］；（子供）a child［チャイるド］（複数 children）；（息子(むすこ)）a son［サン］

ほうようりょく【包容力のある】（寛大(かんだい)な）broad-minded［ブロードマインディッド］, tolerant［タらラント］

ほうりだす【ほうり出す】（投げ出す）throw* out；（やめる）give* up

***ほうりつ【法律】** a **law**［ろー］；（法律全体）the law
▸法律を守る obey **the law**
▸法律を破る break **the law**
法律違反の［な］ illegal
▸脅迫(きょうはく)電話は法律違反(いはん)です. A threatening phone call is against **the law** **[illegal]**.

ほうりなげる【放り投げる】
throw* ➡なげる

ほうりゅう【放流する】
（魚などを）stock［スタック］

ぼうりょく【暴力】
violence［ヴァイオれンス］
▸暴力をふるう use **violence**
▸家庭内暴力 domestic **violence**（♦DVとは略さない）
▸校内暴力 school **violence**
暴力行為(こうい) an act of violence
暴力団 a gang［ギぁング］
暴力団員 a gangster［ギぁングスタ］

ボウリング
〖スポーツ〗bowling［ボウりング］
ボウリングをする bowl［ボウる］
ボウリング場 a bowling alley［ありィ］

ほうる throw* ➡なげる

ボウル（入れ物）a bowl［ボウる］

ぼうれい【亡霊】 a ghost［ゴウスト］

ホウレンソウ
〖植物〗spinach［スピニッチ］

ほうろう【放浪する】
wander［ワンダ］

ほえる（犬が）bark［バーク］；（トラ・ライオンなどが）roar［ローア］

***ほお** a cheek［チーク］
▸エミはわたしのほおにキスした. Emi kissed me on the **cheek**.
▸涙(なみだ)が仁美のほおを流れた. Tears ran down Hitomi's **cheeks**.

ボーイ（レストランの）a waiter［ウェイタ］；（ホテルなどの）a bellboy［べるボイ］

ボーイスカウト
（組織）the Boy Scouts［ボイ スカウツ］；（団員）a boy scout

ボーイッシュ【ボーイッシュな】
boyish［ボイイッシ］

ボーイフレンド a boyfriend［ボイふレンド］（対義語「ガールフレンド」a girlfriend）（♦boyfriendは恋人を表し，単なる友達を表す場合はfriendを用いる）

ポーカー poker［ポウカ］

ボーカル
（歌手）a vocalist［ヴォウカりスト］

ホース a hose［ホウズ］（♦発音注意）

ポーズ（姿勢）a pose［ポウズ］
ポーズをとる pose

ポータブル portable［ポータブる］
▸ポータブルテレビ［ラジオ］ a **portable** TV [radio]

ポーチ（小物入れ）a pouch［パウチ］（♦発音注意）

ボート a rowboat［ロウボウト］, a boat（♦boatはエンジンのついたかなり大きな船も指すので注意）
▸ボートをこぐ row a **boat**
ボートレース a boat race

ボード a board［ボード］

ボーナス a bonus［ボウナス］

ほおばる【ほお張る】
▸食べ物をほおばったまま（→口の中をいっぱいにして）話さないで. Don't speak **with your mouth full**.

ホープ a hope［ホウプ］
▸希はうちのチームのホープだ. Nozomi is the **hope** of our team.

ホーム¹
（駅の）a platform［プらぁットふォーム］

ダイアログ　**質問する**
A: 長野行きの電車は何番ホームから出ますか？ What **platform** does the train for Nagano leave from?
B: 5番です. Number five.

ホーム²〖野球〗home plate［ホウム プれイト］；（家庭）(a) home
ホームグラウンド〖野球〗a (team's) home field, a home ground
ホームゲーム a home game

ホームチーム the home team
ホームドラマ a family drama

ホームイン【ホームインする】
〖野球〗get* home,
cross the home plate

ホームシック【ホームシックの】
homesick［ホウムスィック］
▸わたしはホームシックにかかった.
I got **homesick**.

ホームステイ
a homestay［ホウムステイ］
ホームステイをする
stay with a host family

ホームプレート home plate

ホームページ〖コンピュータ〗
a website, a web site;
(トップページ) a homepage

ホームヘルパー〖米〗an in-home aide［インホウム エイド］,〖英〗a home help

ホームラン〖野球〗a home run, a homer［ホウマ］➡**まんるい**
▸ホームランを打つ
hit a **home run** [**homer**]
ホームラン王 the home-run king

ホームルーム（時間）a homeroom (hour)［ホウムルーム（アウア）］;（活動）homeroom activities［あクティヴィティズ］

ホームレス（家のない人）a homeless person;（全体をまとめて）
the homeless, homeless people

ポーランド Poland［ポウらンド］
ポーランド(人)の Polish［ポウりッシ］
ポーランド語 Polish
ポーランド人 a Pole［ポウる］

ホール（会館）a hall［ホーる］

◆**ボール**[1]（球）a **ball**［ボーる］;〖野球〗（投球の）a ball
（対義語「ストライク」a strike）
▸サッカーボール a soccer **ball**
▸ボールを投げる[打つ]
throw [hit] a **ball**
▸ゴール目がけてボールをける
kick the **ball** at the goal
▸カウントはノーストライク, ツーボールです.
The count goes to two and zero.

ボール[2]（入れ物）a bowl［ボウる］

ボール[3]
ボール紙 cardboard［カードボード］

ホールディング
〖スポーツ〗holding［ホウるディング］

ボールペン a ball-point pen

:ほか【他, 外】（場所）somewhere else［エるス］;（もの・人）**another**［アナざ］（◆1つ・1人を表す）;**other**［アざ］（◆それ以外の物・人を表し, 複数形で用いることが多い）➡**べつ**
ほかの another; other; else
▸この店はフランスパンが売り切れだ. ほかへ行こう. French bread is (all) sold out at this store. Let's go **somewhere else** [to **another** store].（◆somewhere は疑問文・否定文のときには anywhere になる）
▸このシャツはわたしには大き過ぎます. ほかのを見せてください. This shirt is too big for me. Show me **another** (one), please.（◆これは「ほかの1つ」の意味;「ほかのいくつか」なら Show me **some other ones** [**others**], please.）
▸そのことは何も知らないんだ. だれかほかの人にきいて.
I know nothing about that. Ask someone **else**, please.（◆else は some-, any-, no- のつく語や what, who などの疑問詞の後に用いる）
▸ほかに何がほしいですか?
What **else** do you want?
…のほか（…を除いて）**but …**［バット］, **except …**［イクセプト］;（…に加えて）**besides …**［ビサイヅ］
▸わたしのほかはだれもそのことは知らなかった. Nobody **but** [**except**] me knew about it.

くらべよう the other, the others, others, another

1 2つあるもののうちで, 1つを one としたら, ほかの1つは **the other** といいます.
2 3つあるもののうちで, 1つを one としたら, ほかの2つは **the others** といいます.
3 全体の数がわからないときに, 1つを one としたら, ほかの複数のものは **others** といいます.
4 **1**, **2**, **3** の場合とは違い, 目の前にないものを外から付け加えるときに **another** を使います. (例) Another

water, please.（水のお代わりをください）/ Another person is coming.（もう１人あとから来ます）

日本語では同じ「ほかの人」でも，２人のうちの残りの１人なら the other person，３人のうちの残りの２人なら the other persons，不特定数の人たちなら other persons，そして目の前にいない１人［人たち］なら another person [people] になります

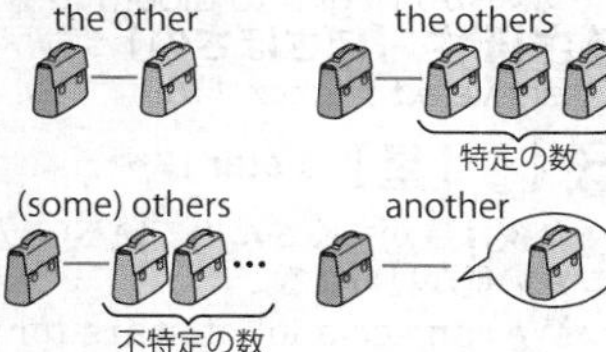

ぽかぽか【ぽかぽかした】
（暖かくて気持ちいい）nice and warm

ほがらか【朗らかな】
（陽気な）cheerful［チアふる］，merry［メリ］；（快活な）lively［らイヴり］

ほかん【保管する】
keep* ➡あずかる，ほぞん

ぼき【簿記】
bookkeeping［ブックキーピング］

ボキャブラリー (a) vocabulary
➡ごい

ほきゅう【補給】 supply［サプらイ］
補給する supply;
（燃料を）refuel［リーふューエる］

ぼきん【募金】 fund raising
募金する raise funds
募金活動 a fund-raising campaign
募金箱 a donation [collection] box

ぼく【僕】 I ➡わたし

ほくい【北緯】 the north latitude
（対義語「南緯」the south latitude）
▸北緯 48 度
latitude 48° **N**（♦latitude forty-eight degrees north と読む）

ほくおう【北欧】（ヨーロッパ北部）Northern Europe;（スカンジナビア）Scandinavia［スキぁンディネイヴィア］
北欧の Northern European; Scandinavian

ボクサー a boxer［バクサ］

ぼくし【牧師】 a minister［ミニスタ］，a clergyman［クら～ヂマン］
（複数 clergymen）

ぼくじょう【牧場】 a stock farm［ふァーム］；（大規模な）a ranch［ラぁンチ］；（牧草地）(a) pasture［パぁスチャ］，(a) meadow［メドウ］
牧場主 a rancher

ボクシング boxing［バクスィング］
ボクシングをする box
ボクシングジム a boxing gym

ほぐす（もつれを）disentangle［ディスエンタぁングる］；（緊張(きんちょう)を）relax［リらぁックス］，ease［イーズ］

ほくせい【北西】 the northwest［ノーすウェスト］（♦N.W. と略す）
北西の northwest, northwestern

ぼくそう【牧草】 grass［グラぁス］
牧草地 (a) meadow［メドウ］，(a) pasture［パぁスチャ］

ぼくちく【牧畜】
stock farming［ふァーミング］，cattle breeding［ブリーディング］

ほくとう【北東】 the northeast［ノーすイースト］（♦N.E. と略す）
北東の northeast, northeastern

ほくとしちせい【北斗七星】
the Big Dipper［ディパ］

ほくぶ【北部】 the north［ノーす］，the northern part［ノーざン パート］

ほくべい【北米】 North America
北米の North American

ほくりく【北陸(地方)】
the Hokuriku district

ほくろ a mole［モウる］

ぼけ（老化による）senility［スィニりティ］
➡じさ

ほげい【捕鯨】
whaling［(ホ)ウェイりング］
捕鯨船 a whaler［(ホ)ウェイら］

ほけつ【補欠】
a substitute (player)［サブスティテュート］，a reserve

ポケット a pocket［パケット］

ぼける（ピントが）be* out of focus［ふォウカス］；（老齢(ろうれい)で）become* senile［スィーナイる］

ほけん[1]【保健】 health［へるす］
保健委員 a health committee
保健室 the nurse's office
保健所 a health center
保健体育

health and physical education
保健師 a public health nurse; (学校の) a school nurse

ほけん²【保険】
insurance［インシュアランス］
保険をかける insure［インシュア］
保険金 insurance (money)

ほご【保護】 protection［プロテクシャン］
▸環境(かんきょう)保護
environmental **protection**
保護する protect［プロテクト］
保護者 (親) a parent; (親以外の) a guardian［ガーディアン］
保護者会 a PTA meeting
保護色 protective coloring

ぼご【母語】 one's mother tongue［タング］, one's native [first] language

ほこう【歩行】 walking［ウォーキング］
歩行者 a walker［ウォーカ］, a pedestrian［ペデストゥリアン］
歩行者専用
〖掲示〗For Pedestrians Only
歩行者天国 a pedestrian-only street

▶歩行者用信号の押(お)しボタン

ぼこう【母校】 one's (old) school, one's alma mater［あるマ マータ］

ぼこく【母国】
one's home country, one's native country［ネイティヴ］
母国語 one's native language, one's mother tongue［タング］

***ほこり¹【誇り】* pride**［プライド］
➡じそんしん
▸彼女の誇りを傷つけるつもりはなかった.
I didn't mean to hurt her **pride**.
誇りに思う be* proud of ... ➡ほこる
▸わたしは母を誇りに思っている.
I'**m proud of** my mother. (♦I'm proud of you. はほめことばとして用いられる)
誇り高い proud

ほこり² dust［ダスト］
ほこりっぽい dusty

***ほこる【誇る】* be* proud of ...**［プラウド］
▸人に誇れるものが何かありますか?
Is there [Do you have] anything you **are proud of**?

ほころび (衣服の裂(さ)け目) a tear［テア］, a rip［リップ］

ほころびる (縫(ぬ)い目が) come* apart［アパート］; (布地が) be* torn［トーン］; (つぼみが) begin* to bloom［ブるーム］

ぼさぼさ【ぼさぼさの】
disheveled［ディシェヴるド］

****ほし【星】** **a star**［スター］
▸今夜は星がたくさん出ている(→たくさんの星が見られる).
We can see a lot of **stars** tonight.
星占(うらな)い a horoscope［ホーロスコウプ］
▸真紀がわたしの星占いをしてくれた.
Maki read my **horoscope**.
星印 (*印) an asterisk［あステリスク］
星空 a starry sky, a starlit sky

ぼし【母子】
母子家庭 a fatherless family

****ほしい【欲しい】**
want［ワント］, **would like**
(♦後者のほうがていねいな表現)

ダイアログ 質問する・説明する
A: 何がほしい? What do you **want**?
B:『ニューホライズン和英辞典』がほしい.
I **want** *the New Horizon Japanese-English Dictionary*.

▸もう1杯(ぱい)お茶がほしいのですが.
I'd like another cup of tea.
(♦I'd は I would の短縮形)
…してほしい
《**want** +人+ **to** +動詞の原形》
《**would like** +人+ **to** +動詞の原形》

ダイアログ 質問する・説明する
A: お母さんはぼくに優勝してほしいと思っているんでしょう?
Mom, you **want** me **to** win the championship, don't you?
B: そうねぇ, ベストを尽(つ)くしてほしいだけよ. Well, I just **want** you **to** do your best.

▸もう一度説明してほしいのですが.
I'd like you to explain it again.

ほしがる【欲しがる】 want ➡ほしい

ほしくさ【干し草】 hay［ヘイ］

ポジション a position［ポズィシャン］

ほしブドウ【干しブドウ】
a raisin［レイズン］

ほしゅ[1]【保守的な】
conservative［コンサ〜ヴァティヴ］
保守主義
conservatism［コンサ〜ヴァティズム］
保守主義者 a conservative

ほしゅ[2]【捕手】
〚野球〛a catcher［キぁチャ］

ほしゅう[1]【補習】
a supplementary lesson［サプるメンタリ］
▸英語の補習授業を受ける
take a **supplementary lesson** in English

ほしゅう[2]【補修】 repair［リペア］
補修する repair

ほじゅう【補充】
a supplement［サプるメント］
補充する fill (up)［ふィる］

ぼしゅう【募集する】
（会員などを）recruit［リクルート］;
（寄付などを）collect［コれクト］
▸わたしたちのクラブでは今, 新人を募集しています. Our club is now **recruiting** new members.

ほじょ【補助】 help［へるプ］
補助する help
補助席 （バスなどの）a jump seat

ほしょう[1]【保証, 保障】
guarantee［ギぁランティー］;
（安全の確保）security［セキュリティ］
▸このパソコンはまだ保証期間中だ.
This computer is still under **guarantee**.
保証する guarantee［ギぁランティー］
保証金 security money, guaranty money, a deposit
保証書 a warranty［ウォーランティ］
保証人 a guarantor［ギぁラントーア］

ほしょう[2]【補償】
compensation［カンペンセイシャン］
補償する compensate［カンペンセイト］

ほす【干す】
dry［ドゥライ］;（風・熱で）air［エア］
▸洗濯(せんたく)物を干す
hang out the wash

ボス a boss［ボース］, a head［ヘッド］

ポスター a poster［ポウスタ］
ポスターカラー (a) poster paint

ポスト 〚米〛a mailbox［メイるバックス］, 〚英〛a postbox［ポウストバックス］
▸手紙をポストに入れる
〚米〛**mail** a letter /〚英〛**post** a letter（◆mail, post ともに「…を投函(とうかん)する」の意味）

アメリカのポスト　イギリスのポスト

ホストファミリー a host family

ボストン Boston［ボーストゥン］

ホスピス a hospice［ハスピス］

ぼせい【母性】
motherhood［マざフッド］
母性本能 one's maternal instincts［マタ〜ヌる インスティンクツ］

⁑ほそい【細い】（太さが）**thin**［すィン］
（対義語「太い」thick）;（体つきが）
slender［スれンダ］, slim［スリム］;
（幅(はば)が狭(せま)い）**narrow**［ナぁロウ］
▸細いひも a **thin** string
▸細い脚(あし)
slender [**slim**] legs（◆体つきに関して thin を用いると,「やせ過ぎ」といった否定的な意味にとられやすいので注意）
▸細い道 a **narrow** road

ほそう【舗装】
(a) pavement［ペイヴメント］
舗装する pave
舗装道路 a paved road, a pavement

ほそく【補足する】 supplement［サプるメント］, add［あッド］

ほそながい【細長い】（長い）long［ろーンヶ］;（ほっそりした）slender［スれンダ］;（幅(はば)の狭(せま)い）narrow［ナぁロウ］

ほぞん【保存】 preservation［プレザヴェイシャン］;（データの）〚コンピュータ〛saving［セイヴィンヶ］
保存する keep*［キープ］, preserve［プリザ〜ヴ］;〚コンピュータ〛save
▸この食べ物は長期間の保存がきかない

(→保存されることができない).
This food can't be **kept** [**preserved**] for a long time.
保存食 preserved food
保存料
a preservative [プリザ～ヴァティヴ]

ポタージュ
potage [ポウタージ] (♦フランス語から)

ホタテガイ
〘貝類〙a scallop [スカろップ]

ホタル 〘昆虫〙a firefly [ふァイアふらイ]

ボタン[1] a button [バトゥン]
▸コートのボタンがとれてしまいました. A **button** has come off my coat.
▸コンピュータを起動させるにはこのボタンを押(お)してください. Push this **button** to start the computer.

ボタン[2] 〘植物〙
a (Japanese tree) peony [ピーアニ]

ぼち【墓地】 a graveyard [グレイヴヤード], a cemetery [セメテリ]

ほちょう【歩調】
(a) pace [ペイス], (a) step [ステップ]

ほちょうき【補聴器】
a hearing aid

ほっきょく【北極】 the Arctic [アークティック] (対義語「南極」the Antarctic)
北極海 the Arctic Ocean
ホッキョクグマ a polar bear
北極星 the Polestar, the North Star
北極点 the (geographical) North Pole [ノーす ポウる]

ホック a hook [フック]

ボックス (箱) a box [バックス]
ボックス席 a box seat, a booth

ホッケー 〘スポーツ〙(field) hockey [ハキ] (♦hockey だけだとアメリカでは「アイスホッケー」を指すことが多い)

ほっさ【発作】 a fit [ふィット];
(激しい) an attack [アタぁック]
▸心臓発作 a heart **attack**

ぼっしゅう【没収する】
confiscate [カンふィスケイト],
take* ... away

ほっそり【ほっそりした】
slender, slim ➡ほそい

ホッチキス a stapler [ステイプら]
(♦Hotchkiss は商標名)
ホッチキスでとめる staple

ほっと【ほっとする】
(安心する) feel* relieved [リリーヴド];
(くつろぐ) feel relaxed [リらぁックスト]

ポット (魔法(まほう)びん) a thermos [さ～マス]; (つぼなど) a pot [パット]

ぼっとう【没頭する】
be* absorbed in ... [アブソーブド],
devote oneself to ... [ディヴォウト]

ほっとく ➡ほうっておく

ホットケーキ
a pancake [パぁンケイク], a hot cake

ホットドッグ a hot dog

ポップコーン
popcorn [パップコーン]

ポップス 〘音楽〙pop (music)
[パップ (ミューズィック)]

ほっぽう【北方】 the north ➡きた

ほつれる become* frayed [ふレイド]

ボディー a body [バディ]
ボディーガード
a bodyguard [バディガード]
ボディーシャンプー
(a) body shampoo
ボディーチェック a body search, a security check
ボディービル bodybuilding
ボディーボード (スポーツ)
body boarding; (板) a body board
ボディーランゲージ body language

ポテト potato [ポテイトウ]
ポテトサラダ potato salad
ポテトチップス 〘米〙(potato) chips, 〘英〙(potato) crisps
ポテトフライ French fries, 〘英〙chips

ホテル a hotel [ホウテる];
(小さな) an inn [イン]
▸わたしは河畔(かはん)のホテルに泊(と)まった. I stayed at a riverside **hotel**.
▸ホテルを予約する
reserve a room at a **hotel**
ホテルマン a hotel clerk

ほてる【火照る】
(興奮などで赤くなる) flush [ふらッシ];
(熱くなる) burn* [バ～ン]

-ほど

❶〚およそ〛about, some
❷〚…ほど～ではない〛not as ～ as ...
❸〚それほどの〛such
❹〚…すればするほど〛《the ＋比較級》

❶〚およそ〛
about［アバウト］, **some**［サム］
▸30分ほどで宿題が終わります.
I'll finish my homework in **about** half an hour.
▸このセーターは3,000円ほどした.
This sweater cost **some** three thousand yen.

❷〚…ほど～ではない〛**not as ～ as ...**
▸事故は思ったほどひどくなかった.
The accident was **not as** serious **as** I (had) thought.
▸木村君**ほど**一生懸命(けんめい)勉強する生徒は**いない**. **No other** student studies as hard as [harder than] Kimura.

❸〚それほどの〛**such**［サッチ］
▸これほど優(やさ)しい人たちに会ったことはありません.
I've never seen **such** kind people.

❹〚…すればするほど〛《the ＋比較級》
▸勉強すればするほど賢(かしこ)くなる.
The more you study, **the wiser** you'll be.

ほどう¹【歩道】
〚米〛a sidewalk［サイドウォーク］,
〚英〛a pavement［ペイヴメント］
歩道橋 a pedestrian overpass［ペデストゥリアン オウヴァパァス］, a pedestrian bridge

ほどう²【補導する】
catch* and admonish［アドマニッシ］

ほどく（結び目などを）undo*［アンドゥー］, untie［アンタイ］
▸結び目をほどく
undo [untie] a knot

ほとけ【仏】（仏陀(ぶつだ)）Buddha［ブダ］
ことわざ 知らぬが仏(→無知は幸せだ).
Ignorance is bliss.

ほどける come* undone［アンダン］, come untied［アンタイド］

ホトトギス
〚鳥類〛a little cuckoo［クックー］

ほどほど【程々】
▸ゲームはほどほどにして(→あまり長時間はしないで), 宿題をしなさい.
Don't play the game for too long. Do your homework.

ほとり【ほとりに】（接して）on ...;（そばに）by ...［バイ］
▸湖のほとりの家
a house **on** the lake

ボトル a bottle［バトゥる］➡びん¹

ほとんど

almost［オーるモウスト］, **nearly**［ニアり］
▸宿題はほとんど終わった. I've **almost** finished my homework.
▸そのびんはほとんど空(から)です.
That bottle is **nearly** empty.

ほとんどの most［モウスト］, **almost all**, **almost every**
▸ほとんどの生徒が平井先生の授業を楽しんでいる.
Most (of the) students enjoy Ms. Hirai's class. / **Almost all** the students enjoy Ms. Hirai's class.

ほとんど…ない（量・程度が）**little**［りトゥる］;（数が）**few**［ふュー］; hardly［ハードり］, scarcely［スケアスり］
▸びんにはほとんど水がない.
There is **little** water in the bottle.
▸ゆうべはほとんど寝(ね)なかった.
I slept **little** last night.（◆このlittleは副詞）
▸その部屋には人がほとんどいなかった.
There were **few** people in the room.
▸きみの言うことはほとんど理解できない. I can **hardly** understand you.

ポニー〚動物〛a pony［ポウニ］
ポニーテール a ponytail［ポウニテイる］

ほにゅう【ほ乳】
ほ乳動物 a mammal［マぁムる］
ほ乳瓶(びん) a baby bottle
ほ乳類 (the) mammals

ぼにゅう【母乳】 mother's milk

ほね【骨】

❶〚人間・動物の〛a **bone**［ボウン］;
〚傘(かさ)の〛a rib［リブ］
▸魚の骨 a fish **bone**
▸転んで左腕(うで)の骨を折った.
I broke my left arm when I fell down.（◆「骨を折る」と言うときはふつうboneを用いない）

❷〖苦労〗pains [ペインズ];
(努力) (an) effort [エふォト]
▸骨を折る
take pains / make effort(s)

ほねおり【骨折り】 pains; (an) effort
➡ほね
ことわざ 骨折り損のくたびれもうけ.
Great pains but all in vain.

ほのお【炎】 a flame [ふれイム]

ほのぼの【ほのぼのとした】（心温まる）heart-warming [ハートウォーミング]

ほのめかす
suggest [サ(グ)ヂェスト], hint [ヒント]

ポピュラー【ポピュラーな】
popular [パピュら]
ポピュラー音楽
popular music, pop music
ポピュラーソング
a popular song, a pop song

ボブスレー（そり）a bobsled [バブスれッド];（競技）bobsledding

ポプラ〖植物〗a poplar [パプら]

ほほ a cheek ➡**ほお**

ほぼ（ほとんど）almost, nearly;
（だいたい）about ➡**だいたい, ほとんど**

ほほえましい heart-warming [ハートウォーミング], pleasant [プれズント]

ほほえみ a smile [スマイる]
▸ほほえみを浮(う)かべて with a **smile**

•ほほえむ **smile** [スマイる]
▸奈々にほほえみかけられて(→奈々がわたしにほほえんで), 胸がどきどきし出した.
My heart started beating when Nana **smiled** at me.

ポメラニアン
〖動物〗a Pomeranian [パメレイニアン]

•ほめる【褒める】
praise [プレイズ], speak* well of ...
▸先生はわたしの努力をほめてくれた.
The teacher **praised** my efforts. / The teacher **praised** me for my efforts.
▸みんなあなたのことをほめていますよ.
Everybody **speaks well of** you.

ぼや（小さな火事）a small fire

ぼやける be* blurred [ブら〜ド], be fuzzy [ふァズィ]
ぼやけた blurred, fuzzy

ほら[1]【ほらを吹(ふ)く】 talk big

ほら[2]（見てごらん）Look! [るック];（聞いてごらん）Listen! [りスン];（わかっただろう？）See? [スィー];（物を差し出して）Here it is. / Here you are.
▸ほら！ にじが見えるよ.
Look! We can see a rainbow.

ホラーえいが【ホラー映画】
a horror movie [ホーラ]

ほらあな【洞穴】 a cave [ケイヴ]

ほらふき【ほら吹き】 a big talker

ポラロイドカメラ〖商標〗a Polaroid (camera) [ポウらロイド (キぁメラ)]

ボランティア
（人）a volunteer [ヴァらンティア]
ボランティア活動 a volunteer activity
▸ボランティア活動をする
do **volunteer activities**

ほり【堀】 a moat [モウト]

ポリ plastic [プらぁスティック]
ポリバケツ a plastic bucket
ポリ袋(ぶくろ) a plastic bag

ポリシー
（主義）one's policy [パりスィ]

ほりだしもの【掘出物】
a find [ふァインド];
（お買い得品）a bargain [バーゲン]

ほりだす【掘り出す】 dig* [ディッグ]
▸ジャガイモを掘り出す **dig** potatoes

ぼりぼり
ぼりぼり食べる crunch [クランチ]
ぼりぼりかく scratch [スクラぁッチ]

ぽりぽり ➡**ぼりぼり**

ほりゅう【保留する】
suspend [サスペンド]

ボリューム volume [ヴァりューム]
▸ラジオのボリュームを下げて.
Turn down (the **volume** on) the radio.（♦「上げる」なら turn up）

ほりょ【捕虜】
a prisoner (of war), a POW
捕虜収容所 a prison camp

ほる[1]【掘る】 dig* [ディッグ]
▸トンネルを掘る **dig** a tunnel

ほる[2]【彫る】 carve [カーヴ]

ボルダリング
bouldering [ボウるダリング]

ボルト（電気の）a volt [ヴォウるト]
（♦v または V と略す）;
（締(し)め具の）a bolt [ボウるト]

ポルトガル Portugal [ポーチュグる]
ポルトガル(人)の

Portuguese［ポーチュギーズ］
ポルトガル語 Portuguese
ポルトガル人 a Portuguese;
（全体をまとめて）the Portuguese

ホルモン a hormone［ホーモウン］
女性ホルモン a female hormone
男性ホルモン a male hormone

ホルン 〘楽器〙a horn［ホーン］

ボレー 〘スポーツ〙a volley［ヴァり］
ボレーする volley

ぼろ （布）(a) rag［ラぁッグ］;（服）rags
ぼろ切れ (a) rag
ぼろ靴(ぐつ) worn-out shoes
ぼろ家 a shabby house

ぼろい （服など） ragged［ラぁギッド］;（使い古した）worn-out［ウォーンアウト］

ポロシャツ
a polo shirt［ポウろウ シャ～ト］

ほろびる【滅びる】（生物などが）die out;（国などが）fall*［ふォーる］

ほろぼす【滅ぼす】
destroy［ディストゥロイ］

ぼろぼろ【ぼろぼろの】 ragged, worn-out, shabby ➡ぼろい

ホワイトハウス
the White House［(ホ)ワイト ハウス］

ホワイトボード
a whiteboard［(ホ)ワイトボード］

ほん【本】
❶〘書物〙a **book**［ブック］

ダイアログ　説明する・質問する
A: ぼくは本を読むのが好きなんだ.
I like reading **books**.
B: どんな本を読むの？ What kind of **books** do you read?

▸スミス博士はマンモスに関する本を書いた. Dr. Smith wrote a **book** on mammoths.
▸絵本 a picture **book**
▸古本 a secondhand **book**
▸漫画(まんが)本 a comic **book**
▸文庫本
a pocket edition / a paperback
本棚(だな), **本箱** a bookshelf
（複数 bookshelves), a bookcase
本屋 〘主に米〙a bookstore
［ブックストーア］,〘主に英〙a bookshop
［ブックシャップ］

❷〘…本(単位)〙（◆「…本」にあたる英語はなく, 単に数を言えばよい；びんの場合は bottle を用いる）
▸鉛筆(えんぴつ)3本 three pencils
▸ビール5本 five **bottles** of beer

ぼん【盆】 ❶〘物をのせる〙a tray［トゥレイ］ ❷〘仏教の行事〙*Bon*, *Obon*, the *Bon* Festival

日本紹介 お盆は日本人にとってとても大切な時です. お盆は仏教の伝統行事で, ふつう8月15日辺りです. この時期には死んだ先祖の霊(れい)が家に戻(もど)ってくると信じられています. 多くの人が故郷に戻り, 霊を迎(むか)えます.
Obon is a very important time for Japanese people. It is a Buddhist tradition and it usually takes place around August 15th. People believe the spirits of their dead relatives come home at this time. Many people return to their hometowns to welcome the spirits.

盆踊(おど)**り** the *Bon* Festival dance

ほんき【本気の】 serious［スィリアス］
▸本気ですか？ Are you **serious**?
本気で, 本気に seriously, in earnest
▸本気で練習しなさい.
Practice **seriously** [**in earnest**].

ほんごく【本国】
one's own country

ホンコン【香港】
Hong Kong［ハング カング］

ぼんさい【盆栽】
a bonsai（複数 bonsai),
a dwarf tree［ドゥウォーふ トゥリー］

ほんしつ【本質】 essence［エセンス］
本質的な essential
本質的に essentially

ほんじつ【本日】
本日休業 〘掲示〙Closed Today

ほんしゃ【本社】
the main office, the head office

ほんしゅう【本州】

the main island of Japan, Honshu; (島) Honshu Island

ほんしん【本心】 one's true intentions, one's real intentions

ぼんじん【凡人】 an ordinary person, a common person

ほんせき【本籍】
one's (permanent) legal address

ほんせん【本線】
the main line, the trunk line

ほ

ほんだい【本題】 the main subject

ぼんち【盆地】 a basin [ベイスン]
▸奈良盆地 the Nara **Basin**

ほんてん【本店】
the main store, the head store

ほんど【本土】
the mainland [メインらぁンド]

ぽんと
ぽんと鳴る pop [パップ]
ぽんとたたく pat [パぁット]

ボンド (接着剤(ざい)) (a) glue [グるー]

ポンド (イギリスの通貨単位)
a pound [パウンド] (♦£と略す);
(重さの単位) a pound
(♦lb. と略す. 1 ポンドは約 453.6 グラム)

ほんとう【本当】

(真実) (the) **truth** [トゥルーす]
本当の **true**, **real** [リーアる]
▸本当のことを話して.
Tell me **the truth**.
▸これは本当の話です.
This is a **true** story.
▸本当の理由は何なの？
What is the **real** reason?
▸彼が試験に受かったのはほんとうだ.
It's **true** (that) he passed the exam.
▸ほんとうですか？
Really? / Is that **true**?
▸本当は(→本当を言うと)彼のことは好きじゃない. To tell (you) **the truth**, I don't like him.
ほんとうに truly, really
▸ほんとうにすばらしい試合でした.
It was a **truly** wonderful game.

ほんにん【本人】 a real indivisual
▸社長本人が来た. The president himself [herself] came.

ほんね【本音】 one's real intention

ボンネット 〖米〗 a hood [フッド], 〖英〗 a bonnet [バネット]

ほんの just [ヂャスト], only [オウンり]
▸わたしはほんの少ししか食べなかった.
I ate **only** a little.

ほんのう【本能】
instinct [インスティンクト]
本能的な
instinctive [インスティンクティヴ]
本能的に instinctively, by instinct

ほんばん【本番】 the real thing
▸(テレビなどの収録で)本番です.
This is **the real thing**.

ほんぶ【本部】
a center [センタ], the head office

ポンプ a pump [パンプ]

ほんぶり【本降り】
▸雨が**本降りになっ**てきた(→激しく降り始めた).
It began to **rain hard**. (♦雪なら rain の代わりに snow を用いる)

ほんぶん¹【本文】 text [テクスト]

ほんぶん²【本分】
one's duty [デューティ]

ボンベ a cylinder [スィりンダ]
(♦「ボンベ」はドイツ語から)

ぽんぽん 〖小児語〗
(おなか) a tummy [タミ]

ほんみょう【本名】 a real name

ほんもの【本物の】 real [リーアる]
(対義語「にせの」false),
genuine [ヂェニュイン]

ほんもん【本文】 text ➡**ほんぶん¹**

ほんや【本屋】
a bookstore, a bookshop ➡**ほん**

ほんやく【翻訳】
(a) translation [トゥラぁンスれイシャン]
翻訳する translate [トゥラぁンスれイト]
▸英語を日本語に翻訳する
translate English into Japanese
翻訳者 a translator

ぼんやり【ぼんやりした】 (不注意な) careless; (はっきりしていない) vague [ヴェイグ] ➡**ぼうっと**

ほんらい【本来】 (もともと) originally [オリヂナり]; (生まれつき) naturally [ナぁチュラり], in nature
本来の original; natural

ほんるい【本塁】
〖野球〗 home plate ➡**ホーム²**
本塁打 a home run, a homer

ま マ

Q「マンション」は mansion？➡「マンション」を見てみよう！

ま【間】（時間）time［タイム］；（部屋）a room［ルーム］
▸試合が始まるまでまだ間がある.
There is still some **time** before the game begins.

ま–【真…】（ちょうど）right［ライト］, just［ヂャスト］

まあ（驚(おど)ろき）Oh!［オウ］, Well!［ウェる］, Oh, dear!［ディア］
（◆Oh, dear! は女性がよく用いる）
▸まあ, きれい！ **Oh**, beautiful!
▸まあ, それは気の毒に！
Well, that's too bad!
▸まあ！ どうしましょう？
Oh, dear! What shall I do?

まあね Well, yes.

ダイアログ　肯定する
A:彼女にはそのことを話したの？
Did you tell her about that?
B:まあね. **Well, yes.**

マーカー（マジックペン, 蛍光(けいこう)ペン）a marker［マーカ］, a marking pen, a highlighter［ハイらイタ］

マーガリン margarine［マーヂャリン］（◆発音注意）

マーガレット〖植物〗marguerite［マーガリート］（◆発音注意）

マーク ❶〚印・記号〛（印）a mark［マーク］；（記号）a symbol［スィンブる］
マークをつける
mark, put* a mark《by [on] ...》（◆by は「…のそばに」, on は「…の上に」）
▸新しい単語にマークをつけておこう.
I'll **put marks by** the new words.
❷〚監視〛
マークする cover［カヴァ］, watch［ワッチ］
▸6番（の選手）をぴったりマークしろ.
Cover [**Watch**] the player number six closely.

マークシート
(a) computer-scored answer sheet
マークシート（方式）の
computer-scored

マーケット a market［マーケット］

まあたらしい【真新しい】
brand-new［ブラぁンドニュー］

まあまあ ❶〚程度が〛not so bad［バぁッド］,〖口語〗so-so［ソウソウ］
▸きょうのテストはまあまあだった.
Today's test was **not so bad**.

ダイアログ　描写する
A:勉強ははかどってる？
How are your studies?
B:まあまあだよ. **So-so.**（◆O.K., Good. も「まあまあ」「悪くない」くらいの意味で用いられることが多い）

❷〚なだめて〛Now, now.［ナウナウ］
▸まあまあ, そう興奮しないで.
Now, now, don't be so excited.

マーマレード
marmalade［マーマれイド］

***まい–【毎…】** every［エヴリ］, each［イーチ］
▸タイガースは毎回安打をした.
The Tigers got hits in every [each] inning.

–まい【…枚】（◆「紙」などは sheet［シート］や piece［ピース］を,「パン」などは slice［スらイス］を用いる. そのほかは名詞の前に one（または a, an）, two, ... をつけて表し, 2枚以上の場合は名詞を複数形にする）➡かぞえる

▸紙１枚 a **sheet** [**piece**] of paper
▸パン３枚 three **slices** of bread
（♦２枚以上の場合は slice や sheet, piece を複数形にする）
▸タオル２枚 **two** towels

まいあさ【毎朝】
every morning［モーニング］
▸わたしは毎朝, 犬を散歩に連れて行く.
I walk my dog **every morning**.

マイカー （自分の車）one's own car,（家族用の車）a family car

マイク(ロホン) a microphone［マイクロふォウン］,〖口語〗a mike［マイク］

マイクロバス
a microbus［マイクロウバス］

まいご【迷子】
a lost child（複数 lost children）
迷子になる get* lost, lose* one's way

まいしゅう【毎週】
every week［ウィーク］, weekly
▸冬は毎週スキーに行く.
In the winter, I go skiing **every week** [**weekly**].
▸わたしたちは**毎週日曜日に**サッカーの試合がある. We have a soccer game **every Sunday**.

まいそう【埋葬】 burial［ベリアる］
埋葬する bury［ベリ］

まいつき【毎月】
every month［マンす］, monthly

まいとし【毎年】
every year［イア］, yearly

マイナー【マイナーな】
minor［マイナ］
マイナーリーグ a minor league

マイナス minus［マイナス］（対義語「プラス」plus）➡ひく[1]
▸**マイナス**(→０度以下)６度
six degrees **below zero**

:まいにち【毎日】 every day［エヴリ デイ］
▸兄は毎日ひげをそる.
My brother shaves **every day**.
毎日の everyday, daily［デイり］
▸毎日の生活 **everyday** [**daily**] life
（♦形容詞のときは every day と２語にしないことに注意）

まいねん【毎年】 every year

マイノリティー （少数(派)・少数民族）minority［ミノーリティ, マイノーリティ］

まいばん【毎晩】 every evening［イーヴニング］, every night［ナイト］
▸わたしは**毎晩**２時間勉強します.
I study (for) two hours **every evening**.

マイペース one's own pace
▸(走るときなど)わたしはマイペースで行きます. I'll keep **my own pace**.

マイホーム one's own house

マイル a mile［マイる］

まいる【参る】 ❶〖行く〗go*;〖来る〗come*［カム］（♦敬語「参る」を直接表す言い方はなく, 単に動詞だけで表す）
▸すぐに参ります. I'm **coming** right now.（♦相手の所へ行く場合は going ではなく coming になる）
▸わたしが見て参ります.
I'll **go** and see.
❷〖負ける〗give* up

ダイアログ　質問する
A: 参ったか? You **give up**?
B: うん, 参った(→きみの勝ちだ).
Yes, you win.

❸〖こたえる〗
（我慢(がまん)できない）can't stand [bear]
▸この暑さには参った.
I **can't stand** this heat.

マイルド【マイルドな】
（まろやかな）mild［マイるド］

まう【舞う】 dance ➡おどる

まうえ【真上に】 just [right] above ➡うえ[1]

マウス 〖コンピュータ〗a mouse［マウス］

マウスピース
a mouthpiece［マウすピース］

マウンテンバイク
a mountain bike［マウントゥン バイク］

マウンド 〖野球〗a mound［マウンド］

:まえ【前, 前の, 前に, 前へ】

❶〖前方, 前部〗**the front**
❷〖前方へ〗**forward**
❸〖面前で, 正面に〗**in front of ...**
❹〖以前の〗**last; former**
❺〖以前に〗**before (...); ago; to ...**

❶〖前方, 前部〗the **front**［ふラント］
（対義語「後ろ」the back）
▸前から４番目の子が英士です. The fourth boy from **the front** is Eiji.
❷〖前方へ〗forward［ふォーワド］

▸前へ進め！ Go **forward**!
▸1歩前に出なさい.
Take a step **forward**.
❸〚面前で，正面に〛**in front of ...**
➡めのまえ
▸学校の前に文房(ぶんぼう)具屋がある.
There is a stationery store **in front of** our school.

❹〚以前の〛（直前の）**last**［らぁスト］；（先の）former［ふぉーマ］➡**このまえ，ぜん-2**
▸わたしは**この前の**英語の授業を欠席した. I was absent from the **last** English class.
❺〚以前に〛**before (...)**［ビふぉーア］；（今から…前に）**ago**［アゴウ］；（…分前）to ...
▸このことは前に話しました.
I told you about this **before**.
▸この橋は1週間前に完成しました. This bridge was completed a week **ago**.
▸今，5時10分前です.
It is ten to [**before**] five.
▸夏休みの2日前にテッドと会いました.
I saw Ted two days **before** summer vacation.

> **くらべよう before と ago**
> **ago** は「今から…前に」の意味で，期間を表す語(a week, long など)の後につき，過去形の文で用います.
> **before** は単独では漠然(ばくぜん)と「前に」という意味を表します. また ... before ～「～より…前に」という形で，ある時点より前に起こる[起こった]事柄(ことがら)を表すときに使います.

まえあし【前足・前脚】
（動物の）a forefoot［ふぉーふット］（〖複数〗forefeet）；（足首から上の部分）a foreleg［ふぉーれッグ］

まえうり【前売り】
an advance sale［アドヴぁンス］
前売りをする sell* ... in advance
前売り券 an advance ticket

まえむき【前向きな】
（積極的な）positive［パズィティヴ］
前向きに（積極的に）positively

まえもって【前もって】
beforehand［ビふぉーアハぁンド］，in advance［アドヴぁンス］
▸参加できないときは，前もって知らせてください. If you can't join us, let me know **beforehand**.

まかす【負かす】beat*［ビート］，defeat［ディふぃート］

まかせる【任せる】leave*《to ...》
▸何もかもきみに任せよう.
I'll **leave** everything **to** you.

まがりかど【曲がり角】
a corner［コーナ］

◆**まがる**【曲がる】（道を）**turn**［ターン］；（物が）bend*［ベンド］，curve［カ～ヴ］
▸2つ目の角を左に曲がりなさい. **Turn** (to the) left at the second corner.
▸道は右に曲がっている.
The road **curves** to the right.
曲がった bent, curved；（くねくねと）winding［ワインディング］；（不正な）wrong［ローング］
▸曲がった針金 a **bent** wire
▸わたしは曲がったことはしない.
I won't do anything **wrong**.

マカロニ macaroni［マぁカロウニ］（◆イタリア語から）
マカロニグラタン a macaroni au gratin［オウ グラぁトゥン］

まき1【薪】
firewood［ふァイアウッド］，wood

まき2【巻き】roll［ロウる］
▸トイレットペーパー1巻き
a **roll** of toilet paper

まきこまれる【巻き込まれる】
（渋滞(じゅうたい)などに）be* caught《in ...》［コート］，get* into ...；（事故・事件などに）be involved《in ...》［インヴァるヴド］
▸トラブルに巻きこまれる
get into trouble
▸彼女は列車事故に巻きこまれた. She **was involved in** the train accident.

まきじゃく【巻き尺】
a tape measure［メジャ］

まきちらす【まき散らす】
scatter［スキぁタ］

まきつく【巻き付く】
wind* [ワインド], coil [コイる]
▸ブドウのつるが支柱に巻きついた.
Grapevines **wound** around the pole.

まきば【牧場】 (a) meadow [メドウ], (a) pasture [パぁスチャ] ➡ぼくじょう

まぎらわしい【紛らわしい】 (誤解を生みやすい) misleading [ミスリーディング]; (似ていてまちがえやすい) confusing [コンふューズィング]

まぎれる【紛れる】 (見えなくなる) disappear《into ...》[ディスアピア]; (気持ちが) be* distracted《from [by] ...》[ディストゥラぁクティッド]
▸その男は人ごみに紛れて見えなくなってしまった. The man **disappeared into** the crowd.

まぎわ【間際に】 just before
▸出発まぎわに電話がかかってきた.
I had a phone call **just before** I left home.

◆**まく**[1] **【巻く】** (ねじなどを) wind* [ワインド]; (紙などを) roll up; (包帯を) bandage [バぁンデッヂ]
▸エレンはポスターを巻いた.
Ellen **rolled up** the poster.

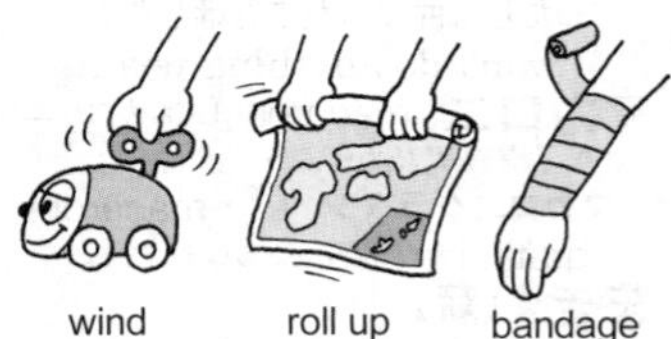

まく[2] (種を) plant [プらぁント]
▸庭にヒマワリの種をまいた.
I **planted** some sunflower seeds in the garden.

まく[3]
(水を) water, sprinkle [スプリンクる]

まく[4] **【幕】** a curtain [カ～トゥン]; (劇の) an act [あクト]

まく[5] **【膜】** (粘膜(ねんまく)) (a) membrane [メンブレイン]; (皮膜) (a) film [ふィるム]

マグカップ a mug [マッグ]

マグニチュード
(a) magnitude [マぁグニチュード]
▸その地震(じしん)はマグニチュード7.3だった. The earthquake had a **magnitude** of 7.3. (◆7.3は seven point three と読む)

マグマ magma [マぁグマ]

まくら【枕】 a pillow [ピろウ]
まくらカバー a pillowcase

まくる roll up
▸ジャックは腕(うで)をまくって夕食を作った. Jack **rolled up** his sleeves and cooked dinner.

まぐれ a fluke [ふるーク], a good luck

> **ダイアログ** 謙(けん)そんする
> A:やったね! You did it!
> B:いや, ただのまぐれだよ.
> Well, it was just a **fluke**.

マグロ 〖魚類〗a tuna [テューナ] (複数 tuna, tunas)

まけ【負け】 (a) defeat [ディふィート]
▸この勝負はわたしの負けだ. (→わたしが負けた) I've lost this game. ➡まける / (→きみが勝った) You've won this game.

まけいぬ【負け犬】 (敗北者) a loser [るーザ], an underdog [アンダドーグ]

まけおしみ【負け惜しみ】
sour grapes [サウア グレイプス]
▸負けおしみを言わないで. Don't cry **sour grapes**. / No **sour grapes**.

> **参考** 「負けおしみ」は「すっぱいブドウ」
> イソップ物語の中に, キツネが手の届かないブドウを見て, ほんとうはほしいのに, 「あのブドウ(grapes)はすっぱい(sour)んだ」と言ってほしくないふりをする話があります.「負けおしみ」を sour grapes と言うのはそこから来ています.

まけずぎらい【負けず嫌い】
(負けるのが大嫌いだ) hate to lose

◆**まける【負ける】**
❶〖敗北する〗**lose*** [るーズ] (対義語「勝つ」win), be* beaten [ビートゥン]
▸彼らは決勝戦で負けた.
They **lost** the final. / They **were beaten** in the final.
▸わたしたちのチームはジャックのチームに6対2で負けた. Our team **lost** the game to Jack's team by 6 to 2.
▸水泳ではわたしは**だれにも負けない**.
I'm second to none in swimming. (◆second to none は「だれ[何]にも劣(おと)らない」の意味) / **No**

one can match me in swimming.（♦match は「…に匹敵(ひってき)する」という意味）

❷〖値引きする〗cut* down, give* a discount［ディスカウント］

▸2,000円にまけてくれませんか？ Can you **cut it down** to 2,000 yen?

▸少しならまけられますよ. We can **give** you a small **discount**.

結びつくことば
試合に負ける lose a game [match]
戦争に負ける lose a war
プレッシャーに負ける lose to the pressure
あっさり負ける lose easily

・まげる【曲げる】 bend*［ベンド］

▸この鉄の棒を曲げてみせます. I will **bend** this iron bar.

・まご【孫】 a grandchild［グラぁンチャイるド］（**複数** grandchildren）;（男の）a grandson［グラぁン(ド)サン］;（女の）a granddaughter［グラぁンドータ］

まごころ【真心】 sincerity［スィンセリティ］

真心のこもった sincere［スィンスィア］;（思いやりのある）thoughtful［そートふる］

まごつく（混乱する）be* confused［コンふューズド］;（どぎまぎする）be embarrassed［インバぁラスト］

▸突然(とつぜん), 質問されてまごついた. **I was confused** by the sudden question.

まことに（ほんとうに）really［リーアり］, truly［トゥルーり］, very［ヴェリ］

まごまご【まごまごする】（迷う）be* at a loss;（混乱する）be confused［コンふューズド］➡**まごつく**

マザーグース【マザーグースのうた】 Mother Goose rhymes［マざ グース ライムズ］

まさか（「ほんとう？」）Really?［リーアり］, Do you really mean it?;（「冗談(じょうだん)でしょ」）No kidding!［キディング］;（「そんなはずはない」）It can't be.

ダイアログ　否定する
A: 芽依はあなたのことが好きなのよ. Mei loves you.
B: まさか！ **It can't be.**

まさつ【摩擦】 friction［ふリクシャン］, rubbing［ラビング］

▸経済摩擦 economic **friction** [conflict]

まさに（ちょうど）just［ヂャスト］, very［ヴェリ］（♦very は名詞の前に用いる）;（確かに）exactly［イグザぁクトり］

▸これこそまさにわたしの探していたお店です. This is **just the** [the **very**] shop I have been looking for.

▸まさにそのとおりです. That's **just** right.

まさに…しようとする《be* (just) about to ＋動詞の原形》

▸日はまさに昇(のぼ)ろうとしていた. The sun **was (just) about to** rise.

まさる【勝る】 be* better《than ...》, be superior《to ...》［スピリア］

▸絵を描(えが)くことでは, ジョンはだれよりもまさっている. John **is better than** [**superior to**] everybody in painting.

まざる【混ざる, 交ざる】 ➡**まじる**

まし【ましな】（よりよい）better［ベタ］

▸こっちの皿(さら)のほうがそれよりも少しはましだ. This dish is a little **better** than that one.

マジ（真剣(しんけん)な）serious［スィリアス］;（ほんとうに）really［リーアり］➡**ほんき, ほんとう, まじめ**

▸マジでクラブやめちゃうの？ Are you **serious** about leaving the club?

▸田中先生, マジで感動してるみたい. Ms. Tanaka looks **really** moved.

ました【真下に】 just [right] under［アンダ］➡**した¹**

▸彼はシャンデリアの真下に立っていた. He was standing **just** [**right**] **under** the chandelier.

マジック（手品）magic［マぁヂック］;（ペン）a marker pen［マーカ ペン］

マジックテープ 〖商標〗Velcro［ヴェるクロウ］

まして（肯定文で）much more;（否定文で）much less

まじない a charm［チャーム］, a spell［スペる］➡**まほう**

・まじめ【まじめな】（本気の）**serious**［スィリアス］;（熱心な）earnest［ア〜ネスト］

▸拓海はよくまじめな顔で冗談(じょうだん)を言う. Takumi often tells jokes with

a **serious** look.
まじめに seriously; earnestly

まじゅつ【魔術】 magic［マぁヂック］
魔術師 a magician［マヂシャン］

マシュマロ
(a) marshmallow［マーシメろウ］

まじょ【魔女】 a witch［ウィッチ］

-(し)ましょう

❶〖誘(さそ)い, 提案〗**Let's ....**［れッツ］

ダイアログ 誘う
A:お昼にしましょう.
Let's have lunch.
B:そうしましょう. Yes, **let's**. / That's a good idea. / All right.

❷〖申し出る, 相手の意向をたずねる〗**Shall I ...?**

ダイアログ 提案する
A:お医者さんを呼びましょうか?
Shall I call a doctor?
B:ええ, お願いします. Yes, please.

❸〖自分の意向〗**I will* .... / We will ....**
▸わたしがやりましょう. **I'll** do it.

ましょうめん【真正面に[の]】
just [right] in front of ... ➡しょうめん
▸ホテルの真正面にある大きな建物は何ですか? What is the large building **just** [**right**] **in front of** the hotel?

まじる【混じる, 交じる】
mix［ミックス］
▸油と水は混じらない.
Oil and water don't **mix**.

まじわる【交わる】 cross［クロース］
➡こうさ

マス〖魚類〗a trout［トゥラウト］
(複数 trout, trouts)

ます【増す】 increase［インクリース］

-(し)ます

❶〖意志, 予定〗**will***,
《**be* going to** +動詞の原形》
▸このケーキ, わたしがもらいます.
I'll take this cake.(♦will で意志を表すのは主語が I か we のとき)
▸あなたはあす練習に参加しますか?
Are you **going to** join the training tomorrow?

❷〖推量〗**will***
▸あなたが来てくれたら, 美羽も喜びます.
Miu **will** be happy if you come.

❸〖現在〗(♦動詞の現在形で表す)
▸姉は高校に通っています.
My sister **goes** to high school.

まず

❶〖最初に〗**first**［ふァ〜スト］, first of all;〖理由などを述べるときに〗to begin with
▸まずあなたの話を聞こう. We're going to listen to you **first** (**of all**).
▸まず第一にちょっと値段が高過ぎる.
To begin with, it's a little too expensive.

❷〖たぶん〗probably［プラバブり］
▸まず1回戦はわたしたちが勝てるだろう. We can **probably** win the first game.

ますい【麻酔】
anesthesia［あネスすィージャ］

まずい(よくない) not good, bad*［バぁッド］;(都合が悪い) inconvenient［インコンヴィーニャント］
▸このケーキはまずい. This cake <u>does**n't** taste **good**</u> [tastes **bad**].
▸そんなことを言うのはまずい.
It's **not good** to say such a thing.
▸あしたはまずいんだ. Tomorrow is <u>**inconvenient**</u> [**not good**] for me.

マスカット a muscat［マスカット］

マスカラ mascara［マぁスキぁラ］

マスク(面) a mask［マぁスク］;(風邪(かぜ)をひいたときなどの) a surgical mask

マスコット a mascot［マぁスコット］

マスコミ mass communication［マぁス コミューニケイシャン］;
(新聞・テレビなど) the mass media［マぁス ミーディア］, the media

まずしい【貧しい】 poor［プア］

(対義語「豊かな, 金持ちの」rich)
➡びんぼう
▸貧しい人々 **poor** people / the **poor**

マスター
(店などの) a manager [マぁネヂャ]
マスターする master
マスタード mustard [マスタド]
マスト (帆船(はんせん)の) a mast [マぁスト]
ますます
(◆《比較級＋ and ＋比較級》の形で表す)
▸問題はますます難しくなってきた.
The problems have become **more and more** difficult.
まずまず not so bad [バぁッド];
《口語》 so-so [ソウソウ] ➡**まあまあ**
マスメディア the mass media [マぁス ミーディア] ➡**マスコミ**
まぜる【混ぜる, 交ぜる】
mix up, mix together [ミックス]
▸ボールに小麦粉と卵を入れ, **よく混ぜて**ください. Put the flour and eggs into a bowl, and **mix** them **up**.

⁑–(し)ませんか
(誘(さそ)い, 提案) **How about ...? / Will you ...? / Why don't we [you] ...?**

ダイアログ 提案する
A: 今度の週末スキーに行き**ませんか**?
How about going skiing next weekend?
B: いいですね. That's a good idea.

ダイアログ 提案する
A: 駅までわたしと歩いて行き**ませんか**?
Will you walk to the station with me? (◆Won't you ...? とも言える. Won't you ...? のほうがやや柔(やわ)らかい表現)
B: ええ. Sure.

ダイアログ 提案する
A: そろそろ出発し**ませんか**?
Why don't we start soon?
B: 悪いけど, もうちょっと待っていただけますか? I'm sorry, but could you wait a few more minutes? (◆誘い・提案を断るときは I'm sorry, but .... の形で言うことが多い; 親しい間では Sorry, I can't. などと言える)

⁑また¹

❶ 〖再び〗 again; 〖後で〗 later; 〖いつか〗 some day
❷ 〖同じく〗 too, also; either
❸ 〖そのうえ〗 and

❶ 〖再び〗 **again** [アゲン]; 〖後で〗 **later** [れイタ]; 〖いつか〗 some day
▸また遊びに来てね.
Come and [to] see me **again**.
▸じゃ, またね! See you **(later)**!
❷ 〖同じく〗 (肯定文で) **too** [トゥー], **also** [オーるソウ]; (否定文で) **either** [イーざ]
➡**-も**
▸弟もまたスキーが好きです.
My brother likes skiing, **too**. / My brother **also** likes skiing.
▸わたしは泳げません. 妹もまた泳げません. I can't swim. My sister can't swim, **either**.
❸ 〖そのうえ〗 and;
(〜だけでなく…もまた) ... as well as 〜
▸森さんは医者であり, また作家でもある.
Mr. Mori is a doctor **and** writer. / Mr. Mori is a writer **as well as** a doctor.
また² 【股】 (人体・ズボンの) a crotch [クラッチ]; (もも) a thigh [さイ]

⁑まだ

❶ 〖いまだに〗 still; yet
❷ 〖わずかに〗 only
❸ 〖さらに〗 still; 〖もっと〗 more
❹ 〖どちらかと言えば〗 比較級で表す.

❶ 〖いまだに〗 (肯定文で) **still** [スティる]; (否定文で) **yet** [イェット]
▸このエビ, まだ生きています.
This lobster is **still** alive.
▸宿題がまだ終わっていない. I haven't finished my homework **yet**.

ルール still, yet の位置
still は一般動詞の場合はその前に, be 動詞や助動詞の場合はその後に置きます. **yet** は文末か not の後に置きます.

❷ 〖わずかに〗 **only** [オウンり]
▸この町に引っ越(こ)して来てからまだ3か月です. We moved to this town **only** three months ago.
❸ 〖さらに〗 still [スティる];
〖もっと〗 more [モーア]

▸出発までにまだ10分ある. We **still** have ten minutes [have ten minutes **more**] before our departure.

❹『どちらかと言えば』(◆比較級で表す)

▸1つ選ぶとすれば, こちらのほうがまだいい. If you must choose one, this is **better** [the **better** one].

またがる (馬などに) ride* [ライド]

またぎき【また聞き】
secondhand information
[セカンドハぁンド インふぉメイシャン]

またぐ step over ...

またせる【待たせる】
keep* ... waiting

▸長いことお待たせしてすみません.
I'm sorry to have **kept** you **waiting** so long.

またたくまに【瞬く間に】 in an instant [インスタント] ➡**あっというまに**

または
or, either ... or ~ ➡**あるいは, -か**

▸競技場まではバスまたは電車で行けます. You can go to the stadium (**either**) by bus **or** by train.

:まち【町, 街】 a **town** [タウン], a **city** [スィティ];
(中心街) (a) downtown [ダウンタウン]

▸母と街へ買い物に行きました. I went to **town** [**downtown**] with my mother to do some shopping.

町役場 a town hall

まちあいしつ【待合室】
a waiting room [ウェイティング ルーム]

まちあわせる【待ち合わせる】
meet* [ミート]

ダイアログ　**質問する**
A:どこで待ち合わせようか?
Where shall we **meet**?
B:映画館の前にしよう. Let's meet in front of the movie theater.

まぢか【間近に】
near [ニア], close at hand

▸ゴールは間近だ.
We are **near** the goal.

▸夏休みは**もう間近です**(→もうすぐ来ます). (The) summer vacation **is coming soon**.

•まちがい【間違い】
(一般に) a **mistake** [ミステイク]; (計算などの) an error [エラ] ➡**まちがう**

▸あなたの作文にはいくつかつづりのまちがいがある. There are some spelling **mistakes** in your essay.

まちがい電話 a wrong number

ダイアログ　**説明する**
A:電話はだれからだったの?
Who was on the phone?
B:まちがい電話だった.
It was a **wrong number**.

まちがいない【間違いない】
(確かである) be* sure;
(満足のいく) be all right

▸それはケヴィンのしわざにまちがいない. **I'm sure** Kevin did that.

▸それは美紀に頼(たの)めばまちがいない.
If you ask Miki to do it, it'll **be all right**.

▸まちがいなし!
That can't be wrong!

まちがいなく definitely, surely

▸ローラはまちがいなくここへ来ます.
Lola will **definitely** come here.

•まちがう【間違う】
make* a mistake [ミステイク]
➡**まちがえる**

まちがった **wrong** (対義語「正しい」right), incorrect [インコレクト]

▸この答えはまちがってる. This answer is **wrong** [**incorrect**].

▸あなたを疑ったわたしがまちがっていた.
I was **wrong** to suspect you.

▸(電話で)番号がまちがっています.
You have the **wrong** number.

まちがって by mistake

▸**まちがって**愛莉のペンを持って帰ってきた. I brought back Airi's pen **by mistake**.

•まちがえる【間違える】

(ミスをする) make* a mistake [ミステイク]; (…を取りちがえる) take* a wrong …, mistake* … for ～ ➡まちがう
▸きのうの小テストで3つまちがえた. I **made** three **mistakes** in yesterday's quiz.
▸よく電話で和真のお兄さんを和真とまちがえる. On the phone I often **mistake** Kazuma's brother **for** Kazuma.

結びつくことば
問題で間違える miss a question
名前を間違える mistake a person's name
道を間違える take the wrong way
使い方を間違える make a mistake in using …
日付を間違える mistake the date

まちどおしい【待ち遠しい】
(楽しみにして待つ) look forward to … ➡まつ

まちぶせ【待ち伏せする】 wait 《for …》[ウェイト], ambush [あンブッシ]
▸彼らは身を隠(かく)してわたしたちを待ち伏せしていた. They were hiding themselves and **waiting for** us.

まちまち【まちまちの】
(異なった)different [ディふァレント];
(さまざまの)various [ヴェアリアス]

マツ【松】〘植物〙a pine [パイン]
松葉 pine needles [ニードゥるズ]
松林 a pine grove [グロウヴ]
松ぼっくり a pine cone [コウン]

まつ【待つ】
❶〘じっとして〙**wait** 《for …》[ウェイト]
▸メアリーを待っているところだ. I'm **waiting for** Mary.
▸少しお待ちください. **Wait** a minute, please. / (電話で) Hold on, please. (♦「切らないでください」の意味)
▸あと5分待ってくれませんか? Will you **wait** another five minutes?
▸だれを待っているの? Who [Whom] are you **waiting for**? (♦〘口語〙ではふつう who を使う)
▸10時にお待ちしております. I'll be expecting you at 10.
❷〘楽しみにして〙look forward to …; 〘心づもりをして〙**expect** [イクスペクト]
…を楽しみにして待つ 《**look forward to** +(代)名詞 / ～**ing**》
▸ご連絡を楽しみにお待ちしています. I'm **looking forward to hearing** from you.
▸7時にお越(こ)しになるのをお待ちしています. I'll **expect** you at seven.

まっか【真っ赤(な)】 deep red; (暗い赤) crimson [クリムズン]; (明るい赤)scarlet [スカーれット] ➡あか[1]

まっくら【真っ暗な】 pitch-black [ピッチブらぁック], pitch-dark [ピッチダーク]
▸部屋の中は真っ暗だった. It was **pitch-black** [**pitch-dark**] in the room.

まっくろ【真っ黒(な)】
black [ブらぁック] ➡くろ
▸魚が真っ黒に焦(こ)げたよ. The fish is burned (**black**).
▸紗希は**真っ黒に日焼けした**. Saki **got a deep** [**good**] **tan**.

まつげ an eyelash [アイらぁッシ] (♦ふつう複数形で用いる)

マッサージ a massage [マサージ]
マッサージする massage

まっさいちゅう【真っ最中に】
in the middle of … ➡さいちゅう
▸夕食の真っ最中にトムから電話がかかってきた. Tom called me **in the middle of** my dinner.

まっさお【真っ青(な)】 deep blue [ブるー]; (顔色が) pale [ペイる], white [(ホ)ワイト] ➡あお
▸空が真っ青だ. The sky is **deep blue**.
▸きみ, 顔が真っ青だよ. You look white [pale].

まっさかさま【真っ逆さまに】
headlong [ヘッドろーング],
headfirst [ヘッドふァ～スト]
▸わたしは真っ逆さまに水に飛びこんだ. I jumped into the water **headfirst**.

まっさかり【真っ盛りで】
at one's best

まっさきに【真っ先に】 first (of all)
▸家に帰る**と真っ先に**(→帰るとすぐに)シャワーを浴びた. I took a shower **as soon as** I got home.

マッシュルーム
〘植物〙a mushroom [マッシルーム]

まっしろ【真っ白(な)】

pure white [ピュア (ホ)ワイト],
snow-white [スノウ(ホ)ワイト] ➡しろ[1]
▸ゲレンデの雪は真っ白に輝(かが)いていた. The snow on the ski slope was shining **pure white**.

まっすぐ【真っ直ぐな】

straight [ストゥレイト]
▸まっすぐな線 a **straight** line
まっすぐに straight
▸この道をまっすぐに行けば, 郵便局に出ます. Go **straight** along this street, and you'll get to the post office.
▸ゆうべはまっすぐ家に帰りましたか? Did you go **straight** home yesterday evening?
まっすぐにする
straighten [ストゥレイトゥン]

まったく【全く】

(ほんとうに) **really** [リーアり]; (完全に) **quite** [クワイト], completely [コンプリートり]
▸あの 2 人が結婚(けっこん)したという話にはまったく驚(おど)いた. I was **really** surprised to hear those two got married.
▸まったくきみの言うとおりだ. You're **quite** right.
▸まったく同感です. I **completely** agree with you.
まったく…ない not ... at all
▸野球にはまったく関心がない. I'm **not** interested in baseball **at all**.

マッチ[1] a match [マぁッチ]
▸マッチをする strike [light] a **match**
マッチ箱 a matchbox [マぁッチバックス]

マッチ[2] (試合) a match [マぁッチ]
▸タイトルマッチ a title **match**
マッチポイント (a) match point

マット a mat [マぁット]
▸バスマット a bath **mat**
マット運動 mat exercises

マットレス a mattress [マぁトゥレス]

まつばづえ【松葉づえ】 crutches [クラチズ] (♦複数形で用いる)
▸松葉づえで歩く walk on **crutches**

まつり【祭り】

a festival [ふェスティヴる]
▸夏祭り a summer **festival**
▸お祭り気分 a **festive mood**

まつる【祭る】 (神社を建てて敬(うやま)う) dedicate [デディケイト]; (崇拝(すうはい)する) worship [ワ〜シップ]

—まで

❶『地点, 場所』 to ...
❷『時間, 期限』 until ..., till ...; to ...; by ..., before ...
❸『程度, 強調』 even

❶『地点, 場所』 **to ...**
▸駅まで走って行った. I ran **to** the station.
▸水はわたしのひざまで増えてきた. The water came up **to** my knee. (♦up to は「…の高さまで」を表す)

❷『時間, 期限』 (…までずっと) **until ...** [アンティる], **till ...** [ティる]; (時間の終わり) **to ...**; (…までには) **by ...**, **before ...** [ビふォーア]
▸3 時まで休憩(きゅうけい)にしよう. Let's take a rest until [till] three.
▸毎日, 4 時から 7 時までバイオリンの練習をしている. I practice the violin from four **to** seven every day.
▸あしたまでにやらなくてはいけない宿題がある. I have some homework to do **by** tomorrow.
▸真央が来るまでに部屋を片づけておこう. I'll clean up the room **before** Mao comes.

> **くらべよう 同じ「3 時まで」でも?**
> **until** three は「3 時までずっと」の意味. **till** も同じです. **to** three は「3 時で終わり」の意味で「終わりの時点」を表します. **by** three は「3 時までには」の意味で, 動作が完了(かんりょう)する期限を表します. **before** は「…の前に」の意味.

❸『程度, 強調』 **even** [イーヴン]
▸広志までがその案に反対した. **Even** Hiroshi objected to the idea.

まと【的】 (標的) a mark [マーク], a target [ターゲット]; (対象) an object [アブヂェクト]
▸矢は的の真ん中に当たった. The arrow hit the center of the **target**.
▸蓮は女の子たちのあこがれの的だ. Ren is an **object** of admiration among (the) girls.

まど【窓】

a **window** [ウィンドウ]

ダイアログ　提案する
*A:*窓を開けましょうか？
Shall I open the **window**?
*B:*ええ, お願いします.　Yes, please.

▸達也, 窓を閉めてくれる？　Tatsuya, will you close the **window**?
▸あら？　窓が開いてる.　Huh?　The **window** is open.（♦「閉まっている」なら open の代わりに closed を用いる）
窓ガラス　a window(pane)［ウィンドウ(ペイン)］
窓わく　a window frame［フレイム］

まどぐち【窓口】
a window［ウィンドウ］
▸9 番の窓口にこの用紙を出してください.　Give in this form at **Window** No. 9, please.

まとまり　（統一性）unity［ユーニティ］

まとまる　❶〖1 つになる〗
▸うちのクラスは**よくまとまっている**（→仲のよい雰囲気(ふんいき)だ）.　Our whole class **is in a friendly mood**.
❷〖はっきりした形をとる〗
take* shape［シェイプ］
▸頭の中で考えが**まとまり**かけてきた.　The idea is beginning to **take shape** in my mind.
❸〖一致(いっち)する〗come* to [reach] an agreement［アグリーメント］
▸わたしたちは結局, **意見がまとまら**なかった.　We didn't **come to [reach] an agreement** after all.

まとめ　（要約）a summary［サマリ］
➡たいい

まとめる
❶〖1 つにする, 集める〗get* ... together［トゥゲザ］, collect［コレクト］
▸荷物を**まとめよう**.
（→1 か所に集めよう）Let's **get** our things **together**.
▸**まとめて** 20 個（→一度に 20 個全部）買ってしまおう.
I'll buy twenty **all at one time**.
❷〖はっきりした形にする〗
get* ... into shape［シェイプ］;
〖要約する〗summarize［サマライズ］
▸考えを**まとめ**ますから, 少し時間をください.　Please give me a little time to **get** my ideas **into shape**.
▸要点を**まとめる**
summarize the points
❸〖解決する〗settle［セトゥる］
▸そろそろ話を**まとめ**なくては.　Now we have to **settle** the matter.
まとめ役
a coordinator［コウオーディネイタ］

まとも【まともに】
❶〖まっすぐに〗
straight［ストゥレイト］, right
▸うそをついていたので, 父の顔を**まともに**見られなかった.　I couldn't look at my father **straight** in the face because I was telling a lie.
▸ボールが頭に**まともに**当たった.　The ball hit me **right** on the head.
❷〖まじめに〗seriously［スィリアスり］
▸彼の言うことはまともにとらないで.
Don't take his words **seriously**.

マナー
manners［マぁナズ］（♦複数形で用いる）
▸テーブルマナー　table **manners**
➡図

まないた【まな板】
a cutting board［カティング ボード］

●欧米(おうべい)の主なテーブルマナー

① 食べたり飲んだりするときに音を立てない.　② 食べ物をほおばったまま話をしない.　③ テーブルにひじをつかない.　④ パンはかじらず, 小さくちぎって食べる.　⑤ 人前に手を伸ばさない. 遠くの物は人に頼(たの)む.　⑥ 食べ終えたら, ナイフやフォークは皿(さら)の右斜(なな)め前にそろえて置く.

まなつ【真夏】
midsummer ［ミッドサマ］

・まなぶ【学ぶ】（習得する）**learn*** ［ら～ン］；（勉強する）**study** ［スタディ］
▶ことばを学ぶためには，その文化的背景を学ぶことも大切だ. In order to **learn** a language, it's important to **study** its cultural background.
▶きょうは学校で辞書の使い方を学んだ. I **learned** how to use a dictionary at school today.

くらべよう learn と study
learn は学んだり体験したりして「習得する，身につける」ことを，**study** は習得するために「勉強する」ことを言います. 教科について言うときは，ふつう **study** を使います.

マニア
a maniac ［メイニあック］（◆発音注意）

・まにあう【間に合う】
❶『時間に』be* in time《for ...》
▶急げばコンサートに間に合う.
If we hurry up, we'll **be in time for** the concert.
❷『用が足りる』do*（◆will とともに用いることが多い）；
『十分である』be* enough ［イナふ］
▶この布で間に合う？
Will this cloth **do**?
▶500円あれば間に合います. Five hundred yen will **be enough**.

まにうける【真に受ける】
（深刻に受け止める）take* ... seriously

マニキュア nail polish ［ネイる パリッシ］

マニュアル（手引き・説明書）
a manual ［マぁニュアる］

まぬけ【間抜け】（人）a fool ［ふーる］
まぬけな foolish ［ふーりッシ］，stupid ［ステューピッド］➡ばか

まね (an) imitation ［イミテイシャン］
まねをする imitate ［イミテイト］

マネージャー（支配人・運動部の世話をする人）a manager ［マぁネヂャ］
▶サッカー部のマネージャー
the **manager** of the soccer team

まねき【招き】 (an) invitation ［インヴィテイシャン］➡しょうたい[1]

＊まねきねこ【招き猫】
a *manekineko*

日本紹介 招き猫は，片手をあげた猫の形をした人形です. 商売の場，特に身近な店で多く見られます. というのは，この人形が商売繁盛(はんじょう)をもたらすと信じられているからです. 招き猫が右手をあげていれば，お金をもたらします. 左手があがっていたら，お客さんをもたらします.
A *manekineko* is a doll in the shape of a cat raising one paw. You see it at many business places, especially neighborhood shops, because people believe it brings good business. If the *manekineko* raises its right paw, it brings money. A raised left paw brings customers.

マネキン（人形）a mannequin ［マぁネキン］（◆フランス語から）

・まねく【招く】
❶『招待する』**invite**《to ...》［インヴァイト］，**ask**《to ...》［あスク］➡しょうたい[1]
▶わたしはサリーを家に招いた.
I **invited** [**asked**] Sally **to** my house.（◆invite は改まった場合や特別なときに用いる；ask は口語的な表現）
▶久保さんに夕食に招かれています. I'm **invited to** dinner by Ms. Kubo.
❷『もたらす』cause ［コーズ］，bring* about ➡ひきおこす

まねる imitate ➡まね

まばたき a blink ［ブリンク］；（意識的な）a wink ［ウィンク］
まばたきをする blink；wink

まばら【まばらな】 thin ［すィン］
▶まばらな聴衆(ちょうしゅう) a **thin** audience
まばらに thinly

まひ【麻痺】 paralysis ［パラぁりスィス］
まひする be* paralyzed ［パぁラらイズド］，be numb ［ナム］
▶寒くて指先の感覚がまひしている.
My fingertips **are paralyzed** [**numb**] with cold.
▶大雪のため交通がまひ状態になった.
The traffic **was paralyzed** by the heavy snow.

まひる【真昼】
（日中）broad daylight ［デイらイト］

マフィン
（平たい丸パン）a muffin ［マふィン］

まぶしい dazzling［ダぁズりング］
まぶた an eyelid［アイりッド］
まふゆ【真冬】
midwinter［ミッドウィンタ］
マフラー（えり巻き）a scarf［スカーふ］
（複数 scarfs, scarves）；
（車などの消音器）a muffler［マふら］
▸マフラーをする put on a **scarf**
まほう【魔法】 magic［マぁヂック］
魔法をかける cast* a spell on ...
魔法使い（男）a wizard［ウィザド］；
（女）a witch［ウィッチ］
魔法びん〘商標〙a thermos (bottle)
［さ～マス］,〘英〙a (thermos) flask
まぼろし【幻】 a vision［ヴィジャン］,
a phantom［ふぁントム］
ママ mom［マム］,〘小児語〙mommy
［マミ］➡**おかあさん**
-まま（…した状態で）
《with＋(人・物事)＋形容詞[副詞]》
▸ラジオをつけたまま眠(ねむ)ることがよくある. I often fall asleep **with** the radio **on**.
▸この本は**このままに**しておいて. Leave these books **as they are**.（♦this book と単数なら as it is と続く）
▸窓を開けた**ままにしておく**よ.
I'll **keep** the window open.
ままごと playing house［ハウス］
ままごとをする play house
まむし〘動物〙a pit viper［ヴァイパ］
•**まめ**[1]**【豆】**（ソラマメ・インゲンなど）a bean［ビーン］；
（エンドウなど）a pea［ピー］
豆電球 a miniature bulb
✽**豆まき**（節分の）a bean-scattering ceremony（♦a ceremony to bring good luck「福を呼ぶための儀式(ぎしき)」などと説明する）

> **参考 豆のいろいろ**
> **アズキ** an adzuki bean / **インゲン** a string bean / **サヤエンドウ** a garden pea / **ソラマメ** a broad bean / **ダイズ** a soybean

まめ[2]（手足の）a blister［ブリスタ］
•**まもなく【間もなく】**
soon［スーン］, before long
▸姉はまもなく帰って来ます. My sister will be home soon [**before long**].

まもり【守り】
(a) defense［ディふェンス］
⁑**まもる【守る】**
❶〚決まりなどを〛**obey**［オウベイ］；
〚約束(やくそく)などを〛**keep***［キープ］
▸さくらは先生がたの言うことをよく守る. Sakura **obeys** her teachers.
▸明は約束を守る男だ. Akira always **keeps** his promises [word].
❷〚保護する〛**protect**［プロテクト］；
〚攻撃(こうげき)などから〛defend［ディふェンド］
▸それが起きてもあなたを守ってあげる.
I'll **protect** you if that happens.
まゆ[1]**【眉】** an eyebrow［アイブラウ］
▸父はまゆが濃(こ)い.
My father has thick **eyebrows**.
（♦「薄(うす)い」なら thin を用いる）
まゆ[2]**【繭】** a cocoon［コクーン］
•**まよう【迷う】**
❶〚途方(とほう)に暮れる〛
be* at a loss［ろース］
▸あなたに言おうか言うまいか迷った.
I **was at a loss** whether I should tell you or not.
❷〚道に〛get* lost, lose* one's way；
（迷っている）be* lost
▸彼は大雪で道に迷ってしまった.
He **got lost** in the heavy snow.
まよなか【真夜中】
midnight［ミッドナイト］
マヨネーズ mayonnaise
［メイオネイズ］（♦フランス語から）
マラソン a marathon (race)
［マぁラさン（レイス）］
マラソンをする（競技に出る）take* part in a marathon race；（長距離(きょり)を走る）run* long distance
▸航はマラソン大会で３位に入った.
Wataru came in third in the **marathon**.
マラソン選手 a marathon runner
まり a ball［ボーる］
マリンバ〘楽器〙a marimba［マリンバ］
まる【丸】 a circle［サ～クる］
▸正しい答えを丸で囲みなさい.
Put a **circle** around the correct answer. / Circle the correct answer.（♦この circle は「丸で囲む」の意味の動詞）

ま

まる-【丸…】 full［ふる］, whole［ホウる］
▸まる4日間
for four **full** days / for four **whole** days / for the **whole** four days

まるい【丸い, 円い】 round［ラウンド］
▸丸いテーブル a **round** table
▸地球は丸い. The earth is **round**.
▸彼らは丸くなって座(すわ)っていた.
They were sitting **in a circle**.

まるがり【丸刈り】
close-cropped hair［クろウスクラップト］
▸頭を丸刈りにしている
have **close-cropped hair**

まるた【丸太】 a log［ろーグ］
丸太小屋 a log cabin

マルチーズ〘動物〙
(犬) a Maltese dog［モーるティーズ］

マルチメディア
multimedia［マるティミーディア］

まるで ❶〘まったく〙 quite［クワイト］, totally;〘否定文で〙 not ... at all
▸彼女の考えはわたしのとまるでちがっていた. Her ideas were **quite** different from mine.
▸あの兄弟はまるで似ていない. Those brothers are **not** alike **at all**.
❷〘あたかも〙 just like ..., as if
▸彼はまるで子供のように笑っていた.
He was laughing **just like** a child.

まるばつしき【〇×式の】
true-false［トゥルーふォーるス］
〇×式テスト a true-false test

まるめる【丸める】（円形にする）round［ラウンド］;（もみくちゃにする）crumple［クランプる］;（巻く）roll［ロウる］

まれ【稀な】 rare［レア］, very few［ふュー］➡めずらしい
▸これはまれなケースだ.
This is a **rare** case.
▸それができる人はほんのまれだ.
Very few people can do that.
まれに rarely, seldom［セるダム］
➡めったに

マレーシア
Malaysia［マれイジャ］(♦発音注意)

まわす【回す】
❶〘回転させる〙 **turn**［ターン］;〘こまなどを〙 spin*［スピン］
▸ドアのノブを回したが開かなかった.
I **turned** the doorknob, but the door didn't open.
▸こまを回す **spin** a top
❷〘渡(わた)す〙 pass［パぁス］
▸こっちへ塩を回してください.
Please **pass** me the salt.

まわり【回りに, 周りに】
around［アラウンド］➡しゅうい
▸メアリーは首の回りに赤いスカーフを巻いていた. Mary was wearing a red scarf **around** her neck.
▸うちのまわりはたいへん静かだ.
It's very quiet **around** my house.
▸この木は回りが少なくとも10メートルはある. This tree is at least ten meters **around**.
回り道 a roundabout way［ラウンダバウト］, a detour［ディートゥア］

まわる【回る】 turn［ターン］;（こまなどが）spin*［スピン］
▸地球は太陽のまわりを回っている.
The earth **turns** around the sun.

まん【万】 ten thousand［さウザンド］
(♦英語には「万」の単位がなく, 100万(million)未満の「万」はthousandで表す;「1万」= 10 × 1,000と考える)
▸30万 three hundred thousand
(♦300 × 1,000と考える)
▸わたしたちの市の人口は7万9千人です. The population of our city is seventy-nine thousand.
▸**100万 one million / a million**

まん-【満…】
full［ふる］➡まんげつ, まんちょう
▸わたしは満15歳(さい)だ.
I'm fifteen **years old**. (♦英米では年齢(ねんれい)は「満」でしか数えないので, fullなどを用いる必要はない)

まんいち【万一】 if ... should, in case ➡もし, もしも
▸万一何かあったら, すぐ電話をしてね.
If [**In case**] anything **should** happen, call me at once.
▸万一に備えていくらかお金を持って行こう. I'll take some money with me just **in case**.
▸**万一の場合は**（→緊急(きんきゅう)の場合は）こ

のボタンを押(お)しなさい. Press this button **in an emergency**.

まんいん【満員の】 full［ふる］
▸バスは乗客で満員でした.
The bus was **full** of passengers.
満員電車 an overcrowded train, a jam-packed train

✻**まんが【漫画】** comics［カミックス］（◆最近は manga で通じることも多い）;（数こま続きの）a comic strip［カミック ストゥリップ］;（風刺(ふうし)的な）a cartoon［カートゥーン］
▸漫画をかくのが大好きだ. I love to draw **cartoons** [**comic strips**].
漫画の comic［カミック］
▸修二は漫画の本をたくさん持っている.
Shuji has a lot of **comic** books.
漫画家 a cartoonist［カートゥーニスト］
▸わたしは漫画家になりたい.
I want to be a **cartoonist**.

日本紹介 漫画はコミック本で, 日本ではとても人気があります. 日本の漫画は質が高いので, 海外にも多くのファンがいます. 近ごろでは, ヒットした漫画は映画やテレビゲームなどにされることが多くあります.
Manga are comic books and are very popular in Japan. Because the quality of Japanese *manga* is high, they have many fans abroad, too. These days successful *manga* are often made into movies, video games and so on.

まんかい【満開で】 in full bloom［ブるーム］
▸スミレの花が今, 満開です. The violets are **in full bloom** now.

マングローブ〘植物〙a mangrove (tree)［マぁングロウヴ］

まんげつ【満月】 a full moon ➡つき[1]
▸昨夜は満月でした. There was a **full moon** last night.

マンゴー〘植物〙a mango［マぁンゴウ］

✻**まんじゅう** a *manju*, a steamed bun filled with sweet bean paste

マンション（1世帯分の部屋）〘米〙an apartment,〘英〙a flat［ふらぁット］;（分譲(ぶんじょう)の高級マンション）a condominium［カンドミニアム］（◆mansion は広い庭つきの「大邸宅(ていたく)」を言う）
▸わたしはマンションの3階に住んでいます. I live on the third floor of an **apartment** building [house].（◆建物は apartment building, apartment house と言う）

まんせい【慢性の】 chronic［クラニック］

まんぞく【満足】 satisfaction［サぁティスふぁクシャン］
満足な satisfactory［サぁティスふぁクトリ］
▸駿の説明は満足できるものではなかった. Shun's explanation wasn't **satisfactory** to me.
満足する be* satisfied《with ...》［サぁティスふァイド］, be content《with ...》［コンテント］
▸彼女の成功にわたしたちは満足した.
We **were satisfied with** her success.

まんちょう【満潮】 (a) high tide［ハイ タイド］, (a) full tide

マンツーマン one-to-one［ワントゥワン］, man-to-man［マぁントゥマぁン］
▸マンツーマンの教育
one-to-one teaching

まんてん【満点】 a perfect score

マント a cloak［クろウク］

マンドリン〘楽器〙a mandolin［マぁンダりン］

まんなか【真ん中】 the center［センタ］, the middle［ミドゥる］

マンネリ【マンネリの】（型にはまった）stereotyped［ステリオタイプト］;（お決まりの）routine［ルーティーン］

まんねんひつ【万年筆】 a fountain pen［ふァウンテン ペン］

まんびき【万引き】 shoplifting［シャップりふティング］;（人）a shoplifter
万引きする shoplift［シャップりふト］

まんぷく【満腹】 be* full
▸もう満腹だ. **I'm full**. /（→じゅうぶん食べた）I've had enough.

マンボ〘音楽〙(a) mambo［マーンボウ］

マンホール a manhole［マぁンホウる］

まんまえ【真ん前に[の]】 just in front of ... ➡ましょうめん

まんまる【真ん丸】 a (perfect) circle［パ～ふェクト サ～クる］➡まるい
真ん丸な (perfectly) round

▸真ん丸な顔　a **round** face

マンモス〖動物〗a mammoth［マあモす］

まんるい【満塁になる】

The bases are loaded.

満塁ホームラン　a grand slam, a bases-loaded homer

Q「みこし」を英語でどう言う？
➡「みこし」を見てみよう！

ミ〖音楽〗（音階）mi［ミー］

・**み**[1]**【実】**（果実）(a) **fruit**［ふルート］；（木の実）a **nut**［ナット］；（イチゴなどの実）a berry［ベリ］

▸この桃(もも)の木はよく実がなった．　This peach tree bore a lot of **fruit**.

み[2]**【身】**（身体）a body［バディ］；（立場）a place［プれイス］

▸**わたしの身にもなってよ．**
Just put yourself in my place.

✻**みあい【見合い】**

miai, an arranged meeting between a man and a woman who are interested in getting married

見合い結婚　an arranged marriage

みあげる【見上げる】

look up《at ...》

▸わたしは晴れわたった空を**見上げた．**
I **looked up at** the clear sky.

みあたらない【見当たらない】

can't find

▸自転車のかぎが見当たらない．
I **can't find** my bike key.

みいだす【見いだす】

find* ➡**みつける**

ミーティング　a meeting［ミーティング］

▸ミーティングを開く　hold a **meeting**

ミート　（肉）meat［ミート］

ミートソース　meat sauce

ミートパイ　a meat pie

ミートボール　a meatball

ミイラ　a mummy［マミ］

みうごき【身動き】

▸バスはとてもこんでいて**身動きがとれなかった．**　The bus was so crowded that I **couldn't move at all**.

みうしなう【見失う】

lose* sight of ...., miss［ミス］

▸人ごみで美加を**見失った．**　I **lost sight of** Mika in the crowd.

みうち【身内】（家族）one's family［ふぁミリ］；（親戚(しんせき)）one's relatives［レラティヴズ］

みえ【見え】　（見せびらかし）show［ショウ］；（虚栄(きょえい)心）vanity［ヴぁニティ］

見えをはる　show* off

▸彼は**見えっぱりだ．**　He's a **show-off**.

・**みえる【見える】**

❶〖目に映る〗**see;**〖目につく〗**show**
❷〖見ることができる〗**can see**
❸〖(…のように)思われる〗**look, seem**

❶〖目に映る〗**see***［スィー］；〖目につく〗**show***［ショウ］

▸辺りを見回したが人影(かげ)は**見えなかった．**
I looked around but **saw** nobody.

ダイアログ　**描写する**

A: シャツに穴が開いてるんだ．
There's a hole in my shirt.

B: だいじょうぶ．見えやしないよ．
Don't worry. It won't **show**.

▸自由の女神(めがみ)が**見えてきた**（→視界に入ってきた）．The Statue of Liberty has **come into sight**.

❷〖見ることができる〗can* see

▸そこから花火が見える？
Can you **see** the fireworks from there?（◆見るのに困難や努力が必要とされるとき，can を用いる．ふつうは Do you see ...?）

▸列車が走っているのが**見える．**
I **can see** a train running.
（◆「…が～しているのが見える」は《can see ... ＋～ing》；「…が～するのが見え

る」なら《can see ... ＋動詞の原形》)

❸〖(…のように)思われる〗

look [るック], **seem** [スィーム]

▸原先生は疲(つか)れているように見える. Ms. Hara **looks** tired.

…のように見える《**look like** ＋名詞》

▸岸さんは先生には見えない. Mr. Kishi doesn't **look like** a teacher.

みおくり【見送り】

a send-off [センドオーふ] ➡**みおくる**

▸きみを見送りに成田空港まで行くよ. I'll go to Narita Airport to give you **a send-off** [see you off].

・みおくる【見送る】 see* ... off

▸わたしは門の所でおじを見送った. I **saw** my uncle **off** at the gate.

みおとす【見落とす】

overlook [オウヴァるック]

みおぼえ【見覚えがある】

remember seeing (... before), recognize [レコグナイズ]

▸その男の子には見覚えがある. I **remember seeing** the boy **before**.

みおろす【見下ろす】

(下を見る) look down《at ...》, (人や行為をさげすむ) look down on ...

みかい【未開の】 (原始的な) primitive [プリミティヴ]; (文明化されていない) uncivilized [アンスィヴィらイズド]; (野蛮(やばん)な) barbarian [バーベリアン]

みかいけつ【未解決の】

unsolved [アンサるヴド]

みかく【味覚】

the (sense of) taste [テイスト]

・みがく【磨く】

❶〖きれいにする〗polish [パりッシ], brush [ブラッシ]

▸靴(くつ)を磨く **polish** shoes

▸食後には歯を磨きましょう. Let's **brush** our teeth after meals.

❷〖向上させる〗improve [インプルーヴ]

▸腕(うで)を磨く **improve** one's skill(s)

みかけ【見掛け】

(an) appearance [アピアランス]

みかげいし【みかげ石】

granite [グラぁニット]

みかける【見掛ける】 see* [スィー]

▸きのう公園でジョンを見かけた. I **saw** John in the park yesterday.

みかた¹【味方】 a friend [ふレンド] (対義語「敵」an enemy)

味方する take* one's side; (味方である) be* on one's side

▸あなたは彼の味方をするのですか? Are you **taking his side**?

▸わたしはあなたの味方です. I **am on your side**.

みかた²【見方】 a viewpoint [ヴューポイント], a point of view

▸わたしの見方はあなたたちとちがう. I have a different **viewpoint** from yours.

みかづき【三日月】

a crescent [クレスント] ➡**つき¹**

ミカン 〖植物〗a *mikan*, a Japanese orange [オーレンヂ], a satsuma (orange)

みかんせい【未完成の】

unfinished [アンふィニッシト], incomplete [インコンプリート]

みき【幹】 a trunk [トゥランク]

:みぎ【右】 the **right** [ライト] (対義語「左」the left)

右の right

右に, 右へ right

ダイアログ 説明する

A: 市役所はどこですか? Where's the city hall?

B: 銀行の角を右に曲がると, 右側に見えます. Turn **right** at the bank, and you'll find it on your **right**.

▸右手をけがした. I've hurt my **right** hand.

▸**回れ, 右!** 〖号令〗**About face!**

右側通行 〖掲示〗Keep (to the) Right

▲「右側通行」の標識

右利(き)きの right-handed

右回りに (時計回りに) clockwise [クらックワイズ]

ミキサー (果実などを液状にする) a blender [ブれンダ]; (小麦粉・バターなどを混ぜる) a mixer [ミクサ]

ミキサー車 a cement mixer (truck), a cement truck

みぐるしい【見苦しい】（ぶかっこうな） ugly［アグり］；（不名誉(めいよ)な） disgraceful［ディスグレイスふる］

ミクロ micro［マイクロウ］

みけねこ【三毛猫】
〘動物〙a calico cat［キぁりコウ］

✲**みこし** a *mikoshi*, a movable shrine［ムーヴァブる シュライン］

みごと【見事な】 wonderful［ワンダふる］, beautiful［ビューティふる］, splendid［スプれンディッド］

みごとに wonderfully, splendidly; （完ぺきに） perfectly［パ～ふェクトり］

▸**おみごと**（→よくやった）！ **Well done**!

みこみ【見込み】
（可能性） (a) chance［チぁンス］;
（望み） (a) hope［ホウプ］
▸彼女に勝てる**見こみ**はあるの？ Do you have a **chance** of beating her?

みこん【未婚の】 unmarried［アンマぁリド］; （独身の） single［スィングる］（♦single は離婚(りこん)した人もふくむ. 最近は unmarried より single のほうが好まれる）

ミサ (a) Mass［マぁス］

ミサ曲 (a) mass

ミサイル a missile［ミスる］

みさき【岬】 a cape［ケイプ］

:**みじかい【短い】** **short**［ショート］
（対義語「長い」long）
▸このひもは**短**過ぎます.
This string is too **short**.
▸わたしは**短い**期間で試験の準備をしなければならない. I have to prepare for the exams in a **short** period.

短く short
▸髪(かみ)を**短く**切った.
I had my hair cut **short**.（♦have my hair cut で「わたしの髪を切ってもらう」の意味. この cut は過去分詞）

短くする make* ... short, shorten
▸スピーチを少し**短く**した. I **made** my speech a little **shorter**.

ミシシッピがわ【ミシシッピ川】
the Mississippi［ミスィスィピ］

みじめ【惨めな】
miserable［ミゼラブる］

みじゅく【未熟な】
（成熟していない）immature［イマチュア］;
（技術的に） unskillful［アンスキるふる］

未熟児 a premature baby

みしらぬ【見知らぬ】 strange［ストゥレインヂ］, unfamiliar［アンふァミりャ］
▸**見知らぬ**町 an **unfamiliar** town

ミシン a sewing machine［ソウイングマシーン］

ミス a mistake, an error ➡**まちがい**

ミスをする make* a mistake ➡**まちがえる**

:**みず【水】** **water**［ワタ］（♦a をつけず, 複数形にしない）;
（湯に対して） cold water
▸**水**を１杯(ぱい)ください.
Give me a glass of **water**, please.
▸（水道の）**水**を止める
turn off the **water**

水をまく, 水をやる water
▸庭に**水**をまいてちょうだい.
Please **water** the garden.

水鉄砲(でっぽう) a water pistol

水飲み場 a place for drinking water

みずいろ【水色(の)】 light blue

:**みずうみ【湖】** a **lake**［れイク］
（♦湖の名は Lake ... と言う.「阿寒湖」なら Lake Akan とし, the はつけない）
▸この**湖**でスケートができます.
We can skate on this **lake**.

みずがめざ【みずがめ座】
Aquarius［アクウェリアス］, the Water Bearer［ワタ ベアラ］➡**じゅうに**

みずから【自ら】 oneself［ワンセるふ］
▸人にやれと言うだけでなく, **自ら**もやりなさい. You shouldn't only tell others to do it, but also do it **yourself**.

みずぎ【水着】 a swimsuit［スウィムスート］, a bathing suit［ベイズィング スート］; （男性の） swim(ming) trunks［トゥランクス］

みずくさ【水草】 a water plant

みずたま【水玉】
（水玉模様） polka dots［ポウるカ ダッツ］

水玉模様の polka-dot［ポウるカダット］

みずたまり【水たまり】
a pool［プーる］

ミステリー（神秘） (a) mystery［ミステリ］;（推理小説） a mystery (story)

みすてる【見捨てる】 desert

[ディザ〜ト], abandon [アバぁンダン]

みずとり【水鳥】 a water bird

みずびたし【水びたしになる】
be* covered with water
▸床(ゆか)は水びたしだった. The floor **was covered with water**.

みずぶくれ【水膨れ】
a blister [ブリスタ]

みずぶそく【水不足】
a shortage of water
▸その地域は深刻な水不足に苦しんでいる. The district suffers from a serious **shortage of water**.

みすぼらしい
shabby [シぁビ], poor [プア]

⁑みせ【店】 a **store** [ストーア], a **shop** [シャップ]
(♦主に〖米〗では store を,〖英〗では shop を用いる) ➡表
▸あの店はテレビが安い.
That **store** sells cheap TVs. / They sell TVs cheap at that **store**. (♦they は「店の人たち」を指す)

みせいねん【未成年】
(未成年者) a minor [マイナ];
(未成年期) minority [ミノーリティ]
未成年(者)である be* under age

みせびらかす【見せびらかす】
show* off, display [ディスプれイ]

みせもの【見世物】 a show [ショウ]

•みせる【見せる】 **show*** [ショウ], let* ... see [スィー]
▸あなたの時計を見せて.
Show me your watch. / **Let** me see your watch.
▸(店で)これを見せてもらえますか?
Can I take a look at this?
▸この子は医者にみせた(→連れて行った)ほうがいい. You should take him [her] to the doctor.
…してみせる will*
▸わたしがやってみせる. I **will** try it!
(♦強い主張を表すとき, will を強く言う)

✲みそ【味噌】
miso, fermented soybean paste
みそ汁(しる) *miso* soup

みぞ【溝】 a ditch [ディッチ];
(道路の側溝(そっこう)) a gutter [ガタ]

みそこなう【見損なう】(失望する)
be* disappointed [ディサポインティッド]
▸あなたのこと, 見そこないました.
I'm disappointed in you.

みぞれ sleet [スリート]
みぞれが降る sleet (♦主語は it)

-みたい like [らイク] ➡-よう[1]
▸あの岩はライオンみたいだ.
That rock looks **like** a lion.

みだし【見出し】
(新聞の) a headline [ヘッドらイン]
見出し語 a headword [ヘッドワ〜ド], an entry [エントゥリ]

みだしなみ【身だしなみ】
(外見) (an) appearance [アピアランス]
身だしなみのよい
neat (in appearance) [ニート]

みたす【満たす】
(いっぱいにする) fill [ふィる];
(満足させる) satisfy [サぁティスふァイ]
▸由紀はびんに水を満たした.
Yuki **filled** the bottle with water.

みだす【乱す】 disturb [ディスタ〜ブ]

みだれる【乱れる】(順序などが)
be* out of order; (秩序(ちつじょ)などが)

◆店の名

薬屋	pharmacy [ふァーマスィ]	花屋	flower shop [ふらウア]
靴(くつ)屋	shoe store [シュー]	ファーストフード店	fast-food restaurant [ふぁストふード レストラント]
コンビニエンスストア	convenience store [コンヴィーニャンス]	パン屋	bakery [ベイカリ]
雑貨屋	drugstore [ドゥラッグストーア]	美容院	beauty shop [ビューティ]
スーパーマーケット	supermarket [スーパマーケット]	ペットショップ	pet shop [ペット]
スポーツ用品店	sporting goods store [スポーティング グッヅ]	八百屋(やおや)	vegetable store [ヴェヂタブる]
デパート	department store [ディパートメント]	服屋	clothing store [クろウずィング]
肉屋	butcher shop [ブチャ]	理髪(りはつ)店	barbershop [バーバシャップ]

be thrown into disorder
▸休み中はしばしば生活が**乱れる**.
My life **is** often **thrown into disorder** during a vacation.
▸電車のダイヤが乱れています.
Train services are disrupted.

⁝みち¹【道】

❶『通行する所』a road; a street; a way
❷『手段』a way
❸『進路』a course, a way

み

❶『通行する所』(車の通る) a **road** [ロウド]; (通り) a **street** [ストゥリート]; (道筋) a way [ウェイ]
▸競技場へ行く**道**はたいへんこんでいた.
The **road** to the stadium was very crowded.
▸この**道**はいつも交通量が多い.
The traffic is always heavy on this **street**.

ダイアログ　質問する・説明する
A: すみませんが, 警察署へ行く**道**を教えていただけませんか? Excuse me, but would you tell me the **way** to the police station?
B: ええ. この**道**をまっすぐです. Sure. Go straight along this **street**.

▸ちょっと**道**を空けてください.
Please make **way** for me.

くらべよう「道」の言い方いろいろ
車が通る広い道で, 町と町とを結ぶものを **road**, 街中の建物が立ち並ぶ道を **street**, 車の通らない小道を **path** [パぁす] と言います.「道をたずねる」などと言うときの「(…へ行く)道」や「通路」が **way** です.

❷『手段』a **way**
▸今, わたしたちが取るべき**道**は1つしかない. There's only one **way** for us to take now.

❸『進路』a **course** [コース], a **way**
▸それぞれの**道**で, 一生懸命(けんめい)やろう.
Let's do our best in each **course**.

みち²【未知の】
unknown [アンノウン]

みちあんない【道案内】
(人) a guide [ガイド]
➡巻頭カラー 英語発信辞典⑪
道案内する show* ... the way

みぢか【身近な】
familiar [ふァミりャ], close [クろウス]
▸身近な問題 **familiar** matters

みちがえる【見違える】
▸真紀は**見ちがえるほど**大人になった.
Maki has become mature **beyond all recognition**.

みちくさ【道草を食う】
waste one's time on the way; (立ち寄る) drop in ... on the way

みちじゅん【道順】
a route [ルート], a course [コース]

みちしるべ【道しるべ】
(道路標識) a signpost [サインポウスト]

みちなり【道なりに行く】
follow [ふァろウ]
▸この通りを**道なりに行き**なさい.
Follow this street.

みちのり【道のり】
➡きょり

みちばた【道端】
a roadside [ロウドサイド]

みちびく【導く】
lead* [リード], guide [ガイド]
▸消防士が人々を安全な所へ**導いた**.
The fire fighters **led** the people to a safer place.

みちる【満ちる】
become* [be*] full《of ...》, fill《with ...》[ふィる]

みつ
(ハチの) honey [ハニ]; (花の) nectar [ネクタ]

みつあみ【三つ編み】
〖米〗braids [ブレイヅ], 〖英〗plaits [プれイツ]
▸みゆきは髪(かみ)を**三つ編み**にしている.
Miyuki wears her hair in **braids**.

みっか【三日】
(日数) three days; (暦(こよみ)の) (the) third [さ~ド]
三日坊主
a person who gives up easily

みつかる【見つかる】
be* found [ふァウンド]

ミックス【ミックスする】
(混ぜる) mix [ミックス] ➡まぜる
ミックスジュース mixed juice

ミックスダブルス （テニス・バドミントンなどの） mixed doubles

みつける【見つける】

find* ［ふァインド］；
（よく考えたり調べたりして） find out；
（発見する） discover ［ディスカヴァ］
▸おじがよい辞書を見つけてくれた.
My uncle **found** me a good dictionary. / My uncle **found** a good dictionary for me.
▸やっと解決法を見つけた.
I finally **found out** the solution.
▸貝の化石を見つけた.
I **discovered** a fossil of a shell.

結びつくことば
間違いを見つける find a mistake
落とし物を見つける find lost property
原因を見つける find the cause
…のための時間を見つける find time for ...
偶然見つける find ... by chance

みっしゅう【密集する】
（家などが）stand* close together

ミッションスクール
a Christian school ［クリスチャン］

みっせつ【密接な】 close ［クろウス］
▸言語と文化には密接な関係がある.
There is a **close** relationship between language and culture.
密接に closely ［クろウスり］

みっつ【三つ】
（数） three ［すリー］ ➡さん[1]；
（年齢(ねんれい)） three (years old) ➡-さい[1]

ミット a mitt ［ミット］

みつど【密度】 density ［デンスィティ］
▸人口密度 population **density**

みっともない （恥(は)ずかしい）
disgraceful ［ディスグレイスふる］

ミツバチ 〖昆虫〗 a honeybee ［ハニビー］, a bee ［ビー］

みつめる【見つめる】 gaze 《at ...》 ［ゲイズ］, stare 《at ...》 ［ステア］
▸美紀は鏡に写った自分の姿をじっと見つめた. Miki **gazed at** herself in the mirror.

みつもり【見積もり】
an estimate ［エスティメット］
見積もる estimate ［エスティメイト］
▸パソコンの修理代は２万円と見積もられた. The cost of the repairs on my computer was **estimated** at twenty thousand yen.

みつゆ【密輸】
smuggling ［スマグりング］
密輸する smuggle ［スマグる］

みつりん【密林】
a jungle ［ヂャングる］

みてい【未定の】 undecided ［アンディサイディッド］, unfixed ［アンふィックスト］

みとおし【見通し】
(a) prospect ［プラスペクト］
▸彼女の将来の見通しは明るい.
Her **prospects** are bright.
▸霧(きり)のために**見通しが悪い**(→先が遠くまで見えない). We **can't see far ahead** because of the fog.

みとめる【認める】
（承認する） admit ［アドミット］；
（受け入れる） accept ［アクセプト］
▸仁は自分のまちがいをやっと認めた.
Jin finally **admitted** his mistake.
▸この理論はいつか認められるようになるでしょう. This theory will be **accepted** someday.

みどり【緑(の)】 green ［グリーン］

▸薄(うす)い緑 light **green**
▸濃(こ)い緑 dark **green**
みどりの日 Greenery Day ［グリーナリ］

みとれる【見とれる】
be* fascinated 《with [by] ...》
［ふぁスィネイティッド］

ミトン a mitten ［ミトゥン］（♦ふつう複数形で用い，数を示すときは a pair of mittens などとする） ➡てぶくろ

みな【皆】 all ［オーる］；

（人） **everybody** ［エヴリバディ］, **everyone** ［エヴリワン］；
（物事） **everything** ［エヴリすィング］
➡ぜんいん, ぜんぶ, みんな
▸わたしたちはみな歌うのが好きです.
All of us like singing.
▸みなさん, 静かにしてください.
Everybody, please be quiet.

みなおす【見直す】
（もう一度調べる）look over ... again
▸答案を提出する前にもう一度見直した.
I **looked over** my answer sheets **again** before I handed them in.

みなす【見なす】 look on ... as,

regard ... as, take* it (that)
▸われわれはシェークスピアを最も偉大(いだい)な詩人の1人とみなしている.
We **look on** [**regard**] Shakespeare **as** one of the greatest poets.

みなと【港】 a **harbor** [ハーバ], a **port** [ポート]
(♦港の名前は Port ... または the Port of ... と言う;「焼津港」は Port Yaizu, または the Port of Yaizu)
▸港には船が15せき停泊(ていはく)していた.
There were fifteen ships in the **harbor**.
▸わたしたちの船が港に入った.
Our ship entered the **port**.
港町 a port (town)

くらべよう harbor と port
harbor は単に船が停泊するための場所を指しますが, **port** は商港の意味で, しばしば付属した港町までふくみます.

みなみ【南】 the **south** [サウす] (♦S. と略す)
(対義語「北」the north)
南の south, southern [サざン]
南へ, 南に
south, southward [サウすワド]
▸あすは南の風, 晴れでしょう.
Tomorrow we will have fair skies with winds from **the south**.
▸日本では, カッコウは秋になると南へ飛んで行く. In Japan, cuckoos fly **south** in (the) fall.
南アフリカ South Africa
南アメリカ South America
南風 a south wind
南口 the south exit
南十字星 〖天文〗 the Southern Cross
南半球 the Southern Hemisphere

みなもと【源】
(水源) a source [ソース]

みならう【見習う】 follow a person's example [イグザぁンプる]
▸きみはメグを見習うべきだ. You should **follow** Meg's **example**.

みなり【身なり】 (服装) dress

みなれた【見慣れた】
familiar [ふァミりャ]
見慣れない unfamiliar [アンふァミりャ]
▸**見慣れない人**が通りでわたしに話しかけてきた. A **stranger** spoke to me on the street.

ミニ mini- [ミニ-] (♦「小型の」の意味)
ミニカー (模型の) a miniature car [ミニアチャ カー]
ミニスカート a miniskirt

みにくい【醜い】 ugly [アグり]

ミニチュア a miniature [ミニアチャ]
ミニチュアの miniature

みにつける【身に付ける】 put* on
身につけている wear* [ウェア] ➡きる[2]

みぬく【見抜く】
see* through ... [すルー]
▸母はわたしのうそを見抜いた.
My mother **saw through** my lies.

みね【峰】 a peak [ピーク]

ミネラル a mineral [ミネラる]
ミネラルウォーター mineral water

みのうえ【身の上】 (個人的事情)
one's personal affairs [アふェアズ]
身の上話 the story of one's life

みのがす【見逃す】
(見落とす) miss [ミス];
(大目に見る) overlook [オウヴァるック]
▸この映画は見逃しません.
I'm not going to **miss** this movie.

ダイアログ 許す
A: お父さん, これからは約束を守ります.
I'll keep my word from now on, Dad.
B: まあ, 今回は見逃してやろう.
Well, I'll **overlook** it this time.

みのまわり【身の回り】
▸母が祖母**の身の回りの世話をし**ています. My mother **looks after** my grandmother.
身の回りの品 one's belongings, one's personal things, one's gears

みのる【実る】 bear* fruit ➡み[1]
▸わたしたちの努力がついに実った.
Our efforts **bore fruit** at last.

みはらし【見晴らし】
a view [ヴュー]
▸あの丘(おか)は見晴らしがいい. There is a fine **view** from that hill.

みはり【見張り】
watch [ワッチ], guard [ガード];
(人) a watch, a watchman, a guard

みはる【見張る】
watch [ワッチ], keep* watch

▸かばんを見張っていてください.
Please **watch** my bag.

みぶり【身振り】
a gesture［ヂェスチャ］
▸ルースはついて来るように**身振りで合図した**. Ruth **gave me a sign** [**gestured** to me] to follow her.

みぶん【身分】（社会的地位）
a (social) position［ポズィシャン］
身分証明書 an identification card［アイデンティふィケイシャン］
（♦an ID (card) と略す）

みぼうじん【未亡人】
a widow［ウィドウ］

みほん【見本】 a sample［サぁンプる］
見本市 a trade fair

みまい【見舞い】 a visit
見舞いに行く visit
▸みんなで病院へ優太の**見舞いに行った**.
We **visited** Yuta in the hospital.
見舞い客 a visitor
見舞い品
a present (for a sick person)

みまもる【見守る】 watch［ワッチ］
▸わたしたちは小鳥がえさを食べるのを**見守った**. We **watched** the birds feed.（♦「…が～するのを見守る」は《watch ... ＋動詞の原形》）

みまわす【見回す】
look around［アラウンド］

みまわり【見回り】
patrol［パトゥロウる］
▸**見回り中で** on **patrol**

みまわる【見回る】
patrol［パトゥロウる］

みまん【…未満】 less than ...
（対義語「以上」more than), under ...［アンダ］（対義語「以上」over）
▸18歳(さい)**未満**は入場お断り
〖掲示〗No One **under** Eighteen (Is) Admitted

⁑みみ【耳】
❶〖動物・人の〗an **ear**［イア］
▸ウサギは**耳**が長い.
Rabbits have long **ears**.
▸**耳**鳴りがする. My **ears** are ringing.
❷〖聴力(ちょうりょく)〗hearing［ヒアリング］;
〖聞く力〗an ear
▸あなたは**耳**がいいね.
You have good **hearing**.
▸玲奈は音楽を聞く**耳**がある. Rena has a good **ear** for music.（♦この意味のときは ear を単数形で用いる）
▸祖母は**耳**が遠い. My grandmother is hard of **hearing**.
耳が聞こえない deaf［デふ］
▸彼女は子供のころ耳が聞こえなくなった（→聴力を失った）. She lost her hearing in her childhood.
耳あか earwax［イアワぁックス］
耳かき an ear pick［イア ピック］
耳たぶ an earlobe［イアろウブ］

ミミズ
〖動物〗an earthworm［ア～すワ～ム］

みみっちい（心が狭(せま)い）
narrow-minded［ナぁロウマインディッド］

みもと【身元】
one's identity［アイデンティティ］
身元を確認する
identify［アイデンティふァイ］

✲みや【宮】
（神社）a (Shinto) shrine［シュライン］

みゃく【脈】 a pulse［パるス］
▸看護師は彼の**脈**をとった.
The nurse took his **pulse**.
脈拍(みゃくはく)数 a pulse, a heart rate

みやげ a present［プレズント］, a gift;
（記念品）a souvenir［スーヴェニア］
▸お母さん, これ, **おみやげ**. 京都で買ったんだ. Mom, this is a **present** for you. I got it in Kyoto.（♦人にあげる「みやげ」には present や gift を用いることが多い）
みやげ物店
a souvenir shop, a gift shop

みやこ【都】（首都）a capital［キぁピトゥる］➡しゅと

みやぶる【見破る】 see* through ...［すルー］➡みぬく

ミャンマー Myanmar［ミャンマー］
（♦旧称(きゅうしょう)ビルマ Burma［バ～マ］）

ミュージカル
a musical［ミューズィクる］

ミュージシャン
（音楽家）a musician［ミューズィシャン］

みょう【妙な】 strange［ストゥレインヂ］
➡きみょう, へん[1]

みょうごにち【明後日】
the day after tomorrow ➡あさって

みょうじ【名字】 one's family name, one's last name ➡なまえ

み

ダイアログ 質問する
A:ジャック・ロバートです. My name is Jack Robert.
B:ジャックとロバートのどちらが名字ですか? Which is **your family name**, Jack or Robert?

みょうにち【明日】
tomorrow [トゥマーロウ] ➡**あした**

みょうばん【明晩】
tomorrow night, tomorrow evening

‡みらい【未来】 (a) future [ふューチャ]
▸未来にはどんなことがわたしたちを待ち受けているのだろう? What does the **future** hold for us?
未来に, 未来は in the future

ミリ
milli- [ミり-] (♦「1,000 分の 1」の意味)
ミリメートル a millimeter [ミりミータ] (♦mm と略す)
ミリグラム a milligram [ミりグラぁム] (♦mg と略す)
ミリリットル a milliliter [ミりりータ] (♦ml と略す)

みりょく【魅力】 (an) attraction [アトゥラぁクシャン], (a) charm [チャーム]
▸わたしはパリに強い魅力を感じた. I felt a strong **attraction** to Paris.
魅力的な attractive [アトゥラぁクティヴ], charming [チャーミンヶ]

✻みりん
mirin, sweet sake for cooking

‡みる【見る】

❶ [目でとらえる] see; look; watch
❷ [調べる] check; look ... up; see
❸ [世話をする] take care of ..., look after ...
❹ [試(ため)す] try

❶ [目でとらえる] **see*** [スィー];
(目を向ける) **look** 《at ...》;
(注意してみる) **watch** [ワッチ]
▸最近, 映画を見ましたか?
Have you <u>seen</u> [**watched**] any movies recently?
…**が〜するのを見る** 《<u>**see**</u> [**look at, watch**] +(人・物)+動詞の原形》
▸明がフェンスを飛び越(こ)えるのを見た.
I **saw** Akira **jump** over the fence.
…**が〜しているのを見る** 《<u>**see**</u> [**look at, watch**] +(人・物)+〜**ing**》
▸わたしはオリビアがハロルドと歩いているのを見た. I **saw** Olivia **walking** with Harold.
▸わたしは壁(かべ)に掛(か)かった写真を見た.
I **looked at** the photo on the wall.
▸きのうの試合, テレビで見た? Did you **watch** yesterday's game on TV?
じっと見る gaze 《at ...》 [ゲイズ], stare 《at ...》 [ステア] ➡**みつめる**
ちらっと見る glance 《at ...》 [グラぁンス], glimpse [グリンプス]

くらべよう see, look at, watch
see は主に「(見ようと意識しないで)目に入る」, **look at** は「(見ようとして)目を向ける」という意味. **watch** は「じっと見続ける」ことを表します.

❷ [調べる] **check** [チェック];
(辞書などで) look ... up 《<u>in</u> [on] ...》;
(医者にみてもらう) see*
▸出かける前に戸締(じ)まりを見て.
Check the doors before you leave.
▸医者にみてもらったほうがいいですよ.
You should **see** a doctor.
❸ [世話をする] take* care of ..., look after ...
▸留守の間, 犬を見てくれる? Will you **take care of** my dog during my absence?
❹ [試す] **try** [トゥライ]
▸このシャツを着てみていいですか?
Can I **try** this shirt on?
…**してみる** 《**try** +〜**ing**》
▸思い切ってヘレンにメールを書いてみた. I dared to **try writing** an e-mail to Helen.

ミルク milk [ミるク] ➡**ぎゅうにゅう**
▸粉ミルク powdered **milk**
ミルクチョコレート milk chocolate
ミルクティー tea with milk

ミレニアム millennium [ミれニアム]

みわける【見分ける】
tell* the difference [ディふァレンス], tell ... from 〜
▸雌牛(めうし)と雄牛(おうし)を見分けられますか? Can you **tell the difference** between a cow and a bull? / Can you **tell** a cow **from** a bull?

みわたす【見渡す】
(見下ろす) overlook［オウヴァるック］;
(まわりを) look around (...)［アラウンド］
▸ここから海が見渡せる.
This place **overlooks** the sea.
▸**見渡すかぎり**トウモロコシ畑だった.
There were corn fields **as far as the eye** [**we**] **could see.**

ミンク〖動物〗mink［ミンク］

みんげいひん【民芸品】
a folk craft［ふォウク クラぁふト］

みんしゅ【民主的な】
democratic［デモクラぁティック］
民主主義 democracy［ディマクラスィ］

みんしゅう【民衆】
the people［ピープる］

みんしゅく【民宿】〖米〗a tourist home［トゥアリスト ホウム］,
〖英〗a guesthouse［ゲストハウス］

みんぞく【民族】 an ethnic group［エすニック］, a people［ピープる］
(♦people は,「民族」や「国民」の意味のときは a をつけたり複数形にしたりする)
▸アジアの諸民族
various **ethnic groups** in Asia
▸日本民族 the Japanese (**people**)
民族衣装(いしょう) a folk costume
民族音楽 folk music

みんぞくがく【民俗学】
folklore［ふォウクろーア］

ミント〖植物〗mint［ミント］

:みんな **all**［オーる］;
(人) **everybody**［エヴリバディ］, **everyone**［エヴリワン］;
(物事) **everything**［エヴリすィング］
➡**ぜんいん, ぜんぶ, みな**
▸家族のみんな **all** one's family
▸みんなそろっていますか?
Is **everybody** here? (♦every- は単数あつかい)
▸みんながきみの意見に賛成するとはかぎらない. We don't **all** agree [Not every one of us agrees] with you.
(♦all や every は, not とともに用いると, ふつう「みんな…とはかぎらない」という部分否定になる)
みんなで all together［トゥゲざ］
▸みんなで歌いましょう.
Let's sing **all together**.

みんぽう【民放】(民間放送)
commercial broadcasting［コマ～シャる ブロードキぁスティング］; (放送局)
a commercial broadcasting station

みんよう【民謡】
a folk song［ふォウク ソーング］

みんわ【民話】
a folk tale［ふォウク テイる］

む ム

Q 昔話の「昔々」は英語でどう言う?
➡「むかし」を見てみよう!

む【無】 nothing［ナすィング］

むいか【六日】(日数) six days;
(暦(こよみ)の) (the) sixth

むいしき【無意識】
unconsciousness［アンカンシャスネス］
無意識の unconscious［アンカンシャス］
無意識(のうち)に unconsciously

むいみ【無意味】
nonsense［ナンセンス］
無意味な meaningless［ミーニングれス］, senseless［センスれス］

ムース (a) mousse［ムース］

ムード (雰囲気(ふんいき)) (an) atmosphere［あトゥモスふィア］

ムートン sheepskin［シープスキン］

むえき【無益な】 useless［ユースれス］

むかい【向かいの】(真向かいの)
opposite［アポズィット］➡**むこう**[1]
…**の向かいに** opposite ...; (渡(わた)って向こうに) across ...［アクロース］
▸通りの向かいの建物は消防署です.
The building on the **opposite** side of the street is a fire station. / The building **across** the street is a fire station. (♦後者の場合, 必ずしも「真向かい」を意味しない)
▸彼女はテーブルの向かい側に座った.
She sat **across** the table from me.
向かい風 (a) head wind
(対義語「追い風」(a) tail wind)

むがい【無害の】
harmless［ハームれス］

＊むかう【向かう, 向かって】

❶〘…の方へ進む〙head for ...
❷〘面する〙face
❸〘…に逆(さか)らって〙against ...
〘…をねらって〙at ...
〘…に対して〙to ...

❶〘…の方へ進む〙
head for ... [ヘッド ふォ]
▸列車は別府に向かっていた. The train was **heading for** Beppu.
▸ジェイミーはこちらへ**向かっている**(→ここへ来る途中(とちゅう)だ).
Jamie **is on the way** here.
❷〘面する〙**face** [ふェイス]
▸困難にも勇気をもって立ち向かうべきだ. We should **face** difficulties with courage.
▸佳代は真剣(しんけん)な顔をして**机に向かって**いる. Kayo is sitting **at her desk** with a serious look on her face.
▸わたしは美紀と**向かい合って**座(すわ)った.
I sat **face to face** with Miki.
❸〘…に逆らって〙
against ... [アゲンスト];
〘…をねらって〙at ...;〘…に対して〙to ...
▸わたしたちは風**に向かって**進んだ.
We moved **against** the wind.
▸英士は壁(かべ)**に向かって**ボールを投げた.
Eiji threw a ball **at** the wall.

むかえ【迎え】

▸友達**を迎えに**駅まで行ってきます.
I'm going to the station **to meet** my friend.
▸おばさんが空港まで**車で迎えに**来てくれた. My aunt came **to pick** me **up** at the airport.(♦pick up は「(人)を(車で)迎えに行く」の意味)

＊むかえる【迎える】

(出迎える) **meet*** [ミート] ➡**むかえ**;
(歓迎(かんげい)する) **welcome** [ウェるカム];
(あいさつする) greet [グリート]
▸わたしたちは新しい英語の先生を拍手(はくしゅ)で迎えた.
We **welcomed** our new English teacher with applause.
▸新年を迎える **greet** the New Year

＊むかし【昔】

(過去) the **past** [パぁスト]
昔(は) a long time ago;
(大昔) in ancient times
▸昔, わたしはここへ来た.
I came here **a long time ago**.
昔の old
▸そんな**昔の**こと(→話)覚えてないよ.
How can I remember such an **old** story?
▸**昔々**, ある村におじいさんとおばあさんが住んでいました. **Once upon a time** [**Long, long ago**], there lived an old man and woman in a village.(♦昔話でよく使われる表現)
昔話 an old story, an old tale

むかつく

(吐(は)き気がする) feel* sick;(腹が立つ) get* angry, be* disgusted [ディスガスティッド]

むかって【向かって】

(…の方へ) for ...;(…に逆(さか)らって) against ...;(…をねらって) at ...;(…に対して) to ...
➡**むかう**;(面と向かって) to one's face

ムカデ

〘昆虫〙a centipede [センティピード]

むかむか【むかむかする】

(吐(は)き気がする) feel* sick, feel like throwing up

むかんけい【無関係である】

have* nothing to do with ...
▸わたしはその事件**とは無関係だ**.
I **have nothing to do with** that case.

むかんしん【無関心】

indifference [インディふァレンス]
無関心な
indifferent《to ...》[インディふァレント]
▸彼は政治に**無関心だ**.
He is **indifferent to** politics.

むき[1]【向き】

❶〘方向〙(a) direction [ディレクシャン], way [ウェイ]
▸風の**向き**はどちらですか?
Which **way** is the wind blowing?
▸わたしの部屋は**南向きです**(→南に面している). My room **faces south**.
❷〘適した〙for ...
▸この映画は子供向きだ.
This movie is **for** children.

むき[2]【むきになる】

be* serious [スィリアス]

ムギ【麦】

〘植物〙(小麦) wheat [(ホ)ウィート];(大麦) barley [バーり]
麦茶 barley tea
麦畑 a wheat field, a barley field

麦わら帽子(ぼうし) a straw hat

***むく¹【向く】**
❶〖見る〗**look**［るック］;〖向きを変える〗**turn**［タ～ン］;〖面する〗face［ふェイス］
▸こっちを向いて. **Look** this way.
▸わたしたちは太一の方を向いた.
We all **turned** to Taichi.
▸後ろを向く (→視線を向ける) **turn** back / (→体を向ける) **turn** around
❷〖適している〗be* suited《for ...》
▸わたしは家事には向いていない.
I'm not **suited for** housework.

むく² (果物などの皮を) peel［ピーる］
▸ナシの皮をむいてください. Please **peel** a Japanese pear for me.

むくいる【報いる】
(報酬(ほうしゅう)などで) reward［リウォード］

むくち【無口な】 quiet［クワイエット］
▸弟は無口です. My little brother is a **quiet** person [boy]. / (→あまり話さない)My little brother doesn't talk much.

-むけ【…向け】 for ... ➡-よう²
▸これは中学生向けの辞書だ.
This is a dictionary **for** junior high school students.

むける¹【向ける】
turn［タ～ン］; point［ポイント］
▸由佳はわたしに背を向けた.
Yuka **turned** her back to me.
▸わたしはエミリーにカメラを向けた.
I **pointed** my camera at Emily.
▸もっと人の言うこと**に注意を向け**なさい. **Pay** more **attention to** what other people say.

むける² (皮が) peel off
▸日に焼けて顔の皮がむけた.
I got sunburned, and the skin on my face **peeled off**.

むげん【無限】 infinity［インふィニティ］
無限の infinite［インふィニット］;
(限度がない) limitless［りミットレス］
▸無限の可能性 **infinite** possibilities
無限に infinitely

むこ【婿】(義理の息子(むすこ)) a son-in-law［サンインろー］(複数 sons-in-law)

***むこう¹【向こう】**
❶〖別の側〗the other side［アざ］;〖反対側〗the opposite side［アポズィット］
➡むかい
…の向こうに across ...［アクロース］, beyond ...［ビヤンド］
▸駅へ行くバス停は通り**の向こう**です.
The bus for the station stops __across__ [on **the other side** of] the street. (♦on the opposite side of ... を用いると「真向かいに」という意味になる)
▸あの丘(おか)**の向こうに**池がある.
There is a pond **beyond** that hill.
向こうに (離(はな)れて向こうに)
over there; (あちらの方に) that way
▸**向こうに**花火が見える.
We can see fireworks **over there**.
▸陸はこっちじゃない. **向こうに**行きました. Riku didn't come this way. He went **that way**.
❷〖相手〗
▸向こう(→あの男の子)がけんかをしかけてきたんだ. That boy picked a quarrel with me.
▸それで, 向こう(→彼女)は何て言ったのですか? Well, what did she say?

むこう²【無効の】
invalid［インヴァりッド］

むこうりょう【無香料の】
perfume-free［パ～ふュームふリー］

むごん【無言の】 silent［サイれント］
▸彼女は会議の間, 無言だった. She was **silent** during the meeting.
▸ときどき家に**無言電話**がかかってくる.
I sometimes get **silent phone calls**.
無言で silently

むざい【無罪】 innocence［イノセンス］
無罪の innocent［イノセント］; (裁判などで) not guilty (対義語「有罪の」guilty)

***むし¹【虫】** a bug［バッグ］; (昆虫(こんちゅう)) an **insect**［インセクト］; (足のない虫) a worm［ワ～ム］
▸ほら! 虫が鳴いている. Listen! Some **insects** are chirping.
虫かご an insect cage

くらべよう bug と insect と worm
英語には日本語の「虫」にあたる虫一般を指す語はありません. アリ, カブトムシ, ハエなどの昆虫を **insect**, ミミズなど足のないはう虫を **worm** と言います. **bug** は小さな昆虫を指します.

む

◆虫のいろいろ

アリ	ant［あント］
カ	mosquito［モスキートウ］
ガ	moth［モーす］
カブトムシ	beetle［ビートゥる］
カマキリ	praying mantis［プレイイング マぁンティス］
クモ	spider［スパイダ］
クワガタ	stag beetle［スタぁッグ］
コオロギ	cricket［クリケット］
セミ	cicada［スィケイダ］
チョウ	butterfly［バタふらイ］
テントウムシ	ladybug［れイディバッグ］
トンボ	dragonfly［ドゥラぁガンふらイ］
ハエ	fly［ふらイ］
バッタ	grasshopper［グラぁスハパ］
ミツバチ	honeybee［ハニビー］

むし²【無視する】 ignore［イグノーア］
▸由美はわたしの忠告を無視した.
Yumi **ignored** my advice.

むしあつい【蒸し暑い】 muggy［マギ］, hot and humid［ヒューミッド］

むじつ【無実】 innocence［イノセンス］
無実の innocent［イノセント］

むしば【虫歯】 a decayed tooth［ディケイド トゥーす］（複数 decayed teeth）;（虫歯の穴）a cavity［キャヴィティ］（♦日常会話でよく使われる）

むしめがね【虫眼鏡】 a magnifying glass［マぁグニふァイイング グらぁス］

むじゃき【無邪気な】 innocent［イノセント］

むじゅうりょく【無重力】 zero gravity［ズィーロウ グラぁヴィティ］;（無重力状態）weightlessness［ウェイトれスネス］

むじゅん【矛盾する】 be* against ..., contradict［カントゥラディクト］
▸あなたの行いは, きのう言ったことと矛盾している.
Your behavior **contradicts** what you said yesterday.

むじょう【無情な】（無慈悲(むじひ)な）merciless［マ～スィれス］

むじょうけん【無条件の】 unconditional［アンコンディシャヌる］
無条件で unconditionally
▸要求を無条件で受け入れる accept a demand **unconditionally**

むしょく¹【無職の】（雇用(こよう)されていない）unemployed［アニンプろイド］;（失業した）jobless［ヂャブれス］
▸彼女は今, 無職だ(→働いていない).
She does not work now.

むしょく²【無色の】 colorless［カられス］

むしる
▸庭の草をむしる **weed** the garden

むしろ rather (than ...)［ラぁざ］
▸この色は赤というよりむしろ茶色に近い. This color is brown **rather than** red.
▸スポーツはするよりむしろ見るほうが好きだ. I would **rather** watch sports **than** play them.

むじん【無人の】（人の住んでいない）uninhabited［アニンハぁビティッド］;（乗り物などが）unmanned［アンマぁンド］
無人島 an uninhabited island

むしんけい【無神経な】 insensitive［インセンスィティヴ］

むす【蒸す】 steam［スティーム］
蒸し器 a steamer

むすう【無数の】 numberless［ナンバれス］, countless［カウントれス］

:むずかしい【難しい】
❶〖困難な〗 **hard**［ハード］, **difficult**［ディふィカるト］（対義語「やさしい」easy）

ダイアログ　描写する
A:試験はどうだった？
How was the exam?
B:とても難しかった.
It was very **hard** [**difficult**].

▸この数学の問題は難しくて歯が立たない. This math problem is too **difficult** [**hard**] for me to solve.
▸たがいによく理解し合うのは難しいことだ. It's **hard** for us to understand each other well.
❷〖気難しい〗 hard to please
▸太郎は難しい人だ.
Taro is **hard to please**.

:むすこ【息子】 a **son**［サン］（対義語「娘(むすめ)」a daughter）

▸哲二君は谷先生の一人息子だ.
Tetsuji is Mr. Tani's only **son**.

むすびつき【結び付き】
(関係) (a) connection［コネクシャン］;
(きずな) a tie［タイ］➡**かんけい**

むすびつく【結び付く】
connect《with ...》［コネクト］,
be* connected《with ...》［コネクティッド］

むすびつける【結び付ける】
tie《to ...》［タイ］
▸短冊(たんざく)をササに結びつけよう.
Let's **tie** our strips of paper **to** the bamboo grass. (♦a strip of paper は「細長い紙1切れ」の意味)

むすびめ【結び目】 a knot［ナット］

•むすぶ【結ぶ】 (ひもなどを) **tie**［タイ］;
(2つの場所などを) connect［コネクト］
▸靴(くつ)ひもを結ぶ **tie** one's shoelaces
▸この道がその2つの市を結んでいる.
This road **connects** the two cities.

むずむず【むずむずする】 (かゆい)itch［イッチ］, feel* itchy［イチィ］;
(くすぐったい) tickle［ティクる］
▸背中がむずむずする. My back is **itching**. / I **feel itchy** on my back.
▸鼻がむずむずする.
My nose is **tickling**.

•むすめ【娘】 a **daughter**［ドータ］
(対義語「息子(むすこ)」a son);
(若い女性) a **girl**［ガ〜る］
▸コール先生には娘さんが3人います.
Ms. Cole has three **daughters**.

むせきにん【無責任な】
irresponsible［イリスパンスィブる］
▸自分の役割を忘れるとは, あなたも無責任だ. It's **irresponsible** of you to forget your duties.

むせん【無線】 radio［レイディオウ］
▸無線で by **radio**
無線局 a radio station
無線操縦 radio control
無線通信 radio communications
無線電話 a radiotelephone

•むだ (浪費(ろうひ)) (a) **waste**［ウェイスト］; (無益) **no use**［ユース］
むだな wasteful［ウェイストふる］, useless［ユースれス］
▸彼を説得しようとしても時間のむだだ.
It's a **waste** of time trying to persuade him.
▸わたしにそのことを聞いてもむだだ.
It's **no use** asking me about that. / It's **useless** to ask me about that.
▸わたしたちの努力はむだだった.
Our efforts were **useless**.
むだにする waste
▸時間をむだにするな.
Don't **waste** your time.
むだ話 idle talk

むだづかい【無駄づかい】
(a) waste［ウェイスト］
▸その計画は税金のむだづかいだ. The project is **a waste** of tax money.
むだづかいする waste
▸外国旅行でお金のむだづかいをしないように. Don't **waste** your money during your trip abroad.

むだん【無断で】 (許可なしで)
without permission［パミシャン］;
(無届けで) without notice［ノウティス］
▸無断でその部屋に入ってはいけない.
We should not go into the room **without permission**.

むち[1] a whip［(ホ)ウィップ］
むち打つ whip
むち打ち症(しょう)
(a) whiplash［ホウィップらぁッシ］

むち[2]**【無知】** ignorance［イグノランス］
無知な ignorant《of ...》［イグノラント］

むちゃ【無茶な】
unreasonable［アンリーズナブる］;
(無謀(むぼう)な) reckless［レックれス］
▸こんな高熱で学校に行くなんてむちゃだ. It's **reckless** to go to school with such a high fever.

むちゃくりく【無着陸の】
nonstop［ナンスタップ］
▸無着陸飛行をする
make a **nonstop** flight

むちゅう【夢中である】 (強く心がひかれている) be* crazy《about ...》［クレイズィ］; (没頭(ぼっとう)している)
be absorbed《in ...》［アブソーブド］
▸わたしは今, ギターに夢中だ. **I'm crazy about** playing the guitar.
▸わたしたちは話に夢中だった.
We **were absorbed in** talking.

むっつ【六つ】 (数) six［スィックス］➡ろく; (年齢(ねんれい)) six (years old) ➡-さい[1]

むっつり【むっつりした】
sullen［サれン］

むっと【むっとする】（腹が立つ）be* offended［オふェンディッド］, get* angry［あングリ］;（息苦しい）be stuffy［スタふィ］

むてき【無敵の】
invincible［インヴィンスィブる］

むてんか【無添加の】
additive-free［あディティヴふリー］
無添加食品 additive-free food

むとんちゃく【無とん着な】
indifferent《to ...》［インディふァレント］
▸悠希は人に何と言われようと**むとんちゃく**だ. Yuki is **indifferent to** what other people say about him.

むないた【胸板】 a chest［チェスト］
▸彼は**胸板**が厚い.
He has a thick **chest**.

むなしい【空しい】
empty［エンプティ］, vain［ヴェイン］
▸夏休みも終わりに近づき, **むなしい**気分だ. The summer vacation is almost over, and I feel **empty**.

◆むね【胸】（胸部）a chest［チェスト］;（胸の上部・乳房(ちぶさ)）a breast［ブレスト］;（心臓）a heart［ハート］
▸晴人は**胸**にバッジをつけていた.
Haruto had a badge on his **chest**.
▸**胸**のポケット a **breast** pocket
▸美樹に会ったら急に**胸**がどきどきしてきた.
My **heart** suddenly began to beat fast [faster] when I saw Miki.

むのう【無能な】 incompetent［インカンペテント］, incapable［インケイパブる］

むのうやく【無農薬の】
chemical-free［ケミクるふリー］
無農薬栽培(さいばい) organic farming［オーガあニック ふぁーミング］
無農薬野菜 organic vegetables

むふんべつ【無分別な】（考えのない）thoughtless［そートれス］;（軽率(けいそつ)な）indiscreet［インディスクリート］
▸**無分別な**行動
thoughtless behavior

むめんきょ【無免許の】
unlicensed［アンらイセンスト］
無免許で without a license［らイセンス］

むやみに（考えもなしに）
without thinking［すィンキング］
▸**むやみに**ものを言うな. Don't say things **without thinking**.

むよう【無用の】（役に立たない）
useless［ユースれス］, no use;
（不要の）unnecessary［アンネセセリ］
▸古いパソコンは**無用**の長物だ.
Old computers are quite **useless**.
天地無用〖掲示〗Do Not Turn Over

◆むら¹【村】 a **village**［ヴィれッヂ］
（◆村名を言うときは ... Village と言う.「嬬恋村」なら Tsumagoi Village となる）
村人 a villager
村役場 a village office

むら²
▸壁(かべ)にペンキを**むらなく**(→均一に)塗(ぬ)るのは難しい. It's difficult to apply paint **evenly** on a wall.（◆apply は「(ペンキ・薬など)を塗る」の意味）

むらがる【群がる】（人が）crowd［クらウド］;（鳥・動物が）flock［ふらック］;（虫が）swarm［スウォーム］
▸多くの人たちが像のまわりに**群がった**.
Many people **crowded** around the statue.
▸カラスがごみに**群がっていた**. Crows were **flocking** to the garbage.
▸ハチが花に**群がっている**. Bees are **swarming** around the flowers.

むらさき【紫(の)】
（赤みがかった）purple［パ～プる］;
（青みがかった）violet［ヴァイオれット］

◆むり【無理な】（不可能な）**impossible**［インパスィブる］;（むちゃな）
unreasonable［アンリーズナブる］
▸7時までにそこに着くのは**無理**だ. It's **impossible** to get there by seven.
▸彼はいつも**無理な**ことばかり言う.
He always makes **unreasonable** demands on us.
▸村田さんがそう言うのも**無理はない**(→当然だ). It's **natural** that Mr. Murata should say such things.（◆「判断」の内容を表す that 節では should を使う）
無理に, 無理やり by force［ふォース］
▸彼女は弟からボールを**無理やり**取り上げた. She took the ball from her brother **by force**.
▸わたしは妹を**無理やり**歯医者に行か**せた**. I **forced** my sister **to** go to the dentist.（◆《force＋人＋to＋動

詞の原形》で「(人)を無理やり…させる」の意味)

˙むりょう【無料の, 無料で】

free [ふリー] ➡ただ

▸飲み物は無料です.
The drinks are **free**.

▸サンプルを無料で差し上げています.
You can get a sample (for) **free**.

▸入場無料 〖掲示〗Admission **Free**

むりょく【無力な】
powerless [パウアれス]

むれ【群れ】 (人の) a crowd [クラウド]; (羊・鳥の) a flock [ふラック]; (動物の) a herd [ハ〜ド]; (魚の) a school [スクーる]; (虫の) a swarm [スウォーム]

▸牛の群れ a **herd** of cows

▸サケの群れ a **school** of salmon

Q「メールで写真を送る」は英語でどう言う?
➡「メール」を見てみよう!

⁑め[1]【目】

❶〖顔にある〗an **eye** [アイ];
〖視力〗eyesight [アイサイト]

▸日本人の目は黒い. The Japanese have dark **eyes**. (♦目が「黒い」と言うときはふつう dark を用いる)

▸ちょっと目をつぶっててね. Close your **eyes** for a moment, please.

▸はい, 目を開けて.
Now, open your **eyes**.

▸進と目が合った.
My **eyes** met Susumu's.

▸真里はわたしの目をじっと見た.
Mari looked me in the **eye**.

▸せっけんが目にしみた.
The soap hurt my **eyes**.

▸彼女は目がいい. She has good **eyesight**. (♦「目が悪い」なら good の代わりに bad か poor を用いる)

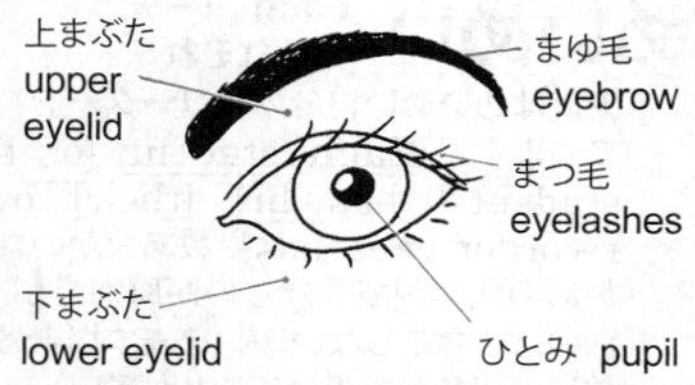

❷〖目つき〗a **look** [るック], eyes;
〖判断力〗judgment [ヂャッヂメント];
〖鑑賞(かんしょう)力, 注意〗an eye

▸千尋の目は優(やさ)しい.
Chihiro has gentle **eyes**.

▸わたしの目に狂(くる)いはなかった.
I was right in my **judgment**.

ダイアログ　ほめる

A: いい絵ですね.
This is a good painting.

B: おっ, 絵を見る目があるんだね.
Oh, you have a good **eye** for paintings.

❸〖経験〗
an experience [イクスピアリエンス]

▸きょうは**ひどい目にあった**(→いやな経験をした).
I **had a bad experience** today.

目がくらむ
(強い光で) be* dazzled [ダぁズるド]

目が覚める wake* up [ウェイク]
➡さめる[1]

目がない
(大好きだ) be* very fond of ...

目が回る feel* dizzy [ディズィ]

目に浮(う)かぶ (心に思い浮かべる)
see* ... in one's mind's eye

目の見えない blind [ブらインド]

目を合わせる make* eye contact

目を覚ます wake* up

目をそむける look away《from ...》

目をつける have* one's eye (on ...)

目を通す look through ..., look over
目を離(はな)**す** turn one's eyes away
目を引く catch* a person's eye
目を回す (気絶する) faint [ふェイント]

め²【芽】 a sprout [スプラウト];
(葉や花になる芽) a bud [バッド]
芽が出る bud, sprout
▸チューリップの芽が出てきた.
Tulips are **budding**.

-め【…目】 (順序) (♦序数を用いて表すことが多い) ➡**-ばん(め)**
▸わたしはクラスで4番目に背が高い.
I'm the **fourth** tallest in my class.
▸ここに来たのはこれで3度目です.
This is my **third** visit here.

めあて【目当て】
▸ジェフは賞金**目当てに**(→賞金だけのために)クイズ番組に出た.
Jeff appeared on the quiz show only **for** the prize money.

めい【姪】 a niece [ニース]
(対義語「おい」a nephew)

-めい【…名】 (♦「…名」にあたる英語はなく, 単に数を言えばよい)
▸生徒240名
two hundred forty students

めいあん【名案】 a good idea

めいが【名画】
(傑作(けっさく)) a masterpiece [マぁスタピース]; (有名な絵) a famous picture;
(すぐれた映画) an excellent film

めいかく【明確な】
(はっきりした) clear [クリア];
(確実な) definite [デふィニット]
明確に clearly; definitely

めいきゅう【迷宮】
a labyrinth [らビリンす]
▸事件は**迷宮入りになっている**(→まだ解決されていない).
The case **is still unsolved**.

めいきょく【名曲】
a musical masterpiece [マぁスタピース], a famous piece of music

メイク ➡**メーク**

めいげん【名言】 a wise saying
▸それは名言だ(→うまく言い表されている). That's well said.

めいさく【名作】
a masterpiece [マぁスタピース]

めいさん【名産】 ➡**めいぶつ**

めいし¹【名刺】
a business card, a name card

めいし²【名詞】
〖文法〗a noun [ナウン] (♦n. と略す)

めいしゃ【目医者】 an eye doctor

めいしょ【名所】 a famous place
▸あすは鎌倉の名所にご案内します.
I'll show you some **famous places** in Kamakura tomorrow.

めいじる【命じる】 order [オーダ]
➡**めいれい**

めいしん【迷信】
a superstition [スーパスティシャン]
迷信深い
superstitious [スーパスティシャス]

めいじん【名人】
(熟達した人) an expert [エクスパ～ト];
(大家) a master [マぁスタ]
▸釣(つ)りの名人 an **expert** angler.

めいせい【名声】 fame [ふェイム]
▸彼女はプロの歌手として名声を得た.
She gained **fame** as a professional singer.

めいちゅう【命中する】 hit* [ヒット]
▸矢がなかなか的(まと)に命中しない.
My arrows won't **hit** the target.

めいはく【明白な】 (はっきりした)
clear [クリア]; (一見して明らかな)
obvious [アブヴィアス] ➡**あきらか**
▸明白な事実 a **clear** fact

めいぶつ【名物】 a local specialty [ろウクる スペシャるティ],
a famous product [ふェイマス プラダクト]

めいぼ【名簿】 a list [リスト]
▸わたしの名前が名簿にのっていない.
My name isn't on the **list**.

・めいめい each [イーチ]
➡**それぞれ**
▸生徒はめいめい自分のリコーダーを持っています. **Each** student [of the students] has his [their] own recorder. (♦each は単数あつかい; 単数形の代名詞で受けるのが原則だが, 性別のはっきりしない「人」を表す場合は複数形の代名詞を用いることが多い)
▸めいめいが1つずつリンゴをもらった.
We were **each** given an apple.

めいよ【名誉】 (an) honor [アナ]
▸わたくしにとって, このホールで歌うことはたいへんな名誉です. It's a great **honor** for me to sing at this hall.
名誉ある honorable [アナラブる]

名誉会長
an honorary president [アナレリ]
名誉市民 an honorary citizen

めいりょう【明瞭な】 clear [クリア]

めいる【滅入る】
feel* [get*] depressed [ディプレスト]
▸試験のことを考えると気がめいる.
I **get depressed** when I think about the exams.

•めいれい【命令】 an **order** [オーダ]
命令する order
▸彼らは命令に従わなかった.
They didn't obey (the) **orders** [do as they were **ordered**].
▸わたしにあれこれ命令するのはやめてください. Don't **order** me around.

めいろ【迷路】 a maze [メイズ]

めいろう【明朗な】
(明るい)cheerful ➡あかるい

•めいわく【迷惑】 **trouble** [トゥラブる]
▸ご迷惑でなければおじゃましたいのですが. If it's no **trouble**, I would like to visit you.
迷惑メール spam [スパぁム]
迷惑をかける **trouble**
▸ご迷惑をおかけしてすみません.
(これからかける場合) I'm sorry to **trouble** you. /(すでにかけた場合) I'm sorry to have **troubled** you.

メイン【メインの】 main [メイン]
メインストリート the main street

めうえ【目上(の人)】
(地位が) one's superior [スピリア];
(年上の人) an older person

めうし【雌牛】 a cow [カウ]
(対義語「雄牛(おうし)」an ox, a bull) ➡うし

メーカー
a manufacturer [マぁニュふぁクチャラ]

メーキャップ makeup [メイカップ]
メーキャップする make* up

メーク
(化粧(けしょう)) makeup [メイカップ]
メークする put* on makeup
メーク落とし (a) makeup remover

メーター a meter [ミータ]

メーデー May Day [メイ デイ]

メートル a meter [ミータ] (♦m と略す)
▸80 メートル eighty **meters**
メートル法
the metric system [メトゥリック]

メーリングリスト
a mailing list [メイリング]

メール (電子メール) (an) e-mail, email [イーメイる]; (郵便) mail [メイる]
▸メールを1件受信する
receive an **e-mail**
▸メールをチェックする check **e-mail**
▸友人にメールで写真を送る
send a picture to one's friend by **e-mail** (♦写真を送る手段を表すので, e-mail には an も the もつけない)
メールする, メールを送る
send* an e-mail; (人に) text
▸後でメールして.
Text me later. (♦text は携帯(けいたい)端末(たんまつ)から送るメッセージに用いる)
メールアドレス an e-mail address
▸人とメールアドレスを交換(こうかん)する
exchange **e-mail addresses** with a person
メールマガジン an e-mail magazine

めかくし【目隠し】
blindfold [ブらインドふォウるド]

めがける【目がける】
▸拓海は岩を目がけて棒切れを投げた.
Takumi threw a stick **at** a rock.
▸人々は出口を目がけて突進(とっしん)した.
People rushed **to** the exit.

めかた【目方】 weight [ウェイト]
➡おもさ, たいじゅう
目方を量る weigh [ウェイ]

•めがね【眼鏡】 glasses [グらぁスィズ]
(♦複数形で用いる; 数えるときは two pairs of glasses などと言う)
▸めがねをかける
put on one's **glasses**
▸めがねを外す
take off one's **glasses**
▸このめがね, だれのですか?
Whose **glasses** are these?
(♦is this としない)
▸わたしが会ったとき, 彼女はめがねをかけていた. When I saw her, she was wearing her **glasses**.
▸あのめがねの子が広美です.
That girl with **glasses** is Hiromi.
眼鏡屋 an optical shop

メガホン a megaphone [メガふォウン]

めがみ【女神】 a goddess [ガデス]

メキシコ Mexico［メクスィコウ］
メキシコ(人)の Mexican
メキシコ人 a Mexican
メキシコ湾(わん) the Gulf of Mexico

めきめき
（著(いちじる)しく）remarkably［リマーカブり］
▸彼女のテニスは**めきめき上達し**ている. She is **making remarkable progress** in tennis.

めキャベツ a Brussels sprout［ブラスるズ スプラウト］
（♦ふつう複数形で用いる）

め

めぐすり【目薬】 eye drops［アイ ドゥラップス］, eyewash［アイワッシ］

めぐまれる【恵まれる】（才能などに）be* gifted《with ...》［ギふティッド］
▸愛は芸術的才能に**恵まれている**. Ai **is gifted with** artistic talent.

めぐみ【恵み】（神の）(a) blessing［ブれスィング］;（慈悲(じひ)）mercy［マ～スィ］;（施(ほどこ)し）charity［チぁリティ］
▸自然の**恵み** nature's **blessings**
▸きのうは**恵みの雨**（→歓迎(かんげい)すべき雨）が降った. We had a **welcome rain** yesterday.

めぐむ【恵む】 give*［ギヴ］➡**あげる**[1]

めぐりあう【巡り会う】
（出会う）meet*［ミート］, encounter［インカウンタ］, come* upon ...
▸彼は中学最後の年に生涯(しょうがい)の友と**めぐり会った**. He **met** his lifelong friend during his last year of junior high school.

めくる turn (over)［タ～ン］
▸教科書のページを**めくり**なさい. **Turn (over)** the page of your textbook.

めぐる【巡る】
（またやって来る）come* around;（旅をする）travel［トゥラぁヴる］
▸春がまた**めぐって来た**. Spring has **come around**.

めさき【目先の】
（当面の）immediate［イミーディエット］;（短期間の）short-term［ショートタ～ム］
▸**目先の**利益を追い求める seek **immediate** [**short-term**] profits

めざす【目指す】 aim《at ...》［エイム］
▸わたしたちは全国大会出場を**目指している**. We're **aiming** to take part in the national meet.（♦《aim to ＋動詞の原形》で「…することを目指す」の意味）
▸圭はゴールを**目指して**（→へ向かって）懸命(けんめい)に走った. Kei ran **toward** the finish line as fast as he could.

・めざまし【目覚まし時計】
an alarm (clock)［アらーム（クらック）］
▸**目覚まし時計**を7時にセットした. I set the **alarm clock** for seven.

めざましい【目覚ましい】
remarkable［リマーカブる］, wonderful［ワンダふる］

めざめる【目覚める】 wake* up［ウェイク］➡**おきる, さめる**[1]
▸けさは6時半に**目覚めた**. I **woke up** at six thirty this morning.

めし【飯】（食事）a meal［ミーる］;（炊(た)いた米）boiled rice ➡**ごはん**
▸握(にぎ)り**飯** a **rice** ball

めしあがる【召し上がる】
eat*［イート］, have*［ハぁヴ］（♦英語には敬語「めし上がる」を直接表す言い方はなく, eat や have をていねいな表現中で用いて表す）➡**たべる**
▸何を**めし上がり**ますか? What would you like to **have**?

めした【目下(の人)】
（年下の人）an younger person, one's junior［ヂューニャ］

めしつかい【召使い】
a servant［サ～ヴァント］

めしべ a pistil［ピスティる］
（**対義語**「おしべ」a stamen）

メジャー[1]【メジャーな】
major［メイヂャ］
▸**メジャー入りする**（→メジャーリーグに行く） go to the **Major** Leagues
メジャーリーガー a major leaguer
メジャーリーグ the Major Leagues

メジャー[2]
（巻き尺）a tape measure［メジャ］

めじるし【目印】 a mark［マーク］
▸地図に**目印**をつけておいた. I've put a **mark** on the map.

メス（手術・解剖(かいぼう)用の）a scalpel［スキぁるプる］（♦「メス」はオランダ語から）

めす【雌】 a female［ふィーメイる］
（**対義語**「雄(おす)」a male),〖口語〗a she
▸**雌**犬 a **female** dog

・めずらしい【珍しい】
（まれな）**rare**［レア］;

(ふつうでない) unusual [アニュージュアる], uncommon [アンカモン]
▸珍しいチョウ a **rare** butterfly
▸彩乃が学校を休むのは珍しい.
It is **unusual** for Ayano to be absent from school.
珍しく unusually
▸きょうはジョンにしては珍しく静かだ.
John is **unusually** quiet today.

めせん【目線】(目の高さ) a sight line; (観点) a point of view
▸彼はいつも私に上から目線で話している.
He is always talking down to me.

メゾソプラノ〘音楽〙
mezzo-soprano [メッツォウソプラぁノウ] (◆イタリア語から)

めそめそ【めそめそする】
(悲しげに泣く) whine [(ホ)ワイン]

メダカ〘魚類〙 a (Japanese) killifish [キりふィッシ] (複数 killifish)

めだつ【目立つ】 stand* out
▸賢人はどこにいても目立つ.
Kento **stands out** wherever he is.
▸紗良は目立ちたがり屋だ(→注目の的(まと)になりたがる) Sara **likes to be the center of attention**.

めだま【目玉】
(眼球) an eyeball [アイボーる]
目玉商品 a loss leader
目玉焼き a fried egg, a sunny-side up egg

メダリスト a medalist [メダりスト]
▸金メダリスト a gold **medalist**

メダル a medal [メドゥる]
▸金メダルを獲得(かくとく)する
win a gold **medal**

めちゃ really [リーアりィ], very [ヴェリ]
➡とても

めちゃくちゃ a mess [メス]
▸広志の部屋はいつもめちゃくちゃに散らかっている. Hiroshi's room is always (in) **a mess**.
めちゃくちゃにする mess (up)
▸きみがこの計画をめちゃくちゃにしたのだ. You **messed up** this plan.

めつき【目つき】 a look [るック]
▸その男は鋭(するど)い目つきでわたしを見た.
That man gave me a sharp **look**.

めっき plating [プれイティング]
めっきする plate

メッセージ
(伝言) a message [メセッヂ];
(声明書) a statement [ステイトメント]

◆めったに seldom [セるダム], rarely [レアりィ]
▸彼はめったにラジオを聴(き)かない.
He **seldom** [**rarely**] listens to the radio.
▸サラはめったに家にいない.
Sara is **seldom** [**rarely**] at home.

> **ルール「めったに…ない」**
> **seldom, rarely** は「めったに…ない」の意味なので **not** は不要です. どちらも一般動詞の前か be 動詞の後に置きます. また, これらは副詞なので, 一般動詞の三人称単数現在形には s がつきます.

めつぼう【滅亡】(没落(ぼつらく)) (a) fall [ふォーる], (a) downfall [ダウンふォーる]; (崩壊(ほうかい)) ruin [ルーイン]
滅亡する fall*, be* ruined ➡ほろびる

めでたい happy [ハぁピ]

> ダイアログ 祝う
> *A:* ぼくたち優勝したよ.
> We won the championship.
> *B:* それはめでたい.
> I'm **happy** to hear that.

めでたく happily
▸2人はめでたく結婚(けっこん)した.
Happily those two got married.

メドレー〘音楽〙 a medley [メドりィ]; 〘スポーツ〙 a medley race
メドレーリレー
〘スポーツ〙 a medley relay

メニュー a menu [メニュー]
▸メニューを見せてください.
Menu, please. / May I have the **menu**, please?

めのまえ【目の前に】 in front of ...

> ダイアログ 説明する
> *A:* ぼくのめがねどこか知らない?
> Don't you know where my

glasses are?
B:きみのすぐ目の前にあるよ.
They're right **in front of** you.

めまい【めまいがする】
feel* dizzy [ディズィ]
めまいのする(ような) dizzy

メモ a memo [メモウ] (複数 memos), a note [ノウト]
メモする, メモをとる take* a note
メモ帳 a memo pad, 〖米〗a scratch pad [スクラぁッチ パぁッド]
メモ用紙 memo paper

め

めもと【目元】an eye [アイ]
▸彼女は目元がぱっちりしている.
She has bright and clear **eyes**.

めもり【目盛り】a scale [スケイる]

メモリー 〖コンピュータ〗
(記憶(きおく)装置) a memory [メモリ];
(記憶容量)memory

メリーゴーランド
a merry-go-round [メリゴウラウンド], 〖米〗a carousel [キぁラセる]

メルとも【メル友】an e-mail pal

メロディー a melody [メろディ]

メロン 〖植物〗a melon [メろン]; (マスクメロン)a muskmelon [マスクメろン]

めん[1]【面】(仮面) a mask [マぁスク];
(剣道(けんどう)の) a face guard [ガード];
(人や物事の) a side [サイド]
▸エドにもまじめな面があります.
Ed has a serious **side**, too.

めん[2]【綿】cotton [カトゥン]
綿製品 cotton goods

めん[3]【麺】noodles [ヌードゥるズ]

めんえき【免疫】
immunity [イミューニティ]
免疫がある immune《from ...》[イミューン]

めんかい【面会する】see* [スィー], visit [ヴィズィット]
▸土井さんに面会できますか?
May I **see** Ms. Doi?
▸**面会時間**は1時から7時までです.
The **visiting hours** are from one to seven.
面会謝絶 〖掲示〗No Visitors

めんきょ【免許】〖米〗a license, 〖英〗a licence [らイセンス]
▸**免許**を取る get a **license**
▸**運転免許証** 〖米〗a driver's **license**, 〖英〗a driving **licence**

めんじょう【免状】(卒業証書)
diploma [ディプろウマ]; (免許(めんきょ)状)
a certificate [サティふィケット]

めんする【面する】face [ふェイス]
▸わたしの部屋は通りに面している.
My room **faces** the street.

めんぜい【免税の】
tax-free [タぁックスふリー];
(関税が) duty-free [デューティふリー]
免税店 a duty-free shop
免税品 duty-free goods

めんせき【面積】(an) area [エリア]
▸日本の面積はおよそ38万平方キロです. Japan has an **area** of about three hundred and eighty thousand square kilometers.

めんせつ【面接】
an interview [インタヴュー]
面接する interview, give* an interview
面接官 an interviewer [インタヴューア]
面接試験 an interview, an oral examination

めんだん【面談】
an interview [インタヴュー]
▸**三者面談**を行う have a **parent-student-teacher meeting**

・めんどう【面倒】
❶〖やっかい〗**trouble** [トゥラブる]
▸手紙を書くのはとてもめんどうだ.
Writing letters is too much **trouble** for me.
めんどうな, めんどうくさい
troublesome [トゥラブるサム]
▸めんどうな仕事
troublesome work
▸直哉はめんどうくさがりだ.
Naoya is lazy.
めんどうをかける **trouble**
▸ごめんどうをおかけしてすみません.
(これからかける場合) I'm sorry to **trouble** you. /
(すでにかけた場合) I'm sorry to have **troubled** you.
❷〖世話〗care [ケア]
めんどうを見る
take* care of ..., look after ...
▸サムは下級生の**めんどう見がいい**.
Sam **takes** good **care of** the younger students.

めんどり a hen [ヘン]

(対義語「おんどり」a rooster, a cock)

メンバー a member [メンバ]

めんみつ【綿密な】 (注意深い) careful [ケアふる]; (詳(くわ)しい) detailed [ディテイるド]

綿密に carefully; in detail

も モ

Q 電話での「もしもし」は英語でどう言う？
➡「もしもし」を見てみよう！

も【藻】 algae [あるヂィ]; (海の) seaweed [スィーウィード]

━も

❶〖…もまた〗too, also; either; so
❷〖…も〜も〗and, both ... and ~
〖…も〜も―ない〗neither ... nor ~
❸〖…さえ〗even; 〖…ほども〗as ... as
〖せいぜい〗at the most
❹〖すべて〗all, every-

❶〖…もまた〗(肯定文で) **too** [トゥー], **also** [オーるソウ]; (否定文で) **either** [イーざ]; (前の文を受けて) **so**

▸わたしは料理するのが好き. 食べるのも好き. I like cooking. I like eating, **too** [I **also** like eating]. (♦どちらも eating と, too か also を強く言う)

▸1番の問題は解けないし, 2番も解けない. I can't solve the first problem, and I can't solve the second one, **either**. (♦否定文で「〜も(…ない)」と言うときは either を用いる; この文では second と either を強く言う)

ダイアログ 同調する

A: のどが渇(かわ)いた. I'm thirsty.
B: わたしも. Me, **too**. / **So** am I. (♦前者では me, too の2語とも, 後者では I を強く言う)

ルール too と also の位置

too はふつう文末に, **also** は一般動詞の前か be 動詞の後, 助動詞があればその直後に置きます.

❷〖…も〜も〗**and**, **both ... and ~**; 〖…も〜も―ない〗**neither ... nor ~** [ニーざ ノーア]

▸春菜は歌も踊(おど)りもじょうずだ. Haruna is good at **both** singing **and** dancing.

▸わたしは野球もサッカーも好きではない. I like **neither** baseball **nor** soccer. / I do**n't** like **either** baseball **or** soccer.

❸〖…さえ〗**even** [イーヴン]; 〖…ほども〗**as ... as**; 〖せいぜい〗**at the most**

▸彼はリンゴの皮のむき方も知らない. He doesn't **even** know how to peel an apple.

▸このリンゴは1つ300円もした. This apple cost **as** much **as** 300 yen.

❹〖すべて〗**all** [オーる], **every-** [エヴリ-]

▸武は釣(つ)りのことなら何でも知っている. Takeshi knows **everything** about fishing.

▸どの席もすべて予約済みです. **All** the seats are already reserved.

━もう

❶〖すでに〗already; yet; by now
❷〖今〗now
❸〖まもなく〗soon
❹〖さらに〗more, another

❶〖すでに〗(肯定文で) **already** [オーるレディ]; (疑問文で) **yet** [イェット]; (今ごろ) **by now** [ナウ]

▸もう作文は終わった. I've **already** finished my composition.

ダイアログ 質問する

A: もう夕食は済ませたの？ Have you eaten dinner **yet**?
B: いいえ, まだです. No, not yet.

▸もう宿題を済ませたのですか？ Have you finished your homework **already**? (♦疑問文ではふつう yet を使うが, already を使って驚(おどろ)きや意外な気持ちを表すことがある)

▸昌志はもう家に着いているはずだ. Masashi must have reached his home **by now**.

❷『今』**now**
▸もう行かなくては. I have to go **now**.
❸『まもなく』**soon**［スーン］
▸もうすぐ夏だ.
Summer is coming **soon**.
❹『さらに』
more［モーア］, **another**［アナざ］
▸もう５分待とう. I'll wait five **more** [**another** five] minutes.
▸コーヒーをもう１杯(ぱい)いかがですか?
Would you like **another** cup of coffee?
▸もう一度 once **more** / once again
もう…でない no longer, not ... any longer, no more
▸もう我慢(がまん)できない.
I can'**t** stand it **any longer**.
▸もう戦争はごめんだ. **No more** war.

もうがっこう【盲学校】
a school for the blind

もうかる (利益を得る) make* money; (採算がとれる) pay*［ペイ］

もうけ (a) profit［プラふィット］
(対義語「損」(a) loss)

もうける
make* money, make a profit

もうしあげる【申し上げる】
(◆敬語「申し上げる」を直接表す言い方はなく, offer「申し出る」などを用いて表す)
▸入試合格のお祝いを申し上げます.
(I **offer** you my) congratulations on (your) passing the entrance examination.

もうしこみ【申し込み】(書類などによる) an application［あプりケイシャン］; (提案) a proposal［プロポウズる］
▸キャンプの申しこみはあすまで受けつけます. **Applications** for the camp will be accepted until tomorrow.
申込者 an applicant［あプりカント］
申込書 an application form

•もうしこむ【申し込む】
(書類などで) **apply**［アプライ］;
(試合などを) challenge［チぁれンヂ］;
(結婚(けっこん)を) propose［プロポウズ］
▸写真部に入会を申しこみましたか?
Did you **apply** for membership in the photography club?
▸わたしは彼に卓球(たっきゅう)の試合を申しこんだ. I **challenged** him to play a game of table tennis.
▸明は理恵に結婚を申しこんだ.
Akira **proposed** to Rie.

もうしでる【申し出る】
offer［オーふァ］

もうしぶん【申し分のない】
(完ぺきな) perfect［パ～ふェクト］;
(理想的な) ideal［アイディーアる］
▸ハイキングには申し分のない天気だった.
It was a **perfect** [an **ideal**] day for hiking.

もうじゅう【猛獣】 a fierce animal［ふィアス あニムる］

もうしょ【猛暑】
intense heat［インテンス ヒート］
猛暑日 an extremely hot day

もうしわけない【申し訳ない】
I'm sorry.
▸こんな遅(おそ)くに電話をかけて申し訳ない. **I'm sorry** to call you so late.

もうじん【盲人】 a blind person; (全体を示して) the blind［ブらインド］

もうす【申す】(言う) say*［セイ］
(◆敬語「申す」を直接表す言い方はなく, say などの動詞だけで表す)
▸母がそう申しておりました.
My mother **said** so.

もうすぐ soon［スーン］
▸もうすぐクリスマスがやって来る.
Christmas is coming **soon**.

もうすこし【もう少し】(量・程度) a little more; (数) a few more
▸もう少し塩を足してください.
Add **a little more** salt, please.
▸もう少し日数が必要だ.
I need **a few more** days.
▸もう少しゆっくり話してください.
Will you speak **a little more** slowly?
もう少しで almost［オーるモウスト］, nearly［ニアり］
▸もう少しでバスに乗り遅(おく)れるところだった. I **almost** missed the bus.

もうちょう【盲腸】
(虫垂(ちゅうすい)) an appendix［アペンディクス］
盲腸炎(えん)
appendicitis［アペンディサイティス］

もうてん【盲点】 a blind spot

もうどうけん【盲導犬】 a guide dog［ガイド ドーグ］, a seeing eye dog［スィーインग アイ ドーグ］

盲導犬訓練士 a guide dog trainer, a seeing-eye dog trainer

もうふ【毛布】
a blanket［ブらぁンケット］

もうもう
▸もうもうと立ちのぼる砂ぼこり
a cloud of dust

もうもく【盲目】
blindness［ブらインドネス］
盲目の blind［ブらインド］

もうれつ【猛烈な】
violent［ヴァイオれント］, hard［ハード］
猛烈に violently, (very) hard
▸入試合格を目指して猛烈に勉強しよう.
I'll study **very hard** to pass the entrance exam.

もうれんしゅう【猛練習】
hard training［ハード トゥレイニング］
猛練習する train hard

◆もえる【燃える】 burn*［バ～ン］
▸小屋が燃えている.
The hut is **burning**.

モー（牛の鳴き声）moo［ム―］

モーグル〘スポーツ〙mogul［モウグる］

モーター a motor［モウタ］, an engine［エンヂン］
モーターショー 〘米〙an auto show, 〘英〙a motor show
モーターボート a motorboat

モーテル a motel［モウテる］
（◆*motor* と *hotel* を組み合わせた語）

モード
（流行）a mode［モウド］;（様式）mode
▸パリ発の最新モード
the latest **mode** from Paris
▸受験モードに入っている
be in exam **mode**

モーニング（朝）morning［モーニング］;（礼服）a morning coat
▸あすの朝6時半にモーニングコールをお願いできますか. Could you give me a **wake-up call** at six thirty tomorrow morning?
モーニングサービス a light set menu for breakfast（◆英語の morning service は「朝の礼拝」の意味）

モール a (shopping) mall［モーる］

もがく struggle［ストゥラグる］

もぎしけん【模擬試験】
a trial examination［トゥライアる イグザぁミネイシャン］

もぎてん【模擬店】 a refreshment booth［リふレッシメント ブーす］

もくげき【目撃する】
witness［ウィットネス］
目撃者 a witness

もくざい【木材】 wood［ウッド］
➡ざいもく

もくじ【目次】 contents［カンテンツ］, a table of contents

もくせい[1]【木星】〘天文〙
Jupiter［ヂューピタ］➡わくせい(図)

もくせい[2]【木製の】
wooden［ウドゥン］

もくぞう【木造の】
wooden［ウドゥン］, built of wood
▸木造家屋 a **wooden** house

もくたん【木炭】
charcoal［チャーコウる］

◆もくてき【目的】 a **purpose**［パ～パス］, a goal［ゴウる］, an end［エンド］
▸わたしは目的を果たしてみせる.
I'll achieve my **goal** [**end**].
▸あなたは何の目的でそこに行ったのですか? For what **purpose** did you go there? / What's the **purpose** of your going there?
目的語 〘文法〙an object
目的地 a destination［デスティネイシャン］

もくとう【黙とう】
silent prayer［サイれント プレア］
もくとうする pray silently［プレイ］

もくどく【黙読する】 read* silently

もくはん【木版】（木版画）
a woodcut［ウッドカット］

もくひょう【目標】
an aim［エイム］, a goal［ゴウる］

もくもく[1]【黙々と】
silently［サイれントり］, quietly

もくもく[2]
▸煙突(えんとつ)から黒い煙(けむり)がもくもくと立ちのぼった. Billows of black smoke rose from the chimney.（◆billow［ビろウ］は「波のようにうねるもの」の意味）

もぐもぐ【もぐもぐ食べる】
munch［マンチ］

◆もくようび【木曜日】
Thursday［さ～ズデイ］（◆語頭は常に大文字; Thurs. と略す）➡げつようび

▸木曜日に on **Thursday**

モグラ 〖動物〗 a mole [モウる]

もぐる【潜る】 dive* [ダイヴ]

▸グアムで毎日海に潜りに行った. I went **diving** every day in Guam.

モクレン

〖植物〗 a magnolia [マぁグノウりャ]

もくろく【目録】 (表) a list [りスト]; (カタログ) a catalog(ue) [キぁタろーグ]

もけい【模型】 a model [マドゥる]; (小型の) a miniature [ミニアチャ]

模型飛行機 a model plane

モザイク mosaic [モウゼイイック]

も

・もし if [イふ]

▸もしわたしの家がわから**なかったら**, 電話をください. **If** you can't find my house, please call me.

▸もしあと 500 円あっ**たら**, この本が買えるのに. **If** I had 500 yen more, I could buy this book.

ルール 「もし…」の動詞の形

1 現在や未来の不確実なことを「もし…」と言うときは, if の節の動詞は現在形です. (例)If it *rains* tomorrow, I won't go out. (もしあす雨が降ったら, 出かけません)

2 現在の事実に反することを「もし…」と言うときは, 次のように表します.
《If ＋主語＋動詞の過去形…, 主語＋would [could] ＋動詞の原形 …》
(例)If I *were* you, I would not do such a thing. (もしわたしがきみだったら, そんなことはしない)
if の節の動詞が be 動詞のときは, 主語が何であっても, よく were を使います.

3 過去の事実に反することを「もし…」と言うときは, 次のように表します.
《If ＋主語＋ had ＋過去分詞 …, 主語＋would [could] ＋ have ＋過去分詞 …》
(例)If Bill *had* not *helped* me then, I would have failed. (もしあのときビルが助けてくれなかったら, わたしは失敗していただろう)

・もじ【文字】 a **letter** [れタ]; (漢字などの) a character [キぁラクタ] ➡じ

▸大文字 a capital [an uppercase] **letter**

▸小文字 a small [lowercase] **letter**

文字どおり literally [りテラり]

もしかすると maybe [メイビー], perhaps [パハぁップス], possibly [パスィブり] (♦順に確率は低くなる)

▸もしかするとあなたが正しい**かもしれない**. **Maybe** you are right.

▸もしかするとあすは雨**かもしれない**. It may **possibly** rain tomorrow.

もじばけ【文字化け】 garbling [ガーブりング]

文字化けする be* garbled [ガーブるド]

もしも ➡まんいち, もし

▸**もしも**(→最悪)**のときのこと**も考えておかなくては. We have to consider **the worst possible case**.

▸**もしものことがあったら**(→緊急(きんきゅう)の場合は)あなたに連絡(れんらく)します. I'll call you **if there's an emergency**.

・もしもし

❶〖電話で〗 **Hello.** [ハろウ]

▸もしもし, 後藤様はいらっしゃいますか? **Hello.** May I speak to Mr. Goto?

❷〖呼びかけ〗 Excuse me.

▸もしもし, 代々木公園へはどう行けばいいんですか? **Excuse me**, but can I ask you the way to Yoyogi Park?

もじもじ【もじもじする】 (恥(は)ずかしがる) feel* shy; (ためらう) hesitate

もす【燃す】 ➡もやす

モズ 〖鳥類〗 a shrike [シュライク], a butcher bird [ブチャ バ〜ド]

モスク

(イスラム教寺院) a mosque [マスク]

モスクワ Moscow [マスカウ]

もぞう【模造】 imitation [イミテイシャン]

模造品 an imitation

もたもた【もたもたする】 be* slow

▸もたもたしないで! Don't **be slow**! / (→早くしろ)Hurry up!

もたれる

(壁(かべ)などに) lean* 《against ...》 [りーン]; (胃に) sit* heavy on one's stomach

モダン【モダンな】

(現代的な) modern [マダン]

▸その美術館はとても**モダン**だ. The museum is very **modern**.

モダンジャズ modern jazz

モダンバレエ (a) modern ballet

✻もち rice cake
▸もちを焼く　grill some **rice cake**
▸もちつきをする　make **rice cake**

日本紹介 もちは英語ではよく「ライスケーキ」と呼ばれ，もち米から作られます．米を最初に蒸(む)し，そしてつきます．それからクッキーのような形にしたり，四角に切ったりします．元日には雑煮(ぞうに)といって，もちの入った汁(しる)を食べる習慣が一般的です．
Mochi is often called "rice cake" in English. It is made of sticky rice. The rice is first steamed and then pounded. After that, it is made into cookie-shaped pieces or cut into squares. It is a popular custom on New Year's Day to eat *zoni*, a soup with *mochi* in it.

もちあげる【持ち上げる】 lift［りふト］

もちあるく【持ち歩く】 carry［キぁリ］

もちいえ【持ち家】
one's own house［オウン ハウス］

もちいる【用いる】 use ➡つかう

もちかえり【持ち帰り】
(持ち帰り用の料理)〖米〗a takeout, 〖英〗a takeaway ➡もちかえる
▸**持ち帰りで**ハンバーガー2つください．
Two hamburgers **to take out**, please.
▸(店員が)こちらでめし上がりますか，それとも**お持ち帰り**ですか？
For [To eat] here or **to go**?

もちかえる【持ち帰る】(家に)
take* ... home, bring* ... home;
(飲食物を店から)〖米〗take out, 〖英〗take away
▸(食べ物の)残りは家に**持ち帰ろう**．
Let's **take** the leftovers **home**.

もちこむ【持ち込む】
take* ... into ～
▸それは飛行機に**持ちこめ**ません．　You can't **take** that onto the airplane.
(♦飛行機の場合は onto を用いる)

もちだす【持ち出す】
take* out［テイク アウト］
▸いすを庭に**持ち出して**いいですか？
May I **take** a chair **out** into the garden?

もちぬし【持ち主】 an owner［オウナ］

もちはこぶ【持ち運ぶ】 carry［キぁリ］
▸このパソコンは大きくて**持ち運べ**ない．
This PC is too large to **carry**.
持ち運びのできる，持ち運びに便利な
portable［ポータブる］

もちもの【持ち物】(所持品) one's things; (税関で) property［プラパティ］
▸旅行中の**持ち物**はこれだけです．　These are all of **my things** for the trip.

もちゅう【喪中】 mourning［モーニング］
喪中で in mourning

♦もちろん **of course**［オふ コース］, **sure**［シュア］, certainly［サ～トゥンり］

ダイアログ　**賛成する**
A:きみもいっしょに行かない？
Will you go with me?
B:もちろん行くわ．　Yes, **of course**. / **Sure**. / **Certainly**.

ダイアログ　**承諾(しょうだく)する**
A:約束(やくそく)を忘れないようにね．　Be sure not to forget our promise.
B:もちろん忘れないよ．
Of course I won't.

❖もつ【持つ，持っている】

❶〖手に取る〗**have; hold; carry**
❷〖身につける〗**have**
❸〖心に抱(いだ)く〗**have**
❹〖所有する〗**have; own**
❺〖長持ちする〗**keep; last**

❶〖手に取る〗(持っている) **have***［ハぁヴ］; (握(にぎ)る) **hold***［ホウるド］; (持ち運ぶ) **carry**［キぁリ］
▸メグは手にスマホを**持っていた**．
Meg **had** a smartphone in her hand.
▸この取っ手をしっかり**持って**ください．
Hold this handle tight, please.
▸荷物はわたしが**持ち**ましょう．
I'll **carry** your bags.

❷〖身につける〗**have***
▸学生証を**持っています**か？　Do you **have** your student ID with you?

❸〖心に抱く〗**have***
▸わたしは宇宙飛行士になりたいという夢(ゆめ)を**もっています**．　I **have** a

dream to become an astronaut.

❹〚所有する〛

have*; (法的に) own [オウン]

▸わたしはマウンテンバイクを持っている.
I **have** a mountain bike.

▸広沢さんは広い土地を持っている.
Mr. Hirosawa **owns** a large piece of land.

❺〚長持ちする〛(食物が) **keep*** [キープ]; (持続する) last [らぁスト]

▸この牛乳は 10 日間はもちます.
This milk will **keep** for ten days.

▸天気があと 3 日もってくれないかなあ.
I hope the fine weather will **last** three more days.

もっきん【木琴】
〖楽器〗a xylophone [ザイらふぉウン]

もっこう【木工】
〖米〗woodworking [ウッドワ～キング];
〖英〗woodwork [ウッドワ～ク]

木工室 a woodwork room

もったいない

▸それ, 捨ててしまうの? **もったいない!**
You're going to throw it away? **What a waste**!

˙もっていく【持って行く】

take* [テイク] (対義語「持って来る」bring)

▸このボールを部室まで持って行ってくれませんか? Will you **take** these balls to our club room?

˙もってくる【持って来る】

bring* [ブリング] (対義語「持って行く」take), **get*** [ゲット]; (行って持って来る) go* and get, fetch [ふェッチ]

▸バケツに 1 杯(ぱい)水を持って来て.
Bring me a bucket of water.

▸わたしの机から消しゴムを持って来てくれませんか? Will you **go and get** an eraser from my desk?

くらべよう「持って来る・行く」

bring は自分の所へ「持って来る」, **take** は自分から離(はな)れた所へ「持って行く」の意味. ただし, 話し相手の所へ「持って行く」は bring を使います.「あなたにおみやげを持って行きます」は I'll *bring* you a gift. となります. **go and get, fetch** は, ある所へ「行って持って来る」ことを表します.

もってこい【持って来いの】
(最もよい)(the) best; (理想的な)ideal

▸ここはキャンプをするにはもってこいの場所だ. This is **the best** [an **ideal**] place for camping.

⁑もっと

more [モーア] (♦形容詞・副詞の比較級を用いて表すことが多い)

▸もっと時間がほしい.
I need **more** time.

▸もっとゆっくり話してくれませんか?
Will you speak **more** slowly?

▸もっと背が高くなりたい.
I want to be **taller**.

モットー a motto [マトウ]
(複数 mottoes, mottos)

⁑もっとも[1]【最も】

(the) most [モウスト] (♦形容詞・副詞の最上級で表す)

➡**いちばん**

▸2 番の問題が最も難しかった.
The second question was **the most** difficult for me.

▸世界で最も長い川はナイル川だ.
The longest river in the world is the Nile.

▸今, 世界で最も速く走れる人がだれか知ってる? Do you know who is **the fastest** runner [can run (**the**) **fastest**] in the world?

もっとも[2]【もっともな】 (当然な) natural [ナぁチュラる]; (理屈(りくつ)に合った) reasonable [リーズナブる]

▸ビルが落ちこむのはもっともだ.
It's **natural** that Bill should get depressed. (♦「判断」の内容を表す that 節では should を使う)

モップ a mop [マップ]
モップでふく mop

もつれる get* tangled [タぁングるド]
もつれ a tangle

もてなし hospitality [ハスピタぁりティ]

もてなす entertain［エンタテイン］, give* entertainment, give hospitality［ハスピタぁりティ］

モデム〘コンピュータ〙（通信機器）a modem［モウデム］

もてる（人気がある） be* popular《with ...》［パピュら］
▸由起は男の子にもてる. Yuki **is popular with** the boys.

モデル a model［マドゥる］
▸ファッションモデル a fashion **model**
▸デジカメの最新モデル the latest **model** of digital camera

モデルカー a model car

モデルガン a toy gun, a model gun

*__もと__【元, 本, 基】（原因）a **cause**［コーズ］➡**げんいん**
▸けんかのもとはこの手紙だった. The **cause** of the quarrel was this letter.
▸エバンズさんはそのけががもとで(→原因で)亡(な)くなった. Mr. Evans died **from** the injury.

元の（以前の）former; ex-
▸元総理大臣 the **former** prime minister
▸彼はジェシカの元彼だ. He is Jessica's **ex**-boyfriend.

もとは（初めは）originally［オリヂナり］
▸この建物はもとは病院だった. This building was **originally** a hospital.
▸あそこは**もとは**森**だった**. There **used to be** a forest over there.（♦used to be ... で,「以前は…だった」の意味）/（→かつては）There **was once** a forest over there.

モトクロス〘スポーツ〙motocross［モウトウクロース］

__もどす__【戻す】return［リタ～ン］, put back［プット バぁック］（♦後者のほうがくだけた言い方）
▸使ったらもとの所に戻しておいてね. <u>**Put it back**</u> [**Return** it] where it was after you use it.
▸話をもとに戻しましょう. Let's **return** to the point where we started.

もとづく【基づく】be* based on ...［ベイスト］
▸この劇は事実に基づいている. This drama **is based on** fact.

*__もとめる__【求める】
❶〖頼(たの)む〗**ask**《for ...》［あスク］
▸わたしたちは先生がたにも協力を求めることにした. We decided to **ask** our teachers **for** help.
❷〖探す〗look for ..., find* ➡**さがす**
▸yの値(あたい)を求めなさい. **Find** the value of y.

もともと【元々, 本々】（初めから）from the beginning［ビギニング］;（本来は）originally［オリヂナり］;（生まれつき）by nature［ネイチャ］

*__もどる__【戻る】**return**［リタ～ン］, **go* back**, **come* back**, **get* back** ➡**かえる¹**

ダイアログ　質問する・説明する
A: お母さまはいつお戻りになりますか？ When will your mother **come back**?
B: すぐ戻ります. She'll **be back** soon.

▸自分の席に戻りなさい. **Go back** to your seat.

モニター a monitor［マニタ］

*__もの¹__【物】
❶〖物体〗a **thing**［すィング］; 〖何かある物〗**something**, **anything**; 〖品物〗an article［アーティクる］
▸物を粗末(そまつ)にしてはいけない. You shouldn't waste **things**.
▸あなたにあげたい物があります. I want to give you **something**.
▸書く物を何も持っていない. I don't have **anything** to write with.（♦鉛筆(えんぴつ)・ペンなどを指す; with を on にすると紙などのことを指す）
▸あの店ではたいていの物を売っている. They sell almost every kind of **article** in that store.
❷〖所有物〗...'s, 所有代名詞, 所有格

ダイアログ　説明する
A: これはだれの本ですか？ Whose book is this?
B: フィルのものです. It's Phil's.

▸この本はわたしのものです.

This book is **mine**. / This is **my** book.

…**したものだ** 《**used to＋動詞の原形**》

▸子供のころはよく釣(つ)りに行ったものだ. I **used to** go fishing when I was a child.

もの² 【者】 a person［パ～スン］

▸なまけ者 a lazy **person**

ものおき 【物置】 （建物の中の）a storeroom［ストーアルーム］; （物置小屋）a shed［シェッド］; （ベランダなどに置く）a storage container［ストーリヂ コンテイナ］

ものおと 【物音】 a sound［サウンド］; （不快な）(a) noise［ノイズ］

ものおぼえ 【物覚え】

（記憶(きおく)）(a) memory［メモリ］

▸**物覚えがよい** have a good **memory**

▸**物覚えが悪い** have a bad **memory**

▸結衣は**物覚えが早い**(→覚えるのが早い). Yui **is quick to learn**.

・ものがたり 【物語】

a story［ストーリ］, a tale［テイる］; （寓話(ぐうわ)）a fable［ふェイブる］

▸冒険(ぼうけん)物語 an adventure **story**

▸『平家物語』 *The **Tale** of Heike*

▸『イソップ物語』 *Aesop's **Fables***

ものごと 【物事】 things［すィングズ］

▸近ごろ, 物事がうまくいっています. Recently **things** have been going well for me.

ものさし 【物差し】

a ruler［ルーら］, a measure［メジャ］

ものずき 【物好きな】

▸あんな映画がほんとうに好きなのですか? 物好きですね(→正気のさたではない). Do you really like that movie? You're crazy.

ものすごい terrible［テリブる］, terrific［テリふィック］

▸昨夜はものすごい雷(かみなり)だった. We had **terrible** thunder last night.

ものすごく terribly, awfully

▸ものすごく疲(つか)れた. I'm **awfully** tired.

ものたりない 【物足りない】

▸この食事はわたしには物足りない. (→満足していない) I'm not satisfied with this meal. /(→量が十分ではない) This meal is not enough for me.

モノトーン 【モノトーン】

（単調さ）monotone［マナトウン］

モノトーンの

（単調な）monotonous［モナトナス］

ものともしない

▸彼はけが**をものともせず**(→けがにもかかわらず)サッカーの試合に出場した. He played in the soccer game **in spite of** his injury.

ものにする （習熟する）master［マぁスタ］; （獲得(かくとく)する）get*［ゲット］

ものほし 【物干し】 （場所）a balcony for drying the wash; （物干し用のロープ）a clothesline［クろウズらイン］

物干しざお a bar for drying the wash, a clothes-drying bar

ものまね 【物まね】 mimicry［ミミクリ］; （物まねする人）a mimic［ミミク］

物まねをする mimic

▸人気歌手の物まねをする **mimic** a popular singer

モノラル 【モノラルの】

monaural［マノーラる］, mono［マノウ］

モノレール a monorail［マノレイる］

ものわすれ 【物忘れする】

forget, be* forgetful［ふォゲットふる］

モバイル mobile［モウブる, モウバイる］

もはや now, already［オーるレディ］; （否定文で）no longer ➡すでに, もう

▸もはや手遅(おく)れだ. It's too late **now**.

▸わたしたちは来週の金曜日以降, **もはや**ここでテニスをする**ことはない**だろう. We will **no longer** play tennis here after next Friday.

もはん 【模範】 a model［マドゥる］, a good example［イグザぁンプる］

▸わたしたちは下級生の**模範**にならないといけない. We should set a **good example** for the younger students.

模範的な model

模範解答 a model answer

もふく 【喪服】 mourning［モーニング］, black［ブらぁック］

▸喪服姿である wear **mourning [black]**

もほう 【模倣】

(an) imitation［イミテイシャン］

模倣する imitate［イミテイト］

模倣品 an imitation, a copy［カピ］

－もまた （肯定文で）too, also; （否定文で）either ➡－も, また¹

モミ 〖植物〗 fir (tree) [ふァ～]
もみ (もみ米) paddy [パぁディ];
(もみがら) chaff [チぁフ]
モミジ 〖植物〗(カエデ) a maple
[メイプる]; (紅葉) autumn colors
もむ (マッサージ) massage [マサージ]
▸わたしは父の肩(かた)をもんだ. I **massaged** my father's shoulders.
もめごと【もめ事】
(a) trouble [トゥラブる]
もめる (言い争う) quarrel [クウォーレる]
▸ルーシーとヘレンがもめている.
Lucy and Helen are **quarreling** with each other.
もめん【木綿】 cotton [カトゥン]
木綿糸 cotton thread
モモ【桃】〖植物〗a peach [ピーチ]
桃色(の) (ピンク) pink
もも (太もも) a thigh [さイ]
もも肉 (鶏(にわとり)などの) dark meat;
(豚(ぶた)の) a ham [ハぁム];
(牛の) a round [ラウンド]
✽**もものせっく【桃の節句】**
Momo-no-sekku, the Dolls' Festival, the Girls' Festival ➡**ひなまつり**
もや (a) haze [ヘイズ], (a) mist [ミスト]
もやし bean sprouts [ビーン スプラウツ]
もやす【燃やす】 burn* [バ～ン]
▸まきを燃やす **burn** wood
▸わたしは柔道(じゅうどう)に**情熱を燃やした**.
I **was enthusiastic about** judo.
もよう【模様】
❶〖柄(がら), 図案〗a pattern [パぁタン], a design [ディザイン]
▸しま模様
a striped **pattern** / stripes
❷〖ようす, 状態〗a look [るック]
▸この空模様ではあしたは雨だ.
From the **looks** of the sky, it will rain tomorrow.
もようがえ【模様替えする】(配置を替える) rearrange [リーアレインヂ];
(改装する) redecorate [リーデコレイト]
▸わたしは部屋の**模様替えをする**予定だ.
I'm going to **redecorate** [**rearrange**] my room.
もよおし【催し】
(行事) an event [イヴェント];
(集会) a meeting [ミーティング]
もよおす【催す】 (開く・行う) hold* [ホウるド], give* [ギヴ], have* [ハぁヴ]
▸パーティーを催す
hold [**have**] a party
もより【最寄りの】
(いちばん近い) the nearest
▸ここから**最寄りの**駅までは歩いて10分です. It is a ten-minute walk from here to **the nearest** station.
⁑**もらう** **get*** [ゲット], **have*** [ハぁヴ], **receive** [リスィーヴ]
▸おじさんからこの時計を**もらった**.
I **got** this watch from my uncle. / (→おじさんがくれた) My uncle gave me this watch.

ダイアログ **質問する**
A: このカタログをもらってもいいですか? Can I **have** this catalogue?
B: ええ, どうぞ. Sure you can.

…**してもらいたい** 《**want**＋人＋**to**＋動詞の原形》,《**would like**＋人＋**to**＋動詞の原形》(♦would like のほうがていねいな言い方) ➡**いただく, ほしい**
▸わたしはあなたに手伝ってもらいたい.
I **want** you **to** help me. (♦目上の人には使えない)
…**してもらえませんか** Will you ...?, Would you ...? (♦後者のほうがていねいな言い方)
▸コショウを取ってもらえませんか?
Will [**Would**] **you** pass me the pepper?
…**してもらう** have*, get*
▸姉に宿題を手伝ってもらった. I **had** my sister help with my homework. / I **got** my sister to help with my homework.
▸カメラを直してもらった.
I **had** [**got**] my camera repaired.

結びつくことば
プレゼントをもらう get a present
おこづかいをもらう get allowance
お返しに…をもらう get ... in return
メールをもらう receive an email

ルール「…してもらう」

「(人)に…してもらう」は《have＋人＋動詞の原形》か,《get＋人＋to＋動詞の原形》で表し,「(物)を…してもらう」は《have＋物＋過去分詞》か,《get＋物＋過去分詞》で表します.

もらす【漏らす】 let* out, leak［リーク］
▸秘密をもらす
let a secret **out** / **leak** a secret

モラル morals［モーラるズ］, morality［モラぁりティ］

も

・もり【森】 woods［ウッヅ］, a **forest**［ふォーレスト］
▸わたしたちは森へキノコ狩(が)りに行った. We went in the **woods** to gather mushrooms.

くらべよう woods と forest

woods は人の手が入った人里近くの森を指します. **forest** は **woods** よりも大きく, 人の手が入っていない大森林を指します.

もりあがる【盛り上がる】（上がる）rise*［ライズ］;（盛況(せいきょう)だ）be* successful［サクセスふる］;（エキサイティングだ）be exciting［イクサイティンッ］
▸ここは地面が少し盛り上がっている.
The ground **rises** a little here.
▸祭りは大いに盛り上がった.
The festival **was** really **successful** [**exciting**].

もる¹【盛る】（積み上げる）heap (up)［ヒープ］, pile (up)［パイる］➡**つむ¹**;（いっぱいにする）fill［ふィる］

もる²【漏る】 leak［リーク］➡**もれる**

モルタル mortar［モータ］

モルモット
〖動物〗a guinea pig［ギニ ピッグ］

もれる【漏れる】 leak［リーク］
▸タイヤから空気がもれている.
Air is **leaking** out of the tire.

もろい（壊(こわ)れやすい）break* easily

モロッコ Morocco［モラコウ］

・もん【門】 a **gate**［ゲイト］
▸正門 a front **gate**
▸裏門 a back **gate**
▸門が閉まっていた.
The **gate** was closed.
▸門を開けてください.
Please open the **gate**.
▸門の所であなたを待っています.
I'll wait for you at the **gate**.

もんく【文句】 ❶〖不平〗a complaint［コンプれイント］➡**くじょう, ふへい**
文句を言う complain《about [of] ...》;（けちをつける）find* fault《with ...》
▸文句があるなら, はっきり言ってくれ.
If you have something to **complain about**, go ahead and say it.
❷〖語句〗words［ワ～ヅ］
▸歌の文句 the **words** of a song
決まり文句 a set phrase

もんげん【門限】 curfew［カ～ふュー］
▸門限を破る break **curfew**
▸…に門限を課す
put [impose] a **curfew** on ...
▸門限に遅(おく)れないように家に帰らなくては. I must get back home before **curfew**.

モンゴル Mongolia［マンゴウりア］
モンゴル(人)の
Mongolian［マンゴウりアン］
モンゴル人 a Mongolian

モンスーン a monsoon［マンスーン］

モンタージュ【モンタージュ写真】 a montage［マンタージ］

・もんだい【問題】 a **question**［クウェスチョン］（対義語「解答」an answer）, a **problem**［プラブれム］
▸今度のテストはどんな問題が出るのですか? What **questions** will be on the next exam?
▸この問題, 解けた?
Did you solve this **problem**?
▸世界的に環境(かんきょう)問題が深刻化している. The environmental **problem** is getting worse all over the world.
問題集 a workbook
問題用紙 a question sheet

もんどう【問答】（質問と答え）a question and an answer

もんぶかがく【文部科学】
文部科学省 the Ministry of Education, Culture, Sports, Science and Technology
文部科学大臣 the Minister of Education, Culture, Sports, Science and Technology

Q きみの好きな野菜を英語で言えるかな？➡「やさい」を見てみよう！

や【矢】 an arrow［あロウ］➡**ゆみ**
▸的(まと)に向かって矢を放つ
shoot an **arrow** at the target
▸矢は的に命中した.
The **arrow** hit the target.

–や¹【…屋, …家】 ❶『店』... store［ストーア］, ... shop［シャップ］;『店の人』... seller［セら］, ... dealer［ディーら］
▸衣料品屋（店）a clothing **store**
▸酒屋（店）a liquor **shop** /（人）a liquor **dealer**
❷『…な人』... person［パ～スン］
▸恥(は)ずかしがり屋　a shy **person**（♦person は, 相手に応じて boy や girl などに替(か)えるとよい）

–や²（…と）and;（または）or［オーア］
▸わたしは料理や洗濯(せんたく)が好きだ.
I like cooking **and** washing.

やあ（呼びかけ）Hello.［ハろウ］/ Hi.［ハイ］
▸やあ, サム. 元気かい？
Hello [**Hi**], Sam. How are you?

ヤード a yard［ヤード］
（♦yd., yds.（複数）と略す；1 ヤードは 3 フィート（約 91.4cm））

やえ【八重の】 double［ダブる］
八重桜 double cherry blossoms
八重歯 a double tooth

やおちょう【八百長（試合）】
a fix［ふィックス］, a fixed game
八百長をする fix a game
▸あの試合は八百長だった.
That was a **fixed game**. / That game was a **fix** [**fixed**].

やおや【八百屋】（店）a vegetable store,『英』a greengrocer's［グリーングロウサズ］

やがい【野外の】
outdoor［アウトドーア］
野外で outdoors［アウトドーアズ］
野外コンサート an outdoor concert
野外ステージ an open-air stage

やがく【夜学（校）】
a night [an evening] school

やかた【館】 a mansion［マぁンシャン］, a palace［パぁれス］

・やがて
❶『間もなく』soon［スーン］, before long ➡ **そのうち, まもなく**;
『いつか』someday［サムデイ］➡**いつか¹**
▸やがてバラの花が咲(さ)くことでしょう.
The roses will bloom **soon**.
▸舞もやがてはわたしのことを理解してくれるだろう.　Mai will understand me **someday**.
❷『ほぼ』nearly［ニアり］, almost［オーるモウスト］
▸ジョーンズ先生がこの学校へ来られてからやがて 2 年になる.　It's **nearly** [**almost**] two years since Ms. Jones came to our school.（♦about は 2 年を超(こ)えているときにも使えるので, この場合には適さない）

やかましい（音・声などが）noisy［ノイズィ］, loud［らウド］;（規則などに）strict［ストゥリクト］;（好みなどが）particular［パティキュら］➡ **うるさい**
▸この前の英語の授業では, 男の子たちがすごくやかましかった.　The boys were so **noisy** in the last English class.
▸テレビがやかましいぞ.
The television is too **loud**.
▸野田先生はわたしたちの服装にとてもやかましい.　Mr. Noda is very **strict** about our clothes.

やかん¹【夜間】 night［ナイト］
夜間部 night school

やかん² a kettle［ケトゥる］

やき–【焼き…】 baked［ベイクト］, fried［ふライド］, grilled［グリるド］
▸焼き飯　**fried** rice

ヤギ『動物』a goat［ゴウト］;

(子ヤギ) a kid［キッド］

やぎ座 the Goat, Capricorn［キぁプリコーン］➡**じゅうに**

やきいも【焼き芋】 a baked sweet potato

✲**やきそば【焼きそば】** noodles fried with meat and vegetables

やきたて【焼き立て】 hot [fresh] from the oven

やきとり【焼き鳥】 grilled chicken［グリるド］, skewered chicken［スキューアド］(♦skewered は「くしに刺(さ)した」の意味)

やきにく【焼き肉】 Korean BBQ［コリーアン バーベキュー］

やきまし【焼き増し】 an extra print [copy]

焼き増しする make extra prints

やきもち【焼きもち】 jealousy［ヂェらスィ］

焼きもち焼きの jealous［ヂェらス］

▸焼きもちを焼いている[焼く] be [get] **jealous**

▸莉奈は焼きもち焼きだ. Rina is a **jealous** person.

˙**やきゅう【野球】** **baseball**［ベイスボーる］

➡**図, 巻頭カラー 英語発信辞典⑧**

▸プロ野球 professional **baseball**

▸(全国)高校野球大会 the National High School **Baseball** Tournament

▸野球をする play **baseball**

野球場 a baseball stadium, a ballpark, a baseball field

野球選手 a baseball player

野球ファン a baseball fan

野球部 a baseball team

やきん【夜勤】 night duty

˙**やく¹【役】**

❶〖任務〗a **part**［パート］; 〖仕事上の〗a task［タぁスク］➡**やくわり**

▸わたしはいやな役を引き受けなければならなかった. I had to perform an unpleasant **task**.

役に立つ **useful**［ユースふる］, helpful［へるプふる］; (動詞) help［へるプ］

▸役に立つ辞書 a **useful** dictionary

▸お役に立てなくて残念です. I'm sorry I can't **help** you.

❷〖演劇の〗a role［ロウる］, a part

▸前にロミオの役をやったことがある. I once played (the **part** of) Romeo.

˙**やく²【約】** **about**［アバウト］, **around**［アラウンド］, some［サム］➡**-くらい**

▸わたしは約1時間サムを待った. I waited for Sam (for) **about** an hour. (♦about を用いるときは, 直前の for を省略することが多い)

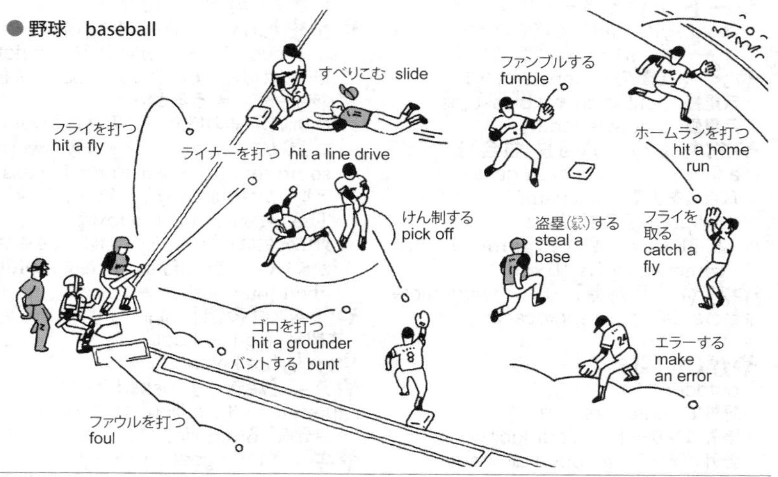

・やく³【焼く】 (燃やす) **burn*** [バ～ン] ➡**もやす**; (パン・ケーキなどを) **bake** [ベイク], toast [トウスト]; (肉や魚を直接火にかけて) broil [ブロイる], grill [グリる]; (肉をオーブンで) roast [ロウスト]; (油で) fry [ふライ]
▸落ち葉を焼く **burn** the fallen leaves
▸パンを焼く (→焼いて作る) **bake** bread / (→トーストにする) **toast** bread
▸魚を焼く **broil** [**grill**] fish
▸肉を焼く **broil** [**grill, roast**] meat
▸卵を焼いてくれますか？ Will you **fry** an egg for me?

やく⁴【訳】 (翻訳(ほんやく)) (a) translation [トゥラぁンスれイシャン] ➡**ほんやく**
▸『坊っちゃん』の英語訳 an English **translation** of *Botchan*

やくいん【役員】
(団体の) an official [オふィシャる];
(会社の) an executive [イグゼキュティヴ]

やくざいし【薬剤師】
〖米〗a druggist [ドゥラギスト],
〖英〗a chemist [ケミスト]

やくしゃ【役者】 an actor [あクタ] ➡**はいゆう**

やくしょ【役所】 a public office [パブリック オーふィス], a government office [ガヴァ(ン)メント オーふィス]
区役所 a ward office
市役所 a city office [hall]

やくす【訳す】
translate [トゥラぁンスれイト]
▸彼はこの本をドイツ語から日本語に訳した. He **translated** this book from German into Japanese.

・やくそく【約束】 a **promise** [プラミス], one's word [ワ～ド]; (人に会う) an appointment [アポイントメント]
▸正は必ず約束を守る男だ. Tadashi always keeps his **promises** [**word**].
▸彼女はわたしとの約束を破った. She broke her **promise** to me.

ダイアログ　**説明する**
A: きょうの午後は暇(ひま)ですか？ Are you free this afternoon?
B: ごめん. 約束があるの. I'm sorry, (but) I have an **appointment**.

▸百花は**約束の時間**に来なかった. Momoka didn't come at the **appointed time**.
約束する promise, give* one's word; (会合・面会・診察(しんさつ)など) make* an appointment
▸二度と遅(おく)れないと約束して. **Promise** me never to be late again. / **Promise** me (that) you'll never be late again.

・やくだつ【役立つ】
be* useful [ユースふる], be helpful [へるプふる]; help [へるプ] ➡**やく¹**
▸このナイフはキャンプのときとても役立つ. This knife **is** very **useful** for camping.

やくだてる【役立てる】
make* use of ...

やくにん【役人】
a government official [オふィシャる], a public servant [サ～ヴァント]

やくば【役場】 a public office
町役場 a town office

やくひん【薬品】 (a) medicine [メディスン], a drug [ドゥラッグ]; (化学薬品) a chemical [ケミクる]

やくみ【薬味】 spice [スパイス]

やくめ【役目】 ➡**やく¹, やくわり**

やくわり【役割】 (任務) a part [パート]; (仕事上の) a task [タぁスク]
▸みんなが自分の役割をきちんと果たさなくては. Everybody has to do his or her **part** well.

やけ desperation [デスパレイシャン]
やけになる get* desperate [デスパレット]

やけど a burn [バ～ン], a scald [スコーるド]
やけどする (火で) burn*, get* burned; (熱湯・蒸気で) scald
▸手をやけどした. I **burned** my hand. / My hand **got burned**.

やける¹【焼ける】 (燃える) burn* [バ～ン], be* burned, be burnt; (肌(はだ)

が)be tanned［タぁンド］, have* [get*] a tan；(食べ物が) be baked［ベイクト］
➡やく³
▸昨晩, 火事で家が３軒(けん)焼けた.
Three houses **were burned down** in the fire last night.
▸ずいぶん日に焼けたね.
You've **got a** nice **tan**.

やける² (しっとする)envy［エンヴィ］, be* jealous［ヂェラス］

やこう【夜行(列車)】 a night train

やさい【野菜】 **vegetables**［ヴェヂタブるズ］
(◆ふつう複数形で用いる)
▸新鮮(しんせん)な野菜は健康によい.
Fresh **vegetables** are good for your health.
▸生野菜 raw **vegetables**
▸有機野菜 organic **vegetables**
野菜いため stir-fried vegetables
野菜サラダ vegetable salad
野菜ジュース vegetable juice
野菜スープ vegetable soup
野菜畑 a vegetable garden

◆野菜のいろいろ vegetables

カボチャ	squash［スクワッシ］
カリフラワー	cauliflower［コーりふらウア］
キャベツ	cabbage［キぁベッヂ］
キュウリ	cucumber［キューカンバ］
サツマイモ	sweet potato［スウィート ポテイトウ］
ジャガイモ	potato［ポテイトウ］
セロリ	celery［セらリ］
ダイコン	Japanese radish［ラぁディシ］
タマネギ	onion［アニョン］
トマト	tomato［トメイトウ］
ナス	eggplant［エッグプらぁント］
ニンジン	carrot［キぁロット］
ネギ	leek［リーク］
ハクサイ	Chinese cabbage
パセリ	parsley［パースり］
ピーマン	green pepper［グリーン ペパ］
ブロッコリー	broccoli［ブラカり］
ホウレンソウ	spinach［スピニッチ］
レタス	lettuce［れタス］

やさしい¹【優しい】
gentle［ヂェントゥる］, tender［テンダ］；(親切な) **kind**［カインド］
▸彼は娘に優しい.
He is **gentle** with his daughter.
▸遥は友達に優しい.
Haruka is **kind** to her friends.
▸**環境(かんきょう)にやさしい** **eco-friendly, environmentally-friendly**
優しく gently, tenderly；kindly
優しさ kindness；tenderness

やさしい²【易しい】
easy［イーズィ］(対義語「難しい」hard, difficult)；(単純な) **simple**［スィンプる］；(わかりやすい) plain［プれイン］
▸やさしいことばで書きましょう.
Let's write in **simple** words.
▸この曲は演奏するのがやさしい.
This tune is **easy** to play.

ヤシ 〘植物〙(木) a palm［パーム］
ヤシの実 a coconut［コウコナット］

やじ booing［ブーイング］, heckling［ヘクりング］
やじを飛ばす boo, heckle

やじうま【やじ馬】
a (curious) onlooker［アンるカ］

やしき【屋敷】 a mansion［マぁンシャン］, a residence［レズィデンス］

やしなう【養う】 (家族を) support［サポート］；(子供を育てる) bring* up；(体力などを養成する) build* up, develop［ディヴェろプ］

やしょく【夜食】 (夕食とは別の深夜の軽食) a late-night snack

やじるし【矢印】
an arrow (sign)［あロウ］

やしん【野心】 ambition［あンビシャン］
野心のある ambitious［あンビシャス］
野心家 an ambitious person

やすい【安い】 **cheap**［チープ］, inexpensive［イネクスペンスィヴ］
(対義語「高い」expensive), low［ろウ］(対義語「高い」high)
▸このボールペンは安かった.
This ball-point pen was **cheap** [**inexpensive**].
▸この店はとても安い.
This store is very **cheap**. / Prices

at this store are very **low**.
安く cheaply, at a low price
▸この国では牛肉が**安く**買える.
You can get beef **cheaply** [**at low prices**] in this country.

参考 cheap は安っぽい
cheap は「値段が安い」という意味ですが,「安っぽくて品質がよくない」というふくみをもつこともあります. **inexpensive** は「品質のわりに値段が安い」, **low** は price, salary などの語と共に用いて単に「値段が安い」ことを意味します.

-(し)やすい 《easy [イーズィ] to ＋動詞の原形》(**対義語**「-(し)にくい」hard, difficult); (すぐ, 簡単に) easily
▸きみの説明はわかり**やすかった**.
Your explanation was **easy to** understand.
▸わたしは風邪(かぜ)をひき**やすい**.
I catch colds **easily**.

やすうり【安売り】 a sale [セイる]
安売りする sell* ... cheap

⁑やすみ【休み】

❶ 〖休息, 休憩(きゅうけい)〗 (a) **rest**
〖休憩時間〗 **a break, a recess**
❷ 〖休日〗 **a holiday**
〖休暇(きゅうか)〗 (a) **vacation**
❸ 〖欠席〗 (an) **absence**

❶〖休息, 休憩〗 (a) **rest** [レスト]
➡ **きゅうけい, やすむ**; 〖休憩時間〗
a break [ブレイク], a recess [リセス]
▸次の授業の前に10分間の**休み**がある.
We have a ten-minute **recess** before the next class starts.
❷〖休日〗 a **holiday** [ハりデイ];
〖休暇〗 (a) **vacation** [ヴェイケイシャン]
➡ **きゅうか**
▸あしたは**学校が休みです**(→学校の授業がない). We (will) **have no school** tomorrow.
▸母はきょうは**仕事が休みだ**.
My mother **is off** today.
▸この床屋(とこや)は月曜日が休みだ(→閉まっている). This barbershop is closed on [every] Monday.
❸〖欠席〗 (an) **absence** [あブセンス]
▸長い休みの後, 彼は職場に復帰した.
After a long **absence**, he returned to work.

˙やすむ【休む】

❶〖休憩(きゅうけい)する〗 **rest** [レスト], take* a rest, have* a rest
▸わたしは昼食の後, 少し**休む**.
I **rest** for a while after lunch.
▸このあたりで**休みましょう**. Let's **take** [**have**] **a rest** now, shall we?
▸**休め!** 〖号令〗 **At ease!**
❷〖欠席する, 欠勤する〗 be* absent 《from ...》 [あブセント], take* a day off
▸わたしは2日間, 学校を**休んだ**.
I **was absent from** school for two days.
▸あしたは**休みます**.
I'll **take a day off** tomorrow.
❸〖寝(ね)る〗 **go* to bed**; **sleep*** [スリープ] ➡ **ねむる, ねる[1]**
▸もう**休む**時間です.
It's time to **go to bed** now.

結びつくことば
学校を休む be absent from school
部活を休む be absent from the club
ゆっくり休む rest well
少し休む take a little break

やすめる【休める】 rest [レスト]
やすもの【安物】 a cheap thing
やすやすと easily [イーズィり]
やすらか【安らかな】
peaceful [ピースふる]
安らかに peacefully, in peace
やすらぎ【安らぎ】 peace of mind
やすらぐ【安らぐ】 feel* at ease
やすり a file [ふァイる];
(紙やすり) sandpaper [サぁンドペイパ]
やすりをかける file
やせい[1]【野生の】 wild [ワイるド]
野生植物 a wild plant
野生動物 a wild animal;
(全体として) wildlife
やせい[2]【野性】
wild nature [ネイチャ]
野性的な wild [ワイるド];
(荒(あら)っぽい) rough [ラふ]

˙やせる

(やせ細る) become* thin [すィン] (**対義語**「太る」get fat), get* thin; (節食・運動などをして) slim down [スリム]; (体重が減る) lose* weight [ウェイト]

▸ちょっとやせたんじゃないの？ You **lost** a little **weight**, didn't you?
▸やせるための本がたくさん出ている. There are a lot of books about how to **slim down** [**get thin**].
やせた slender［スれンダ］, slim；（不健康に）thin

やだ no［ノウ］

やたい【屋台】 a stand［スタぁンド］, a stall［ストーる］

やたらに very［ヴェリ］, really［リーアり］；（ものすごく）awfully［オーふり］
➡とても, ひじょうに
▸きょうはやたらにおなかがすく. I'm **awfully** hungry today.

やちょう【野鳥】 a wild bird
野鳥観察 bird-watching［バ～ドワチンヶ］

やちん【家賃】 (a) rent［レント］

やつ a guy［ガイ］, a fellow［ふェろウ］, he［ヒー］
▸光二はほんとうにいいやつだ. Koji is really a nice **guy**.

やつあたり【八つ当たりする】（怒(いか)りなどをぶつける）
take* ... out on ～
▸八つ当たりしないで. わたしのせいではない. Stop **taking** it **out on** me. It's not my fault.

やっかい trouble［トゥラブる］➡**めんどう**；（世話）care［ケア］➡**せわ**
▸他人のやっかいになりたくない. I don't want to make **trouble** for others.
やっかいな troublesome［トゥラブるサム］
やっかいをかける
trouble, give* ... trouble ➡**めいわく**

やっきょく【薬局】 a pharmacy［ふァーマスィ］,〘米〙a drugstore［ドゥラッグストーア］,〘英〙a chemist's［ケミスツ］（♦drugstore は薬だけでなく日用雑貨や新聞雑誌, 食品などもあつかう）

やった（自分が）I did it! / Great!［グレイト］；（相手が）You did a good job.

やっつ【八つ】（数）eight［エイト］➡**はち**[1]；（年齢(ねんれい)）eight (years old) ➡**-さい**[1]

やっつける（負かす）beat*［ビート］, defeat［ディふィート］
▸将棋(しょうぎ)で健二をやっつけた. I **beat** [**defeated**] Kenji at shogi.

やっていく get* along《with ...》
▸他の生徒たちとうまくやっていきたい. I want to **get along** well **with** other students.

やっていられない I just can't do it.

やってくる【やって来る】 come*
▸もうすぐ夏休みがやって来る. The summer vacation is **coming** soon.

やってみる try［トゥライ］
▸やってみて. あなたならできる. **Try** it! You can do it.
▸**一か八(ばち)かやってみよう.** **Let's take a chance.**

◆やっと

❶〘ついに〙
at last［らぁスト］, **finally**［ふァイナり］
▸やっと宿題が終わった. **At last** I finished my homework. / I **finally** finished my homework.
❷〘かろうじて〙**just**［ヂャスト］
▸わたしたちはやっとバスに間に合った. We were **just** in time for the bus.

やっぱり ➡**やはり**

ヤッホー yoo-hoo［ユーフー］（♦人の注意をひくときの呼び声；「オーイ」などにあたる）

やど【宿】 lodging［らヂンヶ］；（ホテル）a hotel［ホウテる］；（旅館）a Japanese-style hotel ➡**りょかん**

やとう[1]【雇う】 employ［インプろイ］
▸エバンズさんはメグを店員として雇った. Mr. Evans **employed** Meg as a salesclerk.
雇い主 an employer［インプろイア］
雇い人 an employee［インプろイイー］

やとう[2]【野党】 an opposition party［アポズィシャン パーティ］（対義語「与党(よとう)」a ruling party）

やどや【宿屋】 an inn［イン］；（日本旅館）a Japanese-style hotel ➡**りょかん**

ヤナギ【柳】
〘植物〙a willow (tree)［ウィろウ］

やに（樹脂(じゅし)）resin［レズィン］；（たばこの）tar［ター］

やぬし【家主】（男性）a landlord［らぁンドろード］,（女性）an landlady［らぁンドれイディ］；the owner of the house

◆やね【屋根】

a roof［ルーふ］（複数 roofs）
▸赤い屋根の家 a house with red **roofs** / a red-roofed house
▸かわら屋根 a tiled **roof**
▸わらぶき屋根 a thatched **roof**

屋根裏部屋　an attic［あティック］

やばい（♦状況や感情によってさまざまな表現になる）

▸テストの点がやばくて落ちこむ.
I'm down because my test scores were terrible.

▸やばい, このチョコすごくおいしい！
Oh my gosh, this chocolate tastes so good!

・やはり

❶〚…もまた〛**too**［トゥー］, **also**［オーるソウ］;〚否定文で〛either［イーざ］

▸わたしもやはりその案に賛成だ.
I agree with that plan, **too**.

▸妹もやはりニンジンが嫌(きら)いだ.
My sister doesn't like carrots, **either**.

❷〚それでも〛**still**［スティる］

▸ビリーはとても優(やさ)しくしてくれるけど, やはり好きにはなれない.
Billy is very kind to me, but **still** I don't like him.

❸〚結局〛**after all**;〚予想どおり〛as one expected［イクスペクティッド］

▸やはりC組が優勝した.
Class C won the victory **as** everybody **expected**.

やばん【野蛮な】savage［サぁヴェッヂ］, barbarous［バーバラス］

野蛮人　a barbarian［バーベリアン］

やぶ　a thicket［すィケット］, bushes［ブシズ］

やぶく【破く】tear*［テア］; break*［ブレイク］➡やぶる

やぶける【破ける】tear*［テア］➡やぶれる

:やぶる【破る】

❶〚引き裂(さ)く〛**tear***［テア］;〚壊(こわ)す〛**break***［ブレイク］

▸くぎに引っかけてシャツを破いてしまった. I **tore** my shirt on a nail.

▸どろぼうはこの窓を破って入ったんだ.
The burglar **broke** in through this window.

❷〚約束(やくそく)などを〛break*

▸彼はまた約束を破った.
He **broke** his promise again.

▸その世界記録は破られた.
The world record was **broken**.

・やぶれる【破れる, 敗れる】

❶〚裂(さ)ける〛

tear*［テア］, get* torn［トーン］

▸この紙は破れやすい.
This paper **tears** easily.

▸とげに引っかかってシャツのそでが破れた. The sleeve of my shirt **got torn** on a thorn.

❷〚負ける〛

lose*［るーズ］, **be* beaten**［ビートゥン］

▸わたしたちは2点差で敗れた.
We <u>lost</u> [were beaten in] the game by two points.

破れた　torn, broken［ブロウクン］

やぼ【やぼな, やぼったい】（人の気持ちに気づかない）insensitive［インセンスィティヴ］;（服装が）unfashionable［アンふぁショナブる］, unsophisticated［アンソフィスティケイティッド］

:やま【山】

❶〚地理的な〛a **mountain**［マウントゥン］,（…山）Mt.［マウント］;〚低い〛a **hill**［ヒる］

▸山に登る　climb a **mountain**

▸山を降りる
climb down a **mountain**

▸三原山に登ったことがある.
I've climbed **Mt.** Mihara.

▸山のふもとに
at the foot of a **mountain**

▸山の頂上に
on the top of a **mountain**

❷〚比ゆ的に〛

▸宿題が山ほどある.
I have **a <u>pile</u> [mountain] of** homework.
（♦a <u>pile</u> [mountain] of ... で「たくさんの…」の意味）

▸試験の山が当たった. **I anticipated what** the test questions **would be.**（♦anticipate は「見越す」の意味）

山火事　a forest fire

山くずれ　a landslide［らぁンドスらイド］

山小屋　a (mountain) hut

山登り　mountain climbing

山道　a mountain path

やまい【病】illness［イるネス］, (a) disease［ディズィーズ］

ヤマイモ【山芋】〚植物〛a yam［ヤぁム］

やましい【やましいと感じる】
feel* guilty［ギるティ］

やまびこ【山びこ】
an echo［エコウ］（複数 echoes）

やまやま
▶キャンプに行き**たいのはやまやまだが**，この日曜日には模試がある． **I'd really like to** go camping, **but** I have a trial exam this Sunday.

やまわけ【山分けする】
split* [divide] ... equally；
（2人で）go* fifty-fifty

やみ【闇】 darkness［ダークネス］，the dark ➡くらやみ
やみ夜 a dark night

・**やむ【止む】** stop［スタップ］
▶雪はじきに**やむ**だろう．
The snow will soon **stop**. / It will soon **stop** snowing.
▶風が**やんだ**．
It has **stopped** blowing.

やむをえない（やむを得ず…する）《cannot help ＋～ing》➡しかた
▶試合中止も**やむを得ない**． We **cannot help calling off** the game.（♦call off で「…を中止する」の意味）
やむを得ず（しかたなく）unwillingly［アンウィりンゲりィ］

やめさせる stop［スタップ］

・**やめる【止める，辞める】**
❶『中止する，終わりにする』**stop**［スタップ］，quit*［クウィット］，give* up
▶もうその話は**やめよう**．
Let's **stop** talking about it.
▶もうダイエットをするのは**やめた**．
I've **quit** [**given up**] dieting.
▶テニス部に入るのは**やめることに**（→入らないことに）**した**． I've **decided not to** join the tennis team.

> **参考「…するのをやめる」**
> 「…するのをやめる」は《**stop ＋～ing**》で表します．《**stop to ＋動詞の原形**》とすると「…するために立ち止まる」という意味になります．（例）They *stopped to* talk.（彼らは話をするために立ち止まった）

❷『学校・会社などを』**leave***［りーヴ］，quit*；『定年で』retire《from ...》［リタイア］
▶あのときクラブを**やめ**なくてよかった．
It's a good thing I didn't **leave** [**quit**] the club then.

やや（少し）a little［りトゥる］，《口語》a bit［ビット］➡すこし
▶あすは**やや**冷えそうだ． It'll be **a little** [**bit**] cold tomorrow.

ややこしい（複雑な）complicated［カンプりケイティッド］
▶この物語の筋は**ややこしい**． The plot of this story is **complicated**.

やられる（負かされる）be* beaten［ビートゥン］➡まける
▶わたしたちのチームは西中に**やられた**．
Our team **was beaten** by the Nishi Junior High School team.

やり a spear［スピア］；
（やり投げ競技の）a javelin［ヂぁヴェりン］
やり投げ the javelin throw

やりがい【やりがいのある】 worth doing, rewarding［リウォーディング］，challenging［チぁれンヂング］
▶**やりがいのある**仕事
a **rewarding** [**challenging**] job

やりかた【やり方】 a way［ウェイ］；
（…の仕方）《how to ＋動詞の原形》
➡しかた
▶自分の**やり方**でやるつもりだ．
I'll do it (in) my own **way**.
▶このゲームの**やり方**は知っている．
I know **how to** play this game.

やりきれない
（耐(た)えられない）can't bear [stand]

やりすぎ【やりすぎる】
go* too far, overdo［オウヴァドゥー］

やりたいほうだい【やりたい放題にやる】
get* [have*] one's own way

やりとげる【やり遂げる】
accomplish［アカンプりッシ］；
（実行する）carry out［キぁり］
▶なんとしてもこの仕事は**やり遂げる**．
I'll **carry out** this task at any cost.（♦at any cost で「なんとしても」という意味）

やりとり【やり取り】
an exchange［イクスチェインヂ］

やりなおす【やり直す】
start (all) over, do* (all) over again
▶もう一度最初から**やり直そう**．
Let's **do it all over again**.

＊やる
❶〚行う〛**do*** ［ドゥー］;
〚スポーツなどを〛**play** ［プれイ］ ➡**する**[1]
▸それをやるからにはしっかりやりなさい．
If you **do** it, give it your best.
▸バドミントンをやらない？
How about **playing** badminton?
▸きみはよくやった．
You've **done** well! / Good job!
▸**やる気を出せ．** **Show some spirit!**
❷〚あたえる〛**give*** ［ギヴ］ ➡**あげる**[1]
…してやる ➡**あげる**[1]
▸手伝って**やろうか？**
Shall I help you?

やるき【やる気】
motivation ［モウティヴェイシャン］
やる気のある
motivated ［モウティヴェイティッド］

やれやれ Well. ［ウェる］ / Thank God! / Good grief! ［グリーふ］
▸やれやれ，やっと試験が終わった．
Thank God! The exam is over at last.

＊やわらかい【柔らかい，軟らかい】 **soft** ［ソーふト］（対義語「かたい」hard）;（肉などが）tender ［テンダ］（対義語「かたい」tough）
▸この赤ちゃんの髪(かみ)は柔らかい．
This baby has **soft** hair.
▸柔らかい肉 **tender** meat

やわらぐ【和らぐ】
soften ［ソーふン］, be* eased ［イーズド］
▸その知らせを聞いて，美和の心は和らいだ． Miwa's heart **softened** at [**was eased** by] the news.

やわらげる【和らげる】 soften ［ソーふン］;（苦痛などを）ease ［イーズ］
▸愛は悲しみを和らげる． Love can **soften** [**ease**] your sorrow.

やんわり gently ［ヂェントゥり］, indirectly ［インディレクトり］
▸彼女はその申し出をやんわり断った．
She turned down the offer **indirectly**.

ユ
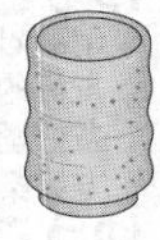

Q「湯飲み」を英語で説明するとしたらどう言う？
➡「ゆのみ」を見てみよう！

ゆ【湯】 hot [warm] water ［ウォータ］;（ふろ）a bath ［バぁす］
▸湯を沸(わ)かす boil **water**
▸沸騰(ふっとう)した湯 boiled **water**（♦上の場合と同様，hot は不要）
▸わたしのカップにお湯を注いでください． Pour some **hot water** into my cup.

ゆいいつ【唯一の】
the only ［オウンり］, unique ［ユーニーク］
▸3番が，わたしが解けなかった**唯一の**問題だ． Question No. 3 is **the only** one I couldn't answer.

ゆいごん【遺言】 a will ［ウィる］
ゆう[1]【優】（評点で）A ［エイ］
ゆう[2]【言う】 ➡**いう**
ゆう[3]【結う】（髪(かみ)を）do* one's hair

ゆういぎ【有意義な】
meaningful ［ミーニンぐふる］

ゆううつ depression ［ディプレシャン］, (a) gloom ［グるーム］, melancholy ［メらンカり］
ゆううつな **gloomy** ［グるーミ］, depressed ［ディプレスト］
▸広幸はゆううつそうな顔をしていた．
Hiroyuki looked **depressed**.

ゆうえき【有益な】（役に立つ）useful ［ユースふる］, helpful ［へるプふる］;（教訓的な）instructive ［インストゥラクティヴ］
▸先生は有益な忠告をしてくださった．
The teacher gave me some **useful** advice.

ユーエスビー USB
USB ポート a USB port ［ポート］
USB メモリー a USB memory ［メモリ］

ゆうえつかん【優越感】
a superiority complex
［スピリオーリティ コンプれックス］（対義語「劣等(れっとう)感」an inferiority complex）

ゆうえんち【遊園地】〚米〛
an amusement park ［アミューズメント パーク］,〚英〛a funfair ［ふァンふェア］

ゆうが【優雅な】 elegant ［エりガント］, graceful ［グレイスふる］

ゆうかい【誘拐】
kidnapping［キッドナぁピング］
誘拐する kidnap［キッドナぁップ］
誘拐犯 a kidnapper［キッドナぁパ］

ゆうがい【有害な】 harmful［ハームふる］, injurious［インヂュリアス］
▸有害な化学製品
harmful chemicals
有害物質
a hazardous substance［ハぁザダス］

・ゆうがた【夕方】
(an) **evening**［イーヴニング］
▸夕方早く early in the **evening**
▸夕方6時に at six in the **evening**
▸夕方になると涼(す)しくなる.
It gets cool in the **evening**.
▸7月7日の夕方に
on the **evening** of July 7
▸あすの夕方(に) tomorrow **evening**

ルール「…の夕方に」の言い方
1 単に「夕方に」「夕方は」と言うときは **in the evening** ですが,「…日の夕方に」のようにある決まった日の「夕方に」と言うときは **on** を用います.
(例)*on* the evening of May 5 (5月5日の夕方に)
2 **evening** の前に **yesterday**, **tomorrow**, **every** などをつけるときは in も on も不要です.

ユーカリ
〖植物〗a eucalyptus［ユーカリプタス］

ゆうかん¹【夕刊】
an evening (news)paper

ゆうかん²【勇敢な】 brave［ブレイヴ］
勇敢さ bravery［ブレイヴェリ］
勇敢に bravely

・ゆうき¹【勇気】 courage［カ〜リッヂ］, bravery［ブレイヴェリ］
▸勇気を出してやってごらん. Get up your **courage** and do it. (♦get up で「(勇気など)を起こさせる」の意味)
勇気のある courageous［カレイヂャス］, brave［ブレイヴ］
▸太郎は体は大きくないが, 勇気がある.
Taro isn't big, but he is **courageous** [**brave**].
勇気づける encourage［インカ〜レッヂ］
▸きみのことばがわたしを勇気づけた.
Your words **encouraged** me.

ゆうき²【有機の】
organic［オーギぁニック］
有機 EL OLED
(♦*o*rganic *l*ight-*e*mitting *d*iode の略)
有機栽培(さいばい) organic farming
有機野菜
organic vegetables［ヴェヂタブるズ］

ゆうぎ【遊戯, 遊技】(遊び) play, a game［ゲイム］;(幼稚(ようち)園などの) dancing and playing games
遊技場 a place of amusement

ゆうぐれ【夕暮れ】
(夕方) (an) evening［イーヴニング］;
(たそがれどき) dusk［ダスク］
▸夕暮れどきに at **dusk**

ゆうげん【有限の】
limited［リミティッド］

ゆうこう¹【有効な】 good*［グッド］, valid［ヴぁりッド］
▸この切符(きっぷ)は3日間有効だ.
This ticket is **good** [**valid**] for three days.

ゆうこう²【友好】
friendship［ふレン(ド)シップ］
友好的な friendly
友好国 a friendly nation
友好条約 a treaty of friendship

ゆうごはん【夕ご飯】 ➡ゆうしょく

ユーザー a user［ユーザ］
▸パソコンのユーザー a PC **user**

ゆうざい【有罪の】 guilty［ギるティ］
(対義語「無罪の」innocent)

ゆうし【有志】
a volunteer［ヴァらンティア］

ゆうしゅう【優秀な】
excellent［エクセれント］
▸芽衣は優秀な生徒だ.
Mei is an **excellent** student.
▸最優秀選手 **the most valuable player** (♦MVP と略す)
優秀さ excellence［エクセれンス］

ゆうじゅうふだん【優柔不断】
indecision［インディスィジャン］
優柔不断な indecisive［インディサイスィヴ］

ゆうしょう【優勝】(地位・タイトル) a championship［チぁンピオンシップ］;
(勝利) a victory［ヴィクトゥリ］
優勝する win* a championship, win a victory
▸県大会でわたしたちのチームが優勝した.

Our team **won** the **championship** in the prefectural tournament.
優勝カップ a trophy［トゥロウふィ］, a championship cup
優勝旗 a championship flag, a pennant［ペナント］
優勝決定戦 a playoff［プれイオーふ］
優勝者 a champion, a winner
優勝チーム a champion team, a winning team

ゆうじょう【友情】
friendship［ふレン(ド)シップ］
▸友情を築くのは難しいが, 壊(こわ)すのはたやすい. It's difficult to build up **friendship** but easy to break it.

ゆうしょく【夕食】
(a) **supper**［サパ］;（1日のうちで主要な食事）(a) **dinner**［ディナ］➡**ちょうしょく**
▸わが家の夕食はたいてい7時だ.
We usually have **dinner** at seven.
▸夕食後, 2時間ほど勉強する.
After **dinner** I study (for) about two hours.
▸きのうの夕食はカレーだった.
We ate curry and rice for **supper** yesterday.

参考 dinner, supper
dinner は1日のうちでいちばんごちそうの出る食事のこと. 昼に食べた場合は「昼食」が **dinner** になり, その日の「夕食」を **supper** と言います.

ゆうじん【友人】 a friend［ふレンド］
➡**ともだち**
ユースホステル
a (youth) hostel［ハストゥる］
ゆうせい【優勢である】（勝(まさ)っている）be* superior《to ...》［スピリア］;（リードしている）be leading［リーディング］
▸数のうえでは相手より優勢だ.
We **are superior** in number **to** the opponent.
▸今のところ, 井上のほうがやや優勢だ.
Inoue **is leading** a little now.
ゆうせん[1]【優先】
(a) priority［プライオーリティ］
▸この問題を優先的に取り上げよう.
Let's give this problem **priority** (over others).
優先順位 the order of priority
優先席 a priority seat［プライオーリティ スィート］
ゆうせん[2]【有線の】 wired［ワイアド］
有線放送 cable broadcasting
ゆうそう【郵送する】
〖米〗mail［メイる］, 〖英〗post［ポウスト］
▸その書類を郵送してください.
Please **mail** those papers.
郵送料 postage［ポウステッヂ］
ゆうだいな【雄大な】
grand［グラぁンド］
雄大さ grandeur［グラぁンヂャ］
ゆうだち【夕立】
a (rain) shower［シャウア］
▸来る途中(とちゅう), 夕立にあった. I was caught in a **shower** on the way.（♦on the wayで「途中で」の意味）
夕立が降る shower（♦主語は it）
ゆうとう【優等】 honors［アナズ］
（♦大学の成績について用いる）
▸優等で卒業する
graduate with **honors**
優等生 an excellent student
ゆうどう【誘導する】 guide［ガイド］, lead*［リード］, control［コントゥロウる］
誘導尋問(じんもん) a leading question
ゆうどく【有毒な】
poisonous［ポイズナス］
有毒ガス a poisonous gas
ユートピア
(a) utopia［ユートウピア］, (a) Utopia
ゆうのう【有能な】
able［エイブる］, capable［ケイパブる］
▸有能な弁護士 an **able** lawyer
ゆうはん【夕飯】
(a) supper; (a) dinner ➡**ゆうしょく**
ゆうひ【夕日】 the evening sun［サン］, the setting sun（**対義語**「朝日」the morning sun, the rising sun）
ゆうび【優美】 grace［グレイス］, elegance［エりガンス］
優美な graceful［グレイスふる］, elegant［エりガント］

ゆうびん【郵便】（郵便制度・郵便物全体）
〖米〗**mail**［メイる］, 〖英〗**post**［ポウスト］
▸わたしあての郵便はありませんか?
Isn't there any **mail** for me?
郵便で送る mail, post
▸チケットは郵便で送るつもりだ.

I'll **mail** the ticket. / I'll send the ticket by mail.
郵便受け 〖米〗 a mailbox ［メイるバックス］, 〖英〗 a letter box
郵便切手 a postage stamp
郵便局 a post office

▲アメリカの郵便局

郵便局員 a post-office clerk
郵便配達人 a mail carrier ［メイる キぁリア］, 〖米〗 a mailman ［メイるマぁン］ (複数 mailmen), 〖英〗 a postman ［ポウストマン］ (複数 postmen)
郵便はがき a postcard ［ポウストカード］
郵便番号 a postal code number ［ポウストゥる コウド ナンバ］, 〖米〗 a zip code ［ズィップ コウド］, 〖英〗 a postcode ［ポウストコウド］
郵便ポスト 〖米〗 a mailbox, 〖英〗 a postbox ［ポウストバックス］, a pillar box
郵便料金 postage ［ポウステッヂ］

ユーブイ
UV (♦*u*ltra*v*iolet「紫(し)外線の」の略)

ユーフォー
a UFO ［ユーエふオウ, ユーふォウ］ (♦an *u*nidentified *f*lying *o*bject「未確認飛行物体」の略)

ゆうふく【裕福な】
rich ［リッチ］, well* off, wealthy ［ウェるすィ］ ➡ゆたか

ゆうべ【ゆうべ, 夕べ】
(昨夜・昨晩) last night ［ナイト］, yesterday evening ［イーヴニング］; (夕方) (an) evening
▸ゆうべは変な夢を見た. I had [dreamed] a strange dream **last night**.
▸音楽の夕べ a musical **evening**

ゆうべん【雄弁な】
eloquent ［エろクウェント］

ゆうぼう【有望な】
promising ［プラミスィング］, hopeful ［ホウプふる］
▸彼は有望なピアニストだ. He is a **promising** [**hopeful**] pianist.

ゆうめい【有名な】
famous ［ふェイマス］, well-known ［ウェるノウン］; (悪名高い) notorious ［ノウトーリアス］
▸伊香保は温泉で有名だ. Ikaho is **famous** for its hot springs.
▸わたしたちの町は公害で有名になった. Our city has become **notorious** for its pollution.
有名校 a famous [prestigious] school
有名人 a famous person, a big name, a celebrity ［セれブリティ］

ユーモア
humor ［ヒューマ］
▸小林先生はユーモアがある. Ms. Kobayashi has a good sense of **humor**. (♦「ユーモアがない」ならhas no sense of ... を用いる)

ユーモラス【ユーモラスな】
humorous ［ヒューモラス］
▸パンダはどことなくユーモラスだ. There is something **humorous** about a panda.

ゆうやけ【夕焼け】
a sunset ［サンセット］

ゆうゆう
(簡単に) easily ［イーズィり］
▸彼女はゆうゆう試験に受かるだろう. She will pass the exam **easily**.

ゆうよう【有用な】
useful, helpful ➡やく[1], やくだつ

ユーラシア
Eurasia ［ユーレイジャ］

ゆうらん【遊覧】
sightseeing ［サイトスィーイング］
遊覧する see* the sights (of ...)
遊覧船 a pleasure boat ［プれジャ ボウト］
遊覧バス a sightseeing bus

ゆうり【有利】
(an) advantage ［アドヴぁンテッヂ］
有利な advantageous ［あドヴァンテイヂャス］

ゆうりょう【有料の】
pay ［ペイ］
▸子供(の入場)は有料ですか? **Are** children **charged** any admission (fee)?
有料駐車(ちゅうしゃ)場 a pay-parking lot
有料トイレ a pay toilet
有料道路 a toll road

ゆうりょく【有力な】
(影響(えいきょう)のある) influential ［インふるエンシャる］; (主要な) leading ［リーディング］
▸有力者 an **influential** person

ゆうれい【幽霊】 a ghost［ゴウスト］
幽霊船 a ghost [phantom] ship
幽霊屋敷(やしき) a haunted house
ユーロ a euro［ユアロウ］
ゆうわく【誘惑】
(a) temptation［テンプテイシャン］
▸誘惑に勝つ overcome **temptation**
▸誘惑に負ける
give in [way] to **temptation**
誘惑する tempt［テンプト］
ゆか【床】 a floor［ふろーア］
▸床をふく wipe the **floor**
床板 floorboards［ふろーアボーズ］
床運動 〘スポーツ〙 floor exercises
ゆかい【愉快な】 pleasant［プれズント］, amusing［アミューズィング］
▸昨晩はたいへん愉快だった.
I had a very **pleasant** [good] time last night. / (→楽しんだ) I enjoyed myself very much last night.
▸彼の話は愉快だ.
His story is **amusing**.
愉快に pleasantly
愉快な事[人] fun［ふァン］
ゆかた【浴衣】
a *yukata*, a light cotton kimono
ゆがむ be* twisted［トゥウィスティッド］, be distorted［ディストーティッド］
▸ジャックの顔は激(はげ)しい痛みのためにゆがんだ. Jack's face **was twisted** [**distorted**] with sharp pain.
ゆがめる distort［ディストート］
▸新聞記者は事実をゆがめてはならない.
A newspaper reporter shouldn't **distort** the facts.
ゆき[1]【雪】 snow［スノウ］
(♦一般に「雪」と言うときは, a も the もつけない)
▸この冬は雪が多かった.
We had a lot of **snow** this winter.
▸この冬は雪がほとんど降らなかった.
We had little **snow** this winter.
▸雪が1メートル近く積もった.
The **snow** was [lay] nearly one meter deep.
▸大雪 a heavy **snow** (♦形容詞がつくときは, ふつう a をつける)
▸粉雪 a powdery **snow**
▸初雪 the first **snow** of the season
雪が降る **snow** (♦主語は it)
▸雪がやんだ.
It has stopped **snowing**. / The **snow** has stopped falling.
雪の多い, 雪の深い snowy［スノウイ］
雪男 (ヒマラヤの) the Abominable Snowman［アバミナブる スノウマぁン］, a yeti［イエティ］
雪下ろし clearing the roof of snow
雪かき snow shoveling [clearing]
雪合戦 a snowball fight
雪国 a snowy country
雪だるま
a snowman (複数 snowmen)
雪どけ a thaw［そー］
雪どけ水 snowmelt［スノウメるト］
雪祭り a snow festival
ゆき[2]【行き】 ➡いき[2]
ゆきき【行き来する】
come* and go*
ゆきさき【行き先】 ➡いきさき
ゆきすぎる【行き過ぎる】
(通り過ぎる) go* past;
(やり過ぎる) go too far
ゆきちがい【行き違いになる】
➡いきちがい
ゆきづまり【行き詰まり】
a deadlock［デッドらック］
ゆきづまる【行き詰まる】
deadlock［デッドらック］
ゆきどまり【行き止まり】
a dead end ➡いきどまり
ゆきわたる【行き渡る】 go* around
ゆく【行く】 go*; come* ➡いく
ゆくえ【行方】
▸その犬の行方が(→どこに行ったか)わからなかった. We didn't know where the dog went.
ゆげ【湯気】 steam［スティーム］
湯気を立てる steam
▸やかんから湯気が立っている.
The kettle is **steaming**.
ゆけつ【輸血】
(a) blood transfusion
［ブらッド トゥラぁンスふュージャン］
▸輸血をする
give a **blood transfusion**
▸輸血を受ける get [be given, receive] a **blood transfusion**
ゆさぶる【揺さぶる】 shake*

ゆ

➡ゆする[1]

ゆしゅつ【輸出】 export [エクスポート] (対義語「輸入」import)

▸輸出用の自動車 cars for **export**

輸出する export [イクスポート]

▸その国は主に工業製品を輸出している. The country mostly **exports** industrial goods.

輸出国 an exporting country

輸出品 exported goods, exports

ゆすぐ wash out, rinse (out) [リンス]

▸口をゆすぐ **wash out [rinse (out)]** one's mouth

ゆすり

(恐喝(きょうかつ)) blackmail [ブらぁックメイる]

ゆする[1]【揺する】 shake* [シェイク]

▸大輝は体を揺すっても起きなかった. Daiki didn't wake up even when I **shook** him.

ゆする[2] (脅(おど)して金を取る) blackmail [ブらぁックメイる]

•ゆずる【譲る】

❶『あたえる』**give*** [ギヴ];

『売る』sell* [セる];

『地位・権利を引き渡(わた)す』hand over

▸電車でお年寄りに席を譲ってあげた. I **gave** my seat to an old man [woman] on the train.

▸王様は王子に位を譲った. The king **handed over** the throne to the prince.

❷『他者に従う』give* in《to ...》

▸この点は絶対あなたに譲れない. I'll never **give in to** you on this point.

ゆそう【輸送】 transportation [トゥラぁンスパテイシャン]

輸送する transport [トゥラぁンスポート]

輸送手段 a means of transportation

輸送船 a transport

•ゆたか【豊かな】 rich [リッチ], wealthy [ウェるすィ] (対義語「貧しい」poor); (土地が) fertile [ふァ～トゥる] ➡とむ

▸豊かな家 a **rich [wealthy]** family

▸豊かな土地 **fertile [rich]** soil

ユダヤ【ユダヤ教】

Judaism [ヂューディイズム]

ユダヤ人の Jewish [ヂューイシ]

ユダヤ人 a Jewish person

ゆだん【油断する】 be* careless [ケアれス], be off one's guard [ガード]

▸**油断するな**(→気をつけろ)! **Be careful!**

•ゆっくり

❶『急がずに』**slowly** [スろウり] (対義語「速く」fast);

『のんびりと』leisurely [りージャり]

▸もっとゆっくり走ろう. Let's run more **slowly**.

▸ゆっくり旅行でもしたら? Why don't you travel **leisurely**?

❷『十分な』

▸今晩は**ゆっくりお休みなさい**. **Have a good sleep** tonight.

▸**ゆっくりしていって**(→好きなだけ長くいて)ください. Please **stay as long as you like**.

ゆったり (ゆるい) loose [るース]

▸ゆったりしたセーター a **loose** sweater

ゆったりと (くつろいで) comfortably [カンふァタブり]

▸彼はゆったりとソファーに座(すわ)っていた. He was sitting **comfortably** on the sofa.

ゆでたまご【ゆで卵】 a boiled egg [ボイるド エッグ]

ゆでる boil [ボイる]

▸兄は卵をかためにゆでた. My brother **boiled** the eggs hard.

ゆでん【油田】 an oil field [オイル ふィーるド]

ゆとり ➡よゆう

▸生活にもっとゆとりがほしい(→ゆとりのある生活がしたい). I want to live a more comfortable life.

ユニーク【ユニークな】 unique [ユーニーク]

▸ユニークな考え a **unique** idea

ユニセフ UNICEF [ユーニセふ] (♦the *U*nited *N*ations *I*nternational *C*hildren's *E*mergency *F*und「国連児童基金」の略)

ユニホーム (a) uniform [ユーニふォーム] ➡せいふく[1]

ゆにゅう【輸入】 import [インポート] (対義語「輸出」export)

輸入する import [インポート]

▸この国は食糧(しょくりょう)の半分を輸入してい

る. This country **imports** half of its food.

輸入品 imported goods, imports

ユネスコ UNESCO［ユーネスコウ］(♦ the *U*nited *N*ations *E*ducational, *S*cientific and *C*ultural *O*rganization「国連教育科学文化機関」の略)

✻**ゆのみ【湯のみ】**

a *yunomi*, a teacup

日本紹介 湯のみは，お茶を飲むときに使う茶わんです．取っ手はありません．
A *yunomi* is a cup used for drinking tea. It doesn't have a handle.

•**ゆび【指】** (手の) a **finger**［ふィンガ］(♦ふつう親指以外を指す；親指は thumb)；(足の) a toe［トウ］

▸ぱちんと指を鳴らす
snap one's **fingers**

▸中指を突(つ)き指してしまった.
I sprained my middle **finger**.
(♦sprain は「くじく」の意味)

指先 a fingertip

指ずもう thumb wrestling

指人形 a hand [glove] puppet

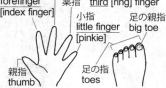

人差し指 forefinger [index finger]
中指 middle finger
薬指 third [ring] finger
小指 little finger [pinkie]
足の親指 big toe
親指 thumb
足の指 toes

✻**ゆびきり【指切りする】**

a pinky swear, a pinky promise

ゆびさす【指差す】

point at ...［ポイント］, point to ...

▸母は地図を指差した.
My mother **pointed at** the map.

ゆびわ【指輪】 a ring［リング］

▸結婚(けっこん)指輪 a wedding **ring**

ゆぶね【湯ぶね】

a bathtub［バぁすタブ］

ゆみ【弓】 a bow［ボウ］；
(弓術(きゅうじゅつ)) archery［アーチェリ］

弓矢 a bow and arrows［あロウズ］

•**ゆめ【夢】** a **dream**［ドゥリーム］

➡巻頭カラー 英語発信辞典⑮

夢を見る have* a dream, dream*

▸不思議な夢を見た.
I **had** [**dreamed**] **a** strange .

▸死んだ祖母の夢を見た. I **dreamed** of my dead grandma. / I saw my dead grandma in a **dream**.

▸弁護士になるのがわたしの夢だ.
My **dream** is to become a lawyer.

▸いつか夢が実現するといいな.
I hope my **dream** will come true someday.

▸決勝まで勝ち抜(ぬ)けるなんて**夢にも思わ**なかった. I never **dreamed** that I could make the finals.

夢のような dreamlike［ドゥリームらイク］

ユリ 〖植物〗a lily［りり］

ゆりかご【揺りかご】

a cradle［クレイドゥる］

▸揺りかごから墓場まで
from the **cradle** to the grave
(♦「一生を通じて」という意味)

ゆるい loose［るース］

▸ベルトが少しゆるくなった. My belt has become a little **loose**.

ゆるし【許し】

(許可) permission［パミシャン］；
(外出・休みなどの) leave［りーヴ］

•**ゆるす【許す】**

❶〖許可する〗**allow**［アらウ］, **permit**［パミット］；
(入場・入学などを) admit［アドミット］

▸両親は，ひとりで旅行するのを許してくれた. My parents **allowed** [**permitted**] me to travel alone.

❷〖罪などを〗forgive*［ふォギヴ］, excuse［イクスキューズ］

▸彼女はきっと許してくれますよ.
I'm sure she'll **forgive** you.

ゆるむ become* loose［るース］, loosen［るースン］；
(気が) relax［リらぁックス］

▸ロープがゆるんだ.
The rope **became loose**.

▸中間試験が終わったので少し気がゆるんだ. I **relaxed** a little because the midterm exams were over.

ゆるめる loosen［るースン］

▸ロープをゆるめてください.
Please **loosen** the rope.

ゆ

ゆるやか (なだらかな) gentle [ヂェントゥる]; (遅(おそ)い) slow [スろウ]
▸バスは**ゆるやかな**カーブにさしかかった. The bus came to a **gentle** curve.
▸**ゆるやかな**テンポで at a **slow** tempo

ゆれる【揺れる】 shake* [シェイク]; (前後左右に) rock [ラック]; (ひるがえる) wave [ウェイヴ]
▸地震(じしん)で家が**揺れた**. My house **shaked** in the earthquake.
▸山道でバスがすごく**揺れた**. The bus **shook** a lot on a mountain road.
▸ボートが波間で**揺れている**. A boat is **rocking** on the waves.
▸花がそよ風に**揺れている**. Flowers are **waving** in the breeze.
揺れ a shake, a swing [スウィング]

Q 友だちに夏休みの予定をたずねるとき, 英語で何と言うのかな?
➡「よてい」を見てみよう!

よ¹【世】 (世の中) the world [ワ～るド]; (人生) life [らイふ]; (時代) an age [エイヂ]
▸あの世 the other **world**
▸信長は49歳(さい)でこの**世**を去った. Nobunaga left this **world** when he was forty-nine.

よ²【夜】 (a) night [ナイト] ➡**よる¹**
▸友人たちとおしゃべりして**夜を明かした**. I **stayed up all night** talking with my friends.
夜風 a night breeze

よあけ【夜明け】 (a) dawn [ドーン], daybreak [デイブレイク]
▸**夜明けに** at dawn [daybreak]

よい¹【良い】

❶ [良好な] good, fine, nice
❷ [正しい] right, correct
❸ [適した] good, suitable

❶ **[良好な] good*** [グッド] (対義語「悪い」bad), **fine** [ふァイン], **nice** [ナイス]
▸**よい**知らせ **good** news
▸食べ過ぎは**よくない**. It isn't **good** to eat too much.
▸この辞書のほうがそれより**よい**. This dictionary is **better** than that one.
▸このコンピュータが**いちばんよい**. This computer is the **best**.
▸きょうは**体調がよい**. I'm **fine** today.
▸**よい天気**ですね. It's a **nice** day, isn't it?
▸試験に受かったのですか? **よかったですね!** Have you passed the exam? **Good** for you!

❷ **[正しい] right** [ライト] (対義語「悪い」wrong), **correct** [コレクト]
▸渋谷へ行くにはこの地下鉄で**よい**のですか? Is this the **right** subway line to Shibuya?

❸ **[適した] good***, suitable [スータブる]
▸ここはたこあげに**ちょうどよい**場所だ. This is a good [suitable] place for flying a kite.

…**してもよい** **may*** [メイ], **can*** [キャン] (◆mayのほうがcanよりもていねいな表現)

ダイアログ **許可を求める**
A: プレゼントを開け**てもよい**ですか? **May** I open the present?
B: いいですよ. Yes, please. / Yes, of course. / Certainly. / Sure.

ダイアログ **許可を求める**
A: テレビを見**てもよい**ですか? **May** I watch TV? / **Can** I watch TV?
B: だめです. I'm sorry you can't. / I'm afraid you can't.

…**したほうがよい** **should** [シュッド], had better [ベタ]
▸もう席についたほうがよい.

You **should** take your seat now.
▸こっちの道を行ったほうがよい.
You **had better** go this way.（♦had better は命令的なひびきがあり, ふつう目下の人に用いる）
…**しなくてもよい**《do* not have to＋動詞の原形》, need not
▸あなたは医者に行か**なくてもよい**でしょう.
You **don't have to** see a doctor.
…**だとよい** hope［ホウプ］
▸おじゃまでなけれ**ばよい**のですが.
I **hope** I'm not disturbing you.

よい²【宵】 early evening

よいのみょうじょう【宵の明星】 the evening star; （金星）Venus［ヴィーナス］

♦**よう¹【用】**（用事）something to do, business［ビズネス］
▸ごめんなさい, 今晩は用があります.
I'm sorry, (but) I have **something to do** this evening.
▸（受付係などが客に）**どういったご用でしょうか?** **How can I help you?**

よう²【酔う】（酒に）get* drunk［ドゥランク］➡よっぱらう;（乗り物に）get sick［スィック］

♦**-よう¹【…ようだ, …ようなように】**

❶〚…らしい〛seem, look
❷〚…に似た〛like
〚例えば…のような〛such as
〚…と同じくらい〛as ～ as ...
❸〚…のとおり〛as ..., like ...
❹〚…するために〛《to＋動詞の原形》,《in order to＋動詞の原形》

❶〚…らしい〛
seem［スィーム］, **look**［るック］
▸彼は少し疲(つか)れている**ようだ**.
He seems [looks] a little tired.
❷〚…に似た〛**like ...**［らイク］;
〚例えば…のような〛such as ...;
〚…と同じくらい〛**as ～ as ...**
▸優斗の**ような**少年は見たことがない.
I've never seen a boy **like** Yuto. / I've never seen **such** a boy **as** Yuto.
▸わたしはスキーやスケートの**ような**スポーツが好きだ. I like sports **such as** skiing and skating.
▸だれもあなた**のようには**優(やさ)しくなかった. Nobody was **as** kind **as** you.
❸〚…のとおり〛as ..., like ...
▸あなたの好きな**ように**して.
Do **as** you like.
▸この**ように**手を伸(の)ばして.
Straighten your arms **like** this.
❹〚…するために〛《to＋動詞の原形》,《in order［オーダ］to＋動詞の原形》
▸順二は試験に受かる**ように**一生懸命(けんめい)勉強した. Junji studied hard to [**in order to**] pass the exam.

-よう²【…用】 one's ..., for ...
▸男子用更衣(こうい)室
a **men's** locker room
▸家庭用ガスコンロ
a gas stove **for** home use

-(し)よう Let's .... ➡-(し)ましょう

♦**ようい¹【用意】**
preparation(s)［プレパレイシャンズ］
➡したく, じゅんび
用意する prepare《for ...》［プリペア］, **get* ready**《for ...》［レディ］
▸洋子おばさんはわたしたち**のために**夕食**の用意をしてくれた**. Aunt Yoko **prepared** us supper. / Aunt Yoko **prepared** supper **for** us.
用意ができている be* ready《for ...》
▸あしたの用意はこれで全部できた.
Everything **is** now **ready for** tomorrow.
▸用意はできた? **Are** you **ready**?

ようい²【容易な】 easy［イーズィ］
➡かんたん¹, やさしい²
容易に easily

ようか【八日】（日数）eight days;（暦(こよみ)の）(the) eighth［エイす］

ようが【洋画】（絵）a Western painting［ウェスタン ペインティング］, a European painting［ユアラピーアン ペインティング］;（欧米(おうべい)で作られた映画）a movie made in Europe or America;（外国で作られた映画）a foreign movie

-(し)ようが even if ..., whatever［(ホ)ワットエヴァ］➡たとえ…ても

ようかい【妖怪】
（怪物(かいぶつ)）a monster［マンスタ］

ようかん【羊かん】
adzuki bean jelly

ようがん【溶岩】 lava［らーヴァ］

ようき¹【容器】
a container［コンテイナ］
ようき²【陽気な】
cheerful［チアふる］, merry［メリ］
陽気に cheerfully, merrily
ようぎ【容疑】
suspicion［サスピシャン］
容疑者 a suspect［サスペクト］
ようきゅう【要求】 a demand［ディマぁンド］;（要望）a request［リクウェスト］
▸きみの要求に応じることはできない.
I can't meet your **demands**.
要求する demand
ようけん【用件】 business ➡よう¹
ようご¹【用語】 a term［タ～ム］;（全体をまとめて）terminology［タ～ミナろヂィ］
ようご²【養護】
care［ケア］, nursing［ナ～スィンヶ］
養護学級
a class [school] for physically and mentally disabled children
養護教諭(きょうゆ)
a teacher for physically and mentally disabled children
ようこそ welcome［ウェるカム］
▸わたしたちの学校へようこそ.
Welcome to our school.
ようさい【洋裁】
dressmaking［ドゥレスメイキンヶ］
ようさん【養蚕】
sericulture［セリカるチャ］
ようし¹【用紙】 paper［ペイパ］,（1枚の）a sheet［シート］;（書式の印刷された）a form［ふォーム］
▸この用紙に記入してください.
Please fill in [out] this **form**.
▸解答用紙 an answer **paper** [**sheet**]
▸問題用紙 a question **paper** [**sheet**]
▸申しこみ用紙 an application **form**
▸A4用紙 A4 **sheets**
ようし²【養子】 an adopted child［アダプティッド チャイるド］（(複数) adopted children）
養子にする adopt［アダプト］
ようし³【要旨】 the gist［ヂスト］;（要点）the point［ポイント］
ようじ¹【用事】 ➡よう¹
ようじ²【幼児】 a little child（(複数) little children）, an infant［インふァント］
幼児教育 preschool education
幼児語 baby talk
ようじ³【楊子, 楊枝】
a toothpick［トゥーすピック］
ようしき【様式】
a style［スタイる］, a way［ウェイ］
▸近代的な建築様式
a modern **style** of architecture
▸生活様式 a **way** of life / life**style**
ようしょ【洋書】
a Western [foreign] book
ようしょく¹【養殖】
culture［カるチャ］, farming［ふァーミンヶ］
▸カキの養殖
oyster **farming** [**culture**]
養殖の cultured, farm-raised
▸養殖のウナギ a **farm-raised** eel
▸養殖の真珠(しんじゅ) a **cultured** pearl
養殖魚 a farmed fish
養殖場 a farm
ようしょく²【洋食】 Western food
ようじん【用心する】 take* care, be* careful《of ...》［ケアふる］, watch out《for ...》
▸火の元には用心しよう.
Let's **take care** to prevent fires.
▸人ごみではすりに用心したほうがいい.
We should **be careful of** pickpockets in the crowd.
用心深い careful, cautious［コーシャス］
▸広志はとても用心深い.
Hiroshi is very **careful**.
用心深く carefully, cautiously
◆**ようす【様子】**（外観）a look［るック］;（状態）a condition［コンディシャン］, a state［ステイト］
▸あの様子からすると, 祖母は疲(つか)れているにちがいない.
By [From] the **looks** of my grandmother, she must be tired.
▸猫(ねこ)の**様子が変だ**（→何かよくないことがある）. **There's something wrong** with our cat.
ようする【要する】
need［ニード］, require［リクワイア］
ようするに【要するに】（簡単に言えば）in short［ショート］, in a word
▸要するに, 望みは大ありってことだ.
In short, we have a lot of hope.
ようせい¹【妖精】 a fairy［ふェアリ］
ようせい²【養成】
(a) training［トゥレイニンヶ］

▸養成課程　a **training** program
養成する　train
▸彼女は看護師として養成された.
She was **trained** as a nurse.
養成所　a training school

ようせき【容積】
(a) capacity［カパぁスィティ］

ようそ【要素】（構成しているもの）
an element［エれメント］;
（要因）a factor［ふぁクタ］

-ようだ ➡-よう¹

ようだい【容態, 容体】
condition［コンディシャン］
▸その患者(かんじゃ)の容体が悪化した.　The patient's **condition** got worse.

ようち【幼稚な】
childish［チャイるディッシ］

ようちえん【幼稚園】
a kindergarten［キンダガートゥン］
幼稚園児　a kindergarten child

ようちゅう【幼虫】 a larva
［らーヴァ］（複数 larvae［らーヴィー］）

ようつう【腰痛】　(a) backache
［バぁックエイク］, lumbago［らンベイゴウ］

ようてん【要点】 the point［ポイント］
▸早く要点を言ってください.
Get to **the point** quickly, please.

ようと【用途】 a use［ユース］

-(し)ようとする　will*, 《be* going to ＋動詞の原形》, 《try to ＋動詞の原形》
▸彼に電話をかけようとしていたが, 忘れてしまった.　I **was going to** call him, but I forgot.

-ような ➡-よう¹

-(する)ように
▸先生は私たちに静かに**するように言った**.　The teacher **told** us **to** be quiet. ➡-よう¹

-ようになる ➡なる¹

◆**ようび【曜日】** (the) day of the week

ダイアログ　質問する
A: きょうは何曜日?　What **day (of the week)** is it today?
B: 木曜日だよ.　It's Thursday.

ようひん【用品】（必要な品）
supplies［サプらイズ］, necessities
［ネセスィティズ］, goods［グッヅ］,
utensils［ユーテンスるズ］
▸学用品　school **supplies**
▸日用品　daily **necessities**
▸スポーツ用品　sporting **goods**
▸台所用品　kitchen **utensils**

ようふく【洋服】（和服に対して）
Western clothes［クろウズ］（◆発音注意）;
（服）clothes ➡ふく¹
▸洋服１着　a suit of **clothes**
洋服だんす　a wardrobe［ウォードロウブ］
洋服屋　a tailor［テイら］, a dressmaker
［ドゥレスメイカ］

ようぶん【養分】
nourishment［ナ～リシメント］

ようほう【用法】 how to use;
（ことばの）usage［ユーセッヂ］
▸このことばの用法を教えてください.
Tell me the **usage** of this word. / Tell me **how to use** this word.

ようぼう【容貌】 looks［るックス］

ようもう【羊毛】 wool［ウる］
羊毛の　woolen［ウるン］

ようやく¹ at last, finally ➡やっと

ようやく²【要約】
a summary［サマリ］➡たいい
▸要約すると　in **summary**
要約する　summarize［サマライズ］

ようりょう【要領】
（要点）the point［ポイント］
▸きみの説明は要領を得ないね.　Your explanation isn't to **the point**.
要領がいい　clever［クれヴァ］
要領が悪い　clumsy［クらムズィ］

ようりょくそ【葉緑素】
〖生化学〗chlorophyll［クろーロふィる］

ようれい【用例】
an example［イグザぁンプる］
▸用例をあげる　give an **example**

ヨーグルト　yogurt［ヨウガト］（◆発音注意; yoghurt, yoghourt ともつづる）

ヨーヨー　a yo-yo［ヨウヨウ］
ヨーヨー釣(つ)り
fishing for water yo-yos

◆**ヨーロッパ** **Europe**［ユアラプ］
ヨーロッパの　European［ユアラピーアン］
ヨーロッパ人　a European
ヨーロッパ大陸　the European Continent［カンティネント］
ヨーロッパ連合　the European Union
［ユーニョン］（◆EU と略す）

よか【余暇】 leisure［りージャ］

ヨガ　yoga［ヨウガ］

よ

ヨガ行者(ぎょうじゃ) a yogi [ヨウギ]

よかん【予感】 a hunch [ハンチ]

よき【予期】
expectation [エクスペクテイシャン]
予期する expect [イクスペクト]

よきょう【余興】
(an) entertainment [エンタテインメント]

よきん【預金】 savings [セイヴィングズ], a deposit [ディパズィット]
▸普通(ふつう)預金 an ordinary **deposit**
▸定期預金 a fixed **deposit**
預金する deposit, make* a deposit
預金口座 (銀行の) a bank account
預金通帳 a bankbook [バぁンクブック]

よ

よく[1]【良く】

❶ 〚良好に, じょうずに〛 **well**
❷ 〚十分に〛 **well, much**
〚注意深く〛 **carefully**
❸ 〚しばしば〛 **often**; 〚たくさん〛 **a lot**
❹ 〚感嘆(かんたん)して, あきれて〛

❶ 〚良好に, じょうずに〛 **well*** [ウェる]
▸よくできました. **Well** done.
▸このいすはよくできている.
This chair is **well** made.
▸おかげですっかりよくなりました. I'm feeling much **better**, thank you.
❷ 〚十分に〛 **well***, much*;
〚注意深く〛 carefully [ケアふり]
▸由美のことはよく知っています.
I know Yumi **well**.
▸ジャズについてはよく知らない.
I don't know **much** about jazz.
▸よく聞きなさい.
Listen to me **carefully**.
❸ 〚しばしば〛 **often** [オーふン];
〚たくさん〛 **a lot** [らット]
▸高橋からはよく電話がある.
Takahashi **often** calls me.
▸彼はよく食べる. He eats **a lot**.
▸これは**よくある**まちがいだ.
This is a **common** mistake.
❹ 〚感嘆して, あきれて〛
▸**よく(も)**そんなことが言えますね(→どうしてそんなことが言えるのですか)?
How can [dare] you say that?

よく[2]【欲】 (a) desire [ディザイア], greed [グリード]
▸彼は金銭欲が強い. He has a strong **desire** for money.
欲の深い greedy [グリーディ]

よく-【翌…】 the next ... [ネクスト], the following ... [ふァろウインッ]
▸翌朝は晴れだった. It was fine **the next [following]** morning.

よくしつ【浴室】 a bathroom [バぁすルーム] (◆遠回しに「トイレ」の意味も表す) ➡ **図, トイレ(ット)**

よくじつ【翌日】 the next day, the following day;
(出来事があった日の) the day after ...

● 浴室 bathroom

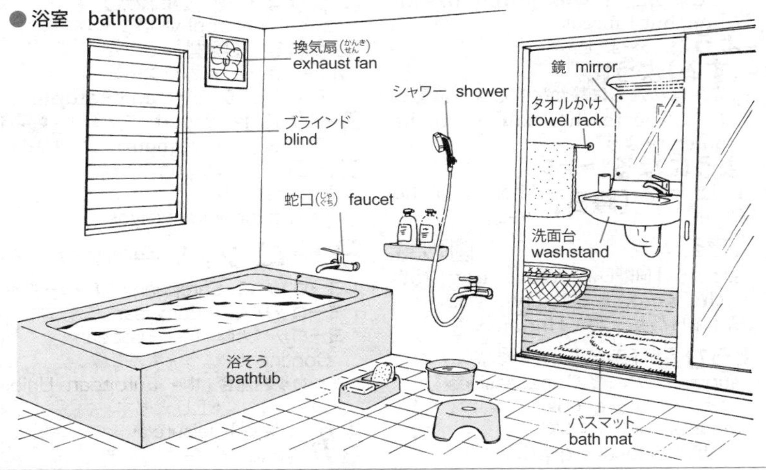

▸試験の翌日はのんびりした気分だ. I feel relaxed **the day after** an exam.

よくそう【浴そう】
a bathtub [バぁすタブ]

よくなる【良くなる】
improve [インプルーヴ];
(体のぐあいなどが) get* better

よくばり【欲張りな】
greedy [グリーディ]

よくばる【欲張る】
be* greedy [グリーディ]

よくぼう【欲望】
(a) desire [ディザイア]

よくも ➡よく[1]

よけい【余計な】 extra [エクストゥラ];
(不必要な) unnecessary [アンネセセリ]
▸余計ないすがいくつかある.
There are a few **extra** chairs.
▸余計な物は持って行かないほうがよい.
You shouldn't take anything **unnecessary** with you.
▸余計なお世話だ.
Mind your own business. / **(It's) none of your business.**
余計に (数が) too many;
(量が) too much
▸100円余計に払(はら)ってしまった.
I paid 100 yen **too much**.

よける (避(さ)ける) avoid [アヴォイド];
(わきへ寄る) step aside [アサイド];
(身をかわす) dodge [ダッヂ]
▸孝はそのボールをよけた.
Takashi **dodged** the ball.

よげん【予言】 a prediction [プリディクシャン], a prophecy [プラふェスィ]
▸きみの予言が当たった.
Your **prediction** came true.
予言する predict [プリディクト], prophesy [プラふェサイ]
予言者
(男) a prophet; (女) a prophetess

‧よこ【横】
❶『横幅(はば)』 width [ウィドす]
(♦英語では, 短いほうを width, 長いほうを length と言う) ➡ **たて**
▸わたしの本棚(ほんだな)は横がちょうど1メートルある. My bookcase is exactly one meter in **width**.
横の (水平の) horizontal [ホーリザントゥる]
▸横線 a **horizontal** line
横に (水平に) horizontally
▸紙を横に2つに折りなさい. Fold the paper in two **horizontally**.
横になる ➡**よこたわる**
❷『わき』 the **side** [サイド]
▸真紀は翔の左横に座(すわ)っていた. Maki was sitting at Sho's left **side**.
横顔 a profile [プロウふァイる]

よこうえんしゅう【予行演習】
(a) rehearsal [リハ〜スる]
予行演習する rehearse [リハ〜ス]

よこぎる【横切る】 cross [クロース]
▸男は道を横切った.
The man **crossed** the street.

よこく【予告】 notice [ノウティス]
▸長谷川先生はよく予告なしにテストをする. Ms. Hasegawa often gives us a quiz without any **notice**.
予告する give* notice《of ...》
予告編 a preview [プリーヴュー]

よこす【寄越す】 (あたえる) give* [ギヴ]; (送る) send* [センド];
(渡(わた)す) hand over

よごす【汚す】 make* ... dirty [ダ〜ティ], get* ... dirty
▸図書館の本を汚しちゃだめだよ. Don't **get** the library books **dirty**.

よこたえる【横たえる】 lay* [れイ]

よこたわる【横たわる】
lie* (down) [らイ]
▸ガリバーは浜辺(はまべ)に横たわっていた.
Gulliver was **lying down** on the beach.

✽よこづな【横綱】 a *yokozuna*, a grand champion sumo wrestler

よこどり【横取りする】
steal* [スティーる], rob [ラブ]

よごれ【汚れ】 a dirty spot [ダ〜ティスパット]; (しみ) a stain [ステイン]
汚れ物
(洗濯(せんたく)物) washing [ワッシング]

よごれる【汚れる】
get* dirty [ダ〜ティ]
汚れた dirty
▸シャツがすっかり汚れてしまった.
My shirt **got** completely **dirty**.

よさ【良さ】
a good point, a merit [メリット]

よさん【予算】 a budget [バヂェット]

ダイアログ　質問する
A: わたしたちの予算はいくらなの？
What's our **budget**? (♦How much より What がふつう)
B: 3,000円まで.
It's (limited to) 3,000 yen.

よ

予算を立てる budget

よし¹ (ほめて) fine [ふァイン], good [グッド]; (承知して) OK [オウケイ], all right [オーる ライト]
▸よし, よくやった.
Fine, you did a good job.

よし²【葦】〖植物〗a reed [リード]

よじのぼる【よじ登る】
climb (up) [クらイム]
▸がけをよじ登る **climb up** a cliff

よしゅう【予習】 preparation (for lessons) [プレパレイシャン]
予習する prepare《for ...》[プリペア]
▸英語の予習をしておこう. I'll **prepare for** my English lesson.

よす stop [スタップ] ➡**やめる**

よせあつめ【寄せ集め】
a jumble [ヂャンブる]

よせい【余生】 the rest of one's life

よせる【寄せる】 ❶〖近くへ〗put* ... close《to ...》[クろウス], put ... near [ニア]; 〖わきへ〗put ... aside [アサイド]
▸机を壁(かべ)に寄せてください. **Put** the desk **close to** the wall, please.
▸このかばんをわきへ寄せてくれませんか? Will you please **put** this bag **aside**?
❷〖思いを〗
▸涼花は同じクラスの男の子**に思いを寄せていた**. Ryoka **was in love with** a boy in her [the same] class.

よせん【予選】 a preliminary [プリりミネリ]; (レースの) a heat [ヒート]
▸400メートル自由形予選
a (preliminary) **heat** in the 400-meter freestyle (♦この preliminary は「予備の」の意味の形容詞)

よそ【よその】
another [アナざ]; other [アざ] ➡**ほか**
▸よその国のことをもっと知るべきだ.
We should know more about **other** countries.

˙よそう¹【予想】
(an) expectation [エクスペクテイシャン]
予想する
expect [イクスペクト], guess [ゲス]
▸試験は予想以上に難しかった.
The exam was harder than I (had) **expected**.
▸予想どおり, 晴美が優勝した. Harumi won the victory as **expected**.
▸あなたの予想はまた外れた(→また間違えて予想した). You **guessed** wrong again. (♦「当たった」なら right)

よそう² (ご飯を) dish up

よそく【予測】
(a) prediction [プリディクシャン]

よそみ【よそ見をする】 look aside [アサイド], look away [アウェイ]

よそよそしい
cold [コウるド], distant [ディスタント], unfriendly [アンふレンドり]

よだれ slobber [スらバ]
よだれをたらす slobber

よち¹【予知】 foresight [ふォーサイト], (a) prediction [プリディクシャン]
予知する foresee* [ふォースィー], predict [プリディクト]
▸地震(じん)を予知する
predict an earthquake

よち²【余地】
room [ルーム], space [スペイス]
▸改善の余地 **room** for improvement

よちよち【よちよち歩く】
toddle [タドゥる]

よっか【四日】 (日数) four days; (暦(こよみ)の) (the) fourth [ふォーす]

よつかど【四つ角】 a crossing [クロースィング], crossroads [クロースロウヅ]

よっきゅう【欲求】
(a) desire [ディザイア]
欲求不満
(a) frustration [ふラストゥレイシャン]

よっつ【四つ】 (数) four ➡**よん**; (年齢(ねんれい)) four (years old) ➡ **-さい¹**

•-(に)よって by [バイ]

▸この木像は運慶によって彫(ほ)られた. This wooden statue was carved **by** Unkei.

ヨット (レジャー用の大型快速船) a yacht [ヤット];
(小型帆船(はんせん)) a sailboat [セイるボウト]
ヨットレース yacht racing

よっぱらい【酔っ払い】
a drunken person [ドゥランクン],
a drunk [ドゥランク]
酔っ払い運転 drunken driving,
〖米〗drunk driving

よっぱらう【酔っ払う】
get* drunk [ドゥランク];
(酔っ払っている) be* drunk ➡よう²
▸父はひどく酔っ払っていた.
My father **was** terribly **drunk**.

•よてい【予定】 (計画) a **plan** [プらぁン];
(日程) a schedule [スケヂューる]
予定を立てる make* a plan, plan

ダイアログ　質問する・説明する
A: 夏休みは何か予定があるの?
Do you have any **plans** for summer vacation?
B: うん. 1週間北海道へ行く予定なんだ.
Yes. I'm **planning** to go to Hokkaido for a week.

▸あしたは予定がいっぱいだ. I have a full **schedule** for tomorrow.
▸わたしたちは旅行の予定を立てた.
We **made plans** for the trip.
▸飛行機は予定より20分遅(おく)れて着いた. The plane arrived twenty minutes behind **schedule**.
予定どおりに on schedule, on time
▸飛行機は予定どおりに着いた. The plane arrived **on schedule** [**time**].
予定の scheduled
予定表 a schedule

よとう【与党】
a ruling party [ルーりンヶ]
(対義語「野党」an opposition party)

よなか【夜中に】 in the middle of the night, late at night

よねんせい【四年生】 a fourth grader ➡がくねん, にねんせい

よのなか【世の中】
a world [ワ〜るド], the world
▸世の中には幸運な人がたくさんいる.
There are a lot of lucky people in **the world**.
▸世の中は狭(せま)い. It's a small **world**.

よはく【余白】 a blank [ブらぁンク],
a margin [マーヂン]

よび【予備の】 spare [スペア]
▸予備のかぎ a **spare** key
予備校 a *yobiko*,
a school for helping students pass entrance examinations
予備
a spare [スペア], a reserve [リザ〜ヴ]

よびかける【呼びかける】
call (out) to ...;
(訴(うった)える) appeal to ... [アピーる]
▸わたしは知らない人に呼びかけられた (→わたしに呼びかけた).
A stranger **called out to** me.

よびだす【呼び出す】 call [コーる];
(劇場などで) page [ペイヂ]
▸(アナウンスで)お呼び出し申し上げます. 川野様, フロントまでお越(こ)しください.
Paging Mr. Kawano. Please come to the front desk.
▸彼女を公園に呼び出した. I told her to come to the park.

よびりん【呼び鈴】 a bell [べる];
(入り口の) a doorbell [ドーアベる]

•よぶ【呼ぶ】

❶〖声をかける〗**call**
❷〖来てもらう〗**call, send for ...**
❸〖名づける〗**call**
❹〖招く〗**invite**

❶〖声をかける〗**call** [コーる]
▸だれかがわたしの名前を呼んだ.
Someone **called** my name.
▸その男の子は大声で助けを呼んだ.
The boy **called** out for help.
❷〖来てもらう〗
call, send* for ... [センド]
▸亮はウエーターを呼んで注文した.
Ryo **called** a waiter and ordered.
▸医者を呼んでください.
Please **send for** [**call**] a doctor.
❸〖名づける〗**call**
▸友達はわたしをテツと呼んでいる.
My friends **call** me Tetsu.

❹『招く』**invite**［インヴァイト］
▸美紀もパーティーに呼ぼう． Let's **invite** Miki to the party, too.

よふかし【夜更かしする】
stay up (till) late at night

よふけ【夜更けに】 late at night
▸夜ふけに地震(じしん)があった．
There was a quake **late at night**.

よぶん【余分な】 extra［エクストゥラ］
➡よけい

よほう【予報】
a forecast［ふォーキぁスト］
▸天気予報によると，あしたは雨だ．
The weather **forecast** [report] says it will rain tomorrow.
予報する forecast*

よぼう【予防】
prevention［プリヴェンシャン］
▸うがいは風邪(かぜ)の予防に有効だ．
Gargling is effective for the **prevention** of colds.
▸火災予防 fire **prevention**
予防する prevent［プリヴェント］
予防接種，予防注射 (a) vaccination［ヴぁクスィネイシャン］

よほど【余程】
❶『相当』very［ヴェリ］，much［マッチ］
▸母はわたしのプレゼントがよほどうれしいのだろう．涙(なみだ)を流しているから．
My mother must be **very** happy with my present; she is shedding tears.（♦「涙を流す」は shed tears）
❷『もう少しで』
nearly［ニアり］，almost［オーるモウスト］
▸よほど「わたしのせいではない」って言おうかと思った．
I **nearly** said, "It's not my fault!"

よぼよぼ【よぼよぼの】
doddery［ダダり］，shaky［シェイキ］

よみがえる（死から）rise* from the dead;（記憶(きおく)が）come* back《to ...》
▸その歌を聞くと幸せな思い出がよみがえってくる．
When I listen to the song, happy memories **come back to** me.

よみもの【読み物】
（本）a book［ブック］;
（全体をまとめて）reading［リーディング］

:よむ【読む】 read*［リード］
▸わたしは毎朝，新聞を読む． I **read** a newspaper every morning.
▸お父さん，この英語の手紙を読んで．
Please **read** this English letter to me, Dad. / Please **read** me this English letter, Dad.
▸その事件のことなら新聞で読んだ．
I **read** about that event in the paper.
▸あんなに厚い本をもう読み終わったの？
Have you **read** through that thick book already?

結びつくことば
本を読む read a book
グラフを読む read a graph
声に出して読む read aloud
しっかり読む read carefully
ざっと読む skim through

よめ【嫁】（息子(むすこ)の妻）
one's daughter-in-law［ドータインろー］（複数 daughters-in-law）;
（妻）one's wife［ワイふ］（複数 wives）

よやく【予約】（切符(きっぷ)・席・部屋などの）a reservation［レザヴェイシャン］;
（医者・面会などの）an appointment［アポイントメント］
予約する reserve［リザ～ヴ］，『英』book; make* an appointment
▸コンサートの切符を２枚予約した．
I **reserved** two tickets for the concert.
▸歯医者に予約をした． I **made an appointment** with the dentist.
（♦「予約をしてある」なら made を have にする）
予約席 a reserved seat

よゆう【余裕】（余地）room［ルーム］;
（時間の）time (to spare)
▸テントにはもう１人分，余裕がある．
There is **room** for one more person in the tent.
▸わたしには運動をする余裕がない．
I don't have **time** to exercise.
▸キャンピングカーを買う余裕はない．
I **can't afford** (to buy) a camping car.（♦afford は「（金銭的・時間的に）…する余裕がある」という意味で，否定文の中で用いられることが多い）

:-より
❶『比較』**than ...**
▸だれよりもあなたのことが好きだ． I

love you more **than** anyone (else).
▸高志はわたしより3つ年下だ.
Takashi is three years younger **than** me. (◆Takashi(主格)と比較(ひかく)するので, than の後は I(主格)が正しいが, me(目的格)もよく用いられる) / Takashi is three years my junior.
❷〖場所・時間の起点〗**from** ... ➡ -から;〖…以来〗**since** ... [スィンス] ➡ -いらい
▸本日より田中先生がきみたちの担任になります.
Mr. Tanaka will be in charge of your class **from** today on. (◆この on には「ずっと」の意味がある)

よりかかる【寄り掛かる】
lean* 《on [against] ...》[リーン]

よりみち【寄り道する】
drop in 《on [at] ...》[ドゥラップ] ➡**よる**[2]
▸家へ帰る途中(とちゅう), 亮の家に寄り道した.
I **dropped in at** Ryo's house on my way home.

:よる[1]【夜】 (a) **night** [ナイト] (◆日没(にちぼつ)から日の出まで); (an) evening [イーヴニング] (◆日没から寝(ね)る時刻まで) ➡ **ばん**[1]
▸昼も夜も day and **night** / **night** and day (◆対(つい)になる語を並べるときは a や the をつけない)
▸夜はこの辺りは静かです.
It's quiet around here at **night**.
▸父は3日の夜に帰って来る.
My father will come back on the **night** [**evening**] of the third.
▸きのうは夜遅(おそ)くまで起きていたので眠(ねむ)い. I'm sleepy because I stayed up late last **night**.

> **ルール「…の夜に」の言い方**
> **1** 単に「夜に」「夜は」と言うときは **at night** ですが, 「…日の夜に」のように日をつけて言うときは **on** を使います. (例) *on* Sunday night (日曜日の夜に)
> **2** **night** の前に **tomorrow**, **every** などをつけるときは **at** も **on** も不要です.

◆よる[2]【寄る】
❶〖近づく〗come* near [ニア], come close 《to ...》[クろウス]
▸もっとこっちに寄って. **Come closer.**
❷〖立ち寄る〗drop in 《on [at] ...》[ドゥラップ], stop by ...
▸帰りにあなたの所に寄るね. I'll **drop in on** you on my way back. (◆「あなたの家に」と言う場合は drop in **at** your house となる) / I'll **stop by** your house on my way back.

よる[3]【因る, 拠る】
❶〖手段, 行為(こうい)者〗by ... [バイ]
▸人民の, 人民による, 人民のための政治
government of the people, **by** the people, for the people (◆アメリカの第16代大統領リンカーンのことば)
❷〖原因〗be* caused by ... [コーズド], be due to ... [デュー]
▸この事故は飲酒運転によるものだった.
This accident **was caused by** [**due to**] drunk driving.
❸〖…しだい〗depend on ... [ディペンド]
▸わたしたちが勝てるかどうかは, あなたの投球のできによる. Our victory **depends on** your pitching.
▸**それは場合による.**
That [**It**] **depends.**
❹〖基(もと)づく〗
be* based on ... ➡**もとづく**
…によると, …によれば
according to ... [アコーディング]
▸ニュースによると, 首相(しゅしょう)はまもなく辞任するらしい.
According to the news, the prime minister will soon resign.

よれよれ【よれよれの】 worn-out [ウォーンアウト], shabby [シャビ]
▸よれよれのコート a **worn-out** coat

よろい armor [アーマ]

よろこばす【喜ばす】
please [プリーズ]
▸きみを喜ばそうと思ってそれをやったんだよ. I did it to **please** you.

◆よろこび【喜び】 **joy** [ヂョイ]; (大喜び) delight [ディらイト]; (楽しみ) pleasure [プれジャ]
▸麻衣は喜びのあまり泣き始めた.
Mai started to cry for **joy**.
▸勝利の喜びを味わいたい. We want to experience the **joy** of victory.

◆よろこぶ【喜ぶ】 **be* glad** [グらぁッド]; **be pleased** [プリーズド]
…して喜ぶ 《be glad to +動詞の原形》

《be pleased to ＋動詞の原形》
▸きみが復帰するって聞いたら，みんな喜ぶぞ. They will **be glad to** hear you are coming back.
(物)を喜ぶ 《**be pleased with ...**》
▸エイミーは，わたしのげたの贈(おく)り物をとても喜んでくれた. Amy **was** very **pleased with** the *geta* I gave her.
喜んで…する《**be delighted to** ＋動詞の原形》《**be glad to** ＋動詞の原形》《**be willing to** ＋動詞の原形》

ダイアログ 承諾(しょうだく)する
A: わたしと踊(おど)ってくれませんか？
Would you dance with me?
B: ええ，喜んで. I'd **be delighted to**. / Yes, with pleasure.

よろしい
all right［オーる ライト］, good*［グッド］
▸よろしい，わたしに任せなさい.
All right, leave it to me.
▸電話をお借りし**てもよろしいですか？**
May I use the telephone?

よろしく
❶『人に伝言を頼(たの)むとき』
▸お父さん**によろしくお伝え**ください.
Please **give my** (**best**) **regards** [**wishes**] **to** your father. (♦wishes のほうがていねいな言い方)
▸千秋**によろしく**ね. **Say hello to** Chiaki. (♦くだけた言い方)
❷『人に物事を頼むとき』
▸クロのことよろしくお願いします(→よくめんどうを見てください). I hope you will kindly take care of Kuro.
❸『初対面のあいさつで』
▸はじめまして. 山田五郎です. **どうぞよろしく**. Hello. I'm Yamada Goro. **Nice** [**Glad**] **to meet you**.

よろめく
stagger［スタぁガ］
▸その馬はよろめきながら立ち上がった.
The horse **staggered** to its feet.

よろよろ【よろよろする】
stagger［スタぁガ］

よろん【世論】
public opinion［パブりック オピニョン］
世論調査 a public opinion poll

◆よわい【弱い】
❶『力・勢いが』
weak［ウィーク］(対義語「強い」strong)
▸弟は**体が弱い**. My brother is **weak**.
▸わたしは腕(うで)ずもうが弱い.
I'm **weak** at arm wrestling.
▸妹は意志が弱い.
My sister has a **weak** will.
弱く，弱々しく weakly, feebly［ふィーブり］, faintly［ふェイントり］
弱くする，弱める
(ガス・熱などを) turn down
弱くなる，弱まる grow* weak ➡よわる
❷『不得意な』**weak**《in ...》, **poor**《at ...》［プア］(対義語「得意な」good at)
▸わたしは数学が弱い.
I'm **weak in** [**poor at**] math.

よわき【弱気な】
timid［ティミッド］; pessimistic［ペスィミスティック］

よわさ【弱さ】
weakness［ウィークネス］

よわね【弱音を吐く】
whine［(ホ)ワイン］
▸**弱音を吐(は)くな！ Never say die!**

よわみ【弱み】
a weakness［ウィークネス］, a weak point［ポイント］

よわむし【弱虫】
a coward［カウアド］

よわる【弱る】
❶『弱くなる』
grow* weak, weaken［ウィークン］
▸この老犬はこのごろ**弱って**きている.
This old dog is **growing weaker** these days.
❷『困る』➡こまる
▸弱ったなあ(→どうすればいいかわからない). 財布(さいふ)を忘れてきちゃった.
I don't know what to do. I forgot my wallet.

◆よん【四(の)】
four［ふォーア］
第4(の)
the **fourth**［ふォーす］(♦4th と略す)
▸4回，4度 **four** times
▸4分の1 a **fourth** / a quarter (♦quarter［クウォータ］は「4分の1」の意味)
▸4分の3
three **fourths** / three quarters

◆よんじゅう【四十(の)】
forty［ふォーティ］
第40(の) the **fortieth**［ふォーティエす］(♦40th と略す)
▸父は40代だ.
My father is in his **forties**.
41 forty-one
42 forty-two

ら ラ

Q 「落語」を英語で説明するとしたらどう言う？➡「らくご」を見てみよう！

ラ 〘音楽〙 la [らー]

-ら ➡-たち

ラーメン Chinese noodles in soup
 ラーメン屋 a ramen shop

らい-【来…】（次の）next [ネクスト]；（来たるべき）coming [カミング]
 ▸来学期に in the next [coming] term

-らい【…来】
 ▸彼女とは10年来(→10年間)の友達です. I've been friends with her for 10 years.（♦現在完了で表現する）

らいう【雷雨】
a thunderstorm [さンダストーム]
 ▸試合中に雷雨があった. There was a **thunderstorm** during the game.

ライオン 〘動物〙 a lion [らイアン]；(雌(めす)の) a lioness [らイオネス]

らいきゃく【来客】
a visitor [ヴィズィタ], a guest [ゲスト]

⁺らいげつ【来月】
next month [マンす]
 ▸青木さんは**来月**, 帰って来る. Mr. Aoki will come back **next month**.

⁺らいしゅう【来週】
next week [ウィーク]
 ▸**来週**, うちに来ませんか？ Why don't you come to my house **next week**?
 ▸**来週の**水曜日は映画に行きます. I'll go to the movies **next** Wednesday.

> **ルール** **「来週の…曜日の」の言い方**
> 「来週の水曜日」と言うときは, ふつう **next Wednesday** と表します. しかし **next** は「次の」という意味なので, 月曜日に **next Wednesday** と言えば「今週の水曜日」を指します. 来週ということをはっきりさせたいときは **on Wednesday next week** のように言います.

ライス rice [ライス]

ライセンス 〘米〙 (a) license [らイセンス], 〘英〙 (a) licence

ライター a lighter [らイタ]

ライト[1] (光) light [らイト]；(明かり) a light

ライト[2] 〘野球〙 right field [ふィーるド]；(選手) a right fielder

ライトバン 〘米〙 a station wagon, 〘英〙 an estate car

⁺らいねん【来年】 next year [イア]
 ▸**来年の**8月に in August **next year** / next August（♦next August は現在が8月以降の場合に用いる）
 ➡**らいしゅう** ルール
 ▸**来年は**北海道へ行くつもりだ. I'm going to Hokkaido **next year**.
 再来年 the year after next

ライバル a rival [ライヴる]
 ▸由里と美紀は, テニスでは**ライバル**どうしだ. Yuri and Miki are **rivals** in tennis.
 ▸彼らはたがいに**ライバル意識**をもっている. There's **rivalry** between them.

らいひん【来賓】 a guest [ゲスト]
 来賓席 the guests' seats；〘掲示〙 For Guests

ライフ (a) life [らイふ]
 ライフジャケット a life jacket
 ライフスタイル a lifestyle [らイふスタイる]
 ライフワーク one's lifework [らイふワ～ク]

ライブ【ライブの】
live [らイヴ]（♦発音注意）➡**なま**
 ライブコンサート a live concert
 ライブハウス a club with live music [performance]
 ライブ録音(盤(ばん)) a live recording

ライフル (銃(じゅう)) a rifle [ライふる]

ライム 〘植物〙 a lime [らイム]

らいめい【雷鳴】
(a clap of) thunder［サンダ］

ライン[1]（線）a line［らイン］;
（水準）(a) standard［スタぁンダド］
▸合格ライン（→合格点）
a passing mark

ライン[2]**【ライン川】** the Rhine［ライン］

ラウンジ a lounge［らウンヂ］

ラウンド（試合の）a round［ラウンド］
▸第３ラウンド
the third **round** / **Round** 3

・らく【楽な】
❶［安楽な］**comfortable**
［カンふァタブる］, **easy**［イーズィ］
▸どうぞ楽にしてください.
Please make yourself **comfortable** [at home].（♦at home は「くつろいで, 気楽に」の意味）
▸楽な生活を送る lead an **easy** life
❷［容易な］**easy**
▸そこへはバスで行くと楽だ.
It's **easy** to get there by bus.
楽に easily, with ease
▸わたしは楽に100メートル泳げる.
I can **easily** swim a hundred meters.

らくえん【楽園】
a paradise［パぁラダイス］

らくがき【落書き】(a) scribble
［スクリブる］;（公共の場所の）graffiti
［グラふィーティ］（♦イタリア語から）
▸落書き禁止 〖掲示〗No **Graffiti**
落書きする scribble
▸壁(かべ)に落書きしたのはだれですか？
Who **scribbled** on the wall?

✻らくご【落語】 *rakugo*
日本紹介 落語は伝統的な演芸の１種です. たったひとりで座ぶとんの上に座(すわ)り, 長めのおかしな話をします.
Rakugo is a type of traditional entertainment. One person sits alone on a cushion and tells a long funny story.
落語家 a comic storyteller

らくしょう【楽勝】 a piece of cake, an easy victory［ヴィクトゥリ］

らくせい【落成】
completion［コンプリーシャン］
落成する
be* completed［コンプリーティッド］

らくせん【落選する】
be* defeated［ディふィーティッド］
▸わたしは生徒会長の選挙で落選した.
I **was defeated** in the presidential election of our student council.

ラクダ〖動物〗a camel［キぁムる］

らくだい【落第】 failure［ふェイりャ］
落第する fail［ふェイる］
▸しっかり勉強しなさい. さもないと落第してしまいますよ. Work hard, or you'll **fail** the exams.
落第生 a failure

らくてん【楽天的な】 optimistic
［アプティミスティック］（対義語「悲観的な」pessimistic), easy-going
楽天家 an optimist［アプティミスト］

らくのう【酪農】
dairy farming［デアリ ふァーミング］
酪農家 a dairy farmer

ラグビー〖スポーツ〗rugby［ラグビ］
（♦正式名は rugby football）
ラグビー部 a rugby team

らくらく【楽々と】 easily［イーズィり］

ラクロス
〖スポーツ〗lacrosse［らクロース］

ラケット（テニス・バドミントンの）
a racket［ラぁケット］;（卓球(たっきゅう)の）
a paddle［パぁドゥる］

-らしい ❶［…のようだ］look, seem
［スィーム］;（…といううわさだ）They say*
➡-そうだ, -(だ)そうだ
▸午後は雨らしいね. It **looks** like rain in the [this] afternoon. / It is likely to rain in the [this] afternoon.（♦《be likely to＋動詞の原形》で「…しそうである」の意味）
▸彼は病気らしい. He **seems** (to be) sick. / It **seems** that he is sick.
（♦人が主語のときは to ..., It が主語のときは that ... となる）
▸達也は結婚(けっこん)するらしい. **They say** Tatsuya is getting married.
❷［…にふさわしい］like ...
▸２時間も電話し続けるなんて, いかにも彼らしい. It's just **like** him to be on the phone for two hours.

ラジウム〖化学〗radium［レイディアム］
（♦元素記号 Ra）

・ラジオ（放送）the **radio**
［レイディオウ］;
（受信機）a **radio**（複数 radios）

▸ラジオをつける turn on **the radio** / turn **the radio** on (♦「消す」なら turn off を用いる)
▸ラジオを聴(き)く listen to **the radio**
▸ラジオでそのニュースを聞いた. I heard the news on **the radio**.
▸ラジオの音を少し大きくしてください. Turn up **the radio** a little. (♦「小さくする」なら turn down を用いる)
▸ラジオ英会話講座 a **radio** course in English conversation
ラジオ体操 radio exercise [エクササイズ], a physical exercise program on the radio
ラジオ番組 a radio program
ラジオ放送局 a radio station

ラジコン radio control
ラジコンカー a radio-controlled model car

らしんばん【羅針盤】 a compass [カンパス]

ラスト (最後) the last [らぁスト]
▸**ラストスパート**をかける put on a **last spurt**
ラストシーン the last scene

らせん a spiral [スパイラる]

ラッカー lacquer [らぁカ]

らっかせい【落花生】 a peanut [ピーナット]

らっかん【楽観的な】 optimistic [アプティミスティック] (対義語「悲観的な」pessimistic)

ラッキー【ラッキーな】 lucky [らキ] ➡うん[1], こううん

ラッコ 〘動物〙a sea otter [スィー アタ]

ラッシュ(アワー) (the) rush hour [ラッシ アウア]

らっぱ a trumpet [トゥランペット]; (軍隊の) a bugle [ビューグる]

ラッピング wrapping [ラぁピング]
ラッピングする wrap

ラップ[1] (食品を包む) cling wrap [クリング ラぁップ], plastic wrap

ラップ[2] 〘音楽〙rap (music) [ラぁップ]

ラップ[3] (競技の) a lap [らぁップ]
ラップタイム a lap time

ラップトップ(コンピュータ) a laptop (computer) [らぁップタップ]

ラテン (ラテン系の·ラテン語の) Latin [らぁトゥン]
ラテンアメリカ Latin America
ラテン音楽 Latin music
ラテン語 Latin

ラフ 〘ゴルフ〙the rough [ラふ]
ラフな (大まかな) rough; (服装が) casual [キぁジュアる], informal [インふォームる]

ラブ love [らヴ]
ラブゲーム a love game
ラブシーン a love scene
ラブストーリー a love story
ラブレター a love letter

ラベル a label [れイブる] (♦発音注意)
▸わたしはその箱にラベルをはった. I put a **label** on the box.

ラベンダー 〘植物〙lavender [らぁヴェンダ]

ラムネ lemonade [れモネイド], lemon soda, lemon pop

ラリー a rally [ラぁり]

-られる (受け身) 《be 動詞+過去分詞》; (可能) can* ➡-れる

ラン 〘植物〙an orchid [オーキッド]

らん【欄】 (新聞などの) a column [カらム]
▸広告欄 the advertisement **columns**
▸**欄外に**メモする take notes **in the margin**

らんかん【欄干】 a parapet [パぁラピット]

ランキング ranking [ラぁンキング]

ランク a rank [ラぁンク]
ランクする rank
▸彼らの新曲は, 最初の週に第3位にランクされた. Their new song was **ranked** third in the first week.

らんし【乱視の】 astigmatic [あスティグマぁティック]

ランジェリー lingerie [らーンジェレイ] (♦フランス語から)

ランチ (昼食) lunch [らンチ]

らんとう【乱闘】 a scuffle [スカふる]
乱闘する scuffle

ランドセル a (school) satchel [サぁチェる], a Japanese school backpack

ランナー a runner [ラナ]
▸長距離(きょり)ランナー a long-distance **runner**
▸**短距離ランナー** a **sprinter**

らんにゅう【乱入する】 burst*

into ... [バ～スト], pile into ... [パイる]

ランニング【ランニング】
running [ラニング]
ランニングする
go* running [ラニング], run*
ランニングホームラン　〘野球〙
an inside-the-park home run

ランプ a lamp [らぁンプ]

らんぼう【乱暴】
violence [ヴァイオれンス]
乱暴な（暴力的な）violent [ヴァイオれント]；（荒(あら)っぽい）rough [ラふ]
▸彼はことばづかいが乱暴だ(→乱暴なことばを使う).
He uses **rough** [bad] words.
乱暴に　violently；roughly

らんよう【乱用】 abuse [アビュース]
乱用する　abuse [アビューズ]

り リ

Q 料理のしかたを英語で言えるかな？
➡「りょうり」を見てみよう！

リアル【リアルな】（真にせまった）
realistic [リーアりスティック]
リアルに　realistically [リーアりスティカり]

リーグ（連盟）a league [りーグ]
リーグ戦（テニスなどの）a league match；（野球などの）a league game

リーダー（指導者）a leader [りーダ]
リーダーシップ
leadership [りーダシップ]

リード【リードする】 lead* [りード], have* a lead
▸夏希が１点リードしている.
Natsuki **has a lead** of one point.
▸どっちのチームがリードしているの？
Which team is **leading** now?

リール a reel [りーる]

りえき【利益】 (a) profit [プラふィット]
利益を得る　make* a profit, profit

りか【理科】 science [サイエンス]
理科室（実験室）a science laboratory
理科部　a science club

•りかい【理解】
understanding [アンダスタぁンディング]
理解する　**understand*** ➡**わかる**
▸わたしの英語が理解できますか？
Do you **understand** my English?
(♦Can you understand ...? と聞くと相手の能力を問うことになり失礼)
▸自分のことを人に理解してもらうのは難しい. It's difficult to make yourself **understood** by others.

•りく【陸】 **land** [らぁンド]
(対義語「海」the sea)
▸わたしたちの乗った船は１週間ぶりに陸に着いた. Our ship reached **land** after a week.

リクエスト a request [リクウェスト]
リクエストする　request
リクエスト曲
a request, a requested song

りくぐん【陸軍】 the army [アーミ]
(♦「海軍」は the navy,「空軍」は the air force)

りくじょう【陸上】 land [らぁンド]
陸上競技　track and field (events)
陸上競技大会　a track meet
陸上部　a track(-and-field) team

りくつ【理屈】（道理）reason [リーズン]；（論理）logic [らヂック]
理屈に合った　reasonable；logical
▸母の言うことはいつも理屈に合っている. My mother is always very **reasonable**.
▸きみの説明は理屈に合わない.
Your explanation isn't **logical**.

りこ【利己的な】 selfish [せるふィッシ], egoistic [イーゴウイスティック]
利己主義　egoism [イーゴウイズム]
利己主義者　an egoist [イーゴウイスト]

•りこう【利口な】 **smart** [スマート], **clever** [クれヴァ], bright [ブライト]
➡**かしこい**
▸あの女の子はりこうそうだ.
That girl looks **smart** [**bright**].
(♦この smart は「ほっそりした」という意味にはならない)

リコーダー a recorder [リコーダ]

リコールする recall [リコーる]

りこん【離婚】
(a) divorce [ディヴォース]

離婚する divorce, get* a divorce《from ...》, get divorced《from ...》

▸おばは最近, 夫と離婚した. My aunt recently **divorced** her husband.

リサイクル recycling［リーサイクりング］

リサイクルする recycle

リサイクルショップ a secondhand shop, a recycled-goods shop

リサイタル a recital［リサイトゥる］

りし【利子】 interest［インタレスト］

リス〖動物〗a squirrel［スクワ～レる］

リスト（表）a list［リスト］

リストアップする make* a list of ...

リストラ（人員削減(さくげん)）downsizing［ダウンサイズィング］

リズム rhythm［リずム］

▸きみはリズム感がいいね. You have a good sense of **rhythm**.

りせい【理性】 reason［リーズン］

理性的な rational［ラぁショナる］（対義語「感情的な」emotional）

リセット【リセットする】

reset［リーセット］

リセットボタン a reset button

•**りそう【理想】** an ideal［アイディーアる］

▸理想は高くもったほうがいい.
You should have high **ideals**.

理想の, 理想的な ideal

▸釣(つ)りには理想的な天気だね.
It's **ideal** weather for fishing.

リゾート a resort［リゾート］

リゾートウエア resort clothes

リゾートホテル

a resort hotel,〖米〗a resort

りそく【利息】 interest［インタレスト］

リターナブル（再利用可能な）returnable［リタ～ナブる］

リタイア retirement［リタイアメント］

リタイアする retire［リタイア］

リチウム lithium［りすィウム］

リチウムイオン電池 a lithium-ion battery［りすィウム アイアン バぁテリ］

りつ【率】 a rate［レイト］;
（百分率）a percentage［パセンテッヂ］

▸競争率 a competitive **rate**

りっきょう【陸橋】（高架(こうか)横断道路）〖米〗an overpass［オウヴァパぁス］,〖英〗a flyover［ふらイオウヴァ］;
（歩道橋）a pedestrian overpass

りっけん【立憲(制)の】

constitutional［カンスティテューシャヌる］

▸立憲政治
constitutional government

りっこうほ【立候補する】

run*《for ...》

▸だれがクラス委員に立候補しますか?
Who will **run for** class officer?

立候補者 a candidate［キぁンディデイト］

りっしょう【立証する】

prove*［プルーヴ］

りっしょく【立食の】

stand-up［スタぁンドアップ］

立食パーティー a stand-up party

りったい【立体】

a solid (body)［サりッド］

立体の solid

立体的な（三次元の） three-dimensional［すリーディメンショヌる］

▸この絵は立体感がある. This picture is **three-dimensional**.

● 立体のいろいろ

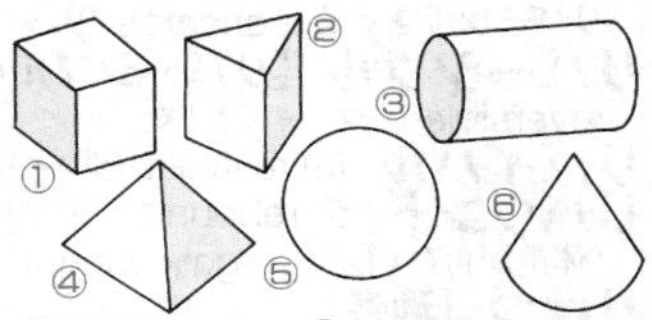

① 立方体 cube ② 三角柱 triangular prism ③ 円柱 cylinder
④ 角すい pyramid ⑤ 球 sphere
⑥ 円すい cone

リットル a liter［リータ］（♦発音注意; l. または lit. と略す）

•**りっぱ【立派な】** good*［グッド］, **wonderful**［ワンダふる］, **fine**［ふァイン］

▸真央はりっぱな成績を収めた.
Mao got **wonderful** grades.

りっぱに well*, wonderfully

▸あなたはりっぱにキャプテンを務めましたよ. You acted **wonderfully** as captain.

リップクリーム (a) lip balm

りっぽう[1]【立方】 a cube［キューブ］

▸この箱の体積は 30 **立方センチ**だ.
This box is thirty **cubic centimeters** in volume.
（♦cubic は cube の形容詞形; cubic centimeter で「立方センチ」の意味）

立方体 a cube
りっぽう² 【立法】 legislation ［れヂスれイシャン］, law making
立法府, 立法機関 the legislature ［れヂスれイチャ］
リテラシー literacy ［リテラスィ］
ネットリテラシー internet literacy ［インタネット リテラスィ］
メディアリテラシー media literacy ［ミーディア リテラスィ］
リトマスし 【リトマス紙】 litmus paper ［リトマス］
リトルリーグ Little League
リニアモーター a linear motor ［リニア モウタ］
リニアモーターカー a linear motor car
りにん 【離任する】 leave* one's office
離任式 the farewell ceremony
リノベーション renovation ［レノヴェイシャン］
リハーサル (a) rehearsal ［リハ～スる］
リハーサルをする rehearse ［リハ～ス］
リバーシブル 【リバーシブルの】 reversible ［リヴァ～スィブる］
リバイバル (a) revival ［リヴァイヴる］
リバウンド a rebound ［リバウンド］; (体重が再び増える)regain weight
りはつ 【理髪】 haircutting ［ヘアカティング］
理髪師 a barber ［バーバ］
理髪店 〘米〙a barbershop ［バーバシャップ］, 〘英〙a barber's (shop)
リハビリ(テーション) rehabilitation ［リーハビりテイシャン］
リハビリをする undergo* rehabilitation
リハビリをほどこす rehabilitate ［リーハビりテイト］
リビング a living room
リフォーム 【リフォームする】 (服を) remake* ［リーメイク］; (家を) remodel ［リーマドゥる］
リフト (スキー場の) a (ski) lift ［りふト］
リベンジ revenge ［リヴェンヂ］
リボン a ribbon ［リボン］
リムジン (大型高級乗用車・リムジンバス) a limousine ［りムズィーン］
リムジンバス (空港送迎(そうげい)用) a limousine (bus)
リモコン (a) remote control ［リモウト コントゥロウる］
リモコンの remote-controlled
リヤカー a two-wheeled cart
りゃく 【略】 (ことばの短縮・略語) (an) abbreviation ［アブリーヴィエイシャン］
▸P.E. は physical education の略です. P.E. is the **abbreviation** for physical education.
略す (短縮する) abbreviate ［アブリーヴィエイト］, shorten ［ショートゥン］; (省く) omit ［オウミット］
略語 an abbreviation, a shortened form
略字 an abbreviation
略図 (絵) a rough sketch; (地図) a rough map

•りゆう 【理由】 (a) **reason** ［リーズン］
▸どういう理由で欠席したの? What was the **reason** for your absence? / (→なぜ)Why were you absent?
▸計画を変更(へんこう)した理由を教えて. Tell me the **reasons** (why) you changed the plan. (♦Tell me why ...? とも言う)
▸キムは理由もなく, わたしに反対していた. Kim was against me for no **reason** [without any **reason**].

りゅう 【竜】 a dragon ［ドゥラぁガン］
りゅういき 【流域】 a basin ［ベイスン］; (大河の) the valley ［ヴぁり］
りゅうがく 【留学する】 study abroad ［アブロード］, go* abroad to study
▸イギリスに留学したいなあ. I want to **go** to Britain **to study**.
▸姉はフランスに留学中だ(→フランスで勉強している). My sister is studying in France.
留学生 (外国から来ている学生) a foreign student, a student from abroad; (外国へ行っている学生) a student studying abroad

•りゅうこう 【流行】 (a) **fashion** ［ふぁシャン］
流行している be* in fashion, be fashionable ［ふぁショナブる］; (人気がある) be popular ［パピュら］; (病気が)go* around ➡**はやる**
流行する come* into fashion

▸この秋は紫(むらさき)色が流行している.
Purple **is in fashion** this fall.
▸あのヘアスタイルはもう**流行遅(おく)れ**だ.
That hairstyle is **out of fashion** now.
流行歌 a popular song
流行語 a word in vogue [ヴォウグ]
流行作家 a popular writer

リュージュ 〖スポーツ〗 luge [るージ]

りゅうせい【流星】
a shooting star, a meteor [ミーティア]
流星群 a meteor shower

りゅうちょう【流ちょうな】
fluent [ふるーエント]
流ちょうに fluently
▸サラは流ちょうに日本語を話す.
Sarah speaks Japanese **fluently**.

りゅうひょう【流氷】 drift ice, floating ice

リューマチ
rheumatism [ルーマティズム]

リュックサック a rucksack [ラックサぁック], a backpack [バぁックパぁック]
▸リュックサックを背負う
carry a **rucksack** on one's back

・りよう【利用】 **use** [ユース]
利用する **use** [ユーズ], make* use of ...
▸身近にある物をもっと利用すべきだ.
We should **make** better **use of** things near at hand.
利用者 a user [ユーザ]

りょう¹【量】 quantity [クワンティティ] (対義語「質」quality), amount [アマウント]

りょう²【漁】 fishing [ふィシング]
漁をする fish
漁師 a fisher; (男) a fisherman (複数 fishermen), (女) a fisherwoman (複数 fisherwomen)

りょう³【良】 (成績の) B

りょう⁴【猟】 hunting [ハンティング], shooting [シューティング]
猟をする hunt
猟犬 a hunting dog
猟師 a hunter

りょう⁵【寮】 a dormitory [ドーミトーリ], 〖口語〗 a dorm [ドーム]
寮生 a dormitory student, 〖英〗 a boarder

りょう-【両…】 both [ボウす]

りょうおもい【両思い】
love each other

りょうかい¹【了解】
understanding [アンダスタぁンディング]
了解する (理解する) understand* [アンダスタぁンド]; (承諾(しょうだく)する) consent《to ...》[コンセント]
▸**了解!** **All right!** / **OK!** / (無線で) **Roger!** [ラヂャ]

りょうかい²【領海】
territorial waters [テリトーリアる]

りょうがえ【両替】
exchange [イクスチェインヂ]
両替する change《into ...》[チェインヂ], exchange《for ...》, (細かく) break*
▸日本円をドルに両替する
change yen **into** dollars
▸この 1,000 円札(さつ)を 100 円玉に両替してください. Please **change** this 1,000-yen bill **into** 100-yen coins.
両替所 a money exchange counter

りょうがわ【両側】 both sides
▸道の両側に
on **both sides** of the street

・りょうきん【料金】
(サービスに対して支払(しはら)う料金) a **charge** [チャーヂ]; (運賃) a fare [ふェア]; (入場料・会費など) a fee [ふィー]; (使用量などで決まる料金) a **rate** [レイト]
▸公共料金 public utility **charges**
▸バス料金 a bus **fare**
▸水道料金 the water <u>**rate**</u> [bill] (♦bill は「請求(せいきゅう)書」の意味)
▸追加料金
an additional <u>**fee**</u> [**charge**]
▸福岡までの往復料金はいくらですか?
<u>How much</u> [What] is the round-trip **fare** to Fukuoka?
▸食事代は料金に含まれていますか?
Are meals included in the **fee**?
料金所 a tollgate [トウるゲイト]
料金表 a price list

りょうくう【領空】
territorial airspace [テリトーリアる]

りょうこう【良好な】 good* [グッド]; (すぐれた) excellent [エクセれント]

りょうじ【領事】 a consul [カンスる]
領事館 a consulate [カンスれット]
▸日本領事館 Japanese **Consulate**

りょうしき【良識】

common sense［カモン センス］

りょうしゅうしょ【領収書】
a receipt［リスィート］

・りょうしん[1]【両親】
one's **parents**［ペアレンツ］

りょうしん[2]【良心】
(a) conscience［カンシェンス］
▶ちょっと良心がとがめる. I have a bit of a guilty **conscience**.
良心的な conscientious［カンシエンシャス］;（正直な）honest

りょうせいるい【両生類】
an amphibian［あンふィビアン］

りょうど【領土】
(a) territory［テリトーリ］
領土問題 a territorial issue［テリトーリアる イシュー］

:りょうほう【両方】 both［ボウす］;（両方とも…でない）neither［ニーざ］, not ... either［イーざ］➡どちらも

ダイアログ　説明する
A:バッハとベートーベンの音楽では, どちらが好きですか？
Whose music do you like better, Bach's or Beethoven's?
B:両方とも好きです. I like **both**.

▶わたしはその両方とも好きではない.
I like **neither** of them. / I **don't** like **either** of them.
▶その花は両方ともバラです.
Both of those flowers are roses. / Those flowers are **both** roses.
▶アンヌはフランス語と日本語を両方話せる. Anne can speak **both** French and Japanese.
▶そのケーキを両方ともほしいわけではありません. I don't want **both** the cakes.（◆both を否定文で使うと,「両方とも…なわけではない」という意味の部分否定になる）

りょうようじょ【療養所】
a sanatorium［サぁナトーリアム］

・りょうり【料理】（調理）cooking［クキング］;（作られたもの）a dish［ディッシ］;（食べ物）food［ふード］➡図, 巻頭カラー 英語発信辞典⑬
料理する（火を使って）**cook**;（作る）**make***［メイク］
▶フランス料理
French dishes [food]
▶この魚の料理の仕方を知っている？ Do you know how to **cook** this fish?
▶翼は料理がじょうずだ.
Tsubasa is good at **cooking**. / Tsubasa is a good cook.（◆後の文の cook は「料理をする人」という意味）
▶**料理の本** a **cook book**
料理学校 a cooking school

● 料理のいろいろ

料理人 a cook
料理番組 a TV cooking program

りょうりつ【両立する】
(両方をうまくやる) do* well in both
▸あなたなら勉強とクラブを両立できます. You can **do well in both** your studies and club activities.

りょかく【旅客】 a traveler [トゥラぁヴェら], a passenger [パぁセンヂャ]
旅客機 a passenger plane

りょかん【旅館】
(日本式の) a Japanese-style hotel;
(ホテル) a hotel [ホウテる];
(小さな民宿風の) an inn [イン]
▸旅館に泊(と)まる stay at a **hotel**

-りょく【…力】 power [パウア], force [ふォース], strength [ストゥレンクす]
▸風力 the **force** of the wind
▸水力 water**power**
▸原子力 nuclear **power**
▸体力 (physical) **strength**

りょくちゃ【緑茶】 green tea

りょけん【旅券】
a passport [パぁスポート]

•りょこう【旅行】 a **trip** [トゥリップ], **travel** [トゥラぁヴる], a journey [ヂャ～ニ]; (周遊旅行) a tour [トゥア]
旅行する travel, take* a trip, make* a journey;
(旅行に出かける) go* on a trip
▸九州を旅行してみたい.
I want to **travel** in Kyushu.
▸世界じゅうを旅行する
travel [**take a trip, make a journey**] around the world
▸海外旅行はいかがでしたか?
How did you enjoy your **trip** [**travel**] abroad?
▸どうぞよいご旅行を. Have a nice **trip**! / Enjoy your **trip**!
▸パック旅行 a package **tour**
▸新婚(しんこん)旅行 a **honeymoon**
旅行案内 (本) a guidebook [ガイドブック]
旅行案内所
a tourist information office
旅行者 a traveler, a tourist
旅行代理店 a travel agency

> **くらべよう trip, travel, tour など**
> 「旅行」の意味で一般によく用いるのは **trip** と **travel**. どのような旅行にも使いますが, 特に **trip** は小旅行, **travel** は長期の旅行を意味することもあります. **tour** は周遊旅行. ほかに長い旅行, 特に陸路の旅行を表す語として **journey**, 船による旅行を表す語として **voyage** [ヴォイエヂ]があります.

りょひ【旅費】 traveling expenses

リラックス【リラックスする】
relax [リらぁックス]

リリーフ 〚野球〛(救援(きゅうえん)) relief [リりーふ]; (ピッチャー) a relief pitcher
リリーフする relieve [リりーヴ]

•りりく【離陸】 (a) takeoff [テイクオーふ]
離陸する
take* off (対義語「着陸する」land)
▸わたしたちが乗った飛行機は定刻に成田空港を離陸した.
Our plane **took off** from Narita Airport on schedule.

リレー a relay (race) [リーれイ]
▸400 メートルリレー
a 400-meter **relay (race)**

りれき【履歴】
one's personal history
履歴書 a personal history, 〚米〛 a resume [レズメイ] (♦フランス語から), a curriculum vitae (♦CV と略す)

りろん【理論】 (a) theory [すィーアリ]
▸理論と実践(じっせん)
theory and practice
理論的な theoretical [すィーアレティクる]
理論的に theoretically

りんかいがっこう【臨海学校】
a seaside summer school

りんかく【輪郭】
an outline [アウトらイン]
輪郭を描く outline

りんかんがっこう【林間学校】
a summer camp in the woods

りんきおうへん【臨機応変に】
(状況(じょうきょう)に応じて)
according to the circumstances, as the occasion arises

りんぎょう【林業】
forestry [ふォーレストゥリ]

リンク (スケートの) a (skating) rink [リンク]; (インターネットの) a link [リンク]

リング (ボクシングの) a (boxing) ring

り

［リンヶ］;（指輪）a ring
リングサイド（席）the ringside seats
リンゴ〘植物〙an apple［あプる］
▸リンゴの木 an **apple** tree
リンゴジャム apple jam
りんじ【臨時の】
（一時的な）temporary［テンポレリ］;
（特別の）special
臨時に temporarily
▸台風のため学校は臨時休校だ.
School is closed **temporarily** because of the typhoon.
臨時集会 a special meeting
臨時ニュース a news bulletin
［ニューズ ブれトゥン］, a news flash
臨時列車 a special train
りんしょう【輪唱】
〘音楽〙a round［ラウンド］
輪唱曲 a canon［キぁノン］
りんじん【隣人】 a neighbor,
〘英〙a neighbour［ネイバ］
リンチ（法律によらないで, 集団で残酷(ざんこく)な刑罰(けいばつ)をあたえること） cruel punishment by a group without any legal procedure
りんり【倫理(学)】
ethics［エスィックス］
倫理的な ethical［エスィカる］

る ル

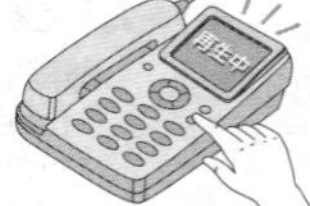

Q 留守番電話を英語で何と言うのかな？
➡「るす」を見てみよう！

ルアー（釣(つ)りの疑似餌(ぎじえ)）a lure［るア］
ルアーフィッシング lure fishing
るい[1]【塁】〘野球〙a base［ベイス］
▸二塁 second **base**
▸一塁の塁審(るいしん) a first **base** umpire
▸本塁 **home (plate)**
るい[2]【類】 a kind［カインド］,
a sort［ソート］➡**とも**
るいご【類語】
a synonym［スィノニム］
るいじ【類似】 similarity［スィミらぁリティ］, resemblance［リゼンブらンス］
類似する be* alike［アらイク］,
be similar to ...［スィミら］➡**にる[1]**
▸この２つの事件は多くの点で**類似している**. These two cases **are alike** in many respects.
類似点 a similarity
類似品（にせもの）an imitation
［イミテイシャン］
ルーキー（新人）a rookie［ルキ］
ルーズ【ルーズな】
（だらしない）sloppy ➡**だらしない**;
（むとんちゃくな）careless［ケアれス］
▸彼女はお金にルーズだ.
She is **careless** with money.
ルーズリーフ
a loose-leaf notebook［るースりーふ］
（♦［ズ］ではなく［ス］と発音する）
ルート（道や線路） a route ［ルート］;
（経路） a channel［チぁヌる］;（平方根）
a square root［スクウェア ルート］
ルーマニア Romania［ロウメイニア］
ルール a rule［ルーる］➡**きそく, きまり**
ルールブック a rulebook［ルーるブック］
ルーレット
（盤(ばん)）a roulette wheel［ルーれット］
・るす【留守】 absence［あブセンス］
留守である（外出している）**be* out**［アウト］, be not in, be not at home;（遠くへ出かけている）be away［アウェイ］
▸母は今, 留守です.
My mother **is out** now. / My mother **isn't at home** now.
▸姉は出張で東京へ行っていて**留守だ**.
My sister **is away** in Tokyo on business.（♦on business で「仕事で」の意味）
▸ちょっと**留守番**をお願いします.
Take care of the house while I'**m out**, please.
留守番電話（固定電話の）an answering machine,（携帯(けいたい)電話の）voice mail
ルックス（容ぼう） looks ［るックス］,
appearance［アピアランス］
▸真樹の彼氏は**ルックス**がいい.
Maki's boyfriend has good **looks**.
ルネサンス the Renaissance
［レナサーンス］（♦フランス語から）
✲ルビ *kana*
▸漢字にルビをふる

put ***kana*** beside kanji（♦横書きの場合は beside が above になる）

ルビー （宝石）a ruby［ルービ］

ルンバ 〖音楽〗rumba［ランバ］

れ レ

Q 急行列車を英語で何と言うのかな？

➡「れっしゃ」を見てみよう！

レ 〖音楽〗re［レイ］

レアメタル
minor metals［マイナ メトゥるズ］

レイ （首にかける花輪）a lei［れイ］

♦れい[1]【礼】

❶〖おじぎ〗a bow［バウ］

礼をする bow

▸起立！ 礼！ Stand up! **Bow**!

▸わたしたちは先生に一礼をした.
We **bowed** to our teacher.

❷〖感謝〗thanks［さぁンクス］;
〖謝礼〗a reward［リウォード］

礼を言う **thank**

▸父はわたしの友達に, 手伝ってくれたことの礼を言った.
My father **thanked** my friend for his [her] help.

▸お礼をさせてください.
Let me give you a **reward**.

♦れい[2]【零】

(a) **zero**［ズィーロウ］（複数 zero(e)s）

▸（小数点の数字）0.04
(**zero**) point **zero** four

▸（電話番号）562-0621
five six two, **zero** six two one
（♦zero を o［オウ］と読むこともある）

零下 below zero

▸今, 零下 3 度だ. The temperature is three degrees **below zero** now.

零点 (a) zero, no score

♦れい[3]【例】

an **example**［イグザぁンプる］;
（実例）a case［ケイス］

ダイアログ 依頼する

A: 日本の伝統行事の例をあげていただけますか？ Will you give me some **examples** of Japanese traditional events?

B: ひな祭りはその代表的な例です.
Hinamatsuri is a typical one.

▸ビートルズは美しい歌をたくさん作った.『イエスタデイ』がそのよい例だ.
The Beatles created a lot of beautiful songs. "Yesterday" is a good **example**.

れい[4]【霊】 a spirit［スピリット］

レイアウト a layout［れイアウト］

レイアウトする lay* out

れいえん【霊園】
a cemetery［セメテリ］

レイオフ a layoff［れイオーふ］

レイオフする lay* off

れいか【冷夏】 a cool summer

れいがい[1]【例外】
an exception［イクセプシャン］

▸例外なく without **exception**

▸例外は認められない.
No **exceptions** (are) allowed.

れいがい[2]【冷害】
cold weather damage

れいかん【霊感】
inspiration［インスピレイシャン］

♦れいぎ【礼儀】

（作法）manners［マぁナズ］

礼儀正しい polite［ポらイト］

▸美咲は礼儀正しい. Misaki has good **manners**. / Misaki is **polite**.

れいこく【冷酷な】
cruel［クルーエる］, cold-blooded

れいしょう【冷笑】 a sneer［スニア］

冷笑する sneer

れいじょう【礼状】
a letter of thanks, a thank-you letter

れいせい【冷静】 calmness［カームネス］, coolness［クーるネス］

冷静な calm, cool

冷静に calmly, coolly

▸冷静になりなさい.
Keep **calm**. / Calm down.（♦後の例の calm は動詞）

♦れいぞうこ【冷蔵庫】

a refrigerator［リふリヂレイタ］,

〘口語〙a fridge［ふリッヂ］
▸このメロンは冷蔵庫に入れておこう. Let's put this melon in the **refrigerator**.

れいだい【例題】
an example problem

れいたん【冷淡な】 cold［コウるド］, indifferent［インディふァレント］
冷淡に coldly, indifferently

れいとう【冷凍】
freezing［ふリーズィング］
冷凍する freeze*［ふリーズ］
冷凍の frozen［ふロウズン］
冷凍庫 a freezer
冷凍食品 frozen food

れいねん【例年の】
annual［あニュアる］
例年どおり as usual
例年になく unusually［アニュージュアリ］

れいはい【礼拝】
a (church) service［サ～ヴィス］
礼拝する worship［ワ～シップ］
礼拝堂 a chapel［チぁプる］

れいぶん【例文】
an example (sentence)

れいぼう【冷房】 ➡エアコン, クーラー
冷房する air-condition
▸この部屋は冷房がしてある. This room is **air-conditioned**.
冷房装置 an air conditioner

れいわ【令和】 Reiwa
▸令和３年に in the third year of **Reiwa** / in **Reiwa** 3 [three]

レインコート a raincoat［レインコウト］

レインシューズ rain boots

レーサー
a racing driver［レイスィング ドゥライヴァ］

レーザー a laser［れイザ］
レーザー光線 laser beams

レーシングカー a racing car

レース[1] （競走）a race［レイス］
▸レースに出る enter [run] a **race**

レース[2] （布）lace［れイス］
レース編み lacework［れイスワ～ク］

レーズン a raisin［レイズン］

レーダー a radar［レイダー］

レーヨン rayon［レイアン］

レール （鉄道の）a rail［レイる］; （カーテンの）a curtain rail

レーン a lane［れイン］

レオタード a leotard［りーオタード］

˙れきし【歴史】 history［ヒスタリ］
▸日本の歴史 the **history** of Japan / Japanese **history**
▸この神社は1,000年以上の歴史がある. This shrine has a **history** of more than a thousand years.
歴史的な historic［ヒストーリック］
▸歴史的な事件 a **historic** event
▸歴史的建造物 a **historic** building
歴史上の historical［ヒストーリクる］
▸歴史上の人物 a **historical** figure
歴史家 a historian［ヒストーリアン］
歴史小説 a historical novel

レギュラー
（正選手）a regular［レギュら］
レギュラーの regular

レクリエーション
(a) recreation［レクリエイシャン］

レゲエ 〘音楽〙reggae［レゲイ］

レコード ❶〘レコード盤(ばん)〙a record［レカド］, a disk［ディスク］
レコードプレーヤー a record player
❷〘記録〙a record ➡きろく

レザー （皮革(ひかく)）leather［れザ］

レジ （機械）a (cash) register［レヂスタ］; （場所）a checkout counter［チェカウト カウンタ］
レジ係（人） a cashier［キぁシア］
レジ袋
a plastic bag［ぷらぁスティック バぁッグ］

レシート a receipt［リスィート］

レシーバー （スポーツで）a receiver［リスィーヴァ］; （受信機）a receiver

レシーブ receiving［リスィーヴィング］
レシーブする receive［リスィーヴ］

レシピ a recipe［レセピ］

レジャー （余暇(よか)の遊び）recreation［レクリエイシャン］; （余暇）leisure［りージャ］

レスキュー【レスキュー隊】
a rescue party［レスキュー］

レストラン
a restaurant［レストラント］

レスラー a wrestler［レスら］

レスリング wrestling［レスりング］
レスリングをする wrestle［レスる］

レセプション
a reception［リセプシャン］

レタス 〘植物〙(a) lettuce［れタス］
▸レタス１玉 a head of **lettuce**

れつ【列】（横の）a **row**［ロウ］；（縦の）a **line**［らイン］；（順番などを待つ列）a **line**,〘英〙a queue［キュー］➡**ぎょうれつ**

ダイアログ　描写する
A:ケンはどこにいるのかな？
Where's Ken?
B:いちばん前の列に座(すわ)っているよ.
He's sitting in the front **row**.

▸各列のいちばん後ろの人が用紙を集めた. The last person in each **line** collected the papers.
▸3列に並ぼう.
Let's make three **lines**.
▸バス停には10人ぐらいの人が列をつくっている. About ten people are forming a **line** at the bus stop.
▸列に割りこむ〘米〙cut in a [the] **line** /〘英〙jump a **queue**

レッカーしゃ【レッカー車】
a wrecker［レカ］

れっしゃ【列車】 a **train**［トゥレイン］
➡**でんしゃ**
▸列車に乗る get on a **train**
▸列車を降りる get off a **train**
▸列車で北海道へ行った.
I went to Hokkaido by **train**.（♦交通手段を表す by の後の名詞には a や the はつけない）
▸最終列車に間に合った.
I caught the last **train**.（♦「間に合わなかった」なら, caught の代わりに missed（miss の過去形）を用いる）
▸7時10分の列車に乗ります.
I'm going to take the 7:10 **train**.（♦「列車を利用する」の意味では take を用いる）
列車事故 a train accident

参考 **列車のいろいろ**
貨物列車 a freight train / **急行列車** an express train / **快速列車** a rapid train / **通勤列車** a commuter train / **準急列車** a local express / **超(ちょう)特急列車** a super express, a bullet train / **直通列車** a through train / **特急列車** a limited express / **普通(ふつう)列車** a local train / **夜行列車** a night train / **臨時列車** a special train

レッスン a lesson［れスン］
▸レッスンを受ける take a **lesson**
▸母は子供たちにピアノのレッスンをしている. My mother gives piano **lessons** to children.

レッテル（ラベル）a label［れイブる］
レッテルをはる label
▸彼はおく病者のレッテルをはられた.
He was **labeled** (as) a coward.

れっとう¹【列島】
(a chain of) islands［アイらンヅ］
▸日本列島 the Japanese **Islands**

れっとう²【劣等】
inferiority［インふィリオーリティ］
劣等感 an inferiority complex［コンプれックス］（対義語「優越(ゆうえつ)感」a superiority complex）
劣等生 a poor student

レッドカード a red card

レトリーバー
〘動物〙a retriever［リトゥリーヴァ］

レトルト【レトルト食品】
a packet of instant food

レトロ【レトロな】 retro［レトゥロウ］

レバー¹（取っ手）a lever［れヴァ］

レバー²（肝臓(かんぞう)）(a) liver［りヴァ］

レパートリー
(a) repertoire［レパトゥワ］
▸彼は歌のレパートリーが広い. He has a large **repertoire** of songs.

レフェリー a referee［レふェリー］

レフト〘野球〙left field［ふィーるド］；（選手）a left fielder

レベル a level［れヴる］
▸このテキストはわたしにはレベルが高すぎる. The **level** of this textbook is too high for me.
レベルアップする improve［インプルーヴ］

レポーター（報告者）a reporter［リポータ］；（報道記者）a correspondent［コーレスパンデント］

レポート（報告書）a report［リポート］；

れ

（学校の課題）a paper［ペイパ］

レモネード〖米〗lemonade［れモネイド］,〖英〗lemon squash

レモン〖植物〗a lemon［れモン］

レモンスカッシュ〖米〗lemon soda,〖英〗lemonade［れモネイド］

レモンティー tea with lemon

⁺−れる，−られる

❶〖受け身〗be 動詞＋過去分詞，have＋名詞＋過去分詞
❷〖可能〗can, be able to＋動詞の原形
❸〖尊敬〗

❶〖受け身〗《be 動詞＋過去分詞》,《have* ＋名詞＋過去分詞》

▸クラスの人たちに笑われた. I **was laughed** at by my classmates.

▸駅に行く途中, 雨に降られた.
I **was caught** in a shower on the way to the station.

▸財布(さいふ)を盗(ぬす)まれた.
I **had** my wallet **stolen**.（◆「自分の物を…される」と言う場合,《have＋物＋過去分詞》で表す）

❷〖可能〗can*,《be* able to＋動詞の原形》

▸あしたは学校に来られる？ **Can** you come to school tomorrow?

▸ひとりでやれると思う.
I think I **can** do it by myself.

❸〖尊敬〗

（◆英語には, 敬語の「…れる」を直接表す言い方はなく, ふつう動詞だけで表す）

▸先生がそう言われました.
My teacher said so.

れんあい【恋愛】 love［らヴ］

▸彼は直美と恋愛中だ.
He is in **love** with Naomi.

恋愛結婚(けっこん) (a) love marriage

恋愛小説 a love story

れんが (a) brick［ブリック］

▸れんが造りの家 a **brick** house

れんきゅう【連休】 consecutive holidays［コンセキュティヴ ハりデイズ］,〖米〗a long weekend

▸今度の週末は **3 連休**(→3日の休日)だ.
We have **a three-day holiday** this weekend.

れんごう【連合】 union［ユーニョン］;（国家間などの） alliance［アらイアンス］

連合軍 allied forces

れんこん【蓮根】
a lotus root［ろウタス］

れんさい【連載】 a serial［スィリアる］

連載する serialize［スィリアらイズ］

連載小説 a serial novel

連載漫画(まんが) serial comics

れんさはんのう【連鎖反応】
a chain reaction

レンジ
a stove［ストウヴ］, a range［レインヂ］

▸ガスレンジ a gas **range**

電子レンジ a microwave (oven)

⁺れんしゅう【練習】

（定期的な） (a) **practice**［プラぁクティス］;（ある目的のための） training［トゥレイニング］

練習する **practice**; train

▸バイオリンの練習をする
practice (playing) the violin

▸今, 試合に備えて猛(もう)練習中だ.
We are **practicing** hard for the game.

練習試合 a practice game [match]

練習帳 an exercise book

練習問題 an exercise

結びつくことば
練習に行く go to practice
練習を休む be absent from practice
練習を終える finish one's practice
厳しい練習 hard training

れんしょう【連勝する】
have* ... straight wins

レンズ a lens［れンズ］

▸凸(とつ)レンズ a convex **lens**

▸凹(おう)レンズ a concave **lens**

れんそう【連想】
association［アソウスィエイシャン］

連想する associate《with ...》［アソウシエイト］;（思い出させる） remind《of ...》［リマインド］

▸カレーと言えばインドを連想する.
We **associate** curry **with** India.

連想ゲーム an association game

れんぞく【連続】 a series［スィリーズ］, (a) succession［サクセシャン］

▸失敗の連続
a **succession** of failures

▸前田は3試合連続ホームランを打った.
Maeda hit home runs in three

games in a row.（♦in a row で「立て続けに」の意味）
連続的な continuous［コンティニュアス］, successive［サクセスィヴ］
連続テレビドラマ a TV drama series

レンタカー
a rent-a-car［レンタカー］, a rental car［レンタる］
▸レンタカーを借りる rent a car
（♦rent は「(お金を払(はら)って)借りる」という意味）

レンタル【レンタルの】
rental［レントゥる］
レンタルする rent［レント］
レンタルショップ a rental shop
レンタル DVD a rental DVD
レンタル DVD 店 a DVD rental shop
レンタル料 a rental

レントゲン
（写真）an X-ray［エクスレイ］
レントゲンを撮(と)る X-ray
▸胸のレントゲン写真を撮った.
I had my chest **X-rayed**.
レントゲン検査 an X-ray examination

れんぱ【連覇する】
win* consecutive championships

れんぱい【連敗する】
lose* ... straight games

れんぽう【連邦】
連邦の federal［ふェデラる］
連邦捜査(そうさ)局（米国の）the Federal Bureau of Investigation（♦FBI と略す）
英連邦 the Commonwealth (of Nations)［カモンウェるす］

れんめい【連盟】
a league［リーグ］, a federation［ふェデレイション］
▸国際連盟(国際連合の前身)
the **League** of Nations
▸日本陸上競技連盟
Japan Association of Athletics **Federations**

•れんらく【連絡】
（人との）contact［カンタぁクト］;（乗り継(つ)ぎ）connection［コネクシャン］
連絡する contact, get* in touch《with ...》; connect《with ...》
▸何かあったらあなたに連絡します.
I'll **get in touch with** [**contact**] you if anything happens.
▸この列車は菊名で普通(ふつう)列車と連絡する. This train **connects with** a local train at Kikuna.
連絡船 a ferryboat［ふェリボウト］
連絡帳 a teacher parent report book
連絡網(もう) a phone roster

れんりつ【連立】
coalition［コウアリシャン］
連立政権 a coalition government

ろ ロ

Q「6月の花嫁(はなよめ)」って知ってる？
➡「ろくがつ」を見てみよう！

ろ
（船の）an oar［オーア］

ろう
wax［ワぁックス］
ろう人形 a waxwork［ワぁックスワ～ク］, a wax figure

ろうか【廊下】
（家の）a hall［ホーる］;（大きな建物の）a corridor［コーリダ］
▸廊下は静かに歩きなさい.
Walk quietly in the **corridors**.

ろうがっこう【ろう学校】
a school for the deaf

ろうしゃ【ろう者】
a deaf (person)［デふ（パ～スン）］

•ろうじん【老人】
（男）an old man（複数 old men), an elderly man［エるダリ］（複数 elderly men);（女）an old woman（複数 old women), an elderly woman（複数 elderly women);（全体をまとめて）the old, the aged, old(er) people, elderly people（♦old よりも elderly のほうがていねい）;（高齢(こうれい)者）senior citizens［スィーニャ スィティズンズ］
老人ホーム a home for the aged, a nursing home

ろうすい【老衰】
senility［スィニりティ］

ろうそく
a candle［キぁンドゥる］
▸ろうそくをつける light a **candle**
▸ろうそくを消す put out a **candle**
ろうそく立て
a candlestick［キぁンドゥるスティック］

ろうどう【労働】

labor［れイバ］, work［ワ～ク］
▸重労働 hard **work**
▸肉体労働 physical **labor**
労働組合 〖米〗a labor union, 〖英〗a trade union
労働時間 working hours
労働者 a worker［ワ～カ］, a laborer［れイバラ］
労働条件 working conditions

ろうどく【朗読する】
read* ... aloud
▸詩を朗読する **read** a poem **aloud**

ろうにん【浪人】（大学浪人）a high school graduate who failed his [her] college entrance exams and is waiting for another chance to take them

ろうねん【老年】
old age, advanced age

ろうひ【浪費】(a) waste［ウェイスト］
➡むだ
▸それは時間の浪費だ.
That's a **waste** of time.
浪費する waste
▸そんなものにお金を浪費してはいけない.
You should not **waste** your money on such things.

ろうりょく【労力】（労働力）labor［れイバ］;（骨折り）(an) effort［エふォト］
▸労力を惜(お)しむな.
Don't spare any **effort**.（♦spare は「(労力・時間)を惜しむ」という意味）

ローカル（特定地域の）local［ろウクる］
ローカル線 a local line
ローカルニュース local news
ローカル放送 a local broadcast

ローション lotion［ろウシャン］

ロースト【ローストする】
roast［ロウスト］
ローストビーフ roast beef

ロータリー 〖米〗a rotary［ロウタリ］, a traffic circle, 〖英〗a roundabout［ラウンダバウト］

ローテーション
(a) rotation［ロウテイシャン］

ロードショー（初上映）a premiere

ロードレース road racing

ロープ a rope［ロウプ］
ロープウエー a ropeway

ローマ Rome［ロウム］
ローマの Roman［ロウマン］
ローマ字 *Romaji*, Japanese written in English letters
ローマ人 a Roman
ローマ数字
Roman numerals［ニューメラるズ］
ローマ法王（教皇）the Pope［ポウプ］

ローラー a roller［ロウら］
ローラーでならす roll［ロウる］

ローラースケート
（靴(くつ)）a roller skate［ロウら スケイト］（♦ふつう複数形で用いる）
ローラースケートをする roller-skate

ローラーブレード
〖商標〗Rollerblade［ロウらブれイド］

ロールキャベツ
a cabbage roll［キぁベッヂ ロウる］

ロールケーキ
a Swiss roll［スウィス ロウる］

ロールパン
a roll［ロウる］, a bun［バン］

ロールプレイ
role-play［ロウるプれイ］
ロールプレイングゲーム
a role-playing game

ローン a loan［ろウン］
▸住宅ローン
a home **loan** / a mortgage

:ろく【六(の)】 six［スィックス］
第6(の) the **sixth**［スィックスす］（♦6th と略す）
▸6分の1 a [one] **sixth**
▸この橋は長さ6メートルだ.
This bridge is **six** meters long.
六角形 a hexagon［ヘクサガン］
6年生 a sixth grader

ろくおん【録音】
recording［リコーディング］
録音する record［リコード］
▸ヒバリの鳴き声を録音した.
I **recorded** the song of a skylark.
録音室 a recording room

ろくが【録画する】 record［りコード］
▸その映画をDVDに録画した.
I **recorded** the movie on DVD.

:ろくがつ【六月】 June［ヂューン］
（♦語頭は常に大文字. Jun. と略す）
➡いちがつ
▸日本では6月は梅雨(つゆ)だ. **June** is the rainy season in Japan.

▸6月の花嫁(はなよめ) a **June** bride (♦英米では, 6月に結婚(けっこん)するのは縁起(えんぎ)がよいとされている)

ろくじゅう【六十(の)】
sixty [スィクスティ]
第60(の) the **sixtieth** [スィクスティエす] (♦60th と略す)
▸60代の男性 a man in his **sixties**
60年代 the Sixties
61 sixty-one
62 sixty-two

ろくでなし a good-for-nothing

ろくな (ろくな〜ない) not good* [グッド], not decent [ディースント]
▸この店は**ろくな物がない**(→つまらない物しかない). This shop **has nothing but worthless stuff**.
▸彼女は**ろくに**あいさつも**できない**. She **can't** even say hello **properly**.

ログハウス a log house

ロケ(ーション) (映画などの) (a) location [ろウケイシャン]

ロケット a rocket [ラケット]
▸ロケットを打ち上げる launch a **rocket**
ロケット発射台 a launch pad

ロゴ a logo [ろウゴウ]

ロサンゼルス Los Angeles [ろース あンヂェらス]

ろじ【路地】 an alley [あり]

ロシア Russia [ラシャ]
ロシア(人)の Russian [ラシャン]
ロシア語 Russian
ロシア人 a Russian; (全体をまとめて) the Russians
ロシア連邦(れんぽう) the Russian Federation

ろしゅつ【露出】 exposure [イクスポウジャ]; (地層などの) outcrop(ping)
露出する expose [イクスポウズ]; (鉱床(こうしょう)などが) crop out

ろせん【路線】 a route [ルート], a line [らイン]
路線バス a route bus

ロッカー a locker [らカ]
▸コインロッカー a coin-operated [an automatic] **locker**
ロッカールーム a locker room

ロック 〖音楽〗 rock (music) [ラック], rock'n'roll [ラクンロウる]
ロック歌手 a rock singer, a rocker
ロックバンド a rock band

ロッククライミング rock climbing

ろっこつ【ろっ骨】 a rib [リブ]

ロッジ a lodge [らッヂ]

ろてん【露店】 a (street) stand

ろてんぶろ【露天風呂】 an open-air bath

ロバ 〖動物〗 a donkey [ダンキ]

ロビー a lobby [らビ]

ロフト a loft [ろーふト]

ロボット a robot [ロウバット]
▸産業用ロボット an industrial **robot**
ロボット工学 robotics [ロウバティックス]

ロマンス a romance [ロウマあンス]

ロマンチック【ロマンチックな】 romantic [ロウマあンティック]
ロマンチスト a romantic

ろん【論】 ➡ぎろん

ロング long [ろーング]
ロングシュート a long shot
ロングセラー a long-time seller
ロングラン a long run

ろんじる【論じる】 discuss [ディスカス], talk over ➡ぎろん
▸わたしたちはこの問題について論じ合った. We **discussed [talked over]** this problem. (♦× discussed about [on] ... とは言わない)

ろんそう【論争】 (a) controversy [カントゥロヴァ〜スィ], an argument [アーギュメント]
▸原子力に関する論争は絶えることがない. There is no end to the **controversy** [an endless **controversy**] about nuclear energy.
論争する dispute [ディスピュート], have* a controversy

ロンドン London [らンダン]
ロンドンっ子 a Londoner [らンドナ], a cockney [カクニ]
ロンドン橋 London Bridge

ろんぶん【論文】 a paper [ペイパ]; (評論) an essay [エセイ]; (新聞や雑誌の論説) an article [アーティクる]

ろんり【論理】 logic [らヂック]
論理的な logical [らヂクる]
論理的に logically

わ ワ

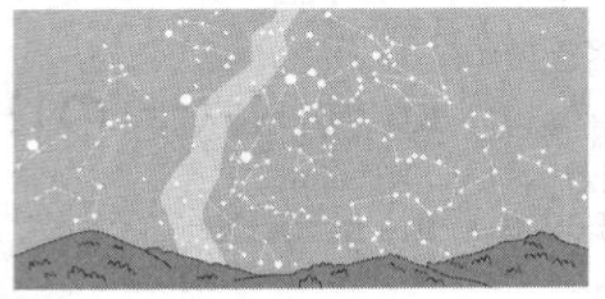

Q 太陽系の星を英語で言えるかな？➡「わくせい」を見てみよう！

わ¹【和】
（合計）the sum［サム］➡**ごうけい**；
（調和）harmony［ハーモニ］➡**ちょうわ**
▸人と人の和は大切だ．**Harmony** among people is important.

わ²【輪】 a ring［リング］；
（円）a circle［サ～クる］

わあ（驚(おど)き・感嘆(かんたん)）Wow!［ワウ］；
（喜びの歓声）Hurray!［フレイ］

ダイアログ　驚く
A:試験に受かったよ.
I passed the exam.
B:わあ！ すごい.
Wow! That's great.

ワーク work［ワ～ク］
ワークブック a workbook［ワ～クブック］

ワースト the worst［ワ～スト］
ワースト記録 the worst record

ワールド world［ワ～るド］
ワールドカップ the World Cup
ワールドシリーズ
〖野球〗the World Series

ワイシャツ a dress shirt［シャ～ト］
（♦「ワイシャツ」は white shirt から）

わいせつ【わいせつな】
obscene［オブスィーン］, dirty［ダ～ティ］

ワイド wide［ワイド］
ワイドショー
a daytime TV variety program
ワイドスクリーン a wide screen

ワイパー a (windshield) wiper

ワイヤ (a) wire［ワイア］
ワイヤレスマイク
a wireless microphone
［ワイアれス マイクロふォウン］

わいろ a bribe［ブライブ］

ワイン wine［ワイン］
▸赤[白]ワイン red [white] **wine**

わえいじてん【和英辞典】
a Japanese-English dictionary

***わか【和歌】** *waka*, a form of Japanese traditional poems

****わかい¹【若い】** **young**［ヤング］
▸わたしは姉より４歳(さい)若い． I'm four years **younger** than my sister.
▸若いうちに，いろいろなことをやってみたい． I want to (try to) do various things while I'm **young**.

わかい²【和解する】
be* reconciled［レコンサイるド］；make* [reach] a settlement［セトゥるメント］

わかさ【若さ】 youth［ユーす］

わかす【沸かす】 boil［ボイる］
▸やかんにたっぷりお湯を沸かそう． I'll **boil** a lot of water in the kettle.

わかば【若葉】 young [fresh] leaves

わがまま【わがままな】
selfish［セるふィッシ］

わかめ *wakame*,
soft seaweed［スィーウィード］

わかもの【若者】（男）a young man（複数 young men）；（女）a young woman（複数 young women）；（全体をまとめて）young(er) people, the youth

わからずや【分からず屋】
a stubborn person［スタボン］
わからず屋の stubborn

わかりきった
obvious［アブヴィアス］, clear［クリア］

わかりにくい【分かりにくい】
difficult (to understand)
▸この文はわかりにくい．
This sentence is **difficult to understand**.

わかりやすい【分かりやすい】
easy (to understand)
▸あなたの説明はわかりやすい．
Your explanation is **easy to understand**.

❖わかる【分かる】

❶〖理解する〗understand, see
❷〖知っている〗know
〖やってみて知る〗find (out)
❸〖判明する〗turn out, prove

❶〖理解する〗**understand*** [アンダスタぁンド], **see*** [スィー]
▸少しはスペイン語がわかる.
I can **understand** Spanish a little [a little Spanish].
▸ああ, わかった.　Oh, I **see**.
❷〖知っている〗**know*** [ノウ];
〖やってみて知る〗**find* (out)**
▸翔太がどこにいるかわからない.
I don't **know** where Shota is.
▸真紀がどこにいるかわかった.
I **found out** where Maki was.
❸〖判明する〗turn out [タ〜ン アウト], prove* [プルーヴ]
▸その話はほんとうだということがわかった. The story **turned out** [**proved**] to be true.

❖わかれ【別れ】 (a) parting [パーティング], (a) farewell [ふェアウェる]; (別れのことば) (a) goodbye [グッ(ド)バイ]
▸先生はお別れのあいさつをした.
The teacher made his **farewell** speech.
▸お別れを言うのがつらい.
It's hard for me to say **goodbye**.
お別れ会　a farewell party

わかれみち【別れ道】
(二股(ふた)道) a forked road;
(十字路) crossroads [クロースロウヅ]

❖わかれる[1]【別れる】 part 《from ...》 [パート], say* goodbye 《to ...》;
(離婚(りこん)する) divorce [ディヴォース]
▸光司と駅前で別れた.
I **said goodbye to** [**parted from**] Koji in front of the station.
▸両親と早く**死に別れた**. I **lost** my parents when I was young.

わかれる[2]【分かれる】 be* divided [ディヴァイディッド], divide 《into ...》
▸わたしたちは3つのグループに分かれた. We **were divided into** three groups.
▸その件ではクラスの意見が分かれた.
Our classmates **were divided** on that matter.
▸1キロほど先で道が3つに分かれる.
The road **divides into** three about a kilometer ahead.

わき【脇】 a side [サイド]
…のわきに
by ..., beside ... [ビサイド] ➡そば
▸彼はわたしのわきに立っていた.
He was standing **beside** me.
▸**わきにかかえている**本は何? What is the book **under your arm**?

わきあいあい【和気あいあいとした】 friendly [ふレンドり]
▸会議は和気あいあいとした雰囲気(ふんいき)で行われた. The meeting was held in a **friendly** atmosphere.

わきでる【湧き出る】
well (up) [ウェる], gush (out) [ガッシ]

わきのした【わきの下】
an armpit [アームピット]

わきばら【わき腹】
one's side [サイド]

わきまえる know* [ノウ], understand* [アンダスタぁンド]

❖わく[1]【沸く】 boil [ボイる]
▸お湯が沸いているよ.
The water is **boiling**.

わく[2]【湧く】 spring* (up) [スプリング]
▸ここから水がわいてるぞ.
Water is **springing** out of here.

わく[3]【枠】 a frame [ふレイム];
(範囲(はんい)・限度) a limit [りミット]
▸窓わく　a window **frame**

わくせい【惑星】
a planet [プらぁネット]

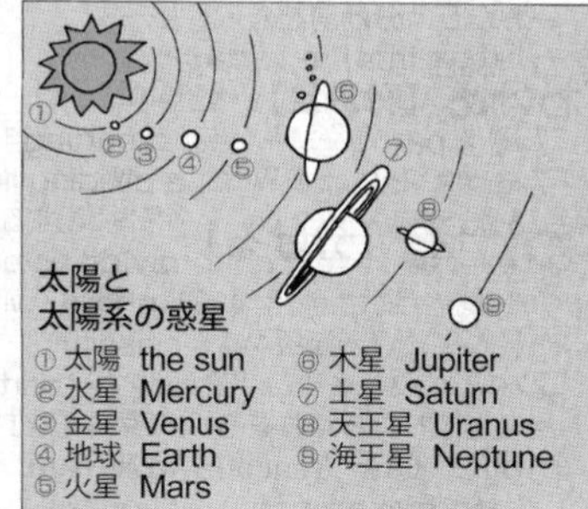

ワクチン (a) vaccine［ヴぁクスィーン］
ワクチン注射
a vaccination［ヴぁクスィネイシャン］
わくわく【わくわくする】
be* excited［イクサイティッド］
▸もうすぐ九州旅行，わくわくします.
I'm **excited** by [about] my up-coming trip to Kyushu.
(♦up-coming は「まもなくやってくる」の意味)
わくわくして
excitedly［イクサイティッドり］

˙わけ【訳】

❶『理由』(a) **reason**［リーズン］
➡**なぜ，なぜか，りゆう**
▸訳もなく学校に遅刻(ちこく)してはいけない.
You shouldn't be late for school for no **reason**.
❷『意味，道理』
meaning［ミーニング］, **sense**［センス］
▸訳のわからない人ですね. You're really lacking (in) **sense**. (♦lack (in) で「…を欠いている」の意味)
-(する)わけがない
▸彼がそれに反対**するわけがない**(→反対することはありえない).
He **can't** object to that.
-(する)わけではない
▸だれもが犬を好きな**わけではない**.
Not everyone likes dogs. (♦not と every, all などが結びつくと「すべてが～であるわけではない」と部分否定の意味になる)
-(する)わけにはいかない
▸この試合に負ける**わけにはいかない**.
We **can't** lose this game.
わけまえ【分け前】 a share［シェア］
▸わたしは分け前をもらった.
I took [got] my **share**.
わけめ【分け目】(髪(かみ)の)
〖米〗a part［パート］,〖英〗a parting［パーティング］;(境界線) a dividing line

˙わける【分ける】

(分割(ぶんかつ)する) **divide**《into ...》［ディヴァイド］;(分配する) **share**《with ...》［シェア］;(分類する) classify［クらぁスィふァイ］;(引き離(はな)す) part
▸先生はわたしたちを5つのグループに分けた. Our teacher **divided** us **into** five groups.
▸このチョコレート，悠希と分けて.
Share this chocolate **with** Yuki.
▸本は主題によって分けられている.
The books are **classified** according to subject.
わゴム【輪ゴム】 a rubber band
ワゴン(食事運搬(うんぱん)用) a (tea) wagon［ワぁガン］,〖英〗a trolley［トゥラり］
ワゴン車 〖米〗a station wagon, 〖英〗an estate car
わざ【技】(技術) (a) technique［テクニーク］, (a) skill［スキる］
▸順二は空手の技を磨(みが)いている.
Junji is improving his karate **technique**.
わざと on purpose［パ～パス］, intentionally［インテンショナり］
▸わざとしたのではありません.
I didn't do that **on purpose** [**intentionally**].
わざとらしい
(不自然な) unnatural［アンナぁチュラる］;
(無理をした) forced［ふォースト］
わざわい【災い】
(災難) a disaster［ディザぁスタ］;
(不運) a misfortune［ミスふォーチュン］
わざわざ(…する)
《**bother to** ＋動詞の原形》
▸わざわざ見送ってくれなくてもいいです.
Don't **bother to** see me off.
ワシ 『鳥類』an eagle［イーグる］
わしょく【和食】
Japanese(-style) food［ふード］
ワシントン(州) Washington［ワシングトン］;(首都) Washington, D.C.
(♦D.C. は *D*istrict of *C*olumbia「コロンビア特別区」の略)

˙わずか【わずかな】

(数が) **a few**［ふュー］;
(量が) **a little**［りトゥる］➡**すこし**
▸わずかな生徒しかその話を理解できなかった. Only **a few** students could understand the speech.
▸わたしたちの残り時間はわずかだ.
We have **a little** time left.
わすれっぽい【忘れっぽい】
forgetful［ふォゲットふる］
わすれもの【忘れ物】
a thing left behind
忘れ物をする

leave* something behind
▸忘れ物はどこであつかっていますか(→遺失物取扱(とりあつかい)所はどこですか)？
Where is the Lost and Found office?

⁑わすれる【忘れる】

forget* ［ふォゲット］（対義語「覚えている」remember）；
（置き忘れる）leave* ［リーヴ］
▸あなたのことは決して忘れません.
I will never **forget** you.
▸会社に(→職場に)傘(かさ)を忘れてきた.
I **left** my umbrella at the office.
（♦場所を示す語句をともなうときは leave を用いる）
…することを忘れる《forget to ＋動詞の原形》《forget that ...》
▸傘を持って来るのを忘れた.
I **forgot to** bring my umbrella.
▸きょう彩花が来ることを忘れていた.
I **forgot that** Ayaka was coming today.
…したことを忘れる《forget ＋～ing》《forget that ...》
▸この公園で麻衣と会ったことを，決して忘れないだろう.
I'll never **forget meeting** Mai in this park. / I'll never **forget that** I met Mai in this park.

結びつくことば
財布を忘れる forget one's wallet
単語を忘れる forget a word
約束を忘れる forget one's promise
顔を忘れる forget a person's face

くらべよう《forget to ＋動詞の原形》と《forget ＋～ing》

1《forget to ＋動詞の原形》は「…するのを忘れる」「忘れて…しない」という意味.
(例) I *forgot to close* the window.(窓を閉め忘れた)
2《forget ＋～ing》は「…したことを忘れる」という意味.
(例) I'll never *forget visiting* London. (ロンドンへ行ったときのことは決して忘れないだろう)

わせい【和製の】 made in Japan

和製英語 an English-like word coined in Japan, misuse of existing English words

わた【綿】 cotton［カトゥン］

綿あめ cotton candy

わだい【話題】 a topic［タピック］, a subject［サブヂェクト］

▸話題を変えようよ.
Let's change the topic [subject].

わたくし【私】 I ➡わたし

⁑わたし【わたしは，わたしが】

I［アイ］（♦常に大文字）

◆「わたし」の変化形

わたしの	my［マイ］
わたしを[に]	me［ミー］
わたしのもの	mine［マイン］
わたし自身	myself［マイセるふ］

▸わたしは岩井美優です.
I'm Iwai Miyu [Miyu Iwai].
▸こちらがわたしの父です.
This is **my** father.
▸このカメラはわたしのものだ.
This camera is **mine**.
▸これらの写真はわたし自身が撮(と)った.
I took these pictures **myself**.

わたしたち we

◆「わたしたち」の変化形

わたしたちは[が]	we［ウィー］
わたしたちの	our［アウア］
わたしたちを[に]	us［アス］
わたしたちのもの	ours［アウアズ］
わたしたち自身	ourselves［アウアセるヴズ］

▸わたしたちは中学生だ. **We** are junior high school students.
▸わたしたちの学校は丘(おか)の上にある.
Our school is on a hill.
▸どうかわたしたちを応援(おうえん)してください. Please cheer for **us**.
▸そのボールはわたしたちのものですか？
Is that ball **ours**?
▸大道具はわたしたち自身で作った.
We made the stage setting **ourselves**.

わたす【渡す】 hand［ハぁンド］, give*

▸この手紙を加奈に渡してくれますか？
Will you hand [give] this letter to Kana?

わたぼこり【綿ぼこり】 fluff［ふらふ］

わたりどり【渡り鳥】
a migratory bird［マイグラトーリ バ～ド］

わたりろうか【渡り廊下】
a passage connecting two buildings

˙わたる【渡る】 **cross**［クロース］,
go* across ...［アクロース］
▸道路を渡る
cross [go across] a road
▸ツバメが海を渡って日本に来た.
Swallows flew across the sea to Japan.（♦fly across で「飛んで渡る」の意味）

ワックス wax［ワぁックス］
ワックスを塗(ぬ)る wax

わっしょい
(かけ声で) heave-ho［ヒーヴホウ］

ワット
a watt［ワット］（♦W または w と略す）
▸100 ワットの電球
a 100-**watt** (light) bulb

わっと
▸千恵は**わっと泣き出した.**
Chie **burst into tears**.

ワッフル a waffle［ワふる］

ワッペン an emblem［エンブれム］, a badge［バぁッヂ］, a sticker［スティカ］（♦「ワッペン」はドイツ語の Wappen から）

わな a trap［トゥラぁップ］
▸わなをしかける set a **trap**
▸わなにかかる be caught in a **trap**

わなげ【輪投げ】 quoits［コイツ］
輪投げをする play quoits

ワニ〖動物〗a crocodile［クラコダイる］; an alligator［ありゲイタ］（♦口を閉じたときに下あごの歯が外から見えるのが crocodile, 見えないのが alligator）

わびる apologize［アパろヂャイズ］
▸わたしが悪かったのです. おわびします.
It was my fault. I **apologize**.

✽わふく【和服】 Japanese clothes, (a) kimono（複数 kimonos）

わぶん【和文】 Japanese writing

わへい【和平】 peace［ピース］

わめく shout［シャウト］, yell［イェる］
▸わたしに向かってわめかないで.
Don't **shout [yell]** at me!

わやく【和訳する】
put* [translate] ... into Japanese
▸わたしたちは英文を和訳した.
We **put [translate]** English sentences **into Japanese**.

わら (a) straw［ストゥロー］

˙わらい【笑い】 a **laugh**［らぁふ］; (ほほえみ) a **smile**［スマイる］
▸亮の冗談(じょうだん)に大笑いした.
I had a good **laugh** at Ryo's joke.（♦この good は「十分な」の意味）
▸それは笑いごとではありません.
It's no **laughing** matter.
▸つくり笑い a fake **smile**
笑い顔 a smiling face
笑い声 laughter［らぁふタ］
笑い話 a funny story, a joke
笑い者 a laughingstock

˙わらう【笑う】 **laugh**［らぁふ］; (ほほえむ) **smile**［スマイる］
▸わたしたちはそのパーティーで話したり大声で笑ったりした. We talked and **laughed** loudly at the party.
▸努力している人を笑ってはいけない.
Don't **laugh** at someone who is trying.（♦《laugh at ＋人》だと「…をあざ笑う」という悪い意味になる）
▸カメラに向かって笑ってください.
Please **smile** at the camera.
▸生徒たちは**どっと笑い出した**.
The students **burst out laughing [into laughter]**.

わらぶきやね【わらぶき屋根】
a (straw-)thatched roof

わらべうた【童歌】 a children's song, a nursery rhyme［ナ～サリ ライム］

わり【割】 (…割) percent［パセント］（♦記号は%）; (割合) a rate［レイト］
▸クラスの約 7 割(→ 70%)は歩いて通学している. About seventy **percent** of my classmates walk to school.
わりに (…のわりに) for ...; (比較(ひかく)的) relatively［レらティヴリ］ ➡わりあい
▸彼女は年の**わりに**若く見える.

She looks young **for** her age.

わりあい【割合】 ❶〘率〙 a rate [レイト]; 〘比率〙 a ratio [レイショウ] (複数 ratios); 〘パーセンテージ〙 percentage [パセンテッヂ]

▸1日2ページの割合で at the **rate** of two pages a day

▸サラダ油と酢(す)を, 3対1の割合で混ぜなさい. Mix salad oil and vinegar in the **ratio** of three to one.

▸この学校の男子生徒の割合はどのくらいですか? What is the **percentage** of boys at this school?

❷〘比較的〙 relatively [レらティヴり]

▸きょうはわりあいしのぎやすい. It's **relatively** mild today.

わりあてる【割り当てる】 (仕事・部屋などを) assign [アサイン]

わりかん【割り勘にする】 split* the bill, go* fifty-fifty

▸勘定(かんじょう)はわたしたちで割り勘にしよう. Let's **split the bill** (among us).

わりこむ【割り込む】 cut* in, cut into ...; (話に) break* in, break into ...

▸列に割りこむ 〘米〙 **cut into** a line / 〘英〙 **jump** a queue

▸わたしは彼らの会話に割りこんだ. I **broke into** their conversation.

わりざん【割り算】 division [ディヴィジャン] (対義語 「掛(か)け算」 multiplication)

割り算をする divide [ディヴァイド], do* division

わりと【割と】 relatively [レらティヴり], rather [ラぁざ], fairly [ふェアり]

わりばし【割りばし】 (使い捨てのはし) disposable chopsticks

わりびき【割引】 a discount [ディスカウント]

割引する give* a discount

▸割引していただけませんか? Would you **give** me a **discount**?

▸このシャツは50パーセントの割引で買った. I bought this shirt at a 50-percent **discount**.

割引券 a discount ticket

割引乗車券 a reduced fare ticket

*わる【割る】

❶〘壊(こわ)す〙 **break*** [ブレイク]

▸ごめん. お皿(さら)を割っちゃった. I'm sorry. I **broke** a dish.

❷〘計算で〙 divide [ディヴァイド]

▸15割る5は3(15 ÷ 5 = 3). 15 **divided** by 5 is [equals] 3.

*わるい【悪い】

> ❶〘好ましくない〙 **bad**
> 〘まちがっている〙 **wrong, bad**
> ❷〘調子がよくない〙 **wrong, sick**
> ❸〘質などが不良の〙 **poor, bad**
> ❹〘(わびて)すまない〙 **sorry**

❶〘好ましくない〙 **bad*** [バあッド] (対義語 「よい」 good); 〘まちがっている〙 **wrong** [ローング] (対義語 「よい」 right), bad

▸悪い知らせ **bad** news

▸タバコは体に悪い. Smoking is **bad** for your health.

▸天気が悪いときは, 海で泳がないほうがいい. You shouldn't swim in the sea in **bad** weather.

▸うそをつくのは悪いことだ. It's **wrong** to tell a lie.

❷〘調子がよくない〙 **wrong**, sick [スィック]

▸テレビの調子が悪い. Something is **wrong** with the TV.

▸母はぐあいが悪くて寝(ね)ている. My mother is **sick** in bed.

❸〘質などが不良の〙 **poor** [プア], **bad***

▸わたしは記憶(きおく)力が悪い. I have a **poor** memory.

▸このカメラは安いが, 品質は悪くない. This camera is cheap, but the quality isn't **bad**.

❹〘(わびて)すまない〙 **sorry** [サリ]

▸悪いけれど, パーティーには行けない. I'm **sorry**, (but) I can't go to the party.

わるがしこい【悪賢い】 cunning [カニング]

わるぎ【悪気】 harm [ハーム]

▸悪気はなかった. I meant no **harm**.

わるくち【悪口を言う】 speak* badly 《about ...》, say* bad things 《about ...》, speak ill 《of ...》

ワルツ 〘音楽〙 a waltz [ウォーるツ]

ワルツを踊(おど)る dance a waltz, waltz

わるふざけ【悪ふざけ】 a practical joke, a prank [プラぁンク]

わるもの【悪者】 a bad person

われ I［アイ］➡**わたし**
▸**われを忘れて**チョウを追いかけた.
I **was absorbed in** running after the butterfly.（♦《be absorbed in ...》で「…に熱中している」の意味）
▸ふと**われに返る**と会議は終わっていた.
When I **came back to reality**, I found the meeting was finished.

われる【割れる】
（壊(こわ)れる）break*［ブレイク］;（割り切れる）be* divided［ディヴァイディッド］
▸ガラス窓が粉々に**割れた**.
The window **broke** into pieces.
▸偶数(ぐうすう)はすべて２で**割れる**.
Any even number can **be divided** by two.
▸頭が**割れるように**痛い.
I have a **splitting** headache.
▸**われもの注意**〘表示〙**Fragile**. / **Handle with Care.**

われわれ【われわれは，われわれが】 we ➡**わたし**

ワン one［ワン］

わん[1]**【湾】**（大きい）a gulf［ガるふ］（**複数** gulfs）;（小さい）a bay［ベイ］
▸東京湾 Tokyo **Bay**
▸カリフォルニア湾
the **Gulf** of California

わん[2]**【椀，碗】** a bowl［ボウる］

ワンサイドゲーム
a one-sided game

ワンタッチ one-touch

わんぱく【わんぱくな】 naughty［ノーティ］, mischievous［ミスチヴァス］

ワンパターン【ワンパターンの】
stereotyped［ステリオタイプト］
▸彼の話はワンパターンだ(→いつも同じことを話す). He always talks about the same thing.

ワンピース a dress［ドゥレス］

ワンポイント a single point
▸ワンポイント英会話レッスン
an English conversation lesson which addresses a **single point**

ワンボックスカー
〘米〙a minivan,〘英〙a people carrier

ワンマン（独裁者）a autocrat［オートクラぁット］, a dictator［ディクテイタ］;（ひとりで行う）one-man
ワンマンバス
a bus without a conductor

わんりょく【腕力】 force［ふォース］
▸**腕力**をふるう use **force**
▸太郎は**腕力が強い**. Taro is **strong**.

ワンルームマンション
a one-room apartment

ワンワン（犬がほえる声）bowwow［バウワウ］, woof woof［ウふ ウふ］;〘小児語〙（犬）a bowwow
ワンワンほえる bark ➡**ほえる**

を ヲ

Q「わたしを見て」を英語で言えるかな？
➡「－を」を見てみよう！

－を（対象を表して）
（♦名詞・代名詞の目的格で表す）
▸きょう，**美紀を**見かけましたか？
Did you see **Miki** today?
▸啓司に**これを**渡(わた)してください.
Please hand **this** to Keiji.
▸晴美は**彼を**知ってるの？
Does Harumi know **him**?
▸ずっと**この本を**探していました.
I've looked **for this book** for a long time.

ルール「…をする」の表し方

「…をする」の表し方は２通りあります.
1《動詞＋名詞・代名詞(目的格)》
(例) I trust *him*.(あの人を信用しています)(♦このような使い方をする動詞を他動詞と言う)
2《動詞＋前置詞＋名詞・代名詞(目的格)》
(例) Look *at me*.(わたしを見て)(♦このような使い方をする動詞を自動詞と言う)
3 代名詞の目的格は次のとおりです.
me(わたしを) / us(わたしたちを)
you(あなたを／あなたたちを)
him(彼を), her(彼女を), it(それを)
them(彼らを／彼女たちを／それらを)

ニューホライズン英和・和英辞典 第8版

NEW HORIZON ENGLISH-JAPANESE
JAPANESE-ENGLISH DICTIONARY
8TH EDITION

＊本辞典第 8 版は，ニューホライズン英和辞典第 9 版とニューホライズン和英辞典第 6 版を 1 冊にまとめたものです。ただし，英和辞典巻末付録の和英小辞典は割愛しました。

1990年10月 1 日　初版発行
1992年10月 1 日　第 2 版発行
1996年10月23日　第 3 版発行
2001年11月 1 日　第 4 版発行
2005年11月 1 日　第 5 版発行
2011年12月 1 日　第 6 版発行
2015年12月 1 日　第 7 版発行
2020年12月 1 日　第 8 版第 1 刷発行
2023年12月 1 日　第 8 版第 3 刷発行

監修――――――笠島準一

発行者―――――渡辺能理夫

発行所―――――東京書籍株式会社

〒114-8524　東京都北区堀船 2-17-1

電話――販売　03 (5390) 7481

　　　　編集　03 (5390) 7537

印刷・製本―――図書印刷株式会社

COUNTRIES OF THE WORLD
NORWAY
ノルウェー
Arctic Circle
北極圏
FINLAND
フィンランド
ICELAND
アイスランド
SWEDEN
スウェーデン
RUSSIA
ロシア
UNITED KINGDOM
イギリス
KAZAKHSTAN
カザフスタン
MONGOLIA
モンゴル
IRAQ
イラク
IRAN
イラン
CHINA
中国
ALGERIA
アルジェリア
LIBYA
リビア
EGYPT
エジプト
SAUDI ARABIA
サウジアラビア
INDIA
インド
MAURITANIA
モーリタニア
MALI
マリ
NIGER
ニジェール
CHAD
チャド
SUDAN
スーダン
PHILIPPINES
フィリピン
NIGERIA
ナイジェリア
ETHIOPIA
エチオピア
SENEGAL
セネガル
SOMALIA
ソマリア
GHANA
ガーナ
REPUBLIC OF CONGO
コンゴ共和国
KENYA
ケニア
SOUTH SUDAN
南スーダン
INDONESIA
インドネシア
TANZANIA
タンザニア
INDIAN OCEAN
インド洋
DEMOCRATIC REPUBLIC OF THE CONGO
コンゴ民主共和国
ANGOLA
アンゴラ
ZAMBIA
ザンビア
MADAGASCAR
マダガスカル
SOUTH ATLANTIC OCEAN
南大西洋
NAMIBIA
ナミビア
AUSTRALIA
オーストラリア
MOZAMBIQUE
モザンビーク
SOUTH AFRICA
南アフリカ
EUROPE
NORWAY
ノルウェー
SWEDEN
スウェーデン
ESTONIA
エストニア
LATVIA
ラトビア
NORTH SEA
北海
DENMARK
デンマーク
LITHUANIA
リトアニア
UNITED KINGDOM
イギリス
RUSSIA
ロシア
IRELAND
アイルランド
NETHERLANDS
オランダ
BELARUS
ベラルーシ
POLAND
ポーランド
BELGIUM
ベルギー
GERMANY
ドイツ
CZECH
チェコ
LUXEMBOURG
ルクセンブルク
SLOVAKIA
スロバキア
UKRAINE
ウクライナ
ATLANTIC OCEAN
大西洋
AUSTRIA
オーストリア
SWITZERLAND
スイス
HUNGARY
ハンガリー
ROMANIA
ルーマニア
FRANCE
フランス
CROATIA
クロアチア
ITALY
イタリア
SERBIA
セルビア
BLACK SEA
黒海
BULGARIA
ブルガリア
ALBANIA
アルバニア
PORTUGAL
ポルトガル
SPAIN
スペイン
STATE OF THE CITY OF VATICAN
バチカン市国
GREECE
ギリシャ
TURKEY
トルコ
BOSNIA AND HERZEGOVINA
ボスニア・ヘルツェゴビナ
MEDITERRANEAN SEA
地中海
CYPRUS
キプロス
SYRIA
シリア
TUNISIA
チュニジア
LEBANON
レバノン
MOROCCO
モロッコ
ALGERIA
アルジェリア
ISRAEL
イスラエル
IRAQ
イラク